PATROLOGIÆ

CURSUS COMPLETUS

SIVE
BIBLIOTHECA UNIVERSALIS, INTEGRA, UNIFORMIS, COMMODA, OECONOMICA,

OMNIUM SS. PATRUM, DOCTORUM SCRIPTORUMQU ECCLESIASTICORUM

QUI AB ÆVO APOSTOLICO AD USQUE INNOCENTII III TEMP FLORUERUNT;

RECUSIO CHRONOLOGICA OMNIUM QUÆ
EXSTITERE MONUMENTORUM CATHOLICÆ TRADITIONIS PER DUODECIM
PRIORA ECCLESIÆ SÆCULA,

JUXTA EDITIONES ACCURATISSIMAS, INTER SE CUMQUE NONNULLIS CODICIBUS MANUSCRIPTIS COLLATAS, PERQUAM DILIGENTER CASTIGATA ;

DISSERTATIONIBUS, COMMENTARIIS LECTIONIBUSQUE VARIANTIBUS CONTINENTER ILLUSTRATA ;

OMNIBUS OPERIBUS POST AMPLISSIMAS EDITIONES QUÆ TRIBUS NOVISSIMIS SÆCULIS DEBENTUR ABSOLUTAS DETECTIS, AUCTA ,

INDICIBUS PARTICULARIBUS ANALYTICIS, SINGULOS SIVE TOMOS, SIVE AUCTORES ALICUJUS MOMENTI SUBSEQUENTIBUS, DONATA ;

CAPITULIS INTRA IPSUM TEXTUM RITE DISPOSITIS, NECNON ET TITULIS SINGULARUM PAGINARUM MARGINEM SUPERIOREM DISTINGUENTIBUS SUBJECTAMQUE MATERIAM SIGNIFICANTIBUS, ADORNATA ;

OPERIBUS CUM DUBIIS TUM APOCRYPHIS, ALIQUA VERO AUCTORITATE IN ORDINE AD TRADITIONEM ECCLESIASTICAM POLLENTIBUS, AMPLIFICATA ;

DUOBUS INDICIBUS GENERALIBUS LOCUPLETATA : ALTERO SCILICET RERUM, QUO CONSULTO, QUIDQUID UNUSQUISQUE PATRUM IN QUODLIBET THEMA SCRIPSERIT UNO INTUITU CONSPICIATUR; ALTERO SCRIPTURÆ SACRÆ , EX QUO LECTORI COMPERIRE SIT OBVIUM QUINAM PATRES ET IN QUIBUS OPERUM SUORUM LOCIS SINGULOS SINGULORUM LIBRORUM SCRIPTURÆ TEXTUS COMMENTATI SINT.

EDITIO ACCURATISSIMA, CÆTERISQUE OMNIBUS FACILE ANTEPONENDA, SI PERPENDANTUR : CHARACTERUM NITIDITAS, CHARTÆ QUALITAS, INTEGRITAS TEXTUS, PERFECTIO CORRECTIONIS, OPERUM RECUSORUM TUM VARIETAS TUM NUMERUS, FORMA VOLUMINUM PERQUAM COMMODA SIBIQUE IN TOTO OPERIS DECURSU CONSTANTER SIMILIS, PRETII EXIGUITAS , PRÆSERTIMQUE ISTA COLLECTIO, UNA, METHODICA ET CHRONOLOGICA, SEXCENTORUM FRAGMENTORUM OPUSCULORUMQUE HACTENUS HIC ILLIC SPARSORUM , PRIMUM AUTEM IN NOSTRA BIBLIOTHECA , EX OPERIBUS AD OMNES ÆTATES, LOCOS, LINGUAS FORMASQUE PERTINENTIBUS, COADUNATORUM.

SERIES PRIMA,
IN QUA PRODEUNT PATRES, DOCTORES SCRIPTORESQUE ECCLESIÆ LATINÆ
A TERTULLIANO AD GREGORIUM MAGNUM.

ACCURANTE J.-P. MIGNE, *Cursuum Completorum* IN SINGULOS SCIEN Æ
ECCLESIASTICÆ RAMOS EDITORE.

PATROLOGIÆ TOMUS XXII.

S. EUSEBII HIERONYMI TOMUS PRIMUS.

PARISIIS, VENIT APUD EDITOREM,
IN VIA *DICTA* D'AMBOISE, PRES LA BARRIERE D'ENFER,
OU PETIT-MONTROUGE.

1845.

SANCTI EUSEBII
HIERONYMI
STRIDONENSIS PRESBYTERI
OPERA OMNIA

POST MONACHORUM ORDINIS S. BENEDICTI E CONGREGATIONE S. MAURI

SED POTISSIMUM JOANNIS **MARTIANÆI** HUJUS ORDINIS RECENSIONEM,
DENUO AD MANUSCRIPTOS ROMANOS, AMBROSIANOS, VERONENSES ET MULTOS ALIOS,
NEC NON AD OMNES EDITIONES GALLICANAS ET EXTERAS CASTIGATA,
PLURIMIS ANTEA OMNINO INEDITIS MONUMENTIS,
ALIISQUE S. DOCTORIS LUCUBRATIONIBUS SEORSIM TANTUM VULGATIS AUCTA,
INNUMERIS NOTIS, OBSERVATIONIBUS, CORRECTIONIBUS ILLUSTRATA

STUDIO ET LABORE

VALLARSII ET MAFFÆII
VERONÆ PRESBYTERORUM,
OPERAM NAVANTIBUS ALIIS IN EADEM CIVITATE LITTERATIS VIRIS.
EDITIO PARISIORUM NOVISSIMA

EX SECUNDA AB IPSIS VERONENSIBUS EDITORIBUS CURIS POSTERIORIBUS ITA RECOGNITA,

ATQUE EX **RECENTIUS DETECTIS** SIC DITATA
UT PRÆSENS EDITIO, AMPLITUDINE SOLA, CÆTERIS OMISSIS EMENDATIONIBUS,
PRÆCEDENTES OMNES EDITIONES, ETIAM BENEDICTINAS,

tertia parte seu triente materialiter superet,

ACCURANTE ET AD ULTIMUM RECOGNOSCENTE **J. P. MIGNE**, *CURSUUM COMPLE-*
TORUM IN SINGULOS SCIENTIÆ ECCLESIASTICÆ RAMOS EDITORE.

TOMUS PRIMUS.

PARISIIS, EXCUDEBAT VRAYET,
IN VIA DICTA D'AMBOISE, PRES LA BARRIERE D'ENFER,
ou PETIT-MONTROUGE.

1845.

ELENCHUS RERUM

QUÆ IN HOC VOLUMINE CONTINENTUR.

Epistola Vallarsii Clementi XII Pontifici summo	*page*	V-VI
Præfatio generalis in tres partes divisa.		VII-LIV
Præfatio altera.		LIII-XCII
Vita S. Hieronymi.	*col.*	5-169
Vita alia S. Hieronymi auctore incerto.		175-289
Epistolæ S Hieronymi in quatuor classes divisæ secundum ordinem temporum		235-1182
Qninta classis complectens sex epistolas, tres tempore, tres auctore spurias.		1191-1224
Notæ Joannis Martianæi.		1225-1226

SANCTISSIMO DOMINO NOSTRO
CLEMENTI XII,
PONTIFICI OPTIMO MAXIM

Sanctissime Pater,

Quam plane singulari existimatione ac felici, dum vixit, fortuna apud sanctissimos decessores tuos romanos pontifices usus est maximus iste ecclesiarum magister Hieronymus, tam prosperam apud te hodie sortem habent eximii ejus ingenii fœtus, scriptiones istæ, per quas tuo ille amplissimo nomini commendatus quodammodo reviviscit, et conspectus hominum alacrius subit. Cum enim Romæ, quæ catholicæ religionis sedes est, Christi vestem (*Ep.* xv) adolescens ac pene puer induisset, a Damaso deinde pontifice longe sanctissimo amorem tantum inivit et gratiam, ut in Chartis Ecclesiasticis (*Ep.* cxxiii) adjutor ab illo adscitus, ipsius quoque nomine, Orientis, atque Occidentis synodicis Consultationibus responderet. Tum romanæ Ecclesiæ opinionem ita promeruit, atque animum devinxit sibi, ut Damaso ad superos evocato, summo ipse sacerdotio dignus haberetur (*Ep.* xlv) consentiente in ejus laudes Urbe universa. Quod ille maximum inter homines decus ac dignitatem eremi silentio et latebris posthabere si maluit, eorum tamen qui deinceps obtinuerunt, utcumque latens fugere existimationem, aut carere obsequio non potuit; (*Lib.* ii *et* iii, *contr. Ruffin. Ep.* cxxvii *et* cxxx) Anastasii autem, cujus sæpe laudes prosequitur, benevolentiam usque adeo commodam expertus est, ut eo per amicos tantummodo deferente, (*Ep.* xcv *et* xcvii) origenianæ causæ patroni, sui nempe hostes, damnati sint. (*Ep.* cxxxv, cxxxvi *et* cxxxvii) Præterea Innocentii prolixissimam adversus eum voluntatem, datas utrinque amicissimas litteras, receptum contra factiosos homines patrocinio, quem ille incoleret Bethleemi locum, fugatas inde summa auctoritate violentas manus, denique prolata ad usque terrarum fines præconia: quæ sane fuerunt ejusmodi, (*Ep. ad Innoc.* i) ut synodi milevitanæ patres, datis S. pontifici litteris, unum nominarent honoris causa filium Innocentii Hieronymum; Gelasius vero, cum ille non ita pridem ad cœlos evolasset, in romano concilio proclamarit orbi universo, Illa sentimus, quæ beatum Hieronymum sentire cognoscimus. (*Decr. c.* iii) Jam vero quale tuum est, Beatissime Pater, hieronymiani nominis studium, quo decessores tuos, si recte mentem interpretor, non tam æmularis, quam superas? Istud nimirum, quod eximia ejus animi monimenta, quorum aliquando virtute christiana res stetit, novo cultu exornata in publicum ut ederentur, causa exstitisti nescio an dicam omnium maxima. Rei memoriam mihi quidem jucundissimæ, Hieronymo autem gloriosæ nunc repeto, Beatissime Pater, quando sub tui pontificatus initia, cui divinitus muneri datus es, Roma jamjam profecturum me, ut comparatis ibi e vaticana præsertim bibliotheca subsidiis, in patria commodius, huic quam parabam editioni manum admoverem, tuisque pedibus advolutum apostolica benedictione prosequereris, ea clementia hortatus es ad laborem exantlandum, ut etiam nullam volueris maturandi operis rationem a me prætermitti. Vere autem dixero, non quo fecisse me putem aliquid imperiis tuis dignum, sed ut benignitati Tuæ totum referam, sicubi res nonnihil e sententia successisse videatur: quod in arduo facinore pertentando, tui recordatione auspicii excitatus, si quid posse viderer mihi, fuerim erecto animo periclitatus. Quanquam profecto, utcumque ad hæc animum non adjecissem, Pater beatissime, aliud est patrocinii genus, quod Hieronymianis lucubrationibus impertiris, meque in illis exornandis præsidio recreat. Dico sanctissimam vitæ consuetudinem ac disciplinam, qua, summo quodam ac præsenti suffragio, quæ Hieronymus ad elidendas vitiorum stirpes, animosque ad virtutem arrigendos præcepta dat, ita fide esse jubes, ut operosa imposterum nemini videri possint, quorum in te imaginem transfers numeris omnibus absolutissimam. Nam cum ad scientiæ ac pietatis (duo sacerdotum arma) rationem spectet quidquid abs Hieronymo tractatum est, te, maxime clemens, finxit ipsa natura ad amplificandam sapientiæ gloriam, bonarumque artium fines, deferendos virtuti honores et præmia: maxime vero ad rerum gerendarum prudentiam, gravitatem, justitiam, cæterasque dignus virtutes sacrorum principe. Tuo consilio dudum imminuta sacrarum legum majestas in pristinam dignitatem ac splendorem restituitur, redduntur ordini suo singulæ ecclesiæ partes, quæ antea vel collapsæ erant, vel labefactæ, temporum molliuntur difficultates: tuaque vel in componendis gravissimis dissidiis summa ingenii dexteritas, vel in gerendis christianæ reipublicæ negotiis par magnitudo animi summæ potestatis amplitudini in omnium ore versantur. Quod si de cultu pietatis sermonem conferam, hæc porro nobilissimæ Corsiniæ tuæ gentis pene singularis est dignitas, pietatis laude ut excellat: quæ præclarissimis jamdiu olim exemplis conspicua, exinde ab Andrea illo, qui cœlos implet divorum honoribus, præsentibus studiis amplissimi tui ex fratre nepotis Nerii eminentissimi cardinalis cumulatissime decoratur. Sed quæ tui, SANCTISSIME PATER, in hac laude sunt propria, dicendi vim omnem, nedum exornandi facile superant, insignia opera, nunquam interituris monumentis consignanda: in obeundis summi pontificatus officiis experrectus religiosi animi vigor, in sublevandis egenorum angustiis exprompta liberalitas, in sacris ædibus reparandis, maxime vero ex integro erigendis magnificentia, egregium cunctis benefaciendi propositum, benevolentia, humanitas, æquitas, cæteræque hujuscemodi laudes propemodum infinitæ, quas in hisce magni Hieronymi lucubrationibus, si a longe gravissimis rerum christianarum curis, ad illas aliquando convertas oculos, quodam velut in speculo necesse habeas intueri. Atque eo quidem fine, quantum ingenii tenuitas dedit, magnopere sum adnisus, ut nativa facie tuo se ipse sisteret throno Hieronymus, et quæ adeo temporum vitio manabant ulcera, vel cicatrice, vel splenio contexi; quæ multa deerant nobilissimo corpori membra, aut disjecta pridem collegi, aut in lapsum jam prona ultimum, fortunæ injuriis præripui. Tu vero, BEATISSIME PATER, quando probe intelligis, non jam divina ipsa monumenta, quæ et sponte complecteris, et suspicis imitatione, sed quam ego in illis expoliendis impendi operam, tuo proprie nomini ac patrocinio commendari; hanc ipsam, si quid auguror, benigno animo excipies: ac mihi studiisque meis, quam sperare ex benignitate tua licet, opem, promerente Hieronymo, non denagabis. Sic vovet apostolicam benedictionem supplex efflagitans,

SANCTITATIS TUÆ, humillimus et obsequentissimus servus ac filius,

DOMINICUS VALLARSIUS P. V.

Præfatio
GENERALIS.

1. *Hieronymi operum præstantia.* — Maximus ecclesiarum magister Hieronymus, si vitæ disciplinam, virtutum exempla, rerumque gestarum gloriam inspicias, totum longe lateque sui admiratione et cultu terrarum orbem implevit: si decus eruditionis, et laudem, divinique propemodum ingenii monimenta, nullus ferme est inter Ecclesiæ latinæ patres, qui tantam de se quantam ille sapientiæ famam reliquerit apud posteros. Exinde a quarto Christi sæculo, quo medium præterlabente, figere stilum cœpit, suisque animi fœtibus judicia hominum subiit, ad hanc usque ætatem post fere quindecim sæculorum decursus, primus adeo in exponendis Scripturis est habitus, ut nemo tamen in cæteris quæ ad illas pertinent disciplinis (pertinent vero illustriores omnes), ejus præstantiam superaverit, pauci admodum attigerint. Neque enim, quod cæteris ferme usuvenit, unius ille gentis eruditione contentus, illam modo coluit, in quam primum incubuisset; sed post latinam in studiis litterarum industriam, quidquid bonarum artium docuit mater Græcia, quidquid Hebræorum, aliarumque ex Oriente gentium vetustissimarum linguis est proditum: inque his omnibus non sacra modo, sed etiam humana dogmata studiose assecutus, semper conjunxit, et monimentis amplissimis exornavit. Sunt adeo in omnium libris, qui deinceps sacris præcipue litteris inclaruerunt, de illius eximia eruditione testimonia tam luculenta atque insignia, ut præclariora haud facile de alio quopiam invenias, tot vero ac propemodum innumera, ut neminem fuisse existimem unoquoque sæculo, qui laudem scientiæ aliquam obtinuerit, et Hieronymiani nominis splendore sibi famam non aucuparit. Quorum ego singulas auctoritates percensere si velim, modum non teneam, et frustra sim: contra si aggrediar ipse solertissimum auctorem, post tanti nominis viros, studiosis lectoribus commendare, nimium mihi fortasse videar tribuere. Ecquis enim tandem est, qui illum vel ad sublimia impetu quodam se attollentem persequi mentis acie, vel in profunda penetrantem mysteria animo comprehendere, tanta jugiter disciplinarum varietate cicumfluentem explicare, denique sermonis dignitate atque elegantia pene singulari excultissimum repræsentare se posse putet?

2. *Novæ editionis necessitas.* — Sed neque istud propositum mihi est, hancque rem tantum attigi in speciem, ut ad ea quæ dicenda sunt, viam munirem. Si enim quanto Scriptoris alicujus opera vel doctrinæ merito, vel nominis celebritate pluribus antecellunt, tanto majori studio continuo est enitendum, ut quam perfectissime per hominum conatus licet, in lucem prodeant, nemo profecto sit eruditionis homo cupidus, qui hanc in primis magno Hieronymo impendi operam oportere æquo animo non fateatur. Sit igitur de S. Doctore, deque ecclesiasticis præcipue studiis bene meritus, qui ejus opera tametsi haud fortassis male habita expolita incudi reddiderit. Quod si aliter illa se habeant, et vel temporum vitio, vel eorum, cæteroqui doctorum hominum culpa, qui in illis evulgandis, sive etiam exponendis prima **fecerunt vestigia**, sive, **ut opinor**, utrorumque, ab ea perfectione plurimum **distent**, quæ par

est illis, ne fructus lectu debitus intercipiatur : jam non parum utilem tulisse laboris fructum ille putandus sit, qui ad novam ex integro editionem exornandam vires omnes contulerit, sed rem præstitisse quæ in usus cedat utilitatemque litteratorum, maxime necessariam Age vero editiones ad id usque temporis elaboratas juvenustas esse passim et maneas, facile quisquis intelliget, qui non plane oscitantem animum adjiciat. Cum sit enim utile imprimis et commodum, scripta penes se habere omnia simul collecta, quæ ab uno eodemque auctore profecta sunt, multa e contrario in hieronymianis desiderantur, eaque omnium fere præstantissima, quæ ex aliis iisque diversi instituti libris repetere non sine gravi temporis jactura, et comparare non sine magnis impensis necesse sit. Nihil dico de aliquot ineditis antea, quorum ab erasmiana collectione ad hanc usque diem nulla penitus accessere : sive quod illa in bibliothecis, in quibus maximo rei ecclesiasticæ et litterarum impendio latebant, non satis anxie fuerint conquisita, sive quod effugerint diligentiam. Enimvero ipsa quæ sæpius recusa sunt, ac studiosorum teruntur manibus, labes deformant quamplurimæ : falsæque lectiones, ac menda qua veterum amanuensium, qua recentium criticorum occurrunt, quæ legentium profectui, quanto impedimento sint, ii probe norunt qui in ejusmodi studiis versantur. Ad hæc loci plerique difficiliores tenebris usque hodie obsidentur, pluresque alii lectorem in transversum rapiunt, maxime cum fuerint, sintque adeo postrema hac ætate homines haud illitterati, qui errores Hieronymo, quos ipse minime omnium admisit, audeant impingere, et nondum purgata culpa, imo sublata calumnia, doctorum vulgo fortasse imponat.

3. *Quibus de causis novam editionem aggrediamur.* — Hæc ego, ne quis me existimet, incommoda replicare ea causa, ut doctissimis viris, qui in recognoscendis Hieronymi scriptis desudarunt, laudem imminuam, cum ante hos ferme septem annos admodum adolescens eorum lectioni totus incumberem, meo ipse periculo sum expertus. Sæpe etiam cum doctis viris, qui in hac ipsa urbe sunt magna mecum studiorum societate conjuncti, verba faciens, quo pacto loci haud sane pauci restitui possent, defectusque suppleri, ut illis quidem videbatur, non infeliciter indicavi. Hinc vero novam editionem ut aggrederer, et quæ ad illam opus essent conferrem, adhortabantur : maxime cum deprehendissem, passim in Italiæ bibliothecis desiderari exemplaria eorum operum, quæ post Parisiensem PP. Benedictinorum editionem per ferme annos quadraginta nullibi recusa sunt; nec illa tamen ut absque examine ac studio describerentur, quæ sordida typographorum aliquot ignavia est, sustinerent. Tergiversanti autem mihi, causasque nectenti ex causis, hoc ut ne facerem, occurrit illustrissimus Veronensis ecclesiæ archipresbyter Joannes Franciscus Musellius, qui ad reliquas laudes eximiam ad promovendas litteras, atque adversum litteratos favorem ac benignitatem adjungit, tamque utile propositum in nihilum resolvi minime passus, quidquid necesse esset, qua consilio, qua opibus, qua libris, qua auctoritate, præstiturum se ultro pollicitus, cœpit continuo exhibere. Jussit ille mihi, et qua est humanitate vehementer etiam adhortatus est, in me curam omnem novæ editionis adornandæ ut susciperem, tum ii, quorum intererat Hieronymum splendido ornatu prodire, vel quos aliqua rerum mearum cura tangebat, ne demandatam provinciam respuerem, mihi magnopere auctores erant. Horum itaque hortatibus incitatus, maxime vero spe illectus præsidii, ex quo futurum confiderem, ut non exigua ad Ecclesiam bonasque litteras emolumentum, ad S. Patris vero doctrinam lux atque ornatus posset accedere, tantum onus, non meis certe par humeris, subire tamen alacri animo non dubitavi. Enimvero pro virili studiosorum profectui occurrere est animus, quibus si opella hac nostra aliquid prodesse potuimus, libentissime devovimus; sin minus, doctiorum hominum ingenia, ut meliora conferant excitaverimus.

4. *Hujusce præfationis pars triplex.* — Jam vero antequam dico, quid illud laboris sit, quod mihi in hac Sparta exornanda proposui, quædam enucleatius dicenda sunt de antiquitis collectionibus tum iis quæ in Mss. asservantur, tum aliis multo insignioribus, quæ post typographicam artem prodierunt : notandumque paucis quid ante nos alii præstiterint. Ipsa deinde explicanda indoles Hieronymianorum operum, eorumque delibanda notitia, quæ reapse interciderunt : deque aliis pluribus agendum paulo fusius, quæ communi quidem judicio putantur eamdem subiisse fortunam, minime vero nobis videntur fuisse elucubrata. Hinc enim plus fortasse lucis accedet atque utilitatis editioni nostræ, quæ totum quidquid Hieronymianum est, expendat et complectatur. Denique quibus nos simus auxiliis usi, quo proposito, quo ordine, quave methodo in textu ac notis profecerimus, breviter exponendum.

PARS PRIMA — *In qua de Mss. deque editis collectionibus agitur singillatim.*

5. *Manuscriptæ Operum Hieronym. collectiones.* — Id ferme est Hieronymianis scriptionibus peculiare, ut cum avidissime exciperentur, essent studiosi homines eo ipso tempore quo scribebantur, inscio auctore curarent sedulo, publicam in lucem ut ederentur. Epistola in nostra recensione XLVIII. ad Pammachium, quam pro suis contra Jovinianum libris S. Doctor inscripsit, hanc suorum ipse operum celebritatem in vulgus dum partim amicorum studiis, partim æmulorum invidiæ tribuit, luculentissime contestatur : *Non sum*, inquit, *tantæ felicitatis, quantæ plerique hujus temporis tractatores, ut nugas meas, quando voluerim emendare possim. Statim ut aliquid scripsero, aut amatores mei, aut invidi diverso, quidem studio, sed pari certamine in vulgus nostra disseminant.* Eodem alibi sensu, qui nec raro occurrit, vel probat sua quæ scripserat, publici juris ut fierent, vel *(Quintiliani phrasis et verba* **Prœm. lib. I)** *temerario editionis honore* dolet vulgata. Vide in hanc rem epistolam ad Desi-

derium in hac editione XLVII. Sed illa præ reliquis notissima eaque rursum copiosior recensio est, quam Lucinii bœtici notariis ipse permisit. *Opuscula mea*, inquit, eidem Lucinio rescribens Epist. LXXI, n. 5, *quæ non sui merito, sed bonitate tua, desiderare te dicis, ad describendum hominibus tuis dedi, et descripta vidi in chartaceis codicibus, ac frequenter admonui, ut conferrent diligentius, et emendarent. Ego enim tanta volumina præ frequentia commeantium et peregrinorum turbis relegere haud potui.* Hinc porro suppetunt hodienum Mss. codices, qui ad Hieronymi ætatem proxime accedant, sæculo nempe sexto, vel ineunti septimo adscribendi, cujus antiquitatis duo certe in Veronensi bibliotheca asservantur, qui ejusdem, ut ita dicam, instituti opuscula complectuntur eo studio atque ordine, rerumque, ac lectionum delectu, quem superare in hac litterarum luce neoterici editoris diligentia vix possit. Interdum etiam ejus, qui in illis recognoscendis industriam suam probaverat, calligraphi aut studiosi inscriptionem invenimus, præcipue ex monachorum cœtu, quorum hoc ferme erat institutum, sanctorum patrum libros describere, eorumque editiones concinnare. Unam e multis, eamque omnium quæ occurrerint antiquissimam lubet exhibere. Est illa Ursicini cujusdam nostræ hujus Veronensis ecclesiæ lectoris, quam ille parvo codici ex Hieronymianis lucubrationibus S. Pauli primi eremitæ vitam continenti, cum consulari etiam epocha apposuit, quæ annum designat quingentesimum decimum septimum. Nondum scilicet centum exacti anni erant a S. Doctoris morte, nec scio equidem, si alium quempiam tantæ vetustatis alicubi gentium sit invenire. Hujusmodi autem est nota, quam ut eruditi sæculi ingenio obsequar, prout illa se habet religiosissime repræsento. PER. SCRIBTVS. CODIX HEC SVB DIE KAL. AVG. AGAPITO VCC INDI DECIMÆ PER VRSICINUM LECT. ECCLESIÆ VERONENSIS. Porro ex his qui in colligendis atque emendandis Hieronymi scriptis bene præ cæteris meruerunt, primas obtinet Cassiodorus, qui singula facile recognovit, inque armariis reposuit diligentissime. Nil ferme aliud loquitur totus ille *de institutione divinarum litterarum* liber, quem veluti ad instruendam patrum bibliothecam composuit. Sequiori ævo plurimam a nobis gratiam inierunt Hieronymocentones multi, ac præcipue Rabanus Maurus, qui integros ejus libros totidem verbis descripsit, eaque industria meliorem, sæpe lectionem servavit. Deinceps ut alia prætereám studiosorum exempla, insigne illud est sub XI sæculi finem Guigonis majoris Carthusiæ prioris V, quod ipse epist. ad Fratres Durbonenses narrat : *Epistolas*, inquit, *B Hieronymi, quotquot potuimus undecumque quæsitas, et pro concessa a Deo facultate, mendaciis expurgata, in unum grande volumen redegimus. Abscidimus autem ab eis quasdam, quas vel ex aliorum doctorum scriptis, vel ex stili, sententiarumque distantia, titulo tanti viri comperimus indignas.* Quam ipse epistolam, *ne sine rationabili causa apud imperitos suo videretur numero minuisse.* Hieronymianas elucubrationes, in voluminis fronte jubet collocari. Secutis temporibus plures hujusmodi alias, quas manuscriptas editiones appellare liceat, passim invenias in bibliothecis : certum quippe est, nullius auctoris tam obvios esse, quam Hieronymi Mss. post XII sæculum libros, confluente in ejus studium orbe propemodum universo. Utinam vero amanuenses et critici non aliquid licentiæ in illis describendis sumpsissent sibi, neque pro reconditiori sensu proprium aliquando substituissent, aut glossas apposuissent ad libri album, quæ postea veris expunctis lectionibus obtinuerunt.

6. *Editio prima Romæ.* — Sed ut ad illas editiones veniamus, quæ proprie typis excusæ sunt, ab ipsis usque primordiis typographicæ artis invenias præstantes aliquot viros, qui illis adornandis magnopere desudarint. Cum vero innumeræ passim, et vario tempore, præcipueque epistolarum, quibus opuscula admiscebantur, editiones prodierint, non singulas fastidiose recensere aut animus, aut operæ pretium est; sed illas duntaxat, quæ cum aliquo sacrarum litterarum atque eruditionis compendio ad manuscriptorum adornatæ fidem, vel denuo recognitæ, non ex prioribus exscriptæ sunt. Principem locum Romana obtinet, quam anno MCCCCLXX, non ita pridem abs Theodoro Lælio Interamnensi, postea Tarvisino Episcopo collectam, sub Paulo secundo Veneto Andreas Aleriensis Episcopus, et Vaticanæ bibliothecæ custos elegantissime concinnavit. Eamdem et biennio antea, quod tamen rarissimo occurrit, inscriptam catalogi aliquot præferunt, nos in Novariensi bibliotheca vidimus, et in Colbertina asservari Simonius tradit. Editor de re litteraria optime meritus, qui in aliorum quoque auctorum recognitione se antea exercuerat, quid in hac Hieronymiana sibi negotii datum sit, quidve ipse consilii ceperit, in præfixa ad pontificem epistola declarat. *Nuperrime*, inquit, *divi Hieronymi libellos, epistolasque perplures, mendose satis scriptas, et ex diversissimis codicibus prius collectas in certum ordinem a doctissimo, et optimo patre Tarvisino episcopo redactas, qui apud tuam sanctitatem, dum in mortalibus ageret, apocrisarii munus referendarii cum magna commendatione semper implevit, amici quidam ad me delatas poposcerunt, ut mea diligentia emendatiuscule redderentur, quo minore difficultate legi possent.* Atque id quidem multa se fide ac diligentia præstitisse in latino contextu profitetur. De hebræis autem vocibus quæ passim occurrunt, *Missa*, inquit, *hebraica feci, recogitans in suo quemque volumine illa esse, si licuerit et voluerit, suppleturum.* De Græcis vero continuo subdit, *restabant cognitu necessaria in primis Græca, sine quibus, ut præcipua fere latinorum volumina, nullo modo hujus sacratissimi doctoris legi scripta ad intelligendi profectum poterant. In his igitur nequaquam omittendis tum alios quosdam laude viros et memoria dignos consului, tum cum primis meum doctissimum, humanissimumque Theodorum Gazam.* Et paulo post, *Absque Theodoro meo non magis quidquam aggredior, quam absque meo genio.* Denique quod multa quæ Hieronymum auctorem non habebant, **inseri conniventibus oculis,**

toleraverit potius, quam consenserit, factum excusat, ut nonnullis amicorum serviret. Prodiit, editio ex ædibus maximorum, quorum sane plurimum laudanda est opera. Eam statim secutæ sunt aliæ multæ, quin imo eodem anno 1470. Moguntiæ per Petrum (alii *Patrem* legunt) Schæffer de Gernsheim: tum Venetiis sexennio post Antonii Bartholomæi studio: quam triennii intervallo sequitur alia Romæ elegantissima, eaque rursum recognita per Ven. virum Georgium Laurentium de Herbipoli: deinde anno insequenti Parmæ, quæ omnium splendidissima editio est, auctior aliquot tractatibus et epistolis, et post quinquennium Norimbergæ: denique aliæ innumeræ, quas sedulo colligere nihil interest nostra. Unam modo addimus anni MCCCCXCVI, die VII Januarii absque loci nomine, aut editoris, quæ penes nos est, eaque utimur sæpe, quod ex integro ad Mss. fidem, tametsi infinitis erroribus scateat, expressa videatur.

7. *Commentarior. aliorumque operum editiones antiquæ.* — Atque hæ quidem editiones non nisi Epistolas, et Tractatus recensent; Commentarios enim *in Sacram Bibliam* (sic enim inscribuntur) primum e situ et squalore redemptos exhibet Norimbergensis editio anni 1477, et biennio post Coloniensis alia, tum Veneta anni 1498, quam Joannes et Gregorius de Gregoriis excudere. Cæterum etiam hoc titulo: *Expositiones in Vetus et Novum Testamentum*, sed absque impressoris notatione, aut loci, aut tandem anni quo excusi sunt, duobus in folio tomis memorantur. His partes aliæ addi possunt Hieronymi operum, quæ seorsim, aliisque rursum in locis prodiere. Hujusmodi sunt ex Origene Homiliæ aliquot, et in-Canticum Canticorum anno 1475. Basileæ, ut opinor, atque anno insequenti Norimbergæ: Vitæ sanctorum patrum Ægyptiorum, atque eorum qui in Scythia, Thebaide, ac Mesopotamia morati sunt, ex quibus tamen non nisi tres illæ notissimæ, Pauli, Malchi, et Hilarionis ex Auctoris nostri calamo profecerunt; quæ rursum editio occurrit quinquennio post, aliaque est, ut videtur, vetustior multo sine typographi, anni, aut loci inscriptione. S. Pachomii regulam primum Romæ edidit Achilles Statius an. 1575. Sed alia hujusmodi haud pauca vel seorsum, vel aliorum auctorum scriptis admixta labente sæculo decimo quinto inveniuntur. Neque vero de Chronici editionibus quidquam attigimus, quas in præfatione ejus libri singulas ab illa Bonini Mombritii ad postremam usque recensebimus.

8. *Universæ imperfectæ.* — Porro neque per otium licet, neque operæ est pretium editiones istas expendere, et vocare ad calculos. Doctis quidem viris, ipsisque typographis, qui hanc sibi provinciam susceperunt, laudem haud velim invideri; sed optandum fuisse aio, ut quemadmodum sumptibus non parcebant, ut de sacrarum litterarum studiosis bene quod poterant, mererentur, ita ex variis archetypis lectiones expressissent, neque id sibi tantum negotii datum esse existimassent, ut sumpto in manus uno veteri quod nancisci poterant exemplari, illud accurate redderent, aut si qua minus recte habere viderentur, privato judicio, quodque pejus est, inscio lectore, immutarent. Nam ita quidem usuvenit in latino contextu; in hebræis autem verbis, quorum supplendum spatium vacat, minus peccatum est, quam in aliis quæ tamen raro occurrunt, quæ latinis litteris bono quidem consilio, sed mendosa lectione, repræsentantur. Græca etiam vocabula conficta sunt passim ac depravata.

9. *Editio Desider. Erasmi.* — Sed meliora forte ex ejus ætatis ingenio minime erant expetenda, quæ haud multo post, an scil. 1516. Erasmus Roterodamus implevit. Hic non unius modo aut alterius libri, sed collectioni operum omnium adornandæ manum primus admovit, doctusque longo pridem usu veterum scripta expolire, variis conquisitis undecumque Mss. exemplaribus, singula recognovit, acri judicio expendit, argumenta ad lucem tractatibus atque epistolis fœnerandam præfixit, denique satis eruditis scholiis notisque illustravit. Quin etiam quæ erant, ementito Hieronymo, innumera aliorum scripta germanis operibus admixta incredibili rei litterariæ damno, primus ille submovit, non sine acri examine et censuris singulas fere lucubratiunculas breviter atque erudite perstrinxit, tum personatos scriptores de nomine indicavit, aut certe iisdem cum Hieronymo auspiciis in medium procedere, et eodem cum illo utilare vetuit. Universum opus in novem in-folio tomos digessit, genuinas epistolas, atque opuscula tribus prioribus dedit, quarto adscititia: duobus aliis commentaria in prophetas omnes attexuit: septimum atque octavum, si in Ecclesiastem commentaria, atque ex hebraica veritate Psalterium excipias, supposititia congeries accrevit: demum ultimo quæ ad novi Testamenti expositionem pertinent, falsa cum veris simul immiscuit. Par fratrum Amerbacchiorum Bruno et Basilius, juncto patre eorum Joanne, symbolam tanto operi contulerunt, iique rursus fatentur ex animo, id negotii οὐκ ἄνευ θεοῦ εως, quod aiunt, se confecisse; sed adjutos opera doctissimorum hominum, quos ex omni Germania Joannes acciverat, et præcipue Joannis Reuclini, qui in hebraicis nonnulla reposuit, et Cononis Norimbergensis, qui in Græcis et Latinis pleraque castigavit, et Gregorii Reischii, denique Conradi Pellicani Rubenquensis, cujus auspicio potissimum res peracta est. Basileæ primum typis Frobenianis editio hæc prodiit, quæ plausibus eruditorum, sed eorum maxime qui ab Ecclesia romana desciverant, ita excepta est, ut decennio post ab eodem Erasmo recognita ibidem, et Lugduni, et Parisiis, et Basileæ tertium, atque alibi ad annum usque 1565. sæpissime; quin etiam ante hos ferme quinquaginta annos Lipsiæ, tametsi Francofurti ad Mænum inscribatur, recusa sit. Et nemo quidem ex eo labore laudem Erasmo debitam invideret, si ab effreni illo, et projectæ temeritatis abstinuisset cacoethe, carpendi sanctissimos Patres, ut sibi gloriam aucuparetur, quos sicubi etiam impense laudat, de industria facit, ut postea minus invidiose et suimet cum laude magis

admordeat. Si in ferendis censuris, a sacrarum rerum injuria temperasset, neque inanibus sæpe conjecturis ita permiscuisset tum aliorum veterum Patrum, tum Hieronymi scripta, ut nisi posteriorum theologorum contraivissent studia, de ecclesiastica traditione vix certi aliquid ex ejus sententia constitui posset.

10. *Editio Mariani Victorii.* — Sed præterea adeo non visa est doctis viris legitimam attigisse perfectionem erasmiana editio, ut non minus ecclesiasticæ doctrinæ, quam rei litterariæ interesse arbitratus sit novam adoriri Marianus Victorius Amerinus presbyter, postea Reatinus episcopus. Hic denuo conquisitis diligentissime per Italiam Mss. ἀντιγράφοις, et præcipue Florentiæ et Brixiæ, ne dicam de Romanis, quæ præsto erant, præsidio et auspiciis immortalis memoriæ viri cardinalis Moronii, cui primas laboris sui defert, quam susceperat sportam, ornavit satis. Tres priores tomos anno 1565. elegantissimis Manutii typis emisit; quos Pio IV. inscripsit. Ex his (quam partem Hieronymianorum operum Erasmus proprie recognoverat, tot menda, totque hallucinationes, quæ partim imperitia, partim incuria irrepserant, sustulit, ut affirmare non dubitet, se loca plus minus mille et quingenta restituisse, quæ vel sua ille manu maculaverat, vel tempore corrupta, restituere ex rerum imperitia haud potuerat. In scholiis vero quæ ad calcem adjecit, copiose satis lectionum quas reposuit rationem, earumque varietatem e Mss. edisserit, illustratque perplures locos qui sibi luce indigere videbantur. Nec minori diligentia prosecutus est, quos anno 1517 et insequenti vulgavit ejusdem Manutii prælo, et secutis pontificibus Pio V, et Gregorio XIII, dedicavit. Parem ex illis errorum multitudinem sustulisse se profitetur, pares ignorantias confutare, sive quod Amerbachii fratres judicii admodum exquisiti non fuerint, sive qui illis operam suam commodabant, cum ab Erasmi filo ac mente discedere non liceret, rem perfunctorie obierint, ut sæpe fit in iis quæ alieno nomine laborantur. Hæc itaque editio, quanquam neque Erasmiana recensione copiosior sit, et nihil ferme distet ab illo ordine, est tamen illa multo accuratior, ipsis, qui hodienum superant, Erasmi patronis minime diffitentibus. Statim atque absoluta est, ubique locorum obtinuit, sæpiusque repetita est variis in locis: in primis Antuerpiæ an. 1578, ipsius Victorii secundis curis recognita, tum Parisiis anno insequenti, et 1602, et Coloniæ 1616, nec enim omnes instructo catalogo colligere est animus.

11. *Eadem doctorum aliquot hominum accessionibus locupletata.* — Quæ expendi paulisper meretur est Parisiensis altera anni 1623, cui variæ observationes emendationesque aliorum doctorum hominum accesserunt. Sunt autem hujusmodi. Difficilia Hieronymi loca per Franciscum a Messana illustrata. Ferdinandi Velosilli Lucensis epicopi advertentiæ theologicæ, sive in S. Patris opera animadversiones scholasticæ theologiæ. Frederici Morellii observationum, et emendationum diatriba. Lælii Episcopi Balneoregiani emendatio insignis Hieronymyani loci. Tum eruditæ Henrici Gravii in CII epistolas et librum de scriptoribus ecclesiasticis, nec non Frontonis Ducæi Notæ, quæ philologica imprimis feliciter dicuntur expedire: denique Latini Latinii emendationes et conjecturæ ex ejus bibliotheca adsciscuntur. Commentationes istas doctorum hominum, quæ supplementi quamdam vicem Victorianæ diligentiæ præstare visæ sunt, repetunt editiones aliæ intra vicennium Parisiis ac Venetiis recusæ; sed Francofurtiensis, sive Lipsiensis illa, ante hos ferme quinquaginta annos elaborata, cujus supra meminimus, ipsi Erasmiano codici ejusque notis, et scholiis adtexuit, quam Fridericus Ulricus Callixtus, et Adamus Tribbechovius, qui operam suam commodarunt, in duodecim tomos partiti sunt.

12. *Nihilominus in hebraicis potissimum falsa.* — Collatis tot eruditorum hominum studiis, numeris tandem omnibus absolutam eorum operum editionem, si quis modo sibi persuadeat, quam longissime distet a veritate. Ut enim cætera bene essent, quæ perperam multa sunt, præcipuus tamen Hieronymianæ lectionis fructus, isque lectu facilis perversa hominum cura intercipiebatur. Dico hebraicarum vocum, quibus universum Hieronymi opus tertio quoque verbo distinguitur, lectionem antiquam, eamque latinis expressam litteris, pro qua recentiorem massorethicam continuo editores obtruderunt. Scitum inter utramque quantum intersit, et quanto interioris eruditionis et sacræ doctrinæ damno mutatio isthæc vertatur, cum neque S. Doctoris judicium de variis vocabulis hebraicis, ac scripturæ locis, neque veterum græcarum translationum, quarum ille fragmenta subdit, convenientia, neque tandem ipsas Judaicas traditiones, opinionesque de hebraicarum vocum significatione, ac locorum scripturæ sententia, liceret sæpe intelligere. Idque olim quidem doluerant doctissimi viri Drusius et Morinus, quorum primus in Quæst. Heb. l. III, c. 75: *Dupliciter*, inquit, *erratum a nuperis correctoribus in Hieronymo, primum in eo quod characteribus hebraicis scripserint, quæ Hieronymus latinis scripserat : deinde quod mutata vetere lectione, pro ea novam ac Hieronymo incognitam posuerint.* Alter Exercit. Bibl. p. 108, *imprudenter admodum hebraica nomina latinis litteris scripta*, queritur fuisse sublata, *et in eorum locum hebraica hebraicis litteris e rabbinicis punctis descripta reposita.* Paria habet Isacus Vossius de Sybillinis Orac. c. 16, aliique plures, quibus melior est menti sententia.

13. *Editio PP. Benedictinorum sive D. Joannis Martianæi.* — Huic proinde malo potissimum ut occurrerent celeberrimi Parisienses Monachi Benedictini e congregatione S. Mauri, quorum in restituendis sanctorum patrum scriptis nunquam satis laudari posset industria, duobus e suo cœtu clarissimis alumnis Domno Joanni Martianæo, et Domno Antonio Pougetio recognoscendi iterum ac restituendi hieronymiana opera provinciam demandarunt. Martianæus, ut susceptæ novæ editionis periculum faceret eruditis, anno 1690, continuo vulgavit *Hieronymi Prodromum*, quo epistolam ad Sunniam et Fretelam locis haud sane paucis restituit, in primis vero germanam antiquam vocum hebraicarum scripturam e Mss. expressit. Primus autem operum tomus anno prodiit 1693, grande volumen, quod *Divina Bibliotheca* inscribitur, *antehac inedita*, complectens translationes latinas Veteris ac Novi Testamenti cum ex hebræis, tum e græcis fontibus ab Hieronymo derivatas. Equidem si Psalterium ex hebraica veritate excipias, nova isthæc universæ operum collectioni moles accrevit, sed puto veteres editores, cum latina hæc versio locis non usque adeo multis a Vulgata Bibliorum editione distet, eaque in omnium manibus sit, jungendam Hieronymianis lucubrationibus non existimarunt. Sed hac de re, deque ipso opere multa suo loco dicenda erunt in ejus libri Præfatione, ne ab instituto divagari nunc longius necesse sit. Post annos sex, nempe 1699, prodiit secundus tomus unius Martianæi studio elaboratus, neque enim Pougetii, aut alterius meminit. Complectitur hic libros hebraicorum nominum, et locorum, quæstiones quoque hebraicas in Genesim, quibus duodeviginti epistolæ ex iis quas Criticas vocant, subnectuntur, commentarium in Ecclesiastem, duasque Origenis homilias in Cantic. Canticorum, quas latine Hieronymus explicavit : denique appendicem, quæ supposititia quædam scripta, ut quæstiones in Regum et Paralipomenon libros, commentarios in Jobum, et breviarium Psalterii, continet, ne de levibus aliis scriptiunculis et epistolis dicam. Editor in Prolegomenis quod novam hanc plane incongruam instituit disponendorum operum œconomiam, probare ex eo nititur quod Scripturarum, qui primus tomus est, reliquas Hieronymi scriptiones respondere, ad eumque referri ordinem præstet. Estne vero qui nesciat, epistolis illis ridicule admodum commentarii vices suppleri, quin imo incredibili confusione nativum ordinem epistolarum commentariorumque præverti ! Sed hæc quoque alibi. Tertius, exacto quinquennio sive anno 1704, lucem tomus aspexit, isque commentarios in sexdecim prophetas majores nempe et minores complectitur, quibus epistola de Seraphim et calculo ad Damasum admixta est. Præcipuam laudem ex eo meretur, quod asteriscos et obelos, quibus subinde opus suum S. Doctor notaverat, in aliis editionibus desiderabantur, ipse suis locis multos ex Mss. restituit. Quartus post biennium prodiit, duasque in partes dispertitur, quarum altera commentarios in Novum Testamentum novem epistolis criticis intermixtis, altera cæteras epistolas tractatusque, ordine, ut intendit, chronologico, sæpius autem nullo, repræsentat. Eidem anno debetur quintus, qui adscititia continet, præter pauculas accessiones ab Erasmiano codice ex integro exscriptus, quo itidem universa collectio absoluta est.

14. *Ejus editionis præcipua vitia.* — Libros, quos ex heterodoxis Joannes clericus, ex catholicis Richardus Simonius opposuerunt non replico, imo vero laudem, iterum dico et gratiam Martianæi piissimi hominis, et in græcis, hebræisque litteris satis eruditi laboribus deberi velim. Atque ipsi quidem quos ejus excuso errores, etiam libenti animo silentio premerem, nisi me institutæ recensionis necessitas cogeret, et præposterum illud partium studium, quo laborat certum hominum genus, ut quidquid ab uno aliquo cœtu chartis illitum fuit, nefas ducant ullo pacto convellere. Ἄφθονοι Μουσῶν Θύραι : Qui Martianæam editionem errores obsident, ut de illis tantum dicam, qui universum laborem spectant, ad hæc fere capita referuntur. Erasmianam editionem exscribit fere continenter, neglecta, imo sæpius nec memorata Victorii industria, a quo tamen errores quamplurimos emendatos compertum est, qui denuo inscio lectore obtruduntur. Mss. exemplaria diligenter in unoquoque opere a capite ad calcem omnino non contulit, sed tantum vexatis aliquot locis in consilium adhibuit; fieri enim nullo modo potest, ut nunquam, aut perquam raro, tot falsarum lectionum, quæ veteres editiones deformant, ab iis moneretur, aut moneret ipse lectores suos : variantes vero adeo raras offenderet, ut multo plures in parvo libello nobis occurrerint, quam ille in prægrandi aliquo volumine annotaverit a se repudiatas : earum dico, quarum delectus lectoris judicio permittendus est, non quæ librariorum menda sunt apertissima. Raro etiam invenias difficilia loca explicari, imo vero monitis et præfationibus, quæ lucem operibus fenerentur, præter argumenta epistolarum quæ Erasmus condidit, ferme destitui. E contrario adnotationes ipsas, quæ si criticas epistolas et duo lexica nominum, et locorum excipias, cæteris libris oppido paucas jejunasque apposuit, plerumque falsa judicia occupant, sæpe etiam personales, ut ita dicam, controversiæ, quibus arrepta occasione doctissimos viros suggillat, textum vero Hieronymianum minime interpretatur. Denique perversus ordo falsusque, ubi temporum rationem habuit, et pleraque id genus alia, quæ declinandæ invidiæ causa dissimulamus.

PARS ALTERA. *In qua exposita Hieronymianorum operum indole, de iis agitur quæ interciderunt aut putantur intercidisse.*

15. *Duplex Hieron. operum genus.* — Igitur tanti Patris opera, tot jam prælis recusa, tot editionibus recognita, vel ex hac simplici expositione constat indigere iterum, ut in pristinum nativumque splendorem restituantur. Quem ego laborem inire cum sedulo constituerim, præmunienda nunc via est proposito, ut primo statim aspectu ante legentis oculos obversetur, cujus mihi Patris memoria repetenda sit, ejusque et facilius percipi doctrina, et commodius teneri possit. Primum itaque ingenium, atque indoles harum lucubrationum est explicanda, deinde non exstantium quoque delibanda notitia, ut quoniam veterum editionum vestigiis minime insistimus, multis quæ deerant adscitis in unum corpus, qua monimentorum exhibitione ipsa, qua deperditorum notitia, totum veluti orbem Hieronymianerum operum complectamur. Est autem eorum duplex veluti classis ac genus, alia enim sunt, quæ suo ille sensu, latinaque lingua composuit, alia quæ ex aliis auctoribus, Græcis potissimum transferendo, suæ linguæ hominibus dedit. Hujusmodi sunt, quædam in exemplum ut adducam, immensi laboris opus, Scripturarum interpretatio Veteris Novique Testamenti, quorum alterum græcæ reddidit fidei, alterum juxta hebraicum transtulit. Tum Origenis operum nobilissimæ partes, homiliæ fere admodum LXX quod et inimicus ejus Ruffinus objicit, hebraicorum nominum liber, alius item περὶ Ἀρχῶν, cujus tamen cum ipso pariter exemplari græco Latinam interpretationem ætas invidit, aliaque multa ex ejus ingenii fœtibus, quo maxime delectabatur, ἀποσπασμάτια. Ex Didymo quoque latine explicavit librum de Spiritu sancto, cujus archetypum vetustas annorum non servavit : ex Theophilo Alexandrino Paschales, eximiamque illam imprimis contra Origenem synodicam a nobis primum inventam, pluresque alias epistolas, et libros contra Joannem Chrysostomum. Ex Eusebio item Cæsariensi Chronicum omnimodæ historiæ, thesaurum nempe illum totius ante actorum temporum longe luculentissimum, sacris æque ac profanis studiis cum primis necessarium: librum præterea locorum divinæ scripturæ, eorumque situ ac distantiis, veteris geographiæ nobilissimam partem, tum alia id genus multa ex probatissimis aliis auctoribus excerpta, puta Epiphanio, Theodoro, Nazianzeno, Apollinario, quorum præclariora dogmata suis commentariis inseruit. Verissimum id quippe est, ex græcis scriptoribus, qui eloquentiæ ac doctrinæ merito excellerent, ignotum Hieronymo fuisse neminem, ut adeo culpam, si quam adversarii suis in libris notarent, objicerentque, hoc ille uno argumento sæpius excusaret, quod ex græcorum tractatorum sententia dixisset, pro sua fateri eamque promptus deprecari, si in eorum commentariis non invenissent.

16. *Genus alterum.* — Quas vero suo ipse cudit ingenio elucubrationes, et primigenias appellare placet, pleramque partem sacrarum scripturarum interpretationem spectant. Primas tenent, ex his quæ supersunt, quæstiones in Genesim, hebraicarum traditionum, ac sententiarum refertæ, tum qui ad illarum sensum proxime accedunt, commentarii in Ecclesiastem et in prophetas. Mirabiles porro, quos fere αὐτοσχεδίασι fudit in Matthæum, libri, et quos in Pauli Epistolas quatuor tam varia ac multiplici eruditione composuit. Sunt autem alia quæ ad rem christianam vel contra hæreticos tuendam, vel apud fideles amplificandam conscripta sunt. Priora Helvidium, Jovinianum, Vigilantium, sectasque hominum, luciferianos ac pelagianos impugnant; altera qua gestis sanctissimorum monachorum enarratis exemplo sunt ad pietatem, qua epistolari sermone ad vitam probe instituendam invitant. Hic est in universum Hieronymianorum operum conspectus, ad eum fere modum expositus, quo quis parva in tabula immensa cæli spatia, terrarumque situs metitur. Unum porro, aut alterum moneri præstat de utroque scriptionis genere : Græca quæ sibi proposuit latine explicanda, ex iis esse, quæ primas obtinebant longe doctissimorum patrum, quæ ille cum romanis auribus dedit, ex græcis bonis latina fecit eximia. Qua quidem in re mihi suarum laudum ea maxima videtur esse, quod ejus industriæ merito, maxime insignium virorum scriptis aliquot fruimur, quorum antiqua exemplaria Græca temporis injuria deperierunt. Alterum quod spectat primigenias lucubrationes, eas usque adeo ætatum, doctorumque omnium suffragia tulisse universa, ut ex immenso patrum latinorum choro, ille Ecclesiæ judicio, quo nullum germanius est ac securius, *Doctoris Maximi* prærogativa donatus sit.

17. *Non exstantium ratio, ac primum de emendatione Scripturarum ex Græco.* — Jam vero operum quæ amplius non exstant, quo tamen dignosci possint, ratio quoque aliqua habenda est. Ea vero in duas veluti classes iterum dispertior, quarum altera, quæ verissime interciderunt, altera, de quibus dubitare liceat, an unquam exstiterint, complectatur. Nihil de supposititiis dico, quæ nimis multa sunt, et quorum recensio ad postremi tomi, in quem amandantur, præfationem pertinebit. Heic primus ob dignitatem occurrit labor, quem in emendanda ex Græco τῶν LXX. veteri latina interpretatione exantlavit. *Memini*, inquit sub finem præfationis in librum Paralipomenon, *editionem Septuaginta translatorum olim de Græco emendatam tribuisse me nostris.* Et Epist. LXXI. ad Lucinum *Septuaginta interpretum editionem et te habere non dubito, et ante annos plurimos diligentissime emendatam studiosis tradidi.* Qualis hæc autem esset emendatio, et in quem modum elaborata, discimus ex epistola in nostra recensione CXII. ad Augustinum, ubi cur asteriscis atque obelis distingueretur, rationem reddit. Specimen quoque ejus operis commentarii in Ecclesiastem, et præcipue in prophetas majores, ut vocant, minoresque suppeditant, in quibus latinam illam versionem a se recognitam cum illa sæpe componit, quam postea ad hebraicum exemplar elaboravit. Quin etiam duo superant integri ejus operis libri, Job, et Psalterium, quos in secunda parte divinæ bibliothecæ post Martianæum collocabimus, eruntque satis argumento, ne divagari longius necesse sit, quis ille esset signorum usus. Reliqui jamdin olim interciderunt, nam cum ipse Hieronymus adviveret, *pleraque ejus prioris laboris ob fraudem cujusdam* se queritur *amisisse*. Facile etiam contigerit, quod alias usuvenire solet, ut accuratior longe ex hebraica veritate latina versio, quæ deinceps obtinuit, priorem illam emendationem signorum difficultatibus impeditam paulatim extruderet. Quamobrem mirari subit, quod eam universam Cassiodorius *divinar. institut.* c. 13. a se repositam in Armario tradit: *Tertia divisio est,* inquit, *inter alias codice grandiore, littera clariore conscripto, qui habet quaterniones nonaginta quinque, in quo LXX. Interpretum translatio Veteris Testamenti in libris quadraginta quatuor continetur. Cui subjuncti sunt Novi Testamenti libri viginti sex, suntque simul libri septuaginta... Hic textus multorum translatione variatus, Patris Hiero-*

nymi diligenti cura emendatus, compositusque relictus est. Bene vero est, quod hinc discimus, ad eam usque ætatem integram studiosissimi hominis cura servari potuisse, si modo tantam illi fidem velimus adhibere, ut in eo codice recognoscendo minime falleretur.

18. *Evangelium juxta Hebræos.* — Æque adversam jamdiu olim fortunam subiit *Evangelium juxta Hebræos*, Chaldaico sermone, Hebraicis autem litteris scriptum, quod S. Doctor, cum sibi a Nazaræis, qui in Beroea urbe Syriæ degebant, ejus describendi facultas fuisset concessa, in græcum, latinumque sermonem transtulit, quemadmodum ipse et cap. 2 libri *de Viris illustribus*, et Commentariis in Matthæum XII. 13. luculentissime profitetur. Neque enim vero heic disputo, utrum Matthæi authenticum illud esse crediderit, quod in cæsariensi bibliotheca ad sua usque tempora servatum tradit, ut licet ex aliis ejusdem testimoniis suspicari, an vero sicuti Beda initio commentariorum in Lucam docet, aliud esse intelligerit *secundum Hebræos*, aliud *secundum Apostolos* Evangelium. Illud miror magis, qui tandem, aut quo consilio librum ex Chaldaico in græcum sermonem transtulerit, cujus jam antea græca aliqua translatio obtinebat, ipso neutiquam diffitente Hieronymo, cum de Origene, quem nullus dubito græce duntaxat legisse, subdit ex eo libro sæpius testimonia usurpasse. Nihilo secius quando tum ipso auctore teste, tum etiam sequioris ævi scriptorum suffragio accedente, puta Ven. Bedæ et Freculphi, de re ipsa dubitare non licet, tametsi ejus laboris ne verbum quidem ad nostram usque ætatem devenerit, ita velim existimari, initum abs Hieronymo, non ut in vulgus proferret illud quidquid erat operis sui, sed ut meræ exercitationis gratia quantum in Chaldaicis profecisset, in Græcis experiretur, et mox quantum græce sciret, probaverit in latino. Re ipsa cum passim alibi, maxime vero in catalogo studiose ingerat laborem hunc suum, ubi ad suorum operum peculiarem recensionem devenit ejusdem catalogi cap. ultimo, plane dissimulat. Confecerat tamen biennio plus minus antea, sive circa annum 390. quod ex *nuper*, qua utitur temporis notatione licet argumentari. Porro latinæ interpretationis exigua quædam fragmenta in aliis libris ab ipso servata sunt. Ejusmodi est illud in Commentariis in Matthæum VII. 6. ex persona Salvatoris, *Modo tulit me mater mea, Sanctus Spiritus, in uno capillorum meorum.* Et illud in Commentar. in Isai. XI. 2. *Factum est autem cum ascendisset Dominus de aqua, descendit fons omnis Spiritus Sancti, et requievit super eum, et dixit illi: Fili mi, in omnibus Prophetis expectabam te ut venires, et requiescerem in te, tu es enim requies mea, tu es filius meus primogenitus, qui regnas in sempiternum.* Item lib. 3. adversus pelagianos cap. 1. isthæc, *Ecce mater Domini, et fratres ejus dicebant ei: Joannes Baptista baptizat in remissionem peccatorum. Eamus et baptizemur ab eo. Dixit autem, eis: Quid peccavi, ut vadam, et baptizer ab eo? Nisi forte hoc ipsum quod dixi ignorantia est.* Et in eodem volumine: *Si peccaverit, inquit, frater tuus in verbo, et satis tibi fecerit, septies in die suscipe eum. Dixit illi Simon discipulus ejus: septies in die? respondit Dominus, et dixit ei: etiam ego dico tibi, usque septuagies septies.* Et lib. 2. in Matthæum ad illud XII. 13. ubi de homine qui aridam habebat manum, et Cæmentarius in eo Evangelio scribitur fuisse, *Cæmentarius eram, manibus victum quæritans, precor te Jesu, ut mihi restituas sanitatem, ne turpiter mendicem cibos.* Denique et perexiguum istud in commentariis ad Ephesios V. 4, ex Domini persona ad discipulos loquentis: *Et nunquam, inquit, læti sitis, nisi cum fratrem vestrum videritis in caritate.* Quæ simul omnia contulimus, ut quoniam ipsum opus temporum vetustate intercidit, aliquod qualecumque est, hieronymiani laboris specimen lectori invidere, ne videremur.

19. *Quid de illa interpretatione calumniaretur Theodorus mopsuestenus.* — Cæterum quam ex eo libro Theodorus mopsuestenus a Photio relatus cod. 177. calumniam excogitarit, minime prætermittendum est dicere. Nempe hæreticus homo cum S. Doctoris dialogos contra pelagianos impugnare vellet, volumen procudit in quinque libros digestum hoc titulo: *Contra asserentes peccare homines natura, non voluntate.* In his Hieronymum quem *Aram*, sive *Aramum* vocat, non de nomine, sive cognomine, ut Photius dubitat, sed ut in maledictum torqueat, eo in primis peccato culpat, quod *quintum evangelium* confixerit, illudque se in Eusebii palæstini bibliothecis reperisse commentus sit. Nimirum istud *juxta Hebræos* Evangelium tum aliis in locis, tum præcipue sub initium tertii dialogorum adversus pelagianos libri in cæsariensi bibliotheca tum temporis servari Hieronymus dixerat, quod mopsuestenus episcopus partim vitio vertit, partim mendacii arguit. Re autem vera perperam ipse et calumniosissime facit, cum S. Doctorem neutiquam mentiri liquido constet, et antiquiorum patrum, Papiæ scilicet, atque Hegesippi apud Eusebium, tum Clementis alexandrini, Origenis, aliorumque exemplis comprobetur, si testimonia identidem ex illa historia proferre licuit, non ad auctoritatem sed ad antiquitatem ecclesiasticæ sententiæ asserendam, interpretationem ipsam laudem mereri, non culpam. Quamobrem et Julianus ejusdem ac Theodorus furfuris pelagianæ episcopus merito ab Augustino reprehenditur in operis imperfecti lib. 4. cap. 87. quod crimini dederit Hieronymo laborem illum; sed prorsus non video quo jure doctissimus conterraneus meus Norisius Histor. Pelag. lib. 1. cap. 9. ut in Julianum mendacii projectæque temeritatis culpam regerat, translatum illud abs Hieronymo neget. Nam licet in eo dialogo, quem unum pelagiani impugnare nervis omnibus contendebant, nihil de illo a se inito labore dicat, est tamen ex superioribus quæ adduximus testimoniis certum adeo ac firmum, ut nullus dubitationi locus relinquatur.

20. *Specimen Commentarii in Abdiam.* — Tertio loco venit *Specimen commentarii in Abdiam.* Illud vero quid rei esset, cujusve pretii, et qua ætate elaboratum libet ex ipso Hieronymo, hanc ubi telam retexuit, intelligere; nam *per vetera vestigia rursum ingressus, emenda-*

turus ubi fieri poterat, curvos apices litterarum, vel certe culpam deprecaturus, œtatis prœtextu, sic ad Pammachium præfatur. *Mereri debeo veniam, quod in adolescentia mea provocatus ardore et studio scripturarum, allegorice interpretatus sum Abdiam prophetam, cujus historiam nesciebam. Ardebat animus cognitione mystica, et quia legeram omnia possibilia credentibus, ignorabam diversa esse charismata: litteras sœculi noveram, et ob id putabam me librum legere posse signatum.* Tum hujusmodi aliis excusationibus interjectis, *Sperabam*, inquit, *latere quod scripseram, et ingenioli mei primam temeritatem ignibus voveram, cum subito de Italia affertur exemplar a quodam juvene tot annis, quot et ego quondam scripseram, laudante opusculum meum. Fateor miratus sum, quod quantumvis aliquis male scripserit, invenit similem lectorem sui. Ille prœdicabat, ego erubescebam. Ille quasi mysticos intellectus ferebat ad cœlum, ego demisso capite, confiteri meum pudorem prohibebar. Quid igitur? condemnamus, in quibus pueri lusimus?* minime. *Scimus enim in tabernaculum Dei et aurum, et pilos caprarum similiter oblatos. Legimus in Evangelio, viduœ pauperis duo minuta, magis quam divitum substantias approbata, et tunc dedimus quod habuimus, et nunc si tamen aliquid profecimus, Domino suum reddimus. Gratia enim ejus sum id quod sum. Nec diffiteor per hosce triginta annos in ejus opere me ac labore sudasse.* Haud piguit hæc paulo fusius exscribere, quandoquidem quid de illo opere constitui possit, hinc discimus. Exinde autem argumentari licet, quod eumdem laborem subiisse se post triginta annos innuere videatur, atque hic ad annum pertineat 396. priorem illum subducta ratione anno adscribendum 366. vel circiter, cum ille nondum ætatis suæ trigesimum attigisset. Nempe se ait, *necdum ad œtatem perfecti viri et in mensuram Christi* venisse. Ex quibus haud temere colligas circa annum hæc scribere 336. Vid. ipsam præfationem ad finem. Porro factum ex ejus sententia, ut quam elucubrationem igni devoverat, deleret penitus sequior ætas; nam neque fragmentum ejus aliquod occurrit, neque apud alios veteres scriptores mentio. Sed cur tamen suspicer alicubi latere posse, facit inscriptio vetustissimi cujusdam Ms. in gothana bibliotheca n. 34. in quo post Commentarios in Jeremiam, *Tractatus in Abdiam* continetur: quo nomine haud recte veniat qui exstat in eum prophetam Commentarius. Rei veritatem vel sciunt, vel scire possunt docti viri, qui illis thesauris incubant. Quod si illud revera est operis, tametsi non alio numero habendum, quam quo ab ipso auctore notatum est, qui neque in catalogo in suarum scriptionum censu numeravit, eo tamen sicubi exstat, utiliter frui nos posse, nec sine injuria publico invideri judicamus.

21. *Tractatus septem in psalmos.* — Nunc de psalmorum Commentariis dicendum. Vetus et rancida controversia est, multorumque jam inde ab Erasmo recentiorum interpretum disputationibus agitata, in omnesne psalmos, an in aliquot modo, quorum in ejus scriptis est mentio, S. Doctor commentarios elaboraverit. Certe hujus loci, nostrique instituti non est, illud quod *Breviarium in psalmos* inscribitur, notissimæ falsitatis convincere, cum ad germana tantum opera, quæ perierunt, isthæc disputatio pertineat. Hujusmodi porro sunt, *in psalmos a decimo usque ad decimum sextum Tractatus septem*, quibus verbis in suorum operum catalogo auctore ab ipso recensentur. Horum ne fragmentum quidem aliquod superest, nec vestigium, modo si, quod plerisque eruditis visum est, in eo quod diximus breviario, multis assutis, aliisque interpolatis, non latet. Interim ut de eorum natura aliquid constitui possit, monent docti viri, atque in primis Tillemontius non primigenium Hieronymi fœtum, sed ex origeniano opere homiliarum in universum psalterium, has septem debere intelligi excerptas, ab eoque latine expositas. Quo id asserant, duplex est argumentum. Primum quod homiliis triginta novem in Lucam, quas certo certius ex Origene latinis verbis expressit, illas continuo subdit in catalogo: alterum quod *Tractatus* vocat, quo nomine ad populum homilias veteres indicabant; ejus vero generis orationes Hieronymus, qui neque episcopi, neque Καταχητικοῦ presbyteri officio est functus, condiderit nullam.

22. *Num ex Origene latine redditi.* — His equidem si reponam, mediocriter constituta videar velle subvertere: reponendum tamen, ut res magis pateat. Haud tanti faciendum imprimis illud videtur mihi ex recensionis proximitate argumentum. Si enim quæ alicujus laudato operi proxime subnectuntur, ejus sunt, licet auctoris nusquam apponatur nomen, cur, quæ hisce itidem tractatibus subditur, Malchi vitam non dicamus Origenem auctorem, Hieronymum habuisse interpretem? Porro *tractatus* nomen non usque adeo peculiare est ὁμιλητικῷ dicendi generi, quin ad alias sæpe scriptiones transferatur ex veterum patrum sensu; imo penes ipsum Hieronymum invenias pro certi alicujus e scriptura loci explanatione, breviori illa quidem, seorsum tamen elucubrata commentariorum more usurpari. Certe quam de Seraphim et calculo epistolam sive libellum ad Damasum scripsit, minime ex Origene aut Græco quopiam alio scriptore interpretatus est, quin imo contra Origenis sententiam ipsam velitatur, neque aliquid profecto habet quod referat homiliam; cum tamen in commentariis in cap. 6. Isaiæ initio *brevem subitumque tractatum* vocat. Quamobrem, ut ab aliis exemplis abstineam, primitus eo nomine, non quod vulgo eruditi existimant, conciones puto significari, sed expositionem, ut dixi, alicujus e Scriptura loci: deinde quod in sacris allocutionibus continuo aliquod esset e Scripturis disserendum, hinc ad illas quoque nomen latiori acceptione derivatum. Nam et Tractatoris vocabulum ex antiquiorum Ecclesiæ scriptorum sensu eos proprie notat, qui scientia Scripturarum præstabant, in iisque exponendis ponebant operam, quos Græci ἐξηγητὰς τοῦ λόγου, *Verbi Dei interpretes* vocant. Ipse adeo Hieronymus Epist. LXXXII ad Theophilum n. 7. tractatores canonicis θεοπνεύστοις Auctoribus confert ex opposito, seque tractatorem esse non diffitetur. Sic

ea verba restituimus e Mss. *Numquid ego in turbam mitto Origenem, aut cæteris tractatoribus socio me? Scio aliter habere apostolos, aliter tractatores.* Tale quid aliis plerisque locis de se confirmat. At quo pacto tractatorem se potuit dicere ex adversariorum sententia, si tractatus nunquam composuit, aut componere ex vitæ instituto non licuit? His adde argumentum ex Ruffini silentio. Nempe ex Adamantio nihil Hieronymus unquam est interpretatus, quod ille in invectivarum libris continuo non exagitet, expendatque. Notum qua subtilitate rimetur, trahatque in invidiam præfationes homiliarum in Lucam, in Jeremiam, in Ezechiel, in Canticum, quæ origeniana opera a capite, ut aiunt, ad calcem latine S. Doctor exposuit. Neque vero fragmentis sententiarum aliis parcat, quæ exinde translata sunt in Commentariis præcipue in epistolam ad Ephesios, et in Ecclesiasten: ut nihil de familiaribus ipsis epistolis dicam, in quibus si qua latet origeniani dogmatis, imo et nominis mentio, curiose investigat, expromit, lacerat. Qui igitur fit, ut septem integros tractatus, in quorum præfatione non potuit quin Adamantii, quo mire delectabatur, ingenium Hieronymus celebraret, et causas suæ interpretationi prætexeret, Ruffinus plane dissimulet, idque tam longis, et ἀκριβωτάταις disputationibus, in quibus id ferme unum sibi proposuit, et conquisitis undequaque argumentis enititur, ut ne quid favoris adversus Origenem in S. Doctoris nostri scriptionibus quibuscumque impune prætereat? Attamen ad dubitationem vulgo receptæ sententiæ injiciendam, hæc dicta sint, quo ejus operis natura explorari queat, non pro certis constituta. Nam et quæ sit negativi argumenti infirmitatem sentimus, et reponere aliquem posse, in Ruffini præfatione, quam libris περὶ ἀρχῶν præfixit, *ultra septuaginta libellos Origenis homeliticos* in latinum abs Hieronymo translatos dici, qui numerus tum optime constabit, cum tractatus in psalmos annumeres; si excluseris, vix septuagesimum attinges. At in hoc ipso testimonio quantum de Ruffini molesta fide ambigendum sit, docent quæ statim subnectit verba de tomis in Apostolum ab eodem Hieronymo latine redditis, quod tamen ille neutiquam fecit, ut infra suo loco ostendimus. Unde satius videatur ex dissimulante Ruffino aliquid evincere, quam ex calumniante argumentari.

23. *Psalmi XCIII expositio.* — Sed præter tractatus istos septem, psalmum quoque nonagesimum tertium abs Hieronymo fuisse expositum, testis est locupletissimus omnique exceptione major Augustinus in Commonitorio ad Fortunatianum num. 14 cujus hæc est pericopa: *Cum,* inquit, *ille vir* (Hieronymus) *in scripturis doctissimus psalmum exponeret, ubi dictum est, Intelligite ergo qui insipientes estis in populo, et stulti aliquando sapite, qui plantavit aurem, non audiet, aut qui finxit oculum, non considerat, inter cætera, Iste locus,* inquit, *adversus eos maxime facit, qui anthropomorphitæ sunt, qui dicunt Deum habere quæ etiam nos habemus; verbi causa, dicitur Deus habere oculos, quia oculi Domini respiciunt omnia: manus Domini facit omnia. Et audivit,* inquit, *Adam sonum pedum Domini deambulantis in Paradiso. Hæc simpliciter audiunt, et humanas imbecillitates ad Dei magnificentiam referunt. Ego autem dico quod Deus totus oculus est, totus manus est, totus pes est. Totus oculus est, quia omnia videt; totus manus est, quia omnia operatur; totus pes est, quia ubique est. Ergo videte, quid dicat, Qui plantavit aurem, non audiet, aut qui finxit oculos, non considerat? Et non dixit, qui plantavit aurem, ergo ipse aurem non habet; non dixit, ergo ipse oculos non habet: sed quid dixit? Qui plantavit aurem, non audiet, qui finxit oculos, non considerat? membra tulit, efficientias dedit.* Hæc totidem verbis lacinia in eo Breviario invenitur, quod Hieronymo inscribitur in universum psalterium, unde non satis recte inter deperditas hanc recensere elucubrationem videamur. Sed cum plane constet hieronymianum fœtum illum haud esse, sed studiosi hominis, qui variorum sententias et commenta in unum congessit, multaque de suo assuit, quin etiam facile appareat pleraque omnia ejusdem hujus psalmi commenta ex S. Doctoris calamo non esse profecta, laudatam περικοπήν ex alio deperdito opere excerptam non dubitamus. Quodnam vero illud fuerit, haud expeditum est divinare; non enim Commentarios in psalmos a se elaboratos S. Pater unquam tradit, imo vero cum ad annum 410 exponeret Isaiæ cap. 63, duos illos, *qui pro Torcularibus* inscribuntur, *octavum et octogesimum tertium, si vita comes fuisset,* Domino præbente, pollicetur se explicaturum; et sub vitæ finem cum Jeremiam commentaretur, quem laborem mors intercepit, in cap. 2 fore dicit, ut plenius de *Portis,* quæ in vicesimo tertio memorantur suo loco disserat. Unde nullo negotio colligitur propositum quidem illi fuisse in animo istud operis condere, sed aliis primum de causis interpellatum, deinde ipsa interceptum morte, perficere non potuisse. Neque enim in Commentariorum in psalmos censum, quod ab aliis fieri videmus, referimus tres illas epistolas, quarum altera est in psalmum 44 ad Principiam, altera in 89 ad Cyprianum, tertia denum in 126 ad Marcellam, iisdem ferme de causis, quibus neque epistolam ad Hedibiam, aut Algasiam, vel tandem ad Damasum de frugi ac luxurioso filiis pro Commentariorum in Apostolum vel in Matthæum parte aliqua possunt æstimari. Quamobrem et de hoc ipso quod ex Augustino laudavimus in psalmum 93 fragmento velim constitui, ex aliqua illud epistola quæ interciderit, fuisse desumptum, quam ille scripserit contra Ægyptios monachos, qui anthropomorphitarum hæresim per ea tempora instaurare conati sunt: quod ex Socrate lib. 6, Hist. Eccl. cap. 7, compertum est, et nos quoque attigimus ex parte, ubi Theophilo Alexandrinum ecclesiam regente diximus, hanc quæstionem iis in locis multis disputationibus fuisse vexatam, corporeusne Deus esset humanam figuram gerens, an incorporeus? quam postremam sententiam cum Theophilus tueretur, monachorum eorumdem factione in vitæ discrimen gravissimum adductus est.

24. *Breviores in psalmos commentarioli.* — Verum alii adhuc sunt deperditis accensendi

in psalmos Commentarioli, ut ipse Hieronymus in Apologetico adversus Ruffinum libro 1, non semel vocat. Quippe ubi psalmum secundum interpretaretur, pro eo quod erat in latino *Apprehendite disciplinam*, exposuerat ex hebraicæ linguæ ambiguitate, *Adorate Filium*. Hoc Ruffinus in calumniam trahebat, quasi ecclesiasticæ fidei nocens : contra ille primum erudite excusat, tum *Quid peccavi*, inquit, *si verbum ambiguum diversa interpretatione converti ? et qui in commentariolis ubi libertas est disserendi, dixeram, Adorate Filium, in ipso corpore ne violentus viderer interpres, et judaicæ calumniæ locum darem, dixerim, Adorate pure, sive electe !* Ex hoc luculentissimo testimonio minores quosdam commentarios in psalmos saltem aliquos, eosque, multum a tractatibus diversos Hieronymum elucubrasse quis dubitet? Nihilo secius si temporis rationes expendas, in difficultates ambagesque descendes longe gravissimas. Certe antequam Psalterium ex hebraica veritate latinum faceret, istos Commentarios elucubraverit, hinc enim ἀντιλογίας occasionem aucupatur Ruffinus, nec Hieronymus diffitetur loco laudato, *Et rursum*, inquit, *omne Psalterium in romanum vertens sonum, quasi immemor expositionis antiquæ posuerim, Adorate pure :* quod utique sibi esse contrarium omnibus patet. Hanc vero Psalterii versionem ante annum 392, sive ante librum de Viris illustribus, et catalogum suorum operum concinnavit, quod etiam ex capite 134, in Sophronio, qui illam græce recudit, compertum est. Qua igitur de causa istos ille Commentariolos in suorum operum censu non agnoscit, qui et multo breviores libros, ut par est credere, atque epistolas satis diligenter refert? Nimirum illa quam supra innuimus, quod animo constituisset in omnes ex integro psalmos scribere, et vix partem aliquam attigisset tum temporis, neque fortassis ex ordine, sed pro lubitu, aut ex occasione arrepta commentationis materia. Quamobrem imperfecti operis in catalogo haud meminit, rationem ejus rediturus si perfecisset, quod animo proposuerat.

25. *Libri* περὶ ἀρχῶν *interpretatio*. — Cætera prosequamur. Insignis illa occurrit libri origeniani περὶ Ἀρχῶν sive *de principiis* latina versio. Proposuerat sibi, quod omnes norunt, Origenes in eo libro christianæ religionis ac veræ præcepta philosophiæ tradere; e contrario autem vera dogmata multis involvit difficultatibus, erroresque plurimos, atque insanias immiscuit. Ruffinus librum hunc latinis auribus dare ausus, ne blasphemiis lector, aliisque ψευδωνύμου γνώσεως erroribus offenderetur, nihil sibi non licere arbitratus, addens, mutilansque ubi placuit, pessima fide expositum latine obtrudit. Hieronymus cum ex illa infidelitate multa christianæ fidei pietatique imminere discrimina probe intelligeret, novam interpretationem nihil immutans adornavit, quo errores nullis artibus dissimulatos, nulloque falsæ interpretationis fuco oblitos, sed in propatulo positos, lectores facilius caverent sibi. Fragmenta ejus operis exigua quidem, sed insignia, quæque magis noxia origeniani dogmatis venena detegant, supersunt in epistola ad Avitum in nostra recensione CXXIV. quæ ut facilius internoscerentur abs Hieronymi textu distinximus, et passim expendimus in notis. Totus vero liber, quemadmodum et græcum exemplar male perdidit, jamdiu olim præpostera hominum cura; cum e contrario ruffiniana versio, quæ putida potius interpolatio dicenda est, in hanc usque ætatem perduret. Nempe qui tanto conatu in Origenis doctrinam ab illis usque temporibus desævierunt, ecclesiastici homines, synodorum, atque episcoporum anathemata illum cum primis librum perdere atque omni studio abolere contenderunt, et qui illum fideliter referret, utpote iisdem refertum erroribus nefas putarunt describere.

26. *Libri contra S. Joan. Chrysost. versio*. — Tale quid contigit etiam libro Invectivarum, ut vocant, in sanctum Joannem Chrysostomum, quem Theophilus alexandrinus episcopus, homo impotentis animi, græce exaravit, et Hieronymo ut latinum faceret, persuasit. Ejus perpauca supersunt fragmenta, et quæ rursum non nisi meras in sanctissimum illum præsulem injurias, et contumelias exhibeant, invidiam peræque sanctissimo interpreti apud magnopere religiosos, potius quam laudem comparatura. Neque vero institutæ disputationis ordo patitur, ut in excusando Hieronymo divagemur, quem satis illorum historia temporum purgat : quando Chrysostomus in gravissimam origenismi suspicionem delapsus jam fere vulgo hæreticus habebatur, episcoporum suffragiis exauctoratus, actusque est in exilium. Præterea minime compertum est, illum theophilensis animi fuisse conscium, contraquam Huetius aliique eruditi ex falsa inscriptione epistolæ CXIII. opinati sunt. Itaque illa ipsa fragmenta quod origenianæ causæ, atque historiæ lucem haud modicam fœnerari viderentur, ad epistolam in nostra recensione CXIV. quæ suæ illi interpretationi juncta est ab Hieronymo invidiæ declinandæ causa, nos subnectimus ex facundo hermianensi lib. VI. cap. ultimo excerpta. Quæ si cui minus accepta sint, velim putet ille, quemadmodum in aurificum officinis ipsa quoque purgamenta pretiosa sunt, ita in aureis magni Hieronymi reliquiis, etiam, quæ secus videantur, exscrutari quo spiritu scripta sint, plurimum interesse. Cæterum erant eo in opere pleraque alia, quæ ad *utilitatem* omnium *ecclesiarum*, ut sanctus interpres loquitur, conferrent; licebatque ex eo discere qua essent *veneratione sancta suscipienda, et deserviendum altaris Christi ministerio; sacrosque calices, et sancta velamina, et cætera quæ ad cultum dominicæ pertinent passionis, non quasi inania, et sensu carentia sanctimoniam non habere, sed ex consortio corporis, et sanguinis Domini eadem qua corpus ejus et Sanguis majestate veneranda*. Hæc nimirum obtentui erant detractioni in religiosissimum virum, cujus tamen, ut diximus, fides ac pietas per ea tempora origenismi suspicione laborabat. Sed perspecta demum integritate, subsecuta ætas, ut ne quid labis in illo admitteret, librum oblivioni dedit, et penitus interire facile est passa.

27. *Epistolæ plures deperditæ*. — Sed ex hieronymianorum operum numero quibus minime

pepercit temporum inclementia, injuriam expertæ præ cæteris sunt epistolæ, quarum aliquot sic intercidere, ut vix interdum rescire liceat quod scriptæ fuerint. Earum catalogum magis quam notitiam instruimus, ut si quam e latebris bibliothecarum eruere aliquando contigerit, ex inscriptione saltem innotescat. Itaque temporum, quibus datæ sunt, ordine quoad fieri potest servato, primæ occurrunt ad *Castorinam* materteram, quas ipse post annum ingerit denuo, ac memorat in illa quæ una ad eamdem superest. In illis *pacem quam reliquit Dominus, ut secum habere vellet*, magnopere deprecabatur, *veteri*, cujus tamen causas ignoramus, *rancore deposito*. Ejusdem fere propositi fuerint decem illæ, quas et per idem fere tempus, sive in arripiendæ solitudinis procinctu, ad *Antonium* Æmonæ (vicinum patriæ suæ oppidum hoc olim erat) monachum scripsit. *Decem* (inquit epist. XII. ad eumdem) *jam nisi fallor epistolas plenas tam officii, quam precum misi.* Rursum haud scio eædemne cum illis censendæ sint, quas ad *Virgines* ejusdem loci, sive Æmonenses, quibus facile Antonius præerat, a se scriptas memorat ep. XI. iisque dolet nusquam repensam vicem. *Ne unum quidem*, inquit, *apicem toties vobis tribuenti officium præstitistis.* Certe si temporum effugissent injuriam, non dubito quin præclara ex illis ad pacem reducendam, instaurandamque amicitiam exempla possemus repetere. Ad *Didymum* quoque magistrum suum, quem non ita pridem in alexandrina schola docentem audiverat, epistolam dedit, quæ non habetur. Illa vero passim invidiose traducebatur ab æmulis, quod viro tametsi eruditissimo, Origenis dogmati impense addicto fuisset inscripta. Quam culpam sanctus doctor in epistola LXXXIV. ad *Pammachium* et *Oceanum* purgat his verbis : *Audet quidam proferre litteras meas ad Didymum, quasi ad magistrum ! Grande crimen discipuli, si hominem eruditum, et senem magistrum dixerim. Et tamen volo inspicere ipsam epistolam, quæ tanto tempore in calumniam reservata est. Nihil præter honorem et salutationem continet.* Et meri quidem officii minus ægre ferenda jactura videatur ; sed nullam ego majori cum voluptate epistolam legerem, si superesset. Aliam nescio quam penes se habere dixit Ruffinus, in qua sanctum Ambrosium Hieronymus suggillaret. Nempe cum unde quadraginta homilias Origenis in Lucam latine interpretaretur, quemdam in præfatione tractorem, cujus tamen nomen dissimulat, dixit in simili opere *verbis ludere et sententiis dormitare*. His peti sanctæ memoriæ Ambrosium episcopum Ruffinus ut probet secundo Invectivarum libro, *Scit*, inquit, *ille* (Hieronymus) *me habere epistolam suam, in qua hoc ipsum de aliis excusans, in illum* (Ambrosium) *convertit suspicionem. Verum quia epistola illa etiam secretiora quædam continet, quæ interim modo publicari nolo ante tempus, ex aliis adhuc his similibus approbabimus.* Imo vero si protulisset, haberemus gratiam ; sed credo calumniæ instruendæ illi magis intererat silentio premere. Priorem ad *Augustinum*, quam non pro receptis litteris, sed pro *subscripta salutatione* circa an. 397, *plenam epistolam* reddidit, laudat ipse Augustin. epist. ad Hieronymum in nostra recensione LXVII, et quid rei contineret non obscure indicat, tametsi doleat fuisse *breviorem multo, quam ex eo vellet suscipere, tali viro, a quo, tempora quantalibet occupet, nullus sermo prolixus est.* Nescio quas alias ab utroque vicissim datas, sunt qui velint intercidisse, sed falli eos puto, quod temporum rationes, quibus singulæ exaratæ sunt, non satis bene composuerint, vel animadverterint. Utique ad *Theophilum* et vicissim plures videantur minime tulisse ætatem, quod ex earum serie innotescit. Ad *Paulinum* vero non nisi unam indicari puto, ubi ille queritur epistola LXXXV, sibi ab Hieronymo *parvas et incomptas litterulas mitti.* Enimvero neque breves, neque incomptæ dici ullo modo possunt, quæ supersunt LIII et LVIII, quarum altera scripturarum libros copiosissime edisserit, altera vitæ sanctissimæ instituendæ norma proposita, ad divinarum litterarum studia antiquorum patrum exemplis invitat. Alia itaque putanda est, qua de amico Paulinus conqueritur, noster culpam deprecatur. Ad *Pammachium* et *Marcellam*, cum priorem anni 401. Paschalem Theophili epistolam latine explicatam mitteret, junxisse litteras, ex eo etiam verosimillimum est, quod insequentis anni itidem paschali epistolæ ad eosdem præfatur : *Rursum orientalibus vos locupleto mercibus* : et infra, *Accipite et græcam et latinam etiam hoc anno epistolam.* Ea vero si exstaret, haud dubito quin origenianæ causæ primordia, factione que inde exortas liceret intelligere. Ad *Marcellinum* et *Anapsychiam* non nisi una superest in recensione nostra CXXVI. Ex illa tamen plerasque alias iisdem ab illo fuisse inscriptas planissime constat, quod ejus statim initio , *Non me*, inquit, *pænitet impudentiæ, qua tacentibus vobis, epistolas meas* FREQUENTER *ingessi, ut rescriptum mererer.* Non dissimili argumento ex tribus illis Innocentii papæ epistolis, quas primum in hieronymianarum censum transtulimus, alias nonnullas ad ipsum *Innocentium*, et ad *Aurelium* carthaginensem episcopum de pelagianorum violentiis, deque sibi suisque illatis cædibus missas a S. Doctore non dubitamus tum suo, tum Eustochii et junioris Paulæ nomine. Earum summa fuerit de monasterii direptione, atque incendiis, quæ primum Aurelio aperuit, quo deprecatore ad pontificem usus est, et cujus opera epistolæ ultro citroque deferebantur. Notum præterea fecit Innocentio, quod ejus usque invisendi, et coram consulendi studium Aurelius animo conceperat. Tanta autem modestia gravissima ab hæreticorum satellitibus mala suis illata, et quæ timenda sibi essent pejora deplorabat, ut probe notum persecutionis auctorem maluerit reticere penitus, quam in eum videri referre talionis vicem. Ultimo loco ad *Firmum* epistolam, cujus tamen mentionem nullam facit Ambrosianum exemplar, ex illa ad Augustinum CXXIV, scriptam intelligimus. Atque hæ hieronymianæ epistolæ sunt, imo in universum scriptiones, quarum certa jactura de summa utilitate, quæ percipi e S. Patris lectione potuit, multum imminuant.

28. *Quæstiones hebraicæ in Vetus Testamentum.*—Nunc illas reliquum est edisserere, quæ vulgato quidem doctorum judicio deperditæ existimantur, ego vero minime arbitror elucubratas. Primæ occurrunt *Quæstiones hebraicæ*, quas præter Genesim, in quam superant unicæ, in alias quoque Scripturæ partes, imo ut videtur in universum Vetus Testamentum ipse Hieronymus non uno aut altero testimonio, sed plane locis undeviginti, verbisque, ut videre est, luculentissimis, memorat in eo libro, quem ex Eusebio interpretatus est de *Scripturæ locis*. Vulgo itaque eruditi deperditas passim dolent, et Martianæus in primis quando earum occurrit mentio, Ecclesiæ ac rei litterariæ damnum irreparabile ex illarum desiderio exaggerat. Tillemontius adhuc hæret incertus, tantumque expendi perquam accurate vellet, num quæ de cæteris Scripturæ libris explicata laudantur, in eo, qui in Genesim superest, invenire sit : quo studio si singula reperiantur, illum unum indicari continuo putet. Sed imprimis *libros* Hieronymus plurium numero appellat, et in Numeros, Deuteronomium, Judices, et maxime in Reges, in ipsos denique Prophetas laudat. Deinde illa, quod rei caput est, in Geneseos commentario non inveniuntur, unde Cl. quoque ejus viri sententia oporteat intercidisse. Ego tamen aliter constituo. Non equidem inficior, licia el subtegmina ejus operis fuisse ab Hieronymo præparata, quædam etiam fortasse in schedulis digesta, quæ si integrum fuisset illi per otium, facile perfecisset. *Libros,* inquit ipse *in præfatione, hebraicarum quæstionum in omnem Scripturam sanctam disposui scribere.* Haud multo autem post in alia præfatione, quæ est homiliarum in Lucam ad Paulam et Eustochium, *Prætermisi*, inquit, *paululum hebraicarum quæstionum libros, ut ad arbitrium vestrum hæc qualiacumque dictarem.* Nec diffitebor, de ore saltem reliquos quoque Scripturæ libros Paulæ atque Eustochio exposuisse ex ipsiusmet illo testimonio constat in Commentar. in epist. ad Titum cap. 2. *in Moysi*, inquit, *lege fures nonnunquam septuplum, nonnunquam quadruplum reddere compelluntur, et interdum obtruncatur, interdum venditur fur ipse pro furto ; de quibus* xu-per vobis in Levitico exposuisse me *memini.* Sed ob quam tandem causam fuerit, illum unum, qui Genesim explicat, absolvisse librum, nec ullum edidisse alium, hac simplici expositione ostendam. Quo tempore Quæstiones hebraicas S. Doctor adornabat, librum quoque de Hebraicis locis ex Eusebio ob quamdam operis ac studiorum convenientiam sumpserat interpretandum, imo unum opus alterum intercepit. Hoc ut planissime constet, in alterius libri, qui *de hebraicis nominibus* inscribitur, præfatione, *libros*, inquit, *hebraicarum Quæstionum nunc in manibus habeo :* et paulo post, *librum quoque locorum, quem editurus sum, si quis habere voluerit.* Istud igitur eusebianum opus latine refudit, cumque adhuc animo libros Quæstionum moliretur (absolverat enim jam illas in Genesim) quid sibi in cæteris propediem effundendis proposuisset, lectorem subinde ita docuit, ac si jam perfecisset. Re ipsa in eo tantum libro invenias laudari in reliquis de nomine Scripturæ partes Quæstiones istas, nam paulo post cum incepto destitisset, nusquam deinceps illarum meminit. Quin imo post ferme sexennium cum catalogum suorum ipse operum texeret, et Quæstiones ipsas hebraicas recensuret, earum duntaxat agnoscit *in Genesim librum unum.* Illas postea retexisse, minime omnium est verosimile ; certe in libris, quos deinceps elucubravit, nec vestigium est quidem, licet se occasio earum reminiscendi obtulerit, ut dissimulare omnino non potuisset. Attamen e contrario agit, si qua enim earum difficultatum, quas in libri de Locis interpretatione se jam dixerat expedisse, iterum in aliis operibus occurrit, perinde explicat, ac si nunquam attigerit. Rem placet exemplo confirmare. Dixerat ad vocem *Ariel* ex Isaia, consueta clausula, *De hoc in libris hebraicarum Quæstionum plenius dictum est.* Post annos circiter 24, audi quid in Commentariis dicat : *Ariel interpretatur leo Dei, et pro civitate quam aquila interpretatus est,* πολίχνη, *hoc est oppidulum sive viculum, in hebraico legitur* cariath *, quod proprie villam significat, et lingua syra dicitur cartha, unde et villa silvarum appellatur Cariath jarim...Igitur Ariel, id est leo Dei quondam fortissime vocatur Jerusalem, sive ut alii arbitrantur, templum et altare Dei, quod erat in Jerusalem.* Itane locum, quem antea ex instituto exposuerat, dissimulato priori opere, latius edisserit? Id si quis sibi persuadeat, ille sane in hieronymiana lectione hospes sit. Nam ex opposito in ejusdem Isaiæ caput 54, sub initium, cum numero *septem* et sabbatum et plures dixisset indefinite significari ex hebræi sermonis ambiguitate, quod hæc tamen etiam ad Genesis 21 attigisset, continuo subdit, *De quo in hebraicarum quæstionum libro, Quem in Genesim scripsimus, plenius dictum est.*

29. *Commentarii breviores in XII Prophetas.* — Ad alia properemus. Ὑπομνήματα, sive *breviores in duodecim prophetas commentarios* ab his qui supersunt diversos, docti aliquot, atque in primis pater Martianæus, pro certo ponunt intercidisse temporum injuria, et dolent. Querimoniæ locum fecere isthæc Hieronymi verba epist. XLIX, ad Pammach. n. 4. sub finem, *miseram quædam* τῶν ὑπομνημάτων *in prophetas duodecim S. patri Domnioni...quæ si legere valueris, probabis quantæ difficultatis sit divinam Scripturam, et maxime prophetas, intelligere,* etc. Scilicet in universos duodecim prophetas, quos minores vocant, commentaria innui videntur illis, quæ cum S. Doctor non ante annum 406 absolverit, isthæc autem epistola 393 certo certius ascribatur, alia ab his quæ supersunt indicari necesse sit. Accedit ipsum ὑπομνημάτων vocabulum, quo aliud operis, aut monumenti significari ab iis commentariis persuasum habent. Verum ut quod sentio, pace dicam doctorum hominum, errare illos existimo, S. vero doctorem eorum qui exstant commentariorum partem, quam eo tempore confecisset, omnino intelligere. Neque enim in primis cum in XII. prophetas opus aliquod memorat, singulos prophetarum libros designat, quibus explicandis suam probasset ope-

ram ; sed quemadmodum in Scripturarum est canone, unum, qui *duodecim Prophetæ* inscribitur, librum absolute indicat ; neque adeo exinde singulos duodecim prophetas explanasse intelligitur, quod in duodecim prophetarum librum aliqua sit commentatus. Sic ipse Hieronymus in dialog. contra luciferianos num 5. Osee locum laudaturus. *In duodecim prophetis* scriptum esse dicit, *sacrificia eorum tanquam*, etc. Deinde neque ἁπλῶς dixit Hieronymus, ὑπομνήματα, sed *quædam τῶν ὑπομνημάτων*, ut non universos duodecim, sed aliquos ex illis tantum per id temporis explanasse, apertissime denotaret. Reipsa Michæam ab anno 392 ad usque insequentem, et Nahumum, et qui exinde sunt, Abacuchum, Sophoniam, atque Aggæum exposuerat : atque hi profecto sunt commentarii, quos ad Domnionem misisse Pammachio significat, neque omnino breviores alios, aut ratione alia diversos, quos ætas inviderit, decet excogitare. Nam ut hoc etiam argumentum adjiciam, quis in animum inducat suum, si bis eosdem prophetas Hieronymus est interpretatus, quos semel elucubraverat, studioso lectori dissimulasse commentarios, cum iterum eamdem telam retexeret ? Qui nempe superusunt usque hodie, ipsis minime diffitentibus, qui in contraria opinione versantur, eruditis viris, posteriores iis sunt, quos fingunt intercidisse. Exemplum repete ex Abdia, quem secundis curis recognovit, prioribus omnino repudiatis, vel ex Isaiæ Visionibus *ad Amabilem*, quas pridem seorsim expositas, ipsis commentariis attexuit.

30. *Quatuordecim libri in Jeremiam.* — Non absimilem aut æquiorem ista, quam ex mera hallucinatione oriri demonstravimus, eam puto cum veterum, tum recentiorum scriptorum querelam, de quatuordecim libris Commentariorum in Jeremiam jamdiu olim deperditis. Cassiodorius Institut. cap. 3. *de prophetiis, Jeremiam,* inquit, *etiam sanctus Hieronymus* VIGINTI *libris commentatus esse monstratur, ex quibus sex tantum nos potuimus invenire, residuos vero adhuc, Domino juvante, perquirimus.* Sic vetus auctor sermonis *in Natali* S. *Hieronymi*, quem prostremo tomo exhibemus, cum in universos prophetas *quatuor et septuaginta libris commentatum esse* S. Doctorem dicat, nihil dubium, quin in Jeremiam, inita ratione, integros viginti enumeret. Jacturam impensius dolet Rhabanus, qui cum sex priores libros suo operi inseruisset, quia *deinceps memorati tractatoris* (Hieronymi) *expositionem in Jeremiam nusquam reperit, necessarium existimavit, ut ab aliorum prophetarum expositionibus excerperet, quæ ipse de hoc propheta videretur commemorasse.* Paria sequioris ævi scriptores habent, e quibus non nemo etiam unum aut alterum, ex his quos putaret deperditos, invenisse sibi visus est. In quodam abbatiæ S. Laurentii Ms. quem laudant in *Itinere litterario* duo patres benedictini e congregatione S. Mauri, post sex illos in Jeremiam libros, hæc apponitur nota. *Nota quod gloriosus Doctor Hieronymus scripsit* VIGINTI *libros super Jeremiam prophetam, quorum sex primi libri habentur in isto volumine,* TRES *ultimi reperiuntur apud regulares septem fontium in Brabantia : sed* UNDECIM *medii non inveniuntur, quod deplorat Cassidorius, Hrhabanus, et (supra laudatus auctor sermon. in Natal. S. Hier.)* Joannes Andreas. E recentioribus docti quidam, cum ferme pro certo habeant, non fuisse illos commentarios, morte intercedente, absolutos, veterum ex adverso occurrentium auctoritatem ac testimonia conantur elevare. Clarissimus Tillemontius maluit vexari Cassiodorii locum, ac nescio qui *novem* substitui pro viginti novem, quæ sane violenta immutatio est, nec ullis Mss. sive etiam editorum codicum suffragiis probata ; imo verius auctoris menti, et contextui plane contraria. Ad hæc temere mutatis Cassiodorii codicibus, cæterorum quoque libros eadem licentia pervadere, et constantissimæ auctoritati refragari oporteat. Dicam itaque paucis ego quid rei sit, et qui conciliandæ sententiæ. Hieronymus in Jeremiam quatuordecim Tractatus, sive homilias ex Origenis græco pridem converterat in latinum, deinde sex libris suo sensu eumdem prophetam est commentatus. Hæc duo veluti genera Commentariorum in idem argumentum si ex capitum, ut ita loquar, sive librorum numero, *sex* nimirum, et *quatuordecim*, in unum conjunxeris, summam *viginti* efficies, quot numero in Jeremiam dicuntur elucubrati. Sic autem existimo, in vetustissimo aliquo ante Cassiodorium exemplari, et bono quidem consilio, sex illis commentariorum libris, quatuordecim alios tractatus fuisse subjunctos, ex eoque ortam de viginti in Jeremiam libris sententiam. Certe qui primum, quis tandem ille fuerit, viginti numeravit, collecta ratione, commentariis tractatus junxit. Hi vero in aliis plerisque omnibus, et meliori quoque consilio, seorsim facile descripti sunt, quod minime commentariorum vices ex hieronymiano sensu supplerent, et pro origenicis fœtibus haberentur. Exinde cum sex proprie Commentariorum libri integram prophetæ expositionem non absolverent, et imperfecti operis partes esse constaret liquido, qui viginti libris Hieronymum fuisse commentatum acceperant, quatuordecim posteriores doluere injurias temporum non tulisse ; nec enim proclive erat suspicari tractatibus illis, numerum quem vetustiores constituerant expleri. Interim hæc una animadversio poterat commentitium illud desiderium consolari, totque disputationibus agitatam quæstionem enodare. Quod ut evidentissime pateat, neque ullus dubitandi locus reliquus sit, unum adhuc observandum est, ex quinquaginta duobus capitibus, quibus totus constat Jeremias, priora integra triginta tria exponi abs Hieronymo sex illis Commentariorum libris, unde reliqua decem et novem, quibus una ferme historica narratio colligitur, et quæ contractiori admodum stilo expositurum se fore ipse promiserat in præfatione, si persequi ob mortem, vel quæ mortem præivit ægram valetudinem potuisset, tribus aut quatuor ad summum, fortassis etiam paucioribus libris fuisse facturum satis ; minime vero integris quatuordecim, quos inepte admodum somniant. Quod igitur nihilo secius qua**tuordecim perfracte asserunt, ex mera hallucinatione est, quod totidem tractatus illos, sive**

homilias debere ad explendum eum numerum vocari in partes, post Cassiodorium, qui cæteros transversum traxit, nemo unus intellexit.

31. *Interpretatio latina Commentarior. Alexandri, aphrodisei.*—Verum alia est levior multo de *Alexandri aphrodisei Commentariis* latine ab Hieronymo explicatis hallucinatio doctorum hominum, puta, ut aliquem de nomine proferamus, Tillemontii in Vita artic. 10, et Alberti Fabricii bibliothec. græc. lib. IV, cap. XXV. Unum peræque est omnibus de ejus libri jactura argumentum ex S. Doctoris testimonio epistola L. ad Domnionem num. 1. Ibi cum se diu in philosophorum Aristotelis, ac Ciceronis scriptis versatum profiteatur, ut adversariorum projectam rusticitatem expugnet, quibus philosophicæ disciplinæ despectui erant, *Frustra ergo*, inquit, *Alexandri verti Commentarios; nequidquam me doctus magister per* εἰσαγωγήν *Porphyrii introduxit ad logicam?* Nec dubitant, quin sit ea significatione accipiendum *vertendi* verbum, qua de una in aliam linguam, scilicet in latinam de græca, denotatur interpretatio. At nihil Hieronymus de linguis addidit, sive in quam transferret, sive ex qua; mihique sane persuasum est, absque alterutrius notatione vix apud latinum quempiam scriptorem ejus sensus exempla inveniri posse, apud Hieronymum ne vix quidem. Quod enim ait Cicero I, de Finibus, *si verterem Platonem, aut Aristotelem, ut verterunt nostri poetæ fabulas*, etc., ex superiori contextu de Græcis apertissime subintelligitur. Proinde certum debet esse et constans, cum ἀπλῶς dicitur quis libros vertere, nihil significari aliud quam versare manu, aut evolvere, italice *scartabellare*. Hoc intellectu Horatius, *Vos exemplaria græca, nocturna versate manu, versate diurna.* Nec profecto aliter accepisse Hieronymum, quam ista significatione, oppido multis probare possem. Ipse in primis contextus superioris ex illa epistola loci, ex quo uno tota isthæc in orbem litterarium importata est fabula, nil præterea loquitur quam in legendis, terendisque philosophorum libris studium ac diligentiam. Cur deinde quem proprie librum fuerit interpretatus, S. Doctor non indicavit; verum indistincte Commentarios dixit, quo nomine decem, ut minimum, ingentia volumina designantur, ne dicam universa ejus auctoris opera, iis minime exceptis quæ perierunt, inscribi ὑπομνήματα, seu Commentaria? Quid porro tantum laborem, tamque molestum in se susceperit, ea transferendi scripta, quæ vulgo docti græce jam intelligerent, qui maxime philosophicis disciplinis animum adjecissent? Sed malim ex uno Ruffini sensu, quo iniquior hieronymianis operibus nemo unquam fuit, rem definiri. Hic nempe cum verba illa ad Domnionem quam poterat invidiosissime suggilaret lib. 2. Invectivarum, nunquam tamen interpretationem Commentariorum Alexandri objecit, quod maximum fuisset accusationis caput; sed lectionem tantummodo ejus libri perjurii arguit in Hieronymo, qui in toties exagitata illa visione, Christo dixisset, *Te negavi, si vel habuero gentilium codices, vel legero.* Si intellexisset Ruffinus, aut suspicari utcumque potuisset, latine conversos dici aphrodisei Commentarios, culpare lectionem, ac studium, dissimulare autem tanti operis laborem, eumque rursum, ut calumniari commode licuisset, perniciosissimum cum latinis quoque auribus daretur, voluisse quis credat? quin etiam totam in Porphyrii audienda εἰσαγωγῇ criminationem invenire, in convertendis a græco Alexandri libris, nil plane aliud objicere, quam quod *syllogismi apud Deum de illius Commentariis non intexuntur?* Quam vero lepide similem culpam in Hieronymum regerem potuisset, qui sibi interpretationem origenici libri περὶ ἀρχῶν tantopere criminabatur? Ad hæc apposite satis ad rem nostram Ruffino notatum est, S. Doctorem antequam converteretur, litteras græcas, et linguam penitus ignorasse, ex quo illud etiam exploditur πρόβλημα, quod facile quis prætexere potuisset, in prima adolescentia cum nondum christianæ religioni dedisset nomen, translationem illam fuisse elaboratam. Nam si tum temporis græcas litteras ignorabat, cum vero didicit, jam in ethnicorum scriptis in latinum transferendis versari, non integrum sibi esse intelligebat, nulla profecto est temporis epocha, cui jure interpretatio illa possit ascribi.

32. *Liber ad Abundantium.*— Duo adhuc libri expendendi sunt paucis, ne quem hujus generis prætermittamus. Primus exegeticus ille est *ad Abundantium*, sive ut vetustiores editi ferunt, *Antium*, quem Cassiodorus Instit. c. 2. conceptis his verbi memorat. *Beatus Hieronymus ad Abundantium scribens, obscurissimas tres alias exposuit quæstiones, quarum prima est, cur David, qui ad expugnandum Saul cum Achis Allophilorum rege ultroneus veniebat, hominem qui ejusdem Saulis mortem postea nuntiavit, occiderit. Secunda est, cur David moriens præcepit filio suo Salomoni, magistrum militiæ suæ Joab interficere. Tertia vero quæstio est de Semei, qui fugienti David intolerabiles maledictionum injurias missis etiam lapidibus irrogavit.* Hujus autem scriptionis neque mentio est ulla, neque vestigium in Hieronymianis, sive apud Scriptores alios, ex quibus certi aliquid possit extundi. Imposuisse Cassiodoro veterem aliquem librum, in quo isthæc Epistola sive libellus Hieronymo ascriberetur, facile credam. Sed quando ipsum monumentum ætatem non tulit, certam ferre sententiam non est expeditum. Alterum laudat S. Agobardus libro adversus Felicem cap. 39 (*De similitudine carnis peccati*), eumque *brevem, atque elegantissimum Tractatum de similitudine carnis peccati contra Manichæos* vocat. Ac ne putes incuria quadam, et scribendi festinatione in S. Doctoris nomine decipi illum potuisse, tota quam eo capite instituit, disputatio est de Hieronymi sententia circa adoptionis vocabulum, atque adeo de libri germanitate securus quam qui maxime, ut neque adversariis de auctore dubitare, aut reponere aliquid licere crederet, satis longam ex ea laciniam exscribit, bisque et tertio Hieronymi nomen ingerit, urgetque adversarium auctoritate. Baluzius qui postremo Agobardum re-

censuit, notisque illustravit, intactum reliquit hunc locum: sed facile opinor erunt hac ætate docti viri, qui Hieronymum ejusmodi operis auctorem extitisse ægre sibi persuadeant. Equidem Audentio episcopo hispano, qui circa annum 360, vixisse dicitur, malim ego ascribi, quem tradit Gennadius cap. XIV, librum scripsisse *adversus Manichæos, in quo ostenderet antiquitatem Filii Dei æternalem Patri fuisse, nec initium Deitatis tunc a Deo Patre accepisse, cum de Maria Virgine homo, Deo fabricante, conceptus et natus est*. Aut si huic forte minus, Sabbatio dederim gallicanæ ecclesiæ episcopo, circa annum 440, qui de simili argumento librum, eodem Gennadio teste cap. XXV, composuit, ostenditque, Christum veram habuisse carnem, *per quam manducando, bibendo, lassando, plorando, moriendo, resurgendo, verus probatus est homo*. Re autem vera cum nihil pro certo constitui possit, neque ad opus ipsum Hieronymo abjudicandum certa suppetant argumenta, ne ejusdem Agobardi auctoritatem elevare temere videamur, et si quid est operis hieronymiani inconsulto præterire, ipsam illam laciniam describimus. *Denique hoc confirmat proposita ipsa sententia, quæ primum Adam in animam viventem factum esse testatur, novissimum in spiritu vivificantem. Ecce cur tam post innumeros annos, et incomprehensa curricula sæculorum ab omnibus mortalibus, a quibus ut qui secundum carnem natus est separatur, quod ille primus vivens, hoc novissimus vivificans; ille sibi data vix possidens, hic possidenda condonans. Quod est Psalmista duobus versiculis explanavit dicens. Quid est homo, quod memor es ejus, aut filius hominis, quoniam visitas eum? Homo Adam accipiendus est; filius hominis, Dominus intelligendus est; qui in memoriam veteris visitatur, et in defuncti recordatione spiritu salutationis impletur. Quod ipsa verba exprimunt, ut rem planam videre non mirum sit, dum et homini memoria conjungitur, et filio hominis visitatio copulatur. Illi mortali quid aliud poterat superesse? huic vivificanti quid aliud oportebat infundi? Nam defunctis memoria debetur, visitatio viventibus exhibetur. Quod utrumque in Domino per incarnationem constat impletum, cum ob primi commemorationem novissimus visitatur, et per novissimi visitationem salvatur et primus. Huic sensui germana est illa sententia: Primus homo de terra terrenus, secundus e cælo cælestis. Quis est iste cælestis? Sine dubio ille, qui eum quem gestabat in baptismate fecit audire, quod ante ipsum nullus audierat: Filius meus es tu, ego hodie genui te. Et qualiter dicitur hodie, si in principio Verbum, et Verbum apud Deum, et Deus erat Verbum. Quia non est illud Verbum, quod semper in Patre, et apud Patrem, et cum Patre fuisse esse credendum est; sed homo quem in gratiam salutis Deus Verbum susceperat, audivit. Hic filius hominis per Dei filium, Dei esse filius in Dei filio promeretur, nec adoptio a natura sejungitur, sed natura cum adoptione conjungitur. Quoniam cum verbum caro factum est, non per assumptam decrevit assumptor, sed in assumente crevit assumptio. Creaturæ enim poterat per creatorem infirmitatis substantia commutari, creatoris autem in creaturam non poterat æternitatis natura converti. Et ideo cum dicitur, Prior homo de terra terrenus, secundus e cælo cælestis; non corporis materia separatur, sed forma vitalis; nec caro tollitur, sed carnis susceptor ostenditur: ille, inquam, qui in Evangelio ait, Vos de inferioribus estis, ego de superioribus sum. De superioribus ait, non utique sidereа carne, sed virtute divina.*

33. *Duo libri contra Helvidium*, etc. — Alia quædam consulto prætereo, quæ in recensendis Hieronymi scriptis mera sunt hominum sphalmata. Tale est illud auctoris Prædestinati, qui duos, non unum memorat contra Helvidium libros. *Contra Helvidianos scripsit Hieronymus doctor egregius duos libros, quos lectos in tempore digna eos execratione anathematizabunt.* Sed neque locum inveniant heic illa, quæ elucubraturum se fore Hieronymus promiserat quidem, minime autem est exsecutus. Hujusmodi sunt commentarii in Canticum Canticorum, quos roganti Principiæ pollicitus est, cum psalmum 44. eidem exponeret epist. LXXV, in fine. Sed *ab illo opere*, quemadmodum in commentariis in Matthæum tradit, *exclusus ægrotatione diuturna, spem distulit in futurum*: neque ejus postea complendæ occasio ulla se obtulit. Item historia ecclesiastica, quam moliri se ut scriberet, statim in limite vitæ Malchi luculentissimis hisce verbis profitetur. *Scribere enim disposui, si tamen vitam Dominus dederit, et si vituperatores mei saltem fugientem me, et inclusum persequi desierint, ab adventu Salvatoris usque ad nostram ætatem, id est ab apostolis usque ad nostri temporis fecem, quomodo et per quos Christi ecclesia nata sit, et adulta persecutionibus creverit, et martyriis coronata sit, ei postquam ad christianos principes venerit, potentia quidem et divitiis major, sed virtutibus minor facta sit.* Verum neque ex catalogo, neque alio quopiam ex opere votum istud explevisse satis manifesto concluditur. Quod enim ait primo contra Rufinum libro, *Laudavi Eusebium in ecclesiastica historia, in digestione temporum, in descriptione terræ sanctæ; et hæc ipse opuscula in latinum vertens, meæ linguæ hominibus dedi,* ita satius est intelligere, ut laudem ecclesiasticæ historiæ, translationem duobus aliis opusculis referri sibi voluerit.

PARS TERTIA. — *In qua in nova hac editione quid præstitum sit, explicatur.*

34. *Operum partitio.* — Jam itaque quid a nobis præstitum sit in hac adornanda editione aliquando dicamus. Primum œconomia et partitio, qua hieronymiana universa opera a nobis digesta sunt, breviter est exponenda, totaque nostræ editionis reddenda est ratio. Quidquid hieronymianarum scriptionum corradere potuimus in decem a nobis ita distributum est tomos, ut argumentorum ac rerum quas tractans ratio potissimum haberetur, atque unus ad alterum lectorem quodammodo alliceret. Prior tomus continet epistolas, alter tractatus, sive libellos, quibus peculiare argumentum, et certa materies, (quæcumque tan-

dam illa sit, sed praecipue contra haereticos subjecta est. Tertius in sacram Scripturam primum duos quasi apparatus, tum ipsos commentarios ad Canticum usque Canticorum exhibet. Prophetas explanant sequentes duo. Sextus novi Testamenti nobilissimas partes. Septimum explet Eusebiani chronici latina interpretatio, ac supplementum. Octavum et nonum hebraica veritas, sive hebraei canonis scripturarum latina itidem translatio, tum quae e Graecis veteris Testamenti convertit, et novi graecae reddidit fidei. Denique ultimo damus quae hieronymiano quidem se titulo venditant, sed alterius sunt, sive certi auctoris, sive incerti, quae in S. Patris familiam tanquam vernilem sobolem admisimus, ne si penitus repulissemus, sine tecto vagari, atque interire necesse esset. Praefatio sua tomo unicuique praefigetur, rerum omnium, quae ad illud volumen pertinent, causas rationesque exponens, et maxime eorum haud sane paucorum operam, quorum accessione unumquodque ditatum est: e quibus, si antea inedita, autographis excerpta sint, indicantes, si aliunde adscita, quibus de causis, quove ordine; quae pro rei ratio temporum explicabitur, multaque alia edissererentur, ut librorum indoleas in limine statim eluceat.

35. *Bibliothecae et Mss. quibus utimur et quomodo.* — His ita commode satis, ut videbatur, dispositis, ad textum ipsum emaculandum me contuli, et quoad ejus fieri potuit totum in id animum intendi. Primum loculos bibliothecarum scrutari studium fuit, et quidquid manuscriptorum erat ad rem nostram, sedulo conferre ac describere. Neque adeo laborem hunc, quod passim usuvenit, alienae fidei, sive diligentiae commendavi, quod illos haud multum curiose atque utiliter hoc opere defungi compererim, qui vel in antiquis codicibus perlegendis, vel in ejus quem conferunt auctoris lectione diu antea non fuerint exercitati. Ut ut igitur est labor iste ingratissimus, maximam certe partem meis ego oculis, meaque diligentia exantlavi: neque operis prolixitate, aut quod fere subrepit taedio, animum despondi, quem variantium copia lectionum emendationumque certissimarum subinde recreabat. Celebriores quas lustravi bibliothecae sunt in primis Romae Vaticana, immensa optimorum codicum supellectile, aliarumque bibliothecarum, Urbinatis, Palatinae, ac Reginae Svecorum accessione, supra quam dici possit, ditissima. Tum alia ibidem Cisterciensium monachorum, olim Nonantulana, nunc sanctae Crucis in Jerusalem, cujus venerandae antiquitatis exemplaria satis multa habui. Exinde Mediolanensis, vulgo Ambrosiana aeque instructissima, praecipue vero huc translatis S. Columbani de Bobio vetustissimis atque optimae fere prae caeteris notae exemplaribus. Denique Veronensis haec nostra, sive amplissimi canicorum capituli, quae si reliquis librorum numero longe est inferior, antiquitate ac praestantia fere antecellit. His addi possunt Parmensis, ex qua praesertim elegantem atque emendatum chronici Eusebio-Hieronymiani codicem ad nutum habui, et Vercellensis instructior multo: tum passim aliae, quas privatas dixerim, neque enim singulos codices instructo catalogo recensere, deque eorum aetate disserere per otium licet, maxime cum suo quemque nomine in notis, ubi ad fidem faciendam oportebit, compellarim. Vim porro ingentem Mss. cum in hisce bibliothecis offenderim, alia, qua fieri vulgo amat, ratione, eorum mihi duxi utendam auctoritate. Nempe antequam a capite, ut aiunt, ad calcem perlegerem, ipsorum fidei periculum feci: cum enim multos sit reperire, qui ex uno codemque exemplari descripti non immerito videantur, quod iisdem plane criticorum ausis, iisdemque erroribus ananuensium consentirent, non plus uno codice valere illos arbitratus, alios subinde, quos e diverso fonte fluxisse judicarem, in consilium adscivi, qui cum in aliqua minime levis momenti lectione concordarent, tum demum vincerent auctoritate, et cum pugna ac variatio esset, suis quoque dissidiis aut de loci sanitate suspicionem injicerent, aut medelam edocerent. Hanc secutus legem, illos tamen praetuli caeteris, qui suo fonti, hoc est Hieronymi aevo proprius accederent; neque temere quis dictum putet, si ex his quibus utor, multos septimum, omnes ferme decimum saeculum velim antevertere.

36. *Qua ratione emendatus textus.* — In refigendo ex his ἀντιγράφοις textu, hanc insuper rationem tenui, ut nisi errore ex veterum librariorum inscitia, aut criticorum audacia manifesto se prodente, quidquam immutare auderem; neque tantum probatissimis licet membranis tribui, ut ex iis solis receptam scripturam exturbarem, sed orationis contextum, et penitiorem sensum, usum quoque Hieronymi in scribendo, atque ingenium expendi atque exegi. Quae se his dotibus, et rectae rationis argumento, cum veterum librorum suffragio probarentur, lectiones novas in textum intuli, ac sunt equidem satis multae, quae prudentum antea editorum solertiam fugerant, multaeque aliae vulgo receptae, quas deserui, de quibus perinde ac si in Mss. omnibus invenirentur, ne dubitatum est quidem. Conjecturas quae multae domi nascebantur, saepius in limine supressi, ne mediocriter constituta sollicitarem; sicubi tamen corruptum locum aliquem sensus ipse indicaret, eumque tacentibus Mss. possem ex ingenio restituere, quando erroris causas in notis evidentissime demonstrarem, cur diutius paterer eruditis molestiam, lapsum objici ineruditis? Id tamen raro admodum et caute praestiti, et cum veterum codicum scriptura ipsa vitiosa non tam indicio esset, quam argumento: ut prudentes viros fore non dubitem, qui magis timiditatem, quam temeritatem culpandam materiem invenias. Nam religiosa quadam diligentia maluimus quandoque liquidam etiam veritatem legentis judicio proponi, quam de auctoris sensu periclitari.

37. *Variantes lectiones.* — Variantes lectiones subnecto, in quibus excerpendis digerendisque, modum hunc ferme habui. In primis quae mera sunt scribarum ludibria, vimque ingentem otiosarum diversitatum, quas sive recuses, sive impressarum loco ponas, nihil plane detrimenti oratio accipiat, nec nisi volumini molem adferre possint, exsulare penitus

jussi, et si quas ejusmodi exhibeo, tum denique est, cum earum aliquis esse potest usus, sive ut germanæ falsarum comparatione probentur magis, sive ut e vitiosis sani aliquid elicere criticorum filii queant : qui si recisas promiscue omnes fecissem, dolerent fortassis merito, repudiatum a me, quod sua ipsi opinione prætulissent. Reliquas apposui continenter, atque in hanc sane malui peccare partem, ut aliquas admitterem, quæ nihil intus haberent boni, quam cum periculo utilem resecarem. Quæ denique levioris momenti videbantur, maximam partem e veterum editionum libris excerptas, non ad imum marginem distuli, sed e regione asterisco prænotavi, ut voces ad quas referrentur uno intuitu cognoscere in promptu sit, nec aliorsum digredi levi de causa legentem pigeat. Earum omnium utilitatem eruditi homines probe norunt, neque in hac mihi laborandum parte esse censeo, ut fastidiosam quorumdam, qui illas fere despiciunt, rusticitatem expugnem, cum plerosque alios esse sciam, qui ex variantium lectionum capite de editionis præstantia judicant.

38. *Observationes, et notæ.* — Unum quod reliquum erat, S. Doctoris textum nostris observationibus illustrare, ubi res ferret, continentibus notis sum persecutus. Atque in primis cum veteri lectione expuncta, male affecto loco novam e Mss. substitui, aut pridem eliminatam reduxi, emendationis causas subnecto, et quibus adductus fuerim argumentis demonstro. In aliis haud quidem corruptis, sed intellectu difficilioribus locis, plusculum operæ, et verborum impendo, si ad eorum minuendam obscuritatem nonnihil meo studio possit accedere. Nativum auctoris sensum, quicumque ille sit, exponere primum juvit, semperque illud ob oculos habui sapientissimum ipsius Hieronymi ἀξίωμα epistola XLVIII, ad Pammachium num. 17. *Commentatoris officium est, non quid ipse velit, sed quid sentiat ille quem interpretatur, exponere. Alioqui si contraria dixerit, non tam interpres erit, quam adversarius.* Leviores, et quæ si e lectorum vulgo aliquem moveant, difficultates, ex aliis libris, maxime lexicographis explicari queant, sintque ab aliis ex instituto et copiose explicatæ, aut omnino non attigi, aut quibus e fontibus peti debeant subindicavi. Ex his vero locis, qui aut perperam accepti sunt, aut invidiose traducti, si quando absque sanctissimi doctoris injuria fit, cum aliqua veritatis specie, nullius ferme præterii culpam aut suspicionem purgare. Denique cum illo scribendi genere, quod Græci παρῳδικόν vocant, Hieronymus maxime sit delectatus, quæ ex aliis scriptoribus, præcipue Græcis accepit, aut accepisse visus est, plerumque indico, laudatis nonnunquam solis patrum nominibus, cum haud pluris interesse videbatur, integris quandoque adductis locis, cum fere ad verbum translata sunt, ac potuit scriptoris utriusque juvari sensus. Interdum illa etiam adnotata sunt, quæ alii ex auctore nostro sequioris ævi patres exscripserunt, sed hæc parce admodum, atque illis tantummodo in locis præstiti, quibus aut lucem, aut fidem laudata sententia fœneratur; si enim omnia persequi voluissem, cum ingenti labore vix fecissem operæ pretium. Eadem de causa, ut nimirum operi ac tempori parcerem, fere exsulare penitus jussi eorum testimonia, quibus vulgo solent scriptoris alicujus antiqui editores, librorum margines onerare, cum non absimiles sententias ex aliis congerunt, et textus παραλλήλους vocant. In summa nullam ultro profiteor a me obtinendæ brevitatis rationem fuisse prætermissam, sicque calamo temperavi, ut juxta doctissimi editoris nuperi sententiam, neque omnia scire lectorem meum, neque rursum nescire omnia existimarem.

39. *Aliorum ac præcipue Benedictinorum notæ ad calcem tomi.* — Atque ita quidem de his quas ego adjeci notis. Fuerat vero jamdudum animus omnium ante me editorum ad cujusque tomi calcem notas, atque animadversiones adponere. Sed ab eo consilio revocatus sum tum mei ipsius, tum prudentum virorum judicio, qui inani opere, et meliorum horarum dispendio futurum id fore arbitrati sunt. Sæpius enim veteres editores in locis omnium sermone contritis latissime exspatiantur : crebro etiam quæ a prioribus dicta sunt, non nisi paulo immutatis verbis, alius alium secuti replicant; demum falsis lectionibus innituntur, in quibus explicandis frustra desudant. Neque vero inficior, his quædam immisceri interdum, quæ ad lectoris eruditionem conferre possint, ea tamen perquam exigua sunt et non imminuta eorum laude, copiosius multo in hac litterarum luce pertractari a nobis poterant, suntque agitata. Henrici Gravii notæ sunt illæ quidem eruditiores, sed quoniam illud præcipuum ac ferme unicum instituti sui operis esse voluit *Hieronymum componere,* sive sententias sententiis conferre, nec nisi epistolis, tractatibusque hanc impendit operam, earum utilitati diligenti indice satis consulitur, idque satius est. Pauciores tamen illas, quæ textum expediunt, quemadmodum et Frontonis Ducæi octo aut decem selectissimas, ut ne quid deesse videatur, annecto. Sed non ita benedictini editoris commentationes accipiendæ erant, quæ licet absque hujus nostræ editionis dispendio omitti penitus potuissent, ad aliquorum tamen declinandam invidiam, qui ejus laboris sive commodis, sive incommodis se quererentur fraudatos, integras ad cujusque tomi calcem apposui

40. *Laus vitorum nominatorum.* — Multa præterea ad elegantiam operis, multa ad legentis utilitatem elaboravi, quæ studiosi homines ut æquo animo excipiant, rogo. Hanc gratiam sin minus ab uno aliquo obtineam, scio hieronymianam sententiam epist. LXVI, ad Pammachium, *Quod vulgi standum est judicio, et ille in turba metuendus, quem cum videris solum, despicias.* Nunc mearum est partium, præstantissimos viros, qui Mss. codicum subsidia mihi contulerunt, cum grati animi recordatione laudare. Eorum vero nomina instructo catalogo heic non recito, ne, cum multi sint e plurimis Italiæ urbibus, quemquam illaudatum forte prætereasm; sed omnibus singulisque gratiam habeo, iisque debere plurimum volo lectores benevolos, cum bibliothecas, quibus illi præsunt, laudatas legerint. Sed illustris-

simum virum, Marchionem Scipionem Maffejum, singulare patriæ nostræ ornamentum, sine ingrati animi culpa non taceam. Nempe totum ille laborem hunc meum et promovit primum præsentibus auxiliis, et licet longe absens, et desiderium sui diu in Galliis proferens continenti favore prosequitur, novus Hieronymi ἐργοδιώκτης.

Præfatio
HUJUS TOMI.

1. *Epistolarum S. Hieronymi dotes.* — Ex illustrium virorum scriptis Epistolæ longe cæteris præstantiores prudentum hominum judicio existimantur ea potissimum de causa, quod ipsa in illis scribentis persona ita propius ob legentis oculos versetur, ut quasi redivivum hominem complecti, faciemque ipsam intueri videamur. Hæc, si alterius cujusquam, est certe Epistolarum Hieronymi prærogativa, quarum muti apices ingenii, virtutumque ejus effigiem referunt, arcanumque mentis habitum, ignemque illum pectoris repræsentant, quem ipsum vivum corpus, si adesset, non exhiberet. Sed illa oppido major est dignitas, quod Sanctissimus doctor maximis Reipublicæ Christianæ muneribus usus, sicut ipsa pene in adolescentia *Damasum Romanæ Urbis Episcopum in Chartis Ecclesiasticis juverat, et Orientis atque Occidentis Synodicis consultationibus respondebat* (Epist. CXXIII) : ita deinceps veluti commune sæculi oraculum consuleretur de gravissimis rebus ac difficillimis, quodque rei caput est, ab illis, qui vel sanctitate, vel scientia, vel dignitate, primas tum temporis in longe etiam dissitis regionibus obtinebant. Exemplo sunt magnus Augustinus, quem nominare unum satis esset, ex Africa : Lucinius, Exsuperius ex Hispania : e Galliis Minervius, atque Alexander, Riparius, ac Rusticus : ex remotiore Germania Sunnia, ac Fretella : ex Oriente Epiphanius : ex Ægypto, ipsaque Alexandrina sede Theophilus, ut neminem interea ex Italia, ac Romanæ nobilitatis principibus viris proferam, quorum innumera sunt ac sæpius augustiora nomina. Quamobrem non privati hominis modo erudita negotia ejus Epistolæ complectuntur, sed insigniores fere quæstiones : eximia ad Scripturarum explanationem monumenta, imo etiam totam ferme ejus sæculi Ecclesiasticam historiam, dogmata, resque gestas, quæ eruditionis homo cupidus si ex purissimis fontibus velit ediscere, illas sedulo perscrutari necesse habeat.

2. *Veterum Editionum in iis recensendis confusio.* — Hic igitur fructus cumulatissimus ad lectorem ut redeat, non solum in iis præstandis, quæ in superiore Præfatione exposui, verum etiam in cujusque Epistolæ recensione, ut in rectum ordinem pro temporum ratione disponerentur, operam impendi. Veteres nempe Editores eam exhibent Epistolarum seriem quæ non ad temporis, sed ad materiarum rationem aptetur magis; cumque varii adeo argumenti Epistolas ad tres tantum classes, nec satis accurate redigant, eæ ipsa in œconomia perturbationis vitio laborant, ut sæpe polemicis laudatoriæ, moralibus criticæ, theologicis familiares permisceantur. Editio vero Benedictina dum huic malo mederi studet (absit verbo invidia) omnia magis confundit, nam et complures Epistolas, quas criticas vocat, e natali solo per vim avulsas in alienum transtulit, et per totum Hieronymi operum corpus hinc inde in unoquoque tomo commentariis interseruit, atque dispersit. Hujus intolerandæ confusionis si ab aliquot litteris quæ ad unum eumdemque Damasum inscribuntur, exemplum sumi velis, quæ Cain vindictam explanat, in secundo tomo post Quæstiones in Genesim, quæ de Seraphim agit, in tertio post Commentarios in Isaiam, quæ vocem Osanna explicat, in quarta priore parte, et Matthæi expositionis subduntur ; tum aliæ id genus omissæ, aliæ suum extra locum positæ, ut etiam in proprio judicio digerenda materia parum illi feliciter accidisse perspicuum sit. In reliquis porro omnibus, quas in quarti tomi parte altera in unum collegit, consilio quidem egregio usus est, cum ad temporis leges singulas exigeret, successu tamen non pariter felici, quandoquidem quæ prima statim occurrit ad Ruffinum septennii laborat anachronismo, et Innocentius, qui se itineris comitem Hieronymo præbuit, huic fato functus dicitur, post sexdecim alias interjacentes Epistolas vivus compellatur. Quem errorem cum volvit in prolegomenis editor emendare, eamque ad Innocentium epistolam ad annum 564 retrahere, novo errore cumulavit. Exinde autem reliquas hujus primæ Classis ad hypothesin, quam animo conceperat ex præjudicata opinione accommodavit. Nec minus aliæ Classes peccant, siquidem sæpe priores Epistolæ posterioribus succedunt, quædam uno, aliæ duobus, aut tribus annis, quandoque etiam pluribus, contra quam par est, præferuntur, vel posthabentur, non sine ingenti lectoris incommodo, quem ille, quoties perturbatis calculis temporum rationes confundit, toties secum una transversum rapit.

3. *Novi ordinis necessitas, et ratio.* — Quamobrem cum neque incommodam veterum sortitionem repetere, nec sæpe deviis Monachi Benedictini vestigiis liceret insistere : quanquam in votis esset ab alterutro vulgatorum ordinum non discedere, ne inducta mutatio studiosis negotii aliquid facesseret ; meliorem tamen ordinem auspicari, sive ipsum chronologicum ex integro reformare, quoad fieri potuit accuratissime, omnino necesse fuit. Nam et multa e vulgatis Epistolarum collectionibus exturbare, multaque alia, quæ desiderabantur, sufficere oportuit in hac nostra ; et cum semel veterem numerum vel augere, vel imminuere, movere eo ipso necesse fuit ; nec nisi gravioris legentium cessisset incommodo servare alicubi præscriptam seriem, alicubi diverticulis pro re natis, invertere. Satius igitur aliorum quoque Editorum exemplis edocti, esse arbitratus sum, si usitatis superiorum temporum citationibus studiosi uti possent, et ne ejus ordinis, quodcumque tandem est, commodo fraudarentur, annotarem ad uniuscujusque Epistolæ initium, quem in veteri recensione numerum obtinerent. Proinde tabulam quoque instrui in fronte operis, qua novus ordo veteri comparatur, ipsaque Benedictina editione, cujus seriem e regione apposui, ut quem inter se respectum habeant, quove ordine quæque processerit, intelligere uno conspectu liceat. Cæterum ne novum ordinem iniisse temere et levibus argumentis videar, momenta rationum, quibus adductus sum ad eam seriem designandam, ut in accuratioribus Patrum recensionibus fieri amat, seorsim infra subnecto, maxime cum multas quæ peregre vagabantur, certis locis atque annis, plerasque aliis ab his, quibus Chronologi vulgo affixerant, asseruerim. Tres enim sunt tantum Epistolæ, quæ non usque adeo certam temporis notam, aut historici alicujus facti memoriam servant, ut ad certum annum revocari possint, easque ad aliarum calcem rejeci, præfixo ad paginæ album hoc lemmate, *incerti temporis*, ne recentiores quis putet, ex eo quod cæteris postponantur. Attamen ferme nihil ad historiam faciunt, ut illarum ætatis ignoratio ægrius ferenda sit.

4. *Tractatus et opuscula cum Præfationibus aliorum operum excluduntur.*—Jam vero, ut proprie Epistolarum, quod nemini hactenus in mentem venit, collectionem adornarem, primum Tractatus et prolixiora opuscula, quæ ab ipso Hieronymo in Catalogo, atque alibi, si quando eorum mentio occurrit, inter libros censentur, hinc loco movi, atque alteri tomo reservavi. Quid enimvero cum Epistolis commune habent, ut in earum ordinem referantur, trium Monachorum Pauli, Hilarionis, et Malchi Vitæ, Liber de Illustribus Viris, alius contra Helvidium, duoque multo prolixiores contra Jovinianum, Orthodoxi et Luciferiani Dialogus, tresque cognomines contra Pelagium libri, aliaque id genus haud pauca, quæ diversam sedem ex ipso syntagmatis ingenio postulant ? Exclusi pariter ex hac serie Epistolas illas, quæ aliis libris Præfationis loco sunt, neque indolem cæterarum servant, et diverso fine exornantur. Ex eo genere sunt viginti illæ, quas in totidem sacrarum Scripturarum libros S. Doctor elucubravit, iisque præfixit, cum de sua interpretatione, atque opere præmonere lectorem voluit : Erasmus vero et Victorius reliquis in suis editionibus accensuerunt, quod vel illos libros excudere in animo non haberent, vel etiam extare integros non putarent. Hujus quoque modi sunt, quas recensuit Martianæus in octava Classe, præfationes librorum aliquot, quos in operum collectione prætermisit, in quarum recensione hoc insuper vitio peccatum est, quod una quædam pro Hieronymiana obtruditur, cum manifesto sit Ruffini in Origenis Homilias in epist. Pauli ad Romanos Præfatio, ut ex ipsa constat peroratione translatoris in earum explanationum fine. Has itaque omnes suis e sedibus per vim divelli ratus, si huc transferantur, suis quasque libris affigi debere existimavi, et quemadmodum quas veteres editores in Scripturam Præfationes recensuerant, Martianæus non recepit, quod ipsam Scripturam excudens, suis illas loco repræsentaverit, ita quas Martianæus ipse in diversos libros alios utcumque exhibuit, exclusas volui ex hac serie, quod libros ipsos exhibiturus, veluti capita suis reddam corporibus.

5. *Epistolæ quinque nondum antea Vulgatæ adduntur.* — Verum e contrario multas, quæ in vulgatis hactenus editionibus desiderabantur, adjeci, et fecisse operæ pretium mihi visus sum. Sunt illæ in universum undecim, e quibus quinque non antea lucem aspexerant, reliquæ diversis e libris adsciscuntur. Dicamus primum de ἀνεκδότοις. Quatuor quæ sub numeris XCII. ad XCV. continentur, ex Ambrosianæ Bibliothecæ, quæ Mediolani est, codice manuscripto, olim S. Columbani de Bobio, num. 59. et II littera prænotato descripsi, tantumque ex illis pretii nostræ editioni accessisse confido, ut si præterea nihil præstitum a me esset, esse tamen putem, cur satis bene de Hieronymianorum operum amatoribus merear. Prima est celeberrima illa Theophili contra Origenem ejusque sectatores Synodica Epistola, ex qua totam ferme, camque passim ignotam Origenianæ causæ historiam ediscimus : tum Isidoro afflictas gravissimas accusationes, Nitriensium Monachorum turbas, et Fratrum, qui Longi vulgo audiunt, exilia, aliaque hujusmodi, qua hæreticorum sententiis probe intelligendis, qua rebus utrinque gestis suo rite tempori consignandis, maxime necessaria, quorum ignoratione a doctis hominibus in illis edisserendis subinde peccatum est. Altera ad Theophilensem istam Jerosolymitanæ Synodi responsio est, iisdem ferme insistens vestigiis : quemadmodum et quæ tertio loco subditur, Dionysii Liddensis ad ipsum Theophilum, ex quibus quantum sibi animorum sumerent Origenistæ, quasve regiones pervagarentur, quibus tandem artibus imponerent, discimus. Ea vero de causa in Hieronymianarum lucubrationum censum veniunt, quod abs Hieronymo Latinitate donatæ, ejus proprie sint juris. Id autem ut nemo ullus, qui tantum eas legerit, in dubium vocare audeat, utque ipsa styli elegantia se statim prodat, consonet rerum series, quæ edisseruntur, codicisque Mss. auctoritas accedat, præsto etiam est suæ ipse fidei jussor Hieronymus, qui contra Ruffinum disputans, illas se Latine reddidisse luculentissime profitetur his verbis lib. 3, *Duas Synodicam, et Paschalem Theophili Epistolas contra Origenem, illiusque discipulos per hoc ferme biennium interpretatus sum, et in ædificationem Ecclesiæ legendas nostræ linguæ hominibus dedi.* Et de aliis quoque lib. 1. sub initium, ubi, *Si,* inquit, *quidquid contra Origenem et secta-*

tores ejus dicitur, in te dictum putas, ergo et Epistolæ Papæ Theophili, et Epiphanii, et aliorum Episcoporum, quas nuper ipsis jubentibus transtuli, te petunt, te lacerant. Enimvero cum præter Epiphanium alios Episcopos addit, si Jerosolymitanæ Synodi Patres, et Dionysium Liddensem, quorum epistolas ad Theophilum contra Origenem in lucem edimus, Hieronymus non intellexit, aliud excogitare argumentorum genus ad earum litterarum cum his quas Hieronymus indicat, probandam ταυτότητα, otiosum sit. Quæ porro his succedit XCV. Anastasii Papæ ad Simplicianum, quod arcto cum superioribus nexu juncta sit et conserta, locum jure suo inter Hieronymianas exposcere visa est. De illius germanitate, atque ingenio plus fortasse quam satis in Notis disputavi. His aliam adjeci in V. Classe sub num. CXLIX. exscriptam ex Vatic. Cod. 642. haud magni quidem illam pretii, sed quod Hieronymiani nominis, tametsi ementiti, prærogativa insigniretur, post duas alias apocryphas non omittendam.

6. *Sex aliæ huc primum adscitæ.* — E sex aliis, quas aliunde adscitas Hieronymianis annumeramus, quod vel ad Hieronymum ipsum, sive de propositis ad eum quæstionibus scriptæ sint, vel ad ejus historiam totæ pertineant, tres Innocentio debentur CXXXV. et duæ sequentes, totidemque Augustino, scilicet centesima trigesima prima et secunda, et CXLIV. De postrema ista præfari nonnulla interest, reliquæ enim notiores sunt, quam opera nostra ut indigeant. Inscribitur illa *ad Optatum de natura et origine animæ*: de Hieronymo autem quæstionis ejus arbitro loquitur ad fere medium. Cum Augustinianam editionem Benedictini adornarent, nondum illa prodierat in lucem, quæ non ita pridem in Monasterio Gottwicensi reperta in ms. cod. decimi tertii circiter sæculi una cum alia quæ *ad Petrum et Abraham* inscribitur, Viennæ Austriæ superiori anno 1732. primum typis est evulgata. Ejus γνησιότητα, de qua datis ad me litteris docti aliquot viri haud plane merito suspicabantur, ipse inprimis monumenti contextus probat, cui mirum in modum concinit quæstionis ejus historia, et scriptionum ea de re Hieronymi, Augustini, atque Optati series, tum Possidii, ac Fulgentii testimonia planissime evincunt. Nam cum una tantummodo Augustini ad Optatum epistola supersit in editis libris, quæ numerum obtinet CXC. duas Possidius in *Indiculo* enumerat, Fulgentius vero lib. 3. de *Veritate Prædestinationis* cap. 18. tres laudat. Nec disputo, cui potior adhibenda sit fides; sed quod propositum spectat, unum urgeo, non solum Fulgentio, sed ipsi etiam Possidio, quem penes minor est numerus, hanc fuisse cognitam, cum illas dicat *contra Priscillianistas*, sive de animarum quæstione exaratas. Sed ut nulla amplius dubitandi supersit ratio, facit Eugypii Abbatis auctoritas, ejus nempe, qui sub quinti sæculi finem, ex *operibus S. Augustini*, ut Cassiodori verbis utar, *quæstiones, ac sententias, ac diversas res deflorans, in uno corpore collegit.* Cujus operis, sive ut in editionibus Basileensi, ac Veneta inscribitur, *Thesauri* cap. 345. (tametsi modo laudatus Cassiodorus nonnisi *trecentis triginta octo* totum opus comprehensum dicat) de eo disputans, *Utrum singillatim a Deo creatore lineamenta formentur, et de animæ quæstione*, ingentem ex hac ipsa epistola laciniam ab octavo numero ad finem usque totidem verbis ita describit, ut hanc Gottwicensis Ms. illam ipsam revera esse, quam Hiponensis episcopus ad Optatum dedit, manifestissime concludatur. Quin etiam duo aut tres loci sunt in archetypo illo, et Vindobonensi editione nonnihil corrupti scribarum incuria, qui ex Eugypiano opere facile restitui possint, atque heic quidem auctor sum ut restituantur; cum enim illam epistolam typographis dedi excudendam, nondum Eugypii librum meis ipse oculis consulueram. Sunt autem hujusmodi col. 1070. vers. 11. pro *Utrum horum* vis ut confirmem? malim Eugypianum *unum horum*, et, absque interrogandi nota: infra versu quarto a fine, verbis *initium meum*, addi post parenthesin *utinam tamen non initium*, tametsi pro *non* Abbas ille vitiose *nunc* legat; denique col. 1072. vers. 10. loco *intuens* substitui *metuens*: cætera in quibus a nostra, atque adeo Ms. lectione differt Eugypius, aut de nihilo sunt, aut librariorum sunt, σφάλματα.

7. *Quinque epistolarum Classes, Argumenta, Capitulationes, etc.* — Jam vero quod est præterea a me præstitum, dicere expediam. Universas Epistolas ita collectas in quinque Classes distinxi, quas e præcipuis Hieronymi Vitæ momentis, nunquam interrupta rerum serie, sum auspicatus. Prima illas exhibet, quas Hieronymus ab anno 370, antequam eremum peteret, potissimum vero in ipsa eremo scripsit ad usque 381, quo dudum relicta solitudine, contendit Romam. In altera illæ succedunt, quas Romæ dedit ab anno 382. ad ultra medium 385. quo Romani pertæsus incolatus, discessit, et Jerosolymam navigavit. Exinde tertia illas complectitur, quas e Bethleemi monasterio ab anno 386. scripsit, usque ad 400. quo demum in Alexandrina Synodo Origenes damnatus est. Ea nempe temporis notatio ferme est omnium utilissima probe intelligendis Hieronymianis Epistolis, quæ in Adamantii, ejusque fautorum erroribus exagitandis ut plurimum versantur. Quarta illas repræsentat, quas ab eo tempore, sive anno 401 S. doctor ad vitæ usque finem, sive annum 420. exaravit. In quintam denique classem tres illas redegi, quarum tempus minus compertum est, iisque tres alias, minori tamen charactere distinctas subdidi, quarum Auctor incertus est. Postremo singularum argumenta, quæ plurima ex Erasmo Editor Benedictinus descripserat, erroribus autem scatebant, atque historiæ sæpius adversabantur, aut ex integro excudi, aut certe majori ex parte castigavi. Capitulationes novas fere omnes induxi: præfixis etiam numericis notis, quarum ope et legentis memoria sustinetur, et citationum usus longe est expeditior. Denique ne laborem ipse meum arroganter venditare videar, Indices Scripturarum, ac rerum duo ex amicis nostris studiose comparaverunt. Superest, quod promisi, rationes chronologicas exhibere.

EPISTOLARUM ORDO CHRONOLOGICUS
ARGUMENTIS DEMONSTRATUR.
EPISTOLÆ I. CLASSIS
QUAS HIERONYMUS POTISSIMUM E CALCIDIS EREMO SCRIPSIT AB ANNO 370 AD 380.

I. *Scripta circ. an.* 370. *aut* 371. — Huic primum in epistolarum serie locum asserimus, quæ eumdem sibi videtur vindicare in reliquis etiam Hieronymi scriptis, iis saltem quæ legi auctor a posteris voluit, et ad nos usque devenerunt. Profitetur statim initio, *otium quasi quamdam ingenii rubiginem parvulam licet pristini eloquii sui facultatem siccasse:* et paulo infra se queritur *hominem, qui nec dum scalmum in lacu rexerit, Euxini maris credi fragoribus;* quibus profecto otium post romana studia, inductamque peregrinationis diuturnitate rubiginem non obscure innuit; et quia necdum in alio opere ingenii sui periculum fecerit, in hoc exornando diffidit. Jam vero annus quo ipsa epistola exarata est, hac ratione investigatur. Auxentium, sub epist. finem, *Mediolanis incubantem* Evagrii *excubiis sepultum pene antequam mortuum* narrat, quibus omnino Romanam Synodum Evagrii studio præcipue congregatam designat, in qua nonaginta trium ex Italia et Gallia Episcoporum judicio Auxentius damnatus est. Hanc autem Baronius, atque Holstenius ad annum referunt 369. Valesius ad 370. cui concinunt Cll. Monachi Benedictini in Vita S. Athanasii, tametsi cum Pagio dubitent, differrine serius possit. Sed nulla revera est ejus protrahendæ necessitas, neque dilationem hujusmodi probat S. Basilii epistola 220. ad Damasum de Synodo contra Arianos cogenda, quæ ad exitum anni 371. referri solet : siquidem ille dum scriberet, romanam anteactam synodum ignorabat. Igitur cum anno 370, adscribenda sit, ipsa isthæc Hieronymi epistola ante illum annum consignari nequeat. Ex sequentibus vero nulli satis commode potest illigari, nisi si velis 371. initio; ab hoc enim anno per totum usque 373. in Orientis regionibus peregrinatus est, *diuque,* ut ejus verbis in Epist. III, utamur *in incerto errans, Thraciam, Pontum, atque Bithyniam, totumque Galatiæ, et Cappadociæ iter et Cilicum terras peragravit, donec in Syria tanquam in fidissimo portu constitit.* Ad hæc Innocentius, cui epistola inscribitur, jam circa medium anni 374. repentino febrium ardore sublatus e vivis fuit, quod ex eadem Epist. III. paulo infra ostendemus. Neque vero fieri non potuisse dico, ut in ipsa peregrinatione brevis historiola per epistolam Innocentio itineris comiti scriberetur, sed multo verosimilius puto exaratam abs Hieronymo, cum otium in Italia, ab Occidentis peregrinatione redux invenisset, atque adeo ipsi 370. vel initio insequentis consignari.

His ita constitutis, dissimulare nequaquam licet doctorum, quorumdam hominum opinionem, qui verbis illis de Auxentio, *sepultum pene antequam mortuum,* ipsam Auxentii mortem indicari volunt; cumque adeo ille anno 374. diem denique oppetierit, post hanc temporis notam differri debere epistolam. Atque hæc quidem sententia Cl. quoque Tillemontio persuaserat, et véritatis præ se fert speciem ; sed ne tamen illi subscriberem, hæc in primis ratio vetuit. Minime verosimile visum est inter Auxentii mortem, et S. Ambrosii, qui ei in episcopatu successit, electionem, septem aut octo menses intercessisse, quod veterum nemo tradidit, qui ejus historiæ circumstantias sedulo persequuntur. Attamen et fortasse latius temporis intervallum putandum sit, si Antiochiæ datam hanc epistolam ann. 374. velimus, neque enim Auxentii mortem citius rescire potuerit Hieron. quam post duos saltem menses, quantum certe temporis, ut Mediolano Antiochiam notitia deferatur, insumi necesse erat : ipse autem cum scriberet, et serius putes, maio, aut ad summum junio mense erat, nam julio insequenti idem ille Innocentius, cui epistola inscribitur, jam satis cesserat, Ambrosius denique septimo Idus decembris episcopus jussus est ; unde si rationem ineas non tantum octo, sed decem ferme menses ab Auxentii exitu, ad Ambrosii electionem intercesserint, quod neque rerum series nec ex veteribus indicia permittere videntur nobis.

II. *Scripta circ. an.* 374. — Ad annum 374. referimus quæ subsequitur ad Theodosium epist., quod nempe Antiochiæ scripta sit, et cum non modo solitudinis arripiendæ propositum non adimplevisset Hieronymus, sed adhuc in incerto hæreret.

III. *Scripta æstate an.* 374. — Quæ hic in ordine tertia est ad Rufinum non ante hunc eumdem annum 374. potuit prodiisse, quandoquidem Innocentium, quem in prima epistola vivum compellari intelligimus, heic num. 3. repentino febrium ardore abstractum e vivis deflet. Id quoque manifestius evincit num. 2. mentio Alexandrini Monachi qui ad *Ægyptios confessores et voluntate jam martyres pio plebis obsequio jamdudum transmissus* dicitur ; neque enim alii Ægyptii confessores intelligi omnino possunt, quam ii, quos hoc ipso anno 374. certe post magni Athanasii mortem, quæ medio 373. contigit, propter Christi divinitatis confessionem Valens imperator egerat in exilium : quare nec serius epistola produci ullo modo potest, cum se nondum eremum subiisse, verum Antiochiæ hactenus degere notet, dum scriberet, mediamque fervere dicat ætatem, quam non aliam ab hujus anni 374. licet intelligere, nam superiori nondum acti in exilium fuerant confessores Ægyptii, in sequenti vero non amplius ipse Hieronymus Antiochiæ versabatur, sed in eremo.

IV. *Scripta eodem tempore.* — Hæc superiori copulabatur, simulque exarata est, ac missa.

V. *Scripta post aliquot menses a superiore.* — Post plures a superiore menses hoc tamen anno 374. scripta ex toto contextu evincitur ; neque enim amplius Antiochiæ agebat Hieronymus, sed in ea Eremi parte, *quæ juxta Syriam Saracenis jungitur.* Vid. Præfat. in Abadiam versus finem.

VI. VII. VIII. IX. X. XI. XII. XIII. *Scripta cir. an.* 374. — Arrepta jam solitudine per hujus anni 374. et quod excurrit spatium, hasce octo epistolas ad amicos, et potissimum Aquileienses Hier. dedit. Una certe eademque est temporis adnotatio, quæ elucet in singulis, vel dudum initæ solitudinis, vel Heliodori adventus in patriam. Is etiam ordo quem hic inter se tenent, ex eo quem inter se habent respectu, facile constituitur. Tantum illam ad Antonium, quæ duodecima est numero, loco movimus, quod etsi temporis articulum quo data est, haud expeditum sit assignare, non paucorum tamen mensium interstitia par sit credere intercessisse; cum plures alias ad eumdem monachum antea scripserit, quæ interciderunt.

XIV. *Scripta an.* 374. — Quod hanc epistolam ad hunc eumdem an. 374. referamus non ita pridem initæ eremi descriptio facit, et totus contextus, quo ad solitariæ vitæ societatem Heliodorum conatur allicere, sicuti ei se facturum promiserat, cum discedens ille ab Hieronymo postulavisset, *ut posteaquam ad deserta migrasset, invitatoria ad se scripta transmitteret.* Quod vero post recensitas superiores epistolas ultimo ponamus loco, cogit chronologicus ordo, quo ipse Hieronymus suas lucubrationes in catalogo enumerans, *scripsi*, inquit, *vitam Pauli Monachi, Epistolarum ad diversos librum unum, ad Heliodorum exhortatoriam.* Nempe ex superioribus litteris librum videtur conficere, quem huic alteri epistolæ temporum ratione anteponit.

XV. XVI. XVII. *Scriptæ ab exeunte an.* 476. *ad incuntem* 379. — Tres simul epistolas jungimus, quod ad temporis rationem investigandam sibi invicem suffragentur, neque inter se nisi quorumdam mensium intervallo dissideant. Scripserat quippe Hieronymus ad Damasum, ut cum quo e tribus uno tempore Antiochiæ episcopis communicare deberet : et an tres in Deo hypostases dicendæ essent sibi significaret : cui petitioni cum Romanus Pontifex non respondisset, eumdem iterum alia epistola post trium saltem vel quatuor mensium intercarpedinem, ut par est credere, obtestatus est. Sed cum alia ex parte urgerent factiosi homines, ut tres hypostases, *novum homini Romano nomen*, admitteret, satius duxit eorum se violentiis eripere, et ad Marcum scribens ad summum exacta hyeme discessurum se ab Eremo profitetur. Porro annus uniuscujusque hinc facile eruitur, quod Vitalem in Antiochena sede jam constitutum, in utraque ad Damasum planissime affirmet : in priore autem se dicat in Syria, cum tot interjacentibus spatiis haud possit ab ipso Romano Pontifice sanctum Domini expetere, exules iis in locis collegas ejus, Ægyptios confessores sive Episcopos sequi, eorumque se fidei subhærere. Nimirum Vitalis anno 376. quod nemo jure diffiteatur, ab Apollinario magistro suo antiochenæ ecclesiæ episcopus jussus est, sive duobus aliis Meletio ac Paulino superadditus. Ægyptii autem confessores jam ab ineunte anno 379. Gratiani decreto ab exilio revocati suisque ecclesiis redditi sunt ; neque exinde potuit Hieron. eorum communione uti, sive ab illis sanctum Domini accipere. Biennio igitur illo, quod intercedit, sive annis 377 et 378. consignandæ sunt, isque earum ordo constituendus, ut prior ad Damasum vel labenti 376. vel proxime insequentis initio, altera ipsi 377. quæ post aliquot a priore menses data est, consignetur : tertia denique ad Marcum, quæ et hyeme scripta est, et cum de accepta Romani Pontificis sententia videretur securus, vel ad finem 378. puta decembrem, vel ad insequentis initium referatur. Campensium quoque nomen, quo Meletianos in priore ex hisce tribus epistolis vocat num. 3. quod expulso ab ecclesiis antiochenis Meletio, conventus in campis agere cogerentur, eas diutius differri non patitur. Nempe auctor est Theodoretus lib. V. c. 3. statim post latam a Gratiano legem, *ut qui in exilium ejecti fuerant, redirent, suisque gregibus restituerentur, atque œdes sacræ iis traderentur, qui cum Damaso communicarent ;* missum Saporem magistrum militum Antiochiam, ut de partium ducibus sententiam ferret, et cum singuli *Damaso hærere se dicerent*, cui veram Romani Pontificis communionem præ se ferenti Ecclesiæ essent adjudicandæ. Quæ res feliciter Meletio cessit, sibique judicio assignatas ecclesias occupavit, ut qui eum sequebantur, non amplius extra civitatem in agris conventus agerent, aut Campenses dici ullo modo possent, quod in urbis luce jam ab illo anno 379. Ecclesiis omnibus potirentur.

XVIII. *Scripta an.* 381. — Postquam e Calcidis deserto migravit Hieronymus, facile Antiochiam perrexit, qua in civitate apud Paulinum, quo cum ex Damaso communicandum sibi intellexerat, haud paucos menses diversatus est. Ibi enim et *Apollinarium Laodicenum*, et in epistola ad Pammach. et Occean. testatur, *audivit, frequenter et coluit*, et cum *miro discendi ardore* ferretur, tum doctrinæ, tum morum probitate eximia, non levi experimento Paulino fuit, ut cum ipse Antiochiæ presbyterum ordinaret. Nam etsi alii dubitant, num revera Antiochenus episcopus fuerit, qui eum Paulinus presbyterum jussit, quo id tamen jure faciant non video ; cum ex Hieronymi epistola ad Pammachium adversus errores Joannis Hierosol. palam constet, et Antiochiæ, et per hæc tempora, et a Paulino ordinatum. *Sanctæ*, inquit, *memoriæ episcopus Paulinus audivit, Num rogavi te, ut ordinarer?* atque alia, quæ in Vita fusius disputantur. Interim vel sequenti an. 380. vel ineunte 381. inde conficitur discessisse, et Constantinopolim per Orientis urbes contendisse, quod Gregorium eo tempore, quo regiæ urbis tenuit episcopatum, **a maio scilicet**

post abrogatum Maximum Cynicum, ad Julium mensem, quo sese ipse in œcumenico concilio sponte abdicavit, audivit, et coluit. His ita constitutis postrema hujus classis epistola ad Damasum *de Seraphim* huic anno 381. illiganda est, quod ipse in cap. Isaiæ 6. apertissime notat. *De hac visione*, inquit, *ante annos circiter triginta cum essem Constantinopoli, et apud virum eloquentissimum Gregorium Nazianzenum tunc ejusdem urbis episcopum sanctarum Scripturarum studiis erudirer, scio me brevem dictasse, subitumque tractatum, ut experimentum caperem ingenioli mei, et amicis jubentibus obedirem.* Iterum Epistol. 84. ad Pammach. et Occean. *In lectione*, inquit, *Isaiæ in qua duo Seraphim clamantia describuntur, illo (Origene) interpretante Filium et Spiritum Sanctum, nonne ego detestandam expositionem in duo testamenta mutavi? Habetur liber in manibus ante viginti annos editus.* Porro etiam ex majori sequentis anni parte nactus commodam studiis suis occasionem Constantinopoli steterit, quousque cum supra laudato Paulino atque epiphanio episcopis Romam ad concilium adnavigavit.

EPISTOLÆ II. CLASSIS

QUAS HIERONYMUS PER FERME TRIENNIUM ROMÆ SCRIPSIT AB EXEUNTE ANNO CHRISTI 382. AD ULTRA MEDIUM 385.

XIX et XX. *Scriptæ an.* 383. — Cum Antiochenæ ecclesiæ negotia in perversum agerent schisma, atque ex ordinatione Flaviani in constantinopolitana synodo facta perturbatio augeretur, *Orientis atque Occidentis Episcopos Romam Imperiales litteræ contraxerunt*, quo se nempe *ad maximam Synodum quæ illic parabatur, conferrent*, ut Theodoretus exponit. Ipse Hieronymus *ecclesiastica necessitate* compulsus, quod in Marcellæ Epitaphio ad Principiam tradit, Romam advenit *cum Sanctis Pontificibus Paulino, et Epiphanio, quorum alter Antiochenam, alter Salaminiam Cypri rexit ecclesiam*. Porro non nisi sub finem anni 382. et advenisse eos, et Synodum habitam esse, idem Hieronymus non obscure docet Epist. 108. ubi Episcopos Orientales, qui ad illam convenerant, non ante insequentis anni, scilicet 383. *exactam hyemem, et apertum mare discedere valuisse* scribit : quod rursus ex Epistola ad Asellam subducta ratione clarius constabit. Interim Hieronymum quem instructissimum experimento noverat, ut sibi in Ecclesiasticis causis inserviret, et *totius orbis consultationibus* suo nomine responderet, Damasus tenuit; eique subinde varias quæstiones proposuit. Primum de Osanna interrogavit, per epistolam XIX. cui statim XX. hac ille satisfecit, quam etiam in Catalogo hoc ordine enumerat, atque ad hunc annum 383. pertinere ex rerum, quas exposuimus serie, comprobatur.

XXI. *Scripta eodem anno.* — Damasus haud multo post Hieronymi eruditione utiliter usus enodandis sacrarum litterarum difficultatibus, Parabolam de duobus filiis, Frugi, ac luxurioso sibi exponi petiit; quam ille satis eleganti ac longa epistola commentatur. Hæc superiori statim subditur in catalogo, nec, licet penitiora desint circa ejusdem tempus argumenta, ad insequentem tamen annum ullo pacto videtur transferenda.

XXII. *Scripta an.* 384. — Librum adversus Helvidium, unde hujus ad Eustochium epistolæ certior Epocha elucet, ut citius Hieron. scripserit, certe non ante anni 383. finem; ejusmodi enim verbis utitur, quibus non ita pridem Romam advenisse, ac diu distulisse ne scriberet, profitetur. Eum tamen in hac epistola ita jam vulgatum dicit, ut aliquot saltem menses quibus ad vulgi manus devenerit, subintelligas præcessisse. Jam itaque 384. annus decurrebat, cum Eustochium insigni hac lucubratione de servanda Virginitate monere voluit, siquidem nec domum S. Paulæ, cujus illa erat filia, cum Romæ degeret, statim novit, imo post tantum temporis intervallum, ut antequam nosceret, *omnium pene judicio dignus summo sacerdotio decerni* virtutum experimento posset quemadmodum ipse in epistola ad Asellam tradit. Insuper et Blæsillam Eustochii sororem nominat, quam septimo jam mense viduatam ejus vitæ perfectionem quærere non obscure indicat. Illa autem ad anni proxime subsequentis initium facto functa est, ut paulo infra ostendemus. Ad hæc cum an. 394. ut suo loco plane constabit, scriberet ad Nepotianum, decennium exinde supputat, seque dicit *lapidato jam Virginitatis libello, quem S. Eustochio Romæ scripserat, post annos decem rursus Bethleem ora reserare* : ex quo subducta ratione de eo quod epistolæ præfiximus tempore, dubitare non licet. Sed potius ex rerum serie atque ipso Catalogi ordine proxime sequenti postponenda videatur.

XXIII. *Scripta eodem an.* 384. — Ex pluribus quas ad Marcellam exaravit epistolis, et quarum integrum librum in Catalogo citat, quandoquidem de anno quo singulæ datæ sunt, dubitare nobis vix licet, hanc quæ *de exitu Leæ* inscribitur, primo loco censendam esse arbitrati sumus, haud quidem, ut verum fateamur liquido satis argumento, ea tamen conjectura, cui rerum ordo suffragatur. Marcellæ, aliarumque Sanctarum Virginum choro, quam *domesticam Paulæ Ecclesiam* vocat, cum apud eas esset Hier. Psalmorum librum sibi sumpserat de ore exponendum. Hinc passim Epistolæ occurrunt, quas ex alicujus Psalmi occasione dedit, vel ut altius insiderent, quæ erat tenus tradiderat, fusius exponit. Exemplo erunt inprimis hæc ipsa quam præ manibus habemus, tum alia de *decem Dei nominibus*, item de *hebraico Alphabeto*, et quæ Psalmi centesimi vigesimi sexti loca quædam explanat. Porro minime sit verosimile, Hieronymum inverso ordine aut confuso, prout quisqu

Psalmus casu occurreret, id quodcumque est operis exegisse, sed initio a prioribus facto, processisse ut par erat ad posteriores, maxime cum in ipsis litteris nihil fere occurrat quod refragetur. Proinde hæc ad Marcellam cum e Psalmi ordine ac numero, cæteras antevertat, iisdem etiam loco præferri commode visum est : eodem in reliquis respectu habito, quæ integris Chronologiæ calculis et congrue magis suis quæque locis succedant. Annus enim unus atque idem fere omnium est, nimirum 384. qui apertissime ex hac priori statuitur, in qua Leæ mortem cum designati Consulis, scilicet *Prætextati*, qui sub idem tempus obierat, morte componit : nempe illum hoc anno e vivis excessisse constat ex Symmachi epistola, qua Imperatores deprecatur, ut statuam defuncti ejusdem Senatoris memoriæ collocari permittant.

XXIV. *Scripta biduo post superiorem.* — Quæ subsequitur de *laudibus Asellæ* biduo post superiorem data est. *Nudius tertius*, inquit, *de beatæ memoriæ Lea aliqua dixeramus. Illico pupugit animum et mihi venit in mentem non debere nos tacere de Virgine, qui de secundo ordine castitatis locuti sumus.*

XXV. XXVI. XXVII. XXVIII. et XXIX. *Scriptæ an. 384.* — Quinque una subsequentes ad Marcellam epistolæ tempus atque ordinem suum a priore 25. mutuantur. Scilicet proxima quæ *de quibusdam hebraicis verbis* inscribitur, ubi vocem *Alleluia* explicat, *Ja Dei nomen*, quo vox illa componitur, supponit ex superiore dudum innotuisse. Altera in hujus defensionem scribitur *Contra obtrectatores*, siquidem, inquit, *post priorem Epistolam in qua de Hebræis verbis pauca perstrinxeram ad me repente perlatum est, quosdam homunculos mihi studiose detrahere.* Duas reliquas seu 28. et 29. quarum illa *de Diapsalmate*, hæc de *Ephod et Teraphim* agit, in eadem *de Hebræis vocibus* scripturam se fore promiserat, quod statim implevisse ex utriusque contextu apparet. Succedunt itaque sibi singulæ paucorum fere dierum interstitiis : sic tamen ut scias, priorem illam quæ X. Dei nomina interpretatur, ex qua reliquæ pendent, quod ex nonagesimi Psalmi occasione exarata sit, juxta quam supra exposuimus conjecturam nostram, cæteris apprime consentientibus chronologiæ notis, ad cum locum revocatam a nobis esse, suoque ordini restitutam.

XXX. XXXI. XXXII. *Scriptæ anno 384. vel 385.* — Eodem argumento, quæ de *Hebraico Alphabeto* est ad Paulam, subdimus hoc loco, quippe cum centesimum octavum decimum psalmum insinuare conaretur Hieronymus, dicta est. Quæ sequitur ad *Eustochium de Munusculis* labente junio hujus anni, festo die Natalis Beati Petri Apostolorum principis data est. Cum vero hanc simul atque illam, ne frustra a se litteras postulasset Marcella breviori illi quam ad eam fecit, addiderit, tres una epistolas paucissimis inter se diebus distare intelligis; neque enim nisi si recentissimæ essent, quæ aliis in una tamen, atque eadem domo manentibus scripta fuerant, Marcellæ mittenda erant, quasi non prius audita, ut sibi quoque putare posset fuisse exarata. Alia hujusmodi argumenta in re perquam certa brevitatis ergo prætermus.

XXXIII. *Scripta forte eodem tempore.* — Ejusdem temporis videtur trigesima tertia *ad Paulam*, cujus tamen non nisi fragmentum superest, quod huc adscitum est ex Raffini Invectivarum secundo libro.

XXXIV. *Scripta circ. idem temp.* — Hujus temporis esse hanc ad Marcellam de Psalmo 126. nemo facile dubitaverit. Quod autem hoc ordine censeatur, Psalmi ordo facit.

Quod si Rufinus, ut verosimile est, examussim temporis ordinem in his recensendis Hieronymianis epistolis XXXIII. XXXIV. et XLIII. servavit in Apolog. lib II. cap. 17. et 18. quanquam ad eundem omnes annum pertineant, ordine tamen inverso processerit isthæc præcedenti, et utriusque ipsa XLIII. præponenda erit.

XXXV. et XXXVI. *Scriptæ circ. an.* 385. — Cum Damasi epistolam accepit Hieronymus, librum Didymi de Spiritu Sancto Latine explicandum susceperat, quem ejusdem Pontificis nomini volebat inscribi, quemadmodum ipse in ejus libri Præfatione testatur. Sed ille, qui S. Doctorem primus impulerat, ut illud opusculum in Latinam linguam transferret, Romanus Pontifex, interpretationi quæ parabatur, immortuus est; ex quo satis recte colligitur paulo ante ejus obitum manum operi Hieronymum admovisse ; qui labor sibi in vertendis e Græco libris apprime instructo et de more properanti non nisi paucorum dierum fuisset, nisi forte aliis elucubrationibus impeditus, hanc intermiscerit; tum quæ Damasi mortem præcessit ægritudinem causatus, rem distulerit in futurum. Porro defunctus est Damasus hoc anno ex vetustissimorum Martyrologiorum fide Decembris 10. vel 11. die; atque adeo ejus æque ac Hieronymi epistola, qua *Didymi*, inquit, *de Spiritu Sancto librum in manibus habeo, quem translatum tibi cupio dedicare*, facile mortem uno aut altero mense præcesserit. Si tamen latius intervallum comminisci quis velit, atque ad ann. 384. retrahere, probabili æque argumento utatur.

XXXVII. *Scripta circ. idem tempus.* — Rheticii commentarios in Cantica *Nuper* legerat, cum hanc epistolam quæ de iisdem inscribitur, Marcellæ dedit. Facile autem legerit sub idem tempus, quo duas Origenis homilias in Canticum canticorum latine vertit et Damaso dedicavit, nimirum ut sensus invicem utriusque Auctoris eruditionem, atque in interpretandis Scripturis ingenium conferret. Certe an. 384. Homilias illas latinas fecit, quas in catalogo superiori ad Damasum epistolæ statim subdit : nec alia ex parte hæc ipsa ad Marcellam epistola ad alium annum commode referri potest, siquidem Romæ data est, qua de re nemo unquam dubitaverit. Unius itaque anni utraque lucubratio cum sit, respectumque inter se hunc habeant, ut una alteri conscribendæ occasionem præbere potuerit, ad postremam anni partem, cui prior ascribitur, hæc pariter probabili conjectura referri possit.

XXXVIII. *Scripta 'circ. an.* 385. — Trigesimam octavam ad eamdem Marcellam, quod serius recensemus, et anni 385. initio præfigimus, hæc in primis faciunt, quæ in præfatione commentariorum in Ecclesiastem de Blæsilla ipse Hier. narrat. *Memini me,* inquit, *ante hoc ferme quinquennium cum adduc Romæ essem, et Ecclesiastem sanctæ Blæsillæ legerem, ut eam ad contemptum istius sæculi provocarem..... rogatum ab ea, ut in morem commentarioli obscura quæque dissererem, ut absque me posset intelligere quæ legebat. Itaque quoniam in procinctu nostri operis subita morte subtracta est,* etc., quibus et postremum incolatus sui Romæ tempus, quod *adhuc* adverbio satis aperte explicatur, et Blæsillæ nondum initam perfectioris vitæ rationem plane declarat. Porro aliunde compertum est sub anni 389. finem, vel sequentis initium, quod suo loco certis argumentis constabit, hæc in Ecclesiastem commentaria Hieronymum edidisse; atque adeo Blæsillæ ægrotationem, quam conversio statim subsecuta est, tum qua beato fine devixit, subitam mortem (quæ omnia non nisi duorum mensium intervallo contigerunt, atque ibi *post ferme quinquennium* memorantur) ad ejusdem 385. anni principium censuendam esse referendas. Nec inficiamur quidem, si alias rationes inire quis malit, ægrotationem illam paulo prius, et ad superioris anni exitum retrahi posse; quin imo et perquam commode fieri sentimus, ita tamen ut epistola ipsa, quæ de ejus ægrotatione inscribitur, non modo *triginta post dies, quibus ardore febrium jugiter æstuavit,* sed etiam recepta jam valetudine post initam strictioris vitæ rationem exarata sit, ut jam quæ alios scandalizarent, *asperior victus, pulla tunica, soccus vilior,* apud sæculi homines excusare opus esset.

XXXIX. *Scripta paulo post superiorem.* — Huic itidem epistolæ, quæ de obitu Blæsillæ *Consolatoria* est ad Paulam, suo loco asserendæ, superioris ipsa argumenta inserviunt. Nimirum scripta est *post quatuor ferme menses,* ex quo Blæsilla, *secundo quodammodo proposili se baptismo laverat,* id est a sæculi cultu ad Dominum sese converterat. Quæ rursus sub epistolæ finem cum de se loquens inducitur, *tantorum,* inquit, *annorum labores* (æternæ scilicet vitæ præmium) *ego in tribus mensibus consecuta sum.* Unde intelligas subductis rationibus, unum ferme mensem ab ejus obitu ad epistolæ tempus intercessisse; simulque hanc a superiore non nisi trium mensium, aut aliquot etiam dierum spatio posteriorem esse.

XL. XLI. et **XLII.** *Scriptæ circ. an.* 385. — Romæ, eoque tempore, quo maxima jampridem Marcellam inter et Hieronymum necessitudo intercedebat, tres istæ epistolæ datæ sunt, quæ nec secum invicem connectuntur, nec ad superiores respectum habent, ex quo ordinem, singularemque epocham statuere quis possit. Cum itaque non minus commode ad superiorem, quam ad hunc annum referri possint, visum est tamen huic satius illigari, tum ne illarum quæ sibi invicem succedunt series intermitteretur, tum quia illi magis videantur tempori accedere, quo magnam sibi invidiam creavit Hieronymus, ut etiam Roma discedere compulsus sit, quod Urbis vitia, pravasque hominum quorumdam sententias carpere cepisset, atque impugnare.

XLIII. *Scripta an.* 385. — Quadragesima tertia ad Marcellam ascribi iis temporibus solet, quibus Hieronymus cum jam Roma evasisset, plurimis late regionibus peragratis, non ita pridem in Bethleemi specu constiterat. Quæ nobis minime arridet sententia : quandoquidem ille ruris quietem cum urbis tumultibus atque incommodis comparans, non tam Marcellam, quam semetipsum hortatur ad secretam aliquam solitudinem arripiendam, ut a præsentibus, quæ ob oculos ponit Roma negotiis, atque impedimentis vacarent. Hæc vero commodius non videntur intelligi posse, quam cum Romani eum incolatus tæderet, quod etiam ex reliquo contextu liquet, atque inde discessum suum animo jam pararet : quæ notæ hujus anni sunt non obscuræ. Neque vero alia de causa arbitror, doctos viros hanc epistolam post an. 388. distulisse, quam quod Elogium Bethel, totidem verbis ex epistola Paulæ et Eustochii ad Marcellam descriptum, huic etiam perperam et contra Mss. fidem in antiquis editionibus subjungeretur.

XLIV. *Scrip. circ. idem tempus.* — Hanc quoque omnium quæ ab Hieronymo scriptæ sunt, brevissimam, nec nisi paucorum versuum, nemo umquam modo si attente perpenderit, sibi persuadeat ex eremo, tam dissita regione missam fuisse, ut *absentia corporum* (quod statim initio auctor testatur) *spiritus confabulatione levaretur;* siquidem neque operæ pretium erat in eum finem tam exigua scripsisse, et quibus non nisi parva quædam munuscula per jocum allegorice interpretatur. Accedit ex his esse muneribus *sellas,* quæ dono quidem dari a præsentibus possint, longius autem a Marcella mitti voluisse, Romæ scilicet Palæstinam, et gravissimo, eoque rursus inutili dispendio, par non est credere. Reliqua etiam hujus litterulæ commata indicio nobis sunt ad absentes quidem mutuo conspectu, sed una tamen in civitate, scilicet Romæ commanentes fuisse exaratam. Proinde ipsam, ut et superiorem, quas Martianæus, aliique docti homines immerito suis locis expulerant, nos propriæ classi, ac sedibus postliminii jure restituimus.

XLV. *Scripta mense Augusto an.* 385. — Postremum secundæ classis locum obtinet ad Asellam epistola XLV. cujus ferme omnium certissima Epocha, atque expeditissima ratio est. Eam Hieronymus cum jam navem conscenderet de Babylone, ut loqui amat, Jerosolymam (Roma scilicet ad Eremum) regressurus, raptim flens dolensque conscripsit. Porro ut ex ordine idem enarrat contra Ruffin. l. 3. *Mense augusto, flantibus Etesiis, cum sancto Vincentio presbytero, et adolescente fratre* (Pauliniano) *aliisque monachis, navem in Romano portu securus ascendit.* Unius igitur ejusdemque Augusti mensis epistolam hanc esse minime dubitare liceat; ipsum vero Augustum hujus anni 385. censendum planissime ex aliis epistolæ verbis conficitur. Enim vero superiori 384. tribui nequaquam potest, siquidem constat non nisi post Damasi mortem, quem hic *Beatæ memoriæ* vocat, ac laudat, quique non ante Decembrem ejus anni diem obiit, Hieronymum discessisse. Sed neque licet posteriori 386. ascribere, quod expressis verbis ipse testetur non nisi *pene triennium cum eis* (id est Romanis) *vixisse*.

EPISTOLÆ III. CLASSIS

QUAS HIERONYMUS AB ANNO 386. E BETHLEEMI MONASTERIO SCRIPSIT USQUE AD SÆCULI QUARTI FINEM, DAMNATUMQUE IN ALEXANDRINA SYNODO ORIGENEM ANNO 400.

XLVI. *Scripta an.* 386. — Tertiam classem ab aliena quidem epistola, Paulæ scilicet, atque Eustochii incipimus, sed quæ tamen et in vulgatis editionibus ac Mss. recepta sit, et cui conscribendæ sensus præstitisse Hieronymus videri possit. Ea vero neque ante hunc annum 386. ullo modo censeri potest, cum anno superiore Paula Jerosolymam navigarit, neque postponi commode, cum ex ipsius epistolæ initio facile constet, primam statim scribendi occasionem sanctas mulieres arripuisse, ut quo citius fieri potuisset, Marcellam allicerent ad sancta loca, quæ modo ipsæ lustraverant, et ad solitudines in quas se receperant. *Mensuram,* inquiunt, *caritas non habet, et impatientia nescit modum, et desiderium non sustinet.*

XLVII. *Scripta forte an.* 393. — Ab superiori anno ad hunc usque 393. nullas invenire est Hieronymi epistolas, quæ hujus ferme septennii lacunam impleant. Fortasse commentariis, aliisque lucubrationibus cudendis in Bethlemi specu occupatus, diu epistolare officium S. Doctor intermisit; unde neque in suorum operum Catalogo, quem ad annum usque 392. Theodosii Principis decimum quartum digessit, per id temporis aliquid epistolarum recenset, quod aliis dederit, si quas ad Paulam, et Eustochium quotidie scribi dicit, excipias. At illæ vel ex iis sunt, quæ commentariis præfiguntur aliisque operibus præfationis loco, vel si diversæ ab iis indicantur, ad nostram usque ætatem non devenerunt. Igitur quæ ex eo tempore prima occurrit, hæc est ad Desiderium epistola, cujus ætas quam asserimus, hac ratione non obscure colligitur. Petierat ab Hieronymo Desiderius, ut sibi quæ elucubrasset opera describi faceret: ad quem ille cum pleraque *temerario editionis honore* vulgata jam essent, nihil misit, ne eadem fortasse mitteret, quæ jam haberet; sed librum de Scriptoribus Ecclesiasticis monet, ut apud Marcellam, aut Domnionem legat, in cujus voluminis calce, cum quæ usque ad annum Theodosii principis decimum quartum conscripserat, breviter annotarentur, quidquid de Indice minus habuisset, ut describerentur, moneret. Enimvero Hieronymus quæ ad illum usque diem scripsisset plus minus omnia eo in catalogo contineri supponit; si qua enim præterea extitissent scripta, illa procul dubio adjicere, eorumve mentionem ingerere debuisset; quod cum minime præstet, indicio est vix aliquid supra habuisse, quod anxie postulanti amico indicaret. Assignandus itaque epistolæ non immerito est annus ille, qui conscripto libro de Viris illustribus proxime succedit, nimirum 393. tametsi fieri potuisse non dif- fitemur, ut recentiora opuscula habere se præmonuerit Desiderius, quorum occasione alia abs Hieronymo peteret. Sed ejus rei nullum in epistola vestigium est, isque præterea fuit Desiderius, nisi fallimur, qui non nisi per id temporis Romæ diversatus commode intelligi possit: siquidem unus idemque est cum celebri Aquitano, qui haud multo post in Palæstinam migravit, unde discedens an. 398. dona quædam Hieronymi nomine ad Vitalem detulit; tum Presbyter jussus, Hieronymum hortatus est, ut scriberet contra Vigilantium: in quam sententiam alibi suo loco non levia, ut nobis videntur, argumenta congessimus.

XLVIII. *Scripta an.* 393. *vel sequentis initio.* — Scriptis contra Jovinianum libris, isthæc succedit ad Pammachium Epistola, cui, ut ipse Hier. ait, ἀπελογησάμην *ut potui, et Epistola disserui longiore*. Id porro compertum est, contra Jovinianum, quem heic jam Pammachii opera damnatum notat, vel ad superioris anni exitum, vel ineunte hoc anno 393. Hieronymum stylum acuisse: epistolam vero ipsam serius quam post annum putare, nil cogit. Quod ut etiam aliis argumentis probari possit, illud in primis afferre placet, quod ex præfatione commentariorum in Jonam eruitur, quandoquidem aliarum aliquot epistolarum, quæ hinc subsequuntur, ex ordine quo singulæ recensentur, tempus determinatur. *Triennium,* inquit, *circiter fluxit postquam quinque prophetas interpretatus sum, Michæam, Naum, Abacuc, Sophoniam, Hagæum, et alio opere detentus, non potui implere quod ceperam. Scripsi enim librum de Illustribus Viris, et adversum Jovinianum duo volumina; Apologeticum quoque, et de optimo genere interpretandi ad Pammachium, et ad Nepotianum, vel de Nepotiano duos libros, et alia quæ enumerare longum est.* Hoc porro circiter triennium ab anno 392. ad cujus finem et librum de Scriptoribus ecclesiasticis, et contra Jovinianum scripsit ad initium usque 396. supputandum est. Nam quod Tillemontius Hieronymi locum sollicitat, et *quadriennium* pro triennio substitui debere putat, id ab omni veritatis specie tam abhorrere demonstrabimus, quam quod maxime. Interim cum isthæc epistola quam ibi *Apologeticum* vocat, et quæ ipsi altera juncta est, XLIX. post tanti temporis intervallum datæ sint, ut diu adversariorum querelas dixisse potuerit Hieronymus dissimulasse, et tam longe vulgati sint libri, *ut aliquanti ex Urbe venientes sibi lectitarent, quæ Romæ excepisse referebant,* non immerito colligimus circiter unius anni spatium effluxisse, eique adeo 393. finem, aut sequentis initium tribui oportere.

XLIX. *superiori juncta.* — Hæc, ut modo annotavimus, juncta erat superiori, eodem scripta tempore, atque una ad Pammachium missa.

L. *Scripta circ. an.* 394. — Dolet monachum quemdam rumigerulum suis contra Jovinianum libris adhuc etiam detrahere, *qui*, inquit, *debuisset vel arguere, vel interrogare per litteras, quod vir eruditus et nobilis fecit Pammachius, cui* ἀπελογησάμην *ut potui, et epistola disserui longiore.* Quare si prioris ad Pammachium epocha legitima sit, hanc haud multo post, sive ad anni 394. initium referendam esse manifestum est.

LI. *Scripta circ. idem tempus.* — Epistolam quam paulo ante Græce scripserat Epiphanius, in Eusebii Cremonensis gratiam latine Hieronymus explicavit, hoc eodem anno 394. Idque ex eo satis aperte conficitur, quod LVII. quam infra expendentes ad 395. priorem partem pertinere ostendemus, isthæc *anno , et sex mensibus præcesserit.*

LII. *Scripta hoc. an.* 394. — Cum hanc ad Nepotianum de Clericorum vita epistolam scriberet, ultro annum hunc 394. ipse Hieronymus denotavit, qui in fine cogi se dixit, *lapidato jam Virginitatis libello, quem S. Eustochio Romæ scripserat, post annos DECEM rursus Bethleem ora reserare.* Est autem libellus ille epist. 22. quam ad an. 384. diximus pertinere. Rursus, ut paulo supra ex præfatione in Jonam animadvertimus, eo ibi ordine censetur, ut nonnisi ad hunc annum commode referri possit.

LIII. *Scripta circ. idem temp.* — Acceperat a Paulino Hieronymus suavissimas litteras, *quæ a principio amicitiarum* (quod indicio est nullas prius utrinque missas fuisse) *fidem probatæ jam et veteris amicitiæ præferebant.* Illis respondet hac epistola, qua cum pluribus ejus studium ac sciendi ardorem laudavisset, cum maxime hortatur, ut velit perfecte sæculo renuntiare, et divitiarum *funem, qui eum adhuc detinebat, veluti naviculam in solo hærentem, præcidat magis, quam solvat :* nimirum ut quæ sibi supererant, possessiunculas omnino dimitteret, nec curaret quam sapienter venderet in pauperum usus, quando impedimento esse possent, dum *caute et pedetentim recrastinat, et diem de die trahit.* Cum igitur ex S. Paulini vita, ejusque epistolis tertia et quarta compertum sit, illum an. 394. dudum incepisse partem bonorum suorum vendere, seque terrenis rebus abdicare, facile ex superioribus colligas, ad eumdem hunc annum Hieronymi epistolam esse referendam.

LIV. *Scripta sub fin. an.* 394. — Hujus ætatem epistolæ quam ad Furiam scribit, ipse Hieronymus indicavit, cum *Scio me,* inquit, *ante hoc ferme biennium edidisse libros contra Jovinianum.* Enimvero, ut alibi nec uno in loco diximus ex præfation. commentarior. in Jonam, et suo loco fusius asserendum est, sub initium anni 393. eos contra Jovinianum libros S. Doctor composuit, quibus si *ferme biennium* addas, ad finem devenies 394. quem huic epistolæ assignamus.

LV. *Scripta circ. idem tempus.* — Tres hac epistola quæstiones e novo Testamento explicat, quarum prima ex Matthæi Evangelio, duæ reliquæ ex Paulo ad Corinthios petuntur. Verum quod neque illam in Catalogo enumerat, neque in illa suos in Matthæum commentarios citat, indicio est, et postquam de Illustribus Viris scripsisset, sive post an. 592. et antequam Matthæum explanaret, id est ante 398. fuisse exaratam. Quippe ex Hieronymi more neutrum credi par est, vel Exegeticam Sacrarum litterarum epistolam, si tum temporis elucubrasset, cæteris accensere, vel si eamdem quæstionem suo loco exposuerat, nullam ejus operis mentionem injicere voluisse. Illud igitur ferme quinquennium, quod hisce terminis clauditur, certa hujus epistolæ est epocha. Quod tamen proprius ad an. 394. eam dicemus pertinere, fecit doctorum hominum auctoritas, atque hujusmodi conjectura. Hier. dum ad epistolæ finem de corporum resurrectione disputat, et sensu, quo Christus Deo Patri omnia, seque tandem ipsum dicitur subjecturus, nihil data occasione contra Origenem intulit, imo ea ferme interpretandi ratione usus est, qua se ostenderet in cavenda Origenis doctrina, quam postea culpare cœpit, minus esse sollicitum.

LVI. *Scripta circ. an.* 394. — Cui e duobus annis 394. et 395. isthæc Augustini ad Hieronymum epistola sit ascribenda, non satis exploratum est. Et quidem facile inclinaret animus in annum 394. cum adhuc in Presbyterii munere Augustinus mereretur, sed ne diutius lectorem moremur, atque actum agere videamur, ipsa Benedictinorum Editorum S. Augustini in hanc rem argumenta subnectimus. *Sub initium,* inquiunt, *hujus epistolæ laudatur Alypius, episcopalem dignitatem post suum ab Hieronymo regressum jam consecutus. Porro Alypii profectionem in Palæstinam ad an.* 394. *revocat Baronius, promotionem ejusdem ad episcopatum in an.* 394. *Est igitur Epistola hoc anno* 394. *aut certe an.* 395. *scripta ; non serius, cum eam Augustinus scripserit nondum Episcopus, ex Epist. hcic* 101. *numero* 2. *Huc facit quod Hieronymi de Petro reprehenso a Paulo sententiam hic improbatam exagitat itidem Augustinus* (tacito tamen auctoris nomine) *in Libro de Mendacio, cap.* 5. *et* 20. *quod opusculum in Retractat. Lib.* 1. *inter illa, quæ scripsit nondum episcopus postremo loco reponit.*

LVII. *Scripta sub fin. an.* 395. — Cum ex hac epistola non modo illa, quam supra recensuimus Epiphanii, sed pleraque Origenianæ causæ momenta pendeant, negotium facessit in ejus Epocha certo asserenda doctorum hominum auctoritas, quam alibi nunquam expendimus, ne studiosum lectorem diutius moraremur. Tillemontius enim, ac Martianæus ad an. 396. referunt; et conterraneus noster Card. Norisius biennio post scriptam arbitratur. Sed Norisium quod spectat, cum credo in errorem, illud induxit, quod ante XX. *annos* Eusebii Chronicon a Hieronymo latine versum falsa lectione deceptus legerit, cum ibi quindecim pro viginti, sive XV. pro XX. Romanis notis, quæ facile in scribendo permiscentur, ac fallunt, omnino legendum sit. Illud enim in se operis suscepisse Hieronymum cum Constantinopoli esset an. 380.

tot tamque certis testimoniis constat, ut nemo unquam in dubium revocaverit. At si mendosam epistolæ lectionem retinere voluerimus, jam non tantum ad 398. sed ad ipsum sæculi finem eam referre necesse sit : quod ab omni veritatis specie immane quantum abhorreat. Sed ab altera etiam opinione revocant nos subjecta rationum momenta. Enim vero quo tempore hanc epistolam Hier. scribebat, Hesychium virum consularem *dudum* (1) Theodosius capitis supplicio damnaverat. Sed ipse Theodosius ann. 395. Januarii mensis die 17. fato functus est ; nec ab eo lata in Hesychium capitis sententia, ut serius, nisi ad ejus mensis initium, utcumque potest intelligi. Circa idem igitur tempus, certe eodem anno, imo priore anni parte, ipsa hæc epistola data est ; nam *dudum* adverbium ita dicitur de exiguo tempore, et præcipue ex Hieronymi sensu, ac more, ut vix tum, ac modo præteritum signet; nec si quando apud alios inferioris notæ scriptores latius porrigitur, ad integrum tamen annum, et quod excurrit spatium significandum sumi unquam potest.

Ad hæc reliqui etiam epistolæ characteres in idem tempus apprime conveniunt. In toties laudata præfatione commentariorum in Jonam ipsi ad Pammachium Apologetico subditur, atque inter alia opera computatur, quæ per *triennium* ab incunte an. 393. elucubrata sunt, ut minime in nostra hypothesi necesse sit vim textui S. Doctoris inferre, quod ex præconcepta opinione Tillemontius facit, ubi *quadriennium* pro triennio legendum monet, reclamantibus simul una cunctis Mss. atque editis libris et recta temporum ratione. Rursus si ubi de Chronici versione in hac epistola mentio est, in voce *viginti* lapsus agnoscatur quemadmodum oportere contendimus, et locum nostro periculo emendari, illa quoque Epocha isti optime consonabit, quod nimirum si annis 380. quindecim superaddas, conficies, quem epistolæ assignamus 395. Ad extremum annus atque anni dimidium, quo Epiphanii superior epistola ex Græco translata apud Eusebium latuit, unde hæc Hieronymi initium sumit, perquam commode supputantur, ut plane immerito videas a Tillemontio, quod sæpe facit, S. Doctorem de incuria in recensendis annis accusari.

LVIII. *Scripta circ. eumdem an.* 395. — Theodosii Panegyricam Orationem, quam modo Paulinus elucubraverat, cum legisset Hieronymus, plurimum laudat hac Epistola, quam ad ejus auctorem Paulinum misit. Hinc ex ejus Orationis epocha, non obscure licet ipsius epistolæ tempus invenire, siquidem illam asserit Gennadius c. 48. fuisse a Paulino dicatam ipsi Theodosio, quem supra etiam animadvertimus, priori mense an. 395. supremum diem obiisse. Rursus non ante septembrem superioris anni 394. scriptam fuisse evincit ipsum Panegyricæ Orationis argumentum, Victoriæ nempe, quam de tyrannis Maximo, atque Eugenio Theodosius retulerat : quorum alter Eugenius, non prius eo mense devictus est, atque occisus. Ipsa igitur hæc epistola, qua de ingenii felicitate in eo

(a) Sunt qui *Dudum* prænomen Hesychio fuisse asserant, quibus adeo dicitur, *Dudus Hesychius*. Vid. Basnag. hist. Jud. lib. III, cap. II. pag. 54. Hic est tom. V. ut inscribitur, sive tomi III, pars I.

opere exornando cum Paulino gratulatur, eique gratias agit, ad eumdem annum 395. fortasse tamen sub finem est referenda. Huc faciunt pleraque alia argumenta, atque illud præcipue, quod ex Vigilantio, qui sub epistolæ finem laudatur, depromi solet. Hic enim, qui nunc dicitur discedere Palæstina, et fortasse litterarum ad Paulinum portitor fuit, aderat tamen anno superiori 394. exeunte, quo tempore subito terræmotu de noctis medio perterritus, ac nudus exiliens *absque tunica*, in aliorum conspectu oravit, quam illi turpitudinem Hieronymus exprobrat in eo libello, quem contra ipsum Vigilantium inscripsit.

LIX. *Scripta an.* 395. *vel* 396. — Inter alias e Novo Testamento quæstiones, quas Hieronymo enodandas proposuerat Marcella, ea erat secundo loco, quam se *per transitum in ejus Opusculis* legisse dicebat, *quod Agni, qui stant a dextris, et hædi, qui stant a sinistris, Christiani essent, atque Gentiles, et non potius boni et mali.* Cui Hieronymus, ut se hoc aliquando dixisse non recordari profiteatur, quantum tamen dictanti subito occurrit, in secundo volumine contra Jovinianum hoc super capitulo, sive de eo, quod in eamdem quæstionem cadit, ubi pisces mali a bonis piscibus separantur, se disputasse non inficiatur. Exinde vero non obscure licet argumentari, post unum saltem, atque alterum annum ab exaratis contra Jovinianum libris, Epistolam fuisse conscriptam, siquidem neque alia Opuscula quam quæ in Præfatione in Jonam memorantur, et ab anno 392 ad 395. exarata sunt, videtur Marcella præ oculis habuisse, neque Hieronymus tum demum a se editos contra Jovinianum libros, quin imo non ita pridem vulgatos notat, ut rem animo repetenti locus occurreret.

LX. *Scripta sub initium an.* 396. — Ita hanc ad Heliodorum de Nepotiani morte epistolam an. 396. initio affingimus, ut neque ulterius differri, quod passim docti homines faciunt, neque rursus præponi posse, certis argumentis credamus. In primis certo certius est, deberi illam eo circiter triennio concludi, quod ab exeunte an. 392. in præfatione commentariorum in Jonam ipse Hieronymus censet; non enim, si ad annum usque 397. cum Tillemontio producatur, jam triennium, sed quadriennium effluxerit. Nec minus exploratum est ante 396. prodire non potuisse, siquidem trium Consularium, Timasii, Ruffini, et abundantii miserabiles exitus, qui labente superiori anno 395. contigerunt, enarrat ; et Abundantium quidem non Sidone, quo primum fuerat relegatus, sed Pityunte exulem notat ; Ruffinus vero, quem priorem historici produnt ab altissimo fortunæ gradu excidisse, non nisi die 27. novembris cecidit, atque occisus est. Quamobrem solemnis cavendus est error, in quem non satis bene intellectis S. Hieronymi verbis, plerique docti viri labuntur, dum ab eo dici putant hos illustrium virorum casus ante biennium accidisse; quod ille nequaquam dixit, sed cum Imperatorum conditionem deplorasset, ac vellet privatas etiam ruinas in testimonium adducere, eas quæ biennium excederent, se missas facere profitetur, atque ut cætera prætermittat, suo proposito dicit sufficere *trium nuper Consularium diversos exitus*. Ad extremum illud etiam in rem nostram gravissimum argumentum videtur, quod nempe, cum tradidisset Hieronymus Orientem antea a malis, quibus aliæ Romanæ ditionis partes premebantur, fuisse immunem, statim subdit: *Ecce tibi anno præterito ex ultimis Caucasi rupibus immissi in nos non jam Arabiæ, sed Septentrionis lupi tantas brevi provincias percurrerunt*. His enim verbis apertissime innuit Hunnorum Gentes, quas, ut suæ rebellioni prodessent, Ruffinus an. 395. in Imperii terras immisit, ut amplius dubitare non liceat Epistolam, quæ sequentis anni dicitur, ad 396. esse revocandam. E contrario in eorum sententia, qui illam adhuc in 397. differunt, explicari nullo modo possit, qui dixerit S. Doctor Orientem superioribus annis prælia, atque incursiones barbararum Gentium minime expertum, cum ex Claudiano in Eutrop. l. 1. aliisque auctoribus constet Barbaros jam ab an. 395. Asiam ac Syriam fuisse late depopulatos.

LXI. *Scripta an. 396. circ. fin.* — Totus in eo est Hieronymus, ut calumniam Origenianæ hæreseos a se quam longissime repellat, ac Vigilantium acriter reprehendat, vaferrimum hominem, atque injuriosum, qui cum e Palæstina non ita pridem discessisset ficta reconciliationis amicitiæ, in ipso itinere, quo patriam tendebat, *inter Adriatici maris fluctus atque Alpes Cottias* rursus os fœtidum contra Hieronymum aperire ausus est, ejusque nomen late infamare. Ex quo ferme communis opinio est, cui nos quoque assentimur, huic anno 396. epistolam debere ascribi, quandoquidem constat, non nisi superiori 395. eoque ad finem vergente, Vigilantium e Palæstina evasisse; quod paulo supra in altera ad Paulinum Epistola innuimus.

LXII. *Scripta an. 396. vel 397.* — Annum quem huic ad Tranquillinum Epistolæ tribuimus ex toto ferme contextu non incongruis argumentis eruisse nobis videmur. Origeniana causa turbas ciere in Ecclesia tum temporis incipiebat, et Romæ ea demum de Origene quæstio erat, *an penitus respuendus esset, cujus sententiæ non nisi quidam Faustinus in testimonium adducitur, an vero juxta quosdam legendus ex parte*. Hieronymus, qui alteram sententiam præferre nequaquam dubitat, eos, *qui in amorem Origenis nimium, vel in odium stomachi sui pravitate ducuntur*, asserit maledicto prophetico subjacere: *Væ his qui dicunt bonum malum, et malum bonum*. Ad hæc Oceanum repugnare illorum insaniæ, qui se paterentur Origenianis erroribus decipi, tum primum, Tranquillino narrante, gaudet intelligere, dum *ab erudito viro errantibus subvenitur*. Oceanus autem jam a superiori anno 395. Bethlemo discesserat cum S. Fabiola, ac Romam regressus, quos imbuerat, Hieronymi sensus ac doctrinam explicavit. Nihil porro uspiam in epistola occurrit, quod notet factiones hominum pro Origenis nomine, aut de Ruffino querelas replicet, atque ejusmodi alia, quæ in mox secuturis tertio quoque verbo ingeruntur.

LXIII. *Scripta circ. an. 397.* — Ex his, quæ supersunt Hieronymi ad Theophilum epistolis, plures

enim interciderunt, ut suis locis monuimus, priorem locum tenere videtur isthæc brevissima, quæ neque ante annum 396. neque post 399. revocari commode potest, sed illo ferme triennio, quodam veluti termino utrimque definitur, ut facilius tamen ad finem 396. vel sequentem 397. etiam ex aliorum Doctorum hominum calculis referendam censeamus. Nimirum cum esset inter Joannem Jerosolymitanum, ac Hieronymum dissensio, quæ ex Epiphanii Epistolæ occasione inceperat, diu noster sustinuit Theophilum, a quo dissidia componenda erant, erga se reticentem, ejusque silentium pro dispensatione habuit; nec tamen ab officiis cessavit, atque *Evangelii Viduam duri Judicis interpellatricem* est imitatus. Nunc vero acceptis tandem Theophili epistolis ægre patitur, se de ecclesiasticis canonibus moneri, cum sibi nihil esset *antiquius quam Christi jura servare, nec Patrum transferre terminos*: quibus verbis non, ut prima statim fronte videri potest, Pauliniani fratris ordinationem defendit, quam dissidii causam prætexebat Joannes, quod potissimum in sua Diœcesi ab alieno Episcopo consecratus fuisset, contra quam Canones jubent; sed verius semetipsum tueri vult, qui jam ab an. 394. cum Jerosolymitano episcopo non communicaret, qua in re sibi addit sufficere *Romanam fidem Apostolico ore laudatam, cujus se esse participem Alexandrina Ecclesia gloriatur*. Quod vero improbet Theophili consilium, qui remissius, atque *in multa patientia* contra Origenistas se gereret, affirmetque multis id Sanctis displicere, ne dum ille *Paucorum pœnitentiam præstolatur, nutriat audaciam perditorum, et factio robustior fiat*; hæc si cum Superioribus componantur, commodius quam anno 396. vel sequenti intelligi non posse facile sibi quisque persuadeat.

LXIV. *Scripta an. 396. vel 397.* — Ad hunc vel ad superiorem annum passim et jure merito referri solet isthæc ad Fabiolam epistola, postquam videlicet illa ingruentibus Hunnorum devastationibus, Bethleem, ubi aliquandiu constiterat, relicta, Romam regressa est: tunc enim in Urbe degisse eam, indicant hæc in fine epistolæ verba, ubi Tertulliani quemdam librum de vestibus Aaron in indice tantum vidisse se asserens, *Si a vobis*, inquit, *propter celebritatem Urbis fuerit inventus, quæso ne meam stillam illius flumini comparetis*.

LXV. *Scripta med. an. 397.* — Antequam commentarios in Matthæum scriberet datam hanc ad Principiam epistolam, hæc nobis persuadent in Præfatione eorumdem Commentariorum verba ad Eusebium, *Obsecro ut des exemplar, cum Romam veneris, Virgini Christi Principiæ, quæ me rogavit ut in Canticum Canticorum scriberem, a quo opere exclusus ægrotatione diuturna spem in futurum distuli*. Quippe in hujus epistolæ fine promiserat, *si vita comes fuerit*, explicaturum se illi *totum Canticum Canticorum*, quod cum ægrotatione quinque mensium (supr. tres dicit) impeditus perficere non potuisset, Eusebium postea rogat, ut se apud Principiam excuset. Ex quo illud etiam nobis compertum est, non ut alii ac præcipue Martianæus sentiunt, eidem Eusebio cum Romam proficisceretur, commendatam, ab eoque Principiæ redditam ipsam epistolam (tunc enim quod in Canticum canticorum, quemadmodum illa rogaverat, non scripsisset, eamdem ægrotationem Hieronymus causari debuerat, quod tamen minime facit); sed antequam Eusebius discederet missam per alium quempiam, atque adeo aliquot saltem ante ægrotationem menses, puta sub anni 397. medium, fuisse exaratam.

LXVI. *Scripta circ. fin. an.* 397. — Tota temporis ratio, qua vera hujus epistolæ ætas asseritur, ex LXXVII. illa quæ *de morte Fabiolæ* inscribitur, repetenda est; ibi enim Hieronymus ante *ferme biennium Pammachio suo, pro subita peregrinatione Paulinæ*, hanc se epistolam testatur dedisse. Quamobrem cum certo certius sit, ut suo loco ostendemus, illam *de morte Fabiolæ* anni 399. æstati esse tribuendam; ut verum sit *ferme biennium* antea excurrisse, puta decem supra annum menses, hanc *de Paulinæ obitu* satis erit anni 397. postremis mensibus assignare. Huic hypothesi cum cætera apprime quadrent, illud etiam suffragatur, quod necdum Hieronymianæ ægrotationis ulla fit mentio.

LXVII. *Scripta an.* 397. — Hæ secundæ sunt Augustini ad Hieronymum litteræ, quibus statim in exordio gratiam habet, *quod pro subscripta salutatione plenam sibi epistolam reddidisset*. Scilicet cum anno superiore Hipponensis episcopus alterius cujusdam ex Africa epistolæ subscribens Hieronymum officiose salutasset, hic per quemdam Asterium Diaconum, qui tunc in Occidentem navigabat promptum reddidit *salutationis obsequium*, peculiaribus ac plenis litteris, quæ heic innuuntur, et quibus hæc, de qua agimus Augustini responsio destinata est. Nam illas Hieronymi hodie non est invenire, ac tantum ex hujus responsionis n. 9. de Origene, ejusque erroribus data occasione locutas fuisse alii argumentantur. Ut vero priorem, quam supra recensuimus Augustini epistolam ad Hieronymum non detulit Profuturus, qui dum se itineri parat, episcopus creatus est: ita neque hanc alteram Paulus, qui navigationis in Palæstinam consilium mutavit, quod causæ fuit, ut prius hæc per Italiam vulgaretur, quam ad Hieronymum perveniret: qui alio, nempe Sisinnio Diacono deferente accepit, atque animo offendendi scriptam contra se, atque in vulgus editam putavit. Hinc quo data sit tempore, facile investigatur; etenim illam Sisinnius invenerat, ut ex CV. constat, inter cæteros Augustini *tractatus non in Africa, neque apud ipsum Augustinum, sed in insula Adriæ*, anno ad summum 398. nimirum *ante ferme quinquennium*, quam Hier. ipsam CV. scriberet, quæ anni est 403, ut suo fusius loco ostendemus. Porro ut in Italiam mutato consilio trajiceret Paulus, epistolam proderet, eaque in lucem edita cæteris Augustini tractatibus admisceretur, brevius anno intervallum putari vix potest, neque adeo serius an. 397. ipsa epistola ascribi. Id rursus intelligimus ex alia ejusdem August. quæ heic est CIV. haud commode satis præponi posse, cum ab ipso jam episcopo dictata sit, quod ille haud obscure monet, cum *primas* dicit litteras, sive quæ heic CI. censentur, a se adhuc *presbytero præparatas*, ut posteriores ab episcopo intelligas profecisse. Compertum vero est, cum non ante finem superioris an. 396. imminente Domini Natali Episcopum fuisse ordinatum.

His Augustini litteris Benedictini editores, illas Hieronymi præponunt, quarum initium est, *Anno præterito per fratrem nostrum Asterium* ; atque iis quoque annum assignant 397. Eorum tamen conjecturæ cum nobis haud satis probentur, eam epistolam loco movimus, distulimusque ad num. CIII. et annum usque 402. ad quod tempus cum devenerimus, firmiora, ut nobis videntur, argumenta proferemus, quibus adducti alium ordinem constituimus. Vid. etiam infra epist. CXI.

LXVIII. *Scripta an.* 397. — Heraclius Diaconus, quo nuntiante, Hieronymus intellexerat Castrucium *sui cupiditate Cissam usque venisse*, cum e Palæstina Pannoniam regrederetur harum *portitor litterarum* ad Castrucium fuit. Porro eum Diaconum, hoc anno 397. miserat Bethleem Amabilis quidam episcopus Pannoniæ, ut videtur regionis, ut explicationem decem Isaiæ Visionum, quam alias ipse ab Hieronymo postulaverat, præsens ille impetraret: quæ sic in earumdem præfatione ad Amabilem ipse exponit S. Doctor : *Misisti hoc anno filium nostrum Heraclium Diaconum, qui me manu conserta in jus vocaret, et promissum per momenta opus exigeret.* Exinde illud nobis videtur jure confici, ejusdem scilicet anni esse epistolam, cui Visionum interpretatio tribuitur, siquidem unus idemque est, qui utrumque opus impetravit, atque uno tempore deferendum suscepit. Quod enim iterum sequenti anno Heraclius Bethleem contenderit, ut in recensendis ad Vitalem litteris suo loco exponemus, id intelligi nequaquam potest ad hanc Castrucio inscriptam epistolam pertinere; quandoquidem Hieronymus, quem ex Oriente discedens Heraclius sperare jusserat, ut illuc iterum reverteretur, Castrucio scribit fore ut eum libenter suscipiat, si cum denuo sanctus Diaconus Palæstinam venisset, illo comitante ac duce uteretur. Quod vero spectat ad decem Isaiæ Visionum commentaria, non est ambigendi locus, quin eidem tempori sint ascribenda, quo primum Heraclius e Palæstina regressus est. Etenim quando e Pannonia rursus Orientem adnavigavit, et Vitalis Presbyteri litteras ad Hieronymum detulit, his iste respondens, *Prophetiam Isaiæ* memorat, *quam inter decem Visiones nuper interpretatum se dicit.* Ad hæc, in alia etiam ad Lucinium epistola, quam certis argumentis ad annum 398. referendam ostendemus, *Visiones Isaiæ valde obscurissimas testatur se nuper historica explanatione disseruisse.* Quamobrem si istarum ad Vitalem ac Lucinium epistolarum legitima est epocha, quam constituimus an. 398. tum aliis argumentis, tum præcipue ex longa ægrotatione, qua per id temporis Hieronymus detentus est, certo inde conficitur decem Visionum librum, qui ibi nuper dicitur explicatus, ad superiorem annum 397. esse revocandum, atque adeo ipsam quoque, cujus gratia hæc hactenus disputata sunt, epistolam ad Castrucium, utpote quam ejusdem omnino temporis esse demonstravimus, eidem anno debere ascribi.

LXIX. *Scripta circ. an.* 597. — Post Oceani cum Fabiola regressum ex Oriente Romam, qui in annum incidit 396, ac rursus ante priorem Apologiæ librum contra Ruffinum, qui anni 402. initio tribuitur, certo certius hæc epistola data est. Primum ipsa nominis inscriptio probat. Alterum hæc ex illo apologiæ libro verba : *Audio objici mihi Chrysogono sectatore ejus* (Ruffini) *cur in baptismate dixerim universa peccata dimitti, et mortuo bimarito, novum virum in Christo resurgere... cui brevi sermone respondebo. Habent libellum, quem in crimen vocant, illi respondeat, hunc sua disputatione subvertat, et scripta scriptis arguat.* Verum cum minime expeditum sit affirmare, cui proprie ex intermediis annis sit assignanda, priori 397. dedimus doctorum hominum auctoritate adducti, cum pleraque omnia huic hypothesi non male quadrent.

LXX. *Scripta fort. an.* 598. — Quæsierat ab Hieronymo Magnus, cur in suis ille opusculis sæcularium litterarum exempla admisceret, quasi candorem Ecclesiæ ethnicorum sordibus pollueret. Cui ille postquam tota epistola respondit, quæstionem tamen a Calpurnio Sallustiano, quo nomine Ruffinum notat, per Magnum sibi proponi sentit, eamque suspicionem in primo contra Ruffinum eumdem libro satis aperte confirmat, *Nimirum*, inquiens, *iste est Calpurnius Sallustianus, qui nobis per Magnum Oratorem non magnam moverat quæstionem.* Porro ut hæc in mentem Hieronymi suspicio veniret, ac sin vere, probabili saltem argumento dixerit, necesse est aut certe verosimillimum, ut qui Magno movendæ quæstionis auctor credebatur, Ruffinus Romæ jam degeret, cum ipsa epistola data est. Ex duobus vero annis, nimirum 397. ac sequenti 398. quibus ille post reditum e Palæstina sub Siricio moratus est Romæ, alter commodior videtur, cui ad propositam quæstionem isthæc epistola ascribatur.

LXXI. *Scripta an.* 598. — Quod circa Quadragesimam hujus anni 398. ad Lucinium Epistolam revocamus, hæc nobis persuadent Hieronymi de se verba : *Ego longo tentus incommodo vix in diebus Quadragesimæ, quibus Notarii proficiscebantur, respirare cæpi.* Hæc nimirum ægrotatio ipsius temporis characteribus prænotatur cum illa, quam cum in Matthæum Commentarios scriberet ad Eusebium causatur, *imminente*, inquit, *jam Pascha, dictare me cogis, cum scias me ita tribus mensibus languisse, ut vix nunc ingredi incipiam.* Et paulo post, sive sub ejusdem anni finem, cum ad Evangelum scriberet de Melchisedech : *Ego*, ait, *post longam ægrotationem, vix in Quadragesimæ diebus febri carere potui, et cum alteri me operi præpararem, paucos dies, qui supererant in Matthæi expositione consumpsi.* Porro compertum est ex ipsa in Matthæum præfatione, eos commentarios Eusebio Cremonensi ab Hieronymo inscriptos, cum ille ex Oriente Romam proficisceretur, atque hanc sibi ab illo *subito naviga-*

turus quasi sitarciam dari voluerit. Nec minus exploratum est, ex tertio Apologiæ Libro contra Ruffinum, Eusebii profectionem Roma anno 398. contigisse, siquidem post annum, ex quo isthuc Ruffinus advenerat, collocanda est. Igitur ad ejusdem anni 398. aprilem, die enim ejus mensis 18. eo anno Pascha dicitur incidisse, in Matthæum Commentarii referendi sunt, ac tres menses, quibus jugi languore Hieronymus laboravit, a superioris anni circiter Decembri supputandi. Quæ cum ita sint ipsa hæc ad Lucinium Epistola, quæ iisdem notis insignitur, eamdemque præfert ægrotationem, quæ sub Quadragesimæ dies utcumque permisit respirare, ad ejusdem anni 398. priorem partem, puta ad Aprilem mensem non immerito est referenda. Ad hæc decem *Isaiæ Visiones valde obscurissimas* heic dono ad Lucinium mittit, quas *nuper* testatur *historica explanatione disseruisse*, quæ altera temporis nota ex superioris epistolæ 68. chronologicis rationibus impendio constabit.

LXXII. *Scripta eodem an.* 598. — Quemadmodum superior epistola, quæ post *nuper historica explanatione donatas decem Isaiæ Visiones*, scripta, anni tamen 398. esse constituitur, ita hæc omnino, quam ad Vitalem dedit Hieronymus, cum, ut ipse prodit, eamdem Prophetiam decem Visionum *nuper* esset interpretatus, ad idem anni tempus est referenda, nisi ea quæ ad superioris asserendam Epocham urgemus, argumenta nos fallunt. Cæterum cum Vitalis quæstionem, ut hic n. 1. dicitur, ad Hieronymum detulisset Heraclius Diaconus, is nimirum, quo de plura dicta sunt in recensenda ad Castrucium epistola ; Hieronymus vero dum Vitali respondet, decem illas Isaiæ Visiones a se nuper explicatas memoret (quas supra ostendimus Heraclium sibi commendatas ad Amabilem detulisse) hinc probe conficitur alteram ejus Diaconi profectionem in Palæstinam heic indicari, quæ hoc anno 398. contigerit.

LXXIII. *Scripta eodem an.* 598. — Non multo post exaratos in Matthæum Commentarios hæc ad Evangelum epistola prodiit, quod quidem ipse Hieronymus satis declarat his verbis : *Ego post longam ægrotationem, vix in Quadragesimæ diebus febri carere potui, et cum alteri me operi præpararem, paucos dies, qui supererant in Matthæi expositione consumpsi, tantaque aviditate studia omissa repetivi, ut quod exercitationi linguæ profuit, nocuerit corporis valetudini.* Non est itaque opus, ut vera epistolæ ætas eluceat, nisi aliquot menses Commentariis in Matthæum superaddere, quibus, dum omissa Hieronymus studia avidissime repetit, in morbum, ex quo vix tunc convalescere inceperat, relapsus est. Cum vero eos Commentarios supra ex eorumdem Prælatione, atque Eusebii Cremonensis in Occidentem profectu, ad hujus anni 598. Aprilem constituerimus, facile est intelligere ad anni medium epistolam pertinere.

LXXIV. *Scripta sub fin. an.* 598. — Hanc Epistolam Hieronymus *in lectulo decumbens, longaque ægrotatione confectus vix Notario celeriter scribendam dictavit.*

(*Troisième.*)

Rursus sub epistolæ finem *duodecim menses* enumerat, quibus jugi languore confectus est. Porro hos menses ab anni superioris 397. Decembri esse supputandos facile constabit, si hanc animadvertas eamdem esse ægrotationem, quam in Præfat. Commentar. in Matthæum, trium mensium dicit tunc a Quadragesimæ diebus, seu Martio mense rursum rationem iniens, tum in epistola ad Evangelum, et in superiori ad Lucinium continuo memorat. Nempe Sanctus Doctor, cum hoc anno diebus Quadragesimæ respirare tantillum cœpisset, propere Matthæum interpretatus est, tum omissa studia tanta aviditate repetivit, ut, quemadmodum in epistola ad Evangelum ipse testatur, *quod ei linguæ exercitationi profuit, nocuerit corporis valetudini*. Illinc statim in febrim et languorem, ex quo non bene convaluerat, relapsus, eo usque ad anni finem continenter laboravit: unde ipsum mensem, et quod excurrit Quadragesimæ, nunc inter eos computat, quibus jugi ægrotatione confectus est: atque adeo verissime ad novembrem hujus anni 398. quo tempore datam hanc epistolam arbitramur, dixerit se duodecim menses languisse.

Sed ne levi conjectura hæc a nobis constitui videantur, præsertim cum neminem sciamus, qui certam Epocham huic Epistolæ hactenus attribuerit, aut Hieronymianam hujus temporis ægrotationem recte distinxerit, novum hujusmodi argumentum proponimus. Eo certe tempore data est hæc Epistola, quo Cremonensis Eusebius Romæ erat, et Ruffino Romanæ Ecclesiæ presbytero junctus, Hieronymi nomen late celebrabant. Id perspicue ex Hieronymi verbis liquet, statim initio, ubi *Gaudeo*, inquit, *quidem super testimonio erga me Sanctitatis tuæ, et amore sancti presbyteri Eusebii, nec dubito quin me publice prædicetis*. Porro iste Eusebius, qui Romam, ut superius probatum est, ad anni 398. medium advenit, non nisi per ferme biennium ibidem moratus est; anno enim 400. circa medium, Mediolanum perrexisse, tum aliis argumentis constat, tum præcipue ex quadam Anastasii epistola ad Simplicianum, quam nobis sorte datum est in Mediolanensi Mss. invenire, et Hieronymi epistolis suo loco accensebimus. Igitur cum evagari ultra illud ferme biennium, quo cremonensis presbyter Romæ degit, ea, quæ de ejus cum Ruffino conjunctione retulimus, non permittant, unum relinquitur, ut probemus, anno insequenti 399. et 400. Hieronymi tam longam ægrotationem, quæ præcipuum hujus epistolæ characterem tenet, convenire non posse; atque adeo ad superiorem 397. cui optime quadrat, omnino esse referendam. Quod ut facile compertum sit, satis erit, ea ipsa, quæ haud pauca per id temporis Hieronymus scripsit, inspicere, in quibus nulla unquam ægrotationis est mentio, nullum vestigium. Qui autem fieri potuit, aut credere par est, ut qui per integrum annum jugi languore decumbens in lectulo conficiebatur, continuo litteras daret, nec unquam ægrotationem suam causaretur; nunquam admoneret, non se propria manu scribere, sed notariis dictare, nec tandem quod ad scribendum quietis aliquid temporis nactus esset? Hæc si quis sibi in animum inducat, hospes sit in Hieronymi lectione, nec, ut alia sexcenta omittamus, noverit superiora exempla, ubi singulis ad Eusebium, Evangelum, ac Lucinium litteris, eos latere non sinit, ac prudenter causatur trium mensium incommodum, quo tentus fuerat. Ad hæc quædam per id temporis Hieronymus elucubravit, quæ omnino, si febri æstuaret, eaque ægrotatione detineretur, persequi non potuisset. Hujusmodi sunt Origenis Libri περὶ Ἀρχῶν, quos Pammachio, atque Oceano, vel sub finem an. 399. vel sub quadringentesimi initium, enixe petentibus Latinos fecit accuratissime reddens auctoris sensum, ac verba, ut versioni eorumdem librorum paulo ante a Ruffino adornatæ responderet, et, contentione facta, de Origenis mente, atque erroribus certo judicaretur. E contrario hæc et pleraque omnia apprime consonant in nostra hypothesi, in qua continenter in ejus anni epistolis, quas, ut per valetudinem licuit, pauciores dedit, illam ægrotationem memorari, tam ad mensem usque duodecimum, nullis interpositis scriptis, deduci satis recta ratione ostendimus, ut ad anni 398. finem, quo etiam tempore sospitati redditus est Sanctus Doctor, epistolam hanc revocare non dubitemus.

LXXV. *Scripta circa an.* 399. — Inter cætera, quæ ob Lucinii Theodoræ mariti mortem Hieronymus dolet in hac epistola, illud in primis queritur, *non se meruisse ejus viri videre faciem, quem in brevi tempore Bethleem venturum esse credebat*. Ex his tametsi paucis verbis, et quæ certam epocham innuere non videantur, commode satis conficimus, hanc ab ea, quæ ad Lucinium data est, unius circiter anni spatio distare, nec facile serius esse differendam. Nam cum Hieronymum inter ac Lucinium non nisi semel, idque anno superiore, epistolare officium intercesserit: neque adeo, nisi iis litteris, Jerosolymam adeundi hic Hieronymo spem fecisse credendus sit, quod nunc ait S. Doctor se speravisse fore, ut cum *brevi* in sanctis locis complecteretur, facile post annum dici intelligitur, hoc scilicet insequenti 399. cui epistolam assignamus.

LXXVI. *Scripta per idem tempus.* — Sub idem tempus data est hæc ad Abigaum, in qua *Sanctam*, inquit, *filiam meam Theodoram sororem beatæ memoriæ Lucinii per se commendatam, meo sermone commendo, ut in cœpto itinere non lassetur; sed ad terram sanctam multo per Eremum labore perveniat*, atque alia his similia, quibus indicatur, eam haud multo ante perfectionis viam inivisse.

LXXVII et LXXVIII. *Scriptæ circa fin. an.* 399. — Ad hujus anni 399. partem, quæ ad finem vergit, duas quoque istas epistolas pertinere, huncque inter se habere ordinem quem constituimus, testis est ipse Hieronymus. Priorem enim de morte Fabiolæ cum scriberet *quartæ ætatis circulum* evolvi dicit ab eo tempore, quo *Nepotiani Epitaphium scribens, quidquid habere potuerat virium in illo tunc dolore consumpserat.*

Illud autem Epitaphium anno 396. primo statim initio consignandum, neque serius tantillum differri posse certis adeo argumentis probavimus, ut si æstates inde computari debeant, illa ejus anni in censum prima sit revocanda, et quarta demum hæc sit anni 399. cui ipsam hanc epistolam assignamus. Neque enim Hieronymus, sicut revera de Fabiolæ, ita etiam de Nepotiani morte se innuit sub æstatem scripsisse, sed tantum quartæ æstatis circulum volvi dicit, ex quo illud operis composuerit: quod tamen primis, ut ita dixerim, ejus anni diebus elucubravit. Rursus *ante hoc ferme biennium Pammachio pro subita peregrinatione Paulinæ*, epistolam indicat a se datam; quæ cum ad anni 397. finem commode satis referatur, hanc 399. ut illi temporis notæ respondeat, ascribere necesse est.

Quod vero aliam, quæ Fabiolæ ipsi inscribitur, epistolam spectat, eam ideo heic loci subnectimus, quod, etsi pridem, cum nempe ipsa Fabiola Bethlemi esset, scribi fortasse inceperit, usque tamen in præsens tempus, post ejus scilicet mortem, *Domini voluntate dilata est*, quod Hieronymus tradit. num. 8 hanc reddens *memoriæ illius*, *ut Sacerdotalibus prioris ad se voluminis induta vestibus per mundi hujus solitudinem gauderet, sed ad terram repromissionis aliquando venisse.*

LXXIX. *Scripta an.* 399. *aut* 400. — Ut certius hæc epistola temporum characteribus careat, haud temere tamen communi Doctorum hominum sententia circa an. 400. data censetur. Certe post 401. differri haud commode potest: etenim hæc illa est Salvina, quæ primas Chrysostomo deferebat, eique summa in Christo necessitudine juncta erat, ut cum ille Constantinopolitanam sedem dimittere compulsus esset, ingressus *Baptisterium*, quemadmodum Palladius tradit, eam ad se vocarit *Salvinam beati Nebridii conjugem, quæ viduitatem suam præcipua virtute, et honestate decorabat.* Chrysostomus vero cum Origenistas Nistriæ monachos suscepisset, jam ab eo tempore male apud Hieronymum audiebat, qui cum e Theophili partibus staret, præconcepta in eum opinione est imbutus. Exinde autem minime est verosimile per id temporis datas ad eam litteras, quam una cum Joanne sentire de Origene non immerito suspicaretur. Sed neque ante 395. censeri ullo modo potest, quandoquidem in epistola ad Hedibiam: *Quomodo*, inquit, *Vidua vivere debeat...... nos in duobus libellis, quos ad Furiam, et Salvinam scripsimus plenius dictum putamus.* Porro ad Furiam epistolam, quæ isti præfertur, ad anni 394. finem spectare jam supra ostendimus. Ex his igitur quinque circiter annis, quos intra vagari hæc ad Salvinam posset, cui affigeretur, longe commodior postremus visus est; quod Salvinæ mater Constantinopoli apud filiam fuisse, dum scriberet indicetur. *Certe*, inquit, *cum tecum sancta sit mater, et lateri tuo amitta hæreat virgo perpetua*, etc. Illa autem non nisi post Gildonis mariti sui mortem an. 398. Constantinopoli trajecisse credenda est, quam tamen ab uno, aut altero anno jam affuisse ex iisdem verbis pronum sit opinari.

LXXX. *Scripta quidem an.* 598. *sed aliquanto post ad Hieron. delata.* — Præfatio quidem Ruffini in περὶ Ἀρχῶν Origenis librum a se Latine explicatum, tametsi pro epistola ad Hieronymum haberi non possit, heic tamen loci ponitur, quod cum in ea *se figuratis laudibus* exornari Hieronymus senserit, ac pro Origenis Patrono adduci in testimonium, illi respondere coactus sit, ut hominum suspiciones purgaret, quod datis ad Ruffinum ipsum litteris fecit. Hic igitur Ruffinus an. 397. ex Oriente Romam advenerat, quod ut nemo in dubium vocet, Eusebius Cremonensis, quem anno insequenti 398. sub Paschæ dies Palæstina Romam aliis argumentis ostendimus discessisse, in Apolog. lib. 3. *post annum* a Ruffini *peregrinatione profectus* dicitur. Ibi ille cum fere biennium substiterit, puta ab Aprili mense 397. ad usque Septembrem insequentis 598. primum Apologiam Pamphili pro Origene Latinam fecit, tum ipsum Origenis opus *de Principiis* pariter Latine vertit, unde tota dissidii occasio, atque ingens in Ecclesia incendium exortum est. Duos ejus operis priores libros Quadragesimæ diebus propere interpretatus, reliquos paulo tardius explicuit; quod indicio est, huic anno 398. interpretationem esse tribuendam, siquidem ante superioris anni Quadragesimam hyemali tempore, atque invio mari Romam annavigasse, tum illud operis confecisse minime credi par est. Interim divino consilio factum est, ut hi Libri, quos caute intra domesticos parietes Ruffinus servabat, ad Eusebium pervenirent, qui totis viribus impugnare blasphemias, venenum, quod latebat, in vulgus prodere, ut simpliciores caverent, et Hieronymum admonere, ut suspicionem, in quam ea præfatione trahebatur, purgaret. Hæc vero, ut citius, sub anni exitum peragi potuerunt; nam Ruffinus, q. ante Novembrem, quo Siricius P. diem obiit, commu. nicatorias ab eo litteras satis caute impetraverat, Aquileiam contendit, et Invectivarum lib. 1. de Eusebio conqueritur, quod elegisset absentem se lacerare quem potuisset gravius confutare præsentem.

LXXXI. *Scripta an.* 399. — Ad annum hæc pertinet 599. cujus assertionis præcipua argumenta sunt. Primum quod citius hoc anno, aut certe elapsi postremis mensibus, ruffinianæ præfationis, ad quam hæc responsio destinata est, exemplaria ab Urbe accipere potuisse Hieronymus non videatur, quemadmodum ex rerum ab Eusebio gestarum serie, quam supra exposuimus, compertum est. Alterum, quod heic jam non dubitet S. Doctor Ruffinum *spiritualium parentum*, Chromatii atque Eusebii, *desiderio ad patriam revocatum:* qua de re sicut ante superioris anni finem certior ipse fieri non potuit ob locorum distantiam, a quibus hæc mittebantur, ita non nisi post aliquot saltem menses ab ejus reditu certo affirmaverit. Sic autem rationes inimus, ut non ante ejus anni Septembrem Ruffinus discesserit, ac vere de Eusebio dixerit, se ab eo potuisse *præsentem gravius confutari*, *quem absentem lacerare maluisset.* Ad hæc si legitima supputatio est, qua ægrotationem Hieronymi anno superiore exposuimus, necesse est, ut ab aliquot jam mensibus convaluisset, cum hæc ad Aquileiensem presbyterum scripsit, quando neque incommodi, neque receptæ valetudinis mentionem facit.

LXXXII. *Scripta circ. an.* 399. — Ex toto ferme contextu elucet scriptam hanc fuisse paulo post, eodem tamen anno, quo longiorem de eodem argumento, seu contra Joannem Jerosolymitanum, Tractatum ad Pammachium misit, quem in Opusculorum serie cum dabimus, ad an. 399. pertinere ostendemus, ac doctorum hominum argumentis, qui in aliud atque aliud tempus distulerunt, faciemus satis. Sed duo interim momenta operæ pretium videtur exinde proferre in medium, ut quod certo constitui postulamus, suis rationibus utcumque non careat. Primum itaque est, quod Commentarios in Ecclesiasten, et explanationem epistolæ ad Ephesios, a se *ante annos ferme decem* concinnatam tradit; quos, ut de Commentariis tantum dicamus, circa annum 390. adornasse idem ipse testatur tum alibi, tum præcipue in eorumdem præfatione ad Paulam et Eustochium, ubi, *post ferme quinquennium*, ex quo Roma evasisset, istud se operis suscepisse, planissime indicat. His porro si ferme decem adjunxeris, annus efficitur 399. Alterum, quo idem annus colligitur, argumentum inde petimus, quod sub Opusculi finem se dicit *ante annos tredecim Antiochiam celeberrimam urbem deseruisse, ut in agris, ac solitudine adolescentiæ deflens peccata, Christi in se misericordiam deflecteret*. Enimvero, non nisi ab exacto anno 386. hi tredecim supputari ullo modo possunt, siquidem usque ad superioris 385. Augustum mensem Romæ cum constitisse compertum est; quo tempore cum in Orientem annavigasset, aliis subinde regionibus peragratis, tum demum substitit Antiochiæ: quam urbem ideo se indicat deseruisse, quod in ejus Ecclesia, ad quam ob ordinationem pertinere videretur, cum splendide posset munere Sacerdotii defungi, maluit agros ac solitudinem appetere, ut adolescentiæ peccata pœnitentia deleret. Tredecim ergo annis 386. superadditis, exoritur 399. qui illi Tractatui assignandus est; idemque ipsi ad Theophilum epistolæ tribuendus est, quæ et paulo post data est, ut tota orationis series et contextus probat, et quadringentesimum non attigisse persuadent quæ de Isidoro Alexandrino presbytero ibidem dicuntur, quem initio sequentis anni damnatum intelligemus. Nihilo tamen secius videtur ordine præponenda duabus præcedentibus hoc tamen ipso anno 399.

LXXXIII et LXXXIV. *Scriptæ an.* 400. — Priores amicorum Pammachii et Oceani ad Hieronymum litteræ, quandoquidem pronum est opinari datas paucis mensibus ante Hieronymi responsionem, quam subnectimus, ex hac ipsa æstimandæ sunt. Hæc porro ad annum hunc 400. revocanda est, hoc, ut nobis videtur ineluctabili argumento, quod dum *epistolam de Seraphim, et Calculo* ad Damasum heic citat numero 3, eam *ante viginti annos editam* profiteatur. Jam vero nemo, opinor, in dubium vocabit, quod nos certis adeo rationibus suo loco ostendimus, eam epistolam ad an. 381. medium debere ascribi, cum nempe Constantinopoli apud S. Gregorium ejus urbis Episcopum Hieronymus degeret. Sed viginti annos, quos numerat, inchoatos, non vero exactos par est intelligere: partim quidem quod medium 381. in censum putet, partim vero, quod numero utatur rotundo; nam certo cerius est ex rerum serie, ipsoque epistolæ contextu, eam ante damnatum in Alexandrina Synodo Origenem, hoc anno prodiisse. Hinc tamen est, quod mallemus Pammachii, atque Oceani litteras ad superiorem 399. exeuntem revocare, ut nimirum aliquot menses intercesserint ad Hieronymi responsionem, quibus ille Origenis libros de Principiis Latinos facere, eosque una cum hac epistola mittere potuerit Romam.

LXXXV. *Scripta an.* 400. — Earum, quæ ad Paulinum scriptæ habentur, ordine postrema est. Ea Hieronymus se apud S. Presbyterum excusat, quod Danielem, ut se facturum promiserat, explicare per tempus non potuerit: et *Libros*, inquit, περὶ Ἀρχῶν *nuper, Pammachio nostro jubente, interpretatus sum.... quo detentus opere implere non potui, quod promiseram tibi, et Danielem nostrum rursum comperendinavi:* tum num. 1. *sub finem ab ipso procinctu, et interpretationis exordio supradicta necessitas me retraxit.* Hinc nemo neget hanc Epistolam brevissimo intervallo secutam esse libros Origenis, quos modo sub hujus anni 400. initium Latine explicatos diximus, eamque interpretationem cum superiori epistola ad Pammachium missam.

LXXXVI. LXXXVII. LXXXVIII. LXXXIX. XC et XCI. *Scriptæ an.* 400. — Subsequentium sex Epistolarum, quanquam facile idem omnibus annus natalis sit, sive tempus inter an. 400 et 401. ordo tamen præposterus in eo est, quod LXXXIX. Theophili cæteris præponenda videatur.

Una eademque in his sex epistolis temporis nota est, et character, nimirum Origenis, ac *furiosorum hominum*, qui Origenis hæresim in *Nitriæ Monasteriis serere, ac fundare cupiebant*, damnatio in Alexandrina Synodo, quæ Theophili in primis opera sub hujus anni 400 initium coacta est. Præterea omnes datæ sunt (quod ex earum contextu perspicue liquet) antequam Synodicam ejus Concilii epistolam Græce a Theophilo scriptam Hieronymus Latinam faceret, quod ille paulo post hujus anni medium executus est, ut certis argumentis mox adducendis ad seq. epist. ostendemus. Prioribus itaque septem ad summum, aut octo mensibus comprehenduntur, atque illis adeo hic a nobis ordo constitutus est, quem concinniorem ex eo, quem inter se habent respectu, arbitrati sumus, ac res ipsa visa est postulare.

XCII. *Latine reddita an.* 400. *post med.* — Hanc, quæ hactenus temporum injuria intercidisse credebatur, Theophili Synodicam epistolam ad Palæstinos, ac Cypri Episcopos, Latine redditam ab Hieronymo diximus post medium anni quadringentesimi. Hujus assertionis illud palmare est argumentum, quod ex tertio S. Doctoris Libro contra Rufinum desumitur, quem Librum nihil dubium est circa medium anni 402. fuisse exaratum. Nempe ibi dum ex ordine Hieronymus memorat, quæ antea ex Theophilo *per ferme biennium*, esset interpretatus, primo statim loco ponit Synodicam, deinde Paschalem an. 401. *contra Origenem, illiusque Discipulos*, tum alteram insequentis anni *adversus Apollinarium, et eumdem Origenem;* nec aliud se profitetur Theophili Operum transtulisse. Ut igitur perspicue constet ex ordine, quo singulæ recensentur, ad annum quadringentesimum hanc pertinere, quæ cæteris loco præcedit, id tamen commodius inita ratione intelligitur, ut verum sit ferme biennium excurrisse, quod aliter constare non poterit.

XCIII. XCIV. et XCV. *Latine redditæ, aut scriptæ paulo post superiorem.* — Causas, quibus tres istas epistolas, quarum priores duæ tantum Hieronymum interpretem habent, Hieronymianis tamen accenseamus, reddidimus superiori præfationis parte, quas recolere heic loci non vacat. Sed quod temporis Epocham singularum spectat, eæ satis concinne cum superiori Synodica cohærent, atque inter se connectuntur, ut eidem anno quadringentesimo circiter, esse tribuendas non dubium sit. Nimirum priores duæ Theophilo, ejusque epistolæ directo respondent, nec dubitandi locus est, quin id brevi intervallo, imo quam citissime fecerint Dionysius, ac Synodi Jerosolymitanæ Patres, tum pro rei magnitudine, de qua agebatur, tum etiam, quod ex earum contextu, magna id eos sollicitudine præstitisse colligitur. Verum illa, quam Anastasius Papa ad *Simplicianum*, haud dubium quin Mediolanensem Episcopum, dedit, fusiori indiget probatione, ut ad idem tempus referri constet. Eam ille *conventus litteris memorati* (Theophili) scripsit, et *per Eusebium Presbyterum*, qui sibi *quædam obtulerat Capitula blasphemiæ* ex Origenis Libris excerpta, deferendam commisit. Hic porro Eusebius non alius est ab illo Cremonensi celebri Hieronymi amico, ac Origenis fautoribus perquam infenso, quem Romæ ab anno 398. medio vidimus constitisse, atque inde post ferme biennium discessisse, intelligimus tum aliis argumentis, tum præcipue ex primo Invectivarum Ruffini Libro, ubi eum, Mediolani cum esset, de quadam commentitia Origenis sententia impugnasse se dicit. Tunc igitur Eusebio Mediolano proficiscenti epistolam commendaverit Anastasius, quæ ideo anno quadringentesimo sit ascribenda. Sed idem tempus clarius fortasse evincitur ex ipsa Simpliciani persona, cui epistola destinatur. Ille enim, ut ex Mediolanensis Ecclesiæ monumentis compertum est, cum XVIII. Calendas septembris obi-rit, docti Viri eum mensem anni hujus quadringesimi esse facili argumento demonstrarunt. Nam anno insequenti 401. *post Consulatum Fl. Stiliconis viri clarissimi*, XVI. *Calendas Julias*, Venerius, qui Simpliciano successit, Mediolanensis Episcopus memoratur in codice Canonum Ecclesiæ Africanæ, cap. LVI. ubi ad eum legatio destinatur e Concilio Carthaginensi V. Neque igitur serius hoc anno 400. scribere ad Simplicianum Anastasius potuit, neque rursus ante eumdem annum hanc dedit, quam conventum Theophili litteris de Origenis damnatione scribere se profitetur.

EPISTOLÆ IV. CLASSIS

QUAS HIERONYMUS AB INEUNTE ANNO 401. USQUE AD 420. SUÆ SCILICET VITÆ FINEM SCRIPSIT.

XCVI. *Scripta ac Latine reddita an.* 401. — Epistolarum quartæ hujus Classis ordinem ducit isthæc paschalis Theophili epistola *contra Origenem, illiusque discipulos*, quam Hieronymus Latine explicavit. In ejus calce XIX. die mensis Pharmuti Pascha denuntiatur, quod manifesto annum spectat 401, ut optime a Card. Norisio notatum est. Ea nempe Pharmuti dies apud Latinos XIV. Aprilis respondet; ut enim S. Ambrosius epist. *ad Episcopos per Æmiliam* verissime tradit, *Pharmuti*, *qui primus apud Ægyptios est mensis*, incipit VI. Calendas Aprilis, et finitur VII. Calendas Maii : Ea vero die Aprilis XIV, an. 401, in Ecclesia Romana paschale festum celebratum est, Cyclo Solis XVIII. Lunæ III. lit. F, quod post Norisii argumentum in dubium revocare non liceat. Quamobrem Martianæi, aliorumque Editorum, qui harum epistolarum ordinem invertunt, eamque priori loco censent, quæ anni insequentis 402, paschalem cyclum denuntiat, nobis error fuit emendandus, quem et paschales characteres, qui certissimi annorum indices sunt, et Mediolanensis Ms. unde inedita origenianæ causæ monumenta mutuati sumus, apprime cavent. Nihil vero dubium est, hanc ab Hieronymo hoc ipso anno Latinis auribus fuisse donatam, quod ex tertio ejusdem in Ruffinum libro, ubi eam Synodicæ interpretationi subnectit, aliisque passim testimoniis plane compertum est.

XCVII et XCVIII. *Scriptæ an.* 402. — Simul prodierunt, atque invicem junctæ sunt duæ istæ epistolæ, quarum priore paschalis interpretationem Pammachio ac Marcellæ inscribit, ut anno præterito fecerat: *Accipite*, inquit, *græcam, et latinam etiam hoc anno epistolam, ne rursum hæretici mentiantur a nobis pleraque vel addita, vel mutata;* et paulo infra, *Si quid autem hic minus adversus Origenem dictum est, in præterii anni epistola continetur.* Satis vero elucet epistolæ ætas, cum *Beatum Anastasium Papam hæreticos persequi* dicit, eique multos imprecatur annos, *ut hæreseos rediviva plantaria per illius studium longo tempore arefacta moriantur.* Etenim Anastasii obitus, ut serius protrahi possit, huic anno 402. Aprilis 27, consignandus est, quod Prosperi, et Marcellini Comitis chronica, tum vetera pleraque Martyrologia testantur. Quod autem *primo vere alexandrinas opes*, nempe Theophili alteram paschalem se dicit transmittere; non de alia paschali loqui constat quam subnexa, quæ nimirum, ut Hieronymus notat, in quatuor partes dividitur, quarum prima fideles hortatur ad paschalia festa sanctissime celebranda, altera *Apollinarii discipulos*, tertia Origenem impugnat, ac tandem hæreticis ad pœnitentiam invitatis, Pascha undecima die mensis Pharmuti denuntiat : quod perinde est Latinis, ac vni. Idus Aprilis ; qua sane die, an. 402, cyclo Solis xix. Lunæ iv. lit. E in romana Ecclesia Dominicum Pascha peractum est.

XCIX et C. *Scriptæ an.* 404. — Heic semel , ut paschales epistolæ, quæ ejusdem argumenti atque auctoris sunt, sibi continuo succedant, temporum ordinem antevertimus : quæ enim sequuntur duæ ad annum pertinent 404, post S. Paulæ obitum, qui ejus anni vii. Calendas februarias contigit. Nam, *ita*, inquit Hieronymus in priore ad Theophilum n. 2. *Sanctæ ac venerabilis Paulæ confectus sum dormitione*, ut, *absque translatione hujus Libri* (puta paschalem epistolam) *usque in præsentiarum nihil aliud divini Operis scripserim*. Prodierunt autem simul una, tum illa ad Theophilum, qua ad eum Paschalis interpretationem direxit, suique in eo opere Latinis auribus donando laboris rationem reddit ; tum ipsa Alexandrini Pontificis paschalis epistola , quam latine explicatam simul ad eumdem misit, ac prioribus litteris copulavit. Ut vero nulla de epistolarum ætate dubitatio sit, quæ plane intelligitur ex Paulæ obitu ; id ipsum ex paschali charactere certius constabit. Indicitur enim Pascha vigesima secunda die mensis Pharmuti, hoc est apud Romanos decima septima Aprilis, qua sane die, Norisio nostro annotante, anno bissextili 404. Pascha celebratum fuit , cyclo Solis xxi. Lunæ vi. lit. C. B.

CI et CII. *Scriptæ circ. an.* 402. — Benedictini Monachi quibus acceptam referimus S. Augustini editionem, has duas epistolas in annum conferunt 402, his ducti conjecturis, quod nimirum scriptæ sint post Pauliniani regressum ex Occidente in Palæstinam ; quandoquidem Augustinus ipsum salutat, vicissimque ab ipso per Hieronymum salutatur. Porro, inquiunt , missus Paulinianus a fratre suo Hieronymo in Occidentem anno 398, ut suum commune patrimonium divenderet, de quo Hieronymus in epist. 56, ad Pammachium, non rediit Bethleem, nisi sub finem anni 401. Præterea Hieronymus Augustino nunc transmittit Apologiam suam adversus Ruffinum, seu primam, seu secundam ; cujus verba quædam profert Augustinus in epist. CLXVI, nn. 15. Certe jam ad Hieronymum *Maledicta sua miserat* Ruffinus, uti dicitur in hac epist. num. 50, quod quidem fecit ille post Apologiam priorem, sicque occasionem posteriori præbuit, ut ex eadem posteriore Apologia patet, quæ Apologia pertinet ad an. 402. Hæc Benedictinorum sunt argumenta, quibus ut nihil reponamus, ea tamen quæ de Asterio ejus epistolæ perlatore subdunt , quæque inde conjectant, heic loci omittimus, quod alio sensu, atque ordine constituenda censeamus, atque explicanda.

CIII. *Scripta an.* 403. — Hanc, ut supra monuimus, Hieronymi ad Augustinum epistolam Benedictini ante sex annos datam putant, nempe 397, cujus sententiæ isthæc afferunt argumenta. Asterium hypodiaconum, qui superioris Hieronymi epistolæ portitor fuerit, atque in hac ipsa statim initio laudatur, bis volunt ex Oriente in Africam, et e contra ex Africa in Orientem navigasse ; quippe epistolam , quam hic Hieronymus recolit a se anno superiori eidem Asterio commendatam, in qua *promptum redderet salutationis officium*, minime induci possunt, ut credant eam ipsam esse, quam modo expendimus, et cujus initium est, *In ipso profectionis articulo sancti filii nostri Asterii Hypodiaconi*. Præterea, cum heic significet Hieronymus se in monasterio constitutum, nihilominus *variis hinc inde fluctibus quati*, post annum 397, hæc scribi potuisse non putant, sed antequam ille cum Joanne Jerosolymitano rediisset in gratiam ; quod minime legerint ipsum ab illa reconciliatione usque ad persecutiones in eumdem a Pelagianis concitatas, occasionem ita conquerendi habuisse. Proinde istas, de quibus agimus Hieronymi litteras, quas tertias earum, quæ Augustino inscribuntur, nos ducimus, illi secundas faciunt : de primis enim, quæ interciderunt, et quibus Augustinus respondit *Habeo gratiam quod* , etc., nullum utrimque est dubium.

Atqui in primis plane commentitium videtur nobis illud Asterii repetitum iter in Orientem ex Africa , cujus nec vola est , nec vestigium in Hieronymi, aut Augustini epistolis, imo una tantum vice susceptum ex iisdem est intelligere : Quod suapte etiam natura verosimillimum est. Deinde , quod *promptum salutationis officium* appellet Hieronymus , superiorem epistolam adeo non incongruum est arbitrari, ut non aliis verbis satis convenienter eam potuisset recolere : hæc siquidem et brevior est, et Hieronymi undequaque amorem spirat in Augustinum. *Vide* , inquit , *quantum te diligam, ut ne provocatus voluerim respondere, nec credam tuum esse, quod in altero forte reprehenderem*. Sed, quod summa argumenti est, ideo *promptam salutationem* vocat, quod eodem temporis articulo data est, quo sibi redditæ sunt Augustini litteræ, *In ipso*, inquit, *profectionis articulo sancti filii nostri Asterii Hypodiaconi necessarii mei, Beatitudinis tuæ litteræ ad me pervenerant*. Illud quoque optime quadrat, quod ait Hier. *variis hinc inde se fluctibus quati*; erat enim Jerosolymis eo tempore, cui nos epistolam consignamus , Ruffini factio : erant Origenistæ, qui Hieronymum qua maledictis, qua calumniis, aliisque persecutionibus impeterent, et sic conquerendi S. Patri occasionem darent. Nulla igitur causa cum sit, qua alio torquere Hieronymi verba debeamus, eumque ordinem , quem sponte indicant pervertere, hanc epistolam superiori subnectimus , atque anno insequenti 403, tribuimus, quod a se ab eo tempore datam primo statim verbo profiteatur.

CIV. *Scripta eodem an.* 403. — Illud, ex hujus epistolæ toto contextu liquet, Hieronymi litteras tum illas superioris anni Asterio commendatas, tum recentiores a Præsidio deferendas, nondum Augustinum accepisse, cum arrepta occasione Cypriani Diaconi peropportuna, hanc ejus diligentiæ, ac fidei commisit. Quippe, inquiunt doctissimi editores Benedictini, de illius cum Ruffino discordia nullum verbum facit ; aperitque etiam hic libere quid de illius in libris Veteris Testamenti ex Hebræo vertendis labore sentiat, haudquaquam id facturus non sedato in primis Hieronymi animo, si cum prioribus epistolis suis commotum, offensumque fuisse intellexisset. Rursus tres simul alias Epistolas antehac scriptas jungit, quarum posteriores duas, nempe LXVII et CI quod crederet ad Hieronymum non pervenisse, priorem vero LVI quod minime perlatam fuisse sciebat. Hinc porro conficitur ex rerum serie, quam exposuimus, ad an. 403 ipsam, de qua agimus epistolam pertinere.

CV. *Scripta eodem an.* 403. — Respondet Augustini litteris, non iis quidem per Cyprianum allatis, sed duabus, quæ sibi paulo ante redditæ fuerant, nimirum LXVII et CI ut ex num. 4 intelligitur, ubi quædam de verbo repetit ex iisdem epistolis superiore anno sibi directis ; unde hæc ipsa facile ad hunc annum 403 videtur referenda. Quod rursum facile conficitur ex num. 1, ubi Augustini epistolam LXVII, de qua heic expostulat, subhoc ferme quinquennium in insula Adriæ dicit inventam fuisse a Sisinnio, quod nos circa an. 398 ostendimus contigisse. Addunt sæpius laudati Benedictini Editores, e quibus hæc fere sumpta sunt, Hieronymum partim quidem superioribus epistolis respondere, sed partim etiam alteri, quæ minime reperitur, in qua nimirum Augustinus significabat epistolam quamdam, cui responsum flagitabat, a se primum Profuturo traditam, secundo missam fuisse per quemdam alium, atque hunc maris timuisse *discrimina, et navigationis mutasse consilium*. Tum subdunt, istud tamen rescriptum suum Hieronymum non misisse ante Cypriani reditum, qui simul et illius perlator fuit, juxta epistolam Augustini heic CXVI num. 30, et alterius Hieronymi CXH scripta exeunte anno 404. vel serius.

CVI. *Scripta forte an.* 403. — Eximia isthæc ad Sunniam, et Fretelam epistola inter illas computari solet, quarum ætas minus comperta est, ac certo tempori non affigitur. Secus videtur nobis, et notas minime obscuras invenisse credimus, quibus illam (1) ad annum 403 referre nec incommodum sit, nec difficile. Illud primum in confesso est, quod probe etiam notatum est Martianæo, nunquam Hieronymum luculentissimam hanc epistolam silentio fuisse præteriturum, si illam tum temporis elucubrasset, cum adversus Ruffinum pro se scriberet Apologiam. Cum enim id maxime per calumniam objiceret presbyter Aquileiensis, in suggillationem LXX. Interpretum susceptam ab Hieronymo Instrumenti veteris translationem, vix credi potest Hieronymus, ut adversarii calumniam retunderet, hinc inde exempla emendicare voluisse, atque hanc unam epistolam silentio premere, qua continuo LXX. Interpretes bene audiunt, et quæ omnium luculentissimum pro se testimonium adducere potuisset. Nondum igitur eam adornaverat : quæ proinde post medium anni 402, cui posterior Hieronymi Apologia tribuitur, statuenda est. Sed rursus post insequentem annum 403 non videtur differenda ; siquidem haud fallimur, cum in hujus anni epistola CVII *ad Lætam* mox subnectenda, eam memorari nobis persuasimus. Ibi Hieronymus quæ christianæ Religioni tunc temporis accessissent incrementa enumerans : *De India*, inquit, *Perside, Æthiopia, monachorum quotidie turbas suscipimus* : *deposuit pharetras Armenius*, HUNNI PSALTERIUM *discunt*, etc., quibus postremis verbis non alios, quam Sunniam ac Fretelam Hunnos, sive Hunnis finitimos credimus indicari, quos modo his, de quibus agimus litteris, Psalmos docuerat, eorum variantes lectiones græcas atque latinas propius ad hebraicam exigens veritatem. Cur enim, nisi eam epistolam in animo habuit, eamque scripto notat, *Psalterium* his tribuit, eoque illos dicit dudum eruditos, et non potius depositas sagittas, et bellicosa pectora in mansuetudinem christianam conversa, aliaque id genus, quæ eorum ingeniis aptari magis viderentur ? Cum vero illa ad Lætam epistola an. 403, ut mox ostendemus, ante obitum Sanctæ Paulæ omnino sit collocanda, qui anni 404 septimo Calendas februarias contigit ; isthæc ad Sunniam ac Fretelam, quæ illam præcessisse intelligitur, ad superiorem annum 403 post exaratos contra Ruffinum apologeticos libros referri per quam commode poterit.

CVII. *Scripta an.* 403. — Si, quæ modo exposuimus ad consignandam huic anno epistolam ad Sunniam ac Fretelam, legitima sunt, isthæc ad Lætam, quæ post aliquot saltem ab ea menses dictata est, ad anni finem spectabit. Certe ad insequentem 404 transferri nequaquam potest ; quandoquidem heic passim meminit Paulæ Matris, quæ adhuc vitam ageret, ac posset neptem suam, Lætæ filiam gremio fovere, ac tenellum animum ad virtutem efformare ; cum illam constet hujus initio anni obiisse. Neque obscurior ea nota est, qua num. 2. *Getarum rutilum, ac flavum exercitum* tradit *Ecclesiarum circumferre tentoria*, *et ideo forsitan contra nos æqua pugnare acie, quia pari Religionem confidant*. Etenim Gothi, quos Getas vocat, cum ab anno 400 in Italiam irrupissent, post biennium Arcadio V et Honorio V Coss. contra Romanum exercitum fortiter æqua acie dimicarunt : quod Prosper in chronico *Adversus Gothos* dixit, *vehementer utriusque partis clade Pollentiæ fuisse pugnatum*. Quod Hieronymus prælium satis aperte respicit, scribens insequenti anno 405

CVIII. *Scripta anno* 404. — Dolorem, quo ob dormitionem S. Paulæ conficiebatur, ut sibi, atque Eustochio solaretur, hanc de ejus laudibus, ac vita epistolam *ad duas lucubrationes* dictavit, quod post

---

(1) Videsis hanc ipsam epistolam ad Sun. et Fret. n. 12 ex quo loco videtur eam præscripsisse S. Pater antequam alteram ex Græco translationem, sive *Gallicanam*, ut vocant, emendaret vide et in eum Psalterii locum Notas.

paucos menses ab ejus morte fecisse, facile ex tota orationis serie colligitur. Quo vero tempore illa e vivis excesserit, his sub epistolæ finem notis exposuit. *Dormivit sancta ac beata Paula septimo Calendas februarias, tertia Sabbati post solis occubitum. Sepulta est quinto Calendas earumdem, Honorio Augusto sexies, et Aristæneto Consulibus:* nimirum an. 404.

CIX. *Scripta eodem an.* 404. — Biennio antequam contra Vigilantium tractatum ex proposito elucubraret, hanc a se datam epistolam ad Riparium Tarraconensem ipse in eo Libro testatur Hieronymus, ubi *de vigiliis,* inquit, *et pernoctationibus in Basilicis Martyrum sæpe celebrandis, in altera epistola, quam ante hoc ferme biennium, Sancto Ripario presbytero scripseram, respondi breviter.* Eum vero tractatum, ut ipse notat, dictavit, *festinante admodum fratre Sisinnio, et propter Sanctorum refrigeria ad Ægyptum ire properante.* Qui Sisinnius partim ex præfatione secundi libri Commentariorum in Zachariam, partim ex alia tertii libri in Amos, intelligitur an 406 festinasse ire in Ægyptum, cum Commentarios in eumdem Zachariam Exuperio Tolosano deferendos a sancto doctore accepisset, quos ipse eodem anno 406, qui *sexti consulatus Arcadii Augusti, et Anicii Probi fastis nomen imposuit,* a se testatur elucubratos. Igitur subductis rationibus hæc ad Riparium epistola, quæ ante *ferme biennium* data est, ad annum spectat 404.

CX. « *Scripta circ. an.* 404. — Hæc de epistolæ hujus ætate disserunt Benedictini. « Post Cypriani profectionem in Palæstinam, cum Augustinus reddita sibi per Asterium epist. heic CII sentiret Hier. non nihil offensum suis litteris, quas per Italiam sparsas fuisse, nec tamen ad ipsum, cui scriptæ erant, perlatas querebatur; non distulit, quin continuo hanc epistolam rescriberet, ubi dum ejus querelis facere satis studet, testatur se Apologiam adversus Ruffinum accepisse, atque se illius inter eos enatæ dissensionis exemplo territum, cum quædam ad se in Hieronymi epistola legeret ipsius indignationis indicia. Itaque pertinet hæc epistola ad an. circiter 404, quo jam annum ætatis quinquagesimum attigerat Augustinus, qui se senem esse profitetur, numer. 5 nequaquam ibi senis nomine (uti interdum solet) notans ætatem ultimam, quæ ab anno 61 inchoatur; alioquin remittenda esset epistola ultra an. 414. »

CXI. *Scripta eodem an.* 404. — Præsidius tametsi in hujus epistolæ inscriptione *Consacerdos,* id est Episcopus appellatur, is tamen omnino videtur esse, quem, ad anni superioris puta initium, Hieronymus Augustino plurimum commendavit epist. CIII., cumque *Diaconum, ac sibi germanissimum* dixit. Ex quo iterum, sed multo magis ex ipsa hac epistola licet intelligere, eam, qua Præsidius Augustino commendabatur, commodius longe a nobis illi 403 tributam, quam vulgo fit 397. Hæc interim, de qua agimus, ut optime Benedictini adnotarunt, data est occasione superioris epistolæ, *quam per Præsidium Hieronymo mitti, imo etiam Hieronymum per ejus litteras sibi placari postulat* Augustinus; unde ad idem tempus,

seu an. 404 facile pertinere intelligitur.

CXII. *Scripta circ. fin. an.* 404. — Benedictini ad hunc modum de hujus epistolæ epocha argumentantur. « Cypriano in Africam revertenti, duas ad Augustinum epistolas, scilicet heic CV et hanc ipsam CXII dedit Hieronymus, juxta epistolam Augustini heic CXVI, n. 56. In hac CXII respondet tribus ex allatis sibi per Cyprianum epistolis, scilicet LVI, LXVII. et CIV. Nihil vero de CX, dicit, quam haud dubie nondum acceperat. Scribebat ergo versus finem anni 404. Certe non citius; quandoquidem jam exauctoratus erat Joannes Chrysostomus, ut non obscure significat in hac ipsa n. 6. »

CXIII. *Latine reddita et* CXIV. *Scripta an.* 405. — Id certis argumentis in Notis constituimus de hisce epistolis, ut non una, quemadmodum hactenus obtinuit, sed duæ sint habendæ, quarum altera potiore sui parte truncata, Hieronymum habuerit interpretem, altera, quæ integra visa est, eumdem præferat auctorem. Hinc porro utramque sub idem tempus e S. Doctoris calamo profecisse colligimus, quod in altera, sive CXIV qua theophilensem librum cum præfixa sua epistola, cujus breve istud fragmentum superest, ad Theophilum remittebat, impedimenta in illo opere interpretando causatur, quæ sunt *Isaurorum repentina eruptio, Phœnicis, Galileæque vastitas, asperitas hyemis, ac fames intolerabilis.* Hæc vero annum denotant 405 quo Isauri, vastatis Phœnicis, Galileæque regionibus, terrorem Palæstinæ, ac præcipue Jerosolymæ intulerunt; unde et fames intolerabilis orta est. Hyems quoque hujus anni in aliquot jam exauctorati Chrysostomi litteris, solito asperior dicitur. Exinde autem Hieronymi epistolas ad ejus anni fere medium deduci præstat, quod ubi dilationem suam in convertendis Theophili scriptis excusat, se dicit *diebus sanctæ Quadragesimæ gravissima languore* (1) *correptum pene mortis limen fuisse ingressum.* Vid. Notas ad easdem Epist. CXIII et CXIV.

CXV. *Scripta eodem an.* 405. — Epistolæ tempus Benedictini Editores ita investigant. « Hanc Hieronymus per Firmum transmittit, excusans quod ab Augustino provocatus, compulsusque ad respondendum, id demum fecerit vel invitus, scilicet epist. CXII. quæ idcirco pauco tempore istam CXV. præcesserit. Suspicatur quoque Augustinus in subsequenti epistola num. 1. Hieronymo, priusquam hanc ad ipsum dictaret, redditam fuisse epistolam suam CX. Hæc igitur non temere ad an. circiter 405. revocatur. »

CXVI. *Scripta sub idem tempus.* — « Denuo Benedictini, Lecta, inquiunt, superiore epistola, mox hanc CXVI. ad Hieronymum rescripsit Augustinus, qua tum isti postremæ per Firmum allatæ, tum aliis duabus, quas Cyprianus retulerat scilicet CV. et CXII. respondet. »

CXVII. *Scripta forte an.* 405. — Hujus meminit in libro contra Vigilantium, quem nihil dubitandum ad annum 406. pertinere. *Ne,* inquit, *rursum malignus*

(1) Vereor ne hæc eadem illa gravissima ægrotatio sit quam in præfatione tertii in Amos libri memorat, quæque S. doctori contigit anno dubio procul 404. Sexti consulatus Arcadii Augusti, et Anitii Probi.

Interpres dicat, fictam a me materiam, cui rhetorica declamatione respondeam, sicut illam, quam scripsi ad Gallias Matris et Filiæ inter se discordantes. His porro recentissimum opus designari, et quod pauco sane tempore ab illo contra Vigilantium scripto distaret, conjecimus: ut quid enim veterem calumniam tum demum commemoraret? Forte etiam *malignus interpres* Rufinus fuerit, qui cum in libris Invectivarum nihil hujusmodi Hieronymo objecerit, de ore postea detraxisse putandus sit: quæ conjecturæ annum facile 404. aut sequentem 405. designant.

CXVIII. *Scripta an.* 406. — Juliano, ut sæculo penitus vale dicat, proponit imitandos *Sanctum virum Pammachium, et ferventissimæ fidei Paulinum presbyterum, qui non solum divitias, sed se ipsos Domino obtulerunt.* Hinc probe conficitur, neque ante annum 597. aut 398. quo Pammachius monasticam vitam, post Paulinæ uxoris obitum, amplexus est; neque post 409. quo Paulinus assumptus est ad Episcopatum, epistolam recensendam. Interim cum inter Juliani tentationes commemoret, *Vastationem totius barbara hoste Provinciæ, et in communi depopulatione privatas possessionum ejus ruinas, abactos armentorum, ac pecorum greges, vinctos occisosque servulos, atque alia hujusmodi,* annum innuere 406. quo hæc scriberet, haud obscure intelligitur. Eruptio enim Barbarorum, quæ illas regiones pervasit, haud alia putanda est, quam illa, quæ ad an. 405. Stilichone II. et Anthemio Coss. contigit sub Rhadaguiso, quemadmodum in Prosperi chronico consignatur. Igitur ad insequentis anni 406. si mavis etiam finem, non incongrue ipsa hæc epistola revocatur.

CXIX. *Scripta sub fin. anni 406.* — Sisinnium Monachum qui tum aliorum, tum Minervii et Alexandri quæstiones ad Hieronymum detulit, hoc anno 406. legaverat in Orientem sanctus Exuperius Tolosæ Episcopus cum ingenti pecunia, ut Monachorum Palæstinæ atque Ægypti inopiæ subveniret, ut constat ex præfatione Commentariorum in Zachariam. Pervenit Bethleem ultimo jam autumni tempore, quod ex laudata præfatione compertum est, ac traditis Hieronymo litteris, quod ex hac ipsa, de qua agimus epistola n. 1. liquet, moraturum se ibi *usque ad diem Epiphaniorum* promiserat: *quo largissimo,* subdit Hieronymus, *spatio, singulis me responsurum putabam; cumque furtivis noctium lucubratiunculis ad plerosque dictarem, et expletis aliis, me ad vestram,* Minervii scilicet et Alexandri, *quasi difficillimam reservarem, subito supervenit asserens se illico profecturum.* Nihil itaque dubitandum ante Epiphaniorum dies, atque adeo ante Januarium insequentis anni mensem, coactum Hieronymum propere respondere, ipsamque epistolam decembri hujus anni 406. commodissime tribui.

CXX. et CXXI. *Scriptæ sub idem tempus.* — Vastitatem a Gothorum, Wandalorumque irruptione Galliis illatam, quæ sub exitum anni 406. contigit, nusquam his litteris Hieronymus memorat, quam tamen minime silentio præteriisset, si post eam cladem, qua Aquitaniæ, Narbonensis, aliarumque Provinciarum urbes foris gladius, atque intus fames vastabant, scripsisset. Quippe Hedibia ex illis erat regionibus, quod primis statim hujus epistolæ verbis compertum est. Alia ex parte quæstiones, quas enodandas hæc proposuerat, per eumdem Apodemium delatæ sunt ad Hieronymum, per quem, ab iisdem, ut videtur, Galliæ finibus, Algasia suas ad eumdem sanctum Doctorem deferendas commendaverat, quod ex utriusque epistolæ initio constat. Sub idem itaque tempus etiam utramque Hieronymi responsionem datam fuisse, pronum est credere, et forte per eumdem quoque Apodemium, dum in patriam regrederetur. Quod ut verosimillimum sit, posterior ista ad Algasiam, nec ipsa Wandalorum meminit, et tamen certo certius, non nisi post anni 406. aliquot saltem menses data est. Cum enim quæstion. X. *Rempham* mentio incidisset, *De eo,* inquit, *in Propheta Amos plenius disseruimus.* Et porro nihil est dubitandum hoc eodem anno, *qui sexti Consulatus Arcadii Augusti, et Anicii Probi fastis nomen imposuit,* eos Commentarios elucubratos. Igitur sin minus ad anni hujus finem, cujus ultimo pene die in Gallias exercitus Barbarorum irrupit, hæ duæ simul junctæ epistolæ referendæ sunt, hac poterunt ratione ad anni insequentis 407. initium deduci, ut nondum Hieronymus tam longe dissitæ regionis cladem audiverit, cujus tamen fama orbem cito perva it.

CXXII. *Scripta an.* 407. — Hæc demum epistola, quam ideo ad an 407. distulimus, Barbarorum in Gallias irruptionem ac vastitatem Hieronymus memorat. Ut nempe Rusticum, ad quem litteræ destinantur, Artemiæ conjugis suæ conversæ exemplo ad pœnitentiam excitet, moneatque *jurisjurandi qua testificatione pollicitus erat, ut conjugem ad sancta transeuntem loca vel statim, vel postea sequeretur,* miseram provinciæ ejus faciem ob oculos ponit: quæ annum 407. ut supra ostendimus, designat. *Quod si te,* inquit, *rei familiaris tenent reliquiæ, ut scilicet et mortes amicorum, et civium videas, et ruinas urbium atque villarum, saltem inter captivitatis mala, et feroces hostium vultus, et Provinciæ tuæ infinita naufragia, teneto tabulam pœnitentiæ.*

CXXIII. *Scripta an.* 409. — Ut Ageruchiam ab ineundis secundis nuptiis dehortetur, præter Bigamiæ incommoda, ea demum exaggerat, quæ ejus temporis calamitates inferebant. Ex his *Hispaniæ jamjam perituræ, et Roma ipsa in gremio suo non pro gloria, sed pro salute pugnans; imo ne pugnans quidem, sed auro, et cuncta supellectile vitam redimens.* Quæ quidem satis apertæ notæ sunt anni 409. cum *scelere semibarbari proditoris,* Stiliconis scilicet a Vandalis prognati, sub finem superioris anni ab Alarico obsessa est Roma, quæ, ut salutem utcumque redimeret, barbaro Duci ingentem vim auri appendit.

CXXIV. *Scripta an. 409. vel 410.* — Prima statim epistolæ verba, quo scripta sit tempore, palam faciunt. *Ante annos,* inquit, *circiter decem, Sanctus vir Pammachius ad me cujusdam schedulas misit, quæ Origenis περὶ Ἀρχῶν interpretata volumina continerent,* etc.

Enimvero Pammachii litteras LXXXIII. quas heic Hieron. recolit, ad an. 399. esse revocandas suo loco ostendimus; atque adeo isthæc ad Avitum, *post annos circiter decem* data, ad 409. vel ad 410. spectabit.

CXXV. *Scripta an.* 411. — Non possumus quin ad Ruffinum jam fato functum referamus, quæ num. 18, de Grunnio dicuntur in hac epistola : *Testudineo Grunnius incedebat ad loquendum gradu, et per intervalla quædam vix pauca verba carpebat, ut eum putares singultire, non proloqui. Et tamen cum mensa apposita librorum exposuisset struem*, etc., ad finem usque ejus numeri. Atque hoc uno quidem argumento infringi putamus conjecturas doctorum hominum, qui an. 406. sine ambiguitate epistolam tribuendam, unamque ex iis esse volunt, quas Sisinnius tunc temporis e Palæstina redux detulit in Hispaniam. Nam quæ sub epistolæ finem de Exuperio Tolosæ Episcopo, ejusque eleemosynis dicit, ad præteritum tempus spectant, ut eas eleemosynas, quas per Sisinnium Ægypti monasteriis elargiendas transmiserat, heic omnino non indicat, sed alias, quas per id quoque temporis erogaret. Quamobrem, cum palam sit, sub finem anni 410. supremum diem Ruffinum obiisse, quæ hic ejus jam demortui fit mentio, cogit ut ad insequentem saltem 411. epistolam deducamus; in quem etiam apprime convenit, quæ sub ejus finem exprimitur tristissima illa universi orbis facie, post captam, direptamque Urbem, ut *juxta, post miserias ejus temporis, et ubique gladios sævientes, satis dives esset, qui pane non indigeret, et nimium potens, qui servire non cogeretur.*

CXXVI. *Scripta an.* 412. — Cum ad Marcellinum Tribunum in Africam hæ litteræ datæ sunt, in Ezechiel commentarios, ut num. 2. perspicuum est in ipso dictandi exordio Hieron. intermiserat, quod nimium *animus ejus Occidentalium Provinciarum, et maxime Urbis Romæ vastatione confusus esset. Hoc autem anno cum tres explicasset libros subitus impetus Barbarorum sic Ægypti limitem, Palæstinæ, Phœnicis, Syriæ percurrit... ut vix manus eorum misericordia Christi potuerit evadere.* Itaque alio ab eo , quo capta Roma est, anno hæ litteræ consignandæ sunt, quod ipse verbis; *hoc autem anno apertissime declarat.* Hic vero non nisi alter post Urbis vastationem, nempe 412. commode potest intelligi; quandoquidem Commentarii in Ezechielem, quos eodem hoc anno iterum ab exordio ad tertium usque librum perduxit, in annum insequentem 413. differri non placet. Sentio tamen ex epistola heic 131. n. 8. tum alia Augustini 190. c. 6. num. 20 colligi posse, Marcellinum ab Hieronymo non antea sciscitatum fuisse de animarum origine, quam ab Augustino responsionem hac de re accepisset. Hanc autem responsionem non aliam esse quam ejusdem Augustini ep. 143, quæ ad August. mensem anni 412 spectat, atque adeo ad insequentem 413. Hieronymi responsionem videri posse transferendam.

CXXVII. *Scripta eodem an.* 412. — Post aliquot dies ex quo capta Roma est, direptaque ab Alarico anno 410. puta Septembri mense, Marcella diem obiit, quod sub hujus epistolæ finem copiose Hieronymus narrat. Atqui sub ejusdem initium, quod ab ejus morte huc usque laudibus prosequi Sanctæ fœminæ memoriam distulisset, et *biennium* præterisset *silentio, tristitiæ incredibilis* fuisse causatur, qua se romani imperii captivitas affecerat, imo universus orbis et cladibus afflictus, ut nihil dignum Marcellæ laudibus dici tunc posse judicaret. Eo igitur expleto temporis spatio, an. scil. 412 melioribus auspiciis Epitaphium ejus memoriæ dedicavit, quod Principiæ Virgini inscribit.

CXXVIII. *Scripta an.* 413. — Pacatulam, quam hisce litteris quas postea lectura esset, erudire intelligit, natam biennio, aut triennio antequam epistolam istam scriberet, satis manifesto indicat sub ejus finem, cum sui temporis deflens calamitates, *Orbis*, inquit, *terrarum ruit... Urbs inclyta, et Romani imperii caput uno hausta est incendio : nulla est regio, quæ non exules Romanos habeat.* Et paulo infra : *His Pacatula nostra nata est temporibus : inter hæc crepundia primam carpsit ætatem, ante lacrymas scitura, quam risum.* Hæc vero tristissima rerum facies, quam capta jam Urbe, et romani imperii truncato capite, describit, in alium commodius annum, quam 413 convenire non videtur ; nec ipsa itidem *infantula*, quæ ut citius sub idem tempus quo, cecidit Roma, in lucem venerit, ex toto superiori contextu, triennium excessisse credenda sit, quippe quæ interim *in sinu matris garrula voce balbutiret, nec si modo litterarum elementa cognosceret,* ultra aliquid posset, quam *syllabas jungere.*

CXXIX. *Scripta an.* 414. — Jam duplicis Præfecturæ honorem transegerat Dardanus, cum istas ad eum litteras Hieronymus destinavit, ut sub earum finem perspicuum est. Ac primum ille præfectus Prætorio Galliarum fuit, an. 409 notante Gothofredo Cod. Theod. lib. XII, Tit. 1, de Centurionibus, leg. CLXXI. Rursum vero eamdem præfecturam gessit an. 413, ut ex Tironis Prosperi chronico elicitur, ubi Dardani potissimum industria Jovinum tyrannum, averso ab ejus societate Ataulpho Rege, oppressum tradit : Olympiodorus confirmat. Hæc autem satis argumento sunt, scriptam non fuisse epistolam ante an. 414 Sed rursus cum eam primo commentariorum in Jeremiam libro cap. 3 a se *nuper editam* dicat, isque liber ut serius ad insequentem an. 415 revocari queat, ut suo loco monstramus, palam fit, superiori ipso, nempe 414, prodiisse.

CXXX. *Scripta an.* 414. — Tribus haud obscuris notis, quo tempore ad Demetriadem scriberet, ipse Hieronymus indicavit. Prior illa est num. 2 ubi se ait *occupatum in explanatione templi Ezechielis... et in ea parte delubri, id qua Sancta Sanctorum, et Thymiamatis altare describitur, maluisse parumper uti hoc diverticulo, ut de altari transiret ad altare,* scilicet Demetriadem. Post nempe an. 414 ad quem usque deduci postremi Commentariorum in Ezechielem tres libri vix possunt, censeri nequaquam debet epistola, quæ illis intermissis dictata est. Alteram designat, cum Heraclianum Africæ Comitem iis verbis describit, ut omnino post ejus necem loqui perspicuum sit. *Quem nescias*, ait, *utrum avarior, an crudelior fuerit; cui nihil dulce præter vinum et pretium, et qui sub occasione partium clementissimi Principis, sævissimus extiterit tyrannorum*, etc. Ille an. 413 quo Luciani V. Cl. collega in consulatu fuit, sub August. mensem, *Nonarum*, ut ait Prosper, *in Africa rerum reus honorem amisit et vitam*: ex quo facile est intelligere non ante ejusdem an. 413 finem, quæ de nequissimis ejus moribus recitavimus, Hieronymum scribere potuisse. Denique sub epist. finem quæ tertia nota est, librum *de Virginitate servanda ante annos circiter triginta* editum a se notat, qui liber, sive epist. XXII cum ad 384 certis argumentis pertineat, hanc propius docet ad ipsum 414 revocandam.

CXXXI. CXXXII. *Scriptæ an.* 415.— Harum ætatem cum Cll. Benedictinis editoribus ad an. 415 referimus, quod nempe occasione Orosii Presbyteri in Palæstinam hoc anno sub vernum tempus navigantis, prima dictata sit, quod ex num. 2 constat. Orosius enimvero ante mensem Julium convincitur in Palæstinam appulisse hoc anno, quando eo mense hujus anni Jerosolymis in aciem descendisse contra Pelagium disputando, nemo inficiatur. Porro alteram, quam simul perferendam idem Orosius accepit, eodem etiam tempore cum superiore scriptam fuisse indicat non modo Augustinus heic n. 1 et in alia epistola CLXIX, cap. 4, n. 13, et lib. 2, *Retract.* c. 45, sed etiam Hieronymus rescripto suo, quæ heic est epistola CXXXIV.

CXXXIII. *Scripta eodem an.* 415. — Tempus hujus epistolæ Orosius, qui superiores ad Hieronymum deferendas acceperat, in Apologetico cap. 4 non obscure significat. Nam de Jerosolymitano conventu disserens, ac de Pelagii errore, quod homo suis viribus posset mandata Dei custodire, si vellet, *Hoc*, inquit, *Beatus Hieronymus... in Epistola sua, quam nuper ad Ctesiphontem edidit, condemnavit; similiter et in libro, quem nunc scribit, collata in modum Dialogi altercatione confutat.* Habitus porro est Conventus ille sub Joanne ejus orbis Episcopo, an. 415 sub Julii mensis finem, ut ex eodem Orosio colligere est, qui diem 47 fuisse tunc notat *ante primum Encæniorum diem.* Encæniorum autem dies primus, quod alibi notatum est nobis, erat XIV Septembris, teste Nicephoro, lib. 8, Hist. cap. 10. Jam itaque epistola ad Ctesiphontem, quam *nuper* datam ante Jerosolymitanum Conventum affirmat, si quis eam malit altius evehere, ad ejusdem anni 415 fortasse initium spectabit, certe diutius illum antevertisse, ut vere dixerit Orosius, nullatenus potest. Nec proinde quemquam movere debet nuperi cujusdam Chronologi opinio, qui eam triennio ante scriptam arbitratur, sive an. 412. quod cum omnium primus scriptis Pelagio occurrisse Hieronymus dicatur, sub ipsis Pelagianæ hæreseos primordiis id præstitisse videretur.

CXXXIV. *Scripta an.* 416.—Per Orosium, quem statim impense laudat Hier. quique sub vernum tempus an. 416 e Palæstina in Africam regressus est, non imme-

rito creditur isthæc epistola Augustino reddita. Certe post absolutos tres Dialogorum libros contra Pelagianos, data est; tertium enim citat n. 1. in quo Augustinum laudasset. *Certe*, inquit, *et in Dialogo, quem nuper edidi, tuæ beatitudinis, ut dignum fuerat, recordatus sum.* Eos porro libros ex Orosii testimonio intelligimus ad superioris anni 415 posteriorem partem spectare, ipsam vero epistolam, quæ *nuper* ab illis dictata est, non nisi ad proxime insequentem 416 hoc etiam argumento referendam censuimus.

CXXXV, CXXXVI et CXXXVII. *Scriptæ an.* 417.— Harum causam intelligere est ex Augustini libro *de Gestis Pelagii* sub finem; unde etiam tempus recte colligitur, quo datæ sunt. *De his autem*, inquit, *quæ post hoc judicium* (nimirum Diospolitanæ Synodi) *ibi a nescio quo cuneo perditorum, qui valde in perversum perhibentur Pelagio suffragari, incredibili audacia perpetrata dicuntur, ut servi Dei, et ancillæ ad curam Sancti Hieronymi pertinentes, sceleratissima cæde afficerentur, diaconus occideretur, ædificia monasteriorum incenderentur, vix ipsum ab hoc impetu, atque incursu impiorum in Dei misericordia turris munitior tueretur, tacendum nobis potius video, et expectandum quid illic fratres nostri Episcopi de his tantis malis agendum existiment; a quibus eos dissimulare posse quis credat?* Hæc sane mala hisce epistolis Innocentius execratur. Ex ea autem narratione liquet, post Diospolitanam Synodum, quæ an. 415 mense Decembri celebrata est, sequenti anno 416 ab illo perditorum hominum cuneo illata in Hieronymum mala, eaque post aliquot saltem ejus anni menses. Sed epistolas ipsas ad anni 417 succedentis initium deferendas esse ex priore illa, quæ est ad Aurelium, eruditi viri, et præcipue Cl. P. Constantius contendunt. Nam Aurelius, qui operam videtur dedisse ut Hieronymi litteræ, quæ jam interciderunt, ad Innocentium pervenirent, et vicissim ab Innocentio jubetur curare, ut Hieronymo istæ reddantur, ille est Episc. Carthaginensis, qui cum Collegis Millevitanæ Synodi circa anni 416 finem, ad Innocentium, contra Pelagium, atque Cælestium scribens, Hieronymum a Pelagianorum factione quidquam passum esse ignorabat: ut ex Synodica recte colligitur, ubi Hieronymiani pro catholica fide zeli fit mentio. Rursus vero ex ipso Innocentii ad Aurelium familiari rescripto, omnique ejus Papæ epistolarum serie, facinoris tam atrocis notitiam, ante hunc eumdem annum 417 eum colligitur non habuisse : neque adeo ejus litteræ, de quibus agimus innotuisse videntur Augustino, qui dum hoc ineunte anno librum *de Gestis Pelagii* scriberet, loco supra citato dixit *expectandum quid Episcopi de his tantis malis agendum existimarent, a quibus eos dissimulare posse non crederet.* Cæterum cum hoc anno 12 martii die vetera monumenta Innocentii obitum consignent, epistolas Februario mensi, ut citius, deputandas nemo non judicet.

CXXXVIII et CXXXIX. *Scriptæ circ. an.* 417. —Idem facinus ab hæreticorum satellitibus Hieronymo intentatum, Monasterii incendium, ac domus eversionem renuntiare nobis hæ litteræ visæ sunt, quas ideo ad idem fere tempus pertinere judicavimus. Indicat in priore, *pulsum esse non solum de urbe, sed etiam de Palæstinæ finibus Catilinam*, quo nomine alium, quam Pelagium innuere voluisse, non est verosimile. Mox sibi dicit *melius visum esse locum mutare, quam fidei veritatem, ædificiorumque et mansionis amœnitatem amittere, quam eorum communione maculari, quibus in præsentiarum aut cedendum erat, aut certe quotidie non lingua, sed gladiis dimicandum.* In altera etiam, quæ est ad Apronium, non tam dolet *domum suam secundum carnales opes hæreticorum persecutionibus penitus eversam*, quam gaudet eam *Christo propitio spiritualibus divitiis repleri*. Cæterum in Locis Sanctis profitetur *quieta esse omnia*, et hæreticos *os impietatis non audere aperire*: quæ indicio sunt, hanc aliquanto post superiorem tempore, temetsi eisdem turbas ac motus denotet, esse collocandam.

CXL. *Scripta circ. idem tempus*. — Præsenti in Sanctis Locis Cypriano data est, et cum non uno in loco Pelagianum dogma impugnet, non tamen acerbe facit, ut non incongrue liceat argumentari, expulso jam de Palæstinæ finibus Pelagio, cum *quieta essent omnia*, ut in superiori epist. notat, hanc pariter fuisse exaratam. Equidem præponi biennio posse non inficiamur, antequam violentas in Hieronymum manus hæretici injecissent; sed nemo, speramus, moleste feret, nos aliis ex conjecturis hunc ei locum constituisse, in quem pleraque commodius convenire visa sunt.

CXLI et CXLII. *Scriptæ circ. an.* 418. — Induximus jampridem in animum, non ut vulgo creditur, duas Hieronymi ad Augustinum has esse epistolas, sed unam, cujus post subscriptionem quædam veluti appendix brevior altera putanda sit. Orationis in utraque brevissima series, scriptiunculæ posterioris indoles, maxime vero Ms. Vindocinensis monasterii auctoritas persuasit, ut in Notis diximus ad ipsas epistolas CXLI, et XLII. Unde licet pro una recensere tantum non ausi simus, ordinem tamen, quem etiam apud S. Augustinum obtinebant, mutavimus, et nedum ferme decennio disjungi, uno atque eidem tempori utramque volumus consignari. Est autem annus circit. 418. cum de Pelagianorum damnatione in Palæstina, satellitio, et motibus fere loquantur, tametsi sub ænigmatibus, ut est illud *captæ Jerusalem a Nabuchodonosor, quæ Jeremiæ nolit audire consilia*: laudent quoque Augustinum, qui *contra flantes ventos ardore fidei perstiterit*.

CXLIII. *Scripta videtur versus finem, an.* 419. — Patres Benedictini sic argumentantur de hujus ætate epistolæ. Earum quas Hieronymus scripsit, Epistolarum omnium novissimam putat Baronius, remittitque an. 420 in quem Hieronymi obitus, juxta Prosperi chronicum, incidit. Certe quidem Eustochii Virginis dormitio, cujus dolore sese vehementer occupatum testatur heic Hieronymus, non multo ante prædictum annum 420, reponi potest: quandoquidem Palladius Lausiacam historiam an. 419 aut 420, scribens, in vivis eam agere credidit cap. 125. Quod vero ad Epistolæ perlatorem Innocentium presbyterum attinet, is an. 419, ad perquirendos Nicænos Canones missus a Patribus Africanis ad Cyrillum, inde rediit in Africam anno eodem, ante 26 Novembris, ut ex Cod. Can. Eccl. Afric. titulo, c. 157 liquet: eaque, dubio procul, occasione viso Hieronymo, epistolam, de qua agitur, afferendam accepit, hoc ipso anno, non subsequenti. Quippe epistolæ initio, cum Hieronymus excusat, quod Innocentius *anno præterito, quasi nequaquam in Africam reversus* ipsius ad Augustinum scripta non sumpserit, indicat unam et alteram Innocentii peregrinationem in Orientem: quarum prima, siquidem Innocentius de suo in Africam reditu incertus erat, non eadem est cum illa, quam anno 419, Africanæ Synodi auctoritate suscepit. Neque recte Baronius iis ex verbis Hieronymi colligit epistolam anno sequenti a legatione Innocentii datam fuisse. »

CXLIV. *Scripta initio an.* 420. — Hanc denique Augustini epist. sub anni 420 initium datam inde colligimus, quod num. 1, notet se scribere post quinque ferme annos evolutos ex quo in Orientem miserat librum *non præsumptionis, sed consultationis suæ* ad Hieronymum. Hic enim liber ipsa illa est epistola in recensione nostra 131, per Orosium missa in Palæstinam anno 415, ut ex ejusdem Orosii profectione, atque habita Jerosolymis contra Pelagium disputatione ad eam epist. ostendimus. Si adeo annis 415, alios quinque addas, 420 efficies, cui epistolam consignamus.

Tres reliquæ Epistolæ, quarum tempus minus compertum est.

Tres in V Classem distulimus Hieronymi epistolas, quibus neque ex probabili ratione, neque ex eruditorum hominum constanti auctoritate certam temporis epocham assignare fuit expeditum. Prior tamen quæ est ad Exuperantium CXLV facilius intelligitur post annum 386 data ex Bethlemi, quam antea e Calcidis eremo. Vide quæ in Notis ex Palladio observamus. Post eumdem annum, quæ sequitur ad Evangelum CXLVI censeri ex eo velim, quod n. 2 se tradit vidisse Romæ, *Inter presbyteros, absente Episcopo sedere diaconum*. CXLVII. Postrema ad Sabinum iis ascribi temporibus solet, quibus barbari imperii terras invaserant. Certe barbarum maritum ejus, quam Sabinianus corruperat, feminæ, eumque militem fuisse indicat num. 11.

Jam itaque in recte ordinandis Hieronymi epistolis, qui *maximus ferme est editoris labor*, summaque inde *studiosorum utilitas*, quidquid potuimus, in commune contulimus: nunc cætera quæ nostrarum partium sunt, conferamus.

S. EUSEBII HIERONYMI
STRIDONENSIS PRESBYTERI
VITA
EX EJUS POTISSIMUM SCRIPTIS CONCINNATA
AD EMINENTISS. S. R. E. CARDINALEM
DOMINICUM RIVIERA.

CAPUT PRIMUM.

I. *Hieronymi Patria*. II. *Natalis annus*. III. *Nomen*. IV. *Parentes et consanguinei*.

I. Eusebius Hieronymus, Doctor Ecclesiarum maximus, Stridonem, ignobile oppidum, quod, ut ipse ait, *a Gothis eversum, Dalmatiæ quondam Pannoniæque confinium fuit* (*Lib. de Vir. Illus. cap. ult.*), ortu suo nobilitavit. Sed hanc laudem, pristinis loci vestigiis jam tum ab illius ævo fere deletis, plures hodie civitates sunt, diversæque provinciæ, quæ sibi vindicent. Concertationes quoque recentiorum hac super illud Dalmatiæ adscribunt : et Dalmatam quidem Hieronymum dixit suppar illi Scriptor Palladius. Vulgo etiam, ne recitandis Auctorum nominibus immoremur, sententia ista obtinet, et magni nominis testium nititur auctoritate. Sed primum ipse se nunquam Dalmatam S. Pater vocat. Quin potius alio natum sub cœlo indicat, cum alibi, tum inferius laudando testimonio in Sophoniæ caput primum. Non est deinde locum invenire in Dalmatiæ finibus, qui vel nominis similitudine, vel terræ situ, antiquam Stridonem referre commode videatur. Nec vero quempiam de nomine assignat Lucius, magnus sententiæ ejus vindex, et nuperus rerum Dalmaticarum historicus ; qui autem Sidrona Ptolemæi huc referunt, quam longe ab omni veri specie aberrent, mox, ubi de Liburnia dicemus, planum erit.

Alii Pannoniæ malunt adtribui ; nam et in Nicænis subscriptionibus *Domnus* quidam *Stridonensis ex Pannonia Episcopus* nominatur, et ab eo, qui proxime præcedit ibi, Episcopo Dalmatiæ distinguitur. Et quanquam subscriptiones illæ, num sint Nicænæ, an alteri sequioris temporis Synodo tribuendæ, disputatum est ; nihilominus Stridonem Pannoniæ olim accensitam, satis persuadent. Nec par credere est, quod autumat doctus vir, fuisse postmodum e Dalmatia in Pannoniæ censum translatam, cum Ecclesiasticæ provinciæ vetustiori partitioni sæpius adhæreant. Pannonium quoque se ipse subindicat S. Pater, ubi Patriam suam *rusticitatis vernaculam* (*Epist. VII*) vocat, et Castrucium veterem amicum fortasse et conterraneum, *Pannonium hominem, id est terrenum animal* (*Ep. LXVIII*) appellat ; quo non videtur dicterio fuisse amicum petiturum, nisi et sibi illud commune ex gentis ingenio fuisset. Sed quod aiunt qui ab hac parte stant, Stridonem eam fuisse ad Muram fluvium, alias in Pannonia superiori, hodie in Stiria XV. mille passibus infra Rakeltburgum in Eurum, versus confluentes Muræ in Dravum, sive, quod eo tamen recidit, prope arcem Csan Tornga, nec nisi diei itinere distantem a Sabaria, quod noti nominis in Hungaria est oppidum : hi, inquam, rem dicunt incredibilem. Et siquidem nullus alius locus est, cui possint Hieronymianæ patriæ partes adjudicare, ipsi quod proposuerant, plane destruunt. Est enim locus ille in media fere Pannonia, non ad ejus limites : nec potuit unquam, quod ait Hieronymus, fuisse Dalmatiæ confinis ; atque adeo illa ejus patria omnino non fuit.

Propius ad verum dicere visi sunt, qui in Liburnia eam collocant ; erat enim ea provincia Panноniæ et Dalmatiæ contermina, et ab hac quidem Bebiis Montibus a Strabone memoratis, ab illa autem Thisio flumine separabatur. Porro ibi Ptolemæus (*Lib. II. c. 17*) cognominem fere urbem Sidronam inter mediterraneas recenset, datque Liburniæ, ita tamen ut in limitem Dalmatiæ incidat, paulo supra Titii amnis fontes, qui Liburniam finit. Salva hoc invento visa res est : nam etsi Pannoniam, Dalmatiamque, non autem Liburniam Hieronymus memorat, potuit ejus ævo, mutatis subinde provinciarum finibus, urbs illa ex Liburnia in Dalmatiam, sive Pannoniam immigrasse : imo et satis, ut sentio, est, si utramque provinciam neutri ipsa adscripta, terminaret. Multis itaque hæc sententia persuasit, tametsi

(*Une.*)

invicem vel pro Pannoniæ, vel pro Dalmatiæ laude certantibus : et diu est, quod meliorem Critici magni nominis amplecti nesciunt. At vero nimium illa dissita est civitas ab eo terræ tractu, quem rerum, et vitæ Hieronymianæ series significat : neque est verosimile longius eum ab eo solo ortum duxisse, in quo apparet puerulum egisse, et a primis nucibus junxisse amicitias. Tractum, inquam, qui Æmonam inter et Aquileiam interjacet, sive in earum vicinia est, a quo Sidrona Ptolemæi tota ipsa, in cujus opposito est limite, Liburnia intermedia provincia abest. Deinde Liburnia, ut et Dalmatia Illyrico continebantur ; cujus duæ veluti partes erant ; et quanquam totus ille tractus Dalmatia etiam dictus aliquando est pro Illyrico. Liburnia nunquam nisi pro Illyrici, aut si mavis, Dalmatiæ parte intelligitur. Testatur autem ipse conceptis verbis S. Pater, in alio se ab Illyrici solo natum : *Testis*, inquiens in Sophon. cap. I. vers. 2. *Illyrium est, testis Thracia, testis, in quo ortus sum solum*. Igitur Liburnia, quæ Illyrico comprehendebatur, natus non est : omnino autem non Sidronæ Ptolemæi, quæ Liburniam ad orientem finit, ac juxta ipsum Ptolemæum (qui Illyrici fines ab Istria ad Scardum usque montem et superiorem Mœsiam producit) medio ferme Illyrico a tergo adjacet.

At quoniam, inquies, denique loco natale S. Patris solum, et apud quas gentes investigabimus? Ego, si quam olim Erasmus, et non ita pridem Lucius, præposteri studii et affectus parum digni gravibus viris insimularunt, sententiam replicare licet, in Istria, atque ea Italiæ quidem nostræ, cum longe doctissimis Scriptoribus, e quorum numero est Thomas Archidiaconus Spalatensis, qui initio Sæculi XIII. vixit, Blondus, et Marianus Victorius, constitui malim. Sdrignam nunc vocant, sive Sdrin, oppidulum in Tergestina diœcesi, inter Petram pilosam, Portulam et Primontem situm vix millibus passuum XL. distans ab Aquileia. Id ipse nobis visus est manifesto indicare Hieronymus loco superius laudato, si mentem ejus recte percepimus. Quod enim ait, eam civitatem fuisse *quondam* Dalmatiæ Pannoniæque confinium, veterem se memoriam repetere, non sui temporis, ostendit ; et quod duas confines provincias memorat, locum arbitrando facit, neutri fuisse eam proprie addictam. Porro Dalmatiam olim ad Istriæ usque limitem pertigisse, ex antiquis Geographis intelligas, atque his maxime, qui eam sub Illyrici vocabulo describunt, ut nec Dalmatiam de nomine unquam vocent, cum primis Pomponio Mela, Scymno Chio, Scylace atque aliis. Sed neque ipse diffitetur dudum laudatus Lucius, cum cœpit Illyrici maritimi nomen obsolescere, proque ejus *Dalmatiæ* vocabulum frequentari, hanc non solum veteres suos terminos, sed finitimam quoque Liburniam comprehendisse. Confinium illud itaque Dalmatiæ, ad quod notat S. Pater positam patriam suam Stridonem, in extremo Liburniæ ad Occasum limite omnino quærendum est. Eo nimirum fines Pannoniæ superioris, quæ exinde ad septentrionem vergit, incurrunt. Istria porro contermina utrique regioni est : atque hujus quidem initio versus Ocram montem (ut sua his ratio constet, quæ de perobscuro illo Dalmatiæ olim Pannoniæque confinio, tradita ab eo sunt, quæ alias minime, ut hactenus ostensum est, intelligi, aut explicari possunt) Stridonem collocari, recta ratio persuadet. Ita et Pannonius et Dalmata, verius fortasse etiam Italus, quandoquidem Italiæ Istria jam ab Augusti, Tiberiique temporibus attributa est, juxta veterem divisionem vocari potuit. Neque ulla heic earum objectionum locum habet, quibus aliæ superius recitatæ sententiæ refutantur. Quod vero locum eum esse diximus, quem *Sdrignam* hac tempestate appellant, partim Antiquorum opinioni, partim nominis nescio cui similitudini damus : denique et prævulgatæ incolarum traditioni, qui in hujus rei fidem monumentum ibidem Eusebii patris cum Epitaphio laminis insculto ostentant. Alioqui satis proposito nostro est, si in eo Istriæ tractu locandam Hieronymi patriam evicimus, tametsi alio, nobisque ignoto nomine oppidulum illud jam tum ab ejusdem S. Patris ævo a Gothis eversum, modo vocetur. Certe (quod alterum argumentum est in hanc rem) haud procul ab Aquileiensi agro exstitisse, pleraque omnia comprobant vitæ ejus adjuncta, inque scriptis testimonia. Ejusmodi est illud (*Epist. VII*), quod Chromatio, Eusebio et Jovino Aquileiensibus Presbyteris sororem suam, quæ bonos in patria vitæ magistros non haberet, commendat, eamque Juliani Diacono, et quidem, ut in mss. libris dicitur, *Aquileiensi*, fructum vocans, ut crebris epistolis in sancto proposito sustentent, et *ut etiam a Papa Valeriano*, Aquileiense tunc Episcopo, *ad eam confortandam litteras impetrent*, rogat. Si longius aberat, imo nisi finitima erat Aquileiæ Stridon, minime est verosimile, agentem utique in patria et domi sororem præsentis fuisse Juliani adhortationibus in sanctioris vitæ, a quo exciderat, instituto solidatam : itemque ab Aquileiensibus amicis petiisse Hieronymum, ut frequenti eam Epistolarum solatio confoverent, atque ab ipso Aquileiensi Episcopo litteras in eam rem exigerent. Alia ex parte Æmonenses virgines (non *Hermonenses*, ut hactenus perperam lectum est) et Antoninum in eadem civitate Monachum ita per Epistolas alloquitur, ut in vicinia exstitisse patriæ suæ indicet : atque ibi cumprimis, ubi de sui nominis obtrectatore apud istos conqueritur, quem unum eumdemque esse cum eo liquet, qui eum apud Aquileienses sinistro ore dilaniabat. Est autem Æmona, quæ nunc Lubacum, vulgo *Laubac* appellatur, limitanea olim urbs Italiæ, et ut Ptolomæo dicitur, inter Italiam sub Norico Pannoniæ, distans passuum millibus ab Aquileia circiter quinquaginta. Quid hoc itaque verosimilius, quod dicebamus, in isto Aquiliam inter atque Æmonam tractu, versus Alpes Julias, quo loco juxta veterem distributionem in eosdem terminos Pannonia et Dalmatia, sive, quæ illo tunc vocabulo pars ejus appellabatur, Liburnia concurrebant, Stridonem natale Hieronymi solum exstitisse ?

II. Alia est de anno, quo in lucem prodiit, eaque haud minus anceps atque obscura inter eruditos disputatio. Locum quæstioni, et variis hominum ea de re sententiis fecit Prosper in Chronico Integro, ut vocant, quod ex Lodonensi codice ms. Philippus Labbeus primus edidit, et nuperus Antiquarum Canisii lectionum Editor recognovit. Anno enim Christi 331, Basso et Ablavio Consulibus, natalem S. Hieronymi diem consignat : et licet non satis bene sibi in annis supputandis constet, ubi mortem ejus ad an. 420 Theodosio IX. et Constantio III. Coss. refert : in eo tamen quod errat (quippe qui annos illi 91 vitæ tribuit), ostendit ortum ejus citius poni maluisse quam serius. Et errorem quidem illum alii commoda interpretatione elevant, conciliantque secum ipso Prosperum, et cum eo veterem Vitæ Hieronymi Auctorem, qui Gennadius vulgo habetur, et annos ei tantum 88 tribuit : denique et cum Augustino, quem noster in Epistolis subinde tanquam *dignitate patrem, ætate autem filium* compellat. Cum vero adversus historicam veritatem, seriemque rerum Hieronymianarum continuo pugnet illa Prosperi notatio, et longo nimis intervallo S. Patris ortum prævertat, nobis qui ejus Vitam ex ipsiusmet scriptis adornamus, hujus testimonia, quæ de ætate sua profert, illius auctoritati, et quot sunt quotque fuerunt Criticorum ea de re sententiis, præferre liceat. Ratum primo certumque sit, eum cum se vel infantem, vel puerum, vel adolescentulum vel juvenem vocat, confertque cum una quapiam rerum a se gestarum notatione, Pythagoricam, ut Laertius tradit (*lib. VIII. Sect.* 9. 10), ætatis humanæ per vicennia computandæ methodum, quæ et passim tunc obtinebat, sequi. *Puer*, inquit, *viginti annos implet* : *Adolescens viginti* : *Senex viginti*. Sola infantia est, quam a pueritia non distinguebant, sed quasi pueritiæ partem ad usque decimum quintum annum protrahebant, quemadmodum de Varrone Censorinus (*de Die Nat. Cap. XIV*) docuit. Ita et S. Benedicti Regula cap. LXX. *Infantibus usque ad quintum decimum annum ætatis disciplinæ diligentia et custodia adhibeatur ab omnibus.* Hac probe constituta regula, si Hieronymi verba expendamus, exploratum fiet, eum anno circiter 346 natum, serius quam Prosper tradit, annis admodum quindecim. Experiamur itaque insigniora saltem aliquot per gradus ætatum loca. In Epistola LXVIII. ad Castrucium num. 2. *Brevem* inquit, *tibi fabulam referam, quæ infantiæ meæ temporibus accidit. Beatus Antonius cum a S. Athanasio Alexandriæ Episcopo propter confutationem hæreticorum in urbem Alexandriam esset accitus, isset ad eum Didymus*, etc. Factum hoc narrant Chronologi accuratiores anno 355, quo tempore annos natus erat Hieronymus juxta nostram hypothesim fere decem : juxta eos autem, qui Prosperi calculos quoquo tandem modo sequuntur, vigesimum quartum excesserat, et non modo non infans adhuc erat, aut puer, sed jam adolescentiam ingressus. Ulterius quidem in Isaiam lib. V. cap. 15. spatia hujus ætatis producit, ubi ad tempora infantiæ

suæ refert *Motum terræ magnum, quando totius orbis littus transgressa sunt maria, eademque nocte Areopoleos muri conciderunt.* Si enim eum dicit terræmotum, ob quem refert Ammianus quoque Marcellinus, *mare suos terminos excurrisse* (*lib. XXVI. Cap.* 10), et Idatius mensi Augusto anni 365 intelligat, atque ipse demum Hieronymus in Chronico, *mare littus egressum* narrat : jam annum expleverat decimum nonum, ad quem usque infantiam protrahere, nihil quidem retat, si, ut supra notatum est, pro pueritia sumitur : proprie autem decimum quintum ea ætas non videtur excessisse. Sed et alii per ea tempora motus terræ horribiles acciderunt, ad quos locum hunc referre fortasse quis malit : et nos olim ibi annum diximus designari 344, quod nunc tamen induci volumus, atque emendari. Ut ut se res habeat, aliorum sententiæ, quæ citius ortum S. Patris notant, aptari huic testimonio nequaquam possunt. Verum illud cæteris illustrius est, quod habet Lib. de Locis ad vocem *Drys Mambre* ex Genesi ; *Quæ*, ait, *usque ad ætatem infantiæ meæ, et Constantii regis imperium terebynthus monstrabatur pervetus, et annos magnitudine indicans.* His, si quid video, uterque postremus cum infantiæ suæ scilicet, tum imperii Constantii terminus designatur. Enimvero iste imperare cum desiit anno 361, annum agebat vitæ decimum quintum S. Pater, quo nimirum infantiam concludi dudum ostendimus. Id porro si verum est, ut veri speciem omnem habet, nihil poterat accuratius ad ortus sui annum, quem dicebamus 346, declarandum dixisse.

Sane infantiam excesserat, cum puerum se vocat : ut est illud in Abachuch (*lib. I. Cap.* 10), *Dum adhuc essem puer, et in Grammaticæ ludo exercerer, omnesque urbes victimarum sanguine polluerentur, ac subito in ipso persecutionis ardore Juliani nuntiatus esset interitus, eleganter unus de Ethnicis*, etc. Interfectus est Julianus anno 363, qui erat vitæ Hieronymi decimus septimus. Alibi totos qui ætati illi adtribuuntur, viginti annos supputat. Ejusmodi est illud Præfat. Commentar. in Epist. ad Galat. *Non quod ignorem Caium Marium Victorinum, qui Romæ, me puero, Rhetoricam docuit, edidisse Commentarios in Apostolum*, etc. Cui geminum est illud lib. XII. in Ezechiel cap. 40. *Dum essem Romæ puer, et liberalibus studiis erudirer, solebam cum cæteris ejusdem ætatis et propositi*, etc. Enim vero cum Romæ daret litteris ediscendis operam, factus jam grandior, et etiamnum tamen puer, annos viginti compleverat. Deinceps adeo cum Pueritia jungit Adolescentiam, eoque clarius in rem nostram annum, quo natus est, indicat, quo propius terminos ætatis utriusque, unde rationes subducamus certiores, attingit. Epist. LII. ad Nepotianum, *Dum essem*, inquit, *Adolescens, imo et pene Puer et primos impetus lascivientis ætatis eremi duritia refrenarem, scripsi ad avunculum tuum Heliodorum exhortatoriam Epistolam.* Ea data est anno, ut pluribus suo loco ostendimus, 373, cum ipse initia adolescentiæ jam duceret, sive annos natus esset viginti septem : id quod adeo in supputatione hac nostra recte habet, ut fere ex hoc uno testimonio verus, quem diximus, natalis ejus annus jam constet. Et vero iisdem plane verbis usus est ætatem Imperatoris Valentiniani, cum mortem oppetiit, notaturus, Epist. LX. sive Epitaphio Nepotiani, *Adolescens*, inquiens, *Valentinianus, et pene Puer, post fugam, post exsilia.... necatus est*. Constat enim ab illorum historiis temporum, eum tunc annum sextum supra vigesimum egisse, tot nimirum, aut uno minus, quot de se ipse loquens indicarat ; neque enim verosimile est, cum iisdem verbis alio significatu de se, atque aliis usum. Eadem ferme annorum notatio est, cum se ἐποχειριχῶς *adolescentulum* vocat, Lib. I. contra Jovinian. cap. 36, *Cum ipse adolescentulus in Gallia viderim Atticotos, gentem Britannicam, humanis vesci carnibus*. Quartum aut quintum, ut ex dicendis inferius constabit, a vigesimo annum tunc agebat. Epist. CXX. ad Hedibiam, *Majores tui Patera, atque Delphidius, quorum alter antequam ego nascerer, Rhetoricam Romæ docuit : alter, me jam adolescentulo, omnes Gallias prosa versuque suo illustravit ingenio*. Quanquam movit hic locus plurimos, qui cum in Chronico legerent ad annum Christi 355 Delphidium referri, Hieronymum, qui tunc etiam in sententia hac nostra annos decem ut summum ageret, solido adhuc decennio ab adolescentiæ initiis distare argumentantur. Sed alia in Chronico notationis ejus est ratio : neque enim quo tempore Delphidius Gallias nominis sui atque operum jam implevarat, sed quo primum anno florere cœpit, de more adnotatum ibi est : id quod aliis ac fere perpetuis exemplis demonstrare, si res ferat, in promptu esset. Porro quis non consentaneum esse intelligat, post alterum saltem decennium et quod excurrit, ad tantam famæ celebritatem, novis subinde elucubrationibus, demum venisse, ut vere dixerit S. Pater, se adolescentulo, cum ingenio suo Gallias illustrasse. Nec quempiam moveat, quod Blesillam in Epist. XXXIX. *viginti annorum adolescentulam* dixit, quam puellam ea de caussa fortasse appellari, quis maluisset ; nam ubi sequiori generi aptantur ejusmodi formulæ, non eamdem plane vim commodamque habent significationem. Denique satis apparet, quam ipse bene, juxta eam regulam, gradibus ætatum insisteret, ubi se *in adolescentia*, vel *adolescentem* absolute nominat, quos terminos licuit ad quadragesimum usque annum producere. Commentario XIII. in Ezechiel. cap. 44. *Super qua*, ait *quæstiuncula, Romæ adversum Helvidium, illius temporis hæreticum, in adolescentia non grandem librum scripsisse me novi*. Erat enimvero tunc annorum ferme 57, siquidem anno, ut suo loco ostendemus, 383, ille conscriptus est liber. Alia id genus testimonia præterimus, quæ in nostra quidem hypothesi optime omnia conveniunt, cohærentque inter se : juxta alios autem omnes, qui Prosperiani Chronici rationes amant, neque intelligi, neque explicari ullo modo possunt. Singularem modo animadversionem adjiciam, qua hactenus disputata solidius constuantur. Præfatione Commentarii in Abdiam profitetur S. Pater, olim se, qui *necdum ad ætatem perfecti viri, et in mensuram Christi* venerat, *in adolescentia provocatum ardore et studio Scripturarum* hunc eumdem *Prophetam* fuisse *allegorice interpretatum*. Hæc, quæ et minime ætatem tulit Expositio, Auctore ab ipso repudiata, ad annum pertinet, ut alias declaratum est, atque infra manifestius constabit, 374 aut sequentem, quo tempore de se prodit ipse, nondum ad ætatem perfectam plenitudinis Christi venisse. Ætas autem Christi perfecta triginta annorum spatio continetur, ipso Hieronymo sui sensus interprete, qui Epist. LXXXII. ad Theophilum, pro fratre suo Pauliniano disserens, cujus præmaturam ordinationem Joannes caussabatur, *Ætas*, inquit, *ejus et Beatitudini tuæ nota est, et quum ad triginta annorum spatia jam pervenerit, puto eam in hoc non esse reprehendendam, quæ juxta mysterium assumpti hominis in Christo perfecta est*. Si ergo nondum ipse ad eam ætatem, sive ad annos triginta pervenerat, cum specimen illud Commentarii in Abdiam scripsit, sive anno 374, jam patet luce meridiana clarius, minime ejus ortum posse altius, quam ab anno 345 revocari. Ut vero ad insequentem proxime 346 differatur, et quæ superius disputata sunt, facile suadent, et laudate hujusmet Præfationis in Abdiam locus ille, ubi appellat se *Puerum*, quo vocabulo videtur voluisse, quod paulo ante dixerat *in Adolescentia*, contemperare, ut se hujus ætatis initia potius quam medium agere, et non exiguo admodum ab 30 annis spatio tunc abfuisse, significaret.

III. De nomine etiam S. Patris, ut ne quid disputationibus in utramque partem deesset, inter eruditos controversum est. *Hieronymus*, quod erat illi cognomentum, aliis cum Victorio sacram legem significat : aliis cum Erasmo, idque multo verius, sacri nominis appellationem. *Eusebius* (quod fuisse patri suo nomen, declarat ipse de se loquens in Catalogo Scriptorum illustrium, seque ab illo accepisse, ipsa nominum ratio, et gentis antiquæ consuetudo persuadent) fuerunt, atque adeo sunt nonnulli, qui penitus removeri ab Hieronymo velint : alii, quorum de numero Menagius ad Laertium, qui ex aliquot Cæsareensis Eusebii librorum interpretatione de Græco in Latinum ab ipso adornata, adeptum sibi contendant. Qui quidem, ut alias diximus, nugari potius, quam serio dicere nobis videntur. Sed et aliud invenitur in antiquis libris additum illi sive nomen, sive prænomen *Sophronius*, de quo, ut paulo attentius disquiramus, digna visa res est. Martianæus quidem prænotatum in uno alteroque ex iis tantum libris invenit, qui falso adtributa S. Patri opera quædam exhibent, neque adeo satis eorum esse testimonium ad faciendam rei fidem, existimavit. Nobis meliore uti fortuna contigit, qui genuinis quoque monimentis inscriptum invenimus, tametsi, ut nihil dissimulemus, in codicibus non usque adeo vetustis, et qui duodecimum, ut conjicere licet, sæculum anteverterent. Duos possidet Ambrosiana, quæ Mediolani est, Bibliotheca, quorum alter numero 88 prænotatur, continetque librum Nominum Hebraicorum, qui sic inscribitur, *Eusebii Sophronii Hieronymi*, licet hæc Epigraphe perbrevi Epistolæ, *de formis Hebraicarum litterarum*, quæ Præfationis in cum Librum vicem gerit, ab studioso quopiam, non Hieronymo, adornatæ, quam et huic Tomo nos primum adnectimus, præfixa videatur. Alterius autem, qui Librum de Locis Terræ Sanctæ continet, luculentissima inscriptio est hujusmodi : *Incipit præfatio Domini Eusebii Sophronii Hieronymi in libro Locorum, ab Eusebio Pamphili Cæsariensi Episcopo prius edito quidem in Græco, sed a præfato Hieronymo postmodum diligentius in Latinum stylum translato.* Quo quidem testimonio facile adducar, ut credam, hoc quoque ei nomen fuisse Sophronio, sive illud infans acceperit ipsis ab incunabulis, sive post, cum vitæ doctrinæque merito celebrari per orbem cœpit.

IV. Igitur, ut quæ latius disputare hactenus necesse fuit, paucis ad Vitæ describendæ modum colligamus, Eusebius Sophronius Hieronymus Stridone, quæ civitas in Dalmatiæ olim Pannoniæque confinio, ad Italiæ potius limitem videtur pertinuisse, certe quidem non longe ab Aquileia atque Æmona, nobilissimis Italiæ urbibus, aberat, natus est, anno Christi, ut videtur, trecentesimo quadragesimo sexto, annum jam undecimum imperantibus Constantio, et Constante, fratribus Augustis, eumdemque Julio Papa Christianam rempublicam administrante. Parentes suos ambos Christianæ religioni addictos, ipse non uno loco, maxime vero Præfatione in Jobum affirmat : a quibus et sancte educatum se prodit. Jure etiam colligas ex Epist. LXXXII. Ad Theophilum num. 2. eos Arianis per ea loca grassantibus nunquam animum aut aures accommodasse, siquidem se ab iis gloriatur *ab ipsis, ut ita dicam, incunabulis catholico lacte nutritum. Nemo namque magis Ecclesiasticus est, quam qui nunquam hæreticus fuit.* Quidam asseverant, et nobilissimos fuisse. Erit fortassis econtrario, qui ob nominis Græcam originem, non Romanam, de genere servili subdubitent. Et mihi quidem scrupulum movit aliquando locus e dudum laudata Epistola num. 3. ubi ad Joannis Jerosolymitani criminationem de Pauliniano fratre *e servo Clericum facto*, nihil aliud respondet, quam et ab ipso Joanne *nonnullos ejusmodi Clericos haberi*, et *Onesimum legi inter Pauli renatum vincula, Diaconum cœpisse esse de servo*. At vero, si ejus erat conditionis ipse, non videtur fore, ut Palladium *servilis nequitiæ* hominem in Prologo contra Pelagianos vocaret, quod facile potuisset notæ ejusdem servilis ab adversariis insinuari : eoque minus, ut per jocum adderet, non se ejus nobilitati invidere. Ad hæc divites, atque amplo patrimonio honestatos parentes ejus fuisse, inter Scriptores fere constat. Notum illud quod et vulgo afferunt ex libro primo contra Ruffinum, ut probent, numerosam servorum familiam illos habuisse : *Memini me puerum cursitasse per cellulas servulorum, diem feriatum duxisse lusibus,* etc. Quanquam hoc vereor, ne satis apposite accipiant, ac recte interpretentur. Patrimonium certe a Patre relictum, quod Hieronymus divendi demum curavit, ut pecuniæ quod rediret, excipiendis undequaque confluentibus Monachorum turbis expenderet, haud sane mediocre esse oportuit, licet modeste ipse vocet Epist. LXVI. *Semirutas villulas, quæ barbarorum effugerunt manus, et parentum communium census.* Denique et ubi Epist. VII. describit patriæ suæ mores, in qua *Deus venter esset, et sanctior ille, qui ditior :* et Epist. XXII. ubi inter cætera vitæ commoda, se ait, *consuetudine lautioris cibi propter cœlorum regna castrasse*, aliisque pluribus locis, ut cum loquitur de Bonosi contubernio, de itineribus quæ emensus est longis, de instructissima Bibliotheca, quam sibi comparaverat (*Epist. III*), non obscure se prospera satis natum fortuna indicat. Patri nomen Eusebius fuit, quod et supra innuimus, et ad filium more Romano transiit : Matris quodnam esset, non proditur. Matertera, id est, matris soror, Castorina dicta est, quam malo adversum se animo ob nescio quas caussas, Hieronymus semel atque iterum, ut ex Epistola XIII. apparet, ad pacem concordiamque humanissimis litteris invitavit. Habuit et sororem, cujus ignoratur nomen, de qua sæpius in Epistolis VI et VII. loquitur, quod in proposito, ut videtur, Christo serviendi, a quo exciderat, a Juliano Diacono adhortante, permanserit. Fratrem denique natu minorem, nomine Paulinianum, de quo postea nec semel redibit sermo.

CAPUT II.

I. *Probe educatus domi una cum Bonoso, Romam ad literas ediscendas mittitur.* II. *Grammaticorum, Rhetorum, et Philosophorum scholas frequentat.* III. *In vitia quædam pueritiæ labitur.*

I. Nihil dubium est, cum se ipse, ut superius observavimus, Catholico lacte nutritum ab ipsis incunabulis dicat, quin fuerit infantulus adhuc sancta institutione et præceptis informatus, parentum opera, qui animum rudem primis imbuerint Christianæ pietatis ac fidei elementis. Collactaneus ejus, et vitæ comes Bonosus quidam fuit, e generosa locupletique stirpe progenitus, quem impense laudat, nec semel, præcipue vero Epist. III. ubi, *Iidem*, ait, *nos nutricum sinus, iidem amplexus foverint bajulorum*. Studia litterarum quod attinet, primam illam litteraturam, quæ Grammaticæ velut infantia est, in patria edidicit a præceptore, quem Orbilium ab eo, de quo Suetonius, celebri Beneventano Grammatico, acri atque plagoso, cognominat, et ad quem *sævientem*, se ait, *de aviæ sinu tractum esse captivum.*

II. Grandior factus, et etiamnum tamen puer, ubi domesticis præceptionibus roboratus publicam lucem quærere cœpit, Romam missus est, liberalibus artibus erudiendus. Annorum fuerit fere duodeviginti, nam Romæ cum tunc egisse verosimillimum est, cum de subito Juliani interitu dictum illud ethnici audivit. Erat vero ille annus 363, ut superius animadvertimus, et *puerum* se tunc in *Grammaticæ ludo* exercuisse testatur. Applicavit autem ibi se Donatum Grammaticum tunc celebratissimum, cum ipsum qui in Terentium et Virgilium Commentarios reliquit : in cujus schola tantam sibi Latini sermonis peritiam atque elegantiam comparavit, ut facile omnes eorum temporum Scriptores hac laude superavit. Meminit ejus S. Pater in Commentariis in Ecclesiastem, aliisque pluribus locis, quorum unum laudasse satis erit in Libro II. contra Ruffinum. *Puto quod puer legeris Aspri in Virgilium et Sallustium Commentarios...* Velcuti in Orationes Ciceronis, Victorini in Dialogos ejus, et in Terentii Comœdias præceptoris mei Donati, æque in Virgilium, et aliorum in alios. Sunt qui et Victorini, eximii per idem tempus eloquentiæ magistri, auditorem fuisse eum dicant. Sed quando id nunquam ab ipso proditum est, qui ejus sæpe, cum alibi et laudato dudum loco, tum in Catalogo Scriptorum illustrium (*Cap. 61*), et in Præfatione in Epist. ad Galatas meminit, nec verbo tenus id notat ; ut illis assentiamur, nulla nos argumenta adducunt. Imo vero refragatur hoc ipsum de eo silentium præsertim in Chronico, et modo laudato testimonio, quibus locis Rhetoris illius una cum Donato mentionem faciens, hunc unice, minori numero *Præceptorem suum* appellat : illum nec magistrum, neque amicum vocat. Neque vero hinc putes, eum a Rhetorum exhedris abstinuisse ; quin imo primas eloquentiæ dedit, et puerum se in Controversiis lusisse, libro contra Pelagianos primo testatur ; et cap. 2. Commentariorum ad Galatas, **Aliquoties**, inquit, *cum adolescentulus Romæ Controversias declamarem, et ad vera certamina fictis militibus exercerer*, etc. Accessit etiam ad Forum, et tribunalia judicum, ut disertissimos Oratorum audiret. Denique et *prædicationis diasyrticæ strophis* lusit, id est, Oratoriæ artis, quod fere præcipuum est, novit, cum ea ad quæ respondere difficile est, elevantur. Nec inter Grammaticos tantum, aut Rhetores detritus est, sed et Dialecticæ operam dedit, et inter Philosophos etiam se plurimam vitæ partem egisse prodit (*Epist. L*). Porphyrii Isagogas legit, Alexandri Aphrodisei Commentarios vertit : vertit, inquam, id est, versavit diurna nocturnaque manu, non, ut falso hactenus creditum est, de Græco in Latinum est interpretatus. In Epistola LX. ad Heliodorum legisse etiam se narrat, *Platonis, Diogenis, Clitomachi Carneadis, et Possidonii opuscula :* et passim alibi insignem sibi Philosophiæ peritiam comparasse, iis quæ scriptis suis intermiscet, veterum philosophorum placitis ac sententiis ostendit. Maximam quoque Antiquitatis memoriam collegit, ad quam, ut et cæteras facultates perdiscendas, optimo sane consilio, Bibliothecam sibi librorum omnigenæ eruditionis refertissimam ingenti labore et sumptibus instruxit. Nullum denique doctrinæ genus intactum reliquit, præter artium sacrarum disciplinam, ad quam omnes jam tum (neque enim heic alia meditationes videtur suas retulisse. Nam et pietatem una adeo coluit, ut ad Ecclesiæ et Religionis potissimum incrementa intelligeres, studia illa conferri. Scribit ita de se ipso in cap. XL. Ezechielis : *Dum essem Romæ puer, et liberalibus studiis erudirer, solebam cum cæteris ejusdem ætatis et propositi* (ex his erat Pammachius, de quo sæpius infra redibit sermo) *diebus Dominicis sepulchra Apostolorum et Martyrum circuire, crebroque cryptas ingredi, quæ in terrarum profunda defossæ, ex utraque parte ingredientium per parietes haberent corpora sepultorum : et ita obscura sunt omnia, ut propemodum illud Propheticum compleatur : Descendant ad Infernum viventes,* etc.

III. Cum nondum tamen Baptismo esset initiatus, jamque initia duceret adolescentiæ, quæ ætas juxta ejus supputandi rationes, post vigesimum annum succedit, non satis sibi cavit, *lubricum adolescentiæ iter, in quo et lapsum se* Epistol .VII. ad Chromatium, humillime confitetur. Peccati quoque genus, quo conscientiam suam polluit, ad Heliodorum scribens Epist. XIV. notat, ubi quam amiserat, virginitatem deplorat : *Et hoc ego non integris vate vel mercibus, nec quasi ignarus fluctuum præmoneo, sed quasi nuper naufragio ejectus in littus, timida navigaturis voce denuntio, In illo æstu Charybdis luxuriæ salutem vorat. Ibi ore virgineo ad pudicitiæ perpetranda naufragia, Scyllæum renidens, libido blanditur,* etc. Manifestius in Epistol. XLVIII. ad Pammachium, ubi primam, quæ a nativitate est, virginitatem sibi adimens, alteram quæ est a Baptismo, vix sibi servat : *Virginitatem*, inquit, *in cœlum fero, non quia habeam, sed quia magis mirer quod non habeo. Ingenua et verecunda confessio est, quo ipse careas, id in aliis prædicare........ Nullus se decipiat : neque blando adulatore se præcipitet. Prima est virginitas a prima nativitate : secunda virginitas a secunda nativitate.* Sunt qui lapsus ejusmodi pluribus excusent ; mihi satius interdum videtur, commissum aliquod, ceu cicatricem in Sanctis agnosci, quorum, ex vitiis ad pietatem resipiscentium, exempla efficacius nos moveant. Addam propterea videri posse, etiam post Baptismum deliquisse, ac se polluisse iterum : ut quemadmodum ad secundam virginitatem inducendam Baptismi aquis, ita altero ignis baptismo ad sordes alias detergendas indigeret. Verba ejus sunt Ep. XVIII. ad Damas. num. 11. *Ego quia et oculis video ad concupiscendum, et manu scandalizor et pede, et omnium membrorum parte delinquo, habeo omnia immunda : et quia semel spiritu baptizatus, rursum tunicam pollui, secundi baptismatis purgatione, id est, ignis indigeo.* Verum nihil habet in his singulare, et quod a vulgata Sanctorum hominum phrasi, qui modestiæ caussa sese dejiciun', abhorreat.

CAPUT III.

1. *Romæ Baptismum suscipit*, II. *Sub Liberio Papa, anno circiter ætatis suæ* XX.

1. Non alibi quam Romæ fuisse Hieronymum lavacro Baptismi ablutum, ita pro certo habemus, ut qui aliter sentiunt, idque factum Aquileiæ volunt, et inscriptum olim lapidem (falso tamen) testem ad-

bibent in eam rem, valere penitus jubeamus. Testis ipse omni exceptione major est S. Pater in duabus ad Damasum Epistolis XV. et XVI. *Inde,* inquiens, *nunc meæ animæ postulans cibum, unde olim Christi vestimenta suscepi.* Et, *Ego igitur, ut ante jam scripsi, Christi vestem in Romana urbe suscipiens, nunc barbaro Syriæ limite teneor.* Neque enim heic alia Christi vestimenta intelligi ullo modo possunt, quam quæ juxta Apostolum per Gratiæ lavacrum et Fidem induimus, ut præteream, ad candidas quoque vestes, quibus amiciri solebant olim Christiani Baptismi tempore, iis verbis adludi. Certum præterea, imo et sententiæ hujus consectarium est, cum non statim a nativitate, neque primis infantiæ annis, Baptismum suscepisse, sed adulta ætate, nimirum cum Romæ esset. Verum heic perdifficilis quæstio oritur, num scilicet cum primo Romam advenit literarum studiis erudiendus, an postea, cum, peragratis jam Galliis, et de solitudine incunda cogitans, eo rediisset, sacris se undis abluerit. Alteram hanc opinionem eruditissimi quique recentiorum tueantur, ea ducti cumprimis ratione, quod olim qui infantes baptizati non fuissent, differre usque baptismum solerent, quoad juventutis discrimina acrioresque stimulos evasissent: id quod fervido Hieronymi ingenio maxime consentaneum fuerit. Videri autem, aiunt, pietati ejus ac religioni fieri injuriam, si propositum Deo inserviendi, quod cœpit versare animo, ut mox dicemus, cum in Gallias peregrinaretur, Baptismo posterius fuit, nec sane modico temporis spatio, si debet iste ad priorem Urbis incolatum referri. Sed hæc nos minime movent; nam neque solemne omnibus Christianis fuit, qui sine Baptismo ætate paulum proces-issent, ut serius differrent: neque posterius illud Hieronymi Deo serviendi propositum, quidquam defuisse pietati ejus pristinæ notat. Quin imo nova eam accessione cumulat: siquidem illud erat, non ingrediendi tunc demum Christianam vitam, sed perfectiorem multo agendi, propositum, quod postmodum in eremo implevit. Præterea, quod redux a Galliis Romam repetierit S. Pater, nullo in ejus vitæ serie, fundamento nititur, imo a veri specie omni abhorret. Sed hæc plenius ex his, quæ dicenda sunt inferius, constabunt.

II. Ratum itaque esto, cum antequam Roma decederet, cum eo primum ad sæculares literas ediscendas venisset, sacris fuisse undis ablutum: hoc nimirum tempore, ad quod nos ordo Vitæ ejus quam conscribimus, duxit, sub Liberio Papa, non Damaso, et cum nondum ipse, ut videtur, annum ætatis vigesimum attigisset. Et vero si, ut dudum ostendimus, non eo usque Baptismum distulit, quod a Gallica peregrinatione regrederetur, consequens est, ut antea susceperit, cum scilicet Romam (neque enim alibi tinctus est) litteris erudiendus venit; ut si jure illam falsi redarguimus, omnino altera hæc vera sententia sit. Sed et pea aribus id evincere argumentis libet. Quippe nec ipse obscure indicat S. Pater, se **non Damaso**, sed pridem ejus decessore Liberio Romanam Ecclesiam administrante, baptizatum. Cum enim ad illum Epistolas modo laudatas scribens, illud urgeat, quod Romæ Christi vestimenta susceperit, ut eo justius inde consilium de fide petat: si a Damaso, aut illo Cathedram tenente, suscepisset, utique istud, quod suæ erat caussæ palmarium, addidisset; plane autem tacet in utraque Epistola. Quin imo contrarium in priore innuit, *olim* illo adverbio, *Unde,* inquiens, *OLIM Christi vestimenta suscepi,* perinde ac si diceret, antequam tu hujus Ecclesiæ regimen obtineres. Iniit vero Pontificatum Damasus sub anni 366 finem, cum Hieronymus vigesimum circiter vitæ ageret. Idem arguere est ex temporis notatione, quo amicus ejus Ruffinus Baptismum suscepit, anno scilicet, ut serius 371, ut ex ejusdem Epistola ad Anastasium Papam, et lib. II. Invectivarum Hieronymi compertum est. Nostrum scilicet fuisse aliquot ante illum annis hocce sacramento initiatum, et concors doctorum sententia, et nonnulla S. ejusdem Patris testimonia comprobant. Accipe istud ex Epist. IV. ad Florentium: *Ille* (Ruffinus) *modo se lavit, et mundus est, et tanquam nix dealbatus: ego cunctis peccatorum sordibus inquinatus diebus ac noctibus opperior cum tremore reddere novissimum quadrantem.* At si post Gallicum demum iter hic tinctus est, vix erat notatu digna temporis differentia: certe quidem non tanta, ex qua illa receptæ dudum innocentiæ, et contractarum temporis decursu sordium, institui comparatio posset. Igitur tinctus omnino est antequam emenso studiorum curriculo Urbe decederet, annis plus minus ante Ruffinum quatuor. Atque huc referri illud etiam velim, quod alias laudato loco lib. XII. in Ezechielem, se ait S. Pater, cum esset Romæ puer, et liberalibus studiis erudiretur, solitum cum cæteris ejusdem ætatis ac propositi, diebus Dominicis sepulchra Apostolorum et Martyrum circuire. Quid enim aliud propositi nomine heic loci commodius intelligas, quam religionem Christianam, cui nomen per Baptismum dedisset? Denique vetus quoque Vitæ Hieronymianæ Auctor, qui Gennadius audit, cum testatur, cum *puer* adhuc esset (quod est ex Antiquorum sensu, eum nondum vigesimum annum excessisset) Baptismum suscepisse. Hoc testimonio, etsi aliis de caussis Auctori, qui et nomen mentitur, haud multum tribuamus, nullum tamen est aut vetustius, aut propius ad faciendam fidem. Sed hæc hactenus.

CAPUT IV.

I. Post Romana studia domum revertitur. II. Aquileiæ parumper moratur. III. Gallias petit.

I. Sæcularibus itaque literis Romæ ad plenum eruditus, diuque ibi in Rhetorum scholis exercitatus, Urbem relinquere, et Gallias petere eruditionis laude tunc florentes, una cum Bonoso, perpetuo studiorum ac vitæ comite, instituit. Egerit tunc Hieronymus vigesimum tertium plus minus ætatis annum, qui reparatæ Salutis erat trecentesimus sexagesimus nonus. Colligere hoc est ex ipsiusmet testimonio lib. II. adversus Jovinianum, ubi *adolescentulum* se vocat, cum in Galliis peregrinatus, quosdam *Attacotos, gentem Britannicam humanis vesci carnibus* vidit. Eadem ætatis notatio est, cum *se jam adolescentulo*, Delphidium omnes Gallias prosa versuque illustrasse adnotat : ea nimirum de caussa, quod ipsemet in Galliis ea tempestate ageret.

II. Nihil porro tam est verosimile, quam ut Roma discedens, Stridonem primo remigraret, unde et recta in Gallias contendere, et in paterna domo posset longinquioris peregrinationis sumptus parare. Sed in patria, quæ ad ingenium non erat, parum stetit. Proxime aberat, ut Cap. I. ostendimus, Stridone Aquileia : erat hæc etiam urbs multo nobilissima, et quod Hieronymum magis alliceret, ac detineret, sanctis doctisque viris, maxime qui in celeberrimo ibi Monasterio versabantur, abundabat, quorum illustria adhuc inter Hieronymi amicos nomina multa superant. Ex his unus erat Ruffinus, cujus ob ingenii fortasse præstantiam supra cæteros consuetudine sæpius uteretur, et quocum de studiis verba conferret. In hunc sensum videtur post aliquot annos ad eum scribens Epistol. III. dixisse, *Quam illud os, quod mecum vel erravit aliquando ; vel sapuit, impressis figerem labiis ?* Ex hoc certe primum tempore innotescere Hieronymum inter et Ruffinum amicitia incepit, nec par credere est, eos alibi quam Aquileiæ prima usos familiaritate ; rem enim plane novam dicunt, et cujus nullum in Hieronymi scriptis, et rerum serie argumentum reperire est, qui Romæ eos multo pridem junxisse amicitias, volunt.

III. Compertum hinc est, non ita exiguo tempore Hieronymum Aquileiæ substitisse. Verum non permittebat insitus discendi ardor, celebrioresque apud exteras nationes doctrinæ laude viros adeundi desiderium, ut diutius ibi consisteret. Arripuit itaque iter in Gallias, neque unam modo aut alteram ex his invisit, sed omnes, quoad ejus licuit, Galliarum oras perlustravit, ut ex omnibus doctis viris, et bibliothecis thesaurum sibi scientiæ compararet. Id ex eo potissimum apparet, quod locorum per partes non raro, nec sine peculiari animi affectu recordatur, quemadmodum Epist. CXXIII. ad Ageruchiam, ubi *Quidquid inter Alpes et Pyrenæum est, quod Oceano et Rheno includitur direptum a Barbaris miserum in modum dolet. Maguntiacum*, inquit, *nobilis quondam civitas capta atque subversa est, et in Ecclesia multa hominum millia trucidata. Vangiones longa obsidione deleti. Remorum urbs præpotens Ambiani, Atrebatæ, extremique hominum Morini, Tornacus, Nemetæ, Argentoratus translati in Germaniam. Aquitaniæ, Novemque populorum, Lugdunensis et Narbonensis provinciæ præter paucas urbes populata sunt cuncta, quas et ipsas foris gladius, intus vastat fames. Non possum absque lacrymis Tolosæ facere mentionem ; quæ ut hucusque non rueret, S. Episcopi Exuperii merita præstiterunt.* Sed nullam videtur ex omni Galliarum regione diutius incoluisse quam Treviros. Petierat Ruffinus ab eo,

cum jam jam proficisceretur, ut S. Hilarii libros sibi exscriberet : quod ipse cum Treviros venisset, egregie persecutus est, utque ait, postmodum Epist. VI. ad Florentium scribens, *Prolixum valde de Synodis librum S. Hilarii, ei* (Ruffino) *apud Treviros manu mea ipse descripseram*. Et sane scriptio illa codicis Hilariani non ita brevi confici potuit. Ad hæc Treverensium idioma probe se calluisse indicat in Prœmio secundi libri Commentariorum in Epistolam ad Galatas, ubi hos, excepto sermone Græco, propriam dicit linguam habuisse atque eamdem pene illam esse quam in Gallia Treverenses haberent : id quod nosse tam bene, ut prodit, haud certe exiguo temporis spatio potuit. Alias etiam cum peregrinationis suæ una cum Bonoso reminiscitur, cum statim tractum regionis nominat, *Rheni*, scilicet, *semibarbaras ripas, ad quas secum illo post Romana studia eodem cibo, pari frueretur hospitio* (Epist. III). Denique ibi *primus ipse cœpit velle Deum colere* (Ibid.), id est, de ineunda novæ Vitæ ratione, ac de ingredienda fortassis etiam solitudine deliberare, et Bonoso, ut idem institutum arriperet, auctor esse.

CAPUT V.

I. *E Gallia Stridonem regreditur, et Aquileiam.*
II. *Scribit Epistolam ad Innocentium de muliere septies percussa.*

I. Quod animo cœperat Christo serviendi propositum in Galliis, ut opere quantocius compleret, Italiam sibi et patriam repetendam intellexit. Non quod vellet in paterna domo , inter cognatos et propinquos Monachum profiteri (*Epist. XV*) ; cum ne in urbibus quidem esse Monachos, æquo animo pateretur ; sed quod rei familiaris , sororis item , et fratris Pauliniani , qui primos tunc annos infantiæ ageret, cura nescio quæ sibi incumberet. Certe quominus propositum illud statim perficeret, nonnulla impedimento fuere, quæ ipse Christum adloquens Epist. III. ad Ruffinum, verbis illis, *quia implere non potui*, excusat. Substitit proinde in patria, seu potius Aquileiæ propter loci viciniam, et amicorum in ea consuetudinem ; nam et videntur eo referenda præcipua amicitiarum ejus cum Valeriano, Chromatio, Jovino, Eusebio, Juliano, Nicæa, Chrysogono, Ruffino, atque aliis, quæ et supra recensuimus exempla. Per idem tempus, sive etiam , si mavis, in itinere ad Gallias, Concordiæ, quod est Aquileiæ, (non, ut Victorius putat, aliud Mirandulæ vicinum oppidum) senem Paulum cognovit atque amicum sibi junxit, annos habentem centum , et qui S. Cypriani Notarium Romæ tractaverat. Sunt etiam qui eum tradunt, inter Monachos Aquileienses, sive qui sub Valeriano Episcopo ad Monachorum instar vitam degebant, nomen profiteri suum voluisse. Sed neque hoc certo aliquo testimonio constat, neque ex eo loco licet colligere, quem in eam rem laudant ex Epist. LXXXII. ad Teophilum , ubi se ait S. Pater, *Ab adolescentia in Monasterii clausum cellulis magis esse voluisse aliquid quam videri*. Omnino enim de Syriæ solitudine, quam adolescens adhuc inivit, non de Aquileiensi Monasterio est intelligendum. Falluntur autem eo magis, ac vitæ Hieronymianæ seriem invertunt, qui eum volunt e Galliis primum Romam, deinde Roma Aquileiam concessisse. Quod quidem comminiscantur, ut hypothesi suæ inserviant, et Baptismum S. Patris, quem certe non alibi suscepisse eum sentiunt, quam Romæ, in hoc tempus transferant. At nullum est in Hieronymi scriptis, totaque ejus historia, quo id probent argumentum; et quod unum excudunt ex Epist. XLIII ad Marcellam, ubi se ille significat invitum Romæ in tanta civium et peregrinorum frequentia versari, ac porro malle se alio transferre, illud, inquam, nihil ad rem facit. Data quippe est Epistola illa post multo, quam illi existimant, sive cum relicta Calcidis solitudine, Romam venisset, et jamdiu ibi apud Damasum agens, junxisset et cum Marcella amicitiam; quæ anni circiter 385 nota est. Nihil porro minus ex ejus contextu colligas, cum in animo habuisse, quam Aquileiam, qui quantum haberet Roma molestiarum exaggerans, non tam Marcellam, quam semetipsum dehortatur ab urbium tumultibus, et ad secreta ruris invitat. Addo, nec verosimile prorsus esse ob regionum situm, atque institutum Hieronymianæ peregrinationis, venisse eum de Galliis Romam, ut se postmodum in patria, sive Aquileiæ reciperet. Alia ex parte jam ostendimus superiore Capite III. eum antea, cum primo scilicet Romæ daret litteris operam, Baptismum suscepisse, ut et caussa cur eo regrederetur, plane conficta sit, totaque illa hominum cætera doctissimorum narratio commentum sapiat. Venit itaque S. Pater de Galliis recta Stridonem, pleramque autem temporis partem Aquileiæ, iis quas dicebamus de caussis, commoratus est.

II. Quin etiam scriptionum suarum videtur ibi initia auspicatus narratione illa, *de muliere septies percussa*, quam Innocentio inscripsit, et cui primum nos in Epistolarum serie, quem et in reliquis ejus scriptis habet, locum adtribuimus. Innocentius ille idem est, qui paulo post migranti in Orientem Hieronymo se comitem dedit: neque enim cognomines alios eidemque amicissimos, ut nonnulli faciunt, comminisci licet. Tempus quod spectat, in Chronologicis ad eam Epistolam notis, quas heic repetere longum esset, et præter rem, videre est argumenta, quibus eam huic temporis tractui, sive anno 571, adscribere persuasi sumus. Nunc velimus, anno adhuc serius differri, sive post damnatum Evagrii opera Auxentium in Romana Synodo anni 372. Cæterum nec probabilitate sua carent aliorum rationes, qui serius adhuc eam protrahunt, sive ad annum usque 574, cum post longam in Oriente peregrinationem S. Pater Antiochiæ diversaretur. Potissimum autem argumentum, quod ab Auxentii morte repetunt, ubi dicitur *Evagrii excubiis sepultus pene antequam mortuus*, non eamdem apud nos vim habet. Nam mortuum revera indicari verbis illis contendunt: nos sepultum quidem μεταφορικῶς dici, cum anathemate percussus est, intelligimus: mortuum, non ita.

CAPUT VI.

I. *Aquileiæ varias inimicitias incurrit*. II. *Inde subito divulsus in Orientem navigat*.

I. Perquam libenter degisset Hieronymus Aquileiæ, fortasse etiam proposito Deo perfectius serviendi, cujus miro ardore tenebatur, in eo quod ibi erat Monasterio explesset, nisi eum *subitus turbo*, ut ipse ait, *impiaque avulsio* distraxisset. Quid istuc rei fuerit, ignoratur: sed plura videntur ad creandam illi invidiam concurrisse. Sororis nescio quis lapsus magnum illi odium concitavit. Inde ortum fortasse dissidium etiam cum Lupicino, Sacerdote Stridonensi, quem acriter sugillat Epist. VII. *dignum* vocans *patella operculum*, videlicet, *ut cæcus cæcos duceret in foveam, talisque esset rector, quales illi qui regerentur*. Sunt etiam qui eum notari putent sub nomine *Iberæ excetræ*, a qua sese queritur præcedenti Epistola S. Pater *sinistro ore dilaniatum*. Sed et Castorinæ materteræ inimicitias incurrit, quas postea lenire humanissimis litteris conatus est.

II. Alia tunc ejusmodi diaboli arte, ut ipse innuit, gigni potuere dissidia, quibus cum æquo animo sustinendis par non esset, derepente patriæ, parentibus, cognatis, amicisque vale dicere, atque in Orientem transire constituit, ut longius ab inimicorum odiis, regionem solitarii proposito, tum locorum sanctitate, cum habitantium Monachorum vicinia magis opportunam inveniret. Hoc nos iter ad an. 572 referimus, nec falli rationibus subducendis videmur nobis. Sed quia impedita res est, multaque Hieronymianæ Vitæ momenta ex ea temporis notatione pendent, propriis ipsa est argumentis munienda. Et citius quidem illud referre, tota rerum, quas hactenus edisseruimus, series vetat. Ut serius autem putemus, multo magis vetat illud quod ex Ruffini peregrinatione argumentum desumitur. Ante eum enim viæ se dedisse Hieronymum, palam est omnibus, atque ipse luculentissimus testis est sæpius laudato loco Epist. III. *Postquam me a tuo latere subitus turbo convulsit*, etc. Hoc autem ipso anno 373, puta post aliquot a Hieronymo menses, Ruffinum Aquileiense monasterium deseruisse, ut in Ægyptum cum Sancta Melanio transmittere, compertum ex ejusmet verbis, quibus ad Anastasium Pontificem scribens anno 400 vel insequenti, se ait, *post triginta fere annos parentibus redditum*. *Fere*, inquit, ut non solidos triginta dicere eum putes, sed potius ab ea formula et rotundo numero intelligas satis esse, si vigesimo nonus vix demum incepisset. Porro totidem a 372 ad 401 numerantur. Nec sane locus est isto ad Hieronymiani æque atque Ruffiniani itineris tempus probe constituendum luculentior. Nihilosecius erunt fortasse qui ex eodem conclusum ibunt, in annum sequentem, sive 373, debere iter differri, et quos memorat Ruffinus annos triginta, ex quo parentum consuetudine caruisset, non ab eo tempore, quo in Ægyptum navigavit, sed triennio ferme antea, ab eo quo Toram natale oppidum deseruit, et Aquileiæ sese recepit, supputari velint. Quod etsi a veri specie abhorreat (erat enim *Tora*, sive *Tyra*, aut *Tura* oppidulum Aquileiæ perquam vicinum, ut a suis abesse Ruffinus, cum esset Aquileiæ, non videretur : revera etiam cum se parentibus redditum dicit, Hieronymo teste, initio alterius contra eum libri, Aquileiæ habitaret), sunt tamen alia in eam rem, sive pro anno 373 quæ nobis videmus opponi posse, et quibus nostrarum sit partium satisfecisse. Primo Evagrius, cujus adeo frequens in Hieronymi litteris mentio est, eidem fuisse itineris socius videtur. Is autem, qui cum S. Eusebio Vercellensi ex Oriente in Occidentem venerat, ut gravissimis Ecclesiarum negotiis suppetias ferret, post damnatum sua cumprimis opera Auxentium, nonnihil anno 373 in Orientem creditur remigrasse. Certe antequam Antiochiam perveniret, transiens per Cappadociam, quædam cum S. Basilio contulit, quæ ab hoc in Epist. VIII. scripta post Autumnum dicti anni 373 referuntur. Qui igitur **Evagrium** comitatus videtur Hieronymus, non ante eum annum viæ se dediderit. Deinde nec ipse citius iter arripuerit Ruffinus, quem hoc ipso anno 373 ante S. Athanasii obitum Alexandriæ fuisse, compertum atque indubium est. Idem Hieronymiana ad eum Epistola tertia declarat, quæ cum data sit, ut suo loco pluribus ostendemus, æstate anni 374, tunc primum tamen acceptum de illius in Ægyptum adventu nuntium, inopinati sibi gaudii caussam exstitisse significat. Nec sane videtur verosimile, si biennio ante in eas regiones Ruffinus transmiserat, tam sero fuisse ad amicum Hieronymum perlatum id nuntii.

His ut satisfaciamus, primo Evagrium dicimus, inter primos quidem fuisse Hieronymi amicos, minime vero itineris ejus socium. Certe nihil est ex omni rerum Hieronymianarum historia, quo ad id credendum adducamur. Quæ adeo multa de ejus laudibus prædicat S. Pater, nonnisi familiaris ejus consuetudinis, maxime cum Antiochiæ pariter essent, testimonia sunt, ne illo quidem excepto loco Epistolæ III. dudum laudatæ, ubi Innocentium, suæ utique comitem peregrinationis, cum illo comparat, tanquam oculum cum oculo, atque isto inopinata morte subtracto, *Nunc*, inquit, *uno et toto mihi lumine Evagrio nostro fruor*. Ut vero etiam demus socium itineris eum fuisse, non certe fuerit, cum primum Aquileia Hieronymus solvit : sed forte illi provincias jamdudum varias circumeunti, Cappadocia occurrit, ac reliquum itineris Syriam versus cum eo perfecit. Alterum quod opponitur ex Ruffini discessu argumentum, leviore negotio expedimus; neque enim ille recta in Ægyptum contendit, sed Jerosolymam prius invisit, et loca Sancta, quibus ea qua par est religione perlustrandis, maxime vero tanto terrarum, ac maris emetiendo spatio, haud certe nimium videri debet temporis intervallum, quod ab anni 372, **ut par credere est postremis mensibus, ad subsequentis**

373 Martium, aut Aprilem intercedit : quo tempore antequam Athanasius diem obiret, Alexandriæ fuit. Falsum porro est, nuntium de ejus in Ægypto mora solum circa insequentis anni 374 medium Hieronymum accepisse. Facile enim multo antea ab Heliodoro sui itineris socio, qui Jerosolymam perrexerat, audiit, cum Alexandriam regressus est. Confirmavit paulo post, et superiore tamen anno 373 eumdem nuntium Alexandrinus Monachus missus ad Confessores, quos statim ab Athanasii morte in Ægypto exsulare Valens Imperator jussit. Sed his aliisque subinde nuntiis non acquiescebat S. Pater, donec crebræ eo commeantium multitudini, idque certioribus testimoniis referenti, tandem anno 374 fidem adhibuit. Testatur hæc omnia per partes ipsemet Epistola illa III. ad Ruffinum, ex qua describere hæc pauca libet. *Prima inopinati gaudii ab Heliodoro fratre mihi est nuntiata felicitas. Non credebam certum, quod certum esse cupiebam, præsertim cum et ille ab alio se audisse diceret, et rei novitas fidem sermonis auferret. Rursum suspensa vota, nutantemque mentem quidam Alexandrinus Monachus, qui ad Ægyptios Confessores, et voluntate jam Martyres pio plebis jamdudum fuerat transmissus obsequio, manifestus ad credulitatem nuntii auctor impulerat. Fateor et in hoc meam labasse sententiam. Nam cum et patriam tuam ignoraret et nomen, in eo tamen plus videbatur afferre, quod eadem asserebat, quæ jam alius indicaverat. Tandem plenum veritatis pondus erupit, Ruffinum enim Nitriæ esse, et ad beatum perrexisse Macharium, crebra commeantium multitudo referebat. Hic vero tota credulitatis frena laxavi*, etc. Nihil itaque impediunt, ne anno 372 Hieronymi in Orientem iter assignemus, quæ maxime obstare videbantur.

CAPUT VII.

I. *Iter S. Patris describitur.* II. *An Jerosolymam tunc adierit ?* III. *Antiochiæ substitit.*

1. Per Illyricum terrestre iter arripuisse Hieronymum nonnulli persuasum habent, atque Thraciam, Pontum, Bithyniam, Galatiam, Cappadociam, ac tandem Syriam circuisse. Nobis hæc minime verosimilis sententia videtur : quin ipse etiam videtur S. Pater satis aperte indicare se, statim ab Aquileiensi littore mare ingressum, navi in Thraciam appulisse, et primo quidem æstum maris passum. Demus ejusmet verba, quæ rem totam mirifice explicant ex toties laudata Epistola III. ad Ruffinum. *Postquam me*, inquit, *a tuo latere subitus turbo convulsit : postquam glutino caritatis hærentem impia distraxit avulsio,*

Tunc mihi cæruleus supra caput adstitit imber,
... tunc maria undique et undique Cœlum.

Tandem in incerto peregrinationis erranti, cum me Thracia, Pontus, atque Bithynia, totumque Galatiæ, et Cappadociæ iter, et fervido Cilicum terra fregisset æstu, Syria mihi velut fidissimus naufrago portus oc-

currit. Alibi etiam regionum præter istas, atque urbium per quas transierit, mentionem facit, ut in Zachariæ cap. XII. ubi Athenis se prodit fuisse; *In arce*, inquiens, *Atheniensium, juxta simulacrum Minervæ, vidi Sphæram æneam gravissimi ponderis, quam ego pro imbecillitate corpusculi movere vix potui*, etc. Et in Proœmio secundi libri Commentariorum ad Galatas, *Scit*, inquit, *mecum qui vidit Anchyram metropolim Galatiæ civitatem, quot nunc usque schismatibus dilacerata sit, quot dogmatum varietatibus constuprata*. Alia id genus alibi rimatus est. Et Tarsi in Cilicia aliquandiu cum mansisse, colligere est ex Epist. CXXI. ad Algacium Quæst. II. ubi Cilicum linguæ proprietates, quibus Paulus Apostolus in Epistolis suis usus sit, optime se prodit novisse. Ita et Theodosium, qui creditur monasterium constituisse apud Rhossum in Cilicia ad maris oram, convenisse, ejusque ut et cæterarum sub eo Anachoretarum mores fuisse perscrutatum, ac similis vitæ amore incensum, ex II. Epistola, quæ ad eum data est, liquet. Nimirum quæcumque insigniora viderentur, oculis usurpare voluit, maxime Monachorum cœtus celebriores, quorum præsertim instituta noscendi atque imitandi caussa, peregrinabatur. Viæ comites perpetuos habebat, præter Innocentium, atque Heliodorum, quos supra memoravimus, Nicææm quoque Hypodiaconum Aquileiæ, et Hylam, *Sanctæ Melanii famulum, qui puritate morum maculam servitutis abluerat (Epist. III)*. Bonosus, quo cum ab infantia educatus, et *honestis sæculi artibus eruditus* fuit, quique cum fuerat in Galliarum peregrinatione comitatus, solitudinem jam petierat in insula quadam, Dalmatiæ ut videtur, pelago circumsonante, naufraga, et in qua nihil non terrori esset.

II. Num Jerosolymam hoc primo in Orientem itinere adierit, disputatum inter eruditos. Atque ipse quidem S. Pater Epistola XXII. ad Eustochium scribens, se testatur eo consilio a suis discessisse, ut *Jerosolymam militaturus pergeret*. In Epistola quoque XLV. ad Asellam, cum Romæ esset, orare eam jubet, ut *de Babylone Jerosolymam regredi* aliquando sibi liceat: quibus verbis se fuisse pridem Jerosolymæ, indicio est. Item in Præfatione ad Didymi de Spiritu Sancto librum, quem Latine de Græco vertit, se ait, de *Babylone*, id est Roma, *velut postliminio Jerosolymam esse reversum, et post Romuli Casam, et luderum Lupercalia, diversorium Mariæ, et Salvatoris speluncam expetisse*. Accedit, Baronium, Victorium, atque alios magni nominis viros in ea esse sententia, ut his Jerosolymam venisse eum velint: et semel quidem hac prima in Orientem peregrinatione, antequam Calcidis eremum ingrederetur: de altero enim adventu, cum scilicet Roma post Damasi mortem discessit, nemo est qui dubitet. Verum quidquid aliis videatur, eum semel modo, neque hoc quidem itinere, de quo agimus, sed altero diu post in Orientem instituto, Jerosolymam perrexisse, luculentiora ejusmet S. Auctoris testimonia persuadent. Enimvero si eo tunc accessisset, qui fieri potuit, ut exantlantis jam peregrinationis ejus incommodis, Antiochiæ degens, atque hinc scribens sæpius laudatam ad Ruffinum Epistolam, inter multa, quæ de suis itineribus eidem per partes narrat, hoc unum quod erat cæteris præstantius omnibus, præteriret. Sanctam civitatem, in qua dudum fuisse amicum suum intellexerat, ne arrepta hinc quidem occasione nominaret! Prætermisit, quia nondum inviserat. Et sane lib. III. contra eumdem Ruffinum de secunda in Orientis partibus peregrinatione sua loquens, ita se Loca Sancta invisisse profitetur, ac si antea solum de illis fando aliquid audierit, viderit autem nihil. *Intravi*, inquit, *Jerosolymam, vidi multa miracula, et quæ prius ad me fama pertulerat, oculorum judicio comprobari*. Non est, si quid video, quod huic argumento reponi possit. Adductis autem superius in contrariam partem facilis responsio est. Et primo quidem, eo revera consilio atque animo S. Doctorem in Orientem migrasse, ut Jerosolymam inviseret, sed aliis postmodum de caussis in Syriam deductum, atque Antiochiam, propositum mutasse, aut in aliud tempus distulisse. Innuit hoc idem ipse, cum jam Calcidis eremum ingressus, ex eaque scribens Epistolam V. ad Florentium, prodit, lectis ejusdem litteris, sibi *reaccensum fuisse animum Jerosolymam proficiscendi*. Ex eo certe nulla caussa est, cur in illa ad Eustochium Epistola quidquam inmutemus, ut visum est Tillemontio, qui censuit pro *Jerosolymam* legendum ibi *Antiochiam* aut *Orientem* esse. Reliqua duo loca movent nos multo minus ac fere nihil. Cum enim exploratum sit, eum ibi μεταφορικῶς Romam vocare Babylonem, res ipsa jubet, ut, quam illi opponit, Jerosolymam eodem sensu accipiamus pro solitudinis et quietis loco, ut se iterum significet, a tumultibus urbium et sæculi ad solitariam vitam transisse. Adeo neque eorum opinioni assentimur, qui negant hoc quidem tempore antequam in Calcide se reciperet S. Pater, Jerosolymam concessisse: concessisse autem, idque primo, volunt, postquam e Calcidis eremo exivit, circa annum 378, antequam Romam reverteretur. Enimvero probant quæ hactenus disputata sunt, eum nonnisi multo post illo se transtulisse, cum Roma iterum discessit post mortem Damasi, reliquum vitæ in Locis Sanctis et Bethleemi specu transacturus.

III. Tunc itaque non videtur ulterius quam Antiochiam usque profectus: qua in urbe apud Evagrium, cui erat cumprimis carus, aliquandiu subsistere, ut mox dicemus, coactus est cum aliis de caussis, tum quod non amplius sufficerent sibi attenuati tam longo itinere corporis vires, et ægra valetudine uti jam cœpisset. Cæterum nihil nobis ex omni peregrinatione illa tam mirum est, quam quod, cum posset æquo animo, quemadmodum de se ipse testatur, *carere patria, domo, parentibus, sorore, cognatis, consuetudine lautioris cibi (Epist. XXII)*, aliisque omnibus vitæ commodis, unam Bibliothecam, lectissimis libris instructam, quam sibi summo labore atque impendio Romæ confecerat, secum tulit, quod ea *omnino carere non poterat.* Tantus in eo erat litterarum, atque eruditionis amor.

CAPUT VIII.

I. *Antiochiæ hospitatur, ubi de ineunda solitudine secum agit.* II. *Scribit ea super re ad amicos Epistolas.* III. *Apollinarium Laodicenum audit, ab ejusque hæresi cavet.* IV. *Maroniæ diversatus historiam de Malcho monacho ab ejusdem ore excipit.*

I. Ad finem vergebat annus trecentesimus septuagesimus tertius, si rationes recte instituimus, cum Antiochiam venit Hieronymus, qui etiam ultra subsequentis anni medium ibi apud Evagrium hospitatus est. Moræ caussam fuisse cumprimis innuimus adversam, in quam inciderat, valetudinem; ait enim de se ipse, quod *semper infirmus* Evagrio amico *ad laborem cumulus* accessisset, fuisset vero, *quidquid morborum esse poterat expertus*. Accessere his aliæ cum duriore fortuna conflictationes; de quatuor enim peregrinationis suæ sociis, Innocentium atque Hylam subita unum post alium mors rapuit; illum *repentinus febrium ardor abstraxit; hic nedum obductam illius morte, morte sua rescidit cicatricem*. Heliodorus, cumque eo fortasse etiam Niceas, Jerosolymam jamdudum iverant; nec brevi inde reversi Antiochiam, Hieronymo suo diutius adfuerunt, sed in patriam regressum hic una, ille alia· de caussa, meditabantur. Et sane jus æquum Heliodorus obtendebat, qui de cognati morte inopinato nuntio admonitus, veluti sororis viduæ, ac nepotis ex ea parvuli, Nepotiani nomine, rebus domesticis prospecturus, patriam repetere cogeretur. Nec tamen arripiendæ solitudinis propositum prorsus abjiciebat, quin potius abs Hieronymo postulabat, *ut posteaquam ad deserta migrasset, invitatoria ad se scripta trasmitteret:* id quod factum paulo post, dicemus suo loco.

II. Interim cum in dies magis, magisque S. Pater solitudinis adeundæ studio flagraret, nihilque aliud animo secum versaret, scripsit ea de re ad Theodosium, cum quem paulo superius diximus, et memorat Theodoretus de Vitis Patrum cap. X. Præpositum Monasterii apud Rhossum in Cilicia, et quem, per eam ipse provinciam transiens, paulo ante invisisse indicat. Unde colligas, errare eos qui Theodosium hunc alium putant, qui Calcidis desertum incoleret; nondum enim cum hæc scriberet, Hieronymus eo accesserat. Orat autem illum, ac cæteros cum illo Anachoretas, a Deo impetrent, ut suum hocce propositum Deo perfectius serviendi exsequi demum velit ac possit. Secundum in nostra Recensione locum Epistola illa obtinet. Duas autem alias per idem tempus quo substitit Antiochiæ, scripsit, alteram ad Ruffinum, ad Florentinum alteram, quæ et sese in Editione eadem nostra sub numeris tertio et quarto consequuntur. Quid contineant, quibusque de caussis huc eas referamus, replicare, instituti nostri non videtur, maxime cum in Chronologicis ad eas Notis sint istæc satis abunde pertractata. Tantum monemus pro anno 374, cui illas adscribimus, alicubi typothetarum errore notarum *anno* 373, quod vitium ad decimam quartam usque Epistolam in aliquot exemplaribus durat: nos sedulo emendari cupimus.

III. Ad Vitæ seriem ut redeamus, non ita apud Evagrium moratus continuo est S. Pater, ut nunquam Antiochia excederet: quin potius sacrarum studio Literarum incensus, cum, ut alibi de se testatur, haud quaquam ingenii sui viribus confideret, seque ipse docere vellet, sed a doctis atque illustribus viris addiscendas putaret, Apollinarium Laodicenum Episcopum (quæ urbs ab Antiochia parum distabat) interpretem Scripturarum longe celeberrimum frequenter adiit, inque ejus disciplinam se dedit. Rem narrat ipse Epist. ad Pammachium et Oceanum LXXXIV. ubi et se multum illi debere profitetur, quod in Scripturarum doctrina, quam antea vix de limine salutaverat, exoticorum lectioni Auctorum adsuetus, haud sane parum profecerit. Id vero mirum magis, quod addit, *nunquam se illius contentiosum super sensu dogma suscepisse:* id est, hæreticum illud ejus placitum de Platonicorum cœnosis fontibus derivatum (quod sit quædam substantia anima separabilis, unde hominem, quem Dominus assumpserat, ea parte qua rationalis est, mutilatum ibat, ejusque munia in Verbum conferebat, ut Christus unus ex hallucinatione sua diceretur) nunquam excepit, nec fucum fieri sibi passus est. Ex quo illud etiam confirmatur, quod diximus, per id temporis Laodicenum magistrum abs Hieronymo auditum fuisse: ille enim cum diutius venenatum dogma dolose dissimulasset, anno demum 376 in apertam hæresim erupit. Nec sane veri speciem ullam habet, fuisse nostrum præceptore usum homine, qui palam scita Ecclesiæ Platonicis sophismatis depravaret, fuissetque jam manifesta inustus hæreseos nota.

IV. Sed et alio interdum divertit per id temporis S. Pater. Maronia, triginta fere millibus Antiochia distans viculus, post multos dominos vel patronos in Evagrii Presbyteri possessionem venerat. Huc Hieronymus pro familiaritate, quam cum Evagrio habebat, aliquandiu venit, ac diversatus est: antequam certe in eremum secederet, ut pleraque omnia nobis argumento sunt. Erat quidam ibi senex magni nominis Malchus, quem S. Pater invisit, deque ejus ore excipere voluit ipsius vitæ historiam, quam postea, ante annum 392, ut suo loco exponemus, ex ejus dictorum fide, litteris commendavit.

CAPUT IX.

I. *In Calcidis eremum se recipit, ac pœnitentiæ devovet.* II. *Hebraicæ linguæ ad carnem magis edomandam, studio se mancipat.* III. *Num etiam Græcam tunc edidiscerit?* IV. *Per somnium admonitus profanis Scriptoribus nuntium remittit.*

I. Demum ad quam omni studio rapiebatur, transiit Hieronymus solitudinem : quod factum sub hujusce anni 374 finem, vel subsequentis initio, ex his quae hactenus disputata sunt, liquet. Ut autem id planius hoc loco, ac propemodum evidenti argumento teneas, rationes ita subducito. Annus agebatur 374, mediamque aestatem attigerat, cum accepto de Ruffini adventu in Palaestinam nuntio, dedit S. Pater ad eum Epistolam, quam, ut tutius redderetur, alteri ad Florentium copulavit. Erat vero tunc ipse adhuc Antiochiae, sive nondum in eremum secesserat, quod ex utriusque contextu Epistolae planum est. Eo autem se nuper receperat, cum responsum a Florentio accepit, quod sibi ait redditum, *In ea eremi parte commoranti, quae juxta Syriam Saracenis jungitur* : et cum *arreptae solitudinis terminis* arceretur. Igitur, nisi longius, quam par credere est, temporis spatium his Florentii ad Hieronymum litteris tribuamus, palam fit, hunc sub finem hujusce anni 374, vel, ut summum, initio subsequentis in eremum sese recepisse. Atque haec, ne quid sit de temporis nota dubium.

Ipsam solitudinem quod spectat, posita illa erat in Calcide Syriae, hoc est, ubi Syri ab Agarenis barbaris disterminantur, vasto quaquaversus spatio terrae, *quae exusta solis ardoribus, horridum Monachis praestabat habitaculum*. Sedebat solus ibi S. adolescens, *scorpionum tantum socius et ferarum, qui ob gehennae metum tali se carcere ipse damnaverat. Horrebant sacco membra deformia, et squallida cutis situm Aethiopicae carnis obduxerat. Quotidie lacrymae, quotidie gemitus : et si quando repugnantem somnus imminens oppressisset, nuda humo ossa vix haerentia collidebat. Pallebant ora jejuniis*, et caetera, quae tute repetas ex illa, unde haec translata sunt, Epistol. XXII. ad Eustochium. Ad haec saepe saepius ac fere continenter tentabatur valetudine, et stomacho laborabat. Et vini tamen, olei, aliorumque ciborum, quibus reficiuntur vires, et ad laborem ferendum recreantur homines, abstinentissimus, etiam cum langueret, frigida utebatur aqua, et coctum aliquid accepisse, luxuriam reputabat. Videtur etiam laboribus manuum partem diei aliquam tribuisse, exscribendis scilicet libris : in quam rem, *habere se alumnos, qui Antiquariae arti serviant* (quo nomine Amanuenses indicari, non est qui ignoret) Epist. V. ad Florentium prodidit. Caeterum vitam omnem ita orationem inter ac lectionem partiebatur; ut cum *mutis atque optimis sacrae Bibliothecae codicibus abundaret*, lectio orationem exciperet, oratio lectionem sustentaret.

II. Ad. Scripturarum maxime intelligentiam, divinarumque rerum pervestigationem animum adjecerat, in eoque se studio quotidianis exercitationibus, supra quam dici queat, diligentissime subigebat. Sed cum operam suam absque Hebraicae linguae notitia minus utiliter consumi intelligeret, vellet etiam ad compescendos in dies magis carnis motus, novo aliquo tormento uti, huic se studio, sive ut vocat ipse, pistrino addixit. Facti historiam narrat ipse Epist. CXXV. ad Rusticum. *Dum essem*, inquit, *juvenis, et solitudinis me deserta vallarent, incentiva vitiorum, ardoremque naturae ferre non poteram : quem cum crebris jejuniis frangerem, mens tamen cogitationibus aestuabat : ad quam edomandam cuidam Fratri, qui ex Hebraeis crediderat, me in disciplinam dedi, ut post Quintiliani acumina, Ciceronis fluvios, gravitatemque Frontonis, et lenitatem Plinii, alphabetum discerem, et stridentia anhelantiaque verba meditarer. Quid ibi laboris insumpserim, quid sustinuerim difficultatis, quoties desperaverim, quotiesque cessaverim, et contentione discendi, rursus inceperim, testis est conscientia tam mea, qui passus sum, quam eorum, qui mecum duxerunt vitam; et gratias ago Domino, quod de amaro semine litterarum dulces fructus carpo*. Atque huc etiam spectare videtur illud, quod Cap. III. Libri de Viris Illustribus narrat, Hebraicum scilicet, ut ferebatur, Matthaei exemplar, cum facta sibi facultas fuisset a Nazarenis, qui in Beroea urbe Syriae eo volumine utebantur, se descripsisse. Processu temporis cum ejus studii utilitatem experimento jam didicisset, assidua exercitatione excoluit, aliosque magistros, per quos profecerit, aliis in locis nominat. *Quo labore*, inquit Epistol. LXXXIV. *quo pretio Baraninam nocturnum habui praeceptorem ! Timebat enim Judaeos, et mihi alterum exhibebat Nicodemum*. Hic idem ille videtur esse, quem et Commentario in caput III. Epistol. ad Galatas suum Hebraeum vocat, et ex quo nonnullas sententias recitat : quanquam alii, quos inter Morinus, fuisse illum ex Hebraeo Christianum, contendant. Denique et cum Librum Paralipomenon juxta Septuaginta emendandum ex Hebraeo archetypo, et Latine interpretandum suscepit, alium ejus linguae magistrum consuluit, ut in Praefatione testatur : *De Tyberiade*, inquiens, *Legis quondam doctorem, qui apud Hebraeos admirationi habebatur, assumpsi, et contuli cum eo a vertice, ut aiunt, usque ad extremum unguem*. Sed haec alio spectant.

III. Sunt qui eum Graecae etiam linguae primum in Calcidis solitudine, contendant dedisse operam : idque ex Ruffini auctoritate inferant, qui illum testatur, *antequam converteretur, pariter et litteras Graecas, et linguam penitus ignorasse*. Sed ut vere, non prurigine actus detrahendi Ruffinus, id scripserit : voluit conversionis nomine, non ut vulgo intelligunt, initam ab Hieronymo solitudinem, sed susceptum Baptismum significare : quem sensum totus quoque loci ejus contextus praefert. Ex quo illud iterum confirmatur, quod superius suo loco diximus, illum cum Romae liberalibus studiis erudiretur, non autem serius, ut volunt, Baptismi aquis lotum. Alioquin nihil eum scivisse penitus Graece, cum in Orientem peregrinaretur, minime adduci possum, ut credam. Ut autem in dies magis magisque calleret eam linguam, consuetudine illa cum Graecis commode posuit obtinere. Et sane cum Tarsi ageret, ita noverat, ut etiam quae essent Ciliciam linguae proprietates, quibus in Epistolis suis Paulus usus est, ab reliqua Graecitate internosceret. Ad haec, cum Antiochiam paulo post venit, Apolinarium, ut diximus, frequenter adiit, atque audivit, non alia certe quam Graeca lingua Scripturas exponentem;

cujus adeo præceptionibus imbui minime potuisset, nisi jam probe linguam intellexisset. Jam itaque hoc quoque ornamentum ad reliquas doctrinæ suæ laudes adjecerat, priusquam Calcidis desertum ingrederetur.

IV. Sed est utique aliud quod eo loci, ac fere temporis placet referri, simulque studia litterarum spectat. Illud, inquam, visum aut somnium, quod maxime pervulgatum est, atque ipse pluribus S. Pater Epistola XXII. ad Eustochium narrat. *In media ferme Quadragesima* (puta hujusmet anni 275 aut subsequentis, ut ex rerum licet serie colligere) ardentissima febri correptus, ut exhaustis jam membris, ossibus vix hæreret, et parum abfuerit, quin ageret revera animam (nam exequiæ veluti jam jam morienti parabantur) *subito raptus in spiritu ad tribunal Christi*, quod Ciceronis lectioni vacaret, ab eo qui præsidebat, gravissime jussus est cædi. Cum inter verbera ipse ejulans misericordiam imploraret, et qui adstabant, ad Præsidentis genua provoluti precarentur, ut veniam tribueret adolescentiæ, et errori locum pœnitentiæ commodaret : tanto constrictus articulo, promisit jurejurando, nunquam se imposterum Gentilium litterarum Scriptores lecturum : *Domine*, inquiens, *si unquam habuero codices sæculares, si legero, te negavi*. Addit ad faciendam rei fidem, in hæc se verba sacramenti dimissum, atque experrectum, liventes habuisse scapulas, et plagas sensisse post somnum. Ita nempe illa territus est veri specie, quæ quanta fuerit, nihil erat nisi somnium. Et vero renuntiasse cum penitus ab eo tempore Profanorum lectioni, nemo sibi persuadeat, qui ejusdem opera, quæ postmodum elucubravit, identidem videat eorum testimoniis atque historiis respersa. Quare ipse etiam, cum hac de causa a Ruffino violatæ religionis reus perageretur, falsissime ridet hominis curiositatem, qui noctium ludibria observaret, et quæ quis dormiens somniasset, illa ab vigilante exigeret (*Lib. II. Contr. Ruffin*). Ad eumdem modum quod æmulus idem objiciebat de Ciceronis Dialogis, quos majore merce de Fratribus in monte Olivarum describendos locasset, et de Poetis, quos prælegeret pueris, ridet magis quam refellit, ut risu potius quam excusatione dignam criminationem significet. Nihil itaque aliud narratio illa visionis, aut somnii significat, quam, dimissis ab eo tempore Gentilium Scriptorum monimentis, quibus maxime fuerat eousque delectatus, totum se Sacrarum Scripturarum studio, quarum sibi antea sermo incultus sordebat, devovisse, ut jam sæcularis eruditionis minime cupidus, quæ nihilosecius de illorum scriptis proferebat, quemadmodum respondet ipse Ruffino (*Ibidem*), ob memoriam eorum proferret, quæ pridem legerat, omnino autem ea faceret ad ancillarum instar rerum divinarum expositioni inservire. Nulli autem commodius, quam huic tempestati posse diximus abdicationem illam ab Ethnicis, transitumque ad Ecclesiasticas litteras adscribi.

CAPUT X.

I. *Scribit Vitam Sancti Pauli Eremitæ.* II. *Epistolas quoque ad diversos.* III. *Et Exhortatoriam ad Heliodorum.*

I. Solitudine vixdum arrepta, nihil proposito suo consentaneum magis Hieronymus existimavit, quam insignioribus ejus Vitæ exemplis incitare animum ad imitandum. Fecit itaque initium ab enarranda Sancti Pauli Vita, a quo primum eremus habitari cœpta est, quique ejus instituti jure meritoque auctor longe insignissimus habetur. Et primum quidem locum inter scriptiones suas omnes huic tribuit in suorum Catalogo operum, in quo concinnando rationem temporis habuisse, nihil mihi dubium est : quin etiam anteponit Epistolæ ad Heliodorum, quam sub initium solitudinis datam liquet, et libello Epistolarum ad varios, de quo mox dicemus. Adeo compertum hinc est, errare eos, qui illam existimant scriptam aliquanto postquam ex Syriæ eremo S. Auctor exisset. Falsa nempe lectione ejus loci decepti sunt, quam nos pridem ope codicum præstantissimorum emendavimus, ubi pro *vidisse me*, et *vixit*, *et sustentabatur*, in instanti rescripsimus, *videre*, *vivit et sustentatur*. Ejus meminit S. Pater etiam in Chronico ad annum 19 Constantii, ubi se ait *Pauli Thebæi exitum brevi libello explicasse* : nosque iterum mentionem faciemus paulo post, cum Epistolam ad Paulum Concordiensem recensebimus.

II. Interim cum Heliodorus Aquileiam rediisset, deque Hieronymi rebus, ac sancto proposito certiores amicos fecisset, dedere isti ad eum litteras : et cum primis Chromatius atque Eusebius frater una cum Jovino amico, qui et de illius sorore nonnulla retulere, quæ tamen ipse aliquanto antea ab Juliano Diacono Aquileiense resciverat. Hæ litteræ Antiochiam perlatæ, Evagrii diligentia, Hieronymo jam in solitudine degenti transmissæ sunt. Is ergo Juliano primum, qui prior de sorore ad meliorem frugem reversa scripserat, dedit Epistolam in nostra recensione VI. enixe rogans ut eamdem quibus potest rebus adjuvet, seque de communi in Christo gloria crebris reddat sermonibus lætiorem. Tum ad Chromatium, Jovinum, atque Eusebium scribens Epistolam VII. Bonosi, de quo ipsi etiam scripserant, laudes admiscet, itemque sororem suam, quæ bonos in patria magistros non haberet, illis commendat. His adjecisse videtur VIII. ad Nicæam Hypodiaconum Aquileiensem veterem sodalem, ac peregrinationis suæ comitem, jam in patriam regressum (*Tu*, enim inquit, *modo a nobis abiens*, etc.) eumque ut ad se aliquando scribat, exemplo Chromatii, atque Eusebii fratrum, hortatur. Ex quo colligas, hanc post acceptas ab illis literas perscripsisse ; perscripsisse autem eadem occasione, qua illis respondit. Eodem tempore dedit IX. ad Chrysogonum Monachum Aquileiensem, quem similiter ad scribendum ad se excitat : et X. ad Paulum senem Concordiæ (quod est, ut alias diximus, et ne quid adhuc cum Victorio putes, Aquileiam inter, atque Altinum non ignobile Italiæ oppidum) ad quem interea adornatam abs se recens Vitam Sancti Pauli Eremitæ, quam modo recensuimus, dono mittit. Quæ subsequuntur tres, ad Virgines Æmonenses, ad Antonium, et ad Castorinam eodem fortasse anno, sed alia tamen occasione, et aliquanto post superiores datæ videri possunt. Dederat quippe illis antea plures alias, quibus respondere cum neglexissent, valde queritur, rursumque his, ut demum rescribant, hortatur. Duas priores quod spectat, notatus primum nobis vetus ille, et qui hactenus invaluit apud Editores, ac Vitæ Hieronymianæ Scriptores omnes, cavendus est error. *Hermonenses* enim Virgines istæ, ut et Antonius Monachus *Hermonensis* scribebantur, et persuasum vulgo erat, eos in *Hermon* Palæstinæ montem vitam degisse. Ostendimus autem nos luce meridiana clarius, idque etiam optimæ notæ codicum auctoritate evicimus, rescribendum *Æmonenses*, et nequaquam montem Palæstinæ, in qua nondum versatus fuerat S. Pater, sed urbem dici in Italiæ finibus non ignobilem, *Æmonam*, sive *Hemonam*, antiquis Geographis laudatam, sub Norico Pannoniæ, et quam incoluit ipse aliquandiu, utpote patriæ suæ Stridoni, ut videtur, conterminam. Altera, sive XIII. quæ est ad Castorinam materteram post annum data est a priore alia, quam ad eam scripserat (intercidit autem) ut illud nescio quid quod cum ea habuerat dissidii, componeret, et ad pacem, quam in hac denuo orat, concordiamque invitaret. Visa adeo est postrema ex his quæ supersunt, et quæ *Epistolarum ad diversos libellum*, ut ipse vocat Hieronymus in Catalogo, conficiebant.

III. Succedit his sub peculiari recensione *ad Heliodorum exhortatoria*, quæ omne tulit pietatis atque eruditionis punctum. Videtur etiam fuisse temporis prærogativa nonnullis ex modo recensitis Epistolis præferenda : siquidem statim ab arrepta solitudine scriptam se prodit ; sed huc eam referre singularis titulus cogit, atque ordo quem in Catalogo obtinet. Abiens ab Hieronymo Heliodorus, ut paulo superius innuimus, spem illi reliquerat fore, ut postquam rebus domesticis in patria consuluisset, in solitudinem, in qua tunc detineri propositi socius non potuit, pedem referret. Quin etiam ipsum rogaverat, ut cum eremum penetrasset, ea super re hortatoriam ad se Epistolam scriberet. Hanc itaque S. Pater Calcidis deserta vixdum ingressus, eloquentissimam adhortationem, quemadmodum discedenti promiserat, ad eum misit : in qua Vitæ eremiticæ beatitudinem prædicans, nihil sibi in eo argumento, vel ex Rhetorica arte, vel ex pietatis cultu, divinisque Litteris reliquum fecit. Tanti profecto facta est, cum Aquileiam atque in publicam lucem venit, ut certatim ab omnibus ejus exempla describerentur, fuerint etiam Romæ, qui eam memoriter didicerint. Ejus nec semel alibi mentionem S. ipse Auctor facit. Heliodorus autem, cum eam accepit, etsi nondum in Clero mereret, ab eum tamen vitæ ordinem vocatus, ut in Syriam rediret, impetrare ab se ipso non potuit : sed Ecclesiæ ministerio devotus, sacrisque postmodum initiatus,

ad Altinensis etiam Episcopi dignitatem per Christianarum, maximeque insignium virtutum gradus processit.

CAPUT XI.

I. *Antiochena Ecclesia trium simul Episcoporum factionibus agitatur.* II. *Quarum unaquæque Hieronymum ad se rapere contendit.* III. *Ex his Meletiani trium ab illo hypostaseon professionem expostulant.* IV. *Scribit ille ad Damasum semel, atque iterum ea de re.* V. *Prioris Epistolæ tempus asseritur et vindicatur.* VI. *Factiosorum arrogantiæ cedere compulsus S. adolescens, de eremo descendenda cogitat.* VII. *Scribit ad Marcum.*

I. Ea mente Hieronymus sese in ea Syrtæ eremo abdiderat, ut longe positus a sæculi insidiis, contractas per ætatis incogitantiam sordes imbre lacrymarum vitæque asperitate detergeret. Verum, ut ipse de se testatur (*Epist. XVII*), ita cum *incessabilis inimicus post tergum sequutus est, ut majora in solitudine bella jam pateretur*, totque factionibus Antiochenæ Ecclesiæ, sub cujus ditione erat, agitatus, *satius duceret inter feras habitare, quam cum talibus Christianis*. Facti historia, ut probe intelligatur, paulo est altius repetenda. Meletius Arianorum opera, sed non sine Catholicorum magna ex parte consensu, e Sebastena sede Antiochenam translatus, cum in primo quem habuit in ista Ecclesia sermone ad populum, adversus Arianorum dogma disputasset, rejectus ab hæreticis est, qui Euzoium in ejus locum sibi Episcopum suffecerunt. Sed et Catholicæ partis homines cum illum scirent olim cum Arianis communicasse, et Arianorum præsertim favore electum, ab ejus se communione separarunt : maxime Eustathiani, sive nobiliorum cœtus Catholicorum, qui nullis post Eustathium ad Meletium usque, Arianis Antiochiæ Episcopis adhæsere. Huic malo, ut mederetur, Lucifer Caralitanus, magni tunc nominis, atque auctoritatis Episcopus, novum anno 372 Antiochiæ antistitem creavit Paulinum, bono utique consilio, ut schisma sustolleret, sed quod minime e sententia successit. Tunc enim præter Arianorum factionem in duas veluti partes scissa est universa Ecclesia. Oriens ad Meletii communionem se recepit, maxime post Alexandrinam Synodum, quæ repudiatis quidem Arianæ hæreseos auctoribus ac primipilis, alios statuit in Catholica communione suscipiendos, qui vel cum Arianis pridem communicassent, vel promoti eorum opera ad Ecclesiasticos gradus fuissent. Occidens atque Ægyptus Paulini partes secuti sunt. Sed non hac fine stetit malum. Apollinaris enim Laodicenus hanc nactus dissidii occasionem, hæresi quam jamdiu occultaverat, in apertum proferendæ opportunam, anno 376 alium submisit Antiochenæ Ecclesiæ Episcopum, Vitalem quemdam, auditorem suum, qui tradita sibi malesana dogmata Cathedræ auctoritate sustineret.

II. Erant itaque quatuor uno tempore ejusdem Ecclesiæ Episcopi, quorum præcipuo tres, **Meletius,**

Vitalis, et Paulinus Hieronymum (ut ipse ait) ad se quisque rapere festinabant, suas scilicet quisque partes et communionem cum sequi intendebant. Ipse de illorum recta fide anceps, *Si quis*, respondebat, *Cathedræ Petri jungitur, meus est*, Catholicum nempe cum haberi unice existimabat, qui cum Petri successore communicaret, atque illi petræ inniteretur, super quam Ecclesia est ædificata. Quod ut de Paulini communione satis sciret : cum reponerent tamen aliarum quoque partium asseclæ, se nihil a Romano Pontifice dissentire (nam ad Damasum scribens, *Meletius*, ait, *Vitalis*, *Paulinus tibi hærere se dicunt*) dubius iterum agebatur. Et possem, inquiebat, credere si hoc unus assereret. Nunc aut duo mentiuntur, aut omnes. Et vero totus in hoc ferme controversiæ cardo vertebatur, cum sibi omnes Damasi communionem arrogarent, quis jure meritoque de tribus id faceret. In eam rem missus est etiam a Gratiano Antiochiam Sapores magister militum, qui partes de prærogativa illa contendentes audiret, quemadmodum ex Theodoreto discimus. Intereadum S. Pater nemini ex illis adhærebat, *nullumque*, ut ipse ait, *primum*, *nisi Christum sequens*, uni Damaso, id est, *Cathedræ Petri* animo consociabatur. Atque inde etiam *Sanctum Domini*, sive Eucharistiam, nisi tot interjacentium maris terræque spatiis prohiberetur, expetere voluisset. Interim solos iis in locis certissimos Damasi collegas Ægyptios Confessores sequebatur, nequaquam passus alterutra factiosorum communione se pollui.

III. Sed Meletiani præ cæteris, illum ut in sua raperent, nisi suum inter eos nomen profiteretur, hæresis suspicione ac nota perterrebant, quotidie etiam de fide postulabant. Index ad eam rem, sive potius offendiculum erat nomen *Hypostasis*, quod Græci cum ad *personam* significandam acciperent, tres in Trinitate hypostases dicere non verebantur. Latini autem *substantiam* eo vocabulo intelligentes, tres proferre in Trinitate, ore atque animo refugiebant. Et sanctus tamen Athanasius sive unam sive tres catholice æque sensu dici posse definiverat in Alexandrina Synodo anni 372, quandoquidem qui unam adstruerent, substantiam intelligerent : qui vero tres, personas eo nomine significarent. Verum insanabile quoddam contentionis cacoethes ita mentes eruditorum quoque Præsulum pervaserat, ut quod res erat, intueri non sineret. Nodum in scirpo quærebant, ipsumque vocabulum pro utentium concepto in hæresos calumniam torquebant. Meletiani trium hypostaseon defensores, quia cum Arianis aliquando communione conjuncti fuerant, hæreticum animum necdum penitus exuisse culpabantur : atque hi vicissim unius assertores Paulini asseclas criminabantur, perinde atque Marcello, ac Sabellio faverent. In eamdem itaque suspicionem venit Hieronymus, de qua multis in Epistola ad Marcum queritur : *Hæreticus*, inquit, *vocor, homousian prædicans Trinitatem : Sabellianæ impietatis arguor, tres subsistentes veras integras perfectasque personas indefessa voce pronuntians.*

Et in prima ad Damasum, *Trium hypostaseon ab Arianorum prole Campensibus, novellum a me homine Romano nomen exigitur...... Interrogamus quid tres hypostases arbitrentur posse intelligi : tres personas subsistentes*, aiunt. *Respondemus, nos ita credere : non sufficit sensus, ipsum nomen efflagitant, quia nescio quid veneni in syllabis latet...... et quia vocabula non edicimus, hæretici judicamur.* Quippe sine illa trium hypostaseon explicatione, ut vocabula profiteretur, nunquam S. adolescens adduci potuit, quod in ea esset sententia, hypostasim proprie substantiam significare, tresque absolute in Deo hypostases dici, citra sacrilegium omnino non posse. *Tota*, inquit, *sæcularium litterarum schola nihil aliud hypostasim, nisi Usiam novit : et quisquam, rogo, ore sacrilego tres substantias prædicabit ?*

IV. Confugit ergo S. Pater tantis undequaque angustiis constrictus ad Romanam Ecclesiam, cujus antequam oraculum consuleret, sustinendum sibi esse ab omni assensu existimabat. Scripsit, inquam, ad Damasum Epistolam in nostra recensione XV. multis eum precibus obtestans, ut quidnam credendum sibi esset, et cui apud Antiochiam e tribus illis Episcopis communicandum, decerneret. Cujus Epistolæ cum diu multumque responsum frustra expectasset, hæretici autem eo magis divexare illum in dies pergerent, datis iterum ad eumdem Pontificem Litteris, enixius id ipsum quod antea de communione sua rogat. Et prioris quidem Epistolæ si vera genuinaque lectio illa esset, *ab Arianorum Præsule et et Campensibus*, quam editi quidam libri, doctique viri nonnulli præferunt, cum non alius sit ex Hieronymi sententia Præsul Arianorum, quam Meletius (hoc autem anno demum 378 ab exsilio revocatus, cum potuerit ad trium hypostaseon confessionem præsentem præsens adigere) nihil jam dubium esset, quin ad eumdem illum annum, aut insequentem gesta referrentur. Sed nobis potior alia germanaque visa est, *ab Arianorum prole Campensibus*, quam plerique exhibent melioris notæ mss. libri cum nobis, tum a Benedictino editore inspecti. Congruit quoque nominis significatio, neque enim *Campenses* alia de causa par credere est appellatos, quam quod in Campis sacros cœtus agerent : quemadmodum cum aliis, tum ipsi Hieronymo sub finem Dialogi contra Lucifierianos vocati sunt etiam Donatistæ apud Romam, qui cum vetarentur in Urbe consistere, ad sacra peragenda in agris conveniebant. Eodem intellectu Meletii asseclas denotavit, et *prolem quidem Arianorum* dixit, quod Episcopum, quem Ariani præsertim elegerant, patrem haberent : *Campenses* autem, quod ab Urbis Ecclesiis exturbati, quandiu ille exsulabat, in agris se cogerent, ibique sacris operarentur. Nondum igitur Meletius fuerat per Gratiani decretum Antiochenæ Cathedræ restitutus ; tunc enim ille, ejusque communionis socii urbis Ecclesias postliminio receperunt, neque amplius poterant Campensium vocabulo traduci. Elucet hæc eadem ætate temporis, quæ Gratiani legem anni 378 nonnihil antecedat, ex eo loco, ubi se ait S. Pater, intereadum Ægyptios Confessores, Damasi collegas sequi. Ili scilicet iidem illi Confessores sunt, quos Epistol. quoque tertia ad Ruffinum laudatos diximus, Ægypti Episcopi, atque sacerdotii gradu *Collegæ* Damasi, quos Valens Imperator in Cæsaream Palæstinæ exsulare jusserat. Itaque si ab istis *Sanctum Domini* sumebat, haud certe longe ipse aberat, atque adeo illi adhuc in exsilio agebant. Nam si per Gratiani veniam in Ægyptum jam rediissent, non eos modo Confessores Episcopos, sed universos Ægyptios Catholicos, et cumprimis Alexandrinum ipsum Episcopum Petrum se interim sequi affirmasset. Porro illi redierunt ad suos eadem illa anni 378, Gratiani lege, qua Meletius Antiochenæ Ecclesiæ restitutus est. Igitur in præcedentem proxime annum 377 inciderunt concertationes de hypostasi, et quæ tantopere Hieronymum turbæ exagitarunt. In illud propterea tempus conjicienda est prior ejus Epistola ad Damasum, neque enim eam altius evehere, præcedentia gesta, totusque Vitæ Hieronymianæ ordo permittit. Ne autem serius differatur, prohibet illud de Meletii adhuc in exsilio agente, ex quo hactenus argumentati sumus, indicium. Sed utique altera, sive XIII ad eumdem Damasum videtur in sequentem an. 378 protrahenda. Et certe quidem tandiu post primam scripta est, quandiu ille responsionem Romani Pontificis satis patienter et plusquam una vice præstolatus videri possit. Quin etiam videtur nobis post ipsum Gratiani decretum scripta, sive postquam Saporis Magistri militum judicio Meletiani Ecclesias recepissent, si recte verborum illorum sensum assequimur : *Hic præsidiis fulta mundi Ariana rabies fremit*. Neque enim aliam, quam quæ sibi maxime molesta erat, partem eo nomine S. Pater denotavit : eaque de tribus quæ Ecclesiam scindebant, una Meletianorum erat, quæ trium hypostaseon professione importune adeo ab ipso exigebat. Ariana autem eo sensu dictitatur, ut supra exposuimus, quod Meletius Arianorum præsertim opera Cathedram Antiochenam conscenderit.

V. Doctus vero Pater Constantius, qui in sua Epistolarum Romanorum Pontificum editione, has quoque Hieronymi duas recudit, utramque contendit serius adhuc multo, sive ad annum usque 381 differendam. Palmare argumentum (neque enim ejus consectaria persequi vacat) ex eo sumit, quod Vitalem, post Valentis denique obitum, id est, post annum 378 creatum Antiochiæ Episcopum, videatur libellus Synodicus, apud Labbeum tom. 2. editus persuadere. Sed ut nolimus ejus nunc Libri auctoritatem imminui, non est tamen illa tanti, quæ præferri ullo modo possit Epistolæ Petri Alexandrini, apud Facundum Germanensem scriptæ Episcopis, Presbyteris, atque Diaconis, pro vera fide in exsilio constitutis, ipso videlicet an. 378, cum nempe Valens adhuc in vivis ageret. Ibi autem Petrus de Timotheo loquens, quem Apollinarius Alexandriæ Episcopum subrogaverat : *Voluit etiam me*, inquit, *anathematizare, et Basilium Cæsareæ, et Paulinum, et Epiphanium, et Diodorum Episcopos, et cum Vitale communicare*. Erat hic igitur Vitalis jamdudum Episcopus ab Apollinario constitutus. Idem confirmat S. Ephrem, qui teste Hieronymo, libro de Viris Illustribus, diem obiit sub Valente, ubi hæreticos Vitalianos in testamento suo nominat, id est, Apollinaristas, quorum doctrinæ Vitalis jam Episcopus nomen, ob dignitatis locum, commodabat. Denique S. Epiphanius cum tertium decimum Valentis annum, qui vulgari 376 respondet, signasset in Panario hæresi sexagesima sexta, subsequenti sexagesima septima, quæ est Apollinaristarum, atque ad eumdemmet annum, aut insequentem ad summum pertinet, Vitalem inter eos Episcopum memorat. Non licet itaque ejus ordinationem post obitum Valentis differre, nihilque est, quod ex Auctore Synodici, non usque adeo probatæ fidei homine, doctus Constantius argumentatur : quin potius vulgari, tenenda sententia est, quæ ad annum circiter 376 ordinationem illius refert, et cum serie Epistolarum S. Basilii, itemque rerum, quæ in iis narrantur, apprime quadrat.

VI. Neque porro quidquam est verosimilius, atque historiæ Hieronymianæ consonum magis, quam quod dicebamus, eum ab anno 377 vexari factiosorum turbis, atque expostulationibus cœpisse, nec deinde licuisse illi totum biennium et quod excurrit, per ipsos quieto esse. Ili enim nullo non die urgere, infestare, atque exposcere fidem, ut vere his molestiis velle S. adolescentem le eremo propellere viderentur. *Quotidie*, inquit, *exposcor fidem, quasi sine fide renatus sim. Confiteor, ut volunt, non placet. Subscribo, non credunt. Unum tantum placet, ut hinc recedam*. Atque eo demum coactus revera est : *Jam*, inquit, *jam cedo : abruperunt a me partem animæ meæ, carissimos fratres, ecce discedere cupiunt, imo discedunt. Ego ipse, nisi me et corporis imbecillitas, et hyemis retineret asperitas jam modo fugerem. Verumtamen dum vernum tempus adveniat, obsecro ut paucis mihi mensibus eremi concedatur hospitium, aut si hoc tardum videtur, abscedo*. Hæc ille, priusquam abiret, scribenda duxit ad Marcum Presbyterum Theledensem Epistola in nostra recensione XVII. qua non tam illi postulanti de fidei suæ professione, respondit, quam de factiosorum molestiis iniquissimis conquestus est. Acceperat vero jam, cum hæc scriberet, a Damasi literis, quod tantopere expetebat, quo cum sibi esset Antiochiæ communicandum ; ait enim, *hæreticum me cum Occidente, hæreticum cum Ægypto, hoc est cum Damaso, Petroque condemnent*. Præterea hyemis quam caussatur, asperitas vergentis ad finem anni ejus 378 apertissima nota est ; nisi etiam putare malis subsequentis 379 primordia designari. Profecto non erat illa prima anni 378 tempestas, ut nonnemo sibi persuasit : hoc enim ipso anno alteram ad Damasum Epistolam, ut declaratum est, Hieronymus dederat, cujus responsum in ista ad Marcum jam accepisse se indicat. Quod si etiam demus scriptam præcedenti, sive eodemmet anno quo et prima : gestorum tamen series, et quod a priore ad istam, rursumque ab ista

(Deux.)

ad **Pontificis Romani** responsum intercedit temporis intervallum, putare omnino non sinit, ut quæ in hac ad Marcum hyems denotatur, ejusdem exeuntis anni, vel insequentis 378 ineuntis fuerit. Sin autem serius sive post annum 381 hæc contigisse pertenderis, iisdem facile argumentis dedoceberis, quibus P. Constantii sententia modo a nobis obtrita est. Igitur anni 379 hyems illa erat, ad cujus usque anni vernum tempus in eremo S. Pater videtur constitisse, cum iis quas dicebamus ærumnis conflictatus.

VII. Ad Marcum ipsum quod pertinet, notatum jampridem nobis, eum in antiquis mss. libris *Presbyterum*, sive *Episcopum Calcidæ*, appellari, pro quo editi veteres alii *Celedensem* dicunt. Visum propterea multo verosimillimum rescribi juxta alios codices *Teledensem*, a *Teledan* oppido in Calcidis regione, a quo non longe abfuisse Monasterium S. Eusebii, ex Theodoreto in Vitis Patrum cap. IV. discimus, et ad cujus loci Presbyterum Marcum facile pertinebat, de Calcidensium fide cognoscere. Sub Epistolæ finem, quod se ait Hieronymus, S. *Cyrillo dedisse conscriptam fidem*, cum jamdiu olim interciderit, quidquid illud scriptionis fuerit, præbuit tamen ansam impostori, ut opusculum hoc titulo, *Explanatio fidei ad Cyrillum*, sub Sancti Doctoris nomine mentiretur, quod nos in ultimum hunc Tomum falso inscriptorum operum rejecimus. Sed conjecturæ, quæ minime probatur nobis locum fecere verba illa : conjecturæ inquam doctorum hominum, qui S. Cyrillum Jerosolymitanum ibi innui putant, in eamque rem convenire aiunt, quod ille per id temporis ab Episcopali sede pulsus, per Syriæ deserta oberraret. Verum cum aliis ex locis videatur ejus Patris nomini Hieronymus ferme infensus, cujus ordinationem in Chronico paulo post lucubrato acribus verbis sugillat, atque impietatis notat : minime est verosimile, ut suam illi fidei professionem concrederet, et *Sanctum* appellaret. Sed hæc hactenus.

CAPUT XII.

I. *Eremo decedit et Antiochiam remigrat.* II. *Scribit Dialogum Luciferiani et Orthodoxi.* III. *Presbyter a Paulino ordinatur.* IV. *Tempus ejus ordinationis asseritur.*

1. Meletianis nullum molestiis finem facientibus, par credere est, Hieronymum statim atque per anni tempestatem licuit, ut scilicet, ut promiserat, accedente, ex eremo excessisse, in qua contra ingenii sui, atque loci naturam quieto sibi esse non licuerat. Annus trahebatur Christi 379, ut ex his quæ superiori capite edisseruimus, compertum est : Qui cum ætatis illius trigesimo fere tertio, ab inita Calcidis solitudine quarto, aut quinto ad summum, concurrebat. Erat vero illi adeo infixus alte animo solitudinis ejus amor, totque cum licuit, in ea spiritus dulcedines expertus fuerat, ut quod abire coactus esset, pene mœrore conficeretur, et sæpius eum discessisse inde pœnituerit. *Ego quidem*, inquit ad Pammachium scribens, *Romæ non eram, et tunc me tenebat Eremus, atque utinam pertenuisset*. Egressus autem, seu verius

persecutionibus hæreticorum inde ejectus, Antiochiam repetiit, et apud Evagrium facile divertit, qui ei, ut ante consueverat, omnibus rebus large commodabat. Ibi cum Paulino episcopo, Occidentalium exemplum sequutus, maxime autem edoctus Damasi responso, credi potest, si quid unquam proxime ad verum, communicasse : non ita tamen, ut se partium contentionibus immisceret, sed potius oblata quietis facultate, et beneficentissimi amici liberalitate ad studiorum, quibus intentus continuo erat, commodum uteretur.

II. Fuerat, ut diximus suo loco, Paulinus episcopus a Lucifero Caralitano, in Antiochena Ecclesia adveniente Meletio subrogatus, bono quidem consilio, sed quod minime e sententia successit. Hieronymus autem, tametsi Paulino Luciferi alumno adhæreret, eorum tamen, qui ab illo denominabantur, sectam Luciferianorum aversatus vehementer, et scriptis etiam insectatus est. Contigit enimvero hoc ipso anno, quo Antiochiæ substitit, ut Luciferianus nomine *Elladius* disputationem in urbe (*plateam* enim et *porticum* nominat) cum Orthodoxo haberet, quam S. Pater excepit scriptis, et ad Catholicæ doctrinæ laudem juris etiam publici fecit. Biduo transacta res illa est : et primo quidem conviciis potius quam argumentis utrinque actum, *ut dum audientiam et circulum lumina jam in plateis accensa solverent, et inconditam disputationem nox interrumperet, consputa pene invicem facie recesserint*. Hoc tamen his qui adfuerunt, statuentibus, *ut in secretam porticum primo mane conveniretur*, disputatio a notariis excepta, ita demum feliciter Orthodoxo cessit, ut Luciferianus ad meliora proficiens, desereret quod male tenebat. Hanc Hieronymus posterioris diei concertationem, seu verius Catholicarum partium victoriam, præmissa, quæ historiam explicat, Præfatiuncula, ita per Dialogum repræsentat, ut eam ex Actis omnino descripsisse, vix paucis de suo interdum additis, non præter verosimilitudinem credi possit : quamquam aliis studiose opus illud contextum, atque expolitum in Catholicæ veritatis gratiam videatur. Certe quæ Ariminensis Concilii gesta satis diligenti serie recitantur, ex ipsiusmet Actis descripta sunt : quæ auro contra gemmisque æstimanda fragmenta non alia hodie, neque alibi quam in hoc Libro superant.

Jam quod hinc ista referimus, ac porro dicimus hoc ipso anno 379 contigisse, demonstrandum est. Et vero citius Hieronymi reditu e solitudine Antiochiam censeri nequeunt : siquidem et Euzoius jam fato functus nominatur (qui anno 376 sub Valente diem obiit), et Antiochiæ habita illa disputatio est, a qua *proxime* hæc se S. Pater, qui hocce anno, ut ostendimus, eo venerat scribere profitetur. Sed neque protrahi serius possunt ita ex ea urbe Constantinopolim, siquidem præcessit hic liber, S. ipso auctore in suorum Catalogo operum teste, Chronici elucubrationem, quam fuisse Constantinopoli editam anno insequenti, sive 380, inter chronologos fere constat. Adeo etiamsi perfracte quis velit, alibi quam Antiochiæ habitam disputationem, et sive Constantinopoli, sive alia in urbe: omnino ante chronici scriptionem quæ anno 380 deputatur, referre debeat, et vix demum paucis mensibus a rationibus hisce nostris abludat. Quod si quem adhuc moveat, Luciferum in Chronico multa cum laude memorari, neque verosimile videatur, ejus ibi celebrari constantiam ac fidem, cujus sententiam, imo errorem hic Dialogus impugnat, nisi si liber iste in quo male audit, illo in quo bene posterior sit: si quem, inquam, hoc moveat, sciat, in hoc ipso etiam Dialogo satis observanter cum Lucifero agi ut ibi, *Cogor de beato Lucifero secus quidquam, quam et illius meritum, et mea humanitas poscit, existimare:* et vicissim in Chronico, non ita laudari hominem, ut ejus inclementia et factum reprehensione vacet. Neque igitur ex hac parte quod quempiam moveat. Nos quod olim in admonitione ad hunc Librum censuimus, ad præcedentem proxime annum 378 esse referendum, nunc retractari malumus, et ad subsequentem, de quo est hactenus disputatum, differri.

III. Jam vero ejusmodi studia, ingeniumque ad res divinas tractandas natum, et cum primis morum eximia probitas, Hieronymum in magna hominum celebritate asseruere, adeoque probata sunt Episcopo suæ partis Paulino, ut clero eum adscribere, et ad sacrum provehere Presbyterii ordinem, omnino voluerit. Quem ille tantum non invitus suscepit, ut exorari se tanti Præsulis judicio, atque adhortationibus sineret. Eam tamen conditionem adhibuit, ut nihil idcirco ab incunda iterum, si vellet, solitudine impediretur, nullique Ecclesiæ alligatus susceptum ordinem exercere numquam cogi posset. Refert ipse sub finem libri contra Joannem Jerosolymitanum, quid tunc a se *misello,* ut vocat, *homine sanctæ memoriæ Episcopus Paulinus* audiverit: *Num rogavi te, ut ordinarer? Si sic Presbyterum tribuis, ut Monachum nobis non auferas, tu videris de judicio tuo. Sin autem sub nomine Presbyteri tollis mihi propter quod sæculum dereliqui; ego habeo quod semper habui; nullum dispendium in Ordinatione passus es.* Atque in ea quidem sententia continuo perstitit, ut ex toto Vitæ ejus instituto colligere est, maxime vero ex S. Epiphanii testimonio Epist. inter Hieronymianas LI ubi eum tradit adhuc anno 394 *propter verecundiam, et humilitatem nolle debita nomini suo exercere sacrificia, et laborare in hac parte ministerii, quæ Christianorum præcipua salus est.* Erat iste illi, ut et Presbytero Vincentio (de quo erit postea dicendi locus) instinctus minime ille quidem improbandus, sed ex alio quam vulgo solet, proveniens pietatis erga Deum ac religionis impulsu. Ex eo autem licet in rem nostram conjicere, una illum χειροτονία fuisse Presbyteratu initiatum, prout illis Ecclesiæ temporibus ob insignia personarum merita aliquando usuvenit, nec certe Diaconum ministrasse antea, prioresque ordines suscepisse.

IV. Nunc est de tempore, quo hæc gesta res est, disquirendum. Contigisse autem hocce anno 379, aut sequenti, narrationis ordo quem tenemus, manifesto ostendit. Si enim Antiochiæ ordinatus est. S.

Pater, ut nihil dubitamus, atque ipse conceptis verbis testatur sub finem dudum laudati Libri contra Jo. Jerosolymitanum: *Ob id enim et ego Antiochiam, et ille* (Vincentius) *Constantinopolim urbes celeberrimas descruimus, non ut te in populis prædicantem laudaremus, sed ut in agris et solitudine adolescentiæ peccata defleremus:* omnino cum iterum eo venit e Calcidis eremo, non primo cum ibi ab Orientis peregrinatione substitit, ordinatus est. Quippe nondum fuisse sacris initiatum, cum in eam solitudinem Syriæ secessit, nihil est dubium. Quin ipse etiam verbis illis Paulinum declarat: *Si sic Presbyterum tribuis, ut Monachum nobis non auferas:* quod scilicet jam fuisset inter solitarios nomen suum professus, ac porro vellet, etiamsi ad Sacerdotii gradum proveheretur, imposterum profiteri. Non igitur citius quam cum secundo venit Antiochiam ordinatus est. Sed neque serius potuit; cum enim neque alibi quam Antiochiæ, neque ab alio quam ab ejusdem Ecclesiæ Episcopo Paulino (nam sponte sua desipiunt, quibus hoc incertum videtur) fuerit ordinatus: ipse tamen se, cum Romæ paulo post degeret, inter Presbyteros recenset. *Sunt,* inquit, *alii (de mei ordinis hominibus loquor) qui ideo Presbyteratum et Diaconatum ambiunt, ut mulieres licentius videant* (Epist. XXII. n. 28). Consequitur hinc recta, quod proposuimus, non posse ordinationem illam in aliud commode tempus rejici, quam quo Antiochiæ secundo diversatus est ab anno 379 ad insequentis fere medium.

Et luculentissimo tamen illi ipsiusmet Hieronymi testimonio, in libro contra Joannem Jerosolymitanum, ex quo disputatum est hactenus, repugnare me rationibus istis videor. Ait enim ibi (ut adversario respondeat, qui affectare eum in Ecclesia Dei principatum calumniabatur) *Si de me et Presbytero Vicentio, dicis, satis multo dormisti tempore, qui post annos 15 nunc excitatus hæc loqueris. Ob id enim et ego Antiochiam, et ille Constantinopolim urbes celeberrimas descruimus... ut in agris et solitudine, adolescentiæ peccata deflentes, Christi in nos misericordiam deflecteremus.* Et licet quo proprie anno hæc scriberet, non usque adeo compertum est: ipsi tamen nos indicari 399 bonis argumentis contendimus: et siquidem aliorum præstet rationes sequi (qua de re suo loco pluribus dicemus) biennio citius referantur. Ut ut se res habeat, si tredecim anni illi, quos notat S. Pater, a Presbyteratus ordinatione supputandi sunt (quod certe loci contextus prima statim fronte indicat, et vulgo eruditi faciunt) consequitur, multo cum serius, sive anno 386 aut ut minimum ex aliorum sententia, 384 sacris fuisse initiatum: id quod nullo modo neque cum allatis superius argumentis, neque cum reliqua vitæ ejus serie constare potest. Verum alia nobis inita est ratio, atque ea, nisi admodum fallimur, ad mentem S. Doctoris unice vera: esse scilicet annos illos a 376 subducendos, quando ipse Antiochiam tertio rediit, post Damasi mortem, una cum Vincentio, paulo antequam Bethleemitico specu se abderet. Nihil enimvero aliud verbis illis significare voluit, quam quod redux Antiochiam, cum in ea posset Ecclesia, ad quam præcedentis Ordinationis jure pertinebat, fortasse etiam Episcopi, atque amicorum adhortationibus alliciebatur, splendidius munere Presbyteratus defungi, maluerit agros ac solitudinem appetere. Neque sane poterat ad Ordinationis tempus respexisse : cum enim suum cum Vincentii facto conjungat sub una eademque *tredecim* annorum notatione, quo ipse tempore ordinatus est, nondum certe erat eamdem Vincentius dignitatem consequutus. Compertum hoc est ex ipsiusmet S. Patris Præfatione in Chronica ad eumdem Vincentium, quæ cum anno insequenti, sive 380 data sit, dum simul ageret Constantinopoli, numquam eum tamen sive in fronte Epistolæ, sive in contextu tanquam Presbyterum compellat : quem honorem, cum eo postea donatus est, aliis in libris, sicubi ejus mentionem facit, nunquam non addit. Erit fortasse etiam qui eum putet, nonnisi post medium anni 385, quo se iterum Constantinopoli reddidit (eo nimirum tempore, ad quod Hieronymum contendimus respexisse) fuisse ordinatum : tametsi libro III. contra Ruffinum num. 22. quo tempore Orientem repetiturus navim pariter cum Hieronymo in Romano portu conscedit, *Sanctus Presbyter* appelletur. Facile enim ita potuit per πρόληψιν nuncupari, quod jamdudum Presbyter creatus esset, cum ista scriberentur, tametsi nondum fuisset, cum res ipsa contigit, quæ narratur. Ut ut se res habeat, planum est, non debere annos illos *tredecim* ab epocha Ordinationis subduci, quo tempore nihil aliud Hieronymus quam Monachum in animo agebat, sed ab altera Presbyteratus abdicatione, cum Antiochiam tertio deseruit : qua in urbe se tunc etiam gloriatur fuisse, *fruitum communione Pontificis Confessorisque Paulini, et deductum ab eo media hyeme, intrasse Jerosolymam.* Nec sane aliam designat S. Pater oblatam sibi merendi in Ecclesiastico gradu occasionem. Nihil est enim tam verosimile, quam fuisse cum perquam enixe et majorem in modum, ut in Clerum cooptari se sineret, suique ordinis munia obiret, invitatum, ac fere compulsum. Hoc certe pacto recte habet, quod se dixerit ante annos *tredecim* maluisse agros et solitudinem appetere, quam Ecclesiæ ministerio addictum, magna licet cum dignitate, in populi frequentia versari. E contrario qui Ordinationem ipsam respici annorum notatione illa existimant, nec habent quo secum invicem gesta concilient, et in diversa alia omnia abeunt. Denique et cum audent S. Patris textui manus inferre, ut pro *tredecim*, rescribi *sedecim* velint, animadversione digni sunt, ut cautius ac reverentius Antiquorum, et Patrum præsertim attingere monumenta discant.

CAP. VI.

1. *Antiochia Constantinopolim peregrinatur, ubi Gregorium Nazazenum audit.* II. *Ibidem Chronicon Eusebii Latine vertit, continuatque.* III. *Homilias quoque Origenis vigintiocto interpretatur.* IV. *Scribit etiam Tractatum de Seraphim.*

Quod nollet Hieronymus solitariæ vitæ desiderio accensus, Ecclesiæ servitiis mancipari, illud etiam caussa fuit, quod amore in dies magis discendi ageretur, et eos qui erant præ cæteris Ecclesiasticæ litteraturæ fama insignes, adire, et magistros sibi adhibere vellet. Ea de caussa Antiochiam, studiis partium misere agitatam, derelinquens, Constantinopolim profectus est : ubi Sancto Gregorio Nazanzeno, cujus eloquentiam et Scripturarum doctrinam summopere admirabatur, in disciplinam se dedit, eumque catechisten habuisse, pluribus in locis gloriatur (*Ep. L. atque alibi*). Profecisse etiam se multum, eo præceptore, in divinarum rerum scientia (ob quam ille Theologi cognomento donatus est) profitetur (*Contra Jovin. lib. 1. Contr. Ruff. lib. 1*) : et sermocinationes, quas secum habuit, nonnumquam affert. Sed et præclare secum ipso actum existimavit (*In Eph. c. 5.*), quod Sanctum quoque Gregorium Nyssenum per idem tempus ibidem novit : qui sibi et cognomini Nazanzeno, quos scripserat contra Eunomium, plenos eruditionis ac doctrinæ libros prælegit. Facile hic se Constantinopolim contulerit ad œcumenicam secundam Synodum, quæ habita est anno 381 et antequam celebraretur, nimirum ut quædam cum Nazanzeno conferret, eo venit. Hic enim regiæ urbis Episcopatum per idem tantummodo tempus tenuit, a Maio scilicet ejus anni, post abrogatum Maximum Cynicum, ad Julium mensem, quo se se ipse in œcumenico Concilio sponte abdicavit. Et Episcopum tamen agebat, cum ejus uteretur Hieronymus consuetudine : id quod Commentario in Isaiæ cap. 6, testatur ; *Ante annos*, inquiens, *circiter triginta cum essem Constantinopoli, et apud virum eloquentissimum Gregorium Nazanzenum, tunc ejusdem urbis Episcopum, sanctarum Scripturarum studiis erudirer, scio me brevem dictasse subitumque Tractatum etc.* Neque enim jure satis videtur *ejus urbis Episcopus* dici potuisse ob eo tempore, quo eam Ecclesiam administraturus accessit, ineunte anno 379, vel insequenti, cum ab Imperatore Theodosio in Basilicarum ejusdem urbis possessionem missus fuit. Et quoquo tandem se res modo habeat, satis tamen inde recte conficitur, quod narrationis institutæ ordo designat Hieronymum Constantinopoli ab an. 380. ad insequentis circiter medium constitisse.

II. Porro inter ingenii sui monimenta, quæ ibidem agens, literis consignavit, primum obtinet locum *Chronicon omnimodæ historiæ*, quod ab Eusebio Cæsareensi Græce perscriptum, in Latinum convertit, pluribus locis, quæ ad Romanas præsertim res spectant, de Suetonii aliorumque Latinorum historiis auxit, denique a vigesimo anno Constantini (quo fine Eusebii opus concluditur) ad mortem usque Valentis, id est, annum 378 totum de suo continuavit. Sed mirum illud ac fere supra admirabilitatem, quod tantæ molis opus propere dictando lucubrarit. In Præfatione, quam Vincentio, de quo satis superius dictum est, et Gallieno, quem ignoramus, inscripsit, sub finem, historiam Theodosii alteri se scriptioni reservare significat : ex quo jam aliquod ejus imperii, quod iniit anno 379 tempus effluxisse intelligas, ipsumque adeo Chronicum opus nonnisi insequenti anno, ut citius, adscribi commode posse. Alia ex parte ne serius differatur, vetat quæ ejus mentio fit in Epistola XVIII. ad Damasum *de Seraphim*, quam ineunte anno 381 scriptam mox ostendemus. Et scio his quidem rationibus illud repugnare ipsiusmet S. Patris testimonium Epist. LVII. num. 5. ubi *ante annos circiter viginti* se ait Chronicon istud in Latinum vertisse, cum ipsa tamen Epistola anno data sit 395 nemine dissentiente. Sed monui ego jamdudum, errorem ibi in numericis notis irrepsisse, Antiquariorum oscitantia, qui XX. Romanas notas obvio lapsu scripsere pro XV. Quod cum sit ex hactenus dictis, aliisque suo loco allatis argumentis compertum plane atque evidens, et nihilominus textum immutare absque mss. ope mihi religioni duxerim : inventus est tamen tantæ homo dicacitatis, qui hac ipsa de caussa studiis nostris detraheret.

III. Statim ab Chronico in suorum Catalogo Operum recenset S. Pater *in Jeremiam*, *et in Ezechiel Homilias Origenis vigintiocto*, *quas*, inquit, *de Græco in Latinum verti* : tum subdit, *De Seraphim*. Et sane nihil est dubium, quin per hocce tempus, cum adhuc esset Constantinopoli, hæc quoque opera elucubrarit. Quamquam aliis secus visum est de illis in Ezechiel, quas multo serius ab eo redditas Latine, contendunt, quod in earum Præfatione, Didymi (quem solum cum in Ægyptum profectus est, idque post annos fere sex, audivit) sententiam laudet. Quasi de illius ore, non, quod credere par est, ex aliquo ejusdem libro, necesse sit, ut exceperit.

IV. Tractatum *de Seraphim*, quem justis de caussis, ut suo loco videre est, inter Epistolas sub num. XVIII. ad Damasum recensuimus, amicis jubentibus, regia in urbe dictavit. Dictavit autem interrupte, quod oculorum dolore laboraret : postea Romam veniens, Damaso, cui nunc inscribitur, legendum dedit. Ejus S. Pater meminit Epistola LXXXIV. quæ ad annum circiter 400 pertinet, ibique editum dicit *ante annos viginti*. Locum si cum eo conferas hujusmet Tractatus, ubi Chronici mentionem facit (quem, ait, *Temporum librum*, *nos in Latinam linguam ex Græco sermone transtulimus*) itemque cum illo in Isaiæ caput VI. ubi annos *circiter triginta* ab elucubratione illa numerat, cum ipse *Constantinopoli apud S. Gregorium tunc ejusdem urbis Episcopum* erudiretur : subductis probe rationibus, eum plane intelliges fuisse anno 381 fere medio conscriptum. Neque vero nostrarum est partium hæc latius persequi, quæ satis abunde suis locis edisseruimus. Cætera etiam, quæ ad ejus scriptionis indolem, maxime vero Additionem illam spectant, quam Baronius insequenti anno, et cum Romam venisset S. Pater, subjunctam autumat, suis itidem locis disputata sunt.

CAP. XIV.

I. *Constantinopoli Romam ad Synodum proficiscitur.* II. *Ibi Damaso ab Epistolis elegitur, ejusque nomine consultationibus Orientis atque Occidentis respondet.* III. *Num Presbyter Cardinalis fuerit?* IV. *Solvit Damaso quæstiones de Osanna, et de duobus filiis, frugi et luxurioso.* V. *Ejusdem rogatu Evangelia Græcæ fidei reddit.* VI. *Psalterium quoque cursim juxta LXX. emendat.*

Intereadum hæc geruntur, *Orientis et Occidentis Episcopos ob quasdam Ecclesiarum dissensiones*, *Romam Imperiales literæ contraxere*, ut ipse loquitur S. Pater Epist. CVIII. ad Eustochium : ad *maximam* nempe *Synodum*, ut Theodoreto vocatur (*Hist. cap* 8), quæ Romæ habenda erat post anni trecentesimi octogesimi secundi medium. Inter eos qui acciti fuerunt ex Oriente, Paulinus Antiochenus, et Epiphanius Salaminæ Cypri Episcopi Constantinopolim concessere, ut simul exinde recta Romam navigarent. Hieronymus, qui opportunam eo proficiscendi occasionem aucupaturus, in ea adhuc regia urbe detinebatur, his se Patribus atque amicis suis junxit, cumque iis Occidentem transmisit. Verum quippe est, aut certo verosimillimum, quod Baronius olim existimavit, fuisse eum quoque a Damaso Pontifice Romam accitum, ut Synodo interesset, et difficillimis Ecclesiæ rebus opem doctrina sua ferret.

II. Atque hæc forte ea Ecclesiastica necessitas est, qua se Romam tractum Epist. laudata testatur. Nam et fuisse cum Damaso ab Epistolis dubitare non sinit ipse Epist. CXXII. ad Ageruchiam, *Ante annos*, inquiens, *plurimos cum chartis Ecclesiasticis juvarem Romanæ urbis Episcopum, et Orientis, atque Occidentis Synodicis Consultationibus responderem*. Neque est præter verisimilitudinem, hoc eum munere statim atque ad Urbem accessit, fuisse ornatum, eoque in Romana Synodo, quæ paulo post, ipso tamen anno 382 est habita, officio functum. Quin etiam ab ea istud negocii accepisse, ut Fidei formulas hæreticis recipiendis adhibendas conscriberet, facile adductor ut credam. Neque enim hoc alibi inficiari eum existimo, ut nonnulli volunt, qui locum ejus ex libro II. contra Ruffinum num. 20. perperam interpretantur. Ait quidem ibi, *Cum mihi mea ingeratur fabella*, *a Synodo videlicet, et sub nomine cujusdam amici Damasi Romanæ urbis Episcopi ego petar, cui ille Ecclesiasticas Epistolas dictandas tradidit : et Apollinarium versutiæ describantur*, *quod Athanasii librum*, *ubi Dominicus homo scriptus est ad legendum acceptum*, *ita corruperint*, *ut in litura id quod raserint*, *rursus scriberent*, *ut scilicet non ab illis falsatum, sed a me additum putaretur*. Verum non illud his verbis, quod fuerit a Romana Synodo, atque ipso cum primis Damaso delectus, ut Ecclesiasticas literas scriberet : sed alterum, quod ea occasione contigerit, de Apollinaristarum dolo, fabellæ deputat. Deputat vero ita in subnexa ibi responsione : *Ut etiamsi*, inquit, *a me verum audisti, alius qui rei ignarus est, dicat a te esse compositum* (*Lib. II. Contr. Ruff.*). Quibus sane verbis tantum abest, ut factum neget, quin potius fateri videtur, a se præsente ipsi Ruffino narratum antea, ac solum ait, posse aliis qui ignorarint, videri ab ipso, utpote inimico, confictum. Repudiat autem ea de caussa, quod in Ecclesiasticis Tractatibus, ubi de veritate dogmatum quæritur, gravissimam auctoritatem proferri, et ab istiusmodi historiolis, quas (etsi vere contigerint) fabulas vocare consuevit, velut esse abstinendum. Nec ignoramus, quod præterea, ut hæc fabulis adcenseat, opponit vir Ecclesiasticæ antiquitatis litterate peritus P. Constantius ; secundo scilicet opus non fuisse, ut Fidei formula conderetur, cui Appolinaristæ subscriberent, cum Damasus ante aliquot annos adversus eorum hæresim formam professionis Paulino Antiocheno misisset. Verum, cum de Apollinaristis in ea Synodo iterum disputatum fuisse, S. Ambrosius data hocmet anno Epistola testetur : facile et novam condi formulam oportuit, et fuisse revera conditam, ex eo licet arguere, quod in præcedenti ad Paulinum Antiochenum missa Christus homo Dominicus nunquam appelletur. Denique nihil est, cur hanc laudem Hieronymo, cujus eximiæ eruditionis jam aliquem Patres et Damasus usum perceperant, denegemus.

III. Sed et fuisse eum, statim atque Romam venit, Romano Clero adscriptum, atque adeo esse inter Cardinales, ut nunc vocant, adcensendum, magno olim conatu quidam contenderunt. Pelagius autem secundus Romanæ insuper Ecclesiæ Episcopum cum appellat (*Tom. 4. Concil. B. p.* 514) : et Anastasius eumdem quem sibi, Bibliothecarii titulum atque officium ei donat (*Mabil. Mus. Ital. t. 1. p.* 82). Verum cum Hieronymus ipsemet ejusmodi honorum nec verbo tenus meminerit, maxime vero cum id e re sua fuisset; imo a Joannis Jerosolymitani se jure exempturus, solius Presbyteratus recordetur, quem Antiochiæ, ut diximus, ea conditione suscepit, ut nulli Ecclesiæ obligaretur : eadem, qua hæc proposita sunt, facilitate refelluntur. Neque sane est hodienum quem præpostera illa vulgi opinio adhuc teneat, postquam eam Baronius, summus Hieronymianæ gloriæ adsertor, refutare data opera non dubitavit. Nihil enimvero potuit tam longe abhorrens ab S. Patris ingenio et moribus excogitari, quam voluisse eum se gradibus Ecclesiasticis ac titulis adstringi, hominem, qui aut continenter eremos incoluit, aut nihil aliud animo unquam versavit.

IV. Sed utique carus Pontifici atque intimus inter ejus familiares fuit; cui præsertim edisserendis Scripturis, ita ingenium atque eruditionem suam probavit, ut ille hujus elucubrationes non legeret modo perquam libenter, sed et sua ipse sæpe manu describeret. Sæpius etiam cum de locorum quæ difficiliora viderentur, sensu consulebat : et cum magis ille sacris libris perlegendis, quam novis conscribendis distineretur, ad scribendum invitabat, scriptisque suis lacessebat. Inter quæstiones, quas ipsi solvendas proposuit, illæ est de vocis *Osanna* apud Matthæum significatione ex Hebræo fonte : tum *de duobus filiis frugi, et luxurioso* apud Lucam, quibus postulatis Hieronymus duplici Epistola sub numeris in Editione nostra XX, et XXI, respondit, ac satisfecit. Eas refert ipsemet in Catalogo statim ab illa *de Seraphim*, unam post aliam, quod ad idem utraque tempus pertineat, annum videlicet, ut series historiæ hujus indicat, suisque locis probatum est, 383. Alia postmodum ad eumdem Pontificem rogatus scripsit, quæ in consequentem annum, et quod excurrit differenda sunt.

V. Sed illud sane cæteris longe gravius et difficilis plenum opus aleæ, quod ab ipso per hocce tempus (neque enim rejici potest commode in aliud) Damasus postulavit, ut Evangelia ad Græcos codices emendaret ac restitueret. Erant tunc Latinæ Vulgatæ Versionis, qua passim Ecclesiæ utebantur, tot pene exemplaria, quot codices (*Ex Præf. in Evang.*). Multa a vitiosis Interpretibus male reddita, alia a præsumptoribus imperitis emendata perversius, pleraque a librariis dormitantibus addita, vel mutata. Magna etiam contextus Evangelistarum inolita perturbatio, ut in Marco plura Lucæ ac Matthæi : rursus in Matthæo plura Joannis et Marci, atque ita in reliquis, quæ unius propria sunt, in aliis invenirentur Adeo necesse erat, cum id sibi negotii dari passus est S. Pater, ut inter varia et pugnantia secum invicem Latina exemplaria toto jam orbe dispersa, quasi quidam arbiter sederet, deque tot lectionum dissidiis, trajectionibus, additamentis, ubi nihil non grave, et momenti est perquam magni ad divinorum sensuum integritatem discerneret, atque inde unam tertio quoque verbo excuderet, quæ ad Græci exemplaris emendatissimi fidem exacta, unice veritati consentiret. Accepit tamen tantum adornandi operis, atque invicto animo laborem exantlavit. Correctis innumeris fere locis, germanum Evangelistarum textum excudit, et Præfatione, qua monuit de sui operis instituto, Damaso inscripsit. Subtexuit præterea Canones, quos Eusebius Cæsarensis Alexandrinum sequutus Ammonium Græce præscripserat, in Latinum conversos, ut distingui uno intuitu posset quid quisque Evangelista peculiare, quidve cum aliis commune haberet. Num reliquum postea Novum Testamentum ævi eadem pumice ad Græcam auctoritatem expoliverit (quod ipse quidem Epist. XXVII. et in Catalogo innuit) in præfixa decimo operum ejus Tomo Præfatione nostra disputatum est.

VI. Sublatis Evangeliorum erroribus, *Romæ*, itidem, *Psalterium juxta Septuaginta Interpretes* licet *cursim, magna tamen ex parte emendandum* suscepit (*Præfat. in Psalt. ex Græco*). Ea nunc recensio *Romanum Psalterium* audit, quod sive Damasi, sive aliorum de Urbe amicorum rogatu, in ejus certe Ecclesiæ gratiam atque usum fuerit a Hieronymo elaboratum. Ea utitur etiamnum Romæ Vaticana Basilica. De alia eaque multum accuratiore postmodum adornata ad Græcum Hexaplare, cum obelis, atque asteriscis, quod *Gallicanum Psalterium* dicitur; itemque de nova ex integro interpretatione ex Hebraico archetypo, dicemus suis locis.

CAPUT XV.

I. *Cogitur Romanas aliquot Virgines ac Matronas sacris literis instituere.* II. *Ad quas plures Epistolas scribit.* III. *De singulari illa ad Eustochium, quædam seorsum.* IV. *A Damaso de quinque quæstionibus interrogatus respondet.* V. *Editionem Aquilæ cum Hebræo exemplari confert: Homilias quoque Origenis in Cantica interpretatur.* VI. *Scribit contra Helvidium.* VII. *Alia quædam scripta ejus et gesta.*

I. Tot inter studia, et quod magis mirum est, in tanta Urbis frequentia, et Summi Pontificis gratia, nihil de vitæ austeritate, quam pridem in Calcidis eremo inierat, Hieronymus remittebat; nam et fabis corpusculum sustentare solitum, et macie ac pallore delectatum se, non uno loco profitetur (*Ep. XLV*); et si qui ejusmodi vitam miserrimam putaret, eos multo miserabiliores existimabat. Plerisque autem ea de caussa probatus adeo est, ut passim audiret *Sanctus, humilis ac desertus, et omnium pene judicio dignus summo Sacerdotio* decerneretur. Hæc vero tanta de illo opinio plurium Matronarum studia ad capescendas ejusmodi vitam, ac disciplinas, ita excitavit, ut licet ipse mulierum consortia numquam non attente declinarit; nonnullis tamen longe sanctissimis, quæ id expeterent supremis precibus, præceptorem se in Scripturarum intelligentia dare coactus est. *Nulla fuit,* inquit, *alia Romæ Matronarum, quæ meam posset edomare mentem, nisi lugens, atque jejunans, squalens sordibus, fletibus pene cæcata, quam continuis noctibus misericordiam Domini deprecantem Sol sæpe deprehendit.* Fuere autem ex his Paula mater, Romanæ nobilitatis et pietatis ornamentum, ejusque filia Eustochium, qua nulla in Hieronymianis scriptis celebrior est, Blæsilla item soror, quæ mortuo marito totam se Deo converterat, tum Lea religiosissima femina, atque Asella virgo, quæ Romæ velut in eremo solitariam vitam degebat, Marcella denique vidua longe nobilissima, in cujus ædes, ut Hieronymum de Scripturis disserentem audirent, illæ atque aliæ Matronæ, ac Virgines conveniebant. Præter istas Albina mater, Marcellina et Felicitas, quas salutat Epist. XLV. Principia quoque, quam pluribus locis impense laudat, et Feliciana quam commemorat Epist. XXX. quarum una omnium vita atque exemplis Christiana res valde illustrata est. Nonnullæ autem ex his ita eo præceptore in scientia Scripturarum excelluere, ut Paula *Hebræam linguam* personaret, filiaque ejus Eustochium Hebraico quoque sciret codices nitidius exscribere, ipsaque soror ejus Blæsilla brevi jam linguæ ejus difficultates vicisset, et in discendis canendisque Hebraice Psalmis cum matre contenderet. Marcella vero tantam ex ejus præceptionibus sanctiorum disciplinarum notitiam haurivit, quantam vix longo ipse sibi studio ac labore comparasse fatetur S. Pater. *Hoc,* inquit, *solum dicam, quod quidquid in nobis longo fuit studio congregatum, et meditatione diuturna, quasi in naturam versum, hoc illa* libavit, hoc didicit, atque possedit: ita ut post profectionem nostram, si de aliquo testimonio Scripturarum esset oborta contentio, ad illam judicem pergeretur (*Epist. CXXVII*). Aliarum (neque enim vacat singularum historiam persequi) haud impar indoles atque animus fuit et profectus: omnes enim illæ ad virtutem arrigebat, perque multas exercitationes tantam edocuit sacrarum Literarum scientiam, quanta ad perfectam earum interpretationem usui esset futura.

II. Cujus operæ is demum fructus ad nos usque venit, ut etiamnum Epistolæ ad eas multæ supersint, quibus difficiliora quædam Scripturæ loca exponuntur, ut ea modo huc referam, quæ ad earum postulata Romæ et per hocce tempus ab eo scripta sunt. Tres habemus ad Paulam, ad Eustochium duas, ad Marcellam admodum sexdecim: quas omnes ab exeunte anno 384 ad insequentis fere medium dedit. In Chronologicis ad eas Notis de hoc ipso, ad quod spectant, temporis intervallo, deque ordine quem inter se ob eamdem ætatis prærogativam obtinent, satis multa disputata sunt, quæ replicare heic iterum, tametsi quamdam peculiaris ejus historiæ partem contineant, neque nostrarum partium est, neque otii. Et scimus præterea alium inter eas institui posse ordinem, fortasse etiam propius ad veri speciem, priore illa ad Eustochium, quæ numerum in recensione nostra XXII. obtinet relata ad anni ejus 384 Octobrem aut Novembrem mensem. Sed quando conjici in aliud ab eo quod diximus, tempus non possunt, et vix decem spatio mensium omnes continentur: non videtur e re nostra aut Lectoris esse istis momenti perquam exigui rationibus immorari. Præstat ab hac temporis notatione colligere (quod ad molestiam Hieronymi prædicandam plurimum interest) eum nonnisi sero admodum ventitare passum ad se mulieres discendi gratia: nec proprie ad se, sed in ædes Marcellæ nobilissimæ, sanctissimæque viduæ, in quibus ipse hospitabatur: neque ante eas in disciplinam excepisse, quam singularum sibi esset virtus explorata, utpote qui proprio olim fortassis periculo verebatur, ne ex frequenti mulierum consortio ad voluptatem impelleretur homo, qui omnia præ castitatis studio postputabat. Serius adhuc multo domum S. Paulæ novit, ut ex Epist. XLV. compertum est.

III. Idipsum ex XXII. ad Eustochium discimus quæ maxima Hieronymianarum caussa vicissitudinum fuit, estque adeo sigillatim recolenda. Ibi S. Pater nihil eorum quæ ad virginis institutionem, et virginitatem servandam pertinent, prætermisit præceptorum de fuga sæculi, de victu, ac vestitu frugi, de cavendis Clericorum aliquot et Monachorum vitiis, avaritia præsertim et gula, de Sanctorum exemplis, studio Scripturarum, atque aliis, quæ ibi copiose atque ornate siquid alias edisserit. Tam erudita, tamque elegans, rerumque et sententiarum pondere gravis visa est, ut eam Sophronius Hieronymi amicus dignam duxerit, quam in Græcum transferret. Nihilominus quantam ex ea, et consortio mulierum in se acuerit invidiam in *maledica civitate, et in urbe, in qua orbis quondam populus fuit, palmaque vitiorum*, et quas inimicitias incurrerit, paulo post juxta rerum seriem exponemus. Addimus interim non solis eum, ut ait, crebris Virginum turbis circumdari solitum, quæ de Scripturis interrogarent, et capessere sanctiores disciplinas vellent, sed et viros nonnullos exstitisse, quos ipse Danieli, Ananiæ, Azariæ, et Misaeli in Babylone comparat, sacræ eruditionis cupidos, qui ejus sæpe opera et consuetudine in eam rem usi sunt. Præter summum Urbis Pontificem Damasum, qui nullis non litterariis laudibus abundabat, insigniores fuere Pammachius, Marcellinus, Domnion, Rogatianus, Oceanus, ut ex illis, quas ad eos postmodum literas dedit, compertum est. De his postea redibit sermo.

IV Quod a mulieribus instituendis supererat tempus, lectioni Hieronymus dabat, eique se totum devoverat, ut excepto Didymi Tractatu de Spiritu Sancto, quem Latinitate donare inceperat (differre autem, ut dicemus, in aliud tempus, coactus est) nihil jam dictando aut scribendo elucubraret. Quod cum ægre Damasus ferret (mirum enim in modum ejus ingenii monimentis delectabatur) ut quasi *dormientem longo jam tempore* excitaret, ab eo petiit, ut siquid operis in promtu haberet, sibi legendum traderet. Cumque hic nihil suppetere sibi respondisset præter Epistolas scriptas olim in eremo : furtivia tamen noctium operis, dictaturum se novi aliquid, si vellet, pollicitus est. Quod liberaliter accipiens Damasus, datis tabellario Diacono litteris, S. Patri quinque ex Vetere Testamento quæstiones proposuit. Ex his ille tres modo solvit perquam erudite : reliquas duas prætermisit, quod Tertullianus, Novatus, atque Origenes jamdudum eas agitarint, atque expedierint. Non obscure autem ex hac tota narratione apparet, debuisse duas istas Damasi ad Hieronymum, et Hieronymi ad Damasum Epistolas aliis hujusmet anni ad Eustochium et Marcellam, quæ in Editione nostra ordine præponuntur, anteferri : ad quem sane modum restitui nunc velim. Si enim fuissent tunc illæ Epistolæ abs Hieronymo elucubratæ, neque eum dixisset Damasus *dormientem longo jam tempore, et legentem potius quam scribentem*, neque respondisset Noster, *nullas se jam Epistolas habere, exceptis his, quas aliquando in eremo dictaverat*, quasque S. Pontifex *tota aviditate jam legerat, atque descripserat*. Accedit, quod ipse in suorum Catalogo operum S. Pater hanc *de tribus Quæstionibus Legis Veteris* elucubrationem laudatis illis, ad Eustochium et Marcellam Epistolis anteponit, imo et *Homiliis in Cantica Canticorum*, et libro *adversus Helvidium* : cumque ordinem observari cæteris cuicuimodi argumentis præstet. Porro cum accito Notario responsionem dictare Hieronymus jam cæpisset, Hebræus nescio quis advenit, qui Hebraicos Codices diu multumque ab illo exquisitos adtulit : quo inopinato eventu a scribendo evocatus, iisque totus intentus libris, a respondendo abstinuit. Et videntur quidem Hebraici isti codices iidem, quibuscum *jampridem Editionem Aquilæ se conferre* Epist. XXXII. ad Marcellam testatur. Ex quo item manifestius liquet, hanc ad Damasum responsionem ante illam ac præcedentes alias ad Marcellam literas fuisse lucubratam. Satis autem erit præpostero apud nos ordini consultum, si vigesimæ secundæ ad Eustochium, duas istas quæ numeris prænotantur XXXV. et XXXVI. præponas. Per idem tempus, ac Damasi ejusdem hortatu binas Origenis Homilias in Cantica Canticorum Latinitate donavit, ipsiusque nomini S. Pater inscripsit.

V. Nec multo post calamum *rogatus a fratribus* contra Helvidium acuit, quem refutare diu recusaverat, *ne respondendo dignus ille fieret*, *qui vinceretur* (*Lib. contr. Helvid.*). Erat ille e populo vulgaris homo, rusticanus, laicus, et vix primis imbutus literarum elementis, tamque obscuri nominis, ut quanquam in eadem atque Hieronymus Urbe degeret, numquam de facie cognitus illi fuerit, qui *albus*, aut aiunt, *aterve* esset, se ait ignorare. Et Auxentii tamen discipulum cum Gennadius vocat, et adversus nescio quem *fratrem Craterium*, aut *Carterium*, in quo eloquentiam et linguæ nitorem requireret homo infantissimus, scripsisse eum, testis est S. Pater. Probare stultus ille contendit ex aliquot S. Scripturæ testimoniis perperam intellectis, duorumque Scriptorum veterum, Tertulliani scilicet, et Victorini Petabionensis auctoritatem, Mariam post genitum nulla hominis, sed Spiritus Sancti opera Jesum Christum, alios ex Josepho communi hominum more filios genuisse, eos nimirum, qui *Fratres Domini* in Evangeliis appellantur. Neque hac fine stetit malum, nam et Virginitati Nuptias coæquandas futilibus, ut potuit, argumentis probare conatus est. Ejus erroris de Maria, plurium filiorum ex Josepho matre, doctor jampridem fuerat Eunomius, ut ex Philostorgio intelligimus (*Hist. lib. V. cap.* 2), eademque olim doctrina late patuit in Apollinario, Epiphanio teste. Sed et per id temporis quo Helvidius scribebat, aliorum in Italia mentes hominum stultissimus error ille pervaserat, ut ejus Episcopi, quem S. Ambrosius confutavit libro de Institutione Virginis ad Eusebium. Hæc solito fortasse latius persequuti sumus, quod Hieronymianæ contra eum hæreticum disputationis historia et caussæ penitius intellectæ, conferre nonnihil ad Vitæ ejus seriem videantur. Scripsit autem S. Pater hunc Librum, ut Epistol. XLVIII. ad Pammachium testatur, *Dum adviveret sanctæ memoriæ Damasus*, cui et satis probatum fuisse indicat verbis, quæ subnectit : *Num vir egregius et eruditus in Scripturis, et virgo Ecclesiæ virginis doctor aliquid in illo sermone reprehendit*. Meminit autem ejus Epist. XXII. ad Eustochium, quæ eodem hocce anno post paucos menses data est : *Quantas*, inquiens, *molestias habeant nuptiæ.... in eo libro, quem adversus Helvidium de B. Mariæ perpetua Virginitate edidimus*, *puto breviter expressum*. Quare si recte monuimus ad anni hujus 384 postremos fere menses Epistolam eam esse differendam, multo est etiam propius ad verum, ut eodemmet anno, nec sane multo ante medium, hic ipse Liber conscriptus sit, quam præcedenti proxime, ut olim in Admonitione ad eum conjiciebamus.

VI. Sunt porro alia S. Patris scripta, vel deformata dumtaxat, atque adornari cœpta, quæ postmodum perfecta sunt, vel quæ ad privatos scholæ, ut ita dixerim, usus, non ad publicam lucem parabantur, vel denique promissa quidem, atque animo præconcepta, sed prætermissa postea, neque ad umbilicum perducta. Quæ omnia si quis huic tempori adscribi velit, cum vix in aliud rejici possint, tametsi non usque adeo compertum est de anno, aut verius anni parte, favebo conjecturæ : ita tamen, ut judicium suum sibi unusquisque integrum habeat, atque alias, si res ferat, rationes pro lubito inire possit. Ex eorum numero memoranda cum primis est inchoata Didymi, quam et superius innuimus, interpretatio : tum Psalmorum ad Marcellam Expositio, cujus laboris pars quædam exigua in Epistolis eidem inscriptis superat : brevis item Commentariolus in Ecclesiastem, ad Blæsillæ institutionem, privatosque usus, ut difficiliora loca posset etiam absque præceptoris voce intelligere : Collatio quoque illa codicum Hebraicorum cum Aquilæ editione, quod sane studium neque operæ pretio caruit, neque ita brevi temporis spatio absolutum est : denique Opus illud quod in Epistola XXII. Ad Eustochium se scripturum receperat, *Adversus avaritiam*, et si placeat, *de vitæ ratione Eremitarum Ægypti*, cui texendo operi, etsi licia fortasse tunc pararit, manus tamen postea numquam admovit. Placet etiam huc referre Disputationem, quam Epistola LXIX. ad Oceanum se narrat habuisse *Romæ cum viro eloquentissimo super ea quæstione*, num qui *unam antequam baptizaretur, alteram post lavacrum, priore mortua, duxerit uxorem*, bigamus censeri debeat, possitque ad sacros ordines promoveri. Sentiebat Hieronymus, id quod etiam post annos ferme duodecim, ut suo loco dicemus, scriptis consignavit, uxorem ante Baptismum ei qui ordinandus esset, minime esse imputandam. Quibus autem tunc fuerit argumentis usus, atque adversario responderit, ex laudata ad Oceanum Epistola intelliges, ubi disputationis historiam per partes narrat.

CAP. XVI.

I. *Damasus moritur, cui Siricius, non usque adeo Hieronymi studiosus, succedit.* II. *Hic inimicitias plurimorum subit.* III. *Calumnia criminis gravissima liberatur.* IV. *Decedere Roma instituit.* V. *Ad Asellam scribit.*

I. Dum his intentum studiis animum habet Hieronymus, diem obit Summus Pontifex, idemque summum ejus Operum et vitæ columen, Damasus, post administratam annis duodeviginti singulari innocentia et Sanctitate Christianam Rempublicam. Obiit autem *prope octogenarius*, ut Noster loquitur libro de Viris Illustribus (c. 4. p. 130), et ut vetustissima Martyrologia testantur, exeunte anno 384, decima, sive undecima Decembris die. Eodem hocce anno, post paucos alio interjectos dies, Siricius in demortui locum suffectus est : homo qui amore, potius, quam auctoritate populus regendos suscepit, miti admodum et simplici animo, et *qui de suo ingenio*, ut ait iterum Noster (*Lib. III. contr. Ruff.*), cæteros æstimabat. Tunc vero qui clanculum Hieronymo detrahebant, adviviente Damaso (apud quem pollebat plurimum gratia, et cunctis honorificentiæ significationibus colebatur) Siricio rerum potiente, qui male de aliquo suspicari nesciebat, neque admodum suo videtur S. Doctorem præsidio tutatus, insurgere in eum palam, apertumque bellum inferre ausi sunt. Quin ipsum etiam Siricium nonnulli, de quorum numero Baronius, querelarum in partem vocant, quod Hieronymum honore ab Epistolis sacris abdicatum, inimicorum obtrectationibus velut exposuerit. Accedit quod, elapso circiter mense ab ordinatione sua, sive *tertio Idus Februarias* anni 385. Decretali, ut vocant Epistola ad Himerium data c. 11. adversus eam Hieronymi sententiam, quam supra exposuimus (de uxore ante Baptismum, ei qui in Clerum coaptari vellet, non imputanda) judicium dixit, constituitque, Clericos, qui secundam uxorem duxerint, deponendos, et bigamiam etiam a matrimoniis ante Baptismum initis contrahi, suprema auctoritate sua statuit. Sed nemo hinc tamen sibi in animum inducat, eum quidquam in S. Doctorem commisisse, unde is in aliorum criminationes atque odia incideret. Quod quidem ex ipsomet Hieronymo probari potest, qui Ruffino temere objicienti judicium, quod de se Romæ tunc habitum fuit, et *quid postea scriptum*, strenue respondet, nihil se horum timere, cum *Scriptis Ecclesiasticis arguendus sit* (*Lib. III. cap.* 7). Statimque subnectit, *Vide quantum te timeam. Si vel parvam schedam contra me Romani Episcopi, aut alterius Ecclesiæ protuleris, omnia quæ in te scripta sunt, mea crimina confitebor*. Nihil itaque heic, nihil alibi de Siricio queritur : neque ab eo est illa conflictationum S. Patris cum æmulis malisque hominibus, caussa repetenda.

II. Sed ipse utique, quid caussæ fuerit, Hieronymus novit, et fassus est Epistol. XL. *Nos*, inquiens, *vitiis detrahentes, offendimus plurimos*. Querelarum origo ab Epistola, seu libello *de virginitate servanda* ad Eustochium fuit, quem et Romæ obtrectantium manu lapidatum, scribens ipsemet postmodum ad Nepotianum, narrat. Reprehenderat nempe ibi cum primis Monachos, qui alienam a proposito vitam agentes, gulæ indulgerent et ventri, divitum domos frequentarent, studerent avaritiæ, insolescerent superbia et superstitione; *Apud quos*, ait, *affectata sunt omnia, laxæ manicæ, caligæ follicantes, vestis grossior, crebra suspiria, visitatio virginum, detractio Clericorum* : Succensuit et Clericis, *qui Presbyteratum et Diaconatum ambiunt, ut mulieres licentius videant* : quibus *omnis cura de vestibus, si bene oleant, si pes laxa pelle non folleat; Crines calamistri vestigio rotati, digiti annullis radiantes*. Ex his etiam unum, quem et *principem artis* vocat, et *veredarium urbis* breviter strictimque describit. Sed nec Virginibus pepercit, quæ virorum consortia non declinarent : quod unum cum præcepisset, seu verius dixisset, *Virgines sæpius debere cum mulieribus esse, quam cum masculis, totius oculos Urbis offendit, cunctorum digitis notatus est* (*Ep. XXVII*). Inter multos autem qui his offenderentur, quidam fuit Onasus Segestanus, sive ex Pannonia ille fuerit, sive ex Sicilia (utraque enim in provincia cognominis civitas habetur) qui Romæ per id tempus degens, et quæ vitia Hieronymus in universum carpebat, se fortassis peccare sentiens, dicta ejus et scripta in sui contumeliam accepit. Quantas hic turbas concitarit, discere est ex Epistola XL. ad Marcellam, qua hominis impudentiam falsissime S. Pater refellit, ac ridet. In dies autem magis obtrectantium vis aucta et temeritas, ut passim vulgo *Satyricus Scriptor* audiret, *versipellis, et criminosus*, et iniquissimis subinde calumniis impetitus, publice differri ac traduci cœperit. Et præenotaverat tamen ipse cum scriberet *cunctorum adversus se maledicorum tela esse torquenda. Quos*, aiebat, *obsecro, ut quiescant, et desinant maledicere; non enim, ut adversariis, sed ut amicis scripsimus, nec invecti sumus in eos qui peccant, sed ne peccent, monuimus.*

Neque vero sola in vitiis reprehendendis libertas Hieronymo invidiam creaverat, sed et consilia ad virtutes, sanctaque vitæ institutio, qua nobilissimas feminas ab illecebris sæculi et pompis, ad Christianæ pietatis officia, et Scripturarum meditationem evocavit, civium acuere odia, et potentium inimicitias concitavere. Blæsillæ, recens viduæ, quod auctor fuisset ad sanctiorem vitæ rationem ineundam, ut et Monacham profiteretur, ita multorum pupugit animos, ut cum febrium ardore paulo post illa diem obiisset, asperitate vitæ veluti occisa diceretur : inque ejus funere, de Paula matre fere ob dolorem exanime, populus mussitaret, *Nonne illud est quod sæpius dicebamus : dolet filiam jejuniis interfectam, quod vel non de secundo ejus matrimonio tenuerit nepotes. Quousque,* addebant, *genus detestabile Monachorum non urbe pelletur? non lapidibus obruitur? non præcipitatur in fluctus? Matronam miserabilem seduxerunt, quæ quam Monacha esse noluerit, hinc probatur, quod nulla Gentilium ita suos unquam fleverit filios.* Narrat de se ipse in Præfatione ad Didymi librum, cum adhuc in *Babylone*, (id est Romæ) versaretur, post Damasi mortem, ut ex rerum serie manifestum est, quod tanta subierit maledicæ urbis *et purpuratæ meretricis odia. Ecce*, inquit, *Pharisæorum clamavit Senatus, et nullus Scriba vel fictus* (forte *vilificatus* uno verbo legendum est) *sed omnes quasi indicto sibi prælio doctrinarum, adversum me imperitiæ factio conjuravit*. Quibus verbis primores tum ex Clero, tum fortasse etiam ex Patritiorum ordine, in quorum magno esset odio, denotari perspicuum est.

III. In hac tanta quam apud multos nominis atque existimationis jacturam fecerat S. Pater, ut et *probrosus, et mendax, et lubricus, et Satanæ arte decipiens* audiret, a quo Christiana pietas magnum incrementum acceperat, ac porro acceptura erat : peculiaris etiam nescio cujus, gravissimi tamen criminis reus peragebatur. Inventus est quidam rumigerulus homo tam impudens, et perfrictæ frontis, qui testis appositus, illud nescio quid sceleris vidisse se, vel audisse assereret, et nequissimæ criminationi fidem testimonio suo faceret. Sed ubi quæstioni admotus est, instructam calumniam fateri non dubitavit, et removere quod impegerat delictum innocenti. Qua de re S. Pater ad Asellam inscribens : *Esto*, inquit, *crediderunt mentienti : cur non credunt neganti? Idem est homo ipse, qui fuerat : fatetur insontem, qui dudum noxium loquebatur. Et certe veritatem magis exprimunt tormenta, quam risus; nisi quod facilius creditur quod aut fictum, libenter auditur, aut non fictum ut fingatur, impellitur* (*Epist. XLV.*). Neque heic tamen, cujus propriæ delicti accusaretur, indicium facit. Quod vero a nonnullis proditur, et vetus innuit Auctor Vitæ Hieronymianæ, de supposita muliebri veste, quam cum ille imprudens pro sua induisset, eaque ornatus in cœtum Ecclesiasticum noctu prodiisset, et risum, et stupri suspicionem sibi conflaverit, nullam veri speciem habet. Neque enim, quod ad tuendam innocentiæ suæ famam, detecta inimici astutia, facile præstare Hieronymus poterat, ac porro præstandum sibi erat, omnino tacitum dissimulasset, neque rei nullam in dudum laudata Epistola, qua variis invidorum in se calumniis respondet, mentionem fecisset. Multo est verosimilius in eo culpatum, quod nobiles ac divites Matronas lucri et consuetudinis illicitæ caussa, sanctioris vitæ prætextu decepisset, et Jerosolymam explendæ libidinis gratia vellet abducere : ait enim ibi, *Nihil mihi aliud objicitur, nisi sexus meus, et hoc nunquam objicitur, nisi cum Jerosolymam Paula proficiscitur.*

IV. Denique cum eo vesaniæ res processisset, ut quæcumque ageret S. Pater, in crimen deputarentur: *alius enim*, inquit, *incessum meum calumniabatur et risum : ille veluti detrahebat, hic in simplicitate aliud suspicabatur* : de relinquenda maledica Urbe secum ipso deliberavit. Neque alia erat declinandi insidiatores pestilentissimos ratio. Subduxit se itaque ab eis primum fuga in solitarium locum, et ruri se recepit : unde et ad Marcellam dedisse videtur Epistolam in recensione nostra XLIII. in qua ipsam quoque hortatur, ut relictis Urbis molestiis, ac turbis, rus se conferat, in cujus solitudine pace sibi frui liceat. Ipse autem non Urbis modo, sed et viciniarum pertæsus, discessum suum non tam animo, quam opere jam parabat : cum tandem Augusto mense, *spirantibus Etesiis*, commodam navigationi in Orientem occasionem nactus, Romæ, quæ adeo se ejus consortio præbuerat indignam, vale ultimum dixit.

V. Sed antequam tamen daret ventis vela, *cum jam navim in Romano portu conscendisset*, raptim flens dolensque Epistolam XLV. ad Asellam scripsit, ex qua et pauca superius delibavimus, et quædam alia heic in rem nostram describere, operæ pretium est. *Væ*, inquit, *certe triduum cum eis* (Romanis) *vixi. Multa me Virginum crebro turba circumdedit. Divinos libros, ut potui, nonnullis sæpe edisserui. Lectio assiduitatem, assiduitas familiaritatem, familiaritas fiduciam fecerat. Dicant, quid unquam in me aliter senserint, quam Christianum decebat? Pecuniam cujusquam accepi? munera vel parva, vel magna non sprevi? in manu mea æs alicujus insonuit? obliquus sermo, oculus petulans fuit? Nihil mihi aliud objicitur nisi sexus meus, et hoc numquam objicitur nisi cum Jerosolymam Paula proficiscitur, etc.* Et paulo post: *Numquid domum alicujus lascivioris ingressus sum? Numquid me vestes sericæ, nitentes gemmæ, picta facies, auri rapuit ambitio? Nulla fuit alia matronarum, quæ meam posset edomare mentem, nisi lugens, atque jejunans...... Cujus canticum Psalmi, sermo Evangelium, deliciæ continentia, vita jejunium. Nulla me potuit alia delectare nisi illa, quam manducantem numquam vidi. Sed postquam eam pro suo merito castitatis venerari, colere, suspicere cœpi, omnes me illico deseruere virtutes. O invidia primum mordax tui! o Satanæ calliditas semper sancta persequens! Nullæ aliæ Romanæ urbi fabulam præbuerunt, nisi Paula et Melanium, quæ contemptis facultatibus, pignoribusque desertis, Crucem Domini quasi quoddam pietatis levavere vexillum. Si balneas peterent, unguenta eligerent, divitias et viduitatem haberent materiem luxuriæ, et libertatis, Dominæ vocarentur et Sanctæ. Nunc in sacco et cinere formosæ volunt videri, et in Gehennam ignis cum jejuniis et pœdore descendere: videlicet non eis licet, applaudente populo, perire cum turbis. Si Gentiles hanc vitam carperent, si Judæi, haberent solatium non placendi eis, quibus displicet Christus. Nunc vero, proh nefas, homines Christiani, prætermissa domorum suarum cura, et proprii oculi trabe neglecta, in alieno oculo festucam quærunt. Lacerant sanctum propositum, et remedium pœnæ suæ arbitrantur, si nemo sit Sanctus, si omnibus detrahatur, si turba sit pereuntium, si multitudo peccantium. Denique, pluribus ejusmodi interjectis: Gratias ago Deo meo, quod dignus sim, quem mundus oderit. Ora autem tu, ut de Babylone Jerosolymam regrediar, ne mihi dominetur Nabuchodonosor, sed Jesus filius Josedech..... Stultus ego, qui volebam cantare Canticum Domini in terra aliena, et deserto monte Sina, Ægyptum auxilium flagitabam. Non recordabar Evangelii, quia qui de Jerusalem egreditur, statim incidit in latrones, spoliatur, vulneratur, occiditur. Sed licet Sacerdos despiciat atque Levites, Samaritanus ille misericors est, etc. Maleficum quidam me garriunt: titulum fidei servus agnosco. Magnum vocant: et Judæi Dominum meum. Seductor: et Apostolus dictus est. Tentatio me non apprehendat nisi humana. Quotam partem angustiarum perpessus sum, qui Cruci milito? Infamiam falsi criminis imputarunt; sed scio per bonam et malam famam pervenire ad regna cælorum.* Cætera longum est persequi. Tempus vix potuit denotari manifestius: quandoquidem spirantibus Etesiis scribere hæc se, jam jamque solvere e portu, notat, quod est, Augusto mense hujusce anni 385. cum jam Damasus fato functus esset, quem *Beatæ* memoriæ titulo donat, et quem præcedentis proxime anni mense Decembris, ostendimus obiisse. Addit, ne contigisse hæc serius putes, *pene triennium se cum Romanis vixisse*. Venit autem, ut certis argumentis evicimus, Romam anno 382, circa septembrem.

CAP. XVII.

I. *In Orientem Hieronymus navigat.* II. *'Quo proficiscuntur S. quoque Paula et Eustochium.* III. *Una omnes invisunt Palæstinam, et Loca Sancta.* IV. *Ægyptum etiam et Nitriæ Monasteria lustrant.* V. *Bethleemi se recipiunt, ibique sedem figunt.*

1. Hieronymianæ in Orientem navigationis historia percipi haud potest per partes melius, quam ab ipsomet, qui ejus perquam attente memor est lib. III. in Rufinum, eamque ad æmuli retundendas cavillationes, luculentissimis verbis narrat: *Vis*, ait, *nosse perfectionis meæ de Urbe ordinem? Mense Augusto, flantibus Etesiis, cum S. Vincentio presbytero, et adolescente fratre, et aliis Monachis, qui nunc Jerosolymæ commorantur, navim in Romano portu securus ascendi, maxima Sanctorum frequentia prosequente. Veni Rhegium: in Scyllæo littore paululum steti, ubi veteres didici fabulas, et præcipitem fallacis Ulyssis cursum, et Syrenarum cantica, et insatiabilem Charybdis voraginem. Cumque mihi accolæ illius loci multa narrarent, darentque consilium, ut non ad Protei columnas, sed ad Jonæ portum navigarem (illum enim fugientium et turbatorum, hunc securi hominis esse cursum) malui per Maleas, et Cycladas Cyprum pergere, ubi susceptus a Venerabili Episcopo Epiphanio, cujus tu testimonio gloriaris, veni Antiochiam, ubi fruitus sum communione Pontificis Confessorisque Paulini: Et deductus ab eo media hyeme et frigore gravissimo, intravi Jerosolymam. Vidi multa miracula, et quæ prius ad me fama pertulerat, oculorum judicio comprobavi. Inde contendi Ægyptum, lustravi monasteria Nitriæ, et inter Sanctorum choros, aspides latere perspexi. Protinus concito gradu Bethleem meam regressus sum, ubi adoravi præsepe, et incunabula Salvatoris. Vide quoque famosissimum lacum, nec me inerti tradidi otio, sed multa didici quæ ante nesciebam.* His totam rerum suarum ab Urbe ad Bethleem historiam complectitur S. Pater, quam hoc nos capite latius et per partes descriptum imus.

Sed prius quædam de Pauliniano Hieronymi fratre (Vincentius enim, quem alterum nominat itineris sui socium, satis ex superioribus innotuit monenda sunt. Hunc S. Pater videtur paulo ante, cum scilicet Romam accessisset, de patria Stridone, ad sui contubernium evocasse. Quod ejus nulla, cum pariter in Urbe degerent, facta sit mentio, puerili ejus ætati adtribuimus, qui, nisi rationibus subducendis fallimur, ne hoc quidem anno, quo Roma in orientem navigavit, vigesimum videtur ætatis attigisse. Frustra itaque sunt, qui num accessisset necne tunc Monachi proposito, disputant: strenue autem falluntur qui multo etiam pridem, et Syriam adeunti Hieronymo comitem fuisse, ibique in eremo pariter servisse Christo, arbitrantur. Recurret de eo sermo iterum, et sæpius. Cætera prosequamur.

II. S. Paula, quam multo antea Jerosolymæ invisendæ cupido incesserat, (siquidem abeuntibus Epiphanio et Paulino e Romana Synodo, cum ipsis in orientem navigare optaverat) postquam eo contendit Hieronymus, statim iter una cum Eustochio filia sua arripuit. Statim, inquam, nam et ante Hieronymum, si per alias dudum initas rationes liceret, dicenda esset viæ se dedidisse. Si enim cum fato functa est initio anni 404. *Augusto sexies et Aristeneto Coss. in Bethleem, annos viginti* jam degerat, ut in ejus Epitaphio S. ipse Pater testatur, jam ante 385, atque adeo ante ipsum Hieronymum, Roma debuit discessisse. Sed termino utroque incluso, et rotundo præterea numero (quod facere in his amat) S. Doctorem ibi usum, credere nos alius cogit ejusdem locus, nisi interpolatus ille est, in fine dudum laudatæ ad Asellam Epistolæ, ubi discedens e Romano portu, inter cæteras sanctas feminas salvere ipsam quoque Paulam et Eustochium jubet. Quin etiam cum ipsis pariter navigasse videri possunt, siquidem unus idemque est, quem et ipse tenuit, earum itineris ordo, qui Epist. CVIII. describitur, *per Maleam et Cytheram sparsasque per æquor Cycladas*, Cyprum usque et Seleuciam, et denique Antiochiam. Atque hac quidem in urbe nihil est dubium, quin una fuerint, et quin reliquum ab ea per Palæstinam, perque Ægyptum iter una confecerint. Nam et *media hyeme*, et a Paulino æque atque ipsæ, deductæ illæ dicuntur Jerosolymam ; et se Bethleem advenisse cum Paula, ac deinde ejus rogatu Alexandriam perrexisse, testatur S. ipsemet Pater, alterum in Præfatione ad Osee, alterum laudata dudum Epistola : in qua etiam accuratissima illa descriptione locorum, per quæ transierant, et rerum quas Paula admirata est, gestorum denique in singulis, dictorumque ejus pro re nata : comitem se fateri ejus, nullo hic loco prodit. Quod igitur ibi sub Paulæ nomine iter describit Antiochia ad Palæstinæ, atque Ægypti civitates et monasteria, suum quoque iter est, et nos perinde atque de seipso narraret, huc referemus.

Nominat vero *ea tantum loca, quæ Sacris Voluminibus continentur*. Ducto initio a Sareptæ littore, per arenas Tyri venit Acco, et per campos Mageddo ad terram Philistiim : intravit deinde Dor, sive Stratonis turrim, et Antipatrida, et Lyddam, Arimathiam quoque et Nobe, ad Joppem usque, fugientis portum Jonæ. Hinc itinere Nicopolim versus, sive Emmaus, repetito, ascendit Bethoron, ad dexteram aspiciens Ajalon, et Gabaon, inque ipsa Gabaa urbe, ad solum usque diruta, paululum substitit. Intravit denique Jerosolymam ; *cumque Proconsul Palæstinæ, qui familiam Paulæ optime noverat, præmissis Apparitoribus, jussisset parari Prætorium, elegit* illa, atque ipse adeo, qui lateri ejus adhærebat Hieronymus, *humilem cellulam ; et cuncta loca tanto ardore ac studio circumivit, ut nisi ad reliqua festinaret, a primis non vosset ab-*

duci. Longum nimis esset ea persequi quæ propemodum innumera a singulis quibusque locis captat mysteria. Ita nempe ille omnia perlustravit diligenter, ut comites etiam sibi adjunxerit sapientissimos ex Judæis, ad loca potissimum, quæ in Scripturis memorantur, eorumque nomina, quibus ipsa rei significatio continetur, penitius internoscenda : maxime quia de vetere illa denominatione, sæpe etiam statu fuerant pleramque partem, postquam Romanorum Imperio subjecta sunt, aliis nominibus donata, et pristina fere deleta vestigia. Adeat ipsam Epistolam, qui hæc recenseri sibi omnia desiderat. Sed non illud prætermittamus, videri eum scilicet hac occasione omnes Veteris Testamenti libros ex Origenis Hexaplis descripsisse, quorum antiqua exemplaria in Cæsariensi Bibliotheca repererat. Horum ope illam deinde Emendationem ex Græco adornavit, quæ tametsi jamdiu olim, ipsoque adviente Hieronymo, maxima ex parte interciderit, in magna tamen continuo fuit Ecclesiarum æstimatione, qua parte superavit, et nullis non probæ recensionis laudibus abundavit. Redibit de eadem inferius sermo.

IV. Lustrata perquam diligenter Palæstina, in Ægyptum Hieronymus, eadem socia itineris Paula contendit, ut Nitriæ Monasteria, quorum fama ingens percrebuerat, et ad quæ omni studio pariter ferebantur, inviseret. Occurrit illis Sanctus et venerabilis Hermopoleos Episcopus Isidorus, tum innumerabiles Monachorum turbæ, quorum aspectu valde quidem *ad gloriam Domini lætati sunt :* indignos autem se tanto honore fatebantur. Viderunt *Macarios, Arsenios*, vel *Arsisios, Scrapionas, et reliqua columnarum Christi nomina, quorum et cellulas intravere. per singulos Christum se videre credentes.* Verum Hieronymo in Ægyptum proficiscendi non illa unice caussa fuit, ut Nitriæ monasteria perlustraret ; sed ea quam in Præfatione Commentariorum in Epistolam ad Ephesios tradit, *Ob hanc,* inquiens, *vel maxime caussam Alexandriam perrexi, ut viderem Didymum et ab eo in Scripturis omnibus quæ habebam dubia sciscitarer.* Alibi, sive Præfatione in Oseam rogatu Paulæ illud se ait iter suscepisse. *Ante annos,* inquit, *circiter vigintiduos, quum rogatu sanctæ et venerabilis socrus, imo matris tuæ Paulæ... essem Alexandriæ, vidi Didymum, et eum frequenter audivi, virum sui temporis eruditissimum, rogavique eum, ut quod Origenes non fecerat, ipse compleret, et scriberet in Osee Commentarios : qui tres libros, me petente, dictavit.* Hos libros et sibi ab eo inscriptos, testatur ipse de viris Illustribus cap. CIX. et Apologia ultima contra Ruffinum. Qui alios præterea quinque in Zachariam, et tres in Michæam eidem dedicatos existimant, falsa lectione, ut suis locis notatum est, decipiuntur. Sed ad propositum ut revertamur. Epistola quoque LXXXIV. ad Pammachium, *Perrexi,* inquit, *Alexandriam, vidi Didymum, et in multis ei gratias ago : quod nescivi, didici : quod sciebam, illo docente, non perdidi.* Nimirum sibi minime persuaderi passus est ejus dogmata, quæ errores Origenis confirmatum ibant, quos jam solerter deprehenderat. Subinde etiam *Didymi videntis* discipulum se gloriatur : et Epistolam observantiæ plenam ad eum dedisse, ex Ruffino colligimus. Et huic tamen si credimus (nihil autem est, quod hoc velet) *Non totos triginta dies Alexandriæ, ubi erat Didymus, commoratus est (Invect. lib.* II). Neque hac ex parte S. ipse Pater repugnat, quin potius verbis illis consentit : *Protinus concito gradu Bethleem meam reversus sum* (Lib. II. contr. Ruff.) : quibus etiam indicat se antequam ad Didymum accederet, non postquam ab eo discessit, ut alii sentiunt, Nitriæ Monasteria lustrasse. Ut ut se res habuerit, nulli se unquam illum, in peragrandis regionibus, labori subduxisse apparet, vel ut ex pluribus arriperet exempla pietatis, vel ut eximios rerum divinarum scientia magistros audiret. Insignis in eam rem locus ejus est in Præfatione ad Librum Paralipomenon juxta Septuaginta, quem et supra innuimus ex parte. *Quomodo*, inquit, *Græcorum historias magis intelligunt, qui Athenas viderint, et tertium Virgilii librum, qui a Troade per Leucaten et Acroceraunia ad Siciliam, et inde ad ostia Tiberis navigarint : ita Sanctam Scripturam lucidius intuebitur, qui Judæam oculis contemplatus est, et antiquarum urbium memorias locorumque vel eadem vocabula, vel mutata cognoverit. Unde et nobis curæ fuit, cum eruditissimis Hebræorum hunc laborem subire, ut circumiremus provinciam, quam universæ Christi Ecclesiæ sonant.*

V. Ab hoc itaque itinere reversus statim est Bethleem suam, ubi primum *adoravit præsepe et incunabula Salvatoris* , tum loci captus religione , cum sanctissimis, qui aderant, Monachis , sedem ibi figere deliberavit. Olim Ephrata vocatus est locus iste , quemadmodum et in Quæstionibus Hebraicis ipse testatur, et in Libro Locorum ex Eusebio : *Ephrata , regio Bethleem civitatis David, in qua natus est Christus..... juxta viam ubi sepulta est Rachel, quinto milliario ab Jerusalem (Dial. 1).* Uno plus dicit, sive sex passuum millibus abfuisse ab Jerosolyma , Severus Sulpitius, qui oram illam aliquando invisisse dicitur, sexque ibi degisse apud Hieronymum menses. Omnino autem posita erat Bethleem in meridiana plaga juxta viam quæ ducit Chebron, et tribui Juda, non Benjamin adnumerata, *sexdecim ab Alexandria mansionibus distans* , *ab Joppe quadraginta sex millibus (Epist. CXXIX).* Neque vero in civitatis tunc censu erat, sed ignobilis *viculus, cui succedebat vastissima solitudo plena ferocium barbarorum.* Verum quod fuerit Salvatoris nostri Jesu Christi ortu nobilitatus, eaque etiam de caussa esset eo concurrentium religione percelebris, cæteris præfertur omnibus orbis civitatibus, atque ipsa dicitur augustior Roma. Super ipsum specum, unde Salus mundi emersit, Ecclesia constructa erat, et super ipsum præsepe , in quo Agnus Dei reclinatus est, erectum altare. Proxime ab illo specu sita erat cellula S. Patris, ex qua illud cum ingredi olim prohibitus est, commode aspicere tamen potuit. **Procul tamen erat a via publica, in diverticulo, cujus semita ab** *Archelai regis quondam Judææ* (*Lib. Loc.*),

seu verius Ethnarchæ, tumulo incipiebat. Construxit ibi, triennio post, Paula duplex Monasterium, et diversas excipiendis peregrinis mansiones. Monasterium unum *virgines* incolebant, *quas illa e diversis provinciis congregarat tam nobiles , quam medii, et infimi generis,* et ut vulgo editi libri præferunt, *in tres turmas, monasteriaque divisit. Earum hoc erat vitæ genus, ut in opere et cibo separatæ, psalmodiis, et orationibus jungerentur. Die tantum Dominico ad Ecclesiam procedebant, ex cujus habitabant latere ; et unumquodque agmen matrem propriam sequebatur. Unus omnium habitus. Linteamine ad tergendas solum manus utebantur. A viris tanta separatio, ut a Spadonibus quoque sejungerentur.* Alterum Monasterium viris tradiderat gubernandum : nec dubium est, quin præcipue Hieronymo curam ejus dereliquerit. Eadem quoque plus minus eorum fuerit administratio , atque illa mulierum. Et vero de his quædam attigimus in eam rem , ut possint huc etiam pro sexus ratione atque vitæ referri, cum reliquis, quæ late S. Pater in ea Epistola CVIII. ad Eustochium persequitur, et repeti ab eo loco velim.

Cæterum nihil magis ad ejus solitudinis indolem percipiendam facit, quam quæ ab iisdem Paula, filiaque ejus Eustochio ad Marcellam missa est Epistola in nostra recensione XLVI. cui conscribendæ sensus atque ipsa identidem verba præstitisse Hieronymus videri possit. Scripta certe est uno eodemque animo statim atque in Bethleem pariter constiterunt, sedemque ibi perpetuam figere deliberarunt. Nullas non loci laudes, et recessus opportunitates , ad sanctissime transigendam vitam, commemorant, quo animum eo commigrandi Marcellæ accendant : quæ si , relicta denuum Roma, Bethleem se conferat, fruitura sit omnibus Christi monumentis in locis, in quibus pleraque religionis nostræ mysteria peracta sunt. Id vero neque ante hunc annum 386 gestum censeri ullo modo potest, cum sub præcedentis proxime anni finem Paula Jerosolymam navigarit : neque postponi commode, cum ex ipsius Epistolæ initio satis appareat, scriptam fuisse cum primum mittendarum occasio litterarum incidit. Nec tamen diffiteor, parum credibile videri posse, Marcellam ante Albinæ matris obitum fuisse ab iis ad Bethleemi recessum evocatam, ne quam ejus maxime contubernio atque ope ob senectutem indigere sciebant, hortari ut desereret, viderentur. Indicio etiam esse, illam cum hæc data est Epistola, jam diem suum obiisse, neque enim a filia salutem ei dici Paula et Eustochium jubent : id quod sub Epistolæ saltem finem, si advixisset, par credere est, minime prætermissuras. Fato autem functa est Albina, ut inferius constabit , insequenti anno 387, illaque adeo Epistola post aliquod temporis intervallum ab illius obitu, et subsequenti, ut citius, anno scripta videatur. Verum minime adduci ego possum ex rerum serie , ut credam, Paulam et Eustochium Marcellæ in spiritu, ut ita dixerim filias, passas biennium saltem effluere, antequam ad eam , a qua tam se ægre divulsas ferebant, literas darent, et illud tamdiu compressisse desiderium quod ejus consuetudinis faciendæ impatientia gerebant. Sed neque ita opinari permittunt prima statim Epistolæ ipsiusmet verba: *Mensuram caritas non habet, et impatientia nescit modum, et desiderium non sustinet.* Et paulo post: *Quod solum absentes facere possumus, querulus fundimus preces, et desiderium nostrum non tam fletibus, quam ejulatibus contestamur,* et cætera, quæ tute huc referas.

CAP. VIII.

I. *Quod fuerit Hieronymi vitæ genus in Bethleem.* II. *Num ejus Ecclesiæ Rector, ut Sulpitio dicitur, fuerit?* III. *Scribit in quatuor Pauli Epistolas Commentarios.* IV. *Num et reliquas omnes exposuerit?* V. *Ejus scriptionis in universum indoles juxta Hieronymi sensum.*

I. Tranquillitati, quam semel in Syria gustaverat S. Pater, redditus demum in Bethleem, totum se pietatis erga Deum cultui totum rerum divinarum contemplationi ac studiis, quæ duo sunt Sacerdotum arma, dedicavit. Esse aliquid, non videri cupidus, cellula claudebatur (*Ep. LXXXII*), et in eo qui intra nos est homine, non qui extra nos, per virtutum quotidie gradus proficere satagebat. Alicubi testatur ipse, ideo se eremi latebris clausisse, ut *adolescentiæ deflens peccata, Christi in se misericordiam deflecteret* (*Contr. Jo. Jeros.*): alibi ait, ut vel præterita plangeret vitia, vel vitare niteretur præsentia: item ut paratior ibi diem Domini, sive judicii præstolaretur. Vile olusculum et cibarius panis, atque is quidem oppido parcus et moderatus, quem, ut testatur Palladius (*Laus. c.* 10), cum reliquis ad vitam sustentandam necessariis de Paulæ largitionibus accipiebat. Jejunia longa, somni breves, et quos vel humi tantum, vel in storea abjectus capiebat. *Veste utebatur contempta,* tametsi alicubi *mundiore* usum se indicet (*Contr. Jo. Jeros.*). Neque enim qui monachum tunc agebat, externo id corporis cultu profiteri cogebatur, tantum simplicitatem Christianam habitu præferret. His accedebat, immo animam vitamque actibus inspirabat, virtutum omnium quæ essent Christiano, et perfectiorem Christi imitationem profitente digne, usus assiduus Quod supererat orationi tempus, interdiu docendo, noctu legendo conterebat. In Scripturarum meditatione totus erat, quas nulla non die Paulæ præ ertim, atque Eustochio explicabat (*Præfectio. II*). Prodit Rufinus, quanquam obtrectandi animo, illum præterea nobilium pueros sibi commissos in Poetarum ac Rhetorum litteris instituisse. Quam criminationem adeo non timet S. Pater, ut nec fellere dignetur, eaque dissimulatione significet, se ad instar Pauli, omnibus omnia factum, gloriari, ut omnes Christo lucrifaceret, omni sexui, omnique ætati semet accommodasse. Et sane in dies magis magisque confluebant ad eum ex toto undique terrarum orbe ætatis diversæ homines, non tam locorum religione quam ejus celebritate nominis, doctrinæque admirabilitate ducti, et ma-

jeris rerum divinarum notitiæ adipiscendæ caussa.

II. Sed mirum illud, imo incredibile, quod tradit de Hieronymo Postumianus in Dialogo apud Sulpitium Severum, eum scilicet, tantis licet, tamque diversis solitariæ vitæ muniis occupatum, Ecclesiam quoque illam quæ erat in Bethleem rexisse. *Ecclesiam,* inquit, *loci illius Hieronymus Presbyter regit: nam parochia est Episcopi qui Jerosolymam tenet.* Neque vero hic falli potuisse hac in re videtur, siquidem et veritati cætera consentanea sunt, quæ de illo narrat, et se testatur *sex mensibus* apud eum fuisse. Et falli tamen, ex Epistola inter Hieronymianas LI. Sancti Epiphanii ad Joannem Jerosolymitanum, quam superius laudavimus, perspicuum est. Enim vero ex ea constat, Hieronymum ab ordinatione sua ad annum usque 394, ne in monasterio quidem voluisse umquam *propter verecundiam et humilitatem* Presbyteri officio fungi, *et debita nomini suo exercere sacrificia, et laborare in ea parte ministerii, quæ Christianorum præcipua salus est:* curam videlicet animarum agere. Quid quod olim cum simultates atque odia Joannes contra Hieronymum exerceret, ut ab ipso discimus S. Patre, fuere aliquandiu ipse suique fratres ab ejus ecclesiæ ingressu prohibiti? Quæ quidem sunt qui conciliari posse ita putent, si ab eo tempore Sulpitium loqui existimes, quo reditum utrimque est in gratiam, anno 398, ut volunt, quum Sulpitius eo accessit, jamque illud numeris in se Hieronymus cum Pauliniano fratre susceperat. Verum neque constare hoc potest, neque veri similitudinem ullam habet. Si enim S. Pater ab eo quod in Ordinatione sua proposuerat, dimoveri tunc minime potuit, atque exorari, ut in monasterio saltem sacris operaretur, quum ab Ecclesiæ publicæ ingressu arcebatur: quis sibi persuadeat post reconciliatam cum Joanne amicitiam, cum potuit pro lubitu in ea Ecclesia rei sacræ interesse, neque ejus erat ministerio opus, a proposito discessisse: maxime cum alii jamdudum fuissent pluresque Presbyteri eidem Ecclesiæ præpositi, neque ab eo tempore, quo S. Pater a Joanne dissidebat, ullam ejus rei necessitatem recurrisse intelligamus. Ut enim transeat, quod minime tamen dabo, Bethleem aliquando concessisse Sulpitium, idque anno 398; transeat etiam fuisse tum initam cum Joanne pacem, quæ post biennium sarta est, nisi rationes nostræ nos fallunt: sane diu etiam ab eo tempore in posterum ibi vixit Hieronymus, et continuo tamen, sicubi vitæ suæ meminit, eam se agere cum monachis omnino solitariam significat. Sic Epistola CXVII. quæ anno scripta est 409, se ait *clausum cellula, et procul a turbis remotum,* quæ certe Ecclesiæ Parochialis Præfecto nequaquam congruere possunt. Præterea quanta illi esset justi reverentia, et quam sedulo caveret, parochialia jura ne læderet, declarat ipse toties laudato contra Joannem libro, verbis, atque exemplo in rem nostram locupletissimo. *Quis scindit Ecclesiam? Nos: quorum omnis domus Bethleem in Ecclesia communicat? an tu, qui etc.? Nos scindimus Ecclesiam, qui ante paucos menses circa dies Pentecostes, quum obscurato sole*, **omnis mundus jam jamque venturum judicem formidaret, quadraginta diversæ ætatis et sexus Presbyteris tuis obtulimus baptizandos ?** *Et certe quinque Presoyteri erant in monasterio, qui suo jure poterant baptizare, sed noluerunt quidquam contra stomachum tuum facere, ne et hæc tibi de fide reticendi daretur occasio. An non tu potius scindis Ecclesiam, qui præcepisti Bethleem Presbyteris tuis, ne Competentibus nostris in Pascha baptismum traderent : quos nos Diospolim ad Confessorem et Episcopum misimus Dionysium baptizandos ? Ecclesiam scindere dicimur, qui extra cellulas nostras locum Ecclesiæ non habemus.* Sed hæc, inquies, quæ gratiæ reconciliationem præcesserant, spectant. Esto, ut voles ex præconcepta opinione : sed utique ea sunt, ex quibus jure deinceps liceat de reliquo vitæ genere argumentari, et quale ingenium fuerit S. Patris, et quis animus, monstrent.

Sulpitius itaque benigno lectore, et commodo opus habet interprete. Ego itu accipio, ut privatam monasterii Ecclesiam, seu conventum, si mavis Latine de Ecclesiasticorum phrasi, dixisse voluerit abs Hieronymo administratum. Atque hoc quidem sensu vere dixerit : nam et primas ille partes ibi sustinebat, et nihil ad fidem propius, quam fratrum conventibus fuisse eum et virtutum merito, et Presbyterii honore præpositum. Conveniebant nempe in unum locum quotidie ad preces et psalmodias, eaque privata erat Ecclesia; nec certe par credere est, quo tempore Hieronymus cum suis ab Ecclesiæ publicæ ingressu prohibitus est, ab illo pietatis erga Deum acti cessasse, et tam longi temporis spatium Monachos sine precibus communibus traduxisse. Ibi S. Pater totum Monachorum cœtum sacrarum Scripturarum doctrina instruebat, novasque in dies propositas ex earum prælectione difficultates Κατυιστοῦ instar explanabat, Quamobrem et in Præfatione ad versionem Libri Paralipomenon ex Hebræo, *LXX*. inquit, *Interpretes in Conventu fratrum semper edissero* : et in fine Epistolæ CXII. ad Augustinum, quæ anno data est 404 : *Tu*, ait, *qui juvenis es, et in Pontificali culmine constitutus, doceto populos, etc. Mihi sufficit cum auditore et lectore pauperculo in angulo monasterii susurrare.* Ejusmodi alia quædam in Hieronymianis scriptionibus testimonia invenies, quæ nobis referre huc singillatim longum esset, fortasse etiam a proposito devium; duo enim ista in cam maxime rem laudavimus, ut contra atque sensisse videtur Sulpitius, et diu post ejus temporis notationem, non aliam constet abs Hieronymo administratam Ecclesiam, quam quæ privata in monasterio cogebatur, et propiore vocabulo *Conventus* ei dicitur (*Lib. contr. Jo. Jerosol.*). Invenies autem et quæ loca testentur, ingentem fuisse degentium ibi Monachorum, atque aliorum eo confluentium numerum, ut jam non sufficeret constructum a Paula monasterium, sed et diversorium propter exstrui peregrinis excipiendis necesse fuerit; quibus una omnibus Hieronymus præerat. Ex his quatuor etiam aut quinque erant Presbyteratus (cujus **tamen munia nunquam obiret** *propter humilitatem*) gradu ornati, ut ex superius laudato contra Joannem testimonio intelligimus. Ex quo item licet colligere, quanta eorum esset, qui eo conveniebant, vitæ ejus amore ducti, frequentia : siquidem ad *quadraginta* usque *diversæ ætatis et sexus* de nondum baptizatis, seu recens conversis, quandoque ibidem dicuntur exstitisse. Sed et Episcopum nescio quem Paulum nomine, quem Theophilus persequebatur, fuisse ibi Monachis cooptatum, ex Libro tertio in Ruffinum conjicimus. Quem locum S. ipse Pater his verbis concludit : *Nobis in Monasterio hospitalitas cordi est, omnesque ad nos venientes læta humanitatis fronte suscipimus, etc.* Et luculentius antea Epist. LXVI ad Pammachium : *Nos in ista provincia, ædificato Monasterio, et diversorio propter exstructo...... tantis de toto orbe confluentibus turbis obruimur Monachorum, ut nec cœptum opus deserere, nec supra vires ferre valeamus. Unde quia pene nobis illud de Evangelio contigit, ut futuræ turris sumptum ne ante supputaremus expensas, compulsi sumus fratrem Paulinianum ad patriam mittere, ut semirutas villulas, quæ barbarorum effugerunt manus, et parentum communium census venderet, ne cœptum Sanctorum ministerium deserentes, risum maledicis et æmulis præbeamus.* Sed hæc hactenus.

III. Monachorum erat, quod sæpius S. ipse Pater fatetur, labore manuum sibi victum quærere : sed satius ipse sibi, atque utilius universæ Ecclesiæ consultum fore existimavit, si manuum labori studium Scripturarum substitueret. *Magis utile*, inquit, *quid ex otio meo Ecclesiæ Christi venturum ratus, quam ex aliorum negotio* (*Præf. in Job ex LXX*). In primis itaque se ad linguam Hebraicam retulit : quam etsi probe calleret, voluit tamen, quoad ejus fieri potuit, penitius adsequi. Præceptore tunc usus est quodam Barabba, sive Baranina (utroque enim modo appellat) qui cum suorum odia incurrere eam ob rem timeret, noctu tantum ad Hieronymum accedebat, unde et *nocturnus magister* ei dicitur. Prodit diu post de se ipse, quod hanc linguam, *quam ab adolescentia multo labore ac sudore* didicerat, *infatigabili meditatione nunquam descruerit, ne ab ea ipse desereretur* (*Epist. CXVIII*). Ab hoc autem studio, ad Scripturarum Interpretes gradum fecit, quorum non unum atque alterum, sed quotquot fuerunt ante ipsum, sedulo evolvit, adeo ut nemo sive Græcos sive inter Latinos Patres, plures quam Hieronymus Auctores legisse videatur. Lectioni deinde scriptionem adjecit : in qua facilem adeo, et sensus sponte sua, ut ita dixerim stilum sortitus est a natura, ut una interdum lucubratione Commentariis in Scripturam conscribendis mille versus, seu lineas exararit, et singulis diebus singulos Veteris Instrumenti libros ex Hebræo converterit. Assiduus adeo etiam hac in re fuit, ut nulla non die sacrarum studiis Literaturam distineretur, id quod Postumianus apud Sulpitium Severum (de quo superius multa) insigni elogio illo testatur : *Totus in lectione, totus in libris est : non die non nocte requiescit : aut legit aliquid semper, aut scribit* (*Dial. II*).

IV. Sed scripta ejus peculiaria juxta historiæ ordinem recenseamus. Petierant ab eo Paula atque Eustochium, ut in Pauli Epistolas, quas nemo antea Latinorum fuerat interpretatus, Commentarios scriberet. Quibus ille ut faceret satis, a breviore, et magis expedita, quæ est ad Philemonem, initium fecit. Sumpsit *post aliquot dies* exponendam illam ad Galatas, quam tribus libris absolvit. In his *Origenem secutus*, novam de S. Petri cum Paulo disputatione litem commovit, de qua pluribus deinde in utramque partem ipse, atque Augustinus Epistolis contenderunt. In Præfationibus, quod hæc propere dictare cogeretur, et quod neque excogitatum opus appareat, neque admodum limatus sermo, sæpius excusat. Recolenda in hanc rem pauca quædam ex Præfatione tertia : *Omnem*, inquit, *elegantiam*, *et Latini eloquii venustatem stridor lectionis Hebraicæ sordidavit. Nostis enim et ipsæ* (Paula atque Eustochium) *quod plusquam quindecim anni sunt, ex quo in manus meas numquam Tullius, numquam Maro, numquam Gentilium literarum quilibet Auctor ascendit : et si quid forte dum loquimur, obrepit, quasi antiqui per nebulam somnii recordamur. Quid autem profecerim ex linguæ illius infatigabili studio, aliorum judicio derelinquo : ego quid in mea amiserim, scio. Accedit ad hoc, quia propter oculorum, et totius corpusculi infirmitatem, manu mea ipse non scribo, nec labore et diligentia compensare queo eloquii tarditatem : quod de Virgilio quoque tradunt, quia libros suos in modum ursorum fœtuum lambendo figuraverit. Verum accito Notario, aut statim dicto quodcumque in buccam venerit : aut si paululum voluero cogitare, melius aliquid prolaturus, tunc me tacitus ille reprehendit, manum contrahit, et frontem rugat, et se frustra adesse, toto gestu corporis contestatur.* Neque est prætereundum, quod ad rerum Hieronymianarum historiam spectat, nuntiatum fuisse sibi, cum hisce adornandis in Epistolam ad Galatas Commentariis animum adjecisset, Albinam *venerabilem anum*, Marcellæ matrem, obiisse. Adhæsit huic statim, matris contubernio destitutæ, Principia, quæ post Hieronymi ab Urbe discessum in sui locum successerat : unaque ambæ in suburbanum agrum, tamquam in solitudinem sese receperunt. Rem narrat S. ipse Pater partim Præfatione in primum Commentarium, partim Epist. CXXVII. quod est Marcellæ Epitaphium.

Porro autem incœptum sedulo persecutus, subsequentem ad Ephesios Epistolam exponendam, ut alias fecerat, sumpsit, et tribus itidem libris absolvit. Et Paulæ quidem atque Eustochio de more inscripsit, sed et Marcellam, quam vocat *unicum viduitatis exemplar*, in Præfatione priore nominat, ut ad eam quoque transmitti opus hoc suum velit, ea cautione adhibita ut ne maledicis atque invidis legendum tradat. Quin etiam *id ipsum per Epistolas flagitasse illam abs se*, indicat Præfatione secunda, inque ejus gratiam *hæc se adornare significat, nova subinde Romam musucula transmittenda.* Denique ad Titum quæ inscribitur, paulo post singulari eoque brevi Commentario explanavit. Nihil quod propositum nostrum spectet in ea Præfatione monuit. Ad Capitis autem primi versum undecimum se ait, *ante paucos menses tria volumina in Epistolæ ad Galatas explanationem dictasse* : ex quo luce meridiana clarius est, hosce universos in quatuor Pauli Epistolas Commentarios fuisse non eodem modo anno, sed anni etiam parte, seu paucorum spatio mensium elaboratos. Neque porro alium videri diximus suis locis, quam 387, vel insequentem : id quod uno atque altero præterea argumento confirmare libet. Atque illo cum primis, quod se ait S. Pater *ab annis plusquam quindecim nullum Gentilium literarum Auctorem in manus sumpsisse* : ab eo scilicet, ut nihil dubium est, tempore, quo per somnium admonitus, cum se Calcidis eremo abdidisset, profanorum Scriptorum lectioni jurejurando renuntiavit. Huic autem temporis notationi si quindecim illos annos addas, ad hunc nimirum devenies, quem diximus 387. Idipsum Ruffini comprobat testimonium libro Invectivarum secundo (quem scis nempe scriptum anno 401), ubi Commentarium Hieronymi in Epistolam ad Ephesios *ante quindecim ferme annos scriptum* affirmat. Et Hieronymus quidem exactos jam supputarit ; Ruffinus vixdum incœptos. Eadem denique Chronica nota elucet ex Præfatione Commentarii in Ecclesiasten, de qua erit sequenti capite dicendi locus. Quod igitur ait S. Pater Libro primo contra Ruffinum de expositione sua in Epistolam ad Ephesios, *Decem et octo ferme anni sunt, ex quo istos dictavi libros, eo tempore quo Origenis nomen florebat in mundo*, omnino aut errore Antiquariorum in numericis notis laborat (siquidem nihil dubium est, eum anno 401, hæc adversus æmulum suum scripsisse) et *Quindecim ferme*, sive **XV.** pro *Decem et octo*, sive XVIII. legendum est : aut quod putare malim, de eo tempore accipiendus est loqui Hieronymus, quo primum scriptionibus Origenis in Latinum refundendis manum admovit.

IV. Nihil vero aliud præterea Commentariorum in Apostolum elucubratum ab eo est : ut ipsemet indicat in suorum Catalogo operum, ubi istas dumtaxat laudatas quatuor Epistolas abs se explicatas recenset : tametsi illam ad Philemonem, a qua initium Explanationis suæ fecit, postremo loco collocat, ordinem potius Scripturarum, quam temporis secutus. Aberrant itaque a vero longissime, qui totum fuisse abs Hieronymo Apostolum Commentariis illustratum jam inde a Cassiodorii ævo arbitrati sunt. Fucum, opinior, fecit studiosis viris locus ille Prologi alterius libri in Epistolam ad Ephesios, ubi ἁπλῶς S. Pater, *Pauli*, inquit, *Epistolas conamur exponere* : quod de universis dictum acceperunt, cum vel solas has quatuor spectet, vel certe propositum modo indicet atque animum, quem in reliquas scribendi habebat, numquam autem explevit. Neque hac fine stetit malum, subinde enim invenire est in antiquis libris Hieronymo adscriptus *Commentarius in omnes Pauli Epistolas*, illa quæ est ad Hebræos excepta. Tamen olim fraudem inferre librarii ausi sunt, quæstus gratia, ut opus a nequissimo hæretico, et si Superis placet, nominis Hieronymiani hoste infensissimo elucubratum, ipsi Hieronymo adscriberent. Sed est jamdudum inter supposititia amandatum, nosque in hunc rejecimus Operum id genus tomum, eaque de re satis in præfixa Admonitione diximus.

V. Sed sunt quædam in antecessum de ratione qua Commentariis elucubrandis usus est S. Pater, semel hac primum oblata occasione animadvertenda, ne eadem sæpius replicare, cum alios deinceps ad finem usque recensebimus, necesse sit. Ille enim cum ingenio suo in Scripturis exponendis diffideret, quod sciret illas non ex arbitrio, sed esse ex majorum traditionibus interpretandas, ad eos confugiebat, qui in cum Librum, quem sibi explicandum proponeret, antea aliquid edidissent. Ita vero sedulo omnes pervestigabat, ut suam nemo videatur diligentiam effugisse : legebat ita propositi sui attente memor, ut nihil eorum quæ ad rem suam facerent, præteriret, nihil non transferret in sua. Et laudabat quidem in Commentariorum exordiis sæpe eorum nomina, quos sequeretur ; sed et sæpe prætermissa faciebat, cum magis opportunum videri poterat, atque eorum tamen opiniones suimet operis contextui inserebat. Id autem abs se factum ait ex quadam, ut ipse autumat, Commentariorum lege, *in quibus multæ diversorum ponuntur opiniones, vel tacitis, vel expressis Auctorum nominibus, ut Lectoris arbitrium sit, quid potissimum eligere debeat, decernere.* Atque hinc modo sua, modo se aliena dictare profitetur in Præfationibus, ita tamen ut difficile internosci aliena ab suis possint, nisi ab eo, qui Auctores omnes, a quibus ille excerpsit, legerit, eorumque dicta ac sententias in numerato habeat. Sæpe adeo vel a Ruffino, qui ei dicam ea de re multam dixit, vel ab aliis, de opinionum, quas dissimulato Auctore retulerat, levitate atque incommodo interdum sensu accusatus est, perinde atque de suo, aut certe de probata sibi auctoritate protulerit. Quibus hac una continenter responsione satis fecit, qua et ab Augustini se postulationibus defendit : *Si quid reprehensione dignum putaveras in explanatione nostra, eruditionis tuæ fuerat quærere, utrum ea quæ scripsimus haberentur in Græcis, ut si illi non dixissent, tunc meam proprie sententiam condemnares, præsertim cum libere in Præfatione confessus sim.... vel mea, vel aliena dictasse.* Paria his sunt quæ Ruffino reponit, et quæ ut recolas auctor sum : neque enim ut huc a nobis referantur, institutæ narrationis ordo permittit. Ac sane plurimum sua, et nostra ad Scripturarum doctrinam interfuisset, si uniuscujusque Auctores sententiæ de nomine laudasset, vel ex iis tantum in Commentaria sua transtulisset probabilissimas opiniones vel denique regulam, *quam sibi testatur proposuisse, ut aperte confiteretur quæ sunt hæretica, et quæ sunt Catholica,* sancte continuo observasset. Sed quando aliis de causis satius ipse judicavit, Auctorum nominibus parcere, ne aliquem videretur lacerare : in hoc nos commodum Lectorum incubuimus, ut quæ loca ex aliis, Origene præsertim atque Eusebio S. Pater expressit, suis Auctoribus redderemus in Notis, vel ipso, cum licuit, apposito Græco textu, vel nomine saltem et libro Scriptoris indicato.

CAPUT XIX.

I. *Scribit in Ecclesiastem Commentarios.* II. *Quæstionum quoque Hebraicarum in Genesim : de locis item, deque Hebraicis nominibus libros singulares.* III. *Didymi librum de Spiritu Sancto in Latinum transfert.* IV. *Homilias quoque triginta novem Origenis in Lucam.* V. *Scribit in Psalmos a decimo usque ad decimum sextum Tractatus septem.* VI. *Denique Malchi captivi monachi vitam, et Beati Hilarionis.*

I. Et solitariæ vitæ tranquillitate, qua nihil est ad studia litterarum aptius, et Paulæ matris beneficentissimæ liberalitate usus Hieronymus, quæ jam in Ecclesiarum utilitatem cedere ingenii sui monimenta percœperat, iisdem elucubrandis in dies magis totum se animo et viribus devovit. Statim ab Epistola ad Ephesios, scribere in Ecclesiastem aggressus est : tam sane brevi atque exiguo temporis interjecto spatio, ut opus utrumque ipsemet libro contra Jo. Jerosolymitanum sub chronica una notatione conjungat. Quin etiam præpostero ordine hoc illi præferre videtur : *Ante annos,* inquiens, *ferme decem in Commentariis Ecclesiastæ, et in explanatione Epistolæ ad Ephesios, arbitror sensum animi mei prudentibus explicatum.* Series autem rerum et quæ superius disputata sunt, satis manifesto evincunt, Commentarios in eam Apostoli Epistolam, istis in Ecclesiastem præcessisse : atque illos quidem anno 388, ad finem vergente adornatos, istos vero subsequentis 389 initio adscribendos. Idipsum scriptionis historia, ipsiusque S. Auctoris locupletissimus in Præfatione locus testantur. Memini, ait, *me ante hoc ferme quinquennium, cum Romæ adhuc essem, et Ecclesiastem S. Blæsillæ legerem.... rogatum ab ea, ut in morem Commentarioli obscura quæque dissererem, ut absque me postea intelligeret quæ legebat. Itaque quoniam in procinctu operis nostri, subita morte subtracta est... tantoque vulnere tunc percussus obmutui : nunc in Bethleem positus, augustiori videlicet civitate, et illius memoriæ, et vobis* (Paula et Eustochium) *reddo quod debeo.* Atque anno quidem 384 exeunte, cum tres fere menses fuisset in Hieronymi disciplina, diem obiisse Blæsillam, suo loco ostendimus : cui si alterum *ferme quinquennium* superaddas, ad hunc nimirum devenies annum 389 saltem incœptum, quo istos sentimus lucubratos, abs Hieronymo Commentarios. Quæ Explanationis ejus naturam, ut ita dicam, atque ingenium spectant, partim attigimus paulo superius, partim sunt ex ipsa Præfatione, atque operis contextu repetenda.

II. Ejusdem hujusce anni decursu, aut si libet ad subsequentis usque initia, videtur S. Pater tres alios diversi parum inter se argumenti Libros singulares edidisse, quos hoc ipsemet ordine in suorum Catalogo operum recenset : *Quæstionum Hebraicarum in* (*Trois.*)

Genesim librum unum. De Locis librum unum. Hebraicorum Nominum librum unum. In primo alterum ex his memorat, in altero primum ac tertium, atque in hoc duos priores : ut illos uno eodemque tempore cum prae manibus habuisse, ipsa hac recensione intelligas. Quin etiam primo in lucem edidit, quem ibi ordine postremum ponit; sive cum adhuc Hebraicis quaestionibus insudaret, et nondum librum de Hebraicis Locis edidisset, tertium de Nominibus vulgavit. Ferebatur hic liber jamdiu olim Graece a Philone primum deformatus, deinde Origenis studio auctus, sed perturbatus adeo et confusus, ut debitae ex eo percipi utilitati parum consultum putarit Hieronymus, si tantum Latine verteret, non autem novum fere ex integro repararet. Profectus, quem in Hebraicis litteris fecerat, specimen atque experimentum hoc fuit, quod hac nimirum de causa *hortatu fratrum Lupuliani* (vel *Lupuli*, ut libri alii praeferunt) *et Valeriani scribendum suscepit, rei ipsius utilitate commotus*, et quo fecisse se aliquid glorietur. *quod a Graecis quoque appetendum esset.* Ut enim pleraeque omnes quae in Graeco exemplari habebantur etymologias nominum retinuerit, ne Graecis quidem exceptis aliquot nominibus, praepostera olim cura intrusis : saepius tamen de suo alias addidit, et eas quae subabsurdae viderentur, et contra linguae Hebraicae ingenium, *violenta interpretatione explicari*, professus est. Librum itaque nunc suum vocat, nunc Philonis, vel Origenis, et quaedam se alicubi ait in libro Nominum Hebraicorum reperisse, quae minime in hoc suo leguntur.

Editionis honorem subsecutae sunt Quaestiones Hebraicae in Genesim, *novum plane opus, et tam Graecis quam Latinis prorsus antea inauditum*, quo id sibi proposuit, ut vel eorum, qui de libris Hebraicis varia suspicabantur, errores refelleret, vel ea quae in Graecis et Latinis codicibus scatere vitiis videbantur, auctoritati suae redderet. Ejusmodi quaestiones in caeteros quoque libros Scripturae adornare in animo habuit, fortasse etiam adorsus est : id quod subinde innuit ipse, ut quum de re quadam locuturum se recipit, cum *Quaestiones in Josue* explicabit. Sed quemadmodum in Generali Praefatione ostendimus, aut nequaquam postea perfecit quae ad rudem earum contextum informaverat, aut quod propius ad fidem videtur, mutato consilio, cum deinde Commentarios elaboraret, iisque illis quae tumultuario congesserat, utiliter usus est : vel denique quidquid illud erat operis, intra domesticos parietes cohibuit. Certe non alias praeterea Quaestiones Hebraicas in suorum Catalogo operum, quem post ferme biennium scripsit, quam istas in Genesim recenset, ac recipit in foetuum suorum censum. Postremo loco Librum de Locis vulgavit, quem Graece praescriptum ab Eusebio in Latinum transtulit, alicubi etiam mutavit, et nonnihil auxit, ut ex Graeci textu, quem e Hieronymianae interpretationis regione edidimus, collatione perspicuum est. Hanc libertatem ita ipse excusat in Praefatione, *Semel enim et in Temporum libro praefatus sum, me vel interpretem esse, vel novi operis conditorem.*

Opposuit vero interpretationem hanc suam alteri, quam *quidam vix primis imbutus litteris* edere ausus fuerat, *ut ex comparatione utriusque prudens Lector judicium faceret.*

III. His Didymi librum in Catalogo subnectit, quem in annum jam quintum premebat, ex quo illum Romae, cum Damasus adhuc in vivis ageret, sive anno 384, ut suo loco monuimus, ad finem vergente coeperat interpretari. Resumit cum itaque in manus et sive secundis curis totum recognoverit, sive reliquam modo partem, quam praetermiserat, in Latinum verterit, cum sane diutius latere intra cellulae suae parietes minime passus est, sed honori, ut ipse loqui amat, editionis, hoc scilicet 389 anno ad finem properante, permisit, et Pauliniano fratri suo dedicavit. Rem totam narrat ipse in Praefatione : *Cum in Babylone*, inquiens, *versarer, et purpuratae meretricis essem colonus, et jure Quiritum viverem, volui garrire aliquid de Spiritu Sancto, et coeptum opusculum ejusdem Urbis Pontifici dedicare.* Tum paucis interjectis de odio, *quo apud Romanos laboravit, Illico ego*, subdit, *velut postliminio Jerosolymam sum reversus, et post Romuli casam et Ludorum Lupercalia, diversorium Mariae et Salvatoris speluncam adspexi. Itaque, mi Pauliniane frater, quia supradictus Pontifex Damasus, qui me ad hoc opus primus impulerat, obdormivit in Christo, tam tuo, quam venerabilium mihi ancillarum Christi, Paulae et Eustochii nunc adjutus oratu; canticum quod cantare non potui in terra aliena, hic a vobis in Judaea provocatus immurmuro... Et ut Auctorem titulo fatear, malui alieni operis interpres existere, quam* (*ut quidam faciunt*) *informis corniculae, alienis me coloribus adornare.* Quibus postremis verbis, maxime vero his quae subsequuntur, S. Ambrosium suggillari contendit Ruffinus, eaque de caussa criminationem in Hieronymum gravissimam intentat. Dictum aliis ea de re, et nobis suo loco.

IV. Succedunt Homiliae trigintanovem Origenis in Lucam, quas persuasum est doctis viris fuisse ante ab eo redditas Latine, quam Hebraicas in Genesim Quaestiones, et Librum de Locis ederet, eoque magis ante eum quem modo recensuimus, Dyolimi de Spiritu Sancto Tractatum. In quam sententiam locuples quidem eos adduxit S. ipsismet Patris in Praefatione ad Homilias illas locus : *Praetermisi paululum Hebraicarum Quaestionum libros, ut ad arbitrium vestrum lucrativis operis haec qualiacumque sunt, non mea sed aliena dictarem.* Verum valde ego aliter sentio, et perperam accepisse eos mentem S. Doctoris, sensumque ejus verborum, autumo. Neque enim Quaestionum in Genesim, sed ἁπλῶς *Quaestionum libros* se ait intermisisse : multoque probabilius est, et par credere, de aliis eum loqui, quas in reliquos Scripturae libros parabat (et semel tunc interceptas, postea, ut diximus, omnino praetermisit) quam de singulari in Genesim libro, quem tota rerum series, et quem tenet ordo in Catalogo, perfectum jam antea, ac publici juris factum, persuadent. Quod si verum est, ut veri speciem omnem habet : has anno demum 390 ex Græco in Latinum convertendas Homilias susceperit. In Præfatione ad Paulam et Eustochium quemdam quem istæ legerant, nec satis tamen probaverant, Lucæ interpretem S. Pater suggillat : eumque S. Ambrosium esse, qui ante ferme quadriennium suos ediderat Commentarios in Lucam (*Invect. II*), Ruffinus contendit. Et probare etiam tum ex eo nititur, quod nullus ex Latinis ad id usque temporis præter Ambrosium in Lucam scripsisset, tum quod ipsiusmet Epistolam Hieronymi proferre posset, *in qua hoc ipsum de aliis excusans, in illum convertit suspicionem*. Sed neque hanc Epistolam, quod *secretiora quædam* alia contineret, Ruffinus in vulgus edidit, aut quisquam vidit, ut ex ea disputare liceat : neque homini plusquam Vatiniana odia in Hieronymum exercenti, facile erit qui hac in re fidem adhibeat. Cætera quæ ejusdem calumnias spectant, quas in hanc instruit Homiliarum Origenis Latinam interpretationem, satis abunde dispuncta et refutata sunt nobis in Præfatione ad Tomum septimum, quæ si tanti sunt, recolas.

V. Paulo post, hoc tamen, ut videtur, anno elucubravit S. Pater eos etiam quos pone subdit *in Psalmos a decimo usque ad decimum sextum Tractatus septem*. Docti viri, de quorum numero Sixtus Senensis et Daniel Huetius, non alias præterea existimant fuisse, quam totidem Origenis Homilias, quas de Græco in Latinum transtulerit. Nobis hac de re nihil pro certo affirmare placet, maxime cum tota elucubratio illa desideretur, ex qua sumere in alterutram partem argumentum liceret. Quin potius si quid conjicere ex modo, quo ab ipso recensentur, licet, malim ego primogenitos fœtus S. Doctoris existimare : tametsi maximam partem ex græcis Scriptoribus atque Origene præsertim, ut in more positum tunc illi erat, desumptos, ultro etiam fatear. Porro cur interciderint, aut certe neque integri supersint, neque eo cultu, ut ab aliorum interpolationibus internosci queant, caussam addidimus in Admonitione ad *Breviarium in Psalmos*, quod Septimo Tomo Appendicis loco subnectimus.

VI. Videtur, his absolutis scriptionibus, aliquandiu sibi silentium imposuisse S. Pater : *Silere quippe*, ait, *me fecit, cui meus sermo supplicium est* (*Prolog. ad Vit. Malchi*). Sed graviorem interim, ac longioris multo operæ scriptionem animo jam parabat, universam, videlicet, rerum Christianæ historiam, literis consignare. *Scribere enim*, inquit, *disposui (si tamen vitam Dominus dederit : et si vituperatores mei saltem fugientem me, et inclusum persequi desierint) ab adventu Salvatoris usque ad nostram ætatem, id est ab Apostolis usque ad nostri temporis fecem, quomodo et per quos Christi Ecclesia nata sit, et adulta, persecutionibus creverit, et martyriis coronata sit : et postquam ad Christianos Principes venerit, potentia quidem et divitiis major, sed virtutibus minor facta sit* (*Ibidem*). Porro elucubrarit nec ne postea istud operis, dubitatum est inter eruditos, etsi enim ad nos nihil ejusmodi

pervenerit, neque ulla unquam ejus apud antiquos vola sit aut vestigium, affirmare tamen videtur ipsemet, idque post annos admodum decem, Libro I. contra Ruffinum, ubi se ait Ecclesiasticam Eusebii historiam (quam suæ potuisset inserere) in Latinum transtulisse. *Laudavi*, inquit, *Eusebium in Historia Ecclesiastica, in digestione Temporum* (hæc est Chronici versio) *in descriptione Terræ Sanctæ* (hæc Libri de Locis est) *et hæc ipsa Opuscula in Latinum vertens meæ linguæ hominibus dedi*. Verum aliam nos ad eum locum innuimus fuisse S. Doctoris mentem, quam vulgo intelligitur, ac primo statim obtutu apparet : atque ita hæc diximus accipienda verba, ut illud unice ad Ecclesiasticam historiam referatur, quod ait, *laudavi* : ad reliqua autem duo opuscula alterum, quod suæ linguæ hominibus dederit, spectet. Quæ quidem genuina etiamnum sensus ejus explicatio videtur, et quæ aliis ejusmodi apud eum exemplis, si res ferat, comprobari facile possit. Si cui tamen minus arrideat, ita etiam existimare liceat, eam innui Eusebianæ historiæ partem, haud equidem magnam, sed tamen Eusebii κατα λέξει, quæ Scriptores Ecclesiasticos recenset, et Noster suo de Viris Illustribus libro Latine redditam de verbo ad verbum inseruit. Certe qui elucubratam revera ab eo historiam universam Ecclesiasticam putant, longius a veri specie omni aberrant.

VII. Sed utique cum primum silere desiit, anno ut videtur 391, *Malchi Captivi Monachi, et Beati Hilarionis Vitas* conscripsit, quas in Catalogo, uno, ut ita dixerim, spiritu recensens, ita connectit. Et priorem quidem historiam, ut suo loco diximus, Maroniæ in Syria ab ipsius Malchi ore exceperat : alteram ab Ægyptiis monachis enarratam digessit. Addit qui *Vitæ Patrum* Liber inscribitur, Asellæ fuisse Auctore ab ipso nuncupatam : cujus tamen rei, neque in editis in manu exaratis Hieronymianis codicibus vola est aut vestigium. Quod unum prodit S. ipsemet Pater, hanc Sophronius *in Græcum eleganti sermone transtulit* : ex eoque Vossium falli, perspicuum est, qui in Opere de historicis Græcis, Sophronium vitæ Hilarionis Auctorem, non interpretem facit.

CAPUT XX.

I. *Recensentur quæ Hieronymus ex τῶν LXX. exemplari in Latina tunc vulgata Editione emendavit*. II. *Libri qui ex eo labore nunc superant*.

I. Nullam videtur S. Pater in Catalogo, laboris ejus perquam utilis, ac difficillimi, quo Sacræ Scripturæ libros ex Latina vetere interpretatione ad emendatissima τῶν LXX. exemplaria recensuit, restituitque innumeris locis, rationem habuisse, saltem quæ temporum notationem spectet. Nec sane tamquam elucubrati ab se operis mentionem ibi ullam facit, ubi alia omnia, minoris etiam si libet momenti, in censum suorum recipit : et liquido tamen constat, quo tempore Catalogum illum, seu Librum de Viris Illustribus scripsit, anno videlicet 392, pleramque ejus laboris partem jam exantlasse, nec sane modieam permisisse jam in publicum ut prodiret. Libro secundo in Ruffinum, *Egone*, inquit, *contra Septuaginta Interpretes aliquid sum locutus, quos ante annos plurimos diligentissime emendatos meæ linguæ studiosis dedi?* Atque iisdem fere verbis Libro III. *Septuaginta Editionem diligentissime emendatam ante annos plurimos meæ linguæ hominibus dedi.* Item in Prologo ad libros Salomonis ex Hebræo, *Si cui sane Septuaginta Interpretum magis Editio placet, habet eam a nobis emendatam.* Denique, ut alia multa prætermittam, Epist. LXXI. ad Lucinium, *Septuaginta Interpretum Editionem et te habere non dubito, et ante annos plurimos diligentissime emendatum studiosis tradidi.* Hæc satis abunde S. ipsiusmet Interpretis testimonia evincunt, fuisse ab eo istud Operis non adornatum modo, sed et Editionis honori, ut ipse alias loquitur, bona saltem ex parte permissum.

II. Satis quoque ex iis constat, contra atque Critici quidam, cætera non indocti, arbitrantur, non illos modo Scripturæ libros, nec præterea alios, fuisse abs Hieronymo ad Græcum exemplar recognitos, qui vel superant etiamnum, vel de nomine ab ipso laudantur. Cum enim ἁπλῶς *Editionem Septuaginta* abs se dicat in Latino ad Græca exemplaria emendatam, eamque alteri comparet Translationi ex Hebræo, manifestum est, non quosdam tantummodo libellos, et ad summum sex, ut volunt, sed universum Canonem sua illa cura expolitum denotare. Cujus quidem rei alia argumenta sunt, quæ latius in Præfatione nostra ad decimum Tomum protulimus, et quæ, si tanti videntur, consulas denuo ; atque huc referas. Luculentissimum profecto est illud S. ipsius Interpretis testimonium Epist. CXXXIV. ad Augustinum, ubi jam tum fuisse pleramque ejus emendationis partem a nescio quo compilatam, dolet. *In Editione*, inquit, *Septuaginta.... pleraque prioris laboris fraude cujusdam amisimus.* Multa igitur alia erant præter ea quæ vulgo prostabant tunc temporis, ac supersunt hodiernum, quæ *pleraque operis pars* dici potuit, et facile universum Canonem Scripturarum explebant. Cujus denique rei certior ipse factus Augustinus Epistola inter Hieronymianas CXVI. integram ab eo recensionem eam postulat. *Mittas*, ait, *obsecro, interpretationem tuam de Septuaginta, quam te edidisse nesciebam.*

III. Porro, quanti labor hic S. Doctori steterit, et quid proprie rei sit atque operis, aperiendum est. Erat Veteris Instrumenti Vulgata vetus interpretatio, quæ tunc temporis passim in Ecclesiis obtinebat, ex Græca alia τῶν LXX. versione in Latinum refusa, sed ita librariis omne genus vitiis, lacunis, trajectionibus, assumentis deformata, ut interdum etiam alium a vero sensum præferret, et divinæ auctoritatis verba et sententias redderet lectionum varietate incertas. Præcipua errorum caussa, quod a Græca Editione Κοινῇ, id est, *Communi*, derivata olim fuerit, quæ innumeris ejusmodi vitiis scatebat. Ad difficultatis autem cumulum accedebat, quod aliæ præterea Græcæ editiones, quæ ferebantur, multum inter se pro regionum varietate atque usu Ecclesiarum differrent. *Alexandria*, inquit, *et Ægyptus in Septuaginta suis Hesychium laudat auctorem : Constantinopolis usque Antiochiam Luciani martyris exemplaria probat. Mediæ inter has provinciæ Palæstinos codices legunt, quos ab Origene elaboratos Eusebius et Pamphilus vulgaverunt : totusque orbis hac inter se trifaria varietate compugnat. Et certe Origenes non solum exemplaria composuit quatuor editionum, e regione singula verba describens, ut unus dissentiens statim cæteris inter se consentientibus arguatur, sed quod majoris audaciæ est, in editione Septuaginta Theodotionis editionem miscuit, asteriscis designans, quæ minus ante fuerant, et virgulis quæ ex superfluo videbantur apposita* (*Præf. in Lib. Paralip. ex Hebr.*). Prætermitto quæ alias alibi memorat editiones atque exemplaria. Unice ad verum, aut certe cæteris longe omnibus propius accedebat illa, quæ fuerat olim Origenis industria in Ἑξαπλοῖς elaborata cum obelis atque asteriscis : eaque nimirum in tanta editionum varietate Noster usus est, cujus exemplar perquam emendatum in Cæsareensi Bibliotheca repererat. Quinetiam eamdem illam rationem notarum, obeli, inquam, atque asterisci in Latina restituenda Versione habuit. Unde Epist. CXII. ad Augustinum, *Quod quæris*, inquit, *cur prior mea in libris Canonicis interpretatio asteriscos habeat et virgulas prænotatas... illa interpretatio Septuaginta interpretum est ; et ubicumque virgulæ, id est, obeli sunt, significatur, quod Septuaginta plus dixerint, quam habetur in Hebræo. Ubi autem asterisci, id est, stellulæ prælucentes, ex Theodotionis editione ab Origene additum est : et ibi Græca transtulimus, hic de ipso Hebraico quod intelligebamus, expressimus.* Et alia ad eumdem Epistola CXXXIV. *Præceptis tuis parere non possum, maxime in Editione Septuaginta, quæ asteriscis verubusque distincta est.* Denique omnium luculentissime Epistola CVI. ad Sunniam et Fretelam, ubi etiam quantum intersit Communem inter atque Hexaplarem Editionem docet, atque hanc a se testatur, *in Latinum sermonem fideliter versam.* Et paulo post : *Ea autem*, inquit, *quæ habetur in Ἑξαπλοῖς et quam nos vertimus, ipsa est quæ in eruditorum libris incorrupta, et immaculata Septuaginta interpretum translatio reservatur.*

IV. Tempus quod spectat, cum neque unus idemque sit annus uniuscujusque libri, neque certo possit suus cuique assignari, vero similimum tamen est, fuisse omnes ante annum 391 adornatos, neque enim par credere est, cum ab hoc tempore novam ex Hebræo textu interpretationem adorsus esset S. Pater, cum amplius de priore Correctione illa cogitasse. Adeo quidquid istuc operis fuerit, perfectum jam fuisse apparet, atque illius in cellulæ parietes ad privatos monasterii usus magna ex parte repositum, aut certe Auctori non probatum usque adeo, ut Ecclesiarum necessitatibus satis putaret esse consultum. Neque enim novam ex integro aggressus esset ex Hebræo, si ad Græcorum exacta codicum fidem Editio illa suffecisset. Quinquennii autem plus minus spatio totus labor ille absolutus est ; nam 392 anno quo Catalogum suorum Operum texebat, jam aliquot ex Hebræo libros ceperat interpretari : quod indicium est, a Græcis jam destitisse : hæc autem non nisi anno demum 387, postquam se Bethleem recepisset, interpretari, sive ad eorum amussim Latina exigere, aggressus est. Et præluserat tamen tantæ molis operi recensione illa Psalmorum prope dixerim tumultuaria, quam ut ipse ait, *Romæ positus cursim et magna ex parte adornaverat.* Quod rudimentum cum bene cessisset, et Romanæ cumprimis Ecclesiæ probaretur usu (etiamnum quippe *Romanum Psalterium* audit) animos illi addidit, cum se paulo post Bethleem transtulisset, et Septuaginta editionem in conventu fratrum quotidie edissereret, ad illam versionem ex integro juxta Græcum textum, atque eum quidem Hexaplarem emendatissimum, refigendam. Nec sane dubium videtur, quin universum Canonem continenti illa comparatione ad Græcum expoliverit : qua de re pluribus in Præfatione ad decimum Tomum edisseruimus, quæ huc referas.

V. Verum duo nunc soli ex universa recensione illa libri integri superant, Job, et Psalterium, totidem Prologi in Salomonis et Paralipomenon libros, quæ tanti operis vix quædam indicia sunt, et magis desiderare ac deflere quod periit, quam quod superest, frui nobis præbent. Quamquam possunt Prophetarum quoque omnium libri (quæ haud sane exigua Scripturarum pars est) instaurari ex versione illa, sive emendatione, quam in Commentariis S. Pater suæ ex Hebræo versioni statim subnectit juxta Septuaginta. Verum haud scio, num ita inde exendi integra continenter possit, ut, quod rei caput est, summa appareat S. Doctoris diligentia in obelorum atque asteriscorum notis, quæ facile per Antiquariorum oscitantiam, et locis quodammodo peregrinis excidere potuerunt, ac re ipsa excidisse alicubi, compertum est. Reliqua jamdiu olim, atque ipso advivente S. Interprete, pars operis ejus maxima periit : quod notatum nobis est antea ex ejus Epistola CXXXIV. ad Augustinum in fine, ubi, *Præceptis tuis,* inquit, *parere non possum, maxime in editione Septuaginta, quæ asteriscis verubusque distincta est, pleraque enim prioris laboris fraude cujusdam amisimus.* De hac nos jactura, deque his qui supersunt duobus libris, in Præfatione ad decimum Tomum satis multa.

CAPUT XXI.

I. *Vetus Testamentum ex Hebræo interpretatur.* II. *Præpostero ordine, atque initio a Regum libris facto, maximam ante annum* 392 *ejus versionis partem edidit.* III. *Quamdam etiam apud se aliquandiu retinuit.* IV. *Reliquum Hebræi Canonis quod supererat, secutis temporibus absolvit.*

I. Verum recensione illa atque emendatione Scripturarum non usque adeo contentus Hieronymus, ad novam ex integro Latinam interpretationem de Hebraico ipso exemplari utpote cæteris præstantiore omnibus, et fideliter adornandam, animum appulit.

Et maximam sane ejus partem jam anno 392 absolverat, siquidem vere atque ἁπλῶς eo tempore suorum Catalogum operum contexens, affirmavit, se *Vetus Instrumentum juxta Hebraicum transtulisse.* Quæ quidem caussa est, cur huc semel referri laborem universum rerum quoque Hieronymianarum historiæ consentaneum magis videatur : tametsi reliquum quod erat ejus operis sequutis temporibus, et quædam post ferme biennium, quædam etiam post multo transtulerit, ut non nisi post annos ab eo admodum duodecim tota illa juxta Hebræum Canonem interpretatio absoluta sit. Sed enim quod fuerit uniuscujusque libri tempus, quisve ordo, explicemus.

II. Neque enim juxta Scripturarum ordinem, ut in Hebræo Canone continetur, a primo ad novissimum, sed ut potuit, rogatusque est a Fratribus vertendos sibi libros illos proposuit. Initium fecit a libris Regum , quos Hebræi in duo tantum volumina dispertiuntur, quæ Samuel et Malachim vocant. Et primum quidem conatum hunc suum fuisse, manifesto ipse tradit in Prologo, quem idcirco, *quasi galeatum principium vocat, et convenire ait omnibus libris, quos de Hebræo in Latinum* vertere in animo habebat. Etenim parare defensionem sibi voluit adversus illos, quos suo studio eo infensiores futuros præsentiebat, quo majoris hoc erat ausum momenti atque operæ, quam quod antea in recensenda atque emendanda versione τῶν LXX. præstiterat. Erat enimvero hominis divina quadam præditi mente, atque ab omni doctrinarum genere fere supra mortalium conditionem exculti, inaccessos pridem omnibus Scripturarum fontes attingere, ac velle non prius auditos ex iis sensus et verba Ecclesias docere. Itaque hos *primum* libros quasi eruditionis suæ specimen præbiturus, ne sibi nimium tribuere videretur, legi postulat : eoque ipso fuisse *primum,* sive ante alios, ab se translatos ex Hebræo, notat. Misit deinde eos Romam *Patri Domnioni,* ut in Epistola XLIX. ad Pammachium, quæ anno scripta est 393, prodit. Sed et libros *sedecim Prophetarum* jam se *in Latinum de Hebræo sermone* tunc vertisse, cum eam Epistolam scriberet, testatus est : quin et Pammachio ait ad legendum fuisse in promptu. Addit, si ista placuerint, et delectari eum hoc opere compererit, fore ut provocetur *etiam Cætera clausa armario non tenere.* Continuo post Jobi versionem nominat, jam enim animos sibi sumpserat ad multo difficillimum librum, non ex Hebræo tantum, sed et ex Arabo Syroque sermone interpretandum : in quam rem sibi etiam ex Lydda præceptorem Judæum olim adsciverat. Narrat hæc ipse latius in Præfatione : tempus autem in laudata modo Epistola ad Pammachium his verbis indicat. *Transtuli nuper Job in linguam nostram, cujus exemplar a S. Marcella consobrina tua poteris mutuari.* Non solum igitur adornata dudum ea fuerat interpretatio, verum etiam in vulgus edita, et Romam transmissa : ut non ita modicum præcessisse temporis spatium, ex adverbio illo *nuper* conjicias. Urget eo magis ratio, si quod est etiam verosimillimum, fuerunt isthæc volumina omnia continuis quodammodo operis in Latinum conversa, et eadem missa occasione Romam. Nam multo ea citius, et ante an. 392 lucem aspexisse, ex libro de Viris Illustribus, quem hoc ipso anno elucubravit S. Pater, perspicuum est. Ex quo item intelligimus, Psalterium quoque fuisse ab eo jam pridem suæ linguæ hominibus datum, atque hoc ipsum antequam Prophetas, quos secundo loco recensuimus, interpretaretur. Scilicet inter alia opuscula sua, quæ ibi capite trigesimo quarto supra centesimum refert, fuisse in Græcum ab amico Sophronio translata, *Psalterium quoque et Prophetas recenset: quos,* ait, *nos de Hebræo in Latinum convertimus.* Et sane ante spatium temporis haud ita exiguum, ut et in Græcum refundi ab illo possent, et a Nostro, atpote perfecta jam atque edita opuscula, recenseri.

III. Omnino itaque ante annum 392, hæc quæ nominatim recensuimus volumina, quibus universæ Scripturæ pars altero tanto major continetur, perfecerat S. Pater. Reliqua subsecutis quidem temporibus in lucem emisit; verum ex his etiam quædam tunc habuisse eum in promptu, facile ex superius laudato loco adducor ut credam, ubi se ait, *cætera clausa armario retinere.* Num fuerit de horum numero Daniel, an quartus Prophetis majoribus accenseri existimandus sit, queri non incongrue potest. Nam Sanctus quidem ipse Interpres dum laudata ad Pammachium Epistola *sedecim Prophetas* ab se affirmat de Hebraico in Latinum conversos, Danielem utique in his computat; secus enim solos numerasse quindecim debuisset. Revera etiam ab alibi, ut Epistola LIII. ad Paulinum, Danielem in Prophetarum majorum censum recipit, tribusque aliis adjungit. Alia ex parte liber ille in Hebræo Canone inter Prophetas non computatur, sed inter Agiographa: neque adeo in ipsa Hieronymiana versione locum habet, juxta veterum exemplarium fidem. In Prologo quoque Galeato atque alibi S. ipse Doctor Danielem Agiographis adcenset: neque sane videtur ipse proposit sibi Canonis ordinem in sua adornanda interpretatione invertere voluisse. Denique se opus istud a Prophetali longo intervallo distinxisse indicat in Præfatione iis maxime verbis, *Impegi novissime in Danielem, et tanto tædio affectus sum, ut desperatione subita, omnem veterem laborem voluerim contemnere. Verum adhortante me quodam Hebræo, et illud mihi crebrius in sua lingua ingerente,* Labor omnia vincit Improbus, *qui mihi videbar sciolus inter Hebræos, rursum coepi discipulus esse Chaldaicus. Et ut rerum fatear, usque ad præsentem diem magis possum sermonem Chaldaicum legere, et intelligere, quam sonare.* Ut ut vero se res habuerit, nam disputari hæc posse videntur in utramque partem, putare utique malim fuisse Danielem ab Hieronymo ante annum saltem 393 redditum Latine ex Hebræo; nullusque dubito, quin ab eo tempore tantam ille fuerit ejus linguæ peritiam assecutus, quanta sibi ad recte concinnandam ejus interpretationem libri usui erat. Sed utique aliud hinc velim pro aliis scriptis Chaldaica dialecto libris, cujusmodi Tobias est, argumentum sumi. Si enim cum Danielem Hieronymus transtulit ante annum, ut diximus, 393, nondum perfecte quidem linguam Chaldaicam noverat, noverat tamen: cum vero Tobiam interpretaretur, ita se ejus ignarum linguæ confessus est, ut quæ Chaldaice ibi scripta erant, nisi prius in Hebraicum refunderentur, per se intelligere nequaquam posset: consequens est, hunc multo ante librum, quam illum Latine vertendum suscepisse. *Quia,* inquit in Præfatione ad Chromatium et Heliodorum, *vicina est Chaldæorum lingua sermoni Hebraico, utriusque linguæ peritissimum loquacem reperiens, unius diei laborem arripui: et quidquid ille mihi Hebraicis verbis expressit, hoc ego accito notario, sermonibus Latinis exposui.* Omnino itaque fuerat jamdiu antea hæc adornata versio, quam ad Pammachium Epistolam toties laudatam scriberet: cumque ejus ibi nulla sit mentio, inter ea omnino computanda est, quæ se dixit armario clausa continere. Nam etsi liber ille de priore Hebræo canone, qui Hebraice scriptos tantummodo complectebatur, non esset: divinam tamen auctoritatem tum apud eam gentem cum apud Ecclesiæ Patres obtinuit, et in Scripturæ sacræ censum continuo abs Hieronymo receptus est. Ejusmodi liber quoque erat Judithæ, quem S. Pater Chaldaicæ linguæ jam probe, ut videtur, gnarus, atque adeo post ipsum Danielem, Latine vertit. Addi fortasse his posset unus præterea atque alius, quos per id quidem temporis Romano cultu donatos, nondum in vulgus protulisset: sed hæc minus explorata res est. Alia ex parte satis hæc sunt, ut sua dicto veritas constet, jam scilicet ab anno 392 Vetus Testamentum translatum ab eo fuisse juxta Hebraicam fidem: quandoquidem quæ operis perfectioni tunc deerant, nec singillatim refert ipse in Epistola ad Pammachium, *clausa armario* magna ex parte jam tenebat: et licet alia subinde annis in lucem protulerit, ab eo tamen ὁτλῶς exordio ac tempore, nisi cum secus jussit, repetenda significavit.

IV. Quæ igitur volumina ex universo Hebræo canone aut nondum attigerat, aut certe nondum publici juris fecerat S. Pater, Octateuchum fuisse, Paralipomena, Salomonis libri atque Esdræ videntur. Hunc autem cum Nehemia haud multo post, sive biennio, ut summum, ab edito libro de Viris Illustribus, anno scilicet 394 in lucem emisit, Domnioni et Rogatiano inscribens; a quibus jam a tribus retro annis continenter, ut laborem hunc subiret, rogatus fuerat. Rogat vero ipse eos vicissim in Prologo, *ut privata lectione contenti, librum non efferant in publicum, nec fastidiosis ingerant cibos, vitentque eorum supercilium, qui judicare tantum de aliis, et ipsi facere nihil noverunt. Si qui autem* (subdit) *Fratrum sunt, quibus nostra non displicent, his tribuatis exemplar, admonentes, ut Hebræa nomina, quorum grandis in hoc volumine copia est, distincte, et per intervalla transcribant.* Ex quibus denuo intelligis in rem nostram, quanto ille studio publicam lucem effugeret, et sua vellet omnes præter amicos latere, quæ caussa est, cur quædam non a quo tempore elucubrata sunt, sed quo in vulgus prodierunt, repetenda videantur. Hujus autem versionis annus, quem diximus 394, manifesto ex eadem Præfatione illa apparet, ubi multa quæ in Evangeliis, quasi de Veteri Testamento laudantur, et apud Septuaginta non sunt, expendenda se ait, *latiori operi reservare*. Nihil enim latioris operis nomine denotare aliud voluit, quam Epistolam in nostra recensione LVII. sive libellum *de Optimo genere interpretandi*, in quo de illa Septuagintaviralis versionis comparatione ad Hebræum textum pro instituto disputat, eamque deductam ab Evangeliis quæstionem expedit. Porro eum libellum sive Epistolam anno scriptam fuisse 395, nihil jam dubium est, et suo nos loco ostendimus. Esdræ subjunxit S. Doctor Paralipomenon interpretationem eodem illo, ut videtur, anno : siquidem in Prologo ad Chromatium eumdem illum *de Optimo genere interpretandi* libellum a se *Nuper* editum dixit. Quam modicum eo adverbio temporis intervallum denotet, ex rerum cum primis serie disces, tum aliis plerisque apud eum exemplis. Proinde qui postremo omnium loco prodisse hæc autumant, a vero longius aberrant, ut ex laudato testimonio, atque inferius dicendis planius constabit. Sunt qui Estheræ librum his addant; sed videtur eum S. Pater, Octateuchi de quo mox dicemus, numero comprehendisse, juxta propositi sibi canonis Hebræi recensionem, in quo Judices et Ruth libri in unum coalescunt. Probabilius itaque Paralipomena exceperunt tres Salomonis libelli, Proverbia, Ecclesiastes, et Cantica, quos non amplius quam *tridui* opere in Latinum vertit, et Chromatio atque Heliodoro Episcopis sua quotidie reposcentibus ingenii monimenta, inscripsit. Atque hoc, ne, ait, *longa ægrotatione fractus, penitus hoc anno reticerem, et apud vos mutus essem*: quibus eam ægrotationem indicare visus est nobis, in quam alibi etiam se queritur incidisse, ut in Præfatione Commentariorum in Matthæum, Epistola LXXI. ad Lucinium, et multo luculentius LXXIII. ad Evangelum, et ex qua demum convaluisse non ita pridem se indicat in Prologo tertii Commentarii in Amos. Certis autem nos argumentis ostendimus ex rerum præsertim serie in Chronologicis ad eas Epistolas, et Commentarios Notis, ab anni 398 initio, nisi si etiam mavis, præcedentis fine, eam S. Doctori ægrotationem obtigisse, a qua vix aliquot post menses paulisper recreatus, dum omissa studia nimia aviditate repetit, iterum, et gravius decubuit. Post hujus itaque anni medium, ac fere finem, id quod ipse indicare his verbis videtur, *ne penitus hoc anno reticerem*, tres illos in Latinum ex Hebræo libellos convertit. Reliquum erat Octateuchum, priores scilicet octo sacri contextus libri, sive septem, ut alii contendunt, qui Octavum numerum huc adscito Esther libro explent, nam Ruth juxta Hebræorum recensionem unum cum Judicum libro supputatum diximus. Et certe quidem ipse in Epistola LXXI. ad Lucinium, quem mox

locum laudabimus, *Octateuchum* vocat S. Pater : quamquam *Heptateuchum*, id est, *septem* dumtaxat *libri*, veteres quædam ejus loci editiones præferunt : qua lectione, etiamsi Hebræi codicis tenenda esset ratio, omnino Esther excluderetur. Sed utique illa *Octateuchum* unice vera lectio est, eique fuisse Estheræ librum a S. Doctore adcensitum, locus infra laudandus ex ejus Præfatione in Josue persuadebit. Nihil proinde nos movet, quod quidam magno conatu urgent, constare scilicet ex ejus Præfatione libri, quod agente adhuc in vivis Paula matre, Latinitate donatus sit, cui ut et filiæ ejus Eustochio inscribitur : cum econtrario si, ut debuit, ex ordine ultimus ex illo Octateucho versus est in Latinum, Paula biennio, ut minimum, antea jam diem obierit. Scite enim vero repositum huic argumento est cum ab aliis, tum ipso Benedictino Editore, non debere scilicet ibi Paulam Eustochii matrem, sed juniorem aliam intelligi, Lætæ filiam, atque ex fratre neptim Eustochii, illudque scribarum oscitantiæ, ac receptæ in his ponendis nominibus consuetudini imputandum, quod amitæ neptis, seniori junior antefertur. Sed hæc hactetus.

Octateuchum igitur Epistola illa ad Lucinium testatus est Hieronymus sibi reliquum esse, cum alios omnes Hebraici Canonis libros pueris ejus ac notariis describendos jam dedisset. *Canonem*, inquit, *Hebraicæ veritatis, excepto Octateucho, quem nunc in manibus habeo pueris tuis ac notariis dedi describendum*. Annus agebatur, cum hæc scriberet, 398, ut suo loco certis argumentis demonstratum est, et rerum, quas hactenus tractavimus, ordo evincit. Verum Pentateuchi, sive quinque Mosis librorum interpretationem dudum aggressus videtur hortatu Desiderii Aquitani Presbyteri, ejus ad quem pridem Epistolam in recensione nostra XLVII. dederat, et quo postmodum impellente, contra Vigilantium scripsit. Eidem illi opus hoc suum postea dedicavit, cujus aliquam tamen partem, puta Genesim atque Exodum saltem jam ante eum annum etiam absolverat, quum vere se dixit aliis de Octateucho libris insudare. Hos porro alios qui superabant, aliquibus, nescio quibus curis impeditus in posterum, diem de die trahens, distulit, nec nisi post Paulæ matris obitum, sive post annum 404 absolvit. Compertum hoc est quam quod maxime ex Præfatione in libros Josue, Judicum et Ruth, quorum interpretationem Eustochio enixe flagitanti elucubravit, eidemque uni dono dedit. *Tandem*, inquit, *finito Pentateucho Mosis, veluti grandi fœnore liberati, ad Jesum filium Nave manum mittimus, quem Hebræi Josue ben Nun, id est, Josue filium Nun Vocant, et ad Judicum librum, quem* Sophtim *appellant, ad Ruth quoque et Esther, quos iisdem nominibus efferunt. Et sub finem, Cæterum post Sanctæ Paulæ dormitionem, cujus vita virtutis exemplum est, et hos libros, quos Eustochio virgini Christi negare non potui, decrevimus*, etc. Obiit vero diem suum Paula, ut alibi declaratum est nobis, ipsoque ejus Epitaphio constat, *Honorio Aug. VI. et*

Aristæneto Coss. quæ anni 404 nota est. Potest hæc igitur commode in subsequentem versio transferri, qua universus absolutus est Hebræus canon, ducto, ut dicebamus, initio a Samuele, seu Regum libris, ad Esther, quo finem exantlatis ejusmodi per ferme quindecennium laboribus S Pater imposuit. Jam vero quæ fortunam, ut ita dicam ejus Editionis apud Latinas Ecclesias, quæque historiam pertinent, et nos attigimus ex parte in Præfatione ad decimum Tomum, et alii pridem Critici eruditissimi, quorum ibi laudamus de nomine aliquos, edisseruerunt; denique ad Vitam S. Doctoris, quam scribimus, parum aut nihil spectant.

CAPUT XXII.

1. *Intereadum varias Hieronymus ad Paulam atque Eustochium Epistolas scribit.* II. *Scripsit etiam in Michæam, Sophoniam, Naum, Abacuc, atque Aggæum Commentarios.* III. *Num Jonam antea exposuerit, et num breviores alios Commentarios in singulos duodecim Prophetas minores elucubrarit?* IV. *Eadem opera alios Prophetas illustrare pergit.* V. *Librum de Viris Illustribus edit.*

I. Compulit nos librorum Scripturæ series tantisper a proposito tramite temporum evagari : nunc ad illum Vitæ Hieronymianæ atque historiæ ordinem revertamur. Statim a Veteris Testamenti juxta Hebraicam translatione refert S. Pater in suorum Catalogo operum *ad Paulam atque Eustochium* Epistolas, quarum ait, *quia quotidie scribuntur, incertus est numerus.* Quibus quidem eas ipsas videtur nobis magna ex parte indicare Epistolas, quas cum iisdem sanctis feminis suas nuncupavit varias interpretationes ex Hebræo, vel Commentarios in aliquot Scripturæ libros, elucubravit. Ejusmodi sunt Præfationes in Regum libros, in Isaiam quoque, Jeremiam, atque Ezechielem, itemque in minores Prophetas duodecim, et Jobum, Danielem denique et Paralipomena, quarum tempus ex librorum, quibus præfiguntur, chronica notatione jam constat. His addi possunt aliæ octo, quibus diu antea Commentarios suos in quatuor Pauli Epistolas iisdem nuncupavit: et rursum quibus Ecclesiastici explanationem, Homiliarum Origenis in Lucam interpretationem de Græco idem inscripsit. Si quæ præterea aliæ exstiterint, vel alterius sunt generis, quæ ab eo notantur, ad nos minime pervenerunt, aut certe nobis æque atque aliis ante nos Criticis diligentissimis ignotæ penitus sunt.

II. Intermiserat, ut diximus, S. Pater Scripturæ versionem ex Hebræo, ut aliis, prout rogabatur, adornandis operibus insudaret. Interpellatus autem est primo, scribendis in Prophetas Minores aliquot Commentariis, quibus certe cum manum admovit, annus adhuc 391 aut subsequens agebatur, jam enim dimidium fere laboris ejus exantlaverat, cum hoc met anno suorum Catalogum operum scribens, istos de nomine Prophetas recensuit : *Scripsi præterea*, inquiens, *in Michæam explanationum libros duos, in Sophoniam librum unum, in Naum librum unum, in Abacuc libros duos, in Aggæum librum unum.* Rem narrat luculentioribus adhuc verbis in Præfatione Commentarii tertii in Amos, tantum quod ordine inverso habet, et Abacucum ab hoc numero eximit, ac differre in aliud tempus videtur. *Præpostero*, inquit, *ordine atque confuso duodecim Prophetarum opus et cæpimus, et Christo adjuvante, complebimus. Non enim a primo usque ad novissimum juxta ordinem quo leguntur, sed ut potuimus et ut rogati sumus, ita eos disseruimus. Naum, Michæam, Sophoniam, et Aggæum primo* φιλοπονοῦσι; *Paulæ, ejusque filiæ Eustochio* προεερώνησα : *secundo in Abacuc duos libros Chromatio Aquileiensi Episcopo delegavi.*

III. Difficilis explicatu res est, cum nullum præterea alium de nomine Prophetam abs se per id temporis Commentario illustratum referat, quid sibi tum voluerit, cum secundo in Sophoniam capite se ait, *in Jona Ninivem,* id est, speciosam, *quæ ad prædicationem Jonæ,* id est, Columbæ, *egerit pænitentiam, Ecclesiam interpretatum fuisse de Gentibus congregatam.* Tantum enim abest, quo tempore Sophoniam exponebat, ut Jonam jam edisseruisset, ut in illa Præfatione, quam modo laudavimus in Amos, et qua rationem laboris sui reddit, Sophoniam quidem in prima classe, Jonam vero in tertia, et diu post sumpsisse sibi interpretandum significet. *Tertio*, inquit, *post longi temporis silentium Abdiam et Jonam tibi imperanti edisserui.* Quin etiam Præfatione in hunc ipsum, *Tanto post tempore a Jona interpretandi sumo principium.* Hanc vulgo eruditi difficultatem ita expediunt. S. Doctorem bis volunt operam suam explicandis Prophetis Minoribus impendisse : ac primo quidem in singulos duodecim Animadversiones quasdam breviores atque alterius, quam Commentarii sunt generis, concinnasse, quæ minime nunc quidem exstent, sed perfectæ jam ante 393 annum fuerint. Ad eas porro, inquiunt, illo in Sophoniam loco respexit. Quod ut verosimilius persuadeant, ipsum Hieronymum in Epistola XLIX. ad Pammachium nu. 4. fidejussorem adhibent, ubi, *miseram*, inquit, *quædam* τῶν ὑπομνημάτων *in Prophetas duodecim S. Patri Domnioni, quæ si legere volueris,* etc. Nempe hæc data est 343 anno Epistola, et quæ adeo ibi in duodecim Prophetas ὑπομνήματα denotantur, anteriora omnino, atque alia ab his esse debent, quæ nunc exstant, quippe quæ post annum denique 406 perfecta sunt. Verum supinam satis hanc esse doctorum hominum hallucinationem eo perperam intellecto S. Patris testimonio, ostendimus nos suo loco, eamque porro multis in Generali Præfatione refutavimus. Neque enim in primis in universos duodecim Prophetas Hieronymus adornatum abs se opus dixit, nec singulos Prophetarum libros designat, quibus explicandis operam suam probarit; sed ἁπλῶς *librum*, qui *duodecim Prophetæ* inscribitur, laudat, in eumque se ait fuisse aliqua commentatum. Sic in Dialogo contra Luciferianos *in duodecim Prophetis* scriptum esse dixit, *Sacrificia eorum tamquam panis luctus* etc. qui unius Osee locus est. Deinde neque ait absolute ὑπο-μνήματα, *Commentaria*, sed *quædam* τῶν ὑπομνημάτων, ut non universos duodecim, sed aliquos modo ex illis significaret, quos jam per id temporis explanaverat. Nimirum istos quos recensebamus, Naum*, Michæam, Sophoniam, quibus si lubet unum adde atque alterum, Aggæum puta atque Abacuc.

IV. Qui igitur factum est, inquies, ut in Sophoniam scribens, in Jonam Commentarios memorat S. Pater, quos post ferme quinquennium adornavit? Ego ibi adversaria sua quædam in eum librum *duodecim Prophetarum*, indicare cum autumo, quæ antea in universos paraverit, quam unumquemque sibi sumeret perpetua explanatione illustrandum. Adeo licet tanto post Sophoniam tempore explicaverit Jonam, potuit tamen in eum scribens, allegoriam illam laudare ex isto tanquam abs se pridem expositam, cujus texendo Commentario licia quædam et subtegmina jamdudum in promptu habebat. Sed neque est præter verisimilitudinem, fuisse postmodum ea verba, *Ninivem, quæ ad prædicationem Jonæ, idest, columbæ, egerit pœnitentiam, Ecclesiam interpretati sumus de Gentibus congregatam*, a S. ipso Auctore addita, cum, universo expleto opere, librum in ordinem digessit, et supremis, ut fieri amat, curis recognovit. Alterutrum, quod probatur magis, eligito. Certum est, S. Doctorem ab incepto minime destitisse, perque id temporis, quo supra laudatos quinque Prophetas ab se dixit Commentariis explanatos, plerosque alios eadem opera fuisse prosequutum, quibus intereadum ad perfectum expoliendis incumbebat. Testatur hoc ipse conceptis in Catalogo verbis, quæ statim subnectit, suorumque librorum recensionem concludit, *Multaque alia*, inquiens, *de opere Prophetali, quæ nunc habeo in manibus, et necdum expleta sunt*. Ex quo istud sedulo animadvertere est iterum quod proposuimus, fuisse ab eo scilicet in omnes, vel certe plures ex duodecim Prophetis quasdam sibi antea deformatas Animadversiones, quam unum aliquem sumeret exponendum ex integro: atque eas quidem, ut sibi, et cum interpretatione sua totus apte contextus Prophetarum cohæreret, idque ipsum si res ferret, ipse perspiceret, in Adversaria conjecisse. Enimvero non unum aut alterum, Abdiam puta, aut Jonam, se ait præ manibus tunc habere, sed *multa alia, et de opere Prophetali* in universum, quæ *necdum*, inquit, *expleta sunt*.

V. Atque his quidem totus concluditur Catalogus operum, quæ abs se ad annum usque *Theodosii Principis decimum quartum*, sive Christi 392. lucubrata S. Pater recensuit. Quæ subjungunt aliæ ejus Catalogi editiones, *Adversum Jovinianum libros duos, et ad Pammachium Apologeticum et Epitaphium*, in Mss. antiquioribus et melioris notæ non habentur, seque produnt aliena manu adsuta, ut suo loco ostendimus, ex Præfatione Commentariorum in Jonam. Nondum certe fuerant abs Hieronymo adornata, cum eum librum de viris Illustribus scriberet. Hic igitur postremus liber est ex hac serie, quem statim a quin-

que illorum Prophetarum interpretatione emisit, aut verius quo opus illud Prophetale interrupit, ut laudata Præfatione in Jonam testatur, *Postquam*, inquiens, *quinque Prophetas interpretatus sum, Michæum, Naum, Abacuc, Sophoniam, et Aggæum, alio opere detentus, non potui implere quod cœperam. Scripsi enim librum de Viris Illustribus*, etc. Atque ut nihil de anno dubites, tam in exordio, quam sub libri finem, annum laudat decimumquartum Imperatoris Theodosii, quem iste a Calendis Februariis init, et dudum nos æræ Christianæ 392 diximus respondere. Ad id operis auctor atque hortator Hieronymo fuit Dexter, Sanctus Paciani Barcinonensis, ut Baronius quidem autumat, filius, vir certe primarius, *et qui Præfecturam administravit Prætorii*, quod ipse prodit sanctus Pater libro secundo contra Ruffinum, atque ex codicis Theodosiani prosopographia maxime perspicuum est. Accepit vero Noster hanc σπάρταν eo libentius, quo sibi patentiorem viam sterni sensit ad retundendas Gentilium adversus Christianos obtrectationes, et Celsi cum primis Juliani et Porphyrii, quos *rabidos adversus Christum canes* vocat, eorumque sectatorum maledicta et scripta refutanda, qui temere blaterabant, *Ecclesiam nullos Philosophos et eloquentes, nullos habuisse Doctores*. Quam porro egregie propositum sit persecutus, et quanam Scriptorum non modo ante se ferme omnium, sed eorum etiam ex parte, qui adviverent, volumina vel suis ipse oculis perlustraverit, vel certe nota satis ad ferendum de illis judicium habuerit, ex ipso disces immensæ propemodum eruditionis Libro, quem articulis CXXXV. sive capitibus per singula Auctorum nomina et scripta absolvit. Nam quod nonnullos præteriit, velut Athenagoram, Hermam, atque alium quempiam, ea causa videtur, quod maluerit de non satis sibi notis silere, quam temere aliquid pronuntiare. Cæterum ne longiores æquo nos hisce persequendis videamur, quæ olim in præfixa eidem Libro admonitione per partes animadvertimus, accipe quæ S. ipse Auctor de ea, quam fecisset illi inscriptionem, deque ejus quodammodo indole ac natura ad Augustinum Epistola CXII. rescribens docet. *Dicis accepisse te librum meum a quodam fratre, qui titulum non haberet, in quo Scriptores Ecclesiasticos tam Græcos, quam Latinos enumeraverim: cumque ab eo quæreres, ut tuis verbis utar, cur liminaris pagina non esset inscripta, vel quo censeretur nomine, respondisse appellari Epitaphium: et argumentaris quod recte sic vocaretur, si eorum tantum vel vitas, vel scripta ibi legisses, qui jam defuncti essent; cum vero multorum et eo tempore quo scribebatur, et nunc usque viventium commemorentur opuscula, mirari te cur ei hunc titulum imposuerim. Puto intelligere prudentiam tuam, quod ex opere ipso titulum potueris intelligere. Legisti enim et Græcos et Latinos, qui vitas vivorum illustrium descripserunt, quod numquam Epitaphium huic operi inscripserint, sed de Illustribus viris, verbi gratia Ducibus, Philosophis, Oratoribus, Historicis, Poetis, Epicis, Tragicis, Comicis*. Epithaphium *autem proprie* scribitur mortuorum, quod quidem in dormitione sanctæ memoriæ Nepotiani Presbyteri olim fecisse me novi. Ergo hic liber, vel de Illustribus Viris, vel proprie de Scriptoribus Ecclesiasticis appellandus est : licet a plerisque emendatoribus imperitis de Auctoribus dicatur inscriptus.

CAPUT XXIII.

I. *Joviniani hæresim S. Pater impugnat duobus libris.* II. *Quibus dum virginitatem extollit, nuptiis detrahere visus est.* III. *Scribit adeo pro iisdem suis libris Apologeticum ad Pammachium.* IV. *Item ad Domnionem eadem de re.* V. *Literis quoque Desiderii, ut et propositis sibi ab Amando quæstionibus respondet.*

I. Vixdum Gentilium calumniis erudito illo de Viris illustribus libro Hieronymus satisfecerat, cum eodem hocce anno 392, sive initio insequentis, ut ex laudata sæpius in Jonam Præfatione colligimus, difficiliorem multo laborem subire, et cum hæretico homine congredi coactus est. Jovinianus dives monachus, quod satis dictu est, ut hominem nequissimum intelligas, luxui deditus in tantum ac dissolutus, ut *Epicurus Christianorum* meruerit audire, hæresim, quæ vitæ suæ consuetudinem excusare videretur, sive intulit primus, sive olim extinctam post Basilidem instauravit, atque editis Commentariis, ut latius serperet, Romanis auribus insinuare contendit, vulgaris plane homo, nec eloquens nec eruditus, sed dicacitate atque arrogantia nemini postponendus. Nefariæ doctrinæ capita hæc erant : Primum *Virgines, Viduas,* et *Maritas, quæ semel in Christo lotæ sunt, si non discrepent cæteris operibus, ejusdem esse meriti.* Alterum, *Eos qui plena fide in Baptismate renati sunt, a Diabolo non posse subverti.* Tertium, *Inter abstinentiam ciborum, et cum gratiarum actione perceptionem eorum, nullam esse distantiam.* Denique, *Esse omnium qui suum Baptisma servaverunt unam in regno cælorum remunerationem.* S. Augustinus duas ei præterea, easque ferme exitiosiores blasphemias imputat, quarum altera, Omnia peccata esse paria : altera, Deiparam Virginem Christi matrem, non in concipiendo quidem, sed in pariendo fuisse violatam. Verum hæc duo sunt qui rumore tantum populari jactata de Joviniano existiment, præsertim cum peculiari ab Hieronymo responsione non refutentur. Attamen primum consectarium ejus videtur, quod de meritorum æqualitate hæreticus asserebat : alterum ex S. quoque Ambrosii Rescripto evincitur, ab illo ejusque assedis impie assertum, *Virgo concepit , sed non Virgo generavit.* Istiusmodi venena novus Ecclesiarum magister Romanis propinabat ; et quemadmodum usuvenire solet, cum vitiis fræna laxantur, ut Augustini verbis utar, *tantum valuit in urbe Roma, ut nonnullas etiam sanctimoniales, de quorum pudicitia suspicio nulla præcesserat, dejecisse in nuptias diceretur ; et virorum etiam sanctorum sanctum cælibatum commemoratione fratrum et comparatione frangeret (Retract. lib. II).* Quin etiam assecias habuit *aliquantos Romanos,* ut in Syricii epistola scribitur tum alios, quos Hieronymus ibi notat, ubi, *Ne glorieris,* ait, *quod multos discipulos habeas :* tametsi neminem e *sacerdotibus* (quod Augustinus testatur) *neque alicujus nominis Clericis (Lib. II)* trahere ad se unquam potuerit.

II. Porro autem, adnitente cumprimis Pammachio (*Christianorum,* ut Hieronymus loquitur , *nobilissimo, et nobilium Christianissimo*) aliisque, ut Syricius ait, *fidelissimis Christianis viris, genere optimis, religione præclaris,* fuerat de Romani Pontificis sententia damnatus, ejusque *scriptura horrifica sacerdotali judicio detecta divinæ legi contraria,* spirituali sententia deleta. Sed et Roma expulsus cum suis Mediolanum cum se recepisset, collecta ibi Synodus *illos omnium exsecratione damnatos Mediolanensi ex urbe quasi profugos repulit.* Denique et Imperiali Rescripto in eum videtur animadversum Lege 53 Codicis Theodosiani Tit. V. de Hæreticis, de qua nos plura in præfixa Hieronymianis libris Admonitione disputavimus. Nihilo tamen secius cum ejus irritamenta nequitiæ, scripta, inquam, Joviniani vulgo prostarent, fortasse etiam avidius legerentur, utpote quæ frena vitiis adimerent, *sancti ex Roma fratres*, et Pammachius cum primis, istos hæretici *Commentariolos* ad Hieronymum *transmiserunt, rogantes, ut eorum ineptiis responderet, et Epicurum Christianorum Evangelico atque Apostolico vigore contereret (Lib. I).* Quod præstare ipse post *paucos admodum dies* aggressus, initio statim professus est, *multo sibi esse difficilius,* scriptionem illam, cujus *tanta* erat *barbaries et tantis vitiis spurcissimus sermo confusus, nosse quam vincere.* Evicit autem duobus libris, quorum priore primam, altero tres alias Joviniani propositiones exagitat, atque ita hominem innumeris Scripturæ divinæ locis obruit, profligatque historiarum testimoniis, et Philosophorum sententiis, ut nullum ei reliquum effugium faciat. Erat hoc tamen opus perquam difficile, quemadmodum ipse etiam Augustinus olim animadvertit, æquantem nuptias virginitati refellere, ut ne istas reprehendere videretur, qui meritam ei vellet palmam deferre (*Retract. Lib. II. cap. 22*). Jactatum quoque tunc vulgo (versipellis enim hæreticus ita blandis illecebris multorum animos fascinaverat) non posse illi Hieronymum respondere *cum laude, sed cum vituperatione conjugii.* Ad hæc supererant Manichæi, qui nuptias damnabant, in eoque multum periculi suberat, ne dum totus in Virginitatis commendatione S. Pater versaretur, favoris in hanc sectam suspicionem injiceret.

III. Satis adeo bene ac sapienter si quid alias, et verbis haud sane paucis ipso libri prioris exordio ab ea sibi Hieronymus suspicione cavit, qua conjugia damnare videretur, palam professus non ignorare se cum Apostolo, *Honorabiles nuptias, et thorum immaculatum.* Nihilominus cum libri allati sunt Romam, facile quod latius pro virginitate disseruerit, iniquior in matrimonium visus est, et non a laicis modo atque indoctis, sed a Clericis quoque et monachis, litteratisque hominibus male audiit, eaque passim aspersus est nota. Fuit inter cæteros rumigerulus nescio quis monachus, qui *per imperitorum circulos, muliercularumque συμπόσια*, adversum illum concionaretur, *ejusque libros canino dente roderet, laceraret, convelleret*. Pammachius his se, quoad ejus fieri poterat, obtrectationibus objiciebat, et convicia concoquebat, quibus amicum suum adversæ partis homines onerabant. Ad extremum cum et sibi parum his proficere videretur, exemplaria Hieronymiani hujusce operis, quanta invenire potuit, undecumque conquisita, studiose subtraxit, deditque ad ipsum Hieronymum litteras, sive *interrogans*, ut quod obscurum videbatur, clarius edissereret, ut ex Epistola XLVIII. colligere est, sive, ut ex subsequenti, *arguens*, quod sibi minus placuisset : alicubi enim se quoque ipsum offensum nonnihil indicat. Libellos quoque subtractos, ut notatis locis emendarentur, ad eum remisit. Idem ferme præstitit aliquanto post Domnio, qui et censuras rabulæ ejus monachi superius memorati addidit, *eaque loca quæ scandalum quibusdam facere videbantur excerpta de volumine per ordinem digessit, poscens, ut vel emendaret, vel exponeret*.

IV. Et sane maluisset ipse etiam, ut videtur, S. Pater morem amicis suis gerere, et quæ illos movebant, loca ad eorum ingenium interpolare. Verum minime id jam licebat, quod longe nimium lateque per amicos perque æmulos diffusa jamdudum ejus operis exemplaria apud omnes essent. Quamobrem ad Pammachium rescribens, *De opusculis*, ait, *meis contra Jovinianum, quod et prudenter et amanter feceris exemplaria subtrahendo, optime novi. Sed nihil profuit ista diligentia, cum aliquanti ex Urbe venientes mihi eadem lectitarent, quæ se Romæ excepisse referebant. In hac quoque Provincia jam libri fuerant divulgati, et ut ipse legisti*, Nescit vox missa reverti. *Non sum tantæ felicitatis, quantæ plerique hujus temporis Tractatores, ut nugas meas quando voluerim, emendare possim. Statim ut aliquid scripsero, aut amatores mei, aut invidi, diverso quidem studio, sed pari certamine in vulgus nostra disseminant, et vel in laude, vel in vituperatione nimii sunt, non meritum stili, sed suum stomachum sequentes. Itaque quod solum facere potui Apologeticum ipsius operis tibi* προσεφώνησα, *quem cum legeris ipse pro nobis satisfacies ; aut si tu quoque narem contraxeris, illam Apostoli* περικοπὴν, *in qua de virginitate et nuptiis disputat, aliter disserere compelleris*. Ad Domnionem quoque de maledico illo monacho loquens, *Utique*, ait, *si errare me arbitratus est... debuit vel arguere, vel interrogare per literas : quod vir eruditus et nobilis fecit Pammachius, cui ego* ἀπελογισάμην, *ut potui, et Epistola disserui longiore, quo unumquodque sensu dixerim*. Nimirum qua præcedit proxime, et numero XLVIII in recensione nostra prænotatur ad Pammachium Epistola ἀπελόγηστο, sive suos defendit contra Jovinianum libros, eo nomine traductos invidiose ab æmulis, quod nimius in commendatione Virginitatis, iniquior in nuptias sit visus. Ea de causa etiam *Liber Apologeticus* inscriptus est. Sunt autem qui velint, fuisse de obtrectatorum ejus numero, in quem præcipue mente atque animo, Apologeticum

librum hunc scribens, insisteret, Pelagium : quem certe Joviniani discipulum conceptis verbis in Præfatione primi in Jeremiam Commentarii vocat. *Prætereo*, inquit, *in Jovinianum volumina, in quibus dolet* (Pelagius utique, ut ex præcedentibus liquet) *virginitatem nuptiis, et nuptias digamiæ, digamiam polygamiæ esse prælatam. Nec recordatur stolidissimus, et Scotorum pultibus prægravatus, nos in ipso dixisse opere*, Non damno digamos, imo nec trigamos, et si fieri potest, octogamos : plus aliquid inferam, etiam scortatorem recipio pœnitentem. Quidquid æqualiter licet, æquali lance pensandum est. *Legat ejusdem operis Apologiam, quam ante annos plurimos adversus magistrum ejus gaudens Roma suscepit : et tunc animadvertet, alienis se vocibus blasphemare*, etc. Quin etiam inter Pelagianæ hæreseos præcursores Jovinianum in Prologo Dialogi adversus Pelagianos recenset, et sub initium libri tertii, *Non erubescis*, inquit, *explosam atque damnatam Joviniani sententiam sequi ? Et ille enim his testimoniis, tuisque nititur argumentis, imo tu illius inventa sectaris*. Minime hinc tamen conficias, fuisse in Joviniani discipulum Pelagium, atque hunc abs Hieronymo librum Apologeticum adversus eum potissimum scribi. Si discipulus ille dicendus est, qui sententiam alicujus aliquam atque ex parte amplectitur, quicumque litteris damus operam, nostri invicem discipuli sumus. Sed bene profecto est, quod ex laudato loco intelligimus, multo fuisse S. Doctorem meliore fortuna usum in hoc conscribendo libro, quem *gaudens Roma suscepit*, et quo adeo omnes inspersos libris contra Jovinianum nævos, omnes adversariorum calumnias sustulit. Nihil revera ex his libris, quod criminaretur, Ruffinus excepit, qui nullam non Hieronymo detrahendi ansam ex ejus cæteris ferme omnibus scriptis avide arripuit. Alterum, cujus ab illo testimonio admoneremus, temporis nota est, juncta rerum quas hactenus ediserimus historia. Nam ipsos quidem contra Jovinianum libros anno 393, aut proxime superiore ad exitum vergente fuisse elucubratos, nihil est dubium. Id nos ex eo dudum evicimus, quod minime istos recenseat in suarum lucubrationum Catalogo, quem ad annum usque 392, Theodosii Principis decimumquartum produxit, memoret vero in aliis libris, tamquam proxime ab illo adornatos. *Scripsi*, inquit in Præfatione Commentariorum in Jonam, *librum de Viris Illustribus, et adversum Jovinianum duo volumina, Apologeticum quoque*, *et de Optimo genere interpretandi ad Pammachium*. Porro ne statim a libris contra Jovinianum putes conscriptum Apologeticum, monet Epistola, quæ huic juncta est, XLIX. ad Pammachium, quantum intercesserit temporis intervallum, cum diu se ait S. Pater querelas æmulorum dissimulasse, suosque ita latius divulgatos libros, *ut aliquanti ex Urbe venientes sibi lectitarent, quæ Romæ excepisse referebant*. Hæc nobis unius circiter anni intermedii spatium indicare visa sunt, adeoque vel ad hujusmet anni 393 finem, vel insequentis initium Apologeticum hunc librum diximus esse referendum.

Hunc proxime ad Domnionem Epistola secuta est.

V. Sed et alias per idem tempus Epistolas ad varios dedit. Harum una est XLVII. ad Desiderium, quam et paulo ante scriptam existimamus, quam stylum contra Jovinianum acueret. Hic autem ille idem videtur Presbyter, quem olim diximus, abs Hieronymo petiisse, *ut transferret in Latinam linguam de Hebræo sermone Pentateuchum*, et cui re ipsa in Genesim Præfatio inscribitur. Cum Romæ per occasionem nescio quam versaretur, denuo S. Doctorem rogavit, ut suorum operum exemplum ad se aliquod mitteret. Cui noster respondit, nescire se, cum vulgata jam pleraque omnia essent, quid mitteret, *ne eadem fortasse mitteret, quæ jam haberet*. Librum vero de Scriptoribus Ecclesiasticis monet, ut apud Marcellam, aut Domnionem legat, *In cujus me*, inquit, *calce voluminis quasi abortivum et minimum omnium Christianorum posui, ubi mihi necesse fuit usque XIV. annum Theodosii Principis quæ scripserim breviter adnotare : quem librum cum a supradictis sumpseris, quidquid de indice minus habueris, paulatim scribi faciam, si volueris*. Nihil præterea de libris in Jovinianum, aut de Apologetico pro iis adjecit : ex quo colligere non immerito licet, nondum hæc fuisse opuscula elucubrata ; tametsi fieri potuisse, non diffitemur, ut hæc habere jam apud se, utpote recens scripta, et quæ maxime Romæ in omnium ore essent, suismet literis significaverit Desiderius, quorum occasione alia abs Hieronymo peteretur. Utut vero se res habuerit, neque ante annum 393, neque post insequentem datam hanc fuisse Epistolam, argumentum hoc ipsum, totusque ordo rerum persuadet.

VI. Sed utique insequenti, sive anno 394, sex alias Epistolas credi ab Hieronymo scriptas, par est. Ex his præfert etiam nescio quam ætatis prærogativam quinquagesima quinta ad Amandum Burdigalensem Presbyterum postea Episcopum, in qua tribus ab eo propositis ex novo Testamento quæstionibus respondet, atque illi præterea, quam reperit adjunctam in brevi chartula, *Utrum mulier, relicto viro adultero et sodomita, et alio per vim accepto, possit absque pœnitentia communicare Ecclesiæ, vivente adhuc eo, quem prius reliquerat*. Enimvero quod ejus nullam in Catalogo mentionem faciat, manifestum est, post annum 392, quo liber ille prodiit in lucem, hanc fuisse elucubratam ; neque enim Epistolam tanti, et sacrarum maxime literarum exegeticam, cæteris accensere prætermisisset. Alia ex parte, quum in tertia quæstione (quam aliqui codices alteram ad Amandum Epistolam inscribunt) de corporum resurrectione disputans, deque sensu, quo Christus Deo Patri omnia, seque tandem ipsum dicitur subjecturus, ita sententiam suam explicet, ut ad lubricam Origenis interpretationem videatur accedere, satis manifesto apparet, hanc antea dictasse, quam se in Origenem adversarium intenderet ; post Epiphanii videlicet adventum, de quo mox erit dicendi locus, atque adeo circa anni 394 medium. Reliquas porro per eumdem hunc diximus temporis tractum scriptas : illam, inquam, ad

Nepotianum de Clericorum vita, doctam, Deus bone, et laboriosam Epistolam, cujus ipse annum veluti digito sub finem notat, ubi ait, *Coegisti me, lapidato jam virginitatis Libello, quem S. Eustochio Romæ scripseram post annos decem, rursus Bethleem ora reserare*. Tum subsequentes duas sub numeris LIII. et LIV. quarum altera ad Paulinum, initia Conversionis ejus, sive perfectioris arreptæ vitæ (quæ nimirum huic anno 394 deputatur) laudat : altera ad Furiam, qua se testatur *ante ferme biennium libros contra Jovinianum edidisse* : quæ ejusdem anni ad finem properantis nota est.

CAPUT XXIV.

I. *Recedit parumper a Ruffini amicitia declaratione sua quadam in Origenem.* II. *Quæ in apertam simultatem abit occasione adventus S. Epiphanii Jerosolymam.* III. *Hinc primordia schismatis Jerosolymitani, cujus præstringitur historia.* IV. *Noster ab Epiphanii partibus stat contra Origenistas, Ruffinus Joanni Jerosolymitano adhæret.* V. *Dissidii aucta occasio ordinatione Pauliniani fratris Hieronymi ab Epiphanio facta.* VI. *Item acrius ob ejusdem Epiphanii Epistolam ad Joannem Græce scriptam, quam Hieronymus Latine vertit, atque alia ad Pammachium Epistola defendit.*

I. Ea erat ad hæc usque tempora, aut certe proxime præcedentia, Hieronymum inter atque Ruffinum necessitudo, quæ Christianis omnibus exemplo esset, et nemo non admiraretur *tam caras* (ut loquitur Augustinus) *familiaresque personas, cunctis pene Ecclesiis notissimo amicitiæ vinculo copulatas* (*Epist. CX*). Rebus nempe cæteris, quibus par nectitur amicitiæ, ut nempe a prima usque adolescentia juncta sit, et magnis utrinque virtutibus innutrita, loci proximitas accedebat, (jamdiu enim Jerosolymæ, ubi et Presbyteri ordinem susceperat, Ruffinus morabatur) ut convenire frequentius possent, deque pari ferme vitæ instituto, ac ratione studiorum frui. Quid quod Origenis ingenio uterque plurimum delectabatur, tametsi diverso, ut mox dicemus, intellectu atque animo? Contigit vero (annus tunc agebatur 393) ut Jerosolymam adveniens Aterbius nescio quis una cum aliis, dicam ex eo diceret Ruffino gravissimam, quod Origenem sectaretur, eaque criminatione Hieronymum, utpote Ruffini intimum, et olim Adamantii præconem obvolveret. Hinc prima mali labes, et discordiarum turbo : Hieronymus enim quem non ita Origenianæ doctrinæ admiratio ceperat, ut non subinde intelligeret, ab ejus sibi esse erroribus metuendum, ejurare palam ejus auctoritatem, eique erranti nuntium remittere, nihil dubitavit. Ruffinus e contrario haud satis sciens studiis suis moderari, clausus domi, ne videre quidem Aterbium ausus est, damnari autem ab amico Adamantium, perquam ægre tulit. Rem narrat S. ipse Pater luculentissimis verbis lib. III. Apologiæ : *Quis*, inquiens, *Aterbii contra te, et cæterorum rabiem concitavit ? Nonne ille est qui et me hæreticum ex tuis amicitiis judicabat ? cum satisfecissem damnatione do-*

gnatum *Origenis, tu clausus domi numquam eum videre ausus es, ne aut damnares quod nolebas, aut aperte resisteres, hæreseos invidiam sustineres. An idcirco testis contra te esse poterit, quia accusator tui est?* et paucis interjectis: *Acerbius contra te latrabat Jerosolymis, et nisi cito abiisset, sensisset baculum non litterarium, sed dexteræ tuæ, quo tu canes abigere consuevisti.*

II. Hæc igitur prima Hieronymi in Origenem declaratio, non parum Ruffini ab eo animum avertit, cui ob id maxime visus est mutuam amicitiam lædere, quod ne ab sui amicitiis ille hæretici notam subiret, damnatione illa dogmatum Origenianorum cavisse profiteretur. Non diu autem hac fine stetit malum, anno enim insequenti sive 394 hoc nimirum, ad quem nos vitæ Hieronymianæ series deduxit, in apertam simultatem abiit, rixisque atque odiis gravissimis utrinque exarsit. Facti occasio atque historia ita habet. Cum ægre admodum ferret S. Epiphanius Salaminæ Cypri Episcopus, partiarios Origenis pervagari latius, jamque sciret, ipsum Ecclesiæ Jerosolymitanæ Antistitem Joannem in eorum pertractum partes, gliscenti in dies malo, ut maturius occurreret, circa dicti anni Pascha Jerosolymam venit. Exceptus ab Joanne hospitio et mensa, blande illum pro eo ac debuit, erroris commonefecit: quod tamen adeo videtur Joannes parum curasse, ut neque animum adverterit (*Ex Epist. LXXXII. et lib. contr. Joan.*). Ita enimvero conciliari posse autumo, quod post ea, cum palam in Ecclesia correptus est, vehementer doluit, et jurejurando affirmavit, nihil primo secum fuisse ea de re locutum Epiphanium: id quod falsi arguit Hieronymus, contrarium evincere se posse affirmans adductis testibus, nisi Episcopum perjurii reum agere, nefas putaret. Invisit deinde ille et Hieronymum nostrum, apud quem etiam diversatum fuisse, postea dicemus: tum Ruffinum satis diligenter, quem maxime sciebat erroribus Origenis irretitum, et quem ut facilius dedoceret, ac saniorem ad mentem ut retraheret, ad pacis quoque osculum, et ad preces excepit. Sed aut nihil proficiens, aut certe parum privatis ejusmodi adhortationibus, tandem palam atque in populi frequentia in *Anastasi*, sive Templo Resurrectionis, magna animi contentione adversus Origenem declamavit, et Joannem, qui aderat utpote ejusdem doctrinæ alumnum non obscure perstrinxit, ubi admonere eum voluit, *ne Arii patrem, Origenem scilicet, et aliarum hæreseon radicem, et parentem laudare imposterum vellet.* His Joannes usque adeo excanduit, ut misso statim Archidiacono silentium illi imposuerit, et ab incœpta publica concione, ut desisteret, imperarit. Data haud multo post occasione, in æde Sanctæ Crucis omnes a se habitos sermones in Quadragesima (sub cujus utique finem, aut certe non multo post Pascha: ob quam causam in id temporis Epiphanii Jerosolymam adventum rejicimus, unica oratione complexus, non solum pro Origene, atque adeo pro se multa disputavit; sed et Anthropomorphitarum hæresim, quæ humanam Deo formam tribuit, et Origenianæ doctrinæ ex diametro opponitur, ausus est publice Epiphanio objicere. Statim iste notam abs se hæreseos depulit, palam professus probari quidem sibi Joannis concionem, et damnatam ab eo hæresim damnari, velle autem ut vicissim ab illo Origeniana dogmata respuerentur. Verum Joannes animo rixandi avido nihil nisi causas vindictæ quærebat, tantaque S. Episcopum molestia affecit, ut inde ad Bethlœmi secessum abire coactus sit. Et regressus quidem est denuo Jerosolymam hortatu ac precibus monachorum, ut iterum Joannem de fide conveniret; sed cum vespere vix eo accessisset, compulsus inde est fugere sub mediam noctem, rursumque apud Hieronymum cæterosque solitarios divertit. Testatus tunc etiam est, valde se communionis cum Joanne aliisque partiariis ejus habitæ, pœnitere.

III. Hoc discordiarum turbine via muniebatur schismati Jerosolymitano. Cum enim ab Epiphanii, catholicis videlicet partibus staret Hieronymus, et qui magno numero monachi vitam cum ipso Bethleemi agebant: Ruffinus hanc avide occasionem in eum velitandi arripuit, quum se, suamque de Origene præconceptam opinionem tueri Ecclesiæ, cujus erat clero adscriptus, judicio licebat. Adhæsit itaque ille continuo Joanni, cui etiam videtur Origenistarum doctrinas propinasse, et causam pro dignitate atque auctoritate sedis, quam obtinebat, promovendam tradidisse. Neque hoc sane ignorabat Epiphanius, qui cum, ut diximus, cum primis convenerat, quique omne se punctum tulisse existimabat, si eum de temere suscepto Origenis patrocinio deterruisset. Notatum id quoque sæpius Hieronymo, et libro præsertim illo contra Joannem, ubi hunc increpans querentem, sibi privatim ab Epiphanio ante concionem publicam non fuisse objectas Adamantii partes, de quibus palam deinde illum accusaverit: *Ille*, ait, *objecisse se dicit; tu negas. Ille testes profert; tu non vis audire productos. Ille etiam commemorat, ALIUM esse conventum, tu pro utroque dissimulas.* Et quis iste *alius* fuerit, non alium scilicet a Ruffino, explicat his lib. III. Apologiæ, *Ergo pollutus erit Epiphanius, qui tibi pacem dedit et in suo corde dolum servavit. Cur non illud verius sit, quod TE PRIMUM monuerit?* Fuerat etiam Ruffinus ex his, qui Epiphanium in concione illa publica deriserunt: quod dudum laudato contra Joannem libro exprobrat S. Pater. *Quando*, inquit, *contra Origenem in Ecclesia tua Papa Epiphanius loquebatur: quando sub illius nomine in vos jacula torquebantur, tu et Chorus tuus canino rictu, naribusque contractis scalpentes capita, delirum senem nutibus loquebamini,* etc. Quæ rursum ipsi Ruffino improperat lib. III. Apologiæ. *Simulque risum tenere non possum, quod a quodam prudente communitus, in laudes Epiphanii personas. Hic est ille delirus senex, hic est Anthropomorphites,* etc. Denique, ut gemina his alia pleraque prætermittamus, Ruffinus ipsemet sub finem Prologi in Apologiam Pamphili non partes se modo Joannis sequi, sed nec aliam tenere fidem jactat, quam quæ Jerosolymitanæ Ecclesiæ ab illo prædicabatur. *Hæc,* inquit, *Jerosolymis in Ecclesia Dei a Sancto Sacerdote ejus Joanne prædicantur. Hæc nos cum ipso et dicimus et tenemus.*

IV. Atque hæc tanta Hieronymi inimicorum conjunctio, quorum alterum iræ impotentem efferebat gradus auctoritas, alterum offensæ recens amicitiæ suspicio, et quæsita vindictæ opportunitas asperabat, vix dictu est, quas S. Doctori molestias crearit. Accessit tamen unde et jure in speciem quæri de Epiphanio ac Hieronymo videri possent, aut saltem quo horum de recta fide postulationes eluderent, rixarumque causam omnem, et culpam in eos torquerent. Pauliniani, inquam, fratris Hieronymi, ordinatio ab Epiphanio facta, Joanne ad cujus ille hactenus parœciam pertinuerat, inconsulto. Ita vero habuit se res. Jerosolymis abiens Epiphanius, imo aufugiens noctu, ob eas quas diximus causas, in Bethleemi se monasterio recepit. Multa ibi de turbis, quas Joannes concitarat, deque suspecta ejus communione conquestus, multos vicissim e monachis conquerentes audiit, quod Presbyterum non haberent, qui Sacris operaretur : et si res ferret, ut se ab Episcopi Jerosolymitani communione sejungerent, nemo unus apud se esset, qui Sacramenta conficeret. Enimvero Hieronymus, et Vincentius, ut alias notatum est, quamquam fuissent alter Antiochiæ, alter Constantinopoli Presbyteratu initiati, numquam tamen adduci potuerunt *propter reverentiam et humilitatem*, ut officio illo fungerentur, ac Noster maxime, qui ordinem ea conditione susceperat. Dignabantur autem uno omnes ore Paulinianum, ex quo, si Presbyterum ordinari se aliquando sineret, plurimam universo monasterio utilitatem reditum iri affirmabant. Sed aut frustra tentatus, ut alias sæpe, tunc ille est (nam et fuga se aliquando ab ejusmodi ordinatione subtraxit) aut opportunam certe magis occasionem aucupari Epiphanius in animo habuit. Anno igitur insequenti cum ex eodem monasterio quidam ad eum Episcopum agentem tunc, ut videtur, Eleutheropoli, legati fuissent, ut ei nescio quibus de causis satisfacerent, essetque inter eos Paulinianus, ille et hujus meritum, omnium monachorum testimonio sibi olim comprobatum, et necessitatem monasterii secum animo reputans, propositum sancti adolescentis, qua adhortationibus, quave imperiis expugnavit, eumque invitum ferme ac reluctantem primo *Diaconum, et postquam ministravit, rursus Presbyterum* ordinavit. Quod quidem non intra Jerosolymitanæ ditionis fines præstare ausus est, sed *in monasterio fratrum, et fratrum Peregrinorum, qui provinciæ* Joannis *nihil deberent :* in monasterio, inquam, quod *Vetus* appellabatur, inter Jerosolymam et proximam Eleutheropolim sito, exstructoque olim ab ipso Epiphanio. Nihilominus in eo se Joannes graviter offensum, læsaque parœciæ suæ jura reputans, exarsit ira, multaque privatim et publice conquestus est, rem sese minitans apud omnes, et maxime Occidentales per litteras evulgaturum. Interim hanc prætexuit discordiarum ab Epiphanio, et Hieronymo causam, omnemque in eos transtulit querelarum invidiam. Ausus est etiam scribere ad Theophilum Alexandriæ, *quod antequam Paulinianus Presbyter fieret, numquam se Papa Epiphanius super Origenis errore convenerit.* Quod rursum non sine stomacho refert Hieronymus Epistola ad eumdem Theophilum LXXXII. *Antequam ordinaretur frater meus* (Paulinianus), *numquam dixit fuisse inter se et sanctum Papam Epiphanium de dogmatibus quæstionem. Et quæ cum ratio compellebat, sicut ipse tandem scribit, inde inter populos disputare, unde nemo quærebat ?* Nec læsa modo parœciæ suæ jura, utcumque temere et falso, sed et Pauliniani ætatem nondum sacerdotio idoneam causabatur : quæ duo S. Pater ita exsufflat : *Fratrem meum causam dicit esse discordiæ, hominem qui quiescit in monasterii cellula, et Clericatum non honorem interpretatur, sed onus. Quumque nos usque ad præsentem diem ficta pacis ostentione lactaverit, Occidentalium commovit aures, dicens eum adolescentulum et pene puerum in parœtia sua Bethleem Presbyterum constitutum. Si hoc verum est, cuncti Palæstini Episcopi non ignorant. Monasterium enim S. Patris Epiphanii, nomine Vetus dictum, in quo frater meus ordinatus est Presbyter, in Eleutheropolitano territorio, et non in Æliensi situm est. Porro ætas ejus et Beatitudini tuæ nota est, et cum ad triginta annorum spatia jam pervenerit, puto eum in hoc non esse reprehendendum, quæ juxta mysterium assumpti hominis in Christo perfecta sit, etc.* Denique ut hæc possent objecta excusari, illud præ cæteris in crimen vocabat, quod promissis Epiphanius defuisset. Asserebat enim, se *per sanctum Presbyterum et Abbatem Monachorum Gregorium mandasse illi, ne quemquam ordinaret; et ille hoc pollicitus sit* dicens : *Numquid juvenis sum, aut canones ignoro ?*

V. Hæc ille Epiphanio crimina objiciebat quæ hic diluere statim sategit miti Epistola, quæ nunc inter Hieronymianas quinquagesima prima habetur. Et primum quidem, de læso scilicet parœtiæ Jerosolymitanæ jure, iisdem ferme, quæ modo ex Hieronymo deliberavimus verbis (unice enim vera responsio illa est) refutat. Alterum de Pauliniani nondum idonea ad Presbyteratum ætate prorsus negligit, quod nempe falsum constaret, jamque explosum videretur. Tertium vero his gravius, quo minime stetisse conventis dicebatur, ita sub jurejurandi obtestatione abs se removet. *Audi,* inquit, *veritatem in sermone Dei, me hoc nec audisse, nec nosse, nec istius sermonis penitus recordari. Suspicatus autem sum, ne forsitan inter multa, quasi homo oblitus essem, et ob hanc causam sanctum Gregorium suscitatus sum, et Zenonem Presbyterum, qui cum eo est. E quibus Abbas Gregorius respondit, se hoc penitus ignorare. Zenon autem dixit, quia cum eis Presbyter Ruffinus nescio quæ alia transitorie loquerctur, etiam hoc dixerit : Putasne aliquos ordinaturus est sanctus Episcopus ? et hucusque stetisse sermonem. Ego autem Epiphanius nec audivi quidquam, nec respondi.* Mulcet denique mitioribus verbis hominem rixandi avidum, seque ab eo appetitum demonstrat non ob impositum quidem Pauliniano Presbyterii characterem, sed ob reprehensum in eo studium Origenianorum dogmatum, a quibus denuo ut sibi caveat, sedulo hortatur. *Te autem*, ait, *frater, liberet Deus, et sanctum populum Christi, qui tibi creditus est, et omnes fratres qui tecum sunt, et maxime Ruffinum Presbyterum ab hæresi Origenis, et aliis hæresibus, et perditione earum.* Missa Epistola est per Clericum seu Lectorem : ipsamque *authenticam in manu* Ruffini *venisse* (quamquam ipse ignorare eam se aliquando simulaverit) S. Doctor libro III contra eumdem evicit. Et sane debuisset hujusmodi officium Jerosolymitani Antistitis animum recolligere, cumque Epiphanio, et Hieronymo qui ab ejus partibus stabat, pacem concordiamque reducere. Evenit tamen penitus e contrario. Summo illa cum plausu ab aliis præter Joannem ejusque partiarios excepta est Epistola, ejusque *exemplaria certatim Palæstinæ rapiebantur vel ob Auctoris meritum, vel ob elegantiam sermonis.* Id vero ipsum magis magisque animos Joannis exasperabat, qui laudes illas, gratiamque adversus Epiphanium in sui contumeliam transferebat. Illa *per multorum ora volitabat, et mirabantur eam docti pariter, et indocti :* ipse nodum in scirpo quærere, captare rumusculos, tristitias et rixas inter fratres concitare, et queri suam hærescos nota doctrinam fidemque perstringi perquam injuriose, quæ ab Orthodoxa veritate adeo non desciscerent, ut eam potius ab adversariorum, uti aiebat, rusticitate assererent ac vindicarent. Pejore loco res erat, quod in promptu illi esset, a quibus etiam pœnas repeteret, et in quos iram effunderet expleretque. Hieronymum quam, cujus præsertim causa motus istos concitatos volebat, et qui sub ipso erant fratres, utpote doctrinis iisdem ac studiis imbutos.

VI. Sed nondum tamen communionis utrinque abrupta societas erat, quam certe Epiphanium ad id usque temporis custodisse, tota illa Epistola prodit, ubi vel se in Joannem *habuisse caritatem*, quam is studiose diruptum iret, vel pro ipso in publicis precibus se orare solitum, declarat. Produnt etiam illa multo luculentius, quibus eumdem Joannem monet, ut ab Origene recedat, in quo sin minus sibi obsequens fuerit, minitantur velut pedem oculum ac manum, quæ scandalo sint, juxta Evangelii præceptum, abs se abcissum iri. *Et vos*, inquit, *sive oculi vestri, sive pedes fueritis, similia sustinebitis.* Neque enim *sustinuistis*, dixit, aut *sustinetis*, sed *sustinebitis*, ut nondum ab ejus se communione separasse significet, cum hæc scriberet. Quod si nondum ipse eo, multo minus monachos Bethleemitas ab Episcopi sui caritate sejungi tunc voluisse, putandus est. Quin potius apparet ex Hieronymi contra Joannem libro, litteras ad eos dedisse, quibus monebat, ut in ejus, quoad fieri poterat, communione perstarent. Sed utique aliquanto post, cum neque Epistolæ suæ responsum Joannes faceret, neque revocari ad meliorem frugem posse videretur, imo vero majores in dies turbas concitaret, obfirmaretque in Origene patroci-

nando animum, auctor illis fuit, ne temere imposterum cum illo communicarent, ac nisi prius de fide satisfaceret, ab ejus communione omnino abstinerent. Cum igitur dare ille fidei satisfactionem nollet, secessionem ab eo fecerunt, Epiphanio auctore, et Hieronymo, ut nihil dissimulem, duce. Enimvero cum fidei negotium agebatur, nullum hic volebat esse dissimulationi locum ; ipse autem nequaquam impetrare abs se ipso poterat, ut cum hæretico, aut qui ejus labis suspicione laboraret, sinceram in Christo pacem concordiamque haberet.

VII. Tunc vero vix dictus est, quantam Joannes illi apud omnes virulentis obtrectationibus invidiam, et quas asseclis ejus molestias crearit. Calumniatus continuo est, quod *Ecclesiam Dei scinderent*, atque, *proprium sibi facerent principatum :* duriterque adeo habuit, ut etiam pro sacrilegis traduceret, atque ab omni rerum sacrarum usu, atque ipso Bethleemiticæ ecclesiæ ingressu prohiberet. Quædam quæ molitus est illis, aut reapse intulit mala, refert ipse obiter S. Pater sub finem libri, quem contra ipsum ad Pammachium scripsit, et quæ præstat ab ipso audire : *An non tu potius scindis Ecclesiam, qui præcepisti Bethleem Presbyteris tuis, ne Competentibus nostris in Pascha Baptismum traderent, quos nos Diospolim ad Confessorem et Episcopum misimus Dionysium baptizandos ? Ecclesiam scindere dicimur, qui extra cellulas nostras locum Ecclesiæ non habemus ? An non tu scindis Ecclesiam, qui mandas Clericis tuis, ut si quis Paulinianum ab Epiphanio Episcopo consecratum Presbyterum dixerit, Ecclesiam prohibeatur intrare ? Ex quo tempore usque in præsentem diem videmus tantum specum Domini, et hæreticis intrantibus, procul positi suspiramus. Nosne sumus qui Ecclesiam scindimus, an ille qui vivis habitaculum, mortuis sepulcrum negat ? qui fratrum exsilia postulat? Quis potentissimam illam feram totius orbis cervicibus imminentem, contra nostras cervices specialiter incitavit ? quis ossa Sanctorum, et innoxios cineres hucusque verberari ab imbribus sinit ?* De exilio, quo ait, sibi et fratribus procurando, Joannem laborasse, rursus ad eumdem Theophilum loquitur Epistola LXXXII. *Nuper*, inquiens, *nobis postulavit, et impetravit exsilium, atque utinam implere, potuisset, ut sicut illi voluntas imputatur pro opere : ita et nos non solum voluntate, sed et effectu coronam haberemus exsilii.* Feram autem illam, quam vocat potentissimam, videri diximus Ruffinum Arcadii tutorem, illum perduellem, qui Gothorum ducem Alaricum contra Arcadium accessivit, ut ejus ipse imperium occuparet. Quod item verosimilius ex eo fit quod addidit, non potuisse Joannem implere quod volebat : repulso enim Alarico, trucidatus est Ruffinus sub anni 395 finem, ejusque adeo Rescriptum de Hieronymo in exsilium deportando, nihili fuit.

VII. Hæc movit feritatis ac duritiei **exempla** in Joannis efferato animo, multaque Origenismi lue infecto, nata ad deducendum ab errore hominem, et gratiam cum ipso reconciliandam Epiphanii Epistola. Sed et accidit ex Hieronymi parte paulo post quam illa ad vulgi manus devenit, ut graviorum ferme rixarum semina jacerentur, quæ post ferme annum et sex menses, ut suis locis dicemus, efferbuerunt. Placet vero quod in more positum habemus, ipsiusmet S. Patris verbis hanc quoque rem loqui. *Erat*, inquit, *in Monasterio nostro vir apud suos haud ignobilis Eusebius Cremonensis, qui cum hæc* (Epiphanii) *Epistola per multorum ora volitaret, et mirarentur eam pro doctrina, et puritate sermonis, docti pariter et indocti, cœpit a me obnixe petere, ut sibi eam in Latinum verterem, et propter intelligendi facilitatem apertius explicarem : Græci enim eloquii penitus ignarus erat. Feci quod voluit, accitoque Notario, raptim celeriterque dictavi, ex latere in pagina breviter adnotans, quem intrinsecus sensum singula capitula continerent; si quidem et hoc, ut sibi soli facerem, oppido flagitarat. Postulavique ab eo mutuo, ut domi haberet exemplar, nec facile in vulgus proderet. Res ita anno et sex mensibus transiit, donec supradicta interpretatio de scriniis ejus novo præstigio Jerosolymam commigravit. Nam pecunia, ut perspicue intelligi datur, vel gratuita malitia, ut incassum corruptor nititur persuadere, compilatis chartis ejus et sumptibus, Judas factus est proditor, deditque adversariis latrandi contra me occasionem, ut inter imperitos concionentur, me falsarium, me verbum non expressise de verbo, pro* honorabili *dixisse* carissimum, *et maligna interpretatione, quod nefas dictu sit,* αἰδεσιμώτατον πάππαν, *noluisse transferre.* Concitaverat autem has turbas omnes Rufinus, cujus erat eo intensior animus, atque inimicitia, quod in aciem procedere minime ausus, clam ad scorpii, ut abs Hieronymo vocatur, instar feriebat, aliisque rixandi ansas, atque arma suppeditabat.

Atque ejus quidem *novo præstigio* imputat S. Pater, quod *de scriniis* Eusebii *Jerosolymam commigravit* illa Epistola, et ad ipsius manus, aliorumque hostium suorum venit. Aperte, etiam culpam monachi, ad furtum perpetrandum sollicitati, in eum regerit, *Ista est*, inquiens, *Epistola quam de cubiculo fratris Eusebii nummis aureis produxisti*. Quamquam sunt quibus verosimilius videtur, fuisse *gratuita malitia* furtum illud admissum, quandoquidem pseudomonachus non *chartis* modo , sed etiam *sumptibus* improbas manus dicitur injecisse : neque par sane sit credere, fuisse illum pretio conductum, ut aliud quam chartas de scriniis Eusebii auferret. Nihilosecius cum haud satis constet, quid sibi eo loci velit *sumptus* vocabulum, ac possit de ejusmodi aliis chartis aut rebus accipi, in quas Eusebius impensas egerit, levior illa videtur excusatio , quam quæ purgare Ruffinum , callidum sane, et magnarum virium adversarium possit. Quin ipse etiam videtur alibi apud Hieronymum, ejus corruptorem se monachi, tantum non inficiari : *Et audet quidam ex iis* (utique Rufinus) *adducto supercilio, et concrepantibus digitis eructare et dicere : quid enim si redemit, si sollicitavit ? Fecit quod sibi profuit.* Quem Hieronymus insectari pergit, *Mira*, inquiens, *sceleris defensio, quasi non et latrones, et fures, et piratæ faciant quod sibi prodest. Certe Annas et Caiphas seducentes infelicem Judam, fecerunt quod sibi utile existimabant.* Urget idipsum lib. III. Apologiæ, ubi ejus artibus ac dolis imputat, clam fuisse codicem quemdam Bethleemi in cubiculis S. Fabiolæ senioris et Oceani, utroque inscio, collocatum, *Quis*, inquiens, *Bethleem de cubiculo fratris Eusebii furatus est Epistolam laudatricem tuam? cujus artificio, et a cujus ministris in sanctæ Fabiolæ hospitio, et viri Christiani et prudentis Oceani, inventus est codex, quem illi numquam viderant ? An idcirco te existimes innocentem, si quidquid tuum est in alios conferas ?* Existimo quædam etiam de illa Epistola, quæ facile in calumniam trahi possent, Ruffino pridem suboluisse : quamobrem scelestum monachum ad compilanda Eusebii scrinia sollicitaverit. Re enim vera cum in suas denique manus ea venit, tot illos triumphos egit, et clamores excitavit, perinde ac rem diu multumque expetitam, tandem esset consecutus. Nullus tum finis insultandi liberius in Hieronymi caput, ac debacchandi, ejusque non tam imperitiæ carpendæ, quam fidei, quippe qui aliis atque in Græco erant, sententiis ac verbis Epistolam illam in Latinum transtulisset.

Neque porro nostrarum est partium heic loci, ferre de illa interpretatione judicium, et causam S. Doctoris adversus æmulorum impugnationes tueri. Quin fateri potius non decet, siquidem αἰδεσιμώτατον πάππαν Joannem honoris gratia Epiphanius compellavit, male hanc reverentiæ significationem fuisse ab illo aut penitus prætermissam , aut dilutiore alia quapiam formula imminutam. Maxime vero ob eam rerum conditionem ac temporis, cum , ingravescentibus utrinque animorum motibus atque odiis, quod casu atque aliud agens in illius observantiam peccasset, vix poterat, aut ne vix quidem oscitantiæ tribui. Ultro etiam dederim , eam interpretationem vitiis nec levissimis sane, nec paucis laborare, siquidem expendenda res est a Græcis quæ supersunt verbis, et a quibus initium ducebat Epiphanii Epistola, Ἔδει γὰρ ἡμᾶς, ἀγαπητὲ, μὴ τῇ οἰκήσει τῶν κλήρων φέρεσθαι γὰρ, quæ sic ab Hieronymo reddita sunt, *Oportebat nos , dilectissime, Clericatus honore non abuti in superbiam.* Neque enim jure primum illud γὰρ prætermissum est, nec recte redditum ἀγαπητὲ *dilectissime* pro *dilecte*, tum additum *honore*, quod minime in Græco habetur, denique *abuti in superbiam* pro eo quod est οἰκήσει φέρεσθαι, alienum fortasse adhuc magis videatur. Alia ejusmodi cursim dictatæ interpretationis vitia facile adducar in reliquo contextu occurrisse, ut credam : absit tamen , ut hinc putem merito S. Interpretem Ruffino pœnas dedisse. Mitto quod nullum in his sensus dispendium est, tametsi longius interdum phrases et verba abludunt. Una illa Hieronymum ratio excusat, totamque ejus causam validissimo præsidio munit, quod in privatos amici usus , et intra domesticos parietes perpetuo detinendam interpretationem illam adornarit, nihil aliud sollicitus , quam ut ab ignaro Græci sermonis alumno, mens sensusque Auctoris apertius intelligeretur. Ad hunc tueri se modum satis ipse habet Epist. LVII. *Volo in chartulis* meis quaslibet ineptias scribere, *commentari de Scripturis, remordere lædentes, digerere stomachum, in locis me exercere communibus, et quasi limatas ad pugnandum sagittas reponere :* quamdiu non profero cogitata, maledicta, non crimina sunt ; imo ne maledicta quidem, *quæ aures publicæ nesciant. Tu corrumpas servulos, sollicitas clientes, et ut in fabulis legimus auro ad Danaem penetres, dissimulatoque quod feceris, me falsarium voces :* quum multo pejus crimen accusando in te confitearis, quam in me arguis. Cæterum neque illa inepta versio habita est, neque aliis bene multis bonæ interpretationis laudibus caruit. Scimus etiam ab Alvaro sæculi IX. Scriptore non contemnendo laudari in S. Eulogii Vita, ut alios magno numero secutis maxime temporibus prætereamus.

VII. Sed et commode in rem litterariam ac nostram cessit, quod illa concertatione provocatus S. Pater, ut calumnias adversariorum retunderet, suamque in Græcis maxime Scriptoribus Latine explicandis rationem comprobaret, novam ad Pammachium Epistolam adornavit, *de optimo genere interpretandi*, in qua tam veterum omnium eruditorum, quam sacræ Scripturæ Interpretum testimoniis atque exemplis docet, quodnam sit optimum ejus artificii genus, illud scilicet esse ostendens, quo sensus e sensu, non verbum e verbo transfertur. *Alii*, inquit, *syllabas aucupentur et literas, tu quære sententias.* Locum tenet hæc in nostra recensione LVII. et cui proprie sit hujusce anni, in cujus historia versamur, 395, parti adscribenda, satis abunde in Chronologicis ad eam notis demonstratum est. Reliqua nos quæ ad Vitam S. Doctoris pertinent, persequamur.

CAPUT XXVIII.

I. *Dissidentes in concordiam redigere Archelaus Comes incassum nititur.* II. *Id ipsum Theophilus Alexandrinus Episcopus frustra conatur.* III. *Culpa potissimum Isidori Presbyteri Origenistæ, quem legatum in eam rem miserat.* IV. *Hinc Theophili adversus Hieronymum benevolentia refrigescit.* V. *Scribit nihilominus Sanctus Pater ad eum sæpius.* VI. *Scribit etiam ad Marcellam, et Epitaphium Nepotiani.* VII. *Commentarios quoque in Jonam.* VIII, IX, X. *Tum alias ad alios Epistolas, in quibus nonnulla de Origeniana causa.*

I. Ingravescentes quotidie magis Joannem inter atque Epiphanium, sive illos qui ab alterutrius partibus stabant, animorum motus compescere studuit Archelaus Comes, quem ornat Hieronymus *disertissimi et Christianissimi viri* laudibus (*Lib. contr. Jo.*). Hoc intercedente *pacis sequestro*, quoniam violatæ fidei suspicio discordias pepererat, constitutum est, ut a fidei professione via ad concordiam muniretur. *Postulatum est*, inquit S. Pater, *ut futuræ concordiæ fides jaceret fundamenta.* Condicto, in quem pars utraque locum conveniret, *pollicitus ipse etiam est Joannes, esse se venturum. Instabant dies Paschæ: frequens Monachorum turba convenerat :* ille unus *exspectabatur in loco : et quid faceret nesciebat :* verba sunt Hieronymi, cujus vestigia accurate persequimur. *Repente mandavit, ægrotare nescio quam : illo die se non posse venire.* Ludione, subjungit Hieronymus, an Episcopus hæc loquitur ? *Pone verum esse quod dicis, propter unius mulierculæ delicias, ne te absente doleat caput, fastidium sustineat, stomacho perfrigescat, Ecclesiæ causam negligis ? tot virorum et Christianorum et Monachorum contemnis præstantiam ? Noluimus occasionem dare : videbamus enim stropham dilationis tuæ, injuriam patientia vicimus. Rescribit Archelaus : monet altero et tertio die manere, si vellet venire. At ille occupatus (muliercula enim vomere non cessavit) dum nauseam evasisset, nostri penitus oblitus est.* Monenti nimirum Archelao, et ad paciscendum pluries invitanti, eadem continuo usus excusatione, minime paruit.

II. *Post duos menses tandem exspectatus venit Isidorus* (*Ibid.*), celebris ille Presbyter Alexandrinus et Monachus, legatus ad Joannem atque alios a Theophilo Alexandrino Episcopo missus cum literis, quibus contentiones illas sedare, adversosque invicem in gratiam animos reducere tentabat. Sive enim censeret ille officii hoc sui esse, pro sedis quam obtinebat fastigio : sive, quod abs Hieronymo proditum est, Joannis precibus et querelis excitatus, ut his se concertationibus opponeret, arbitrum se inter utranque partem dedit. Verum idem ipse ea tempestate Origeni favebat, quippe qui totus adversus Anthropomorphitas, Origeniano dogmati oppositos, ferebatur. Auctor quoque est Palladius in Vita Chrysostomi, scriptas ab eo litteras fuisse ad Siricium Romam, quibus Epiphanium tamquam hæreticum atque auctorem schismatis, ob Pauliniani videlicet ordinationem, traducebat. Ad hæc erat ipse cum Joanne et Ruffino, discipulo olim suo, junctus amicitia, eorumque opinione jamdudum occupatus. Quare istud inter cætera jure expostulat S. Pater, quod Joannes ad Alexandrinum Episcopum, ad quem nihil de Palæstina pertinebat, potius quam ad Cæsariensem, cui suberat tamquam metropolitæ, et *cui*, ait, *spreta communione tua, communicare nos noveras* (*Ibid.*), vel ad Antiochenum *totius Orientis Patriarcham*, litteras suas direxisset. *Sed novi*, subdit, *cur Cæsariam, cur Antiochiam nolueris mittere. Sciebas quid fugeres, quid vitares. Maluisti* occupatis *auribus molestiam facere, quam debitum metropolitano tuo honorem reddere. Nec hoc dico, quod præter* amicitias, *quæ suspicionem generant, quidquam in legatione reprehendam.* Denique fuerat etiam a Ruffino sæpe in Hieronymum instigatus, quod hic Paulum quemdam incertæ sedis in Ægypto Episcopum, ejectum a Theophilo, in suo Monasterio recepisset, et, ut æmulus ille blaterabat, *summo nisu, et omnibus studiis defenderet*, eique auctor esset, ut *per Imperiale Rescriptum reciperet sacerdotium, quod Episcopali judicio amiserat.* Quæ ita quidem ille exaggerabat, vertebatque in Theophili contumeliam, ut etiam ejusdem ad Hieronymum epistolas, ne redderentur, aliquando prohibuerit. *Meæ autem*, reponit S. Pater lib. III. Apologiæ, *communionis, et Papæ Theophili nullum alium testem vocabo, nisi ipsum, quem a me* LÆSUM *simulas : cujus Epistolas ad me semper datas, etiam eo tempore non ignoras, quo mihi eas reddi* PROHIBEBAS, *et quotidie missis tabellariis inimicum ejus amicum nostrum et familiarissimum jactitabas, et ea quæ nunc impudenter scribis, mentiebaris, ut illius contra nos odia concitares, et injuriæ dolor, fidei fieret oppressio.*

III. Hujus erat ingenii Theophilus, sicque tunc temporis animatus, cætera pietatis juxta atque eruditionis laudibus maxime insignis. Isidorus autem ille, quem ad Joannem adlegaverat, et cujus volebat opera incensos animos delinire, merus erat Origenista, Joannis et Ruffini partibus impense addictus, turbandis denique rebus, quam componendis aptior. *Ante tres menses* quam Jerosolymam accederet, litteras dedit, quæ *portantis errore* (sive ut Vastelius legendum autumat in Vindiciis *portantes terrorem,* neque enim satis placet *portantes errorem* [*Lib. cont. Joan.*]*,* quod libri quidem omnes habent) *Vincentio Presbytero redditæ sunt, quibus cohortabatur ducem exercitus sui, ut super petram fidei* (hoc quippe nomine Origenismum donabat) *stabili persisteret gradu, nec* Hieronymi, ejusque sectatorum *minis terreretur : pollicitus, etiam antequam legationis esset ulla suspicio,* affuturum se propediem ad cuneos adversariorum proterendos. *Quomodo* (aiebat) *fumus in aere dissolvitur, et cera ad viciniam ignis liquescit : ita dissipabuntur qui semper Ecclesiasticæ fidei resistentes, nunc per homines simplices* (puta Monachos) *eamdem fidem inquietare conantur.* Et designari quidem per *ducem exercitus* Ruffinum, ex his manifesto liquet, quæ eadem fere verba in eum profert Hieronymus lib. III. Apologiæ ubi de illis Isidori litteris, *Ne irascatur*, inquit, *is tibi, qui contra Papam Epiphanium ad te Epistolas dirigens, hortabatur, ut permaneres in fidei veritate, et non mutares ullo terrore sententiam : quæ Epistola holographa tenetur ab his, ad quos perlata est,* nimirum *a Vincentio Presbytero.* Ad hunc itaque modum animatus venit egregius iste pacis sequester : Joannem ejusque asseclas adit, legationemque suam renuntiat. Adit etiam Theophili nomine iterum ac tertio Hieronymum, sed commissas sibi ad hunc literas reddere nunquam voluit. Quumque diceret S. Pater, *Si legatus es, redde legationis Epistolas : si Epistolas non habes, quomodo legatum te probabis ? Respondit se habere quidem literas :* adjuratam tamen *a Jerosolymorum Episcopo, ne eas redderet* (*Ibid.*). Ita studiosum se Joannis manifesto prodens, spem pacis omnem peremit, reque infecta discessit. Discedenti Joannes Apologiam pro sua causa ad Theophilum deferendam dedit : cui concinnandæ operam ipse suam Isidorus contulerat, *ut idem esset,* quemadmodum Hieronymus exprobrat, *et dictator et bajulus literarum* (*Ibid.*). Has deinde litteras idem Jerosolymorum Episcopus quaquaversum misit, utque per totum orbem diffunderentur, **præsertim vero ut** *Occidentalium Sacerdotum aures* commoveret, summo studio egit. In illis appetitum se ab Epiphanio per summam injuriam, minime vero ob violatam ulla ex parte Origenianis dogmatibus fidem, ex eo potissimum declarabat, quod suam ille communionem nunquam refugerat. Proinde Hieronymum, totque cum eo Monachorum choros, quasi factiosos homines, atque hostes publicos traducebat.

IV. Nec sane res male ex Joannis sententia successit, occupatus siquidem hisce ejus literis, atque Isidori insusurrationibus Theophili animus ægre ferre visus est, Hieronymum pacis conditiones, ad quas illum per legatum suum invitaverat, respuisse. Diu igitur multumque fuit, quum nullas ad eum literas dedit, neque ab illo scriptas ad se ullo responso dignatus est. Sed numquam tamen ab officiis cessavit S. Pater, et subiratum contra se malis adversariorum instigationibus virum cætera eximiis virtutibus præditum, suique antea studiosum delinire, et qua voce, qua scriptis interpellare numquam destitit. Tandem et vicit crebris officiis hominem, qui diuturnum silentium rupit, et subamaras quidem, sed literas tamen ad S. Doctorem dedit. In his cum primo de sacrorum Canonum observantia monet, quod nimirum Episcopo suo Jerosolymitano non obsequeretur, eique communicaret, et fratrem Paulinianum rite ordinatum contenderet. Queri deinde videtur, quod Origeniano nomini, ejusque ingenii amatoribus usque adeo infensum se gereret, ubi nullum Fidei dispendium esset. Hæc nos excepimus querimoniæ potius, quam amicitiarum et benevolentiæ signa ex ipsiusmet S. Patris responsione ad Theophilum, quæ locum in recensione nostra Epistolarum tenet LXIII. et quam huc referre operæ pretium est. *Meminit,* inquit, *Beatitudo tua, quod eo tempore, quo nobiscum tacebas, numquam ab officiis meus sermo cessaverit : nec consideraverim quid tu pro dispensatione tunc faceres, sed quid me facere conveniret. Et nunc sumptis Dignationis tuæ Epistolis, fructum aliquem cepisse me video Evangelicæ lectionis. Et paulo post, Quod de Canonibus Ecclesiasticis mones, gratias agimus : quem enim diligit Dominus corripit, et flagellat omnem filium, quem recipit. Sed tamen scito nobis nihil esse antiquius, quam Christi jura servare, nec Patrum transferre terminos, semperque meminisse, Romanam fidem, Apostolico ore laudatam, cujus se esse participem Alexandrina Ecclesia gloriatur.* Denique : *Super nefaria hæresi* (Origeniana utique) *quod multam patientiam geris, et putas Ecclesiæ visceribus incubantes tua posse corrigi lenitate, multis Sanctis displicet, ne dum paucorum pœnitentiam præstolaris, nutrias audaciam perditorum, et factio robustior fiat.* Hæc data est Epistola anno circiter 397; hoc nimirum spatio temporis, in cujus describenda historia versamur, ut satis manifesto in Chronologicis ad eam Notis ostendimus.

IV. Sed et alia paulo ante, ab anno scilicet 395, mediis in altercationibus scripsit S. Pater, quæ heic in unum recensere historiæ series atque ordo jubet. Priore loco venit Epistola ad Marcellam numero prænotata LIX. qua sanctæ feminæ respondet quærenti inter cætera, quid illud sit, quod *per transitum in ejus Opusculis* legisse dicebat : *quod Agni, qui stant a dextris, et hædi qui stant a sinistris, Christiani essent atque Gentiles, et non potius boni et mali.* Respondet autem, hoc se scripsisse aliquando, minime quidem recordari : quantum tamen dictanti subito memoriæ occurrit, secundo contra Jovinianum volumine ab se nescio quid simile disputatum. Conjecimus adeo nos S. Patris Epistolam (quando propiora ad verum argumenta non suppetebant) post aliquot annos, duos puta, aut tres ab exaratis contra Jovinianum libris, nam neque alia, quam quæ in Præfatione Commentariorum in Jonam memorantur, et ab anno 392 ad 395 elucubrata sunt, videtur Marcella præ oculis tunc habuisse : neque Hieronymus ita recens vulgatos abs se contra Jovinianum libros significat, ut rem animo repetenti, ille demum locus occurreret. Per idem tempus, sive ipso 395 exeunte anno, subito febri correptus eximius ille Altiniensis Ecclesiæ decor, in quo uno Clericalis vitæ ornamenta omnia reposita videbantur, Nepotianus diem obiit. Erat illi jam inde a puero, ut sæpius narratum superius est, Hieronymus omni voluntate addictissimus, accedente ad cæteras Sancti adolescentis laudes, quæ amorem ab invitis extorquerent, vetere avunculi ejus Heliodori cum S. Doctore amicitia, quæ causas benevolentiæ conduplicaret. Denique cum ipse, *luctante anima*, supremas jam voces emitteret, apprehensa avunculi manu necessitudinis cum Hieronymo recordatus, *hanc*, inquit, *tunicam qua utebar in ministerio Christi, mitte dilectissimo mihi, ætate patri, fratri collegio, et quidquid a te nepoti debebatur affectus, in illum transfer, quem mecum pariter diligebas. Atque in talia verba defecit, avunculi manum, mei* (Hieronymi) *recordatione contrectans.* Itaque illo ad superos translato, non potuit S. Pater quin vicem suam, et amici Heliodori doleret, seque et illum, quoad ejus fieri poterat, consolaturus, in defuncti laudibus celebrandis tantisper acquiesceret. Arripuit itaque stylum, et LX. in nostra recensione Epistolam ad Heliodorum scripsit, quæ ut in Chronologicis ad eam Notis, ita debet initio anni 396, initio adfigi, ut neque ulterius differri, quod passim docti homines faciunt, neque rursus præponi jure possit. Argumenta quibus id evicisse nobis videmur, recolenda omnino, atque huc transferenda sunt, ne iisdem repetendis longiores æquo simus, et filum abrumpere necesse sit historiæ quam texinus.

V. Ab hac panegyrica, ut ita dicam, Epistola ad Commentarium adornandum in Jonam se contulit S. Pater, quod opus intra anni 396 fines conjicimus, licet subsequentis initia attigisse, et nobis ipsis persuasum aliquando fuerit, et quas S. ipse Pater rationes init in Prologo, indicare videantur. *Triennium*, inquit, *circiter fluxit, postquam quinque Prophetas interpretatus sum, Michæam, Naum, Abacuc, Sophoniam, Aggæum; et alio opere detentus non potui implere quod cœperam : scripsi enim librum de Illustribus Viris, et adversum Jovinianum duo volumina, Apologeticum quoque, et de Optimo genere interpretandi ad Pammachium, et ad Nepotianum, vel de Nepotiano duos libros, et alia quæ enumerare longum est.* Scilicet Nepotiani Epitaphium, qui liber sive Epistola verbis *de Nepotiano* indicatur, et quem nos anni 396 initio affigendum diximus, ut neque ulterius differri, neque rursus præponi ullo modo possit. Adeo cum a priorum quinque Prophetarum interpretatione, ipsoque libro de Viris Illustribus, ad hujus Epitaphii elucubrationem (quod est ab exacto ut multum anno 392 ad 396) plus quam triennii spatium intercedat, idque per Hieronymum putare liceat, qui *circiter* adverbio usus est : haud tamen licet ad subsequentem usque septimum supra trecentesimum nonagesimum excurrere, ut satis sibi illa temporis notatio constet. Aliter jam non *triennium* dicere S. Pater debuisset, sed *quadriennium* : in quam lectionem qui locum ejus sollicitare ausus est vir cetera doctissimus, temere et contra librorum omnium fidem egit, ut suo nos loco ostendimus. Hoc igitur, quanto quidem serius licet, hoc tamen anno, post *circiter triennio* interceptos in minores Prophetas Commentarios, Pammachii precibus superatus ad Jonam explicandum se contulit.

Facile etiam eidem Pammachio, sibi cum primis conjunctissimo, opus inscripsit : tametsi in editis libris, et quibus contigit ad hanc diem uti mss. minime ille quidem, sed *Cromatius Papa venerabilis* in Præfatione compellatur. Diximus hac nos de re in Notis ad eum locum : nunc aliud, nec sane præter verisimilitudinem, in mentem venit. Fuerit olim in aliquo exemplari scriptum *Chromati*, pro quo monuerit Antiquarius ad libri oram *Pammachi* restituendum : alius qui exemplar illud sibi describendum sumpsit, literas, mentemque ejus, qui emendaverat, non assequutus, putarit ibi compendiariis notis non *Pammachi* (quandoquidem Chromatius in textu legebatur) sed *Papa Venerabilis* significari, quod et hujus propria honoris significatio est, et similitudinem litterarum quamdam habet, atque hæc adeo verba pro nomine illo intruserit. Ut ut habuerit se res, certe hunc a se fuisse Pammachio inscriptum Commentarium, asserere ipse alibi Sanctus Pater videtur, ubi ipsum alloquens amicum suum, *Tertio*, inquit, *post longi temporis silentium Abdiam et Jonam tibi imperanti edisserui* (Præf. lib. III. in Amos). Sed et pluribus hic locus difficultatibus obnoxius est, et ut sæpe alias diximus, et dicturi infra sumus, commodo opus habet interprete : aut tota isthæc de Commentario in Jonam historia, depravatis alicubi interpolatorum fraude testimoniis, componi nequit. Cæterum insignis in rem nostram locus est in caput II. ex quo adhuc Origenismi factionibus agitatam Jerosolymitanam Ecclesiam, cum ea scriberet Sanctus Pater de corruptione et incorruptione corporum, liquet. *Hoc*, inquit, *illi* (Origenistæ) *ad Occasionem suæ ducunt hæreseos, ut sub persona Christi nuntientur Antichri-*

stum, Ecclesias teneant, ut ventrem pinguissimum nutriant, et carnaliter viventes, contra carnem disputent. Joannes scilicet, ejusque asseclæ Origenis defensores, neque enim alium quam Episcopum denotant verba *ut Ecclesias teneant,* quemadmodum erroribus irretitos Origenianis illa *contra carnem disputent;* scitum est enim, quod cum corporum resurrectionem fateri cogerentur, carnem nominare refugiebant. Hieronymus contra Joannem, *ad decipiendas aures ignorantium novies corpus, et ne semel quidem carnem nominas.* Denique Ruffinum propius illa perstringunt, *ut ventrem pinguissimum nutriant,* quem sæpius alibi Sanctus Pater, *pinguem et nitidum et bene curata cute* hominem ridet.

VI. Acuit quoque stylum per hæc tempora Hieronymus in Vigilantium, qui cum ante ferme biennium apud eum fuisset in Palæstina, Paulini ut videtur litteris commendatus, sibi ipse defuit, nullumque ex illo contubernio atque exemplis monachorum fructum percepit : unde et ipso quo advenerat, vel subsequenti proxime anno ejus pertæsus vitæ discessit. Fuerat hic subdolæ mentis homo natione Gallus (Baronius Hispanum putat) Sulpitii Severi ad Paulinum Nolanum, et Paulini ad Hieronymum litterarum portitor, atque horum fortasse testimoniis inflatus, aliis fucum fecerat, et ad Presbyteratus quoque gradum evectus est. Cum Bethleemi apud S. Doctorem diversaretur, Ruffino, ut creditur, aures accommodavit, eoque auctore Hieronymum despectui habuisse in eo dicitur, quod et legere palam Origenis libros, et sequi errores auderet. Cui S. Doctor licet multis satisfacere contendisset, haud tamen persuasit, sive edomare effrenem ejus ingenii licentiam valuit : quin potius ab ipso per summam injuriam hæreseos accusatus est, in eamque pertractus criminationem et calumniam amicus ejus Oceanus, qui Roma tunc temporis se transtulerat in Palæstinam. Neque magis acquievit ille testimonio Presbyterorum Vincentii et Pauliniani (qui tunc forte e Cypro Hieronymum fratrem inviserat) neque demum Eusebii Cremonensis pro recta S. Patris fide judicium est veritus. Recepit tamen se tandem aliquando, et facti pœnitens, veniam abs Hieronymo petiit, eidemque de Resurrectione, deque carnis veritate verba facienti, manibus et voce applausit. Ita sive ex animo reconciliatus, sive reconciliationem simulans, decessit e Palæstina : cujus discessus causam satius duxit Hieronymus ad Paulinum de illo scribens, quem sibi commendaverat, silentio præterire, quam dicere. *Cur, inquit, Vigilantius tam cito a nobis profectus sit, et nos reliquerit, non possum dicere, ne lædere quempiam videar : tamen quasi prætereuntem et festinantem paululum retinui* etc. Regressus autem in Occidentem, atque hanc proprie Italiæ partem ac regionem pertransiens, *inter Adriæ fluctus, Cottiique Regis Alpes,* denuo Hieronymum ejusque amicos reprehendere, et tamquam hæreticos traducere occœpit, quin etiam in patriam redux *lacessere scriptis S. Doctorem, et voluminibus suis obruere non dubitavit.* Suarum proinde partium esse existimavit Sanctus Pater, quamquam non is esset Vigilantius, qui responsum mereretur, purgare obtrectatoris impudentissimi accusationes et calumnias : deditque ad eum Epistolam in recensione nostra LXI. qua et singulas ejus malignas postulationes refellit, et ut aliquando vero ex animo resipiscat, et pœnitentiam agat, hortatur. Scripsisse autem eam circa anni 396 finem vel subsequentis initia, ex hactenus dictis liquet ; jam enim redierat Vigilantius in Occidentem, et S. Doctoris cum in itinere, tum in patria famam atterebat; decesserat vero e Palæstina sive Bethleemi monasterio, cum degeret ibi adhuc Vincentius, quem anno 397, nisi et etiam mavis circa præcedentis finem, certe quidem *multo tempore ante Ruffinum Romam venisse,* ex Apologiæ libro tertio discimus.

VII. Ejusdem est temporis, ut et ferme argumenti, quam dedit S. Pater LXII. in recensione nostra Epistolam ad Tranquillinum, qui ab eo petierat de librorum Origenis lectione, utrum vitanda illa penitus esset, ut Faustinus nescio quis contendebat, an, quod alii passim existimabant, permittenda ex parte. Cui S. Pater, qui sententiam hancce alteram præferre nequaquam dubitat, asserens eos, *qui in amorem Origenis nimium, vel in odium stomachi sui pravitate ducuntur, maledicto Prophetico subjacere, Væ his qui dicunt bonum malum, et malum bonum :* auctor est tamen, ut in ejus auctoris scriptionibus cautus incedat, approbatis melioribus, sequioribus rejectis. Elucet hinc vero satis aperte temporis nota ; jam enim ex Oriente invidia nominis Origeniani Occidentem pervaserat, ibique inter variorum studia, turbas ciere jam cœperat : quæ sane non alium quam 396 annum aut subsequentis initia designant.

VIII. Sed fit eadem multo etiam clarior ex Oceani, Romæ tunc degentis, mentione, quam ingerit in eadem Epistola S. Pater, et qua notatu non indigna eorum temporum memoria continetur. Succurrat igitur menti quod diximus paulo ante, fuisse Oceanum superiore proxime anno Jerosolymis, sive in Bethleemi monasterio, ubi præsens a Vigilantio, qui pariter ibi tunc agebat, hæreseos accusatus est. Post aliquod spatium temporis, eodem tamen anno ad finem properante, dum in utramque partem de Origeniana doctrina contenditur, subita Barbarorum irruptio plures Romani imperii provincias, hasque inter Palæstinam aut depopulata est, aut certe cladis proximitate perterruit. *Ecce tibi* (inquit, Sanctus Pater Epistola ad Heliodorum LX.) *anno præterito* (scilicet 395) *ex ultimis Caucasi rupibus immissi in nos, non jam Arabiæ, sed Septentrionis lupi, tantas brevi provincias percurrerunt. Quot monasteria capta? quantæ fluviorum aquæ humano cruore mutatæ sunt? Obsessa Antiochia, et urbes reliquæ, quas Halis, Cydnus, Orontes, Euphratesque præterfluunt. Tracti greges captivorum : Arabia, Phœnice, Palæstina, Ægyptus timore captivæ.* Vixdum hæc scripserat, cum ipsa sibi ob oculos Palæstina, Barbarorum coruscare gladios suisque imminere cervicibus sensit. *Hunnorum* (inquit Epist. LXXVII.) *examina pernicibus equis huc illucque volitantia, cædis pariter ac terroris cuncta complebant... Insperati ubique aderant, et famam celeritate vincentes, non religioni, non dignitatibus, non ætati parcebant, non vagientis miserebantur infantiæ... Consonus inter omnes rumor, petere eos Jerosolymam, et ob nimiam auri cupiditatem ad hanc urbem percurrere... Tunc et nos compulsi sumus parare naves, esse in littore, adventum hostium præcavere, et sævientibus ventis, magis Barbaros metuere, quam naufragium : non tam propriæ saluti, quam Virginum castimoniæ providentes. Erat illo tempore quædam apud nos dissensio* (de Origenis scilicet doctrina cum Joanne Jerosolymitano, Ruffino atque aliis Origenistis concertatio, *et Barbarorum pugnam domestica bella superabant. His rerum angustiis et bellorum terrore perculsus* Oceanus, qui cum Sancta Fabiola Jerosolymam venerat (voluissentque in Sanctis locis reliquum vitæ degere) despondit animum, atque una cum sancta femina in patriam, Romam videlicet, reversus est. *Nos* (subdit Hieronymus) *in Oriente tenuerunt jam fixæ sedes, et inveteratum sanctorum Locorum desiderium : illa* (Fabiola, ejusque itineris comes perpetuus Oceanus) *quæ tota in sarcinis erat, et in omni urbe peregrina, reversa est ad patriam.* Trahebatur jam itaque annus 396, et valde etiam processerat, ut ex consequentibus planum fiet. Joannes enim Jerosolymitanus jamdudum suam illam adversus Hieronymum Apologiam, ut in alias plerasque orbis partes, ita et Romam miserat, ubi et plurium animos jam commoverat. Alia ex parte restiterat jam strenue Oceanus turbis, quas scriptura illa in Urbe pepererat, eorumque insipientiæ occurrerat, qui se patiebantur Origenistarum artibus decipi. Atque hæc quidem omnia S. Pater cum Tranquillino respondit, ab ipso primum narrante didicisse se indicat : quæ haud sane levis est ab Oceani regressu in patriam, temporis intermedii nota. *Quod*, inquit, *dicis, Origenis multos errore deceptos, et sanctum filium meum Oceanum illorum insaniæ repugnare, et doleo simul et gaudeo : dum aut supplantati sunt simplices, aut ab erudito viro errantibus subvenitur.*

IX. Per idem tempus sive anno fere medio 397 scripsit Hieronymus ad Principiam in Psalmum XLIV. et aliquanto post ad Pammachium quoque de morte Paulinæ : quarum Epistolarum cum satis abunde sit explorata epocha in chronologicis ad eas Notis, non est cur iisdem edisserendis diutius immoremur. Sed et Augustini ad Hieronymum litteræ huc temporis referendæ sunt, quibus ei gratiam habet, quod *pro subscripta salutatione plenam Epistolam sibi reddidisset.* Hæc autem jamdiu olim intercidit, nec supra quam conjectura colligere licet, eruditi existimant, in ea Hieronymum de Origene ejusque erroribus capta occasione fuisse loquutum, et Hipponensem Episcopum pietate jam tum florentem atque eruditione, quicum sibi notitia aliqua intercesserat, monere voluisse, ut ab serpentis in dies magis lue Origenismi caveret. Enimvero istæc Augustini Responsio (quæ ejus secundæ sunt ad Nostrum litteræ) de Origene præ- sertim loquitur, cujus tamen errores sibi parum notos postulat indicari. *Illud*, inquit, *de prudentia doctrinaque tua desiderabam, et adhuc desidero, ut nota nobis facias ea ipsa ejus* (Origenis) *errata, quibus a fide veritatis ille vir tantus recessisse convincitur.* Quanquam vero data ea fuerit hocmet anno Epistola, reddita tamen est multo serius, et post saltem anni intermedii spatium. Denique S. Pater ad Castrucium, Pannonium hominem, scripsit, cujus sane fuit admirabilis adversus eum amor ac studium ; nam licet oculis laboraret, ejus invisendi cupiditate, iter in Palæstinam instituerat, ac venerat *usque Cissam,* nihil veritus *Adriatici Maris æstus, et Ægæi atque Ionii subire discrimina, ut nisi eum pius fratrum retinuisset affectus, voluntatem opere complesset.* Acceperat autem hæc Hieronymus de illius erga se prolixissima voluntate ab Heraclio Diacono, quem Amabilis quidam, ejusdem regionis, sive Pannoniæ Episcopus, Bethleem miserat, ut explicationem decem Isaiæ visionum, quam alias sæpe a S. Doctore flagitaverat, præsens ille impetraret. Quod quidem cum obtinuisset, Epistolam quoque S. Patris Castrucio deferendam accepit : ex quo intelligas utramque ad unum idemque tempus scriptionem pertinere.

X. Altera autem isthæc in decem Isaiæ visiones tum chronica nota insignior, tum elucubrationis genere multo est nobilissima. Quamquam se ait S. Pater, *pro angustia illius temporis, quid sibi videretur in singulis, brevi sermone perstrinxisse : reque ipsa historiam tantum, quod Amabilis petebat, edisseruerit.* Postmodum tamen, cum *in totum Prophetam Commentarios scriberet,* atque eo loci pervenisset, *superfluum* ratus *aut eadem rursus iterare, aut in uno opere diversas sententias ponere, quintum in Isaiam Librum ex hoc fecit, qui quondam solus editus est.* Verba sunt Hieronymi in Præfatione ejus Libri ad Eustochium, cujus vestigia accurate persequimur. In priore autem Præfatione ad Amabilem, *Hucusque*, inquit, *per litteras flagitabas, ut tibi decem visiones, quæ in Isaia obscurissimæ sunt, historica expositione dissererem... meque retractantem, et molestissimum explanationis genus in tempus aliud differentem, sæpissime commonebas. Hoc autem anno misisti filium nostrum Heraclium Diaconum, qui me manu conserta in jus vocaret, et promissum per momenta exigeret. Et sub finem, Si latius*, ait, *nitar exponere, multis libris opus erit, et exactoris mei navigatio in annum alterum differetur. Itaque ut vis, singulis testimoniis breves sententiolas coaptabo, ut non tam exponam quid sentiam, quam paucis verbis tibi sentienda dimittam. Dictamus hæc, non scribimus : currente Notariorum manu, currit oratio.* Temporis autem notationem quod spectat, non videtur ambigendi locus, quin sit anno 397 adtribuenda, quo primum Heraclius et Palæstina regressus est in Pannoniam. Nam cum iterum ex hac regione in Orientem contendit, Vitalis Presbyteri literas ad Hieronymum detulit, quibus iste respondens, *Isaiæ Prophetiam memora*, *quam inter decem visiones* nuper *interpretatum se dicit.* Agebatur vero tunc annus 398, ut mox suo loco **certis argu-**

mentis ostendemus, et præcipue ex alia ejus utique anni Epistola ad Lucinium compertum est, ubi eadem usus illa temporis notatione, *Nuper*, se ait S. Pater, *visiones Isaiæ valde obscurissimas historica explanatione disseruisse*. Igitur præcedenti proxime anno edisseruit, ut et illam, de qua diximus paulo ante, Epistolam, ad Castrucium dedit.

CAPUT XXIX.

I. *Ruffinus in Occidentem reversurus cum Hieronymo in templo Anastasis ex inimicitia redit in gratiam.* II. *Annus, quo id contigit, novis argumentis adstruitur.* III. *Num hoc tempore, et Ruffini Melaniæque cum primis opera extinctum penitus schisma Jerosolymitanum, sartaque pax sit inter Joannem quoque et Monachos reliquos?* IV. *Argumentis pro asserentium parte respondetur, aliaque afferuntur quæ id negant.* V. *Quædam obiter de Palladio.* VI. *Interea S. Pater in adversam valetudinem incidit, et febri per tres menses laborat.* VII. *Scribit nihilominus quædam quæ recensentur.* VIII. *In his Commentarios in Matthæum.* IX. *Et contra Joannem ad Pammachium, et ad Theophilum.* X. *Tempus scriptionum istarum asseritur, et vindicatur.* XI. *Demum instaurata inter omnes pace, scribit ad Fabiolam de Veste Sacerdotali.*

I. Post actam tot annos in Oriente vitam, Ruffinus, sive turbarum, quæ Jerosolymitanam Ecclesiam exagitabant, pertæsus : sive, quod propius ad verum est, ut Melaniæ, iter Romam aliis de causis meditanti, obsequeretur , et lateri comes adhæreret, in Occidentem remeare ad patrias sedes constituit. Antequam vero se itineri daret, suarum esse partium duxit, sollicitare ad pacem concordiamque Hieronymi animum , ut ne offensum ac dubium de sua fide hominem, nova injuria cumularet, privatumque inimicum, a quo sibi valde metueret , in Palæstina relinqueret. More itaque solemni *in Anastasi*, post Missæ sacrificium, junxit cum Hieronymo dexteram, atque animis utrinque ad pacem compositis , ex inimicitia redit in gratiam. Sunt qui putant in hac pace errores Origenis silentio damnatos : alii Ruffinum nullius erroris compertum fuisse dicunt ; se enim ille magnifice jactat lib. II. Invectivarum , *Nunquam ego sequutus sum errantem aut alium quempiam, nisi Ecclesiam Catholicam sequar. Numquid mea aliquid proferre potes scripta, in quibus me vel in juventute errasse convincas?* Sincere Hieronymus ac bona fide, *In Anastasi*, inquit, *immolato Agno , dexteras junximus* : et paulo ante, *Pacem dedimus , non hæresim suscepimus : junximus dexteras, abeuntes prosecuti sumus, ut a privata dumtaxat simultate tunc se animos recollegisse* , indicet. Cæterum quod *Anastasim* nominat , locum in quo ad concordiam coaluerunt, Templum Dominicæ Resurrectionis significat , a Constantino Magno olim exstructum, et Christi Resurgentis memoriæ dedicatum. Duo quippe Jerosolymæ templa sive basilicas magnus ille Imperator exstruxit , quorum alterum in loco *Passionis*, quod et *Crux et Martyrium* , appellabatur, alterum in *Resurrectionis* loco, cui proprium *Anastasis*

ex Græco idiomate nomen fuit. Peccatum itaque a Benedictino Editore satis supine , qui *Anastasii* in laudato Hieronymi textu pro *Anastasi* Legit : quam nos vocem restituimus, Alibi S. Pater libro contra Joannem , *Nonne*, inquit , *cum de Anastasi pergeretis ad Crucem etc*. ubi et Græcis literis Ἀναστάσει codices nonnulli præferunt. Sed hæc hactenus.

II. Annus, quo hæc contigerunt , seu quo Ruffinus in Occidentem navigavit, quin hic ipse fuerit 397 ad quem demum per rerum Hieronymianarum narrationem devenimus , minime inter eruditos ambigitur. Id ipse etiam nuperus Vitæ Ruffinianæ scriptor Fontaninus pro certo habet, in eamque rem multa ex Antiquis testimonia congerit , et Paulini Nolani cum primis , cujus etiam Epistolarum ac Natalium ordinem et Chronologiam refigere ex hac præconcepta opinione audet. Pace tamen doctorum hominum dixerim, videntur hi nobis hallucinari, partim quod minus accurate expenderint , qua proprie anni parte dederit Ruffinus se viæ, partim etiam quod hæc cum aliis ex Hieronymo testimoniis comparare neglexerint. Pendent enimvero multa cum Hieronymianæ Vitæ, tum historiæ eorum temporum , et Origenianæ cumprimis causæ momenta ex recte consignata Ruffini discessus epocha : quæ causa est, cur his tantisper immorari nos deceat. Primum itaque ex Palladio, qui Melaniæ iter, quacum erat Ruffinus, describit in Historia Lausiaca, compertum certumque est , eos percito cursu fuisse ex Oriente in Italiam transvectos. *Navem*, inquit cap. CXVIII. *ascendit, et Cæsarea navigans, viginti dierum spatio Romam venit*. Comperta deinde est ex Paulino, cum illi terrestri itinere Romam versus , Nolam in Campania advenerunt , quæ anni tempestas agebatur. Initium nempe veris. Cum enim Epistola XXIX. ad Sulpitium Severum dicat, Victorem monachum ejusdem Severi tabellarium , Nolam iis diebus advenisse , quibus Melania quoque advenerat e Palæstina, in præcedenti ad eundem scribit, illum abs se Nolæ susceptum *decedente jam HIEME*. Igitur sub hiemis finem, quibus verbis Februarii exitus , potius quam Martii exordia significantur, ut Victor ille, de quo Paulinus id refert , ita et Melania cum Ruffino suo Nolam , ad familiæ suæ cognatos diverterat. Placet audire Paulinum iterum. *Reliqua*, inquit , *ejus* (Melaniæ) *negotia ac tempora transibo, et hoc ipsum , quo remeans navigavit, ut cursum ejus æmuler , transfretabo, quo citius sermonem meum in ejus Adventu exponendo determinem : in quo magnæ Dei gratiæ spectator fui. Neapolim urbe brevi spatio a Nolana, qua degimus, civitate distinctam, advecta est, ubi filiorum nepotumque occursu excepta, mox Nolam ad humilitatis nostræ hospitium festinarit*. Porro autem si *hieme decedente* (Epist. *XXIX*.) Nolam venerunt, et ante *viginti dies* navim in Cæsareæ portu conscenderant, par utique est credere, cum pridem Jerosolyma discederent terrestri itinere, imo et antequam discederent , cum pacem abs Hieronymo impetrarunt, annum vix tum cœpisse. Sentio autem , nisi his fallor rationibus subducendis, cum

397, ut volunt, cujus nempe primus adhuc mensis Januarius ageretur, credi nequaquam posse. Multa enimvero sunt scripta Hieronymi et gesta, quæ huicmet anno non ineunti tantum, sed et satis adulto, nemine jam dissentiente, tribuuntur, quæ tamen pacem cum Ruffino præcessisse, certo certius liquet. Ejusmodi sunt quæ superiori proxime capite recensuimus, et Epistola cum primis illa S. Patris ad Theophilum, ubi *Sanctis* displicere ait quod *super nefaria hæresi multam patientiam gereret* (*Ep. LXIII*). Series quoque rerum Hieronymianarum ab adornatis in Jonam Commentariis, quos intra præcedentis proxime anni fines conjicere vix potuimus, ad hæc usque tempora, haud sane potest paucissimorum, qui intercedunt mensium spatio comprehendi.

Sed jam suis proprie argumentis opinionem illam confutemus, et qui ab ea stant, haud statis constare sibi, ostendamus. Librum S. Patris ad Pammachium contra Joannem Jerosolymitanum fuisse hoc anno 397 conscriptum autumant : Quin imo id magno conatu agunt, et ut vere quod res est, dicam, per vim atque invitum huc eum cogunt, qui post ferme biennium scriptum se prodit. Fuerit tamen, ut volunt, hoc anno scriptus, quando neque altius ipsi repeti posse ullo modo, sentiunt, neque ut hypothesi suæ inserviant, epocha vetustiore opus habent. Hoc ego ipsum evincere aio palamque ostendere, nondum illo anno Ruffinum ex Oriente in Italiam trajecisse. Enimvero si advenit ille *decedente hieme*, liber circa autumnum exaratus omnino est : et siquidem uno eodemque anno 397, cum illius adventus, tum ejus elucubratio contigit, hæc tamen illo posterior dimidio ferme anno est, quantum scilicet ab hiemis fine ad finem æstatis, sive autumni exordium intercedit. Dabo rei testem ipsummet sanctum Patrem, qui sub ejus finem libri, scribere eum se post paucos menses a Pentecoste, puta augusto aut septembri mense, significat. *Nos*, inquit, *ante paucos menses circa dies Pentecostes, cum obscurato sole, omnis mundus jamjamque venturum judicem formidaret, quadraginta diversæ ætatis et sexus Presbyteris tuis obtulimus baptizandos.* Atqui omnino præcedere Ruffini discessum in eorum hypothesi debet, idque est eorum disputationis præcipuum, tum aliis de causis, cum præsertim, ut quo tempore ille in Occidentem remeavit, sublatum jam penitus dicant schisma Jerosolymitanum, sartamque inter omnes gratiam. Igitur post eum Librum, qui scribi ante annum 397 omnino non potuit, Ruffinus advenit : advenit adeo subsequentis anni 398 initio.

Hæc ex illorum, quæ contra se pugnant, rationibus. Cæterum hocce demum altero anno Melaniam cumque ea Ruffinum in Occidentem navigasse, pleraque alia Veterum testimonia sunt, quæ facile persuadeant. Palladius cap. CXVIII Melaniam affirmat post *annos viginti septem*, ex quo ex Urbe se in Ægyptum contulerat, patriam repetiisse : qui nimirum temporis tractus ab ipso, inclusive, ut aiunt, anno 372 quo transvecta eo est, in 398 terminatur : Certum est enim a Palladio hunc una supputari, tametsi duntaxat inchoatum, maxime cum *unum et alterum mensem* primæ navigationi impensum, *ingruente jam hieme* præcedentis anni 371, puta a novembre mense, eo numero comprehendisse, perquam sit verosimile. Adeo cum Paulinus rotundo usus numero reducem Melaniam dixit *post quinque lustra*, perspicuum est ex ipso computandi modo, minus eum fuisse accurate, ut fieri in his amat, locutum : unde intelligi ad Palladii summam, atque explicari cum oporteat. Fontaninus tamen præpostero studio ad Paulini rationes redigere Palladium jubet : Qua in re falli eum et fallere, ut præconceptæ opinioni suæ inserviat, nemo non videt. Quippe alias Paulinus ipsemet hocce anno 398 non præcedenti, ut interpretantur, Ruffinum advenisse notat. In fine Epistolæ dudum laudatæ se ait, Vitam S. Martini, olim a Sulpitio Severo adornatam, Melaniæ hospiti tunc suæ recitavisse, quemadmodum recitaverat illam antea *Venerabili Episcopo atque doctissimo Nicetæ, qui ex Dacia Romanis admirandus advenerat* (*Epist.* XXIX). Advenerat hic autem hieme : adfuit enim die 14 Januarii, quo sancti Felicis festo solitum *quotannis* Natale carmen Paulinus cecinit. Quorum quidem Natalium, ut est erudite notatum Baronio, atque ab ipso S. auctore colligitur, quintum illud erat, cui primum Nicetas interfuit : atque adeo anni erat 398, utpote a priore quintum : siquidem ab anno 394, ut certis argumentis Chiffletius et Pagius evincunt, condi cœpta illa sunt. Hujus igitur initio anni post Nicetam, Melania cum Ruffino suo Nolæ accesserunt : atque hæc verior eorum ex Oriente ad Patrias sedes regressus est epocha. Cur hæc nos latius persecuti sumus, quæ præter rem esse, prima statim fronte videbantur, ex consequentibus intelliges.

III. Persuasum vulgo eruditorum est, compositis Hieronymum inter ac Ruffinum animis, dataque invicem atque accepta salute, sublatum eo ipso fuisse, atque extinctum schisma Jerosolymitanum, sartamque gratiam inter omnes, Monachos inquam reliquos et Joannem. Cujus quidem rei sane luculentum proferunt testimonium ex Palladio in Lausiaca ex antiqua versione Heraclidis cap. CXVIII ubi de Ruffino et Melania loquens, conciliatam eorum opera pacem inter omnes prædicat. *Illos*, inquit, *etiam quadringentos numero monachos, qui propter Paulinum se ab Ecclesia separabant, sanctæ rursus Ecclesiæ reddiderunt*. Nec sane diffitendum, quin pro *Paulino* legendum ibi sit *Paulinianum*, quemadmodum Vastelius olim admonuit, Hieronymi scilicet fratrem, cujus ordinationem ab Epiphanio factam Joannes abrumpendæ communionis causam prætexebat. Congruit et numerus Monachorum, quem sane ingentem fuisse, cum perstarent adhuc in schismate, significat sanctus iste Pater Libro contra Joannem his verbis : *Tantam fratrum multitudinem, et Monachorum choros, qui tibi in Palæstina non communicant*. Alia ex parte par credere est, eos, sicuti Hieronymum auctorem habuerunt, cum secessionem a Joanne facerent : ita ejus exemplum, siquidem in concordiam ipse se primum restituerat, statim secutos. Itaque aiunt post triennale denique spatium sublatum schisma Jerosolymitanum quod solum cœlitus tolli posse videbatur.

IV. Contrarium nobis scriptionum rerumque Hieronyminianarum series persuadet, et nedum ad Ruffini usque discessum e Palæstina (atque eum quidem 398 anno, non superiore proxime, ut illi sentiunt) sed et per aliquod adhuc temporis spatium, puta unius ferme anni, abstinuisse S. Doctorem, cumque eo Monachos Bethleemitas ab Joannis communione, existimamus. Non quod vere ineundæ pacis parum Noster esset sollicitus, sed quod orthodoxa fides causa cadere videretur, si cum his qui hæreseos suspicione laborabant, facile communicaret. Denique instauratam ex integro concordiam, non Ruffini quidem aut Melaniæ, sed quemadmodum visum est etiam Baronio, Theophili opera, qui novo se studio interposuit, et quod pridem Isidori culpa non potuit, merito suo demum et gratia obtinuit. Constabit sententiæ hujus veritas evidenti propemodum argumento paulo post, ubi subsequenti anno 399, aut certe quidem isto, in quo versamur, ad finem properante, quædam ostendemus fuisse a S. Doctore contra Joannem scripta, atque ea quidem acriore quam alias stylo atque offenso magis animo, quæ profecto scribi, percussa jam pace potuisse, nemo sibi in animum inducat. Epistolam, inquam, ad Theophilum in recensione nostra LXXXII, et proprie librum hoc titulo ad Pammachium *Contra Joannem Jerosolymitanum* : quæ cum evicerimus post Ruffini discessum edita, illud etiam quod urgemus, plane constabit, non eodem atque ille tempore, Joannem ad concordiam gratiamque cum Hieronymo ac sociis suis rediisse. Eo itaque loci referenda pars isthæc disputationis est, sive quæ de illarum scriptionum epocha argumenta contexemus, huc revocanda.

V. Quanquam ex his etiam quæ dicta sunt hactenus, ferre hac de re judicium congrue jam licet. Neque enim aut Ruffinus aut Hieronymus cum mutuam pacem illam commemorant, sive exprobrant sibi invicem, plus aliquid dicunt, quam quod privatæ simultati significet finem impositum. Imo aperte, et conceptis, ut aiunt, verbis, S. Pater, *Pacem*, inquit, *dedimus, non hæresim suscepimus. Junximus dexteras, abeuntes prosecuti sumus, ut vos essetis Catholici, non ut nos essemus hæretici* : quibus tantum abest, ut redditam inter omnes pacem, ut vix aliud quam Christianæ inter duos urbanitatis, restitutæ dudum officia amicitiæ notet. Palladii testimonium quod spectat, haud equidem scio quanti illud hac in re sit. Nihil certe veriti sunt doctissimi viri, quorum agmen Baronius ducit, ejus, utpote Rufino ac Melaniæ, quibuscum aliquando vixit, amicissimi, eorumque addictissimi partibus, auctoritatem imminuere. Nec ignoramus, falsos tamen in hoc eos esse, quod hunc Historiæ Lausiacæ auctorem, primo Helenopolitanum, ut ferunt, in Bithynia, deinde Asponensem in prima Galatia Episcopum probatissimum, cum cognomine alio **Palladio Galata** confuderunt, quem *servilis nequitiæ*

hominem (*Prot. Dial. cont. Pelag.*), et Pelagianæ hæreseos instauratorem Hieronymus vocat, et Epiphanius indigere ait, *misericordia Dei, quia Origenis hæresim prædicat et docet* (*Epist. inter Hier. LI.*). Ut autem hinc illi fidei derogandæ nulla sit causa, maxima est tamen, quod nimium se Ruffini ac Melaniæ studiosum prodit, totusque est in hujus laudibus prædicandis, in cujus etiam domo, cum Romæ diversaretur, omni officiorum genere cumulatum se, indeque proficiscentem liberalissime adjutum testatur. E contrario iniquior in Hieronymum fuit, cumque Bethleemi ageret toto anno 388, obloquenti contra S. Doctorem Possidonio solitario aures accommodavit (*cap. XXI.*), eique summa omnia præ Hieronymo tribuit : quæ minime ipse capitibus LXXVII. et CXXII. Historiæ suæ diffitetur. Prætereo fortassis posse etiam eo sensu verba ejus explicari, ut exemplo quidem Melianæ ac Ruffini, quæ secuta postmodum est Monachorum reconciliationem, non præsenti eorum operæ attribui velit.

VI. Abstinebat itaque adhuc Hieronymus, ejusque socii Bethleemitæ ab Joannis Communione, cumque duriore fortuna illa, quam diximus paulo ante, conflictabantur, cum hoc ipso anno 398 novus laborum cumulus accessit, et adversa S. ipsum Patrem valetudo invasit. Corripuit eum primo febris vel ab exeunte superiore proxime Decembri, vel certe quidem primis statim hujusce anni diebus per subsecutos tres menses, initio quidem toleranda, deinde ingravescens in dies magis, ut tenue ejusque fractumque laboribus corpusculum lecto adegerit, et miserum in modum depopulata sit. Tandem melius ei fuit, et in diebus Quadragesimæ assurgere ex morbo cœpit et recreari. *Ego*, inquit Epist. LXXI. ad Lucinium, *longo tentus incommodo, vix in diebus Quadragesimæ, quibus Notarii proficiscebantur, respirare cœpi*. Et in Prologo Commentariorum in Matthæum ad Eusebium, *Imminente*, inquit, *jam Pascha dictare me cogis, cum scias me ita tribus mensibus languisse, ut vix nunc ingredi incipiam*. Tum Epistola LXXIII. ad Evangelum, *Ego post longam ægrotationem, vix in Quadragesimæ diebus febri carere potui, et cum alteri me operi præpararem, paucos dies qui supererant, in Matthæi expositione consumpsi, tantaque aviditate studia omissa repetivi, ut quod exercitationi linguæ profuit, nocuerit corporis valetudini*. Hinc statim in febrim, et languorem, ex quo nondum bene convaluerat, relapsus, tenaci morbo ad anni fere finem continenter laboravit. Quo tempore ad Ruffinum Romanum Presbyterum (alium utique ab Aquileiensi) rescribens Epist. LXXIV. cum ipsum mensem, sive paucos dies Quadragesimæ, quibus respirare tantillum cœperat, cum his computat, quibus est continenter cum adversa valetudine conflictatus. *Nos*, inquit, *et hæc ipsa in lectulo decumbentes, longaque ægrotatione confecti, vix Notario celeriter scribenda dictavimus*. Et paulo post, *Ora pro nobis a Domino sospitatem, ut post duodecim menses, quibus jugi languore confectus sum, possim aliquid dignum vestræ scribere voluntati : et ignosce, si scatens oratio cursu nonsolito fluat*.

Nihilosecius a scribendo penitus abstinuisse illum, ne putes. Imo vero quoties licuisset per febrium intervalla, aut scribere sua ipse manu, aut notariis dictare aliquid, nunquam praetermisit. Tot sane hoc ipso anno, quo fere continenter languit, et lectulo tentus est, habemus ab eo scripta, quanta hodie vix aliquis nostrum, qui litteris operam damus, integris viribus, et secunda valetudine, fortasse adornaret. Epistolae ex his supersunt in nostra recensione a LXVIII. ad LXXV. quarum unaquaeque non inter amicos officia, sed de rebus gravissimis Tractatus continent. Prima cuidam Magno, cujus et Sidonius videtur meminisse, Rhetori Romano respondet, quaerenti, cur in opusculis suis S. Pater saecularium litterarum testimoniis uteretur (*Lib. V. Epist. X*): redditque facti rationem, et quatenus id liceat, et quorum exemplo id faciat. Noverat autem satis bene, cujus ille subornatus insusurrationibus quaestionem sibi proposuisset. Ruffini scilicet, quem ibi, ut vero ejus nomini parcat, *propter amorem historiarum Sallustii Calpurnium cognomento Lanarium vocat*. Et libro I. contra eumdem, *Nimirum*, inquit, *iste est Calpurnius Sallustianus, qui nobis per Magnum Oratorem non magnam moverat quaestionem.* Advenerat jam itaque Romam Ruffinus, et creare nomini Hieronymiano invidiam satagebat. Altera est ad Lucinium Boeticum, quem, ut in proposito castitatis, adsentiente uxore ejus Theodora, perstet, hortatur, et, quemadmodum proposuerat, cito adnaviget Jerosolymam. Tum de jejuniis, de Eucharistiae sumptione, deque Ecclesiasticis traditionibus disputat. Mentio, quam aegrotationis suae facit, ex qua tum demum convalescere tantisper coepisset, de anno hoc scilicet, cui Epistolam adtribuimus, dubitare non sinit. Accedit tamen alia eaque insignior temporis nota, ubi *decem Isaiae visiones valde obscurissimas*, quas dono ad Lucinium mittit, se ait *nuper* historica explanatione disseruisse. Nos quid illud *nuper* valeat, superius ostendimus. Idem character et subsequentis ad Vitalem Presbyterum de Salomone et Achaz qua multis docet pro certo habendum, Salomonem, et Achaz undecimo aetatis anno filios genuisse, quamquam minime inficias eat, posse Scripturam, quae id asseverat, alia ratione explicari. Rursum aegrae valetudinis suae meminit in subsequenti ad Evangelum de Melchisedech, qua anonymi Auctoris librum refellit, negantem fuisse Melchisedech ex hominum genere, sed spiritum Sanctum vel Angelum. Ipse nedum hominem fuisse ostendit ex veterum maxime Christianorum sententiis, sed et Chananaeum genere, ac si praestet Judaeis hac in re fidem adhibere, Sem ipsum fuisse primum Noe filium. Denique et LXXIV. ad Ruflnum, quem Romanum diximus, dedit sub anni finem, quam ait se non *tam lectulo decumbentem, quam longa aegrotatione, et duodecim mensium jugi languore confectum* Notario dictasse. Disserit autem in ea perquam erudite de judicio Salomonis, ac jurgio duarum meretricum, quod allegorico sensu de Ecclesia ex Gentibus congregata, ac Judaeorum Synagoga exponit. Haec nos Epistolarum veluti argumenta paucis perstrinximus, ut mirari subeat, tantis de rebus hominem lectulo decumbentem disseruisse.

VII. Sed et Scripturas, quod rei caput est, luculentissimis libris in eodem illo tempore exposuit. Commentarios inquam in Matthaeum, a priore trium mensium febri vixdum recreatus (cum subito ex Oriente Romam navigaturus Cremonensis Eusebius, hanc sibi veluti sitarciam dari petiisset) quatuor solidis libris, vix autem quindecim dierum spatio, imminente jam Pascha, profudit. Has notat ipse operis circumstantias S. Pater dudum laudatis Epistolis, ut illa ad Lucinium, *Et longo tentus incommodo, vix in diebus Quadragesimae respirare coepi*. Et alia ad Evangelum, *Ego post longam aegrotationem vix in Quadragesimae diebus febri carere potui; et cum alteri me operi praepararem, paucos dies qui supererant, in Matthaei expositione consumpsi: tantaque aviditate studia omissa repetivi, ut quod exercitationi linguae profuit, nocuerit corporis valetudini.* Omnium autem luculentissime in eorumdem Commentariorum Prologo : *Satis*, inquit, *miror, Eusebi dilectissime, cur Romam subito navigaturus hanc tibi a me quasi sitarciam dari volueris, ut Matthaeum breviter exponens*, etc..... *Si meminisses responsionis meae, numquam in paucis diebus rem annorum peteres*. Et paulo post ; *At tu in duabus hebdomadibus, imminente jam Pascha, et spirantibus ventis, dictare me cogis : ut quando Notarii excipiant, quando scribantur schedulae, quando emendentur, quo spatio digerantur ad purum, minime attendas : maxime cum scias me ita tribus mensibus languisse, ut vix nunc ingredi incipiam, nec possim laboris magnitudinem brevitate temporis compensare.* Porro autem Pascha eo anno Aprilis decima octava die contigit; nec sane est praeter verisimilitudinem, et Sanctum Patrem sub praecedentis Martii exitum dictare coepisse hoc operis, et Eusebium alia ex parte, non nisi post exactos Paschalis dies, quod est Maio ineunte, navigationi se commisisse. Intererat hanc temporis notam sedulo animadvertere : siquidem negotium facessit, ut postmodum explicabimus, quod videtur S. Doctor asserere, *post annum* a Ruffini profectione, trajecisse Eusebium in Occidentem.

VIII. Jam vero quod ait, *alteri se operi antea praeparasse*, quam in Matthaeum scriberet, locum divinationibus facit, quid isthuc tandem operis fuerit. Nobis nihil ad verum, aud certe veri similitudinem propius videtur, quam Librum innui ad Pammachium contra Joannem Jerosolymitanum, cujus Apologia illa quaquaversum missa, multorum jam animos in diversa distraxerat, ut pati diutius non posset S. Pater, veram ac genuinam contentionis causam explodi, falsam autem ab eo iracundiae suae praetendi. At enim invidiae plenum opus hoc erat, stylum in Episcopum suum acuere : adeo S. Pater de industria scriptionis ejus argumentum reticuit. Ad haec non videtur summa illi ab Auctore manus imposita : atque hoc etiam in rem nostram cedit ; primo enim ille est scribendis in Matthaeum Commentariis interpellatus, dein febri recidiva oppressus, intereadum Librum premere morbo cogitur, Theophili studio tandem instaurata inter omnes pax est. Denique Ruffinum Tractatus hic latuit, in quem certe ferri toto irarum æstu non [destitisset in Invectivarum libris. Nimirum neque cum elucubratus est, agebat ipse adhuc in Palæstina, sed Romæ, neque ad ejus devenire manus potuit, quippe qui nec ab auctore perfectus, neque ab eo in vulgus est editus. Hæc autem nos omnia in ea qua sumus mente confirmant eo magis, fidemque opinioni accrescunt, non alio, quam quo diximus anno, hoc scilicet 398, elucubratum videri, in quem unum perquam commode adjuncta rei omnia conveniunt. Ejusdem porro atque ille (nemine jam dissentiente) anni est ut et argumenti S. Doctoris Epistola ad Theophilum LXXXII. quam aut præferre illi ordine mavis, aut postponere, per nos licet, tantum ne longo, atque ultra anni ejus terminos, intervallo separes. Illius itaque est novis adhuc argumentis epocha comprobanda, ex qua tanta rerum Hieronymianarum memoria, et certus, ut notatum superius est, schismatis Jerosolymitani finis innotescit.

IX. Ipso statim exordio Libri se ait S. Pater, ut ne possit vel impatientiæ, vel temeritatis reprehendi, hæc demum contra Joannem *post triennium loqui*. Paria habet infra num XIV. ubi de Epiphanio, quem Joannes multis offenderat, *ille*, inquiens, *per totum exinde triennium, suas injurias devorat, privataque simultate contempta, fidei tantum correctionem postulat*. Quibus notat ipse, initium ejus triennii unde ducat, ab anno scilicet 395, post Pauliniani consecrationem, postque datas ab Epiphanio ad Joannem litteras. Ab eo enim tempore lacessitum tum palam se ab Epiphanio Jerosolymitanus Antistes reputans, jactare in eum maledicta, et qua voce, qua scriptis convicia ingerere, nunquam destitit: quas ille injurias, tantum de fidei correctione sollicitus, tacitus devoravit. Scio, passim eruditos a superiori proxime anno 394, quo ordinatus est Paulinianus, triennium illud ita exordiri, ut in 397 ineunte exeat. Sed pari utique ratione poterant, a præcedenti 393 sumere initium; siquidem tunc primum Joannem inter atque Epiphanium dissensio cœpit, atque ab eo jam inde est iste conviciis proscissus. Quod cum minime tamen præstent (rationes enim eorum omnes ab illa epocha everterentur) manifestum est, eos ita calculos subducere, ut hypothesi suæ inserviant. Sanctus vero Pater non aliud pro eo ac debuit, tempus manifesto denotat, quam quo in apertam simultatem Joannes erupit, post datas ad eum ab Epiphanio litteras, humanissimas quidem, et παρακλητικὰς, quas ille tamen contumeliis, ac virulentis obtrectationibus proscidit: postque diu exspectatam ab eo fidei satisfactionem, ad quam præstandam cum adduci nunquam potuerit, hæresis suspicione gravissima laboravit, causamque Hieronymo et qui sub eo erant, Monachis præbuit, ut ab ejus se communione separarent. Uno verbo, ab eo repetit Hieronymus tempore, quo schisma Jerosolymitanum conflatum est, quod anno factum 395 ex historia præscripta liquet. Præter quam quod in eo etiam splendide falluntur qui a præcedente 394, triennium hoc repetunt, quod ineunte 397, concludunt, ac porro concludere ex eorum hypothesi coacti sunt: cum liquido tamen constet, sub finem ferme anni, sive post *paucos menses a Pentecoste* conscriptum Librum. Alterum nec minoris sane ponderis argumentum ex eo sumitur, quod ait S. Pater num. XVII. abs se *ante annos ferme decem* Commentarios in Ecclesiastem elucubratos. Probatum nempe nobis est suo loco invictis argumentis, quæ hic replicare longum esset, ad anni 388 finem Commentarios illos pertinere: cui si decem intermedios præterea addideris, ad hunc nimirum pervenies, cui Librum contendimus adscribendum. Denique palmare illud est in rem nostram, quod his qui aliter atque nos sentiunt, crucem figit ubi num. XLI. Joanni calumnianti, *quod proprium sibi faceret principatum* S. Pater, respondet, *Si de me et de Presbytero Vincentio dicis, satis multo dormisti tempore, qui post annos tredecim, nunc excitatus hæc loqueris. Ob id enim et ego Antiochiam, et ille Constantinopolim, urbes celeberrimas, deseruimus, non ut te in populis prædicantem laudaremus, sed ut in agris et solitudine adolescentiæ peccata deflentes, Christi in nos misericordiam deflecteremur*. In hac enimvero, quam nos procudimus, ejus Libri chronologia docere est in promptu, ex quo *tredecim* illi *anni* supputandi sint, ut sibi perquam bene et rerum series, et temporis ratio constet. Econtrario torquent se misere, qui illum initio præcedentis anni adscribunt, nec tamen conciliare invicem possunt, atque eo tandem adiguntur, ut vel Hieronymum de incuria in computandis annis incusare audeant, vel ejusdem textui temere manus inferre, ac pro *tredecim* rescribi *sexdecim* velint. Atqui S. Pater accuratissime rationes iniit, voluitque omnino, quod res erat, supputari *tredecim* eos annos a 386, quo uno verissime de se illud affirmare potuit, Antiochenæ Ecclesiæ honoribus agros et solitudinem se prætulisse. Nam cum ordinatus est, haud equidem ut solitariam vitam ageret, ab ejus se amplitudine ac servitio subduxit, sed ut libere studiorum maxime causa peregrinaretur. Cum vero eo anno post Damasi mortem una cum Vincentio Antiochiam reversus est, utique ut in eremum concederet, eam Ecclesiam deseruit, ad quam Ordinationum quoque jure pertinebat, et in qua satis splendide, si libuisset, Presbyteratus frui gradu poterat: facile etiam, ut eo munere fungeretur, Paulini Episcopi, atque amicorum adhortationibus alliciebatur. Omnino igitur ab eo anno *tredecim* isto numerat, ac termino utroque una supputato, quod accuratissimarum rationum est, ostendit ipse manifesto, et tanquam digito notat, annum quo hæc scriberet, 388 fuisse.

X. Ejusmodi hæc sunt argumenta, quæ nisi admodum fallimur, assensum ab invitis extorqueant. Fatendum est nihilominus, quædam posse objici quæ negotium facessere videantur. Atque illud cum primis quod ait S. Pater hoc ipso Libro et numero dudum laudato de Pauliniano Fratre, *Vides eum Episcopo suo esse subjectum, versari Cypri, ad visitationem nostram interdum venire non ut tuum, sed ut alienum, ejus videlicet, a quo ordinatus est*. Quod quidem, si ut constituimus, anno 398, scribebat, vix conciliari posse videtur, ut ne vix quidem cum alio ejusdem testimonio lib. III. contra Ruffinum, ubi calumnianti æmulo, quod accusatores sui Romam submisisset, respondet, *Paulinianus et Eusebius post annum vestræ navigationis profecti sunt.* Nempe hoc ipso anno 398 fere medio Romam navigasse Eusebium, acceptis in Matthæum Commentariis, definitum est supra : unde quod tota disputatione ista contendimus, Ruffinum hoc ipso ineunte ad Urbem accessisse, constare difficile potest : minime autem, si, quod videtur affirmare S. Pater, Paulinianus una cum Eusebio navigavit. Hactenus enim id egimus, ut sub anni finem conscriptum hunc ab eo Librum ostenderemus, in quo fratrem suum dicit *versari Cypri*, *et ad visitationem sui interdum venire*, qui dicendus fuisset jam ante aliquot menses in Occidentem se contulisse. Huic enimvero cuidam veluti scopulo allisa Criticorum ingenia sunt : quem declinare tamen commode poterant, si quid istuc rei esset, penitus inspexissent. Est autem cumprimis sedulo animadvertendum, diverso inter se Eusebium et Paulinianum tempore navigasse, atque illum quidem valde isto citius, quem nonnisi subsequenti anno 399 remeasse discimus in Occidentem. Salva hac animadversione res erat : ad hunc enim proprie refertur, quod sit *post annum* a Ruffini navigatione profectus Romam, tametsi alius, sive Eusebius eodem venerit post aliquot tantum menses. Occurrunt ejusmodi alia apud Hieronymum locutionis exempla, in quibus uni aut alteri e pluribus, quas simul conjungit, rei veritas perfecte convenit. Unum proferam ex I. contra eumdem Ruffinum libro num. II. *Laudavi*, inquit, *Eusebium in Ecclesiastica historia, in Digestione temporum, in descriptione Terræ sanctæ : et hæc ipsa opuscula in Latinam vertens, meæ linguæ hominibus dedi.* Et compertum est tamen, numquam fuisse ab illo Ecclesiasticam Eusebii Historiam Latine explicatam, sed alia duo tantum, quæ suis locis recensuimus, opera, Chronicum inquam Canonem, et de Locis Scripturæ librum. Commodo est itaque intellectu accipiendus, ut hæc quidem in Latinum vertisse, illud autem, sive Historiam Ecclesiasticam laudasse dumtaxat se dixerit. Haud alia in qua versamur, res est ; vere enim *post annum* a Ruffino Paulinus discessit, cuique proprie notatio illa temporis spectat. Imo et verius multo in hac habet : tametsi enim Eusebius, Cremonensis scilicet, quem cum Pauliniano S. Pater conjungit, non intermedio solido anno, sed post aliquot tantum menses a Ruffino navigarit, post cum tamen ἁπλῶς navigavit, quod satis huic parti est, ut veritas sententiæ constet. Accedit quod posse videatur illud *post annum* accipi perinde atque, *anno post :* quod si probabatur, facile alia ex parte potuit Hieronymus initia Ruffinianæ profectionis respexisse, quæ præcedente utique ano exeunte, puta Decembri mense contigerint : illudque de Eusebio quoque dictum constabit. Utut se res habeat, haud sane hæc sunt ejus momenti objecta, quibus moveri non deceat, ceterisque hactenus constitutæ sententiæ argumentis refragari. Redeamus ad Hieronymum.

XII. Restituta, post satisfactionem utique fidei, ut par credere est, ex Joannis parte, sincere atque ex animo hunc inter et Hieronymum, atque alterutrius partis gregales pace, vetus obliterata penitus simultas est, atque ita reditum utrinque in gratiam, ut et familiarium deinceps se illi invicem loco habuerint Illico Ecclesiam in loco Dominicæ Nativitatis positam, a cujus diu fuerat ingressu prohibitus, S. Pater recepit, quam pietate loci colere in dies magis, et cordi habere non destitit. Atque hoc facile est, quod sibi Postumianus voluit apud Sulpicium in Dialogo, ubi *Ecclesiam loci illius* (Bethleem) *ab eo regi dixit, parochiam Episcopi qui Jerosolymam tenet* (*Dialog.* 1). Neque enim aut curam animarum egisse illum, aut *debita nomini suo exercere sacrificia* voluisse unquam, quod est Presbyteri officio defungi, superius cap. XVIII. ostendimus. Porro nec prætermisit Hieronymus, quam præclare secum ageretur, arrepta occasione, amicos certiores facere. Scripsit enimvero hoc ipso exeunte anno, seu subsequentis 399 initio ad Fabiolam de Veste Sacerdotali Epistolam, in qua de percussa jam pace, deque prospera qua uteretur fortuna exsultans, ejus vitæ salivam, *ut vulgo dicitur*, eidem movet. *Tu quidem*, ait, *optato frueris otio : et juxta Babylonem* (Romam) *Bethleemitica forsitan rura suspirans. Nos in Ephrata, tandem pace reddita, vagientem de Præsepi audimus Infantem, et querimonias ejus ac voculas ad tuas aures cupimus pervenire.* Quin ipsa hæc verba, ut Epistolam ad hæc usque tempora differremus, fuerunt argumento nobis : quamquam alias, et in chronologicis ad eam Notis, juxta receptam vulgo sententiam, eam ipsi nos præcedenti anno affixerimus. Habemus nunc pro certo, pacem quam nominat, non aliam ab hac esse, quam cum Joanne Episcopo iniit. Nam quod nonnulli putant, eam dici quæ Hunnorum irruptiones (de quibus paulo ante egimus) consequuta est, alienum plane a S. Doctoris mente ostendunt quæ continuo ipse de Præsepi, deque vagiente ibi infante subdit : quibus gratulari videtur ipse sibi de recepta per reconciliatas amicitias loci ejus Ecclesia, cujus pridem ingressu ipso prohibebatur. Prohibitus autem fuerat ad id usque temporis, quo Librum contra Joannem scribebat : quod deflet ipse ibi, *Usque in præsentem diem*, inquiens, *videmus tantum specum Domini ; et hæreticis intrantibus, procul positi suspiramus.* Ipsa itaque ad Fabiolam Epistola post paucos menses ab eo Libro data videri debet : differri autem serius omnino non potest.

CAPUT XXX.

I. *Nova cum Ruffino contentio exoritur ob interpretatum ab eo Origenis librum Periarchon, et laudatam in Præfatione Hieronymum.* II. *Quem Pammachius et Oceanus ad respondendum Ruffino excitant.* III. *Ad hunc Noster amice conquestus ea de re scribit.* IV. *Apud illos autem luculenta Epistola se purgat : quacum suam libri Periarchon translationem fidelem mittit.* V. *Varias item scribit varii argumenti Epistolas, quæ recensentur.* VI. *Origenem interea ejusque asseclas damnat Theophilus, eaque de re scribit ad Hierony-*

mum, et ad Anastasium Papam. VII. *Qui damnat item excerptas ex eo libro Origenis blasphemias, datque ea super re ad Simplicianum Mediolanensem Episcopum literas.* VIII. *Ruffinum quoque Romam ad causam dicendum accersit.* IX. *Qui ire detrectans, Apologiam pro se mittit.* X. *Scribit eodem tempore contra Hieronymum Apologiam, seu libros Invectivarum.*

I. Vixdum percussa in Oriente pax fuerat, cum novus ex Occidente discordiarum turbo, eandem illam Origenianam ob causam exortus est. Macarius noti nominis Monachus Pineti in agro Romano ad maris oram, cum ab Ruffino, qui per id temporis in eodem illo Monasterio agebat, gustum aliquem Origenianorum operum jam cœpisset, ab illo etiam atque etiam flagitavit, ut libros quoque Περὶ Ἀρχῶν, id est, de **Principiis**, sive de *Potestatibus* (ut verti posse in Prologo dicitur) Latine sibi interpretaretur. Cujus ille studiis obsecutus, priores duos libros cum procemio transtulit, de opinione apud vulgus facturus periculum, cum aliorum subinde amicorum impulsu, reliquos duos quoque vertit. Vertit autem? imo interpolavit: et quemadmodum in priore Præfatione (duas enim apposuit) ipse profitetur *cum aliquanta offendicula invenirentur in Græco, ita elimavit omnia interpretando, atque purgavit, ut nihil in illis quod a fide nostra discrepet, Latinus Lector inveniret.* Et in altera : *Illud autem,* inquit, *necessario commoneo, quod sicuti in prioribus libris fecimus, etiam in istis observavimus, ne ea quæ reliquis ejus sententiis et nostræ Fidei contraria videbantur, interpretarer; sed velut inserta ea ab aliis et adulterata præterirem.* Sed malum longe illud majus, quod conscientiæ suæ diffisus cum fore non dubitaret, ut ejus tametsi subdola interpretatione obductæ doctrinæ novitas multos percelleret, ausus est sibi ab Hieronymi auctoritate patrocinium petere: ejusque exemplum causæ suæ prætexuit, et laudes tota illa Præfatione persecutus est. Hinc maxima mali labes, et quarum nullus postmodum finis, discordiarum origo. Editus in lucem liber multorum quidem e Sacerdotibus et Monachis et Christianorum vulgo simplicitati illusit (*Epist. CXXV.*), plerosque tamen ita perculit, ut totum orbem post Ruffini interpretationem in Origenis odium exarsisse, et translatum opus expavisse, Hieronymus tradat. Auctor idem est (*Lib. I. cont. Ruf.*), primam Marcellam Romanam subolescentem errorem deprehendisse, cumque diu se cohibuisset, *ne per æmulationem quidpiam facere videretur, postquam sensit, fidem Apostolico ore laudatam in plerisque violari* (*Epist. CXXVII.*), sumpsisse sibi etiam animos ad reprimendum. Ruffinus autem, cum jam se fere ut hæreticum digito notari intelligeret, discedere instituit : et ab Siricio urbis Episcopo, qui, ut ait Hieronymus, *de suo ingenio cæteros æstimabat, Ecclesiasticas Epistolas* impetravit, ut Ecclesiæ posset communione gloriari (*Ibid. et cont. Ruf. Lib. III.*). His communitus, per Mediolanum, qua Romana tunc fere commodior via sternebatur, Aquileiam remeavit. Annus agebatur cum interpretationem illam absolvit, 398 ultra medium : cum Roma discessit, jam ad finem properabat.

II. At Pammachius et Oceanus, Romani proceres, et Hieronymi cumprimis amicitia clarissimi, schedas Ruffinianæ interpretationis, nondum quidem vulgatas, furtimque sibi porrectas. denique falsis alicubi sententiis incrustatas, ut Ruffinus quidem contendit, ad Hieronymum una cum subdola Præfatione illa transmiserunt, quædam causantes, quæ *minus catholice dicta* sibi viderentur, aliaque ab interprete subtracta, quæ apertam impietatem Auctoris *monstrare poterant* (*Lib. II. contra Hieron. et alibi*). Ruffini nomen reticuerunt, quod nec ipse operi suo adscribere ausus est. Multis autem ad reponendum illi S. Doctorem excitarunt, petieruntque ut eosdem meliore fide libros ipse interpretaretur, *et interpolata proderet, et male explicata convinceret* (*Epist. LXXXIII.*). Maxime vero auctores erant, ut injectas de se suspiciones purgaret : sciretque se Præfatione illa obliquis laudibus inter Origenistas positum, atque ex sui nominis fama hæresi patrocinium quæri.

III. Has Hieronymus schedas jam acceperat, cum ipsiusmet Ruffini ad eum literæ redditæ sunt : quæ, tametsi interciderunt, quid continerent, utcumque ex S. Patris Responso colligimus. Scilicet diutius dicebat se Romæ mansisse, quam voluisset, quod accepto de obitu matris nuntio, prohibitus luctu sit, remeare ad patriam, ne maternæ domus aspectu, dolorem, quem vix absens animo præmebat, ferre præsens omnino non posset. Revocatum eo se tamen, *spiritualium parentum* (Chromatii atque Eusebii) *desiderio :* sed ab æmulis continuo impetitum, iisque Hieronymi cum primis familiaribus, ut queri videretur, quod instigante illo, vel certe non inscio, horum odia subiisset. Contra se pacem secum illo reconciliatam sancte servare, utque ab eo pari studio observetur, expetere. Respondit Hieronymus Epistola in nostra recensione LXXXI. nullis erga illum officiis se interim defuisse : *et conscientia*, inquit , *nostræ testis est Dominus, post reconciliatas amicitias nullum intercessisse rancorem, quo quempiam læderemus : quin potius cum omni cautione providimus, ne saltem casus in malevolentiam verteretur. Sed quid possumus facere, si unusquisque juste putat se facere quod facit, et videtur sibi remordere potius quam mordere ?* Tum illud etiam amice ac leniter expostulat, quod *oblique* Præfatione illa, *imo aperte* peteretur, ac monet, ne se in posterum simili modo laudet. Atque hæc poterat suboffensos invicem animos Epistola recolligere ; sed qui eam curandam acceperant, et Roma Concordiam usque transmittendam, Hieronymi familiares, Pammachius videlicet atque Oceanus, haud scio num meliore consilio, successu certe non prospero suppresserunt. *Ego,* inquit Hieronymus lib. I. Apologiæ, *scripsi ad te statim brevem Epistolam, expostulans super laudibus tuis, quam quia Romæ non eras amici mei tibi mittere noluerunt, eo quod te dicerent, cum sodalibus tuis indigna nomine Christiano de mea conversatione jactitare : cujus exemplum huic volumini subdidi, ut scias quantum dolorem quanta moderatione necessitudinis temperavi. Et* lib. III. *Novum quoque me putas finxisse mendacium, ut Epistolam ad te meo nomine componerem quasi olim scriptam, quo bonus esse videar et modestus : quam tu numquam omnino susceperis. Hæc res perfacile probari potest. Multi Romæ ejus exemplaria habent ante hoc circiter triennium, qui tibi eam mittere noluerint, scientes quæ de meo nomine jactitare, et quam indigna homine Christiano, et quam infanda confingeres. Ego scripsi nesciens quasi ad amicum : Illi non reddiderunt ei quem inimicum noverant, parcentes et meo errori, et tuæ conscientiæ.*

IV. Acceperant una autem eximii illi Hieronymi familiares ab eodem, ut par credere est, litterarum portitore Ruffino, altero Syro (quem S. Pater *ob quandam causam per Romam Mediolanum miserat*, et quem sane interest ab cognomine Aquileiensi distinguere) novam ab eo adornatam librorum Περὶ Ἀρχῶν versionem cum luculenta ad se proprie Epistola, qua suam ille apud eos fidem liberat, purgatque omnes de se suspiciones. Origenis ingenium quidem et eruditionem laudasse se fatetur, dogmata tenuisse, aut tenere se, pernegat. *Laudavi*, inquit (*Epist.* 74), *interpretem, non dogmatisten, ingenium, non fidem; Philosophum, non Apostolum. Quod si volunt super Origene meum scire judicium, legant in Ecclesiasten Commentarios, replicent in Epistolam ad Ephesios tria volumina, et intelligent, me semper ejus dogmatibus contraiisse.* Et paulo post : *Si mihi creditis, Origenistes numquam fui : si non creditis, nunc esse cessavi.* Et sequenti capite : *Fac me errasse in adolescentia, et Philosophorum, id est, Gentilium studiis eruditum, in principio Fidei, dogmata ignorasse Christiana, et hoc putasse in Apostolo, quod in Pythagora et Platone et Empedocle legeram. Cur parvuli in Christo atque lactentis errorem sequimini? cur ab eo impietatem discitis, qui necdum pietatem noverat? secunda post naufragium tabula est, culpam simpliciter confiteri. Imitati estis errantem, imitamini correctum.* Multa deinde in eum profert (nomen enim Ruffini continuo reticuit) qui propinare Romanis auribus doctrinæ ejus venena ausus est. *Quisquis es*, inquit, *assertor novorum dogmatum, quæso te, ut parcas Romanis auribus, parcas Fidei, quæ Apostoli voce laudata est. Cur post quadringentos annos docere nos niteris, quod ante nesciviums? cur profers in medium quod Petrus et Paulus edere noluerunt?* Denique in eum proprie qui se figuratis laudibus in Origenianæ causæ patrocinium adsciverat; *Malo*, ait, *existimatione periclitari, quam fide. Hoc mihi præstiterunt amici mei* (Ruffinus utique) *ut si tacuero, reus : si respondero, inimicus judicer. Dura utraque conditio; sed e duobus eligam quod levius est : simultas redintegrari potest : blasphemia veniam non meretur.*

V. Ad ipsam quod attinet interpretationem librorum Περὶ Ἀρχῶν, quam Epistolæ jungit, multum se ait in illa adornanda laboris sustinuisse, *dum mutare quidpiam de Græco, non est vertentis, sed evertentis* (*Lib.* 1. *con. Ruffin.*). Adornatam abs se autem eo consilio testatus est alibi, non ut crederet Lector iis quæ interpretabatur, sed ne crederet iis, quæ alius ante transtulerat. Atque hanc quidem unice causam esse autumo, de quo mirari doctos homines aliquando subiit, cur hæc scilicet perierit Sancti Doctoris interpretatio, quæ et ad Græcum textum exacta fideliter est, et ab interprete elaborata sermonis utriusque peritissimo : contra Ruffiniana illa superstes sit, quæ et laudibus hisce caruit, et ab ipsa editione prima in lucem, conviiiis bonorum pessumdata fere est, ac diris omnibus devota. Nempe illa Origenianas blasphemias, prout fuerant Auctore ab ipso prolatæ, iisdem sententiis ac totidem fere verbis referebat : quæ primo statim aditu aversari Christianos animos atque exhorrescere impia scripta res cogeret; hæc vero exitiosioribus prætermissis, reliquam sublestæ fidei doctrinam verborum fuco oblitam commendabat, non ab sui lectione ac descriptione deterrebat. Porro autem Hieronymianam versionem eamque præsertim Epistolam, suppressa illa ad Ruffinum, Romani Proceres in vulgus spargere, atque ingerere omnibus, prædicare, et Hieronymianæ fidei proferre testem. Sunt qui addant, nec sane præter verisimilitudinem, eos quæ ex eorumdem votis Epistolæ deerant (maluissent enim, conceptis verbis æmulum ab eo perstringi) vivæ vocis veluti commentario supplesse atque exaggerasse. Re quidem ipsa Hieronymus sibi admodum temperavit, nec Ruffinum de nomine, aut peculiari quapiam nota lacessivit. *Ego*, inquit, *moderatus in Epistola publica* (hac scilicet ad Pammachium et Oceanum) *diligenter cavi, ne quid in te dictum putares.* Sed quæ illi omnia in Ruffinum proprie dicta referebant, quæ Sanctus Pater late in hæreticos de industria dixerat : conflictus quoque ejus interpretationis cum Ruffiniana, ut aiebant, perfidia, ita hujus acuerunt animum, ut Hieronymum jam putaret jura violasse amicitiæ, et pristina in se odia exercere : cui proinde instituit tanquam inimico atque arma inferenti resistere. Ita errore potius quam alterutrius culpa, dirempta iterum gratia est, quæ nunquam inter eos postea coaluit; ut etiam post obitum famæ suæ Ruffinus, cætera doctissimis sanctissimisque, quos ea tulit ætas, Patribus admodum carus, dispendium sit passus. Redibit de Hieronymiana libri Περὶ Ἀρχῶν interpretatione postmodum sermo, ubi Epistolam ad Avitum, quæ post annos circiter decem data est, recensebimus. Hæc porro cum agerentur, annus Christi trahebatur 400 uno minus.

VI. Epistolas vero intereadum multas Hieronymus ad varios scripsit, quæ in Editione nostra a LXXV, deinceps recensentur. Ac priore quidem ista Theodoram Luciniï (ad quem præcedenti anno, ut suo loco ostendimus scripserat) viduam de mariti morte consolatur, ubi et *se*, ait, *non meruisse ejus viri videre faciem, quem in brevi tempore venturum ad se Bethleem sperabat.* Ex quibus colligimus, hanc ab *ea*, quæ ad Lucinium data est, unius circiter anni spatio distare Epistolam, nec facile serius esse differendam. Cum enim hunc inter atque Hieronymum non nisi semel, idque superiore proxime anno, litterarum officia intercesserint, non aliis quam his utique credendus ipse est Jerosolymam adeundi spem S. Doctori fecisse :

neque hic adeo cum futurum fuisse ait, ut cum *brevi in Sanctis Locis complecteretur*, longius quam quod constituimus, spatium temporis designarit. Iniit statim post sancta illa vidua Theodora perfectionis viam, de qua Sanctus item Pater ad Abigaum scribens sub finem, *Sanctam*, inquit, *filiam meam Theodoram sororem beatæ memoriæ Lucinii per se commendatam, meo sermone commendo, ut in cœpto itinere non lassetur*, etc. quæ annum hunc ipsum non obscure indicant. Eodem tempore, sive anni ejus sub finem scriptas duas alias Sanctus ipsemet Auctor prodit. Priore ex his Fabiolam jam fato functam funebri quadam laudatione prosequitur : sanctissimam certe feminam, ut quæ passim superius gesta ejus recensuimus, comprobant, ut autem vocat ipse, *laudem Christianorum, miraculum Gentilium, luctum pauperum, solatium Monachorum* : quæ postquam ad Christum conversa est, vere Christianam egerit vitam, gloriosumque meruerit vitæ finem. Eam porro scribere se testatur, cum jam *quartæ œstatis circulus* evolveretur ab eo tempore, quo *Nepotiani Epitaphium scribens*, *quidquid habere potuerat virium in illo tunc dolore consumpserat*. Proinde si recte istud initio anni 396 consignatum est (quod certe nobis videmur ipsi palmaribus argumentis evicisse), jam nihil est dubium, quin æstas ab eo quarta hujus nimirum anni fuerit, cujus historiam persequimur. Altera, quæ Fabiolæ ipsimet inscribitur de XLII. mansionibus in deserto, adornari quidem multo antea cum scilicet ageret ipsa Bethleemi, abs Hieronymo cœperit, editionis tamen, ut loqui ipse amat, honorem huic tempori debet : neque enim ipsi cum adviveret, sed *memoriæ ejus* est reddita. Rem præstat ab ipso audire : *Quodam die*, inquit proxime laudata Epistola, *quum in manibus Moysi Numeros teneremus, et me verecunde rogaret illa* (Fabiola) *quid sibi vellet nominum tanta congeries, cur*, etc..... respondi ut potui, et visus sum interrogationi ejus satisfacere. Revolvens ergo Librum, pervenit ad eum locum, ubi catalogus describitur omnium Mansionum, per quas de Ægypto egrediens populus, pervenit usque ad fluenta Jordanis, cumque causas quæreret et rationes singularum, in quibusdam hæsitavi, in aliis inoffenso cucurri pede, in plerisque simpliciter ignorantiam confessus sum. Tunc vero magis cœpit urgere, et quasi non mihi liceret nescire quod nescio, expostulare, ac se indignam tantis mysteriis dicere. Quid plura ? Extorsit mihi negandi verecundia, ut propriam ei opus hujuscemodi disputatiunculæ pollicerer : quod usque in præsens tempus, ut nunc intelligo, Domini voluntate dilatum, reddetur memoriæ illius, ut Sacerdotalibus prioris ad se Voluminis induta vestibus per mundi hujus solitudinem gaudeat se ad terram Repromissionis aliquando venisse*. Conjecimus in hoc quoque tempus quam dedit S. Pater Epistolam ad Salvinam, ex genere nobilissimo viduam, quam de Nebridii mariti sui morte consolatur, ac porro docet qua ratione superstites ex eo parvulos educare, qualemque ipsa vitæ rationem traducere oporteat. Ut autem huc referremus, argumento cum primis fuit, quod dicitur Salvinæ mater Constantinopoli apud filiam tunc fuisse. *Certe*, inquit, *quum tecum sancta sit mater*, etc. Illa enimvero non nisi post Gildonis mariti sui mortem, anno 398 Constantinopolim se contulisse credenda est. Cætera ne serius Epistola differatur, in Chronologicis ad eam Notis edisseruimus. Denique et propositis sibi a Paulino quæstionibus hocmet anno, sive ut serius, subsequentis initio respondit : cujus certe rei totus ferme contextus Epistolæ indicio est. Sed omnium luculentissimus locus ille, ubi Responsionis suæ moras excusans Sanctus Pater, *Libros*, inquit, Περὶ Ἀρχῶν *nuper, Pammachio nostro jubente, interpretatus sum..... quo detentus opere, implere non potui quod promiseram tibi, et Danielem nostrum rursum comperendinavi. Et quidem quamvis mei amantissimi et egregii viri Pammachii, tamen unius voluntatem in tempus aliud distulissem, nisi omnis pene fraternitas de Urbe eadem postulasset, asserens multos periclitari, et perversis dogmatibus acquiescere. Unde necessitate compulsus sum transferre libros, in quibus mali plus quam boni est, et hanc servare mensuram, ut nec adderem quid nec demerem, Græcamque fidem Latina integritate servarem. Quorum exemplaria a supradicto fratre poteris mutuari*, etc.

VII. Revertamur ad contentionum Hieronymum inter ac Ruffinum historiam, cujus laudatus locus iste nos monet. Cum duas in partes, ut fit, Romanorum animi abiissent, Ruffino scilicet alii, alii Hieronymo faverent, quidam Apronianus Romanorum longe nobilissimus, olim Ruffini et Melaniæ opera ab Idolorum cultu ad Christi fidem traductus, suique in Christo patris studiosissimus, Versionis ut et Epistolæ Hieronymianæ apographum ad eum Aquileiam misit, utque par credere est, ad respondendum instigavit. Causa enimvero discordiarum istarum maxima, in partiarios utriusque nominis est refundenda, qui licet egregie catholici, et mente bona atque animo, dum sibi tamen offendicula pertimescunt, et partis cui nomen dederant, studio ducuntur, ejusmodi flammas dissensionum concitarunt. *Silere*, inquit Ruffinus, *contra conscientiam criminati, minime potuimus, cum ipsius pene Fidei suæ nonnulli jacturam ducerent silentium nostrum*. Acceptis hic itaque Hieronymi scriptis, quæ in sui contumeliam dici existimabat, haudquaquam negligenda ratus, animum statim ad reponendum appulit. Sed antequam de Responsione ejus dico, alia quæ præcesserunt in Oriente, atque hanc maxime causam spectant, exponenda sunt.

Theophilus Alexandrinus Episcopus simul atque pacem Joannem inter atque Hieronymum conciliavit, in Origenem, cui pridem impense faverat, mutato derepente animo, signa convertit. Et post pauca quidem in eos quibus placita Origenis arridebant, facta quædam acerbiora aut dicta, eodem illo anno 399 ad exitum properante, aut si mavis initio subsequentis, diro Origenianam doctrinam ejusque assectas omnes anathemate percuit. Ejus synodi, quanquam tunc nullam contra Origenistas habitam, Pagius aliique contendant, meminisse visus est nobis Prosper in Chronico Imperiali, ubi, *Contentio*, ait, *ex doctrina*

Origenis, Synodum apud Alexandriam coegit, cujus exstitit sententia, ut extra Ecclesiam fieret quicumque supradicti viri opera probavisset. Mox dedit ille ad Papam Anastasium, qui Siricio successerat in Romana Cathedra, Epistolam, qua Origenem subjectis sibi populis hæreticum denuntiasse, significabat, atque ipse etiam in Occidentali Ecclesia damnaret, ejusque lectioni Operum interdiceret, auctor erat. Dedit etiam ejusmodi ad Hieronymum litteras, quibus *nequam et furiosos homines hæresim Origenis in monasteriis Nitriæ fundare cupientes Prophetica falce succisos* nuntiat : *hortaturque, ut si qui alii decepti sunt,* ipse *congruis Scripturarum sermonibus emendet.* Has ipse litteras Latine interpretatus est S. Pater, quæ numerum obtinent in recensione nostra LXXXVII. quibus et Responsum iis quæ subsequuntur, faciens, postquam zelum ejus eximiis laudibus extulisset, *Equidem,* subdit, *super hac* re (Origeniana scilicet causa) *et antequam scriberes, ad Occidentem Epistolas miseram* (illam utique ad Pammachium et Oceanum) *ex parte hæreticorum strophas meæ linguæ hominibus indicans. Ex dispensatione Dei factum puto, ut eodem tempore tu quoque ad Anastasium Papam scriberes , et nostram dum ignoras, sententiam roborares. Verum a te nunc admoniti, magis studium accomodabimus, ut hic et procul simplices ab errore revocemus.* Sub finem subdit, *Vincentius Presbyter, ante biduum, quam hanc Epistolam darem, de Urbe venit, et suppliciter te salutat, crebroque sermone concelebrat, Romam et totam pene Italiam tuis post Christum Epistolis liberatam.* Jam itaque multum intercesserat temporis ab illa quam ad Romanum Alexandrinus Pontifex dederat : ut cum tamen hæc quoque sit Hieronymi Responsio intra ejusdem 409 anni terminos comprehendenda, illa quidem hieme, hæc vero adventante saltem æstate sit scripta. Quid igitur intercadum ab Anastasio præstitum sit, videamus.

VIII. Acceptis Theophili litteris, oblata sunt illi etiam ab Eusebio Cremonensi, vetere illo Hieronymi amico, *quædam capitula blasphemiæ* , quæ ipse ex Rufiniana librorum Περὶ Ἀρχῶν interpretatione, ad creandum magis magisque Origenianæ doctrinæ odium, excerpserat. Tum vero suarum partium esse intellexit Anastasius *statim noxium percutere caput, et sibilantia hydræ ora compescere.* Coacta itaque, ut par credere est, Romæ synodo (*binos* enim, ut S. Leo Magnus testatur, *in annis singulis,* vere scilicet atque autumno celebrari *Episcoporum conventus* [*Epist* IV. *cap.* 7], ex antiquiorum præceptis Patrum mos erat) et re in utramque partem mature perpensa , Origenis erroribus hæreseos notam impressit. Passim de ista in Origenem lata atque ex Synodo quidem sententia, occurrunt apud Veteres et præcipue Hieronymum testimonia. *Quanquam,* inquit Epist. XCVII ad Pammachium et Marcellam, *celebri sermone vulgatum sit, beatum quoque Papam Anastasium eodem fervore, quia eodem spiritu est, latitantes in foveis suis hæreticos persecutum, ejusque litteræ doceant, damnatum in Occidente, quod in Oriente damnatum est.* Et lib. II contra Rufinum , *Beati Episcopi, Anastasius et Theophilus et Venerius et Chromatius, et omnis tam Orientis, quam Occidentis Catholicorum Synodus, qui pari sententia, quia pari et spiritu, illum* (Origenem) *hæreticum denuntiant populis.* Tum lib. III in eumdem, *Sentisne non hærere inter se mendacium ? et quod in articulo temporis profuit, ut Episcoporum sententias subterfugeres, patere discussum.* Denique et Theophilus in Epistola ad quosdam monachos, cujus fragmentum profert Justinianus ad Menam, quod Latine ita sonat : *Igitur anathema dicentes in Origenem aliosque hæreticos, quemadmodum factum est a nobis, et ab Anastasio sanctæ Romanorum Ecclesiæ Episcopo..... quem et omnis Beatorum Occidentis Episcoporum sequitur cœtus, Alexandrinorum Ecclesiæ sententiam adversus impium latam suscipiens.*

Sed nihil æque luculentum atque illud, quod nobis proferre in lucem ex antiquissimo Ambrosianæ Bibliothecæ Ms. libro monimentum sorte datum est, quo ipsa S. Pontificis hac super re Epistola continetur. Dedit quippe ille statim litteras ad Simplicianum Mediolanensem Episcopum, Theophili studium impense laudans, ejusque se *litteris conventum* referens, in Origenianam hæresim anathema pronuntiasse incipit : *Domino fratri* SIMPLICIANO ANASTASIUS. *Grandem sollicitudinem atque excubias super gregem suum pastor habere approbatur... Pari animo vir sanctus, et honorabilis Theophilus, frater, et coepiscopus noster circa salutis commoda non desinit vigilare, ne Dei populus per diversas Ecclesias, Origenem legendo, in magnas incurrat blasphemias. Conventus litteris memorati, convenio Sanctitatem tuam : ut sicuti nos in Urbe Roma positi, quam Princeps Apostolorum statuit, et fide sua confirmavit gloriosus Petrus, ne quis contra præceptum legat hæc quæ diximus, damnavimus, et cum magnis precibus postulavimus, ut Evangeliorum instituta, etc.... Igitur hoc præceptum tenentes, illud quidquid est fidei nostræ contrarium, ab Origene quondam scriptum, indicavimus a nobis esse alienum, atque punitum. Hæc Sanctitati tuæ scripsimus per Eusebium Presbyterum qui calorem fidei gestans, et amorem circa Dominum habens, quædam capitula blasphemiæ obtulit, quæ nos non solum horruimus, et judicavimus, verum et si qua alia sunt ab Origene exposita, cum suo Auctore pariter a nobis scias esse damnata.* Epistolæ tempus ex ipsa inscriptione ad Simplicianum colligitur, quippe quem hujusmet anni 400, mense Maio, vel Junio, ut summum, jam diem obiisse, certissimis monimentis constat. Hujus utique alterius mensis sub finem scribens Paulinus Nolanus Epistolam XX. successisse jam Cathedræ Mediolanensi Venerium, prodit, ubi, *Mediolanensis quoque,* ait *Episcopus NOVUS, filius vester hucusque, nunc frater Venerius jam scripserat nobis post ordinationem suam,* etc. Congruit et Cremonensis Eusebii Presbyteri mentio, quam ingerit Anastasius, et quo litterarum portitore usus est : hunc enim per id nempe temporis Mediolanum venisse, cum fuisset etiam tum Romæ diversatus, rerum ejus, quas subinde attigimus, series significat. Tum illud ibi videtur contigisse, de quo Ruffinus lib. I. contra Hieronymum queritur, fuisse scilicet ab Eusebio sententia quadam impia schedas suæ interpretationis adulteratas. *Quum*, inquit, *hujusmodi sententiam apud Mediolanum recitaret, et a me quæ exigebat, falsa esse dicerentur, interrogatus a quo accepisset exemplaria, respondit, matronam quamdam sibi dedisse.* Denique parum sese promovisse ratus Anastasius, in ipsum se tumultus Auctorem Ruffinum vertit, ac Romam ad causam dicendam accersivit. Neque eum tamen unum, sed et alios omnes per Italiam, qui Origeni faverent, ad purgandam hæreseos suspicionem sæpius accitos, Hieronymus indicat: et laudi Marcellæ tribuit, quæ in id totis viribus incubuisset. *Damnationis*, inquit Epist. CXXVII. *hæreticorum hæc fuit principium, dum adducit testes qui prius ab eis eruditi, et postea ab hæretico fuerant errore correcti; dum ostendit multitudinem deceptorum, dum impia Περὶ Ἀρχῶν ingerit volumina, quæ emendata manu scorpii* (Ruffini) *monstrabantur: dum acciti frequentibus litteris hæretici, ut se defenderent, venire non sunt ausi: tantaque vis conscientiæ fuit, ut magis absentes damnari, quam præsentes coargui maluerint.*

IX. Cum hac igitur duriore fortuna Ruffinus conflictabatur, cum existimationi suæ consulere, calamo et scriptis deliberavit. Ac primum Epistolæ Hieronymianæ ad Pammachium, respondere instituit, ex qua partem malorum contra se maximam manare sentiebat. Sunt qui hoc responsum intercidisse autumant, magni et ne litteraria nominis viri, Fluetius, Caveus, atque alii hodienum, qui libros Invectivarum, ut vulgo inscribuntur, diversum ab illo opus existimant, atque Apologiæ Hieronymianæ, non Epistolæ refellendæ natum. Sed Ruffinus illos Epistolæ ipsi opposuit, ut ex universo scriptionis contextu, si alia in eam rem desint argumenta, perspicuum est. Ac sibi quidem, ait, respondendi ex parte justam necessitatem imponi, siquidem, nisi impactam jam ab se notam hæreseos depelleret, famæ apud multos periclitaretur. Priore itaque libro (in duos enim Apologiam hanc suam, sive ut odioso nomine inscribi solent, *Invectivas*, tribuit) totus ferme est in refellendis de Fide criminationibus, suumque dogma de Trinitate, Incarnatione, Resurrectione, secundo Adventu, et futuro Judicio Salvatoris, in quibus præsertim de Origenianæ sententiæ præjudiciis accusabatur, unum idemque plane esse cum dogmate Catholicæ Ecclesiæ, ostendit. Tum nihil sibi curæ ait esse de Origene, *sive enim stat apud Deum, sive lapsus est, ipse viderit*. Adornatam abs se tamen librorum ejus Περὶ Ἀρχῶν, interpretationem rationibus, atque argumentis sane non contemnendis tuetur. Valde autem de iis queritur, qui schedas suas inemendatas, furtoque acceptas proferre in publicum malo utique animo ausi sunt, *et non solum perversa intelligentia, verum etiam verborum adulterio conati sunt infamare*. Altero libro Hieronymum præcipue impetit, censuramque immitem in ejus gesta dictaque omnia, maxime vero in Commentarios ejus super Epistolas Pauli exercet. Nobis hæc persequi non

vacat. Sixtus Senensis Bibliothecæ suæ Lib. VI. singulas Ruffini accusationes (*Ad not.* 287. *et seq.*) diligenter excerpsit, cumque Hieronymi responsionibus comparavit: quem consuluisse, operæ pretium erit.

X. Hanc autem Ruffinus Apologiam non ea mente scripsit, ut vel ad Hieronymum ipsum mitteret, vel facere publici juris vellet, sed ut amicis Romanis, atque Aproniano cum primis, cui illam inscripserat, communicaret, purgaretque apud ipsos suspicionem hæreseos, apud quos bene audire, sua maxime intererat. Factum quoque ex Auctoris voto, ut nequaquam in vulgus spargeretur, sed *per angulos*, ut ait Hieronymus, et inter ejus gregales nominis tantummodo legeretur. Quod hic quidem dolo factum malo interpretatur, quo nempe *simplicium* credulitati illuderent, sibique pro se respondendi facultatem auferrent. Ruffini autem animus fuit, quod ex ipso contra eum libro Sancti Patris III. colligitur, ut ad eos *tantum* mitteretur, qui Hieronymi verbis *læsi fuerant, et non ad plures*. Et sane alios diu multumque latuit, scriniis amicorum observata, ut tantum inaudire præcipua quædam ejus capita, eaque corrosa hinc inde mittere postmodum ad Hieronymum Pammachius et Marcella potuerint. Quæ causa est, cur post tres ferme annos cum demum integra ad ejus manus devenisset, Ruffinum dixerit Noster, in ea elaboranda *triennium* desudasse (*Lib. III. cont. Ruf.*). Locus ille eruditissimis viris fraudi olim fuit et nunc est, qui vere triennium elucubrationi suæ illi impensum ab Ruffino autumant, cum ab hac tamen rerum ejus serie quam ediximus, fuisse illam constet, paucis hujusmet anni 400. ejusque ad finem vergentis, diebus cœptam atque absolutam.

Sed ut amicis Romanis Presbyter Aquileiensis multum scriptione illa sua se probarit, satisfaciendum adhuc erat Anastasio Pontifici, a quo fuerat, ut modo vidimus, Romam ad causam dicendam accitus. Eodem itaque tempore breviorem aliam Apologiam ad eum pro fide sua misit, ad detrectandam eo perfectionem, his usus excusationibus: *Quoniam*, inquit, *ipse post triginta fere annos parentibus redditus sum, et durum satis atque inhumanum erat, si tam cito desererem eos, quos tam tarde reviseram: simul et quia tam longi itineris labor fragiliorem me reddit ad iterandos labores*. Omnino autem hanc se scribere profitetur, ut conflatam sibi ab æmulis apud eundem invidiam diluat; *non*, ut ait, *de sancta mente tua, quæ velut quoddam Dei sacrarium aliquid iniquum non recipit, maculam suspicionis abstergerem*. Purgat deinde se fidei suæ expositione in his, quæ Origeni ut Auctori, sibique ut interpreti, hæretica dogmata objiciebantur, De Trinitate Verbi, Incarnatione, Resurrectione carnis, Extremo Judicio, Diaboli damnatione æterna, denique animarum origine. Tum quod ferme rei caput erat, suam excusans librorum Περὶ Ἀρχῶν interpretationem, *Origenis*, ait, *ego neque defensor sum, neque assertor, neque primus interpres. Alii ante me hoc idem opus fecerunt: feci et ego postremus rogatus a fratribus. Si jubetur, ne fiat, jussio observari solet* (al. *debet*) *in posterum. Si culpantur, qui ante jussionem fecerunt, culpa a primis incipiat.* Ego enim præter hanc fidem, quam supra exposui, id est quam Romana Ecclesia et Alexandrina, et Aquilciensis nostra tenet, quæque Jerosolymis prædicatur, aliam nec habui unquam, nec habeo in Christi nomine, nec habebo. Tertius quodammodo hic ejus est Apologiæ liber, quem certe una cum duobus aliis adversum se scriptis computavit Hieronymus, cum *TRES contra se libros venustate Attica texuisse* Ruffinum, primo contra eumdem libro sub initium testatus est, et cum alibi *tria volumina* appellavit. Re enim vera Apologiam hanc quoque ad Anastasium passim contra se scribi, S. Pater intellexit, eidemque per partes respondit. Hactenus vero, cum duo tantum sint, qui cum proprie petunt, Invectivarum libri, in hac explicanda difficultate eruditissimi viri abierunt a vero longius, neque nos in Præfatione secundi Tomi, isthuc quod res erat, fuimus assequuti.

CAPUT XXXI.

I. *Theophilus in Origenistas declamat Paschali Epistola.* II. *Tum de Nitriæ monasteriis, coacta ibi Synodo ejicit.* III. *Synodicam quoque, sive Generalem contra illos Epistolam scribit.* IV. *Alia ejus, atque aliorum ea de re scripta.* V. *Quæ Hieronymus Latine omnia vertit.* VI. *Incipiens a Paschali.* VII. *et* VIII. *A qua aliarum ejus interpretationum chronicus ordo restituitur.* IX. *Et germanitas Hieronymianæ in iis operæ comprobatur.*

I. Quod pone sequitur ab iis Occidentalis Ecclesiæ motibus biennii circiter spatium, Orientem Origeniana factio turbis, ac gestis omni diritate teterrimis exagitavit. Nos dumtaxat, quæ maxime sunt cum Vitæ Hieronymianæ serie conjuncta, paucis perstringemus : quanquam omnis fere causæ ejus historia, vel scriptis Hieronymi primigeniis, vel aliorum ab eo Latine explicatis continetur. Theophilus simul atque Anastasii deperditas modo litteras accepit, quibus, ut notatum videtur S. Patri, significabat, *damnatum in Occidente, quod in Oriente damnatum fuerat* (*Epist. XCVII*), animos sibi sumens atque audentior factus, novum multoque acrius contra Origenistas bellum indixit. Erat Alexandrinæ Ecclesiæ, cujus ipse thronum obtinebat, Episcopis jamdiu olim in more positum, ut quotannis initio futurum proxime Pascha prænuntiarent encyclicis ad totius Episcopos Ægypti *Epistolis*, quibus est etiam ea de causa nomen *Paschalibus*. Illa occasione ad rectæ fidei caute custodiendum depositum, sancteque traducendam vitam, prout res Ecclesiæ ferrent, hortabantur. Annum hunc itaque 401 Theophilus aperit Paschali Epistola, quæ primum de tribus quas Hieronymus Latine interpretatus est, locum in Recensione nostra obtinet : suum, inquam, contra atque habent Editiones ante nos omnes, in quibus omnium præposterus et confusus ordo est. Sed de his postea. In ea quidquid ad creandam Origenianis opinionibus invidiam, ipsumque Auctorem diris devovendum, jactari

poterat, conviciis odiosissimis tertio quoque verbo intermixtis, congessit. Hic temeritatis eum notat impudentissimæ, alibi, erroris manifesti, tum insaniæ, imperitiæ, superbiæ, impietatis, delirii, vecordiæ, et si quæ alia sunt quæ malevolentiam lectorum acuant. Denique et dæmoniaco actum spiritu, et fautorem dæmonum, perpetuo autem blasphemum, et blasphemiarum auctorem nequissimum vocat. Nec fere mitioribus sectatores ejus doctrinæ verbis perstringit, quos facessere jubet, *stultissimos mortalium*, ac *descendere in Infernum, ut præceptorem impietatis suæ ibi esse oculis suis cernant.* Et paulo superius : *Quiescant ergo*, ait, *aliquando, qui regni Christi finem somniantes, verbositatis Origenis cupiunt esse parasiti, nec cum fidelibus ambulantes, fidem quam non habent, simulent*, etc. Et prope finem : *Capti*, inquit, *eloquentiæ* (Origenis) *sono, non intuentur dogmatum veritatem, erubescunt errorem pristinum confiteri, et arrogantiæ tumore cæcati, nolunt esse discipuli, ne postquam correcti fuerint, prius errasse videantur.* Carpit his verbis Nitrienses præcipue Monachos, Origeni perquam addictos, qui synodicæ præcedentis anni damnationi ejus minime acquieverant. Sed neque modo obsecuti sunt ; ut enim errores illos ultro exsecrarentur, non tamen Origenis esse contendebant, sed hæreticorum, qui adulteratis ejus operibus de suo inseruissent.

II. Movit hæc Monachorum pertinacia Theophili stomachum, hominis suapte etiam natura irarum impotentis : qui satius tamen in præsentia statuit reponere odium, ut commodum ultioni suæ illos mactaret. Diu quippe erat, quod Ecclesiæ causam privatis simultatibus prætexebat, si Palladio, Auctori Vitæ S. Joannis Chrysostomi (alio utique ab historiæ Lausiacæ Auctore) Socrati etiam et Sozomeno credimus. Atque invisos certe cane pejus et angue habebat germanos notissimos fratres, cognomento *Longos* ita a proceritate corporis appellatos, cumque his memoratum superius sæpe Isidorum, variis quidem de causis, ut proditum est ab Antiquis, sed quarum nulla de nimia illum severitate excuset. Quo autem irarum processurit, sive obtentu Origenismi, sive ut privatas injurias persequeretur, ex Palladio capite VI. sub finem audiamus : *Theophilus mittit literas ad vicinos* (Nitriæ) *Episcopos, et jubet quosdam e primariis a monte et ab interiori eremo expelli, eosque præcipuos monachos, minime addita causa. Qui monachi cum senioribus Alexandriam cum descendissent, orabant Theophilum, causam ut diceret, ob quam condemnati ejectique essent. Ille autem sanguinolentis oculis draconum instar intendens, torvum taurino more intuebatur ; modo quidem lividus, modo pallidus, modo autem amare subridens. Ab immodica ira abreptus, Ammonio viro grandævo omophorium manibus ipse suis injicit in collum, cum malis ejus plagas inflixisset, et pugnis nares ejus cruentasset, inclamans his vocibus, Hæretice anathematiza Origenem ; cum nihil esset propositum de Origene præter postulationem Isidori causa. Tali enim ira est, veluti canes, cæca et dicta et facta parit*

Igitur sic sanguine aspersi, et sine responso reversi ad sua monasteria, propositum vitæ institutum persequebantur, Scripturarum scientia ingenium acuentes, per quas salus acquiritur; illius insaniam eo curantes minus, quod nullius mali sibi conscii essent. His non adquiescens Theophilus, mittit ad vicinos episcopos, et adversus monachos cogit Concilium, neque ad defensionem vocatis ipsis, nec facta illis dicendi potestate. Tres viros ex præcipuis excommunicat, veritus simul contra multitudinem pœnam decernere, prætexens dogmatum perversitatem; et quos plusquam episcopos honoraverat ut magistros propter vitam, doctrinam et ætatem, eos non puduit appellare præstigiatores, eo quod erga Isidorum optime affecti essent. Refert deinde, quemadmodum subornatis quinque ex ipso Nitriæ Monasterio, ut libellos darent adversus tres illos senes, falsæ accusationis verba ipse contexit: et ingressus ad Augustalem petiit, ut militari manu expellerentur ii homines ex universa Ægypto. Et accepto (pergit) in speciem milite, una cum mandato, sceleratorum multitudinem congregat, qui circa potestates versantur ad omnia parati, et repente monasteria noctu invadit, cum prius pueros qui secum erant, vino ingurgitasset. Et paucis interjectis de Dioscuro: Inde prædatur montem, Monachorum reculas junioribus prædam addicens. Expilatis cellulis, tres illos inquirit, quos in puteum dimiserant, imposita ori putei florea. Cum autem non invenisset, eorum cellulas sarmentis incendit, combustis una libris omnibus, etc. Cum autem impotens ejus ira paululum deferbuisset, Alexandriam repetit, locum fugæ dans sanctis illis viris, qui sumptis statim melotis suis, in Palæstinam profecti, Æliam adventant. Cum iis egressi sunt, præter Presbyteros et Diaconos, illius montis trecenti optimorum Monachorum; alii vero per diversa loca dispersi sunt. Operæ pretium fuit hæc paulo licet diffusiora, atque ex Auctore non usque adeo probatæ in his fidei descripsisse, ut quæ item de fugatis e Nitriæ monte Origenistis Theophilus in Synodica, sive Generali Epistola sua narrat, quanquam in sui gratiam serie gestorum composita, huc tamen omnia spectare videas, neque aliam eam esse, neque alterius temporis narrationem.

III. Scripsit itaque statim Theophilus Synodicam, ut Noster vocat, sive encyclicam, generalem atque uniformem Epistolam *ad Episcopos Palæstinos, et ad Cyprios*, atque eos quidem *in Æliæ Encæniis congregatos*, quibus nuntiat, *quod e vicino Episcopis congregatis, qui prope* (fort. probe) *implerent numerum Synodi, perrexerit Nitriam, et coram multis Patribus, qui de tota pene Ægypto convolaverunt, lecti sint libri Origenis, in quibus impio labore sudavit, et consensu omnium condemnati.* Errores deinde præcipuos notat, quos et pridem anathemate perculsos abs se indicat. Cujus quidem ait rei causa, *cum Monachorum quidam Nitriæ indigne ferrent, auctorem mali tanti cum suo errore damnari, manu facta, advolasse Alexandriam, ac de se interficiendo cogitasse: quosdam*, inquit, *inopes et servos spe gulæ sollicitatos suo junxere comitatui, et facto cuneo, sedenti in Alexandria vim facere conati sunt. Et, Prætermitto quomodo nobis necem inferre tentaverint, et quibus insidiis id machinati sunt*, etc. Tum illos quasi transfugas, non abs se autem exactos de monasteriis, significans, addit, *Condemnati sunt, et ejecti de Ecclesia; sed fatuitati juncta superbia, Episcoporum judiciis contradicunt, cohæreticum suum nitentes seditione defendere, et per alienas provincias suberrantes, damnati damnatum habent ducem* (puta Isidorum) *et hujus operis eriguntur. Obsecro itaque vos, Fratres carissimi, ut si isthuc veniunt, præceptis Evangelicis eos ad lacrymas provocetis..... Sed ut audio imitantes Zabulum, huc illucque discurrunt, et quærunt quos suis impietatibus devorent...... Sicubi ergo fratres et plebem, quæ vobis credita est, turbare tentaverint, custodite gregem Domini, et insanos impetus eorum reprimite.*

IV. Verba hæc ipsa sunt, quæ ex Theophili Græco textu Latine refudit Hieronymus, ut et illa, quæ superius ex Paschali prima decerpsimus. Sanctus enimvero Pater cum miro odio Origenismum aversaretur, suamque ad eum exstirpandum conferre operam, et sæpius flagitaretur, et sponte vellet, nihil in eam rem satius duxit, quam eorum, qui auctoritate sua in Origenistas animadverterant, sententias et scripta proferret latius, et suæ linguæ hominibus communicaret. Cujus certe rei maxima debetur ei gratia, ut sicubi etiam peccatum humanitus sit in ea peragenda causa, privatis odiis ad Ecclesiæ partes accedentibus; monimenta illa tamen, quibus hæretica profligata est factio, et S. Pater est interpretatus, ab hac etiam sint labe immunia. Accedit, quod Græcis jamdiu olim earum scriptionum deperditis exemplaribus, totus ferme ab his fructus repetendus est Origenianæ historiæ, assertæque tunc temporis Catholicæ Fidei, quæ authenticis libris Acta continebantur. Neque enim Paschalem tantummodo illam et Synodicam Epistolam convertit, sed pleraque alia in eadem causa, cum Theophili, tum aliorum scripta, Synodi, inquam, Jerosolymitanæ responsum, et Dionysii Liddensis, et Epiphanii, atque alia, utque est verosimillimum, omnia, quæ hoc anno fuerunt contra Origenistas elucubrata. Quæ quidem nos primum maximam certe partem in lucem protulimus, et cum aut nescirentur plane antea, aut deperdita jamdiu crederentur, Hieronymianis reliquis utpote germanam procul dubio ingenii ejus sobole accensuimus. Alio autem respectu inter se atque ordine ibi recensentur, ab eo qui nunc magis adrideret, et ad quem heic loci exigere, non abs re videtur, tametsi, ut aperte quod sentio dicam, neque hic satis probetur, neque porro videam, si quis in tanta pugnantium contra se invicem testimoniorum diversitate, quantam haud facile credet, qui hisce monimentis manum non admoverit, certus excudi possit.

V. Fecerit itaque Sanctus Pater ab interpretatione Paschalis Epistolæ initium: quæ prima in Editione nostra est, et juxta certissimas Cycli Paschalis regulas hujusmet anni 401 Pascha denuntiat, quod *nono-decimo die mensis Pharmuthi*, id est, Aprilis decimo quarto designatur. Et primo quidem Vere, si placet, Latine hanc refuderit, ut ab eo tempore ad subsequentis anni æstatem, cum tertium adversus Ruffinum Librum exararet, vere dixerit, *ferme biennium intercessisse.* Locum infra laudabimus. Huc autem referre illud liceat, quod primam tempestatem illam anni S. Interpres notat, cum Epistola XCVII. ad Pammachium et Marcellam, mittens Paschalem alteram, *Rursus,* ait, *Orientalibus vos locupleto mercibus, et Alexandrinas opes primo Romam Vere transmitto,* ut illud *primo vere* ad utramque Paschalem, hujus, inquam, et subsequentis anni, vi adverbii *rursus,* quod utrumque sententiæ membrum afficiat, referatur. Ita nos rerum ordo componere rationes jubet, ut lex deinde aliqua affulgeat.

VI. Cæterum non Paschalem, sed Synodicam priore ipse loco nominat, ex his, quæ insigni testimonio illo lib. III. contra Ruffinum de Theophili scriptis se ait transtulisse. *Duas*, inquit, *Synodicam et Paschalem ejus* (Theophili) *Epistolas contra Origenem illiusque discipulos, et alias adversus Apollinarium et eumdem Origenem per hoc ferme biennium interpretatus sum, et in ædificationem Ecclesiæ legendas nostræ linguæ hominibus dedi.* Potest in eam quoque rem sumi argumentum ex loco, quem in Ambrosianæ Bibliothecæ manuscripto codice auro contra ac gemmis æstimando, obtinet : in quo cum omnia ferme Origenianæ causæ ac damnationis monimenta abs Hieronymo in Latinum translata contineantur, Synodica proxime Paschalem hujus anni Epistolam antecedit. Antecedit autem non imprudentis Antiquarii lubitu aut casu, sed dedita, ut colligere licet ex consequentibus, opera; nam alioqui gestorum ordo, et materies postulabat, ut illam pone subsequeretur Synodi Jerosolymitanæ responsio, non Paschalis illa Epistola, quæ inter utramque conjecta, ad fidem vetustissimi exemplaris, ac temporis facile Hieronymiani, ita olim collocatam se indicat. Quæ quidem ideo replicamus, quod adhuc re ipsa nos moveant, atque expendi ab eruditioribus velimus : denique ut ne videamur olim, cum Synodicam ipsam edidimus, leviter ex hoc ordine conjecturam fecisse de translationis prærogativa. At enim si priore loco redditam Latine Synodicam dicimus, quæ nisi post Septembrem mensem Hieronymo innotescere omnino non potuit (eo siquidem mense fere medio, Græce adhuc perscripta ab auctore ad Palæstinos Episcopos in Æliæ Encœniis congregatos missa est) minime illa biennii ratio, quam notat S. Interpres, constabit, nisi si eam putemus præcedenti anno 400 scriptam. Quæ quidem sententia olim nostra erat ; sed obstare postmodum visa est rerum, quæ subsequutæ sunt, series, atque illud cum primis quod de transfugis Monachis, deque tot motibus quos Synodica memorat, Paschalis silet : quæ sequioris temporis nota est, cum ea contigerunt. Igitur post novem fere ab hac menses scripta illa videri potest, et haud multo post, codem vertente tamen anno 401 aut subsequentis initio in Latinum versa abs Hieronymo.

VII. Sed interpretationem ipsam quod spectat, duæ aliæ, nisi admodum fallimur, Epistolæ præcesserunt, quarum altera Theophili ad Hieronymum, altera hujus ad illum Responsio est : illa numero LXXXIX, hæc LXXXVI in Editione nostra prænotantur. Scribit Theophilus per Theodorum monachum, qui *Romam navigaturus,* facile ad ferendum Anastasio de profligatis Origenistis nuntium, *noluit ante proficisci, nisi* Hieronymum *et sanctos fratres, qui cum eo erant in Monasterio, quasi sua viscera amplexaretur, et inviseret. Quem,* subdit, *cum susceperis pro Ecclesiæ tranquillitate lætare. Vidit enim cuncta Nitriæ Monasteria, et referre potest continentiam et mansuetudinem monachorum : quomodo extinctis et fugatis Origenis sectatoribus, pax Ecclesiæ reddita sit, et disciplina Domini conservetur. Atque utinam apud vos quoque deponerent hypocrisim, qui occulte dicuntur subruere veritatem.* Hæ primæ videntur Theophili ad Nostrum literæ, quibus de ejectis e Nitriæ monte Origenistis monachis nuntiatum est. Intercesserat vero jam aliquod ab re gesta temporis spatium : siquidem et qui Nitriæ remanserunt Monachi ex seditione jam se in tranquillum contulerant, et ad eos qui fugæ se dederant, persequendos, submiserat Theophilus in Palæstinam legatos, Priscum atque Eubulum, quibus nihil ad se litterarum dedisse, blande Hieronymus quæstus est ; *Unde,* inquiens, *licet per Sanctos Fratres, Priscum et Eubulum tuus ad nos sermo cessaverit : tamen quia,* etc. Hæc porro S. Doctoris Epistola, altera, inquam, ex his de quibus disputamus, quemadmodum multis videtur, nec sane est præter verisimilitudinem, ad Theophilensem illam Responsio est : eamdem certe multo luculentius temporis notam designat. *Nuper,* inquit, *tuæ Beatitudinis accepi scripta, emendantia vetus silentium, et me ad solitum officium provocantia.* Nimirum scripta ista non alia sunt, quantum intelligo, a Synodica toties laudata Epistola : qua *nuper* accepta, provocatum se ait Sanctus Pater *ad solitum officium,* transferendi scilicet in Latinum. Vetus autem illud silentium, quod scripta emendabant, non erga se habitum cumprimis dicit, sed in Origeniana utique causa, quod subsequens contextus declarat. *Ostendisti,* inquit, *quod hucusque taciturnitas dispensatio fuit, non consensus. Libere enim Reverentiæ tuæ loquor. Dolebamus te nimium esse patientem, et ignorantes magistri gubernacula, gestiebamus in interitum perditorum. Sed, ut video exstendisti manum diu, et suspendisti plagam, ut ferires fortius.* Vides quo silentium illud, totusque loci contextus spectet. Siluit enimvero post conditam Paschalem primam, sive ab hujus initio anni *hucusque* Theophilus, seque continuo satis patienter gessit adversus contentiosum illuc ac pugnax Monachorum genus, qui frequentibus Synodis ac monitis Episcoporum nunquam paruerant. Hoc autem anno circa Septembrem tacuisse jam satis se, jamque facto opus esse intelligens, *extendit manum,* cœpitque in eos pœnas : *quas quidem paulo iniquiore animo* Palladius, Socrates ac Sozomenus narrando exaggerant : non alia ab hac tamen res est, quam Synodica

Epistola ipsa indicat. Omnino itaque nuperus Scriptor, qui laudata Hieronymi verba ad aliud tempus respicere autumat, quam quo exacti sunt de Nitriæ Monasteriis Origenistæ, et Synodica contra illos condita, a veri specie omni aberrat.

VIII. Videri autem adhuc duæ possunt ante Synodicam Epistolæ abs Hieronymo in Latinum versæ, quarum alteram Theophilus ad Epiphanium, alteram ad Nostrum Epiphanius dedit. Quamquam parum equidem refert, de translationis prærogativa scrupulosius investigare, cum intra paucos menses, et ante insequentem annum, æque omnes Romano cultu donatæ sint. Priore illa Theophilus Epiphanio nuntiat, *egredientes de cavernis suis Origenis colubros Evangelico ense truncatos : et secundum Nitriæ Monachorum agmen contagione pestifera liberatum.* Tum ait, *Pauca ergo ex his quæ gesta sunt, in Generali* (Synodica scilicet) *Epistola, quam ad omnes in commune direxi, prout patiebatur angustia temporis comprehendi. Dignationis tuæ est, quæ in hujuscemodi certaminibus sæpe ante nos pugnavit, et positos in prælio consolari, et congregare totius insulæ Episcopos, ac Synodicas litteras tam ad nos, quam ad Constantinopolitanæ urbis Episcopum* (eo enim intellexerat transfugas Monachos navigasse) *et si quos alios putaveris, mittere, ut consensu omnium et ipse Origenes nominatim, et hæresis nefaria condemnetur.* Altera, quæ hanc proxime data est, significat Epiphanius Hieronymo gaudium ex Origenistarum proscriptione perceptum, cui et mittit Generalem Theophili Epistolam, facile ut Latine interpretetur, et latius proferat. Denique auctor est, ut quos adversus eam hæresim scripsisset libros, in vulgus edat. Indicio autem hæc sunt, et nondum abs Hieronymo fuisse Synodicam, sive Generalem, ut vocant, Epistolam Latine explicatam, et post exiguum ab ea temporis spatium has etiam literas scriptas. Dicemus paulo post, quibus testimoniis de harum quoque translatione vere Hieronymiana constet.

IX. Postea igitur et Synodicam centies laudatam, et cujus gratia hæc disputata sunt hactenus, vertit. Vertit autem, nisi nos series verosimilis rerum fallit, Octobri, aut Novembri mense : certe rationes ita subducere illud nos cogit, quod ipsam autographam ab Alexandrino Antistite missam *in commune ad Episcopos* sub initium Septembris, jam constituimus. Transtulit autem simul, eademque opera Synodi quoque Jerosolymitanæ ad illam Responsum, Synodicam, inquam, aliam ab *Episcopis in Æliæ Encœniis congregatis* Epistolam ad Theophilum. Incipit illa, *Domno et honorabilissimo Episcopo, Theophilo, Eulogio, Joannes et cæteri Episcopi, qui Jerosolymis in sancta Encœniorum die reperti sunt.* Summa contextus, *Omnem propemodum Palæstinam gratia Christi ab hæreticorum alienam esse scandalo, præter paucos qui Apollinaris erroribus adquiescerent. Exsecrari tamen se, quos suis ille litteris errores denuntiaverat : et quos vel propter dogmatum pravitatem, vel propter alias causas a communione sejunxerat, non recepturos, donec ipse pœnitentiæ eorum, si tamen voluerint damnare perversa, veniam* dederit. Postremo et aliud ad eumdem Theophilum Latine tunc Noster vertit Responsum Dionysii Liddensis Episcopi, quo eidem gratulatur *de ejectis* (Ms. *electis*) *sceleratissimis blasphemis* (fort. *blasphemi*) *Origenis discipulis*, atque ut nullum persequendi eos finem faciat, hortatur. Has quoque duas quantivis pretii inter omnia Ecclesiasticæ eruditionis monimenta, Epistolas nos de situ ac pene interitu ipso in lucem salvas protulimus : quæ Hieronymianorum Operum partem, qua hactenus caruerunt, longe nobilissimam explent.

Enimvero, quod æque omnes ab illo fuerint Latinitate donatæ, ut pleraque alia nunc prætermittamus argumenta, ipsomet S. Interprete fide jubente, compertum est. Nihil eo clarius testimonio, quod et supra laudavimus ex tertio ejus contra Ruffinum libro : *Duas, Synodicam, et Paschalem ejus* (Theophili) *Epistolas contra Origenem, illiusque discipulos, et alias adversus Apollinarium et eumdem Origenem per hoc ferme biennium interpretatus sum, et in ædificationem Ecclesiæ legendas nostræ linguæ hominibus dedi.* Reliquas quod spectat, nihil eo luculentius quod habet Apologetico lib. I. adversus eumdem Ruffinum, num. 12. ubi, *Si*, inquit, *quidquid contra Origenem, et sectatores ejus dicitur, in te dictum putas, ergo et Epistolæ Papæ Theophili, et EPIPHANII et ALIORUM EPISCOPORUM, QUAS NUPER, ipsis jubentibus, TRANSTULI, te petunt, te lacerant.* Quippe alii præter laudatos de nomine Episcopi in Origenem ejusque sectatores Epistolas scripsisse, quas per id temporis Hieronymus Latine explicarit, minime innui possunt, si Jerosolymitanæ cumprimis Synodi Patres, et Dionysius iste Liddensis non sunt, quorum literæ proferuntur. Res præterea ipsa postulabat, ut quando Theophili Synodicam ad eos verteret, horum etiam ad eum Responsa, quæ plurimum Ecclesiæ causam contra Origenistas promovebant, transferret. Dionysium enim quod spectat, ut ejus Epistolam interpretaretur, ratio alia accedebat, quod ei scilicet junctus pridem erat amicitia, ut quo tempore ab Joannis Jerosolymitani se communione separaverat, ad eum miserit baptizatum Competentes, quos in Monasterio habebat. *Quos*, inquit, *nos Diospolim ad Confessorem Episcopum misimus Dionysium baptizandos.* Diospolim autem et Liddam unam esse sub diverso nomine civitatem, nemo est qui nesciat.

His itaque series Hieronymianarum interpretationum hujus anni concluditur : quas et ponere ob legentium oculos ad indicis instar præstabit.

Theophili Paschalis Epist. I.
Ejusd. ad Hieronym. quæ incipit Didici.
Hieronym. ad Theoph. cujus initium Nuper.
Theophili ad Epiphanium.
Epiphanii ad Hieronymum.
Synodica Theophili ad Episcopos Palæstinos et Cyprios.
Synodica Jerosolymit. Concilii ad Theophil.
Dionysii Liddensis Episcopi ad eumdem.

CAPUT XXXII.

I. *Paschalem Theophili alteram interpretatur.* II. *Tum synopsi librorum contra se Ruffini respondet.* III. *Quo tempore et Hospitium juxta Monasterium ædificat.* IV. *Ad eum Ruffinus integrum exemplar Invectivarum suarum mittit.* V. *Atque una Epistolam, nunc deperditam, qua illum ejusque libros pessime excipit.* VI. *Adversus quem Noster tertium Apologetici sui librum cudit.* VII. *Licet ab Aquileiensi Episcopo Sancto Chromatio rogatus, ut a scribendo in Ruffinum abstineret.* VIII. *De commentitia Epistola ad Afros sub ejus nomine in vulgus edita.* IX. *Scribit ad varios Epistolas, quæ recensentur.*

I. Subsequenti anno vixdum inchoato prodiit altera Theophili Paschalis Epistola adversus Apollinarium et Origenem, cujus initium est, *Primum solemnitatis augustæ*, et quam ex Paschali cyclo huic esse anno adscribendam, contra atque Editiones, quæ nostram præcessere, omnes habent, compertum est. Atque hanc statim Latine Hieronymus explicavit, et simul atque apertum est navigationibus mare, Romam una cum Græco exemplari, versioni suæ fidem contra obtrectatores facturus, ad Pammachium et Marcellam misit. Dedit simul ad eos Epistolam, in recensione nostra XCVII. cui scilicet Paschalem ipsam adjunxit, atque exordium hoc fecit : *Rursum Orientalibus vos locupleto mercibus, et Alexandrinas opes primo Romam vere transmitto*. Martii nempe mensis initio, quod et facile verba ipsa *primo vere* innuunt, et sedulo notari in eum quem e vestigio dicturus sum finem, velim. Post aliquanta : *Vos Christiani Senatus lumina, accipite et Græcam et Latinam etiam hoc anno Epistolam, ne rursum hæretici mentiantur, a nobis pleraque vel addita vel mutata : in qua laborasse me fateor, ut verborum elegantiam pari interpretationis venustate servarem*. Superius autem cum multa in Origenistas dixisset, atque in æmulos suos, qui *maledictorum pannos hinc inde consuebant*, ac dicere porro pergat præcipue in Ruffinum, quem tacito nomine, acriter sæpius perstringit : nunquam tamen, ne verbo quidem tenus, Apologetici contra illum Operis meminit. Meminisse autem omnino debuit, si tunc temporis elucubraverat : primo enim elucubrasset ante paucos dies, quam Paschalem ipsam interpretaretur (siquidem certo certius est, ut suo loco mox ostendemus, non potuisse citius hoc met anno scribi) deinde cum iisdem Pammachio et Marcellæ, quos his literis alloquitur, inscripserit, ac miserit Romam : non potuit, quin recentissimi operis ad eos ita dudum missi, ut accipere nondum potuissent, mentionem eis faceret. Igitur postea elucubravit. Sed quid opus est pluribus ? Apparet ex adjunctis rei omnibus, ac primum elucubratione S. Doctorem initium fecisse hoc anno scribendi Romam, nec quidquam scriptionum suarum præcedenti hieme, sive duobus circiter anteactis mensibus eo misisse.

II. Statim igitur ab his litteris, atque hoc ipso ineunte Vere, Sanctus Pater scribendis Apologeticis contra Ruffinum libris manum admovit. Qui factum id antea, atque anno quidem superiore scriptos eos libros, hoc autem vulgatos, et Romam missos existimant, fugit eruditos cætera hominis ratio. Cum enim ipsi minime diffiteantur, Romam ante ver sequentis anni, hujus scilicet, mitti non potuisse (quod clauso jam tum per hiemem, et procelloso, ut noverant præterea, mari, opportunum navigationi tempus operiendum esset) primum quod constituerant, ratione hac altera plane destruunt. Enimvero neque eadem, qua Paschalis Epistolæ interpretatio, occasione missi sunt, quod ex adjunctis rei omnibus constat : neque præcedenti poterant, siquidem illa statim atque apertum est mare, Romam properare jussa est, et quæ illi jungebatur ad Marcellam Epistola de iis libris, ut dudum ostendimus, continuo silet. Hoc se itaque ordine ac modo res habuit. Pammachius et Marcella cum, nulla adhibita diligentia, Ruffiniani Operis integrum exemplar obtinere potuissent, præcipua objectionum capita ex illo propere excepta ad Hieronymum transmiserunt. Addiderunt et literas, quibus eum acrius ad respondendum incitarent. Facile hæc autem deferenda tradiderunt Pauliniano ejus fratri, qui ex Occidente Jerosolymam hoc nimirum tempore remeabat, et de ore poterat, quam ille ab Ruffini amicis maledice traduceretur, referre. De ejus profectione atque reditu, quibus insignis Hieronymianæ pietatis memoria continetur, dicemus paulo post, ne cœptum historiæ filum intermittamus. Acceptis his itaque libris Hieronymus, illico stylum ad retundendas æmuli calumnias arripuit : et geminam adversus illum Apologiam pro se scripsit. Atque eam quidem Romanis iisdem Proceribus, qui synopsin Ruffiniani operis ad se transmiserant, Pammachio inquam, et Marcellæ (non Marcellino, ut olim lectum est perperam) nuncupavit. Ab his autem exordium est : *Et vestris et multorum litteris didici, objici mihi in schola Tyranni* (lingua canum meorum ex inimicis ab ipso) *cur* Περὶ Ἀρχῶν *libros in latinum verterim*. Fuisse Ruffino prænomen *Tyrannio*, nos etiam animadvertimus secundis curis post Fontaninum, cum pridem ab loci nomine derivandum vocabulum videretur. Tyrannum itaque illum, sive ejus *scholam Tyrannicam* Noster nomine in suggillationem detorto, vocat : sive illud Actuum cap. XIX. v. 9. *disputans in schola Tyranni*, alludit. Porro ad singulas æmuli criminationes priore libro respondet, quo et multa de Origeniana Pamphili Apologia, quam huic Martyri abjudicat, deque Didymo, Eusebio Cæsariensi, aliisque Scriptoribus Origeni addictis intermiscet, et quo ipse animo et cautione adhibita, illos tractaverit, monstrat. Altero Ruffini Apologiam ad Anastasium Papam speciatim refutat, in qua sibi *calumnia strui videbatur*. Et particulis quidem ejus identidem recitatis de verbo ad verbum (ex quo colligas hanc ob oculos integram habuisse) manum, perinde atque cum hoste suo conserit : et cum sententias de sublesta fide aut falsitate accusaverit, verba ipsa persequitur, et sermonis barbariem risu et probris exagitat. In fine cum pro sua Scripturarum ex Hebræo translatione perorasset, exspectare se ait *tria amici volumina*, et ad congeriem criminum ejus tota esse mente suspensam : *nisi quod*, subdit, *levius est professum inimicum cavere, quam hostem latentem sub amici nomine sustinere*. Constabit porro ex his quæ dicenda mox sunt, quanti istud operis S. Doctori steterit : ita enim propere videtur ab eo adornatum, ut fortasse una atque altera elucubratione absolutum sit, certe quidem Romam hoc ipso vertente Martio mense transmissum.

III. Dicamus nunc obiter quod recepimus de Pauliniano. Causam, cur cum Stridonem ante duos annos et quod excurrit, sive 399 fere medio, Hieronymus miserit, his aperit ad Pammachium verbis Epistola LXVI. sub finem : *Nos in ista provincia ædificato Monasterio et Diversorio propter exstructo, ne forte et modo Joseph cum Maria in Bethleem veniens, non inveniat hospitium, tantis de toto orbe confluentibus turbis obruimur Monachorum, ut nec cœptum opus deserere, nec supra vires ferre valeamus. Unde quia p ne nobis illud de Evangelio contigit, ut futuræ turris non ante supputaremus expensas, compulsi sumus fratrem Paulinianum ad Patriam mittere, ut semirutas villulas, quæ Barbarorum effugerunt manus, et parentum communium census venderet, ne cœptum Sanctorum ministerium deserentes, risum maledicis et æmulis præbeamus*. Hanc nos Epistolam ante fere biennium aliis olim usi argumentis scriptam diximus ; quam huc tamen differri oportere, ad saltem 399 anni medium, nunc intelligimus ex his de Pauliniano (cujus profectionem ex Oriente huic nosmet anno adsignavimus) ac porro, ut differatur, auctores sumus. Discimus ex his autem, quod rei caput est, exemplum Hieronymianæ pietatis longe insignissimum, atque inter Vitæ ejus laudes memoria præcipua dignum. Cum enim recipiendis innumeris prope Monachorum catervis Monasterium jam exstruxisset, conlatis Paulæ sumptibus ac studiis : hospites etiam de toto illuc orbe, tam loci religione, quam sui nominis celebritate, confluentes cordi habuit, nec deesse officiis erga illos potuit. Cumque nihil sibi aliud suppeteret, ad Xenodochium ædificandum, quam parentum census ac villulæ, ne his quidem pepercit gentis suæ patrimoniis, quin distraheret in ædificii ejus sumptus, et ut quibusque venientibus ad se, aut transeuntibus, large in his quæ ad vitæ usus necessaria sunt, commodaret. Et mirum hoc magis, tantam ab eo potuisse rebus ejusmodi curam adhiberi, quem vitæ ratio, tum maxime altercationibus hæreticorum sollicitæ, longeque dissimiles labores, ac studia distinebant. Nam et ante aliquot annos ad Lucinium scribens (*Epist. LXXI*), **quod præ frequentia et peregrinorum turbis relegere quæ scripserat, non potuerit**, causatur. Hoc autem **potissimum tempore, quo pretia villarum attulit Paulinianus frater**, simul huic operi, simul litteris totus incumbebat. Id ipse etiam satis manifesto innuit, cum paulo post tertium scribens adversus Ruffinum **librum**, *Nobis*, ait, *in Monasterio hospitalitas cordi est, omnesque ad nos venientes læta humanitatis fronte suscipimus : veremur enim, ne Maria cum Joseph locum non inveniat in diversorio ; ne nobis Jesus dicat exclusus, Hospes eram, et non suscepistis me*. Historiam persequamur.

IV. Vixdum Apologeticos eos libros Sanctus Pater absolverat, quum eorum exemplar per negotiatorem nescio quem ex Oriente Aquileiam ad Ruffinum transmissum est. Incertum, dederitne ipse Hieronymus deferendum, an alius quispiam, ut ferme usuvenit, concertationis acuendæ magis magisque animo. Ille autem negotiator, cætera ignotus homo, chartis illis Presbytero Aquileiensi redditis, cum se illuc unde venerat, propere trajecturum, rebus ita suis ferentibus, affirmaret, biduum tantummodo ad respondendum concessit. *Ante biduum* (inquit ille apud Hieronymum *Apologia III.*) *mihi quam proficisceretur harum bajulus, in manus venerunt, quæ in me declamasti*. Quod repetit ipse quidem S. etiam Pater libro laudato, *Ante biduum* inquiens, *quam ad nos Epistolam scriberes, libellos meos in manus tuas venisse testaris, et idcirco non habuisse spatium ex otio respondendi. Alioqui si meditatus in nos paratusque dixisses, fulmina jacere, non crimina videreris. Minime autem adhibuit fidem : quin neque ab eo scripta sua legi biduo potuisse*, contendit. Sed hæc alibi. Ruffinus angustiis sive bidui, sive dierum paulo plurium pressus, cum reponere adversario per singulas criminationes non posset, suos ipsos libros, quos Noster refutaverat nondum acceptos (illa videlicet summa usus, de qua paulo ante diximus) ad eum perferendos eidem negotiatori illuc redeunti dedit, adjuncta Epistola, ut mox videbimus, conviciorum omne genus et minarum referta. Itaque *Noli*, inquit, *multo auro redimere notarium meum, sicuti amici tui* (Eusebius Cremonensis) *de meis Periarchon schedulis, nondum ad purum digestis fecerunt, ut facilius falsare possent, quod aut nullus haberet, aut admodum pauci. Gratis a me missum suscipe codicem, quem censu magno cuperes comparatum*. De iisdem et Noster loquitur Epistola CII. ad Augustinum, *Misit mihi temeritate solita sua maledicta Calpurnius cognomento Lanarius, quæ ad Africam quoque studio ejus didici pervenisse*, etc. Satis quippe sibi vindiciarum Presbyter Aquileiensis in his positum libris existimabat, ut eos quaquaversum mitteret, et nihil sibi ab æmulis metuendum putaret.

V. Sed ipsam quam adtexuit Epistolam, et proprie Hieronymianis dudum acceptis Libris opposuit, operæ pretium est nosse. Quamquam enim jamdiu olim intercidit, ut neque Gennadius eam in Catalogo suo recenseat, satis ex his tamen, quæ passim ex ea Sanctus Pater recitat, innotescit. Initio increpat eum Ruffinus et commonet, ne offensioni esse Christianis concertatione hac sua pergat, ne rixando invicem, mortem aliis animæ inferant. *Ad me*, inquit Noster, *Epistolam scribis, ut me commoneas, et emendatum velis, ne cæteris scandalum faciat, et aliis furentibus, jugulentur alii. Sensim vero stimulis irarum agitatus*, ut deterreat cum metu a scribendo, vitam interminatur : petitque facti pœnas conviciis et turpibus probris, quæ gravissima in S. Doctorem jacit. Specimen ex his cape, singula enim commemorare nos pudet. Postquam illum ironice, *Philosophum*, *Rhetorem*, *Grammaticum*, *Dialecticum*, *Hebræum*, *Græcum*, *Latinum*, *trilinguem* dixisset, *Tu*, subdit, *qui tot disciplinarum oculis vigilas, quomodo venia donandus es, si erraveris, et non perpetuo pudoris silentio contegendus?* Item, *Imitari te volui, sed refestinante eo qui ad te remeabat, malui paucis ad te, quam ad alios pro tuis maledictis latius scribere. Superflua mihi reprehensio fuit in paucis, quæ professa tibi habetur in omnibus.* Et paulo post, *En tibi dico : quæso quis tibi permiserit, ut in commentariis tuis quædam de Origene, quædam de Apollinario, quædam de te ipso scriberes, et non de Origene totum, aut ex te, aut ex alio.* Denique, *Habesne ultra aliquid, quo nervos tuæ loquacitatis intendas? Et indignaris, si putide te loqui arguam, quum Comœdiarum turpitudines, et scortorum amatorumque ludicra Ecclesiasticus scriptor assumas.* Minas quod spectat, non ipsa eas quidem Ruffini verba, sed Hieronymi identidem exprobrantis testantur. *In ultima*, inquit, *parte Epistolæ denuntiata morte me deterres, ne audeam respondere.* Et *mortem minaris... minaris interitum, nisi tacuero.* Denique, *Terres me gladiis tuis, et accusationem non jam Ecclesiasticam, sed tribunalium comminaris... si aliter creditis, quid vultis occidere? An qui a vobis dissenserit, occidendus est?* et similia his alia pleraque, quæ commemorare longum est.

VI. Tum vero Hieronymus, quem tantum aberat, ut minitantis æmuli verba deterrent, quin potius animos ad Christianam proferendam doctrinam adderent, vixdum accepta Ruffiniana Epistola, stilum in eam, si unquam alios animose acuit, et proprium Librum, qui tertius Apologiæ suæ inscribitur, cudit. Præcipuas quas et prioribus quidem Libris abs se criminationes repulerat, hoc iterum diluit, et in adversarium ita retorquet, ut nullum ei reliquum perfugium faciat. Epistolam vero illam proprie sibi refutandam sumit, ejusque particulis sensim atque ex ordine recitatis, responsionem suam verissimam quidem, sed et acri perfusam aceto subnectit. Illud quod Ruffinus causabatur (unum enim quod maxime propositam historiam spectat, delibare liceat) de bidui angustiis sibi ad respondendum concessis, ita excipit, *Quo*, ait, *tibi credet homini veracissimo, ut negotiator Orientalium mercium, qui et hinc deportata vendere necesse habebat, et ibi emere quæ huc rursus adveheret, biduum tantum Aquileiæ fueret, ut raptim et extempore contra nos dictare Epistolam cogereris? Libri enim tui, quos limasti per triennium, disertiores sunt?* Et paucis interjectis : *Tam apertum temporis mendacium est, ut non dicam respondere, sed legere biduo mea scripta non potueris. Ex quo apparet te illam Epistolam, aut pluribus diebus scripsisse, aut si tumultuaria dictatio est, nimium te esse negligentem, qui quum extemporalis talis sis, meditatus deterior fueris.* Hujus cum ingenii, tum eloquentiæ reliquus omnis contextus est

Libri, haud sane brevioris quam præcedentes duo nec minus expoliti.

Quod propere tamen adornatus ab eo fuerit, et facile una aut altera elucubratione, quod in more positum illi erat, series ipsa rerum persuadet. Enimvero priores ejus duo Libri ante hujusmet anni Aprilem mensem ; nisi rationibus ab eorum conditu subducendis fallimur, ad Ruffinum deferri potuisse, minime videntur ; imo vero par credere est, eodem illo mense fere medio demum adlatos. Hic vero statim post biduum, sive, quod Noster contendit, et propius accedit ad veri speciem, post plures dies, fulmineam Epistolam illam intorserit. Certe ut hæc Hieronymo redderetur, uno adhuc ferme intermedio mense opus fuit, tanto interjacente Aquileia ad Bethleem maris spatio. Devenimus jam itaque ad Maii fere exitum, quo certo temporis termino serius differre S. Patris responsum non licet. Etenim Anastasium putabat ille adhuc in vivis agere, quod nuntium de recenti ejus obitu nondum accepisset. *Esto*, inquit, num. 21. *præteriti anni ego Epistolam finxerim : recentia ad Orientem scripta* (Epistola scilicet Anastasii ad Joannem de Ruffino) *quis misit ? in quibus Papa Anastasius tantis te ornat floribus, ut cum ea legeris, magis te velle defendere incipias, quam nos accusare.* Et, *Siricii jam in Domino dormientis profers Epistolam, viventis Anastasii dicta contemnis?* Fato autem functus est Anastasius, non superioris anni Decembri mense (ut Pagius, Papebrochius, Constantius et nos quoque olim existimabamus aliis ducti argumentis), sed hocmet anno, V. Kalendas Maias, quo memoria ejus die in plerisque tabulis Ecclesiasticis consignatur. Baronius quoque ita olim rationes suas iniit, quas deinde pluribus Tillemontius confirmavit, atque hæc demum Hieronymianarum scriptionum series evincit. Porro ejus obitus Hieronymum latuisse unius fere mensis spatio, idque et multum, potuit : diutius certe ut latuerit nemo sibi in animum inducat. Ut serius igitur hoc ipso exeunte mense Maio adversus Ruffinum librum S. Pater elucubrarit : acceperit vero ante dies admodum paucos adversarii Epistolam, quam refutatum ibat.

VII. Fuerat vero eadem illa, ut videtur, occasione, certe antequam scriberet, rogatus ab Aquileiensi Antistite Sancto Chromatio, apud quem Ruffinus morabatur, ut concertationi huic tantæ, quæ cœperat jam Christianorum animis offendiculo esse, finem imponeret. Cui quidem summo viro, et sibi cum primis vetere amicitia juncto, laudibus autem pietatis atque eruditionis ornatissimo, morem gerere voluisset, idque se animo habuisse, jurejurando testatus est. Sed ubi sensit, deterreri se minis a respondendo, ut crimen fateri videretur, quod abs se repellere destituisset, committere omnino non potuit, ut famæ periclitaretur, seque invitum cogi ad scribendum, doluit. *Testem*, inquit sub hujusmet Libri initium, *invoco Jesum conscientiæ meæ, qui et has litteras, et tuam Epistolam judicaturus est, me ad Commonitionem Sancti Papæ Chromatii voluisse reticere, et finem* facere simultatum, et vincere in bono malum. Sed quia minaris interitum, nisi tacuero, respondere compellor, ne videar tacendo crimen agnoscere et lenitatem meam malæ conscientiæ crimen interpreteris. Præterquam quod multa nimium et gravia erant, quæ contra se in vulgus maledicta *et Romæ, in Italia, et per Dalmatiæ insulas* Ruffiniani tabellarii, quos Noster *Cereales et Anabasios* vocat, disseminabant, *ut volantia toto orbe jacula falsitatis, clypeo veritatis excipere, non æquum modo, sed et necessum illi esset.*

VIII. Ex horum fuit numero commentitia quædam Epistola sub Sancti Doctoris nomine prolata in vulgus, in qua pœnitere se admodum testaretur, quod lucum sibi fieri passus in adolescentia ab Hebræis, eorum volumina, quæ nihil veri continerent, Latine refuderit. Eusebius Cremonensis eam se reperisse primum significaverat *apud Afros Episcopos, qui propter Ecclesiasticas causas ad Comitatum venerant.* Facile hi fuerint, quos legatos misit Carthaginense Concilium Idibus Septembris superioris proxime anni habitum, ad Imperatorem, ut ab eo peterent in Ecclesia manumittendi facultatem, quam et concessam fuisse, ex Augustino discimus. Fontaninus tamen *Comitatum* appellari *Aulam Pontificiam* sentit, et Legatos dici autumat ad Anastasium, de nomine Venerium Mediolanensem, et Honorium Augustum, qui Epistolam illam secum ex Africa attulerint. Utut habuerit se res, hoc *audiens obstupuit* S. Pater : multo autem magis demiratus est, quum *idipsum multorum ex Urbe fratrum scripta docuerunt, sciscitantium an ita se haberet, et a quo ipsa Epistola disseminata esset in vulgus, lacrymabiliter indicantium.* Neque vero difficile ei fuit, ex stilo et forma eloquii, quam sibi fuisset falso afficta, demonstrare, deque ejus Auctore doli Ruffino conjecturam facere. Calumnia tamen scriptionis sublata, nomini falsarii pepercit. Sed illo, ut se culpari intellexit, etiam atque etiam obtestante, nihil abs se tale unquam perpetratum, hanc ipsam videtur S. Pater excusationem ei culpæ vertere, qui perperam putarit sibi dictum, quod nominatim nemini fuerat imputatum. Nec ideo cum tamen ab hujus conscientia criminis liberavit. *Quo,* inquit hoc III. Libro, *non erumpat semel effrenata audacia? Aliorum crimen sibi objecit, ut nos finxisse videamur. Quod absque nomine dictum est, in se dictum refert : et purgans externa peccata, tantum de sua securus est innocentia. Jurat enim se Epistolam non scripsisse ad Afros sub nomine meo, in qua confitear inductum me a Judæis mendacia transtulisse : et mittit libros eadem omnia continentes, quæ nescisse se jurat.* Et miror quomodo prudentia ejus cum alterius nequitia convenerit, ut quod alius in Africa mentitus est, hic concorditer verum diceret, stilique ejus elegantiam nescio quis imperitus posset imitari. Sin itaque eam ipse Epistolam Ruffinus commentus est, sed ex ejus schola aliquis, ipso haud tamen inscio ; non injuria tamen abs Hieronymo alterutra ex parte reus agitur.

IX. Hac certe de causa videtur S. Pater, ut suus hic Liber quantocius in Africam deferretur, sategisse : nimirum ut apud eos maxime calumniam tolleret, apud quos conflata potissimum dicebatur. Scripsit itaque hoc ipso anno ad Augustinum Epist. CII. eique hujusmet libelli sui exemplar adtexuit. Et, *Misit,* ait, *mihi temeritate solita sua maledicta Calpurnius cognomento Lanarius, quæ ad Africam quoque studio ejus didici pervenisse : atque breviter ex parte respondi, et libelli ejus vobis misi exemplaria, latius opus* (priores nempe duos Apologiæ suæ libros) *quum opportunum fuerit, primo missurus tempore :* in quo illud cavi, ne existimationem læderem Christianam, sed tantum ut delirantis imperitique mendacium ac vecordiam confutarem. Sed et aliæ sunt ad Augustinum, atque hujus ad Hieronymum Epistolæ hocmet anno scriptæ, quas tamen subsequenti proxime Capitulo, ad cujus propriæ contextum pertinent, recensebimus. Porro autem alia est, quæ argumento ex ejus contentionis historia ducto, per id temporis, sive isto aut subsequenti proxime anno scripta Epistola videatur, aut certe cum chronicis certioribus notis careat, referri huc non incongrue, serie rerum consentiente, possit. Eximia ea est inter omnes divinæ Scripturæ exegeticas ad Sunniam et Fretellam, viros e Getarum, ut volunt, genere sacræ eruditionis percupidos, qua ad singulas sibi propositas ex Psalmis quæstiones respondens Hieronymus docet, quænam sit inter variantes lectiones Græcas atque Latinas cæteris præferenda, quæque propius ad Hebraicum fontem accedat. Animadvertimus in chronologicis ad eam Notis, minime eam videri ante Apologeticos contra Ruffinum libros elucubratam, siquidem objicienti æmulo, quod Septuaginta Interpretes contemptui haberet, inque eorum suggillationem novam ex Hebræo translationem adornasset, hanc utique S. Pater elucubrationem suam opposuisset, in qua bene Interpretes illi continuo audiunt, potiusquam, hoc luculentissimo pro se testimonio prætermisso, exempla sui erga illos studii hinc inde ex aliis suis operibus emendicaret. Addidimus, nec multo post videri differendam : siquidem ejus quædam mentio haberetur in subsequente ad Lætam, ubi dicuntur *Hunni Psalterium discere ;* quæ quidem Epistola huicmet anno, aut initio subsequentis 403 affigenda videbatur. Sed ea nunc prætermissa conjectura, alia ex parte arguimus, fuisse recens a profligato Ruffino scriptam. Ex eo scilicet ubi ad Psalmum 88, illum ironice appellat, *disertissimum istius temporis interpretem, qui Græcum ἐξουδένωσας verterit annihilasti, vel annullasti, vel nullificasti, et si qua alia possunt inveniri apud imperitos portenta verborum.* Atque hæc tamen omnia, quantum assequi conjectura licet, argumenta proponimus, non pro certis urgemus.

Verum Epistolam ad Lætam quod spectat, utique eam nunc malim ad præcedentem 401 revocare, quam in sequentem 403 vixdum licet inchoatum differre : tametsi huic illam in Epistolarum recensione affixerim. Nupserat Læta Toxotio, S. Paulæ filio, ex quo et filiam, quæ de aviæ nomine Paula nuncupata est junior, susceperat. Hanc S. Pater, quibus institutis jam inde ab ipsis incunabulis ad Christianam pietatem informari oporteat, docet : cumque avus ejus Albinus adhuc in Ethnicismo perstaret, inter alia quæ magnifice extollit, rei Christianæ decora atque incrementa, illud memorat, ex quo epocha scriptionis satis innotescit. *Marnas*, ait, *Gazæ luget inclusus, et eversionem templi jugiter pertimescit.* Scilicet ex S. Porphyrii ejusdem urbis Episcopi Vita compertum est, fuisse anno 398 missum Diaconum ad Imperatorem Arcadium, qui Templi ejus profanos cultus curaret prohibendos. Tum lata Lex est hoc eodem anno in eam rem, ejusque auctoritate haud multo post ipsæ Templi fores obseratæ, et *Marnas inclusus*. Triennio post nova Porphyrii legatione impetratum, ut penitus deleretur, reque ipsa Templum absumptum incendio est. Cum ait itaque S. Pater, Marnam eversionem sui jugiter pertimescere, jam illa Idolio clades imminebat : quæ magis utique anni 401, ad finem ut libet properantis, quam proxime insequentis est nota. Idem quoque tempus non obscure indicat, quibus subsequitur verbis, *Getarum rutilus et flavus exercitus Ecclesiarum circumfert tentoria, et ideo forsitan contra nos æqua pugnant acie, quia pari religione confidunt*. Nimirum ab anno 400 irruperunt in Italiam Gothi, aliasque deinceps provincias pervasere, strenue contra Romanum exercitum, nec sane improspere dimicantes, ut eorum temporum historiæ produnt.

CAPUT XXXIII.

I. *Contentio Hieronymum inter atque Augustinum oboritur.* II. *Epistolæ hac super re ultro citroque missæ.* III. *Commentarius in Abdiam huic tempori adseritur.* IV. *Sancta Paula diem obit, cujus laudes Sanctus Pater Epistola ad Eustochium prosequitur.* V. *Tum hujus anni Paschalem Theophili Latine vertit.* VI. *Itemque Regulam Sancti Pachomii, ejusque ut et Theodorici Epistolas, et verba mystica.* VII. *Iterum adversus Augustinum disputat.* VIII. *Eorum hac super re Epistolæ.* IX. *Scripta alia quædam Sancti Patris, quæ huc pertinent.*

I. Olim Augustinus, quum Hieronymi Commentarios in Epistolam ad Galatas legeret, eo loco offensus nonnihil est, *quo Apostolus Petrus a perniciosa simulatione revocatur*. Quippe Noster haud vere Paulum Petro Apostolo restitisse, autumat; sed factum utriusque dispensatione, *ut Paulus nova bellator vetus usus arte pugnandi, dispensationem Petri, qua Judæos salvari cupiebat, nova ipse contradictionis dispensatione corrigeret ; et resisteret ei in faciem, non arguens propositum, sed quasi in publico contradicens, ut ex eo quod Paulus eum arguens resistebat, hi qui crediderant ex Gentibus, servarentur.* Hæc Hipponensem Episcopum expositio movit, qui *patrocinium mendacii susceptum simulatione illa existimabat, et exitiosissime credi in sanctis Libris haberi mendacium, id est, eos homines, per quos nobis illa Scriptura ministrata est atque conscripta, aliquid in suis libris fuisse mentitos.* Volebat autem ipse alia ratione solvi difficultatem ; videlicet ut Paulus Legalia tunc, modo quodam non necessario, observans, minime erraverit, sed Petrum quidem, qui ad ea Gentiles exemplo suo adigeret, jure reprehenderit. Hæc erat contentionis materies tota, aut certe præcipua, quæ multo quidem antea oborta, hoc demum tempore agitari inter eos cœpit.

II. Ut autem cum stomachi etiam significatione aliquando Hieronymus responderet, in causa fuit Epistolarum quæ ultro citroque missæ sunt, improspera, ut ita dicam, fortuna. Scripserat primum de ea re Augustinus jam inde ab anno 394 Epistolam, quæ Hieronymo tamen nunquam est reddita. Tum aliam post ferme triennium ad eumdem dedit, quæ diu multumque per Urbem perque Italiam vagata, quum et canere illum παλινῳδίαν supra ejus expositione loci juberet, et satis esset prolixa, ansam rumori fecit, ut librum adversus Hieronymum composuisse, et misisse Romam Sanctus Antistes diceretur. Ipse autem, qui undenam ortus hic esset vulgi sermo ignorabat, tertias superiore proxime anno 402 litteras ad Nostrum scripsit, asseverans, id se nequaquam fecisse quod dicebatur, nec ullo pacto ejus, quem ex animo suspiceret, atque amaret, velle offensionem incurrere. Hæ demum Hieronymo redditæ sunt eodem illo anno, cum esset Asterius Hypodiaconus *in ipso profectionis articulo* e Palæstina in Africam. Hujus itaque occasione rescribit Noster, bene habere hoc quidem, quod *satisfacis*, ait, *te contra parvitatem meam librum Romam non misisse.* Sed *Epistolæ* (subdit) *cujusdam quasi ad me scriptæ per fratrem nostrum Sysinnium Diaconum, huc exemplaria pervenerunt : in qua hortaris me ut* παλινῳδίαν *super quodam Apostoli capitulo canam.* Quamobrem subiratus addit, *Ego simpliciter fateor dignationi tuæ, licet stylus et* ἐπιχειρήματα *tua mihi viderentur, tamen non temere exemplaribus litterarum credendum putavi, ne forte me respondente, læsus juste expostulares, quod probare ante debuisses, tuum esse sermonem, et sic rescribere,* etc. Verum hæc quoque Sancti Patris Epistola Asterio credita, satis multo post tempore, quam debuisset, in Africam delata est. Intereadum enim perbrevem aliam ad eumdem scripsit, qua Præsidium illi commendat, et salvere jubet Alypium (*Epist. CIII*) : cætera observantiæ atque amoris significationibus abundat. De hac nos multa in chronologicis Notis, quæ huc ut referas, auctores sumus. Sed et Augustinus interim Hieronymiani ejus responsi nescius duas alias ad eum dedit, quarum prior dicitur intercidisse temporum injuria : altera illa est, cujus initium, *Ex quo cœpi ad te scribere* : cui et superiorum Epistolarum suarum exempla adtexuit, quod ea utrum accepisset ille, necne, ignoraret. In hac autem novæ concertationi ansam præbuit, dum libere profitetur, minime probari sibi ejus studium in vertendis ex Hebræo Scripturis, quæ vocum novitate, adsuetos veteri Translationi ex Græco sæpius percelleret. Quare et tumultus eum admonet excitari apud Africam in Oeensi Ecclesia occasione vocis *hederæ*, quam pro *cucurbita*, ut vetus ferebat Versio, in quodam Jonæ loco usurpaverat. Hieronymus priori ex his, ei videlicet quæ desideratur, respondet Epistola in recensione nostra CV. multo quidem acrius quam antea expostulans cum Hipponensi Episcopo injuriam, qua impetitum se reputabat, *et non simplici animo sparsa in vulgus Epistola lacessitum ad respondendum. Si*, inquit, *mea cominus dicta reprehendas, et rationem scriptorum expetas, et quæ scripserim emendare compellas, et ad* παλινῳδίαν *provoces, et oculos mihi reddas, in hoc læditur amicitia, in hoc necessitudinis jura violantur*. Admiscet quasdam tamen interdum benevolentiæ significationes; utque intelligas maximam iis qui creditas sibi litteras, aut serius, aut numquam reddiderunt, concertationis culpam voluisse tribuere, hoc fine concludit : *Hoc a me rogatus observa, ut quidquid mihi scripseris, ad me primum facias pervenire*. Suæ Translationis ex Hebræo nec meminit quidem : id quod manifesto indicio est, nondum hoc anno 403, quo hæc scribebat, ut in chronologicis Notis evicimus, accepisse cum alteram Augustini ea de re Epistolam, quam dudum laudavimus. Hac fine eorum stetit controversia hoc anno, quæ subsequenti 404 exeunte renovata quidem est paulo majore contentione animi, sed salva tamen, qua certatum inter eos est, caritate.

III. Interea temporis S. Patrem in Abdiam Commentarios elucubrasse, persuasum nobis est, contra atque eruditi plerique omnes sentiunt, qui eum Prophetam quinquennio ante, eodem scilicet atque Jonas tempore explicatum contendunt. Et sane Sanctus ipse Auctor Præfatione Libri III. in Amos, *Tertio*, inquit, *post longi temporis silentium Abdiam et Jonam tibi* (Pammachi) *imperanti edisserui*. Verum, quo sit locus iste intellectu accipiendus atque interpretandus, ut sibi et cum cæteris nec de re testimoniis constet, nec præfixa Tomo VI. Præfatione, quantum assequi conjectando licuit, ostendimus. Palmare autem argumentum ad eam elucubrationem huc retrahendam, ex ipsiusmet verbis S. Patris in Prologo ad eum Prophetam excudimus, ut rationes ita ipse colligere videatur. Quippe se ait, ab eo tempore quo *specimen* hujus Commentarii *in adolescentia tentaverat, triginta jam annos in Dei opere ab labore sudasse*. Tum illud declarat quale tempus fuerit, *quando*, inquiens, *egressi, mi Pammachi, scholam Rhetorum, diverso studio ferebamur : quando ego, et Heliodorus carissimus pariter habitare Chalcidis solitudinem nitebamur*. Hæc vero satis perspicue trecentesimum septuagesimum tertium annum, aut insequentem notant, quod ex toto Vitæ Hieronymianæ contextu, et præscripta Capite IX. historia compertum est. Neque sane alio commodius, quam quo tempore diversatus est Antiochiæ, proxime antequam in Chalcidis solitudinem se reciperet, et recens ab auditis Ecclesiasticis Tractatoribus, atque Apollinario cumprimis, ingenii ille sui periculum fecerit. His igitur trecentis septuaginta tribus annis si alios triginta addideris, qui ab illo, ut ipse ait, *puerilis ingenii præludio, ad hoc maturæ senectutis opus* intercesserunt, hunc teneas 403, quo facile anno elaboratum cum Commentarium existimamus. Notum porro quod de priore illo rudimento narrat S. Pater : *Sperabam in scriniolis latere quod scripseram, et ingenioli mei primum temeritatem ignibus voveram, quum subito de Italia affertur exemplar a quodam juvene tot annis, quot et ego quondam scripseram, laudante opusculum meum. Fateor, miratus sum, quod quantumvis aliquis male scripserit, invenit similem lectorem sui. Ille prædicabat, ego erubescebam : ille quasi mysticos intellectus ferebat ad cœlum, ego demisso capite confiteri meum pudorem prohibebar* (*In Præfat.*). Factum deinde ex Auctoris voto, ut hoc novo Commentario, numeris omnibus absoluto, in vulgus prodeunte, specimen illud sensim evanuerit, et jamdiu olim exciderit.

IV. Initio subsequentis anni S. Paula, summum Hieronymi præsidium et decus, diem obit. Tunc enimvero attritæ ejus res sunt, totusque ille sanctorum cœtus, et maxime Virginum luce, ut ita dicam, sua caruit. Fuerat admirabilis sanctitatis femina, ut generis nobilitate atque opibus nulli secunda, ita et Christianarum virtutum laudibus supra quam verbis complecti quis possit, longe nobilissima : Toxotio marito, cui quinque liberos ediderat, defuncto, totam se Deo vovit, et in sancto Proposito diu Romæ vixit. Deinde domus opulentissimæ omnibus pene divitiis in pauperes erogatis, *non liberorum, non familiæ, non possessionum, non alicujus rei, quæ ad sæculum pertinent, memor*, in Orientem et Loca sancta, navigavit, *amorem filiorum, majore in Deum amore contemnens, et in sola Eustochio filia, quæ et Propositi et navigationis ejus comes erat, acquiescens*. Perlustratis diligentissime sacris Judææ locis, atque Ægypti monasteriis Alexandriam usque una cum Hieronymo, in Bethleem juxta Domini præsepe consedit. Ibi exstructo Virginum monasterio, vix dictu est, quibus se institutis ad Angelicæ Vitæ instar composuerit, quibusque aliis exemplis ac præceptis rexerit. Inter cumulatissimas virtutes ejus eminebat quodammodo humilitas, quæ *prima Christianorum est virtus :* tum patientia pene singularis : contemptus sæculi supra admirabilitatem : in pauperes autem atque ægrotos caritas et *liberalitas* quæ *excedebat modum*. His accedebat jugis Scripturarum meditatio, non sine linguarum Græcæ atque Hebraicæ peritia, quo veluti cælesti pabulo vitam animæ sustentabat, et ad pietatem, divinarumque rerum scientiam in dies magis proficiebat. Sæpius morbis tentata, et *fracto senili, debilitatoque corpusculo, tantæ continentiæ* fuit, ut neque tunc demum, quum jamjam animam ageret, *ob refectionem corporis vino uti voluerit, neque ad id exorari se passa sit sive a Medicis, sive ab Hieronymo, seu denique ab eo, qui tunc aderat, summæ cum pietatis tum dignitatis viro Beato Papa Epiphanio*. Denique virtutum, quæ pene superant fidem, laudibus cumulata, *Dormivit Sancta et Beata Paula, septimo Kalendas Februarias, tertia Sabbathi post Solis occubitum. Sepulta est quinto Kalendarum earumdem, Honorio Augusto sexies et Aristenæto Consulibus. Vixit in sancto*

Proposito Romæ annos quinque, Bethleem annos viginti. Omne vitæ tempus implevit annis quinquaginta sex, mensibus octo, diebus viginti et uno.

Hieronymus qui tot ejus virtutum perpetuus fuerat admirator, tanto animi mœrore perculsus est, ut cum prosequi eam laudibus vellet, idque Eustochio filiæ recepisset, aliquandiu præ dolore non valuerit. *Nam,* inquit, *quotiescumque stilum figere volui, et opus exarare promissum, toties obriguerunt digiti, cecidit manus, sensus elanguit.* Prosequutus est tamen, et satis magnifice haud multo post, dictato *ad duas lucubratiunculas* libro, sive Epistola, cui titulum de more *Epitaphium* fecit, eidemque Virgini Eustochio inscripsit. Ea nunc locum tenet in recensione nostra CVIII. ex qua illæ etiam pleræque omnes desumptæ sunt, quas modo S. Matronæ laudes delibavimus.

V. Dedimus quoque illi inter hujus anni scripta priorem locum : cum enim mense Januario, vixdum medium prætergresso, Sancta illa femina avolarit ad superos, minime visum est verosimile, Hieronymum postquam ab illo infortunio respiravit, atque animum appellere ad scribendum potuit, ab alia exorsum scriptione quam ista, quæ et cordi ipsi erat quam quod maxime, et memoriæ illius grati quoque animi sensu debita. Ab hoc itaque persoluto officio, gradum ad alia consignanda litteris fecit. Et primo quidem Theophili Paschalem Epistolam in Latinum vertit : Paschalem, inquam, hujus anni 404, quod ex Paschatis denuntiatione *vicesima secunda die mensis Pharmuthi,* id est, decima octava Aprilis, compertum est. Numerum ea obtinet in recensione nostra centesimum : cujus rei causas in Chronologicis Notis adjecimus. Tertia autem ex his est, quas S. Pater Latine explicavit ; nam quartam qui dicunt, et cum Baronio contendunt, superioris quoque proxime anni Paschalem ab Hieronymo Latine redditam (quæ minime tamen ætatem tulerit) toto cælo errant. Sed ipsum præstat S. Interpretem hac de re loquentem audire Epistola XCIX. qua se apud Theophilum excusat, quod serius eam verterit, impeditus partim obitu Paulæ, partim suo morbo. *Ex eo,* inquit, *tempore, quo Beatitudinis tuæ accepi Epistolas, juncto Paschali libro, usque in præsentem diem, ita et mœrore luctus et sollicitudine, ac diversis super statu Ecclesiæ hinc inde rumoribus exagitatus sum, ut vix volumen tuum potuerim in Latinum sermonem vertere. Optime enim nosti juxta veterem sententiam, Non esse tristem eloquentiam : maxime si ad ægritudinem animi accesserit corporis ægritudo. Et hanc ipsam Epistolam febre æstuans, et quintum jam diem decumbens lectulo, nimia festinatione dictavi : breviter indicans Beatitudini tuæ, magnum me laborem sustinuisse in translatione ejus, ut omnes sententias pari venustate transferrem, etc.* Et paulo post : *Unde obsecro, ignoscas tarditati etiam meæ : ita enim sanctæ et venerabilis Paulæ confectus sum dormitione, ut absque translatione hujus libri, usque in præsentem diem nihil aliud divini operis scripserim. Perdidimus enim, ut ipse nosti, repente solatium, quod (ut conscientiæ nostræ testis est Dominus)* non *ad proprias ducimus necessitates, sed ad Sanctorum refrigeria, quibus illa sollicite serviebat.*

VI. Aliquandiu post, eodem hoc tamen anno, et nondum obducta, quam Paulæ obitus inflixerat, plaga, aliam de Græco translationem adornavit. Habuit vero ita se res. Cum in Thebaidis cœnobiis, et in Monasterio Metenœæ habitarent plurimi Latinorum, qui ignorabant Ægyptiacum Græcumque sermonem, quo Pachomii et Theodori et Orsiesii Præcepta conscripta sunt, homo Dei quidam Silvanus Presbyter libros, quibus illa continebantur, de Ægyptiaca jam versos in Græcam linguam, ad Hieronymum direxit, etiam atque etiam flagitans, ut Latina de Græcis redderet. Misit etiam ob eam causam Leontium Presbyterum et cæteros cum eo fratres, qui opus urgerent, et fere per momenta exigerent. Accepit itaque Noster provinciam, et Græcam illam versionem in Latinum refundens, accito Notario dictavit, *ut tantis,* ut ait, *viris imperantibus, nedum rogantibus obediret.* Absoluto operi Præfationem de suo præfixit, in qua tum hactenus delibata, tum pleraque alia rei adjuncta explicat, quibus et de ipsa temporis notatione admonemur. Initio significat jamdudum esse, ex quo stilum non exerceret : quem adeo comparat *acuto gladio et levigato,* qui si *diu in vagina conditus fuerit, sordescit rubigine, et splendorem pristini decoris amittit. Unde,* subdit, *et ego mœrens super dormitione sanctæ et venerabilis Paulæ... quod multorum incisa illius morte refrigeria suspirarem, accepi,* etc. Tum inter alias abs se adornatæ versionis causas, hanc addit : *ut bono, ut aiunt, auspicio longum silentium rumperem, reddens me pristinis studiis, et sanctæ feminæ* (Paulæ) *refrigerans animam, quæ Monasteriorum semper amore flagravit.* Itemque istas, ut *Venerabilis quoque virgo filia ejus Eustochium haberet quod Sororibus agendum tribueret : nostrique Fratres Ægyptiorum, hoc est, Tabennensium Monachorum exempla sequerentur.* Pergit adeo quædam commemorans præcipua, ut videntur, eorum vitæ instituta : quibus cursim expositis de Cornelii et Syri, qui tunc etiam ultra centum et decem annos advivere dicebatur, Alphabeto mystico atque Epistolis loquens, ea se profitetur, ut repereral, elementa posuisse : cætera imitatum *simplicitatem Ægyptii sermonis, ne viros Apostolicos, et totos gratiæ spiritalis, sermo Rhetoricus immutaret.* Denique alia *quæ in eorum Tractatibus continentur,* consulto prætermisisse, quod *in suis Auctoribus discenda,* et ab ipsis repetenda *fontibus* viderentur. Hanc nos Regulam Hieronymianorum Collectioni operum primi adcensuimus.

VII. Vergente hoc anno ad exitum instaurata est quæstio cum Augustino. Asterius hypodiaconus, cui Noster literas ad illum perferendas dederat, una cum altera adversus Ruffinum Apologia, pervenit demum in Africam, cum jam duas alias superius memoratas Hipponensis Episcopus Hieronymæ responsionis inscius ad eum misisset. Has vero ubi accepit, subiratum sibi atque offensum S. Patris animum intellexit. Quamobrem studiose egit, ut recolligeret : et prima data occasione proficiscentium in Palæstinam amicorum, Epistolam ad illum scripsit in recensione nostra CX. qua omnibus observantiæ significationibus adversus eum loquitur, et quam potest demississime atque subjectissime demulcere studet. Addit et quædam de illius contra Ruffinum Apologia, quam se testatur accepisse, et quum ferre in alterutram partem judicium nolit, dolere tamen vehementer, ac deplorare miseras rerum humanarum vices, quando tantos viros et quondam amicissimos potuit tam amarulenta discordia facere invisos. Aliam huic Epistolæ adjunxit ad Præsidium, eum scilicet quem sibi quondam Hieronymus commendaverat, atque illi sciebat vetere amicitia junctum. Rogatque enixe, ut eam Epistolam eidem Hieronymo reddendam curet, sibique illum additis suis etiam literis placet. In eam rem adnectit et Hieronymianarum literarum et suæmet responsionis exempla, ut scribendi ad eum rationem penitius noscat : simulque obsecrat, ut si quid minus ei probaretur abs se scriptum ad sanctum senem, id sibi quamprimum, quo posset emendare, significaret.

VIII. Noster autem, intereadum hæc geruntur, certe nondum acceptis hisce postremis Augustini literis, respondet ad quas sibi in præcedentibus moverat quæstiones una omnes Epistola, quæ in nostra recensione locum CXII. tenet. Et quamquam frater, qui in Africam trajecturus erat, festinante, *pene in procinctu, et tumultuario respondere sermone se dicat, non maturitate scribentis, sed dictantis temeritate* : haud sibi tamen suisque rationibus deest. Satisfacit primo de libri titulo, quo *Scriptores Ecclesiasticos tam Græcos quam Latinos enumeraverat*, cumque *vel de illustribus Viris*, vel proprie de *Scriptoribus Ecclesiasticis* docet esse, non *Epitaphium*, ut illi fuerat a quodam fratre perperam significatum. Secundo loco suam de Petro reprehenso a Paulo sententiam vindicare ab officiosi mendacii criminatione nititur, et quam potest, strenue tuetur cum veterum Tractatorum auctoritate, tum exemplis Scripturarum et sacræ historiæ contextu, denique rationum momentis, quæ utrinque excudit, atque urget. Quin etiam suggillat sæpe acriter oppositam Augustini expositionem, *Et quis*, ait, *hoc Christianorum patienter audiat, quod in tua Epistola continetur* : « *Judæus erat Paulus, Christianus autem factus non Judæorum sacramenta reliquerat.... ideoque suscepit celebranda ea quam jam Christi esset Apostolus, ut doceret non esse perniciosa his, qui ea vellent, sicut a parentibus per Legem acceperant, custodire.* » Docet eum deinde quid rei sit, quod in priore Translatione sua ex Septuaginta, asteriscos atque obelos posuerit : alteram enim ex Hebræo fonte derivatam, defendit perquam erudite, suamque operam in ea elaboranda nedum bene collocatam, sed et necessariam ad Judæorum expugnandam perfidiam, et Ecclesiis maxime profuturam evincit. Denique fabulam de *hedera* pro *cucurbita* apud Jonam exsufflat, nec moratur populi imperitiam, qui seditionem ea de causa excitarit, nec Judæorum ejus urbis malitiam, qui *hoc edixerint esse in suis voluminibus, quod in Græcis et Latinis continebatur*, cum manifesto demonstret, quod in Hebræo est *Ciceion*, non aliud rectius quam *hederam* posse verti. Petit in fine Epistolæ, ut per eum sibi quieto esse jam emerito seni, liceat. Hæc nos paulo fusius persecuti sumus, quod e re nostra videretur, Hieronymianæ concertationis, et stomachi causæ quæ fuerint, ut scires. Qui tamen haud dubium est, quin animos recollegerit, statim atque Augustini Epistolam supra memoratam, tot demissionis atque obsequii testimoniis refertam accepit. Accepit vero paucos post dies : cui licet illa occasione haud responderit, factum sibi tamen ab eo satis, haud multo post significavit, cum redeunte e Palæstina in Africam Firmo, Sancti Præsulis necessario, Epistolam ad eum scripsit CXV. omnia præ se ferentem amoris ac benevolentiæ signa : ut etiam excuset, quod liberius responderit, rogetque ut , omissis imposterum ejusmodi quæstionibus , amice secum in sacrarum Scripturarum campo versetur. Quod quidem addidit Augustino animos, ut offensionis Hieronymianæ jam securus, illam de Petro reprehenso a Paulo quæstionem retractaret, et prolixa Epistola in nostra recensione CXVI. accuratius ei responderet, confirmans quod Petrus merito veraciterque reprehensus fuerit. Cætera mirum, quam se demisse adversus eum gerat, veniam deprecatus, sicubi dictis incautioribus eum offenderit, atque excusans, quod nulla sua culpa prior illa Epistola per multorum manus obambularit, antequam ad eum perveniret. Hunc finem habuit pestifera illa Hieronymum inter atque Augustinum disputatio, quos summa deinceps gratia et necessitudo intercessit. Annus trahebatur, cum finis concertationi impositus est, quadringentesimus quintus, ut ex chronologicis ad laudatam modo Augustini Epistolam Notis constat.

IX. Per id autem temporis quædam alia fuisse ab Hieronymo scriptis tradita, nihil est dubium. Et superiore quidem proxime anno admonitus a Ripario Tarraconensi Presbytero, quod Vigilantius doceret, Martyrum non esse colendos cineres, damnaretque solemnes Fidelium ad eorum sepulcra vigilias, Epistolam ad illum scripsit in recensione nostra CIX. qua contra nefariam hæresim velitatur, et quasi præludit ad pugnam, offerens paratum se confutationi hominis, si ejus ad se libellos Sanctus Presbyter mittat. Ostendemus subsequenti sectione, ipsum Sancti Patris Tractatum contra Vigilantium anno elucubratum 406. In quo cum testetur ipse de se luculentissimis verbis, *de Vigiliis et pernoctationibus in Basilicis Martyrum sæpe celebrandis, in Epistola, quam ante hoc ferme biennium Sancto Ripario Presbytero scripseram, respondi breviter* : nullus est dubitandi locus, subductis rationibus, quin hæc sit Epistola quarto supra quadringentesimum anno, adscribenda. Insequente 405, aliam scripsit, sive CXVII. ad libelli instar *ad Matrem et Filiam in Gallia commorantes*, qua id potissimum urget ac docet, viduis et virginibus vitandam esse domesticam consuetudinem eorum, unde sit periculum vel pudicitiæ vel famæ. Retulerat ei nempe quidam frater e Gallia, *se habere sororem vir-*

ginem, *matrémque viduam, quæ in eadem urbe divisis habitarent cellulis, et vel ob hospitii solitudinem, vel ob custodiendas facultatulas, præsules sibi quosdam Clericos assumpsissent, ut majore dedecore jungerentur alienis, quam a se fuerant separatæ.* Rogabat itaque Sanctum Patrem, ut eas corriperet litteris suis, et ad concordiam revocaret. Quam cum ille subiisset provinciam, ejusque esset Epistola in vulgus edita, fuere qui fictam ab illo materiam dicerent, ut Rhetorica exaggeratione declamaret. Narrat objectum id sibi ipse Libro dudum laudato contra Vigilantium, quem dixímus anno 406 elucubratum. *Ne,* inquit, *rursum malignus Interpres dicat fictam a me materiam, cui Rhetorica declamatione respondeam: sicut illam, quam scripsi ad Gallias Matris et filiæ inter se discordantes.* Quibus satis manifesto innuit, recens hoc fuisse abs se opus adornatum : eoque magis si, quod eruditi passim existimant, *malignus interpres* ille non alius est a Ruffino, qui cum nihil tale in libris Invectivarum objecerit, putandus sit, de ore postmodum blatterasse : hoc videlicet tempore, sive anno 404, aut insequenti, cui scriptionem illam affigimus.

CAPUT XXXIV.

I. *Librum Theophili contra Sanctum Joannem Chrysostomum de Græco vertit.* II. *Condit et Commentarios in Prophetas Zachariam et Malachiam : Oseam quoque, Joelem et Amosum.* III. *Scribit et Librum contra Vigilantium.* IV. *Tum ad Minervium et Alexandrum de verbis Apostoli, Omnes quidem dormiemus, etc.* V. *et in Danielem Commentarium.* VI. *Cujus occasione criminationem gravissimam subit.* VII. *Ejusdem ad varios Epistolæ.* VIII. *Denique et Commentarius in Isaiam.*

I. Epistola, quæ numerum in recensione nostra CXIII. obtinet, quod juncta hactenus fuerit cum subsequente in unum, continua orationis serie, Hieronymianorum operum Editoribus fraudi fuit, ejusque Scriptores Vitæ transversum egit. Sejunximus nos contextum utriusque, et in duas tribuimus : quarum alteram potiore quidem sui parte mulctatam, Hieronymum habere interpretem, alteram, quæ integra visa est, eumdem præferre auctorem, ostendimus. Illa itaque Theophili Epistola est, quam suo contra Joannem Chrysostomum Libro præfixerat, sive ad Hieronymum una direxerat, rogans ut Latine interpretaretur. Et sane interpretem, non auctorem redolet tota dictati ejus tametsi exigui, structura, eoque magis propositum, quo ærumnis Sanctissimi Patris Chrysostomi de Sede Constantinopolitana iterum exturbati, actique in exsilium, illuditur, flagitiaque illi et scelera immania imputantur. Ut enim Hieronymus passus sit demum exorari se abs Theophilo, ut maledicta illa in Latinum refunderet : minime omnium credi potest, de suo unquam jecisse in sanctum Episcopum, quantumvis apud se male audire potuisset. Sed hæc nos latius in Notis ad eam Epistolam persequuti sumus. Subjunctus huic erat ipse Invectivarum Liber, quem Noster Latine itidem

explicavit, et Facundus Hermianensis lib. VI. cap. 5. vocat *innormem librum, contumeliis et maledictis nimis horribilem.* Sedenim ille jamdiu olim intercidit, quam promeritus erat, fortuna usus : ita enim tunc etiam, quum superaret, limis, ut aiunt, oculis exceptus est, ut Facundus, quod ex eo quædam memoret, ex *sola necessitate* excuset. Nos eamdem præfati veniam, Fragmenta, quæ ab eo recitantur ex Hieronymiana, ut testatur, versione collegimus : cætera haud ægre ferentes, quod illo Sancti Patris opere careamus. Utinam ne illi unquam elaborandæ interpretationi manum admovisset : tametsi quod elaboravit, nihil ei culpæ vertimus.

Altera, sive CXIV. ipsius est Hieronymi Epistola ad Theophilum, qua suum ei Librum Latine conversum remittit, multaque causatur impedimenta, quod serius sit interpretatus. *Quod tardius,* inquit, *Beatitudini tuæ Latino sermone translatum Librum tuum remitterem, multa in medio impedimenta fecerunt: Isaurorum repentina eruptio, Phœnicis Galilææque vastitas, terror Palestinæ, præcipue Jerosolymæ. Ad hæc asperitas hyemis, fames intolerabilis, nobis præsertim, quibus multorum fratrum cura imposita est. Inter quas difficultates lucrativis, et ut ita dicam, furtivis per noctem operis, crescebat interpretatio, et jam in schedulis tenebatur, quum diebus sanctæ Quadragesimæ, scripta ad purum collatione tantum indigerem, gravissimo languore correptus, et mortis limen ingrediens, Domini misericordia, et tuis precibus reservatus sum.* Hæc nobis annum 406 designare olim visa sunt : siquidem et Isaurorum irruptio et Palæstinæ vastitas eo anno contigerunt, quas ærumnas fames intolerabilis subsecuta est. Hiems quoque ejus anni videbatur, quæ in aliquot jam exauctorati Chrysostomi Epistolis solito asperior dicitur. Verum quod addit Sanctus Pater, se *in diebus Quadragesimæ gravissimo languore correptum pene mortis limen ingressum, si, quod est verosimile,* eamdem notat *ægrotationem gravissimam,* quam Præfatione tertia in Amos memorat, ut hæc illi certo certius anno incidit 406, ita eo erit temporis interpretatio illa atque Epistola referenda.

II. Utut vero habuerit se res, hoc certe anno Hieronymus quinque de minoribus Prophetis, qui reliqui sibi erant explanandi, Zachariam puta, et Malachiam, tum alios tres post aliquod temporis intervallum, Oseam, Joelem et Amosum Commentariis illustravit. Testatur id nempe ipse luculentissimis verbis dudum laudata Præfatione in Amosum tertia. *Præsenti,* inquit, *anno qui sexti Consulatus Arcadii Augusti et Anitii Probi fastis nomen imposuit (* utique 406, ut Consulares Fasti, veteraque monumenta alia produnt *) Exuperio Tolosanæ Ecclesiæ Pontifici Zachariam, et ejusdem urbis Minervio et Alexandro monachis Malachiam Prophetam interpretatus sum. Statimque recurrens ad principium voluminis, Osee et Joel et Amos tibi* (Pammachi) *negare non potui. Et post gravissimam corporis ægrotationem, dictandi celeritate ostendi temeritatem meam : ut quod alii, stilum sæpe* *vertendo, non audent scribere, ego committerem casui, qui semper dictantes sequitur, et de ingenio atque doctrinæ audaciæ periculum facit: quoniam ut sæpe testatus sum laborem propria scribendi manu ferre non valeo.*

III. Interpellatus autem hic labor est brevi alio contra Vigilantium Libro, quem statim ab explanato Malachia, et antequam ad Oseam recurreret, S. Pater elucubravit. Innuimus paulo ante, quam homo ille hæresim, et quibus in locis sereret. [In Gallia nempe, ex ea enim erat ipse *natione*, ut Gennadius tradit: et proprie *Calagurritanus*, sive ex Calagurris vico prope Convenarum urbem, in inferiore Aquitania ad radices Pyrenæi. Ibi et *Ecclesiam*, ut idem Gennadius refert, *parochiæ tenuit;* quæ cum esset sanctorum Presbyterorum Riparii ac Desiderii parœciis contermina, valde hi sibi ab ejus vicinia metuebant. Nam et Episcopus, sub cujus ille ditione agebat, *acquiescere furori ejus* visus est, dum corripere vesanos motus aut negligeret, aut non auderet. Hæreseos hæc erant capita: Primum non esse martyres, neque eorum reliquias venerandas, non vigilandum ad eorum sepulcra in ecclesiis, nullos iis honores deferendos. Tum minime adjuvari nos precibus Sanctorum, quos nostræ necessitates nihil tangant, et quorum signa incredulis dumtaxat prosint. Tertio Ecclesiæ quasdam ceremonias, atque illam cumprimis cereos interdiu accendendi, paganam superstitionem redolere, nec *Alleluia* cantandum nisi in Pascha. Sed neque abdicationem a sæculi rebus esse in laudis parte; quin potius Monachorum paupertatem ac solitudinem, desidiam ac turpem fugam videri. Eleemosynas quoque improbandas, quæ Jerosolymam in Sanctorum suffragia mitti consueverant. Denique Clericos minime omnium debere esse cælibes, et nemini credi debere castitatem: nullos cælibes ordinari posse. Hæc blaterabat homo ex vitæ olim instituto cauponam exercens: quæ scriptis etiam, ut latius venena serperent, consignavit. Jamdiu autem illa Hieronymus exspectabat: quæ statim atque accepit, *Sanctorum Presbyterorum*, Riparii ac Desiderii *rogatu*, per partes confutavit, quemadmodum præstiturum se, illis ante biennium receperat. Exsecutus est autem singulari libello, quem *unius noctis lucubratione dictavit, festinante admodum fratre Sisinnio,* cujus ab Jerosolymis in Ægyptum properantis, atque exinde in Gallias regredientis opportunitatem eo descendæ scriptionis suæ minime duxit prætermittendam. Porro Sisinnius idem ille est, cui Sanctus Pater Commentarios in Zachariam Exsuperio Tolosano Episcopo reddendos dedit, et cujus itidem *festinationem reversuri* in Præfatione causatur. Hos autem Commentarios quum ipse se dicat, ut dudum ostendimus, anno 406 elucubrasse, atque eo quidem ineunte, quemadmodum aliis rationum momentis ex eadem Præfatione illa colligimus, consequitur, ut hic quoque Liber contra Vigilantium ad eamdem anni ejus partem sit referendus. Sed et illud quod supra attigimus in recensione Epistolæ ad Riparium hanc ipsam temporis notationem prodit. Testatur quippe Sanctus ipse Auctor, ex quo tempore Epistolam illam *de vigiliis et pernoctationibus in Basilicis Martyrum* dedit, ad hunc abs se conscriptum libellum ferme biennium effluxisse. Ea vero anno quadringentesimo quarto haud dubie adfigitur.

IV. Per idem tempus, eadem certe discedentis Sisinnii opportunitate, ad propositas sibi quæstiones a Minervio atque Alexandro Monachis, Sanctus Pater respondit. Quamquam non omnes tunc solvit, sed proprie illam de verbis Apostoli, *Omnes quidem dormiemus,* etc. (1. *Cor.* 15, 5), quæ et cæteris visa est omnibus gravior, et majore cum studio proponi. Reliquis cur non satisfaceret, causatur angustias temporis, et aliarum quæ abs se uno tempore certatim repetebantur, scriptionum et litterarum vim nimiam. Sed rem præstat ab ipso audire conceptis verbis, ex quibus ipsa etiam, quam diximus, Epistolæ ejus ætas elucet. *In ipso,* inquit, *jam profectionis articulo sancti fratris nostri Sisinii, qui vestra mihi scripta detulerat, hæc qualiacumque sunt, dictare compellor: nec possum vestram celare prudentiam, sed obsecro, ne hoc dictum referatis ad gloriam, quin potius ad plenam necessitudinem, dum ita vobis quasi mihi loquor. Multas sanctorum fratrum ac sororum de vestra provincia ad me detulit quæstiones, ad quas usque ad diem Epiphaniorum largissimo spatio me responsurum putabam. Cumque furtivis noctium lucubratiunculis ac plerasque dictarem: et expletis aliis, me ad vestram quasi ad difficillimam reservarem, subito supervenit, asserens se illico profecturum. Cumque eum rogarem ut differret iter, Libyæ mihi cæpit famem obtendere, monasteriorum Ægypti necessitates, Nili non plenas aquas, multorum inediam, ut prope offensa esset in Dominum illum ultra velle retinere. Itaque subtegmen et stamina, liciaque et telas, quæ mihi ad vestram tunicam paraveram, vobis inconfecta transmisi, ut quidquid mihi deest, vestro texatur eloquio. Reliqua huc tute referas.*

V. Jam itaque in Prophetas minores omnes S. Pater Commentarios absolverat, quum ad Danielem eadem opera illustrandum, animum advertit. In Præfatione, *Ipsius,* inquit, *Prophetæ verba texamus, non juxta consuetudinem nostram, proponentes omnia, et omnia disserentes, ut in Duodecim Prophetis fecimus: sed breviter et per intervalla ea tantum, quæ obscura sunt explanantes.* Annus proinde jam excesserat quadringentesimus sextus, cujus postremæ fere parti postrema item ex duodecim Prophetis explanatio, quæ est in Amos, ex rerum serie, et sexti Consulatus Arcadii Augusti et Anitii probi notatione affigitur. Alia ex parte nondum quadringentesimus octavus agebatur, ut ex his quæ de Stiliconis nece mox dicemus, constabit. Igitur intermedio quadringentesimo septimo conscriptus Commentarius hic est, cujus in Præfatione S. Auctor οἰκονομίαν omnem, et causas suscepti abs se operis exponit. Subinde enim Porphyrii, qui *contra Danielem duodecimum* proprie *librum* scripserat, calumnias refellit; ostenditque continenter, nullum Prophetarum tam aperte dixisse de

Christo. *Non enim*, ait, *solum scribit eum esse venturum*, *quod est commune cum cæteris : sed etiam quo tempore venturus sit*, *docet : et reges per ordinem digerit*, *et annos enumerat*, *ac manifestissima signa prænuntiat.* Inscribit autem Pammachio et Marcellæ, quos et compellat ibi verbis honorificentissimis, *Obsecro vos*, inquiens, *Pammachi* φιλομαθέστατε, *et Marcella*, *unicum Romanæ sanctitatis exemplar*, *junctos fide et sanguine*, *ut conatus meos vestris orationibus adjuvetis.*

VI. Factum vero tunc aliquot improbitate hominum, qui Hieronymianis studiis et nominis celebritati invidebant, ut quidam Commentarii ejus locus in calumniam traheretur longe gravissimam, perinde atque Principi tunc viro Stiliconi, qui de barbaris gentibus ad Romani exercitus ducem processerat, injuriam diceret. Sanctus Pater in explanationem magnæ illius statuæ, quam objecta animo specie, Nabuchodonosor viderat, mysterium quarti Regni juxta Danielem, dixit proprie ad Romanos pertinere, et statuæ pedes et digitos ex parte ferreos et ex parte fictiles eo tempore manifestissime comprobari. *Sicut enim*, ait, *in principio nihil Romano imperio fortius et durius fuit : ita in fine rerum nihil imbecillius*, *quando et in bellis civilibus*, *et adversum diversas nationes aliarum gentium Barbararum indigemus auxilio.* Et suggillari his quidem barbarum ducem, res ferme ipsa significabat, ut conflandæ accusationi in S. Doctorem, haud sane esset ejus æmulis laborandum. Econtrario omnis impendenda a studiosis sui cura, ut benigna interpretatione loci, sensum alio referrent, et suspicionem illam haud levem læsæ majestatis purgarent. Præclarius autem actum cum eo est, quod ante interfectus est Stilico, quam deferri criminis indicia possent. Rem narrat ipse Præfatione undecimi in Isaiam Commentarii, quem post ferme triennium elucubravit. *Non sic*, inquit, *adulandum est Principibus*, *ut Sacrarum Scripturarum veritas negligatur : nec generalis disputatio unius personæ* (Stiliconis) *injuria est : quæ quum benigno meorum studio caveretur*, *Dei judicio repente sublata est.* Annus agebatur quadringentesimus octavus, ejusque mensis Augustus, quum Stiliconem violentæ manus sustulerunt. Putare autem par est, ante sex illos aut septem menses, qui præcesserunt, jam S. Patris Commentarium ad vulgi manus devenisse, ut illa instrui accusatio in eum posset, et ab æmulis quidem urgeri, a sui autem studiosis caveri benigne, atque in bonam partem exponi. Constat jam itaque, quod dicebamus, nondum octavum supra quadringentesimum annum illuxisse, quum scriberet in Danielem ; sed utique præcedentem proxime quadringentesimum septimum ad fere finem properasse.

VII. Quod subsequitur fere biennium, scribendis ad varios Epistolis, quæ librorum speciem et Tractatuum ex mole atque ingenio scriptionis præ se ferant, absumptum est. Sed et ab anno præcedenti scripta una atque altera videri possit, quas huic tamen recensendas distulimus, ne cœptum historiæ ordinem abrumperemus. Priorem ex his locum obtinet illa ad Julianum in Editione nostra CXVIII. qua S. Pater hominem olim prædivitem consolatur ; quod intra paucos dies amisisset duas filias et uxorem, atque incursantibus barbaris bonam quoque possessionum partem. Hortatur autem ad perfectam vitam exemplo Pammachii et Paulini, quem cum adhuc *Presbyterum* vocet, satis manifesto indicat ante annum 409, quo ille Episcopus creatus est, hæc se scribere. Alia ex parte quadringentesimum septimum plus minus notat, ubi inter Juliani tentationes commemorat *vastationem totius barbaro hoste provinciæ*, *et in communi depopulatione privatas possessionum ejus ruinas*, *abactos armentorum greges*, *vinctos occisosque servulos*, atque his similia, quæ sub Rhadagaiso in Thuscia atque Italia, ex qua regione fuisse Julianus videtur, mala contigerunt, ut Prosperi Chronicon, atque aliæ eorum temporum Historiæ docent. Accepit paulo post S. Doctor de *extremis Galliæ finibus* duodecim propositas sibi Quæstiones ab Hedibia, atque undecim alias ab Algasia, feminis cum plerisque laudibus aliis pietatis atque innocentiæ præditis, tum vero ob studia sacrarum Scripturarum eximiis. Quibus singillatim et ad singula quæstionum capitula satis accurate, atque adeo prolixis ad Commentariorum instar Epistolis (*Epp. CXX. et CXXI*), respondens, nullibi tamen vastitatis Vandalorum Alanorumque irruptione Galliis illatæ meminit : quam non videtur silentio cladem præteriturus, si proxime ab ea scripsisset. Contigisse autem illa videtur, si probe rationes ab eorum temporum historicis monimentis subducimus, anni 408 *pridie Calendas Januarias.* Verosimillimum est alia ex parte, per eumdem Apodemium, qui Algasiæ Quæstiones (*Prosper. in Chron.*) detulerat, eas etiam quas Hedibia ab iisdem mittebat Galliarum finibus adlatas : parque vicissim est credere, responsum utrique uno tempore, ejusdemque opportunitate Apodemii redeuntis in patriam. Adeo quum ad Quæstionem Algasiæ decimam, se dicat Sanctus Pater *de Rempham in Propheta Amos plenius disseruisse*, isque Commentarius ad anni 406 fere exitum spectet : omnino erunt illæ Epistolæ in subsequentes septimum aut octavum supra quadringentesimum differendæ. Atque hujus utique temporis est, quæ has pone sequitur, CXXII. ad Rusticum : quem, quia promissam cum uxore Artemia continentiam fregerat, Hieronymus ad pœnitentiam, et ut Loca sancta invisat, conjugis exemplo adhortatur. Quo et vocari illum ait ab adversa Galliarum fortuna, miseraque provinciæ suæ vastitate, quam ob oculos ponit. *Quod si te*, inquit, *rei familiaris tenent reliquiæ*, *ut scilicet et mortes amicorum et civium videas*, *et ruinas urbium atque villarum*, *saltem inter captivitatis mala*, *et feroces hostium vultus*, *et Provinciæ tuæ infinita naufragia*, *teneto tabulam pœnitentiæ.* Ejusmodi ærumnas subsequente anno 409, scribens ad Ageruchiam, exaggerat, ut eam a secundis nuptiis dehortetur. *Hispaniæ*, inquit, *jamjam perituræ*, *et Roma ipsa in gremio suo non pro gloria*, *sed pro salute pugnans : imo ne pugnans quidem*, *sed auro et cuncta supellectile vitam redimens (Epist. CXXIII).* Post annum scilicet 408, quo medium prætergresso, *scelere semibarbari proditoris* Stiliconis, obsessa ab Alarico est Roma, quæ vitam ut redimeret, barbaro duci ingentem vim auri appendit. Denique et ad Avitum hocmet anno, aut insequenti proxime scripsit, ut prima statim Epistolæ ejus verba indicant : *Ante annos circiter decem Sanctus vir Pammachius ad me cujusdam* (Ruffini) *schedulas misit, quæ Origenis περὶ ἀρχῶν interpretata volumina continerent, imo vitiata, hoc magnopere postulans, ut Græcam veritatem Latina servaret translatio* (*Epist. CXXIV*). Enimvero circa annum 399, Pammachius schedas illas ad Hieronymum misit, ut superiore Capite XXX. demonstratum est. Porro autem prætermittenda non est, quam ejus Origeniani libri, abs se in Latinum conversi, historiam ipse subnectit. *Fecit*, inquit, *ut volui, misique ei libros, quos cum legisset exhorruit, et reclusit scrinio, ne prolati in vulgus, multorum animos vulnerarent. A quodam fratre, qui habebat zelum Dei, sed non secundum scientiam, rogatus ut traderet ad legendum, quasi statim reddituro, propter angustiam temporis fraudem non potuit suspicari. Qui acceperat legendos, adhibitis Notariis, opus omne descripsit, et multo celerius quam promiserat, codicem reddidit. Eademque temeritate, et (ut levius dicam) ineptia, quod male surripuerat, pejus aliis credidit. Et quia difficile grandes libri de rebus mysticis disputantes, notarum possunt servare compendia, præsertim qui furtim celeriterque dictantur : ita in illis confusa sunt omnia, ut et ordine in plerisque et sensu careant.* Hac igitur de causa ipsum flagitanti Avito, translationis suæ exemplar dirigit, totaque Epistola, quæ fuerint ab Origene impie dicta, et sedulo caveri oporteat, notat.

VIII. Jam tum vero majoris longe quam quos antea elucubraverat operis, Commentarium in Isaiam scribebat Sanctus Pater libris duodeviginti. Quamquam ex his quintum, qui decem Visiones historica explanatione prosequitur, diu antea edidit, quam universum Prophetam explicare instituisset : obsecutus enixe id flagitanti Episcopo Amabili, cujus et nomini inscripsit. Diximus de hoc nos libro superius Cap. XXVIII. ut et in Chronologicis ad Epistolam LXVIII. notis, quibus locis ad annum 397 pertinere illum ostendimus. Sed enim in universum Prophetam Commentarium non uno videtur cœpisse atque absolvisse anno : siquidem et longi operis elucubratio illa erat, et aliis se fuisse tunc curis distentum, et Notariorum laborasse inopia, denique senecta et corporis imbecillitate pene confectum, in Præfationibus librorum queritur. Cœperit exeunte 408 quod subindicat ipse loco dudum laudato ex Præfatione libri undecimi, ubi Stiliconem *Dei judicio repente sublatum* narrat. Perfecerit vero insequente 409 medium prætergresso, quod ex Præfatione primi in Ezechielem Commentarii colligimus, et mox clarius ex rerum continenti serie ostendemus. Certe opus universum ante detexerat, quam nuntium de capta direptaque Urbe, rerum olim domina ab Alarico, accepisset.

Locus itaque ille, qui rationibus hisce obstat, initio libri tertii, *De hac Visione* (Seraphim) *ante annos circiter triginta, quum essem Constantinopoli, et apud virum eloquentissimum Gregorium Nazianzenum, tunc ejusdem urbis Episcopum Sanctarum Scripturarum studiis erudirer, scio me brevem dictasse subitumque Tractatum, ut experimentum caperem ingenioli mei,* iste, inquam, locus, qui et nos aliquando movit, commodo lectore opus habet. Cum enim, ut superius suo loco ostendimus, annus agereretur 381, quo tempore S. Pater Constantinopoli fuit apud Gregorium Nazianzenum, neque hic revera Cathedram regiæ urbis nisi ab ejus anni Maio mense ad Julium tenuerit : consequens esset, ut toto adhuc biennio serius, sive in annum denique undecimum, aut decimum saltem supra quadringentesimum Commentarii hujus initia differrentur. Sed Hieronymus ipsemet numero, ut vocant, rotundo, et *circiter* præterea usus adverbio locum accuratiori supputationi facit, ut etiamsi tantum anni duodetriginta intercesserint, sibi ipse tamen suisque rationibus satis constet.

CAPUT XXXV.

I. *Nuntio de capta Roma, et Marcellæ obitu consternatus, despondet animum.* II. *Cœptos tamen in Ezechielem Commentarios postea resumit.* III. *Et ad Marcellinum respondens, queritur de irruptione Saracenorum, a quibus vix salvus effugit.* IV. *Scribit deinde ad Principiam Marcellæ Epitaphium.* V. *Ad Rusticum quoque, et ad Gaudentium Epistolas.* VI. *Commentarios in Ezechielem absolvit.* VII. *Scribit ad Demetriadem, et ad Dardanum.* VIII. *Quædam alia scripta ejus et gesta.*

Alaricus ingentem vim auri a Romanis quum exegisset, Urbis libertatem cum iis pactus, insequenti proximo anno 409, fœdus violavit, et Romam præpotenti cum exercitu Barbarorum reversus, cum miserum in modum die mensis Augusti XXIV. totoque biduo insequenti diripuit, ferro atque incendiis vastavit. Narrant teterrimam stragem Olympiodorus apud Photium Cod. LXXX. Ruffinus Præfatione Homiliarum Origenis in Numeros apud Valesium, et Palladius in Lausiaca cap. CXVIII. Quorum nos secuti rationes, ad hunc annum cum eruditissimo Chronologorum Pagio Urbis casum revocavimus. Cætera scimus, vulgo obtinere aliorum sententiam, quæ in annum insequentem 410 transfert : quam quidem et nos olim amplexi sumus. Tantæ autem cladi proceres Romani complures ex eorum numero, qui Hieronymo juncti amicitiis erant, succubuerunt. Hos inter Pammachius, quem de nomine laudat S. Pater : et Marcella, cujus postea ipse, ut mox dicemus, Epitaphium condidit. Sed harum nuntium calamitatum ubi accepit, ita *animo consternatus est*, ut propemodum obstupuisse, de se ipse testetur. Diu certe multumque, puta solidum annum, et quod excurrit, mœrore superatus conticuit, et quem vixdum occœperat in Ezechielem Commentarium excidere e manibus passus est.

II. Id vero præstat ab ipsomet intelligere, quum ad ejus se demum elucubrationem recepit. *Finitis*, inquit Prologo primo in Ezechiel, *in Isaiam decem et octo Explanationum voluminibus, ad Ezechiel, quod tibi, et sanctæ memoriæ matri tuæ Paulæ, o Virgo Christi Eustochium, sæpe pollicitus sum, transire cupiebam, et extremam, ut dicitur, manum operi imponere Prophetali : et ecce subito mors mihi Pammachii atque Marcellæ, Romanæ urbis obsidio, multorumque fratrum ac sororum dormitio nuntiata est. Atque ita consternatus obstupui, ut nihil aliud diebus ac noctibus, nisi de salute omnium cogitarem : meque in captivitate Sanctorum putarem esse captivum, nec possem prius ora reserare, nisi aliquid certius discerem : dum inter spem et desperationem sollicitus pendeo, aliorumque malis me crucio. Postquam vero clarissimum terrarum omnium lumen extinctum est, imo Romani imperii truncatum caput : et ut verius dicam, in una Urbe totus orbis interiit*, Obmutui, et humiliatus sum, etc. Verum quia et tu indesinenter hoc flagitas, et magno vulneri cicatrix paulatim inducitur : *Scorpinsque* (Ruffinus) *inter Enceladum et Porphyrionem Trinacriæ humo premitur, et hydra multorum capitum contra nos aliquando sibilare cessavit : datumque tempus, quo non hæreticorum respondere insidiis, sed Scripturarum expositioni incumbere debeamus, aggrediar Ezechiel Prophetam, cujus difficultatem Hebræorum probat traditio*, etc., quæ huc referas. Jam itaque Ruffinus fato functus erat, quem ait S. Pater Trinacriæ jam humo premi : Messanæ scilicet, ad quam ultimam Italiæ urbem, barbaricam procellam effugiens, sese cum utraque Melania atque aliis receperat, inter Sicanos, utique gigantibus Encelado et Porphyrioni (perperam ante nos *Porphyrio*) juxta fabulas Poetarum montes superimpositos. Mortuus autem hic est ab illa cum Romæ tum Latii, subinde et magnæ Græciæ depopulatione anno insequenti, sive 410, eoque fere medio, si fidem Martyrologio illi adhibemus, quod Bolandiani socii sub nomine *Florarii Sanctorum*, identidem laudant, et in quo ejus memoria die xiv. Junii consignatur. Denique nactus jam erat Hieronymus tantum otii, quo sibi quieto esse ab hæreticorum insidiis liceret, et posset æquo animo Scripturarum explanationi incumbere. Quæ omnia devenisse jam illum ad anni 411 exordia satis manifesto indicant.

III. Quæ subsecuta est rerum suarum, ac Vitæ seriem S. idem Pater Epistola CXXVI, quam hoc met anno (post plures alias quæ interciderunt) ad Marcellinum et Anapsychiam scripsit, persecutus est. Cumque narrasset pluribus, voluisse olim se volumen Ezechielis explanare, malis autem ingruentibus, fere despondisse animum, diuque tacuisse, quod tempus esset lacrymarum, addit, *Hoc autem anno* (utique 411) *cum tres explicassem libros, subitus impetus Barbarorum, ... sic Ægypti limitem, Palæstinæ, Phœnicis, Syriæ percurrit ad instar torrentis cuncta secum trahens, ut vix manus eorum misericordia Christi potuerimus evadere. Duos itaque libros nisi Sanctæ filiæ meæ Fabiolæ* (juniori scilicet, quæ se Urbis et patriæ de-

vastationi subducens, in Africam receperat) *quorum exempla si volueris, ab ipsa poteris mutuari; pro angustia quippe temporis alios describere non potui*. Facile quod et tertium describere non potuerit, causæ fuit, quod confugientium ad se de toto orbe frequentia incredibili pressus, obeundis erga omnes hospitalitatis officiis distineretur. Nimirum hoc ipse in ejusdem Præfatione libri causatur, Quotidie, inquiens, *sancta Bethleem nobiles quondam utriusque sexus atque omnibus divitiis affluentes, suscipit mendicantes. Quibus quoniam opem ferre non possumus condolemus, et lacrymas lacrymis jungimus : occupatique sancti operis sarcina, dum sine gemitu confluentes videre non patimur, Explanationem in Ezechiel, et pene omne studium omisimus, Scripturarumque cupimus verba in opera vertere, et non dicere sancta, sed facere*.

IV. Interim S. Pater sæpe et multum rogatus a Principia virgine, ut memoriam sanctæ Marcellæ litteris commendaret, cum hucusque mœrore affectus incredibili reticuisset, et *biennium ab illius obitu præteriisset silentio*, quod nihil tunc sibi videretur promere posse laudibus ejus dignum : denique opportunitatem nactus, Epistolam ad eam dedit in recensione nostra CXXVII. qua debitum Marcellæ virtutibus officium *una lucubratione* persolvit. Atque eam sane nulli secundam, cum nobilissimi generis, tum pietatis in Deum laude mulierem magnifice prædicat, quod septimo a nuptiis mense viro orbata, Cerealem Consulem secundas ejus nuptias ambientem rejecerit, et Monachæ Vitam prima nobilium feminarum ausa sit Romæ profiteri, suoque exemplo multas ad idem institutum pertraxerit. Tum illud pluribus exornat, quod sanctarum Scripturarum studiis accensa, abs se Romæ tunc agente divinas Litteras diligentissime didicerit, utque altius infigeret menti, sæpius ad absentem scripserit, quæstiones in difficiliora loca flagitans, ut sibi edissereret. Ad hæc ejus narrat factum opera, et intemeratæ Religionis amore, ut factio Origenistarum, quæ Romæ cœperat invalescere, prodita atque extincta sit. Denique et in Romanæ ejusdem urbis direptione, suique captivitate impense laudat, quod constantem animum gesserit, *ut casa fustibus flagellisque videretur non sensisse tormenta, et inter cruentos gladios invenerit pietati locum, et post aliquot dies sano integro vegetoque corpusculo obdormierit in Domino*.

V. Per id quoque temporis scripsisse putandus est S. Pater Epistolas duas alias, alteram ad Rusticum Monachum, ad Gaudentium alteram. Illa quemadmodum oporteat instituere vitam Monacho dignam, per partes docet : cumque paupertatem cum primis amplectendam moneat, *Cæterum*, ait. *juxta miserias hujus temporis, et ubique gladios sævientes, satis dives est qui pane non indiget*. Non alias autem se quam modo narratas calamitates designare (contra atque alii autumant, qui eas huc referunt, quæ ante quinquennium contigerunt) paulo superius prodit, ubi Ruffinum jam fato functum significat, tarditati ejus sub Grunnii nomine insultans. *Testudineo*, inquit, *Grunnius incedebat ad loquendum gradu, et per intervalla quædam*,

(*Sic.*)

vix pauca verba carpebat, ut eum putares singulare, non proloqui. Et tamen quam mensa posita, librorum exposuisset struem, adducto supercilio, contractisque naribus, ac fronte rugata, duobus digitulis concrepabat, etc., *quibus tute fatearis, non alium voluisse,* quam Rufinum, cumque non ita pridem vita defunctum perstringere. Altera, qua infantulam biennium circiter natam, Pacatulam nomine, præceptis, quæ postmodum lectura sit, ad Christianam pietatem instituit, eadem temporis indicia præfert. Inter alias quas deflet sæculi calamitates, *Orbis,* inquit, *terrarum ruit..... Urbs inclyta, et Romani imperii caput uno hausta est incendio; nulla est regio, quæ non exules Romanos habeat :* Et paulo post : *His Pacatula nostra nata est temporibus : inter hæc crepundia primam carpsit ætatem, ante lacrymas scitura quam risum.* Illa vero vix tertium tunc annum iniisse putanda est : dicitur quippe interim *in sinu matris garrula voce balbutire,* nec si modo litterarum elementa cognosceret, ultra aliquid posse, quam *syllabas jungere.*

VI. Recepit continuo se ad Ezechielem suum S. Pater, et lentescente per tempus dolore, opus a quarto ad nonum usque librum, 12, supra 400 anno vergente ad finem, et subsequentis initio, persequutus est. Tanti autem ei labor hic stetit, ut vix posset lucrativis imo furtivis noctium horis cœpto insistere. *Fateor,* ait (*Præf. lib. VII*), *me Explanationes in Ezechiel multo ante tempore promisisse, et occupatione de toto huc orbe venientium implere non posse : dum nulla hora nullumque momentum est, in quo non fratrum occurramus turbis : in tantum ut aut claudendum sit nobis ostium, aut Scripturarum, per quas aperiendæ sunt fores, studia relinquenda. Itaque lucrativis, imo furtivis noctium horis, quæ hieme propinquante, longiores esse cœperunt, hæc ad lucernulam qualiacumque sunt, dictare conamur, et æstuantis animi tædium interpretatione digerere :* et paulo post : *Accedit ad hanc dictandi difficultatem, quod caligantibus oculis senectute; ad nocturnum lumen nequaquam valeamus Hebræorum volumina relegere, quæ etiam ad Solis dieique fulgorem, litterarum nobis parvitate cæcamtur. Sed et Græcorum Commentarios fratrum tantum voce cognoscimus.* His præpeditus difficultatibus, et novis subinde injectis, ubi tantisper ab una respirasset, occupationibus et moris, reliquos libros per intervalla dictavit, ut nedum reliquum quod erat hujus 413 anni in illa expositione transegerit, sed et magnam insequentis partem. Et vero sub illius finem nonum librum se indicat adornasse, ubi Heraclianum Africæ Comitem, hominem præ Barbaris ipsis impium, *NUPER* dedisse pœnas perfidiæ suæ refert. Hic scilicet illo anno 413, quo Luciani V. Cl. Collega in Consulatu fuit, jam ultra medium excurrente, sive Augusto mense, *Novarum,* ut Prosper ait, *in Africa rerum reus honorem amisit et vitam* (*In Chron.*). Ut proinde minimum putes *nuper* illo adverbio, temporis anteacti spatium designari, postremis prope dixerim dies ejusdem anni, ut notet necesse est. Hinc reliqui libri in subsequentem 414, facile differendi. Quod quidem de postremis duobus, qui Visionem Templi edisserunt, liquido constat. Quum enim pervenisset ad eam partem delubri, in qua Sancta sanctorum, et Thymiamatis altare describitur, se testatur Sanctus Interpres maluisse opus parumper intermittere, ut ad virginem Demetriadem scriberet, quod est, ut ipse ait, *De altari transiret ad altare.*

VII. Hanc itaque Epistolam paulo antequam finem Commentario illo imponeret, dedit ad eximiam eam virginem, Julianæ filiam, et Probæ neptim, quam spretis illustribus nuptiis, cum se Christo dedicasset, hortatur ut in sancto proposito perseveret, et quibus id præstet officiis ac studiis, docet. Quod autem annus tunc agerettur 414, pluribus ipse locis satis manifesto prodit, atque illo cum primis, ubi se ait *ante annos triginta* cognominem huic librum ad Eustochium de Virginitate servanda elucubrasse. Cætera in chronologicis Notis satis abunde persequuti sumus. Sed et ad Dardanum *de terra Promissionis* Epistolam in nostra recensione CXXIX, hocmet anno vergente ad exitum, scripsit, Commentario in Ezechielem jam, ut videtur, absoluto. Dicitur enimvero Dardanus *jam duplicis Præfecturæ honorem* transegisse, Præfecti scilicet Prætorio Galliarum : quarum primam obierat jam anno 409, alteram 413 gessit, ut ex Prosperi Tironis Chronico liquet, qui ejus potissimum opera oppressum Jovinum tyrannum, averso ab ipsius societate Rege Ataulfo, tradit. Serius ne differatur, vetat aliud S. Patris testimonium libro I. Commentariorum in Jeremiam : quem certo certius insequenti proxime anno adornavit, et cap. III. eam *nuper* ab se editam refert (*Gothofr. cod. Theod. lib. XII. tit. I. de Centurionib. Lege* 171).

VIII. Cœptum deinde est inter Ecclesiasticos viros de Animæ origine disputari ; cujus ad Hieronymum disputationis arbitrium delatum est. Paulus Orosius, Origenismi labe corripi sensim Hispanis animadvertens, ad Augustinum in Africam trajecit, eumque suscitatus est inter alia multa de illa quæstione, utpote ab Adamantii fontibus derivata. Sed minime ausus Hipponensis Episcopus ferre sententiam, ei auctor fuit, ut in Palæstinam ad Hieronymum, quasi petiturus oraculum, navigaret. Duas quoque ei dedit in eam rem deferendas ad illum Epistolas, quæ numeros in recensione nostra CXXXI. et sequ. obtinent. Harum prima recensens varias de animæ origine sententias, petit doceri, quæ potissimum tenenda sit, et quomodo adversus Pelagianorum dogma illa ejus defendi possit, quam Epistola ad Marcellinum et Anapsychiam insinuaverat, singulas animas novas nascentibus creari. Altera consulit de loco ex Jacobi Epistola, *Qui offenderit in uno, factus est omnium reus.* Advenit Orosius circa vernum tempus, ibique aliquandiu commoratus est : aderat enim, ut mox dicemus, ejusdem anni 415, adhuc mense Julio, quo Jerosolymis contra Pelagium in aciem descendit. Hieronymo ad Augustini Epistolas respondendi, otium defuit tot undequaque concertationibus contra hæreticos occupato : id quod et narratam nos imus, et ipsemet anno insequenti ad illum scribens Epistola CXXXIV causatur.

CAPUT XXXVI.

I. *Pelagius hæresim suam importat in Palæstinam.* II. *Quem Hieronymus in Jeremiam scribens, perstringit.* III. *Mox impugnat data ad Ctesiphontem Epistola.* IV. *Et præfationibus secunda et tertia in Jeremiam.* V. *Tum proprio opere, sive tribus libris Dialogorum.* VI. *Recipit se iterum ad Commentarios: quod tamen opus imperfectum relinquit.* VII. *Male habetur a Pelagianis, qui in Monasterium ejus igne et cædibus sæviunt.* VIII. *Consolatorius ea de re accipit ab Innocentio Papa.* IX. *Sedes mutat, nec tamen desinit hæresi infestus esse.* X. *Eustochium moritur.* XI. *S. ipse Pater diem obit.*

I. Jam se se itaque in Palæstinam ex Africa intruserat Pelagiana pestis, nonnullosque de ipsius Jerosolymitanæ Ecclesiæ primoribus corripuerat. Huic hæresi a Pelagio, ejus auctore, nomen esse, nemo est qui nesciat. Ipse quis fuerit, paucis accipe. Natus est humili loco in Scotia, unde *Scotorum pultibus prægravatus* Hieronymo dicitur (*Prol. I et II in Jer.*) *et Albinus canis et corpulentus*, ab *Albin* sive *Albion*, quo nomine patriam insulam Scoti appellabant: aliis *Britannus coluber*, et *Brito* cognominatus (*Prosp. de Aug. ny. 1. Ep.* 186). Secutus Monasticæ Vitæ institutum, diu Romæ, nec sine sanctitatis existimatione aliqua vixit, erroris sui semina clanculum spargens, sibique valde a publica luce metuens. Venit postea in Africam semel atque iterum, ubi Cælestium erroris sui discipulum omnium facile principem instituit: qui Carthagine Presbyterii honorem consecutus, contra Christi gratiam præ magistro suo classicum cecinit. Ipse in Palæstinam contendit, et Jerosolymæ commoratus est, ubi et familiaritatem cum Hieronymo, dum bene ei notus adhuc non esset, fertur junxisse. Sanctus certe Pater testatus est postea, se patienter adversus illam hæresim gessisse, *ne veterem lædere videretur necessitudinem* (*Prol. IV. in Jerem.*). Cæterum latere sub ejus verborum melle, cordis venena, satis mature animadvertit, jamque a superiore anno 415, cum sextum in Ezechielem Commentarium elucubraret, in Prologo questus est, *reviviscere Hydra novella plantaria, et hæreticis Dei percussis manu, hæresin ipsam non mori, hæreditariis odiorum suorum catulis derelictis, qui nostra simulantes, genitricis antiquæ venena non deserunt*. Ad Demetriadem quoque scribens (ad quam ipse etiam Pelagius, nobilissimæ virginis in tituendæ obtentu, Epistolam dederat hæresis suæ veneno suffusam) monet, *ut sibi caveat ab impia et scelerata doctrina* (Pelagiana utique, quam prognatam suspicabatur ab Origeniana) *quæ*, inquit, *olim in Ægypto et Orientis partibus versabatur, et nunc abscondite, quasi in foveis viperarum apud plerosque versatur, illarumque partium polluit puritatem*, etc.

II. Insequenti anno Hieronymus Commentarios in Jeremiam scribere aggressus est: volebat enim, si

per hæreticos æmulosque suos licuisset, extremam operi Prophetali manum imponere. Ipsa autem hæc hæresis in causa fuit, ut explere, quod in votis habebat, nequaquam potuerit, dum verba subinde ac stylum in eam coactus convertere, cœptum opus intermittit, et senio ingruente, atque aliis quæ mortem proxime antecedunt incommodis, sensim deserit. Nec continuit se tamen hoc ipso scriptionis genere ab impugnanda impia doctrina, ejusque auctore exagitando, tametsi nomini parceret. Et prioris quidem Prologo libri *indoctum calumniatorem* eum vocat, *et nimia stertentem Vecordia*: Grunii, imo et Joviniani asseclam *stolidissimum*, qui *alienis vocibus blasphemaret, et in tantum imperitum, ut ne maledicta quidem haberet propria*.

III. Hoc absoluto libro, Ctesiphon nescio quis, *Urbicus*, vel *Urbicius*, ut in Mss. nonnullis dicitur, ex *sanctæ atque illustris domus* conciliabulo, quod videtur Pelagio et suis opes ad sustentandam vitam contulisse, Hieronymum de hujus doctrina, quæ plurimos jam movebat, consuluit. Ad quem statim ille Epistola CXXXIII. quæ ad Tractatus instar ordinata est, respondit, nihil hæreticorum veritus minus, quin potius idcirco animos sibi sumens, quod illi *scriptorum suorum fulmina* minitarentur. Ac primo quidem ἀπαθείαν et ἀναμαρτησίαν quo veluti gemino tibicine *superbissima hæresis* fulciebatur, id est, immunitatem ab animi perturbationibus, et impeccantiam, utpote diabolicæ superbiæ figmenta refutat, ostenditque ex Philosophorum cœnosis fontibus, et maxime Pythagoricorum, *qui hominem exæquant Deo*, ad Christianæ fidei exitium derivari. Hinc Dei gratiam, cujus per singula opera nitamur et regamur auxilio, ita adstruit, ut verborum fallaciis, quibus, obtentu liberi arbitrii, simplicioribus illudebant, reliquum locum nullum faciat. Tum illos ad respondendum lacessit, ut libere loquantur quod credunt, et quod semel scripserint, negare haud possint. Denique Ctesiphontem rogat, et commonet, *ne per unum, aut ut multum tres homunculos sancta illa atque illustris domus suscipiat tantarum fæces hæreseon, ut ubi primum virtus, et sanctitas laudabatur, ibi præsumptionis diabolicæ et sordidissimæ societatis turpitudo versetur: sciantque qui hujuscemodi hominibus opes suggerunt, hæreticorum multitudinem congregare, et Christi hostes facere, et enutrire adversarios ejus*. De anno, quo hæc scripta sunt, et quem diximus 415, dubitare non sinit dudum laudatus Orosius Apologetici cap. IV. ubi de Jerosolymitano conventu, quem constat hocce anno sub Julii mensis finem celebratum, deque Pelagii errore loquens, *quod homo suis viribus possit mandata Dei custodire, Hoc*, inquit, *Beatus Hieronymus in Epistola sua, quam nuper ad Ctesiphontem edidit, condemnavit*.

IV. Recepit statim se Sanctus Pater ad Commentarios in Jeremiam: et secundi Prologo libri se ait, *avertere parumper aures, ne audiat judicium sanguinis et interfectorum animas deploret, qui opinione virtutum quotidie corruunt in superbiam, et Deo se similes arbi-*

trantur. Quorum, subdit, *furori respondimus, ut potuimus, et si Dominus vitam dederit, plenius responsuri sumus.* Interim et tertium librum excudit eadem in Prologo conquestus, *non pati Diabolum*, quo nomine sectam Pelagii notat, *se optata quiete contentum, Scripturarum sanctarum explanationi insistere, sed id agere diebus et noctibus, et aperte, et per insidias, veris falsa miscendo, imo universa mendacia subdolo melle circumlinentem, ut qui audit verborum dulcedinem, venena pectoris non formidet.* Et post alia id genus, Latrare per Albinum canem (Pelagium) *grandem et corpulentum, et qui calcibus magis possit sævire, quam dentibus. Habet enim progeniem Scoticæ gentis de Britannorum vicinia, quia juxta fabulas Poetarum spirituali percutiendus est clava, ut æterno cum suo magistro Plutone silentio conticescat. Verum hoc alias*, etc.

V. Coactus revera est iterum, hoc absoluto libro ab explanatione Prophetali manum revocare, ut proprium opus, quod facturum se receperat, in hæreticos aggrederetur. Contexit hoc autem forma dialogorum sub persona Attici catholici, et Cretobuli hæretici, ex ordine omnem de Divina gratia, deque libero arbitrio controversiam explicans, et verbum verbo ad singulas hæreticorum sententias reponens. Sed utique scitu digna temporis, quo id moliretur, notatio est. Extremo scilicet Julio præsentis anni, adnitentibus contra hostem antiquæ fidei Presbyteris Jerosolymitanis, Joannes Episcopus, qui primas hæretico deferebat, totius Cleri synodum indixit. Eo vocatus est etiam Orosius, et quid ex Africa contra Pelagianam doctrinam advexisset, jussus exponere. Tum Pelagius quoque introductus est, qui judice usus suarum partium studioso, deque sua factione interpretibus, qui Orosii Latine dicta in Græcum refunderent, judicium Synodi declinavit, quin etiam hæreseos invidiam in accusantem convertit. Nempe Orosium aliquot post dies Joannes blasphemiæ arguit, quam ille criminationem edita mox Apologia abs se coactus est amovere. Eo autem Opere laudans interdum adsertam Hieronymi testimonio fidem, cum etiam refert, tunc temporis conscribendis contra hæreticum dogma libris Dialogorum insudasse, *Hoc*, inquiens, *Beatus Hieronymus... in libro, quem nunc scribit, collata in modum Dialogi altercatione, confutat.* Jam itaque ad finem annus properabat quum absoluti atque in lucem editi libri sunt : nam September mensis, quum eam Apologiam Presbyter Hispanus scriberet, jam trahebatur.

VI. Aliquanto post contulit se tertium Sanctus Pater ad Commentarios in Jeremiam, quos per tres adhuc libros sive ad sextum usque, et ad Prophetæ caput trigesimum secundum, aliis subinde occupationibus distentus, adornavit. Oblivisci tamen contra hæreticos pugnæ non poterat, et insectandi fidei hostes occasioni semper imminebat. In prologo quarti libri Patriarchas nefariæ ejus sectæ Pythagoram, Zenonem, Origenem, Grunnium, Evagrium Ponticum, Jovinianum dicit : scriptaque sua ingerens, *Cui*, inquit, *respondere diu tacens, et dolorem silentio devorans, crebra fratrum expostulatione compulsus sum, nec tamen hucusque prorupi, ut auctorum* (Pelagii cum primis, et Cælestii) *nomina ponerem, malens eos corrigi quam infamari*, etc. Et prologo quinti, altero ait apud Jeremiam Calatho *hæreticorum perfidiæ amaritudinem demonstrari*, notarique illos personis Ananiæ, et Semeiæ, et Sophoniæ sacerdotis, qui in prophetæ interitum conjurabant. Denique ex sexto libro sub finem Scripturarum testimonia congerit multa, *ad retundendam eorum impudentiam, qui putant, hominem omnia posse complere, quæ se facturum esse pollicitus est.* Alios præterea libros Commentariorum in reliquum Prophetæ contextum non elucubravit Sanctus Pater, ut suo nos loco, et in generali præfatione certis argumentis probasse visi sumus. Aut certe si duos aut tres postea adjecit, quibus opus compleret (non utique alios quatuordecim, ut hactenus perperam existimatum est) illi jam tum advivente S. Auctore, antequam in vulgus ederentur, in direptione illa monasterii, quam paulo post Pelagiani satellites perpetrarunt nos imus narratum, deperierunt.

VII. Facinoris ejus longe nequissimi historia ita habet. Pelagius a Jerosolymitano conventu, Joannis, ut diximus, opera, liber cum evasisset, post quinque fere menses Diospolim, quæ urbs in Scripturis Lydda appellatur, ad Concilium, cui admodum quatuordecim e Palæstina Episcopi aderant, vocatus est. Quæ sibi objiciebantur errorum Capitula, ut loquitur Innocentius Papa, partim vitando suppressit, partim multa in se verba retorquendo tota obscuritate confudit, aliqua magis falsis argumentis, quam vera ratione, ut ad tempus poterat videri, purgavit, negando alia, alia falsa interpretatione vertendo. Nempe hæreticas opiniones latine scriptas Græci Antistites cum haud satis per se possent expendere, nullusque esset ex adverso, qui urgeret (Erotes enim et Lazarus, qui in eam rem ex Galliis venerant in Palæstinam, *propter gravem unius eorum ægritudinem* [*Aug. de Gest. Pel.*]. Synodo interesse minime potuerunt) Judices denuo fefellit, deque Diospolitano concilio velut absolutus, suo tamen palam damnato dogmate egressus est. Tum vero hæreticus triumphum agere, sparsaque in vulgus Epistola *carnalis ventositatis et elationis* (*Idem, ibid.*), tanquam Gallorum insultus fregisset, efferri atque insolescere, sibique animos et suis contra rectæ fidei adsertores addere. In Hieronymum autem præsentem inimicum, ejusque sanctos Monasterii fratres, non scriptis, aut verbis, sed igne et cædibus sævitum est. Tunc (verba sunt Augustini libro de Gestis Pelagii sub finem impie factum non sine exsecratione et lacrymis enarrantis) *a nescio quo cuneo perditorum, qui valde in perversum perhibentur Pelagio suffragari, incredibili audacia perpetrata dicuntur tanta mala, ut Dei servi et ancillæ ad curam sancti Hieronymi pertinentes scelerastissima cæde afficerentur, Diaconus occideretur, ædificia monasteriorum incenderentur, vixque ipsum Hieronymum ab hoc impetu, atque incursu impiorum in Dei misericordia turris munitior tueretur.*

VIII. Tanti sceleris haud inscium fuisse ipsum Joannem Episcopum, qui Pelagio favebat, pleraque indicio erant. Hieronymus sane, itemque Eustochium et Paula junior, scriptis continuo hac de re litteris Romam ad Innocentium (quarum tamen nulla ætatem tulit) multa conquerentes Pontifici de perditorum hominum facinore impio atque immani, ut opis aliquid ferret extremum laborantibus, implorarunt, *cum plus se adhuc metuere dicerent, quam conquererentur esse perpessas.* Nomen tamen *hominis causamque reticuerunt:* quæ earum christiana modestia fuit. Respondit sanctus Pontifex tribus Epistolis, quæ inter Hieronymianas a num. CXXXV. per subsequentes duos recensentur. Prima ad Aurelium, quæ et paucissimis versibus constat, hunc precatur ut quamprimum alteram Hieronymo reddendam curet. Hac autem S. Patrem verbis lenissimis consolatur, et bono esse animo jubet, quod *pro veritate* perpessus, *exspectet beatitudinem,* laborum in Christo merceden: quam ipse aliis continuo prædicabat. Tum *si,* inquit, *deposueris apertam manifestamque in homines aliquos accusationem, aut judices competentes tribuam, aut si aliquid urgentius sollicitusque a nobis fieri potest, non retardabo.* Interea quid sibi pro tempore faciendum duxerit, ac porro fecerit, declarat. Tertiam ad ipsum dedit Joannem episcopum, quem pro Sedis Apostolicæ auctoritate satis acriter reprehendit, in eoque reum agit, quod prospicere debuisset, ne scelus admitteretur: *prorsus enim,* ait, *Sacerdotis gravitatem condemnat tantum nefas in Ecclesia fuisse completum. Quod nisi deinceps corrigat, vel retundat, fore ut jus Ecclesiasticum de labefactatis causas eum, qui non defenderit, præstare compellat.* Has Epistolas in chronologicis ad eas notis anno scriptas fuisse 417 ineunte ostendimus, post aliquot ab illo in Hieronymum facinore perpetrato menses. Ex eo loco momenta rationum repete. Innocentius paulo post, sive duodecima die mensis Martii obiit, cui Zosimus successit: nec diu post fato quoque functum esse Joannem Jerosolymitanum, quem Praylus excepit, vetera monumenta persuadent.

IX. Sunt vero alia, quæ ejus seriem temporis, atque historiæ scripta Sancti Patris continuant. Epistola CXXXVIII ad Riparium, fuisse demum Pelagiana dogmata rejecta indicat, et pulsum esse non *solum de urbe, sed etiam de Palæstinæ finibus Catilinam,* quo nomine alium quam Pelagium denotare voluisse, non est verosimile. Dolet autem plurimum, *quod multi conjurationis socii remanserint, qui in Joppe remorantur. Nobis autem* (subdit) *melius visum est, locum mutare, quam fidei veritatem, ædificiorumque et mansionum amœnitatem amittere, quam eorum communione maculari, quibus impræsentiarum aut cedendum erat, aut certe quotidie non lingua, sed gladiis dimicandum. Quanta autem passi simus, et quomodo excelsa manus Christi pro nobis in hostem sævierit, puto te celebri nuntio omnia cognovisse.* Item in subsequenti ad Apronium, profligatos jam hæreticos in Oriente nuntiat. *Hic enim,* inquit, *quieta sunt omnia; et licet venena pectoris non amiserint, tamen os impietatis non audent aperire, sed sunt sicut aspides surdæ et obturantes aures suas. Nostra autem domus secundum carnales opes, hæreticorum persecutionibus penitus eversa, Christo propitio, spiritualibus divitiis plena est.* Eadem plus minus renuntiat scribens ad Augustinum Epistola CXLI. et subsequente, quarum altera congaudens ejus in Pelagianos strenuitati, veræ eidem gloriæ vertit, *quod eum omnes hæretici detestantur; et me,* inquit, *pari persequuntur odio, ut quos gladiis nequeunt, voto interficiant.* Altera significat, multos adhuc assequi, *ne fractis quidem cervicibus inclinantur, habentes affectum erroris pristini, cum prædicandi eamdem non habent libertatem. Esse etiam nonneminem potentem qui dissimulanter eis faveat. Capta,* inquit, *Jerusalem tenetur a Nabuchodonosor, nec Jeremiæ vult audire consilia.* etc. Hæc autem omnia cum reliquum quod erat anni 417 tum subsequentem, aut totum, aut maximam certe partem per historiæ Pelagianæ adjuncta statusque varios, satis manifesto denotant.

X. Insequens annus 419 laborum cumulum et miseriarum, jamjam properanti ad vitæ finem Hieronymo attulit. Eustochium, quæ ejus instituti jam inde a Bethleemitici Monasterii conditu post Paulam matrem reliqua una lux erat, occubuit. Virgo rei Christianæ tum Monasticæ vitæ sanctissimæ decus præcipuum: cujus ego laudes, totque edita per annos ferme viginti quinque virtutum exempla complecti verbis haud possim. Nata principe apud Romanos loco, patre Toxotio, de Julia gente, unde et *Julia* appellata ipsa est, matre, ut diximus, S. Paula, de Scipionum et Paulorum stirpe, in tanta opulentissimæ domus, atque Urbis frequentia, pro nihilo habuit humana omnia, contraque adnitentibus summo studio Hymetio avo, et Prætexata ejus uxore, castitatem Deo vovit. Secuta deinde est S. matrem in Palæstinam, et Bethleemi constructo Virginum monasterio, secum illa in sancto proposito, ad perfectionis Evangelicæ summa contendit. Matre ad superos evocata ante annos ferme quindecim, Monasterium sola administravit, quod virginibus quinquaginta constasse, Palladius tradit: incidisse autem in difficillima tempora, quæ superius narrata sunt, monstrant. Annum, quo vivere desiit, hunc nimirum 419 asserunt eruditiores (*Laus cap.* 26); diem, quo memoria ejus agitur, Martyrologium Romanum consignat Septembris 28, eo scilicet qui proxime Præceptoris sui Hieronymi memoriam antecedit. Hic autem tanto ob illius mortem, mœrore affectus est, ut animum fere desponderit. Testatur ipse, scribens paulo post, hoc tamen vertente anno, Epistolam CXLIII. ad Alypium et Augustinum, afflictis jam rebus omnibus, nec fuisse sibi amplius cordi, suis sive Ecclesiæ hostibus respondere. *Quod,* ait, *quæritis, utrum rescripserim contra libros Aniani pseudodiaconi Celedensis, qui copiosissime pascitur, ut alienæ blasphemiæ verba frivola subministret, sciatis me ipsos libros in schedulis missos a Sancto fratre nostro Eusebio* (Cremonensi) *Presbytero suscepisse, non ante multum temporis, et exinde, vel ingruentibus morbis, vel dormitione Sanctæ et venerabilis filiæ vestræ Eustochii ita doluisse, ut propemodum contemnendos putarem,* etc.

XI. Nullum ab hac Epistola exstat aliud Hieronymi scriptum, gestorum quoque ejus nulla deinceps est mentio. Facile sanctum senem ætate, laboribus, morbis confectum, trahentemque magis, quam agentem vitam, hocce anno 420 Deus ad cœlestem patriam, meritamque gloriæ coronam vocavit. Certe Augustinus eodem hoc anno ad Optatum Milevitanum scribens Epistolam in recensione nostra CXLIV. quæ non ita pridem detecta, et vulgata primum est Vindobonæ, testatur se nihil abs Hieronymo litterarum accepisse, super quæstione de origine animæ, quam ille si per vitam licuisset, explicaturum receperat. In Enchiridio autem, quod insequenti proxime anno quadringentesimo primo scripsisse dicitur (*q*. 2. *n*. 10 *et q*. 1. *n*. 4) Hieronymi tanquam defuncti jamdudum meminit, et titulo *sanctæ memoriæ* ornat. Concinit Prosper, cui fidem in hac temporis notatione deferri par est, tametsi in natali ejusdem adsignanda epocha, haud satis constare eum sibi, ostendimus. Ait vero, cum anno 420 videre desiisse, *Theodosio IX. et Constantio III. Coss. et pridie* quidem *kalendas Octobris:* quam Ecclesiæ fasti diem memoria ejusdem consignant. Nisi itaque fallimur, ab anno circiter 446, natalitia ejus repetentes (quod nobis quidem multis, nec sane infirmis argumentis capite hujus historiæ I. adprobasse visi sumus) quum fato functus est Sanctus Pater, annum agebat ætatis quartum et septuagesimum. Nec movet nos, quod se ipse *pene decrepitum* (*Ep. CXLII*) alicubi dicat, et senio confectum, quæ homini annos septuaginta paulum prætergresso imputanda non videantur: ut et illud quod Augustinum vix octo post annos natum *dignitate* quidem *patrem*, *ætate* autem *filium* vocet (*Ep. CXXXIV*). Sunt enim ista, ut dudum laudato cap. I. ostendimus, ex vetere illa ætatis humanæ per vicennia computandæ ratione desumpta, sæpe etiam corpusculi infirmitatem potius quam ætatem notant. Sed ea quidem sequiorum temporum Scriptoribus, quorum testimonia mox recitabimus, causa fuit, cur Sancti Patris Vitam per plures adhuc annos, et ad septimum usque et nonagesimum, eoque amplius proferrent. Nec desunt qui centesimum eum scribant præteriisse. Narrant etiam ita eum vires defecisse, ut nisi fune manibus apprehenso, quod ad hoc ei de trabe pendebat, surgere de lecto haud posset. Tum in levem incidisse febriculam, quæ illum, jam in carne præmortuum dissolvit. Adfuisse juxta eum monachos, et Christo dicatas Virgines, atque alios undique de sanctis Locis, quos ipse alacri vultu et læto conspiciebat: aliaque his similia, quæ ut probabilitate non carent, nullo tamen certo Auctore adseruntur. Præterea pseudo Eusebii ad Damasum Portuensem fabulas, quarum rationem nullam haberi velim. Sepultus in Bethleem est, ubi maximam vitæ partem egit: inde Romam postea translatus, super Exquilias in templo S. Mariæ Majoris summa cum veneratione populi frequentis colitur, et Maximi inter Ecclesiæ Doctores titulo donatus est.

Hæc sunt, RIVERA Cardinalis Eminentissime, quæ de Hieronymi Vita litteris consignanda habui, Tuoque volui amplissimo Nomini inscribere, ut palam omnibus sit, me Tuo præsidio, Tuisque adhortationibus acceptum referre, si quod res erat, in ejus adornanda Operum editione sum assequutus.

INCIPIT (a) VITA

SANCTI (b) HIERONYMI,

PRESBYTERI.

Hieronymus (c) noster in oppido Stridonis, quod a Gothis nunc eversum, Dalmatiæ quondam Pannoniæque confinium fuit, patre Eusebio natus est. Vestem Christi puer Romæ suscepit, ibique litteris Græcis ac Latinis a primævo eruditus est. In arte quidem nis facies Scriptorem octavi aut noni sæculi potius quam quinti refert.

(a) Gennadio Massiliensi adscripsit, qui primus hanc Vitam ex antiquis Mss. in lucem protulit, Cl. Mabillonius, quem et nonnulli ex eruditorum choro sequuti sunt. Atque ipse etiam Martianæus, homo recensione, nedum lectione Hieronymianorum operum subactus, qui verosimile id sibi videri professus est, tum propter styli rationem, cum propter silentium in causa Ruffini Aquileiensis, cui Gennadius impense favebat. Verum aliter, cum res ipsa, tum operis contextus omnis persuadet. Gennadius, qui Ruffino adversus Hieronymum tantopere favet, ut in Catalogo hunc *obtrectatorem*, et *æmulationis studio incitatum* dicat, illum vero, *non minimam partem Doctorum Ecclesiæ*, minime omnium credi potest, ejus voluisse aliquando gesta laudibus exornare, cujus nomini et virtutibus ferme iniquior fuit. Nihil deinde eorum hæc Vita continet, quæ verus Gennadius referre potuisset, imo et debuisset: satis enim habuit quisquis ejus Auctor fuit, Hieronymum descripsisse, nec fere quidquam habet, quod non in sua ex illo transtulerit. De suo autem quæ adtexuit falsa pleraque omnia sunt, et fabulas sequiorum temporum redolent. Denique ipse paulo incomptior Gennadiano stylus, totaque scriptio-

(b) Hunc nos libellum cum antiquis satisque emendatis tribus Mss. codicibus comparavimus, ad eorumque fidem exegimus. Primus Vaticanus numero prænotatur 641. duo alii ex eadem quidem Bibliotheca sunt, sed ex his, qui olim Reginæ Suecorum fuere, quonsque adeo de illius nomine appellamus. Alter numero 488, alter 525. denotantur. Denique et Variantes Lectiones, quas seorsum edidit Martianæus, et ad hujusmet Vitæ calcem amandavit, in consilium adhibuimus, huc usque transtulimus. Excerptæ autem illæ sunt ex quinque codicibus Manuscriptis, iisque, ut vocat ille, vetustissimis, uno Corbeiensi, altero Narbonensis Ecclesiæ; tertio Monasterii Silvæ Majoris prope Burdegalam, quarto Luxoviensi, quinto Sancti Gallensi. Hæc primis statim verbis, Reginæ alter *Beati* habet pro *Sancti*: Vaticanus post *Presbyteri* addit *et Confessoris*. Tres ex his quos Martianæus laudat, *Presbyteri Orthodoxi*. Longius abludit Narbonensis, qui aliam præfert inscriptionem, *in Natali S. Hieronymi Presbyteri.*

(c) Vaticanus cum Burdegalensi codice pro *noster*, *Presbyter* legit: tum ille cum duobus Reginæ *a Gothis eversum* absque *nunc* vocula.

Grammatica Donatum habuit præceptorem, in Rhetorica autem Victorinum oratorem. Postquam vero (a) omnem mundanorum studiorum litteraturam adeptus est, probatissimorum quoque Monachorum habitum (b) factumque imitatus est. Cupiditatem siquidem animæ jugi sinceritate calcans voluptatemque corporis perenni frangens jejunio, plerosque (c) virorum bonorum et religiosorum meliores fore suo docuit instituto.

Quodam igitur tempore, dum ex more idem Hieronymus, divina ad legendum pandit (d) volumina, et mortalem bibliothecæ suæ auctorem Tullium recordatur. Mox cœlitus, ne tales quandoque revolveret libros, salutifero castigatus est verbere. Ita enim ipse de se ad Eustochium virginem scribens asserit: *Cum ante annos plurimos domo, parentibus, sorore, cognatis, et (quod his difficilius est) (e) consuetudine lautioris cibi propter cœlorum me regna castrassem, et Jerosolymam militaturus pergerem, bibliotheca, quam Romæ cum summo studio ac labore confeceram, carere non poteram. Ita (f) miser ego lecturus Tullium jejunabam: post noctium crebras vigilias, post lacrymas, quas mihi præteritorum recordatio peccatorum ex imis visceribus eruebat (Plautus), Plato sumebatur in manibus. Si quando in memetipsum reversus, Prophetas legere cœpissem, sermo horrebat incultus; et quia lumen cæcis oculis non videbam, non oculorum culpam putabam, sed solis. Dum me (al. ita) itaque an ignis serpens illuderet, in media ferme Quadragesima medullis infusa febris corpus meum invasit exhaustum; et sine ulla requie (quod dicu quoque incredibile sit) sic infelicia membra depasta sunt, ut ossibus vix (g) hærerent. Interim parabantur exequiæ, et vitalis animi calor, toto frigescente jam corpore, in solo tantum tepente pectusculo palpitabat. Cum subito raptus in spiritu ad tribunal judicis pertrahor, ubi tantum luminis, et tantum erat ex circumstantium claritate fulgoris, ut projectus in terram, sursum aspicere non auderem. Interrogatus conditionem, Christianum me esse respondi. Et ille qui præsidebat: Mentiris, ait, Ciceronianus es, (h) non Christianus. Ubi thesaurus tuus, ibi et cor tuum est. Illico obmutui, et inter verbera (nam cædi me jusserat) conscientiæ igne magis torquebar, illum mecum versiculum reputans: In inferno autem quis confitebitur tibi? Clamare tamen cœpi, et ejulans dicere: Miserere mei, Domine, miserere mei. Hæc vox inter flagella resonabat. Tandem ad præsidentis genua provoluti (i) qui assistebant precabantur, ut veniam tribueret adolescentiæ, et errori locum pœnitentiæ commodaret, exacturus deinde cruciatum, si gentilium litterarum aliquando legissem: Ego qui tanto constrictus articulo vellem etiam majora promittere (j), dejerare cœpi, et nomen ejus obtestans dicere: Domine, si unquam habuero codices sæculares, si legero, te negavi. In hæc sacramenti verba dimissus revertor ad superos; mirantibus cunctis, oculos aperio tanto lacrymarum imbre perfusos, ut etiam incredulis fidem facerem ex dolore. Nec vero sopor ille inanis fuit (k), ut vana somnia, quibus sæpe deludimur. Teste est tribunal ante quod jacui, judicium teste quod timui; ita mihi nunquam contingat talem incidere quæstionem. Livientes (sup. fateor) me habuisse scapulas, plagas sensisse per somnium; et tanto dehinc studio divina legisse, quanto mortalia antea non legeram.*

Interea Hieronymus Romanæ Ecclesiæ Presbyter, os Damasi Sacerdotis, sacræ Bibliothecæ scrutator, divinorum dissertor voluminum, dum per triennium continuum carus acceptusque popularibus veneratur, (l) omniumque judicio dignus esse summo sacerdotio decernitur, quidam ex Clericorum Monachorum ordinibus pro petulantia proque ingluvie discursantes, ad effugandam Urbe Hieronymum, (m) qui utrorumque eorum vitia scribens deprehenderat, insidias paraverunt. Verum enim vero hunc ego felicem dixerim, hujus fugæ eventum corrigentis, Christi judicio dispensatum, quem pravorum hominum persecutionibus (n) paratum fore existimo: scilicet ut Romana Ecclesia, Petri instituta regimine, omniumque veteris Testamenti librorum edocta veritate, Christo Deo volente, et Hieronymi speciali studio desudante, Hebraicam quoque habeat veritatem; et Græcorum quorumdam levitas, quæ sibi Romanos a se omnes Scripturas divinitus inspiratas accepisse plaudebat, eos habere quod non habet, recognoscat. Igitur Hieronymus Roma egressus, ad orientem tendens, profectus est ad Gregorium Nazianzenum Constantinopolitanæ urbis Episcopum; ubi ita proficere studuit, (o) ut mira scientia donaretur. Qui ut sanctarum Scripturarum studiis plene erudiretur, supplex docilisque discipulus hunc adiit præceptorem, eumque Constantinopolitana urbe observabat. Hoc discipulatu Hierony-

---

(a) Eadem pari consensu *Omne mundanarum studium litteraram*. Unus Narbonensis « Omnem mundanorum studiorum literatoram. » Corbeiensis. Omnem peritiam mundanarum studiis literaram, » etc.

(b) Haud equidem puto, *facti vocabulo ad mores institutique Monachorum denotanda usus* Gennadius fuisset.

(c) Mss. nostri omnes *plerosque bonorum religiosorum*, absque interjectis *virorum*, atque et copula.

(d) Unus Vaticanus *acumina*: quod non improbarim. Mox alter Reginæ, *cum quandoque tales revolveret*, etc.

(e) Narbonensis, *sauietate lautioris cibi*: tum alter Reginæ, *quam mihi Romæ* etc.

(f) Uterque Reginæ, *itaque miser ego*.

(g) Reginæ alter, *ossibus vix hærerent*.

(h) Idem, *Ciceronianus es*: tum alter, *Ubi enim thesaurus. Deinde Narbonensis inter verbera quibus cædi me jusserat*: denique Vaticanus *conscientiæ magis igne*, etc.

(i) Codices nostri omnes, qui *adstiterant*.

(j) In Narbonensi *Deum jurare cœpi*. Mox in Vaticano vel si legero. Denique in Burdegalensi *inter hæc sacramenti verba dimissus revertor a superis*, etc.

(k) Narbonensis et Burdegal. *ut vana somnia*. Tum unus Corbeien. *testis est tribunal. Judicium testis, quod timui*. Paulo post plerique omnes Mss. *liventes* habent, unus Regiæ *lividas*. Idem post *somnium*, rectius quam per *somnium*, In fine *legi*, pro *legissem*.

(l) Absunt a Reginæ altero Ms.: *Dum per triennium continuum*; tum a Vaticano istæc, *omni unique judicio dignus esse summo sacerdotio decernitur*.

(m) Vatic. « utrimque eorum scribens vitium deprehenderat. » Sequitur unus Reginæ, « utrum eum virum huæ. » Burdegal. « Vere enim virum hunc, » etc.

(n) Quidam libri *pacatum pro paratum* habent. Tum Vatic. verb. *edocta e ritate* præterit, moxque cum utroque Reginæ addit, « Hieronymo spiritali studio. » Cum er totam periodum satis heic impedita subverti mediqua, cum ea, quæ in subsequenti Vita habetur colum. 255. post medium.

(o) Mss. nostri omnes « studuit, ut sanctarum Scripturarum studiis erudiretur, » prætermissis quæ interponuntur. Unus Burdegalensis « studuit, et profecit, ut mira scientia donaretur: qui ut sanctarum, » etc.

mus peracto, in Syriam perrexit : et dum in possessione Evagrii presbyteri moraretur, Malchum Monachum et aliquando captivum reperit, percunctatusque eum, omnem ejus captivitatis accepit historiam, quam postea edidit scriptam et Romanis fidelibus misit, hæc in ejus historiæ prologo interserens. *Scribere*, inquit, *disposui, si tamen Deus vitam dederit, et si vituperatores mei saltem fugientem me et clausum persequi desierint.* (*a*) Ad deserta deinde loca, ad quæ olim ad agendam inibi pœnitentiam properare cupierat, ita lætus accinctusque accessit, ut volasse cum magis quam remeasse crederes. Quomodo vero per quadriennium continuum Christi potius auxilio pœnituerit, idem Hieronymus quæ sponte (al. *pertulit*) pertulerit, ipsius Dei adfuisse gratiam verbis hujusmodi indicavit. *Quoties in eremo constitutus, et illa vasta solitudine, quæ exusta solis ardoribus horridum Monachis præstat habitaculum, putavi me*, inquit, *Romanis interesse deliciis. Sedebam solus quia amaritudine* (*b*) *repletus eram. Horrebant sacco membra deformia; squalida cutis situm Æthiopicæ carnis adduxerat. Quotidie lacrymæ, quotidie gemitus; et si aliquando repugnantem somnus imminens oppressisset, nuda humo vix ossa hærentia collidebam. De cibis vero et potu taceo, cum etiam languentes ibi aqua frigida utantur, et coctum aliquid accepisse, luxuriæ sit. Ille igitur ego, qui ob metum gehennæ tali me carcere ipse damnaveram, scorpionum tantum socius et ferarum, sæpe choris intereram puellarum. Pallebant ora jejuniis, et mens* (*c*) *desideriis æstuabat : in frigido corpore, et ante hominem suum jam carne præmortua, sola libidinum incendia pullulabant. Itaque omni auxilio destitutus, ad Jesu jacebam pedes, rigabam lacrymis, crine tergebam, et repugnantem carnem hebdomadarum inedia subigebam. Non erubesco infelicitatis meæ, quin potius plango non esse quod fuerim. Memini me clamantem diem crebro junxisse cum nocte, nec prius a pectoris cessasse verberibus, quam a Domino rediret* (*d*) *imperante tranquillitas. Ipsam quoque cellulam meam quasi cogitationum consciam pertimescebam : et mihi iratus et rigidus solus deserta penetrabam. Sicubi concava vallium, aspera montium, rupium præruptа cernebam, ibi me in oratione miserrimæ carnis ergastulo locabam; et (ut mihi testis est Dominus) post multas lacrymas, post cœlo oculos inhærentes, nonnunquam videbar mihi interesse agminibus Angelorum; et lætus gaudensque cantabam : Post te in odorem unguentorum tuorum currimus.*

Quadriennio itaque dedicatæ pœnitentiæ (al. *exactæ*)

exacto, ad Bethleem oppidum Hieronymus remeavit, ubi prudens animal ad præsepe Domini sese obtulit permansurum. Bibliothecam suam quam sibi summo studio ipse condiderat, clausam, omniumque librorum orationes, quas pene memoriter retinebat, iterum relegens, diem jejunans ducebat ad vesperam. Plures ad eum Religiosorum, quibus vitæ ejus fama comperta erat, protinus confluxerunt : bonumque Doctorem parvo adhuc sub (*e*) tugurio boni observavere discipuli. Nec multum post cellulam sibi ob discipulorum copiam, et propter frequentiam adventantium ad Bethleemiticam portam, quæ ad Occidentem conspicit, et egredientibus ad Septentrionem videtur, parvulum habitationis locellum construxit.

Interim Hieronymus dum eximiorum Eremitarum, Monachorumque humilia subterraneaque peragrans habitacula contemplatur, vitasque eorum supplici voce sciscitans, scribensque veritatem exponit, multaque alia libellis suis, epistolisque suo in Monasterio conficiens edisserit; beatus Damasus Romanæ (*f*) urbis Ecclesiæ eloquentissimus Pontifex, ut ad suam idem Romanæ urbis Ecclesiam, ad scribenda mittendaque volumina assiduo opere non desisteret, hujusmodi verbis exhortatus est. Dilectissimo filio Hieronymo Damasus. *Dormitantem te, et longo jam tempore legentem potius quam scribentem, quæstiunculis ad te missis excitare disposui : non quo legere non debeas, hoc enim veluti quotidiano cibo alitur et pinguescit oratio ; sed quod lectionis fructus sit iste, si scribas. Itaque quoniam et tabellario ad te remisso, nullas te jam habere Epistolas dixisti, exceptis his quas in eremo aliquando dictaveras, quasque tota aviditate legi atque scripsi,* (*g*) *et ultro pollicitus es, furtivis noctium operibus aliquas si velim posse dictare : libenter accipio ab offerente, quod rogare volueram, etiam si negasses. Neque enim ullam puto digniorem disputationis nostræ confabulationem fore, quam ut de Scripturis inter nos sermocinemur, id est, ut ego interrogem, tu respondeas, qua vita nihil in hac luce puto jucundius,* (*h*) *quo animæ pabulo omnia mella superantur. Quam dulcia,* inquit Propheta, *gutturi meo eloquia tua! super mel ori meo. Nam cum idcirco, ut ait præcipuus Orator, homines a bestiis differamus, quod loqui possumus : qua laude dignus est, qui in ea re cæteros superat, in qua homines bestiis antecellunt? Accingere igitur et mihi quæ subjecta sunt edissere, servans utrobique moderamen, ut nec proposita solutionem* (*i*) *desiderent, nec Epistola brevitatem. Fateor quippe tibi, quia libros*

(*a*) Addit idem Burdegalensis, « ab Adventu Salvatoris usque ad nostram ætatem, » quæ in laudata hac Præfatione verba consequuntur. Mox *inde* pro *deinde* legit. Vaticanus paulo post *cupiens* pro *cupierat*, et cum tribus aliis ait ad Martianæum *meassе* pro *remeasse*.
(*b*) Unus Burdegalensis *plenus* pro *repletus*, tum *scalida* pro *squalida*. Sequitur Vaticanus *etsi quando*, pro *aliquando*: et paulo post *languentes aquæ*, præterimissa *ibi* vocula.
(*c*) Idem « meus desideriis æstuabat in frigido corpore. Et ante hominem suum » etc. Mox Reginæ ut æque *incendia bulliebant*; plerique autem omnes *subjiciebam* pro *subigebam*.
(*d*) Cum Vaticano Burdegalensis *increpante* pro *imperante*.

(*e*) Burdegalensis *sub tuguriolo*. Paulo post duo alii penes Martianæum « ad Occidentem respicit. »
(*f*) Restius in Vaticano *urbs* reticetur. Habetur delaio *negligentem* : tum *ab remisso* pro *te*.
(*g*) Narbonensis cum Burdegalensi, « Et ultro pollicitus es, ut furtivis noctium operibus aliquas si velles, posses dictare, » etc. Vaticanus *te* pro *ut* habet, et *si velis posse.*
(*h*) In Vaticano *quo epulo* tantum. Mox unus Burdegalensis « Super mel et favum ori meo. Nam idcirco, ut ait, » Vaticanus « Nam si idcirco, » et mox *differimus* pro *differamus.*
(*i*) Alter Reginæ, *desiderent, nec soluta brevitatem*. Tum unus Burdegalensis *quia epistolæ ejus absque τὸ plurimæ*. Manifesta menda prætermittimus.

quos mihi de fine Lactantii dederas, ideo non libenter lego, quia plurimæ Epistolæ ejus usque ad mille versuum spatia tenduntur, et raro de nostro dogmate disputat: quo fit, ut et legenti fastidium generet longitudo; et si qua brevia sunt, scholasticis magis sunt apta quam vobis. De metris, et regionum situ et Philosophis disputans.

Quid sibi vult quod in Genesi scriptum est: *Omnis qui occiderit Cain, septem vindictas solvet.* Sed et si omnia fecit Deus bona valde, quare ad Noe de mundis et immundis animalibus mandat, cum immundum nihil bonum esse possit? Et in novo Testamento post visionem quæ Petro fuerat ostensa dicenti: *Absit, Domine, quia commune et immundum nunquam introivit in os meum,* vox de cœlo respondit: *Quod Dominus Deus mundavit (a), tunc commune ne dixeris.*

Cur Deus ad Abraham loquitur dicens, quod quarta progenie filii Israel de Ægypto essent reversuri; et postea Moyses scripsit: *Quinta autem generatione vel progenie exierunt filii Israel de terra Ægypti.* Quod utique nisi exponatur, videtur esse contrarium. Cur Abraham signum Circumcisionis suscepit? Cur Isaac justus et Deo carus, non illi cui voluit, sed cui noluit deceptus errore benedixit?

Nunc quibus ausibus (b) quantisque laboribus solus omnium Romanorum Hieronymus, Hebraicam linguam litterasque, imo Chaldaicam linguam didicerit, sicut ipse perhibuit, subnectendum est: *Dum essem,* inquit, *juvenis, et solitudinis me deserta vallarent, incentiva vitiorum, ardoremque (c) naturæ ferre non poteram (al. qua); quem quum crebris jejuniis frangerem, mens tamen cogitationibus æstuabat. Ad quem edomandum, cuidam fratri, qui ex Hebræis crediderat, me in discipulum dedi: ut post Quintiliani acumina, Ciceronis fluvium, gravitatemque Frontonis, et lenitatem Plinii, alphabetum discerem, stridentia anhelantiaque verba meditarer. Quid ibi laboris (d) insumpserim, quid sustinuerim difficultatis, quoties desperaverim, quotiesque cessaverim, testis est conscientia mea, qui passus sum, quam eorum qui mecum duxerunt vitam. Et gratias Deo, quod de amaro semine litterarum, dulces fructus capio.* Porro librum Job Hebraicis quidem litteris, sed Chaldaico (e) quidem sermone conscriptum, cum Hieronymus verteret in Latinum, hunc qui subter adnexus est, habuit præceptorem: *Memini me,* inquit, *ob intelligentiam hujus voluminis, Liddæum quemdam præceptorem, qui apud Hebræos primus habebatur, non parvis redemisse nummis. Si ejus doctrina aliquid profecerim, nescio: hoc unum scio, non potuisse me nisi quod antea intellexeram, interpretari.* Quo vero labore sudoreque Chaldæam linguam didicerit, idem Hieronymus ita scribens, atque adfirmans dicit. *Ego adolescentulus post Quintiliani et Tullii lectionem ac flores Rhetoricos, cum me in linguæ hujus pistrinum reclusissem, et multo sudore multoque tempore cœpissem anhelantia stridentiaque verba resonare, et quasi per cryptam ambulans, rarum desuper lumen aspicere, impegi novissime in Danielem, et tanto tædio affectus sum, ut desperatione subita omnem veterem laborem voluerim contemnere. Verum adhortante (f) me viro Hebræo, et illud mihi sua lingua crebrius ingerente, labor omnia vincit improbus, qui mihi videbar sciolus inter eos, cœpi rursus discipulus esse Chaldaicus. Et ut verius fatear, usque in præsentem diem magis possum sermonem Chaldaicum legere et intelligere, quam sonare.* Christi itaque gratia Hieronymus fidem adeptus, litterisque Græcis ac Latinis atque Hebraicis doctus, cuncta Hebræorum volumina, quæ in Canone (g) continentur, ex veteri Testamento, vera Editione in linguam Latinam vertit, eaque omnia commentatus est. Danielem quoque Chaldaico sermone locutum Romano stylo descripsit. Psalterium videlicet quod a Soffronio postulatus Hieronymus ex Hebræo Canone Latina modulatione canendum, verbum ad verbum exposuit, cumque breviter disseruit et enchiridionem appellavit. Duos libros Salomonis explanavit: Cantica vero Canticorum ex Origenis interpretatione: sicut et de Spiritu Sancto (h) Didymi videntis librum in Latinam transtulit linguam. Matthæi nihilominus Evangelium ex Hebræo fecit esse Romanum; quodque compendiosa potius quam fastidiosa explanatione studiosis lectoribus interpretatus est. Sexdecim quoque Prophetarum volumina sua vaticinia a nullo quandoque Romanorum vel meminisse vel scribere inchoasse reperta, disseruit quatuor et septuaginta libris editos Commentatus est. Plerasque præterea Pauli Epistolas, et Joannis revelationem disseruit. Inter has itaque numerosas operis sui paginas, suis (al. universis) universas præfationibus prænotatas, quinque et centum triginta Virorum Illustrium Ecclesiasticos scriptores a passione Christi usque ad quartum decimum Theodosii Imperatoris annum, in ordinem digessit, omnesque qui de Scripturis sanctis memoriæ aliquid tradiderunt, breviter exposuit. Verum et contra Celsum, Porphyrium, et Julianum Augustum, rabidos adver-

---

(a) Mss. nostri omnes *tu ne commune dixeris.*
(b) Vaticanus *quibusre laboribus*: tum junctis duobus aliis Reginæ, *hebraicam linguam didicerit,* prætermissis quæ intersecuntur, *litterasque, imo Chaldaicam linguam.*
(c) Vox naturæ a Vaticano nonnullisque aliis Mss. abest. Tum habet ille, « Ad quem emendandum, cuidam fratri... me in disciplinam dedi. »
(d) Corbeiensis *susceperim.* Tum addit Vaticanus post *cessaverim,* isthæc, « in contentione discendi rursum incepperim »: sequitur testis est conscientia quid passus sim, quem eorum qui mecum duxerunt vitam; sustinui scio. » Alii Mss. *conscientia tu a mea, quam,* etc. Mox *librum Job* pro *Danielis* ex altero Reginæ Ms. substituimus.
(e) Alteram *quidem* voculam rectius Reginæ Mss. reticent: deinde, juncto Vaticano, *peritus habebatur* pro *primus legunt.* Denique unus Burdegalensis, « Non potuisse me interpretari, nisi quod intellexeram. »

(f) In Burdegalensi *virum vero adhortante Hebræo et illo mihi,* etc. Tum *cœpi rursus discipulus fieri Chaldaicus*; unus Reginæ *et discipulus* tacet: ille mox præterit verba *et intelligere.*
(g) Idem quæ *canonice continentur*: et paulo post cum Reginæ altero *Enchiridion* appellavit. Hic autem subsequentia, *Duos libros Salomonis explanavit,* prorsus omittit: ille *explanans legit.*
(h) Duo Reginæ *ex Didymi videntis,* etc. Mox Vaticanus cum Burdegalensi *Sexdecim namque Prophetarum,* etc. cumque aliis pluribus deinde *reperta* (alii *repertam*) disseruit *solus, quatuor et septuaginta*; alii tamen duo verba *quatuor et* prætermittunt.

sus Christum canes, et contra insectatores Ecclesiæ, vel eos qui putant Ecclesiam nullos Philosophos et eloquentes habuisse doctores, magno sudavit ingenio : ut sciant quanti et quales viri eam fundaverint, exstruxerint, adornaverint : et desinant fidem nostram rusticæ simplicitatis arguere, suamque potius imperitiam (*a*) recognoscere.

Innumeris præterea libris Apostolorum Prophetarum constructionibus : et post pauca, nunc quoque mysterium iniquitatis operatur. Et garrit unusquisque quod sentit : ego solus sum qui cunctorum gloria mordear. Tanta denique lassitudine fatigatus est, ut etiam in stratu suo jacens, funiculo trabe suspenso, supinisque manibus apprehenso erigeretur ; ut scilicet officium Monasterii prout poterat exhiberet, transeuntes in squalore corporis, vocisque tenuitate dies plurimi. Dehinc Hieronymus librorum abundantia fultus, dictis suis Sancto (Al. *Spiritu*) Spiritui dedicatis, inamobilem Catholicæ Ecclesiæ turrem contra perfidorum jacula, contra Helvidium, contraque Pelagium, et adversus Jovinianum evidentissima volumina, Catholicaque correptione roborata, magnoque scripta acumine laxavit : (*b*) juris quoque consultus ingularem tonantemque edidit librum. Plerasque Eremitarum Patrum vitas insignium veracissimo eloquio texuit historiæ. De Mansionibus quoque Israelitici populi scripsit librum unum ; Namque de frugi et luxurioso filio eleganter exposuit Evangelii historiam, (*c*) ita consolatoriis dissertionibus declaravit, ut unicam fore arbitraretur. *Plurimis quippe*, ait, *qui me dicunt hoc opus inflammatum invidiæ facibus scribere, breviter respondeo, nunquam me hæreticis pepercisse ; sed omni egisse studio, ut hostes Ecclesiæ, mei quoque hostes fierent.*

Pergunt itaque ad visitandum, consolandumque Hieronymum, dum in labore esset (Al. *idem*) identidem Catholici seniores. Ad Beatum quoque Augustinum Episcopum secum quidem animo in Ecclesia Catholica cooperantem, corpore autem in Africa scribentem, sic in cætera scripsit : *Nostra habuimus tempora, cucurrimus quantum potuimus : nunc te currente et longo spatia transmittente, nobis debetur otium*. Igitur Hieronymus, quam Christo Deo adolescens voverat, hanc perfectam eidem jam corpore senex (*d*) obtulit vitam suam, castam, placibilem, unicam in eremo pœnitentiam Bethleemiticam. Libris præterea suis per sex et quinquaginta annos sine ullo otio apud (*e*) Bethleemiticos, totum implevit orbem, spiritali opere irreprehensibiliter consummatis, octavo et octogesimo ætatis suæ anno in Domino requievit. Bethleem eum alma tenet, iterum venturo Domino offerendum. Dormivit autem Beatus Hieronymus anno imperii Theodosii junioris 12 (*f*). Omnes autem anni vitæ ejus sic colliguntur. Ordinatus est Romæ Presbyter annorum viginti novem, (*g*) annis tribus vixit apud Bethleem, in proposito suo annis quinquaginta et mensibus sex. Omne vitæ suæ tempus implevit 88 annis et mensibus sex. Dormivit in Domino pridie kalendas Octobris.

(*a*) Vaticanus *recognoscat*. Porro Martianæus prætermiserat subsequentem pericopen totam *Innumeris præterea libris apostolorum*, etc., usque ad *gloria mordear*, quam supplere ita fidejubentibus cunctis, quos consuluimus Manuscriptis codicibus, nostrarum esse partium duximus. Cæterum et male habitam fuisse a librariis, et claudicare alicubi sensu, quem instaurare in promptu erat, si libuisset, minime diffitemur. Cl. Tillemontius nescire se prorsus ait, quid significet *constructionibus* : quod nobis videtur nomen Grammatico intellectu accipi.

(*b*) Duo e nostris, atque alii quidem Mss. habent *id juris quoque Consultos*, ut scriptum ad eos Liorum, qui nunquam exstitit, dicere videatur. Mox unus Reginæ *Pleræque Eremitarum, Patrumque ritas*, etc. Burdegalensis *Eremitarumque Heremitarum, Patrum vita insignium veracissimo eloquio contexuit historiam.*

(*c*) Malim utique rescribi *conciliatoriis*, proxime ad Cotelerii emendationem, *conciliatoris*. Innuit autem præcipue Commentarios in Matthæum, in quibus subinde speciem σχίσεων in Evangeliis conatur tollere. Etiam in E, ist la ad Hedibiam conciliat Evangelistarum loca de resurrectione.

(*d*) Burdegalensis *hanc profecto* (leg. *perfecto*) *jam corpore eidem obtulit*. א׳ *senex* Reginæ quoque Ms. alter omittit : tum pro *castam*, *placibilem* laudati et plerique alii omnes habent *cantum placibicem*.

(*e*) Idem, «apud Bethleem spirituali opere irreprehensibiliter consummatis, totum replevit orbem. »

(*f*) Addit alter Reginæ, *operante Domino nostro Jesu Christo*.

(*g*) Verba *annis tribus* vetustior Reginæ Ms. tacet : mox legit *annis quinquaginta sex et mensibus sex*. Subsequens vitæ Hieronymianæ summa variat in codicibus magis. Burdegalensis *octoginta septem* : Vaticanus *octoginta novem* suppetat. Reliqua *Dormivit*, etc., in eodem Vaticano atque altero Reginæ non habentur.

S. EUSEBII HIERONYMI (*a*)

INCOMPARABILIS ECCLESIÆ CHRISTI DOCTORIS, ET EXIMIÆ SANCTITATIS VIRI

VITA

EX IPSIUS PRÆSERTIM SYNGRAMMATIS, E SANCTORUM ITEM AUGUSTINI, DAMASI, GREGORII, GELASII, ALIORUMQUE ALIQUOT COLLECTA TRACTATIBUS.

Beati Hieronymi vitam diversis Auctoribus editam

(*a*) Exegimus ad dues proba comprimis totæ codices Mss. ex Ambrosiana, quæ Mediolani est, Bibliotheca, quorum alter F. littera et num. 18. alter I. et 53. prænotantur.

cum legissem, comperi eos inseruisse quædam non

Inscribitur autem ibi ita, « Incipit Vita S. Hieronymi, collecta ex Tractatibus ejus ac Sanctorum Augustini, Damasi, Gregorii, Gelasii, et aliorum Patrum Sanctorum. »

magnopere ad ejus præconium pertinentia. Rursumque opportuna plurima omisisse, et ea maxime quæ ab eodem in suis Tractatibus tradita, in ejus Festo legi congrua videbantur. Inde ejusdem provocatus exemplo, qui in divinis Voluminibus ea quæ ab antiquis Translatoribus (a) superflue edita fuerant, amputaverit : quæ vero prætermissa tradidit, suis restituit locis : tentavi et ego, licet ut meritis ita et stylo longe impar, tam ex scriptis præfati Auctoris, quam ex sacris aliorum Sanctorum assertionibus ea quæ congruere videbantur, excerpere, et qua conveniebat serie instruere, ut ex multis quasi unum corpus efficiens, laborem eorum sublevare aliquatenus possem, qui ea quæ de via et virtutibus Sancti viri per diversa digesta sunt volumina, habere sine tædio voluissent. In quo si temeritas reprehenditur, attendatur devotio, quam ei non immerito debeo : qui matrem meam, cum me haberet in utero, a mortis periculo liberavit.

Præfatus igitur Doctor patre Eusebio genitus est, sicut ipse in Libro de Viris Illustribus adstruit, vicesimo sexto anno imperii magni Constantini in oppido Stridonis, quod a Gothis eversum, Dalmatiæ quondam, Pannoniæque confinium fuit. Qui cum parentibus Christianis in pueritia Romam cum venisset, ubi vestem Christi suscepit, viris insignibus traditur instruendus. Nam in Grammatica Donatum habuit præceptorem, ut Rhetorica Victorinum (b). Cum item liberalibus tam Græce quam Latine polleret, probatissimorum monachorum habitum factumque imitatus est. Qui et per congruos Ecclesiasticos gradus ad Cardinalatus dignitatem conscendit. Nam factus annorum triginta novem, a Liberio sedis Apostolicæ Præsule, Presbyter Ecclesiæ Romanæ tituli sanctæ Anastasiæ ordinatur. Sed cum idem Apostolicus post annos fere quatuor in apostaticum versus, Ariano dogmati consensisset, multique se ob metum persecutionis, quæ a (c) Constantio excitabatur, absconderent : iste juxta sermonem propheticum, opposuit se murum pro domo Israel, ut staret in prælio in die Domini. Nam licet afficeretur injuriis, terroribus pulsaretur : nunquam hæreticis acquievit. Imo secundum datam sibi sapientiam eloquii sui sagittas emittens, dissipavit eos : et divinarum sententiarum fulgura multiplicans, conturbabat illos. Eodem autem tempore prohibebatur Catholicis libere propriis rebus uti, dum eos et Constantius Augustus, et Liberius Pontifex persequerentur. Tunc quædam matrona Paula nomine, nobilis genere, sed nobilior sanctitate, videns beatum Hieronymum in defensione fidei admodum viriliter laborantem, auxilium cœpit ei impendere, ac de suis facultatibus ministrare. Cujus devotionem et meritum vir prudentissimus intuens, frequenter eam et Eustochium ejus filiam in suis commemorat Tractatibus. Curans etiam eas imbuere divinarum scientia Scripturarum. Nam et affectuosis Paulam consolatus est scriptis de filiarum suarum, Blesillæ scilicet, et Paulinæ recenti obitu consternatam. Unde quidam pseudoclerici ac monachi, quorum scribens vitam deprehenderat, occasione delatrandi accepta, eum infamia subnotare miserrimi homines conabantur. Et quia ipsi vitiis subjacebant carnalibus, ad excusandas excusationes in peccatis, id ipsum Hieronymo imponebant (d). Denique isti vestem muliebrem prope lectum, qua se induceret surrecturus ad matutinas, imposuerunt. Ut ergo vidit Hieronymus, non minus se a falsis fratribus, quam ab hæreticis infestari, attendens illud Evangelicum : *Si vos persecuti fuerint in civitate ista, fugite in aliam* : deliberat cedere eorum malignitati, et ad Orientales regiones militaturus Domino commigrare. Quod quidem et Jacob in fratre suo Esau fecisse legitur, et David in socero suo Saul : quorum unus ad Syros, alius ad Philistæos se contulit, malens hostibus quam invidis subjacere. Profectionis autem suæ de Urbe ordinem (e ipse Ruffino scribens, sic narrat : *Mense Augusto, flantibus Zephiris, cum Sancto Vincentio Presbytero et adolescente fratre, et aliis monachis, qui nunc Jerosolymis commorantur, navim in Romano portu securus ascendi, maxima me Sanctorum frequentia prosequente, veni Rhegium, in Scylleo littore paululum steti, ubi veteres didici fabulas, et præcipitem fallacis Ulyssis cursum, et Sirenarum cantica, et insatiabilem Charybdis voraginem. Cumque mihi accolæ illius loci multa narrarent, darentque consilium, ut non ad Protei columnas, sed ad (Jonæ) Dio ne portum navigarem (illum enim fugientium et turbatorum, hunc securi hominis esse cursum), malui per Maleas et Cycladas Cyprum pergere : ubi susceptus a venerabili Episcopo Epiphanio, cujus tu in testimonio gloriaris. Veni postmodum Antiochiam, ubi fruitus sum communione pontificis confessorisque Paulini, et deductus ab eo media hieme (f) in gravissimo frigore, intravi Jerosolymam. Vidi multa miracula, et quæ prius ad me fama pertulerat, oculorum judicio comprobavi. Inde conscendi Ægyptum, lustravi monasteria Nitriæ : et inter Sanctorum choros, aspides latitare perspexi.* Quis autem felicem non dixerit fugæ hujus eventum, Christique providentia dispensatum, ut scilicet Romana Ecclesia Petri instituta regimine, omnium etiam veteris et novi Testamenti librorum,

---

(a) Mss. uterque liber vocem *superflue* reticet. Tum *quæ vero prætermissa re addidit*, *Tentavi et ego*, etc., absque *suis restituit locis.*

(b) Iidem *cum in liberalibus*; tum ex his alter vetustior sive 1. litteræ denotatus, « polleret, Christi vestem in præfata Urbe suscipiens, per congruos Ecclesiasticos, » etc. nulto ad verum propius. Illud *Monachorum factum* ex Pseudo Gennadio est. Idem paulo post *annorum viginti novem* (decennio integro minus) *a Liberio sedis Apostolicæ Præsule Presbyter ordinatur* : prætermissis, quæ sequiorem adhuc multo fabulam redolent, *Ecclesiæ Romanæ tituli sanctæ Anastasiæ.*

(c) Pro *Constantio* cum heic, tum paulo inferius, ubi *Constantius Augustus* scribitur, præferunt Mss. nostri *Constantinum.*

(d) Periocham hanc totam, « Denique isti vestem muliebrem prope lectum, qua se induceret, surrecturus ad matutinam, » qua ridiculæ, ne quid plus dicam, fabulæ memoria continetur, Ambrosianus alter Ms. liber penitus nescit. Et sane videtur ad ejus fidem expungenda.

(e) Atqui hoc rectius idem Mss. *ordinem cum Ruffino expostulans, sic narrat.*

(f) Docet idem Ms. ineptum glossema, *in gravissimo frigore*, expungendum : ut et paulo post legendum, *contendi Ægyptum* pro *conscendi.*

desudante Hieronymo, (a) Hebraicam et Græcam habeat certitudinem. Et quia quorumdam Græcorum levitas, quod cunctas Scripturas sibi divinitus inspiratas Romanos a se accepisse plaudebant, fecit ab insultatione desistere. Ideo Hieronymus locis venerabilibus supra dictis perlustratis, pergit Constantinopolim ad audiendum venerabilem virum Gregorium (b) Nazianzenum præceptorem suum tunc ejusdem urbis Episcopum, ut sanctarum Scripturarum erudiretur studiis. Quid vero de hujus viri indefesso studio et eleganti industria, quam circa Græcos, Latinos, Hebræos, Syros, et (c) Chaldæos exhibuit in discendo, aliud (dele.) nihil dici potest præstantius, quam quod ipsius ad Pammachium et Oceanum missa profitentur verba dicentis? *Dum essem juvenis, nimio discendi fervebam amore: nec juxta quorumdam præsumptionem, ipse me docui. Apollinarem audivi Antiochiæ frequenter et colui. Jam canis spargebatur caput, et magistrum potius quam discipulum (d) decebat. Perrexi tamen Alexandriam, audivi Didymum: in multis gratias ei ago, quia quod nescivi, didici: quod sciebam, illo docente, non perdidi. Putabant me homines finem fecisse discendi. Veni rursus Jerosolymam et Bethleem. Quo labore, quo pretio, Barrabanum nocturnum habui præceptorem? Timebat enim Judæos, et alterum mihi se exhibuit Nicodemum. Item ad Rusticum monachum: Dum essem juvenis, et solitudinis me deserta vallarent, incentiva vitiorum ardoremque naturæ ferre non poteram: quem cum crebris jejuniis frangerem, mens tamen cogitationibus æstuabat. Ad quam edomandam, cuidam fratri qui ex Hebræis crediderat, me dedi in disciplinam: ut post Quintiliani acumina, Ciceronis fluvios, gravitatemque Frontonis, et lenitatem Plinii, alphabetum discerem: et stridentia, anhelantiaque verba (e) meditarer. Quid ibi laboris insumpserim, quid sustinuerim difficultatis: quoties desperaverim, quotiesque cessaverim: et contentione discendi rursus incæperim, testis est conscientia, tam mea qui passus sum, quam eorum qui mecum vitam duxerunt. Et gratias ago Domino, quod de amaro semine litterarum dulces fructus carpo. Et in prologo libri Job, quem videlicet librum ejus studio Latina lingua translatum expositumque promeruit; Memini me,* inquit, *ob intelligentiam hujus voluminis (f) Liddeum quemdam in præceptorem, qui apud Judæos peritus habebatur, non parvis redemisse nummis.* Porro ad scientiam linguæ Chaldaicæ quo labore pervenerit, idem de se Hieronymus ita in prologo Danielis enarrat: *Ego adolescentulus post Quintiliani et Tullii lectionem ac flores rhetoricos, cum in linguæ hujus pistrinum me reclusissem, et multo sudore multoque tempore vix cæpissem anhelantia stridentiaque verba resonare: et quasi per cryptam ambulans, (g) rarum desuper lumen aspicerem, impegi novissime in Danielem: et tanto tædio affectus sum, ut desperatione sumpta, omnem veterem laborem voluerim contemnere. Verum adhortante me Hebræo, et illud sua lingua crebrius ingerente: Labor improbus omnia vincit: et qui mihi videbar sciolus, inter Hebræos, cæpi rursus discipulus esse Chaldaicus. Et ut verius fatear, usque in præsentem diem magis possum sermonem Chaldaicum legere, (h) et intelligere, quam sonare.*

Interea pergit in Syriam, et dum in possessione Evagrii Presbyteri moraretur, Malchum monachum et aliquando captivum reperit: percunctatusque eum, ordinem omnem captivitatis ejus accepit, et scripsit historiam. Cumque sanctos monachos et Eremitas, eorumque humilia peragrans habitacula contemplatur, (i) orationibus sine intermissione insistens, voluptatemque carnis quotidiano labore jejunioque refrenans, plerosque bonorum meliores fore, suo docuit instituto. Dum itaque his bonis adeo insisteret, ut scribendi etiam studium intermitteret; Damasus Urbis Episcopus pro Ecclesiæ utilitate sollicitus, ut ab assiduo scribendi opere non desisteret, hujuscemodi eum exhortatus est scriptis: *Dilectissimo filio Hieronymo Damasus. Dormientem te, et longo jam tempore legentem potius quam scribentem, quæsiunculis ad te missis excitare disposui. Non quod et legere non debeas, hoc enim quasi quotidiano cibo alitur et pinguescit oratio: sed quod lectionis fructus sit iste, si scribas. Itaque quoniam pollicitus es te furtivis noctium operis aliqua si vellem posse dictare: libenter accipio ab offerente, quod rogare voluerum, si negasses. Neque vero ullam puto digniorem disputationis nostræ confabulationem fore, quam si de Scripturis sermocinemur inter nos: id est, ut ego interrogem, tu respondeas. Qua vita, in hac luce nihil puto jucundius; quo animæ pabulo omnia mella superantur. Quam dulcia,* inquit Propheta, *gutturi meo eloquia tua! Super mel ori meo. Præcipuus orator,* inquit: *Cum idcirco homines a bestiis differamus, quod loqui possumus: qua laude dignus est, qui in ea re cæteros superat, in qua homines*

(a) Ambrosianus Ms. vetustior, « Hebraicam habeat veritatem, et quorumdam Græcorum certitudinem. »
(b) Idem, « Gregorium Nazianzenum, ut idem in tertio Explanationum Isaiæ libro meminit, ubi Propheta Deum se vidisse testatur, sic inquiens, De hac Visione cum essem Constantinopoli, et apud virum eloquentissimum Gregorium Nazianzenum præceptorem meum, » etc. ut videri hæc facile possint, ob ejusdem nominis *Gregorii Nazianzeni* recursum, sæpius obvio librariorum lapsu, prætermissa. Sequitur iisdem Hieronymi verbis, « tunc ejusdem urbis Episcopus Sanctarum Scripturarum studiis erudirer, scio me brevem subitumque dictasse Tractatum. Quid vero, » etc.
(c) In eodem Ms. *Chaldæosque in discendo habuit*, etc.
(d) Restituimus ex eodem Ms. *decebat*, pro quo erat *docebat*. Idem paulo post *Baraniam* habet pro *Barrabanum. Baraninam* Sanctus ipse Pater vocat.
(e) Plus idem habet: *Verba vix meditarer:* tum illa, *quotiesque cessaverim*, heic prætermissa, subdit his, *rursus incæperim*.
(f) Atque heic ex eodem Ms. restituimus *Liddeum* pro *Judæum*, quod erat. Mox idem *Hebræos* pro *Judæos* habet. Et paulo post duo illa verba prætermittit, *Ego adolescentulus*.
(g) Atque heic *rarum* ex eodem Ms. emendavimus pro quo vitiose erat *carum*.
(h) Duo verba *et intelligere* Ms. I littera denotatus non habet. Tum vero satis longam pericopen, quæ utramque fere implet columnam paginæ 263, hic transfert, a verbis, *Plenitudinem itaque sapientiæ, et sanctitatis* (al. *scientiæ*, usque ad illa *probabilem esse evidenter insinuat*). De quibus tum redibit dicendi locus.
(i) Addit idem Ms. « Ipse quoque eorum habitum factumque imitatus est, orationibus namque sine intermissione, etc. » *De Monachorum facto* diximus ad præcedentem Pseudo Gennadii scriptionem, unde hæc videntur desumpta.

bestius antecellunt? Accingere igitur, et mihi quæ subjecta sunt edissere. Quid sibi vult quod in Genesi scriptum est ; *Omnis qui occiderit Cain, septem vindictas exsolvet.* Si omnia fecit Deus bona valde, quare Noe de mundis et immundis præcepit; cum immundum nihil bonum esse possit? Cur Deus loquitur ad Abraham, quod quarta progenie essent filii Israel de Ægypto reversuri, et postea Moyses scribit : Quinta autem progenie exierunt filii Israel de terra Ægypti? Cur Abraham fidei suæ signum circumcisione accepit? Cur Isaac vir justus non illi cui voluit, benedixit? De quibus omnibus beatus Hieronymus plenissime satisfecit: et quæ subnotantur per diversa ejus tempora Damaso Papæ inscripsit. Homilias scilicet in Canticum Canticorum (*a*). De Osianna, vulgo Osanna librum unum. De morte Oziæ, et de Seraphim et calculo candente librum unum ; de prodigo filio, librum unum ; de Spiritu sancto, librum unum. Textum quatuor Evangeliorum, Scriptorum culpa confusum, diligenter correxit. Sed et Psalterium secundum vestigia septuaginta interpretum de Græco transtulit in Latinum, id quod etiam Paula et Eustochio petentibus emendavit. Demum autem a Sophronio postulatus de Hebræo expressit, eumque breviter librum disseruit, et Enchiridion appellavit. Per idem tempus scripsit vitam Pauli monachi, et vitam beati Hilarionis : exhortatoriam ad contemptum mundi ad Heliodorum Epistolam, et ad Nepotianum de vita Clericorum. Chronicum quoque omnimodæ historiæ, multasque alias ad diversos Epistolas. Porro humani generis inimicus, qui eum Romæ per suos ministros fuerat persecutus : etiam in solitudine, Arianos ei adversarios suscitavit : de quibus beato Damaso scribens, ita conqueritur : *Ego Christi vestem in Romana urbe suscipiens, nunc Barbaro Syriæ limite teneor.* Verum, ut ait gentilis poeta : *Cœlum non animum mutat, qui trans mare currit.* Ita me incessabiliter inimicus post tergum persecutus est, ut majora in solitudine bella nunc patiar. Hic enim præsidiis fulta mundi rabies Ariana fremit. Hic in tres partes scissa Ecclesia ad se rapere festinat, monachorum (*b*) circa commanentium antiqua in me surgit auctoritas. Ego interim clamito : *si quis Cathedræ Petri jungitur, mecum est.* Meletius, Vitalis atque Paulinus tibi hærere se dicunt: possem credere si hoc unus assereret : nunc autem duo mentiuntur, aut omnes. De iis etiam persecutionibus (Marco.) Malcho Chalcide reverendo viro in quadam Epistola (*c*) proloquitur : *Si persecutoribus meis placet, hæreticum me cum occidente, hæreticum cum Ægypto, hoc est, cum Damaso Petroque condemnent. Si rivus tenuiter currit, non est alvei culpa, sed fontis. Nihil alicui præripui, nihil otiosus accipio : manu quotidie et proprio sudore quærimus cibum, scientes ab Apostolo scriptum esse : Qui non operatur, non manducet. Placet eis ut hinc recedam, jamjam recedo : arripuerunt enim a me partem animæ meæ charissimos fratres. Ecce discedere cupiunt : imo discedunt, melius esse ducentes inter feras habitare, quam cum talibus Christianis.* Ad deserta deinde loca sic lætus accinctusque (*d*) successit, ut volasse illum magis crederes, quam measse. Qualiter autem se affligendo noxias etiam in se cogitationes extinxerit, qualiter quoque visitationem Domini meruerit : ita ut sæpe choris interesset angelicis, ipsiusmet Hieronymi ad Eustochium scripta testantur. Epistola sic incipit, *Audi filia et vide.* In qua inter alia sic dixit : *Quia impossibile est,* inquit, *in sensum hominis non irruere motum, et medullarum calorem, ille tamen laudatur, ille prædicatur beatus, qui statim ut cœperit cogitare, interficit cogitatus et allidit eos ad petram : petra autem est Christus. Quoties ego ipse in eremo constitutus, et in illa vasta solitudine, quæ exusta solis ardoribus, horridum monachis præstat habitaculum, putabam me Romanis interesse deliciis. Sedebam solus, quia amaritudine plenus eram : horrebant sacco membra deformia, et squalida cutis situm Æthiopicæ carnis obduxerat. Quotidie lacrymæ, quotidie gemitus; et si quando repugnantem me somnus imminens oppressisset, nuda humo vix ossa hærentia collidebam. De cibis vero et potu taceo, cum etiam languentes monachi cibi aqua frigida utantur, et coctum aliquid* (*e*) *accepisse, luxuria sit. Ille igitur ego qui ob gehennæ metum tali me carcere ipse damnaveram, scorpionum tantum socius et ferarum, sæpe choris intereram puellarum. Pallebant ora jejuniis , et mens desideriis æstuabat in frigido corpore, et ante hominem sicca jam carne præmortuum sola libidinum incendia bulliebant. Itaque omni auxilio destitutus, ad Jesu jacebam pedes, rigabam lacrymis , crine tergebam. Et repugnantem carnem hebdomadarum inedia subjugabam. Non depudesco infelicitatis meæ : quin potius plango me non esse quod fuerim. Memini me clamantem, diem crebro junxisse cum nocte : nec prius a pectoris cessasse verberibus, quam, Domino imperante, rediret tranquillitas. Ipsam quoque cellulam meam quasi cogitationum mearum consciam pertimescebam. Et mihimet iratus et rigidus, solus deserta penetrabam : sicubi concava vallium, aspera montium, rupium prærupta cernebam : ibi meæ orationis erat locus, ibi illud miserrimæ carnis ergastulum* (*f*) *collocabam. Et (ut mihi testis est ipse Deus) post multas lacrymas, post cœlo oculos inhærentes, nonnunquam videbar mihi interesse agminibus angelorum, et lætus gaudens, cantabam : Post te, in odorem unguentorum tuorum currimus. Quadriennii itaque tempore sic exacto in præfata vasta solitudine,*

(*a*) Denuo idem addit *duas*, recte. Tum de *Osana librum*, præfert, absque intermediis *vulgo Osanna*, quod glossema interpellatoris sapit.

(*b*) Emendavimus ex eodem Ms. heic *circa*, pro quo erat *certa* : tum *clamito* pro *clamabo*. Pro *mecum est*, idem habet Ms. *meus est*.

(*c*) Ms. *sic prosequitur*.

(*d*) Atque hoc rectius idem Ms. habet *secessit*. Ignorarat vero isthæc, quæ subsequuntur, *qualiter quoque visitationem Domini meruerit* : tum illa paulo post, *Epistola sic incipit, Audi, filia, et vide, in qua inter alia sic dixit*.

(*e*) Ms. *comedisse*. Mox et *mens æstuabat*, absque *desideriis* : tum illud rectius, *sua jam carne pro sicca jam carne*, etc. Denique *non erubesco confiteri infelicitatis meæ miseriis pro depudesco infelicitatis meæ*.

(*c*) Abest verbum *collocabam* a Ms. tum illa quoque mox absunt, *in præfata vasta solitudine*.

sentiens in se beatus Hieronymus omnem carnis voluptatem exustam, nihilque in ea esse, quod spiritui repugnaret : revertitur Jerosolymam, ut derivaret fontes suos foras, et in plateis aquas scientiæ suæ divideret : ut de torrente linguæ ejus multi vina biberent, qui hunc in deserto et in invio et inaquoso reperire vix possent. Accedens igitur ad ejusdem civitatis Episcopum Cyrillum nomine, petiit ab eo, ut Bethleem, quæ in sexto sita est a Jerosolyma milliario, contra meridianam plagam, locum sibi habitandi tribueret : optans scilicet, ut prudens animal, præsepio Domini sui jugiter adhærere. Cui mox quod devote poposcit digne concessum est. At ipse, favente Domino, (*a*) monasterium construxit, ut ipse inquit in Epistola ad Pammachium, de morte Paulinæ uxoris sub finem, in hæc verba : *Sic et nos in ista provincia ædificato et monasterio, et diversorio propter exstructo, ne forte et modo Joseph cum Maria Bethleem veniens non inveniat hospitium, tantis de toto orbe confluentibus turbis obruimur monachorum, ut nec cœptum opus deserere, nec supra vires ferre valeamus. Unde quia pene nobis illud de Evangelio contigit, ut futuræ turris non ante computaremus expensas, compulsi sumus fratrem Paulinianum ad patriam mittere, ut semirutas villulas, quæ barbarorum manus effugerunt, et parentum communium census venderet : ne cœptum sanctorum ministerium deserentes, risum maledicis et æmulis præbeamus.* In quo quidem monasterio sub statuta ab Apostolis degens regula cœpit, ut multum cupierat, cum illustri viro Eusebio Cremonensi, et cum aliis sanctis fratribus habitare. A quibus scilicet divino ministerio jugiter insudantibus hoc matutinale officium quod nunc observatur in occiduis maxime regionibus, canonica institutione primitus institutum est. Quod et Cassianus testatur dicens : *Matutinæ solemnitatis officium novo adhuc tempore constitutum est primitus in Bethleemitico monasterio, ubi Dominus noster Jesus Christus pro redemptione humani generis, ex Virgine nasci dignatus est.* Sicque ex illo per universum mundum consuetudo celebrandæ istius matutinæ functionis invaluit. Quo quidem tempore beatus Papa Damasus, beato Hieronymo id officii componente, (*b*) constituit, ut psalmi die noctuque per omnes canerentur Ecclesias : et subnecteretur in fine uniuscujusque hic hymnus : Gloria Patri, et Filio, et Spiritui Sancto. Sicut erat in principio et nunc et semper et in sæcula sæculorum, amen. Plures itaque ad cum religiosorum, quibus vitæ et scientiæ ejus fama innotuerat, confluebant : bonumque doctorem boni discipuli frequentantes in doctrinæ illius efficacia mirabantur. Erat enim adeo copiosus in ratione reddenda, ut undecumque interrogatus fuisset, paratum haberet, et competens sine dilatione responsum.

Modo humilibus suaviter blandiens, modo superborum colla confringens, modo derogatoribus suis vicem necessaria mordacitate rependens, modo virginitatem prædicans, modo matrimonia casta defendens, modo virtutum certamina gloriosa collaudans, modo lapsus in clericis sive monachis vehementer accusans. Qui etiam dum adhuc Romæ suum titulum (*c*) Cardinalitii presbyteratus in Ecclesia sanctæ Anastasiæ gubernaret, tres clericos nulla alia causa culpabiles, nisi quia inordinate et incomposite incedebant, ab aspectu suo ac mensa continuo separavit. Incessus enim incompositus, evidens signum est, quoniam status interioris hominis male est ordinatus. Unde idem in vita sanctæ Paulæ : *Per exteriorem, inquit, hominem, et interioris hominis vita demonstratur.* Præterea tanta linguarum peritia erat præditus, ut quoscumque unius linguæ libros in manus acciperet : hos in aliam linguam nihil cunctatus (*d*) transcriberet, adeo ut crederes esse sic scriptum, ita hos ejus inoffensa velocitas refundebat. Unde et in derogationem æmulorum suorum quamdam Epistolam sic conclusit : *Nec lucubratiuncula hæc tanta est ad lucernæ lumen, claritate perfusa : ut vel notariorum manus lingua præcurreret.* Per idem tempus ad Paulinam ex senatore presbyterum mirificam prædestinavit Epistolam. In qua mysterium uniuscujusque libri tam veteris, quam novi Testamenti breviter, summatimque perstrinxit. Quid enim non solum in divinis, sed etiam in mundanis litteris Hieronymi sagacitatem latere potuit? Ex quibus scilicet mundanis necessitate quandoque cogebatur, nonnihil suis immiscere Tractatibus : ut probaret ea quæ a sanctis Prophetis ante sæcula prædicta sunt, tam Græcorum quam Latinorum et aliarum gentium litteris contineri. Non enim credendum est id eo factum, quod libri Gentilium tantopere illius oblectarent mentem, cum prius aliquanto ad cœleste retractus examen, pro ejusmodi lectione pœnas luisset divino ac salutari verbere castigatus. Quod qualiter actum sit, in prædicta Epistola ad Eustochium legitur eodem Hieronymo sic inter alia referente : *Dum ante etiam annos plurimos domo, parentibus, cognatis et quod his difficilius est, consuetudine lautioris cibi propter cœlorum me regna castrassem, et Hierosolymam militaturus pergerem, bibliotheca quam mihi Romæ summo studio ac labore confeceram, carere non poteram. Itaque miser ego lecturus Tullium, jejunabam : post noctium crebras vigilias, post lacrymas, quæ mihi præteritorum peccatorum recordatione ex intimis visceribus fluebant, Plato sumebatur in manibus. Si quando in memetipso reversus Prophetas legere cœpissem, sermo horrebat incultus. Et quia lumen cæcis oculis non videbam : non oculorum putabam culpam esse, sed solis. Dumque ita me antiquus serpens illude-*

(*a*) Longam quæ hinc subsequitur septemdecim versuum pericopen, ab his verbis *favente Domino* ad *sub statuta ab apostolis degens regula*, idem Ms. prætermittit, errore, ut videtur, Antiquarii, cui fraudi fuerit idem *monasterii* nomen, quo et inchoatur illa et concluditur.
(*b*) Idem Ms. *Beato Hieronymo suggerente*, pro id *officii componente*.

(*c*) Atque hæc penitus ignorat idem Ms. verba *cardinalitii presbyteratus in Ecclesia sanctæ Anastasiæ*, quæ sequiore aliqua manu videntur in textum intrusa.
(*d*) Ms. *transcurreret*. Nos quod subsequitur *velocitas refundebat*, emendavimus pro *velocitate fundebat*. Paulo post idem Ms. *conclusit. Hæc lucubratiuncula tanta est ad lucernæ lumen celeritate perfusa*, quemadmodum satius utique esset locum religere.

ret, in media ferme quadragesima medullis infusa febris, corpus invasit exhaustum : et sine ulla requie, quod dictu quoque incredibile, sic infelicia membra depasta est, ut vix ossibus interim parabantur exequiae et vitalis animae calor, toto jam frigescente corpore, in solo tantum repente pectusculo palpitabat. Tunc subito raptus in spiritu, ad tribunal judicis pertrahor : ubi tantum luminis erat ex circumstantium claritate, fulgoris, ut projectus in terram sursum aspicere non auderem. Interrogatus conditionem, Christianum me esse respondi. Et ille qui praesidebat : Mentiris, ait : Ciceronianus es, non Christianus. Ubi enim est thesaurus tuus, ibi est et cor tuum. Illico obmutui, et inter verbera (nam caedi me jusserat) ego conscientiae magis igne torquebar, illum mecum versiculum repetens : In inferno autem quis confitebitur tibi? clamare tum coepi, et ejulans dicere : Miserere mei Domine, miserere mei. Haec vox inter flagella saepius resonabat. Tandem ad praesidentis genua provolvi, qui astiterant, precabantur ut veniam tribueret adolescentiae, et errori locum poenitentiae commodaret, exacturus deinde cruciatum, si gentilium litterarum aliquando libros legissem. Ego qui tanto constrictus articulo, vellem etiam majora promittere, dejerare coepi, et nomen ejus obtestans dicere : Domine, si unquam habuero codices saeculares, aut si legero, te negavi. Inter haec sacramenti verba dimissus, revertor a superis : et mirantibus cunctis oculos aperio, tanto lacrymarum imbre perfusos, ut etiam incredulis fidem facerem ex dolore. Nec vero sopor ille fuerat, aut vana somnia, quibus saepe deludimur. Teste est tribunal illud, ante quod jacui. Judicium teste est, quod timui. Ultra mihi nunquam contingat in talem incidere quaestionem. Nam fateor vulneribus habuisse me plenas scapulas, plagas sensisse post somnium, et tanto dehinc studio divina legisse, quanto non ante mortalia legeram. Post haec itaque cum quadam die sacras Scripturas fratribus ex more dissereret, subito tribus claudicans, quarto suspenso pede claustra coenobii leo ingens ingreditur. Cumque fratres territi fugam arripuissent, vir Dei veluti hospiti adventanti se obtulit : et intelligens plantam ejus a sentibus vulneratam, praecepit fratribus, ut terrore deposito, curam ipsius gererent. Quod cum sollicite fieret, omni ferocitate deposita, ita leo mansuetus efficitur, ut ei fratres jussu beati Hieronymi asinum quemdam committerent, quem ab opere redeuntem in pascuis custodiret. Accidit interea una dierum, ut seporato leone negotiatores quidam qui Ægyptum adibant, videntes asinum solivagum incedentem, cupiditate victi, suo cum comitatu aggregaverunt. Expergefactus autem leo, cum commissam sibi bestiam minime reperisset, confusus ad monasterium rediit : et quasi culpae conscius, commune receptaculum solus ingredi non audebat. Quod fratres una cum beato Hieronymo perpendentes, absentem asinum ab illo existimant devoratum. Nolentes tamen eum exasperare, abducti ei animalis opus injungunt : ut scilicet ea ferret onera quae prius asinus gestare consueverat. Nec mirum fratribus innocenter viventibus, leonem obsequium

praebuisse, cum in testimonium primae creationis legamus viris sanctis Deo humiliter famulantibus et leones et volatilia ministrasse, et ictus cessisse ferarum, et venenum non nocuisse serpentum. Ita cum leo injunctum sibi opus indesinenter exequitur, die quadam de sublimi prospiciens praefatos viatores, vidit eminus venientes, et cum camelis eorum suum illum comitem. Mox quasi deprehensis hostibus, immane rugiens et contra eos vehementer insiliens, homines in diversa dispersit. Camelos autem onustos una cum asino cogens, ad claustri portam perduxit. Mirati fratres cum haec retulissent beato Hieronymo, jussit ille depositis oneribus, camelorum pedes ablui, eisque pabula apponi, atque adventantibus hospitibus convivium praeparari. Et ecce illi continuo venientes, ad sancti Patris vestigia se prostraverunt, de commisso furto veniam postulantes. Qui eos benigne suscipiens, ad cellam hospitum cum magna hilaritate deduxit. Videntes illi in servo Dei tantam clementiam, medium olei quod de Ægypto attulerant, monasterio obtulerunt. Quodque singulis annis tam ipsi, quam eorum haeredes plenam olei hydriam in eodem coenobio devotissime spoponderunt. Quos beatus Hieronymus benigna commonitione refectos, et spirituali benedictione roboratos, in pace dimisit. Interea venerabilis Paula, cujus supra fecimus mentionem, admirans religiosam vitam reverendorum Episcoporum, Paulini scilicet Antiocheni, et Epiphanii Salaminae (a), quos sedes Apostolica pro quibusdam Ecclesiasticis negotiis detinebat ; eorum atque Hieronymi accensa virtutibus, urbem Romam imo Babyloniam deserere cogitabat. Illis itaque ad sedes proprias se recipientibus, haec relictis filiis, Toxotio scilicet et Ruffina, facultatibusque desertis, sola Eustochio comitante, toto cum eis desiderio navigavit. Denique post multa pericula, immensosque labores ingressa Hierosolymam, cum sancta loca studiosissime perlustrasset, reversa Bethleem diversorum peregrinorum cellulas monasteriaque construxit : de quibus monasteriis, beato disponente Hieronymo, unum viris tradidit gubernandum. Virgines quas de diversis congregavit locis, in tres turmas monasteriaque divisit. Inter quas tanta se humilitate dejecit, ut qui eam (b) audisset, extremam crederet ancillarum. Haec intuens sorores suas circa cultum sanctae Dei genitricis ac virginis devotissimas, beato Hieronymo una cum filia supplicavit, ut de ipsius Assumptione sermonem faceret, mirifica ejusdem Virginis praeconia continentem. Quarum piam petitionem ipse pariter devotus admittens, cum summa diligentia quod rogabatur, implevit. De cujus sancta vita, et ejus discessu a Roma, et progressu per viam, et accessu ad Hierosolymam omnibusque praedictis, idem Hieronymus late tractat atque declarat in Tractatu quem fecit de obitu

---

(a) Addunt Mss. quibus utimur, *Cypr.* : contra mox reticent *atque Hieronymi* : denique habent *ad sedes proprias remeantibus*, pro *recipientibus*.
(b) Iidem libri *vidi et* : et paulo post, *quas pias petitione vir ipse*, etc. Subsequentem vero periochum totam, *De cujus sancta vita*, usque *Paulae*, prorsus ignorant.

et transitu sanctæ Paulæ. Sane inter innumeros tractatus, quos ad diversos misit, ad quamdam virginem Asellam nomine scripsit Epistolam : in qua pro officio sibi ab ea exhibito, gratias ei refert, et ab olim imposito sibi crimine innocentem se astruens, æmulorum suorum invidiam increpat. Quos etiam in sanctæ Paulæ discessu susurrasse acceperat. Hujus autem talis est textus (a) Epistolæ : *Si tibi putem gratias a me referri posse, non sapiam : potens est Deus super personam animæ tuæ restituere, quod meretur. Ego enim indignus nec æstimare unquam potui, nec optare, ut mihi tantum in Christo largireris affectum. Et licet me sceleratum quidam putent, et flagitiis meis obrutum, et pro peccatis meis etiam hæc parva sunt : tamen tu bene facis, quod ex tua mente etiam malos, bonos putes. Periculosum quippe est de servo alterius judicare, et non facilis venia prava dixisse de rectis. Veniet, veniet illa dies et mecum dolebis ardore non pauco. Ego probrosus, ego versipellis et lubricus, ego mendax, et Satanæ arte decipiens. Quis istas astutias, hoc vel credidisse, vel (b) sensisse de insontibus, an etiam de noxiis credere voluisset? Osculabantur mihi quidam manus, et ore viperco detrahebant : dolebant labiis, corde gaudebant. Videbat Dominus, et subsannabat illos : et miserum me servum suum futuro cum eis judicio reservabat. Alius incessum meum calumniabatur et risum. Ille vultui detrahebat, hic in simplicitate aliud suspicabatur. Pene triennio cum eis vixi : multa me virginum crebro turba circumdedit : divinos libros ut potui, nonnullis sæpe disserui. Lectio assiduitatem, assiduitas familiaritatem, familiaritas fiduciam fecerat. Dicant quid unquam in me aliter senserint, quam quod Christianum decebat. Dicant, si pecuniam cujusquam accepi : si munera parva vel magna non sprevi. In manu mea æs alicujus (c) fuit? Nihil mihi aliud objicitur nisi sexus meus : et hoc nunquam objicitur, nisi cum Paula et Melania Hierosolymam proficiscuntur. Isti crediderunt mentienti; cur non credunt neganti? Idem est homo ipse, qui fuerat : fatetur insontem, qui dudum noxium prædicebat. Et certe veritatem magis exprimunt tormenta, quam risus : nisi quia facilius creditur, aut non fictum ut* (l. lingatur) *fingatur, impellitur. Antequam domum sanctæ Paulæ nossem, in me Urbis studia consonabant. Omnium pene judicio dignus summo sacerdotio decernebar. Beatæ memoriæ Damasus, sermo meus erat : dicebar sanctus, dicebar humilis et discretus. Nunquam domum alicujus lascivioris ingressus sum. Nunquam me vestes sericæ, nitentes gemmæ, picta facies, auri rapuit ambitio. Nulla fuit aliquando matronarum Romæ, quæ meam posset edomare mentem, nisi lugens atque jejunans Paula, squalens sordibus, fletibus pene cæcata : quam continuis noctibus Domini misericordiam deprecantem sol sæpe deprehendit. Cujus canticum, psalmi : sermo, Evangelium : deliciæ, continen-*

(a) Ms. vetustior tacito *Epistolæ* nomine, inscriptionem hujusmodi deridiculam præponit, *Nobilis Dalmata Hieronymus Asellæ Virgini salutem.*
(b) Idem, *vel finxisse de insontibus.*
(c) Mss. *Sonuit* : tum « nisi cum Jerosolymam Paula proficiscitur, » prætermissa *Melania*, quæ ad hæc tempora nequaquam spectat, et cum Ruffino diu antea navigaverat.

tia : vita, jejunium. Nulla me potuit aliquando delectare, nisi illa, quam manducantem nunquam vidi. Sed postquam eam pro suæ meriti castitatis venerari, colere ac suscipere cœpi : omnes illico deseruere virtutes. O invidia primum mordax tui, o Satanæ calliditas semper sancta persequens? Gratias autem ago Deo meo, quod dignus sim quem mundus oderit (d). *Maleficum quidam me garriunt : titulum fidei servus agnosco. Magum vocant et Judæi Dominum suum : seductor, et Apostolus dictus est. Tentatio me non apprehendit nisi humana. Quotam partem angustiarum perpessus sum qui cruci milito? Infamiam falsi criminis importarunt : sed scio per bonam famam et malam perveniri ad regna cœlorum. Plenitudinem itaque sapientiæ et* (e) *scientiæ adeptus, dedit ut abyssus vocem suam : et aquæ Hebraicæ amaritudinis ad verbum ejus dulcoratæ sunt, et revelata sunt abscondita a sæculis et generationibus.* Cuncta enim volumina veteri Testamenti prius de Græco, postea vero veraciori editione de Hebraico transtulit in Latinum. Eodemque fere omnia spiritu revelante, cujus instructu sunt edita, diligenter exposuit. Scripsit enim in Genesim librum unum, absque subnotatis ad Damasum quæstionibus : cunctasque Homilias Origenis in Pentateuchum e Græco sermone transtulit in Latinum. Regum vero, seu Paralipomenon quæstiones, quæ vocantur Hebraicæ, duobus libris prudenter explicavit, præter illas tres obscurissimas, quas scribens abundantius exposuerat. Quarum prima est : Cur David cum Achis ad expugnandum Saul ultroneus veniebat; Secunda, Cur David moriens præcepit filio, ut Joab magistrum militiæ interficeret. Tertia est de Semei, qui David fugienti maledictionis injurias irrogavit. Aliam quoque propositam de eisdem libris explicavit quæstionem. Quomodo scilicet Salomon et Achas in duodecim annis filios genuerint. Porro Isaiam commentatus est libris decem et octo. Jeremiam libris viginti. Ezechielem libris quatuordecim. Danielem libris tribus. Et duodecim Prophetas libris viginti. De quibus, ut nihil relinqueretur dubium, nomina quoque eorum quemadmodum intelligi debeant, Etymologiis propriis pulcherrimo patefecit decore. In quosdam psalmos edidit Tractatus luculentos, et in Ecclesiasten Commentarios, atque in Canticum Canticorum duas ad Damasum Homilias. Novum præterea Testamentum Græcæ fidei reddidit. Ex quo Matthæum et Marcum compendiosa potius quam fastidiosa expositione studiosis lectoribus explicavit. Sed et in Lucam Homilias viginti novem ab Origene editas in Latinum vertit, et plerasque Apostoli Epistolas, ac Joannis Apocalypsim edisseruit. Postremo præcavens in futurum si quid forte in novo Testamento vel veteri aliquando corrumpi contingeret, qua cura debeat reformari, scribens ad Lucinum insinuat, ut veterum, inquit, librorum fides ex Hebræis voluminibus examinanda est : ita novorum quoque Græci sermonis normam desiderat.

(d) Reposuimus heic *Maleficum* ex iisdem Mss. pro quo erat duobus verbis, *Male cum*, etc.
(e) Pro *scientiæ*, præferunt Mss. *sanctitatis.* Quorum cpc et paulo post verbum *Editione* suffecimus, quod deerat

Denique et ego hujus monitis adquiescens, cum inter discordia veteris Testamenti Latina exemplaria fluctuarem, ad Hebraicam veritatem, de cujus fonte gustaveram, recursum habui : et inter corrupta et incorrupta, ejus testimonio discrevi, ac sententiam tuli. Cumque sic deprehendissem zizaniorum germina inter triticum divinorum pullulasse voluminum, ea studui ab radice cuncta revellere : consignans etiam per libros loca ad corrumpendum proclivia, et brevi opusculo explicans, quibus maxime occasionibus soleant exemplaria depravari. Sane Romana Ecclesia, cujus arbitrio subjacent universa, peritissimis viri non ignorans ingenium, translationem ejus quam vidit aliis veriorem, tam in Ecclesiis legendam, quam etiam exponendam recepit. De qua beatus Gregorius in libro suorum Moralium, novam, inquit, translationem dissero. Et in Ezechiele exponens illud quod de animalibus dicitur, Unumquodque duabus alis velabat corpus suum ; cum subjunxisset : Et alterum similiter velabatur, protinus intulit : Translationem Septuaginta Interpretum, Aquilæ, et Theodotionis, et Symmachi sollicite perscrutantes, nihil ex his verbis invenimus : sed beati Hieronymi scripta relegentes agnovimus, quia hanc sententiam in Hebraica veritate ita posita non quidem juxta verbum, sed juxta sensum invenerit. Nam peritus interpres, ut omnino nil prætermitteret, aliquando verbum de verbo, aliquando cum linguæ repugnaret barbaries, sensum solum exprimebat de verbis. Quem utique transferendi modum idem Hieronymus in libro quem de optimo genere interpretandi edidit, probabilem esse evidenter insinuat. Scripsit præterea adversus Jovinianum (*a*), et contra Helvidium de beatæ Mariæ virginitate perpetua librum unum. Quorum priorem asserentem nullam in futuro meritorum esse distantiam, et hunc voluptati carnis jugiter ministrantem, hæreticum atque Epicurum Christianorum probat. Helvidium vero qui ex Scripturis nitebatur ostendere intactam Dei matrem alios filios habuisse, velut idiotam, et Scripturas penitus ignorantem redarguit. Porro alium quemdam hæreticum, non describendo, sed colloquendo confudit : qui de resurrectione carnis contra fidem catholicam sentiens, quæstiones hujusmodi proponebat. In qua ætate surrecturi sumus ? Si in ipsa in qua morimur, ergo et nutricibus post resurrectionem opus erit. Si in altera, nequaquam erit resurrectio mortuorum, sed (*b*) reformatio in alios. Diversitas quoque sexus maris et feminæ erit, an non erit ? Si erit, sequentur et nuptiæ et concubitus et generatio. Si non erit : sublata diversitate sexus, eadem corpora non resurgent, sed tenuia et spiritualia. Et hæc probare volebat, inducens illud Apostoli : Seminatur corpus animale, surget corpus spirituale. Ad quod ait beatus Hieronymus : Cum audissem, mihique incubuisset necessitas, nequissimæ viperæ respondi, et sola cum interrogatione conveni. Credis, inquam, *resurrectionem mortuorum, an non ?* Qui cum se credere respondisset ; intuli : *Eadem resurgent corpora,*

an alia ? Qui cum dixisset, eadem : sciscitatus sum, *In eodem sexu, an in altero ?* Ad interrogata reticenti : et instar colubri huc atque illuc transferenti caput, ne feriretur : Quia, inquam, taces, ego mihi pro te respondebo, et consequentiam inferam. Si non resurget mulier nec masculus, non erit (*c*) resurrectio mortuorum : quia cum sexus membra habeat, membra totum corpus efficiunt. Si autem sexus et membra non fuerint, ubi erit resurrectio mortuorum ? Sed et illud, quod de nuptiis objicis : si eadem membra fuerint, sequi nuptias, a Salvatore dissolvitur. Errant nescientes Scripturas, neque virtutem. In resurrectione enim non nubent neque nubentur : sed erunt similes angelis. *Ubi dicitur,* non nubent neque nubentur : *sexuum diversitas monstratur. Nemo enim de lapide et ligno dicit, non nubent neque nubentur, quia naturam nubendi non habent : sed de his quæ possent nubere, et Christi gratia et virtute non nubentur. Quod si apposueris,* Quomodo ergo erimus similes angelorum, *cum inter angelos non sit masculus aut femina ? breviter ausculta non substantiam angelorum, sed conservationem et beatitudinem repromitti. Similitudo promittitur, non natura* (*d*) *mutatur. Porro si quæris in qua ætate resurrecturi sumus. Juxta Ecclesiarum traditiones, et Apostolum Paulum ; illud est respondendum : quod in virum perfectum, et in mensuram ætatis plenitudinis Christi resurrecturi sumus. In qua ætate conditum Adam Judæi autumant : et Salvatorem Dominum legimus resurrexisse. Et multa* inquit, alia de utroque Testamento in suffocationem hæretici protuli. Sed numquid his tantum hæresibus repurgavit Ecclesiam ? Nulla unquam hæresis ejus tempore pullulavit, quam ipse falce suæ eloquentiæ non succiderit. Nunquam enim pepercit hæreticis, sicut ipsemet asserit : sed omni egit studio, ut hostes Ecclesiæ, ejus quoque hostes (*e*) fierent. Nam et Ruffini viri eruditissimi, suique collegæ cum quo mella sanctarum Scripturarum consueverat lambere, ideo dicitur inimicitias incurrisse, quia eum de arbitrii libertate prave sentientem vehementer correxit : cujus zelum pro fidei rectitudine Romana Ecclesia approbat : ut beatus Papa Gelasius Scripturarum sagacissimus indagator ejusdem Ruffini libros licet præclaro sermone editos repudiare videatur, hoc in suis decretis mandans : Ruffinus vir religiosus plurimos Ecclesiastici operis edidit libros : nonnullas etiam Scripturas interpretatus est : sed quoniam beatissimus Hieronymus in aliquibus eum de arbitrii libertate notavit : illa sentimus, quæ prædictum sentire cognoscimus. Et non solum de Ruffino, sed etiam de universis, quos vir sæpius memoratus zelo Dei et fidei religione reprehendit. Idem, Origenis nonnulla opuscula, quæ

(*a*) Addunt Mss. *libros duos.*
(*b*) Iidem habent, *sed transformatio in alios.*

(*c*) Locum paulo aliter Mss. recitant, « non erit resurrectio corporum, quia sine sexu non constat et membris : Porro si corporum non erit resurrectio, nequaquam erit resurrectio mortuorum. » Confer Epistolam in recensione nostra CVIII. ad Eustochium num. 22. ex quo isthæc laudatur.
(*d*) Restituimus *mutatur* ex iisdem Mss. ipsoque Epistolæ textu, pro quo erat, *nutritur.*
(*e*) Atque heic *fierent* eorumdem librorum ope restituimus pro *fuerint :*

vir beatus Hieronymus non repudiat, legenda suscipimus : reliqua vero omnia cum (a) auctoritate sua dicimus esse renuenda. Inter præclara vero studiorum suorum opuscula scripsit librum de Illustribus Viris, a sanctis Apostolis usque ad suam ætatem imitatus Tranquillum, Græcumque Apollonium, et post catalogum plurimorum, se quoque in calce voluminis quasi abortivum et minimum omnium Christianorum posuit : ubi sibi necesse fuit usque ad quintum (b) et decimum annum Theodosii principis, si quæ scripserat, breviter annotare. Commemorans inter cætera, quæ passim supra notata sunt : quod scripserat altercationem Luciferiani, et Orthodoxi. De locis librum unum : de essentia Dei librum unum : Hebraicorum nominum librum unum. Epistolarum ad diversos librum unum. Ad Marcellam Epistolarum librum unum. Ad Paulam, inquit, et Eustochium, quia quotidie scribuntur, incertus. Quis nostrum tanta potest legere, quanta scripsit iste vir beatus Hieronymus ? Quis hunc ardentem in Scripturis animum, et ferventem in Dei servitio, non miretur ; Quis eum non potius angelum, quam hominem dixerit : dum nulli magis congruit illud Propheticum : *Labia sacerdotis custodiunt scientiam, et legem requirunt ex ore ejus, quia angelus Domini exercituum est?* Certe si manens in carne, secundum hominem ambulasset : ad tantum culmen scientiæ nullatenus pertigisset. Sed neque cuperet dissolvi cum Paulo (c), nec cum Christo se confideret inter angelos regnaturum. Verum quia de mundo triumphaverat, quasi de laboris præmio jam securus ad Heliodorum loquebatur : *Crede mihi, nescio quid plus lucis aspicio : libet sarcina corporis abjecta, ad purum ætheris evolare fulgorem.* Tanta denium lassitudine fatigatus est, ut etiam in stratu suo jacens funiculo, quem in trabem suspenderat, supinus manibus apprehenso erigeretur, Ut videlicet officium monasterii, prout poterat, exhiberet. Nihil tamen minus sensus sinceritate vigebat ad rationem reddendam, undecumque interrogatus fuisset. Nam et beato Augustino Hipponensi Episcopo, suis eum quæstionibus provocanti, verius abysso abyssum invocanti plenissime satisfecit : et se velut emeritum (d) judicans, his eum verbis a sui provocatione deterret : *Nos nostra habuimus tempora, et cucurrimus quantum potuimus, nunc te currente et longa spatia transmeante, nobis detur otium. Simulque, ut cum venia et honore tuo dixerim, ne solus mihi de Poetis preposuisse aliquid videaris, memento Daretis et Entelli, et vulgaris proverbii, quod bos lassus fortiter pedem figat.* Ad quod beatus Augustinus suppliciter respondens, ait : *Cur itaque conor contra contractum fluminis, et non pius deprecor veniam? Obsecro, ut si te læsi, dimittas mihi : et si bos ut tibi videris, lassus senectute forte corporis, non vigore animi : tamen in area dominica fructuoso labore desudans : ecce sum, si quid, perpe-*

ram dixi, fortius fige pedem. Non mihi molestum esse debet pondus ætatis tuæ, dummodo conteratur palea culpæ meæ. Præterea in libro quem ipse Augustinus contra errorem Juliani (e) Pelagiani descripsit, qui nuptias censebat damnabiles, quod nihil ex eis nasceretur ab omni liberum obligatione peccati : dum plures contra ejus pestiferum dogma catholicos testes introduxisset, ita eumdem præferens Hieronymum intulit. Nec sanctum Hieronymum presbyterum contemnendum arbitreris, qui Græco et Latino, insuper Hebræo eruditus eloquio, ex occidentali ad orientalem transiens Ecclesiam, in locis sanctis, atque in litteris sacris usque ad decrepitam vixit ætatem. Cujus nobis eloquium ab Oriente in Occidentem, ad instar solis resplenduit. Omnis denique qui ante illum aliquid ex utraque (ant. *urbis*) orbis parte de doctrina Ecclesiæ legit, nec alia de re hanc quam prædixi, tenuit (l. *promsitque*) promisitque sententiam. Igitur beatus Hieronymus postquam exuberanti scriptorum suorum copia, inexpugnabilem Ecclesiæ Christi turrim contra jacula hæreticorum coercuit : (f) nonagesimo ætatis suæ anno, imperii autem Theodosii duodecimo, in senectute bona migravit ad Dominum, videlicet ultima Septembris, et ejusdem diei hora ultima cum sol occideret. Sanctæ autem ac venerabiles feminæ Paula scilicet et Eustochium, exemplo et commonitione ejus sæculi contemptrices, et crucis Christi bajulæ, ante ejus obitum vocante sponso emigrarant. Porro beatus Hieronymus dum adhuc viveret, scalpendo saxum in ingressu speluncæ dominici præsepis, sepulcrum sibi fecerat non longe a sepulcro prædictarum sanctarum. Ubi sæculi perversitate devicta, sepultus est pridie Calend. Octobris. Mirabitur forsan Lector, tam sanctas personas habere invidos potuisse. Mirandum vero non est : semper enim virtutes persequitur invidia, feriuntque summos fulmina montes. Nec mirum videri debet, hæc (g) bonis contingere, cum ipse Dominus Pharisæorum zelo sit crucifixus, et omnes sancti æmulos habuerunt. Esau persequebatur Jacob. Saul quærebat animam David, et Salomoni suscitavit ipse Dominus Adad Idumæum. Jezabel etiam sacerdotes fugere compulit : et omnes Prophetas persecutus est populus Judæorum. Paulus Apostolus de fratribus falsis conqueritur, et per murum demittitur, ne ab hostibus capiatur. Ac multimoda enarrans pericula, de se suisque similibus loquitur : *Spectaculum facti sumus huic mundo, et angelis et hominibus.* Et, *Nos stulti propter Christum.* Et, *Quod stultum est Deo, sapientius est hominibus.* Unde et Salvator loquitur ad Patrem : *Tu scis insipientiam meam;* quem in Evangelio propinqui quasi mentis impotem æstimabant, et adversarii calumniabantur, dicentes : *Dæmonium*

(a) Iidem Mss. *cum auctore suo,* Origene scilicet.
(b) Rectius cum ipso Hieronymo Mss. nostri « quartum decimum annum Theodosii » numerant.
(c) Mss. « cum Paulo, nisi se cum Christo, » etc.
(d) Iidem *emeritum indicans.*

(e) Perperam in uno Ambrosiano Ms. *Manichæi* legitur pro *Pelagiani.* Subsequitur ibi alio sensu, « Nuptias velebat damnari ; quod vero ex eis nasceretur, ab omni liberum obligatione peccati. »
(f) Exaggerat adhuc idem Ms. *nonagesimo sexto ætatis,* etc. tum habet « Theodosii junioris duodecimo. » Denique isthæc prætermittit, « videlicet ultima Septembris, et ejusdem diei hora ultima, cum sol occideret. »
(g) Idem Ms. « hæc hominibus contingere. »

habet. Et *Samaritanus est*. Et, *In Belzebub principe dæmoniorum ejicit dæmonia*. Sed beatus qui dicere potest cum Apostolo : *Gloria nostra hæc est, testimonium conscientiæ nostræ; quoniam in sanctitate et sinceritate, et (a) gloria Dei conversati sumus in mundo.* Audiens proinde Dominum dicentem : *Ideo mundus vos odit, quia non estis de mundo. Si enim essetis de mundo, mundus quod suum erat, diligeret.* Periculosum est malum dixisse de bonis. Nam sicut probatis ad coronam, ita exprobrantibus ad damnationis (ant. *tumulum*) cumulum cedit. Quod et beatus Augustinus testatur, dicens : Nemo laceret servos Dei, quia non expedit lacerantibus. Servis quidem Dei falsis detractionibus crescit merces, sed et pœna crescit detrahentibus. Nam non sine causa dictum est : *Cum vos oderint homines et exprobraverint, mentientes : gaudete et exultate, quia merces vestra copiosa est in cælis.* Itaque consolemur invicem in verbis istis, benedicentes Dominum in omnibus viis suis. Qui vivit et regnat in sæcula sæculorum. Amen.

(a) Uterque Ambrosianus codex « et Gratia Dei, » pro « gloria, » etc.

(a) # VITA
DIVI HIERONYMI
INCERTO AUCTORE.

Plerosque nimirum illustrium virorum non ambigo nosse, quo natus, quibusque doctoribus, quibusve eruditus sit litteris, quo denique quiescat sanctus Hieronymus loco. Verumtamen quibus non vacat, vel legere plurimum non valent, hoc si voluerint opus compendiosa brevitate poterunt scire.

Beatus igitur Hieronymus, nobili genere ortus : patre vero Eusebio nomine : oppido Stridonis, quod a Gothis eversum, Dalmatiæ quondam Pannoniæque confinium fuit. Congrue scilicet Eusebio generatus est patre. Eusebius namque Attice, Romane dicitur *pius*. Hieronymus quoque Æolice, Latine omnino *sacra lex* intelligitur. Jure igitur Hieronymus, id est, sacra lex, de pio gignitur patre ; ut studioso ejus labore ex Hebræorum scriptis absque (b) scrupulositate, alma pateret Lex, quæ humano generi, sua austeritate remota, pium ac sacrum, misericordemque patrem nuntiaret venturum. Qui cum dudum inter pueritiam adolescentiamque incederet medius, instinctu tactus cœlesti, affinibus cunctis, censuque paterno relictis, ut perfectus Evangelii imitator quivisset existere, ingressus navem, aura flante secunda, ad limina sublimium Apostolorum Petri et Pauli, divina dispensante clementia, Romanam (c) adiit urbem. In qua videlicet litteris Græcis et Latinis diligenter apprime eruditus, et Christi vestem suscipiens, presbyter quoque Cardinalis ibidem est ordinatus.

Nam ut inexpugnabilem suæ Ecclesiæ Dominus murum contra perfidos dementesque hæreticos erigeret ; huic viro in litterarum studiis plerique (καθηγηταςs) cathagetæ, id est, præceptores fuere. Donatus nempe arthigraphus, Romanis eum imbuens elementis, liberaliumque (d) artium sapore sufficienter replens magister extitit illi, sicut ipse in Chronica sua meminit, dicens : *Victorinus rhetor, et Donatus grammaticus (c), magistri et præceptores mei, Romæ insignes habebantur.* Gregorium namque Nazianzenum (ut idem in tertio explanationum Isaiæ refert libro) didascalum, id est, magistrum suum fuisse testatur. Nam cum in prædicto Propheta ad eum venisset locum, in quo de Seraphim quiddam debuisset exponere, ita intulit, dicens : *De hac visione ante annos circiter triginta, cum essem Constantinopoli, et apud virum eloquentissimum Gregorium Nazianzenum præceptorem meum, tunc ejusdem urbis Episcopum, sacrarum Scripturarum studiis erudirer, scio me brevem dictasse subitumque tractatum, ut experimentum cuperem ingenioli mei, et amicis jubentibus obediam.*

Quid vero de hujus viri eleganti industria, quam erga Latinos, et Græcos, Hebræos, et Arabicos, Chaldæosque in discendo elementorum apices habuit, præstantius dici potest, quam ipsius ad Pammachium et Oceanum missa profitentur verba dicentis : *Dum essem,* (f) inquit, *juvenis, miro discendi ferebar ardore : nec juxta quorumdam præsumptionem ipse me docui. Apollinarium audivi Antiochiæ frequenter, et colui, jam tunc cum me in Scripturis sanctis erudiret, canis spargebatur caput : et magistrum potius quam discipulum*

(a) Hanc quoque tertiam ab inepto consarcinatore descriptam S. Hieronymi Vitam adteximus, ut ne quid ex antiquis ejusmodi monimentis desit, quod alii ante nos excuderint. Quin et laboris improbi patientes adeo fuimus, ut ad Ms. codices, unum præsertim Reginæ Suecorum, nunc in Vaticana Bibliotheca numero prænotatum 430. a capite, ut aiunt, ad calcem exigeremus. Vere autem præfatus est olim Erasmus, historiam hanc parum respondere tanti viri meritis, nec omnino næniis hujusmodi, verius, quam libros fuisse editurum, nisi decretum jam sibi fuisset, nihil omittere, quod vel eruditus desideraret Lector, vel ineruditus.

(b) Plus habet Reginæ Ms. *absque omni scrupulositate* : tum *fieret lex* pro *pateret*. Menda quæ inter variantes lectiones, occurrunt, prætermittimus.

(c) Atque heic inserserit idem Ms. *properans*.

(d) Heic autem duo verba *artium sapore*, tacet.
(e) Minori numero, et verius idem habet, *magister et præceptor meus* : tum *habentur* pro *habebantur*.
(f) Omittitur ibi illud *inquit* : tum legitur *ferrebam amorem*.

decebat. Perrexi tamen Alexandriam, audivi Didymum : in multis ei gratias ago. Quod nescivi, didici : quod sciebam, illo docente, non perdidi. Putabant me homines finem fecisse discendi. Veni rursum Jerosolymam et Bethleem : quo pretio, quo labore (a) Barrabanum Hebræum nocturnum habui præceptorem? Timebat enim Judæos : et mihi alterum exhibebat Nicodemum. Hæc itaque contuli : ut qui scire cupiunt, nosse queant, sicut prædixi, quo natus loco, quibusve tantus vir magistris fuerit informatus.

Commorans itaque Hieronymus Romæ, mentis corporisque virginitatem, et delictorum pœnitentiam custodiens, fidelibus prædicabat. Multaque juxta Septuaginta librorum volumina atque psalterium emendavit, Apostolicæ sedi Liberio præsidente pontifice. Ea proculdubio tempestate Romanum populum per Constantium Augustum Ariana hæresis maculabat. Idcirco ergo prædictus vir, occasione quam semper optaverat accepta, ut superius est dictum, relicta domo, parentibus, sorore, cognatis, et inclyta ac gloriosissima Petri (b) urbe : corpus et sola tantum ferens quæ itineri utilia esse valuere, una cum bibliotheca quam summo studio in præfata confecerat urbe, Jerosolymam propter regnum cœlorum juvenis militaturus advenit.

Postquam vero omne mundanarum litterarum studium adeptus est, probatissimorum quoque monachorum habitum factumque imitatus est. Cupiditatem siquidem animi jugi sinceritate calcans, voluptatemque corporis perenni frangens jejunio, plerosque bonorum religiosorum, meliores fore suo docuit instituto. Quodam igitur tempore, cum ex more idem Hieronymus, divina ad legendum panderet volumina, et immortalem bibliothecæ suæ auctorem recordaretur Tullium, mox cœlitus ne (c) tales quandoque revolveret libros salutifero castigatus est verbere. Ita enim ipse de se ad Eustochium scribens asserit.

Cum ante annos plurimos, domo, parentibus, sorore, cognatis, et quod his difficilius est, consuetudine lautioris cibi propter cœlorum me regna castrassem : et Jerosolymam militaturus pergerem, bibliotheca quam mihi Romæ summo studio ac labore confeceram, carere non poteram. Itaque miser ego lecturus Tullium jejunabam. Post noctium crebras vigilias, post lacrymas, quas mihi præteritorum recordatio peccatorum, ex imis visceribus eruebat, Plautus sumebatur in manus. Si quando in memet reversus Prophetas legere cœpissem : sermo horrebat incultus. Et quia lumen cœcis oculis non videbam : non oculorum putabam culpam esse, sed solis. Dum ita me antiquus serpens illuderet, in media ferme Quadragesima, medullis infusa febris, corpus invasit exhaustum, et sine ulla requie, quod dictu quoque incredibile est, sic infelicia membra depasta est, ut ossibus vix hærerent. Interim parabantur exequiæ et vitalis animæ calor, toto frigescente jam corpore, in solo tantum tepente pectusculo palpitabat : cum subito raptus in spiritu, ad tribunal judicis pertrahor, ubi tantum luminis, et tantum erat ex circumstantium claritate fulgoris : ut projectus in terram, sursum aspicere non auderem. Interrogatus de conditione, Christianum me esse respondi. Et ille qui præsidebat : Mentiris ait : Ciceronianus es, non Christianus. Ubi enim thesaurus tuus, ibi est et cor tuum. Illico obmutui : et inter verbera (nam me cædi jusserat) conscientiæ magis igne torquebar : illum mecum versiculum reputans : In inferno autem quis confitebitur tibi : Clamare autem cœpi, et ejulans dicere : Miserere mei Domine : miserere mei. Hæc vox inter flagella resonabat. Tandem ad præsidentis genua provoluti qui astiterant, precabantur, ut veniam tribueret adolescentiæ, et errori locum pœnitentiæ commodaret : exacturus deinde cruciatum, si gentilium litterarum libros aliquando legissem. Ego qui in tanto constrictus articulo, vellem etiam majora promittere, dejerare cœpi : et nomen ejus obtestans dicere : Domine, si unquam habuero codices sæculares : si legero, te negavi. In hæc sacramenti verba dimissus, revertor ad superos, et mirantibus cunctis, oculos aperni : tanto lacrymarum imbre perfusos, ut etiam incredulis fidem facerem ex dolore. Nec vero sopor ille fuerat, aut vana somnia, quibus sæpe deludimur. Testis est tribunal illud ante quod jacui. Testis triste judicium, quod timui. Ita mihi nunquam contingat talem incidere quæstionem. Livoribus habuisse me plenas scapulas, plagas sensisse per somnium : et tanto dehinc studio divina legisse, quanto mortalia ante perlegeram.

Idem igitur Hieronymus, quod prætermiseramus, dum in Romana adhuc esset urbe, os Damasi Papæ, et sacræ bibliothecæ scrutator, divinorum dissertor voluminum : dum per triennium continuum, charus, acceptusque popularibus veneraretur : omniumque judicio pontificali dignus decerneretur : ordinatusque a præfato Papa presbyter Cardinalis, ut superius scriptum est, fuisset : quidam ex clericorum, monachorumque ordinibus, pro petulantia, ingluvieque discursantes ad effugandum de urbe eumdem Hieronymum, qui utrorumque eorum scribens vitia, eos reprehenderat, insidias paraverunt.

Verum enim vero hunc ego felicem dixerim : hujus fugæ eventum, corrigentis Christi judicio potius dispensatum, quam pravorum hominum persecutionibus paratum fore existimo, scilicet ut Romana Ecclesia Petri instituta regimine, omnium veteris Testamenti librorum Christo Deo volente, et Hieronymo spirituali studio desudante, Hebraicam quoque haberet veritatem, et Græcorum quorumdam levitas,

---

(a) Idem *Baraninam* præfert.
(b) Ms. « religiosissima Petri corpore urbe, corpus et sola tantum quæque in itinere esse utilia, una cum, etc. tum confecerat Romæ, conferens Jerosolymam propter regna cœlorum juvenis militaturus advenit. Cumque aliquantis peractis morando diebus cognovisset, quod absque animæ damno non valuisset vivere, caute in præsepe Dominico, ut prudens animal vellet esse contiguus, quod ab Jerosolymis sex millibus,» etc. quæ altera ab hac pagina, sive columna 273 subsequuntur. Tota autem intermedia historia per fere ducentos versus omnino abest, quæ sane aut casu excisa, aut sequiore manu truncata in antiquo exemplari videri haud potest, cum e contrario nunquam scilicet, ipse orationis contextus subindicet, sed de præcedentibus Vitis huc intrusam fuisse atque adsutam, ut et pleraque alia quæ potissimum ex ipsiusmet Hieronymi Epistolis excerpta occurrunt.
(c) Satis supino errore lectum antea est uno verbo *natales*.

quæ sibi a Deo omnes scripturas divinitus inspiratas accepisse plaudebat, eos habere, quod ipsa non habet, recognoscat.

Igitur Hieronymus, ut jam dictum est, Roma egressus, ad Orientem tendens, profectus est ad Gregorium Nazianzenum, Constantinopolitanæ urbis Episcopum ; ubi ita proficere studuit, ut sanctarum Scripturarum studiis erudiretur : et supplex, docilisque discipulus, adiit præceptorem : eumque in Constantinopolitana urbe observabat. Hoc discipulatu Hieronymus peracto, in Syriam perrexit ; et dum in possessione Evagrii presbyteri moraretur, Malchum monachum aliquando captivum reperit : percunctatusque eum, omnem ejus captivitatis didicit historiam, quam postea edidit, scriptamque Romanis fidelibus misit : hæc in istius historiæ inserens prologo : *Scribere*, inquit, *disposui, si tamen Deus vitam dederit : et si vituperatores mei saltem fugientem me, et clausum persequi desierint.*

Ad deserta deinde loca, ad quæ olim ob agendam inibi pœnitentiam properare cupiebat, ita lætus accinctusque accessit, ut volasse cum magis, quam measse crederes. Quomodo vero per quadriennium continue Christi potius auxilio pœnituerit ; idem Hieronymus, quæ sponte pertulerit ipsius Dei gratiam affuisse, hujusmodi verbis indicavit : *Quoties in eremo constitutus in illa vasta solitudine, quæ exusta solis ardoribus horridum monachis præstabat habitaculum : putavi me*, inquit, *Romanis interesse deliciis. Sedebam solus, quia amaritudine repletus eram : horrebant sacco membra deformia, et squalida cutis situm Æthiopicæ carnis obduxerat : quotidie lacrymæ, quotidie gemitus : et si quando repugnantem somnus imminens oppressisset, nuda humo vix ossa hærentia collidebam. De cibis vero et potu taceo : cum etiam languentes monachi aqua frigida utantur : et coctum aliquid accepisse, luxuria sit. Ille igitur ego qui ob gehennæ metum tali me carere ipse damnaveram, scorpionum tantum socius et ferarum, sæpe choris intereram puellarum : pallebant ora jejuniis, et mens desideriis æstuabat. In frigido corpore et ante hominem suum jam carne præmortua, sola libidinum incendia bulliebant. Itaque omni auxilio destitutus, ad Jesu jacebam pedes : rigabam lacrymis : crine tergebam : et repugnantem carnem, hebdomadarum inedia subjugabam. Non depudesco infelicitatis meæ, quin potius plango non esse quod fuerim. Memini me clamantem diem crebro junxisse cum nocte : nec prius a pectoris cessasse verberibus, quam, Domino increpante, rediret tranquillitas. Ipsam quoque cellulam meam, quasi cogitationum mearum consciam pertimescebam, et mihimet iratus et rigidus, solus deserta penetrabam. Sicubi concava vallium, aspera montium, vel rupium prærupta cernebam, ibi meæ orationis locus, illud miserrimæ carnis ergastulum :* et (ut mihi ipse testis est Dominus) *post multas lacrymas, post cœlo oculos inhærentes, nonnunquam videbar mihi interesse agminibus angelorum ; et lætus gaudensque cantabam : Post te in odorem unguentorum tuorum curremus.*

Quadriennio itaque dedicatæ pœnitentiæ exacto, ad Bethleem oppidum idem Hieronymus remeavit : ubi quasi prudens animal ad præsepe Domini sese contulit, quod ab Jerosolymis sex millibus separatur, contra meridianam plagam : accedensque ad ejusdem urbis pontificem Cyrillum nomine, petiit ut parœciæ, quæ Bethleem fuerat sita, locum sibi habitandi tribueret. Cui nimirum (*a*) mox quod devotione poposcit, digne concessit. Digni etenim habitaculi, Bethleem, adjuvantibus vicis vicinis catholicis, construxit monasterium. In quo statuta ab Apostolis regula degens cœpit, quod olim multum cupierat, cum fratribus habitare, et cum Eusebio Cremonensi nobili viro, cujus postulatione ex Græco sermone quamdam Epistolam transtulit in Latinum.

In quo vere sciendum, hanc matutinam psalmodiæ, quæ nunc observatur, in occiduis maxime regionibus, canonicam (*b*) functionem monasterio primitus institutam, ubi prædictus vir otiosus non fuisse credendus est : qui tantum nobis in translatione divinæ Scripturæ præstitit, ut ad Hebræorum fontem pene non egeamus accedere : quoniam nos facundiæ suæ multa cognoscitur ubertate satiasse plurimis libris, copiosis Epistolis fecit esse beatos, quibus scribere, Domino præstante dignatus est.

Inter cætera profecto studiorum suorum opuscula, a beato Petro sumens exordium, usque ad semetipsum de Viris illustribus scripsit : imitatus Tranquillum, Græcumque Apollinium : ubi de se ita refert : *Post catalogum plurimorum, me quoque in calce voluminis quasi abortivum et minimum omnium Christianorum posui : quo mihi necesse fuit usque ad quartum decimum annum Theodosii principis, quæ scripserim, breviter annotare.* Innumeris præterea iste libris, Apostolorum, Prophetarumque constructionibus editis, immobilem Catholicæ turrim Ecclesiæ, contra perfidorum jacula consummavit. Omnes Veteris Testamenti libros, ex Hebræorum codicibus, in Latinum convertit. Danielem quoque Prophetam, Chaldaico stylo prolocutum, et Job justum Arabico, in Romanam linguam utrumque auctorem perfecta interpretatione (*c*) mutavit.

Matthæum nihilominus ex Hebræo fecit esse Romanum : Epistolam quidem suam ad Paulinum ex senatore presbyterum mirificam destinavit : docens quemadmodum Scripturas divinas adhibita cura perlegeret : ubi breviter virtutem uniuscujusque libri, veteris et novi Testamenti mirabiliter indicavit : mirabiliter planus, honeste doctus, ac dulcis, parata copia sermonum ad quamcumque partem vertit ingenium : ut undecumque interrogatus fuisset, paratum haberet et competens sine aliqua dilatione responsum. Modo humilibus suaviter blanditur, modo superborum

---

(*a*) Codex Reginæ, « nimirum quod devote poposcit : tum digne etenim habitando, concessum est habitandi licentia Bethleem, adventantibus vicis vicinis, » etc.
(*b*) Idem Ms. *canonica instructione* : et paulo post, « non egeamus accedere, quando nos facundiæ, quæ multa cognoscit ubertate.»
c) In eodem *monstravit*. Post aliquot versus, « mirabiliter ostendit, mirabiliter indicavit, planus, » etc.

colla (al. *confregit*) confringit : modo derogatoribus suis vicem necessaria mordacitate restituens, modo virginitatem prædicans, modo matrimonia (a) casta defendens, modo virtutum certamina gloriosa collaudans, modo lapsus in clericis, monachos pravitatis accusans.

Sed tamen ubicumque locus se attulit, gentilium exempla dulcissima veritate permiscuit. Sed non erat hoc suæ voluntatis, sed (ut ita dicam) gravissimæ necessitatis : ut probaret ea quæ a sanctis prophetis ante sæcula prædicta sunt, tam Græcorum quam Latinorum, et aliarum gentium litteris contineri : vere totum explicans, totum exornans, et per diversa (b) disputationis genera, disertus semper et æqualis incedens. Tanta namque utriusque linguæ peritia fungebatur, ut quoscumque libros Æolicos in manibus acciperet, Latine sine offensione transcurreret : iterumque Latinos attico sermone relegeret, ut crederes hic esse scriptum, quod os ejus inoffensa velocitate fundebat.

Vere dixerim Catholicam istius hominis (c) prudentiam, sanamque doctrinam, quocumque conversatus fuisset loco, stabilis perstitit fidei firmitate. Nam certissime ignorantiæ invidiæque morbo languentes desipiunt, qui eum deviasse a Catholicæ Ecclesiæ, id est, beati Petri fide, vel hæreticum fuisse arbitrantur : quod Eustochio mandaverit : Cave, quæso, ne quando et de te dicat Deus : *Virgo Israel cecidit : non est qui suscitet eam.* Ubi ad terrendos lubricos atque incautos, quia Deus justus sit judex : subdens ista, dixerit doctor, Audenter loquor, cum omnia possit Deus : suscitare virginem non potest post ruinam. Valet quidem liberare de pœna, sed non valet (d) reformare corruptam. Hoc procul dubio ita dicendo, non omnipotentiam abstulit Deo, sed justum judicem manifestans asseruit. Nam, nisi fallor, qualia sanctus Hieronymus Eustochio mandavit, talia ad Domitillam neptem imperatoris Domitiani admonitionis legimus verba.

Sed et ipsa verba qua de causa sint illi prolata, audire gratum puto. Hæc omnino virgo Nereum et Achilleum eunuchos cubicularios habuit : quos beatissimus Apostolus Petrus lucratus fuerat Christo. Isti dum viderent dominam suam gemmis ornari, et purpureis vestibus, atque auro textis indui, dixerunt ei : **Quanto studio** ornaris in corpore, ut filium consulis Aurelianum hominem mortalem accipias maritum : si tanto studio in animo ornareris, regem immortalem Dei filium adipisci poteras sponsum. Qui etiam teipsam æternam faceret, et nunquam tibi, neque **ornamentis** tuis, neque gaudiis finem permitteret, aut (e) **terminum** evenire. Respondit ei Domitilla,
et ait : Quæ potest esse melior charitas, quam habere virum, suscipere filios, per quos posteritas dulcissima possit propagari, et tam generis dignitas, quam memoria nominis non deleri ? Cui Nereus respondit : melior est virginitas, quæ quando de matris tuæ utero existi, tecum nata, tecum lactata, tecum semper fuit a carnis corruptione aliena, quæ est Deo amabilis, ejusque angelis chara : quam profecto cum quælibet perdiderit virgo, hujus reatum per pœnitentiam evadere potest, ipsam vero integritatem adipisci nequaquam valet. Omnis namque sanctitas, dum per aliquam voluptatem, aut necessitatem violata aut amissa fuerit, vel quæque perdita virtus, ad statum suum, vel integritatem, seu ad suam gloriam per pœnitentiæ lacrymas recuperari et revocari potest. Sola virginitas, si semel perierit, ad pristinæ integritatis stabilitatem pertingere minime valet.

Cumque Nereus et Achilleus hæc, laudando virginitatem, et alia proferendo, dissererent plurima, quibus æternam mereretur actibus vitam, Domitilla prudentissima virgo dixit : Utinam ad me olim ista Dei sententia pervenisset, et nunquam ego nomen sponsæ suscepissem, nec hominis (f) mortalis sponsionem. Nunc vero quia vobis Deus aperuit os ad lucrandum animam meam, quicquid me facere vultis, accelerate quantocius. Quid multa ? A sancto Clemente Papa consecrata, Aureliano sponso contempto, ob hoc in Pontiana exulata est insula. Inde Tarracinam adducta, nolensque Idolis sacrificare, cum Eufrosina et Theodora sponsis Sulpitii et Serviliani, a Luxurio fratre Aureliani igne crematæ, palmam suscepere martyrii, quas S. Cæsarius diaconus, qui etiam postea et ipse a prædicto Luxurio est martyrizatus, in sarcophago novo simul condens sepelivit.

Hæc ideo licet non fuerat (g) hic tantum necesse loqui, addidimus tamen, quia pene quod Nereus prudentissimæ virgini Domitillæ dixerat, virginitatem perditam de reatu posse per pœnitentiam veniam consequi : nequaquam tamen valeret fieri virgo, sicut fuerat prius. Hoc sanctus Hieronymus Eustochio ad meliora studuit hortando mandare : Cum omnia possit Deus, suscitare Virginem non potest post ruinam. Quid enim est hic aliud non posse, quam non velle ? quod nonnullis aliis dici poterat verbis. Per quemdam namque sapientem dicitur Deo : Tu autem dominator virtutum, cum tranquillitate judicas, et cum magna reverentia disponis. Subest enim tibi cum volueris, posse : ergo ubi non est velle Dei, deest posse. Deus quippe ut immutabilis est naturæ, ita immutabilis est voluntatis. Et utique cum sit verax et justus, non illum mendacium, neque injustitia decet : quia sicut non valet mentiri, qui est veritas, ita injustus esse

---

(a) Illud *casta* a nostris Mss. abest.
(b) Iidem Mss. *expositionum* habent pro *disputationis*.
(c) Heic *scientiam* pro *prudentiam*, et mox *Paulæ* pro *Eustochio* habent nostri Mss.
(d) Iterum *coronare* habent pro *reformare*, et mox *Iste* pro *ita*, ut et paulo post *Paulæ mandaverit* pro *Eustochio mandavit*.
(e) In iisdem est, « aut permitteret evenire : » deinde « tam generis dignitatem, quam memoriam nominis non delere. »

(f) In nostris Mss. « ego susciperem mortalis hominis sponsi nomen. Nunc vero, » etc. paulo post *Euphronisa* pro *Eufrosina*, et *sponsalibus* pro *sponsis*.
(g) Rectius *in tantum* præfert unus Ms. Paulo autem post *Paulæ* pro *Eustochio* habet, et *statuit* pro *studuit* : ut et post ruinam. Quod non velle alio omnino dici poterat verbo, per quemdam, etc. Denique *disponis nos*, subest etiam tibi, cura volueris, prætermissis quæ subsequuntur, posse : ergo ubi non est velle Dei, deest posse.

non potest : hoc est, nolens injuste facere quicquam. Nam *omnia*, teste Propheta. *quæcumque voluit Dominus, fecit in cælo et in terra : omniaque ejus judicia justa.*

Dum igitur niteremur ostendere, quid volente Deo fieri possit : quid vero illo nolente fieri non valeret, et ut veridico eximioque Doctori, cui quoad viveret, in omni scientia se comparare nemo audebat, non usurparet vaniloquus detrahere quispiam, cœpto ab ordine longius sumus digressi.

Verumtamen qualis, quantusve vir iste fuerit, solius sancti Augustini testimonio, qui velit, plenius cognoscere valet. (*a*) Nam cum in libro primo, quem contra errorem Juliani Manichæi scripserat : qui nuptias sine dubitatione dicebat damnari : quod vero ex eis nasceretur, ab omni esse liberum obligatione peccati : plurimos contra hujusmodi pestiferum dogma Catholicos introduxisset testes, ita intulit dicens : Nec sanctum Hieronymum qui presbyter fuit, contemnendum arbitreris, qui Græco et Latino, insuper et Hebræo eruditus eloquio, ex Occidentali ad Orientalem transiens Ecclesiam, in Locis sanctis, atque in Litteris sacris usque ad decrepitam vixit ætatem : cujus nobis eloquium ab Oriente in Occidentem instar solis lampadis resplenduit. Omnes denique (*b*) vel pene omnes qui ante illum aliquid ex utraque orbis parte de doctrina Ecclesiastica scripserant, legit : nec aliam de hac re quam prædixi, tenuit promptitque sententiam. Qui cum exponeret Jonam Prophetam, apertissime dixit : quod etiam parvuli, peccato offensionis Adæ tenerentur obnoxii. (*c*) Hæc Augustinus in prædicto libro.

Idem itaque Hieronymus contra Celsum, Porphyrium, et Julianum Augustum, rabidos adversus Christum canes, et contra insectatores Ecclesiæ, vel corum qui putant, Ecclesiam nullos Philosophos et eloquentes habuisse doctores, magno desudavit ingenio, ut sciant quales et quanti viri eam fundaverint, exstruxerint, atque ornaverint : et desinant fidem nostram rusticæ simplicitatis arguere, suamque potius imperitiam recognoscere, innumeris præterea libris Apostolorum Prophetarumque constructionibus. Et post pauca : *Nunc*, inquit, *mysterium iniquitatis operatur : et garrit unusquisque quod sentit : ego solus sum qui cunctorum gloria mordear. Pluribus quippe,* ait, *qui me dicunt hoc opus inflammatum invidiæ facibus scribere : breviter respondebo, nunquam me hæreticis pepercisse, sed omni egisse studio ut hostes Ecclesiæ, mei quoque hostes fierent.*

Impossibile est omnino et longum de isto viro, ejusque districta vita, et illius moribus retexere omnia. Unius enim miraculi hujus monasterii, quoddam priscorum simile, quod per succedentium relationem memoriæ nondum oblivio abstulit, et a religiosis viris, qui cœlestis patriæ amore Bethleem fuere, huc est delatum, huic compendioso (*d*) necto sermoni. Quadam namque die advesperascente, cum beatus Hieronymus una cum fratribus, ut monachis mos est, ad sacram lectionem audiendam sedisset, et præcepta divina declararet, subito tribus claudicans, quarto suspensus pede, ingens leo cœnobii claustra ingressus est. Quo utique viso fratres perterriti nonnulli in fugam sunt, ut est metus fragilitatis humanæ, conversi. Sanctus vero Hieronymus, veluti adventanti obviavit. Qui videlicet dum sibi pariter propinquassent, et quia loqui leo, ut suæ naturæ est, minime poterat, utcumque valuit, prædicto patri, læsi quem habebat pedis obtulit plantam : vocatis tunc fratribus, præcepit ut diligenter læsum abluerent pedem, inquirentes cur ita leo claudicans iret. Quod dum factum studiose fuisset intuiti, vulneratam a sentibus invenerunt plantam leonis. Ei igitur cum alimento diligenter adhibita cura de læsionis ictu, illico convaluit.

Omni ergo belluinæ feritatis deposita rabie, cœpit inter eos ultro citroque quasi domesticum et tranquillum animal pariter commorari. Hoc etenim beatus Hieronymus cognito, sic fratribus ait : Eia fratres, studiose adinvicem rogo perpendite : quid huic leoni operis congrui, nostræ utilitatis addamus, quatenus ab eo leviter perfici, et (*e*) efficaciter fieri possit : quia certe credo quod non tantum pro sui pedis salute, huc illum miserit Deus, qui ei mederi sine nobis potuerat : quantum ut nobis suæ visitationis demonstraret indicio, per hunc nostræ necessitati, mirabiliter se velle præbere juvamen.

Tunc prædicti fratres, tale concorditer humiliterque patri responsum dedere, dicentes : Tu pater bene nosti, quod asinus qui a saltu (*f*) usui nostro ligna deferre solitus est, custodis sollicitudine indiget, et ne a qualibet improba bestia devoretur, satis veremur. Idcirco ergo, si tibi placet, et rectum videtur, huic leoni aselli nostri injungatur solertia, ut eum subsequens ducat ad pastum, reducatque remeans domum. Ita et factum est : nam injuncta leoni cura asini, more pastoris industrii, eundo ad pastum socius incessanter itineris, rare pascendo ubicumque defensor, tutissimus erat. Verumtamen ut (*g*) cibaret, et asinus solitum perficeret opus, consuetis semper horis, cum eo domum redibat.

Interea dum hæc dilato tempore gererentur : educto quadam die ad loca pascuæ asino, gravi leo ultra modum somno oppressus obdormivit. Leone namque tunc graviter soporato, contigit ut per eamdem viam negociatores gradientes, olei emendi causa, pergerent in Ægyptum. Qui ipsum sæpe videntes

---

(*a*) Pro *Nam* antea erat *Num*. Habet vero præterea idem Ms. *dicebat* pro *docebat*. Recole quæ ad hunc in superiore proxime Vita locum adnotavimus.
(*b*) Absunt a Ms. verba, *vel pene omnes*, et mox *orbis*.
(*c*) Ab his verbis *Hæc Augustinus*, etc. per totam insequentem sectionem usque ad *hostes fierent*, supra viginti versuum periocha in nostro Ms. desideratur. De his quæ illa continentur, in altera ad eum locum Vita diximus.

(*d*) Inserit noster Ms. *subdendo* : mox habet *quarto suspenso pede*, et quod subsequitur *metus* nomen reticet.
(*e*) Idem Ms. *et ne effugetur*.
(*f*) Mendose erat *visui nostro*, pro *usui*, etc. Sed et *ab agro*, pro *a saltu* Mss. duo præferunt.
(*g*) Noster Ms. *ut recumberet* : et paulo post *loci pascui*. Tum alius verba *pergerent in Ægyptum. Qui ipsum,* prætermittit. Sed jamdiu pudet nos bisce næniis immorari

asinum pascentem : dum neminem vidissent adesse custodem, iniqua surrepente cupiditate, rapientes secum duxerunt. Expergiscens itaque leo quid sibi damni accidisset, nesciens : ut requireret tamen pascentem quem commissum habuit, ire cœpit. Qui cum solito non appareret in loco pascendi, constrictus de discrimine leo, mœstitia anxius, rugiendo aliqua parte diei, huc illucque ibat quærens quem perdiderat.

Sed cum jam omnis reperiendi asini spes fuisset ablata, ad monasterii januam veniens perstitit. Conscius enim culpæ, non ausus est ingredi, quod prius cum asello solebat. Quem beatus Hieronymus, una cum fratribus, absque asino videns ad cellæ fores morari, et quia non solita hora fuerat reversus, instigante famis necessitate compulsum, putaverunt eum occidisse animal suum : nolentesque ei tribuere annonam consuetam, dicebant : Vade, et reliquum aselli quod tibi remansit, mande, tuamque ingluviem reple. Et licet hæc illi dicerent, erant tamen incerti utrum hoc mali, an non is perpetrasset.

Quapropter exeuntes fratres ad (al. *loca pascua*) loci pascua, quo jam præfatum animal deducere leo solitus erat, longe lateque peragrantes, ut quoddam mortis indicium possent invenire. Qui nullum interemptionis ejus signum reperientes, redeuntes studuerunt hoc beato Hieronymo nuntiare. Quo audito, ait fratribus : Obsecro vos, fratres, quanquam sustineatis asini damnum, hunc tamen ne exasperetis, neque abjiciatis leonem : sed eum ut dudum gubernantes, præbentesque alimenta, nutrite ; incidentesque in nemore ligna, ut ea vice asini nobis huc trahens deferre valeat, moderate nectentes ligate : Ita et factum est. Cumque sibi opus tunc nexum crebrius gereret, et jam redeundi tempus negotiatorum adesset, expleto die quodam opere, quamvis animal brutum, divinitus tamen ut puto admonitum, exiens ivit ad agrum, huc illucque discurrens gyrando, nosse plenius cupiens quid fuisset de socio suo factum.

Qui fatigatus jam nimium, quandoque ad publici itineris locum devenit sublimem, quo dum anxius, ut poterat, circumspiciendo prospiceret : cernebat procul venientes contra se homines cum onustis camelis, quos præcedens asinus veniebat : sed quia valde procul erat, hunc cognoscere minime potuit : tamen pedet entim se illis obviam obtulit. Mos quippe illi dicitur esse regioni, ut quoties cum camelis longius proficiscuntur, toties antecedente asino, funem camelorum gestante collo, subsequantur cameli. Nam dum prædicti itinerantes, id est, negociatores, appropinquassent leoni : ille cognito asino, sævum rugiens, cum ingenti strepitu irruit in eos, neminem nempe lædens, eorum. Qui omnibus statim relictis, dementesque, ut dignum fuerat, effecti, in fugam conversi sunt. Quibus videlicet fugientibus, terribiliter rugiens leo percutiebat cauda fortiter terram, perterritosque camelos, sicut erant onusti, ante se ad cellam ire coegit.

Insolitam ergo rem fratres videntes, quod præcedens asinus sarcinatique in medio cameli, et subsequens eorum terga leo pariter veniret, mox exeuntes modeste, curaverunt beato nuntiare Hieronymo. Quo audito, foras egrediens, januas monasterii patefieri jussit benigne : (*a*) summumque silentium imperavit, dicens : Hospitibus nostris, id est camelis et asino, auferentes sarcinas eos levate, pedesque abluite, escas præbete, expectantes quid in hoc facto suis voluerit Dominus servis demonstrare. Omnibus denique, quæ erga camelos fuerant jussa, peractis, cœpit leo, ut dudum huc atque illuc gratulabundus per claustra monasterii ire, singulorum se fratrum vestigiis sternens, et quasi de perpetrata, quam non fecerat culpa, alludens cauda, veniam postulabat.

Quo viso, fratres, pœnitentiam agentes, quod ei crudelitatis intulissent crimen, dicebant : Ecce pastorem nostrum, quem paulo ante ut voratorem crudeliter damnabamus, cum quanto eum præconii miraculo, ut huic crimen auferret, ad nos dignatus est mittere Dominus. Beatus ergo Hieronymus futurorum præscius, sic fratribus ait : Parati estote fratres in his quæ usui refectionis sunt necessaria : ut hi qui nobis sunt futuri, absque molestia ut dignum est, hospites suscipiantur. Mox utique imperata subsecuti, veloci quæque obedientia sunt expleta.

Peractis quoque jussis, sermocinantibus cum beato Hieronymo fratribus, subito venit nuntius, qui diceret ante monasterii fores hospites adesse, qui cœnobii patrem vellent videre. Hoc sæpe dictus pater audito, portas cellæ patefieri, eosque ad se ingredi jussit. Qui quamvis vocati, erubescendo tamen introeuntes, visoque beato Hieronymo, ejus se prostravere vestigiis, pro culpa veniam postulantes. Quos ipse clementer elevans, admonuit, ut suis cum gratiarum actione utentes rebus, alienas tangere non usurparent : ac deinde sub Dei præsentia caute viverent semper. Qua nimirum prædicatione expleta : præcepit ut reficerentur, receptisque camelis, abirent. Tunc illi una voce pariter dixerunt : Obsecramus, pater, ut ad Ecclesiæ luminaria, necessitatemque fratrum, dimidium liquoris olei, quod attulerunt cameli, suscipi jubeas : quia scimus et certi sumus, quod plus propter vestram, quam pro nostra utilitate, ut negotiaremur, perreximus in Ægyptum. Quibus beatus Hieronymus ait, non recte proculdubio postulatis, quin valde durum videtur, ut nos qui aliis compati, aliorumque necessitatem sublevare dando debemus, vos gravemus, vestra quibus non indigemus, tollentes.

Tunc illi, neque, inquiunt, hic cibum, neque quæ nostra sunt, accipiemus : nisi quod poposcimus, prius jusseris fieri. Itaque, ut prædiximus, nunc dimidium, quod attulerunt cameli, olei liquorum suscipiatis ; et deinceps pollicemur nos nostrosque hæredes, vobis vestrisque successoribus omni anno olei mensuram

---

(*a*) Idem Ms. « simulque imperavit, » pro « summumque silentium, » etc. mox alius « auferentes onera, sarcina eos levate. »

(a) hin esse daturos. Sicque constrictus beatus Hieronymus, coactusque eorum precibus violentis, quæ rogaverant, impleri præcepit. Sumpto quoque cibo, ac benedictione cum camelis accepta, exultantes, gratulantesque ad propria remearunt. Hæc autem Bethleem acta, et ab incolis loci illius hactenus asserendo ita fuisse narrantur.

Bethleem vero locus splendidus, civitas fuit David in tribu Juda : ubi quondam Dominus et Salvator (ut impleretur prophetia, *Veritas de terra orta est*) in præsepio intra speluncam, ex Virgine nasci dignatus est, et parvulus vagiit. Quod præsepe auro argentoque ornatum (sicut sanctus refert Antonius) incessanter in eo *(b)* luminaria ardent : plurimisque servorum Dei habitaculis undique circumdatur. Os enim speluncæ ad ingrediendum omnino angustum est. In cujus itaque ore, id est, in ipso præsepii ingressu, beatus Hieronymus saxum scalpendo, monumentum sibi fieri jussit. *(c)* Tanta vero idem corporis lassitudine fatigatus est, ut etiam in stratu suo jacens, funiculo ad trabem suspenso, supinisque manibus apprehenso erigeretur, ut scilicet officium monasterii, prout poterat, exhiberet; transeuntesque in squalore corporis, vocisque tenuitate dies plurimi fluerent.

Dehinc ipse vir beatus in librorum abundantia fultus, dictis suis sancto spiritu dedicatis, immobilem Catholicæ turrim Ecclesiæ, contra perfidorum jacula consummavit. Pergunt itaque ad visitandum, consolandumque Hieronymum, dum in labore esset, itidem Catholici, secum quidem animo Ecclesiæ Catholicæ cooperantem, corpore autem in Africa scribentem, sic inter cætera scripsit : *Nostra habuimus tempora, et cucurrimus quantum potuimus : nunc te currente, et longa spatia transmittente, nobis debetur otium.* Igitur idem beatissimus, diebus vitæ suæ in spirituali opere irreprehensibiliter consummatis, nonagesimo octavo ætatis suæ anno in Domino requievit. Bethleem eum alma tenet iterum venturo Domino offerendum. Dormivit autem beatus Hieronymus anno imperii Theodosii junioris duodecimo : imperante utique illo, cujus anni nec finientur : Qui vivit et regnat per immortalia sæcula sæculorum. Amen.

(a) Ex utroque Ms. *Hin*, quod mensuræ nomen est, pro *hic* adverbio quod erat, substituimus.
(b) Unus Ms. *Antoninius* pro *Antonius.*
(c) Quæ hinc subsequuntur ad fere usque finem hujus elucubrationis, sive ad ea usque verba, *imperante illo*, etc. in neutro e nostris Mss. habentur : quorum loco ad hunc modum prosequuntur : « ubi præstante Domino, soli perversitate devicta, positus est II. Kal. Octobris expleto ætatis suæ anno nonagesimo primo. Imperii vero Honorii duodecimo anno, imperante utique illo, cujus anni nec inchoantur, nec finientur. Qui vivit, » etc.

SELECTA VETERUM
TESTIMONIA
DE HIERONYMO
EJUSQUE SCRIPTIS.

S. Augustinus, *lib. XVIII. de Civit. Dei, cap. XLII.*

Quamvis non defuerit, temporibus nostris presbyter *Hieronymus*, homo doctissimus, et omnium trium linguarum peritus; qui non ex Græco, sed ex Hebræo in Latinum eloquium easdem Scripturas converterit.

Idem, *lib. III. de Peccat. merit. et remiss., cap. VI.*

Illud tamen scio, quod Sanctus *Hieronymus*, qui hodieque in litteris Ecclesiasticis tam excellentis doctrinæ fama ac labore versatur, ad quasdam solvendas in suis libris quæstiones, etiam hoc certissimum adhibet sine ulla disceptatione documentum.

Idem, *lib. I. contra Julianum.*

Nec Sanctum *Hieronymum*, quia presbyter fuit, contemnendum arbitreris, qui Græco et Latino insuper et Hebræo eruditus eloquio ex occidentali ad orientalem transiens Ecclesiam, in Locis sanctis atque in Litteris sacris usque ad decrepitam vixit ætatem.

Idem, *Epist. CCLXI. ad Oceanum.*

Sed quid hinc diutius ? cum de hac quæstione inter nos ego et prædictus venerabilis frater *Hieronymus* satis litteris egerimus, et in hoc Opere recentissimo, quod sub nomine Critobuli adversus Pelagium modo edidit, eamdem de ista re gesta dictisque Apostolicis sententiam tenuit, quam beatissimi Cypriani etiam nos secuti sumus. Illud potius de origine animarum, non propter partus adulterinos, sed propter innocentium, quod absit, damnationem, quod, opinor, non stulte quæritur, si quid a tali ac tanto didicisti viro, quod recte responderi ambigentibus possit, quæso nobiscum communicare non abnuas. Ita quippe in epistolis tuis mihi cruditus et suavis apparuisti, ut operæ pretium sit, tecum litteris colloqui. Nescio sane quem librum ejusdem hominis Dei, quem presbyter Orosius attulit, tuæque dilectioni describendum dedit, ubi de resurrectione carnis præclare disputasse laudatur, jam nobis peto non differas mittere.

Pleraque alia ejusdem Augustini de Hieronymo testimonia heic missa facimus, utpote quæ in Epistolis, quas ad eum dedit, nosque inter Hieronymianas recensuimus, jam habentur. Eadem de causa prætermittimus quoque *DAMASI*, ut et aliorum testimonia, quorum ἀμφίβαιαι litteræ ibidem prostant.

SEVERUS SULPICIUS, *dial. I. cap. VII.*

Illud me admodum promovebat, quod *Hieronymus* vir maxime catholicus et sacræ legis peritissimus Origenem secutus primo tempore putabatur, quem nunc idem præcipue, vel omnia ejus scripta damnaret.

IDEM, *cap. VIII.*

Igitur inde digressus, Bethleem oppidum petii, quod ab Hierosolymis sex millibus disparatur, ab Alexandria autem sedecim mansionibus abest. Ecclesiam loci illius *Hieronymus* presbyter regit : nam parochia est Episcopi, qui Hierosolymam tenet. Mihi jam pridem *Hieronymus* superiore illa mea peregrinatione compertus, facile obtinuerat, ut nullum mihi expetendum rectius arbitraret. Vir enim præter fidei meritum dotemque virtutum, non solum Latinis atque Græcis, sed et Hebræis ita litteris institutus est, ut se illi in omni scientia nemo audeat comparare. Miror autem si non et vobis per multa quæ scripsit opera compertus est, cum per totum orbem legatur.

IDEM, *cap. IX.*

Ego (inquit Posthumianus) apud *Hieronymum* sex mensibus fui, cui jugis adversus malos pugna perpetuumque certamen concivit odia perditorum. Oderunt eum hæretici, quia eos oppugnare non desinit : oderunt clerici, quia vitam eorum insectatur et crimina. Sed plane cum boni omnes admirantur et diligunt, nam qui eum hæreticum esse arbitrantur, insaniunt. Vere dixerim, catholica hominis scientia, sana doctrina est. Totus semper in lectione, totus in libris est, non die, non nocte requiescit ; aut legit aliquid semper, aut scribit. Quod nisi mihi fuisset fixum animo et promissum, Deo teste, propositam eremum adire, vel exigui temporis punctum a tanto viro discedere noluissem.

OROSIUS *in Apol. de libert. arb. contra Pelagium, p. 621.*

Latebam ergo in Bethleem, traditus a patre Augustino, ut timorem Domini discerem, sedens ad pedes *Hieronymi*.

IDEM, *iterum p. 623.*

Hoc et beatus *Hieronymus*, cujus eloquium universus occidens sicut ros in vellus, expectat. Multi enim jam hæretici, cum dogmatibus suis ipso oppugnante supplosi sunt, et in Epistola sua, quam nuper ad Ctesiphontem edidit, condemnavit. Similiter et in libro, quem nunc scribit, collata in modum Dialogi altercatione confutat. Hoc est enim lubricum in antichristo draconem tenere, ne possit effugere.

IDACIUS *in Chron.*

Hieronymus, qui supra, præcipuus in omnibus, elementorum quoque peritissimus Hebræorum, in lege Domini, **quod scriptum est, diurna nocturnaque meditatione continua**, studia operis sui reliquit innumera. Ad ultimum Pelagiorum sectam, cum ejusdem auctore, adamantino veritatis malleo contrivit. Adversus hos et alios hæreticos exstant ejus probatissima monumenta.

CÆLIUS SEDULIUS *in præf. operis Paschalis.*

Nec *Hieronymi* divinæ Legis interpretis, et cœlestis bibliothecæ cultoris exempla te pudeat imitari : atque ad generosas quoque feminas, et præclara indolis fama subnixas, in quarum mentibus sacræ lectionis instantia, sobrium sapientiæ domicilium collocavit, propriæ disputationis documenta transmittere.

CASSIANUS, *lib. VII. de Incarnatione.*

Hieronymus Catholicorum magister, cujus scripta per universum mundum quasi divinæ lampades rutilant, in libro ad Eustochium, etc... Fuit enim *Hieronymus* vir sicut maximæ scientiæ, ita probatissimæ puræque doctrinæ, etc.

PROSPER *in Carmine de ingratis, cap. II.*

Tunc etiam Bethlemi præclari nominis hospes,
Hebræo simul et Graio, Latioque venustus
Eloquio, morum exemplum, mundique magister,
Hieronymus, libris valde excellentibus hostem
Dissecuit ; noscique dedit, quo turbine veram
Vellent exorta lucem obscurare tenebræ.

PROSPER *in Chron. OL. CCXCI. CCCLXXXVI. Arcadio et Bautone.*

Hoc tempore *Hieronymus* presbyter in Bethleem toto jam mundo clarus habitabat, egregio ingenio, et studio universali Ecclesiæ serviens.

SIDONIUS APOLLINARIS, *lib. IV. epist. III.*

Instruit, ut *Hieronymus*, destruit, ut Lactantius, adstruit, ut Augustinus, etc.

IDEM, *lib. IX. epist. II.*

Neque enim cum *Hieronymus* interpres, dialecticus Augustinus, allegoricus Origenes gravidas tibi Scripturalium sensuum spicas doctrinæ salubris messe parturiant, non scilicet tibi partibus meis arida jejunantis linguæ stipula crepitabit ?

CLAUDIANUS MAMERTUS *de Statu animæ lib. II, cap. IX.*

Cumque ita fore rationibus magnis atque insolubili argumentatione convincat, ac super hoc *Hieronymi* sententiam poscat, laudis suæ tantum ab *Hieronymo* scripta recuperat. Quin haud dubie *Hieronymus* nihil de anima sentiri dicit verius, nihil disputari posse perfectius. En tibi duos præclarissimos virtutum doctrinarumque præeminentia longe porro præditos, super statu Animæ sentire nobiscum... Unde multum miror, *Hieronymum* tibi testem citatum, cum potissimus Tractatorum minime potuerit, et pro anima, et in animam disputare.

IDEM, *lib. II, cap. X.*

Hieronymus potissimus Tractatorum.

GELASIUS *Papa, C. Sancta Romana dist. 15.*

Item Rufinus, vir religiosus, plurimos ecclesiastici operis edidit libros : nonnullas etiam Scripturas interpretatus est. Sed quoniam beatus *Hieronymus* in aliquibus eum de arbitrii libertate notavit : illa sentimus, quæ beatum *Hieronymum* prædictum sentire cognoscimus: et non solum de Ruffino, sed etiam de universis, quos vir sæpius memoratus zelo Dei et fidei religione reprehendit. Item Origenis nonnulla opuscula, quæ vir beatus *Hieronymus* non repudiat, legenda suscipimus. Reliqua autem omnia, cum auctore suo dicimus esse renuenda.

IDEM, *Epist. V. ad Episcopos per Picenum.*

Adhuc majus scelus accessit, ut sub conspectu et præsentia Sacerdotum, beatæ memoriæ *Hieronymum* atque Augustinum, Ecclesiasticorum lumina mgistrorum, musca moriens, sicut scriptum est, exterminans oleum suavitatis, lacerare auderet.

ENNODIUS TICINENSIS *Dictione VIII.*

Hieronymus noster, nisi præceptorem suum Gregorium diceret, illo melior censeretur. Sed illi applicanda sunt bona nominati, a quo sumpsisse videntur originem. In summa, ut dixi, cælum pulsat magistri opinio perfectione discipuli.

MARCELLINUS *Comes in Chron.*

Usque hunc XIV. Theodosii imperii annum beatus *Hieronymus* post ascensionem D. N. Jesu Christi, a Petro Apostolo incipiens, et in semetipsum desinens, CXXXV. virorum illustrium Ecclesiastica volumina descripsit; apud Bethleem oppidum degens, ubi et monasterium sibi condidit, et alia multa Ecclesiastica litteris quoque Hebraicis edoctus scripsit, finemque vitæ suæ admodum senex fecit, ibique sepultus est, Catholicis quidem inexpugnabilis Ecclesiæ turris, hæreticis autem omnibus infatigabilis, tam proposito vitæ suæ, quam librorum a se editorum assertionibus depugnans.

FACUNDUS HERMIANENSIS, *lib. IV. cap. II.*

Hieronymus quoque noster, vir admodum doctus, qui etiam tantæ fuerat lectionis, ut omnes, aut pene omnes, sive in Græco, sive in Latino eloquio divinarum Scripturarum Tractatores legeret, scripsit librum, cujus est titulus : De viris illustribus, in quo non solum catholicos, sed etiam hæreticos memoravit, qui de Scripturis sanctis in utraque lingua aliquid conscripserunt. Non tacuit, qui hæresum fuerint conditores, quive assertores, vel qui etiam a quibusdam, ut hæretici accusarentur, aliis contra defendentibus, etc.

IDEM, *lib. contra Mutianum.*

Si displicet etiam sollicitudo et cantela sancti atque doctissimi orthodoxi viri *Hieronymi,* etc.

CASSIODOR. *Divin. Lect. cap. XXI.*

Beatus etiam *Hieronymus* Latinæ linguæ dilatator eximius, qui nobis in translatione divinæ Scripturæ tantum præstitit, ut ad Hebræum fontem pene non egeamus accedere, quando nos facundiæ suæ multa cognoscitur ubertate satiasse, plurimis libris copiosis epistolis fecit beatos, quibus scribere, Domino præstante, dignatus est. Planus, doctus, dulcis, parata copia sermonum ad quamcumque partem convertit ingenium ; modo humilibus suaviter blanditur, modo superborum colla confringit, modo derogatoribus suis vicem necessaria mordacitate restituens, modo virginitatem prædicans, modo matrimonia casta defendens, modo virtutum certamina gloriosa collaudans, modo lapsus in clericis atque monachis pravitates accusans : sed tamen ubicumque se locus attulit, Gentilium exempla dulcissima varietate permiscuit, totum explicans, totum exornans, et per diversa disputationum genera disertus semper et æqualis incedens. Nam cum alios magna ubertate libros protendat, tamen pro dulcedine dictorum suorum semper gratum est. Quem in Bethleem habitasse otiosum non arbitror, nisi ut in terra illa miraculorum, ad instar solis, ejus quoque ab oriente nobis lamparet eloquium. Is epistolam suam ad Paulinum et Senatorem et Presbyterum mirificam destinavit, docens, quemadmodum Scripturas divinas cum cautela perlegerit. Ubi breviter virtutem uniuscujusque libri veteris et novi Testamenti mirabiliter indicavit. Quam si ante reperissem, eloquentiæ ipsius cedens, contentus fortasse fueram, de eadem parte nihil dicere. Sed quia et ille alia, et nos diversa in opere jam confecto, Domino largiente, conscripseramus, credo, quod lector diligens, et in hoc opusculo non inutiliter occupetur. Ille enim scripsit ad divinæ legis novum lectorem, qui tamen erat litteris secularibus eruditus, ut etiam librum de Theodosio Principe prudenter ornateque confecerit. Nec illa tempestate, ut datur intelligi, tantos scriptores suæ partis habuit, quos eum in ordine legere commoneret : quoniam illo tempore milites Christi in gymnasio legis divinæ salutari adhuc laborant sudore, in quos et ipse postea multa conscripsit.

IDEM *in Chronico.*

Arcadio et Bautone Coss. Hieronymus Presbyter in Bethleem positus toto mundo mirabilis habetur.

ISIDORUS HISPALENSIS *Originum libro VI.*

Presbyter quoque *Hieronymus* trium linguarum peritus, ex Hebræo in Latinum eloquium easdem Scripturas convertit eloquenterque transfudit. Cujus interpretatio merito cæteris antefertur : nam est et verborum tenacior, et perspicuitate sententiæ clarior.

BEDA *de Computo.*

Divinæ interpres Historiæ *Hieronymus.*

ANONYMUS *apud Canisium, tom. VI. Antiquar. Lect.*

Hieronyme interpres variis doctissime linguis,
Te Bethleem celebrat, te totus personat orbis.
Te quoque nostra tuis promit Bibliotheca libris

EINARDUS *in Epistola ad Lupum.*

Erant ad manus doctores egregii, nedum non spernendi, verum omnimodis audiendi atque sequendi : gloriosus videlicet martyr Cyprianus, et illustrissimi sacrarum divinarum litterarum expositores Augustinus atque *Hieronymus* : quorum sententiis ac saluberrimis persuasionibus animatus, depressum gravi mœrore cor sursum levare conatus sum.

THEODULFUS AURELIANENSIS *episc. Carmin. IV. ad Gislam, lib. III.*

Nam tibi Psalterium præcepi scribier istud,
  Argento atque auro quod radiare vides.
Quo prior Hebræo concordat pagina vero,
  Editio ut prisca est mox habet inde sequens.
Quam bene *Hieron.* hanc transfert, corrigit illam.
  Senibus (a) egregiis utraque, crede, micat.

S. COLUMBANUS *Epistol. ad Gregorium papam.*

Simpliciter ego tibi confiteor, quod contra S. *Hieronymi* auctoritatem veniens, apud Occidentis Ecclesias ceu hæreticus respuendus erit : illi enim per omnia indubitatam in Scripturis divinis accommodant fidem.

NICOLAUS I. *Epist. LI. ad Lotharium.*

Audi quid cœlestis Bibliothecæ cultor dicat *Hieronymus,* Grave pondus vitiorum est, etc. *Ex cap. IX. Comment. in Matth.*

RATRAMNUS *Corbeiensis de Nativitate Christi, cap. X. Ex Dacherii Spicileg., tom. I, p. 339.*

Hieronymus sacræ Legis interpres, omnium peritissimus disciplinarum, fidei turris inconcussa, Sapientiæ lampade splendidissimus, eloquio facundissimus, Latini, Græci, Hebræique sermonis doctissimus.

SERVATUS LUPUS *de trib. Quæst.*

Nostri autem auctores, facile sapientia superiores, quia divina eloquentia parent, quam, cum volunt, exerunt : cum volunt, abscondunt : Cyprianum loquor, Augustinum, *Hieronymum,* Ambrosium, et quosdam alios, et mentem divinorum eloquiorum penitus inspexerunt, et nobis salubriter expresserunt... *Hieronymum* divina et seculari doctrina præcipuus, et velut quidam parens cum Augustino Ecclesiasticæ Philosophiæ, quæ humanam nec multum appetit, nec in omnibus contemnit, Pelagianam hæresim recens exortam potenter debellans, Si, inquit, in eo tantum, etc.

AGOBARDUS *in Libro contra objectiones Fredegisi, cap. IX.*

Interpretis quoque nostri *Hieronymi* presbyteri fidelis est Editio, quæ de Hebraico in Latinum magnifice transtulit.

HAYMO HALBERSTRAD. *lib. X, cap. VIII.*

Tunc *Hieronymus* Presbyter in Bethleem, imo toto orbe, clarus habetur. De quo non sine magna admiratione suspicio, quare in hac Historica narratione a Ruffino prætermissus est insigniri, maxime cum cæteros illustres viros, et contemporaneos nobilitaverit eloquio, qui vel impares ei fuerunt scientia, vel si pares aut superiores, certe omnimodo minus utiles Ecclesiis. Fortassis egit hoc Ruffinus industria, ne videretur injuriam illi libello facere, quem idem beatus *Hieronymus* scribit de viris illustribus, ubi et de seipso facit in ultimis mentionem. Dicitur etiam quod inimicitias aliquando habuerunt : et si fas est dici de tam sanctis et prudentibus viris, obliquis se respexere vultibus et sermonibus notavere. Unde forsitan *(a)* F. *Sensibus.*

beato *Hieronymo* hunc sermonem historicum obliquavit. Sive autem propter hoc, sive propter illud omiserit, nescio : Deus scit.

RABANUS in *Martyrologio ad XXX. septembris.*

In Bethleem Judæ depositio *Hieronymi* presbyteri, cujus vita et doctrina ubique in Ecclesiis Christi laudabilis exstat, quomodo divinos libros ex lingua Hebræa in Latinam transtulit, Propheticosque libros sensu allegorico exposuit. Cum autem octoginta et octo annorum dies explevit, vitam præsentem deserens, ad æternam requiem emigravit.

PRUDENTIUS *Tricassi., de prædest. contra Scotum Erigenam, cap. I.*

Beatissimus quoque *Hieronymus* tot linguarum atque librorum litteris incomparabiliter eruditus, in omnibus tam Propheticis, quam Apostolicis explanationibus id sibi summopere studii fuisse, crebrius replicando inculcat.

HINCMARUS REMENSIS, *tom. I. Operum.*

Et sanctus *Hieronymus,* Hebraicæ, et Græcæ et Latinæ linguæ peritissimus, qui ut dicitur nucem juxta nucleum frangens, medullas et ipsa viscera Scripturæ sanctæ investigando, Domino inspirante penetrare promeruit, in expositione Ezechielis prophetæ ita dicit, etc.

PHOTIUS *in Bibliotheca Cod. III.*

Ἔγραψε δὲ καὶ Ἱερώνυμος πρώνυμος πρεσβύτερος πρὸς Κτησιφῶντα, κατὰ τῶν λεγόντων ἀπάθειαν, ἤτοι κατὰ Πελαγίου· οὗτος δὲ ὁ Πελάγιος μοναχὸς ἦν μαθητὴς κτησάμενος τὸν Κελέστιον.

Scripsit etiam *Hieronymus* presbyter ad Ctesiphontem contra asserentes ἀπάθειαν (id est impassibilitatem, vel imperturbationem) seu contra Pelagium. Hic autem Pelagius Monachus fuit, Cælestium discipulum nactus.

SIGEBERTUS *in Chronographia ad A. C. 421.*

Hieronymus per quinquaginta sex annos libris suis confectis, ita pectore præ laboribus dejecto, ut lecto surgere nequiret, nisi apprehenso manibus fune qui ad hoc de trabe pendebat, obiit apud Bethleem, anno ætatis suæ 98.

HONORIUS AUGUSTODUN., *de Luminaribus Ecclesiæ, cap. CXXXVI.*

Hieronymus natus patre Eusebio, oppido Stridonis in Pannoniæ confiniis, scripsit sub Theodosio vitam Pauli Monachi; Epistolarum ad diversos librum unum; ad Heliodorum exhortatoriam; altercatoriam Luciferiani et orthodoxi; Chronicon omnimodæ historiæ, in Jeremiam et Ezechielem homilias Origenis viginti sex vertit, de Seraphin, de Osanna, de frugi et luxurioso filio, de tribus quæstionibus veteris legis homilias tres; in Cantica canticorum duas; adversus Helvidium unam Epistolam, de sancta Maria; ad Eustochium de virginitate servanda unam : ad Marcellam epistolarum librum unum. In epistolam Pauli ad Galatas Commentariorum libros quatuor, item in Epistolam ad Ephesios libros tres, in Epistolam ad Titum librum unum, in Epistolam ad Philemonem librum unum; in Ecclesiasten Commentarios; Quæstionum Hebraicarum in Genesim librum unum, de Locis librum unum, de Spiritu Sancto librum unum; in Lucam homilias triginta octo, in Psalmos a decimo usque ad sextum decimum tractatus septem; de captivo monacho, vitam beati Hilarionis, vitam Paulæ. Novum Testamentum de Græco, vetus de Hebræo in Latinum transtulit; duodecim Prophetas exposuit, infinitas Epistolas, et alia innumerabilia composuit.

CHRONICON TURONENS. *apud Martene tom. V, p. 928.*

Anno Honorii XI. *Hieronymus* in Bethleem obiit anno ætatis octogesimo octavo in virginitate permanens, semper aut legens, aut scribens, Hebraicis, Græcis, et Latinis litteris eruditus, Ecclesiæ murus, paupertatis amantissimus, Monachorum regula, speculum sanctitatis. Hic denique libris per annos 56. confectis, ita corpore pro laboribus defecerat, ut de lecto surgere nequiret, nisi apprehenso manibus fune, qui ad hoc pendebat e trabe.

JOANNES SARESBERIENSIS *Policratici, sive de nugis curialium lib. II, cap. XXVII.*

Doctor ille doctorum, cui in sacrario litterarum vix aliquem audeo comparare.

IDEM, *lib. VII, cap. X.*

Doctor doctorum *Hieronymus. Et lib. VIII, cap. XIII.* Doctissimus pater *Hieronymus.*

CODOFRIDUS VITERBIENSIS, *chronic. parte XVI.*

Scriptaque *Hieronymi*, quæ multis contulit annis, Bethleemita domus misit in omne solum.

BERNARDUS *In Parabola de Christo et Eccl.*

Sed continuo egregii curiæ Christianæ milites, prævalere videntes astutam inimici malitiam, spiritum resumpserunt, arma fidei corripuerunt, et malum ex semetipsis viriliter auferentes, Alexander cum multis Arium : Augustinus Manichæum multosque alios : *Hieronymus* Epicureum Jovinianum, cæterique cæteras hæreseon et schismatum pestes pervadentes, vel fortiter trucidaverunt, vel prudenter a castris propulerunt, pacemque Ecclesiæ et gaudium restituerunt.

ADO VIENNENSIS *in Martyrologio d. XXX. septembris.*

Item apud Bethleem Judæ depositio S. *Hieronymi* presbyteri. Hic natus in oppido Stridonis, quod Dalmatiæ quondam Pannoniæque confinium fuit, patre Eusebio, vestem Christi puer Romæ suscepit, ibique litteris Græcis ac Latinis a primævo eruditus est. Postquam autem omne mundanarum studium litterarum adeptus est, probatissimorum quoque monachorum habitum factumque imitatus est, Romanæ Ecclesiæ presbyter postmodum ordinatur. Dumque per triennium continuum charus acceptusque populis veneraretur, omniumque judicio dignus esse summo sacerdotio decerneretur, quidam ex clericorum monachorumque ordinibus pro petulantia proque ingluvie discursantes, ad effugandum Urbe *Hieronymum*,

qui utrumque eorum scribens vitium deprehenderat, insidias paraverunt. Verum ipse propter cælorum regna domum, parentes, sororem, cognatos, Roma egressus, dereliquit, et Jerosolymam militaturus Deo pergens, primo ad Gregorium Nazianzenum, tunc Constantinopolitanæ urbis Episcopum, supplex docilisque discipulus accessit, ut sanctarum Scripturarum studiis erudiretur. Inde in Syriam perrexit, in possessione Evagrii presbyteri aliquantulum commoratus. Ad deserta deinde loca ita lætus accinctusque accessit, ut volasse eum magis, quam measse crederes. Quadriennium itaque in illa vasta solitudine, quæ exusta solis ardoribus horridum monachis præstat habitaculum, exegit : indeque ad Bethleem oppidum remeavit, ubi prudens animal ad præsepe Domini se obtulit permansurum. Bibliothecam sane suam, quam sibi summo studio ipse condiderat, omniumque librorum orationes, quas pene memoriter retinebat, iterum relegens, diem jejuniis ducebat ad vesperam. Plures ad eum religiosorum, quibus vitæ ejus fama comperta est, protinus confluxerunt, bonumque doctorem, parvo adhuc sub tugurio, boni observavere discipuli. Nec multo post cellulas ibi ob discipulorum suorum copiam et propter frequentiam adventantium ad Bethleemiticam portam, quæ ad occidentem conspicit, et egredientibus ad septentrionem videtur, parvulum habitationis locellum construxit. Quibus vero nisibus quantisve laboribus Hebraicam linguam atque Chaldaicam litterasque Hebræas didicerit, verbis ejus edicam. Dum essem, etc.

GERARDUS, *de Arvernia ad Ivonem Ab. Cluniac.*

Legitur in Patrum Sanctorum Collationibus, quas transtulit *Hieronymus*, quod Joannes Evangelista Christi discipulus perdicem tractabat manibus, divinis studiis fatigatus.

NOTKERUS *in Martyrologio ad XXX. septembr.*

Eodem die apud Bethleem Judæ depositio Sancti *Hieronymi* Presbyteri. Hic natus in oppido Stridonis, quod Dalmatiæ quondam Pannoniæque confinium fuit, patre Eusebio, vestem Christi puer Romæ suscepit, ibique litteris Græcis ac Latinis a primævo eruditus est, probatissimorum quoque Monachorum habitum factumque imitatus est : Romanæ etiam Ecclesiæ presbyter ordinatus cunctorum judicio dignissimus summo sacerdotio esse decernitur. Sed postquam æmulorum invidia Roma effugatus est, Gregorium Nazianzenum Constantinopolitanum Episcopum discendi gratia adivit. Inde Syriam petivit, ac deserta loca accedens in horrida solitudine quadriennium exegit. Dein Bethleem oppidum adiens in præsepe Domini prudens se animal contulit permansurum. Quantis ibi denuo vigiliis jejuniisque institerit, quali instantia Hebræorum Bibliothecas auribus Latinorum inseruerit, novit ille, cui sudores suos immolavit. Tandem post perfectam placitamque Deo conversationem, nonagesimo octavo ætatis suæ anno apud Bethleem oppidum in pace quievit, secundo Kalendas Octobris, duodecimo Honorii Imperatoris anno. Libros suos per quinquaginta et sex annos confecit.

Laurentius Justinianus *in Operibus pag. 680. Sermone in solemnitate beatissimi Hieronymi doctoris et Confessoris.*

In tabernaculo Spirituali gloriosus *Hieronymus* summum sortitus est locum. Merito quippe illum colit Ecclesia, qui eam scientiæ munimine custodivit, protexit, et fovit. Erat profecto columna argentea, erecta, fulgens et solida. Tanquam columna super bases aureas fundata mens illius erigebatur in cœlum, cœli alta penetrabat, ut lumen veritatis intueretur in lumine. Nunquam tamen imbrem potuisset ex se proferre doctrinæ, nisi in cœlestibus et ipse fuisset imbutus. *Fons namque sapientiæ Verbum Dei in excelsis est, et ingressus illius mandata æterna :* ad illum diligendo propinquans, sapientiæ fluenta percepit. Nam secundum datum et beneplacitum ipsius præbet illam Deus diligentibus se. Non enim talis est, illa de qua loquimur, sapientia, ut humano valeat vindicari ingenio, impetratur precibus, cordis puritate suscipitur, humilitate custoditur. Nempe *in malevolam animam non introibit sapientia, neque habitabit in corpore subdito peccatis.* Tumorem evacuet, criminum faces abluat, gemitibus Dominum deprecetur, qui divinæ sapientiæ cupit veritatem cognoscere. Quantis (oro) hic sanctus exhortationibus, quantis profluviis lacrymarum, quantis vigiliarum laboribus, quantave humilitatis virtute mentis suæ mundabat hospitium, ut dignus sapientiæ contubernio haberetur ? Nempe illam concupivit, quæsivit, invenit et tenuit, atque castissimis illius est potitus amplexibus : unde tanquam amicissimo sibi incerta et occulta eloquiorum sanctorum mysteria reservavit innumera. Factus plane erat ex assidua meditatione Scripturarum templum Dei, sapientiæ sedes, Paracliti minister, vas mundum, æterni luminis ostensor, scientiæ magisterium, atque angelorum imitator. Corpore namque tenebatur in terris, re autem vera mente conversabatur in cœlis. Scalam namque sibi construxerat Spiritualem ; cujus cacumen tangebat cœlos, per quam ascensus frequentabat et descensus. Ascendebat utique contemplando cœlestia, ac meditando divina : descendebat autem, cum exigente causa sibi indulgeret et proximo. Talibus quippe studiis assuetus singulari inter homines emicuit sanctitate, veluti lampas accensa, atque perlucida omnem domum illustravit ecclesiæ. Ubique bonitatis illius radiante splendore nominatissimus habebatur. Quis in Ecclesiæ gremio *Hieronymi* non est eruditus scientia ? Quis vitæ illius non edificatus exemplo ? Quis non est ipsius implorationibus roboratus ? Effectus est communis pater, lux mundi, annuntiator regni, sæculi interventor, speculum sanctitatis, virtutum forma, et fidelium robustissimus propugnator. Nempe sine sanguinis effusione gloriosum martyrii triumphum obtinuit. Quod enim carnificis mucrone non pertulit, hoc in seipso castitatis amore complevit. O quoties ego, inquit, in eremo constitutus, et in illa vasta solitudine, quæ horridum monachis præstat habitaculum, Romanis me putabam interesse deliciis. Sedebam solus, qui amaritudine plenus eram. Horrebant sacco membra deformia, et squalida cutis Æthiopicæ carnis situm obduxerat. Quotidie lacrymæ ; quotidie gemitus ; et si quando repugnantem me somnus imminens oppressisset, nudæ humo vix ossa hærentia collidebam. Ille igitur ego, qui ob gehennæ metum tali me carcere damnaveram, scorpionum tantum socius et ferarum, choris intereram puellarum. Videsne quanta animi soliditate viriliter pugnaverit contra se ? sibi minime pepercit ut parceret. Dum enim contra se factus est crudelis et rigidus, suimet effectus est triumphator egregius. Hoc enim est singulare trophæum, carnem spiritui, spiritumque subigere conditori : nunquam Deo quis poterit esse subjectus, qui menti suæ imperare nequiverit. Hinc est, quod amator Dei debet prius esse amator virtutis. Dei namque dilectio virtutis studio comprobatur. Tolle a corde virtutem, et caritatis ædificium collabetur. Caritas (inquit Apostolus) patiens est, benigna est, non agit perperam ; non est ambitiosa, non inflatur, non cogitat malum, non gaudet super iniquitatem, congaudet veritati, omnia potest, omnia credit, omnia sustinet. Caritas nunquam excidit. Æmulemur itaque, dilectissimi, caritatem, quam iste, de quo loquimur, æmulatus est Sanctus. Per ipsam quippe fuit mundo sublimior, Diabolo prudentior, seipso robustior, morteque fortior. Hac præcipue decoratus tentationibus non cessit, non est lacessitus injuriis, non æmulationibus fractus, non carnis prostratus illecebris, non infatuatus honoribus, non elatus laudibus, neque laboribus fatigatus, sed permansit corde mundus, humilitate excelsus, puritate conspicuus, castitate insignis, fortitudine insuperabilis, autoritate cretus, mente devotus, omniumque virtutum candore vestitus. Totus plane vitæ illius decursus Christianæ religionis est speculum. Jugum enim Domini ab ipsa ineunte ætate portavit, Litterarum sanctarum sectatus est studia, ita ut scientia incomparabilis haberetur, aridum mundum calcavit, cum flore domum, patriam, parentes reliquens, Roma egressus eremi deserta penetravit. Nemo illo in divinorum eloquiorum explanatione utilior, nullus contra corpus proprium ipso austerior. Quis in corrigendis sceleribus fuit eo audacior ? ignorabat prorsus homines mulcere blanditiis, nesciebat vitia palliare silentio, nimio divini amoris zelo succensus. Erat profecto sicut malorum, ita et sui acerrimus insectator. Nam et minima delicta adeo lacrymis rigando tergebat, ut si quis non agnosceret illum, peccatorum maximum Hieronymum esse fateretur. Denique omne vivendi tempus indultum sic fideliter consummavit, quasi esset quotidie moriturus. Pugnavit quippe fortiter, vixit temperanter, conversatus est juste, et prudentissime perduravit. Bonam religionis sanctæ certamen certavit, cursum peregrinationis suæ, laudabiliter vivendo consummavit, fidem rectam Domino Christo perseverando servavit, sicque in senectute bona plenus dierum, meritis locuples, celeberrimus sanctitate obdormivit in Domino, appositus ad patres suos, associatus angelis, coronatus a Christo Ecclesiæ sponso, qui est Deus super omnia benedictus in sæcula sæculorum. Amen.

Jo. Bapt. Platina *in Innocentio I.*

Eodem quoque tempore *Hieronymus* presbyter in Bethleem habitans, ingenio ac facundia Christi fidem, mirum in modum auxit : quod etiam ejus scripta declarant.

Franc. Philelphus, *lib. VI, epist. ultima. Ad Aloysium Crottum.*

Hieronymi quas petieras Augustinique Epistolas ad te dedi commodo. Quare ubi eas pro tua voluntate lectitaveris, cura ad me redeant. Quod autem quæris, quid de utroque sentiam, et quoad doctrinam, et quoad eloquentiam, breviter accipe. Omnium primum de rebus divinis non est meum judicare, sed Ecclesiasticæ dignitatis auctoritatisque. Cæterum puto utrumque pulcherrime divinarum rerum omnium scientiam tenuisse. Sed quoad reliquas omnes partes philosophiæ, Augustinus unus est longe tum acutior et peritior, tum etiam subtilior. Dialecticus Augustinus fuit egregius, et idem physicus atque mathematicus. Huic *Hieronymus* plurimum præstitit dicendi elegantia potius, quam doctrina : id quod ex utriusque oratione licet intueri. Græcam litteraturam *Hieronymus* perpulchre calluit; Augustinus minus perfecte. Ille Hebraice quoque habetur eruditus, et Augustinus illius linguæ ignarus omnino. Vita horridus *Hieronymus*, Augustinus autem mitis. Quod si ex iis duobus unum effici potuisset, nihil natura absolutius edidisset.

De hoc Philelphi judicio lege disquirentes Echium et Erasmum lib. II. Epist. XXV et XXVI.

Raphael Volaterranus, *Commentar. Urban. lib. XVI.*

Hieronymi Doctorum principis vitam recensere, parergon fortasse fuerit, cum tot illustrium virorum sit mandata monumentis : quædam tamen ex ejus libris de se loquentis, præsertim ad ejus litteras pertinentia, in medium afferam. Ac primum in lib. de Viris illustribus se ex oppido Stridonis ortum fatetur, patre Eusebio. Romam venit admodum adolescens, ibique se studiis liberalium artium tradidit. De quibus sic ipse in Apologia ad Pammachium, etc.

Jacob. Philippus Bergomensis *in Chronico ad an. Chr. 429.*

Hieronymus vir familiarissimus et Doctor celeberrimus, sanctæ Romanæ Ecclesiæ Cardinalis presbyter, natione Italicus, ex oppido Stridonis in Histria provincia constituto : quod quidem a Gothis eversum fuerat, Pannoniæ quondam Dalmatiæque confinium. Patre Eusebio natus, hoc anno apud Bethleem Judæ civitatem pridie calendas Octobris nonagesimo primo vitæ suæ anno migravit ad Dominum : vir sane eloquentissimus, qui et multarum diversarumque litterarum peritiam et linguarum experientiam habuit, oratio-

nisque facundiam, rectos fabularum sensus, multam historiarum memoriam, naturalium rerum cognitionem, moraliumque sermonum, tum sacræ Scripturæ ac veræ theologiæ perceptionem. Hic itaque ut fide integer et vita purissimus erat, cum primos juventutis annos exegisset, Dalmatis nationi suæ propinquis quasdam * litteras a Latinis Græcisque diversas imprimis adinvenit, et composuit, quæ quidem postea Sclavonicæ sunt appellatæ, eo quod Sclavonibus quibusdam Germaniæ populis dederit. Et non solum eas litteras composuit, sed et officium, quo nos utimur, ex Græco in idipsum idioma traduxit, et etiam contulit : quod etiam novissimis temporibus Eugenius Papa IV. Pontifex maximus eisdem confirmavit. Adeo equidem ejus sanctissima vita verbis explicari posset : quæ quidem, cum non sit propositi mei, omittendo, de ejus tantummodo scriptis luculentius disseremus. Qui cum esset eloquentissimus atque disertissimus vir, ad utilitatem hominum non modo hæc quæ subjecta sunt, edidit opuscula, sed alia multo plura quæ reperiri minime potuerunt, etc.

* *Vetus hæc hallucinatio est, quam nos alibi explodimus.*

Trithemius, *de Scriptor. Eccl.*

Hieronymus presbyter et monachus patre natus Eusebio ex oppido Stridonis, vir in secularibus litteris valde eruditus, et in divinis Scripturis inter omnes Doctores eruditissimus, multarum linguarum peritia insignis, sacræ legis interpres, hæreticorum malleus et expugnator fortissimus. Hic est verus dispensator Evangelicus, fidelis et prudens, qui proferens de thesauro suo nova et vetera, dansque in tempore spiritalis tritici mensuram conservis suis, Hebræos superbos spoliavit, humilesque ditavit Latinos. Hic est Ecclesiæ Christi doctor egregius, qui vestes Esau per devia errorum vagantis domi otiose reconditas cum pia matre Rebecca, id est, gratia Dei, protulit, ac mansuetum Jacob fidelemque Christo servientem vestivit. Hic est *Hieronymus* Jesu Christi sincerus amor, qui nullum tempus otiose transiens, die ac nocte in lege Domini meditabatur, et vix corpori necessario somno indulto, semper diebus ac noctibus scripsit, legit, docuit vel oravit, quod testantur pene infiniti libri, quos edidit. Hic veritatis defensor, cultor virtutis, vitiorum acerrimus hostis, cum esset Ecclesiæ Romanæ presbyter, et scelera clericorum constanter argueret, eorum invidia secessit ex urbe, veniensque in Judæam gloriosum Domini visitavit sepulcrum, atque juxta præsepe Bethleemiticum locum sibi habitationis constituens, toti mundo clarus innotuit, disponente id nimirum divina providentia, ut ibi lux mundi quiesceret, ubi verus sol justitiæ hominibus nascendo innotuisset. Sanctissimi loci habitator sanctus atque conveniens ; fide firmus, caritate ignitus, conversatione maturus, qui seduci rebus secundis non potuit, quem a sancto proposito nulla unquam adversitas dejecit. Sed quid fœdus laudator viri sanctum verticem labris contingo impuris ? silendum magis humiliter mihi fuerat, quam de sanctissimo viro insufficienter loquendum. Nunc ergo, quæ de scriptis, et opusculis ejus invenimus, per ordinem consignemus. De quibus ista sunt, etc.

Des. Erasmus Reterodamus, *lib. II, epist.* 1. *ad Leonem X. P. M.*

Divus *Hieronymus* sic apud Latinos est theologorum princeps, ut hunc prope solum habeamus Theologi dignum nomine. Non quod cæteros damnem, sed quod illustres alioqui, si cum hoc conferantur, ob hujus eminentiam velut obscurentur. Denique tot egregiis est cumulatus dotibus, ut vix ullum habeat et ipsa docta Græcia, quem cum hoc viro queat componere. Quantum in illo Romanæ facundiæ? quanta linguarum peritia? quanta omnis antiquitatis omnium historiarum notitia? quam fida memoria? quam felix rerum omnium mixtura? quam absoluta mysticarum litterarum cognitio? super omnia, quis ardor ille, quam admirabilis divini pectoris afflatus? ut una et plurimum delectet eloquentia, et doceat eruditione, et rapiat sanctimonia, etc.

Idem, *lib. V, epist. XXVI ad Jo. Eckium.*

Ego de Augustino ita sentio, ut de viro sacro, eximiisque dotibus prædito par est. Nec tenebras offundo illius gloriæ, ut tu scribis, sed non patior obscurari gloriam *Hieronymi*, cui plane fieret injuria, si quem longe præcessit, ei posthaberetur.

Idem, *lib. V, epist. XIX ad Greverardum.*

Flagrat jam olim mihi incredibili ardore animus, *Hieronymianas* Epistolas Commentario illustrandi, et nescio quis Deus mihi pectus accendit, agitque, ut rem tantam, et a nullo hactenus tentatam, audeam animo concipere. Movet me viri cœlestis, et omnium Christianorum sine controversia longe tum doctissimi, tum facundissimi pietas: cujus scripta cum digna sint quæ ab omnibus passim legantur, et ediscantur, vix pauci legunt, pauciores mirantur, paucissimi intelligunt. Deum immortalem! Scotus, Albertus, et his impolitiores auctores, omnibus in scholis perstrepent, et ille unicus religionis nostræ pugil, illustrator ac lumen, *Hieronymus*, qui meruit, ut unus celebraretur, unus ex omnibus tacebitur? Sed rem video indignissimam: ob hoc ipsum negligi *Hieronymum*, per quod promeritus est, ne negligeretur. Nocet auctori eloquentia, quæ religioni profuit. Alienat multos abstrusior eruditio, qua potissimum oportebat eum commendari. Pauci itaque mirantur, quem perpauci intelligunt. Quod si talis auctor dignis Commentariis fuerit illustratus, futurum prospicio, ut *Hieronymiana* gloria, tanquam nova luce accepta, quam latissime enitescat: ut passim in scholis, in auditoriis, in templis, domi, publice privatimque legatur et ediscatur. Nec me adeo fallit, quam audax facinus animo præsumpserim. Primum, quanti negotii fuerit mendas, quæ per tot sæcula penitus insederunt, eradere: deinde, quantum in illo antiquitatis, quantum Græcarum literarum, quantum historiarum: tum quæ phrasis, quod dicendi artificium, quo non Christianos modo omnes longo post se intervallo reliquit, verum etiam cum ipso Cicerone certare videtur. Ego certe, nisi me sanctissimi viri fallit amor, cum *Hieronymianam* orationem, cum Ciceroniana confero, videor mihi nescio quid in ipso eloquentiæ principe desiderare. Tanta in hoc nostro varietas, tantum sententiarum pondus, tanta enthymematum volubilitas. Quod artificium in eloquentiam litteris indicare, ut difficillimum est, ita longe utilissimum. Id quod ita me, modo ipse dexter adsit, confecturum confido, ut qui hactenus *Hieronymianam* eloquentiam sunt admirati, jam eloquentem fuisse, se nescisse fateantur. A me quidem quidquid vigiliis, quidquid assiduo studio, quidquid eruditione mediocri, quidquid ingenio pessimo præstari poterit, id sedulo *Hieronymo* præstabitur.

Alia Erasmiana Hieronymi elogia alibi reperire est in ejus Præfationibus atque Epistolis.

Pol. Vergilius, *de rerum inventoribus lib. VII, cap III.*

Hieronymus Eusebii filius, ortus Stridone, quod oppidum, olim ad Pannoniam et Dalmatiam pertinebat, sed Gothi direptum everterunt, Romæ Græcis Latinisque litteris egregie institutus, sanctioris vitæ causa in Judæam se contulit, ubi et Hebraicam linguam didicit. Ita triplici lingua eruditus, de rebus divinis scribendi onus suscepit, in quo omnes nervos ætatis, industriæ, doctrinæque suæ contendit: cujus scripta ut sancta, brevi post tempore patres receperunt, receptaque approbarunt. Etsi scio, esse quosdam, qui id factum Damaso Pontifici falso assignent; quippe qui periit ante *Hieronymum* excesserit e vita. Postremo locum circa Bethleem sibi construxit, ubi reliquum vitæ Apostolico ritu egit. Hinc factum est, ut permulti deinde *Hieronymi* ipsius instituti imitatores exstiterint, ortaque sit nova quædam familia, quæ ab *Hieronymi* nomine, quem sui instituti, quamvis longe diversi ab eo quo ille vixerat, utcumque auctorem faciunt, *Hieronymiani* sunt appellati: qui nativo amiciuntur colore, pallioque super tunicam rugato, atque superiore parte a summo ad imum scissa, scortea zona tunicam succingunt, soleis ligneis pedes muniunt.

Ex ms. cod. Vatic., *olim Reginæ, num.* 571.

Augustinus ad Hieronymum.
Te Bethleem celebrat, te totus personat orbis,
Te quoque nostra tuis promit bibliotheca libris.

Ex alio ms. codice, *qui apud me est.*

Ecce Sacerdotis pandam præconia lauti,
Mentio dum Sancti pulsat penetralia cordis,
Cujus quadratum crebrescit fama per orbem.
Atque per extremas fulget prudentia metas:
Qui fuit Interpres, et custos virgo pudoris,
Hebræa Romanis vertens oracula verbis.
Nam rudis, et priscæ legis patefecit abyssum.
Septuaginta duos recludens pagina biblos.
Quos nunc Sacratis describit littera chartis.
Insuper elicuit Tractatus inter stupendos,
Atque prophetarum Commentis clancula certis
Dicta retexebat, pandens mysteria rerum.
Inclytus hic constat seclis per secla magister.
Quæ nunc per mundum scribuntur rite quadratum,
Et licet illustris lectorum turma per orbem,
Eusebio genitore satus, ceu prodidit idem,
Enumerans veterum vulgata volumina Patrum,
Ex quo Salvator nostræ cunabula Carnis
Sumpserat in terris, emundans crimina secli.
Quando Crucis gabulum sacrato Corpore scandit,

Et genus humanum pollutum fraude maligni
Vulnera perpessus purgarat Sanguine rubro.
Quis tanto studio geminarum lamina Legum,
Aut tam solerter rimari nititur unquam?
Ceu meditatus erat sacras didascalus idem
Ut Psalmista canit, noctesque diesque libellos, etc...

CÆLIUS CALCAGNINUS

In imaginem D. Hieronymi, in nucis cortice expressam.

Ecquis in angusto spirantem margine fixit;
Te, Pater, incurvumque genu, impexumque capillos,
Et multa illuvie squallentem, incanaque menta,
Pallidaque ora fame, et multo membra horrida tabo,
Prominentem e sacco, et maculosa nebride cinctum,
Et duro toties plangentem pectora saxo?
Pectora tot fæcunda bonis, quæ flumina largo
Fuderunt nobis arcana volumina Mosis,
Divinas et opes, priscorum oracula vatum,
Unde salus, unde et vitæ melioris origo,
Panditur, in cunctas præscripto ex tempore gentes.
Cum vero nullus tanti pomœria limes
Ingenii, nullus vim linguæ includere possit;
Nunc tamen et nucis in tenui stas cortice totus.
Et nucis area magna vacat, quando altera tantum
Pars bifidæ molis fuit acri obnoxia ferro :
Altera adhuc riget, et sociæ manet indiga laudis.
At tu, docte senex, totus, non solus in illa es :
Nam tecum assurgit saxis impervia rupes
Horrida : et attolens ad cœlum immane cacumen :
En etiam nemus umbriferum gravis aura fatigat,
Atque hac atque illuc steriles provolvit arenas,
Cumque ipsis angues sinuosos miscet arenis.
Parte alia pendet sacrati ex more trophæi
Ostro insignis apex, duplici quem tænia nodo
Alligat, atque abjuratos testatur honores.
Hinc vides, ut totam longe procumbat in alvum,
Et defendat herile altus, vastosque recessus
Occupet ille Leo, timor ille Libystidis oræ :
Nunc jacet, atque intra thesauros colligit ungues,
Illos olim ungues manantes cæde frequenti.
Asi, icis, ut posita nunc se cervice reclinet,
Exertaque senis lambat vestigia lingua ?
At te, sancte Pater, nec saxa, nec horrida rupes,
Nec fera, nec nemoris fragor avocat : omnis Olympum
Mens inhiat, totum pectus suspirat Jesum.
Illum animo, illum oculis, illum omni concipis ore ;
Illum unum adspectas pendentem e robore celso,
Suffixasque manus, perfossaque pectora, et heu, heu,
Omne caput lacerum crudeliter ostentantem :
Atque hæc perpessum, nostras, ut sanguine noxas
Eluat; et miseros Geniis cœlestibus addat.
Ergo tantarum te nunc miracula rerum,
Nunc Pietas, nunc summa movet clementia Patris,
Muneraque et promissi animo obversantur honores.
Scilicet æthereas præclarum est scandere sedes,
Et tandem numerum magnorum augere Deorum.
Sic bene habet, tua cana fides tuaque inclyta virtus
Me juvat ex sanctis mens sancta exercita factis.
Hoc piget, ipse insons atque omnis criminis expers.
Heu mihi, te nimium exemplis crudelibus urges.
Tune adeo pius erga omnes, in te impius unum?
Quid male mulctatum tergus, quid livida cervix
Commeruere ? quid ta superos committere tantum
Iæ potuere genæ flagris fletuque rigentes?
Quid latera hæc Cilicium crudeliter obsita setis,
Et spinis implexa ? quid enthea pectora tantum
Admisere nefas ? quid mens cœlestibus hausta
Ignibus, atque olim cœli pars magna futura?
Nunc quoque nil spirans nisi cœlum in carcere tetro
Ausa quid est ? tantis quæ digna piacula pœnis?
Quam lacrymis, et sollicitis singultibus usque
Nocte die crucias. En vix cutis arida membris
Nititur, attritaque hærent compagine costæ.
Nec jam ille es, gelidum qui quondam natus ad Istrum,
Arva Palæstino petiisti torrida cancro.
Illius tenuis nunc vix agnosceris umbra,
Cur tantum licuit de te tibi ? non ferus hostis
Hæc ausit? non monstra istis errantia sylvis.
Tun' monstris, sævoque in te crudelior hoste ?
Parce, Pater, tibi parce, Pater : nos verba, nos hæc
Flagra decent, quos mille modis rapit impetus amens
Dum cœlum toties superosque lacessimus ultro :
Hinc vocat ambitio, trahit hinc vesana libido :
Hinc movet ira suos stimulos, timor inde coercet :
Hinc premit, illa animo semper red viva, voluptas,
Nos ergo exultantem, atque in diversa trahe.atem

S. HIERONYMI I.

Castigemus equum, ut spatiis inclusus iniquis,
Et mores ferat, et leges patiatur heriles.
Sed quoniam sine præsidio, sine Numine divum,
Nitimur incassum, vis et humana fatiscit.
Heus age, et in audos animo miserante labores.
Huc ade, o pater, et propius res as, ice nostras,
Atque tuæ nobis plagæ, tua verbera prosint.

JULIUS CÆSAR SCALIGER *in D. Hieronymum.*

Qui magnæ poteras naturæ imponere leges,
Atque in te patrii vertere jura poli.
En facilis descende ! vides furialia vulgi
Pectora, et ancipiti dissita regna fide.
Cuncta ruunt infelici disjecta tumultu,
Et rerum, interitus non nisi, finis erit.
Jam pretium est sentire male, atque avertere verum,
Et facere aut fieri jam bene, nolle volunt.
Interdicta tibi quod si sunt juria (p. *jura*) terræ,
Quo tua mens coram possit adeste minus.
Exora ultricis felicia fulmina dextræ,
Pejores merita est terra cloaca neces.

JOSEPHUS SCALIGER, *Prolegom. ad Eusebii Chron.*

Quod autem de Eusebio diximus, idem merito de magno *Hieronymo* arbitrari possumus, nullum de Latinis scriptoribus exstare, cui plus debeant Ecclesiasticæ litteræ, tam in iis, quæ ad origines sacras, quam quæ ad interpretationem divinorum librorum pertinent : neque illo sæculo magis idoneum interpretem nostro Eusebio contingere potuisse, quam eum, qui Eusebii studiosissimus, et eorum, quæ ab Eusebio tractantur, peritissimus fuit. Atque utinam per ejus occupationes ista non dictare notario, sed scribere illi vacasset. Quod enim multis, vel invitatus, vel lacessitus respondere cogeretur, neque ulla ei a labore requies daretur, temporis autem jacturam vel minimam facere neque posset, neque vellet ; apparet eum, quum hujus Chronici interpretationem dictaret, scriptioni aliarum rerum simul et notario eodem tempore operam dedisse, et propterea necesse fuerit, quædam, quod vitari non poterat, tanto viro humanitus excidisse, quæ hodie apud magistellos et criticicastros non venia, sed jurgiis, et contumeliis, non ut hallucinationes, sed ut crimina exciperentur.

SIXTUS SENENS., *lib. IV. Biblioth. sanctæ.*

Hieronymus Stridonensis, quem Severus Sulpitius Bethleemiticæ parœciæ rectorem, Græci omnes Hierosolymitanum presbyterum appellant, Eusebii filius, ex oppido Stridonis, quod a Gothis eversum, Dalmatiæ quondam Pannoniæque confinium erat, vir fuit in omni doctrinarum genere absolutissimus, quippe qui splendore sermonis et eloquentiæ viribus, in quibus sub Donato grammatico et Victorino rhetore, clarissimis viris, profecit, omnes Latinæ Ecclesiæ scriptores multo post se intervallo reliquit. Linguarum quoque tantam habuit peritiam, ut Græcam, Hebræam, Chaldæam et Latinam omnes æque ac Dalmaticam sibi maternam linguam teneret. Sed et in scholis philosophorum nihil de Aristotelis, Platonis ac Zenonis, hoc est, de Peripateticis, Academicis, Stoicis, reliquit intactum. Quibus instructus apparatibus contulit se ad Sacrarum Litterarum studia, usus in his Appollinari Laodiceno, Didymo Alexandrino et Gregorio Nazianzeno præceptoribus. Sub quibus tantam sibi divinarum rerum eruditionem et eruditionis nomen comparavit, ut in obscuris sanctorum Voluminum difficultatibus

(*Huit.*)

Romanus Pontifex Damasus, doctissimus Augustinus, Paulinus, Chromatius, Heliodorus, multique alii passim per Italiam, Galliam, Hispaniam, Africam, Palæstinam et Græciam eruditissimi episcopi ad hunc unum confugerunt, tamquam ad eum, qui multiplici linguarum varietate adjutus, omnes legisset divinæ Scripturæ interpretes, Græcos, Hebræos et Latinos. Quod et Augustinus libro primo adversus Julianum palam his verbis ostendit, inquiens : Sanctus presbyter *Hieronymus*, græco, latino et hebræo eruditus eloquio, ex occidentali ad orientalem transiens Ecclesiam, in locis sanctis atque in litteris sacris usque ad decrepitam vixit ætatem. Hic omnes, vel pene omnes, qui ante illum ex utraque parte orbis de doctrina Ecclesiastica scripserunt, legit.

ANT. POSSEVINUS, *tomo I. Apparatus.*

Adeo perspicax divini Codicis, sive ipsius versionum, fuit D. *Hieronymus*, ut Gelasius Pontifex Maximus una cum Episcopis septuaginta testatus sit, se volumina illa probasse, quæ *Hieronymus* ipse probaverat, atque in omnibus secutum ejus esse sententiam renuisse autem quæ ille renuerat. Qui et ab Ecclesia *Doctoris Maximi* in sacris Litteris nomen est assecutus, et a Damaso Pontifice maximo quasi arbiter quidam divinarum Scripturarum constitutus. Sed et cum D. Augustinus cum per litteras, perque Orosium, quem ad illum ablegavit, de arduis quæstionibus consulere soleret, ejus vero libros adversus Jovinianum vocaverit lucidissimos, suavissimos atque præclarissimos, intelligimus quanti faciendi sint, qui in *Hieronymi* scriptis exstant thesauri.

RICHARDUS SIMON *in Historia critica lib.*

Post Origenem doctior *Hieronymus* existit, quem merito Latinorum Origenem dixeris, qui idem suæ Ecclesiæ, quod ante suæ Origenes, præstare voluit ; at in eo Origene præstantior, quod illo in Hebraicis longe peritior esset, et plus illo Judæis usus, subtilitate tamen et acumine illi inferior. Quocirca haud ita sæpius ac Origenes allegoriis ludit, præterea *Hieronymi* allegoriæ, etymologiæ pleræque et in verbis allusiones. Præ cæteris Interpretibus seligendus, et evolvendus, tum quod Hebraice, Syre, Græce, Latine sciret, sed et omnium aliorum versiones legisset, et quotidie Judæos consuleret. Deinde in profanis eruditissimus erat : non ubique tamen exactus, quoniam non satis diu, quæ dictabat, meditabatur, verum ut ipse fatetur, quæ apud alios legerat, aut a Judæis acceperat, dictare satis haberet. Hinc ipsi minime omnia, quæ in Commentariis habet, tribuenda sunt. Nam et interdum Judæorum, Hæreticorum interdum sententias dictabat : quas ut a propriis lector discerneret, regulas præscripserat. Eoque modo impactum inconstantiæ crimen diluebat. Optimi omnium ipsius in Prophetas Commentarii, etc.

PETRI PAULI VERGERI
JUSTINOPOLITANI
DE DIVO HIERONYMO
Oratio.

Sanctissimum doctorem fidei nostræ Hieronymum, cujus dies solemnis adest, ita mihi dari cupio recte laudare, ut in eo laudando laudem ipse meam non quæram : sed sit ei quemadmodum sermo, ita et mens propria intentione dedicata. Quamquam quid sperandum sit laudis loquuturo, non video : ubi magnitudine rerum, eloquentiæ vis omnis obruitur, et excellentiæ meritorum omnis impar est sermo. Me vero minime omnium sperare id convenit, ac si quid talium mentem subeat, placere desipio : qui cum obire quotannis munus hoc laudum soleo, semper tamen postcaquam id cœpi, ita deinceps per annos affectus sum, ut augeri mihi desiderium sentiam, minui facultatem. Evenit autem hoc fortasse, sive quod nondum satis sint mihi vires ingenii mei perpensæ, qui subire tanti oneris causam non verear : quod quantum sit, et intellexi tantisper dudum, et in dies perspicio magis : sive quod illius merita apud plurimos quidem diligenter parum animadversa, a me vero etiam summo studio considerata, quo magis elucescunt, eo magis **affectum** mentis alliciunt, et a consequendi spe ingenii acumen magis magisque deterrent : sive quod præ desiderio meo, studioque religionis in illum, tanto mihi retardari facultas videtur ingenii, quanto præcurrit studium voluntatis.

Quarum equidem rerum, ut subesse utramque primarum non nego, ita adesse postremam magnopere mihi cupio. Nam officio quidem ille meo, aut cujusque alterius in reddendis de se laudibus nihil indiget : ac non delectari opinor, nisi boni profectusque nostri gratia ; cum per se ipse infinito proprio bono in beata illa æternaque vita fruatur ; devotione vero, cultu, religione, pietate, ac fide, cum in hunc, tum in reliquos Cœlites nos ipsi nostra causa indigemus. Atque in primis ego, qui meritis hujus Sancti gloriosi, multa magnaque sæpenumero beneficia apud Deum immortalem consecutum, manifesta fide me deprehendi, et difficillimis temporibus fuisse de gravissimis periculis ejus ope atque intercessione liberatum.

Quod si antehac devotionis ullum studium a me debebatur, multo certe nunc amplius adhibendum est mihi, ut parentis nuperrime diem functi (qui erat devotissimus tibi, Sancte Pater Hieronyme) vicem hic referam, cujus apud te preces, mea causa, plurimum valuisse, sum crebro expertus : ut quemadmodum præclari hujus instituti, familiarisque devotionis discipulus vivēntis sui, ita et ei quoque defuncto sim hæres : et quod mihi patrocinium in illo erat, nunc omne sit in meipso. Quanquam cum confido tuis meritis atque precibus, præterea quod rectus homo erat, et timens Deum, excedentem ex hac luce in ea loca deductum, ubi a te, et per te multo facilius consequi quidvis possit.

Quod igitur ad me attinet, quemadmodum devotio animi et servanda, et augmentanda est : ita munus hoc annuum reddendarum laudum, nullatenus negligendum, in quo qualiscumque sit sermo, dum mens sit integra, ac penitus illi devota, non magnifaciendum arbitror, quod in eum magis esse gratus cupio quam disertus. Nec me fallit, eum qui laudare quempiam ex illustribus accedat, maxime vero, quod ad rem divinam attineat, debere et ipsum quoque laude dignum esse, labeque omni carere, ne dicentis vitam reprehendat oratio, verbisque speciosis mores sordidi fidem abrogent. Quod ut in me non sit, boni tamen piique ingenii solet esse argumentum, laudare studiose virtutem, et rebus sacris cultum adhibere præcipuum. Quod si ex me quispiam quærat, quam hujus Sancti gloriosi primam potissimamque laudem existimem, hanc scilicet incunctanter respondebo, quod meo quidem judicio non possit digne humano ore laudari : deinde quod in unoquoque genere laudum earum, quæ ad doctum rectumque hominem, ac plane religiosissimum Christianum pertinent, laudari eximie de singulis potest. Quod si jam eo laudando cœpero litterarum peritiam commemorare, diversarum experientiam linguarum, orationis facundiam, rectos fabularum sensus, multam historiarum memoriam, naturalium rerum cognitionem, moraliumque sermonum : tum vero Scripturæ sacræ, veræque Theologiæ perceptionem, non videbor forsitan aliquid magnum dicere, quod hæc ipsa malis etiam hominibus possunt advenire : neque enim ista bonos faciunt, sed eruditos. Aut si præterea continentiam, fortitudinem, prudentiam, constantiam, mansuetudinem, patientiam, benignitatemque in illius laudibus recognovero : nec sic quidem forsitan magnopere eum ornare judicabor, quod et his virtutibus plurimi Gentilium præditi fuere : suntque hæ laudes, ut debitæ quidem viro bono, ita plane non propriæ homini Christiano : Postremo si fidem constantem, spem certam, caritatem intensam, omnemque sanctimoniam, et ceremoniarum cultum, religionisque studium demonstravero, nec sic quoque fortassis laus erit eximia, quod hæc ipsa debet unusquisque de se rectus fidelisque Christianus exhibere. At vero, si hæc omnia, et quæcumque his nominibus, aut omnino virtutis nomine continentur, in eo fuisse universa contesler, eaque ipsa non mediocriter, aut vulgari quodam summotenus modo, sed excellentissime atque incomparabiliter affuisse constet : nonne hoc divinum quiddam, in homine videri necesse est? Ego sane cum trita ista vulgo vocabula,

eruditionem, eloquentiam, fortitudinem, prudentiam, fidem ac caritatem, et cætera hujusmodi commemoro, talia quædam dicere mihi videor, qualia solent in communi hominum vita reperiri, et non eminentissimas illas virtutes, quas in excellentissimis viris, paucis illis quidem omni ætate fuisse constat.

Quamobrem ægre ferre soleo, et latinæ orationi indignari, quod propriis atque exquisitis nominibus exquisitissimas laudes efferre non licet : quæ tantum pene a communibus distant virtutibus, quantum ferme virtus a vitio. Verum quod orationi deest, oro suppleat audientis intellectus : et non quod dicam, sed quod dicere velim accipiat. Quod et hinc quoque licebit intelligere ; nam solent pauca horum, aut singula quædam, dum intenso gradu cuipiam adsunt, magnum virum constituere, admirabilisque excellentiæ eum videri, qui plura ex his sit assequutus. Quid ergo is debet existimari, qui omnium virtutum cunctarumque bonarum artium cumulum non perfunctorie, sed ad summum in se collegisset : cum vita, totius sanctitatis exemplum : eloquentia, stupor : doctrina, miraculum. Itaque non tam sanctum nomen habuit, quod quidem ipsum denotat Hieronymi vocabulum, quam ipsam in se habuit sanctitatem. Nam cum duabus rebus fundata est in initio sacra religio, prædicatione scilicet Apostolorum, et sanguine martyrum : cum quod illi sermone docebant, hi per carceres et tormenta, ac denique mortem ipsam astruerent : in utrorumque locum suo gradu subierunt sancti doctores, qui quod illi compendiose docuerant, latius explicarent : quodque Martyres sanguine suo testati sunt, hoc isti sanctimonia vitæ confirmarent, atque adversus omnem hæresim, omnemque vitiorum labem, pro fide justitiaque consisterent : iidem et militum vices gerentes et ductorum.

Multa autem variaque Hieronymus, uti fortis miles, in hac vita bella sustinuit : cum mundo quippe bellum gessit et vicit, quando sacerdos jam factus, et summo sacerdotio dignus habitus, ab Urbe cessit, pompisque sæculi et omni' ambitioni mundanorum honorum renuntiavit, cum carne ac dæmonibus : cum in illa trans mare vasta solitudine, quæ, ut ipse ait, exusta solis ardoribus, horridum monachis habitaculum præstabat : carnem quidem jejuniis frangeret, spiritales autem hostes orationibus effugaret : cum improbis atque æmulis, in quo sæpe per Prologos sæpe per Epistolas scribendo invectus est : cum hæreticis, quos libris tractatibusque scribendis sæpenumero de diversis convicit erroribus, disputandoque vi rationum superavit. Doctoris ergo nomen ut habet, ita et officium studiosissime vivens gessit : præsentes voce et exemplis erudiens : absentes scriptis. Utrosque vero tam suæ ætatis, quam posteros, voluminibus diversi idiomatis, varia interpretatione linguarum vivorum doctorum eruditionem adjuvans : rudiores historia delectans : acutiores instruens arcanis Scripturæ sensibus explicandis.

Eloquentiam certe jam ejus laudare tentarem : quæ tanquam rivus limpidissimus leniter defluens, et aspectu et sono delectat : nisi ipse multo melius quam a me fieri possit, elegantia sua legentibus commendaret: ad quam digne prædicandam, ejus ipsius eloquentia opus esset. Nec me deterret, quod damnatus fuerit ejus studii aliquando Hieronymus, cum extatica visione tractus ad Judicis æterni tribunal, et quisnam esset interrogatus, pro Christiani nomine, quod inter metum trepidationemque profitebatur, Ciceroniani sibi nomen objici audivit. Neque enim res ipsa damnata est, sed fortassis ejus studium vehementius: sine qua profecto vix sacræ litteræ, certe non tanta cum voluptate legerentur.

Hæc igitur ut cæteræ quoque dotes quas strictim commemoravi, multos acerbissimosque illi æmulos comparavere: quorum ut improbitati cederet, Roma migravit, et qui doctor late clarissimus habebatur, Gregorio Nazianzeno in disciplinam se tradidit. Postque studia, cum de frequentissima urbe cessisset, ad eremum se transtulit, et qui in urbe omnium urbanissima homines perpessus erat bestiales, in desertissima eremo bestias est expertus humanas. Ibique leo natura sævissimus imperium ejus pertulit, cum hic homo natura mitis in se sæviret. Roma igitur Bethlecem permutavit: divitique ex urbe non tam pulsus, quam cedens, elegit ibi pauper vivere, ubi pauper Christus est natus, et inde salutem petere, unde ortus est auctor ipse salutis. Quid enim adversus malignitatem tutum uspiam esse poterit, quando tanta virtus persecutore non caruit? Quod si quid nobis tale accidat, ex ejus casu consolari nos ipsos debemus. Interea vero maledicos benefaciendo vincere, et eorum in nos odium virtute patientiæ mansuetudinisque superare, illo præstante, qui vivit et regnat in sæcula sæculorum.

EX ANTIQ. COD. AMBROSIAN. BIBLIOTEC.

QUÆ MEDIOLANI EST, N. 173.

DIVI HIERONYMI VITA PER EUSEBIUM CREMONENSEM EDITA INIT.

Hieronymus Eusebii viri nobilissimi filius ab oppido Stridonis, quod Dalmatiæ et Pannoniæ confinia tenet, exstitit oriundus. Hic adhuc puer Romam adiit, et litteris Græcis, Latinis, et Hebraicis plene eruditus est. In arte Grammatica Donatum habuit Præceptorem, in Rhetorica autem Victorinum Oratorem. In Scripturis autem Divinis (Ms. *excibatur*) exercitabatur die ac nocte, et inde hausit avide, quod postmodum effudit abunde. Quodam vero tempore, sicut ipse in Epistola ad Eustochium perhibet, dum die Tullium, et nocte Platonem avide legeret, eo quod sermo incultus sibi in libris Propheticis non placeret, circa mediam Quadragesimam tam subita, et ardenti febre corripitur, ut toto jam frigescente corpore vitalis (Ms. *color*) calor in solo pectore palpitaret. Dum ergo exequiæ funeris pararentur, subito ante tribunal Judicis trahitur, et interrogatus cujus conditionis esset, Christianum esse se libere profitetur. Ad quem Judex, Mentiris, inquit, Ciceronianus es, non Christianus: ubi est enim thesaurus tuus, ibi et cor tuum. Tunc Hieronymus obmutuit, et continuo Judex ipsum durissime cædi jussit. Tunc exclamavit, et dixit, Miserere mei, Domine. Tunc qui astabant, precabantur, ut veniam tribueret adolescenti. Ipse autem per Deum jurare cœpit et dicere, Domine, si unquam habuero codices sæculares: si legero, te negabo. In hoc igitur juramenti verbo dimissus, subito reviviscit. Tunc lacrymis se totum invenit perfusum, et ex verberibus, quæ ante tribunal susceperat, scapulas terribiliter reperit liventes. Tanto autem studio Libros divinos ex tunc legit, quanto libros Gentilium unquam legerat. Dum annorum triginta novem esset, in Ecclesia Romana ordinatus est Presbyter Cardinalis. Mortuo autem Liberio Papa, Hieronymus dignus summo sacerdotio ab omnibus acclamatur; sed dum quorumdam Clericorum et Monachorum lasciviam increparet, illi nimium indignati ei insidias paraverunt. Sed et per vestem muliebrem, ut ait Joannes Belet, ab eis turpiter est derisus. Nam cum Hieronymus ad Matutinum solito more surgeret, vestem mulieris, quam æmuli juxta lectum posuerant, reperit, suamque credens, induit, et in Ecclesiam sic processit. Hoc autem æmuli faciebant, ut mulierem in thalamo habere crederetur. Quod ille videns tantæ vesaniæ locum dedit: et ad Gregorium Nazianzenum Constantinopolitanæ urbis Episcopum pervenit. Postquam autem ab ipso sacras litteras didicit, in eremum properavit, ubi quanta pro Christo sustinuerit, ipse ad Eustochium narrat dicens. *Quoties in eremo constitutus in illa vasta solitudine*, etc., usque ad *interesse agminibus Angelorum*. Per quadriennium igitur pœnitentia sic peracta, ad Bethleem oppidum remeavit, ubi ut prudens animal ad Præsepe Domini se obtulit permansurum. Bibliothecam autem suam, quam summo studio sibi condiderat clausam, aliosque libros iterum relegens, diem jejunus ducebat ad vesperam. Multos autem discipulos coadunans, in sancto proposito et translatione Scripturarum quinquaginta annis et sex mensibus desudavit, et usque ad finem virgo permansit. Licet autem hic dicatur, quia virgo semper fuerit, ipse tamen de se ita scribit: « Virginitatem in cœlo præfero, non quia habeo, sed quia magis quod non habeo. » Tantaque lassitudine fatigatus est, ut suo lecto jacens funiculo ad trabem suspenso, supinus manibus se levaret. Quadam vero die adversperascente, cum Hieronymus cum suis fratribus ad sacram lectionem audiendam sederet, Leo quidam claudicans, Monasterium ingressus est, *quæ superius totidem verbis habes col. 309. et seqq.*

Cum olim in Ecclesia unusquisque cantaret, quod volebat Theodosius Imperator, ut ait Joannes Beleth, Damasum Papam rogavit, ut alicui viro docto Ecclesiasticum officium committeret ordinandum. Ipse igitur sciens Hieronymum in lingua latina, græca et hebræa perfectum in omnium sapientia summum, eidem prædictum officium committit. Hieronymus igitur Psalterium per ferias distinxit, et unicuique feriæ Nocturnum proprium assignavit, et *Gloria Patri* in fine cujuslibet Psalmi dicendi instituit. Deinde Epistolas, et Evangelia per anni circulum decantanda, cæteraque ad officium pertinentia præter cantum rationabiliter ordinavit. Misitque illud ad summum Pontificem, et ab eo et Cardinalibus fuit valde approbatum, et perpetuo autenthicatum. Post autem in ore speluncæ, in qua Dominus venit et jacuit, Monasterium sibi construxit, ubi completis nonaginta octo annis et sex mensibus sepultus fuit.

In quanta reverentia Augustinus eum habuerit, patet in Epistolis, quas sibi misit : in una quarum tali modo ei scribit : *Domino dilectissimo, et cultu sincerissimæ charitatis observando, atque complectendo Hieronymo Augustinus.* Alibi quoque de eo sic scribit : *Sanctus Hieronymus presbyter græco, latino et hæbræo eloquio eruditus, in locis sanctis atque in litteris sacris usque ad decrepitam vixit ætatem, cujus nobis eloquii ab Oriente in Occidentem instar solis lampas resplenduit.* Beatus autem prosper in suis Chronicis sic ait : *Hieronymus presbyter in Bethlem toto jam mundo clarus egregio ingenio, et studio universæ Ecclesiæ serviens habitat.* In Dialogo quoque Severi discipuli sancti Martini, qui ejus tempore fuit, de eo sic scribitur : *Hieronymus presbyter fidei merito, doteque virtutum non solum latinis atque Græcis, sed etiam hæbraicis ita litteris instructus est, ut se illi omni scientia nemo audeat comparare. Cui jugiter adversus malos pugna, perpetuumque certamen. Oderunt eum hæretici, quia eos impugnare non desinit. Oderunt mali Clerici, quia vitam eorum insectabatur et crimina; sed plane boni omnes et mirantur, et diligunt. Namqui eum hæreticum esse arbitrantur, insaniunt. Totus semper in lectione, totus in libris est; non die, non nocte quiescit : aut legit aliquid semper, aut scribit.* Hæc Severus. Et sicut ex his verbis patet, sicut ipse sæpe testatur, multos persecutores, et multos detractores perpessus est. Quas tamen persecutiones, quam libenter sustinuerit, patet ex hoc, quod sic dicit in Epistola ad Asellam : *Gratias ago Deo, quia dignus sum habitus, quem oderit mundus ; maleficum me garriunt, sed scio ad regnum perveniri per infamiam et bonam famam. Item, Utinam ob Domini mei nomen atque justitiam universa me infidelium turba persequatur. Utinam in opprobrium meum solidius exurgat hic mundus : tantum ut merear a Christo laudari, et suæ pollicitationis sperare mercedem.* Grata itaque ac desideranda est tentatio, cujus præmium a Christo comparatur : nec maledictio gravis est, quæ divinam laudem imitatur. Obiit autem prænominatus D. Hieronymus circa An. Domini nostri Jesu Christi 398. Finis.

EX ALIO COD. AMBROSIAN. I. LIII.
TRANSLATIO CORPORIS S. HIERONYMI.

QUALITER CORPUS D. HIERONYMI DELATUM EST ROMAM, ET IN BASILICA BEATÆ VIRGINIS MARIÆ ANTE PRÆSEPE DOMINI DEVOTISSIME FUIT COLLOCATUM.

Inter laudabiles prærogativas, quas reverentius almæ Urbi divina clementia contulit abundanter, corpora præcipuorum Apostolorum scilicet Petri, et Pauli, Philippi, et Jacobi, Bartholomæi atque Matthiæ, Symonis et Judæ, nec non pretiosorum Martyrum, Confessorum, Virginum ad tuitionem firmissimam, et gloriam perpetuam possidendam, sibi præbuit exultanter : quorum potentissimis suffragiis temporaliter magnificata eniteat, et ab æterna jucunditate perenniter in cœlestibus gloriosa resplendeat. Inter quos Beatus Hieronymus Doctor egregius locum magnificum in prælibata apud Basilicam perpetuæ Virginis Mariæ, quæ ponitur ad Præsepe, meruit obtinere. Ut in ipsius regali domo decentius quiesceret, quam in vita magnificis et devotissimis laudibus studuit excellentius commendare fideliter.

Qualiter itaque corpus ejusdem mirabilis Doctoris a Bethleem, ubi sepultum fuerat, ad præfatam gloriosæ Virginis aulam delatum fuerit, sicut a sanctis, et honestis Episcopis, et ab antiquioribus Patribus, et Sacerdotibus Deum timentibus assertione veridica accepimus, ad laudem ipsius beatissimi brevi quidem sermone cum delectatione legentibus referamus. Igitur postquam illa sancta civitas Hierusalem, propter peccata mortalium, sanctissimis, imo cunctis mansit orbata reliquiis, solo venerandi doctoris corpore manente..... ad magnificam urbem, unde prius cardinalis recesserat, suum corpus sanctissimum reportari, et in prædicta domo Genitricis Altissimi venerabiliter locari.

Apparuit cuidam sanctissimo monacho in partibus ultramarinis manenti, cui placido, et dulci oraculo, inquit, Frater amande, et in cœlesti gloria mecum locande, scias me cum auxilio Reginæ cœlestis a Deo impetrasse, ut corpus meum suis laboribus, et expensis debeas extumulare, et Romam quanto citius integraliter, et devote portare, et januam illius beatissimæ cryptæ, quæ *ad præsepe Domini* appellatur, in tumulo humili satagens collocare, ut corpus meum in sancta illa Basilica dulcissimæ Reginæ adhæreat, quam vivens ab infantia mea dilexi, in juventute quæsivi, et in senectute totis viribus, licet insufficiens, prædicavi, et usque ad finem meum piis, et sanctis Scripturarum testimoniis collaudavi.

Quumque ille homo sanctus talia a B. Hieronymo illa visitatione audisset, surrexit propere, et ad locum accessit, et caute duobus sociis comitantibus, beatissimum corpus sustulit, miri odoris flagrantia ibidem exuberante. Occulte ad propria rediit, ne scandalum in locis illis excresceret: secretum tenuit, donec ad Urbem, sicut poposcerat Sanctus, veniret devotius. Et quia jam dictus Monachus Christi fidelissimus a S. Hieronymo intellexerat, ut in talibus populares vitaret auras obsequiis, ne a Curia minorationem suarum reliquiarum aliquam pateretur, ad Basilicam sæpe dictam cum duobus illis sociis, clanculo de nocte veniens, solis Canonicis ipsius aulæ existentibus, et tam corde, quam mente, submissa voce, laudes Deo, et B. Virgini devotissimas referentibus, inter columnas Basilicæ, et januam præsepis plena mentis vigilantia sepelivit.

In quo sepulturæ officio nominati quidem Canonici cum monacho, et sociis suis duobus, inenarrabilis odoris suavitatem senserunt, et claritatem immensam, quam in eadem Basilica nunquam viderant, beatis oculis conspexerunt. Aderat namque sepulturæ dotissimi laudatoris, et devotissimi sui Hieronymi luna lucidior, et sole splendidior, omnibus adornamentis suavior, rosis et convallium mysticis vallata pretiosis liliis, splendidissima Virgo Maria, quæ cuncta præmissa ad honorem sui fidelissimi, et ad possidendum ineffabilem, quam ipse meruerat, gloriam sempiternam dulcissima Domina ministravit: ipsa per Salomonem de se ipsa perhibente suave testimonium, *Qui elucidat me, vitam æternam possidebit.*

Gaude itaque, doctor Beate, gaude et exulta, Jesu Christi amice, in caritate vera fundate, quia illa dulcissima cœli, et mundi Regina, quam vivens in sæculo immensis laudibus, et pretiosis prædicationibus elucidasti, in tuo te adventu mirabiliter honoravit, coram judice nostro illo superno æquanimiter magnificavit, et in cœlesti palatio cum Angelis et Archangelis perenniter coronavit, atque in hac sua regali, et aula pretiosa locum idoneum tandem tibi honorabiliter præparavit. Poscimus etiam te consequenter, Venerande et Beatissime Virginis sacerdos, nos tantæ et gloriosæ Virginis, et tuæ sanctitatis, licet indigni, tamen assidui, et devotissimi laudatores, quatenus, sicut nos tuum sacratissimum corpus assiduis laudibus magnificamus in terris, sic tuis precibus Salvatori nostro nos peccatores efficaciter commenda in cœlis. Ipso concedente, qui est super omnia Deus benedictus in sæcula sæculorum. Amen.

ADMONITIO
DE SUBSEQUENTE OPUSCULO.

Istud, et quæ subsequuntur duo opuscula, auctorem habere Damasum Portuensem, qui sub noni sæculi finem Romanus Pontifex creatus est, seque Formosum nominavit, Oudinus singulari de ejus Vita atque Operibus Dissertatione contendit. Non tamen ejus argumenta usque adeo bona visa sunt, et gravia, ut rem persuadeant; quod enim ille singulari cultu S. Hieronymum prosequeretur, seque vellet ejus discipulum in doctrina haberi, evincit fuisse etiam absurdis commentis usum, ad id, quod affectabat, obtinendum. Erasmus et Criticorum filii, ad quorum hæc censoriam virgulam devenere, nihil esse admonent, in quo horarum ullam partem quis collocet.

EUSEBIUS, DE MORTE HIERONYMI
AD DAMASUM.

Patri Reverendissimo Damaso Portuensi Episcopo: et Christianissimo Theodosio Romanorum Senatori, Eusebius olim Hieronymi sanctissimi discipulus, nunc vero eodem orbatus lumine, pium dolorem et suavissimum gaudium.

Cap. 1. Multifariam multisque modis olim Deus locutus est omnibus nobis per suum dilectissimum filium sanctum Hieronymum, de Scripturis sanctis in virtutibus et prodigiis multis, quæ per illum fecit ipse Dominus in medio nostri, sicut vos scitis, de quo et testes sumus, qui eum vidimus, et oculis nostris ejus sanctitatem perspeximus: et manus nostræ contrectaverunt de verbo ejus scientiæ et doctrinæ, quibus vita manifestata est. Quod ergo vidimus et audivimus annuntiamus vobis. Eramus enim tanquam oves errantes, erroneis et superstitiosis fabulis: non audientes sanam doctrinam, sed coacervantes nobis pseudoprophetas, qui surgentes in populo magistri mendaces, introducebant sectas variæ perditionis, donec iste illucesceret dies, qui tanquam sol refulgens, quinquaginta annis et sex mensibus, multis laboribus et ærumnis, in lectionibus et vigiliis; ut nobis frangeret panem doctrinæ desudans, tenebras errorum profugans, et cunctos a perditione liberans, effulsit in templo Dei; incipiensque ab Oriente usque ad Occidentem, auferens bella hæreticorum, eorumque arcum conterens, arma et scuta eorum combussit igni. Quoniam in ipso Deus posuit prodigia super terram, ut nomen suum manifestum fieret in nationibus.

Cap. II. Deinde pertransiens usque ad fines terræ, sanando oppressos ab hæreticorum jaculis, illuminando mentes hominum, Scripturarum ænigmata reserando, solvendo nodos, obscura dilucidando, dubia exponendo, confutando et corrigendo falsitates, et verissima ex linguis quamplurimis adunando, ut nobis notas faceret vias vitæ, et nos adimpleret gaudio, lætitia et exultatione : templum Domini corroboravit, et ejus aditum instar lucernæ non sub modio, sed supra candelabrum in Domini aula positæ, dominico irriguo rore plenissime fœcundatæ, posteris omnibus suorum verborum præ cæteris elegantia singulari, excellentius omnibus aliis patefecit : ut irent in civitatem habitationis, et locum gloriæ invenirent : et ne fierent velut priores eorum, genus peramarum, quos direxit, et liberavit ab errorum perditione.

CAP. III. Cum enim sim sicut stipula ante faciem venti, et sicut lutum platearum balbutiens, loqui nesciens, nec verba plene formare valens : quid impertiar vobis, carissimi patres et domini, suæ laudis? Nempe juxta illud Apostoli : *Si linguis hominum loquerer et Angelorum*, suum laudandi genus necdum attingerem. Idcirco non *in arcu meo sperabo : nec gladius meus salvabit me*; sed Dominus erit illuminatio mea. Qui docuit et docebit manum meam ad scribendum, et dirigit linguam meam ad loquendum, ut quondam asinæ Balaam. Quoniam ipsius est regnum et imperium, et *dominatur a mari usque ad mare : et a flumine usque ad terminos orbis terrarum*. In cujus cuncta sunt posita ditione : coram quo procident reges : nec est qui suæ possit resistere voluntati. Quoniam omnia quæcumque voluit, fecit, in cœlo, terra, mari et in abyssis. Et sic lingua mea tanti viri laudem meditabitur : et nomen suum annuntiabit universis.

CAP. IV. Hic vere fuit Israelita, in quo dolus non fuit : electus secundum cor Domini, ad loquendum omnia quæ sibi mandaverat Dominus, universis gentibus, et regnis, et doctor datus in gentibus : ut sentes evelleret, destrueret, disperderet et dissiparet : et sapientiam veram seminaret, ædificaret atque plantaret. Hic est fratrum amator : hic est qui populo Christiano tot librorum volumina ex linguis Hebraica et Græca in Latinam, non parvo pondere transtulit. Ecclesiæ officium primitivus ordinavit : et totius sacræ Scripturæ aspera fecit plana. Certe in hujus lumine videmus lumen : et pane suæ salutiferæ doctrinæ pasti, ambulamus usque ad montem Dei Oreb. Hic est flumen aquæ vivæ splendidum tanquam crystallus, procedens de sede Dei in medio Ecclesiæ, et ex utraque parte ejus lignum vitæ, afferens fructus tempore suo : cujus folia ligni sunt ad gentium sanitatem. Vir iste in populo suo mitissimus apparuit, et Deo dilectus et hominibus, orat nunc pro Ecclesia sancta. Vas vere admirabile, omni ornatum lapide pretioso, opus excelsi.

CAP. V. Verumtamen de hoc quid plura dicam? cujus enarrant cœli gloriam, et opera scripturarum manuum ejus annuntiat firmamentum ? nec sint loquelæ neque sermones, cujus non audiantur doctrinæ verba : cum in omnem terram exiit sonus ejus? O ineffabilis misericordia Salvatoris, quæ tot gratiarum cumulos in Hieronymo adunasti : ut ad ea quæ solus possidet, pene nulli hominum nisi particulariter fas sit aspirare. Hic certe dux nostræ fidei ad se currentes in cœli

contrahit arcem. Hunc præ cæteris potioribus ornatum insigniis dignitatum, in cantilenis et proverbiis, operationibus et interpretationibus miratæ sunt gentes. Cujus nota facta est in populis virtus : quia impletus fuit quasi flumine sapientia. Sed ut vera dicam, juxta illud Reginæ Sabæ : *Major est enim sapientia et opera sua, quam rumor quem audistis*. Quam certe bonus est iste his qui recto sunt corde : quoniam malitiam semper odivit. Fecit enim mirabilia in terra nostra. Sub umbra illius sedimus, et fructus illius dulcis gutturi nostro. Quanta autem de eo audivimus et cognovimus : quomodo annuntiabimus ?

CAP. VI. Atque ego quis sum, ut narrem laudem ejus, et virtutes ejus, et mirabilia quæ fecit ? Sed quoniam non sum eloquens ab heri et nudius tertius, ut breviter dicam, si vultis accipere, Joannes Baptista ipse est : uterque virgo, uterque eremita. De Joanne dicitur : Erat Joannes vestitus pilis camelorum in deserto. De se idem Hieronymus dicit : Horrebant sacco membra deformia, et squalida cutis situm Æthiopicæ carnis obduxerat. De Joanne iterum : Locustas et mel sylvestre edebat. De se iterum Hieronymus dicit : De cibis et potu taceo : cum etiam languentes monachi aqua frigida utantur, et coctum aliquid accepisse, luxuria sit. Quid plura ? Ille propter justitiam martyr : iste vero etsi ejus spiritum materiale ferrum non abstulit, tamen martyrii præmii non est expers. Duplex namque martyrium est. Unum, succumbere gladiis impiorum : alterum, in infirmitatibus et adversitatibus in animo patientiam custodire.

CAP. VII. Certe hic est martyr, qui propter justitiam et mansuetudinem, et salutifera doctrinæ suæ verba, in hujus mundi lacrymarum salo, certamen forte a malorum cœtu viriliter supportavit, sciens quoniam omnium fortior est sapientia. Nec impie gessit in conspectu Dei, sed in omnibus tribulationibus suis, invocans Dominum, non peccavit labiis suis : nec stultum aliquid contra Deum locutus est. Taceam namque quot tribulationes, labores, afflictiones, cruciatus, agones, flagella, fames, sitim, amaritudines, tempestates, tentationes, abstinentias, vigilias, peregrinationes, carnis macerationes, nuditates, jejunia, ærumnas, et non solum hæc, sed graviora et innumerabilia propter Jesu Christi nomen, in suo gloriosissimo perpessus est corpore, ut idem loquitur.

Stabam in eremo constitutus, et in illa vasta solitudine, quæ exusta solis ardoribus, monachis horridum præstat habitaculum, cogitans me Romanis potiri deliciis, quotidie gemitus, quotidie lacrymæ. Et si quando me somnus imminens oppressisset repugnantem, nuda humo vix ossa hærentia collidebam. Horrebant sacco membra deformia, aqua frigida languens utebar, et coctum aliquid accepisse, luxuria erat. Cutis mea propter incommoda squalida, carnis Æthiopicæ situm obduxerat : et tamen socius scorpionum tantum ac ferarum, sæpe choris intereram puellarum : et in frigido corpore, etiam præmortuo jam homine, sola libidinum incendia bulliebant. Teste Deo, memini, me diem crebro junxisse cum nocte, nec a pectoris cessasse verberibus, donec jubente Domino, in me rediret tranquillitas. Flebam continue, et repugnantem carnem hebdomadarum inedia subjugabam. Cellulam meam quasi cogitationum consciam pertimescebam, et mihimet iratus et rigidus, solus deserta penetrabam : et si concava vallium, et præ-rupta montium cernebam, illud meæ miserrimæ carnis erat ergastulum, ibi meæ orationis locus.

CAP. VIII. Quis ergo infirmatus est, et non ipse? Quis scandalizatus, et non ille? Sed si in infirmitatibus et laboribus laudandi sunt Sancti, certe et hic laudandus est. Veniam autem ad contumelias, et persecutiones, quas ab improbis et falsis pertulit fratribus in hujus valle miseriæ. Quid aliud in hoc mundo sua semper fuit vita, nisi quædam jugis adversus improbos hæreticorum omnium et malorum cuneos pugna, continuumque certamen? Super eum rugierunt, ut leones, hæretici, quoniam corripuit eos, et tabescere fecit sicut(a) araneas animas eorum : et fructus eorum de terra perdidit, et semen eorum a filiis hominum. Aperuerunt in eum Clerici lasciviis dediti ora sua, et despexerunt eum, et locuti sunt labiis dolosis, et odio inique oderunt eum : quoniam eorum insectatus est vitam pessimam et criminalia. Circumdederunt eum canes multi, et tauri pingues obsederunt eum : et insurrexerunt in eum testes iniqui, acuentes linguas suas sicut serpentes, et venenum aspidum sub labiis eorum, cogitantes malitias in corde, tota die constituentes prælia, supplantantes gressus ejus. Et funes extenderunt in laqueos pedibus ejus, ut delerent de terra memoriam ejus, et ejicerent eum de nationibus, ut opprobrium fieret vicinis suis.

CAP. IX. Super Romanum populum fuit magnificentia ejus, et virtus ejus mirabilis in verbis, et sanctus in omnibus operibus suis : allevans corruentes, solvens compeditos, illuminans cæcos, et dirigens justos, dans fortitudinem et virtutem plebi Dei, et quasi tuba altisonans, annuntians cunctis iniquis scelera : portas peccatorum, et vectes ferreos confregit romphæa doctrinæ suæ. Audientes autem hæc impii, dissecabantur cordibus suis : et stridentes dentibus in eum, cogitaverunt, et locuti sunt nequitias. Arcum suum tetenderunt, et illum paraverunt, et in ipso paraverunt vasa mortis. Cum autem esset ille plenus Spiritu Sancto, in orationibus et in operibus bonis perseverans, vitia mortificans, bona vivificans, suscitans de pulvere egenum, et de stercore erigens pauperem. Quoniam non in viribus equi, neque in tabernaculis viri beneplacitum fuit sibi, nec speravit in divitiis, sed fortitudine Domini corroboratus, non formidavit adversarios, sed super ipsos correctionibus et doctrinis sanctis tonuit, dans imperium regi suo, et sublimans cornu Christi sui. Alios docens laborando, sicut bonus miles Christi sciens quod non coronabitur qui in agone certat, nisi legitime certaverit. Videntes autem hæc viri iniqui, irati sunt, et dolores comprehenderunt eos : quia sunt generatio prava et perversa, filii in quibus fides ali-

(a) Perperam autem lectum, *sicut arenas*.

qua non est. Et exacerbaverunt eum in consiliis, et in abominationibus suis ad iracundiam concitaverunt ipsum. Et perdito consilio sine disciplina, veste muliebri irridentes ei, tanquam viro luxurioso et iniquo, impetum fecerunt unanimiter in eum, et ejecerunt eam extra Romanam civitatem. At ille benignus, patiens, humilis, et mansuetus, eorum vesaniæ locum dans, projiciens post tergum suum omnia peccata eorum.

CAP. X. Recedens inde peragravit in Constantinopolim, ad Antistitem sanctissimum Gregorium Nazianzenum. O vir ineffabilis, o virtutum vas admirabile, o splendor patientiæ, o lampas præfulgida, o diadema honoris et gloriæ, angularis lapis firmissimus, exemplar innocentiæ, columna aurea, et totius Ecclesiæ fundamentum. Cum plus tunderis, minus confunderis. Agnus innocens quid loqueris, pressus collo tot jugis? Gratias ago Deo meo, quia dignus sum habitus, ut me odiat mundus. Scio me namque pervenire ad cœlestem gloriam per infamiam et bonam famam. Aperuit autem cœlos patientia ejus : quia ibi confirmata semper fuit virtus gloriæ ejus : et in Deo posuit firmam fortitudinem suam : nec a Domino recessit unquam cor ejus. Arcus fortium superatus est : et ipse accinctus est robore, et prævaluit in infirmitate sua, et fortis factus est in bello, et dextera sua glorificata est in virtute. Dextera manus sua confregit inimicos : quoniam adjutor et protector factus est sibi Dominus in salutem. Et ideo cantemus Domino, quoniam magnifice fecit. Annuntiemus hoc in universa terra. Hauriamus aquas in gaudio de fontibus Salvatoris. Evanuerunt impii de cogitationibus suis : quia obscuratum fuit insipiens cor eorum, et credentes se esse sapientes in malitiis suis, stulti facti sunt : quia mutaverunt veritatem in mendacium : sed tamen veritas de terra orta est, et justitia de cœlo prospexit. Etenim fatui in lacum, quem aperuerunt, et in foveam quam fecerunt, inciderunt. Et justus nunquam fuit conturbatus : quia Dominus firmavit ejus manum.

CAP. XI. Unde, sanctissimi Patres et domini, considerate virum istum, quam fidelis et justus semper in domo Domini fuit, ad docendum nos, et illuminandum abscondita tenebrarum, et effugandum nequitias peccatorum. De quo nobis grandis esset sermo, et ininterpretabilis ad dicendum, sed nimis imbecillis factus sum, quoniam introivit tremor in ossa mea : et subtus me turbata sunt vestigia mea, ne nimis ascendam. Est enim angusta porta, et arcta via, et cibus iste solidus perfectorum est sapientium, qui exercitatos habent sensus ad discretionem. Quapropter non modica relinquens, difficilia et ardua tanti viri ineffabilis : cujus laude plena est terra, cujus splendor est sicut (al. *lumen*) luna, et cornua sunt in manibus ejus, ad præsens sui exitus gloriosi aliqua brevissime cupio reserare. Deus enim omnipotens, cujus misericordia præit ante faciem suam : qui et justus est, et rectum judicium suum, reddens mercedem laborum Sanctorum suorum : pastor verus et bonus, in misericordia disponens omnia, et congregans oves suas in sinu suo, quæ novissime diebus istis cursu intolerabili et oneroso agonis gravissimi, in quo caro concupiscit adversus spiritum, et spiritus adversus carnem, feliciter consummato, portu jam diu concupito, de navigatione hujus maris procellosi, in quo sunt reptilia innumerabilia, inimicorum agmina colluctantia : ut decipiant, et trucident rectos corde jam obtento, dilectissimum filium suum Hieronymum exutum toga mortalitatis, et putredinis hujus carnis miserrimæ, perpetuo immortalitatis bravio decoratum, ad cœleste atrium evocavit, ut quod videbat hic in ænigmate, ibi videat facie ad faciem.

Cap. XII. Quem cum extrema ejus hora, egredi de corpore ejus urgeret : jam completis (*a*) nonaginta et sex annis, febre æstuans valida, suos circa se voluit esse in unum filios, quos sicut novellas plantationes stabilivit a juventute sua. Quorum luctu vultus graves intuens, ut pius et misericors, his paulisper motus fletibus infremuit spiritu et lacrymans, imo aliquantulum elevans oculos, plana voce, inquit : Fili Eusebi, cur istas inutiles fundis lacrymas? Nonne vanum est super defunctum fundere lacrymas? Quis vivens non videbit hujus corporis dissolutionem? Quod semel locutus est Deus, et audisti, audes contradicere? Et nosti nullum posse resistere voluntati ejus. Jam, fili, rogo non secundum carnem ambules : flere desine. Certe nostræ militiæ arma carnalia non sunt. Deinde vultu hilari et jucundo, alacri voce cæteros alloquens filios, exclamavit : Cesset mœror, luctus abeat, sit omnium una vox gaudentium. Quoniam ecce tempus acceptabile, ecce dies jubilationis et lætitiæ, præ omnibus diebus vitæ meæ : in quo fidelis Dominus in verbis suis, et sanctus in omnibus operibus suis, aperuit manum suam, ut meam exulem animam hucusque in carcere mortis hujus ob reatus mei genitoris Adæ, revocet ad supernam patriam, recuperatam sui Filii sanguine pretioso. Nolite, filii dilectissimi, quos semper habui in visceribus caritatis, impedire gaudium meum, ne prohibeatis reddere terræ quod suum est. Corpus meum statim exuite, terræ date, ex qua factum est, ut redeat unde venit. Quibus finitis verbis, omnes fratres lacrymis madefacti, denudantes suum sacratissimum corpus, ita squalidum et deforme abstinentiis, quod quidem terribile cunctorum visui, cernebatur : nam tanta erat affectum macie, ut ossa ejus potuissent per articulos numerari ; sic verberibus cruentatum, ut leprosi potius corpus crederetur : nuda humo protinus tradiderunt, et ipsum sacco lineo cooperuerunt.

Cap. XIII. Ast ubi vir Domini, terræ sensit asperitatem : nimium jucundatus, conversusque ad fratres præ dolore et angustia lacrymarum fontibus inundantes, inquit : Hortor vos, carissimi mei et dilectissimi filii, quos genui in visceribus Jesu Christi, per dilectionem et caritatem qua dilexi vos : ut pacificati nunc pacem habeatis. Debetis enim vos, tanquam Dei ministros, domesticos, et amicos decet, ad spiritualia anhelare : ut sitis aliis ad exemplum Vos qui spi-

(*a*) Quid propius vero sit, disces ex S. Doctoris vita

rituales estis, cur istas tot infructuosas funditis lacrymas? Peccatorum vobis semper recordatio lacrymas inducat. Tanto prompti estote ad lacrymas, quanto fuistis ad culpam. Si quis peccato moritur, flete. Nam si malus cum per pœnitentiam a morte surgit, Angeli gaudent in cœlis : certe si bonus peccato moritur, Angeli dolent. Me vero non tanquam morientem lugeatis : sed mecum tanquam portum salutis attingentem gaudeatis. Quid imbecillius miseria hujus vitæ, qua tot dolorum et passionum agminibus circumdamur : ut nulla pene hora sit, in qua vivens quicumque homo liber a dolore transeat? Si dives, undique angustiatur timore, ne quod possidet, amittat. Si pauper nunquam quiescit ut inveniat. Si bonus, hinc diaboli timet periculum : hinc ne navis mortalis corporis in hujus mundi pelago naufragetur, non mediocriter pertimescit. Idcirco nullus sexus, vel ætas, vel conditio, doloris transit expers, quousque in hac manet miseria vitæ. Si quid in me esse scitis meum impediens iter, dolete. Heu quod navigantium per hoc mare magnum et spatiosum in quo sum, tot diversa genera inimicorum, secundum cujuslibet virium quantitatem colluctantium, post multam navigandi felicitatem, post multas victorias, jam credentes finem capere peroptatum, aliqua diabolica suggestione in hac hora in laqueum perditionis sua indiscretione pervenerunt? Heu quot hic et vita recommendat et fama, quibus unico peccati assensu dira mors imminet et ruina? Idcirco dum vivitis, timeatis fratres. *Principium sapientiæ, timor Domini.* Vita nostra, militia est super terram : qui hic vicerit, alibi coronabitur. Dum hac pelle tegimur, nulla nobis inest certa victoria. Si noster genitor timuisset, nunquam cecidisset. Principium omnium malorum, sui præsumptio. Qui non timet, de se præsumit. Quomodo inter latrones quis onustus auro securus graditur? Salvator quid nos aliud docet, nisi timere? *Vigilate,* inquit, *quia nescitis qua hora fur venturus est.* Nam *Si sciret paterfamilias qua hora fur veniret, vigilaret utique, et non sineret perfodi domum suam.* Summus ille claviger Petrus : *Sobrii*, inquit, *estote, fratres, et vigilate, quia adversarius vester diabolus tanquam leo rugiens, circumit quærens quem devoret.*

Cap. XIV. Nemo inter serpentes cum securitate habitat : Qui sanctior et sapientior est, plus semper timeat. Nam qui altius est cadens, majores casus recipit. Esca diaboli, electa est : de malis non curat, quia sui sunt. Cecidit ille sapiens Salomon : cecidit et ejus genitor David, electus secundum cor Dei. Timeatis fratres, iterum rogo undique timeatis ; quia beatus est vir timens Dominum. Etenim si consistant adversum eum castra : non timebit cor ejus. Si exsurrexerit in eum prælium : in hoc ipse sperabit. Perfectus Dei timor foras vanum mittit timorem. Timorem vanum non habet caritas. Caritas et timor Dei, unum sunt. Considerans enim hæc Propheta, clamans dicebat : *Confige timore tuo carnes meas.* Qui ex vobis est cupiens videre dies bonos, accedat huc, et illuminetur : et facies sua non confundetur. Qui timet Deum, faciet bona, et demorabitur in bonis anima ejus, et semen ejus hæreditate possidebit terram. Quia firmamentum est Dominus timentibus eum : et testamentum ipsius, ut manifestetur illis. Si quid boni facitis, cum magna cautela (a) timeatis. Multi bona faciunt, quorum fructus surripit humanæ laudis appetitus. Decem fuerunt virgines : et tamen mediæ a cœli ostio sunt exclusæ. Heu quot hodie sacro sunt renati baptismate, et Christiano funguntur nomine : quibus foret melius non fuisse. Est enim gehennalis pœna paganorum infinito minor, quam malorum Christianorum. Utinam non foret talium major pars. Navis undique sana, unico mergitur foramine. Erraverunt homines in hac lata solitudine, alii colla jugo avaritiæ submittentes, alii luxuriæ fœditate, ut turpissimæ sues deturpati : alii circa inutilia diripienda occupati. Unde abjecto rationis usu, cooperantes, ut jumenta insipientia, et utinam similes essent illis, viam civitatis novæ Jerusalem non invenerunt. In regnum cœlorum reprobus nullus ingreditur. Centuplo arcta est via ejus quam creditur, quamvis larga sit vere timentibus. Timenti Centurioni promittit Christus ad eum accedere : præsumenti regulo, cum illo ire ipse denegat.

Cap. XV. Vere non omnes hodie obediunt Evangelio. *Veniet*, dicebat Apostolus, *tempus, in quo sanam doctrinam non sustinebunt* homines. Plures prædicant : sed non omnes veritatem prædicant : simplicium corda in peccatis alligant. Alligant onera gravia in peccatis minimis, in gravibus oculo transeunt connivente. Est enim doctor falsus gladius anceps : hinc scindit opere et exemplo : hinc perentit et interficit verbis dolosis et iniquis. Quomodo ignis frigiditatem donat, aqua calliditatem? Lapis quomodo sursum graditur ? Et vir luxuriosus quomodo prædicabit castitatem? Et si prædicat, quæ audientibus inde veniet utilitas? Quid potest dicere audiens, nisi quare voce prædicas, quæ opere denegas? Bene loquens ore, et male vivens opere, semetipsum damnat. Ecce quantum Deo talis prædicatio sit acceptabilis, ostenditur per Psalmistam : *Peccatori dixit Deus, quare tu enarras justitias meas, et assumis testamentum meum per os tuum? Tu vero odisti disciplinam : et projecisti sermones meos post te.* Multi legunt grandia, addiscunt ardua, subtiliter disputant, ornate loquuntur, ut a populo honores capiant, in plebibus magistri nominentur : et nihil faciunt. Si experto creditur, mihi credite. Plus movet corda hominum vitæ sanctitas, quam ornata eloquia. Facite, et postea prædicate. Cœpit Jesus facere, et postea prædicare. Valet facere, sine prædicare ; sed non prædicare sine facere. Non dixit Deus, Qui prædicaverit voluntatem Patris mei : sed, qui fecerit. Non vitupero prædicationem, nisi non facientium ea quæ prædicant. Subtilium verborum doctor tantum et non operum, est quædam levis aurium inflatio, et veritatis fumus, cito sine fructu pertransiens. Intelligite, fratres, intelligite quæ dico : Multo plus meretur qui facit et prædicat, quam qui facit et tacet. Si bonum solus facio, mihi soli prosum : sed si prædicans facio, et mihi et aliis prosum. *Unde qui ad justitiam erudiunt plurimos, erunt quasi stellæ in perpetuas æternitates.* Sunt enim sancti prædicatores lux ad illuminandum : quia per eorum doctrinam corda caligantia et cæca nube peccati, a Christo vero lumine qui lucet in tenebris, illuminantur. Sunt sal etiam ad condiendum verbum Dei, quod cibus est animæ operibus bonis. Cuilibet scienti injungitur prædicationis officium, dummodo faciat, imo, ut plus dicam : Qui scit et solum facit, et alios non docet, tenebitur Domino reddere rationem. Cum enim juxta Apostolum Joannem : Qui odit fratrem suum, homicida sit : et, Qui habuerit substantiam hujus mundi, et viderit fratrem suum necessitatem patientem, et clauserit viscera sua ab illo, quomodo manet in eo caritas Dei : quanto magis qui viderit fratrem suum errantem, et mortalibus oppressum criminibus, et non ministraverit ei verbum doctrinæ : ille qui doctus est, homicida et sine caritate est?

Cap. XVI. Timeatis, o doctores, et rectores, quibus injungit Dominus prædicationis officia : ut populo suo verbum dominicum ministretis. Quot enim, vel vestro exemplo, vel vestri negligentia peccatis moriuntur : tot de manu vestra requiret Dominus. Quanto enim estis altiores gradu : tanto majoribus cruciabimini cruciatibus. Non estis domini : sed pastores. Unus Dominus est, et unus pastor principalis, qui cognoscit oves suas, et exquiret eas de manibus vestris. Heu quot hodie in Ecclesia sunt non pastores, sed mercenarii, ad quos nihil pertinet de ovibus Jesu Christi. Quinimo, ut et vera dicam, et ipsimet sciunt, sunt lupi rapaces : qui et oves rapiunt et dispergunt. Certe nil pejus, nil abominabilius, quam cum illi qui custodire deberet, dissipat. Heu quod hodie in aliquibus Ecclesiæ non pastoribus, sed destructoribus, quorum non est pars minor, factum est, ut substantias et labores hominum tanquam infernus insaturabiliter degluttiant. Et non solum eos a peccatis non emendant, sed et ipsimet vel ex sui negligentia, vel suis pessimis ministris, vel suis nefandis operibus eos contrahunt ad illicita. Ita quidem dicam, hos tales si impunes Deus relinqueret, Deus amplius non esset. Et ideo, ut sæpe dictum est, filii carissimi, dum vivitis, servite Domino in timore, et exultate ei cum tremore. Apprehendite disciplinam ejus, ne quando pereatis de via justa. Gustate, filii mei carissimi, iterum dico, Gustate, et videte, quoniam suavis est Dominus. Divites eguerunt et esurierunt, et dormientes hic in divitiis et voluptatibus suis, nihil invenerunt in manibus suis. Inquirentes vero Dominum, non deficient omni bono. Junior fui et senui, et nunquam vidi justum in fine derelictum, nec semen ejus egens panem.

Cap. XVII. Imitatores paupertatis estote, ut sequamini vestigia ejus, cui cum in forma Dei esset, portans omnia verbo virtutis suæ, *in cujus domo sunt di-*

(a) Gregorius Homil. XII. in Matth. *Et bona quæ ag.tis, cum magna cautela teneatis* : quod postremum verbum Videtur heic etiam reponendum pro *timeatis*.

vitiæ et gloria : semetipsum exinanivit, formam servi accipiens, et pauper, et inops natus est. Pauper et pius quam inops fuit quousque vixit. Pauperrimus mortuus et sepultus est. Unde *Vulpes*, inquit idem, *foveas habent, et volucres cœli nidos, filius autem hominis non habet, ubi caput suum reclinet.* Apostolis etiam lubet non portare sacculum neque peram. Et juveni consuluit vendere quæ habebat, et pauperibus erogare. Si Christum Deum creditis, cum (al. *non falli*) falli non posse credite; alioquin non esset Deus: et si ipsum falli non posse creditis, ipsum sequamini. Impossibile est divitiis affluere, et Christum sequi. Natura denegat, ut contraria misceantur. Aut ego fallor, aut ipsi in fine decipientur. Qui mihi non credunt, credent cum divitiæ suæ transierint in egestatem. Dives hic epulabatur quotidie splendide, indutus purpura et bysso : sed mortuus, quod Moysi et Prophetis noluit credere, in tormentis positus sensit. Nemo militans Deo, implicat se negotiis sæcularibus. Non salvabitur rex per multam virtutem suam : nec dives divitiis suis. Est enim equus divitiarum fallax ad salutem. Nonne divitiis conjuncta est superbia ? Et ubi superbia est, ibi pejus. Nonne omnia oriuntur mala ex superbia, tanquam ex una radice ? Cum enim dives factus est homo : et cum multiplicata fuerit gloria domus ejus, nonne superbit, et cum superbierit, nonne polluuntur viæ ejus in omni tempore ? Et tunc sedens in insidiis cum divitibus in occulto, cogitat ut interficiat innocentem. Oculi ejus in pauperem respiciunt, et insidiantur in occulto, ut rapiat eum tanquam leo in cubili suo, dicens in corde suo : *Oblitus est Deus, avertit faciem suam, ne videat usque in finem.* Etenim est Dominus aliquando dormiens, quasi crapulatus a vino. Cum vero plus moratur Deus patientia ad inferendum judicia, plus inebriatur ira. Et ideo plus centuplo timendum est, cum longanimiter tolerat mala, quam cum festinanter punit. Permittit enim Deus aliquo tempore cruciari bonos ab iniquis et superbis, ut supra dorsum bonorum fabricent peccatores, et prolongent iniquitatem sibi. Et ideo quamvis aliquantulum obliviscatur Deus, pauperem tamen in finem non obliviscetur misereri. Sed quoniam pupillo ipse adjutor est, cui derelictus est pauper, et superbis resistit Deus, humilibus dans gratiam : conteret brachium peccatoris et maligni, exaudiens desiderium pauperis, judicansque pupillo et humili : ut non apponat ultra superbus magnificare se homo super terram.

Cap. XVIII. Quapropter, dilectissimi filii mei, si pauperes estis, humiliamini sub potenti manu Dei : ut non amittatis, quod absit, quæ facitis. Nihil paupertas Deo gratiosa est, sine humilitate. Maluit Deus de beata Maria incarnari propter humilitatem, quam propter aliam quamcumque virtutem. Sicut enim ex sola superbiæ radice, omnia oriuntur mala, sic ex sola radice humilitatis generantur omnia bona. Discite a Salvatore, quia mitis est, et humilis corde : humiliavit semetipsum pro nobis, factus obediens usque ad mortem : mortem autem crucis. Propter quod dico vobis, etsi humiles esse vultis, estote etiam obedientes omni humanæ creaturæ propter Deum. Considerate, filii carissimi, quo censeamini vocabulo : Monachus, id est, unus. Non decet monachum velle habere et nolle, nisi in non peccando. Sic enim vobis velle et nolle hoc unum, in omnibus bonis, in rebus licitis obedire. Nec sint vobis plura præcepta, ut faciatis. Non est obediens, sed negligens qui secundum exspectat mandatum. Ad unius vobis dicitur jussionis vocem, Petrum et Andream relictis retibus et omnibus quæ habebant, Domini secutos esse vestigia. Hoc semper vera optat obedientia, nunquam suæ obtemperare voluntati, sed reverenter alienæ. Istud namque in ultima cœna exemplum Christus reliquit, cum suorum abluens pedes discipulorum, Petro dixit : quod nisi obediens fieret, non haberet partem secum. Idcirco, dilectissimi filii, sicut vobis unum est nomen monachi, ita sit unum velle et unum nolle. Bonum est enim et jucundum habitare fratres in unum. Nec sit in vobis major aut minor : sed qui præcessor est, fiat sicut junior : ne videlicet regum gentium instar, qui major est in vobis, dominetur cæteris fratribus, ut ab eis gaudeat supervacuis laudibus attolli. Sed ad exemplum regis Jesu Christi, major humilitate efficiatur quasi minor, quibus regendis præest. Sit enim vester major per humilitatem socius minori cum bene agit : sed cum delinquit, sit erectus contra vitium per zelum justitiæ. Nullum sit unquam cum vitiis fœdus : sic diligatur homo, ut ejus vitium odiatur. Magnum dilectionis signum est, hominem in quibuscumque minimis reprehendere. Sæpe multum vana nocet humilitas. Non vera humilitas est, vitia tacendo permittere. *Clama, ne cesses*, Isaias inquit, *quasi tuba exalta vocem tuam : annuntia populo meo scelera eorum.* Utinam et contra vitia omnis clamaret creatura. Quia si peccator Deum non timet, tamen homines reveretur. Quod Apostolus nos docens dicit : *Irascimini, et nolite peccare. Sol non occidat super iracundiam vestram.* Justus est Dominus, et justitiam dilexit : æquitatem vidit vultus ejus. Si justus, et vos justi estote. Negligentia et vana pastoris humilitas efficit, ut lupi in agnos audere possint. Ne respiciatis in vultum potentis : non est personarum acceptio apud Deum.

Cap. XIX. Ubique quod justum est operemini : Vult vera justitia unicuique reddere quod suum est. Obedire oportet Deo, et non hominibus. Nonne si veritatem tacetis metu potentis, judicatis apud vosmetipsos, et facti eis judices cogitationum vestrarum, et non plus vestra abundat justitia, quam scribarum et pharisæorum ! Non plus divitem honoretis quam pauperem, nisi melior sit. Quinimo, ut verius dicam, multo plus pauperem honoretis. Relucet enim in pauperem imago Jesu Christi : in divite autem, mundi. Omnes nos ex una sumus carnis radice geniti : omnes invicem membra sumus in uno corpore, cujus caput est Jesus Christus. Quid ergo plus honoris meruit dives et potens, quam pauper? Forte, quia dives est et potens ? Sed si hoc : quare divitias in sæculo detestamur ? quare mundi gloriam contemnendam prædicamus ? Neminem certe malorum usu honorandum puto. Si divites honoras divitiis plus paupere, Deo præponis mundum. Et si plus Deo aliquid in mundo diligis, non dignus es Deo. Reddite quæso quæ sunt Dei, Deo : et quæ sunt mundi, mundo. Bonitas ubique honoretur, malitia omnino deturpetur. Sed quoniam mihi nunc de his qui in caducis divitiis suis gloriantur, quique de quadam fœtidæ carnis post modicum in cinerem reversuræ nobilitate, potentia, et dignitate vana et levi (siquidem aurium quorumdam stultorum hominum insufflatione extolluntur: et alios contemnendo deprimunt: ac se ob hoc credunt illam attingere gloriam, quam solis humilibus et mundi contemptoribus pius Dominus præparavit) sermo est: quid de eis ut convenit disseram. Væ væ vobis qui ad cælorum regna divitiarum itinere festinatis? Quoniam facilius est transire camelum per foramen acus, quam divitem intrare in regnum cælorum. Non mea sunt hæc verba, sed Christi. Si hæc revocabilis est sententia, Christus omnino non est Deus. *Cælum*, idem inquit, *et terra transibunt: verba autem mea non transibunt*. Ululate vos, o miseri, nomen instabilis fortunæ, nobiles et potentes, qui alios confunditis, et tanquam ignobiles conculcatis: quia hujus mundi honorum et falsarum dignitatum fumis obcæcati, cum vestræ vitæ brevissimæ tela a morte velut a texente, forte hac nocte, succidetur : in Inferno fine interminabili præ aliis cruciabimini, continue moriendo.

Cap. XX. Viventes in laboribus hominum, mundi non estis : imo cum hominibus non solum labores non fertis, sed laborantes vivere non permittitis : idcirco non cum hominibus, sed cum diabolis flagellabimini. Quanto enim in mundo major fuit gloria, et lætitia, tanto major in inferno præparatur pœna. Sed quid dicam? Duodecim fatemur Christum Apostolos elegisse : quorum (*a*) omnium solus Bartholomæus carnis origine fuit nobilis : et Matthæus divitiis (antequam reciperet Apostolatum) insistebat. Cæteri vero erant pauperrimi piscatores. Cur hæc retuli, audiatis. Si Christus verax est, et si omnia quæ ex ore ejus audivi, mendacia non sunt : hujusmodi hominum vix unus aptus regno Dei invenitur de mille. Qui vero eorum mihi non credunt, post modicum tempus in tormentis positi sentient. Sed forte quis veritatis lumine cæcus jam mirabitur. Ad quem ego, si ex hoc me interrogaret, responderem : Nonne unico credimus damnari hominem mortali peccato? Sed si hoc, inquiet, ita est : ergo quomodo salvabitur centum millibus? Sed quid dives et mortalis famæ aura pastus aliud est, quam quoddam peccatorum omnium vas putridum? Ubi superbia? ubi avaritia? ubi luxuria? Nonne in divitibus, nobilibus et potentibus? Nonne latrones sunt, qui pauperum mercedem violenter deprædantur : et eos deprimunt atque necant? qui ex ubertate domus Domini faciunt iniqua, quam ut pauperibus necessaria condonarent, receperunt? Certe superfluitatem vestimentorum superfluitati nimiæ addunt, de pauperibus frigore et nuditate morientibus non curantes. Palatia, et magna erigunt ædificia, ut humanis oculis contemplentur : et pauperes in plateis moriuntur incommodis. Convivia frequenter aliis præparant divitibus, ut ferculis delicatissimis suam ventris repleant ingluviem : quibus pauperes fame pereunt. Quid aliud est eorum vita, quam peccata? Si venter repletus tanta ciborum est copia, nonne ad fores ejus adest luxuria? Et quid ergo amplius loquar, cum omnis mortalium lingua deficeret : ut quæ millia peccatorum faciunt, intimaret? nec Deum nisi somniando cognoscunt, nec se, ut puto, morituros arbitrantur. Non enim facile in peccata labitur, qui se moriturum cogitat : et Deum sibi fore judicem non ignorat. Vere nimis imbecillis et miser est, cui harum rerum est memoria : si cuncta diabolica tentamenta non facile vilipendit. Idcirco vere dicam, si Deum judicem suum agnoscerent, et se mori crederent, non peccarent saltem tam secure. Cur hi miserrimi ad Ecclesias properant, ut divinis intersint mysteriis? an ut mulierum contemplentur vultus? Hæc sua est meditatio, hæc prædicatio, et Dei cognitio. Sic divinam percunctantur legem, ut pecuniam, terram, mareque peragrantes, crebris vigiliis, et meditationibus sibi et suis filiis congregent : certatim vestimenta in societate, mira artificii varietate frequenter mutent : quin ut ludos, hastiludia, choreas, procationes, ebrietates, magna convivia, delicata fercula, suis alternatim exhibeant sodalibus : mulieres ad suam voluptatem explendam sufficienter habeant.

Cap. XXI. Sed væ miseri, quid facitis non agnoscitis : corpus ante tempus destruitis, et animam interficitis : unde infirmitates et mors tam intempestiva : nisi ex nimia ciborum copia, et frequenti mulierum usu? Deum deludere creditis? Certe deluditis vosmetipsos. Pro corpore obliviscimini animam, et ecce corpus simul cum anima destruitis ante tempus : et ideo gaudete, et jucundamini, et lætamini in hoc brevissimo temporis spatio quod habetis : ut postmodum cum diabolis sine fine omni tempore lugeatis. Quod facitis, non differatis : frequentissime vestimenta permutetis : ne forte vestra dispereat nobilitas : nec sit qui vos excedat, ut in inferno verecundiam recipiatis et confusionem. Ubi convivia? ubi delicata fercula? ubi vina pretiosa melle mixta, et aromatibus præparata? Epulemini, et inebriemini : non enim post mortem amplius facietis; sed cum divite, qui quotidie epulabatur splendide, in tormentis gehennalibus guttam aquæ

(*a*) Incertæ traditionis, hæc sunt quæ ex ingenio sibi quisque confixit. Matthæum quidem publicanum, et Petrum, et Andream, cum duobus Zebedæi filiis Jacobo et Joanne, piscatores fuisse non ignoramus ; reliquos, vel qua parentum nobilitate sint geniti, vel qua sibi arte victum comparrarint, nescimus. Immo Bartholomæum auctor Indiculi Græci a Cotelerio editi in calce secundi Constitutionum Apostolicarum libri, facit « de patre Sosthene, matre Urinia, cultorem pascui, seu olerum satorem. » Adde, plane contra Hieronymi mentem esse unice Bartholomæum nobilis generis extitisse, qui in Epitaphio Marcellæ tantam tribuit Joanni nobilitatem : « Jesus, inquit, Joannem Evangelistam amabat plurimum, qui propter generis nobilitatem, erat notus Pontifici, et Judæorum insidias non timebat, in tantum ut Petrum introduceret in atrium, » etc. Quanquam incertum omnino est, an ille, qui notus Pontifici dicitur in Evangelio, Joannes Apostolus fuerit. Certe Evangelistæ eum, fratrem, patremque piscatores, aut ναύτας, ut Origenes contra Celsum lib. 1, vocant.

minimam peroptabitis, nec habere poteritis. Agite solatia vestra, in luxuriis explete voluptates. Seminate in corruptione, ut de corruptione colligatis divinam sententiam : quam justus ille dabit judex, in magno judicii die dicens : *Ite maledicti in ignem æternum, qui paratus est diabolo et angelis ejus.* Heu cor lapideum : si, cum talem tibi cogitas ob hujus mundi prava solatia imminere sententiam, non formidas. Si illum exspectas diem tam terribilem et crudelem, in quo non solum de luxuriis, vestibus, et ebrietatibus, comessationibus, et de toto tempore amisso quo vixisti, sed etiam de qualibet te oportebit cogitatione vana Domino reddere rationem : cur non emendaris? cur moraris de die in diem miser converti ad Dominum ? cur te jam malorum non pœnitet ? Ecce mors properat, ut te conterat, die noctuque currens. Ecce diabolus jam properat ut te recipiat. Ecce divitiæ tuæ tibi deficient. Ecce vermes corpus, quod tanta enutris diligentia, exspectant, ut illud rodant : quousque iterum conjunctum animæ, cum illa pariter pœnas habeat infinitas. Quid errando per hujus sæculi invia, in vanitatibus petis solatia ? Divitias, gaudia, gloriam, et cætera tibi placita non invenies hic : quia non hic sunt.

Cap. XXII. Sed si vera quæris gaudia, ad illam cœlestem gloriam propera, ad quam factus es. Ibi certe illa sunt gaudia vera, quæ nec oculus vidit, nec auris audivit, nec in cor hominis ascenderunt. Dimitte quæso caduca et momentanea, et quære habere perpetua. Sed quid de his qui nec Dei timore, nec amore, nec mortis et tormentorum subsequentium terrore a peccatis cessant, sed condolent, si ut optant, prava agere non possunt, dicam ? Væ væ miseri, qui hic ridetis, quia plangetis. Væ cum ista optatis gaudia temporalia : quia vobis invitis sustinebitis tormenta infernalia. Ecce vobis modicum restat temporis : implete mensuras malitiarum vestrarum, ut veniat super vos omnis divina indignatio. Fruamini hoc parvo tempore in jocis, ebrietatibus, prœliis, et contentionibus, choreis, et procationibus, nec vacuum præterire tempus dimittatis. Quid moramini, dum vivitis ? Congregate filiis vestris honores, divitias, et potentias, vestram augere nobilitatem, et famam, ut vestri filii quæ fecistis explere et ipsi queant, quatenus cum illis pariter in inferno ampliora patiamini cruciamenta.

Cap. XXIII. Sed forte quis dicet : Benignus est Dominus et misericors, qui omnem peccatorem ad se redeuntem recipit, et indulget. Verum quidem hoc esse confiteor. Benignior est enim Dominus, quam creditur : et unicuique parcit ad se, ut condecet, redeunti. Nonne benignissimus est Dominus, qui tantas tolerat injurias a peccatoribus, dans eis temporis spatium, ut emendentur ? Sed hoc noveris : quia sicut benignus est in tolerando, ita justus est in puniendo. Sed forte quis iterum dicet : vir qui toto tempore quo vixit, malefecit, in mortis articulo accepta pœnitentia, a Deo veniam obtinebit. Heu quam vana suspicio, et falsa meditatio. Vix de centum millibus hominum, quorum mala semper fuit vita, meretur a Deo habere indulgentiam unus. Vir totus in peccatis genitus et enutritus, qui nec Deum vidit, nec agnovit, nec de eo audire voluit, nec se peccasse cognoscit, nec quid pœnitentia sit, nisi forte dormiendo novit, totus adhuc sæcularibus innodatus negotiis, quem angustia premit filiorum quos deserit, quem infirmitas conterit, quem dolor divitiarum, et temporalium bonorum concutit, cum eis non posse frui amplius se cernit, quam acceptam Deo accipit pœnitentiam, quam non acciperet, si adhuc se posse sanari crederet. Certe vere concludam : qui dum sanus est juvenis, Deum offendere non formidat : in morte non merebitur divinam obtinere indulgentiam. Quæ, dilectissimi filii, est pœnitentia, quam solum quis accipit, quia se vivere non posse amplius cernit : qui si ex infirmitate convalesceret, pejor quam prius fieret ? Scio non modicos pecuniosorum, accepta in mortis articulo pœnitentia convaluisse corpore, et pejorasse vitam. Hoc teneo, hoc verum puto, hoc multiplici experientia didici, quod ei non bonus est finis, cui mala semper fuit vita: qui peccare non timuit, sed in mundi vanitatibus semper vixit. *Pretiosa*, inquit Propheta, *in conspectu Domini mors Sanctorum ejus*, Et, *Mors peccatorum pessima*.

Cap. XXIV. Et ideo, filii prædilectissimi, accingimini potentia : estote filii potentes, et nolite horum miserorum divitum, et potentum (quorum jam tantam ostendimus imbecillitatem et miseriam esse, quantum non diceret lingua carnis) tenuem potentiam formidare in operando justitiam. Qui enim propter justitiam persecutionem patitur, beatus est, et bene sibi erit ; et si moritur, beatior. *Pretiosa* nempe est in conspectu *Domini mors Sanctorum ejus*. Si cupis vitam tenere in Christo, noli mortem timere pro Christo. Non enim potes illa sustinere pro Christo, quæ sunt condigna ad futuram gloriam, quæ revelabitur, cum apparuerit gloria nostra, quæ sursum est, et non super terram. Non speret mercedem, qui non laborat. Non sufficit solum Christiani nomen. Christianus es, imitare Christum. Frustra Christiani habet ille nomen, qui diabolum sequitur. Quinimo Christianus omnino non est, sed Antichristus : Juxta illud beati Evangelistæ Joannis : *Audistis quia Antichristus venit : nunc Antichristi multi sunt*. Vis ergo regnare cum Christo ? Patiaris cum Christo. Si Christum Dominum et regem cui est nomen super omne nomen, oportuit pati, ut sic intraret in gloriam suam : quam fiduciam habes te intrare sine labore ? O quam stulti sumus et tardi corde ad credendum. Volumus hic gaudere cum sæculo, et postea regnare cum Christo. Dominus nudus ingreditur : servus superfluitate onustus vestium, auri et gemmarum intrabit ? ille jejunus, iste crapula et luxuria plenus : Ille in cruce pro ipso moriens, iste in lecto delicate dormiens ? Quod Dominus non facit, servus faciet ? Promittit Dominus Zebedæi filiis regnum suum, si calicem quem bibiturus erat, possent bibere. Sic fatui filii hominum non recte judicantes, neque quod verum est, cognoscentes : dicentes malum bonum, et bonum malum. Revertimini ad cor, venientes audite me: et narrabo vobis quæ audivi et cognovi, et patres nostri narraverunt mihi, nec occultetur a filiis hominum. *Adhærere Deo bonum est :* et sicut ille ambulavit, sic ambulare. Sicut Christus animam suam pro nobis posuit : sic et nos, si opus est, pro veritate, quæ ipse Deus est, debemus animas ponere. Qui amat animam suam in hoc mundo, perdet eam. Christus pro nobis passus est : nobis relinquens exemplum, ut sequamur vestigia ejus. Non se cogitet Christianum, qui pro Christo mori se non invenit præparatum. Qui Christo ministrat, ipsum sequatur. Dicas homo, qui solum nomine et verbo Christianus es : Fidem Christi habeo et prædico. Bonum est, sed ubi opera? *Fides sine operibus mortua est.* Certe dicam, qui Christum tantum ore et non opere laudas, ipsum negas : quia si quæ dicit, crederes, saltem cum timeres, et de peccatis verecundareris. Et si credis, et mala facis, centuplo puniendus es? Nonne peccatum quod sit ex certa malitia, infinito pejus est peccato quod fit ex ignorantia? peccavit angelus, peccavit homo : alter veniam potuit invenire, alter non. Qua de re? Ille ex propria malitia : homo suggestione diabolica.

Cap. XXV. Et forte dices : Et ego similiter pecco suggestione diabolica. Ad quod ego : Quod miser mereris præmium, si nullum haberes prælium? Nonne terrestris miles ad omne se exponit periculum, ut suo regi placeat? Nec certe ulla tibi esse potest excusatio, si te peccare diabolica dicis suggestione, sicut et ille : quia tibi non est occasio quæ illi. Unum solum habuerat præceptum, ut de ligno non comederet. Nondum, quid diabolica foret suggestio, noverat, nec quantum peccatum Deo displiceat, scierat : et tu, ut dicis, nosti, et bene credis, et tot millia facis peccata. Et quid concludam? Qui tales sunt Christiani, diligunt in ore suo, et lingua sua mentiuntur ei. Cor autem eorum non est rectum cum eo ; nec fidem habent in testamento ejus. Si quis diligit Christum, si quis verus est Christianus, et specialiter Sacerdos et monachus, in quo tanquam in speculo relucet perfectio, non solum renunciet omnibus quæ possidet, sed etiam abneget semetipsum, ita ut totus sit mortuus mundo. Quia nisi granum frumenti cadens in terram mortuum fuerit, ipsum solum manet. Qui mundi vivit negotiis, mortuus est Deo. Oportet namque hominem, qui vult capere perfectionem et tenere, ita mortuum esse mundo, ut tamquam mortuus nihil de rebus sæcularibus sentiat, ita ut cum Apostolo dicat : *Nostra conversatio in cœlis est.* Et iterum : *Vivo jam non ego, vivit autem in me Christus.* Idcirco qui vere justus est, vitam hanc quæ mors est, non metuat amittere, ut vitam quæ Christus est, valeat invenire. Eos qui occidunt corpus, non timeat : quia animam non possunt occidere. Hic tribulationes quæ cito labuntur, sustineat, ut gaudia quæ sine fine manent, habeat. Hæc sola via est, qua itur ad patriam cœli. Certe si alio posset iri tramite, in toto mendax Deus fieret. Non enim quæ dico vobis verba, accepi ab homine, neque per hominem didici, sed per Evangelium suum. Itaque oportet nos per multas tribulationes acquirere regnum Dei. Errat in via, qui per divitias et delicias festinat ire. Signum manifestæ damnationis est, in hoc mundo sua beneplacita assequi, et a mundo diligi. Quos Deus diligit, hos sæpe corripit et castigat.

Cap. XXVI. Si in mundo gloriari oportet, libenter gloriemini in tribulationibus et adversitatibus vestris. Promisit enim Christus hæc suis discipulis, quos dilexit usque in finem in signum præcipuæ dilectionis, cum in ultima cœna dixit : *Amen dico vobis : quia plorabitis et flebitis vos, mundus autem gaudebit.* Gaudete, filii mei prædilectissimi, cum odit vos mundus. Desiderate sufferre contumelias et opprobria ab hominibus, quia *Beati eritis cum maledixerint vobis homines, et persecuti vos fuerint, et dixerint omne malum adversum vos, mentientes propter filium hominis : gaudete tunc et exsultate, quoniam merces vestra copiosa est in cœlis.* Utinam in vos insurgeret totus iste mundus. Scitote quod de mundo non estis : quoniam si de mundo essetis, mundus quod suum esset diligeret. Omne gaudium vestrum existimate, cum multa habetis in sæculo opprobria et adversitates : scientes quod fortitudo et patientia ex ipsis oriuntur. Patientia autem perfectum opus habet. Probantur autem virtutes in homine per patientiam, tamquam aurum per ignem. Qui cæteras habet virtutes sine patientia, aurum in vasis fictilibus portat. In sola, dicebat Salvator, patientia vestra possidebitis animas vestras. Fortitudo connexa est patientiæ. Vir patiens, fortis est animo. Qui patiens et fortis est, secure bona sequentis vitæ sperare potest. Servate patientiam in mente : eamque dum tempus est, exercete in operatione. Est enim patientia velum, quo in hujus mundi procellis, navis nostra quocumque flante vento navigat secure : nullum timens periculum. Nullum vestrum ad vindictam, vel odium proximi, contumeliosa verba commoveant.

Cap. XXVII. Estote misericordes, sicut et Pater vester misericors, est : qui pluit super justos et injustos : et solem suum facit oriri super bonum et malum. Judicium sine misericordia illi fiet, qui non facit misericordiam. Misericordia superexaltat judicium. Si non remiseritis de corde vestro illis qui offendunt vos : nec Pater vester dimittet vobis. Frustra petit misericordiam, qui aliis denegat misericordiam. *Sustinetis,* inquit Apostolus, *si quis vos in servitutem redigit : si quis in faciem vos cædit.* Hic vestra stabilitur virtus : hæc tota merces et præmium, ut amicos diligamus in Deo, et inimicos propter Deum. Servus ille nequam, accepta misericordia, conservo suo denegavit misericordiam : et ideo meruit habere severitatem justitiæ. Justitia sine misericordia, crudelitas est : et ideo justitiæ misericordia miscenda est. Lex nostra tota in misericordia est. Propter peccatum quoque poterat damnare nos Deus justitia, quos sua salvavit misericordia. Quapropter qui misericordia caret, Christianus non est. Impossibile est esse hominem misericordem, et pium, et iram non placare divinam. *Beati misericordes : quoniam ipsi misericordiam consequentur.*

Sacerdos et monachus praecipue sine misericordia, navis est in medio pelagi undique perforata. Vana religio est, quae caret misericordia. Parum prodest differentem esse vestimentis saecularibus et concordem vita. Non vestimentis et ordine solum quis est sacerdos et monachus, sed vita. Heu quid dicam? Saepe ex magna abundantia tristitiae, homo multa loquitur. Ecce mundus undique servet monachis et sacerdotibus; et tamen jam sunt rarissimi sacerdotes et monachi, quod vix de centum unus reperiatur bonus. Nulla certe in mundo tam crudelis bestia, quam malus sacerdos vel monachus : nam corrigi non patitur : nec veritatem unquam audire potest : et ut breviter dicam, omnes praeeminet malitia. Sunt hi tales sacerdotes et monachi solum habitu et nomine, quorum vana est religio. Religio munda et immaculata apud Deum Patrem haec est, visitare pupillos et viduas in tribulatione eorum : et immaculatum se custodire ab hoc saeculo. Heu quantum in quibusdam spiritualibus habitu et nomine crevit cupiditas, imo ut verius dicam, causa hujus spiritualitatis est avaritia : qui certe sunt lupi rapaces in vestimentis ovium. Ubi sacerdos et monachus cupidus est, et sine misericordia, ab eodem plus quam a serpente fuge.

Cap. XXVIII. Sunt etiam nonnulli qui totum suum fructum existimant Ecclesias et monasteria miro modo et opere ex pauperum mercede aedificare : in quibus tanta viget cupiditas, ut terram sibi et omnia deficere putent. Ibi cor, ibi mens, ibi semper sua est cogitatio, ut aliena possint exspoliare marsupia. Hos tales Salvator increpans : *Vae vobis*, inquit, *qui aedificatis monumenta Prophetarum*. Ecce qui monasteria aedificant, Ecclesias miro artificio aptant : bonum videntur opus facere. Sed siquidem misericordiam pauperibus faciunt, bonum est. Vis ut opus tuum Deo placeat, fac ut de hoc pauperes gaudeant. Quod templum est Deo carius, quam homo? *Templum Dei vos estis*, inquit Apostolus. Cum pauperi manum tribuis, cum viro in suis necessitatibus subvenis : cum errantem ad viam rectam reducis, o quam admirabile et Deo gratum templum aedificasti? *Frange esurienti panem tuum : et egenos vagosque induc in domum tuam*. Nemo se excusans dicat : non habeo quod pauperi fratri tribuam. Si vestimentum vel aliquid ultra extremam possides necessitatem : et pauperi indigenti non subvenis, fur es et latro. Sumus, dilectissimi filii, in rebus temporalibus solum dispensatores, et non possessores. Si quid superfluum, quo frater egeat possidemus, furamur, imo pejus quam qui furatur aliqua ex inopia et necessitate. Iste tantum ultra necessitatem retinet, quo centum viverent, qui fame pereunt. Ille uni furtum facit : iste tot, quot non condonat patientibus necessitatem. Dices forte miser, meum est : nam hoc dimiserunt mihi parentes. Quomodo tibi potuerunt dimittere quod suum non erat? Ast si suum erat, inquies. Unde habuerunt? quis dedit eis? quid in mundum venientes, apportaverunt? quid recedenter secuso ferent? Certe quae pauperum possidemus, **in die judicii coram oculis divinae justitiae vindictam** exclamabunt. *Qui habet aures audiendi, audiat*. Qui mihi non vult credere : heu quam graviter sentiet, cum divitiae suae transierint in egestatem.

Cap. XXIX. Lex naturalis hoc praecipit : ut quod ab aliis desideramus, hoc aliis faciamus. Quid aliud lex vetus praedicat? Ac Evangelicam doctrinam percunctare undique, quid aliud insinuat. Vere coram Deo judice erunt testimonia. Quid ergo dicam de his, qui solum lapides congregant, et muros erigunt in altitudinem : quorum est cor et cogitatio, ut humanis oculis opus appareat? Laudatur aedificium : et totam hic suam arbitrantur justitiam? Sunt etiam aliqui qui de rapinis et pauperum sudore oblationes et victimas Deo offerunt. Tales oblationes ante divinam clementiam non parum sunt abominabiles. Quis tam insipiens est, ut non intelligat quod talia aedificia non cedunt ad Dei gloriam, sed ad mundi pompam. Sed si quis diceret : Quid dicis? Nonne bonum est aedificare monasteria, unde honoretur Deus? Ad quod ego : Bonum est, dummodo pauperes violentiam non sint passi : nec interpellent Deum contra eos. Quomodo possum aedificare domum Deo placitam, vel sanctis ejus, ex illis pecuniis de quibus pauperes plorant? Qualis justitia potest esse munerare mortuos, et spoliare viventes? et de indigentia pauperum offerre Deo? Certe si haec placeret Deo justitia, foret socius violentiae. Et si hanc a nobis vellet oblationem, conscius fieret in peccato. At si Deo displicet, non potest placere Sanctis. Qua de re, filii dilectissimi, deponentes omnem malitiam, omnem dolum, et simulationes, et invidias, et omnes detractiones : sicut modo geniti infantes rationabile sine dolo lac concupiscite, ut in eo crescatis in salutem : si tamen gustastis, quoniam dulcis est Dominus.

Cap. XXX. Vere si non eritis sicut parvuli, non intrabitis in regnum caelorum. Parvulus videns pulchram mulierem, non delectatur. Pretiosam vestem intuens, non desiderat. In iracundia non perseverat : laesus non recordatur, nec odit. Patrem sequitur : matrem non deserit. Et ideo nullus se regnum caelorum cogitet attingere, nisi hanc parvuli innocentiam et simplicitatem imitare studeat : id est, castitatem habere, mundum spernere, fratrem diligere; patientiam servarem : patrem Christum sequi : et in gremio matris Ecclesiae semper incumbere. Et exuite vos, dilectissimi, veterem hominem : et induite vos armatura Dei, ut possitis stare adversus insidias diaboli. Diabolus nihil in mundo possidet. Exspoliati ergo mundanis rebus momentaneis, et cito velut umbrae labentibus, cum mundo pugnetis. Qui oneratus vestibus cum diabolo luctatur, citius ad terram dejicitur : quia unde teneatur, habet. Vis firmiter cum diabolo dimicare? Vestimenta projice ne succumbas. Terrena omnia sunt quasi quaedam corporis indumenta. Qui nihil possidet, citius vincet. Arma vestra pugnaturis sint castitas, patientia, humilitas, et caritas. **Haec sunt arma adversus versutias diaboli, quibus si muniti fueritis, accingetis fortitudine lumbos vestros, et roborabitis brachium vestrum. Fortitudo et decor in-**

dumentum vestrum erit : et cum eritis in prælio, ridebitis. Non timebitis a frigoribus nivis : et vere fundata erit domus vestra super firmam petram, quæ Christus est.

CAP. XXXI. Ensis diaboli, luxuria est. Heu quot illa interficit romphæa? Non est aliquod peccatum, quo toties diabolus victor existat. Fugite luxuriam : nam sicut virginitas hominem æquat Angelis, imo plus eum facit quam Angelum : ita luxuria hominem plus quam bestificat, et, ut ita dicam, multo pejorem bestia eum efficit. De nullo alio peccato legitur Deum dixisse, se pœnitere fecisse hominem. Hæc hujusmodi facit opera : corpus debilitat, et quasi semper cum morte destruit, famam denigrat, marsupia evacuat, furta instruit, homicidia causat, memoriam hebetat, cor aufert, oculos utriusque hominis cæcat, et præ cæteris peccatis iram Dei provocat. Ex radice gulæ oritur. Pro nullo alio reatu tam manifestam justitiam exercuit Deus sine misericordia, quam pro isto. Propter hoc namque peccatum legitur Deus mundo induxisse diluvium, Sodomam et Gomorram combussisse, et multos alios homines interemisse. Hoc rete diaboli : si quis hoc capitur, non cito solvitur. In isto tamen gravi prælio, nemo potest vincere, nisi fugiat : nemo potest firmiter perdurare, nisi carnem domet. Qui vino utitur, ignem portat in gremio. *Nolite*, inquit Apostolus, *inebriari vino, in quo est luxuria*. Hoc prælium non sustinetur, nisi in abstinentia et jejunio. Vinum nocet, sed vultus centuplo magis mulierum. Mulier diaboli sagitta est, qua in luxuriam homo cito trahitur. Nullus in hoc confidat vivens. Si sanctus es, nec tamen securus es. Mulier viri pretiosam animam rapit. Numquid abscondere potest homo ignem in sinu suo, ut vestimenta illius non ardeant? aut ambulare super prunas, ut non comburantur plantæ ejus? Homo et mulier, ignis et palea. Diabolus nunquam insufflare cessat, ut accendatur. Hujus prælii nunquam fiet victor, nisi fugiens. Nunquam viro cum muliere sint longa colloquia. Sola simul loqui faciat necessitas. Vir mulieris cuncta spernat munuscula, et blanda verba, si non vult luxuriæ capi laqueis. Tanta sit inter virum et mulierem raritas, ut alter alterius nomen nesciat. Plurimi sanctissimi jam ceciderunt hoc vitio, propter nimiam securitatem. Timeatis, filii, si in aliis peccatis timendum est : in isto multo plus; sed vere dicam : Hodie sub spiritualitatis nomine, novum fit fornicationis genus a pluribus. Heu quid proferam? Hodie non verecundantur homines, quinimo gloriantur, cum malefecerint. Aliqualis in mulieribus viget verecundia, quamquam parva : sed in viris ita hæc crevit malitia, ut ille putetur insipiens, qui hujusmodi doctus non est. Quid plura ? Hæc sua est festivitas, hæc omnis prædicatio. Ob hoc frequentant Ecclesias, ut mulieres videant, et earum utantur colloquiis : quatenus inde luxuriæ amplius crescat appetitus. Sed quid vir miser gloriaris in malitia ista? Forte quia potens es in iniquitate? Centuplo plus peccas, quam mulier. Mulier mollis, et tu fortem te existimas. Illa in domo sedet :

et tu vagando mille modis eam illaqueas, et aliquando eam cogis, ut vi faciat. Hæc cum facis, quia Deus tacet : tu cogitas, quod sit tibi similis. Sed veniet tempus quo arguet te, et statuet contra faciem tuam. Unde, filii, estote prudentes sicut serpentes, et simplices sicut columbæ, et pugnate viriliter cum antiquo serpente. Sint lumbi vestri præcincti, et lucernæ ardentes in manibus vestris : et tunc viriliter agite, et confortetur cor vestrum : quoniam illi qui debellabant vos, timebunt : et in Deo facietis virtutem : et ipse ad nihilum deducet tribulantes vos.

CAP. XXXII. Prædilecti mei, diligite vos invicem. Non enim accepi hoc ab homine, sed a Salvatore. *Hoc est*, inquit, *præceptum meum, ut diligatis invicem*. In sola dilectione omnium virtutum bona consistunt. Sicut ex una radice multi exeunt rami : sic ex caritate omnes generantur virtutes. *Si linguis hominum*, inquit Apostolus, *loquerer et Angelorum, si omnem habuero Prophetiam, et novero mysteria omnia, et omnem scientiam, et si habuero omnem fidem, ita ut montes transferam, caritatem autem non habeam, nihil sum*. Qui veram habet caritatem, benignus est et patiens. Ille veram habet caritatem, qui non tantum proximos diligit per affectum cognationis et carnis, sicut ethnici et publicani faciunt, sed ita diligit inimicum, sicut amicum. In hoc uno potest homo agnoscere si manet in caritate, si ab eo diligitur, qui ei adversatur. Certe hic quamplurimum animadvertendum est. Sunt quamplurimi qui diligunt, sed male. In tantum enim aliquem diligunt, ut dilectionem Dei perdant. Qui aliquid supra Deum diligunt, Deo non sunt digni. In cunctis virtutibus requiritur temperantia. Virtus semper vult medium. Nimis diligere malum est, minus diligere malum est, sed ut jus exigit diligere, bonum est. Omnis dilectio quæ nocet vitanda est. Propter nimiam dilectionem aliqui in luxuriam ceciderunt; propter modicam, aliqui in invidiam devenerunt : multi orationes et Dei obsequia dimiserunt. Hoc quippe agit superfluus amor, ut quem diligit, semper videre vellet. Nimius et stultus est talis amor : ignorat siquidem justitiam et veritatem, ratione caret, modum nescit, neque aliud cogitare potest, quam quod diligit. Amor iste non accipit de impossibilitate solatium, neque ex difficultate remedium. Impossibile est hominem, qui talem habet amorem, Deo posse acceptabiles orationes facere, aut placere. Hic amor non est caritas, sed stultitia. Omnes nostros debemus diligere fratres, sicut nosmetipsos; ita tamen ut vitia non diligantur. Punire malum, caritas est; plus meliorem diligere, justum est. Sic diligendi sunt homines, ut bonitas exaltetur, et vitium deturpetur. Vera caritas exigit, ut Deum diligamus ex toto corde, et ex tota mente, et ex totis viribus nostris, et ita singulariter, quod cum Deo nihil aliud diligamus, et proximum nostrum sicut nos. In istis duobus mandatis tota pendet lex, et Prophetæ. Quæ sine caritate est, sine Deo est : quia Deus caritas est, et caritas Deus est. Qui manet in caritate, in cœlo jam cœpit habitare. In cœlo nata est caritas omnium beatorum.

Ubi caritas vera est, ibi invidia nulla est, ibi ambitio nulla cognoscitur, nec murmuratio, nec detrectatio, nec irrisio, sed est omnibus una et eadem voluntas. Hoc scitote, fratres, quia si non habetis caritatem perfectam, sub diabolica potestate estis, nec ultra vobiscum Deus habitet, et qui sine Deo est, in inferno est.

CAP. XXXIII. Idcirco, prædilectissimi mei filii, hortor vos dum tempus habetis, ne in vacuum gratiam Dei recipiatis : gratia Dei data est omnibus, per mortem Filii ejus. Dum tempore isto brevissimo vivimus, seminemus, quod postmodum suo tempore metemus. Breves dies hominis sunt. Præciditur velut a texente vita vestra : tanquam fur, mors venit. Cum mortuus fuerit homo, non simul descendit cum eo gloria domus ejus. Divites in bonis quamvis minimis, ducunt dies suos, et in puncto ad inferna descendunt. Opera cujuslibet sequuntur illum. Perrarum est, ut hominis, cujus semper mala fuit vita, bona sit mors. Sive malum, sive bonum, quod tempore isto fecerimus, illud idem post finem mortis inveniemus. Non exspectetis : quia tempus istud acceptabile est. Dum lucem habetis, non ambuletis in tenebris. Qui ambulat in tenebris nescit quo vadat. Lux vestra Christus est, quæ lucet in tenebris, et illuminat omnem hominem venientem in hunc mundum. Ut ergo filii lucis sitis, et tenebræ vos non comprehendant : ad ipsum accedentes lapidem vivum, ab hominibus quidem reprobatum, a Deo autem electum et glorificatum : et ipsi tanquam lapides vivi superædificabimini : et in omnibus exhibeatis vosmetipsos sicut Dei ministros, in multa patientia, in tribulationibus, in necessitatibus, in angustiis, in plagis, in carceribus, in seditionibus, in laboribus, in vigiliis, in jejuniis, in castitate, in scientia, in longanimitate, in suavitate, in Spiritu Sancto, in caritate non ficta, in verbo veritatis, in virtute Dei. Non sit inter vos mendacium. Omnis vir mendax, abominabilis est Deo. Est enim Deus veritas, et veritati obstat mendacium. Omne fugiatis verbum otiosum ; de quolibet enim verbo otioso et vano reddemus Deo rationem. Silentium diligite. Ubi est multiloquium, ibi frequenter mendacium : ubi mendacium est, ibi peccatum. Sermo indicat qualis est homo. In ore sacerdotis vel monachi, nullum unquam sit verbum, in quo non sonet Christi nomen : semper divinam ruminet legem. Etenim qui in lege Domini meditatur die ac nocte, non abiens in concilio impiorum, neque in via stans peccatorum, erit tanquam lignum plantatum secus decursus aquarum, cujus folia non decident, sed dabit fructum in tempore suo : et omnia quæcumque fecerit, semper prosperabuntur. Certe nil tam nocet homini, quam mala societas. Talis enim efficitur homo, qualium societatis fruitur. Nunquam cum agno lupus habitat. Vir certe castus luxuriosi societatem fugit. Plusquam impossibile puto, virum diutius in bonis permanere operibus, qui malorum assidua conversatione utitur. Cum sancto, Psalmista vociferat, sanctus eris : et cum viro innocente, innocens eris, et cum electo electus eris, et cum perverso perverteris. Sicut enim

S. HIERONYMI I.

mala nocet conversatio, ita bona prodest. Nihil potest huic comparari thesauro. Qui bonam invenit societatem, vitam invenit, divitiis affluit. Certe vere dicam : Perraro homo vel bonus, vel malus efficitur, nisi ob societatis causam. Pueri cor tanquam tabula, in qua nihil pictum est, fore dicitur. Illud ergo quod a societate recipit, usque ad senectam retinet, sive bonum sive malum sit. Raro cum juvene juvenis habitet. Nam ignis si apponatur igni, calorem non extinguit, sed enutrit. Semper vir quem delectat sapientia, se majori ætate et sapientia socius existat. Alioquin si sibi simili societur, assidua societate, de stultitia in stultitiam dilabetur.

CAP. XXXIV. Ante omnia autem, filii mei, nolite jurare omnino, neque per cœlum, neque per terram, neque aliud quodcumque juramentum. Sit autem sermo vester, est, est : non, non. Cujus in ore frequens sonat juramentum, in ipso homine parva est Dei cognitio et dilectio. Si non est quod juro, Deum esse nego. Præceptum enim Dei prohibet, dicens : Non assumatis nomen Dei in vanum. Orationibus instate continuis. Multum valet frequens oratio et devota. Oratio hominem a terra sublevat, ad cœlestia vehit et facit hominem cum Deo loqui. Gratias ab eodem obtinet, dummodo sit devota et mixta lacrymis. Multum valet oratio frequens conspersa lacrymis ad promerendam divinam clementiam, ad exauditionis beneficium. Obtinuit Ezechias statim gratiam a Domino suis lacrymis et orationibus, ut mutaret sententiam quam sibi indixerat. Liberavit Dominus Susannam a judicio diræ mortis, propter orationem et lacrymas. Orationibus Eliæ cœlum dedit pluviam, quod clausum fuerat tribus annis et sex mensibus. Si quo egetis, petatis a Domino orationibus et lacrymis in fide nil dubitantes. Quia qui fidem habet, ut granum sinapis, quidquid petierit fiet statim illi. Idem Dominus est dives in omnibus : qui tunc erat et nunc est. Spes vestra, gaudium vestrum, cogitatio vestra, et omne desiderium vestrum sit semper Deus. Quoniam ex ipso, et in ipso, et per ipsum sunt omnia, in quo vivimus, per quem movemur et sumus, sine quo nihil penitus sumus.

CAP. XXXV. Jam, filii mei, non multa loquar vobiscum ; venit enim hora, ad quam natus sum. Hac conditione huc veni, ut exirem. Nunquam natus fuissem, si mori non debuissem. Suo proprio non pepercit Dominus Filio : sed pro nobis omnibus fecit eum mori in crucis stipite, per cujus mortem mors nostra mortua est. Nemo enim nostrum sibi vivit, vel moritur. *Sive enim vivimus, Domino vivimus, sive morimur, Domino morimur. Sive ergo vivimus, sive morimur, Domini sumus.* In hoc enim vocatus Christus vivorum Dominus et mortuorum. Si enim Christus mortuus est (certe non est servus major Domino suo) idcirco et nos moriemur. Si enim resurrexit, habemus spem firmissimam quod et nos resurgemus. Et si Christus sic resurrexit, ut amplius non moreretur : certe et nos post resurrectionem nostram nunquam moriemur, sed semper cum ipso in gloria stabimus.

(Neuf.)

Cum enim mortuus fuit Christus, vetus homo noster simul mortuus est, ut destrueretur corpus peccati, et fieremus unum corpus cum illo. Idcirco si resurrexit Christus, et nos resurgemus cum illo : quia sumus membra ejus. Si autem et Christus non plus morietur, et nos similiter. Quo quidem, dilectissimi filii mei, si nunc morior, credo quod Redemptor meus vivit, et in novissimo die de terra surrecturus sum : et rursum circumdabor hac pelle mea, et in ista propria carne mea videbo ipsum Salvatorem : quem visurus sum ego ipse qui nunc loquor, quem hic nunc cernitis morientem, et non certe alius loco mei : et isti proprii mei oculi, quibus vos video, conspecturi sunt. Unde, dilectissimi filii mei, videte quomodo caute ambuletis : non quasi insipientes, sed ut sapientes. Et nolite secundum carnem ambulare ; quia si secundum carnem ambuletis, moriemini. Sed spiritu ambulantes, et facta carnis mortificantes, nunc mecum exsultate, cantate et psallite. Abjicite vestimenta luctus et tristitiæ : Spargite cinerem de capite vestro. Jubilate Deo, psalmum dicite nomini ejus : date gloriam laudi ejus, quoniam hucusque transivi per ignem et aquam, et ecce nunc inducit me in refrigerium. Introibo in domum Domini, et reddam vota mea de die in diem.

Cap. XXXVI. O quantum lucrum mihi est mori, quoniam vivere deinceps meum Christus erit. Ecce terrestris domus hujus habitationis dissolvitur, ut alia succedat non manufacta, habitatio æterna in cœlis. Ecce mortale vestimentum exuor, ut æternum induar. Hucusque peregrinatus sum : jam redeo ad patriam. Ecce bravium capio, pro quo in agone cucurri. Ecce portum attingo, quem tanto desideravi desiderio. Ecce de tenebris ad lucem, de periculis ad securitatem, de inopia ad divitias, de prælio ad victoriam, de tristitia ad gaudium, de temporali vita ad perpetuam, de fœtore ad odorem suavissimum vehor. Hic cæcus sum, et illuminor : undique vulneratus, et sanor. Hic semper contristatus sum : et ecce jam lætificor. Vere hic vivens mortuus sum, et jam vere vivificor. Vita mundi non vita, sed mors : vita fallax, vita onusta tristitiis, imbecillis et umbratica, vita mendax. Nunc flores, et statim arescis, vita privans vita cui ines, vita fragilis, vita momentanea et caduca : quæ quanto magis crescis, tanto magis decrescis. Cum plus procedis, plus ad mortem propinquas. O vita plena laqueis, quot in mundo homines illaqueas, quot per te jam sustinent tormenta infernalia ? Quam beatus qui tuas agnoscit fallacias, quam beatior qui de tuis non curat vanis blanditiis : quam beatissimus qui te bene privatus est ! Melior est negotiatio mortis argento et auro, primi et purissimi ejus fructus. O mors dulcis et jucunda. Non certe mors, quæ vitam veram largiris, quæ fugas febres et vulnera, fames extinguis et sitim. O mors justissima et pia bonis, et malis aspera : humilias superbum, divitem et potentem, et exaltas humilem. Per te pauperes satiantur cum avarum projicis. Tu malis das **supplicium, et justis æternum præmium.** Veni, soror mea, sponsa mea, amica mea, dilecta mea, indica mihi quem diligit anima mea. Ostende mihi ubi pascat Dominus meus : ubi cubet Christus meus. Ne dimittas me amplius vagari per invium hujus incolatus mei. Exsurge gloria mea. Porrige mihi manum, trahe me post te. Apertum est cor meum, ut exsurgam, et post te curram in odore unguentorum tuorum, donec introduxeris me in cellaria domus Domini mei, ut exultem et gaudeam, cum apparebo ante faciem suam. Tunc cantabo et psalmum dicam Domino. Ecce tu pulchra es amica mea : jam noli morari amplius. Ecce omnes dies mei defecerunt, et anni mei transierunt velut umbra. Convertere aliquantulum super me : quia te invenire exultavi, et in te delectatus sum omnibus diebus vitæ meæ. Suscipe me, nam cum suscepisti Dominum meum, me salvasti, me vivificasti. Jam respice in me, salvum me fac, et libera me de aquis multis, et de manu filiorum alienorum. Erue de carcere animam : et reduc eam per gratiam, quam operata fuisti suscipiendo Dominum meum, unde exsulavi per culpam, quam perpetravit meus genitor Adam. Veniam per te in hortum dilecti mei, ut comedam fructum pomorum suorum.

Cap. XXXVII. Defecerunt sicut fumus dies mei, et caro jam sicut fœnum aruit. Ecce jam venit tempus miserendi mei, noli tardare, accelera ut eripias me, quia amore langueo. Per te bona mors, fructum recipimus bonorum quæ facimus, cognoscimus præmia quæ speramus. Antequam venias, Deum ex parte cognoscimus : dum veneris, perfecte videbimus eum sicuti est. Nigra es, sed formosa, pulchra es et decora, favus distillans labia tua. Terribilis es, et quis resistet tibi ? Terribilis quidem apud reges terræ, aufers spiritum principum, notam facis humilibus virtutem tuam, tu confringis cornua peccatorum, et exaltas cornua justorum. Illuxerunt coruscationes tuæ orbi terræ, vidit et commota est terra. Aperi mihi, dulcis soror, et amica mea, januas vitæ, quas aperire mihi promisisti cum fuisti cum Domino meo, ut jam sit in pace locus meus, et habitatio mea in Sion. Exspolia me ista mortali tunica mea, quam fero, ut induam me vestimentis lætitiæ. Anima mea liquefacta est, ut invenire possim dilectum meum, quem in mundo quæsivi, et non inveni. Invenerunt me in hac solitudine custodes, qui circumeunt civitatem, percusserunt me, et vulneraverunt me, et tulerunt pallium meum custodes murorum. Percussus sum et humiliatus sum a voce malorum et dolorum. Tota die exprobrabant mihi inimici mei : loquentes adversum me lingua dolosa, et sermonibus odii circumdantes me, et expugnantes me gratis, posuerunt adversum me mala pro bonis, et odium pro dilectione mea. Ergo jam, bona mors, propera, confringe arcum, cornu, scutum, gladium et bellum. Si moraris, jam deficit paulisper spiritus meus propter multitudinem dolorum meorum: jam consolationes tuæ lætificent animam meam. Hodie vocem meam audiens noli obdurare cor tuum. Quando veniam et apparebo ante faciem Dei, ut inhabitem in domo sua in longitudinem dierum ? Fuerunt mihi in miseria hujus vitæ lacrymæ panes die ac nocte, labores, contumeliæ, afflictiones, ærumnæ, fames, sitis, jejunia, vigiliæ, tentationes, et pestilentiæ. Audi gemitus vinculati, solve colligationes meas. Accipe filium hic famelicum in regione aliena, et redde eum patri suo : suscipe ulceribus plenum, et colloca eum in sinum Abrahæ Patriarchæ. Fac me intrare in vineam Domini sabaoth, ut non stem hic otiosus. Suscipe me de manu iniquitatis, et deduc me in vitam æternam. Educ me de tenebris et umbra mortis. Disrumpe vincula, solve compeditum, illumina cæcum, erige elisum, custodi advenam et pupillum. Sedenti in tenebris, et habitanti in regione umbræ mortis, ostende lumen tuum, illumina nunc me, ut nunquam amplius obdormiam in morte.

CAP. XXXVIII. Hæc et his similia prosequente sanctissimo viro, omnium astantium crevit mœror et tristitia : nec quis nostrum poterat se a lacrymis continere, sed omnium una erat vox plangentium : quid sine te faciemus, pater ? quo pergemus ? Vineam istam ex Ægypto transtulisti et plantasti eam, ut quid avertis faciem tuam ab ea ? In lumine vultus tui ambulabamus, gloria virtutis nostræ tu eras. Heu quid sine te amplius faciemus ? Tu pater, tu doctor et refugium, tu exemplar innocentiæ : utinam nobis tecum mori liceat ! Jam ad nihilum deveniemus, sicut oves erimus sine pastore, ad nihilum deveniemus velut aqua decurrens : non erit qui consoletur nos. Fient filii tui orphani, et famem patientur ut canes, circumeuntes undique te non invenient. Heu quantus super nos cecidit ignis. Non te deinceps videbimus solem. Congregatio quid faciet fidelium sine te? Tu dispersio hæreticorum eras : tu interfector eorum gladio oris tui : tu eorum malleus et securis, conterens eorum dentes in ore ipsorum, molas leonum confringens, et deducens eos in puteum interitus. Gaudebunt nunc, et exsultabunt, et humiliabunt populum tuum, et hæreditatem tuam vexabunt. *Captabunt in animam justi, et sanguinem innocentem condemnabunt.* Incendent igni sanctuarium Dei, et veritatem fidei lacerabunt.

CAP. XXXIX. Tunc ille motus his verbis, aliquantulum lacrymatus est, ut totus semper in Domino misericordiæ visceribus affluebat : conversusque ad eos, hac eis flentibus voce respondit : Eia, boni milites Christi, confidatis in Domino, et in potentia virtutis ejus. Nolite timere, consequemini a Domino misericordiam, si sperabitis in eum. Est enim ipse pius et misericors, et nullum deserit sperantium in se. Quis confisus est in Domino et derelictus est ? Si autem nunc vos derelinquo, Dominus nonne vos recipiet ? Ipse enim legem vobis constituet in via sua, diriget vos in semitam rectam, et non tradet vos in animas persequentium vos. Viriliter ergo agite, et confortetur cor vestrum, et sustinete Dominum. Est enim Deus in cælo pius et misericors, qui suos mille modis scit juvare famulos. Non turbetur cor vestrum neque formidet. Sperate in Domino, et effundite coram illo corda vestra, quia ipse adjutor erit vester. Si enim

abeo nunc, iterum me videbitis, et gaudebimus simul. Quia non multos post dies quo ego vado, et vos poteritis venire : et ubi ego ero, et vos eritis in gaudio, quod nemo tollet a vobis. Mementote, filii carissimi, quomodo post mortem Moysi Deus elegit Josue in ducem et protectorem populo suo : Et elevato Elia per turbinem curru igneo in cœlum, fecit Eliseum in populo esse Prophetam, in quo duplex requievit spiritus Eliæ. Numquid nunc exinanita est manus Domini ? An oblitus est Deus misereri, aut continebit in ira misericordiam suam ? Dominus erit pars hæreditatis vestræ et calicis vestri, et ipse restituet vobis hæreditatem vestram.

CAP. XL. Suscitabit namque ex vobis alium pastorem, cui dabit verbum evangelizandi : et ille ingredietur sine macula, et operabitur justitiam. Et rogo Deum meum, qui eduxit et reduxit me secundum voluntatem suam, ut si quis in me fuit spiritus ad obediendum præceptis suis, quod in isto, quem vobis mittet, paracleto et pastore fiat duplex. En Eusebium filium meum dilectissimum habebitis vobiscum, et ipsum tanquam me audietis. Ipse enim erit vobis in patrem, et vos ei tanquam filii obedietis in caritate, cum omni humilitate et mansuetudine, et cum omni patientia. Si quid vobis fuerit necessitatis, referetis ad eum. Obsecro vos ut solliciti sitis servare unitatem spiritus in vinculo pacis. Unum corpus et unus spiritus sitis, sicut vocati estis in una spe vocationis vestræ. Unus est Deus et pater omnium Jesus Christus : cui soli in una simul viventes fraternitate placere cupiatis. Ergo ejus estote imitatores sicut filii carissimi, et ambulate in dilectione, sicut et ipse dilexit vos, et tradidit semetipsum pro vobis, ut vos redimeret, et faceret vos sibi acceptabiles sectatores bonorum operum. Unicuique vestrum det ipse gratiam secundum mensuram donationis suæ. Det vobis de rore Spiritus Sancti abunde, ut habeatis cor ad colendum eum. Adaperiat cor vestrum in lege sua, et in præceptis suis, ut cognoscatis eum, et faciatis ejus voluntatem, nec vos unquam deserat.

CAP. XLI. Tu autem, mi fili Eusebi, consurge, induere fortitudinem, semper subditus esto Domino, nec æmuleris eum, ut nequiter facias. Salus tua Deus in sempiternum erit, et justitia tua non deficiat : humilior sis omnibus : leva in cœlum oculos tuos, lex Dei semper sit in corde tuo. Noli timere opprobrium hominum, et blasphemias eorum ne metuas, Si sperabis in Domino, assumes fortitudinem, et venient tibi pennæ ut aquilæ, et volabis, et non deficies. Universa legis Domini secure loqueris omnibus. Ne timeas a facie hominum, quia cum illis semper est Dominus cum quibus est veritas, descenditque cum illis in foveam, et in vinculis non dereliquit eos, sed a seductoribus tutatur eos, et est illis adjutor et protector in tempore tribulationis. Certe non facile timet mortem hanc, imo ut plus dico, odit hanc vitam, qui se bene agere cernit. Ecce constituo te super societatem istam, ut evellas, et destruas, et dissipes, et disperdas, reædifices, et plantes. Oportet te enim esse irreprehensibilem. Potest male alios corrigere, cui potest is quem corrigit dicere : Et tu similiter facis. Tibi amodo major erit labor, sed majus præmium. Esto sobrius, prudens, et pudicus, hospitalis et doctor. Nemini violentiam facito, sed omnes æqualiter dilige : et tanto plus quanto melior es. Non sis persequutor, sed modestus, non litigiosus, nec cupidus. Tu autem prædica opportune verbum Dei. Omnis Scriptura divinitus inspirata utilis est ad docendum. Acquire verba quæ prædices orationibus. Valet enim hujusmodi prædicatio et doctrina ad illuminandum et arguendum, ad corripiendum et erudiendum in justitia, ut perfectus sit audiens, et in omni bono opere instructus. Est enim Christus Jesus in cœlo sedens ad dexteram virtutis Dei, revelans mysteria, et docens omnem scientiam. In omnibus, fili dilectissime, teipsum præbe exemplum bonorum operum, in omni sanctitate et bonitate. Nam capite patiente, totum debilitatur corpus. Ut ergo breviter te doceam : facies omnia bona, si timueris Deum.

Cap. XLII. Patri meo Reverendissimo Damaso Portuensi Episcopo scribens, facies mei memoriam, ut habeat me in orationibus suis, nec corrumpi dimittat opera, quæ tanto labore contexui, ab hominibus iniquis et dolosis, a quibus sæpe expugnatus sum a juventute mea. Ecclesiam prudenter custodiat, sciens quoniam mali erigent se, illaqueantes animas simplicium, quos conatus sum educere in viam rectam, loquentes in ore suo, et gladium habentes in labiis suis. Quoniam obmutui et silui a bonis, et projectus sum in monumento dormiens. Spero enim in Domino quod benignus est, et non derelinquet fideles suos. Gaudium enim habeo magnum et consolationem, præsumens de misericordia Domini, quod virum mirabilem et multæ scientiæ et bonitatis Augustinum Hipponensem Episcopum post me relinquo. Propter quem multam habeo fiduciam in Christo Jesu sustentandi fidem vestram. Cui de me scribens hoc ipsum rogato, ut tanquam fidelis pugnet miles, ne veniant (quod absit) mala genti nostræ. Theodosio Senatori, et omnibus in Christo fratribus me recommendes.

Cap. XLIII. Finitis his verbis, vir sanctissimus jucunda voce versus ad fratres, inquit : Accedite huc ut tangam vos, filii mei, antequam a vobis recedam. Ad quem appropinquantibus illis, singulos brachiis, ut melius poterat, amplectens, cuilibet pacis osculum tribuit. Deinde vocem mediocriter elevans, vultu placido et jucundo, extensis in cœlum manibus, conversisque ad Dominum oculis, gaudii lacrymis inundantibus, dixit : Pie Jesu, virtus mea, refrigerium meum, susceptor meus et liberator meus, laus mea, in quem speravi, cui credidi, et quem dilexi : summa dulcedo, turris fortitudinis, et spes mea a juventute mea : voca me, dux vitæ meæ, et ego respondebo tibi : operi manuum tuarum, quod tu de limo terræ creator omnium formasti, quod ossibus et nervis compegisti, cui vitam et misericordiam moriens tribuisti, tuæ clementiæ porrige dexteram. Jube, Domine, ne moreris : quia tempus est ut pulvis in pulverem revertatur, et spiritus redeat ad te Salvatorem, qui huc misisti illum. Aperi illi januas vitæ. Nam cum pro me in ligno crucis tanquam latro pependisti, tu promisisti mihi, quod eum reciperes. Veni, dilecte mi, teneam te, nec dimittam te : introduc me in domum tuam. Tu susceptor meus es, gloria mea, et exaltans caput meum : salus mea et benedictio mea. Suscipe me, misericors Deus, secundum multitudinem miserationum tuarum. Nam latronem ad te currentem in cruce moriens suscepisti. Possideam te, beatitudo sempiterna. Cæcum juxta viam clamantem : Jesu fili David miserere mei, lumine tuæ visionis æternæ illumina. O lux invisibilis, qua carens Tobias clamabat : *Quale mihi gaudium est cum in tenebris sedeo, et lumen cœli non video?* O lux sine qua non est veritas, non est discretio, non est sapientia neque bonitas : Illumina oculos meos ne unquam obdormiam in morte, ne quando dicat inimicus meus : Prævalui adversus eum. Tædet animam meam vitæ meæ, loquar in amaritudine animæ meæ, ægrotus sum. Infirmata est in paupertate vita mea, et ossa mea sicut in frixorio confrixa sunt. Et ideo ad te, Domine, curro medicum. Sana me, Domine, et sanabor : salvum me fac, et salvus ero. Et quoniam in te confido non erubescam. At quis ego sum, piissime Deus, ut tam audacter loquar ad te? Peccator sum, et in peccatis totus natus, et genitus et educatus, cadaver putridum, vas fœtidum, esca verminum.

Cap. XLIV. Heu mihi, Domine, parce mihi. Quæ victoria si pugnando mecum me viceris, qui sum minus quam stipula ante faciem venti? Dimitte omnia peccata mea, et erige de stercore pauperem. Certe, Domine, si placet, dicam, non debes me ad te currentem fugere : quia tu es Deus meus. Caro tua de carne mea, et ossa tua de ossibus meis. Propter hoc namque non relinquens patris dexteram, adhæsisti meæ humanitati, factus Deus et homo, quod prius eras permanens in una eademque persona. Et hoc quare tam arduum et inopinabile perpetrasti, nisi ut confidenter ad te recurrerem quasi ad fratrem, et ut mihi tuam misericorditer condonares divinitatem? Quapropter exsurge et adjuva me, Domine : exsurge, et ne repellas me in finem. Sicut cervus desiderat ad fontes aquarum, ita sitiens anima mea petit te fontem vivum, ut hauriat aquas in gaudio de fontibus Salvatoris, ne sitiat amplius. Quando veniet et apparebit ante faciem tuam? Domine mi, quando respiciens restitues animam meam? a malefactis eorum, et a leonibus unicam meam? Utinam appenderentur peccata mea quibus iram merui, et calamitas, quam patior, in statera : quasi arena maris gravior hæc appareret. Unde et si amplius exspectes, tribulationem et dolorem inveniam. Veni, gaudium spiritus mei, ut delecter in te. Revela mihi misericordiam tuam, lætitia cordis mei, inveniam te, desiderium meum. Sicut servus præstolatur finem operis sui, sic et ego exspecto te. Intret postulatio mea in conspectu tuo, Domine, et fiat manus tua, ut salvum me faciat.

Ecce virum qui descendens a Jericho, captus a latronibus vulneratus sum, semivivus relictus sum, tu, pie Samaritane, recipe me. Peccavi nimis in vita mea, et malum coram te feci. Non te cognovi, ingratus fui tot beneficiorum tuorum, non ut decebat, te laudavi. Forte multoties veritatem tacui. In corde meo cum pulsabas ad ostium cordis mei, piger fui, ut te reciperem reverenter. Corpus putridum quod velut umbra declinatur, nimio dilexi affectu. Verbis vanis os inquinavi : mens mea non semper fuit in testamento legis tuæ. Non averti oculos meos, ut non aliquando viderem vanitatem. Aures meas quandoque verbis inutilibus inquinavi. Manus meas ad proximi necessitatem multoties non extendi. Pedibus ad iniquitatem cucurri. Quid plura dicam? A planta pedis usque ad verticem capitis non est in me sanitas. Certe nisi in ligno crucis moriens me adjuvisses, digna erat habitare in inferno anima mea. Ego, pie Jesu, sum pars tanti pretii : pro me fudisti sanguinem tuum pretiosum : non me refutes. Ego sum ovis quæ erravi : require eam, bone pastor, et appone eam ovili tuo, ut justificeris in sermonibus tuis. Nam promisisti mihi, quod quacumque hora peccator ingemuerit, salvus erit. Dolens factus sum, iniquitates meas ego cognosco, et delicta mea coram me sunt. Vere non sum dignus vocari filius tuus, quia peccavi in cœlum et coram te. Auditui meo dabis gaudium et lætitiam. Averte faciem tuam a peccatis meis. Dele iniquitates meas secundum magnam misericordiam tuam. Ne projicias me a facie tua. Non secundum peccata mea facias mihi, neque secundum iniquitates meas retribuas mihi. Sed adjuva me, Deus salutaris meus, et propter honorem nominis tui libera me. Benigne fac in bona voluntate tua, ut inhabitem in domo tua omnibus diebus vitæ meæ, ut in sæculum sæculi cum habitantibus in ea laudem te. Surge, propera, sponse dilectissime animæ meæ, et noli considerare quod fusca et nigra est peccatis. Ostende illi faciem tuam. Sonet vox tua in auribus suis : vox tua dulcis, et facies tua decora. Ne avertas eam a me, et ne declines in hac hora a servo tuo. Ne tradas me in animas persequentium me : exspecto te, Domine. Credo videre bona Domini in terra viventium. Veni ergo, dilecte mi, egrediamur in agrum, videamus si floruit vinea. Converte planctum meum in gaudium mihi. Inclina ad me aurem tuam, accelera, ut de hac lacrymarum et miseriarum valle eripias me.

Cap. XLV. Hæc ubi vir sanctissimus continuatis lacrymis, et manibus in cœlum erectis dixit, parumper siluit. Deinde fratres intuens dixit : Præcipio vobis, filii mei dilectissimi, per virtutem et nomen Domini Jesu, ut corpus meum cum dissolutum fuerit, in terra juxta præsepe Domini nostri nudum sepeliatis, ut illud ferat secum rediens, quod veniens apportavit. Nudus inde egressus sum, nudus revertar illuc. Societur terra terræ : non licet terram sociari lapidibus. Appetit enim naturaliter suum simile quodlibet. Iterum rogo vos, ut Domini mei afferatis corpus, quatenus in suo lumine videam lumen, ut firmans super me oculos suos det mihi intellectum et instruat me in via qua gradior. Tunc quidam frater ad locum accedens, sacratissimum corpus Jesu Christi obtulit. Quod ubi vir Domini videre potuit, nobis ei auxiliantibus, prostravit se in terram pronus, et voce et lacrymis quantum poterat clamans : Domine, quis ego sum, ut sim dignus quod sub tectum meum intres? Meruit hoc peccator homo? Certe, Domine, non sum dignus. Numquid ego melior sum quam omnes patres mei? Tu noluisti Moysi uno ictu oculi te monstrare. Cur nunc tantum te humilias, ut patiaris ad hominem descendere publicanum et peccatorem? Et non solum cum illo manducare vis, sed teipsum manducari ab illo jubes.

Cap. XLVI. Cumque prope illum esset sacerdos, erigens se vir gloriosus genibus flexis, eum cunctis tenentibus, magnis lacrymis et suspiriis, et quampluries percutiens pectus suum dixit : Tu es Deus meus, et Dominus meus, qui pro me passus es, an forte alius? Certe tu es ille, qui cum Deus esses solus ante omnia tempora et sine principio genitus a Deo Patre æterna et ininvestigabili generatione, qui cum ipso Patre et Spiritu Sancto unus Deus es, permanens illud idem quod eras et es, intra unius puellæ corpusculum te clausisti, factus homo sicut ego sum. Vere et Deus et homo es. Sic enim in virginali utero hominem suscepisti, quod nec sine homine Deus es, nec sine Deo homo : quamvis neque humanitas sit divinitas, nec divinitas humanitas. Non sunt confusæ naturæ, quamvis sit una et eadem in te persona. Nonne es caro et frater meus? Vere sic. Famem habuisti, sitisti, flevisti, meas infirmitates habuisti ut ego. Sed tamen in te peccandi infirmitas et defectus non fuit ut in me, non enim peccare potuisti ut ego. In te fuit corporaliter et est omnis plenitudo gratiæ, non enim data fuit tibi gratia ad mensuram. Tua enim anima statim cum unita inseparabiliter fuit divinitati, omnia perfecte scivit et potuit, quæ ipsa scit et potest divinitas. Quantum ad divinam naturam, quæ in te est, æterno Patri Deo æqualis es. Sed ob illam, quam pro nostra redemptione assumpsisti humanitatem, minor es : nec tamen ex eo aliquod incurris vituperium. Tu nempe es ille quem in Jordanis alveo baptizante Joanne, vox subito paterna cœlitus intonuit : *Hic* (inquiens) *est Filius meus dilectus in quo mihi bene complacui, ipsum audite*. Et Spiritus Sanctus in te, ut columba descendens, te unum esse cum Patre et eumdem in substantia declaravit. Tu, bone Jesu, pro me crucis tam grande in tuo isto, quod præsens cerno, corpore subisti supplicium, ut mortem, quam meis incurreram flagitiis, interimeres : animas antiquorum, quas dudum diabolica potestas miseras in infernalibus mansionibus retinebat, recuperares, et totam humanam naturam, quæ corruerat in mortem perpetuam, tuo cum ipsa pacificato Patre ad vitam interminabilem, tuo quem pro ipsa fudisti pretioso sanguine, revocares. Cujus quidem vitæ, die resurgens tertia, de illo in quo mortuus jacuisti barathro, certitudinem firmissimam comprobasti. Quo quidem nostra est solidata fides et aucta spes, ut sicut incorruptibilis et impassibilis et immortalis resurrexisti, ita similiter et nos resurgamus. Tu certe, bone et pie Domine, post tuam mirabilem et singularem resurrectionem quadraginta expletis diebus, quibus experientia lucida indiciorum multiplicium, te ab inferis vivum resurrexisse declarasti, et ut nulla dubitationis oriretur caligo, ad cœlos cunctis cernentibus discipulis tua propria virtute ascendisti, mihique januas reserans paradisi, ad Dei Patris omnipotentis dexteram consedisti, ubi sine fine sedes.

Cap. XLVII. Tu insuper, bone Jesu, a Deo constitutus judex vivorum et mortuorum, sicut in illa die ascendisti, ita in tremendo et horribili universalis judicii die descendes reddere singulis secundum opera quæ fecerunt. Coram te certe tunc procident reges, omnis strata erit dominatio. Te tunc omnes timebunt, qui te nunc contemnunt. Quid tunc tibi infelices, qui nunc cum malefecerint glorientur, dicent: qui te omnia scientem cernent, quibus nullum amplius erit remedium misericordiæ? Quid in conspectu potentis omnia, cernentis omnia, et solum quod justum est judicantis, facient miseri, qui totum suum in mundi vanitatibus et flagitiis amiserunt tempus, plus divitiis fallacibus, quam tibi insistentes, plus filios, et filias, et mundi gloriam momentaneam quam te diligentes: quid tunc facient cum tuum erga eos iratum cernent vultum, cum tam severam exspectabunt sententiam, cum eos de minimo quoque cogitamine et propria accusabit conscientia, et dæmonum caterva, et simul quælibet creatura, quam te Deum offendendo offenderunt: cum videbunt statim cum fuerit sententia divulgata, se adepturos tormenta, quibus et corpus et anima simul cruciabuntur cum diabolis sine fine, nullum inde in perpetuum refrigerium exspectantes? Væ væ miseris, qui in isto tam brevi tempore vilissimis bonis temporalibus ebrii, quæ non solum inopiam non auferunt suis possessoribus, sed et ipsa suam faciunt indigentiam, negligentes in bellum rediguntur. Væ, væ qui saltem tanto hoc timore peccare, et tuam provocare iracundiam non desinunt, si tuo nolunt amore, ut tenentur. Sed quomodo, pie Jesu, tu cujus tanta est magnificentia, ut nulla queat explicare creatura: quem cœli, mare, et omnia quæ ejus ambitu continentur, capere non possunt: qui idem totus ubique locorum præsens es, nec intus inclusus, nec extra exclusus: idem in cœlo ad Patris dexteram omnium supernorum civium beatitudo et gloria, qui tuæ celsitudinis speciem contemplantur: idem in terra pugillo ipsam contineas et concludens: idem in mari et in abyssis ad nutum regens omnia et conservans: idem in inferno potenter dominans, sub tanta panis brevitate contineris, non particulariter, sed integre et perfecte ac inseparabiliter.

Cap. XLVIII. O ineffabilis admiratio, o omnium novitatum novitas. Oculi in te vident albedinem, saporem sentit gustus, odorem olfactus, tactusque subtilitatem reperit. Sed auditus cordi repræsentat in te illa non fore accidentia. Hinc certe per se sola existunt accidentia sine subjecto: quia non, ut humanis videtur sensibus, panis es, sed Jesus Christus integer, sicut in cœlo ad Patris dexteram resides Deus et homo. Ave panis vitæ, qui de cœlo descendisti, dans te sumentibus digne vitam, non sicut manna quod in deserto nostris pluit patribus, de quo omnes qui manducaverunt mortui sunt. Certe qui te digne sumit, quanquam morte corporali anima a corpore separetur, non morietur in æternum: quia non illa separatio mors est, sed de morte ad vitam transitus. Unde qui te digne manducat in mundo, moriens tecum æterne vivere incipit. O quam pretiosa mors illa est, antequam homines mortui sunt, postquam incipiunt vivere. Tu panis Angelorum, tua visione Angelos reficis et glorificas. Tu esca es animæ, non corporis: impinguans mentem, non ventrem. Qui in te non impinguatur in virtutibus, nimis æger jacet in flagitiis. Tu te manducantem, ut condecet in te transmutas, ut tui participatione efficiatur Deus: nec tamen in illum transmutaris, velut alia corporea facit esca. Sed væ te indigne sumentibus. Certe ad sui pœnam et reatum iterum te crucifigunt, non quod te dijudicet illa manducatio, quoniam impassibilis et immortalis omnino es.

Cap. XLIX. Heu! domine mi, quid dicam? Quod hodie te sacerdotes comedunt in altari, ut carnes pecudum et volucrum, imo pejus. Nocte mulierum fruuntur actu turpissimo, et te mane masticando comedunt. Ubi, Domine, latitas? dormis ne, an vigilas? Est tibi hoc acceptum sacrificium? Est hæc oblatio quam eligis? Exaudis preces eorum de cœlo, et de sede majestatis tuæ? Vere si hoc velles sacrificium et libamen, mendax fieres et peccatorum socius. Certe, Domine, si vera sunt quæ per os loquutus es Prophetarum, si justis solum supplicationibus præsto es: et si tibi placet æquitas, hoc tale est impediendum sacrificium ut fiat, quanquam in se et natura sui sacrificium bonum sit, nec possit violari malis sacerdotibus: quia malitia non judicat sacrificium. Unde hujusmodi sacrificium fit ad sacerdotis præjudicium et damnationem, nec (*a*) pro quibus fit, prodest: imo (ut verissime dicam) qui vitam sacerdotis agnoscit, et eum pro se celebrare facit, fit in ejusdem peccato conscius, nec non et pœnæ particeps. O magnum et inscrutabile mysterium. Panis accidentia franguntur per partes, et tamen in qualibet permanes particula totus et integer Christus sicut eras antea. O humanorum illusio sensuum. Franguntur illa quæ humanis sensibus in te videntur accidentia, et tamen nec frangeris, nec corrumperis. Te dentes videntur masticare veluti materialem panem, et tamen nunquam masticaris. O nobile convivium, in quo sub panis et vini specie, totus Christus Deus et homo sumitur, et ita totus in specie panis, et qualibet ejus particula, et in vini specie cum qualibet gutta, sicut in panis totius et vini

(*a*) Nedum ab Hieronymo, cujus summe Catholicam hac in re sententiam, cum alibi, tum in Dialogo contra Luciferianos exposuimus, sed et ab ipsa hoc abhorret Christiana fide, nisi cui videatur posse benignius accipi.

specie simul. Nam totus perfectus et integer Christus, sub panis specie, et sub qualibet quantumcumque minima continetur particula, et idem totus in vini specie et in qualicumque gutta permanet. O esca sacratissima, quam vere comedens, Deus efficitur, juxta illud : *Ego dixi dii estis, et filii excelsi omnes.* Liberatur a malis, impletur bonis, et immortalis indubitanter efficitur. O sacrum peregrinationis nostræ viaticum, quo de hoc nequam sæculo pervenitur ad cœlestis Jerusalem consortium. Patres nostri in deserto manna comedentes, non pervenerunt ad terram promissionis. Qui vero te comedit, in fortitudine tui ambulabit usque ad montem Dei Oreb. O comestio delicatissima, in qua omnis saporis et odoris est suavitas, omne delectamentum, omnis medicina, omnis sustentatio, et omnis requies a labore, nec non et omne quod desiderari potest. Tu certe vita es, qua omnis vivit creatura, et sine qua moritur. Tu es vita vitalis, dulcis, et amabilis, atque jucunda. Odoris tui suavitas ægros recreat et debiles, quos tuus facit sapor salubres et fortissimos. Tu lux illa incomprehensibilis, quæ omnem illuminas hominem venientem in hunc mundum.

Cap. L. Tua, mi Domine, est omnis potentia, tuum omne regnum, ante te curvabitur omne genu. Omnia quæcumque vis, facis in cœlo, et in terra, et in mari, et abyssis. Tuæ nihil est quod possit resistere voluntati. In te, et ex te, et per te sunt omnia, et sine te nihil. Eia ergo fidelis anima gaude, epulare, ne moreris his pasci deliciis, ne pigriteris hoc frui convivio, in quo non carnes hircorum aut taurorum, ut olim in lege, sed Salvatoris tui corpus sumendum proponitur. O signum dilectionis inopinabilis, ut idem sit dator quod (*a*) datur, et donator idem sit quod ipsum donum. Quam magna dulcedo tua, Domine, quam abscondisti timentibus te, et perfecisti eam sperantibus in te. O ferculum excellentissimum, venerandum, colendum, adorandum, glorificandum, et amplectendum, omnibus extollendum laudibus, exaltandum cunctis præconiis, firmiter in cordis visceribus retinendum, et perpetuis temporibus alligandum animo. Cecidit homo per cibum ligni vetiti ad miseriam, per te relevatur ad æternam gloriam. Tu certe in rectis et eruditis habitas cogitationibus. Tu miserrimum, arrogantem, et superbum detestaris divitem, eum dimittis inanem et vacuum, ac de te famelicum. Tu pauperem justum, pium et humilem, omnibus eum implens divitiis, tuæ domus ubertate satias. In te et per te est rectum judicium et æquitas, tecum prudentia, et fortitudo, et omnis victoria. Per te sancti regnant in cœlestibus. Per te doctores prædicant. Per te justus viriliter contra hostes dimicat. Tu superbum potentem deponis de sede exaltando humilem. Tecum sunt omnes divitiæ et gloria. Tu diligentes diligis. Qui ad te puro corde vigilant, te inveniunt, quoniam cum simplicibus et rectis corde gradieris. Tu solus ante omne principium, omnium

eras et finis et principium. Tu solus sine tempore æterne a Deo Patre genitus. Quam beati qui te diligunt, qui aliud quam te non desiderant, qui de te assidue cogitant, qui te digne comedunt, qui tecum manentes omnes vias tuas omni tempore custodiunt. Certe qui te inveniunt, inveniunt vitam, quoniam et hauriunt vitam interminabilem. O esca mirabilis ac stupenda, delectabilis ac jucunda, tutissima ac super omnia peroptanda! In qua tot sunt innovata signa, et mirabilia immutata. In qua omne habetur delectamentum, et ad omnium gratiarum proficimus incrementum. Quam singularis et inaudita tua liberalitas. Quam superabundantissima ac prodiga largitas, ut tui neminem exsortem facias, nisi ad te venire contemnat. Si quis ergo parvulus est, secure ad te veniat, et te comedens fiat magnus, et relinquens semitas infantiæ, per vias ambulabit prudentiæ. Si quis debilis est, ad te declinet, et protinus fiet fortis. Si quis infirmus, sanabitur. Si quis mortuus est, si audire te voluerit, vitam interminabilem apprehendet. Sed qui magnus est et fortis, nec hic te deserat : nam superabundanter in te inveniet quo pascatur. Nemo certe sine te potest vivere ad momentum.

Cap. LI. Tu solus vitam das omnibus creaturis. Idcirco *defecit cor meum, et caro mea : Deus cordis mei, et pars mea Deus in sæcula.* In te solum delectatur cor meum. In te exsultat anima mea. Tibi soli adhærere cupit mens mea : quoniam qui elongant se a te, peribunt. Tu autem, Domine, ne longe facias auxilium tuum a me, sed tuam ad me inclina aurem misericordiæ. Te edat pauper, et inops, et satietur : et tunc vivens cor laudabit te. O lux invisibilis, inextinguibilis, et omnia vere illuminans, sedenti cæco huic secus viam miserere mihi, fili David, clamanti, visum tribue, quæso, quo te videat. Propitius quæso, Domine, huic esto peccatori, ut sis mihi in adjutorium et in locum refugii, ut salvum me facias. Et tunc si ambulem in medio umbræ mortis, non timebo mala : quoniam tu mecum es. Exsurge, mi pie Jesu, jaceo, exsurge, et resuscita me, et confitebor tibi. Æger et infirmus sum, cui nulla est amplius in carne sanitas : medicus es, sana me. Nudus affligor frigore : dives es, indue me. Fame in hac solitudine pereo : cibus es, satia me : Sitio : salubre poculum es, inebria me. Infixus sum in limo profundo, et non est substantia. Veni in altitudinem maris, et tempestas demersit me. *Laboravi clamans, raucæ factæ sunt fauces meæ.* Jam intraverunt aquæ usque ad animam meam. Educ me de laqueo isto, protector meus, gubernator meus, firmamentum meum, refugium meum, dux meus, et rex meus, et Deus meus. In cujus commendo manibus spiritum meum, quem in crucis stipite redemisti, cui vitam et misericordiam tribuisti. Respice, Domine, humilitatem meam, nec concludas me in manus inimici. Hodie tecum ingrediar in locum tabernaculi admirabilis, ut inhabitem in domo tua, in longitudine dierum in sæculum sæculi.

Cap. LII. His finitis, vir Domini gloriosum sacrum Domini Corpus suscipiens, ad terram supinus rediit.

(*a*) Lege cum antiqua Lugdunensi Editione, *datum*, non *datur.*

Deinde manus in modum crucis supra pectus tenens, Simeonis Prophetæ vaticinium decantavit. Quo finito, subito cunctis qui aderant cernentibus, tanta in loco in quo jacebat divinitus lux effulsit, ut instar solis radii splendor quorumlibet vibraret oculos, ne possent morientem virum gloriosum aliqualiter intueri. Qua quidem luce ad horam permanente, circumstantium quidem agmen angelicum ibidem viderunt undique discurrentium, uti scintillæ in arundineto solent. Quidam vero Angelos non viderunt, sed vocem lapsam cœlitus audierunt sic dicentem : Veni, dilecte mi : tempus est enim, ut mercedem accipias pro laboribus, quos mei causa viriliter supportasti. Quidam nec viderunt Angelos, nec hanc audierunt vocem : sed tantum cum his a beato Hieronymo illa finita voce, hæc audierunt verba : Ecce ad te venio, pie Jesu, suscipe animam quam tuo recuperasti sanguine. Tunc subito illa lux disparuit, et illa anima sanctissima tanquam sidus omnibus virtutibus radians, carnis resoluta cœno, cœlorum regna adiit gloriosa. In quibus jam certe tanquam luminare conspicuum renitet, et splendore beatitudinis, et multorum coruscatione prodigiorum. Quoniam non potest abscondi civitas supra montem posita. Nec voluit Deus, ut in morte ipsius lateret sanctitas, cujus vita sanctitatis causa fuerat, et salutis totius Ecclesiæ militantis. Tantus denique illa recedente sanctissima anima odor subsequutus est per dies non modicos, ut nulla forte vetustatis recordetur ætas. Sed certe dignum erat, ut illius merita, odoris præcipue clarerent indicio, qui ad unitatem fidei intemeratæ membra fœtida suorum verborum odore evocaverat. Hora namque, carissimi Patres et Domini, hujus transitus gloriosæ diei erat ultima. In qua quidem, ut sui athletæ pius Dominus gloriam demonstraret, et omnibus qui in Ecclesiæ domo habitant proferret clarum lumen : hoc modo Cyrillo Episcopo transitum gloriosi Hieronymi ipse Dominus revelavit.

Cap. LIII. Cumque dicta jam hora Cyrillus Episcopus devotis in sua cellula orationibus inhæreret, sursum in spiritu raptus, velut in extasi factus, subito quoddam a monasterio, a quo vir sanctissimus migraverat, usque ad cœlum, mirabile et speciosissimum vidit iter. Cujus tanta erat pulchritudo et admiratio, ut (sicut eodem postmodum testante cognovimus) stupore velut amens effectus, huc illucque admirans, sui paulisper credebat oblivisci. In hac siquidem mentis positus anxietate, elevavit oculos : et ecce Angelorum maxima a monasterio societas veniebat, alternatim melodiarum et mellifluorum cantuum vocibus concinentium, quorum videbantur vocibus cœlum et terra, et omnia quæ continentur eorum ambitu, undique resonare. Ferebant etiam singuli Angelorum singulos manibus accensos cereos, quorum claritas solis repellebat lumen. Sed quid additur admirationi admiratio ? Ad cœlos vertens Cyrillus oculos, non minorem Angelorum cernit numerum, modo simili istis obviam venientium : qui rei hujus anxius exspectans eventum, interrogasset quidem quid hoc esset : sed ita eum stupor oppresserat, quod quid diceret, nesciebat. Ast illo diutius exspectante, gloriosam vidit Hieronymi animam præ cunctis qui præibant Angelis, et sequebantur, mira decoratam pulchritudine venientem. Ad cujus erat dexteram Salvator, cum illa pariter veniendo. Quæ quidem in loco, quo Cyrillus degebat gradum figens et stans, ei taliter est loquuta : Agnoscis ne me ? Ad quam ille : Minime quidem. Quis enim es, qui tanto cæteris honore emines ? At illa : De Hieronymo unquam fuit aliqua tibi cognitio ? At ille : Certe quem nominas, singulari affectu diligo caritatis. Sed quæso ille es ? Et illa, ejus sum anima, quæ gloriam jam obtineo quam sperabam. Ad meos pergito filios, et quæ vidisti nuntia, ut et a luctu desinant, et meo statui congaudeant quem elegi. Quibus omnibus finitis, omnis illa beata visio ab ejus evannit oculis, et fuit in semet reversus protinus Cyrillus ineffabili gaudio perabundans : ita tamen quod per totam noctem illam non se potuit a lacrymis præ mentis lætitia continere.

Cap. LIV. Quam ergo mirabilis est Dominus in Sanctis suis : mirabilis in majestate, faciens prodigia. Dextera Domini fecit virtutem, dextera Domini exaltavit eum, notam faciens in populis virtutem ejus. O divini amoris immensitas, divinæ largitatis affluentia. Quid enim isti suo potuit facere filio honoris et gratiæ, et non fecit : cum tam copiosa et in vita est in morte erga eum fuerit munificentia ? Dedit enim ei Dominus claritatem æternam, et nomine æterno hæreditavit illum : et fecit eum hæredem gaudiorum supernorum, in quibus permanebit in sæcula. Quam singularis honor et admiranda gloria, excedens pene aliorum gloriam Sanctorum et honorem. Ubi non solum illam sanctissimam animam omnes cœlestes comitantur cohortes : sed etiam ipse proprius Salvator. Nec enim sola in cœlo fulget insignis dignitatum illa beata anima : sed etiam corpus suum non cessat in terris radiare miraculis. Ad cujus narrationem congruum est redire. Defuncto namque (ut dictum est) viro sanctissimo hora Completorii, corpus illud tantis fragrans aromatibus custodientes, totam illam insomnem noctem ducentes circa eum in magnis, siquidem pro damno quod cunctis evenerat, fletibus : et pro sua quam jam obtinuerat gloria, gaudiis vigilavimus. Mane autem facto, divinis peractis (ut condecebat) mysteriis, debitisque obsequiis honore debito consummatis, in Bethleem juxta præsepe, in quo pro nobis Christus de intemerata ibidem natus virgine infans vagiit, corpus illud sacratissimum sacci coopertum linteo, in terram (ut ordinaverat) sepelivimus. Quantis autem ipso die et etiam ad præsens miraculis gloriosis mirificavit Dominus filium suum sanctum Hieronymum, certe non foret enarrare sufficiens lingua carnis. Sed tamen aliqua de multis (ne noster nimis prolongetur sermo) referam.

Cap. LV. Quidam a nativitate cæcus, in ipso sepulturæ die, videndi beneficium corpus tangens sanctum, obtinuit. Cuidam etiam juveni surdo et muto sanctissimum corpus deosculanti, soluto auris et linguæ ligamine, et loquendi et audiendi gratia est concessa. Et certe dignum erat, ut qui cæcitatis veræ lucis, quæ Christus est, tenebris obcæcatos, suis sanctissimis doctrinis et exemplis illuminaverat, surdis quoque et mutis in divinis operibus veram exercuerat medelam, ut et divina intelligerent documenta, et catholicæ fidei confiterentur rationes, quas spernebant in die sui obitus gloriosi, et cæcis lumen tribueret corporale, et surdis ac mutis concederet sanitatem. Quamplurimi (ut asserunt qui viderunt) a nefandis spiritibus obumbrati, in loco quo sanctum quiescit corpus, clamantibus diris vocibus dæmonibus: Sancte Hieronyme, cur nos tam graviter insequeris? tu nostrum semper flagellum fuisti, et vivus et nunc mortuus; per te sumus mirabiliter liberati. Hæreticus quidam dum prædictum beatum Hieronymum blasphemaret, et ejus fore dignum corpus incendio diceret, ultione divina ad aliorum hæreticorum formidinem, in ligni speciem est mutatus. Et subito cunctis qui aderant videntibus, ignis cœlitus eum invasit, ac eum taliter combussit, quod totus in cinerem est conversus. Ad hæc magna hæreticorum multitudo, cum tantam suæ sanctitatis adverterent experientiam, et ad veritatem sacræ fidei tantis et tot apertis signorum indiciis tanquam quibusdam clamantibus præconibus vocarentur, ad ipsius sacratissimæ et intemeratæ fidei lumen redierunt.

Cap. LVI. Quid plura dicam? Certe in generatione et generationem vix annuntiarem quæ per illum Deus ostendere voluit, ut magnificaret eum et colendum exhiberet universis. Quam magnus certe est iste tot faciens mirabilia, cui certe non est similis secundum opera sua. Magna magnalia de hoc per mundum resonant universum: sui gloriosi exilit triumphi fama in omnem terram, et in extrema terrarum spatia rutilant sua lucida signa, jam tantorum miraculorum multitudine corroboratur intemerata fides. Quod enim infirmis integram sanitatem concesserit peroptatam, enarrare cederet in immensum. Et tempus et vita, et omnis humanus deficeret sensus, si vellet omnia indagare quæ operatus est in diebus nostris, quæ auribus audivimus, nec sunt occulta a filiis hominum. Lætetur itaque totus fidelium cœtus, et canticum lætitiæ et exsultationis Deo concrepent alta voce, quod ex eis prosiliit stella micans, cujus fulgentis lucis radii, eos dirigunt ad cœlestem patriam adeundam. Istius certe vita sacratissima est omnibus disciplina. Mores sui sunt omnium fidelium instituta. Adsint hodie sacræ matri Ecclesiæ, et pro tanti filii recessu piæ lacrymæ, et pro tanta ejus gloria, inæstimabile gaudium. Liceat ergo instar piæ matris ad pias lamentationes impendere, cum tanto se cernit privatam filio, viduatam viro, destitutam pugile, et capitaneo vitis suæ incisam palmite, quam in agro fidei plantavit et coluit. Non mihi, quæso, imputetur filio tanto orbato patre, si præ dolore damni tam inæstimabilis ea referam quæ non decent. Sæpe namque nimia cordis abundantia plura homo loquitur quam vellet. Quid heu, carissimi patres et domini, nunc vobis referam? Circumquaque prospiciens et pergens, ut si forte meum, quem dira mors abstulit patrem Hieronymum invenirem, et non invenio quem diligit anima mea, cujus amore langueo.

Cap. LVII. Tædet animam meam vitæ meæ, quoniam ablata est a me vita mea, et excussus sum sicut locusta, et exaruit virtus mea, et lumen oculorum meorum extinctum est. Quale amplius erit mihi gaudium in mundo, cum lumen meum videre non possim? obscuratus est enim sol meus, et luna non stat in ordine suo. Ovis cum lupis quid faciet, pastoris privata munimine? Quomodo viget arbor radice detruncata? Quid heu dira fecisti mors: cur patrem recipiens, filium tam mendicum et omnibus bonis exulem dimisisti? O mors crudelis, non illi sed mihi, et pene toti Ecclesiæ, quem surripuisti athletam? Cur non distulisti eum recipere? Quare aliquantulum non avertisti faciem tuam ab eo? Scis quid fecisti? Numquid non considerasti quem tam velociter a nobis surripuisti, quod non sit in mundo ei similis, in doctrina, in sanctitate? Hic certe princeps pacis, dux justitiæ, doctor veritatis et æquitatis, armiger intemeratæ fidei, contra hæreticos bellator fortis, cujus sagitta nunquam abiit retrorsum, nec declinat clypeus ejus in bello, et ejus nunquam est aversa hasta. Inclyti Christianorum plebis flete, quoniam cecidit dux vester. Vox in Rama sonet. Tanti filii recessum pie ploret Ecclesia. Jam circumdabunt eam canes multi, et concilium malignantium obsidebit eam: quoniam longe factus est ab ea auxiliator ejus. Jam ad suam non aspicit defensionem. Jam tribulatio proxima est, et non est qui adjuvet. Jam in sepulcro jacet protector solitus: non certe exsurget adversus malignantes in ea. Idcirco clama in cilicio et planctu, pia mater: indure viduitatis veste tanto viduata filio. Heu vaticinabuntur pseudoprophetæ, et prophetabunt visiones mendaces, et fraudulentas divinationes, et sui cordis in nobis seductiones, et certe non erit qui resistat eis. Siccatus est enim fons vitæ, et vena disparuit aquarum viventium.

Cap. LVIII. Sed et tu quid dices, carissime pater Damase? Ubi quem plus diligebas quam te, Hieronymus? Ubi tui normam itineris? Consiliator, doctor et rector quo abiit tuus? Quando, quæso, scribes ei: Sine tuo sum, Hieronyme carissime, consilio velut abscissum a corpore membrum? Scribe, scribe, quæso, ne pigriteris, ut si tua locorum distantia peroptata careo visione, saltem tua mihi adsit memoria frequens tuis assiduis litteris gratiosis. Teste Deo in nullo viventium, ut in te meæ spei firmavi anchoram. Plora igitur, plora, deducant oculi tui lacrymas per diem et noctem, quoniam defecit anchora tuæ spei. Aruit scribentis manus tanquam flos fœni: jam non tibi erit amplius memoria ejus. Vox certe sua dulcis et jucunda, quæ erat in fidelium auribus mel dulcissimum, siluit. Heu qualem amisisti consiliatorem et adjutorem? Certe jam in multitudine consiliorum tuorum defecisti. Non erit qui panem frangat tibi vitæ. Extincta est lucerna in medio Ecclesiæ micans, ut non nobis, sed sibi luceat : non mundo, sed cœlo splendeat. Quid ergo dicam? Cui conquerar? Unde mihi in hoc veniet auxilium, ut consoler? Certe, ut intueor, a Domino factum est istud, et ideo sibi dicam : Cur, bone Jesu, tam velociter a tua sponsa, quam in cruce moriens desponsasti, tantum abstulisti filium protectorem, et contra ejus hostes belligerum? Forte voluisti eum tecum esse. Certe, Domine, non eo egebas, ut ipsa. Bene quidem ei subvenisti, sed nos orphanos reliquisti. Non conqueror, quod aliud quam justum et æquum feceris : quoniam certe jam ipse merebatur finem imponere hujus vitæ laboribus, et tecum esse. Sed doleo quod tantum incurrit damnum Ecclesia eo abeunte. Utinam eum redderes, ut tuam regeret, stabiliret, et defenderet Ecclesiam velut prius. Quid bone Domine, ejus deinceps facient filii, jacentes, esurientes, circumeuntes famelici civitatem ut canes, non habentes qui eis panem frangat? Sunt oves errantes non habentes pastorem, discipuli sine doctore, cæci sine ductore.

Cap. LIX. Heu pater pie Hieronyme, nostræ sustentationis baculus ubi es? Quid tuus faciet currus sine te, dulcis auriga? Ubi cubas, indica nobis. Cur es nunc terræ socius, qui in te nihil voluisti esse terrenum? Bethleem, Bethleem civitas Juda, quæ non minorem de principibus Ecclesiæ retines, quid fecisti? Redde nobis quem retines patrem. Sed et tu terra, quare audes retinere hominem non tuum, qui nihil gessit terrenum, nil carnale certe sua redoluit caro. Suspende et tu, piissime Theodosi, tua in salicibus organa. Non plus cesset fletus, cum tui dilecti Hieronymi recordaris quem amisisti. Tanta denique tibi insit doloris affectio, quanta exstitit dilectio : tanta sit lamentatio, quantum damnum. Sed quæ posset mortalium explicare lingua, quanta eo superstite aderat toti Ecclesiæ utilitas, quanta Christianorum singulis salubritas, quantum certamen, quantaque hæreticis destructio ac dispersio? Hic certe omnibus Christicolis amabilis erat, et decorus in vita sua, et ideo ejus recessu singulis flere licet, nec est qui se abscondere vel excusare possit. Ne igitur noster nimis protrahatur sermo, ut breviter concludam quæ pro nostro damno ad dolorem attinent, ut quæ ex illo proveniebat omnibus utilitas et exaltatio, explicari non potest, ita dolorum est lamentatio. Cesset igitur dolor, abeat tristitia, quibus tamen attingere non possumus quæ vellemus, quæ non solum nullum remedium adhibet dolori, sed auget. Si patrem nostrum diligimus, de ejus lætitia gaudeamus. Non vere diligit, qui suam tantum utilitatem diligit. Idcirco et si pro ea quæ nobis evenit inutilitate dolemus : et pro eis quæ recepit gaudiis collætemur. Adsit ergo hodie nobis causa magnæ lætitiæ. Cantet quilibet nostrum **novum Domino canticum**. Sonoris jubilet vocibus mater Ecclesia. In hymnis et confessionibus plaudat hodie plebs Catholica. Undique jucundetur Christiana concio.

Cap. LX. Hodie certe obtinuit Hieronymus quod tanto æstuabat desiderio. Hodie devictis hostibus, securum obtinuit triumphum. Certe omnibus expletis laboribus, requiem possidet sine fine. Jam non esuriet neque sitiet amplius, neque cadet super illum sol, neque ullus æstus. Ablata est ab oculis ejus omnis lacryma : abiit enim luctus. Jam certe sibi dolor deinceps non erit : jam certe mercedem habet, pro qua toto vitæ suæ tempore laboravit. Consolemur ergo, demus magnificentiam Deo nostro, quoniam Dei perfecta sunt opera, et omnes viæ ejus judicia. Confiteamur Domino, et collaudemus Deum Salvatorem nostrum, quoniam non dereliquit Sanctum suum sine adjutorio in tribulationibus, quæ in agone hujus vitæ miserrimæ circumdederunt illum ; sed adjutor et protector suus factus, liberavit corpus suum a perditione, a laqueo linguæ iniquæ, et a labiis operantium mendacium, et eum sublimiter collocavit infra Patris mansiones, ubi omne est gaudium, omnis suavitas, omne quod desiderari potest. Ubi gloriosa et felix est refectio animarum post labores et ærumnas, ubi dulcis solemnitas Angelorum : ubi una societas et caritas omnium civium supernorum. Ibi certe neminem timor aut dolor concutit. Ibi nulla penitus agnoscitur augustia, tribulatio aut diversitas. Nulla ibi infirmitas nominatur. Nemo enim fraudatur suo desiderio. Procul ibi distat mors. Nulla ibi prorsus præsentis gloriæ exspectatur minoratio, sed augmentum, scilicet cum omnium universalis erit resurrectio mortuorum : ibi tunc corpus cujuslibet beatorum simul cum anima, prædictam gloriam, quam nunc sola possidet anima, fine interminabili possidebit.

Cap. LXI. Quis autem Angelorum vel hominum, quanta sit minor particula gaudiorum et gloriæ quæ ibi sunt, esset sufficiens enarrare? Quis esset intellectus ad hæc intelligendum idoneus, quæ nec oculus vidit, nec auris audivit, nec in cor hominis ascenderunt? Certe si hæc quanta sint gaudia considerentur, terrena omnia viliora omni stercore apparebunt. Si hæc temporalis vita illi comparetur, hanc quilibet hominum extinguere quam citius poterit, ardescet, ut illius capax efficiatur. Hæc vita caduca et momentanea, respectu illius mors potius est dicenda quam vita. Omnis mundi fallax et vana lætitia, pondus amarissimum et gravis sarcina est. Hanc quippe sarcinam deponens Hieronymus sacratissimus, optimam illam elegit partem, quæ ab eo nullo tempore auferetur. Rogo, gaudete et exsultate, cantate et psallite, quia pater noster gloriosus navim plenam cælestibus divitiis æternisque mercibus jam concupito in littore collocavit, anchoram spei tranquilla jam in statione firmavit (*Ex Homil. S. Maximi secunda de S. Eusebio*). Jam certe bravium obtinet, pro quo in agone hujus sæculi ab omnibus se illicitis abstinendo cucurrit. Jam victor de suis hostibus triumphavit, cum quibus scuto amoris Domini munitus viriliter dimicavit. Jam denarium accepit, pro quo tanto labore in vinea sanctæ Ecclesiæ laboravit. Jam talentum Domino reddidit duplicatum, pro cujus mercede in gaudium Domini meruit introire. Propter hæc gaudens gaudebo, et cantabo dilecto patri meo canticum novum, ut sit laus ejus in Ecclesia sanctorum. Ecce dilectus pater meus, candidus, speciosissimus, electus ex millibus, in quo nulla est macula, pascitur inter lilia in vinea Domini sabaoth. Ecce flos campi, et rosa nimio fragrans odore, de horto nuper Ecclesiæ, in viridarium est Domini transplantatus. Ecce cypressus ad cœli altitudinem se extollit. Ad insulas longe divulgetur nomen suum, ut sit in æternum ejus memoria in benedictione.

Cap. LXII. Exsultate igitur, carissimi patres et domini, lætamini et laudate : quia decet laudare Dominum, qui mirabilem se in suis declarat Sanctis. Lætetur totus orbis. Erubescant fallaces hæretici, et jam se noscant ad nihilum devenisse. Certe non est mortuus, ut existimant sui hostes, sed certe victor regnat in terra viventium : jam certe ejus refulget claritas per æterna palatia : jam veteribus depositis armis fragilibus, nova induit ac perpetua. Hodie undique facta sit in populo Christiano lætitia. Exsultet præcipue sacra mater Ecclesia, cujus hodie gloriosus filius et cultor, amator et propugnator præcipuus, omnibus extirpatis hæreticis dogmatibus, cum suis fallacibus auctoribus de agro fidei Catholicæ, et doctrinis sacratissimis et præfulgidis signis ac prodigiis, ut sol relucet inter agmina Beatorum. Vale igitur Hieronyme gloriose, nostri semper faciens apud Deum memoriam, ut tua valeamus piissima intercessione, et in præsenti ab omnibus protegi nocivis, et in futuro, gaudia (quæ jam tu possides) adipisci

ADMONITIO

DE SUBSEQUENTIBUS DUABUS EPISTOLIS.

Habentur et inter supposititia cum Cyrilli, tum Augustini apud quem isthæc Lovaniensium Theologorum Censura præfigitur : Impostor inductus fuit quisquis sequentes Epistolas de obitu Hieronymi confinxit sub nominibus S. Augustini ad Cyrillum Jerosolymorum Episcopum, et contra S. Cyrilli ad Augustinum. Nam constat Cyrillum ante Hieronymum obiisse. Unde Hieronymus in libro de Viris Illustribus scribit, Cyrillus Jerosolymæ Episcopus, sæpe pulsus ab Ecclesia, et receptus : ad extremum sub Theodosio principe octo annis inconcussum episcopatum tenuit. Præterea hic falsus Cyrillus in suo rescripto cap. 4. Sabinianum vocat hæresiarcham pestiferum, quia in Christo duas asserebat voluntates : addit que Hieronymum Epistolam super hujus erroris destructione edidisse. Ex quo consequitur, hunc auctorem hæreticum fuisse, ac impostorem. Et hæc contra has Epistolas e multis pauca, sed præcipua, sufficiant.

AUGUSTINI HIPPONENSIS EPISCOPI AD CYRILLUM JEROSOLYMITANUM EPISCOPUM, DE MAGNIFICENTIIS BEATI HIERONYMI.

Gloriosissimi Christianæ fidei athletæ, sanctæ matris Ecclesiæ lapidis angularis, in quo admodum firmata consistit : nunc vero in cœlesti gloria sideris radiantis, olim Hieronymi presbyteri laudes, venerabilis pater Cyrille, silendumne putas, aut lingua balbutiensis pueri, ut virum pollutum labiis me locuturum fore reris? Cœli enarrant gloriam Dei, et omnia quæ fecit Dominus, cum in Sanctis suis laudant. Silere debet rationalis creatura a laude Dei, irrationabili non silente? Taceam, an loquar? cum si taceam lapidibus jubetur clamare. Certe loquar, non tacebo totis nisibus eximium Hieronymum laudare. Qui quamvis indignus et insufficiens laudator existam, cum non sit pulchra in ore peccatoris laus, tamen ab ejus laudibus minime cessabo. Firmetur itaque manus nostra, et lingua nostra palato non adhæreat, quoniam certe magnus est iste vir sanctissimus, mirabilis et metuendus super omnes qui in circuitu nostro sunt. Magnus certe in vitæ excellentissimæ sanctitate : magnus in sapientiæ ineffabilis profunditate, magnus in majoris nunc gloriæ quantitate. Mirabilis in prodigiis insuetis. Metuendus ob sibi a Domino traditam potestatem. Quam itaque magnus sit iste gloriosissimus Hieronymus in vitæ excellentissimæ sanctitate, quomodo patefaceret mea lingua, cum præcipue cunctorum non sufficerent mortalium linguæ, ut ejus excellentiam explicarent? Liceat ergo dici : alter hic Elias, alter hic Samuel, alter hic Joannes Baptista, vitæ excellentissimæ sanctitate. Elias et Joannes Eremitæ, magnis ciborum et vestium asperitatibus carnem maceraverunt. Non minoris vitæ Hieronymus gloriosissimus Eremita, idem per quadriennium in eremo, ferarum tantum socius perstitit. Quinquaginta annis (ut venerabilis Eusebii litteræ, quas pridie recepi, plenius fatebantur, et ut me certius tu idem nosti) vinum et siceram aliqualiter non gustavit. Ab omni carnium, et etiam piscium esu, ita se abstinuit, quod vix ea nominare volebat. Coctum quidem non nisi in ultima ægritudine his comedit. Cilicino sacco carnem veluti Æthiopis macerans, desuper panno vilissimo se tegebat. Stratum aliud nisi terram nunquam scivit. Non nisi semel fructibus, aut herbarum foliis sive radicibus pastus in die : post vesperas se orationibus præbens, deinceps usque secundam noctis horam quotidie vigilabat. Postmodum vero somno fessus in terra dormiens, usque ad mediam noctem quiescebat. Qua quidem continue surgens hora, lectionibus et Scripturis sanctissimis (quibus tota radiat Ecclesia uti lapidibus pretiosis) intentus, usque ad esus horam perdurabat. Ita levissima flebat peccata, ut quis eum æstimasset hominem interemisse. Ter in die continue carnem diris verberibus flagellavit, ita ut ex ejus corpore rivuli sanguinis effluebant. Quin verbum otiosum aliquod ut pestem maximam fugiebat. Sibi otium nullum erat : semper aut sacris lectionibus, aut scribendo, aut docendo cunctos, exercitabatur. Quid plura loquar? Si Sanctorum singulorum perquirerem vitas, eo (ut puto) majorem neminem invenirem. Sed quia superius Samuelem nominavimus, fuisse hunc Samuelem ostendamus. Hic certe ille Samuel, qui de vanis litterarum studiis verberibus evocatus, sacræ Scripturæ ministerio deputatur : in cujus vultus lumine divina gratia influente, utriusque Testamenti lumen vidimus : et in cujus brachii fortitudine hæreticorum pars maxima est dispersa. Hic certe gloria virtutis nostræ transferens utrumque Testamentum ex Hebræorum lingua in Græcam pariter et Latinam : disponensque ipsum posteris in æternum, declarans ænigmata et obscura dubia et nodosa, præparans officiorum seriem cunctis Ecclesiæ ministris, totam pene Ecclesiam ædificavit. Unde bene magnus apparet in sapientiæ ineffabilis profunditate. Liberales autem scientias ita perfecte scivit, quod relatione omnium nullus sibi similis apparet adhuc. De Scripturis vero sacris, uti multarum suarum Epistolarum, quas ad me direxit, experientia didici, æqualem sibi neminem unquam novimus. Hebraicorum, Græcorum, Chaldæorum, Persarum, et Medorum, Arabicorum, et pene omnium nationum linguas et litteras, tanquam si fuisset in eisdem natus et educatus, scivit. Quid plura dicam? Quæ Hieronymus ignoravit in natura humana, nullus hominum unquam scivit. Non me ista, venerabilis pater, existimes dicere, ut putem te Hieronymi et vitam et virtutes pejus me scire, cum sibi socius exstiteris multo tempore. Sed testor Deum, quoniam ob tam ineffabilis viri sanctitatem, si voluissem tacere, non potuissem. Confitentur mirabilia et sanctitatem suam et ipsi cœli, in quibus magnus, majoris gloriæ quantitate, quam multi Sanctorum, habitat sine fine. Nulli itaque dubium est, et intra Patris mansiones ipsum unam ex majoribus et sublimioribus sedibus obtinere. Cum enim homo secundum opera præmietur, et iste perfectioris pene vitæ exstiterit, clare patet ipsum unum de majoribus et sublimioribus cœlestis Jerusalem civibus fore. Quod ut a nobis plenius et certius credatur in mundo, præ cunctis, quorum nostra recordatur ætas, valde mirabilis apparet prodigiis insuetis et miraculis infinitis : quorum mihi aliqua venerabilis Eusebius suis litteris declaravit. De cæteris vero prodigiis quæ mirabiliter fiunt quotidie, ut continue intelligo relatibus plurimorum, avidus peraudire, tibi ipsi, pater carissime, supplico, ut mihi in brevi volumine quæcumque poteris vera et utilia miracula collecta, quam citius facultas aderit, ejusdem Hieronymi sanctissimi devotione transmittere non deneges. Sed ut multa merita Hieronymi sanctissimi non lateant, quid erga me, divina annuente clementia, in ipso sui obitus die acciderit, enarrabo. Eodem namque die et hora, qua exutus putredinis et immunditiæ carnis toga Hieronymus sanctissimus, vestimentum perpetuæ immortalitatis, inæstimabilis lætitiæ et gloriæ induit, dum Hippone in cellula mea quiescens, avide cogitarem qualis inesset animabus Beatorum, qui cum Christo gaudent, gloriæ et lætitiarum quantitas, cupiens inde ex hac materia brevem componere Tractatum, precibus compulsus nostri Severi, quondam venerabilis Martini Turonensis Episcopi discipuli, charta, calamo, pugillarique in manibus susceptis, brevem vellem scribere Epistolam sanctissimo Hieronymo destinandam : ut quicquid ex hoc sentiret, responderet (sciebam enim in tam difficili quæstione a nullo viventium me posse doceri evidentius) cumque jam scribens salutationis exordium Hieronymo prænotarem, ineffabile subito lumen nostris invisum temporibus nostrisque minime linguis declarandum, cum ineffabili inauditaque odorum omnium fragrantia, cellulam in qua stabam, intravit hora completorii. Quo a me viso, stupore admirationeque commotus, animi et membrorum virtutes repente amisi. Nesciebam enim tunc quod dextera mirabilis Dei exaltasset servum suum, notas faciens in populis virtutes suas. Nesciebam etenim quod Deus antiquæ miserationis, servum suum fidelem a carnis immunditiis dissolvisset, et tam sublimem ei in cœlo sedem præparasset. Nesciebam certe investigabiles vias Domini. Nesciebam thesauros infinitæ Dei sapientiæ et scientiæ : secreta et occulta Dei judicia non agnoscebam ; quoniam quos vult, facit sua ineffabili sapientia ad sui agnitionem venire. Quos autem prædestinat, vocat, justificat, et beatificat, prout discernit convenire. Itaque quia talem oculi mei nunquam perspexerant lucem, talem olfactus meus odorem non senserat : tam novis, tam inauditis miris obstupebam. Inter hæc autem meis in me perstrepentibus cogitationibus quid hoc esset, de luce hæc dicens verba, vox emicuit : *Augustine, quid quæris? Putasne brevi immittere vasculo mare totum, brevi includere pugillo terrarum orbem : cœlum firmare ne usitatos exerceat motus? Quæ oculus nullus hominum videre potuit, tuus videbit? Quæ auris nulla per sonum hausit, audiet tua? Quæ cor humanum nullatenus intellexit, nec etiam cogitavit, existimas te posse intelligere? Infinitæ rei quis erit finis? Immensa, qua mensura metieris? Potius totum mare in arctissimo clauderetur vasculo : potius terrarum orbem parvulus teneret pugillus, potius cœlum a motu continuo desisteret, quam gaudiorum et gloriæ quibus Beatorum animæ sine fine potiuntur, minorem intelligeres particulam, nisi, uti ego, experientia docereris. Discurre adhuc brevis temporis spatium : impossibilia facere non coneris, donec tuus impleatur vitæ cursus. Hic non quæras, quæ non alibi, nisi quo tam feliciter propero, inveniri possunt. Hic satage talia exercere opera, ut postmodum ibi quæ aliqualiter hic intelligere cupis, totaliter in æternum habeas : inde qui intrant, nullatenus exeunt.* Ad hæc ego pavore stupens, admiratione tam invisa pene amens, omni quasi vigore carens, his verbis aliqualem sumens audaciam, tremebunda voce dixi : Fas utinam mihi foret, qui tam felix es, tam gloriosus, honorifice ad illa properans gaudia : qui tam dulcia eloquia gutturi meo faris, non ambigere. At ille, inquit, *Nomen meum quæris? Hieronymi illius presbyteri, cui transmittendam Epistolam jam scribens cepisti, sum anima, quæ in hac hora in Bethleem Juda carnis onere deposito, Christo, omnique cœlesti comitata cohorte, omni decorata pulchritudine, omni illustrata splendore, illo induta immortalitatis deaurato vestimento, circumamicta omnium bonorum et gaudiorum varietate, terrenorum omnium triumphatrix, omni diademate coronata, et omni beatitudine et felicitate vallata, tam gloriose, tamque ineffabiliter pergo ad regna cœlorum, sine fine mansura. Jam nullum etenim deinceps exspecto gloriæ defectum, sed augmentum, quando iterum jungar corpori glorificando, et non morituro, sed gloriam quam nunc sola habeo, cum illo habitura : in illa scilicet universæ rationis die.* Tunc ego amplius animi in me collectis viribus præ gaudio a lacrymis non cessans, sic respondi : Utinam, virorum eximie, tui mererer fieri pedissequus. Sed quæso tui servuli quanquam vilissimi, quem dilexisti in mundo nimia caritatis affectione, recorderis : ut tuis interventionibus a peccatis emunder, tua gubernatione recto calle, inoffenso pede procedam, tuis defensionibus assiduis, ab inimicis mihi continue insidiantibus protegar, tuoque sancto ductu salutis attingam portum. Placeret utinam voluntati tuæ aliqua mihi interroganti respondere. At illa : *Quod optas, dicito : me omni tuæ voluntati responsuram sciens.* Vellem (inquam) intelligere, utrum Beatorum animæ quædam velle possint, quæ obtinere nequeant. At illa : *Unum, Augustine, noveris, quod Sanctorum animæ ita in illa æterna gloria in Deo sunt solidatæ et firmatæ, quod nulla sibi inest alia voluntas, nisi Dei : quod nil velle aliud possunt, nisi quæ Deus vult : ideo quæ volunt, obtinere possunt. Etenim quæcumque volunt, Deus et vult et adimplet. Nemo quippe nostrum suis fraudatur desideriis : quia nil præter Deum aliquis nostrum optat. Quoniam vero semper, ut volumus, Deum habemus : nostra semper desideria sunt plenissime adimpleta.* Longa quidem, pater carissime Cyrille, verborum texeretur series, si omnia quæ mihi gloriosa illa anima perscrutanti patefecit, scriberem in hac brevitatis Epistola. Spero enim quod Bethleem ad tantas reliquias visitandum veniam non post multos annorum circulos, ubi tunc quæ audivi, et in scriptis tradidi, videbo perspicaciter. Pluribus itaque horis illa gloriosissima anima ibidem mecum manens, Trinitatis sanctissimæ Unitatem, et Unitatis Trinitatem, Filii a Patre generationem, Spiritus Sancti a Patre et Filio processionem, angelicas hierarchias et ordines, et eorumdem beatorum spirituum mysteria, beatarum etiam animarum felicitates : et alia utilia et gravia humanis intellectibus, quam subtiliter, quam evidenter, quam mirabiliter mihi patefecerit avido, si omnium hominum linguis loquerer,

non explicarem sermone. Deinde a meis oculis lux illa disparuit : sed multis postmodum diebus ineffabilis odorum suavitas remansit : Quam mirabilis ergo iste est, faciens tot mirabilia, tot et tanta insueta hominibus prodigia ? Ad ipsum ergo ore nostro clamemus, et exsultemus : demusque gloriam laudi ejus, quoniam certe dignus est omni laude, nec sumus sufficientes eum laudare. Introivit enim in domum Domini candidus et pulcherrimus : ubi sine dubio de sublimioribus et præclarioribus gloriæ sedem obtinet. Quod ut iterum clarius veritatis lumen pateat, pluribus testibus quam uno censui, quod supradictus noster Severus, vir doctrina et sapientia pollens, cum tribus aliis in ipso die et hora obitus Hieronymi in Turonensi civitate viderit, meæ addere visioni : de quo quidem solummodo ipsemet pridie ad me veniens, fuit testis. Volens itaque Deus, ut sublimis Hieronymi gloria mundum non lateret : veluti sanctitas sublimis, et pene cunctorum viventium excellentissima, non latebat, ne illi quos sanctitatis illius delectabat sequi vestigia, habiturum præmium ignorantes, aliquando a sanctitatis deviarent tramite, et ut etiam alii sibi tot et tanta elargiri cernentes præmia, illius sanctitatis et virtutis inhærerent vestigiis, minuit enim laborem ponderis, præmiorum spes : die et hora qua idem gloriosus Hieronymus feliciter exspiravit, elargiendam sibi gloriam, Severo et tribus aliis cum eo stantibus, taliter declaravit. Hora completorii die illo in domo sua Severus cum tribus viris Catholicis, quorum duo monasterii quondam venerabilis Martini erant monachi, in divinis legens locutionibus, in cœlo, in æthere, terraque cantuum suavissimorum, inauditorum, ineffabilium et incredibilium infinitas repente audivit voces, et organorum, tympanorum, et psalteriorum, et totius symphoniæ et instrumentorum sonos, quibus cœlum et terra et omnia (ut sibi videbatur) undique resonabant, quorum suavitatibus eorum animæ pene a corporibus exhalabant. Stupefacti illico omnes illi elevantes oculos, cœlum totum, æthera et omnia quæ eorum continentur ambitu, quadam viderunt luce septies solis luce præclariore clarescere : ex qua omnia odorum aromata erumpebant. Hæc illi tam miranda cernentes, Deum exorarunt precibus, ut eos cur talia fierent, non lateret. Quibus vox de cœlo veniens, ista dixit : *Nulla vos moveat admiratio : nit vobis videatur admirabile, si talia et videtis et auditis : hodie enim regum rex, et Dominus dominantium, Christus Dominus, exeunti de hoc nequam sæculo, animæ gloriosissimi Hieronymi presbyteri in Bethleem Judæ commorantis, totus festivus obviam venit : ut cum præ cæteris tanto honorificentius, tanto excellentius, et sublimius ad sua introducat regna, quanto præ cæteris sublimioris et sanctioris vitæ meritis fulget. Hodie omnium Angelorum ordines exsultantes et talibus vocibus alternatim concinentes, suum sociantur Dominum : hodie omnium Patriarcharum et Prophetarum cœtus, hodie Apostolorum et Discipulorum chorus, hodie omnes sancti Martyres , hodie Confessores, hodie gloriosa*

Dei Genitrix sanctis omnibus comitata virginibus, hodie omnium Beatorum animæ lætabundæ et festivæ suo occurrunt compatriotæ et civi. His auditis, vox siluit : sed tamen lux et cantus et odor per horam postmodum perdurantes cessaverunt. Itaque liquido patet ipsum de sublimioribus et majoribus civibus fore, quo et magnus et mirabilis est, et metuendus super pene omnes Sanctos ob sibi traditam potestatem. Nulli sit dubium, ita præ cæteris quæ vult, posse ipsum assequi : sicut præ cæteris sua voluntas divinæ magis cohæret. Nullos vero me tantæ audaciæ putet, ut fatear ipsum Joanne Baptista, quo (testante ipso Salvatore) nullus major surrexit : Petro et Paulo, et cæteris duodecim Apostolorum, qui ab ipso Christo electi et sanctificati sunt, præstare gloria. Sed tamen et si prohibeat ratio ipsum illis majorem obtinere gloriam in cœli regno, aliquem audere dicere : tamen nullas video rationes, cur sit nefas dicere, æqualem illis in gloria Hieronymum fore, dummodo illis in vitæ sanctitate discors non fuerit : cum non sit personarum acceptor Deus, sed singulorum merita decernens, et reddens unicuique quod meruit. At si cuiquam videatur minorem Joanne et Apostolis Hieronymum gloriam obtinere, parum videatur minorem ipsum obtinere : cum, et si illius sanctitatis merita, illius laboris gravia, illius scripturæ et verissimæ Translationis utriusque Testamenti, Officiorumque ordinationis fructus, non solum præsentibus, sed etiam futuris, perspicaciter cernat : paulominus fore nil ipsum ab eisdem in gloria discordem : ut verum testor Deum, puto judicabit. Porro ne aliquibus deridendi laqueum injicere videar, dum Joanni et Apostolis in sanctitate et gloria, æqualem esse Hieronymum sanctissimum fatear : unum quod expletis nondum diebus quatuor in visione vidi, enarrabo, ut veritas non lateat, et ne quis me has laudes retexere credat, vel amore carnali, quo homo a veritatis cognitione maxime deviat, vel vesanæ mentis imperitia, vel alia quacumque causa. Sed me hoc ambigant ab homine intellexisse minime : sed per relationem quam Deus omnipotens, qui suos exaltat Sanctos, et exaltando magnificat. Quarta præeunte nocte, mihi avide cogitanti, quid laudis, quidve reverentiæ debitæ Hieronymo in brevi retexerem Epistola, demonstravit hoc modo : Dum itaque (ut dixi) disponens hanc Epistolam tibi scribere, cogitarem aptam laudis materiam invenire : hora adveniente noctis media, me somnus oppressit : et ecce maxima mihi affuit angelorum multitudo, inter quos fulgentes plus infinito sole duo erant viri ita similes et uniformes, ut nulla in eis videretur differentia, qua alter ab altero differre posset : nisi quod tria serta ferebat alter in capite, ex auro et lapidibus pretiosis : alter vero duo. Hi candidissimis induti collobiis, undique auro gemmisque contextis, tantæ erant pulchritudinis, ut non valeat quispiam imaginari. Accedentes itaque illi ambo prope me, sub silentio paulisper steterunt. Deinde ille qui tria ferebat serta, his me verbis fuit allocutus : Cogitas, Augustine, quid debeas laudis de Hieronymo in veritate proferre? Et certe diu cogitans, nondum nosti : sed huc ambo venimus, ut ejus tibi gloriam indicemus. Hic certe meus socius quem vides, Hieronymus ipse est, qui sicut æqualis mihi in vitæ sanctitate fuit, ita per omnia in gloria æqualis est. Et quæ possum, et ipse potest, et quæ volo, et ipse vult, et sicuti Deum video, et ipse videt, et cognoscit, et intelligit, in quo omnis nostra, et Sanctorum omnium consistit gloriæ beatitudo. Nec habet majorem vel minorem gloriam alter ab altero Sanctorum, nisi in quantum magis et minus divinam contemplatur speciem, sive cognoscit. Sertum vero tertium quod plus illo fero, aureola martyrii est, quo vitam finivi corporis. Qui et si in mundo ob labores, pœnitentias, ærumnas, afflictiones, verbera, contumelias, et hominum opprobria et derisiones, et cætera valde gravia, quæ ita pacifice pertulit, ita gaudenter propter Deum, ut in infirmitatibus exsultaret, et verus martyr exstiterit, et præmia martyrii non amiserit : tamen quia gladio vitam non finivit, aureolam, quæ in signum datur martyrii, non habet. Serta vero duo alia quæ habemus, aureolæ sunt, quæ solum virginibus et doctoribus dantur, ut ab aliis discernantur. Ad hæc (ut mihi videbatur) respondi : Quis enim es, Domine mi ? Et ille : Joannes, inquit, Baptista sum, qui huc ad te descendi, ut nuntiarem tibi Hieronymi gloriam : quatenus ipsam gentibus nunties. Hoc enim noveris : quia honor et reverentia quæ singulis Sanctorum exhibetur, cæteris omnibus exhibetur : ne putes ut aliqua sit in cœlo invidia, ut in mundo. Sicut enim in mundo quilibet hominum cæteris præesse potius vellet, quam subesse : ita in cœlo propter caritatem ineffabilem, qua se invicem diligunt beatæ animæ, quilibet Sanctorum ita alterius gloria gaudet, sicut sua. Quinetiam vellet quisque major, ut quisque minor sibi esset æqualis et pene major : quia ejus gloria esset sua : ita minor majoris gloria gaudet, sicuti si eam haberet : nec vellet eam habere, ut ille non haberet : imo potius de sua, si fas esset, impartiret. Unde gloria singulorum, est gloria cunctorum : et gloria cunctorum, est gloria singulorum. His dictis, societas omnis illa discessit. Et expergefactus ita a somno, tantos in me subito sensi caritatis ardores, quantos in me nunquam senseram. Nam deinceps hactenus nunquam aliqualis in me vel invidiæ, vel superbiæ, sive arrogantiæ fuit appetitus vel cogitatio. Testis enim est Deus, qui omnia antequam fiant, novit, quod inde tantos in me exstitit caritatis fervor, quod plus alieno bono gaudeo, quam meo? plus affecto omnibus subesse, quam præesse. Hæc idcirco dixerim, non ut laudis acquiram famam, sed ut quis hæc non putet vana fuisse somnia, quibus sæpe deluditur mens nostra. Sæpe enim Deus abscondita et maxima per somnia reserat. Magnificemus ergo opera sua : quoniam perfecta sunt, nec est in eis iniquitas. Sanctum Domini Hieronymum, propter Deum, cum quo regnat secure, magnificemus : quoniam in vita sua magnifice fecit, in morte sua magnifica recepit. Quapropter magnus est in medio nostri : et sanctus et excelsus in vitæ excellentissimæ sanctitate. Magnus sanctus et excelsus, in sapientiæ ineffabilis profunditate. Magnus sanctus et præexcelsus, in majoris nunc gloriæ quantitate. Mirabilis et laudabilis et gloriosus in prodigiis invisis, inauditis et insuetis. Metuendus, colendus, et venerandus, ob sibi traditam a Domino potestatem, honorem, et gloriam sempiternam. Magnificemus ergo, obsecro, eum, nec taceamus : quoniam major est omni laude. Notas faciamus in populis gloriæ suæ laudes. Non miretur homo si eum, quem Deus magnificavit et coluit, laudamus. Non hominem pigeat venerari, et colere quem Deus coluit et veneratus est. Non putet quispiam Joanni et Apostolis in gloria et sanctitate æquando Hieronymum, Joanni et Apostolis exercere injuriam : quoniam illis præstare, et gloria et sanctitate si possent, optarent. Gloria enim et beatitudo ejus, eorum est gloria : et beatitudo eorum est sua. Honor, laus, et reverentia a nobis exhibita Hieronymo, eorum singulis exhibetur : et quæ illis sigillatim exhibetur, Hieronymo exhibetur. Si ergo cupis Joannem Baptistam et Apostolos venerari, simul venerare ipsum : quoniam illis per omnia est æqualis. Secura igitur mente, omni depulsa formidine, Joannem Baptistam Hieronymo æqualem et non majorem : quoniam nullus major surrexit, omni devotione et reverentia fateamur : quem si minorem facimus, Joannis gloriæ derogamus : et magis injurias exercemus quam laudes. Hujus mei imperiti sermonis opus, quanquam insufficienter, quanquam vilissime, quanquam nihil, tamen devote et reverenter a nobis expletum, ad te, venerabilis pater, puro corde et magna animi devoti affectione dirigo : supplicans ut ingenioli mei verbula, quæ de meæ imperitiæ pauperie in laudes eximii Hieronymi obtuli, non deridendo, sed caritate debita æquanimiter tolerando legas. Et quæ minus debite dixi ad tanti viri laudes, et meæ imputes imperitiæ, et Epistolæ brevitati, et ejus laudum immensæ majestati. Quoniam certe si omnium mortalium linguæ solum ejus laudes promerent, minus debito satis esset. Mei peccatoris, venerabilis pater, esto memor : ut dum in illo steteris loco, quo illud sacrum eximii Hieronymi cadaver quiescit, ejus me interventionibus recommendes : quoniam nullibi dubium est quod ea quæ optat, idem Hieronymus potest continuo obtinere. Non enim suo aliqualiter defraudatur desiderio.

CYRILLI EPISCOPI JEROSOLYMITANI DE MIRACULIS HIERONYMI AD SANCTUM AUGUSTINUM EPISC. HIPPONENSEM.

Venerabili viro, Episcoporum eximio, Augustino Hipponensi præsuli, Cyrillus Jerosolymitanus Pontifex, et omnium sacerdotum infimus.

CAP. I. Illius sequi vestigia, cujus in terra sanctitas radiare non cessat, illius scilicet Hieronymi gloriosi, cujus memoria erit in benedictione in sæculum sæculi : qui quantus sit, et tu similiter bene nosti : ejus usus maxime colloquiis et doctrinis : de quo me velle disserere, cum sim reprobus in toto, et indignus, quasi reputo audaciam. Sed tamen quia tua me cogit dilectio, ut alia tibi scribam de prodigiis hominibus insuetis, quæ per illum in diebus nostris fecit Dominus, ut eum celebrem mundo faceret, et cunctis hominibus gloriosum : tuis confisus orationibus opus aggrediar, ut tua poscit devotio, et breviloquio perstringam de multis pauca. Gloriosum hujus viri obitum, visionemque meam, necnon et mirifica tunc temporis peracta, te nosse non ambigo. Nam vir utique reverendus, et memoriæ oblivioni non dandus, Eusebius nobilis Cremonensis ejus discipulus, in quo magistri refulsit sanctitas et doctrina, cujus sapientiam, probitatem et excellentiam non ignoras : qui post biennium a nostræ mortalitatis miseria ereptus, suum prædilectissimum magistrum Hieronymum in cœli patriam est secutus, ut nobis indicant ejus crebra miracula, de quibus etiam inferius aliqualiter pertractabo : Reverendo Patri Damaso Portuensi Episcopo, et Theodosio Romanorum Senatori, ejus fratri Severo probissimo viro, Eustochio sanctissimæ mulieri, et tibi et multis aliis, quos singillatim nominari non eget, tunc temporis per suas litteras totius ejus obitus seriem intimavit. Unde amplius ea quæ nosti, reiterare esset superfluum, et dicendorum impedimentum. Ilis ergo omissis, ad ejusdem quæ non cessant continue clarere miracula, noster se stylus vertat : ut tua poscit devotio. Et primo ab Eusebio viro sanctissimo, ejusdem Hieronymi sanctissimi discipulo sumat initium.

CAP. II. Post obitum gloriosissimi Hieronymi, quædam hæresis inter Græcos, id est, *secta* surrexit, quæ ad Latinos usque devenit : quæ suis nefandis nitebatur rationibus probare, quod animæ Beatorum usque ad universalis judicii diem, in quo eorum corporibus erant iterum conjungendæ, visione et cognitione divina, in qua tota consistit beatitudo Sanctorum, privabuntur : et damnatorum animæ similiter usque ad diem illum, nullis cruciabuntur pœnis. Quorum ratio talis erat : Sicut anima cum corpore meruit, vel peccavit : ita cum corpore præmia recipit, sive pœnas. Asserebant etiam illius sectæ nequissimi, nullum fore purgatorii locum : in quo animæ quæ nondum de suis peccatis in mundo plenam egissent pœnitentiam, purgarentur. Qua quidem secta pestifera crebrescente, tantus in nos dolor irruit, ut nos amplius pigeret vivere. Quocirca meis cunctis suffraganeis Episcopis, et aliis viris Catholicis convocatis, eis jejunia et orationes indixi : ut sic agitari fidem, divina non permitteret bonitas. Mira res, et forte huic similis nunquam visa. Tribus expletis diebus jejuniorum et orationum, subsequenti nocte gloriosus Hieronymus, suo prædilectissimo filio Eusebio orationibus incumbenti manifeste apparens, benignaque eum allocutione confortans, ei dixit, *In hac secta pestifera minime formidandum, cum sibi finis jam ponendus erat.* Quem Eusebius nimio fulgentem splendore, ita ut eum oculus humanus aspicere non valeret, intuitus, quasi de gravi somno evigilans, dulces per oculos fundens lacrymas, ita ut pene vocem formare non posset : quantum poterat, clamare cœpit : *Pater meus Hiero-*

nymus es? Quare meam societatem spernis? Certe teneam te, nec dimittam : nec sine tuo quem dilexisti filio, gradieris. Ad quem gloriosus Hieronymus : *Non te, fili dilectissime, deseram. Confortare, vicesimo namque die me sequeris, et simul in gaudio permanebimus sine fine. Sed Cyrillo cunctisque fratribus nuntia, ut crastina die juxta præsepe Domini, ubi meum quiescit corpus, omnes in unum conveniant, tam Catholici, quam etiam illius sectæ viri. Et tu trium hominum, qui in hac sunt urbe, hac nocte defuncti cadavera inhumata, in locum in quo meum est humatum corpus facies deportari : super quibus saccum quo utebar pones, et statim vitæ pristinæ redditi, hanc radicitus hæresim extirpabunt.* Cui valedicens gloriosus Hieronymus, disparuit. Mane autem facto, ad me, qui Bethleem tunc eram, venerabilis Eusebius veniens, cuncta quæ viderat, enarravit. Quo immensas creatori gratias agens, et glorioso Hieronymo omnibus in prædicto loco, in quo pro nobis de intemerata Virgine Salvator natus est, et ubi etiam sacratissimum Hieronymi cadaver humatum est congregatis, prædictorum defunctorum cadavera deferri fecit. O mira erga homines Dei miseratio et dispensatio! Quot modis in se sperantes scit juvare : quantis et quot honoribus suos exaltat Sanctos! Fiebat interea ab illius sectæ cultoribus derisio : credentibus quod foret exinanita manus Domini. Lætetur itaque, omnis fidelium cœtus : et Deo in voce exultationis psallant, quando suscipimus misericordiam in medio templi sui. Accedens namque vir venerabilis Eusebius ad singulorum cadavera : flexis genibus manibusque in cœlum extensis, cunctis audientibus sic oravit : *Deus, cui nihil est impossibile, nihil grave invictæ fortitudinis et virtutis : qui facis mirabilia magna solus, et nullum in te sperantium spernis : nunc preces tuorum exaudi fidelium, et ut tua, quam dedisti, fides intemerata inviolataque per sæcula maneat, ac etiam ut horum error appareat, per merita et intercessiones gloriosi tui Hieronymi dilecti, introduc in hæc cadavera animas quas de ipsis egredi voluisti.* Qua quidem oratione finita, singula sacco quo supra carnem gloriosus Hieronymus utebatur tangens cadavera, protinus in ea vitæ spiritum introduxit. Qui homines apertis oculis, omnibusque vitæ signis ostensis, sunt perfecte resuscitati : et cœperunt beatarum animarum gloriam, et peccatorum pœnas, tam Purgatorii, quam Inferni clara voce omnibus intimare. Nam, ut mihi postmodum interroganti dixerunt, beatus Hieronymus eos conduxerat secum in Paradisum, Purgatorium, et Infernum, ut quæ ibi agebantur, patefaceret universis. Sibique dixerat quod ad corpora redirent, et de perpetratis peccatis ibi agerent pœnitentiam : quia eo die et hora qua venerabilis Eusebius moriturus erat, et ipsi morituri erant : ac etiam si bene agerent pœnitentiam, cum eo gloriam adepturi : quod et factum est, ut inferius declarabo. His igitur peractis, multitudo maxima populorum tam fidelium, quam etiam illius sectæ defensorum, qui ad grande concurrerant spectaculum, tam certum indicium et veritatis experimentum : necnon beati Hieronymi merita egregia cernentes, magnis vocibus immensas gratias referunt creatori, qui suos in se sperantes non deserit. Et sic, Augustine carissime, pius Dominus naviculam suæ fidei sacratissimæ, in hujus mundi mari eructantibus malorum hominum fluctibus agitari permittit, sed minime naufragari. Quo quidem forti quæso esto animo : viriliter age : non formides contra fidei persecutores magnanimus dimicare, sub umbra alarum tam pii patris : qui suorum fidelium preces inefficaces non sinit, dummodo tota spe et puro fiant animo. Non enim nostræ nequeunt exaudiri preces, nisi cum in Deo nostra non perfecte spes consistit : vel quia petimus non petenda. Ad ipsum ergo Dominum non tantum ore, sed toto corde clamemus dum affligimur : et ipse qui dominatur in virtute sua, et nos quotidie oculo respicit pietatis, non permittet nos tentari supra id quod possumus. Sed ne nimis devius a proposito modo gradiar, ad incœpta redeam, et venerabilis Eusebii obitum explens primo, et virorum illorum trium similiter, quos resuscitatos nosti, migrationem scribens : quia eadem hora sunt et die, qua Eusebius, de hujus mundi et valle miseriæ exempti, aliqua Hieronymi miracula de multis introducam.

Cap. III. Adveniente autem die quo venerabilis Eusebius a beato Hieronymo in visione, de qua supra fatus sum, se migraturum scierat, die tertia præcunte, languore febrium concussus valide, se super terram (magistri non immemor) nudum deferri fecit a fratribus et singulum fratrem benigna consolatione confortavit, et ut in sancto manerent proposito, admonuit. Deinde saccum quo gloriosus induebatur Hieronymus, deferri fecit, et supra se poni jussit, ordinavitque se nudum instar gloriosi magistri extra Ecclesiam in qua jacebat sanctum Hieronymi cadaver sepeliri. Post hæc communione sacratissimi corporis Jesu Christi se muniens, Domino se, et beato Hieronymo commendavit, et sic per triduum locutione corporalique visione privatus, circumstantibus fratribus alternatim psalterium, passiones Domini et alia sacra continue legentibus, jacuit. Durum quippe et cunctis recte in mundo degentibus formidabile hoc quod narro. Die autem quo moriturus erat, per duas horas ante animæ beatæ exitum, venerabilis Eusebius tam terribiles actus cœpit peragere, quod circumstantes monachi pavore perterriti, velut amentes in terra jacerent. Nam quandoque transversis oculis, manibus junctis, facie terribili, voceque dira quasi sæviens clamabat : *Non faciam, non faciam : mentiris, mentiris.* Post hæc ad terram rediens, faciem firmabat in terram quantum potuit, clamans : *Adjuvate me, fratres, ne peream.* Quod monachi videntes, lacrymantes et trementes, eum interrogaverunt : *Quid habes, pater?* Ad quos ille : *Non videtis dæmonum agmina, quæ me debellare cupiunt?* Et illi : *Quid te facturum volebant, cum dicebas : Non faciam?* Et ille : *Conantur namque, ut divini nominis blasphemus inveniar, et ideo hoc me non facere clamabam.* Et illi : *Quare, pater, faciem abscondebas in terram?* Et ille :

Ne ejus aspectum cernerem, qui tam turpis et terribilis est, quod omnes pene formidines quæ in mundo sunt, respectu ejus nihil sunt. Inter hæc verba actus priores reiterans, sic ad extremam horam usque devenit. Fratres autem qui astabant, pavore et dolore perterriti, velut mortui stabant, quid facerent, nescientes. Gloriosus Deus in Sanctis suis, mirabilis in majestate sua, benignus, et se amantibus misericors, Sanctos suos non derelinquit in tempore necessitatis. Ad extremam namque horam venerabili Eusebio præveniente, gloriosus Hieronymus apparuit, eum benigne confortans. Cujus adventu omnis illa dæmonum turba quasi infinita, ejus timore perterrita, ab eo velut fumus evanuit, ut plures testantur monachi, qui propriis oculis dispensatione divina se hoc vidisse dicunt. Sed hoc magis approbatur: nam omnes circumstantes audierunt has ab Eusebio voces: *Unde venis, pater? Quare tantum moratus es?* Cui subito, cunctis audientibus, alia vox respondit: *Exspecta, fili, ne formides, quia te non deseram, quem tantum diligo.* Qua audita voce, brevi inde decursa morula, venerabilis Eusebius exspiravit. Qua quidem hora et illi tres qui resuscitati sunt, migravere: et (ut puto) cum Eusebio ad æterna gaudia pervenerunt. Nam per illos omnes viginti dies, quibus postquam (ut nosti) resuscitati sunt, se in tanta pœnitentia tradiderunt, quod sine dubio æterna beatitudine potiantur et præmiantur. Silentio prætermittendum nequaquam puto, quæ ab eisdem tribus viris per illos dies, quibus vixerunt, didici. Continue toto hoc tempore cum aliquo eorum secreta vitæ illius, quam post hanc brevem et momentaneam exspectamus, rimari cupiens, alternam diem ducens ad vesperam. Sed quamvis multa ab eisdem didicerem: tamen ad præsens brevitatis causa quædam tantum referam, cætera vero alias ea dicturus omittam. Quadam vice ad unum eorum me ivisse contigit: quem dure lacrymantem, nec meis verbis consolationem aliquam admittentem comperiens, tanti fletus causam ab eo cœpi inquirere. Qui pluries de hoc a me interrogatus, nec tamen ad interrogata respondens: tandem meis coactus importunitatibus, sic respondit: *Si quæ pridie sum expertus, non ignorares, tibi inesset semper causa fletus.* Ad quem ego: Quæso ut quæ vidisti, edisseras. Tunc ille paulisper tacens, dixit: *Quales credis pœnas et tormenta, non solum damnatis, sed etiam in Purgatorio existentibus præparari?* Ad quem ego: De incertis quæ vera potest proferri sententia? Ut enim puto, nostris quibus affligimur pœnis, æquari non possunt. Ad quod ille: « Si omnes quæ in mundo cogitari possunt pœnæ, tormenta, afflictiones, minori quæ illic habentur pœnæ et tormento comparentur, solatia erunt. Mallet enim quilibet viventium (si illas experientia nosceret pœnas) usque ad finem mundi, omnibus his simul sine remedio cruciari pœnis, quas omnes homines ab Adam hucusque sigillatim pertulerunt, quam uno die in Inferno, sive Purgatorio minori quæ illic habetur pœna, torqueri. Et ideo si causam mei fletus interrogas, timor pœnarum est, quæ peccatoribus juste dantur. Scio namque me erga Deum meum peccasse et ipsum justum fore non dubito. Qua de re non mireris, si plango, cum potius si non plangerem, vehementer admirari deberes; sed potius admirare, quare homines qui se mori non dubitant (saltem aliorum experimento) tanta hic securitate vivunt, nec tantas cogitant evadere pœnas. » Ad hæc dolore tactus intrinsecus, ita ut vix verba formare possem, dixi: Heu quid audio? Sed quæso, in quo tormenta differunt infernalia ab his quæ sunt in Purgatorio, dicas. Et ille: « Nihil inter se differunt: quia eadem sunt magnitudine, pœnæ Purgatorii et Inferni. Sed unum est quo differre possunt: quia infernales finem non exspectant, sed augmentum: scilicet in judicii universalis die, quando corpora ibidem cruciabuntur cum animabus, et Purgatorii pœnæ sunt cum fine. Nam post expletam pœnitentiam inde exempti, gaudiis beatissimis perfruentur. » Ad hæc ego: Sunt omnibus in Purgatorio existentibus, æqualia tormenta, vel diversa? Ad hæc ille: « Diversa quidem. In aliquibus majora, aliquibusve leviora, juxta magnitudinem peccatorum. Nam in patria etiam Beatorum omnes animæ gloriosæ divinam contemplantur speciem: in quo omnis consistit gloria. Quæ quamvis singulæ tanta habeant gaudia, quanta velle vel cogitare possunt: tamen gaudiis non sunt pares, quia majora hæc possidet, minora illa, juxta opera quæ fecerunt. Se si tibi aliqua ex hoc oriretur admiratio, ut Sanctis possit inesse diversitas gaudiorum, quorum causa est solus ipse Deus: in quo nulla potuit unquam esse diversitas: solutio satis patet. Nam cum divina contemplatio et cognitio, sive intelligentia, sit tota merces et gloria, in aliquo potest esse Sanctorum minor, in aliquo vero major. Idcirco cum omnes simul animæ Deum sicuti est, videant et cognoscant, aliqua minus videt et intelligit, et sic minor inest sibi gloria. Aliqua vero clarius videt, et subtilius intelligit: et sic majorem possidet gloriam. Sic etiam de illorum miserorum damnatorum pœnis dici potest; nam cum omnes animæ damnatorum in uno consistant pœnarum loco: tamen diversis cruciantur pœnis, juxta vitiorum qualitates. Tantum siquidem differt inter Christianorum, qui ibi torquentur, pœnas et paganorum, ut paganorum cruciamenta respecta eorum quæ falsi Christiani peccatores sustinent, sint quasi nulla: quanquam ineffabilia sunt, nec a viventibus cogitabilia. Et dignum est. Nam illi gratiam Dei in vanum receperunt, nec voluerunt a peccatis corrigi dum vixerunt, sacris continue vociferantibus Scripturis, quas pro nihilo putavere. » Tum ego: horribile est, inquam, quod dicis, et utinam sedulo mortalium insisteret mentibus, ut vel tantarum pœnarum terrore a pravis cessarent, si nollent amore gloriæ. Sed quæso quid erga te pridie exeunte anima peractum est, breviter innotesce. Ad quod ille: « Adveniente, inquit, mortis meæ hora, tanta in loco quo migraturus jacebam, nefandorum affuit spirituum multitudo, quo præ multitudine dinumerari omnino non possent, quorum species talis erat, quod ea nil poenosius, nilve horribilius excogitari potest. Potius enim quilibet hominum flammis ardentibus arsurum se exponeret, quam earum formarum ictu oculi visione potiri. Quid ad me venientes? omnia quaecumque perpetravi opera contra Deum, ad meam memoriam revocabant, suadentes mihi, ut amplius divinam misericordiam, quam tam graviter offenderam, non sperarem. Et certe noveris quod nisi divina miseratio me adjuvisset, eis resistere non valuissem. Nam dum omni vigore spiritus destitutus, eorum verbis paulum assentirem : gloriosus affuit Hieronymus magno vallatus agmine Angelorum, species sole splendidior, me confortans. Qui ubi illos spiritus immundos fuit intuitus, me tam dure exacerbantes, valde commotus erga eos, voce terribili eis dixit : Quid ad hunc nequitiae et omnis maledictionis spiritus venistis? nesciebatis hunc meis fore fovendum auxiliis? Protinus hunc relinquentes, abite, et vestras ab eo elongate nequitias, quantum distat ortus ab occasu. His illa maledictorum spirituum societas perterrita, diris ululatibus et clamoribus, limen loci in quo jacebam, excessit Tunc gloriosus Hieronymus aliquibus imperans Angelis ne a me discederent, sed quousque reverteretur, exspectarent, cum caeteris Angelis festinanter abscessit. Eodem quoque abeunte, Angeli qui ad me custodiendum remanserant, me confortare coepere, blanda et dulcia promittentes, si forti animo perdurarem. Inter haec autem consolationis colloquia, hora quasi decursa, secundo beatus Hieronymus veniens, stansque in limine, velociter, inquit, venite. Tunc subito anima corpus reliquit, tam graviter et acerbe, quod certe quantae fuerint pressurae et angustiae, intellectu non caperet mens humana, nisi, ut ego, experientia didicisset. Si enim omnis humanorum intelligentia, quas vellet angustias et dolores aestimaret, respectu animae dissolutionis a corpore tanquam pro nihilo computaret. » Haec et alia non minus ardua et valde mortalibus formidanda, quae pro longitudine, praesenti operi non inscribam, eo loquente, incipiebat claudi dies, occasu solis, quo necesse fuit, quid et post mortem contigerit, non explere. Sed quia prae caeteris affectabam, sequenti die, duobus aliis cum eo insimul convocatis ad narrationis illius seriem redii, hoc cupiens ab illis etiam duobus aliis peraudire, ut trium testimonio solidius edocerer. Itaque cum hi jam dictare inciperent, sic respondi. Quanquam haec utilia sint, nec taederet in vacuum saepius ipsa fari, tamen his quae jam audivi omissis, quaeso ut quid vobis post dissolutionem corporis evenerit, meo hianti detegatis animo. Ad hoc ille qui mihi, quae audisti, transacto narraverat die : « Quod, Cyrille, » inquit, « interrogas, non est possibile plene fari : quoniam spiritualia nostris minime sensibus comprehenduntur. Scis namque non te exanimem fore, et tamen quid aut qualis sit anima, non agnoscis. Deum certe scis omnium esse principium et finem, a quo incipiunt omnia atque tendunt : et tamen quid sit Deus aut qualis, duo carnis istius

vissimae corruptibile portas onus, non intelligis, nisi per speculum et in aenigmate : sic etiam de angelis et caeteris incorporeis idem liquet. Cum enim multa quae sunt notissima in natura, nostrae parvae intelligentiae defectu, intelligere non possumus : supercaelestia et spiritualia omnino aliena a naturae cognitione, quomodo intelligemus? » Ut dicis, inquam, est : sed uti potes, quaeso dicas. At ille : « Circumloquar, inquit, id quod optas : et dicam paulominus quod non possum. At hi qui mecum ea quae pridie dixi, sunt experti, si ita est, testificabuntur. Mea pridie anima a corpore tot (ut supra fatus sum) pressuris et doloribus dissoluta, subito in ictu oculi ineffabiliter fuit ante Dei judicantis praesentiam deportata. Sed a quibus, et quomodo, non agnosco. Nec certe mirum : nam nunc carnis mole aggravor : tunc autem erit anima sine carne. Fuerunt etiam ibidem istorum animae, terroribus inexcogitabilibus quid judex ageret formidantes. Heu cur mortales nesciunt, quibus hoc eveniet quod tunc nobis! Certe si illius non foret ignorantia, toties non peccarent. Nullum, quae toto tempore gessimus peccatorum, judicem latere potuit : imo cuncta quae fecimus tanquam si forent praesentia, cunctis astantibus clara erant : ita ut minimum nostrorum cogitaminum, sicuti fuerat, apparebat. Considera namque quibus et quot agitabamur terroribus : hinc daemonum multitudo stabat, mala testificantes quae fecimus, locum, modum, et tempora declarantes. Hinc nosmetipsi ad ea quae objiciebantur, nullatenus contradicere poteramus : tum quia judicem cuncta scientem, tum quia ipsum quilibet nostrum justissimum cognoscebat. Heu quid dicam? Quam sententiam praestolabamur, ob ejus memoriam nunc formido. Hinc inde mala undique, vindictam judici acclamabant : nec ullum pene apparebat bonum quo quid misericordiae speraremus. Hinc nos dignos supplicio omnes qui aderant, exclamabant. Cumque jam nihil deesset nisi sententiam publicari, quae peccatoribus digna datur : ecce gloriosus Hieronymus cunctis splendidior astris, beato Joanne Baptista, summoque Apostolorum principe Petro, nec non Angelorum ingenti multitudine comitatus, ad praesidentis judicis thronum veniens, nostram sententiam suspendi modico temporis, nosque sibi dari ob reverentiam et devotionem quam sibi contuleramus, et propter erroris destruendi necessitatem, ut voluit, impetravit. Deinde nos secum ducens, omni illa beata vallatus societate, ubi fidelium animae inestimabili gloria perpetuo perfruuntur, quae ibi gerebantur, ut redderemus testimonium, declaravit. Post haec ad Purgatorium et Infernum nos deducens, non solum quae ibi erant, indicavit : sed voluit ut poenarum experientiam probaremus. His igitur omnibus sic peractis, hora qua nostra cadavera socco, quo beatus usus fuit Hieronymus, tetigit venerabilis Eusebius, idem gloriosus Hieronymus nobis imperavit, ut ad corpora rediremus : mandans ut de his quae vidimus, testaremur : promittensque nobis vicesima die, si de perpetratis peccatis nos contingeret debitam pœnitentiam exercere, cum beato Eusebio, qui tunc erat ex hoc sæculo migraturus, gloriam finis nesciam adipisci; sicque corporibus nostræ animæ sunt conjunctæ. » Multa siquidem Augustine carissime, formidanda, quæ mortalium impressa mentibus, ab eisdem labentium omnium terrenorum amorem, et curam pervigilem, qua tot aberrant homines, ut puto funditus exstirparent, patenter didici : quæ si his chartis imprimerem, plus cogitato opus procederet, nec essem compos subscribere jam promissa. Itaque cum de proximo te exspectem, visitaturum gloriosi Hieronymi reliquias, ut quæ quas pridie recepi, litteræ fatebantur : cætera quæ tunc ad meam reducere potero memoriam, declarabo. Hæc omnia hoc fine claudam, tangens venerabilis Eusebii sepulturam, ut ad miracula redeam enarranda, quæ superius sum pollicitus enarrare. Obitus namque Eusebii venerabilis et trium hominum prædictorum seriem, in præcedentibus quam brevius potui inserui : quædam tibi, ut puto, affectuosa interponens. Sed prædictorum sepulturæ series ita patet. Mortuo namque venerabili Eusebio, plura sunt miracula cunctis visa, quæ præcedentis vitæ sanctitatem testantur : quorum ad præsens duo solum dicam. Monachus quidam cujusdam cœnobii, præ lacrymis et vigiliis privatus corporali lumine oculorum, statim ut Eusebii corpus venerandum facie tetigit, pristinæ lucis gratiam est adeptus. Dæmoniacus autem quidam dum sacrum corpus ad Ecclesiam duceremus, eidem obvians, est protinus liberatus. Juxta Ecclesiam, in qua gloriosi Hieronymi cadaver sanctissimum est humatum, venerabilis Eusebii corpus honore debito nudum, magistri instar sepelivimus. In cujus etiam Ecclesiæ cœmeterio, hominum illorum trium qui eadem sunt hora mortui, fuere corpora tumulata. His ergo dictis, venerabilis Eusebii cuncta sileant, ut prægrandia et ineffabilia locum teneant prodigia eximii beati Hieronymi jam promissa.

Cap. IV. In amœno et jucundissimo siquidem mirabilium gestorum sanctissimi Hieronymi prato positus : uti sertum faciens, præcipuos et decores miraculorum flores, ad hujus opusculi venustatem, et nostræ, posteriorumve saluti utiles pro posse legam. Quorum omnium quid pridie erga Sabinianum hæresiarcham pestiferum (quem agnoscis) peractum est, primo dicam. Sabinianus namque hæresiarcha, hæreticorum fautor, duas in Christo asserens voluntates, et quod pejus est, inter se quandoque discordes : ad cujus tam inopinabilis falsitatis probationem, introducebat illud quod in Evangelio Christus dixit : *Pater, si fieri potest, transeat a me calix iste*, eliciens ex hoc rationes gravissimas et pene inextricabiles, quod passionem voluerit una fugere voluntate, et altera eamdem coacte subire oportuerit passionem : et ex his dicebat, quod multa Christus voluit, quæ obtinere non potuit : tantum in nos doloris exercuit, quod magnitudinem explicare nequimus. Pervertebat namque idem pestifer anguis, et lupus rapax, se vestimento ovium induens, nobis commissum gregem.

Et ut sævitiam diri pectoris efficacius exerceret opusculum quoddam compilaverat, falsis probans rationibus hoc sic esse. Quod quidem opusculum, ut fidem ei daremus, glorioso Hieronymo, totius veritatis speculo intitulaverat. Cujus falsitatis notitiam comperiens, sciens tibi gloriosum Hieronymum Epistolam super hujus erroris destructione, non multum ante sui obitum edidisse : prædictum hæresiarcham cum suis discipulis, et ejusdem nequitiæ ministris, invitavi quodam dominico die in Ecclesiam Jerosolymitanam ad disputandum, et suum errorem nequissimum comprobandum. Quo namque die universis meis suffraganeis Episcopis, et aliis quampluribus orthodoxis, necnon et ipso hæresiarcha cum suis nefandis discipulis in prædicta Ecclesia adunatis, disputatio a nona incepta, ad vesperas usque tenditur. Cum autem idem hæresiarcha contra nos opusculum ab ipso falso compositum, quod glorioso intitulabatur Hieronymo, allegaret, has tantas beati Hieronymi injurias ferre non valens bonæ memoriæ Sylvanus, sanctæ Nazareth Ecclesiæ Archiepiscopus, qui tanta beatum Hieronymum affectione animi et devotione colebat, ut si quid faceret, divinum nomen et beati Hieronymi præmittebat, unde quasi ab omnibus Hieronymus dicebatur : prædicto hæresiarchæ protinus assurrexit, dire eum increpans, quot tot et tantas exercuisset nequitias. Dum autem inter eos longa oriretur contentio, et uterque opprobria sibi invicem pro posse diceret, in fine sic ambo pariter statuerunt, quod si usque in subsequentis diei horam nonam, beatus Hieronymus hoc opus falso compositum evidenter ostenderet, prædictus hæresiarcha capite puniretur : sin autem, Archiepiscopus. Quibus finitis, singuli ad propria remearunt. Per totam autem noctem quisque nostrum orationibus vacabat, ut nobis in opportunitatibus auxilium eveniret a Domino, qui neminem unquam in se sperantium sprevit. Magnus Dominus et laudabilis nimis : cujus certe sapientiæ non est numerus. Statuto autem die et hora lætus hæresiarcha in Ecclesiam cum suis nequitiæ filiis veniens, huc illucque discurrens, quærebat Dei servum, tanquam leo rugiens paratus cum devorare, veluti si foret Deus non intelligens, nec suorum servorum preces exaudiens. Sed tamen cum solidius se fatuus stare crederet, miserabilius cecidit. Stabat autem omnis fidelium concio in Ecclesia, quilibet sancti Hieronymi clamans nomen. Clauserat siquidem gloriosus Hieronymus aures : fingens se dormire, orationem supplicantium non intendens, ut mirabilior appareret. At ego totus perfusus lacrymis, stupens et admirans, cur Hieronymus sic abesset, quid deinceps accideret, exspectabam. Denique cum nil miraculi appareret, sævire cœpit hæresiarcha canina rabie, ut Sylvanus quod promiserat, jam expleret. Ad locum autem quo decollandus erat Sylvanus **sanctissimus, gaudens et intrepidus, tanquam ad nuptias veniens, lacrymantes** Episcopos et omnes alios **Catholicos** qui ad hoc concurrerant, his confortabat verbis : *Exsultate mecum, carissimi* gaudete et nolite contristari, quoniam non derelinquit Deus sperantes in se. Si non exaudiar, plus meis jam perpetratis merui peccatis. Post hæc genua flectens, Sancte (inquit) Hieronyme, adesto mihi si placet: quanquam et hoc majore sim dignus supplicio, tamen ne falsitas locum teneat, veritati succurre. Quod si fas non est, ut adjuver, propitius mihi esto in hora mortis, ut gloriæ finis nesciæ non sim expers. Hæc dicens, speculatori collum præbuit, ut feriat, ipsum rogat. Elevat autem speculator ensem, antistitis venerandi caput uno ictu cupiens amputare. Adest subito Hieronymus gloriosus cunctis cernentibus, manu extensa tenens ensem, Sylvano imperans, ut exsurgat. Deinde hæresiarcham increpans, scripturas falso compositas innuens, eique minans ab omnium evanuit oculis. Quod huic ejusque similibus utinam eveniret, confestim ut gloriosus Hieronymus disparuit, hæresiarchæ caput terram petiit a corpore detruncatum : tanquam si ense speculatoris manus amputasset ictu uno.

CAP. V. Quod tam mirabile cuncti videntes qui aderant, illico stupefacti, Deo gratias egerunt et Hieronymo glorioso, et ad veritatis tramitem hæresiarchæ discipuli rediere. Ecce quantum venerabilis antistitis fiducia in Domino et beato Hieronymo fuit efficax, qui pro veritate mori minime formidavit. Exemplar certe factus est venerandus antistes cæteris Christianis. Non enim Christianus ille est, qui pro veritate mori timet. Si enim Christus pro nobis animam suam posuit, ut nos ab omni redimeret servitute : et nos pro ipso dum tempus est animas ponere minime timeamus : quia nemo nisi legitime certans, potest coronam gloriæ obtinere. Verum quia de Sylvano aliquid dictum nosti, aliud quoddam non minus (ut puto) mirabile erga eum factum narro : cujus tot fuerunt testes, quod Nazareth urbs et Bethleem tenent, qui propriis oculis hoc viderunt. Serpens ille antiquus diabolus, ob suam dejectus superbiam in inferni profundum, venerandi antistitis Sylvani nimiæ invidens sanctitati, in cum dolis, ut callidior cunctis animantibus graviter est commotus. Qui ut virum Dei infamem redderet, quatenus qui suæ sanctitatis exemplo relevabantur ad rectæ conversationis semitas, suo casu deciderent ad pejora. Nocte quadam formam sancti viri sumens, cuidam mulieri nobilissimæ jam in stratu quiescenti apparuit : et se ad illam illicite accedere fingens, consensum sui corporis inquirebat. Ad quod perterrita mulier, viri ignorans speciem, dum se cum homine solam in thalamo cerneret, nec quid faceret, sciret : diras cœpit voces emittere, ita ut clamoribus assiduis omnes excitarentur dormientes, et non solum de illa domo, sed etiam convicini. Qui omnes ad prædictæ mulieris thalamum accurrentes, quid hoc esset, interrogavere pavidam mulierem. Interea callidus serpens sub thoro se ponens, cœpit latere : qui autem occurrerant hæc audientes, quis hic homo fuerit, ubique perquirere incœperunt. Verum illi diu perscrutantes, tandem ad locum venientes, ubi pestifer latebat anguis, aliena specie occultatum hominem invenerunt. Qui eumdem candelis accensis intuentes, Sylvanum Archiepiscopum crediderunt. Ad quod omnes qui aderant, stupefacti et velut amentes effecti, quasi quid agerent, quidve dicerent, ignorabant, scientes ejusdem sanctitatis nomen. Et quia hoc tam detestabile inopinabileque cernebant, eum interrogaverunt : cur tantas nequitias perpetrasset. At ille : *Quid* (inquit) *male feci, si mulier hæc me ad hujusmodi negotium invitavit?* Quod mulier audiens, cum fore mendacem lacrymans, respondit. Tunc ille ut homines illos erga Dei virum ad majus odium incitaret, quatenus illum citius diffamarent, talia cœpit et tam abhorrenda verba fari, quod nullus præ turbatione auribus poterat sustinere. Quocirca eum contumeliis et opprobriis exacerbantes, coacte extra domicilium expulerunt. Mane autem facto, quæ gesta fuerant enarrantes, Sylvanum Archiepiscopum hypocritam, et dignum incendio acclamabant. Qua de re quasi tota est Nazareth commota adversus Archiepiscopum, ita ut audiendo ejus nomen, quilibet blasphemaret. Mira hujus viri patientia, et magnæ sanctitatis indicium. Volat ad innoxii antistitis aures tanti fama discriminis : os tamen non movetur ad injurias. Inter tot adversa, cor manet immobile, ad nullam se vertens impatientiam, gratias divino semper agens nomini, sua hoc confitetur noxa meruisse. Heu quid dicam, Augustine? Non solum injurias et opprobria, ut possum, fugio : sed etiam quibusque verbulis frangor, præmia opto, nec de laboribus curo, quanquam sciam ad regna cœlorum non aliter quempiam nisi laborum et afflictionum tramite pervenire. Quid enim aliud debeo judicare, cum me a Sanctis in moribus et vita discordem invenio, nisi et discordem in morte et præmio reperiri? Flebilia et gravia mihi adsunt, si Sanctorum vitam et meam recordor. Miro quippe auditu Sanctorum gesta revolvunt homines uti ego, et tamen nil ipsi volunt peragere. Porro hoc ad meam detegendam insipientiam est quod dicam : pluries me ab ejusdem Sylvani ore audisse scio, nunquam tantum se felicem fuisse, quantum cum se ab hominibus despici et conculcari cernebat. Crevit in tantum ejus infamia, quod ejus opinio usque ad Alexandriam, Cyprum, et per civitates affines pene ore omnium est delata. Atqui limen domus innoxii antistitis, calx alicujus tangere non audebat. Manens vero in supernis Dominus spectator omnium, suos sinit labi Sanctos in tribulationum ærumnas, ut tunc fideles patientia eos reddat, sed eos exigente necessitate in pressuris minime derelinquit. Revoluto itaque anno, quod diaboli astutia talia erga Dei hominem perpetraverat ; civitatem Nazareth (ut illarum gentium aliqualiter scandalum mitigaret) vir Dei occulte deserens, ad Ecclesiam in qua gloriosi Hieronymi humatum quiescit corpus, tanquam ad refugii portum veniens, se in sepulturæ loco posuit oraturus. Quo per duarum horarum spatium sic manente, vir quidam nequitiæ spiritu inflammatus, in prædictam

Ecclesiam intrans, sanctumque reperiens super sepulcrum in oratione positum, ad eum velut draco cucurrit, et improperans quod mulierum mentes, ac libidinosas suas voluptates continue incitaret. Cui agnus innocens Sylvanus, se despici gaudens, humilitate solita, ut ista sæpe ei diceret, blandis colloquiis invitabat, quod pessimus ille latro audiens, gladium ex vagina suo pendentem lateri, impudica trahens dextera, ipsum ut in Sylvani antistitis guttur immergeret, elevavit. Cui cum hoc verbum, *Succurre, Hieronyme gloriose*, venerandus antistes opponeret, in guttur proprium elevatum gladium immersit viri illius dextera retroversa. Et sic, ut decebat, seipsum vir nequissimus interemit, ut in lacum caderet, quem effodit. Admirabile hoc, sed non minus est mirabile id quod restat. Casu itaque alius superveniens vir nequissimus, hoc quod ultione divina perpetratum fuerat ut vidit, protinus gladium arripiens, a Dei viro hominem illum existimans interemptum, Sylvanum interficere conabatur. Ne nimia verba loquar, id quod primo acciderat, huic evenit. Quin nondum vir iste secundus in terram ceciderat, duo alii viri Ecclesiam intravere. Qui id videntes, divini ignari judicii, hoc tantum fuisse peractum scelus a Dei homine putaverunt, quorum unus id præ alio grave ferens, furia vesaniæ undique inflammatus latro, cœpit quantum poterat exclamare, usquequo tua viget malitia ? Tu mulieres ad tuas libidinosas cogis voluptates, et homines interficis in occulto, certe tuæ hodie nequitiæ finis erit. Et subito pro posse cucurrit, ut eum extingueret vibrato et denudato ense. At ubi Sylvanus more solito, *Succurre, gloriose Hieronyme*, exclamavit, vir ille ut duo primi se manu et ense proprio interfecit. Vir autem alius, qui cum ipso venerat, hoc intuens, tremebundus ob visionem, ad Ecclesiæ fores cucurrit. Qui id quidem maleficiis factum putans, quantum poterat, exclamare cœpit : Huc omnes accurrite, ecce maleficus Sylvanus Archiepiscopus, non solum mulierem vituperat, sed suis etiam incantationibus necat homines toto pro posse. Fit his auditis nimius virorum et mulierum concursus, verberant aera voces : combustione dignum Sylvanum Archiepiscopum nequissimum acclamantes. Hæc ad meas sonant aures : tristis ego et lacrymans, ad tantum pergo monstrum. Stabat agnus inter lupos atrocissimos, sævientes ut canes famelici, rabie non minima, mitissimus et lætus tanquam fungens prosperis, nil dicens aliud, nisi hoc, juste patior, quia in Deum meum peccavi graviter. Verberatur vir innocens, capitur ab omnibus, ut ad supplicia lætior, quanto pœna gravior, deducatur. At dum ego manu silentium populo, ejus optans furorem nimium mitigare, insinuo, eo amplius iracundia et furore populus inflammatur. Cumque jam captus Sylvanus extra Ecclesiam duceretur : subito gloriosus Hieronymus, ut visum est, de loco in quo jacebat surgens, tanto circumfusus lumine, quod radiis in eum intuentium oculi vibrarentur, cunctis apparuit, suo devotissimo antistiti auxilia donaturus, qui sua dextera Sylvani venerandi capiens dexteram, his qui eumdem captum retinebant antistitem, voce terribili, ut eumdem dimitterent imperavit. Tantæ siquidem fuit virtutis hæc visio, ut antequam finiretur vox talis, omnes repente tantus timor invaserit, quod omni vigore corporis destituti, in terram velut mortui cecidere. Inter hæc mulier quædam a nefando spiritu obumbrata, catenis vincta, compedibus, manicisque ferreis alligata, plurium hominum manibus liberationis obtinendæ causa ad Ecclesiam deportatur. At ubi mulieris pes tangit limen, ululatus et voces terribiles : Miserere mei, gloriose Hieronyme, nam per te crucior ante tempus, diabolus emittere non cessabat. Cui Hieronymus gloriosus : *Nefande*, inquit, *spiritus ab hac exi famula Dei, et tuas detege quas erga Sylvanum egisti fallacias, in Sylvani forma omnibus te demonstrans*. Tunc diabolus, ut gloriosus Hieronymus jusserat, in Sylvani forma, ita ut ab omnibus Sylvanus Archiepiscopus putaretur, apparuit, et rem quam fecerat, ut infamem redderet Dei famulum, enarravit. His dictis diris clamoribus et ululatibus, nefandus spiritus de templo disparuit. Quod ubi tam mirabile negotium est peractum, gloriosus Hieronymus antistitis sui dexteram non relinquens : *Quid optas*, inquit voce leni, *Sylvane carissime, tibi placitum me facturum ?* At ille : *Mi domine : ut me hic amplius non relinquas*. Ad quem gloriosus Hieronymus correspondit : *Quod postulas, ita fiat. Post me velociter ergo veni*. Hæc dicens, cunctorum visui se negavit. Intervallo autem horæ unius facto, Sylvanus Archiepiscopus exspiravit. Fit ob hoc cunctis stupor et admiratio inaudita. Undique mulierum et virorum, necnon et puerorum confluit multitudo. Lacrymarum terra effusione madet, voces, lamentationes, ululatus, gemitus, et suspiria in Rama sonant : quilibet se reum, eo quod in Sylvanum commisisset, veniam petens clamabat. Per totam autem sequentem noctem, gentium multitudo ab Ecclesia non recedit. Itaque mane facto, clero ad antistitis funus præparato, corpus ejusdem ad Nazareth Ecclesiam deportatur, tam istius civitatis, quam illius, scilicet Bethleem, populi multitudine comitatum. In qua quidem Ecclesia Nazareth, corpus illud venerandum humavimus ut decebat. Longa certe adhuc verba, ac etiam admiranda miracula Sylvani venerandi præsulis merita plene promerent, sed quia dicendorum prægrandis area, ejusdem venerandi præsulis actus finiam, quædam alia non minus grandia, brevi verborum schemate narraturus.

CAP. VI. Narrandum puto quoddam satis mirabile, quod partim relatione veridicorum testium didici, partim oculorum visu. Duo viri nobilissimi, et rebus transitoriis locupletes, licet Catholicæ fidei veritatis inscii, tamen ut in gentili ritu geniti satis boni, gloriosi Hieronymi mirabilia audientes, ex civitate Alexandrina, multis adunatis opibus devotione ejusdem fervidi, cœperunt iter, ut ejusdem gloriosi Hieronymi reliquias visitarent. Cumque jam incepto itinere quoddam a tramite devii introissent nemus, ubi nulla hominum, aut equorum vestigia videbantur : beati Hieronymi invocantes nomen, ejusdem se custodiæ tradiderunt. In eodem siquidem nemore, quidam latronum habens sub se plures quingentis latronibus habitabat princeps, hos et illos ad aliquod prædestinans iter, ut transeuntes interficerent, et ad eumdem et cæteros spolia reportarent. Is itaque princeps hos transeuntes intuens tribus convocatis latronibus, ut ad eos interficiendum accederent, imperavit. Qui sui principis implere jussa cupientes, assumptis armis illorsum qua gradiebantur Alexandrini, concito cursu tendunt. Magna siquidem gloriosi Hieronymi merita, magna et prodigia, forte ut puto, a Sanctis modicis non talia unquam visa. Accelerant latrones, ut transeuntes mactent : sed dum prope fiunt, quos prius solum duos cernebant, paulominus innumerabiles esse vident, inter quos vir præibat tanto lumine circumfusus, ut intuendi in eum aliqualiter fas non esset. Apprehendit timor, stupor et admiratio hos latrones : quid aliud possint facere nesciunt, nisi ad latrones alios remeare. At ubi jam forent a longe redeuntes retroversi, solum duos ut prius homines reviderunt. Mirantur nimis latrones : et se illusos arbitrantes, cœperunt ad transeuntes homines retrogredi. At ubi appropinquarunt, uti prius viderant, nunc viderunt. Magis ac magis stupefacti latrones, cernentes in vacuum se redisse, terga verterunt : et velociter ad suum quid hi fecissent exspectantem principem devenerunt. Increpat eos princeps quid tandiu peregissent. Sed cum rem gestam audisset, eos insipientes et fatuos existimans, duodecim aliis latronibus convocatis, cum eisdem versus homines transeuntes meat. Rursum a longe duos cernunt ; sed propinqui, uti primi viderant, sic et isti. Eorumdem protinus tremunt bases, trepidat cor, fiunt velut amentes, omni vigore animi destituti. Tandem in se redeuntes, eos latenter sequuntur, cupientes quid deinceps accidat edoceri. Trepidant vero hujus nescii transeuntes hos videntes homines, et inter se qui hi sint avide percunctantur. Denique jam occasu solis inclinata die, cum quid in nocte faciant nesciant, illos duodecim latrones, viatores existimantes, ad eosdem consulendum statuunt declinare. At ubi ad latrones veniendi iter carpunt, eosdem ipsi latrones solum duos cernunt. Quo vigorem latrones adepti, transeuntibus et ipsi protinus obviaverunt. Qui omnes invicem juncti, se simul salutarunt. Interim interrogant latrones qui sint : unde veniant : et quo pergant. At illi inquiunt : *Sumus de Alexandria, inde venientes, Bethleem petimus, ut gloriosi Hieronymi reliquias visitemus.* Ad hæc latronum princeps : *Qui*, inquit, *fuerunt viri, qui hucusque vobiscum tantummodo veniebant.* Mirantur hos talia fari viatores : et se postquam nemus intraverunt, neminem nisi ipsos et tres alios vidisse velle audisse dicunt. Quæ gesta fuerant tunc latronum narrat princeps : illos obsecrans, ut ipsis ob quam causam hoc acciderit, si noscant, debeant indicare. Quibus illi, non ob aliam causam, nisi quia gloriosi Hieronymi custodiæ se dederunt, hoc evenisse, se nescire dicunt. Ad hoc latrones Spiritu Sancto, qui ubi vult spirat, subito inspirante, omni quam prius habebant ferocitate deposita, in terram eorum pedibus provoluti, pro excogitatis flagitiis veniam postulantes, illos ad latrones alios perduxerunt. Sed quod dico non minus patet ad contuendum. Hora prima noctis ad latrones exspectantes deveniunt, post hoc quid acciderat declarant : eosdem suppliciter exorantes, ut his flagitiis solitis jam expulsis, ad gloriosum visitandum cadaver Hieronymi secum irent. Fit his verbis cæteris latronibus irrisio. Promittunt siquidem suo principi, et illis aliis necem durissimam, si audeant amplius ista fari. Non cessantibus illis priora iterum loqui verba, latronum quamplurimi canis rabie furibundi, mox in eos insurgunt ensibus denudatis. Potuerunt nempe romphæas elevare : sed ipsis gloriosi Hieronymi auxilia postulantibus, enses deponere nullatenus valuerunt : donec illi qui fuerant occidendi, ab Hieronymo postularunt. O ineffabilis clementia Salvatoris, quot modis quos vult facit ad agnitionem sui nominis devenire ? Repente hæc tam insueta omnis illa latronum videns concio, altis Deo et glorioso Hieronymo vocibus debitas agunt laudes : ejusdem se voventes reliquias visitare. Facto igitur mane, plures trecentis hominibus qui tunc temporis ibi erant talia perpetrantes, cum eisdem Alexandrinis ex illo exeuntes nemore, ad gloriosi Hieronymi tumulum devenerunt, cunctis tam insueta prodigia enarrantes. Baptizantur itaque gentiles Alexandrini : et cunctis mundi vanitatibus conculcatis, religiosam in quodam cœnobio vitam ducunt. Latrones autem illi similiter ad lucem veritatis sanctæque et laudabilis vitæ, divina gratia et gloriosi Hieronymi meritis pervenerunt.

CAP. VII. Sicut Constantinopolitanis litteris hac de re mihi specialiter directis, transacto non longo dierum spatio intellexi, simile pene miraculum illi quod supra fatus sum, duobus accidit Romanis juvenibus a Romana urbe Bethleem venientibus, pro gloriosi Hieronymi visitando corpore. Quod tractabo sicuti brevius potero. Cum igitur duo illi juvenes cuidam appropinquarent ruri, a Constantinopoli per duodecim forte distante milliariorum spatium, antequam rus a duobus milliaribus introirent, eadem fere hora duos contigerat homines interimi. Quorum mortis rumore prædicto resonante ruri, loci ejusdem viri congregati circumquaque, quis horum fuerit interfector, cœperunt inquirere vehementer. Cumque diligenter perquirerent usquequaque, adesse cernunt neminem nisi prædictos juvenes, qui jam prope venerant reperientes eosdem, protinus tenuerunt : ab eisdem credentes fuisse homines interfectos. Mirantur itaque hujus ignari juvenes : et horum se nihil scire, totis nisibus conjurabant. At illi eorum pro nihilo computantes verba, captos eosdem ad rus conantur ducere festinanter. Post hoc de rure quia ad eosdem viros justitia non spectabat : cum accusationibus ad Constantinopolitanum dominium capti juvenes destinantur. Quin (ne nimis longus fiam verbis) quod non fecerant tormentorum rigore juvenibus jam confessis : adjicitur more solito sententia decollandi. Heu quale cor audiendo tot lamenta innocentium (quos et juventutis et pulchritudinis maxima venustas, et ortus nobilissimus decorabant) posset se a lacrymis continere? Flentes itaque juvenes gravibus lacrymis, pallidas facies irrigantes, ululatus gemitusque et suspiria promere non cessantes : *Gloriose*, dicebant, *Hieronyme, hoc tale ne est præmium quod obsequentibus tibi præstas? est tale quod labore tui meruimus itineris? Heu Romana urbs nostri præscia ortus non sic te credebamus nesciam nostri finis.* Ad locum itaque tanti supplicii, ibidem gentium multitudine maxima exspectante, innoxii juvenes conducuntur. O ineffabilis misericordia Dei nostri qua cœlum redundat et terra, nec ulli ad se currenti obliviscitur misereri. Flexis in loco quo plectendi erant genibus, in cœlum uterque juvenis manibus elevatis : *Gloriose*, magna voce inquiunt, *Hieronyme, nostræ salutis et auxilii portus, nostræque spei anchora saluberrima et vitalis, hac inclina hora nostris indignis supplicationibus pias aures tuas : ut si hoc quo punimur scelus non gessimus, tuas liberationis opes pietate solita sentiamus. Quod si fecimus, exigente justitia condemnemur.* Hæc ubi dixerunt : colla extenderunt carnificibus ferienda, nil dicentes aliud quam, *succurre, succurre, Hieronyme gloriose*. Quid mirum, si tot lacrymis cunctorum ad se currentium misericors opifer Hieronymus, se a miserando non potuit abstinere : cum circumstantium omnium, et carnificum etiam corda ad compassionem moverentur? Elevatis siquidem ensibus, juvenum carnifices colla feriunt : ac colla percussionum signa uti porphyretici lapides forent, recipiunt. Mirantur carnifices, credentes se ictus fefellisse : denuo elevant, ut plus possunt, enses, feriunt : sed tunc uti prius insensibilia juvenum colla manent. At iterum et iterum feriunt : sed enses uti essent paleæ, juvenes nunquam lædunt. Oritur ex hoc inter astantes admiratio, et stupor vehementissimus omnes capit. Hinc inde gentium ad tam insuetam visionem confluit multitudo. Audit hoc et ipse sententiæ lator, et currit : Jubet iterum carnificibus, ut, se vidente, denuo feriant : et tamen omnimode illæsa juvenum colla manent. Stupens magis ac magis judex, tantique ignarus miraculi, nil scit aliud cur hæc fiant, quam veneficia cogitare. Præcepit itaque ministris, omni mora postposita, nudos tradi arsuros juvenes rogi flammis. Circa illos mox copiosus ignis accenditur : infunditur lignis oleum et pix : ut vita eorum citius destruatur. Quid mirandum, si compos protegendi ab ensibus gloriosus Hieronymus, a flammis etiam suos se invocantes sedulis vocibus juvenes potuit liberare? Sursum ignium flammæ in immensum scandunt. At juvenes sub alis consistentes Hieronymi gloriosi, salubriter permanent, veluti in amœno si quiescerent viridario et jucundo. Post hæc judex utrum hoc sit adscribendum miraculis an veneficiis, certius cupiens experiri, ut si hi diebus octo suspensi viverent, quo vellent abirent soluti et liberi, censuit.

Suspensis itaque illis mox, Hieronymi gloriosi præsentia minime defuit : qui plantas manibus tenens pedum, illæsos et vivaces, statutis diebus miserabiliter observavit. Currunt igitur octavo die totius civitatis et circumadjacentium villarum viri, currit et judex, cernunt clare gloriosum miraculum, patefacientibus quæ viderunt, qui ad custodiendos juvenes fuerant deputati. Mirantur omnes, in vocibus excelsis laudes peragunt creatori et Hieronymo glorioso. Mox de eculeo innoxii juvenes deponuntur, et maximis honorum obsequiis ab omni populo venerantur. Verum qui in urbem Constantinopolitanam capti, et dolore vehementissimo intraverant, liberi honorifice et cum gaudio ineffabili exierunt. Et tandem, annuente Deo, a multis Constantinopolitani populi comitati, Bethleem attingentes, veneratione debita gloriosi Hieronymi reliquias visitaverunt. Statimque deposita sæcularium omni cura, cœnobium in quo vixit gloriosus Hieronymus intraverunt, et vacantes die noctuque pœnitentiæ et orationibus, celebri vita sanctitatis perspicuæ in prædicto cœnobio adhuc manent.

Cap. VIII. Magnæ admirationis, gaudii, devotionisque causa præcedens juvenum miraculum exstitit; sed multæ formidini exstat sequens, in sacris ordinibus maxime constitutis. Apud superiorem Thebaidem quoddam Dominarum fuisse ante duos annos dicitur eximium et dives monasterium, omni pulchritudine ac excellentia decoratum : in quo pene ducentæ Dominæ, vita honestæ, religionis reclusione continua, decorisque moribus permanebant. Ad hæc, quibus insunt, figant aures, ne quod una hauserit auricula, fundat altera. Navis quantocumque sana sit et integra, modicum imo nihil prodest, si alta volens secare maria, parvum quod fundo inest foramen relinquat, ut dira naufragia non admittat. Cur hæc sim fatus, præsentis narrationis historia reserabit. Multis itaque pollens prædictum monasterium virtutibus, unum pessimum, quo ruit, simoniæ vitium retinebat. Nam instigante diabolo in eisdem Dominabus hæc observabatur abusio, ut si quam vellent in monialem recipere, non tantum intuitu caritatis et misericordiæ recipiendæque monialis bonitate, quantum recipiebant respectu pecuniæ. Nulla enim monasterium intrare mansura poterat, nisi certa pecuniæ quantitas secum iret. In hoc siquidem erat monasterio sanctimonialis quædam Domina, ætate grandæva, quæ ab infantia sua jejuniis et orationibus omni terreno resoluta cœno, Deo vixerat : quæ vitium illud quamplurimum abhorrebat. Cui nocte quadam, ut erat solita, in oratione positæ, gloriosus Hieronymus apparens, locum illum immenso illustrans lumine, eidem præcepit, ut ad Abbatissam cæterasque illius cœnobii moniales mane pergeret : nuntians quod nisi a peccato jam inveterato manum retraherent, ultionem divinam subito exspectarent. His dictis disparuit. Perterrita visione insueta sanctimonialis Domina, quis hic fuerit, jubens talia nuntiari, in seipsa avide pertractans, totam illam noctem peregit insomnem.

Crepusculo diei adveniente, omnes in Capitulo moniales, pulsato tintinnabulo, congregavit. Quibus admirantibus, ad quæ forent tanta festinatione in Capitulo convocatæ, sanctimonialis Domina ex earum assurgens medio, quæ viderat et audierat, omnibus patefecit. Fit illico ex hoc monialibus cunctis irrisio : hanc exclamant fatuam, multisque garriunt derisionibus, hanc forte illa nimia ebrietate somniasse. Illa vero accepta contumelia, patientiæ se scuto muniens, de earum siquidem pertinacia nimium dolens, sed de sua despectione gaudens, ad solitas rediit orationes : supplicans continuo, ne suis monialibus quod audierat eveniret. Transactis igitur diebus decem, nocte media prædictæ sanctimoniali Dominæ, hac de re devotis orationibus incumbenti, gloriosus iterum apparuit Hieronymus idem, ut quæ prius nuntiaverat monialibus, denuo intrepide nuntiaret, allocutione mandavit benigna. Ad quem illa : *Quis*, inquit, *es Domine, talia mihi mandans?* Hieronymus, inquit, *sum* : et ab ejusdem evanuit oculis. Illa vero sciens earum duritiem, quid ageret, quidve diceret, nesciebat. Tamen malens a monialibus insana et ebria reputari, quam divinis contraire præceptis, congregatis iterum monialibus, quæ viderat et audierat voluit intimare. Ast ut eam assurgere moniales pestiferæ conspexerunt, divini nesciæ judicii sibi de proximo futuri, antequam verba inciperet, e Capitulo cum magnis cachinnationibus exierunt. Quin transactis insuper diebus tribus dormienti prædictæ sanctimoniali Dominæ gloriosus Hieronymus ineffabili quadam societate vallatus Angelorum, nocte apparens media, eam excitavit, eique jussit protinus, ut de illo exiret monasterio : nec subito futuram sententiam exspectaret. Cum illa vero multis lacrymis supplicaret ne hoc fieret : gloriosus inquit Hieronymus, *Ad Abatissam et cœteras pergito omni mora postposita, eisdem nuntians, quod nisi pœniteant, hac nocte divinam sentient ultionem. Si autem in sua permanebunt duritia statim exiens, amplius in monasterio ne moreris.* His finitis abscessit. Hæc igitur audiens sanctimonialis, anxia, plenaque tristitiis, Capitulum adiit, et campanam cœpit vehementer, ut ad Capitulum accederent moniales, resonare. Quo Abbatissa de somno evigilans, cognoscensque ab hac fore campanam pulsatam, cum iracundia ad Capitulum properavit. At ubi illam vidit, diris eam minis increpans, nullum voluit audire verbum, promittens quod nisi cessaret hoc agere, secum amplius in monasterio non maneret. Cui sanctimonialis Domina, *Ne tardes, quæso, agere quæ promittis. Profecto me noscas hoc in loco amplius non mansuram : gloriosus equidem Hieronymus apparens mihi tantummodo hoc statim monasterio futurum judicium patefecit.* Hæc audiens Abbatissa, deridere cœpit, hanc æstimans vesano capite ista fari. Et Ostiariam convocans, jussit ut hanc de monasterio protinus effugaret : mandans eidem, ut aliqua hora sic extra dimissam, postmodum faceret introire, ut sic ab inceptis operibus jam cessaret. Hac de re læta sanctimonialis Domina, quam citius potuit e monasterio est egressa,

lacrymis transfusa, doloribusque repleta, pro his quæ monasterio noverat evenire. Terribilis siquidem Deus, fortis atque potens : et quis resistet ei ? Heu cur homines eum non formidant, scientes se nullatenus posse ab ejus effugere manibus, ut ejus eos magnum et inenarrabile judicium non comprehendat : saltem his miseri terreantur exemplis. Audiant qui in suis confidunt divitiis, quique in iram concitant excelsum Dominum, suæ avaritiæ siccitate, quale huic monasterio a Deo propter pecunias faciem avertenti, de cœlo est judicium jaculatum. Pene limen ostii sanctimonialis Domina excesserat : et subito totum corruit monasterium, omnes opprimens moniales, ita ut ex eis viva aliqua non remansit. Sanctimonialis vero illa in quodam venerabili Dominarum monasterio, quod est apud inferiorem Thebaidem, hactenus sanctitate præcipua viva manet.

Cap. IX. Dignum censui præmissis miraculis aliqua alia divini contra peccantes manifesti judicii declarativa jungere : ut si forte præ indiciorum multitudine, peccatorum corda tenacia et plus quam lapidea in carnea verterentur, quatenus cum se ob peccata cernerent fieri bellluas, ratione et cognitione sui conarentur ut fierent homines, adipisci. Abjecta etenim ratione, qua sunt homines, infra bruta animalia rediguntur. Græcorum quidam hæreticus, die quadam cum sacerdote quodam in Jerosolymitana Ecclesia publice disputabat. Cumque sacerdos ob suæ partis defensionem auctoritatem quamdam gloriosi Hieronymi allegaret, ut Græci destrueret rationes, temerario pestifer Græcus ore gloriosum fuisse Hieronymum (totius veritatis lumen) mentitum non erubuit voce fari. At quia voce talem nequitiam perpetraverat, vocem deinceps ullatenus non formavit.

Cap. X. Quidam insuper alius hæreticus pestifer Arianorum, in quadam disputatione cuidam gloriosi Hieronymi auctoritatem contra eum inducenti, ut mentitur, sua temeritate respondit : subito fuit divina ultione percussus. Nam nondum verbum voce finiens, clamare per totum diem sine aliqua cessatione non desiit : *Miserere mei, Hieronyme gloriose, qui a te pœnis durissimis torqueor.* Et hoc per totum illum diem quantis poterat vocibus clamans, hora completorii miserabiliter cunctis qui ad hæc concurrerant cernentibus, exspiravit.

Cap. XI. Hæreticus quidam alius pestiferæ hæresis Arianæ, cui ante meum obitum, finem pius imponat Dominus : in Ecclesia Sion gloriosi Hieronymi imaginem cernens : *Utinam*, inquit, *sic te cum vivebus meis manibus tenuissem, quia te meo gladio jugulassem.* Hæc ut ita dixit, gladium evaginans, tota vi ipsum in imaginis illius guttur infixit. Quam magnus iste Hieronymus, tot faciens mirabilia, cui secundum sua opera similis non apparet, potuit equidem imbecillis in imaginis gutture gladium figere dextera ; sed de imagine gladium, et a gladio manum quousque res innotuit, extrahere nullatenus fuit compos. Mox quoque ex percussionis loco, tanquam ex hominis corpore vivi, sanguinis unda fluxit, quæ usque modo pro miraculo declarando fluere nunquam cessat. Eadem insuper hora, qua res sic acta est, judici in atrio existenti, idem gloriosus Hieronymus cum gladio gutturi infixo apparens, pro offensione hujusmodi vindictam fieri postulavit, narrans equidem sibi factum. Et hæc dicens abiit. Stupefactus itaque judex cum cæteris qui adstabant, ad Ecclesiam properans, hæreticum manu gladium imaginis gutturi infixum tenentem reperit, qui protinus, ut hi viderunt, manum fuit compos a gladio removendi. Captus itaque hæreticus in sua permanens duritia, ob aliud se non dolere, nisi quod vivum non teneret Hieronymum garriens, a populi multitudine lapidibus, lignis, ensibus, et lanceis jugulatur.

CAP. XII. Nepos meus Joannes, quem agnoscis, omni fulgens pulchritudine, quem mihi in locum filii adoptavi, ut puto, tibi pridie quid ei evenerit enarravi. Sed tamen, ut præstantius memoriæ commendetur, silentio non transibo. Captus itaque idem Joannes ante duos annos a Persis, et Persarum regis ministris venditus, propter eminentem suam pulchritudinem ad regis exercenda obsequia deputatur. Cumque per annum in curia regis, non parvo dolore et tædio permansisset, eodem revolutionis anni die prandenti regi serviens, præ tristitia se a lacrymis non potuit continere. Hoc rex intuens, lacrymarum ab eo avide quærit causam. Qua comperta, in quodam eum castro a quibusdam præcepit militibus custodiri. Sequenti namque nocte, eodem in castro existente diris lacrymis undique madefacto in somnis eidem gloriosus Hieronymus veniens, manumque ejus, ut sibi videbatur, capiens, ad civitatem Jerusalem secum duxit. Expergefactus mane, in domo, in castro a militibus retineri putans se, qua manco, se invenit. Qui admiratione velut amens factus, utrum in castro vel in domicilio meo staret, nullatenus discernebat. In se postremo rediens, emissa voce, dormientem familiam excitavit. Currunt igitur ad me famuli adesse Joannem ineffabili gaudio nuntiantes. Quare dubius accurrens, quem a Persis vinctum putabam, præsentem cerno. Quo quidem quid ei acciderit enarrante, Deo et glorioso Hieronymo laudes maximæ persolvuntur.

CAP. XIII. Sanctimonialis quædam Domina, omnium pene pulcherrima feminarum, ætate juvencula, sed animi sapientia valde cana, beati Hieronymi devotissima, in quodam cœnobio Dominarum multa sanctitate, ut opinor, adhuc vivit, cui quod audies dicitur contigisse. Sit mulier hæc aliis in exemplum, quæ huc illucque per plateas et vicos discurrere non cessant, sua stultorum hominum illaqueantes animas visione. Nullo tot diabolus animas reti capit, quot laqueo pessimo mulierum. Sanctimonialis hæc (ut omnium Dominarum testimonio comprobatur) nunquam nisi eam maxima compellat necessitas, extra suam cellulam gradum figit, neque enim aliud agit opus, quin aut orationibus vacat, aut lectionibus et meditationibus implicatur, aut corpus reficit dormiendo, aut aliqua exercet manibus opera, semper tamen dominicam scripturam ruminando. His durus serpens antiquus, diabolus, operibus invidens, ut eam a sancto proposito revocaret, cujusdam nobilissimi juvenis animum ejusdem sanctimonialis in tantam incitavit concupiscentiam, quod nil poterat die noctuque aliud, nisi quomodo posset eam attingere cogitare. Circa monasterium veri luminis obcæcatus continue pergens, nullum remedium aliud reperire quibat. Tanta namque inscitiæ nube caligatus exstitit, ut multoties se suis perniciosis turbatum affectibus cernens, voluerit se aquis tradere suffocandum. Stulti amoris stultum juvenem catena de die in diem stringit. Ut hæc ad sanctimonialis aures resonent, ob suam non audet pudicitiam. Qua de re omni ad hoc auxilio destitutus, quemdam inveniens magum, veneficia dæmonum et incantationes nefandas artibus exercentem adiit et magnam promittit (si quod optat expertus fuerit) pecuniæ quantitatem. Tunc veneficiorum magus, suis carminibus convocatum dæmonem, decipiendi causa, nocte media festine ad sanctam destinat monialem. Ad cellulam itaque accedens dæmon, transire ultra cellulæ Hieronymi imaginis in cella pictæ timore nimio nequit limen. Mira res, Augustine (ut multiplicibus patet exemplis) tantus gloriosi Hieronymi timor diabolo inest, ut etiam suæ picturæ non audeat apparere. Nam si cui obsesso corpori pretiosa demonstratur imago, ab eodem continuo diabolus effugatur. Igitur commissum explendi opus nequam spiritus desperans, ad mittentem revertitur : sibique negari ad monialem introitum pandit, ob gloriosi Hieronymi imaginem in cella pictam, quem deridens magus dimisit. Moxque convocatum alium dæmonem, quam potest mittit citius ad hujusmodi opera finienda : fitque secundo id quod primo. At secundus per horam forte manens, coactus excelsas cœpit voces emittere : *Si me, Hieronyme, hinc sinis recedere, huc ulterius non revertar.* Ad hæc stupefacta mulier, quæ orationibus in cellula inhærebat, quis istas fundat voces, nimio pavore percunctatur. Non cessante diabolo sic clamare, excitatæ illius cœnobii moniales, timore percussæ grandi tremulæ ad illam accurrunt cellulam, cruce Domini præeunte. At ubi illum nequam spiritum sciunt, eumdem conjurant, ut debeat qua de causa venerit, indimare. Narrans equidem diabolus rei seriem, seque gemitibus et ululatibus pandens catenis igneis vinctum ab Hieronymo retineri, rogat eas, ut suis mereatur precibus abeundi gratiam invenire. At ubi moniales hæc audiunt, Deo et glorioso Hieronymo laudes reddunt : suppliciter postulantes, ut dæmonem hunc nullatenus reversurum de eodem cœnobio effugaret. Vix orationis verbis finitis, diabolus magnis stridoribus ex eodem loco recedens, magum adiit : eumque capiens, tantis verberibus et cruciatibus flagellavit, ut per multa horarum spatia aliquod vitale signum paulominus appareret, diris clamans vocibus : *Mei cruciatus causa fuisti, ad illam me destinans monialem. Certe in te eisdem verberibus vindicabor.* Inter hæc autem verbera tam horrenda, magus cum se pene perniciei propinquum cerneret, suas videns artes nullum sibi auxilium adhibere, ad totius refugii portum, Hieronymum gloriosum jam naufragus se dirigens,

Gloriose, inquit, *Hieronyme, huic ad tuam clementiam subveni misero accurrenti, solita misericordiæ dona prægrandia non denegans.* Promitto namque si tuis hac hora adjutus auxiliis perniciei tam horribili non succumbam, quod deinceps cunctis exutus fallaciis, a tuis obsequiis non recedam. His finitis, velut fumus ab eodem nequam spiritus evanuit. Per annum autem idem jacuit verberibus magus in tantum sui corporis impos, quod non nisi alieno auxilio potuit se movere. Mox idem accepta pœnitentia magus antequam de lecto surgeret, cunctis combustis codicibus, quibus artes illas nequissimas exercebat, venditisque omnibus quæ habebat et pauperibus erogatis: completo anno se ob pœnitentiam peragendam in quadam spelunca claudens in eremo, in qua per quadriennium gloriosus stetit Hieronymus, multa sanctitate et vitæ, et pœnitentiæ asperitate pollet. Huc quæso juvenes omnes currant, et insani juvenis exemplo discant, ne quod illi contigit, sibi postmodum doleant contigisse. Insanus itaque juvenis tantis circumligatus luxuriæ laqueis, videns se omnimode suæ miserrimæ voluptatis desiderio nefandissimo defraudari, quadam nocte laqueo se suspendit: et sic se infelix temporali vita potius et perpetua privavit. Ecce quot malorum causam turpissimum luxuriæ vitium esse liquet. Nil tam ruinæ animæ pariter et corporis promptum, quantum istud nequissimum arbitror scelus. Ex ipso namque homicidia, ebrictates, et contentiones, et pene universa oriuntur mala: ut veteris et novi Testamenti infinitis patet exemplis: nec non et continuis manifestisque experientiis declaratur. Ad hoc autem ut major juvenibus detur astutia se tuendi (nam status ullus periculosior non est insipientis juventutis statu) aliud censui exemplum mei nepotis Ruffi, ætate forte annorum decem et octo, quanquam dolore nimio, subrogare.

CAP. XIV. Non est ambiguum ista quæ incipio enarrare magnis tribulationibus meæ memoriæ revocari: sed tamen ut præmissum est, ob omnibus et maxime juvenibus provenint in exemplum, silentio illa nequeo præterire. Nepos quidam meus Ruffus nomine, utroque privatus parente anniculus ad meas devenit manus: qui utinam ex matris visceribus non exisset, ne illi quod sustinet contigisset. Quem tanta diligentia suo infortunio enutrivi, ut a pluribus a me genitus putaretur. Crescens itaque in diem puer infelix ætate, sed non sapientia: ingenti pulchritudine corporis, sed non animæ, decorisque et probis moribus, honestate, bonitate et multæ sapientiæ elegantia quanquam vane decoratus, a cunctis dilectione superflua colebatur. Is namque in decimo octavo ætatis suæ anno, imbecillis et miserrimus exspiravit. Propter quem tantus ab omnibus sonuit luctus, ut vix per mensem finem potuerit invenire. Sed certe luctus pro eo quod evenerat non suffecit. Ast ego ejus nimiæ incumbens dilectioni, pluries gloriosum rogavi Hieronymum, ut mihi quid nepoti meo acciderat revelaret. Igitur meis annuens gloriosus Hieronymus precibus, obtinui quod gliscebam. Oranti enim mihi die quodam hora nona, tantus evenit fœtor, quod nullatenus naribus poteram tolerare. Hæc dum mecum tacitus reputans, unde hic tantus adesset fœtor, admirarer, supra meum verticem elevatis oculis, infelicem nepotem meum vidi terribilis visionis: ita quod in eum visum imprimere non audebam. Nam catenis igneis circumligatus fornacis instar flammas fœtidissimas erumpebat. Ad hanc itaque visionem subito me tam vehemens timor arripuit, ut dum pluries loqui vellem, formandi vocem nullatenus compos eram. Postremo aliquantulum in me rediens: si meus esset nepos, voce cœpi perquirere tremebunda. Ad hæc ille ululatibus et suspiriis: *Utinam,* inquit, *non fuissem; ne tam diris essem cruciatibus deputatus. Nam scias me in tartareis mansionibus perpetuis temporibus permansurum.* Heu quid dicam? His dictis, tantus mihi dolor affuit, ut sim pluries admiratus, quomodo e vita protinus non discessi. Longis autem expletis colloquiis, ab eodem sciscitatus fui, cur divinæ fuisset misericordiæ sic expers, cum in mundo tot virtutibus polleret. *Pro nulla,* inquit, *me scias causa fore damnatum: nisi quia in ludis maxime delectabar. At quia in morte accepta pœnitentia quasi stulta ignorantia, ut debebam postposui confiteri, divinam non merui veniam adipisci.* Et hæc dicens, a meis disparuit oculis. Talis autem eo abeunte remansit fœtor, ut in locum illum hactenus nullus audeat introire. Ecce quantum turpissimum ludi scelus divinæ abhorrent majestatis oculi. Timeamus ergo ne nos bonorum rapiat inermes tam repentinus interitus: ne non pœnitere nos vitiorum contingat, dum tempus inest: quia postmodum pœnitentia foret frustra. Ut igitur a Christianis tantæ ruinæ ludi procul effugiat nefas: imo ut ab omnium memoria deleatur, exempla alia quædam, quam brevius potero, subrogabo.

CAP. XV. In Samaria quindecim nondum expletis diebus, dum miser quidam ludens, quasi omnia quæ habere poterat, consumpsisset, gloriosi cœpit Hieronymi nomen ausu temerario blasphemare. Quem nefanda blasphemiæ vix finientem verba, videntibus et stupentibus cunctis, mox e cœlo fulmen veniens interemit.

CAP. XVI. Tribus aliis, in Tyro ludentibus, hoc accidit quod enarro. Cum enim illi suum vellent incipere ludum, ut hi qui se hoc ab eisdem audisse, et totam rei seriem etiam se vidisse, fantur et referunt, sic dixerunt: *Quamcumque potes exerce vim, Hieronyme: quia te invito ludum istum alacriter finiemus.* His itaque dictis, suum incœperunt ludum, quo quidem primordiato, quasi uno elapso instanti, se terra aperiens, illos solum absorbuit, ita ut nil ex eis amplius fuerit visum.

CAP. XVII. Quod visu noscitur, verissimo testimonio comprobatur. Idcirco quæ dico quammultis possent comprobari testibus: tamen meipso teste, qui ea visione propria didici comprobabo. Juxta meam in qua Jerusalem habito ædem, nobilissimus quidam miles fuit, transitoriis nimium locuples, qui unicum habens filium, ejusdem stultissimi amoris cæcitate perculsus, non solum a pravis eum non corrigere, sed etiam eum ipsemet prava instruere conabatur. Parentes fatui et isti similes, mentis quæso oculos huc inclinent, ut quis finis eveniat, non ignorent. Multi enim homines, magnas animæ et corporis inciderunt ruinas, ob pravorum parentum insipientiam. Crescens namque illius militis filius, cunctis bonis moribus destitutus, de die in diem pejerando, totum suum tempus amittens, in ludis et blasphemiis cunctisque immunditiis, patre causante, annum attigit duodenum. Qui quodam adversperascente die, solitis cum patre ludis insistens, ludum eodem, ut gliscebat, non habente, primo prorupit in hæc verba : *Si quid ille potest Hieronymus, qui ludos prohibet exerceri, jam exerceat, nam se invito hinc non nisi victor exurgam.* Verum hæc dumtaxat ipso prosequente, nequam spiritus teterrimi hominis specie, cunctis videntibus locum in quo ludebat, veloci gradu adiens, eumdem puerum infelicem rapuit : sed quo eum detulit, nulli hactenus hominum est compertum. Verum ut puto, eum detulit in Infernum. Eadem namque hora casu ad quamdam meæ domus fenestram, quæ in loco, in quo ludentes degebant pater et filius ex opposito sita est, me posueram : quo me videre fuit necesse veritate perspicua seriem tam formidandæ rei gestæ. Discant ergo juvenes in juventutis tempore, quod cæteris est præstantius, expetendis moribus se fulcire, ne vilibus caducisque moribus juvenilis animus informatus, statum in canitie nequeat permutare. Quod enim novæ chartæ inscribitur, de facili non deletur. Discant etiam parentes fatui, filios correctionibus et verberibus erudire : nec vitiorum sinant vepres radices figere non faciliter evellendas, ne flendi et hic et in futuro eis succedat eventus. Nam nisi fallor, ad æternorum gaudiorum patriam deveniendi, arctissima et sine ambiguitate aliqua, a paucissimis certe cognita exstat via. Eundi ad perditionem, et multis, imo pene infinitis limitibus plenam fore constat. Quodlibet enim mortalium peccatorum ad perditionem suam tramitem struit : quorumdam hominum non solum Paganorum, sed etiam illorum quos sacri Baptismatis unda lavit (nam de Paganis nulla oritur quæstio, quod non damnentur) majorem fore liquet numerum multiplicibus insistentium flagitiis, quorum nulla pene umquam cognoscitur emendatio. Quin imo respective quidem dico, pariter bonis et malis hominibus consideratis, non est qui faciat bonum, non est u quæ ad unum, sed omnes post suas improbas et pessimas ambulant voluptates. Consequenter concludi debet, quod ad æternæ beatitudinis gaudia rarissimi gradiantur. Infinitæ, quinimo omnes pene sacræ Scripturæ auctoritates hoc testantur, infinita quoque exempla possemus perspicaciter intueri, ad hujusmodi veritatem sufficientius demonstrandam. Hoc ex omnibus unum censeri debet, nec ab hoc discrepari potest, nullum scilicet ad æterna modo aliquo pervenire posse gaudia, nisi omnibus non particulariter, sed totaliter vitiis exstirpatis, virtutum

studeat itinere festinare. His jam fine dato, exempla et prodigia quædam jam hujus operis fini propinquus breviter introducam. Et duo præcipue admiranda, quæ a venerabili viro Nicolao Cretensis Insulæ Archiepiscopo referente didici, primo dicam.

Cap. XVIII. Venerabilis idem Archiepiscopus pridie gloriosi Hieronymi devotione nimia Bethleem veniens, ut ejusdem cunctis honoribus colendas reliquias visitaret, et totus caritate fervidus redire noluit, donec me sua gratissima visitatione eximiis lætitiis adimpleret. Qui uti donorum præcipuis, ut gratissima mihi donaria superabundantissime more solito impertiret, me visitare minime contentus, mecum dignatus est jam diebus pluribus commorari, et etiam adhuc manet, quod utinam tempore longo duret. In Christo namque, Augustine carissime, venerabilis idem pontifex te salutat. Quampluries igitur mihi suorum verborum avido, venerabilis idem pontifex enarravit, hoc tale in civitate Candia contigisse. Sacerdos quidam suus; suæ majoris Ecclesiæ custos, impudicus, luxuriæ et ebrietati deditus, nondum completo anno de hoc sæculo migravit. Cujus corpore in cæterorum sepulto atrio sacerdotum, ut ejus punitio cunctis innotesceret ad exemplum, subsequenti nocte tantus in Ecclesia ejusque cœmeterio fuit strepitus, quod rumore nimio in urbe illa commorantes excitati pavore ingenti velut amentes ad Ecclesiam cucurrerunt. Stant itaque omnes circa Ecclesiam, strepitus vehementes campanarumque sonitus audientes, divinam quidam exorant clementiam, quatenus cur ista fiant debeat revelare : sed nullum exauditionis sentiunt adjuvamen. Diluculo hoc cessante, cuncta quæ fuerant in Ecclesia reperiunt revoluta, et quasi undique flammis ignium violata. Ad hæc memoratus pontifex orationes indicens populo, quid sequenti eveniat nocte præcepit exspectari. Ne nimis succumbam verbis, sequenti nocte duplex strepitus et pavoris tribulatio est secuta. Qua de re repletus populus amaritudine et dolore, cernens nullum sibi a Domino adjutorium evenire, sicut vulnerati, qui in monumentis projecti dormiunt, existebat. Die autem elucescente, omnibus in Ecclesia pro orationibus congregatis, gloriosus Hieronymus subito septies sole splendidior in Ecclesiam veniens, de altareque gradiens, cunctis videntibus et mirantibus, per horam forte sub silentio manens : obstupenti populo, hoc propter sacerdotis illius miserrimi cadaver, sacris indigne locis conditum, ad terrorem peccantium contigisse intimavit : eidemque mandans, ut cadaver miserum, tartareis post resurrectionem omnium mansionibus deputandum, dissepultum flammis traderent protinus concremandum, alioquin incœpta pestilentia non abiret : et sic ab intuentium oculis est invisus. Quod ut ordinaverat, lætabundus populus protinus adimplevit, Deo et beato Hieronymo laudes præcipuas persolvendo, et sic pestis ista cessavit. Qui deinceps beatissimum Hieronymum omnes unanimiter devotione maxima incœperunt colere.

Cap. XIX. In eadem insuper civitate quidam pulcherrimus exstitit juvenis, Titus nomine, honestus moribus, ingenio luculentus, carnali non ignobiliori natus progenie, prædives valde, totam pene devotionem et fiduciam habens in beato Hieronymo. Hic siquidem juvenis virgineo nitens candore, in ejusdem sanctæ virginitatis proposito usque ad vicesimum annum probis vitæ moribus perduravit. Quo itaque tempore, sui fratris nefando consilio incitatus, spretis tam nobilissimis virginitatis gemmis, auri pretiosissimum metallum calcans, ad carnis spurcitias et lutum ac fœtorem luxuriæ vehementer declinans, puellam quamdam omni pulchritudine corporis renitentem, sibi in matrimonium copulavit, in cujus amoris retibus ita se capiens, quod aliud præter ipsam poterat minime cogitare, de die in diem cœpit divina obsequia oblivisci. At quia miser dereliquit justitiam, et oblitus fuit Deum alentem se, oblitus fuit sibi Dominus misereri. Completo namque anno, quo cum puella juvenis insensatus steterat, non ut in matrimonio, sed causa explendæ libidinis copulatus, suggerente diabolica astutia juvenis frater, puellæ illaqueatus amore, avide diu quærens ejus amplexibus frui, tandem quod optaverat est adeptus. Huc accurrant juvenes, et exemplo juvenis sint astuti. Fiunt nota juveni, puellæ viro, jam peracta. Tacens idem cogitat avide, quo valeat modo certitudinem reperire. Expectat diebus aliquot, se simulans hoc nescire. Ast die quadam ordinat, urbem descerens, peregre proficisci, et latens per diem in civitate, nocte media domum veniens, reseratis seris a puella servitrice, clam ut prius simul ordinaverant, ambo usque ad thalamum, in quo ejus frater et uxor in lecto stabant, procedens, sibi postulabat aperiri. Mirantur illi, et timore perterriti vehementi, pulsanti negligunt ostium reserare. Tandem confractis seris thalami, juvenis ira et furore nimio, fornacis instar ardentis undique inflammatus, uxorem primo evaginato gladio interfecit. Deinde sub thoro proprium latitantem fratrem inveniens interemit. His itaque gestis, ex civitate exiens, multo tempore per mundum huc illucque errans, cum quibusdam aliis cœpit quosdam transeuntes in itinere deprædari, ac etiam jugulare. Permanente itaque eodem Tito per decem annos talibus negotiis implicato, gloriosissimus Hieronymus salubre refugium et vitale, die quadam jam advesperascente luce, in modum mercatoris se monstravit: ne ille solummodo habitæ devotionis præmiis privaretur. Nam ille quanquam tot et tanta vitia abhorrenda continue exerceret: tamen in beato Hieronymo devotionem aliquam retinebat, ita ut eidem quotidie se commendans, boni aliquid diebus singulis ad ejus honorem facere nullatenus postponebat. Cernens itaque Titus mercatorem, nefandis sociis ad solita nequitiæ opera convocatis, concito cum eisdem pergens cursu, vibratis lanceis, Hieronymo mercatoris instar obviant venienti. Moxque in eum insurgens a sociis, eumdem præcepit retineri, donec ejus lateri gladius infigatur. Deinde manum elevat interficiendi gladium retinentem, ut scelus tantum valeat jam explere. Ad hæc Hieronymus gloriosus: « Amore, » inquit, « Hieronymi, quem tu diligis, aliqua loquendi brevis licentia mihi detur: postmodum si volueris, facito id quod optas. » Ad hæc Titus, « Amore, » inquit, « ejus quem nominasti, et loquendi et vivendi licentia tibi, ut postulas, concedatur: tantum quæ portas mercimonia, jam depone. » At gloriosus Hieronymus: « Ego ipse sum Hieronymus, qui huc propter tuam liberationem veni, ne mihi a te impensa obsequia in vanum præterirent. Te tot quæ gessisti peccaminum, jam pœniteat: ad teipsum redeas, ne formides: hucusque me noveris propter tuam salutem, et animæ et corporis, supplicem apud Deum et erga te iratam divinam justitiam exstitisse, ne in te dignas tibi sævitias exerceret. Ad pœnitentiæ igitur quamcitius perge callem, et peccatorum opera jam depone: alioquin me tui custodem et supplicem non habebis. » His dictis, Hieronymus gloriosus ab illorum oculis disparuit. Ad hæc stupefactus Titus, et qui cum illo erant, timore et admiratione tam ingenti ad terram procidens, per horam non potuit elevari. Tunc subito in Titum, et qui cum illo erant, Spiritus Sancti gratia est effusa, et lux eos cœlitus illustravit. Qui protinus in viros alteros jam mutati, spretis cunctis spurcitiis vitiorum, ad pœnitentiæ tramitem rediere. Deinde ad eremorum antra devia et ignota properantes, magnis se corporum asperitatibus et vitæ sanctissimæ tradiderunt.

Cap. XX. Miraculum aliud quod veridicorum testimonio solidissime in superioribus Ægypti partibus peractum intellexi: quatenus hominibus et maxime juvenibus, quantumcumque castis, proveniat in exemplum ad evitandum periculum mulierum, præcedenti miraculo addere cogito fore ratum. Monachus quidam juvenis et decorus, honestate præcipuus, morum maturus, quasi senex virginalis pudicitiæ custos, cunctisque illius monasterii monachis speculum sanctitatis, et gloriosissimi Hieronymi amator devotissimus fuit: duodecim degens annis in monasterio, continue orationibus vacans, et studio Scripturarum. Hic amore castitatis timens, ne cor aliqualiter violaret, mulierum visus ineffabiliter abhorrebat, ita ut earum memoriam formidaret. Huic proposito diabolus antiquus serpens et hominum inimicus invidens, suæ nequitiæ inveteratæ contra eum dolos et artes multiplices incitavit, continue cogitationum stimulis, juvenem pessimus tentator affligens, die noctuque a tentationibus duobus mensibus non cessavit. Juvenis vero providus, sese Domini et beati Hieronymi, cujus dilectionis ardore fervebat, commendans custodiæ, victrici dextera, tentamenta diaboli, jejuniis et orationibus se muniens, triumphabat. Confluant huc quæso juvenes atque senes, et quanti sit casus mulierum fallax pulchritudo hinc doceantur maxime per exemplum. Cernens se aspis perfidus diabolus a juvene superari, tanquam leo rugiens, subtiliores nocendi artes cœpit quærere. Fit itaque inter eos pugna gravis

Hinc astutiis consuetis castra adversus juvenem struit pessimus inimicus, hinc juvenis orationes et Hieronymi protectio, castrorum sternunt munitiones, et vires ejus triumpho nobili vilipendunt. Interea genitoris ad mortem aegrotantis visitationis causa ingruente, ex monasterio in civitatem ad paternam aedem venire juvenis est compulsus. Nam se pater dolore nimio moriturum, si visione frustraretur filii, crebris clamoribus acclamabat. Ob hoc dolens monachus, timens ne mulierum visu, cor mundum et virgineo candore nitidum violaret, potius, nisi fratrum sui coenobii fuisset supplicationibus inclinatus, erga patrem crudelitatem volebat propter Dominum exercere, quam eidem infirmanti compati a monasterio recedendo. Sciebat enim monacho nil tam nocuum, detestabile et mortale, quam vicos et civitates, et gentium multitudinem circumire. Nulla certe permanet in homine quies mentis, qui multorum verbositatibus et vaniloquiis implicatur. Quod aqua piscibus, monachis idem praecipue silentium operatur. In paterna itaque manens aede monachus diebus tribus, taedio tam vehementi affectus est, quod sibi potius videbatur tetris se fore carceribus mancipatum. Completo die tertio, dum eum cum sorore sua quadam pulchritudinis inauditae, infirmitatis causa patris crura simul contingeret confricare, casu sororis dextera ejusdem tangente dexteram, tam diris libidinis et ejusdem sororis ineptae, et abominabilis concupiscentiae fuit subito jaculis cor ejusdem monachi instigante diabolo vulneratum, quod pene eam ad illicita, et omnino ab hominibus abhorrenda, nisi exstitisset timor verecundiae, invitasset. Heu quid dicam? Quae monachis illis inerit observantia castitatis, qui continue mulierum visibus potiuntur in simul colloquendo? Sic manet in castitate homo faciem intuens assidue mulierum, sicut manet palea stans in igne. Fallax certe, et ruinae maximae propinquus casus, inevitabileque periculum est feminae pulchritudo. Timor certe monacho evenit, quem timebat, et sibi accidit quod tanto tempore verebatur, nec sine exemplo maximo aliorum. Non in illo jussum est parentibus obedire, in quo animae periculum formidatur. A monasterio invite monachus egreditur, sed ardore libidinis tam nefandae cor inflammante, nil aliud quam sororis hoc nescientis scelus faciem improbis oculorum visibus videre cogitans, pene nunquam fuisse se in monasterio recordatur. Sanatur interim pater. At monachus excusationibus adinventis, tardat de die in diem ad monasterium remeare. Manente autem eodem in paterna domo tribus mensibus, hinc monachos, hinc patrem maxima movit admiratio omnemque familiam, cur istum tam vehemens irrepserit mutatio et alteratio inaudita. Ignorant siquidem rei causam, idcirco effectum eos contigit ignorare. Ad monasterium cum duobus ad se ex monasterio destinatis monachis tandem revertitur, illud referens taedium redeundo, quod prius detulerat exeundo. Coepit itaque in monasterio corpus degere monachi, cor vero a sorore aliqualiter non recedit. Hoc sibi fit studium

Scripturarum, ut attingat pessima quae affectat. Haec contemplatio divinorum, ut peccatorum modum inveniat explendorum. Percutitur alienus sui, et a veritatis cognitione devius, continua a diabolo, cujus jugo gravissimo imbecille collum submisit, libidinis novae telis. Sicut fumus deficiunt dies ejus, confringuntur sicut in frixorio ossa ejus, et infirmatur doloribus vita ejus, irrationabili fit similis animali. Obliviscitur in toto divinam clementiam exorare: tota die cogitans quis modus appareat habilis, ut poculum mortis valeat degustare. Heu quam sunt inopes et miseri, et ab omnibus bonis egentes et exules, qui a Domino se elongant. Tanto fit pejor brutis animalibus vir in peccatis, quibus ab anima Deus majori spatio elongatur, quam id quo coelum a terra distat, et oriens ab occasu: quanto eisdem praestat, cum divina gratia est fulcitus. Cogitanti denique monacho veritatis luminis nescio, nefandissimae et auditui horribilis voluptatis adipiscendae reperire modum, mali consilii seminator diabolus hoc sibi tale insinuat consilium occulto cogitamine vani cordis, ut scilicet intempestae noctis medio cunctis dormientibus, veste deposita monachali, sumptoque habitu laicali ex monasterio exiens, paternas clam adeat mansiones, et domum crepusculo noctis latenter intrans, sub thoro sororis lateat, donec dormiente ipsa, ad eamdem accedat suae voluptatis libidines expleturus. Placet insanae mentis imperitiae consilium erogatum, studetque ipsum toto posse quam potest brevius effectui mancipare. Sequenti igitur advenienti noctis medio, sub silentio ad fores coenobii claves gerens manibus properat: sed ad ostia veniens, per totam illam noctem huc illucque discurrens, quo sint in loco posita non invenit. Stupore et admiratione perterritus, cur hoc sit nesciens, interim jam matutinali, qua ad laudes debitas Dominicas monachi excubabant, appropinquante hora: compellitur ille ad cellulam retrogredi. Manet in cellula ille admirans per diem illum, proponit sequenti nocte facere quod non fecit. Audet imbecillis dextera quae non potest: sperat stultum pecus contra leonem pugnans triumphi gloriam adipisci. Quid insensate reris? Putas agere vile pecus, quae leo fortissimus Hieronymus contradicit? Cessa imagini gloriosissimi Hieronymi genua flectere, ipsum ulterius non salutes, et tibi potestas protinus concedetur, ut cadas in foveam, quam effodis, ut dira naufragia jam admittas. Non possunt impensa gloriosissimo Hieronymo servitia, quoquo modo fiant, mercedibus vacuari. Retinebat siquidem in cellula monachus ille devius et errans et diabolico dominio mancipatus, imaginem gloriosi Hieronymi tabula insignitam, cui diebus singulis, antiqua consuetudine flectens genua, se eidem pluries commendabat. Idcirco ut ejus mira clementia cunctis innotesceret, illum eo die retinebat, ne malum faceret quod volebat. Ignorans vero haec ille monachus, subsequenti nocte ad coenobii iterum fores pergit. Sed quod praecedenti nocte fecerat, id hac fecit. Ne igitur inhaeream verbis: per unum fere mensem, singulis noctibus continue hoc evenit. Completo itaque, ut puto, mensis circulo, in somnis beatus Hieronymus sanctissimo cuidam illius monasterii monacho apparuit, in stratu suo quiescenti nocte, eidem revelans quid iste monachus faciebat : mandansque illi ut debeat eidem monacho sic erranti declarare, quomodo ipse cum, ob sibi impensam reverentiam, custodivit, ut ostia non videret ad cogitatum perpetrandum scelus. Et quod nisi sibi velox de inceeptis subsequatur emendatio, sese de ipsius custodia removebit : discessitque protinus ab eodem. Mane autem facto quæ viderat monachus, alteri monacho enarravit. At ille se quid hic dicat non intelligere, pluribus detestans sacramentis, cœpit dicere propter cerebri vacuitatem hæc somnia evenisse. Tacet monachus, et recedit. Ille gaudens proponit nocte sequenti, nullam amplius exhibens solitam Hieronymo reverentiam, ostia monasterii ad nequam opus, quod tam diu affectaverat peragendum, ad suum libitum reserare. Ut breviter dicam. Quod miser diu hianti animo cogitaverat mala operandi, ab Hieronymo honore solito privato, sibi tradita potestate, ut voluit, sic effecit : sed tamen in fine gloriosissimi Hieronymi clementia non defecit. Recedens itaque ille de monasterio nocturna hora, alieno habitu occultatus, patris domum adveniens, per diem illum undique circumivit. Dumque noctis crepusculo domum intrasset, ad lectum, in quo virgo soror quiescere tunc solebat, clam procedens, tandiu sub eodem latitavit, quandiu sororem dormire potuit existimare. Tunc idem exiens, exspoliatis vestibus, sororis se dextero lateri applicavit. Hæc soror levi somno dormiens excitatur, et virum juxta se manu sentiens, admodum expavescens, diris emissis clamoribus, ad se omnes pariter evocavit. Currunt ad puellæ thalamum cuncti cum lumine, et tandem in lecto invenerunt hunc jacentem. Mirantur parentes et stupent : cernunt hæc cuncti qui cucurrerant, et condolent. Interrogat a filio pater discriminis tanti causam, reatum suum filius silentio confitetur. Ut enim dixi, voluit gloriosus Hieronymus hunc suam stultitiam experiri, ut in posterum humilior et astutior fieret ad cavendum, et in prælio se tuendum. Et ne amplius exemplo suo, quis de sanctitate confideret et speraret. Quanto enim major inest homini sanctitas, dum in mari mundi hujus procelloso, et inimicorum agminibus pleno, imbecilli carnis navicula navigat : tanto major inest timor et astutia se tuendi. Infinitas pessimus ille tentator diabolus nocendi possidet artes. Qui incautus pergit, levissime capitur. Qui in cunctis timet, ab omnibus diabolis hic timetur. Certe nil plus nocet, quam spreto aliorum consilio, ut propria voluntas præcipiti ambulare. Qui suæ tantum voluntati credit, in cunctis quæ facit, finem odibilem adinveniet. Magnus exemplo jam finito timor de fragilitate nostra maxima, et de diabolica calliditate et astutia nobis omnibus demonstratur magna, et spes veniæ peccatoribus declaratur. Cernens namque se monachus sic diabolo deturpatum, delusum, ac etiam in tanta miseria captivatum, protinus suffragiis gloriosissimi Hieronymi (cui semper devotus exstiterat) suam miseriam et culpam vehementissimam recognoscens, in seipsum rediit, et de eadem paterna exiens domo, omni retardatione abjecta, lugens et dolens, ad fontem pœnitentiæ properavit. Deinde vero in suo monasterio per annos duos in tanta se abstinentiæ asperitate afflixit, ut foret cor hominum insufficiens cogitare, et completo annorum duorum spatio ante dies modicos, ex hoc sæculo feliciter exspiravit.

Cap. XXI. Venerabilis Damasi Portuensis Episcopi, pridie receptis litteris, aliqua eis inscripta corde avido intellexi, quæ ob ejus reverentiam non dimittam. Romæ Cardinalis quidam Cœlestinus nomine, Hieronymi gloriosi æmulus et detractor, dum die quodam in conventu existens Cardinalium more solito, ore audaci et temerario in eumdem injuriæ verba prorumperet, dolore subito viscerum impellente, ad occulta naturæ loca properans, viscera omnia protinus emanavit, et antequam illinc recederet, exspiravit.

Cap. XXII. Alius quoque presbyter Cardinalis Andreas nomine (isti non similis, sed gloriosissimi Hieronymi devotissimus cultor) pridie in eadem Romana urbe, multis circumstantibus exspiravit. Qui cum jam in Ecclesia esset paratis exequiis, quæ solent fidelium tumulandis exhiberi corporibus, assistente summo Pontifice cum pene toto clero et populo Romanorum, qui ad eumdem Andream convenerant honorandum : emissis ululatibus et crebris gemitibus in feretro, cunctis stupentibus, et veluti amentibus effectis, tanquam si a somni dormitione excitaretur, mirabiliter exsurrexit. Cumque a Romano Pontifice, remoto de Ecclesia majori beati Petri Apostoli universo populo, clausisque foribus interrogaretur, intulit ista verba : *Dum starem divino examini judicandus, et jam per vestium et ciborum, quibus hactenus usus eram, nimiam superfluitatem, tartareis cruciatibus condemnarer, subito adveniens quidam sole splendidior, niveque candidior, quem fuisse gloriosum Hieronymum, ad se invicem referentibus, qui astabant, intellexi, præsidenti judici flexis genibus animam meam corpori jungi, porrectis precibus impetravit. Quibus finitis verbis, in ictu oculi inde recedens anima, uti cernitis, corpori est conjuncta.* Ad hoc miratur summus Pontifex et cæteri audientes. Fiunt hæc nota populo extra ecclesiam exspectanti, confractis ecclesiæ foribus protinus ecclesiam intrant, omnes magnis vocibus Deum et gloriosum Hieronymum collaudantes.

Cap. XXIII. Multa nos mentis afflictio commovet et contristat, intellecto quod quamplurimi Episcoporum Deum et Dominum Jesum Christum (cujus vicem gerunt) abnegantes, terrenorum, quorum Deus venter est, vestigiis inhærentes, de stipendiis pauperum et sanguine Jesu Christi, delicatissimis ferculis, cum histrionibus et cæteris divitibus, suam ventris replent ingluviem, ad fœditatem luxuriæ incitandam ;

vestimentorumque de die in diem superfluitatibus abutuntur, de pauperibus, quorum mercedem raptam manu latrocinii devorant, fame morientibus et frigore, non curantes. Hi certe non Episcopi sed diaboli. Episcopus autem, aut sanctissimus est, aut diabolus. Magni certe meriti status Episcopalis, sed periculi infiniti : levissimum peccatum aliis imputandum, gravissimum Episcopo imputatur. Pontificis etenim vitium in subditos diffunditur per exemplum. Majora recipienti, ratio major crescit. Quot enim ovium Christi vel negligentia Episcopi vel exemplo in peccata deviant, de tot tenetur Domino reddere rationem. Heu quid, Augustine carissime, dicam? Grave nobis inest pondus, gravis sarcina. Sed debiles ego habens humeros, quid portabo? Sunt certe angustiæ mihi undique me torquentes. At dum graves mihi promptos casus intueor, timore maximo succrescente continue affligor et contristor. Securius est Episcopalem statum fugere quam appetere. Laudo certe Episcopatum tanquam vicariatum Domini nostri Jesu Christi, sed illos qui in eo vitam agunt militum terrenorum, qui mundi gloriam et pompas appetunt, non collaudo, imo eis consulo, ut effugiant quantum possunt. Melius certe fuisset eis cum terrenis vitam agere terrenorum, quam in pontificali culmine hoc agentes, ad infima et profundiora inferni loca decidere, tanto præ cæteris cruciandi, quanto præ cæteris plura donaria receperunt. Intelligentes itaque Episcoporum plurimos potius nomen gerere quam essentiam, potius lupos rapaces fore Christi ovium, quam pastores : destructores magis esse Christi Ecclesiæ, quam rectores, qui Christianorum eleemosynas deprædantes, mercedem pauperum lupinis faucibus in superfluitatibus ciborum et vestium devorant et consumunt, quod absurdum est, abominabile, et deflendum. Hæc ideirco dixerim, ut talis abominatio cunctis gentibus innotescat, quatenus si Deum non metuunt, homines verentes, a suis aliqualiter abominationibus retardentur. Audiant, quæso, hi tales Episcopi quæ narranda proponimus, et saltem aliorum calamitatibus terreantur.

CAP. XXIV. In superioribus Ægypti partibus in deserto quodam ab hominibus propter vitæ incommoda inhabitabili, quidam degebat monachus Elias nomine antiquissimus, et magnæ vitæ sanctitate radians, qui in vita beatissimi Hieronymi eidem familiarissimus valde fuit : quem idem beatissimus Hieronymus, habuisse prophetiæ spiritum, pluries enarravit. Hic die quodam (ut plures mihi testificabantur monachi vita venerabiles fideque digni, qui se dixerunt hæc ab ejusdem sancti viri ore multoties peraudisse) solitis incumbens orationibus, somno repentino adveniente aliquantulum obdormivit : Et ecce in visione, quo quidem modo multoties Deus omnipotens, grandia et occulta suis fidelibus reserat sacramenta : in quodam palatio miræ pulchritudinis et ineffabilis, et a mortalibus nunquam visæ, ut sibi videbatur, erat. Cumque per horam per palatium illud, huc illucque gradiens, ejus admiraretur pulchritudinem

vehementem, vidit quoddam præparari tribunal a quibusdam nimiæ pulchritudinis juvenibus, stratis tapetibus, et vestibus auro, et gemmis, ac multa artificii varietate decoratis, circumquaque pariete involuto. In quo postmodum, rex quidam maximus et decorus, cujus aspectus tantæ erat suavitatis, ut nil vellet aliud quis habere, magna virorum, sole lucidiorum, comitatus societate veniens, se posuit ut judicia exerceret. Inter hæc cujusdam anima, quem fuisse Anconitanum præsulem ab aliquibus ibidem consistentibus postmodum intellexit, a nequam spiritibus, catenis, igneisque vinculis vincta, instar fornacis flammas erumpens sulphureas, deportata majestati regiæ præsentatur. Quæ priusquam de aliquo interrogaretur, cœpit diris vocibus se infernalibus mansionibus dignissimam acclamare : hanc inter cæteras maxime assignans principalem causam, quoniam vanis mundi pompis intentus, in conviviis, et vestibus, et hujusmodi stultitiis delectabatur. Quibus finitis, lata per judicem sententia, ut pœnis infernalibus traderetur, donec corpori juncta, duplices pœnas in perpetuum sustineret : mox illam secum ferens omnis illa nequam spirituum turba, inde diris clamoribus recessit. Deinde alterius cujusdam anima, quam fuisse Theodosii senatoris, fratris venerabilis Damasi prædicti Episcopi Portuensis similiter intellexit, ante majestatem regiam, circumstantibus multis nequam spiritibus, eum gravissime accusantibus, præsentatur. Cumque a diabolis in longum accusatio traheretur, et nullus ex adverso aliqua responderet, vir quidam septies sole splendidior, et ut sibi videbatur pene cæteris astantibus eminentior, ad regis sedens dexteram in pedibus, se erexit. Quo quidem surgente, silentium rex manu propria a cunctis fieri imperavit. Tunc qui steterat, omnibus opponens accusantibus, hunc suum fuisse fidelissimum et devotum, et ei continue exhibuisse reverentiam specialem, eisdem mox loquendi audaciam abstulit et taciturnitate prænotavit. Postmodum vero is flectens ante regem genua, huic suo fidelissimo veniam et æternam requiem, solita pietate et misericordia infinita clementissime, ita tamen quod pro commissis in mundo flagitiis, in Purgatorio purgaretur, suis precibus, ut voluit, est adeptus. Tunc omnis illa nefandorum spirituum multitudo gemens et ululans, de illo loco protinus se removit. Intervallo autem facto horæ unius, juvenis quidam pulcherrimus concito gradu, per palatium veniens, ad hunceque accedens, qui tam eminens et præclarus in auxilium exsurrexerat Theodosii senatoris, se fore dixit a Petro patritio Romanorum ejus devotissimo missum : quatenus ejusdem preces exaudiens, sibi impetrare a Domino filium dignaretur. Ad hæc rex : Quod, inquit, a filio meo Hieronymo Petrus postulat, certe fiat. His omnibus sic finitis, a somno illo mox Elias monachus excitatur, laudes immensas Deo reddens et Hieronymo glorioso. Qui diem illum, in quo tam miranda viderat, prænotans, eodem postea intellexit die Episcopum Anconitanum, et Theodosium senatorem ex hoc sæculo migravisse. Quo liquide patet, hæc vana somnia non fuisse.

Cap. XXV. Magnam putabas, Augustine carissime, aliquibus admirationem inducere, velut si quid novum et inauditum eis proponeres : dum in tuis pristinis litteris quas recepi, Joanni Baptistæ et cæteris Apostolis Hieronymum sanctissimum æqualem in sanctitate et gloria, rationibus sine dubio efficacibus et visionibus mirificis comprobabas. Certe non est aliqualis ambiguitas, verissima et omni fide et devotione dignissima ista fore. Nec puto aliquibus ejus vitam sanctissimam, et ejus tanta prodigia hominibus insueta non ignorantibus admirationis aliquid evenire. Sed quoniam tales tuæ fuerunt rationes ad veritatem hujusmodi declarandam, quod meas levissimas et imperitas nunc illis apponere non deceret, omissis omnibus, visionem mirabilem quam venerabilis vir Cyrillus Episcopus Alexandrinus se vidisse, suis ad me diebus pluribus jam elapsis, destinatis litteris affirmabat, breviter introducam. Post beati Hieronymi obitum gloriosum, anno completo in die nativitatis gloriosissimi Joannis Domini præcursoris, laudibus expletis matutinis, dum memoratus pontifex, more solito in Ecclesia solus, ante altare ejusdem præcursoris Domini gloriosi, flexis genibus ipsius gloriam et excellentiam, multa spiritus dulcedine contemplaretur, repentino somno aliquantulum ibidem obdormivit. Et ecce in Ecclesiam, ut sibi clarissime videbatur, binatim quorumdam speciosissimorum hominum, ultra humanam æstimationem, cantus alternatim suavissimos concinentium, turba vehementissima miro ordine veniebat. Deinde binatim omnes ad altare procedentes, et ibidem flectentes genua, ad sedendum singuli se ponebant. Cumque illorum hominum Ecclesia esset valde plena, post omnes duo viri eminentiores cæteris, in toto similes atque pares, infinito sole lucidiores, stola induti candidissima, auro et gemmis undique ineffabiliter rutilante, venientes ad ecclesiam pariter intraverunt. Ad quorum introitum, omnes in ecclesia residentes, protinus flexis genibus, eisdem summam reverentiam persolverunt. Tunc duo illi viri ante altare ab eisdem reverentia exhibita, in duabus cathedris aureis, mira lapidum pretiosorum varietate et pulchritudine decoratis, sibi a quibusdam pulcherrimis juvenibus præparatis, ambo pariter consederunt, et sic silentes aliquantulum permanserunt. Interim facto inter illos silentio, cœpit alter eorum duorum alterum impellere ad loquendum. Cumque longa adinvicem altercatio oriretur, ut quis primo inciperet prædicare, cœperunt singuli, ut Hieronymus Joannis, cujus erat in die illa solemnitas, laudes et magnificentias explicaret , magnis vocibus acclamare. Quo unus illorum sermonem mox incipiens, laudes beatissimi præcursoris Domini, tanta loquelæ dulcedine, tantoque verborum ornatu, necnon et sententiæ gravitate contexuit, quod fas non esset linguæ hominum declarare. Finito itaque sermone illo : alter, quem Joannem Baptistam cuncti qui aderant nominabant, eidem gratias referens multiplices, hæc circumstantibus, ad ejus honorem et gloriam est locutus. *Socius iste meus carissimus Hieronymus æqualis mihi in gloria, æqualis etiam in sanctitate, seriem mearum laudum est hactenus prosecutus : idcirco dignum est ut ejus laudibus nunc insistam. Hic vere lux est Ecclesiæ, tenebras effugans errorum, et cunctos illuminans homines veritatis claritate cæcos. Hic fons est aquæ sapientiæ salutaris, ad quem sitientes dum accedunt, largissime satiantur. Hic arbor altissima, cujus cacumen cœlum ascendit : sub cujus doctrinæ frondibus, de suavi ejusdem oris fructu, aves cœli, scilicet homines multum intelligentes : et bestiæ terræ, scilicet homines parum intelligentes, uberrime satiantur. His mecum fuit in sæculo Eremita : certe non minus me carnem abstinentiis maceravit. Hic mecum virgo nitidus, atque purus. Hic mecum fuit prophetico spiritu illustratus. Hic mecum doctor exstitit veritatis. Ego propter justitiam et veritatem, vitam corpoream dereliqui. Hic etsi non amiserit vitam corporalem propter justitiæ et doctrinæ suæ perspicacissimæ veritatem : tempus suum tamen totum gessit in sæculo in martyrio, afflictionibus, et dolore. Ego Christianæ fidei præcucurri nuntius et gentium invitator : hic postmodum veniens, ejusdem exstitit sustentator : et ab hæreticis eamdem lacerantibus defensor. Ego semel in baptismate manibus propriis Christum Dominum tetigi in Jordane : hic ipsum non solum manibus propriis habuit multoties in altari, sed et ore proprio manducavit. Hic mihi in sanctitate per omnia fuit æqualis : nunc vero æquali ambo vitæ æternæ præmio insimul congaudemus.* Hæc et alia multa prosequente beato Joanne, quæ idem beatus Cyrillus non potuit totaliter memoriæ commendare, jam hora diei prima adveniente, Ecclesiam custos intrans, Episcopum intuitus dormientem , eumdem manibus excitavit. Expergefactus itaque pontifex, stupore et admiratione et gaudio admodum plenus : quæ viderat, custodi cum lacrymis enarravit. Deinde illo die missam solemnissime celebrans, visionem mirabilem omni populo declaravit.

Cap. XXVI. Sunt infinito plura, quæ dici possent, miracula verissima et utilia enarranda, quam ea quæ in brevi hoc Opusculo sunt inscripta. Sed ne prolixitate operis aliquid legentibus tædii oriatur, uno solo miraculo quod nondum expleto mense in Bethleem peractum est, perfecto huic operi finis erit. Die dominico transacto, post octavas Pentecostes, omnibus meis suffraganeis Episcopis, et multitudine maxima, tam virorum quam mulierum in Ecclesia, in qua sanctissimum quiescit Hieronymi cadaver, insimul congregatis, honore debito et veneratione tam debita, quam devota : primo egomet sacris indutus vestibus ad locum foveæ, in qua corpus venerandum jacet accedens, terram cœpi effodere sepulturæ, quatenus sacratissimum illud corpus inde ablatum, in tumulo marmoreo mira pulchritudine undique decorato, quod hac de causa fuerat fabricatum, postmodum poneretur. Cumque jam fovea foret vacua, cunctis cernentibus, corpus beatissimum in medio foveæ, tanquam in aere a nulla parte terram tangens permanebat integrum, nec corruptione aliqua violatum. Quod inde elevantes, cum odore tam vehementissimo et suavi, quod talem olfactus hominum nunquam sensit, collocavimus in altari, quatenus a populo reliquiæ sanctissimæ viderentur. Quot autem illo die, me cunctisque qui aderant stantibus, sint peracta miracula gloriosa, explicare ea nullatenus compos essem. Cæci sedecim illas reliquias tangentes facie, visum protinus receperunt. Tres præcipue dæmoniaci catenis vincti, in illam Ecclesiam plurimorum hominum manibus deportati, sunt protinus liberati. Mulieris cujusdam viduæ pauperculæ puerulus, ejus unicus filius, in Ecclesiam fuit præ gentium multitudine suffocatus. Quem mater inveniens, dolens et lugens, mox in ulnis pueruli cadaver ad foveam, in qua sepultum fuerat corpus Hieronymi gloriosi deferens, eum in foveam projecit, hæc dicens verba : *Sancte Hieronyme gloriose, hinc non recedam, donec restituas mihi unicum meum filium quem amisi.* Mirabilis certe Deus in Sanctis suis, faciens prodigia insueta. Statim ut terram extincti pueruli corpus tetigit, eidem anima est conjuncta. Quidam vir corpus cujusdam sui filii de sepultura, in qua per triduum steterat, extractum mox ad foveam illam detulit, et illud in foveam sic projecit. Qui juvenis fuit illico vitæ pristinæ restitutus. Innumerabilia pene sunt miracula, quæ peracta sunt a mane usque ad vesperas : quo quidem tempore gloriosum Hieronymi corpus dissepultum in altari exstitit collocatum. Sed tamen ad hujusmodi miracula ulterius non procedam : unum quod nocte sequenti accidit, non silebo.

Cap. XXVII. In hora siquidem vespertina corpus illud sacratissimum in monumento quod præparavimus, posuimus. Sed mane monumentum vacuum fuit inventum, et corpus sanctissimum foveæ pristinæ invenimus restitutum. Quod dum ego plurimum admirarer, nocte sequenti, mihi dormienti, beatus Hieronymus apparens in visione plurima mihi gaudia patefecit. Sed inter cætera, talia mihi verba dixit : *Noveris, Cyrille, quod corpus meum de fovea in qua jacet, nullatenus extrahetur, quousque civitas Jerusalem ab infidelibus capietur. Quo quidem tempore Romam delatum, ibidem multo tempore requiescet.* Ad hæc expergefactus, quæ videram, cunctis Episcopis et aliis viris Catholicis enarravi. Quid, et quando hæc evenient, aliter non agnosco. Si quid utile, aut bonum in hac Epistola dixi, non meis, sed gloriosissimi Hieronymi meritis imputetur. Si quid vero superfluum, inutile et non bonum, solum meæ insipientiæ et negligentiæ causa hoc accidisse, ab omnibus judicetur. Mei, Augustine carissime, in tuis orationibus memor esto.

SANCTI
EUSEBII HIERONYMI
STRIDONENSIS PRESBYTERI
EPISTOLÆ
SECUNDUM ORDINEM TEMPORUM AD AMUSSIM DIGESTÆ ET IN QUATUOR CLASSES DISTRIBUTÆ.

PRIMA CLASSIS.

COMPLECTENS EPISTOLAS POTISSIMUM E CALCIDIS EREMO SCRIPTAS AB ANNO CHRISTI 370 AD 380.

EPISTOLA I (a).

AD INNOCENTIUM (b) DE MULIERE SEPTIES PERCUSSA.

Hieronymus Innocentii precibus historiam cujusdam miraculi refert; quod Vercellis in Liguria sua ætate acciderat. Quædam mulier a viro adulterii falso accusata, atque una delatus juvenis tormentis ad eliciendam veritatem cruciantur. Illic impatiens confitetur quod non admiserat, ista constanter negans, nulla vi ad confessionem non admissi sceleris adduci potest. Ducitur uterque ad supplicium, et juvenis quidem occiditur, mulier vero sæpius icta mori non potest. Demum cum videretur necem occubuisse, sublatum cadaver revivit, et cum denuo ad supplicium requireretur, Evagrius ei ab Imperatore veniam suis precibus impetrat.

(a) *Alias* 49. *Scripta circ. an.* 370.
(b) Vitiose habent vetustiores editi libri ad *Innocentium papam;* alius enim est Innocentius iste, qui Hieronymo se comitem junxit in Syriam, ibique biennio post mortuus est. Vid. Epist. 3. n. 3. not. *a*, ad Rufinum.

S. HIERONYMI I.

Sæpe 1 a me, Innocenti carissime, postulasti, ut

(Onze.)

de ejus rei miraculo, quæ nostra ætate acciderat, non tacerem. Cumque ego id verecunde et vere, ut nunc experior, negarem, neque assequi posse diffiderem ; sive quia omnis sermo humanus **2** inferior est laude cœlesti : sive quia otium quasi quædam ingenii rubigo, parvulam licet facultatem pristini siccasset eloquii : tu e contrario asserebas, in divinis rebus (*a*) non possibilitatem inspici debere, sed animum ; neque posse cum verba deficere, qui credidisset in Verbum.

2. Quid igitur faciam ? quod implere non possum , negare non audeo. Super onerariam navem rudis vector imponor. Et **3** homo, qui necdum (*b*) scalmum in lacu rexi, Euxini maris credor fragoribus. Nunc mihi evanescentibus terris, *cœlum undique et undique pontus (Æneid. lib. V)* : nunc nuda tenebris inhorrescit, et cæca nocte nimborum spumei fluctus canescunt. Hortaris, ut (*c*) tumida malo vela suspendam, rudentes explicem, clavum regam. Pareo jam jubenti, et quia caritas omnia potest, Spiritu Sancto cursum prosequente confidam, habiturus in utraque parte solatium ; si me ad optatos portus æstus (*d*) impulerit, gubernator putabor infirmior; si inter asperos orationis anfractus impolitus sermo substiterit, facultatem forsitan quæras, voluntatem certe flagitare non poteris.

3. *Vercellæ Ligurum civitas.* — Igitur Vercellæ Ligurum civitas haud procul a radicibus Alpium sita, olim potens, nunc raro est habitatore semiruta. Hanc quum ex more Consularis inviseret, oblatam sibi quamdam mulierculam una cum adultero (nam hoc crimen maritus impegerat) pœnali carceris horrore circumdedit. Neque multo post, quum lividas carnes ungula cruenta pulsaret, et sulcatis lateribus dolor quæreret veritatem , infelicissimus juvenis volens compendio mortis longos cruciatus vitare, dum in suum mentitur sanguinem, accusavit alienum ; solusque ennium miser, merito (*e*) visus est percuti, quia non reliquit innoxiæ, unde posset negare. At vero mulier sexu infirmior, virtute fortior, quum eculeus corpus extenderet, et sordidas fœtore carceris manus post tergum vincula cohiberent, oculis, quos tantum tortor alligare non poterat, suspexit ad cœlum, et evolutis per ora lacrymis : Tu, inquit, testis es, Domine Jesu, cui occultum nihil est, qui es scrutator renum et cordis, non (*f*) ideo me negare velle, ne

(*a*) Alias *in Dei rebus*, et mox Veronensis liber *verbo d ficere.*
(*b*) Pro *scalmo* alii codices *clavum*, alii *scapham* legunt. Scalmi a voro minorem cymbam onerariæ majori navi eleganter opponi liquet.
(*c*) Latinius asculi legi *luvoide.*
(*d*) Martian. *Luberit*, mox vocem *infirmior* Victorius non habet. Integrior vero fiet locus, si eam vocem vel ad sequens, no una mutata interpunctione referas, vel præposita negans li particula legas *haud gubernator putabor infirmior.* Sed Mss. omnes et vulgati, ut echibnus.
(*e*) Locum immutavi e us ex Mss. omnium consensu, eorum etiam, quos inspexit editor Benedictinus. Antea enim erat *jussus est, et qui, no quia.* Mox Victorius *sexu fortior suo legi*, pro a. *in infirmior, virtute fortior*, quod Mss. atque editi ati i ficti n.
(*f*) Idem Vict. *as non Deo me negare velle*, verum mendose. Alia quæ li minoris momenti non adnotamus.

peream, sed ideo mentiri nolle, ne peccem. At tu miserrime homo, si interire festinas, cur duos interimis innocentes ? Equidem et ipsa cupio mori, cupio invisum [Mss. *infirmum*] hoc corpus exuere, sed non quasi adultera. Præsto jugulum, micantem intrepida excipio **4** mucronem, innocentiam tamen [Mss. *tantum*] mecum feram. Non moritur, quisquis sic victurus occiditur.

4. Igitur Consularis pastis cruore luminibus, ut fera, quæ gustatum semel sanguinem semper sitit, duplicari tormenta jubet, et sævum dentibus frendens, similem carnifici minitatus est pœnam, nisi confiteretur sexus infirmior, quod non potuerat robur virile reticere.

5. Succurre, Domine Jesu : ad unum hominem tuum quam plura sunt inventa supplicia. Crines ligantur ad stipitem, et toto corpore ad eculeum fortius alligato, vicinus pedibus ignis apponitur, utrumque latus carnifex fodit, nec papillis dantur induciæ : immota mulier manet, et a dolore corporis, spiritu (*g*) superato, dum conscientie bona fruitur, vetuit circa se sævire tormenta. Judex crudelis, quasi superatus attollitur : illa Deum deprecatur ; solvuntur membra compagibus ; illa oculos ad cœlum tendit ; quasi de communi scelere alius confitetur : illa pro confitente negat, et periclitans ipsa, alium vindicat periclitantem.

6. Una interim vox est : Cæde, ure, lacera, non feci. Si dictis tollitur fides, veniet dies, quæ hoc crimen diligenter discutiat, habeo [al. *habebo*] judicem (*h*) meum. Jam lassus tortor suspirabat in gemitum, nec erat novo vulneri locus. Jam victa sævitia, corpus quod laniarat, horrebat. Exemplo ira excitus Consularis : quid miramini, inquit, circumstantes, si torqueri mulier mavult, quam perire? Adulterium certe sine duobus committi non potest [al. *potuit*], et esse credibilius reor, noxiam ream negare de scelere, quam innocentem juvenem confiteri.

7. Pari igitur prolata in utrumque sententia, damnatos carnifex trahit. Totus ad spectaculum populus effunditur, ut prorsus quasi migrare civitas putaretur ; stipatis præruens portis turba densatur. Et quidem miserrimi juvenis ad primum statim ictum amputatur gladio caput, truncumque in suo sanguine volutatur cadaver. Postquam vero **5** ad feminam ventum est, et flexis in terram poplitibus, super trementem cervicem micans elevatus est gladius, et exertam carnifex dexteram totis viribus concitavit ad primum corporis tactum stetit mucro lethalis, et leviter perstringens cutem, (1) rasurae modicae san-

(*g*) Olim vitiose erat *separato*. At non oscitanter Barthius in Advers. *a* vocalam contendit transponi debere, ac legi *et dolore corporis a spiritu superato*, ut seusus sit a spiritu superatum esse dolorem corporis, non vice versa. Sed Mss. non suffragantur.
(*h*) Mallem legere *judicem Deum*, ut in epistola ad Julianum Diaconum, *non timebo hominum judicium, habiturus judicem Deum.*
(1) Ex antiquo exemplari Gravius, *rasura modico sanguine aspersit imbellem manum. Percussor expavit*

guinem aspersit. Imbellem manum percursor expavit, et victam dexteram gladio marcescente (a) miratus, in secundos impetus torquet. Languidus rarsus in feminam mucro delabitur, et quasi ferrum eam timeret attingere, circa cervicem torpet innoxium. Itaque furens et anhelans lictor, paludamento in cervicem retorto, dum totas expendit [al. *expedit et expetit*] vires, fibulam quæ chlamydis mordebat oras, in humum excussit, ignarusque rei, ensem librabat in vulnus. En tibi, ait mulier, ex humero aurum ruit, collige multo quæsitum labore, ne pereat.

8. Proh, rogo, quæ est ista securitas? Impendentem non timet mortem, lætatur percussa; carnifex pallet; oculi gladium non videntes, tantum fibulam vident; et ne parum esset, quod non formidabat interitum præstat beneficium sævienti. Jam igitur et (b) tertium ictum sacramentum frustraverat Trinitatis. Jam speculator exterritus et non credens ferro, mucronem aptabat in jugulum, ut qui secare non poterat, saltem premente manu, corpori conderetur. O omnibus res inaudita sæculis! Ad capulum gladius reflectitur, et velut dominum suum victus aspiciens, confessus est se ferire non posse.

9. Huc huc mihi trium exempla puerorum, qui inter frigidos flammarum globos hymnos edidere pro flexibus (*Dan.* 5) : circa quorum (c) sarabaila, sanctamque cæsariem innoxium lusit incendium. Huc beati Danielis revocetur historia, juxta quem adulantibus caudis, **6** prædam suam leonum ora timuerunt. Nunc (d) Susanna nobilis fide, omnium subeat mentibus, quæ iniquo damnata judicio, Spiritu Sancto puerum replente, salvata est. Ecce non dispar in utraque misericordia Domini. Illa liberata per judicem, ne iret ad gladium : hæc a judice damnata, absoluta per gladium est.

10. Tandem ergo ad feminam vindicandam populus armatur. Omnis ætas, omnis sexus carnificem fugat, et cœtu in circulum coeunte exclamat. Non (e) credit pene unusquisque quod videt. Turbatur tali

---

(a) Veronenses Mss. aliqui *iratus*; nam quod ante *imbellem* quidam addunt *sine bello*, glossatoris est vitium.

(b) Pergrave Veteris editi *e tertio ictus sacramentum frustratus erat Trinitati*. Lectionem quam Martianæus restituit, confirmant codices nostri. Vitiose tamen a Lagerat *ille speculator* pro *spiculator*. Gratius legendum statuit jam tertius ictus frustratus erat sacramentum Trinitatis.

(c) In aliquot codicibus Mss. hic atque alibi scribitur per r. *sarabara*, quemadmodum et LXX. neutro gen. σαράβαρα, et Julius Pollux, Hesychius, Photius, atque e Latinis vetustioribus Tertullianus non semel, aliique scribunt. Improbat vero noster Hier. eam scribendi rationem in Daniel. 3. 21. contentusque aliis testimoniis legendum *sarabailla*, ut edidimus : alii a quibus S. Augustinus malunt *sarabaltas* generis. Porro ex tam varia ejus vocabuli interpretatione, de qua in Commentariis in Daniel. suo loco clara nobis dicenda sunt, eam hic loci videtur Hier. prætulisse, qua *tegmen capitum* significaret, quam aliis quoque auctoribus probari refert Isidorus l. 19. c. 25. Mox *innoxium* regium est Veronen, antea enim erat *innoxiam*, sed tota eo sensu, quem intendit Hier. qui etiam infra *lusit*, inquit, *lacti incendium*.

(d) Unus Veronen. Major *jam anxia nobis fidem mentes omnium subeant*, et vocem quidem *mentes*, vel *mentibus* alii Mss. atque editi retinent.

(e) *Vocem exclamat* princeps edit. non habet, qui vero infra est versus, paulo aliter penes Virgilium est,

  Caniciem immundo perfusam pulvere turpans.

---

nuncio urbs propinqua : et tota lictorum caterva glomeratur. E quibus medius, ad quem damnatorum cura pertinebat, erumpens, et *Caniciem immundam perfusa pulvere turpans* (*Æneid. lib. XII*) : Quin meum, inquit, o cives, petitis caput? me illi vicarium datis? Si estis misericordes, si clementes estis, si vultis servare damnatam; innocens certe perire non debeo. Quo fletu vulgi concussus est animus, mœstusque se per omnes torpor insinuat, et mirum in modum voluntate mutata, quam pietatis fuisset, quod ante defenderant, pietatis visum est genus, ut paterentur occidi.

11. Novus igitur ensis, novus percussor apponitur. Stat victima, Christo tantum favente munita. Semel percussa concutitur, iterum repetita quassatur, tertio vulnerata prosternitur. O divinæ potentiæ sublimanda majestas! quæ prius fuerat quarto percussa, nec læsa, eo post paululum visa est mori, ne pro ea periret innoxius.

12. *Clericorum officium in sepeliendis cadaveribus.* — Clerici, (f) quibus id officii erat, cruentato linteo cadaver obvolvunt, et fossam humum lapidibus construentes, ex more tumulum parant. Festinato sol cursu occasum petit, et misericordia **7** Domini, celeriore (1) cursu naturæ nox advenit. Subito feminæ palpitat pectus, et oculis quærentibus lumen, corpus animatur ad vitam : jam spirat [al. *suspirat*], jam videt, jam sublevatur, et loquitur. Jam in illam potest vocem erumpere : *Dominus auxiliator meus, non timebo quid faciat mihi homo* (*Psal.* 117).

13. Anus interim quædam, quæ Ecclesiæ sustentabatur opibus, debitum cœlo spiritum reddidit, et quasi de industria ordine currente rerum, vicarium tumulo corpus operitur. Dubia adhuc luce, in lictore diabolus occurrit, quærit cadaver occisæ, sepulcrum sibi monstrari petit : vivere putat, quam mori potuisse miratur. Recens a Clericis cespes ostenditur, et dudum superjecta humus cum his vocibus ingeritur flagitanti. Eruc scilicet ossa jam condita, infer novum sepulcro bellum ; et si hoc parum est, avidus ferisque lanianda membra discerpe. Septies percussa debet aliquid plus mortis repeti.

14. Tali ergo invidia carnifice confuso, clam domi mulier refocillatur. Et ne forte creber medici ad Ecclesiam commeatus suspicionis panderet viam, cum quibusdam virginibus ad secretiorem villulam sectæ cine transmittitur. ibi paulatim virili habita, veste mutata, in cicatricem vulnus obducitur. Et, o vere Jus summum, summa malitia! post tanta miracula adhuc sæviunt leges.

15. En quo me gestorum ordo protraxit. Jam enim

(f) Hi Clerici, quibus id officii erat, Fossarii appellabantur. Pseudolibri nuncupati E. istola de se, tota gradibus Ecclesiæ, quæ postrema tum dubimus. *minus*, in quo, *igitur* de clericis dicere in eo ordine est, etc. ut non putes eum Victorio, ut tantum numeris eorum fuisse, quod præcibus fusos receperunt.

(1) *Tardius* sustentante vetert libro, *celeriori cursu maturavit advenit nox* a Mabil. *Jam igitur reneret tenebris.*

ad (*a*) Evagrii nostri nomen advenimus. Cujus ego pro Christo laborem, si arbitrer a me dici posse, non sapiam; si penitus tacere velim, voce in gaudium erumpente, non possim. Quis enim valeat digno canere præconio, Auxentium (*b*) Mediolani incubantem, hujus excubiis sepultum pene ante quam mortuum? Romanum Episcopum (*Damasum*) jam pene (*c*) factionis laqueis irretitum et vicisse adversarios, et non nocuisse superatis? Verum hæc ipse equidem spatiis exclusus iniquis. Prætereo, atque aliis **8** post me memoranda relinquo (*Georgic. lib. IV*). Præsentis tantum rei fine contentus sum. Imperatorem (*Valentinianum*) de industria adit, precibus fatigat, merito lenit, sollicitudine promeretur; ut redditam vitæ, redderet libertati.

EPISTOLA II (*d*).

AD THEODOSIUM ET CÆTEROS ANACHORETAS (*e*).

Theodosium, ac cæteros sub eo Anachoretas rogat, ut suis precibus a Deo impetrent, ut abdicato penitus Sæculo, vivere in Deserto velit, ac possit.

Quam vellem nunc vestro interesse conventui : et admirandum consortium, licet isti oculi non mereantur aspicere, tota cum exultatione complecti. Spectarem desertum omni amœnius civitate. Viderem desolata ab accolis loca, quasi ad quoddam paradisi instar, Sanctorum cœtibus obsideri. Verum quia hoc mea fecere delicta, ne consortio beatorum (*f*) insereretur obsessum omni crimine caput : idcirco obsecro (quia vos impetrare posse non ambigo) ut me ex istius tenebris sæculi vestro liberetis oratu. Et (*g*) ut ante dixeram præsens, et nunc per litteras votum indicare non cesso, quod mens mea omni ad id studium cupiditate rapiatur. Nunc vestrum est, ut voluntatem sequatur effectus. Meum est, (*h*) ut velim, obsecrationum vestrarum est, ut velim, et possim. Ego ita sum, quasi a cuncto grege morbida aberrans ovis. Quod nisi me bonus Pastor ad sua stabula humeris impositum reportarit (*Luc.* 15), lababunt gressus, et in ipso conamine [al. *certamine*] vestigia concident assurgentis. Ego sum ille prodigus filius, qui omni, quam mihi pater crediderat, portione profusa, nec-

dum me ad genitoris genua submisi : necdum cœpi prioris a me luxuriæ blandimenta depellere. Et quia paululum non tam desivi a vitiis, quam cœpi velle desinere, nunc me novis diabolus ligat retibus : nunc nova impedimenta **9** proponens, *maria undique circumdat, et undique pontum* (*Æneid. lib. V*) : nunc in medio constitutus elemento, nec regredi (*i*) volo, nec progredi possum. Superest ut oratu vestro Sancti Spiritus aura me provehat, et ad portum optati littoris prosequatur.

EPISTOLA III (*j*).

AD RUFFINUM MONACHUM (*k*).

Ruffinum Aquileiensem, quem in Ægyptum concessisse audierat, videre, et alloqui vehementer optat, eumque de suo statu, deque Bonosi sodalis carissimi, qui in insulam quamdam pœnitentiæ peragendæ causa secesserat, certiorem reddit. Denique ut in mutua caritate perseveret, deprecatur.

1. Plus Deum tribuere quam rogatur, et ea sæpe concedere, quæ nec oculus vidit, nec auris audivit, nec in cor hominis ascenderunt (1. *Cor.* 2), licet ex sacrorum (*l*) mysterio voluminum ante cognoveram; tamen in causa propria nunc probavi, Ruffine carissime. Ego enim (*m*) qui audacia satis vota credebam, si vicissitudine litterarum imaginem nobis præsentiæ mentiremur, audio te Ægypti secreta penetrare, Monachorum invisere choros, et cœlestem in terris circumire familiam. O si nunc mihi Dominus Jesus Christus, vel Philippi ad Eunuchum (*Act.* 2), vel Abacuc ad Danielem (*Dan.* 14) translationem repente concederet, (*n*) quam ego nunc tua arctis stringerem colla complexibus, quam illud os, quod mecum vel erravit aliquando, vel sapuit, impressis figerem labiis? Verum quia non tam te sic ad me venire, quam ego ad te sic ire non mereor; et invalidum (*o*), etiam quum sanum est, corpusculum crebri fregere morbi, has mei vicarias, et tibi obvias mitto, quæ te copula amoris innexum, ad me usque perducant.

2. Prima inopinati gaudii ab Heliodoro fratre mihi est nuntiata felicitas. **10** Non credebam certum, quod certum esse cupiebam, præsertim quum et ille ab alio se audisse diceret, et rei novitas fidem sermonis auferret. Rursum (*p*) suspensa vota, nutantemque men-

---

[*a*] De hoc Evagrio vid. Epistolas ad Chromat. et ad Ruffinum. Presbyter Antiochenus erat, postea ejusdem Ecclesiæ Episcopus factus.
[*b*] Antea erat *Mediolanis* penes Martian. qui lectionem hanc laudat. Porro Auxentium Arianum hominem factiosissimum Mediolani Episcopum damnavit Romana Synodus, et deposuit anno 369. Evagrius in eam laborem suos forte contulerat, quem mox etiam laudat Hieronymus, quod Damasi partes contra Ursicinum tutatus sit.
[*c*] Nimirum Ursini, sive Ursicini, qui anno 367. Novembris 15. die, Imperatoris edicto in Galliam relegatus est, ut *nulla ulterius populus contentio nefanda collideret*, ut ex Marcell. et Faustin. Præfat. constat.
[*d*] Alias 38. scripta an. 374.
[*e*] Vetus Cod. S. Crucis in Jerusal. de Urbe addit, *intrinsecus commorantes*. Hic autem Theod. sius idem ille esse creditur, cujus historiam conscripsit Theodoretus de Vitis Patrum cap. 10. Monasterium constituerat apud Rhossum in Cilicia ad maris oram.
[*f*] Idem *inferretur*, alii editi *inseratur*. Impressam lectionem probat Veronensis liber.
[*g*] Voculam *ut* Victorius expunxerat.
[*h*] Idem non satis bene *ut quod velim*, etc.

[*i*] Quidam editi, ac Mss. *valeo*.
[*j*] Alias 41. scripta Antiochiæ media æstate an. 374.
[*k*] In Veronensi Ms. *d Ruffinum de Bonoso Monacho* inscribitur.
[*l*] Vitiose ante nos editi *ministerio*. Hieronymus autem ipso eodem Pauli vocabulo mysterium vocat, quod per Isaiam dicitur, *quod oculus non vidit, nec auris audivit*, etc.
[*m*] Veteres Vulgati Erasm. et Victor, *qui audaci fieri satis vota credebam*. Impræssam lectionem Mss. nostri omnes confirmant.
[*n*] Duo Mss. *quibus ego nunc tua stringerem colla complexibus*, etc.
[*o*] Invalidum Hier. corpusculum.
[*p*] Sequimur vetera manu exarata exemplaria, quorum concinnior est sensus; antea enim erat *suspensum votum nutante mentem*. In his Veronens. Ms. adjicit quo *Lotachus* habet *Dei famulus*, et quæ postea subsequitur, vocem *jamdudum* ignorat. Porro Ægypti Confessores, quos memorat hoc loco Hier. quidquid Benedictino interpreti videatur, non alii ab iis sunt, quos ob Christi divinitatis confessionem ad an. 372. Valens Imperator exulare jussit.

tem quidam Alexandrinus Monachus, qui ad Ægyptios Confessores, et voluntate jam Martyres, pio plebis jam dudum fuerat transmissus obsequio, manifestus ad credulitatem nuntii auctor impulerat. Fateor et in hoc meam labasse sententiam. Nam cum et patriam tuam ignoraret, et nomen, in eo tamen [al. *tantum*] plus videbatur afferre, quod eadem asserebat, quæ jam alius indicaverat. Tandem plenum veritatis pondus erupit : Ruffinum enim Nitriæ esse, et ad beatum perrexisse Macarium, crebra commeantium multitudo referebat. Illic vero tota credulitatis frena laxavi, et tunc vere ægrotum esse me dolui. Et nisi me attenuati corporis vires quadam compede præpedissent, nec mediæ fervor æstatis, nec navigantibus semper incertum mare, pia festinatione gradienti valuisset obsistere. Credas mihi, frater, non sic tempestate jactatus portum nauta prospectat : non sic sitientia imbres arva desiderant : nec sic curvo assidens littori anxia filium mater exspectat.

3. Postquam me a tuo latere subitus turbo convulsit : postquam glutino caritatis hærentem impia distraxit avulsio ; *Tunc mihi cœruleus supra caput astitit imber : tunc maria undique, et undique cœlum* (*Æneid. lib. III*). Tandem in incerto peregrinationis erranti, cum me Thracia, Pontus, atque Bithynia, totumque Galatiæ et Cappadociæ iter, et fervido Cilicum terra fregisset æstu, Syria mihi velut fidissimus naufrago portus occurrit. Ubi ego quidquid morborum esse poterat expertus, ex duobus oculis unum perdidi, Innocentium enim, partem animæ meæ, repentinus febrium ardor abstraxit (*a*). Nunc uno et toto mihi (*b*) lumine Evagrio nostro fruor, cui ego semper infirmus ad laborem cumulus accessi. **11** Erat nobiscum et Hylas (*c*) sanctæ Melanii famulus, qui puritate morum, maculam servitutis abluerat : et hic necdum obductam rescidit cicatricem. Verum quia de dormientibus contristari Apostoli voce prohibemur, et nimia vis mœroris læto superveniente nuntio temperata est, indicamus hæc tibi, ut si nescis, discas ; si ante cognovisti, pariter gaudeamus.

4. *Bonosi laudes, et ejus solitudo.*—Bonosus tuus, imo ut verius dicam, noster, scalam præsagatam meus, et, Jacob somniante jam scandit : portat crucem suam, nec de crastino cogitat, nec post tergum respicit. Seminat in lacrymis, ut in gaudio metat. Et sacramento Moysi, serpentem in eremo suspendit (*Num.* 21. 9). Cedant huic veritati, tam Græco quam Romano stylo, mendaciis ficta miracula. Ecce puer honestis sæculi no-

(*a*) Innocentii repentina mors. Hic idem est Innocentius, cui de *muliere septies percussa* epistolam hic. 1. inscripsit Hier. etsi diversum alii comminiscantur.
(*b*) Quidam Erasmo antiquiores editi *toto mihi carissimo lumine*, et mox *infirmus quidem ad laborem*, etc.
(*c*) Editor Benedictinus *sanctæ Melaniæ*, verius tamen legendum *Melanii*, ut edidimus ; non tamen *Sancti*, ut vitiose habent veteres editi. Sic apud S. Paulinum epistol. 31. *Sancta Melanius* dicitur et epistol. 29. *sanctæ feminæ Melanii.* Scilicet in *inm* nomina mulierum diminutiva efferebantur. Sic *Eubulium* invenies pro *Eubole*, *Gregorium* pro *Gregoria* venustissime formata apud Methodium colloquentes in Symposio. Omitto *Glycerium*, *Philarium*, *Erotion*, *Adelphasium*, *Philocomasium*, *Philomathium*, atque alias quibusdam veluti blanditiis linguæ sic appellatas.

biscum artibus institutus, cui opes affatim, dignitas (*d*) apprime inter æquales erat, contempta matre, sororibus, et carissimo sibi germano, insulam pelago circumsonante naufragam, cui asperæ cautes et nuda saxa et solitudo terrori est, quasi quidam novus paradisi colonus insedit. Nullus ibi agricolarum, nullus Monachorum ne parvulus quidem, quem nosti, Onesimus, quo velut fratre in osculo fruebatur, in tanta vastitate adhæret lateri [al. *alteri*] comes. Solus ibi, imo jam Christo comitante non solus, videt gloriam Dei, quam etiam Apostoli, nisi in deserto non viderant. Non quidem conspicit turritas urbes ; sed in novæ civitatis censu dedit nomen suum. Horrent sacco membra deformi [al. *deformia*] ; sed sic melius obviam Christo rapietur in nubibus. Nulla curiporum amœnitate perfruitur ; sed de latere Domini aquam vitæ bibit. (*e*) Propone hæc tibi ante oculos, amice dulcissime, et in præsentiam rei totus animo ac mente convertere. Tunc poteris laudare victoriam, cum laborem præliantis agnoveris. Totam circa insulam fremit insanum mare, et sinuosis montium illisum scopulis æquor reclamat. Nullo terra gramine viret, nullis **12** vernans campus densatur umbraculis. Abruptæ rupes, quasi quemdam horrore [al. *horroris*] carcerem claudunt. Ille securus, intrepidus, et totus de Apostolo armatus (*Ephes.* 6. 16), nunc Deum audit, dum divina relegit, nunc cum Deo loquitur, cum Dominum rogat : et fortasse ad exemplum Joannis (*Apoc.* 1. 9) aliquid videt, dum in insula commoratur.

5. Quas nunc diabolum nectere credis tricas ? quas parare arbitraris insidias ? Forsan antiquæ fraudis memor, famem suadere tentabit. Sed jam illi responsum est : *Non in solo pane vivit homo* (*Matth.* 4). Opes forsitan gloriamque proponet. Sed dicetur illi : *Qui cupiunt divites fieri, incidunt in muscipulam, et tentationes* (1. *Tim.* 6). Et *Mihi gloriatio omnis in Christo est* (*Gal.* 6). Fessa membra jejuniis, morbo gravante concutiet ; sed Apostoli repercutietur eloquio : *Quando enim infirmor, tunc fortior sum* (2. *Cor.* 12). Et *virtus in infirmitate perficitur* (*Ibidem*). Minabitur mortem ; sed audiet : *Cupio dissolvi, et esse cum Christo* (*Philipp.* 1). Ignita jacula vibrabit, sed excipientur [al. *excutientur*] scuto fidei. Et ne multa replicem (*Ephes.* 6) : impugnabit Satanas, sed tutabitur Christus. Gratia tibi, Domine Jesu, quod in die tua habeo, qui pro me te possit rogare. Scis ipse (tibi enim patent pectora singulorum, qui cordis arcana rimaris, qui tantæ bestiæ alvo inclusum Prophetam in profundo vides) ut ego, et ille pariter a tenera infantia ad florentem usque adoleverimus ætatem, ut iidem nos nutricum sinus, iidem amplexus foverint bajulorum : et cum post Romana studia ad Rheni semibarbaras ripas, eodem cibo, pari frueremur hospitio, ut ego primus cœperim velle te colere. Memento quæso hunc bellatorem tuum mecum

(*d*) Veronensis, liber *dignitas prima*.
(*e*) Antea erat, *Proponatur tibi*, vel *propone tibi*. Postea nostri Mss. epithetum illud *dulcissime* non agnoscunt.

quemdam fuisse tyronem. Habeo promissum majestatis tuæ, *Qui docuerit, et ita fecerit, magnus vocabitur in regno cælorum* (*Matth.* 5). (*a*) Fruatur ille virtutis corona, et ob quotidiana martyria stolatus agnum sequatur (*Apoc.* 14) : *Multæ enim sunt mansiones apud Patrem* (*Joan.* 14). *Et stella ab stella differt in claritate* (1. *Cor.* 15). Mihi concede (1), ut inter Sanctorum calcanea **13** caput possim levare : ut cum ego (*b*) voluerim, ille perfecerit, mihi ignoscas, quia implere non potui, illi tribuas præmium quod meretur. Plura fortasse quam Epistolæ brevitas patiebatur, longo sermone protraxerim, quod mihi semper accidere consuevit, quando aliquid de Bonosi nostri laude dicendum est.

6. Sed ut ad illud redeam, unde discesseram, obsecro te, ne amicum, qui diu quæritur, vix invenitur, difficile servatur, pariter cum oculis meis amittat. (*c*) Fulgeat cuilibet auro ; et pompaticis ferculis corusca ex sarcinis metalla radient. Caritas non potest comparari. Dilectio pretium non habet. Amicitia quæ desinere potest, vera nunquam fuit. Vale in Christo.

EPISTOLA IV (*d*).

AD FLORENTIUM (*e*).

Superiorem Epistolam Ruffino reddendam isti ad Florentium jungit, eumque Jerosolymæ degentem, quod multorum pauperum necessitatibus subveniret, plurimum laudat : tum Ruffini etiam laudes admiscet.

1. Quantus Beatitudinis tuæ rumor diversa populorum ora compleverit, hinc poteris æstimare, quod ego te ante incipio amare, quam nosse. Ut enim ait Apostolus, *quorumdam hominum peccata manifesta sunt, præcedentia ad judicium* (1. *Tim.* 5) : ita e contrario tuæ dilectionis fama dispergitur, ut non tam laudandus sit ille qui te amat, quam scelus putetur facere ille qui non amat. Prætermitto innumerabiles, in quibus Christum sustentasti, pavisti, vestisti, visitasti. Heliodori fratris a te adjuta necessitas multorum etiam potest ora laxare, quibus gratiis, quo ille præconio peregrinationis incommoda a te fota referebat ? Ita ut ego ille (*f*) tardissimus, quem intolerabilis languor

exedit, pennatis, ut aiunt, pedibus, (*g*) gestu caritatis et voto 𝔏 te salutaverim, et etiam complexus sim. Conceri à que tibi, et nascentem amicitiam, ut Dominus confœderare dignetur, precor.

2. *Ruffinus et Melania.* — Et quia frater Ruffinus, qui cum sancta Melania ab Ægypto Jerosolymam venisse narratur, individua mihi germanitatis caritate connexus est, quæso ut Epistolam meam huic Epistolæ tuæ copulatam, ei reddere non graveris. Noli nos ejus æstimare victualias ; in illo conspicies expressa sanctitatis (*h*) insignia : et ego cinis et vilissima pars luti, et jam favilla dum vertor (Edm. Cod. *dum regetor*), satis habeo, si splendorem morum illius imbecillitas oculorum meorum ferre sustineat. Ille modo se lavit, et mundus est, et tanquam nix dealbatus : ego cunctis peccatorum sordibus inquinatus, diebus ac noctibus opperior cum tremore reddere novissimum quadrantem. Sed tamen quia *Dominus solvit compeditos* (*Psal.* 45. *Isai.* 66), et super humilem et trementem verbo suo requiescit, forsitan et mihi, in sepulcro scelerum jacenti, dicat ; Hieronyme, veni foras. Sanctus Presbyter Evagrius plurimum te salutat : et (*i*) Martinianum fratrem juncto salutamus obsequio, quem ego videre desiderans, catena languoris innector. Vale in Christo.

EPISTOLA V (*j*)

AD FLORENTIUM.

Respondet Florentio, eumque certiorem facit se jam solitudinem quæ juxta Syriam Saracenis jungitur, arripuisse. Tum petit ab eo libros quosdam, aliosque illi offert, quibus abundabat.

1. In ea mihi parte eremi commoranti, quæ juxta Syriam Saracenis jungitur, dilectionis tuæ scripta perlata sunt. Quibus lectis, ita reaccensus est animus Jerosolymam proficiscendi, ut pene nocuerit proposito, quod profuerit caritati. Nunc igitur quemodo valeo, pro me tibi litteras repræsento : et si corpore absens, amore tamen et spiritu **15** venio : in pedio expescens, ne nascentes amicitias, quæ Christi glutino cohæserunt, aut temporis, aut locorum magnitudo d vellat ; quin potius fœderemus eas reciprocis epistolis. Illæ inter nos currant, illæ sibi obvient, illæ nobiscum loquantur. Non multum peritura erit caritas, si tali secum sermone fabuletur.

2. Ruffinus autem frater, ut scribis, necdum venit ; et si venerit, non multum proderit desiderio meo, cum eum jam visurus non sim. Ita enim et ille longo intervallo a me separatus est, ut huc non possit ex-

---

(*a*) Suffidunt veteres editi aliam ex Matthæo sententiam, quæ magis ad rem facit, *qui autem docuerit, et fecerit, magnus vocabitur in regno cælorum.* Martianæus lascio lectore conjuxit, quod in Mss. non inveneriamus, illam tantum addere non audemus.

(*b*) Habet unius bonæ Veronensis. Ms., *cum ego vererim.*

(*c*) Matat Editor Benedictinus athenæ modum. « Fulgeat quilibet auro, et pompaticis fer dis coruscet, et sarcinis metalla radient. « Nos antiquam lectionem, quæ germana est, et longe concinnior, ex omnibus ex Mss. a quibus ita abesit, quæ in fine est, substituto, *Vale 5.* fecit.

(*d*) Pars 5. *Scripta cadem tempore, ac superior et editia.*

(*e*) La Cassonio à l'an 381. *Florentius* a pelatus, et « romanus *in igni dictus*, et « hac in verioris in eguelas, ut vulgo pater pauperum nominatus sit. » At *Florentium* legit ipse Ruffinus, hunc locum ubi recitat lib. 2. contra m.

(*f*) Vetus editio an. 1498, cui etiam qui Ma Ms. suffragantur, *tardius a senselegit, non ut egregia confidutisssimus in igni* dicitur, et « hæc in verioris in eguelas, ita vulgo pater pauperum nominatus sit. » At *Florentium* legit ipse Ruffinus, hunc locum ubi recitat lib. 2. contra m.

(*g*) Ex Tertulliano de dor ducum legiumus, notante Gravio, atque ultra ex universionis et o in ide de Christiana exaltationis vel inter calcanca vestra caput elevam. »

(*h*) Victor, eodem sensu *certe caritatis voto.* Nempe ægritudinem suam causatur, quod non potuerit nisi caritate voto Florentinam salutare, et complecti, cum ad eum Jerosolymam Heliodorus proficisceretur ; quem locum non satis aetendentes viri doctissimi, duos Heliodoros ex superiori epistola falso commenti sunt.

(*i*) Matat Victorius maluit *cesiqui.* Sed mox vitiose Editor B nedictinus *itæ* in uno verbo proce j m, ut emendavimus, legerat.

(*j*) Perte est celebris ille inter Græcos anacoreta, qui in quadam hac æn ap et Cæl. eam Palæstinæ solitariam vitam tum tam, cris degiss traditur.

(*f*) *Hanc epistolam scripta post aliquot menses a superiore, an.* 374.

currere : et ego arreptæ solitudinis terminis arceor, ut cœperit jam mihi non licere quod volui. Ob hoc et ego obsecro, et tu, ut petas, plurimum quæso, ut tibi beati Rheticii Augustodunensis Episcopi Commentarios ad describendum largiatur, in quibus Canticum Canticorum sublimi ore disseruit. Scripsit et mihi quidam de patria supradicti fratris Ruffini, Paulus senex, Tertulliani suum codicem apud eum esse, quem vehementer reposcit. Et ex hoc quæso, ut eos libros, quos me non habere Brevis subditus edocebit, librarii manu in charta scribi jubeas. Interpretationem quoque Psalmorum Davidicorum, et prolixum valde de Synodis librum sancti Hilarii, quem ei apud Treviros manu mea ipse descripseram, ut mihi transferas peto. Nosti hoc esse animæ Christianæ pabulum, si in lege Domini meditetur die ac nocte (*Psal.* 1). Cæteros hospitio recipis, solatio foves, sumptibus juvas. Mihi si rogata præstiteris, cuncta largitus es. Et quoniam, largiente Domino, multis sacræ Bibliothecæ (*a*) codicibus abundamus, impera vicissim, quodcumque vis mittam. Nec putes mihi grave esse, si jubeas. Habeo alumnos, (*b*) qui Antiquariæ arti serviant. Neque vero beneficium pro eo quod postulo, pollicear. Heliodorus frater mihi indicavit, te multa de Scripturis quærere, nec invenire ; aut si omnia habes, (*c*) incipit sibi plus caritas vindicare, plus etere.

16 5. Magistrum autem pueri tui, de quo dignatus es scribere (quem plagiatorem ejus esse non dubium est), sæpe Evagrius Presbyter, dum adhuc Antiochiæ essem, me præsente corripuit. Cui ille respondit : Ego nihil timeo. Dicit se a Domino suo fuisse dimissum : et si vobis placet, ecce hic est, transmittite quo vultis. In hoc arbitror me non peccare, si hominem vagum non sinam longius fugere. Quapropter quia ego in hac solitudine constitutus, non possum agere quod jussisti, rogavi carissimum mihi Evagrium, ut tam tui quam mei causa instanter negotium prosequatur. Cupio te valere in Christo.

EPISTOLA VI (*d*).
AD JULIANUM (*e*) AQUILEIÆ DIACONUM

Excusat se apud Julianum de silentio litterarum, et cum, eo primum nuntiante, intellexisset, sororem suam in eo permanere quod cœperat, rogat ut de ejus proposito crebris ad se litteris lætiorem faciat ; addens se obtrectatorem suum interea despicere.

Antiquus sermo est (*f*) : Mendaces faciunt, ut nec sibi vera dicentibus credatur : quod mihi a te, ego

(*a*) Sacra Bibliotheca vocantur Biblia.
(*b*) Vetustiores editi, quibus et Mss. quidam concinunt, *qui antiquæ artis me erudiant* vitiose, ut non dubito. Porro Antiquariam artem dici constat, quæ in describendis antiquorum operibus exercetur.
(*c*) Al. *incipiat*, tum quæ priori loco habetur *plus* vocula penes Martianæum deerat.
(*d*) Alias 75. *Scripta anno* 374.
(*e*) Hunc Julianum Aquileiæ Diaconum miro consensu faciunt Mss. omnes. Nullus autem dubitat, quin idem sit, cujus monitis sororis suæ conversionem acceptam refert Hieronymus sequenti ad Chromatium epistola : unde non longe a S. Doctoris patria eum abfuisse colligitur. Atque adeo *Aquileia* fuisse, verisimillimum est, quod quidem ea de causa, quod abs Hieronymi patria longius Aquileia distare videretur, mihi olim scrupuli injectum sit, ut *Æquileia*

objurgatus de silentio litterarum , accidisse video. Dicam, sæpe scripsi, sed negligentia bajulorum fuit? Respondebis : omnium non scribentium vetus ista excusatio est. Dicam, non reperi qui epistolas ferret? Dices , hinc istuc (al. *illinc*) isse quam plurimos. Contendam, me etiam his dedisse ? At illi , quia non reddiderunt, negabunt : et erit inter absentes incerta cognitio. Quid igitur faciam ? Sine culpa veniam postulabo, rectius arbitrans, pacem loco motam petere, quam æquo gradu certamina concitare : quanquam ita me jugis tam corporis ægrotatio, quam animæ ægritudo consumpsit, ut morte imminente, nec mei pene memor fuerim. Quod ne falsum **17** putes (*g*), oratorio more, post argumenta testes vocabo. Sanctus frater Heliodorus hic adfuit, qui cum mecum eremum vellet incolere, meis sceleribus fugatus abscessit. Verum omnem culpam præsens verbositas excusabit. Nam, ut ait Flaccus in satyra : « Omnibus hoc vitium est cantoribus inter amicos, » rogati ut nunquam cantent, Injussi nunquam desistant » (*Horat. lib.* 1, *Carm. Sat.* 3) : ita te deinceps fascibus obruam litterarum , ut econtrario incipias rogare , ne scribam. Sororem meam, filiam in Christo tuam, gaudeo , te primum nuntiante, in eo permanere, quod cœperat. Hic enim ubi nunc sum, non solum quid agatur in patria , sed an ipsa patria perstet, ignoro. Et licet me sinistro (*h*) libera excetra ore dilaniet, non timebo hominum judicium, habiturus judicem Deum : juxta illud quod quidam ait : « Si fractus illabatur orbis, impavidum ferient ruinæ » (*Horat. l.* 3. *carm. Od.* 3). Quapropter quæso ut Apostolici memor præcepti, quo docet opus nostrum permanere debere (1. *Cor.* 3); et tibi a Domino præmium in illius salute pares , et me de communi in Christo gloria crebris reddas sermonibus lætiorem.

EPISTOLA VII (*i*).
AD CHROMATIUM, JOVINUM, ET EUSEBIUM.

Chromatium et Eusebium fratres, una cum Jovino amico , nec non matre et sororibus virginibus , eadem in domo sancte viventes resalutat, atque eorum contubernium pluribus laudat. Tunc Bonosi, de quo illi scripserant, laudes admiscet, ac probat. Demum sororem suam, quæ bonos in patria magistros vitæ non haberet, illis commendat.

1. Non debet charta dividere, quos amor mutuus

leiæ (quod nomen Mss. omnes addunt) reticuerim. Reveritus nempe sum auctoritatem P. de Rubeis, cui in *Mem̃on. Eccles. qu*. Il. pag. 78. dicitur illa omnium Mss. *mendosa fortasse lectio*. Tam alte illi infixum est animo Hieronymi patriam Aquileiæ abesse, ut illius sororis conversioni facile incumbere Julianus non potuisset. Ostendimus nos econtrario, commodum id illi fuisse, nimirum ob loci vicinitatem. Consule quam scripsimus Vitam S. Doctoris.
(*f*) Aristoteles apud Laertium.
(*g*) Tota hæc pericope, *oratorio more post argumenta testes vocabo*, abest a Veronensi Ms.
(*h*) Mss., atque excusi vetustiores, *liberia excetrarum ore*, vel *more*. Porro libera excetrarum nomine pessimum hominum morsum sugillat, sive is Lupicinus Episcopus, sive quis alius fuerit, qui, ut aliud quid libertum vocet, His, anum hominem conmendisse ne esse est, aut verosimile. Paulo post *Deum* pro *meum* placuit legere concinniori sensu, ac faventibus Mss.
(*i*) *Alias* 43. *Scripta eodem anno, ac superior.*

copulavit: nec per singulos officia mei sunt parcenda sermonis, cum sic invicem vos ametis, (a), ut non minus tres caritas jungat, quam duos natura sociavit; quia potius si rei conditio pateretur, sub uno littera...

18 apice nostram indivisa concluderem, vestris quoque ita me litteris provocantibus, ut et in uno tres, et in tribus unum putarem. Nam postquam sancto Evagrio transmittente, in ea ad me eremi parte delatæ sunt, quæ inter Syros ac Saracenos vastum limitem ducit, sic gavisus sum, ut illum diem Romanæ felicitatis, quo primum Marcelli apud Nolam prælio, post Cannensem pugnam, Hannibalis agmina conciderunt, ego vicerim. Et licet supradictus frater sæpe me visitet, atque me ita ut sua in Christo viscera foveat; tamen longo a me spatio sejunctus, non minus mihi dereliquit abeundo desiderium, quam attulerit [al. *attulerat*] veniendo lætitiam.

2. Nunc cum vestris litteris fabulor, illas amplector, illæ mecum loquuntur, illæ hic tantum Latine sciunt. Hic enim aut barbarus (b) semisermo discendus est, aut tacendum. Quotiescumque carissimos mihi vultus totæ manus retulerunt impressa vestigia, toties aut ego hic non sum, aut vos hic estis. Credite amori vera dicenti: et cum has scriberem, vos videbam. De quibus hoc primum querar, cur tot interjacentibus spatiis maris atque terrarum, tam parvam Epistolam miseritis, nisi quod ita merui, qui vobis, ut scribitis, ante non scripsi. Chartam defuisse non puto, Ægypto ministrante commercia. Et si (c) alicubi Ptolemæus maria clausisset; tamen rex Attalus membranas a Pergamo miserat, ut penuria chartæ pellibus pensaretur. Unde et Pergamenarum nomen ad hunc usque diem, tradente sibi invicem posteritate, servatum est. Quid igitur? arbitror bajulum festinasse? Quamvis longæ Epistolæ una nox sufficit. An vos aliqua occupatione detentos? Nulla necessitas major est caritate. Restant duo: ut aut vos piguerit, aut ego non meruerim. E quibus magis volo vos incusare [al. *incessere*] tarditatis, quam me condemnare non meritum. Facilius enim negligentia emendari potest, quam amor nasci.

3. *Bonosi laudes.* — Bonosus, ut scribitis, quasi filius (d) **19** ἰχθύς, id est, piscis, aquosa petit. Nos

(a) Chromatium et Eusebium.
(b) Veronensis barbarus semi sermo discendus est. Vitiose tamen, ut non dubito, neque enim tam tum temporis sciam se potuit Hier. dicere.
(c) Idem elegantius *et si alicubi Ptolemæus*. Gaudeamus est Plinius l. 15, c. 11, ubi *inembrana*, inquit, circa Bibliothecas Regum Ptolemæi, et Eumenis, suppetente chartas Ptole..., Varro membranas Pergami... scriptas; quarum inde Attalus Eumenes frater centum millia Romam misit.
(d) Græcæ vocis interpretatione usus est Victor s. Aug. Illud vero perquam erudite atque eleganter, dictum est ab Hieronymo. Bonosum quasi filium ἰχθύος, sive Piscis aquosa petere. A priscis enim Ecclesiæ Catholicæ filiis, ad de sua fide Paganos edocendos, qui apud Græcorum stellas excogitarunt, quæ si uno verbo legerentur ἰχθύς, id est *piscis* redderent, singulis autem propriam sibi rationem habent, significatio: prima ejus ἰγούς est *m*., altera χριστὸν *id est, tum*, tertia Θεοῦ Dei, alia ὑιόν *filium*, postremum σωτῆρα *salvatorem* signilicabat. Sup...sunt adeo... ad hæc usque dies hujusmodi veterum Christianorum symbola, e quibus præstantissima in Musæo nostro domestico gemma, qua Christiani Domini sub Piscatoris figura adnotatis ίχθύς litteris re...

pristina contagione sordentes, quasi reguli et scorpiones arentia quæque sectamur. Ille jam calcat super colubri caput: nos serpenti, terram ex divina sententia comedenti, adhuc cibus sumus. Ille jam potest summum Graduum Psalmum scandere: nobis adhuc in primo ascensu flentibus [al. *fluentibus*], nescio an dicere aliquando contingat: *Levavi oculos meos in montes, unde veniet auxilium mihi (Ps.* 120, 1). Ille inter minaces sæculi fluctus in tuto insulæ, hoc est, Ecclesiæ gremio sedens, ad exemplum Joannis, librum forte jam devorat (*Apoc.* 10): ego in scelerum meorum sepulcro jaceus (*Joan.* 11), et peccatorum vinculis colligatus, Dominicum de Evangelio exspecto clamorem: Hieronyme, veni foras. Bonosus, inquam (e), (quia secundum Prophetam, omnis diaboli virtus in lumbis est [*Jerem.* 13]) trans Euphratem *tulit lumbare suum, ubi illud in foramine petræ abscondens (Job.* 40, 11), et postea scissum reperiens, cecinit: *Domine, tu possedisti renes meos (Psal.* 138). *Dirupisti vincula mea: tibi sacrificabo hostiam laudis (Ps.* 105). Me vero [al. *verus*] Nabuchodonosor ad Babylonem, id est, confusionem mentis meæ catenatum duxit: ibi mihi captivitatis jugum imposuit: ibi *ferri circulum naribus meis innectens*, de Canticis Sion cantare præcepit (*Ps.* 136). Cui ego dixi: *Dominus solvit compeditos, Dominus illuminat cæcos (Ps.* 145). Ut breviter cœptam dissimilitudinem finiam, ego veniam deprecor, ille exspectat coronam.

4. Soror mea, sancti Juliani in Christo fructus est. Ille plantavit, vos rigate: Dominus incrementum dabit (1. *Cor.* 6). Hunc mihi Jesus, pro eo vulnere quod diabolus inflixerat, præstitit, vivam reddendo pro mortua. Huic ego, ut ait gentilis Poeta (*Virgil. l.* 4. *Æneid.*), omnia etiam tuta timeo. Scitis ipsi lubricum adolescentiæ iter, in quo et ego lapsus sum, et vos non sine timore transitis. Hoc illa nunc maxime **20** ingrediens, omnium est fulcienda præceptis, omnium est sustentanda solatiis, id est, crebris vestræ sanctitudinis epistolis roboranda. Et quia caritas omnia sustinet: obsecro ut etiam a Papa Valeriano (f) ad eam confortandam litteras exigatis. Nostis puellares animos his rebus plerumque solidari, si se intelligant curæ esse majoribus.

5. In mea enim patria rusticitatis [al. *rusticitas*] vernacula, Deus venter est, et in diem vivitur: et sanctior est ille, qui ditior est. Accessit huic patellæ (juxta tritum populi sermone proverbium) dignum operculum, Lupicinus Sacerdos, secundum illud quoque, de quo semel in vita (g) Crassum ait

fert. Porro mysteria hinc nonnulla eliciebant SS. Patres, Augustinus de Civit. Dei lib. 18, c. 23, Prosper de Prædestin. c. 19, Paulinus epist. 55, Optatus contra Parmen. lib. 5, et præcipue Tertullianus de Baptismo cap. 1, qui rursum *aquam* et *ex aqua* Ecclesiam interpretatur. Hieronymus vero in quadam Dalmatiæ insula Bonosum suum sibi eremum innui constituisse.

(e) Mallem *quia* vocula a transponi ad hunc fere modum, *Bonosus*, inquam, *secundum* ro *hetum quia omnis Diaboli virtus*, etc., aliter enim Prophetæ nomen minus commode referetur ad Job, cum pertineat ad Jeremiam.

(f) Valerianus Aquileiensis episcop.

(g) Proait hoc M. Tullius de Finibus l. 5. «Marco Crasso,» inquiens, « quem semel ait in vita sua risisse Lucilius,

risisse Lucillius : Similem habent labra lactucam, asino carduos comedente : videlicet ut perforatam navem debilis gubernator regat, et cæcus cæcos ducat in foveam. Talisque sit rector, quales illi qui reguntur.

6. Matrem communem (quæ cum vobis sanctitate societur, in eo vos prævenit, quia tales genuit, cujus vere venter aureus potest dici) eo salutamus honore, quo nostis : una quoque suscipiendas cunctas [al. *cunctis*] sorores, quæ sexum vicere cum sæculo, quæ oleo ad lampadas largiter præparato, sponsi orientur adventum (*Matth*. 25). O beata domus, in qua morantur Anna vidua, Virgines Prophetissæ, geminus Samuel nutritus in templo ! O tecta felicia, in quibus cernimus Machabæorum martyrum coronis cinctam martyrem matrem ! Nam licet quotidie Christum confiteamini, dum ejus præcepta servatis : tamen ad privatam gloriam publica hæc accessit vobis et aperta confessio, quod per vos ab urbe vestra Ariani quondam dogmatis virus exclusum est (*a*). Et miramini forsitan, quod in fine jam Epistolæ rursum exorsus sim. Quid faciam ? vocem pectori negare non valeo. Epistolæ brevitas compellit tacere : desiderium vestri cogit loqui. Præproperus sermo : **21** confusa turbatur oratio : amor ordinem nescit.

EPISTOLA VIII (*a*).

AD NICEAM HYPPODIACONUM AQUILEIÆ (*b*).

Niceam veterem sodalem, ac peregrinationis suæ comitem, jam in patriam regressum, ut ad se aliquando scribat exemplo Chromatii, et Eusebii fratrum hortatur.

TURPILIUS (*d*) Comicus tractans de vicissitudine litterarum : sola, inquit, res est, quæ homines absentes, præsentes facit. Nec falsam dedit, quanquam in re (*e*) non vera, sententiam. Quid enim est (ut ita dicam) tam præsens inter absentes, quam per epistolas et alloqui, et audire quos diligas ? Nam et ru-

non contigit, ut ea re minus ἀγέλαστος, ut ait idem, vocaretur, etc. »

(*a*) Arii dogma exclusum ab Aquileia per Chrom., etc.
(*b*) Alias 42. *Scripta paulo post superiorem.*
(*c*) Hic Niceas vulgo idem esse creditur, quem sub Nicetæ nomine non semel laudat S. Paulinus, fuitque postea Daciæ Episcopus. Minime vero idem ille est , sed quem refert Gennadius cap. xxii. *Niceas Romatianæ civitatis Episcopus*, id est *quil ie*, ut Baronius recte interpretatur, Aquileia enim inter Romanorum colonias nobilissima, Romatiana, seu Romana civitas audit. Niceas porro ejus ex Hypodiacono Episcopus urbis fuit : et successisse quidem Chromatio altero Hieronymi sodali creditur circa ann. 410 vel circis. In Martyrologio Romano ad diem 22. Junii Sanctorum fastis adscribitur. Quo tempore hanc S. Pater Epistolam ad eum misit, per credere est, pl. min. triginta annos egisse. Episcopatus Epocha cum hac ejus ætate concordat.

(*d*) Turpilius iste citatur a Servio in Virgilium, extantque ejus exigua fragmenta , inter ea veterum Poetarum , que Robertus Stephanus , atque Henricus collegit. Ejus meminit etiam Eusebius in Chronico.

(*e*) Sub rei non veræ nomine Comœdiam intelligunt Hieronymi Scholiastæ Victorius et Martianæus , quod scilicet in quadam sua Comœdia, quæ ficta res est, illam sententiam Turpilius effaterit. Nobis vero longe verosimillimum est, idem sibi voluisse Hieronymum , ac si dixisset *rei non veræ*, cum præsentia, quam epistolæ conciliant , vera ac propria non sit.

des illi Italiæ homines , (*f*) quos Cascos Ennius appellat, qui sibi (ut in Rhetoricis Cicero ait) ritu ferino victum quærebant, ante chartæ et membranarum usum, aut in dedolatis e ligno codicillis, aut in corticibus arborum mutuo epistolarum alloquia missitabant. Unde et portitores earum Tabellarios , et scriptores a libris arborum Librarios vocavere. Quanto magis igitur nos , expolito jam artibus mundo, id non debemus omittere, quod illi sibi præstiterunt, apud quos erat cruda rusticitas, et qui humanitatem quodammodo nesciebant ? Ecce beatus Chromatius cum sancto Eusebio non plus natura quam morum æqualitate (1) germano, litterario me provocavit officio. Tu modo a nobis abiens, recentem amicitiam scindis potius, quam dissuis, quod prudenter apud (*g*) Ciceronem Lælius vetat. Nisi forte ita tibi exosus est Oriens, ut litteras **22** quoque tuas huc venire formides. Expergiscere, expergiscere, evigila de somno, præsta unam chartæ schedulam caritati. Inter delicias patriæ, et communes quas habuimus peregrinationes, aliquando suspira. Si amas, scribe obsecranti : si irasceris, iratus licet scribe. Magnum et hoc desiderii solamen habeo, si amici litteras, vel indignantis accipiam.

EPISTOLA IX (*h*).

AD (*i*) CHRYSOGONUM MONACHUM AQUILEIÆ.

Expostulat cum Chrysogono Aquileiæ Monacho, recenti amico, quod nihil ad se scripserit.

Qui circa te affectus meus sit, carissimus ambobus Heliodorus tibi potuit fideliter nuntiare ; qui non minore te diligit amore, quam ego diligo : ut ego semper in ore meo nomen tuum sonem : ut ad primam quamque confabulationem jucundissimi mihi (*j*) consortii recorder , ut humilitatem admirer, virtutem efferam , prædicem caritatem. Verum tu , quod natura Lynces insitum habent , (2) ne post tergum respicientes meminerint priorum , et mens perdat quod oculi videre desierint , ita nostræ es necessitudinis penitus oblitus , ut illam epistolam , quam in corde Christianorum scriptam Apostolus (1. *Cor*. 3. 2) refert, non parva litura, sed imis , ut aiunt, ceris eraseris. Et illæ quidem , quas diximus , feræ, sub frondente captantes arboris ramo fugaces capreas, aut timidum, cervos, animal comprehendunt : currentemque frustra prædam, dum hostem suum secum verabido desuper ore dilaniant ; et tamdiu meminere prædandi , **23** quamdiu venter vacuus siccum fame guttur exasperat. Ubi vero sanguine pasta feri-

(*f*) Ennius ex I. Annal. fragmento.
 Quos homines quondam Laurentis terra recepit,
 Quam primum Cascei populei tenuere Latinei.
De his Cicero in I. Tusculan. *Itaque unum illud erat insitum priscis illis, quos Cascos appellat Ennius*, etc. Hos Livius lib. I. priscos Latinos dicit , et Virgilius 8. *Et priscos docuit celebrare Latinos.* Festus vero *Cascum* antiquum interpretatur, et Varro l. 4. de Ling. Latin. Sabinam esse vocis originem tradit.

(*g*) Vid. Ciceronis librum, qui inscribitur *Lælius*.
(*h*) Alias 44. *Scripta eodem tempore quo superior.*
(*i*) Mss. alii *Ciochomam* vocant, alii *Chrisocomam*.
(*j*) Pro *tui* Martianæus *mihi*. Victorius utrumque legit.
(1) Gravius *æqualitate sibi germano.*
(2) Ex antiquo cod. Gravius, *ut post tergum respicientes non meminerint priorum.*

tas viscera distenta compleverit, cum saturitate succedit oblivio : tamdiu nescitur quid capiat, donec memoriam revocaverit esuries. Tu necdum satiatus e nobis, cur finem jungis exordio? cur amittis antequam teneas? Nisi forte negligentiæ semper excusatione socia, asseras te non habuisse quod scriberes : cum hoc ipsum debueris scribere, (a) te non habuisse quod scriberes.

EPISTOLA X (b).

AD PAULUM SENEM CONCORDIÆ (c).

Paulum Concordiensem centesimum agentem annum, et tamen integro virentique corpore, laudat, petitque ab eo libros aliquot, mittens ei interea vitam Pauli Eremitæ, quam nuper adornaverat.

1. Humanæ vitæ brevitas, damnatio delictorum est. Et in ipso sæpe lucis exordio, mors secuta nascentem, labentia quotidie in vitium sæcula profitetur. Nam cum primum Paradisi colonum, viperinis nexibus præpeditum, coluber deduxisset ad terras, æternitas mortalitate mutata, et in momentos et eo amplius annos, secundum quodammodo immortalitatem maledicti hominis distulerat (d) elogium. Exinde paulatim recrudescente peccato, totius orbis naufragium Gigantum adduxit impietas. Post illud, ut ita dixerim, purgati baptisma mundi, in breve tempus hominum vita contracta est. Hoc quoque spatium, sceleribus nostris semper contra divina pugnantibus, pene perdidimus. Quotus enim quisque aut centenariam transgreditur ætatem, aut non ad eam sic pervenit, ut pervenisse pœniteat, secundum quod in libro Psalmorum Scriptura testatur : *Dies vitæ nostræ septuaginta anni : si autem multum, octoginta : quidquid reliquum est, labor et dolor* (Ps. 89. 10).

24 2. Quorsum, ais, ista tam alto repetita principio, et ita procul cœpta ut merito quis Horatiano de nobis possit sale ludere : *Et gemino bellum Trojanum orditur ab ovo* (*Ex arte Poet.*)? Videlicet ut senectutem tuam, et caput ad Christi similitudinem candidum (Apoc. 1. 14), dignis vocibus prædicemus. Ecce jam centesus ætatis circulus volvitur, et tu semper Domini præcepta custodiens, (e) futuræ beatitudinem vitæ per præsentia exempla meditaris. Oculi puro lumine vigent; pedes imprimunt certa vestigia; auditus penetrabilis; dentes candidi, vox canora (al. *sonora*); corpus solidum, et succi plenum; cani cum rubore discrepant; vires cum ætate dissentiunt. Non memoriæ

(a) Mss. quidam, atque editi *te aliud non habuisse*, etc.
(b) lias 21. scripta circa idem tempus, quo superior.
( ) Hujus meminit etiam in Catalogo ad Tertullianum. Concordia autem Pauli patria non ut Victorius in Vita s. Hier. scribit, erat Mura dulce vici in agro eraclano, sed ager Aquileiam, et Alticanum longe aptissima Italiæ civitas, et alia ejusdem nominis civitate in Hispania, et aliis talibus, non confundanda.
(d) Hoc sensu etiam apud alios Latinos auctores hoc nomen nonnunquam invenis. Noster Zeno in sermone de Martyrio Isidori, sic ait, Liquidi, cum beati tui pradicaverit, celebrata jussit de mysteriis linguam et elocutionem populum elicuit.
(e) Ver. Ms. *futuræ beatitudinis præsentia exempla meditaris*

---

tenacitatem, ut in plerisque cernimus, antiquior senecta dissolvit. Non calidi acumen ingenii, frigidus sanguis obtundit. Non contractam rugis faciem, arata frons asperat. Non denique tremula manus per curvos ceræ tramites errantem stylum ducit. Futuræ nobis resurrectionis virorem [*Ms. vigorem*] in te nobis Dominus ostendit, ut peccati sciamus esse, quod cæteri adhuc viventes præmoriuntur in carne; justitiæ, quod tu adolescentiam in aliena ætate mentiris. Et quemquam multis istam corporis sanitatem, etiam peccatoribus evenire videamus, tamen illis hoc diabolus ministrat, ut peccent : tibi Dominus præstat, ut gaudeas.

3. Doctissimi quique Græcorum (de quibus pro Flacco agens luculenter Tullius ait : Ingenita levitas et erudita vanitas) regum suorum, vel principum laudes, accepta mercede, dicebant. Hoc ego nunc faciens, pretium posco pro laudibus. Et ne putes modica esse, quæ deprecor, margaritam de Evangelio postularis. *Eloquia Domini, eloquia casta, argentum igne examinatum, probatum terræ, purgatum septuplum* (Ps. 11. 7) : scilicet Commentarios Fortunatiani, et propter notitiam (f) persecutorum, Aurelii Victoris Historiam, simulque Epistolas Novatiani, ut dum schismatici hominis **25** venena cognoscimus, libentius sancti Martyris Cypriani bibamus antidotum. Misimus interim tibi, id est, Paulo seni (g) Paulum seniorem; in quo propter simpliciores quosque multum in dejiciendo sermone laboravimus. Sed nescio quomodo, etiam si aqua plena sit, tamen eumdem odorem lagena servat, quo dum rudis esset, imbuta est. Si hoc munusculum placuerit, habemus etiam alia condita, quæ cum plurimis orientalibus mercibus ad te, si Spiritus Sanctus afflaverit, navigabunt.

EPISTOLA XI (h).

AD VIRGINES (i) ÆMONENSES.

Conqueritur, quod Virgines Æmone in Italiæ finibus degentes, sæpe ab eo litteris provocatæ, nunquam rescripserint, ostenditque non esse suis obtrectatoribus credendum.

Chartæ exiguitas indicium solitudinis est; et id-

(f) Vitiatum antea locum, qui in multas ambages eruditos viros induxit, Veronæus. Ms. ducarumque Romanorum ope emendavimus; antea scilicet pro *persecutorum* erat *persecutionum*, ut dixisse videretur Hieronymus, Historiam Persecutionum ab Aurelio Victore scriptam fuisse, cum sensus sit, ejusdem Victoris historiam, in qua de Imperatorum usque ad Julianum vitis agitur, utilem sibi fore, in cupienti habere *notitiam persecutorum*, id est eorum Principum, qui Ecclesiam Dei persecuti sunt. Frustra igitur sunt et Marianus Victorius, quique Aurelii Victoris de persecutionibus Ecclesiæ usque ad Diocletianum in Vaticana Bibliotheca suis temporibus extitisse scribit; et Andreas Sebatius, qui cum Victorem hunc, hominem maxime Christianum istius modi Historiam scribere haud omisisse recte argumentaretur, claros illos Victores commentus est, quos inter manum Christianam, cujus hic loco Hieronymus meminisset.
(g) Innuit S. Pauli primi Eremitæ vitam a se scriptam.
(h) *lias 59. scripta sed in tempore, quo superior.*
(i) Editi omnes, excepta veteri illa edit. an. 1565. quæ bis legit *Æmonenses*, falso etiam plerique Mss. *Hæmonenses* habent. Sed optime in primis Veronenses duo, quorum ope emendamus, *Æmonenses*. Siquidem ex Æmonæ civitatis ignoratione error invaluit, quod in monte

circo longum sermonem brevi spatio coarctavi : quia et vobiscum volebam prolixius loqui, et angustia schedulæ cogebat tacere. Nunc igitur ingenio est victa paupertes. Minutæ quidem litteræ, sed confabulatio longa est. Et tamen in hoc necessitatis articulo animadvertite caritatem, cum me nec penuria scriptionis valuerit prohibere, ne scriberem. Vos autem, ignoscite, obsecro, dolenti ; dico enim læsus, dico lacrymans (*a*) et irascens : ne unum quidem apicem, toties vobis tribuenti officium, præstitistis. Scio quia nulla communio luci et tenebris est : nulla cum ancillis Dei, peccatori societas. Attamen et meretrix Domino pedes lacrymis lavit (*Luc.* 7), et de dominorum micis canes edunt (*Matth.* 15). Et ipse Salvator non venit justos vocare, sed peccatores. *Non enim egent sani medico* (*Ibid.* 5. 51). Et magis vult pœnitentiam peccatoris, quam mortem. Et errantem oviculam suis humeris refert. **26** Et prodigum filium revertentem, excipit lætus pater (*Luc.* 15). Quin potius Apostolus ait : *Nolite judicare ante tempus* (1. *Cor.* 4. 5). Tu enim quis es, qui alienum servum judices ? *Suo Domino stat, aut cadit* (*Rom.* 14. 4). Et, *qui stat, videat ne cadat. Et, invicem onera vestra portate* (*Galat.* 6. 2). Aliter, sorores carissimæ, hominum livor, aliter Christus judicat. Non eadem sententia est tribunalis ejus, et anguli susurronum. *Multæ hominibus viæ videntur justæ* (*Prov.* 14. 12), quæ postea reperiuntur pravæ. Et in testaceis vasculis thesaurus sæpe reconditur. Petrum ter negantem (*Matth.* 26), amaræ in suum locum restituere lacrymæ. Cui plus dimittitur, plus amat (*Luc.* 7. 47). De toto grege siletur, et ob unius morbidæ (*b*) pecudis salutem Angeli lætantur in cœlo. Quod si cui videtur indignum, audiat a Domino : *Amice, si ego bonus sum, quare oculus tuus nequam est* (*Matth.* 20. 15) ?

EPISTOLA XII (*c*).

Ad (*d*) Antonium Monachum.

Antonium Monachum Æmonæ reprehendit, quod toties rogatus nunquam rescripserit : rursumque hortatur, ut diligentem se diligat, et scribenti rescribat.

Dominus noster humilitatis magister, disceptanti-

Hermon in Palæstina hæ Virgines degerent, cum tamen ipse epistolæ contextus doceat, in ea illas civitate extitisse, in qua diu Hier. versatus sit ; Palæstinam vero nondum ille attigisset. Vid. not. *d.* in sequenti epist. ad Antonium qui ejusdem loci monachum agebat. et forte Virginibus hisce auctor fuit, ne Hieronymo responderent.

(*a*) Verba *et irascens*, quæ plerique codd. habent, Victorius res, uit.

(*b*) Quædam exemplaria *pecudis animam.*

(*c*) *alius* 45. *Scripta eodem tempore quo superior.*

(*d*) Pauci quidam codices ad *monorum*, duo ad *Chrysochomum Diaconum aquileiæ*, reliqui omnes magno numero, ut edidimus. Hos inter quidam addunt *de modestia*, rectius Nouantulanus *instigat ad scribendam.* At cæteris præfero, qui *Monachum Æmonæ* Antonium hunc faciunt, quos inter vetustissimi duo a Martianæo inspecti, etsi perperam velit *Æmonæ* nomen in *Hermonæ* mutandum, ut alteri antiquæ depravationi consentiat, qua hujus Monasterii virgines *Hermonenses* e Palæstina male pro *Æmonenses* dictæ sunt. Erat autem Æmona, vel n' Emona, ut verius Græce scribitur, Pannoniæ colonia, ut ex Plinio lib. 3. cap. 25. habetur. Etiam tamen Herodianus ad Italiam

bus de dignitate discipulis, unum apprehendit e parvulis, dicens : *Quicumque vestrum non fuerit conversus sicut infans, non potest introire in regnum cœlorum* (*Matth.* 18). Quod ne tantum docere, nec facere videretur, implevit exemplo : dum discipulorum pedes lavat (*Joan.* 13) : dum traditorem osculo excipit (*Luc.* 22) : dum loquitur cum Samaritana (*Joan.* 4) : dum ad pedes sibi sedente Maria, de cœlorum disputat regno (*Luc.* 7) : dum ab inferis resurgens, primum muliercuis apparescit (*Marc.* 16). Satanas **27** autem ex Archangelico fastigio non aliam ob causam, nisi ob contrariam humilitati superbiam ruit. Et Judaicus populus primas (*e*) sibi cathedras, et salutationes in foro vindicans, deputato antea in stillam situlæ (*Isai.* 40), Gentili populo succedente, deletus est. Contra sophistas quoque sæculi, et sapientes mundi, Petrus et Jacobus piscatores mittuntur. Cujus rei causa Scriptura ait : *Superbis Deus resistit, humilibus autem dat gratiam* (1. *Petr.* 5. 5). Vide, frater, quale malum sit, quod adversarium habet Deum. Ob quod in Evangelio et Pharisæus arrogans spernitur, et humilis Publicanus auditur. Decem jam, nisi fallor, Epistolas plenas tam officii quam precum misi, (*f*) cum tu ne mu quidem facere dignaris : et Domino loquente cum servis, frater cum fratre non loqueris. Nimis, inquies, contumeliose. Crede mihi, nisi styli verecundia prohiberet tanta læsus ingererem, ut inciperes mihi rescribere, vel iratus. Sed quoniam et irasci hominis est, et injuriam non facere, Christiani, ad antiquum morem revertens, rursus precor ; ut et diligentem te diligas, et conservo sermonem conservus impertias. (*g*) Vale in Domino.

EPISTOLA XIII (*h*).

Ad Castorinam Materteram.

Castorinam materteram suam, cum qua aliquid habuerat dissidii, ad pacem et concordiam, quod per alias etiam fecerat litteras, adhortatur.

Joannes idem Apostolus et Evangelista in Epistola sua ait : *Quicumque odit fratrem suum, homicida est* (1. *Joan.* 3. 15) : et recte. Cum enim homicidium ex odio sæpe nascatur : quicumque odit, etiam si necdum gladio percusserit, animo tamen homicida est. Cur, ais, tale principium ? Scilicet ut veteri rancore deposito, **28** mundum pectoris Deo paremus habitaculum. *Irascimini*, inquit David, *et nolite peccare*

refert, et πρώτην Ἰταλίας πόλιν, *primam*, seu limitaneam, *Italiæ urbem* facit. Verissime Ptolemæus, aliique confinem dicunt μεταξὺ Ἰταλίας ὑπὸ τὸ Νορικῶ Παννονίας, *inter Italian sub Norico Pannonia*. Hic aliquandiu Hieronymus stetit, nec multum a Patria sua Stridone aberat.

(*e*) Quam Martian. respuit, voculam *sibi* ex editis ac Mss. omnibus reposuimus.

(*f*) Hæ decem Hieronymi Epistolæ interciderunt ; et quidam codices retinent, *jam non fallor.* De sequenti *mu* interjectione consule si libet Varronem lib. 6. Lucillius : *Nec laudare hominem, neque nu facere unquam*, id est, ne minimam quidem voculam proferre, quod communi præverbio dicunt, οὐδὲ γρύ.

(*g*) Abest hæc salutatio a Veronensi ac Nonantulano exemplaribus.

(*h*) *Alius* 56. *Scripta circa idem tempus, quo superior.*

(*Psal.* 4. 5). Hoc quid velit intelligi, Apostolus plenius interpretatur : *Sol non occidat super iracundiam vestram* (*Ephes.* 4. 26). Quid agemus nos in die judicii, super quorum iram non unius diei, sed tantorum annorum sol testis occubuit? Dominus loquitur in Evangelio : *Si offers munus tuum ad altare, ibique recordatus fueris, quia frater tuus habet aliquid adversum te,* (*a*) *relinque ibi munus tuum ante altare, et vade reconciliari prius fratri tuo, et tunc veniens offeres munus tuum* (*Matth.* 5. 25). Væ mihi misero, ne dicam et tibi, qui tanto tempore, aut non obtulimus munus ad altare, aut, ira permanente (*b*) sine causa, obtulimus. Quomodo in quotidiana prece unquam diximus : *Dimitte nobis debita nostra, sicut et nos dimittimus debitoribus nostris* (*Matth.* 6. 12), animo discrepante cum verbis, oratione dissidente cum factis? Precor itaque, quod et ante annum prioribus litteris rogaveram (1), ut pacem, quam nobis reliquit Dominus, habeamus (*Joan.* 14); et meum desiderium, et tuam mentem Christus intueatur. In brevi ante tribunal ejus reconciliata, seu scissa concordia, aut præmium recuperabit, aut pœnam. Quod si tu, quod procul absit, nolueris : ego liber ero. Epistola me hæc mea, cum lecta fuerit, absolvet.

EPISTOLA XIV (*c*).

Ad Heliodorum (*d*) Monachum.

Heliodorum peregrinationis suæ comitem, quem frustra conatus erat apud se in Eremo detinere propositi socium, datis litteris, quemadmodum discedenti promiserat, ad se invitat, et vitæ eremiticæ beatitudinem prædicat.

1. Quanto amore et studio contenderim, ut pariter in eremo moraremur, conscium mutuæ caritatis pectus agnoscit. Quibus lamentis, quo dolore, quo gemitu, te abeuntem prosecutus sim, istæ quoque litteræ testes sunt, quas lacrymis cernis interlitas. Verum tu quasi parvulus delicatus, contemptum rogantis per blandimenta fovisti, et ego incautus, quid tunc agerem, nesciebam. Tacerem? sed quod ardenter volebam, moderate dissimulare non poteram. Impensius obsecrarem? sed audire nolebas, quia similiter non amabas. Quod unum potuit, spreta caritas fecit. Quem præsentem retinere non valui, nunc quærit absentem. Quoniam igitur et tu ipse abiens postularas, ut postea quam ad deserta migrassem, invitatoria ad te scripta transmitterem, et ego me facturum promiseram : (1) Invito, jam propera. Nolo pristinarum necessitatum recorderis. Nudos amat eremus. Nolo te antiquæ peregrinationis terreat difficultas. Qui in Christum credis, et ejus credo sermonibus. *Quærite primum regnum Dei, et hæc omnia apponentur vobis* (*Matth.* 6. 33). Non pera tibi sumenda, non virga est. Affatim dives est, qui cum Christo pauper est.

2. Sed quid ago? Rursus improvidus obsecro? Abeant preces, blandimenta discedant. Debet amor læsus irasci. Qui rogantem contempseras, forsitan audies objurgantem. Quid facis in paterna domo delicate miles? Ubi vallum? ubi fossa, ubi hyems acta sub pellibus? Ecce de cœlo tuba canit : ecce cum nubibus debellaturus orbem, imperator armatus egreditur : ecce bis acutus gladius ex regis ore procedens (*Apoc.* 1.16), obvia quæque metit; et tu mihi (2) de cubiculo ad aciem, tu de umbra egrederis ad solem? Corpus assuetum tunicæ, loricæ onus non fert. Caput opertum linteo, galeam recusat. Mollem otio manum, durus exasperat capulus. Audi edictum (*e*) regis tui : *Qui non est mecum, contra me est : et qui mecum non colligit, spargit* (*Luc.* 11. 23 ; *Matth.* 12. 30). Recordare tyrocinii tui diem, quo Christo in baptismate consepultus, in sacramenti verba jurasti : pro nomine ejus non te matri parciturum e se, non patri. Ecce adversarius in pectore tuo Christum conatur occidere. Ecce donativum, quod militaturus acceperas, hostilia castra suspirant. Licet parvulus ex collo pendeat nepos (3), licet sparso crine et scissis vestibus, ubera quibus te nutrierat, mater ostendat, licet in limine pater jaceat, per calcatum perge patrem, siccis oculis ad vexillum crucis evola. Solum pietatis genus est, in hac re esse crudelem.

3. *Oratio sanctorum in cœlo pro viatoribus.*—Veniet, veniet postea dies, quo victor revertaris in patriam ; quo (*f*) per Jerosolymam cœlestem vir fortis coronatus incedas. Tunc municipatum cum Paulo capies. Tunc et parentibus tuis ejusdem civitatis jus petes. Tunc et pro me rogabis, qui te ut vinceres, incitavi. Neque vero nescio, qua te dicas nunc compede præpediri. Non est nobis ferreum pectus, nec dura præcordia. Non ex silice natos Hyrcanæ nutriere tigrides. Et nos per ista transivimus. Nunc tibi blandis vidua soror hæret lacertis, nunc illi, cum quibus adolevisti,

---

(*a*) Absunt a nostris Mss. *relinque ibi munus tuum ante altare.*
(*b*) Respicit comma illud *sine causa,* quod Domini verbis apud Matth. c. 5, v. 22. *omnis qui irascitur fratri suo,* in quibusdam codicibus addebatur ; a quibus tamen radendum postea contendit ipse Hier. in Commentar. in Matthæum, et lib. 3. in epist. ad Ephesios. Legerunt vero olim haud pauci Patres tum Latini, tum Græci, quos suo loco adducemus ; quin etiam antiquissimus noster Vero.nensis codex, qui Italicam versionem vulgo creditur continere, hodienum exhibet. Iterum noster Hieron. lib. 2. contra Pelagianos, quos libros sub vitæ suæ finem scripsit, *in eodem,* inquit, *Evangelio legimus ;* qui irascitur fratri suo sine causa, reus erit judicio : « licet in plerisque codicibus antiquis *sine causa* additum non sit, ut scilicet ne cum causa quidem debeamus irasci. »
(*c*) *lias* 1. *scripta eodem tempore an.* 373.
(*d*) Hæc una germana est inscriptio, non vero quam præferunt alii codices *Presbyterum* vel *Epi-copum,* aut quæ Martianæo placet *Monachum, postea Episcopum.* Vetus edit. habet *ad Heliodorum nondum Episcopum.* Scilicet, cum ex Aquileiensi Monacho Altini Episcopus jussus fuerit Heliodorus, seque in ea dignitate præclare admodum gesserit, clariorem Episcopi titulum suffecerunt librarii pro eo, quem Hieronymus tum temporis scripserat Monachi.
(1) Hanc priorem Epistolam amisimus.
(*e*) Mss. quidam, *edictum Domini tui.*
(*f*) Vocalum *per* ex Victorio et Mss. restituimus.
(1) Cod. unus apud Gravium *mitto* pro *invito.* Fortasse verius. Mox *necessitudinum* pro *necessitatem.*
(2) Ex Tertulliani lib. ad Martyres, notate Gravio. « Nemo miles ad bellum cum deliciis venit, nec de cubiculo ad aciem procedit, sed de papilionibus expeditis et substrictis, ubi omnis duritia etc. « Mox » De umbra ad solem, de sole ad cœlum, de tunica ad loricam, etc. »
(3) Nepotianus ad quem alias est Hieron. Epist.

vernaculi aiunt : Cui nos servituros relinquis ? Nunc et gerula quondam, jam anus, et nutricius, secundus post naturalem pietatem pater, (a) clamitat : Morituros exspecta paulisper, et sepeli. Forsitan et laxis uberum pellibus mater, arata rugis fronte, antiquum referens mammæ lallare, congeminet. Dicant si volunt et Grammatici : *In te omnis domus inclinata recumbit* (*Æneid*. 12). Facile rumpit hæc vincula amor Dei, et timor gehennæ. At contra Scriptura præcipit parentibus obsequendum : sed quicumque eos supra Christum amat, perdit animam suam. Gladium tenet hostis, ut me perimat, et ego de matris lacrymis cogitabo? Propter patrem militiam Christi deseram, cui sepulturam Christi causa non debeo, quam etiam omnibus ejus causa debeo? Domino passuro timide Petrus consulens scandalum fuit (*Matth*. 16). Paulus retinentibus se fratribus, ne Jerosolymam pergeret, respondit : *Quid facitis plorantes, et conturbantes cor meum? Ego enim non solum ligari, sed et mori in Jerusalem paratus sum pro nomine Domini Jesu Christi* (*Act*. 21. 13). Aries iste pietatis, quo fides quatitur, Evangelii **31** retundendus est muro. *Mater mea, et fratres mei hi sunt, quæcumque faciunt voluntatem Patris mei, qui in cœlis est* (*Luc*. 8. 21; *Matth*. 12. 50). Si credunt in Christum, faveant mihi pro ejus nomine pugnaturo. Si non credunt, mortui sepeliant mortuos suos (*Matth*. 8. 22). Sed hoc, ais, in Martyrio.

4. Erras, frater, erras, si putas unquam Christianum persecutionem non pati : ET TUNC MAXIME oppugnaris, si te oppugnari nescis. Adversarius noster, tanquam leo rugiens, *aliquem devorare quærens*, [al. *cupiens*], circumit (1. *Petr*. 5. 8), et tu pacem putas ? *Sedet in insidiis cum divitibus, et in occultis interficiat innocentem. Oculi ejus in pauperem respiciunt, Insidiatur in occulto, sicut leo in spelunca sua : insidiatur ut rapiat pauperem* (*Psal*. 9. 30) ; et tu frondosæ arboris tectus umbraculo, molles somnos, futura [al. *futurus*] præda, carpis ? Inde me persequitur luxuria : inde avaritia conatur irrumpere : inde venter meus vult mihi Deus esse pro Christo. compellit libido, ut habitantem in me Spiritum Sanctum fugem, ut templum ejus violent. Persequitur, inquam, me hostis, *cui nomina mille*, *Mille nocendi artes* (*Æneid*. *lib VII*) : et ego infelix victorem me putabo, dum capior ?

5. Nolo, frater carissime, examinato pondere delictorum, minora arbitreris [al. *nolo te arbitrari*] idololatriæ crimine [al. *crimina*] esse, quæ diximus. Imo Apostoli disce sententiam, qui ait : *hoc enim scitote intelligentes, quia omnis fornicator, aut immundus* (*b*), *aut avarus, aut fraudator, quod est idolorum servitus,*

___

(*a*) Plura interserit vetus edit an. 1496. Et ad hunc modum, « clamitant, cui nos morituros relinquis, exspecta paulisper, et sepeli, cras forsitan morituros. Forsitan et laxis, etc. » Mammæ autem lallare solemnis est nutricum nænia. Cornutus ad Persium Sat. 3. « Aut cur a nutrice jussus dormire, ploras; quæ infantibus, ut dormiant, solent dicere sæpe lalla, lalla. » In aliis codd. invenit Gravius *pater clamitat moriturus expecta paulisper, et sepelies.*

(*b*) Pro duobus hisce nominibus *aut avarus, aut frauda-*

non habet hæreditatem in regno Christi, et Dei (*Ephes*. 5. 5). Et quanquam generaliter adversus Deum sapiat, quidquid diaboli est; et quod diaboli est, idololatria sit, cui omnia idola mancipantur : tamen et in alio loco speciatim, nominatimque determinat, dicens : *Mortificate membra vestra, quæ sunt super terram, deponentes* **32** *fornicationem, immunditiam, et concupiscentiam malam, et cupiditatem, quæ sunt idolorum servitus, propter quæ venit ira Dei.* (1. *Coloss*. 3. 5 et 6).

Servitus idolorum in vitiis et peccatis.—Non est tantum in eo servitus idoli, si quis duobus digitulis, (*c*) thura in bustum aræ jaciat, aut haustum pateræ poculo fundat merum. Neget avaritiam esse idololatriam, qui potest triginta argenteis Dominum venditum appellare justitiam. Neget sacrilegium in libidine, (*d*) sed is, qui membra Christi, et hostiam vivam placentem Deo (1), cum publicarum libidinum victimis, nefaria colluvione violavit. Non fateatur fraudem idololatriam esse, sed similis eorum, qui in Actibus Apostolorum ex patrimonio suo partem pretii reservantes, præsenti periere vindicta (*Act*. 5). Animadverte, frater, non tibi licere [al. *licet*.] de tuis quidquam habere rebus. *Omnis*, inquit Dominus, *qui non renuntiaverit cunctis, quæ possidet*, *non potest meus esse discipulus* (*Luc*. 14. 33). Cur timido animo Christianus es ?

6. Respice Petro [al. *cum Petro*] relictum rete : respice surgentem de telonio Publicanum, statim Apostolum. Filius hominis non habet, ubi caput reclinet : et tu amplas porticus, et ingentia tectorum spatia metiris ? (*e*) HÆREDITATEM EXSPECTANS sæculi. cohæres Christi esse non poteris. Interpretare vocabulum Monachi, hoc est nomen tuum. Quid facis in turba qui solus es ? Et hoc ego, non integris rate, vel mercibus, nec quasi ignarus fluctuum (2) doctus nauta præmoneo ; sed quasi nuper naufragio ejectus in littus, timida navigaturis voce denuntio. In illo æstu Charybdis luxuriæ, salutem vorat. Ibi ore vir-

___

tor, unum habet Græcus textus ελεονέκτης; atque ipsa Latina exemplaria non simul utrumque habent, sed vel primum, ut hodierna, vel alterum tantum, ut vetera, et quæ Cypriani temporibus obtinebant. Videtur autem Hieronymus hoc loco simul utrumque junxisse, ut duplicem expriméret Græci vocabuli interpretationem, eaque vellet alludere 1. Thessal. 4. 6. *ne quis supergrediatur*, *neque circumveniat in negotio fratrem suum*, quæ ex veterum Patrum sensu ipse Hier. explicat in Commentariis ad Ephesios de libidinosis, impurisque hominibus, qui dolis ac blanditiis ad impudicitiæ sordes aliorum mulieres illiciunt. Nam et *ipsam avaritiam pro adulterio positam* ibidem ipse testatur.

(*c*) Alias *thura compressa in bustum*, ut legunt etiam quidam Mss. Hinc forte emendandus Lactantius, qui l. v. 19. ex mente Gentilium, « Nam, inquit, cruciari, atque interfici malle, quam thura tribus digitis comprehensa (lege compressa) in focum jactare, tam ineptum videtur, etc.

(*d*) Cistercienс. Cod. *esse is* pro *sed is* : vetus autem edit. *negat sacrilegium esse, qui in libidine sedet, qui membra*, etc.

(*e*) Nescio quid magis Hieronymianum sapit hæc quorumdam Mss. lectio, *Hæreditatem exspectas sæculi cohæres Christi ? Interpretare*, etc.

(1) Cæterum expressus locus est ex Tertulliani lib. de cultu feminar. *Quid minus habent infelicissimæ illæ publicarum libidinum victimæ* : notante Gravio.

(2) Maluit Gravius et *indoctus nauta*, rectissime : at Mss. non suffragantur.

gineo, ad pudicitiæ perpetranda naufragia, (a) Scyllæum renidens libido blanditur. Hic barbarum littus, hic diabolus pirata, cum sociis portat vincula capiendis. **Nolite credere, 33** nolite esse securi. Licet in modum stagni fusum æquor arrideat : licet vix summa jacentis elementi spiritu terga crispentur, magnos hic campus (b) montes habet. Intus inclusum est periculum, intus est hostis. Expedite rudentes, vela suspendite. (c) Crucis antenna figatur in frontibus. Tranquillitas ista tempestas est. Sed forsitan dicturus es : Quid ergo ? quicumque in civitate sunt, Christiani non sunt ? non est tibi eadem causa quæ cæteris. Dominum ausculta dicentem : *Si vis perfectus esse : vade, vende omnia tua, et da pauperibus, et veni, sequere me* (*Matth.* 19. 21). Tu autem perfectum te esse pollicitus es. Nam quum derelicta militia [*al. derelicta domo, militia*], te castrasti propter regna cælorum, quid aliud quam perfectum sequutus es vitam ? PERFECTUS AUTEM servus Christi, nihil præter Christum habet. Aut si quid præter Christum habet, perfectus non est. Et si perfectus non est, cum se perfectum fore Deo pollicitus sit, ante mentitus est. *Os autem, quod mentitur, occidit animam* (*Sap.* 1. 11). Igitur, ut concludam : si perfectus es, cur bona paterna desideras ? Si perfectus non es, Dominum fefellisti. Divinis Evangelium vocibus contonat : *Non potestis duobus dominis servire* (*Luc.* 16. 13); et audet quisquam mendacem Christum facere, Mammonæ, et Domino serviendo ? Vociferatur ille sæpe : *Si quis vult post me venire, abneget semetipsum sibi, et tollat crucem suam, et sequatur me* (*Ibid.* 9. 23). Et ego onustus auro arbitror me Christum sequi ? « Qui dicit se in Christum credere, debet quomodo ille ambulavit, et ipse ambulare. » (1. *Joan.* 2. 6).

7. Quod si nihil habes (ut te responsurum scio) cur, tam bene paratus ad bella, non militas ? Nisi forte in patria tua te arbitraris hoc facere, cum in sua Dominus signa non fecerit. Et cur id ? Cum auctoritate sume rationem. *Nemo Propheta in patria sua honorem habet* (*Luc.* 4). Non quæro, inquies, honorem : sufficit mihi conscientia mea. Neque Dominus quærebat, quippe qui ne a turbis rex constitueretur, aufugit. Sed ubi honor non est, ibi contemptus est. Ubi contemptus, ibi frequens injuria : ubi autem injuria, ibi et indignatio : ubi **34** indignatio, ibi quies nulla :

(a) Victorius et Martianæus *Scylla ceu renidens*, nec satis concinne, nec vere. Nobis statim occurrit uno verbo leg. *Scyllacæum*, quod et *navifragum* dixit Maro. Commodius tamen vetustiores editos, et manuscriptorum magnam vim sequi placuit, e quibus duo, sed e glossatoris manu, *in illo maris fervore vorago quædam, et præcipitium inter fluctus est Charybdis luxuriæ*, etc. Charybdis autem et Scyllæ notissima historia est, deque iisdem fabulæ Poetarum.

(b) Antiquiores editi *montes habet intus inclusos. Intus est periculum*, etc. Alia infra glossemata, quæ olim irrepserant, adnotare non est operæ pretium.

(c) Cisterciensis, aliique Mss. non pauci, atque editi, *Crux antennæ*. Scilicet navis antennam Cruci comparare solebant veteres. Hinc Pseudo Hieronymus sermon. de Nativ. *Antennæ narium, et velarum cœnua sub figura nostræ Crucis volitant*. Similia apud Minucium Felicem, Maximum Taurinensem, aliosque passim invenies.

---

ubi quies non est, ibi mens a proposito sæpe deducitur. Ubi autem per inquietudinem aliquid aufertur ex studio, minus fit ab eo, quod tollitur : et ubi minus est, perfectum non potest dici. Ex hac supputatione summa illa nascitur, Monachum in patria sua perfectum esse non posse. Perfectum autem esse nolle, delinquere est.

8. — *Dignitas Clericorum*. Sed de hoc gradu pulsus, provocabis ad Clericos. An de his aliquid audeam dicere, qui certe in suis urbibus commorantur ? Absit ut de his quidquam sinistrum loquar, quia Apostolico gradui succedentes, CHRISTI CORPUS sacro ore conficiunt ; per quos et nos Christiani sumus. Qui claves regni cælorum habentes, quodammodo ante judicii diem judicant : qui sponsam Domini sobria castitate conservant. Sed alia, ut ante perstrinxi, Monachorum est causa, alia Clericorum. Clerici pascunt oves : ego pascor. Illi de altario vivunt : mihi quasi infructuosæ arbori, securis ponitur ad radicem, si manus ad altare non defero. Nec possum obtendere paupertatem, cum in Evangelio anum viduam, duo, quæ sola sibi supererant, æra mittentem in gazophylacium, laudaverit Dominus (*Luc.* 21. 24). Mihi ante presbyterum sedere non licet : illi, si peccavero, licet tradere me Satanæ in interitum carnis, ut spiritus salvus sit (1. *Cor.* 5. 5). Et in veteri quidem Lege, quicumque Sacerdotibus non obtemperasset, aut extra castra positus, lapidabatur a populo ; aut gladio cervice subjecta, contemptum expiabat cruore (*Deut.* 17. 12). Nunc vero inobediens spirituali mucrone truncatur : aut ejectus de Ecclesia rabido dæmonum ore discerpitur. Quod si te quoque ad eumdem Ordinem pia fratrum blandimenta sollicitant, gaudebo de ascensu, sed timebo de lapsu. *Qui Episcopatum desiderat, bonum opus desiderat*. Scimus ista : sed junge quod sequitur : *Oportet autem hujusmodi irreprehensibilem esse, unius uxoris virum, sobrium, pudicum, prudentem, ornatum, hospitalem, docibilem, non vinolentum, non percussorem, sed modestum* (1. *Tim.* 3). Et cæteris, **35** quæ de eo sequuntur, explicitis, non minorem (d) in tertio gradu adhibuit diligentiam, dicens : *Diaconos similiter pudicos : non bilingues, non multo vino deditos, non turpilucros* [al. *turpis lucri appetitores*] : *habentes* (1) *ministerium fidei in conscientia pura. Et hi autem probentur primum : et sic ministrent, nullum crimen habentes*. Væ illi homini, qui vestem non habens nuptialem, ingreditur ad cœnam. Nihil superest, nisi ut statim audiat : *Amice quomodo huc intrasti ?* Et illo obmutescente dicatur ministris : *Tollite illum, ligatis manibus et pedibus, et mittite eum in tenebras exteriores, ubi erit fletus et stridor dentium* (*Matth.* 22. 12. 13). Væ illi qui acceptum talentum in sudario ligans, cæteris lucra facientibus, id tantum quod acceperat, reservavit. Illico indignantis Domini

---

(d) Cum tertium gradum *Diaconum* dicat, vide quam aperte Episcoporum præeminentiam huic, et a Presbyteris fateatur, contra quam sensisse illum toties blateraut heterodoxi. Diligenter adnotandus est etiam superior locus de Presbyterorum dignitate contra hæreticorum calumnias.

(1) Grav. corrigit, *mysterium* ex Græc. ἔχοντας τὸ μυστήριον τῆς πίστεως.

clamore ferietur : *Serve nequam , quare non dedisti pecuniam meam ad mensam, et ego veniens cum usuris exegissem eam* (*Matth.* 55. 16. 17)? Id est, deposuisses ad altare, quod ferre non poteras. Cum enim tu ignavus negotiatores dicturiam tenes, alterius locum, qui pecuniam duplicare poterat, occupasti. Quamobrem si qui indigni sunt, locum gradum sibi acquirit : ita qui indigne ad cadicem Domini accedit, reus erit, omnia Corporis et Sanguinis (1 *Cor.* 11).

9. Non omnes Episcopi, Episcopi sunt. Attendis Petrum : sed et Judam considera. Stephanum suspicis : sed et Nicolaum respice, quem Dominus in Apocalypsi eadem damnat sententia : cui tam turpia et nefanda commenta est, ut (*a*) Nicolaitarum haeresis ex illa radice nascatur. Probet se unusquisque, et sic accedat. Non facit Ecclesiastica dignitas Christianum. Cornelius Centurio adhuc ethnicus, dono Sancti Spiritus mundatus (*Act.* 10). Presbyteros Daniel puer judicat (*Dan.* 13) : Amos ruborum mora distringens, repente Prophetes effectus est. **36** David pastor eligitur in Regem (1. *Reg.* 16). Minimum discipulum Jesus amat plurimum. Inferius frater accumbe, ut maiore adveniente, sursum jubearis ascendere (*Luc.* 14). Super quem Dominus requiescit, nisi super humilem et quietum, et trementem verba sua (*Isai.* 66. 2)? Cui plus creditur, plus ab eo exigitur. *Potentes potenter tormenta patientur* (*Sap.* 6. 5). Nec sibi quisquam de corporis (1) tantum mundi castitate supplaudat, cum omne verbum otiosum, quodcumque locuti fuerint homines, reddituri sint pro eo rationem in die judicii (*Matth.* 12. 5) : cum etiam convicium in fratrem, homicidii sit reatus. Non est facile stare loco Pauli, tenere gradum Petri, jam cum Christo regnantium : ne forte veniat angelus, *qui scindat velum templi tui, qui candelabrum tuum de loco moveat* (*Apoc.* 2. 5). Aedificaturus turrim, futuri operis sumptus supputa (*Luc.* 14. 28). Infatuatum sal ad nihil est utile, nisi ut projiciatur foras, et a porcis conculcetur. Monachus si ceciderit, rogabit pro eo Sacerdos. Pro Sacerdotis lapsu quis rogaturus est?

10. Sed quoniam (2) e scopulosis locis enavigavit oratio, et inter cavas spumeis fluctibus cautes, fragilis in altum cimbo processit, expandenda vela sunt ventis, et quaestionum scopulis transvadatis, laetantium more nautarum, epilogi (*b*) celeuma cantandum est. O desertum, Christi floribus vernans ! O solitudo, in qua illi nascuntur lapides, de quibus in Apocalypsi

(*a*) Nonnulli Codices et praecipue Cistere. olim Nonantulanus *Neophitarum* legunt pro *Nicolaitarum*, cui voci rectius alii addunt vel *Ophitarum*, idque arbitror e Hieronymi calamo profecisse, nam ut alibi fusius ostendemus S E i, haios, et auctor indiculi haereson sub falso Hieronymi nomine, S. Augustinus, aliique, a Nicolaitis Ophitas deducunt. Vet. in Epist. ad Sabinian.

(*b*) Nautarum proprie acclamatio est, quam maxime insonant, cum portui jam ximi sunt. Dicitur etiam *celeusma*, exemplaque apud veteres passim suppetunt. Sidonius l. 6. epist. X. *Responsantibus alleluia ripis, ad Christum levat amoenum celeuma*, Paulinus de reditu Nicetae, *Navitae loeti solitum celeuma coniment ver is modulis in hymnos*. Noster Picron, etiam ad calceatos in torculari transtert in deren. cap. 23.

(1) Alias notante Grav. *tantummodo castitate*.
(2) Ex Ciceron. Tusculanar. lib. 4. atque alibi.

civitas magni regis extruitur (*Apoc.* 21. 18) ! O eremus familiarius Deo gaudens ! Quid agis frater (3) in saeculo, qui major es mundo ? Quamdiu te tectorum umbrae praemant ? quamdiu fumosarum urbium carcer includit ? Crede mihi, nescio quid plus tu is aspicio. (4) Libet, sarcina corporis abjecta, ad purum aetheris evolare fulgorem. Paupertatem times ? sed beatos Christus pauperes appellat. Labore terreris ? at nemo athleta **37** sine sudore coronatur. De cibo cogitas ? sed fides famem non timet (5). Super nudam metus humana exesa jejuniis membra collidere ? sed Dominus tecum jacet. Squalidi capitis horret incuria caesaries ? sed caput tuum Christus est. Infinita eremi vastitas te terret ? sed tu paradisum mente deambula. Quotiescumque illuc cogitatione conscenderis, toties in eremo non eris. Scabra sine balneis attrahitur cutis ? sed qui in Christo semel lotus est, non illi necesse est iterum lavare (*Joan.* 13). Et ut breviter, ad cuncta audias Apostolum respondentem ; *Non sunt*, inquit, *condignae passiones hujus saeculi ad supervenientem gloriam, quae revelabitur in nobis* (*Rom.* 8. 18). Delicatus es, frater, si et hic vis gaudere cum saeculo, et postea regnare cum Christo.

11. Veniet, veniet illa dies, qua corruptivum hoc et mortale incorruptionem induat et immortalitatem. Tunc beatus servus, quem Dominus invenerit vigilantem (*Luc.* 12. 43). Tunc ad vocem tubae pavebit terra cum populis, et tu gaudebis. Judicaturo Domino lugubre mundus immugiet : et tribus ad tribum pectora ferient. Potentissimi quondam reges nudo latere palpitabunt. Exhibebitur cum (*c*) prole sua Venus Tunc ignitus Jupiter adducetur , et cum suis stultus Plato discipulis. Aristotelis argumenta non proderunt. Tunc tu rusticanus et pauper exultabis, et ridebis, et dices : Ecce crucifixus meus, ecce judex, qui obvolutus pannis in praesepio vagiit. Hic est ille operarii, et (*d*) quaestuariae filius : hic qui matris gestatus sinu, hominem Deus fugit in Aegyptum (*Math.* 2) : hic vestitus coccino : hic sentibus coronatus hic Magus, daemonium habens, et samaritanus. Cerne manus, Judaee, quas fixeras : cerne latus, Romane,

(*c*) Intellige cum filio suo Cupidine : Victorius eam quod numerosam prolem bis verbis maui suscepisretur, tradit ex quibusdam Mss. sic immutavit , *Exhibebitur cum prole sua vere tunc ignitus Jupiter : adducetur et cum suis*, etc. Et *vere ignitum* interpretatur aeterno igni suppliciio addictum.

(*d*) Cur Latinius malit *Quaestuarii*, maxime renuentibus Mss. non video. Expressus locus ex Tertulliano de spectaculis in fine. *itic est ille* (dicam) *rabbi , et quaeram in filius, sabbati destructor , Samarites*, etc. notante Gratio.

(3) Ex Cyprian. de opere et eleemosyn. « qui saeculo et mundo majores jam esse cupimus, cursum nostrum iudri saeculi ac mundi cupiditate tardemus. » Et Epist. ad Donatum. *Nihil appetere , jam nihil desiderare de saeculo potest, qui saeculo major est.* Gravius.

(4) Videtur Gravio sumptum ex Pythagorae Aureis carminibus in fine. ἢν δ᾽ ἀπολείπῃς σῶμα ἐς αἰθέρ᾽ ἐλεύθερον ἔλθῃς, etc.

(5) Quae hinc sequuntur, ex Cypriani Epist. ad Martyres sumi Gravius animadvertit. « Humi jacent fessa laboribus viscera ? sed poena non est cum Christo jacere. Semicnsi capitis capillis horrescit ? sed cum sit caput viri Christus, qualecumque caput illud dereat necesse est , quod ob Domini nomen insigne est. Squallent sine balneis membra situ et sorde deformia ? sed spiritualiter intus abluitur quod foris carnaliter sordidatur. »

quod foderas. Videte corpus, an idem sit, quod dicebatis clam nocte sustulisse discipulos. Dilectio tua me compulit, ut hæc tibi frater **38** dicerem; (a) ut his interesse contingat, cui nunc labor durus est.

EPISTOLA XV (b).

Ad DAMASUM Papam.

Rogat, ut sibi significet, an tres Hypostases in Deo dicendæ sint, vel tacendæ: et cum quo apud Antiochiam communicare debeat.

1. *Cathedram Petri consulendam. Orientis et Occidentis status qua diversus.* — Quoniam vetusto Oriens inter se populorum furore collisus, indiscissam Domini tunicam, et desuper textam, minutatim per frusta discerpit: et Christi vineam exterminant vulpes, ut inter lacus contritos, qui aquam non habent (*Jerem.* 2), difficile, ubi fons signatus, et hortus ille conclusus sit (*Cant.* 4. 11), possit intelligi: ideo mihi cathedram Petri et fidem Apostolico ore laudatam censui consulendam: inde nunc meæ animæ postulans cibum, unde olim Christi vestimenta suscepi. Neque vero tanta vastitas elementi liquentis, et interjacens longitudo terrarum, me a pretiosæ margaritæ potuit inquisitione prohibere. *Ubicumque fuerit corpus, illic congregabuntur aquilæ* (*Matth.* 24. 28). Profligato a sobole mala patrimonio, apud vos solos incorrupta patrum servatur (c) hæreditas. Ibi cespite terra fecundo, Dominici seminis puritatem centeno fructu refert. Hic obruta sulcis frumenta in lolium avenasque degenerant. Nunc in Occidente sol justitiæ oritur: in Oriente autem Lucifer ille qui ceciderat, supra sidera posuit thronum suum. Vos estis lux mundi, vos sal terræ (*Matth.* 5. 14 et 15), vos aurea vasa et argentea: hic testacea vasa vel lignea (2. *Tim.* 2. 20) virgam ferream et æternum opperiuntur incendium.

2. *Extra Ecclesiam nulla salus.* — Quanquam igitur tui me terreat magnitudo, invitat tamen humanitas. A Sacerdote (d) victimæ salutem, a Pastore præsidium ovis flagito. Facessat invidia: Romani culminis recedat ambitio, **39** cum successore Piscatoris et discipulo (e) crucis loquor. Ego nullum primum, nisi Christum sequens, Beatitudini tuæ, id est, cathedræ Petri, communione consocior. Super illam Petram ædificatam Ecclesiam scio. Quicumque extra hanc domum agnum comederit, profanus est. Si quis in Noe Arca non fuerit, peribit regnante diluvio. Et

---

(a) Meliorem hunc verioremque sensum arbitrati sumus, quem exhibet Cisterciensis liber, et cui etiam vetustissima editio suffragatur: *ut*, tibi videlicet, *cui nunc labor durus est*, *his*, quæ supra dixerat, sub judicii die *interesse contingat*. Martianæus vero, *Et ut hi interesse contingat*, quibus nunc labor durus est, aggredere. Et reliqui veteres editores, *ut iis tum interesse contingat*, pro *quibus nunc labor durus est.*
(b) Alias 57. Scripta circa finem anni 376.
(c) Quidam Mss. *servatur auctoritas*. Deinde vetustiss. Ambrosian. S. 35. *ubi cespite*, etc.
(d) Iidem, *victimam salutarem*: alii editi, *victimam salutis*.
(e) Mss. quatuor *discipulo Christi loquor*. Confer quæ sequuntur cum Cypriani libro *de Unitate Ecclesiæ*, unde hæc hausisse Hier. videatur.

---

quia pro facinoribus meis ad eam solitudinem (f) commigravi, quæ Syriam juncto Barbariæ fine determinat; nec possum sanctum Domini tot interjacentibus spatiis a Sanctimonia tua semper expetere: ideo hic collegas tuos (g) Ægyptios Confessores sequor; et sub onerariis navibus parva navicula delitesco. Non novi Vitalem, Meletium respuo, ignoro Paulinum. Quicumque tecum non colligit, spargit: hoc est, qui Christi non est, Antichristi est.

3. *Vis illata Hieronymo ut tres in Deo hypostases confiteatur.* — Nunc igitur proh dolor! post Nicænam fidem, post Alexandrinum juncto pariter Occidente (h) decretum, trium hypostaseon (i) ab Arianorum prole, Campensibus, novellum a me homine Romano nomen exigitur. Qui, quæso, ista Apostoli prodidere? Quis novus magister gentium Paulus hæc docuit? Interrogamus, quid tres hypostases posse arbitrentur intelligi: tres personas subsistentes aiunt. Respondemus nos ita credere: non sufficit sensus, ipsum nomen efflagitant; quia nescio quid veneni in syllabis **40** latet. Clamamus, si quis tres hypostases, ut tria enhypostata, hoc est, tres subsistentes personas non confitetur, anathema sit. Et quia vocabula non edidicimus, hæretici judicamur. Si quis autem hypostasim, *usian* intelligens, non in tribus personis unam *hypostasim* dicit, alienus a Christo est: et sub hac confessione vobiscum pariter cauterio (i) Unionis inurimur.

(f) Exempl. Ambrosian. *quæ Syriæ*; tum alibi *diterminat*. Porro *sanctum Domini* vulgo sacra Eucharistia dicebatur, quam sibi invicem Pastores olim in communis fidei symbolum mittebant.
(g) Hoc nomine, non ut alii, et præcipue Cl. V. P. Constantius interpretantur, unum Petrum Alexandrinum, eique adhærentes intelligo, sed eos ipsos *Ægyptios Confessores*, quos in Epist. 5. ad Ruffinum laudat, illos scilicet Ægypti Episcopos, qui a Valente Diœcesareæ in Palestina antea relegati, in exsilio perseverabant. Neque enim satis recte Hieronymus illos se diceret sequi, si tum temporis jam suis Ecclesiis fuissent restituti, quemadmodum postea Gratiani Lege jussum est anno 378. Vid. Notas Chronologicas.
(h) Alexandrinum concilium an. 362. in quo tam unus, quam trium hypostaseon propugnatores interrogati, unam atque idem contra Arium pariter, ac Sabellium sentire deprehensi sunt, atque adeo sancitum est a Patribus, « is vocabulis præstantiorem et accuratiorem esse fidem a Patribus Nicææ promulgatam, atque illius verbis sufficere debere, iisque utendum. »
(i) Ambrosiani aliorumque penes alios Editores Mss. codicum hanc lectionem prætulimus, cum hactenus ubiquisset ab *Arianorum Præsule, et Campensibus*, quasi diversæ factionis essent ab Arianorum Præsule Campenses ejusdem assecclæ. Contra Arianorum proles Campenses dicuntur, sive Meletiani, quod eorum pater Meletius *ab Accacio, et Georgio Arianis Sebastia Antiochiam translatus fuerit*, ut ipse Hieronymus in Chronico tradit. Ideo vero *Campenses* audiunt, quod conventus in campis agere cogerentur, aut in Ecclesia quæ *rubra* dicebatur extra civitatem. Eo sensu Donatistas in Dialogo contra Luciferianos *Campates* Hieronymus vocat. Præferenda autem est Ambrosiani codicis lectio, *Arianorum prole Campensibus*, de qua in Notis Chronologicis. Campenses adeo alios ab illis, quos in Dialogo contra Luciferian. S. Pater memorat, hos esse intelligimus.
(j) Scilicet, quod unam ac singularem personam dicerentur profiteri. Sic in sequenti ad Marcum epistola *sabellianæ*, inquit, *impietatis arguor*. Nempe cum Sabellius unam duntaxat πρόσωπον ὑπόστασιν pro sincretur, ejus hæresis, ut optime doctis viris notatum est apud S. Hilarium lib. de Synodis num. 26. simpliciter *Hæresis Unionis* dicebatur. Et contra Eunomitas, id est, Sabellianos hæreticos proprium poema scripsit Prudentius in Apotheosi.

(l) Calicidis dictam.

4. *Tres hypostases dicere cur non liceat. Solus Deus est; creaturæ non sunt. Una natura Deitati in tribus personis.* — Decernite, obsecro, si placet, et non timebo tres hypostases dicere. Si jubetis, condatur nova post Nicænam fides, et similibus verbis, cum Arianis confiteamur orthodoxi. Tota sæcularium litterarum schola nihil aliud *hypostasim*, nisi (*a*) *usian* novit. Et quisquam, rogo, ore sacrilego tres *substantias* prædicabit? Una est Dei et sola natura, quæ vere est. Id enim quod subsistit, non habet aliunde, sed suum est. Cætera quæ creata sunt, etiamsi videntur esse, non sunt: quia aliquando non fuerunt; et potest rursum non esse, quod non fuit. Deus solus qui æternus est, hoc est, qui exordium non habet, essentiæ nomen vere tenet. Idcirco et ad Moysen de rubo loquitur: *Ego sum qui sum*: et rursum: *Qui est, me misit* (*Exod.* 3. 14). Erant utique tunc Angeli, cœlum, terra, maria: et quomodo commune nomen essentiæ, (*b*) proprie sibi vindicat Deus? Sed quia illa sola natura est perfecta, et in tribus personis Deitas una subsistit [al. *persistit*], quæ est vere, **41** et una natura est: quisquis tria esse, hoc est, tres esse hypostases, (*c*) id est *usias*, dicit, sub nomine pietatis, tres naturas conatur asserere. Et si ita est, cur ab Ario [al. *Arianis*] parietibus separamur, perfidia copulati? Jungatur cum Beatitudine tua (*d*) Ursinus; cum Ambrosio societur Auxentius. Absit hoc a Romana fide: sacrilegium tantum religiosa populorum corda non hauriant. Sufficiat nobis dicere unam substantiam, tres personas subsistentes, perfectas, æquales, coæternas. Taceantur tres hypostases, si placet, et una teneatur. Non bonæ suspicionis est, cum in eodem sensu verba dissentiunt. Sufficiat nobis memorata credulitas. Aut si rectum putatis tres hypostases cum suis interpretationibus debere nos dicere, non negamus. Sed mihi credite, venenum sub melle latet; transfiguravit se angelus Satanæ in angelum lucis (2. *Cor.* 11. 14). Bene interpretantur hypostasim, et cum id quod ipsi exponunt, habere me dicam, hæreticus judicor. Quid tam anxie unum verbum tenent? quid sub ambiguo sermone latitant? Si sic credunt, (*e*) ut interpretantur, non damno quod retinent. Si sic credo, ut ipsi sentire se simulant, permittant et mihi meis verbis suum sensum loqui.

5. Quamobrem obtestor Beatitudinem tuam per crucifixam (*f*) mundi salutem, per homousian Trinitatem, ut mihi epistolis tuis, sive tacendarum, sive dicendarum hypostaseon detur auctoritas. Et ne forte obscuritas loci, in quo dego, fallat bajulos litterarum, ad Evagrium Presbyterum, quem optime nosti, dignare scripta transmittere. Simul etiam, cui apud Antiochiam debeam communicare significes: quia Campenses cum (*g*) Tharsensibus hæreticis copulati, nihil aliud ambiunt, quam ut auctoritate communionis vestræ fulti, tres hypostases cum antiquo sensu prædicent.

42 EPISTOLA XVI (*h*).

AD DAMASUM PAPAM.

Apud quem ex tribus, qui Antiochenam Ecclesiam scindunt, debeat communicare, ut sibi significet, iterum obtestatur.

1. Importuna in Evangelio mulier tandem meruit audiri (*Matth.* 15. 28): et clauso cum servis ostio, media licet nocte, ab amico panes amicus accepit (*Luc.* 11. 8). Deus ipse, qui nullis contra se viribus superari potest, publicani precibus vincitur. Ninive civitas, quæ peccato periit, fletibus stetit (*Jon.* 3. 10). Quorsum ista tam longo repetita principio? Videlicet, ut parvum magnus aspicias: ut dives Pastor morbidam non contemnas ovem. Christus in paradiso de cruce latronem intulit (*Luc.* 11. 42): et ne quis aliquando seram conversionem putaret, fecit (*i*) homicidii pœna martyrium. Christus, inquam, prodigum filium revertentem lætus amplectitur (*Luc.* 15. 20), et nonaginta novem (1) pecudibus derelictis, una ovicula, quæ remanserat, humeris boni Pastoris advehitur (*Luc.* 15. 5). Paulus ex persecutore fit prædicator; oculis carnalibus excæcatur, ut mente plus videat et qui vinctos Christi famulos ducebat ad concilium Judæorum, ipse postea etiam de Christi vinculis gloriatur (*Act.* 9).

2. Ego igitur, ut ante jam scripsi (2), Christi vestem in Romana urbe suscipiens, nunc barbaro Syriæ limite teneor. Et ne putes alterius hanc de me fuisse sententiam, quid mererer, ipse constitui. Verum, ut ait Gentilis Poeta: *Cœlum non animum mutat, qui trans*

(*a*) Iis sane, et retro temporibus *hypostasis* vocabulum οὐσίαν apud Græcos et apud Latinos *substantiam* significabat, unde haud raro occurrit οὐσίαν, et ὑπόστασιν pro una eademque re sumi apud veteres. Verum cum Græci trium hypostaseon assertores ingenue aperuissent, quid sibi vellent eo vocabulo, quod pro subsistentia accipi commode poterat, Latini *personæ* nomen substituerunt. Videndi in hanc rem præcipue S. Gregorius Nazianzenus Orat. 32. et Basilius epist. 349. ad Terentium. Paulo post quidam Mss. *sed suum est, quod est.*

(*b*) Verior facile videatur Ambrosiani exemplaris lectio « proprium sibi vindicat Deus! Sed quia illa sola est, et infecta natura, et in tribus personis subsistit, qua vera una natura est. » Suum tamen etiam impressa locum tueri potest; atque adeo non immutamus.

(*c*) In eodem Ambrosiano voces *id est usias* desiderantur. Mox eodem sensu, sed brevius: *Et si ita est, qui ab Arii partibus separamur perfidia? Jungatur*, etc.

(*d*) Hunc *Ursicinum* recentiores vocant, fuitque, ut notum est, Damaso in Pontificatu competitor, et Arianæ hæreseos suspectus. Auxentius vero Arianorum acerrimus, adversus quem S. Ambrosii sermo extat *de non tradendis Basilicis.*

(*e*) Ambrosian. *si sic credunt, interpretentur.*

S. HIERONYMI I.

(*f*) Reponimus quod vetustiora exemplaria magno numero, et concinnius habent, antea enim vulgati, *per crucifixum mundi salutem, et homousion Trinitatem.*

(*g*) Qui *Campenses* intelligendi sint, supra diximus; Tharsenses vero hæretici erant Tharsensis Episcopi assectæ, sive quidam Semiariani, aut Macedoniani, qui cum Silvano Tharsi ad Liberium misissent an. 366. In communionem recepti sunt, et paulo post etiam in Tyannensi Concilio, cum ab hæresi recedere simulassent. Alii assectas Diodori, quem Meletius ab exsilio redux Tharsensium Episcopum constituit, intelligunt; sed male Hieronymi mentem assequuntur et temporum rationes ineunt.

(*h*) Alias 58. *Scripta post aliquot menses a superiore.*

(*i*) In aliquot Mss. *homicidii pœnam esse martyrium*, lectione haud omnino incongrua invenitur. Victorius vero *pœnam* maluit pro *pœna.*

(1) Gravius e vetusto codice *et nonaginta novem sanis pecudibus*, etc.

(2) Superiore epistola *n.* 1.

(*Douze.*)

mare currit (*Horatius lib.* 1, *epist.* 11), ita me incessabilis inimicus post tergum sequutus est, ut majora in solitudine bella nunc patiar. Hinc enim (*a*) praesidiis fulta mundi Ariana rabies fremit. Hinc in tres partes scissa Ecclesia ad se rapere me festinat. (*b*) Monachorum circa manentium antiqua in me surgit auctoritas. Ego interim clamito, si quis cathedrae Petri jungitur, meus est. (*c*) Meletius, Vitalis, atque Paulinus tibi haerere se dicunt, possem credere si hoc unus assereret. Nunc aut duo mentiuntur, aut omnes. Idcirco obtestor Beatitudinem tuam, per crucem Domini, per (*d*) necessarium fidei nostrae decus, passionem Christi, qui Apostolos honore sequeris, sequaris et merito: ita in solio cum duodecim judicaturus sedeas: ita te alius senem cum Petro (*e*) cingat: ita principatum coeli cum Paulo consequaris, ut mihi litteras tuas, (*f*) apud quem in Syria debeam communicare, significes. Noli despicere animam, pro qua Christus mortuus est.

EPISTOLA XVII (*g*).

AD (*h*) MARCUM PRESBYTERUM.

Marco fidei suae de Trinitate professionem cum Romana et Alexandrina Ecclesiis congruentem exponit, doletque plurimum, quod Arianorum factione amici sui discedere ex Eremo compulsi sint, ipseque ad relinquenda ea loca quotidie expetatur.

1. Decreveram quidem utendum mihi Psalmistae voce dicentis: *Cum consisteret adversum me peccator, obmutui, et humiliatus sum, et silui a bonis* (*Ps.* 38). Et iterum: *Ego vero tanquam surdus non audiebam, et tanquam mutus non aperiens os suum, et factus sum ut homo non audiens* (*Ps.* 37). Sed quia caritas omnia superat, et propositum vincit affectus: non tam injuriam facientibus reddo vicem, quam tibi respondeo postulanti. Apud Christianos enim, non qui patitur, ut ait (*i*) quidam, sed qui facit contumeliam, miser est.

2. Queritur suam offendi fidem, quae eadem esset cum illa Damasi et Petri Alex.—Et primo quidem antequam de fide mea, quam optime nosti, tecum loquar, adversus barbariem istius loci, versu cogor clamare vulgato:

> *Quod genus hoc hominum? quaeve hunc tam barbara morem*
> *Permittit patria? hospitio prohibemur arenae.*
> *Bella cient; primaque vetant consistere terra,*
> etc.
> (*Aeneid. lib.* 1).

Quae idcirco de Gentili Poeta sumpsimus, ut qui Christi pacem non servat, pacem saltem discat ab Ethnico. Haereticus vocor, homousian praedicans Trinitatem. Sabellianae impietatis arguor, tres subsistentes, veras, integras, perfectasque personas, indefessa voce pronuntians. Si ab Arianis, merito: si ab Orthodoxis, qui hujusmodi arguunt fidem, Orthodoxi esse desierunt, aut si eis placet, haereticum me cum Occidente, haereticum cum Aegypto, hoc est, cum Damaso, Petroque condemnent. Quid unum hominem exceptis sociis, criminantur? si rivus tenuiter fluit, non est alvei culpa, sed fontis. Pudet dicere: de cavernis cellularum damnamus orbem. In sacco et cinere volutati, de Episcopis sententiam ferimus. Quid facit sub tunica poenitentis regius animus? Catenae, sordes, et comae non sunt diadematis signa, sed fletus. Permittant me, quaeso, nihil loqui. Cur eum lacerant, qui non meretur invidiam? Haereticus sum, quid ad te? quiesce, jam dictum est. Plane times, ne eloquentissimus homo in Syro sermone, vel Graeco Ecclesias circumeam, populos seducam, schisma conficiam. Nihil alicui praeripui, nihil otiosus accipio. Manu quotidie et proprio sudore quaerimus cibum, scientes ab Apostolo scriptum esse: *Qui autem non operatur, nec manducet* (2. *Thess.* 3).

3. Haec, venerabilis et sancte Pater, cum quali gemitu, cum quali dolore conscripserim, testis est Jesus. *Tacui, nunquid semper tacebo, dicit Dominus* (*Psal.* 49; *et Isai.* 42. 14)? Non mihi conceditur unus angulus eremi. Quotidie exposcor fidem, quasi sine fide renatus sim. Confiteor, ut volunt, non placet. Subscribo, non credunt. Unum tantum placet, ut hinc recedam. Jamjam cedo: abruperunt a me partem animae meae, carissimos fratres: ecce discedere cupiunt, imo discedunt, melius esse dicentes, inter feras habitare, quam cum talibus Christianis: et ego ipse, nisi me et corporis imbecillitas, et hyemis retineret asperitas, jam modo fugerem. Verumtamen dum vernum tempus adveniat, obsecro ut paucis mihi mensibus eremi conceditur hospitium: aut si et hoc tarduum videtur, abscedo. *Domini est terra, et plenitudo ejus* (*Psal.* 23). Ascendant soli coelum, propter illos tantum Christus mortuus sit, habeant, possideant, glorientur. *Mihi autem absit gloriari, nisi in cruce Domini nostri Jesu Christi, per quem mihi mundus crucifixus est, et ego mundo* (*Gal.* 6.)

4. De fide autem quod [*al. quam*] dignatus es scri-

(*a*) Nimirum Meletius, qui Gratiani lege, et Saporis magistri militum judicio controversas Arianorum Ecclesias obtinuit, ejusque sultus praesidio trium hypostasium professionem a Hieronymo importune exigebat.

(*b*) Vetustior editio, ac Mss. nonnul. *commanentium*. Porro Monachos illos in sequenti ad Marcum epistola num. 2. pluribus insectatur.

(*c*) Meletius quidem sensu cum Damaso concordabat, sed non quibus se exprimebat verbis. Paulinus vero nec sensu, nec verbis ab eo dissidebat.

(*d*) Vetustiores editi *per necessitatem decoris fidei nostrae*, tum cum aliquot Mss. *et passionem*, ut qui (alia ita, *etc.*) *stipulos*, etc. nex judicaturis.

(*e*) Haud dubium, quia verba alludat, quibus Petro martyrum Christus praedixit, *cum autem senueris, alius cinget te, et ducet quo tu non vis*, quae non proferuntur hac in formula Mss. [...]

(*f*) Duo codices antiqui Mss. *et apud Syrium debeam*, etc.

(*g*) Alias 77. *scripta sub initium anni* 379.

(*h*) Veteres edit. hunc Marcum *Presbyterum Celedensem* faciunt. Mss. autem plerumque *Presbyterum*, aut *Episcopum Calcidae*. Est porro verosimillimum legi debere *Celedensem*, ut caeld. alibi habent; quippe Celeden in Calcide regione grande oppidum erat, a quo non longe Monasterium S. Eusebii fuisse ex Theodoreto lib. VII. Patr. cap. 4. discimus; adeoque potuit ejus loci Presbyter vicinissima fidem agnoscere.

(*i*) S. Cyp. in epistol. LV. quae est ad Cornelium, *qui contumeliam patitur, non qui facit eam ictum videtur*. Sed et Cicero lib. 5. quaest. Tusculanarum *accipere quam facere praestat injuriam*.

bere (*a*) sancto Cyrillo dedi conscriptam fidem. Qui sic non credit, alienus a Christo est. Cæterum ego fidei meæ testes habeo aures tuas, et beati fratris Zenobii, quem tecum omnes, qui hic sumus, plurimum salutamus.

EPISTOLA XVIII (*b*).

AD DAMASUM PAPAM.

De Seraphim et calculo.

Exponit Visionem sexti Capituli Isaiæ Prophetæ ; et post nonnulla de historia et morte Regis Oziæ, de Seraphim ac Trisagio erudite suo more pertractat.

Et factum est in anno, quo mortuus est rex *Ozias :* vidi *Dominum sedentem super thronum excelsum et elevatum,* **46** etc. (*Isai.* 6. 2). Antequam de Visione dicamus, pertractandum videtur quis sit Ozias, quot annis regnaverit, qui ei in cæteris gentibus sint coævi. Et de persona quidem, sicut in Regnorum, et Præteritorum libris legimus (4. *Reg.* 15; et 2. *Paral.* 26. 18), fuit vir justus, et fecit rectum in conspectu Domini, ædificans Templum, aquæductum fabricans, offerens vasa, et pro hoc, merito adversarios superans : quodque maximum pietatis indicium est, habens multos in suo imperio Prophetas. Hic, quamdiu vixit Zacharias sacerdos, cognomento Intelligens, placuit Deo, et cum omni veneratione delubrum ejus ingressus est. Postquam vero Zacharias obiit, volens per se offerre donaria, sacerdotalem ordinem non tam pie, quam audacter invasit : et reclamantibus Levitis et Sacerdotibus cæteris : *Nonne tu es rex Ozias, et non sacerdos ?* audire noluit, statimque lepra (*c*) perfusus in fronte est, juxta Prophetæ vocem, dicentis : *Imple, Domine, facies eorum ignominia* (*Ps.* 82. 17). Quam corporis partem sacerdos auri lamina protegebat, quam in Ezechiel Dominus jubet THAU litteræ impressione signari (*Ezech.* 9), de qua David exultat, dicens : *Signatum est super nos lumen vultus tui* (*Psal.* 4. 7), *Domine :* in qua allophylus procax (*d*) fundæ lapide ictus interiit. Regnavit autem Ozias annis quinquaginta duobus (2. *Reg.* 17), quo tempore apud Latinos Amulius, apud Athenienses Agamestor undecimus imperabat. Post cujus mortem Isaias Propheta hanc Visionem, quam explanare nunc nitimur, vidit, id est, eo anno quo Romulus Romani imperii conditor natus est : sicut manifestum esse poterit his, qui voluerint legere Temporum librum, quem nos in Latinam linguam, ex Græco sermone transtulimus (*e*). Et factum est in anno, quo mortuus est *Ozias rex :* vidi *Dominum sedentem super thronum excelsum et elevatum* (*Isai.* 6). Præmissa historia, spiritalis sequitur intellectus, cujus causa historia ipsa **47** (*f*) replicata est. Vivente leproso rege, (*g*) et quantum in se est, sacerdotium dissipante, Isaias Visionem videre non potuit. Quamdiu ille regnum tenuit in Judæa, Propheta oculos non levavit ad cœlum (*Isai.* 6) : non ei sunt reserata cœlestia, non apparuit Dominus Sabaoth, nec in mysterio fidei, ter Sancti nomen auditum est. Quando vero ille mortuus est, universa quæ subsequens sermo monstrabit, aperto sese lumine prodiderunt. Tale quiddam et in Exodo (*Cap.* 2) scriptum est, dum Pharao vixit, populus Israel ex luti et lateris palearumque opere pressus, non suspiravit ad Dominum : dum ille regnavit, nemo quæsivit Deum patrum, Abraham, Isaac et Jacob. Quando vero ille mortuus est, suspiraverunt filii Israel, ut Scriptura dicit : *Et ascendit clamor eorum ad Dominum* (*Exod.* 2. 23) : cum utique juxta historiam, tunc magis gaudere debuerint, et ante suspirare dum viveret (*h*). Ezechiel quoque prophetante, Phaltias filius Banaiæ occubuit, et post pessimi ducis interitum, *Cecidi,* inquit, *super faciem meam, et clamavi voce magna, et dixi :* Heu mihi, heu mihi, *Adonai Domine, in consummatione* [al. *consummationem*] *tu facis reliquias Israel* (*Ezec.* 11. 13). Si ergo intelligas in Ozia, et Pharaone, et Phaltia, et cæteris istiusmodi contrarias fortitudines, videbis quomodo illis viventibus nullus nostrum videat, ac suspiret, et in pœnitentiam corruat. Non regnet, ait Apostolus (*Rom.* 6), peccatum in mortali vestro corpore. Regnante peccato, Ægyptiis exstruimus civitates ; in cinere versamur et sordibus ; pro frumento paleas, pro solida petra, luti opera sectamur.

5. Sequitur : *Vidi Dominum sedentem super thronum excelsum et elevatum* (*Dan.* 7). Vidit et Daniel sedentem Dominum, sed non super thronum excelsum et elevatum. Pollicetur et alibi vox divina, dicens : *Veniam, et sedebo, et judicabo populum in valle Josaphat,* quod interpretatur, *Domini judicium* (*Joel.*

(*a*) Haud expeditum est divinare ex Hieronymi verbis, quis iste Cyrillus fuerit. Innui autumant quidam celebrem illum Jerosolymitanum, qui ab Episcopali sede pulsus, tum temporis per Syriæ deserta vagaretur ; quæ conjectura minimum infirmis nititur argumentis, præcipue cum constet, ejus nomini fere infensum fuisse Hieronymum. Ut ut sit, locus iste ansam impostori præbuit, ut opusculum quoddam, quod inscripsit, *Explanatio fidei ad Cyrillum,* sub S. Doctoris nomine mentiretur, quod in postremo operum tomo exhibebimus.

(*b*) Alias in duas divisa sub numeris 142. et 143. scripta circ. med. an. 381. — Vatican. 215. olim Reginæ, Incipit *brevis subitusque Tractatus B. Hieronymi de Seraphim, quæ in Visione Esaiæ leguntur, quem in Constantinopoli adhuc discipulus eloquentissimi viri Gregorii Nazianzeni experimento sui sensus, et amicorum rogatu edidit, cui titulum imposuit de seraphim.* Porro hunc libellum, ut experimentum caperet ingenioli sui, et amicis jubentibus obediret, *subito* dictasse, ipse testatur Hier. in cap. Isaiæ 6. init. Cum vero nullo in loco Tractatus iste Epistolæ ingenium et gustum referat, falso ad Damasum inscribi contendit Sixtus Senensis. Nobis quod usque hodie in editis libris Epistolæ nomen obtinuerit ad Damasum, id, seu veterum librariorum arbitrio factum sit, seu quod explanationem ipsam Damaso legendam Hieronymus dederit, cum Romæ fuit, ejusque nomini postea inscripserit, immutare non licuit, maxime cum in Operum suorum Catalogo alteri epist. de Osanna, quæ ad Damasum est, ab ipso Hier. copuletur.

(*c*) Sæpius Mss. *percussus.*

(*d*) Vitiose antea legebatur *fundæ lapidis ictu,* quod emendavimus e Mss.

(*e*) Expunximus verbum *Sequitur,* quod huic versiculo non recte præponunt editi libri.

(*f*) In Cistere. Ms. *replicanda est,* invenimus, quæ lectio incongrua ipsa quoque non est.

(*g*) Addit vetusta editio, *quantum datur intelligi,* et paulo infra *ter Sanctum* pro *Sancti* cum quibusdam Mss. legit.

(*h*) Inconcinne Martianæus repetit hoc loco Pharaonis nomen, quod nec editi, alii nec Mss. habent.

3. 12). Qui peccator est, et mei similis, videt Dominum sedentem in valle Josaphat : non in colle, non in monte; sed in valle, et in valle judicii. Qui vero justus, et Isaiæ similis est, videt illum sedentem super thronum excelsum et elevatum. Ut autem et aliud inferam, **48** quando eum mente pertracto regnare in Thronis, Dominationibus, Angelis, cæterisque Virtutibus, video excelsum thronum ejus. Quando autem considero quomodo genus dispenset humanum, et pro nostra salute sæpe descendere dicatur ad terras, video humilem et proximum terræ thronum ejus.

4. Sequitur : *Vidi Dominum sedentem super thronum excelsum et elevatum; et plena erat domus majestate ejus, et Seraphim stabant in circuitu ejus* (*juxta LXX*). Quidam ante me tam Græci (*a*) quam Latini hunc locum exponentes, Dominum super thronum sedentem, Deum Patrem; et duo Seraphim, quæ ex utraque parte stantia prædicantur, Dominum nostrum Jesum Christum, et Spiritum Sanctum interpretati sunt. Quorum ego auctoritati, quamvis sint eruditissimi, non assentior. MULTO SIQUIDEM MELIUS EST vera rustice, quam falsa diserte proferre : maxime cum Joannes Evangelista in hac eadem Visione, non Deum Patrem, sed Christum scribat esse conspectum. Nam cum de incredulitate diceret Judæorum, statim causas incredulitatis exposuit, dicens : *Et ideo non poterant credere in eum, quia dixit Isaias : Aure audietis, et non intelligetis : et cernentes aspicietis, et non videbitis. Hæc autem dixit, quando vidit gloriam Unigeniti, et testificatus est de eo* (*Is.* 6. 9. 10; *Joan.* 12. 40. 41). In præsenti ergo volumine Isaiæ ab eo qui sedet in throno jubetur , ut dicat : *Aure audietis, et non intelligetis*. Qui autem hæc jubet, ut Evangelista intelligit, Christus est : unde nunc colligitur, non posse Seraphim Christum intelligi, cum Christus sit ipse qui sedeat. Et licet in Actis Apostolorum adversus Judæos inter se dissidentes, Paulus dicat : « Bene Spiritus Sanctus locutus est per Isaiam Prophetam ad patres nostros, dicens : Vade ad populum istum, et dic : Aure audietis, et non intelligetis : et videntes videbitis, et non perspicietis. Incrassatum est enim cor populi hujus, et auribus suis graviter audierunt, et oculos suos clauserunt : ne quando videant oculis, et auribus audiant, et corde intelligant, et convertantur (*b*) ad me, et sanem illos » (*Act.* 28. 25, *et seqq.*), mihi tamen personæ diversitas non facit quæstionem, cum sciam et Christum et Spiritum **49** Sanctum unius esse substantiæ ; nec alia Spiritus verba esse, quam Filii, nec aliud Filium jussisse, quam Spiritum.

5. Sequitur : *Et plena erat domus majestate ejus.* Domus Dei quæ sursum est, gloria plena conspicitur : hæc vero quæ deorsum est, nescio an plena sit gloria nisi forte secundum sensum Psalmistæ dicentis : *Domini est terra, et plenitudo ejus* (*Ps.* 23. 1). Nos quoque dicamus eos esse in terra plenos gloria, qui possint dicere : *Nos omnes ex plenitudine ejus accepimus* (*Joan.* 1. 16). Istam domum sapientes mulieres ædificant, et insipientes dissipant manibus (*Prov.* 14). De ista et Isaias loquitur : *Et erit in novissimis diebus* (*c*) *præparatus mons domus Domini in summis montibus, et elevabitur super colles* (*Isai.* 2. 2). Hæc est domus, de qua et alibi supradictus Paulus sacra voce testatur : *Et Moyses quidem fidelis in tota domo ejus, quasi famulus in testimonium eorum, quæ dicenda erant. Christus autem ut Filius super domum ejus, cujus domus sumus nos : si tamen principium substantiæ ejus usque ad finem firmum teneamus* (*Hebr.* 3. 6). De hac et ad Timotheum loquitur : *Hæc autem scribo, ut scias quemadmodum oporteat te conversari in domo Dei, quæ est Ecclesia* (1. *Tim.* 3. 14. 15).

6. Sequitur : *Et Seraphim stabant in circuitu ejus; sex alæ uni , et sex alæ alteri ; et duabus quidem velabant faciem, et duabus velabant pedes, et duabus volabant, et clamabant alter ad alterum, et dicebant : Sanctus, Sanctus, Sanctus Dominus Deus Sabaoth, plena est universa terra gloria ejus*. Volumus scire quæ sint Seraphim stantia in circuitu Dei, quæ sex alæ unius, et simul junctæ duodecim ; quomodo duabus velent faciem, et duabus pedes, et duabus volent : cum superius in circuitu Dei stare dicantur : aut quomodo stent in circuitu, cum duo sint , et alibi volent : quid sit illud quod alter ad alterum clamitent, et ter Sancti nomen ingeminent : quomodo superius domus plena gloria, et nunc terra esse dicatur.

Orandum in interpretationes Scripturarum. — Quæ cum nec minimum pulverem moveant, et prima statim fronte difficultatem interpretationis objiciant, in commune Dominum deprecemur, ut mihi **50** quoque de altari carbo mittatur, ut omni peccatorum sorde detersa, primum possim Dei sacramenta conspicere, dehinc enarrare quæ videro. *Seraphim* sicut in interpretatione Nominum Hebræorum invenimus, *ardor*, aut *incendium* , aut *principium oris eorum*, interpretantur. Quærimus quid sit hoc incendium? Salvator ait : *Ignem veni mittere in terram , et quam* [al. *quem*] *volo, ut ardeat* (*Luc.* 12. 49). (*d*) Duo discipuli, quibus in itinere Dominus Scripturas aperuerat, a Moyse et omnibus Prophetis incipiens, postquam reserati sunt oculi eorum, cognoscentes eum, dixerunt ad alterutrum : *Nonne cor nostrum ardens erat in nobis, dum loqueretur in via, et aperiret nobis Scripturas* (*Luc.* 24. 32)? Et in Deuteronomio (*cap.* 4) Deus ipse ignis scribitur esse consumens; et in Ezechiele (*cap.* 8) quoque, a renibus usque ad pedes videtur esse igneus ; *Et eloquia Domini eloquia casta, argentum igne*

(*a*) Ex his erat Origenes, ut ipse Hieron. in Epist. ad Pamm. et Ocean. « In lectione « inquit, » Isaiæ, in qua duo Seraphim clamantia describuntur, illo interpretante Filium et Spiritum Sanctum, nonne ego detestandam expositionem in duo Testamenta mutavi? Habetur liber in manibus ante viginti annos editus, etc.

(*b*) Quidam Mss. *et convertant se, et sanem.* Græcus utroque in loco και επιστρέψωσι και ιάσωμαι.

(*c*) Membranæ Regiæ *manifestus mons Domini, et Domus Dei in summis montibus*, etc. Septuaginta ad unguem, ἐμφανὲς τὸ ὄρος κυρίου καὶ ὁ οἶκος τοῦ θεοῦ, etc. neque enim juxta Hebraicam veritatem Scripturas tunc Hieronymus recitabat.

(*d*) Sic Mss. magno numero, antea tamen erat, *duobus Discipulis*. Mox inde, *Nonne cor nostrum erat nobis ardens in via, cum aperiret*, etc.

examinatum, probatum terrae, purgatum septuplum (*Psal.* 17). Et multa alia quæ si de omnibus Scripturis voluero replicare, perlongum est. Ergo quærimus ubi sit hoc incendium salutare? Nulli dubium quin in sacris voluminibus, ex quorum lectione universa hominum vitia purgantur. De eo vero quod sequitur, *principium oris eorum*, quomodo possit ad Scripturas referri, vereor ne si dicere cœperimus, non tam interpretari, quam vim Scripturis inferre videamur.

Lingua Hebræa prima et communis. Victorinus Latinus Auctor. — Initium oris et communis eloquii, et hoc omne [al. *omne verbum*] quod loquimur, Hebræam linguam, qua vetus Testamentum scriptum est, universa antiquitas tradidit. Postquam vero in fabricatione turris per offensam Dei linguarum diversitas attributa est, tunc sermonis varietas in omnes dispersa est nationes. Igitur et incendium et initium oris, in duobus animadvertitur Testamentis: quæ circa Deum stare, non mirum est, cum per ea Dominus ipse discatur. *Sex alæ uni, et sex alæ alteri.* Victorinus noster duodecim Apostolos interpretatus est. Nos possumus et duodecim lapides altaris, quos ferrum non tetigit, et duodecim gemmas, ex quibus sacerdotis (*a*) insigne constructum est (*Exod.* 28), **51** accipere; quos et Ezechiel (*cap.* 28) memorat, et Apocalypsis (*cap.* 21) non tacet, quorum quid verum sit, Deus viderit: quid verisimile, in sequentibus exponemus.

7. Sequitur: *Et duabus quidem velabant faciem, et duabus velabant pedes, et duabus volabant.* Velabant faciem non suam, sed Dei. Quis enim ejus scire potest principium, quid antequam istum conderet mundum, (*b*) in rerum fuerit æternitate: quando Thronos, Dominationes, Potestates, Angelos, totumque ministerium cœleste condiderit? Sequitur: *Et duabus velabant pedes*, non suos, sed Dei. Extrema quippe ejus scire quis potest? quid post consummationem sæculi sit futurum, quid postquam genus hominum fuerit judicatum, quæ sequatur vita? an rursum alia sit futura terra, et post transitionem, alia rursus elementa, vel alius mundus solque condendus sit? *Priora annuntiate mihi, et novissima quæ futura sunt, et dicam, quia dii estis*, ait Isaias (*cap.* 41. *v.* 23), significans neminem posse, quid ante mundum fuerit, et quid post mundum futurum sit, enarrare. Et dua-

bus volabant. Media tantum cognoscimus, quæ ex Scripturarum nobis lectione panduntur, quando mundus factus sit, quando plasmatus homo, quando diluvium, quando lex data sit: ut ex uno homine universa terrarum spatia completa sint: et in extremo tempore Dei Filius pro nostra salute sumpserit carnem. Cætera vero quæ diximus, ista duo Seraphim, in facie pedibusque texerunt. *Et clamabant alter ad alterum.* Pulchre positum est, *alter ad alterum*.

Nihil dissonum in veteri et novo Testamento. — Quidquid enim in veteri legimus Testamento, hoc idem in Evangelio reperimus: et quod in Evangelio fuerit lectitatum, hoc ex veteris Testamenti auctoritate deducitur: nihil in eis dissonum, nihil diversum est. *Et dicebant, Sanctus, Sanctus, Sanctus Dominus Deus Sabaoth.* In ambobus Testamentis Trinitas prædicatur. Quod autem sabaoth et Salvator noster esse dicatur, accipe exemplum in vicesimo tertio **52** Psalmo. Virtutes quæ Domino ministrabant, ad cœlestes alias Fortitudines proclamabant, ut pandant januam Domino revertenti: *Tollite portas principes vestras*, (*c*) sive ut Aquila interpretatur, *attollite portæ capita vestra, et introibit rex gloriæ.* Rursum illæ quem indutum carne conspiciunt, novo mysterio stupefactæ interrogant: *Quis est iste rex gloriæ* (*Ps.* 23. 9)? accipiuntque responsum: « Dominus virtutum ipse est rex gloriæ: » quod in Hebræo scribitur, « Dominus sabaoth. » Sciendumque quia ubicumque Septuaginta Interpretes Dominum virtutum, et Dominum Omnipotentem expresserint, in Hebræo sit positum, « Dominus sabaoth, » quod interpretatur Aquila, « Dominus militiarum. » Dominus quoque ipse hic quatuor litterarum est, quod proprie in Deo ponitur (*d*) JOD HE, JOD HE, id est duobus *ja*, quæ duplicata ineffabile illud et gloriosum Dei nomen efficiunt. « Plena est universa terra gloria ejus. » Hoc adhuc [al. *autem*] a Seraphim dicitur de adventu Domini Salvatoris, quomodo in omnem terram prædicatio illius porrigatur, et Apostolorum sonus mundi limites penetret.

8. Sequitur: « Et elevatum est superliminare a voce qua clamabant. » Legimus in veteri Testamento, quod semper Dominus Moysi et Aaron ad ostium Tabernaculi sit locutus (*Levit.* 1. *et* 4. *Num.* 10), quasi ante Evangelium necdum eos in Sancta sancto-

---

(*a*) Hactenus Editi omnes *insigne diadema constructum est*. Scilicet cum vocem *insigne* non satis assequeretur non nemo veterum amanuensium, *diadema* addit ad librarium. Et falso id quidem, sed vox postea in textum illata, inceptosque editores tefellit, ut non animadverterent ex duodecim gemmis non diadema, seu Cydarim construi, sed *insigne* Sacerdotis magni, seu vestem, quæ *Rationale* dicebatur. Nos regii exemplaris auctoritate locum emaculavimus.

(*b*) Placuit Manuscriptorum omnium, et vetustiss. editionis fidem sequi. Alii editi *interim fuerit in æternitate*. Confer in Epist. ad Titum cap. 1. ubi Angelos pluribus sæculis ante mundi creationem extitisse vel ex sua, vel ex aliorum sententia tradidit. « Sex mille, » inquit, « necdum nostri orbis implentur anni, et quantas prius æternitates, quanta tempora, quantas sæculorum origines arbitrandum est, in quibus Angeli, Throni, Dominationes, cæteræque Virtutes servierint Deo, et absque temporum vicibus, atque mensuris, Deo jubente substiterint. » Vid. quæ ibi adnotabimus.

(*c*) Voculam *sive* ex editis omnibus ac Mss. reposuimus. Leviora hujusmodi alia nec indicamus.

(*d*) Insignem hunc locum depravant editi libri, potissimum quod *duabus* legunt pro *duobus*; alii *ita pro ja*. Sed et Hieronymo erit qui pulverem moveat, quod duobus *Jod He*, vel *ju* Dei nomen ineffabile componi dixerit, quod ex *Jod He* l'au *He*, seu *ja vu* constare nullus ignorat. Martianæus respici putat celebre Græcorum ΠΙΠΙ, sic enim hebraicas litteras Dei nomen componentes scribebant Græci, pro יהוה unde et *juja* legi potuit hebraico more; sed fortasse verius respexit Hieronymus Judæorum quorumdam sententiam, qui ita duobus *ja*, vel יה scriptum De nomen putabant, ut alterum tamen in Vau transierit; quæ littera vix sola magnitudine differt a Jod. Interim non prætereundum in Cisterciensi Ms. legi *Jod he l'au he, id est duabus et duabus, quæ duplicatæ*, etc. Veriori quidem sensu, ac lectione, quæ superiori difficultati minime sit obnoxia; sed vereor, ne a Hieronymi calamo profecta sit, siquidem Critici alicujus ingenium sapit.

rum introduxerit : sicut Dei Ecclesia postea introducta est dicens : « Introduxit me rex in cubiculum suum » (*Cant.* 1. 3). Quando ergo Dominus noster descendit ad terras, superliminare illud, id est, quasi quoddam obstaculum intrare cupientibus sublatum est : et universus hic mundus fumo impletus est, id est, gloria Dei. Ubi autem in Latino *elevatum* legimus, in Græco ἐπήρθη, *sublatum*, ponitur. Sed quia verbi ambiguitas utroque modo interpretari potest, nostri *elevatum* interpretati sunt pro ablato. « Et domus impleta est fumo. » Deus, ut supra diximus, ignis est : hic cum in Sina monte descendisset ad Moysen, ad **53** adventum ejus videbantur lampades discurrentes, et plenus omnis mens fumo. Unde in Psalmis dicitur : « Qui tangit montes, et fumigant » (*Ps.* 103. 32). Ex igne ergo, quoniam totam substantiam capere non possumus, lævior quædam in universum mundum, et (ut ita dicam) rarior fumi natura dispergitur, quam nos capientes, dicamus : « Ex parte cognoscimus, et ex parte prophetamus » (1. *Cor.* 13. 9). Et : « Nunc videmus per speculum in ænigmate » (*Ibid.* 12).

9. Et, *Seraphim stabant in circuitu ejus : sex alæ uni, et sex alæ alteri*. Quidam Græcorum in Scripturis apprime eruditus (1), Seraphim virtutes quasdam in cœlis esse exposuit, quæ ante tribunal Dei assistentes laudent eum, et in diversa ministeria mittantur, maximeque ad eos qui purgatione indigent, et ob pristina peccata, aliqua ex parte suppliciis (*a*) purgari merentur. Quod autem sublatum est, inquit, superliminare, et domus impleta est fumo, signum est Templi Judaici destruendi, et incendendæ universæ Jerusalem, quam videmus nunc destructam. Nonnulli vero in superioribus consentientes, in extrema parte dissentiunt. Nam superliminare sublatum illo tempore prædicant, quando velum templi scissum est, et universa domus Israel erroris nube confusa (*Matth.* 17; et *Marc.* 15; et *Luc.* 25) : quando (*b*) Josephus refert sacerdotes ex adytis templi, virtutum cœlestium audisse vocem, *Transeamus ex his sedibus*.

10. Est vir (Mss. *vero*) quidam a quo ego plura di-

(*a*) Absunt a Regiæ manuscripto duo verba *purgari merentur*, integro sensu. Hanc sententiam alibi in Ezechiel, cap. 50. Hieronymus videtur improbare, cum, *Neque enim*, inquit, *boni, sed mali Angeli tormentis præpositi sunt*. Sed hac de re plura dicemus suo loco in Daniel. cap. 7. Etiam paulo infra absunt ab eodem Ms. verba *quam videmus nunc destructam*, quæ pariter in Cisterciensi desiderantur; sed hic modo legerat *et incendii subversæ Jerusalem*, pro *incendendæ universæ*, etc.

(*b*) Hoc ex Josepho miraculum etiam in Epist. ad Hedib. quæst. 8. et in illa Paulæ et Eustochii ad Marcellam, atque alibi sæpe Hieronymus memorat. Josephus vero lib. VI de Bell. Jud. cap. V. non ad Christi mortem, cum Templi velum scissum est, refert, sed quinquennio ante Templi excidium excidium, et annis fere 32. A Christi passione inter monstra, quæ urbis cladem antecesserunt, enumerat. Imposuit autem, ut videtur, Hieronymo Eusebius in Chronic. qui aut in vitiatos Josephi codices incidit, aut ex alio auctore fortasse hausit, certe in Josepho non legit. Utriusque verba alibi dabimus, ubi hæc paulo fusius prosequemur. Monemus interim ab ipso Hieronymo in Isai. cap. 66. illam vocem in Jerosolymitanæ cladis tempus recte conferri.

(1) Forte *Gregorius Nazianzenus*.

---

dicisse me gaudeo, et qui Hebræorum sermonem ita elimarit, ut inter Scribas eorum Chaldæus existimetur. Is longe alia via ingressus est ; ait enim nullum Prophetarum extra Isaiam vidisse Seraphim circa Deum stantia, et ne ipsa quidem Seraphim alibi lectitari. Dehinc consummationis et captivitatis Jerusalem, quæ sub Nabuchodonosor facta est, signum esse præmissum. Ab Ozia quippe, sub quo orsus est prophetare, usque ad Sedeciam, qui extremus regnavit, et qui cæcus **54** in Babylonem ductus est, fuisse reges undecim, et duodecimum Godoliam, quem constituerat rex Babylonis super terram, quem interfecit Ismael filius (*c*) Nathaniæ inter medias epulas, reliquiarum patriæ parricida (4. *Reg.* 25 ; *et* 2. *Paral. ult.* ; *et Jer.* 41) ; et has esse duodecim alas, e quibus quatuor faciem suam velent, sicut in nonnullis exemplaribus invenitur, quatuor volent, quatuor pedes contegant. Ex his quippe duodecim regibus tantum quatuor justos fuisse, Oziam, Joatham, Ezechiam, et Josiam, qui sublimes per singulas captivitates audeant glorificare Deum, *Sanctus, Sanctus, Sanctus Dominus Deus Sabaoth*. Reliquos vero propter peccata sua velare faciem : et alios qui in captivitatem ducti sunt, pedum velare vestigia. Superliminare vero sublatum, et domum impletam fumo, sicut supra diximus, eversionem Jerusalem et incendium templi exposuit.

11. Et quia semel ejus cœpi referre sententiam, etiam ea quæ necdum a me sunt tacta, contingamus. Forcipem de qua altaris carbo comprehensus est, et labia purgata, propriam Isaiæ asseruit passionem, et qua sub Manasse interfectus est rege, et tunc vere purgatis labiis dixit ad Dominum : *Ecce ego, mitte me, et dixi : O miser ego, quoniam compunctus sum* (*Juxta LXX*)*!* Donec Ozias vivit non intelligis, o Isaia, te esse miserum, non compungeris, non moveris : sed quando ille mortuus est, tunc animadvertis, non munda habere te labia, tunc indignum cognoscis te esse visione Dei. Utinam autem et ego compungar, et post compunctionem (*d*), Dei visione dignus efficiar, cum sim homo, et non munda labia habeam, et in medio quoque populi immunda labia habentis habitem. Isaias ut justus tantum in sermone peccaverat : ideo sola labia habebat immunda, non conscientiam. Ego vero quia et oculis video ad concupiscendum, et manu scandalizor et pede, et omnium membrorum **55** parte delinquo, habeo omnia immunda : et quia semel spiritu baptizatus, rursum tunicam pollui, secundi baptismatis purgatione, id est, ignis indigeo (*Matth.* 3. 11).

12. *In Scripturis non sunt simplicia verba*. — Non sunt, ut quidam putant, in Scripturis verba simplicia, plurimum in his absconditum est. Aliud littera, aliud mysticus sermo significat. Ecce Dominus in Evan-

---

(*c*) Pro *Nathaniæ*, ut e Mss. emendamus, erat *Nathanael* in editis omnibus, quod alterius personæ est nomen, non patris Ismael, quem Hieronymus notat.
(*d*) Cistercienses chartæ, *Deo dignus efficiar* ; vetus autem editio, *Dei prædicatione* ; et mox *quia cum sim homo*, vel ut Ms. *qui cum sim*, etc.

gelio cingitur linteo, pelvim ad lavandos discipulorum pedes præparat, servi fungitur ministerio (*Joan.* 13) : (*a*) esto, ut doceat humilitatem, ut nobis invicem ministremus : non abnuo, non recuso. Quid est quod Petro recusanti dicit : *Nisi lavero pedes tuos, non habebis partem mecum?* Et ille respondit : *Domine, non solum pedes, sed et manus et caput* (*Ibid.* v. 8. 9.). Ascensurus ergo Dominus ad cœlum (quia Apostoli ut homines terræ insistentes, adhuc habebant peccatorum sordibus pedes pollutos) vult eos a delictis penitus liberare, ut eis possit Prophetalis sermo congruere : *Quam speciosi pedes evangelizantium pacem* (*Isai.* 52. 7); et imitari valeant Ecclesiæ verba, dicentis : *Lavi pedes meos, quomodo inquinabo illos* (*Cant.* 5. 3)? ut etiam si quis post resurrectionem postea his adhæserit pulvis, in impiam eum excutiant civitatem, in testimonium laboris : quod eo usque pro omnium salute contenderint, facti Judæis ut Judæi, gentibus ut gentiles ; ut etiam propria vestigia aliqua ex parte polluerint. Igitur, ut ad propositum revertamur, sicut Apostoli purgatione indigebant pedum : sic Isaias qui tantum in sermone peccaverat, labia habebat immunda : et quantum ego arbitror, quia Oziam in Templum irruentem, non corripuerat, nec juxta Eliæ exemplum libera voce impium designarat, labia habebat immunda. *In medio quoque populi immunda labia habentis habitem.* Isaias qui compunctus est, et se miserum contestatur, purgatione dignus efficitur. Populus vero non solum non agens pœnitentiam, sed ne sciens quidem quia labia habebat immunda, purgationis remedium non meretur. Providendum igitur sub hoc exemplo, non solum ut ipsi simus justi, sed ne cum peccatoribus moremur : quia et hoc in peccati ac miseriæ parte ducit Propheta.

13. *Quomodo Deus videtur.* — Sequitur : *Et regem Dominum sabaoth* **56** *ego vidi.* Aiunt Judæi Isaiam a majoribus suis Idcirco interemptum, quia cum Moyses posteriora Dei viderit, hic Dominum sabaoth oculis carnalibus vidisse se scribat, super hoc Deo dicente : *Nemo faciem meam videbit, et vivet* (*Exod.* 33. 20). Quos si interrogemus, quomodo se Deus in Lege aliis Prophetis in visione et somno dicat ostendi, Moysi vero facie ad faciem colloqui ; et quomodo stet illa sententia : *Nemo faciem meam videbit, et vivet*, cum facie ad faciem se ad Moysen locutum esse fateatur : respondebunt utique, juxta possibilitatem humanam Deum visum, non ut est, sed ut voluit se videri : quibus et nos dicimus eodem modo ab Isaia esse visum, restante summa, ut Moyses Deum aut viderit, aut non viderit. Si vidit, vidit ergo et Isaias, qui vidisse se dicens, impie est interfectus a vobis : quia Deus videri potest. Si non vidit, interficite et Moysen cum Isaia, quia ejusdem mendacii reus est, dicens se vidisse eum, qui videri non potest. Quemcumque [al. *quodcumque*] in expositione

(*a*) Duo Mss. pro *Esto*, legunt *Cur ista?* quod minus probatur, aliam enim ob causam quam humilitatis id fecisse ait. Victorius sequentem *ut* particulam omittit.

ejus loci super Moysen habuerint intellectum, etiam nos ad Isaiæ temperabimus visionem.

14. Sequitur : *Et missum est ad me unum de Seraphim, et in manu sua habebat carbonem, quem forcipe sumpserat de altari, et tetigit os meum, et dixit : Ecce tetigit hoc labia tua, et* (*b*) *auferet iniquitates tuas, et peccata tua purgabit.* Secundum omnes Editiones, quas supra exposuimus, sive duo Testamenta intelligere volueris, sive aliquas apparatrices in cœlestibus virtutes, sive in signum captivitatis futuræ umbram quamdam veritatis futuræ præfiguratam, nunc accipe Seraphim. Nos quia primam sententiam sequimur, Evangelicum Testamentum missum asserimus ad Prophetam : quod habens in se utraque mandata, id est, et sua et veteris Testamenti, ignitum sermonem Dei, duplici præceptorum acie comprehendit : et tactis labiis, quidquid fuerat ignorantiæ, hoc siquidem nos labia interpretamur immunda, purgationis suæ populi veritate. Hanc forcipem Jacob in scala conspicit (*Genes.* 28): hic est gladius bis acutus : hæc duo minuta, quæ mulier vidua mittit in dona Dei (*Marc.* 12): hic stater duos denarios habens, qui in ore piscis repertus, pro Domino et Petro redditur (*Matth.* 17); hac duplici forcipe **57** quæ unionis retinetur virtute, carbo comprehensus mittitur ad Prophetam, quem in centesimo decimo nono Psalmo, cum Propheta Deum rogaret dicens : « Domine, libera animam meam a labiis iniquis, et a lingua dolosa, » et post interrogationem Spiritus Sancti : « Quid detur tibi, aut quid apponatur tibi ad linguam dolosam? » dictum est : « Sagittæ potentis acutæ cum carbonibus desolatoriis » (*Ps.* 119. 2. *et seqq.*), scimus Prophetæ esse concessum. Vere quippe desolatorius carbo, qui linguam puram facit a peccato, sermo divinus est, de quo et in Isaia dicitur : « Habes carbones ignis, sedebis super eos, hi erunt tibi in adjutorium » (*Isai.* 47. 145. *sec. LXX*).

15. Sequitur : *Et audivi vocem Domini dicentis, Quem mittam, et quis ibit ad populum istum? Et dixi :* Ecce ego, mitte me. Et ait : *Vade et dic populo huic : Aure audietis, et non intelligetis.* Interrogantis sunt verba Domini, non jubentis, quem debeat mittere, et quis iturus sit ad populum, cui facilis Propheta respondet : *Ecce ego, mitte me*, et post pollicitationem jubetur, ut dicat : *Vade, et dic populo huic : Aure audietis, et non intelligetis : et cernentes aspicietis, et non videbitis;* et cætera quæ ipsius Prophetiæ sermo contexit. Audivi ego in hoc loco non parvam Hebræi mei disputationem, cujus pauca ponam, ut sensum hominis advertas. Aiebat, de Moyse et Isaia, quis melius fecerit, requiramus. Utrum ne Moyses, qui cum a Deo mitteretur ad populum, ait : *Precor, Domine, non sum dignus*; et rursum, *provide alium quem mittas* (*Exod.* 4. 13) : An Isaias, qui cum non fuisset electus, ultro se obtulit, dicens : *Ecce ego,*

(*b*) Martian. *abstulit*, et mox *purgavit* juxta Erasmianos codices hic atque infra. Sed verius plerique alii, ut edidimus utroque in loco, ex Græco ἀφελεῖ et περικαθαριεῖ. Paulo infra post vocem *captivitatis*, abest *futuræ* a Regio ac Cisterciensi.

mitte me. Nec ignoro, dicebat, periculosum esse de Sanctorum meritis disputare; et aliquid vel minus vel plus disserere velle de eo quem Dominus coronavit; sed quia ipse dixit : *Quærite, et invenietis; pulsate, et aperietur vobis* (Matth. 7; et Luc. 11), etiam nos, non ut de aliquo detrahamus, sed ut Scripturæ sensum scientes, ad ejus nos dirigamus exempla, debemus inquirere quod potest facere quæstionem. Qui Moysi, inquit, assertor est, humilitatem ejus prædicat ac mansuetudinem, quod se indignum judicans ministerio Dei, major **58** effectus sit : Isaias vero, qui ultro se obtulit, incipiens prophetare, a maledictis cœpit : *Aure audietis, et non intelligetis* (*a*), *et cernentes aspicietis, et non videbitis*. Ob quod inde multa mala perpessus, et ab omni populo pro insano habitus, cum iterum ei vox divina dixisset, *clama*, sciens quid superiori facilitate seipsum offerens pertulisset, non ait : *Ecce ego, mitte me* : sed interrogavit, quid illud esset quod clamare deberet, et dixit : *Quid clamabo*? Cui simile est illud in Jeremia : *Accipe calicem vini meri hujus de manu mea, et potionabis omnes gentes, ad quas ego te mittam, et bibent, et voment, et insanient, et cadent a facie gladii, quem mittam in medio eorum* (*Jerem*. 25. 15. 16). Quod cum audisset Propheta, non renuit · non secundum exemplum Moysi dixit : *Precor, Domine, non sum dignus, provide alium quem mittas* (*Exod*. 4. 13); sed amator populi sui, et putans quia ex potu calicis inimicæ gentes interficerentur et ruerent, calicem meri libenter accepit, intelligens in omnibus gentibus etiam Jerusalem comprehendi. Denique inter cæteras nationes : *Et accepi*, ait , *calicem de manu Domini, et potionavi omnes gentes, ad quas misit me Dominus, et Jerusalem, et civitates Juda, et reges ejus, et principes ejus, ad ponendas eas in desolationem, et in invium, et sibilationem* (*Jerem*. 25. 17. 18). Pro qua Prophetia, licet in plerisque codicibus ordo sit perversus : quid in alio loco dicat ausculta : *Seduxisti me, Domine, et seductus sum : tenuisti me et potuisti* (*b*) *: factus sum in derisum, totam diem exegi in subsannationem* (*Jer*. 20. 7). Et econtrario qui assertor est Isaiæ (dicebat) illa proferet : Prophetam, non tam sui merito, quam misericordia Dei confisum, postquam a Seraphim audierat, *Ecce tetigit hoc labia tua, et auferet iniquitates tuas, et peccata tua purgabit*, otio noluisse torpere, sed ultro in ministerium Dei, quasi a peccatis liberum, zelo se obtulisse fidei. Moysen vero quia sæcularibus eruditus fuerat disciplinis, et interfecto Ægyptio, conscientia ejus aliqua ex parte sorduerat (*Exod*. 2); unde et vox ad eum de rubo facta sit,

dicens : *Ne accesseris huc : solve calceamenta de pedibus tuis, locus enim in quo* **59** *stas, terra sancta est* : et scierit sibi adversus magos et adversus Pharaonem pessimum regem futurum esse certamen, se excusasse dicentem (*c*) : *Precor, Domine, non sum dignus* : pro quo in Hebræo legitur, *non habeo labia circumcisa*, Septuaginta Interpretibus sensum potius ex sensu quam verbum de verbo exprimentibus. Ex quo manifeste possit intelligi, Isaiam recte post circumcisa labia, in Dei se obtulisse ministerium, et Moysen adhuc incircumcisis labiis tam grande ministerium recusasse.

16. *Aure audietis, et non intelligetis : et cernentes aspicietis, et non videbitis*. Totus hic locus sicut Salvator dicit in Evangelio, ad id pertinet tempus, quo ipse est dignatus descendere ad terras, et signa Judæis non intelligentibus perpetravit. Et quoniam usque ad finem Capituli explanatio multiplex sequitur; et excipientis jam explicuimus [Mss. *implevimus*] ceras, hucusque dictasse sufficiat : quia et oratio, quæ non propriæ manus stilo expolitur, cum per se inculta est, tum multo molestior fit; si tædium sui prolixitate congeminet; ut oculorum dolore cruciati, auribus tantum studeamus et lingua.

17. (*d*) Septuaginta : *Et missum est ad me unum de Seraphim* ; Aquila , et Theodotion , *Et volavit ad me unum de Seraphim* (*e*) ; Symmachus, *Et volavit ad me unus de Seraphim*. Quotidie ad nos mittitur Seraphim , quotidie ingemiscentium atque dicentium : *O miser ego, quoniam compunctus sum*, ora purgantur, et cum a peccatis fuerint liberati, præparant se ministerio Dei. Quod autem cæteri Interpretes, pro *missum esse, volasse* dixerint , intellige velocem divini sermonis adventum super eos, qui digni societate illius judicantur. In genere quoque diversitas est. Septuaginta, Aquila, et Theodotion Seraphim neutro genere transtulerunt : Symmachus masculino. Nec putandum sexum esse in Virtutibus Dei, cum etiam ipse Spiritus Sanctus secundum proprietates linguæ Hebrææ, feminino genere proferatur ruʜa : Græce neutro **60** τὸ πνεῦμα : Latine masculino, *Spiritus*. Ex quo intelligendum est, quando de superioribus disputatur, et masculinum aliquid, seu femininum ponitur, non tam sexum significari, quam idioma sonare linguæ.

(*a*) Sic reliquum versiculi, pro quo in editis tantum erat, etc. ex Mss. supplevimus. Passim infra quædam alia emendamus minoris momenti, quibus adnotandis subinde immorari piget.

(*b*) Veram hujus versiculi lectionem ex Regio codice emendatissimo restituimus. Hucusque enim antiquus error inoleverat, ut legeretur, *factas sum in derisum tota die, exivi in subsannationem*, pro *totam diem exegi in subsannatione*, ut Græcus textus τάσαν ἡμέραν διετέλεσα μυκτηριζόμενος. Forte *exegi* de more olim scripserat amanuensis, ex quo sciolus non nemo *exivi*, et *tota die*, quod transtulit ad superius comma.

(*c*) Sic resarcimus e Mss. antea enim erat *potius sensum quam verbum*, atque olim *potius quæ dixi verbum*, etc.

(*d*) Omnia fere Mss. exemplaria hoc loco epistolam ita concludunt , *Explicit Hieronymi de Seraphim*; nec reliqua subdunt quæ sequuntur hujus interpretationis. Veteres quoque editi aliam hinc epistolam incipiunt, alio numero. Martianæus hæc in unum cujusdam Mss. codicis auctoritate coajunxit, cujus consilium, majori tantum divisione adposita, non improbamus, quod uno tempore etsi non uno spiritu dictata videantur, nec aliud sit posterior hæc pars, quam fusior explanatio eorum, quæ in superioris fine explicata sunt. Hinc ipse etiam Hier. sub *unius* libelli nomine hunc Tractatum cita in Commeut. in c. 6. Isaiæ initio, « *ubi de hac visione, inquit* , ante annos circiter triginta cum essem Constantinopoli, et apud virum eloquentissimum Gregorium Nazianzenum, tunc ejusdem urbis Episcopum, Sanctarum Scripturarum studiis erudirer, scio me brevem dictasse subtumque tractatum, etc. Ad illum itaque libellum mitto lectorem, etc. »

(*e*) Non tantum in excusis Erasmi et Victorii, sed in aliquot etiam Mss. Symmachi nomen et lectio desiderantur.

Siquidem ipse Deus invisibilis et incorruptibilis omnibus pene linguis profertur genere masculino, cum in eum non cadat sexus. Illorum quoque, pius licet, attamen coarguendus error, qui in orationibus et oblationibus suis audent dicere : Qui sedet super Cherubim et Seraphim. Nam et super Cherubim sedere Deum, scriptum est ; ut ibi : *Qui sedes super Cherubim, ostendere* (Ps. 79. 2). Super Seraphim vero sedere Deum, nulla Scriptura commemorat, et ne ipsa quidem Seraphim, circa Deum stantia, excepto præsenti loco, Scripturis sanctis omnibus invenimus.

18. Septuaginta : « Et in manu habebat carbonem, quem forcipe acceperat de altari, et tetigit os meum. » Aquila et Theodotion : « et in manu ejus calculus in forcipe, quem acceperat de altari, et tetigit os meum. » Symmachus : « Et in manu ejus calculus in forcipibus, quem sumpserat de altari, et detulit ad os meum. » Quantum ad historiam pertinet, videtur Deus sedere in Templo Jerusalem, et ante eum de altari, secundum Septuaginta ad Isaiam carbo deferri : de altari vero incensi sive holocaustorum. Quantum autem ad mysticos intellectus, ille ei ignis mittitur, quem Jeremias ferre non poterat : quin quum animæ nostræ arcana penetrarit, ita nos dissolvit, ita a veteri homine in novum excoquit, ut in illam vocem possimus erumpere : « Vivo autem jam non ego, sed gratia Dei quæ in me est » (Galat. 2. 20). Forcipes quoque secundum Interpretes cæteros licet in sacerdotali semper supellectile fuerint, diversas gratias debemus accipere, quibus multifarie, et multis modis olim Deus patribus nostris locutus est in Prophetis. Quia in Hebræo pro *carbone, calculus* legitur, cæteris quoque super hoc consonantibus, videtur mihi sermo divinus calculi appellatione signari. **61** Sicut enim calculus genus est lapidis durissimi et rotundi, et omni (*a*) puritate lævissimi, ita sermo Dei, qui neque hæreticorum, neque omnium adversariorum potest contradictionibus cedere, calculus dicitur. De hoc calculo Sephora filium circumcidit : et Jesus populum purgat a vitiis : et in Apocalypsi Dominus pollicetur vincentibus, ut accipiant calculum et scribatur super eum nomen novum. Videntur autem mihi et Septuaginta in eo quod ἄνθρακα transtulerunt, idem sensisse quod cæteri. Ἄνθραξ quippe, quem nos *carbunculum* interpretamur, genus est lapidis fulgidi atque nitentis, quem etiam in duodecim lapidibus invenimus. Sive igitur *calculum*, sive *carbunculum* lapidem accipimus, in calculo divini sermonis veritas et rigor ; in carbunculo lucens doctrina et manifesta monstratur. « Eloquia enim Domini, eloquia casta, argentum igne probatum terræ, purgatum septuplum » (P.. 11. 7). Et alibi : « Mandatum Domini lucidum, illuminans oculos » (Ps. 18. 19). Quod autem ait : *In manu habebat carbonem,*

manuum intelligamus operationem, ut ibi, *In manu linguæ mors, et vita* (Prov. 18. 21); et in Psalmo : *Cadent in manu gladii* (Ps. 62. 11); Aut certe vere manus apparuit, ut per similitudinem humanæ formæ, dum manus cernitur porrigentis, Propheta non timeat : juxta quod et ipsum Deum, et Angelos in humanas vidimus se mutasse formas, ut metus videntibus demereretur.

19. Septuaginta : *Et dixit, ecce tetigit hoc labia tua, et auferet iniquitates tuas, et peccata tua* (*b*) *purgabit.* Aquila : *Ecce tetigit hic labia tua, et recedet iniquitas tua, et peccatum tuum propitiabitur.* Cæteri Interpretes in Aquilæ verba consentiunt. Primum necesse est, ut labia nostra tangantur : Deinde cum tacta fuerint, fugetur iniquitas ; et cum iniquitas fuerit effugata, propitiabitur Dominus : quia apud ipsum est propitiatio : et secundum Apostolum : *Ipse est propitiatio pro peccatis nostris.* Purgatis autem peccatis nostris, audiemus vocem Domini dicentis : *Quem mittam?* Et respondebimus : *Ecce ego, mitte me.*

20. Septuaginta : *Et audivi vocem Domini* **62** *dicentis, quem mittam, et quis ibit ad populum istum?* Aquila, Theodotion et Symmachus : *Et audivi vocem Domini dicentis : quem mittam? et quis ibit nobis?* De comparatione Isaiæ et Moysi, quomodo alius ministerium recusarit, alius ultro se offerens dura perpessus sit, in (1) alio loco (*c*) disputavimus. Sed ne videamur aliquid præterisse earum, quas Judæi vocant δευτερώσις, et in quibus universam scientiam ponunt, nunc breviter illud attingimus [al. *attingamus*], quare in Hebræo sit positum, *et quis ibit nobis?* Sicut enim in Genesi dicitur : *Faciamus hominem ad imaginem et similitudinem nostram* (Genes. 1. 26); ita et hic puto dictum, *et quis ibit nobis?* Nobis autem quibus aliis æstimandum est, nisi Patri et Filio et Spiritui Sancto, quibus vadit quicumque eorum obsequitur voluntati? Et in eo quidem quod unius loquentis persona proponitur, divinitatis est unitas. In eo vero quod dicitur, *nobis*, personarum diversitas indicatur. Legimus in Canticis Canticorum vocem sponsi dicentis ad sponsam : *Surge, veni, proxima mea, speciosa mea* [al. *sponsa*], *columba mea : quia ecce hyems transiit, pluvia abiit sibi* (Cant. 5. 2). Quando enim anima in cogitatione (*d*) tranquillitatem sentit, quando supra petram fundata est, et fides ejus alta radice fixa est, universi tentationem fluctus sibi pertranseunt : et ei non pertranseunt, qui tentatur. Notandum autem quomodo ad id quod Dominus dixerat, *quem mittam,*

(*b*) In instanti legit hoc loco Cisterciensis liber cum vetusta edit. *aufert,* et *purgat.* Supra alios in præterito legisse animadvertimus.

(*c*) Præposterum Martianæus simul locum hunc de superiori expositione interpretatur, et simul legit cum antea editis *disputabimus*, nisi si alteram hanc partem, quam etiam ipse secundo loco exhibuit, ante illam quæ primo loco est, scriptam crediderit, quod ratio nulla suspicari permittit. Adeo palam est, legi debere ut nos emendamus ex tribus mss. et vetusta edit. *disputavimus.* Mox autem Cisterc. « aliquid præterisse eorum quæ Judæi deuteron vocant vel deutosis.

(*d*) Idem Cisterc. « tranquillitate conceidt, quando, etc.» Mox « universi cogitationum fluctus. »

(1) In superiori expositione.

(*a*) Mendose, sed non typothetarum incuria legunt hucusque editi absque diphthongo *levissimi*, cum perspicuum, ac limpidum significari debere constet : Græc. λεῖος *planus, politus.*

et quis ibit nobis, Propheta ex parte responderit : *Ecce ego, mitte me,* et de sequenti tacuerit, intelligens nullum hominem dignum esse, qui Deo pergeret, et omne iter suum ejus faceret esse, qui mitteret. Quam humilitatem Dominus advertens (*a*) quod se secundis putaret indignum, imperavit sequentia, dicens : *Vade.*

21. Septuaginta : *Et dixit : Ecce ego sum, mitte me.* Aquila et Theodotion : *Ecce adsum, mitte me.* Symmachus : *Ecce, mitte me.* Deus qui vocat ea quæ non sunt, quasi sint, et qui dixit : *Ego sum qui sum;* et alibi : *Qui est, misit me* (*Exod.* 3. 14), quoscumque vocaverit, statim facit subsistere : quod satis claret exemplis in vivente **63** Matthæo Evangelista, et in Lazaro quatriduano jam mortuo : qui statim ut sunt vocati a Domino, et ille sepulcrum avaritiæ reli-

quit, et iste suæ mortis (*Marc.* 2. *Luc.* 5. *et Joan.* 11).
QUONIAM OMNIA quæ absque eo sunt, non sunt. Unde Propheta purgatus a vitiis ausus est dicere : *Ecce ego sum* : licet in Latinis codicibus propter Interpretum varietatem, *sum,* non sit appositum. Quidam observandum putant, ad quos Prophetas mittentis, aut missi sermo dicatur, quod est Græce *Apostolus.*
64 Et hanc esse differentiam volunt : ut quicumque mittantur, et Prophetæ sint pariter et Apostoli : ad quos vero mittentis sermo non ponitur, tantum Prophetæ sint : quod ego superfluum puto. Et quia semel ad tractatum istius vocabuli venimus : sciendum, *Silam* collegam Pauli lingua Hebræa *Apostolum* dici : qui cum eo nonnullas Epistolas scribit. Et vitiose *Silvanus* legitur pro *Sila,* quum Silvanum in Apostolorum Actis non legamus.

(*a*) Vetus edit. *quod se sequendi putaret,* etc.

SECUNDA CLASSIS

COMPLECTENS EPISTOLAS, QUAS HIERONYMUS PER FERME TRIENNIUM ROMÆ SCRIPSIT AB EXEUNTE ANNO CHRISTI 382 AD ULTRA MEDIUM 385.

EPISTOLA XIX (*a*)

DAMASI PAPÆ AD HIERONYMUM,

Quid apud Hebræos sonet OSANNA *perspicue sibi explicari rogat.*

Dilectiss. filio HIERONYMO (*b*) DAMASUS Episcopus in Domino salutem.

Commentaria cum legerem Græco Latinoque sermone in Evangeliorum interpretatione a nostris, id est, orthodoxis viris olim, ac nuper scripta de eo quod legitur, Osanna filio David (*Matth.* 21. 9) : *non solum diversa, sed etiam contraria sibimet proferunt.* (*c*) *Dilectionis tuæ est, ut ardenti illo strenuitatis ingenio, abscisis opinionibus, ambiguitatibusque* (*d*) *supplosis, quid se habeat apud Hebræos, vivo sensu scribas; ut et de hoc, sicut et de multis, tibi curæ nostræ in Christo Jesu gratias referant.*

EPISTOLA XX (*e*)

SEU RESCRIPTUM HIERONYMI AD DAMASUM.

Quid vox OSANNA *significet juxta hebraicum fontem, et cur hebræum hoc verbum, ita ut est apud Hebræos, relictum apud omnes sit Linguas, docet.*

1. *Variorum interpretationes.* — MULTI super hoc sermone diversa finxerunt, e quibus noster Hilarius in Commentariis Matthæi (*c.* 21. *n.* 5) ita posuit : *Osanna* Hebraico sermone significatur, (*f*) *redemptio domus David.* Primum *redemptio* lingua Hebræa PHEDUTH interpretatur : deinde *domus* BETH. David vero in hoc loco non esse nomen insertum, omnibus patet. Alii opinati sunt, *Osanna,* gloriam dici. Porro *gloria* CHABOD appellatur : nonnulli gratiam, cum gratia, THODA sive ANNA nuncupetur.

2. *Ad Hebræum fontem recurrendum.* — Restat ergo, ut omissis opinionum rivulis, ad ipsum fontem, unde ab Evangelistis sumptum est, recurramus. Nam quomodo illud neque in Græcis, neque in Latinis codicibus **65** possumus invenire, *Ut compleretur id quod dictum est per Prophetas : Quoniam Nazaræus vocabitur* (*Matth.* 2. 23); et illud, *ex Ægypto vocavi filium meum* (*Ibid. v.* 15) : ita et nunc ex Hebræis codicibus veritas exprimenda est, unde in hanc vocem vulgus et maxime consona inter se parvulorum turba proruperit, dicente Matthæo : *Turbæ autem, quæ præceaebant, et quæ sequebantur, clamabant dicentes : Osanna filio David : benedictus qui venit in nomine Domini, Osanna in excelsis* (*Matt.* 21. 2). Marcus vero ita posuit : *Clamabant dicentes, Osanna : benedictus qui venit in nomine Domini : benedictum quod venit in nomine Domini regnum patris nostri David, Osanna in excelsis* (*Marc.* 11. 9). Joannes vero pari voce con-

(*a*) Al. 124. *Scripta circa initium an.* 383.
(*b*) In uno, alterove Ms. additur *Presbytero,* qua quidem dignitate tum temporis Hieronymum fuisse insignitum, non dubium est.
(*c*) Antiquiss. Vatic. 355. *Dilectionis tuæ ardenti illo studium ætatis ingenio,* forte legend. uno verbo *studiositatis,* quod vocabulum etsi longe barbarum huic loci magis quam *strenuitatis* placet. Alii *e studium ergo dilectionis tuæ deprecor, ut,»* etc. vel « Ideo dilectionis tuæ affectum rogamus, ut, » etc.
(*d*) Alii ex editis *scrupulosis* : tum duo Mss. *rari sensus.*
(*e*) Eodem tempore scripta quo superior.

(*f*) Palam est unum illud vocabulum, *Osanna* tria simul *redemptionem domus David* significare non posse, unde Hilarii interpretationem non probat Hieronymus. Sed facile etiam apparet non priorem duntaxat vocem, sed totam acclamationem Latine ab illo reddi voluisse, *Osanna leben David,* seu *Osanna filio David;* atque in eo magis falli, quod Beth *domus,* pro Ben *filius* accepit, quam quod etymologias, quæ non haberentur, excogitarit. Ambrosius quoque in Lucan lib. 9. n. 13. *Osanna filio David redemptorem domus David* interpretatur.

sentit : *Et clamabant, Osanna : benedictus qui venit in nomine Domini, rex Israel* (*Joan.* 12. 14). Solus Lucas verbum *Osanna*, non posuit, in reliqua interpretationis parte consentiens : *Benedictus qui venit rex in nomine Domini, pax in cœlo, et gloria in excelsis.* (*Luc.* 19. 38). Igitur, ut diximus, ipsa verba Hebræa ponenda sunt, et omnium Interpretum opinio digerenda, quo facilius quid super hoc sentiendum sit, (*a*) ex retractatione cunctorum ipse sibi Lector inveniat.

5. *Interpretum Hebræi textus opinio.* — In centesimo decimo septimo Psalmo, ubi nos legimus, *O Domine salvum me fac, o Domine bene prosperare : benedictus qui venit in nomine Domini*, in Hebræo legitur, (*b*) ANNA ADONAI, OSIANNA, ANNA ADONAI ASLIANNA ; BARUCH ABBA BASEM ADONAI. Quod Aquila, Symmachus, Theodotio, et Quinta Editio, ne quid in (*c*) Latino mutare videamur, ita exprimunt : ὦ δή, Κύριε σῶσον δή, ὦ δή Κύριε εὐοδοσον δή, εὐλογημένος ὁ ἐρχόμενος ἐν ὀνόματι Κυρίου. Sola Sexta Editio cum Interpretibus Septuaginta ita congruit, ut ubi cæteri posuerunt ὦ δή, illi scripserint ὦ. Et quia OSIANNA, quod nos corrupte propter ignorantiam dicimus OSANNA , *salvifica* , sive *salvum fac* exprimatur, omnium **66** interpretatione signatum est : nunc illud in cura est, quid (*d*) sine adjectione salvandi, solus ANNA sermo significet. Sciendumque quod in hoc loco ter dicatur ANNA ; et primum quidem ac secundum iisdem litteris scribitur, ALEPH, NUN, HE, tertium vero HE , NUN , HE. Symmachus igitur, qui in centesimo decimo septimo Psalmo cum omnium interpretatione consenserat, ut nobis manifestiorem tribueret intellectum, in centesimo decimo quarto Psalmo, ubi dicitur : *O Domine, libera animam meam*, ita interpretatus est : *Obsecro, Domine, libera animam meam.* Ubi autem Septuaginta , ὦ, et ille , *Obsecro* , transtulerunt, Aquila , et cæteris Editionibus ὦ δή interpretantibus , in Hebræo scribitur ANNA : verum ita ut in principio ALEPH habeat, non HE. Ex quo animadvertimus, si ex ALEPH scribatur ANNA , significari *obsecro;* sin autem ex HE , esse conjunctionem , sive interjectionem , quæ apud Græcos ponitur δή, et est in σῶσον δή, cujus interpretationem Latinus sermo non exprimit.

(*a*) Cisterciens. Ms. *ex tractatione ;* mox plerique editi, *lector quid sequatur inveniat.*
(*b*) Hæc Hebraice sic habentur , אָנָּא יְהוָה הוֹשִׁיעָה נָּא אָנָּא יְהוָה הַצְלִיחָה נָּא בָּרוּךְ הַבָּא בְּשֵׁם יְהוָה. At Origenes in Matthæum *Osienna* pro *Osianna* legerat, quemadmodum pro *aslianna* Cisterciensis liber *aslienna.*
(*c*) Antea erat *in latinum ;* paulo post unum Ms. exemplar σῶσον με pro δή.
(*d*) Hæc *sine adjectione salvandi* verba eo intellectu dixisse videtur Hieronymus, ut excluderet, seponeretque illud *anna*, quod verbo salvandi, id est *osia* additur ; tunc enim ter duntaxat reliquum est; et primum quidem, ac secundum cum initiali aleph ante *adonai*, tertium vero ad verbum *aslia*, ultima vocali littera initio נָא per daghes impressa ; quemadmodum revera etiam ad *osia* verbum habetur, sed illud se dicit sepouere data opera. Interim hinc Hieronymi mentem esse non animadvertens Editor Benedictinus, eumdem immerito accusat incuriæ, quod junior adhuc ad Damasum scribens non nisi ter in hoc Psalmi loco *anna* esse dixerit, cum quartum haberi constet. Victorius e contra, olim Hebraica exemplaria tertio tantum *anna* habuisse in S. Doctoris excusationem commentus est.

4. Sed quoniam hæ minutiæ et istiusmodi disputationis arcanum, propter barbariem linguæ pariter ac litterarum, legenti molestiam tribuunt, ad explanandi compendium venio , ut dicam de centesimo decimo septimo Psalmo, qui manifeste de Christo prophetat, et in synagogis Judæorum (*e*) creberrime legebatur, unde et populis notior erat, hos versus esse assumptos; quod ille, qui repromittebatur de genere David, venerit salvaturus Israel , dicente David , « Lapidem quem reprobaverunt ædificantes, hic factus est in caput anguli. A Domino , (*f*) factum est. Hic est mirabilis in oculis nostris. Hæc est dies quam fecit Dominus : exultemus et lætemur in ea. O Domine salvum me fac : o Domine bene prosperare : benedictus qui venit in nomine Domini. Benediximus vobis de **67** domo Domini : Deus Dominus et illuxit nobis » (*Psal.* 117. 22. etc.). Unde et Evangelistarum scriptura commemorat, Pharisæos et Scribas hac indignatione commotos, quod viderent populum , Psalmi prophetiam super Christo intelligere completam, et clamantes parvulos *Osianna* , *filio David* , dixisse ei : *Audis quid isti loquuntur?* et Jesum respondisse eis : « Nunquam legistis , Quia ex ore infantium et lactentium perfecisti laudem » (*Matth.* 21. *Luc.* 19. *Joan.* 12) ? centesimum decimum septimum Psalmi octavi Psalmi assertione firmantem. Et de eo quidem, quod facile exprimi poterat, « Benedictus qui venit in nomine Domini, » omnium Evangelistarum Scriptura consentit. De verbo autem OSIANNA, quia in Græcum non poterant transferre sermonem, sicut in ALLELUIA , et in AMEN , et in plerisque factum videmus , ipsum Hebræum posuerunt, dicentes, OSIANNA. Lucas igitur , qui inter omnes Evangelistas Græci sermonis eruditissimus fuit, quippe ut medicus, et qui Evangelium (*g*) Græcis scripsit, quia se vidit proprietatem sermonis transferre non posse, melius arbitratus est tacere, quam id ponere quod legenti faceret quæstionem.

5. Ad summam, sicuti nos in lingua Latina habemus interjectiones quasdam , ut insultando dicamus *vah*, et in admirando *papæ* , et in dolendo *heu* : et quando silentium volumus imponere, strictis dentibus spiritum coarctamus (*h*) et agimus tantum sibilum , insonando *sith* : ita Hebræi inter reliquas proprietates linguæ suæ habent interjectionem, ut quando volunt Dominum deprecari, (*i*) ponant verbum petentis affectu, et dicant, ANNA *Domine*, quod Septuaginta dixerunt, *o Domine.* Osi ergo *salvifica* interpretatur ; ANNA interjectio deprecantis est. Si ex duobus his velis compositum verbum facere, dices OSIANNA , sive ut nos loquimur, OSANNA , media vocali littera

(*e*) Al. *celeberrime*, deinde pro *legebatur* Mss. duo nostri *legitur.*
(*f*) Victorius *factus est hic ; et est mirabilis*, etc. Sicque habent vetera quædam Psalteria manu exarata, et S. Cyprianus l. 2. Testimon. Augustin. vero *factus est ei*, etc.
(*g*) Unus Ms. *in Græcis scripserit.*
(*h*) Cisterciens. duoque alii Mss. *coarctamus, et cogimus insonantum, ita,* etc.
(*i*) Mss. duo probæ notæ *ponant verbum exprimens petentis affectum ;* et paulo post, *Ergo quod est Osi, salvifica interpretatur.*

elisa; sicut facere solemus in versibus (a) Virgilii, quando pro *mene incœpto* **68** *desistere victam*, scandimus, *men incœpto*. ALEPH namque littera prima verbi sequentis, (b) extremam prioris verbi AIN veniens excludit. Quapropter ut ad quæstionis originem revertamur, ubi nos legimus in Latino : « O Domine salvum me fac; o Domine (c) bene complace : benedictus qui venit in nomine Domini, » juxta Hebræum sensum legere possumus : « Obsecro, Domine, salvum fac; obsecro Domine, prosperare, obsecro : benedictus qui venit in nomine Domini.» Salvum autem fac, dicitur, ut subaudiamus populum tuum Israel, sive generaliter mundum. Denique Matthæus, qui Evangelium Hebræo sermone conscripsit, ita posuit, (d) OSANNA BARRAMA, id est, *Osanna in excelsis :* quod Salvatore nascente salus in cœlum usque, id est, etiam ad excelsa pervenerit, pace facta non solum in terra, sed et in cœlo; ut jam dici aliquando cessaret : « Inebriatus est gladius meus in cœlo » (*Isai.* 34. 5).

6. Hæc interim juxta mediocritatem sensus mei breviter strictimque dictavi. Cæterum sciat, Beatitudo tua, in istiusmodi disputationibus molestiam in legendo non debere subrepere; quia facile et nos potuimus aliquid ementiri, quod ex una voce solveret quæstionem, sicut et cæteros fecisse monstravimus : sed magis condecet ob veritatem laborare paulisper, et peregrino aurem accommodare sermoni, quam de aliena lingua (e) fictam referre sententiam.

EPISTOLA XXI (f)

AD DAMASUM DE DUOBUS FILIIS.

Evangelicam Parabolam, quæ est apud Lucam de Filio prodigo, et filio frugi in modum Commentarii rogatus ipse a Damaso interpretatur.

1. Beatitudinis tuæ interrogatio, disputatio fuit : et sic quæsisse (g) quærendo **69** viam est dedisse quæsitis. Sapienter quippe interroganti, sapientia reputabitur. Ais, « quis est iste in Evangelio pater, qui duobus filiis substantiam dividit (*Luc.* 15)? qui duo filii? qui major? quive minor? Quomodo minor acceptam substantiam cum meretricibus dissipat? Fame facta, a principe regionis præponitur porcis, siliquas comedit; ad patrem redit : accipit annulum et stolam; et immolatur ei vitulus saginatus? Quis sit major frater, et quomodo de agro veniens, susceptioni fratris invideat? et cætera quæ in Evangelio plenius explicantur. Addis insuper : Scio multos in hac lectione diversa dixisse : et fratrem majorem, Judæum, minorem existimasse Gentilem populum. Sed quo ero, quomodo Judaico populo possit aptari : *Ecce tot annis servivi tibi, et nunquam mandatum tuum præterii, et nunquam dedisti mihi hœdum, ut cum amicis meis epularer.* Et illud : *Fili, tu semper mecum es, et omnia mea tua sunt.* (h) Si autem, ut ais, de justo et peccatore voluerimus esse parabolam, justo non poterit convenire, ut de salute alterius et maxime fratris contristetur. Si enim invidia diaboli, mors introivit in orbem terrarum; et imitantur eum, qui sunt ex parte ejus, nunquid personæ justi tam immanis invidia poterit coaptari, ut foris steterit, et clementissimo patri rigidus obstiterit ; solusque livore cruciatus, lætitiæ domus interesse noluerit?

2. Itaque sicut in cæteris parabolis, quæ non sunt a Salvatore dissertæ, quam ob causam dictæ sint, solemus inquirere : ita et in hac facere debemus, quare Dominus in istiusmodi verba proruperit ; et ob quam interrogationem, responsionis similitudino prolata sit. Scribæ et Pharisæi mussitabant, dicentes : (i) « Quare hic peccatores recipit, et vescitur cum eis » (*Luc.* 15. 2)? Superior quippe sermo præmiserat : « Erant autem accedentes ad eum publicani et peccatores, » volentes audire eum. Itaque hinc omnis invidia, cur quos Legis præcepta damnarent, eorum confabulationem atque convivium Dominus non vitaret. Et hæc Lucas. Cæterum Matthæus ita loquitur : *Cum autem discumberet in domo, ecce multi peccatores et publicani venientes* **70** *recumbebant cum Jesu, et cum discipulis ejus* (*Matth.* 9. 20). Quod videntes Pharisæi, dicebant discipulis ejus : *Quare cum peccatoribus et publicanis manducat magister vester? Qui audiens dixit : Non necesse habent sani medicum, sed male habentes. Euntes autem discite quid sit, misericordiam volo, et non sacrificium : non enim veni vocare justos, sed peccatores.* Marcus quoque in eadem verba consentit. Igitur, ut diximus, omnis ex Lege quæstio nascebatur. Lex quippe justitiæ tenax, clementiam non habebat : sed quicumque adulter, homicida, fraudator, et ut breviter dicam, mortali crimine tenebatur, nulla venia pœnitentiæ laxabatur a crimine, oculum pro oculo, dentem pro dente, animam pro anima jubebantur exolvere (*Exod.* 21). Omnes itaque declinaverant, simul inutiles facti erant : non erat qui faceret bonum, non erat usque ad unum (*Psal.* 13). « Ubi autem abundavit peccatum, superabundavit et gratia.»

(a) Iidem cum Cisterciens. *in versibus, ut est illud Virgilii.*

(b) Omnino hinc constat, Hieronymum suo in codice legisse הושיענא *Osi anna*, non ut hodierna præferunt exemplaria, הושיעה נא ; quum enim extremam verbi litteram *ain* unius cum *jod* soni efficiat, pro *he* Masorethici textus, *aleph* ad sequentem *na* vocem refert, ac jungit.

(c) Sic editi ad Mss. uno consensu legunt heic loci, cum tamen superius *bene prosperare* constanter prætulerint.

(d) Intellige peculiare Nazarenorum exemplar, quod Hebraicis quidem litteris, sed Chaldaico Syrove sermone scriptum alibi tradit, et præcipue in Catalogo Script. Eccles. cap. 2. in quem locum plura congessimus. Hinc etiam nullo negotio poteris cum Hieronymo eorum conciliare sententiam, qui Græco, non Hebræo sermone scriptum ab ipso Matthæo Evangelium contendunt. Denique Hebraice ברכה scribitur.

(e) Martian. *ferre*, minus commode de eo qui docetur. Pro *fictam* vero Mss. quidam *falsam* ; alii, quos veteres Vulgati secuti sunt, utraque lectione retenta, *fictam falsamque*.

(f) alias 140. *scripta circa finem anni* 383.

(g) Altera hæc vox *quærendo* facile videatur abundare, nec eam certe habet vetustiss. Edit. ann. 1496.

(h) Sic tamen de justo et peccatore exponit libellus hujus argumenti Hieronymo, sed falso, inscriptus, quem in ultimo Operum tomo exhibemus. In cæteris vero eodem fere ordine, iisque argumentis uterque procedit. Porro Victorius *si autem vis*, absque *ut* particula.

(i) Victorius : *Quia hic*, et paulo post *omnes publicani*, juxta Græcum exemplar πάντες οἱ τελῶναι.

(*Rom.* 3. 20). Et , « misit Deus filium suum (*a*) factum ex muliere » (*Gal.* 4. 4) , qui destructo medio pariete , fecit utraque unum (*Ephes.* 2. 2), et austeritatem Legis Evangelii gratia temperavit. Unde et Paulus ad Ecclesias scribens : « Gratia vobis , inquit et pax a Deo Patre nostro, et Domino Jesu Christo » (*Rom.* 1) : gratia quæ non ex merito retributa, sed ex donante concessa est. Pax vero qua reconciliati Deo sumus, habentes propitiatorem Dominum nostrum Jesum Christum, qui donavit nobis delicta nostra ; et delevit chirographum mortis, quod erat contra nos, affigens illud cruci : et principatus et potestates fecit ostentui, triumphans eas in ligno. Quæ autem major potest esse clementia, quam ut Filius Dei, hominis Filius (*b*) nasceretur ? decem mensium fastidia sustineret ? partus exspectaret adventum ? involveretur pannis ? subjiceretur parentibus ? per singulas adoleret ætates ? Et post contumelias vocum, alapas et flagella, crucis quoque pro nobis fieret maledictum, ut nos a maledicto legis absolveret, Patri factus obediens usque ad mortem : et id opere compleret, quod ante ex persona mediatoris fuerat deprecatus, dicens: « Pater volo, ut quomodo ego et tu unum [al. *idem*] sumus, ita et isti in nobis unum sint » (*Joan.* 17. 22). Ergo **71** quia ad hoc venerat, ut quod erat, impossibile Legis, quia nemo ex ea justificabatur, ineffabili misericordia vinceret, publicanos et peccatores ad pœnitentiam provocabat, convivium quoque eorum expetens, ut in convivio docerentur : sicut manifestum esse poterit ei, qui Evangelia sollicita mente perlegerit, quomodo et cibus ejus et potus , et deambulatio, et universa quæ gessit in corpore, salutem hominum procurarint. Hoc videntes Scribæ et Pharisæi, adversus Legem eum facere dicebant : « Ecce homo vorax et vini potator, amicus publicanorum et peccatorum » (*Matth.* 11. 19) Nam ante reprehenderant quare curaret in sabbatis. Dominus ergo , ut hanc eorum accusationem clementi ratione superaret, tres parabolas proposuit : e quibus una est, nonaginta novem ovium in montibus relictarum, et unius perditæ, quæ pastoris humeris est revecta. Alia drachmæ, quam mulier accenso lumine perquisivit, et inventa ea, vicinas ad lætitiam convocavit, dicens : « Congratulamini mihi, quia inveni drachmam quam perdideram » (*Luc.* 15. 9). Tertia vero duorum filiorum , de qua, ut disputarem pauca, jussisti.

3. Et de ove quidem, ac drachma , licet ad unum pertineant intellectum, non est istius temporis disputatio ; hoc tantum dixisse sufficiat, ob id has parabolas esse propositas, ut quomodo ibi in inventione pecoris et drachmæ lætitia est Angelorum, et circa manentium vicinarum : sic in publicanorum peccatorumque pœnitentia , omnium debere esse lætitiam, quibus non est necessaria pœnitentia. Unde vehementer admiror , Tertullianum in eo libro, quem de Pudicitia adversum pœnitentiam scripsit , et sententiam veterem, nova opinione dissolvit, hoc voluisse sentire,(*c*) quod Publicani et peccatores, qui cum Domino vescebantur , Ethnici fuerint , dicente Scriptura : « Non erit vectigal pendens ex Israel (*Deut.* 23. 18. *secundum LXX*) : quasi vero et Matthæus, non ex Circumcisione fuerit Publicanus, et ille qui cum Pharisæo in Templo orans, oculos ad cœlum non audebat erigere, non ex Israel fuerit Publicanus : aut non Lucas memoret : « Et omnis populus audiens, et Publicani justificaverunt Deum, baptizati baptismo Joannis » (*Luc.* 7. 29.); aut cuiquam credibile possit videri Ethnicum Templum **72** ingressum , aut Dominum cum Ethnicis habuisse convivium, cum id maxime caveret, ne Legem solvere videretur : et primum venerit ad oves perditas domus Israel ; Chananææ quoque deprecanti pro salute filiæ, responderit : « Non oportet tollere panem filiorum , et dare cum canibus. Et alibi discipulis præceperit : In viam gentium ne abieritis, et in civitates Samaritanorum ne intraveritis (*Matth.* 10. 5). Ex quibus omnibus edocemur , in Publicanis, non tam Gentilium, quam generaliter omnium peccatorum , id est, qui erant et de Gentibus, et de Judæis, accipi posse personas. Ille autem qui [*al. quia*] juxta insanas et blasphemas feminas suas, id dogmatis defendebat, quo Christianos nollet recipere pœnitentes, frustra argumentatus est, Publicanos Judæos non fuisse, ut in persona eorum Gentilium tantum populus possit intelligi. Itaque ne longum faciam , ipsa Evangelii verba proponam ; et in modum commentarii , quid mihi videatur , ad singula quæque subnectam.

4. *Homo quidam habebat duos filios* (*Luc.* 15. 11). Hominem Deum dici, multis testimoniis approbatur, ut ibi : « Duorum hominum testimonium verum est. Ego de me testimonium dico, et Pater qui me misit » (*Joan.* 10. 17. 18). In alia parabola Pastor, in alia paterfamilias nuncupatur, in alia vineam locat, in alia invitat ad nuptias, et diversis similitudinibus rem significat eamdem, ut Judæorum superbiam reprobet: et in communi omnium peccatorum , sive Gentilium, sive Israelitarum pœnitentiam probet. Quod autem ait, *duos filios*, omnes pene Scripturæ de duorum vocatione populorum plenæ sunt sacramentis.

5. « Et dixit illi adolescentior : Pater da mihi portionem substantiæ, quæ me contingit. » Substantia Dei est, omne quod vivimus, sapimus, cogitamus, in verba prorumpimus. Hæc Deus æqualiter universis et in commune largitus est, Evangelista dicente : « Erat lux vera, quæ illuminat omnem hominem venientem in hunc mundum » (*Joan.* 1. 9). Iste est

---

(*a*) Cistercicns. Ms. com*pate factum ex muliere* omisso, substituit sequens *factum sub lege.*
(*b*) Pro *nasceretur* Mss. codd. duo *putaretur*. Hunc porro locum ex Hieronymo recitat, atque urget Agobardus contra Felicem cap. 10. sed vitiose apud eum *dementia* legitur pro *clementia.*

(*c*) Tertulliani locus lib. de Pudicit. cap. 9. est hujusmodi, « Aut si quis dubitat ethnicos fuisse publicanos apud Judæam usurpatam jam pridem Pompeii manu, atque Luculli, legat Deuteronomium : Non erit vectigal pendens ex filiis Israel. » Voculas tamen *ex filiis* in hoc Deuteronomii loco codices Hieronymiani non legunt, tametsi Victorius addiderit.

dexter oculus, qui a scandalis observandus est : hæc lucerna corporis : hoc talentum quod non est in sudario colligandum, id est, delicate otioseque tractandum ; nec in terra defodiendum, terrenis scilicet cogitationibus obscurandum.

73 6. *Qui divisit eis substantiam.* Significantius in Græco legitur διεῖλεν αὐτοῖς τὸν βίον, id est, dedit eis liberum arbitrium, dedit mentis propriæ libertatem, et ut viveret unusquisque non ex imperio Dei sed obsequio suo, id est, non ex necessitate, sed ex voluntate, ut virtus haberet locum, ut a cæteris animantibus distaremus, dum ad exemplum Dei, permissum est nobis facere quod velimus. Unde et in peccatores æquum judicium, et in sanctos et justos justum præmium retribueretur [al. *retribuetur*].

7. *Quomodo sumus cum Deo, vel ab eo discedimus.* — *Et non post multos dies, collectis omnibus, adolescentior filius peregre profectus est in regionem longinquam.* Si Deus cœlum tenet palmo, et terram pugillo ; et Jeremias dicit, *Deus appropinquans : et non Deus de longinquo* (Jerem. 23) : per David quoque, quia nullus absque eo locus sit, prædicatur ; quomodo filius peregre proficiscitur, et a patre discedit? sciendum igitur, non locorum spatiis , sed affectu, aut esse nos cum Deo, aut ab eo discedere. Quomodo enim ad discipulos loquitur : *Ecce ego vobiscum sum omnibus diebus, usque ad consummationem sæculi* (Matth. 28. 20) : ita ad eos qui sui jactantiam prætulerunt , et esse cum Domino non merentur , dicit : *Discedite a me, non novi vos, qui operamini iniquitatem* (Ibid. 7. 23).

8. *Recessit ergo junior filius cum universa substantia a patre , et peregre profectus est.* Et Cain egressus a facie Domini habitavit in terra Naid , quod interpretatur, *fluctuatio.* Quicumque a Deo recedit, statim sæculi fluctibus quatitur et moventur pedes ejus. Nam postquam moti sunt homines ab oriente, et a vero lumine recesserunt, tunc adversus Deum impietatis suæ ædificavere turrim ; tunc dogmatum superbias confinxerunt, volentes curiositate non licita in ipsius cœli alta penetrare. Et vocatus est locus ille *Babel,* id est, *confusio.*

9. *Et ibi dissipavit substantiam suam, vivens luxuriose.* Luxuria inimica Deo, inimica **74** virtutibus, perdit omnem substantiam patris ; et ad præsens voluptate deliniens, futuram non sinit cogitare paupertatem.

10. *Cumque consumpsisset omnia, facta est fames valida per regionem illam.* Acceperat a patre facultates, ut invisibilia ejus per ea quæ erant visibilia cognosceret , et ex pulchritudine creaturarum consequenter intelligeret Creatorem. Qui veritatem (*a*) in injustitia detinens, et pro Deo idola colens, naturæ bona universa consumpsit : et consumptis omnibus, cœpit egere virtutibus, derelicto fonte virtutum. *Facta est fames valida per regionem illam.* Omnis locus quem patre incolumi absente, famis, penuriæ et egestatis est. Famis (*b*) autem μετὰ ἐμφάσεως valide hæc

(*a*) Haud bene Victorius *in justitia.*
(*b*) Multifariam locum hunc, et præsertim græcas voces hucusque depravant editores omnes. Et vetustiores quidem

est regio, de qua dicitur per Prophetam : *Qui habitatis in regione umbræ mortis , lux fulgebit super vos* (Isa. 9. 2). At contra est alia regio, quam possessuri sumus mundo corde atque puro viventes, quam sanctus David desiderat, dicens : *Credo videre bona Domini in terra viventium* (Psal. 26. 13).

11. *Et ipse cœpit egere, et abiit, et conjunxit se uni de principibus regionis illius.* Deserto nutricio , qui ad primam vocem bona ei fuerat cuncta largitus , junxit se principi hujus mundi, id est, diabolo, rectori tenebrarum. (*c*) Quem nunc inimicum hominem , nunc judicem iniquitatis , nunc draconem, nunc Satan, nunc malleum, nunc perdicem, nunc Belial, nunc rugientem leonem, nunc Leviathan, nunc Thanninm, nunc Behemoth, et multis aliis vocabulis Scriptura cognominat. Quod autem ait, *uni de principibus,* plures esse intelligendum est, qui per istum volitent aerem, et diversorum fraude vitiorum, genus hominum suæ subjiciant servituti.

12. *Qui misit illum in agrum suum , ut pasceret porcos.* Porcus animal immundum est, quod cœno et sordibus delectatur. Talis est dæmonum multitudo, quæ **75** per idola manufacta, (1) cruore pecudum et victimis pascitur : et novissime saginatiore quadam hostia, ipsius hominis morte saturatur. Misit ergo eum in possessionem suam, id est, suum effecit esse famulum, ut pasceret porcos, inmolans ei animam suam.

13. *Et cupiebat implere ventrem suum de siliquis porcorum ; et nemo illi dabat.* In quod in Ezechiele cum increpatione dicitur ad Jerusalem : *Et factum est in te perversum ultra mulieres (d) quæ ante fornicationem tuam, et post te sunt fornicatæ, in eo quod dedisti*

ὡς ἐπίῤῥημα *idest valide,* adscitis ex Evangelio verbis legebant, quam lectionem emendare conatus Erasmus e manuscriptis substituit, *Fames autem* μετὰ ἐκστάσεως ἰσχυρὰ. Hæc est, etc. quæ Victorius in eo tantum non placet, quod ἐκστασις legendum velit pro ἔκτασις quod scilicet *extasim* productionem, sive extensionem significet, dictaque sit fames illa cum extensione valida. Sed uterque a Benedictino editore vapulat, qui locum subsidio decem exemplarium manuscriptorum sibi credulatum ita restituisse, *Famis autem* μεταφορικὸς *valide hæc est regio,* etc. Nos Græcas litteras in manuscriptis Ineternis probe lectas negatis, licet eas vetera nostra exemplaria vel omnino non habeant, vel depravatissime habeant. Legimus autem μετὰ ἐμφάσεως *valide,* minima ut vides immutatione ab aliis μετὰ ἐκστάσεως sive ἐκτάσεως, οἱ μεταφορικῶς ut tamen necessaria, ut sensus constet, et Auctoris mens pateat, vult enim Hieronymus ea in voce *valide* significantiorem esse graviorenque sensum, qui figurate emphaticus, seu μετὰ ἐμφάσεως appellatur.

(*c*) Victorius addit *harum.* Paulo post *Behemoth* nomen omittit Cistercieus. liber.

(*d*) Etsi non immutamus, veriorem tamen credimus Cisterciensis Ms. lectionem hanc : « ultra mulieres in fornicatione tua, et post te non sunt fornicatæ, » ad hunc enim modum Ezechielis textus habet in libris omnibus , si negandi particulam apud LXX. idque in Vatic. tantum exemplari excipias.

(1) Origeniana sententia est. Dæmones nidoribus satiari et sanguine, utpote qui cibo indigerent. His paria habet Tertullian. advers. gentes cap. 22 et 25 et lib. de Idololatr. c. 7. atque abbi. Athenagoras tamen in Legatione pro Christianis, quin etiam Gregor. Nazianzenus Orat. 18. Arnobius lib. 3. et 5. contra gentes aliique ecclesiastici scriptores antiqui ; quibus Paganica isthæc opinio non minus adeo improbatur. Vid. infra epistol. Synodicam num. 3. et quæ ibi adnotamus. Hieronymus vero ἀλληγορικῶς hæc de cibo dæmonum dixisse facile putandus est, cum passim Origeni exprobret quod crediderit corporeos fuisse, ipse vero penitus incorporeos senserit.

mercedes, et mercedes tibi non sunt datæ (Ezech. 16. 34), videmus in filio minore completum. Substantiam suam in regione principis perdidit ; et post perditas facultates, missus ad porcos, egestate contabuit. Dæmonum cibus est ebrietas, luxuria, fornicatio, et universa vitia. Hæc blanda sunt et lasciva, et sensus voluptate demulcent : statimque ut apparuerint, ad usum sui provocant. Quibus ideo luxuriosus adolescens non poterat saturari, quia semper voluptas famem sui habet; et transacta non satiat : et Satanas cum aliquem sua arte deceperit, et proprium ei imposuerit jugum, ultra ad abundantiam vitiorum non procurat, sciens esse jam mortuum, sicut multos idololatras videmus panis miseria et egestate confectos. Ili sunt in quibus Propheticus sermo completur : « Omnibus meretricibus dantur mercedes : tu autem dedisti mercedes omnibus amatoribus tuis, et non accepisti mercedes » (*Ezech.* 16. 33). Possumus autem et aliter siliquas interpretari. Dæmonum cibus est carmina Poetarum, sæcularis sapientia, Rhetoricorum pompa verborum. Hæc sua omnes suavitate delectant : et dum aures versibus dulci modulatione currentibus capiunt, animam quoque penetrant, et pectoris interna deviuciunt. Verum ubi cum summo studio fuerint ac labore perlecta, nihil aliud, nisi inanem sonum, et sermonum strepitum suis lectoribus tribuunt : nulla ibi saturitas veritatis, nulla refectio justitiæ reperitur. Studiosi earum in **76** fame veri, et virtutum penuria perseverant. Hujus sapientiæ typus, et in Deuteronomio sub mulieris captivæ figura describitur : de qua divina vox præcipit, ut si Israelites eam habere voluerit uxorem, calvitium ei faciat, ungues præsecet, et pilos auferat : et cum munda fuerit effecta, tunc transeat in victoris amplexus. Hæc si secundum litteram intelligimus, nonne ridicula sunt ? Itaque et nos facere solemus, quando Philosophos legimus, quando in manus nostras libri veniunt sapientiæ sæcularis, si quid in eis utile reperimus, ad nostrum dogma convertimus : si quid vero superfluum, (*a*) de idolis, de amore, de cura sæcularium rerum, hæc radimus, his calvitium inducimus, hæc in unguium morem ferro acutissimo descamus. Unde et Apostolus prohibet, ne in idolio quis recumbat, dicens : « Videte autem, ne hæc licentia vestra offendiculum fiat infirmis. Si enim quis viderit eum, qui habet scientiam, in idolio recumbentem, nonne conscientia ejus cum sit infirma, ædificabitur ad manducandum idolothyta, et peribit qui infirmus est in tua scientia frater, propter quem Christus mortuus est » (1. *Cor.* 8. 9)? Nonne tibi videtur sub aliis verbis dicere, ne legas Philosophos, Oratores, Poetas; nec in eorum lectione requiescas ? Nec nobis blandiamur, si in eis, quæ sunt scripta, non credimus, cum aliorum conscientia vulneretur, et putemur probare, quæ dum legimus, non reprobamus. Alioqui quale erit, ut existimemus Apostolum ejus, qui vescebatur in idolio, conscientiam comprobasse, et cum dixisse

(*a*) Duo Mss. *superfluum apparuerit de idolis,* etc.

perfectum, quem sciret de idolothytis manducare? Absit, ut de ore Christiano sonet, « Jupiter omnipotens; et me Hercule, et me Castor, » et cætera magis portenta, quam (*b*) numina. At nunc etiam Sacerdotes Dei, omissis Evangeliis et Prophetis, videmus Comœdias legere, amatoria Bucolicorum versuum verba canere, tenere Virgilium : et id quod in pueris necessitatis est, crimen in se facere (*c*) voluptatis. Cavendum igitur, **77** si captivam velimus habere uxorem, ne in idolio recumbamus ; aut si certe fuerimus ejus amore decepti, mundemus eam, et omni sordium errore purgemus, ne scandalum patiatur frater, pro quo Christus mortuus est, cum in ore Christiani carmina in idolorum laudem composita audierit per sonare.

14. *Mercenarii quinam.* — « In se autem conversus dixit : Quanti mercenarii in domo patris mei abundant panibus, ego autem hic fame pereo. » Mercenarios secundum (*d*) alium intellectum eos animadvertimus ex Judæis, qui ob præsentia tantum bona, Legis præcepta custodiunt. Ili justi sunt et misericordes, non ob ipsam justitiam, et ob ipsum misericordiæ bonum ; sed ut a Deo terrenæ felicitatis et longæ vitæ præmium consequantur. Qui autem ista desiderat, merito compellitur ad obsequium præceptorum, ne eorum prævaricatione quæ jussa sunt, careat concupitis. Porro ubi metus est, non est dilectio. Perfecta quippe dilectio foras mittit timorem. Nam qui diligit, non ideo imperata custodit, quia aut timore pœnarum, aut præmii aviditate compellitur ; sed quia hoc ipsum quod a Deo jubetur, est optimum. Sensus itaque iste est : Quanti ex Judæis ob præsentia tantum bona a Dei obsequio non recedunt, et ego egestate conficior.

15. « Surgens ibo ad patrem meum. » Pulchre ait, *surgens :* patre quippe absente, non steterat. Peccatorum jacere, justorum stare est. Ad Moysen dicitur, « Tu vero hic sta mecum » (*Deut.* 5. 31). Et in centesimo tricesimo tertio Psalmo : « Ecce nunc benedicite Dominum, omnes servi Domini, qui statis in domo Domini, » ad benedictionem Domini stantes Prophetæ in domo Domini cohortatur.

16. « Et dicam illi : Pater, peccavi in cœlum et coram te, jam non sum dignus vocari filius tuus. » Peccaverat in cœlum, qui Jerusalem cœlestem reliquerat matrem. Peccaverat coram patre, qui Conditore deserto, fuerat ligna veneratus. Non erat dignus vocari filius Dei, qui servus esse maluerat idolorum. « Omnis enim qui facit peccatum, (*e*) de diabolo patre natus est. » (1. *Joan.* 3. 7.)

17. « Fac me sicut unum de mercenariis tuis. » Fac me, inquit, sicut unum ex Judæis, qui te ob præsentium tantum rerum **78** promissa venerantur. Recipe filium pœnitentem, qui mercenariis tuis peccantibus sæpissime pepercisti.

(*b*) Quidam editi ac Mss. *quam nomina.*
(*c*) Al. *voluntatis,* et mox *ne captivam* pro *si.*
(*d*) Martianæus *alienum intellectum.*
(*e*) Interserunt vetustiores editi *servus est peccati,* etc. Sed hæc ex alio Scripturæ loco adsciscuntur.

18. « Et venit usque ad patrem suum. » Venimus ad patrem, quando recedimus a porcorum pastione, secundum illud : « Statim ut conversus ingemueris, salvus eris » (*Ezech.* 18).

19. « Cumque adhuc longe esset, vidit eum pater ejus, et misericordia motus est. Antequam dignis operibus, et vera pœnitentia ad patrem rediret antiquum, Deus, apud quem cuncta futura jam facta sunt, et qui est omnium præscius futurorum, ad ejus præcurrit adventum, et per Verbum suum, quod carnem sumpsit ex Virgine, reditum filii sui junioris anticipat.

20. « Et præcurrens incubuit super collum ipsius. » Ante venit ad terram, quam ille domum confessionis intraret. Incubuit super collum ipsius, id est, corpus sumpsit humanum. Et sicuti Joannes super pectus Jesu recubuit (*Joan.* 13), qui secretorum ejus effectus est particeps : ita et jugum suum leve, id est, mandatorum suorum facilia præcepta, ex gratia magis quam ex merito super juniorem filium collocavit.

21. « Et osculatus est eum ; » juxta illud quod in Cantico Canticorum Ecclesia de sponsi precatur adventu : « Osculetur me osculo oris sui. » (*Cant.* 1. 1.) Nolo mihi, dicens, per Moysen, nolo per Prophetas loquatur : ipse meum corpus assumat, ipse me osculetur in carne : ut et illud quoque quod in Isaia scriptum est, huic sententiæ coaptemus : « Si quæris, quære : et ad me habita in saltu. » (*Isa.* 21. 12. *juxta LXX.*) Et ibi quippe flens Ecclesia clamare jubetur ex Seir ; quia Seir, *pilosus* et *hispidus* interpretatur : ut et antiquum Gentilium significet (*a*) horrorem, illa pari similitudine respondente : « Nigra sum, sed formosa, filiæ Jerusalem » (*Cant.* 1. 4).

22. « Dixit autem illi filius : Pater, peccavi in cœlum et coram te, jam non sum dignus vocari filius tuus. » Dicit se non esse dignum filium nuncupari, et tamen ex naturæ voce, ex illa substantia, quam illi pater fuerat aliquando largitus, in nomen trepidus veritatis erumpit : *Pater*, inquiens, *peccavi in cœlum*. Frustra igitur quidam argumentantur, nomen patris in sanctos tantummodo convenire : **79** cum etiam Deum hic patrem vocet, qui se filii nomine confitetur indignum : nisi forte ideo patrem audet vocare, quia plena mente conversus est.

23. « Dixit autem pater ad pueros suos : Celerius proferte stolam priorem, et induite eum ; » stolam, quam Adam peccando perdiderat, stolam, quæ in alia parabola indumentum dicitur nuptiale (*Matth.* 22), id est, vestem Spiritus Sancti, quam qui non habuerit, non potest regis interesse convivio.

24. « Et date annulum in manu illius ; » signaculum similitudinis Christi, secundum illud : « In quem credentes, signati estis spiritu repromissionis sancto » (*Ephes.* 1. 13). Et ad principem dicitur Tyri, qui similitudinem Conditoris amiserat : « Tu signaculum similitudinis, et corona decoris, in deliciis paradisi Dei natus es » (*Ezech.* 28. 12. 13). Isaias quoque de hoc signaculo loquitur : « Tunc manifesti erunt qui signantur. » Hoc signaculum in manu datur, quando opera justitiæ Scriptura significat, ut ibi : « Factum est verbum Domini in manu Aggæi Prophetæ » (*Agg.* 1. *et* 2), dicentis ad Jerusalem : « Ornavi te, inquit, ornamento, et imposui tibi armillas circa manus tuas » (*Ezech.* 16. 11). Rursum ad eum (*b*) qui indutus est podere, alius locus signaculi demonstratur : « Pertransi per mediam Jerusalem, et da signaculum in frontibus virorum gementium, et dolentium in omnibus iniquitatibus, quæ fiunt in medio eorum » (*Ibid.* 9. 4). Quare? ut postea possint dicere : « Signatum est super nos lumen vultus tui, Domine » (*Psal.* 4. 7).

25. « Et calceamentum in pedibus ejus. » Sponsi quippe perdiderat dignitatem, et nudis pedibus Pascha celebrare non poterat. Hæc sunt calceamenta de quibus Dominus ait : « Et calceavi te hiacyntho. Et calceamenta in pedibus ejus » (*Ezec.* 16. 10) ; nec ubi coluber insidians, plantam ingredientis invaderet : et super scorpiones et serpentes securius ambularet ; ut præpararetur ad Evangelium pacis : jam non gradiens secundum carnem, sed secundum spiritum ; et dictum ei Propheticum conveniret : « Quam speciosi pedes evangelizantium pacem, evangelizantium bona » (*Isai.* 52. 7).

26. « Et afferte vitulum saginatum, et occidite, et manducemus, et epulemur ; quoniam hic filius meus mortuus fuerat, et revixit, perierat, et inventus est. » Vitulus saginatus qui ad (*c*) pœnitentis immolatur salutem, ipse Salvator est, cujus quotidie **80** carne pascimur, cruore potamur. Fidelis mecum lector intelligis, qua pinguedine saturati, in ructum laudis ejus erumpimus, dicentes : « Eructavit cor meum verbum bonum, dico ego opera mea regi » (*Ps.* 44. 1) ; licet quidam superstitiose magis, quam verius, non considerantes textum Psalmi, ex Patris persona arbitrentur hoc intelligi. Quod autem, ait, « epulemur, quoniam hic filius meus mortuus fuerat, et revixit, perierat, et inventus est, » ad eumdem parabolæ superioris pertinet sensum, in qua dicitur : « Sic dico vobis, quia gaudium erit coram Angelis Dei super uno peccatore pœnitentiam agente. »

27. « Et cœperunt epulari. » Hoc convivium quotidie celebratur, quotidie pater filium recipit : semper Christus credentibus immolatur.

28. « Erat autem filius illius senior in agro. » Hucusque de persona filii junioris disputatum est, quem secundum præsentem parabolam, in publicanis et peccatoribus, qui a Domino ad pœnitentiam provocabantur, debemus accipere : secundum mysticos autem intellectus, de futura quoque vocatione Gentium prophetari. Nunc ad seniorem filium sermo

---

(*a*) Ita reponimus e vetustiss. editione, qua sæpius utimur, cum alii editi ac Mss. *errorem* legerent, minus recte ad Hieronymi mentem, qui Seir *piloso*, atque *hispido*, ut interpretatur, Gentilium horrorem comparat.

(*b*) Victorius *ad eum virum qui*, etc.
(*c*) Erasm. eumque secutus Martianæus *pœnitentiæ* pro *pœnitentis*, scilicet filii : et mox *quia pinguedine* pro *qua*. Rectius duo Mss. *quia ex ejus pinguedine*. Notandus autem hic, et subsequens locus pro Eucharistiæ sacramento.

transgreditur, quem multi simpliciter ad omnium Sanctorum personam, multi proprie ad Judæos referunt. Et de Sanctis quidem non difficilis interpretatio est, in eo quod dicitur, nunquam mandatum tuum præterivi: licet illud videatur obsistere, quod reversioni fratris invideat. In Judæos autem cum livor in fratris salute conveniat, hoc repugnat, quod nunquam se dicat ejus præterisse mandatum; de quibus quid nobis videatur, suis in locis conabimur explanare. « Erat autem filius illius senior in agro, « in terrenis operibus labore desudans, longe a gratia Spiritus Sancti, et a consilio patris extorris. Hic est, qui ait: « Agrum emi, et necesse habeo exire et videre illum : rogo te, habe me excusatum » (*Luc.* 14. 18). Hic, qui juga boum emit quinque, et Legis onere depressus, terrenorum sensuum voluptate perfruitur. Hic, qui uxore ducta, ire ad nuptias non potest; et effectus caro, nequaquam unum potest esse cum spiritu. In hujus persona etiam illius parabolæ operarii congruunt, in qua prima, tertia, sexta, nona hora, id est, vocationibus variis mittuntur ad vineam, **81** et indignantur sibi undecimæ horæ operarios coæquari.

29. « Et cum veniret, et appropinquaret domui, audivit symphoniam et chorum. » Illud quod in quodam Psalmo superscribitur MELETH, huic sensui convenit. Siquidem MELETH, chorus in unum concinens dicitur. Male autem (*a*) quidam de Latinis symphoniam putant esse genus organi, cum concors in Dei laudibus concentus, hoc vocabulo significetur : συμφωνία quippe *consonantia* exprimitur in Latino.

30. « Et vocavit unum de pueris, et interrogavit quidnam essent hæc. » Et nunc interrogat Israel, quare Deus in Gentium assumptione lætetur : et æmulatione cruciatus, paternam scire non potest voluntatem.

31. « Qui ait illi, quoniam frater tuus venit, et occidit pater tuus vitulum saginatum, quoniam incolumem illum recepit. » Causa lætitiæ, quod pari in Dei laudes toto orbe concinitur, salus est Gentium, salus est peccatorum : lætantur Angeli : omnis in gaudium creatura consentit ; et de solo dicitur Israel :

32. « Iratus autem noluit intrare. » Irascitur se absente fratrem esse susceptum, irascitur eum vivere, quem putabat extinctum : et nunc foris stat Israel, et nunc discipulis Evangelia in Ecclesia audientibus, mater ejus et fratres foris stant quærentes eum (*Matth.* 12).

33. « Egressus autem pater illius cœpit rogare eum. » Quam benignus et clemens pater ; rogat filium, ut lætitiæ domus particeps fiat : rogat autem pater per Apostolos, rogat per Evangelii prædicatores. E quibus Paulus ait : « Precamur pro Christo, reconciliamini Deo (2. *Cor.* 5. 20). » Et alibi « Vobis oportebat primum annuntiari [al. *annuntiare*] verbum Dei : sed quia repulistis illud, et indignos vos judicastis æternæ vitæ, ecce convertimur ad gentes » (*Act.* 13. 46).

34. « Ipse autem respondens, ait patri suo : Ecce tot annis servio tibi. Pater supplex ad concordiam deprecatur : ille justitiam, quæ in Lege est, sequens, Dei justitiæ non subjicitur. Porro quæ major justitia Dei, quam (*b*) ignoscere pœnitentibus, filium suscipere redeuntem? « Ecce tot annis servio tibi, et nunquam mandatum tuum præterivi ; quasi hoc ipsum **82** non sit præterire mandatum, saluti alterius invidere, ante Deum se jactare justitia, cum nemo coram eo mundus sit. Quis enim lætabitur castum se habere cor, ne [al. *vel*] si unius quidem diei fuerit? David confitetur : « In iniquitatibus conceptus sum, et in delictis concepit me mater mea » (*Ps.* 50. 7). Et in alio loco : « Si iniquitatem attendis, Domine, quis sustinebit » (*Ps.* 129. 3)? Et hic dicit nunquam se præterisse mandatum, toties ob idololatriam captivitatibus traditus. « Ecce tot annis servio tibi, et nunquam mandatum tuum præterivi. » Hoc est quod Paulus Apostolus loquitur : « Quid ergo dicemus ? quia gentes quæ non sectabantur justitiam, apprehenderunt justitiam, (*c*) justitiam autem quæ ex fide est. Israel vero sectando legem justitiæ, ad legem justitiæ non pervenit » (*Rom.* 9. 30. *et* 31). Quare? quia non ex fide, sed quasi ex operibus Legis. Potest ergo et ex ejus persona dici, qui juxta eumdem Apostolum in justitia, quæ ex lege est, sine reprehensione versatus sit : licet mihi videatur magis se jactare Judæus, quam vera dicere, ad exemplum illius Pharisæi, dicentis : « Deus gratias ago tibi, quia non sum sicut cæteri homines, raptores, injusti, adulteri, sicut et hic Publicanus » (*Luc.* 18. 11). Oro te, nonne tibi videtur ea quæ ille de publicano dixerat, dicere iste de fratre? Hic est qui comedit omnem substantiam suam, vivens cum meretricibus. Ad id autem quod ait : « Mandatum tuum nunquam præterivi, » patris sermo non congruit : non enim confirmavit vera esse quæ dixerat filius, sed irascentem alia ratione compescuit : « Fili, tu semper mecum es. » Numquid, ait, bene quidem dicis, et fecisti cuncta quæ jusseram? (*d*) Sed *mecum es*, inquit, *semper*. Mecum es lege qua stringeris : mecum es, dum mihi et in captivitatibus erudiris : mecum es, non quia præcepta mea compleveris, sed quod te in longinquam regionem abire non passus sum : mecum es ad extremum, secundum illud quod loquutus sum ad David : « Si dereliquerint filii ejus legem meam, et in judiciis meis non ambulaverint ; si justitias » (*Ps.* 88. 31. *et seqq.*) « meas profanaverint, et mandata mea non custodierint, visitabo in virga iniquitates eorum, et in flagellis injustitias eorum : misericordiam autem meam non auferam ab eis [al. *justificationes*]. » Quo testi-

---

(*a*) Ex his S. Isidorus in Originibus, quod certe ex antiquioribus sumpsit, *symphoniam*, dicit, *vulgo appellari lignum cavum ex utraque parte pelle extensa, quam virgulis hinc inde Musici feriunt.*

(*b*) Quidam mss. *ignoscere delinquentibus*, etc.
(*c*) Duo verba, *justitia autem, quæ* et in Hieronymianis quibus utimur hujus epistolæ mss. inveniuntur, absque omnibus Græcis Latinisque sacri textus codicibus, Martianæus post Erasmum expunxerat.
(*d*) Negandi particulam præponit hoc loco Cisterciensis liber, ex quo paulo infra legimus *in longinquam regionem*, cum antea excusi omnes haberent *in longam*.

monio **83** et id in quo filius senior gloriatur, falsum esse convincitur, dum in Dei judiciis non ambulat, et ejus mandata non facit. Et quomodo ista non faciens, cum patre semper fuisse dicitur? Dum peccans visitatur in virga, et visitato misericordia non negatur. Nec mirandum patri cum ausam fuisse mentiri, qui fratri potuit invidere : maxime cum in die judicii quidam impudentius mentiantur, dicentes : « Nonne in nomine tuo comedimus et bibimus, et virtutes multas fecimus, et dæmonia ejecimus (*Matth.* 7. 22)? Quid vero sit, *et omnia mea tua sunt*, suo loco congruentius explicabitur.

55. « Et nunquam dedisti mihi hædum, ut cum amicis meis epularer. » Tantus, inquit, Israel sanguis effusus est, tot hominum cæsa sunt millia, et nullus eorum nostræ exstitit salutis redemptor. Ipse Josias qui placuit in conspectu tuo (4. *Reg.* 23) : et nuper Machabæi, qui pro tua hereditate pugnabant, contra fas sanctitatis, hostium gladiis interempti sunt, et nullius cruor nobis reddidit libertatem. Ecce adhuc Romano imperio subjacemus : non Propheta, non Sacerdos, non justus quisquam immolatus est pro nobis. Et pro luxurioso filio, id est, pro gentibus, pro peccatoribus, totius creaturæ gloriosus sanguis effusus est. Cumque merentibus minora non dederis, immeritis majora tribuisti. « Nunquam dedisti mihi hædum, ut cum amicis meis epularer. » Erras, Israel : die potius, ut tecum epularer. Aut potest esse tibi aliqua jucunditas, nisi patre tecum celebrante convivium ? Saltem exemplo docere præsenti. Reverso filio juniore, et pater lætatur et pueri. *Manducemus*, ait, *et epulemur* : non *manducate, et epulamini*. At tu ea mente, qua invides fratri, qua a patris recedis aspectu, et semper in agro es, nunc quoque vis eo absente inire convivium. « Nunquam dedisti mihi hædum. » Nunquam pater deteriora dat munera : habes vitulum immolatum : ingredere, manduca cum fratre. Quid hædum quæris, cui agnus est missus? Et ne simules te nescire, quod missus est, Joannes tibi eum in eremo demonstravit : « Ecce Agnus Dei, ecce qui tollit peccata mundi » (*Joan.* 1. 29). Et pater quidem quasi clemens, et pœnitentiam tribuens, te hortatur ad vitulum, non immolans hædum, quem stare scit ad sinistram. Tu vero in fine sæculi, ipse tibi es hædum immolaturus **84** Antichristum, et cum amicis tuis, spiritibus immundis, ejus carne saturandus, expleto vaticinio : « Tu confregisti caput draconis magni : dedisti eum escam populi Æthiopum (*Psal.* 73. 14).

56. « Cum autem filius tuus hic, qui devoravit omnem substantiam suam, vivens cum meretricibus, venit, occidisti ei vitulum saginatum. » Confitetur et nunc Israel saginatum vitulum fuisse qui cæsus est : intelligunt venisse Christum : sed torquentur invidia, et nolunt, fratre non pereunte, salvari.

57. « Ipse autem dixit illi : Fili, tu semper mecum es, et mea omnia tua sunt. » Filium vocat, licet intrare nolentem. Quomodo autem Dei omnia Judæorum sunt? Numquid Angeli, throni, Dominationes, cæteræque Virtutes ? Omnia ergo intelligamus, Legem, Prophetas, eloquia divina. Hæc ei dedit, ut in lege ejus meditarentur die ac nocte, secundum illum canonem quem sæpe exposuimus Scripturarum, Omnia non ad totum referenda esse, sed ad partem maximam, ut ibi : « Omnes declinaverunt, simul inutiles facti sunt » (*Psal.* 13). Et alibi : « Omnes qui venerunt ante me, fures fuerunt et latrones» (*Joan.* 10. 8). Et Paulus ad Corinthios : « Omnibus, inquit, omnia factus sum, ut omnes lucrifacerem » (1. *Cor.* 9. 22). Et ad Philippenses : « Omnes enim quæ sua sunt, quærunt ; non ea quæ sunt Jesu Christi » (*Phili*. p. 2. 21). Quanquam nihil unquam illi negasse credendum sit, quem (*a*) ad vituli hortatur esum.

58. « Epulari nos oportet, et gaudere, quoniam hic frater tuus mortuus fuerat, et revixit; perierat, et inventus est. » Confidamus igitur et nos vivere posse per pœnitentiam, qui fueramus mortui per delicta. Et hic quidem ipse filius revertitur : in superioribus vero, in Ove scilicet, et in Drachma, quod erraverat, offertur; et quod perierat invenitur : et simili tres parabolæ fine clauduntur, dum in ista ponitur, *perierat, et inventus est* : ut intelligamus diversis similitudinibus, de eadem peccatorum susceptione signatum. Et hæc quidem in Ethnici persona dicta sint, et Judæi.

59. Videamus autem quomodo super sancto generaliter et peccatore parabola ista possit intelligi. Et de cæteris quin justo conveniat, non ambigitur. Illud est, in quo legenti scrupulus commovetur, cur justus saluti peccatoris invideat : et in tantum iracundia repleatur, ut **85** nec fratris misericordia, nec patris precibus, nec totius domus jucunditate superetur. Ad quod breviter respondebimus : omnem mundi istius justitiam, ad Dei comparationem non esse justitiam. Quomodo enim ex peccatis Jerusalem, Sodoma justificatur, non quod ipsa sit justa, sed quod majoribus delictis (*b*) fiant minora delicta : ita et hominum omnium universa justitia non est Deo collata justitia. Denique Paulus qui dixerat : « Quotquot ergo perfecti sumus, hoc sapiamus » (*Philipp.* 3. 15), in alio loco confitetur, et clamitat : « O profundum divitiarum sapientiæ et scientiæ Dei, quam inscrutabilia sunt judicia ejus, et ininvestigabiles viæ ejus » (*Rom.* 11. 33)? Et alibi, « Ex parte cognoscimus, et ex parte prophetamus. » Et, « Nunc videmus per speculum in ænigmate » (1. *Cor.* 13. 9. et 12). Et ad Romanos : « Miser ego homo, quis me liberabit de corpore mortis hujus » (*Rom.* 7. 24)? Ex quibus omnibus edocemur, Dei solius perfectam esse justitiam, qui solem suum oriri facit super justos et injustos ; dat pluviam serotinam et matutinam, merentibus pariter et non merentibus ; qui de vicis, angulis, et plateis invitat ad nuptias, et (*c*) deintus quosdam jam quasi securos

---
(*a*) Idem Cisterciens. et vetusta sæpius laudata editio *ad suum vitulum hortatur edendum*.
(*b*) Quidam mss. *appareant* pro *fiant* eodem sensu, ut etiam paulo post *altitudo* loco *profundum*.
(*c*) Totum istud comma *et deintus quosdam jam quasi securos expellit foras*, veluti alienum à proposito, et quod sensum ipsum turbare videretur sibi, expunxit Episcopus Reatinus, Brixianos quosdam, ac Florentinos Codices se

expellit foras: et ovem, quae ad exemplum filii poenitentis ipsa redire non poterat, vel nolebat, quaerit, et invenit; et inventam suis humeris reportat (*Luc.* 15). Multum enim errando laboraverat.

40. Ut autem doceamur in Sanctos quoque cadere posse invidiam, et soli Deo puram clementiam derelinqui, filiorum Zebedaei consideremus exemplum: pro quibus cum mater mota pietatis affectu, nimis grandia postulasset, reliqui decem discipuli indignati sunt. Et Jesus advocans eos, dixit: « Scitis quia principes gentium dominantur eorum; et qui majores sunt, potestatem exercent in eis. Non ita erit inter vos: sed quicumque voluerit inter vos major esse, sit vester minister: et quicumque vestrum voluerit inter vos esse primus, sit vester servus: (*a*) quoniam Filius hominis non venit ministrari, sed ministrare, et dare animam suam redemptionem pro multis » (*Matth.* 20. 25. *et seqq*). Nulli periculosum, nulli videatur esse blasphemum, **86** quod et in Apostolos invidiae malum diximus potuisse subrepere, cum etiam de Angelis hoc dictum putemus. « Sidera quippe non sunt munda in conspectu ejus, et contra Angelos suos perversum quid intellexit » (*Job* 15. 15. *et* 4. 18). Et in Psalmis dicitur: « Non justificabitur in conspectu tuo omnis vivens. » Non ait, « non justificabitur omnis homo, » sed « omnis vivens, » id est, non Evangelista, non Apostolus, non Propheta. Ad majora conscendo, non angeli, non Throni, non Dominationes, non Potestates, caeteraeque Virtutes. Solus Deus est, in quem peccatum non cadit: caetera cum sint liberi arbitrii, juxta quod et homo ad imaginem et similitudinem Dei factus est, in utramque partem possunt suam flectere voluntatem. Quod si hac sententia non adduceris, saltem illius auctoritate parabolae commovere, in qua per totum diem operarii mittuntur ad vineam (*Matth.* 20); et in prima hora vocantur Adam, Abel, Seth: in tertia Noe: in sexta Abraham: in nona Moyses: in undecima Gentium populus, cui dicitur: *Quid hic statis tota die otiosi?* et illi responderunt: *Nemo nos conduxit*. Quod autem extrema hora, nostri sit Salvatoris adventus, testis est Joannes Apostolus, dicens: « Fratres, novissima hora est. Etenim sicut audistis, quia Antichristus venit, nunc autem Antichristi multi facti sunt, propter quod cognoscimus, quia novissima hora est » (*Joan.* 2. 18). Si haec displicet interpretatio, sequor quocumque duxeris: ita tamen ut eos qui vocati sunt primi, justos esse fatearis. Quod cum obtinuero, illud inferam: et quomodo justi murmuraverunt adversum patremfamilias, dicentes: « Hi novissimi venerunt, et una hora fecerunt: et aequales illos nobis fecisti, qui portavimus pondus diei et aestus? Videntur quidem juste dicere, nos aequalem debere esse mercedem ejus, qui prima hora ad noctem usque sudaverit, et ejus qui una hora sit in labore versatus. Sed ista justitia habet in se livorem, cum alterius invideat felicitati. Denique et Dominus oculum in eis arguit invidentem, dicens: (*b*) *Amice, an oculus tuus nequam est,* **87** *quia ego bonus sum?* Unde et ab Apostolo solus justus, solus dicitur immortalis: non quod Angeli sint injusti et mortales, sed quod ipse sit immortalis et justus, cui collata universa justitia, iniquitas invenitur.

41. Ut autem in hac eadem parabola, quam nunc proposuimus, injustitiam intelligas conductorum, attende paulisper. Qui prima hora conductus est, plus meretur ab eo, qui hora tertia missus est ad vineam: rursum horae tertiae operarius, et sextae horae operarium antecedit: et sextae horae, nonae horae vincit operarium. Quomodo igitur novissimo omnes invident, et eamdem inter se justitiam non requirunt? Tu hora nona conductus es, cur invides ei qui undecima hora est missus in vineam? Quodcumque responderis, quamvis diversum assekueris laborem, ut et praemium majus in diverso labore mercaris, eidem apud sextum sententiae subjacebis. Et tu qui hora sexta conductus es, novissimo invides, cur tecum denarium, id est, aequalem consequatur salutem: licet salutis pro labore diversa sit gloria, eadem de te potest tertius dicere: et de tertio rursum primus. Verum ipsi inter se ob non aequalem laborem, et vocationis spatia diversa, aequale praemium libenter accipiunt: in novissimo tantum operario, id est, in Gentium salute discordant, et Domino injuriam faciunt, et sub omnibus parabolis arguuntur invidiae.

42. Non ambigo, quin inculta tibi nostra parvitatis videatur oratio: sed saepe causatus sum, expoliri non posse sermonem, nisi quem propria manus limaverit. Itaque ignosce dolentibus oculis, id est, ignosce dictanti, maxime cum in ecclesiasticis rebus non quaerantur verba, sed sensus, id est, panibus sit vita sustentanda, non siliquis.

EPISTOLA XXII (*c*). **88**

AD EUSTOCHIUM, PAULAE FILIAM.

De custodia virginitatis.

Eustochium Virginem, Paulae nobiliss. apud Romanos Matronae filiam, docet quomodo Virginitatem custodire debeat, quam professa erat: atque eos qui castitatis specie ventri avaritiaeque inserviunt, acriter insectatur.

1. « Audi filia, et vide, et inclina aurem tuam, et obliviscere populum tuum, et domum patris tui; et concupiscet rex decorem tuum » (*Ps.* 44. 11). In quadragesimo quarto Psalmo Deus ad animam loquitur humanam, ut secundum exemplum Abrahae, exiens de terra sua, et de cognatione sua, relinquat *Chaldaeos* qui *quasi daemonia* interpretantur, et habitet in regione viventium, quam alibi Propheta suspirat, di-

---

(*a*) Idem Beatinus editor superiori voce *vestrum* omissa, *quomodo* legit pro *quoniam* juxta Graecum et Vulgatum.

(*b*) Hic quoque Victorius vocem *Amice* delevit, quod in suis manuscriptis codd. non venerit. Caeterum cum Hieronymiana interpretatione tota conferenda est illa Tertulliani lib. de Pudicit. capp. 8. et 9. ut et videas per quos S. Doctor profecerit, et quanto delectu easdem sententias in Catholicum ... adducat, quas ille ut lapsis deurget ponite ... in perversum trahit.

(*c*) *Ilias quoque* 22. *scripta an.* 584.

cens : « Credo videre bona Domini in terra viventium » (*Ps.* 26. 13). Verum non sufficit tibi exire de terra tua, nisi obliviscaris populi tui, et domus patris tui, ut carne contempta, sponsi jungaris amplexibus. « Ne respexeris, inquit, retro : nec steteris in omni circa regione, sed in monte salvum te fac, ne forte comprehendaris » (*Gen.* 19. 17). Non expedit apprehenso aratro, respicere post tergum, nec de agro reverti domum, nec post Christi tunicam, ad tollendum aliud vestimentum tecto descendere (*Matth.* 24). Grande miraculum : Pater filiam cohortatur, ne meminerit patris sui. « Vos de patre diabolo estis, et desideria patris vestri vultis facere » (*Joan.* 8. 44), dicitur ad Judæos. Et alibi : « Qui facit peccatum, de diabolo est » (*Joan.* 5. 8). Tali primum parente generati, nigri sumus, et post pœnitentiam, nec dum culmine virtutis ascenso, dicimus : *Nigra sum*, (a) *sed speciosa, filiæ Jerusalem* (*Cant.* 1. 4). Exivi de domo infantiæ meæ, oblita sum patris mei, renascor in Christo. Quid pro hoc mercedis accipio ? Sequitur : *Et concupiscet rex decorem tuum.* Hoc ergo illud magnum est Sacramentum. Propter hoc relinquet homo patrem, et matrem suam, et adhærebit uxori suæ, et erunt ambo, **89** jam non, ut illa, in una carne (*Gen.* 2. 44), sed in uno spiritu. Non est sponsus tuus arrogans, non superbus, Æthiopissam duxit uxorem : statim ut volueris sapientiam audire veri Salomonis, et ad eum veneris, confitebitur tibi cuncta quæ novit, et inducet te rex in cubiculum suum, et mirum in modum colore mutato, sermo tibi ille conveniet : *Quæ est ista, quæ ascendit dealbata* (*Cant.* 3. 6. et 8. 5).

2. *Dominæ virgines vocandæ.* — Hæc idcirco, mi Domina Eustochium, scribo (Dominam quippe vocare debeo sponsam Domini mei) ut ex ipso principio lectionis agnosceres, non me nunc laudem Virginitatis esse dicturum, quam probasti optimam, et consecuta es : nec enumeraturum molestias nuptiarum, quomodo uterus intumescat, infans vagiat, cruciet pellex, domus cura sollicitet, et omnia quæ putantur bona, mors extrema præcidat. Habent enim et maritatæ ordinem suum, honorabiles nuptias, et cubile immaculatum (*Hebr.* 13) ; sed ut intelligeres tibi exeunti de Sodoma, timendum esse Lot uxoris exemplum (*Genes.* 19). Nulla est enim in hoc libello adulatio. Adulator quippe blandus inimicus est. Nulla erit Rhetorici pompa sermonis, (1) quæ te etiam inter Angelos statuat, et beatitudine Virginitatis exposita, mundum subjiciat pedibus tuis.

3. Nolo tibi venire superbiam de proposito, sed timorem. Onusta incedis auro, latro sit vitandus est. Stadium est hæc vita mortalibus, hic contendimus, ut alibi coronemur. Nemo inter serpentes et scorpiones securus ingreditur. *Et inebriatus est,*

(a) Hanc Epistolam magna ex parte exscribit Aquisgranense Concilium anni 816. sub Ludovico Pio, cuique sæpius emendatiori codice usum videatur, quædam ex eo loca adnotamus, ejusmodi est istud, *sed et formosa :* et mox *oblitus sum patris; renascor,* etc.
(1) Apud Gravium *sed qui etiam te.*

inquit Dominus, *gladius meus in cœlo* (*Isai.* 34), et tu pacem arbitraris in terra, quæ tribulos generat, et spinas, quam serpens comedit ? (b) *Non est nobis colluctatio adversus carnem et sanguinem, sed adversus principatus, et potestates hujus mundi, et rectores horum tenebrarum, adversus spiritualia nequitiæ in cœlestibus* (*Ephes.* 6. 12). Magnis inimicorum circumdamur agminibus, hostium plena sunt omnia. CARO FRAGILIS, et cinis futura post modicum, pugnat sola cum **90** pluribus. Cum autem fuerit dissoluta, et venerit princeps mundi hujus, et invenerit in ea (c) peccati nihil, tunc secura audies per Prophetam : *Non timebis a timore nocturno : a sagitta volante per diem, a negotio perambulante in tenebris, ab incursu et dæmonio meridiano. Cadent a latere tuo mille, et decem millia a dextris tuis, ad te autem non appropinquabunt* (*Ps.* 90. 5. 6). Quod si eorum te multitudo turbaverit, et ad singula incitamenta vitiorum cœperis æstuare, et dixerit tibi cogitatio tua : quid faciemus ? respondebit tibi Eliseus : *Noli timere, quia plures nobiscum sunt, quam cum illis,* et orabit, et dicet : *Domine, aperi oculos puellæ tuæ, ut videat* (4. *Reg.* 6 16) : et apertis oculis videbis igneum currum, qui te ad exemplum Eliæ in astra sustollat (*Ps.* 125. 7) ; et tunc læta cantabis : *Anima nostra sicut passer erepta est de laqueo venantium : Laqueus contritus est, et nos liberati sumus* (*Ibid.* 2).

4. *In hac vita nulla est certa victoria.*—Quamdiu hoc fragili corpore detinemur, quamdiu habemus thesaurum istum in vasis fictilibus (2. *Cor.* 4), et concupiscit spiritus adversus carnem, et caro adversus spiritum (*Galat.* 5), nulla est certa victoria. Adversarius noster (d) diabolus, tanquam leo rugiens aliquem devorare quærens, circumit (1. *Petr.* 5). Posuisti tenebras, ait David, *et facta est nox. In ipsa pertransibunt omnes bestiæ sylvæ. Catuli leonum rugientes, ut rapiant, et quærant a Deo escam sibi* (*Ps.* 103. 20). Non quærit diabolus homines infideles : non eos qui foris sunt, et quorum carnes rex Assyrius in olla succendit : de Ecclesia Christi rapere festinat. Escæ ejus secundum Abacuc electæ sunt. Job subvertere cupit, et devorato Juda, ad cribrandos Apostolos expetit potestatem. Non venit Salvator pacem mittere super terram, sed gladium. Cecidit Lucifer, qui mane oriebatur ; et ille qui in Paradiso deliciarum nutritus est, meruit audire : *Si exaltatus*

(b) Accuratissima quædam hujus epistolæ editio seorsim Romæ adornata an. 1562. apud Paul. Manutium, qua non raro utemur, addit hoc loco, *dicit apostolus.* Mox deerat apud Benedictinum Interpretem nomen *rectores,* quod ex editis omnibus ac Mss. supplevimus.
(c) Victorius *in ea nihil, absque peccati.*
(d) Mss. magno numero *Zabulus,* quam vocem, quod alibi sæpius occurrat, nec penes Hieronymum tantum, sed alios quoque Latinos Scriptores, semel hoc loco monendum est, proferri ex Græcorum Æolicæ dialecti pronuntiatione, a γὰρ Αἰολεῖς, inquiunt Grammatici, τοδία, ζᾶ φασι καὶ τὸν διαβάλοντα ζάβολοντα, Æoles quippe pro *Dia,* proferunt *Za,* et pro *diaplaton, Zaploton.* Hinc et Ζάκονας pro Διάκονας, Latini *Zaconus* Quia et *Zabenicus* pro *Adiabenicus* præferunt Hier. cold. in Chronico ad an. 201., et pro *Liamum,* quod est Hispaniæ oppidum, *Zamica* legit Isidorus, aliaque id genus quam plurima.

fueris, ut aquila, inde detraham te, dicit Dominus (Abdiæ. 4). Dixerat enim in corde suo ; *Super sidera cœli ponam sedem meam, et ero similis Altissimo* (Isai. 14. 13). Unde quotidie **91** ad eos qui per scalam Jacob (a) somniantis descendunt, loquitur Deus : *Ego dixi dii estis, et filii Altissimi omnes. Vos autem sicut homines moriemini, et tanquam unus de principibus cadetis* (Ps. 81. 6. 7). Cecidit enim primus diabolus, et cum stet Deus in synagoga deorum, in medio autem deos discernat, Apostolus iis qui dii esse desinunt, scribit : *Ubi enim in vobis sunt dissensiones et æmulationes, nonne homines estis, et secundum hominem ambulatis* (2. Cor. 3. 3)?

5. Si Apostolus vas electionis, et separatus in Evangelium Christi, ob carnis aculeos et incentiva vitiorum reprimit corpus suum, et servituti subjicit, ne aliis prædicans ipse reprobus inveniatur; et tamen videt aliam legem in membris suis repugnantem legi mentis suæ, et captivum se in legem duci peccati, si post nuditatem, jejunia, famem, carcerem, flagella, supplicia, in semetipsum reversus exclamat : *Infelix ego homo, quis me liberabit de corpore mortis hujus* (Rom. 7. 24), tu te putas securam esse debere? Cave, quæso, ne quando de te dicat Deus : *Virgo Israel cecidit, et non est qui suscitet eam* (Amos. 5. 2). Audenter loquar : Cum omnia possit Deus, suscitare virginem non potest post ruinam. Valet quidem liberare de pœna, sed non vult coronare corruptam. Timeamus illam Prophetiam, ne in nobis etiam compleatur : *Virgines bonæ deficient* (Amos. 8. 13). Observa quid dicat, *et virgines bonæ deficient*; quia sunt et virgines malæ. *Qui viderit*, inquit, *mulierem ad concupiscendum eam, jam mœchatus est eam in corde suo* (Matth. 5. 28). Perit ergo, et mente virginitas. Istæ sunt virgines malæ, virgines carne, non spiritu : virgines stultæ, quæ oleum non habentes, excluduntur a sponso.

6. Si autem et illæ quæ virgines sunt, ob alias tamen culpas, virginitate corporum non salvantur : quid fiet illis, quæ prostituerunt membra Christi, et mutaverunt templum Sancti Spiritus in lupanar? Illico audient : « *Descende, sede in terra virgo filia Babylonis : sede in terra, non est solium filiæ Chaldæorum : non vocaberis ultra mollis, et delicata. Accipe molam, mole farinam, discooperi velamen tuum, denuda crura, transi flumina, revelabitur ignominia tua, apparebunt opprobria tua* » (Isai. 47). Et hoc post Dei Filii thalamos, **92** post oscula fratruelis, et sponsi, illa de qua quondam sermo Propheticus concinebat : *Astitit regina a dextris tuis, in vestitu deaurato, circumdata varietate* (Ps. 44. 10), nudabitur ; et posteriora ejus ponentur in faciem ipsius : sedebit ad aquas solitudinis, (1) posito vase, et divaricabit pedes suos omni transeunti, et usque ad verticem polluetur. RECTIUS FUERAT hominis [al. *homini*] subiisse conjugium, ambulasse per plana, quam

(a) Benedict. Edit. *somniante*, quod antea emendaverat Episcopus Reatinus.
(1) In aliis libris. notante Grav. *portabit easa*.

ad altiora tendentem, in profundum inferni cadere. Ne fiat obsecro civitas meretrix, fidelis Sion, (2) ne post Trinitatis hospitium, ibi dæmones saltent, et sirenæ nidificent, et hericii. Non solvatur fascia pectoralis ; sed statim ut libido titillaverit sensum, aut blandum voluptatis incendium dulci nos calore perfuderit, erumpamus in vocem : *Dominus auxiliator meus, non timebo quid faciat mihi caro* (Psal. 117. 9). (b) Cum paululum interior homo inter vitia atque virtutes cœperit fluctuare, dicito : « Quare tristis es anima mea, et quare conturbas me? Spera in Domino [al. *Deo*], quia confitebor illi, salutare vultus mei, et Deus meus » (Ps. 41. 12). Nolo sinas cogitationes crescere. Nihil in te Babylonium, nihil confusionis adolescat. Dum parvus est hostis, interfice : nequitia, ne zizania crescant, elidatur in semine. Audi Psalmistam dicentem : « Filia Babylonis misera, beatus qui retribuet tibi retributionem tuam (c) quam retribuisti nobis. Beatus qui tenebit, et allidet parvulos tuos ad Petram » (Ps. 136. 8). Quia enim impossibile est in sensum hominis non irruere innatum medullarum calorem, ille laudatur, ille prædicatur beatus, qui ut cœperit cogitare sordida, statim interficit cogitatus, et allidit ad petram : *petra autem Christus est* (1. Cor. 104).

7. *Hieronymi tentationes in eremo.*—O quoties ego ipse in eremo constitutus, et in illa vasta solitudine, quæ exusta solis ardoribus, horridum Monachis præstat habitaculum, putabam me Romanis interesse deliciis. Sedebam solus, quia amaritudine repletus eram. Horrebant sacco membra deformia, et squalida cutis situm æthiopicæ carnis obduxerat. Quotidie lacrymæ, quotidie gemitus, et si quando repugnantem somnus imminens oppressisset, nuda humo ossa vix hærentia collidebam. De cibis vero et potu taceo, cum etiam languentes **93** (d) Monachi aqua frigida utantur, et coctum aliquid accepisse, luxuria sit. Ille igitur ego, qui ob gehennæ metum, tali me carcere ipse damnaveram, scorpionum tantum socius et ferarum, sæpe choris intereram puellarum. Pallebant ora jejuniis, et mens desideriis æstuabat in frigido corpore, et ante hominem (e) sua jam in carne præmortuum, sola libidinum incendia bulliebant. Itaque omni auxilio destitutus, ad Jesu jacebam pedes, rigabam lacrymis, crine tergebam ; et repugnantem carnem hebdomadarum inedia subjugabam. Non erubesco infelicitatis meæ miseriam (f) confiteri. quin potius plango me non esse, quod fuerim. Me-

(b) Victorius, et *cum post paululum*.
(c) Exciderat ab editis antea comma istud Psalmi *quam retribuisti nobis*, quod nos e duobus Mss. atque ea, quæ apud supra laudatum Aquisgranense Concilium est, hujus epistolæ lectione, suffecimus.
(d) Nomen *Monachi* ex plerisque editis ac Mss. reponimus.
(e) Minus expedita, nec vitio immunis erat post Erasm. Martianæi lectio *ante hominem suam jam in carne præmortuum*.
(f) Duo verba *confiteri, et miseriam* addunt quidam Mss. editi libri omnes, Erasmo, et Benedictino interprete exceptis.
(2) Idem legi jubet *meretrix civitas fidelis*, etc. Ex Isai. 1. juxta LXX.

mini me clamantem, diem crebro junxisse cum nocte, nec prius a pectoris cessasse verberibus, quam rediret, Domino increpante, tranquillitas. Ipsam quoque cellulam meam, quasi cogitationum mearum consciam pertimescebam. Et mihimet iratus et rigidus, solus deserta penetrabam. Sicubi concava vallium, aspera montium, rupium præruptia cernebam, ibi meæ orationis locus, ibi illud miserrimæ carnis ergastulum; et, ut ipse mihi testis est Dominus, post multas lacrymas, post cælo inhærentes oculos, nonnumquam videbar mihi interesse agminibus Angelorum, et lætus gaudensque cantabam : *Post te in odorem unguentorum tuorum curremus* (*Cant.* 1. 5).

8. Si autem (*a*) hoc sustinent illi, qui exeso corpore, solis cogitationibus oppugnantur, quid patitur puella, quæ deliciis fruitur? Nempe illud Apostoli : *Vivens mortua est* (1 *Tim.* 5. 6). Si quid itaque in me potest esse consilii, si experto creditur, hoc primum moneo, hoc obtestor, ut sponsa Christi vinum fugiat pro veneno. Hæc adversus adolescentiam prima arma sunt dæmonum. Non sic avaritia quatit, inflat superbia, delectat ambitio. Facile aliis caremus vitiis ; hic hostis nobis inclusus est. Quocumque pergimus, nobiscum portamus inimicum. VINUM ET ADOLESCENTIA, duplex incendium voluptatis est. Quid oleum flammæ adjicimus? Quid ardenti corpusculo fomenta ignium ministramus? Paulus ad Timotheum : « Jam noli, inquit, aquam bibere, sed vino modico utere, propter stomachum tuum, et frequentes tuas infirmitates » (1. *Tim.* 5. 23). Vide quibus causis vini potio conceditur, ut ex hoc stomachi dolor, et frequens mederetur infirmitas. Et ne nobis forsitan de ægrotationibus blandiremur, modicum præcepit esse sumendum, medici potius consilio, quam Apostoli : licet et Apostolus sit medicus spiritalis : et ne Timotheus imbecillitate superatus, Evangelii prædicandi non posset implere discursus : alioquin se dixisse meminerat : « Vinum in quo est luxuria » (*Ephes.* 5. 18) Et, « bonum est homini vinum non bibere, et carnem non manducare » (*Rom.* 14. 21). Noe vinum bibit, et inebriatus est (*Gen.* 9. 21). Post Diluvium, rudi adhuc sæculo, et tunc primum plantata vinea inebriare vinum forsitan nesciebat. Et ut intelligas Scripturæ in omnibus sacramentum, Margarita quippe est sermo Dei, et ex omni parte forari potest, post ebrietatem nudatio femorum subsecuta est, libido juncta luxuriæ. Prius enim venter extenditur, et sic cætera membra concitantur. « Manducavit enim populus, et bibit, et surrexerunt ludere » (*Exod.* 32. 6). Lot amicus Dei in monte salvatus (*Genes.* 19), et de tot millibus populi solus justus inventus, inebriatur a filiabus suis; et licet illæ putarent genus hominum defecisse, et hoc facerent liberorum magis desiderio, quam libidinis : tamen sciebant virum justum, hoc nisi ebrium non esse facturum. Denique quid fecerit, ignoravit : et quanquam voluntas non sit in crimine, tamen error in culpa est. Inde nascuntur Moabitæ, et Ammonitæ, inimici Israel, qui usque ad quartam et decimam progeniem, et usque in æternum, non ingrediuntur in Ecclesiam Dei

9. Elias cum Jezabel fugeret, et sub quercu jaceret lassus (*a*) in solitudine, veniente ad se Angelo suscitatur, et dicitur ei : « Surge, et manduca. Respexit, et ecce ad caput ejus panis (*b*) collyrida, et vas aquæ (4. *Reg.* 19. 5 *et* 6). Revera nunquid non poterat Deus conditum ei merum mittere, et electos cibos, et carnes contusione mutatas? Eliseus filios Prophetarum invitat ad prandium, et herbis agrestibus eos alens, consonum prandentium audit clamorem : « Mors in olla » (4. *Reg.* 4. 40). Homo Dei non iratus est cocis, lautioris enim mensæ consuetudinem non habebat, sed farina desuper jacta, amaritudinem dulcoravit : eadem spiritus virtute, qua Moyses mutaverat Maram in dulcedinem. Necnon et illos qui ad eum comprehendendum venerant, oculis pariter ac mente cæcatos, cum in Samariam nescios induxisset, qualibus eos epulis refici imperaverit, ausculta, « Pone eis, inquit, panem et aquam : manducent, et bibant, et remittantur ad Dominum suum » (4. *Reg.* 6. 22). Potuit et Danieli de regiis ferculis opulentior mensa transferri; sed Abacuc ei messorum prandium portat, arbitror rusticanum. Ideoque et *desideriorum* vir appellatus est, quia panem desiderii non manducavit, et vinum concupiscentiæ non bibit.

10. Innumerabilia sunt de Scripturis divina responsa, quæ gulam damnent, et simplices cibos probent [*al. præbeant*]. Verum quia nunc non est propositum de jejuniis disputare, et universa exequi, sui et tituli sit et voluminis, hæc sufficiant pauca de plurimis. Alioquin ad exemplum horum, poteris tibi ipsa colligere, quomodo primus de paradiso homo, ventri magis obediens, quam Deo, in hanc lacrymarum dejectus est vallem. Et ipsum Dominum Satanas fame tentaverit in deserto. Et Apostolus clamitet : « Escæ ventri, et venter escis : Deus autem hunc et illas destruet » (1. *Cor.* 6. 13). Et de luxuriosis, « quorum Deus venter est » (*Philipp.* 3). Id enim colit unusquisque, quod diligit. Ex quo sollicite providendum est, ut quos saturitas de paradiso expulit, reducat esuries.

11. *Deus non delectatur nostra inedia.* — Quod si volueris respondere, te nobili stirpe generatam, semper in deliciis, semper in plumis, non posse a vino et esculentioribus cibis abstinere, nec his legibus vivere districtius, respondebo : Vive ergo lege tua, quæ Dei non potes. Non quod Deus universitatis Creator et Dominus, intestinorum nostrorum rugitu et inanitate ventris, pulmonisque delectetur ardore; sed quod aliter pudicitia tuta esse non possit. Job Deo carus, et testimonio ipsius immaculatus et simplex, audi

---

(*a*) Aliter supra laudata Manutii edit. *si autem hos sustinent tentationes libidinum, qui exeso, etc.*

(*b*) Absunt a Victorana edit. verba *in solitudine*, et paulo infra *nunquid*.

(*c*) Si, etsi non tantum Latino vocabulo dicere amat vetus Latinus interpres, ut ex aliis Scripturæ locis patet; ubi *collyrida*, et *Collyridam* occurrit. Nec proinde nobis probatur Victorii emendatio, qui *Collyra* substituit ex Plauti, aliorumque exemplis, non id vere, sed ut elegantius legeret. Paulo post ubi dicitur *nunquid non poterat*, Gravius negandi particulam expungi jubet.

quid de diabolo suspicetur : « Virtus ejus in lumbis, et potestas **96** ejus in umbilico » (*Job.* 4). Honeste viri mulierisque genitalia immutatis sunt appellata nominibus. Unde et de lumbis David super sedem ejus promittitur esse sessurus. Et septuaginta quinque animæ introierunt in Ægyptum, quæ exierunt de femore Jacob. At postquam colluctante Domino, latitudo femoris ejus emarcuit, a liberorum opere cessavit. Et qui Pascha facturus est, accinctis mortificatisque lumbis, facere præcipitur. Et ad Job dicit Deus : « Accinge sicut vir lumbos tuos » (*Ibid.* 38. 3) : Et Joannes zona pellicea cingitur (*a*) et Apostoli jubentur accinctis lumbis, Evangelii tenere lucernas. Ad Jerusalem vero, quæ respersa sanguine, in campo invenitur erroris, in Ezechiele dicitur : « Non est præcisus umbilicus tuus » (*Ezech.* 16. 4). Omnis igitur adversus viros diaboli virtus in lumbis est : omnis in umbilico contra feminas fortitudo.

12. Vis scire ita esse, ut dicimus? Accipe exempla : Samson leone fortior et saxo durior, qui et unus et nudus mille persecutus est armatos, in Dalilæ mollescit amplexibus. David secundum cor Domini electus, et qui venturum Christum sanctum sæpe ore cantaverat, postquam deambulans super tectum domus suæ, Bethsabee captus est nuditate, adulterio junxit homicidium. Ubi, et illud breviter attende, quod nullus sit, etiam in domo, tutus aspectus. Quapropter ad Dominum pœnitens loquitur : « Tibi soli peccavi, et malum coram te feci » (*Psal.* 50. 5). Rex enim erat, alium non timebat. Salomon, per quem se cecinit ipsa Sapientia , qui disputavit a cedro Libani usque ad hyssopum, quæ exit per parietem, recessit a Domino , quia amator mulierum fuit. Et ne quis sibi de sanguinis propinquitate confideret, illicito Thamar sororis Amnon frater exarsit incendio.

13. Pudet [*al.* Piget] dicere , quot quotidie Virgines (*b*) ruant, quantas de suo gremio mater perdat Ecclesia, super quæ sidera inimicus superbus ponat thronum suum : quot petras excavet, et habitet coluber in foraminibus earum. Videas plerasque viduas , antequam nuptas, infelicem conscientiam mentita tantum veste protegere. Quas nisi tumor uteri, et infantium prodiderit vagitus (*c*), erecta cervice, et ludentibus pedibus incedant. Aliæ vero sterilitatem (*d*) **97** præbibunt, et necdum sati hominis homicidium faciunt. Nonnullæ cum se senserint concepisse de scelere, abortii venena meditantur, et frequenter etiam ipsæ commortuæ, trium criminum reæ, ad inferos perducuntur, homicidæ sui, Christi adulteræ, necdum nati filii parricidæ. Istæ sunt quæ solent dicere : « Omnia munda mundis » (*Rom.* 14. 20). Sufficit mihi conscientia mea. Cor mundum desiderat Deus. Cur me abstineam a cibis quos creavit Deus ad utendum ? Et si quando (*e*) lepidæ et festivæ volunt videri, ubi se mero ingurgitaverint, ebrietati sacrilegium copulantes, aiunt : Absit, ut ego me a Christi Sanguine abstineam. Et quam viderint pallentem atque tristem, miseram, (*f*) et Manichæam vocant : et consequenter : tali enim proposito jejunium hæresis est. Hæ sunt, quæ per publicum notabiliter incedunt, et furtivis oculorum nutibus, adolescentium greges post se trahunt, quæ semper audiunt per Prophetam : « Facies meretricis facta est tibi, impudorata es tu » (*Jerem.* 3). (*g*) Purpura tantum in veste tenuis , et laxius , ut crines decidant, ligatum caput, soccus vilior, et super humeros (*h*) hyacinthina læna Maforte volitans : succinctæ manichæ brachiis adhærentes, et solutis genubus factus incessus. Hæc est apud illas tota virginitas. Habeant (*i*) istiusmodi laudatores suos , ut sub virginali nomine lucrosius pereant. Libenter talibus non placemus.

98 14. Pudet dicere, proh nefas : triste, sed verum est : unde in Ecclesias (*j*) Agapetarum pestis introiit?

(*e*) Ante nos erat in editis omnibus *lepide et festive volunt vivere*, contra Hieronymi mentem, quam nec Rentius Scholiastes assecutus est, qui exponit de iis, quæ cum mortali peccato ad Eucharistiam accedunt. At eas sacrilegium ebrietati copulare dicit Hieronymus, quæ ut *lepidæ*, *et festivæ viderentur*, vinum, quo se ingurgitarent, Christi Sanguinem appellabant, ut lejidam, imo sacrilegam ebrietatis causam prætexerent, quod in vino Christi Sanguis conficeretur. Etiam contra Novatores notandus est locus iste, quem nos Cisterciensis Ms. et vetustissimæ editionis ope restituimus.

(*f*) Martianæus *miseram Monacham et Manichæam*. Sed alterum *Monacha* vocabulum nec Mss. nec alii excusi libri habent ; tum palam est nonnihil similitudinem *Monachæ* et *Manichææ* in convicium torqueri. Accedit quod Manichæi, hæretice, ut mox Hier. decat, jejunii proposito, carnem non comederent, et a vino abstinerent, quod *fel Principis tenebrarum* vocabant, ut ex adverso falsæ Virgines Christi *Sanguinem*.

(*g*) Hunc illustrat Hilarii locus Epist. ad Abram filiam, *propter consuetudinem purpuræ perangustam vestis habeat, non etiam purpura ipsa diffundatur in vestem*, ad distinctionem scilicet *latioris purpuræ*, cujus meminit Tertullianus de Pallio n. 4. unde et *latus clavus* ab eodem num. 13. de Corona.

(*h*) Voces *hyacinthina læna* expunxit editor Benedictinus, quod in suis codd. Mss. non invenisset, at nostri, aliique etiam vulgati habent, nec dubium quin ex Persii Satyr. 1 versu 32.
Hic aliquis, cui circum humeros *hyacinthina læna*, expresserit S. Doctor. Quæ vero vestis sit læna, notum. Quid autem *Maforte*, vel *Mavors*, aut *Mapforium*, ut ex Glossis Arabico-Latinis Meursius, et Suidas, ac Phavorinus, vel tandem *Mafors*, V. littera pro digamma F, et vicissim de more usurpata, discere potes ex Isidoro lib. 19. cap. 25. Cassiano lib. primo de habitu Monachi, aliisque. Stola dimidia pars vulgo creditur fuisse, quæ cum post tergum rejiceretur, *Licinium* dicta est, et *Maforte*, ut Servius, et Nonnius tradunt.

(*i*) In antea excusis erat duobus verbis *ista hujusmodi*, corrupta jamdudum lectione. Quod subdit *lucrosius pere ut*, Cisterciense exemplar legit *lucris suis*, alia *latius* dicuntur habere, sed pleraque, *citius*. Quam sequimur lectionem, Victorius non probat, ad veriorem tamen est, et conformior alteri in Epistola ad Demetriadem : *Ut sub nomine virginali vendibilius pereant*.

(*j*) Fallitur Victorius, qui contra *Agaparum* abusum hic loqui Hieronymum putat. Notissimi sunt in Ecclesiastica Histor. *Agapetæ*, et fratres *Synisacti*, et *Extranei*.

(*a*) Addit Victorius *circa lumbos suos*.
(*b*) Roman. edit. aliæque passim addunt, *Deo sacratæ*.
(*c*) Post *vagitus* vocem additam apud Aquisgranense Concilium, et Victorium *sanctas, et castas se esse gloriantur*, quæ tametsi ad propositum faciunt, ex alio tamen hujus epistolæ loco huc videntur adscita.
(*d*) Ad hunc modum veteres membranæ tum a nobis, tum ab Episcopo Reatio inspectæ, a quibus tantum Cistercienses variant, quæ *bibunt* et *satis hominibus* habent. Sed vitiato prorsus codice usus est Editor Benedictinus, qui *præbent* pro *præbibunt*, et *nati hominis* pro *sati* legit, cum palam constet, eas hic Hieronymum insectari, quæ ne conciperent de scelere, pharmacum aliquot præbibebant. Sunt et alii laudati Mss. codices, qui *sterilitatem prætendunt*, legant : illud vero *nati* pro *sati* obvium.

unde sine nuptiis aliud nomen uxorum? imo unde novum concubinarum genus? Plus inferam : unde meretrices univiræ? Eadem domo, uno cubiculo, sæpe uno tenentur et lectulo, et suspiciosos nos vocant, si aliquid existimamus. Frater (*a*) sororem virginem deserit, cœlibem spernit virgo germanum, fratrem quærit extraneum, et cum in eodem proposito esse se simulent, quærunt alienorum spiritale solatium, ut domi habeant carnale commercium. Istiusmodi homines Salomon in Proverbiis spernit [al. *arguit*.] : dicens; « Alligabit quis in sinu ignem, et vestimenta ejus non comburentur? Aut ambulabit super carbones ignis, et pedes illius non ardebunt » (*Prov.* 6. 27. 28)?

15. Explosis igitur et exterminatis his quæ nolunt esse virgines, sed videri, nunc ad te mihi omnis dirigatur oratio, quæ quanto prima Romanæ urbis virgo nobilis esse cœpisti, tanto tibi amplius laborandum est, ne et præsentibus bonis careas, et futuris. Et quidem molestias nuptiarum, et incerta conjugii domestico exemplo didicisti, cum soror tua Blesilla ætate major, sed proposito minor, post acceptum maritum, septimo mense viduata est. O infelix humana conditio et futuri nescia : et virginitatis coronam, et nuptiarum perdidit voluptatem. Et quanquam secundum pudicitiæ gradum teneat viduitas, tamen **99** quas illam per momenta sustinere existimas cruces, spectantem quotidie in sorore, quod ipsa perdiderit, et cum difficilius experta careat voluptate, minorem continentiæ (*b*) habere mercedem? Sit tamen et illa secura, sit gaudens. Centesimus et sexagesimus fructus de uno sunt semine castitatis.

16. *Virgo debet fugere Matronarum consortium. Viduarum vitia, et Clericorum.* — Nolo habeas consortia matronarum : nolo ad nobilium domos accedas : nolo te frequenter videre, quod contemnens, virgo esse voluisti. Sic sibi solent applaudere mulierculæ de judicibus viris, et in aliqua positis dignitate. Si ad Imperatoris uxorem concurrit ambitio salutantium, cur tu facis injuriam viro tuo? Ad hominis conjugem, Dei sponsa quid properas? Disce in hac parte superbiam sanctam : scito te illis esse meliorem. Neque vero earum tantum te cupio declinare congressus, quæ maritorum inflantur honoribus, quas eunuchorum greges sepiunt, et in quarum vestibus attenuata in filum auri metalla texuntur; sed etiam eas fuge, quas viduas necessitas fecit, non voluntas : non quod mortem (*c*) optare debuerint maritorum; sed quod datam occasionem pudicitiæ non libenter acceperint. Nunc vero tantum veste mutata pristina non mutatur ambitio. Præcedit caveas (*d*) Basternarum ordo semivirorum : et rubentibus buccis, cutis farta distenditur, ut eas putes maritos non amisisse, sed quærere. Plena adulatoribus domus, plena conviviis. Clerici ipsi, quos in magisterio esse oportuerat doctrinæ pariter et timoris, osculantur capita matronarum, et extenta manu, ut benedicere eos putes velle, si nescias, pretia accipiunt salutandi. Illæ interim, quæ Sacerdotes suo viderint indigere præsidio, eriguntur in superbiam : et quia maritorum expertæ dominatum, viduitatis præferunt libertatem, castæ vocantur, et (*e*) Nonnæ, **100** et post cœnam dubiam, Apostolos somniant.

17. Sint tibi sociæ, quas jejunia tenuant, quibus, pallor in facie est, quas et ætas probavit et vita, quæ quotidie in cordibus suis canunt : « Ubi pascis? ubi cubas in meridie » (*Cant.* 1. 6)? Quæ ex affectu dicunt : « Cupio dissolvi, et esse cum Christo » (*Philipp.* 1. 23). Esto subjecta parentibus : imitare sponsum tuum. Rarus sit egressus in publicum. Martyres tibi quærantur in cubiculo tuo. Nunquam causa deerit procedendi, si semper quando necesse est, processura sis. Sit tibi moderatus cibus, et nunquam venter expletus. Plures quippe sunt, quæ cum vino sint sobriæ, ciborum largitate sunt ebriæ. Ad orationem tibi nocte surgenti, non indigestio ructum faciat, sed inanitas. Crebrius lege, disce quamplurima. Teneti codicem somnus obrepat, et cadentem faciem pagina sancta suscipiat. Sint tibi quotidiana jejunia, et refectio (*f*) satietatem fugiens. Nihil prodest biduo triduoque transmisso, vacuum portare ventrem, si pariter obruatur, si compensetur, saturitate jejunium. Illico mens repleta torpescit, et irrigata humus spinas libidinum germinat. Si quando senseris exteriorem hominem florem adolescentiæ suspirare, et accepto cibo, cum te in lectulo compositam dulcis libidinum pompa concusserit, arripe scutum fidei, in quo ignita diaboli exstinguantur sagittæ. « Omnes adulterantes, quasi clibanus » (*Ose.* 7. 4) corda eorum. At tu Christi comitata vesti-

(*a*) Variant hoc loco vetera manu exarata exemplaria, sed plerumque addunt, *Frater qui spiritalis est*. Quæ tamen non agnoscit Sulpicius, qui Dialogo L. periodum hanc ex Hieronymo recitat, tanquam mordacis stili specimen.

(*b*) Vetustiores editi *continentia se sciat habere*, etc. Quod subdit de centesimo, et sexagesimo fructu, alludit Matth. cap. 13. v. 8. « Alia ceciderunt in terram bonam, et dabant fructum aliud centesimum, aliud sexagesimum, aliud trigesimum, » quem postremum conjugio dum comparat, conferendus est cum S. Cypriano. de Habit. Virgin. p. 75. aliter rationis istas instituit.

(*c*) Præferimus Cisterciensis Ms. lectionem, utpote veriorem, et Hieronymianæ menti magis conformem : antea enim erat alio sensu *optaverint*.

(*d*) Iisdem pene verbis sequioris sexus fastum reprehendentem Chrysostomum præstat audire homil. XX. in Paul. ad Ephes. V. ἡ γυνὴ χρυσοφορεῖ καὶ ἐπὶ ζεύγους λευκῶν ἡμιόνων ὀχεῖται περιέρχεται, πανταχοῦ οἰκέταις ἀγίλας ἔχει, καὶ εὐνούχους ἑσμόν. Basterna autem erat Lecticæ genus nostris fere simile, ut docet vetus epigramma:

aurea matronas claudit basterna pudicas,
Quæ radiantis patulum gestat utrimque latus.

Augustinus ad Nebridium Ep. 9. « mittatur ne ad te accommodissimum tibi vehiculum? nam basterna innoxie te vehi posse noster Lucinianus auctor est. » Hæc vox in Isidori Glossar. exponitur, *tecta manualis*, puta gestatoriam sellam, quæ famulorum manibus portaretur. Ad eos enim Originum l. 20. c. 12. lecticam junctorum dorso imponi solitam, alii interpretantur.

(*e*) Nonnas non, quod aliis visum est, a senectute dixit, sed quod ita appellarentur Virgines Deo devotæ, et quæ castæ vitam degerent. Fulbertus in pœnitentiis Laicorum, *si quis Nonnam corruperit, septem annis pœniteat*. Ad cœnam autem, quam dubiam vocat, vide Terentii interpretes in illud in Phormione, *cœna dubia apponitur*.

(*f*) Pro *satietatem fugiens* Roman. Edit. hujus secus in epistolæ *ad vesperam satietatem*.

giis, et sermonibus ejus intenta, dic : « Nonne cor nostrum ardens erat in via, cum aperiret nobis Jesus Scripturas » (*Luc.* 24. 32) ? Et illud : « Ignitum eloquium tuum vehementer, et servus tuus dilexit illud » (*Psal.* 118). Difficile est humanam animam aliquid non amare, et necesse est, ut in quoscumque mens nostra trahatur affectus. Carnis amor spiritus amore (*a*) superatur. Desiderium desiderio **101** restinguitur. Quidquid inde minuitur, hinc crescit. Quin potius semper (*b*) ingemina, et dicito super lectulum tuum : « In noctibus quæsivi quem dilexit anima mea (*Cant.* 3. 1). Mortificate ergo, inquit Apostolus, membra vestra quæ sunt super terram » (*Coloss.* 3. 5). Unde et ipse postea confidenter aiebat : « Vivo autem, jam non ego, vivit vero in me Christus » (*Galat.* 2. 20). Qui mortificat membra sua, et in imagine perambulat, non timet dicere : « Factus sum sicut uter in pruina » (*Psal.* 118. 83). Quidquid in me fuit humoris libidinis excoctum est ; Et : « Infirmata sunt in jejunio genua mea; » Et : « oblitus sum manducare panem meum. A voce gemitus mei adhæsit os meum carni meæ » (*Ps.* 101. 6).

18. Esto cicada noctium. Lava per singulas noctes lectum tuum, lacrymis tuis stratum riga. Vigila, et sis sicut passer in solitudine. Psalle spiritu, psalle et sensu : « Benedic, anima mea, Dominum, et ne obliviscaris omnes retributiones ejus : qui propitiatur cunctis iniquitatibus tuis : Qui sanat omnes infirmitates tuas, et redimit ex corruptione vitam tuam » (*Psal.* 101. 1. *et seqq*). Et quis nostrum ex corde dicere potest : « Quia cinerem tanquam panem manducabam, et potionem meam cum fletu miscebam » (*Ps.* 101. 10). An non flendum est, non gemendum, cum me rursus serpens invitat ad illicitos cibos ? Cum de paradiso Virginitatis ejectos, tunicis vult vestire pelliceis, quas Elias ad paradisum rediens, projecit in terram? Quid mihi et voluptati, quæ brevi perit? quid cum hoc dulci et mortifero carmine sirenarum ? Nolo te illi subjacere sententiæ, qua in hominem est illata damnatio : « In doloribus, et in anxietatibus paries » (*Gen.* 3. 16). Mulieris lex ista est, non mea : « Et ad virum conversio tua. » Sit conversio illius ad maritum, quæ virum non habet Christum. Et ad extremum, « morte morieris. » Finis iste conjugii; meum propositum sine sexu est. Habeant nuptæ suum tempus, et titulum. Mihi virginitas in Maria dedicatur et Christo.

19. Dicat aliquis : Et audes nuptiis detrahere, quæ a Deo benedictæ sunt? Non est detrahere nuptiis, cum illis virginitas **102** anteferur. Nemo malum bono comparat. Glorientur et nuptæ, cum a virginibus sint secundæ. « Crescite, ait, et multiplicamini, et replete terram » (*Genes.* 1. 28). Crescat et multiplicetur ille, qui impleturus est terram. Tuum agmen in

cœlis est. « Crescite et multiplicamini, » hoc expletur edictum post paradisum et nuditatem, et ficus folia, auspicantia pruriginem nuptiarum. Nubat, et nubatur ille, qui in sudore faciei comedit panem suum, cujus terra tribulos et spinas generat, et cujus herba sentibus suffocatur. Meum semen centenaria fruge fœcundum est. « Non omnes capiunt verbum Dei, sed hi quibus datum est » (*Matth.* 19. 11). Alium eunuchum necessitas faciat, me voluntas. « Tempus amplexandi, et tempus abstinendi a complexibus : tempus mittendi lapides, et tempus colligendi » (*Eccles.* 3. 5). Postquam de duritia nationum generati sunt filii Abrahæ, (*c*) cœperunt « sancti lapides volvi super terram » (*Zach.* 9. 16). Petranseunt quippe mundi istius turbines, et in curru Dei, rotarum celeritate volvuntur. Consuant tunicas, qui inconsutam desursum tunicam perdiderunt, quos vagitus delectat infantium, in ipso lucis exordio fletu lugentium quod nati sunt. Eva in paradiso virgo fuit : post pelliceas tunicas, initium sumpsit nuptiarum. Tua regio paradisus est. Serva quod nata es, et dic : « Revertere anima mea in requiem tuam » (*Ps.* 124. 7). Et ut scias virginitatem esse naturæ, nuptias post delictum : virgo nascitur caro de nuptiis, et in fructu reddens, quod in radice perdiderat. « Exiet virga de radice Jesse, et flos de radice ejus ascendet » (*Isai.* 11. 1). Virga Mater est Domini, simplex, pura, sincera, nullo extrinsecus germine cohærente, et ad similitudinem Dei (*d*) unione fœcunda. Virgæ flos Christus est, dicens : « Ego flos campi, et lilium convallium » (*Cant.* 2. 1). Qui et in alio loco, lapis prædicatur abscissus de monte sine manibus » (*Dan.* 2), significante Propheta, virginem nasciturum esse de Virgine. Manus quippe accipiuntur pro opere nuptiarum, ut ibi : « Sinistra ejus sub capite meo, et dextera illius amplexabitur me » (*Cant.* 2). In hujus sensus congruit **103** voluntatem etiam illud, quod animalia, quæ in Arcam Noe bina inducuntur, immunda sunt : impar enim numerus est mundus. Et Moyses et Jesus Nave nudis in sanctam Terram pedibus jubentur incedere. Et discipuli sine calceamentorum onere, et vinculis pellium ad prædicationem novi Evangelii destinantur : Et milites, vestimentis Jesu sorte divisis, caligas non habebant [al. *habuere*] quas tollerent. Nec enim poterat habere Dominus, quod prohibuerat servis.

20. Laudo nuptias, laudo conjugium, sed quia mihi virgines generant : lego de spinis rosam, de terra

---

(*a*) Quidam editi, quibus Aquisgranensis synodi lectio concinit, « necesse est, ut in quoscumque mens nostra trahatur affectus, carnis amor spiritus amore superetur. »
(*b*) Verius fortasse alii *ingemina* : *super lectulum meum in noctibus* etc. unde Cantici versiculus ipse inchoatur. Infra pauca quædam emendamus minoris momenti.

(*c*) Confer in Zachariam Commentarios, ubi hæc dilucide sententia explicatur.
(*d*) Intellige *singularitate*, cui Græce μονάς respondet; quo sensu sæpius alibi vocem *unionem* sumit Hier. ut in Osee cap. 13. ad fin. *Virga simplex et purissima, et UNIONE fœcunda*, etc. Et in cap. 40. Ezechiel. ad verba, *Et columna earum... una hinc, et altera inde, Non dixit*, inquit, *duæ..... sed una, qui perfectus est munerus, et UNIONE sui imitatur Deum*, etc. Unde apparet hoc quoque loci id sibi voluisse, ut quemadmodum Deus Pater Verbum solus absque matre gignit, sic Maria Virgo sola absque viro Christum generet. Nec desunt aliorum Patrum exempla, qui eo sensu vocem illam usurparint, et præcipue S. Hilarius in libris de Trinitate. Interim Cisterc. Ms. et alii quidam legunt *un tate*, quæ synonima *unioni* vox est, ut apud Tertullianum adversus Praxeam invenitur ; quanquam ex SS. Patrum sensu *unitas* proprie ad naturam, *unio* ad personam referri soleat.

aurum, de concha margaritam. Nunquid qui arat, tota die arabit? Nonne et laboris sui fruge lætabitur? (a) Plus honorantur nuptiæ, quando quod de illis nascitur plus amatur. Quid invides mater filiæ? Tuo lacte nutrita est, tuis educata visceribus, in tuo adolevit sinu. Tu illam virginem sedula pietate servasti. Indignaris, quod noluit militis esse uxor, sed regis? Grande tibi beneficium præstitit. (b) Socrus Dei esse cœpisti. « De Virginibus, inquit Apostolus, præceptum Domini non habeo » (1. Cor. 7. 25). Cur? Quia et ipse ut esset virgo, non fuit imperii, sed propriæ voluntatis. Neque enim audiendi sunt, qui eum uxorem habuisse confingunt, cum de continentia disserens et suadens (c) perpetuam castitatem, intulerit : « Volo autem omnes esse sicut meipsum » (1. Cor. 7. 8). Et infra : « Dico autem innuptis et viduis : Bonum est illis, si sic permaneant, sicut et ego. » Et in alio loco : « Nunquid non habemus potestatem circumducendi mulieres, sicut et cæteri Apostoli » (Ibid. 9. 5). Quare ergo non habet Domini de Virginitate præceptum? Quia majoris est mercedis, quod non cogitur, et offertur. Quia, si fuisset Virginitas imperata, nuptiæ videbantur ablatæ : et durissimum erat contra naturam cogere, Angelorumque vitam **104** ab hominibus extorquere, et id quodam modo damnare, quod conditum est.

21. Alia fuit in veteri Lege felicitas. Ibi dicitur : (1) « Beatus qui habet semen in Sion, et domesticos in Jerusalem. » Et : « maledicta sterilis, quæ non pariebat» (Esai. 10). Et : « filii tui sicut novellæ olivarum, in circuitu mensæ tuæ » (Ps. 127). Et repromissio divitiarum. Et, « non erit infirmus in tribubus tuis » (Isai. 56). Nunc (d) dicitur, ne te lignum arbitreris aridum : habes locum pro filiis et filiabus in cœlestibus sempiternum. Nunc benedicuntur pauperes, et Lazarus diviti præfertur (2) in purpura. Nunc qui infirmus

(a) Cisterciense exemplar, cum Romana hujus seorsim libelli editione, Sed dicet forsitam mater tua, plus honorantur etc. quæ jamque verba, quod integro adhuc sensu possint abesse, in textum inferre non audemus, nec tamen respuimus, cum optime toto contextui respondeant, et præcipue his, quid invides mater filiæ?

(b) Hanc S. Doctoris sententiam acriter Ruffinus reprehendit lib. 2. Invectivar. Deum socrum habere dixisti, et quid tam impium, vel profanum a quoquam Gentilium Poetarum saltem dici potuit, et cætera quæ præstabit vidisse. Sed quando Christi sponsas, ut ait Sulp. Severus epist. 2. Virgines dicere Ecclesiastica nobis permittit auctoritas (quod nempe Christo nubere dicerentur, quæ religionis causa virginitatem vovebant) non in pravum sensum torquere debuerat Ruffinus, quod Socrus Dei monialis Virginis mater sit appellata. Huc pertinet quod jam sic Virgines, Dominæ frequenter in veterum scriptis appellantur : Dominam quippe, inquit Hier. rocare debeo Sponsam Domini mei.

(c) Inseri heic voces per suam imitationem in aliquot Mss. Victorius testatur, quas suo calculo, nec immerito probat. Cæterum, qui ex antiquis Paulo uxorem tribuerint, rari admodum sunt ; ac nescio an unum Clementem Alexandrinum heic non pluribus habuerit Hier. cujus sententiam strom. lib. 3. de Apostoli conjugio damnat.

(d) Idem Victorius, nunc Ennchis dicitur.

(1) De hoc scripturæ loco vide Sabatierium Edit. Veteris Versionis Ital. Hodierna Vulg. Dixit Dominus, cujus ignis est in sion, et caminus in Jerusalem. Pro quo Græc. Isai. cap. 31. v. ultim. Μακάριος ὃς ἔχει ἐν Σιὼν σπέρμα, καὶ οἰκείους ἐν Ἱερουσαλήμ. Vide et Montfauconium in Hexaplis ad hunc locum Tom. 2. pag. 144. Laudatur iterum hic locus infra Epist. LVII. num. 11.

(2) Rectius notante Grav. alia exemplaria purpurato, ut alibi Hier. loquitur.

est, fortior est. Vacuus erat orbis : et ut de typicis taceam, sola erat benedictio liberorum. Propterea et Abraham jam senex Cethuræ copulatur : et Jacob mandragoris redimitur : et conclusam vulvam in Ecclesiæ figuram Rachel pulchra conqueritur. Paulatim vero increscente segete, messor immissus est. Virgo Elias, Eliseus virgo, virgines multi filii Prophetarum. Jeremiæ dicitur : « Et tu ne accipias uxorem » (Jerem. 16. 2). Sanctificatus in utero, captivitate propinqua, uxorem prohibetur accipere. Aliis verbis idipsum Apostolus loquitur : « Existimo hoc bonum esse propter instantem necessitatem, quoniam bonum est homini sic esse » (1. Cor. 7. 26). Quæ est ista necessitas, quæ aufert gaudia nuptiarum? « Tempus breviatum est : Reliquum est, ut et qui habent uxores, sic sint quasi non habeant » (Ibid. 19). In proximo est Nabuchodonosor. Promovit se leo de cubili suo. Quo mihi superbissimo regi servitura conjugia? Quo parvulos, quos Propheta comploras, dicens : « Adhæsit lingua lactentis ad faucem ipsius in siti. Parvuli postulaverunt panem, et qui frangeret eis, non erat » (Thren. 4. 4). Inveniebatur ergo, ut diximus, in viris tantum hoc continentiæ bonum, et in doloribus jugiter Eva parturiebat. Postquam vero Virgo **105** concepit in utero, et peperit nobis puerum, « cujus principatus in humeros ejus » (Isai. 9. 6). Deum, fortem, patrem futuri sæculi, soluta maledictio est. Mors per Evam : vita per Mariam. Ideoque et ditius virginitatis donum (e) fluxit in feminas, quia cœpit a femina. Statim ut filius Dei ingressus est super terram, novam sibi familiam instituit, ut qui ab Angelis adorabatur in cœlo, haberet Angelos et in terris. Tunc Holofernis caput, Judith continens amputavit (Judith. 13). Tunc Aman, qui interpretatur iniquitas, suo combustus est igni (Esther. 15). Tunc Jacobus et Joannes relicto patre, rete, navicula, secuti sunt Salvatorem; affectum sanguinis et vincula sæculi, et curam domus pariter relinquentes. Tunc primum auditum est : « Qui vult venire post me, abneget semetipsum : et tollat crucem suam, et sequatur me. » Nemo enim miles cum uxore pergit ad prælium. Discipulo ad sepulturam patris ire petenti, non permittitur (Matth. 8). Vulpes foveas habent, et volucres cœli nidos, ubi requiescant : Filius autem hominis, non habet ubi caput suum reclinet (Luc. 9. 58). Ne forsitan contristeris, si angusto manseris. « Qui sine uxore est, sollicitus est quæ Domini sunt, quomodo placeat Domino. Qui autem cum uxore est, sollicitus est quæ sunt mundi; quomodo placeat uxori. (f) Divisa est mulier, et Virgo. Quæ non est

(e) Mss. diutius; quidam autem luxit pro fluxit, et in feminis pro in feminas.

(f) Recitatur hic Pauli locus ex veteri latino interprete, quemadmodum et Tertullianus in libro de velandis virginibus. Haud recte igitur editores alii, et virgo quæ non est nupta, quod ex ejus interpretis sensu, qui Mulierem Virgini opponit, emendandum est, inducta alia punctorum distinctione : Divisa est mulier et Virgo. Quæ non est nupta, cogitat, etc. Græc. μεμέρισται ἡ γυνὴ καὶ ἡ παρθένος. Atque eumquidem sensum alibi urget S. Doctor contra Helvidium ex latinis exemplaribus. Sed in primo contra Jovinian. libro veterem lectionem respuit, Et illud, inquit, breviter admoneo

nupta, cogitat quæ sunt Domini, ut sit sancta corpore et spiritu » (1 *Cor.* 7. 31. *et seqq*). Nam quæ nupta est, cogitat quæ sunt mundi, quomodo placeat viro.

22. Quantas molestias habeant nuptiæ, et quot sollicitudinibus vinciantur, in eo libro quem adversus Helvidium de beatæ Mariæ perpetua Virginitate edidimus, puto breviter expressum. Nunc eadem replicare perlongum esset ; et si cui placet, de illo potest haurire fonticulo. Verum ne penitus videar omisisse : **106** nunc dicam, quod cum Apostolus sine intermissione orare nos jubeat, et qui in conjugio debitum solvit, orare non possit : aut oramus semper, et virgines sumus : aut orare desinimus, ut conjugio serviamus. « Et si nupserit, inquit, virgo, non peccat : Tribulationem tamen carnis habebunt hujusmodi » (1. *Cor.* 7. 28). Et in principio libelli præfatus sum, me de angustiis nuptiarum, aut nihil omnino, aut pauca dicturum : et nunc eadem admoneo, ut si tibi placet scire quot molestiis virgo libera , quot uxor astricta sit, legas Tertullianum ad amicum Philosophum, (*a*) et de Virginitate alios libellos, et beati Cypriani volumen egregium, et Papæ Damasi super hac re, versu, prosaque composita ; et Ambrosii nostri quæ nuper scripsit ad Sororem opuscula. In quibus tanto se effudit eloquio , ut quidquid ad laudes virginum pertinet, exquisierit, expresserit, ordinarit.

23. Nobis diverso tramite incedendum. Virginitatem non tantum efferimus, sed servamus. Nec sufficit scire, quod bonum est, nisi custodiatur attentius quod electum est : quia illud judicii est, hoc laboris : et illud commune cum pluribus, hoc cum paucis. « Qui perseveraverit, inquit, usque in finem, hic salvus erit » (*Matth.* 24. 13). Et, « multi vocati, pauci vero electi » (*Ibid.* 20. 16. *et* 22. 14). Itaque obtestor te coram Deo, et Christo Jesu, et electis Angelis ejus (*b*) ut custodias quæ cœpisti, ne vasa templi Domini , quæ solis Sacerdotibus videre concessum est, facile in publicum proferas ; ne sacrarium Dei quisquam profanus aspiciat. Oza Arcam , quam non licebat tangere, attingens , subita morte prostratus est. Neque enim vas aureum, et argenteum tam carum Deo fuit, quam templum corporis virginalis. Præcessit umbra, nunc veritas est. Tu quidem simpliciter loqueris, et ignotos **107** quosque (1) blanda non despicis, sed aliter vident impudici oculi. Non norunt animæ pulchritudinem considerare, sed corporum. Ezechias thesaurum Dei monstrat Assyriis : sed Assyrii non debuerunt videre, quod cuperent. Denique frequentibus bellis Judæa convulsa, vasa primum Domini capta atque translata sunt. Inter epulas et concubinarum greges (quia palma vitiorum est honesta polluere) Balthasar potat in phialis.

24. Ne declines aurem tuam in verba malitiæ. Sæpe enim indecens aliquid loquentes, tentant mentis arbitrium, si libenter audias virgo quod dicitur, si ad ridicula quæque solvaris, quidquid dixeris, laudant; quidquid negaveris, negant : (*c*) facetam vocant et sanctam, et in qua nullus sit dolus : Ecce vere ancilla Christi, dicentes : ecce tota simplicitas. Non ut illa horrida, turpis, rusticana, terribilis, et quæ ideo forsitan maritum non habuit, quia invenire non potuit. Naturali ducimur malo. Adulatoribus nostris libenter favemus, et quanquam nos respondeamus indignos, et calidus rubor ora perfundat ; attamen ad laudem suam intrinsecus anima lætatur. Sponsa Christi arca est Testamenti, intrinsecus et extrinsecus deaurata , custos legis Domini. Sicut in illa nihil aliud fuit, nisi tabulæ Testamenti, ita et in te nullus sit extrinsecus cogitatus. Super hoc propitiatorium quasi super Cherubim, sedere vult Dominus. Mittit discipulos suos , ut in te sicut in pullo asinæ sedeat, curis te sæcularibus (2) solvat, ut paleas et lateres Ægypti derelinquens, Moysen sequaris in eremo, et terram repromissionis introeas. Nemo sit qui prohibeat, non mater, non soror, non cognata, non germanus : Dominus te necessariam habet. Quod si voluerint impedire, timeant flagella Pharaonis, qui populum Dei ad colendum eum nolens dimittere, passus est ea quæ scripta sunt. Jesus ingressus in Templum, ea quæ Templi non erant, projecit. Deus enim zelotes est, et non vult Patris domum fieri speluncam latronum. Alioquin ubi æra numerantur, ubi sunt caveæ columbarum, et simplicitas enecatur, ubi in pectore virginali sæcularium **108** negotiorum cura æstuat, statim velum Templi scinditur ; sponsus consurgit iratus, et dicit : *Relinquetur vobis domus vestra deserta* (*Matth.* 15. 38). Lege Evangelium, et vide quomodo Maria ad pedes Domini sedens, Marthæ studio præferatur. Et certe (*d*) Martha sedulo hospitalitatis officio, Domino atque discipulis ejus convivium præparabat, cui Jesus, « Martha, inquit, Martha, sollicita es, et turbaris erga plurima : pauca autem necessaria sunt , ut unum : Maria bonam partem elegit, quæ non auferetur ab ea » (*Luc.* 10. 41. *et seqq*). Esto et tu Maria, cibis præferto doctrinam. Sorores tuæ cursitent, et quærant quomodo Christum hospitem suscipiant. Tu semel sæculi onere [al. *honore*] projecto, sede ad pedes

---

in Latinis codicibus hunc locum ita legi : Divisa est virgo et mulier : quod quanquam habeat suum sensum, et a me quoque pro qualitate loci sic edisseratum sit, tamen non est apostolicæ veritatis, siquidem apostolus ita scripsit : sollicitus est quæ sunt mundi, quomodo placeat uxori, et divisus est : et hæc sententia definita, transgreditur ad virgines, et continentes, et ait, mulier innupta, et vi go cogitat quæ sunt Domini. Quæ Vulgata lectio est. Vid. Augustin, lib. de Sancta Virginitate cap. 22. et lib. de bono Viduitatis cap. 2. ubi lectionem hanc explicat.

(*a*) Non probatur nobis, quod ad lit Victorius *scribentem*, titulus enim libri videtur fuisse, *ad amicum Philosophum*, quem alibi contra Jovinian. citat, sed jamdiu intercidit. Paulo post. Cistere. ms. *aut nuper scripsit ad sororem opusculum*. Tres autem Ambrosii libri sunt ad sororem Marcellinam, quos ad an. 347. exaravit.

(*b*) Hæc, *Et custodias quæ cœpisti*, ex Cisterciensi manuscripto et Romana hujus libelli editione addidimus, quod superioribus ita nectantur, ut necessaria visa sint.

(1) Gravius addit vult *voce*, id est *blanda voce*.

(*c*) Pro *facetam* alii codd. *castam*, alii *innocentem* legunt.
(*d*) Nomen *Martha*, quod hoc loco deerat. ex aliis editis ac Mss. supplevimus ; tum ex iisdem duas alias voces, *cui Jesus*. Paulo infra, ubi *pauca autem necessaria sunt ut unum* (quæ aliter hodierni codices sacri tum Græci tum Latini habent) pro *ut unum* plerique manuscripti habent *aut unum*, quemadmodum Auctor moralium quæ ad Basilium M. referuntur reg. 58. et Olympiodorus in cap. 1. Ecclesiastes legunt ὀλίγον δέ ἐστι χρεία καὶ ἑνός. Nobis in aue piti re immutare non placuit.

(2) Legit Gravius *solvant*, ut referatur ad discipulos.

Domini, et dic : « Inveni eum, quem quærebat anima mea : tenebo eum, et non dimittam » (*Cant.* 3. 4) : et ille respondeat : « Una est columba mea, perfecta mea : una est matri suæ, electa genitrici suæ » (*Ibid.* 6. 8), cœlesti videlicet Jerusalem.

25. *In oratione ad Deum loquimur*, etc. — Semper te cubiculi tui secreta custodiant, semper tecum sponsus ludat intrinsecus. Oras, loqueris ad Sponsum : legis, ille tibi loquitur : et cum te somnus oppresserit, veniet post parietem, et mittet manum suam per foramen, et tanget ventrem tuum : et expergefacta consurges, et dices : « Vulnerata caritate ego sum » : et rursus ab eo audies, « Hortus conclusus soror mea sponsa : hortus conclusus, fons signatus » (*Cant.* 4. 12). Cave ne domum exeas, et velis videre filias regionis alienæ, quamvis fratres habeas Patriarchas, et Israel parente læteris : Dina egressa corrumpitur. Nolo te Sponsum quærere per plateas. Nolo te circumire angulos civitatis, dicas licet : « Surgam, et circumibo civitatem, et in foro, et in plateis quæram quem dilexit anima mea » (*Ibid.* 3. 2) ; et interroges : « Num quem dilexit anima mea, vidistis » (*Ibid.* 3)? nemo tibi respondere dignabitur. Sponsus in plateis non potest inveniri. « Arcta, et angusta via est, quæ ducit ad vitam » (*Matth.* 7. 14). Denique sequitur : « Quæsivi eum, et non inveni, vocavi eum, et non respondit mihi » (*Cant.* 5. 6). Atque utinam non invenisse sufficiat ! Vulneraberis, nudaberis, et gemebunda narrabis : « Invenerunt me custodes, qui circumeunt civitatem : percusserunt me, et vulneraverunt me, tulerunt theristrum meum mihi » (*Ibid. v.* 7). Si autem hoc exiens patitur illa, quæ dixerat : « Ego dormio, et cor meum vigilat » (*Cant.* 5. 2). Et, « fasciculus stactes fratruelis meus mihi, in medio uberum meorum commorabitur ; » quid de nobis fiet, quæ adhuc adolescentulæ sumus ; quæ sponsa intrante cum sponso, remanemus extrinsecus? Zelotypus est Jesus, non vult ab aliis videri faciem tuam. Excuses licet, atque causeris, obducto velamine ora contexi, et quæsivi te ibi, et dixi : « Annuntia mihi, quem dilexit anima mea : ubi pascis, ubi cubas in meridie, ne quando efficiar sicut operta super greges sodalium tuorum » (*Cant.* 1. 6. juxt. LXX) : indignabitur, tumebit, et dicet : « Si non cognoveris teipsam, o pulchra inter mulieres, egredere tu in vestigiis gregum, et pasce hædos tuos in tabernaculis pastorum. » Sis licet pulchra, et inter omnes mulieres species tua diligatur a Sponso, nisi te cognoveris, et omni custodia servaveris cor tuum : nisi oculos juvenum fugeris, egredieris de thalamo meo, et pasces hædos, qui statuendi [*al. staturi*] sunt a sinistris.

26. Itaque, mi Eustochium, filia, domina, conserva, germana (aliud enim ætatis, aliud meriti, aliud religionis, hoc caritatis est nomen) audi Isaiam loquentem : « Populus meus intra cubiculum tuum. Claude ostium tuum, abscondere pusillum aliquantulum, donec transeat ira Domini » (*Isai.* 26). Foris vagentur virgines stultæ, tu intrinsecus esto cum Sponso ; quia si ostium clauseris, et secundum Evangelii præceptum in occulto oraveris Patrem tuum, veniet, et pulsabit, et dicet : « Ecce ego sto ante januam, et pulso. Si quis mihi aperuerit, introibo et cœnabo cum eo, et ipse mecum » (*Apoc.* 3. 20), et tu statim sollicita, respondebis : « Vox fratruelis mei pulsantis [*al.* additur *et dicentis*] : Aperi mihi soror mea, proxima mea, columba mea, perfecta mea » (*a*) (*Cant.* 5, 2). Nec est ut dicas : « Despoliavi me tunica mea, quomodo induam illam ? lavi pedes meos, quomodo inquinabo eos ? » Illico consurge, et aperi, ne te remorante, pertranseat, et postea conqueraris, et dicas : « Aperui ego fratrueli meo, fratruelis meus pertransivit. » Quid enim necesse est, ut cordis tui ostia clausa sint sponso ? Pateant Christo, claudantur diabolo, secundum illud . « Si spiritus potestatem habentis ascenderit super te, ne dimiseris locum tuum » (*Eccl.* 10. 4). (*b*) Daniel in cœnaculo suo manebat in superioribus (neque enim manere poterat in humili) fenestras apertas ad Jerusalem habuit. Et in habeto apertas fenestras, sed unde lumen introeat, unde videas civitatem Domini. Ne aperias illas fenestras, de quibus dicitur : « Intravit mors per fenestras vestras » [*al. nostras*] (*Jer.* 9. 21).

27. *Inanis gloria fugienda*.—Illud quoque tibi vitandum est cautius, ne inanis gloriæ ardore capiaris. « Quomodo, inquit Jesus, potestis credere, gloriam ab hominibus accipientes » (*Joan.* 5)? Vide quale malum sit, quod qui habuerit, non potest credere. Nos vero dicamus : « Quoniam gloriatio mea tu es » (*Psal.* 3. 4). Et : « Qui gloriatur, in Domino glorietur » (2. *Cor.* 10. 17). Et : « Si adhuc hominibus placerem, Christi servus non essem » (*Galat.* 1. 10). Et : « Mihi autem absit gloriari, nisi in cruce Domini nostri Jesu Christi, per quem mihi mundus crucifixus est, et ego mundo. » Et illud : « In te laudabimur tota die, in Domino laudabitur anima mea » (*Psal.* 33). Cum facis eleemosynam, Deus solus videat. Cum jejunas, læta sit facies tua. Vestis nec satis munda, nec sordida, et nulla diversitate notabilis ; ne ad te obviam prætereuntium turba consistat, et digito monstreris (*c*). Frater est mortuus, sororis est corpusculum deducendum : cave ne dum hæc sæpius facis, ipsa mo-

---

(*a*) Voces *columba mea* aberant ab Erasm. et Benedictina editione. Tum pro *Nec est*, Victorius *Necesse est* : contra Hieronymi mentem, atque orationis seriem.

(*b*) Victorius expunctis his *manebat in superioribus*, legerat *sublimi cœnaculo*, quam lectionem longe præfert ; nos ab exemplarium Mss. fide non discedere, satius duximus.

(*c*) Eustochio unicus frater erat Toxotius, qui ne dum vivebat tum temporis, sed et multo post : soror Blæsilla vidua adhuc vivens. De his igitur non est intelligendus loqui Hieronymus, sed neque de aliis ejus cognationis, ut male imperitus quidam auctor interpretatur de affine, et Blesilla, cum ex his quæ subdit, *Cave ne, dum hæc sæpius facis, ipsa moriaris*, pateat in genere loqui S. Doctorem, qui pietati devotos viros, et feminas cœnodoxiæ culpa honorum operum merito excidisse indicat. Sic in epistola ad Furiam, *O si videres*, inquit, *sororum illam*, Eustochium videlicet, quæ tamen Furiæ soror non erat, nisi sis, nitus. Sophronium quem infra carpit post mortem, hic forte sub fratris nomine intelligit. Non indignum notatu id habere rem quod olim pullis sordidis vestibus prætexebant vulgo luctum ob consanguineorum mortem, ex quo in errorem illos quoque qui monasticam, ut ea ferebant tempora, vitam profitebantur, proprias professionis vestes, sive pullas, aptasque non habentes, et sordido illo habitu incedere affectarent, contratrum sive consororum funera obtendisse.

riaris. Nec satis religiosa velis videri, nec plus humilis quam necesse est, ne gloriam fugiendo quæras. Plures enim paupertatis (*a*), misericordiæ, atque jejunii arbitros declinantes, hoc ipso cupiunt placere, quod placere contemnunt : et mirum in modum laus, dum vitatur, appetitur. Cæteris perturbationibus quibus hominis mens gaudet, ægrescit, sperat et metuit, **111** plures invenio extraneos. Hoc vitio pauci admodum sunt qui caruerint : et ille est optimus, qui quasi in pulchro corpore, rara nævorum sorde respergitur. Neque vero moneo, ne de divitiis glorieris, ne de generis nobilitate te jactes, ne te cæteris præferas. Scio humilitatem tuam : scio te ex affectu dicere : « Domine, non est exaltatum cor meum, neque elati sunt oculi mei » (*Psal.* 130. 1). Novi apud te, et apud matrem tuam, superbiam, per quam diabolus cecidit, penitus locum non habere. Unde ad te super ea scribere superfluum sit. Stultissimum quippe est docere, quod noverit ille quem doceas. Sed ne hoc ipsum tibi jactantiam generet, quod sæculi jactantiam contempsisti; ne cogitatio tacita subrepat, ut quia in auratis vestibus placere desisti, placere coneris in sordidis : et si quando in conventum fratrum veneris vel sororum, (*b*) humilies sedeas, scabello te causeris indignam. Vocem ex industria, quasi confecta jejuniis, non tenues; et deficientis imitata gressum, humeris innitaris alterius. Sunt quippe nonnullæ exterminantes facies suas, ut appareant hominibus jejunantes : quæ statim ut aliquem viderint, ingemiscunt, demittunt supercilium, et operta facie, vix unum oculum, liberant [Mss. *librant*] ad videndum. Vestis pulla, cingulum sacceum, et sordidis manibus pedibusque, venter solus, quia videri non potest, æstuat cibo. His quotidie Psalmus ille canitur : « Dominus dissipabit (*c*) ossa hominum sibi placentium » (*Psal.* 52. 6). Aliæ virili habitu, veste mutata, erubescunt esse feminæ quod natæ sunt, crinem amputant, et impudenter erigunt facies eunuchinas. Sunt quæ ciliciis vestiuntur, et cucullis fabrefactis, ut ad infantiam redeant, imitantur noctuas et bubones.

28. Sed ne tantum videar disputare de **112** feminis, viros quoque fuge, quos videris catenatos, quibus feminei contra Apostolum crines, hircorum barba, nigrum pallium, et nudi in patientia frigoris pedes. Hæc omnia argumenta sunt diaboli. Talem olim (*d*) Antimum, talem nuper Sophronium Roma congemuit. Qui postquam nobilium introierunt domus, et deceperunt mulierculas oneratas peccatis, semper discentes, et nunquam ad scientiam veritatis pervenientes, tristitiam simulant; et quasi longa jejunia, furtivis noctium cibis protrahunt. Pudet dicere reliqua, ne videar po-

(*a*) Aliter Cisterciens. *paupertatis, miseriæ, atque jejunii, ut arbitror, gloriam declinantes.*
(*b*) Non improbo quod quidam Mss. habent *humi sedeas*, plures tamen *humilius sedeas*, ut vitiatos præteream. Sic paulo post negandi particulam quidam etiam editi omittunt eodem tamen sensu, si *tenues* verbum ad superius *ne* referas.
(*c*) In Gallic., et Vulg. *ossa eorum qui hominibus placent.*
(*d*) Sunt qui legant *Antonium* pro *Antimo*, qui certe perperam Monachum illum interpretantur, ad quem exstat Hieronymi epistola 12.

tius invehi, quam monere. Sunt alii (de mei ordinis hominibus loquor) qui ideo Presbyteratum et Diaconatum ambiunt, ut mulieres licentius videant. Omnis his cura de vestibus, si bene oleant, si pes, laxa pelle, non folleat. Crines calamistri vestigio rotantur; digiti de annulis radiant : et ne plantas humidior via aspergat, vix imprimunt summa vestigia. Tales cum videris, sponsos magis æstimato quam Clericos. Quidam in hoc omne studium vitamque posuerunt, ut matronarum nomina, domos, moresque cognoscant. Ex quibus unum, qui hujus artis est princeps, breviter strictimque describam : quo facilius Magistro cognito, discipulos recognoscas. Cum sole festinus exurgit; salutandi ei ordo disponitur; viarum compendia requiruntur, et pene usque ad cubicula dormientium, senex importunus ingreditur. Si pulvillum viderit, si mantile elegans, si aliquid domesticæ suppellectilis, laudat, miratur, attrectat, et se his indigere conquerens, non tam impetrat, quam extorquet : quia singulæ metuunt Veredarium urbis offendere. Huic inimica castitas, inimica jejunia : prandium nidoribus probat (*e*) et altili geranopepa, quæ vulgo pipizo nominatur. **113** Os barbarum et procax, et in

(*c*) Difficillimum hunc Hieronymi locum, cum e Mss. libris, qui corrupte et varie exhibent, restitui satis non possit, ex ingenio supplere, atque explicare Interpretes conati sunt. Erasmus, vel γερανοπίπτα a coquendis gruibus, vel ab instrumento quodam farinaceo γερανοχόπτα legendum censuit. Victorius vero *et altili* legit, et ὁ γέρων ὁ πίπων, quibus *senem effeminatum ac mollem* delicatumque significari contendit, qui cum altilium ac saginatarum avium escas probaret, *Pipizo* ipse vulgo diceretur. At Cælius Rhodiginus l. 3. antiq. lect. cap. 11. γεροντοπίπας præfert, *senex temulentus*, inquit ille, *quem plebea voce pipizonem dici conjectamus*, *nam* πιπίζειν *sugere significat*. Cælii emendationem plurimum improbat Aldovrandus Ornithol. lib. 20. cap. 5. vultque legi debere γεροντοπίπιος, *vipio*, sive *Gruis gallus*. Aliam viam ingressus est Martianæus, quem vide ad calcem libri. Nos ut brevissimis verbis sententiam nostram explicemus, propius accedimus Aldovrando, ac legendum putamus *et altili* γεραπίπω, *quæ vulgo pipizo nominatur*. In primis enim Mss. in hac fere lectione *geranopepa* consentiunt, maxime vero vocis terminatione *pepa*, aut *pepan*. Hæc autem vulgi sermone facile dicta est, quasi πίπαν a πιπίζει, *pullus* quod latina voce *pepa* de more vulgaris loquelæ paulo corrupte pronuntiaretur. Siquidem nihil verosimillimum est, Gruis pullum, seu rectius minorem Gruem olim hoc vocabulo significari solitam. *Erant enim*, inquit Plinius in lib. 10 cap. 49. *in mensarum honore vipiones* (al. *Pipiones*) *sic vocant* MINORES GRUES : et Cornelius Nepos *in pretio esse dixit*; et Varro περὶ ἐδεσμάτων, et Plutarchus Orat. 11. de Carnium esu saginandi etiam modum tradunt, ut alios nunc omittam. Quod addit *pipizo* vulgo nominari, nos non movet, ut ex prava Vulgi loquela pro *pipio* dictum putemus; nam πιπίζειν est *pepio* a πιπίζω verbo; ejusque vocabuli in infima etiam latinitate usum Ducangius notat. Nunc vero sic rescribendum legendumque locum putamus : *Prandium nidoribus probat*, *et Jeran agapen nominat* : aliis quæ interseruntur verbis repudiatis, quæ Scholiastæ de suo, vocem *Jeran agapen*, seu ἱερὰν ἀγάπην quid rei esset ignorantis, et altilem rati primo ad libri oram commenti sunt, deinde in textum irserunt. Erant Hieronymianis temporibus, quin multo etiam ante, Christiani quidam intemperantiores qui cum delicata obsonia conquirerent, pararentque, tum hanc *agapen* et sacram sive proprio nomine *jeran agapen* dicere audebant; quod vehementer redarguit Clemens Alexandrin. in Pædagog. lib. 11. c. quem locum hic tantum latine dabo, cum Græce non sit ad manus : *carnalis* inquit, *vita, quam audent quidam Agapen vocare*, *effrænata lingua utentes*. Nempe quædam prandidia nidorem, et jus redolentia, pulchrum ac Salutare Verbi opus : *sacram Agapen* ollis nescio quibus et liquido jure dedecorantes potuque, deliciis et fumo illud *Nomen* maledicto prosequentes. Fallunturque existimantes ut qui Dei promissum prandiolis se posse emere cippe taverint.

convicia semper armatum. Quocumque te verteris, primus in facie est. Quidquid novum insonuerit, aut auctor, aut exaggerator est famæ. Equi per horarum momenta mutantur, tam nitidi, tamque feroces, ut (a) Thracii regis illum putes esse germanum.

29. Variis callidus hostis pugnat insidiis. Sapientior erat coluber omnibus bestiis, quas creaverat Dominus super terram. Unde et Apostolus : Non, inquit, *ignoramus ejus astutias*. NEC AFFECTATÆ SORDES, nec exquisitæ munditiæ conveniunt Christiano. Si quid ignoras, si quid de Scripturis dubitas, interroga eum, quem vita commendat, excusat ætas, fama non reprobat; qui possit dicere, « Desponsavi enim vos uni viro, virginem castam exhibere Christo » (2. *Cor*. 11, 2). Aut si non est qui possit exponere, MELIUS EST ALIQUID nescire secure, quam cum periculo discere. Memento, quia in medio laqueorum ambulas : et multæ veteranæ virgines castitatis indubitatæ in ipso mortis limine coronam perdidere de manibus. Si quæ ancillulæ sunt comites propositi tui, ne erigaris adversus eas, ne infleris ut domina. Unum sponsum habere cœpistis, simul psallitis, Christi simul corpus accipitis, (b) cur menda diversa sit? Provocentur et aliæ. Honor virginum sit invitatio cæterarum. Quod si aliquam senseris infirmiorem in fide, suscipe, consolare, blandire, et pudicitiam illius fac lucrum tuum. Si qua simulat, fugiens servitutem, huic aperte Apostolum lege : « Melius est nubere, quam uri » (1. *Cor*. 7. 9). Eas autem virgines et viduas, **114** quæ otiosæ et curiosæ domos circumeunt matronarum, quæ rubore frontis (c) attrito, parasitos vincunt mimorum, quasi quasdam pestes abjice. « Corrumpunt mores bonos confabulationes pessimæ » (1. *Cor*. 15. 33). Nulla illis nisi ventris cura est, et quæ ventri sunt proxima. Istiusmodi hortari solent, et dicere : Mi catella, rebus tuis utere, et vive dum vivis : et nunquid filiis tuis servas ? (1) Vinosæ atque lascivæ, quidvis mali insinuant, ac ferreas quoque mentes ad delicias emolliunt. « Et cum luxuriatæ fuerint in Christo, nubere volunt, habentes damnationem, quod primam fidem irritam fecerunt » (1. *Tim*. 5. 11. 12). Nec tibi diserta multum velis videri, aut (d) Lyricis festiva carminibus, metro ludere. Non delumbem matronarum salivam delicata sectaris, quæ nunc strictis dentibus, nunc labiis dissolutis, balbutientem linguam in dimidiata verba moderantur, rusticum putantes omne quod (e) nascitur. Adeo illis

(a) Diomedis videlicet, de cujus equis Lucret. lib. 5.
Et Diomedis equi spirantes naribus ignem.
(b) Quidam Mss. apud Victorium, *cur mens adversa sit*, alii *cur mens diversa sit*.
(c) Antea erat *abstrito*, quod mutavimus ex Cisterciensi, qui etiam *Parasiti diversantes in modum*, fere ut priores duæ editiones, habet, pro *parasitos vincunt mimorum*.
(d) Aliæ Editiones *Lyrici festiva carminis*, etc. et apud Gravium in *circo* pro *metro*.
(e) Immutavit Victorius in *noscitur*; sed retinenda prior lectio *nascitur*, quæ est veterum omnium exemplarium, significatque quod nativum est, seu naturale. Addendus omnino est hic locus apud Zenonem nostrum Sermone de Evangelio sec. Lucam de duplici tentationum specie, *injustus animus et parum putans esse quod nascitur* etc. Imo
(1) Fortasse verius *vinulæ*, ut alibi.

adulterium etiam linguæ placet : « Quæ enim communicatio luci ad tenebras ? Qui consensus Christo cum Belial » (2. *Cor*. 6. 14) ? Quid facit cum Psalterio Horatius ? cum Evangeliis Maro ? cum Apostolo Cicero ? Nonne scandalizatur frater, si te viderit in idolio recumbentem ? Et licet omnia munda mundis, et nihil rejiciendum, quod cum gratiarum actione percipitur : tamen simul bibere non debemus calicem Christi, et calicem dæmoniorum. Referam tibi meæ infelicitatis historiam.

30. Cum ante annos plurimos domo, parentibus sorore, cognatis, et quod his difficilius est, consuetudine lautioris cibi, propter cœlorum me regna **115** castrassem, et (f) Jerosolymam militaturus pergerem, Bibliotheca, quam mihi Romæ summo studio ac labore confeceram, carere omnino non poteram. Itaque miser ego lecturus Tullium, jejunabam. Post noctium crebras vigilias, post lacrymas, quas mihi præteritorum recordatio peccatorum ex imis visceribus eruebat, (g) Plautus sumebatur in manus [al. *manibus*]. Si quando in memetipsum reversus, Prophetas legere cœpissem, sermo horrebat incultus ; et quia lumen cæcis oculis non videbam, non oculorum putabam culpam esse, sed solis. Dum ita me antiquus serpens [al. *hostis*] illuderet, in media ferme Quadragesima medullis infusa febris, corpus invasit exhaustum : et sine ulla requie (quod dictu quoque incredibile sit) sic infelicia membra depasta est, (h) ut ossibus vix hærerem. Interim parantur exequiæ, et vitalis animæ calor, toto frigescente jam corpore, in solo tantum tepente pectusculo palpitabat : Cum subito raptus in spiritu, ad tribunal judicis pertrahor ; ubi tantum luminis, et tantum erat ex circumstantium claritate fulgoris, ut projectus in terram, sursum aspicere non auderem. Interrogatus de conditione, Christianum me esse respondi. Et ille qui præsidebat : Mentiris, ait, Ciceronianus es, non Christianus : ubi enim thesaurus tuus, ibi et cor tuum (*Matth*. 6. 21). Illico obmutui, et inter verbera (nam cædi me jusserat) conscientiæ magis igne torquebar, illum mecum versiculum reputans : « In inferno autem quis confitebitur tibi » (*Ps*. 6. 6)? Clamare tamen cœpi, et ejulans dicere : Miserere mei, Domine, miserere mei. Hæc vox inter flagella resonabat. Tandem ad præsidentis genua provoluti qui astabant, precabantur, ut veniam tribueret adolescentiæ, et errori locum pœnitentiæ commodaret, exacturus deinde cruciatum, si Gentilium litterarum libros aliquando legissem. Ego qui in tanto constrictus articulo, vellem etiam majora promittere, deje

et Minucius Felix in Octavio Cap. XXXVIII. editionis Cantabrigiensis pag. 182. et seq. *Omne quod nascitur, ut inviolabile Dei munus, nullo opere corrumpitur ec. videri locum*. Tum pro *deo*, quod reposuimus, alii editi, *Inde*.
(f) Mallet Tillemontius *Antiochiam* legere pro *Jerosolymam*, quod nimirum, cum hæc scriberet, nondum Jerosolymæ fuisse Hier. videatur. Sed renuentibus Mss. atque editis libris, id unum perquam commode intelligitur indicare, illuc quidem in animo habuisse, ut pergeret, etsi mutato consilio, Antiochiæ primum, tum in eremo substiterit.
(g) Tres Mss. *Plato sumebatur in manibus*.
(h) Cisterciens. *ut ossibus ossa vix hærerent*.

rare cœpi, et nomen ejus obtestans, dicere, Domine, si unquam habuero codices sæculares, si legero, te negavi. In hæc sacramenti verba dimissus, revertor **116** ad superos; et mirantibus cunctis, oculos aperio tanto lacrymarum imbre perfusos, ut etiam, incredulis fidem facerem ex dolore. Nec vero sopor ille fuerat, aut vana somnia, quibus sæpe deludimur. Testis est tribunal illud, ante quod jacui, testis judicium triste, quod timui: ita mihi nunquam contingat in talem incidere quæstionem. (*a*) Liventes fateor habuisse me scapulas, plagas sensisse post somnum, et tanto dehinc studio divina legisse, quanto non ante mortalia legeram.

31. Avaritiæ tibi quoque vitandum est malum, non ut aliena non appetas (hoc enim et publicæ leges puniunt) sed quo tua, (*b*) quæ tibi sunt aliena, non serves. « Si in alieno, inquit, fideles non fuistis, quod vestrum est, quis dabit vobis » (*Luc.* 16. 12)? Aliena nobis auri argenteive sunt pondera, nostra possessio spiritalis est: de qua alibi dicitur: « Redemptio animæ viri, propriæ divitiæ (*Prov.* 13). Nemo potest duobus dominis servire: aut enim unum odiet, et alterum amabit; aut unum patietur, et alterum contemnet. Non potestis Deo servire, et mammonæ » (*Matth.* 6. 24), id est « divitiis. » Nam gentili Syrorum lingua, Mammona divitiæ nuncupantur. COGITATIO VICTUS, spinæ sunt fidei. Radix avaritiæ, cura gentilium. At dicis: Puella sum delicata, et quæ manibus meis laborare non possim. Si ad senectam venero, si ægrotare cœpero, quis mei miserebitur? Audi Apostolis loquentem Jesum: « Ne cogitetis in corde vestro, quid manducetis: neque corpori vestro, quid induamini. Nonne anima plus est quam esca, et corpus plus quam vestimentum? Respicite volatilia cæli, quoniam non serunt, neque metunt, neque congregant in horrea, et Pater vester cœlestis pascit illa » (*Matth.* 5. 25, 26). Si vestis defuerit, lilia proponantur. Si esurieris, audias beatos pauperes et esurientes. Si aliquis te afflixerit dolor, legito: « Propter hoc complaceo mihi in infirmitatibus meis. » Et, « datus est mihi stimulus carnis meæ, angelus Satanæ, qui me colaphizet » (1. *Cor.* 12. 30. 7), (*c*) ne extollar. Lætare in omnibus judiciis Dei. « Exultaverunt enim filiæ Judæ in omnibus Judiciis tuis, Domine. » Illa tibi semper in ore vox resonet: « Nudus exivi de **117** utero matris meæ, nudus redeam » (*Job.* 1. 21). Et: « Nihil intulimus in hunc mundum, neque auferre quid possumus. »

32. At nunc plerasque videas armaria vestibus stipare, tunicas mutare quotidie, et tamen tineas non posse superare. Quæ religiosior fuerit, unum exterit [al. *exerit*] vestimentum, et plenis arcis pannos trahit. Inficiuntur membranæ colore purpureo. Aurum liquescit in litteras, gemmis codices vestiuntur, et nudus ante fores earum Christus emoritur. Cum manum egenti porrexerint, buccinant. Cum ad agapen vocaverint, præco conducitur. Vidi nuper (nomen taceo, ne Satyram putes) nobilissimam mulierem Romanarum in Basilica Beati Petri, semivivis antecedentibus, propria manu, quo religiosior putaretur, singulos nummos dispertire pauperibus. Interea (*d*) [ut usu nosse perfacile est] anus quædam annis pannisque obsita præcucurrit, ut alterum nummum acciperet: ad quam cum ordine pervenisset, pugnus porrigitur pro denario, et tanti criminis reus sanguis effunditur. Radix omnium malorum est avaritia, ideoque ab Apostolo idolorum servitus appellatur. Quære primum regnum Dei, et hæc omnia apponentur tibi. Non occidet fame animam justam Dominus. « Junior fui, et senui, et non vidi justum derelictum, neque semen ejus quærens panem » (*Ps.* 36. 25). Elias corvis ministrantibus pascitur. Vidua Sareptana, ipsa cum filiis nocte moritura, Prophetam pascit esuriens: et mirum in modum capsace completo, qui alendus venerat, alit. Petrus Apostolus inquit: « Argentum, et aurum non habeo, quod autem habeo, hoc tibi do. In nomine Domini Jesu surge, et ambula » (*Act.* 3. 6). At nunc multi, licet sermone taceant, opere loquuntur: Fidem et misericordiam non habeo: quod autem habeo, argentum et aurum, hoc tibi non do. « Habentes autem victum et vestitum, his **118** contenti sumus » (1. *Tim.* 6. 8). Audi Jacob, quid sua oratione postulet: « Si fuerit Dominus meus mecum, et servaverit me in via hac, per quam ego iter facio, et dederit mihi panem ad manducandum, et vestitum ad vestiendum » (*Gen.* 28. 20). Tantum necessaria deprecatus est: et post annos viginti dives dominus, et ditior pater, ad terram revertitur Chanaan. Infinita de Scripturis exempla suppetunt, quæ avaritiam doceant esse fugiendam.

33. Verum quia nunc ex parte de ea dicitur (et suo, si Christus annuerit volumini reservatur) quid ante (*e*) non plures annos Nitriæ gestum sit, referemus. Quidam ex fratribus parcior magis quam avarior, et nesciens triginta argenteis Dominum venditum, centum solidos, quos lino texendo acquisierat, moriens dereliquit. Initum est inter Monachos consilium (nam in eodem loco circiter quinque millia divisis cellulis habitabant) quid facto opus esset. Alii pauperibus distribuendos esse dicebant: alii dandos Ecclesiæ: nonnulli parentibus remittendos. Macarius vero, et Pambo, et Isidorus, et cæteri, quos Patres vocant, Sancto in eis loquente Spiritu, decreverunt infodiendos esse (*f*) cum domino suo, dicentes: « Pecunia tua tecum sit in perditionem » (*Act.* 8.

(*a*) Sequimur Episcopi Reatini fidem, qui verbum *fateor* supplevit, ut videtur e Mss., etsi e nostris nullus, et ne excusi quidem alii habeant.

(*b*) Vocalum *tibi*, quam Martian. post Erasm. expunxerat, ex editis aliis, et Mss. reposuimus: supra etiam pleraque hujusmodi, quæ tanti non sunt, ut Lectorem morentur, emendavimus.

(*c*) Cisterciens. *Ne extollas te : lætare*, etc.

(*d*) Idem vetus cod. *ut usui nostro perfacile est* : tum *pannis obsita* absque *annis* voce.

(*e*) Unum tantum vetus exemplar, illudque Victorio teste, *ante complures annos*.

(*f*) Antea erat *cum eodem* : quod edidimus *domino suo*, e Mss. deprompsimus.

10). Nec hoc crudeliter quisquam putet factum: tantus cunctos per totam Ægyptum terror invasit, ut unum solidum dimisisse, sit criminis.

34. Et quoniam Monachorum fecimus mentionem, et te scio libenter audire, quæ sancta sunt, aurem paulisper accommoda. Tria sunt in Ægypto genera Monachorum. Unum, *Cœnobitæ*, quod illi *Sauses* gentili lingua vocant, nos *in commune viventes* possumus appellare. Secundum, *Anachoretæ*, qui soli habitant per deserta; et ab eo quod procul ab hominibus recesserint, nuncupantur. Tertium genus est, (a) quod *Remoboth* dicunt, deterrimum [at. teterrimum] atque neglectum, et quod in nostra provincia aut solum, aut primum est. Hi bini vel terni, nec multo plures simul habitant, suo arbitratu ac ditione viventes: et de eo quod laboraverint, in medium partes conferunt, ut habeant alimenta communia. Habitant autem quam plurimum in urbibus et castellis: et quasi ars sit sancta, non vita, quidquid vendiderint, majoris est pretii. Inter hos sæpe sunt jurgia: quia suo viventes cibo, non patiuntur se alicui esse subjectos. Revera solent certare jejuniis; et rem secreti, victoriæ faciunt. Apud hos affectata sunt omnia; laxæ manicæ, caligæ follicantes, vestis crassior [Mss. *grossior*], crebra suspiria; visitatio Virginum, detractio Clericorum: et si quando dies festus venerit, saturantur ad vomitum.

35. *Cœnobitæ.* — His igitur quasi quibusdam pestibus exterminatis, veniamus ad eos qui plures sunt, et in commune habitant, id est, quos vocari *Cœnobitas* diximus. Prima apud eos confœderatio est, obedire majoribus, et quidquid jusserint, facere. Divisi sunt per decurias atque centurias, ita ut novem hominibus decimus præsit. Et rursus decem præpositos sub se centesimus habeat. Manent separati (b) sejunctis cellulis. Usque ad horam nonam, ut institutum est, nemo pergit ad alium, exceptis his Decanis, quos diximus, ut si cogitationibus forte quis fluctuat, illius consoletur alloquiis. Post horam nonam in commune concurritur, Psalmi resonant, Scripturæ recitantur ex more. Et completis orationibus, cunctisque residentibus, medius, quem Patrem vocant, incipit disputare. Quo loquente, tantum silentium fit, ut nemo alium respicere, nemo audeat excreare. Dicentis laus in fletu est audientium. Tacite [Leg. *Tacitæ*] volvuntur per ora lacrymæ, et ne in singultus quidem erumpit dolor. Cum vero de regno Christi, et de futura beatitudine, et de gloria cœperit annuntiare ventura, videas cunctos moderato suspirio, et oculis ad cœlum levatis, intra se dicere : « Quis dabit mihi pennas sicut columbæ, et volabo, et requiescam » (*Ps.* 54. 7)? Post hæc concilium solvitur, et unaquæque decuria cum suo parente pergit ad mensas, quibus per singulas hebdomadas vicissim ministrant. Nullus in cibo strepitus est; nemo comedens loquitur. Vivitur pane, leguminibus et oleribus, quæ sale (c) solo condiuntur. Vinum tantum senes accipiunt, quibus cum parvulis sæpe fit prandium, ut aliorum fessa sustenetur ætas, aliorum non frangatur incipiens. Dehinc consurgunt pariter, et hymno dicto, ad præsepia redeunt: ibi usque ad vesperam cum suis unusquisque loquitur, et dicit : Vidistis illum et illum ? quanta in ipso sit gratia ? quantum silentium ? quam moderatus incessus ? Si infirmum viderint, consolantur : si in Dei amore ferventem, cohortantur ad studium. Et quia nocte extra orationes publicas in suo cubili [Aliquot Mss. *cubiculo*] unusquisque vigilat, circumeunt cellulas singulorum; et aure apposita, quid faciant, diligenter explorant. Quem tardiorem deprehenderint, non increpant : sed dissimulato quod norunt, eum sæpius visitant, et prius incipientes, provocant magis orare quam cogunt. Opus diei statutum est : quod Decano redditum, fertur ad Œconomum, qui et ipse per singulos menses Patri omnium cum magno tremore reddit rationem. A quo etiam cibi cum facti fuerint, prægustantur : et quia non licet dicere cuiquam : Tunicam et sagum textaque juncis strata non habeo, ille ita universa moderatur, (d) ut nemo quid postulet, nemo debeat. Si quis vero cœperit ægrotare, transfertur ad exedram latiorem, et tanto senum ministerio confovetur, ut nec delicias urbium, nec matris quærat affectum. Dominicis diebus orationi tantum et lectionibus vacant : quod quidem et omni tempore completis opusculis faciunt. Quotidie aliquid de Scripturis discitur. Jejunium totius anni æquale est, excepta Quadragesima, in qua sola conceditur districtius vivere (e). A Pentecoste cœnæ mutantur in prandia : quo et traditioni Ecclesiasticæ satisfiat,

---

(a) Mss. *Suses*, alii *Sauches*. Tum pro eo quod infra est, *Remoboth*, alii *Remioth*, et *Remnoth*. Horum conversationem, sub nomine Sarabaitarum, fusius describit Cassian. Coll. 18. cap. 7. Benedictus, Humbertus, Ivo aliique. Confer etiam, si lubet, Petrum Criminat III. 15. de honesta disciplina, aliosque. Quod autem dicit Hier. *in nostra provincia*, Palæstinam inde vulgo intelligunt eruditi viri, cum Pannonia potius significetur, aut Italia; quis enim in Palæstina, ubi maxime florebant Monachorum instituta, aut solum, aut primum hoc deterrimum genus fuisse sibi persuadeat? Sarabaitæ dicti videntur a סרב, quod contumacem et refractarium sonat; qui malunt *Remboth* vocari a Græco ῥέμβω, quod nomen vagum hominem, atque errorem significat, detortam facile credunt. Qui vero *Rehoboth* præferunt a לחב seu לחבות arabica voce, quæ monachum notat, dederunt. Isidorus lib. V. de Offic. Eccles. c. 15. *Ægyptiorum, qua Sarabaitæ, sive Renuitæ nuncupantur*, nimirum רב idem sonat ac *Renuit*; sed non tamen Latina est altera nominis etymologia tametsi pro Latina habuerit etiam Odo Cluniacensis Collat. 5. « Nos miseri, non sumus Monachi, at falso nominamur, vel Sarabaitæ, id est Renuitæ, qui jugum Regularis disciplinæ renuimus. » Probant vero iste olim lectum *Remnoth*, unde Renuitæ; licet alii ex *Rehoboth*, *Rehiritæ* facili mutatione; apud Latinos scribi velint, quo manifestius utraque appellatio ex Ægyptiaco sermone constet הרב.

(b) Erit cui magis arrideat Victorii lectio, *sed junctis cellulis*, pro *sejunctis*; sed et paulo supra *divisis cellulis* dixit.

(c) Plerique Mss. *sale et oleo condiuntur*; Mox ex iisdem et Rom. Editione leg. *quibus cum parvulis*, etc. pro quo antea erat *et parvulis*.

(d) Peccant omnes ante Martianæum editi, qui legunt *nemo quid postulet, habeat*, vel *nemo non habeat*, quæ frequentior etiam in Mss. est lectio. Verbum *debebere*, etsi barbarum pro *minus habere*, olim usurpatum docent, exempla non pauca.

(e) Beatius interpres « *Paschu ad Pentecosten* », quam aliquot manuscriptorum ope lectionem tuetur.

et ventrem cibo non onerent duplicato. Tales Philo Platonici sermonis imitator : tales Josephus, Græcus Livius, in secunda Judaicæ captivitatis historia (*a*) Essenos refert.

36. Verum quia nunc de Virginibus scribens, **121** pene superfluum de Monachis disputavi, ad tertium genus veniam, quos Anachoretas vocant ; qui et de Cœnobiis exeuntes, excepto pane et sale, ad deserta nihil perferunt amplius. Hujus vitæ auctor Paulus, illustrator Antonius : et ut ad superiora conscendam, princeps Joannes Baptista fuit. Talem vero virum Jeremias quoque Propheta describit, dicens : « Bonum est viro cum portaverit jugum ab adolescentia sua. Sedebit solitarius, et tacebit, quoniam sustulit super se jugum, et dabit percutienti se maxillam : saturabitur opprobriis, quia non in sempiternum abjiciet Dominus » (*Thren.* 27. *et seqq.*). Horum laborem et conversationem in carne non carnis, alio tempore, si volueris, explicabo. Nunc ad propositum redeam, quia de avaritia disserens, ad Monachos veneram. Quorum tibi exempla proponens, non dico aurum atque argentum, et cæteras opes, sed ipsam terram et cœlum despiciens, et Christo copulata cantabis : « Pars mea Dominus. »

37. Post hæc quanquam Apostolus orare nos semper jubeat, ET SANCTIS etiam ipse sit somnus oratio, sic tamen divisas orandi horas debemus habere, ut si forte aliquo fuerimus opere detenti, ipsum nos ad officium tempus admoneat. Horam tertiam, sextam, nonam, diluculum quoque et vesperam, nemo est qui nesciat. Nec cibi sumantur, nisi oratione præmissa : nec recedatur a mensa, nisi referatur Creatori gratia. Noctibus bis terque surgendum, revolvenda quæ de Scripturis memoriter retinemus. Egredientes de hospitio, armet oratio : regredientibus de platea, oratio occurrat antequam sessio : nec prius corpusculum requiescat, quam anima pascatur. Ad omnem actum, ad omnem incessum manus pingat Domini crucem. Nulli detrahas, nec adversus filium matris tuæ ponas scandalum. Tu quæ [*Ms. quis*] es, ut alienum servum judices ? « Suo Domino stat, aut cadit. Stabit autem : potens est enim Dominus statuere illum » (*Rom.* 14. 4). Nec si biduo triduoque jejunaveris, putes te non jejunantibus esse meliorem. Tu jejunas, et irasceris : ille comedit, et (*b*) fronte blanditur. Tu vexationem mentis et ventris esuriem rixando digeris [*al. detegis*] : ille moderatius alitur, et Deo gratias agit. Unde quotidie clamat Isaias : « Non tale jejunium elegi, dicit Dominus » (*Isai.* 58. 5). Et iterum :
122 « In diebus jejuniorum vestrorum inveniuntur voluntates vestræ, et omnes qui sub vestra potestate sunt, stimulatis. In judiciis et litibus jejunatis, et percutitis pugnis humilem » (*Ibid. v.* 3). Ut quid mihi jejunatis ? Quale illud potest esse jejunium, cujus iram non dicam nox occupat, sed luna integram derelinquit ? Te ipsam considerans, NOLI IN ALTERIUS ruina, sed in tuo opere gloriari.

38. *Exempla malorum. Meliorum exempla sectanda.* — Nec illarum tibi exempla proponas, quæ carnis curam facientes, possessionum reditus, et quotidianas domus impensas supputant. Neque enim undecim Apostoli Judæ proditione sunt fracti : nec (*c*) Phygelo, et Alexandro facientibus naufragium, cæteri a cursu fidei substiterunt. Nec dicas, illa et illa suis rebus fruitur; honoratur ab hominibus ; fratres ad eam conveniunt et sorores. Nunquid ideo virgo esse desiit ? Primo dubium est, an virgo sit talis. « Non enim quomodo videt homo, videt Deus. Homo videt in facie, Deus autem videt in corde » (1. *Reg.* 16). Dehinc etiam si corpore virgo est, spiritu virgo sit, nescio. Apostolus autem ita virginem definivit : *Ut sit sancta corpore et spiritu* (1. *Cor.* 7. 34). Ad extremum habeat sibi gloriam suam. Vincat Pauli sententiam, deliciis fruatur et vivat. Nos meliorum exempla sectemur. Propone tibi beatam Mariam, quæ tantæ exstitit puritatis, ut Mater Domini esse mereretur. Ad quam cum Angelus Gabriel in viri specie descendisset, dicens : *Ave gratia plena, Dominus tecum* (*Luc.* 1. 28), consternata et perterrita, respondere non potuit. Nunquam enim a viro fuerat salutata. Denique nuntium discit et loquitur. Et quæ hominem formidabat, cum Angelo fabulatur intrepida. Potes et tu esse Mater Domini. Accipe tibi tomum magnum, novum, et scribe in eo stilo hominis : *velociter spolia detrahe :* et postquam accesseris ad Prophetissam, et conceperis in utero, et pepereris filium, dic (*d*). « A timore tuo, Domine, concepimus, et doluimus, et peperimus spiritum salvationis tuæ, quem fecimus super terram » (*Isa.* 26). Tunc et filius tuus tibi respondebit, et dicet : *Ecce mater mea, et fratres mei* (*Marc.* 3. 34). Et mirum in modum ille, quem in *latitudine* pectoris tui paulo ante descripseras, quem in novitate cordis stilo signaveras; postquam spolia ex hostibus receperit, postquam denudaverit principatus et **123** potestates, et afflixerit eas cruci, conceptus adolescit, et major effectus sponsam te incipit habere de matre. GRANDIS LABOR, sed grande præmium, esse quod Martyres, esse quod Apostoli, esse quod Christus est. Quæ quidem universa tunc prosunt, cum in Ecclesia fiunt : cum in una domo Pascha celebramus ; si Arcam ingredimur cum Noe ; si pereunte Jericho, Rahab meretrix justificata nos continet. Cæterum virgines, quales apud diversas hæreses, et quales apud impurissimum Manichæum esse dicuntur, scorta sunt existimandæ, non virgines. Si enim corporis earum auctor est diabolus, quomodo possunt honorare plasmationem hostis sui ?

(*a*) Vitiose Mss. quidam atque editi vetustiores *esse nos debere refert,* quemadmodum olim etiam legerat Abaelardus lib. 2. Theolog. Christianæ. Porro de Essenis scripsit Philo. in lib. ὅτι πᾶς σπουδαῖος ἐλεύθερος ; Josephi autem locus, quem Hier. innuit, est lib. 2. de Bello Judaico cap. 8.

(*b*) Martian. *et forte blanditur,* repugnantibus Mss. atque editis castigatioribus.

(*c*) Victorius maluit *Phyleto.* Sed cum uterque et *Phygellus,* et *Philetus* in altera Pauli ad Timotheum epistola a fide excidisse referantur, lectionem quæ jamdiu obtinuit, et manuscriptorum est, immutare, non placuit.

(*d*) Mss. non pauci addunt *in corde tuo.* Paulo infra *ille, quem* sic e Mss. emendavimus post Victorium, pro quo Martian. et Erasm. *illum, quem,* etc.

(*Quatorze.*)

Sed quia sciunt virginale vocabulum gloriosum, sub ovium pellibus lupos tegunt. Christum mentitur Antichristus; et turpitudinem vitæ falso nominis honore convestiunt. Gaude soror, gaude filia, gaude mi virgo : quia quod aliæ simulant, tu vere esse cœpisti.

39. Hæc omnia quæ digessimus, dura videbuntur ei, quæ non amat Christum. Qui autem omnem sæculi pompam pro purgamento habuerit; et vana duxerit universa sub sole, ut Christum lucrifaciat; qui commortuus est Domino suo, et consurrexit, et crucifixit carnem cum vitiis et concupiscentiis, libere proclamabit : « Quis nos separabit a caritate Dei [al. Christi]? an tribulatio? an angustia? an persecutio? an fames? an nuditas? an periculum? an gladius? » Et iterum : « Certus sum, quia neque mors, neque vita, neque Angelus, neque Principatus, neque Potestates, neque instantia, neque futura, neque fortitudo, neque excelsum, neque profundum, neque alia creatura poterit nos separare a caritate Dei, quæ est in Christo Jesu Domino nostro » (*Rom.* 8. 35. *et seqq.*). Dei Filius pro nostra salute, hominis factus est filius (*a*). Novem mensibus in utero ut nascatur exspectat, fastidia sustinet, cruentus egreditur, pannis involvitur, blanditiis delinitur [al. *deridetur*] : et ille pugillo mundum includens, præsepis continetur angustiis. Taceo quod usque ad triginta annos ignobilis, parentum paupertate contentus est : verberatur, et tacet : crucifigitur, et pro crucifigentibus deprecatur. «Quid igitur retribuam Domino pro omnibus quæ retribuit mihi? Calicem salutaris accipiam, et nomen Domini invocabo. **124** Pretiosa est in conspectu Domini, mors Sanctorum ejus » (*Psal.* 115. 4. 5. 6). Hæc est sola DIGNA RETRIBUTIO, cum sanguis sanguine compensatur; et redempti cruore Christi, pro redemptore libenter occumbimus. Quis sanctorum sine certamine coronatus est? Abel justus occiditur; Abraham uxorem periclitatur amittere. Et ne in immensum volumen extendam, quære et invenies singulos adversa perpessos. Solus in deliciis Salomon fuit, et forsitan ideo corruit. « Quem enim diligit Dominus, corripit [al. *flagellat*]. Castigat autem omnem filium quem recipit » (*Prov.* 3. 12). Nonne melius est brevi tempore dimicare (*b*), ferre vallum, arma sumere, lassescere sub lorica, et postea gaudere victorem, quam impatientia unius horæ servire perpetuo?

40. Nihil amantibus DURUM EST, nullus difficilis cupienti labor est. Respice quanta Jacob pro Rachel pacta uxore sustinuit. « Et servivit, inquit Scriptura, Jacob pro Rachel annis septem. Et erant in conspectu ejus quasi dies pauci, quia amabat illam » (*Genes.* 29.

20). Unde et ipse postea (*c*) memorat : *In die urebar æstu, et gelu nocte* (*Gen.* 31. 40). Amemus et nos Christum, ejusque semper quæramus amplexus, et facile videbitur omne difficile; brevia putabimus universa quæ longa sunt ; et jaculo illius vulnerati, per horarum momenta dicemus : « Heu me, quia peregrinatio mea prolongata est a me. (*Ps.* 119. 2). N n sunt enim condignæ passiones hujus temporis ad futuram gloriam, quæ revelabitur in nobis (*Rom.* 8. 18). Quia tribulatio patientiam operatur, patientia autem probationem, probatio autem spem, spes autem non confundit » (*Ibid.* 5. 3. 4). Quando tibi grave videtur esse quod sustines, Pauli secundam Epistolam ad Corinthios lege : « In laboribus plurimum ; in carceribus abundantius ; in plagis supra modum ; in mortibus frequenter. A Judæis quinquies quadragenas una minus accepi : ter virgis cæsus sum : semel lapidatus sum : ter naufragium feci : nocte et die in profundo maris fui. In itineribus sæpius, periculis fluminum, periculis latronum, periculis ex genere, periculis ex gentibus, periculis in civitate, periculis in deserto, periculis in mari, periculis in falsis fratribus : in laboribus, in miseriis, in vigiliis multis, in fame et siti, in jejuniis plurimis, in frigore et nuditate » (2. *Cor.* 11). Quis nostrum saltem **125** minimam portionem de catalogo harum sibi potest vindicare virtutum? Oh quæ ille postea confidenter aiebat : « Cursum consummavi, fidem servavi. Superest mihi corona justitiæ, quam retribuet mihi in illa die Dominus justus judex » (2. *Tim.* 4. 7. 8). Si cibus insulsior fuerit, contristamur : et putamus Deo nos aliquod præstare beneficium (*d*), cum aquatius vinum bibimus. Calix frangitur, mensa subvertitur ; verbera resonant, et aqua tepidior sanguine vindicatur. « Regnum cœlorum vim patitur, et violenti rapiunt illud » (*Matth.* 11. 12). Nisi vim feceris, cœlorum regna non (1) capies. Nisi pulsaveris importune, panem non accipies Sacramenti. AN NON TIBI VIDETUR VIOLENTIA, cum caro cupit esse quod Deus est : et illuc unde Angeli corruerunt, Angelos judicatura conscendit?

41. *Merces Virginum et pudicitiæ.* — Egredere quæso paulisper de carcere, et præsentis laboris ante oculos tuos tibi pinge mercedem, quam nec oculus vidit, nec auris audivit, nec in cor hominis ascendit. Qualis erit illa dies, cum tibi Maria Mater Domini choris occurret comitata Virgineis? cum post Rubrum mare, submerso cum suo exercitu Pharaone, tympanum tenens (*e*) Maria soror Aaron in sua manu, præcinet responsuris : « Cantemus Domino, gloriose enim honorificatus est : equum et ascensorem projecit in mare »(*Exod.* 15. 1). Tunc Thecla in tuos læta volabit amplexus. Tunc et

---

(*a*) Benedictinus editor *Decem.* Vulgati alii omnes, nostrique Mss. codices, ut edidimus, *novem* : quanquam alibi non ignoramus decem recenseri non abs Hieronymo tantum, sed ab aliis etiam antiquis scriptoribus menses, quibus infantes in utero gestari solent. Auctorum supra viginti testimonia in hanc sententiam indicat Baluzius in notis ad Cypriani Epistolam ad Fortunatum; nos multo plura eorum afferre possemus, qui non nisi novem enumerant.

(*b*) Cistercienc. *dimicare, ferire, vallum armis circumdare, lacessere,* etc.

(*c*) Idem Ms. *postea memor ait. In die,* etc. Et paulo infra recitatis Pauli verbis *spes autem non confundit*, addit, *quoniam caritas Dei diffusa est in cordibus nostris*, quæ etiam vetustiores editi habent.

(*d*) Iterum Cisterc. exemplar *cum aqua bibimus*.

(*e*) Desunt ista in Victoriana Editioni. *Maria soror Aaron in sua manu* ut ad Matrem Domini istud etiam comma referatur.

(1) Verius ; uto Gravius legit *rapies*.

ipse sponsus occurret, et dicet : « Surge, veni proxima mea, speciosa mea, columba mea, quia ecce hyems transivit, pluvia abiit sibi » *(Cant.* 1. 10. 11). Tunc et Angeli mirabuntur, et dicent : « Quæ est ista prospiciens [al. *proficiscens*] quasi diluculum , speciosa ut luna, electa ut sol» *(Ibid.* 6. 9)? Videbunt te filiæ, et laudabunt reginæ, et concubinæ prædicabunt. Hinc et alius castitatis chorus occurret : Sara cum nuptis veniet : filia Phanuelis Anna cum viduis. Erunt in diversis gregibus carnis et spiritus matres tuæ. Lætabitur illa, quod genuit : exultabitur ista, quod docuit. Tunc vere super asinam Dominus ascendet, et cœlestem ingreditur Jerusalem. Tunc parvuli, de quibus in Isaia Salvator effatur : « Ecce ego, et pueri mei, quos mihi dedit Deus » *(Isai.* 8. 18), palmas victoriæ sublevantes, consono ore cantabunt : « Osanna in excelsis : Benedictus qui venit in nomine Domini, osanna in excelsis » *(Joan.* 12. 13). Tunc centum **126** quadraginta quatuor millia in conspectu throni et seniorum tenebunt citharas, et cantabunt Canticum novum. Et nemo poterit dicere Canticum illud, nisi numerus definitus. « Hi sunt qui cum mulieribus se non coinquinaverunt : Virgines enim permanserunt. Hi sunt qui sequuntur agnum quocumque vadit » *(Apoc.* 14. 4). Quotiescumque te vana sæculi delectaverit ambitio : quoties in mundo aliquid videris gloriosum , ad paradisum mente transgredere : esse incipe quod futura es, et audies a sponso tuo: (*a*) « Pone me sicut umbraculum in corde tuo ; sicut signaculum in brachio tuo » *(Cant.* 8. 6), et corpore pariter ac mente munita clamabis , et dices : « Aquæ multæ non potuerunt extinguere caritatem, et flumina non operient eam » *(Ibid. v.* 7).

EPISTOLA XXIII (*b*).

AD MARCELLAM,

De exitu Leæ.

Leæ religiosissimæ feminæ mortem cum Consulis designati, qui sub idem tempus obierat, morte comparat, ostendens quantum discrimen sit inter Sanctorum et Ethnicorum exitus.

1. Cum hora ferme tertia hodiernæ diei, septuagesimum secundum Psalmum, id est, tertii libri principium legere cœpissemus; et docere cogeremur, tituli ipsius partem (*c*) ad finem secundi libri, partem ad principium tertii libri pertinere : quod scilicet, « defecerunt hymni David , filii Jesse, » finis esset prioris : « Psalmus » vero « Asaph » principium sequentis; et usque ad eum locum pervenissemus, in quo justus loquitur : « Si dicebam, narrabo [al. *narravero*] sic, ecce generationem filiorum tuorum prævaricatus sum » *(Psal.* 72. 15); quod in Latinis codicibus non ita habemus expressum : repente nobis nuntiatum est sanctissimam Leam exisse de corpore. Ibique ita te palluisse conspexi, ut vere aut pauca, aut nulla sit anima , quæ fracto vase testaceo, non tristis erumpat. Et tu quidem, non quod futuri incerta esses , dolebas; sed quod triste funeri obsequium non dedisses. Denique in mediis fabulis [*Colloquiis*], rursum didicimus , reliquias ejus jam Ostiam fuisse delatas.

2. Quæras, quo pertineat ista replicatio ? **127** Respondebo tibi verbis Apostoli, « multum per omnem modum. » Primum, quod universorum gaudiis prosequenda sit, quæ calcato diabolo , coronam jam securitatis accepit. Secundo, ut ejus vita breviter explicetur. Tertio, ut (*a*) designatum Consulem, de suis sæculis [al. *sæculis*] detrahentem, esse doceamus in tartaro. Et quidem conversationem Leæ nostræ, quis possit digno allevare præconio? Ita eam totam ad Dominum fuisse conversam , ut Monasterii princeps, mater virginum fieret : post mollitiem vestium sacco membra trivisse : insomnes orationibus duxisse noctes : et comites suas plus exemplo docuisse quam verbis. Humilitatis fuit tantæ tantæque subjectæ, ut quondam domina plurimorum ancilla omnium [ab *hominis*] putaretur : nisi quod eo Christi magis esset ancilla, dum domina hominum non putatur. Inculta vestis, vilis cibus , neglectum caput : ita tamen , ut cum omnia faceret, ostentationem fugeret singulorum, ne reciperet in præsenti sæculo mercedem suam.

3. Nunc igitur pro brevi labore æterna beatitudine fruitur ; excipitur Angelorum choris, Abrahæ sinibus confovetur , et cum paupere quondam Lazaro , divitem purpuratum, et non palmatum Consulem, sed atratum , stillam digiti minoris cernit inquirere. O quanta rerum mutatio ! Ille, quem ante paucos dies dignitatum omnium culmina præcedebant, qui, quasi de subjectis hostibus triumpharet, Capitolinas ascendit arces , quem plausu quodam et tripudio populus Romanus excepit, ad cujus (1) interitum urbs universa commota est, nunc desolatus, et nudus, non in lacteo cœli palatio, ut (*e*) uxor mentitur infelix , sed in sordentibus tenebris continetur. Hæc vero quam unius cubiculi secreta vallabant, quæ pauper videbatur , et tenuis, cujus vita putabatur amentia, Christum sequitur, et dicit : « Quæcumque audivimus, ita et vidimus in civitate Dei nostri» *(Psal.* 47. 9), et reliqua.

4. Quapropter moneo , et flens gemensque conte-

(*a*) Romana hujus epistolæ edit. *sicut signaculum* pro *umbraculum*, sicque Vulgata pariter et LXX.
(*b*) *Alias* 24. *Scripta eodem anno quo superior.*
(*c*) Sic quidem Hebræi distinguunt, ex quorum sententia hic loquitur, et in Epistola ad Cyprianum in quinque libros Psalmos esse dispertitos dicit. Verum Præfat. in suam ex Hebræo interpretationem ad Sophronium , atque alibi, se non ejus esse sententiæ clare profitetur, atque omnes vult uno tantum libro contineri.

(*d*) Hic Vettius Agorius Prætextatus dicebatur, ut docet vetus inscriptio. Præfectus Urbi fuit Valentiniano II. et Valente II. Coss. ut scribit Marcellinus : tum Præfectus Prætorio sub Theodosio decessit , cum esset Consul designatus in sequentem annum.
(*c*) Prætextati uxor erat Paulina Cereris Sacerdos magna, ut ex antiqua inscriptione a Smetio allata apparet. Porro in lacteo Cœli palatio mariti animum degere mentiebatur, quod in lacteo circulo seu via immortalitatis sedem , eorumque, qui in Deorum numerum adscriberentur, palatia ethnici constituerent.
(1) Gravius legit *introitum*, cui Mss aliquot adstipulantur.

stor, ut dum hujus mundi viam currimus, non duabus tunicis, id est, duplici vestiamur fide : non calceamentorum pellibus, mortuis videlicet operibus, prægravemur : non divitiarum nos (*a*) pera ad terram premat : non virgæ, id est, potentiæ sæcularis quæratur auxilium : non pariter, et Christum velimus habere, et sæculum ; sed pro brevibus, et caducis, æterna succedant : et cum quotidie (secundum corpus loquor) præmoriamur, IN CÆTERIS NON nos perpetuos existimemus, ut possimus esse perpetui.

EPISTOLA XXIV (*b*).

AD EAMDEM MARCELLAM,

De laudibus Asellæ.

Asellam Virginem, quæ Romæ veluti in eremo solitariam vitam sanctissime degeret, laudat apud Marcellam, a qua de illius sanctitate audierat.

1. Nemo reprehendat, quod in Epistolis aliquos aut laudamus, aut carpimus ; cum, et in arguendis malis, sit correptio cæterorum, et in optimis prædicandis, bonorum ad virtutem studia concitentur. Nudiustertius de beatæ memoriæ Lea aliqua dixeramus: illico pupugit animum, et mihi venit in mentem, non debere nos tacere de Virgine, qui de secundo ordine castitatis locuti sumus. Igitur Asellæ nostræ vita breviter explicanda est ; cui quæso ne hanc Epistolam legas : gravatur quippe laudibus suis : sed his potius quæ adolescentulæ sunt, legere dignare, ut ad exemplum ejus se instituentes, conversationem illius, perfectæ vitæ normam arbitrentur.

2. Prætermitto, quod in matris utero benedicitur ei, antequam nascatur : quod in phiala nitentis vitri, et omni speculo purioris, patri virgo traditur per quietem. Quod adhuc infantiæ involuta pannis, et vix annum (*c*) decimum ætatis excedens, honore futuræ beatitudinis consecratur. Sit gratiæ omne, quod ante laborem fuit : licet Deus præscius futurorum, et Jeremiam sanctificet in utero ; et Joannem in alvo matris faciat exultare ; et Paulum ante constitutionem mundi, separet in Evangelium Filii sui.

3. Ad ea venio, quæ post duodecimum annum sudore proprio elegit, arripuit, tenuit, cœpit, implevit. Unius cellulæ clausa angustiis, latitudine Paradisi fruebatur. Idem terræ solum, et orationis locus exstitit et quietis. Jejunium pro ludo habuit, inediam pro refectione. Et cum eam non vescendi desiderium, sed humana confectio ad cibum traheret, pane, et sale, et aqua frigida concitabat magis esuriem, quam restinguebat. Et quia pene oblitus sum, quod in principio debui dicere : Cum primum hoc propositum arripuit, aurum colli sui, quod (*d*) quidem

---

(*a*) Mendose Victor. *divitiarum nos opera.*
(*b*) *Alias* 15. *scripta biduo post superiorem.*
(*c*) Privatam quamdam consecrationem intellige, non solemnem, cujusmodi alia exempla non desunt apud antiquos ; nam ex Carthagin. Synod. 3. can. 4. ante annos 25. Virgines consecrare haud licebat. Quod tempus postea Leo primus in antiquo Pontificali ad quadragenariam usque ætatem produxit.
(*d*) Rectius a quibusdam Codd. abest *quidem*. Murenula au-

Murenulam vulgus vocat; quod scilicet metallo in virgulas latescente, quædam ordinis flexuosi catena contexitur, absque parentibus vendidit ; et tunicam fusciorem, quam a matre impetrare non poterat, induta, pio negotiationis auspicio, se repente Domino consecravit, ut intelligeret universa cognatio, non posse aliud ei extorqueri, quæ jam sæculum damnasset in vestibus.

4. Sed, ut dicere cœperamus, ita se semper moderate habuit, et intra cubiculi sui secreta custodivit, ut nunquam pedem proferret in publicum, nunquam viri nosset alloquium. Et quod magis sit admirandum, sororem virginem amaret potius, quam videret. Operabatur manibus suis, sciens scriptum esse : « Qui non operatur, non manducet » (2. *Thess.* 3. 10). Sponso aut orans loquebatur, aut psallens. Ad Martyrum limina pene invisa properabat. Et cum gauderet proposito suo, in eo vehementius exultabat, quod se nullus cognosceret. Cumque per omnem annum, jugi jejunio pasceretur, biduo triduoque sic permanens, tum vero in Quadragesima navigii sui vela tendebat, omnes pene hebdomadas vultu lætante conjungens. Et quod impossibile forsitan est hominibus ad credendum, Deo autem præstante possibile est, ita ad quinquagenariam pervenit ætatem, ut non doleret stomachum, non viscerum cruciaretur injuria ; non sicca humus jacentia membra confringeret ; non sacco asperata cutis fœtorem aliquem situmque contraheret : sed sana corpore, anima sanior, solitudinem putaret esse delicias, et in urbe turbida, inveniret eremum Monachorum.

5. Et hæc quidem tu melius nosti, a qua pauca didicimus ; et cujus oculis durities de genibus camelorum in illo sancto corpusculo præ orandi frequentia obcalluisse perspecta est. Nos quod scire possumus, explicamus. Nihil illius severitate jucundius, nihil jucunditate severius, nihil suavitate tristius, nihil tristitia suavius. Ita pallor in facie est, ut quum continentiam indicet, non redoleat ostentationem. Sermo silens, et silentium loquens. Nec citus, nec tardus incessus. Idem semper habitus. Neglecta mundities, et (*b*) inculta veste, cultus ipse sine cultu. Sola vitæ suæ æqualitate promeruit, ut in Urbe pompæ, lasciviæ, deliciarum, in qua humilem esse miseria est, et boni eam prædicent, et mali detrahere non audeant. Viduæ eam imitentur et virgines, maritæ colant, noxiæ timeant, suspiciant Sacerdotes.

EPISTOLA XXV (*a*).

AD EAMDEM MARCELLAM,

De decem Nominibus Dei.

Decem Nomina, quibus apud Hebræos Deus vocatur, Marcellæ id ab se postulanti, explicat.

Nonagesimum Psalmum legens, in eo loco quo

---

tem dicta est, quod Murenæ pisci assimilaretur. Anastasius in Greg. IV. *Murenam, in qua pendent gemmæ hyacinthicæ XIII.* Item, *Muneras prasinales, et Murenam trifilem,* etc.
(*e*) Olim erat *inculta vestis*; vitiose item Martianæus duobus verbis *inculta veste*; sed piget in his immorari, quæ sæpius inconsulto lectore emendamus.
(*f*) *Alias* 136. *Scripta anno eodem* 384.

scribitur : « Qui habitat in adjutorio Altissimi, in protectione Dei cœli commorabitur,» dixeram apud Hebræos pro *Deo cœli* esse positum, SADDAI, quod Aquila interpretatur (*a*) ίκανόν , quod nos *robustum et sufficientem* ad omnia perpetranda accipere possumus : unumque esse de decem Nominibus, (1) quibus apud Hebræos Deus vocatur. Illico studiosissime postulasti, ut tibi universa nomina cum sua interpretatione digererem. Faciam quod petisti.

Primum Nomen Dei est EL, quod Septuaginta *Deum*, Aquila ἐτυμολογίαν, ejus exprimens ἰσχυρὸν, id est, *fortem* interpretatur.

Deinde ELOIM et (*b*) ELOE, quod et ipsum *Deus* dicitur.

131 Quartum SABAOTH, quod Septuaginta, *virtutum*, Aquila, *exercituum*, transtulerunt.

Quintum ELION, quem nos *excelsum*, dicimus.

Sextum (*c*) ESER IEJE, quod in Exodo legitur : «Qui est, misit me. »

Septimum ADONAI, quem nos *Dominum* generaliter appellamus.

Octavum IA, quod in Deo tantum ponitur : et in ALLELUIA extrema quoque syllaba sonat.

Nonum (*d*) τετράγραμμον, quod ἀνεκφώνητον id est, *ineffabile* putaverunt, quod his litteris scribitur, JOD, HE, VAV, HE. Quod quidam non intelligentes propter elementorum similitudinem, cum in Græcis libris (2) repererint, ΠΙΠΙ legere consueverunt.

Decimum, quod superius dictum est, SADDAI, et in Ezechiel (*e*) non interpretatum ponitur. Scire autem debemus quod ELOIM communis numeri sit, quod et unus Deus sic vocetur et plures, ad quam similitudinem cœlum quoque appellatur et cœli, id est, SANAIM.

(*a*) Vetus Reginæ exemplar 497. *Aquila interpretatur* IKANON AMANOY *quod nos*, etc. quæ Græca elementa sic legas velim ίκανόν οὐρανοῦ; hauc enim suspicor integram esse Aquilæ lectionem. Olim perperam erat ἄκμον, penes Victorium, atque Erasmum cui etiam immerito visa est hæc epistola fragmentum ex commentario quopiam in Psalmos.

(*b*) Male אלהי hebraicis litteris legunt veteres editi Eras. et Vict. quos jure Drusius castigat.

(*c*) Rectius puto legunt codices nostri cum aspiratione HIEIE, qua Aleph futuri Characteristicum denotatur. Regiæ membranæ vocem *Eser* omittunt.

(*d*) Sic veteres amabant dicere, nec audiendus Drusius, qui τετραγράμματον omnino legendum contendit, ut quidam editi habent.

(*e*) Quidam Mss. *ininterpretatum*, ex quo facile ortus est (1) Confer Græcum Anonymum scriptorem de X. Dei nominibus, quem et nos post Martianæum Tom. III. inter Græca recensemus.

(2) In eo etiam quod modo laudavimus Græco Anonymi Fragmento de X. Dei nominibus mentio fit nominis ΠΙΠΙ in quem locum Io. Nicolai lib. de siglis pag. 283. scribit : Explicandum id esse censemus, vel quia *duobus Jod* Samaritanis nomen Dei repræsentabatur, quæ ad figuram ππ Græcorum proxime videbantur accedere, vel voces יהוה aut יהוה a Græcis retrograda lectione et scriptione fuerunt usurpatæ, unde facili lapsu πιπι fluere potuit, vel quia *Copto-Ægyptii Deum* per articulum designabant. Cum vero πι sit articulus Ægyptiacus, hinc fieri potuit, ut per πιπι designaretur quasi ὁ ὁ sicut apud Hebræos per יה sæpe designatur. Vox vero πιπι in hoc Fragmento est indicium manifestum, illud esse venerandæ antiquitatis. Nam occurit illa vox tantum apud Origenem *Hieronymum*, et in eximio isto codice Parisiensi in quo Prophetæ ex LXX Interpretum versione continentur, et ad ejus marginem vocem illam πιπι pro יהוה magna cum voluntate deprehensam a *Stephano le Moyne Dissert.* ad locum Jerem. cap. XXIII. 5. quem pluribus Vide.

Unde et sæpe Interpretes variant, cujus rei exemplum nos in lingua nostra habere possumus : Athenas, Thebas, Salonas.

EPISTOLA XXVI (*f*).

AD EAMDEM MARCELLAM,

De quibusdam Hebræis nominibus.

Exponit cur nomina quædam Hebraica sine interpretatione in Scripturarum Translationibus remanserint, et quid significent.

1. Nuper cum pariter essemus, non per Epistolam, ut ante consueveras, sed præsens ipsa quæsisti, quid ea verba, quæ ex Hebræo in Latinum non habenius **132** expressa, apud suos sonarent; curque (*g*) sine interpretatione sint posita, ut est illud, *Alleluia, Amen, Maran atha, Ephod*, et cætera, quæ in Scripturis respersa memorasti.

2. Ad quod nos, quia dictandi angustia coarctamur, breviter respondemus, sive Septuaginta Interpretes, sive Apostolos id curasse, ut quoniam prima Ecclesia ex Judæis fuerat congregata, nihil ad credentium scandalum innovarent : (*h*) sed ita ut a parvo imbiberant, traderent. Postea vero quam in universas gentes, Evangelii dilatatus est sermo, non potuisse semel suscepta mutari. Licet et illud in libris suis, quos ἐξηγητικοὺς vocant, Origenes asserat, propter vernaculum linguæ uniuscujusque idioma, non posse ita apud alios sonare, ut apud suos dicta sunt; et multo melius esse non interpretata ponere, quam vim eorum interpretatione tenuare.

3. Igitur ALLELUIA exprimitur, *Laudate Dominum*, IA quippe apud Hebræos unum de decem Dei nominibus est. Et in illo Psalmo ubi legimus : « Laudate Dominum, quoniam bonus est Psalmus (*Ps.* 146. 1) : apud Hebræos legitur, ALLELUIA CHI TOB (*i*) ZAMMER.

4. AMEN vero Aquila πεπιστωμένως exprimit, quod nos, *fideliter*, possumus dicere, (*j*) ductum adverbium

error, qui in edit. Er. et Vict. obtinet, *interpretatum*, contra ac habet Ezechielis locus c. 10. v. 5. φωνὴ θεοῦ Σαδδαί *Vox Dei saddai*, in quem locum consule Hieronymi nostri commentarios.

(*f*) *Alias* 102. *Scripta paulo post superiorem.*

(*g*) Minus bene Reginæ cod. *cum fine*.

(*h*) Omittit idem Ms. *sed ita ut a parvo imbiberant, traderent.* Sed paulo post non male *delatus* legit pro *dilatatus*.

(*i*) Idem *zamer* cum simplici *m*. Forte erat in Hieronymiano exemplari זמיר, vel זמר : certe nullum invenimus m. in quo *zimra*, legatur vel *zamera*, ut habet hodiernus Hebræus הללו יה כי טוב זמרה; sed eadem scriptionis analogia *Se.* pro *Seta*, שלה habent supra atque alibi Mss. omnes. Conferendus Eusebius Comment. in Psal. 104. atque illa præcipue verba, τὸ μὲν ἀλληλοῦ, αἶνος νοεῖται, ὡς εἰς θεὸν τὴν ἀναφορὰν ἔχει, τὸ δὲ Ἰα ἓν τῶν ἑρμηνευτικῶν τῆς φύσεως τῆς θείας ἐστὶν ὄνομα *Vox quidem allelu laudem significat, quæ ad Deum tendit; ipsum vero Ia unum ex his, quibus divina natura denotatur, est nomen.*

(*j*) Sic reposuimus ex editis plerisque et Mss. Martian. dictum. Statim pro *Amen* Regius liber habet *amuna*, qua ex voce, cum *fidem* significet, potest melior elici sensus, mutata paulum interpunctione, *ductum adverbium ex nomine fidei*, nempe *amuna*, sic enim hebraice dicitur. Certe non placet repeti hic vocem *Amen*. De Psalterii vero in quinque libros divisione secundum Hebræos, recole superiorem adnotationem *c* in Epist. 23. ad Marcellam.

ex nomine fidei *Amen* Septuaginta γένοιτο, id est, *fiat*. Unde et in fine librorum (in quinque siquidem volumina, Psalterium apud Hebræos divisum est) *fiat. fiat* transtulerunt : quod in Hebraico legitur, AMEN AMEN, quo scilicet eo vere dicta quæ sunt supra, confirmentur. Unde et Paulus asserit, non posse aliquem respondere *Amen*, id est, confirmare quæ prædicata sunt, nisi intellexerit, prædicationem. MARAN ATHA magis Syrum est quam Hebraicum, tametsi ex confinio utrarumque linguarum aliquid et Hebræum sonet, et interpretetur, «Dominus noster venit ;» ut sit sensus : « Si quis non amat Dominum Jesum Christum, anathema sit » (1. *Cor.* 16. 22), et illo completo, deinceps inferatur : « Dominus noster venit : » quod superfluum sit adversum eum odiis pertinacibus velle contendere, quem venisse jam constet.

5. Vellem tibi aliquid et de *Diapsalmate* scribere, quod apud Hebræos scribitur SELA : et de *Ephod*, et de eo quod in cujusdam Psalmi titulo habetur : (*a*) Pro AIELETH, et ceteris istiusmodi ; nisi et modum epistolici characteris excederem, et tibi aviditatem magis dilatæ (*b*) deberent facere quæstiones. Tritum quippe est proverbium : Ultroneas putere merces. Unde et nos de industria dicenda reticemus, ut avidius velis audire quæ tacita sunt.

EPISTOLA XXVII (*c*).

AD EAMDEM MARCELLAM.

Respondet iis, qui sibi obtrectabant, quod quædam ex novo Testamento jam recepta mutasset, et virginum cum viris consuetudinem vituperasset.

1. *Omnia verba Scripturæ divinitus inspirata. Vitiositas Codicum latinorum ad Græcam originem revocanda.* — Post priorem Epistolam, in qua de Hebræis verbis pauca perstrinxeram, ad me repente perlatum est, quosdam homunculos mihi studiose detrahere, cur adversum auctoritatem veterum, et totius mundi opinionem, aliqua in Evangeliis emendare tentaverim. Quos ego cum possem meo jure contemnere (Asino quippe lyra superflue canit) tamen ne nos superbiæ, ut facere solent, arguant, ita responsum habeant : Non adeo me hebetis fuisse cordis, et tam crassæ rusticitatis (quam illi solam pro sanctitate habent, piscatorum se discipulos asserentes, quasi idcirco sancti sint, si nihil scierint) ut aliquid de Dominicis verbis, aut corrigendum putaverim, aut non divinitus inspiratum; sed Latinorum codicum vitiositatem, quæ ex diversitate librorum omnium comprobatur, ad Græcam originem, unde et ipsi translata non denegant, voluisse revocare. Quibus si displicet fontis unda purissimi, cœnosos rivulos bibant ; et diligentiam qua avium silvas, et concharum

---

(*a*) Martian. *Ejeleth*, qui dudum librariorum socordiæ notat, quod codices omnes legant *Aieleth*, pro *ijeleth*; facile enim in ignoto vocabulo M, et AI. confundantur. Titulus est Psalmi juxta Hebr. 22. quem pro *cervo matutino* interpretatur Hier. qua de re dicemus suo loco.

(*b*) Nobis magis arridet Regii codicis lectio *deberent facere quæstionis*; sed non immutamus.

(*c*) Ilus 120. *scripta paulo post superiorem*.

---

gurgites norunt, in Scripturis legendis abjiciant : sintque in hac re tantum simplices, ut Christi verba existiment rusticana, in quibus per tanta jam sæcula, tantorum ingenia sudaverunt, ut rationem verbi uniuscujusque [al. *unusquisque*] magis opinati sint, quam expresserint. Apostolum arguant imperitiæ, qui ob multas litteras insanire dicatur.

2. Scio te cum ista legeris, rugare frontem, et libertatem meam rursum seminarium timere rixarum ; ac meum, si fieri potest, os digito velle comprimere, ne audeam dicere, quæ alii facere non erubescunt. Rogo quid a nobis libere dictum est? Nunquid in lancibus idola cælata descripsi? nunquid inter epulas Christianas, virginalibus oculis Baccharum Satyrorumque complexus innexui : aut unquam aliquem amarior sermo pulsavit ? nunquid reprehendi mendicis divites fieri doluimus ? nunquid reprehendi hæreditarias sepulturas? Unum miser locutus , quod virgines sæpius deberent cum mulieribus esse, quam cum masculis, totius oculos urbis offendi, cunctorum digitis notor. « Multiplicati sunt super capillos capitis mei, qui oderunt me gratis, et factus sum eis in parabolam » (*Psal.* 119) : et tu putas me aliquid deinceps locuturum?

3. Verum ne Flaccus de nobis rideat : « Amphora cœpit Institui, currente rota, cur urceus exit? » (*Horat. de Art. Poetic.*) (*d*) revertimur ad nostros bipedes asellos ; et illorum in aure buccinam magis quam cithara concrepamus. Illi legant, « spe gaudentes, tempori servientes : » nos legamus, « spe gaudentes, Domino servientes » (*Rom.* 12. 12 et 11). Illi adversus Presbyterum accusationem omnino (*e*) putent recipiendam : nos legamus, « adversus Presbyterum accusationem ne receperis, (1) nisi sub duobus, aut tribus testibus : peccantes autem coram omnibus argue » (1. *Tim.* 5. 19). Illis placeat, « Humanus sermo et omni acceptione dignus : » nos cum Græcis, id est, cum Apostolo, qui Græce locutus est, erremus : « Fidelis sermo, et omni acceptione dignus. » Ad extremum illi gaudeant Gallicis (*f*) Can-

---

(*d*) Plerique Mss. *divertamur*, et mox *concrepemus*.

(*e*) Contrario sensu, sed verius, habet unus Reginæ cod. 215, et vetus editio, *omnino non putent*.

(*f*) Canterius est equus castratus, cujus etymologiam a *seminis caritate* Varro, et Cato deducunt. Gallicos Canterios memoravit etiam Plautus in Aulularia ; et med huis Gallicis exstat Claudiani epigramma, atque aliud Ennodii de eodem argumento adversus Claudianum. Non liquet tamen satis bene colligitur, eam fuisse Hieronymi mentem, ut his verbis notaret detractoris sui patriam, quod quidam opinati sunt, et Martianæo teste, præfert quorumdam codicum Mss. istud glossema, *erat enim Gallus, qui de translatione detraxerat*. Sed neque aliquis Montani sectator, quod editor Benedict. putat, notatur his verbis ; imo ignari quidam homines, quos, cum inscienter sibi detraherent, Asinos prægrandes vocat, κανθήλιος enim Asinus præ-

(1) Hilarius Diaconus, qui Ambrosiaster audit, hanc duorum vel trium testium conditionem haud novit, neque ipse Hier. alibi legit neque Primasius, neque OEcumenius, neque Cyprianus. Sunt qui putent ea verba falso intrusa in Pauli textum, alii ab antiquis libris abrasa tanquam superflua. Quoad alteram lectionem, *tempori servientes*, præsque illa Patribus nota est, tametsi repudiatur, præfertur que illa *Domino servientes*. Varietas ex Græcis exemplari bus orta in quorum aliquibus ob litterarum affinitatem erat χαιρῷ χρῷ, in aliis κυρίω χρῷ, unde et Latini Mss. aliquot antiquissimi variant.

theriis; nos solutus vinculis, et in Salvatoris ministerium præparatus Zachariæ asellus ille delectet, qui postquam Domino terga præbuit, cœpit Isaiæ consonare vaticinio : « Beatus qui seminat secus omnem aquam, ubi bos et asinus calcant » (*Isai.* 32. *sec. LXX*).

EPISTOLA XXVIII (*a*).

AD EAMDEM MARCELLAM,

De voce Diapsalma.

Quid sit Sela, sive Diapsalma, interpretatur; tum Origenis Epistolam verbo ad verbum latine reponit, ut quid ille senserit de proposita quæstione Marcella uberius cognoscat.

1. Quæ acceperis reddenda sunt cum fœnore : fortisque dilatio usuram parturit. De *Diapsalmate* nostram sententiam flagitaras, Epistolæ brevitatem causati sumus, et rem libri non posse explicari litteris prætexuimus. Verum (*b*) quid prodest ad ἐργοδιώκτην meum? major tibi cupiditas silentio concitatur. Itaque ne te diutius traham, habeto pauca pro pluribus.

2. Quidam *Diapsalma* (*c*) commutationem metri dixerunt esse; alii pausationem spiritus; nonnulli alterius sensus exordium. Sunt qui rythmi distinctionem : et quia Psalmi tunc temporis juncta voce ad organum canebantur, cujusdam musicæ varietatis (*d*) existiment silentium. Nobis nihil horum videtur; cum **136** Aquila, qui verborum Hebræorum diligentissimus explicator est, SELA, hoc est, *Diapsalma*, quod ex *Samech, Lamed, He* scribitur, *semper* transtulerit : et inveniamus in Psalmorum quoque fine, *Diapsalma* positum, ut est illud in tertio : « Dentes peccatorum contrivisti : Domini est salus, et super populum tuum benedictio tua, sela, » Id est, « semper: » Et vigesimo tertio : « Quis est iste rex gloriæ ? Dominus virtutum ipse est rex gloriæ, semper. » E contra in Psalmis multorum versuum penitus non invenitur : in tricesimo videlicet sexto, et septuagesimo septimo, et in centesimo decimo octavo. Rursus nonus Psalmus distinguatur Cantico Diapsalmatis : cum utique (*e*) si, ut quibusdam videtur, *Diapsalma* est

initium silentii, Canticum silentii esse non possit.

3. Ex quo animadvertimus hoc verbum superiora pariter inferioraque connectere, aut certe docere sempiterna esse quæ dicta sunt; ut est illud in tertio : « Multi dicunt animæ meæ, non est salus ipsi in Deo suo, semper. » Et rursum : « Voce mea ad Dominum clamavi, et exaudivit me de monte sancto suo, semper. » Et in quarto : « Ut quid diligitis vanitatem et quæritis mendacium? semper. » (*f*) Et iterum, « Quæ dicitis in cordibus vestris, et in cubilibus vestris compungimini, semper. » Et in Abacue : « Deus ab Austro veniet, et Sanctus de monte Pharan, semper. » Et infra : « Juramenta tribubus, quæ locutus es, semper (*Abac.* 3).

4. Scire autem debemus apud Hebræos in fine librorum, unum e tribus solere subnecti, ut aut AMEN scribant, aut SELA, aut SALOM, quod exprimit *pacem*. Unde et Salomon *pacificus* dicitur. Igitur ut solemus nos completis opusculis ad distinctionem rei alterius sequentis, medium **137** interponere *Explicit*, aut *Feliciter*, aut aliquid istiusmodi : ita et Hebræi, ut quæ scripta sunt roborentur, facere solent, ut dicant AMEN, aut *in sempiternum*, (*g*) ut scribenda commemorent, et ponant SELA ; aut transacta feliciter protestantur, *pacem* in ultimo subnotantes.

5. Hæc nos de intimo Hebræorum fonte libavimus, non opinionum rivalos persequentes, neque errorum, quibus totus mundus repletus est, varietate perterriti : sed cupientes et scire et docere quæ vera sunt. Quod si tibi non videtur onerosum, quid Origenes de Diapsalmate senserit, verbum interpretabor ad verbum, ut quia novitia musta contemnis, saltem veteris vini auctoritate ducaris.

6. (*h*) Sæpe quærens causas cur in quibusdam Psalmis interponatur *Diapsalma*, observavi diligentissime in Hebræo, et cum Græco contuli, invenique quia ubi lingua Hebræa SELA habet, Græca vero *semper*, aut aliquid istiusmodi, ibi Septuaginta, et Theodotion, et Symmachus transtulerunt *Diapsalma*. Neque vero nocet exemplis affirmare quod dicimus. In septuagesimo quarto Psalmo, cujus principium est: « Confitebimur tibi Deus, confitebimur, (*i*) et invo-

---

grandis est, unde etiam *Cantheliis* mallet quis pro *Cantheriis* legere. Certe in Jonæ cap. IV. « Quidam, inquit Canterius (al. Canthellius) de antiquissimo genere Corneliorum, sive ut ipse se jactat de stirpe Asinii Pollionis dudum Romæ dicitur me accusasse sacrilegii, quod pro Cucurbita Hederam transtulerim. » Qua de re plura nobis suo loco dicenda sunt.

(*a*) *Alias*. 138. *Scripta eodem tempore quo superior*.

(*b*) Ita Benedictinus interpres ex Cluniacensi et San Cygirano codicibus, quibus duo e nostris suffragantur. Significat *exactorem operis*, utiturque alias hac voce Hieronymus. Olim, sed falso, erat, *quid prodest* ἐργοδιώκτη μου *cum meo majo*, etc.

(*c*) Sic S. Hilarius *demutationem aut personæ, aut sensus, sub conversione modi musici inchoari docet*, et post eum Augustinus, et Cassiodorus. Sed lucem non exiguam huic loco mutuatur Euthymius Præfat. in Psalter. « Diapsalma inquit, mutationem sententiæ, aut cantus significat, aut pausam seu interjectionem quamdam pulsationis, vel fulgorem atque illuminationem divini spiritus, quæ tunc canentibus apparebat.

(*d*) Absunt a Reginæ Ms. duo hæc verba *existimant silentium* ; legiturque *varietates pro varietatis*, sensu integro, sed non meliore.

(*e*) Ita restituimus e Mss. et Regio præscriptio locum

hunc hactenus depravatam et mancum in editis omnibus, qui legunt imperfecto sensu, *cum utique, sicut quibusdam videtur, Diapsalma indicium silentii esse non possit*. Neque cum his vox eadem *silentii* occurrerct, in altera iafs est anti quarius, qui et alias peccat *sicut* pro *si* et, *indicium* scribens pro *initium*.

(*f*) Male impressi omnes *et tibi*, cum sit ejusdem Psalmi versiculus uno post superiorem intermedio.

(*g*) Partim interpunctionis, partim scripturæ vitio male depravatam periodum hanc in antea editis omnibus ita resarcinimus magis, ut verum fateamur, ex ingenio, quam e Mss. in quibus voculæ *aut, ut, et*, quibus tota vis sensus inest, veterum librariorum negligentia conturbatur. Sed postulat res ipsa legendum, ut edidimus. Antea erat, « facere solent; ut dicant Amen, aut in sempiternum, aut scribenda commemorent, ut ponant sela, aut, » etc. Reginæ liber habet, *et scripta et scribenda commemorant*.

(*h*) Hanc Origenis epistolam, quam primus publici juris fecit Montauconius in Hexaplis, hac e re nostra putavimus apponendam, quam se prolixior Hier. verbum ad verbum interpretari. Supra habetur Regiæ e libro. *scip.* inqui. *s*.

(*i*) Nomen *tibi* iterum addunt quidam Mss. juxta Origenianam lectionem.

cabimus nomen tuum; (*a*) post illud, » ego confirmavi columnas ejus, » apud Septuaginta et Theodotionem, et Symmachum **138** est *Diapsalma*; pro quo apud Aquilam, « ponderavi columnas ejus, semper. » In Quinta autem Editione : « ego sum (*b*) qui paravi columnas ejus, semper. » In Sexta vero : « ego firmavi columnas ejus jugiter. » Porro in Hebraico habet post (*c*) AMUDA, quod est, *columnas ejus*, SELA. Et rursum in septuagesimo quinto, cujus principium est : « Notus in Judæa Deus; invenimus apud Septuaginta et Theodotionem, post « scutum et frameam , et bellum », Diapsalma. » Apud Symmachum, post « clypeum et gladium et bellum , » similiter *Diapsalma.* (*d*) Pro quo apud Aquilam , post « clypeum et gladium et bellum, semper. » Apud Quintam Editionem , post « scutum et romphæam et bellum, semper. » In Sexta vero, post « scutum et gladium et bellum, in finem. » Eratque rursum in Hebraico post (*e*) UMALAMA , quod est, *et bellum* , SELA. Et in eodem Psalmo post illum locum, « ut salvos faciat mites terræ, Diapsalma : » **139** apud Symmachum similiter *Diapsalma:* et apud Aquilam, *semper* : necnon et apud Quintam. In Sexta vero, *in finem*. Et in Hebraico erat post ANIE ARES , quod est, *mites terræ*, SELA. Atque ita cum talem uniuscujusque Editionis opinionem reperissemus , hæc annotavimus. Utrum autem cujusdam musicæ cantilenæ , aut rythmi immutationem , qui interpretati sunt *Diapsalma*, (*f*) senserint, aliudve intellexerint, tuo judicio derelinquo.

7. Hucusque Origenes, cujus nos maluimus in hac disputatione dumtaxat imperitiam sequi , quam stultam habere scientiam nescientium.

EPISTOLA XXIX (*g*).

AD EAMDEM MARCELLAM.

De Ephod et Theraphim.

Roganti Marcellæ , ut quid sibi vellet Ephod Bad in Regnorum Libro 1. sibi exponeret , satisfacit , addens quoque quid Theraphim significet in Judicum volumine.

1. Epistolare officium est de re familiari , aut de quotidiana conversatione aliquid scribere , et quodammodo absentes inter se præsentes fieri , dum mutuo quid aut velint, aut gestum sit, nuntiant : licet interdum confabulationis tale convivium , doctrinæ quoque sale condiatur. Verum tu, dum tota in tractatibus occuparis, nihil mihi scribis, nisi **140** quod me torqueat, et Scripturas legere compellat. Denique heri famosissima quæstione proposita , postulasti, ut , quid sentirem , statim rescriberem. Quasi vero Pharisæorum teneam cathedram , ut quotiescumque de verbis Hebraicis jurgium est , ego arbiter et litis sequester exposcar. (*h*) Non sunt suaves epistolæ , quæ non placentiam redoleant, quas non condit Apicius, in quibus nihil de magistrorum hujus temporis jure sufflamat. Sed quia vector et internuntius sermonis nostri redire festinat, rem grandem celerius dicto, quam habeo : LICET DE SCRIPTURIS sanctis disputanti , non tam necessaria sint verba , quam sensus. Quod si eloquentiam quæris (al. *quærimus*) , Demosthenes legendus , aut Tullius est : si Sacramenta divina, nostri codices, qui de Hebræo in Latinum non bene resonant, pervidendi.

2. In fronte Epistolæ tuæ posueras, Quid sibi velit, quod in Regnorum libro primo scriptum est. « Et Samuel puer serviebat ante conspectum Domini, cinctus Ephod bad, et diploidem habebat pusillam , quam fecerat ei mater sua ; et afferebat ei de diebus in dies , cum ascenderet cum viro suo sacrificare sacrificium dierum » (1. *Reg*. 2. 8. *et* 9). Itaque quæris quid sit EPHOD BAD, quo (al. *quod*) futurus Propheta præcingitur, utrumne zona , an , ut quidam putant , thuribulum , vel genus aliquod vestimenti sit. Et si vestis, quomodo ea præcingitur? et post ipsum *Ephod*, quare adjungitur ei *bad* ? In sequentibus quoque legisse te scribis : « Venit homo Dei ad Eli , et dicit ei : Hæc dicit Dominus : Manifeste ostendi me ad domum patris tui , ex omnibus tribubus Israel , cum essent in terra Ægypti servientes in domo Pharaonis, et elegi domum patris tui ex omnibus tribubus Israel mihi in sacerdotium , ut ascenderent ad altare meum, et incenderent incensum, et portarent Ephod » (*Ibid.* 27. *et* 28) : totumque libri ordinem prosecuta , etiam de illo loco exemplar sumpsisti, in quo Doec Idumæus jussu regis interfecit sacerdotes. « Et conversus, inquit Scriptura, Doec Syrus mortificavit ipse sacerdotes Domini : et occidit in illa die trecentos quinque viros (*Ibid. c.* 22. *v.* 18 *et* 19),

---

(*a*) Conjunctionem et interserunt editi , quam sensus respuit et Græc. textus.
(*b*) Quidam Mss. *constitui*, pro quo in Græco mendose erat ἐσταθμησάμην, quod emendavimus ἐσταθμησάμην. Iterum in Græco ante verbum στήσαμαι, forte ὁ articulus excidit, *qui paravi*: in Latino autem Mss. Reginæ, *ego sum, qui confirmavi*.
(*c*) Juxta Massoretas Er. et Vict. *immudeia*.
(*d*) Erasm. pro *quo aquila*.
(*e*) Hic quoque vitiose habent veteres editi *i milhama*, qui iterum sequente in altera Hebraicam vocem *anie ares* ex hodierno Massorethico textu legunt ענוי ארץ עצב cum legisse עצב Origenes , ex eoque Hieronymus plane videatur ; et certe עצב et עצב sæpe confunduntur in sacro textu, nempe conditione humilis, et humilis spiritu ac mansuetus. Denique pro *ars* Origenes αρς , *ars*, quod non improbo, quemadmodum neque sel pro *sela*, quod juxta Græcum σελ, constanter supra, atque infra habent plerique Mss. melioris notæ.
(*f*) Reg. Mss. *senserint aliud, vel quid intellexerint*. Infra *peritiam* pro *imperitiam* male prætulerunt veteres editi : Erasm. tamen malebat *prudentem imperitiam*.
(*g*) Al. 150 *scripta eodem tempore quo superior*.

(*h*) Victorius et Martianæus ex vitiatis Mss. *non sunt suaves epulæ, quæ non et placeant, et redoleant* , quorum sensus, ut attendenti constabit, aut nullus est, aut plane inani παιχεια expressus. Nos, quam Erasmus conjecerat ex veterum exemplarium vestigiis, et Victorius probat, germanam lectionem in textum recepimus ex unius Veronensis codicis auctoritate, ex quo etiam, non ut reliqui vulgati libri habent, *Epulæ*, sed *Epistolæ* legimus concinniore sensu ; ut eas epistolas causetur insuaves esse, quæ de Hebraicis verbis agant, non de libis, atque Apicii condimentis, et eorum, quos proprie carpit his verbis, magistrorum sui temporis jure. Unde etiam videatur non satis feliciter conjecisse Erasmus, pro *magistrorum* fortasse legendum *magirorum*. Nec male tamen habet *epulæ*, siquidem hoc fere deditorum gulæ hominum erat axioma, epulas suaviores esse, quæ ad placentarum instar conficerentur. Vid. Observationes in Laertium Edit. Londinensis, p. 144.

sive (ut in Hebræo legitur) octoginta quinque, omnes qui portabant Ephod : **141** et Nob civitatem sacerdotum occidit in ore gladii a viro usque ad mulierem, ab infante usque ad nutrientem, et vitulum, et asinum, et ovem in ore gladii. Et salvatus est unus filius (*a*) Abimelech filii Achitob ; et nomen ei Abiathar, et fugit post David. »

3. Non me teneo, quin problematis ordinem responsione præveniam, ubi nunc legimus : « Et omnes portantes Ephod » (1. *Reg.* 22) : (*b*) in Hebræo habet, *portantes Ephod bad.* Hoc quare ita dixerim, in sequentibus disces. Illud quoque quod sequitur addidisti : « Et factum est, cum fugeret Abiathar filius Abimelech ad David, et ipse cum David descendit in Ceila, habens Ephod in manu sua : et renuntiatum est Saul, quia venit David in Ceila » (*Ibid. c.* 23. 6. *et seqq.*) : ubi cum regis adventus et civitatis timeretur obsidio, dixit David ad Abiathar : « Defer Ephod Domini. » Hæc sunt quæ de Regnorum libro excerpta proponens, ad volumen Judicum transcendisti, in quo Micha de monte Ephraim scribitur mille centum argenti siclos matri, quos illa voverat, reddidisse ; eamque [al. *atque*] sculptile inde fecisse et conflatile. Et addis hæc post modicum vocari *Ephod* et *Teraphim*, cum utique si zona sit, aut vestimenti genus (*c*), sculptile atque conflatile esse non possit. Agnosco errorem pene omnium Latinorum putantium *Ephod* et *Teraphim*, quæ postea nominantur, de hoc argento, quod Micha matri dederat, fuisse conflatum ; cum Scriptura sic referat : « Et accepit mater ejus, » haud dubium quin Michæ, « argentum et dedit illud conflatori, et fecit illud sculptile atque conflatile (*d*). Et fuit in domo Michæ ; et vir Micha, et domus ejus Dei ; et fecit Ephod et Theraphim, et implevit manum unius de filiis suis, et factus est ei in sacerdotem » (*Jud.* 17. 4. *et* 5). Si autem putas ea quæ superius appellata sunt sculptile atque conflatile, *Ephod*, et *Theraphim* deinceps nominari, disce esse non eadem. **142** Siquidem post matris idolum, quod dicitur sculptile atque conflatile, fecit Micha *Ephod* et *Theraphim*, sicut ex consequentibus approbatur. « Et responderunt quinque viri qui abierant considerare terram, et dixerunt ad fratres suos. Ecce nostis, quia est in domibus istis Ephod et Theraphim et sculptile atque conflatile » (*Ibid. c.* 18. 14. *et seqq.*). Et post multa quæ in medio (1) prætermisisti : « Et ascenderunt, inquit, quinque viri, et illuc irruerunt, et sumpserunt sculptile atque conflatile, Ephod et Theraphim. Et sexcenti viri qui cincti erant vasis bellicis, ingressi sunt domum Michæ, et sumpserunt sculptile atque conflatile, Ephod et Theraphim » (*e*). Coarguit igitur eorum opinionem, qui ut indissolubilem facerent quæstionem, *Ephod*, argenteum putaverunt. Illud breviter attende, quod nunquam nisi in sacerdotio nominetur. Nam et Samuel qui illo cinctus refertur, Levites fuit, et (*f*) Sacerdotes Nobe hoc dignitatis suæ insigne portabant. Et (quod in Latinis codicibus non habetur) quando David fugiens a Saul, venit ad Abimelech, et gladium postulavit, dicens : « Vide si est ad manum tuam lancea et gladius, quoniam gladium meum, et vasa mea non sustuli in manu mea : respondensque sacerdos dixit : Ecce gladius Goliath alienigenæ, quem percussisti in valle Terebinthi, et hic involutus est vestimento post Ephod in sacrario » (1. *Reg.* 21. 8 *et* 9) : utique Ephod conditum servabatur. Hoc quoque quod nunc posuimus, ubi sculptile atque conflatile legitur ; licet idolum sit, tamen quia per errorem religio putabatur, ad venerationem ejus, sicut ad Dei ministerium [al. *mysterium*], *Ephod* et *Theraphim* insigne conficitur.

4. *Theraphim* quid sit, si spatium dictandi fuerit, prosequemur. Nunc interim de *Ephod*, ut cœpimus, explicandum est. In Exodo ubi Moysi præcipitur, ut sacerdotalia jubeat fieri vestimenta, post cætera legitur : « Et hæ stolæ quas facient, **143** pectorale, et superhumerale (2), et tunicas (*g*) κοσυμβωτάς, et cidarim, et cinctorium » (*Exod.* 28. 4). Ubi autem nos posuimus *superhumerale*, in Græco ἐπωμίδα Septuaginta Interpretes transtulerunt, quod scilicet super humeros istiusmodi veniat vestimentum. Deinde jungitur : « Et hi accipient aurum, et hiacynthum, et coccum, et purpuram, et byssum, et facient superhumerale de bysso retorta, opus textile varium. » Quid plura ? totus Exodi liber hac vestium plenus est specie. Nam et in fine ejusdem voluminis scribitur : « Et fecit omnis sapiens in operibus stolas sanctorum, quæ sunt Aaron sacerdotis, sicut Dominus præcepit Moysi. Et fecerunt superhumerale de auro, et hia-

---

(*a*) Ut Græca τῶν LXX. exemplaria inter se et ab Hebræo variant, ita et Hieron. codd., alii *Abimelech* vetere errore, alii *Ahimelech*, vel *Achimelech* juxta Hebræum præferunt.
(*b*) Nimirum Græcus, ex eoque Latina versio non nisi Ephod, et ἐφὼδ legebant, non etiam *bad*, ut Hebræus : ex hac vero textuum collatione præcipuam suæ responsionis argumentum sumit Hier. indicat. Proinde constat quam supino errore, ac sensus dispendio in Benedictina edit. desint hæc verba, *in Hebræo habet, portantes Ephod, cui bad* jungitur, quæ nos ex aliis tum Mss. tum editis restituimus.
(*c*) Nonnulli Mss. *si zona sit, vestimentum*, vel *vestimenti genus esse non possit*, omissis quæ interseruntur.
(*d*) Sensus est Micham se, suamque domum Idolo illi sculptili consecrasse. Victorius tamen maluit ex Romano τῶν LXX. exemplari legere, *quod fuit in domo Michæ, et domus Micha domus ejus Dei*: qua de re plus satis a Benedictino editore vapulat.

(*e*) Victor. *ex quo coarguuntur eorum opiniones*. Hic autem inter editores magna contentio est, utrum *indissolubilem* cum Erasmo, an contrario sensu *dissolubilem*, ut Victorio placuit, legendum sit. Probabilia utrinque argumenta suppetunt ; plures tamen Mss. pro *dissolubili* stant. Sed quo tandem modo legas, quave ratione dixerim hi, qui Ephod vas argenteum interpretabantur, sive ut solverent, sive ut indissolubilem quæstionem facerent, nihil interest dissernisse.
(*f*) Erasmum, qui legerat, *et sacerdotes Nob bad, id est dignitatis suæ insigne portabant*, Victor. et Martianæus castigant.
(*g*) Significat fimbriatam vestem : Vulgata *lineam strictam*.
(1) Aptius legi contendit Ducæus in Agennensi quodam Ms. *prætermittimus*, ut non Marcella, sed Hieronymus prætermittere videatur.
(2) Idem ex eodem Ms *et superhumerale et poderem, et tunicas*. Sic Exod. 28. 31. LXX. ὑποδύνην ποδήρη, *tunicam talarem*.

cyntho, et purpura, et cocco, et bysso retorta. » *Exod.* 39. 1 *et* 2). Sed quia in Exodo hoc genus vestimenti præcipitur tantum ut fiat, et postea factum refertur, non tamen quo Aaron vestitur, in Levitico quomodo sacerdotalibus vestimentis indutus fuerit, explicatur. « Et applicuit Moyses Aaron, et filios ejus, et lavit eos aqua, et vestivit eum tunica, et cinxit eum zona, et vestivit eum (*d*) ὑποδύτην » quod nos, *subtunicalem*, sive *tunicam*, qua *subtus* vestitus est, possumus interpretari. « Et imposuit ei superhumerale,» inquit, « et cinxit eum secundum facturam superhumeralis, et constrinxit eam in ipso » (*Levit.* 8. 6 *et* 7). Vides itaque hoc Aaron superhumerali cingi, quomodo Samuel *Ephod bad* illo, nescio quo, cingebatur. Sed ne te longius trahalm, hanc habe sententiam. Ubicumque in Septuaginta Interpretibus, hoc est, in codicibus nostris ἐπωμίς, id est, *superhumerale* legitur, in Hebræo scriptum est *Ephod.* Quod quare alibi interpretari voluerint, et alibi (*b*) ininterpretatum reliquerint, non est mei judicii, cum hoc ipsum in pluribus fecerint: ut quæ alibi aliter atque aliter expresserant, novissime translationis varietate lassati, ipsa Hebræa verba posuerint (*c*). Aquila autem id quod illi ὑποδύτην et ἐπωμίδα dixerunt, ἔνδυμα et ἐπένδυμα, id est, *vestimentum* et *super vestimentum* dixit. **144** Quod scilicet ἔνδυμα, quod Hebræo sermone vocatur MAIL, *subteriorem tunicam*; ἐπένδυμα vero, id est, ἐπωμίς, quod Hebraice dicitur EPHOD, *superius* pallium significet, quo tota sacerdotalis protegatur ambitio.

5. Quæras forsitan, si *Ephod* sacerdotale sit pallium, quare in quibusdam locis addatur *bar*? Audiens (*d*) *bar*, risum tenere non possum. Nam cum apud Hebræos dicatur *bad*, ipsos quoque Septuaginta Interpretes sic transtulisse manifestum est: ut pro *bad*, *bar*, scriberetur, error obtinuit: BAD autem Hebraica lingua *linum* dicitur, licet linum PHESTHA significantius exprimatur. Denique ubi nos legimus: «Et fac eis femorale lineum, ut operiant carnis turpitudines, a lumbis usque ad crura eorum » (*Exod.* 28. 42): in Hebræo pro *lineo*, *bad* ponitur. Qua specie vir quoque ille qui Danieli monstratur, indutus est. « Et extuli oculos meos, et vidi : et ecce vir unus vestitus est baddim » (*Dan.* 10. 5), quo plurali numero, *vestes lineæ* nuncupantur. Propterea autem Samuel et octoginta quinque viri sacerdotes, *Ephod* lineum portasse referuntur, quoniam Sacerdos magnus solus habebat licentiam *Ephod* non lineo vestiendi; verum (ut Scriptura commemorat) auro, hiacyntho, purpura, cocco, byssoque contexto. Cæteri habebant *Ephod*, non illa varietate distinctum, et duodecim lapidibus ornatum, qui in humero utroque residebant, sed lineum et simplex, et toto candore purissimum.

6. Verum quia supra promiseram, me, si spatium dictandi fuisset, de *Theraphim* quoque breviter disserturum: nec quisquam interim interpellator advenit: Scito *Theraphim* ab Aquila μορφώματα interpretari, quas nos *figuras* sive *figurationes* possumus dicere. Nam in eo loco, quando Saul misit nuntios, ut acciperent David : et responderunt, vexari illum graviter, misit rursum dicens : « Afferte illum in lecto ad me, ut occidam illum : et venerunt nuntii, et ecce cenotaphia **145** in lecto » (1. *Reg.* 19. 15) : pro *cenotaphiis*, in Hebræo *Theraphim*, id est, μορφώματα posita sunt : et non (*e*) jecur caprarum ut nostri codices habent, sed pulvillus de caprarum pelle consutus, qui intonsis pilis, caput involuti in lectulo hominis mentiretur. Ut autem utriusque sermonis veritatem pariter explicem, in Osee comminatur Deus, se a populo fornicante omnem gratiam ablaturum, dicens, quod « diebus multis sedebunt filii Israel (*f*) sine Rege, et principe, sine sacrificio, sine altari, et sine sacerdotio, et manifestationibus » (*Osee* 3. 4). Pro *sacerdotio* et *manifestationibus*, in Hebræo est, *sine Ephod*, *et sine Theraphim*: sicut Theodotion et Symmachus transtulerunt. Ex quo intelligimus in *Ephod*, juxta Septuaginta quoque, qui sensum magis, quam verba interpretati sunt, *sacerdotium* interpretari; in *Theraphim* vero, id est, *figurationibus* vel *figuris*, varia opera (1), quæ *Theraphim* vocantur, intelligi. Nam et in Exodo cæterisque locis, ubi describuntur vestes plumaria arte contextæ, *opus Cherubim*, id est, *varium* atque *depictum*, esse factum describitur : ita tamen ut VAU literam *Cherubim* non habeat : quia (*g*) ubicumque cum hac littera scribitur, animalia magis quam opera significat. Juxta

(*a*) Martianæus juxta Alexandrinum LXX. interpretum exemplar, et quosdam Hieronymianos codices, legit ἐπενδύτην; alii quos sequimur Mss. atque editi liari ὑποδύτην, quæ eti mi proprie vertitur *subtunicali*, sive subucula. Vetustiores autem excusi ἐπενδύτην, non alio sensu.
(*b*) Al. *non interpretatum*. Hoc autem, ut autumo, dixit Hier., propter ipsa Judic. cap. 8. 27. et cap. 17. 5. nec non ... ad 1. Regum cap. 21., sive ut veteri vitio est, cap. 5 ...: quod autem addit LXX. *alibi aliter atque aliter* transtulisse, puta ἐπωμίς, ejus ad sensum ἐπωμίδα Osee c. 3.
(*c*) Hunc locum, quem imperiti antiquarii, sed præcipue critici variis interpolationibus deformaverant, ex quinquecim Mss., quibus et duo nostri consentiunt, Martianæus restituit, cujus adnotationem consule ad libri calcem.
(*d*) Veterem hunc errorem, quem passim apud alios veteres scriptores invenire est, neque rigidum illum Aquilæ ingenium vitavit, siquidem vertit ἐπίδυμα βαρινόν.

(*e*) Editor Benedictin. vera lectione ad libri album rejecta falsum hanc, *decor caprarum*, quæ etiam in aliis editis obtinuerat, in textum recepit. Constat tamen et ἦπαρ τῶν αἰγῶν *jecur caprarum* LXX. transtulisse, et hunc esse latinorum codicum errorem quem Hier. notat. Id pro contigit, ut nobis videtur, quod tam sæpe obvio errore ך *Deleth*, pro ר *Res* LXX. acceperint, et כבד quod est *jecur*, pro רבד, quod est *pulvinar*, vel culcitra ex lana caprina, scriptum putaverint.
(*f*) Rursus peccat edit. Benedictin. qui *sine rege*, pro *sine Rege* substituit.
(*g*) Vide Ezechielis locum, ubi nomen *Cherub* bovem, aut vitulum notat. cap. 10. v. 1. Ibique adamussim, ut legimus, vau habetur, בני הכרוב *facies Cherub*, etsi in reliquis tam accurata exemplaria, ut Hier. adnuadvertit, habent non extent. Vid. etiam quæ adnotabimus in Epistol. ad Paulinum de studio Scripturarum. Significationem porro illam, qua Cherubim *varium* et *depictum* interpretatur apud Lexicographos vix, aut ne vix quidem invenies, et omnium tamen prima meo quidem judicio est, unde aliæ omnes, et Cherubim ipsa μορφώματα derivantur : quæ figura erat e pluribus coalescentes, homine, aquila, leone, bove, ita tamen ut postrema isthæc excelleret.
(1) Ducæus e duobus Mss. *varie opera volunt intelligi*, expunctis nempe, *quæ theraphim*, et volunt pro *vocantur* reposito. Concinnius certe.

igitur hunc sensum et Micha cum veste sacerdotali, cætera quoque, quæ ad sacerdotalia pertinent ornamenta, per *Theraphim* fecisse monstratur.

7. Quam vellem nunc tibi omnem habitum sacerdotalem exponere, et per singulas vestium species, divina ostendere sacramenta. Verum quia in hoc ipso brevitatem Epistolæ excessimus, et (*a*) Josephus ac Philo viri doctissimi Judæorum, multique de nostris id latissime (1) persecuti siunt, quorum, ut aiunt, voce audies me : quæ de cætero velis, præsens (*b*) percunctator præsentem, ut si quid forte nescimus, sine teste, sine judice in fida aure moriatur. Mater communis si valeat, gaudeo, et ut valeat, Dominum precor. Nos, ut scis, Hebræorum lectione detenti, in Latina lingua rubiginem obduximus; in tantum, ut loquentibus quoque nobis stridor quidam non latinus interstrepat. Unde ignosce ariditati : et si imperitus sum sermone, inquit Apostolus, sed non scientia. Illi utrumque non deerat, et unum humiliter renuebat. Nobis utrumque deest, quia et quod pueri plausibile habueramus, amisimus; nec scientiam quam volebamus, consecuti sumus, juxta Æsopici canis fabulam, dum magna sectamur, etiam minora perdentes.

EPISTOLA XXX (*c*).

AD (*d*) PAULAM.

De Alphabeto Hebraico Psalmi CXVIII.

Etymologias litterarum Hebraicarum, et interpretationes sanctam Paulam edocet : et quanta sint in connexione eorumdem elementorum divina mysteria, breviter exponit.

1. Nudius tertius, cum centesimum octavum decimum Psalmum tibi insinuare conarer, et dicerem, omnem moralem locum in eo esse comprehensum; et quomodo Philosophi solent disputationes suas in Physicam, Ethicam, Logicamque partiri, ita et eloquia divina aut de natura disputare, ut in Genesi, et in Ecclesiaste, aut de moribus, ut in Proverbiis, et in omnibus sparsim libris, aut de Logica, pro qua nostri (*e*) Theoricen sibi vindicant, ut in Cantico can-

ticorum, et in Evangeliis (licet Apostolus sæpe proponat, assumat, confirmet atque concludat, quæ proprie artis dialecticæ sunt) studiosissime perquisisti, quid sibi velint Hebrææ litteræ, quæ Psalmo, quem legebamus, videbantur insertæ.

2. Respondi secundum ordinem litterarum eum esse compositum, quod videlicet (*f*) ex prima littera, quæ apud eos vocatur *Aleph*, octo versus inciperent. Rursus ex sequenti *Beth* totidem versus exordium sumerent : ac postea ex *Gemel* idem numerus compleretur : atque ita usque ad *Thau*, quæ apud eos extrema littera est, Psalmum esse conscriptum : et ex singulis quibusque elementis secundum interpretationes eorum debere intelligi quæ sequerentur. Identidem flagitasti, ut tibi interpretationes singularum ediceres litterarum. Dixi, fateor, verum quia propter barbariem linguæ memoria labitur omne quod diximus, desideras Commentariolum fieri, ut si in aliquo forte titubaveris, obliviomen lectio consoletur.

3. *Quatuor Psalmi Alphabetici.* — Ac prius quam de singulis disseram, scire debes, quatuor Psalmos secundum ordinem Hebræorum incipere elementorum (*g*) centesimum decimum, et centesimum undecimum, et hunc de quo nunc scribimus, et centesimum quadragesimum quartum. Verum debes scire in prioribus Psalmis, singulis litteris singulos (*h*) versiculos, qui trimetro iambico constant, esse subnexos. Inferiores vero tetrametro iambico constare, sicuti et Deuteronomii Canticum scriptum est. In centesimo decimo octavo Psalmo singulas litteras octoni versus sequuntur. In centesimo quadragesimo quarto singulis litteris singuli (*i*) versus gemini deputantur. Sunt qui et alios hoc ordine putent incipere, sed falsa eorum opinio est. Habes et in Lamentationibus Jeremiæ quatuor Alphabeta, e quibus duo

antiquæ lectioni, quæ obtinebat, et quam reponimus, *Theoricen*, substituit, *Theologiam*, quod scioli corruptoris est mendum, etsi plerosque Mss. libros irrepserit. Qua in re etiam Henricus Valesius peccat, qui Græce scripta contendit in Hieronymi libris θεολογίαν. Theoricen autem, sive θεωρητικὴν facultatem in sola contemplatione, atque inspectione positam, nemo ignorat. Sed clarius apud eumdem Origenem, *inspectiva dicitur, qua supergressi visibilia de divinis aliquid et cælestibus contemplamur, eaque sola mente intuemur*. Vide hanc eamdem emendationem in Epist. ad Algasiam quæst. X. et in Comm. in Ecclesiastam, etc.

(*f*) Quidam Mss. *ex prima littera* א *Aleph, quæ apud nos vocatur* ת, *octo versus*, etc. Infra legimus ex Ambrosiano I. 6. olim S. Columbani, et Reginæ altero *Gemel*, quem a lucidum et Alphabetum Murbacense legit apud Montfauconium. Editi *Gimel*.

(*g*) Præponit hic Ambrosianum exemplar, quemadmodum et vetusta edit an. 496. *tricesimum sextum*, qui in aliis editis et Mss. eo verius desideratur, quod quatuor numerum definitum excedat. Ipse autem Hier. tum alibi tum præsertim in Prologo Galeat. quintum quoque enumerat. « Sed et Psalmi, » inquit « TRICESIMUS SEXTUS, et centesimus decimus, et centesimus undecimus, et centesimus octavus decimus, et centesimus quadragesimus quartus, quanquam diverso scribantur metro, ejusdem numeri texuntur Alphabeto : qua de re plura hic dicenda sunt nobis ad secum invicem conciliandas S. Doctoris sententias; sicut et de Hebræis versibus, quos ad Latinorum, Græcorumque metrum comparat, suus erit dicendi locus.

(*h*) Regius, « versiculos, quos metro Iambico constat esse subnexos, ut Deuteronomii canticum » etc.

(*i*) Vocem *gemini*, quam sensus, et res ipsa postulat, ex Ambrosiano codice, et veteri editione reponimus; quod rite factum, ut intelligas, confer Psalmum hunc 144. cum superioribus 110. et 111. in Hebræo textu.

(*a*) Illud argumentum prosecutus erat Josephus Antiquitatum lib. 3. cap. 7. et Philo in Vita Moysis. Patrum vero Latinorum scripta, quæ auditorum fuisse tradit, ætatem non tulere. Ipse postea votum suum Hier. in Epist. ad Fabiolam explevit.

(*b*) Isthæc, *mater communis* (Albinam intellige) « si valeat gaudeo, et ut valeat, Dominum precor, » Mss. atque editi plures libri non habent.

(*c*) Al. 135. *scripta eodem anno quo superiores*.

(*d*) Falso quidem Mss. etiam apud Marti anæum hanc epistolam *ad Marcellam* inscribunt, uti editi vetustiores *ad Paulam urbicam*, quæ cur ita appellaretur, alibi explicamus.

(*e*) Quomodo hic locus, quem alibi nec raro ex Origene usurpat Hieronymus, legendus esset, ex ipso Origene didicimus in Homil. in Cantic. cuius. quas in tom. 10 amandavimus, ubi sic interpres : « Generales disciplinæ, quibus ad rerum scientiam pervenitur, tres sunt, quas Græci Ethicam, Physicam, et THEORICEN appellaverunt : nos has dicere possumus Moralem, Naturalem, et Inspectivam. Nonnulli sane apud Græcos etiam Logicam, quam nos Rationalem possumus dicere, quarto in numero posuerunt. » Non igitur satis consulto Martianæus, verissimæ

(1) Idem « persecuti sunt, viva, ut aiunt, voce audies, neque de cætero ut velis præsens » etc. ex Agennensi Ms, quod non probamus.

prima quas. Saphico metro scripta sunt : quia tres versiculos qui sibi connexi sunt, et ab una tantum littera incipiunt Heroici comma concludit. Tertium vero Alphabetum trimetro scriptum est, et a ternis litteris, sed eisdem terni versus incipiunt. Quartum Alphabetum simile est primo, et secundo. Proverbia quoque Salomonis extremum claudit Alphabetum, quod tetrametro iambico supputatur, ab eo loco, in quo ait : *Mulierem fortem quis inveniet* (*Prov.* 31. 10).

4. Quomodo autem in his nostris litteris non potest quis ad legenda verba, texendaque procedere, nisi prius ab elementis cœperit : ita et in Scripturis divinis non valemus ea quæ majora sunt nosse, (*a*) nisi Ethicæ habuerimus exordium, secundum illud quod Propheta dicit : « A mandatis tuis intellexi (*Ps.* 118. 104); quod videlicet post opera cœperit habere scientiam secretorum. Verum jam complendum est quod petisti, ut sensum uniuscujusque elementi interpretatio annexa significet.

5. Aleph interpretatur *doctrina*. Beth, *domus*. Gemel, *plenitudo*. (*b*) Deleth, *tabularum*. **149** He, *ista*. Vau, *et* (*c*) Zai, *hæc*. Heth, *vita*. Tet, *bonum*. Iod, *principium*. Caph, *manus*. Lamed, *disciplinæ* sive *cordis*. Mem, *ex ipsis*. Nun, *sempiternum*. Samech, *adjutorium*. Ain, *fons* sive *oculus*. (*d*) Phe, *os*, ab ore, non ab osse dictum intellige, ne litterarum ambiguitate fallaris. Sade, *justitia*. Coph, *vocatio*. Res, *capitis*. (*e*) Sen, *dentium*. Thau, *signa*.

6. Post interpretationem elementorum intelligentiæ ordo dicendus est Aleph, Beth, Gemel, Deleth, prima connexio est, *doctrina, domus, plenitudo, tabularum;* quod videlicet doctrina Ecclesiæ, quæ domus Dei est, in librorum reperiatur plenitudine divinorum.

7. Secunda connexio est, He, Vau, Zai, Heth, *ista, et, hæc, vita*. QUÆ ENIM ALIA POTEST esse vita sine scientia Scripturarum, per quas etiam ipse Christus agnoscitur, qui est vita credentium ?

8. Tertia connexio habet, Tet, Iod, *bonum princi-*

pium : quia quamvis nunc sciamus universa quæ scripta sunt, tamen ex parte cognoscimus, et ex parte prophetamus : et nunc per speculum videmus in ænigmate. Cum autem meruerimus esse cum Christo, et similes Angelis fuerimus, tunc librorum doctrina cessabit, (*f*) et tunc videbimus facie ad faciem bonum principium sicuti est.

9. Quarta connexio est, Caph, Lamed, *manus, disciplinæ*, sive *cordis*. Manus intelliguntur in opere, cor et disciplina interpretantur [al. *intelliguntur.*] in sensu : quia nihil facere possumus, nisi prius quæ facienda sunt scierimus.

10. Quinta connexio est, Mem, Nun, Samech , *ex ipsis, sempiternum, adjutorium*. Hoc explanatione non indiget, sed omni luce manifestius est, ex Scripturis æterna subsidia ministrari.

11. Sexta connexio habet, Ain, Phe , Sade, *fons* sive *oculus, oris, justitiæ :* secundum illud quod in (*g*) tertio numero exposuimus.

150 12. Septima connexio est, quæ et extrema, quod et in ipso quoque septenario numero sit mysticus intellectus, Coph, Res, Sen , Thau, *vocatio, capitis, dentium , signa*. Per dentes articulata vox promitur, et in his signis ad caput omnium , qui est Christus, pervenitur, per quem venitur ad regnum sempiternum (*h*).

13. Oro te, quid hoc sacratius sacramento ? quid hac voluptate jucundius ? Qui cibi , quæ mella sunt dulciora, quam Dei scire prudentiam , et in abdita ejus intrare, et sensum Creatoris inspicere, et sermones Domini Dei tui, qui ab hujus mundi sapientibus deridentur, plenos (*i*) discere sapientia spirituali ? Habeant sibi cæteri, si velint, suas opes, gemma bibant, serico niteant, plausu populi delectentur ; et per varias voluptates, divitias suas vincere nequeant. Nostræ divitiæ sint , in lege Domini meditari die ac nocte, pulsare januam non patentem, panes Trinitatis accipere, et sæculi fluctus, Domino præeunte, calcare.

14. Saluta Blæsillam , et Eustochium tirunculas nostras. Saluta (*j*) Felicianam, vere carnis, et spiritus virginitate felicem. Saluta reliquum castitatis chorum, et domesticam tuam Ecclesiam, cui omnia, etiam quæ tuta sunt , timeo ; ne dormiente patrefamilias, inimicus homo zizania superseminet : quamvis etiam dicere audeant, *Ego civitas firma , civitas quæ non oppugnatur* (*Isai.* 27. 3. *juxt. LXX*). Nullus, hostili obsidente exercitu, securus est. Nemo , (*k*) ut beatus Cyprianus ait, satis tutus, periculo proximus. Exemplar Epistolæ, si accipere volueris φιλοπονοτάτη

(*a*) Mss. *ab Ethice*, idque optime, sed alii Græcam formam non assecuti, mire depravant ignotam vocem. [Similis error in S. Paulini Epist. 49. obtinuit, ubi *altior et hic intellectus* pro *Ethicus*.
(*b*) Excusi *Daleth*, ut et *Gimel*, aliaque ex Massoretarum ingenio. Nobis, ut semel dicamus, veterum interpretum fidem, et nostrorum Mss. consensum sequi religio est. Porro interpretationem hanc *tabularum* , seu ut infra explicat ipse Hier. *librorum*, Lexicographi ignorant, nec aliam litteræ *Deleth* significationem, nisi *portæ* norunt. Et viri quidam docti, ut illam etymologiam explicent, morem Hebræorum adducunt, qui primam libri paginam τροπολογικῶς *portam* dicunt. Sed puto luce meridiana clarius ex Græco nomine Δέλτος *liber, tabula*, cognosci potest, quæ etiam olim in Hebræa origine ejus vocis vis esset, ac significatio. Rectissime adeo Josephus, vetus Christianus auctor, in Hypomnestico *Deleth* Δέλτος interpretatur. Cætera ad hunc modum, He *ipsa*, Vau, *in illa*, Zai *vivit*, Heth *vivens*, Caph *tamen*, Lamed *discite*, etc. Vide Drusium in Alphab. Hebraico et Jo. Morin. Exercit. Bibl. p. 504.
(*c*) Sic pro *zain*, quod editi legunt, expressimus e Mss. omnibus, Eusebio, Alphabeto Murbacens. aliisque. Græce est *Zai, Tet*, ac *Jod* quidam Mss. aspirant, ut etiam Eusebius זָה, Iot vel Iaδ forte pro בּוֹיָם olim erat בְּיָה, et דָּיָה pro דוֹד.
(*d*) Ambrosian. Ms. *Fe*, ut quidam ex antiquis. Hier. in Isaiam, *P.* inquit, « litteram sermo Hebraicus non habet, sed pro ea PHI Græco utitur. » Vid. et in Dan. c. 11.
(*e*) Vulgati *sin* de more.

(*f*) Quæ sequuntur usque ad periodi finem absunt a plerisque Mss.
(*g*) Ita Mss. omnes, nec dubium tertiam connexionem respici, adeoque perperam in antea vulgatis haberi, *in quarto numero*.
(*h*) Confer sæpius laudati Josephi Christiani auctoris Hypomnestic. cap. 26. ubi interdum aliter has litteras interpretatur, et connexiones instituit paulo diversas. Vide et Euseb. Præparat. Evang. lib. X. c. 5. et XI. c. 6.
(*i*) Sequimur Mss. et veteris editionis fidem. Alii editi legunt *docere*. Mox abest a Mss. *si velint*.
(*j*) Martianæus, *Felicitatem*, lectore inconsulto.
(*k*) S. Cyprianus Epist. mihi IV. ad Pomponium de Virginibus : *Nemo diu tutus est, periculo proximus.*

(Id est *laboris studiosissima*) nostra Marcella, tribuito. Et memento mei, obsecrans, ut Dominus noster Jesus Christus conterat Satanam sub pedibus nostris velociter.

151 EPISTOLA XXXI (a).

AD EUSTOCHIUM.

De Munusculis.

Quædam munuscula sibi in natali S. Petri ab Eustochio missa, mystica interpretatione trahit ad morum institutionem.

1. Parva specie, sed caritate sunt magna, munera accepisse a Virgine, armillas, epistolam, et columbas. Et quoniam mel in Dei sacrificiis non offertur, nimia dulcedo arte mutata est, et quadam, ut ita dicam, piperis austeritate condita. Apud Deum enim nihil voluptuosum; nihil tantum suave placet; nisi quod in se habet mordacis aliquid veritatis. Pascha Christi cum amaritudinibus manducatur.

2. *Festus dies B. Petri quomodo celebrandus.* — Festus est dies, et natalis beati Petri, festivius est solito condiendus: ita tamen, ut Scripturarum cardinem jocularis sermo non fugiat: nec a præscripto palæstræ nostræ longius evagemur. Armillis in Ezechiele (b) ornatur Jerusalem. Baruch epistolas accipit ab Jeremia. In columbæ specie Spiritus Sanctus allabitur (*Joan.* 1). Itaque ut te aliquid, et piperis mordeat, et pristini libelli (*Epist. de Virgin. servanda*) etiam nunc recorderis, cave ne operis ornamenta dimittas, quæ veræ armillæ sunt brachiorum; ne epistolam pectoris tui scindas, quam a Baruch traditam novacula (c) Rex profanus incidit; ne ad similitudinem Ephraim per Osee audias: *Facta es insipiens, ut columba* (*Osee* 7). Nimium, respondebis, austere, et quod festo non conveniat dici. Talibus ipsa muneribus provocasti: dum dulcibus amara sociata sunt, et a nobis paria recipies, laudem amaritudo comitabitur.

3. Verum ne videar dona minuisse: accepimus et canistrum cerasis refertum, talibus et tam virginali verecundia rubentibus, ut ea nunc a (d) Lucullo delata existimarim. Siquidem hoc genus pomi, Ponto, et Armenia subjugatis, de (e) Cerasunto primus Romam pertulit (*Plin. lib.* 15. *cap.* 25). Unde et de patria arbor nomen accepit. Igitur quia in Scripturis canistrum ficis plenum legimus, cerasa vero non invenimus, **152** in eo quod allatum est, id quod allatum non est, prædicamus; optamusque te de illis pomis fieri, quæ contra Templum Dei sunt, et de quibus Deus dicit: *Quia bona, bona valde.* Nihil quippe Salvator medium amat. Et sicuti frigidum non refugiens, calidis delectatur, ita tepidos in Apocalypsi evomere se loquitur (*Apoc.* 3). Unde nobis sollicitius providendum est, ut solemnem diem, non tam ciborum abundantia, quam spiritus exultatione celebremus. QUIA VALDE ABSURDUM EST, nimia saturitate velle honorare Martyrem, quem scias Deo placuisse jejuniis. Ita tibi semper comedendum est, ut cibum et oratio sequatur, et lectio. Quod si aliquibus displicet, Apostoli verba cantato: *Si adhuc hominibus placerem, Christi ancilla non essem.*

EPISTOLA XXXII (f).

AD MARCELLAM.

Excusat se, quod paucis scripserit, nimirum conferendis cum Aquilæ translatione Hebræis voluminibus occupatus. Brevitatem vero hujus Epistolæ compensat duabus superioribus Epistolis Paulæ et Eustochio directis, quas Marcellæ legendas mittit.

1. Ut tam parvam Epistolam scriberem, causæ duplicis fuit; quod, et tabellarius festinabat, et ego alio opere detentus, hoc quasi παρέργῳ me occupare nolui. Quæris quidnam illud sit tam grande, tam necessarium, quo epistolicæ confabulationis munus exclusum sit. Jam pridem cum voluminibus Hebræorum Editionem Aquilæ confero, ne quid forsitan propter odium Christi Synagoga mutaverit: et ut amicæ menti fatear, quæ ad nostram fidem pertineant roborandam, plura reperio. Nunc a Prophetis, Salomone, Psalterio, Regnorumque libris examussim recensitis, Exodum teneo, quem illi ELLE SMOTH vocant, ad Leviticum transiturus. Vides igitur quod nullum officium huic operi præponendum sit. Attamen ne Currentius noster forte frustra cucurrerit, (g) duas Epistolas, quas ad sororem **153** tuam Paulam ejusque pignus Eustochium miseram, huic sermunculo annexui: ut dum illas legeris, et in his aliquid doctrinæ pariter ac leporis inveneris, putes tibi quoque scripta esse, quæ illis scripta sunt.

2. Albinam communem matrem valere cupio: de corpore loquor, ut spiritu valeat, non ignorans: eamque per te salutari obsecro, et duplici pietatis officio focillari, quod in una atque eadem Christiana simul diligatur, et mater.

EPISTOLA XXXIII (h).

AD PAULAM (i) PARS QUÆDAM.

Indicem operum Origenis contra Varronis Opera conferens, ostendit, Ecclesiam Christi habuisse Scriptorem, qui omnes Græcos Latinosque superasset etiam librorum editorum multitudine.

1. *Varro et Chalcenterus copiosissimi Scriptores.* — Marcum Terentium Varronem miratur Antiquitas,

---

(a) Alias 19. *Scripta eodem anno* 384.
(b) Haud bene Martianæus post Erasm. *armatur*.
(c) Joachimus Rex Judæ, ut а Jerem. cap. 36. v. 25. Mox *neque* erat pro *ne*.
(d) Hæc Florus tradit lib. 3. c. 5. Plutarchus in Vita Luculli, et Plinius lib. x. c. xx. aliique. Tertullian. Apologetic. advers. Gentes, « male cum Lucullo actum est, qui primus cerasa ex Ponto Italiæ promulgavit. »
(e) Quidam Mss. *de Ceraso sumptum*, quæ non incongrua lectio est, proprie enim urbs illa Cerasus, seu κεραςοῦς appellatur, tametsi quemadmodum a *Sipus Sipuntum*, et *Hidruntum ab Hidrus* dicitur, hæc quoque Cerasuntum vocari poterit.

(f) *Alias* 74. *Scripta paucis diebus post duas superiores.*
(g) Duæ nempe superiores, quarum una *ad Paulam de Hebraico Alphabeto*, altera *ad Eustochium de munusculis* inscribitur.
(h) *Scripta circiter an.* 384.
(i) Huc ex Ruffini Invectivarum l. 2. adscita est epistola, cujus eminit ipse Hier. lib. de Script. Ecclesia-

quod apud Latinos tam innumerabiles libros scripserit. Græci (a) Chalcenterum miris efferunt laudibus, quod tantos libros composuerit, quantos quivis nostrum alienos sua manu describere non possit. Et quia nunc otiosum est apud Latinos, Græcorum voluminum indicem texere, de eo qui latine scripsit, aliqua commemorabo; ut intelligamus nos Epimenidis dormire somnum, et studium quod illi posuerunt in eruditione sæcularium scripturarum, nos in congregandis opibus ponere.

2. Scripsit itaque Varro quadraginta quinque libros Antiquitatum: quatuor de vita populi Romani.....

3. *Origenes.* — Quorsum Varron's, et Chalcenteri mentio facta sit quæritis? Videlicet, ut ad Adamantium, nostrumque Chalcenterum veniamus: qui tanto studio in sanctarum Scripturarum labore sudavit, ut juste Adamantii nomen acceperit. Vultis nosse quanta ingenii sui reliquerit monimenta? sequens titulus ostendit.

154 Scripsit in Genesim libros (b) tredecim.
Mysticarum Homiliarum libros duos.
In Exodum Excerpta.
In Leviticum Excerpta......
Item Monobiblia.
Περὶ Ἀρχῶν libros quatuor.
De Resurrectione libros duos.
Et alios de Resurrectione dialogos duos....

4. Videtisne, et Græcos pariter, et Latinos unius labore superatos? Quis enim unquam tanta legere potuit, quanta ipse conscripsit? Porro (al. *Pro*) hoc sudore quid accepit pretii? Damnatur a Demetrio Episcopo, exceptis Palestinæ, et Arabiæ, et Phœnicis atque Achaiæ Sacerdotibus. In damnationem ejus consentit urbs Romana: ipsa contra hunc cogit senatum, non propter dogmatum novitatem, non propter hæresim, ut nunc adversus eum rabidi canes simulant: sed quia gloriam eloquentiæ ejus, et scientiæ ferre non poterant, et illo dicente, omnes muti putabantur.

5. Hæc quare scripserim, et ad pauperis lucernæ igniculum, cito sermone, sed non cauto dictaverim,

potestis intelligere, si Epicuros (1) et Aristipos cogitetis.

EPISTOLA XXXIV (c).

AD MARCELLAM (2),

De aliquot locis Psalmi CXXVI.

Quid sit panis doloris, *quidque* filii excussorum *in Psalmo* 126. *eleganter exponit, excusans interea sanctum Hilarium, quod deceptus ab Heliodoro Presbytero, non bene intellexerit* excussorum *verbum.*

1. Beatus Pamphilus Martyr, cujus vitam Eusebius Cæsariensis Episcopus, **155** tribus (d) ferme voluminibus explicavit, cum Demetrium Phalereum, et Pisistratum in sacræ Bibliothecæ studio vellet æquare, imaginesque ingeniorum, quæ vera sunt, et æterna monumenta, toto orbe perquireret, tunc vel maxime Origenis libros impensius prosecutus, Cæsariensi Ecclesiæ dedicavit: quam ex parte corruptam, Acacius dehinc, et Euzoius ejusdem Ecclesiæ sacerdotes in membranis instaurare conati sunt. Hic cum multa repererit, et inventorum nobis indicem dereliquerit, centesimi vigesimi sexti Psalmi Commentarium (e), et PHE litteræ Tractatum, ex eo quod non inscripsit, confessus est non repertum. Non quod talis tantusque vir (Adamantium dicimus) aliquid prætierit, sed quod negligentia posterorum ad nostram usque memoriam non duravit. Hoc ideo dixi, ut quia de eodem Psalmo mihi proposuisti, quid esset *panis doloris,* in eo quod dicitur: « Vanum vobis est ante lucem surgere, surgite postquam sederitis, qui manducatis panem doloris, » ostenderem me de Origenis Commentariis quid senserit, non habere.

2. Unde ad Hebræum recurrens, inveni pro *pane doloris* scriptum, LEEM AASABIM, quod Aquila interpretatus est, ἄρτον (f) τῶν διαπονημάτων, id est, *panem elaborationum.* Symmachus ἄρτον κακοπαθούμενον, quod exponitur, *panem ærumnosum.* Quinta Editio, et Theodotion, qui in cæteris cum Septuaginta Translatoribus facit, *panem idolorum.* Sexta πλάνης, id est, *erroris.* Nec mirandum est de Aquila, si διαπονήματα pro *idolis* ponat, cum opera manuum hominis sint, et prophetice populus arguatur ad templum diluculo frustra consurgere, et post quietem ad sanctuarium festinare, cum idola, Dei honore venerentur: se-

---

stic. in Origen. ubi, *indicem,* inquit, *operum ejus in voluminibus Epistolarum, quas ad Paulam scripsimus, in quadam Epistola contra Varronis opera conferens, posui.* Ipsa autem pro majori parte cum aliis plerisque videtur excidisse. Meminit etiam S. Isidorus *Originum* lib. 6. c. 7. atque exs ribit.

(a) Didymum nempe Alexandrinum Grammaticum, qui ob indefessum scribendi studium, atque assiduam erga libros moram, *Chalcenteri,* sive *ærei pectoris* nomen est consecutus. Quatuor mille libros traditur scripsisse, quorum ne unus quidem ad hanc usque ætatem pervenit.

(b) Totidem enumerat etiam in sequenti Epist. 58. ad Damasum in fine quæst. prim. Sed *duodecim* tantum Eusebius memorat VI. 24. ex eoque Suidas in voce *Origenes,* et Nicephorus XV. 3. Cum vero apud Hieronymum nostrum, qui ad Damasum loco citato expressis verbis « duodecimum, et tertium decimum in Genesim librum » asserit ab Origene dictatum super Cain vindicta, errorem in numero suspicari non possumus, in exemplari, quod præ manibus habebat, opinari licet, duodecimum librum in duos fuisse dispertitum, quorum alter tertius decimus prænotaretur. Adde præter librum περὶ Ἀρχῶν, atque eum quidem ex Rufini versione, reliquos hic memoratos periisse.

(c) d. 144 *scripta eodem anno* 584.

(d) Nimirum integris; *ferme* enim hic pro *facile* accipitur, neque eorum probamus sententiam, qui aliquid amplius Hieronymi ævo fuisse volumen, quam liber, ex eo putant, quod in Catalogo absolute tres libros dicat de vita Pamphili ab Eusebio exaratos.

(e) Iunii putat Martianæus in Hebraici Alphabeti litteras editos ab Origene tractatus; nobis est longe verosimillimum superioris Psalmi centesimi decimi octavi partem illam indicari, quæ sub *Phe* exhibetur; peculiari enim unaquæque littera tractatu donata est a veteribus, quod apud Hilarium, Augustinum, aliosque videre est, ut veluti tot seorsim Psalmi haberentur, quod ab una littera versiculi inscripti sunt.

(f) Minus bene vetusta editio, διακονούντων; nec satis vere ad Symmachum legendum quidam putant κακοπαθουμένου, et *ærumnosorum.*

(1) Romani Presbyteri his traducuntur nominibus qui Hieronymum statim a Damasi obitu insectabantur.

(2) Consule chronicas posteriores notas ad hanc Epist. in Præfatione.

cundum quod Ezechiel scripsit in ipso templo, sacrificare idolis sacerdotes. Ut autem plenius adducaris, pro *dolore* in Hebræo *idola* posita, hoc ipsum verbum, hoc est, ASABIM, etiam in centesimo decimo tertio Psalmo scriptum est, Septuaginta quoque *idola* transtulerunt. **156** Nam et in eo loco ubi legimus, *idola gentium, argentum, et aurum, opera manuum hominum;* in Hebræo habetur, ASAREEM, quod Aquila interpretatur *elaborationes eorum*. Unde cum ita veritas se habeat, non frustra quidam doloris panem, aut hæreticorum intelligunt sacramenta, aut vitæ istius miserabilis, et ærumnosæ interpretantur laborem: apud quam in sudore faciei comedimus panem nostrum, et inter spinas, et tribulos brevis vitæ alimenta nascuntur.

3. Illud quoque de eodem Psalmo interrogare dignata es: *Qui sint filii excussorum?* Miror te in Hilarii Commentariis non legisse, excussorum filios, credentium populos interpretari, quod scilicet Apostolos illo nomine putaverit appellatos, quibus in Evangeliis sit præceptum, in quamcumque civitatem introierint, et non fuerint recepti, excutere pulverem pedum suorum in testimonium non credentium (*Matth.* 10; *et Marc.* 6). Licet tu argute præcaveris, non posse Apostolos sub nomine excussorum intelligi, cum sit aliud excutientium, aliud excussorum: quia excutientes sunt, qui excutiant, excussi vero, qui ab aliis excutiantur. Et incongruum esse excussos Apostolos accipi, qui magis excutientes debuerint appellari. Quid igitur faciam? Tantum virum, et temporibus suis disertissimum (*a*) reprehendere non audeo: qui et confessionis suæ merito, et vitæ industria, et eloquentiæ claritate, ubicumque Romanum nomen est, prædicatur: nisi quod non ejus culpæ ascribendum est, qui Hebræi sermonis ignarus fuit, Græcarum quoque litterarum quamdam auram cœperat, sed Heliodori Presbyteri, quo ille familiariter usus est, ea quæ intelligere non poterat, quomodo ab Origene essent dicta, quærebat. Qui, quia in hoc Psalmo Commentarium Origenis invenire non potuit, opinionem magis insinuare suam, quam inscitiam voluit confiteri. Quam ille sumptam claro sermone disseruit, et alienum errorem disertius (*b*) executus est.

157 4. Restat igitur, ut rursum ad fontem sermonis recurramus Hebræi, et videamus, quomodo scriptum sit. Ubi nos habemus, *sicut filii excussorum*: ibi legitur, CHEN BNE ANNAURIM, quod Aquila interpretatus est, *sicut filii pubertatis*. Symmachus, et Theodotion, *sicut filii juventutis*. (*c*) Sexta ἐκδόσεις νοῦ, quod nos dicere possumus, *excuti sensus*. Ex quo manife-

stum est, adolescentiæ populos intelligi Christianos, secundum illud exemplum, quod Deus suos sanctos in modum arcus et sagittarum dicatur extendere; ut in Propheta Zacharia: « quoniam extendi te mihi Juda, ut arcum » (*Zach.* 9. 13). Et Salvator de semetipso: « Posui me sicut sagittam electam. Et in pharetra sua abscondit me » (*Isai.* 49. 2). Denique in sequenti versu, exceptis Septuaginta, qui aliter transtulerunt, et in Hebræo, et in cunctis Editionibus ita reperi: « Beatus vir, qui replevit pharetram suam ex ipsis; ut quia metaphoram semel sumpserat ex sagittis, et in pharetra quoque translatio servaretur. *Excussos* autem et consuetudo sermonis humani *vegetos* et *robustos* et *expeditos* vocat: et ipsi Septuaginta Interpretes in Esdræ libro, pro juvenibus transtulerunt, in quo ita scribitur: « Et factum est ex die illa, medii excussorum faciebant opus, et medii eorum habebant hastas et scuta et arcus et thoraces et principes post omnem domum Juda, ædificantium in muro » (*Neem.* 4. 16). Ex quo animadvertimus, et in præsenti loco pro adolescentibus atque puberibus, *excussos* positos: non ut ille opinatus est pro Apostolis, qui excussi a pedum excussione dicantur. Legi et cujusdam librum, et elegantem in eo sensum reperi, *excussos* Judæos dici a templo, et lege et gratia Domini, pro eo quod est *reprobos*: et eorum esse filios Apostolos, qui ex ipsorum semine procreentur, et in similitudinem sagittarum manu Domini contineantur.

5. In sequenti quoque Psalmo Heliodorus magis quam noster Hilarius erravit, qui de eo loco, in quo scriptum est: **158** «Labores fructuum tuorum manducabis,» varia opinatus, asseruit magis stare sententiam, si scribatur (*d*): *fructus laborum* aliquem manducare, et non *labores fructuum*: unde spiritualem intelligentiam debere perquiri. Et ex hac occasione longam ingrediens disputationem, tanta operositate, quod volebat intelligi, usus est persuadendi, quanta semper falsitas indiget, ut vera videatur: cum in hoc loco non Septuaginta Interpretes, sed Latini de (*e*) Græci verbi ambiguitate decepti, καρποὺς *fructus*; magis quam *manus* interpretati sint; cum καρποί, *manus* quoque dicantur: quod in Hebræo ponitur

---

(*a*) Modeste Hilarii sententiam respuit Hieronymus, imo culpam, si qua est, totam confert in Heliodorum. At alioqui doctiss. S. Hilarii editor Benedictinus non intellectum ab Hieronymo Hilarium contendit, quod hic v. cem *excussorum* active sumpserit ab *excussor*, non passive ab *excussus*; quod apprime falsum est, et Hilarii locum attendenti constabit.

(*b*) Duo nostri probæ notæ Mss. aliique penes Martian. *et alieno errore disertius excusatus est.*

(*c*) Sin verius, et ad Mss. fidem, certe concinniori sensu legerant Victorius et Drusius ἐκδόσεις νοῦ. At Martianæus

ἀκόνας fecit ex Mss. e quibus rursum alii malunt ἰκόνας; utroque autem modo non *acutum*, sive *exacutum*, quod Hieronymus intendit, sed acumen ipsum significatur, neque adeo satis recte *filii acuminis* sensus pro *filii exacuti sensus* dicerentur. Nos quam restitui debere duximus lectionem ἐκόνας, novo conatu ex Mss. expiscati sumus, etsi enim plerumque ibi ΕΚΟΝΕΟΣ per E litteram initio efferatur, ea tamen et sono eadem cum Η, et schemate haud multum distat: certe Α longe proximior est. Accedit perquam commodior Græci vocabuli analogia, qua nimirum facile potuit sextæ hujus versionis auctor ἐκόνας adjectivum nomen ab ἀκόνη verbo, quod est *exacuo*, deduxisse, quandoquidem et νεακονής pro recens acuto a Sophocle, aliisque melioris Græcitatis auctoribus usurpari compertum est.

(*d*) Non igitur sugillat Hilarium, quod prætulerit, *labores fructuum* pro *labores manuum*, ut sibi persuadet Hilarii ejusdem editor Benedictinus, sed quod vel ipse, vel potius Heliodorus, inconsulto Græco textu, *fructus laborum* pro *labores fructuum*, approbaverit, eamque magis stare sententiam dixerit. Vide Tractat. in Psalm. 127. num. 4. et 5.

(*e*) Martianæus post Erasmum *Latini de Græco*.

CHAPHACH. Et Symmachus, Quintaque Editio transtulerunt, *manuum tuarum*, ut ambiguitatem prioris sermonis effugerent.

6. Cum hæc furtivis, ut aiunt, operis ad lucubratiunculam velox notarii manus me dictante signaret, et plura dicere cogitarem, jam ferme quarta noctis hora excesserat, et repente stimulis quibusdam dolentis stomachi suscitatus, in orationem prorupi, ut saltem reliquo horarum spatio, subrepente somno, frustraretur infirmitas.

EPISTOLA XXXV (a).

DAMASI PAPÆ AD HIERONYMUM.

Hieronymum, cujus scripta multa se cum aviditate legere profitetur, enixe Damasus rogat, ut subjectis V. quæstionibus ex Veteri Testamento respondeat.

Dilectissimo filio HIERONYMO DAMASUS.

1. « Dormientem te, et longo jam tempore legentem potius, quam scribentem, quæstiunculis ad te missis excitare (b) disposui : non quo et legere non debeas : hoc enim veluti quotidiano cibo alitur et pinguescit oratio : sed quod lectionis fructus sit iste, si scribas. Itaque quoniam et (c) heri tabellario ad me remisso, nullas te jam epistolas habere dixisti, exceptis his, quas aliquando in eremo dictaveras, quasque tota aviditate legi atque descripsi : (d) et ultro pollicitus es te furtivis noctium operis aliquas, si vellem, posse dictare; libenter accipio ab offerente, quod rogare volueram (e) etiam si negasses. Neque vero ullam puto digniorem disputationis nostræ confabulationem fore, quam si de Scripturis sermocinemur inter nos : id est, ut ego interrogem, tu respondeas. Qua vita nihil puto in hac luce jucundius, quo animæ pabulo omnia mella superantur. » Quam dulcia, inquit Propheta, (f) *gutturi meo eloquia tua, super mel ori meo* (Ps. 118. 103). « Nam cum idcirco, ut ait præcipuus orator, homines a bestiis differamus, quod loqui possumus : qua laude dignus est, qui in ea re cæteros superat, in qua homines bestias antecellunt? »

2. « Accingere igitur, et mihi quæ subjecta sunt dissere, servans (g) utrobique moderamen, ut nec proposita solutionem desiderent, nec epistola brevitatem. Fateor quippe tibi, eos quos mihi jampridem (h) Lactantii dederas libros, ideo non libenter lego, quia et plurimæ epistolæ ejus (al. *hujus*) usque ad mille spatia versuum tenduntur, et raro de nostro dogmate disputant : quo fit, ut et legenti fastidium generet longitudo : et si qua brevia sunt, scholasticis magis sint apta, quam nobis, de metris et regionum situ et philosophis (i) disputantia.

1. « Quid sibi vult quod in Genesi scriptum est. *Omnis qui occiderit Cain, septem vindictas exsolvet?* » (Gen. 4. 15.)

2. « Si omnia Deus (j) fecit bona valde, quare Noe de mundis et immundis animalibus præcepit, cum immundum nihil bonum esse possit? Et in novo Testamento post visionem, quæ Petro fuerat ostensa dicenti : *Absit, Domine, a me, quoniam commune, et immundum nunquam introivit in os meum*, vox de cœlo responderit : *Quod Deus mundavit, tu commune ne dixeris?* » (Act. 10. 14 et 15.)

3. « Cur Deus loquitur ad Abraham, quod quarta progenie filii Israel essent (k) de Ægypto reversuri, et postea Moyses scribit » : *Quinta autem progenie exierunt filii Israel de terra Ægypti* (Exod. 13. 18. *juxta LXX*) : » quod utique nisi exponatur, videtur esse contrarium. »

4. « Cur Abraham fidei suæ signum in circumcisione suscepit? »

5. « Cur Isaac vir justus, et Deo carus, non illi cui voluit, sed cui noluit deceptus errore, benedixit? »

EPISTOLA XXXVI (l).

Seu rescriptum

HIERONYMI AD DAMASUM

Præmissa excusatione morarum, ac prætermissis tantum duabus Quæstiunculis, secunda et quarta a Tertulliano, Novatiano, ac Origene disputatis, reliquis tribus copiose respondet.

Beatissimo Papæ Damaso HIERONYMUS.

1. Postquam epistolam tuæ Sanctitatis accepi, confestim accito notario, ut exciperet imperavi : quo ad officium præparato, quod eram voce prompturus, ante mihi cogitatione pingebam. Interim jam et ego linguam, et ille articulum movebamus, cum subito Hebræus (m) intervenit, deferens non pauca volumina, quæ de Synagoga quasi lecturus acceperat. Et illico habes, inquit, quod postulaveras : meque dubium, et quid facerem nescientem, ita festinus exterruit, ut omnibus prætermissis ad scribendum transvolarem : quod quidem usque ad præsens facio. Verum quia (n) heri diacono ad me misso, ut tu putas Epistolam, ut ego sentio, Commentarium te expectare dixisti, brevem responsionem ad ea deside-

---

(a) *Alias* 124. *Scripta anno* 384.
(b) Quidam Mss. *debni*.
(c) Olim *Etherio tabellario*, quo modo ne unum quidem manuscriptum legisse invenimus ; sed cum datam Hierosolymis hanc epistolam abs Hieronymo ex præconcepta Baronii ad an. 378. opinione sibi persuasisset Reatinus Episcopus, confictam lectionem tueri impendio conatus est.
(d) Vaticanus *et quia pollicitus es*; idemque *furtiri noctium operis*, quod alii plerique Mss. *furtivis noctium horis*, vel *operibus*.
(e) Victorii Codices omittunt *etiam*.
(f) Alii Mss. inverso parumper ordine, « super mel et favum ori meo eloquia tua Domine. »
(g) Vaticanus *utrumque*, et mox *Epistolæ*, ut et alii Mss. habent pro *Epistola*.
(h) Idem Vaticanus *mendose lectitanti*, et paulo post pro *hujus usque* legit *ejus neque*.

(i) Non pauci Codd. *disputandis*, alii *disputantibus*, quod ad superiorem vocem *Scholasticis* referri potest. Sed et supra plurimum veteres membranæ variant, dum pro *metris* aliæ *muniis*, aliæ *meritis* habent.
(j) Vaticanus *facit*, et paulo infra in hac eadem quæstione *introivit* pro *introibit*.
(k) Cisterciensis olim Nonantulanus habet *exituri*.
(l) *Alias*. 125 *scripta altero post superiorem die*.
(m) Idem Cisterciens. Ms. « Hebræus quidam intervenit. »
(n) Idem rursus *heri a Diacono* : Vatic. 393. *heri archidiacono*. Victorius vero ex præconcepta opinione quam in superiori epistola explodimus, *Etherio Diacono*.

rans, quæ singula magnorum voluminum (*a*) prolixitate indigent, ταῦτά τοι ἐξηγεῖσθαι, duabus tantum Quæstiunculis prætermissis : non quo non potuerim ad illas aliquid respondere, sed quod ab eloquentissimis viris, Tertulliano (*b*) nostro scilicet, et Novatiano, latino sermone sint editæ; et si nova voluerimus afferre, sit latius disputandum. **161** Certe exspecto quid placeat : utrumne epistolari brevitate sententias tibi velis digeri aut singulorum libros confici. Nam et Origenes in quarto Pauli ad Romanos (*c*) ἐξηγήσεων tomo de circumcisione magnifice disputavit : et de mundis atque immundis animalibus in Levitico plura disseruit : ut si ipse invenire nihil possem, de ejus tamen fontibus mutuarer. Et ut verius loquar, Didymi de Spiritu sancto librum in manibus habeo, quem translatum tibi cupio dedicare : ne me existimes tantummodo dormitare, qui lectionem sine stilo somnum putas. Antelatis itaque problematibus, quæ epistolæ tuæ subjeceras, quid mihi videretur annexui, veniam postulans, et festinationis pariter et morarum : festinationis, quia ad unam lucubratiunculam dictare (*d*) voluerim multorum opus dierum; tarditatis, quia alio opere detentus, non statim ad interrogata rescripsi.

2. *Quid sibi vult quod in Genesi scriptum est* : Omnis qui occiderit Cain, septem vindictas exsolvet ?

Antequam de Quæstione dicamus, rectum videtur ut editiones interpretum singulorum cum ipso Hebraico (*e*) conferentes sermone, digeramus, quo facilius Scripturæ sensus possit intelligi. Vaiomer lo adonai lochen chol orec cain sobathaim joccamo. Aquila. « Et dixit ei Dominus : Propterea omnis qui occiderit Cain, septempliciter ulcisceretur. » Symmachus : « Et dixit ei Dominus : Non sic, sed omnis qui occiderit Cain, (*f*) hebdomas, sive septimus vindicabitur. » Septuaginta et Theodotio : Et dixit ei Dominus : « Non sic, sed omnis qui occiderit Cain, septem vindictas exsolvet. » Postquam Cain occiderat fratrem, interrogatus a Domino : « Ubi est Abel frater tuus ? » contumeliose respondit, « Nescio : nunquid custos fratris mei sum ? » Quamobrem maledictione damnatus, ut gemens et **162** tremens viveret super terram, noluit veniam deprecari : sed peccatis peccata congeminans, tantum putavit nefas, cui a Domino non posset ignosci. Denique respondit Domino : « Major mea causa est, quam ut dimittar, » id est, plus peccavi, quam ut merear absolvi. « Ecce ejicis me hodie a facie terræ, et a facie tua abscondar, et ero gemens et tremens super terram : et erit, omnis qui invenerit me, occidet me. » Ejicior, inquit, a conspectu tuo, et conscientia sceleris, (*g*) lucem ipsam ferre non sustinens, abscondar ut latitem. « Eritque, omnis qui invenerit me, occidet me : » dum ex tremore corporis (*h*) et furiatæ mentis agitatu, eum esse intelligit, qui mereatur interfici. Verum Deus nolens eum compendio mortis finire cruciatus, nec tradens pœnæ, qua se ipse damnaverat, ait. « Non sic, » id est, non ut æstimas, morieris, et mortem pro remedio accipies : verum vives usque ad septimam generationem, et conscientiæ tuæ igne torqueberis, ita ut quicumque te occiderit, secundum duplicem intelligentiam, aut in septima generatione, aut septimo te liberet cruciatu. Non quod ipse qui occiderit Cain, septem ultionibus subjiciendus sit : sed quod septem vindictas, quæ in Cain tanto tempore cucurrerunt, solvat interfector, occidens eum qui vitæ fuerat derelictus ad pœnam.

3. Ut autem quod dicimus manifestius fiat, quotidianæ consuetudinis ponamus exemplum. Loquatur inter verbera servus ad dominum : quia incendi domum tuam, et universam substantiam tuam dissipavi, interfice me. Dominusque respondeat : Non ut vis, morieris, et finies morte supplicia ; verum longo tempore custodieris ad vitam, et tam infeliciter in hac luce versaberis, ut quicumque te occiderit, beneficium præstet occiso : dum te de tam multis liberet cruciatibus. Et secundum Septuaginta quidem editionem hic nobis sensus videtur.

163 4. De eo autem quod Aquila posuit, *septempliciter* : et Symmachus, (*i*) *hebdomas* sive *septimus ulciscetur*, majorum nostrorum ista sententia est, quod putant in septima generatione a Lamech interfectum Cain. Adam quippe genuit Cain, Cain genuit Enoch, (*j*) Enoch genuit Irad, Irad genuit Maviael, Maviael ge-

---

(*a*) Vocem *prolixitate* ignorat Vatic. liber; græca autem verba, quæ sæpius Mss. depravati, latine significant, « hæc tibi ex tempore commentatus sum. »

(*b*) In Vatic. Ms. aliisque antiquioribus desideratur *nostro*, quo nomine ex Hieronymi sensu ac phrasi nil nisi latinus auctor designatur.

(*c*) Græcam vocem ἐξηγήσεων, quæ latine *enarrationes*, sive *commentarios* sonat, duo prolixæ notæ Mss. penitus ignorant, alii ἐξηγητικῶν legunt.

(*d*) Vatic. : « Dictare volui rem dierum. »

(*e*) Expungi absque sensus dispendio commode possunt duæ voces *conferentes sermone*, quas aut nullus aut recentior aliquis Ms. tantum agnoscit. In Vatic. autem desideratur etiam *Scripturæ sensus*, et paulo post *Sobothai* legitur pro *sobathaim*. In Ambrosian. P. 60 antiquissimo *lachem*, et *saphataim*. Vid. Quæstion. in Genesin.

(*f*) Plerique omnes Mss. *hebdomadas*, unde Erasm. *hebdomada*. Mallem ego *hebdomatos*, ex græco ἑβδόματος, quod latine est *septimus* ; nam quod Martianæus conjicit fortasse legendum *hebdomos*, sive ἕβδομος, etsi idem est sensus, longius tamen distat a Mss. lectione. *Hebdomas* autem, quam vocem ex ingenio cudit Victorius, alii omnes amplexati sunt, et veterum codicum caret auctoritate, et maxime incongrua est, non enim *septimam*, sed *numerum septenarium*, vel *septem dierum spatium* sonat. Interim totam Symmachi interpretationem sic exhibet Ambrosian. « Symmachus, et dixit ei Dominus : Propterea omnis qui occiderit Cain, hebdomadas, aut septies vindicabitur. »

(*g*) Excusi addunt hic *tremebundus*, quod plerique Mss. non habent, nec Hieronymianæ interpretationi interest.

(*h*) Alii Mss. : « furiatæ mentis agitatum eum esse intelliget; » et mox « compendiose mortis. » Ambrosian. « dum extremo corporis et furiatæ mentis agitatu eum, » etc.

(*i*) Rursum eadem occurrit difficultas ; quam superiori adnotatione *d*. eventilavimus. Si conjectura nostra tanti est, ea certo locus restituitur et sensus ; Mss. enim omnes constanter hoc quoque in loco *hebdomadas* legunt, quanquam in sequenti voce varient nonnulli, qui *sive septen*, et *sive septies* præferunt, vitiose tamen, ut nullus dubitat. Porro, quam majorum fuisse de Lamecho Caini in septima generatione interfectore, sententiam tradit Hieron., occurrit ea quidem in vetustiorum scriptis, eamque tuetur Josephus vetus christianus auctor in Hypomnestico cap. 5 ; sed alii e contra ab antiquis temporibus contitant, et præcipue S. Basilius Magnus, Epist. 317, quam non pigebit consuluisse.

(*j*) Cod. Cisterciens. cum Vaticano, aliisque, « Enoch genuit Cainan (alii Gaidad) Cainan genuit Malaleel, Malaleel genuit Mathusalem, » etc.

genuit Mathusala, Mathusala genuit Lamech, qui septimus ab Adam, non sponte (ut in quodam hebraeo volumine scribitur) interfecit Cain : ut ipse postea condiretur, « quia virum occidi in vulnere meo, et juvenem in livore meo : quoniam septies vindicabitur de Cain : de Lamech autem septuagies septies »(*Gen.* 4, 23, 24). Hoc quidem de Cain, quod in septima generatione (*a*) a Lamech interfectus sit, et juxta aliam editionem, poenam sui sceleris dederit : quod tot generationibus gemens et tremens viveret super terram, nihil obscuri arbitror remansisse.

5. *Vindictae 77. in Lamech exsolvendae.* — Nunc illud quod non interrogaveras, dum aliud agitur, irrepsit. Quae sint septuaginta septem vindictae, quae in Lamech exsolvendae sint. Aiunt, ab Adam usque ad Christum generationes septuaginta septem. Lege Lucam Evangelistam, et invenies ita esse, ut dicimus. Sicut ergo septima generatione Cain peccatum est dissolutum, non enim vindicabit Deus bis in idipsum, et qui semel recepit mala in vita sua, non eosdem cruciatus patietur in morte, quos est passus in vita : ita et Lamech peccatum, id est, totius mundi atque sanguinis, qui effusus est, Christi (*b*) adventu : qui tulit mundi peccata, qui lavit amictum suum sanguine uvae, et torcular calcavit solus : qui de Edom ad coelum rubicundus ascendens (*Isai.* 63. 1. 3), clamantibus angelis miraculum praebuit : « Elevate portas, principes, vestras, et introibit rex gloriae » (*Psal.* 23. 7), et caetera. Referebat mihi quidam Hebraeus in apocryphorum libris septuaginta septem animas ex Lamech **164** progenie reperiri, quae diluvio deletae sint : et in hoc numero de Lamech factam esse vindictam, quod genus ipsius usque ad cataclysmum perseveraverit.

6. *Cain septem peccata.* — Alii de septem vindictis Cain varia suspicantur. Primum ejus asserunt fuisse peccatum, quod non recte diviserit. Secundum, quod inviderit fratri suo. Tertium quod dolose egerit, dicens : « Transeamus in campum » (*Gen.* 4. 8). Quartum, quod interfecerit. Quintum, quod procaciter negaverit, dicens : « Nescio, numquid custos fratris mei sum » (*v.* 9)? Sextum, quod se ipsum damnaverit, dicens : « Major culpa mea est, quam ut dimittar » (*v.* 13). Septimum, quia nec damnatus egerit poenitentiam, secundum Ninivitas, et Ezechiam regem Juda : qui imminentem mortem lacrymis sustulerunt (*c*) ut qui damnati fuerant, non perirent, sed agentes poenitentiam, impetrarent misericordiam Dei. Nam tradunt illum a clementissimo Deo, ideo usque ad septem generationes fuisse dilatum, ut saltem malis ipsis, et (*d*) longaevitate maeroris compulsus, poenitentiam ageret, et mereretur absolvi.

7. Nonnulli septenarium numerum plenum et perfectum interpretantur, de multis Scripturarum locis testimonia contrahentes : et hunc esse sensum quem supra perstrinximus, quod qui interfecerit Cain, ab ingenti eum (*e*) afflictione, et omnia supplicia transeunte liberet poena.

8. Sunt autem qui et de Evangelio interrogationem Petri replicent : « Domine, quoties peccabit in me frater meus, et dimittam ei : usque septies ? Dicit ei Jesus : Non dico tibi usque septies, sed usque septuagies septies » (*Matth.* 18. 21. *et* 22). Et putant mortem atque peccatum in septima progenie sabbatizasse, quando Enoch raptus est, « et non inveniebatur, quia transtulit illum Deus » (*Gen.* 5. 24). De septuaginta autem et septem, illam expositionem **165** sequuntur : in adventu Christi, mortis atque peccati aculeum esse confractum.

9. Ponam et aliam opinionem, ne quid videar praetergressus. Quidam septimum annum remissionis, et quinquagesimum Jubilaei, et quadringentesimum nonagesimum, quod voluerit intelligi septuagies septies, multis modis interpretantur : asserentes ob hanc causam quinquagesimi et quingentesimi numeri (*f*) sacrati, in Evangelio positum debitorem : et quinquagesimum Psalmum poenitentiae : qui septem conficitur septimanis, et in principium ogdoadis erumpit. Verum ne longius sermo procedat, hucusque super hoc locutum esse sufficiat, quia et ex his quae respersimus, ingentem tibi disputationis silvam poteris ipse conficere : sciens Origenem, duodecimum et (*g*) tertiumdecimum in Genesim librum de hac tantum Quaestione dictasse.

10. *Cur Deus loquitur ad Abraham, quod quarta progenie, filii Israel essent de Aegypto reversuri : et postea Moyses scribit:* Quinta autem progenie ascenderunt filii Israel de terra Aegypti? Quod utique nisi expanatur, videtur esse contrarium.

Hoc vero problema cum legissem, coepi mecum tacitus aestuare, et e vestigio Genesim, Exodumque percurrens, reperi loca, in quibus scripta sunt, quae videntur facere quaestionem. Ac primo aestimabam spiritualibus spiritualia comparans, indissolubilia esse, sicut et multa sunt alia. Nam et Mathu-alam quatuordecim annos post diluvium vixisse scribitur, nec tamen ingressus est arcam cum Noe. Et cum ipse Deus locutus sit ad Abraham : « Sciendo scies, quia peregrinum erit semen tuum in terra non sua, et in servitutem redigent eos et affligent, et humiliabunt

---

(*a*) In plurimis Mss. desiderantur *a Lamech*, et paulo post tota haec pericope: « quod tot generationibus gemens ac tremens viveret super terram. »

(*b*) Aldus vulgati *solvetur*. Mox Cistere. Ms.: « qui tollit peccata mundi. »

(*c*) Ferme glossatoris ingenium, sapiunt mihi ista : « ut qui damnati fuerant non perirent, sed agentes poenitentiam, impetrarent misericordiam Dei. » Certe in Vatican. antiquissimo, atque optimae notae Mss. non tribuntur, neque etiam ea illorum loco Deus et egenis vitis postulat, quin eos sospites faveret in ipsis, ac medios fluctus reduceret. Hactenus fortasse glossator in libri alio annotaverat, quae postea irrepserit in textum.

(*e*) Aliquot Mss. *longa vitae maerore*, non alio sensu.

(*e*) Duo Mss. *ut qui interficeret*, et mox *liberaret*. Vatic. autem integro adhuc sensu vocem *afflictione* omittit. Ambrosian. deinde, *ad omnia supplicia transeunte*, quae ad *eum* refert.

(*f*) Vatic. atque Ambrosianus cum aliis decem Mss. *sacrate*, quod est mysticae, etsi minus Latine, forte-se vera.

(*g*) Non nisi duodecimum Origenis Libros in Genesim numerat Eusebius, Nicephorus, alii: aliqui quos et pro adnutivimus in epistol. 33, ad Paulam, ubi etiam qui actum sit, ut tertium decimum Hieronymus noverit, explicamus.

eos annis quadringentis (*Gen.* 15. 13): » postea Moyses scribit in Exodo: « Et factum est post quadringentos et triginta annos, exivit omnis (*a*) potentia Domini de terra Ægypti » (*Exod.* 12. 41). Agar quoque Ismaelem, quasi lactentem et tenerum portat in humeris, cum decem et octo ferme, et amplius reperiatur annorum: et ridiculum sit tam grandem juvenem matris sedisse cervicibus. Roboam vero filius Salomonis quadragesimo primo ætatis suæ anno regni sumpsit exordium, et regnavit in Jerusalem annis sexdecim: cum utique pater ejus duodecimo anno regnare incipiens, annis quadraginta regnaverit et undecimo filium generare non quiverit.

11. Dum hæc et multa hujusmodi mecum sollicitus volverem, aperuit mihi ostium, qui habet clavem David, et introduxit me in cubiculum suum, posuitque in foramine petræ: ut post spiritum sævientem, post terræ meæ motum, post incendium ignorantiæ quo urebar, vox ad me auræ lenioris accederet, diceremque: « Inveni quem quæsivit anima mea: tenebo eum et non dimittam » (*Cant.* 3. 4). Etenim cum videatur Scriptura inter se esse contraria, utrumque verum est, cum diversum sit. Egressi sunt quarta generatione filii Israel de terra Ægypti: Replica genealogiam Levi. Levi genuit Caath, Caath genuit Amram, Amram genuit Aaron, Aaron genuit Eleazar, Eleazar genuit Finees. Caath cum patre suo Levi ingressus est Ægyptum. Rursum Eleazar cum patre suo Aaron egressus est de Ægypto. A Caath usque ad Eleazar computantur generationes quatuor: licet quidam velint ab (*b*) Amram incipere et ad Finees, ut nos in Eleazarum fecimus, pervenire. Si vero volueris disparem numerum ostendere, quomodo secundum Exodum quinta generatione egressi sint filii Israel de terra Ægypti, tribus tibi Judæ et ordo numeretur. Juda genuit Phares, Phares genuit Esrom, Esrom genuit Aram, Aram genuit Aminadab, Aminadab genuit Naason, Naason genuit Salmon. Phares cum patre suo Juda ingressus est Ægyptum, Naason princeps tribus Juda in deserto describitur: cujus filius Salmon terram repromissionis intravit. Computa a Phares usque ad Naason, invenies generationes quinque: tametsi nonnulli (ut in tribu Levi ostendimus) in Esrom initium faciant, et ad Salmon usque perveniant.

12. Puto problema dissolutum: quod si displicet, ad compendium veniam, et dicam in hebræo non esse diversum. Aquila namque qui non contentiosius, ut quidam putant, sed studiosius verbum interpretatur ad verbum, in eo loco ubi Septuaginta posuerunt: « Quinta autem generatione ascenderunt filii Israel de terra Ægypti » (*Exod.* 13. 18), ita transtulit: Καὶ (*c*) ἐνοπλισάμενοι ἀνέβησαν οἱ υἱοὶ Ἰσραὴλ ἀπὸ τῆς γῆς Αἰγύπτου, id est, « Et armati ascenderunt filii Israel de terra Ægypti. » Licet pro eo quod nos *armati* diximus, secundum græci sermonis ambiguitatem, *instructi*, sive *muniti*, propter supellectilem, qua Ægyptios spoliaverunt, possit intelligi.

13. Æstimanti curiositatem esse finitam, major quærendi ardor exoritur: et ad similitudinem Jeremiæ dissolvor undique et ferre non possum (*Jerem.* 20): quare Septuaginta, *quintam generationem*, et Aquila transtulerit *armatos*. Volumen Hebræum replico, quod Paulus (*d*) φενόλην juxta quosdam vocat, et ipsos characteres sollicitus attendens, scriptum reperio. Vamusim alu bne Israel mearez mesraim. In reliqua parte interpretationes non discordant: omnis pugna de verbo est amusim, quod his litteris scribitur, heth, mem, sin, jod, mem, utrum nam *quinque*, an *munitos* sonet (*e*). Et quidem *quinque* hoc sermone dici negare non possumus: verum *quinque* plurali numero, non *quinta*, ut illi interpretati sunt, singulari: sed nec *generatio* invenitur adjuncta, quæ lingua hebræa dor dicitur: ut si esset *quinta generatio*, sermone legeretur illorum (*f*) amesa dor. Nunc autem amusim, id est, *quinque*, imo *quinta*, tantum scriptum est, ut sit quasi sensus: « Quinta autem ascenderunt filii Israel de terra Ægypti: » quod quia minus videbatur intelligi, adjuncta *generatio* est. Aquilam vero ut in cæteris, et in hoc maxime loco proprie transtulisse omnis Judæa conclamat: et Synagogarum consonant universa subsellia, quod videlicet idem sermo, et eisdem litteris scriptus, diversas apud eos et voces et intelligentias habeat. Ex quibus exempli causa unam ponimus, ut quod dicimus perspicuum fiat: pastores et amatores eisdem litteris scribuntur ras, ain, jod, mem: sed pastores roim, amatores leguntur reim. Unde evenit, ut ubi Jerusalem in Prophetis, cum amatoribus suis fornicationis scelere arguitur, ibi in nostris codicibus, pro amatoribus, pastorum nomen sit immutatum.

14. Scio hæc molesta esse lectori, sed de Hebraicis litteris disputantem, non decet Aristotelis argumenta conquirere, nec ex flumine Tulliano eloquentiæ ducendus est rivulus: nec aures Quintiliani flosculis

---

(*a*) Edit. Bened. *exivit omnis populus Domini.* Græcus autem, cui etiam Hebræus consentit. πᾶσα ἡ δύναμις, *omnis potentia*, quod ex quindecim Hieronymianis Mss. nos etiam expressimus. Paulo post pro *decem et octo ferme*, non parci Mss. habent XVI. *ferme*, Victorius *decem, et septem.*

(*b*) Sic locum ex Mss. nostris supplevimus cum antea penes Martianæum esset ab *Amram usque ad Finees.*

(*c*) Vatic. ἐνοπλισμένοι, quod rectius legi puto quam ἐνοπλισάμενος, nam etiam Diodorus in Catenis hunc recitans

Aquilæ locum ἐνοπλισμένοι, legit. Nec prætereundum quod habet idem Vatic. τῆς ἀπὸ γῆς quæ fortasse verior est minium contentiosi interpretis lectio, ut Hebræum בארץ pressius redderet.

(*d*) Quos contulimus Mss. *penoleu*, aut *phenolen* habent, aut *penolam*; neque adeo satis bene veteres editi φελόνην et φαιλόνην præferunt. Sequens locus sic hebræis litteris effertur בארץ בצרים וחמשים עלו בני ישראל

(*e*) Ut quantum fieri potest ad hebraicum textum veterum interpretationes exigat, grammaticas Hebrææ linguæ regulas videtur Hier. scribendi festinatione minus attendisse, dum concedit verbum חמשים posse quinque significare quod revera sonat *quinquaginta.*

(*f*) Acerbe hunc locum sugillant critici, quod nomini *Dor* masculini generis, *amesa* adjectivum femininum copularit. Sed vereor ne prava ipsi lectione fallantur. Mss. enim codices aliquot, ex quorum numero Cisterciensis perquam emendatus, *amese* habent, quod ex masculino חמשי facile legi potuit. Impressam vero lectionem non immutamus, quod ut scripserit auctor, non satis compertum sit.

et scholari declamatione mulcendæ. Pedestris, et quotidianæ similis, et nullam lucubrationem redolens oratio necessaria est, quæ rem explicet, sensum edisserat, obscura manifestet, non quæ verborum compositione frondescat. Sint alii diserti, laudentur, ut volunt, et inflatis buccis, spumantia verba trutinent : mihi sufficit sic loqui, ut intelligar, ut de Scripturis disputans, Scripturarum imiter simplicitatem.

15. *Cur Isaac vir justus et Deo carus non illi cui voluit, sed cui noluit, deceptus errore benedixit?* (*Genes.* 17.)

Differo paulisper typos, et ea quæ a majoribus nostris super hoc loco sunt interpretata, prætereo, non quod opinioni eorum non acquiescam, sed quod tu hoc tantum quæras, quare vir justus aliquid ignoraverit, et contra suam fecerit voluntatem. Ad quod districta responsio est : NULLUM HOMINEM, excepto eo qui ob nostram salutem carnem est dignatus induere, plenam habuisse scientiam, et certissimam veritatem. Denique Paulus ex parte cognoscit, et ex parte prophetat (1 *Cor.* 13. 9), et nunc per speculum videt in ænigmate, et secundum quod oportet orare, nescire nos dicit (*Rom.* 8. 26) : Quia cum venerit quod perfectum est, tunc quod ex parte est destructur (1. *Cor.* 13. 10). Samuel Propheta connum eratus Moysi in (*a*) Psalterio, ad ungendum regem missus, cum maximum filiorum Jesse vidisset Eliab, ait : « Ecce coram Domino Christus ejus » (1. *Reg.* 16. 6)? Et dixit Dominus ad Samuel : « Noli respicere faciem ejus, neque staturam, quoniam reprobavi eum : quia non quomodo videt Deus, videt homo. Homo videt in facie, Deus autem inspicit cor » (*Ibid. v.* 7). Et per singulos (*b*) semper ignorans, usque ad David nescisse describitur. Eliseus quoque qui duplici glorificatus est Spiritu, cujus ossa vitam exanimi cadaveri reddiderunt (4. *Reg.* 1 *et* 13) : cum Sunamitis ad eum venisset in montem, et ad pedes ejus flebiliter corruisset, Giezi prohibente ne faceret, ait : « Dimitte eam, quia anima ejus in amaritudine est, et Dominus abscondit a me, et non nuntiavit mihi » (4. *Reg.* 4. 27). Plura sunt quam ut exemplis debeamus docere, sanctos viros et Deo caros, ea tantummodo scisse, quæ eis a Domino revelata sunt : ignorasse vero, quæ eis revelata non fuerint : et ad singulas visiones Zachariam atque Danielem interrogare angelum, et suppliciter deprecari, ut exponat sibi quæ sint illa quæ videant. Unde non mirum est, et Isaac in suam maxime utilitatem nescisse quid faceret, cum magis eo tempore erraret, quo filium sanguinariæ deditum voluptati, et eum, qui postea fratrem posset occidere, prætermisso illo qui innocenter habitabat domi, vellet efferre, et suam magis quam Dei facere voluntatem. Ego puto divinæ dispensationis fuisse, ut oculis cæcaretur, et cum ipse diceret : « Vox quidem, vox Jacob est : manus autem, manus Esau » (*Gen.* 27. 22) : tamen non intelligeret minorem esse filium, qui ad benedictionem fratris præreptor astiterat.

16. *Hippolyti martyris mystica interpretatio.* Quoniam autem polliciti sumus, et de eo quid significaret in figura, adjungere, Hippolyti martyris verba ponamus, a quo et Victorinus noster non plurimum discrepat : non quod omnia plenius executus sit, sed quod possit occasionem præbere lectori ad intelligentiam latiorem. (*c*) « Isaac portat imaginem Dei Patris, Rebecca Spiritus sancti, Esau populi prioris, et diaboli. Jacob Ecclesiæ sive Christi. Senuisse Isaac, consummationem orbis ostendit : oculis caligasse, fidem periisse de mundo, et religionis lumen ante eum neglectum esse significat. Quod filius major vocatur, acceptio legis est Judæorum. Quod escas ejus atque capturam diligit pater, homines sunt ab errore salvati, quos per doctrinam justus quisque venatur. Sermo Dei benedictionis est repromissio, et spes regni futuri, in quo cum Christo sancti sunt regnaturi, et verum sabbatum celebraturi. Rebecca plena Spiritu sancto, sciens quid audiisset antequam pareret *quia major serviet minori* » (*Gen.* 25, 23) ; magis autem forma Spiritus sancti, quæ futura noverat in Christo, in Jacob (*d*) ante meditatur : loquitur ad filium minorem : *Vade ad gregem, et accipe mihi inde duos hædos* » (*Gen.* 27. 9) ; « præfigurans carneum Salvatoris adventum, in quo eos vel maxime liberaret, qui peccatis tenebantur obnoxii : siquidem in omnibus Scripturis hædi pro peccatoribus accipiuntur. Quod autem duos jubetur afferre, duorum populorum significatur assumptio : quod teneros, et bonos, dociles, et innocentes animæ (*e*). Stola vel vestimentum Esau, fides et Scripturæ sunt Hebræorum, quibus gentilium indutus est populus. Pelles quæ ejus brachiis circumdatæ sunt, peccata utriusque sunt plebis, quæ Christus in extensione manuum cruci secum pariter affixit. Quod Isaac quærit ab Jacob, cur tam cito venerit, (*f*) admiratur celerem credentium fidem. Quod cibi delectabiles offeruntur, hostia placens Deo, salus est peccatorum. Post esum sequitur benedictio, et ejus odore perfruitur : virtutem resurrectionis, et regni aperta voce pronuntians : quomodo etiam adorent eum fratres sui et serviant ei, credentes ex Israel. Quia igitur iniquitas est inimica justitiæ, Esau in discordiam concitatur, et necem fraudulentus excogitat, dicens in corde suo (*g*) : *Appropinquent dies pas-*

(*a*) Hactenus Vulgati *in sacerdotio Dei,* quam lectionem immutare non dubitavimus ex fide Mss. supra triginta, quos partim nos, partim alii editores consuluerunt. Alluditur autem illud Psalmi 98. 6. « Moyses, et Aaron in sacerdotibus ejus : et Samuel inter eos, qui invocant nomen ejus. » Mox Vatic. nomen *Eliab* omittit.
(*b*) Pro *semper* plerique editi *septem ;* et statim Mss. magno numero *nescit brevius,* pro *nescisse describitur.*

(*c*) Ex S. Hyppoliti libro de μετὰ τὴν θαρρεσιν, ut Eusebius vocat, ut Hieronymo autem videtur, *Commentario in Genesim,* qui tamen liber intercidit, pauca isthæc servata sunt, et latine conversa.
(*d*) Quidam Mss. *meditatur et loquitur.*
(*e*) Subaudi *significatur ;* nec enim placet quod habent veteres editi *dociles et innocentes animæ significat.* Proxime vero *vel vestimentum* ex iisdem editis, Vaticano, aliisque nonnullis Mss. reposuimus.
(*f*) Duo Mss. *admiratur, ut loquatur celerem,* etc. Antea erat *admi ob-car.*
(*g*) Victorius *appropinquant* immutavit contra Mss. fidem. Deinde duo vetera exemplaria, *dies mortis,* quam tamen infra lectionem haud servant.

sionis patris mei, et occidam Jacob fratrem meum » (*Gen.* 27, 41). « Diabolus fratricidas Judæos in Cain ante præmeditans, in Esau manifestissime confitetur : tempus quoque interfectionis ostendens : *Appropinquent*, inquit, *dies passionis patris, ut interficiam fratrem meum.* Quapropter Rebecca, **171** id est patientia, nuntiavit viro fratris insidias, qui vocato Jacob, præcepit ei ut in Mesopotamiam pergeret, et inde acciperet uxorem de genere Laban Syri fratris matris suæ. Quomodo itaque fratris dolos fugiens, Mesopotamiam tendit Jacob (*Gen.* 28), ita et Christus Judæorum incredulitate compulsus, proficiscitur in Galilæam : inde sibi ex gentibus sponsam sumpturus Ecclesiam. » Hæc supra dictus vir.

17. Nos autem dicimus non venisse Dominum, nisi ad oves perditas domus Israel, nec voluisse panem filiorum accipere et dare cum canibus, et benedictionem primam Judæorum populo detulisse, quibus sunt credita eloquia Dei (*Rom.* 3, 2), et repromissio et legislatio, et (*a*) confectio Testamenti (*Rom.* 9. 4); verum quia illi credere noluerunt, ad Jacob minorem populum benedictionem esse translatam. Neque tamen majorem filium penitus fuisse despectum, quia cum intraverit plenitudo gentium, tunc omnis Israel salvus erit (*Rom.* 11. 25 *et* 26).

EPISTOLA XXXVII (*b*).

AD MARCELLAM.

(*c*) *De Commentariis Rhelicii in Canticum Canticorum.*

Heduorum Episcopum S. Rheticium coarguit, quod in Commentariis super Cantico Canticorum, Tharsis pro Tarso Ciliciæ, et aurum Ophaz pro Petro Apostolorum pincipe inepte nimis acceperit.

1. Nuper cum (*d*) Rheticii Augustodunensis episcopi, qui quondam a Constantino Imperatore (*e*) sub Silvestro Episcopo, ob causam Montensium missus est Romam, Commentarios in Canticum Canticorum perlegissem, quod **172** Hebræi vocant SIR ASSIRIM, vehementer miratus sum, virum eloquentem præter ineptias sensuum cæterorum Tharsis urbem, putasse Tarsum, in qua Paulus apostolus natus sit, et aurum

(*a*) Alii Mss. *confessio testamenti.*
(*b*) *Alias* 155. *Scripta anno codem* 384.
(*c*) Aliter in vetustiss. Reginæ Mss. inscribitur *de radii, et Tharsis.*
(*d*) Confer quæ de hoc eodem Rheticio habet in Catalogo. Fallitur autem Victorius, qui Montenses a Montano hæretico dictos putat Hieron. in Chronico ad an. 356. « Quidam sectatores Donati etiam Montenses vocant, eo quod Ecclesiam Romæ primam in monte habere cœperunt. » In Dialog. contra Luciferianos, *Montenses sive campates* vocat. Vid. Optatum l. 2. et Augustin. Epist. 52. et lib. de hæresibus cap. 69.
(*e*) Datus hic Rheticius a Constantino Imper. in cognoscenda causa Donatistarum judex una cum Materno ac Marino. Vid. Constantini Imper. epistol. ad Miltiadem Romanum, et Marcum sive Merocdem Mediolanensem apud Euseb. Histor. lib. X. 5. Quod igitur ait Hieronymus *sub Silvestro Episcopo*, ποραγεγόνος ἁμάρτημα est; non enim Donatistarum causa sub Silvestro Imperatoris nomine cognita est, sed sub Miltiade, quod ex publicis documentis constat. Vid. Augustin. lib. 1. contra Julianum.

Ophaz Petrum significare, quia Cephas in Evangelio idem Petrus sit appellatus (*f*). Habuerat utique et in Ezechiele idipsum verbum, ubi de quatuor animalibus scribitur : « *Et species rotarum sicut species Tharsis* » (*Ezech.* 10. 9), et in Daniele de Domino : « *Et corpus ejusdem ut Tharsis* » (*Dan.* 10. 6). Quod Aquila *chrysolitum*, Symmachus *hiacyntum* interpretantur. Et in psalmo : « In spiritu violento conteres naves Tharsis » (*Psal.* 47. 8). Et inter lapides qui in ornatu sacerdotis, tribum nominibus sculpti sunt, ejusdem lapidis nomen inseritur, et omnis fere Scriptura hoc vocabulo referta est. De Ophaz vero quid dicam, cum supra dictus Daniel propheta in tertio anno Cyri regis Persarum, post tres hebdomadas jejunii atque tristitiæ dicat : « Extuli oculos meos, et vidi, et ecce vir unus vestitus baddim, et renes ejus cincti auro (*g*) Ophaz » (*Dan.* 10, 5). Plura quippe apud Hebræos auri sunt genera. Unde ob distinctionem, nunc OPHAZ positum est, ne quis ZAAB putaret, quod in Genesi cum lapide carbunculo prædicatur (*Gen.* 2. 12).

2. Quæris si Tharsis lapis chrysolithus sit, aut hiacynthus, ut diversi interpretes volunt, ad cujus coloris similitudinem Dei species scribatur : quare Jonas propheta Tharsis ire velle dicatur (*Jonæ* 1), et Salomon et Josaphat in regnorum libris naves habuerint, quæ de Tharsis solitæ sint (*h*) exercere commercia (2 *Reg.* 10). Ad quod facilis est responsio ὁμώνυμον esse vocabulum, quod et Indiæ regio ita appelletur, et ipsum mare, quia cæruleum sit, et sæpe solis radiis percussum, colorem supra dictorum lapidum trahat, et a colore (*i*) nomen acceperit. Licet Josephus **173** TAU littera commutata, Græcos putet Tarsum appellasse pro Tharsis.

3. Innumerabilia sunt, quæ in illius mihi commentariis sordere visa sunt. Est quidem sermo compositus, et Gallicano (*j*) cothurno fluens : sed quid ad interpretem, cujus professio est, non quo ipse disertus appareat, sed quo eum, qui lecturus est, sic faciat intelligere, quomodo ipse intellexit qui scripsit.

(*f*) In vulgata et ipsa Hieronymiana versione utroque in loco Ezechielis et Danielis pro *Tharsis* habetur, *Chrysolithus*. Et ipse Hieronymus in c. 10. Danielis docet nomen *Tharsis* significare mare, « juxta illud quod in psalmo legimus, in spiritu violento conteres naves Tharsis, id est maris. »
(*g*) Vulg. *Obrizo.*
(*h*) Reginæ Codex, *solitæ sint afferre, vel exercere,* etc., quod infra est ἐρὰ ἡμῶν latine *æquivocum* dicitur.
(*i*) Tharsum alternum Jovanni filium, ut Tharsensibus, antiquis Ciliciæ populis nomen fecisse probet Josephus lib. 1. Antiq. cap. 6., indicio esse dicit, quod urbs apud eos celeberrima, eademque metropolis dicta sit *Tarsus*, absque aspiratione, *Theta* ad nomen enuntiandum ab iis *converso in Tau*. τὸ ταῦ πρὸς τῆν κλῆσιν, ἀντὶ τοῦ θῆτα μεταβάλλοντων. Hinc forte legit Erasm. apud Hieronymum, *Josephus* : pro « *littera mutata*, quod retinuit etiam Victor., in ea saltem quam ego manibus habeo editione Aldi F., nam aliam illi lectionem affingit Marlianæus. Nos nihil ultra Mss. fidem audemus. Vid. Geographum Byzantium, Zonaram, Nicephorum Callix. etc.
(*j*) Intelligo ornato et sublimi stylo, ut ipse se explicat Hier. in Epist. V. n. 2. ad Florentinum. Sic *cothurnum latialis cloq* ii dixit Sidonius lib. 2. epist. 9. Imo et Plinius de Nicophane pictore, *Cothurnus ei et gravitas artis.* Mox quidam Mss. « non quomodo ipse disertus appareat, sed quomodo eum, etc.

R[...], non habuerat decem Origenis volumina? non [...] retes cæteros? non certe aliquos necessarios [...], ut aut interrogaret, aut legeret, quid s[...]ellent quæ ignorabat? Sed tam male videtur ex[...]nasse de posteris (a), ut nemo posset de ejus e[...]ibus judicare.

[...]. Frustra ergo a me ejusdem viri commentarios postulas, cum mihi in illis displiceant multo plura, quam placeant. Quod si opposueris, cur cæteris dederim, audies, non omnes iisdem vesci debere cibis. Jesus in deserto plures hordeaceis panibus pascit, frumentaceis pauciores. Corinthii in quibus audiebatur fornicatio qualis nec inter gentes, lacte pascuntur, quia necdum poterant solidum cibum capere. Ephesii autem in quibus nullum crimen arguitur, ab ipso Domino cœlesti vescuntur pane, et sacramentum, quod a seculis absconditum fuerat, agnoscunt. Neque vero eorum qui a me exemplaria acceperunt, vel auctoritate vel ætate ducaris, quum et Daniel puer senes judicet, et Amos pastor caprarum, in sacerdotum principes invehatur.

EPISTOLA XXXVIII (b).

AD MARCELLAM (c),

De Ægrotatione Blæsillæ.

Blæsillam Paulæ filiam, quæ mortuo marito, admonita valida febri, totam sese converterat ad Christum, et Monacham profiteri cœperat, de proposito laudat, ejusque obtrectatoribus respondet.

1. Abraham tentatur in filio, et fidelior invenitur. Joseph in Ægyptum **174** venditur, ut patrem pascat, et fratres. Ezechias vicina morte terretur, ut fusus in lacrymas, quindecim annorum spatium ei proteletur ad vitam. Petrus Apostolus Domini passione concutitur, ut amare flens audiat: *Pasce oves meas* (*Joan.* 21. 17). (d) Paulus lupus rapax, et Benjamin adolescentior, in extasi (*Gen.* 49, *Ps.* 67. 28) cœcatur ut videat, et repentino tenebrarum horrore circumdatus, Dominum vocat, quem dudum ut hominem persequebatur.

2. Ita et nunc, mi Marcella, Blæsillam nostram vidimus ardore febrium per triginta ferme dies jugiter æstuasse: ut sciret rejiciendas delicias corporis, quod paulo post vermibus exarandum sit. Venit et ad hanc Dominus Jesus, tetigitque manum ejus, et ecce surgens ministrat ei. Redolebat aliquid negligentiæ, et divitiarum fasciis colligata, in sæculi jace-

(a) Sic emendavimus ex regiis membranis, aliisque, quia etiam ex Cluniacensi Ms., in quo cum utraque lectio exhibeatur, meliorem respuit Martianæus, legitque cum vulgatis *de cæteris*, et *possit* pro *posset*. Paulo infra duo e nostris, *cum mihi in illis multa displiceant, quod si*, etc. rejectis nempe *multo plura quam placeant*.
(b) Illius 27 scripta eodem tempore quo superior.
(c) Unus Veronensis aliique Mss. *de Conversione Blæsillæ*, quæ haud incongrua ipsi quoque est inscriptio. In [...] autem Epistola statim ubi de Ezechia alter Veronen[...] *tas proteletur ad vitam*.
[...] Duo simul cum de tribu Benjamin esset S. Paulus [...] hoc loco Hieronymus Gen. 49. « Benjamin lupus [...]ex. et Psalm. 67. 28. Ibi Benjamin adolescentulus in [...]tis excessu. »

bat sepulcro. Sed infremuit Jesus, et conturbatus in spiritu, clamavit dicens: Blæsilla, veni foras (*Joan.* 11. 13. *de Lazaro*). Quæ vocata surrexit, et egressa cum Domino vescitur. Judæi mirentur [al. *mirentur*], et tumeant, quærant occidere suscitatam: soli Apostoli glorientur. Scit se vitam suam ei debere, qui reddidit. Scit se ejus amplexari pedes, cujus paulo ante judicium pertimescebat. Corpus pene jacebat exanime, et anhelos artus mors vicina quatiebat. Ubi tunc erant auxilia propinquorum? ubi verba omni inaniora fumo? Nihil tibi debet, o ingrata cognatio, quæ mundo periit, et Christo revixit. Qui Christianus est, gaudeat: qui irascitur, non se esse indicat christianum.

3. Vidua quæ soluta est vinculo maritali, nihil necesse habet nisi perseverare. At scandalizat quempiam vestis fuscior. Scandalizet Joannes, quo inter natos mulierum major nullus fuit: qui Angelus dicitus, ipsum quoque Dominum baptizavit: qui camelorum vestitus tegmine, zona pellicea cingebatur. Cibi displicent viliores? nihil vilius est locustis. Illæ christianos oculos scandalizent potius, quæ purpurisso, et quibusdam fucis ora oculosque depingunt: quarum facies gypseæ, et nimio candore deformes, idola mentiuntur; quibus si forte improvidis lacrymarum stilla eruperit, **175** sulco defluit: quas nec numerus annorum potest docere, quod vetulæ sint, quæ capillis alienis verticem struunt, et præteritam juventutem in rugis anilibus poliunt: quæ denique ante nepotum gregem (a) trementes virgunculæ componuntur. Erubescat mulier christiana, si naturæ cogit decorem, si carnis curam facit ad concupiscentiam, in qua qui sunt, secundum Apostolum, Christo placere non possunt.

4. Vidua nostra ante (f) morosius ornabatur, et die tota quid sibi deesset, quærebat ad speculum. Nunc loquitur confidenter: « Nos autem omnes revelata facie gloriam Domini speculantes, in eamdem imaginem transformamur, a gloria in gloriam, quasi a Domini spiritu. » Tunc crines ancillulæ disponebant, et mitellis crispantibus vertex arctabatur innoxius: nunc neglectum caput scit sibi tantum sufficere quod velatur. Illo tempore plumarum quoque dura mollities videbatur, et in exstructis thoris jacere vix poterat. Nunc ad orandum festina consurgit, et tinnula [al. *hymnula*] voce cæteris *alleluia* præripiens, prior incipit laudare Dominum suum. Flectuntur genua super nudam humum, et crebris lacrymis facies psimmythio ante sordidata purgatur. Post orationem Psalmi concrepant, et lassa cervix, poplites vacillantes, in somnumque vergentes oculi, nimio mentis ardore vix impetrant ut quiescant. Palla tunica, nimis cum humi jacuerit, sordidatur. Soccus vilior

(e) Maluisset Martianæus legere, interjecta *ut* vocula, *trementes, ut virgunculæ*: atque ita quidem ad sui captum locum huic immutavit, ubi ab Hieronymo repetitur in cap. 2. Epist. ad Titum. Sed præter quam quod eam voculam Mss. exemplaria neutro in loco habent, ille ironicam vim, ex qua tota pendet sensus elegantia, non intellexit.
(f) Duo Veronenses Mss. ac vetus editio, *ante monilibus ornabat* [...]

auratorum pretium calceorum egentibus largitur. Cingulum non aura, gemmisque distinctum est; sed laneum et tota simplicitate purissimum : et quod possit magis astringere vestimenta, quam scindere. Si huic proposito invidet scorpius, et sermone blando de vetita rursum arbore comedere persuadet, illidatur ei per solea anathema, et in suo morienti pulvere dicatur : *Vade retro Satana* (*Marc.* 8. 33), quod interpretatur, adverse. ADVERSARIUS QUIPPE Christi est, et Antichristus, cui præcepta displicent Christi.

5. Oro te, quid tale unquam, quale Apostoli fecimus, ut merito scandalizentur? Patrem senem cum navicula, et reti dimittunt. Publicanus a teloneo surgit, et sequitur Salvatorem : volens discipulus reverti domum, et suis ante renuntiare, magistri voce prohibetur. Sepultura non datur patri : ET PIETATIS genus est, impium esse pro Domino. Nos quia serica veste non utimur, monachi judicamur : quia ebrii non sumus, nec cachinno ora dissolvimus, continentes vocamur et tristes. Si tunica non canduerit, statim illud e trivio (a) : Impostor, et Græcus est. Cavillentur vafriora licet, et pingui aqualiculo (b) fartos circumferant homines, Blæsilla nostra ridebit, nec dedignabitur loquacium ranarum audire convitia, cum Dominus ejus dictus sit Beelzebub.

EPISTOLA XXXIX. (c).

AD PAULAM super obitu Blæsillæ filiæ.

Blæsilla, paulo post mortem mariti, suamque conversionem defuncta, Paulam matrem consolatur Hieronymus, atque nimium ejus dolorem objurgat, admiscetque interim Blæsillæ virtutes, et vitam.

1. « Quis dabit capiti meo aquam, et oculis meis fontem lacrymarum, et plorabo » (*Jer.* 9. 1) : non, ut Jeremias ait, « vulneratos (d) populi mei ; » non ut Jesus (1) miseriam Jerusalem : sed plorabo sanctitatem, misericordiam, innocentiam, castitatem : plorabo omnes pariter in unius morte defecisse virtutes. Non quod lugenda sit illa quæ abiit, sed quod nobis impatientius sit dolendum, quod [*al. qui.*] talem videre desivimus. Quis enim siccis oculis recordetur, viginti annorum adolescentulam tam ardenti fide crucis levasse vexillum, ut magis amissam virginitatem, quam mariti doleret interitum? Quis sine singultibus transeat orandi instantiam, nitorem linguæ, memoriæ tenacitatem, acumen ingenii? Si Græce loquentem audiisses, latine eam nescire putares : si in romanum sonum lingua se verterat, nihil omnino peregrini sermo redolebat. Jam vero quod in Origene (e) quoque illo Græcia tota miratur, in paucis non dicam mensibus, sed diebus, ita hebrææ linguæ vicerat difficultates, ut in discendis canendisque Psalmis, cum matre contenderet. Humilitas vestium non (ut in plerisque solet) tumentes animos arguebat : sed cum interiori se mente dejecerat, inter ancillarum virginum [In aliis libris *vilium* pro *virginum*, quod et Gravius statuit] cultum dominamque nihil medium, nisi quod in eo facilius dignoscebatur, quod neglectius incedebat. Vacillabant ægrotatione gressus, et pallentem ac trementem faciem, vix collum tenue sustinebat, et tamen aut Prophetam, aut Evangelium semper in manibus tenebat. Lacrymis ora complentur, singultus occupat vocem : et hærentem linguam, viscera commota non laxant. Cum sanctum corpusculum febrium ardor excoqueret, et semianimis [*al. semianime*] lectulum vallaret circulus propinquorum, hæc extrema [*al. in extremo*] verba mandabat : Orate Dominum Jesum, ut mihi ignoscat, quia implere non potui quod volebam. Secura esto, mi Blæsilla (f), sentiens omni tempore vestimenta tua candida. Candor vestium, sempiternæ virginitatis est puritas. Confidimus probare vera esse quæ dicimus : NUNQUAM EST SERA CONVERSIO. Vox hæc primum dedicata est in latrone : « Amen dico tibi, hodie mecum eris in Paradiso » (*Luc.* 23. 43). Postquam autem sarcina carnis abjecta, ad suum anima revolavit auctorem, et in antiquam possessionem diu peregrinata conscendit, ex more parantur exequiæ, et nobilium ordine præeunte, aureum feretro velamen obtenditur. Videbatur mihi tunc clamare de cœlo (i). Non agnosco vestes : amictus iste non est meus : hic ornatus alienus est.

2. Sed quid agimus? Matris prohibituri lacrymas, ipsi plangimus. Confiteor affectus meos, totus hic liber fletibus scribitur. Flevit et Jesus Lazarum, quia amabat illum (*Joan.* 11). Non est optimus consolator, quem proprii vincunt gemitus, cujus visceribus emollitis, fracta in lacrymis verba desudant. Testor, mi Paula, Jesum, quem Blæsilla nunc sequitur ; testor sanctos Angelos, quorum consortio fruitur, eadem me dolorum perpeti tormenta quæ pateris : patrem esse spiritu, nutricium caritate, et interdum dicere : « Pereat dies illa, in qua natus sum » (*Jerem.* 20. 14). Et, « Hei mihi mater, ut quid genuisti me virum, (*g*) qui dicerer discrimen omni terræ » (*Ibid.* 15. 10). Et illud : « Justus es, Domine, verumtamen judicia loquar ad te. Quid est, quod viæ peccatorum prosperantur? » Et , « Mei quoque pene moti sunt pedes,

---

(a) Græce dixit in Epist. ad Furiam τραικός ὁ ἐπιθέτης.
(b) Nimirum superbe se gerant, quo sensu alibi sæpe *pompaticis ferculis* comparat hujusmodi homines, qui non sine aliorum despectu passibus in gressu tardioribus utuntur.
(c) alias 25. *scripta post superiorem tres circiter menses.*
(d) Cistere. Ms. v*ulneratos filios populi mei*, mallem ego *filiæ*, ut Jeremiæ sensus præfert. Mox addit *caritatem* expuncta altera voce *plorabo*.
(e) Concinnior videtur sensus in veteri editione, « quod in Origene miror, quodque in illo Græcia tota, » etc.
(1) Gravius *miseram legi jubet.*

(f) Pericopen hanc duorum versuum a *sentiens* usque *confidimus*, ex Cluniacensi codice invexit Martianæus, quam nos Cisterciensis, aliorumque optimæ notæ auctoritate impendio adferimus.
(g) Multas exemplarium varietates hoc in loco reperiri testatus est ante nos Beatinus Episcopus, qui tamen nullam exhibuit, nec quidquam voluit immutare. In hæc autem fere consentiunt ea quibus nos utimur, ut legant, *qui judicer et decernar omni terra*, quæ Græce præsertim interpretationi ἀνδρα δικαζόμενον καὶ διακρινόμενον, apprime cohærent.
(1) Acutiorem lectionem vocat Gravius hanc : « *Non agnosco : vester amictus iste, non meus.*

(a) pene effusi sunt gressus mei. Quia zelavi in peccatoribus, pacem peccatorum videns. Et dixi : Quomodo cognovit Deus, et si est scientia in excelso? Ecce ipsi peccatores et abundantes in sæculo, obtinuerunt divitias. » Sed rursus illud occurrit : « Si narravero sic, ecce generationem filiorum tuorum prævaricatus sum. » Nunquid in meam mentem, non hic sæpius fluctus illiditur? quare senes impii, sæculi divitiis perfruuntur? quare adolescentia rudis, et sine peccato pueritia, immaturo flore metitur? quid causæ est, ut sæpe bimuli, trimulique et ubera materna lactentes a dæmonio corripiantur, repleantur lepra, morbo regio devorentur, et e contrario impii, adulteri, homicidæ, sacrilegi, vegeti atque securi de sua sanitate, in Deum blasphement? Præsertim cum injustitia patris non redundet ad filium : et anima quæ peccaverit, ipsa moriatur. Aut si manet vetus illa sententia, peccata patrum in filios oportere restitui (*Exod.* 34), iniquum sit longævi patris innumera delicta in innocentem infantiam repensare. « Et dixi : Ergo sine causa justificavi cor meum, et lavi inter innocentes manus meas : et factus sum flagellatus tota die » (*Ps.* 72. 13. 14). Sed cum hæc cogitarem, statim didici cum Propheta : « Et suscepi, ut cognoscerem : hic labor est in conspectu meo, donec ingrediar sanctuarium Dei, et intelligam in novissima eorum »(*Ibidem, v.* 16). « Judicia enim Domini abyssus multa. » Et, « O profundum divitiarum sapientiæ et scientiæ Dei, quam inscrutabilia sunt judicia ejus, et (b) investigabiles viæ ejus! » (*Rom.* 11. 33.) Bonus est Deus, et omnia quæ bonus facit, bona sint necesse est. Mariti orbitas irrogatur, plango quod accidit. Sed quia sic placet Domino, æquo animo sustinebo. Unicus raptus est filius; durum quidem, sed tolerabile, quia sustulit ille, qui dederat. Si cæcus fuero, amici me lectio consolabitur. Si auditum quoque surdæ aures negaverint, vacabo a vitiis ; nihil aliud, nisi Dominum cogitabo. Imminebit super hæc et dura pauperies, frigus, languor, et nuditas ; extremam exspectabo mortem, et breve putabo malum, quod finis melior subsequatur. Consideremus quid ethicus ille Psalmus sonet : « Justus es, Domine, et rectum judicium tuum » (*Psal.* 118). Hoc non potest dicere, nisi ille, qui ad universa quæ patitur, magnificat Dominum, et suo merito imputans, in adversis de ejus clementia gloriatur. Exultaverunt enim filiæ Judæ in omnibus judiciis Domini. Si Juda, *confessio* interpretatur : confitens autem omnis anima credentis est : necesse est, ut qui se credere dicit in Christo, in omnibus Christi judiciis gaudeat. Sanus sum, gratias refero Creatori. Langueo, et in hoc laudo Domini voluntatem. « Quando enim infirmor, tunc fortis [al. *fortior*] sum » (2. *Cor.* 12) ; et virtus spiritus in carnis infirmitate perficitur. Patitur et Apostolus aliquid quod non vult, pro quo ter Dominum deprecatur. Sed dicitur ei : « Sufficit tibi gratia mea ; quia virtus in infirmitate perficitur » (2. *Cor.* 12. 9) ; et ad revelationum humiliandam superbiam, monitor quidam humanæ imbecillitatis apponitur, in similitudinem triumphantium, (1) quibus in curru retro comes adhærebat per singulas acclamationes civium, dicens : Hominem te esse memento.

3. Cur autem durum sit, quod quandoque patiendum est? et cur dolemus quemquam mortuum ? (c) ad hoc enim nati non sumus, ut maneamus æterni. Abraham, Moyses, Isaias, Petrus, Jacobus, Joannes, Paulus electionis vas, et super omnia Filius Dei, moritur : et nos indignamur, aliquem exire de corpore, qui ad hoc forsitan raptus est, « ne malitia mutaret intellectum ejus? Placita enim erat Deo anima ejus. Propter hoc properavit educere eam de media iniquitate » (*Sap.* 4), ne longo vitæ itinere [al. *longa vita in itinere*], deviis oberraret anfractibus. Lugeatur mortuus ; sed ille quem gehenna suscipit, quem tartarus devorat, in cujus pœnam æternus ignis æstuat. Nos, quorum exitum Angelorum turba comitatur, quibus obviam Christus occurrit, gravemur magis, si diutius in tabernaculo isto mortis habitemus. Quia quamdiu hic moramur, peregrinamur a Domino (1. *Cor.* 5). Illa, illa nos cupido teneat : « Hei mihi, quia peregrinatio mea prolongata est a me, habitavi cum habitantibus Cedar, multum peregrinata est anima mea » (*Psal.*119). Si Cedar, *tenebræ* sunt, et mundus iste sunt tenebræ ; quia lux lucet in tenebris, et *tenebræ eam non comprehenderunt* (*Joan.* 1. 5), faveamus Blæsillæ nostræ, quæ de tenebris migravit ad lucem, et inter fidei incipientis ardorem, consummati operis percepit coronam. Revera si sæculare desiderium ; et, quod Deus a suis avertat, delicias vitæ hujus cogitantem mors immatura rapuisset, plangenda erat, et omni lacrymarum fonte ploranda. Nunc vero cum, propitio Christo, ante quatuor ferme menses, secundo quodam modo propositi se baptismo laverit, et ita deinceps vixerit, ut calcato mundo, semper monasterium cogitarit, non vereris, ne tibi Salvator dicat : Irasceris, Paula, quia tua filia, mea facta est filia? indignaris de judicio meo, et rebellibus lacrymis facis (d) invidiam possidenti? Scis enim quid de te, quid de cæteris tuis cogitem. Cibum tibi denegas, non jejuniorum studio, sed doloris. Non amo frugalitatem istam. Jejunia ista, adversarii mei sunt. Nullam animam recipio, quæ me nolente, separatur a corpore. Tales stulta philosophia habeat martyres, habeat (e) Zenonem, Cleobrotum, vel Catonem. Super nullum requiescit spiritus meus, nisi « super

(a) Hæc « pene effusi sunt gressus mei, quia zelavi in peccatoribus, » absunt a plerisque Mss. Codicibus. Nec pauci habent paulo infra *reprobavi, eo prævaricatus sum.*
(b) Rescribendum *investigabiles*, quemadmodum, ut nihil dicamus de Græco textu, [...] ij se etiam Hier. supra Epist. 21 ad Damas. n. 59. legit.

(c) Absque negandi particula, sub interrogationis tamen nota legit Martianæus cum quibusdam editis. Nobis potior est Mss. auctoritas, quam etiam Victorius prætulit.
(d) Antea erat *facis injuriam.*
(e) Ut tres sibi manus injecere, quorum notissima historia.
(1) Ex Tertullian. in Apologet. notante Gravio, « Imperator hominem se esse etiam triumphans in illo sublimissimo curru admonetur : suggeritur enim a tergo : Respice post te, hominem memento te. »

humilem et quietum, et trementem verba mea » (*Isai.* 66. *Juxta* LXX). Hoc est quod (*a*) mihi Monasterium promittebas? quod habitu a matronis cæteris separato, tibi quasi religiosior videbaris? Mens ista quæ plangit, sericarum vestium est. Interciperis, et emoreris, et quasi non in meas manus ventura sis, crudelem judicem fugis. Fugerat quondam et Jonas animosus Propheta, sed in profundo maris meus fuit. Si viventem crederes filiam, nunquam plangeres ad meliora migrasse. Hoc est quod per Apostolum meum jusseram, ne pro dormientibus in similitudinem Gentium tristaremini. Erubesce, **181** (*b*) Ethnicæ compatione superaris. Melior diaboli ancilla, quam mea est. Illa infidelem maritum translatum fingit in cœlum, tu mecum tuam filiam commorantem, aut non credis, aut non vis.

3. Sed dicis quomodo lugere me prohibes, cum et Jacob Joseph in sacco fleverit, congregatisque ad se omnibus propinquis, noluerit consolari, dicens : « Descendam ad filium meum lugens in infernum ? » (*Genes.* 37. 35.) Et David Absalon cooperto capite planxerit, repetens : « Fili mi, Absalon, Absalon, fili mi : quis dabit, ut moriar pro te, fili mi, Absalon ? » (2. *Reg.* 18. 33.) Moysi quoque et Aaron, cæterisque Sanctorum solemnis sit luctus exhibitus? Perfacilis ad ista responsio est : Luxisse Jacob filium, quem putabat occisum, ad quem et ipse erat ad inferos descensurus, dicens : « Descendam ad filium meum lugens in infernum » (*Gen.* 37), quia necdum paradisi januam Christus effregerat, nec dum flammeam illam romphæam et vertiginem præsidentium Cherubim, (*c*) sanguis ejus extinxerat. Unde et Abraham licet in loco refrigerii, tamen apud inferos cum Lazaro fuisse scribitur (*Luc.* 16). Et David juste flevisse filium parricidam, qui alium parvulum, postquam, ut viveret, impetrare non potuit, quia sciebat non peccasse, non flevit (2. *Reg.* 12). De Moyse vero et Aaron, quod eis ex veteri more sit planctus exhibitus, non mirandum est, cum et in Actis Apostolorum, jam Evangelio coruscante, Stephano fecerint Jerosolymæ fratres planctum magnum (*Act.* 8) : et utique planctus magnus, non in plangentium exanimatione, ut tu putas, sed in pompa funeris, et exequiarum frequentia intelligendus sit. Denique de Jacob Scriptura sic loquitur : « Et ascendit Joseph sepelire patrem suum, et ascenderunt cum eo omnes pueri Pharaonis, et seniores domus ejus, et seniores omnis terræ Ægypti, et omnis domus Joseph et fratres ejus. » Et post paululum : « Et ascenderunt cum eo quadrigæ et equites, et facta sunt castra grandia nimis. » Ac deinde : « Et planxerunt eum planctu magno, et forti nimis » (*Gen.* 50. 7. *et seqq.*). Planctus iste solemnis non longas Ægyptiis imperat lacrymas, sed funeris monstrat ornatum. Juxta quem modum Aaron quoque et Moysen, fletos esse manifestum est. Nequeo **182** satis Scripturæ laudare mysteria, et divinum sensum, in verbis licet simplicibus admirari, quid sibi velit quod Moyses plangitur, et Jesus Nave vir sanctus sepultus refertur, et tamen fletus esse non scribitur. Nempe illud quod in Moyse, id est, in Lege veteri sub peccati Adam omnes tenebantur elogio [*damnatione*] ; et ad inferos descendentes consequenter lacrymæ prosequebantur, secundum Apostolum, qui ait : « Et regnavit mors ab Adam usque ad Moysen, etiam super eos qui non peccaverunt. » (*Rom.* 5. 14). In Jesu vero, id est, in Evangelio, per quem Paradisus est apertus, mortem gaudia prosequuntur. Flent usque hodie Judæi, et nudatis pedibus in cinere volutati sacco incubant. Ac ne quid desit superstitioni, ex ritu vanissimo Pharisæorum, primum cibum lentis accipiunt ; videlicet ostendentes quali edulio primogenita perdiderint. Sed merito, quia in resurrectionem Domini non credentes, Antichristi præparantur adventui. Nos vero qui Christum induimus, et facti sumus, juxta Apostolum, genus regium et sacerdotale (1. *Petr.* 2), non debemus super mortuos contristari. « Et dixit, inquit, Moyses ad Aaron et Eleazar et Ithamar filios ejus, qui relicti erant : Caput vestrum non denudabitis, et vestimenta vestra non scindetis, ne moriamini ; et super omnem synagogam veniat ira » (*Levit.* 10. 6). Nolite, inquit, scindere vestimenta vestra, et luctum exhibere Gentilem, ne moriamini. MORS NOSTRA peccatum est. Et, quod forsitan crudele alicui videatur, sed fidei necessarium est, in eodem Levitico scribitur, quomodo Sacerdos magnus ad patrem, matrem, fratresque, vel liberos mortuos prohibeatur accedere, ne videlicet anima Dei sacrificiis vacans, et tota in illius mysteriis [*al. ministeriis*] occupata, aliquo impediatur affectu. Nonne aliis verbis idipsum in Evangelio præcipitur, ut non (*d*) renuntiet domui discipulus? ut mortuo patri non exhibeat sepulturam? « Et de sanctis, inquit, non exiet, et non contaminabitur sanctificatio Dei ejus, quia sanctum oleum unctionis a Deo super eum est » (*Levit.* 21). Certe postquam credimus in Christum, et oleo unctionis ejus accepto, illum portamus in nobis, non debemus exire de templo, id est, de proposito Christiano : non foras egredi, incredulitati videlicet Gentium **183** commisceri ; sed esse semper intrinsecus, id est voluntati Domini ministrare.

4. Hæc idcirco dicimus, ne ignorantia Scripturarum auctoritatem tibi præberet in luctu, et videreris rationabiliter errare. Et adhuc sic locutus sum, quasi unam de turbis convenerim Christianam. Nunc vero cum sciam toti te renuntiasse mundo ; et ab-

---

(*a*) Ita Mss. codices nostri habent, et quos Victorius consuluit. Falso Erasmus, eumque secutus Martianæus *in Monasterio*, quod nondum arripuerat Paula, sed tantum promiserat.
(*b*) Paulina Prætextati uxor, quæ Sacerdos erat, ut supra in Epist. 23. adnotavimus ex veteri lapide.
(*c*) Confer Auctoris commentarios in Eccles. capp. 3 et 9. tum Origenis Homil. de Engastrim. quibus locis hæc de flammeo gladio Paradisi aditus custodiente latius exponuntur.

(*d*) Martianæus absque negandi particula, *ut renuntiet*, contra quam sentit Matthæus 9. 61. et Hier. in superiori Epist. n. 5. « volens, inquit, discipulus reverti domum, et suis ante renuntiare, magistri voce prohibetur. »

jectis calcatisque deliciis sæculi, orationi, jejuniis, lectioni vacare quotidie; cum ad exemplum Abraham cupias exire de terra tua, et de cognatione tua, ut et Chaldæis et Mesopotamia derelictis, terram repromissionis introeas; cum omnem substantiolam, aut pauperibus dilargita sis, aut (*a*) filiis ante mortem mundo mortua dederis, miror te ea facere, quæ si facerent cæteræ, reprehensione dignæ viderentur. Redit tibi in memoriam confabulatio ejus, blanditiæ, sermo, consortium; et quod his careas, pati non potes. Ignoscimus matris lacrymis, sed modum quærimus in dolore. Si parentem cogito, non reprehendo quod plangis; si Christianam et Monacham, istis nominibus mater excluditur. Recens vulnus est, et tactus iste quo blandior, non tam curat, quam exasperat. Attamen quod tempore mitigandum est, cur ratione non vincitur? Nam et Noemi famem fugiens in terra Moab, et maritum perdidit et filios. Et cum suorum auxilio esset destituta, Ruth alienigena ab ejus latere non recedit (*Ruth*. 1). Vide quanti meriti sit desertæ præstitisse solatium. Ex ejus semine Christus oritur. Respice Job, quanta sustinuit, et videbis te nimium delicatam, illum erectis in cœlum oculis, inter ruinas domus, pœnas ulceris, innumeras orbitates, et ad extremum uxoris insidias, invictam tenuisse patientiam. Scio quid responsura sis : Hoc illi quasi justo ad probationem evenisse. Et tu e duobus elige, quod velis : aut sancta es, et probaris : aut peccatrix, et injuste quereris, minora sustinens, quam mereris. Quid vetera replicem? præsentia exempla sectare. (*b*) Sancta Melania nostri temporis inter Christianos vera nobilitas (cum quo tibi Dominus, mihique concedat in die sua habere partem) calente adhuc mariti corpusculo, et nec dum humato, duos simul perdidit filios. Rem sum dicturus incredibilem, sed teste Christo, non falsam. Quis illam tunc non putaret more lymphatico, sparsis crinibus, veste conscissa, lacerum pectus invadere? Lacrymæ gutta non fluxit; stetit immobilis, et ad pedes advoluta Christi, quasi ipsum teneret, arrisit. Expeditius, inquit, tibi servitura sum, Domine, quia tanto me onere liberasti. Sed forsitan superatur in cæteris. Quinimo qua illos mente contempserit, in unico postea filio probat, cui omni quam habebat possessione concessa, ingruente jam hieme, Jerosolymam navigavit.

5. Parce quæso tibi, parce filiæ cum Christo jam regnanti, parce saltem Eustochio tuæ, cujus parva adhuc ætas, et rudis pene infantia, te magistra [al. *magistrante*] dirigitur. Sævit nunc diabolus, et quia unam cernit de tuis liberis triumphantem, obtritam [al. *obrutum*] se esse condolens, quærit in remanente victoriam, quam in præeunte jam perdidit. Grandis in suos pietas, impietas in ? cum est. Abraham unicum filium lætus interficit, et tu unam de pluribus quereris coronatam? Non possum sine gemitu eloqui, quod dicturus sum. Cum de media pompa funeris, te exanimem referrent, hoc inter se populus mussitabat : Nonne illud est quod sæpius dicebamus? Dolet filiam jejuniis interfectam, quod non vel de secundo ejus matrimonio tenuerit nepotes. Quousque genus detestabile Monachorum non urbe pellitur? non lapidibus obruitur? non præcipitatur in fluctus? Matronam miserabilem seduxerunt, quæ cum [al. *quia*] Monacha esse noluerit, hinc probatur, quod nulla Gentilium ita suos unquam fleverit filios. Qualem putas ad istas voces Christum habuisse tristitiam? Quomodo exultasse Satanam, qui nunc tuam animam eripere festinans, et pii tibi proponens doloris illecebram, dum ante oculos tuos filiæ semper imago versatur, cupit matrem simul necare victricis, et solitudinem sororis invadere relictæ. Non ut terram loquor, sed ut mihi testis est Dominus, quasi ante tribunal ejus assistens, in hæc te verba convenio. Detestandæ sunt istæ lacrymæ, plenæ sacrilegio, incredulitate plenissimæ, quæ non habent modum, quæ usque ad viciniam mortis accedunt. Ululas et exclamitas, et quasi quibusdam facibus accensa, quantum in te est, tui semper homicida es. (*c*) Sed ad talem clemens ingreditur Jesus, et dicit : « Quid ploras? Non est mortua puella, sed dormit » (*Marc*. 5. 39 ; *et Luc*. 8. 52). Irrideant circumstantes : ista infidelitas Judæorum est. Te quoque, si ad sepulcrum filiæ volueris volutari, Angelus increpabit : « Quid quæris viventem cum mortuis? » (*Luc*. 24. 5.) Quod quia Maria fecerat Magdalene, postquam vocem Domini clamantis agnovit, ad ejus provoluta pedes, audit : « Ne tetigeris me, necdum enim ascendi ad Patrem meum » (*Joan*. 20. 27), id est, non mereris tangere resurgentem quem mortuum existimas in sepulcro.

6. Quas nunc existimas Blæsillam nostram pati cruces, quæ ferre tormenta, quod tibi Christum videat subiratum? Clamat nunc illa lugenti : Si unquam me amasti, mater, si tua ubera suxi, si tuis instituta sum monitis, ne invideas gloriæ meæ; ne hoc agas, ut a nobis in perpetuum separemur. Putas esse me solam? Habeo pro te Mariam Matrem Domini. Multas hic video quas ante nesciebam. O quanto melior est iste comitatus. Habeo Annam quondam in Evangelio prophetantem, et, quo magis gaudeas, tantorum annorum labores, ego in tribus mensibus consecuta sum. Unam palmam castitatis accepimus. Misereris mei, quia mundum reliqui? At ego vestri sortem doleo, quos adhuc sæculi carcer includit; quos quotidie in acie præliantes, nunc ira, nunc avaritia, nunc libido, nunc variorum incentiva vitiorum pertrahunt ad ruinam. Si vis, ut mater mea sis, cura (*d*)

(*a*) Sunt qui legant *filiæ*, et *mortuæ*, vitiosæ tamen ut nullus dubitet.
(*b*) Recole adnotationem nostram *a*. in Epist. 3 ad Ruffianum, qualque isthæc in primis ex Hieron. Chronico ad an. Christi 377. « Melania nobilissima mulierum Romanarum, et Marcellini quondam Consulis filia, unico Prætori (sic rescribendus pro *Tractore*) tunc Urbano filio derelicto, Jerosolymam navigavit, » ubi tanto virtutum, præcipueque humilitatis fuit miraculo, ut Pæbe nomen acceperit. » Recole que superius de *Al*tonii nomine animadvertimus in Epist. III. quæ est ad Ruffinum, tum infr. in Epist. 145. ad Alypium et Augustinum.

(*c*) Cisterciensis *sed ad te ille clemens*, etc.
(*d*) Plures ex editis et Mss. libri *cur placere Christo non cis*.

placere Christo. Non agnosco matrem, meo Domino displicentem. Loquitur illa et alia multa, quæ taceo, et pro te Dominum rogat; mihique ut de ejus mente securus sum (al. *sim*), veniam impetrat peccatorum: quod monui, quod hortatus sum, quod invidiam propinquorum, ut salva esset, excepi.

7. Itaque dam spiritus hos artus regit, dum vitæ hujus fruimur commeatu, spondeo, promitto, polliceor, illam mea lingua resonabit, illi mei dedicabuntur **186** labores, illi meum sudabit ingenium. Nulla erit pagina, quæ non Blæsillam sonet. Quocumque sermonis nostri monumenta pervenerint, illa cum meis opusculis peregrinabitur. Hanc in mea mente defixam legent Virgines, Viduæ, Monachi, sacerdotes. Brevis vitæ spatium, æterna memoria compensabit. Quæ cum Christo vivit in cœlis, in hominum quoque ore victura est. Transibit et præsens ætas, sequentur sæcula post futura, quæ sine amore, sine invidia judicabunt. Inter Paulæ Eustochiique nomen media ponetur. Nunquam in meis moritura est libris. Audiet me semper loquentem cum sorore, cum matre.

EPISTOLA XL (*a*).

AD (*b*) MARCELLAM, DE ONASO.

Onasum obtrectatorem quempiam ridet, qui quod Hieronymus in suis libris adversus vitia scripserat, ad suam contumeliam pertinere putabat.

1. Medici, quos vocant Chirurgicos, crudeles putantur, et miseri sunt. An non est miseria, alienis non dolere vulneribus, et mortuas carnes inclementi secare ferro? Non horrere curantem, quod horret ipse qui patitur, et inimicum putari? Ita se natura habet, ut amara sit veritas, blanda vitia existimentur. Isaias in exemplum captivitatis futuræ, nudus non erubescit incedere (*Isai.* 20). Jeremias de media Jerusalem ad Euphratem fluvium Mesopotamiæ mittitur (*Jerem.* 13): ut inter inimicas gentes, ubi est Assyrius, et castra sunt Chaldæorum, ponat περίζωμα (*c*) corrumpendum. Ezechiel stercore primum humano, deinde bubulo, panem de omni semente conspersum edere jubetur (*Ezech.* 4. 24): et uxoris interitum siccis oculis videt. Amos de Samaria pellitur (*Amos* 7). Cur quæso? Nempe ideo (*d*) pellitur, quia chirurgici spirituales, secantes vitia peccatorum, ad pœnitentiam cohortantur. Paulus Apostolus: « Inimicus, inquit, vobis factus sum, verum dicens » (*Galat.* 4). Et quia Salvatoris dura videbantur **187** eloquia, plurimi discipulorum retrorsum abierunt.

(*a*) *Alias* 100. *Scripta circa idem tempus.*
(*b*) Sic præferunt Mss. atque editi vetustiores. Victor. vero quod Erasm. probaverat *ad Bonasum* inscribit, quod illi nomen ab enormi naso inditum putet. Alii *Bonoson* scribi debere non satis firmis argumentis contendunt. Huc ergo referenda illa *ad Bonasum*, sive *de Bonaso* inscriptio videtur: quo animalis nomine adversarium suum voluerit S. Pater perstringere. Dicitur Bonasus animal cornua habere implexa, nec posse quemquam lædere. Ünum ergo versis calcibus ejaculari, quo sequentes adurit.
(*c*) Quidam Mss. addunt Græcæ vocis interpretationem, *id est lumbare*.
(*d*) Victor. alterum *pellitur* verbum non habet, et deinde *cohortabantur* pro *cohortantur*.

2. Unde non mirum est, si et nosipsi vitiis detrahentes, offendimus plurimos. Disposui nasum secare fœtentem, timeat qui strumosus est. Volo corniculæ detrahere garrienti, rancidulam (al. *raucidulam*) se intelligat cornix. Nunquid unus in urbe Romana est, qui habeat « truncas inhonesto vulnere nares ?(*Æneid. lib.* VI.) Nunquid solus (*e*) Onasus Segestanus cava verba, et in modum vessicarum tumentia, buccis trutinator inflatis? Dico quosdam scelere, perjurio, falsitate ad dignitatem nescio quam pervenisse. Quid ad te, qui te intelligis innocentem? Rideo advocatum, qui patrono egeat: quadrante (*f*) dignam eloquentiam nare subsanno: quid ad te, qui disertus es? Volo in nummarios invehi Sacerdotes: tu qui dives (*g*) es, quid irasceris? Clausum cupio suis ignibus ardere Vulcanum: nunquid hospes ejus es, aut vicinus, quod a delubris idoli niteris incendium submovere? Placet mihi de larvis, de noctua, de bubone, de Niliacis ridere portentis. Quidquid dictum fuerit, in te dictum putas. In quodcumque vitium stili mei mucro contorqueatur, te clamitas designari. Conserta manu in jus vocas, et satyricum scriptorem (*h*) in prosa stulte arguis. An ideo tibi bellus videris, quia fausto vocaris nomine? quasi non, et lucus ideo dicatur, quod *minime luceat*: et Parcæ ab eo, quod *nequaquam parcant*: et Eumenides furiæ, quod *non sint benignæ*: et vulgo *Æthiopes* vocentur *argentei*. Quod si in descriptione fœdorum semper irasceris, jam tibi cum Persio cantabo:

(*i*) *Optent te generum rex, et regina, puellæ*
Te rapiant: quidquid calcaveris hoc rosa fiat (*Satyr.* 2).

3. Dabo tamen consilium, quibus absconditis, possis pulchrior apparere. Nasus non videatur in facie: sermo non sonet ad loquendum: atque ita et formosus, et disertus videri poteris.

188 EPISTOLA XLI (*j*).

AD MARCELLAM (*k*).

Refellit Montani hæretici dogmata, ostenditque quid inter ejus errores, atque Ecclesiæ sententiam intersit.

1. Testimonia de Joannis Evangelio congregata, quæ tibi quidam Montani sectator ingessit, in quibus Salvator noster se ad Patrem iturum, missurumque

(*e*) Victorius ex præconcepta opinione *Bonasus Segestanus*. Cum vero Segesta altera Pannoniæ, altera Liguriæ civitas fuerit, quænam hic denotetur, haud expeditum est definire. Verosimilius tamen Pannoniæ Segestam notat.
(*f*) *al. indignam*, id est ne quadrante quidem dignam.
(*g*) Readinus Episcopus cum negandi particula, *tu qui dives non es*: meliori quidem sensu, sed Mss. aut editis aliis libris non suffragantibus.
(*h*) Nimirum quod non nisi carminibus Satyræ componantur, et soluta oratione scribentem, satyricum scriptorem stultum sit appellare, ac si quis Italice diceret: *Scrittor di Sonetti in prosa*. Quod addit *fausto vocaris nomine*, explicat Martian., quod Onasus idem sit ac *Onesimus*, quem in Nominum libro *decorum* Hier. interpretatur. Verius puto, deduceretur ab ὄνος Græco themate, quod est *juvo, et prosum*, unde *Onasus* latine *Profuturus*, fausto nomine vocari potuit.
(*i*) Vetustiores vulgati, ac Mss. aliquot *Formosum te optent generum*, etc.
(*j*) *Alias* 54. *Scripta eodem anno* 384.
(*k*) Veteres editi, et nonnulli Mss. addunt *adversus Montanum*.

Paracletum pollicetur. Quæ in quod promissa sint tempus, et quo completa sint tempore, Apostolorum Acta testantur. Decima die dixit post ascensum Domini, hoc est quinquagesima post resurrectionem, Spiritum Sanctum descendisse, linguasque credentium esse divisas, ita ut unusquisque omnium gentium sermone loqueretur : quando quidam adhuc parum credentium, musto eos ebrios asserebant, et Petrus stans in medio Apostolorum omnisque conventus, ait : « Viri Judæi, et omnes qui habitatis in Jerusalem, hoc vobis notum sit, et auribus percipite verba mea. Non enim sicut vos existimatis, hi ebrii sunt : nam est hora diei tertia : sed hoc est quod dictum est per Joel Prophetam : in novissimis diebus, dicit Dominus, effundam de spiritu meo in omnem carnem, et prophetabunt filii, et filiæ eorum : et juvenes visiones videbunt, et seniores somnia somniabunt, et quidem in servos meos, et ancillas meas effundam de spiritu meo » (*Act.* 2. 14).

2. *Ecclesia fundata super Petrum.* — Si igitur Apostolus Petrus, super quem Dominus fundavit Ecclesiam, et prophetiam et promissionem Domini, illo tempore completam memoravit, quomodo possumus nobis aliud tempus vindicare? Quod si voluerint respondere, et Philippi deinceps quatuor filias prophetasse, et Prophetam Agabum reperiri, et in divisionibus spiritus inter Apostolos, et Doctores, Prophetas quoque, Apostolo scribente, formatos, ipsumque Paulum Apostolum, multa de futuris hæresibus, et de fine sæculi prophetasse, sciant a nobis non tam prophetiam repelli, quæ Domini est signata passione, **189** quam eos non recipi, qui cum Scripturæ veteris, et novæ auctoritate non congruant.

3. Primum in fidei regula (*a*) discrepamus. Nos Patrem, et Filium, et Spiritum Sanctum in sua unumquemque persona ponimus, licet substantia copulemus : illi Sabellii dogma sectantes Trinitatem in unius personæ angustias cogunt. Nos secundas nuptias non tam appetimus, quam concedimus, Paulo jubente, ut viduæ adolescentulæ nubant : illi in tantum putant scelerata conjugia iterata, ut quicumque hoc fecerit, adulter habeatur. Nos unam quadragesimam secundum traditionem Apostolorum, toto (*b*) nobis orbe congruo, jejunamus : Illi tres in anno faciunt Quadragesimas, quasi tres passi sint Salvatores. Non quod, et per totum annum, excepta Pentecoste, jejunare non liceat : sed quod aliud sit necessitate, aliud voluntate munus offerre. Apud nos Apostolorum locum Episcopi tenent : apud eos Episcopus tertius est. Habent enim primos de Pepusa (*c*) Phrygiæ Patriarchas : secundos, quos appellant (*d*) Cœnonas : atque ita in tertium, id est, pene ultimum locum Episcopi devolvuntur ; quasi exinde ambitiosior religio fiat, si quod apud nos primum est apud illos novissimum sit. Illi ad omne pene delictum Ecclesiæ obserant fores ; nos quotidie legimus : « Malo pœnitentiam peccatoris, quam mortem » (*Ezech.* 18. 23). Et, « Nunquid qui cadit, non resurget, dicit Dominus » (*Jerem.* 8. 4). Et, « Convertimini ad me filii convertentes, et ego curabo contritiones vestras » (*Jerem.* 3. 22. sec. LXX). Rigidi autem sunt, non quo, et ipsi pejora non peccent : sed hoc inter nos, et illos interest, quod illi erubescunt confiteri peccata quasi justi : nos dum pœnitentiam agimus, facilius veniam promeremur. **190**

4. Prætermitto scelerata mysteria, quæ dicuntur de lactente puero, (*e*) et victuro martyre confarrata. Malo inquam non credere : sit falsum omne quod sanguinis est. Aperta est convincenda blasphemia dicentium, Deum primum voluisse in veteri Testamento per Moysen, et Prophetas salvare mundum : sed quia non potuerit explere, corpus sumpsisse de Virgine, et in Christo sub specie Filii prædicantem, mortem obiisse pro nobis. Et quia per duos gradus mundum salvare nequiverit, ad extremum per Spiritum Sanctum in Montanum, Priscam, et Maximillam insanas feminas descendisse, et plenitudinem quam Paulus non habuerit, dicens : « Ex parte cognoscimus, et ex parte prophetamus » (1. *Cor.* 13. 9). Et, « nunc videmus per speculum in ænigmate » abscisum, et semivirum habuisse Montanum. Hæc sunt quæ coargutione non indigent : perfidiam eorum exposuisse, superasse est. Nec necesse est ut singula deliramenta quæ proferunt, brevior epistolæ sermo subvertat, cum, et tu ipsas Scripturas apprime tenens, non tam ad eorum mota sis quæstiones, quam quid sentirem, a me volueris sciscitari.

(*a*) Negant hoc alii, quos inter S. Epiphan. l. 2. Hæres. 48. de Cataphrygis, seu Montanistis, eosque « de Patre, et Filio, et Spiritu Sancto eadem cum Ecclesia Catholica sentire » apertissime tradit. Sed duæ Montanistarum sectæ cum essent, quarum una *cata proclum*, alia *cata Eschinem* appellabatur, de hac altera intelligendus venit Hieronymus, quæ, ut ex Tertullian. *de Præscript.* cap. 52. discimus, Jesum Christum Patrem simul ac Filium esse blasphemabat.

(*b*) Non ut Martianæus suspicatur, Erasmus fecit, *toto anno, tempore nobis congruo* quod et alii ante ipsum editi, et Mss. aliquot hodieque habent ; nec scio utrum verius. Interim notatu perquam dignum est, quod Hier. tradit, Jejunia ab Apostolis constituta, eaque ex necessitate, non ex voluntate observari, quæ in Quadragesima indicta sunt, quod luculentissime Cæsarius Arelatensis, « Aliis inquit, diebus jejunare aut remedium, aut præmium est ; in **Quadragesima non jejunare peccatum est**, etc.

(*c*) Ignobile Phrygiæ oppidum erat Pepusa, ipsius Hieronymi temporibus plane dirutum, ubi Cataphryges, qui inde et Pepusiani appellati sunt, conveniebant. Quod etiam Epiphanius tradit Hæres. XLVIII. 14., vocatque τόπον τινὰ ἔρημον ἐν τῇ Φρυγίᾳ, Πέπουζαν ποτε καλουμένην πόλιν, etc.

(*d*) Pro *Cœnonas*, quidam Mss. *Zenonas* : unus Bononiensis Monasterii S. Salvatoris *Cœnonas*, alii, etiam Victorio teste, *Iconomas*. Vide igitur, num ita legendum sit οἰκονόμους ex Græco, quod eo intellectu dici potuit, ut *dispensatores* secundi ordinis Sacerdotes appellarentur, sicuti primi *patriarchæ*, et tertii *Episcopi* ; nam *Cœnones*, quæ vox tandem sit, quidve significet, penitus ignoramus.

(*e*) Antea, quasi de duabus seorsim personis, aut mysteriis sermo esset, *de præpositio* iterabatur. Videndus porro est S. August. de Hæresibus in Cata.bryg. Auctor Prædestinati hæres. XXVI. aliique, etsi, ut uno verbo dicam, non hæc modo scelerata mysteria de infante minutis punctionibus perfosso, qui pro magno sacerdote haberetur, si viveret, pro martyre, si moreretur ; sed alia quædam, quæ supra Hier. retulit dogmata Montanistarum, iis vere adscribi aut negant auctores alii, aut data opera quasi incerta prætereunt.

EPISTOLA XLII (a).

AD MARCELLAM.

Contra Novatianos Hæreticos.

Roganti Marcellæ quid sit verbum contra Spiritum Sanctum, respondet, sensum Novatiani docens esse falsum.

1. Brevis (b) est quæstiuncula, quam misisti, et aperta responsio est. Si enim de eo quod in Evangelio scribitur : « Quicumque dixerit verbum contra Filium hominis, remittetur ei; qui autem dixerit contra **191** Spiritum Sanctum non remittetur ei, neque in hoc sæculo, neque in futuro»(*Matth.* 12. 32; *et Marc.* 3. 29), Novatianus affimat non posse peccare in Spiritum Sanctum, nisi eum qui Christianus sit, et postea negaverit ; manifestum est Judæos qui eo tempore blasphemabant, peccato blasphemiæ non teneri : quippe, qui impii coloni, interfectis Prophetis, de nece Domini cogitabant, et in tantum erant perditi, ut ad salvandos eos, se Dei Filius venisse responderit. Unde de toto ipsius Scripturæ ordine convincendus est, non his irremissibilem esse dictam blasphemiam, qui tormentis compulsi, et variis eviscerati cruciatibus, Dominum denegassent; sed his qui cum in virtutibus videant opera Dei, calumnientur et clamitent, dæmonis esse virtutem, et omnia signa quæ facta sunt, non ad divinam magnificentiam, sed ad diabolum pertinere (*Matth.* 12 ; *Marc.* 3; *et Luc.* 11). Unde et Salvator noster toto responsionis suæ hoc agit argumento, ut doceat, non posse Satanam ejici a Satana, et regnum ejus inter se non esse divisum. Cum enim diaboli studium sit, Dei lædere creaturam, quomodo ejusdem poterit esse voluntatis sanare languentes, et seipsum de obsessis fugare corporibus? Probet itaque Novatianus, aliquem de his, qui sacrificare compulsi sunt ante tribunal judicis, respondisse omnia quæ in Evangelio scripta sunt, non a Filio Dei, sed a Beelzebub principe dæmoniorum fuisse perfecta, et tunc poterit approbare irremissibilem in Spiritum Sanctum esse blasphemiam.

2. Ut autem et acutius aliquid interrogemus, respondeat, quid sit contra Filium hominis dicere, et in Spiritum Sanctum blasphemare. Ego quippe assero juxta sensum illius, eos qui Christum in persecutione negaverint, contra Filium hominis dixisse, et non in Spiritum Sanctum blasphemasse. Qui enim interrogatur, an Christianus sit, et Christianum se non esse responderit ; utique negando Christum, hoc est, Filium hominis, Spiritui Sancto non facit injuriam. Si autem Christum negando, negavit et Spiritum ; edisserat Hæreticus, quomodo non peccet in Spiritum, qui Filium hominis denegaverit. Aut si Spiritum Sanctum hoc loco **192** intelligendum Pa-

---

(a) *A.* 140. *scripta circa eumdem annum* 584.
(b) Pluribus verbis, sed nullo ferme sensu Edit. Bened. « Brevis atque succincta quæstiuncula, quam misisti, et obscura, et aperta responsio est. » Nos Victorium, aliosque editos vetustiores sequimur : mallemus tamen hoc legi modo, « Brevis quæstiunculæ, quam misisti, succincta, et aperta responsio est. »

---

trem putat, Patris nulla est a negatore mentio facta cum negaret. Petrus Apostolus eo tempore, quo ancillæ interrogatione perterritus, Dominum negavit, in Filium hominis, an in Spiritum Sanctum videtur commisisse peccatum? Si id quod ait, *nescio hominem*, ridiculo voluerit interpretari, non Christum eum negasse, sed hominem ; mendacem faciet Salvatorem, qui se, hoc est, Filium Dei, negandum esse prædixerat (*Matth.* 26 ; *et Joan.* 13). Si autem negavit Filium Dei, unde et amare flevit, et trinam negationem, trina postea confessione delevit, manifestum est, peccatum in Spiritum Sanctum, ideo non posse dimitti, quod habeat blasphemiam : ut cum videas in virtutibus Deum, Beelzebub calumnieris in factis. Doceat igitur aliquem negatorem, Beelzebub vocasse Christum, et ultro referam gradum, negatorem non posse veniam consequi post ruinam. Aliud est tormentis cedere, et se Christianum negare : aliud Christum, diabolum dicere, sicut tibi ipsa Scriptura, atque contextus, lecta attentius poterunt [*al. potuerunt*] demonstrare.

3. Fuerat quidem prolixius disserendum : sed quoniam amicis, et qui ad nostrum hospitiolum convenerunt, præsentiam nostram negare non possumus, et tibi non statim respondere, admodum visum est arrogantis, latam disputationem brevi sermone comprehendimus, ut non tam Epistolam, quam Commentariolum dictaremus.

EPISTOLA XLIII (c).

(1) AD MARCELLAM.

Marcellam hortatur, ut Roma relicta, se rus conferat : per contentionem ostendens, et quantum habeat Roma molestiarum, et quantum commoditatum solitudo.

1. Ambrosius, (d) quo chartas, sumptus, notarios ministrante, tam innumerabiles libros vere Adamantius, et Chalcenterus noster explicavit in quadam Epistola, quam ad eumdem de Athenis scripserat, refert, nunquam se cibum Origene præsente sine lectione sumpsisse ; nunquam inisse somnum, nisi unus e fratribus sacris litteris personaret. Hoc diebus **193** egisse et noctibus, ut et lectio orationem exciperet, et oratio lectionem.

2. Quid nos ventris animalia tale unquam fecimus? quos si vel secunda hora legentes invenerit, oscitamus : manu faciem defricantes, continemus stomachum ; et quasi post multum laborem mundia-

---

(c) *Alias* 18 *scripta circa an.* 385.
(d) Hic « primum Marcionites, deinde ab Origene correctus, Ecclesiæ diaconus, et confessionis Dominicæ gloria insignis » dicitur in Catalogo Script. Eccles. c. 56 ; et cum ejus « industria, sumptu, et instantia infinita Origenes dictaverit volumina, » ejus ἐργοδιώκτης, sive *operum impulsor* audiit. Videtur autem memoriæ lapsu peccare Hieron. cum Ambrosio illam epistolam adscribit, de improbo Origenis labore, cum e contrario ipsius Adamantii exstet fragmentum epistolæ ad quemdam de Ambrosio id perhibens. At vereor ne falso inscribatur.

(1) Consule chronicas posteriores Notas in Præfatione ad Epist. xxxiv.

libus (a) rursum negotiis occupamur. Præmitto prandia, quibus mens onerata premitur. Pudet dicere frequentiam salutandi, qua aut ipsi quotidie ad alios pergimus, aut ad nos venientes (1) cæteros exspectamus. Deinceps itur in verba, sermo teritur, lacerantur absentes, vita aliena describitur, et mordentes invicem, consumimur ab invicem. Talis nos cibus occupat et dimittit. Cum vero amici recesserint, ratiocinia supputamus. Nunc ira personam leonis nobis inducit [al. *impouit*]: nunc cura superflua in annos plurimos duratura præcogitat. Nec recordamur Evangelii, dicentis: « Stulte, hac nocte auferent animam tuam a te: quæ autem præparasti cujus erunt?» (*Luc.* 12. 20.) Vestes non ad usus tantum, sed ad delicias conquiruntur. Ubicumque compendium est, velocior pes, citus sermo, auris attentior. Si damnum (ut sæpe in re familiari accidere solet) fuerit nuntiatum, vultus mærore deprimitur. Lætamur ad nummum, (b) obolo contristamur. Unde cum in uno homine animorum tam diversa sit facies, Propheta Dominum deprecatur, dicens: « Domine, in civitate tua imaginem eorum dissipa » (*Ps.* 72. 20). Cum enim ad imaginem et similitudinem Dei conditi simus, ex vitio nostro personas nobis plurimas superinducimus. Et quomodo in theatralibus scenis unus atque idem histrio, nunc Herculem robustus ostendit, nunc mollis in Venerem frangitur, nunc tremulus in Cybelem: ita et nos (qui si de mundo non essemus, odiremur a mundo) tot habemus personarum (c) similitudines, quot peccata.

5. Quapropter quia multa jam vitæ spatia transmisimus fluctuando, et navis nostra nunc procellarum concussa turbine, nunc scopulorum illusionibus perforata est [al. *perturbata*], cum primum licet, quasi portum quemdam secreta ruris intremus. Ibi cibarius panis, et olus nostris manibus irrigatum, et lac deliciæ rusticanæ, viles quidem, sed innocentes cibos præbent [al. *præbeant*]. Ita viventes, non ab oratione somnus, nec saturitas a lectione revocabit. Si æstas est, secretum arboris umbra præbebit. Si autumnus, ipsa aeris temperies, et strata subter folia, locum quietis ostendent. Vere ager floribus pingitur, et inter querulas aves, Psalmi dulcius cantabuntur. Si frigus fuerit et brumales nives, ligna non coemam, et calidius vigilabo, vel dormiam. Certe quod sciam, vilius non algebo. Habeat sibi Roma suos tumultus, arena sæviat, circus insaniat, theatra luxurient, et quia de nostris dicendum est, matronarum quotidie visitetur senatus. Nobis adhærere Domino bonum est, et ponere in Domino Deo spem nostram (*Psal.* 72): cum pauperiem istam cœlorum regna mutaverint, erumpamus in vocem: « Quid enim mihi est in cœlo, et a te quid volui super terram?» Quo scilicet cum

(a) Mss. quidam ac vetus edit. *post multum labo em labimur, et mundialibus*, etc.
(b) Victorius, aliique edit vetustiores *emisso obolo*; sed priorem vocem Mss. ignorant.
(c) Martianæus nullo, aut Hieronymi menti contrario sensu, *tot habemus peccatorum similitudines*, etc. Reposuimus *personarum* ex aliis editis ac Mss.
(1) Al. *haberi* notat Gravius *cæteros*.

tanta reperiamus in cœlo, parva et caduca quæsisse nos doleamus in terra (d). Vale.

EPISTOLA XLIV (e).

Ad Marcellam.

De Muneribus.

Munuscula missa a Marcella, sibi, et Paulæ, filiæque hujus Eustochio, per jocum allegorice interpretatur.

Ut absentiam corporum, Spiritus confabulatione solemur: (f) facit unusquisque quod prævalet. Vos dona transmittitis: nos Epistolas remittimus gratiarum. Ita tamen ut, quia velatarum virginum munus est, aliqua in ipsis munusculis esse mysteria demonstremus. Saccus, orationis signum atque jejunii est. Sella, ut foras pedes virgo non moveat. Cerei, ut accenso lumine, sponsi exspectetur adventus. Calices mortificationem carnis ostendunt, et semper animum ad martyrium præparatum. « Calix *quippe* Domini inebrians, quam præclarus est » (*Ps.* 22. 5). Quod autem et matronis (g) offertis muscaria parva, parvis animalibus eventilandis, elegans significatio est, debere luxuriam cito restinguere; quia muscæ morituræ, oleum suavitatis exterminant. Hic typus sit virginum: hæc figura matronarum. Nobis autem, licet in perversum, munera vestra conveniunt: Sedere aptum est otiosis, in sacco jacere pœnitentibus, calices habere potantibus. Licet et propter nocturnos metus, et animos semper malo conscientiæ formidantes, cereos quoque accendisse sit gratum.

EPISTOLA XLV (h).

Ad Asellam.

Navem, Roma discessurus, conscendens, purgat se ab obtrectatorum calumniis, apud quos ingens sibi odium conflaverat, quod Paulam, et Eustochium primarias feminas traxisset ad Monachorum institutum.

1. Si tibi putem gratias a me referri posse, non sapiam. Potens est Deus super persona mea sanctæ animæ tuæ restituere quod meretur. Ego enim indignus nec æstimare unquam potui, nec optare, ut mihi tantum in Christo largireris affectum. Et licet me sceleratum quidam putent, et omnibus flagitiis obrutum, et pro peccatis meis, etiam hæc parva sint: tamen tu bene facis, quod ex tua mente etiam malos, bonos putas. Periculosum quippe est de servo alte-

(d) Heic in antiquis editt. elogium Bethel, cujus initium, *Verum ut ad villulam Christi,* ejusque cum Roma comparatio, quibus ad hæc, *at vulgo dicitur amatoriæ ex-*
tiones, adseruntur: quæ totidem verbis in ea quam paulo post subdemus Paulæ, et Eustochii ad Marcellam ej ist. 46. habentur, nec dubium est, inde ob argumenti similitudinem translata.
(e) *Alias* 20. *Scripta circa idem tempus quæ superior.*
(f) Hieronymi quidem ingenio ac manu, sed alterius nomine, et fortasse Paulæ, et Eustochii scripta videtur istæc Epistola ex toto contextu, sed iis maxime verbis, quibus ex velatarum Virginum nomine suum munus esse constituit, mysteria in munusculis invenire. Veronensis major, *faciat*.
(g) Idem Veronen. « offerimus paria parvis animalibus ventilandis » (art. 1. *ad dic.*) unde quidem conjicias impressam faciem, et Mss. lectionem aliquam mendi non carere; manu autem in qua jacto sit restituenda, satis intelligitur. Vid. notas Chronologicas.
(h) *Alias* 99. *Scripta mense aug. anni* 385.

rius judicare (*Rom.* 14. 4), et non facilis venia, prava dixisse de rectis. Veniet, veniet illa dies in qua et mecum dolebis ardere non paucos.

2. Ego probrosus, ego versipellis et lubricus : ego mendax, et Satanæ arte decipiens. Quid enim est tutius, hæc vel credidisse, vel finxisse de insontibus, an etiam de noxiis credere noluisse? Osculabantur mihi manus (*a*) quidam, et ore viperco detrahebant : dolebant labiis, corde gaudebant. Videbat Dominus et subsannabat illos, et miserum me servum suum futuro cum eis judicio reservabat. Alius incessum meum calumniabatur et risum : ille vultui detrahebat ; hic in simplicitate aliud suspicabatur. **196** Pene certe triennium cum eis vixi. Multa me virginum crebro turba circumdedit. Divinos Libros, ut potui, nonnullis sæpe disserui. Lectio assiduitatem, assiduitas familiaritatem, familiaritas fiduciam fecerat. Dicant, quid unquam in me aliter senserint, quam Christianum decebat ? Pecuniam cujusquam accepi ? munera vel parva, vel magna non sprevi ? in manu mea æs alicujus insonuit ? obliquus sermo, oculus petulans fuit ? Nihil mihi aliud objicitur nisi sexus meus, et hoc nunquam objicitur, nisi quum Jerosolymam Paula (*b*) proficiscitur. Esto, crediderunt mentienti : cur non credunt neganti ? Idem est homo ipse qui fuerat : fatetur insontem, qui dudum noxium loquebatur, et certe veritatem magis exprimunt tormenta quam risus : nisi quod facilius creditur quod aut fictum, libenter auditur, aut non fictum, ut fingatur, impellitur.

3. Antequam domum sanctæ Paulæ nossem, totius in me urbis studia consonabant. Omnium pene judicio dignus summo Sacerdotio decernebar. Beatæ memoriæ Damasus, meus sermo erat. Dicebar sanctus : dicebar humilis et disertus. Nunquid domum alicujus lascivioris ingressus sum ? Nunquid me vestes sericæ, nitentes gemmæ, picta facies, auri rapuit ambitio ? Nulla fuit alia Romæ matronarum, quæ meam posset edomare mentem, nisi lugens atque jejunans, squalens sordibus, fletibus pene cæcata ; quam continuis noctibus misericordiam Domini deprecantem sol sæpe deprehendit. Cujus Canticum Psalmi, sermo Evangelium, deliciæ continentia, vita jejunium. Nulla me potuit alia delectare, nisi illa, quam manducantem nunquam vidi. Sed postquam eam pro suæ merito castitatis venerari, colere, suspicere cœpi, omnes me illico deseruere virtutes.

4. O invidia primum mordax tui ! o Satanæ calliditas semper sancta persequens ! Nullæ aliæ Romanæ urbi fabulam præbuerunt, nisi Paula et Melanium, quæ contemptis facultatibus, pignoribusque desertis, crucem Domini quasi quoddam pietatis levavere vexillum. Si (*c*) balneas peterent, unguenta eligerent, divitias et viduitatem **197** haberent materiem luxuriæ et libertatis, dominæ vocarentur, et sanctæ. Nunc in sacco et cinere formosæ volunt videri, et in gehennam ignis cum jejuniis, et pedore descendere : videlicet non eis licet applaudente populo perire cum turbis. Si Gentiles hanc vitam carperent, si Judæi haberent solatium non placendi eis, quibus displicet Christus. Nunc vero, proh nefas ! homines Christiani, prætermissa domorum suorum cura, et proprii oculi trabe neglecta, in alieno oculo festucam quærunt. Lacerant sanctum propositum, et remedium pœnæ suæ arbitrantur, si nemo sit sanctus : si omnibus detrahatur : si turba sit pereuntium : si multitudo peccantium.

5. Tibi placet lavare quotidie : alius has munditias sordes putat. Tu (*d*) attagenem ructas, et de comeso acipensere gloriaris : ego (1) faba ventrem impleo. Te delectant cachinnantium greges : me Paula, (2) Melaniamque plangentes. Tu aliena desideras : illæ contemnunt sua. Te delibuta melle vina delectant : illæ potant aquam frigidam suaviorem. Tu te perdere existimas, quidquid in præsenti non habueris, comederis, devoraveris : ille futura desiderant, et credunt vera esse quæ scripta sunt. Esto, inepte et inaniter, quibus resurrectio corporum persuasit : quid ad te ? Nobis e contrario tua vita displicet. Bono tuo crassus sis : me macies delectat et pallor. Tu tales miseros arbitraris : nos te miserabiliorem putamus. Par pari refertur, et invicem nobis videmur insanire.

6. Hæc, mi domina Asella, cum jam navem conscenderem, raptim flens dolensque **198** conscripsi, et gratias ago Deo meo, quod dignus sim, quem mundus oderit. Ora autem ut de Babylone Jerosolymam regrediar, ne mihi dominetur Nabuchodonosor, sed Jesus filius Josedec : veniat (*e*) Ezras, qui interpretatur *adjutor*, et reducat me in patriam meam. Stultus ego qui volebam cantare Canticum Domini in terra aliena, et deserto monte Sina, Ægypti auxilium flagitabam (*Jer.* 42). Non recordabar Evangelii, quia qui de Jerusalem egreditur, statim incidit in latrones, spoliatur, vulneratur, occiditur. Sed licet Sacerdos despiciat atque Levites, Samaritanus ille misericors est (*Luc.* 10), qui cum diceretur : *Samaritanus, es*

(*a*) Martianæus *quidem*, cujus leviora quædam alia paragrammata infra emendamus.

(*b*) Peccat Victorius, qui addit, *et Melania proficiscuntur*, quæ tamen diu ante Paulam discesserat, ut supra epist. 39. de obitu Blæsillæ adnotavimus ex Hieronymo.

(*c*) Sæpe Hier. *balneas adire inter mollitiei irritamenta* computat, et feminis præcipue interdicit. Benedictin. tamen edit. hoc loco *Bajas* legerat pro *balneas*, quod ex

renuentibus Mss. non improbo, sic enim ex amœnissimi, ac celeberrimi Campaniæ oppidi nomine, alia amœnitatis loca, et prædia *Bajas* vocabant veteres : et Cicero in Orat. pro Cælio, « *cujus*, inquit, *in hortos, domum*, Bajas *jure suo libidines omnium commearent*. » Sed aliquot paulo post « materiem luxuriosæ libertatis pro luxuriæ et libertatis habent. »

(*d*) Attagenem avem laudat Apicius lib. 6. cap. 3. Acipenserem piscem Plinius l. 9. c. 17. Athenæus Deipnosoph. lib. 7. « Archestratus, inquit, qui vitam Sardanapali vixit, de Galeo Rhodio cum verba facit, eum esse putat, quem Acipenserem (Græc. ἀκκιπήσιον) vocant Romani, et cum tibiis, et coronis circumferunt in cœnis, coronatis etiam illis qui portant. Verum Acipenser minor est, rostro longiore, » etc.

(*e*) Verba, *qui interpretatur adjutor*, quæ Hieronymi propositum multum juvant, deerant autem apud Erasm. et Martianæum, cum e Mss. codicibus, et vetustiori editione cum Victorio restituimus.

(1) Gravius alias *itibu* legi adnotat ; pro qua voce mallet Stoeha, de qua Plinius lib. 21. c. 15. et 22. c. 11.

(2) Antea erat *Melaniumque*. Revoco superiorem notam Epist. 3. et in Epist. 143. ad Alypium et Augustinum.

et dæmonium habes (*Joan.* 8), dæmonium renuens, Samaritem se non negavit; quia quem nos *custodem*, Hebræi *samaritem* vocant. Maleficum quidam me garriunt; titulum fidei, servus agnosco. Magum vocant, et Judæi Dominum meum. Seductor et Apostolus dictus est. Tentatio me non apprehendat, nisi humana (1. *Cor.* 10). Quotam partem angustiarum perpessus sum, qui cruci milito? Infamiam falsi criminis imputarunt; sed scio per bonam et malam famam pervenire ad regna cœlorum.

7. Saluta Paulam et Eustochium, velit nolit mundus, in Christo meas. Saluta matrem Albinam, sororemque Marcellam, Marcellinam quoque, et sanctam Felicitatem, et dic eis : Ante tribunal Christi simul stabimus, ibi apparebit qua mente quis vixerit. Memento mei, exemplar pudicitiæ, et virginitatis insigne; fluctusque maris tuis precibus mitiga.

TERTIA CLASSIS.

COMPLECTENS EPISTOLAS AB ANNO 386. E BETHLEEMI MONASTERIO SCRIPTAS USQUE AD SÆCULI QUARTI FINEM, DAMNATUMQUE IN ALEXANDRINA SYNODO ORIGENEM ANNO 400.

EPISTOLA XLVI (*a*).
PAULÆ ET EUSTOCHII AD MARCELLAM.
De Sanctis locis.

Paula, filiaque ejus Eustochium, cum ad Sancta loca devenissent, Marcellam hortantur, ut relicta Roma, ad eas Bethleem commigret, fruitura omnibus Christi monumentis in locis, in quibus pleraque religionis nostræ mysteria peracta sunt.

1. Mensuram caritas non habet, et impatientia nescit modum, et desiderium non sustinet. Unde et nos oblitæ virium nostrarum, et non quid possimus, sed quid velimus tantum cogitantes, magistram cupimus docere discipulæ; et ut est vulgare proverbium : Sus artium repertricem (*Sus Minervam*). Tu quæ prima [al. *primam*] scintillam nostro fomiti subjecisti, quæ ad hoc studium nos et sermone hortata es, et exemplo; et quasi gallina congregasti sub alas pullos tuos (*Matth.* 23) : nunc nos libere absque matre volitare patieris [al *pateris*], et accipitris pavere formidinem, et ad omnem umbram prætervolantium avium formidare? Igitur, quod solum absentes facere possumus, querulas fundimus preces : et desiderium nostrum non tam (*b*) fletibus, quam ejulatibus contestamur, ut Marcellam nostram nobis reddas, et illam mitem, illam suavem, illam omni melle et dulcedine dulciorem non patiaris apud eas esse rigidam, et tristem rugare frontem, quas affabilitate sua ad simile vitæ studium provocavit.

2. Certe si sunt meliora quæ poscimus, non est impudens desiderium. Si cunctæ Scripturarum voces nostræ sententiæ congruunt, non facimus audacter, ad ea te provocantes, ad quæ tu nos sæpissime cohortata es. Prima vox Dei ad Abraham : « Exi, inquit, de terra tua, et de cognatione tua, et vade in terram quam monstravero tibi » (*Gen.* 12. 1). Jubetur Patriarchæ, ad quem primum de Christo facta est repromissio, ut relinquat Chaldæos, relinquat confusionis urbem, et Rooboth, id est (*c*), *latitudines* ejus : relinquat campum Sennaar, in quo superbiæ usque ad cœlum erecta turris est : et post fluctus istius sæculi, post flumina, super quæ sederunt sancti, et fleverunt cum recordarentur Sion, post gravem gurgitem Chobar, de quo Ezechiel capillo verticis sublevatus, Jerusalem usque transfertur; ut habitet terram repromissionis, quæ non rigatur ut Ægyptus de deorsum, sed de sursum : nec facit olera languentium cibos; sed temporaneum et serotinum de cœlo exspectat imbrem. Hæc terra montuosa, et in sublimi sita : quantum a deliciis sæculi vacat, tantum majores habet delicias spiritus. Denique et Maria mater Domini, postquam ad eam Angeli est facta promissio, et uterum suum intellexit esse domum filii Dei, derelictis campestribus ad montana perrexit. De hac urbe, allophylo quondam hoste superato, et diabolicæ percussa frontis audacia, postquam ille in faciem corruit, exultantium animarum turba processit : et concinens chorus decem millium, David nostri victoriam prædicavit. In hac Angelus gladium tenens, et totam impietatis devastans urbem, in Ornam Jebusæorum regis area templum Domini designavit : jam tunc significans Ecclesiam Christi, non in Israel, sed in gentibus consurgentem. Recurre ad Genesim, et Melchisedech regem Salem (*d*) hujus principem invenies civitatis : qui jam tunc in typo Christi panem et vinum obtulit, et mysterium Christianum in Salvatoris sanguine et corpore dedicavit.

3. Tacita forsitan mente reprehendes, cur non sequamur ordinem Scripturarum; sed passim, et ut quidquid obviam venerit, turbidus sermo perstringat. Et in principio testatæ sumus, dilectionem ordinem non habere, et impatientiam nescire mensuram. Unde et in Cantico Canticorum quasi difficile præcipitur : *Ordinate in me caritatem* (*Cant.* 2. 4) : et nunc eadem dicimus nos, non ignoratione, sed affectu

---

(*a*) *Alias* 17. *scripta circ. an.* 386.
(*b*) Cistercienses fortasse verius « non tam precibus, quam fletibus et ululatibus contestamur, » etc.
(*c*) Ita rectius plurali numero quidam Mss. legunt pro singulari *latitudinem*, ut antea editi.

(*d*) Non ejus Salem, quæ postea Jerusalem dicta est, sed alterius hujus nominis oppidi juxta Scytopolim, Regem fuisse Melchisedech contendit Hieronymus in Epist. paulo inferius recensenda ad Evangelum. Paula, et Eustochium, quæ communiorem sententiam heic proferunt, in aliis quoque infra a S. Doctoris placitis discordant.

labi. Denique ut (*a*) multo inordinatius aliquid proferamus, antiquiora repetenda sunt. In hac urbe, imo in hoc tunc loco, et habitasse dicitur, et mortuus esse Adam. Unde et locus in quo crucifixus est Dominus noster, Calvaria appellatur, scilicet quod ibi sit antiqui hominis calvaria condita, ut secundus (*b*) Adam, id est sanguis Christi de cruce stillans, primi Adam et jacentis protoplasti peccata dilueret : et tunc sermo ille Apostoli compleretur : « Excitare qui dormis, et exsurge a mortuis, et illuminabit te Christus » (*Ephes* 5. 14). Quantos hæc urbs Prophetas, quantos emiserit sanctos viros, longum est recensere. Totum mysterium nostrum, istius provinciæ, urbisque vernaculum est. In tribus nominibus Trinitatis demonstrat fidem. *Jebus*, et *Salem*, et *Jerusalem* appellatur. Primum nomen, *calcata* : secundum, *pax* : tertium, *visio pacis*. Paulatim quippe pervenimus ad finem, et post conculcationem ad pacis visionem erigimur : (*c*) ex qua pace Salomon, id est, *pacificus*, in ea natus est, *et factus est in pace locus ejus* (*Psal.* 75). Et in figura Christi, sub etymologia urbis, Dominus dominantium, et Rex regum nomen accepit. Quid referemus de David et tota progenie ejus, quæ in hac civitate regnavit? Quanto Judæa cæteris provinciis, tanto hæc urbs cuncta sublimior est Judæa. Et (ut coactius disseramus) totius provinciæ gloria metropoli vindicatur : et quidquid in membris laudis est, omne refertur ad caput.

4. Jamdudum te cupientem in verba prorumpere, ipsi litterarum apices sentiunt, et venientem contra charta intelligit quæstionem. Respondebis quippe, et dices, hoc olim fuisse, quando « dilexit Dominus portas Sion super omnia tabernacula Jacob » (*Psal.* 86) : et fuerunt fundamenta ejus in montibus sanctis : licet et hæc possint altius interpretari. Postquam vero consurgentis Domini vox illa pertonuit : « Relinquetur vobis domus vestra deserta » (*Matth.* 29. 39); et flebiliter ruinam ejus prophetavit, dicens : « Jerusalem, Jerusalem, quæ occidis Prophetas, et lapidas eos qui ad te missi sunt : quoties volui congregare filios tuos, sicut gallina congregat pullos suos sub alis, et noluisti. Ecce dimittetur vobis domus vestra deserta » (*Luc.* 13. 34. 35) : et postquam velum templi scissum est, et circumdata ab exercitu Jerusalem, et Dominico cruore violata, tunc ab ea etiam Angelorum præsidia, et Christi gratiam recessisse. Denique etiam Josephum, qui vernaculus scriptor est Judæorum, (*d*) asserere, illo tempore quo crucifixus est Dominus, ex adytis Templi Virtutum cœlestium erupisse voces, dicentium : Transmigremus ex his sedibus (*Josephus de bello Jud. lib.* 6. *c.* 5). Ex quibus et aliis apparere, ubi abundavit gratia, ibi superabundasse peccatum. Et postquam audierunt Apostoli : « Euntes docete omnes gentes » (*Matth.* 28. 19) : Et ipsi Apostoli dixerunt. « Oportebat quidem vobis primum annuntiare verbum Dei : quoniam autem noluistis, ecce transimus ad gentes » (*Act.* 13. 46); tunc omne sacramentum Judææ, et antiquam Dei familiaritatem, per Apostolos in nationes fuisse translatam.

5. Valida quidem quæstio, et quæ possit etiam eos, qui Scripturarum aliquid attigerunt, concutere : sed perfacile solvitur. Nunquam enim eam fleret Dominus corruentem, nisi diligeret. Flevit et Lazarum, quia amabat eum. Et hoc tamen prima fronte cognoscito, non loci, sed hominum fuisse peccatum. Verum quia interfectio populi, captivitas civitatis est, propterea urbem deletam, ut populus puniretur : ideo Templum subrutum, ut typicæ hostiæ tollerentur. Cæterum quantum ad locum pertinet, per profectus temporum multo nunc augustior [*al. angustior*] est, quam ante fuit. Venerabantur quondam Judæi Sancta sanctorum, quia ibi erant Cherubin, et propitiatorium, et Arca testamenti, manna, et virga Aaron, et altare aureum. Nonne tibi venerabilius videtur sepulcrum Domini? quod quotiescumque ingredimur, toties jacere in sindone cernimus Salvatorem : et paululum ibidem commorantes, rursum videmus Angelum sedere ad pedes ejus, et ad caput sudarium convolutum. Cujus sepulcri gloriam, multo antequam excideretur a Joseph, scimus Isaiæ vaticinio prophetatam, dicentis : « Et erit requies ejus honor » (*Isai.* 11. *sec. LXX*) : quod scilicet sepulturæ Domini locus esset ab omnibus honorandus.

6. Sed dices, quomodo in Apocalypsi Joannis legimus : « Et occidet illos (*haud dubium quin Prophetas*) bestia quæ ascendit ex abysso, et corpora eorum jacebunt in plateis civitatis magnæ, quæ vocatur spiritualiter Sodoma et Ægyptus, ubi et Dominus eorum crucifixus est » (*Apoc.* 11. 7. 8. 13. *et seqq.*). (*e*) Si enim, ais : Civitas magna, in qua crucifixus est Dominus nulla est alia nisi Jerusalem ; ubi autem crucifixus est Dominus, spiritualiter Sodoma appellatur et Ægyptus ; ergo Jerusalem Sodoma est et Ægyptus, in qua crucifixus est Dominus. Primum te scire volumus, omnem sanctam Scripturam non posse sibi esse contrariam ; et maxime unum adversum se non discrepare librum : et ut plus adji-

---

(*a*) Antea erat contrario sensu *multo ordinatius*, cum aliter et contextus petat, et Mss. fere omnes tum nostri, tum quos alii consuluerunt, *inordinatius* habeant. De Calvariæ autem interpretatione, quam subdunt Paula et Eustochium, consule Hier. in Ephes. c. 5. v. 14. ubi, postquam hanc fabulam a quodam in Ecclesia disputante a se auditam narrasset, *Hæc utrum vera sint, necne, lectoris arbitrio* relinquit. Cæterum etiam a S. Ambrosio in Luc. 23. probatur; sed mirum, quod sententiam hanc Hebræis tribuat, ab eisque disputatam dicat.

(*b*) Respiciunt nominis Adam interpretationem, quæ in Græcis Hebræorum nominum fragmentis invenitur Ἀδὰμ αἷμα, *Adam sanguinis* (nallem in recto, *sanguis*) exclusa nempe priori littera, *a*, et reliquis *dam* דם tantum expositis. Hinc non satis recte intelligi impressi, tum qui *secundi* pro *secundus*, tum qui *et* pro *id est* legunt.

(*c*) Restituimus e Mss. et vetusta editione, cum antea Victorius, *ex quo Salomon*, et legos vitiose Martianæus parte pro pace, edidisset.

(*d*) Piget hæc iterum hallucinationis arguere, quæ notavimus in Epist. ad Damasum de Seraphim, atque alibi, ubi Hieronymo Eusebium imposuisse ostendimus.

(*e*) Perperam post Erasm. Benedictini. Editor, *sic enim ais*. Mss. omnes et vulgati plerique ut edidimus. Gravius legi jubet, *si enim, ut ait, civitas, etc.*

(*Seize.*)

ciamus, eumdem ejusdemque libri locum. (1) In Apocalypsi quippe, de qua nunc testimonium protulisti, ante decem circiter versiculos scribitur : « Surge et metire Templum Dei, et altare, et adorantes in eo. Atrium autem quod est foris templum, ejice foras, et ne metiaris illud, quoniam datum est gentibus, et civitatem sanctam calcabunt mensibus quadraginta duobus » (*Apoc.* 11. 1. 2). Si enim Apocalypsis multo post passionem Domini scripta est a Joanne, et in ea Jerusalem sancta civitas appellatur, quomodo rursum spiritualiter Sodoma vocatur et Ægyptus? Nec statim potes dicere, sanctam dici Jerusalem cœlestem, quæ intera est, et Sodoma quæ corruit appellari, quia de futura dicitur, quod bestia quæ ascensura est de abysso, faciet adversus duos prophetas bellum, et vincet illos et occidet, et corpora eorum jacebunt in platea civitatis magnæ. De qua civitate et in fine ejusdem libri scribitur: « Et civitas in quadro posita est, et longitudo ejus et latitudo tanta est quanta et altitudo : et mensus est civitatem de arundine (*a*) aurea, per stadia duodecim millia. Longitudo et latitudo et altitudo ejus æqualia sunt. Et mensus est muros **204** ejus centum quadraginta quatuor cubitorum mensura homini, is, quæ est Angeli. Et erat structura muri ejus ex lapide jaspide. Ipsa vero civitas ex auro mundo, » et cætera. Ubi quadrum est, ibi nec longitudo, nec latitudo appellari potest. Et quæ est ista mensura, ut tanta sit longitudo et latitudo, quanta altitudo ejus, et muri de lapide jaspide, et tota civitas de auro mundo, et fundamenta et plateæ ejus de lapidibus pretiosis, et duodecim portæ fulgentes margaritis?

7. Cum ergo hæc non possint carnaliter accipi (absurdum quippe est, per duodecim millia stadiorum tantam civitatis longitudinem et latitudinem, quantam et altitudinem prædicari) spiritualiter intelligenda sunt singula : et civitas magna, (*b*) quam videlicet prius ædificavit Cain, et nominavit eam ex vocabulo filii sui, hic mundus intelligendus est, quem accusator fratrum suorum diabolus, et fratricida periturus exstruxit vitiis, sceleribus condidit, iniquitate complevit : quæ spiritualiter appellatur Sodoma et Ægyptus. De qua Sodoma scribitur : *Restituetur Sodoma in antiquum;* quod scilicet ita restituendus sit mundus, ut ante fuit. Neque enim possumus credere rursum ædificandam Sodomam et cæteras, Gomorram scilicet et Adamam et Seboim, sed in perpetuos cineres relinquendas. Ægyptum autem nunquam pro Jerusalem legimus, sed semper pro hoc mundo. Et quia longum est de Scripturis innumerabilia exempla congerere, unum testimonium proferamus, ubi manifestissime mundus hic Ægyptus appellatur. In Epistola (*c*) Catholica Judas Apostolus, frater Jacobi, scribit, dicens : « Commonere autem vos volo, scientes semel omnia, quoniam Jesus populum de terra Ægypti salvans, secundo eos qui non crediderunt, perdidit » (*Jud.* 1. 5). Et ne putares de Jesu dici filio Nave, statim sequitur : « Angelos vero qui non servaverunt suum principatum, sed dereliquerunt suum domicilium, in judicium magni diei vinculis æternis sub caligine reservavit. » Et ut credas ubicumque simul Ægyptus et Sodoma et Gomorra nominantur, non loca, sed mundum hunc interpretari, statim **205** jungit exemplum : « Sicut Sodoma et Gomorra et finitimæ civitates, simili modo fornicatæ, et abeuntes post carnem alteram, factæ sunt exemplum, ignis æterni pœnam sustinentes. » Et quid necesse est plura conquirere, cum post passionem et resurrectionem Domini Matthæus Evangelista commemoret : « Et petræ scissæ sunt, et sepulcra aperta, et plurima corpora dormientium sanctorum surrexerunt : et egredientes de sepulcris post resurrectionem suam ingressi sunt sanctam civitatem, et apparuerunt multis » (*Matth.* 27. 51. *et seqq.*). Nec statim Jerosolyma cœlestis, (*d*) sicut plerique ridicule arbitrantur, in hoc loco intelligitur, cum signum nullum esse potuerit apud homines Domini resurgentis, si corpora Sanctorum in cœlesti Jerusalem visa sint. Cum ergo et Evangelistæ, et omnes Scripturæ Jerosolymam sanctam nominent civitatem ; et Psalmista præcipiat, ut adoremus in loco *ubi steterunt p. des ejus* (*Ps.* 131), ne (*e*) patiaris eam appellari Sodomam et Ægyptum, per quam Dominus jurare vetat, quia sit civitas magni regis.

8. Maledictam terram nominant, quod cruorem Domini hauserit. Et quomodo benedicta loca putant, in quibus Petrus et Paulus, Christiani exercitus duces, sanguinem fudere pro Christo? Si servorum et hominum confessio gloriosa est, cur Domini et Dei non sit gloriosa confessio? Et Martyrum ubique sepulcra veneramur, et (1) sanctam favillam oculis apponentes, si liceat etiam ore contingimus : et monumentum in quo Dominus conditus est, quidam æstimant negligendum? Si nobis non credimus, credamus saltem diabolo et angelis ejus, qui quotiescumque ante illud

---

(*a*) Vocem *aurea* Cisterciensis cod. aliique non habent, sed nec Græca exemplaria.
(*b*) Scripserant, credo, Paula et Eustochium, *quum jubebat* (nempe S. Joannis) *et prius*, etc. quæ duo verba *videbat et*, in unum *videlicet* facile mutata sunt. Certe codices Mss. legunt *videbat*, quorum ego lectionem præferrem, si etiam *et* conjunctionem adderent. Verterius maluit *primum loco prius.*
(1) Aliter Gravius legit ac distinguit, « locum in Apocalypsi de qua nunc, » etc.

(*c*) Legimus ex Cisterciensi, antea enim erat *Canonica*, quæ nomine multo post, et Cassiodorii ætate septem illæ epistolæ appellatæ sunt. Certe nunquam Hieronymus *canonicas*, sed semper *catholicas* dixit, quod item hasce ejus discipulas fecisse non dubitamus.
(*d*) Sic tamen ipse earum magister Hieron. sentit, tum aliis tum præcipue Epist. 60. ad Heliodorum n. 3. in quem horum alios quoque Patres adjungimus, Origenem, Hilarium, Rufinum, etc., qui non in terrena sed cœlesti Jerusalem, quæ surrexerant dormientium corpora visa esse, docuerunt.
(*e*) Idem Ms. ex quo modo supplevimus voculas *hoc*, tum legit *ne patiaris audire cum*, etc.
(1) S. Gaudentius Serm. in die Dedicationis Basilicæ de quadraginta martyribus : « Portionem, inquit, reliquiarum sanximus ; et nihil non minus possidere confidimus, dum totos quadraginta in suis favillis honerantes admiramur. » Modum explicat Plinius lib. 19. c. 1. de Lino vivo ut vocat : « Regina, inquit, inde funebres tunicæ corporis favillam ab reliquo separant cinere. »

de obsessis corporibus expelluntur, quasi in conspectu tribunalis Christi stantes contremiscunt, rugiunt, et sero dolent crucifixisse, quem timeant. Si post passionem Domini (ut scelerata vox concrepat) hic detestabilis locus est, quid sibi voluit Paulus Jerosolymam festinare, ut ibi faceret Pentecosten? qui renitentibus se loquutus est, dicens. « Quid facitis flentes et conturbantes cor meum? **206** Ego enim non solum ligari, sed et mori in Jerusalem paratus sum pro nomine Domini Jesu » (*Act.* 21. 13). Quid cæteri Sancti et illustres viri, quorum vota et oblationes post prædicationem Christi ad fratres, qui erant Jerosolymis, deferebantur.

9. Longum est nunc ab ascensu Domini usque ad præsentem diem per singulas ætates currere, qui Episcoporum, qui Martyrum, qui eloquentium in doctrina Ecclesiastica virorum venerint Jerosolymam, putantes minus se religionis, minus habere scientiæ; nec summam, ut dicitur, manum accepisse virtutum, nisi in illis Christum adorassent locis, de quibus primum Evangelium de patibulo coruscaverat. Certe si etiam præclarus Orator reprehendendum (*a*) nescio quem putat, quod litteras Græcas non Athenis, sed Lilybæi, Latinas non Romæ, sed in Sicilia didicerit : quod videlicet unaquæque provincia habeat aliquid proprium, quod alia æque habere non possit; cur nos putamus absque Athenis nostris quemquam ad studiorum fastigia pervenisse?

10. Nec hoc dicimus, quod renuamus regnum Dei intra nos esse, et sanctos viros etiam in cæteris esse regionibus; sed quod hoc asseramus vel maxime, eos qui in toto orbe sunt primi, huc pariter congregari. Ad quæ nos loca non ut primæ (*b*), sed ut extremæ venimus; ut primos in eis omnium gentium cerneremus. Certe flos quidam et pretiosissimus lapis inter Ecclesiastica ornamenta, Monachorum et Virginum chorus est. Quicumque in Gallia fuerit primus, huc properat. Divisus ab orbe nostro Britannus, si in religione processerit, occiduo sole dimisso, quærit locum fama sibi tantum et Scripturarum relatione cognitum. Quid referamus Armenios, quid Persas, quid Indiæ, et Æthiopiæ populos, ipsamque juxta Ægyptum, fertilem Monachorum, Pontum et Cappadociam, Syriam Cœlen et Mesopotamiam, cunctaque Orientis examina? quæ juxta Salvatoris **207** eloquium, dicentis. « Ubicumque fuerit corpus, illuc congregabuntur aquilæ » (*Matth.* 24. 2). Concurrunt ad hæc loca, et diversarum nobis virtutum specimen ostendunt. Vox quidem dissona, sed una religio. Tot pene psallentium chori, quot gentium diversitates. Inter hæc (quæ vel prima in Christianis virtus est) nihil (*c*) arrogans,

nihil de continentia supercilii : humilitatis inter omnes contentio est. Quicumque novissimus fuerit, hic primus putatur. In veste nulla discretio, nulla admiratio. Utcumque placuerit incedere, nec detractionis est, nec laudis. Jejunia quoque neminem sublevant; nec defertur inediæ, nec moderata saturitas condemnatur. Suo Domino stat unusquisque aut cadit. Nemo judicat alterum, ne a Domino judicetur. Et quod in plerisque provinciis familiare est, ut genuino dente se lacerent, hic penitus non habetur. Procul luxuria, procul voluptas. (*d*) Tanta in ipsa urbe orationum loca, ut ad ea peragranda dies sufficere non possit.

10. Verum ut ad villulam Christi, et Mariæ diversorium veniamus (plus enim laudat unusquisque quod possidet) quo sermone, qua voce speluncam tibi possumus Salvatoris exponere? Et illud præsepe, in quo infantulus vagiit, silentio magis, quam infirmo [*al. infimo*] sermone honorandum est. Ubi sunt latæ porticus? ubi aurata laquearia? ubi domus miserorum pœnis, et damnatorum labore vestitæ? ubi instar palatii, opibus privatorum exstructæ basilicæ, ut vile corpusculum hominis pretiosius inambulet, et quasi mundo quidquam possit esse ornatius, recta magis sua velit aspicere, quam cœlum? Ecce in hoc parvo terræ foramine, cœlorum conditor natus est : hic involutus pannis, hic visus a pastoribus, hic demonstratus a stella, hic adoratus a Magis. Et hic puto locus sanctior est rupe Tarpeia, quæ de cœlo sæpius fulminata ostendit, quod Domino displiceret.

11. Lege Apocalypsim Joannis, et quid de muliere purpurata, et scripta in ejus fronte blasphemia, septem montibus, aquis multis, et Babylonis cantetur exitu, contuere. « Exite, inquit Dominus, de illa populus meus, et ne participes **208** sitis delictorum ejus, et de plagis ejus non accipiatis » (*Apoc.* 18. 4). (*e*) Ad Jeremiam quoque regrediens, scriptum pariter attende, « Fugite de medio Babylonis, et salvate unusquisque animam suam. Cecidit enim, cecidit Babylon magna, et facta est habitatio dæmonum, et custodia omnis spiritus immundi » (*Jerem.* 51. 8). Est quidem ibi sancta Ecclesia, sunt trophæa Apostolorum, et Martyrum; et Christi vera confessio; est ab Apostolo prædicata fides, et gentilitate calcata, in sublime se quotidie erigens vocabulum Christianum : sed ipsa ambitio, potentia, magnitudo urbis, videri et videre, salutari et salutare, laudare et detrahere, vel audire vel proloqui, et tantam frequentiam hominum saltem invitum videre, a proposito Monachorum et quiete aliena sunt. Aut enim videmus venientes ad nos, et silentium perdimus : aut non videmus, et superbiæ arguimur. Interdumque ut visitantibus reddamus vicem ad superbas fores pergimus, et inter linguas

---

(*a*) Quintum Cæcilium qui causam Siculorum contra Verrem agitare volebat, sic reprehendit Cicero, « Si litteras Græcas Athenis, non Lilybæi, Latinas Romæ, non in Sicilia didicisses, » etc.

(*b*) Verba *sed ut extremæ*, omittit Cisterciens. exemplar. Erasmus vero, eumque secutus Martian. *primi et extremi* legunt.

(*c*) Victorius, « nihil arrogant sibi de continentia supercilii. » Alii « nihil arrogantiæ, nihil, » etc. Unus autem e nostris codd. *nihil de jactantia supercilii*, etc.

(*d*) Non satis hæc cum superioribus nectere videntur nobis. Luxatum vero locum ut suspicemur, facit etiam subnexum elogium Bethel, ejusque cum Roma comparatio sub numeris 10. et 11. quæ olim totidem verbis repetebantur in calce ej. ist. 43. ad Marcellam, unde exjunximus, quod argumento est, mobilem istam pericopen mutatis jampridem sedibus non usque adeo bene suis locis aptari.

(*e*) Hæc *ad Jeremiam quoque*, usque, *attende* apud Victorium desiderantur.

rodentium ministrorum, postes ingredimur auratos. In Christi vero, ut supra diximus, villula tota rusticitas, et extra Psalmos silentium est. Quocumque te verteris, arator stivam tenens, alleluia decantat. Sudans messor Psalmis se avocat, et curva attondens vitem falce vinitor, aliquid Davidicum canit. Hæc sunt in hac provincia carmina : hæ, ut vulgo dicitur, amatoriæ cantationes. Hic pastorum sibilus : hæc arma culturæ.

12. Verum quid agimus, nec quid deceat cogitantes, solum quod cupimus, hoc videmus? O quando tempus illud adveniet, cum anhelus nuntium viator apportet, Marcellam nostram ad Palæstinæ littus appulsam : et toti Monachorum chori, tota virginum agmina concrepabunt? Obviam jam gestimus occurrere : et non expectato vehiculo, concitum pedibus ferre corpus. Tenebimus manus, ora cernemus; et a desiderato vix avellemur amplexu. Ergo ne erit illa dies, quando nobis liceat speluncam Salvatoris intrare? in sepulcro Domini flere (a) cum sorore, flere cum matre? Crucis deinde lignum lambere, et in Oliveti monte cum ascendente Domino, voti et animo sublevari? Videre exire Lazarum fasciis colligatum; et fluenta **209** Jordanis ad lavacrum Domini puriora? Inde ad pastorum caulas pergere : in David (1) orare Mausoleo? Amos Prophetam etiam nunc buccina pastorali in sua conspicere [al. *prospicere*] rupe clangentem? Ad Abraham, Isaac, et Jacob, (b) trium quoque illustrium feminarum, vel tabernacula properare, vel memorias? Videre fontem, in quo a Philippo eunuchus est tinctus? Samariam pergere, et Joannis Baptistæ, Elisæi quoque et Abdiæ pariter cineres adorare? Ingredi speluncas, in quibus persecutionis et famis tempore Prophetarum agmina sunt nutrita? Ibimus ad Nazareth, et juxta interpretationem nominis ejus, *florem*, videbimus Galilææ. Haud procul inde cernetur [al. *cernitur*] Cana, in qua aquæ in vinum versæ sunt. Pergemus ad Itabyrium (Thabor montem) et tabernacula Salvatoris, non ut Petrus quondam voluit cum Moyse et Elia, sed cum Patre cernemus et Spiritu Sancto. Inde ad mare veniemus Genezareth, et de quinque et septem (c) panibus videbimus in deserto quinque et quatuor hominum millia saturata. Apparebit oppidum Naim, in cujus portis [al. *porta*] viduæ filius suscitatus est. Videbitur et Hermonim, et torrens Endor, in quo superatus est Sisara. Capharnaum quoque signorum Domini familiare, et omnis pariter Galilæa cernetur. Et tunc comitante Christo, cum per Silo et Bethel et cætera loca, in quibus Ecclesiæ quasi quædam victoriarum Domini sunt erecta vexilla, ad nostram speluncam redierimus, canemus jugiter, crebro flebimus, indesinenter orabimus, et vulneratæ jaculo Salvatoris in commune dicemus : « Inveni quem quæsivit anima mea : tenebo eum : et non dimittam illum » (*Cant.* 3. 4).

210 EPISTOLA XLVII (a)

AD DESIDERIUM.

Desiderium et Serenillam sororem, a quibus litteras acceperat, ex nominum etymologia ducto initio, commendat; et ut ad sancta loca, suum implentes propositum, accedant, hortatur, et cur suorum operum interea nihil illis mittat, rationem reddit.

1. Lecto sermone Dignationis tuæ, quem mihi nec opinanti tua benevolentia tribuit, gavisus quidem sum testimonio honesti et eloquentis viri : sed in memet reversus, satis dolui, indignum tantis laudibus atque præconio opprimi me potius quam levari. Scis enim dogma nostrum, humilitatis tenere vexillum, et per ima gradientes, ad summa nos scandere. Quotus igitur ego, vel quantus sum, ut eruditæ vocis merear testimonium; ut mihi ab eo palma eloquentiæ deferatur, qui scribendo disertissime, deterruit ne scriberem? Verumtamen (d) audendum est, ut caritas, quæ non quærit quæ sua sunt, sed quæ proximi, reddat salutationis officia, quoniam locum implere non valet præceptoris.

2. Gratulor tibi et sanctæ atque venerabili (e) sorori tuæ Serenillæ, quæ (f) φερονύμως calcatis fluctibus sæculi, ad Christi tranquilla pervenit : quanquam hoc nominis (g) vaticinio etiam in te prædestinatum sit. Legimus enim sanctum quoque Danielem appellatum *desideriorum virum* (*Dan.* 9), et

(c) *Iias* 154. scripta circa annum 393.
(d) Veronen. *Verumtamen audiendum est; et caritas*, etc. nec incongruo sensu.
(e) Facile est opinari Serenillam Desiderii sororem de Ecclesiastico sensu dici, quemadmodum et Therasia S. Paulini, quæ *de conjuge facta soror* in Chronico ab Idatio dicitur, atque aliæ innumeræ. Scilicet uxor conversa, quæ carnis commercio penitus abdicato, non nisi sancte ac pudice cum viro degeret, eumque non ut maritum, sed ut fratrem haberet jam non amplius conjux, sed soror audiebat. Verissime dein in Vita Germani Antisiodorensis Constantius presbyter : « *Uxor in sororem ex conjuge mutatur*. Vid. Hier. Epist. ad Lucinium de Theodora, atque in illa ad Abigaum, etc.
(f) Græcam vocem et litteras ex uno Veronensi Ms. accepimus. Græce autem φερονύμως dicitur, cui suum apprime convenit nomen, unde Serenillam, quod in tranquillitate versetur, φερονύμως, se dicit egisse. Sic initio in Abdiam « Abdias, inquit, Christi pascit Ecclesias, et φερονύμως, sicut in Actis Apostolorum Stephanus martyrio coronatus est, ita et hic servus appellatus est Domini. »
(g) Quidam Mss. *quanquam hoc nomus, vaticiniumque in te,* etc. quod minime placet. Vocula *etiam*, quam nos ex Veronensi supplevimus, atque olim Gravius voluit interserendam, locum plane restituit, et Hieronymi mentem prodit.

(a) Sororem intellige Mariam, Alphæi conjugem, aut Cleophe juxta Joannem, matrem Jacobi minoris, adeoque sororis Mariæ Virginis.
(b) Tres illustres feminas puta Saram, Rebeccam, et Liam, non Rachelem, ut Victorius putat. Vid. Gen. 49. 31.
(c) Duo nempe sunt diversa Jesu Christi miracula. Primum penes Matthæum 14. 21. cum quinque panibus et duobus piscibus quinque hominum millia : alterum ibid. 15. 38. cum quatuor hominum millia septem panibus, et quibusdam piscibus satiavit.
(1) Hinc arguunt multi post Baronium in hoc Davidis sepulcro selegisse sibi Oratorium Hieronymum. Et quidem isse illud sepulcrum antea ab Hir ano thesauris spoliatum ingentibus, tum dirutum et collapsum Hadriani tempore, inter ejus rudera delegisse illud sibi locum ad orandum, non incongruum est. Erant in extremitate nuoatis Sion seu prope mœnia sepulcra Regum in horto regalis palatii, cujus mentio fit 1. Reg. XXV. 4. et 2. Paralip. XXVI. 23. ubi Rex Ozias dicitur sepultus in Agro regalium sepulcrorum, non in ipsis regiis sepulcris. Confer, si lubet, Benjamin. Tudelensem in Itiner., etc.

amicum Dei, quia mysteria ejus scire desideravit. Itaque quod venerabilis Paula me est deprecata, ut facerem, **211** sponte facio : hortorque vos et precor per Domini caritatem, ut nobis vestros tributis aspectus, et per occasionem sanctorum Locorum, tanto nos ditetis munere. Certe si consortia nostra displicuerint; adorasse ubi steterunt pedes Domini, pars fidei est; et quasi recentia nativitatis et crucis ac passionis vidisse vestigia.

3. Opusculorum meorum, quia plurima evolaverunt de nidulo suo, et temerariæ editionis honore vulgata sunt, nihil misi; ne eadem forsitan mitterem quæ habebas. Quod si exemplaria libuerit mutuari, vel a sancta Marcella, quæ manet (*a*) in Aventino, vel a Lot temporis nostri, Domnione, viro sanctissimo accipere poteris. Ego autem operiens præsentiam tuam, aut totum tibi dabo cum affueris, aut si hoc aliquæ impedierint difficultates, quæcumque præceperis, libens mittam. Scripsi librum de Illustribus Viris, ab Apostolis usque ad nostram ætatem, imitatus Tranquillum, Græcumque Apollonium: et post catalogum plurimorum, me quoque in calce voluminis quasi abortivum et minimum omnium Christianorum posui ; ubi mihi necesse fuit usque ad decimum quartum annum Theodosii Principis [al. *Imperatoris et Principis*] quæ scripserim breviter annotare : quem librum cum a supradictis sumpseris, quidquid de indice minus habueris, paulatim scribi faciam, si volueris.

EPISTOLA XLVIII (*b*).

Seu liber apologeticus, ad Pammachium, pro libris contra Jovinianum.

Defendit suos contra Jovinianum libros, quos acceperat a Pammachio, eo nomine invidiose traduci ab obtrectatoribus suis, quod nimius in laudem virginitatis videretur, atque e contra iniquior in matrimonium.

1. Quod ad te hucusque non scripsi, causa fuit silentium tuum. Verebar enim, ne si tacenti scriberem, molestum **212** me magis quam officiosum putares. Nunc autem provocatus dulcissimis litteris tuis, et hujuscemodi litteris, quæ me ad philosophiam nostri dogmatis provocarent, et condiscipulum quondam et sodalem et amicum obviis, ut aiunt, manibus excipio ; defensoremque [fort. *defensionem*] meorum opusculorum paro : ita tamen si ante te placatum judicem habuero : imo si oratorem meum super omnibus quæ in me arguuntur, instruxero. Hoc enim et (*c*) Tullius tuus ; et ante illum in brevi et solo

---

(*a*) Eruditos viros hic locus in eam sententiam traxit, ut alium ab Aquitano Presbytero, cujus hortatu contra Vigilantium postea Hier. scripsit, Desiderium hunc esse arbitrarentur, et Romanum facerent. Verum ex hoc ipso, quod Marcellæ domus illi monstratur in Aventino, Romam hospes advenisse, ejusque civitatis, ac locorum nescius ostenditur; neque adeo distinguendus videtur nobis ab Aquitano, quem unum præterea facimus cum illo, cui idem Hieron. Pentateuchum ex Hebræo vertit et ad quem extet S. Paulini Epistola XLIII. et cui denique S. Martini vitam Sulpicius inscripsit.

(*b*) *Al. 50. scripta circ. finem anni 393.*

(*c*) Tullius de Oratore, «Marcus Antonius,» inquit, «cui

volumine scripsit Antonius, Primam causam esse victoriæ, diligenter causam, pro qua dicturus es, discere.

2. Reprehendunt me quidam, quod in libris quos adversus Jovinianum scripsi, nimius fuerim, vel in laude virginum, vel in sugillatione nuptarum [al. *nuptiarum*]; et aiunt condemnationem quodammodo esse matrimonii, in tantum pudicitiam prædicare, ut nulla videatur inter uxorem et virginem comparatio derelinqui. Ego si bene problematis memini, inter Jovinianum et nos ista contentio est, quod ille exæquet virginitati nuptias, nos subjiciamus : ille vel parum, vel nihil : nos multum interesse dicamus. Denique idcirco te post Dominum faciente, damnatus est, quod ausus sit perpetuæ castitati [al. *virginitati*] matrimonium comparare. Aut si idipsum virgo putatur, et nupta, cur piaculum vocis hujus (*d*) Roma audire non potuit ? Virgo a viro, non vir a virgine generatur. Medium esse nihil potest : aut mea sententia sequenda est, aut Joviniani. Si reprehendor quod nuptias virginitati subjicio, laudetur ipse qui comparat. Si autem damnatus est qui æquales putabat, damnatio ejus mei operis testimonium sit. Si sæculi homines indignantur in minori gradu se esse quam virgines, miror Clericos et Monachos et continentes id non laudare quod faciunt. Castrant se ab uxoribus suis, ut imitentur virginum castitatem; et id ipsum volunt esse maritatas, quod virgines? Aut jungantur itaque uxoribus suis, quibus renuntiaverant : aut si se abstinuerint, **213** etiam tacentes confitebuntur melius esse, quod nuptiarum operi prætulerunt. An ego rudis in Scripturis, et nunc primum sacra volumina legens, lineam, et (ut ita dicam) tenue dicendi filum inter virginitatem et nuptias servare non potui ? Videlicet nesciebam dictum : *Noli esse justus multum* (*Eccl.* 7. 17) : et dum unum latus protego, in altero vulneratus sum : atque, ut manifestius loquar, dum contra Jovinianum presso gradu pugno, a Manichæo terga mea confossa sunt. « Nonne, quæso, statim in principio operis mei ista præfatus sum ? Neque enim nos Marcionis et Manichæi dogma sectantes, nuptiis detrahimus. Nec Tatiani principis Encratitarum errore decepti, omnem coitum spurcum putamus ; qui non solum nuptias, sed cibos quoque, quos Deus creavit ad utendum, damnat et reprobat. Scimus in domo magna, non solum vasa aurea et argentea esse, sed et lignea et fictilia ; et super fundamentum Christi, quod Paulus architectus posuit (*e*), alios superædificare aurum, argentum, lapides pretiosos : alios e contrario fœ-

vel primas eloquentiæ patrum nostrorum tribuebat ætas, vir natura peracutus et prudens in eo libro, quem unum reliquit, » etc. Ejusdem libri alibi etiam meminit Cicero, et, qui eum imperfectum dicit, Quintilianus sæpissime. Porro e Mss. codicibus legimus *primam causam esse victoriæ*, pro quo editi minus recte *primam causæ esse victoriam*.

(*d*) Haud intelligimus cur omnes ante Martianæum editi, imo et Mss. non pauci legant, *Romæ Victorinus audire non potuit*. Placuit tamen monuisse lectorem, quando a nobis nihil post Benedictin. editionem est immutatum.

(*e*) Antea erat in instanti *alius superædificat.*

num, ligna, stipulam. Non ignoramus honorabiles nuptias, et cubile immaculatum. Legimus primam Dei sententiam : *Crescite et multiplicamini, et replete terram* (*Gen.* 1. 28). Sed ita nuptias recipimus, ut virginitatem, quæ de nuptiis nascitur, præferamus. Numquid argentum non erit argentum, si aurum argento pretiosius est? aut arboris et segetis contumelia est, si radici et foliis, culmo et aristis, poma præferantur et fructus ? Ut poma ex arbore, frumentum ex stipula, ita virginitas ex nuptiis. Centesimus et sexagesimus et tricesimus fructus, quanquam de una terra, et de una semente nascatur, tamen multum differt in numero. Triginta referuntur ad nuptias, quia et (*a*) ipsa digitorum conjunctio, quasi molli osculo se complexans et fœderans, maritum pingit et conjugem. Sexaginta vero ad viduas, eo quod in angustia et tribulatione sint positæ. Unde et superiori digito deprimuntur : quia quanto major est difficultas expertæ quondam voluptatis illecebris abstinere, tanto majus **214** est præmium. Porro numerus centesimus (quæso diligenter lector attende) de sinistra transfertur ad dexteram : et iisdem quidem digitis ; sed non eadem manu, quibus in læva, nuptæ significantur et viduæ, circulum faciens, exprimit virginitatis coronam. »

3. Oro te, qui hæc loquitur, damnat nuptias ? Aurum virginitatem, argentum diximus matrimonium. Centesimum et sexagesimum et tricesimum fructum de una terra exposuimus, et de una semente generari, licet multum differat in numero. Et quisquam tam iniquus lector erit, ut non ex meis dictis, sed ex suo me sensu judicet? Et certe multo clementiores erga conjugia fuimus, omnibus (*b*) pene Latinis et Græcis Tractatoribus, qui centesimum numerum ad Martyres referunt, sexagesimum ad Virgines, tricesimum ad Viduas : atque ita fit juxta illorum sententiam, ut de bona terra, et de patrisfamilias semine excludantur mariti. Verum (*c*) ne in principio cautus, in reliquis forsitan improvidus fuerim : nonne post partitionem opusculi, cum ad quæstiones venirem, statim intuli, « Vos quæso utriusque sexus virgines et continentes, mariti quoque et digami, ut nostras meos orationibus adjuvetis. » Cunctorum in commune Jovinianus hostis est. Quorum ego orationibus indigeo, et quos adjutores mei operis precor, eos possum Manichæi errore damnare.

4. Curramus ad reliqua. Neque enim Epistolæ brevitas patitur diutius in singulis immorari. Interpretantes illud Apostoli testimonium : « Uxor proprii corporis sui non habet potestatem, sed vir : similiter et vir corporis sui non habet potestatem, sed uxor,»

(1. *Cor.* 7), hoc subjunximus (*Lib.*1. *c.* 4) : « Omnis hæc quæstio de his est qui in matrimonio sunt, an eis liceat uxores dimittere, quod et Dominus in Evangelio prohibuit. Unde et Apostolus : *Bonum est*, ait, *homini uxorem (d) vel mulierem non tangere* (*Matth.* 5) : quasi in tactu ejus periculum sit, quasi qui eam tetigerit non evadat. Unde et Joseph, quia illum tangere volebat Ægyptia, fugiens de manibus ejus pallium abjecit. Sed quia qui semel duxit uxorem, nisi ex consensu se non valet abstinere, **215** nec dare repudium non peccanti, reddat conjugi debitum, quia sponte se alligavit, ut reddere cogeretur.» Qui Domini dicit esse præceptum, ne dimittantur uxores, et absque consensu, « Quod Deus conjunxit, homo non separet » (*Matth.* 19. 6), hic potest dici nuptias condemnare ? Rursum in sequentibus : « Sed unusquisque, ait, habet proprium donum ex Deo. Alius quidem sic, alius autem sic » (1. *Cor.* 7. 7). Quam sententiam nos exponentes (*Lib.* 1. *c.* 8), hæc intulimus : « Quid, inquit, velim, perspicuum est. Sed quoniam in Ecclesia diversa sunt dona, concedo et nuptias, ne videar damnare naturam. Simulque considera, quod aliud donum virginitatis sit, aliud nuptiarum. Si enim eadem esset merces nuptiarum et virginum, nequaquam dixisset post præceptum continentiæ : *Sed unusquisque proprium habet donum ex Deo: Alius quidem sic, alius autem sic*. Ubi proprietas singulorum est, ibi altrinsecus diversitas. Concedo et nuptias esse donum Dei, sed inter donum et donum magna diversitas est. Denique et Apostolus de quodam post incestum pœnitente : *E contrario*, inquit, *donate ei et consolamini ; et si cui quid donastis, et ego* (2. *Cor.* 2. 7). Ac ne putaremus donum hominis contemnendum, addidit : *Nam et ego quod donavi, si quid donavi, propter vos coram Christo* [al. *in persona Christi*]. Diversa sunt dona Christi. Unde et Joseph in typo ejus variam habebat tunicam. Et in Psalmo quadragesimo quarto legimus : *Astitit regina a dextris tuis in vestitu deaurato, circumdata varietate*. Et Petrus Apostolus : *Sicut* (*e*) *cohæredes*, ait, *multiplicis gratiæ Dei* (1. *Petr.* 3. 7). Quod significantius Græce dicitur ποικίλης, id est, *variæ*. »

5. Rogo, quæ est ista contentio claudere oculos, nec apertissimum lumen aspicere ? In Ecclesia diximus esse dona diversa : et aliud donum virginitatis, et aliud nuptiarum. Et post paululum : « Concedo et nuptias esse donum Dei. Sed inter donum et donum magna diversitas est.» Et quod Dei donum voce apertissima pronuntiamus, damnare dicimur? Porro si Joseph in typo Domini accipitur, tunica ejus varia atque distincta in virginibus, viduis, continentibus, ac maritatis est. Et potest videri quasi alienus, **216** qui de tunica Christi est : cum et ipsam reginam, hoc est Ecclesiam Salvatoris in vestitu deaurato, eadem

---

(*a*) Hæc in ipso contra Jovinian. libro, et in Epistola ad Ageruchiam a nobis fuse explicantur.
(*b*) Sic e Latinis S. Cyprianus de Habitu Virginum prope finem, « Primus enim centenarius Martyrum fructus est, secundus sexagenarius vester est, » etc. Item et Prudentius in carmine de S. Agnete, et lib. 2. adversus Symmachum de virgine.
Hic decies seni rediguntur in horrea fructus.
E Græcis adducitur Origenes Homil. 1. in Josue.
(*c*) Victorius *ne* particulam expungit.

(*d*) Duo verba *vel mulierem* non recitantur in eo contra Jovin. tractatu, et Græcus ipse tantum habet γυναικός. Tum quæ hic subnectuntur de Ægyptia femina, paulo aliter, ac sub alia orationis serie exhibentur.
(*e*) Victorius ex ingenio fecit *sicut dispensatores*. Lectionis nostræ germanitatem in ipso contra Jovinian. libro ostendimus.

varietate circumdatam dixerimus? « Sed et in consequentibus de conjugio disputantes, eumdem sensum secuti sumus. Hic (a) locus ad præsentem controversiam non pertinet. Docet enim juxta sententiam Domini, uxorem excepta causa fornicationis non repudiandam, et repudiatam, vivo marito, alteri non nubere : aut certe viro suo debere reconciliari. Necnon et in alio loco : *Mulier alligata est*, (b) *quanto tempore vir ejus vivit. Quod si dormierit vir ejus, liberata est a lege viri : cui vult nubat, tantum in Domino* (1. *Cor.* 7. 39), id est, Christiano. » Qui secundas nuptias tertiasque concedit in Domino, primas cum Ethnico prohibet.

6. Aperiant, quæso, aures obtrectatores mei, et videant me secundas et tertias nuptias concessisse in Domino. Qui secundas et tertias non damnavi, primum potui damnare matrimonium? In eo quoque loco, ubi interpretamur capitulum Apostoli : « Circumcisus aliquis vocatus est, non adducat præputium. In præputio vocatus est, non circumcidatur » (*Ibid.* v. 18) (licet quidam prudentissimi Interpretes Scripturarum hoc de circumcisione et servitute Legis dictum esse contendant) nonne apertis imo fœdera servamus nuptiarum? Diximus enim (*Lib.* 1. *c.* 6) : « Si in præputio quis vocatus est, non circumcidatur. Habebas, inquit, uxorem, cum credidisti : noli fidem Christi causam putare dissidii ; quia in pace nos vocavit Deus. *Circumcisio nihil est, et præputium nihil est : sed observatio mandatorum Dei* (1. *Cor.* 7. 19; *et Galat.* 5. 6). Nihil enim prodest absque operibus cœlibatus et nuptiæ : cum etiam fides, quæ proprie Christianorum est, si opera non habuerit, mortua esse dicatur, et hac lege virgines quoque Vestæ et Junonis univiræ, in sanctarum queant ordine numerari. Et post paululum : *Servus vocatus es, non sit tibi curæ : sed et si potes fieri liber, magis utere* (1. *Cor.* 7. 21). Etiam si habes, inquit, uxorem, et illi alligatus es : et solvis debitum, et non habes tui corporis potestatem : atque (ut manifestius loquar) **217** servus uxoris es, noli propter hoc habere tristitiam, nec de amissa virginitate suspires. Sed etiam si potes causas aliquas invenire dissidii, ut libertate pudicitiæ perfruaris, noli salutem tuam cum alterius interitu quærere. » Habeto paulisper uxorem, nec præcurras morantem : expecta dum sequitur. Si egeris patienter, conjux mutabitur in sororem.

7. In eo quoque loco ubi tractavimus, cur dixisset Paulus : « De virginibus autem Domini præceptum non habeo : consilium autem do, tanquam misericordiam consecutus a Domino, ut sim fidelis, » ita virginitatem prætulimus [al. *extulimus*], ut nuptiarum ordinem servaremus. « Si virginitatem Dominus imperasset, videbatur nuptias condemnare, et hominum auferre seminarium, unde et ipsa virginitas

---

(a) Est Pauli I. ad Corinth. 7. 10. quo maxime loco Jovinianus abutebatur.
(b) Addunt quidem cum Victorio *legi*, ut nimirum ex Vulgato interprete legant, in Græcis enim exemplaribus τῷ νόμῳ sæpius desideratur. Mox voces *a lege viri* nec Vulgata, nec Græcus, neque ipse Hieronymus contra Jovinian. agnoscunt. Sequentem vero sententiam editi antea omnes perperam sub interrogandi nota alio sensu efferebant.

nascitur. Si præcidisset radicem, quomodo fruges quæreret? Nisi ante fundamenta jecisset, qua ratione ædificium exstrueret, et operturum cuncta desuper culmen imponeret? » Si radicem nuptias, si virginitatem diximus fructus : si fundamentum matrimonium, et ædificium vel culmen perpetuam castitatem; quis vel tam invidus, vel tam cæcus obtrectator mei erit, ut in eadem domo ædificium vel culmen videat, et fundamentum quod ædificium et culmen portat, ignoret? Porro et in alio loco proponentes Apostoli testimonium, in quo ait : « Alligatus es uxori, noli quærere solutionem. Solutus es ab uxore, noli quærere uxorem » (1. *Cor.* 7. 27). Illico hæc subjecimus (*Lib.* 1. *c.* 7) : « Habet unusquisque nostrum terminos suos, redde mihi meum, et tu tene tuum. Si alligatus es uxori tuæ, ne illi des repudium. Si solutus sum ab uxore, non quæram uxorem. Ut ego non solvo conjugia, si semel ligata sunt : ita tu non liges, quod solutum est. » Sed et in alio testimonio, quid de virginitate et nuptiis senserimus, manifestissime declaratur (*Lib.* 1. *c.* 7). « Non imponit nobis Apostolus laqueum, nec cogit esse quod nolumus, sed suadet quod honestum est et decorum, et intente facit servire Domino, et semper esse sollicitos, et exspectare (c) paratam Domini voluntatem, ut cum quid imperaverit, quasi strenuus et armatus miles, statim impleat quod præceptum est, et hoc faciat sine ulla **218** distentione, quæ data est secundum Ecclesiasten hominibus hujus mundi, ut distendantur in ea. » In fine quoque comparationis nuptarum et virginum, disputationem nostram hoc sermone conclusimus (*Lib.* 1. *c.* 7). Ubi bonum et melius est, ibi boni et melioris non unum est præmium, et ubi non est unum præmium, ibi utique dona diversa. « Tantum igitur interest inter nuptias et virginitatem : quantum inter non peccare et benefacere : imo ut levius dicam, quantum inter bonum et melius. »

8. Porro in consequentibus, cum dicimus (*Lib.* 1. *c.* 8) : « Finita disputatione conjugiorum et virginitatis, ut inter utrumque cauto moderamine præceptorum, nec ad sinistram, nec ad dexteram diverteret, sed via regia graderetur, et illud impleret : *Ne sis multum justus* » (*Eccl.* 7. 17), rursus monogamiam digamiæ comparat, et quomodo nuptias subdiderat virginitati, ita digamiam (d) nuptiis subjicit : nonne perspicue ostendimus; quæ sit in Scripturis sanctis sinistra, quæ dextra : et quid significet, « ne sis multum justus? » Quod videlicet sinistra sit, si Judæorum, et Gentilium sequamur libidinem, et semper æstuemus ad coitum ; dextra, si Manichæorum sequamur errorem, et simulata pudicitia, impudicitiæ retibus implicemur. Via autem regia sit, ita appetere virginitatem, ne nuptiæ condemnentur. Præterea quis tam iniquus meorum opusculorum judex erit, ut prima matrimonia damnare me dicat, cum etiam

---

(c) Minus bene alii editi hic atque in ipso contra Jovinian. libro, *paratum*.
(d) Scilicet *primis*, quæ fortasse vox excidit heic loci : in eo enim Tractatu habetur.

de secundis dixisse me legerit? « Concedit Apostolus secundas nuptias; sed volentibus, sed his quæ se continere non possunt : ne luxuriatæ in Christo, nubere velint : habentes damnationem, quod primam fidem irritam fecerint; et hoc concedit, quia multæ abierunt retrorsum post Satanam (1. *Tim.* 5). Cæterum beatiores erunt, si sic permanserint. Continuoque subjungit Apostolicam auctoritatem : *secundum consilium meum.* Porro ne auctoritas Apostoli quasi hominis, levior videretur, addidit : *Puto autem quod et ego spiritum Dei habeam.* Ubi ad continentiam provocat : ibi non hominis, sed spiritus Dei (*a*) consilio usus est. Ubi autem nubendi **219** concedit veniam, spiritum Dei non nominat; sed prudentiæ librat consilium : ita singulis relaxans, ut unusquisque ferre possit. » Propositis ergo testimoniis, in quibus Apostolus secundas concedit nuptias, statim subjecimus. Quomodo virginibus ob fornicationis periculum, concedit nuptias; et excusabile facit, quod per se non appetitur : ita ob eamdem fornicationem, (*b*) concedit viduis secunda matrimonia. « Melius est enim, licet alterum et tertium, unum virum nosse, quam plurimos : id est, tolerabilius est uni homini prostitutam esse, quam multis. » Facessat calumnia. De secundo hic et de tertio et quarto (si libet) matrimonio disputavimus, non de primo. Sed ne quis in eo quod diximus, tolerabilius est uni homini prostitutam esse quam multis, ad primum maritum [al. *matrimonium*] referat, cum omnis nobis quæstio de digamia et trigamia fuerit; denique digamiæ, et trigamiæ disputationem hac calce signavimus « Omnia licent, sed non omnia expediunt. » (1. *Cor.* 6). « Non damno digamos, imo nec trigamos, et si dici potest, octogamos. Plus aliquid inferam; etiam scortatorem recipio pœnitentem. Quidquid æqualiter licet, æquali lance pensandum est. »

9. Erubescat calumniator meus, dicens me prima damnare matrimonia, quando legit, « Non damno digamos, et trigamos, et si dici potest, octogamos. » Aliud est non damnare, aliud prædicare : aliud est veniam concedere, aliud laudare virtutem. Si autem durus in eo videor, quia dixi : « quidquid æqualiter licet, æquali lance pensandum est; » puto non me crudelem judicabit et rigidum, qui alia loca virginitati et nuptiis, alia trigamis, et octogamis, et pœnitentibus legerit præparata. Christum in carne virginem, in spiritu monogamum, quod unam haberet Ecclesiam, noster in reliquis sermo testatus est : et crediti sumus nuptias condemnare! Damnare dicor nuptias, cujus hic sermo est? (*Lib.* 1. *c.* 13.) Nullique dubium est, « Sacerdotes de Aaron et Eleazar et Phinees stirpe generatos; qui cum et ipsi uxores habuerint, recte nobis opponerentur, si errore Encratitarum (*c*) ducti contenderemus matrimonia re-

probanda. » **220** Tatianum Encratitarum principem, qui abjicit matrimonia, reprehendimus, et ipsi nuptias condemnamus? Rursumque ubi virgines, et viduas comparo, quid de nuptiis senserim; et quomodo tres gradus virginitatis, viduitatisque vel continentiæ et conjugii fecerim, declarant ipsa quæ scripta sunt. « Non nego beatas esse viduas, quæ ita (*d*) post baptismum manserint : nec illarum detraho merito, quæ cum viris in castitate perdurant : sed sicut hæ majoris præmii apud Deum sunt, quam nuptæ conjugali officio servientes : ita et ipsæ æquo patiantur animo, virginitatem sibi præferri. »

10. Ad Galatas quoque testimonium Apostoli proponentes : « Ex operibus legis non justificabitur omnis caro » (*Galat.* 2. 16), hujuscemodi sensum intulimus (*Lib.* 1. *c.* 23). « Opera legis et nuptiæ sunt. Unde et maledicuntur in ea, quæ non habent filios : quæ si concedantur etiam in Evangelio, aliud tamen est indulgentiam infirmitati tribuere, aliud est virtutibus præmia polliceri. » Ecce perspicue nuptias diximus concedi in Evangelio : sed tamen easdem in suo officio permanentes, præmia castitatis capere non posse. Quod si indigne accipiunt mariti, non mihi irascantur, sed Scripturis sanctis : imo Episcopis, et Presbyteris, et Diaconis, et universo choro Sacerdotali et Levitico, qui se noverunt hostias offerre non posse, si operi serviant conjugali. Sed et in eo loco ubi de Apocalypsi testimonium posuimus (*Lib.* 1. *c.* 25), nonne manifestum est, quid de virginibus et viduis et conjugibus senserimus? « Hi sunt qui can-
« tant canticum novum, quod nemo potest cantare,
« nisi qui virgo est. Hi sunt primitiæ Dei et Agni, et
« sine macula (*Apoc.* 14. 5). Si virgines primitiæ
« Dei sunt, ergo viduæ, et in matrimonio continen-
« tes, erunt post primitias, hoc est, in secundo
« et tertio gradu. In secundo et tertio gradu viduas
« ponimus et maritatas : et hæretico furore dicimur
« damnare nuptias? »

11. Multa vid quæ per omnem librum cauto moderamine de virginitate, de viduis, de nuptiis diximus. Sed brevitatis studio unum adhuc ponam testimonium, cui non reor contradicturum, nisi eum, qui aut se inimicum probare **221** voluerit, aut vecordem. Nam cum proposuissem, quod Dominus isset ad nuptias in Cana Galilææ, post quædam etiam hæc addidi (*Lib.* 1. *c.* 25) : « Qui enim semel ivit ad nuptias, semel docuit esse nubendum, et tunc virginitati posset officere, si nuptias post virginitatem, et viduitatis castimoniam, non in gradu tertio poneremus. Nunc autem cum Hæreticorum sit damnare conjugia, et Dei spernere conditionem : quidquid de laude dixerit nuptiarum, libenter audimus. Ecclesia enim non damnat matrimonia, sed subjicit : nec abjicit, sed dispensat, sciens (sicut supra diximus) in domo magna, non solum esse vasa aurea et argen-

---

(*a*) Aliter *Spiritus Dei consilium est.*
(*b*) In eo libro additur, *vitandam.* Variant autem hoc loco Mss. qui *fornicationis periculum;* moxque *eadem fornicatio* in recto legunt.
(*c*) Vocula *ducti* ex aliquot Mss. juxta ejus Tractatus lectionem addidimus.

(*d*) Objecerat quippe Jovinianus, « Si virgo, et viduæ fuerint baptizatæ, et ita permanserint, nullam fere inter utramque diversitatem, » quam objectionem Hier. cap. 18, copiosissime diluit.

tea, sed et lignea et fictilia : et alia esse in honorem, alia in contumeliam (1. *Tim.* 2. 21). Et quicumque se mundaverit, erum futurum esse vas honorabile et necessarium, in omne opus bonum præparatum. » Quidquid, inquam, de laude dixerit [al. *dixerint*] nuptiarum, libenter audimus. Laudari nuptias, libenter audimus, et nuptias condemnamus? Ecclesia matrimonia non damnat, sed subjicit. Velitis, nolitis, maritus subjicitur virginitati, et viduitati. Ecclesia nuptias, sed nuptias in suo opere permanentes, subjicit, non damnat, nec abjicit, sed dispensat. In potestate vestra est, si velitis secundum pudicitiæ gradum scandere. Quid indignamini, si in tertio stantes, nolitis ad superiora properare?

12. Igitur cum toties et crebro lectorem admonuerim, et per singula pene tractuum millia, cautus viator incesserim, me ita recipere nuptias, ut eis continentes, viduas, virginesque præferrem; debuerat prudens et benignus Lector, etiam ea quæ videntur dura, æstimare de cæteris, et non in uno atque eodem libro, criminari, me diversas sententias protulisse. Quis enim (*a*) tam hebes, et sic in scribendo rudis est, ut idem laudet et damnet? ædificata destruat, et destructa ædificet? et cum adversarium vicerit, suo novissimo mucrone feriatur? Si rusticani homines, et vel rhetoricæ, vel dialecticæ artis ignari detraherent mihi, tribuerem veniam imperitiæ, nec accusationem reprehenderem, **222** ubi non voluntatem in culpa cernerem, sed ignorantiam. Nunc vero cum diserti homines, et liberalibus studiis eruditi, magis velint lædere, quam intelligere, breviter a me responsum habeant, corrigere eos debere peccata, non reprehendere. Patet campus, stat e contra acies, adversarii dogma manifestum est. et (ut Virgilianum aliquid inferam,) « illum aspice contra, Qui vocat » (*Æneid. II*): Respondeant adversario. Aliter teneant (*b*) modum in disputando, aliter virgam in docendo; et me in libris suis, quid vel prætermiserim, vel addiderim, doceant. Reprehensores non audio, sequor magistros. Delicata doctrina est, pugnanti ictus dictare de muro, et cum ipse unguentis delibutus sis, cruentum militem accusare formidinis. Nec hoc dicens, statim jactantiæ reus sum, quod cæteris dormientibus solus certaverim; sed hoc dico, cautius eos posse pugnare, qui me viderint vulneratum. Nolo tale certamen adeas, in quo tantum te protegas, et torpente dextra, sinistra clypeum circumferas. Aut feriendum tibi est, aut cadendum. Non possum te æstimare victorem, nisi adversarium video [al. *videro*] trucidatum.

13. Legimus, (*c*) eruditissimi viri, in scholis pariter; et Aristotelea illa vel de Gorgiæ fontibus manantia, simul didicimus, plura esse videlicet genera dicendi : et inter cætera, aliud esse γυμναστικῶς scribere, aliud δογματικῶς. In priori vagam esse disputationem; et adversario respondentem, nunc hæc, nunc illa proponere. Argumentari ut libet, aliud loqui, aliud agere, panem, ut dicitur, ostendere; lapidem tenere. In sequenti autem aperta frons, et ut ita dicam, ingenuitas necessaria est. Aliud est quærere, aliud definire. In altero pugnandum : in altero docendum est. Tu me stantem in prælio, et de vita periclitantem studiosus magister doceas. Noli ex obliquo, et unde non putaris, vulnus inferre. Directo percute gladio. Turpe tibi est hostem dolis ferire, non viribus. Quasi non et hæc ars summa pugnantium sit, alibi minari, alibi percutere. Legite, obsecro vos, Demosthenem, legite Tullium : ac ne forsitan Rhetores vobis **223** displiceant (quorum artis est, verisimilia magis quam vera dicere), legite Platonem, Theophrastum, Xenophontem, Aristotelem, et reliquos qui de Socratis fonte manantes, diversis cucurrere rivulis : quid in illis apertum, quid simplex est? quæ verba non sensuum? qui sensus non victoriæ? Origenes, Methodius, Eusebius, Apollinaris [al. *Apollinarius*] , multis versuum millibus scribunt adversus Celsum et Porphyrium. Considerate quibus argumentis, et quam lubricis (*d*) problematibus diaboli spiritu contexta subvertant : et quia interdum coguntur loqui, non quod sentiunt, sed quod necesse est, dicunt adversus ea, quæ dicunt Gentiles. Taceo de Latinis Scriptoribus, Tertulliano, Cypriano, Minutio, Victorino, Lactantio, Hilario, ne non tam me defendisse, quam alios videar accusasse. Paulum Apostolum proferam, quem quotiescumque lego, videor mihi non verba audire, sed tonitrua. Legite Epistolas ejus, et maxime ad Romanos, ad Galatas, ad Ephesios, in quibus totus in certamine positus est; et videbitis eum in testimoniis quæ sumit de veteri Testamento, quam artifex, quam prudens, quam dissimulator sit ejus quod agit. Videntur quidem verba simplicia, et quasi innocentis hominis et rusticani ; et qui (*e*) nec facere nec declinare noverit insidias : sed quocumque respexeris, fulmina sunt. Hæret in causa, capit omne quod tetigerit : tergum vertit, ut superet : fugam simulat, ut occidat. Calumniemur ergo illum, atque dicamus ei : Testimonia quibus contra Judæos, vel cæteras hæreses usus es, aliter in suis locis, aliter in tuis Epistolis sonant. Videmus exempla captiva (*f*) ser-

---

(*a*) Reliquit Martianæus *tamen hebes*. Sæpe autem cum leviora hujusmodi emendamus, lectorem non admonemus.

(*b*) Etiam refragantibus Mss. Erasmus *nodum* pro *modum* contendit debere legi, «Nam,» inquit, « et athletarum et Palæstritarum nexus vocantur, et qui disputat, in hoc tenet, et dissimulat nodum, ut illaqueet adversarium. » Infelicem conjecturam pluribus refellere haud vacat. Attamen infra, *fortis est*, *in disputando nodosus et tenax*, dixit Hieronymus et nescio quid rei *virgæ* in docendo respondere e contrario debet.

(*c*) Plurium numerum ex aliis omnibus editis ac Mss. reposuimus, ipsa etiam orationis serie cogente. Martianæus vero, ratus Hieronymum solum alloqui Pammachium, de suo fecerat in singulari, *eruditissime vir*.

(*d*) Quidam Mss. *problemata*, quod et Gravius probat. Sequenti vero contextum ex Mss. quidem, ut profitetur, in pejus tamen mutat editor Benedictinus legens, *dicunt adversus eos*, *qui dicuntur esse gentiles*; quamquam nec impressa lectio usque adeo arridet, quæ forte integrior erit, si legeris ex parte juxta vetustiorem editionem, mutata etiam paululum interpunctione, *loqui quod non sentiunt*; *sed quod necesse est dicunt*, etc.

(*e*) Editer Benedict. *qui facere* absque negandi particula, et paulo ante *quædam* pro *quidem* legerat.

(*f*) Vitiose post Erasm. Martian. *servierunt*.

vire tibi ad victoriam, quæ suis in voluminibus non dimicant. Nonne nobis loquitur cum Salvatore : aliter foris, aliter domi loquimur? Turbæ parabolas, discipuli audiunt veritatem (*Matth.* 13). Proponit Pharisæis Dominus quæstiones, et non edisserit. Aliud est docere discipulum, aliud adversarium vincere. « Mysterium, inquit, meum mihi, mysterium meum mihi et meis » (*Isai.* 24. 16).

14. Indignamini mihi, quod Jovinianum non docuerim, sed vicerim. Imo indignantur mihi, qui illum anathematizatum dolent : et cum laudent quod **224** sunt, accusant quod esse se simulant. Quasi vero rogandus fuerit, ut mihi cederet, et non invitus ac repugnans in veritatis vincula ducendus. Et hæc dicerem, si vincendi studio, contra regulam Scripturarum quippiam locutus fuissem ; et sicut viri fortes in controversiis solent facere, culpam præmio redimerem. Nunc vero cum interpres magis Apostoli fuerim, quam dogmatistes, et commentatoris sim usus officio, quidquid durum videtur, ei magis imputetur quem exposuimus, quam nobis qui exposuimus. Nisi forte ille aliter dixit, et nos simplicitatem verborum ejus maligna interpretatione detorsimus. (Qui hoc arguit, de ipsis Scripturis probet. « Diximus : Si bonum est mulierem non tangere, malum ergo est tangere : nihil enim bono contrarium est, ni malum. Si autem malum est et ignoscitur, ideo conceditur, ne malo quid deterius fiat : » et cætera usque ad propositionem alterius capituli. Hoc ideo subjecimus, quia Apostolus dixerat : « Bonum est homini mulierem non tangere : propter fornicationem autem unusquisque uxorem suam habeat, et unaquæque suum virum habeat » (I. *Cor.* 7. 2). In quo differunt verba mea a sensu Apostoli ? Nisi forte in eo , quod ille pronuntiat, ego dubito : ille definit, ego sciscitor : ille aperte dicit : « Bonum est homini mulierem non tangere, » ego timide [al. *quotidie.*] quæro, si bonum est mulierem non tangere. Si dubitantis est, non confirmantis. Ille dicit : « Bonum est non tangere : » ego quid bono contrarium esse possit, adjungo. Statimque in consequentibus : Animadvertenda Apostoli prudentia. Non dixit : « Bonum est homini uxorem non habere, sed Bonum est mulierem non tangere : » quasi et in tacta ejus periculum sit ; quasi qui illam tetigerit, non evadat. Vides igitur non de conjugibus nos exponere, sed de coitu simpliciter disputare, quod ad comparationem pudicitiæ et virginitatis, et Angelicæ similitudinis, bonum est homini mulierem non tangere. « Vanitas vanitatum, et omnia vanitas », dicit Ecclesiastes (*Eccle.* 1. 2). Si omnes creaturæ bonæ, ut a bono Creatore conditæ, quomodo universa vanitas ? Si terra vanitas, numquid et cœli, et Angeli, et Throni. Dominationes, Potestates, cæteræque Virtutes ? **225** Sed quæ per se bona sunt, ut a bono Creatore condita, ad comparationem meliorum vanitas appellantur. Verbi gratia : lucerna lampadis comparatione pro nihilo est : lampas stellæ collatione non lucet : stellam lunæ confer, cæca est : lunam soli junge, non rutilat : solem **Christo** confer, et tenebræ sunt. *Ego sum*, inquit, *qui sum (Exod.* 3. 14). Omnem igitur creaturam si Deo contuleris, non subsistit. « Ne tradas , inquit Esther, hæreditatem tuam his qui non sunt » (*Esther.* 14. 11), idolis scilicet et dæmonibus. Et certe erant idola et dæmones, quibus ne traderentur, orabat. In Job quoque legimus, a Baldad [al. *Baldach*] dictum de impio : « Avellatur de tabernaculo suo fiducia ejus, et calcet super eum quasi rex interitus. Habitent in tabernaculo ejus socii ejus, qui non est : » haud dubium quin diaboli, qui cum habeat socios, non autem haberet nisi esset : tamen quia Deo periit, non esse dicitur. Ergo secundum hunc comparationis sensum, « malum diximus mulierem tangere (licet uxori nulla facta sit mentio) quia bonum est non tangere. » Et subjecimus : « Virginitatem frumentum, nuptias hordeum, fornicationem stercus bubulum nuncupantes. » Utique frumentum et hordeum creatura Dei est. Verum in Evangelio major turba hordeaceis panibus, minor frumentaceis pascitur (*Mer.* 6. 44) : « Homines, inquit, et jumenta salvos facies, Domine » (*Ps.* 35. 7). Aliis verbis id ipsum locuti sumus, quando aurum virginitatem, argentum nuptias diximus : et centum quadraginta quatuor millia virginum signatorum, qui cum mulieribus non sunt coinquinati : in quo ostendi voluimus, omnes qui virgines non permanserint, ad comparationem puris-imæ et Angelicæ castitatis, et ipsius Domini nostri Jesu Christi, esse pollutos. Quod si cui asperum et reprehensione dignum videtur, tantam nos inter virginitatem et nuptias fecisse distantiam ; quanta inter frumentum et hordeum est, legat S. Ambrosii de Viduis librum, et inveniet illum inter cætera quæ de virginitate et nuptiis disputavit, etiam hoc dixisse. « Neque ita conjugium prætulit Apostolus, ut studia virginitatis [Amb. *integritatis*] extingueret : sed a continentiæ persuasione [al. *perfectione*] incipiens, ad incontinentiæ remedia descendit. Et cum bravium supernæ vocationis fortibus **226** demonstrasset, deficere tamen in via neminem passus est : ita plaudens prioribus, ut non despiceret et sequentes. Didicerat enim et ipse, quia Dominus Jesus aliis panem hordeaceum, ne in via deficerent (*Joan.* 6. 5. *et seq.*) : aliis corpus suum, ut ad regnum contenderent (*Matth.* 26), demonstravit. Et in consequentibus : Non ergo copula nuptialis quasi culpa vitanda, sed quasi necessitatis sarcina declinanda est. Lex enim astringit uxorem, ut in laboribus et tristitia filios generet : conversio ejus (*a*) ad virum sit, ut et ipse dominetur (*Gen.* 3. 16). Ergo laboribus et doloribus in generatione filiorum addicitur nupta, non vidua : et dominatui viri sola subditur copulata, non virgo. Et in alio loco : *Pretio,* inquit, *empti estis, nolite fieri servi hominum* (I. *Cor.* 7). Videtis quam evidens conjugalis sit definitio servitutis. Et post pusillum. (*b*) Si

_____
(*a*) Olim *ad unum virum sit.* Mox leviora quædam alia ex Mss. ipsoque D. Ambrosii libro de Viduis emendamus.
(*b*) Hæc a nobis in textum recepta est lectio, quam Victorius reposuerat, et Hieronymiani, atque Ambrosiani

igitur bonum conjugium servitus est, malum quid est, quando nequeunt se invicem sanctificare, sed perdere. » Universa quæ nos de virginitate ac nuptiis lato sermone diffudimus, ille brevi arctavit compendio, in paucis multa comprehendens. Virginitas ab eo persuasio continentiæ : nuptiæ, remedia incontinentiæ prædicantur. Et significanter a majoribus ad minora descendens, virginibus bravium supernæ vocationis ostendit, nuptas ne in via deficiant, consolatur. Alios laudat, alios non despicit. Conjugium hordeo, virginitatem corpori Christi comparat. Et puto multo minorem distantiam inter frumentum esse et hordeum, quam inter hordeum et corpus Christi. Denique nuptias dicit, quasi necessitatis sarcinam declinandas, et definitionem esse evidentissimæ servitutis. Et multa alia quæ tribus libellis de virginibus latissime prosecutus est.

15. Ex quibus universis perspicuum est, me nihil novi de virginibus nuptisque dixisse : sed majorum in omnibus secutum esse sententiam, tam hujus videlicet, quam reliquorum, qui de Ecclesiasticis dogmatibus disputarunt : QUORUM ÆMULARI exoplo negligentiam potius, quam aliorum obscuram diligentiam. Tumeant contra me mariti, quare dixerim : « Oro te, quale illud bonum est, quod orare prohibet : quod corpus Christi accipere non permittit? Quando **227** impleo mariti officium, non impleo continentis. » Jubet idem Apostolus in alio loco, ut semper oremus (1. *Thess.* 5). « Si semper orandum est, nunquam ergo conjugio serviendum. Quoniam quotiescumque uxori debitum reddo, orare non possum. » Hoc quare dixerim, perspicuum est, quia interpretabar illud Apostoli dictum : *Nolite fraudare invicem, nisi forte ex consensu ad tempus, ut vacetis orationi* (1. *Cor.* 7. 5). Paulus Apostolus dicit, quando coimus cum uxoribus, nos orare non posse. Si per coitum quod minus quid impeditur, id est, orare : quanto plus quod majus est, id est, Corpus Christi prohibetur accipere? Petrus ad continentiam hortatur : *Ne impediantur orationes* (1. *Pet.* 3. 7) nostræ. Quod hic, quæso, peccatum meum est? quid commerui? quid deliqui? Si turbidæ, et nebulosæ aquæ fluunt, non est alvei culpa, sed fontis. An idcirco arguor, quod de meo ausus sum adjicere : « Quale illud bonum est, quod Corpus Christi accipere non permittit? Ad hoc breviter respondebo. Quid est majus orare, an Corpus Christi accipere ? » Utique accipere corpus Christi. Si per coitum quod minus est impeditur, multo magis quod majus est. Diximus in eodem volumine (*Lib.* 1. *c.* 10). Panes propositionis ex Lege non potuisse comedere David , et socios ejus nisi se triduo mundos a mulieribus respondissent (1. *Reg.* 21). non utique a meretricibus, quod damnabatur a Lege : sed ab uxoribus , quibus licite jungebantur. Populum quoque quando accepturus erat Legem in

Mss. Magno numero præferunt. Hujus opusculi editores Benedictini repetunt *conjugii* vocabulum, scilicet *malum conjugium quid est* ; sed vitiose omnino Martianæus post Erasmum : « Si igitur bonum conjugium, servitus malum quidem, quando, » etc.

Monte Sina, tribus diebus jussum esse ab uxoribus abstinere (*Exod.* 19.) Scio Romæ hanc esse consuetudinem, ut fideles semper Christi corpus accipiant, quod nec reprehendo, nec probo : *Unusquisque enim in suo sensu abundat* (*Rom.* 14.) Sed ipsorum conscientiam convenio, qui eodem die post coitum communicant, et juxta Persium, *noctem flumine purgant* (*Satyr.* 2) ; quare ad Martyres ire non audent ? quare non ingrediuntur Ecclesias? An alius in publico, (*a*) alius in domo Christus est ? Quod in Ecclesia non licet, nec domi licet. Nihil Deo clausum est, et tenebræ quoque lucent apud Deum. Probet se unusquisque, et sic ad Corpus Christi accedat ; non quod dilatæ communionis unus dies, et biduum sanctiorem efficiat Christianum, ut quod hodie non merui, cras vel perendie merear : **228** sed quod dum doleo me non communicasse Corpori Christi , abstineam me pauliser ab uxoris amplexu : ut amori conjugis, amorem Christi præferam. Durum est, et non ferendum est. Quis hoc sæcularium sustinere potest ? Qui potest sustinere, sustineat : qui non potest, ipse viderit. Nobis curæ est, NON QUID UNUSQUISQUE POSSIT , aut velit ; sed quid Scripturæ præcipiant, dicere.

16. Illud quoque in commentariolis meis ejusdem Apostoli carpitur, in quibus, dixi (*Lib.* 1 *c.* 4), « Verum ne quis putet ex eo quod sequitur : *ut vacetis orationi, et iterum ad idipsum revertimini* (1. *Cor.* 7. 5), Apostolum hoc velle, et non propter majorem ruinam concedere, statim infert, *ne tentet vos Satanas propter incontinentiam vestram*. Pulchra nimirum indulgentia, *et iterum revertimini ad idipsum*. (*b*) Quod erubescit suo vocare nomine : quod tentationi præfert Satanæ, quod causam habet incontinentiam ; laboramus quasi obscurum disserere, cum exposuerit se ipse qui scripsit? *Hoc autem dico*, inquit, *juxta indulgentiam, non secundum imperium*. Et mussitamus adhuc nuptias non vocare indulgentiam ; sed præceptum : quasi non eodem modo, et secunda , et tertia matrimonia concedantur, et reliqua? Quid hic locutus sum , quod Apostolus non dixerit ? Nimirum illud, Quod erubescit suo vocare nomine ? » Ego arbitror quando dicit, *ad idipsum*, et rem ipsam tacet, non cum nominare palam coitum, sed verecunde ostendere. An quia sequitur, « Quod tentationi præfert Satanæ, quod habet causam incontinentiam? » Nonne alio verborum ordine idipsum est, *ne tentet vos Satanas propter incontinentiam vestram*? An quia dixi, « Et mussitamus adhuc nuptias non vocare indulgentiam, sed præceptum? » Quod si durum est, imputetur Apostolo, qui ait : *Hoc autem dico secundum indulgentiam , non secundum imperium* ; non mihi, qui excepto præpostero ordine, nec sensum, nec verba mutavi.

17. Transeamus ad reliqua, epistolari enim brevitate festinat oratio : « Dico, inquit Apostolus, innuptis, et viduis, bonum est eis, si sic permanserint, ut

(*a*) Hinc apparet obtinuisse ad hæc usque tempora consuetudinem, ut fideles Eucharistiæ Sacramentum domi haberent, quod sumerent.
(*b*) Præponunt vetustiores editi. *Reverti concedit. Quod*, etc.

ego Si autem se non continent, nubant: melius est enim nubere, quam uri » (1. *Cor.* 7. 8. 9). Quod capitulum **229** nos sic interpretati sumus: «Postquam nuptiis concesserat usum conjugii, et ostenderat ipse quid vellet, quidve concederet, transit ad innuptas, et viduas, et sui proponit exemplum, et felices vocat, si sic permanserint: si autem se non continent, nubant: idipsum, dicens quod supra: *Propter fornicationem autem:* et, *ne tentet vos Satanas propter incontinentiam vestram.* Redditque causam cur dixerit, Si se non continent, nubant: *Melius est enim nubere, quam uri.* Ideo melius est nubere, quia pejus est uri. Tolle ardorem libidinis, et non dicet, quia *melius est nubere.* Melius semper ad comparationem deterioris respicit: non ad simplicitatem incomparabilis per se boni. Velut si diceret: Melius est unum oculum habere, quam nullum. Et post paululum cum apostropham fecissem ad Apostolum; intuli: «Si per se bonæ nuptiæ sunt, noli eas incendio comparare: sed dic simpliciter, bonum est nubere. Suspecta est mihi bonitas ejus rei, quam magnitudo alterius mali, malum cogit esse inferius. Ego autem non levius malum, sed simplex per se bonum volo. Vult Apostolus innuptas, et viduas absque coitu permanere, et ad exemplum sui provocat, et feliciores vocat, si sic permanserint. Si autem se continere non possunt, et ardorem libidinis, non tam continentia volunt quam fornicatione restinguere, melius est nubere, quam uri. Ad quod nos intulimus: ideo melius est nubere, quia pejus est uri: non nostram sententiam proferentes, sed interpretantes illud Apostoli, *melius est nubere, quam uri,* id est, melius est maritum ducere, quam fornicari. Si uri vel fornicari bonum esse docueris, tunc bono melius præferetur. *(a)* Si autem nubere melius est, quod malo præfertur, non est germanæ, et puræ integritatis, nec ejus beatitudinis, quæ Angelis comparatur. Si dixero, melius est virginem esse, quam nuptam: bono melius prætuli. Si autem alterum gradum fecero, melius est nubere, quam fornicari, ibi non bono melius, sed malo bonum prætuli. Multa diversitas est inter id melius, quod nuptiis, et inter id quod fornicationi anteponitur. Obsecro te, quid **230** in hac dissertione peccavi? Propositum mihi erat, non ad meam voluntatem Scripturas trahere, sed id dicere, quod Scripturas velle intelligebam. Commentatoris officium est, non quid ipse velit: sed quid sentiat ille quem interpretatur, exponere. Alioqui si contraria dixerit, non tam interpres erit, quam adversarius ejus, quem nititur explanare. Certe ubicumque Scripturas non interpretor, et libere de meo sensu loquor, arguat me cui libet, durum quid dixisse contra nuptias. Quod si non repererit, quidquid vel austerum esse videtur, vel durum, *(b)* id Scriptoris auctoritati, non interpretis officio deputet.

18. Illud vero ferre quis possit, quod in me reprehenditur: quare exponens capitulum Apostoli, in quo de conjugibus scripsit, « tribulationem carnis habebunt hujusmodi» (1.*Cor.*7, 28), dixerim: « Nos ignari rerum putabamus nuptias saltem carnis habere lætitiam. Si autem nubentibus et in carne tribulatio est, in qua sola videbantur habere delicias, quid erit relicum propter quod nubant, cum et in spiritu, et in anima, et in ipsa carne tribulatio sit? » Quæ hæc condemnatio matrimonii est, si infantium vagitus, filiorum mortes, abortia [al. *divortia*], damna domus, et cætera hujusmodi tribulationem diximus nuptiarum? Dum adviveret [al. *adhuc viveret*] sanctæ memoriæ Damasus, librum contra Helvidium « de Beatæ Mariæ virginitate perpetua » scripsimus, in quo necesse fuit nobis ad virginitatis beatitudinem prædicandam, multa de molestiis dicere nuptiarum. Num vir egregius, et eruditus in Scripturis, et virgo Ecclesiæ virginis doctor, aliquid in illo sermone reprehendit? In libro quoque ad Eustochium multo duriora de nuptiis diximus, et *(c)* nemo super hac re læsus est. AMATOR QUIPPE castitatis, præconium pudicitiæ intenta aure captabat. Lege Tertullianum, lege Cyprianum, lege Ambrosium; et cum illis me vel accusa, vel libera. Inventæ sunt Plautinæ familiæ [al. *fabulæ*], et scioli tantum ad detrahendum, qui in eo se doctos ostentare velint, si omnium dicta lacerent, et in una atque eadem causa, utrumque, id est, et me, et adversarium reprehendant, et cum e duobus alterum necesse sit vincere, ambos victos esse contendant. « Porro ubi de digamis, et trigamis **231** disserentes diximus, melius est licet alterum, et tertium, unum virum nosse, quam plurimos, id est, tolerabilius est uni homini prostitutam esse, quam multis, nonne statim cur hoc dixerim, subjecimus? Siquidem et illa in Evangelio Samaritana, sextum maritum habere se dicens, arguitur a Domino, quod non sit vir ejus » (*Joan.* 4). Ego etiam nunc libera voce proclamo, non damnari in Ecclesia digamiam, imo nec trigamiam, et ita licere quinto, et sexto, et ultra, quomodo, et secundo marito nubere: sed quomodo non damnantur istæ nuptiæ, ita nec prædicantur. SOLATIA MISERIÆ SUNT, non laudes continentiæ. « Unde et in alio loco dixi: Ubi unus maritus exceditur, nihil refert, secundus an tertius sit: quia desinit esse monogamus. *Omnia licent, sed non omnia expediunt.* Non damno digamos, imo nec trigamos, et si dici potest, octogamos: habeat cuilibet octavum maritum, et esse desinat prostituta.

19. Veniam et ad illum locum in quo arguor, quare dixerim (*Lib.* 1. *c.* 9) *(d)* dumtaxat juxta Hebraicam Veritatem, in die secundo non additum, sicut in primo et in tertio, et reliquis: « Vidit Deus, quia bonum est » (*Gen.* 1); statimque subjecerim: « Nobis intelligentiam derelinqui: non esse bonum duplicem

---

(a) Vetus Editio, *si autem uri malum est, quod malo præfertur,* etc.
(b) Eadem, *id non Scriptoris auctoritati, sed interpretis officio deputet.*

(c) Haud tamen multo post injuriarum in eum librum conqueritur apud Nepotianum Epist. 52. in fine, *Lapidato jam virginitatis libello,* etc.
d) Adnotamus in eo libro, tantum quod sciamus, apud LXX, et Arabicam versionem ad secundum diem clausulam illam haberi.

numerum, qui ab unione dividat, et præfiguret fœdera nuptiarum. Unde et in arca Noe omnia animalia quæcumque bina ingrediuntur, immunda sunt. Impar numerus est mundus. » In hoc nescio quid reprehendatur interim de secunda die : utrum quia scriptum est, et scriptum non esse diximus : an quia etiam si scriptum est, nos aliter intelleximus, quam Scripturæ simplicitas patitur. Scriptum non esse in secundo die, « Vidit Deus quia bonum est : » non meum accipiant testimonium, sed cunctorum Hebræorum, et aliorum Interpretum, Aquilæ videlicet, et Symmachi, et Theodotionis. Si autem scriptum non est, cum in cæteris diebus scriptum sit, aut reddant aliam probabiliorem causam, quare non scriptum sit : aut si non repererint, ingratis **232** suscipiant quod a nobis dictum est. Porro si in arca Noe omnia animalia, quæ bina ingrediuntur immunda sunt, et impar numerus mundus est, et hoc scriptum esse nemo dubitat ; quare scriptum si edisserant. Si autem non edisserunt, quod a me expositum est, velint, nolint, suscipient. Aut profer meliores epulas, et me conviva utere : aut qualicumque nostra cœnula contentus esto. Scilicet nunc enumerandum mihi est, qui Ecclesiasticorum de impari numero disputarint, Clemens, Hippolytus, Origenes, Dionysius, Eusebius, Didymus, nostrorumque Tertullianus, Cyprianus, Victorinus, Lactantius, Hilarius : quorum (*a*) Cyprianus de septenario, id est, impari numero disserens, quæ, et quanta dixerit ad Fortunatum, liber illius testimonio est. An forsitan Pythagoram, et Architam Tarentinum, et (*b*) Publium Scipionem in sexto de Republica, de impari numero proferam disputantes ? Et si hos audire noluerint obtrectatores mei, Grammaticorum scholas eis faciam conclamare : « Numero Deus impare gaudet » (*Virg. Eclog.* 8).

20. Grande piaculum, eversæ sunt Ecclesiæ, orbis audire non potest, si mundiorem virginitatem diximus esse quam nuptias : si parem numerum impari subjecimus, et veteris Testamenti typos, Evangelicæ veritati profecisse monstravimus. Cætera quæ in libro nostro reprehensa sunt, vel leviora puto, vel ad eumdem sensum pertinentia : unde ad ea respondere nolui, ne libelli excederet magnitudinem, et tuo viderer ingenio diffidere, quem patronum causæ meæ ante habui, quam rogarem. Igitur hoc extrema voce protestor, ME NEC damnasse nu, tias, nec damnare ; respondisse adversario, non meorum insidias formidasse. Virginitatem autem in cœlum fero, non quia habeam, sed quia magis mirer quod non habeo.

(*a*) Editi veteres ante Martianæum fere omnes *Hilarium* legerant pro *Cypriano*, renuentibus cunctis exemplaribus Mss. Fraudi fuit Victorio cognominis Fortunatus, qui vitam Filiæ S. Hilarii scripsit, quem eumdem esse putavit cum illo, cui liber de septenario numero tractans inscribitur, atque adeo ipsum librum Hilario tribuit, quæ ejus hallucinatio est, anachronismo, aliisque erroribus scatens.

(*b*) Græce habet Veronensis liber *in sexto* τῆς πολιτείας *de impari numero*, etc. Sed non alius putari potest, quam Latinus liber ille, seu libri, quos *de Republica* Tullius scripsit, in quorum sexto Pub. Scipio de impari numero disputans induceretur. Neque enim ejus operis hodie exstant, nisi exigua quædam fragmenta apud Senecam, Nonnium, Agellium, Lactantium, Augustinum.

Ingenua, et verecunda confessio est, quo ipse careas, id in aliis prædicare. Numquid quia gravi corpore terræ hæreo, avium non miror volatus, nec columbam prædico, quod « Radit iter liquidum, celeres neque commovet alas » (*Æneid.* 5)? Nullus se decipiat : nemo blando **233** adulatore se præcipitet. Prima est virginitas a (*c*) nativitate, secunda virginitas a secunda nativitate. Non est meus sermo, antiqua sententia est : « Nemo potest duobus dominis servire » (*Matth.* 6. 24), carni et spiritui. « Caro concupiscit adversus spiritum, spiritus autem adversus carnem ; hæc invicem sibi adversantur, ut non quæ volumus illa faciamus (*Galat.* 5. 17). Quando aliquid tibi asperum videtur in nostro opusculo, non ad mea verba respicias, sed ad Scripturam, unde mea tracta sunt verba.

21. Christus virgo, Mater virginis nostri Virgo perpetua, mater, et virgo. Jesus enim clausis ingressus est ostiis, et in sepulcro ejus, quod novum, et in petra durissima fuerat excisum, nec antea quis, nec postea positus est. Hortus conclusus, fons signatus (*Cantic.* 4. 12) : de quo fonte ille fluvius manat juxta Joel (3. 18), qui irrigat torrentem, (*d*) vel funium, vel spinarum : funium peccatorum, quibus ante alligabantur [al. *alligabamur*] ; spinarum, quæ suffocabant [al. *suffocant*] sementem patrisfamilias. Hæc est porta orientalis, ut ait Ezechiel, semper clausa, et lucida, et operiens in se, vel ex se proferens Sancta sanctorum ; per quam sol justitiæ, et Pontifex noster secundum ordinem Melchisedech ingreditur, et egreditur. Respondeant mihi, quomodo Jesus ingressus est clausis ostiis, cum palpandas manus, et latus considerandum, et ossa carnemque monstraverit, ne veritas corporis, phantasma putaretur ; et ego respondebo, quomodo sancta Maria sit et mater, et virgo. Virgo post partum, mater ante quam nupta. Igitur, ut dicere cœperamus, Christus virgo, virgo Maria, (*e*) utrique sexui virginitatis dedicavere principia. Apostoli, vel virgines, vel post nuptias continentes. (*f*) Episcopi, Presbyteri, Diaconi, aut virgines eliguntur, aut vidui, aut certe post Sacerdotium in æternum pudici. Quid nobismetipsis illudimus, et irascimur, si subantibus nobis semper ad coitum, præmia pudicitiæ denegentur ? Volumus opipare comedere, uxorum adhærere complexibus, et in numero virginum, et viduarum regnare cum Christo. Idem ergo habebit **234** fames præmium, et ingluvies, sordes, et munditiæ, saccus, et sericum ? Lazarus recepit mala in vita sua, et dives ille purpuratus, crassus et nitidus, fruitus

---

(*c*) Victorius *a prima nativitate.*
(*d*) Primum Hebræi textus est, שירים : alterum Interpretum LXX. χοίνων.
(*e*) Olim cum Victorio, « utriusque sexus virginitatem dedicavere. Apostoli, » etc.
(*f*) Huc maxime spectat Epiphanii locus Hæres. 59. quæ est Cataphryg. § 4. « Quin eum, inquit, insuper, qui adhuc in matrimonio degit, ac liberis dat operam, tametsi unius uxoris sit vir, nequaquam tamen ad Diaconi, Presbyteri, Episcopi, aut Hypodiaconi ordinem admittit, sed eum dumtaxat, qui ab unius uxoris consuetudine sese continuerit, aut ea sit orbatus. Quod in illis locis præcipue fit, ubi Ecclesiastici canones præcipue servantur. » Quæ postrema verba de Ecclesiastica regula magis pensanda sunt.

est carnis bonis dum adviveret : sed diversa post mortem tenent loca (*Luc.* 16) : MISERIÆ DELICIIS, et deliciæ miseriis commutantur. In nostro arbitrio est, vel Lazarum sequi, vel divitem.

EPISTOLA XLIX (a)

AD PAMMACHIUM.

Apologeticam superiorem Epistolam Pammachio mittit, eidemque gratulatur quod ab omnibus dignus haberetur Sacerdotio; tandem eum invitat ad lectionem translationum suarum ex Hebræo, et aliorum opusculorum.

1. Christiani interdum pudoris est, etiam apud amicos tacere, et humilitatem suam magis silentio consolari, quam retractando veteres amicitias, ambitionis crimen incurrere. Quamdiu tacuisti, tacui, nec expostulare unquam super hac re volui : ne non amicum quærere, sed potentiorem viderer expetere. Nunc autem provocatus officio litterarum, primas semper partes habere tentabo : et non tam rescribere, quam scribere; ut et verecunde hucusque tacuisse, et verecundius loqui cœpisse cognoscar.

2. De opusculis meis contra Jovinianum, quod et prudenter et amanter feceris, exemplaria subtrahendo, optime novi. Sed nihil profuit ista diligentia, cum aliquanti ex Urbe venientes, mihi eadem lecitarent, quæ se Romæ excepisse referebant. In hac quoque provincia jam libri fuerant divulgati : et ut ipse legisti, «nescit vox missa reverti» (*Horat. de Art. Poet.*). Non sum tantæ felicitatis, quantæ plerique hujus temporis Tractatores, ut nugas meas quando voluerim emendare possim. Statim ut aliquid scripsero, aut amatores mei, aut invidi, diverso quidem studio, sed pari certamine, in vulgus nostra disseminant : et vel in laude, vel in vituperatione nimii sunt : non meritum stili, sed suum stomachum sequentes. Itaque quod solum facere potui, ἀπολογητικὸν ipsius operis tibi (*b*) προσεφώνησα; quem cum legeris, ipse pro nobis cæteris satisfacies : aut si tu quoque narem contraxeris, illam Apostoli περικοπὴν, in qua de virginitate et nuptiis disputat, aliter disserere compelleris.

3. Nec hoc dico, quod te ad scribendum provocem : cujus in sacris litteris studium mihi præfero : sed ut alios qui nos lacerant, hoc facere compellas. Norunt litteras, videntur sibi scioli : possunt me non reprehendere, sed docere. Si quid scripserint, magis ex operis eorum comparatione, mea interpretatio negligetur. Lege, quæso te, et diligenter Apostoli verba considera, et tunc videbis me propter calumniam declinandam multo plus quam ille voluit in maritos fuisse clementem. Origenes, Dionysius, Pierius, Eusebius Cæsariensis, Dydimus, Apollinaris latissime hanc Epistolam interpretati sunt : quorum Pierius cum sensum Apostoli ventilaret atque edissereret, et

proposuisset illud exponere : « Volo autem omnes esse sicut meipsum » (1. *Cor.* 1. 7), adjecit, ταῦτα λέγων ὁ Παῦλος ἀντικρὺς ἀγαμίαν κηρύσσει. Quod hic quæso peccatum meum, quæ duritia? Universa quæ scripsi, huic sententiæ comparata lenissima [*al.* levissima] sunt. Revolve omnium quos supra memoravi, commentarios et Ecclesiarum Bibliothecis fruere, et magis concito gradu ad optata cœptaque pervenies.

4. Audio totius in te Urbis studia concitata. Audio Pontificis et populi voluntatem pari mente congruere. MINUS EST tenere Sacerdotium, quam mereri. Libros sedecim Prophetarum, quos in Latinum de Hebræo sermone verti, si legeris, et delectari te hoc opere compercero, provocabis nos etiam cætera clausa armario non tenere. Transtuli nuper Job in linguam nostram : cujus exemplar a sancta Marcella consobrina tua poteris mutuari. Lege eumdem Græcum et Latinum ; et veterem Editionem nostræ Translationi compara : et liquido pervidebis quantum distet inter veritatem, et mendacium. Miseram (*c*) quædam τῶν ὑπομνημάτων in Prophetas duodecim sancto patri Domnioni, Samuelem quoque et Malachim, id est, quatuor Regum libros. Quæ si legere volueris, probabis quantæ difficultatis sit divinam Scripturam, et maxime Prophetas intelligere : et Interpretum vitio quæ apud suos purissimo cursu orationis labuntur, apud nos scatere vitiis. Porro eloquentiam quam pro Christo in Cicerone contemnis, in parvulis ne requiras. Ecclesiastica interpretatio etiam si habet eloquii venustatem, dissimulare eam debet et fugere, ut non otiosis Philosophorum scholis paucisque discipulis, sed universo loquatur hominum generi.

EPISTOLA L (d).

AD DOMNIONEM.

Admonitus a Sancto Domnione de conviciis quibus Romæ lacerabant multi libros adversus Jovinianum, in primis autem Monachus quidam juvenis, rumigerulus, hunc mire exagitat, ejusque imperitiam objurgans, provocat ad scribendum.

1. Litteræ tuæ et amorem pariter sonant, et querelam. Amorem tuum, quo sedulo monens, etiam quæ tuta sunt in nobis pertimescis : querelam eorum qui non amant, et quærentes occasionem in peccatis, garriunt adversus fratrem suum, et contra filium matris suæ ponunt scandalum (*Ps.* 59. 20). Scribis enim eos, imo nescio quem de trivio, de compitis, de plateis circumforaneum Monachum rumigerulum,

---

(*a*) *Alias* 32. *Scripta eodem tempore, ac superiori juncta.*
(*b*) Erasm. et Vict. *libi nisi, quem* προσεφώνησα, *et tu obscœne edidi*, e glossatoris imperiti mendo, qui verbi προσφωνεῖν, *quod est* nuncupare, *aut* inscribere, *hoc loco significationem non intellexit.*

(*c*) Benedictinus ad marginem : *Non extant*, inquit, *hæc Commentaria in duodecim Prophetas; ratus videlicet (quæ aliis quoque Criticis viris opinio persuasit) in singulos quosque duodecim Prophetas Commentaria hic innui, quæ alia certe ab his quæ supersunt, putanda essent, siquidem priores tres, ac postremos duos non nisi post decennium et quod excurrit, est commentatus.* At Hieronymus *quædam tantum* τῶν ὑπομνημάτων, *seu commentariorum suorum* dixit, *non omnia ; eaque non in singulos minores Prophetas, sed in eum simpliciter librum, qui duodecim Prophetæ inscribitur. Unde facile est opinari a Michæa usque ad Aggæum, quas a superiori anno 392. interpretationes elucubraverat, ad Domnionem misisse, nec proinde alias, quæ perierint, excogitare oportere.*

(*d*) *Alias* 41. *Scripta paulo post superiorem.*

rabulam, vafrum tantum ad detrahendum, qui per trabem oculi sui festucam alterius nitatur eruere, concionari adversum me, et libros, quos contra Jovinianum scripsi, canino dente rodere, lacerare, convellere. Hunc Dialecticum urbis vestræ, et Plautinæ familiæ columen, non legisse quidem κατηγορίας Aristotelis, non περὶ ἑρμηνείας (*Prædicamenta De Interpretatione*), non ἀναλυτικὰ (*Resolutiones*), non saltem Ciceronis τόπους, sed per imperitorum circulos, muliercularumque συμπόσια (*Compotationes*), syllogismos ἀσυλλογίστους texere, et quasi sophismata nostra callida argumentatione dissolvere. Stultus ego qui me putaverim hæc absque Philosophis scire non posse; qui meliorem stili partem eam legerim, quæ deleret, quam quæ scriberet. Frustra **237** ergo (*a*) Alexandri verti Commentarios: nequidquam me doctus magister per εἰσαγωγὴν Porphyrii introduxit ad Logicam: et, ut humana contemnam, sine causa Gregorium Nazianzenum et Didymum in Scripturis sanctis catechistas habui: nihil mihi profuit Hebræorum eruditio, et ab adolescentia usque ad hanc ætatem quotidiana in Lege, Prophetis, Evangeliis, Apostolisque meditatio.

2. Inventus est homo absque præceptore perfectus παμμαθέστατος, (*b*) καὶ αὐτοδίδακτος, qui eloquentia Tullium, argumentis Aristotelem, prudentia Platonem, eruditione Aristarchum, multitudine librorum Chalcenterum, Didymum scientia Scripturarum, omnesque sui temporis vincat Tractatores. Denique dicitur materiam poscere: et (*c*) Carneadis aliquid referens, in utramque partem, hoc est, et pro justitia et contra justitiam disputare. Liberatus est mundus a periculo, et (*d*) Hæreditariæ vel Centumvirales causæ de barathro erutæ, quod hic forum negligens, se ad Ecclesiam transtulit. Quis hoc nolente [*al. volente*] fuisset innoxius? quem criminosum non hujus servasset oratio, cum cœpisset in digitis partiri causam, et syllogismorum suorum retia tendere? Nam si applosisset pedem, intendisset oculos, rugasset frontem, jactasset manum, (*e*) barbam tornasset, tenebras illico ob oculos offudisset [*al. effudisset*] judicibus. Nec mirum si me et absentem jamdiu, et absque usu Latinæ linguæ, semigræculum, barbarumque, homo latinissimus et facundissimus superet; cum præsentem Jovinianum (Jesu bone qualem et quantum virum: cujus nemo scripta intelligeret, qui

(*a*) Commentarios Alexandri Aphrodisei Latine ab Hieronymo versos hic vulgo intelligunt eruditi, eamque interpretationem inter opera deperdita enumerant. At non Latine se, at in aliam linguam transtulisse dixit S. Doctor, sed tantum *revisse*. quod idem hoc loco est, ac vertisse, ac sæpius studendo evolvisse, ut pluribus adductis exemplis in Præfatione ostendimus. Mox *Porphyrii* nomen quod etiam Rufinus legit Invectiva 2. supplevimus e Mss.

(*b*) Addunt veteres editiones τοῖς.

(*c*) Alias *Carneadeum*, De Carneade autem Cyrenæo vide Laertium lib. 4. Plutarchum in Catone majore, aliosque.

(*d*) Vereor ne mendum in voce *Hæreditariæ* cubet; nam quæ causæ Hæreditariæ fuerint, nisi lites a parentibus in filios derivatas somnit, omnino non intelligitur. Ut vero sensus constet Criminales intelligendæ sunt, sirque *Centumviralibus*, quæ, ut vocant, Civiles erant, opponentur. Verissime Tacitus Dial. de Orat. « sat, inquit, rem præsperè defendere, aut apud Centumviros causam aliquam feliciter orare. »

sibi tantum caneret et musis) eloquentiæ suæ mole oppresserit.

3. Quæso igitur te, pater carissime, ut moneas eum, ne loquatur contra propositum suum; ne castitatem habitu pollicens, **238** verbis destruat; ne virgo vel continens (ipse enim viderit quid esse se jactet) maritatas [al. *maritos*] virginibus comparet, et frustra adversus hominem disertissimum, tanto tempore digladiatus sit. Audio præterea eum libenter virginum et viduarum cellulas circumire, et adducto supercilio, de sacris inter eas litteris philosophari. Quid in secreto, quid in cubiculo mulierculas docet? Ut hoc sciant esse virgines, quod maritatæ [al. *maritæ*]; ut florem ætatis non negligant, ut comedant et bibant, et balneas adeant, munditias appetant, unguenta non spernant? an magis pudicitiam, et jejunia, et illuviem corporis? Utique illa præcipit quæ plena virtutis sunt. Fateatur ego publice quod domi loquitur. Aut si domi eadem docet quæ et publice, a puellarum consortio separandus est. Miror autem non erubescere juvenem, et Monachum, ut sibi videtur, disertum (cujus de ore veneres fluunt; qui tantæ in sermocinando elegantiæ est, ut Comico sale ac lepore conspersus sit) lustrare nobilium domos, hærere salutationibus matronarum, (*f*) religionem nostram pugnam facere, et fidem Christi contentione torquere verborum; atque inter hæc fratri suo detrahere. Utique si errare me arbitratus est (in multis enim offendimus omnes, et « si quis in verbo non peccat, hic perfectus est vir ») (*Jacob.* 3o. 2), debuit vel arguere, vel interrogare per litteras: quod vir eruditus et nobilis fecit Pammachius, cui ego ἀπελογισάμην ut potui, et Epistola disserui longiore (*Superior. Epist. XLVIII*), quo unumquodque sensu dixerim. Imitatus saltem fuisset tuam verecundiam, qui ea loca, quæ scandalum quibusdam facere videbantur, excerpta de volumine per ordinem digessisti, poscens ut vel emendarem, vel exponerem, et non tantæ me putasset dementiæ, ut in uno atque eodem libro, et pro nuptiis, et contra nuptias scriberem.

239 4. Parcat sibi, parcat mihi, parcat nomini Christiano. Monachum se esse non loquendo, et discursando, sed tacendo, et sedendo noverit. Legat Jeremiam, dicentem: « Bonum est viro cum portaverit jugum ab adolescentia sua. Sedebit solus et tacebit: quia tulit super se jugum » (*Thren.* 3. 27. 28). Aut si certe in omnes Scriptores censoriam accepit virgu-

(*e*) Hæc nobis probatur lectio quam ex Cisterciens. Ms. expressimus; antea enim erat *verba tornasset*, vel *tonsset*, non incongrua solum lectione, sed falsa; hic enim Hier. ut adversarium irrideat, solos ejus gestus ante verba potuisse dicit præstigias judicibus facere. Accedit huic barbam tornandi sive in gyrum movendi morem, gestusque, cum quis ad dicendum paratur, ab aliis quoque notari apud Orientales.

(*f*) Erasmus et Victorius *Religionem nostram pugnam facere*. Martianæus *religioni nostræ pugnam*, etc. Nobis sequi placuit Mss. codicum, et vetustioris editionis fidem, eoque sensu intelligimus, Religionem in pugnam vertere, cum aliud habitu et religione, aliud verbis et moribus Monachus ille præ se ferret, vel potius quod religionis dogmata in disputationis et controversiæ argumentum verteret.

lam, et idcirco se eruditum putat, quia Jovinianum, solus intelligit (est quippe proverbium : Balbum melius balbi verba cognoscere) (a) πάντες ου συγγραφεῖς appellamur Attilio judice. Ipse quoque Jovinianus, συγγραφεὺς ἀγράμματος, id ei justissime proclamabit, Quod me damnant Episcopi, non est ratio, sed conspiratio. Nolo mihi ille, vel ille respondeat, quorum me auctoritas opprimere potest, docere non potest. Scribat contra me vir, cujus et ego linguam intelligo: quem cum vicero, omnes homines simul vicerim. Ego enim bene novi (experto credite) « quantus In clypeum assurgat, quo turbine torqueat hastam » (*Æneid. lib. X*). Fortis est, et in disputando nodosus et tenax, et qui obliquo (b) et arcuato pugnet capite. Sæpe de nocte usque ad vesperam contra nos in plateis clamavit : habet latera et athletarum robur, et belle corpulentus est. Videtur mihi occulte mei dogmatis esse sectator. Præterea nunquam erubescit, nec considerat quid, sed quantum dicat; et in tantam venit opinionem eloquentiæ, ut soleant dicta ejus Cirratorum esse dictata. Quoties me iste in circulis stomachari fecit et adduxit ad choleram ? (c) quoties conspuit, et consputus abscessit ? Sed hæc vulgaria sunt, et a quolibet de sectatoribus meis possunt fieri: ad libros provoco, ad memoriam in posteros transmittendam. Loquamur scriptis, ut de nobis tacitus lector judicet ; ut quomodo ego discipulorum gregem ductito ; sic ex hujus nomine Gnathonici, vel Phormionici vocentur.

5. Non est grande, mi Domnion, garrire per angulos, et medicorum tabernas, ac de mundo ferre sententiam : hic bene dixit, ille male : iste Scripturas novit, ille delirat : iste loquax, ille infantissimus est. Ut de omnibus judicet, cujus hoc judicio meruit ? Contra quemlibet passim in triviis strepere, et congerere maledicta, non crimina, scurrarum est ; et paratorum [al. *parasitorum*] semper ad lites. Moveat manum, figat stilum, commoveat se; et quidquid potest scriptis ostendat. Det nobis occasionem respondendi disertitudini suæ. Possum remordere [al. *respondere*], si velim, possum genuinum læsus infigere. Et nos didicimus litteras; « Et nos sæpe manum ferulæ subtraximus » (*Juvenal. Sat.* 1). De nobis quoque dici potest ; Fœnum habet in cornu, longe fuge (*Hor. Serm.* 1. *sat.* 4). Sed magis volumus esse discipuli ejus, qui ait : « Dorsum meum posui ad flagella ; et faciem meam non averti a confusione sputorum » (*Isai.* 50. 6. *juxta LXX*). « Qui cum malediceretur, non remaledixit » (1. *Ptr.* 2. 23); et post alapas, crucem, flagella, blasphemias, novissime pro crucifigentibus deprecatus est, dicens : « Pater ignosce eis, quod enim faciunt, nesciunt » (*Luc.* 13. 34). At ego ignosco errori fratris : intelligo, quia diaboli arte deceptus est. Inter mulierculas sciolus sibi et eloquens videbatur. Postquam Romam mea opuscula pervenerunt, quasi æmulum exhorruit, et de me quoque captavit gloriam, ut nullus esset in terris, qui non ejus eloquentiæ displiceret, exceptis his quorum potentiæ non parcit, sed cedit ; imo quos non honorat, sed metuit. Voluit scilicet homo peritissimus, ut veteranus miles uno rotatu gladii percutere utrumque, et ostendere populis quod quidquid ipse vellet, hoc Scriptura sentiret. Dignetur igitur nobis sermonem suum mittere, et non reprehendendo, sed docendo, garrulitatem nostram corrigere. Tunc intelliget aliam vim fori esse, aliam triclinii ; non æque inter fusos et calathos puellarum, et inter eruditos viros de divinæ legis dogmatibus disputari. Nunc libere, et impudenter jactat in vulgus, et persirepit, (d) damnat nuptias ; et inter uteros tumentes, infantium vagitus, et lectulos maritorum, quid Apostolus dixerit, tacet, ut me solum in invidiam vocet. Cum autem ad libros venerit, et pedem pedi contulerit, et vel proposuerit aliquid de Scripturis, vel audie it proponentem, tunc sudabit, tunc hærebit. Procul Epicurus, longe Aristippus, subulci non aderunt, scropha non grunniet.

« Et nos tela, pater, ferrumque haud debile dextra
« Spargimus, et nostro sequitur de vulnere sanguis. »
(*Æneid. lib. XII*).

Porro si non vult scribere, et tantum maledictis agendum putat, audiat tot interjacentibus terris, fluctibus, populis, (e) saltem Echo clamoris mei : Non damno nuptias, non damno conjugium. Et ut certius sententiam meam teneat, volo omnes qui propter (f) nocturnos forsitan metus soli cubitare non possunt, uxores ducere.

(a) Non immutamus Benedictinæ editionis lectionem, cum non satis nobis auxilii conferant veteres codices nostri. Ab tamen editi, sin verius, concinniori certe sensu, πάντες συγγραφεῖς *pellamus*, cui lectioni, quam præterre etiam mallemus, maxime favet, quod alibi Hieronymus de quibusdam ait, qui sibi tantum tribuerent, ut alios Tractatores de Scripturum honore ac gradu expellerent. Sic e. ist. ad Rustic. Monach. de Ruffino loquens, «Censorem Romanæ facundiæ notare queam vellet, et de Senatu doctorum EXCLUDERE. » Iterum epist. ad Riparium contra Vigilantium, « Tibi soli licet τῆς οἰδοκίμου χραξ ου de cunctis et Græcis, et Latinis Tractatoribus ferre sententiam, et quasi censoria virgula alios EICERE de Bibliothecis, alios recipere, » etc. Porro M. Attilius Regulus huic innui vulgo creditur, qui Censoris officium multa severitate tenuit, ut Valerius Maximus testatur lib. 2. cap. 9. Sed parum illa ad rem nostram sunt. Nobis Attilius iste non alius ab eo videtur, cujus meminit junior Plinius lib. 1. epistola 9. et quem eruditissimum simul, et facetissimum vocat. Aut verius *M. Atilius* (sive *Acilius*) *Fulicanus*, qui in Salustii fragmentis lib. VI. dicitur, *humili loco*, *Picens*, *loquax magis*, *quam facundus*, quæ verba ex Salustio recitat Quintilian. l. 4. c. 2. et Gellius ; qui etiam i; se Hieron. contra Helvidium. Quæ sequuntur ex Joviniani ore videntur dici.

(b) Antea erat *acuminato*, incongrua lectione, quam Victorius, aliique tuentur. Alibi contra Vigil. Hier. dixit *arcuato vulnere* : alibi *arcuato impetu*.

(c) De veteri hac conspuendi injuria Petronius, *Convocat omnes quassillarias, familiæque sordidissimam partem, ac me conspui jubet*. Vid. Senecam de injuria Sapientis, cap. 1

(d) Id est Hieronymus, cui hoc crimen impingitur. Alii tamen codices habent *damnarit*.

(e) Pro *echo* vitiose erat antea *et hoc*, quod emendare non dubitavimus etiam absque Mss. suffragio.

(f) Expressa hæc sententia est ex alia Ciceronis de Clodio. Cisterciense tamen exemplar, *possint uxores ducere*.

EPISTOLA LI (a)

S. EPIPHANII AD JOANNEM Episcopum Jerosolymorum
A Hieronymo Latine reddita.

Epiphanius Episcopus Salaminæ Cypri excusat se Joanni Episcopo Jerosolymitano, quod Paulinianum Presbyterum ordinasset ipso inconsulto. Deinde commonet, ut ab Origenis erroribus abstineat.

Domino dilectiss. Fratri JOANNI Episc. EPIPHANIUS.

1. Oportebat (b) nos, dilectissime, Clericatus honore non abuti in superbiam, sed custodia mandatorum Dei, et observatione diligentissima hoc esse quod dicimur. Si enim sancta Scriptura loquitur : « Clericorum non proderunt eis (*Jerem.* 12. *juxta.* LXX) : quæ arrogantia clericatus conducere nobis poterit, qui non solum cogitatione, et sensu, verum etiam sermone peccamus? » Audivi quippe quod tumeas contra nos, et irascaris, et ministeris scribere in extremos fines terræ, ut loca provinciasque non nominem. Et ubi est ille timor, qui nos debet illo tremore concutere, qui dictus est a Domino : « Si quis irascitur fratri suo sine causa, reus erit judicio? » (*Matth.* 5. 23.) Non quod magnopere curem, si scribas quod placuerit. Scribebantur enim, et (c) epistolæ biblinæ juxta Isaiam : et mittebantur super aquas, quæ cito cum sæculo transeunt. Nihil tibi nocuimus, nihil injuriæ fecimus, nec quicquam violenter extorsimus. In monasterio fratrum, et fratrum Peregrinorum, (d) qui provinciæ nihil taxæ deberent : et propter nostram parvitatem, et litteras, quas ad eos crebro direximus, communionis quoque tuæ cœperunt habere discordiam, ne viderentur quadam duritia, et conscientia nostra, antiquæ fidei ab Ecclesia separari, ordinavimus Diaconum : et postquam ministravit, rursum Presbyterum, super quo debueras gratulari, intelligens quod ob Dei timorem hoc sumus facere compulsi : maxime cum nulla sit diversitas in sacerdotio Dei, et ubi utilitati Ecclesiæ providetur. Nam, et si

(c) singuli Ecclesiarum Episcopi habent sub se Ecclesias, quibus curam videantur impendere : et nemo super alienam mensuram extenditur, tamen præponitur omnibus caritas Christi, in qua nulla simulatio est : nec considerandum quid factum sit, sed quo tempore, et quo modo, et in quibus, et quare factum sit. Cum enim vidissem, quia multitudo sanctorum fratrum in monasterio consisteret, et sancti Presbyteri Hieronymus, et Vincentius propter verecundiam, et humilitatem nollent debita nomini suo exercere sacrificia, et laborare in hac parte ministerii, quæ Christianorum præcipua salus est : invenire autem, et comprehendere servum Dei non posses, qui (f) te, co quo i grave onus sacerdotii nollet suscipere, sæpe fugiebat : sed nec alius quis Episcoporum facile eum reperiret. Unde, et satis miratus sum, quomodo dispensatione Dei ad nos venerit cum Diaconis monasterii, et cæteris fratribus, ut mihi satisfaceret, quia nescio quid adversum eos habebam tristitiæ. Cum igitur celebraretur Collecta in ecclesia villæ, quæ est juxta monasterium nostrum, ignorantem eum, et nullam penitus habentem suspicionem, per multos Diaconos apprehendi jussimus, et teneri os ejus, ne forte liberari se cupiens, adjuraret nos per nomen Christi : et primum Diaconum ordinavimus, proponentes ei timorem Dei, et compellentes, ut ministraret ; valde quippe obnitebatur, indignum se esse (g) clamitans, et grave onus ultra vires suas esse contestans. Vix ergo compulimus eum, et persuadere potuimus testimoniis Scripturarum, et propositione mandatorum Dei. Et cum ministrasset [al. *ministraret*] in sanctis sacrificiis, rursus cum ingenti difficultate tento ore ejus, ordinavimus Presbyterum : et iisdem verbis, quibus antea suaseramus, impulimus ut sederet in ordine Presbyterii. Post hæc scripsimus ad sanctos Presbyteros monasterii, et cæteros fratres : et increpavimus eos, quare non scripsissent super eo, cum ante annum multos eorum queri audissem, cur non haberent, qui sibi Domini sacramenta conficerent, et illum omnes suo poscerent testimonio, et grandem utilitatem in commune monasterii testarentur : quare tunc reperta opportunitate non scripsissent nobis, neque super ordinatione ejus aliquid poposcissent.

2. Hæc ita acta sunt, ut locutus sum, in caritate Christi, quam te erga parvitatem nostram habere credebam : quanquam in monasterio ordinaverim, et non in parœcia, quæ tibi subjecta sit. O vere benedicta Episcoporum Cypri mansuetudo et bonitas, et nostra rusticitas sensu tuo et arbitratu digna misericordia Dei. Nam multi Episcopi communionis nostræ et Presbyteros in nostra ordinaverunt provincia, quos

---

(a) alias 60. *Scripta ac latine reddita circa eumdem annum* 394.
(b) Consule infra epist. 57. *de optimo genere interpretandi*, qua se tuetur Hier. contra Ruffinum cavillantem priora hæc Epiphanii verba, quæ in Græco sunt, ἔδει γὰρ ἡμᾶς, ἀγαπητέ, μὴ τῇ δόξει τοῦ κλήρου χρῆσθαι a S. Doctore male conversa in Latinum.
(c) In Hebræo Isaiæ textu est בכלי גבא, quod est *in vasis papyri*, at LXX. aliam ג litteram pro ב quæ facillime commutantur, legentes בבלי ἐν κιβωτίῳ βιβλίνοις transtulerunt, accipientes גבא seu *papyrum* pro epist. quod videlicet in papyro scriberentur. Videndus Plinius lib. XIII. c. 11. et Cassiodor. l. XI. epist. 38. Hinc Aldelmus de Nycticorace :
Romuleis scribor biblis, sed voce pelasga.
Et Ennodius :
Otia Syluacis non passus carmina biblis
Sulcari, etc.
Sed de penitiori hujus loci sensu atque usu, plura dicenda nobis erunt in lib. 2. advers. Pelag. Interim superiorem *tibi* voculam reposuimus e Mss.
(d) Duo vetustiores codd. Vatic. *q. i. p. orinciæ nihil debere.* Erat autem Paulinianus S. Hieronymi frater, quem Diaconum, et mox Presbyterum creavit Epiphanius, in Peregrinorum monasterio, quod ad Joannis diœcesin non pertinebat. Porro Cistercienses. Ms. « ne viderentur quadam duritia et conscientia fidei antiquæ, quam simul habuimus, ab Ecclesia separari. » Sed Ambrosian. paulo ante *cœperunt habere consortia, nec viderentur quadam duritia,* etc.

(e) *Præpostero ordine vetustiss.* Vatic. exemplar 355. *singulæ Ecclesiæ Episcopum habent,* etc. quemquam etiam in veteri prima editione legendum est. Mox Ambros. *super unam mensuram.*
(f) Rectius forte Ambrosian. exemplar *te voculam non agnoscit.*
(g) Verba *clamitans, et grave onus ultra vires suas esse* quæ in hucusque editis deerant, supplevimus ex Ambros. Ms.

nos comprehendere non poteramus, et miserunt ad nos Diaconos et Hypodiaconos, quos suscepimus cum gratia. Et ipse cohortatus sum beatæ memoriæ Philonem Episcopum, et sanctum (a) Theoprepum, ut in ecclesiis Cypri, quæ juxta se erant, ad 244 meæ autem parœciæ videbantur ecclesiam pertinere, eo quod grandis esset, et late patens provincia, ordinarent Presbyteros, et Christi Ecclesiæ providerent. Nunquam autem ego ordinavi Diaconissas, et ad alienas misi provincias, neque feci quicquam ut ecclesiam scinderem. Quid ergo tibi visum est, sic graviter intumescere et jactari contra nos pro opere Dei, quod in ædificationem, et non in destructionem fratrum factum est? Sed et illud vehementer admiratus sum, quod meis locutus es Clericis, asserens te per sanctum Presbyterum et Abbatem monachorum Gregorium mandasse mihi, ne quemquam ordinarem : et ego hoc pollicitus sim, dicens : Nunquid juvenis sum, aut canones ignoro? Audi igitur veritatem in sermone Dei, me hoc nec audisse, nec nosse, nec istius sermonis penitus recordari. Suspicatus autem sum, ne forsitan inter multa, quasi homo oblitus essem : et ob hanc causam sanctum Gregorium sciscitatus sum, et Zenonem Presbyterum, qui cum eo est. E quibus Abbas Gregorius respondit, se hoc penitus ignorare. Zenon autem dixit, quia cum ei Presbyter Ruffinus nescio quæ alia transitorie loqueretur, etiam hoc dixerit : Putasne aliquos ordinaturus est sanctus Episcopus [al. *Epiphanus*]? et hucusque stetisse sermonem. Ego autem Epiphanius nec audivi quicquam, nec respondi. Unde, dilectissime, non te præveniat furor, nec occupet indignatio, nec frustra movearis : et aliud dolens, te vertas ad alia, ut peccandi occasionem invenisse videaris. Quod Propheta devitans, Dominum precatur, dicens : « Non declines cor meum in verba malitiæ : ad excusandas excusationes in peccatis » (*Ps.* 140. 4).

5. Illud quoque audiens admiratus sum, quod quidam, qui solent ultro citroque portare rumusculos, et his quæ audierunt semper aliquid addere, ut tristitias et rixas inter fratres concitent, te quoque turbaverunt, et dixerunt, quod in oratione quando offerimus sacrificia Deo, soleamus pro te dicere : « Domine, præsta Joanni, ut recte credat. » Noli nos in tantum putare rusticos, ut hoc tam aperte dicere potuerimus. Quanquam enim hoc in corde meo semper orem, tamen ut simpliciter fatear, nunquam in alienas aures protuli, ne te viderer parvipendere, dilectissime. Quando 245 autem complemus orationem secundum ritum mysteriorum, et pro omnibus et pro te quoque dicimus : « Custodi illum qui prædicat veritatem : » vel certe ita : « Tu præsta, Domine, et custodi, ut ille verbum prædicet veritatis : » sicut occasio sermonis se tulerit, et habuerit oratio consequentiam. Quapropter obsecro te, dilectissime, et

advolutus pedibus tuis precor, præsta mihi et tibi, ut salveris, sicuti scriptum est, « a generatione perversa ; » et recede ab hæresi Origenis, et a cunctis hæresibus, dilectissime. Video enim quod propter hanc causam omnis vestra [al. *nostra*] indignatio concitata sit, quod dixerim vobis (b), Arii patrem, et aliarum hæreseon radicem, et parentem laudare non debetis. Et cum vos rogarem, ne ita erraretis, et monerem, contradixistis, et (c) me ad tristitiam atque lacrymas adduxistis. Non solum autem me, sed et alios plurimos catholicos qui intererant. Inde, ut intelligo, hæc est omnis indignatio, et iste furor. Et ideirco comminamini, quod mittatis adversum me epistolas, ut huc illucque sermo vester discurrat ; et propter defensionem hæreseos adversum me odia suscitantes, rumpitis caritatem quam in vos habuimus : intantum ut feceritis nos etiam pœnitentiam agere, quare vobis communicaverimus, ita Origenis errores et dogmata (d) defendentes.

4. Simpliciter loquor [al. *loquar*] : nos secundum quod scriptum est, nec oculo nostro parcimus, ut non effodiamus eum, si nos scandalizaverit : nec manui, neque pedi, si nobis scandalum fecerit. Et vos ergo sive oculi nostri, sive manus, sive pedes fueritis, similia sustinebitis. Quis enim catholicorum possit æquo animo sustinere, et eorum qui fidem suam bonis operibus exornant, ut audiant Origenis 246 doctrinam atque consilium, credant præclaræ illius prædicationi : Non potest Filius videre Patrem, neque Spiritus sanctus videre Filium ? Hæc in libris περὶ ἀρχῶν scribuntur, his verbis legimus, et ita locutus est Origenes. « Sicut enim incongruum est dicere, quod possit Filius videre Patrem, sic inconsequens est opinari, quod Spiritus sanctus possit videre Filium. » Illud quoque quis Origenem dicentem patiatur, quod animæ, angeli fuerint in cælis : et postquam peccaverint in supernis, dejectas esse in istum mundum, et quasi in tumulos et sepulcra, sic in corpora ista relegatas, pœnas antiquorum luere peccatorum ? et corpora credentium non templa Christi esse, sed carceres damnatorum ? Exinde veritatem historiæ, allegoriæ depravans mendacio, infinita verba multiplicat : et simplices quosque varia persuasione supplantans, nunc asserit animas, juxta Græcam etymologiam (e) ψυχὰς ἀπὸ τοῦ ψύχεσθαι, idcirco vocitatas, quia de cœlestibus ad inferiora venientes, calorem pristinum amiserint : nunc corpus hoc, ob id juxta Græcos ὅμως, id est, *vinculum*, sive juxta aliam proprietatem, (f) *cadaver* dici : quia animæ de cœlo rue-

---

(a) Sic emendavimus ex antiquiss. Vaticano et Ambrosiano exemplari, cum antea esset *Theoprobum* latino partim et partim græco nomine. Paulo supra vocem *Diaconos* vetusta edit. non habet.

(b) Duo verba *origenem scilicet*, post *arii patrem*, hic inseruunt editi, quæ tamen nulli Mss. agnoscunt, et nos earum auctoritate tanquam e glossatoris manu profecta expunximus.
(c) Absunt a Vatic. voculæ *me ad*, et paulo post *Inde*.
(d) Illud *defendentes* ad *nos* commode referri potest : Ambrosian. tamen exemplar cum legat *defendentibus*, refert ad *vobis*.
(e) Vetustiores editi ἀπὸ τοῦ ψύχεσθαι *id est a frigescendo, idcirco*, etc. Al. *ab angelescendo*, l. g. *algescendo*. Vitiose Vatic. *juxta græcam etymologiam*, et *corpora carceres dicas, idcirco*, etc. Porro sententiam hanc a Pythagora post Platonem, Origenem hausisse, est longe notissimum.
(f) Mallem ipsum etiam græcum nomen inseri, et legi

rint : a plerisque autem secundum variam Græci sermonis supellectilem σῶμα, id est, *corpus*, σῆμα, id est, *monumentum* interpretari : eo quod ita animam in se clausam habeat, quomodo sepulcra et tumuli cadavera mortuorum. Et si hoc verum est, ubi est fides nostra? ubi præconium resurrectionis? ubi Apostolica doctrina, quæ in ecclesiis Christi hucusque perdurat? ubi illa benedictio ad Adam, et ad semen ejus, et ad Noe, et ad filios ejus : *Crescite et multiplicamini, et replete terram?* (*Genes.* 1. 18, *et* 9. 7.) Jam enim non erit benedictio, **247** sed maledictio, juxta Origenem, qui angelos vertit in animas : et de sublimi fastigio dignitatis facit ad inferiora descendere, quasi Deus generi humano non possit animas per benedictionem dare, nisi angeli peccaverint : et tot in cœlo sint ruinæ, quot in terra nativitates. Dimittenda ergo nobis est doctrina Apostolorum et Prophetarum, et Legis et ipsius Domini Salvatoris in Evangelio pertonantis. Econtrario Origenes præcipit, et legem dat, ut non dicam constringit discipulos suos, ne quis oret in cœlum ascendere, ne pejus iterum peccans quam in terris ante peccaverat, præcipitetur in mundum. Quanquam istiusmodi nugas et deliramenta soleat ille Scripturarum interpretatione perversa et aliud significante, quam quod verum est affirmare, dicens : *Priusquam a malitia humiliarer, ego deliqui* (*Ps.* 118. 47). Et illud : *Revertere anima mea in requiem tuam* (*Ps.* 114. 7). Necnon et illud : *Educ de carcere animam meam* (*Ps.* 141. 8). Et in alio loco : *Confitebor Domino in regione vivorum* (*Ps.* 114. 8) : cum alius procul dubio sensus Scripturæ divinæ sit, quam ille in hæresim suam maligna interpretatione detorquet. Quod faciunt et Manichæi, et Gnostici, et Hebionitæ, et Marcionis sectatores, et aliæ hæreses numero (*a*) octoginta, quæ de purissimo Scripturarum fonte assumentes testimonia, non ita interpretantur, ut scripta sunt, sed simplicitate sermonis ecclesiastici id volunt significare, quod ipsi sentiunt.

5. Illud quoque quod asserere nititur, doleamne an rideam nescio. Doctor egregius (*b*) audet docere. diabolum id rursum futurum esse quod fuerat, et ad eamdem rediturum dignitatem, et conscensurum regna cœlorum. Proh nefas, quis tam vecors et stolidus, ut hoc recipiat, quod sanctus Joannes Baptista, et Petrus, et Joannes Apostolus et Evangelista, Isaias quoque, et Jeremias, et reliqui Prophetæ cohæredes fiant diaboli in regno cœlorum? Prætereo frivolam ejus expositionem super tunicis pelliceis, quanto conatu, quantisque egerit argumentis, ut tunicas pelliceas humana esse corpora crederemus. Qui inter multa ait : **248** « Nunquid coriarius aut sordidarius [al. *stortisarius*] erat Deus, ut conficeret pelles animalium, et consueret ex eis tunicas pelliceas Adam et Evæ? Manifestum est ergo, inquit, quod de corporibus nostris loquatur. » Et si hoc ita est, quomodo legimus ante pelliceas tunicas, et ante inobedientiam, et de paradiso ruinam Adam loquentem non secundum allegoriam, sed vere : « Hoc nunc os ex ossibus meis, et caro de carne mea » (*Gen.* 2. 23) Aut unde assumptum est illud, quod divinus sermo testatur : « Et injecit Deus soporem in Adam, et dormivit ; et sumpsit unam de costis ejus ; et adimplevit pro ea carnem, et ædificavit costam, quam tulerat ex eo, illi in uxorem? » (*Ibid.* 21) Aut quæ corpora contegebat Adam et Eva foliis ficus, postquam comederunt de arbore vetita? Quis autem patienter ferat Origenem lubricis argumentationibus resurrectionem carnis hujus negantem : sicut declarat manifestissime in volumine Explanationum primi psalmi, et in aliis multis locis? Aut quis audiat in tertio cœlo donantem nobis Origenem paradisum, et illum quem Scriptura commemorat, de terra ad cœlestia transferentem : et omnes arbores quæ scribuntur in Genesi, sic allegorice intelligentem : quod scilicet arbores, angelicæ Fortitudines sint, cum hoc veritas non recipiat? Neque enim dixit Scriptura divina : Deposuit Deus Adam et Evam in terram : sed, *ejecit eos de paradiso, et habitare* (*c*) *fecit eos contra paradisum.* Non ait, sub paradiso. Et posuit romphæam flammeam, et Cherubim custodire introitum ligni vitæ (*Genes.* 3). Non dixit, ascensum. Et fluvius egrediebatur ex Eden : non dixit, descendit ex Eden. Iste dividitur in quatuor principia : nomen uni *Phison, et nomen secundi Geon* (*Ibid.* 2. 10). Ego vidi aquas Geon, aquas quas his carneis oculis aspexi. Iste est Geon, quem Jeremias demonstrat dicens : *Quid vobis et viæ Ægypti, ut bibatis aquam Geon turbidam?* (*Jerem.* 2. 10.) Bibi et de (*d*) magno flumine Euphrate aquas simpliciter, quas manu potes tangere, ore sorbere, non aquas spirituales. Ubi autem flumina sunt, quæ et videntur et bibuntur, ibi consequens est quod et ficus et alia ligna sint : de quibus **249** dicit Deus : *Ex omni ligno quod est in paradiso comedes* (*Genes.* 2. 16) : (*e*)

---

juxta aliam proprietatem πτῶμα *id est cadaver*, nam græce corpus examine πτῶμα dicitur ἀπὸ τοῦ πίπτειν, ut latine *cadaver* deducitur a cadendo, siquidem ipsam Græcam etymologiam, quam ad hæresim suam torquebat Origenes, hic afferre satius erat, ut supra sit, atque infra : ubi tamen Vatic. et Ambros. Mss. vocabulo *corpus*, et voculâ *id est* expunctis, continuo legunt, « secundum variam Græci sermonis supellectilem *corpus* σῆμα id est memoriam (al. *monumentum*) interpretari. » Plato ex cujus sententia Origenes locutus est, in Cratylo, et Gorgia, corpora animis deservire sepulcrorum vice, dixit, et σῶμα, quasi σῆμα nuncupatum. Καὶ γὰρ σῆμα τινές φασιν αὐτὸ εἶναι τῆς ψυχῆς ὡς τεθαμμένης ἐν τῷ νῦν παρόντι, et cætera quæ latine præstat audire. « Etenim σῶμα nonnulli animæ esse animi σῆμα, tanquam ad hoc quoddam tempus anima sit in corpore, sepulta, vel recte ideo est σῆμα, quoniam corporis ministerio utitur anima ad eas res, quas sibi obsignarit significandas, explicandasque. » Et in Gorgia, Καὶ ἡμεῖς τῷ ὄντι ἴσως τέθναμεν, ὅπερ ἤδη που, ἔγωγε καὶ ἤκουσα τῶν σοφῶν ὡς νῦν ἡμεῖς τέθναμεν καὶ τὸ μὲν σῶμά ἐστιν ἡμῶν σῆμα. Et nos revera morimur. Illud enim a sapientibus audivi nos nunc mori, et nostrum σῶμα corpus, esse σῆμα, sepulcrum.

(*a*) Ambrosian. *triginta* numerat, alii Mss. *quadraginta ;* sed quod optime ante nos Victorius quoque animadvertat, propterea *octoginta* nominat Epiphanius, cujus hæc est epistola, quod contra totidem hæreses scripserit, quæ ad sua usque tempora pullularant.

(*b*) Hinc *Origenis* nomen, quod neque Mss. neque editi vetustiores habent, expunximus.

(*c*) Vatic. et vetus editio *habitare fecit contra paradisum, et non adjecit eos sub paradiso.*

(*d*) Antea penes Martian. aliosque, *de hoc magno.* Mox duæ priores Editiones, ac totidem Mss. *flumina sunt et aquæ bibuntur et videntur :* rectissime.

(*e*) Duos versus istos, *similia sunt lignis aliis,* etc. Victo-

similia sunt lignis aliis et arboribus, sicut flumina similia sunt fluminibus et aquis. Si autem aqua quæ cernitur, vere aqua est, necesse est ut et ficus vera sit, et alia ligna: et Adam verus statim a principio plasmatus in corpore, sicut et Eva, et non in phantasmate, et post ruinam (ut vult Origenes) propter peccatum postea corpus acceperit. Sed dicis: Legimus quod sanctus Paulus raptus sit usque ad tertium cœlum, et usque in paradisum (*2. Cor.* 12). Bene dicis: Quando ponit tertium cœlum, et postea addit, et in paradisum, ostendit alibi esse cœlum, et alibi paradisum. Illas vero præstigias quis non statim abjiciat atque contemnat: dicente Origene de aquis quæ super firmamentum sunt, non esse aquas, sed Fortitudines quasdam angelicæ potestatis, et rursum aquas quæ super terram sunt, hoc est, sub firmamento, esse Virtutes contrarias, id est, dæmones? Et quomodo legimus, in diluvio apertas cataractas cœli, et aquas inundasse diluvii? unde aperti sunt fontes abyssi, et totus mundus opertus est aquis (*Genes.* 7).

6. O furor hominum junctus stultitiæ, qui reliquerunt illud quod in Proverbiis dicitur: « Audi fili sermonem patris tui, et ne abjicias legem matris tuæ » (*Prov.* 6. 20), et conversi sunt ad errorem, et dicunt stulto, ut princeps sui sit; nec contemnunt res fatuatas, quæ dicuntur a fatuo, sicut Scriptura testatur: « Fatuus autem fatua loquitur, et cor ejus vana intelligit » (*Isai.* 32. 6). Unde obsecro te, dilectissime, et quasi membris meis parcens, propter caritatem quam in te habeo, precor scribens et orans, ut impleas illud quod dicitur: « Nonne odientes te, Domine, odivi, et super inimicos tuos tabescebam? » (*Psal.* 138. 21.) Inimica et digna odio Origenis verba sunt, et Deo repugnantia, et sanctis ejus, et non ista sola quæ dixi, sed et alia innumerabilia. Neque enim nunc mihi propositum est adversus omnia Origenis dogmata disputare. Nihil mihi subripuit Origenes, nec in mea generatione fuit: nec propter aliquas res mundi et hæreditatem, odium adversum illum, pugnasque suscepi: sed (ut simpliciter fatear) doleo, et val dedoleo, videns plurimos fratrum, **250** et eorum præcipue, qui professionem habent non minimam, et in gradum quoque sacerdotii maximum pervenerunt, ejus persuasionibus deceptos, et perversissima doctrina cibos factos esse diaboli: in quibus completum est illud, quod dicitur: « Super omnem munitionem ludit, et escæ ejus electæ, et congregavit sicut arenam captivitatem » (*Abac.* 1). Te autem, frater, liberet Deus, et sanctum populum Christi, qui tibi creditus est, et omnes fratres qui tecum sunt, et maxime Ruffinum Presbyterum ab hæresi Origenis, et ab aliis hæresibus et perditione earum. Si enim propter unum verbum, aut duo quæ contraria fidei sunt, multæ hæreses abjectæ sunt ab Ecclesia, quanto

magis hic inter hæreticos habebitur, qui tantas perversitates, et tam mala dogmata contra fidem adinvenit, Deique et Ecclesiæ hostis extitit? Inter multa enim mala etiam illud ausus est dicere, perdidisse imaginem Dei Adam, cum hoc in nullo penitus loco Scriptura significet. Si enim ita esset, nunquam omnia quæ in mundo sunt, servirent semini Adam, id est, universo generi hominum: sicut et Jacobus Apostolus loquitur: « Omnia domantur, et subjecta sunt humanæ naturæ (*Jacob.* 3. 7). » Nunquam enim universa subjecta essent hominibus, si non haberent homines juxta id quod universis imperarent, imaginem Dei. Conjungens autem atque consocians Scriptura divina gratiam benedictionis, quam Adam donaverat, et generationibus quæ ex eo erant, ne qui forsitan maligna interpretatione auderent dicere, uni datam gratiam Dei, et illum solum factum esse ad imaginem Dei: (*a*) quia plasmatus esset ex humo, et uxorem ejus, quam creasset de costa viri: eos vero qui conciperentur in utero, et jam non ita nascerentur ut Adam, Dei non habere imaginem, statim per ordinem jungit, et dicit: « Et vixit Adam ducentos triginta annos, et cognovit Evam uxorem suam, et peperit ei filium juxta speciem et juxta imaginem ejus, et vocavit nomen ejus Seth » (*Genes.* 5. 5). Rursumque in decima generatione post annos bis mille ducentos (*b*) quadraginta duos, vindicans Deus imaginem suam, et ostendens, **251** quod gratia quam dedisset hominibus perseveraret in eis, ait: « Ne comederitis carnem in sanguinem [al. *cum sanguine*], ego enim ulciscar sanguinem vestrum de manu omnis hominis effundentis illum: quia ad imaginem Dei feci hominem » (*Genes.* 9). Nec non post alteras decem generationes usque ad Abraham, et ab Abraham usque ad David alias generationes quatuordecim, quæ viginti quatuor generationes simul faciunt annos bis mille centum decem et septem: Spiritus Sanctus in tricesimo octavo psalmo, cum quereretur de omnibus hominibus, quod in vanitate ambularent, et peccatis essent obnoxii, loquitur: « Verumtamen in imagine perambulat omnis homo » (*Ps.* 58. 7). Nec non post David, etiam sub Salomone filio ejus, legimus tale quiddam super Dei imagine nominatum. Dicit enim in Sapientia, quæ titulo ejus inscribitur: « Creavit Deus incorruptum hominem, et imaginem

---

(*a*) Aliter et brevius Cistercienses chartæ, *qui plasmatus esset homo, et uxorem ejus, eos vero*, etc. Ambrosiana autem sic etiam in superioribus variant, « auderent dicere, immanitam gratiam Dei, et illum solum factum esse ex humo, et uxorem ejus; eos vero, etc.

(*b*) Ab orbe condito ad perditos diluvio homines secundum LXX. bis mille ducentos quadraginta duos annos supputant Eusebius, Hieronymus, Beda, aliique. Sed alii itidem cum Augustino de Civit. Dei. lib. 15. numerant 2262. Cum itaque de Epiphanii mente haud constaret, atque impressi antea libri, quos etiam Martianæus sequitur, legerent *sexaginta duos*, Victorius ex fide Mss. exemplarium, prætulit *quadraginta duos*, cui lectioni duo etiam nostri codices suffragantur, quibuscum et nos facimus. Omnium autem rectissime Ambrosianus lib. utramque lectionem hoc modo exhibet, « post annos bis mille ducentos septuaginta duos, sive ut in aliis exemplaribus positur, bis mille ducentos quadraginta duos, » ex quo facilis aliorum amanuensium lapsus ex vocum pene earundem occursu apparet.

---

rius expunxit, quod in suis Mss. exemplaribus non invenisset, et sensum perturbare sibi viderentur. Nobis e contra cum satis probe sensum persequi visi sint, ex tribus Mss. antiquissimis, atque editis omnibus reposuimus.

suæ proprietatis dedit ei » (*Sap.* 2. 23). Et rursum post annos (*a*) millenos centenos undenos plus minus, in novo legimus Testamento, quod non perdiderunt homines imaginem Dei. Jacobus enim Apostolus et frater Domini, cujus et supra meminimus, instruit nos, ne Origenis laqueis capiamur, habere hominem imaginem et similitudinem Dei. Nam cum de lingua hominis latius disputasset, adjecit : « Instabile malum, in ipsa quippe benedicimus Deum patrem, et in ipsa maledicimus homines, qui ad similitudinem Dei conditi sunt » (*Jacob.* 3. 8. *et* 9). Paulus quoque vas electionis, et qui doctrinam Evangelicam sua prædicatione complevit, docet nos, quod homo ad imaginem, et similitudinem Dei conditus sit, dicens : « Vir non debet nutrire comam, cum gloria et imago Dei sit » (2. *Cor.* 11. 7) : imaginem simpliciter appellans suo nomine, similitudinem autem gloriæ appellatione significans.

7. Pro tribus igitur testimoniis, quæ tibi, si de Scriptura sancta reperirem, dicebas posse sufficere : ecce septem testimonia dedimus. Quis ergo sustinebit Origenis **252** ineptias ? ut non gravius aliquid loquar, et similis efficiar vel ipsi vel discipulis ejus, qui audent in periculo animæ suæ asserere, quodcumque eis in buccam venerit, et magis jubere Deo, et non ab eo vel orare vel discere veritatem. Quidam enim eorum dicunt, quod imago Dei, quam prius accepit Adam, illo peccante, perierit. Alii suspicantur corpus, quod Filius Dei habiturus esset ex Maria, ipsum esse imaginem (*b*) conditoris. Nonnulli animam esse imaginem, alii sensum, alii virtutem : isti baptisma : hi, quod homo ad imaginem Dei dominetur omnibus, ebriorum more hæc vel illa ructantes, quos oportebat tantum effugere, discrimen, nec negare quæ loquitur Deus, et credentes simpliciter salvos fieri, Deoque concedere donationis suæ (*c*) certam et veram scientiam, in qua potissimum parte homines condiderit ad imaginem et similitudinem suam. Qui hæc reliquentes, multis se quæstionibus implicarunt, et per has in cœnum demersi sunt peccatorum. Nos autem, dilectissime, credimus his, quæ locutus est Dominus, et scimus, quod in cunctis hominibus imago Dei permaneat, ipsique concedimus nosse, in qua parte homo ad imaginem Dei conditus sit. Sed neque illud, quod quidam in epistola Joannis legentes non intelligunt, quemquam decipiat, ubi loquitur : « Nunc filii Dei sumus (*d*), et nescimus qua-

(*a*) Sic vetustiores editiones duæ ante an. 1500. tum Victorius e Mss. et Vaticanum ac Cisterciense exemplar ex illis quæ nos contulimus ; reliqui omnes libri, Erasm. et Martianæus supino errore non nisi *annos trecentos undecim* numerant, cum palam sit ex historia a Salomone, unde numerandi initium hic sumitur, ad novum usque Testamentum, et Jacobum Fratrem Domini plusquam mille et centum annos intercessisse.
(*b*) Deerant hæc in aliis editis ac Mss. verba, quæ inter utramque vocem *imaginem*, quæ repetitur, modo sunt, eaque ut ote necessaria, et quæ veterum librariorum oscitantia facile exciderint, ex Ambrosiano exemplari suppleuimus.
(*c*) Turpi errore in hucusque editis erat *certamen*, pro *certam* e duabus vocibus, ut castigavimus e Mss.
(*d*) Antea erat cum Vulgata quidem, et Græco textu, *et nondum apparet quod erimus*. Sed Mss. Ambrosian. Vatic. Cistercicus, aliique cum veteri editione, ut edidimus ; sug-

les futuri sumus. Novimus autem, quia cum ille revelatus fuerit, similes ei erimus. Videbimus enim cum sicuti est » (1. *Joan.* 3. 2). Hoc enim propter gloriam, quæ ibi revelanda est sanctis ejus, dictum est : sicut et in alio loco legimus : « A gloria in gloriam » (2. *Cor.* 3) : cujus gloriæ jam in isto sæculo sancti arrabonem et portiunculam susceperunt. Primus eorum Moyses, cujus fulsit facies valde, et radiabat veluti fulgor et sol. Secundus Elias, igneo curru raptus in cœlum, et ignis detrimenta non sentiens. Stephanus **253** lapidabatur, et faciem habebat angeli, quæ ab omnibus cernebatur. Hoc autem quod in paucis diximus, de omnibus intelligendum est, ut impleatur illud quod scriptum est : « Omnis qui sanctificat semetipsum, inter beatos numerabitur. Beati enim mundo corde, quoniam ipsi Deum videbunt » (*Matth.* 5. 8).

8. Cum hæc ita se habeant, dilectissime, custodi animam tuam, et desine contra [*al. circa*] nos murmurare. Dicit enim Scriptura divina : « Nolite murmurare adinvicem, sicut quidam murmuraverunt, et a serpentibus perierunt » (1. *Cor.* 10. 9. *et* 10) : magis acquiesce veritati, et dilige nos diligentes te, et veritatem. Deus autem pacis præstet nobis juxta suam clementiam, ut conteratur Satanas sub pedibus Christianorum, et abjiciatur omnis occasio perversa, ne scindatur in nobis vinculum caritatis et pacis, et rectæ fidei prædicatio.

9. *Notanda historiola.* — (*e*) Præterea audivi quosdam murmurare contra me, quia quando simul pergebamus ad sanctum locum qui vocatur Bethel, ut ibi Collectam tecum ex more ecclesiastico facerem, et venissem ad villam quæ dicitur Anablatha, vidissemque ibi prætereins lucernam ardentem, et interrogassem, quis locus esset, didicissemque esse ecclesiam, et intrassem ut orarem : inveni ibi velum pendens in foribus ejusdem ecclesiæ tinctum atque depictum, et habens imaginem quasi Christi, vel sancti cujusdam ; non enim satis memini, cujus imago fuerit. Cum ergo hoc (*f*) vidissem, et detestatus essem in ecclesia Christi contra auctoritatem Scripturarum hominis pendere imaginem, scidi illud, et magis dedi consilium custodibus ejusdem loci, ut pauperem mortuum eo obvolverent et efferrent. « Illique contra murmurantes dixerunt : Si scindere volueras, justum erat, ut aliud daret velum atque mutaret. » Quod cum audissem, me daturum esse pollicitus sum, et illico esse missurum. Paululum autem morarum fuit in medio, dum quæro optimum velum pro eo mittere ; arbitrabar enim de Cypro mihi esse mittendum. Nunc autem misi quod potui reperire, et precor ut jubeas (*g*) presbytero ejusdem **254** loci suspicere velum a

piis autem locis e Scriptura petitis utitur Epiphanius in hac epistola, qui cum hodiernis exemplaribus haud satis conveniant.
(*e*) Vitioso Martianæus cum aliis quibusdam editis, *Præterea quod audivi* ; nisi forte legendum heic est, *Præterea*
(*f*) Verba *et detestatus essem*, quæ prius deerant, ex probæ notæ Mss. suffecimus.
(*g*) Vulgati plurium numero, *presbyteros*, et mox *a la*

Lectore, quod a nobis missum est, et deinceps præcipere, in ecclesia Christi istiusmodi vela, quæ contra religionem nostram veniant, non appendi. Decet enim honestatem tuam hanc magis habere (*a*) sollicitudinem, ut scrupulositatem tollat, quæ indigna est ecclesia Christi, et populis qui tibi crediti sunt. Palladium vero Galatam, qui quondam nobis carus fuit, et nunc misericordia Dei indiget, cave, quia Origenis hæresim prædicat et docet, ne forte aliquos de populo tibi credito ad perversitatem sui inducat erroris. (*b*) Opto ut valeatis in Domino.

EPISTOLA LII (*c*).

AD NEPOTIANUM.

De Vita Clericorum et Monachorum.

Nepotiano, Heliodori ex sorore nepoti, præscribit revendi formam, quam Clerici, ac Monachi sequi debeant, saluberrima per singulas virtutes, quæ ad eorum vitam pertinent, præcepta parænitice exponens.

1. (*d*) Petis a me, Nepotiane carissime, litteris transmarinis, et crebro petis, ut tibi brevi volumine digeram præcepta vivendi, et qua ratione is, qui sæculi militia derelicta, vel Monachus cœperit esse, vel Clericus, rectum Christi tramitem teneat, ne ad diversa vitiorum diverticula rapiatur. (*e*) Dum essem adolescens, imo pene puer, et primos impetus lascivientis ætatis eremi duritia refrenarem, scripsi ad avunculum tuum sanctum Heliodorum exhortatoriam Epistolam, plenam lacrymis quærimoniisque, et quæ deserti sodalis monstraret affectum. Sed in illo opere pro ætate tunc lusimus, et calentibus adhuc Rhetorum studiis atque doctrinis, quædam scholastico flore depinximus. Nunc jam cano capite, et arata rugis fronte, et ad instar bovum pendentibus a mento palearibus,

Frigidus obsistit circum præcordia sanguis
(*Virgil. Georg. lib.* 2).

Unde et in alio loco idem Poeta canit :

Omnia fert ætas, animum quoque.

Et post modicum :

Nun coblita mihi tot carmina, vox quoque Mœrin Jam fugit ipsa.

(*In Bucol. Eclog.* 8).

2. Quod ne de Gentili tantum litteratura prodere videamur, divinorum voluminum sacramenta cognosce. David annos natus septuaginta, bellicosus quondam vir, senectute frigescente, non poterat calefieri. Quæritur itaque puella de universis (*f*) finibus Israel Abisag Sunamitis, quæ cum rege dormiret, et senile corpus calefaceret (3. *Reg.* 1). Nonne tibi videtur, si occidentem sequaris litteram, vel figmentum esse de mimo, vel (*g*) Atellanarum ludicra? Frigidus senex obvolvitur vestimentis, et nisi complexu adolescentulæ non tepescit. Vivebat adhuc Bethsabee, supererat Abigail, et reliquæ uxores ejus, et concubinæ, quas Scriptura commemorat. Omnes quasi frigidæ repudiantur, et in unius tantum adolescentulæ grandævus calescit amplexibus. Abraham multo David senior fuit, et tamen vivente Sara, aliam non quæsivit uxorem. Isaac duplices David annos habuit ; et cum Rebecca jam vetula nunquam friguit. Taceo de prioribus ante Diluvium viris, qui post annos nongentos, non dico senilibus, sed pene jam cariosis artubus, nequaquam puellares quæsiere amplexus. Certe Moyses dux Israelitici populi, centum et viginti annos habebat, et Sephoram non mutavit (*h*).

3. Quæ est igitur ista Sunamitis uxor et virgo, tam fervens, ut frigidum calefaceret, tam sancta, ut calentem ad libidinem non provocaret? Exponat sapientissimus Salomon patris sui delicias, et pacificus bellatoris viri narret amplexus. « Posside sapientiam, posside intelligentiam. Ne obliviscaris, et ne declinaveris a verbis oris mei. (1) Neque derelinquas illam et apprehendet te : ama illam, et servabit te. Principium sapientiæ, posside sapientiam, et in omni possessione tua posside intelligentiam : circunda illam, et exaltabit te : honora illam, et amplexabitur te ; ut det capiti tuo coronam gratiarum. Corona quoque deliciarum protegat te » (*Prov.* 4. 5. *sqq.*). Omnes pene virtutes corporis mutantur in senibus, et crescente sola sapientia, (*i*) decrescunt cætera : jejunia, vigiliæ, et eleemosynæ, chameuniæ, huc illucque discursus, peregrinorum susceptio, defensio pauperum, instantia orationum, perseverantia, visitatio languentium, labor manuum, unde præbeantur eleemosynæ : et, ne sermonem longius traham, cuncta quæ per corpus exercentur, fracto corpore (*j*) minora fiunt. Nec hoc dico, quod in juvenibus et adhuc solidioris ætatis, his dumtaxat qui labore, et ardentissimo studio, vitæ quoque sanctimonia, et orationis ad Dominum Jesum frequentia, scientiam consecuti sunt, frigeat sapientia, quæ in plerisque senibus ætate marcescit : sed quod adolescentia multa corporis sustineat bella, et inter incentiva vitiorum, et

---

(*f*) Falso editi vetustiores, et Vaticanum exemplar, *de universis filiabus, vel filiis.*

(*g*) Notissimum Comœdiæ genus ab Atella Oscorum oppido prope Aversam in Campania sic appellatum. Vide Livium lib. 7. cap. 2.

(*h*) Olim *non mutavit uxorem.*

(*i*) Martianæus post Erasmum, *cæteræ virtutes.* perperam, ac renitentibus nostris omnibus et Victorianis Mss. aliisque vulgatis. Tum Cisterciense exemplar, *crebra jejunia,* Vaticanum autem, et vetus editio *eleemosynæ* vocabulum non habent. *chameuniæ,* ne quid prætermittamus, Græce χαμευνία, sit *humi cubatio.*

(*j*) Idem Cisterciens. *minora fiunt necesse est.*

(*k*) Alia exemplaria, notante Gravio, *ne dereliqueris eum,* juxta Græcum.

(*a*) Vatic. cui vetus editio concinit, « ut scrupulositate remota, quæ digna est (leg. *sunt*) Ecclesia Christi, et populis, qui tibi crediti sunt, intuuetur » (leg. *intuentur*) aut quod simile. Ambrosian. vero rectissime, *habere sollicitudinem et scrupulositatem*, *quæ digna est Ecclesia Christi, et populis*, etc. Sed in tanta exemplarium varietate impressam lectionem immutare non placuit.

(*b*) Salutationem hanc plerique Mss. atque editi vetustiores libri non habent. Alii *valeas* habent, pro *valeatis.*

(*c*) Alias 2. *scripta anno* 394.

(*d*) Hujusmodi epigraphen, *Hieronymus Presbyter Nepotiano Presbytero salutem*, quam Martianæus post Erasmum præfert, Mss. aliique libri, nescio an verius, ignorant.

(*e*) In ea, quam recens adornavimus S. Doctoris Vita, locus iste discutitur, atque explicatur.

carnis titillationes, quasi ignis in lignis viridibus suffocetur, et suum non possit explicare fulgorem. Senectus vero eorum, qui adolescentiam suam honestis artibus instruxerunt, et in lege Domini meditati sunt die ac nocte, ætate fit doctior, usu tritior, processu temporis sapientior, et veterum studiorum dulcissimos fructus metit (*Confer. Præfat. lib. 2. in Amos*). Unde et sapiens ille vir Græciæ (*a*) Themistocles, cum expletis centum et septem annis, se mori cerneret, dixisse fertur, se dolere, quod tunc egrederetur e vita, quando sapere cœpisset. Plato octogesimo primo anno scribens, mortuus est. Et (*b*) Isocrates, nonaginta et novem annos in docendi scribendique labore complevit. Taceo cæteros Philosophos, Pythagoram, Democritum, Xenocratem, Zenonem, et Cleantem, qui jam ætate longæva in sapientiæ studiis floruerunt. Ad Poetas venio, Homerum, Hesiodum, Simonidem, Stesichorum, qui grandes natu, cygneum nescio quid, et solito dulcius, vicina morte, cecinerunt. Sophocles cum propter nimiam senectutem et rei familiaris negligentiam, a filiis accusaretur amentiæ, OEdipi **257** fabulam, quam nuper scripserat, recitavit judicibus; et tantum sapientiæ in ætate jam fracta specimen dedit, ut severitatem tribunalium in theatri favorem verteret. Nec mirum, cum etiam Cato Censorius, Romani generis disertissimus jam et senex, Græcas litteras discere, nec erubuerit, nec desperaverit. Certe Homerus refert, quod de lingua Nestoris, jam vetuli et pene decrepiti, dulcior melle oratio fluxerit. Sed et ipsius nominis *Abisag* sacramentum,

(*a*) Sic quidem editi omnes ac Mss. habent, quotquot inspeximus. Sed cum Themistoclem inclytum illum Atheniensium Ducem hic intelligere haud liceat, neque duo alii Themistocles Stoici, quorum alterum Longinus memorat, alterum Plutarchus lib. 1. Symp. loquentem inducit, huc referri satis commode possint, verosimillimum est pro *Themistocles* legendum *Theophrastus*, qui celeberrimus Graeciæ Philosophus, ut ex Laertio constat, cum divissime vixisset, necdum satis vixisse sibi visus est. Annos quidem vitæ ejus enumerat idem Laertius 85. sed ibi vitium est numerum pro 105. sive ut rectius Hier. supputat 107. nam ipse Theophrastus se annorum 99. cum Characteres scriberet, fuisse profitetur in Præfatione.

(*b*) Vitiose *Socratem* pro *Isocrate* obtrudunt quidam Mss. atque editi vetustiores. Isocratis autem annos totidem in Macrobiis Lucianus enumerat, ut scias falli Victorinum, qui centum et unum ex eodem supputat. Sunt autem ex Cicerone sumpta haec omnia, Dialog. *de senectute*: « Est enim quiete et pure et eleganter ætatis actæ placida ac lenis senectus; qualem accepimus Platonis, qui uno et octogesimo anno scribens, mortuus est. Qualem Isocratis, qui librum qui Panathenaicus inscribitur, quarto et nonagesimo anno scripsisse dicitur, vixitque quinquennium postea... Sophocles ad summam senectutem Tragoedias fecit, qui propter studium cum rem familiarem negligere videretur, a filiis in judicium vocatus est, ut quemadmodum nostro more male regentibus patribus bonis interdici solet, sic illum quasi dissipatorem a re familiari removerent judices. Tum senex, dicitur eam fabulam quam in manibus habebat et proxime scripserat OEdipum Coloneum recitasse judicibus, quaesivisseque num illud carmen desipientis videretur, quo recitato, sententiis judicum est liberatus. Num igitur hunc, num Hesiodum, num Simonidem, num Stesichorum, num quos ante dixi Isocratem, Gorgiam num Homerum, num Philosophorum principes Pythagoram, Democritum, num Platonem, num Socratem, num postea Zenonem, Cleantem, aut eum quem vos etiam Romæ vidistis, Diogenem Stoicum coegit suis studiis obmutescere senectus? An non in omnibus iis studiorum agitatio vitæ æqualis fuit? » Quæ postrema verba exagerat Hieronymus his *cygneum nescio quid et solito dulcius vicina morte cecinerunt*, quæ nescio an vere, si Sophoclis singulare exemplum excipias, dici de reliquis possint.

sapientiam senum indicat ampliorem. Interpretatur enim, *pater meus superfluus*, vel *patris mei rugitus*. Verbum *superflui*, ambiguum est; sed in præsenti loco virtutem sonat, quod amplior sit in senibus, et redundans ac larga sapientia. In alio autem loco superfluus, quasi non necessarius ponitur. Abisag autem, id est, *rugitus*, proprie nuncupatur, cum maris fluctus resonat, et ut ita dicam, de pelago veniens fremitus auditur. Ex quo ostenditur abundantissimum, et ultra humanam vocem divini sermonis in senibus tonitruum commorari. Porro *Sunamitis* in lingua nostra *coccinea* dicitur: ut significet calere sapientiam et divina lectione fervere: quod licet Dominici sanguinis indicet sacramentum, tamen et fervorem ostendit sapientiæ. Unde et obstetrix illa in Genesi (c. 38) coccinum ligat in manu Phares, qui ab eo quod parietem diviserat, duos ante populos separantem, *divisoris*, id est, *Phares*, sortitus est nomen. Et Rahab meretrix in typo Ecclesiæ resticulam, mysterium sanguinis continentem, ut Jericho pereunte domus ejus salvaretur, appendit [al. additur *in fenestra*]. Unde et in alio loco de viris sanctis Scriptura commemorat: *Hi sunt, qui venerunt de calore domus patris Rechab* (1. *Paral*. 2. 55). Et Dominus noster in Evangelio: *Ignem*, inquit, *veni mittere in terram, et quam volo ut ardeat* (*Luc*. 12. 49). Qui in discipulorum corda succensus, **258** cogebat eos dicere: « Nonne cor nostrum ardens erat in nobis, dum loqueretur in via, et aperiret nobis Scripturas? » (*Ib*. 24. 52.)

4. Quorsum hæc tam longo repetita principio? Ne a me quæras pueriles declamationes, sententiarum flosculos, verborum lenocinia, et per fines capitulorum singulorum acuta quædam breviterque conclusa, quæ plausus et clamores excitent audientium. Amplexetur me modo sapientia, et Abisag nostra, quæ nunquam senescit, in meo requiescat sinu. Impolluta enim est, virginitatisque perpetuæ, et quæ in similitudinem Mariæ, cum quotidie generet, semperque pariturit, incorrupta est. Hinc reor dixisse et Apostolum, *spiritu ferventes* (*Rom*. 12. 11). Et in Evangelio Dominum prædicasse, quod in fine mundi, quando juxta Prophetam Zachariam, stultus pastor esse cœperit, sapientia decrescente, refrigescet caritas multorum (*Matth*. 24; *Zach*. 11). Audi igitur, ut Beatus (*a*) Cyprianus ait, non diserta, sed fortia. Audi fratrem collegio, patrem senio, qui te ab incunabulis fidei, usque ad perfectam ducat ætatem, et per singulos gradus vivendi præcepta constituens, in te cæteros erudiat. Scio quidem ab avunculo tuo beato Heliodoro, qui nunc Pontifex Christi est, te et didicisse, quæ sancta sunt, et quotidie discere: normamque vitæ ejus, exemplum habere virtutum. Sed et nostra qualiacunque sunt suscipe, et libellum hunc, libello

(*c*) S. Cyprianus Epist. 1. ad Donatum. « Denique accipe non diserta, sed fortia, nec ad audientiæ popularis illecebram culto sermone fucata, sed ad divinam indulgentiam prædicandam rudi veritate simplicia. » Paulo post cum Pontificem Christi Heliodorum dicit, intellige eum Altini fuisse Episcopum, qua ornatus dignitate Aquileiensi Concilio an. 381. sub Damnaso interfuit.

illius copulato, ut cum ille te Monachum erudierit, hic Clericum doceat esse perfectum.

5. Igitur Clericus qui Christi servit Ecclesiae, interpretetur primo vocabulum suum, et nominis definitione prolata, nitatur esse quod dicitur. Si enim κλῆρος Graece, *sors* Latine appellatur: propterea vocantur Clerici, vel quia de sorte sunt Domini, vel quia ipse Dominus sors, id est, pars Clericorum est. Qui autem vel ipse pars Domini est, vel Dominum partem habet, talem se exhibere debet, ut et ipse possideat Dominum, et possideatur a Domino. Qui Dominum possidet, et cum Propheta dicit, *Pars mea Dominus* (*Ps.* 15. 5, *et* 72. 26), nihil extra Dominum habere potest. Quod si quippiam aliud habuerit praeter Dominum, pars ejus non erit Dominus. Verbi gratia: si aurum, si argentum, si possessiones, si variam supellectilem: cum istis partibus, Dominus pars ejus fieri non dignabitur. Si autem ego pars Domini sum, et funiculus haereditatis ejus: nec accipio partem inter caeteras tribus, sed quasi Levita et Sacerdos vivo de decimis, et altari serviens, altaris oblatione sustentor, habens victum et vestitum, his contentus ero, et nudam crucem nudus sequar. Obsecro itaque te, *et repetens, iterum iterumque monebo*, ne officium Clericatus genus antiquae militiae putes: id est, NE LUCRA SAECULI in Christi quaeras militia: ne plus habeas quam quando Clericus esse coepisti: et dicatur tibi, *Cleri eorum non proderunt eis* (*Jerem.* 12, 13. *secundum* LXX). (*a*) Mensulam tuam pauperes et peregrini, et cum illis Christus conviva noverit. NEGOTIATOREM Clericum, et ex inope divitem, ex ignobili gloriosum, quasi quamdam pestem fuge. *Corrumpunt mores bonos confabulationes pessimae* (1. *Cor.* 15. 33). Tu aurum contemnis, alius diligit: tu calcas opes, ille sectatur: tibi cordi est silentium, mansuetudo, secretum; illi verbositas (*b*) attrita frons, fora placent et plateae, ac medicorum tabernae. In tanta morum discordia, quae potest esse concordia? (1) HOSPITIOLUM tuum aut raro, aut nunquam mulierum pedes terant. Omnes puellas et virgines Christi, aut aequaliter ignora, aut aequaliter dilige. Ne sub eodem tecto mansites: nec in praeterita castitate confidas. Nec David sanctior (*b*): nec Salomone potes esse sapientior. MEMENTO semper, quod paradisi colonum, de possessione sua mulier ejecerit (*Genes.* 3). Aegrotanti tibi quilibet sanctus frater assistat, et germana, vel mater, aut probatae quaelibet apud omnes fidei. Quod si hujuscemodi non fuerint consanguinitatis, castimoniaeque personae, multas anus nutrit Ecclesia, quae et officium praebeant, et beneficium accipiant ministrando, ut infirmitas quoque tua fructum habeat eleemosynae. Scio quosdam convaluisse corpore, et animo aegrotare coepisse. PERICULOSE TIBI ministrat, cujus vultum frequenter attendis. Si propter officium Clericatus, aut vidua a te visitatur, aut virgo, nunquam domum solus introeas. Tales habeto socios, quorum contubernio non infameris. Si Lector, si Acolytus, si Psaltes, te sequitur, non ornentur veste, sed moribus: nec calamistro crispent comas; sed pudicitiam habitu polliceantur. SOLUS CUM SOLA, secreto, et absque arbitro, vel teste, non sedeas. Si familiarius est aliquid loquendum, habet nutricem majorem domus, virginem, viduam, vel maritam: non est tam inhumana, ut nullum praeter te habeat, cui se audeat credere. Caveto omnes suspiciones, et quidquid probabiliter fingi potest, ne fingatur, ante devita. CREBRA MUNUSCULA, et sudariola, et fasciolas, et vestes ori applicitas, et oblatos (*d*) ac degustatos cibos, blandasque et dulces litterulas sanctus amor non habet. « Mel meum, meum desiderium : omnes deliciae, et lepores, » et risu dignas urbanitates, et caeteras ineptias amatorum, in Comoediis erubescimus, in saeculi hominibus detestamur: quanto magis in Monachis et in Clericis, quorum et Sacerdotium proposito, et propositum ornatur Sacerdotio? Nec hoc dico, quod aut inte ant in sanctis viris is a formidem; sed quod in omni proposito, in omni gradu et sexu, et et boni et mali reperiantur: MALORUMQUE condemnatio, laus bonorum sit.

6. Pudet dicere, sacerdotes idolorum, mimi, et aurigae, et scorta, haereditates capiunt: solis Clericis et Monachis hoc (*e*) Lege prohibetur: et prohibetur non a persecutoribus, sed a Principibus Christianis. Nec de lege conqueror; sed doleo cur meruerimus hanc legem. Cauterium bonum est, sed quo mihi vulnus, ut indigeam cauterio? Provida severaque legis cautio, et tamen nec sic refrenatur avaritia. Per (*f*) fideicommissa legibus illudimus, et quasi majora

---

(*a*) Glossema hujusmodi addunt veteres editi: *Nova illi etiam sunt ditiores Monachi, quam fuerunt saeculares, et clerici* (sed Clericorum nomen abest a vetustioribus) *qui possident opes sub Christo paupere, quas sub saeculo locuplete diabolo non habuerant, ut suspiret* (al. *scilicet*) *eos Ecclesia divites, quos mendicos tenuit ante mundus :* quae perperam ex Epitaphio Nepotiani hic tracta et sanae, ut in nonnullis Mss. exemplari invenitur. Ceterum Clericus subest Hieron. de Clericorum hospitalitate, et necnon tione, Const. ait Constitutio ad. 515. conveniendi, qua illi Clericos ab opere hospites suscipiendi excusent, et praeterea his, qui *alimoniae causa negotiationem exercere voluissent, immunitatem* largiebatur. Quae dum hic Hieronymus renuit, videtur, pauperes et peregrinos a Clericis suscipi, scilicet, tametsi ea Lege excusari viderentur, et negotiationis questus jam illiberales non licere, quos alii passim Auctores et Patres damnant.

(*b*) Vocem *secretum* quaedam vetera exarata exemplaria non habent, et statim *loquacitas pro verbositas*. Exclusa vero pleriaque *attrita frons*, alia *palam et fori*, etc.

(*c*) Addit Victorius etiam aliis omnibus locis excusis *e compone fortior*, alii et praecipue Iess. mulieres sequi fortes, omittunt.

(1) *Gravius*, suffragante pervetusto exemplari, legi jubet *ostiolum*.

(*d*) Deerant in Erasmiana ac Benedictina editione vocales *et obl tos*, quas ex aliis etiam Mss. libris reposuimus.

(*e*) Nimirum Constitutione Valentiniani Imperat. ad Damasum Papam et Ecclesiasticis, aut ex Ecclesiasticis, vel qui continentiam se volunt nomine nuncupari, viduarum ac puellarum dossos non adeant, etc. De hac etiam S. Ambrosius epist. 18. n. 15. ad Valentinianum juniorem loquitur, « Nobis, inquit, privatae successionis eradunt ascendentes legibus denegantur, et nemo conqueritur, etc. » Et illa quidem postmodum abrogata est Marciani Imp rat. Novell., quae habetur Cod. Theod. l. 16. tit. 5. Sed interim utcrique Hieronymi, atque Ambrosii loco utinam exeant, lo sint, temporalia lucra Clericis, Monachisque non esse quaerenda, quibus soli animarum questus cordi esse debent, non pietatis obtentu opibus inhiare.

(*f*) Ostendit sane Laudata Valentiniani Constitutione, ut non per quampiam personam velut cui Clerici aut Monachi iter, id est haereditatis testamento percipere, et tamen aliter, quod dictum est, *per fideicommissa* legibus illuditur, quaeritur.

sint Imperatorum scita, quam Christi, leges timemus, Evangelia contemnimus. Sit hæres, sed mater filiorum, id est, gregis sui (*a*) Ecclesia, quæ illos genuit, nutrivit et pavit. Quid nos inseruimus, inter matrem et liberos? GLORIA EPISCOPI EST, pauperum inopiæ [Plerique Mss. *opibus*] providere. Ignominia omnium Sacerdotum est, propriis studere divitiis. Natus in paupere domo, et in tugurio rusticano; qui vix milio et cibario pane, rugientem saturare ventrem poteram, nunc similam et mella fastidio. Novi et genera et nomina piscium, in quo littore (*b*) concha lecta sit calleo : saporibus avium discerno provincias; et ciborum pretiosorum me raritas, ac novissime damna ipsa delectant. Audio præterea in senes, et anus absque liberis, quorumdam turpe servitium. Ipsi apponunt matulam [al. *mappulam*], obsident lectum, purulentiam stomachi, et phlegmata pulmonis, manu propria suscipiunt. Pavent ad introitum medici, trementibusque labiis, an commodius habeant, sciscitantur : et si paululum senex vegetior fuerit, periclitantur : SIMULATAQUE lætitia, mens intrinsecus avara torquetur. Timent enim, ne perdant ministerium : et vivacem senem, Mathusalæ annis comparant. O quanta apud Deum merces, si in præsenti pretium non sperarent ! Quantis sudoribus hæreditas cassa expetitur ! Minori labore margaritum Christi emi poterat.

7. *Divinas Scripturas sæpius lege, imo nunquam de manibus tuis sacra lectio* **262** *deponatur.* Disce quod doceas : obtine eum qui secundum doctrinam est, fidelem sermonem ; ut possis exhortari in doctrina sana, et contradicentes revincere. Permane in his quæ didicisti, et credita sunt tibi ; sciens a quo didiceris : paratus semper ad satisfactionem omni poscenti te rationem, de ea quæ in te est spe et fide. Non confundant opera tua sermonem tuum : ne cum in Ecclesia loqueris, tacitus quilibet respondeat, Cur ergo hæc quæ dicis, ipse non facis ? DELICATUS MAGISTER EST, qui pleno ventre de jejuniis disputat. Accusare avaritiam et latro potest. Sacerdotis Christi os, mens, manusque concordent. Esto subjectus Pontifici tuo, et quasi animæ parentem suscipe. Amare filiorum, timere servorum est. « Si pater sum, inquit, ubi est honor meus? Si Dominus ego sum, ubi est timor meus ? » (*Malach*. 1. 2) Plura tibi in eodem viro observanda sunt nomina; Monachus, Pontifex, avunculus tuus, qui te jam in omnibus, quæ sancta sunt, docuit. Illud etiam dico, quod Episcopi, Sacerdotes se esse noverint, non dominos [Alibi *se Patres esse non dominos*] : honorent Clericos quasi Clericos, ut et ipsis a Clericis, quasi Episcopis honor deferatur. Scitum illud est oratoris (*e*) Domitii : Cur ego te, inquit,

habeam ut principem, cum tu me non habeas ut Senatorem ? Quod Aaron et filios ejus, hoc esse Episcopum et Presbyteros noverimus : Unus Dominus, unum templum, unum sit etiam ministerium. Recordemur semper quid Apostolus Petrus præcipiat Sacerdotibus : « Pascite eum qui in vobis est gregem Domini : providentes non coacte, sed spontanee secundum Deum : neque turpis lucri gratia, sed voluntarie : neque ut dominantes in clerum, sed forma facti gregis ex animo : ut cum apparuerit princeps pastorum, percipiatis immarcescibilem gloriæ coronam » (1. *Petr*. 5. 2. *et seqq*.). Pessimæ consuetudinis est in quibusdam Ecclesiis, tacere **263** (*d*) Presbyteros, et præsentibus Episcopis non loqui, quasi aut invideant, aut non dignentur audire. « Et si alii, » inquit Apostolus Paulus, « fuerit revelatum sedenti, prior taceat. Potestis enim per singulos prophetare, ut omnes discant, et omnes consolentur : et spiritus Prophetarum Prophetis subjectus est. Non enim est dissensionis Deus, sed pacis» (1.*Cor*.14. 30. *et seqq*.). « Gloria patris est filius sapiens » (*Prov*. 10. 1). Gaudeat Episcopus judicio suo, cum tales Christo elegerit Sacerdotes.

8. *Conciones in Ecclesia.* — Docente te in Ecclesia, non clamor populi, sed gemitus suscitetur. Lacrymæ auditorum, laudes tuæ sint. Sermo Presbyteri, Scripturarum lectione conditus sit. Nolo te declamatorem esse et rabulam garrulumque sine ratione, sed mysteriorum peritum, et sacramentorum Dei tui eruditissimum. Verba volvere, et celeritate dicendi apud imperitum vulgus admirationem sui facere, indoctorum hominum est. Attrita frons interpretatur sæpe quod nescit: et cum aliis persuaserit, sibi quoque usurpat scientiam. Præceptor quondam meus Gregorius Nazianzenus, rogatus a me ut exponeret, quid sibi vellet in Luca sabbatum δευτερόπρωτον, id est, *secundo-primum* (*Luc*. 6. 1), eleganter lusit, docebo te, inquiens, super hac re in Ecclesia : in qua mihi omni populo acclamante, cogeris invitus scire quod nescis. Aut certe si solus tacueris, solus ab omnibus stultitiæ condemnaberis. Nihil tam facile, quam vilem plebeculam et indoctam concionem, linguæ volubilitate decipere, quæ quidquid non intelligit, plus miratur. M. Tullius (in quem pulcherrimum illud elogium est : « Demosthenes tibi præripuit, ne esses primus Orator : » tu illi, ne solus) in oratione pro Quinto (*e*) Gallio, quid

---

(*a*) Hinc verissime Ambrosius citata Epist. 18. « Quod Sacerdotibus sani legaverit Christiana vidua, valet ; quod ministris Dei, non valet. Siquidem Ecclesiasticis tantum personis, quon item Ecclesiis legata capere ea Lege interdictum erat.

(*b*) Cistercienses, duoque alii Mss. *in quo littore collecta sint*, vitiose. Petronius Specim. belli civilis,

Lucrinis
Eruta littoribus vendunt conchylia cœnas,
Et renovent per damna famem, etc.

(*c*) Est L. Licinii Crassi, qui Cn. Domitii Ænobarbi in

Censura collega fuit, ut notatum est Victorio, ex tertio Ciceronis de Oratore. At ille vitiatos codices putat, culpamque in librariis conferens, *Crassi* legendum vult pro *Domitii*. Nos memoriæ lapsum in Auctore nostro, ex eo quod collegæ ambo fuerint, putamus verosimilius.

(*d*) Presbyteris facultatem quidem verbi faciendi in Ecclesia concesserat Canon 33. Concilii Carthagin. 4. tantum ne coram episcopis concionarent. Hunc pessimum morem, qui tamen diu multumque in quibusdam Ecclesiis obtinuit, improbat S. Doctor, eumque imitatus Pseudo Hieronymus Epistola de septem Ecclesiæ ordinibus. Vid. aliam Epistolam Augustin. et Alypii ad Aurelium Carthag. Episc. aliosque passim Auctores.

(*e*) Una hæc apud Hieronymum Tullianæ hujus Orationis, quæ jamdiu intercidit, mentio est, nec satis proinde constat, *Gallio* ne an Gallo legendum sit, utramque enim lectionem Mss. probant atque editi, quorum vetustiores habebant olim, pro *Q. Ligario Gallo*, Paulo post Cistercienses

de favore vulgi, et de imperitis concionatoribus loquatur, attende, ne his fraudibus ludaris. Loquor enim, quæ sum ipse nuper expertus. Unus quidam Poeta nominatus homo, perlitteratus, cujus sunt illa colloquia Poetarum ac Philosophorum, cum facit Euripidem et Menandrum inter se, **264** et alio loco Socratem atque Epicurum disserentes, quorum ætates non annis, sed sæculis scimus esse disjunctas, quantos is plausus et clamores movet? Multos enim condiscipulos habet in theatro, qui simul litteras non didicerunt.

9. *Cultus qualis. Diversa membra in Ecclesia.* — Vestes pullas æque (*a*) devita, ut candidas. Ornatus ut sordes pari modo fugiendæ sunt, quia alterum delicias, alterum gloriam redolet. Non absque amictu lineo incedere, sed pretium vestium linearum non habere, laudabile est. Alioqui ridiculum et plenum dedecoris est, referto marsupio, quod sudarium orariumque non habeas, gloriari. Sunt qui pauperibus paulum tribuunt, ut amplius accipiant; et sub prætextu eleemosynæ quærunt divitias, quæ magis venatio appellanda est, quam eleemosynæ genus. Sic bestiæ, sic aves, sic capiuntur et pisces. Modica in hamo esca ponitur, ut matronarum in eo sæculi protrahantur. Sciat Episcopus, cui commissa est Ecclesia, quem dispensationi pauperum curæque præficiat. Melius est non habere quod tribuam, quam impudenter petere quod recondam. Sed et genus arrogantiæ est, clementiorem te velle videri, quam Pontifex Christi est. Non omnia possumus omnes. Alius in Ecclesia oculus est, alius lingua, alius manus, alius pes, auris, venter, et cætera. Lege Pauli Epistolam ad Corinthios : quomodo diversa membra unum corpus efficiunt (1. *Cor.* 12). Nec rusticus tamen et simplex frater ideo se sanctum putet, si nihil noverit : nec peritus et eloquens, lingua æstimet sanctitatem. Multoque melius est e duobus imperfectis, rusticitatem habere sanctam, quam eloquentiam peccatricem.

10. *Templorum ornatus.* — Multi ædificant parietes, et columnas ecclesiæ substruunt : marmora nitent, auro splendent laquearia, gemmis altare distinguitur, et ministrorum Christi nulla electio est. Neque vero mihi aliquis opponat, dives in Judæa Templum, mensam, lucernas, thuribula, patellas, scyphos, mortariola, et cætera ex auro fabrefacta (3. *Reg.* 5. *et* 6). Tunc hæc probabantur a Domino, quando Sacerdotes hostias immolabant, et sanguis pecudum erat **265** redemptio peccatorum. Quanquam hæc omnia præcesserint in figura : « Scripta sunt autem propter nos, in quos fines sæculorum devenerunt » (2. *Cor.* 10. 11). Nunc vero cum paupertatem domus suæ pauper Dominus dedicarit, cogitemus crucem ejus, et divitias lutum putabimus. Quid miramur, quod Christus vocat iniquum mammona? (*Luc.* 16.) Quid suspicimus [*al. suscipimus*] et amamus, quod Petrus se non habere, glorioso testatur? (*Act.* 3). Alioqui si tantum litteram sequimur, et in auro atque divitiis simplex nos delectat historia, cum auro observemus et cætera. Ducant Pontifices Christi, uxores virgines : quamvis bonæ mentis sit qui cicatricem habuerit, et deformis est, privetur Sacerdotio : lepra corporis, animæ vitiis præferatur. Crescamus et multiplicemur, et repleamus terram : nec immolemus agnum, nec mysticum Pascha celebremus, (*b*) quia hæc absque Templo fieri lege prohibentur. Figamus septimo mense tabernaculum, et solemne jejunium buccina concrepemus. Quod si hæc omnia spiritalibus spiritualia comparantes, scientesque cum Paulo, quod lex spiritualis est (*Rom.* 7), et David verba cantantis [*al. cantantes*] : « Revela oculos meos, et considerabo mirabilia de lege tua » (*Ps.* 118. 18), sic intelligimus, ut Dominus quoque noster intellexit, et interpretatus est sabbatum : aut aurum repudiemus cum cæteris superstitionibus Judæorum : aut, si aurum placet, placeant et Judæi, quos cum auro, aut probare nobis necesse est, aut damnare.

11. *Convivia fugienda.* — Convivia tibi vitanda sunt sæcularium, et maxime eorum, qui honoribus tument. Turpe est ante fores Sacerdotis Christi crucifixi et pauperis, et qui cibo quoque vescebatur alieno, lictores Consulum, et milites excubare, judicemque provinciæ melius apud te prandere, quam in palatio. Quod si obtenderis te facere hæc, ut roges pro miseris atque subjectis, Judex sæculi plus deferet Clerico continenti, quam diviti : et magis sanctitatem tuam venerabitur, quam opes. Aut si talis est, qui non **266** audiat Clericos pro quibuslibet tribulatis, nisi inter phialas [*al. inter calices et phialas*], libenter carebo hujuscemodi beneficio; et Christum rogabo pro judice, qui magis et citius subvenire potest, quam judex : « Melius enim est confidere in Domino, quam confidere in homine. Melius est sperare in Domino, quam sperare in principibus » (*Ps.* 117. 8. 9). Nunquam vinum redoleas, ne audias illud Philosophi : Hoc non est osculum porrigere, sed vinum propinare. Vinolentos Sacerdotes et Apostolus damnat, et vetus lex prohibet (*Levit.* 10). Qui altario deserviunt, vinum, et siceram non bibant. Sicera Hebræo sermone omnis potio nuncupatur, quæ inebriare potest; sive illa quæ frumento conficitur; sive pomorum

---

exemplar *convivia* legit pro *colloquia*, et forte verius, sic enim inscribi solebant hujusmodi Dialogi, et Græce συμπόσια, compotationes.

(*a*) Rectissime Petrus Cluniacensis hunc locum exponit, quod tantum admoneatur Nepotianus, in nigri aliusque coloris usu fastum cavere; non ut alii et præcipue Baronius, ut probent Clericos antiquitus neque atra veste indutos, neque alba, sed ejus, qui inter utrumque est, coloris.

(*b*) Nempe sancitum est Deuteron. 16. 6. ne Pascha ubivis locorum mactare liceret; huicque in primis spectat Augustin. Retractat. l. 1. cap. 10. de Judæis locus, quod « apud gentes sacrificare non poterant: sicut eos et nunc videmus sine sacrificiis remansisse; nisi forte quod per Paschæ immolant ovem, hoc in sacrificio deputetur. » Adde Zenonem nostrum serm. 7. de Exodo, et serm. 15. de eodem argumento. Priore, « Pharisæus quemadmodum legitimum Pascha possit celebrare non video, cujus eximius, famosumque illud templum, miserabili vastatione campis æquatum, suo pulvere jacet sepultum. In altero, « Judæos legitimum Pascha celebrare non posse paucis accipe, Christiane. Salomonis templum hostili vastatione subversum cum ruina sua jacet sepultum, ubi sacrificant? »

succo, aut cum favi decoquuntur in dulcem et barbaram potionem, aut palmarum fructus exprimuntur in liquorem, coctisque frugibus, aqua pinguior (*a*) coloratur. Quidquid inebriat, et statum mentis evertit, fuge similiter ut vinum. Nec hoc dico, quod Dei a nobis creatura damnetur (siquidem et Dominus vini potator est appellatus (*Matth.* 11) : et Timotheo dolenti stomachum, modica vini sorbitio relaxata est (1. *Tim.* 5), sed modum pro ætatis, et valetudinis et corporum qualitate exigimus in potando. Quod si absque vino ardeo adolescentia, et inflammor calore sanguinis, et succulento validoque sum corpore, libenter carebo poculo, in quo suspicio veneni est. Pulchre dicitur apud Græcos, et nescio an apud nos æque resonet : Pinguis venter, non gignit (*b*) sensum tenuem.

12. *Modus in jejuniis.* — Tantum tibi jejuniorum modum impone, quantum ferre potes. Sint tibi pura, casta, simplicia, moderata, et non superstitiosa jejunia. Quid prodest oleo non vesci, et molestias quasdam difficultatesque ciborum quærere, carycas, piper, nuces, palmarum fructus, similam, mel, pistacia? Tota hortorum cultura vexatur, ut cibario non vescamur pane (*c*), et dum delicias sectamur, regno cœlorum retrahimur. Audio præterea quosdam contra rerum hominumque naturam, aquam non bibere, nec vesci pane ; sed sorbitiunculas delicatas et contrita olera, betarumque succum, non calice sorbere, sed concha. Proh pudor, non erubescimus istiusmodi ineptiis ; nec tædet superstitionis ! Insuper etiam famam abstinentiæ in deliciis quærimus. Fortissimum jejunium est aqua et panis. Sed quia gloriam non habet, et omnes pane et aqua vivimus, quasi publicum et commune jejunium non putatur.

13. *Gloria cavenda. Cultus superstitiosus.* — Cave ne hominum rumusculos aucuperis : ne in offensam Dei, populorum laudem commutes. *Si adhuc,* inquit Apostolus, *hominibus placerem, Christi servus non essem* (*Galat.* 1. 10). Desiit placere hominibus, et servus factus est Christi. Per bonam famam et malam, a dextris et a sinistris Christi miles graditur : nec laude extollitur, nec vituperatione frangitur : non divitiis tumet, non contrahitur paupertate, et læta contemnit, et tristia. Per diem sol non urit eum, neque luna per noctem (*Ps.* 120. 6). Nolo te orare in angulis platearum, ne rectum iter precum tuarum frangat aura popularis. Nolo te dilatare fimbrias, et ostentui habere phylacteria, et conscientia repugnante, pharisaica ambitione circumdari (*d*). Quanto melius erat

hæc non *in corpore,* sed *in corde gestare;* et Deum habere fautorem, non aspectus hominum ? Inde pendet Evangelium inde Lex et Prophetæ ; sive sacra et Apostolica doctrina. « Melius est enim hæc omnia in mente portare, quam in corpore. » Fidelis mecum Lector intelligis quid taceam, et quid magis tacendo loquar. Tot te regulæ, quot species gloriarum percurrant. Vis scire quales Dominus quærat ornatus ? Habeto prudentiam, justitiam, temperantiam, fortitudinem. His cœli plagis includere, hæc te quadriga [al. additur *in altum*], velut aurigam Christi, ad metam concitum [al. *concita*] ferat. Nihil hoc monili pretiosius, nihil hac gemmarum varietate distinctius. Ex omni parte decoraris, cingeris, atque protegeris, et ornamento tibi sunt **268** et tutamini, gemmæ vertuntur in scuta.

14. *Obtrectationes cavendæ.* — Cave quoque, ne aut linguam aut aures habeas prurientes, id est, ne aut ipse aliis detrahas, aut alios audias detrahentes. « Sedens, inquit, adversus fratrem tuum loquebaris, et adversus filium matris tuæ ponebas scandalum : hæc fecisti et tacui. Existimasti inique, quod ero tui similis : arguam te et statuam contra faciem tuam » (*Ps.* 49. 20. 21). (*d*) Parce a detractione linguæ, custodi sermones tuos, et scito quia per cuncta, quæ de aliis loqueris, tua sententia judicaris, et in his ipse deprehenderis, quæ in aliis arguebas. « Neque vero illa justa est excusatio, Referentibus aliis injuriam facere non possum. » Nemo invito auditori libenter refert. Sagitta in lapidem nunquam figitur, interdum resiliens percutit dirigentem. Discat detractor, dum te videt non libenter audire, non facile detrahere : « Cum detractoribus, ait Salomon, ne miscearis, quoniam repente veniet perditio eorum, et ruinam utriusque quis novit? » (*Prov.* 24. 21. 22) tam videlicet ejus qui detrahit, quam illius qui aurem accommodat detrahenti.

15. *Silentium et secretum.* — Officii tui est visitare languentes, nosse domos matronarum, ac liberos earum, et nobilium virorum custodire secreta. Officii tui sit, non solum oculos castos servare, sed et linguam. Nunquam de formis mulierum disputes, nec

(*a*) Nobis legendum videtur *colatur,* pro *coloratur,* quod habent libri omnes. Quod vero *barbaram* potionem dicit, eaque barbararum gentium intelligenda est, maxime septemtrionalium, alii *amaram* volunt scribi debuisse, sed perperam.
(*b*) Aliter *mentem* ; sed et senarius apud Græcos versus habet παχεῖα γαστὴρ λεπτὸν οὐ τίκτει νόον.
(*c*) Hæc et dum *delicias sectamur, a regno cœlorum retrahimur* duo Mss. non habent. Paulo infra *netarum* vocabulo confectum aliud *Baccarum* substituit Victorius.
(*d*) Tota hæc pericope decem fere versuum, ab hinc scilicet usque *Vis scire,* si quod sentimus, aperte profiteri licet, aut Hieronymum auctorem non habet, aut nimium depravata est, atque inversa a librariis. Eam certe si de-

leas, optime contextus fluet; si retineas, implexa omnia sunt, abruptusque sensus. Ad hæc distant quam maxime et verbis, et serie editi a Mss., atque isti inter se quod alterum glossematis indicium est. Verba « Inde pendet Evangelium, inde Lex (Martian. Crux) et Prophetæ. Fidelis mecum Lector intelligis quid taceam, et quid tacendo loquar. Tot regulæ quot species gloriarum, » hoc ordine in Mss. præferuntur, et statim, *Quanto melius erat,* etc. Qui ordo etsi præposterus aliis editoribus visus sit, antiquior tamen est, et concinnior, eumque tantum non sequimur, quod totus locus satius videatur una litura emendandus. Cæterum etiam quibusdam interpolationibus scatet, ut verbis *sive sacra, et Apostolica doctrina,* et voculis *te* ante *regulæ,* et *earum percurrant,* quæ quid significent, omnino non video.
(*d*) Sequens integrum comma longe aliter Cisterciens. legit ex persona Dei : « Subaudiam sermones tuos, et cuncta quæ de aliis es locutus, ut tua sententia judiceris, in his ipse deprehensus, quæ in aliis arguebas. » Reliqui Mss. libri, quos sequimur, magno numero in hac tantum voce *sententia* a vulgatis differunt, qui legebant *conscientia.*

quid agatur (1) in alia, domus alia per te noverit (a). Hippocrates adjurat discipulos suos, antequam doceat, et in verba sua jurare compellit : extorquet sacramento silentium, sermonem, incessum, habitum, moresque præscribit. Quanto magis nos, quibus animarum medicina [al. *cura*] commissa est, omnium Christianorum domos debemus amare quasi proprias? Consolatores potius nos in mœroribus suis, quam e nvivas in prosperis noverint. FACILE CONTEMNITUR Clericus, qui sæpe vocatus ad prandium, ire non recusat.

16. *Raro accipiendum. Nuptias Clericus non conciliat. Sacrilegium Ecclesiam fraudare.* — **269** Nunquam petentes, raro accipiamus rogati. Beatius enim est magis dare quam accipere (*Act.* 20). Nescio quo enim modo etiam ipse qui deprecatur, ut tribuat, cum acceperis, viliorem te judicat, et mirum in modum si eum rogantem contempseris, (2) plus te posterius veneratur. Prædicator continentiæ (b), nuptias ne conciliet. Qui Apostolum legit, dicentem, *Superest, ut qui habent uxores, sic sint, quasi non habeant* (1. *Cor.* 7); cur virginem cogit ut nubat? qui de monogamia Sacerdos est, quare viduam hortatur ut digama sit? (c) Procuratores et dispensatores domorum alienarum atque villarum, quomodo possunt esse Clerici, qui proprias jubentur contemnere facultates? AMICO QUIPPIAM rapere, furtum est : Ecclesiam fraudare, sacrilegium est. Accepisse quod pauperibus erogandum est, et esurientibus plurimis, vel cautum esse velle, vel timidum ; aut quod apertissimi sceleris est, aliquid inde subtrahere, omnium prædonum crudelitatem superat. Ego fame torqueor, et tu judicas quantum ventri meo satis sit? Aut divide statim quod acceperis, aut si timidus dispensator es, dimitte largitorem, ut (3) sua ipse distribuat. Nolo sub occasione mea sacculus tuus plenus sit. Nemo me melius, mea servare potest. Optimus dispensator est qui sibi nihil reservat.

17. Coegisti me, Nepotiane carissime, lapidato jam Virginitatis libello [Epistola XXII. de Virginit. servanda], quem sanctæ Eustochio Romæ scripseram,

---

(a) Exstat Hippocratis juramentum, et Largi de eo testimonium : « Hippocrates conditor nostræ professionis initia disciplinæ ab jurejurando tradidit. « et,» longe præformans animos discentium ad humanitatem. »
(b) Adnotatu dignum, quod ad veteres matrimonii cerenonias primus Ecclesiæ sæculis usitatas pertinet ; et bono quidem instituto Hieronymus improbat, olim vero Tertullianus laudaverat, cujus duo loci nostri Doctoris sententiam maxime illustrant; alter lib. 2. ad Uxorem cap. ultimo, ubi prædicat *felicitatem ejus matrimonii*, *quod Ecclesia conciliat* ; alter lib. de Monogamia cap XI. ubi « ni trimonium, » quit, postulas quod eis a quibus postulas : non licet habere, ab Episcopo monogamo, a Presbyteris, et Diaconis ejusdem sacramenti, etc.
(c) Vetitum istud semper in Ecclesia, « Divina procuratione contempta procuratores rerum secularium Clericis fieri, quemadmodum dolet Cyprianus lib. de Lapsis. Conferendus in hanc rem canon. 16. Concilii Carthaginiensis habiti P. C. Honorii XII. et Theodosii VIII. Tum Sulpitius Severus hist. lib. 1. S. Gregorius lib. 8. epist. 11. adversus Basilium Episcopum Capuanum, aliaque id genus quam plurima.
(1) Plenius apud Gravium, *nec quid in cujusque domo agatur*.
(2) Apud Gravium, *plus miratur*.
(3) Al. apud Gravium *ut sua sponte ipse distribuat*

post annos decem rursus Bethleem ora reserare, et confodiendum me linguis omnium prodere. Aut enim nihil scribendum fuit, ne hominum judicium subiremus, quod tu facere prohibuisti : aut scribentes nosse, cunctorum adversum nos maledicorum tela esse torquenda. Quos obsecro ut quiescant et desinant maledicere ; non enim ut adversarii, sed ut amicis scripsimus ; nec invecti sumus in eos qui peccant, sed ne peccent, **270** monuimus. Neque in illos tantum, sed et in nos metipsos severi judices fuimus : volentesque festucam de oculo alterius tollere, nostram prius trabem ejecimus. Nullum læsi, nullius nomen saltem descriptione [al. *mea scriptura*] signatum est. Neminem specialiter meus sermo pulsavit. Generalis de vitiis disputatio est (d). Qui mihi irasci voluerit, prius ipse de se quod talis sit, confitebitur.

EPISTOLA LIII (e).

AD PAULINUM.

De studio Scripturarum (f)

Omnium sapientum exemplis provocat ad studium Litterarum sacrarum, et in his quantum sit difficultatis, ostendit. Deinde quo magis inflammet ad earum studium, singulos libros, Auctores et argumenta elogiis quibusdam breviter commendat. Denique, ut se a sæculi rebus penitus expediat, hortatur.

1. *Vera necessitudo. Sapientum peregrinationes.* — Frater Ambrosius tua mihi munuscula perferens, detulit et suavissimas litteras, quæ a principio amicitiarum, fidem jam probatæ fidei et veteris amicitiæ (1) præferebant. Vera enim illa necessitudo est, et Christi glutino copulata, quam non utilitas rei familiaris, non præsentia tantum corporum, non subdola et palpans adulatio ; sed Dei timor et divinarum Scripturarum studia conciliant. Legimus in veteribus historiis, quosdam lustrasse provincias, novos adisse populos, maria transisse, ut eos quos ex libris noverant, coram quoque viderent. Sic Pythagoras Memphiticos vates ; sic Plato Ægyptum et Architam Tarentinum, eamque oram Italiæ, quæ quondam magna Græcia dicebatur, laboriosissime peragravit ; ut qui Athenis magister erat et potens, cujusque doctrinam Academiæ gymnasia personabant, fieret peregrinus atque discipulus, MALENS ALIENA verecunde **271** discere, quam sua impudenter ingerere. Denique cum litteras quasi toto fugientes orbe persequitur,

---

(d) Ex Cicerone pro Leg. Manil. « Ego autem neminem nomino. Quare irasci mihi nemo poterit, nisi qui ante de se voluerit confiteri. » Vid. similem sententiam in Apol. prima contra Rufinum.
(e) alias 103. *scripta circ. an.* 594.
(f) Nolanum utique, quidquid visum sit Baronio ad an. 593. aliisque non indoctis viris ; quorum præcipuum argumentum petitum a contradictione : quæ inter hanc Epistol., et aliam ad Paulinum Ep. 58. cujus initium est *Lotus homo*, intercedere videbatur, utriusque contextum diligentius conferenti, nullam esse constabit. Petrus Martianæus addit *Presbyterum*, reticentibus hanc dignitatem cæteris vulgatis libris ac Mss.
(1) Vetus editio Lugdunum sine loci, temporis, aut typographi designatione hic interserit vocem *novæ*.

captus a piratis et venundatus, etiam tyranno crudelissimo (Dionysio Siciliæ) paruit, captivus, vinctus, et servus ; tamen quia Philosophus , major emente se fuit. Ad T. Livium lacteo eloquentiæ fonte manantem, de ultimis Hispaniæ (a Gadibus,) Galliarumque finibus quosdam venisse nobiles legimus ; et quos ad contemplationem sui Roma non traxerat, unius hominis fama perduxit. Habuit illa ætas inauditum omnibus sæculis celebrandumque miraculum , ut urbem tantam ingressi, aliud extra urbem quærerent. Apollonius (sive ille Magus, ut vulgus loquitur, sive Philosophus, ut Pythagorici tradunt) intravit Persas, pertransivit Caucasum, Albanos, Scythas , Massagetas, opulentissima Indiæ regna penetravit : et ad extremum latissimo Physon amne (Gange) transmisso, pervenit ad Brachmanas ; ut Hiarcam in throno sedentem aureo (a) et de Tantali fonte potantem , inter paucos discipulos, de natura, de motibus, ac siderum cursu audiret docentem : inde per Elamitas, Babylonios , Chaldæos, Medos, Assyrios, Parthos, Syros, Phœnices , Arabes , Palæstinos , reversus Alexandriam, perrexit Æthiopiam, ut Gymnosophistas, et famosissimam Solis mensam videret in sabulo. Invenit ille vir ubique quod disceret : et semper proficiens, semper se melior fieret. Scripsit super hoc plenissime octo voluminibus Philostratus.

2. Quid loquar de sæculi hominibus ? cum Apostolus Paulus vas electionis et magister gentium, qui de conscientia tanti in se hospitis loquebatur. *An experimentum quæritis ejus qui in me loquitur Christus ?* (2. *Cor.* 13. 3.) post Damascum Arabiamque lustratam, ascenderit Jerosolymam, ut videret Petrum, et manserit apud eum diebus quindecim. Hoc enim mysterio hebdomadis et ogdoadis, futurus Gentium prædicator instruendus erat. Rursumque post annos quatuordecim, assumpto Barnaba et Tito exposuerit Apostolis Evangelium, ne forte in vacuum curreret, **272** aut cucurrisset. Habet nescio quid latentis energiæ viva vox ; et in aures discipuli de auctoris ore transfusa fortius sonat. Unde et Eschynes, cum Rhodi exularet ; et legeretur illa Demosthenis Oratio, quam adversus eum habuerat, mirantibus cunctis atque laudantibus, suspirans ait (b) : Quid si ipsam audissetis bestiam, sua verba resonantem ?

3. Hæc non dico, quod sit in me aliquid tale, quod vel possis, vel velis discere : sed quod ardor tuus ac discendi studium, etiam absque nobis per se probari debeat. Ingenium docile , et sine doctore laudabile est. Non quid invenias, sed quid quæras, consideramus. Mollis cera et ad formandum facilis, etiam si artificis et plastæ cessent manus (c), tamen τῇ δυνάμει totum est , quidquid esse potest. Paulus Apostolus ad pedes Gamalielis legem Moysi et Prophetas didicisse se gloriatur, ut armatus spiritualibus telis, postea diceret confidenter : « Arma militiæ nostræ, non carnalia sunt, sed potentia Dei , ad destructionem munitionum : Concilia destruentes, et omnem altitudinem extollentem se adversus scientiam Dei ; et captivantes [al. *captivantem*] omnem intellectum , ad obediendum Christo : et parati subjugare cunctam inobedientiam » (4. *Cor.* 10. 4. 5). Ad Timotheum scribit, ab infantia sacris litteris eruditum ; et hortatur ad studium lectionis, ne negligat gratiam, quæ data sit ei per impositionem manus Presbyterii. Tito præcipit, ut inter cæteras virtutes Episcopi, quem brevi sermone depinxit , scientiam quoque eligat [al. *intelligat*] Scripturarum : « Obtinentem, inquit, eum qui secundum doctrinam est, fidelem sermonem ; ut potens sit exhortari in doctrina sana, et contradicentes revincere » (*Tim.* 1. 9). Sancta quippe rusticitas solum sibi prodest : et quantum ædificat ex vitæ merito Ecclesiam Christi, tantum nocet, si destruentibus non resistat. (d) Aggæus Propheta , imo per Aggæum Dominus , *interroga*, ait, *Sacerdotes Legem* (*Agg.* 2).

Sacerdotis officium. Paulus cur vas electionis. — In tantum Sacerdotis officium est, interrogatum respondere de Lege. Et in Deuteronomio legimus : *Interroga, patrem tuum, et annuntiabit tibi* ; **273** *seniores tuos , et dicent tibi* (*Deut.* 32. 7). In Psalmo quoque centesimo decimo octavo. *Cantabiles mihi erant justificationes tuæ , in loco peregrinationis meæ* (*v.* 54). Et in descriptione justi viri, cum eum David arbori vitæ, quæ est in paradiso, compararet, inter cæteras virtutes et hoc intulit : *In lege Domini voluntas ejus : et in lege ejus meditabitur die ac nocte* (*Psalm.* 1. 2). Daniel in fine sacratissimæ Visionis justos, ait, fulgere sicut stellas ; et intelligentes, hoc est doctos , quasi firmamentum. Vides quantum inter se distent, justa rusticitas, et docta justitia ? Alii stellis, alii cœlo comparantur. Quanquam juxta Hebraicam Veritatem, utrumque de eruditis possit intelligi : ita enim apud eos legimus : « Qui autem docti fuerint, fulgebunt quasi splendor firmamenti : et qui ad justitiam erudiunt multos , quasi stellæ in perpetuas æternitates » (*Dan.* 12. 3). Cur dicitur Paulus Apostolus vas electionis ? Nempe quia (e) legis et sanctarum Scripturarum armarium est. Pharisæi stupent ad doctri-

(a) Eam intellige, quæ in Hiarchæ schola erat, statuam Tantalum referentem , in cujus manu poculum erat aqua plenum, unde attingebant philosophi ante cubitum. Hieronymus fontem vocat, quod nempe quantum inde hauriebatur, tantum continuo suppeteret. Historiam Philostratus tradit l. 3. c. 7. Superiores quas a Laertio, Plinio, Herodoto, aliisque late didicisse poteris, non moramur. Interim Martian. legerat *de moribus pro motibus* ; Victorius vero *de moribus siderum, ac dierum cursu.* Vetus quoque laudata editio Bibliorum, ita in hac Epistola præfert, *de natura, de moribus, ac de cursu dierum ac siderum.*
(b) Cicero qui utramque orationem vertit, lib. 5. de Orat. *Quanto*, inquit, *magis admiraremini, si ipsum audissetis.*

(c) Al. latine *tamen virtute totum est,* etc. Mox pro *Moysi* nomine erat *Domini.* Leviora infra emendamus.
(d) Reatini interpretis emendationem sequimur, antea enim penes Erasm. ac Martian. pro *Aggæi* nomine erat utroque in loco *Malachias*, quam lectionem revera sciolus non nemo induxit, quod putarit illud Malachiæ c. 2. v 7. alludit, « Labia sacerdotis custodient scientiam , et legem requirent ex ore ejus, » cum sint imo hæc Aggei c. 2. « Hæc dicit Dominus exercituum , Interroga sacerdotes legem, dicens, » etc.
(e) Frustra Victorius *vas legis,* cum pro armario eo loco *vas sunt* constet. Sic in ἱεροῦ διδάκτου **duobus verbis** , quod

nam Domini; et mirantur in Petro et Joanne quomodo legem sciant, cum litteras non didicerint. Quidquid enim aliis exercitatio et quotidiana in Lege meditatio tribuere solet, illis Spiritus Sanctus suggerebat : et erant, juxta quod scriptum est, θεοδίδακτοι. Duodecim annos Salvator impleverat, et in Templo senes de quæstionibus legis interrogans, magis docet, dum prudenter interrogat.

4. Nisi forte rusticum Petrum, rusticum dicimus Joannem; quorum uterque dicere poterat : « Etsi imperitus sermone, non tamen scientia » (2. *Cor.* 11. 6). Joannes rusticus, piscator, indoctus? Et unde illa vox obscoro, « In principio erat Verbum, et Verbum erat apud Deum, et Deus erat Verbum? » (*Joan.* 1. 1.) Λόγος enim Græce multa significat; nam et verbum est, et ratio, et supputatio, et causa uniuscujusque rei, per quam sunt singula quæ subsistunt. Quæ universa recte intelligimus in Christo. Hoc doctus Plato nescivit : hoc Demosthenes eloquens ignoravit. « Perdam, inquit, sapientiam sapientium, et prudentiam prudentium reprobabo » (1. *Cor.* 1. 19). Vera sapientia perdet falsam sapientiam : et quanquam stultitia prædicationis in Cruce sit, tamen Paulus « Sapientiam loquitur inter perfectos. Sapientiam autem non sæculi hujus, nec principum sæculi istius, (*a*) qui destruuntur : **274** sed loquitur Dei sapientiam in mysterio absconditam, quam prædestinavit Deus ante sæcula » (1. *Cor.* 2. 7). Dei sapientia Christus est. « Christus enim Dei virtus, et Dei sapientia » (*Ibid.* 24). Hæc sapientia in mysterio abscondita est : de qua et noni Psalmi titulus prænotatur, « pro occultis filii : » in quo sunt omnes thesauri sapientiæ et scientiæ absconditi : et qui in mysterio absconditus erat, prædestinatus est ante sæcula. Prædestinatus autem, et præfiguratus, in Lege et Prophetis. Unde et Prophetæ appellabantur Videntes : quia videbant eum, quem cæteri non videbant. « Abraham vidit diem ejus : et lætatus est » (*Joan.* 8. 56). Aperiebantur cœli Ezechieli; qui populo peccatori erant. « Revela, inquit David, oculos meos : et considerabo mirabilia de lege tua » (*Ps.* 118. 18). Lex enim spiritualis est, et revelatione opus est, ut intelligatur, ac revelata facie Dei gloriam contemplemur.

5. Liber in Apocalypsi septem sigillis signatus ostenditur (*Apoc.* 5) : quem si dederis homini scienti litteras, ut legat, respondebit tibi : Non possum, signatus est enim. Quanti hodie putant se nosse litteras, et tenent signatum librum; nec aperire possunt, nisi ille reseraverit « qui habet clavem David : qui aperit, et nemo claudit, claudit et nemo aperit? » (*Ibid.* 3. 7.) In Actis Apostolorum sanctus eunuchus, imo vir (sic enim eum Scriptura cognominat), cum legeret Isaiam, interrogatus a Philippo : « Putasne intelligis quæ legis? » respondit, « Quomodo possum,

nisi aliquis me docuerit? » (*Act.* 8.) Ego, ut de me interim loquar, nec sanctior sum hoc eunucho, nec studiosior; qui de Æthiopia, id est, de extremis mundi finibus venit ad Templum, reliquit aulam regiam : et tantus amator Legis, divinæque scientiæ fuit, ut etiam in vehiculo sacras litteras legeret : et tamen cum librum teneret, et verba Domini cogitatione conciperet, lingua volveret, labiis personaret, ignorabat eum, quem in libro nesciens venerabatur. Venit Philippus, ostendit ei Jesum, qui clausus latebat in littera. O mira doctoris virtus! Eadem hora credit eunuchus, baptizatur, fidelis et sanctus est; ac de discipulo magister : plus in deserto fonte Ecclesiæ, quam in aurato synagogæ Templo reperit.

6. Hæc a me perstricta sunt breviter **275** (neque enim Epistolaris angustia evagari longius patiebatur) ut intelligeres te in Scripturis sanctis, sine prævio et monstrante semitam, non posse ingredi. Taceo de Grammaticis, Rhetoribus, Philosophis, Geometris, Dialecticis, Musicis, Astronomis, Astrologis, Medicis, quorum scientia mortalibus vel utilissima est, et in tres partes scinditur, (*b*) τὸ δόγμα, τὴν μέθοδον, τὴν ἐμπειρίαν. Ad minores artes veniam, et quæ non tam λόγῳ, quam manu administrantur. Agricolæ, cœmentarii, fabri, metallorum, lignorumve cæsores, lanarii quoque et fullones, et cæteri qui variam supellectilem et vilia opuscula fabricantur, absque doctore non possunt esse quod cupiunt. « Quod Medicorum est, »

Promittunt Medici, tractant fabrilia fabri.
   (*Horat. Epist. lib.* 1. *Epist.* 1).

7. Sola Scripturarum ars est, quam sibi omnes passim vindicant.

Scribimus indocti, doctique poemata passim.

(*Ibid.*).

Hanc garrula anus, hanc delirus senex, hanc sophista verbosus, hanc universi præsumunt, lacerant, docent, antequam discant. Alii adducto supercilio, grandia verba trutinantes, inter mulierculas de sacris litteris philosophantur. Alii discunt, proh pudor, a feminis, quod viros doceant : et ne parum hoc sit, quadam facilitate verborum, imo audacia edisserunt aliis, quod ipsi non intelligunt. Taceo de mei similibus, qui si forte ad Scripturas sanctas, post sæculares litteras venerint; et sermone composito aurem populi mulserint, quidquid dixerint, hoc legem Dei putant : nec scire dignantur, quid Prophetæ, quid Apostoli senserint; sed ad sensum suum incongrua aptant testimonia; quasi grande sit, et non vitiosissimum docendi genus, depravare sententias, et ad voluntatem suam Scripturam trahere repugnantem. Quasi non legerimus, Homerocentonas, et Virgiliocentonas : ac non sic etiam Maronem sine Christo possimus dicere Christianum, qui scripserit :

---

unico rectius exprimitur, juxta Apostoli locum ad Thessalonic. ὑμεῖς θεοδίδακτοί ἐστε, quem Hier. alludit.
(*a*) Martian. post Erasm. *quæ destruitur*, renuente Vulgato ac Græco textu, et Hieronymianis plerisque Mss.

(*b*) Subdunt de more vetustiores editi et quidam Mss Græcar. Vocum interpretationem hanc, *id est in doctrina rationem, et usum*; qui etiam mox cum plerisque aliis pro λόγῳ habent *lingua*.

Jam redit et virgo, redeunt Saturnia regna.
Jam nova progenies coelo demittitur alto.

(*Virgil. Eclog.* 4).

276 Et patrem loquentem ad filium,
Nate, meæ vires, mea magna potentia solus.

Et post verba Salvatoris in cruce.

Talia perstabat memorans, fixusque manebat.

Puerilia sunt hæc, et circulatorum ludo similia, docere quod ignores : imo, ut cum stomacho loquar, ne hoc quidem scire quod nescias.

8. Videlicet manifestissima est Genesis, in qua de natura mundi, de exordio generis humani, de divisione terræ, (*a*) de confusione linguarum, et descensione usque ad Ægyptum, gentis scribitur Hebræorum. Patet Exodus cum decem plagis, cum decalogo, cum mysticis divinisque præceptis In promptu est Leviticus liber, in quo singula sacrificia, imo singulæ pene syllabæ, et vestes Aaron, et totus ordo Leviticus, spirant cœlestia sacramenta. Numeri vero, nonne totius arithmeticæ, et Prophetiæ Balaam, et quadraginta duarum per eremum mansionum mysteria continent? Deuteronomium quoque secunda lex, et Evangelicæ legis præfiguratio, nonne sic ea habet quæ priora sunt, ut tamen nova sint omnia de veteribus? (*b*) Hucusque Pentateuchus : quibus quinque verbis (1. Cor. 14. 19), loqui se velle Apostolus in Ecclesia gloriatur. (*c*) Job exemplar patientiæ, quæ non mysteria suo sermone complectitur? Prosa incipit, versu labitur, pedestri sermone finitur : omnesque leges dialecticæ, propositione, assumptione, confirmatione, conclusione determinat. Singula in eo verba plena sunt sensibus. Et, ut de cæteris sileam, resurrectionem corporum sic prophetat; ut nullus de ea vel manifestius, vel cautius scripserit : « Scio, inquit, quod redemptor meus vivit, et in novissimo die de terra resurrecturus sum : et rursum circumdabor pelle mea ; et in carne mea videbo Deum. Quem visurus sum ego ipse, et oculi mei conspecturi sunt, et non alius. Reposita est hæc spes mea in sinu meo » (*Job.* 19. 25. 26). Veniam ad Jesum Nave, qui typus Domini non solum in gestis, sed etiam in nomine, **277** transit Jordanem, hostium regna subvertit, divisit

---

(*a*) Ad Erasmi ingenium Editor Benedictinus, *de confusione linguarum et gentium, usque ad exitum scribitur Hebræorum* ; cum, ut Victorius animadvertit, exitus Hebræorum ex Ægypto non statim a Genesi, sed multa post Exodi Cap. ula describatur. Veram lectionem ex Vulgatis ante ann. 1700, eodem Victorio et Mss. reposuimus.

(*b*) A. I plerosque editos : *Hucusque Moyses, hucusque Pentateuchus.* Porro alludit Hieronymus Apostoli locum quem adnotavimus, ubi *in Ecclesia*, inquit, *volo quinque verba sensu meo loqui*, quæ ex sensu veterum aliorum Patrum mystice interpretatur, ad quinque Pentateuchi libros quinque Pauli verba referens.

(*c*) Quod Moysi libris Jobi historiam proxime subjiciat, quæ juxta veterum omnium canonem et Hieronymianum ipsum constanter post Prophetas in Agiographorum ordine recensetur, nisi si luxatus est locus iste librariorum incuria, perquam probabilis ratio est, quod ejusdem auctoris, sive ab eodem Moyse conscriptum librum esse senserit, quæ nec paucorum est ex antiquis, nec a vero multum abhorret sententia. Quod si pro germana habeatur superius adnotata quorumdam codd. lectio, *Hucusque Moyses*, tunc seriem temporum, et Jobi remotissimam antiquitatem sibi proposuisse credendus erit.

---

terram victori populo, et per singulas urbes, viculos, montes, flumina, torrentes, atque confinia, Ecclesiæ, cœlestisque Jerusalem spiritualia regna describit. In Judicum libro quot principes populi, tot figuræ sunt. Ruth Moabitis Isaiæ explet vaticinium, dicentis : « Emitte agnum, Domine, dominatorem terræ, de petra deserti ad montem filiæ Sion » (*Isai.* 16. 1). Samuel in Heli mortuo, et in occiso [al. *occisione*]. Saul, veterem legem abolitam monstrat. Porro in Sadoc atque David, novi Sacerdotii, novique Imperii sacramenta testatur. Malachim, id est, Regum tertius, et quartus liber a Salomone usque ad Jechoniam : et ab Jeroboam filio Nabath, usque ad Osee, qui ductus est in Assyrios, regnum Juda et regnum describit Israel. Si historiam respicias, verba simplicia sunt : si in litteris sensum latentem inspexeris, Ecclesiæ paucitas, et Hæreticorum contra Ecclesiam bella narrantur. Duodecim Prophetæ in unius voluminis angustias coarctati, multo aliud quam sonant in littera, præfigurant. Osee crebro nominat Ephraim Samariam, Joseph, Jezrael, et uxorem fornicariam et fornicationis filios, et adulteram cubiculo clausam mariti, multo tempore sedere viduam, et sub veste lugubri, viri ad se reditum præstolari. Joel filius Phathuel, describit terram duodecim tribuum, heruca, brucho, locusta, rubigine vastante corruptam : et post eversionem prioris populi, effusum iri Spiritum Sanctum super servos Dei, et ancillas, id est, super centum viginti credentium nomina, qui effundendus erat in cœnaculo Sion : qui centum viginti, ab uno usque ad quindecim paulatim et per incrementa surgentes, quindecim graduum numerum efficiunt, qui in Psalterio mystice continentur. Amos pastor et rusticus, et « ruborum mora distringens, » paucis verbis explicari non potest. Quis enim digne exprimat tria, aut quatuor scelera Damasci, Gazæ, et Tyri, et Idumeæ, et filiorum Ammon, et Moab, et in septimo octavoque gradu, Judæ et Israel ? Hic loquitur ad vaccas pingues, quæ sunt in monte Samariæ, et ruituram domum majorem minoremque testatur. Ipse cernit fictorem locustæ ; et stantem Dominum super murum litum vel adamantinum, et **278** uncinum pomorum, attrahentem supplicia peccatoribus, et famem in terram : non famem panis, nec sitim aquæ, sed audiendi verbum Dei. Abdias qui interpretatur « servus Dei » [al. *Domini*], pertonat contra Edom sanguineum, terrenumque hominem. Fratris quoque Jacob semper æmulum hasta percutit spirituali. Jonas « columba » pulcherrima, naufragio suo passionem Domini præfigurans, nudumque ad pœnitentiam revocat : et sub nomine Ninive, salutem gentibus nuntiat. Michæas de Morasthi, « cohæres » Christi, vastationem annuntiat filiæ latronis, et obsidionem ponit contra eam : quia maxillam percusserit judicis Israel. Nahum « consolator » orbis, increpat civitatem sanguinum, et post eversionem illius loquitur : « Ecce super montes pedes evangelizantis et annuntiantis pacem » (*Nam.* 1. 15). Abacuc « luctator » fortis et rigidus, stat super custodiam suam, et figit gradum super munitionem, ut Christum in cruce contempletur, et dicat : « Operuit cœlos gloria ejus, et laudis ejus plena est terra. Splendor ejus, ut lux erit : cornua in manibus ejus, ibi abscondita est fortitudo ejus » (*Abac.* 3). Sophonias « speculator » et arcanorum Domini cognitor, audit clamorem a porta piscium, et ejulatum a secunda, et contritionem a collibus. Indicit quoque ululatum habitatoribus pilæ : quia conticuit omnis populus Chanaam : disperierunt universi, qui involuti erant argento. Aggæus « festivus » et lætus, qui seminavit in lacrymis, ut in gaudio meteret, destructum Templum reædificat, Dominumque Patrem inducit loquentem : « Adhuc unum modicum, et ego commovebo cœlum et terram, et mare, et aridam, et movebo omnes gentes : et veniet desideratus cunctis gentibus » (*Agg.* 2. 7. 8). Zacharias « memor Domini sui, » multiplex in Prophetia, (*a*) Jesum vestibus sordidis indutum, et lapidem oculorum septem, candelabrumque aureum cum totidem lucernis, quot oculis, duas quoque olivas a sinistris lampadis cernit et dextris : ut post (*b*) equos, rufos, nigros et albos, et varios, et dissipatas quadrigas ex Ephraim, et equum de Jerusalem, pauperem regem vaticinetur et prædicet, sedentem super pullum filium asinæ subjugalis. Malachias aperte, et in fine omnium Prophetarum, de abjectione Israel et vocatione gentium : « Non est mihi, ait, voluntas in vobis, dicit Dominus exercituum, et munus **279** non suscipiam de manu vestra. Ab ortu enim solis usque ad occasum, magnum est nomen meum in gentibus : et in omni loco sacrificatur, et offertur nomini meo oblatio munda » (*Mal.* 1. 10). Isaiam, Jeremiam, Ezechielem, et Danielem quis possit vel intelligere, vel exponere? Quorum primus non Prophetiam mihi videtur texere, sed Evangelium. Secundus virgam nuceam [Vulg. *vigilantem*] et ollam succensam a facie Aquilonis, et pardum spoliatum suis coloribus ; et quadruplex diversis metris nectit alphabetum (*Lamentationes*). Tertius principia et finem tantis habet obscuritatibus involuta, ut apud Hebræos istæ partes cum exordio Geneseos ante annos triginta non legantur. Quartus vero qui et extremus inter quatuor Prophetas, temporum conscius, et totius mundi (*c*) φιλίστωρ, lapidem præcisum de monte sine manibus, et regna omnia subvertentem , claro sermone pronuntiat. David, Simonides noster, Pindarus et Alcæus, Flaccus quoque, Catullus et Serenus, Christum lyra personat, et in decachordo psalterio ab inferis suscitat resurgentem. Salomon , pacificus, et amabilis Domini, mores corrigit, naturam docet, Ecclesiam jungit et Christum, sanctarumque nuptiarum dulce canit epithalamium. Esther in Ecclesiæ typo populum liberat de periculo,

(*a*) Josuam intellige filium Josedech Pontificem.
(*b*) Sequimur, quam ex Brixianis Codicibus lectionem Victorius restituit, cum verosimillimum sit primam Zachariæ caput innui a Hieronymo, non sextum, quod post Erasmum Martianæus putasse videtur dum legit, *equos varios, rufos, et albos, et dissipatas*, etc.
(*c*) Plerique Mss. *Philostoricus* : omnino autem vitiose cum Erasm. Martian. *Philostoros*; nos φιλίστωρ, quod est eruditionis cupidus, ex vulgatis emendatioribus scripsimus.

et interfecto Aman, qui interpretatur « iniquitas, » partes convivii et diem celebrem mittit in posteros. Paralipomenon liber, id est, Instrumenti veteris ἐπιτομή tantus ac talis est, ut absque illo si quis scientiam Scripturarum sibi voluerit arrogare, seipsum irrideat. Per singula quippe nomina, juncturaque verborum, et prætermissæ in Regum libris tanguntur historiæ, et innumerabiles explicantur Evangelii quæstiones. Ezras et Neemias, « adjutor » videlicet et « consolator a Domino, » in unum volumen coarctantur : instaurant Templum, muros extruunt civitatis : omnisque illa turba populi redeuntis in patriam, et descriptio Sacerdotum, Levitarum, Israelis, proselytorum ac per singulas familias murorum ac turrium opera divisa, aliud in cortice præferunt, aliud retinent in medulla.

280 8. Cernis me Scripturarum amore raptum excessisse modum Epistolæ, et tamen non implesse quod volui. Audivimus tantum quid nosse, quid cupere debeamus, ut et nos quoque possimus dicere : « Concupivit anima mea desiderare justificationes tuas in omni tempore » (*Ps.* 118. 20). Cæterum Socraticum illud impletur in nobis : Hoc tantum scio, quod nescio. Tangam et novum breviter Testamentum. Matthæus, Marcus, Lucas, et Joannes, quadriga Domini, et verum [*d*] Cherubim, quod interpretatur « scientiæ multitudo, » per totum corpus oculati sunt, scintillæ emicant, discurrunt fulgura, pedes habent rectos et in sublime tendentes, terga pennata et plumæ volitantia. Tenent se mutuo , sibique perplexi sunt, et quasi rota in rota volvuntur, et pergunt quocumque eos flatus Sancti Spiritus perduxerit. Paulus Apostolus ad septem Ecclesias scribit (octava enim ad Hebræos [*e*] a plerisque extra numerum ponitur.) » Timotheum instruit ac Titum , Philemonem pro fugitivo famulo (Onesimo) deprecatur. Super quo tacere melius puto, quam pauca scribere. Actus Apostolorum nudam quidem sonare videntur historiam, et nascentis Ecclesiæ infantiam texere : sed si noverimus scriptorem eorum Lucam esse medicum, cujus « Laus est in Evangelio, » animadvertemus pariter omnia verba illius, animæ languentis esse medicinam. Jacobus, Petrus, Joannes, Judas Apostoli, septem Epistolas ediderunt tam mysticas quam succinctas, et breves pariter et longas : breves in verbis, longas in sententiis, ut rarus sit qui non in earum lectione cæcutiat [al. *concutiatur*]. Apocalypsis Joannis tot habet sacramenta, quot ver-

(*d*) Hanc alibi quoque interpretationem urget Hieronymus, et exponit in Lexico, quæ tamen plerisque veritati consona non videtur, alii, ut tueantur, valde desudant. Sed Hebræos antiquiores ad notandum scientiæ multitudinem ea voce כרבים usos esse, probat Philonis testimonium de simulacris Arcæ : γνῶσις πολλὴ καὶ ἐπιστήμη πολλὴ, et Clemens Alexandr. ὁτιδή ἐστι σοφα τοῦ γνῶσιν δίγνωι σύνολον φύσις. Accedit *Isabar* li in Lexico, *interpretatio alia hujus est multitudo scientiæ*. Et tandem Joannes Metropolita Darensis : *quid etiam nomen cherubim? in litado cognitionis, sive effusio sapientiæ, sive abundantia et opulentia sapientiæ.* Videtur nominis etymologia ex affini Arabic. *kabir*, Hebraic. כבר facta litterar. metathesi, quod *scium, prudentem, et gnarum* notat, desumi.
(*e*) Vid. Lab. de S. E. in Paulo cap. V

ba. Parum dixi pro merito voluminis. Laus omnis inferior est : in verbis singulis multiplices latent intelligentiæ.

9. Oro te, frater carissime, inter hæc vivere, ista meditari, nihil aliud nosse, nihil quærere, nonne tibi videtur jam hic in terris regni cœlestis habitaculum ? Nolo offendaris in Scripturis sanctis simplicitate, et quasi vilitate verborum, quæ vel vitio interpretum, vel de industria sic prolata sunt, **281** ut rusticam concionem [al. *contentionem*] facilius instruerent : et in una eademque sententia, aliter doctus, aliter audiret indoctus. Non sum tam petulans et hebes, ut hæc me nosse pollicear, et eorum fructus in (*a*) terra capere, quorum radices in cœlo fixæ sunt; sed velle fateor : sedenti me præfero, magistrum renuens, comitem spondeo. Petenti datur, pulsanti aperitur : quærens invenit. Discamus in terris, quorum nobis scientia perseveret in cœlo.

10. Obviis te manibus excipiam, et, ut inepte aliquid, ac de Hermagoræ tumiditate (*b*) effutiam, quidquid quæsieris, tecum scire conabor. Habes hic amantissimum tui fratrem Eusebium, qui litterarum tuarum mihi gratiam duplicavit, referens honestatem morum tuorum, contemptum sæculi, fidem amicitiæ, amorem Christi. Nam prudentiam et eloquii venustatem, etiam absque illo, ipsa Epistola præferebat. Festina, quæso te, et hærentis in salo naviculæ funem magis præcide, quam solve. Nemo renuntiaturus sæculo bene potest vendere, quæ contempsit ut venderet. Quidquid in sumptus de tuo tuleris, pro lucro computa. (1) Antiquum dictum est : Avaro tam deest quod habet, quam quod non habet. (*c*) « Credenti totus mundus divitiarum est. Infidelis autem etiam obolo indiget. » Sic vivamus tanquam nihil habentes, et omnia possidentes. Victus et vestitus, divitiæ Christianorum sunt. Si habes in potestate rem tuam, vende : si non habes, projice. Tollenti tunicam, et pallium relinquendum est. Scilicet nisi tu semper recrastinans, et diem de die trahens, caute et pedetentim tuas possessiunculas vendideris, non habet Christus unde alat pauperes suos. Totum Deo dedit, qui seipsum obtulit. Apostoli navem tantum et retia reliquerunt. Vidua duo æra misit ad gazophylacium, et præfertur Crœsi divitiis. FACILE contemnit omnia, qui se semper cogitat esse moriturum.

(*a*) Illud *in terra* ex Brixianis codd. Victorius restituit. qui mox pro *sedenti me præfero*, in quodam S. Pauli de Urbe Ms. invenisse dicit. *Sed enite me profiteor.*
(*b*) Olim sed falso, *timiditate* : tum Martianæus quoque *effundam* pro *effutiam*. Alludit autem Hier. Ciceronis locum lib. 1. de Invent. *Hermagoras nec quid dicat attendere, nec quid polliceatur videtur intelligere.* Et paulo infra, *Hermagoras sua fretus scientia non quid ars, sed quid ipse posset, exposuisse videtur.*
(*c*) Citatur isthæc sententia ab Hieronymo passim, et ab aliis etiam Patribus, Augustino sæpe, Cassiano Collat. 24 cap. 26. Bernardo in vita S. Malachiæ; ex Græcis vero Clemente Alexandrino Strom. lib. 2., allisque. Est autem apud LXX. Proverb. 17. post vers. 6. τοῦ πιστοῦ ὅλος ὁ κόσμος τῶν χρημάτων, τοῦ δὲ ἀπιστοῦ οὐδὲ ὀβολός.
(1) Senecæ alii tribuunt, sed jam Ennio, atque Catoni adscripsit Jo. Salisber. Carm. ad Opus suum Policr. *Avaro tam deest quod habet, quam quod non habet.* Vide Theophili Paschal. III. num. 15. *Nescit mensuram cui tantum deest quod habet, quantum quod non habet.*

S. HIERONYMI I.

---

282 EPISTOLA LIV (*d*).

AD FURIAM.
De Viduitate servanda.

Furiam viduam, Titianæ filiam, Probi Consolis nurum, hortatur ut in viduitate perseveret, nec iteret matrimonium; et quoniam adhuc virenti erat ætate, quibus modis pudicitiam simul ac famam tueri debeat, præcipit.

1. Obsecras litteris, et suppliciter deprecaris, ut tibi (*e*) scribam, imo rescribam, quomodo vivere debeas, et viduitatis coronam illæso pudicitiæ nomine conservare. Gaudet animus, exsultant viscera, gestit affectus, hoc te cupere esse post virum, quod sanctæ memoriæ mater tua Titiana multo tempore fuit sub marito. Exauditæ sunt preces et orationes ejus. Impetravit, ut adipisceretur in unica filia, quod vivens ipsa possederat. Habes præterea generis tui grande privilegium, quod exinde a Camillo (L. Furius Camillus), vel nulla, vel rara vestræ familiæ scribitur secundos nosse concubitus : ut NON TAM laudanda sis, si vidua perseveres, quam execranda, si id Christiana non serves, quod per tanta sæcula gentiles feminæ custodierunt.

2. Taceo de Paula et Eustochio, stirpis vestræ floribus, ne per occasionem exhortationis tuæ illas laudare videar. Blæsillamque prætereo, quæ (*f*) maritum suum, tuum secuta germanum, in brevi vitæ spatio tempora virtutum multa complevit. Atque utinam præconia feminarum imitarentur viri : ET RUGOSA senectus redderet, quod sponte offert adolescentia. Sciens et videns in flammam mitto manum : adducentur supercilia, extendetur brachium; *Iratusque* (*g*) *Chremes tumido desæviet ore.* Consurgent proceres adversus Epistolam meam; turba patritia detonabit [al. *denotabit*], me magum, me seductorem clamitans, et in terras ultimas deportandum. Addant, **283** si volunt, et Samaritem, ut Domini mei titulum recognoscam. Certe filiam a parente non divido, nec dico illud de Evangelio : *Sine ut mortui sepeliant mortuos suos* (*Matth.* 8. 22; *et Luc.* 9. 60). Vivit enim, qui credit in Christum. Et qui in illum credit, debet utique quomodo ille ambulavit, et ipse ambulare (1. *Joan.* 2. 6).

3. *Quando honorandi parentes.* — Facessat invidia, quam nomini Christiano maledicorum semper genuinus infigit : ut, dum probra metuunt, ad virtutes (*h*) non provocentur. Exceptis epistolis, ignorami alterutrum. SOLAQUE causa pietatis est, ubi carnis nulla

---

(*d*) Alias 10. Scripta circiter ann. 394.
(*e*) Alii Editi ac Mss. *rescribam, imo scribam*, qui et paulo infra voces *ut adipisceretur*, non habent.
(*f*) Vitiose habent plures Mss. et vetus editio *post maritum*, etc. deinde *sortita* pro *secuta*. Uno scilicet viro; eoque Furiæ germano juncta est Blæsilla, quæ paulo post ejus mortem secuta est.
(*g*) Duo manu exarata exemplaria, *Iratusque Terentianus Chremes*, etc., juxta quale lectionem vid. Terentium Heautontimor. Act. 5. Scen. 5. atque alibi. Est autem Horatii versus in Arte Poetica, atque ibi quidem est *delitigat* pro *desæviet.*
(*h*) Contra Mss. non pauci, et vetusta editio, *non provocentur*. Superiori etiam voci *genuinus* addunt quidam *sermo*, vel *livor* : nempe genuinum dentem esse, atque expressam a Persio phrasin amanuensis non nemo ignorans, glossema de suo addidit.

(*Dix-huit.*)

notitia est. Honora patrem tuum; sed si te a vero Patre non separat. TAMDIU SCITO sanguinis copulam, quamdiu ille suum noverit Creatorem. Alioqui David tibi protinus canet : « Audi filia, et vide, et inclina aurem tuam, et obliviscere populum et domum patris tui : et concupiscet rex decorem tuum, quoniam ipse est Dominus tuus » (*Ps.* 44. 11). Grande (*a*) praemium parentis obliti : *Concupiscet rex decorem tuum.* Quia audisti, quia vidisti, quia inclinasti aurem tuam ; et populi tui, domusque patris tui oblita es, idcirco *concupiscet rex decorem tuum,* et dicet tibi : *Tota pulchra es amica mea, et macula non est in te* (*Cant.* 4. 7). Quid pulchrius anima, quae Dei filia nuncupatur, et nullos extrinsecus quaerit ornatus ? [Mss. *amplexus.*] Credit in Christum, et ista ambitione ditata pergit ad sponsum : eumdem habens Dominum, quem et virum.

4. *Nuptiarum angustiae.* — Quid angustiarum habeant nuptiae, didicisti in ipsis nuptiis : et quasi coturnicum carnibus usque ad nauseam saturata es (*Num.* 11) : amarissimam choleram tuae sensere fauces. Egessisti acescentes et morbidos cibos : relevasti aestuantem stomachum. Quid vis rursum ingerere , quod tibi noxium fuit? *Canis revertens ad vomitum , et sus lota , ad volutabrum luti* (2. *Petr.* 2. 22). Bruta quoque animalia et vagae aves, in easdem pedicas retiaque non incidunt. An vereris , ne proles Furiana deficiat, et ex te parens tuus non habeat pusionem , qui reptet in pectore, et cervicem ejus stercore liniat ? (*b*) Quippe omnes habent filios , qui habuere matrimonia ; et quibus nati sunt liberi , suo generi responderunt. Exhibuit Ciceronis filius patrem in eloquentia ? (*c*) Cornelia vestra, pudicitiae simul et fecunditatis exemplar, Graccos suos se genuisse laetata est? RIDICULUM est sperare pro certo, quod multos et non habere videas , et cum habuerint, perdidisse. Cui dimittes tantas divitias? Christo, qui mori non potest. Quem habebis haeredem? Ipsum , quem et Dominum. Contristabitur pater , sed laetabitur Christus : lugebit familia , sed Angeli gratulabuntur. Faciat pater quod vult de substantia sua : NON ES EJUS, cui nata es, sed cui renata : et qui te grandi pretio redemit, sanguine suo.

5. *Cavendae nutrices et servi.* — Cave nutrices , (*d*) et gerulas , et istiusmodi venenata animalia , quae de corio tuo saturari ventrem suum cupiunt. Non suadent quod tibi , sed quod sibi prosit. Et saepe illud obganniunt :

Solane perpetua maerens carpere juventa ?

Nec dulces natos, Veneris nec praemia noris ?

(*ÆNEID.* *l.* *IV.*)

Ubi pudicitiae sanctitas [al. *pudicitie et sanctitas*] , ibi frugalitas est. Ubi frugalitas , ibi damna servulorum. Quidquid non tulerint [al. *intulerint*], sibi ablatum putant : nec considerant de quanto, sed quantum accipiant. Ubicumque viderint Christianum , statim illud de trivio , (*e*) ὁ γραικος, ὁ ἐπιθέτης. Hi rumores turpissimos serunt : et quod ab ipsis egressum est , id ab aliis audisse se simulant, iidem auctores et exaggeratores. (*f*) Exit fama de mendacio : quae cum ad matronas pervenerit, et earum linguis fuerit ventilata , provincias penetrat. Videas plerasque rabido ore saevire, et tincta facie, viperinis orbibus, dentibus punicatis carpere Christianos. Hic aliqua ,

..........Cui circa humeros hiacynthina laena est;
Rancidulum quiddam, balba de nare locuta.
Perstrepit, ac tenero supplantat verba palato.

(PERS. *Sat. prima.*)

Omnis consonat chorus, et latrant universa subsellia. Junguntur nostri ordinis, qui et roduntur et rodunt. Adversus nos loquaces , pro se muti ; quasi et ipsi aliud sint, quam Monachi ; et non quidquid in Monachos dicitur, redundet in Clericos, qui sunt Monachorum. Detrimentum pecoris, pastoris patres ignominia est. Sicut e regione, illius Monachi vita laudanda est, qui venerationi habet Sacerdotes Christi : et non detrahit gradui, per quem factus est Christianus.

6. Haec locutus sum, in Christo filia, non dubitans de proposito tuo (nunquam enim exhortatorias litteras postularem, si ambigeres de bono monogamiae), sed ut nequitiam servulorum, qui te venalem portant, et insidias affinium, ac pium parentis errorem intelligeres : cui, ut amorem in te tribuam, amoris scientiam non concedo, dicens aliquid cum Apostolo : « Confiteor, zelum Dei habent, sed non secundum scientiam » (*Rom.* 10. 1). Imitare potius (crebro enim idipsum repetam) sanctam matrem tuam , cujus ego quoties recordor, venit in mentem ardor in Christum, pallor ex jejuniis , eleemosynae in pauperes , obsequium in servos Dei, humilitas vestium et cordis, atque in cunctis sermo moderatus. Pater tuus, quem ego honoris causa nomino (non quia Consularis et Patritius , sed quia Christianus est) impleat nomen suum. Laetetur filiam genuisse Christo, non saeculo. Quin potius doleat, quod et virginitatem frustra amiseris, et fructus perdideris nuptiarum. Ubi est maritus quem tibi dedit ? Etiam si amabilis, etiam si bonus fuisset, mors rapuisset omnia : et copulam carnis solvisset interitus. Arripe, quaeso, occasionem, et fac de necessitate virtutem. NON QUAERUNTUR in Chri-

---

(*a*) Cisterciens. *praemium relicti vel obliti parentis.*
(*b*) Veteres editi *quippe ni,* vel *quippe ne hi,* quibus vocalis rectius alii carent, nam haec ironice legenda sunt.
(*c*) Scilicet Paulae, quam *Graecorum sobolem* in Epitaphio vocat Hier. cognata erat Furia, ut ex hac ipsa epistola constat. Cornelia vero Sempronii Gracci uxor, Tiberium et Caium filios habuit, qui occisi sunt, quod Populi Romani partes contra Senatum tuerentur. Porro Graecorum nomen, quod semel data occasione monemus, sine adspirationis nota scribendum docet Terentius Scaurus ex Varrone.
(*d*) Mss. aliquot *rumigerulas, vinola vinulia.* Velim ego legi *vinnula,* quod est mollia, seu illecebrosa, ac suaviter fallentia. Plautus Asin. 1. 3. *compellando blanditer, osculando, oratione vinnula, venustula :* eoque sensu manuscriptam lectionem longe praefero.

(*e*) Latine dixerat in Epistola ad Marcellam de Ægrotatione Blaesillae, *statim illud e trivio, Impostor et Graecus est,* quae ideo adduximus, ut lectio ista, quae in Mss. fere omnibus depravata est, confirmetur. Victorius post Graeca verba addit, *vocant impostorem, detrahunt,* etc. Vid. Ciceronem in Epistola ad Quintum fratrem Asiae gubernatorem.
(*f*) Cisterciens. *ex infamia;* alii *exit infamia.*

stianis initia, sed finis. Paulus male coepit, sed bene finivit. Judae laudantur exordia ; sed finis proditione damnatur. Lege Ezechielem : « Justitia justi non liberabit eum, in quacumque die peccaverit. Et impietas impii non nocebit ei, in quacumque die conversus fuerit ab impietate sua » (*Ezech.* 33). Ista est scala Jacob, per quam Angeli (*a*) ascendunt, et descendunt : cui Dominus innititur lapsis porrigens manum, et fessos ascendentium gradus, sui contemplatione sustentans. Sed sicut non vult mortem peccatoris, tantum [al. *tantum quantum*] ut convertatur et vivat : ita tepidos odit, et cito ei nauseam faciunt.

286 Cui plus dimittitur, plus diligit.

7. *Vestium cultus.* — Meretrix illa in Evangelio baptizata lacrymis suis, et crine, quo multos ante deceperat, pedes Domini tergens, salvata est (*Luc.* 7). Non habuit crispantes mitras, nec stridentes calceolos, nec orbes stibio fuliginatos. Quanto foedior, tanto pulchrior. Quid facit in facie Christianae purpurissus et cerussa ? quorum alterum ruborem genarum labiorumque mentitur ; alterum candorem oris et colli : ignis juvenum, fomenta libidinum, impudicae mentis indicia. Quomodo flere potest pro peccatis suis, quae lacrymis cutem nudat, et sulcos ducit in facie ? Ornatus iste non Domini est ; velamen istud Antichristi est. QUA FIDUCIA erigit ad coelum vultus, quos Conditor (*b*) non agnoscat ? Frustra obtenditur adolescentia, et aetas puellaris asseritur. Vidua quae marito placere desivit, et juxta Apostolum vere vidua est, nihil habet necessarium, nisi perseverantiam. Meminit pristinae voluptatis, scit quid amiserit, quo delectata sit. Ardentes diaboli sagittae, jejuniorum et vigiliarum rigore [al. *frigore*] restinguendae sunt. Aut loquendum nobis est, ut vestiti sumus : aut vestiendum, ut loquimur. Quid aliud pollicemur, et aliud ostendimus ? LINGUA personat castitatem, et totum corpus praefert impudicitiam.

8. Hoc quantum ad habitum pertinet et ornatum. Caeterum *vidua quae in deliciis est* (non est meum, sed Apostoli) *vivens mortua est.* Quid sibi vult hoc quod ait : *vivens mortua est?* (1. *Tim.* 5. 6.) Vivere quidem videtur ignorantibus, et non esse peccato mortua, sed Christo, quem secreta non fallunt, mortua est. « Anima quae peccaverit, ipsa morietur » (*Ezech.* 18). « Quorumdam hominum peccata manifesta sunt, praecedentia ad judicium : quosdam autem et subsequuntur. Similiter et facta bona manifesta sunt : et quae aliter se habent, abscondi non possunt » (1. *Tim.* 5. 24. *et* 25). Quod dicit istiusmodi est : Quidam tam libere et palam peccant, ut postquam eos videris, statim intelligas peccatores. Alios autem, qui callide occultant vitia sua, ex sequenti conversatione cognoscimus. Similiter et bona apud aliquos in propatulo

(*a*) Postrema editio Benedictin. juxta vetustiores alias, uno tantum verbo, *conscendunt.* Tum *lassis* pro *lapsis*, quod olim in Erasmiana Victorius correxerat ; nosque restituere non dubitavimus, ne ταυτολογίας vitio peccaret hic locus, cum statim *fessos* nominet.

(*b*) Ita correximus e Mss. antea enim erat *nos agnoscit.* Conferenda porro est Epist. 22. ad Eustochium n. 15.

sunt, in aliis longo usu discimus. Quid ergo necesse est nos jactare pudicitiam, quae sine **287** comitibus et appendiciis suis, continentia et parcitate, fidem sui facere non potest ? Apostolus macerat corpus suum, et animae subjicit imperio ; ne quod aliis praecipit, ipse non servet : ET ADOLESCENTULA ferventi cibis corpore, de castitate secura est?

9. Neque vero haec dicens, condemno cibos, quos Deus creavit ad utendum cum gratiarum actione ; sed juvenibus et puellis (*c*) incentiva aufero voluptatum. Non Aetnaei ignes, non Vulcania tellus, non Vesevus et (1) Olympus tantis ardoribus aestuant, ut juveniles medullae vino plenae, et dapibus inflammatae. Avaritia calcatur a plerisque, et cum marsupio deponitur. Maledicam linguam indicium emendat silentium. Cultus corporis et habitus vestium, unius horae spatio commutatur. Omnia alia peccata extrinsecus sunt ; et quod foris est, facile abjicitur. Sola libido insita a Deo, ob liberorum procreationem, si fines suos egressa fuerit, redundat in vitium, et quadam lege naturae in coitum gestit erumpere. Grandis igitur virtutis est, et sollicitae diligentiae, superare quod nata sis : in carne, non carnaliter vivere : tecum pugnare quotidie, et inclusum hostem Argi (ut fabulae ferunt) centum oculis observare. Hoc est quod Apostolus verbis aliis loquebatur : « Omne peccatum quod fecerit homo, extra corpus est. Qui autem fornicatur, in corpus suum peccat » (2. *Cor.* 6. 18). Aiunt medici, et qui de humanorum corporum scripsere naturis, praecipueque Galenus in libris, quorum titulus περὶ (*d*) ὑγιεινῶν (*Galeni libri de Tuenda sanitate*), puerorum et juvenum, ac perfectae aetatis virorum mulierumque corpora (*e*) insito calore fervere, et noxios esse his aetatibus cibos, qui calorem augeant ; sanitatique conducere frigida quaeque in esu et potu sumere. Sicut e contrario senibus, qui pituita laborant et frigore, calidos cibos, et vetera vina prodesse. Unde et Salvator : « Attendite, inquit, vobis, ne forte graventur corda vestra in crapula et ebrietate, et curis hujus vitae » (*Luc.* 21. 34). Et **288** Apostolus : « Nolite inebriari vino, in quo est luxuria » (*Ephes.* 5. 18). Nec mirum hoc figulum sensisse de vasculo, quod ipse fabricatus est, cum etiam Comicus, cujus finis est humanos mores nosse atque describere, dixerit :

Sine Cerere et Libero friget Venus.
(TERENT. *in Eunuc.*)

(*c*) Mss. fere omnes, atque editi vetustiores *incentiva esse adsero voluptatis :* quemadmodum etiam in Aquisgranensi Concilio an. 816. a quo potior hujus Epistolae pars exscribitur lib. 2.

(*d*) Perperam hucusque vulgati περὶ ὑγιεινῶν, veteri editione, qua saepe utimur, excepta, ex qua, et maxime e Mss. ὑγιεινῶν restituimus, sic enim habet etiam Galinici libri titulus, et praeterea ὑγιεινὰ plurium numero Graece non dicimus, sicut neque Latine *valetudines.*

(*e*) Variat Cisterciens. exemplar, aut potius peccat ; primo enim heic verbum *conducere* interserit, tum subsequenti versu legit contrario sensu, *sanitatique nocere frigida.*

(1) Pro Olympo, quem ignibus ardere non legimus, docti viri substituendum putant *Chimaeram,* Tauri montis in Lycia, de qua Pomponius Mela lib. 1. cap. XV. « Lycia, inquit, ut ferunt infestata olim Chimaerae ignibus, Sidae portu et Tauri promontorio grandem sinum claudit. » Et Plinius, « mons Chimaera noctibus flagrans, » etc.

10. *Quid vitandum juvenibus in cibis.* — Primum igitur, si tamen stomachi (*a*) firmitas patitur, donec puellares annos transeas, aquam in potu sume, quæ natura frigidissima est. Aut si hoc imbecillitas prohibet, audi cum Timotheo : « Vino modico utere propter stomachum, et frequentes tuas infirmitates » (1. *Tim.* 5, 23). Deinde in ipsis cibis calida quæque devita : non solum de carnibus loquor, super quibus vas electionis profert sententiam : « Bonum est vinum non bibere, et carnem non manducare; » sed etiam in ipsis leguminibus inflantia quæque, et gravia [al. *gravida*] declinanda sunt : nihilque ita scias conducere Christianis adolescentibus, ut esum olerum. Unde et in alio loco : « Qui infirmus est, ait, olera manducet » (*Rom.* 14. 2); ardorque corporum frigidioribus epulis temperandus est. Sic [al. *Si*] autem tres pueri et Daniel leguminibus vescebantur. Pueri erant, necdum (*b*) ad sartaginem venerant, in qua rex Babylonius senes judices frixit. Nobis non corporis cultus, qui in illis (excepto privilegio gratiæ Dei) ex hujuscemodi cibis enituerat; sed animæ vigor quæritur, quæ carnis infirmitate fit fortior. Inde est quod nonnulli vitam pudicam appetentium, in medio tinere corruunt, dum solam abstinentiam carnium putant; et leguminibus onerant stomachum, quæ nisi moderate parceque sumpta, innoxia sunt. Et, ut quod sentio loquar, nihil sic inflammat corpora, et titillat membra genitalia, sicut indigestus cibus, ructusque convulsus. Malo apud te, filia, verecundia parumper, quam causa periclitari. Quidquid seminarium voluptatum est, venenum puta. Parcus cibus, et venter semper esuriens, triduanis jejuniis **289** præfertur ; et multo melius est quotidie parum, quam raro satis sumere. Pluvia illa optima est, quæ sensim descendit in terram. Subitus et nimius imber in præceps arva subvertit.

11. Quando comedis, cogita quod statim tibi orandum, illico et legendum sit. De Scripturis sanctis habeto fixum versuum numerum ; istud pensum Domino tuo redde. Nec ante quieti membra concedas, quam calathum pectoris tui, hoc subtegmine impleveris. Post Scripturas sanctas doctorum hominum tractatus lege : eorum dumtaxat, quorum fides nota est. Non necesse habes aurum in luto quærere ; multis margaritis, unam redime margaritam. Sta , juxta Jeremiam, in viis pluribus (*Jerem.* 6. 16), ut ad illam viam quæ ad Patrem [al. *patriam*] ducit, pervenias. Amorem monilium atque gemmarum, sericarumque vestium , transfer ad scientiam Scripturarum. Ingredere terram repromissionis, lacte et melle manantem (*Exod.* 2). Comede sinailam et oleum : vestire cum Joseph variis indumentis (*Genes.* 37) : perforentur aures tuæ cum Jerusalem sermone Dei ; ut pretiosa ex illis novarum segetum grana dependeant. Habes (*c*) Sanctum Exsuperium, probatæ ætatis et fidei, qui te monitis suis frequenter instituat.

12. Fac tibi amicos de iniquo mammona, qui te recipiant in æterna tabernacula (*Luc.* 16). Illis tribue divitias tuas, qui non Phasides aves, sed cibarium panem comedant ; qui famem expellat, non qui augeat luxuriam. Intellige super egenum et pauperem (*Psal.* 40). Omni petenti te, da ; sed maxime domesticis fidei : nudum vesti, esurientem ciba, ægrotantem visita (*Luc.* 6). Quotiescumque manum extendis, Christum cogita. Cave ne , mendicante Domino Deo tuo, alienas divitias augeas.

13. *Cavendæ juvenum conjabulationes. Confabulandi fiducia in viduis. Sanctus amor impatientiam non habet. Laudes Eustochii virginis.* — Juvenum fuge consortia. Comatulos, comptos, atque lascivos, domus tuæ tecta non videant. Cantor pellatur, ut noxius. Fidicinas et psaltrias, et istiusmodi chorum diaboli, quasi mortifera sirenarum carmina proturba [al. *devita ac proturba*] ex ædibus tuis. Noli ad publicum subinde **290** procedere, et spadonum exercitu præeunte, viduarum circumferri libertate. Pessimæ consuetudinis est, cum fragilis sexus et imbecilla ætas suo arbitrio abutitur, et putat licere, quod libet. « Omnia quidem licent , sed non omnia expediunt » (1. *Cor.* 6. 12). Nec procurator calamistratus, nec formosus collactaneus, nec candidus [al. *candidulus*] et rubicundus assecla adhæreat lateri tuo. Interdum animus dominarum ex ancillarum habitu judicetur. Sanctarum virginum et viduarum societatem appete. Et si sermocinandi cum viris incubuerit necessitas, arbitros ne divites : tantaque confabulandi fiducia sit, ut intrante alio, nec paveas, nec erubescas. Speculum mentis est facies, et taciti oculi cordis fatentur arcana. Vidimus nuper ignominiosum quemdam per totum Orientem volitasse (*d*) rumorem. Et ætas, et cultus, et habitus, et incessus, et indiscreta societas, exquisitæ epulæ, regius apparatus, Neronis et Sardanapali nuptias loquebantur. Aliorum vulnus, nostra sit cautio. « Pestilente flagellato, (*e*) stultus sapientior erit. » (*Prov.* 19). Sanctus amor impatientiam non habet. Falsus rumor cito opprimitur, et vita posterior judicat de priore. Fieri quidem non potest, ut absque morsu hominum, vitæ hujus curricula quis

(*a*) Eodem sensu, sed forte verius duo Mss. *stomachi infirmitas.*
(*b*) Rectissime Victorius *sartaginem* hoc loco interpretatu accensam atque ebullientem ad libidines carnem. Senes vero judices, Achabum, et Sedechiam fuisse Hebræorum traditio est, illos eosdem, qui Susannæ pudicitiam tentarunt, quos Jeremias quidem igne damnari s, Daniel vero lapidatos dicit. Vide Hieronymum in Commentariis in utrumque locum.

(*c*) Est hic Exsuperius Tolosanus Episcopus, cui etiam Commentarios in Zachariam nuncupavit Hier. et cujus laudes fusius in Epistola ad Rufinum prosecutus est.
(*d*) Haud dubium quin in hac voce *rumorem* mendum cubet, qui enim videtur rumor atque humanis habitu, moribus, et cultu describitur? Sic tamen præferunt uno consensu Mss. atque editi , quos magno numero consuluimus, ut ab eorum auctoritate discedere non audeamus. Sed quando priores editores locum hunc neque castigant, neque tentant, nos alterum e duobus mallemus, aut cum vetustiori editione vocem illam penitus expungi, quod citra sensus dispendium commode fieri potest, aut illam transferre ad sequens comma, mutata interpunctione, ac legere in recto *tumor et ætas*, etc. quod fortasse verius, et ad S. Doctoris mentem scriberetur.
(*e*) Favent huic lectioni Proverbiorum Codices tam Hebraei, quam Graeci ac Latini, et ex Hieronymianis plerique, tametsi Erasm. ac Martianæus malunt *sapiens sanctior*, etc.

pertranseat : malorumque solatium est, bonos carpere, dum peccantium multitudine putant culpam minui peccatorum. Sed tamen cito ignis stipulæ conquiescit, et exundans flamma, deficientibus nutrimentis, paulatim emoritur. Si anno præterito fama mentita est, aut si certe verum dixit, cesset vitium, cessabit et rumor. Hæc dico, non quod de te sinistrum quid metuam, sed quod pietatis affectu, etiam quæ tuta sunt, pertimescam. O si videres (*a*) sororem tuam, et illud sacri oris eloquium coram te audire contingeret, cerneres in parvulo corpusculo ingentes animos. Audires totam veteris et novi Testamenti supellectilem ex illius corde fervere. Jejunia pro ludo habet, orationem pro deliciis. Tenet tympanum in **291** exemplum Mariæ, et Pharaone merso, Virginum choro præcinit : « Cantemus Domino, gloriose enim magnificatus est, equum et ascensorem dejecit in mare » (*Exod.* 15. 1). Has docet psaltrias Christo, has fidicinas erudit Salvatori. Sic dies, sic nox ducitur, et oleo ad lampades præparato, sponsi exspectatur adventus. Imitare ergo et tu consanguineam tuam. Habeat Roma, (*b*) quod augustior urbe Romana possidet Bethleem.

14. Habes opes, facile tibi est indigentibus victus subsidia ministrare. Quod luxuriæ parabatur, virtus insumat : nullam [al. *nulla*] nuptias contemptura timeat egestatem. Redime virgines, quas in cubiculum regis inducas. Suscipe viduas, quas inter Virginum lilia, et Martyrum rosas, quasi quasdam violas, misceas : pro corona spinea, in qua Christus mundi delicta portavit, talia serta compone. Lætetur et adjuvetur nobilissimus pater tuus : discat a filia, quod didicerat ab uxore. Jam incanuit caput, tremunt genua, dentes cadunt : et fronte ob senium rugis arata, vicina est mors in foribus ; designatur rogus prope. Velimus, nolimus, senescimus. Paret sibi viaticum, quod longo itineri necessarium est. Secum portet, quod invitus dimissurus est ; imo præmittat in cœlum, quod si negaverit, terra sumptura est.

15. Solent adolescentulæ viduæ, quarum nonnullæ abierunt retro post Satanam, cum luxuriatæ fuerint in Christo (*c*) nubentes dicere : Patrimoniolum meum quotidie perit : majorum hæreditas dissipatur : servus contumeliose locutus est : imperitam ancilla neglexit. Quis procedet ad publicum? quis respondebit pro agrorum tributis? Parvulos meos qui erudiet, et vernulas quis educabit? Et hanc proh nefas, causam opponunt matrimonii, quæ vel sola debuit nuptias impedire. Superducit mater filiis, non (*d*) nutritium, sed hostem ; non parentem, sed tyrannum. Inflammata libidine, obliviscitur uteri sui : et inter parvulos suas miserias nescientes, lugens dudum, nova nupta **292** componitur. Quid obtendis (*e*) patrimonium? quid superbiam servulorum? Confitere turpitudinem. Nulla idcirco maritum ducit, ut cum marito non dormiat. Aut si certe libido non stimulat, quæ tanta insania est, in morem scortorum prostituere castitatem, ut augeantur divitiæ ; et propter rem vilem atque perituram, pudicitia, quæ et pretiosa et æterna est, polluatur? Si habes liberos, nuptias quid requiris? si non habes, quare expertam non metuis sterilitatem ; et rem incertam, certo præfers pudori?

Sponsales tabulæ. Nuptiarum secundarum miseriæ. — Scribuntur tibi nunc sponsales tabulæ, ut post paululum (*f*) testamentum facere compellaris. Simulabitur mariti infirmitas : et quod te morituram facere volet, ipse victurus faciet : aut si evenerit, ut ex secundo marito habeas filios, domestica oritur pugna, intestinum prælium. Non licebit tibi amare liberos, nec æquis aspicere oculis, quos genuisti. Clam porriges cibos, invidebit mortuo : et nisi oderis filios, adhuc eorum amare videberis patrem. Quod si de priore uxore sobolem habens, domum te introduxerit ; etiam si clementissima fueris, omnes Comœdi, e Mimographi, et communes Rhetorum loci, in novercam sævissimam declamabunt. Si privignus languerit, et condoluerit caput, infamaberis ut venefica. Si non dederis cibos, crudelis ; si dederis, malefica diceris. Oro te, quid habent tantum boni secundæ nuptiæ, ut hæc mala valeant compensare?

16. Volumus scire quales esse debeant viduæ? Legamus Evangelium secundum Lucam : *Et erat*, inquit, *Anna prophetissa, filia Phanuel de tribu Aser* (*Luc.* 2, 36). Anna, interpretatur *gratia*. Phanuel, in lingua nostra, resonat *vultum Dei*. Aser, vel in *beatitudinem*, vel in *divitias* vertitur. Quia igitur ab adolescentia usque ad octoginta quatuor annos viduitatis onus sustinuerat, et non recedebat de templo Dei, diebus ac noctibus insistens jejuniis et obsecrationibus : idcirco meruit gratiam spiritualem [al. *specialem*], et nuncupari filia vultus Dei ; (*g*) et ab atavis, **293** beatitudine, divitiisque censetur. Recordemur viduæ Sareptanæ, quæ et suæ et filiorum saluti, Eliæ prætulit famem : ut in ipsa nocte moritura cum filio, superstitem hospitem relinqueret, malens vitam perdere, quam eleemosynam : et in pugillo (*h*) farinæ semi-

---

(*a*) Eustochium videtur intelligenda, quæ consanguinea quidem erat Furiæ, non tamen soror, nisi si spiritus dicenda sit ; quod et supra notatum est nobis epist. 22. num. 27.

(*b*) Plerique editi ac Mss. *angustior*, vitiose tamen, nec ad S. Doctoris mentem, quod ex aliis similibus locis constat.

(*c*) Postrema editio Benedictina *subnubentes*, incongrua heic loci lectione. Vulgati alii, ac Mss. ut edidimus. At *subnubentes* Gravius etiam probat ex vetustis codicibus.

(*d*) Aliter duo Mss. *vitricum*.

(*e*) Heic quoque Erasmum secutus Editor Benedictinus perperam legit *matrimonium* pro *patrimonium*, contra Hieronymi mentem, ut ex superiori contextu apparet, et Mss. fidem.

(*f*) Conferendus Ammian. Marcellinus l. 28. quo fraude in illam, se invicem compellendi conjuges ad testamenta condenda, pluribus damnat. « Parte alia uxor maritum testari compellit, hocque idem ut faciat uxor, urget maritus instanter. Periti juris altrinsecus adsciscuntur, etc. » Sed et noster Zeno Serm. 2. de Avaritia. « Inde est, inquit, quod conjuges nuptiali sanctissimo repugnantes jure, jam se quisque miretur, amore videlicet nimio, hæreditatem capiant alter alterius. »

(*g*) Victoriæ et atavi *beatitudine divitiisque censeri*.

(*h*) Anna erat *farris* ; sed ut edidimus, habent vetera exemplaria omnia, quæ nos, et quæ Beatinus interpres consuluit : quem etiam paullo infra sequimur, legentes *in gentian vidua*, pro eo quod erat *inaentia viduæ*.

narium sibi messis Dominicæ præparavit. Farina seritur, et olei capsaces nascitur. In Judæa frumenti est penuria. Granum enim tritici ibi mortuum fuerat (*Joan.* 12), et in gentium vidua olei fluenta manabant. Legimus in Judith (*a*) (si cui tamen placet volumen recipere) viduam confectam jejuniis, et habitu lugubri sorditatam, quæ non lugebat mortuum virum, sed squalore corporis, sponsi quærebat adventum. Video armatam gladio manum, cruentam dexteram. Recognosco caput Holophernis de mediis hostibus reportatum (*Judith.* 8. *et seqq.*). Vincit viros femina, et castitas truncat libidinem : habituque repente mutato, ad victrices sordes redit, omnibus sæculi cultibus mundiores.

17. (*b*) Quidam imperite et Deboram inter viduas numerant, ducemque Barac, arbitrantur Deboræ filium ; cum aliud Scriptura commemoret. Nobis ad hoc nominabitur, quod Prophetissa fuerit, et in ordine Judicum supputetur. Et quia dicere poterat : « Quam dulcia gutturi meo eloquia tua : super mel et favum ori meo (*Psal.* 118. 103). Apis nomen accepit, Scripturarum floribus pasta, Spiritus Sancti odore perfusa, et dulces ambrosiæ succos prophetali ore componens. Noemi (quæ nobiscum [*c*] sonat παρακεκλημένη, quam interpretari possumus *consolatam*) marito et liberis peregre mortuis, pudicitiam reportavit in patriam ; et hoc sustentata viatico (*d*) nurum Moabitidem tenuit (*Ruth.* 1); ut illud Isaiæ vaticinium compleretur : « Emitte agnum Domine dominatorem terræ de petra deserti, ad montem filiæ Sion » (*Isai.* 16. 1). Venio ad Viduam de Evangelio, viduam pauperculam (*Luc.* 21), omni Israelitico populo ditiorem, quæ accipiens granum sinapis, et mittens fermentum in farinæ satis tribus ; Patris et Filii confessionem, Spiritus Sancti gratia temperavit, et duo minuta misit in Gazophylacium. Quidquid (al. *id est quidquid*) habere poterat in substantia sua, universasque divitias in utroque fidei suæ obtulit Testamento. Hæc sunt duo Seraphim ter glorificantia Trinitatem, et in thesauros Ecclesiæ condita. Unde et forcipe utriusque Testamenti, ardens carbo comprehensus, purgat labia peccatoris.

18. Quid vetera repetam, et virtutes feminarum de libris proferam, cum possis multas ante oculos tibi proponere in Urbe qua vivis, quarum imitari exemplum debeas ? Et ne videar adulatione per singulas currere, sufficit tibi sancta Marcella, quæ respondens generi suo, aliquid nobis de Evangelio retulit. Anna septem annis a virginitate sua vixerat cum marito, ista septem mensibus. Illa Christi exspectabat adventum : ista tenet, quem illa susceperat. Illa vagientem canebat (al. *cernebat*) : ista prædicat triumphantem. Illa loquebatur de eo omnibus, qui expectabant redemptionem Israel (al. *Jerusalem*) : hæc cum redemptis gentibus clamitat : « Frater non redimit, redimet homo » (*Ps.* 48. 8), et de alio Psalmo, «Homo natus est in ea, et ipse fundavit eam altissimus» (*Ps.* 86. 5). Scio me ante hoc ferme biennium, edidisse libros contra Jovinianum, quibus venientes e contrario quæstiones, ubi Apostolus concedit secunda matrimonia, Scripturarum auctoritate contrivi. Et non est necesse eadem ex integro scribere, cum possis inde quæ scripta sunt mutuari. Hoc tantum, ne modum egrediar epistolæ, admonitam te volo : Cogita quotidie, te esse morituram, et nunquam de secundis nuptiis cogitabis.

EPISTOLA LV (*e*).

AD AMANDUM.

Amando Presbytero, qui sibi proposuerat per litteras tres quæstiones, simulque de cujusdam Sororis statu consuluerat, ad singula respondet.

Domino vere sancto et suscipiendo fratri (*f*) AMANDO Presbytero HIERONYMUS.

1. Brevis Epistola longas explanare non valet quæstiones, et in arctum multa concludens, stringere verbis, quod sensibus dilatatum est. Interrogas, quid significet illud in Evangelio juxta Matthæum : « Nolite solliciti esse de crastino ; sufficit enim diei malitia sua » (*Matth.* 6. 34). Crastinum, in Scripturis sanctis, futurum tempus significat : sicut et Jacob in Genesi loquitur : « Exaudiet me cras justitia mea » (*Gen.* 30. 33). Et ubi altare exstruitur a duabus tribubus Ruben et Gad, et dimidia tribu Manasse, a cuncto Israele ad eas legatio mittitur, cum Phinces Pontifici respondissent, idcirco se altare fecisse, ne cras filiis suis colendi Deum possessio denegaretur (*Josue* 22. 24). Et multa istiusmodi in veteri reperies Instrumento. Qui ergo de futuris nos cogitare prohibuit, concessit de præsentibus, propter humanæ vitæ fragilitatem. Quod autem adjicit, « sufficit diei

---

(*a*) Otiosum puto ex antiquioribus recensere, qui librum hunc laudant : Clemens epistol. ad Corinth. et qui eum mentitur in Constitut. Apostolicis. Origenes pluribus locis, Africanus, Clemens alius Alexandrin. Strom. 4. Tertullian. de Monogamia cap. 17. Ambrosius de Officiis 3. et de Viduis; ne dicam de Augustino Doctrin. Christ. lib. 2, cap. 8. et Carthaginem. Concilio 3. can. 17. aliisque innumeris testimoniis, quæ secutis temporibus proferri possunt. Præstabit vero totam ipsius Hieron. in hunc librum, quem e Chaldæo vertit, Præfationem conferre ; hæc enim ad hujus loci sensum explanandum adducimus, cum ceterum probe teneas, non licere hodie ejus authenticitatem vocare in dubium.

(*b*) Præ cæteris S. Ambrosium lib. de Viduis cap. 8. videtur insimulare, ille enim Barac Deboræ filium sentit, quod negant plerique alii, ex iis etiam qui Deboram inter viduas censent. Scriptura autem illam vocat uxorem Lapidoth, ex quo tamen, viduam recte dici, alii volunt, vel quod demortuus jam esset maritus, vel quod Lapidoth non viri sit nomen, sed artis, ut vertendum sit, *mulierem lychnariam*.

(*c*) Hæc porro nominis interpretatio Noemi haud convenit, et quantum novimus, veteribus quoque Lexicographis prorsus ignota est. Verius diceretur *amaritudo Domini* : non enim per ת scribitur, sed per ע litteram נעמי. Sed forte Hieronymus sonum vocis hujus attendit, non elementa.

(*d*) Ruth nempe, quæ Booz nupsit, genuitque Obed, unde Jesse, et David, per quem Jesus Christus.

(*e*) al. 147. *scripta circ. eumdem annum* 394.
(*f*) Hic est ille Amandus Burdigalæ Presbyter, et postea Episcopus, ad quem plures S. Paulinus epistolas dedit. Inter Sanctos refertur in Rom. Martyrolog. 14. Kal. Julii. Sed aliam ab Amandum epistolam, eamque de tribus aliis quæstionibus memorat Cassiodorus Instit. 1. 1. cujus nullum superest vestigium, nec apud alios veteres, aut recentiores est mentio. Vide præfationem.

malitia sua ı *(Matth.* 6. 34), hoc modo intellige : Sufficit nobis de præsentibus hujus sæculi cogitare angustiis. Quid necesse est sensum ad incerta et futura extendere, quæ aut consequi non possumus, aut forsitan cito inventa perdamus ? Κακία enim quam *(a)* Latinus vertit in *malitiam,* apud Græcos duo significat, et malitiam, et afflictionem, quam κακώσιν Græci dicunt, et hic magis pro malitia, transferri debuit afflictio. Quod si contentiose (al. *contentione.)* quis ducitur, nolens κακίαν afflictionem sonare et angustias, sed malitiam, illo sensu explanandum est, quo mundus in maligno, hoc est in malo positus sit ; et in Dominica Oratione dicimus : *Liberas nos a malo* *(Matth.* 6. 3) : ut sufficiat nobis contra malitiam hujus sæculi præsens habere certamen.

296 2. In secundo quæsisti loco de beati Apostoli Pauli prima ad Corinthios Epistola, in qua loquitur : « Omne peccatum quod fecerit homo, extra corpus est. Qui autem fornicatur in corpus suum peccat (1. *Cor.*6.18). Legamus ergo paulo superius, et sic ad hæc verba veniamus, ne de extremis partibus, et ut ita dicam, cauda capituli totam sententiam nosse cupiamus. « Corpus, inquit, non fornicationi, sed Domino, et Dominus corpori. Deus autem qui Dominum suscitavit, et nos cum illo suscitabit per virtutem suam. Nescitis quia corpora vestra membra Christi sunt ? Tollens ergo membra Christi, faciam membra meretricis ? Absit. An nescitis, quia qui conjungit se meretrici, unum corpus est ? Erunt enim, inquit, duo in carnem unam » (*Ibid.* 13. *et seqq.*) « Qui autem conjungit se Domino, unus spiritus est. Fugite fornicationem. Omne peccatum quodcumque fecerit homo, extra corpus est. Qui autem fornicatur, in corpus suum peccat » (*Gen.* 2. 24; *et Marc.* 10. 8), et reliqua. Sanctus Apostolus contra luxuriam disputans, et in superioribus dicens : « Escæ ventri, et venter escis : Deus autem et hunc et illas destruet » (1. *Cor.* 6. 13), consequenter venit ad fornicationem. Etenim luxuria mater libidinis est, ventremque distentum cibo, et vini potionibus irrigatum, voluptas genitalium sequitur ; atque ut alibi dictum est, pro membrorum ordine, ordo vitiorum est. Omne itaque peccatum, verbi gratia furtum, homicidium, rapina, perjurium, et cætera his similia, post factum pœnitudinem habent : et licet invitet lucrum, tamen mordet conscientia. Voluptas sola ac libido etiam in ipso tempore pœnitendi, præteritos stimulos patitur, et titillationem carnis, et incentiva peccati : ut per hæc, quæ corrigi cupimus, cogitantes, rursum sit materia delinquendi. Aliter : Cætera peccata forinsecus sunt. Quidquid enim egerimus, in alios agimus : fornicatio non solum conscientiam fornicantis, sed et corpus maculat, ac secundum sententiam Domini, qua ait : « Propter hoc relinquet homo patrem et matrem, et adhærebit uxori suæ, et erunt duo in carnem unam (*Marc.* 10. 7. 8), etiam ipse cum meretrice unum corpus efficitur ; et peccat in corpus suum, dum templum Christi facit corpus esse meretricis. Dicamus et aliter, ne ullam Græcorum sententiam præterire videamur. Aliud est **297** peccare per corpus, aliud in corpore. Furtum, homicidium, et cætera absque fornicatione peccata, manu administramus extrinsecus : fornicatio sola intrinsecus in corpore nostro exercetur a nobis, non per corpus in alios : *et per,* præpositio ministerium habet : *in,* autem in se passionem. *(b)* Sunt qui ita ediscerant, quod secundum Scripturam uxor viri corpus sit, et quicumque fuerit fornicatus, peccet in corpus suum, hoc est in uxorem, dum eam sua fornicatione commaculat, et facit eam non peccantem, sua commixtione peccare.

(c) 3. Reperi junctam Epistolæ et Commonitoriolo [al. *Commentariolo*] tuo brevem chartulam, in qua hæc indita ferebantur : Quærendum ab eo, id est a me, utrum mulier relicto viro adultero, et sodomita, et alio per vim accepto, possit absque pœnitentia communicare Ecclesiæ, vivente adhuc eo quem prius reliquerat. Quod legens, illius versiculi recordatus sum: « Ad excusandas excusationes in peccatis » *(Ps.* 140). Omnes enim homines vitiis nostris favemus ; et quod propria facimus voluntate, ad naturæ referimus necessitatem. Quomodo si dicat adolescens : vim patior corporis, me ad libidinem ardor impellit, ipsa organa membrorum genitalium, et compositio corporis, femineos quærit amplexus. Et rursum si homicida, in egestate, inquit, eram, indigebam cibo, tegmen corporis non habebam ; ideo alienum sanguinem fudi, ne ipse fame et frigore morerer. Responde itaque sorori, quæ a nobis super suo statu quærit, non nostram, sed Apostoli sententiam. « An ignoratis, fratres, scientibus enim Legem loquor, quoniam lex dominatur homini, quanto tempore vivit ? Mulier enim quæ sub viro est, vivente viro, astricta est Legi. Quod si mortuus fuerit vir ejus, liberata est a lege viri. Ergo vivente viro, adultera erit, si duxerit alterum virum » (*Rom.* 7. 1. *et seqq.*). Et in alio loco : « Mulier alligata est, quanto tempore vivit vir ejus. Si autem dormierit vir ejus, liberata est : cui vult nubat, tantum in Domino » (1. *Cor.* 7. 39). Omnes igitur causationes Apostolus amputans, apertissime definivit, vivente viro adulteram esse mulierem, si alteri nupserit. Nolo mihi proferas raptoris **298** violentiam, matris persuasionem, patris auctoritatem, propinquorum catervam, *(d)* servorum insidias atque

---

(a) Sic veteres editi ac Mss. Martianæus tamen *Latina.* Vetustiss. Vatic. exemplar. 585. *quæ Latinis vertit* : leg. *vertitur.*

(b) Ex ejusdem Vatic. lectione, *sed qu ita disserunt aiunt quod secundum,* etc. verior fortasse sensus constabit. Paulo infra *sui commixtione* pro *sua,* etc.

(c) Editi omnes ante Martianæum libri tertiam hoc loco quæstionem obtrudunt, cui proxime quæ hic subsequuntur de muliere, quæ alterum virum accepit, serie immutata, in fine subjicitur. Et revera concinnior ille ordo videri possit, caute cum nullius quod viderimus, aut sciamus Ms. exemplaris auctoritate nitatur, ab eorum fide recedere nobis non licet. Forte etiam hæc junxerit ipse Hieronymus, quod ad ipsam quam modo edisserit quæstionem, respectum nescio quem habeant. Interim Vatic. *indicata* legit pro *indita.*

(d) Vatic. aliter *servorum insidias, parentum damna,* etc. Vetus editio utraque voce retenta, *atque contemptu parentum, damna.*

contemptum, damna rei familiaris. Quamdiu vivit vir, licet adulter sit, licet sodomita, licet flagitiis omnibus coopertus, et ab uxore propter hæc scelera derelictus, maritus ejus reputatur, cui alterum virum accipere non licet. Nec Apostolus hæc propria auctoritate decernit, sed Christo in se loquente, Christi verba secutus est, qui ait in Evangelio : « Qui dimittit uxorem suam, excepta causa fornicationis, facit eam mœchari : et qui dimissam acceperit, adulter est » (*Matth.* 5. 32). Animadverte quid dicat : « Qui dimissam acceperit, adulter est : » sive ipsa dimiserit virum, sive a viro dimissa sit, adulter est qui eam acceperit. Unde et Apostoli gravem conjugii sarcinam intelligentes : « Si ita est, inquiunt, non expedit homini uxorem accipere. » Ad quos Dominus : « Qui potest, inquit, capere, capiat » (*Matth.* 19. 10. *et* 12). Statimque sub exemplo trium eunuchorum, virginitatis infert beatitudinem, quæ nulla carnis lege tenetur.

4. Neque satis animadvertere potui, quid sit quod dicere voluit, alio viro per vim accepto. Quid est, per vim accepto? Congregata videlicet multitudine, nolentem rapuit : (*a*) et quare postea raptorem rapta non dimisit? Legat libros Moysi, et inveniet desponsatam viro, si in civitate fuerit oppressa, et non clamaverit, puniri quasi adulteram (*Deut.* 22). Si autem in agro oppressa sit, innoxiam esse a scelere; et violentum legibus subjacere. Ergo et ista soror, quæ, ut dicit, vim passa est, ut alteri jungeretur, si vult corpus Christi accipere, et non adultera reputari, agat pœnitentiam : ita duntaxat , ut secundo viro, qui non appellatur vir, sed adulter, a tempore pœnitentiæ non copuletur. Quod si ei durum videtur, et semel dilectum non potest derelinquere, nec præferre Dominum voluptati , audiat Apostolum conclamantem : « Non potestis calicem Domini bibere, et calicem dæmoniorum. Non potestis mensæ Domini communicare, et mensæ dæmoniorum » (1. *Cor.* 10. 20). Et in alio loco : « Quæ communicatio luci ac tenebris? Qui consensus Christo, et Belial? » (2. *Cor.* 6. 14. 15.) Rem novam loquor , imo non novam, sed veterem, quæ veteris Testamenti auctoritate firmatur. Si reliquerit secundum virum, et reconciliari voluerit priori, non potest. Scriptum est enim in Deuteronomio : « Si acceperit homo uxorem, et habuerit eam : et non invenerit gratiam in conspectu ejus propter aliquam fœditatem, scribet libellum repudii, et (*b*) dabit in manus ejus; et dimittet eam de domo sua. Cumque egressa alterum maritum duxerit; et ille quoque oderit eam, dederitque ei libellum repudii, et dimiserit de domo sua, vel certe mortuus fuerit, non poterit prior maritus recipere eam in uxorem : quia polluta est, et abominabilis facta est coram Domino. Ne peccare facias terram tuam, quam Dominus Deus tuus tradidit tibi possidendam »(*Deut.* 24. 1. *et seqq.*). Unde

obsecro te, ut consoleris eam, imo provoces ad salutem. Putridæ carnes ferro indigent et cauterio; nec est medicinæ culpa, sed vulneris, cum clementi crudelitate non parcit medicus, ut parcat, sævit, ut misereatur.

5. (*c*) Tertia, id est, extrema propositio tua fuit de eadem Apostoli Epistola, ubi de resurrectione disputans, venit ad eum locum, in quo scriptum est: « Oportet enim eum regnare, donec ponat omnes inimicos suos sub pedibus suis. Novissime autem inimica destruetur mors. Omnia enim subjecta sunt sub pedibus ejus » (1. *Cor.* 15. 25. 26). Cum autem dixerit, quia omnia subjecta sunt ei, haud dubium quin præter eum qui subjecit ei omnia. Cum vero subjecta ei fuerint omnia, tunc et ipse Filius subjicietur ei, qui sibi subjecit omnia; « ut sit Deus omnia in omnibus. » Et miror te hoc a me quærere voluisse, cum sanctus Hilarius Pictaviensis Episcopus, undecimum librum contra Arianos hac quæstione et solutione compleverit. Tamen pauca saltem dicamus. Omne in hoc scandalum est, quare Filius Patri subjectus esse dicatur. Quid est turpius sive inferius, Patri subjici (quod sæpe pietatis est, ut in Psalmo scribitur : « Nonne Deo subjecta erit anima mea ? »[*Ps.* 61. 1]) an crucifigi, et maledictum crucis fieri? « Maledictus enim omnis qui pendet in ligno » (*Deut.* 21. 23). Qui ergo pro nobis maledictum factus est, ut nos de maledictione liberaret, miraris si pro nobis subjectus sit, ut nos Patri faciat esse subjectos dicens in Evangelio : « Nemo vadit ad Patrem, nisi per me » (*Joan.* 14. 6) : Et « Cum exaltatus fuero a terra, omnia traham ad me » (*Ib.* 12. 32). Christus in his qui fideles sunt, subjectus est Patri : quia omnes credentes , imo omne hominum genus, corporis ipsius membra reputantur. In his autem qui increduli sunt, id est, Judæis et Ethnicis et Hæreticis, insubjectus esse dicitur, quia pars membrorum ejus non est subjecta fidei. In fine autem mundi cum omnia membra regnantem viderint Christum, id est, corpus suum, etiam ipsa subjicientur Christo, id est, corpori suo, ut omne Christi corpus subjiciatur Deo, et Patri ; « ut sit Deus omnia in omnibus. » Non ait : « ut sit Pater omnia in omnibus; » sed « ut sit Deus : » quod proprium nomen est Trinitatis, et tam ad Patrem, quam ad Filium et Spiritum Sanctum referri potest, ut humanitas subjiciatur divinitati. Humanitatem hoc loco dicimus, non mansuetudinem et clementiam, quam Græci φιλανθρωπίαν vocant, sed omne hominum genus. Porro quod ait, « ut sit Deus omnia in omnibus, » hoc sensu accipiendum est : Dominus atque Salvator noster nunc omnia non est in omnibus, sed pars in singulis. Verbi gratia, in Salomone sapientia, in David bonitas, in Job patientia, in Daniele cognitio futurorum, in Petro fides, in Phinees et Paulo zelus, in Joanne virginitas, in cæteris cætera. Cum

---

(*a*) Idem Vatic., *et virum postea non raptorem rapta dimisit. Legat*, etc.
(*b*) Quidam Ms. *et dabit ei, et dimittet*, vitiose tamen ut puto.

(*c*) Hinc alteram epistolam incipiunt Mss. veteres libri Vaticanus, Nonantulanus, aliique, hac præposita epigrapho ex minio, « Epistolaris sermo ad quem supra. Vel ejusdem Epistolaris responsio, unde supra. Propositio fuit de eadem Apostoli, » etc. Vel « Propositio tua fuit. »

autem rerum omnium finis advenerit, tunc omnia in omnibus erit, ut singuli Sanctorum omnes virtutes habeant, ut sit Christus totus in cunctis.

EPISTOLA LVI (a)

AUGUSTINI AD HIERONYMUM.

Augustinus Hieronymo de nova post LXX. veteris Testamenti versione, deque Petro reprehenso a Paulo ad Galat. 2. expostulans de suscepto hinc patrocinio mendacii officiosi.

(b) Domino dilectissimo, et cultu sincerissimæ caritatis obsequendo atque amplectendo fratri et Compresbytero HIERONYMO AUGUSTINUS.

1. « Nunquam æque quisquam tam facile cuilibet innotuit, quam mihi tuorum **301** in Domino studiorum quieta lætitia, et vere exercitatio liberalis. Quanquam ergo percupiam omnino te nosse, tamen exiguum quiddam tui (c) minus habeo, præsentiam videlicet corporis : quam ipsam etiam postea quam te beatissimus nunc Episcopus, tunc vero jam Episcopatu dignus, frater (d) Alypius vidit, remeansque a me visus est, negare non possum, magna ex parte mihi esse relatu ejus impressam : et ante reditum cum te illo ibi videbat, et ego videbam, sed oculis ejus. Non enim animo me atque illum, sed corpore duos, qui noverit, dixerit, concordia dumtaxat et familiaritate fidissima, non meritis, quibus ille antecellit. Quia ergo me primitus communione spiritus, quo in unum (e) nectimur : deinde illius ex ore jam diligis, nequaquam impudenter, quasi aliquis ignotus, commendo germanitati tuæ fratrem (f) Profuturum, quem nostris conatibus, deinde adjutorio tuo vere profuturum speramus : nisi forte quod talis est, ut ipse tibi per eum fiam commendatior, quam ille per me. Hactenus fortasse scribere debuerim, si esse vellem epistolarum solemnium more contentus : sed scatet animus in loquelas communicandas tecum de studiis nostris, quæ habemus in Christo Jesu Domino nostro ; qui nobis multas utilitates et viatica quædam demonstrati a se itineris, etiam [al. *demonstravit itineris; et jam.*] per tuam caritatem non mediocriter ministrare dignatur. »

2. « Petimus ergo, et nobiscum petit omnis Africa-

(a) Alias 86. scripta cir. annum 394. sed non reddita.
(b) Cisterciensis Ms. referentibus Benedictinis editoribus S. Augustini, « observando atque subsequendo, magisque amplectendo, etc. in Domino salutem. » Unus vero Corbeiensis, penes Martianæum, in hunc locum, Augustinus Presbyter, qua de re confer Notas Chronologicas.
(c) Victorius munus *legit, quam lectionem sic explicat, ut præsentia corporis, alterius tantum relatu percepta, pro exiguo munere heic sit accipienda.*
(d) Alypius an. 394. hoc nempe codem, quo hæc scripsisse creditur Augustinus, creatus est Tagastæ Episcopus.
(e) Haud bene Martianæus juxta Erasmianos codices, in unum nitimur, *quod Victorius castigat, verbo, ut ait, communionis magis respondente.*
(f) Profuturus iste cum iter in Palæstinam aggrederetur, Cirthæ Episcopus jussus est, et paulo post obiit. Hinc S. Hieronymo non est hæc epistola eo tempore reddita, ut ex 65, infra recensenda ejusdem Augustini constabit. Meminere autem hujus Profuturi etiam Paulinus epist. 32. et Evodius 158. quod ante nos Benedictinis editoribus notatum est.

narum Ecclesiarum studiosa societas, ut in interpretandis eorum libris qui Græce Scripturas nostras quam optime tractaverunt, curam atque operam impendere non graveris. Potes enim efficere, ut nos quoque habeamus illos tales viros, et unum potissimum quem tu libentius in tuis litteris sonas [*Origenem*]. De vertendis autem in linguam Latinam sanctis litteris Canonicis, laborare te nollem nisi eo modo quo Job interpretatus est : ut signis adhibitis, quid inter hanc tuam, et Septuaginta, quorum est gravissima auctoritas, interpretationem distet, appareat. Satis autem nequeo mirari, si aliquid adhuc in Hebraicis litteris et **302** exemplaribus invenitur, quod tot Interpretes illius linguæ peritissimos fugerit. Omitto enim Septuaginta, de quorum vel consilii, vel majore spiritus concordia, quam si [al. *quasi*] unus homo esset, non audeo in aliquam partem certam ferre sententiam ; nisi quod eis præeminentem auctoritatem in hoc munere sine controversia tribuendam existimo. Illi me plus movent, qui cum posteriores interpretarentur, et verborum locutionumque Hebræarum viam atque regulas mordicus (ut fertur) tenerent, non solum inter se non consenserunt ; sed etiam reliquerunt multa, quæ tanto post eruenda et prodenda remanerent. Si enim obscura sunt, te quoque in illis falli potuisse creditur : si autem manifesta, (g) illos in eis falli potuisse non creditur. Hujus igitur rei pro tua caritate expositis causis, certum me facias obsecraverim. »

3. *Simulatio patrocinium mendacii.* « Legi etiam quædam scripta, quæ tua dicerentur, in Epistolas Apostoli Pauli, quarum unam ad Galatas, cum enodare velles, venit in manus locus ille, quo Apostolus Petrus a perniciosa simulatione revocatur. Ibi patrocinium mendacii susceptum esse, vel abs te tali viro, vel a quopiam, si alius illa scripsit, fateor, non mediocriter doleo, donec refellantur (si forte refelli possunt) ea quæ me movent. Mihi enim videtur exitiosissime credi aliquid in sanctis libris haberi mendacium, id est, eos homines, per quos nobis illa Scriptura ministrata est atque conscripta, aliquid in suis libris fuisse mentitos. Alia quippe quæstio est, Sitne aliquando mentiri viri boni : et alia quæstio est, Utrum scriptorem sanctarum Scripturarum mentiri oportuerit : imo vero non alia, sed nulla est quæstio. Admisso enim semel in tantum auctoritatis fastigium officioso aliquo mendacio, nulla illorum librorum particula remanebit, quæ non, ut cuique videbitur vel ad mores difficilis, vel ad fidem incredibilis, eadem perniciosissima regula ad mentientis auctoris consilium officiumque referatur. Si enim mentiebatur Apostolus Paulus cum Apostolum Petrum objurgans

(g) Iterum et tertio Martianæus peccat, ut cum Erasmo faciat, legens, « Si autem manifesta, superfluum est, te voluisse explanare, quod illos latere non potuit. » Quæ verba, ut notatum est Victorio, Hieronymi sunt, non Augustini, ex epistola, cujus initium Tres simul, *in hunc locum perperam adscita, prolixi, quæ ex Mss. omnibus, atque editis plerisque restituuntur,* illos in eis falli potuisse non creditur. *Probatur autem etiam Hieronymi testimonio citata Epistola, dum hæc ex Augustino repetit : « Si obscura, te quoque in illis falli potuisse credendum est. Sin manifesta, illos in eis non falli potuisse perspicuum est. »*

diceret: *Si tu cum sis* **303** *Judæus, Gentiliter, et non Judaice vivis, quemadmodum cogis gentes judaizare?* « Et recte illi videbatur Petrus fecisse, quem non recte fecisse et dixit, et scripsit » (*Galat.* 2. 14); « ut quasi animos tumultuantium deliniret. Quid respondebimus, cum exsurrexerint perversi homines, prohibentes nuptias, quos futuros ipse prænuntiavit; et dixerint totum illud quod idem Apostolus de matrimoniorum jure firmando locutus est, propter homines qui dilectione [al. *dilectioni*] conjugum tumultuari poterant, fuisse mentitum: scilicet non quod hoc senserit, sed ut illorum placaretur adversitas? Non enim opus est multa commemorare. Possunt enim videri etiam de laudibus Dei esse officiosa mendacia, ut apud homines pigriores dilectio ejus ardescat: atque ita nusquam certa erit in sanctis literis castæ veritatis auctoritas. Nonne attendimus eumdem Apostolum, cum ingenti cura veritatis commendandæ, dicere »: *Si autem Christus non resurrexit, inanis est prædicatio nostra, inanis est et fides vestra. Invenimur autem et falsi testes Dei: quia testimonium diximus adversus Deum, quod suscitavit Christum, quem non suscitavit* (1. Cor. 15. 14. 15). « Si quis huic diceret: quid in hoc mendacio perhorrescis, cum id dixeris, quod etiam si falsum sit, ad laudem Dei maxime pertinet? Nonne hujus detestatus insaniam, quibus posset verbis et significationibus in lucem penetralia sui cordis aperiret? Clamans non minore, aut fortasse etiam majore scelere in Deo laudari falsitatem, quam veritatem vituperari? Agendum est igitur, ut ad cognitionem divinarum Scripturarum talis homo accedat, qui de sanctis libris tam sancte et veraciter existimet, ut nolit aliqua eorum parte delectari per officiosa mendacia: potiusque id quod non intelligit, transeat, quam cor suum præferat illi veritati. Profecto enim cum hoc dicit, credi sibi expetit: et id agit, ut divinarum Scripturarum auctoritatibus non credamus. »

4. « Et ego quidem qualibuscumque viribus, quas Dominus suggerit, omnia illa testimonia quæ adhibita sunt, adstruendæ utilitati mendacii, aliter oportere intelligi ostenderem, ut ubique eorum firma veritas doceretur. Quam enim testimonia mendacia esse non debent, tam non debent favere mendacio. Sed hoc intelligentiæ tuæ relinquo. Admota enim lectioni diligentiori consideratione, multo id fortasse facilius videbis quam ego. Ad hanc autem considerationem **304** coget te pietas, qua cognoscis fluctuare auctoritatem Scripturarum divinarum, ut in eis quod vult quisque credat: quod non vult, non credat: si semel fuerit persuasum, aliqua ratione illos viros per quos nobis hæc ministrata sunt, in Scripturis suis officiose potuisse mentiri; nisi forte regulas quasdam daturus es, quibus noverimus ubi oporteat mentiri, et ubi non oporteat. Quod si fieri potest, nullo modo mendacibus dubiisque rationibus id explices, quæso. Nec me onerosum, aut impudentem judices, per humanitatem veracissimam Domini nostri. Nam, ut non dicam **nulla, certe non magna culpa, meus error veritati favet: si recte in te veritas potest favere mendacio.**

5. Multa alia cum sincerissimo corde tuo loqui cuperem, et de Christiano studio conferre: sed huic desiderio meo nulla epistola satis est. Uberius idipsum possum per fratrem Profuturum, quem miscendum et alendum dulcibus atque utilibus sermocinationibus tuis misisse me gaudeo. Et tamen quantum vellem, nec ipse (quod ejus pace dixerim) forsitan capit, quanquam (*a*) in nihilo me illi prætulerim. Ego enim me fateor tui capaciorem; sed ipsum video fieri pleniorem, quo me sine dubitatione antecellit, et postea quam redierit, quod Domino adjuvante prosperato fiat cursu, cum ejus pectoris abs te cumulati particeps fuero: non est impleturus, quod in me adhuc vacuum erit, atque avidum sensuum tuorum. Ita fiet, ut et ego etiam tunc egentior sim, ille copiosior. Sane idem frater aliqua scripta nostra fert secum, quibus legendis, si dignationem adhibueris, etiam sinceram fraternamque severitatem adhibeas, quæso. Non enim aliter intelligo quod scriptum est »: *Emendabit me justus in misericordia, et arguet me: oleum autem peccatoris non impinguet caput meum* (*Ps.* 140. 5); nisi quia magis amat objurgator sanans, quam adulator ungens caput. Ego autem difficillime bonus judex lego quod scripserim; sed aut timidior recto, aut cupidior. Video etiam interdum vitia mea; sed ea malo audire a (*b*) melioribus: ne cum me recte fortasse reprehendero, rursus mihi blandiar: et meticulosam mihi videar in me potius, quam justam tulisse sententiam. »

305 EPISTOLA LVII (*c*).

AD PAMMACHIUM.

De optimo genere interpretandi.

Cum, quod Epiphanii superiorem epistolam 51 *ad Joannem Episcopum Jerosolymitanum non recte transtulisset Hieronymus, cavillaretur Ruffinus, post querelas, quod, se inscio, e scriniis suffuratus epistolam nondum plene emendatam, aliquis sit, tam veterum omnium eruditorum, quam sacrarum Scripturarum testimoniis docet, quodnam sit optimum genus interpretandi, illud scilicet esse ostendens, quo ipse in vertenda illa epistola usus est, hoc est, quo sensus e sensu, non verbum e verbo transfertur.*

1. Paulus Apostolus, præsente Agrippa rege, de criminibus responsurus, quod posset intelligere qui auditurus erat, securus de causæ victoria statim in principio sibi gratulatur, dicens: « De omnibus quibus accusor a Judæis, o rex Agrippa, existimo me beatum, cum apud te sim hodie defendendus, qui præcipue nosti cunctas quæ in Judæis sunt consuetudines et quæstiones » (*Act.* 26. 13). Legerat enim illud (*d*) Jesu: « Beatus qui in aures loquitur audientis » (*Eccli.* 25. 12 *secundum LXX*); et noverat tan-

---

(*a*) Voculam *in* addidimus ex Victorio.
(*b*) Quatuor penes Benedictinos editores Mss.: *a senioribus*: unus *a Majoribus*.
(*c*) *Alias* 101. *scripta circ. med. an.* 395.
(*d*) Perperam quidam ex editis ac Ms. *illud Isaiæ*, est enim Jesu filii Sirach, qui vulgo audit Ecclesiasticus.

tum oratoris verba proficere, quantum judicis prudentia cognovisset. Unde et ego beatum me in hoc duntaxat negotio judico, quod apud eruditas aures imperitæ linguæ responsurus sum : quæ objicit mihi vel ignorantiam, vel mendacium ; si aut nescivi alienas litteras vere interpretari, aut nolui : quorum alterum error, alterum crimen est. Ac ne forsitan accusator meus facilitate, qua cuncta loquitur, et impunitate, qua sibi licere omnia putat, me quoque apud vos argueret, ut Papam Epiphanium criminatus est, hanc epistolam misi, quæ te, et per te alios, qui nos amare dignantur, rei ordinem doceat.

2. *Epiphanii litteræ ad Joannem Episcopum. Eusebius Cremonensis Græci sermonis ignarus. Pseudomonachus quid egerit.* — Ante hoc ferme biennium miserat Joanni Episcopo supradictus Papa Epiphanius litteras, arguens eum in quibusdam dogmatibus, et postea clementer ad pœnitentiam provocans. Harum exemplaria **306** certatim Palæstinæ rapiebantur, vel ob auctoris meritum, vel ob elegantiam scriptionis. Erat in monasterio nostro vir apud suos haud ignobilis, Eusebius Cremonensis, qui cum hæc Epistola per multorum ora volitaret, et mirarentur eam pro doctrina et puritate sermonis, docti pariter et indocti, cœpit a me obnixe petere, ut sibi eam in Latinum verterem, et propter intelligendi (*a*) facilitatem apertius explicarem : Græci enim eloquii penitus ignarus erat. Feci quod voluit ; accitoque Notario, raptim celeriterque dictavi : ex (1) latere in pagina breviter adnotans, quem intrinsecus sensum singula capitula continerent. Siquidem et hoc ut sibi soli facerem, oppido flagitarat ; postulavique ab eo mutuo, ut domi haberet exemplar : nec facile in vulgus proderet. Res ita anno et sex mensibus transiit : donec supradicta interpretatio de scriniis ejus novo præstigio Jerosolymam commigravit. Nam quidem Pseudomonachus, vel accepta pecunia, ut perspicue intelligi datur, vel gratuita malitia, ut incassum corruptor nititur persuadere, compilatis chartis ejus et sumptibus, Judas factus est proditor : deditque adversariis latrandi contra me occasionem, ut inter imperitos concionentur, me falsarium, me verbum non expressisse de verbo : pro *honorabili* dixisse *carissimum*, et maligna interpretatione, quod nefas dictu sit, αἰδεσιμώτατον Παππαν, noluisse transferre. Hæc et istiusmodi nugæ crimina mea sunt.

3. Ac primum antequam de translatione respondeam, volo interrogare eos, qui malitiam prudentiam vocant : Unde apud vos exemplar epistolæ ? Quis dedit ? qua fronte profertis, quod scelere redemistis ? Quid apud homines tutum erit, si ne parietibus quidem et scriniis nostra possumus secreta celare ? Si ante tribunalia judicum, hoc vobis crimen impingerem, reos legibus subjugarem, quæ etiam pro utilitatibus fisci, noxiis (al. *variis*) delatoribus pœnas

(*a*) Duo vetera exemplaria *facultatem* : fortasse verius.

(1) Scilicet ex laterculo, quod Græce dicitur ἡ πλάκος. Videsis Commentar. in Ezechiel. cap. 4. v. 1. *sume tibi laterem.*

statuunt : et cum suscipiant proditionem, damnant proditorem. Lucrum videlicet placet : voluntas displicet. (*b*) Dudum Hesychium **307** virum Consularem (contra quem Patriarcha Gamaliel gravissimas exercuit inimicitias) Theodosius princeps capite damnavit, quod sollicitato Notario, chartas illius invasisset. Legimus in veteribus historiis (*T. Livii Dec.* 1. *l.* 5), ludi magistrum, qui Faliscorum liberos prodiderat, vinctum pueris traditum ; et ad eos quos prodebat, remissum : nec sceleratam populum Romanum suscepisse victoriam. Pyrrhum Epirotarum regem, cum in castris ex vulnere curaretur, medici sui proditione interfici nefas duxit Fabricius (*Florus l.* 1) ; quin potius vinctum remisit ad dominum, ut scelus nec in adversario comprobaret. Quod leges publicæ, quod hostes tuentur, quod inter bella et gladios sanctum est, hoc nobis inter Monachos et Sacerdotes Christi, intutum fuit. Et audet quidam ex eis adducto supercilio et concrepantibus digitis, eructare et dicere : Quid enim, si redemit, si sollicitavit ? fecit quod sibi profuit. Mira sceleris defensio ; quasi non et latrones et fures et piratæ faciant, quod sibi prodest. Certe Annas et Caiphas seducentes infelicem Judam fecerunt quod sibi utile existimabant.

4. Volo in chartulis meis quaslibet ineptias scribere ; commentari de Scripturis, remordere lædentes, digerere stomachum, in locis me exercere communibus, et quasi limatas ad pugnandum (al. *expugnandum*) sagittas reponere. Quamdiu non profero cogitata, maledicta, non crimina sunt : imo ne maledicta quidem, quæ aures publicæ nesciant. Tu corrumpas servulos, sollicites clientes : et, ut in fabulis legimus (*Metam. l.* 4), auro ad Danaen penetres, dissimulatoque quod feceris, me falsarium voces : cum multo pejus crimen accusando in te confitearis, quam in me arguis. Alius te hæreticum, alius insimulat dogmatum perversorem. Taces ipse : respondere non audes : interpretem laceras ; de syllabis calumniaris; et totam defensionem tui putas, si tacenti detrahas. Finge in transferendo vel errasse, vel intermisisse me quippiam. Hic totus tui negotii (al. *totius tui ingenii*) cardo versatur : hæc tua est defensio. Num idcirco tu non es hæreticus, si ego malus interpres sim ? Nec hoc dico, quod te hæreticum noverim, sciat ille qui accusavit, noverit ille qui scripsit; sed quod **308** stultissimum sit accusatum ab alio, alium criminari, et confosso undique corpore, de dormientis vulnere solatium quærere.

5. Hactenus sic locutus sum quasi aliquid de Epistola commutaverim, et simplex translatio possit errorem habere, non crimen. Nunc vero cum ipsa

(*b*) Hesychium hunc (non Esychium, ut male editi præferunt) cum inter Consules non sit reperire, mutandum putant aliqui in Eutychianum, qui in Cassiodorii Fastis sub Arcadio et Honorio Consul. an. 398. invenitur. Sed cum *dudum*, id est nuper, dicat Hieronymus damnatum hunc a Theodosio, hic autem qui in eum capitis sententiam tulit, initio anni 395. obierit ; liquet Eutychianum credi non posse. Imo verosimillimum nobis videtur, innui Hesychium Achaiæ Proconsulem, ad quem Theodosii lex in Codice Theodos. l. ultim. de principibus Agentium in rebus ; et brevissima S. Nili epistola habetur, ut alia omittamus.

Epistola doceat nihil mutatum esse de sensu, nec res additas, nec aliquod dogma confictum, (*a*) « Faciunt næ intelligendo ut nihil intelligant (*Terent. Prol. Andr.*): et dum alienam imperitiam volunt coarguere, suam produnt. Ego enim non solum fateor, sed libera voce profiteor, me in interpretatione Græcorum, absque Scripturis sanctis, ubi et verborum ordo (*b*) mysterium est, non verbum e verbo, sed sensum exprimere de sensu. Habeoque hujus rei magistrum Tullium, qui Protagoram Platonis, et Œconomicon Xenophontis et Æschinis ac Demosthenis duas contra se orationes pulcherrimas transtulit. Quanta in illis prætermiserit, quanta addiderit, quanta mutaverit, ut proprietates alterius linguæ, suis proprietatibus explicaret, non est hujus temporis dicere. Sufficit mihi ipsius translatoris (*Ciceronis*) auctoritas, qui ita in Prologo earumdem orationum locutus est : « Putavi mihi suscipiendum laborem utilem studiosis, mihi quidem ipsi non necessarium. Converti enim ex Atticis duorum eloquentissimorum nobilissimas orationes, inter seque contrarias, Æschinis et Demosthenis : nec converti, ut interpres, sed ut Orator, sententiis iisdem et earum formis, tam figuris quam verbis ad nostram consuetudinem aptis. In quibus non verbum pro verbo necesse habui reddere : sed genus omne verborum vimque servavi. Non enim me annumerare ea lectori putavi oportere, sed tanquam appendere. Rursum in calce sermonis : Quorum ego, ait, orationes, si, ut (*c*) spero, ita expressero, virtutibus utens illorum omnibus, id est sententiis, et earum figuris, et rerum ordine : verba persequens eatenus, ut ea non abhorreant amore nostro. Quæ si e Græcis omnia conversa non erunt : tamen ut generis ejusdem sint, elaboravimus. » Sed et Horatius vir acutus et doctus, hoc idem in **309** Arte Poetica erudito interpreti præcipit :

Nec verbum verbo curabis reddere, fidus
Interpres.

Terentius Menandrum, Plautus et Cecilius veteres comicos interpretati sunt. Numquid hærent in verbis : ac non decorem magis et elegantiam in translatione conservant? Quam vos veritatem interpretationis, hanc eruditi κακοζηλίαν nuncupant. Unde et ego doctus a talibus ante annos circiter (*d*) viginti, et simili tunc quoque errore deceptus, certe hoc mihi a vobis objiciendum nesciens, cum Eusebii

(*a*) Martianæus quidem *ne* absque dyphthongo in Mss. se dicit invenisse, quod perinde est ; sed jamdiu aliter usus obtinuit, *pro eo quod est apud Græcos* ναι, ut loquitur Diomedes. Vide Donatum in illum Terentii versum.
(*b*) Vitiose erat in antea editis cum alia *et* particula, *et verborum ordo, et mysterium est.*
(*c*) Perperam editor Benedictinus *sicut* pro *si, ut* ; aliaque passim hujusmodi, et præcipue interpunctionis vitia, quæ continuo indicare haud vacat.
(*d*) Nullus dubitat, quin Hieronymus scripserit *quindecim* pro *viginti*, non enim aliter constabit temporum ratio certissima a Chronici versione an. 380. ad hanc elucubratam epistolam sub hujus anni 395. medium. Sed veteres librarii Romanas notas XV. facile pro XX. scribendi festinatione acceperunt, unde vulgatos omnes æque ac Mss. quos vidimus libros, error pervasit, quem nemo hactenus animadvertit. Confer Chronologica hujus Epistolæ argumenta, ubi hæc perspicue demonstrantur ; heic enim, tametsi nobis de errore constat, textum immutare absque Mss. ope religio fuit.

Cæsariensis Χρονικὸν in Latinum verterem, tali inter cætera usus sum Præfatione : « Difficile est alienas lineas insequentem, non alicubi excidere : et arduum, ut quæ in alia lingua bene dicta sunt, eumdem decorem in translatione conservent. Significatum est aliquid unius verbi proprietate : non habeo meum quo id efferam : et dum quæro implere sententiam longo ambitu, vix brevis vitæ spatia [al. *brevia spatia*] consummo. Accedunt hyperbatorum anfractus, dissimilitudines casuum, varietates figurarum : ipsum postremo suum, et, ut ita dicam, vernaculum linguæ genus. Si ad verbum interpretor, absurde resonant : si ob necessitatem aliquid in ordine, vel in sermone mutavero, ab interpretis videbor officio recessisse. » Et post multa, quæ nunc prosequi otiosum est, etiam hoc addidi : « Quod si cui non videtur linguæ gratiam in interpretatione mutari, Homerum ad verbum exprimat in Latinum. Plus aliquid dicam : eumdem sua in lingua prosæ verbis interpretetur : videbis ordinem ridiculum, et Poetam eloquentissimum vix loquentem. »

6. Verum ne meorum scriptorum parva sit auctoritas (quanquam hoc tantum probare voluerim, me semper ab adolescentia non verba, sed sententias transtulisse), qualis super hoc genere præfatiuncula sit, in libro quo beati Antonii Vita describitur (*Ex Præfatione Evagrii ad Innocentium*), ipsius lectione cognosce. « Ex alia in aliam linguam expressa ad verbum translatio, sensum operit ; et veluti læto gramine, sata strangulat. Dum enim casibus et figuris servit oratio, quod brevi poterat indicare sermone, longo ambitu circumacta vix explicat. » Hoc igitur ego vitans, ita **310** beatum Antonium, te petente, transposui, ut nihil desit ex sensu, cum aliquid desit ex verbis. Alii syllabas aucupentur et litteras [al. *syllabis occupentur et litteris*], tu quære sententias. Dies me deficiet, si omnium qui ad sensum interpretati sunt, testimonia replicavero. Sufficit in præsenti nominasse Hilarium Confessorem, qui Homilias in Job, et in Psalmos tractatus plurimos in Latinum vertit e Græco, nec assedit litteræ dormitanti, et putida rusticorum interpretatione se torsit : sed quasi captivos sensus in suam linguam, victoris jure transposuit.

7. Nec hoc mirum in cæteris sæculi videlicet, aut Ecclesiæ viris, cum Septuaginta interpretes, et Evangelistæ atque Apostoli idem in sacris voluminibus fecerint. Legimus in Marco dicentem Dominum : TALITHA CUMI, statimque subjectum est, « quod interpretatur, puella, tibi dico, surge » (*Marc.* 5. 41). Arguatur Evangelista mendacii, quare addiderit, *tibi dico*, cum in Hebræo tantum sit, *puella surge.* Sed ut ἐμφατικώτερον faceret ; et sensum vocantis atque imperantis exprimeret, addidit, *tibi dico*. Rursum in Matthæo redditis ab proditore Juda triginta argenteis : et empto ex eis agro figuli, scribitur, « Tunc impletum est quod scriptum est per Jeremiam Prophetam, dicentem : et acceperunt triginta argenteos pretium appretiati, quod appretiaverunt a filiis Israel; et dederunt eos in agrum figuli, sicut constituit mihi

Dominus » (*Matth.* 27. 9). Hoc in Jeremia penitus non invenitur, sed in Zacharia, aliis multo verbis, ac toto ordine discrepante : (*a*) Vulgata quippe Editio ita se habet : « Et dicam ad eos : si bonum est coram vobis, date mercedem mihi, aut renuite. Et appenderunt mercedem meam triginta argenteos. Dixitque Dominus ad me : Pone illos in conflatorium ; et considera si probatum sit, sicut probatus sum ab eis. Et tuli triginta argenteos, et misi eos in domo Domini in conflatorium » (*Zach.* 11. 12. 13). Quantum distet ab Evangelistæ testimonio Septuaginta translatio, perspicuum est. Sed et in Hebræo cum sensus idem sit, verba præpostera sunt, et pene diversa. « Et dixi, inquit, ad eos : Si bonum est in oculis vestris, afferte mercedem meam : et si non, quiescite. Et appenderunt mercedem meam triginta argenteos. Et dixit Dominus ad me : Projice illud ad statuarium : decorum pretium, (*b*) quod appretiatus sum ab eis. Et tuli triginta argenteos, et projeci eos in domo Domini ad statuarium. » Accusent Apostolum falsitatis, quod nec cum Hebraico, nec cum Septuaginta congruat translatoribus : et quod his majus est, erret in nomine, pro Zacharia quippe, Jeremiam posuit. Sed absit hoc de pedissequo Christi dicere : cui curæ fuit non verba et syllabas aucupari, sed sententias dogmatum ponere. Veniamus ad aliud ejusdem Zachariæ testimonium, quod Joannes Evangelista assumit juxta Hebraicam Veritatem. « Videbunt in quem compunxerunt » (*Zach.* 12. 10 ; *et Joan.* 19. 37), pro quo in Septuaginta legimus, καὶ ἐπιβλέψονται πρός με, ἀνθ᾽ ὧν ἐνωρχήσαντο, quod interpretati sunt Latini : « Et aspicient ad me, pro his quæ illuserunt, sive insultaverunt. » Discrepat Evangelistæ, Septuaginta interpretum, nostraque translatio : et tamen sermonum varietas, spiritus unitate concordat. In Matthæo quoque legimus Dominum prædicentem Apostolis fugam, et hoc ipsum Zachariæ testimonio confirmantem. *Scriptum est,* ait, *Percutiam pastorem, et dispergentur oves* (*Zach.* 13. 7 ; *et Matth.* 26. 31). At in Septuaginta et in Hebræo multo aliter ; non enim ex persona Dei dicitur, ut Evangelista vult : sed ex Prophetæ, Deum Patrem rogantis : « Percute pastorem, et dispergentur oves. » In hoc, ut arbitror, loco , juxta quorumdam prudentiam, Evangelista piaculi reus est, quod ausus sit Prophetæ verba ad Dei referre personam. Scribit supradictus Evangelista, ad Angeli monitum, tulisse Joseph parvulum et matrem ejus ; et intrasse in Ægyptum , ibique mansisse usque ad obitum Herodis, ut impleretur quod dictum est a Domino per Prophetam : « Ex Ægypto vocavi filium meum. » Hoc nostri codices non habent : sed in Osee juxta Hebraicam scribitur Veritatem : « Quia puer Israel est, et dilexi eum : et ex Ægypto vocavi filium meum » (*Osee.* 11. 2). Pro quo et in eodem loco Septuaginta transtulerunt : « quia parvulus est Israel,

(*a*) Vulgatæ nomine, quod semel liceat admonuisse, vetus Latina versio intelligenda est ex LXX. editione expressa, quæ tum temporis obtinebat.
(*b*) Alii Mss. *quo appretiatus,* etc. quemadmodum legendum contendit Victorius pro *quod.*

et dilexi eum : et ex Ægypto vocavi filios ejus. » Num omnino repudiandi sunt, quia istum locum, qui ad Christi maxime pertinet sacramentum, aliter transtulerunt ? an danda potius venia ut hominibus, juxta Jacobi sententiam, dicentis : « Multa peccamus omnes : et, si quis in verbo non offendit, iste perfectus est vir, (*c*) et potest refrenare omne corpus » (*Jacob.* 3). Illud vero quod in eodem Evangelista scribitur : « Et veniens habitavit in civitate quæ dicitur Nazareth : ut impleretur quod dictum est per prophetas, quia Nazaræus vocabitur » (*Matth. n.* 23). Respondeant (*d*) λογοδαίδαλοι, et fastidiosi æstimatores omnium Tractatorum , ubi legerint ; discantque (*e*) in Isaia positum. Nam in eo loco ubi nos legimus atque transtulimus : « Exiet virga de radice Jesse, et flos de radice ejus ascendet » (*Isai.* 11. 1) : in Hebræo juxta linguæ illius ἰδίωμα ita scriptum est : « Exiet virga de radice Jesse, et Nazaræus de radice ejus crescet. » Cur hoc omiserunt Septuaginta, si non licet transferre verbum pro verbo ? Sacrilegium est, vel celasse, vel ignorasse mysterium.

8. Transeamus ad cætera : neque enim epistolæ brevitas patitur diutius singulis immorari. Idem Matthæus loquitur : « Hoc autem totum factum est, ut compleretur quod dictum est a Domino per Prophetam dicentem : Ecce virgo in utero habebit , et pariet filium, et vocabunt nomen ejus Emmanuel » (*Matth.* 1. 22. 23 ; *et Isai.* 7. 14) Quod Septuaginta transtulerunt : « Ecce virgo in utero accipiet, et pariet filium, et vocabitis nomen ejus Emmanuel. » Si verba calumniantur [al. *calumniamur*], utique non est idem, « habebit , et accipiet ; neque vocabunt, et vocabitis. » Porro in Hebræo legimus ita scriptum : « Ecce virgo concipiet et pariet filium, et vocabit nomen ejus Emmanuel. » Non Achaz, qui arguebatur infidelitatis, non Judæi qui erant Dominum negaturi, sed vocabit , inquit , ipsa quæ concipiet, ipsa virgo, quæ pariet. In eodem Evangelista legimus, Herodem ad adventum Magorum fuisse turbatum ; Scribisque et Sacerdotibus congregatis , sciscitatum ab eis , ubi Christus nasceretur ; illosque respondisse , « in Bethleem Judæ : Sic enim scriptum est in Propheta : Et tu Bethleem terra Juda, nequaquam minima es in ducibus Juda : Ex te enim egredietur dux, qui regat populum meum Israel. » Hoc exemplum in Vulgata Editione sic fertur : « Et tu Bethleem domus Ephratha, modicus es, (*f*) ut sis in millibus Juda, de te

(*c*) Iterum Victorius *potens* pro *et potest*, ex Græco δυνατός, et quos consuluit Mss. codicibus. Nostri item, quin etiam excusi omnes.
(*d*) Quasi *vocum artifices morosi.* Cicero in Oratore « Hæc tractasse Thrasymachum Chalcedonium, primum, et Leontinum ferunt Gorgiam : Theodorum inde Byzantium, multosque alios, quos λογοδαιδάλους appellat in Phædro Socrates, » etc.
(*e*) In Commentariis autem in hunc Matthæi locum, ideo *per prophetas* plurium numero dici mavult, quod apud certum aliquem Prophetam peculiaris isthæc sententia non reperiatur ; sed passim apud omnes Prophetas, quando Christum *sanctum* appellant ; sic enim Nazaræum interpretantur, puta Genes. 49. Deuteron. 33. sub Josephi imagine , et sub alia Samsonis Judic. 13. qui duo Nazaræi voc dudo appellati sunt.
(*f*) Voculas *ut sis* nec Mss. nostri, nec vetustiores vul-

mihi egredietur, ut sit princeps in Israel. » Quanta sit inter Matthæum et Septuaginta verborum ordinisque discordia, magis [*al. sic magis*] admiraberis, si Hebraicum videas, in quo ita scriptum est : « Et tu Bethleem Ephratha, parvulus es in millibus Juda, ex te mihi egredietur, qui sit dominator in Israel. » Considera gradatim, quæ ab Evangelista sint posita : *Et tu Bethleem terra Juda*. Pro, *terra Juda*, in Hæbraico habet *Ephratha* : in Septuaginta, *domus Ephratha*. Et pro, « nequaquam minima es in ducibus Juda, » in Septuaginta legitur, « modicus es, ut sis in millibus Juda : » in Hebræo, « parvulus es in millibus Juda; » sensusque contrarius est, Septuaginta sibi in hoc duntaxat loco et Hebraico concordante. Evangelista enim dixit, quod non sit parvulus in ducibus Juda, cum e regione sit positum, parvulus quidem es et modicus; sed tamen de te mihi parvulo et modico egredietur dux in Israel, secundum illud Apostoli : « Elegit infirma mundi Deus, ut confundat fortia » (1. *Cor*. 1). Porro quod sequitur, « qui regat, vel qui pascat populum meum Israel, » aliter in Propheta esse perspicuum est.

9. Hæc replico non ut Evangelistas arguam falsitatis (hoc quippe impiorum est, Celsi, Porphyrii, Juliani) sed ut reprehensores meos arguam imperitiæ : et impetrem ab eis veniam, ut concedant mihi in simplici epistola, quod in Scripturis sanctis, velint, nolint, Apostolis concessuri sunt. Marcus discipulus Petri ita suum orditur Evangelium : « Principium Evangelii Jesu Christi, sicut scriptum est in Isaia Propheta : Ecce ego mitto Angelum meum ante faciem tuam, qui præparabit viam tuam ante te. Vox clamantis in deserto, parate viam Domini, rectas facite semitas ejus. » Hoc exemplum ex duobus Prophetis compositum est, de Malachia videlicet et Isaia. Nam primum quod dicitur : « Ecce ego mitto Angelum meum ante faciem tuam, qui præparabit viam tuam ante te » (*Malac*. 3. 1), in Malachiæ fine scriptum est. Sequens autem quod infertur : « Vox clamantis in deserto, » et cætera, in Isaia legimus. Et quomodo Marcus statim in principio voluminis sui posuit, « sicut scriptum est in Isaia Propheta : Ecce ego mitto Angelum meum » (*Isai* 40. 3), quod non scribitur in Isaia, ut diximus : sed in Malachia novissimo duodecim Prophetarum? Solvat hanc quæstiunculam imperita præsumptio : et ego erroris veniam deprecabor. Idem Marcus inducit ad Pharisæos Salvatorem loquentem : « Nunquam legistis quid fecerit David, quando necessitatem habuit, et esurivit ipse et socii ejus; quomodo ingressus domum Dei sub Abiathar Pontifice, et panes propositionis comedit, quibus non licebat vesci, nisi solis Sacerdotibus ? » (*Mar*. 2. 25. 26. *et Luc*. 6. 3. 4). Legamus Samuelem : sive (ut in communi titulo habetur) Regnorum libros, ibique reperiemus non *Abiathar* scriptum esse, sed *Abimelech* Pontificem, qui postea a Doeg [*al. Doec.*] cum cæteris Sacerdotibus, Saul jubente, peregati habent. Hunc vero Matthæi locum in Commentariis exponemus et conciliabimus.

cussus est. Pergamus ad Apostolum Paulum. Scribit ad Corinthios : « Si enim cognovissent Dominum gloriæ, non crucifixissent. Sed sicut scriptum est : Quod oculus non vidit, nec auris audivit, nec in cor hominis ascendit, quæ præparavit Deus diligentibus se. » (*a*) Solent in hoc loco apocryphorum quidam deliramenta sectari, et dicere, quod de Apocalypsi Eliæ testimonium sumptum sit : cum in Isaia juxta Hebraicum ita legatur : « A sæculo non audierunt, nec auribus perceperunt. Oculus non vidit, Deus, absque te, quæ præparasti exspectantibus te »(*Isai*.64. 4). Hoc Septuaginta multo aliter transtulerunt : « A sæculo non audivimus; neque oculi nostri viderunt Deum absque te, et (1) opera tua vera, et facies exspectantibus te misericordiam. » Intelligimus unde sumptum sit testimonium, et tamen Apostolus non verbum expressit e verbo, sed παραφραστικῶς, eumdem sensum aliis sermonibus indicavit. In Epistola ad Romanos idem Apostolus Paulus exemplum de Isaia sumens : « Ecce, inquit, ponam in Sion lapidem offensionis, et petram scandali » (*Isai*. 8. 14), discordat a Translatione veteri; et tamen cum Hebraica veritate concordat. In Septuaginta enim contrarius sensus est : « Non ut lapidi offensionis occurreretis, neque ut petræ ruinæ : » et Apostolus quoque Petrus Hebræis Pauloque consentiens, ita posuerit : « Incredulis autem lapis offensionis et petra scandali « (*Rom*. 9. 33. *et* 1. *Petr*. 2). Ex quibus universis perspicuum est, Apostolos et Evangelistas in interpretatione veterum Scripturarum, sensum quæsisse, non verba : nec magnopere de ordine sermonibusque curasse, dum intellectui res pateret.

10. Lucas vir Apostolicus et Evangelista scribit, Stephanum primum Christi Martyrem in Judaica (*b*) concione narrantem : « In septuaginta quinque animabus descendit Jacob in Ægyptum : et defunctus est ipse, et patres nostri translati sunt in Sychem; et positi sunt in sepulcro quod emit Abraham pretio argenti a filiis (*c*) Emor patris Sychem » (*Act*. 7. 15.

(*a*) Præcipue Gnosticos, et Basilidis discipulos impugnat, ut ex epistola ad Desiderium Pentateucho præfixa, et ex cap. LXIV. in Isaiam latissime apparet; sed nec evadit censuram Origenes, qui Tract. 35. ad Matth. 27. eadem docuit, *et in nullo singulari libro hoc positum testimonium inveniri* dixit, *nisi in secretis Eliæ Prophetiæ*. Hac de causa etiam Hegesippum accusat Steph. Gobarus apud Photium, quod hocce testimonium pro falso respuerit. Vid. quæ alibi adnotamus in Isaiam c. 64. et in citata ad Desiderium epistola. Vitiose autem quidam Codd. *de Apocalypsi Ecclesiæ.*

(*b*) Cistere. *in Judaica contentione.*

(*c*) Idem *Emor filii Sychem.* Nec contendo, 'si falso dici velis pro *patris*; sed vetus tamen hic error Vulgatæ antiquæ versionis esse potuit, et facile fuit; Græcus enim Auctor, textus παρὰ τῶν υἱῶν Ἐμμὼρ τοῦ Συχἐμ : *a filiis Emmor*, (1) Græcus textus habet καὶ τὰ ἔργα σοῦ ἃ ποιήσεις ἡμῖν ὑπομένουσιν ὅτι videtur proinde Hieronymus pro unico relativo ἃ legisse in suo exemplari ἀληθῆ καὶ { ποιήσεις κ. τ. λ. } *vera et facies*, etc., cujusmodi variantis nec vola est nec vestigium in Græcis quæ supersunt exemplarium. Quin potius ex conjectura autumant docti viri et falsum in hoc fuisse Hieronymum, qui uno verbo legerit ἀληθῆ pro duobus ὃ ἰδεῖν, qui sensus contextui magis congruit, sed in textu Hebraeo tantum est דולתך ועשה למחכה-לו id est *absque te. faciet exspectantibus te.* Verum sentio, quod LXX. Hieronymus laudat, non Græcum textum, sed veterem Latinam esse interpretationem.

16. *et Genes.* 23). Hic locus in Genesi multo aliter invenitur, quod scilicet Abraham emerit ab Ephron Hetheo, filio Seor, juxta Hebron, quadringentis drachmis argenti, speluncam duplicem, et agrum circa eam, sepelieritque in ea Saram uxorem suam. Atque in eodem legimus libro, postea revertentem de Mesopotamia Jacob cum uxoribus et filiis suis, posuisse tabernaculum ante Salem urbem Sychimorum, quae est in terra Chanaan, et habitasse ibi, et emisse partem agri, in quo habebat tentoria, ab Emor patre Sychem centum agnis : et statuisse ibi altare, et invocasse ibi Deum Israel (*Ibid.* 33). Abraham non emit specum ab Emor patre Sychem : sed ab Ephron filio Seor : nec sepultus est in Sychem, sed in Hebron, quae corrupte dicitur Arboch. Duodecim autem Patriarchae non sunt sepulti in Arboch ; sed in Sychem, qui ager non est emptus ab Abraham, sed a Jacob (*Jos.* 24. 32). Differo solutionem et istius quaestiunculae, ut obtrectatores mei quaerant, et intelligant, non verba in Scripturis consideranda, sed sensus. Vicesimi primi Psalmi juxta Hebraeos ipsum exordium est, quod Dominus locutus est in cruce : (*a*) ELI ELI LAMA AZABTHANI : quod interpretatur, « Deus meus, Deus meus, quare me dereliquisti ? » Reddant **316** rationem, cur Septuaginta translatores interposuerint, « respice me » [al. *in me*]. Ita enim verterunt : « Deus Deus meus, respice me, quare me dereliquisti ? » Respondebunt utique nihil damni in sensu esse, si duo verba sint addita. Audiant et a me non periclitari Ecclesiarum statum, si celeritate dictandi, aliqua verba dimiserim.

11. Longum est nunc revolvere, quanta Septuaginta de suo addiderint, quanta dimiserint, quae in exemplaribus Ecclesiae, obelis, asteriscisque distincta sunt. (1) Illud enim quod legimus in Isaia : « Beatus qui habet semen in Sion, et domesticos in Jerusalem » (*Isai.* 31. *sec. LXX*), solent Hebraei deridere, cum audierint. Nec non et in Amos post descriptionem luxuriae : « Stantia putaverunt haec, et non fugientia » (*Amos* 6. *sec. LXX*). Revera sensus rhetoricus et declamatio Tulliana. Sed quid faciemus ad authenticos libros, in quibus haec (*b*) non feruntur adscripta, et caetera his similia, quae si proferre nitamur, infinitis libris opus est. Porro quanta dimiserint, vel asterisci testes, ut dixi, sunt, vel nostra interpretatio, si a diligenti lectore Translationi veteri conferatur : et tamen (*c*) jure Septuaginta Editio obtinuit in Ecclesiis, vel quia prima est, et ante Christi facta adventum, vel quia ab Apostolis (in quibus tamen ab Hebraico non discrepat) usurpata. Aquila autem proselytus et contentiosus interpres, qui non solum verba, sed etymologias quoque

qui fuit Sychem; atque adeo etiam verius ab Hieron. inter diversitates a Genesi haec quoque potuit adnumerari.
(*a*) Syriace, ut est penes Matthaeum 27. 46. Marcum 15. 34. עֲבַדְתַּנִי , *sebactani*, et quemadmodum Christus de Cruce pronuntiavit vernacula Syrorum lingua, legunt heic loci etiam Hieronymiani codices bene multi.
(*b*) Mss. non pauci, *non fuerunt adscripta*.
(*c*) Victorium, qui maluit *vires* pro *jure*, castigat. Martian
(1) Vid. nos supr. in Epist. XXII. c. 2.

verborum transferre conatus est, jure projicitur a nobis. Quis enim pro frumento et vino et oleo, possit, vel legere, vel intelligere, (*d*) χεῦμα, ὀπωρισμόν, ςιλπνότητα, quod nos possumus dicere « fusionem, pomationemque, » et « splendentiam. » Aut quia Hebraei non solum habent ἄρθρα, sed et πρόαρθρα, ille κακοζήλως, et syllabas interpretatur, et litteras dicitque σὺν τὸν οὐρανόν καὶ σὺν τὴν γῆν, quod Graeca et Latina lingua omnino non recipit ; cujus rei exemplum ex nostro sermone capere possumus. Quanta enim apud Graecos bene dicuntur, quae si ad verbum transferamus, **317** in Latino non resonant : et e regione, quae apud nos placent si vertantur juxta ordinem, apud illos displicebunt.

12. Sed ut infinita praeteream, et ostendam tibi, vir omnium nobilissime Christianissime, et Christianorum nobilissime, cujusmodi falsitatis me in epistolae translatione reprehendant, ipsius epistolae ponam cum Graeco sermone principium, ut ex uno crimine intelligantur et caetera, Ἔδει ἡμᾶς ἀγαπητὲ μὴ τῇ οἰήσει τῶν κλήρων φέρεσθαι, quod ita me vertisse memini : « Oportebat nos, dilectissime, clericatus honore non abuti in superbiam. » Ecce, inquiunt, in uno versiculo quanta mendacia. Primum ἀγαπητός, *dilectus* est non *dilectissimus*. Deinde οἴησις, *aestimatio* dicitur, non *superbia*; non enim dixit οἰήματι [al. οἰδήματι], sed οἰήσει : quorum alterum *tumorem*, alterum *arbitrium* sonat. Totumque quod sequitur, « clericatus honore non abuti in superbiam, tuum est. Quid ais [al. *agis*], o columen litterarum, et nostrorum temporum Aristarche, qui de universis scriptoribus sententiam feras ? Ergo frustra tanto tempore studuimus ; et a saepe manum ferulae subduximus » (*Juvenal. Sat.* I). Egredientes de portu, statim impegimus. Igitur quia et errasse humanum est ; et confiteri errorem, prudentis : tu quicumque reprehensor es, tu me obsecro emenda praeceptor, et verbum de verbo exprime. Debueras, inquit, dicere : « Oportebat nos, dilecte, non aestimatione Clericorum ferri. » Haec est Plautina eloquentia, hic lepos Atticus, et Musarum, ut dicunt, eloquio comparandus. Completur in me tritum vulgi sermone proverbium : Oleum perdit et impensas, qui bovem mittit ad (*e*) ceroma. Haec non est illius culpa, cujus sub persona alius agit Tragoediam ; sed Ruffini et (*f*) Melanii magistrorum ejus, qui illum magna mercede nihil scire docuerunt. Nec reprehendo in quolibet Christiano sermonis imperitiam :

(*d*) Aquilae locus iste χεῦμα ὀπωρισμόν, quem Hieronymus carpit, est Deuteronomii cap. 7. v. 13. alter obvius Gen. 1. 1. Graeca praesertim verba depravant veteres editi, ubi στιλβότητα est pro στιλπνότητα, et vocabulum πρόαρθρα omittitur, et σύα pro σὺν legitur, quam vocem Aquila pro Hebraeo articulo אֵת posuit. Martianaeus post Gravium restituit, eaque lectio Mss. quoque nostrorum auctoritate asseritur. Consule, si libet, ejusdem Benedictini editoris annotationem.
(*e*) Ceroma non tantum, ut Martian. putat, unguentum quo Athletae ungerentur, sed et locum ipsum, in quo ungebantur sic vetere appellabant. Plin. lib. 35. c. 2. *Palaestras Athletarum imaginibus*, *et Ceromata sua exornat*. Imo proprie locum heic Hieronymus indicat.
(*f*) Ruffini, et Melanii, seu Melaniae nomina penitus non habent duo Mss. Exemplaria. Sequentem vero de iis sententiam sumpsit Hieron. ex Cicerone de Antonii Rhetore.

atque utinam Socraticum illud haberemus : Scio, quod nescio ; et alterius sapientis (*Chilonis* ut putatur) : Teipsum intellige. VENERATIONI mihi semper fuit non verbosa rusticitas, sed sancta simplicitas. Qui in sermone imitari **318** se dicit Apostolus, prius imitetur virtutes in vita illorum (*a*), in quibus loquendi simplicitatem excusabat sanctimoniæ magnitudo ; et syllogismos Aristotelis, contortaque Chrysippi acumina, resurgens mortuus confutabat. Cæterum ridiculum, si quis e nobis manens inter Crœsi opes, et Sardanapali delicias, de sola rusticitate se jactet : QUASI OMNES latrones, et diversorum criminum rei, diserti sint : et cruentos gladios, Philosophorum voluminibus, ac non arborum truncis occultant.

13. Excessi mensuram epistolæ, sed non excessi doloris modum. Nam qui falsarius vocor; et inter muliercularum radios et textrina dilanior, contentus sum crimen abnuere, non referre. Unde arbitrio tuo cuncta permitto ; ut legas ipsam epistolam, tam Græcam quam Latinam : et illico intelliges accusatorum meorum nænias, et probrosas querelas. Porro mihi sufficit amicum instruxisse carissimum : et in cellula latitantem diem tantum exspectare judicii. Optoque, si fieri potest, et si adversarii siverint, Commentarios potius Scripturarum, quam Demosthenis et Tullii Philippicas tibi scribere.

EPISTOLA LVIII (*b*).

AD PAULINUM (*c*).

Recusans ob humilitatem Christianam laudes Paulini, vicissimque laudes laudibus repensans, ob eloquentiam ejus et morum honestatem, hortatur ipsum ad studia divinarum Litterarum ; normamque illi vitæ sancte ac caste peragendæ proponit.

1. Bonus homo de bono thesauro cordis sui profert ea quæ bona sunt (*Matth.* 12), et ex fructibus arbor cognoscitur (*Luc.* 6. 44). Metiris nos virtutibus tuis, et parvos magnus extollis : ultimamque partem convivii occupas, ut patrisfamilias judicio proveharis. Quid enim in nobis, aut quantulum est, ut doctæ vocis mereamur præconium ? ut illo ore, quo (*d*) religiosissimus Princeps defenditur, humiles modiceque laudemur ? Noli igitur, frater carissime, annorum nos **319** æstimare numero : nec sapientiam canos reputes, sed canos sapientiam, Salomone testante : « Cani hominis prudentia ejus » (*Sap.* 4. 8). Nam et Moyses septuaginta Presbyteros jubetur eligere (*Num.* 11), quos ipse sciret esse Presbyteros : utique non ævo, sed prudentia judicandos. Et Daniel adhuc puer, longævos judicat, atque impudicos senes ætas lasciva condemnat. Noli, inquam, fidem pensare temporibus : nec me idcirco meliorem putes, quod prior in Christi exercitu cœperim militare. Paulus Apostolus, vas electionis, de persecutore mutatus, novissimus in ordine, primus in meritis est : quia extremus licet, plus omnibus laboravit. Judas, qui quondam audierat : « Tu autem homo, qui simul mecum dulces capiebas cibos, dux meus et notus meus ; in domo Dei ambulavimus cum consessu » (*Ps.* 54. 14. 15), proditor amici et magistri, Salvatoris arguitur voce ;

Et nodum informis lethi trabe nectit ab alta.
(ÆNEID. *lib.* XII).

E contrario latro crucem mutat paradiso, et facit homicidii pœnam martyrium. Quanti hodie diu vivendo (*e*) portant funera sua, et quasi sepulcra dealbata, plena sunt ossibus mortuorum ? Subitus calor longum vincit teporem.

2. Denique et tu, audita sententia Salvatoris : « Si vis perfectus esse, vade, et vende omnia quæ habes, et da pauperibus, et veni sequere me » (*Matth.* 19. 21) ; verba vertis in opera, et nudam crucem nudus sequens, expeditior et levior scandis scalam Jacob. Tunicam mutas cum animo, nec pleno marsupio, gloriosas sordes appetis : sed puris manibus et candido pectore, pauperem te et spiritu et operibus gloriaris. Nihil est enim grande, tristi et lurida facie, vel simulare, vel ostentare jejunia : possessionum redditibus abundare, et vile jactare palliolum. Crates ille Thebanus, homo quondam ditissimus, cum ad philosophandum Athenas pergeret, magnum auri pondus abjecit ; nec putavit se simul posse et virtutes et divitias possidere. Nos suffarcinati [al. *subsarcinati*] auro, Christum **320** pauperem sequimur ; et sub prætextu eleemosynæ, pristinis opibus incubantes, quomodo possumus aliena fideliter distribuere, qui [al. *cui*] nostra timide reservamus ? Plenus venter facile de jejuniis disputat. Non (1) Jerosolymis fuisse, sed Jerosolymis bene vixisse, laudandum est. Illa expetenda, illa laudanda est civitas, non quæ occidit Prophetas, et Christi sanguinem fudit ; sed quam fluminis impetus lætificat (*Ps.* 45. 4 ; *Luc.* 11) : quæ in monte sita, cælari non potest : quam matrem sanctorum Apostolus clamitat : in qua se (*f*) municipatum cum justis lætatur habere.

3. Neque vero hoc dicens, memetipsum inconstantiæ redarguo, damnoque quod facio : ut frustra videar ad exemplum Abraham, et meos et patriam reliquisse : sed non audeo Dei omnipotentiam angusto fine concludere, et coarctare parvo terræ loco, quem non capit cœlum. Singuli quique credentium, non

---

(*a*) Veteres editi, *in loquendo simplicitatem excusabit*, et mox *confutabit*, magis oratorio ac fortiori sensu.
(*b*) *Alias* 13. *scripta an.* 395, *vel circiter*.
(*c*) In plerisque Mss. inscribitur, *Ad Paulinum Presbyterum de institutione clericorum*, in aliis additur et *monachorum*, et *de divinæ historiæ expositionibus diversis*.
(*d*) Innuit Panegyrin. Paulini in laudem Imperatoris Theodosii *super Victoria Tyrannorum*, ut loquitur Gennadius c. 48. Eam infra in hac eadem epistola noster Hieronymus plurimum laudat, sed jamdiu intercidit.

(*e*) Cyprianus *de Lapsis et ipsa ambulans funus tuum portare cœpisti*, et apud Optatum lib. 2. *ereptæ portant funera dignitatis*.
(*f*) Quod invenire certo non potuit Erasmus, unde hanc hausisset sententiam Hieronymus, ex epistola ad Hebræos, et alia ad Galatas locum indicat Victorius, quem Martianæus sequitur. Nunc vero constat ex eo expressam, quod habetur epistola ad Philippenses 3. 20. *Nostra autem conversatio in cœlis est*, ubi Græcus textus ἡμῶν γάρ πολίτευμα. Noster enim municipatus. Quæ etiam Tertullianus recitat lib. 3. contra Marcion. cap. 24. et 2. de Resurrect. carnis cap. 47.
(1) Ex Cicerone pro Murena : paulo post absunt ab aliquot libris *illa laudanda*.

locorum diversitatibus, sed fidei merito ponderantur. Et veri adoratores, neque Jerosolymis, neque in monte Garizim adorant Patrem : quia Deus Spiritus est, et adoratores ejus in spiritu et veritate adorare oportet. « Spiritus autem spirat ubi vult. Domini est terra et plenitudo ejus » (*Joan.* 3. 8 ; *Ps* 23. 1). Postquam siccato Judææ vellere, universus orbis cœlesti rore perfusus est, et multi de Oriente et Occidente venientes, recubuerunt in sinu Abrahæ ; desiit notus esse tantum in Judæa Deus, et in Israel magnum nomen ejus : sed in omnem terram exivit sonus Apostolorum, et in fines orbis terræ verba eorum (*Ps.* 75 ; *et* 18). Salvator ad discipulos suos loquens, cum esset in (*a*) templo : *Surgite*, inquit, *abeamus hinc* (*Joan.* 14. 31) : et ad Judæos : *Relinquetur vobis domus vestra deserta* (*Matth.* 23. 58). Si cœlum et terra transibunt, utique transibunt omnia quæ terrena sunt. Et Crucis igitur et Resurrectionis loca prosunt his, qui portant crucem suam ; et cum Christo resurgunt quotidie; qui dignos se tanto exhibent habitaculo. **321** Cæterum qui dicunt : *Templum Domini, Templum Domini* (*Jer.* 7), audiant ab Apostolo : *Vos estis templum Domini, et Spiritus Sanctus habitat in vobis* (2. *Cor.* 6. 16). Et de Jerosolymis et de Britania æqualiter patet aula cœlestis : *Regnum enim Dei intra vos est*. Antonius, et cuncta Ægypti, et Mesopotamiæ, Ponti, Cappadociæ, et Armeniæ examina Monachorum non viderunt Jerosolymam : et patet illis absque hac urbe paradisi janua. Beatus Hilarion, cum Palæstinus esset, et in Palæstina viveret, uno tantum die vidit Jerosolymam, ut nec contemnere loca sancta propter viciniam, nec rursus Dominum loco claudere videretur. Ab Hadriani temporibus usque ad imperium Constantini, per annos circiter centum octoginta, in loco Resurrectionis simulacrum Jovis ; in Crucis rupe, (*b*) statua ex marmore Veneris a gentibus posita colebatur : existimantibus persecutionis auctoribus, quod tollerent nobis fidem resurrectionis et crucis, si loca sancta per idola polluissent. Bethleem nunc nostram, et augustissimum orbis locum de quo Psalmista canit : *Veritas de terra orta est* (*Ps.* 84. 12), lucus inumbrabat (*c*) Thamuz, id est, Adonidis : et in specu, ubi quondam Christus parvulus vagiit, Veneris amasius plangebatur.

(*a*) Imo vero in cœnaculo primum dictum est ad Discipulos, alterum utique in Templo ad Judæos. Sed isthæc duo longe diversa Christi effata ad unum tempus, ac locum Hier. referebat Sic in Isaiæ cap. 1. « Reliquit Templum suum Dominus, iratusque consurgens ait : Surgite, abeamus hinc, et Relinquetur vobis domus vestra deserta. » Quod forte hauserit, non quemadmodum in margine adnotamus ex Joanne, et Luca, sed ex Matthæi Evangelio secundum Hebræos, cujus sæpius meminit, et locus usurpat. Certe peculiare exemplar dicendum est, quod ea simul necteret, eodemque in loco dicta proferret.

(*b*) Confer Eusebium lib. 3. de Vita Constantini, Socratem, Theodoretum, Sozomenum in historia, et Georgium Hamartolum in Chronico. Inde etiam Calvariæ mons *Venerarium* appellatus videtur in quodam sermone apud Ambrosium in Psalm. 47. « Dominus secundum cœli tractum in Venerario passus est, qui erat locus in latere Aquilonis. »

(*c*) Falso erat in præsenti *inambrat* : tum *Thamus*, aliis typis *Thamnus*, verius *Thamuz* ex Hebr. תַּמּוּז. Græc. θαμμούζ, cujus nominis Ægypti Rex quidam apud Platonem

S. HIERONYMI. I.

4. Cur, inquies, hæc tam longo repetita principio? Videlicet ne quidquam fidei tuæ deesse putes, quia Jerosolymam non vidisti : nec nos idcirco meliores æstimes, quod hujus loci habitaculo fruimur : sed sive hic, sive alibi, æqualem te pro operibus tuis apud Dominum nostrum habere mercedem. Revera, ut simpliciter motus mentis meæ fatear, considerans et propositum tuum, et ardorem quo sæculo renuntiasti, differentias **322** in locis arbitror, si urbibus et frequentia urbium derelicta, in agello habites, et Christum quæras in solitudine, et ores solus in monte cum Jesu. Sanctorumque tantum locorum vicinitatibus perfruaris, id est, ut et urbe careas, et propositum Monachi non amittas. Quod loquor, non de Episcopis, non de Presbyteris, non de Clericis loquor, quorum aliud officium est; sed de Monacho, et de Monacho quondam apud sæculum nobili : qui idcirco pretium possessionum suarum ad pedes Apostolorum posuit, docens pecuniam esse calcandam ; ut humilius et secreto victitans, semper contemnat quod semel contempsit. Si Crucis et Resurrectionis loca non essent in Urbe celeberrima, in qua curia, in qua (1) aula militum, in qua scorta, mimi, scurræ, et omnia sunt, quæ solent in cæteris urbibus : vel si Monachorum turbis solummodo frequentaretur, expetendum revera hujuscemodi cunctis Monachis esset habitaculum. Nunc vero summæ stultitiæ est renuntiare sæculo, dimittere patriam, urbes deserere, Monachum profiteri, et inter majores populos (*d*) æqueque vivere, quam eras victurus in patria. De toto huc orbe concurritur. Plena est civitas universi generis hominum : et tanta utriusque sexus constipatio, ut quod alibi ex parte fugiebas, hic totum sustinere cogaris.

5. Quia igitur fraterne interrogas, per quam viam incedere debeas, revelata tecum facie loquar. Si (*e*) officium vis exercere Presbyteri, si Episcopatus te vel opus, vel honor forte delectat, vive in urbibus et castellis ; ET ALIORUM salutem, fac lucrum animæ tuæ.

in Phædro, et Philostratum VI. 5. memoratur. Porro vocem hanc Ezechiel. 8. 14. Vulgata interpretatur *adonidem*, et Hieron. in eum locum : *quem nos*, inquit, *adonidem interpretati sumus et Hebræus, et syrus sermo Thamuz vocat*. Ejus autem Amasii Veneris vulgatissima est fabula.

(*d*) Cistere, cujusmodi etiam Erasmiani codices, aliique antiquiores vulgati, *inter majores populos pergere*, *vivere melius, quam eras victurus*, etc. Mutavit Victorius meliori sensu, *inter majores populos periculosius vivere quam.* etc. Martian. *pergere vivere*, quam lectionem tametsi e Mss. omnibus se dicat expressisse, vitiosam tamen esse mancus atque alienus a Hieronymi mente sensus ostendit. Nos ex *peregre* fecimus ex ingenio *peræque*, id est ad eum fere modum, quo uno vocabulo etsi rariori, Latino tamen, locus emaculatur, sensusque perficitur. Cicero in Bruto : « tria sunt omnino genera dicendi, quibus in singulis quidam floruerunt, peræque autem id quod volumus perpauci in omnibus. »

(*e*) Apposite *officium* Presbyteri dixit, cum enim jam invitus Presbyteratu initiatus fuisset Paulinus, ea tamen lege se consecrari permiserat, ne officium quoque Presbyteri alicubi exercere teneretur, sed cui tandem vellet Ecclesiæ servitio se mancipare; sive ut ipse de se loquitur epist. 1. *in sacerdotium tantum Domini, non etiam in locum Ecclesiæ dedicatus*. Hujusmodi fere ordinationem sustinuit ipse Hieronymus.

(1) Parum abfuit, quin *ala militum* pro *aula militum* legerem; sed cum Mss. codices nulli suffragantur, quidquam ex ingenio innuatare, religio est.

(*Dix-neuf.*)

Sin autem cupis esse, quod diceris Monachus, id est, solus, quid facis in urbibus, quæ utique non sunt solorum habitacula, sed multorum? Habet unumquodque propositum principes suos. **323** Romani duces imitentur Camillos, Fabricios, Regulos, Scipiones. Philosophi proponant sibi Pythagoram, Socratem, Platonem, Aristotelem. Poetæ æmulentur Homerum, Virgilium, Menandrum, Terentium. Historici, Thucydidem, Sallustium, Herodotum, Livium. Oratores, Lysiam. Græccos, Demosthenem, Tullium. Et ut ad nostra veniamus, Episcopi et Presbyteri habeant in exemplum Apostolos, et Apostolicos viros: quorum honorem possidentes, habere nitantur et meritum. Nos autem habeamus [al. *habemus*] propositi nostri principes, Paulos et Antonios, (*a*) Julianos, Hilariones, Macarios. Et ut ad Scripturarum auctoritatem redeam, noster princeps Elias, noster Elisæus, nostri duces filii Prophetarum, qui habitabant in agris et solitudinibus, et faciebant sibi tabernacula prope fluenta Jordanis. De his sunt et illi filii Rechab, qui vinum et siceram non bibebant, qui morabantur in tentoriis, qui Dei per Jeremiam (*Cap.* 35) voce laudantur, et promittitur eis quod non deficiat de stirpe eorum vir stans coram Domino. Hoc reor et septuagesimi Psalmi (*b*) titulum significare: *Filiorum Jonadab: et eorum qui primi in captivitatem ducti sunt.* Iste est Jonadab filius Rechab, qui in Regnorum libro scribitur currum ascendisse cum Jeu. Et hujus filii sunt, qui in tabernaculis semper habitantes, ad extremum propter irruptionem Chaldaici exercitus, Jerosolymam intrare compulsi, hanc primi captivitatem sustinuisse dicuntur, quod post solitudinis libertatem, urbe quasi carcere sunt reclusi.

6. Obsecro itaque te, ut quoniam sanctæ sororis tuæ (Therasiæ uxoris) ligatus es vinculo, et non penitus expedito pergis gradu, sive hic, sive ibi, multitudines hominum, et officia, et salutationes, et convivia, veluti quasdam catenas fugias voluptatum. Sit vilis et vespertinus cibus, olera et legumina: interdumque pisciculos pro summis ducas deliciis. Qui Christum desiderat, et illo pane vescitur, non quærit magnopere de quam pretiosis cibis stercus conficiat. Quidquid post gulam non sentitur, idem tibi sit quod panis et legumina. Habes adversus Jovinianum libros de contemptu ventris et gutturis plenius disserentes. Semper in manu tua sacra sit lectio. **324** Frequenter orandum, et flexo corpore, mens erigenda ad Dominum. Crebræ vigiliæ: et ventre vacuo sæpius dormiendum. Rumusculos et gloriolas et palpantes adulatores, quasi hostes fuge. Pauperibus et fratribus refrigeria sumptuum manu propria distribue. Rara est in hominibus fides. Non credis verum esse quod dico? Cogita Judæ loculos. Humilitatem vestium tumenti animo non appetas. Sæcularium, et maxime potentium

consortia devita. Quid tibi necesse est ea videre crebrius, quorum comtemptu Monachus esse cœpisti? Soror præcipue tua matronarum declinet colloquia [al. *consortia*]; nec inter sericas vestes et gemmas circumsedentium feminarum se sordidatam, aut doleat, aut miretur: QUIA ALTERUM propositi pœnitentiam, alterum jactantiæ seminarium est. Cave ne quasi fidelis et famosus tuorum quondam dispensator, alienam pecuniam distribuendam accipias. Intelligis quid loquar; dedit enim tibi Dominus in omnibus intellectum. Habeto simplicitatem columbæ, ne cuiquam machineris dolos: et serpentis astutiam, ne aliorum supplanteris insidiis. NON MULTUM distat in vitio, vel decipere posse, vel decipi Christianum. Quem senseris tibi aut semper, aut crebro de nummis loquentem, excepta eleemosyna, quæ indifferenter omnibus patet, institorem potius habeto, quam Monachum. Præter victum et vestitum, et manifestas necessitates, nihil cuiquam tribuas: ne filiorum panem canes comedant.

7. Verum Christi templum anima credentis est: illam exorna, illam vesti, illi offer donaria, in illa Christum suscipe. QUÆ UTILAS est parietes fulgere gemmis et Christum in paupere fame periclitari (1)? Jam non sunt tua quæ possides, sed dispensatio tibi credita est. Memento Ananiæ et Sapphiræ. Illi sua timide servaverunt: tu considera, ne Christi substantiam imprudenter effundas, id est, ne immoderato judicio rem pauperum tribuas non pauperibus, et secundum dictum prudentissimi viri (*Cic. l.* 2. *Offic.*) liberalitate liberalitas pereat. Noli

Respicere ad phaleras, et nomina vana Catonum.
(*Per s. Satyr* 3).
Ego te, inquit*, intus et in cute novi*
(*Lucan. lib.* x. *Pharsal*).

325 ESSE CHRISTIANUM grande est, non videri. Et nescio quomodo plus placent mundo, qui Christo displicent: Hæc non sicut aiunt, Sus Minervam; sed ingredientem pelagus, amicus amicum monui, malens a te facultatem meam requiri, quam voluntatem: ut in quo ego lapsus sum, tu firmo pergeres gradu.

8. *Liber Paulini pro Theodosio.* — Librum tuum, quem pro Theodosio principe prudenter ornateque compositum transmisisti, libenter legi; et præcipue mihi in eo subdivisio placuit. Cumque in primis partibus vincas alios, in penultimis teipsum superas. Sed et ipsum genus eloquii pressum est et nitidum: et cum Tulliana luceat puritate, crebrum est in sententiis. Jacet enim (ut ait (*a*) quidam) oratio in qua tantum verba laudantur. Præterea magna est rerum consequentia, et alterum pendet ex altero. Quidquid assumpseris, vel finis superiorum, vel initium sequentium est. Felix Theodosius, qui a tali Christi oratore defenditur. Illustrasti purpuras ejus, et utilitatem legum futuris sæculis consecrasti. Macte virtute: qui talia habes rudimenta, qualis exercitatus miles eris!

(*a*) Eum nempe, qui cum Basilissa uxore sanctissimo voto carnem suam virginem Christo servavit, *ut ad decem millia monachorum pater fieret*, quemadmodum in ejus Passione proditum est.

(*b*) Non habet Hebræus textus hunc titulum, sed editio LXX.

(*c*) Quintilian. Proœm. l. 8. sub finem, « Non intelligunt jacere sensus in oratione, in qua verba laudantur.»

(1) Gravius *jam nunc non sunt*, reposito *nunc* e veteri codice.

O si mihi liceret istiusmodi ingenium non per Aonios montes et Heliconis vertices, ut Poetæ canunt, sed per Sion et Itabyrium [*Thabor*], et Sina excelsa ducere. Si contingeret docere quæ didici: et quasi per manus mysteria tradere Prophetarum [al. *Scripturarum*], nasceretur nobis aliquid quod docta Græcia non haberet.

9. Audi ergo, mi conserve, amice, germane: ausculta paulisper, quo in Scripturis sanctis calle gradiaris. Totum quod legimus in divinis Libris, nitet quidem, et fulget etiam in cortice, sed dulcius in medulla est. Qui edere vult nucleum, frangat nucem (*Ex Plauto*). « Revela, » inquit David, « oculos meos, et considerabo mirabilia de lege tua » (*Ps.* 118. 18). Si tantus Propheta tenebras ignorantiæ confitetur, qua nos putas parvulos, et pene lactentes inscitiæ nocte circumdari? Hoc autem velamen non solum in facie Moysi, sed et in Evangelistis et in Apostolis positum est. Turbis Salvator in parabolis loquebatur, et contestans mysticum esse quod dicebatur, aiebat: *Qui habet aures audiendi audiat* (*Luc.* 8. 8). Nisi aperta fuerint universa quæ scripta sunt ab eo, **326** qui habet clavem David: qui aperit, et nemo claudit, claudit, et nemo aperit: nullo alio reserante, pandentur. Si haberes hoc fundamentum, imo si quasi extrema manus (*a*) operi tuo induceretur, nihil pulchrius, nihil doctius, nihil dulcius, nihilque Latinius tuis haberemus voluminibus.

10. Tertullianus creber est in sententiis, sed difficilis in loquendo. Beatus Cyprianus instar fontis purissimi, dulcis incedit et placidus; et cum totus sit in (*b*) exhortatione virtutum, occupatus persecutionum angustiis, de Scripturis divinis nequaquam disseruit. Inclyto Victorinus martyrio coronatus, quod intelligit, eloqui non potest. Lactantius quasi quidam fluvius eloquentiæ Tullianæ, utinam tam nostra affirmare potuisset, quam facile aliena destruxit. Arnobius inæqualis et nimius, et absque operis sui partitione confusus. Sanctus Hilarius Gallicano cothurno attollitur: et cum Græciæ floribus adornetur, longis interdum periodis involvitur, et a lectione simpliciorum fratrum procul est. Taceo de cæteris, vel defunctis, vel etiam adhuc viventibus, super quibus in utramque partem post nos alii judicabunt.

11. Ad teipsum veniam symmysten, sodalem meum, et amicum, amicum, inquam, meum, antequam notum; et precabor, ne assentationem in necessitudine [al. *necessitudinem*] suspiceris: quin potius vel errare [al. *errore*] me æstimato, vel amore labi, quam amicum adulatione decipere. Magnum habes ingenium, et infinitam sermonis supellectilem: et facile loqueris et pure, facilitasque ipsa et puritas mixta prudentiæ est. Capite quippe sano omnes sensus vigent. Huic prudentiæ et eloquentiæ si accederet vel studium, vel intelligentia Scripturarum, viderem te

---

(*a*) Quidam Mss. *in tuo opere duceretur.* Mox autem e duobus, *nihil doctius*, *nihil dulcius*, alterum videtur esse pro altero, et abundare.

(*b*) Al. *in exercitatione*, quæ lectio Victorio placuit.

brevi arcem tenere nostrorum: et ascendentem (*c*) cum Joab tectum Sion (1. *Paral.* 11), canere in domatibus, quod in cubilibus cognovisses. Accingere, quæso, te, accingere. « Nihil sine magno labore vita dedit mortalibus (*Ex Hor. l.* 1. *Sat.* 9). Nobilem te Ecclesia habeat, ut prius Senatus habuit. Præpara tibi divitias, quas quotidie eroges: et nunquam deficiant, dum viget ætas, dum (*d*) nondum canis spargitur caput: antequam « subeant morbi, tristisque senectus, **327** Et labor, et duræ » rapiat « inclementia mortis. » Nihil in te mediocre esse contentus sum: totum summum, totum perfectum desidero. (*e*) Sanctum Vigilantium Presbyterum qua aviditate susceperim, melius est ut ipsius verbis, quam meis discas litteris: qui cur tam cito a nobis profectus sit, et nos reliquerit, non possum dicere, ne lædere quempiam videar. Tamen quasi prætereuntem et festinantem paululum retinui, et gustum ei nostræ amicitiæ dedi, ut per eum discas, quid in nobis (*f*) desideres. Sanctam conservam tuam, et tecum in Domino militantem, per te salutari volo.

EPISTOLA LIX (*g*)

AD MARCELLAM.

De (*h*) *quibusdam Quæstionibus novi Testamenti. Singulis quinque Quæstionibus sibi a Marcella propositis respondet.*

1. Magnis nos provocas Quæstionibus; et torpens otio ingenium, dum interrogas, doces. Prima tua sciscitatio fuit, quæ sint illa, « quæ nec oculus vidit, nec auris audivit, nec in cor hominis ascenderunt quæ præparavit Deus his qui diligunt eum » (1. *Cor.* 2. 9). Et quomodo rursus idem Apostolus inferat: « Nobis autem revelavit Deus per spiritum suum » (*Ibid. v.* 10). Et si revelatum est Apostolo, intelligere debeamus, (*i*) quomodo et aliis revelaverit. Ad quæ brevis responsio est, non debere nos quærere, quid

---

(*c*) Perperam post Erasmum Victorius, aliique editi curam Jacob. Alluditur enim heic loci illud 1. Paral. 1. 6. *Ascendit igitur primus Joab filius Sarviæ*, etc.

(*d*) Immutaverat edit. Benedict. contrario sensu: *dum adhuc canis spargitur caput*, quemadmodum revera aliquot Mss. habent. Sed in illis erroris occasio fuit, quod vetustiores aliter *pro nondum* legerint *adhuc non*, quæ postrema negandi particula facile excidit aliis indiligentibus antiquariis, quorum etiam nonnemo sciolus verbum *viget* in *urget* corrupit. Cæterum aut *nondum*, aut quod idem est, *adhuc non*, scribendum liquet ex toto contextu ipsaque S. Paulini ætate, qui annum 43. vix fortasse attigerat, cui ætati cani non imputantur.

(*e*) Vigilantius iste alius ab eo, contra quem scripsit Hieronymus, videtur Gravo, aliisque non indoctis viris, qui eum *sanctum* dici potuisse non putant. At nondum in hæresim eruperat; et cum ex Aquitania, ex qua S. quoque Paulinus regione erat, pietatis ergo in Palæstinam proficisceretur, ejusdem litteris Hieronymo commendatus est; quod ipse testatur Epistola ad Riparium, atque alia heic 61, ad eumdem Vigil. tum aliis tum his præcipue verbis: « Credidi sancti Presbyteri Paulini epistolis, et illius super nomine tuo non putavi errare judicium. »

(*f*) Veteres editi cum particula, *quid in nobis non desideres.*

(*g*) Ps. 148. scripta an. 595. vel sequenti.

(*h*) Titulum hunc e Veronensi Ms. restituimus.

(*i*) Iterum ex Veronen. legimus, in modo enim difficultas est, quia Apostolus ea aliis tradiderit, quæ nec auris audivit, nec oculus vidit, etc. Ante, tamen legebatur *quod et ille aliis*, etc.

sit illud, quod nec oculus vidit, nec auris audivit, nec n cor hominis ascendit. Si enim ignoratur, quomodo sciri potest? Quod promittitur in futuro, non cernitur in præsenti. « Spes enim quæ videtur, non est spes » (*Rom.* 8. 24), sed jam certa possessio: quomodo si velit quispiam dicere: ostende mihi quod invisibile est: loquere quod audiri non potest: **328** expone quod cogitatio non comprehendit humana. Ergo hoc sensu Apostolus dixisse credendus est, quod carnalibus oculis, et aure carnali, et cogitatione mortali non possint spiritualia comprehendi. « Etsi enim noveramus quondam Jesum secundum carnem, sed nunc jam non novimus eum » (2. *Cor.* 5. 16). Et in Joannis Epistola scribitur: « Carissimi, nunc filii Dei sumus, et necdum manifestum est quod futuri sumus. Scimus enim quoniam cum apparuerit, similes ei erimus, quia videbimus eum sicuti est» (1. *Joan.* 3. 2). Quodque revelatum sibi et Sanctis per spiritum esse testatur, non statim sequitur, ut ipse aliis revelaverit. Alioqui audivit et in paradiso verba ineffabilia, quæ aliis narrare non poterat (2. *Cor.* 12): aut si narravit, nequaquam ineffabilia sunt.

2. Secunda Quæstio fuit, in qua dicis legisse te per transitum in Opusculis meis, quod agni qui stant a dextris, et hædi qui stant a sinistris (*Matth.* 25), Christiani sint atque gentiles: et non potius boni et mali. Non memini me hoc aliquando dixisse, et si dixissem, non essem in errore pertinax. Quantum autem dictanti subito occurrit, in secundo volumine contra Jovinianum super hoc capitulo disputasse me novi, et non solum super hoc, sed et de eo quod in eamdem quæstionem cadit, ubi pisces mali a bonis piscibus separabuntur (*Matth.* 13). Quod ergo ibi plene dictum est, nunc omittendum videtur.

3. Tertio interrogaveras, quod dicit Apostolus in adventu Domini Salvatoris, rapi quosdam viventes obviam in nubibus, ita ut non præveniantur ab his, qui in Christo dormierunt (1. *Thess.* 4): visque nosse, utrum sic occurrant in corporibus et [al. *ut*] non ante moriantur; cum et Dominus noster mortuus sit, et Enoch atque Elias secundum Apocalypsim Joannis morituri esse dicantur (*Apoc.* 11): ne scilicet ullus sit qui non gustaverit mortem (*Psal.* 88). Hoc ex ipsius loci continentia sciri potest, quod sancti qui in adventu Salvatoris fuerint deprehensi in corpore, in iisdem corporibus occurrant ei: ita tamen ut inglorium et corruptibile et mortale, gloria et incorruptione et immortalitate **329** mutetur (1. *Cor.* 15); ut qualia corpora (*a*) mortuorum surrectura sint, ut talem substantiam etiam vivorum corpora transformentur. Unde dicit in alio loco Apostolus: « Propter quod nolumus exspoliari, sed supervestiri,

(*a*) Vox *mortuorum* in aliquot probæ notæ codicibus desideratur, ea tamen retenta est, quod ex opposito subnexæ voci *vivorum* concinne respondeat. Cæterum conferendus in hanc quæstionem Tertulliani liber de Resurrectione carnis capp 24. et 42. in cumque doctorum virorum notæ, et lib. 5. adversus Marcionem. Tum vero in primis ipse Hieronymus infra epistola ad Minervium et Alexandrum, qua totam difficultatem copiosissime expendit.

ut absorbeatur mortale hoc a vita » (1. *Cor.* 9. 4), ne scilicet corpus ab anima deseratur; sed anima habitante in corpore, fiat inclytum quod ante inglorium fuit. De Enoch autem et Elia, quos venturos Apocalypsis refert et esse morituros (*Apoc.* 11), non est istius temporis disputatio, cum omnis ille liber aut spiritualiter intelligendus sit, ut nos existimamus, aut si carnalem inerpretationem sequimur, Judaicis fabulis acquiescendum sit, ut rursum ædificetur Jerusalem, et hostiæ offerantur in Templo; et spirituali cultu imminuto, carnales obtineant cæremoniæ.

4. Quartum est quod quæsisti, quomodo in Joannis Evangelio post resurrectionem dicatur ad Mariam Magdalenam: « Noli me tangere, nondum enim ascendi ad Patrem meum » (*Joan.* 20. 17). Et rursum in Matthæo scriptum sit, quod ad vestigia Salvatoris mulieres corruerint (*Matth.* 28); cum utique non sit idipsum tangere post resurrectionem pedes ejus, et non tangere. Maria Magdalena ipsa est, a qua septem dæmonia expulerat (*Marc.* 16); ut ubi abundaverat peccatum, superabundaret gratia (*Rom.* 5); quæ quia Dominum hortulanum putabat, et quasi cum homine loquebatur, et quærebat viventem cum mortuis, recte audivit, « Noli me tangere » (*Joan.* 20. 17). Et est sensus: Non mereris meis hærere vestigiis, nec adorare quasi Dominum, nec ejus tenere pedes, quem non existimas surrexisse. Tibi enim necdum ascendi ad Patrem meum. Cæteræ vero mulieres, quæ pedes tangunt, Dominum confitentur, et merentur ejus hærere vestigiis, quem ad Patrem ascendisse confidunt. Quanquam etiamsi eadem mulier diversis in Evangeliis et tenuisse pedes, et non tenuisse referatur, facilis solutio sit, cum potuerit corrigi primum quasi incredula, et postea non repelli, quasi ea quæ errorem confessione mutaverat, quod et de latronibus intelligi potest, cum alius Evangelista utrumque blasphemasse, alius narret alterum esse confessum (*Matth.* 27; *et Marc.* 15).

5. Extrema schedula continebat, utrum **330** post resurrectionem, quadraginta diebus Dominus cum discipulus conversatus sit (*Luc.* 23); et nunquam [fort. *nunquid*] alibi fuerit? an latenter ad cœlum ascenderit, atque descenderit, et nihilominus Apostolis suam præsentiam non negarit? Si Dominum Dei Filium consideres, de quo sermo est, et illum esse qui loquitur: « Nonne cœlum et terram ego repleo, dicit Dominus » (*Jerem.* 23. 24), et de quo alius Propheta testatur: « Cœlum mihi thronus est, terra autem scabellum pedum meorum » (*Isai.* 66. 1); et rursum alibi: « Qui tenet cœlum palmo et terram pugillo » (*Ibid.* 40. 12), de quo David canit: « Quo ibo a spiritu tuo; et a facie tua quo fugiam? Si ascendero in cœlum, tu ibi es; si descendero ad infernum, ades: Et si habitavero in extremis maris; etenim ibi manus tua deducet me, et continebit me dextera tua » (*Ps.* 138. 7. *et seqq.*), profecto non ambiges, etiam ante resurrectionem sic in Dominico corpore habitasse Deum verbum, ut et in Patre esset, et cœli

circulum clauderet, atque in omnibus [al. *hominibus*] infusus esset et circumfusus, id est, ut cuncta penetraret (*a*) interior, et contineret exterior. Stultum est igitur illius potentiam unius corpusculi parvitate finire [al. *finiri*], quem non capit cœlum : et tamen qui ubique erat, etiam in Filio hominis totus erat. Divina quippe natura, et Dei sermo in partes secari non potest, nec locis dividi : sed cum ubique sit, totus ubique est. Erat igitur uno eodemque tempore et cum Apostolis quadraginta diebus, et cum Angelis, et in Patre, et in extremis maris finibus erat ; in omnibus locis versabatur : cum Thoma in India, cum Petro Romæ, cum Paulo in Illyrico, cum Tito in Creta, cum Andrea in Achaia, cum singulis Apostolis et Apostolicis viris, in singulis cunctisque regionibus. Quod autem dicitur quosdam deserere, vel non deserere, non naturæ illius terminus ponitur ; sed eorum merita describuntur, apud quos esse, vel non esse dignatur [al. *dedignatur*].

331 EPISTOLA LX (*b*).
AD HELIODORUM.
Epitaphium Nepotiani

Super *Nepotiani Presbyteri morte, Heliodorum ejus avunculum Altinensem Episcopum consolatur ; ostenditque mortem non esse timendam, quæ a Christo devicta sit ; tum multis propositis veterum ethnicorum exemplis, Nepotiani laudes explicat, et demum ex eorum temporum calamitatibus ad vitæ contemptum hortatur.*

1. Grandes materias ingenia parva non sufferunt [al. *sustinent*], et in ipso conatu ultra vires ausa, succumbunt : quantoque majus fuerit, quod dicendum est, tanto magis obruitur, qui magnitudinem rei verbis non potest explicare. Nepotianus meus, tuus , noster , imo Christi, et quia Christi, idcirco plus noster, reliquit senes, desiderii sui jaculo vulneratos, et intolerabili dolore confectos [al. *confecit*]. Quem hæredem putavimus, funus tenemus. Cui jam meum sudabit ingenium ? cui litterulæ placere gestient ? Ubi est ille (*c*) ἐργοδιώκτης noster, et cygneo canore vox dulcior ? Stupet animus, manus tremit, caligant oculi, lingua balbutit. Quidquid dixero, quia ille non audit, mutum videtur. Stylus ipse quasi sentiens [al. *dissentiens*], et cera subtristior, vel rubigine, vel situ obducitur. Quotiescumque nitor in verba prorumpere, et super tumulum ejus Epitaphii hujus flores spargere, toties lacrymis implentur oculi, et renovato dolore, totus in funere sum. Moris quondam fuit, ut super cadavera (*d*) defunctorum in concione pro rostris laudes liberi dicerent, et instar lugubrium carminum ad fletus, et gemitus audientium pectora concitarent. En rerum in nobis ordo mutatus est, et in calamitatem nostram perdidit sua jura 332 natura. Quod exhibere senibus juvenis debuit, hoc juveni exhibemus senes.

2. Quid igitur faciam ? Jungam tecum lacrymas ? Sed Apostolus prohibet, Christianorum mortuos, dormientes vocans (1. *Thess.* 4). Et Dominus in Evangelio : « Non est, » inquit, « mortua puella, sed dormit » (*Marc.* 5. 39, *et Luc.* 8. 52). Lazarus quoque quia dormierat, suscitatus est (*Joan.* 11). Læter et gaudeam, quia « raptus est, ne malitia immutaret mentem ejus , » « quia « placuerat Deo anima illius » (*Sap.* 4). Sed invito et repugnanti per genas lacrymæ fluunt, et inter præcepta virtutum, resurrectionisque spem, credulam mentem, desiderii frangit affectus. O mors quæ fratres dividis, et amore sociatos, crudelis ac dura dissocias. Adduxit urentem ventum Dominus de deserto ascendentem, qui siccavit venas tuas, et desolavit fontem tuum (*Osee* 13. 15). Devorasti quidem Jonam, sed et in utero tuo vivus fuit. Portasti quasi mortuum, ut tempestas mundi conquiesceret ; et Ninive nostra illius præconio salvaretur. Ille ille te vicit : ille te jugulavit, fugitivus Propheta, qui reliquit domum suam, dimisit hæreditatem suam, dedit dilectam animam suam in manibus quærentium cum [al. *eam*]. Qui per Osee quondam tibi rigidus minabatur : « Ero mors tua, o mors : ero morsus tuus, inferne » (*Osee* 13. 17). Illius morte, tu mortua es : illius morte, nos vivimus. Devorasti, et devorata es. Dumque assumpti corporis sollicitaris illecebra, et avidis faucibus prædam putas, interiora tua adunco dente confossa sunt.

3. Gratias tibi, Christe Salvator, tua agimus creatura, quod tam potentem adversarium nostrum dum occideris, occidisti (*e*). Quis ante te miserior homine, qui æternæ mortis terrore prostratus, vivendi sensum ad hoc tantum acceperat, ut periret ? « Regnavit enim mors ab Adam usque ad Moysen, etiam super eos, qui non peccaverunt, in similitudinem 333 prævaricationis Adæ » (*Rom.* 5. 14). Si Abraham,

---

(*a*) Duo Mss. *penetraret, introiret, et contineret.*
(*b*) *Alias* 3. *Scripta init.* an. 396.
(*c*) Sic quidem editi plerique habent ἐργοδιώκτης, id est institor, sive impulsor operis, at Mss. ut sæpe Græcas voces legendo depravent, heic tamen ἐπῳδιόεις, vel ἐπῳδιής retinent, imo quidam antiquior, teste Victorio, ἴσωδος, id est incantator, aut qui cantibus animos allicit ; quarum vocum una, si aut satis recta scriptione , aut plurium auctoritate exemplarium niteretur, præferenda videretur ex his, quæ subdit , *et cygneo canore vox dulcior* ; minime enim nobis probatur impressa lectio, quam tantum non immutamus, ne conjecturis nostris plus æquo videamur indulgere. Cæterum cum denuo attentius litterarum vestigia in Veronens. Ms. inspiceremus, venit in mentem , qui desperatus locus satis bene restitui posset. Scribitur ibi ΟΚΟΚΖΗΚΝΣ, quæ litteræ si tantillum emendentur, ac ductus rectæ scripturæ reddantur in hunc modum ΟΚΟΚΜΙΖΗΚ, elegans statim exsurget sensus, ac lectio, ut nos quidem putamus , verissima. Et quippe ὀκοκύζης Fringilla, seu avis Montifringilla, Italice *Fringuello*, avis notissima , ita a sono quem cantando edit, appellata, de qua loquitur Aristoteles lib. 8. Animal. cap. 3. Martialis 6. Epigram. 55.
Nunc Sturnos inopes , Frigillarumque querelas , Audit, etc.
Hieronymus vero perquam eleganter Nepotianum illi avi compararit, seu ipsum ἐπαείζην dixerit , puta quod ille dum viveret, sibi crebro insusurraret, aliquid operis a se petens, quam ejus tamen vocem subdit sibi *cygneo canore* fuisse dulciorem. Certe avim denotare voluisse probant postrema hæc verba.
(*d*) Victorius *super cadavera parentum defunctorum*, quam lectionem probat quod subsequitur , *laudes liberi dicerent.* At vocem illam *parentum* neque exemplaria nostra habent, nec ipse Victor. admonet unde expresserit.
(*e*) Sic Veron. exemplar ; prius enim vel *te* vocula aberat, vel *quid ante miserius* legebatur.

Isaac et Jacob in inferno, quis in cœlorum regno? Si amici tui sub pœna offendentis Adam, et qui non peccaverant, alienis peccatis tenebantur obnoxii, quid de his credendum est, qui dixerunt « in cordibus suis, non est Deus? » Qui « corrupti et abominabiles facti sunt, in voluntatibus suis? » Qui « declinaverunt, simul inutiles facti sunt; non est qui faciat bonum, non est usque ad unum? » (*Ps.* 13. 1) Quod si Lazarus videtur in sinu Abrahæ, locoque refrigerii, quid simile infernus et regna cœlorum? ANTE CHRISTUM Abraham apud inferos : post Christum latro in paradiso. Et idcirco in resurrectione ejus, multa dormientium corpora surrexerunt, et visa sunt in (*a*) cœlesti Jerusalem. Tuncque impletum est illud elogium : « Surge qui dormis, et elevare, et illuminabit te Christus » (*Ephes.* 5. 14). Joannes Baptista in eremo personat : « Pœnitentiam agite : appropinquavit enim regnum cœlorum. A diebus enim Joannis Baptistæ regnum cœlorum vim patitur, et violenti diripiunt illud » (*Matth.* 2. 3. et 11. 11). Flammea illa romphæa custos paradisi, et præsidentia foribus Cherubim, Christi restincta et reserata sunt sanguine. Nec mirum hoc nobis in resurrectione promitti, cum omnes qui in carne, non secundum carnem vivimus, municipatum habeamus in cœlo : et hic adhuc positis dicatur in terra : « Regnum Dei intra vos est » (*Luc.* 17. 21).

4. Adde quod ante resurrectionem Christi, « notus » tantum « in Judæa » erat « Deus : in Israel magnum nomen ejus » (*Ps.* 75). Et ipsi qui noverant eum, tamen ad inferos trahebantur. Ubi tunc totius orbis homines, ab India usque ad Britanniam, a rigida Septentrionis plaga, usque ad fervores Atlantici Oceani, tam innumerabiles populi, et tantarum gentium multitudines?

Quam variæ linguis, habitu tam vestis, et armis :
(*Æneid.* 8.)

Piscium ritu ac locustarum, et velut muscæ **334** et culices conterebantur; absque notitia etenim Creatoris sui, omnis homo pecus est. Nunc vero passionem Christi, et resurrectionem ejus, cunctarum gentium et voces et litteræ sonant. Taceo de Hebræis, Græcis, et Latinis, quas nationes fidei suæ in Crucis titulo Dominus dedicavit. Immortalem animam et post dissolutionem corporis subsistentem, quod Pythagoras somniavit, Democritus non credidit, in consolationem damnationis suæ Socrates disputavit in carcere, Indus, Persa, Gothus, Ægyptius philosophantur. (*b*) Bessorum feritas, et pellitorum turba populorum, qui mortuorum quondam inferiis homines immolabant, stridorem suum in dulce Crucis fregerunt melos, et totius mundi una vox Christus est.

5. Quid agimus, anima? quo nos vertimus? quid primum assumimus? quid tacemus? Exciderunt ne tibi præcepta Rhetorum? et occupata luctu, oppressa lacrymis, præpedita singultibus, dicendi ordinem non tenes? Ubi illud ab infantia studium litterarum, et (*c*) Anaxagoræ, ac Telamonis semper laudata sententia? Sciebam me genuisse mortalem. Legimus Crantorem, cujus volumen ad confovendum dolorem suum, secutus est Cicero (*Lib. de Consolat. qui intercidit*); Platonis, Diogenis, Clitomachi, Carneadis, Posidonii ad sedandos luctus opuscula percurrimus, qui diversis ætatibus, diversorum luctum vel libris, vel epistolis minuere sunt conati, ut etiam si nostrum areret ingenium, de illorum posset fontibus irrigari. Proponunt innumerabiles viros, et maxime Periclem et Xenophontem Socraticum, quorum alter amissis duobus filiis, coronatus in concione disseruit : alter cum sacrificans filium (*d*) in bello audisset occisum, deposuisse coronam dicitur, et eamdem capiti reposuisse, postquam fortiter in acie dimicantem reperit concidisse. **335** Quid memorem Romanos duces, quorum virtutibus quasi quibusdam stellis, Latinæ micant historiæ? Pulvillus Capitolium dedicans, mortuum sibi nuntiabatur filium, se jussit absente sepeliri. L. Paulus septem diebus inter duorum exequias filiorum triumphans, urbem ingressus est. Prætermitto Maximos, Catones (*e*), Gallos, Pisones, Brutos, Scævolas, Metellos, Scauros, Marios, Crassos, Marcellos, atque Aufidios, quorum non minor in luctu quam in bellis virtus fuit, et quorum orbitates in (*f*) Consolationis libro Tullius explicavit, ne videar potius

---

(*b*) De Bessis videndus Strabo lib. 7. qui eos notat « majorem Æmi montis partem tenere, propter latrocinia latrones appellari, et duram asperamque vitam agere. » Adde si placet Herodotum, Solinum, Ovidium, Plinium, pluresque alios. Quod autem *pellitos* dicit, præcipuos e Getis, aut Dacis populos designat ; qui ferarum more pellibus obtegebantur. Porro omnium elegantissime utrorumque conversionem laudat S. Paulinus Poem. 17. *Et sua vessi nive duriores, Nunc oves facti.* Tum paulo infra,

*Et Getæ currunt, et uterque Dacus,
Qui colit terræ medio, et ille
Divitis multo bove pilleatus
accola ripæ.*

(*c*) Vid. Ciceronem in Tuscul. 3. unde fere omnia hæc illustrium virorum exempla Hieron. transtulit. Quædam etiam apud Valerium Max. præcipue lib. 5. exstant, Ælianum l. 3. cap. 2.

(*d*) Duas voculas *in bello* ex Mss. et Victorii editione suffecimus. Vid. Ælianum lib. 3. cap. 5. de Xenophonte.

(*e*) Pro Gallos quædam exemplaria *Caios* legunt, qua non improbo; Caii scilicet prænomen Gaio erat. Sed pro *Marios* sunt, Victorio teste, qui malint *Martios*, et Q. Martium Regem innui, qui cum ex Consulatu victoriæ filium, eumque magnæ spei juvenem amisisset, ejus mortem tam æquo animo tulit, ut statim ab ejus rogo Senatum in curiam evocaret, quod Valerius Maximus tradit.

(*f*) Intercidit Germanis Ciceronis liber *de Consolatione*, quem ipse in filiæ suæ morte composuit, ut testatur Tusculanar. quæst. lib. 3.

(*a*) Non una hac de re veterum est sententia, aliis alteram, aliis temporariam resurrectionem his qui cum Christo resurrexerant, tribuentibus. Juxta primos in cælesti Jerusalem Sanctorum corpora apparuerunt, juxta alios in terrena. Priori sententiæ, in quam vergit heic loci Hieronymus, favent Origenes in c. 27. Matthæi, Euseb. Demonstrat. Evang. liber. 4. S. Hilar. Tract. in 2. Psalmum, Ruffinus in expositione Symboli, aliique. Sed alteram tuentur plerique alii, quos inter optime Augustinus epist. 99. ad Evodium, Chrysostomus in epistola ad Hebræos, atque ibidem Theodoretus, etc. Conterenda, quod pertinet ad rem nostram, Pauli et Eustochii ad Marcellam epistola 46. n. 7. quæ jam sic loco notavit eius verba : « Nec statim Jerosolyma confessis sunt ; plerique ridende adscribunt, in hoc loco intelligitur, cum signum antiquum esse potuerit apud homines Pontii resuscitati, si corpora resuscitata in cælesti Jerosolyma visa sunt.

aliena quam nostra quæsisse. Quanquam et hæc in sugillationem nostri breviter dicta sint, si non præstet fides quod exhibuit infidelitas.

6. Igitur ad nostra veniamus. Non plangam cum Jacob et David filios in lege morientes ; sed cum Christo in Evangelio recipiam resurgentes. JUDÆORUM LUCTUS, Christianorum gaudium est. « Ad Vesperam demorabitur fletus, et ad matutinum lætitia (*Ps.* 29. 6). Nox præcessit, dies autem appropinquavit » (*Rom.* 13). Unde et Moyses moriens plangitur (*Deut.* 34), Jesus absque funere et lacrymis in monte sepelitur. Quidquid de Scripturis super lamentatione dici potest, in eo libro quo Paulam Romæ consolati sumus, breviter explicavimus. Nunc nobis per aliam semitam ad eumdem locum perveniendum est, ne videamur prætrita [al. *præterita*] et abolita quondam calcare vestigia.

7. Scimus quidem Nepotianum nostrum esse cum Christo, et Sanctorum mixtum choris, quod hic nobiscum eminus rimabatur in terris, et æstimatione quærebat, ibi videntem cominus dicere : « Sicut audivimus, sic et vidimus, in civitate Domini virtutum, in civitate Dei nostri » (*Ps.* 47. 9) : sed desiderium absentiæ ejus ferre non possumus, non illius, sed nostram vicem dolentes. Quanto ille felicior, tanto amplius nos in dolore, quod tali caremus bono. Flebant et sorores Lazarum (*Joan.* 24), quem resurrecturum noverant. Et ut veros hominis exprimeret affectus, ipse Salvator ploravit quem resuscitaturus erat (*Ibidem*). Apostolus quoque ejus qui dixit : « Cupio dissolvi et esse cum Christo » (*Philip.* 1 23) : et alibi : « Mihi vivere Christus est, et mori lucrum » (*Ibid.* v. 21), gratias agit, quod Epaphras [al. *Epaphroditus*] de mortis sibi vicinia redditus sit, ne haberet tristitiam super tristitiam (*Philipp.* 2), non incredulitatis metu, sed desiderio caritatis. Quanto magis tu et avunculus et Episcopus, hoc est, et in carne et in spiritu pater, doles abesse viscera tua, et quasi a te divulsa suspiras ? Sed obsecro, ut modum adhibeas in dolore, memor illius sententiæ : Ne quid nimis : obligatoque parumper vulnere, audias laudes ejus, cujus semper virtute lætatus es ; nec doleas, quod talem amiseris, sed gaudeas quod talem habueris. Et sicut hi qui in brevi tabella terrarum situs pingunt, ita in parvo isto volumine cernas adumbrata, non expressa signa virtutum : suscipiasque a nobis non vires, sed voluntatem.

8. *Præcepta Rhetorum.* — Hæc præcepta sunt Rhetorum, ut majores ejus qui laudandus est, et eorum gesta altius repetantur, sicque ad ipsum per gradus sermo perveniat : quo videlicet avitis paternisque virtutibus illustrior fiat, et aut non degenerasse a bonis, aut mediocres ipse ornasse videatur. Ego CARNIS bona, quæ semper et ipse contempsit, in animæ laudibus non requiram : nec me jactabo de genere, id est, de (1) alienis bonis, cum et Abraham et Isaac sancti viri, Ismaelem, et Esau peccatores

(1) *alias alienigenis*, quod et Gravio probatur magis

genuerint (*Genes.* 16. *et* 25). Et e regione, Jephte in in catalogo justorum, Apostoli voce numeratus, de meretrice sit natus (*Hebr.* 11, *Judic.* 11). « Anima, » inquit, « quæ peccaverit, ipsa morietur » (*Ezech.* 18. 4) ; ergo quæ non peccaverit, ipsa vivet. Nec virtutes, nec vitia parentum liberis imputantur. Ab eo tempore censemur, ex quo in Christo renascimur. Paulus persecutor Ecclesiæ, et mane lupus rapax, Benjamin (*Genes.* 49), ad vesperam (*a*) dedit escam, Ananiæ ovi submittens caput (*Act.* 9). Igitur et Nepotianus noster, quasi infantulus vagiens, et rudis puer, subito nobis, quasi de Jordane nascatur.

9. Alius forsitan scriberet, quod ob salutem illius, Orientem, eremumque dimiseris ; et me carissimum sodalem tuum, redeundi spe lactaveris, ut primum, si fieri posset, sororem cum parvulo viduam ; deinde, si consilium illa **337** respueret, saltem nepotem dulcissimum conservares. Hic est enim ille de quo tibi quondam vaticinatus sum : licet parvulus ex collo pendeat nepos. Referret, inquam, alius, quod in (*b*) palatii militia, sub chlamyde et candenti lino, corpus ejus cilicio tritum sit : quod stans ante sæculi potestates, lurida jejuniis ora portaverit : quod adhuc sub alterius indumentis, alteri militaverit : et ad hoc habuerit cingulum, ut viduis, pupillis (*c*), oppressis, miserisque subveniret. Mihi non placent dilationes istæ imperfectæ servitutis Dei. Et centurionem Cornelium, ut lego justum, statim audio baptizatum (*Act.* 10).

10. Veruntamen velut incunabula quædam nascentis fidei comprobemus ; ut qui sub alienis signis devotus miles fuit, donandus laurea sit, postquam suo regi cœperit militare. Baltheo posito habituque mutato, quidquid castrensis peculii fuit, in pauperes erogavit. Legerat enim : « Qui vult perfectus esse, vendat omnia quæ habet, et det pauperibus, et sequatur me » (*Matth.* 19). Et iterum : « Non potestis duobus dominis servire, Deo, et mamonæ » (*Matth.* 6. 14). Excepta vili tunica, et operimento pari, quo tecto tantum corpore, frigus excluderet, nihil sibi amplius reservavit. Cultus ipse, provinciæ morem sequens, nec munditiis, nec sordibus notabilis erat. Cumque arderet quotidie, aut ad Ægypti monasteria pergere, aut Mesopotamiæ invisere choros ; vel certe insularum Dalmatiæ, quæ Altino tantum freto distant, solitudines occupare : avunculum Pontificem deserere

(*a*) Ut in Græco textu variant heic loci exemplaria, aliis δώσει, aliis διαδώσει præferentibus, ita et apud Auctorem nostrum editi ac Mss. libri, alii *dedit*, alii *dividit*, alii quorum pars major est, *dividit*, et cum Veronensi Ms. *spolia* pro *escam* legunt.

(*b*) Ex illis nempe erat, quos *agentes in rebus* vocant Scriptores veteres, iisque Chlamydem, et lineam vestem, sive ut ait Libanius in Orat., contra Florentinum γραφιδέας καὶ ἀναξυρίδας, cum Baltheo tribuunt. Vide epistolam ad Salvinam, ubi de Nebridio. Fortunatus Presbyter lib. 4 de Vita S. Martini cap. 1. *Militis alba chlamys plus est quam purpura Regis.* Hinc et Candidati milites vulgo audiunt a reliquis Scriptoribus. Corrippus Africanus lib. III. de laudibus Justini *Cumque palatinis stans candida turba tribunis*, etc. Claudian. Panegyr. in quartum Consulatum Honorii *niveas cohortes* vocat : Trebellius Pollio in Gallieno *albatos milites*.

(*c*) Victorius addit *orphanis*.

non audebat, tot in illo cernens exempla virtutum, domique habens unde disceret. In uno atque eodem et imitabatur Monachum, et Episcopum venerabatur. Non, ut plerisque accidere solet, assiduitas familiaritatem, familiaritas contemptum illius fecerat; sed ita eum colebat, quasi parentem, ita admirabatur, quasi quotidie novum cerneret. Quid multa? Fit Clericus, et per solitos gradus Presbyter ordinatur. Jesu bone, qui gemitus, qui ejulatus, quæ cibi interdictio, quæ fuga oculorum omnium? Tum primum et solum avunculo iratus est. Querebatur se ferre non posse, et *juvenilem ætatem* incongruam Sacerdotio causabatur. Sed quanto **338** plus repugnabat, tanto magis in se studia omnium concitabat, et MEREBATUR negando, quod esse nolebat, eoque dignior erat, quo se clamabat indignum. Vidimus (*a*) Timotheum nostri temporis, et canos in sapientia, electumque a Moyse Presbyterum, quem ipse sciret esse Presbyterum. Igitur Clericatum non honorem intelligens, sed onus, primam curam habuit, ut humilitate superaret invidiam, deinde ut nullam obscœni in se rumoris fabulam daret; ut qui *mordebantur ad ætatem* ejus, stuperent ad continentiam; subvenire pauperibus, visitare languentes, provocare hospitio, lenire blanditiis, gaudere cum gaudentibus, flere cum flentibus. Cæcorum baculum, esurientium cibus, spes miserorum, solamen lugentium fuit. Ita in singulis virtutibus eminebat, quasi cæteras non haberet. Inter Presbyteros et coæquales, primus in opere, extremus in ordine. Quidquid boni fecerat, ad avunculum referebat. Si quid forte aliter evenerat quam putarat, illum nescire, se errasse dicebat. In publico Episcopum, domi patrem noverat: gravitatem morum, hilaritate frontis temperabat. Gaudium in risu, non cachinnum intelligeres. Virgines et viduas Christi honorare ut matres, hortari ut sorores, cum omni castitate. Jam vero postquam domum se contulerat, et relicto foris Clerico, duritiæ se tradiderat Monachorum, creber in orationibus, vigilans in precando, lacrymas Deo non hominibus offerebat; jejunia in aurigæ modum pro lassitudine et viribus corporis moderabatur. Mensæ avunculi interat, et sic apposita quæque libabat, ut et superstitionem fugeret, et continentiam servaret. Sermo ejus per omne convivium de Scripturis aliquid proponere, libenter audire, respondere verecunde, recta suscipere, prava non acriter confutare, disputantem contra se magis docere, quam vincere. Et ingenuo pudore, qui ornabat ætatem, quid cujus esset, simpliciter confiteri; atque in hunc modum eruditionis gloriam declinando, eruditissimus habebatur. Illud, aiebat, Tertulliani, istud Cypriani: hoc Lactantii, illud Hilarii est. Sic Minutius Felix, **339** ita Victorinus, in hunc modum est locutus Arnobius. Me quoque, quia pro sodalitate avunculi diligebat, interdum proferebat in medium. Lectioneque assidua, et meditatione diuturna, pectus suum bibliothecam fecerat Christi.

(*a*) Quod nimirum Timotheus junior Episcopus creatus sit: cui Nepotianum comparat. Vid. 1. Tim. 4. 12.

11. Quoties ille transmarinis Epistolis deprecatus est, ut aliquid ad se scriberem? quoties nocturnum de Evangelio petitorem, et interpellatricem duri judicis mihi viduam exhibuit? (*Luc.* 15. 5) Cumque ego silentio magis quam litteris denegarem, et pudore reticentis, pudorem suffunderem postulantis, avunculum mihi opposuit precatorem, qui et liberius pro alio peteret, et pro reverentia Sacerdotii facilius impetraret. Feci ergo quod voluit, et brevi libello, amicitias nostras æternæ memoriæ consecravi. Quo suscepto, Crœsi opes, et Darii divitias se vicisse jactabat. Illum oculis, illum manibus, illum sinu, illum ore tenebat. Cumque in stratu frequenter evolveret, sæpe super pectus soporati, dulcis pagina decidebat. Si vero peregrinorum, si amicorum quispiam venerat, lætabatur nostro super se testimonio. Et quidquid minus in opusculo erat, distinctione moderata, et pronuntiationis varietate pensabat; ut in recitando illo, (*b*) ipse vel placere quotidie, vel displicere videretur. Unde hic fervor, nisi ex amore Dei? unde legis Christi indefessa meditatio, nisi ex desiderio ejus qui legem dedit? Alii nummum addant nummo, et marsupium suffocantes, matronarum opes venentur obsequiis: sint ditiores Monachi, quam fuerant sæculares: possideant opes sub Christo paupere, quas sub locuplete diabolo non habuerant: et suspiret eos Ecclesia divites, quos tenuit mundus ante mendicos. Nepotianus noster aurum calcans, schedulas consectatur. Sed sicut sui in carne contemptor est, et paupertate incedit ornatior; ita totum (*c*) Ecclesiæ investigat ornatum.

12. Ad comparationem quidem superiorum, modica sunt quæ dicturi sumus, **340** sed et in parvis idem animus ostenditur. Ut enim Creatorem non in cœlo tantum miramur, et terra, sole, oceano, elephantis, camelis, equis, bobus, pardis, ursis, leonibus; sed et in minutis quoque animalibus, formica, culice, muscis, vermiculis, et istiusmodi genere, quorum magis corpora scimus quam nomina, eamdemque in cunctis veneramur solertiam: ita mens Christo dedita, æque et in majoribus, et in minoribus intenta est, sciens etiam pro otioso verbo reddendam esse rationem. Erat ergo sollicitus, si niteret altare, si parietes absque fuligine, si pavimenta tersa, si janitor creber in porta, vela semper in ostiis, si sacrarium mundum, si vasa luculenta (al. *lucentia*): et in omnes cæremonias pia sollicitudo disposita, non minus, non majus negligebat officium. Ubicumque eum in Ecclesia quæreres, invenires. Nobilem virum (*d*) Qu. Fabium miratur Antiquitas, qui etiam

(*b*) Malim *sibi* pro *ipse*, quod a Veronensi cod. abest.
(*c*) Veteres editi Erasm. atque Victor. quibus nonnulli Mss. etiam suffragantur, *animæ* legunt pro *Ecclesiæ*; sed impressam lectionem Veronensis cum plerisque aliis codd. et quæ subsequuntur Hieronymiani contextus maxime probant.
(*d*) Caium Fabium cum Quinto Fabio videtur confundere memoriæ lapsu, unumque e duobus facere. Primus enim Pictoris arte excelluit, et Salutis Templum an. ab Urbe condita 450. pinxit, ut Plinius testatur lib. 35. c. 4. unde et *Pictoris* cognomine donatus est. Alter hujusce nepos fuit, et Q. Fabius Pictor de nomine appellabatur. Hic porro historiam secundi belli Carth. scripsit, deque illo Appianus,

Romanæ scriptor historiæ est; sed magis ex pictura quam ex litteris nomen invenit : et Beseleel nostrum plenum sapientia et spiritu Dei, Scriptura testatur. Hyram quoque filium mulieris Tyriæ, quod alter tabernaculi, alter Templi supellectilem fabricati sint (*Exod.* 31; *et* 3. *Reg.* 5). Quomodo enim lætæ segetes, et uberes agri, interdum culmis, aristisque luxuriant (*Ex Virgil Georg.* 1) : ITA PRÆCLARA ingenia, et mens plena virtutibus, in variarum artium redundat elegantiam. Unde et apud Græcos (*a*) Philosophus ille laudatur, qui omne quo uteretur usque ad pallium et annulum, manu sua factum gloriatus est. Hoc idem possumus et de isto dicere, qui basilicas Ecclesiæ, et (*b*) Martyrum Conciliabula, diversis floribus, et arborum comis, vitiumque pampinis adumbrarit : ut quidquid placebat in Ecclesia, tam dispositione, quam visu, Presbyteri laborem et studium testaretur.

13. Macte virtute, cujus talia principia, qualis finis erit? O miserabilis humana conditio, et sine Christo vanum omne quod vivimus! Quid te subtrahis? **341** quid tergiversaris, oratio : quasi enim mortem illius differre possimus, et vitam facere longiorem, sic timemus ad ultimum pervenire. « Omnis caro fœnum, et omnis gloria ejus quasi flos fœni » (*Isai.* 40. 6). Ubi nunc decora illa facies, ubi totius corporis dignitas, quo veluti pulchro indumento, pulchritudo animæ vestiebatur? Marcescebat, proh dolor, flante austro lilium, et purpura violæ in pallorem sensim migrabat. Cumque febribus æstuaret, et venarum fontes hauriret calor, lasso anhelitu tristem avunculum consolabatur. Lætus erat vultus, et universis circa plorantibus, solus ipse ridebat. Projicere pallium, manus extendere, videre quod alii non videbant, et quasi in occursum se erigens, salutare venientes : intelligeres illum non emori, sed emigrare, et mutare amicos, non relinquere. Volvuntur per ora lacrymæ, et obfirmato animo, non quoe dolorem dissimulare quem patior. Quis crederet in tali illum tempore nostræ necessitudinis recordari, et luctante anima, studiorum scire dulcedinem? Apprehensa avunculi manu, hanc, inquit (*c*), tunicam, qua utebar in ministerio Christi, mitte dilectissimo mihi, ætate patri, fratri collegio, et quidquid a te nepoti debebatur affectus, in illum transfer, quem mecum pariter diligebas. Atque in talia verba defecit, avunculi manum, mei recordatione contrectans.

14. Scio, quod nolueris amorem in te civium sic probare, et affectum patriæ magis quæsisse in prosperis. Sed hujuscemodi officium in bonis jucundius est, in malis gratius. Tota hunc civitas, tota planxit Italia. Corpus terra suscepit, anima Christo reddita est. Tu nepotem quærebas, Ecclesia Sacerdotem. Præcessit te successor tuus. Quod tu cras, ille post te judicio omnium merebatur. Atque ita ex una domo duplex Pontificatus egressa est dignitas, dum in altero gratulatio est, quod tenuerit : in altero mœror, quod raptus sit, ne teneret. Platonis (*In Phædone*) sententia est, **342** Omnem sapientium vitam, meditationem esse mortis. Laudant hoc Philosophi, et in cœlum usque ferunt. Sed multo fortius Apostolus : *Quotidie*, inquit, *morior per gloriam vestram* (1. *Cor.* 15. 31). Aliud est enim conari, aliud agere : aliud vivere moriturum, aliud mori victurum. Ille moriturus est ex gloria ; iste moritur semper ad gloriam. Debemus igitur et nos animo præmeditari, quod aliquando futuri sumus : et quod velimus, nolimus, abesse longius non potest. Nam si nongentos vitæ excederemus annos, ut ante Diluvium vivebat humanum genus, et Mathusalem nobis tempora donarentur : tamen nihil esset præterita longitudo, quæ esse desiisset. Etenim inter eum qui decem vixit annos, et illum qui mille, postquam idem vitæ finis advenerit, et irrecusabilis mortis necessitas, transactum omne tantumdem est : nisi quod senex magis onustus peccatorum fasce proficiscitur.

Optima quæque dies miseris mortalibus ævi
Prima fugit, subeunt morbi, tritisque senectus,
Et labor, et duræ rapit inclementia mortis.

(*Virgil. lib.* 3. *Georg.*).

Nævius Poeta : *Pati*, inquit, *necesse est multa mortalem mala.* Unde et Niobem, quia multum fleverit, in lapidem (*d*) et diversas bestias commutatam finxit Antiquitas. Et Hesiodus natales hominum plangens, gaudet in funere : prudenterque Ennius (*e*).

Plebes, ait, *in hoc Regei antestat loco : licet*
Lacrymare plebei, Regei honeste non licet.

Ut Regi, sic Episcopo (*f*), imo minus Episcopo quam Regi. Ille enim nolentibus præest, hic volentibus : ille terrore subjicit (*g*), hic servitute dominatur : ille corpora custodit ad mortem, hic animas servat ad vitam. In te oculi omnium diriguntur, do-

---

« Senatus, inquit, Quintum Fabium, qui et ipse Hannibalica rum rerum historiam conscripsit, Delphos ad oraculum misit. » Et Livius lib. 22. cap. 7. *Fabium æquælem temporibus hujusce belli* (secundi Carthaginensis) *potissimum auctorem se habuisse* testatus est.

(*a*) Hippias Eleus, quem post Platonem in Hippia minore laudat Cicero 3. de Oratore, Lucianus, aliique.

(*b*) Sacella martyribus dedicata, quæ etiam, Martyria dicebantur, et Martyrum concilia. Hinc sermones occurrunt apud veteres in dedicatione concilii Martyrum ; et in Romano quoque Martyrolog. concilia Martyrum hoc sensu invenies.

(*c*) Certo hinc colligas ab iis usque temporibus peculiari veste usos sacerdotes, dum sacris operarentur ; sive illa munditie tantum, sive etiam forma a quotidiana distingueretur.

(*d*) In petram quidem mutatam Niobem finxit antiquitas, non autem, quod noverim, et in diversas bestias. Ipse Hieron. ad Oceanum, *Niobem*, inquit, *putares, quæ nimio fletu in lapidem versa est.* Omnino igitur hoic aliquid deest, supplendumque videtur, *et alio* in diversas bestias *commutatos*, etc. aut verba illa *et diversas bestias* delenda sunt.

(*e*) Ennii duos hosce versus veteri lectioni reddimus, notandumque *Plebes* pro *plebs* dictum more antiquo, ut *trubes* pro *trabs* in minori numero.

(*f*) Hæc verba *imo minus Episcopo quam Regi*, Veronense exemplar non habet. Martianæus contrario sensu legit, « imo minus regi quam episcopo, » et falsi acriter impressam lectionem accusat; sed falli eum ex toto contextu liquet, hancque esse Hieronymi mentem, quod minus Episcopo liceat indolere quam Regi.

(*g*) Præferimus veterum exemplarium magno numero auctoritatem, ea etiam de causa quod concinnior antithesis verborum *subjicit* et *dominatur*, meliorque sensus visus sit. Antea erat *servituti donatur.*

mus tua, et conversatio, quasi in specula constituta, magistra est publicæ disciplinæ. Quidquid feceris, id sibi omnes faciendum putant. Cave ne committas, quod aut qui reprehendere volunt, digne lacerasse **343** videantur : aut qui imitari, (*a*) cogantur delinquere. Vince quantum potes, imo etiam plus quam potes, mollitiem animi tui, et ubertim fluentes lacrymas reprime, ne grandis pietas in nepotem, apud incredulas mentes desperatio putetur in Deum. Desiderandus est tibi quasi absens, non quasi mortuus : ut illum exspectare, non amisisse videaris.

15. Verum quid ago, medens dolori quem jam reor, et tempore et ratione sedatum, ac non potius replico tibi vicinas Regum miserias, et nostri temporis calamitates, ut non tam plangendus sit, qui hac luce [al. *vice*] caruerit, quam gratulandum ei, qui de tantis malis evaserit? Constantius Arianæ fautor hæreseos, dum contra inimicum paratur, et concitus fertur ad pugnam, in (*b*) Mopsi viculo moriens, magno dolore hosti reliquit imperium. Julianus proditor animæ suæ, et Christiani jugulator exercitus, Christum sensit in Media, quem primum in Gallia denegarat; dumque Romanos propagare vult fines, perdidit propagatos. Jovianus [al. *Jovinianus*] gustatis tantum regalibus bonis, fœtore prunarum suffocatus interiit : ostendens omnibus, quid sit humana potentia (*c*). Valentinianus vastato genitali solo, et inultam patriam derelinquens, vomitu sanguinis extinctus est. Hujus germanus Valens Gothico bello victus in Thracia, eumdem locum et mortis habuit, et sepulcri. Gratianus ab exercitu suo proditus, et obviis ab urbibus non receptus, ludibrio hosti fuit, cruentæque manus vestigia parietes tui, Lugdune, testantur. (*d*) Adolescens Valentinianus et pene puer, post fugam, post exilia, post recuperatum multo sanguine imperium, haud procul ab urbe fraternæ mortis conscia, necatus est : et cadaver **344** exanime suspendio infamatum. Quid loquar (*e*) de Procopio, Maximo, Eugenio, qui utique dum rerum potirentur, terrori gentibus erant? Omnes capti steterunt ante ora victorum, et (quod potentissimis quondam miserrimum est) prius ignominia servitutis, quam hostili mucrone confossi sunt.

16. Dicat aliquis : Regum talis conditio est, *feriuntque summos Fulgura montes* (Hor. l. 2. Od. X). Ad privatas veniam dignitates, nec de his loquar qui biennium excedunt; atque, ut cæteros prætermittam, sufficit nobis trium nuper Consularium diversos exitus scribere. Abundantius egens (*f*) Pityunte exulat. Ruffini caput pilo Constantinopolim gestatum est, et abscissa manus dextra ad dedecus insatiabilis avaritiæ, ostiatim stipem mendicavit. Timasius præcipitatus repente de altissimo dignitatis gradu, evasisse se putat, quod Assæ vivit inglorius. Non calamitates miserorum, sed fragilem humanæ conditionis narro statum. Horret animus temporum nostrorum ruinas persequi. Viginti et eo amplius anni sunt, quod inter Constantinopolim, et alpes Julias, quotidie Romanus sanguis effunditur. Scythiam, Thraciam, Macedoniam, Dardaniam, Daciam, (*g*) Thessaliam, Achaiam, Epiros, Dalmatiam, cunctasque Pannonias Gothus, Sarmata, Quadus, Alanus, Hunni, Wandali, Marcomanni vastant, trahunt, rapiunt. Quot matronæ, quot virgines Dei, et ingenua nobiliaque corpora, his belluis fuere ludibrio? Capti Episcopi, interfecti Presbyteri, et diversorum officia Clericorum. Subversæ Ecclesiæ, ad altaria Christi stabulati equi, Martyrum effossæ reliquiæ : *ubique Luctus, ubique gemitus* [*pavor*], *et plurima mortis imago* (Ex Virg. Æneid. 2). Romanus orbis ruit, et tamen cervix nostra **345** erecta non flectitur. Quid putas nunc animi habere Corinthios, Athenienses, Lacedæmonios, Arcadas, cunctamque Græciam, quibus imperant Barbari? Et certe paucas urbes nominavi, in quibus olim fuere regna non modica. Immunis ab his malis videbatur Oriens, et tantum nuntiis consternatus. Ecce tibi anno præterito ex ultimis Caucasi rupibus immissi in nos (*h*), non jam Arabiæ, sed Septentrionis lupi, tantas brevi provincias percurrerunt. Quot monasteria capta? quantæ fluviorum aquæ humano cruore mutatæ sunt? Obsessa Antiochia, et urbes reliquæ, quas Halis, Cydnus, Orontes, Euphratesque præterfluunt. Tracti greges captivorum : Arabia, Phœnice, Palæstina, Ægyptus timore captivæ.

« Non mihi si linguæ centum sint, oraque centum,

« Ferrea vox, ...

(*a*) Mallet quis *conantur*, id est mutata interpunctione, *aut qui imitari conantur, delinquere*.

(*b*) Hoc nomine *Mopsi viculo* Mopsuestia Ciliciæ mediterraneæ civitas vulgo a doctis accipitur. Ego vero *Mopsucrenas* intelligi velim, civitatem *sub Tauri montis radicibus positam*, ubi Constantius obiit, ut testatur Ammian. Marcellinus l. 51. c. 15. et Chronic. Alexandrin. aliique. Hostem vero, quem dicit, Julianum intellige, qui acclamatus in Galliis Imperator Constantinopolim contendebat, ut imperium arriperet.

(*c*) Confer epistolam ad præsidium de Cereo Paschali quæ Hieronymo nostro tribuitur : certe ex eo sumpta est. « Nuper, inquit, Imperator Valentinianus cum adversus Sarmatas, Quadosque propter Illyrii vastationem in consistorio sævius infremeret, et totius gentis excidium rigides minaretur, sanguine erumpente, discrepuit. Quid loquar de fratre ejus, quem contra regale fastigium Thraciæ ignis absorbuit. Necdum annus completus est, quo Principem Gratianum, prodente exercitu suo, ante Valentinianus, debinc miserabiliter oppressit interitus. » Vide rursum Ammian. Marcell. l. 50. c. 6. cui adde Socratem l. 4. c. 26. et ex eo Sozomenum l. 6. cap. 56. Tum Victorem in Epitome, qui paulo aliter expirasse Valentinianum tradit, cui assentitur Zosimus lib. 4. et vetus Auctor apud Suidam in λαξ.

(*d*) Erat enim vero annorum viginti quinque, aut etiam 26. quorum sexdecim Imperator exegerat. Sed ætatis computatio Pythagoricum mœrerem sequitur. *Puer.* 20. *annos implet,* etc. Vid. Diog. Laert. lib. 8.

(*e*) Procopius a Valente capite damnatus; quemadmodum etiam Maximus et Eugenius a Theodosii militibus capite minuti sunt.

(*f*) Abundantium non Pityunte, sed Sidone in Phœnicia, et Timasium Oassi in Ægypto exulasse alii tradunt. Conciliantur ex Asterio Amaseno Homilia in festum Kalendarum an. 398. unde cognoscitur, exilii locum Abundantio fuisse mutatum, quem tum temporis in Colchide exulare dicit, cum antea Sidone fuisset.

(*g*) Peccant hucusque editi, qui *Thessalonicam* pro *Thessalia* obtrudunt. Illa Macedoniæ civitas est, heic vero Hier. Provincias tantum enumerat. Emendavimus ope codicis Veronensis, qui præterea *Achaiæ* nomen omittit.

(*h*) Hunnos intellige, quos, ut suæ rebellioni prodessent, Ruffinus in Imperii provincias immisit. Cæterum alludit ad Abacuc 9. ubi de Chaldæis dictum juxta LXX. *Velociores erant lupis Arabiæ*.

« Omnia pœnarum percurrere nomina possim »
(*Virgil*. 6. *Æneid.*).

Neque enim historiam proposui scribere, sed nostras breviter flere miserias. Alioquin ad hæc merito explicanda, et Thucydides, et Sallustius muti sint [al. *sunt*].

17. Felix Nepotianus, qui hæc non videt : felix qui ista non audit. Nos miseri, qui aut patimur, aut patientes fratres nostros tanta perspicimus ; et tamen vivere volumus, eosque qui his carent, flendos potius quam beatos putamus. OLIM OFFENSUM sentimus, nec placamus Deum. Nostris peccatis Barbari fortes sunt. Nostris vitiis Romanus superatur exercitus : et quasi non hæc sufficerent cladibus, plus pene bella civilia, quam hostilis mucro consumpsit. Miseri Israelitæ, ad quorum comparationem Nabuchodonosor servus Dei scribitur [al. *dicitur*] (*Jerem*. 25. 9). Infelices nos, qui tantum displicemus Deo, ut per rabiem Barbarorum, illius in nos ira desæviat. Ezechias egit pœnitentiam, et centum octoginta quinque millia Assyriorum ab uno Angelo, una nocte deleta sunt (4. *Reg*. 19. 25). Josaphat laudes Domini concinebat, et Dominus pro laudante superabat (2. *Paralip*. 26 21). Moyses contra Amalec, non gladio, sed oratione pugnavit (*Exod*. 17. 11). SI ERICI volumus, prosternamur. Proh pudor, et stolida usque ad incredulitatem mens : Romanus exercitus, victor orbis et dominus, **346** ab his vincitur, hos pavet, horum terretur aspectu (*a*), qui ingredi non valent, qui si terram tetigerint, se mortuos arbitrantur. Et non intelligimus Prophetarum voces : « Fugient mille uno persequente? (*Isai*. 30. 17) Nec amputamus causas morbi, ut morbus pariter auferatur : statimque cernamus sagittas pilis, tiaras galeis, caballos equis cedere.

18. Excessimus consolandi modum, et dum unius mortem flere prohibemus, totius orbis mortuos planximus. Xerses ille rex potentissimus, qui subvertit montes ; maria constravit, cum de sublimi loco infinitam hominum multitudinem, et innumerabilem vidisset exercitum, flesse dicitur, quod post centum annos nullus eorum, quos tunc cernebat, superfuturus esset. O si possemus in talem ascendere speculam, de qua universam terram sub nostris pedibus cerneremus ; jam tibi ostenderem totius orbis ruinas, gentes gentibus, et regnis regna collisa ; alios torqueri, alios necari, alios absorberi [al. *obrui*] fluctibus, alios ad servitutem trahi : hic nuptias, ibi planctum : illos nasci, istos mori : alios affluere divitiis [al. *delictis*], alios mendicare : et non Xerxis tantum exercitum, sed totius mundi homines, qui

(*a*) Hunnos iterum respicit, quos, ut tradit Ammanus Marcell. lib. 31. cap. 2. « calcei formulis nullis aptati vetant incedere gressibus liberis, » unde ἀπόδες et ἀκροπέζαι dicuntur ab antiquo Scriptore apud Suidam, et ἄνευ ἵππου ὡς φαθίως ἂν Οὕννος τῆς γῆς πατήσειεν. « Neque absque jumento Hunnus facile ambulaverit : » optime adeo Hier. ingredi non valentes, et si terram tetigissent, actum de se arbitrantes dixit, quippe qui pedibus hostem insequentem haud possent effugere. Alterum de terrifico eorum aspectu testatur Jornand. de Rebus Geticis, « Quos bello forsitan minime superabant, vultus sui terrore nimium pavorem ingerentes, fugabant. »

nunc vivunt, in brevi spatio defuturos. Vincitur sermo rei magnitudine, et minus est omne quod dicimus.

19. Redeamus igitur ad nos, et quasi e cœlo descendentes, paulisper nostra videamus. Sentisne, obsecro te, quando infans, quando puer, quando juvenis, quando robustæ ætatis, quando senex factus sis? Quotidie morimur, quotidie commutamur, et tamen æternos nos esse credimus. Hoc ipsum quod dico, quod scribitur, quod relego, quod emendo, de vita mea tollitur. Quot puncta notarii, tot meorum damna sunt temporum. Scribimus atque rescribimus, transeunt mare epistolæ, et findente sulcum [al. *solum*, f. *salum*] carina, per singulos fluctus ætatis nostræ momenta minuuntur. Solum habemus lucri, quod Christi nobis amore sociamur. « Caritas patiens est, benigna est : caritas non zelatur, non agit perperam, non inflatur, omnia sustinet, omnia credit, omnia sperat, omnia patitur : **347** Caritas nunquam excidit. » Hæc semper vivit in pectore ; ob hanc Nepotianus noster absens, præsens est, et per tanta terrarum spatia divisos, utraque complectitur manu. Habemus mutuæ obsidem caritatis. Jungamur spiritu, stringamur affectu, et fortitudinem mentis, quam beatus Papa Chromatius ostendit in dormitione germani (*Eusebii fratris sui*), nos imitemur in filio. Illum nostra pagella decantet, illum cunctæ [al. *nostræ*] litteræ sonent. Quem corpore non valemus, recordatione teneamus. Et cum quo loqui non possumus, de eo loqui nunquam desinamus.

EPISTOLA LXI (*b*).

AD (*c*) VIGILANTIUM.

Vigilantium, qui in Occidentem regressus Hieronymianum nomen, et illius amicos infamabat, reprehendit : et hortatur ut aliquando resipiscat, ac desinat calumniari ; blasphemias ejus in fine acriter coarguens.

1. Justum quidem fuerat, nequaquam tibi litteris satisfacere, qui tuis auribus non credidisti : neque enim schedulæ poteris acquiescere, qui vivo sermoni non accommodasti fidem. Sed quia Christus perfectæ nobis humilitatis exemplar in se tribuit, dans osculum proditori, et latronis pœnitentiam in patibulo suscipiens, eadem absenti significo, quæ præsenti quoque locutus sum, me ita Origenem legisse vel legere, ut Apollinarium [al. *Apollinarem*], vel cæteros Tractatores, quorum, in quibusdam, libros Ecclesia non recipit. Non quo omnia dicam esse damnanda, quæ in illorum voluminibus continentur : sed quod quædam reprehendenda confitear. Verum quia operis mei est et studii, multos legere, ut ex plurimis diversos flores carpam, non tam probaturus omnia, quam quæ bona sunt electurus, assumo multos in manus meas, ut a multis multa cognoscam, secundum illud quod scriptum est : *Omnia legentes :* **348** *quæ bona sunt retinentes* (1. *Thess*. 5. 21). Unde

(*b*) alias 75. *Scripta eodem an*. 396.
(*c*) In Veron. Ms. *ad Vigilantium de Origene* inscribitur et statim *ille quidem fuerat*, pro *Justum*, etc.

satis miror te voluisse Origenis mihi objicere dogmata, cujus in plerisque errorem usque ad hanc ætatem penitus ignoras. Egone hæreticus? et cur me, quæso hæretici non amant? Tu orthodoxus? qui etiam (*a*) contra sententiam tuam, et linguam alia prædicantem, aut invitus subscripsisti, et prævaricator es : aut volens, et hæreticus. Dimisisti Ægyptum (*b*), cunctas provincias reliquisti, in quibus sectam tuam libera plerique fronte defendunt : et elegisti me ad insectandum; qui omnia contra Ecclesiam dogmata reprehendo, et publica voce condemno.

2. *Origenis errores.* — Origenes hæreticus : quid a me, qui illum in plerisque hæreticum non nego? Erravit de resurrectione corporis [al. *corporum*]; erravit de animarum statu, de diaboli pœnitentia : et quod his majus est, Filium (*c*) Dei, et Spiritum Sanctum in Commentariis Isaiæ, Seraphim esse testatus est. Si errasse non dicerem eum, et hæc quotidie non anathematizarem, essem erroris illius socius. Neque enim ita debemus bona ejus recipere, ut mala quoque suscipere cogamus. (*d*) At idem et Scripturas in multis bene interpretatus est, et Prophetarum obscura disseruit : et tam novi quam veteris Testamenti revelavit maxima sacramenta. Si igitur quæ bona sunt, transtuli, et mala vel amputavi, (*e*) vel correxi, vel tacui; arguendus sum cur per me Latini bona ejus habeant, et mala ignorent? Si hoc crimen est, arguatur Confessor Hilarius qui Psalmorum interpretationem, et Homilias in Job ex libris ejus, id est, ex Græco in latinum transtulit. Sit in culpa ejusdem (*f*) confessionis Vercellensis Eusebius, qui omnium Psalmorum Commentarios hæretici hominis (*Eusebii Cæsariensis*) vertit in nostrum eloquium : licet hæretica prætermittens, optima quæque transtulerit. Taceo de Victorino (*g*) Petabionensi, et cæteris, qui Origenem in explanatione duntaxat Scripturarum secuti sunt, et expresserunt : ne non tam me defendam, quam socios criminis videar quærere. Ad teipsum **349** veniam : cur tractatus ejus in Job descriptos habes? In quibus contra diabolum, de stellis cœloque disputans, quædam locutus est, quæ Ecclesia non recipit? Tibi soli licet τῷ σοφωτάτῳ κρανίῳ (*h*) de cunctis et Græcis et Latinis Tractatoribus ferre sententiam? et quasi censoria virgula, alios ejicere de bibliothecis, alios recipere : et cum tibi placuerit, me vel Catholicum, vel Hæreticum pronuntiare : nobis non licet perversa respuere, et damnare quod sæpe damnavimus? Lege ad Ephesios libros, lege cætera opuscula mea, maxime in Ecclesiasten Commentarios : et liquido pervidebis, me ab adolescentia nunquam alicujus auctoritate deterritum, acquievisse hæreticæ pravitati.

3. Non parum est scire quod nescias : prudentis hominis est nosse mensuram suam, nec zelo diaboli concitatum, imperitiæ suæ cunctum orbem testem facere. Scilicet et gloriari cupis, (*i*) et in patria tua jactitas, me non potuisse respondere eloquentiæ tuæ, et acumen in te Chrysippi formidasse. Christiana verecundia teneor, et cellulæ meæ latebras nolo mordaci sermone reserare. Alioqui proferrem (*j*) πᾶσαν τὴν ἀριστείαν σοῦ καὶ τροπαιοφορίαν. Sed hæc aliis : aut loquenda, aut ridenda dimitto. Ego [al. *Ergo*] quasi Christianus cum Christiano loquens, obsecro te, frater, ne plus velis sapere, quam sapis : ne vel innocentiam, vel simplicitatem tuam, vel certe ea quæ taceo, et te non intelligente, cæteri intelligent, stylo proferas, et ineptiarum tuarum cunctis cachinnum præbeas. Aliud a parva ætate didicisti : aliis assuetus es disciplinis. Non est ejusdem hominis, et aureos nummos, et Scripturas probare, et degustare vina, et Prophetas, vel Apostolos intelligere. Me laceras : sanctum fratrem Oceanum **350** in culpam hæreseos vocas : Presbyterorum tibi Vincentii et (*k*) Pauliniani, et fratris Eusebii judicium displicet. Solus es Cato Romani generis disertissimus, qui testimonio tuo et prudentiæ velis credi. Recordare, quæso, illius diei quando me de Resurrectione, et veritate corporis prædicante, ex latere subsultabas, (*l*) et plaudebas manu, et applodebas pedem, et orthodoxum conclamabas. Postquam navigare cœpisti, et ad inti-

---

(*a*) Idem *contra conscientiam tuam,* etc.
(*b*) Minus congruo sensu vetustiores editiones cum Bononiensi cod. *propias provincias :* tum alii Mss. *sectam suam* pro *tuam.* Hic vero de Vigilantii fide locus videtur esse, quem Rufinus intendit, dum eum dici putat Alexandriæ hæresim contraxisse : cui reponens Hieron. lib. Apol. 3. cap. 6. « In Vigilantii, inquit, nomine quid seamini nescio. Ubi enim cum scripsi hæretica apud Alexandriam communione maculatum? Da librum, profer epistolam, nusquam omnino reperies. » Denuo autem Victorius fallitur, qui hunc Vigilantium diversum ab eo facit, qui hæreticus audit, et contra quem Hier. librum scripsit.
(*c*) A Bononiensi abest *Dei,* tum paulo post *eum.*
(*d*) Veroneus. *Nam et scripturas bene interpretatus est.*
(*e*) Iterum a Bononiensi abest *vel correxi.*
(*f*) Idem, *et Confessor Vercellensis,* etc.
(*g*) Falso et contra Mss. fidem veteres editi *Victoriensi;* non enim in Aquitania secunda, sed in superiore Pannonia Episcopus fuit, quod aliis antea notatum est.
(*h*) Addunt Veroneus. aliique pauci Mss. Græcorum vocum interpretationem, *id est sapientissimo cerebro.*

(*i*) Al. cum Bononiensi Ms. *scilicet gloriari cupis, ut in patria tua jactites, me,* etc.
(*j*) Tot inter variantes Mss. atque editorum codicum lectiones, eam sequimur, quæ pridem obtinuit . germana enim quæ sit, haud expeditum est affirmare, cum alii, quos inter Veronenses duo, *pasan ten narstran,* vel τίναν τὴν ἀριστείαν, vel πᾶν τὸ ἄξιος, et mox plerique τροπαιοφορον, alii προπίσχον, vel τροπαίων νεωτέρων ἀμφόρων, atque alia hujusmodi verborum portenta præferant. In Latina etiam interpretatione quam subdunt, plerique omnes variant quo ad priorem partem, dum vel *omnem infirmitatem tuam,* ut Veronenses, vel, ut alii, *omnia prælia tua,* vel tandem, *omnem virtutem tuam* legunt : alteram vero partem, *parvulorum quoque cantatum,* vel *voce cantatum,* pari fere consensu exhibent illi etiam Mss. apud quos vocat Græcarum litterarum lacuna, cujusmodi est Bononiensis. Hanc Martianæus tamen advexit, Latinæ interpretationis partem eam esse debere non animadvertens, atque adeo verba, quæ a Hieronymi calamo non profecerunt quod optime veteres alii editores cavent. Porro nos, si quando corrupto huic loco medica manus est admovenda, a Latinis vocibus Græcas esse restituendas opinamur, et si quidem Veronenses Mss. sequimur, qui *infirmitatem* habent, pro ἀριστείαν legendum erit levissima mutatione, ἀῤῥωστίαν; et tamen nihil in Græcis verbis sit, cui Latina *parvulorum* voce *cantatum* respondeat, pro τροπαιοφορον, ut Mss. plerique habent, et παιδίμων legi poterit. Conjecturas nostras haud multi facimus; lector quod magis placet, sequatur.
(*k*) Bononien. *et paulini,* vitiose tamen. Legendum fortasse *Pauliniani fratris, et Eusebii.*
(*l*) Idem *subsultabas, et applaudebas pede,* omissis *et plaudebas manu :* tum legit, *et orthodoxum clamabas deridendo,* quod glossatoris inepti est vitium.

mum cerebrum tuum sentinæ putredo pervenit, tunc nos hæreticos recordatus es. Quid tibi faciam? Credidi sancti Presbyteri Paulini epistolis, et illius super nomine tuo non putavi errare judicium. Et licet statim accepta epistola ἀσυμάρτητον (*a*) sermonem tuum intelligerem : tamen rusticitatem et simplicitatem magis in te arbitrabar, quam vecordiam. Nec reprehendo sanctum virum; maluit enim apud me dissimulare quod noverat, quam portitorem clientulum suis litteris accusare. Sed memetipsum arguo, qui alterius potius acquievi, quam meo judicio : et oculis aliud cernentibus, aliud schedulæ credidi quam videbam.

4. *Carpit lepide imperitiam Vigilantii.* — Quamobrem desine me lacessere, et voluminibus tuis obruere. Parce saltem nummis tuis, quibus notarios librariosque conducens, eisdem et scriptoribus uteris et fautoribus : qui te ideo forsitan laudant, ut lucrum in scribendo [al. *scribendis*] faciant. Si libet exercere ingenium, trade te Grammaticis atque Rhetoribus, disce Dialecticam, sectis instruere Philosophorum : ut cum omnia didiceris, saltem tunc tacere incipias. Quanquam stulte faciam, magistro cunctorum magistros quærere, et ei modum imponere [al. *ponere*], qui loqui nescit, et tacere non potest. Verum est illud apud Græcos proverbium, (*b*) ὄνῳ λύρα. Ego **351** reor, et nomen tibi κατ' ἀντίφρασιν impositum. Nam tota mente dormitas, et profundissimo non tam somno stertis, quam lethargo. Inter cæteras quippe blasphemias, quas ore sacrilego protulisti, ausus es dicere, Montem de quo abscissus est in (*c*) Daniele lapis sine manibus (*Daniel.* 2), esse diabolum; et lapidem Christum, qui quia assumpsit corpus ex Adam, qui diabolo ante per vitia cohæserat, natum esse de Virgine : ut a monte, hoc est, a diabolo hominem separaret. O præcidendam linguam, ac per partes et frusta lacerandam. Quisquam ne Christianus Deum Patrem omnipotentem in persona diaboli interpretatur, et tanto piaculo totius orbis aures maculat? Si interpretationem tuam [al. *istam*], quisquam non dicam Catholicorum, sed hæreticorum, sive Gentilium unquam recepit, pium sit quod locutus es. Sin autem tantum nefas nunquam audivit Christi Ecclesia : et per tuum primum os, ipse se montem interpretatus est, qui dixerat : « Ero similis Altissimo; » age pœnitentiam, in sacco versare et cinere : et tantum scelus jugibus absterge lacrymis : si tamen [al. *tandem*] tibi dimittatur hæc impietas; et juxta errorem Origenis tunc veniam consequaris, quando consecuturus est et diabolus, qui nunquam plus quam per os tuum deprehenditur blasphemasse. Meam injuriam patienter tuli. Impietatem contra Deum ferre non potui. Unde et (*d*) visus sum mordacius in extreme quam postepistolæ scribere, quam promiseram : quam priorem pœnitentiam, qua a me veniam deprecatus es, iterum commisisse unde agas pœnitentiam, stolidissimum sit. Tribuat tibi Christus, ut audias, et taceas : ut intelligas, et sic loquaris.

EPISTOLA LXII (*e*).

(*f*) AD TRANQUILLINUM.

Tranquillinum amicum docet, quatenus amplectendus, ac legendus Origenes sit.

1. Majora spiritus vincula esse quam corporum, si olim ambigebamus, nunc **352** probavimus : dum et mihi sanctitas tua hæret animo, et ego tibi Christi amore conjungor. Vere enim et simpliciter candidissimo pectori tuo loquor, ipsa schedula et muti apices litterarum inspirant in nos tuæ mentis affectum.

2. *Oceanus Origenistis repugnabat.* — Quod dicis, Origenis multos errore deceptos, et sanctum filium meum Oceanum illorum insaniæ repugnare, et doleo simul et gaudeo : dum aut supplantati sunt simplices : aut ab erudito viro errantibus subvenitur. Et quia meæ parvitatis quæris sententiam : utrum secundum fratrem Faustinum penitus respuendus sit, an secundum quosdam legendus ex parte : ego Origenem propter eruditionem sic interdum legendum arbitror, quomodo Tertullianum, (1) Novatum, Arnobium, Apollinarium, et nonnullos Ecclesiasticos Scriptores Græcos pariter et Latinos : ut bona eorum eligamus, vitemusque contraria, juxta Apostolum dicentem : «Omnia probate, (*g*) quod bonum est, tenete» (1.*Thess.* 5). Cæterum qui vel in amorem ejus nimium, vel in odio stomachi sui pravitate ducuntur, videntur mihi illi maledicto Prophetico subjacere : « Væ his, qui dicunt bonum malum, et malum bonum : qui faciunt amarum dulce, et dulce amarum (*Isai.* 5). Nec enim propter doctrinam ejus, prava suscipienda sunt dogmata : nec propter dogmatum pravitatem, si quos Commentarios in Scripturas sanctas utiles edidit, penitus respuendi sunt. Quod si contentiosum inter se amatores ejus et obtrectatores funem duxerint : ut nihil medium appetant, nec servent modum : sed totum aut probent, aut improbent; libentius piam rusticitatem, quam doctam blasphemiam eligam. Sanctus frater Tatianus (*h*) Diaconus te impendio resalutat.

(*d*) Veron. Mss. *et ausus sum mordacius in extrema epistola*, etc., quæ concinnior lectio videatur.
(*e*) Alias 7. Script. an. 396. vel sequenti.
(*f*) Cassiodorus Institut. cap. 1. *Tranquillum* vocat.
(*g*) Vetustiores editi, *quæ bona sunt retinete*, renuentibus Mss. et sacro textu. Tum codd. Veronenses duo, *certe qui in amorem ejus nimium, vel modicam stomachi pravitate ducuntur*, etc.
(*h*) Diaconi dignitatem reticent Veronenses membranæ, apud quas item est *salutat* pro *resalutat*.
(1) Sic quidem editi et Mss. uno omnes consensu præferunt; quare nobis immutare non placuit. Mallemus tamen *Novatianum* pro *Novato* legi, ille enim est Romanæ ecclesiæ Presbyter, cujus eruditione nonnihil Hier. delectabatur, ejusque opera recenset in Catalog. cap. LXX, etc. epist. X. ad Paulum n. 3. ab eo mitti sibi rogat *Epistolas Novatiani..., ut dum schismatici hominis venena cognoscimus s. Martyris Cypriani bibamus antidotum*. Novatus autem Carthaginiensis est Presbyter de non recipiendis lapsis, bigamiaque auctor, cui ipse Novatianus dogmati ropugnando junctus est, sed ejus scripta non proferuntur.

(*a*) Veronen. et Bononien. Mss. ac vetus edit. addunt *id est inconditum*, quod Erasm. probat : proprie autem ἀσυμάρτητος incongruum, seu minime convenientem significat.
(*b*) Olim ὄνος πρὸς λύραν eodem sensu; nec erat cur eam lectionem Martianæus falsitatis incusaret.
(*c*) Gennadius quidem c. 35. *pravo ingenio secundum visionem Danielis* a Vigilantio expositam tradit, heic vero prima innuitur, quæ 2. capite Daniel. exhibetur, nisi si ille secundum caput pro secunda visione accepit.

353 EPISTOLA LXIII (a).

AD THEOPHILUM.

Significat, respondens Theophilo, nihil sibi esse antiquius quam Christi jura servare, gratias agens interim de commonitione circa Canones Ecclesiasticos; nec probans quod ille remissius ageret in causa Origenistarum.

BEATISSIMO PAPÆ THEOPHILO HIERONYMUS.

1. Meminit Beatitudo tua, quod eo tempore quo (b) nobiscum tacebas, nunquam ab officiis meus sermo cessaverit : nec consideraverim, quid tu pro dispensatione (c) tunc faceres; sed quid me facere conveniret. Et nunc sumptis Dignationis tuæ epistolis, fructum aliquem cœpisse me video Evangelicæ lectionis. Si enim duri judicis sententiam creba mulieris inflexit petitio (*Luc.* 18. 15), quanto magis paterna viscera interpellatione sedula molliuntur?

2. Quod de Canonibus Ecclesiasticis mones, gratias agimus ; « Quem enim diligit Dominus , corripit ; et flagellat omnem filium, quem recipit (*Hebr.* 12. 6). Sed tamen scito nobis nihil esse antiquius , quam Christi jura servare, nec Patrum transferre (*al. transire*) terminos , semperque meminisse Romanam fidem, Apostolico ore laudatam , cujus se esse participem Alexandrina Ecclesia gloriatur.

3. Super nefaria hæresi (Origeniana), (d) quod multam patientiam geris : et putas Ecclesiæ visceribus incubantes tua posse corrigi lenitate , multis Sanctis displicet : NE DUM PAUCORUM pœnitentiam præstolaris, nutrias audaciam perditorum , et factio robustior fiat. Vale in Christo.

354 EPISTOLA LXIV (e).

AD FABIOLAM.

(f) De Veste Sacerdotali.

Fabiolæ (quæ Bethleem se contulerat , illic cum Paula et Eustochio victura, sed ingruentibus barbaris coacta est subito reverti Romam) explicat quid habeat mysterii vestitus Sacerdotum ac Levitarum , additque

---

(a) Alias 68. Script. circ. an. 397.
(b) In aliis editis desideratur *nobiscum*, qua insuper expuncta voce, variant Mss. exempl. pro *tacebas*, aliis *monebas*, aliis *manebas* non satis congrue legentibus : tametsi quibusdam doctis viris videatur altera lectio ad id temporis referri posse, quo Hieronymum monebat Teophilus, ut simultates cum Joanne Jerosolymitano dissimularet ; altera ad illud, quo apud ipsum S. Doctorem manebat, cum ut easdem lites componeret, in Palæstinam ad an. 396. dicitur advenisse. Sed enim germanam sensum referri ab impressa *tacebas*, evincit orationis series, et præcipue verba : *nunc sumptis Dignationis tuæ epistolis.*
(c) Veron. Ms. *pro dispensatione non feceris, sed,* etc.
(d) Penes Erasm. ac Martianæum minus bene erat *quam in multa patientia geris.* Rectius castigatis. Mediolanensis H. 59. quem sequimur, quique mox *Ecclesiæ viribus pro visceribus* legit.
(e) Alias 128. Scripta an. 397. vel superiori.
(f) In Reginæ codice 215. inscribitur « Libellus S. Hier. ad Fabiolam de cibis Sacerdotalibus, ac veste Pontificali; » idque ego, ne quid dissimulem, verius puto; nam ut cætera omittam infra sub numero 8 : « Compulisti me, inquit, Fabiola, litteris tuis, ut de Aaron tibi Sacerdotio scriberem, et vestimentis ; ego plus obtuli , ut de cibis, et primitiis Sacerdotum, et de observatione Pontificis præfatiunculam struerem. »

---

velut auctarium de ritu cæremoniisque sacrorum , deque vasis Templi. Invitat autem illam verecunde , ut quandoquidem pacata jam esset Bethleemitica regio, redeat ad pristinum contubernium.

1. Usque hodie in lectione veteris Testamenti super faciem Moysi velamen positum est. Loquitur glorificato vultu, et populus loquentis gloriam ferre non sustinet (*Exod.* 34). Cum autem conversi fuerimus ad Dominum, auferetur (al. *aufertur*) velamen : occidens littera moritur, vivificans spiritus suscitatur. Dominus enim spiritus est, et lex spiritalis. Unde et David orabat in psalmo , « Revela oculos meos : et considerabo mirabilia de lege tua (*Ps.* 118. 18). Nunquid de bobus cura est Deo ? « (1. *Cor.* 9. 10.) Utique non. Multo magis de jecore bovis, arietis, et hircorum, et armo dextero, (g) pectore, et ventre, quo stercora digeruntur ; quorum duo in esum accipiunt sacerdotes : tertium Phinees meretur in præmium. De victimis salutaribus, adeps quo pectus obvolvitur, et pinnula jecoris offeruntur super altare : ipsum vero pectus et brachium dextrum dantur Aaron et filiis ejus legitimum sempiternum a filiis Israel (*Levit.* 7). Sensus in corde est, habitaculum cordis in pectore. Quæritur ubi sit (h) animæ principale. Plato in cerebro : Christus monstrat **355** in corde : « Beati mundo corde, quoniam ipsi Deum videbunt. Et, De corde, procedunt cogitationes malæ. Et, Quid cogitatis nequam in cordibus vestris » (*Matth.* 5. 8. et 15. 18. et 9. 4). Voluptas et concupiscentia , juxta eos qui de physicis disputant, consistit in jecore. Hujus pinnulam in diversa volitantem, et per oculorum fenestras erumpentem foras, offerunt sacerdotes Deo : ut postquam opere dixerint Deo, « holocaustum tuum pingue fiat » (*Psal.* 19) : et concupiscentiam , libidinis seminarium, igne Spiritus concremaverint, mereantur accipere præmium, pectus et brachium. In pectore, mundas cogitationes, legis notitiam, dogmatum veritatem : in brachio bona opera et pugnam contra diabolum et armatam manum : ut quod mente conceperint, exemplo probent. Jesus enim « cœpit facere et docere » (*Act.* 1). Ipsum quoque pectusculum appellatur (i) ἐπίθεμα, id est, *additamentum*, sive *præcipuum*, et *egregium* : THENUPHA quippe hoc

---

(g) Alias *pectusculo*. Philo dicit ἀπὸ δὲ τοῦ στήθους ὑπὸ τῶν, *pectoris pinguedinem*. Sed non spernenda lectio Regii codicis supra laudati, duorumque aliorum, quos citat Martianæus, *armo dextri pedis, et ventre*. Confer Philonis librum *de præmiis et honoribus Sacerdotium*, unde sub sequentem mysticam expositionem videtur Hieronymus transtulisse. Ventrem autem vocat Philo ἔντερα, *Omentum.*
(h) Illud *animæ principale* proportio vocabulo Hegemonicon, Græc. ἡγεμονικὸν veteres dixere. Unde Tertullian. *De gemonico an sit, et ubi sit*, disputat ex Philosophorum placitis lib. de Anima. et lib. de Resurrect. carnis c. 15. *Hegemonicum animæ in corde consecratum esse adductis e* Scripturæ testimoniis probat, cui sententiæ noster subscribit tum heic, tum præcipue in Matth. c. 15. *Ergo animæ principale non secundum Platonem in cerebro, sed juxta Christum in corde est.* Vid. quæ in eum locum adnotabimus.
(i) Legerat in gignendi casu, Erasmum secutus Martian. ex Levitici 7. ἐπίθεμα, non tamen ut ille in eodem casu interpretationem subdiderat, *additamenti*. Nobis Victorii, qui in recto habet ex ejusdem Levitici c. 8. lectionem præferre maluimus, tametsi Mss. nostri exemplaria summe Aculam non addiderint.

magis sonat. Ex quo intelligimus juxta illud Malachiæ : « Labia sacerdotis custodiunt scientiam, et legem requirent ex ore ejus » (*Malach.* 1. 7) : præcipuam debere esse in sacerdotibus legis doctrinæque notitiam : et additamento gratiæ spiritualis, talem virum institui, qui possit contradicentibus resistere (*Tit.* 1.), et nihil in se sinistri habere operis, quod ducat ad tartarum : sed dextrum brachium et separatum, UT OPERA sacerdotis comparatione virtutum ejus, a cunctis hominibus separata sint. Hæc de victimis, et de his quæ offeruntur in altari : et quæ sacerdotibus dantur a Domino.

2. Cæterum et alia tria, exceptis primitiis hostiarum, et de privato, et de macello publico, ubi non religio, sed victus necessitas est, sacerdotibus membra tribuuntur, brachium, maxilla, (*a*) et venter. De brachio jam diximus. Maxillam eloquentem eruditumque significat, ut quod pectore concipimus, ore promamus. Venter receptaculum ciborum, in scorto Madianitide sacerdotali pugione confossus (*Num.*25), universos **356** hominum labores, et momentanea blandimenta gulæ, stercoris fine condemnat: et ostendit mentibus consecratis Deo, totum quod curamus, (*b*) quod voramus, in secessum projici. Unde et Apostolus : « Esca, inquit, ventri, et venter escis : Deus autem et hunc et illas destruet » (1. *Cor.* 6. 13) : Et e contrario de luxuriosis : « Quorum Deus venter est : et gloria in confusione eorum » (*Philip.* 3. 19). Vituli pulverem quem adoraverat Israel, in contemptum superstitionis in potum accepit populus, ut discat contemnere quod in secessum projici viderat. Præcipitur sacerdotibus, ne ministraturi in templo, vinum et siceram bibant, ne ebrietate et crapula, et curis hujus vitæ prægraventur corda eorum : nec partem habeant in terra, nisi solum Deum (*Levit.*10); ut nulla debilitate (*c*) insignes sint : ne truncis auribus, læso oculo, simis naribus, claudo pede, cutis colore mutato, quæ omnia referuntur ad animæ vitia. VOLUNTAS ENIM in homine, non natura damnatur. Si quis e sacerdotibus semine fluxerit, ad sacerdotalem mensam prohibetur accedere ; et e contrario vidua, cujus cum Sara defecerunt muliebria, propter continentiam et castitatem recipitur in domum patris : et de templi ærario alitur. Quod si filios habuerit, redditur soboli suæ, ut juxta Apostolum iis ministretur, « quæ vere viduæ sunt» (1. *Tim.* 5. 3) : et ut quæ de sacerdotalibus sustentatur cibis, nullius alterius amore teneatur. Vicinus et mercenarius ex-

cluduntur a convivio sacerdotum, serviciborum reliquiæ concedantur. Jam tunc rejiciebantur Phygelus et Hermogenes, et recipiebatur (1) Onesiphorus. Primitiæ ciborum et omnium frugum atque pomorum offeruntur Antistiti : ut habens victum atque vestitum, absque ullo impedimento securus et liber serviat Domino. Primogenita mundorum animalium accipiunt sacerdotes : immundorum pretia. Hominum quoque primi partus redimuntur, et quia conditio una nascendi est, (*d*) pretium **357** æqualiter offertur, sic moderatum et leve : ut nec dives intumescat, nec tenuis prægravetur. Ædituri et janitores accipiunt decimas : et rursum decimas decimarum offerunt sacerdotibus (*Num.* 18. *et* 35) : tanto illis minores, quanto ipsi majores populo. Quadraginta octo civitates ad habitandum Levitis et Sacerdotibus separantur : sex urbes fugitivorum trans Jordanem et intra Jordanem eliguntur : et finis exilii mors Pontificis est. Universa quæ festinus sermo perstrinxit, et quorum pulsavi tantum, nec aperui sacramenta, ad cunctos pertinent sacerdotes : Pontifex autem quantis polleat privilegiis, dicam breviter.

3. *Caput*, inquit, *suum non discooperiet* (*Levit.* 21) Habet cidarim, et nomen Dei portat in fronte : diademate ornatus est regio, ad perfectam Christi venit ætatem, semper ejus gloria protegendus est : et vestimenta sua non scindet, quia candida sunt, quia impolluta, quia agnum sequentia : et de attonsæ ovis confecta velleribus. Thamar amissa pudicitia, scidit tunicam (*Gen.* 38). Caiphas perdito sacerdotio, rupit publice vestimenta (*Matth.* 26). (*e*) « Super omnem animam, quæ mortua est, non ingredietur » (*Levit.* 21. 11). Ubicumque peccatum est, et in peccato mors, illuc Pontifex non accedit. « Anima quæ peccaverit, ipsa morietur » (*Ezech.* 18). Quamvis ille sit dives, quamvis potens, et multitudinem offerat victimarum, si mortuus est, (*f*) non tangitur a Pontifice, non videtur. Quod si resurgit, et ad vocem Salvatoris egreditur de sepulcro, et fasciis peccatorum solutus incedit (*Joan.* 11. 12), intrabit ad eum Pontifex : et ibi faciet mansionem, et cum resurgente prandebit.

4. « Super patre suo et matre sua non inquinabitur» (*Levit.* 21. 11). Multa nos facere cogit affectus : et DUM PROPINQUITATEM respicimus corporum, et corporis et animæ offendimus Creatorem. Qui amat patrem aut matrem super Christum, non est eo dignus (*Luc.* 9). Discipulus ad sepulturam patris ire deside-

---

(*a*) In commentariis in Malachiæ c. 2. addit etiam *linguam*, quod et Judæi Babylonici faciunt. Infra pro voce *confossus* qui jam editi, et manu exarati libri apud veteres editores habent *confixus*, alii *defossus*.

(*b*) Iterum Erasmo consentiens editor Benedict. addit hoc loco *quod satiginus*, quæ duo verba, ut olim Victorius, sic nos plurimum Mss. fide adducti expunximus. Non tamen eo satis consultum loci integritati credimus, quod enim nos cum Victorio *curamus*, alii *currimus* ediderunt, falso utrumque scribi, suspicamur, nisi *curamus* referatur ad *hominum labores*, de quibus modo. Fortasse erat *glutimus*, aut quid simile, sed ultra Mss. auctoritatem non audemus.

(*c*) Perperam cum Erasmo Benedictina editio *signes* pro *insignes*, quam vocem ex aliis editis, et Mss. fere omnibus restituimus.

(*d*) Male quidam editi et Mss. « quia conditio humana nascendi est communis, omnes pretium æqualiter offerunt.

(*e*) Sic vetus interpres ex Græco ἐπὶ πάσῃ ψυχῇ τετελευτηκυίᾳ, etc. unde etiam pro *ingreditur*, ut antea erat in instanti, fecimus *ingredietur*, non enim, ut passim isthæc, atque alia infra habebantur, Hieronymi verba sunt, sed Scripturæ.

(*f*) Reginæ exemplar, « non tangitur a Sacerdote, sive a Pontifice non videtur. Mox revivisciti pro resurgit. »

(1) Duceus ex consensu Mss. et Moguntinæ primæ editionis an. 1470. retineri jubet *Onesimus*. Præterea quod Onesimus Philemonis servus erat ex epistola Pauli ad eumdem v. 15, etc. *Onesiphorus* non item, sed ingenuus et hospes Apostoli.

rans, Salvatoris prohibetur imperio. QUANTI MONACHORUM dum patris matrisque misererentur, suas animas perdiderunt! Super patre et matre pollui nobis non licet, quanto magis super fratre, sororibus, **358** consobrinis, familia, servulis? Genus regale et sacerdotale sumus. ILLUM ATTENDAMUS patrem, qui nunquam moritur, aut qui pro nobis moritur : et qui ideo vivens mortuus est, ut nos mortuos vivificaret. Si quid habemus de Ægypto quod princeps mundi suum possit agnoscere, tenenti Ægyptiæ cum pallio relinquamus (*Gen.* 39). Sindone opertus adolescens, vinctum Dominum sequebatur (*Marc.* 14) : incurrisset in laqueos, nisi expeditus et nudus persequentium declinasset impetum. Reddamus parentibus quæ parentum sunt : si tamen vivunt : si servientes Domino filios suos præferri sibi glorientur.

5. « Et de sanctis non egredietur : et non polluet sanctificationem Dei sui » (*Levit.* 21. 12). Pro otioso quoque verbo rationem reddituri sumus : ET OMNE QUOD non ædificat audientes, in periculum vertitur loquentium. Ego si fecero, si dixero quippiam, quod reprehensione dignum est : de sanctis egredior, et polluo vocabulum Christi, in quo mihi blandior : quanto magis Pontifex et Episcopus, quem oportet esse sine crimine (*Tit.* 1) : tantarumque virtutum, ut semper moretur in Sanctis : et paratus sit victimas offerre pro populo, (1) sequester hominum et Dei, et carnes agni sacro ore conficiens : « Quia sanctum oleum (*a*) Christi Dei sui super eum est. » Non egredietur de sancto, ne vestimentum quo indutus est, polluat. Quotquot enim in Christo baptizati sumus, Christum induimus (*Gal.* 3). Servemus tunicam quam accepimus, sanctam custodiamus in sancto. Ille montanus habitator, qui de Jerusalem descendebat in Jericho, non prius vulneratus est, quam nudatus. Infunditur ei oleum medicamentum lene, et misericordia temperatum : et quia debuit negligentiæ sentire cruciatum, vini austeritate mordetur (*Luc.* 10): ut per oleum ad pœnitentiam provocetur, per vinum severitatem sentiat judicantis.

6. « Uxorem virginem accipiet, viduam autem et ejectam et meretricem non accipiet, sed virginem de genere suo, et non contaminabit semen suum in populo Ego Dominus qui sanctifico eum » (*Levit.* 21. 14). Scio pontificem, cui præcepta nunc dantur a plerisque Christum **359** intelligi : et id quod dictum est, « super patre et matre non inquinabitur, » de virginali Mariæ partu edisseri : multoque facilior est super Domino interpretatio, qui audit in Psalmo : «Tu es sacerdos in æternum, secundum ordinem Melchisedec » (*Psal.* 109. 14). Et in Zacharia : « Audi Jesu sacerdos magne » (*Zach.* 3. 8) : et cui sordida peccatorum nostrorum vestimenta tolluntur, ut recipiant gloriam quam habuit apud patrem prius quam mundus esset.

7. Sed ne quis me vim facere Scripturæ putet, et sic amare Christum, ut historiæ auferam veritatem interpretabor in membris, quod referatur (*b*) ad caput : intelligam de servis, quod impleatur in Domino. Quanquam gloria Domini, gloria famulorum sit. Et ubicumque opportunitas loci tulerit, sic de vero lumine disputabo, ut derivetur ad eos, quibus Christus donavit, ut lumen sint. Pontifex iste, quem Mosaicus sermo describit, viduam ejectam et meretricem non ducit uxorem. Vidua est, cujus maritus est mortuus. Ejecta, quæ a marito vivente projicitur. Meretrix, quæ multorum libidini patet. Sed *accipiet*, inquit, *uxorem virginem et de genere suo*, non alienigenam, ne in mala terra nobilium seminum frumenta degeneret. Non meretricem, quæ multis exposita est amatoribus. Non ejectam, quæ etiam priori conjugio indigna fuit. Non viduam, ne pristinarum meminerit voluptatum : sed illam animam, quæ non habet maculam, neque rugam, quæ cum Christo renata, innovatur de die in diem, de qua Apostolus loquitur : *Despondi enim vos uni viro, virginem castam exhibere Christo* (1. *Cor.* 11. 2). Nolo discipulam conjugem Pontificis quidquam haberi de veteri homine. Si consurreximus cum Christo, ea quæ sursum sunt, sapiamus. Præteritorum obliti, futurorum avidi. Infelix Simon, quia post baptismum de antiquo matrimonio cogitabat, nec ad virginalem venerat puritatem, Petri consortio indignus fuit.

8. Compulisti me, Fabiola, litteris tuis, ut de Aaron (*c*) tibi sacerdotio scriberem et vestimentis. Ego plus obtuli, ut de cibis et primitiis sacerdotum, et de observatione Pontificis Præfatiunculam struerem. Egressa de Sodomis, et ad montana festinans, non vis habitare in parva urbe Segor. Transcendens **360** proselytos, præteris Israelitas, dimittens Leviticum gradum, et præpete penna transvolans sacerdotes, ad Pontificem venis. Sed dum vestes ejus et Rationale pectoris diligenter inquiris, nostra tibi displicuere consortia. Et tu quidem optato frueris otio : et juxta Babylonem Bethleemitica forsitan rura suspiras. Nos in Ephrata, tandem pace reddita, vagientem de præsepi audimus infantem : et querimonias ejus ac voculas ad tuas aures cupimus pervenire.

9. Legimus in Exodo, tabernaculum, mensam, candelabrum, altare, columnas, tentoria, coccum, byssum, hiacynthum, purpuram ex auro, argento, ære vasa diversa, tabernaculum divisum in tria, duodecim panes per singulas hebdomadas mensæ impositos, in candelabro septem lucernas, altare hostiis holo-

---

(*a*) Ex Græco ὅτι τὸ ἅγιον ἔλαιον τὸ Χριστοῦ τοῦ Θεοῦ ἐπ' αὐτοῦ. Et *christi* quidem nomen a vetustioribus Hieronymianis editionibus aberat, in Mss. autem invenitur ; sed facile aut *chrisma*, aut verius *Christum* ; ejus loco legendum est.
(1) Paria habet in Malachiæ cap. 2. eique Origenes Homil. 2. in Levitic. Basilius Constit. Monast. cap. 22. aliique veteres adstipulantur. S. Augustinus tamen lib. 2. contra Parmenianum cap. 8. hunc Donatistam reprehendit, quod mediatorem esse dixisset Episcopum inter homines et Deum, quod unus mediator sit Christus Jesus. Quare eo sensu accipiendus est ipse Hieron. ut ministerii tantum, atque intercessionis mediatorem episcopum esse velit.

(*b*) Vitiose habent duo codd. Reginæ *ad corpus pro caput*. Infra leviora quædam emendamus.
(*c*) Veteri editioni an. 1496. consentiens alter Reg. liber *ut de Aaron tibi scriberent vestimentis*, absque *sacerdotii* mentione ulla ; quæ fortasse verius omittatur, ejus enim dignitatis sacramenta non explicat.

caustisque expositum, crateras, scyphos, thuribula, phyalas, mortariola, paxillos, pelles rubras, pillos caprarum et ligna imputribilia (*Exod.* 35. *et seqq.*). Tanta et talia offeruntur in tabernaculo Dei, ut nullus desperet salutem. Alius aurum sensuum, alius argentum eloquii, alius vocem æris exhibeat. Totus mundus in tabernaculi describitur sacramento. Primum et secundum vestibulum omnibus patet. Aqua enim et terra, cunctis mortalibus data sunt. In sanctis vero sanctorum, quasi ad æthera et in cœlum, paucorum introitus et volatus est. Duodecim panes duodecim mensium significant circulum. Septem lucernæ, septem errantia astra demonstrant. Et ne longum faciam (neque enim propositum mihi est nunc de tabernaculo scribere) veniam ad sacerdotalia vestimenta : et antequam mysticam scruter intelligentiam, more judaico, quæ scripta sunt, simpliciter exponam: ut postquam vestitum videris sacerdotem, et oculis tuis omnis ejus patuerit (*a*) ornatus, tunc singulorum causas pariter exquiramus.

10. Discamus primum communes sacerdotum vestes atque pontificum. Lineis feminalibus, quæ usque ad genua et poplites veniunt, verenda celantur, et superior pars sub umbilico vehementer astringitur : ut si quando expediti mactant victimas, tauros et arietes trahunt, portantque onera, et in officio ministrandi 361 sunt, etiam si lapsi fuerint, et femora revelaverint, non pateat quod opertum est. Inde et gradus altaris prohibentur fieri, ne inferior populus ascendentium verenda conspiciat : vocaturque lingua Hebræa hoc genus vestimenti (*b*) MACHNASE, Græce περισκελῆ, a nostris *feminalia*, vel *bracæ* usque ad genua pertingentes. Refert Josephus (nam ætate ejus adhuc templum stabat : et necdum Vespasianus et Titus Jerosolymam subverterant, et erat ipse de genere sacerdotali ; multoque plus intelligitur quod oculis videtur, quam quod aure percipitur) hæc feminalia (*c*) de bysso retorta ob fortitudinem solere contexi, et postquam incisa fuerint, acu consui. Non enim posse in tela hujuscemodi fieri.

11. Secunda ex lino tunica est ποδήρης, id est, talaris, duplici sindone, quam et ipsam (*d*) Josephus byssinam vocat, appellaturque CHOTONATH, id est,

(*a*) Martianæus *ornamentum*, retenta voce *omnis*, quod minime Latinum est.
(*b*) In plerisque Mss. *Machinasen*. in Reginæ duobus *Maschense*, Erasmus legerat *Michense*. Froben. *Michnese*, aliis typis *Maschinase*, et *Machinase*. Græce μαχνασήν, aut μαχανασίν, et μαχανασίν, vitiose apud Josephum, μαναχρασήν. Tum loco περισκελῆ, juxta Erasm. olim erat, περισκελὴς, et in Mss. περισκελῆς. Chaldæi מכנסין *micnensin* dicunt aut in medio numero *micnesain*, et *macnesin*, hoc est συνεκτήρες, constrictoriæ, quod proprie significat verbum כנס. Sed in sacro textu materies continuo additur, ut מכנסי בד, et מכנסי שתים. Vid. adnotationes nostras in c. 3. Dan.
(*c*) Nimirum Antiq. l. 3. c. 3. ἐκ βύσσου κλωστῆς ἐργυρμένον.
(*d*) Præstat ipsa audire ex Josepho verba, ἐπι δὲ τούτω λίνεον ἔνδυμα διπλῆς φορεῖ σινδόνος · βυσσῆνη χιθωνὴν μὲν καλεῖται. Αἰνέον τοῦτο σημαίνει· χεθὸν γὰρ τὸ λίνον ἡμεῖς καλοῦμεν. Nec proinde temere quis suspicetur, heic quoque apud Hier. legendum χεθὸν, aut χεθὼν pro χιτὼν. Derivatum autem a כתן *cettan* Chaldæorum Arabumque, quod linum Latine dicitur, unde כתרנת (non ut Martianæus absque vau scribit כתנת) vestis est linea; atque inde derivatum χιτὼν Græc. et Latin. *tunica*, non ambigitur.

χιτὼν, quod Hebræo sermone in *lineam* vertitur. Hæc adhæret corpori, et tam arcta est et strictis manicis, ut nulla omnino in veste sit ruga : et usque ad crura descendat. Volo pro legentis facilitate abuti sermone vulgato. (*e*) Solent militantes habere lineas, quas camisias vocant, sic aptas membris et adstrictas corporibus, ut expediti sint vel ad cursum, vel ad prælia, dirigendo jaculo, tenendo clypeo, ense vibrando, et quocumque necessitas traxerit. Ergo et sacerdotes parati in ministerium Dei, utuntur hac tunica ; ut habentes pulchritudinem vestimentorum, nudorum celeritate discurrant.

362 12. Tertium genus est vestimenti, quod illi appellant ABANET, nos cingulum vel balteum, vel zonam possumus dicere. (*f*) Babylonii novo vocabulo HEMIAN vocant. Diversa vocabula ponimus, ne quis erret in nomine. Hoc cingulum in similitudinem pellis colubri, (*g*) qua exuit senectutem : sic in rotundum textum est, ut marsupium longius putes. Textum est autem subtegmine cocci, purpuræ, hiacynthi, et stamine byssino, ob decorem et fortitudinem : atque ita polymita arte distinctum, ut diversos flores ac gemmas artificis manu non textas, sed additas arbitreris. Lineam tunicam, de qua supradiximus, inter umbilicum et pectus hoc stringunt balteo, qui quatuor digitorum habens latitudinem, (*h*) et ex una parte ad crura dependens, cum ad sacrificia cursu, et expeditione opus est, in lævum humerum retorquetur.

13. Quartum genus est vestimenti, rotundum pileolum, quale pictum in (*i*) Ulyxi conspicimus, quasi sphæra media sit divisa, et pars una ponatur in capite : hoc Græci et nostri τιάραν, nonnulli galerum vocant, Hebræi (*j*) MISNEPHETH · non habet acumen in summo, nec totum usque ad comam caput tegit ; sed

(*e*) Vide Macrobium l. 7. Saturnal. c. 13. De militantium camisiis, sive lineis etiam Dionysius loquitur his versibus.
Καὶ λινέῳ κόσμησε δέμας χιονώδεϊ πέπλῳ.
Οἵον ἴσοι θώρηκος ἀεὶ φορέουσι μαχηταί.
Posteriores Græci ἐπικαμισα dixerunt teste Eustathio in Iliad. χ. ubi contendit χιτῶνα simpliciter non esse tunicam interulam.
(*f*) Nunc Persice dicitur *Hemiam* vocem notare baltheum, et a Babyloniis Persæ facile didicerunt.
(*g*) Ms. Reginæ, *qua exuit se in æstate.*
(*h*) Idem *ex magna parte... d. scendens.*
(*i*) Antea legebatur *in Ulysse*, vel *in Ulyxeo*, quo nomine Victorius interpretatur porticum, in qua Ulyxis gesta depicta conspiciebantur. Olim vero *in Ulyxi* scriptum est, et scripturam utramque comprobant auctores boni. Notum quippe ex Plinio, aliisque in tabula errantis Ulyxis ex ausis Nicomachi pictor s galerum nauticum capiti vaferrimo impositum. Ulyxis vero nomen sic scribunt docti; non enim Ulyssem dicebant veteres Latini, et in vetustis exemplaribus Latinorum fere omnium Ulyxes scribitur ; impressi autem codices inde alteram scripturam præferunt. Vid. Plutarchum in Marcello : τὰ δὲ οὐ λύτου, τουτέστιν Ὀδυσσέως. Sed de pileo Ulyxis consule Homerum in Iliad. χ. in eumque rursus Eustathium. Ducæus tamen mavult *Ulixeo* quod Latini nomina quæ in ὡς apud Græcos proferuntur, in *eus* syllabas enuntiunt. sic *Achilleus, Theseus*, etc.
(*j*) Apud Josephum μασναιφόεῖς, aut Chaldaico propius, μασναιφθης, *Masnaephtes* : Olim lectum apud Hier. *Manephet*, aut *Masnephet*, substituto *t* pro *l* more Syrorum in hujus formæ vocibus, quæ a Mem, et Chirech incipiunt. Sed utraque vox Hebræi *Misnephes* desideratur in Reginæ Mss. Quod autem de eo subdit S. Doctor, quod non haberet acumen in summo, erroris convincit quod neoterici expositores tradunt, tetendisse *superius in acutum*. Mox *pro forinsecus appareant*, Mss. *pareant*, antea legebatur *extrinsecus appareant*.

tertiam partem a fronte inopertam relinquit : atque ita in occipitio vitta constrictum est : ut non facile labatur ex capite. Est autem byssinum, et sic fabre opertum linteolo, ut nulla acus vestigia forinsecus appareant.

14. His quatuor vestimentis, id est, feminalibus, tunica linea, cingulo, quod purpura, cocco, bysso, hiacynthoque **363** contexitur, et pileo, de quo nunc diximus, tam Sacerdotes, quam Pontifices utuntur. Reliqua quatuor proprie Pontificum sunt, quorum primum est (a) MAIL, id est, tunica talaris, tota hiacynthina, ex lateribus ejusdem coloris assutas habens manicas, et in superiori parte, qua collo induitur, aperta, quod vulgo capitium vocant, oris firmissimis ex se textis, (b) ne facile rumpantur. In extrema parte, id est, ad pedes, septuaginta duo sunt tintinnabula, et totidem mala punica, iisdem contexta coloribus, ut supra cingulum. Inter duo tintinnabula unum malum est : inter duo mala unum tintinnabulum, ut alterutrum sibi media sint : causaque redditur. Idcirco tintinnabula vesti apposita sunt, ut cum ingreditur Pontifex in Sancta Sanctorum, totus vocalis incedat, statim moriturus, si hoc non fecerit.

15. Sextum est vestimentum, quod Hebraica lingua dicitur EPHOD. Septuaginta ἐπωμίδα, id est, *superhumerale* appellant. (c) Aquila ἐπένδυμα, nos EPHOD suo ponimus nomine. Et ubicumque in Exodo, sive in Levitico superhumerale legitur, sciamus apud Hebræos Ephod appellari. Hoc autem esse Pontificis vestimentum, et in quadam Epistola (*Ad Marcell.* XXIX) scripsisse me memini : et omnis Scriptura testatur, sacrum quiddam esse, et solis conveniens Pontificibus. Nec statim illud occurrat, quod Samuel qui Levita fuit, scribitur Regnorum primo libro, habuisse ætatis adhuc parvulæ *ephod bad*, id est, *superhumerale lineum :* cum David quoque ante arcam Domini idem portasse referatur. Aliud est enim ex quatuor supra dictis coloribus, id est, hiacyntho, bysso, cocco, purpura, et ex **364** auro habere contextum ; aliud in similitudinem sacerdotum simplex et lineum. Auri laminæ, id est, bracteæ, mira (d) tenuitate tenduntur, ex quibus secta fila torquentur, cum subtegmine trium colorum, hiacynthi, cocci, purpuræ, et cum stamine byssino : et efficitur (e) palliolum miræ pulchritudinis, præstringens fulgore oculos in modum Caracallarum, sed absque cucullis. Contra pectus nihil contextum est, et locus futuro Rationali derelictus. In utroque humero habet singulos lapides clausos et astrictos auro, qui Hebraice dicuntur SOOM : ab (f) Aquila et Symmacho et Theodotione onychini : a Septuaginta smaragdi transferuntur : Josephus sardonychas vocat, cum (g) Hebræo Aquilaque consentiens : ut vel colorem lapidum, vel patriam demonstraret. Et in singulis lapidibus (h) sena Patriarcharum nomina sunt, quibus Israeliticus populus dividitur. In dextro humero majores filii Jacob, in lævo minores scripti sunt : ut Pontifex ingrediens Sancta Sanctorum, nomina populi pro quo rogaturus est Dominum, portet in humeris.

16. Septimum vestimentum est mensura parvulum, sed cunctis supra dictis sacratius. Intende, quæso, animum, ut quæ dicuntur, intelligas. Hebraice vocatur (i) HOSEN, Græce autem λόγιον, nos *Rationale* possumus appellare, ut ex ipso statim nomine scias mysticum esse quod dicitur. Pannus est brevis ex auro et quatuor textus coloribus, hoc est, iisdem quibus et Superhumerale, habens magnitudinem palmi per quadrum ; et duplex, ne facile rumpatur. Intexti sunt enim ei duodecim lapides miræ magnitudinis atque pretii per quatuor ordines : ita ut in singulis versiculis **365** terni lapides collocentur. In primo ordine sardius, topazius, smaragdus ponitur. Symmachus dissentit in smaragdo, (j) ceraunium pro eo transferens. In secundo carbunculus, sapphirus, jaspis. In tertio ligurius, achates, amethystus. In quarto chrysolithus, onychinus, berillus. Satisque miror cur hiacynthus pretiosissimus lapis in horum numero non ponatur : nisi forte ipse est alio nomine ligurius. Scrutans eos qui de lapidum atque gemmarum scripsere naturis, (k) ligurium invenire non potui. In sin-

---

(a) Josephus, Μαὴρ καλεῖται κατὰ τὴν ἡμετέραν γλῶσσαν. Hier. ex בְּעִיל הָאֵפֹד et בְּעִיל, quod LXX. varie reddiderunt, modo ὑποδύτην χιτῶν, id est sub Ephoda, *subtunicalis*, ut in Epist. nunc 29. ad Marcell. n. 4. modo ἐπενδύτης *supra tunica*. בְּעִיל vero superulam, sive ἐπενδύτην proprie significat ab עלה origine.

(b) Victorius legendum contendit *rumpatur*, id est talaris tunica.

(c) Alias ἐπίρραμμα cum duplici ρ. Edit. vetus ἐπίρραμμα, *id est super vestimentum*. Regiæ membranæ, cum paucis aliis Mss. ἐπενδύματα, *id est desuper vestimentum*.

(d) Duo Codd. *tenuitate conduntur, ex quibus alia secta septem fila torquentur :* in aliis *tunduntur*, invenimus. Confer Exodi cap. 38. 5. et Philonem in vita Moysis.

(e) Reg. Ms. *palliolum verniculatæ pulchritudinis*, atque infra *Josephus Sardinos vocat*, pro *Sardonychas*.

(f) Sic Hieronymiani codices omnes eamdem Symmacho et Theod. versionem tribuunt, unde perperam Drusius putarit, intrusa hæc duo nomina, et lectionem uni Aquilæ ascribendam.

(g) Quod Hebræum spectat, credo alludi ab Hieronymo nomen אדם quod Sardonyx vertitur ; neque enim alio nomine in Hebræo textu scimus scribi : in Exodo, Isaia, et Ezechiele. Congruit et nominis interpretatio quæ ad colorem lapidis, ut ipse multum refertur אדם quippe Rubeum dicitur, unde Rubinum vulgo audit. Quod addit, cum *Aquila* consentire Josephum, puto alteram Aquilæ editionem velle intelligi, modo enim dixerat ab *Aquila*, *Symmacho, et Theodotione onychinos* dici. Denique quod *patriam* notari vult eo nomine, concinit Plinio, qui *Sarda gemma*, inquit, *nomen cum Sardonyche communicavit*, et libro ultimo, *Sardam*, ut *Sardibus* (Lydorum videlicet) *primum repertam, sed laudatissimum circa Babylonem* testatur. Quin etiam S. Epiphanius in hac ipsa Epistola non semel ubi de gemmis laudatus ab Hieronymo, τοῦ τελείου, inquit, ὁ μὲν πρῶτος λίθος, σάρδιος ἐστι δὲ πυρωπὸς τῷ εἴδει καὶ αἱματώδης. Ἐν Βαβυλῶνι δὲ τῇ πρὸς Ἀσσυρίαν γίνεται. ἔστι δὲ διαυγὴς ὁ λίθος, etc. quæ interpretatione non indigent.

(h) Vetus editio *bis sena*. Vitiose.

(i) Quidam Mss. *Hosin ;* vetus editio *Osuin*.

(j) Græce κεραύνιον, quod fucus iste scintillæ instar micet. Infra ex veteri editione *Ligurium*, vel *Lygurium* restituimus pro *Lyncurio*, qua de re mox dicemus.

(k) Sic jamusque ab Erasmo editum, sed *Ligurius* legendum est juxta priscos codices, ut alii ante nos animadverterunt : Lyncurius enim aliud est, et succinum potius quam Hyacinthi quoddam genus aut alterius gemmæ, quod sua ætate Plinius videre potuit. Hinc Hesychius λυγκούριον, ἤλεκτρον, tametsi Theophrastus aliique veterum cum Lyncurio electro, λυγκούριον, aut λυγγούριον Lyncurium, majoris pretii gemmam male confuderunt. Hieronymus autem hæc ex Epiphanio transcripsit, qui itidem gemmæ naturam ignorare se profitetur, et Psellus quoque inter ignotas gemmas recenset.

gulis lapidibus secundum ætates duodecim tribuum sculpta sunt nomina. Hos lapides in diademate principis Tyri, et in Apocalypsi Joannis legimus, de quibus extruitur cœlestis Jerusalem (*Ezech.* 28; *Apoc.* 21): et sub horum nominibus et specie, virtutum vel ordo, vel diversitas indicatur. Per quatuor Rationalis anguios, quatuor annuli sunt aurei, habentes contra se in Superhumerali alios quatuor, ut cum apposito fuerit λόγιον in loco, quem in Ephod diximus derelictum, annulus veniat contra annulum, et mutuo sibi vittis copulentur hiacynthinis. Porro ne magnitudo et pondus lapidum contexta stamina rumperet, auro ligati sunt atque conclusi: nec suffecit hoc ad firmitatem, nisi et catenæ ex auro fierent, quæ ob pulchritudinem fistulis aureis tegerentur, haberentque et in Rationali supra duos majores annulos, qui uncinis Superhumeralis aureis necterentur, et deorsum alios duos: nam post tergum in Superhumerali contra pectus et stomachum, ex utroque latere erant annuli aurei, qui catenis cum Rationalis inferioribus annulis jungebantur: atque ita fiebat, ut astringeretur et Rationale Superhumerali, et Superhumerale Rationali, ut una textura contra videntibus putaretur.

18. Octava est lamina aurea, id est, SIS ZAAB, in qua scriptum est nomen **366** Dei Hebraicis quatuor litteris JOD, HE, VAV, HE, quod apud illos ineffabile nuncupatur. Hæc super pileolum lineum et commune omnium Sacerdotum, in Pontifice plus additur, ut in fronte vita hiacynthina constringatur, TOTAMQUE Pontificis pulchritudinem, Dei vocabulum coronet et protegat.

19. Didicimus, quæ vel communia cum Sacerdotibus, vel quæ specialia Pontificis vestimenta sint: et si tanta difficultas fuit in vasis fictilibus, quanta majestas erit in thesauro, qui intrinsecus latet? Dicamus igitur prius quod ab Hebræis accepimus: et juxta morem nostrum, spiritualis postea intelligentiæ vela pandamus. Quatuor colores et quatuor elementa referuntur, ex quibus universa subsistunt. Byssus terræ deputatur, quia ex terra gignitur. Purpura mari, quia ex ejus cochleolis tingitur. Hiacynthus (*a*) aeri, propter coloris similitudinem. Coccus igni et ætheri, qui Hebraice SANI appellatur: quod Aquila διάφορον, Symmachus δίβαφον interpretatus est. Pro cocco juxta Latinum eloquium, apud Hebræos THOLATH, id est, vermiculus scribitur: et justum esse commemorant, ut Pontifex (*b*) Creatoris non solum pro Israel, sed et pro universo mundo roget: si quidem ex terra et aqua et aere et igne mundus iste consistit: et hæc elementa sint omnium. Unde primum vestimentum lineum, terram significat: secundum hiacynthinum, aerem in colore demonstrat (al. *demonstrans*): quia de terrenis paulatim ad excelsa (*é*) sustollimur: et ipsa vestis hiacynthina a capite usque ad talos veniens, indicat aerem de cœlis usque ad terram fusum. Mala autem punica et tintinnabula in inferioribus posita, fulgura tonitruaque demonstrant: sive terram et aquam, et omnium elementorum inter se consonantiam: et sic sibi universa perplexa, ut in singulis **367** omnia reperiantur. Quod autem supradicti colores auro intexti sunt: id significari volunt, quod vitalis calor, et divini sensus providentia universa penetret. Superhumerale et duos lapides, vel smaragdinos, vel onychinos, qui desuper sunt, et utrumque humerum tegunt, duo hemisphæria interpretantur: quorum aliud super terram, aliud sub terra sit; sive solem et lunam, quæ desuper rutilant. Zonam illam, qua sacerdotis pectus arctatur, et linea tunica, (*d*) id est terra, constringitur: interpretantur oceanum. Rationale in medio positum terram edisserunt: quæ instar puncti, licet omnia in se habeat, tamen a cunctis vallatur elementis. Duodecim lapides, vel zodiacum interpretantur circulum, vel duodecim menses, et singulis versiculis singula assignant tempora, et his ternos deputant menses. Nec alicui gentilis videatur expositio. NON ENIM SI CŒLESTIA et Dei dispositionem, idolorum nominibus infamarunt, idcirco Dei est neganda providentia, quæ certa lege currit et fertur, et regit omnia. Nam et in Job, Arcturum et Orionem, et (*e*) MAZUROTH, hoc est, zodiacum circulum et cætera astrorum nomina legimus (*Job.* 9. *et* 39). Non quod eadem apud Hebræos vocabula sint, sed quia nos non possumus quæ dicuntur, nisi consuetis vocibus intelligere. Pulchre autem hoc ipsum quod in medio est, appellatur Rationale; ratione enim cuncta sunt plena, et terrena hærent cœlestibus: imo ratio terrenorum et temporum, caloris et frigoris, et duplex inter utraque temperies, de cœli cursu et ratione descendit. Unde et Rationale cum Ephod fortius stringitur. Porro quod dicitur in ipso Rationali δήλωσις esse et ἀλήθεια, id est, *manifestatio*, atque *doctrina*, vel *veritas*, hoc ipsum significat, quod nunquam in Dei ratione mendacium sit;

(*a*) Plerique Mss. *et aeri.* Sed Josephus lib. 3, cap. 7. unde hæc Hieronymus transtulit, et Philo, neutram sive a *vis* sive ætheris comparationem cocco tribuunt. Origenes quoque in Exodum hæc veluti vulgo notissima recitat: « Hiacynthus ergo ad aerem refertur, hoc enim ipse indicat color; sicut coccus ad ignem; purpuræ aquæ tenet figuram, quasi quæ de aquis accipiat fucum; byssus terræ, quia oritur ex terra. Pro διάφορον, quod infra est, διάφανον legit Drusius, atque editio τῶν LXX. Romana ad Aquilam, atque fere omnes ex editis Hieronymianis codicibus; et pro Symmachi δίβαφον plerique Mss. perperam *diafor*, Latinis litteris.

(*b*) Unus Reginæ codex, *ut Pontifex creaturis omnibus adornatus non solum*, etc. quæ non Glossatoris ingenium sed ipsius Hieronymi nobis referre visa sunt; infra enim hoc sensu « justum, inquit, ergo erat, sicut supra ex parte diximus, ut Pontifex Dei creaturarum omnium typum portans in vestibus, indicaret cuncta indigere misericordia Dei, etc.

(*c*) Victorius legit *sustollitur*, scilicet aer, eamque lectionem ex subsequentibus probat, atque impressam falsi arguit. Nos nostra sequimur exemplaria.

(*d*) Cluniacensis Ms. apud Martian. lectio, *eo quod terram constringat, pressius textui Josephi Græco respondet*, Ζώνη τε περιοδεύουσα τὸν ὠκεανὸν ἀποσημαίνει, καὶ γὰρ οὗτος ἐμπεριείληφε τὰ πάντα, quæ Hieronymus fere vertit.

(*e*) Non typographorum vitio, ut Martian. putat, sed ex Hebræo textu 4. Reg. c. 23. legerant Erasm. et Victorius מזלות *Mazoloth*; tametsi Job. 39. 32. quem locum Hier. notat, sit מזרות, *Mazuroth* juxta LXX. sive *Mazuroth*, quemadmodum ipse alibi legit in lib. Nomini ad 4. Reg. Theodorotus in eum locum: Τὸ Μαζουρώθ, inquit, ἀστέρος οἶμαι ὄνομα εἶναι, καὶ τοιοῦτον οὖν ἔχει φόρον οὕτως ὀνομάσθαι. *Mazuroth nomen puto esse stellæ*, *conjicioque Luciferum sic nominari*.

sed et ipsa veritas multis signis et argumentis monstretur hominibus, et usque ad mortales veniat. Unde factum est, ut rationem solis et lunæ et anni et mensium et temporum **368** et horarum, tempestatum quoque, serenitatis atque ventorum, et rerum omnium nosceremus, ACCIPIENTES INSITAM a Deo sapientiam, et ipso habitatore atque doctore, domicilii sui nobis et fabricæ scientiam demonstrante. Super omnia cidaris et vitta hiacynthina cœlum monstrat : et auri lamina quæ in fronte Pontificis est, inscriptumque nomen Dei, universa (*a*) quæ subter sunt, Dei arbitrio gubernari. Idipsum ego puto sub aliis nominibus et in **Cherubim et quatuor animalibus** figuratum, quæ ita sibi permixta sunt et hærent, ut in uno inveniantur et cætera : et quod instanter, et ante se vadant, et non revertantur. Labuntur enim tempora, et præterita relinquentia, ad futura festinant. Quod autem semper in motu sunt, illud significant quod, et philosophi suspicantur, currere mundum suo ordine, et necessabiliter velut rotam in suo axe torqueri : unde et rota in rota est, id est, tempus in tempore, et annus in semetipsum revolvitur : et ipsæ rotæ elevantur ad cœlum, et super crystallum thronus ex sapphiro est, et super thronum similitudo sedentis : cujus inferiora ignea sunt, superiora electrina : ut demonstret quæ inferiora sunt, igne et purgatione indigere : quæ sursum, in conditionis suæ puritate persistere. Et quomodo hic in habitu sacerdotis, auri lamina est desuper : ita in Ezechiele electrum in pectore, et in vertice collocatur (*Ezech.* 1. 8). Justum ergo erat (sicut supra ex parte diximus) ut Pontifex Dei, creaturarum omnium typum portans in vestibus suis, INDICARET CUNCTA indigere misericordia Dei : et cum sacrificaret ei, expiaretur universalis conditio, ut non pro liberis ac parentibus et propinquis ; sed pro cuncta creatura, et voce et habitu precaretur.

20. Tetigimus expositionem Hebraicam, et infinitam sensuum sylvam alteri tempori reservantes, quædam futuræ domus stravimus fundamenta. De feminalibus linceis hoc solent dicere, Ratio seminum et generationis ad carnem pertinens, terræ (*b*) per eam deputatur. **369** Unde et ad Adam loquitur Deus : *Terra es, et in terram ibis* (*Gen.* 3. 19). Causasque hujus rei, quomodo de parvulo semine et fœdissimis initiis tanta vel hominum vel diversarum rerum pulchritudo nascatur, esse obvolutas, et humanis oculis non patere. Legimus in Levitico (*Levit.* 8), juxta præceptum Dei, Moysen lavisse Aaron et filios ejus : jam tunc purgationem mundi, et rerum omnium sanctitatem Baptismi sacramenta signabant. Non accipiunt vestes, nisi lotis prius sordibus, nec ornantur ad sacra, nisi in Christo novi homines renascantur. Vinum enim novum in novis utribus mittitur. Quod autem

(*a*) Reginæ, quo in primis utimur Mss. liber, *quæ super terram sunt*.
(*b*) Intellige carnem, per quam terræ deputatur. Martainæus legit *proxima*, Erasm. et Victor. *per eа*. Nobis sequi placuit Cluniacensis Ms., quem respuit editor Benedictinus, tum alterius Reginæ, et vetustissimæ editionis auctoritati, qua verissimus, et perspicuus evenit sensus.

Moyses lavat, legis indicium est. *Habent Moysen et Prophetas, ipsos audiant. Et Ab Adam usque ad Moysen omnes peccaverunt.* Præceptis Dei lavandi sumus, et cum parati ad indumentum Christi, tunicas pelliceas deposuerimus, tunc induemur veste linea, nihil in sese mortis habente, sed tota candida : ut de baptismo consurgentes, cingamus lumbos in veritate, et tota pristinorum peccatorum turpitudo celetur. Unde et David : *Beati quorum remissæ sunt iniquitates, et quorum tecta sunt peccata* (*Ps.* 31. 1).

21. Post feminalia et lineam tunicam induimur hiacynthino vestimento, et incipimus de terrenis ad alta conscendere. Hæc ipsa hiacynthina tunica, a Septuaginta (*c*) ὑποδύτης, id est, *subucula* nominatur, et proprie Pontificis est, significatque rationem sublimium non patere omnibus, sed majoribus atque perfectis. Hanc habuerunt Moyses et Aaron et Prophetæ, et omnes quibus dicitur : *In montem excelsum ascende tu, qui evangelizas Sion* (*Isai.* 40. 9). Nec nobis sufficit priorum ablutio peccatorum, baptismi gratia, doctrina secretior, nisi habuerimus et opera. Unde jungitur et Ephod, id est, Superhumerale, quod Rationali copulatur : ut non sit laxum, neque dissolutum, sed hæreant sibi invicem, et auxilio sint. Ratio enim operibus, et opera ratione indigent : ut quod mente percipimus opere perpetremus. Duoque lapides in Superhumerali, vel Christum significant et Ecclesiam, duodecim Apostolorum, **370** qui ad prædicationem missi sunt, nomina continentes : vel litteram et spiritum, in quibus continentur legis universa mysteria. In dextra spiritus, in læva littera est. Per litteras ad verba descendimus, per verba venimus ad sensum. Quam pulcher ordo, et ex ipso habitu sacramenta demonstrans. In humeris opera sunt, in pectore ratio. Unde et pectusculum comedunt sacerdotes. Hoc autem Rationale duplex est, apertum et absconditum, simplex et mysticum, duodecim in se lapides habens, et quatuor ordines, quos quatuor puto esse virtutes, Prudentiam, Fortitudinem, Justitiam, et Temperantiam, quæ sibi hærent invicem : et dum mutuo miscentur, duodenarium efficiunt numerum : vel quatuor (*d*) Evangelia, quæ in Apocalypsi describuntur plena oculis (*Apoc.* 14. 6), et Domini luce radiantia mundum illuminant. In uno quattuor, et in quattuor singula. Unde δήλωσις, et ἀλήθεια, id est (*e*) *doctrina, et veritas* in pectore Sacerdotis est. Cum enim indu-

(*c*) Vid. Levit. 8. 7. ubi tamen Alex. Ms. ἐπενδύτην habet; sed et Hieronymiana exemplaria mirum quantum inter se varient. Quædam ὑποδύτης, alia notante Martian. ὑπόδυτος.
(*d*) Erasm. et Victorius *animalia*, quam vocem de suo subrogasse arbitramur Hieronymiano contextui ; Mss. enim omnes tum a nobis cum a Benedictino inspecti, quia et vetustæ editiones retinent *Evangelia*. Nec ineleganter potuit Hier. τροπικῶς quæ symbolis Evangeliorum in Apocalypsi tribuuntur, Evangeliis ipsis adscribere ; eoque magis cum verba *in uno quatuor, et in quatuor singula* proprie de Evangeliis dicantur. Nisi forte scripserat S. Doctor utrumque, *vel quatuor Evangelia, et quatuor animalia*, quorum alterum verborum eorumdem occursu interciderit. Mox pro *Domini luce radiantia*, quidam codices, *Domini luce ignis ardentes*.
(*e*) Editi omnes præter Martian. addunt *manifestatio vel, nescio an veritus*.

tus quis fuerit veste multiplici, consequens est, veritatem quam corde retinet, sermone proferre : et ob id in Rationali veritas est, id est, scientia, ut noverit quae docenda sint : et manifestatio atque doctrina, ut possit instruere alios, quod mente concepit. Ubi sunt qui innocentiam Sacerdoti dicunt posse sufficere? Vetus lex novae congruit : idipsum Moyses quod Apostolus. Ille sacerdotis scientiam ornat in vestibus : iste Timotheum et Titum instruit disciplinis. Sed et ipse vestimentorum ordo praecipuus. Legamus Leviticum. Non prius Rationale, et sic Superhumerale, sed ante Superhumerale, et deinceps Rationale (*Levit.* 8). *A mandatis tuis,* inquit, *intellexi* (*Psal.* 118. 104) : prius faciamus, et sic doceamus : Ne doctrinae auctoritas, cassis operibus destruatur. Hoc est quod in Propheta legimus : *Seminate vobis in justitia, et metite fructum vitae : illuminate vobis lumen scientiae* (*Osee* 10. 12). Primum seminate in justitia, et fructum vitae aeternae metite, postea vobis scientiam vindicate. Nec statim absoluta perfectio est, si quis Superhumerale et Rationale habeat : nisi haec ipsa inter se forti compagine solidentur, et sibi invicem connexa sint : **371** ut et operatio rationi, et ratio operibus haereat : et his praecedentibus , doctrina sequatur et veritas.

22. Quatuor elementa, de quibus supra diximus, et duos lapides vel onychinos, vel smaragdinos, et gemmas duodecim, quae ponuntur in Rationali, si esset tempus ut discuterem, singulorum naturas et causas tibi exponerem : et quid unusquisque valeat, et quomodo virtutibus singulis comparentur, plenius quaesita (*a*) demonstrarem. Sufficiat, quod et sanctus Papa Epiphanius egregium super hoc volumen edidit : quod si legere volueris, plenissimam scientiam consequeris. Ego jam mensuram epistolae excedere me intelligo, et excipientis ceras video esse completas. Unde ad reliqua transeo, ut tandem finiatur oratio. Lamina aurea rutilat in fronte : nihil enim nobis prodest omnium rerum eruditio, nisi Dei scientia coronemur. Lineis induimur, ornamur hiacynthinis, sacro balteo cingimur, dantur nobis opera , Rationale in pectore ponitur : accipimus veritatem, profert sermo doctrinam : imperfecta sunt universa, nisi tam decoro currui dignus quaeratur auriga, et super creaturas creator insistens, regat ipse quae condidit. Quod olim in lamina monstrabatur, nunc in signo ostenditur Crucis. Auro legis, sanguis Evangelii pretiosior est. Tunc signum juxta Ezechielis vocem gementibus figebatur in fronte (*Ezech.* 9. 4) : nunc portantes crucem dicimus : *Signatum est super nos lumen vultus tui, Domine* (*Psal.* 4. 7). Bis in Exodo legimus (*Exod.* 28. *et* 29), praecipiente Domino, et Moyse jussa faciente : (*b*) octo vestium genera Pontificis. In

(*a*) Ne duo quidem Mss. exemplaria invenias, quae hunc locum iisdem verbis exprimant; sunt tamen variantes lectiones tum a nobis, tum ab aliis recensitae, nullius fere momenti, ex quibus id unum arguas, fere ad hunc modum, scriptum olim a Hieronymo, *plenius quaesita demonstrarem. Memorusse sufficiat,* etc. Obvius porro est S. Epiphanii liber iste, quem laudat, περὶ τῶν δώδεκα λίθων, sive de gemmis in Aaronis veste.

(*b*) S. Isidorus Originum lib. 19. cap. 21. *Octo sunt in Lege genera sacerdotalium vestimentorum,* etc., quae ex hac Hieronymi epistola exscripsit.

Levitico de septem tantum scriptum est (*Levit.* 8) ; et refertur quomodo Moyses fratrem suum Aaron illis induerit : de solis feminalibus nihil dicitur, hac (ut arbitror) causa , quod ad genitalia nostra et verenda lex non mittit manum, sed ipsi secretiora nostra et confusione digna tegere et velare debemus, et conscientiam puritatis feminum (*c*) Deo judici reservare. De ceteris virtutibus, verbi gratia, sapientia, fortitudine, justitia, temperantia, **372** humilitate, mansuetudine, liberalitate, possunt et alii judicare : pudicitiam sola [al. *solam*] novit conscientia , et humani oculi hujus rei certi judices esse non possunt : absque his qui passim in morem brutorum animalium libidini sunt expositi. Unde et apostolus : *De virginibus* , inquit , *praeceptum Domini non habeo* (1. *Cor.* 7. 25) : quasi Moyses loquatur : feminalibus ego non vestio, nec impono alicui necessitatem : qui vult Sacerdos esse, ipse se vestiat. O quantae virgines, et quantorum sperata pudicitia in die judicii dehonestabitur : quantorum infamata pudicitia a Deo judice coronabitur. Ipsi igitur assumamus feminalia : ipsi nostra verenda operiamus : non quaeramus alienos oculos. Ita tegantur genitalia, ut nullorum oculis pateant : ne quando intramus Sancta Sanctorum, si qua apparuerit turpitudo, morte moriamur.

23. Jam sermo finitur, et ad superiora retrahor. Tanta debet esse scientia et eruditio Pontificis Dei, ut et gressus ejus, et motus, et universa vocalia sint. Veritatem mente concipiat, et toto eam habitu resonet et ornatu : ut quidquid agit, quidquid loquitur, sit doctrina populorum. Absque tintinnabulis enim et diversis coloribus, et gemmis floribusque virtutum, nec Sancta ingredi potest, nec nomen Antistitis possidere. Haec ad unam lucubratiunculam cum jam funis solveretur a littore, et nautae crebrius inclamarent, propero sermone dictavi, quae memoria tenere poteram , et quae diuturna in Rationali pectoris mei lectione congesseram : satis intelligens magis me loquendi impetu, quam judicio scribentis fluere, et more torrentis turbidum proferre sermonem. Fertur in indice Septimii Tertulliani (*d*) liber de Aaron vestibus, qui interim usque ad hanc diem a me non est repertus. Si a vobis propter celebritatem Urbis fuerit inventus, quaeso ne meam stillam illius flumini comparetis. Non enim magnorum virorum ingeniis, sed meis sum viribus aestimandus.

373 EPISTOLA LXV (*a*).

AD PRINCIPIAM VIRGINEM, SIVE EXPLANATIO PSALMI XLIV.

Quadragesimum quartum Psalmum, cujus initium est, E*ructavit cor meum verbum bonum, in quo sponsi Christi, sponsaeque Ecclesiae epithalamium canitur, Principiae Romanae virgini, post defensum a calumniis se ac muliebrem sexum, quem in expositione Scripturarum maribus interdum praeferebat, interpretatur.*

1. Scio me, Principia, in Christo filia, a plerisque

(*c*) Martianaeus *ac seminum,* expuncta verissima lectione, *feminum,* quam reposuimus.
(*d*) Jamdiu ille Tertulliani liber intercidit, imo quod ab illo fuerit elucubratus, ex hoc ferme uno Hieron. testimonio discimus.
(*e*) *d.* 140. *Scripta circ. medium anni* 397.

reprehendi, quod interdum scribam ad mulieres, et fragiliorem sexum maribus præferam. Et idcirco debeo primum obtrectatoribus meis respondere, et sic venire ad disputatiunculam, quam rogasti. Si viri de Scripturis quærerent, mulieribus non loquerer. Si Barac ire ad prælium voluisset, Debbora de victis hostibus non triumphasset (*Jud.* 5). Jeremias carcere clauditur (*Jer.* 36), et quia periturus Israel virum non receperat prophetantem, Olda eis mulier suscitatur (4. *Reg.* 22). Sacerdotes et Pharisæi crucifigunt Filium Dei (*Matth.* 27), et Maria Magdalene plorat ad crucem, unguenta parat, quærit in tumulo (*Marc.* 16), hortulanum interrogat, Dominum recognoscit (*Joan.* 2), pergit ad Apostolos, repertum nuntiat. Illi dubitant, ista confidit. Vere (*a*) πυργίτις, vere turris candoris et Libani, quæ prospicit faciem Damasci (*Cant.* 7), sanguinem videlicet Salvatoris ad sacci pœnitentiam provocantem. Defecerant Saræ muliebria, et ideo Abraham ei subjicitur, et dicitur ad eum: *Omnia quæ dicit tibi Sara, audi vocem ejus* (*Gen.* 18). Illi defecerant muliebria, tu nunquam habuisti muliebria. Sexus devoratur a virgine, Christum portat in corpore. Jam possidet quod futura est. Rebecca pergit ad interrogandum Deum: et sua responsione condigna audit oracula: *Duæ gentes in utero tuo, et duo populi de ventre tuo dividentur* (*Gen.* 25. 23). Illa duos generat dissidentes: tu unum quotidie concipis, parturis, **374** generas, (*b*) unione fecundum, majestate multiplicem, trinitate concordem. Maria soror Moysi, victorias Domini canit (*Exod.* 15), et Rachel Bethleem nostram atque Ephratham stirpe nominis sui signat in posteros (*Gen.* 35). Filiæ Salphaad hæreditatem inter fratres merentur accipere (*Num.* 27). Ruth et Esther et Judith tantæ gloriæ sunt, ut sacris voluminibus nomina indiderint. Anna Prophetissa generat filium Levitam, Prophetam, Judicem, sacro crine venerabilem, et offert eum in tabernaculo Dei (1. *Reg.* 1. 2). Thecuites mulier, regem David interrogatione concludit, ænigmate docet, exemplo Dei mitigat (2. *Reg.* 14). Legimus et aliam sapientem feminam, quæ cum obsideretur civitas, et propter (*c*) unum perduellem, dux exercitus Joab muros ariete quateret, locuta est ad populum in sapientia sua, et tantæ multitudinis periculum, muliebri auctoritate sedavit (3. *Reg.* 10). Quid loquar de regina Saba (*Ibid.*), quæ venit a finibus terræ audire sapientiam Salomonis, et testimonio Domini condemnatura est omnes viros Jerusalem? Elisabeth utero prophetat et voce (*Matth.* 2). Anna filia Phanuelis in templo, templum efficitur Dei, et quotidiano jejunio, cœlestem invenit panem (*Luc.* 1). Sequuntur mulieres Salvatorem, et ministrant ei de substantia sua (*Ibid.* 2).

Ille qui de quinque panibus, quinque millia hominum, exceptis mulieribus et parvulis, aluit, escas sanctarum mulierum non recusat accipere. Cum Samaritana loquitur ad puteum, et saturatus conversione credentis, cibos qui coempti fuerant negligit. (*d*) Apollo virum Apostolicum et in lege doctissimum, Aquila et Priscilla erudiunt, et instruunt eum de via Domini (*Act.* 18. 25). Si doceri a femina non fuit turpe Apostolo, mihi quare turpe sit post viros docere et feminas?

2. Hæc et istiusmodi, σεμνοτάτη filia, perstrinxi breviter, ut nec te pœniteret sexus tui, nec viros nomen suum erigeret: in quorum condemnationem, feminarum in Scripturis sanctis vita laudatur. Gaudeo, et veluti quodam tripudio effertur animus meus, cum in Babylone invenitur Daniel, Ananias, Azarias, Misael. O quam multi sunt **375** (*e*) senes et Judices Israel, quos rex Babylonius frigit in sartagine sua. Quam multæ Susannæ, quod interpretatur *lilium*, quæ candore pudicitiæ sponso serta componunt, et coronam spineam mutant in gloriam triumphantis. Habes ibi in studio Scripturarum, et in sanctimonia mentis et corporis Marcellam et Asellam: quarum altera te per prata virentia, et varios divinorum Voluminum flores ducat ad eum qui dicit in Cantico: *Ego flos campi, et lilium convallium* (*Cant.* 2. 1); altera ipsa flos Domini tecum mereatur audire: *Ut lilium in medio spinarum, sic proxima mea in medio filiarum* (*Ibid.* 2). Et quia de floribus et liliis loqui cœpimus, semperque virginitas floribus comparatur, opportunum mihi videtur, ut ad florem Christi scribens, de multis floribus disputem.

3. Quadragesimum quartum Psalmum legens in titulo reperi: *In finem pro his qui commutabuntur, filiorum Core (f) intelligentiæ, Canticum pro dilecto*: in Hebraico scriptum est, LAMANASSE AL SOSANNIM LABNE CORE MESCHIL SIR IDIDOTH: quod nos in Latinum vertimus; *Victori pro liliis filiorum Core, eruditionis (g) Canticum amantissimi.* Symmachus more suo manifestius, *triumphum pro floribus* interpretatus est. Igitur SOSANNIM, vel, *pro his qui commutandi sunt*, vel in lilia transfertur et *flores*: MESCHIL quoque et *erudi-*

(*a*) Id est *turrensis* a turre, sicut a monte montanus ut mavult ipse Hier. in libro Nominum. Iterum eleganter ludit in Damasci nomine, quod *sanguinem sacci* significat.

(*b*) Quod nimirum sui *vitiate* sive *singularitate* fecundus sit; hoc enim sensu *unionis* voce utitur tum alibi, tum præcipue in epistola 22. num. 19. ad Eustochium de Virginitate, ut eo in loco fusius explicatum est.

(*c*) Intellige Sibam filium Bochri, cujus e secundo Regum libro notissima historia est.

(*d*) Unde sumptum exemplum esset, minime alii animadverterunt. Vere tamen supposititius Hieron. in Epistol. ad Rom. cap. 16. *In ministerio*, inquit, *verbi privatim docuisse feminas invenimus, sicut Priscillam, cujus vir Aquila vocabatur.*

(*e*) Eodem sensu dixit in epist. 54. n. 10. ad Futiam, tres pueros *necdum ad sartaginem venisse, in qua rex Babylonius senes judices frixit*. Scilicet qui Susannam deperibant, senes Judices, de nomine Achabum, et Sedechiam, ut Hebræi opinantur, Jeremias tradit a Rege Babylonis frixos in sartagine, etsi Daniel lapidatos fuisse dicat.

(*f*) Martian. ex aliis Mss. maluit *intelligentia* in recto; sed potior visa est vetus lectio, cui præcipue suffragatur, quod aliæ Latinæ antiquæ versiones legunt, *ad intellectum*. Hebraica porro elementa, quæ veteres Editores ex Massoretharum ingenio legunt, Benedictinus non uno in loco, forte operarum incuria depravat isthæc sunt, למנצח על־ששנים

לבני קרח משכיל שיר ידידת

(*g*) Quidam Mss. *canticum amantissimum*: Symmachus autem proprie *triumphale pro floribus* transtulit: ἐπινίκιος ὑπὲρ τῶν ἀνθέων, non triumphum.

tionem et *doctissimum* sonat : SIR, *canticum* : IDIDIA antiquum Salomonis est nomen, quia alio sensu *pacificus* appellatur. Quatuor autem Psalmi, licet in posteriori titulorum parte dissentiant, hoc principio prænotantur, quadragesimus quartus, quinquagesimus nonus, sexagesimus octavus, septuagesimus nonus : e quibus duo medii inscribuntur, *David* ; primus et novissimus, *Filiorum Core et Asaph*. De cunctis dicere non est hujus temporis, quem cœpimus, explicemus.

4. Recte, qui in sæculorum fine mutandi sunt, de quibus Apostolus loquitur : *Omnes dormiemus*, *sed non omnes immutabimur* (1.Cor.15. 51), referuntur ad finem. Et hoc ipsum mysterium lectorem præparat ad intelligentiam spiritalem. Ubi enim **376** simplex et apertus est sensus, quid necesse est audientem intelligentiæ præmoneri, et dici ad eum, *Qui habet aures audiendi*, *audiat* ? (*Matth.* 13) Canticum quoque canitur carissimo atque dilecto, quia propter illum veniet sanctis promissa mutatio. Quæ quidem et in hac vita intelligi potest, quando exuimur veteri homine, et induimur novo, qui renovatur in cognitione secundum imaginem Creatoris, et gloriam Domini contemplantes, in eamdem imaginem transformamur quasi a gloria in gloriam. Nec est tempus ullum quo non mutetur Sanctus, præteritorum obliviscens et in futurum se extendens, cum interior noster homo renovetur de die in diem, et immutabilis Deus qui loquitur per prophetam : *Ego Deus*, *et non mutor* (*Malach.* 3. 6), propter nos mutaverit faciem suam, formamque servi acceperit, et de Judæa transmigrans ad Philistiim, qui interpretantur *poculo corruentes* (inebriati enim fuerant aureo calice Babylonis) primum derisus sit propter stultitiam crucis, deinde susceptus propter gloriam triumphorum. Carissimus autem ille est, de quo Isaias canit : *Cantabo Canticum dilecto vineæ meæ* (*Isai.* 5. 1) ; et Evangelium : *Hic est Filius meus dilectus*, *in quo mihi bene complacui*, *hunc audite* (*Matth.* 17. 5). Cui non unus Propheta, sed omnis chorus filiorum Core nunc laudes canit. Qui sint autem filii Core, id est, *Calvariæ*, in quadragesimo primo Psalmo (*a*) competentius disputatur. Et ut sciamus textum Cantici titulo convenire, mutationem de alio ad aliud dicit, ut filia cui præcipitur, ut antiqui parentis obliviscatur, regis se amplexibus paret. Victorem autem cum esse qui dicit : *Confidite*, *ego vici mundum* (*Joan.* 16. 33) ; et ad quem ista (*b*) adolescentis oratio est : *A te victoria*, *et sapientia*, *et gloria*, *et ego tuus servus* (3. *Esd.* 4. 59), profecto novit qui, Domino vincente, superavit, et est particeps triumphorum ejus, et qui immarcescibilem gloriæ coronam, de candore bonorum operum et de varietate virtutum texuit Salvatori.

5. *Eructavit cor meum verbum bonum*. **377** Pro quo interpretatus est Symmachus, (*c*) *Commotum est cor meum verbo bono* : indicans ad alterius sermonem cor dicentis esse commotum, et Spiritu Sancto futura Christi sacramenta pandente, etiam hunc in eloquium prorupisse : ut quemadmodum cæteri de adventu ejus locuti sunt, et iste loqueretur. Ructus autem proprie dicitur digestio cibi, et concoctarum escarum in ventum efflatio. Quomodo enim juxta qualitatem ciborum de stomacho ructus erumpit, et boni vel mali odoris flatus indicium est : ita interioris hominis cogitationes verba proferunt, et *ex abundantia cordis os loquitur* (*Matth.* 12). Justus comedens replet animam suam, cumque sacris doctrinis fuerit satiatus, de boni cordis thesauro profert ea quæ bona sunt, et cum Apostolo loquitur : *An experimentum quæritis ejus*, *qui in me loquitur Christus* ? (2. *Cor.* 13. 3) (1) Quidam ex persona Patris dictum intelligi volunt, quod ex imis vitalibus et cordis arcanis, Verbum suum quod in se erat semper, protulerit, juxta alterius Psalmi vaticinium : *Ex utero ante luciferum genui te* (*Ps.* 109. 3). Ut quomodo uterus non significat uterum (neque enim Deus dividitur in membra) sed eamdem substantiam Patris Filiique demonstrat ; sic cor et verbum quod profertur ex corde, Patrem ostendat et Filium. Et quod sequitur : *Dico ego opera mea regi* (*Ps.* 32. 9), illi aptant intelligentiæ : *Ipse dixit et facta sunt*, *ipse mandavit et creata sunt* (*Joan.* 14) : quod dicente Patre, operatus sit Filius. Omnia enim quæcumque Pater facit, eadem et Filium facere similiter, et Patrem manentem in eo operari cuncta per Filium.

6. « *Dico ego opera mea regi*. » Propheticus chorus Christi et Ecclesiæ sacramenta dicturus, ne carmine videatur indignus, et ob conscientiam peccatorum dicatur ei : « *Ut quid tu enarras justitias meas*, *et assumis testamentum meum per os tuum* ? » (*Ps.* 49. 16.) opera sua regi quem laudaturus est, confitetur, ut vel si bona sunt, ipse suscipiat, vel, si mala sunt, mundet ; faciique quod jussus est : « *Dic tu iniquitates tuas*, *ut justificeris* » (*Isai.* 43. 26). Et, « *Justus accusator sui est in principio sermonis* » (*Prov.* 18. 17). Idioma autem non solum Hebraicæ, sed et Latinæ linguæ est, pro syntagmatibus et scriptis opuscula dicere. Ergo et iste qui **378** laudes cantaturus est Domino, carmen suum et opusculum consecrat ei, et pro Musis gentilium, ipsum, invocat in principio, quem laudaturus est.

7. « *Lingua mea calamus scribæ*, *velociter scribentis*. » Pro quo nos interpretati sumus. « *Lingua mea stilus scribæ velocis*. » Extrema pars prologi est ; et cum præcedentibus junge quod sequitur : Eructavit cor meum in laudes Dei sermonem bonum

---

(*a*) Cave intelligas abs Hieronymo disputatum, sed eo in Psalmo de Filiis Core competentius dici.

(*b*) Mirum ex apocrypho Esdræ libro testimonium adduci ab Hieronymo, qui ab hujusmodi scriptis cum primis abhorrebat ; unde et alibi contra Vigilantium scribens, « *Proponis*, » inquit, « *mihi librum apocryphum*, *qui sub Esdræ nomine a te et similibus tuis legitur*, » et paulo post, « *Quid necesse est in manus sumere quod Ecclesia non recipit* ?»

(*c*) Græce in Hexaplis ἐξηνέγθη ἡ καρδία μοῦ λόγῳ ἀγαθῷ

(1) Illorum sententiam jamdiu antea respuerat Origenes hac de causa. Εἰ γὰρ τῷ υἱῷ ὁ πατὴρ ἀπήγγειλεν, εὑρεθήσεται ἀγνοῶν ὁ υἱὸς καὶ τῶν ἔργων μεταγενέστερος. « Nam si Pater hæc Filio annuntiaret, inscius eorum, et operibus posterior, Filius inveniretur. »

et opuscula mea quibus eum prædicaturus sum, ipsi potissimum consecravi. Debeo ergo et linguam meam quasi stilum et calamum præparare, ut per illam in corde et auribus audientium scribat Spiritus Sanctus. Meum enim est quasi organum præbere linguam: illius quasi per organum sonare quæ sua sunt. Stilus scribit in cera: calamus vel in charta vel in membranis, aut in quacumque materia quæ apta est ad scribendum. Mea autem lingua in similitudinem scribæ velocis, quem notarium possumus intelligere, quodam signorum compendio, breviatum Evangelii strictumque sermonem exaravit in tabulis cordis carnalibus. Si enim Lex per manum Mediatoris digito Dei scripta est, et quod destructum est, glorificatum est: quanto magis Evangelium, quod mansurum est, per meam linguam scribetur a Spiritu Sancto: ut illius laudes, ad quem in Isaia dicitur, « Velociter spolia detrahe, cito prædare (*Isai.* 8. 1), velox in corde credentium sermo describat.

8. « Speciosus forma præ filiis hominum. » In Hebraico: « Decore pulchrior es filiis hominum. » Finito procemio, (*a*) hinc narrationis exordium est, et fit apostropha ad ipsum amantissimum, et dilectum et regem, cui dicentis opera consecrata sunt. Quæritur autem quomodo pulchrior sit cunctis filiis hominum, de quo legimus in Isaia : « Vidimus eum, et non habebat speciem neque decorem, sed erat species ejus inhonorata et deficiens a filiis hominum. Homo in plaga positus, et sciens ferre infirmitatem, quia avertit faciem suam » (*Isai.* 53. 2. *et seqq.*). Nec statim scriptura dissonare (*b*) videatur: quia ibi ignobilitas corporis propter flagella et sputa et alapas et clavos, et injurias patibuli, commemoratur: hic pulchritudo virtutum in sacro et venerando corpore. Non quo divinitas Christi hominibus **379** comparata (*c*) formosior sit; hæc enim non habet comparationem: sed absque passionibus crucis, universis pulchrior est. Virgo de virgine, qui non ex voluntate viri, sed ex Deo natus est. Nisi enim habuisset et in vultu quiddam oculisque sidereum, nunquam eum statim secuti fuissent Apostoli, nec qui ad comprehendendum eum venerant, corruissent (*Joan.* 18). Denique et in præsenti testimonio, in quo ait. « Homo in plaga positus et sciens ferre infirmitatem, » reddit causas quare ista perpessus sit. « Quia avertit faciem suam, » id est, paululum divinitate subtracta,

(*a*) Transtulit ex Eusebio, qui in Commentariis testatur superiore procemio a vetustioribus interpretibus sic flatio, fieri ἀπὸ ἑτέρας ἀρχῆς τῆν ἔκθεσιν, id est *ex alio principio expositionem*, subditque suimet exemplum, *unde*, ait *congruenter nos quoque illud*, Speciosus forma præ filiis hominum, *ab alio initio duximus.*

(*b*) Antea erat *videtur*; sed hujusmodi paragrammata, quorum Lectorem admonere non est opere pretium, taciti sæpe emendamus.

(*c*) Editi ante Martianæum, *non formosior*, quæ negandi particula sensum nihil immutat, imo clariorem facit, quidquid videatur Benedictino interpreti, qui primus expunxit quorumdam ope Mss. Hunc porro locum de præstantia Christi forma confer cum alio in c. 9. Matthæi, unde colligas non existimasse Hieronymum fulgorem et sidereum istud corporis Christi decus fuisse perpetuum, sed ad aliquod tempus tantum, cum nempe vellet ipse homines ad se allicere, vel terrere, vel in Dei admirationem rapere, ut in Transfigurationis mysterio, aliisque factum est.

corpus injuriæ dereliquit. Quidam hunc versiculum superioribus copulant, ut speciosus forma præ filiis hominum, non ad Christum, sed ad calamum referatur.

9. « Effusa est gratia in labiis tuis, propterea benedixit te Deus in æternum. » In Editione Vulgata pro benedixit, *unxit* legimus. Sed sciendum quod error scriptorum Septuaginta Translatoribus non debeat imputari, qui hoc loco cum Hebraica Veritate concordant. Legentes illud, « Jesu proficiebat ætate et sapientia et gratia apud Deum et homines » (*Luc.* 2. 52): Et in alio loco: « Admirabantur super verbis gratiæ ejus quæ egrediebantur de ore illius » (*Matth.* 7. 16): Et quod « In potestate habebat sermonem » (*Marc.* 6. 7); intelligere possumus, quo sensu dictum sit: « Effusa est gratia in labiis tuis. » Noe invenit gratiam coram Domino in diebus suis, et Moyses, et reliqui Prophetarum. Sed omnis gratiæ multitudo in labiis Salvatoris effusa est, quæ in brevi tempore totum implevit orbem. Et ipse tanquam sponsus processit de thalamo suo. « A summo cœlo egressio ejus, et occursus illius usque ad summum ejus » (*Ps.* 18). Nam et sancta Maria, quia conceperat eum, in quo omnis plenitudo divinitatis habitat corporaliter, plena gratia salutatur (*Luc.* 1). Et Apostolus sciens prædicationem suam, non in eloquentia sæculari, sed in virtute Dei, omnes mundi superasse doctrinas, ait: « Et sermo meus et prædicatio mea, non in persuasibilibus humanæ sapientiæ verbis, sed in ostensione spiritus et virtutis: ut sit fides nostra non in sapientia hominum, sed in virtute Dei » **380** (1. *Thess.* 1. 5). Seque ipsum reprehendens, quia dixerat: « Amplius autem omnibus laboravi: » statim intulit: « Non autem ego, sed gratia Dei, quæ mecum est. » Et rursum: « Quia gratia ejus qui in me est, non fuit vacua » (1. *Cor.* 15. 10). Proprie autem in Salvatorem verbum effusionis adjungitur, ut significet gratiæ largitatem, secundum illud: « Effundam de spiritu meo super omnem carnem » (*Joel.* 2. 28). Et, « caritas Dei diffusa est in cordibus nostris » (*Rom.* 5. 5). Et nota quod omnium quæ dicuntur, intelligentiam ad personam referat, qui assumptus ex Maria est: quod propter gratiam labiorum in æternum benedictus esse dicatur: tale quid et Apostolo prædicante: « Humiliavit se, factus obediens usque ad mortem, mortem autem crucis. Propter quod et Deus illum exaltavit: et dedit illi nomen super omne nomen » (*Philipp.* 2. 8). Sicut enim ibi forma servi, passionis injuria est: et exaltatio nominisque donatio ad Patrem redit; ita hic effusio gratiæ et benedictionis in sempiternum, ad eum referenda est, qui potest humiliari, et crescere.

10. « Accingere gladio tuo super femur tuum, potentissime: Specie tua, et pulchritudine tua. » In Hebræo: « Accingere gladio tuo super femur (*d*) tuum, fortissime. Gloria tua et decore tuo. » Istum

(*d*) At illud *tuum* heic loci neque Hebr. textus, neque ipsa Hieronymiana versio habet.

arbitror te locum optime intelligere, accinctam Christi gladio militare. Ut autem scias semper (1) virginitatem gladium habere pudicitiæ, per quem truncat opera carnis, et superat voluptates; Gentilis quoque error Deas virgines finxit armatas. Accinxit et Petrus lumbos suos, et ardentem lucernam habuit in manibus suis. Quod autem femur significet opera nuptiarum, his breviter exemplis doceberis. Abraham mittens ad uxorem quærendam filio suo Isaac, dicit Majori domus suæ. « Pone manum tuam super femore meo, et adjurabo te per Dominum Deum cœli » (*Gen.* 24. 2). Non dubium quin per eum qui de ejus semine erat nasciturus. Jacob postquam luctatus est cum homine, qui ei apparuerat ad torrentem Jaboc, Mesopotamia derelicta, et terram Repromissionis ingrediens, non ante Israel sortitus est nomen, quam nervus femoris ejus emarcuit. Et ad filium : «Non deficiet princeps ex Juda, neque dux de femoribus **381** ejus » (*Gen.* 49. 50). Et rursum ipse moriturus, Joseph adjurat in femore suo, ne eum in Ægypto sepeliat. In Judicum quoque libro legimus : « Gedeoni erant filii septuaginta, qui egressi sunt de femoribus ejus » (*Judic.* 8. 30). In Cantico Canticorum dicitur, « Ecce lectulus Salomonis, sexaginta potentes in circuitu ejus de potentibus Israel, omnes tenentes gladios, docti ad bellum, vir et gladius ejus super femur ejus » (*Cant.* 3. 7. et 8). Gloria ergo et decore suo, sive specie et pulchritudine divinitatis suæ, carnis opera mortificans; et natus ex virgine, futuris virginibus virginitatis princeps fuit.

11. « Et intende prospere, procede et regna. Propter veritatem et mansuetudinem et justitiam ; et deducet te mirabiliter dextera tua. » In Hebræo : « Decore tuo prospere ascende : propter veritatem et mansuetudinem justitiæ, (a) et deducet te mirabiliter dextera tua. » Secundo scriptum est apud Hebræos, *decore tuo*, ne quis idipsum vitio librariorum repetitum putet. Et est figura quæ apud Rhetores, Repetitio nominatur. More ergo Panegyrici, quo laudatores loquuntur ad eos quos præconiis efferunt, armatum cohortatur ad prælium : ut semel arrepta bella non deserat, et super hostium strages victor incedens, præparet sibi regnum in his, quos de diaboli eripiens potestate, suo copulavit imperio ; et dicat : *Ego autem constitutus sum rex ab eo super Sion montem sanctum ejus* (*Psal.* 2. 6). Nullique dubium, veritatem, et modestiam, et justitiam, Christum appellari, qui dicit, *Ego sum via, veritas, et vita* (*Joan.* 14. 6). Et, *Discite a me, quia mitis sum, et humilis corde* (*Matth.* 11. 29). Et, *Qui factus est nobis a Deo justitia, et redemptio, et sanctitas* (1. *Cor.* 1. 36). Hæc autem universa dicuntur in corpore, ut exigantur in membris. Victoria Domini, servorum triumphus est. Magistri eruditio, discipulorum profectus. Et quod sequitur, *Deducet te mirabiliter dextera tua*, aut de signis quæ in Evangelio perpetravit aut τροπικῶς de cæde, quam exercuit in hostibus, sentiendum est. *Cor sapientis in dextera, et cor stulti in sinistra ejus.* Christus totus in dextris est : Antichristus **382** in sinistris. Hebraica interpretatio distat in verbis, non distat in sensu.

12. *Sagittæ tuæ acutæ (b) potentissime, populi sub te cadent in corda inimicorum regis.* In Hebraico, absque *potentissime*, reliqua similiter. Et hic versiculus tibi potissimum aptus est, quæ jaculo Domini vulnerata, cum sponsa in Cantico canis *Vulnerata caritate ego sum* (*Cant.* 2. 5). Nec mirum, si sponsus tuus habeat plures sagittas, de quibus in centesimo decimo nono Psalmo dicitur : *Sagittæ potentis acutæ cum carbonibus desolatoriis ;* cum Patris ipse sit jaculum, et loquatur in Isaia : *Posuit me quasi sagittam electam, in pharetra sua abscondit me* (*Isai.* 49. 2). His sagittis et Cleophas in itinere cum altero vulneratus aiebat, *Nonne cor nostrum ardens erat in nobis, dum loqueretur in via, et aperiret nobis Scripturas?* (*Luc.* 24. 39) Et in alio loco legimus : *Sicut sagittæ in manu potentis, ita filii excussorum* (*Ps.* 126. 4). His sagittis totus orbis vulneratus et captus est. (2) Paulus sagitta fuit Domini, qui postquam ab Jerosolymis usque ad Illyricum missus arcu Domini, huc illucque volitavit, ad Hispanias ire festinat : ut velox sagitta sub pedibus Domini sui, orientem occidentemque prosternat. Et quia plures sunt potentissimi regis inimici, qui vulnerati fuerant ignitis sagittis diaboli, et quasi cervus spiculo percussi in jecore ; sagittæ Domini mittuntur igniate cum carbonibus desolatoriis, ut quidquid vitii in corde inimicorum regis fuerit, excoquant, et salutari igne ignem ejiciant perditorem.

13. « *Sedes tua Deus in sæculum sæculi*, virga directionis, virga regni tui. Dilexisti justitiam, et odisti iniquitatem, propterea unxit te Deus, Deus tuus, oleo lætitiæ præ consortibus tuis. » In Hebraico : « Thronus tuus (c) Deus in sæculum (d) et in æternum :

(a) Ipse vero transtulit, *et docebit te terribilia*, quæ Hebræis ותורך נוראות apprime respondent, secus isthæc impressa, *et deducet te mirabiliter*, quæ ex Græcis, sive ex veteri Latina interpretatione huc irrepsisse facile credam.

[1] Hæc quoque S. Pater ex Origene delibasse videatur, cujus inter cætera hæc sunt : ἀγγέλα βίον λόγος, ἀναιρῶν τὰ πάθη, περιβέβληται ῥομφαίαν λέγεται ἐπὶ τὸ μάχεσθαι αὐτοῦ. Πρῶτος δὲ Ἰησοῦς τοῦτο ἐποίησεν, etc. « Casta vivendi ratio, qua malos effectus e medio tollit, gladium accingere dicitur super femur suum. Primus autem hoc fecit Jesus, » etc.

(b) Quidam *potentissime* legunt atque interpretantur : Græcus tamen δυνατέ. Utut sit, ex superiori versiculo, *accingere*, etc., illud *potentissime*, hoc loco intrusum, in Epist. ad Suniam et Fretell. docet. Mox pro *in corda*, malim *in corde*, sit enim et Græcus ἐν καρδίᾳ, et qui illi Hieronymi testimonio concinit, Hebræus בלב.

(c) Quod mox Aquilam fecisse tradit S. Doctor, ut prius Dei nomen, Θεὲ scriberet pro Θεός, a se quoque factum statim profitetur, ut *propter intelligentiam*, *Dee*, poneret. Non igitur satis bene, et ad Hieron. mentem, quanquam cum libris omnibus legimus heic loci, *Deus*, pro quo *Dee*, etsi minus latine scriptum fuerit. Sed abs que Mss. ope nobis immutare non licet, maxime cum in ipsa versione cum vocandi casus nota dixisse Hieron. videatur, *o Deus.*

(d) Legebatur antea *in sæculum sæculi*, renitentibus Mss. magno numero tum hujus epistolæ tum etiam Psalterii ex Hebraico, ubi quemadmodum reposuimus, est *in sæculum et in æternum* ex לעולם ועד, quas voces etiam in postremo hujus Psalmi versu, ad epistolæ finem ad eumdem modum interpretatur.

(2) Atque heic Origenem imitatur qui τοῦ ἱκανῶς προσέχοντος ὑπὲρ ἀληθείας, καὶ δυνατῶς τὰ ψεύδος καταιροῦντος, « ejus qui sufficienter pro veritate concionatur, et potenter redargui falsitatem, » rationabiles exacutas sagittas interpretatur

sceptrum æquitatis, sceptrum regni tui. Dilexisti justitiam, et odisti iniquitatem : propterea unxit te Deus, Deus tuus oleo exsultationis præ participibus tuis. » Duas personas, ejus qui unctus est Dei, et qui unxit, intellige. Unde et Aquila ΕΛΩΙΜ verbum Hebraicum, non nominativo casu, sed vocativo interpretatur, dicens Θεέ, et nos propter intelligentiam (*a*) *Dee* posuimus, quod Latina lingua non recipit ; ne quis perverse putet Deum dilecti et amantissimi et regis bis Patrem nominari. Quanquam enim Pater in Filio, et Filius in Patre, et alterutrum sibi et habitator et thronus sint : tamen in hoc loco ad regem, qui Deus est, sermo dirigitur ; et dicitur ei quod imperium ejus (hoc enim intelligo, *thronum*, juxta illud quod scriptum est : *De fructu ventris tui ponam super thronum tuum* (*Ps*. 151. 11) finem non habeat. Quod quidem et Mariæ nuntiavit Angelus : « Dabit ei Dominus Deus thronum David patris sui, et regnabit super domum Jacob in sæcula, et regni ejus non erit finis» (*Luc*. 1. 32). Nec putemus hoc illi esse contrarium, quod Apostolus scribens ad Corinthios ait , Filium Deo traditurum regnum, et subjiciendum ei qui sibi subjecit omnia : *ut sit Deus omnia in omnibus* (1. *Cor.* 15). Non enim dixit, tradet Patri, ut videretur separare Filium, sed tradet Deo, hoc est, habitanti in assumptione corporis Deo : *ut sit Deus omnia in omnibus* : et Christus, qui ante per paucas virtutes erat in singulis, per omnes in omnibus commoretur. Sceptrum autem et virgam insigne esse regnantis , ipse Propheta significat, dicens : *Sceptrum æquitatis*, *sceptrum regni tui* (*Isai.* 11. 1). Quidam de Isaia testimonium proferentes : *Exiet virga de radice Jesse*, *et flos de radice ejus ascendet*, hominem qui est assumptus, intelligunt, cui et deferatur imperium, et qui propter dilectam justitiam et exosam iniquitatem regnare dicatur, et unctus esse oleo exsultationis præ participibus suis : quasi præmium caritatis, et odii [*al.* *odium*] iniquitatis in unctione sumpturus. Docemur autem in utraque parte et amoris et odii esse in nobis semina, cum ipse qui primitias massæ nostrorum corporum levavit ad cœlos, et justitiam dilexerit, et oderit iniquitatem. Unde David : *Nonne odientes te*, *Domine*, *oderam*, *et super inimicos tuos tabescebam? perfecto odio oderam illos* (*Ps.* 138. 21). Quod sequitur; *Unxit te Deus*, *Deus tuus*. Primum nomen Dei vocativo casu intelligendum est, sequens nominativo. Quod satis miror, cur Aquila non ut cœperat in primo versiculo, vocativo casu interpretatus sit, sed nominativo. bis nominans Deum qui supradictum unxerit Deum. In hoc loco Photinus opprimitur, sed Arrius caput levat, de Evangelio proferens testimonium : « Ascendo ad Patrem meum et Patrem vestrum, Deum meum et Deum vestrum » (*Joan*. 20. 17). Sed cum dilectum audiat eum, accinctum gladio super femur, et regnare propter veritatem et mansuetudinem, ungi ob dilectam justitiam et exosam iniquitatem, et unctum esse præ consortibus suis, de quibus scriptum est : « Participes Christi facti sumus, si tamen principium substantiæ usque ad finem firmum retineamus » (*Hebr*. 3. 14) ; miror cur (*b*) solum Deum Dei ad calumniam vocet, quasi universa quæ dicta sunt, divinitati Verbi et non humilitati hominis conveniant. Audiat Actus Apostolorum : « Jesum Nazarenum , quem unxit Deus Spiritu sancto » (*Act*. 10. 38). Audiat Evangelium : « Spiritus sanctus veniet super te, et virtus Altissimi obrumbrabit tibi : propterea quod nascetur ex te sanctum, vocabitur Filius Dei » (*Luc*. 1. 35). Ipsum Dominum sentiat intonantem : « Spiritus Domini super me, eo quod unxerit me » (*Isai*. 61. 1). Participes autem Apostolos credentesque significat ; quibus unctionis suæ vocabulum tribuit, ut ab uncto vocentur uncti, id est, a Christo Christiani.

14. « Myrrha et gutta et casia a vestimentis tuis a domibus eburneis, ex quibus delectaverunt te filiæ regum in honore tuo. » In Hebraico, « Myrrha et stacte et casia in cunctis vestimentis tuis de domibus eburneis, quibus lætificaverunt te filiæ regum in honore tuo. » Præfatio ipsa te docuit, idcirco me hunc Psalmum explanare voluisse, quia ad virginem scribens, *pro liliis* et floribus titulum reperi. Itaque consequenter et istos versiculos ad te referam, cui volumen hoc scribitur. Mortificasti membra tua super terram, et quotidie Christo offers myrrham. Christi bonus odor es, et propterea *stacten* , id est , *stillam* vel *guttam* exhibes Domino. Narrant et hi qui aromatum novere virtutes, stacten florem esse myrrhæ. Quod autem sequitur *casia*, est ipsa quæ ab aliis σύριγξ id est, *fistula* nuncupatur, vocalis in laudes Dei, et omnes pituitas et rheumata voluptatum suo calore excoquens. Ubi in nostris codicibus scriptum est , *gutta*, vel *stacte*, in Hebraico ΗΑΛΟΤΗ legitur. Unde et Nicodemus centum libras myrrhæ et aloes ad sepeliendum Dominum præparavit. Et sponsus loquitur ad sponsam : *Myrrha et aloe cum omnibus unguentis primis* (*Cant.* 4). Et illa respondet : *Manus meæ distillaverunt myrrham ; digiti mei myrrha pleni* (*Ibid*. 5. 5). Projice et tu mortis opera. Christo in baptismate consepulta, et huic mundo mortua esto, et nihil aliud nisi de cœlestibus cogitans, loquere ad sponsum tuum : *Manus meæ stillaverunt myrrham ; digiti mei myrrha pleni*. Legimus et unguentum sacerdotale, cujus et David meminit : *Sicut unguentum in capite, quod descendit in barbam, barbam Aaron, quod descendit in oram vestimenti ejus* (*Ps*. 132. 2). In quo cum cæteris aromatibus miscetur et stacte. Offerunt et Magi myrrham. Et in præsenti loco , initium vestimentorum Christi est suscipere mortem illius, et in sua carne monstrare. Hæc indumenta para sponso tuo : his a te vestibus comptus incedat. Cumque ei

---

(*a*) Quod explicare e Mss. non licet, ex ingenio nolumus. Sed integrior certe erit sensus, et qui magis Hieronymum doceat, si legas, « nos propter intelligentiam, o Deus, non *Dee* posuimus , quod Latina lingua non recipit. « Conjecturis proferendis locum ipsi præbent Mss. in quibus tum vox *Dee* desideratur , tum alia veterum exscriptorum vitia ingruerunt. Recole superiorem adnotationem *c*.

(*b*) Quidam Mss. quibus vetustissima editio concinit , « miror cur solium Domini Dei ad calumniam vocet , quasi verba, « Sedes tua, vel Thronus tuus Deus in sæculum sæculi,» Arrius prætenderet, atque in hæresin suam traheret.

hujuscemodi texueris vestimenta, efficieris ipsa templum Dei, et lætificabis eum *de domibus eburneis*, sive ut melius in Hebraico scribitur, *de templo dentium*; et laudes Domino canes, totaque sæculo mortua, Angelorum imitaberis choros. Ebur enim et dentes, insigne esse mortis et vocis ipsa nominum natura testatur. Et consequenter adjunctum est : *Ex quibus delectaverunt te filiæ regum in honore tuo.* Rex regum et Dominus dominantium sponsus tuus est. (1) Reges isti qui sub tanto rege sunt reguli, patres tui sunt, qui te Evangelica genuere doctrina. Horum tu filia, honorificas in omnibus vestimentis et odoribus bonis et templo eburneo eum, cui supra dictum est : *Effusa est gratia in labiis tuis;* Et : *Accingere* **386** *gladio tuo super femur tuum potentissime;* Et, *Sagittæ tuæ acutæ;* Et, *Thronus tuus Deus in sæculum sæculi.* Pro eo quod nos transtulimus *domibus eburneis*, quia in Græco scriptum est ἀπὸ βάρεων ἐλεφαντίνων quidam Latinorum ob verbi ambiguitatem, *a gravibus* interpretati sunt, cum (*a*) βάρις verbum sit ἐπιχώριον Palæstinæ : et usque hodie domus ex omni parte conclusæ, et in modum ædificatæ turrium ac mœnium publicorum, βάρεις appellentur.

15. « Astitit regina a dextris tuis in vestitu deaurato;» quodque sequimur: «circumdata varietate», excepta Editione Vulgata, nullus interpretum transtulit. In Hebraico, « Stetit conjux in dextra tua in diademate aureo. » Ubi nos *conjugem* vertimus, ibi apud Hebræos legitur SEGAL. Pro quo Aquila (*b*) σύγκοιτον, id est, *concubinam* : Symmachus et Quinta Editio παλλακὴν, id est, *pellicem*, Septuaginta, Theodotion, et Sexta, *reginam* interpretati sunt. Deinde ubi ego posui, *in diademate aureo*, Symmachus transtulit, *in auro primo :* Aquila, Quinta et Sexta Editio, *in tinctura*, vel *in auro Ophir*. Quæ filiæ regum sunt, et in sponsi parantur amplexus, per myrrham et guttam et casiam et domos eburneas delectant eum, cujus thronus in sæculum sæculi est. Quæ autem jam super petram Christum stabili radice fundata est Catholica Eccle-

sia, una columba, perfecta et proxima stat a dextris; et nihil in se sinistrum habet. Stat in vestibus deauratis, de sermonibus Scripturarum ad sensum transiens, et cunctis plena virtutibus : sive ut nos transtulimus, *in diademate aureo.* Est enim regina, regnatque cum rege : cujus filias possumus intelligere, et in commune credentium animas, et proprie virginum choros. *Ophir* genus auri est, vel a loco Indiæ, vel a colore nomine indito. (*c*) Septem quippe apud Hebræos auri vocabula sunt. Uxorem quoque et concubinam intelligamus de cantico Salomonis, **387** quæ sine sponso suo vel marito dormire non potest.

16. « Audi, filia, et vide, et inclina aurem tuam, et obliviscere populum tuum et domum patris tui, et concupiscet rex decorem tuum : quoniam ipse est Dominus Deus tuus, et adorabunt eum » In Hebraico: «Audi, filia, et vide, et inclina aurem tuam, et obliviscere populi tui, et domus patris tui, et concupiscet rex decorem tuum ; quia ipse est Dominus tuus, et adora eum. » Hucusque per Prophetæ linguam, quam calamo scribenti velociter comparat, loquitur Spiritus Sanctus, ipsum regem, et bellatorem, et Deum, sponsumque compellans. Hinc persona Patris inducitur loquentis ad sponsam Filii sui, et cohortantis eam, ut veteris gentilitatis et idololatriæ errore contempto, primum his quæ dicantur attendat; et propter quod de alienigena filia nominetur; deinde videat vel ipsa quæ dicuntur, vel universam conditionem, ex visibilibus intelligens invisibilia, et ex creaturis sentiens Creatorem, et diligenter inclinet aurem suam, ut quæ dicuntur, memoriter teneat. Cumque audierit, viderit et inclinaverit aurem suam, totamque se doctrinæ tradiderit, et eorum intelligentiæ quæ dicuntur, obliviscatur primum populum suum : et cum Abraham de Chaldæa egrediens, relinquat terram nativitatis et cognationis suæ. Nemo dubitat patrem nostrum, antequam adoptaremur a Deo, fuisse diabolum, unde Salvator ait : « Vos ex patre diabolo (*d*) nati estis (*Joan.* 8. 44). Cum ergo, ait, antiqui patris fueris oblita, et talem te exhibueris, depositis pristinis sordibus, ut super fratruelem dealbata conscendas, et quam possit diligere Filius meus, tunc concupiscet rex decorem tuum. Et ne putes unum esse de turba, a quo amanda es, ipse est Rex tuus et Dominus tuus. Quia vero interdum qui reges et domini sunt, sunt quidem potestate reges et domini, tamen ejusdem naturæ, cujus sunt illi, in quos dominantur et regnant ; indico tibi quod et Deus tuus sit, et debeas adorare eum. Septuaginta **388** Interpretes non dixerunt, *et adorabis eum*, sed *adorabunt eum*, ut sit sensus : Iste qui te amaturus est, qui tuam pulchritudinem dilecturus, Deus est, et adorandus ab omnibus. Quod de Ecclesia ex gentibus congregata exposuimus,

---

(*a*) Verbum βάρις, quod ἐπιχώριον sive *vernaculum* Palæstinæ esse docet, quid significaret, alii antea interpretes non videntur assecuti, scribunt enim pari omnes vitio βαρὺς cum ψιλόν, quod est *grave*, et paulo post eodem sensu etiam plurium numero βαρεῖς. At Hieron. βάρις, et βάρεις scribi vult, non ut *grave* aliquid ; sed ut *magnæ domus* significentur. Scholia Græca apud Drusium βάρεις ἐπιχωρίως λέγονται παρὰ Σύροις αἱ μεγάλαι οἰκίαι. *Baris vulgo*, seu, *juxta loci idioma vocantur a Syris magna domus.* In singulari item numero tradit Josephus de Bello lib. 1. c. 6. βάρις appellatam fuisse turrim, quæ postea Antonia dicta est, φρούριον .... τάλαι μὲν βάρις ὀνομαζόμενον; proprie enim in modum turrium ædificatæ domus βάρεις appellabantur. Hebraice est בִּירָה *Birah*, tum 1. Paralip. XXIX. 1. ubi pro magnifico ædificio, seu templo sumitur, tum plurium numero בִּירָנִיוֹת 2. Paralip. XVII. 12. quod Vulgata vertit *domos ad instar turrium.* Sed verius Chaldæum nomen est, quod 2. Esd. 1. 1. Daniel. 8. 2. Esther 1. 2. atque alibi additum nonnisi *Susan* invenitur. *Susan-Birah* quod est *Susan arx*, vel *Regia*. Vid. Hieronymum in Amos cap. 1. 12. et cap. ultimo in Isaiam.

(*b*) Victorius σύγκοιτον, quemadmodum olim etiam Agellius legerat.

(1) Haud aliter Origenes qui Reges eos esse exponit sanctos discipulos, qui regnum cœlorum obtinuerunt, filias vero Regum τὰς ὑπ' αὐτῶν γεννωμένας κατ' ἀρετὴν ψυχὰς, *animas ab illis ad virtutes normam efformatas, seu generatas.* Regiam porro ipsam in vestitu deaurato Ecclesiam Catholicam Adamantius quoque interpretatur.

(*c*) Singula ex Drusio enumerat Martianæus, quem vide, si lubet, ad libri calcem : nos alibi accuratius explicabimus.

(*d*) Præter Mss. priorumque editionum fidem, S. quoque Cyprianus Tractatu de Oratione Dominica hanc apud Joan. lectionem asserit, quam proinde Victorius immutare, et vocem *nati* ad Vulgatæ exemplar expungere non debebat.

unusquisque ad seipsum referat, animamque credentis quod prioribus vitiis derelictis, adoptetur in filiam ; inclinet aurem suam, obliviscatur veteris conversationis : et cum (a) Apostolo dimittat mortuum patrem, et talem se præbeat, qui ametur a rege. Ipse est enim Dominus ejus, qui flectere debeat genu, et deposita superbia, jugum humilitatis assumere.

17. Interrogemus Judæos, quæ sit ista filia, ad quam loquitur Deus. Non dubito quin Synagogam respondeant. Et quomodo dicitur Synagogæ et Israelitico populo : « Dimitte populum tuum, et domum patris tui » ? Nunquid derelinquet gentem Hebræam, et Abraham antiquum patrem? Si dixerint de vocatione significari Abraham, qui [al. qua] Chaldæos reliquerit, quis est iste rex, qui amaturus est decorem Abraham? Certe alius est qui loquitur : Audi filia, et alius de quo loquitur : Concupiscet rex decorem tuum. Qui alius, non solum rex, sed et Dominus et Deus est, qui adorandus est.

18. « Filia Tyri, in muneribus vultum tuum deprecabuntur divites plebis. » In Hebræo est : » O filia fortissimi, in muneribus faciem tuam deprecabuntur divites populi. » Verbum Hebraicum sor, quod in Ezechiele juxta Septuaginta legimus, interpretari potest et *Tyrus*, et *tribulatio*, et *fortissimus*, sive *fortissima*, *et Silex*, id est, *lapis durissimus*. Unde in præsenti loco error ortus est (b) : Aquila enim, et Septuaginta, et Theodotion, et Quinta Editio, *Tyrum* interpretati sunt. Sexta verbum Hebraicum posuit *Sor* : Symmachus κραταιὰν id est, *fortissimam*. Nos idipsum ad Deum retulimus, ut illa, cui supra dixerat : *Audi filia, et vide*, filia *fortissimi* nuncupetur. Aut certe ipsa *fortissima* sit, quia imitata est fortem Patrem, cujus vultum in diversis muneribus deprecabuntur divites plebis. Divites in **389** cunctis operibus bonis et scientia; sive qui divites putantur in hoc sæculo, sapientes hujus mundi, et Philosophorum disciplinis eruditi ; vel quod melius est, qui antea divites fuerant, habentes eloquia Dei, et Testamenta, et Prophetas, id est, de populo Israel. Ut enim ante Salvatoris adventum, hi qui de Tyro erant, hoc est de populo gentium, et proselyti esse cupiebant, deprecabantur divitem populum Israel, et per eos introducebantur in Templum ; sic post adventum Domini, quicumque ex Israel credere voluerint (divites quondam familiaritate, et protectione Dei) venient ad filiam Tyri, et offerentes varia dona virtutum et confessionis in Christum, deprecabuntur eam, ut salutem quam perdiderunt in Judæa, inveniant in gentibus.

19. « Omnis gloria ejus filiæ regis ab intus, in fimbriis aureis circumamicta varietatibus. » In Hebræo : « Omnis gloria filiæ regis intrinsecus, fasciis aureis vestita est. » Pro eo quod in Septuaginta scriptum est ἔσωθεν, et nos vel « ab intus, » vel « intrinsecus » interpretati sumus ; in quibusdam exemplaribus invenitur (c) ESEBON, quod « cogitationes » sonat. Ex quo ostenditur, omnem gloriam Ecclesiæ, cui supra dictum est, « Audi filia, et vide, » Et, « O filia Tyri, » et nunc appellatur filia regis, esse intrinsecus, et in cogitationibus, id est, in interiori homine, et in circumcisione non manufacta, sed spiritu ; habente conscientiæ fiduciam apud Deum, et tota pulchritudine posita magis in sensuum nomine, quam in flore verborum. Quomodo autem in stamine, ex quo dependent fimbriæ, subtegmen intexitur, et tota vestimenti virtus in stamine est : ita in (d) variis sensibus Scripturarum, in quibus vestis Ecclesiæ omnis intexitur, miscentur aliqua de natura, de moribus, et hoc ipsum significat vestis Aaron auro, purpura, cocco, bysso, hiacynthoque contexta (*Exod.* 28. 39), quam fecerunt mulieres, quibus Deus ad texendum dedit sapientiam. Et ut intelligere possimus omnem ornatum filiæ **390** regis intrinsecus, ipsa loquitur in Cantico: « Introduxit me rex in cubiculum suum » (*Cant.* 1. 50. *Matth.* 6): in qua clauso ostio labiorum, Deum Patrem jubemur orare. In nono quoque Psalmo titulus inscribitur, « Pro absconditis filii. » Variam habuit et Joseph tunicam (*Gen.* 37), quam ei texuit mater Ecclesia. De his fimbriis Salvatoris αἱμορρόουσα unam tetigit ; et sanata est (*Matth.* 9. *Marc.* 6. *Luc.* 8). Quod autem in Hebraico scribitur, « fasciis aureis vestita est, » id ipsum significat quod supra : « Omnis gloria filiæ regis intrinsecus ; » fasciis sensuum divinorum (e) interiora membra obvolvuntur Ecclesiæ, et tota uteri tegitur ambitio. Harum fasciarum non potest oblivisci sponsa, secundum Jeremiam (*Cap.* 2), quæ mammas ligant, et pectus, in quo cogitationes sunt, protegunt.

20. « Adducentur regi virgines post eam, proximæ ejus afferentur tibi. Afferentur in lætitia et exsultatione, adducentur in templum regis. » Juxta Septuaginta prior versiculus adhuc de filiæ canitur ornatu ; sequens ad ipsum sponsum regemque dirigitur. Porro juxta Hebraicum, totum ad sponsam dicitur usque ad eum locum, ubi scriptum est : « Pones eos principes in universa terra. » Et legitur ; « In scutulatis (f) ducetur ad regem, virgines sequentur eam, amicæ ejus ducentur illuc, ducentur in lætitiis et exsultatione, ingredientur thalamum regis. » Multam esse distantiam animarum in Christo credentium, demonstrat Canticum Canticorum, in quo scriptum est : « Sexaginta sunt reginæ, et octoginta concubinæ, et

(c) Benedictini editoris lectionem istam confirmant etiam quos nos consuluimus, antiqui libri : olim erat в ἐνσεβ. Græcis litteris, alii propius vero ἐχεβῶν. LXX. ἐσεβών, ubi etiam Æthiopicum Psalterium dicitur legere *Hesbon*.
(d) Princeps editio, quia et Mss. non pauci *in aureis pro in variis*.
(e) Ita quod pridem in Erasmo Victorius, nos in Martianæo emendamus, *interiora* pro *inferiora* reponentes ex Mss. et vetustæ editionis fide, quem sensum ipse contextus postulat.
(f) Perperam in hucusque editis libris *ducentur*. Tum quidam Mss. *sequuntur*, et *lætitia* pro *lætitiis*. Adito, si placet, ipsam Hieronymi ex Hebræo versionem.

(a) Sentit, ut nobis videtur, Hieronymus, discipulum illum, cui dixerat Jesus Matth. 8. 22. *sequere me*, *et dimitte mortuos sepelire mortuos suos*, unum ex iis fuisse, qui deinde Apostoli appellati sunt.
(b) Secus Hexapla a Montfaucon, adornata, Aquilæ, et V. editioni vocem *Sor*, seu צר non interpretatam tribuunt. In sequenti autem Symmachi interpretatione, cum plerumque vitiose legant codices nostri, a Martianæi editione haud discedimus. Antea erat κράτιστη, ut alios interpretes vertisse constat.

adolescentulæ quarum non est numerus. Una est columba mea, perfecta mea, proxima mea, » de qua dicitur, « Viderunt eam filiæ, et beatificant eam reginæ et concubinæ, et laudant eam » (*Cant.* 6. 7. *et seqq.*). Quæ ergo perfecta est et sancta corpore et spiritu, et columba et proxima meretur vocari. Hæc est filia, de qua supra dictum est « Astitit regina a dextris tuis in vestitu deaurato » Quæ autem supergressæ sunt sex dies (*a*) mundi, et futura regna suspirant, reginæ appellantur. Si qua vero circumcisionem quidem habet octavæ diei, sed adhuc non venit ad nuptias, hæc concubina **391** vocitatur. Diversa autem multitudo credentium, quæ necdum potest sponsi copulari amplexibus, nec de eo liberos parere, adolescentula dicitur. Ego puto de istis virginibus, quæ sequuntur Ecclesiam, et in primo ponuntur gradu, (*b*) et te esse et omnes, qui in virginitate corporis et animæ perseverant. Proximas autem et amicas, viduas esse, et in matrimonio continentes : quæ omnes cum lætitia et exsultatione ducuntur ad templum et in thalamum regis. In templum quasi sacerdotes Dei : in thalamum quasi sponsæ regis et sponsi. Hoc templum et Joannes vidit in Apocalypsi (*Apoc.* 21), et Propheta desiderat. « Unam, inquit, petii a Domino, hanc requiram; ut inhabitem in domo Domini, omnibus diebus vitæ meæ » (*Ps.* 26. 4). Et iterum : « Domine, dilexi decorem domus tuæ, et locum habitationis gloriæ tuæ » (*Ps.* 25. 8). Et in alio loco : « Quia transibo in locum tabernaculi admirabilis, usque ad domum Dei in voce exsultationis et confessionis, sonitus festa celebrantium » (*Ps.* 41. 5). Scutulata autem quibus sponso suo regina componitur, ipsa sunt, quæ in Septuaginta legimus « circumamicta varietate. »

21. « Pro patribus tuis nati sunt tibi filii, constitues eos principes super omnem terram. » In Hebraico : « Pro patribus tuis erunt tibi filii, pones eos principes in universa terra. » Et ex Patris persona nequaquam de filia, sed rursum ad filiam sermo intelligi potest; et ex Spiritus Sancti, et ex filiorum Core. Si ergo ad filiam sponsam sermo dirigitur, sponsa autem de nationibus congregata est, cui supra dicitur : « Obliviscere populum tuum et domum patris tui, » debemus sponsæ patres nosse : ut consequenter noverimus et filios. Pro patribus tuis, de quibus in Jeremia locuta est : « Quam falsa possederunt patres nostri idola, et non est in eis qui pluat » (*Jerem.* 14. 22. *et* 16. 19). Pro Platone et pro cæteris diversorum dogmatum et errorum magistris, nati sunt tibi filii, quos constituisti principes tuos, et fecisti in populis præceptores. Vel certe aliter : O Ecclesia, filii tui quos genuisti tibi, vertentur in patres tuos, cum de discipulis eos feceris magistros, et in sacerdotali gradu omnium testimonio collocaveris. (1) Sin autem Patres Ecclesiæ intelligimus Abraham, Isaac, et Jacob, et reliquos Patriarchas; filios, **392** qui ei in patrum honore sunt nati, Apostolos intelligamus, qui missi sunt a Domino prædicare usque ad extremum terræ, et baptizare credentes in nomine Trinitatis. Sed quæritur quomodo Ecclesia de gentibus patres habere possit, Abraham, Isaac, et Jacob, cum ei supradictum sit : « Obliviscere populum tuum et domum patris tui. » Legamus Evangelium : « Nolite dicere, patrem habemus Abraham : potens est Deus de lapidibus istis, » hoc est, de duro corde gentilium, « suscitare filios Abrahæ » (*Matth.* 2. 9). Et in alio loco : « Si filii essetis Abrahæ, opera Abrahæ faceretis » (*Joan.* 8. 39). Et in Genesi ad ipsum Abraham loquitur Deus : « In semine tuo benedicentur omnes gentes » (*Gen.* 12. 3). Sicut enim ille in præputio ex fide justificatus est, ita et nos justificabimur in eadem fide, si habuerimus fidem et opera patris nostri Abraham. Potest hoc ipsum ad Salvatorem dici, vel a Patre, vel a Prophetali choro et Spiritu Sancto. Pro patribus tuis, stirpe videlicet Judæorum, qui te reliquerunt et negaverunt, nati sunt tibi filii, Apostoli, et de nationibus credentes, quos constituisti principes in universa terra.

22. « Memor ero nominis tui in omni generatione et generatione. Propterea populi confitebuntur tibi in æternum, et in sæculum sæculi. » In Hebraico : « Recordabor nominis tui in omni generatione et generatione. Propterea confitebuntur tibi populi in sæculum et in æternum. » Quod nos interpretati sumus, « confitebuntur tibi, » Symmachus transtulit, (*c*) « laudabunt te. » Regina, quæ steterat a dextris regis in vestitu deaurato, et jussa fuerat oblivisci populi et domus patris sui ; et iterum illi dictum erat : « Pro patribus tuis nati sunt tibi filii, constitues eos principes super omnem terram, » intelligens quanta decoranda sit gloria, et quibus præmiis sublevanda, convertit ad sponsum voces suas, et pollicetur recordaturam se semper nominis sponsi, in omni generatione et generatione. Quod promisit, videmus expletum. Ipsa Christiana nobis omnibus Christianorum nomen imposuit : nomen novum, in quo « benedicentur [*al. benedicuntur*] omnes familiæ gentium. » Recordatur autem non in una generatione, sed in omnibus : vel cunctas significans nationes, vel duas generationes, Judæorum atque Gentilium. Et quia hoc parum est, si in duabus **393** generationibus nominis Domini recordetur, propterea populi qui in Ecclesia fuerint, confitebuntur et laudabunt Dominum in æternum et in sæculum sæculi. Quando et tu, o filia Principia, sanctorum mixta choro, inter virgines duceris ad regem, et ex domibus eburneis delectabis sponsum in honore tuo : tunc recordare et

---

(*a*) Unus Cisterciens. emendatiss. *munda*, quam vocem refert *ad regna*. Hieron. vero sexaginta Reginarum, et octoginta concubinarum numerum, cum diebus sex , quibus creatus est mundus, et cum octava Legalis Circumcisionis die componit, et mystice interpretatur de anima.

(*b*) Voculas *et te*, tum alteram et particulam Cisterciens. Ms. omittit.

(*c*) Nimirum ὑμνήσουσι οἱ quibus in verbis simul Aquila et Theodotion consentiunt.

(1) Re ipsa ad hunc modum Adamontius. « Pro Abraham, et Isaac, et Jacob, et pro aliis reliquis, qui illi placuerunt in veteri Testamento, nati sunt Discipuli , et nos qui per ipsos credidimus et eorum fidei, ac cognitionis hæredes facti sumus. » Græca videsis in Catena Barbari.

mei, qui hujus Psalmi tibi, Domino revelante, intelligentiam tribui, et dicito : « Memor ero nominis tui ; » ut quæ partem intellexisti carminis, si vita comes fuerit, (a) et totum Canticum Canticorum intelligas.

EPISTOLA LXVI (b).

AD PAMMACHIUM.

Paulinam Paulæ filiam, quæ Pammachio nupserat, juveni docto cum primis et nobili, defunctam laudat, ipsumque Pammachium, qui statim ab ejus morte Monachi propositum arripuerat, opes suas in pauperum subsidium elargitus, hortatur, ut in sancto proposito pergat.

1. Sanato vulneri et in cicatricem superductæ cuti, si medicina colorem reddere voluerit, dum pulchritudinem corporis quærit, plagam doloris instaurat. Ita et ego (c) serus consolator, qui importune per biennium tacui, vereor ne nunc importunius loquar, et attrectans vulnus pectoris tui, quod tempore et ratione curatum est, commemoratione exulcerem. Quæ enim aures tam duræ, quæ de silice excisa præcordia, et Hyrcanarum tygrium lacte nutrita, possunt sine lacrymis Paulinæ tuæ audire nomen ? Quis parturientem rosam et (d) papyllatum corymbum, antequam in calathum fundatur orbis, et tota rubentium foliorum pandatur ambitio [al. *ambitione*], immature demessum æquis oculis marcescere videat? Fractum est pretiosissimum margaritum. Virens smaragdi gemma contrita est. Quid boni habeat sanitas, languor ostendit. Plus sensimus quod habuimus, postquam habere desivimus.

1. In agro terræ bonæ, tres fructus legimus, centesimum, sexagesimum, et **394** tricesimum (*Matth.* 23). In tribus mulieribus et sanguine et virtute conjunctis, tria Christi præmia recognosco. Eustochium virginitatis flores metit : Paula laboriosam viduitatis aream terit : Paulina castum matrimonii cubile servat. Tali filiarum mater fulta comitatu, totum sibi in terris vindicat quod Christus promisit in cœlo. Et ut quadrigam domus una emitteret sanctitatis, et feminarum virtutibus responderent viri, additur comes Pammachius, verum Ezechielis Cherubim, (e) cognatus, gener, maritus, imo frater amantissimus, QUIA SANCTA consortia spiritus, vocabula non tenent nuptiarum. Huic quadrigæ Jesus præsidet. De his equis et Abacuc canit : *Ascende* (1) *super equos tuos,* *et equitatio tua salus* (*Abac.* 3. 8). Impari cursu, pari animo ad palmam tenditur. Discolores equi, sed voluntate concordes, unum aurigæ jugum trahunt, non expectantes flagelli verbera, sed ad vocis hortamenta ferventes.

3. *Quatuor virtutes sibi cohærentes.* — Dicamus aliquid et de Philosophis. Quatuor virtutes describunt Stoici, ita sibi invicem nexas, et mutuo cohærentes, ut qui unam non habuerit, omnibus careat : prudentiam, justitiam, fortitudinem, temperantiam. Has omnes sic habetis singuli, ut tamen emineatis in singulis. Prudentia in te, in matre justitia, in virgine fortitudo, in nupta temperantia prædicatur. QUID ENIM EO sapientius, qui contempta mundi stultitia, Christum secutus est, Dei virtutem et Dei sapientiam ? Quid matre justius, quæ inter liberos opibus distributis, docuit divitias contemnendo, quid sibi amare deberent ? Quid Eustochio fortius, quæ nobilitatis portas, et arrogantiam generis Consularis, virginali proposito fregerit, et in urbe prima, primum genus subjugaverit pudicitiæ ? Quid Paulina temperantius, quæ legens illud Apostoli : *Honorabiles nuptiæ et cubile immaculatum* (*Hebr.* 13. 4), nec sororis felicitatem, nec matris continentiam ausa appetere, maluit in humilioribus tuta pergere, quam pendulo gradu in sublimioribus fluctuare ? quanquam illa semel inito matrimonio, nihil aliud diebus ac noctibus cogitaverit, nisi ut reddito fructu nuptiarum, secundum castimoniæ **395** gradum acciperet, et *tanti dux femina facti* (*Æneid.* 1), virum proposito suo jungeret, non relinquens salutis comitem, sed exspectans. Dumque crebris abortiis, et experta fecunditate conceptuum, non desperat liberos, et socrus aviditatem, maritique tristitiam anteponit imbecillitati suæ, passa est aliquid de Rachelis exemplo ; et pro filio doloris, ac dexteræ (*Gen.* 35. 1), virum desiderii sui peperit hæredem. Certisque auctoribus didici illam, non primæ sententiæ Dei : *Crescite et multiplicamini, et replete terram* (*Gen.* 1. 28), nec officio conjugali servire voluisse : sed ad hoc optasse filios, ut Christo virgines pareret.

4. Legimus et uxorem sacerdotis Phinees, audita captivitate Arcæ Domini, subito uteri dolore correptam, edidisse filium Icabod (1. *Reg.* 4. 19), et inter manus et officia feminarum, animam emisisse cum prole. De prima Benjamin, hoc est, *filius virtutis ac dexteræ*; de secunda inclytus Sacerdos Dei, (f) ex Arcæ cognomine nascitur. Nobis post dormitionem somnumque Paulinæ, Pammachium Monachum Ecclesia peperit posthumum, et patris et conjugis nobilitate patricium, eleemosynis divitem, humilitate sublimem. Apostolus scribit ad Corinthios : *Videte fratres vocationem vestram, quia non multi sapientes, non multi nobiles* (1. *Cor.* 1. 26). (2) Hoc na-

---

(a) Hinc ad Eusebium Præfat. Comment. in Matthæum, « Obsecro, inquit, ut des exemplar, cum Romam veneris, Virgini Christi Principiæ, quæ me rogavit, ut in Canticum Canticorum scriberem, a quo opere exclusus ægrotatione diuturna spem in futurum distuli ; » sed nec postea scimus potuisse explere.
(b) Alius 26. Scripta sub finem an. 397.
(c) Vitiose legit Martian. vitiose etiam editores alii, *ego serus consolator*, pro *serus*, quemadmodum emendamus contextu ipso cogente.
(d) Ex veteri Epigrammate de Rosis : *Prima papyllatam protendens spica corymbum*, etc.
(e) Nimirum Eustochii cognatus, Paulæ gener, et Paulinæ maritus.
(1) Gravius ex Græco legi vult *ascendes*. Paulo post ubi dicitur *unum auriga, jugum pro auriga* idem *quadrigæ* exponi jubet. Hanc revera, S. Pater *quadrigam* Pammachii, Paulæ, Eustochii et Paulinæ, in fine epistolæ memorat.

(f) Nomen quippe *Icabod* Latine significat *ubi gloria?* cum interrogandi nota, כבוד enim est *gloria*, אי *ubi?* Hinc vero ex Arcæ cognomine appellatus dicitur Icabod, quod sæpius gloria et divitiæ Israelitarum, Arca Domini *cabod*, appellata sit.
(2) Addit Gravius *secundum carnem*.

scentis Ecclesiæ rudimenta poscebant, ut granum sinapis paulatim in arborem cresceret (*Luc.* 15, 19), ut sensim et Evangelii fermentum totam Ecclesiæ massam altius elevaret. Nostris temporibus Roma possidet, quod mundus ante nescivit. Tunc rari sapientes, potentes, nobiles, Christiani : nunc multi Monachi, sapientes, potentes, nobiles. Quibus cunctis Pammachius meus sapientior, potentior, nobilior : magnus **396** in magnis, primus in primis, ἀρχιστράτηγος Monachorum. Tales Paulina morte sua nobis liberos dedit, quos vivens concupiverat possidere. «Lætare sterilis quæ non paris, erumpe et clama, quæ non parturis (*Isai.* 54, 1), quoniam quot Romæ sunt pauperes, tot filios repente genuisti.

5. Ardentes gemmæ, quibus ante collum et facies ornabantur, egentium ventres saturant. Vestes sericæ, et aurum in fila lentescens, in mollia lanarum vestimenta mutata sunt, quibus repellatur frigus, non quibus nudetur ambitio. Deliciarum quondam supellectilem virtus insumit. Ille cæcus extendens manum, et sæpe ubi nemo est, clamitans, hæres Paulinæ, coheres Pammachii est. Illum truncum pedibus, et toto corpore se trahentem, teneræ [al. *tenera*] puellæ sustentat manus. Fores quæ prius salutantium turbas vomebant, nunc a miseris obsidentur. Alius tumenti aqualiculo mortem parturit : alius elinguis et mutus, et ne hoc quidem habens unde roget, magis rogat, dum rogare non potest. Hic debilitatus (*a*) a parvo, non sibi mendicat stipem. Ille putrefactus morbo regio, supravivit cadaveri suo.

Non mihi si linguæ centum sint, oraque centum ;
Omnia pœnarum percurrere nomina possim.
(*Æneid.* 6).

Hoc exercitu comitatus incedit, in his Christum confovet, horum sordibus dealbatur. (*b*) Munerarius

(*a*) Emendandum contendit Valesius *a lepra*, quod minime arridet, maxime cum veteres libri omnes impressam lectionem summo consensu præferant ; eaque facile intelligatur, a primis annis, sive a parva ætate quempiam debilitatum non sibi stipem mendicare. Adde quod lepram, et quem statim subdit, morbum regium, ipsi ævi scriptores fere pro uno eodemque habent ; atque ipse quidem Hier. in Vita S. Hilarionis de Adriano, *post aliquantum*, inquit, *temporis computruit morbo regio* ; tametsi alibi videatur distinguere.

(*b*) Olim, nequid dissimulemus, arbitrati sumus, *Numerarium* legi debere pro *Munerario*, sicut enim *Numerarii* (quod Isidorus Hispalensis tradit origin. l. 9. cap. 4.), *vocati sunt qui publicum nummum ærariis inferebant*, sic pauperum *Numerarius*, qui in eorum subsidium divitias conferret, verius dici videbatur. At præstata pervulgata lectione minime cedere, duabus quippe his vocibus *Munerarius* et *Candidatus* duplex alluditur munerum species, quæ ab antiquis ethnico ritu spectaculorum editoribus dabantur Mimis, Histrionibus, Aurigis, etc. Hoc certe sensu Christi *Munerarius* vocat S. Cyprianus, qui eleemosynas elargientur, lib. de Opere et Eleemosynis circa medium, « Quale munus est, inquit, cujus editio, Deo spectante, celebratur. Si in gentilium munere grande et gloriosum videtur Proconsules, vel Imperatores habere præsentes, et apparatus, ac sumptus apud Munerarios major est, ut possint placere majoribus, quanto illustrior muneris et major est gloria Deum et Christum spectatores habere ? » Alteram speciem haud minus eleganter alludit S. Ambrosius serm. de olim M. *superemus nova et Prœclarissima munera*. Edamus priorum indiciorum in vestitu indormus, etc. Candida autem dicebatur Editio, quæ fiebat a Magistratibus sumptu ipsorum, seu ex Arca publica. Unde et in Kalendario Herwarthi *Munus trex*, et *Munus Candida* oppononitur. In actis passionis S. Bonifacii Martyris de Aglae Matrona Romana

pauperum, et egentium candidatus sic festinat ad cœlum. Ceteri mariti super tumulos conjugum sparguni violas, rosas, lilia, floresque purpureos : et dolorem pectoris his officiis consolantur. Pammachius noster sanctam favillam ossaque **397** veneranda, eleemosynæ balsamis rigat. His pigmentis atque odoribus fovet cineres quiescentes, sciens scriptum : « Sicut aqua extinguit ignem, ita eleemosyna peccatum (*Eccli.* 3, 33). Quantas vires habeat misericordia, et quibus donanda sit præmiis, et beatus Cyprianus (*c*) grandi volumine prosequitur, et Danielis consilium probat, qui regem impiissimum si se audire voluisset, scit pauperum sustentatione salvandum. Gaudet hujuscemodi filiæ mater hærede. Non dolet opes ad alium pervenisse, quas cernit iisdem quibus ipsa voluerat, erogari. Quin potius gratulatur absque labore suo, sua vota compleri. Non enim substantiæ diminutio, sed operarii commutatio est.

6. Quis enim hoc crederet, ut Consulum pronepos, et Furiani germinis decus, inter purpuras Senatorum, furva tunica pullatus incederet, et non erubesceret oculos sodalium, ut deridentes se ipse derideret ? « Est confusio quæ ducit ad mortem : et est confusio, quæ ducit ad vitam » (*Eccli.* 4). Prima virtus est Monachi, contemnere hominum judicia, et semper Apostoli recordari, dicentis : « Si adhuc hominibus placerem [al. *placere vellem*], Christi servus non essem » (*Galat.* 1. 10). Tale quid et Dominus loquitur ad Prophetas : quod posuerit faciem eorum, quasi urbem æneam, et lapidem adamantinum, et columnam ferream (*Jerem.*1), ne paverent ad injurias populi, sed impudentiam subsannantium, frontis rigore contererent (*Ezech.* 3). Ingenia liberaliter educata, facilius verecundia, quam metus superat. Et quos tormenta non vincunt, interdum vincit pudor. Non est parum, virum nobilem, virum disertum, virum locupletem, potentium in plateis vitare comitatum, miscere se turbis, adhærere pauperibus, rusticis copulari, de principe vulgum fieri. Sed quanto humilior, tanto sublimior est.

7. Lucet margaritum in sordibus, et fulgor gemmæ purissimæ, etiam in luto radiat. Hoc est quod Dominus repromisit : « Glorificantes me, glorificabo» (1. *Reg.* 2. 30). Alii hoc intelligant de futuro, quando mœror vertetur in gaudium, et transeunte mundo, Sanctorum corona non transit : Ego et in præsentiarum video Sanctorum promissa compleri. Antequam **398** Christo tota mente serviret, notus erat in Senatu, sed (*d*) multi alii habebant insulas Proconsulares. Totus orbis hujuscemodi honoribus plenus est. Primus erat, sed inter primos. Præcedebat alios dignitate ; sed et alios sequebatur. QUAMVIS CLARUS honor vilescit in turba : et apud viros bonos indi-

scribitur, quod *ter Candidam egerat apud urbem Romam*. Sed aliis præterea exemplis non opus est quæ a Sismondo ac Baluzio afferuntur.

(*c*) Libro *de Opere et Eleemosynis*, in quo statim post initium de Nabuchodonosoris somnio, et consecutis adversitatibus loquens, « evadere, inquit, et vitare [omisset, si perdita sua eleemosynis redemisset. »

(*d*) In aliis lib. et apud Grav. *sed et multi*. Mox *insulas*, credo typographorum mendo, pro *infulas* Martian. legit.

gnior sit ipsa dignitas, quam multi indigni possident. Unde egregie de Cæsare Tullius, cum quosdam, ait, ornare voluit, non illos honestavit, sed ornamenta ipsa turbavit. At nunc omnes Christi Ecclesiæ Pammachium loquuntur. Miratur orbis pauperem, quem hucusque divitem nesciebat. Quid Consulatu illustrius? Annuus honor est, et postquam alius successerit, prior desinit. Latent in multitudine laureæ, et triumphi interdum triumphantium sordibus polluuntur. Quod ante per (*a*) manus patritias tradebatur, et sola nobilitas possidebat, quo Consul Marius, victor Numidiæ et Theutonum, atque Cimbrorum, ob ignobilitatem [al. *novitatem*] familiæ putabatur indignus: quod Scipio ultra annos pro virtute meruit, nunc sola militia possidet, et (*b*) agrestia dudum corpora, fulgens palma circumdat. Plus ergo accepimus, quam dedimus. PARVA DIMISIMUS, et grandia possidemus. Centuplicato fœnore Christi promissa redduntur. In tali et Isaac quondam agro severat, qui paratus ad mortem, ante Evangelium, Evangelicam portavit crucem.

8. « Si vis, inquit, perfectus esse, vade et vende omnia quæ habes, et da pauperibus, et veni, sequere me » (*Matth.* 19. 21). Si vis perfectus esse. Semper grandia in audientium ponuntur arbitrio. Et ideo virginitatem Apostolus non imperat, quia Dominus disputans de eunuchis, qui se castrassent propter regna cœlorum, ad extremum intulit: « Qui potest capere, capiat » (*Ibid.* 12).« Non est enim volentis, neque currentis, sed miserentis Dei » (*Rom.* 9. 16). Si vis perfectus esse. Non tibi imponitur necessitas, ut voluntas præmium consequatur. Si vis ergo esse perfectus, et desideras esse quod Prophetæ, quod Apostoli, quod Christus est, vende, non partem substantiæ, ne timor penuriæ infidelitatis occasio sit, et cum Anania et Sapphira pereas, sed **399** universa quæ possides. Cumque vendideris, da pauperibus, non locupletibus, non superbis. Da quo necessitas sustentetur, non quo augeantur opes. Cumque legeris illud Apostoli: « Bovi trituranti os non alligabis : Et, Dignus est operarius mercede sua» (1 *Cor.* 9 9; 1. *Tim.* 5. 18) : Et, « Qui altario ministrant, de altario participantur » (1. *Cor.* 9. 13); memento quoque hujus sententiæ : « Habentes victum et vestitum, his contenti sumus » (1. *Tim.* 6. 8). Ubi videris fumare patinas, et Phasides aves lentis vaporibus decoqui, ubi argenti pondus, ubi (*c*) ferventes Mannos, comatulos pueros, pretiosas vestes, picta tapetia, ibi ditior est largitore, cui largiendum est. PARS SACRILEGII est, rem pauperum dare non pauperibus. Et tamen non est satis perfecto et consummato viro opes contemnere, pecuniam dissipare, et projicere quod in momento et perdi, et inveniri potest. Fecit hoc Crates Thebanus, fecit Antisthenes, fecerunt plurimi, quos vitiosissimos legimus. Plus debet Christi discipulus præstare, quam mundi Philosophus, gloriæ animal, et popularis auræ atque rumorum venale mancipium. Tibi non sufficit opes contemnere, nisi Christum sequaris. CHRISTUM AUTEM sequitur, qui peccata dimittit, et virtutum comes est. Christum scimus sapientiam. Hic thesaurus in agro Scripturarum nascitur, hæc gemma multis emitur margaritis. Sin autem adamaveris captivam mulierem, id est, sapientiam sæcularem, et ejus pulchritudine captus fueris, decalva eam, et illecebras crinium atque ornamenta verborum cum emortuis unguibus seca. Lava eam Prophetali nitro, et tunc requiescens cum illa, dicito: « Sinistra ejus sub capite meo, et dextra illius amplexabitur me » (*Cant.* 2. 6), et multos tibi fœtus captiva dabit, ac de Moabitide efficietur Israelitis. Christus sanctificatio est, sine qua nemo videbit faciem Dei. Christus redemptio, idem redemptor et pretium, Christus omnia, ut qui omnia propter Christum dimiserit, unum inveniat pro omnibus, et possit libere proclamare : *Pars mea Dominus* (*Ps.* 72. 26).

9. Sentio te divinis ardere doctrinis, nec temeritate quorumdam docere quod nescias; sed ante discere, quod docturus **400** sis. Simplices Epistolæ tuæ olent Prophetas, Apostolos sapiunt. Non cothurnatam affectas eloquentiam; nec more puerorum argutas sententiolas in clausulis struis. CITO TURGENS spuma dilabitur ; et quamvis grandis tumor, contrarius sanitati est. Scitum est illud quoque Catonis: *Sat cito, si sat bene.* « Quod nos quondam adolescentuli, cum a perfecto Oratore in Præfatiuncula diceretur, risimus. » Meminisse te puto erroris mutui, quando omne Athenæum Scholasticorum vocibus consonabat : *Sat cito, si sat bene*. Felices, inquit (*d*) Fabius, essent artes, si de illis soli artifices judicarent. Poetam non potest nosse, nisi qui versum potest struere. Philosophos non intelligit, nisi qui scit dogmatum varietates. Manufacta et oculis patientia, magis probant artifices. Nostra quam (1) dura sit necessitas, hinc potes animadvertere, quod vulgi standum est judicio, et ille in turba metuendus, quem cum videris solum, despicias. Hoc præteriens tetigi, ut eruditis contentus auribus, non magnopere cures, quid imperitorum de ingenio tuo rumusculi jactitent; sed Prophetarum quotidie medullas bibas, Christi mystes, Patriarcharum symmistes.

10. Sive legas, sive scribas, sive vigiles, sive dor-

(*a*) Videndi Plutarchus in Mario, Cicero Oratione pro Plancio et de Prov. Cons. c. VIII. Sallustius in Jugurtha cap. 65. atque alii qui hæc passim exempla enarrant.

(*b*) Nimirum ea tempestate primas fere obtinebant barbari, unde in Festis barbara passim occurrunt nomina ordinario Consulatu insignita. Quod ait *fulgens palma circumdat*, vestem palmatam sive palmis phrygionico opere contextam significat, cujusmodi in Consularibus aliquot Dyptichis videre est.

(*c*) Veteres editi, ac nonnulli Mss. libri *ferventes Burichos mannos* ; ut nempe quid essent *manni*, parvi equi, indicaret, notiorem eo tempore *Burichi* vocem non nemo ad marginem addidit, quæ postea in textum irrepsit. Est enim *Burichus*, non indomenti genus, neque a Burris Achaiæ urbe deductum nomen, ut quidam in suis notis in hunc locum scripsere, sed ut veteres Horatii interpretes explicant in Oden 27. lib. 1. Epodon. 1. atque alibi, equus parvus, quem burdum, et buridum, et burdonem, et burichum nominarunt : unde et vetus Glossarium *Mannos* βουρίχους interpretatur. Vid. S. Isidorum lib. 12. cap. 1.

(*d*) Fabii Pictoris apud Quintilianum sententia est.

(1) Gravius mavult *dira* : cum in Epitaph. Paulæ et in Osee 13. et Abacuc. 3. *diram necessitatem* Hier. vocet.

mias, Amos [al. *amor*] tibi semper buccina in auribus sonet. Illic lituus excitet animam tuam : hoc amore furibundus, quære in lectulo tuo quem desiderat anima tua (*Cant.* 3. 1), et loquere confidenter : « Ego dormio, et cor meum vigilat, (*Ibid*. 3. 2). Cumque inveneris eum et tenueris, ne dimittas. Et si pauxillulum dormitanti elapsus fuerit e manibus, noli protinus desperare. Egredere in plateas, adjura filias Jerusalem (*Ibid.* 3. 2), reperies eum cubantem in meridie, lassum, ebrium, noctis ore madefactum, inter greges sodalium, in aromatum varietatibus, inter poma paradisi. Ibi ei de mammillas tuas (*Ibid.* 7. 12), sugat de erudito pectore, requiescat inter medios Cleros, pennæ columbæ deargentatæ, et interiora ejus in fulgore auri (*Ps.* 67. 14). Parvulus iste et puer, qui butyro et melle saginatur (*Isai.* 7. 15), qui inter caseatos nutritus est montes, cito crescit in juvenem, **401** velociter in te hostes spoliat, mature prædatur Damascum, et regem vincit Assyrium.

11. *Xenodochium exstructum a Pammae.* — Audio te Xenodochium in portu fecisse romano, et (*a*) virgam de arbore Abraham in Ausonio plantasse littore. Quasi Æneas nova castra metaris, et super undam Tyberis, ubi ille, cogente quondam penuria, crustis fatalibus et quadris patulis non pepercit, tu vicinam nostram, id est, domum panis (Bethleem) ædificas : et diuturnam famem repentina saturitate compensas. (*b*) Euge : nostra initia transgrederis ; statam summum tenes : de radice pervenis ad cacumen ; primus inter monachos, in prima urbe, primum sequeris patriarcham. Lot, quod [al. *qui*] interpretatur *declinans*, campestria eligat, et juxta Pythagoræ (*c*) litteram, facilia magis ac sinistra sectetur. Tu in arduis et saxosis cum Sara tibi monumentum para (*Gen.* 23). Juxta sit civitas litterarum, deletisque gigantibus, filiis Enac [al. *Enacim*], hæreditatem tuam, gaudium et risus excipiat. Dives erat Abraham auro, argento, pecore, possessione, vestibus (*Gen.* 24) : tantam habebat familiam, ut ad subitos nuntios, juvenibus electis armare posset exercitum, et quatuor reges, qui quinque reges fugerant, in Dan consecutus occideret ; et tamen post tam crebra hospitalitatis officia, dum non refutat homines, suscipere meruit Deum. Non servis, et ancillulis imperabat, ut ministrarent hospitibus, nec bonum quod exercebat, per alios minuit ; sed quasi reperta præda, cum Sara sua humanitati solus incubuit. Ipse pedes lavit, ipse pinguem vitulum portavit humeris de armento. Stetit ut servus, peregrinis prandentibus, et Saræ manibus coctos cibos jejunaturus apposuit.

12. Hæc moneo, frater carissime, pietate qua te diligo ; ut non solum pecuniam, sed teipsum Christo offeras, hostiam vivam, sanctam, placentem Deo, rationabile obsequium tuum (*Rom.* 12. 1) ; et imiteris filium hominis, qui non venit ministrari, sed ministrare (*Matth.* 20. 28). Et quod **402** patriarcha alienis, hoc discipulis et servis Magister exhibuit et Dominus. « Corium pro corio, et omnia quæ homo possidet, dare potest pro anima sua. Sed tange, » inquit diabolus, « carnes ejus, nisi in faciem benedixerit tibi » (*Job* 2. 4. 5). Scit hostis antiquus, majus continentiæ quam nummorum esse certamen. FACILE ABJICITUR, quod hæret extrinsecus ; intestinum bellum periculosius est. Conjuncta di-glutinamus, unita discindimus [al. *dissuimus*]. Zachæus dives erat, Apostoli pauperes. Reddidit ille quadruplum quod rapuerat, divisitque pauperibus medietatem substantiæ suæ quæ remanserat ; suscepit Christum hospitem, salus facta est domui ejus (*Luc.* 19) ; et tamen quia parvulus erat, et apostolicæ proceritati se non poterat extendere, non fuit in duodecim numero Apostolorum. Apostoli autem quantum ad divitias nihil, quantum ad voluntatem, totum mundum pariter reliquerunt. Si offeramus Christo opes cum anima nostra, libenter suscipiet. Si autem quæ foris sunt Deo, quæ intus sunt, diabolo demus, non est æqua partitio, et dicitur nobis : « Nonne si recte offeras, et non recte dividas, peccasti ? » (*Genes.* 4. 7. sec. LXX.)

13. Quod patritii generis (*d*) primus inter primos, monachus esse cœpisti, non tibi sit tumoris, sed humilitatis occasio, scienti Filium Dei factum Filium hominis. QUANTUMCUMQUE te dejeceris, humilior Christo non eris. Esto, incedas nudis pedibus, fusca tunica vestiaris, æqueris pauperibus, inopum cellulas dignanter introeas ; cæcorum oculus sis, manus debilium, pes claudorum ; ipse aquam portes, ligna concidas, focum exstruas, ubi vincula ? ubi alapæ ? ubi sputa ? ubi flagella ? ubi patibulum ? ubi mors ? Et cum omnia quæ dixi feceris, ab Eustochio tua, Paulaque vinceris, si non opere, at certe sexu. Ego quidem Romæ non eram, et tunc me tenebat eremus (atque utinam pertenuisset), quando socero tuo vivente (*e*) Toxotio, sæculo serviebant. Sed tamen audio, quæ immunditias platearum **403** ferre non poterat, quæ eunuchorum manibus portabantur, et inæquale solum molestius transcendebant ; quibus serica vestis oneri erat, et solis calor incendium, nunc sordidatæ et lugubres, et sui comparatione forticulæ, vel lucernas concinnant, vel succendunt focum, pavimenta verrunt, mundant legumina, olerum fasciculos in ferventem ollam dejiciunt, apponunt mensas, calices

---

(*a*) Arborem illam Xenodochii instar habet, sub qua Abrahami hospitio excipit tres Angelos in Valle Mambre ; ac Virgam de illa arbore, Xenodochium ad Abrahami exemplum elegantissime vocat, quod in Ausonio littore Pammachius extruxerat.

(*b*) Martianæus nullo sensu, *Euge ; noster hinc transgrederis*. Vetustiores autem vulgati ac. Ms. quidam, *Euge noster initia transgrederis*, quod explicari commode potest, euge noster Abraham, sive nostri temporis Æneas ; sed *nostra initia*, longe conciuniori sensu, ut etiam ex consequentibus liquet duximus reponendum. Vid. infra num. 14. ubi de monasterio, quod ipse Bethleemi cœperat ædificare.

(*c*) Nimirum Y. litteram, qua de infra dicemus in Epistola ad Lætam.

(*d*) Ex Patritio genere primus inter primos erat Pammachius, ut supra num. 6. iisdem verbis proditum est. Adeo minime placet, quæ hucusque in vulgatis libris lectio obtinuit, ut verba *primus inter primos* ad *monachos* referrentur, vitiosa etiam interpunctione, quam emendavimus, et *monachus* pro *monachos* restituimus.

(*e*) Toxotius hic senior est, S. Paulæ maritus, et Paulinæ, quæ Pammachio nupserat, pater.

porrigunt, effundunt cibos, huc illucque discurrunt. Et certe magnus virginum chorus cum illis habitat. Num hujuscemodi ministeria aliis imperare non poterant? Sed nolunt vinci ab his labore corporum, quas ipsæ superant virtute animi. Hæc dico, non quod de ardore mentis tuæ quidquam dubitem, sed quo currentem impellam, et acriter dimicanti, fervorem (*a*) fervori augeam.

14. *Monaster. ab Hieron. exstruct.*—Nos in ista provincia ædificato monasterio, et diversorio propter exstructo, ne forte et modo Joseph cum Maria in Bethleem veniens, non inveniat hospitium (*Luc.* 2), tantis de toto orbe confluentibus turbis obruimur monachorum; ut nec cœptum opus deserere, nec supra vires ferre valeamus. Unde quia pene nobis illud de Evangelio contigit, ut futuræ turris non ante supputaremus expensas (*Luc.* 14), compulsi sumus fratrem Paulinianum ad patriam mittere, ut semirutas villulas, quæ barbarorum effugerunt manus; (*b*) et parentum communium census venderet, ne cœptum Sanctorum ministerium deserentes, risum maledicis et æmulis præbeamus.

15. In calce Epistolæ recordatus sum, quadrigæ vestræ, et proposito quintam deesse Blæsillam, pene oblitus de ea loqui, quæ prima de vobis præcesserit ad Dominum. Vere nunc quinque in tres, ac duas videmus esse divisas, illa cum sorore Paulina dulci somno fruitur, tu duarum medius, ad Christum levius subvolabis.

EPISTOLA LXVII (*c*)

AUGUSTINI AD HIERONYMUM.

Hieronymum **404** *sciscitatur de titulo vulgati ab ipso libri de Scriptoribus Ecclesiasticis; tum de Petro reprehenso non mendaciter a Paulo, quod etiam superiori epist.* 56. *quæsierat. Postremo petit, ut quæ sint Origenis aliorumque hæreticorum errata, sibi indicet.*

Domino dilectissimo, et cultu sincerissimo caritatis observando atque amplectendo fratri et Compresbytero HIERONYMO, AUGUSTINUS.

1. « Habeo gratiam, quod pro subscripta salutatione, plenam mihi (*d*) Epistolam reddidisti, sed breviorem multo quam ex te vellem suscipere, tali viro, a quo, tempora quantalibet occupet, nullus sermo prolixus est. Quanquam itaque nos negotiorum alienorum, eorumque sæcularium, curis circumstemur ingentibus: tamen Epistolæ tuæ brevitati facile non ignoscerem, nisi cogitarem quam paucioribus verbis meis redderetur. Quare aggredere, quæso, istam nobiscum litterariam collocutionem, ne multum ad nos disjungendos liceat absentiæ corporali; quanquam simus in Domino spiritus unitate conjuncti,

(*a*) Bono æque sensu veteres editi *fervorem favore augeam*, alii etiam Mss. *fervorem fervore augeam*.
(*b*) Commoda ac perbella Victorio videbatur quorumdam exemplarium hæc lectio, *et parentum communium habent cineres, venderet*, etc., quam in vetustioribus quidem vulgatis invenimus, non autem in Mss quorum absque suffragio nihil audemus.
(*c*) *.lius* 87. *scripta circ. an.* 397.
(*d*) Ætatem non tulit isthæc Hieronymi epistola, aut certe nondum in lucem prodiit.

etiamsi ab stilo quiescamus, atque taceamus. Et libri quidem quos de horreo Dominico elaborasti, pene totum nobis te exhibent. Si enim propterea te non novimus, quia faciem corporis tui non vidimus, hoc modo nec ipse te nosti: nam tu quoque non vides eam. Si autem tibi non ob aliud notus es, nisi quia nosti animum tuum: et nos cum non mediocriter novimus in litteris tuis, in quibus benedicimus Domino, quod tibi, et nobis, omnibusque fratribus qui tua legunt, te talem dedit. »

2. « Liber quidam tuus, inter cætera non diu est, quod venit in manus nostras: quæ sit ejus inscriptio, nescimus adhuc. Non enim hoc codex ipse, ut assolet, in liminari pagina prætendebat. Epitaphium tamen appellari dicebat frater, apud quem inventus est, quod ei nomen tibi placuisse ut inderetur, crederemus, si eorum tantum **405** hominum vel vitas, vel scripta (*e*) ibi legissemus, qui jam defuncti essent. Cum vero multorum et eo tempore quo scribebatur, et nunc usque viventium, ibi commemorentur opuscula, miramur cur hunc ei titulum vel imposueris, vel imposuisse credaris. Tamen [al. *Sane*] utiliter a te conscriptum eumdem librum satis approbamus. »

3. « In expositione quoque Epistolæ Pauli Apostoli ad Galatas, invenimus aliquid, quod nos multum moveat. Si enim ad Scripturas sanctas admissa fuerint, (*f*) velut officiosa mendacia, quid in eis remanebit auctoritatis? Quæ tandem de Scripturis illis sententia proferetur, cujus pondere contentiosæ falsitatis subruatur [al. *obruatur*] improbitas? Statim enim ut protuleris, si aliter sapit, qui contra nititur; dicet illud quod prolatum erit, honesto aliquo officio scriptorem fuisse mentitum. Ubi enim hoc non poterit, si potuit in ea narratione, quam exorsus Apostolus ait: *Quæ autem scribo vobis, ecce coram Deo quia non mentior* (*Gal.* 1. 20), credi affirmarique mentitus, eo loco ubi dixit de Petro et Barnaba: *Quum viderem, quia non recte ingrediebantur ad veritatem Evangelii?* (*Gal.* 2. 14). Si enim recte ingrediebantur illi, iste mentitus est. Si autem ibi mentitus est, ubi verum dixit? An ibi verum dixisse videbitur, ubi hoc dixerit, quod lector sapit? Cum vero contra sensum lectoris aliquid occurrerit, officioso mendacio deputabitur? Non enim deesse poterunt causæ, cur existimetur non solum potuisse, verum etiam debuisse mentiri, si huic regulæ conceditur locus. Non opus est hanc causam multis verbis agere, præsertim apud te, cui sapienter providenti dictum est satis. Nequaquam vero mihi arrogaverim, ut ingenium tuum divino dono aureum, meis obolis ditare contendam: nec est quisquam te magis idoneus, qui opus illud emendet. »

4. « Neque enim a me docendus es, quomodo intelligatur, quod idem dicit: *Factus sum Judæis tanquam Judæus, ut Judæos lucrifacerem* (1. *Cor.* 9. 20), et cætera quæ ibi dicuntur COMPASSIONE misericordiæ,

(*e*) Voculam *ibi*, quam Victorius e Mss. suppleverat, *et* præferunt libri omnes, Martianæus post Erasmum expunxit.
(*f*) Illud *velut* Victorius ut superfluum amovit.

non simulatione fallaciæ. Fit enim tanquam ægrotus, qui ministrat ægroto ; non cum se febres habere mentitur, sed cum animo condolentis cogitat, quemadmodum sibi serviri vellet, si ipse ægrotaret. Nam utique Judæus erat; Christianus autem factus, non Judæorum sacramenta **406** reliquerat, quæ convenienter ille populus et legitimo tempore quo oportebat, acceperat. (*a*) Sed i deo susceperat ea celebranda, cum jam Christi esset Apostolus ; ut doceret non esse perniciosa iis, qui ea vellent, sicut a parentibus per Legem acceperant, custodire, etiam cum in Christo credidissent, non tamen in eis jam constituerent spem salutis, quoniam per Dominum Jesum salus ipsa, quæ illis sacramentis significabatur, advenerat. Ideoque gentibus, quod insuetos a fide revocarent (*b*) onere gravi et non necessario, nullo modo imponenda esse censebat.

5. « Quapropter non ideo Petrum emendavit, quod paternas traditiones observaret : quod si facere vellet, nec mendaciter, nec incongrue faceret; quamvis enim jam superflua, tamen solita non nocerent : sed quoniam gentes cogebat judaizare (*Galat.* 2. 14), quod nullo modo posset, nisi ea sic ageret, tanquam adhuc etiam post Domini adventum necessaria saluti forent : quod vehementer per Apostolatum Pauli veritas dissuasit. Nec Apostolus Petrus hoc ignorabat : sed id faciebat, timens eos qui ex Circumcisione erant. Itaque et ipse vere correctus est, et Paulus vera narravit; ne sancta scriptura, quæ ad fidem posteris edita est, admissa auctoritate mendacii, tota dubia nutet ac fluctuet. Non enim potest aut oportet litteris explicari, quanta et quam inexplicabilia mala consequantur, si hoc concesserimus. Posset autem opportune minusque periculose demonstrari, si coram inter nos colloqueremur.

6. « Hoc ergo Judæorum Paulus dimiserat, quod malum habebant : et in primis illud, quod ignorantes Dei justitiam, et suam justitiam volentes constituere, justitiæ Dei non sunt subjecti (*Rom.* 10. 3). Deinde quod post passionem et resurrectionem Christi, dato ac manifestato sacramento gratiæ, secundum ordinem Melchisedech, adhuc putabant vetera sacramenta, non ex consuetudine solemnitatis, sed ex necessitate salutis esse celebranda. Quæ tamen si nunquam fuissent necessaria, infructuose atque inaniter pro eis Machabæi Martyres fierent (2. *Mach.* 7 1). Postremo illud, quod prædicatores gratiæ Christianos [f. *Christianæ*] Judæi tanquam hostes legis persequebantur. Hos itaque atque hujusmodi errores et vitia, dicit se (*c*) damna et stercora arbitratum, ut Christum lucrifaceret (*Philip.* 3. 8) : non observationes legis, si more patrio **407** celebrarentur : sicut ab ipso celebratæ sunt sine ulla salutis necessitate : (*d*) non

sicut Judæi celebrandas putabant, aut fallaci simulatione, quod in Petro reprehenderat. Nam si propterea illa sacramenta celebravit, quia simulavit se Judæum, ut illos lucrifaceret : cur non etiam sacrificavit cum Gentibus, quia et iis qui sine lege erant, tanquam sine lege factus est, ut eos quoque lucrifaceret (1. *Cor.* 9) : nisi quia et illud fecit, ut natura Judæus : et hoc totum dixit, non ut fallaciter se fingeret esse quod non erat ; sed ut misericorditer eis ita subveniendum esse sentiret, ac si ipse in eodem errore laboraret ? NON SCILICET mentientis astu, sed compatientis affectu : sicut eo ipso loco generaliter intulit : *Factus sum infirmis infirmus, ut infirmos lucrifacerem* (*Ibid.* v. 22), ut sequens conclusio : *Omnibus omnia factus sum, ut omnes lucrifacerem,* ad hoc referenda intelligatur, ut cujusque infirmitatem tanquam in seipso miseratus appareat. Non enim et cum diceret : *Quis infirmatur, et ego non infirmor?* (2. *Cor.* 11. 29.) infirmitatem alterius simulasse potius quam condoluisse, volebat intelligi.

7. « Quare arripe, obsecro te, ingenuam et vere Christianam cum caritate severitatem, ad illud opus corrigendum atque emendandum, et παλινῳδίαν, ut dicitur, cane. Incomparabiliter enim pulchrior est veritas Christianorum, quam Helena Græcorum. PRO ISTA ENIM fortius nostri Martyres adversus hanc Sodomam, quam pro illa illi hæres adversus Trojam, dimicaverunt. Neque hoc ideo dico, ut oculos cordis recipias, quos absit, ut amiseris; sed ut advertas, quos cum habeas sanos et vigiles, nescio qua dissimulatione avertisti ; ut non intenderes quæ consequantur adversa, si semel creditum fuerit, (*e*) posse honeste atque pie scriptorem divinorum librorum in aliqua sui operis parte mentiri.

8. « Scripseram jam hinc aliquando ad te Epistolam, quæ non perlata est, quia nec is pererexit, cui perferendam tradideram. Ex qua illud mihi suggestum est, cum ista dictarem, quod in hac quoque prætermittere non debui, ut si alia est sententia tua, eademque est melior, timori meo libenter ignoscas. Si enim aliter sentis, verumque tu sentis (nam nisi verum sit, melius esse non potest) ut non dicam nulla, certe non magna culpa, meus error veritati favet, si recte in quoquam veritas potest favere mendacio. »

408 9. De Origene autem quod rescribere dignatus es, jam sciebam non tantum in Ecclesiasticis litteris, sed in omnibus, recta et vera quæ invenerimus, approbare atque laudare, falsa vero et prava improbare atque reprehendere. Sed illud de prudentia doctrinaque tua desiderabam, et adhuc desidero, ut nota nobis facias ea ipsa ejus errata, quibus a fide veritatis ille vir tantus recessisse convincitur. In libro etiam, quo cunctos, quorum meminisse potuisti, Scriptores Ecclesiasticos, et eorum scripta commemorasti, commodius ut arbitror fieret, si nominatis eis quos hæresiarchas [al. *hæresiotas*] esse nosti

---

(*a*) Paulo aliter Benedictini editores, *Itaque suscepit ea, etc.* Mox *sed ut doceret, etc.*
(*b*) Iterum Victorius ex Brixianis Codd. *onera gravia, et non necessaria.*
(*c*) Plerique editi « dicit se damnare, et ut stercora arbitratum, vel arbitratur. »
(*d*) Desideratur negandi particula in nonnullis editis, et plerisque Mss. apud Benedictinos.

(*e*) Olim, notante Victorio, *posse honeste, atque pie accipi scriptorem, etc.*

(quando ne ipsos quidem prætermittere volueris, subjungeres etiam in quibus cavendi essent : quanquam nonnullos etiam prætermiseris, quod scire cuperem, quo consilio factum sit. Aut si illud volumen forte onerare noluisti, ut commemoratis hæreticis, non adderes, in quibus eos Catholica damnarit auctoritas, quæso ne grave sit litterario labori tuo, quo non mediocriter per Domini Dei nostri gratiam in latina lingua sanctorum studia et accendisti et adjuvisti, id quod tibi per humilitatem meam fraterna caritas indicit, ut si occupationes tuæ sinunt, omnium hæreticorum perversa dogmata, qui rectitudinem fidei christianæ usque ad hoc tempus, vel imprudentia, vel imperitia, vel pervicacia depravare conati sunt, (a) uno libello breviter digesta edas, in notitiam eorum, quibus aut non vacat propter alia negotia, aut non valent propter alienam linguam tam multa legere atque cognoscere. Diu te rogarem, nisi hoc soleret esse indicium minus de caritate præsumentis. Eumque interea fratrem nostrum in Christo Paulum multum commendo benignitati tuæ, cujus in nostris regionibus existimationi bonum coram Deo testimonium perhibemus. »

EPISTOLA LXVIII (b)
AD CASTRUTIUM.

Castrutio e Pannonia, qui ut Hieronymum inviseret, navigare constituerat, gratias agit, eumque consolatur de cœcitate oculorum, docens eam aliquoties a Deo propitio immitti.

1. Sanctus filius meus Heraclius diaconus mihi retulit, quod cupiditate **409** nostri (c) Cissam usque venisses : et homo Pannonius, id est, terrenum animal, non timueris Adriatici maris æstus [al. *Syrtes*], et Ægei atque Ionii subire discrimina. Et nisi te pius fratrum retinuisset affectus, voluntatem opere complesses. Habeo itaque gratias, et in acceptum refero. In amicis enim non res quæritur, sed voluntas. Quia alterum ab inimicis sæpe præbetur : alterum sola caritas tribuit. Simulque obsecro, ne imbecillitatem corporis quam sustines, de peccato tibi existimes evenisse. Quod quidem et Apostoli suspicantes de eo qui natus erat cæcus ex utero, interrogantesque Dominum Salvatorem : *Iste peccavit, an parentes ejus, ut cæcus nasceretur*, audiunt : *Neque hic peccavit, nec parentes ejus ; sed ut manifestentur opera Dei (d) in ipso* (*Joan.* 9. 2. 3). Quantos enim cernimus Ethnicos atque Judæos, hæreticos, atque diversorum dogmatum homines volutari in cœno libidinum, madere sanguine, feritate lupos, rapacitate milvos vincere; et nihilominus flagellum non appropinquare tabernaculis eorum (*Psal.* 90), nec eos cum hominibus verberari : et idcirco superbire contra Deum, et transire usque ad cœlum os eorum. Cum sanctos e contrario viros, sciamus ægrotationibus, miseriis et egestate torqueri, qui forsitan dicunt. (*e*) *Ergo frustra sanctificavi animam meam, et lavi inter innocentes manus meas* (*Psal.* 72. 13). Et statim se reprehendentes aiunt : *Si narravero sic, ecce nationem* [al. *generationem*] *filiorum tuorum reprobavi* (*Ibid.* 13. 15). Si cæcitatis causam putas esse peccatum, et id Dei inferre iram, quod crebro medici remediantur, insimulabis Isaac, qui in tantum lucis istius expers fuit, ut etiam cui nollet, errore deceptus benediceret (*Gen.* 27). Refers crimen in Jacob, cujus caligaverat acies, et cum interioribus oculis, et spiritu prophetali longe post futura prospiceret, (*f*) et Christum cerneret de stirpe regia esse venturum, Ephraim et Manassem videre non poterat (*Ibid.* 48 *et* 49). Quid inter reges Josia sanctius? Ægyptio mucrone **410** interfectus est (4. *Reg.* 23). Quid Petro, quid Paulo sublimius? Neronianum gladium cruentarunt. Et (ut de hominibus taceam) Dei Filius sustinuit ignominiam crucis : et tu putas beatos, qui felicitate istius sæculi et deliciis perfruuntur? Magna ira est, quando peccantibus non irascitur Deus. Unde et in Ezechiele ad Jerusalem, *Jam*, inquit, *non irascar tibi, zelus meus recessit a te* (*Ezech.* 16. 42). *Quem enim diligit Dominus, corripit* (*Prov.* 3. 12); Et, *castigat omnem filium quem recipit* (*Hebr.* 12). Non crudit pater, nisi quem amat. Non corripit magister discipulum, nisi cum quem ardentioris cernit ingenii. Medicus si cessaverit curare, desperat. (*g*) Quod si responderis : quo modo Lazarus recepit mala in vita sua (*Luc.* 16), libenter nunc tormenta patiar, ut futura mihi gloria reservetur ; *Non enim vindicabit Dominus bis in idipsum* (*Naum.* 1). Job vir sanctus et immaculatus, et justus in generatione sua cur tanta perpessus sit ipsius volumine continetur.

2. Et ne veteres replicando historias, longum faciam, et excedam mensuram epistolæ, brevem tibi fabulam [Narratiunculam] referam, quæ infantiæ meæ temporibus accidit. Beatus Antonius cum a sancto Athanasio, Alexandriæ Episcopo, propter confutationem hæreticorum [Arianorum], in urbem Alexandriam esset accitus, et isset ad eum Didymus vir eruditissimus, captus oculis, inter cæteras sermoci-

---

(*a*) Sane hujusmodi libellum *de Hæresibus* a Hieron. elucubratum post aliquot annos Augustinus credidit, idque se testatur ex aliorum sermonibus accepisse in uno posteriorum suorum operum, nem. e in Jerem. c. 88. Verum, qui nunc exstat, liber eo titulo, et a nobis postremo tomo exhibendus est, Hieronymum auctorem non hær.
(*b*) d. 53. scripta hoc an. 397.
(*c*) Veron. liber qui *ad Castricianum de cæcitate oculorum*, et Cisterciensis, qui ad *Castrianum* tantum inscribunt, heic loci præferunt, *ad Edissam usque*, minus probabili lectione; Edessa enim Macedoniæ est civitas, ad quam ut veniret, non erant Castrutio Ægæi maris subeunda discrimina, ac si ad Cissam Thraciæ urbem ad Hellespontum venit; tametsi Cissam hanc Ferrarius ad Phanum ad fauces Timavi ad mare Adriaticum collocat, quæ nobis opinio persuasit, ut isthæc marium pericula ita adciamus, non quæ jam evassiset Castrutius, sed quæ subire prompto animo non dubitaret.
(*d*) Duo verba *in ipso* editor Benedictinus [...] Era m. expunxerat.

(*e*) Iidem vitiose habent *Ego* pro *Ergo*
(*f*) Duo vetustiores Mss. codices *Christum caneret de tribu regia*, et paulo post *confossus* loco *interfectus*.
(*g*) Sic quidem libri omnes legunt impressi ac Mss. sed mendum cubare his verbis, *Quod si responderis*, hiulcus, abruptusque sensus, ac S. Doctoris menti contrarius indicio est. Legerim, *Quare sic respondebis*, aut tale quippiam. Nisi si malis, variata paulum interpunctione, atque *enim* expuncta vocula in Naumi sententia, illam una serie subnectere, quasi superioris responsum. Veronen. interim habet *respondes, et receverit*.

nationes, quas de Scripturis sanctis habebant, cum ejus admiraretur ingenium, et acumen animi collaudaret, sciscitans ait : Num tristis es, quod oculis carnis careas ? Cum ille pudore reticeret ; secundo tertioque interrogans, tandem elicuit, ut mœrorem animi simpliciter fateretur. Cui Antonius : Miror, ait, prudentem virum ejus rei dolere damno, quam formicæ et muscæ et culices habent, et non lætari illius possessione, quam sancti soli et Apostoli meruerunt. Ex quo pervides, quod multo melius sit spiritu videre quam carne : et illos oculos possidere, in quos peccati **411** festuca (*Luc.* 6) non possit incidere. Nos [al. *Ad nos*], licet hoc anno non veneris, tamen non desperamus adventum tuum. Quod si sanctus Diaconus portitor litterarum, tuis (*a*) rursum amplexibus fuerit irretitus, et illo comitante, huc veneris, libenter suscipiam, dispensationis moram magnitudine fœnoris duplicari.

EPISTOLA LXIX (*b*).

AD OCEANUM.

Carterii Hispani Episcopi, qui unam ante baptismum, alteram, ea mortua, post baptismum uxorem duxerat, ordinationem defendit, ne bigamus censeatur, contra quam Oceanus sentiebat. Hinc arrepta occasione de verbis Apostoli, Unius uxoris virum, *deque iis quæ in Episcopo cum primis requiruntur, virtutibus disserit.*

1. Nunquam, (*c*) fili Oceane, fore putabam, ut indulgentia Principis calumniam sustineret reorum ; et de carceribus exeuntes, post sordes ac vestigia catenarum dolerent alios relaxatos. In Evangelio au-

(*a*) Vocem *rursum* ex Veronensi, ac Cisterciensi codicibus emendatissimis reposuimus, unde intelligas Heraclium itineris comitem Castrutio primum fuisse. In fine pro *duplicari*, alii codd. *duplicatam*, alii *amplicatam* legunt. Gravius mavult *duplicati*.
(*b*) *alias* 83. *scripta circ. an.* 397.
(*c*) Digamum cum non censeri, qui antequam baptizatus esset, uxorem habuerit, si post baptismum aliam junxerit, neque adeo uxorem ante baptismum ei qui ordinandus est, debere imputari, hanc hac epistola contendit Hieronymus, qui alibi quoque lib. 1. in Jovinian. et in Epistola ad Titum C. 1. eamdem opinionem tuetur, quam forte iuit ex Tertulliano, qui lib. de Monogamia c. 11. digamiam ex marito ante baptismum contractam viduis obesse noluit. At contra sentiunt Concilium Valentinum I. ann. 374. Can. 1. S. Ambrosius lib. 1. de Officiis c. 50., et Epistol. ad Vercellenses, S. Augustinus de bono Conjug. cap. 18. n. 21. præcipue vero Innocentius I. epist. ad Macedones, et Leo quoque primus, aliique deinceps, quorum in Occidentali Ecclesia definitio obtinuit. Ut vero non desit qui Hieronymi sententiam utcunque tueantur eruditi viri, eam apud Orientales valuisse volunt, quod potissimum argumentantur ex adnotationibus Zonaræ, ac Balsamonis in Canon. 17. Apostolorum, quem S. Doctori favere existimant. Sed nullam revera Canon ille conjugii ante baptismum mentionem facit, et ut demum Zonaræ ac Balsamonis, qui non de conjugio loquuntur, sed de peccatis regenerationis sacramento præcedentibus, eam, quæ ipsis tribuitur, mentem esse, quid tamen ipsi senserint, produnt, non quid tota Orientis Ecclesia. Quin ipse idem Hieronymus cum in hac epistola contrariam sibi sententiam Cainitarum hæresi fere accenseat, haud multo post in fine libri primi contra Ruffinum, animos demittens, « interrogati, inquit, a fratribus, quid nobis videretur, respondimus, nulli præjudicantes sequi quod velit, nec alterius decretum nostra sententia subvertendo. » Hæc antequam ad ipsam epistolam accedat, Lectorem semel docuisse oportebat, ut singulis in eam sententiam argumentis quid repondendum continuo sit, intelligeret.

dit inv idus salutis alienæ ; *Amice, si ego bonus sum, quare oculus tuus nequam est?* (*Matth.* 20. 15.) Conclusit Deus omnia sub peccato, ut omnibus misereatur (*Rom.* 11. 32). *Ubi abundavit peccatum, superabundavit gratia* (*Ibid.* 5. 20). Cæsa sunt Ægypti primogenita (*Exod.* 12), et ne jumentum quidem Israeliticum in Ægypto derelictum est. Et [al. *En*] consurgit mihi (*d*) Caina hæresis, atque olim emortua vipera contritum caput levat, quæ non ex parte ut ante consueverat, sed totum Christi subruit sacramentum. (1) Dicit enim esse aliqua peccata, quæ Christus non possit purgare sanguine suo ; et tam profundas scelerum pristinorum **412** inhærere [al. *inseri*] corporibus atque animis cicatrices, ut medicina illius attenuari non queant. Quid aliud agit, nisi ut Christus frustra mortuus sit? Frustra autem mortuus est, si ali quos vivificare non potest. Mentitur Joannes Baptista, et digito Christum et voce demonstrans : *Ecce Agnus Dei, qui tollit peccata mundi* (*Joan.* 1. 29), si sunt adhuc in sæculo, quorum Christus peccata non tulerit. Aut enim ostendendi sunt non esse de mundo, quos Christi ignoret indulgentia : aut si de mundo sunt, eligendum e duobus alterum. Liberati a peccatis, Christi potentiam probant : non liberati, quasi adhuc rei, imbecillitatem demonstrant. Sed absit hoc de Omnipotente credere, quod in aliquo impotens sit. *Omnia quæ Pater facit, et Filius facit similiter* (*Ibid.* 5. 19). Infirmitas Filii redundat ad Patrem. Cuncta oviculæ membra portata sunt : totæ Apostoli Epistolæ Christi gratiam sonant. Et ne parum videretur simplex gratiæ nuncupatio : *Gratia,* inquit, *vobis et pax multiplicetur* (1. *Petr.* 1. 2). Multiplicatio promittitur, et a nobis paucitas affirmatur.

2. Quorsum ista ? (*e*) Nosti problema tuum : Carterius Hispaniæ Episcopus, homo et ætate vetus et sacerdotio, unam antequam baptizaretur, alteram post lavacrum, priore mortua, duxit uxorem ; et arbitraris cum contra Apostoli fecisse sententiam, qui in catalogo virtutum, Episcopum *unius uxoris virum* præceperit ordinandum. Miror autem te unum protraxisse in medium, cum omnis mundus his ordinationibus plenus sit ; non dico de Presbyteris, non de inferiori gradu : ad Episcopos venio, quos si sigillatim voluero **413** nominare, tantus numerus congregabitur, ut (*f*) Ariminensis Synodi multitudo superetur. SED INDECENS EST, sic unum tueri, ut plures accusare videaris ; et quem ratione non possis, societate peccantium defen-

(*d*) Cainam hæresim secundo Ecclesiæ sæculo sciunt omnes ita appellatam, quod Caino præsertim honorem deferret ; sed novam huic S. Doctor nominis allusionem ex eo facit, quod sicuti Cain majorem culpam suam dixit, quam quæ posset a Deo dimitti, ita hi, contra quos scribit, *aliqua esse dicerent, qua Christus non possit purgare sanguine suo,* sive in baptismo dimittere.
(*e*) Alii codd. *Quorum sunt ista quæ nosti problemata ?* vel *quorsum ista nosti problemata ?*
(*f*) Terentii circiter Episcopi interfuere. Severus Sulpitius numerum adhuc auget, supra quadringentos ; sed fallitur. Hieronymus vero tam grandem ejusmodi ordinationum vim ita in Apolog. lib. 1. contra Ruffin. temperat, ut non jam dicat, tenum illis numdum, sed tantum *istiusmodi sacerdotes in Ecclesia esse nonnullos.*
(1) Mavult Gravius, *dicendo enim,* et mox *quid aliud agit,* ut sit una periodus cum subsequenti.

das. Sustinui Romæ a viro eloquentissimo cornutum, ut dicitur, syllogismum, ut quocumque me verterem, strictius [al. *strictus*] tenerer. Uxorem, inquit, ducere peccatum est, an non? Ego simplex, et qui insidias vitare nescirem, dixi non esse peccatum. Rursum aliud proposuit, in baptismate bona opera dimittuntur, an mala? Et in hoc eadem simplicitate respondi peccata dimitti. Cum me securum putarem, cœperunt mihi hinc inde cornua increscere, et absconditæ prius acies dilatari. Si, inquit, uxorem ducere, non est peccatum; baptismus autem peccata dimittit: quidquid non dimittitur, reservatur. Illico mihi, quasi a fortissimo pugile percussus essem, ante oculos caligo observari cœpit, statimque recordatus Chrysippei [al. *Chrysippi*] sophismatis: « Si mentiris, idque vere dicis; mentiris: » et in me reversus converti in adversarium propositionis stropham. Quæso, inquam, te ut respondeas. Baptismus hominem facit novum, an non? Vix dedit, quod novum faceret. Gradatim intuli: ex toto novum facit, an ex parte? Respondit, ex toto. Deinceps interrogavi, nihil ergo veteris hominis in baptismate reservatur? Movit caput. Cœpi protinus texere: Si baptismus novum hominem facit, et ex toto novum creat, nihilque in eo veteris reservatur, non potest novo imputari, quod in veteri quondam fuit. Primum (*a*) spinosulus noster obmutuit; postea vero Pisoniano vitio, cum loqui nesciret, tacere non potuit. Sudare tamen frons, pallere genæ, tremere labia, hærere lingua, saliva siccari, et plus timore quam ætate contrahi. Erupuit aliquando: Nonne legisti ab Apostolo, unius uxoris virum assumi in sacerdotium, et rem non tempora definiri? Quia me syllogismis provocaverat, et videbam tendere hominem ad interrogatiunculas tortuosas, sua contra illum tela jaciebam. Baptizatos, **414** inquam, Apostolus elegit in Episcopatum, an Catechumenos? Respondere nolebat. Ego tamen idipsum ingerere, et secundo ac tertio sciscitari [al. additur *cœpit*]. Nioben putares, quæ nimio fletu in lapidem versa est. Verti me ad auditores: nihil interest, o boni judices, adversarium vigilantem, an dormientem ligem, nisi quod facilius est quiescenti, quam reluctanti vincula innectere. Si Apostolus non catechumenos in clerum allegit, sed fideles: fidelis autem est qui Episcopus ordinatur; vitia catechumeni non imputabuntur fideli. Torquebam istiusmodi spicula, et vibrantes hastas in lethargicum dirigebam. Oscitabat tandem, et quasi per mentis crapulam ructans et nauseans evomebat: Apostolus, dixit, Paulus hæc docuit.

5. Proferuntur ergo Apostoli Epistolæ, una ad Timotheum, altera ad Titum. In prima scriptum erat: « Si quis episcopatum desiderat, bonum opus deside-

rat. Oportet ergo Episcopum irreprehensibilem esse, unius uxoris virum, sobrium, prudentem, ornatum, hospitalem, doctorem, non vinolentum, non percussorem: sed modestum, non litigiosum, non avarum, domum suam bene regentem; filios habentem subditos cum omni castitate. Si quis autem domui suæ præesse nescit, quomodo Ecclesiæ Dei diligentiam adhibebit? Non neophytum, ne in superbiam elatus, in judicium incidat diaboli. Oportet autem eum et testimonium habere bonum ab his qui foris sunt, ut non in opprobrium incidat, et in laqueum diaboli » (1. Tim. 5. 1. *et seqq*). Ad Titum statim in principio hæc mandata ponuntur. « Hujus rei gratia reliqui te Cretæ, ut ea quæ deerant, corrigas: et constituas per civitates Presbyteros, sicut ego tibi disposui. Si quis est sine crimine unius uxoris vir, filios habens fideles, non in accusatione luxuriæ, aut non subditos. Oportet ego Episcopum esse sine crimine, tanquam Dei dispensatorem, non protervum, non iracundum, non vinolentum, non percussorem, non turpis lucri cupidum, sed hospitalem, benevolum, prudentem, justum, sanctum, continentem, obtinentem eum, qui secundum doctrinam est, fidelem sermonem; ut possit exhortari in doctrina sana, et contradicentes revincere » (*Cap*. 1. 5. *et seqq*.). In utraque **415** Epistola, sive Episcopi, sive Presbyteri, (*b*) quanquam apud veteres iidem Episcopi et Presbyteri fuerint: quia illud nomen dignitatis est, hoc ætatis, jubentur monogami in Clerum eligi. Certe de baptizatis Apostoli sermonem esse, nemo dubitat. Si ergo omnia quæ in ordinatione quæruntur Episcopi, non præjudicant ordinando, licet ea ante baptisma non habuerit (quæritur enim quid sit, et non quid fuerit) quare solum nomen uxoris impediat, quod solum peccatum non fuit? Dicis, quia peccatum non fuit, idcirco non est dimissum in baptismate. Rem novam audio: quia (*c*) peccatum non fuit, in peccatum reputabitur. Omnia scorta, et publicæ colluvionis sordes, impietas in Deum, parricidium, et incestus in parentes, atque in extraordinarias voluptates utriusque sexus mutata natura, Christi fonte purgantur: uxoris inhærebunt maculæ, et lupanaria thalamis præferentur? Ego non tibi imputo meretricum exercitus, exoletorum greges, effusionem sanguinis, et instar suis in omni cœno libidinum volutabra; et tu mihi olim mortuam de sepulcro uxorculam protrahis: quam ideo accepi, ne facerem quod fecisti? Audiant ethnici messes [al. *messis*] Ecclesiæ, de quibus quotidie horrea nostra complentur; audiant catechumeni, qui sunt fidei candidati, ne uxores ducant ante baptisma, ne honesta jungant matrimonia; (*d*) sed Scottorum et Atticotorum ritu, ac de Republica Platonis,

---

(*a*) Pisoni, qui cum balbus esset, tacere tamen non poterat, oris hæsitantiam exprobrat Cicero, atque illud nec tacere posse nec loqui. Conjicimus hinc nos pro *spinosulus* legendum *Pisonulus*, seu recens ac parvus Piso, quod nomen facile librarii corruperint vocis insolentia offensi, alia supposita, quæ ad illius similitudinem proxime accederet; Hieronymus vero per quam eleganter, suoque ex ingenio videatur scripsisse, maxime cum noster pronomen sub ii loco...

(*b*) Vid. quæ adnotamus in epist. ad Evangelum ad tomi hujus finem.

(*c*) Verba quæ inter utramque vocem *peccatum* sunt, in Victorii editione desiderantur.

(*d*) Lib. 2. contra Jovinian. *Scottorum*, inquit, *natio uxores proprias non habet... nulla apud eos conjux propria est, sed ut cuilibet libitum fuerit, pecudum more lasciviunt*. Sic Paulus post barbaros impiosque Atteotorum vel Attacotorum mores describens, ingressam hoc lectionem ipse confirmat. *ipso loco Erasmi, Scottorum et Scotorum*, Victorius *Isotorum ab* ἴσος, *impudicos*, substituerant.

promiscuas uxores, communes liberos habeant: imo caveant qualecumque vocabulum conjugis, ne postquam in Christo crediderint, doceat eis quod aliquando non concubinas, nec meretrices, sed uxores habuerint.

4. Recolat unusquisque conscientiam suam, et totius vulnera plangat ætatis: cumque verum judicem priorum se exhibuerit delictorum, audiat increpantem Jesum: *Hypocrita, ejice primum trabem de oculo tuo, et tunc videbis ejicere festucam de oculo fratris tui* (Matth. 7. 5; et Luc. 6. 42). Vere Scribarum et Pharisæorum similes, culicem liquantes et camelum glutientes, decimamus mentam et anethum; et Dei judicium prætermittimus (Matth. 23). Quid simile uxor et scortum? **416** Imputatur infelicitas conjugis mortuæ, et libido meretricia coronatur? Ille si prior uxor viveret, aliam conjugem non haberet: tu ut passim caninas nuptias jungeres, quid potes excusare? Forsitan timuisse te dicas, ne si matrimonium copulasses, non posses aliquando Clericus ordinari. Ille in uxore optavit liberos, tu in meretrice sobolem perdidisti. Illum naturæ et benedictioni Domini servientem: *Crescite et multiplicamini, et replete terram* (Gen. 1. 28), cubiculorum secreta texerunt: te subantem ad coitum publica facies execrata est. Ille quod licebat, verecundo pudore celavit: tu quod non licebat, impudenter omnium oculis ingessisti. Illi scriptum est: *Honorabiles nuptiæ, et cubile immaculatum* (Hebr. 13. 4); tibi legitur: *Fornicatores autem et adulteros judicabit* [al. perdet.] *Deus* (Ibidem) : Et, *qui corrumpit templum Dei, corrumpet illum Deus* (1. Cor. 6. 7). Omnia, inquit, nobis in baptismate condonata sunt crimina: nec post indulgentiam, judicis est metuenda severitas, dicente Apostolo: « Et hæc quidem fuistis, sed abluti estis, sed sanctificati estis, sed justificati estis in nomine Domini Jesu Christi, et in Spiritu Dei nostri (Ibid. 3 17). Omnia peccata donata sunt; bene et fideliter. Sed quæro quomodo tuæ sordes lotæ sint, et meæ munditiæ sordidatæ? Non dico, ais, tuas sordidatas, sed in eodem statu mansisse quo fuerant; si enim sordes fuissent, lotæ utique fuissent ut meæ. Rogo quæ est ista tergiversatio, et acumen omni pistillo retusius? Quia non est peccatum, peccatum est: quia non est sordidum, sordidum est? Non dimisit Dominus, quia non habuit quod dimitteret; et quia non dimisit, idcirco manet, quod dimissum non fuit.

5. Quantam vim habeat baptisma, et aqua in Christo sanctificata gratiam, paululum post docebo: interim juxta vulgare proverbium: Malo arboris nodo, malus cuneus requirendus est. Hoc quod dicit, *unius uxoris virum*, potest et aliter disseri. Ex Judæis erat Apostolus: prima Christi Ecclesia de Israel reliquis congregabatur. Sciebat, Lege concessum, et exemplo Patriarcharum ac Moysi familiare populo noverat in multis uxoribus liberos spargere: ipsis quoque Sacerdotibus hujus licentiæ patebat arbitrium: Præcepit ergo, ne **417** eamdem licentiam Ecclesiæ sibi vindicent Sacerdotes: ne bina pariter et trina conjugia sortiantur; sed ut singulas uno tempore uxores habeant.

Ne contentiosum clames esse quod diximus, accipe et aliam explanationem: ne tibi soli liceat, non voluntatem Legi, sed Legem jungere voluntati. Quidam coacte interpretantur uxores pro Ecclesiis, viros pro Episcopis debere accipi. Et hoc in Nicæna quoque Synodo a patribus esse decretum, (a) ne de alia ad aliam Ecclesiam Episcopus transferatur: ne virginali [al. *Virginis*] pauperculæ societate contempta, ditioris adulteræ quærat amplexus: ut quomodo culpa et filiorum vitium in λογισμοῖς, id est, *cogitationibus*, accipitur; domusque dispensatio ad animam referatur et corpus, ita et uxores Pontificum dici Ecclesias. De quibus in Isaia scriptum est: *Mulieres properantes de spectaculo venite: non est enim populus habens intelligentiam* (Isai. 27. 11. juxta LXX). Et rursum: *Mulieres divites, surgite, et audite vocem meam* (Ibid. 32. 9). Et in Proverbiis: *Mulierem fortem quis inveniet?* (Prov. 31. 10. juxta LXX.) Honorabilior est pretiosis lapidibus, quæ talis est. *Confidit in ea cor viri sui.* Et in eodem volumine: *Sapientes mulieres ædificaverunt domum; insipiens autem destruxit manibus* (Ibid. 14. 1). Nec hoc, inquiunt, Episcopis videatur indignum, cum de Deo quoque scriptum sit: *Sicut despicit uxor virum suum, sic despexit me domus Israel* (Jerem. 3). Et in Apostolo: *Despondi enim vos uni viro, virginem castam exhibere Christo* (2. Cor. 11. 2). Mulierem autem, id est γυναῖκα juxta **418** Græci sermonis ambiguitatem, in his omnibus testimoniis (b) uxorem potius intellige. Violenta, inquies, et satis dura etiam hæc interpretatio. Redde igitur Scripturæ simplicitatem suam, ne tuis contra te legibus dimicemus. Quæram et illud: Si quis et ante baptismum habuerit concubinam, et illa mortua, baptizatus uxorem duxerit, utrum Clericus fieri debeat an non? Respondebis posse fieri: quia concubinam habuerit, non uxorem. Conjugales ergo tabulæ et jura dotalia, non coitus ab Apostolo condemnatur. Multos videmus ob nimiam paupertatem, uxorum [al. *virorum*] sarcinam declinare, et ancillas suas habere pro uxoribus, susceptosque ex his liberos colere [al. *tollere*] ut proprios: qui si forte ditati ab Imperatore, (c) stolam illis meruerint, conde-

---

(a) Nicænum 15 canonem vulgo intellexunt eruditi, sed verius forte Sardicensis primæ, nobis videtur indicari, cujus Concilii canones pro Nicænis olim habitos nemo nescit. Certe quod subjicit, « ne Virginis pauperculæ societate contempta, ditioris adulteræ quærat amplexus » præcipue concinit his Osii in eodem Sardicensi. « Cum animus in hac re inventus sit Episcopi, quod de majore civitate ad minorem transiret. « Porro Episcoporum uxores vocari Ecclesias jamdiu olim usu receptum est in Ecclesia, cujus rei passim occurrunt exempla.

(b) Ita et S. Ambrosius, quanquam lib. de Institut. Virg. c. 5. mulieris nomen *non corruptelæ, sed sexus vocabulum* esse propugnat, aliud tamen vulgo sonare non inficiatur. Et frequentius pro maritata accipi invenisti a veterum monimentis, quam pro viri ignara, imo Virginem mulieri opponi. Hoc autem in eum finem S. Doctor congessit, quem paulo post notat, ut nempe quod Apostolus dixit, « unius uxoris virum, ita unius mulieris virum possit intelligi, ut ad coitum magis referatur, quam ad dotales tabulas. »

(c) Mirum est, quantula res quantum interdum eruditis viris negotium facessant. Cum antea legeretur, *stolam illis meruerint* in libris omnibus, quos videre contigit nobis, depravari sensus intellexerunt librariorum incuria, cui suppetias ferre oporteret. Stolam enim Imperatoris quis meruisse unquam potuit? et ut meruerit, quid hoc

stim Apostolo colla submittent, et inviti inter uxores eas recipere cogentur. Sin autem Principale rescriptum eadem tenuitas impetrare non quiverit, cum romanis legibus scita Ecclesiæ mutabuntur. Vide ne hoc quod dicitur : *unius uxoris virum*, unius mulieris possit intelligi, ut ad coitum magis referatur, quam ad dotales tabulas. Hæc universa proferimus, non quo veræ et simplici intelligentiæ resistamus : sed ut doceamus te Scripturas sanctas sic intelligere ut scriptæ sunt; nec evacuare baptismum Salvatoris, et totum patibuli sacramentum irritum facere.

6. Reddamus quod paulo ante promisimus, et de schola Rhetorum, aquarum **419** laudes et baptismi prædicemus(1). Rudis mundus, necdum sole rutilante, nec pallente luna, nec astris micantibus, incompositam et invisibilem materiam, abyssorum magnitudine, et deformitas tenebris opprimebat. Solus Spiritus Dei in aurigæ modum super aquas ferebatur (*Gen.* 1. 2), et nascentem mundum in figura baptismi parturiebat. Inter cœlum et terram, medium exstruitur firmamentum; et juxta Hebraici sermonis ἐπουράνιον cœlum, id est, SAMAIM *ex aquis* sortitur vocabulum : et aquæ quæ super cœlos sunt, in laudes Dei separantur. Unde et in Ezechiele Propheta, Crystallum super Cherubim videtur extensum (*Ezech.* 1), id est, compactæ et densiores aquæ. Primum de aquis, quod vivit, egreditur et pennatos fideles de terra ad cœlum levat. Fabricatur homo de limo (*Gen.* 2. 7), et inter manus Dei aquarum sacramenta versantur. Plantatur paradisus in Eden (*Ibid. v.* 8); et unus fons in quatuor principia dividitur, qui postea egrediens *de templo, et contra solis ortum vadens* (*Ezech.* 47. 1), amaras aquas mortuasque vivificat. Peccat mundus,

et sine aquarum Diluvio non purgatur (*Gen.* 7. 17). Statimque columba Spiritus sancti, expulso alite teterrimo, ita ad Noe quasi ad Christum in Jordane devolat, et ramo refectionis ac luminis, pacem orbi annuntiat (*Ibid.* 8. 11). Pharao cum exercitu suo nolens (*a*) populum Dei exire de Ægypto, in typo baptismatis suffocatur (*Exod.* 14. 15). Et in Psalmis de interfectione illius scribitur : « Tu confirmasti in virtute tua mare, contrivisti [al. *contribulasti*] capita draconum in aquis; tu confregisti capita draconis magni » (*Psal.* 73. 15). Unde et reguli et scorpiones arentia quæque sectantur; et postquam ad aquas venerint ὑδροφόβους (Aquæ pavidos), et lymphaticos faciunt. Mare mutatur sacramento crucis; et septuaginta palmæ Apostolorum, dulcoratis Legis gurgitibus irrigantur. Abraham et Isaac puteos fodiunt, repugnant Allophyli. Et Bersabee, civitas juramenti (*Gen.* 21), regnumque Salomonis nomen sumit a fontibus (3. *Reg.* 1). Rebecca invenitur ad puteum (*Gen.* 24). Rachel propter aquas, supplantatoris osculo salutatur (*Ibid.* 29). Moyses filias sacerdotis Madiam aperto puteo ab injuria vindicat. Præcursor Domini in aquis fontium juxta Salim, quod interpretatur *pax* sive *perfectio*, Christo populum **420** parat (*Matth.* 4. 27). Ipse Salvator post baptisma, et sanctificatas suo lavacro Jordanis aquas, regnum cœlorum incipit prædicare. Primum signum ex aquis facit (*Joan.* 2. 9), Samaritana vocatur ad puteum, sitiens invitatur ad potum. Nicodemo dicit occulte : « Nisi quis renatus fuerit ex aqua et Spiritu (*b*), non intrare cum in regnum cœlorum » (*Joan.* 3). Quia ab aquis cœperat, finivit in aquis. Latus Christi percutitur lancea, et baptismi atque martyrii pariter sacramenta funduntur. Post resurrectionem mittit Apostolos ad Gentes, et præcipit eis, ut baptizent eos in mysterio Trinitatis. Pœnitet facti populum Judæorum, et statim a Petro ad baptisma mittitur. Antequam parturiat, parit Sion, et nascitur gens simul (*Isai.* 66. 7. 8). Paulus persecutor Ecclesiæ, et lupus rapax Benjamin, Ananiæ ovi submittit caput : nec ante recuperat aspectum quam curet baptismo cæcitatem (*Act.* 9 18). Eunuchus Candacis reginæ Æthiopum, lectione Prophetica, Christi baptismati præparatur. Mutat contra naturam *Æthiops pellem suam, et pardus varietates suas* (*Jer.* 13. 23). Qui Joannis acceperant, quia Spiritum Sanctum nesciebant, iterum baptizantur, ne quis putaret (*c*) Gentibus ac Judæis, aquas sine Spiritu Sancto ad salutem posse sufficere. « Vox Domini super aquas, Dominus super aquas multas, Dominus diluvium inhabitare facit » (*Psal.* 28. 3). « Dentes ejus sicut grex detonsarum, quæ ascenderunt de lavacro, omnes ge-

---

facit ad rem uxoriam, ut quam antea concubinam habuerat, etiam invitus in uxorem cogatur recipere, qui meruerit? *Stolam* proinde pro *stolam* vir quidam doctissimus, quem nos consulimus, legi debere opinatus est, eamque indicari publici frumenti partem, quam ex Imperatoris munere nonnullis consequerentur unde in Theodos. Cod. nec uno in loco *stoli lexandrini* mentio est, ad cujus exemplum alii exhiberi debuissent. Id vero non satis opportune, et ad rem, ut, nobis tacentibus, facile totus Hieronymi contextus persuadebit. Neque ea ex parte locus tentandus erat, sed *stolam* omnino retinendum; neque vero *illius*, *ut ad Imperatorem*, referatur, sed *illis*, ut ad *ancillas* concubinas. *Stolam* quippe, quæ non modo proprie muliebris vestis erat, sed etiam honestæ tantum mulieris, ac matris familias, ut Ulpianus, aliique docent, ancilla, et servilis conditionis femina deferre non poterat, quod pluribus Veterum testimoniis compertum est; minime vero omnium concubina ac meretrix, quas *lege a matronalibus decorementis coercitas*, ut Tertullianus de feminarum cultu loquitur, planissime liquet. Si quis porro ditatus ab Imperatore ancillæ concubinæ suæ Stolam impetrasset, jam non ancillæ et concubinæ, sed uxoris legitimæ atque honestæ matronæ loco haberet ex Romanis legibus, atque adeo, juxta eos Apostoli interpretes, ex quorum sententia sequi dixit Hier. *conjugales tabulas ac jura dotalia non coitum* damnari, etiam invitus colla submitteret Apostolo *unius uxoris virum* prædicanti. Sin vero ob paupertatem impetrare non potuisset, sibi cum Romanis legibus scita Ecclesiæ commutarentur, sive ut concubinam continuo haberet. Hinc explicari etiam poterit Isidori locus, isque mutuam nostro dare lucem, ubi Origin. l. 9. c. 7. *Matrimonium esse nobilium justam conventionem*, dixit, aut quod Civium tantum esset Romanorum, aut quod matrimonia auspicato fierent, nulla autem essent Plebeiorum antiqua auspicia, ut ex Livio compertum est.

(1) Gravius ad fidem veteris libri « Rudis mundi, et mox abyssorum multitudo, vel magnitudo et deformes tenebræ opprimebant.

(*a*) Olim *populum Dei permittere exire*. Porro dæmonis aut peccati, quæ in baptismi aquis suffocantur, in typum adhiberi Pharaonem a Patribus, pervulgatum est.
(*b*) Victorius addit *sancto* ex Brixianis codicibus, quibus renuit Græcum exemplar.
(*c*) Vetus editio, *ne quis putaret ex Gentibus*, atque adeo quæ statim subsequitur *ac* particula delenda erit, præposita distinctionis nota, ut sensus sit, potuisse quosdam ex Gentibus suspicari, aquas sine Spiritu Sancto Judæis sufficere.

mellos habentes fœtus, et infœcunda non est in eis » (*Cantic.* 4. 2). Si non est infœcunda, nec sterilis, omnes habent ubera lacte rorantia, quæ cum Apostolo possint dicere : *Filioli mei, quos iterum parturio, donec Christus formetur in vobis* (*Gal.* 4. 19) : et, *Lac vobis potum dedi, non escam* (1. *Cor.* 3. 2). Michæas de baptismi gratia vaticinatur : *Ipse avertet, et miserebitur nostri : demerget iniquitates nostras, et projiciet in profundum maris omnia peccata nostra* (*Mich.* 7. 19).

7. Quomodo ergo in lavacro omnia peccata merguntur, si una uxor supernatat : *Beati quorum remissæ sunt iniquitates, et quorum tecta sunt peccata. Beatus vir, cui non imputavit Dominus peccatum* (*Psal.* 31. 1. 2). Arbitror quod possumus et nos huic aliquid cantico jungere : Beatus vir, cui non imputabit Dominus uxorem. Audiamus et Ezechielem filium hominis, quomodo de ejus virtute pronuntiet, qui hominis futurus est filius : *Assumam* **421** *vos de gentibus, et aspergam super vos aquam mundam, et mundabimini ab omnibus immunditiis vestris : et dabo vobis cor novum, et spiritum novum. Ab omnibus*, inquit, *mundabo vos sordibus* (*Ezech.* 36. 25. 26). In omnibus nihil prætermittitur. Si sordes emundantur, quanto magis munditiæ non coinquinantur ? Dabo vobis cor novum, et spiritum novum : *In Christo enim Jesu, neque circumcisio aliquid valet, neque præputium, sed nova* (*a*) *natura* (*Gal.* 5. 6). Unde cantamus canticum novum : et vetere homine deposito, non ambulamus *in vetustate litteræ sed in novitate spiritus* (*Rom.* 7. 6). Hic est calculus novus, cui novum nomen inscribitur ; quod nemo scit legere, nisi qui illud acceperit (*Apoc.* 2. 17). « Quotquot enim baptizati sumus in Christo Jesu, in mortem illius baptizati sumus. Consepulti enim ei sumus per baptismum in mortem [al. morte], ut quomodo surrexit Christus a mortuis per gloriam Patris, ita et nos in novitatem vitæ ambulemus » (*Rom.* 6. 5). Toties novitatem legimus, et tamen maculosum nomen uxoris non potest ulla novitate deleri ? Consepulti sumus Christo in baptismate, et resurreximus per fidem operationis Dei, qui suscitavit eum a mortuis. Cumque essemus mortui in delictis, et præputio carnis nostræ, convivificavit nos cum illo, donans omnia delicta ; delens quod adversum nos erat chirographum decreti, quod erat contrarium nobis : et ipsum tulit de medio, affigens illud cruci (*Coloss* 2). Omnia nostra cum Christo mortua sunt, universa chirographi veteris peccata deleta sunt ; solum nomen vivit uxoris ? Dies me deficiet si cuncta quæ ad potentiam baptismi pertinent, de Scripturis sanctis voluero digerere ; et nativitatis secundæ, imo in Christo primæ, ponere sacramenta.

8. Antequam dictandi finem faciam (jam enim intelligo mensuram me excedere Epistolæ), volo superiora capitula, in quibus futuri Episcopi vita describitur, cursim exponere ; ut Apostolum non in unius uxoris elogio, sed in omnibus quæ præcipit, Doctorem Gentium suscipiamus. Simul obsecro, ne quis me in sugillationem istius temporis Sacerdotum scripsisse, quæ scripsi, existimet, sed in Ecclesiæ utilitatem. Ut enim oratores, et philosophi describentes qualem velint esse perfectum oratorem, **422** et philosophum, non faciunt injuriam Demostheni et Platoni, sed res ipsas absque personis definiunt : sic in descriptione Episcopi, et in eorum expositione quæ scripta sunt, quasi speculum Sacerdotii proponitur. Jam in potestate et conscientia singulorum est, quales se ibi aspiciant ; ut vel dolere ad deformitatem, vel gaudere ad pulchritudinem possint. *Si quis Episcopatum desiderat, bonum opus desiderat* (1. *Tim.* 3. 1). (*b*) Opus, non dignitatem ; laborem, non delicias ; opus, PER quod humilitate decrescat, non intumescat fastigio. *Oportet ergo Episcopum irreprehensibilem esse* (*Ibid.* 2). Idipsum quoque ad Titum : *Si quis est sine crimine* (*Tit.* 1. 6). Omnes virtutes in uno sermone comprehendit, et pene rem contra naturam exigit. Si enim omne peccatum, etiam in otioso verbo reprehensione dignum est : quis est ille qui absque peccato, id est, sine reprehensione, versetur in hoc mundo ? Sed futurus Pastor Ecclesiæ talis eligitur, ad cujus comparationem recte grex cæteri nominentur. Definiunt Rhetores oratorem, qui sit vir bonus, dicendi peritus. Ante vita, sic lingua irreprehensibilis quæritur, ut merito suscipiatur. PERDIT ENIM auctoritatem docendi, cujus sermo opere destruitur *Unius uxoris virum* ; de hoc supra diximus. Nunc hoc tantum admonemus, ut si unius uxoris vir, etiam ante baptismum quæritur ; cætera quoque quæ præcepta sunt, ante baptismum requiramus. Neque enim competit universa post baptismum, et unum hoc mandatum intelligere ante baptismum. *Sobrium*, sive *vigilantem*, νηφάλιος quippe utrumque significat. *Prudentem, ornatum, hospitalem, doctorem* (*Levit.* 10). Sacerdotes qui ministrant in templo Dei, prohibentur vinum et siceram bibere : ne in crapula et ebrietate aggraventur corda eorum ; et ut sensus officium exhibens, Deo vigeat semper, et tenuis sit. Quod autem infert *prudentem*, excludit eos, qui sub nomine simplicitatis excusant stultitiam Sacerdotum. NISI ENIM cerebrum sanum fuerit, omnia membra in vitio erunt. *Ornatum* quoque, 'ἐπίτασις (*c*) est prioris verbi, id est, *irreprehensibilis*. Qui vitia non habet, irreprehensibilis appellatur : qui virtutibus pollet, ornatus est. Possumus et aliud **423** intelligere ex hoc verbo, juxta illud Tullii : Caput est artis, decere quod facias. Sunt enim quidam ignorantes mensuram suam, et tantæ stoliditatis ac vecordiæ, ut et in motu et in incessu, et in habitu, et in sermone communi, risum spectantibus præbeant : et quasi intelligentes quid sit ornatus, comunt se vestibus et munditiis corporis, et lautiori mensæ epulas parant : cum omnis istiusmodi ornatus et cultus sordibus fœdior sit. Quod autem doctrina a Sacerdotibus expetatur, et veteris præcepta sunt Legis, et ad Titum

---

(*a*) In Græco autem est καινὴ κτίσις, *nova creatura*, quemadmodum et Vulgatus Interpres vertit, et Victorius ad ejus exemplar fecit.

(*b*) Confer quæ in Epistol. ad Titum cap. 1. eodem intellectu, atque iisdem fere sententiis commentatur.

(*c*) Græcæ vocis interpretationem hanc, sive *incrementum*, adnotant editi vetustiores.

plenius scribitur. INNOCENS ENIM et absque sermone conversatio, quantum exemplo prodest, tantum silentio nocet. Nam et latratu canum, baculoque pastoris, luporum rabies deterrenda est. *Non vinolentum, non percussorem* (*Tit.* 7). Virtutibus vitia opposuit.

9. Didicimus quales esse debeamus : discamus quales non esse debeant Sacerdotes. Vinolentia scurrarum est, et comessatorum : venterque mero æstuans, cito despumat in libidines. In vino luxuria, in luxuria voluptas, in voluptate impudicitia est. Qui luxuriatur, vivens mortuus est : ergo qui inebriatur, et mortuus est et sepultus est. Noe ad unius horæ ebrietatem nudat femora sua (*Gen.* 9. 21), quæ per sexcentos annos sobrietate contexerat. Lot per temulentiam, nesciens libidini miscet incestum : et quem Sodoma non vicerat, vina vicerunt. Percussorem autem Episcopum ille condemnat, qui dorsum suum posuit ad flagella : *et maledictus non remaledixit* (*Isai.* 50; *Marc.* 15). *Sed modestum* (1. *Tim.* 3). Duobus malis unum opposuit bonum ; ut temulentia et ira, modestia refrenentur. *Non litigiosum, non avarum.* Nihil enim impudentius arrogantia rusticorum, qui garrulitatem auctoritatem putant ; et parati semper ad lites, in subjectum sibi gregem tumidis sermonibus tonant. Avaritiam in Sacerdote vitandam, et Samuel docet : nihil coram populo eripuisse se cuiquam probans (1. *Reg.* 12) : et Apostolorum paupertas, qui refrigeria sumptuum a fratribus accipiebant, et præter victum atque vestitum nihil se aliud nec habere, nec velle gloriabantur. Quam ad Timotheum avaritiam, **424** ad Titum turpis lucri cupiditatem apertissime notat (*Tit.* 1). *Domum suam bene regentem.* Non ut opes augeat, non ut regias paret epulas, non ut cælatas patinas struat, non ut Phasides aves lentis vaporibus coquat, qui ad ossa perveniant et superficiem carnis non dissolvant artifici temperamento : sed ut quod populo præcepturus est, prius a domesticis exigat. *Filios habentem subditos, cum omni castitate ;* ne scilicet imitentur filios Eli, qui in vestibulo Templi cum mulieribus dormiebant ; et (*a*) religionem prædam putantes, quidquid optimum in hostiis erat, in suas delicias convertebant (1. *Reg.* 2). *Non neophytum, ne in superbiam elatus in judicium incidat diaboli* (1. *Tim.* 3. *et Tit.* 1). Mirari satis non queo, quæ hominum tanta sit cæcitas, de uxoribus ante baptismum disputare ; et rem in baptismate mortuam, imo cum Christo vivificatam in calumniam trahere, cum tam apertum evidensque præceptum nemo custodiat. Heri catechumenus, hodie pontifex : heri in amphitheatro, hodie in Ecclesia ; vespere in circo, mane in altario : dudum fautor histrionum, nunc virginum consecrator. Num ignorabat Apostolus tergiversationes nostras, et argumentorum ineptias nesciebat? Qui dixit, *unius uxoris virum* (*Ibid.*), ipse mandavit irreprehensibilem, sobrium, prudentem, ornatum, hospitalem, doctorem, modestum : non vinolentum, non percussorem, non litigiosum, non avarum, non neophytum. Ad hæc omnia claudimus oculos, solas videmus uxores. Quod autem ait : *Ne in superbiam elatus, incidat in judicium diaboli,* quis non exemplo verum probet? Ignorat (*b*) momentaneus Sacerdos humilitatem, et mansuetudinem rusticorum : ignorat blanditias Christianas ; nescit seipsum contemnere : de dignitate transfertur ad dignitatem : non jejunavit, non flevit non mores suos sæpe reprehendit, et assidua meditatione correxit : non substantiam pauperibus erogavit. De cathedra quodammodo ducitur ad cathedram, id est, de superbia ad superbiam. Judicium autem et ruina diaboli, nulli dubium, quin arrogantia sit. INCIDUNT IN EAM qui in puncto horæ, necdum discipuli **425** jam magistri sunt. *Oportet autem eum et testimonium habere bonum ab his qui foris sunt* Quale principium, talis et clausula. Qui irreprehensibilis est, non solum a domesticis, sed et ab alienis consono ore laudatur. Alieni et extra Ecclesiam sunt Judæi, hæretici, atque Gentiles. Talis ergo sit Pontifex Christi, ut qui religioni detrahunt, vitæ ejus detrahere non audeant At nunc plerosque cernimus, vel favorem populi, in aurigarum morem pretio redimere : vel tanto omnium hominum odio vivere, ut non extorqueant pecunia, quæd mimi impetrant gestibus.

10. Hæc, fili Oceane, sollicito timore perquirere (*al. perquire*) : hæc magistri Ecclesiæ custodire debebant : hos in Sacerdotibus eligendis canones observare : non juxta propria odia et privatas simultates, carpentemque semper auctorem suum, invidiam, legem Christi interpretari. Vide quantum sit testimonium hujus, quem arguunt, mariti, cui præter vinculum conjugale, et hoc ante baptismum, nihil aliud ab æmulis objici potest. « Qui præcipit non mœchandum, ipse dixit, et non occides » (*Jacob.* 2.11). Si non mœchamur, sed occidimus, transgressores legis sumus. « Qui totam legem servaverit, et offenderit in uno, fit omnium reus » (*Ibid.* 10). Itaque cum opposuerint nobis uxorem ante baptismum, nos ab eis omnia quæ post baptismum præcepta sunt, requiramus. PRÆTEREUNT quod non licet : et objiciunt quod concessum est.

EPISTOLA LXX (*c*).

AD (*d*) MAGNUM ORATOREM URBIS ROMÆ.

Magno cuidam Rhetori Romano, quem Ruffinus subornarat, ut quæreret ab Hieronymo, cur in opusculis suis sæcularium litterarium exempla poneret, rationem reddit, ostenditque quatenus id liceat, et quorum exemplo id faciat.

1. (*e*) Sebesium nostrum tuis monitis profecisse,

(*a*) Scilicet obtentu religionis prædari. Sic epist. 50. ad Domitianum n. 3. *rusticquelo* cuidam monacho exprobrat, quod *reliquioni propriam faceret,* quemadmodum ibi ex Mss. legimus, et hic insuper locus confirmat. Mox orte *optimum* pro *optimam* Hier. scripserat, etsi impressam lectionem non est cur improbemus.

(*b*) Qui non sensim et per gradus, sed repente ex Laico sacerdos est jussus ; nam vocem *momentaneus,* aut eiusquam apud probatos auctores, aut etiam in sequiori latinitate alio sensu invenies. Tertullian. l. 3. a vers. Marcion. c. 17. de Christo, « qui linguâ ardens, id est momentaneo ardorem gestiens, non extavit. »

(*c*) Ilias 84. scripti circ. idem tempus quo superior.

(*d*) Hujus, ut videtur, Magni Oratoris meminit Sidonius lib. V. epist. X. eique *requiem* in dicendo tribuit.

(*e*) In aliquot Mss. *Severum* invenimus, in aliis Martinæus *Sebastium* legi adnotavit.

non tam Epistola tua, quam ipsius pœnitudine didicimus. Et **426** mirum in modum plus correptus placuit, quam errans læserat. Certaverunt inter se indulgentia parentis, et filii pietas : dum alter præteritorum non meminit, alter in futurum quoque officia pollicetur. Unde et mutuo nobis tibique gaudendum est : quia nos filium recepimus, tu discipulum comprobasti.

2. Quod autem quæris in calce Epistolæ tuæ, cur in opusculis nostris sæcularium (al. *scholarium*) litterarum interdum ponamus exempla, et candorem Ecclesiæ, Ethnicorum sordibus polluamus ; breviter responsum habeto. Nunquam hoc quæreres, nisi te totum Tullius possideret ; si Scripturas sanctas legeres, si Interpretes earum, omisso (*a*) Volcatio, evolveres. Quis enim nesciat et in Moyse, et in Prophetarum voluminibus quædam assumpta de Gentilium libris, (*b*) et Salomonem Philosophis Tyri et nonnulla proposuisse, et aliqua respondisse ? Unde in exordio Proverbiorum commonet, ut intelligamus sermones prudentiæ, versutiasque verborum, parabolas, et obscurum sermonem, dicta sapientum, et ænigmata (*Prov.* 1), quæ proprie dialecticorum et philosophorum sunt. Sed et Paulus Apostolus Epimenidis Poetæ abusus versiculo est, scribens ad Titum : « (*c*) Cretenses semper mendaces, malæ bestiæ, ventres pigri » (*Tit.* 1. 22). Cujus heroici hemistichium postea Callimachus usurpavit. Nec mirum si apud Latinos metrum non servet ad verbum expressa translatio, cum Homerus eadem lingua versus in prosam, vix cohæreat. In alia quoque Epistola, Menandri ponit senarium : (*d*) « Corrumpunt mores bonos confabulationes pessimæ. » Et apud Athenienses in Martis curia disputans, Aratum testem vocat. « Ipsius enim et genus sumus, » quod Græce dicitur . τοῦ γὰρ καὶ γένος ἐσμέν ; et est clausula versus heroici. Ac ne parum hoc esset, doctor Christiani exercitus, et orator invictus pro Christo causam agens, etiam inscriptionem fortuitam, arte torquet in argumentum fidei. Didicerat enim a vero David, extorquere de **427** manibus hostium gladium, et Goliæ superbissimi caput proprio mucrone truncare. Legerat in Deuteronomio (*Cap.* 21) Domini voce præceptum, mulieris captivæ radendum

caput, supercilia, omnes pilos, et ungues corporis amputandos, et sic eam habendam in conjugio. Quid ergo mirum, si et ego sapientiam sæcularem propter eloquii venustatem, et membrorum pulchritudinem, de ancilla atque captiva Israelitidem (al. *Israeliten*) facere cupio ? et si quidquid in ea mortuum est, idololatriæ, voluptatis, erroris, libidinum, vel præcidio, vel rado : et (*e*) mixtus purissimo corpori vernaculos ex ea genero Domino Sabaoth ? Labor meus in familiam Christi proficit ; stuprum in alienam, auget numerum conservorum. Osee accepit uxorem fornicariam Gomer filiam Debelaim, et nascitur ei de meretrice filius Jezrael, qui vocatur *semen Dei* (*Osee* 1). Isaias novacula acuta barbam, et crura peccantium radit (*Isai.* 7) : et Ezechiel in typo fornicantis Jerusalem, tondet cæsariem suam ; ut quidquid in ea absque sensu et vita est, auferatur.

3. Cyprianus vir eloquentia pollens et martyrio, (*f*) Firmiano narrante, mordetur, cur adversus Demetrianum scribens, testimoniis usus sit Prophetarum, et Apostolorum, quæ ille ficta et commentitia esse dicebat, et non potius Philosophorum et Poetarum, quorum auctoritati, ut Ethnicus, contraire non poterat. Scripserunt contra nos Celsus atque Porphyrius : priori Origenes, alteri Methodius, Eusebius, et Apollinaris fortissime responderunt. Quorum Origenes octo scripsit libros : Methodius usque ad decem millia procedit versuum : Eusebius, et Apollinaris viginti quinque, et triginta volumina condiderunt. Lege eos, et invenies nos comparatione eorum imperitissimos : et post tanti temporis otium, vix quasi per somnium quod pueri didicimus, recordari. Julianus Augustus septem libros in expeditione Parthica, adversum Christum evomuit ; et juxta fabulas Poetarum, suo se ense laceravit. Si contra hunc scribere tentavero, puto, interdices mihi, ne rabidum canem, Philosophorum **428** et Stoicorum doctrinis, id est, Herculis clava percutiam (al. *repercutiam*) ? quanquam Nazarenum nostrum, et (ut ipse solebat dicere) Galilæum, statim in prælio senserit ; et mercedem linguæ putidissimæ, (*g*) conto ilia perfossus acceperit. Josephus antiquitatem approbans Judaici populi, duos libros scripsit contra Appionem Alexandrinum Grammaticum : et tanta sæcularium profert testimonia, ut mihi miraculum subeat, quomodo vir Hebræus, et ab infantia sacris Litteris eruditus, cunctam Græcorum Bibliothecam evolverit. Quid loquar de Philone, quem (*h*) vel alterum, vel Judæum Platonem critici pronuntiant ?

(*e*) Perperam hucusque editi, *mixtos*, quod referunt ad *vernaculos*, cum ad dicendus personam constet esse referendum. Veram lectionem, quam restituimus, asserit etiam Abælardus, qui lib. 1. Theolog. Christianæ potiorem hujus epistolæ partem exscribit. Gravius mavult *nixus*. *Paulo post Gomer filiam Debelaim, id est dulcedinum,* quæ duo verba ultima in aliis non habentur, Gravius ex Mss. suffecit, sed forte *dulcedinum* legendum est.

(*f*) Al. *Formiano*, et *Formiano*, etiam in Mss. cum nihil dubium sit, Lactantium Firmianum indicari, qui Instit. lib. 5. cap. 4. hac super re Cyprianum criminatur.

(*g*) Victorius *conto in illis* ; olim vero *contumeliis*, vel *contumeliæ*, mendose utrumque.

(*h*) Vitiose erat antea, *vel alterum, vel secundum*, vel

(*a*) Non, ut quibusdam placet, Volcatium Sedigitum Poetam, cujus vix pauci versus supersunt, sed cognominem alium *Volcatium Nobilem*, qui *asellium jus civile docuit,* ut Plinius lib. 8. cap. 40. testatur, immo arbitramur. Sed interim pro *Volcatio*, quid an Mss. habeat *supercilio*.

(*b*) Harum quæstionum inter Salomonem et Philosophos Tyri meminit Josephus lib. 8. Antiquit. c. 2. tum contra Appionem lib. 1. et S. Theophilus Antioch. lib. 5. ad Autolyc., in cujus rei testimonium citatur ab utroque Menander Ephesius, qui Tyriorum historiam conscripsit. Paulo post alii editi, *versutiasque verborum parabolas*.

(*c*) Græcum Epimenidis versum, Κρῆτες ἀεὶ ψεύσται, κακὰ θηρία, γαστέρες ἀργαὶ, addunt Erasm. atque Victorius, reticentibus Mss.

(*d*) Iidem hoic quoque loci Græca præponunt Menandri verba, φθείρουσιν ἤθη χρηστὰ ὁμιλίαι κακαί, quæ Mss. ignorant. Tum in latino habeat, *colloquia prava*. Falli tamen videntur Socrates Hist. l. 3. c. 14. et Nicephorus lib. x. c. 26. qui ex Euripide excussum senarium tradunt, cum ex Menandri sit Thaide, ut liter. notat. VI.. (?) in. ad Dometrial. Sic quidam sacri textus codices hoic a l marginem Menandrum notaut.

4. *Scriptores Ecclesiastici sæcularibus litteris eruditi.* — Curram per singulos : Quadratus Apostolorum discipulus, et Atheniensis Pontifex Ecclesiæ, nonne Adriano Principi, Eleusinæ sacra invisenti, librum pro nostra religione tradidit? Et tantæ admirationi omnibus fuit, ut persecutionem gravissimam, illius excellens sedaret ingenium. Aristides Philosophus, vir eloquentissimus, eidem Principi Apologeticum pro Christianis obtulit, contextum Philosophorum sententiis : quem imitatus postea Justinus, et ipse Philosophus, Antonino Pio et filiis ejus, Senatuique librum contra Gentiles tradidit, defendens ignominiam crucis, et resurrectionem Christi tota prædicans libertate. Quid loquar de Melitone Sardensi Episcopo? quid de Apollinario Hierapolitanæ Ecclesiæ Sacerdote, Dionysioque Corinthiorum Episcopo, et Tatiano, et Bardesane, et Irenæo Photini Martyris successore : qui origines hæreseon singularum, et ex quibus Philosophorum fontibus emanarint, multis voluminibus explicarunt? Pantænus Stoicæ sectæ Philosophus, ob præcipuæ eruditionis gloriam, a Demetrio Alexandriæ Episcopo missus est in Indiam, ut Christum apud Brachmanas, et illius gentis Philosophos prædicaret. Clemens Alexandrinæ Ecclesiæ Presbyter, meo judicio (al. *vir meo judicio*, etc.), omnium eruditissimus, octo scripsit Stromatum libros; et totidem ὑποτυπώσεων, et aliam contra Gentes, Pædagogi quoque tria volumina. Quid in illis indoctum? imo **429** quid non de media Philosophia est? Hunc imitatus Origenes, decem scripsit Stromateas, Christianorum et Philosophorum inter se sententias comparans : et omnia nostræ religionis dogmata de Platone et Aristotele, Numenio, Cornutoque confirmans. Scripsit et Miltiades contra Gentes volumen egregium. Hippolytus quoque, et Apollonius, Romanæ urbis (*a*) Senator, propria opuscula condiderunt. Exstant et Julii Africani libri, qui temporum scripsit historias; et Theodori, qui postea Gregorius appellatus est (S. Gregorius Thaumaturgus), viri Apostolicorum signorum atque virtutum ; et Dionysii Alexandrini Episcopi : Anatolii quoque Laodicenæ Ecclesiæ Sacerdotis ; nec non Presbyterorum Pamphili, Pierii, Luciani, Malchionis, Eusebii Cæsariensis Episcopi, et Eustathii Antiocheni, et Athanasii Alexandrini : Eusebii quoque Emiseni, et Triphilii Cyprii, et Asterii Scythopolitæ, et Serapionis Confessoris : Titi quoque Bostrensis Episcopi : Cappadocumque Basilii, Gregorii, Amphilochii : qui omnes in tantum Philosophorum doctrinis atque sententiis suos resarciunt libros, ut nescias quid in illis primum admirari debeas, eruditionem sæculi, an scientiam Scripturarum.

5. Veniam ad Latinos. Quid Tertulliano eruditius, quid acutius? Apologeticus ejus, et contra Gentes libri, cunctam sæculi obtinent (al. *continent*) disciplinam. Minutius Felix causidicus Romani fori, in libro, cui titulus Octavius est; et in altero contra Mathematicos (si tamen inscriptio non mentitur auctorem) quid Gentilium scripturarum dimisit intactum? Septem libros adversus Gentes Arnobius edidit, totidemque discipulus ejus Lactantius, qui de Ira quoque, et Opificio Dei duo volumina condidit : quos si legere volueris, dialogorum Ciceronis in eis ἐπιτομήν reperies. Victorino Martyri in libris suis, licet desit eruditio, tamen non deest eruditionis voluntas. Cyprianus, **430** Quod idola dii non sint, qua brevitate, qua historiarum omnium scientia, quorum verborum et sensuum splendore perstrinxit? Hilarius meorum Confessor temporum et Episcopus, duodecim Quintiliani libros et stylo imitatus est, et numero : brevique libello, quem scripsit contra Dioscorum Medicum, quid in litteris possit, ostendit. Juvencus Presbyter, sub Constantino historiam Domini Salvatoris versibus explicavit : nec pertimuit Evangelii majestatem sub metri leges mittere. De cæteris vel mortuis, vel viventibus taceo : quorum in scriptis suis et vires manifestæ sunt et voluntas.

6. Nec statim prava opinione fallaris, contra Gentes hoc esse Ecritum, in aliis disputationibus dissimulandum, quia omnes pene omnium libri, exceptis his qui cum Epicuro litteras non didicerunt, eruditionis doctrinæque plenissimi sunt. Quanquam ego illud magis reor, quod dictanti venit in mentem, non te ignorare quod semper a doctis viris usurpatum est ; sed per te mihi proponi ab alio quæstionem, qui forte propter amorem historiarum Sallustii, (*b*) Calpurnius cognomento Lanarius sit. Cui quæso ut suadeas, ne vescentium dentibus edentulus invideat, et oculos caprearum, talpa contemnat. Dives, ut cernis, ad disputandum materia ; sed jam epistolæ in angustia finienda est.

EPISTOLA LXXI (*c*)

(*d*) AD LUCINIUM.

Lucinium Bœticum genere, qui cum uxore sua Theodora castum ducebat vitam, et Jerosolymam navigare

(*b*) Denuo haud recte Mart. post Erasm. *Calphurnius* heic atque alibi. Quem porro Sallustius memorat, Calpurnius Numidicus Consul, a quo Rem publicam proditam sibi infamem avaritiam in bello Jugurthino narrat, erat *L. Calpurnius Bestia*. Nam *Calpurnium Lanarium* non Sallustius memorat, sed Plutarchus in vita Sertorii, ab eoque dicit Julium Salinatorem proditum occisum; quæ autem Valerius Maximus lib. 8. cap. 2. et Cicero de Off. lib. 5. de Calpurnio Lanario produnt, minime sunt ad rem nostram. Forte Hier. duos hosce Calpurnios Bestiam, et Lanarium data opera, ut ejus etiam indicare videantur verba, in unum conjunxit, ut malas adversarii sui Ruffini artes varias, et vitia sugillaret, nempe enim omnino præ oculis habuisse apparet ex Apolog. contra eumdem lib. 1. ubi, *Minirium,* inquit, *iste est calpurnius Sallustianus, qui nobis per vaguum Oratorem non magnam moverat quæstionem.*
(*c*) Alias 28. Scripta anno 398.
(*d*) Hæc epistola in Veronensi Ms. Hieronymo adjudi-

(*a*) Falso Erasmum secutus Editer Benedictinus legerat *senatores*, cum de Apollonio tantum, ut ex Catalogo liquet, dictum sit, imo cum nedum de Hippolyto, sed de Apollonio ipso alii dubitent, fuerit ne magnum Senator, an proprio ingenio ex Eusebio Hieronymus exaggeraverit. Qua de re in Catalogo suo loco dicemus.

Judæorum Platonem; nos superflua duo verba, *vel secundum*, quæ ex glossemate aliquo in ordinem Hieronymianum contextus defluxisse videbantur, expunximus Mss. auctoritate.

EPISTOLA LXXI.

constituerat, hortatur ut in proposito perstet et adnaviget. Interea opera quædam sua, quæ ille postulaverat, una cum quatuor ciliciolis, et Isaiæ codice, mittit; tum de jejuniis, Eucharistiæ sumptione, ac traditionibus Ecclesiasticis disserit.

1. Nec opinanti mihi subito litteræ tuæ redditæ sunt : quæ quanto **431** insperatæ, tanto gaudiorum plenæ, (*a*) quiescentem animam suscitarunt, ut statim amore complecterer, quem oculis ignorabam, et illud mecum tacitus mussitarem : *Quis dabit mihi pennas sicut columbæ, et volabo, et quiescam* (Ps. 54. 7), ut inveniat quem diligit anima mea. Vere nunc in te sermo Dominicus completus est : *Multi de Oriente et Occidente venient, et recumbent in sinu Abrahæ.* Cornelius centurio cohortis Italicæ, jam tunc Lucinii mei præfigurabat fidem. Apostolus Paulus scribens ad Romanos : *Cum in Hispaniam proficisci cœpero, spero quod præteriens videam vos, et a vobis deducar illuc* (Rom. 15. 24), tantis fructibus (al. *fluctibus*) approbavit, quid de illa provincia quæreret. In brevi tempore ab Jerosolymis usque ad Illyricum Evangelii jaciens fundamenta, Romam vinctus ingreditur, ut vinctos superstitionis erroribus liberos faciat. Manet in hospitio conducto per biennium; ut nobis utriusque Instrumenti æternam reddat domum. Piscator hominum, misso rete Apostolico, te quoque quasi pulcherrimam Auratam inter innumera piscium genera traxit ad littus. Reliquisti amaros fluctus, salsos gurgites, scissuras montium, et Leviathan regnantem in aquis, cum Jesu deserta expetens, contempsisti, ut possis Propheticum illud canere : *In terra deserta, et invio, et in inaquoso, sic in sancto apparui tibi* (Ps. 62. 3). Et iterum : *Ecce elongavi fugiens, et mansi in solitudine. Exspectabam eum qui salvum me fecit a pusillanimitate spiritus et tempestate* (Ps. 54. 8. 9). Obsecro te et moneo parentis affectu, ut qui Sodomam reliquisti, ad montana festinans, post tergum ne respicias : ne aratri stivam, ne fimbriam Salvatoris, ne cincinnos ejus, noctis rore madefactos, quos semel tenere cœpisti, aliquando dimittas : ne de tecto virtutum pristina quæsiturus vestimenta descendas; ne de agro revertaris domum, ne campestria cum Lot et amœna hortorum diligas, quæ non irrigantur de cœlo, ut terra sancta, sed de turbido flumine Jordanis, postquam dulces aquas maris mortui commixtione mutavit.

2. Cœpisse multorum est, ad culmen pervenisse paucorum. *Qui in stadio currunt,* **432** *omnes quidem currunt; sed unus accipit coronam* (1. Cor. 9. 24. 25). At contra de nobis dicitur : *Sic currite, ut apprehen-*

datis. Non est invidus Agonotheta noster, nec alterius palma, (*b*) alteri parat ignominiam. Omnes athletas suos desiderat coronari. Gaudet anima mea, et magnitudine lætitiæ rem mœroris patior. Ruth in lacrymas verba prorumpunt. Zachæus ad unius horæ conversionem, hospitem habere meruit Salvatorem. Martha et Maria, convivio præparato Dominum suscepere. Meretrix lavat fletibus pedes, et unguentis honorum operum Dominici corporis dedicat sepulturam. Simon leprosus invitat magistrum cum discipulis, et non contemnitur. Abrahæ dicitur : *Egredere de terra tua, et de cognatione tua, et de domo patris tui, et vade in terram quam monstravero tibi* (Gen. 12. 1). Relinquit Chaldæam, relinquit Mesopotamiam : quærit quod nescit (*c*) ne perdat quem invenerat. Non enim arbitratus est simul se habere posse et patriam et Dominum; sed jam tunc illud Prophetæ David opere complebat : (*Advena sum apud te, et peregrinus, sicut omnes patres mei* (Ps. 38. 13) : Hebræus id est, (*d*) περάτης, atque *transitor* : dum non est præsenti virtute contentus; sed præteritorum obliviscens, in futurum se extendit, et scit illud, *Ibunt de virtute in virtutem* (Ps. 83. 8), mysticum sortitus est nomen, et viam tibi aperuit, quomodo non quæras ea quæ tua sunt, sed quæ aliena : et illos putes parentes, fratres, affines, atque cognatos, qui tibi in Christo copulati sunt. *Mater,* inquit, *mea, et fratres mei hi sunt, qui faciunt voluntatem Patris mei* (Matth. 12. 48).

3. Habes tecum prius in carne, nunc in spiritu sociam; de conjuge germanam, de femina virum, de subjecta parem : quæ sub eodem jugo ad cœlestia simul regna festinat. Cauta rei familiaris dispensatio, et ad (*e*) calculos rediens, non cito deponitur. Joseph cum tunica Ægyptiam effugere non potuit. Adolescens ille, qui opertus sindone sequebatur Jesum : quia tentus fuerat a ministris, terrenum abjiciens operimentum, nudus evasit. Elias igneo curru raptus ad cœlum, meloten reliquit in **433** terris. Elisæus boves, et juga prioris operis vertit in vota. Loquitur sapientissimus vir : *Qui tangit picem, inquinabitur ab ea* (Eccli. 1. 13). Quamdiu versamur in rebus sæculi, et anima nostra possessionum ac reddituum procuratione devincta est, de Deo libere cogitare non possumus. Quæ enim participatio justitiæ cum iniquitate, aut quæ societas lucis ad tenebras? Qui consensus Christi ad Belial? Quæ pars fideli cum infideli? (2. Cor. 6. 14. et seqq) *Non potestis,* inquit Dominus, *Deo servire et mamonæ* (Matth. 6. 24). Aurum deponere incipientium est, non perfectorum. Fecit hoc Thebanus Crates, fecit Antisthenes. Seipsum offerre Deo, proprie Christianorum est et Apostolorum : qui duo cum vidua paupertatis suæ in Gazophylacium æra mittentes, totum censum quem habuerunt, Domino

---

catur, *et Beati Lucidii ad Lucinum Beticum* dicitur, qua de re in Præfatione disserimus. Lucinium autem istum alii codices Lucianum, aut Licinium, Cassiodorius Luciam vocant. *Bæticum* (quod est ex Hispania Bœtica) addunt in Inscriptione vetustiores quidam excusi; Mss. reticent.

(*a*) Duo Mss. *tabescentem.* Paulo post versiculum illum Psalm. 54, et quæ subnectuntur verba, *Vere nunc in te sermo dominicus completus est,* Martianæus expunxit, quod in suis Mss. non invenisset, nos ex aliis omnibus quos contulimus manu exaratis, atque impressis libris in veterem quasi possessionem restituimus.

(*b*) Aliter Victorius, *nec alteri palmam, alteri parat ignominiam.*

(*c*) Veteres editi et quidam e Mss. *ne perdat quod invenerat.*

(*d*) Iidem et plerique Mss. περάτης, alii pro Græco vocabulo *hospes* legunt.

(*e*) Veron. liber *et ad caulas rediens.*

tradiderunt, et merentur audire : *Sedebitis super duodecim solia, judicantes duodecim tribus Israel.* (*Matth.* 19. 28).

4. Hæc et ipse intelligis, quo animo replicem ; et quod sub aliis verbis te ad sanctorum Locorum invitem habitaculum. Abundantia tua multorum inopiam sustentavit, ut et horum divitiæ in tuam indigentiam redundarent. Fecisti tibi amicos de iniquo mammona, qui te reciperent in æterna tabernacula (*Luc.* 16). Laudanda res, et Apostolicorum temporum virtutibus coæquanda : quando venditis possessionibus suis, credentes afferebant pecunias, atque fundebant ante pedes Apostolorum, ostendentes avaritiam esse calcandam. Sed Dominus magis quærit animas credentium, quam opes. Legimus : *Redemptio animæ viri, propriæ divitiæ* (*Prov.* 13. 8. *sec.* LXX). Possumus quidem divitias proprias intelligere, quæ non de alieno, non de rapinis sunt, juxta illud : « *Honora Deum de tuis justis laboribus* » (*Ibid.* 3. 9) : sed melior est illa intelligentia, ut divitias proprias cognoscamus thesauros absconditos, quos nec fur possit suffodere, nec latro violentus eripere (*Luc.* 12).

5. Opuscula mea, quæ non sui merito, sed bonitate tua desiderare te dicis, ad describendum hominibus tuis dedi, et descripta vidi in chartaceis codicibus : ac frequenter admonui, ut conferrent diligentius, et emendarent. Ego enim tanta volumina præ frequentia commeantium et peregrinorum turbis relegere non potui, et ut ipsi probavere præsentes, **434** longo tentus incommodo, vix diebus Quadragesimæ, quibus ipsi proficiscebantur, respirare cœpi. Unde si paragrammata repereris, vel minus aliqua descripta sunt, quæ sensum legentis impediant, non mihi debes imputare, sed tuis, et imperitiæ notariorum librariorumque incuriæ, qui scribunt non quod inveniunt, sed quod intelligunt; et dum alienos errores emendare nituntur, ostendunt suos. Porro (*a*) Josephi libros, et sanctorum Papiæ et Polycarpi volumina, falsus ad te rumor pertulit a me esse translata : quia nec otii mei, nec virium est, tantas res eadem in alteram linguam exprimere venustate. Origenis et (*b*) Didymi pauca transtulimus, volentes nostris ex parte ostendere, quid Græca doctrina retineret. Canonem Hebraicæ Veritatis, excepto (*c*) Octateucho, quem nunc in manibus habeo, pueris tuis et notariis dedi describendum. Septuaginta interpretum editionem et te habere non dubito ; et ante annos plurimos diligentissime emendatam, studiosis tradidi. Novum Testamentum Græcæ reddidi auctoritati. Ut enim veterum librorum fides de Hebræis voluminibus examinanda est ; ita novorum Græcæ sermonis normam desiderat.

6. *Jejunium Sabbati, et Eucharistiæ sumptio quotidiana.* — De Sabbato quod quæris, utrum jejunandum sit ; et de Eucharistia, an accipienda quotidie, quod Romana Ecclesia [al. *Romanæ Ecclesiæ*] et Hispaniæ observare perhibentur, scripsit quidem et Hippolytus vir disertissimus ; et carptim diversi Scriptores e variis auctoribus edidere. Sed ego illud breviter te admonendum puto, traditiones Ecclesiasticas (præsertim quæ fidei non officiant) ita observandas, ut a majoribus traditæ sunt : nec aliorum consuetudinem, aliorum contrario more subverti. Atque utinam omni tempore jejunare possimus, quod in Actibus Apostolorum diebus Pentecostes et die Dominico, Apostolum Paulum, et cum eo credentes fecisse legimus (*Act.* 13. 20. 21). Nec tamen Manichææ hæreseos accusandi sunt, cum carnalis cibus præferri non debuerit spirituali. Eucharistiam quoque absque condemnatione nostri, et pungente conscientia, semper accipere, et Psalmistam audire dicentem : *Gustate et videte, quoniam suavis est Dominus* (*Psal.* 39. 9), et cum eo canere : **435** *Eructavit cor meum verbum bonum* (*Psal.* 44. 1). Nec hoc dico, (*d*) quod diebus festis jejunandum putem ; et contextas quinquaginta diebus ferias auferam : sed unaquæque provincia abundet in sensu suo, et præcepta majorum, leges Apostolicas arbitretur.

7. Duo palliola, et (*e*) amphimallum de tuis usibus vel utenda, vel sanctis danda suscepi. Ego insignia paupertatis, et quotidianæ symbola pœnitentiæ, tibi et sorori tuæ misi : quatuor ciliciola apta proposito et usibus vestris : et codicem, hoc est (*f*) decem visiones Isaiæ valde obscurissimas, quas nuper historica explanatione disserui : ut quotiescumque mea opuscula videris, toties amici dulcissimi recordatus, navigationem quam parumper distuleras, pares. Et quia non est in homine via ejus, et a Domino gressus hominis diriguntur (*Jer.* 10. 25) : si forte (quod procul absit) aliquid fuerit impedimenti, quæso ut quos caritas jungit, terrarum longitudo non separet : et absentem Lucinium nostrum, semper præsentem litterarum vicissitudine sentiamus.

EPISTOLA LXXII (*g*).
AD VITALEM (*h*) PRESBYTERUM.
De Salomone et Achaz.

Alteri Vitalis epistolæ respondens, docet pro vero cre-

(*a*) Cassiodor. Divinar. Institut. cap. 17. « Josephus pene secundus Livius in Libris Judaicarum Antiquitatum late diffusus, quem Pater Hieronymus scribens ad Lucinium Bœticum propter magnitudinem prolixi operis, a se perhibet non potuisse transferri, » etc.

(*b*) Vulgati omnes *Sancti* titulum Didymo apponunt, quem cum alibi nusquam illi tribuat Hier. minime vero tunc temporis ascripsisse credendus est. Quamobrem Mss. exemplarium et præcipue Veronensis fidem secuti expunximus.

(*c*) Olim, *Heptateucho* id est septem pro octo prioribus Scripturæ libris. Sed. Mss. duo *Pentateucho*, ut una satis manifesto hinc liceat intelligere, quos libros tum temporis Hier. transtulisset.

(*d*) Depravatis codd. usus editor Benedictinus omiserat vocem *jejunandum*, qua sine totus sensus intercidit, nos restituimus ex Mss. aliisque editis; qui tamen *Dominicis* pro *festis* legunt.

(*e*) Plinius l. 8. c. 48. villosam vestem *amphimalen* olim appellatam dicit et Pollax ἀμφίμαλλον χιτῶνα, tunicam villis hispidam. Sed Ecclesiasticis auctoribus frequentius *amphibalum* scribitur, estque obvio magis sensu, laxæ vestis genus corpus circumquaque ambiens. Sever. Sulpitius lib. 2. Dialoger. in Vita S. Martini c. 1. « Sanctus, inquit, pauperem non videntem, intra amphibalum sibi tunicam latenter eduxit. »

(*f*) Illud *decem* ex Veronensi Ms. suppleximus, a tertio enim capite usque ad vigesimum quartum Isaiæ visiones interpretatus erat, quas Amabili Episcopo inscripserat. Ex his Commentariorum in universum Isaiam quintus est liber.

(*g*) Alias 152. scripta hoc an. 398.

(*h*) In Veronen. aliisque Mss. « ad Vitalem Presbyte-

dendum esse, Salomonem, et Achaz undecimo ætatis anno filios genuisse. Posse tamen alia ratione Scripturam id asserentem explicari ; rerum ab hujusmodi quæstionibus anxie discutiendis dehortatur.

1. Zenon nauclerus, per quem mihi dicis tuæ sanctitatis litteras esse transmissas, unam tantum et brevem 436 Epistolam beati Papæ (a) Amabilis reddidit, solita munuscula continentem. Satisque miror quid causæ fuerit, ut cum in benedictionibus et tuis et illius perferendis fidelis extiterit, in (b) reddenda epistola negligens comprobetur. Neque enim te falli arbitror discipulum veritatis ; nisi forte Græco homini Latinus sermo inter chartulas oberravit. Itaque ad secundam rescribo Epistolam, quam mihi sanctus filius meus Heraclius (c) Diaconus reddidit, in qua inter cætera deprecaris, ut exponam tibi causas, Quare Salomon, et Achaz undecim annorum, filios genuisse dicantur. Si enim duodecimo anno Salomon super Israel accepit imperium, et quadraginta annis regnavit in Jerusalem ; filiusque ejus Roboam cum (d) quadragesimum et primum annum ageret ætatis, patri successit in regnum, perspicuum est undecim annorum fuisse Salomonem, sive decem, quia decem menses a conceptu usque ad partum sibi mater vindicat. Rursum Achaz filius Joathan cum viginti esset annorum, rex constitutus est super duas tribus, idest, Judam et Benjamin (4. Reg. 16), regnavitque annis sedecim (2. Par. 28) : quo mortuo, Ezechias cum vicesimum et quintum annum ageret ætatis, patri successit in regnum (4. Reg. 18). Ex quo intelligitur, Achaz quoque undecimo (e) sive decimo anno, Ezechiam filium procreasse.

2. Et si quidem in historiis aliter haberent Septuaginta interpretes, aliter Hebraica Veritas, confugere poteramus ad solita præsidia : et arcem linguæ tenere (f) vernaculæ : nunc vero cum et ipsum authenticum, et cæteri interpretes pari auctoritate consentiant, non in Scriptura, sed in sensu est difficultas. Quis enim crederet mortalium, ut undecim annorum puer generaret filium ? Multa et alia dicuntur in Scripturis, quæ videntur 437 incredibilia, et tamen vera sunt. Neque enim valet natura contra naturæ Dominum : aut potest vas figulo dicere : quare me ita fecisti, aut ita ? Licet quod pro miraculo, signo atque portento fit, legem (g) naturæ facere non possit. Num quia nostra ætate duplex Lyddæ natus est homo, duorum capitum, quatuor manuum, unum ventre, et duobus pedibus, omnes homines ita nasci necesse est ? Legamus veteres (h) historias et maxime Græcas ac Latinas, et inveniemus lustralibus hostiis, secundum errorem veterum, portentuosas soboles, tam in hominibus, quam in armentis ac pecudibus, expiatas. Audivi, Domino teste non mentior : quædam muliercula cum exposito nutriret infantem, et instillaret cibos, ac nutricis officio fungeretur, cubaretque cum ea parvulus, qui usque ad decimum jam pervenerat annum ; accidit, ut plus quam pudicitia patitur, se mero ingurgitaret, accensaque libidine, obscœnis motibus ad coitum duceret infantem. Prima ebrietas alterius noctis et cæterarum deinceps fecit consuetudinem. Nec dum duo menses fuerant evoluti, et ecce feminæ uterus intumuit. Quid plura ? dispensatione Dei factum est, ut quæ contra naturam simplicitate parvuli in contemptum Dei abutebatur, a naturæ Domino proderetur, impleto sermone quo dicitur : *Nihil occultum quod non manifestetur* (Matth. 10).

3. Simulque consideremus, quod occulte Scriptura et Salomonem et Achaz voluptatis et impietatis accuset. Uterque enim cum esset de stirpe David, recessit a Domino : et alter in tantum secutus est libidinem, ut septingentas habuerit uxores, et trecentas concubinas, et adolescentulas, et scorta (i) passiva, quorum non erat numerus : neglectoque Deo patrum suorum, extruxerit idola gentium plurimarum ; et fuerit, non ut prius IDIDIA, id est, *amabilis Domini*, sed amator mulierum (3. Reg. 11) : alter miserit ad regem Assyriorum, auxilium postulans, et in tempore angustiæ suæ, auxerit contemptum in Dominum, immolaveritque 438 diis Damasci victimas percussoribus suis, et in omnibus

---

rum quomodo Salomon et Achaz undecim annorum genuisse dicantur. »

(a) Veteres editores Erasm. et Victorius rati *amabilis* nomen non esse proprium Episcopi, et *papæ*, vocabulum Romano Episcopo maxime conveniens, heic *Damasi* nomen obtruderunt, falso et incongruo sensu legentes, *beati papæ Damasi amabilis* ; cum Damasus multo ante jamdiem obiisset, totusque contextus epistolæ, et Mss. libri repugnent. Amabilis autem idem ille est, cui decem Visiones Isaiæ nuper fuerat interpretatus, et quem plurimum ea in præfatione laudat.

(b) Pro *reddenda*, Martian. *retinenda*, alii edit. *retenta* legunt. Benedictiones autem, quod aliis quoque notatum est, vocat Hieron. munuscula atque eleemosynas juxta illud Apostoli, *qui seminat in benedictionibus, de benedictionibus et metet*. Vid. Fortunatum lib. 2. Carm. 12. et seqq. et Albaspinæum de Eulogiis lib. 1. Observat. 8.

(c) Antiquissimus Veron. liber *Heraclius reddidit*, absque addito *Diaconus*.

(d) Non nisi quadragesimum annum enumerant codices nostri, pluresque alii quos Martian. consuluit. At 3. Regum 14. 21. *Quadraginta et unius anni erat Roboam, cum regnare cœpisset*, etc.

(e) Victorius, aliique vetustiores, *sive duodecimo*.

(f) Ejus nempe, quæ Scripturæ vernacula est, sive Hebraici textus, quem alibi hic authenticum vocat.

(g) Antea erat *natura* in recto. Portentum autem hoc Lyddæ refert etiam S. August. de Civit. Dei c. 8. atque in Enchiridio de Fide, Spe et Carit. hunc Hieronymianæ epistolæ locum respiciens ac laudans, « illum bimembrem, inquit, qui nuper natus est in Oriente, de quo et fratres fidelissimi, quod cum viderint, retulerunt, et S. memoriæ Hieronymus Presbyter scriptum reliquit. » In Anastasii Biblioth. Historia legitur evenisse circa ann. Christi 374. κατὰ τὴν πόλιν *in Castello Emmaus*, quod etiam Theophanes tradit ἐν παλαιστίνῃ ἐγγὺς τῆς πόλεως, etsi quadriennio post referat. Minime autem credi potest duo istiusmodi monstra, Lyddæ, atque Emmaus, vicinis locis, atque eodem tempore contigisse.

(h) Aliquot Mss. *historicos, et Græcos et Latinos.* Hujusmodi autem expiationis haud pauca exempla invenire est apud Livium. Sed per quam apposite ad rem nostram Ammianus Narcell. lib. 19. c. 12. « Nascuntur, inquit, hujusmodi sæpe portenta ...... quæ quoniam non expiantur, ut apud veteres, publice inaudita prætereunt, et incognita. »

(i) Intellige *vaga*, et *licentia*, et si mavis etiam vilia, et vulgaria. Eo sensu dixit Tertullianus *Concubinarum passivam licentiam*, id est vulgo usurpatam. Olim tamen erat *passim*, sed repugnantibus Mss.

urbibus (1) Juda extruxerit aras ad cremandum thus; atque ad iracundiam provocaverit Dominum Deum Patrum suorum (2. *Paral.* 28): in tantum ut direptis vasis domus Domini atque confractis, clauserit januas Templi Dei, et fecerit sibi altaria in universis angulis Jerusalem, ambulaveritque in viis regum Israel, et statuas fuderit Baalim, et adoleverit incensum in valle filiorum Ennon, et lustraverit filios suos in igne, juxta ritum gentium, quos interfecit Dominus in adventu filiorum Israel. Ex quo perspicuum est, homines a parva ætate libidini deditos, immatura eorum sobole demonstrari, quod etiam eo tempore peccare cœperint, quo natura non patitur.

4. Ad summam illud dici potest, quod in regno David Salomon cum duodecim esset annorum, solium patris obtinuerit : et postea, quia Scriptura reliquit incertum, vixerit David, regnante jam filio, aliquot annos, qui sibi et non Salomoni imputentur : mortuo autem patre, post filius regnaverit annis quadraginta, quos sine parente regnavit : atque ita et initium regni Salomonis, et tempus quo solus ipse regnavit, ab historia demonstratum. Nec tamen omnes annos vitæ illius quinquaginta tantum et duorum annorum circulis contineri. Sin autem dubitas, quod regnantibus filiis, patribusque viventibus, non filiis tempus regni eorum, sed parentibus imputetur, lege ipsum Regnorum volumen, et invenies, quod Ozias rex Juda postquam lepra percussus est, habitavit in domo separata, et filius ejus Joatham imperium rexerit, judicaveritque populum terræ, usque ad diem mortis patris sui (4. *Reg.* 5) : et tamen post mortem illius, cum viginti quinque esset annorum, sedecim annis regnasse dicatur, quos solus ipse regnaverit. Quod de Salomone intelleximus, de Achaz similiter intelligendum est, qui Joathæ filius, Ezechiæ pater fuerit (2. *Paral.* 27. 28). Audivi quemadmodum Hebræum hujuscemodi narrare fabulam juxta Prophetiam **439** Isaiæ, (*a*) quam inter decem Visiones nuper interpretatus sum : quod mortuo Achaz, Philistæa lætata sit, et Scriptura postea comminetur ac dicat : « Ne læteris Philistæa omnis tu : quoniam comminuta est virga percussoris tui. De radice enim colubri egredietur regulus, et semen ejus absorbens volucrem » (*Isai.* 14) : hoc est de Achaz constituetur rex Ezechias. Ex quo intelligi voluit, non statim post mortem patris, filium in imperium subrogatum, sed vel seditionibus populi, vel quibusdam (*b*) interregnis, aut certe prementibus malis, et hinc inde consurgentibus bellis, regnum ejus fuisse dilatum.

5. In rebus obscuris diversas ponimus opiniones,

(*a*) Nunc quintum Commentariorum in Isaiam librum faciunt, quæ, ut supra diximus, Amabili Episcopo inscriptæ sunt.

(*b*) Locum hunc pluribus antea interpolationibus vitiatum Victorius restituit ; Mss. nostri, aliique magno numero asserunt. Alias erat, *inter se regnis*. Ducæus in suis Mss. legit *internis*, quam lectionem ex eo probat, quod inter Achaz et Ezechiam non multa interregna, sed unum intercedere potuerit. Sic vero locum ex conjectura refici vellet, - vel seditionibus populi quibusdam internis, vel extra præmentibus malis, » etc.

(1) Al. *Judææ*, quod Ducæus non improbat.

ut non tam scribere, quam loqui tibi coram videamur. Cæterum Apostolus interminabiles genealogias et Judaicas fabulas prohibens, de hujusmodi mihi videtur interdicere quæstionibus. Quid enim prodest hærere in littera, et vel scriptoris errorem, vel annorum seriem calumniari, cum manifestissime scribatur : *Littera occidit, spiritus autem vivificat?* (2 *Cor.* 5.) Relege omnes et veteris et novi Testamenti libros, et tantam annorum reperies dissonantiam, et numerum inter Judam et Israel, id est, inter regnum utrumque confusum, ut hujuscemodi hærere quæstionibus, non tam studiosi, quam otiosi hominis esse videatur. Munuscula a te missa libenter suscepi, et impendio precor, ut in amore quo nos appetere cœpisti, ad finem usque perduces. Non enim cœpisse, sed permansisse virtutis est. Nostra vicissim per Desiderium (*Puta Aquitanum Presbyt.*) missa suscipe.

EPISTOLA LXXIII (*c*).

AD (*d*) EVANGELUM PRESBYTERUM.

Auctoris **440** *anonymi librum, qui Pontificem Melchisedec, non hominem, sed Spiritum Sanctum fuisse affirmabat, ex veterum Christianorum sententiis impugnat ; ostenditque, illum revera hominem genere Chananæum exstitisse ; aut si Judæis credatur, Sem primum filium Noe Patriarchæ.*

1. *Lib. anonymum et absque auctore.* — Misisti mihi volumen ἀνέκδοτον, ἀδέσποτον (*e*) et nescio, utrum tu de titulo nomen subtraxeris, an ille qui scripsit, ut periculum fugeret disputandi, auctorem noluerit confiteri. Quod cum legissem, intellexi famosissimam quæstionem super Pontifice Melchisedec illuc plurimis argumentis esse perductam, ut docere conatus sit, eum qui benedixerit tanto Patriarchæ, (*f*) divinioris fuisse naturæ, nec de hominibus æstimandum. Et ad extremum ausus est dicere Spiritum Sanctum occurrisse Abrahæ, et ipsum esse qui sub hominis figura visus sit. Quomodo

---

(*c*) *A*. 126. *script. circ. med. an.* 398.

(*d*) Plerique Mss. Codices nominis inscriptionem non habent, sed tantum, *incipit Epistola de Melchisedech*. Promiscue autem alii *Evangelium*, et *Evagrium* ; quorum alterum editi præferebant ; sed si Benedictino editori credimus, omnes quos ille inspexit Mss. libri, *Evangelium*, vel *Evangelum* legunt. At inconsulto quidem priorem vocem ἐγὼ præstulit, nam *Evangelus* vera est lectio juxta Græcam analogiam ; et in Macrobii Saturnalibus *Evangelus* quidam interloquitur lib. 7. cap. 5. Procopius Histor. Arcan. p. 135. Τῶν ἐν Καισαρείᾳ ξητόρων Εὐαγγέλος τις ἦν οὐκ ἄσημος ἀνήρ, ὅπερ ἐπαγγελίαν τοῦ τῆς τύχης ποιησάμενος φορτικῶς, χρημάτων τε ἄλλων καὶ χώρας πολλῆς κύριος γέγονεν· ὕστερον δὲ καὶ κώμην ἐκτήσαντο. Πορφυριῶνα ὄνομα τριῶν χρυσίου κεντηναρίων ἐσϊωνει. « Cæsariensium causidicorum unus fuit Evangelus, vir non ignobilis, qui prospera usus fortunæ aura, et pecuniis et prædia complura possedit ; tandem et Porphyrionem maritimam pagum pondo auri torcentum coëmit. »

(*e*) Conciunimus veteres editi καὶ particulam interserunt, quæ tamen a nostris, et Martianæi Ms. abest. Mox quidam *de titu* 1 *inscriptione nomen*, etc.

(*f*) Unus S. Crucis de Urce addit *id est Abrahæ*. Porro libellus iste absque auctoris nomine, in quo Melchisedec non hominem fuisse, sed *divinioris naturæ*, et tandem Spiritum Sanctum traditur, majori saltem ex parte superesse adhuc videtur in *Quæstionibus ex utroque mixtim*, Quæstione CIX. apud Augustinum in Appendice tomi tertii partis secundæ ; quem consule. Vide in hanc rem Tertullianum (quoque de Præscript. c. ultimo, Epiphanium, Damascenum hæres. 55. Philastrium, Augustinum, auctorem Prædestinati, alioscque si libet.

autem Spiritus Sanctus, panem vinumque protulerit, et decimas prædæ, quas Abraham victis quatuor regibus reportarat, acceperit, omnino tangere nolui : petisque ut quid mihi, vel de Scriptore, vel de quæstione videatur, respondeam. Fateor volui dissimulare sententiam, nec me periculoso (*a*) et φιλεγκλήμονι miscere tractatui, in quo quodcumque dixissem, reprehensores habiturus forem. Sed rursum cum Epistolam legerem, et invenissem in extrema pagella, miris me obtestationibus adjuratum, ne spernerem precatorem : revolvi **441** Veterum libros, ut viderem quid singuli dicerent, et tibi quasi de multorum consilio, responderem.

2. Statimque in fronte Geneseos (*b*) primam Homiliarum Origenis reperi scriptam de Melchisedech, in qua multiplici sermone disputans, illuc devolutus est, ut eum Angelum diceret. Iisdemque pene argumentis, quibus Scriptor tuus de Spiritu sancto, ille de supernis virtutibus est locutus. Transivi ad Didymum sectatorem ejus, et vidi hominem pedibus in magistri isse sententiam. Verti me ad Hippolytum, Irenæum, Eusebium Cæsariensem, et Emisenum, (*c*) Apollinarem quoque, et Eustathium nostrum, qui primus Antiochenæ Ecclesiæ Episcopus contra Arium clarissima tuba bellicum cecinit : et deprehendi, horum omnium opiniones, diversis argumentationibus ac diverticulis ad unum compitum pervenisse, ut dicerent Melchisedech hominem fuisse Chananæum, regem urbis Jerosolymæ, quæ primum Salem, postea Jebus, ad extremum Jerusalem appellata sit. Nec mirum esse, si Sacerdos Dei altissimi describatur absque circumcisione et legalibus cæremoniis, et genere Aaron : cum Abel quoque, et Enoch, et Noe placuerint Deo, et victimas obtulerint : et in Job volumine legamus, quod ipse et oblator munerum fuerit, et sacerdos, et quotidie pro filiis suis hostias immolarit (*Job.* 1). Et aiunt ipsum quoque Job non fuisse de genere Levi, sed de stirpe Esau : licet aliud (*d*) Hebræi autument.

3. Quomodo autem Noe inebriatus in domo sua, et nudatus atque derisus a (*e*) mediano filio (*Gen.* 9),

typum Salvatoris præbuit, et Cham populi Judæorum : Samson quoque amator meretricis et pauperis Dalilæ, multo plures hostium mortuus, quam vivus occidit (*Judic.* 16), ut Christi exprimeret passionem : omnesque pene **442** Sancti et Patriarchæ et Prophetæ, in aliqua re figuram expresserunt Salvatoris ; sic et Melchisedech, eo quod Chananæus fuerit, et non de genere Judæorum, in typum præcessisse sacerdotis (al. *Sacerdotii*) Filii Dei, de quo dicitur in centesimo nono Psalmo : *Tu es Sacerdos in æternum, secundum ordinem Melchisedech*. Ordinem autem ejus multis modis interpretantur, quod solus et rex fuerit, et sacerdos, et ante circumcisionem functus sacerdotio : ut non gentes ex Judæis, sed Judæi a gentibus sacerdotium acceperint, neque unctus oleo sacerdotali, ut Moysi præcepta constituunt (*Levit.* 81) : sed oleo exsultationis, et fidei puritate, neque carnis et sanguinis victimis immolaverit, (*f*) et brutorum animalium exta susceperit : sed pane et vino, simplici puroque sacrificio Christi dedicaverit sacramentum ; et multa alia quæ epistolaris brevitas non recipit.

4. Præterea (fort. *Prætereo*) plenius esse tractatum in Epistola ad Hebræos (*Cap.* 7), quam omnes Græci recipiunt, et nonnulli Latinorum, quod iste Melchisedech, id est, *rex justus*, rex fuerit Salem, id est, *rex pacis*, sine patre, sine matre, (*g*) et quomodo hoc intelligendum sit, uno statim verbo explicari ἀγενεαλόγητος, non quod absque patre et matre fuerit, cum Christus quoque secundum utramque naturam et patrem habuerit et matrem, sed quod subito introducatur in Genesi occurrisse Abraham a cæde hostium revertenti ; et nec ante, nec postea ejus nomen feratur adscriptum. Affirmat autem Apostolus, quod Aaron sacerdotium, id est, populi Judæorum, et principium habuerit et finem : Melchisedech autem, id est, Christi et Ecclesiæ, et in præteritum et in futurum æternum sit, nullumque habuerit auctorem : et quod translato sacerdotio, legis quoque mutatio fiat: ut nequaquam de Agar ancilla, et monte **443** Sina, sed de Sara libera, et arce Sion egrediatur verbum Domini, et lex Dei de Jerusalem. Et difficultatem rei (*h*) primo exagerat, dicens : *Super quo multus nobis*

(*a*) Erasmus mallebat φιλεγκαίμονι. Est autem φιλεγκλήμων idem ac *libenter accusans*, seu accusationi, imo etiam calumniæ facile patens. Paulo supra ubi *de Scriptore*, unus et alter e nostris codicibus habent *de Scriptura*.

(*b*) Veterum editorum par, Erasmus, et Victorius, quin etiam quidam Mss. cum nostri tum Benedict. *in prima Homiliarum Origenis reperi scriptam*.

(*c*) Promiscue *Apollinarem*, et *Apollinarium* exhibent nostri codices, e quibus duo tantum addunt huic vocem *nostrum*, cum editis ab Erasm. et Victorio, leguntque «Apollinarium quoque nostrum, et Eustathium qui,» etc. quam lectionem pluribus improbat Martianæus, qui et duo recitat aliorum exemplarium glossemata.

(*d*) Nimirum «e contra Hebræi asserunt, de Nachor cum stirpe generatum,» ut ipse loquitur Hieron. in Quæstionib. in Gen. c. 36. eamque sententiam suo ipse calculo confirmat in cap. 22. « Male igitur quidam æstimant, Job de genere esse Esau, » et reliqua, quæ suo loco expendemus ; tametsi neque argumentis, neque Scriptorum auctoritate putemus certum aliquid exploratum jure haberi. Sed Sacerdotii honorem Jobo communis veterum Patrum sententia tribuit.

(*e*) Legunt *a majori filio* duo e nostris, totidemque Benedictini interpretes. Sss. libri, alter *a minore*. Vocem *mediano* nusquam invenimus, imo cum pleraque vetustiora exemplaria tantum habeant *a filio*, haud ægre ferremus si

quis illam expungeret Chami nomen quod subdit, nullus inspectorum a Martianæo codicum habuit, nos unicum nacti sumus S. Crucis in Jerusalem de Urbe num. 59. Paulo infra pro *mortuus*, quidam habent *moriturus*, quod magis placet.

(*f*) Peccant huc usque editi legentes, *et brutorum sanguinem animalium dextra susceperit*, quomodo vitiatum pejus antea locum emendasse sibi persu serat Victorius, quem sequitur Martianæus. Nos veram lectionem nostrorum omnium, quod mirum est, codicum consensu et fide restituimus ; quibus suffragatur vetus editio an. 1496. etsi glossema quod ret inet post vocem *exta*, *id est quidquid super escam est*, erroris totius causa fuerit, ut rem attendenti constabit.

(*g*) Interpretationem sequentis vocis ἀγενεαλόγητος heic inserunt quidam Mss. quam forte ex libri ora in textum receperunt, leguntque *sine patre, sine matre, sine genealogia*, etc.

(*h*) Editi proœmio : male, est enim ad epistolæ fere medium, cui substituimus vocem *primo* ex Reginæ exemplari 213. etsi utrumque pleraque omittant ; alia habeant *probando*. Post vocem *uninterpretabilis*, pro qua Vulgata, et pauci quidam Mss. apud Martianæum *interpretabilis*, quæ sequuntur omnia usque ad , *si vas electionis*, absunt a Reginæ codicibus.

(*Vingt-deux.*)

sermo est, et ininterpretabilis (*Hebr.* 5. 11): non quia Apostolus non potuerit id interpretari, sed quia illius temporis non fuerit. Hebræis enim, id est, Judæis persuadebat, non jam Fidelibus, quibus passio proderet sacramentum. Verumtamen si vas electionis stupet ad mysterium, et de quo disputat, ineffabile confitetur; quanto magis nos vermiculi et pulices, solam debemus scientiam inscitiæ confiteri, et amplissimam domum, parvo quasi foramine ostendere: ut dicamus duo sacerdotia inter se ab Apostolo comparata, prioris populi et posterioris? Et hoc agit tota disputatione, ut ante Levi et Aaron, sacerdos fuerit Melchisedech ex gentibus, cujus tantum (*a*) præcedat meritum, ut futuris sacerdotibus Judæorum, in lumbis benedixerit Abraham. Totumque quod sequitur in laudes Melchisedech, ad Christi typum referri, cujus profectus Ecclesiæ sacramenta sunt.

5. Hæc legi in Græcorum voluminibus, et quasi latissimos terrarum situs, in brevi tabella volui demonstrare, non extendens spatia sensuum atque tractatuum, sed quibusdam punctis atque compendiis infinita significans, ut in parva Epistola multorum simul discerens voluntates. Verum quia amanter interrogas, et universa quæ dolici, fidis auribus instillanda sunt, ponam et Hebræorum opinionem: et ne quid desit curiositati, ipsa Hebraica verba subneciam (*b*) UMELCHISDEC MELEC SALEM ROSI LEHEM VAJAIN, UHU CHOEN LEEL ELION : VAIBAR'CHEU VAIOMER BARUCH ABRAM LEEL ELION CONE SAMAIM VA ARES : UBARUCH EL ELION ESER MAGGEN SARACH BIADACH VAJETHEN LO MAASER MECCHOL. (*Gen.* 14. 48). Quod interpretatur in Latinum hoc modo : *Et Melchisedech rex Salem, protulit panem et vinum; erat autem sacerdos Dei excelsi : benedixitque illi, et ait, Benedictus Abram Deo excelso, qui creavit cœlum et terram; et benedictus Deus altissimus, qui tradidit inimicos tuos in manu tua; et dedit ei decimas ex omnibus.* Traduntque hunc esse Sem primum filium Noe, et eo tempore quo ortus est Abram, habuisse ætatis annos trecentos nonaginta, qui ita supputantur. Sem post diluvium anno secundo, cum centum esset annorum, genuit Arphaxad : post cujus ortum, vixit annos quingentos, hoc est, simul sexcentos. Arphaxad annos natus triginta et quinque, genuit Salem, qui et ipse tricenarius, procreavit Eber, quem triginta quatuor annorum legimus genuisse Phaleg. Rursum Phaleg expletis annis triginta, genuit Rehu : qui et ipse, post trigesimum et secundum nativitatis suæ annum,

(*a*) E Mss. plerisque, et veteri sæpius laudata editione. Antea erat *prædicat*.
(*b*) Vide ad hunc locum Martianæum veteres editiones acerberastigantem. Difficiliores voces *saccæh biadach*, quædam exemplaria nostra ediderunt *sarath, biduch*; cum aspiratione antea constanter, *tlel*, et *ttelion*. Hebraica integer locus sic habet ומלכי־צדק מלך שלם הוציא לחם והוא כהן לאל עליון ויברכהו ויאמר ברוך אברם לאל עליון קנה שמים וארץ אשר־מגן צריך בידך ויתן לי מעשר מכל Marianæus cum ר legit קנה ; cæteros ex Massorethorum ingenio veteres editiones sibi finxit; et quæ inde sequuntur verba, *quod interpretatur*, etc. omittit.

edidit Serug : de quo cum ad triginta pervenisset annos, ortus est Nachor : qui viginti novem annorum, genuit Thare : quem legimus quod septuagenarius genuit Abram, et Nachor, et Aran. Supputa per singulas ætates annorum numerum, et invenies ab ortu Sem, usque ad generationem Abram, trecentos nonaginta annos. Mortuus est autem Abraham centesimo septuagesimo quinto ætatis suæ anno. Ratione deducta, invenitur Sem, abnepoti suo decimi gradus, (*c*) Abrahamo, supervixisse annos triginta quinque.

6. Simulque et hoc tradunt, quod usque ad sacerdotium Aaron, omnes primogeniti ex stirpe Noe, cujus series et ordo describitur, fuerint sacerdotes, et Deo victimas immolarint : et hæc esse primogenita, quæ Esau fratri suo vendiderit Jacob (*Gen.* 27). Nec esse mirum, si Melchisedech victori Abram obviam processerit, et in refectionem tam ipsius, quam pugnatorum ejus, panes vinumque protulerit, et benedixerit ei, cum abnepoti suo hoc jure debuerit : et decimas prædæ atque victoriæ acceperit ab eo : sive quod habetur ambiguum, ipse dederit ei (*d*) substantiæ suæ decimas, et avitam largitatem ostenderit in nepotem. Utraque enim intelligi potest, et juxta Hebraicum et juxta Septuaginta interpretes, quod et ipse acceperit decimas spoliorum, et Abrahæ dederit decimas substantiæ suæ : quamquam Apostolus in Epistola sua ad Hebræos (*Cap.* 7) apertissime definiat, non Abraham suscepisse a Melchisedech decimas divitiarum ejus, sed de spoliis hostium, partem accepisse Pontificem.

7. Salem autem non, ut Josephus, et nostri omnes arbitrantur esse (f. est) Jerusalem, nomen ex Græco Hebraicoque compositum, quod absurdum esse, peregrinæ linguæ mixtura demonstrat: sed oppidum juxta Scythopolim, quod usque hodie appellatur Salem, et ostenditur ibi palatium Melchisedech, ex magnitudine ruinarum, veteris operis ostendens magnificentiam : de quo in posteriore quoque parte Genseos scriptum est. *Venit Jacob in Socoth*, id est, in *tabernacula, et fecit sibi ibi domos atque tentoria, et transivit in Salem civitatem regionis Sichem, quæ est in terra Chanaan* (*Gen.* 33. 17. et 18).

8. Considerandum quoque est, quod Abraham a cæde hostium revertenti, quos persecutus est usque Dan (*Gen.* 14), quæ hodie Paneas (al. *Paneus*) appellatur; non (*e*) devia Jerusalem, sed oppidum metropoleos Sichem, in itinere fuerit : de quo in Evangelio quoque legimus : *Erat autem Joannes baptizans in Ennon, juxta Salim, quia aquæ erant multæ ibi* (*Joan.* 3). Nec refert, utrum Salem, an Salim nominetur, cum vocalibus in medio litteris perraro utantur Hebræi, et pro voluntate lectorum, ac varie-

(*c*) Non repetunt hoc loco Abrahæ nomen vetustiores membranæ, in editis vero sensus eo ipso obscurior, interpunctionis quoque vitio laborabat.
(*d*) In quibusdam Mss. *primitiæ* habetur pro *substantia*, et *abari* pro *aritam*.
(*e*) Sensum pervertunt hactenus editi, imo talibant, legentes, *non de vio* (duobus verbis) *Jerusalem, sed oppido metropoleos*, etc. Nostrum vetustiorum codicum Ope emendamus, ut textus et series necesse habent.

tate, regionem eadem verba diversis sonis atque accentibus proferantur.

9. Hæc ab eruditissimis gentis illius didicimus, qui intantum non recipiunt Spiritum sanctum, vel Angelum fuisse Melchisedech, ut etiam certissimum hominis nomen adscribant. Et revera stultum est, id quod in typo dicitur: eo quod Christi sacerdotium finem non habeat; et ipse rex et sacerdos nobis utrumque donaverit, ut simus genus regale et sacerdotale (1. *Petr.* 2. 9), et quasi angularis lapis (*Isai.*) parietem utrumque conjunxerit, et **446** de duobus gregibus bonus pastor unum effecerit gregem (*Eph.* 2. 16); sic quosdam referre ad ἀκριβολογία, ut historiæ auferant veritatem, et dicant non fuisse regem, sed imagine hominis Angelum demonstratum: cum intantum nitantur Hebræi Melchisedech regem Salem, filium Noe, Sem ostendere, ut ante hoc scriptum sic referant: *Egressus est autem rex Sodomorum in occursum ei* (haud dubium, quin Abrahæ) *postquam reversus est a cæde Chodorlaomor, et regum qui cum eo erant in valle Save: hæc est vallis regis;* de qua statim sequitur: *Et Melchisedech rex Salem protulit panem et vinum* (*Gen.* 14), et reliqua. Si ergo hæc civitas regis est, et vallis regis, sive ut Septuaginta transtulerunt, *campus*, quem hodie Aulonem Palæstini vocant: manifestum est hominem fuisse, qui in terrena et valle et urbe regnavit (al. *regnaverit*).

10. Habes quæ audierim, quæ legerim de Melchisedech. Meum fuit citare (al. *recitare*) testes: tuum sit de fide testium judicare. Quod si omnes repuleris, tuum certe spiritualem illum interpretem non recipies, qui imperitus sermone, et scientia, tanto supercilio et auctoritate Melchisedech Spiritum sanctum pronuntiavit, ut illud verissimum comprobarit, quod apud Græcos canitur, (*a*) *Imperitia confidentiam, eruditio timorem creat.* Ego post longam ægrotationem, vix in Quadragesimæ diebus (*b*) febri carere potui, et cum alteri me operi præpararem, paucos dies qui supererant in Matthæi expositione consumpsi: tantaque aviditate studia omissa repetivi, ut quod exercitationi linguæ profuit, nocuerit corporis valetudini.

(*a*) Thucydidis hanc ferri sententiam Victorius adnotaverat. ἀμαθία μὲν θράσος, λογισμὸς δὲ ὄκνον φέρει. *Imperitia confidentiam, consideratio autem cunctationem fert.*
(*b*) Iterum peccant editi omnes, cum uno tantum ex his quos contulimus. Ms. libro, dum legunt, *hæc fabricare potui*, improprio ac deridiculo sensu. In eo autem conveniunt exemplaria nostra, quod exclusa *hæc* vocula, pro *fabricare* habent *febricari* vel *febricitare*, vel *febricare*, imo ex his rectissime, ut emendavimus, *febri carere*. Ultimum re vel scriptionis compendio, vel per errorem non nemo olim omiserit, unde factum postea uno verbo *febricare*, et a sciolo correctore alio, *fabricare*. Sed et pro *Quadragesimæ*, quædam habent *quadraginta*, quorum sequi auctoritatem non placuit; cum de Matthæi expositione ad Eusebium in Præfat. loquatur Hier. «Tu in duabus Hebdomadibus, imminente jam Pascha, et spirantibus ventis, dictare me cogis... maxime cum scias, me ita tribus mensibus languisse, ut vix nunc ingredi incipiam.»

447 EPISTOLA LXXIV (*c*)

AD (*d*) RUFFINUM PRESBYTERUM.

De jurgio duarum meretricum, et judicio Salomonis.

Recentis cum Ruffino amicitiæ officiis breviter perstrictis, jurgium duarum meretricum interpretatur allegorice de Ecclesia ex Gentibus congregata, ac Judæorum Synagoga.

1. Multum in utramque partem crebro fama mentitur, et tam de bonis mala, quam de malis bona, (*e*) falso rumore concelebrat. Unde et ego gaudeo quidem super testimonio erga me sanctitatis tuæ, et amore sancti Presbyteri (*f*) Eusebii: nec dubito quin me publice prædicetis, sed tacitum vestræ prudentiæ judicium pertimesco. Itaque obsecro, ut magis memineritis mei, et dignum vestra laude faciatis. Quod primus ad officium provocasti, et mihi secundæ in rescribendo (al. *scribendo*) partes datæ sunt, non venit de incuria in amicos, sed de ignorantia; si enim scissem, præoccupassem sermonem tuum.

2. Interpretatio judicii Salomonis super jurgio duarum mulierum meretricum (3. *Reg.* 3), quantum ad simplicem historiam pertinet, perspicua est: quod puer annorum duodecim contra ætatis suæ mensuram de intimo humanæ naturæ judicarit affectu. Unde et admiratus est, et pertinuit illum omnis Israel, quod scilicet eum manifesta non fugerent, qui tam prudenter abscondita deprehendisset. Quantum autem ad typicos pertinet intellectus, dicente Apostolo: *Hæc omnia in figura contingebant illis, scripta sunt autem* (*g*) *de nobis, in quos fines sæculorum decurrerunt* (1. *Cor.* 10. 11), quidam Græcorum autumant super Synagoga et Ecclesia sentiendum, **448** et

(*c*) alias 151. *scripta sub finem anni* 398.
(*d*) Veronensi antiquior liber, cui manu exarati alii plures consentiunt. *Ruffino presbytero romano de judicio Salomonis*, quidam addunt in sectione *parvuli*. Porro hunc Ruffinum alium ab Aquileiensi, ac longe diversum esse, siu minus ipsa epistolæ inscriptio, quæ *Romanus*, certe evincunt versa sub fidem num. 6, quibus *recens amicus* dicitur. «Hæc, inquit, celeriter scribenda dictavimus, ne tibi in principio amicitiarum aliquid imperanti videremur negare.» Sed non ideo alia nobis probatur Martianei, doctorumque passim hominum opinio, qui Ruffinum istum eumdem cum illo esse contendunt, quo de loquitur S. Doctor infra epistola 81. ad cognatam Aquileiensem: «Sanctum quoque presbyterum Ruffinum ob quamdam causam per Romani Mediolanum missum,» etc. Heic enim, quod ex supra recitis verbis, totoque inferiori contextu liquet, hominem alloquitur sibi de facie ignotum, rerumque suarum plane inscium, et aut Romanum, aut certe hoc ipso anno 398. Romæ degentem, quæ Ruffino illi, qui Mediolanum missus est, aptari nullo modo possunt, siquidem et ex Oriente mittebatur, et notus de facie Hieronymo fuerit, necesse est. At hæc ratio temporum, ex qua nobis constat, nissum eum fuisse hoc eodem anno, quo isthæc epistola data est, omnino pro illo haberi, ad quem nunc scribitur, non permittit.
(*e*) Vetustiores editi, junctis quibusdam Mss. *falsorum ora concelebrant, vel ore concelebrat.*
(*f*) Nobis iste est Cremonensis Eusebius, cui e Bethleem monasterio Romam proficiscenti Commentarios in Matthæum Hieronymus quasi sytareiós elucubravit. Romæ autem cum esset, facile Presbyter jussus est.
(*g*) Ad hunc modum ex veteri Latina versione revitasse S. Doctorem, perquam verosimile est. Mss. enim omnes ideoque magno numero sic legunt *de nobis*, non ut Victorius ex Vulgata mutavit *ad correctionem nostram*.

ad illud tempus cuncta referenda, quando post crucem et resurrectionem, tam in Israel, quam in Gentium populo verus Salomon, id est, *pacificus*, regnare cœperit. Quod autem adulteræ et meretrices, Synagoga et Ecclesia dicantur in Scripturis, nulla dubitatio est.

3. Et hoc prima fronte videtur esse blasphemum; cæterum si recurramus ad Prophetas, Osee videlicet, qui accepit uxorem fornicariam, et generavit filios fornicationis (*Osee* 1), et deinde adulteram : et ad Ezechiel, qui Jerusalem quasi meretricem arguit, quod sequuta sit amatores suos, et divaricaverit omni transeunti pedes, lupanarque in loco celebri exstruxerit (*Ezech.* 16); animadvertemus Christum idcirco venisse, ut meretrices donaret matrimonio, et de duobus gregibus unum ovile faceret, medioque pariete destructo (*Ephes.* 2), in easdem caulas oves prius morbidas congregaret. Hæ sunt duæ virgæ, quæ junguntur in Ezechiel (*Cap.* 37), et de quibus per Zachariam Dominus refert : *Et assumpsi mihi duas virgas, unam vocavi decorem, et alteram vocavi funiculum, et pavi gregem* (*Zach.* 11. 8). Mulier quoque illa meretrix in Evangelio, quæ pedes Jesu lacrymis lavat, crine detergit, et cui peccata omnia dimittuntur, manifeste pingit Ecclesiam de Gentibus congregatam (*Luc.* 7). Hæc idcirco in prima fronte replicavi, ne cui videatur incongruum, si meretrices dicantur Synagoga et Ecclesia, quarum una Salomonis judicio, filii possessione donata est. Prudens quærat auditor, quomodo meretrix sit Ecclesia, *quæ non habet maculam, neque rugam*? (*Ephes.* 5) Non dicimus Ecclesiam permansisse meretricem, sed fuisse. Nam et in Simonis leprosi domo Salvator scribitur iuisse convivium (*Matth.* 26), utique non quia leprosus erat eo tempore, quo habebat hospitem Salvatorem, sed quia leprosus ante fuerat. Matthæus quoque in 449 catalogo Apostolorum Publicanus dicitur, non quo permanserit Publicanus post Apostolicam dignitatem, sed quia prius fuerit Publicanus : ut ubi superabundavit peccatum, superabundaret gratia.

4. Simulque considera quid dicat Ecclesia contra Synagogam calumniatricem : *Ego et mulier hæc habitabamus in domo una* (3. *Reg.* 3. 17). Post resurrectionem enim Domini Salvatoris, una de utroque populo Ecclesia congregata est; et quam eleganter : *Peperi*, inquit, *apud eam in cubiculo*. Ecclesia enim de Gentibus, quæ non habebat prius Legem et Prophetas, peperit in domo Synagogæ : nec egressa est de cubiculo, sed ingressa. Unde dicit in Cantico Canticorum : *Introduxit me rex in cubiculum suum* (*Cant.* 1. 3). Et iterum : *Et quidem non spernam te. Assumens introducam te in domum matris meæ, et in cubiculum ejus* (a) *quæ concepit me* (*Cant.* 3. 4). Tertia autem die : *postquam ego peperi, peperit et hæc.* Si consideres Pilatum lavantem manus atque dicentem : *Mundus*

ego sum a sanguine justi hujus (*Matth.* 27. 24) : si Centurionem ante patibulum confitentem : *Vere hic erat Filius Dei* (*Marc.* 15. 39), si eos qui ante passionem per Philippum, Dominum videre desiderant : haud ambiges primam peperisse Ecclesiam, et postea natum populum Judæorum, pro quo Dominus precabatur : *Pater, ignosce eis, quod enim faciunt, nesciunt* (*Luc.* 23. 34). Unaque die crediderunt tria millia : et alia die quinque millia (*Act.* 2. et 4). Et eramus simul (multitudinis enim credentium erat cor (b) unum, et anima una) *nullusque alius in domo nobiscum, exceptis nobis duabus :* non blasphemantium Judæorum, non Gentilium idolis servientium. *Mortuus est autem filius mulieris hujus nocte.* Dum enim Legis sequitur observantiam, et gratiæ Evangelii jugum Mosaicæ doctrinæ copulat, tenebrarum errore cooperta est. *Oppressitque eum mater sua dormiens*, quæ non poterat dicere : *Ego dormio, et cor meum vigilat* (*Cant.* 5. 2). (c) *Media nocte consurgens, tulit filium de latere* (Ecclesiæ) *dormientis, et in suo collocavit sinu*. Relege totam ad Galatas Apostoli Epistolam, et animadvertes quomodo filios Ecclesiæ suos facere Synagoga festinet, et dicat Apostolus : *Filioli mei, quos iterum parturio, donec Christus formetur in vobis* (*Gal.* 4. 19). Vivum tulit, non ut possideret, sed ut 450 occideret. Non enim amore fecit hoc filii, sed æmulæ odio, et suum mortuum per Legis cæremonias in sinu Ecclesiæ supposuit.

5. Longum est (d) si velim per singula currere; quomodo per Apostolum Paulum, et Ecclesiasticos viros intellexit Ecclesia, non esse suum filium, qui tenebatur in Lege : et in luce cognoverit, quem in tenebris non videbat. Inde jurgium ortum est, præsente rege, altera dicente : *Filius tuus mortuus est, meus autem vivit*: altera respondente, *Mentiris, filius quippe meus vivit, et filius tuus mortuus est :* atque in hunc modum contendebant coram rege. Tunc rex Salomon, qui manifeste Salvator accipitur (secundum Psalmum septuagesimum primum, qui titulo Salomonis inscribitur; ubi nulla dubitatio est, quin cuncta quæ dicuntur, non Salomoni mortuo, sed Christi conveniant majestati) simulat ignorantiam, et humanos pro dispensatione carnis mentitur affectus, sicut et (e) in alio loco : *Ubi posuistis Lazarum?* (*Joan.* 11. 34.) et ad mulierem fluentem sanguine, *Quis me tetigit?* (*Matth.* 9.) gladium postulat, de quo dixerat : *Nolite putare, quod venerim pacem mittere super terram : non veni pacem mittere, sed gladium. Veni enim dividere hominem contra patrem suum, et filiam contra matrem suam, et nurum contra socrum suam : et inimici hominis domestici ejus* (*Matth.* 10) : et tentat naturam naturæ Dominus, vultque secundum utriusque volun-

---

(a) Juxta Græcum τῆς συλλαβούσης με. Ms. tamen Veronens. aliique cum antea editis, *quæ me genuit*.

(b) Victor. *cor novum*. Cod. Veron. *erat cor et anima una*.

(c) Iterum juxta Græcum καὶ ἀνίστη μέσης τῆς νυκτὸς, quorum loco Vulgatus interpres, *Et consurgens intempesta noctis silentio*.

(d) Alit., *si velim singula percurrere*. Sed pleraque hujusmodi frequentius dissimulamus.

(e) In Veron. *in alio loco idem Dominus dixit, ubi*, etc.

tatem, viventem filium in Legem, Gratiamque dividere: non quod probet, sed quod ad arguendum calumniam Synagogæ, hoc velle se dicat. Illa, quæ nolebat Ecclesiæ filium in gratia vivere, nec per baptismum liberari, libenter habet dividi puerum: non ut possideat, sed ut interficiat. ECCLESIA QUEM scit suum esse, libenter concedit æmulæ, dum vivat saltem apud adversariam: ne inter Legem divisus et Gratiam, Salvatoris mucrone feriatur. Unde dicit Apostolus: *Ecce ego Paulus dico vobis, quod si Legem observatis, Christus vobis nihil prodest* (*Gal.* 5).

6. Hæc sub allegoriæ nubilo dicta sint. Cæterum optime novit prudentia tua, non easdem esse regulas in Tropologiæ umbris, quæ in historiæ veritate. **451** Quod sicubi pedem offendimus, et sapienti lectori frivolum videatur esse quod scripsimus, culpam in auctorem referat. Nos enim et hæc ipsa in lectulo decumbentes, longaque ægrotatione confecti, vix notario celeriter scribenda dictavimus: non ut impleremus materiam, sed ne tibi in principio amicitiarum aliquid imperanti, videremur negare. Ora nobis a Domino sospitatem, ut post duodecim menses, quibus jugi languore confectus sum, possim aliquid dignum vestræ scribere voluntati: et ignosce si scatens oratio, cursu (*a*) solito non fluat. Non enim eodem lepore dictamus, quo scribimus: quia in altero sæpe stylum vertimus, iterum quæ legi digna sint, scripturi: in altero quidquid in buccam venerit celeri sermone convolvimus. Caninium libenter vidi, qui narrare tibi poterit, quam difficile et periculosum manus dexteræ, usque in præsentem diem, quo ista dictavi, vulnus sustinuerim.

EPISTOLA LXXV (*b*).

AD THEODORAM VIDUAM.

Theodoram Lucinii viduam consolatur de morte mariti, cujus virtutes, et castitatem præcipue laudat.

1. Lugubri nuntio consternatus super sancti et venerabilis mihi dormitione Lucinii, vix brevem Epistolam dictare potui. Non quod ejus vicem doleam, quem scio ad meliora transisse, dicente Moyse: *Transiens videbo visionem hanc magnam* (*Exod.* 3. 3); sed quod torquear desiderio, non meruisse me ejus viri videre faciem, quem in brevi tempore huc venturum esse credebam. Verum est illud super necessitate mortis prophetale vaticinium, quod fratres dividat (*Osee* 13), et carissima inter se nomina crudelis et dura dissociet. Sed habemus consolationem, quia (*c*) Domini sermone jugulatur, et dicitur ad eam: *Ero mors tua, o mors, ero morsus tuus inferne*; et in consequentibus: *Adducet urentem ventum Dominus de deserto ascendentem, qui siccabit omnes venas ejus, et desolabit fontem illius* (*Ibid.*). Exivit enim virga de radice Jesse, et flos de virginali frutice pullulavit (*Isai.* 11. 1): qui loquitur in **452** Cantico Canticorum: *Ego flos campi, et lilium convallium* (*Cant.* 2. 1). Flos noster mortis interitus; ideoque et mortuus est, ut mors illius morte moreretur. Quod autem de deserto dicitur adducendus, virginalis uterus demonstratur, qui absque coitu et semine viri, Deum nobis fudit infantem: qui calore Spiritus Sancti exsiccaret fontes libidinum, et caneret in Psalmo: *In terra deserta et invia et inaquosa, sic in sancto apparui tibi* (*Ps.* 62. 3). Adversum ergo mortis duritiam et crudelissimam necessitatem hoc solatio erigimur, quod brevi visuri sumus eos, quos dolemus absentes. NEQUE ENIM mors, sed dormitio et somnus appellatur. Unde et beatus Apostolus vetat de dormientibus contristari (1. *Thess.* 4): ut quos dormire novimus, suscitari posse credamus; et post digestum soporem, vigilare cum Sanctis, et cum Angelis dicere: *Gloria in excelsis Deo, et super terram pax hominibus bonæ voluntatis* (*Luc.* 2. 14). In cœlo, ubi non est peccatum, gloria est, et perpetua laus, et indefessa præconia. In terra autem, ubi seditio, bella atque discordiæ, pax imprecanda est: et pax non in omnibus; sed in his qui bonæ sunt voluntatis; et salutationem audiunt Apostolicam: *Gratia vobis et pax a Deo Patre, et Domino nostro Jesu Christo multiplicetur* (*Rom.* 1. 7): ut in pace sit locus ejus, et habitatio ejus in Sion (*Ps.* 75. 2), id est, *in specula*, in sublimitate dogmatum atque virtutum, in anima credentis; cujus quotidie Angelus videt faciem Dei (*Matth.* 18. 10), et revelato vultu gloriam Dei contemplatur.

2. Unde obsecro te, et currentem, ut aiunt, impello, ut Lucinium tuum desideres quidem ut fratrem; sed gaudeas regnare cum Christo: *Quia raptus est, ne malitia immutaret mentem ejus. Placita enim erat Deo anima illius, et in brevi spatio tempora multa complevit* (*Sap.* 4). Nos DOLENDI magis, qui quotidie stamus in prælio peccatorum, vitiis sordidamur, accipimus vulnera, et de otioso verbo reddituri sumus rationem. Ille jam securus et victor te aspicit de excelso, et favet laboranti: et juxta se locum præparat, eodem amore et eadem caritate, (*d*) qua oblitus officii conjugalis, in terram quoque sororem te habere cœperat, (*e*) imo fratrem; quia casta conjunctio sexum non habet nuptialem. Et si adhuc in carne positi, **453** et renati in Christo, non sumus *Græcus et Barbarus, servus et liber, masculus et femina; sed omnes in eo unum sumus*: quanto magis cum corruptivum hoc induerit incorruptionem, et mortale hoc induerit immortalitatem (*Gal.* 3. 28), *non nubent, neque nubentur, sed erunt sicut Angeli in*

(*a*) Victor. *cursu non solito fluat*. Quæ porro subsequuntur ex Horat. Satyr. 10. *sæpe stylum vertas, iterum quæ digna legi sint Scripturus*, etc. Expressa nemo ignorat.
(*b*) Alias 29. *scripta circ. ann.* 399.
(*c*) Iterum Victor. *Domini voce jugulatur, per quem ad eam dicitur*, etc.

(*d*) Martian. *quia:* cujusmodi alia multa emendavimus.
(*e*) Falso, et contra Hieronymi mentem hactenus obtinuit, imo *tu illum fratrem*, quia ex lectione frustra esset atque inutilis ratio, quam subdit S. Doctor, *quia casta conjunctio sexum non habet nuptialem*. Adeo verum est, duo verba *tu illum*, a sciolo quodam intrusa, captandæ antithesis gratia; quæ nos cum aliis de causis, tum etiam Veronensis ac Nonantulani exemplarium auctoritate expunximus.

cœlis? (*Matth.* 22. *et Luc.* 20.) Quando dicit, *non nubent, neque nubentur, sed erunt sicut Angeli in cœlis*, non natura et substantia corporum tollitur, sed gloriæ magnitudo monstratur. Neque enim scriptum est, *erunt Angeli*; sed, *sicut Angeli*, ubi similitudo promittitur, veritas denegatur. *Erunt*, inquit, *sicut Angeli*, id est, similes Angelorum : ergo homines esse non desinent. Inclyti quidem, et Angelico splendore decorati; sed tamen homines erunt et Apostolus, Apostolus sit, et Maria, Maria : et confundatur (*a*) hæresis, quæ ideo incerta et magna promittit, ut quæ certa et moderata sunt, auferat.

3. Et quia hæreseos semel fecimus mentionem, quâ Lucinius noster dignæ eloquentiæ tuba prædicari potest? qui, spurcissima per Hispanias Basilidis hæresi sæviente, et instar pestis et morbi, totas inter Pyrenæum et Oceanum vastante provincias, fidei Ecclesiasticæ tenuit puritatem, nequaquam suscipiens, Armagil, Barbelon, Abraxas, Balsamum, et ridiculum Leusiboram, cæteraque magis portenta, quam nomina, quæ ad imperitorum, et muliercularum animos concitandos, (*b*) quasi de Hebraicis fontibus hauriunt, barbaro simplices quosque terrentes sono : ut quod non intelligunt, plus **454** mirentur. Refert Irenæus, vir Apostolicorum temporum, et Papiæ, auditoris Evangelistæ Joannis discipulus, Episcopusque Ecclesiæ Lugdunensis : quod Marcus quidam de Basilidis Gnostici stirpe descendens, primum ad Gallias venerit : et eas partes per quas Rhodanus et Garumna fluunt, sua doctrina maculaverit : maximeque nobiles feminas, quædam in occulto mysteria repromittens, hoc errore seduxerit : magicis artibus, et secreta cor-

porum voluptate, amorem sui concilians (*c*). Inde Pyrenæum transiens, Hispanias occuparit, et hoc studii habuerit, ut divitum domos, et in ipsis feminas maxime appeteret : quæ ducuntur variis desideriis, semper discentes, et nunquam ad scientiam veritatis pervenientes. Hoc ille scripsit ante annos circiter (*d*) trecentos. Et scripsit in his libris, quos adversus omnes hæreses doctissimo et eloquentissimo sermone composuit.

4. Ex quo perpendat prudentia tua, qua Lucinius noster laude sit dignus, qui clausit aurem, ne audiret judicium sanguinis : et omnem substantiam suam dispersit et dedit pauperibus, ut justitia ejus maneret in æternum (*Ps.* 111). Nec patriæ suæ largitate contentus, misit Jerosolymarum et Alexandrinæ Ecclesiæ tantum auri, quantum multorum possit inopiæ subveniri. Quod cum multi mirentur et prædicent, ego in illo magis laudabo fervorem et studium Scripturarum. Quo ille desiderio opuscula nostra flagitavit, et missis sex notariis (quia in hac provincia Latini sermonis (*e*) scriptorum penuria est) describi **455** sibi fecit, quæcumque ab adolescentia usque in præsens tempus dictavimus? Non nos honoravit, qui parvuli et minimi Christianorum omnium sumus, et ob conscientiam peccatorum, Bethleemitici ruris saxa incolimus ; sed Christum, qui honoratur in servis suis ; et Apostolis repromittit, dicens : « Qui vos recipiunt, me recipiunt. Et qui me recipiunt, recipiunt eum, qui me misit » (*Matth.* 10).

5. Itaque, carissima filia, hanc Epistolam amoris mei in illum habeto Epitaphium : et quidquid posse me scieris in opere spirituali, audacter impera, ut sciant sæcula post futura, eum, qui dicit in Isaia : « Posuit me ut sagittam electam, in pharetra sua abcondit me » (*Isai.* 49), duos viros tantis maris atque terrarum inter se spatiis separatos, suo acumine vulnerasse, ut cum mutuo in carne se nesciant, amore spiritus copulentur.

Subscriptio.

Sanctam te corpore et spiritu servet ille Samarites, id est, *Servator* et *custos*, de quo in Psalmo scribitur : « Non dormitabit, neque dormiet, qui custodit Israel » (*Ps.* 120); ut Hir, qui interpretatur *vigil*, qui descen-

---

(*a*) Scilicet Origenistarum, quæ per id temporis invalescebat, et quam sæpe infra, et in Epitaphio Paulæ matris post medium late impugnat ; tametsi hæc eadem Pelagiani promittebant, ut ex Epist. Hilarii ad Augustinum compertum est ; et Mss. quoque plurima numero habent, *confundantur hæreses, et promittunt*, etc.

(*b*) Qui portentosa trec nomina quasi de Hebraicis fontibus hauriantur, et præcipue *Armagil*, *Balsamum*, *Leusiboram*, quæ vix, aut ne vix quidem invenias apud alios Scriptores, multibi certe, neque apud Irenæum explicetur. Duo tamen obvia sunt, *Barbelon*, et *braxas*, quorum alterum *filium Dei*, seu *teli* sonat, ex כרבעל, et contracte בל Bel, Græc. χ[...], notum Idoli nomen ; alterum confictum nomen est ex 365. localium colorum positionum, ut Irenæus loquitur, numero. Sed *armagil* idem putamus quod et *Harmogenes* scribitur, et *harmoge*, et *Harmogen*, et *rmazanon*, in Mss. plerisque *armazel*. Utrumque autem legas, puta Oromazan, vel ut aliis placet, Oromagdan, veterum Persarum Deum, auctore Zoroastre, significari : cujus Hebraicam nominis etymologiam a lucis præstantia a magnitudine numere videtur Plutarchus in Alexandro. Porro *Balsamus* Solis nomen est, quem et Phoeaces nominies, patria voce appellabant *relsamen*, ut testis est Sanchoniaton, apud Euseb. l. 1. Præpar. Evang. et quem eundem cap. 7. memoravit *Philo* cultu a Solis apud omnies, « deum hune, inquit, unum esse cœli a decurrem putabant, cum vocabunt Beelsama, quod Phœnicum lingua hominum, Græca autem dominum cœli notat. » Atque inde ortum Punicum *baalsamen*, notatum ab Augustino lib. 7. Locution. c. 1. Sed et *balsamen* pro *baalsamen* invenies in Plauti Pænulo Act. 5. Scen. 2. Ut autem *Belenus* pro *Belen*, et *Belus* pro *Bel*, ita *balsamum* pro *val amen* Latini dixerint, quod significat ex Hebraica radice *beam*, sive *nominum cœli*, unde et in quadam Inscriptione apud Seldenum Minerva Belisama dicta est. Denique *Leusibora*, quod meditulum lucis exponi potest, illud idem putamus esse, quod Irenæus ex Hæreticorum sententia *Magnum lumen* vocat, a Patre unctum, ut perfectiorem fieret ; inde-

(*c*) Non heic modo, sed et multo post. Epist. ad Hedibiam quæst. 10, et Commentarior. in Isaiam cap. LXIV. memoriæ fortasse confidens Hieron. Irenæo affingit profectionem Marci Egyptii in Hispanias, duosque in unum confundit hujusce nominis hæreticos, quorum prior Magus, quem S. Irenæus confutat : Gallias labe inficit, sive ut ipse loquitur cap. 9. *in iis, quæ secundum nos sunt, regiones Rhodanenses* multas seduxit mulieres ; alter junior Egyptius, sive Memphitis ducentos fere post annos Hispanias pervasit, ubi Agapen, Helpidium, et Priscillianum, ut Sulpitius Severus narrat, auditores habuit, qui ad an. 380. in Cæsaraugustano Concilio damnati sunt. Hujus rei veritas ut magis constet, confer cum Sulpitio Isidorum Hispalensem, ubi de Idatio agit, et cum utroque Irenæum.

(*d*) Mallem equidem *ducentos* dici pro *trecentos*, quippe circa an. 180. contra hæreses scripsit Irenæus, et quem impugnat Marcum, in vivis adhuc agentem videtur supponere.

(*e*) Minus recte ante nos editi *scriptorumque*. Alia quædam leviora supra emendavimus.

dit ad Daniel, ad te quoque veniat, et possis dicere : *dormio, et cor meum vigilat* (*Cant.* 5).

EPISTOLA LXXVI (a)

AD ABIGAUM.

Abigao Presbytero excusat se, quod non scripserit: cumque consolatur, ne moleste ferat cæcitatem corporis, cum animo cernat. Denique integritatem ejus laudat, eique commendat Theodoram viduam Lucinii.

1. Quanquam mihi multorum sim conscius peccatorum, et quotidie in oratione flexis genibus loquar: «Delicta juventutis meæ, et ignorantias meas ne memineris » (*Psal.* 24. 7) : tamen sciens dictum esse ab Apostolo : « Ne inflatus superbia incidat in judicium diaboli »(1.*Tim.* 3. 6) : Et in alio loco scriptum : « Superbis Deus resistit; humilibus autem dat gratiam »(*Jacob.* 4. 6), nihil ita a pueritia conatus sum vitare quam tumentem animum, et cervicem erectam, Dei contra se odia provocantem. Novi **456** enim magistrum et Dominum et Deum meum in carnis humilitate dixisse: « Discite a me, quia mitis sum et humilis corde » (*Matth.* 11. 29) : et ante per os David cecinisse : « Memento, Domine, David, et omnis mansuetudinis ejus » (*Ps.* 131. 1). Et in alio loco legimus : « Ante gloriam humiliabitur cor viri ; et ante ruinam elevatur » (*Prov.* 18. 12). Itaque obsecro te, ne me putes sumpsisse literis tuis ante tacuisse ; et aliorum, vel infidelitatem, vel negligentiam in me referas. Quid enim causæ erat, ut provocatus officio, tacerem, et amicitias tuas meo silentio repellerem, qui ultro soleo bonorum appetere necessitudinem, et me eorum ingerere caritati ? « Quia meliores sunt duo, quam unus: et si alter ceciderit, ab altero fulcietur. Funiculus triplex non facile rumpitur, et frater fratrem adjuvans, exaltabitur » (*Eccles.* 4. 9). Scribe igitur audacter ; et absentiam corporum, crebro (*b*) vince sermone.

2. Nec doleas, si hoc non habeas quod formiculæ, et muscæ, et serpentes habent, id est, carnis oculos: sed illum te oculum habere lætare, de quo in Cantico dicitur Canticorum : « Vulnerasti me, soror mea sponsa, uno de oculis tuis » (*Cant.* 4. 9); quo Deus videtur ; de quo a Moyse dicitur : « Transiens videbo visionem hanc magnam » (*Exod.* 3. 3). (*c*) Denique quosdam etiam mundi Philosophos legimus, ut totam cogitationem ad mentis cogerent puritatem, sibi oculos eruisse. Et a Propheta dicitur : « Intravit mors per fenestras (*d*) vestras » (*Jer.* 9. 21). Et Apostoli audimt ; « Qui viderit mulierem ad concupiscendam eam, jam mœchatus est eam in corde suo » (*Matth.* 5.

(*a*) *alias* 32. *Scripta paulo post superiorem.*
(*b*) Impressam lectionem reliquimus, quod ei plerique Mss. assentiantur ; fortasse tamen verius habent alii editi *jungo pro* vince. Quæ vero hinc sequuntur argumenta pro priore ferenda corporis cæcitate, conver cum iis, quæ sunt scripta ad Castrucium epistola 68.
(*c*) Democritus, et Metrodorus, quos Cicero in Tuscul. quæst. et lib. V. de Finibus sibi oculos tradit eruisse, ut naturæ secreta subtilius rimaretur.
(*d*) Sic habent Mss. juxta LXX. alii tamen impressi, *nostras* cum Vulgato interprete. Mox verba *jam mœchatus est eam in corde suo*, quorum loco erat *et reliqua*, ex duobus Mss. et veteri editione reposuimus.

18). Unde præcipitur eis, ut levent oculos, et videant candidas segetes, quæ paratæ sunt ad metendum (*Luc.* 21 ; *et Joan.* 4).

3. Quod autem precaris, ut nostris monitis Nabuchodonosor, et Rapsaces, et Nabuzardan, et Holofernes in te occidantur, nunquam nostra auxilia postulares, si in te viverint. Sed quia illi mortui sunt, et cum Zorobabel, et cum Jesu filio Josedec Sacerdote magno (1. *Esd.* 5), cum Ezra quoque, et Neemia ruinas Jerusalem ædificare cœpisti ; nec mittis mercedes in pertusum sacculum, sed thesauros tibi in cœlestibus paras, idcirco nostras appetis amicitias, quos Christi famulos arbitraris. **457** Sanctam filiam meam Theodoram, sororem beatæ memoriæ Lucinii, per se commendatam, meo sermone commendo, ut in cœpto itinere non lassetur ; ut ad Terram sanctam multo per eremum labore perveniat : ut non putet perfectam esse virtutem exisse de Ægypto ; sed per innumerabiles insidias ad montem Nabo, et ad Jordanem fluvium pervenire (*Num.* 33) : ut accipiat secundam in Galgala circumcisionem : ut illi (*e*) Jericho corruat , sacerdotalium tubarum subversa clangoribus : ut jugletur Adonisedec : ut Hai, et Azor pulcherrimæ quondam corruant civitates (*Jos.* 3. 5. 6. 10. 11). Fratres qui nobiscum in Monasterio sunt, te salutant. Sanctos qui nos diligere dignantur [*al. conantur*], per te oppido salutamus.

EPISTOLA LXXVII (*f*).

AD OCEANUM

De morte Fabiolæ.

Fabiolam nobilem feminam laudat, quod post lapsum ad Christum conversa, sanctissimam eæreque christianam egerit vitam, gloriosumque meruerit vitæ finem. Tum alteram de 42. *Mansionibus epistolam huic jungit, atque ejus memoriæ reddit.*

1. Plures anni sunt, quod super dormitione Blæsillæ, Paulam venerabilem feminam, recenti adhuc vulnere, consolatus sum (*Epist.* 39. *de Obit. Blæsil.*). Quartæ æstatis circulus volvitur, ex quo ad Heliodorum Episcopum Nepotiani scribens Epitaphium, quidquid habere potui virium, in illo tunc dolore consumpsi. Ante hoc ferme biennium, Pammachio meo pro subita peregrinatione Paulinæ, brevem Epistolam dedi, erubescens ad disertissimum virum plura loqui, et ei sua ingerere, ne non tam consolari amicum viderer, quam stulta jactantia docere perfectum. Nunc mihi, fili Oceane, volenti et ultro appetenti, debitum munus imponis, quo pro novitate virtutum, veterem materiam novam faciam. In illis enim vel parentis affectus, vel mœror avunculi, vel desiderium mariti temperandum fuit ; et pro diversitate personarum, diversa de Scripturis adhibenda medicamina.

(*e*) Victor. *muri Jericho corruant* : tum Martianæus *turbarum*, quod forte typographorum est mendum. Denique *pro* Adonisedec *vetustiores et* Mss. *aliquot* Adonibezech; sed hic alius est, cui post Josue mortem, pedum manuumque digiti tantum truncati sunt. Adonisedec autem cum quinque aliis regibus jugulatus est. Vide Josue citatis locis.

(*f*) *Al.* 30. *Scripta hoc anno* 399.

2. *Fabiolæ laudes.* — In præsentiarum tradis mihi Fabiolam, laudem Christianorum, miraculum Gentilium, luctum pauperum, **458** solatium Monachorum. Quidquid primum arripuero, sequentium comparatione vilescit. Jejunium prædicem? sed prævalescunt eleemosynæ. Humilitatem laudem? sed major est fidei ardor. Dicam appetitas sordes, et in condemnationem vestium sericarum plebeium cultum et servilia indumenta quæsita? PLUS EST animum deposuisse, quam cultum. Difficilius arrogantia, quam auro caremus et gemmis. His enim abjectis, interdum gloriosis tumemus sordibus : et vendibilem paupertatem populari auræ offerimus. CELATA VIRTUS, et conscientiæ tota secreto, Deum solum judicem respicit. Unde novis mihi est efferenda præconiis, et ordine Rhetorum prætermisso, tota de conversionis ac pœnitentiæ [al. *confessionis,* et *conversationis*] incunabulis assumenda. Alius forsitan scholæ memor, Q. Maximum.

Unum qui nobis, cunctando, restituit rem (*Æneid.* 6), et totam Fabiorum gentem proferret in medium : diceret pugnas, describeret prælia, et per tantæ nobilitatis gradus Fabiolam venisse jactaret, ut quod in virga non poterat, in radicibus demonstraret. Ego diversorii Bethleemitici, et præsepis Dominici amator, in quo virgo puerpera Deum fudit infantem, ancillam Christi, non de nobilitate veteris historiæ, sed de Ecclesiæ humilitate producam.

3. Et quia statim in principio, quasi scopulus quidam, et procella mihi obtrectatorum ejus opponitur, quod secundum sortita matrimonium, prius reliquerit, non laudabo conversam, nisi prius ream absolvero. Tanta prior maritus vitia habuisse narratur, ut ne scortum quidem et vile mancipium ea sustinere posset. Quæ si voluero dicere, perdam virtutem feminæ, quæ maluit culpam subire dissidii, quam corporis sui infamare partem, et maculas ejus detegere. Hoc solum proferam, quod verecundæ matronæ et Christianæ satis est. Præcepit Dominus uxorem non debere dimitti, excepta causa fornicationis : et si dimissa fuerit, manere innuptam (*Matth.* 5 *et* 19). Quidquid viris jubetur, hoc consequenter redundat in feminas. Neque enim adultera uxor dimittenda est, et vir mœchus tenendus. « Si quis meretrici jungitur, unum corpus facit »(1. *Cor.* 6.16) : ergo et quæ scortatori impuroque sociatur, unum **459** cum eo corpus efficitur. Aliæ sunt leges Cæsarum, aliæ Christi : aliud Papianus, aliud Paulus noster præcipit. Apud illos (*a*) viris impudicitiæ frena laxantur : et solo stupro atque adulterio condemnato, (1) passim per lupanaria et ancillulas libido permittitur : quasi culpam dignitas faciat, non voluntas. Apud nos, quod non licet feminis, æque non licet viris ; et eadem servitus pari conditione censetur. Dimisit ergo, ut aiunt, vitiosum : dimisit illius et illius criminis noxium : dimisit (pene dixi) quod, clamante vicinia, uxor sola non prodidit. Sin autem arguitur, quare repudiato marito, non innupta permanserit, facile culpam fatebor, dum tamen referam necessitatem. *Melius est,* inquit Apostolus, *nubere, quam uri* (1. *Cor.* 7. 9). Adolescentula erat, viduitatem suam servare non poterat. Videbat aliam legem in membris suis repugnantem legi mentis suæ (*Rom.* 7. 25), et se vinctam et captivam ad coitum trahi. Melius arbitrata est aperte confiteri imbecillitatem suam, et umbram quamdam miserabilis subire conjugii, quam sub gloria univiræ opera exercere meretricum. Idem Apostolus vult viduas adolescentulas nubere, filios procreare, nullam dare occasionem adversario maledicti gratia (1 *Tim.* 5). Et protinus cur hoc velit, exponit : « Jam enim quædam abierunt retro post Satanam. » Igitur et Fabiola, quia persuaserat sibi, et putabat a se virum jure dimissum, nec Evangelii vigorem noverat, in quo uno bendi universa causatio, viventibus viris, feminis amputatur, dum multa diaboli vitat vulnera, unum incauta vulnus accepit.

4. *Fabiolæ pœnitentia publica.* — Sed quid ego in abolitis et antiquis moror, quærens excusare culpam, cujus pœnitentiam ipsa confessa est? Quis hoc crederet, ut post mortem secundi viri in semetipsam reversa, quo tempore solent viduæ negligentes, jugo servitutis excusso, agere se liberius, adire (*b*) balneas, volitare per plateas, vultus circumferre meretricios ; saccum induerit, ut errorem publice fateretur : et tota urbe spectante Romana, ante diem Paschæ in Basilica quondam (*c*) Laterani, qui Cæsariano truncatus est gladio, **460** staret in ordine pœnitentium, Episcopo, Presbyteris, et omni populo collacrymantibus, sparsum crinem, ora lurida, squalidas manus, sordida colla submitteret? Quæ peccata fletus iste non purget? quas inveteratas maculas hæc lamenta non abluant? Petrus trinam negationem trina confessione delevit (*Joan* 21). Aaron sacrilegium, (*d*) et conflatum ex auro vituli caput, fraternæ correxere preces (*Exod.* 32). David sancti et mansuetissimi viri homicidium pariter et adulterium, septem dierum emendavit fames (2. *Reg.* 11. 12). Jacebat in terra, volutabatur in cinere, et oblitus regiæ potestatis, lumen quærebat in tenebris. Illumque tantum respiciens quem offenderat, lacrymabili [al. *lacrymali*] voce dicebat : *Tibi soli peccavi, et malum coram te feci* (*Ps.* 50. 6). Et : *Redde mihi lætitiam salutaris tui, et spiritu principali confirma me* (*Ibid.* 14). Atque

---

(*a*) Augustin. de Civit. Dei l. 14. c. 17. « in usu, inquit, scortorum, quam terrena Civitas licitam turpitudinem fecit, quamvis id agatur, quod ejus civitatis nulla lex vindicat, » etc. Videns. porro ff. lib. 48. et Cod. l. 9. tit. Ad leg. Jul. de Adult. l. 1. 22. et 25.

(1) Dubitat Gravius num *passiva* Hier. scripserit pro *passim* quemadmodum alibi ex Tertulliano notatum est.

(*b*) In editis aliquot, et Mss. occurrit interdum *balnea* pro *balneas* non tam hujic loci, quam alibi ; nec dubium, quin ex criticorum licentia, nam *balnea* plurium numero dici negat Varro de Ling. Lat. lib. 7. *Seque ab eo quod dicunt balneum, habet multitudinem consuetudo.*

(*c*) Plautii Laterani, qui ut Tacitus Annal. lib. XV. cap. 60. tradit, in Neronem conjurasse deprehensus, *plenus constantis silentii trucidatus* est. Ejus palatium in Cœlio monte postea incoluit Constantinus, tum Silvestro Papæ dono dedit, a quo in Basilicam S. Joannis, quæ ad hanc usque diem de nomine Laterani appellatur, conversum est.

(*d*) Aliter *ob conflatum,* etc. et quidam Mss. penes Victorium, *ex conflato ex auro vituli capite.*

factum est, ut qui me prius docuerat virtutibus, suis, quomodo stans non caderem, doceret per pœnitentiam, quomodo cadens resurgerem. Quid tam impium legimus inter reges, quam Achab, de quo Scriptura dicit ; *Non fuit alius talis ut Achab, qui venumdatus est, ut faceret malum in conspectu Domini ?* (3. *Reg.* 21.) Ille cum propter sanguinem Nabuthæ correptus fuisset ab Elia, et audisset iram Domini per Prophetam : « Occidisti, et insuper possedisti : et ecce ego inducam super te malum, et demetam posteriora tua, » et reliqua : scidit vestimenta sua, et operuit cilicio carnem suam, jejunabatque in sacco, et ambulabat demisso capite. Tunc factus est sermo Dei ad Eliam Thesbyten, dicens : « Nonne vidisti Achab humiliatum coram me ? Quia ergo humiliatus est mei [al. *timoris mei*] causa, non inducam malum in diebus ejus. » O felix pœnitentia, quæ ad se Dei traxit oculos, quæ furentem sententiam Dei, confesso errore mutavit. Hoc idem et Manassen in Paralipomenon (2. *Par.* 330 supple *libr.*), et Niniven fecisse legimus in Propheta (*Jon.* 3. 4), Publicanum quoque in Evangelio (*Luc.* 16). E quibus primus non solum indulgentiam, sed et regnum recipere meruit ; alter impendentem Dei fregit iram; tertius pectus verberans, pugnis, oculos non levabat ad cœlum; et multo justificatior **461** recessit Publicanus humili confessione vitiorum, quam Pharisæus superba jactatione virtutum. Non est loci hujus ut pœnitentiam prædicem, et quasi contra (*a*) Montanum, Novatumque scribens dicam, illam hostiam Domino esse placabilem (*Psal.* 26) ; et, « Sacrificium Deo, spiritum contribulatum » (*Psal.* 50. 19) : Et, « Malo pœnitentiam peccatoris, quam mortem : » (*Ezech.* 18. 25) ; Et, « Exsurge, exsurge Jerusalem » (*Isai.* 60. 1; *et Baruch*, 5. 5); et multa alia, quæ prophetarum clangunt tubæ.

5. Hoc unum loquar, quod et legentibus utile sit, et præsenti causæ conveniat. Non est confusa Dominum in terris, et ille eam non confundetur [al. *confundet*] in cœlo (*Luc.* 9). Aperuit cunctis vulnus suum, et decolorem [al. *dedecorem*] in corpore cicatricem flens Roma conspexit. Dissuta habuit latera, nudum caput, clausum os. Non est ingressa Ecclesiam Domini, sed extra castra cum Maria sorore Moysi separata censedit (*Num.* 12. 15), ut quam Sacerdos ejecerat, ipse revocaret. Descendit de solio deliciarum suarum, accepit molam, fecit farinam, et discalceatis pedibus transivit fluenta lacrymarum. Sedit super (*b*) carbones ignis. Hi ei fuere in adjutorium. Faciem, per quam secundo viro placuerat, verberabat, oderat gemmas, linteamina videre non poterat, ornamenta fugiebat. Sic dolebat, quasi adulterium commisisset, et multis impendiis medicaminum unum vulnus sanare cupiebat.

6. Diu morati sumus in pœnitentia, in qua velut in vadosis locis resedimus, ut major nobis et absque ullo impedimento se laudum ejus campus aperiret. Recepta sub oculis omnis Ecclesiæ communione, quid fecit? scilicet in die bona malorum non oblita est (*Eccli.* 11); et post naufragium rursum tentare noluit pericula navigandi. Quin potius omnem censum, quem habere poterat (erat autem amplissimus, et respondens generi ejus) dilapidavit, ac vendidit : et in pecuniam congregatum, usibus pauperum præparavit; et prima omnium (*c*) νοσοκομεῖον instituit, in quo ægrotantes colligeret de plateis, et consumpta languoribus atque inedia miserorum membra foveret. Describam ego nunc diversas hominum calamitates, truncas nares, effossos oculos, semiustos pedes, luridas **462** manus, tumentes alvos, exile femur, crura turgentia, et de exesis ac putridis carnibus vermiculos bullientes? Quoties morbo regio, et pedore confectos humeris suis ipsa portavit? quoties lavit purulentam vulnerum saniem quam alius aspicere non valebat? Præbebat cibos propria manu, et spirans cadaver sorbitiunculis irrigabat. Scio multos divites et religiosos ob stomachi angustiam exercere hujusmodi misericordiam per aliena ministeria, et clementes esse pecunia, non manu. Quos equidem non reprobo, et teneritudinem animi nequaquam interpretor infidelitatem : sed sicut imbecillitati stomachi veniam tribuo, sic perfectæ mentis ardorem in cœlum laudibus fero. MAGNA fides ista contemnit. Scio [al. *Scit*] quid in Lazaro dives purpuratus aliquando non fecerit, quali superba mens retributione damnata sit (*Luc.* 16). Ille quem despicimus, quem videre non possumus, ad cujus intuitum nobis vomitus erumpit, nostri similis est, de eodem nobiscum formatus est luto, iisdem compactus elementis. Quidquid patitur, et nos pati possumus. Vulnera ejus existimemus propria ; et omnis animi in alterum duritia, clementi in nosmetipsos cogitatione frangetur.

*Non mihi si linguæ centum sint, oraque centum,
Ferrea vox,
Omnia morborum percurrere nomina possim,*
(Ex *Æneid.* 6).

quæ Fabiola in tanta miserorum refrigeria commutavit, ut multi pauperum sani languentibus inviderent. Quanquam illa simili liberalitate erga Clericos, et Monachos, ac Virgines fuerit. Quod Monasterium non illius opibus sustentatum est ? quem nudum, et clinicum non Fabiolæ vestimenta texerunt ? in quorum se indigentiam non effudit præceps et festina largitio ? Angusta misericordiæ ejus Roma fuit. Peragrabat ergo insulas, et totum Etruscum mare, Volscorumque provinciam, et reconditos curvorum littorum sinus, in quibus Monachorum consistunt chori, vel proprio corpore, vel transmissa per viros sanctos ac fideles munificentia circumibat.

7. Unde repente et contra opinionem omnium Je-

(*a*) Hi duo hæretici lapsis pœnitentiam denegabant.
(*b*) Erasmus carbones David desolatorios, vel eum quo Isaiæ labra purgata sunt, perperam interpretatur, quem Victorius sugillat, ostenditque eos alludi, quos sub finem cap. 47. Isaias, Babylonem ad pœnitentiam exhortans, proponit : « Habes carbones ignis : sedebis super eos : hi erunt tibi in adjutorium. »

(*c*) Iterum Erasm. interpretatur νοσοῦντος κομίδιον, quod est *languentium vinculum*, hinc forte adductus, quod in aliquot vetustioribus impressis Græco vocabulo νοσοκομεῖον isthæc interpretatio, id est *languentium villa*, addebatur.

rosolymam navigavit, ubi **463** multorum excepta concursu, nostro parumper usa est hospitio : cujus societatis recordans, videor mihi adhuc videre quam vidi. Jesu bone, quo illa fervore, quo studio intenta erat divinis voluminibus? et veluti quamdam famem satiare desiderans, per Prophetas, Evangelia, Psalmosque currebat : quæstiones et proponens, et solutas recondens in scriniolo pectoris sui. Nec vero satiabatur audiendi cupidine, sed addens scientiam, addebat dolorem (*Eccl.* 3); et quasi oleum flammæ adjiciens [al. *adjeceris*], majoris ardoris fomenta capiebat. Quodam die cum in manibus Moysi Numeros teneremus, et me verecunde rogaret, quid sibi vellet nominum tanta congeries : cur singulæ tribus in aliis atque aliis locis varie jungerentur : quomodo Balaam ariolus sic futura Christi mysteria prophetarit (*Num.* 20), ut nullus propemodum Prophetarum tam aperte de eo vaticinatus sit; respondi ut potui, et visus [al. *nisus*] sum interrogationi ejus satisfacere. Revolvens ergo librum, pervenit ad eum locum, ubi catalogus describitur omnium Mansionum, per quas de Ægypto egrediens populus, pervenit usque ad fluenta Jordanis (*Num.* 33). Cumque causas quæreret et rationes singularum [al. *singulorum*], in quibusdam hæsitavi, in aliis inoffenso cucurri pede, in plerisque simpliciter ignorantiam confessus sum. Tunc vero magis cœpit urgere, et quasi non mihi liceret nescire, quod nescio, expostulare, ac se indignam tantis mysteriis dicere. Quid plura? Extorsit mihi negandi verecundia, ut proprium ei opus hujuscemodi disputatiunculæ pollicerer, quod usque in præsens tempus, ut nunc intelligo, Domini voluntate dilatum, reddetur memoriæ illius : ut sacerdotalibus prioris ad se voluminis induta vestibus, per mundi hujus solitudinem gaudeat se ad terram repromissionis aliquando venisse.

8. Verum quod cœpimus, prosequamur. Quærentibus nobis dignum tantæ **464** feminæ habitaculum, cum illa ita solitudinem cuperet, ut diversorio Mariæ carere nollet : ecce subito discurrentibus nuntiis, Oriens totus intremuit [al. *intonuit*], ab ultima Mœotide inter glaciales Tanain, et Massagetarum immanes populos, ubi Caucasi rupibus feras gentes (*a*) Alexandri claustra cohibent, erupisse Hunnorum examina, quæ pernicibus equis huc illucque volitantia, cædis pariter, ac terroris cuncta complerent. Aberat tunc Romanus exercitus, et (*b*) bellis civilibus in Italia tenebatur. Hanc gentem (*c*) Herodotus refert, sub Dario, rege Medorum, viginti annis Orientem tenuisse captivum: , et ab Ægyptiis atque Æthiopibus annuum exegisse vectigal. Avertat Jesus ab orbe Romano tales ultra bestias. Insperati ubique aderant, et famam celeritate vincentes, non religioni, non dignitatibus, non ætati parcebant, non vagientis miserabantur infantiæ. Cogebantur mori, qui nondum vivere cœperant; et nescientes malum suum, inter hostium manus ac tela ridebant. Consonus inter omnes rumor, petere eos Jerosolymam, et ob nimiam auri cupiditatem ad hanc urbem percurrere (*d*) Muri neglecti pacis incuria, sarciebantur. Antiochia obsidebatur. Tyrus se volens a terra abrumpere, insulam quærebat antiquam. Tunc et nos compulsi sumus parare naves, esse in littore, adventum hostium præcavere, et sævientibus ventis, magis barbaros metuere, quam naufragium ; non tam propriæ saluti, quam Virginum castimoniæ providentes. Erat illo tempore quædam apud [al. *inter*] nos (*e*) dissensio, et barbarorum pugnam domestica bella superabant. Nos in Oriente tenuerunt jam fixæ sedes, et inveteratum sanctorum Locorum desiderium. Illa, quæ tota in sarcinis erat, et in omni urbe peregrina, reversa est ad patriam, ut ibi pauper viveret, ubi dives fuerat ; manens in alieno, quæ **465** multos prius hospites habuit : et (ne sermonem longius protraham) in conspectu Romanæ urbis pauperibus erogaret, quod, illa teste, vendiderat.

9. Nos hoc tantum dolemus, quod pretiosissimum de sanctis Locis monile perdidimus. Recepit Roma quod amiserat, et procax ac maledica lingua Gentilium, oculorum testimonio confutata est. Laudent cæteri misericordiam ejus, humilitatem, fidem : ego ardorem animi plus laudabo. Librum quo Heliodorum quondam juvenis ad eremum cohortatus sum (*Epist.* 14), tenebat memoriter ; et Romana cernens mœnia, inclusam se esse plangebat Oblita sexus, fragilitatis immemor, ac solitudinis tantum cupida, ibi erat, ubi animo morabatur. Non poterat teneri consiliis amicorum : ita ex urbe, quasi de vinculis, gestiebat erumpere. Dispensationem pecuniæ, et cautam distributionem genus infidelitatis vocabat. Non aliis distributionem eleemosynarum tribuere ; sed suis pariter effusis, ipsa pro Christo stipes optabat accipere. Sic festinabat, sic impatiens erat morarum, ut illam crederes profecturam. Itaque dum semper paratur, mors eam invenire non potuit imparatam.

10. Inter laudes feminæ subito mihi Pammachius meus exoritur. Paulina dormit ut iste vigilet. Præ-

---

(*a*) Tauri montis angustiæ sunt, quas *Caucasias portas* vocat Plinius lib. 6. et satis accurate describit, alii plerumque Auctores, *Caspias* dicunt.
(*b*) Bellum civile Arbogastus excitaverat, qui occiso Valentiniano Juniore, Eugenium Imperatorem constituerat. Contra hunc cum pergeret Theodosius ann. 394. Romanas secum Legiones duxit, quæ adhuc in Italia erant, cum Hunni imperii terras an. 395. vastarent.
(*c*) Hæc narrat Herodotus lib 1. cap. 106. sub Scytharum nomine ; sed annos XXVIII. præferunt hodie Herodoti codices, qua de causa Hieronymum Scaliger notat, quod supputet tantum XX. Sed in eo apud Herodotum numero magnum inesse difficultatem, observarunt alii : ego vitium insedisse non dubito, adeoque, non ut perperam Scaliger, Hieronymi lectionem ex Herodoto, sed Herodoti

ex Hieronymo, qui ita legisse apparet, puto emendandum ; idque eo libentius, quod minori hujus supputationi et Josephus, et Eusebius suffragentur.
(*d*) Vocem *muri* duo Mss. et vetus editio ignorant ; mox alio, eoque facile meliori sensu legunt, « Neglecta pacis incuria sarciebatur Antiochia. Tyrus, se volens a terra abrumpere, » etc. vide, *insulam antiquam* intellige Paletyrum ; et Vid. Plinium lib. 5. cap. 19. tum veteres Geographos.
(*e*) Celebris nempe illa cum Joanne Jerosolymit. ac Ruffino in causa Origenistarum. Paulo infra quidam Mss. atque editi vetustiores, *tenuit; jam fixa fides*.

cedit maritum, ut Christo famulum derelinquat. Hic hæres uxoris, et hæreditatis alii possessores. Certabant vir et femina, quis in (a) Portu Abrahæ tabernaculum figeret : et erat hæc inter utrumque contentio, quis humanitate superaret. Vicit uterque, et uterque superatus est. Ambo se victos et victores fatentur, dum quod alter cupiebat, uterque perfecit. Jungunt opes, sociant voluntates, ut quod æmulatio dissipatura erat, concordia cresceret. Necdum dictum, jam factum. Emitur hospitium, et ad hospitium [al. *et hospitum*] turba concurrit. « Non est enim labor in Jacob, nec dolor in Israel » (*Num.* 23. 21. *juxta LXX*). Adducunt maria, quos in gremio suo terra suscipiat. Mittat Roma properantes [al. *navigantes*], quos navigaturos littus molle confoveat. Quod Publius semel fecit in insula (1) Melite erga unum Apostolum, et (ne contradictioni locum tribuam) **466** in una navi; hoc isti et frequenter faciunt et in plures : nec solum inopum necessitas sustentatur, sed prona in omnes munificentia aliquid et habentibus providet. Xenodochium in Portu Romano situm totus pariter mundus audivit. Sub una æstate didicit Britannia (2), quod Ægyptus et Parthus noverant Vere.

11. Quod scriptum est : « Timentibus Dominum, omnia cooperantur in bonum (*Rom.* 8. 28), in obitu tantæ feminæ vidimus comprobatum. Quædam præsagio futurorum ad multos scripserat Monachos, ut venirent, et se gravi onere laborantem absolverent, faceretque sibi de iniquo mammona amicos, qui eam reciperent in æterna tabernacula (*Luc.* 16. 19). Venerunt, amici facti sunt : dormivit illa quo modo voluit : et deposita tandem sarcina, levior volavit ad cœlum. Quantum haberet viventis Fabiolæ Roma miraculum, in mortua demonstravit. Necdum spiritum exhalaverat, necdum debitam Christo reddiderat animam,

Et jam fama volans, tanti prænuntia luctus
(*Æneid. l.* 1),

totius Urbis populum ad exequias congregabat. Sonabant Psalmi, et aurata Templorum (b) tecta reboans in sublime quatiebat ALLELUIA.

Hic juvenum chorus, ille senum, qui carmine laudes,
Femineas, et facta ferant. (*Ibid. l.* 8.)

Non sic Furius de Gallis, non Papirius de Samnitibus, non Scipio de Numantia, non Pompeius de Ponti gentibus triumphavit. Illi corpora vicerant, hæc spirituales nequitias subjugavit. Audio præcedentium turmas, et catervatim in exequiis ejus multitudinem confluentem. Non plateæ, non porticus, non imminentia desuper tecta capere poterant prospectantes. Tunc suos in unum populos Roma conspexit : favebant sibi omnes in gloria pœnitentis. Nec mirum si de ejus salute homines exultarent, de cujus conversione Angeli lætabantur in cœlo.

12. Hoc tibi, Fabiola [al. *mi Fabiola*], ingenii mei senile munus, has officiorum inferias dedi. Laudavimus sæpe virgines, viduas, ac maritatas, quarum semper fuere candida vestimenta, quæ « sequuntur Agnum quocumque vadit» (*Apoc.* 14. 4). Felix præconium, quod nulla totius vitæ sorde **467** maculatur. Procul livor, facessat invidia. Si paterfamilias bonus est, quare oculus noster malus est? Quæ inciderat in latrones, Christi humeris reportata est (*Luc.* 10). Multæ mansiones sunt apud Patrem (*Joan.* 14). Ubi abundavit peccatum, superabundavit gratia (*Rom.* 5). Cui plus dimittitur, plus amat (*Luc.* 7).

EPISTOLA LXXVIII (c).
SEU LIBER EXEGETICUS AD FABIOLAM.

De XLII mansionibus Israelitarum in deserto.

Postquam egressus Hebræorum ex Egypto, et diuturni itineris historiam spiritualiter intelligendam docuit, Mansionum ordinem prosequitur, singulam quamque juxta tropologiam exponens ; redditque ita memoriæ Fabiolæ opus, quod ei viventi promiserat.

1. In septuagesimo septimo Psalmo, quem juxta Evangelistam Matthæum (*Cap.* 13. *v.* 35) ex persona Domini dictum credimus, decem plagarum in Ægypto, et egressionis Israel in solitudinem, narratur historia. Cumque nulli dubium sit, facta esse quæ scripta sunt, quasi aliud littera sonet, aliud spiritus clausum teneat : « Aperiam, » inquit, « in parabola os meum : loquar propositiones ab initio. Quanta audivimus et vidimus, ea et patres nostri narraverunt nobis » (*Ps.* 77. 2. *et* 3). Unde et Apostolus iisdem verbis, quia eodem et spiritu : « Hæc autem, » ait, « omnia in figura contingebant illis : scripta sunt autem et (d) commonitionem nostram, in quos fines sæculorum devenerunt » (1. *Cor.* 10. 11) : Et, « Nolo vos ignorare, fratres, quoniam patres nostri omnes sub nube fuerunt, et omnes mare transierunt, et omnes in Moyse baptizati sunt, in nube et in mari : et omnes eamdem escam spiritualem manducaverunt, et omnes eumdem potum spiritualem biberunt. Bibebant autem de spirituali consequente eos petra : petra autem erat Christus » (*Ibidem.* 4 *et seqq.*). Si ergo pars historiæ itineris ex Ægypto spiritualiter accipitur, et cætera, quæ ab Apostolo pro angustia temporis prætermissa sunt, ejusdem esse intelligentiæ convincentur. Nam idem Propheta, qui in alia loco

---

(a) Conferenda illa ad Pammachium Epistola num. 11. ubi, « Audio te, inquit, Xenodochium in portu fecisse Romano, et virgam de arbore Abrahami in Ausonio plantasse littore : » tum quæ in eum locum adnotavimus.
(b) Ab impressis Erasm. et Martian. aberat *tecta*, qua detracta voce, claudicat sensus : nos ex aliis editis ac Mss. suffecimus. Porro veterem Christianorum istam consuetudinem lætandi in piorum funeribus, quam plerique alii Scriptores probant, merito noster Hieron. in Vita Pauli Eremitæ *christianum traditionem* vocat.
(1) Antea cum esset *Mitylene*, Gravius e Mss. codd. fecit *Milteta*.
(2) Haud satis placet, quod alio sensu rescribere Gravius maluit ex uno veteri cod. *quod Egyptus et Parthus agnoverant : vere quod scriptum est*, etc.

(c) *Alias* 127. *Edita eodem tempore quo superior.*
(d) Huuc locum ubi legimus supra epist. 74. ad Rufin. n. 2. pro verbis *ad commonitionem*, vel *correptionem nostram*, expressimus e Mss. *de nobis*. Heic autem loci non eadem consonat Mss. auctoritas. Et Tertullianus quidem *ad nos commonendos legit*, atque ipso in Græco est πρὸς νου θεσίαν ἡμῶν quæ fidem impressæ lectioni adstruant.

dixerat : « Habitavi cum habitantibus Cedar : multum incola fuit anima mea » (*Ps.* 119. 5) : absentiam Terræ sanctæ non sustinens, lacrymabiliter ingemiscit, et dicit : « Hæc recordatus sum, et effudi in me animam meam : donec transeam in locum tabernaculi admirabilis, usque ad domum Dei : in voce exsultationis et confessionis, sonus epulantis » (*Ps.* 41. 5). Et in alio Psalmo : « Revela oculos meos, et considerabo mirabilia de lege tua » (*Ps.* 118. 18). Paulus quoque, « Lex spiritualis est » (*Rom.* 7. 14) : Et ipse Dominus, « Si crederetis Moysi, et mihi crederetis : de me enim ille scripsit » (*Joan.* 5. 47). Et Evangelium secundum Lucam : « Tunc incipiens a Moyse, et omnibus Prophetis, interpretabatur illis in cunctis Scripturis, quæ de se ipso dicta erant » (*Luc.* 24. 27). Igitur Judæi parvuli, et qui solidum cibum glutire nequeunt, sed adhuc lacte nutriuntur infantiæ (1. *Cor.* 3), legant Pharaonem carneum, et mare Rubrum, per quod ad Indiam navigatur : et Manna coriandro simile : et omnia quæ scripta sunt, audiant corporaliter, lepram domorum, et lepram pellis, et staminis ; taurum homicidam , et jumentum adulterii reum ; et Hebræi propter uxorem ac liberos servire (*a*) cupientis, aurem subula perforatam. Nos autem derelinquentes Capharnaum, *agrum* quondam *pulcherrimum*, et cum Jesu egredientes in desertum, pascamur panibus ejus (*Matth.* 14 ; *et Marc.* 6) : si insipientes sumus et jumentorum similes, hordeaceis : sin rationale animal, triticeis, et ex grano frumenti commolitis : quod in terram cadens et mortuum multos fructus attulit. Novem plagis percussa est Ægyptus, fractus Pharao, ut dimitteret populum Dei. Ad extremum primogenita perdidit, ut primogenita Israelis Domino sacrarentur. Qui prius tenere cupiebant, instanter expellunt. Exterminator transit, et terram Gessen pastoralem et pluviis irrigatam, non audet attingere : erant enim postes eorum agni cruore signati , et opere loquebantur : « Signatum est super nos lumen vultus tui, Domine » (*Ps.* 4. 7). Unde et appellatur ipsa solemnitas *Phase*, quam nos *transitum* appellare possumus, eo quod de pejoribus ad meliora pergentes, tenebrosam Ægyptum relinquimus. Sed jam tempus est, ut promissa complentes, Mansionum Israel ordinem prosequamur.

2. Scriptum est in ultima parte voluminis Numerorum (*Cap.* 33), quod apud Hebræos appellatur VAJEDABBER : « Hæc sunt castra filiorum Israel, qui egressi sunt de terra Ægypti per turmas suas in manu Moysi et Aaron ; » quas Græci (*b*) ἀπάρσεις vocant, nos propter linguæ proprietatem significantius *Mansiones*, sive quia de exercitu dicitur, *castra*

(*a*) Vetustiores editi cum quibusdam Mss. *servire cupientes aure sibilent perforata*. Porro *Capharnaum* optime heic *agrum pulcherrimum* interpretatur, licet ex alia lectione in libro Nominum sit *ager consolationis*.

(*b*) Sic vocant LXX. ἀπάρσεις, id est *profectiones* et *discessus* ab ἀπαίρω Græce, themate, dum enim castra moventur, tentoria, et reliquæ exercitus sarcinæ tolluntur. Balcum tamen, quem omnium studiosissime fecisse constat, ut ingentes laciniis a nostro Auctore desumptas in sua scripta transferret, hunc locum exscribens, non ἀπάρσεις legit, sed ἀπαρσις sive mansiones, stationesque.

transtulimus. Fit autem catalogus Mansionum a prima usque ad ultimam ; et numerantur simul quadraginta duæ, de quibus Matthæus loquitur : « Ab Abraham usque ad David generationes quatuordecim , et a David usque ad transmigrationem Babylonis generationes quatuordecim : et a transmigratione Babylonis usque ad Christum generationes quatuordecim, id est, simul generationes quadraginta duæ » (*Matth.* 1. 17). Per has currit (*c*) verus Hebræus, qui de terra transire festinat ad cœlum : et Ægypto sæculi derelicta, terram repromissionis ingreditur. Nec mirum, si in illo numeri sacramento perveniamus ad regna cœlorum : sub quo (*d*) Dominus atque Salvator a primo Patriarcha pervenit ad virginem, quasi ad Jordanem, quæ pleno gurgite fluens, Spiritus sancti gratia redundabat. Quod autem in manu Moysi et Aaron egressus scribitur, intellige legem et sacerdotium, opera, et cultum Dei : quorum alterum altero indiget. NIHIL ENIM PRODEST exercere virtutes, nisi noveris Creatorem : nec Dei veneratio proficit ad salutem, nisi præcepta Conditoris impleveris. His duabus manibus, quasi duobus Seraphim in confessionem sanctæ Trinitatis erumpimus, dicentes, Sanctus, sanctus, sanctus Dominus Deus sabaoth.

PRIMA MANSIO.

Moverunt autem castra de Ramesse, mense primo, quinta decima die mensis primi, altera die post Pascha egressi sunt filii Israel in manu excelsa in conspectu omnium Ægyptiorum : et Ægyptii sepeliebant, quos percusserat Dominus ex eis, omne primogenitum in terra Ægypti : et in 470 diis eorum fecit Dominus judicia (*Num.* 33. 2 *et seqq.*).

RAMESSES a quibusdam interpretatur *commotio turbulenta*, aut *amaritudo* (*e*) *commotioque tineæ* : nos autem verius æstimamus exprimi, *tonitruum gaudii*. Ad hanc urbem quæ in extremis finibus erat, populus congregatus est, qui in desertum exire cupiebat, eo quod tumultum sæculi derelinquens, movebatur a vitiis pristinis, et ab excomedente se prius tinea peccatorum, ut omnem amaritudinem vertens in dulcedinem, Dei vocem in Sina monte desuper tonantis

---

(*c*) Nimirum a transeundo Hebræus עבר nomen ducit, qui et Græce περάτης *transitor* nuncupatur, ut in superiori ejusl. 71. n. 2. atque infra Mans. 31. abs Hier. notatum est.

(*d*) Quod scilicet ab Abraham ad Christum quadraginta duæ generationes intercedant ; nosque sub eodem numero quadraginta duarum mansionum, ad veram promissionis terram, quæ Christus est, et Beatorum gloriam pervenire possimus.

(*e*) Subnexa Hieronymi verba, quibus propositas *Ramesses* etymologias sigillatim explicat, eaque præsertim *ab excomedente se prius tinea*, errorem irrepsisse hoc loco, et pro *commotioque*, legendum *comestioque*, facile nobis persuadent. Revera in Nominum libro *Ramesses pabulum de tinea* vertitur, et in Origeniano lexico βαμεσσὴ περάτης ἢ σεῖς [ut est emendandum, non σίσς] *Ramesse pactio sive comestio de tinea* ; nec tot inter hujus nominis interpretationes, eam, quæ fortasse magis obtinebat, præterisse Hieronymus credendus est. Quod autem ipse malit interpretari *tonitruum gaudii*, inde est, quod legerit cum duplici שש sin pro סס samech in fine, quæ litteræ facillime inter se commutantur. Tunc enim רעם *tonitruum*, שש *gaudium* significantibus, nullus dubitandi locus relinquitur. Cetera in Nominum libro fusius prosequemur.

audiret. Quod autem verba divina et eloquia Scripturarum, in istius sæculi et mundi rota, tonitrus appellentur, Psalmista declarat, dicens : « Vox tonitrui tui in rota » (*Ps.* 76. 12). Et Dei Patris vocem in baptismo Salvatoris audientes (*a*) tonitruum putaverunt. Cumque commoti fuerimus ad Evangelicam tubam, et excitati tonitruo gaudii, eximus in mense primo, quando « hyems præteriit, et abiit sibi » (*Cant.* 2), quando veris exordium est, quando terra parturit, quando cuncta renovantur, et eximus quinta decima die mensis primi (*Exod.* 12), in crastinum Paschæ pleno mensis lumine, post esum agni immaculati : et calciatos pedes habentes de Apostolo (*Ephes.* 6), et accinctos pudicitia lumbos, et baculos in manibus præparatos. Quamvis enim in Ægypto quarta decima die mensis Pascha facientes, comederimus agnum, tamen tunc nobis lux plena completur, quando in manu excelsa Ramessem dimittimus, quæ excelsa dicitur, vel quod Ægyptum percusserit, vel quod protexerit Israel, videntibus Ægyptiis, qui admirantur nos exire de sæculo, et torquentur invidia, et postea nos tenere cupientes, in persecutionibus suffocantur : quando et Ægyptii sepeliunt primogenitos suos, et patres mortui terrenis operibus, opprimunt mortuos filios suos. Mihi videntur **471** Ægyptiorum primogenita, dogmata esse Philosophorum, quibus deceptos homines atque irretitos tenebant. Quæ cum Israel vivus effugerit, circumdant [al. *circumdantur*] mortuis suis, ne exeuntium imitentur exemplum. Porro quod sequitur : « In diis eorum fecit judicia » (*Num.* 33. 9), sive ut Septuaginta transtulerunt, « ultiones : » illud Hebræi autumant, quod nocte qua egressus est populus, omnia in Ægypto templa destructa sint, sive motu terræ, sive ictu fulminum. Spiritualiter autem discimus quod egredientibus nobis de Ægypto, errorum idola corruant, et omnis perversarum doctrinarum cultura quatiatur.

II. MANSIO.

Et proficiscentes filii Israel de Ramesse, castra metati sunt in Soccoth (*Num.* 33. 5).

Secunda Mansio. In hac coquunt panes azymos, et primum tendunt tabernacula, unde et ex re locus nomen accepit. SOCCOTH quippe interpretatur in lingua nostra, *tabernacula*, sive *tentoria*. Et ob hoc septimo mense, quinta decima die mensis solemnitas Tabernaculorum est (*Levit.* 23). Cum ergo exierimus ex Ægypto, primum tabernacula figimus, scientes nobis ad ulteriora pergendum. Tunc non comedimus de fermento Ægypti, de fermento malitiæ et nequitiæ : sed vescimur azymis sinceritatis et veritatis (1. *Cor.* 5) : Domini præcepta opere consummantes : « Cavete a fermento Pharisæorum » (*Matth.* 16. 11). In hac nobis præcipitur Mansione, ut semper egressionis ex Ægypto memores simus : ut celebremus *transitum*, id est, Phase Domini ; ut primogenita nostri uteri, cunctarumque virtutum, pro primogenitis Ægypti, quæ percussa sunt, Domino consecremus.

III. MANSIO.

Et profecti de Soccoth, castra metati sunt in Etham, quæ est in extremo solitudinis (*Num.* 33. 6).

Tertia Mansio offertur post tabernacula, in qua primum videtur Dominus nocte in columna ignis, et per diem in columna nubis, ut præcedat populum, et dux itineris fiat. ETHAM (*b*) nobis sonat *fortitudo*, atque *perfectio*, de qua **472** et David canit : « Tu dirupisti fluvios (*c*) Etham, » (*Psal.* 73. 15), id est, « fortes. » Grandis est fortitudo, Ægyptum dimittere, et in extrema solitudine commorari. Ex quo intelligimus locum Soccoth adhuc juxta Ægypti fuisse regiones. In eo enim quod dicitur, *quæ est in extremis finibus solitudinis*, ostenditur inter confinia esse eremi et Ægypti. Præparemus nobis fortitudinem, assumamus perfectum robur, ut inter errorum tenebras, et confusionem noctis, scientiæ Christi lumen appareat. Dies quoque noster nubem (*d*) habeat protegentem : ut his ducibus ad sanctam Terram pervenire valeamus.

IV. MANSIO.

Profectique de Etham, reversi sunt ad Phiahiroth, quod est contra Beel sephon, et castra metati sunt e regione Magdol (*Num.* 33. 7).

Quarta Mansio est PHIAHIROTH, quæ interpretatur *os nobilium*, scribiturque per literam HETH. Quidam male, *hiroth*, *villas* putant, errorque manifestus, quod pro supradicto elemento, AI litteram legant. BEEL-SEPHON in linguam nostram vertitur *Dominus aquilonis*, aut *ascensus speculæ*, aut *habens arcana*. Porro MAGDOL, *magnitudo* vel *turris*. Assumpta igitur fortitudine nobilitamur in Domino, et Beel-sephon idoli arcana contemnimus, illiusque magnificentiam et turritam superbiam declinamus. Non enim est ab austro, unde Dominus venit, et a meridie, in qua sponsus recumbit in floribus ; sed possessor Aquilonis venti frigidissimi, a quo exardescunt mala super terram : qui cum sit frigidissimus, nomine dexter vocatur, falsum sibi assumens vocabulum virtutis ac dextræ, cum totus sit in sinistra.

(*a*) In quibusdam codd. desideratur *Salvatoris*. Cum vero non in Baptismo, sed cum Patrem rogaret Jesus, ut clarificaret nomen suum, *tonitruum factum esse* putaverint audientes, ut Joan. 12. 29. testatur, rectissime creditur ex apocrypho libro hausisse Hier. et fortasse ex Nazarenorum Evangelio, quod ipse Latine explicaverat, et subinde allegat.

(*b*) Alii editi *nobiscum sonat*, vel *nobis consonat*.

(*c*) Hebraice est איתן, quam vocem in originali textu vitiatam pro אתם, sive איתם, Victorius contendit, tum ex simili lectione Exod. 13. 20. et Num. 33. ubi hujus loci mentio est, tum vero in primis ex Hieronymiana interpretatione, qua *perfectio* vertitur ; perfectionem enim non significaret ex ejus sententia, nisi ם littera vox clauderetur. At Chaldaicam terminationem, qua uti amat Psalmistes, ille non attendit, et præterea ejusdem significationis voces esse איתם, et איתן, sicuti ויתן, et עינם, et עינן, atque alias passim ; denique ex Exodo primitus, aut numeris *Etham* ad perfectionis significationem trahi, ac deinde eamdem esse vocis *Ethan* in Psalmo rectissime concludi, utpote quæ non nisi ex Chaldaicæ linguæ ingenio finalis litterulæ scriptura diversa sit.

(*d*) Quidam vetustiores vulgati addunt *et noxignem*, quas voces, ut male infartas jampridem Victorius expunxerat ; editor Benedictinus iterum adscivit in textum.

V. Mansio.

Et profecti de Phiahiroth, transierunt per medium mare in deserto : et ambulaverunt viam trium dierum in solitudine Etham, et castra metati sunt in Mara (*Num.* 33. 8).

Quinta Mansio est in MARA, quæ interpretatur *amaritudo*. Non poterant ad Rubri maris gorgites pervenire, et Pharaonem cum suo exercitu videre perenntem; nisi postquam habuerunt in **473** ore nobilitates, id est, in Domini confessione virtutes, quando crediderunt Deo, et Moysi famulo ejus : et audierunt ab eo : « Dominus pugnavit pro vobis [al. *nobis*], et vos tacebitis » (*Exod.* 14. 14) : et victores, Maria præcinente, in tympanis et choris resonare cœperunt carmina triumphantium. « Cantemus Domino, gloriose enim honorificatus est, equum et ascensorem projecit in mare » (*Exod.* 15. 1). Post prædicationem Evangelii, post tabernacula transmigrantium, post assumptam fortitudinem, post confessionis nobilitatem (*a*), Ægyptii et Pharao rursus occurrunt. Unde discimus cavendas semper insidias, et invocandam misericordiam Dei, ut insequentem Pharaonem possimus effugere, et nobis in spirituali baptismo suffocetur. Egressis de mari Rubro, occurrit eremus Sur, quæ et solitudo Etham dicitur, in qua tribus diebus ingredientes non habuerunt aquam : et pervenerunt ad Mara, quæ ex amaritudine nomen accepit. Habebat fons aquam, et dulcedinem non habebat. Murmurat populus videns aquas, et potare non sustinens. Mara intellige, aquas occidentis litteræ, quibus si immittatur confessio crucis, et passionis Dominicæ sacramenta jungantur : omne quod impotabile et triste videbatur ac rigidum, vertitur in dulcedinem. Unde et scriptum est : « Constituit Deus populo legem et judicia, et tentavit eum » (*Exod.* 15. 25). Ubi enim magnitudo gratiæ, ibi magnitudo discriminis. Nec terrearis, si post victoriam venias ad amaritudinem : quia verum Pascha facientes, azyma cum amaritudinibus comedunt, et tentatio probationem, probatio spem, spes parit salutem (*Rom.* 5). Apud medicos quoque, quædam antidotus, noxios humores temperans, ex (*b*) amaritudine nuncupatur, quæ dulcis ostenditur, restituens sanitatem : sicut e contrario voluptas atque luxuria amaritudine terminatur, dicente Scriptura : « Quæ ad tempus pinguefacit fauces tuas, novissime vero amarius felle invenies » (*Prov.* 5. 3. *juxta LXX*).

VI. Mansio.

Et profecti de Mara, venerunt in Elim, ubi erant duodecim fontes aquarum, et **474** *septuaginta palmæ; ibi que castra metati sunt* (*Num.* 33. 9).

Sexta Mansio in *arietes fortesque* vertitur. Quam

(*a*) Quos contulimus Mss. *post confessionis nobilitatem pericula rursus occurrunt.*
(*b*) Nimirum πικρά, quod medicamenti genus est ex aloe compositum, et duobus quidem nominibus ἀπὸ πικρά dicitur, sed absolute etiam, Galeni tempore, ut ex ejus liquet 2 et 8. lib. τῶν κατὰ τόπους dictum est πικρά, propter insignem amaritudinem. Vid. Epist. ad Algasiam in Præf.

pulcher ordo virtutum : post victoriam tentatio, post tentationem refectio. De amaritudine venimus ad arietes, et robustos principes gregis, quos apud Ezechielem (*Ezech.* 34) Dominus judicaturum esse se dicit : quod alii eorum conculcaverint aquas, et compresserint oves : alii lenes et placabiles fuerint. De his et vicesimus octavus Psalmus loquitur : *Afferte Domino Filii Dei, Afferte Domino filios arietum*. Sextæ Mansionis tenemus hospitium. Nunquam prius occurrerunt fontes purissimi, nisi ubi magistrorum doctrina prorupit. Nec dubium quin de duodecim Apostolis sermo sit : de quorum fontibus derivatæ aquæ, totius mundi siccitatem rigant. Juxta has aquas septuaginta creverunt palmæ, quos et ipsos secundi ordinis intelligimus præceptores, Luca Evangelista testante, duodecim fuisse Apostolos, et septuaginta discipulos minoris gradus, quos et binos ante se Dominus præmittebat (*Luc.* 6. et 10). De quibus et Paulus refert (1. *Cor.* 15. 5. 6. et 7), quod apparuerit Dominus primum (*c*) duodecim, deinde Apostolis omnibus, alios volens intelligi primos, et alios secundos Christi discipulos. Bibamus de hujusmodi fontibus, et dulces fructus victoriæ devorantes, ad Mansiones reliquas præparemur.

VII. Mansio.

Profectique de Elim, castra metati sunt ad mare Rubrum (*Num.* 33. 10) (*d*).

Mare Rubrum, quod Hebraice dicitur, JAM SUPH, septima Mansio est. Et quæritur, quomodo post transitionem maris Rubri, et fontis Mara, et Elim, rursum ad mare Rubrum venerint, nisi forte in itinere pergentibus, sinus quidam maris occurrerit, juxta quem castra metati sint. Aliud est enim transire mare : aliud in proximo figere tabernacula. Ex quibus monemur, etiam post Evangelicam disciplinam et cibos dulcissimos triumphorum, apparere vobis interdum mare : et præterita discrimina poni ante oculos. Quanquam multæ differentiæ **475** sit transire mare, et mare procul aspicere. Verbum JAM SUPH, apud Hebræos ex mari et rubro compositum est (*e*). SUPH autem et *Rubrum* et *Scyrpus* vocatur. Unde possumus suspicari, quod venerint ad paludem quamdam et lacum, qui et carecto et juncis

(*c*) Unus Ms. *duodecim* habet, quæ minime contemnenda lectio est, siquidem prioris ordinis Apostolos distinguere ab aliis septuaginta intendit. Ad hæc Pauli Græcus textus in accuratioribus libris frequentius δώδεκα, quam ἕνδεκα præferre invenitur.
(*d*) Scripturæ verba cum Hieronymi interpretatione confundunt hujusque vulgati libri, sensumque ipsum alio torquent, ac depravant; quod enim iisdem vocibus, *mare rubrum*, et textus sacer desinat, et Hieronymi incipiat, eas in altero omittunt, corruptis usi Mss. in quibus solemni veterum librariorum errore, voces illæ exciderunt. Nos ex Rabano, qui antequam locus vitiaretur, exscripsit, restituimus atque emendavimus.
(*e*) Apud Hebræos *Suph* nuspiam *rubrum* significare, sed algam, aut juncum, jampridem eruditis viris notatum est; neque adeo unquam in veteri Testamento rubri maris fieri mentionem, sed *maris algosi* סוּף יָם. Verum eo nomine alii sinum Arabicum, alii Persicum intelligunt, qui sinus *Erythræum*, sive *rubrum mare* vulgo audiunt. Hinc autem facile, quo sensu Hieronymi verba accipienda sint, explicatur, eo nimirum, ut *rubrum*, per cataclysim Erythræi maris, *Suph* vocabulo sentiat significari.

plenus fuerit. Quod autem omnes congregationes aquarum Scriptura sancta mare vocet, nulla dubitatio est. Hæc Mansio in Exodo non habetur : sed scriptum est pro ea, quod de mari Rubro venerint *ad desertum Sin, quod est inter Elim et Sinai, quinta decima die mensis secundi egressionis eorum ex Ægypto* (*Exod.* 16. 1), id est, tricesima prima postquam egressi sunt de Ramesse.

VIII. Mansio.

Et profecti de mari Rubro, castra metati sunt in solitudine Sin (*Num.* 33. 11).

Octava Mansio, licet juxta ordinem Exodi septima sit. Sed sciendum, quod omnis usque ad montem Sinai eremus Sin vocetur, et ex tota provincia etiam locus unius Mansionis nomen acceperit : sicut et Moab tam urbis quam provinciæ nomen est. In hac solitudine quinque Mansiones sunt : Jam suph, de qua supra diximus, et eremus Sin, et (*a*) Depheca, et Alus, et Raphidim, de quibus loquemur in consequentibus. Sin autem, interpretatur *rubus,* vel *odium,* quorum utrumque facit ad mysticos intellectus, quod postquam venerimus ad eum locum, de quo sit nobis Dominus locuturus [al. *locutus*], grande odium mereamur inimici. Tunc videbimus ardere rubum, et non comburi : inflammari Ecclesiam persecutionibus, et eam, loquente in illa Domino, non perire. Et nota, quod in octava Mansione, in qua torcularia nostra sunt, unde et octavus Psalmus, hoc titulo prænotatur, desertum capimus rubi : quia *plures filii desertæ magis, quam ejus quæ habet virum* (*Isai.* 54).

IX. Mansio.

Et profecti de deserto Sin, castra metati sunt in Depheca (*Num.* 33. 12).

(*b*) Nona Mansio. Hoc nomen apud Hebræos κρούμα, id est, *pulsatio* dicitur : juxta quod et Dominus ait : *Pulsate et aperietur vobis* (*Matth.* 7). In libro autem Hebraicorum Nominum (*c*), *adhæsionem, remissionemque* transtulimus, quod lectorem turbare non debet. Nec putet nos dissonantia scribere ; ibi enim juxta id quod vulgo habetur, edidimus, (*d*) si medium verbum scribatur per BETH litteram : hic autem in Hebraico volumine scriptum reperi per PHE, quod elementum magis pulsationem, quam glutinum sonat : sensusque est manifestus : post responsa Domini, post octavum numerum resurrectionis, Christi inc., imus sacramenta pulsare. Prudentem studiosumque lectorem rogatum velim, ut sciat me vertere nomina juxta Hebraicam Veritatem. Alioquin in Græcis et Latinis codicibus præter pauca, omnia corrupta reperimus : et miror quosdam eruditos et Ecclesiasticos viros ea voluisse transferre, quæ in Hebraico non habentur, et de male interpretatis, fictas explanationes quærere, ut in præsenti pro *Depheca* (*e*), legant *Repheca*, litteram ponentes pro littera, eo quod RES et DELETH parvo apice, distinguantur, et interpretantur *curationem* : atque exinde tropologiam similem prosequuntur.

X. Mansio.

Profecti de Depheca, castra metati sunt in Alus (*Num.* 33. 13).

Decima Mansio in Exodo non habetur, crediturque in Sin eremo contineri, eodem narrante libro. *Profecta est omnis multitudo filiorum Israel de eremo Sin per Mansiones suas juxta os Domini, et venerunt Raphidim.* Ex quo perspicuum est plures Mansiones, unius regionis vocabulo demonstrari. Interpretaturque ALUS, *fermentum* : quod *tollens mulier, miscuit farinæ satis tribus, donec fermentaretur totum* (*Matth.* 13. 33). In hac solitudine murmurat populus propter famem, et conversus respicit procul in nube gloriam Dei ; acceptque vespere coturnicem, et mane alterius diei manna (*Num.* 11).

477 Et nota in Mansione decima fermentum poni, et post esum carnium, manna tribui, impleriqe Scripturam : *Panem Angelorum manducavit homo* (*Ps.* 77. 35).

XI. Mansio.

Profecti de Alus, castra metati sunt in Raphidim : et non erat ibi aqua populo (*Num.* 33. 14).

Undecima Mansio est, quam violenter interpretatam in libro Hebraicorum Nominum reperi, *vidit os sufficiens eis,* aut certe, *visio oris fortium* : meliusque transfertur, *dissolutio fortium,* vel *sanitas fortium,* sive juxta proprietatem linguæ Syræ, *remissio manuum.* Hæc et in Exodo legitur (*Cap.* 17. 1) post profectionem de eremo Sin. Queritur in ea populus ob ardorem sitis : fons de petra Oreb erumpit, et profluit ; et quia tentaverunt Deum, locus Raphidim, *tentationis* quoque, id est, MESSE [al. *Masa*], sortitus est nomen. Moyses ascendit in montem : Jesus contra Amalec militat : ad crucis signum superatur inimicus : remissis orantis manibus, hostis victor insequitur. Sedet Moyses super lapidem dictum a Zacharia (*Cap.* 2. *v.* 5), qui septem habebat oculos : et in Samuelis volumine appellatur ABEN EZER, id est, *lapis adjutorii* (1. *Reg.* 4. 1) : et utramque manum ejus Aaron, et Ur, id est, *montanus, lucidusque* sustentat. Devicto adversario supervenit Jethro, educit Zephoram, et utrumque filium ; dat concilium septuaginta Seniorum : et in typum Ecclesiæ de gentibus congregatæ, Legis (*f*) immunitio, Evangelio sugge-

---

(*a*) Heic atque infra constanter Mss. aliquot, tum etiam vulgati, *Dapheca*.

(*b*) Fortasse supplendum est iterum nomen *Depheca,* atque legendum in hunc modum, *Depheca nona Mansio est. Hoc nomen,* etc.

(*c*) Veteres editi *adhæsionem, retentionemque,* meliori forte sensu, ac voce, quæ magis *glutinum sonat* , ut ipse infra auctor sentit; sed repugnantibus Mss. tum hujus epistolæ tum libri Hebraicorum nominum, e quibus unus perquam emendatus bibliothecæ nostræ, quem non ita pridem adepti sumus, et cujus posthac testimonio sæpius utemur.

(*d*) Scilicet si pro *Depheca* scribatur *Debca,* ut legisse apparet Auctorem libri nominum Hebraicorum, quem Hier. Latine vertit.

(*e*) Sugillat lectionem τῶν LXX. qui Ῥαφακά, vel Ῥαφακαὺ legunt, *Res* pro *Daleth* obvio errore substituentes.

(*f*) Victorius ex Mss. auctoritate legit *immunitio,* suæque lectioni ex contextus serie iidem adstruit, quod nempe

rente, completur. Pulchre autem *dissolutio*, ac *sanitas fortium*, RAPHIDIM dicitur, vel propter dissipatum Amalec, vel propter sanatum Israel. Sin autem (*a*) *remissionem manuum* juxta Syros RAPHIDIM sonat, dicemus, propter offensam populi : quia contra Dominum murmuravit, istud loco nomen impositum. Hæc tangimus potius quam exponimus, breviter indicasse contenti, quod post fermentum Alus, et Messam Ecclesiæ, soleant multiplicia dæmonum adversum nos tentamenta consurgere.

478 XII. MANSIO.

Et profecti de Raphidim, castra metati sunt in solitudine Sinai (*Num.* 33. 15).

Duodecima Mansio est. Statim tibi veniat in mentem Apostolorum numerus. Una de pluribus, sed major (*b*) omnibus, non separatur in ordine : et præcellit in merito. Ad hunc locum quadragesima septima die perveniunt, Scriptura dicente : « Mense tertio egressionis filiorum Israel de Ægypto, in die hac transierunt in solitudine Sinai, profectique de Raphidim, venerunt in desertum Sinai, et castra metati sunt in eremo, seditque ibi Israel e regione montis; et Moyses ascendit ad Deum : vocavitque eum Dominus de monte dicens » (*Exod.* 19. 1. *et seqq.*) : et reliqua. Et rursum : « Vade, inquit, ad populum, et sanctifica eos hodie et cras ; et lavent vestimenta sua, sintque parati in diem tertium : quia tertia die descendet Dominus, vidente universo populo, super montem Sinai » (*Ibid.* 10). Quod et factum est. Laveruntque vestimenta sua, et ab uxorum coitu separatis, die tertio descendit Dominus in montem : quo fumante, et fulgore, tonitruo, caligine, voce, tuba, mortalium corda terrentibus, Moyses loquebatur, et Dominus respondebat ei. Supputemus numerum, et inveniemus quinquagesimo die egressionis Israel ex Ægypto in vertice montis Sinai legem datam. Unde et Pentecostes celebratur solemnitas, et postea Evangelii sacramentum Spiritus sancti descensione completur : ut sicut priori populo quinquagesimo die, vero Jubilæo, et vero anno Remissionis, et veris quinquaginta et quingentis denariis, qui debitoribus dimittuntur, lex data est (*c*) : Apostolis quoque, et

Lex, quæ per Moysem significatur, debilis erat atque imminuta, nihil enim ad perfectum adduxit Lex, ejusque defectus ex Evangelii divitiis suppletur ; nam ad Evangelium pertinere 70. Seniorum concilium, ipse Hieronymus docet. Sed proinde immutare non oportebit, meliori enim sensu *immunitio* accipietur pro immunitate ab onere, et vacatione ab officio, qua Moyses, qui sub Legis nomine intelligitur, tunc temporis fruebatur, cum LXX. Seniores ad populi regimen adsciti sunt.

(*a*) Proprie nominis etymologia, quod tandem liceat adnotare, deducenda est a רפד minori numero, vimque sui nominis a רפדה, quod est *stratum*, obtinet, unde *strata* seu *castra*. Sed Hieronymianæ subnexæ interpretationi consonat cum primis illud Thalmud Bechoroth : *Quare vocatus est locus iste Rhephidim?* Quod nimirum שרפו ידיהם, *REMISERUNT* ibi *MANUS* suas *a verbis Legis*.

(*b*) Vitiose antea *major ab omnibus*. Hoc autem sensu omnium celebratissimam Mansionem hanc vocat etiam vetur Auctor hujusmodi tractatus in Appendice Operum S. Ambrosii, qui Hieronymum nostrum interdum exscribit.

(*c*) Al. *in Apostolos*, et mox *centesimo vicesimo.*

qui cum eis erant, in centum viginti Mosaicæ ætatis numero constitutis, descenderit Spiritus sanctus, et divisis linguis credentium, totus Evangelica prædicatione mundus expletus sit. Longum est si replicare velim, quod in lege præceptum sit : quomodo fabricatum tabernaculum, quæ varietas hostiarum, quæ vasorum diversitas, quæ indumenta Pontificis, **479** quæ Sacerdotum, et Levitarum cæremoniæ, quid egerint : quomodo populus numeratus sit. Hoc tantum dicam, quod media pars Exodi, et totus Leviticus liber, et Numerorum præcepta non modica, et per singulas populi tribus distributio, et oblationes principum in hac Mansione descriptæ sint, multorumque voluminum disputatio huic loco sufficere vix possit. Interpretatur autem SINAI *rubi*; non unus ut supra in solitudine Sin, sed plures : ut ibi principium sit, hic perfectio; ibi solitarius, numerus hic multiplex. Aliud est enim unam, et aliud omnes gratias possidere.

XIII. MANSIO.

Et profecti de solitudine Sinai, castra metati sunt in sepulcris concupiscentiæ (*Num.* 33. 16).

Tertia decima Mansio, cujus nomen (*d*) ex interpretatione editum est, apud Hebræos appellatur CABATORH (*e*) ATTHAVA. Est autem sensus ille de Evangelio, quod Jesus baptizatus statim a Spiritu ductus est in desertum, et tentatus [al. *tentabatur*] a diabolo. Itaque et Israel post familiarem cum Domino sermonem, postquam juxta montem Sinai commoratus est anno uno et diebus quatuor, mira dispositione castrorum egressus in solitudinem (*f*) PHARAN, quæ interpretatur, *onager*, aut *feritas*, ibique succumbit malæ bestiæ, fastidiens cœlestem panem, et Ægyptiorum carnes desiderans, quando multos subitum voravit incendium ; et intercedente Moyse (*Num.* 11. 1. *et* 2), humum vorax flamma consumpsit. Tunc accipiunt coturnices, et usque ad nauseam ac vomitum devorant. Eliguntur septuaginta Presbyteri ; vadunt ad ostium tabernaculi, duo remanent, Heldad et Medad, non imperii negligentes, sed humilitate submissi, dum se honore arbitrantur indignos. Unde et absentes prophetant ; saturatoque populo, *dum adhuc escæ essent in ore eorum, ira Dei ascendit super eos, et occidit pingues eorum, et electos Israel præpedivit* (*Ps.* 77. 5) : ne ad malum velociter currerent : unde et appellatus est locus, *sepulcra concupiscentiæ*; sive ut **480** in Septuaginta legimus, *memoria desiderii.* (*g*) Ex quibus omnibus nos omnes docemur, qui

(*d*) Haud recte vulgati, *cum interpretatione*; emendantur a scriptis.

(*e*) Mss. aliquot cum vetustioribus editis *Atava*; male autem post Erasmum Victorius aliunde induxerat (*cibaroth Ataave*. Sed quam in legendis Hebræis vocabulis Massorethicum illi sequuntur rationem, tertio quoque verbo castigare non vacat, et piget.

(*f*) Male פארן scripserat Martianæus pro פארן; nisi sit, ut propius designaret, unde nominis interpretatio hauritur, nomen illud confixit ; est enim a פרא, *onager*, nomen פארן. Sed quandoque sonum vocis, non litteras attendisse Hieronymum in Hebraicis nominibus interpretandis, constat.

(*g*) Supra laudatus Auctor in Append. Operum S. Am-

sapientiam dimisimus saecularem, et Aegyptias ollas contempsimus, non debere murmurare contra coelestem Scripturarum panem, nec virulentias Aegyptiorum, qui sunt magnarum carnium, sed simplicem mannae cibum quaerere; alioquin si rursus eas voluerimus appetere, vorabimus usque ad nauseam; et statim Domini (a) igne torquebimur, desideriumque nostrum vertetur in tumulos, ut simus *sepulcra dealbata, quae foris parent hominibus speciosa, intus autem plena sunt ossibus mortuorum, et omni spurcitia.*

XIV. Mansio.

Et profecti de sepulcris concupiscentiae, castra metati sunt in Aseroth (Num. 33. 17).

Quarta decima Mansio est in solitudine Pharan, quae in (b) *atria* vertitur. In hac Aaron et Maria, propter Aethyopissam contra Moysen murmurant, et in typum zeli, adversus Ecclesiam de gentibus congregatam, populus Judaeorum leprae sorde perfunditur: nec redit ad tabernaculum, (c) et pristinam recipit sanitatem, donec statutum plenitudinis gentium tempus impleat [al. *impleatur*]. Et hoc prudens lector attende, quod post consummatam in duodecimo numero virtutem, quia superbivit Israel: et in sepulcris concupiscentiae carnes Aegyptias desideravit: rursus jacit aliud fundamentum, et atria, id est, vestibulum virtutis ingreditur, ostendens nobis, et eos qui stant, posse cadere, et qui ceciderunt, posse resurgere. Positus est enim Jesus in ruinam et resurrectionem multorum (*Luc.* 2), et ipse loquitur per Prophetam: *Numquid qui cadit, non resurget? (Jerem.* 8. 4.)

XV. Mansio.

Et profecti de Aseroth, castra metati sunt in Rethma (Num. 33. 18); pro quo supra in hoc eodem libro legimus: *Postquam profectus est populus de Aseroth, castra metati sunt in solitudine Pharan.*

481 Haec est autem quinta decima Mansio. Et notandum quod reliquae Mansiones decem et octo, quarum nunc breviter catologus describitur, a Rethma usque ad Asiongaber, id est, usque ad tricesimam secundam Mansionem, sub Pharan solitudinis nomine contineantur, in quibus universa quae scripta sunt, diversis temporibus gesta sentimus: quae quia non sunt per Mansiones singulas distributa, a nobis quoque in commune dicentur, ut postea veniamus ad reliqua. Rethma transfertur, *sonitus*, aut *juniperus*, quanquam plerique, ἄρκευθον apud Graecos aliud genus arboris significare contendant. Juniperum autem et primus Graduum Psalmus, juxta Veritatem Hebraicam sonat, ubi scriptum est: *Quid detur tibi, aut quid apponatur tibi ad linguam dolosam? (Ps.* 119. 3. *et* 4), et Propheta respondet: *Sagittae potentis acutae, cum carbonibus juniperorum:* pro quo apud nos legitur, *desolatoriis.* Ferunt autem lignum hoc ignem multo tempore conservare, ita ut si prunae ex ejus cinere fuerint opertae, usque ad annum perveniant. Ex quo discimus post sepulcra concupiscentiae, et vestibula, transire nos ad lignum, quod multo tempore calorem tenet, ut simus ferventes spiritu, et claro sonitu atque (d) exaltata voce, Evangelium Domini praedicemus. Ab hac itaque Mansione usque ad tricesimam secundam istiusmodi continentur historiae. Duodecim exploratores mittuntur ad Terram sanctam: botrus refertur in ligno, (e) et Christi breviter passio demonstratur. Murmurat populus Judaeorum, gigantum impetum reformidans. Pugnat contra Amalec et Chananaeum, nolente Deo, et victus intelligit quae debebat in Terra sancta exercere sacrificia. Dathan et Abiron, et filii Core consurgunt contra Moysen et Aaron, et terrae voragine glutiuntur. **482** Inter mortuos et viventes Pontifex medius thuribulo armatus ingreditur, et currens [f. *furens*] ira Dei, sacerdotis voce prohibetur. Virga Aaron et florem profert et folia, et in aeternam memoriam virens siccitas (f) consecratur (*Num.* 17). Necdum templum, et jam aeditui, necdum Sacerdotes, et Levitae obtulere sacrificia, et partes eorum mysticus sermo describit. Vitula rufa in holocausto concrematur, et cinis ejus, piacularis aspersio est (*Num.* 19). Quorum omnium figurae proprios libros flagitant, et melius reor tacere, quam pauca dicere.

XVI. Mansio.

Et profecti de Rethma, castra metati sunt in Remmon Phares (Num. 33. 19).

Sexta decima Mansio est, quae interpretatur Graeco sermone ῥοιὰς (g) ἀποκοπή, Latine, *mali punici divisio,* quod alii *malum granatum* vocant. Cujus arboris fructus in Scriptura dupliciter accipitur: aut in Ecclesiae gremio, quae omnem turbam credentium suo cortice tegit: aut in varietate et consonantia virtutum, juxta illud quod scriptum est: *Multitudinis autem credentium erat cor unum, et anima una (Act.* 4. 32): sicque divisi (al. *diversi*) sunt singuli gradus, ut omnes eadem compage teneantur.

(d) Al. *atque in altum exaltata voce.*

(e) Botrum, quem prae magnitudine transverso ligno exploratores retulerunt, pro typo Salvatoris de Crucis ligno pendentis passim alii Patres accipiunt.

(f) Victorius ut *pro consecratur,* legendum probet *conservatur,* praeter quorumdam exemplarium fidem, hunc quoque ex Num. cap. 17. locum adducit. *Refer virgam Aaron in tabernaculum testimonii, ut servetur ibi in signum rebellium,* etc. Mox alii codices habent. *Necdum templum servabant adjuti, necdum,* etc.

(g) Idem ex Brixianis codd. ἀναίρεσις pro ἀποκοπή, quod vocabulum abscissionem potius, sectionemque significat, et ex conjecturis tantum Erasmus dicitur posuisse. Sed Graecarum litterarum vestigia, quae in Mss. habentur, minime ad Victorii lectionem accedunt; alia autem de causa ipsa vox ἀποκοπή arridet, sive ejus loco διακοπή, quae proprius divisionem, atque intercisionem notat.

(a) Idem vetus Auctor *Domini ira.*

(b) Sive Hebraeo pressius *suburbia,* aut *pagi,* quae sunt civitatum quaedam vestibula.

(c) Apud Rabanum, *ut pristinam recipiat sanitatem.*

S. Hieronymi I.

Ambrosii, « Ex quibus docemur, ut qui conversationem reliquimus saeculi, *et paulo post,* nec virulenta Aegyptiorum appetere, quae sunt magnarum carnium, quo in loco alii *purulentias,* alii *jurulentias* legunt: » Hieronymus autem alibi, nec uno in loco, quod et Martian. animadvertit, Aegyptios dicit esse magnarum carnium.

(*Vingt-trois.*)

XVII. Mansio.

Et profecti de Remmon-Phares, castra metati sunt in Lobna (Num. 33. 20).

Septima decima Mansio est, quam in *laterem* possumus vertere : licet quidam *Lebbona* transferentes, (*a*) male *candorem* interpretati sint. Legimus Ægyptios lateres in Exodo, quos populus faciens ingemuit (*Exod.* 1. 14). Legimus in (*b*) Malachia (*Cap.* 1. v. 4) lateres, pro quibus Idumæa destructis, politos lapides reponere nititur. Et laterem in Ezechiel (*Cap.* 14. v. 1): in quo obsessæ Jerusalem pictura describitur. Ex quibus discimus in itinere istius vitæ, et de alio in aliud (*c*) transitu, nunc nos crescere, nunc decrescere, **483** et post ordinem Ecclesiasticum sæpe ad laterum opera transmigrare.

XVIII. Mansio.

Et profecti de Lebna, castra metati sunt in Ressa (Num. 33. 21).

Octava decima Mansio in *frenos* (*d*) vertitur. Si enim post profectum, rursum ad luti opera descendimus, infrenandi sumus et cursus vagi atque præcipites, Scripturarum retinaculis dirigendi. Hoc verbum, quantum memoria suggerit, nusquam alibi in Scripturis sanctis apud Hebræos invenisse me novi, absque libro apocrypho, qui a Græcis (*e*) λεπτὴ, id est *parva Genesis*, appellatur : ibi in ædificatione turris, pro stadio ponitur, in quo exercentur pugiles et athletæ, et cursorum velocitas comprobatur. Dicit et Psalmista : *In freno et chamo maxillas eorum constringe, qui non approximant ad te* (Ps. 31. 9). Et Apostolus : *Nescitis quod qui in stadio currunt, omnes quidem currunt; sed unus accipit palmam? Sic currite, ut comprehendatis* (1. Cor. 9. 24).

(*a*) Est quidem לבנה, seu *libena*, πλίνθος, seu *lator*, aut *laterculus*; sed nec eorum respuenda est sententia qui ex *albedine* deducunt, quod et faciunt interdum Septuaginta; est enim proprie לבנה *libna* populus alba : nec dubium videtur, quin ab ejus arboris frequentia isthæc Israelitarum statio nomen acceperit.

(*b*) Ad hunc modum in libris omnibus, et apud Rabanum invenitur; Martianæus tamen vel memoriæ lapsum in Hieronymo, vel in antiquis Malachiæ exemplaribus diversitatem, vel denique exscriptorum incuriam causatur, quod pro Isaia posuerint Malachiam. Isthæc enim innui contendit Isaiæ verba cap. 9. v. 10. *Lateres ceciderunt, sed quadratis lapidibus ædificabimus*; etsi hæc a populo Ephraim, et habitatoribus Samariæ, non ab Idumæis dici, nihilominus fateatur. Scilicet Malachiæ locum, quem indicavimus, « Quod si dixerit Judæa, destructi sumus, sed revertentes ædificabimus, quæ destructa sunt, » etc., quem aperte Hieron. innuit, ille, aut non satis attendit, aut cum reliquis editoribus penitus ignoravit.

(*c*) Rursus peccat edit. Benedict. *transitum* legens pro *transitu*.

(*d*) Scilicet in Nonnimo libro a רסן, quod est *habena*, aut *frenum* : sed verius fortasse a רסיס, quod est *ruptura*, aut *stillicidium* deduceretur; cujus formæ alia exempla non desunt.

(*e*) Vetustiores vulgati et Mss. nonnulli habent μικρόγενις, quemadmodum et Rabanus legit, nec proinde vocem de sao efflaxerant Erasm. et Victorius, quod editor Benedictinus putat. Sed a Græcis sæpius λεπτὴ γένεσις dicitur, ut ab Epiphanio *hæres.* 39. Zonara l. Annal. Syncello in Chronographia, aliisque; quare impressam lectionem reliquimus. Apparet autem ex Hieronymo, quod apocryphus iste liber Hebraice scriptus, non Græce, fuerit ut alii putant.

XIX. Mansio.

Et profecti de Ressa, castra metati sunt in Caaltha (Num. 33. 22).

Nona decima Mansio interpretatur *Ecclesia*. Vagi currentium gressus frenis ad Ecclesiam retrahuntur : et fores, quas ante reliquerant, rursum intrare festinant.

XX. Mansio.

Et profecti de Caaltha, castra metati sunt in monte Sapher (Num. 33. 23).

Vigesima Mansio interpretatur *pulchritudo*, et in monte decoris est constituta, de qua et quarti decimi Psalmi principium sonat : *Domine, quis habitat in tabernaculo tuo : aut quis requiescet in monte sancto tuo?* Vide quid prosint frena. A vitiis nos retrahunt, introducunt ad virtutum choros, et in Christo, monte pulcherrimo, habitare faciunt. Iste, juxta Danielem, lapis excisus de monte sine manibus, crevit in montem magnum, et implevit omnem terram (*Dan.* 2. 34). Iste juxta Ezechielem, (*f*) vulneravit principem Tyri (*Ezech.* 27). Ad istum in Isaia et Michæa populi confluunt, dicentes : *Venite ascendamus in montem Domini, et ad domum Dei Jacob : et docebit nos vias suas; et ambulabimus in semitis ejus* (Isa. 2. 2; Mich. 4. 1).

484 XXI. Mansio.

Et profecti de monte Sapher, castra metati sunt in Arada (Num. 33. 24).

Vicesima **484** prima Mansio vertitur in *miraculum*. Quam pulcher ordo profectuum, quam egregia textura credentium. Post opus lateris infrenamur : post frenos in Ecclesiam introducimur : post habitationem Ecclesiæ, ad Christum montem ascendimus, in quo positi stupemus atque miramur : ut noster in laudibus ejus sermo superetur, invenientes in eo, *quæ nec oculus vidit, nec auris audivit, nec in cor hominis ascenderunt* (1. Cor. 2).

XXII. Mansio.

Et profecti de Arada, castra metati sunt in Maceloth (Num. 33. 25).

Vicesima secunda Mansio in *cœtus* vertitur. In hac enim consistit multitudo credentium : Ecclesia primitivorum, virtutum omnium consonantia. Tum vere possumus dicere : *Ecce quam bonum et quam jucundum, habitare fratres in unum* (Ps. 132. 1). Et, *Dominus habitare fecit unius moris in domo* (Ps. 67. 7).

XXIII. Mansio.

Et profecti de Maceloth, castra metati sunt in Thaath (Num. 33. 26).

Vicesima tertia mansio potest et *subter* intelligi, sed melius (*g*) *pavorem* interpretabimur. Venisti ad Ecclesiam, ascendisti ad montem pulcherrimum,

---

(*f*) Consule Commentarios in Ezechiel. c. 28.

(*g*) Hoc enimvero perquam docte a תחת, facta litterarum metathesi, expressit, est enim תת *consternato*, aut *terror*.

stupore et miraculo Christi magnitudinem confiteris : vides ibi multos virtutis tuæ socios : noli altum sapere, sed time. Dominus enim superbis resistit, humilibus autem dat gratiam (*Jac.* 4). Et qui se exaltat, videat ne cadat (1. *Cor.* 10). *Potentes potenter tormenta patientur* (*Sap.* 6. 7). TIMOR VIRTUTUM custos est : securitas ad lapsum facilis. Unde et in quodam Psalmo, postquam propheta dixerat : *Dominus regit me, et nihil mihi deerit, in loco pascuæ ibi me collocavit* (*Ps.* 22. 2) : jungit timorem, qui custos est beatitudinis, et infert : *Virga tua et baculus tuus, ipsa me consolata sunt* (*Ibid.* 4). Et est sensus : dum tormenta formido, servavi gratiam, quam acceperam.

XXIV. MANSIO.

Et profecti de Thaath, castra metati sunt in Thare (*Num.* 33. 27).

485 Vicesima quarta Mansio, quam nonnulli vertunt in *malitiam*, vel *pasturam*, nec errarent si per Ai litteram scriberetur, nunc vero cum aspiratio duplex in extrema sit syllaba, erroris causa manifesta est. Hoc eodem vocabulo et iisdem litteris scriptum invenio patrem Abraham, qui in (a) supradicto apocrypho Geneseos volumine, abactis corvis, qui hominum frumenta vastabant, *abactoris*, vel *depulsoris* sortitus est nomen. Itaque et nos imitemur Thare : et volucres cœli quæ juxta viam satum triticum devorare festinant, solliciti prohibeamus. Nam et Abraham Patriarcha in typo Israelis, (b) hostiarum divisit membra sacrificii, quæ a volucribus non sinit devorari (*Gen.* 15. 11) ; et (c) contemptorem oculum effodiunt corvi de convallibus; verusque Moyses ducit Æthiopissam; et Elias a corvis pascitur. Si habueris pavorem, sollicitus eris : si sollicitus fueris, leo in caulas ovium tuarum introire non poterit : quod vel ad præpositos Ecclesiarum, vel ad custodiam refer animæ tuæ, ad quam leo, diabolus, per diversa vitiorum foramina ingredi nititur (1. *Petr.* 5).

XXV. MANSIO.

Et profecti de Thare, castra metati sunt in Methca (*Num.* 33. 28).

Vicesima quinta Mansio vertitur in « dulcedinem. » Ascendisti in excelsum, admiratus es virtutum choros, timuisti ruinam, abegisti insidiatores, dulcis te protinus fructus laboris insequitur : et in morem litterarum, radicum amaritudinem, pomorum suavitas compensabit, et dices : « Quam dulcia faucibus meis eloquia tua, super mel ori meo » (*Ps.* 111. 103). Sponsumque tibi audies concinentem : « Mel distillant labia tua, soror mea sponsa » (*Cant.* 4. 11). QUID ENIM suavis disciplina ? quid eruditione melius ? quid dulcius Domino ? « Gustate, et videte, quoniam suavis est Dominus » (*Ps.* 33. 9). Unde et Samson qui abegerat a fructibus suis aves, et vulpes, quæ exterminant vineas, colligaverat, leonemque interfecerat rugientem, favum invenit in ore mortui (*Jud.* 14).

XXVI. MANSIO.

Et profecti de Methca, castra metati sunt in Asmona) *Num.* 33. 29).

486 Vicesima sexta Mansio in lingua nostra « festinationem » sonat : juxta illud quod in Psalmo scribitur, « Venient legati ex Ægypto » (*Ps.* 67. 32). Pro « legatis » in Hebræo, « festinantes » legimus : ut postquam dulces fructus laboris messuerimus, non simus quiete contenti et otio ; sed rursum ad ulteriora properantes, obliviscamur præteritorum, et in futura nos extendamus.

XXVII. MANSIO.

Et profecti de Asmona, castra (d) *metati sunt in Moseroth* (*Num.* 33. 30).

Vicesima septima Mansio « vincula, » sive « disciplinas » sonat, ut festino gradu pergamus ad magistros, et eorum teramus limina, ET PRÆCEPTA VIRTUTUM, ac mysteria Scripturarum, vincula putemus æterna : juxta illud quod in Isaia dicitur : « Et Sabaim viri sublimes ad te transibunt, et tui erunt; post te ambulabunt vincti manicis » (*Isai.* 45. 14). Et « Paulus, vinctus Jesu Christi » (*Ephes.* 3. 4). Duplicia sunt in Scripturis vincula (e) quæ quamdiu rupit Samson, vicit inimicos. Et de meretrice legimus, « vinculum in manibus ejus » (*Eccl.* 7. 27). Et ex persona Domini dicentis, « Dirumpamus vincula eorum, et projiciamus a nobis jugum ipsorum » (*Psal.* 2. 3). Et alibi, « Laqueus contritus est, et nos liberati sumus » (*Psal.* 123. 7). CHRISTI AUTEM vincula voluntaria sunt, et vertuntur in amplexus. Quicumque his fuerit colligatus, dicet, « Sinistra ejus sub capite meo ; et dextra ejus complectetur me » (*Cant.* 2. 6).

XXVIII. MANSIO.

Et profecti de Moseroth, castra metati sunt in Banejacan (*Num.* 33. 31).

Vicesima octava Mansio transfertur in « filios necessitatis, » seu « stridoris. » Si ab uno incipias numero, et paulatim addens ad septimum usque pervenias, vicesimus octavus efficitur numerus. Qui sint isti filii necessitatis, Psalmus ipse nos doceat : « Afferte Domino filii Dei, afferte Domino filios arietum » (*Ps.* 28. 1). Quæ est tanta necessitas, quæ nolentibus imponatur ? Cum divinis Scripturis fueris eruditus, et leges earum ac testimonia vincula scieris veritatis ; contendes cum adversariis, ligabis eos, et vinctos duces in captivitatem ; et de hostibus quondam (e)

(a) Parva Geneseos, seu λεπτὴ γένεσις. Cætera confer cum libro Nominum ad hanc vocem ex Numeris.
(b) Pro *hostiarum* perperam in hucusque vulgatis omnibus erat *et hostium*, quorum typus, sicuti Israelis, Abraham supino errore dicebatur. Tum cætera etiam minus cohærebant. Nos ex Rabano, qui locum hunc antequam ab imperitis librariis vitiaretur, exscripsit, germanam lectionem expressimus.
(c) Alludit illud Proverb. 30. 17. « Oculum, qui subsannat patrem, et qui despicit partum matris suæ, suffodient eum corvi de torrentibus. LXX. ἐκ τῶν φαράγγων, de convallibus.

(d) Apud Rabanum, *quæ dirugit Samson*, etc.
(e) In plerisque codicibus vox *miseris* desideratur.

miseris atque captivis, **487** liberos Dei facies, ut repente dicas cum Sion : « Ego sterilis et non pariens, transmigrata et captiva, et istos quis enutrivit? Ego destituta et sola, et isti ubi erant? » (*Isai.* 49. 21) Miraris Isaiam : ejusdem Psalmi sacramenta cognosce. « Vox Domini in virtute, vox Domini in magnificentia, vox Domini confringentis cedros » (*Ps.* 28. 4), ut postquam adversarios fregerit, et concusserit desertos prius gentium populos, præparentur cervi in montibus, et sit dilectus sicut filius unicornium, in temploque ejus omnes dicant gloriam. Porro quod vertimus, « filios stridoris, » ad illum sensum refer, quod timore supplicii et ejus loci ubi « est fletus et stridor dentium » (*Luc.* 13), deserens diaboli vincula, Christo Domino credentium turba colla submittat.

XXIX. Mansio.

Et profecti de Bane jaean, castra metati sunt in monte Gadgad (*Num.* 33. 32).

Vicesima nona Mansio interpretatur « nuntius, » sive « expeditio, » et « accinctio » vel certe (quod nos verius arbitramur) κατακοπή, id est, « concisio. » Haud aliter possumus magistri discipulorum atque credentium eos facere filios necessitatis, nisi præceptores eorum interfecerimus. Crudeles simus in occisione eorum : non parcat manus nostra, arinum, aut extremum auriculæ de ore leonis extrahere. « Maledictus qui facit opus Domini negligenter, et qui prohibet gladium suum a sanguine » (*Jer.* 48. 10). Unde et David : « In matutino, inquit, interficiebam omnes peccatores terræ » (*Psal.* 100. 8). De nuntio autem, et accinctione hæc breviter possumus dicere, quod filiis necessitatis grandes ad virtutem stimulos suggeramus, cum eis nuntiaverimus præmia futurorum, et accinctos inire bella docuerimus. Horum trium quidquid magister fecerit, in monte consistit.

XXX. Mansio.

Et profecti de monte Gadgad, castra metati sunt in Jetabatha (*Num.* 33. 33).

Tricesima Mansio « bonitas » interpretatur, ut cum pervenerimus ad perfectum virum, in sacerdotalem gradum, et in ætatem plenitudinis Christi (*Ephes.* 4), in qua et Ezechiel erat juxta fluvium Chobar (*Ezech.* 1. 1), **488** possimus cum David in tricesimo Psalmo canere. « In te, Domine, speravi, non confundar in æternum. Pastor » enim « bonus ponit animam suam pro ovibus suis » (*Joan.* 10).

XXXI. Mansio.

Et profecti de Jetabatha, castra metati sunt in Hebrona (*Num.* 33. 34).

Tricesima prima Mansio interpretatur (*a*) περίπλους,

(*a*) Multis contendit Beatinus Episcopus legendum περάτης, id est *transitus* sive *transitio*, pro περίπλους, quam vocem subnexæ Hieronymianæ interpretationi repugnare, et suapte natura potius adventum, seu præter adventum vult significare quam transitum. Nos fere eamdem in utriusque vocis compositione, Græcis Scriptoribus ignota, difficultatem sentimus ; impressam tamen reliquimus, quod in plerisque codicibus inveniatur. Erit fortasse cui legendum videatur περάσεως propriori vocabulo, ac sensu.

id est, « transitus, » sive « transitio. » Ad hanc venit verus Hebræus, id est, περάτης, sive « transitor » qui dicere potest : « Transiens videbo visionem hanc magnam » (*Exod.* 3. 3); de qua et Psalmista canit : « Et non dixerunt qui præteribant, benedictio Domini super vos » (*Ps.* 128. 8). Præterit enim figura hujus mundi (1. *Cor.* 7), et propterea sancti cupiunt ad meliora transire, nec præsenti statu contenti, ingemiscunt quotidie. « Hæc recordatus sum, et effudi in me animam meam, quoniam transibo in locum tabernaculi admirabilis usque ad domum Dei » (*Ps.* 41. 5). Multum est, si de omnibus Scripturis super verbo transitionis velim exempla congerere.

XXXII. Mansio

Et profecti de Hebrona, castra metati sunt in Asion-Gaber (*Num.* 33. 35).

Tricesima secunda Mansio transfertur in « ligna viri, » sive (*b*) « dolationes hominis, » quod significantius Græce dicitur ξυλοκισμοὶ ἀνδρός, scribiturque per « Ai » litteram, non, ut Græci et Latini errant, per « Gimel. » Unde in solitudine multitudo lignorum, nisi quod seduli et diligentis magistri disciplina monstratur, cædentis ligna informia, et dolantis facientisque vasa diversa, quæ in domo magna necessaria sunt? (2. *Tim.* 2) Possunt « lignationes viri, » saltuum et omnium arborum genera, ac per hoc credentium multitudinem figurare, dicente David : « Invenimus eam in campis silvæ » (*Ps.* 131). Hucusque solitudo Pharan decem et octo continet Mansiones, quæ descriptæ in catalogo, in superiori itinere non ponuntur.

XXXIII. Mansio.

Et profecti de Asion-Gaber, castra metati sunt in deserto Sin : Hæc est Cades (*Num.* 33. 36).

Quæritur cur octava Mansio nunc tricesima tertia esse dicatur. Sed sciendum quod prior per « Samech » litteram scribitur, interpretaturque « rubus, » sive « odium : » **489** hæc autem per « Sade, » et (*c*) vertitur in « mandatum. » Illudque quod jungitur, « Cades, » non ut plerique æstimant, « sancta » dicitur : sed « mutata, » sive « translata. » Legimus in Genesi (*Cap.* 28. *v.* 21) juxta Hebraicam Veritatem, ubi Judas meretricem putans Thamar, dona transmisit : et sequester munerum interrogat, « ubi est cadesa, » hoc est, « scortum, » cujus habitus a cæteris feminis immutatus est. In multis quoque locis hoc idem reperimus. Sin autem « sancta » interpretatur, κατὰ ἀντίφρασιν est intelligendum : quomodo Parcæ dicuntur ab eo quod minime parcant, et bellum, quod nequaquam bellum sit, et lucus,

(*b*) Olim *dedolationes* : deinde Victorius perperam ξυλοκοραφορος pro ξυλοκισμοι ανδρος, quod codices quoque nostri confirmant. Inditum loco nomen *lignatio viri*, ab eo nempe qui Sabbatho ligna collegit, et morte multatus est, Num. 15. 52. Porro Ai litteram pro Gimel ab antiquis interpretibus sæpius sumi, multa probant exempla, ut non defuerit, qui arbitratus sit, duplicem illam fuisse ejus litteræ pronuntiationem, quarum altera quasi *guin* diceretur.

(*c*) Puta הוצ *præcepit*, sive a הוצ *præceptum*, *mandatum*; quæ tamen satis violenta interpretatio est nobis.

quod minime luceat. In hac Mansione moritur Maria, et sepelitur : et propter aquas contradictionis Moyses et Aaron offendunt Dominum, et prohibentur transire Jordanem, missisque nuntiis ad Edom, transitus petitur, nec impetratur. Quis timeret post tantos profectus murmur populi, et offensam magistrorum, et viæ transitus denegatos? Videtur mihi in Maria Prophetia mortua : in Moyse et Aaron Legi et Sacerdotio Judæorum finis impositus : quod nec ipsi ad terram repromissionis transcendere valeant, nec credentem populum de solitudine hujus mundi educere. Et nota quod post mortem Prophetiæ, et aquas contradictionis; Idumæum [al. *idumæam*] carneum atque terrenum transire non possint : et cum multis precibus et conatu viam non impetrent; sed egrediatur Edom adversus eos in populo multo, et in manu forti. Interpretatio quoque nominis morti et offensæ, et negato transitui convenit. Ubi enim mandatum, ibi et peccatum : ubi peccatum, ibi offensa : ubi offensa, ibi mors. Hæc est Mansio de qua Psalmista canit, « Commovebit Dominus desertum Cades » (*Psal.* 28. 8)

XXXIV. Mansio.

Et profecti de Cades, castra metati sunt in Or monte, in extremo terræ Edom. Ascenditque Aaron sacerdos in montem Or, juxta præceptum Domini, et mortuus est ibi anno quadragesimo egressionis filiorum Israel de terra Ægypti, mense quinto, prima die mensis. Eratque Aaron centum viginti trium annorum quando mortuus est in monte Or. Et audivit Chananæus rex Arad, qui **490** *habitabat ad Austrum in terra Chanaan, quod venissent filii Israel* (*Num.* 33. 17 *et sqq.*)

Trigesima quarta Mansio est, quam plerique interpretantur « lumen : » (*a*) nec errarent, si per « Aleph » litteram scriberetur. Alii « pellem, » et ipsi verum dicerent, si esset « Ai » positum. Nonnulli « foramen, » quod posset accipi, si « Heth » haberet elementum. Cum autem legatur per « He; » magis « mons » intelligitur : et legi potest, « Ascendit Aaron sacerdos in montis montem, » id est, in verticem ejus. Ex quo animadvertimus non in monte simpliciter, sed in montis monte Pontificem mortuum, ut dignus locus meritis illius monstraretur. Moritur autem eo anno, quo novus populus repromissionis terram intraturus erat, in extremis finibus terræ Idumæorum. Et quanquam in monte sacerdotium Eleazaro filio dereliquerit, Lexque eos, qui eam impleverint, perducat ad summum : tamen ipsa sublimitas non est trans fluenta Jordanis, sed in extremis terrenorum operum finibus : et plangit eum populus triginta diebus. (*b*) Aaron plangitur, Jesus non plangitur. In lege Descensus ad inferos; in Evangelio ad paradisum transmigratio. Audivit quoque Chananæus quod venisset Israel, et in loco exploratorum, ubi quondam offendisse populum (*c*) noverat, infert prælium, et captivum ducit Israel. Rursumque in eodem loco pugnatur : ex voto victor vincitur, victi superant, appellaturque nomen loci « Horma, » id est, « anathema. » Eadem dicere mihi non est pigrum, legentibus necessarium, quod semper humanus status in hujus sæculi via fluctuet, et alius in valle, alius in campis, alius moriatur in monte : nec in monte simpliciter, sed in montis monte, id est, in excelso vertice. Cumque nos Dei auxilio destitutos hostis invaserit, duxeritque captivos; non desperemus salutem, sed iterum armemur ad prælium. Potest fieri, ut vincamus, ubi victi fuimus, et in eodem loco triumphemus, ubi fuimus ante captivi.

XXXV. et XXXVI. Mansio.

Et profecti de monte Or, castra metati sunt in Selmona. Profectique de Selmona, venerunt in Phinon (*Num.* 13. 41. *et* 42).

491 Hæ duæ Mansiones, tricesima quinta et tricesima sexta in ordine historiæ non inveniuntur, sed scriptum est pro eis. « Egressi sunt de monte Or, per viam maris Rubri, et circumierunt terram Edom » (*Num.* 21. 4). Ex quo ostenditur in finibus atque circumitu terræ Edom eas positas. Nec secundum morem legitur : « Et profecti de monte Or, castra metati sunt in Selmona, » sive « in Phinon, » sed post ambitum terræ Idumæorum venit ad extremum, et ait, « Profecti filii Israel castra metati sunt in Oboth » (*Num.* 33. 43). Nec dixit, profecti sunt de (*d*) illo et illo loco, quia duas Mansiones silentio prætermiserat, quas cum in supputatione tacuerit, reddit in summa. Prima Mansio « Selmona, » interpretatur « imaguncula. » Secunda « Phinon, » diminutive : « os, » ab ore, non ab osse, intellige. In his Aaron mortuo, murmurant contra Deum et Moysen, manna fastidiunt, a serpentibus vulnerantur, et in typum Salvatoris, qui verum antiquumque serpentem in patibulo crucis triumphavit, diaboli venena superantur. Unde et imaguncula veræ expressæque imaginis Filii Dei, Passionem ejus intuens conservatur : et quod corde credit, ore pronuntiat, legens illud Apostoli : « Corde creditur ad justitiam, ore autem confessio fit ad salutem » (*Rom.* 10. 10). Simulque nota, quod utraque Mansio (*e*) ὑποκοριστικῶς appellatur, quia ex parte videmus, et ex parte prophetamus : et « nunc per speculum videmus in ænigmate » (1. *Cor.* 23).

(*a*) Hebraica nomina heic, atque alibi sæpe nos adposuimus. Illud vero prætereundum non est, quod licet Moyses, omnisque historia in Or monte Aaron sacerdotem tradat occubuisse, in Deuteron. tamen c. 10. v. 6. est « Filii Israel moverunt castra ex Beroth filiorum Jacan in Mosera, ubi Aaron mortuus ac sepultus est, pro quo Sacerdotio functus est Eleazar, » etc., quam contradictionem ob confusas atque inversas Mansiones XXVII. XXVIII et XXV. esse quidam arbitrantur, alii explicant probabilius. Adito si lubet ejus loci interpretes.

(*b*) Confer Epistolam 39. ad Paulam num. 3. ubi per quam eleganter ejus rei causam affert.
(*c*) Antea minus bene erat plurium numero, *noverant*, *ineunt prælium, et mox ducunt*.
(*d*) Apud Raban. *de illo in illum locum*.
(*e*) Id est *diminutive*, scilicet *imaguncula, et parvum os*, sive *oscillum*.

XXXVII. Mansio.

Et profecti de Phinon, castra metati sunt in Oboth (*Num.* 33. 43).

Tricesima septima Mansio vertitur in « magos, » sive « pythones ; » vel secundum verba Heliu, « lagenas grandes, quæ cum musto plenæ fuerint, absque spiramine, illico disrumpuntur. Pugnaverunt magi contra Moysen et Aaron (*Exod.* 7. *et seqq.*) ; et a muliere, quæ erat in Endor, et habebat, juxta Septuaginta interpretes, **spiritum** « pythonem, » juxta Hebræos, « magum, » regi Israelis illuditur (1. *Reg.* 28). Multæ sunt præstigiæ, et innumerabiles laquei, quibus animæ capiuntur humanæ ; sed nos dicamus, in Domino confidentes, « Laqueus contritus est : et nos liberati sumus » (*Ps.* 123. 7). Et, « Si ambulavero in medio umbræ mortis, non timebo mala, quoniam tu mecum es » (*Ps.* 22. 4) : Cadentia latere nostro mille, et decem millia a dextris nostris (*Ps.* 90. 7). Non timebimus ab incursu, et dæmonio meridiano ; sed obturabimus aures nostras, ne audiamus voces incantantium, et Sirenarum carmina negligamus. Post imaginem Dei, quæ in cordis ratione monstratur, et confessionem fidei, quæ ore profertur, consurgunt (*a*) serpentes, et artes maleficæ ad bella nos provocant. Sed nos, qui habemus pretiosissimum thesaurum in vasis fictilibus (2. *Cor.* 4), quæ frangi possunt, ita ut quædam vix testa remanserit, in qua hauriri possit aquæ pusillum, omni custodia circumdemus cor nostrum.

XXXVIII. Mansio.

Et profecti de Oboth, castra metati sunt in Jeabarim, in finibus Moab (*Num.* 33. 44).

Tricesima octava Mansio « acervos lapidum transeuntium » sonat. Sunt sancti lapides, qui volvuntur super terram, leves, politi et rotunditate sua rotarum cursibus similes. Sunt et alii quos Propheta jubet tolli de via, ne ambulantium in eos offendant pedes. Qui sunt isti ambulantes ? utique viatores et prætereuntes, qui per istud sæculum ad alias Mansiones transire festinant. Quod autem dicitur, « in finibus Moab, » et supra scriptum est, « in solitudine quæ respicit Moab contra solis ortum : » ostendit juxta litteram, quod hucusque in finibus terræ Idumæorum fuerint, et nunc veniant ad terminos Moab, de alia provincia ad aliam transeuntes. (*b*) Non enim semper uni virtuti danda est opera : sed sicut scriptum est : « Ibunt de virtute in virtutem » (*Ps.* 84. 8), de alia transeundum est ad aliam : quia hærent sibi, et ita inter se nexæ sunt, ut qui una caruerit, omnibus careat. Et tamen transire de alia ad aliam,

corum est proprie, qui solis justitiæ ortum considerant.

XXXIX. Mansio.

Et profecti de Jeabarim (sive ut in secundo loco apud Hebræos habes) *Iim, castra metati sunt in Dibon-Gad* (*Num.* 33. 45).

Tricesima nona Mansio interpretatur , « fortiter intellecta tentatio. » Pro hac in ordine historiæ aliter scriptum reperi. Postquam enim castra metati sunt in Jeabarim, in finibus Moab, contra ortum solis, legitur : « Inde profecti sunt, et diverterunt ad torrentem Zared. Et de hoc loco proficiscentes, castra metati sunt trans Arnon : quæ est in solitudine finium Amorræi : eo quod Arnon in terminis sit Moabitarum et Amorræorum » (*Num.* 21. 12. *et* 15) : et post hæc venerunt ad puteum, ubi cecinit Israel carmen hoc : « Ascende putee, quem foderunt principes, et aperuerunt duces populorum in datore legum, et in baculo ejus : et de solitudine in Matthana [al. *Marthana*] : et de Matthana ad torrentes Dei : et de torrentibus [al. *torrente*] Dei, ad excelsa : et excelsis, ad vallem, quæ est in regione Moab, in vertice Phasga, qui prospicit contra desertum » (*Ibid.* 17. *et seqq.*). Hæc loca in finibus Amorræorum quidam interpretantes, putant non Mansiones esse, sed transitus, nec præjudicare debere catalogo Mansionum extraordinariam expositionem. Alii autem spiritualibus spiritualia comparantes, nolunt regiones significari ; sed per locorum nomina, virtutum profectus esse : quod post magos, et congregationem lapidum, frequenter veniamus ad torrentes « Zared, » quod interpretatur, (*c*) « aliena descensio : » et in descensione positi, transeamus ad « Arnon, » quod « maledictionem » sonat, quæ est posita in finibus « Amorræorum, » qui vel « amari » hostes sunt, vel « multa loquuntur » inflati. Sin autem transierimus terminos Moab, qui de incestu generatus est, et recessit a vero patre : statim nobis occurrit puteus, quem nemo de plebe fodit, nullus ignobilis, sed principes et duces, qui jura dant populis ; et canentes carmen in aqua putei, et in Dei muneribus gratulantes, prophetant, quo transituri sunt : ad quæ perventuri loca, quod scilicet de deserto veniant in « Matthana, » quod interpretatur « donum, » et de Matthana ad « Naaliel, » quod dicitur ad « torrentes Dei, » et de Naaliel ad « Bamoth, » quæ interpretatur, « excelsa, » sive « adveniens mors : » quando conformes efficimur mortis Christi, et de Bamoth occurrit nobis vallis humilitatis, quæ tamen posita est in vertice montis « Phasga, » qui interpretatur, « dolatus, » quod nihil habeat informe et rude, sed artificis sit politus manu : qui mons respiciat solitudinem, quæ Hebraice dicitur Ismon. Quando enim

---

(*a*) Recole Numeror. cap. 21. vers. 6 et 7. quod enim post ignitos serpentes prima profectione in *Oboth* venerint Israelitæ, istud ei loco nomen *a serpentibus* videntur imposuisse. Certe Hebraicum *Oboth* perquam affine est Ægyptiorum vocabulo ουωφ, quod Onus Apollo de Ægyptiis loquens, Græce *serpentem aureum* verti testatur. […]

(*b*) Adjitur penes Rabanum, sicut in superioribus jam dictum est.

(*c*) Ex nominum libro, ubi duabus etymologiis explicatur, *alienus, vel descensio*. Proprie autem *Zared* est sarmentum ; unde נחל זרד, *in valle sarmentorum* : ut pro Hebraicis verbis Theodotion Josabuleus exponit : *in valle, quæ […] producit salices, et mandragoras*. Reliqua suo loco ad lib. Nomin. [Expendemus.]

fuerimus IN VIRTUTUM **494** CULMINE constituti, tunc totius mundi ruinas, et omnium peccatorum respicimus vastitatem. Pene obliti sumus, currente oratione, dicere, quare « Dibon-Gad » interpretetur, « fortiter intellecta tentatio. » Post Dibon-Gad geritur bellum contra Seon regem Amorrœorum, et Og regem Basan; et discimus, quod cum venerimus ad summum, et de fonte principum regumque biberimus, ascendentes ad montem Phasga, non debeamus elevari in superbiam, sed [al. *si*] propositam nobis e contrario solitudinem noverimus. Ante contritionem enim elevatur cor viri, et ante gloriam humiliatur.

XL. MANSIO.

Et profecti de Dibon-Gad, castra metati sunt in Almon Deblathaim (*Num.* 33. 46).

Quadragesima Mansio vertitur in (*a*) *contemptum palatharum*, sive *opprobriorum*. Et per hanc discimus, omnia dulcia et illecebras voluptatum in sæculo contemnendas, nec inebriari nos debere vino, in quo est luxuria (*Eph.* 5). Mel non offertur in sacrificiis Dei (*Levit.* 2), et cera quæ dulcia continet, non lucet in Tabernaculo, sed oleum purissimum (*Exod.* 25), quod de olivæ profertur amaritudine. Mel enim distillat a labiis mulieris meretricis (*Prov.* 5); de quo puto juxta mysticos intellectus gustasse Jonathan, et forte deprehensum, vix populi precibus liberatum (1. *Reg.* 14). Quod autem opprobria contemnenda sint; et, si falso objiciantur, beatitudinem pariant, Salvator plenissime docet.

XLI. MANSIO.

Et profecti de Almon-Deblathaim, castra metati sunt in montibus Abarim, contra faciem Nabo (*Num.* 33. 47).

Quadragesima prima Mansio vertitur in montes *transeuntium*, et est contra faciem montis Nabo, ubi moritur et sepelitur Moyses, terra repromissionis ante conspecta (*Deuter.* 34). *Nabo* interpretatur, *conclusio*, in qua finitur Lex, et non invenitur ejus memoria. Porro gratia Evangelii absque ullo fine tenditur. In omnem terram exivit sonus ejus : et in fines

---

(*a*) Enormem hinc errorem sustulimus ex ingenio. Mss. enim omnes, pariter atque editi depravati sunt, ut nemini ante nos interpretum ulla quidem mendi suspicio subolueret. *Deblathaim* verti in *contemptum plagarum*, pari omnes consensu legunt, cum neque ullo modo ex eo nomine hujusmodi significatio extorqueri possit; et subnexa Hieronymi interpretatio, qua *omnia dulcia, et illecebras voluptatum contemnendas* explicat, immane quantum a tali distet etymologia. Proinde suffecimus *palatharum* loco *plagarum*; Palatha enim ex Græco πάλαθη, Hieronymo ipso teste in *Nominum libro*, « *est* Massa, quæ de recentibus ficis compingi solet, quam Hebræi Debelath, Græci Palatham nuncupant. » Fusius vero in Osee 1. de palatha. « Est, inquit, massa pinguium caricarum, quas in morem laterum figurantes, ut diu illæsæ permaneant, calcant, atque impingunt. » Deblathaim itaque plurimo numero erunt *palathæ*. Sed et ipse, quem paulo ante adduximus, Auctor libri de XLII. Mansionibus in Appendice operum S. Ambrosii, « Vox hæc, inquit, Almon Deblathaim sicut est duplex, ita et duo indicat, nempe contemptum ficuum, hoc est contemptum terrenæ dulcedinis, ficus namque dulcedinem ostendunt, » etc., quemadmodum et Hieronymus interpretatur, ut de emendatione nostra ad lectionem nequaquam dubites.

---

495 orbis terræ verba ipsius (*Psal.* 18). Simulque considera, quod habitatio transeuntium in montibus sita sit, et adhuc profectu indigeat. Post montes enim plurimos ad campestria Moab et *Jordanis* fluenta descendimus, qui interpretatur, (*b*) *descensio*. NIHIL ENIM, ut crebro diximus, tam periculosum est, quam gloriæ cupiditas et jactantia, et animus conscientia virtutum tumens.

XLII. MANSIO.

Et profecti de montibus Abarim, castra metati sunt in campestribus Moab super Jordanem juxta Jericho, ibique fixerunt tentoria. Ab domo solitudinis usque Abel Sitim, in planitie Moab (*Num.* 33. 48. *et* 49).

In quadragesima secunda, quæ et extrema Mansio est, cursim quæ sint gesta narremus. Residens in ea populus a Divino Balaam, quem mercede conduxerat Balac filius Sephor, Dei jussione benedicitur, et maledictio mutatur in laudes : audit vocem Domini ex profano ore resonantem, *Orietur stella ex Jacob, et consurget homo de Israel : et percutiet principes Moab, et vastabit cunctos filios Seth, et erit Edom hæreditas ejus* (*Num.* 24. 17. 18). Fornicatur cum filiabus Madian : et Phinees filius Eleazar, zelatus zelum Domini, Zamri et scortum Madianitidem pugione transfigit : unde et accepit præmium in æternam memoriam, armum victimæ. Numeratur rursum populus (*Num.* 26), (*c*) ut interfectis pessimis, novus populus Dei censeatur. Interpellant quinque filiæ Salphaad, et ex judicio Domini hæreditatem accipiunt inter fratres suos (*Num.* 28. 6), nec femineus a possessione Dei sexus excluditur. Jesus Moysi in montem succedit, et (*d*) discit a Lege, quæ spiritualiter offerre debeat in Ecclesia. Primum quid per singulos dies, deinde quid in sabbato, quid in Kalendis, quid in Pascha, quid in Pentecoste, quid in Neomenia mensis septimi, quid in Jejunio ejusdem mensis, die decimo : quid in Scenopegia, quando figuntur tabernacula, decima quinta die supradicti **496** mensis. Uxorum et filiarum vota absque auctoritate patrum et virorum cassa memorantur; bellum contra Madianitas : et mors Divini Balaam, et prædæ divisio, et oblatio ex ea in tabernaculo Dei. Primi Ruben et Gad et dimidia tribus Manasse, ultra Jordanem in eremo possessionem accipiunt. Plurima enim habebant jumenta, et necdum ad id venerant, ut possent habitare cum Templo. Docetur populus, ut in Terra

---

(*b*) Sic equidem Syri *Jordanem a descensu* vocant; estque Syriaca pronuntiatione ירדן, quod Hebræi duali numero dicerent ירדים, Græcis autem ex alia etymologia placet appellare Ιορδάνης, quasi ex duabus Hebraicis vocibus יאר־דן id est, *fluvius Danis*, quam sententiam, tam alibi sæpe, tum præcipue in Quæstionibus in Genesim cap. 14. Hieronymus probat, ubi, *Dan*, inquit, *unus e fontibus est Jordanis: nam alter vocatur Jor, quod interpretatur ῥεῖθρον id est rivus.*

(*c*) Apud Rabanum, aliosque editos libros, junctis aliquot etiam Mss. additur *numerantur et Levitæ*.

(*d*) Hinc totus Rabbinismus et ratio τῶν δευτερώσεων pendet, quam sic deinde S. Doctor exponit, ac si præ oculis habuerit Pharisaicum illud acroama, quod est initio Aboth משה קבל תורה מסיני ומסרה ליהושע « Moses de Sinai Legem accepit, tributam vero, sive oblationum ratio Josuæ præcepta est. »

sancta idola destruat; et nullus de priori habitatore servetur. Describitur olim cupita provincia, et duarum semis tribuum hæreditas separatur. Numerantur tribuum principes, qui Terram sanctam debeant introire (*Num.* 34). Quadraginta duas urbes cum suburbanis suis usque ad mille passus per circuitum, Levitæ accipiunt, tot numero, quot et istæ sunt Mansiones. Et adduntur fugitivorum sex aliæ civitates, tres intra Jordanem, et tres trans Jordanem, ut sint simul quadraginta octo (*Num.* 35). Quid fugitivorum suscipi, qui interfici debeant, qui usque ad mortem Pontificis maximi reservari. Succedit Deuteronomium secunda Lex, (*a*) meditatorium Evangelii : ibique breviter discimus quæ inter Pharan et Tophel et Laban et Azeroth, et loca aurea, abjecto Juda infelicissimo, undecim dierum via de Choreb, per viam montis Seir usque ad Cades-Barne Moyses populo sit locutus, et extremum canat Canticum (*Deuter.* 32), in quo apertissime Synagoga projicitur, et Ecclesia Domino copulatur, « Impinguatus est et incrassatus ac dilatatus, et recalcitravit dilectus, et oblitus est Dei Salvatoris sui. » Et iterum : « Generatio pessima : filii ineruditi : ipsi ad æmulationem me provocaverunt in eo qui non erat Deus. Irritaverunt me in sculptilibus suis : et ego zelare hos faciam nationes, et contra gentem stultam irritabo eos » (*Jerem.* 5). Benedicuntur filii Israel. Et rursus in Simeone Judas miserandus excluditur. Ascendit Moyses ad montem Nabo, in verticem Phasga, qui est contra Jericho : et ostendit ei Dominus omnem terram Galaad usque **497** Dan, et Nephthalim et Ephraim et Manassen, et universam terram Juda, usque ad mare magnum contra austrum, et regionem campestrem Jerichontis, civitatis palmarum, usque Segor (*Deut.* 34). Quis potest tanta nosse mysteria? (*b*) Quis in extremis Legis, et hujus vitæ finibus constitutus intelligit semper sibi esse pugnandum : et tunc plenam victoriam dari, si fuerit in campestribus, si in ABEL SITIM, quod interpretatur, *luctus spinarum*, fleverit antiqua peccata, et spinas, quæ suffocaverunt sementem verbi Dei (*Luc.* 8), et de quibus Propheta dicit : *Versatus sum in miseria, dum mihi configitur spina* (*Psal.* 31. 4) : et tunc præparatus, deficiente Manna, sub duce Jesu Jordanem transeat (*Jos.* 5) : et circumcisus cultro Evangelii, primum comedat de cœlesti pane : et occurrat ei princeps exercituum Dei, ut verum Pascha nequaquam in Ægypto, sed in finibus Terræ sanctæ comedat. *O profundum divitiarum sapientiæ, et scientiæ Dei, quam inscrutabilia sunt judicia ejus, et* (*c*) *investigabiles viæ illius. Quis sapiens et intelliget hæc? intelligens et cognoscet ea? Quia rectæ* viæ Domini : et justi ambulabunt in eis. Prævaricatores autem corruent in illis.

EPISTOLA LXXIX (*d*).

AD SALVINAM.

Salvinam mulierem nobilissimam de Nebridii mariti morte consolatur, et post mortui viri laudes, quo modo superstites ex eo parvulos, educare, qualemque ipsa vitam traducere debeat, docet, et a secundis nuptiis dehortatur.

1. Vereor, ne officium putetur ambitio; et quod illius exemplo facimus, qui ait : *Discite a me, quia mitis sum et humilis corde* (*Matth.* 11. 29), gloriæ facere appetitione dicamur : et non viduam alloqui, et in angustia constitutam ; sed aulæ nos insinuare regali ; et sub occasione **498** sermonis, amicitias potentium quærere. Quod liquido non putabit, qui scierit esse præceptum, *Personam pauperis non accipies in judicio* (*Levit.* 19. 15) : ne sub prætextu misericordiæ, quod injustum est judicemus. UNUSQUISQUE enim non (*e*) hominum, sed rerum pondere judicandus est. Nec diviti obsunt opes, si eis bene utatur : nec pauperem egestas commendabiliorem facit, si inter sordes et inopiam peccata non caveat. Utriusque nobis rei testimonium, et Abraham Patriarcha, et quotidiana exempla suppeditant : quorum alter in summis divitiis amicus Dei fuit ; alii quotidie in sceleribus deprehensi, pœnas legibus solvunt. Alloquimur igitur pauperem (*f*) divitem, ut nesciat ipsa quæ possidet. Neque enim marsupium ejus discutimus, sed animæ puritatem. Loquimur ad eam, cujus faciem ignoramus, et virtutes novimus, quam nobis fama commendat, cujus venerabiliorem pudicitiam adolescentia facit. Quæ mortem juvenis mariti sic flevit, ut exemplum conjugii dederit, sic tulit, ut eum profectum crederet [al. *crederes*], non amissum. Orbitatis magnitudo, religionis occasio fuit. Nebridium suum sic quærit absentem, ut in Christo præsentem noverit. Cur ergo ad eam scribimus, quam ignoramus? Triplex nimirum causa est. Prima, quia pro officio Sacerdotii omnes Christianos filiorum loco diligimus, et profectus eorum nostra est gloria. Altera, quia pater defuncti intima mihi necessitudine copulatus fuit. Extrema, quæ et validior, quod filio meo Avito roganti negare nihil potui ; qui crebris litteris interpellatricem duri judicis viduam (*Luc.* 8) superans, et multorum mihi, ad quos ante super eadem materia scripseram, exempla proponens, ita suffudit pudorem negantis, ut plus considerarem quid ille cuperet, quam quid me facere conveniret.

2. Alius forsitan laudet Nebridium, quod de sorore (*g*) generatus Augustæ, **499** et in materteræ

(*a*) Hæc itidem voce *meditatorium* lib. contra Jovinian. secundo utitur, hoc eodem sensu : *Guttur nostrum meditatorium efficitur latinarum*. Vid. quæ ibi adnotamus. *Meditatorium* ut legunt quidam Mss., et Rabanus, proba interpretatione ipsum quoque non caret.

(*b*) Victorius *qui* sub affirmandi nota, id est ille intelliget, qui in extremis legis, et hujus vitæ finibus constitutus sit.

(*c*) Mirum si ita ex veteri errore pro *ininvestigabiles*, lectore inconsulto, Hier. posuit, eoque magis quod alibi recte legerit ; at nobis nihil ultra Mss. fidem licet.

(*d*) *Alias* 9. scripta circa an. 400.

(*e*) Ita quidem *hominum* impressi pariter et Mss. libri omnes legunt, erit tamen cui magis arrideat, *nominum*, quod recte nomen et res opponantur, et facile ejusdem *n* litteræ occursionem apparet fraudi fuisse antiquariorum. Accedit quod aliter inabeant quidam codices earumquod et judicandum. At in sequenti Epist. 85. ad Paumach. et Oceanum de erroribus Origen. *nunquodque*, inquit, *non versonarum, sed rerum pondere judicandum est*.

(*f*) Aliter *divitem n. scientem ipsa*, etc.

(*g*) Totam prosopographiam heic semel et paucis accipe,

nutritus sinu (a), invictissimo Principi ita carus fuit, ut ei conjugem nobilissimam quaereret, et bellis civilibus Africam dissidentem, hac velut obside sibi fidam redderet. Mihi a principio statim illud est praedicandum, quod quasi vicinae mortis praescius, inter fulgorem palatii, et honorum culmina quae aetatem anteibant, sic vixit, ut se ad Christum crederet profecturum. Sacra narrat historia, Cornelium centurionem cohortis Italicae in tantum acceptum Deo, ut Angelum ad eum mitteret, et omne mysterium, quo Petrus de circumcisionis angustiis transferebatur ad praeputii latitudinem, ad illius merita pertinere doceret, qui primus ab Apostolo baptizatus, salutem Gentium dedicavit. Scripturque est de eo : *Erat vir quidam in Caesarea, nomine Cornelius, centurio cohortis quae dicitur Italica, religiosus, et timens Deum cum omni domo sua, faciens eleemosynas multas plebi, et orans Deum semper* (Act. 10. 1. 2). Quidquid de illo dicitur, hoc nomine commutato, in Nebridio meo vindico. Sic religiosus fuit, et amator pudicitiae, ut virgo sortiretur uxorem : sic timens Deum cum universa domo sua, ut oblitus dignitatis, omne consortium cum Monachis haberet et Clericis : tantasque eleemosynas faceret in populis, ut fores ejus pauperum ac debilium obsiderent examina. Certe sic semper orans Deum, ut illi quod optimum esset, eveniret. *Raptus est, ne malitia mutaret mentem ejus, quia placita erat Deo anima illius* (Sap. 4. 11). Unde et ego possum super eo vere abuti Apostoli voce, dicentis : *In veritate cognovi, quoniam non est personarum acceptor Deus; sed in omni proposito, qui timet Deum, et operatur justitiam, acceptus est illi* (Act. 10. 34). Nihil nocuit militanti paludamentum, et baltheus, et Apparitorum catervae : quia sub habitu alterius, alteri militabat. Sicut e contrario aliis nihil prodest vile palliolum, furva tunica, corporis illuvies, et simulata paupertas, si nominis dignitatem operibus destruant. Legimus, et **500** in Evangelio de alio centurione Domini testimonium : *Nec in Israel tantam fidem inveni* (Matth. 8. 10). Et ut ad superiora redeamus, Joseph, qui et in egestate et in divitiis dedit experimenta virtutum, qui et servus et dominus, docuit animae libertatem, nonne post Pharaonem regiis ornatus insignibus, sic Deo carus fuit, ut super omnes Patriarchas, duarum tribuum pater fieret ? Daniel et tres pueri sic praeerant Babyloniae (b) opibus, et sic erant inter principes civitatis, ut habitu Nabuchodonosor, Deo mente servirent. Mardochaeus et Esther inter purpuram, sericum, et gemmas, superbiam humilitate vicerunt, tantique fuere meriti, ut captivi victobus imperarent.

3. Haec illud tendit oratio, ut ostendam juvenem meum conjunctionem regalis sanguinis, et affluentiam divitiarum, atque insignia potestatis, materiam habuisse virtutum, dicente Ecclesiaste : *Sicut protegit sapientia, sic protegit et pecunia* (Eccl. 7. 13). Nec statim illud huic testimonio putemus adversum : *Amen dico vobis, difficile dives intrabit in regnum caelorum* (Matth. 19. 23. 24). Et rursum : *Dico vobis, facilius est camelum per foramen acus transire, quam divitem intrare in regnum caelorum* (Marc. 10. 24. 25). Alioquin Zachaeus publicanus, quem ditissimum commemorat Scriptura, contra hanc sententiam salvatus videbitur. Sed quomodo quod apud homines impossibile est, apud Deum possibile fiat, Apostoli consilium docet scribentis ad Timotheum. *Divitibus hujus saeculi praecipe, non superbe sapere, nec sperare in incerto divitiarum suarum, sed in Deo vivo, qui praestat nobis omnia abundanter ad fruendum* (1. Tim. 6. 17). Benefaciant, divites sint in operibus bonis, facile tribuant; communicent, thesaurizent sibi fundamentum bonum in futurum, ut apprehendant veram vitam. Didicimus quomodo camelus introire possit per foramen acus : quomodo (c) animal tortuosum, deposito pondere sarcinarum, assumat sibi pennas columbae (Ps. 54), et requiescat in ramis arboris, quae de sinapis semente succrevit (Matth. 13). Legimus in **501** Isaia, camelos Madian et Epha et Saba, aurum et thus ad urbem Domini deportantes (Isai. 60). In typo horum camelorum, Ismaelitae negotiatores stacten et thymiama, et resinam, quae nascitur in Galaad (Jer. 8), et cutem vulneribus obducit, Aegyptiis deferunt : tantaeque felicitatis sunt, ut emant et vendant Joseph (Gen. 57), et mercimonium eorum salus mundi sit. Docet et Aesopi fabula, plenum muris ventrem per angustum foramen egredi non valere.

4. Ergo Nebridius meus quotidie illud revolvens : « Qui volunt divites fieri, incidunt in tentationem et laqueum diaboli, et desideria multa » (1. Tim. 6. 9). Quidquid et Imperatoris largitio, et honoris insulae dederant, in usus pauperum conferebat. Noverat enim a Domino esse praeceptum : « Si vis perfectus esse, vade, vende omnia quae habes, et da pauperibus, et veni, sequere me » (Matth. 19.21). Et quia hanc sententiam implere non poterat, habens uxorem et parvulos liberos, et multam familiam, faciebat sibi ami-

---

Nebridius ergo pater, quo cum *intima necessitudine copulatum* fuisse se dixerat modo Hieronymus, ille videtur Nebridius, de quo interdum Ammianus Marcellinus loquitur, et anno 385. Praefectum Praetorio per Orientem fuisse dicit. Hujus filius Nebridius junior Salvinae nostrae maritus est : *generatus ex sorore Augustae*, puta Aeliae Flacillae conjugis Theodosii Magni. Salvina vero filia Gildonis erat, qui Firmi Mauritaniae Regis frater fuit, eoque mortuo anno 373. regnum sub Romanorum patrocinio tenuit. De his plura apud Ammian. Marcellin. lib. 29. cap. 3. et seqq.

(a) Nimirum Theodosio Magno, qui postquam de Firmo Gildonis fratre triumphasset circa annum 374. quinquennio post ad imperium evectus, metuens, ne sub Gildone iterum Africa a Romanis deficeret, Nepotem suum Nebridium Salvinae Gildonis filiae conjugem dedit, et hac velut obside pacis, Africam sibi fidam reddidit, quamdiu ipse regnavit. Bellum enim Gildonicum tribus saltem annis est a Theodosii morte. Hinc infra dicitur Hieronymo Nebridius « contubernalis, et condiscipulus Augustorum..... Purpuratorum propinquus, socius, consobrinus, iisdem cum ambobus studiis eruditus, » quae de Arcadio, et Honorio Theodosii Magni filiis intelligenda sunt.

(b) Legendum *operibus*, ut quidam Mss. ipso Victorio teste retinent, et liquido constat ex Daniel. 2. 49. « Constituit Nabuchodonosor super OPERA provinciae Babilonis Sydrach, Misach, et Abdenago. » Excusi tamen omnes et plerique manu exarati habent, *opibus*, sic forte ab amanuensi litterarum compendio scriptum.

(c) Confer Commentarios in Matthaeum cap. 19. sub finem, et quae in eum locum adnotamus.

cos de iniquo mamona, qui se reciperent in æterna tabernacula (*Luc.* 16). Nec semel abjiciebat sarcinam, quod fecerunt Apostoli, patrem, rete, et naviculam relinquentes (*Id.*5): sed ex æqualitate, aliorum inopiæ suam abundantiam communicabat, ut postea illorum divitiæ, hujus indigentiam sustentarent (2. *Cor.* 8). Scit ipsa, cui libellus hic scribitur, me non nota, sed audita narrare : nec ex aliquo in me beneficio, scriptorum more Græcorum, gratiam lingua reddere. Procul a Christianis ista suspicio. « Habentes victum et vestitum, his contenti sumus » (1. *Tim.* 6. 8). Ubi vile olusculum, et cibarius panis, et cibus potusque moderatus : ibi divitiæ supervacuæ, ibi nulla adulatio, quæ vel præcipue fructum respicit. Ex quo colligitur, fidele esse testimonium, quod causas non habet mentiendi.

5. Ac ne quis putet me solas in Nebridio prædicare eleemosynas, quanquam et has exercuisse sit magnum, de quibus dicitur : « Sicut aqua extinguit ignem, ita eleemosyna extinguit peccatum » (*Eccli.* 3. 33), ad cæteras virtutes ejus veniam, quas singulas in paucis hominibus deprehendimus. Quis fornacem regis Babylonii sine adustione ingressus est? (*Dan.* 3.) Cujus adolescentis Ægyptia domina pallium non tenuit? (*Gen.* 39.) Quæ uxor (*a*) Eunuchi nullos creat liberos **502** voluptate transacta? Quem hominum disputatio illa non terreat : « Video aliam legem in membris meis, repugnantem legi mentis meæ, et captivum me ducentem in lege peccati, quæ est in membris meis? » (*Rom.* 7. 23) Mirum dictu est, nutritus in palatio, contubernalis et condiscipulus Augustorum [Arcadii et Honorii], quorum mensæ ministrat orbis, et terræ ac maria serviunt, inter rerum omnium abundantiam, in primo ætatis flore tantæ verecundiæ fuit, ut virginalem pudorem vinceret, et ne levem quidem obsceni rumoris in se fabulam daret. Deinde purpuratorum propinquus, socius, consobrinus, iisdem cum ambobus studiis eruditus (quæ res etiam externorum mentes sibi conciliat) non est inflatus superbia, nec cæteros homines adducta fronte contempsit : sed cunctis amabilis, ipsos principes amabat ut fratres, venerabatur ut dominos ; et in illorum salute, suam salutem positam fatebatur. Ministros autem eorum, et universum ordinem palatii, quo regalis frequentatur ambitio, sic sibi caritate sociarat, ut qui merito inferiores erant, officiis se pares arbitrarentur. Difficile factu est, gloriam virtute superare : et ab his diligi, quos præcedas. Quæ vidua non hujus auxilio sustentata est? quis pupillus non in eo reperit patrem? Totius Orientis Episcopi ad hunc miserorum preces, et laborantium desideria conferebant. Quidquid ab Imperatore poscebat, eleemosyna in pauperes, pretium captivorum, misericordia in afflictos erat. Unde et ipsi Principes libenter præstabant, quod sciebant, non uni, sed pluribus indulgeri.

6. Quid ultra differimus? *Omnis caro fœnum, et omnis gloria ejus quasi flos fœni* (*Isai.* 40. 6). Reversa est terra in terram suam : dormivit in Domino, et appositus est ad patres suos, plenus dierum ac luminis, et nutritus in senectute bona. Cani enim hominis sunt sapientia ejus (*Sap.* 4). In brevi ætate tempora multa complevit. Tenemus pro eo dulcissimos liberos. Uxor heres pudicitiæ (*b*) pretium est. Nebridius pusio, patrem quærentibus exhibet.

Sic oculos, sic ille manus, sic ora ferebat (*Æneid. lib.* 3). Scintilla vigoris paterni lucet in filio : et similitudo morum per speculum carnis erumpens. **503** *Ingentes animos angusto in pectore versat* (*Georg.* 4). Jungitur ei germana, rosarum et liliorum calathus, eboris ostrique commercium. Sic refert ore patrem, ut ad venustatem propensior sit. Sic matrem mixta pingit similitudine, ut in uno corpore utrumque agnoscas. Ita suavis est, et mellitula, ut honor sit omnium propinquorum. Hanc tenere non dedignatur Augustus : hanc fovere (*c*) in sinu Regina lætatur. Certatim ad se omnes rapiunt. Pendet ex collo, hæret in brachiis singulorum. Garrula atque balbutiens, linguæ offensione fit dulcior.

7. Habes igitur, Salvina, quos nutrias, in quibus virum absentem tenere te credas. *Ecce hereditas Domini, filii merces, fructus ventris* (*Ps.* 126. 3). Pro uno homine duos filios recepisti, auctus est numerus caritatis. Quidquid debebas marito, redde filiis. Amore præsentium absentis desiderium tempera. Non est parvi apud Deum meriti, bene filios educare. Audi Apostolum commonentem : « Vidua eligatur non minus annorum sexaginta, quæ fuerit unius viri uxor, in bonis operibus habens testimonium, si filios educavit, si hospitalis fuit, si sanctorum pedes lavit, si afflictis abundanter præbuit, si omne opus bonum subsecuta est (1. *Tim.* 5. 9. et 10). Didicisti catalogum virtutum tuarum, quid debeas nomini tuo, quibus meritis secundum pudicitiæ gradum possideas. Nec te moveat, quod sexagenaria eligatur vidua, et putes adolescentulas ab Apostolo reprobari. Et te crede eligi ab eo, qui discipulo dixerat : *Nemo adolescentiam tuam contemnat* (*Ibid.* 4. 12); non continentiam, sed ætatem. Alioquin omnes quæ ante sexaginta annos viduatæ sunt, hac lege accipient maritos. Sed quia rudem Christi instituebat Ecclesiam, et omni ordini providebat, præcipueque pauperibus, quorum ei cura cum Barnaba fuerat demandata ; illas vult Ecclesiæ opibus sustentari, quæ propriis manibus non queunt laborare, quæ vere viduæ sunt, quas et ætas probat, et vita. Heli Sacerdos offendit Deum ob vitia liberorum. Ergo e contrario placatur Deus virtutibus eorum, « si permanserint **504** in fide et caritate, et sanctitate (*d*) cum pudicitia » (1. *Tim.* 2. 15). « O Timothee, te

---

(*a*) Paulo implicatiorem sententiam sic vulgo explicant : quæ Eunuchi uxor est, quæ sola voluptate contenta, non aliis viris admisceatur, ut liberos creet? Obvio e ipso sensu Eunuchi nomen heic loci accipitur, non eo, quo dignitas cum primis nobilis in Regis aula significatur ; et quem reapse præfert Putipharis, quam alludit, historia.

(*b*) Rectius, ut videtur, voce *pretium* omissa, Cisterciensis codex *Uxor heres pudicitiæ est*.
(*c*) Aliquot Mss. *in sinu regio lætatur*.
(*d*) Vulg. *cum sobrietate*, quam lectionem minime pro-

ipsum castum custodi » (*Tim.* 5. 22). Absit ut sinistrum quippiam mihi de te suspicari liceat; SED EX abundantia lubricam ætatem monuisse, pietatis est. Quæ dicturus sum, non tibi, sed puellaribus annis dicta intellige. « Vidua quæ in deliciis est, vivens mortua est » (2. *Tim.* 5. 6). Hoc vas electionis loquitur; et de illo profertur thesauro, qui confidenter aiebat, « An experimentum quæritis ejus, qui in me loquitur Christus? » (2. *Cor.* 13. 3.) Hoc ille pronuntiat, qui libere sub persona sua fragilitatem humani corporis fatebatur. « Non enim quod volo bonum, hoc operor, sed quod nolo malum » (*Rom.* 7. 19). Et propterea subjicio [*al.* castigo] et redigo in servitutem corpus meum, ne aliis prædicans, ipse reprobus inveniar » (1. *Cor.* 9). Si ille timet, quis nostrum potest esse securus? Si David amicus Domini, et Salomon amabilis ejus, victi sunt quasi homines, ut et ruinæ nobis ad cautionem, et pœnitudinis ad salutem exempla præberent, quis in lubrica via lapsum non metuat? Procul sint a conviviis tuis Phasides aves, crassi turtures, Attagen Ionicus, et omnes aves, quibus amplissima patrimonia avolant. Nec ideo te carnibus vesci non putes, si suum, leporum atque cervorum, et quadrupedum animantium esculentias reprobes. Non enim hæc (1) pedum numero, sed suavitate gustus judicantur. Scimus ab Apostolo dictum: « Omnis creatura Dei bona est, et nihil rejiciendum, quod cum gratiarum actione percipitur » (1. *Tim.* 5. 4). Sed idem loquitur: « Bonum est vinum non bibere, et carnem non manducare» (*Rom.* 14. 21.). Et in alio loco: « Nolite inebriari vino, in quo est luxuria » (*Ephes.* 5. 18). Omnis creatura Dei bona est. Audiant hæc mulieres, quæ sollicitæ sunt, quomodo placeant viris. Comedant carnes, quæ carni serviunt, quarum fervor despumat in coitum, quæ maritis alligatæ, generationi ac liberis dant operam. Quarum uteri portant fœtus, earum et intestina carnibus impleantur. Tu vero quæ in tumulo mariti sepelisti omnes pariter voluptates; quæ litam purpurisso et cerussa **505** faciem, super feretrum ejus lacrymis diluisti; quæ pullam tunicam, nigrosque

calceolos, candidæ vestis et aurati socci depositione sumpsisti, nihil habes necesse aliud, nisi perseverare (a) in jejunio. Pallor et sordes gemmæ tuæ sint: plumarum mollicies juvenilia membra non foveat. Balnearum calor novum adolescentulæ sanguinem non incendat. Audi quidex persona viduæ [Didonis] continentis ethnicus Poeta decantet:

Ille meos, primus qui me sibi junxit, amores
Abstulit: ille habeat secum, servetque sepulcro.
(*Æneid.* lib. 4.)

Si tanti vilissimum vitrum, quanti pretiosissimum margaritum? Si communi lege naturæ damnat omnes Gentilis vidua voluptates, quid exspectandum est a vidua Christiana. QUÆ PUDICITIAM suam non solum ei debet, qui defunctus est, sed et ei, cum quo regnatura est?

8. Quæso te, ne generalia monita, et conveniens puellari sermo personæ suspicionem tibi injuriæ moveant, et arbitreris me objurgantis animo scribere, non timentis: cujus votum est, te nescire quæ metuo. Tenera res in feminis fama pudicitiæ est: et quasi flos pulcherrimus cito ad levem marcescit auram, levique flatu corrumpitur, maxime ubi et ætas consentit ad vitium, et maritalis deest auctoritas, cujus umbra tutamen uxoris est. Quid facit vidua inter familiæ multitudinem? inter ministrorum greges? quos nolo contemnat ut famulos, sed ut viros erubescat. Certe si ambitiosa domus hæc officia flagitat, præficiat his senem honestis moribus, cujus honor dominæ dignitas sit. Scio multas, clausis ad publicum foribus, non caruisse infamia servulorum, quos suspectos faciebat, aut cultus immoderatus, aut crassi corporis nitor, aut ætas apta libidini, aut ex conscientia amoris occulti, securus animi tumor; qui etiam bene dissimulatus, frequenter erumpit in publicum, et conservos quasi servos despicit. Hoc ex abundantia dictum sit, ut omni diligentia custodias cor tuum, et caveas quicquid de te fingi potest

9. Non ambulet juxta te calamistratus Procurator, non histrio fractus in **506** feminam, non cantoris diabolici venenata dulcedo, non juvenis (b) volsus et nitidus. Nihil artium scenicarum, nihil tibi in obsequiis molle jungatur. Habeto tecum viduarum et virginum choros, habeto tui sexus solatia. Ex ancillarum quoque moribus dominæ judicantur. Certe cum tecum sancta sit mater, et lateri tuo amita hæreat virgo perpetua, non debes periculose externorum consortia quærere, de tuorum societate secura. Semper in manibus tuis sit divina lectio, et tam cre-

---

bat Hier. noster libro 1. contra Jovin. cap. 14. Quod subsequitur, *O Timothee, te ipsum castum custodi*, nos ita ad sacri textus fidem exegimus; tametsi nullus vel excusus, vel manu exaratus liber suffragaretur. Sed locus est integer Pauli 1. ad Timoth. cap. 5. v. 22. quem nec animadvertisse videntur veteres editores. Præterea incongruus etiam et hiulcus hujusmodi sensus erat: *O Timothee. Te ipsam castam custodi*, etc., eoque magis, quod prius nomen ad Apostoli, reliqua verba, ea qua heic notantur, interpunctione, ad Hieron. textum referebantur. Hæc cum ita scripsissemus, animadvertimus in veteri quoque editione anni 1496. ad eum modum legi, quo heic emendamus.

(1) Erant nempe olim hujusmodi catillones, qui religiosi haberi volebant, quod a quadrupedum carnibus abstinerent, aves autem et volatilia comederent. S. Prosper Aquitanic. lib. 2. de vita contemplativ. cap. 25. « Ceterum, inquit, si a quadrupedibus abstinentes, phasianis altilibus, vel aliis avibus pretiosis aut piscibus perfruantur, non nihil videntur resecare delectationes sui corporis, sed mutare; nec pro abstinentia, sed velut pro nescio qua immunditia, vel certe quod verius est pro stomachi nauseantis teneritudine delicias illas communes et viles abjicere, quo possint aliis non solum carnibus, sed etiam delicatioribus ac pretiosioribus carnibus suas voluptates explere. » Vide Prudentium in Hymno post cibum; S. Benedicti Regulam cap. 59.

(a) Castigatissimus Cisterciensium Ms. *nisi perseverare. Jejunium, pallor*, etc., quæ verior lectio facile videatur, si ea qua heic distinguimus, interpunctione notetur.

(b) Antea legebatur *cultus*, non in excusis tantum libris, sed etiam in Mss. plerisque, quam tamen scripturam rejecimus, istamque alteram *volsus* reposuimus ex Veronensis auctoritate, præsertim cum facile esset conjicere, homines imperitos rarioris vocabuli antiqui insolentia offensos aliud supposuisse, quod ad ejus similitudinem proxime accederet. Volsos autem molles, et luxui deditos veteres dixere elegantissime, et *corpora volsa*, quibus pili vulsi erant, eaque subliberiter fucata. Vide Propert. lib. 4. Eleg. 8. nec enim pluribus exemplis opus es*.

bræ orationes, ut omnes cogitationum sagittæ, quibus adolescentia percuti solet, hujusmodi clypeo repellantur. Difficile est, quin potius impossibile, perturbationum initiis carere quempiam, quas significantius Græci (a) προπαθείας vocant : nos, ut verbum vertamus e verbo, *antepassiones* possumus dicere, eo quod incentiva vitiorum, omnium titillent animos, et quasi in meditullio nostrum judicium sit, vel abjicere cogitata, vel recipere. Unde et naturæ Dominus in Evangelio loquebatur : « De corde exeunt cogitationes malæ, homicidia, adulteria, fornicationes, furta, falsa testimonia, blasphemiæ » (*Matth.* 15. 19). Ex quo perspicuum est, juxta alterius libri testimonium, proclivius esse cor hominis a pueritia ad malum (*Genes.* 8) : et inter opera carnis et spiritus, quæ Apostolus enumerat (*Galat.* 5), mediam animam fluctuare, nunc hæc, nunc illa cupientem.

Nam vitiis nemo sine nascitur : optimus ille est,
Qui minimis urgetur
(*Horat. lib.* 1. *Sat.* 3).

velut si

Egregio inspersos reprehendas corpore nævos
(*Ibid. Sat.* 6).

Hoc est quod aliis verbis Propheta significat : *Turbatus sum, et non sum locutus* (*Ps.* 76. 5). Et in eodem volumine : *Irascimini, et nolite peccare* (*Ps.* 4. 5). Et illud Architæ Tarentini ad villicum negligentem : Jam te verberibus enecassem, nisi iratus essem. *Ira enim viri justitiam Dei non operatur* (*Jacob.* 20. 1). Quod de una perturbatione dictum est, referamus ad cæteras. (b) Sicut irasci hominis est, et iram non perficere, Christiani : sic omnis caro concupiscit quidem ea, quæ carnis sunt ; et quibusdam illecebris ad mortiferas animam voluptates trahit : sed nostrum est, voluptatis ardorem majore Christi amore restringere, et lasciviens [al. *lascivia*] jumentum frenis inediæ subjugare : ut non libidinem, sed cibos quærat ac desideret, et sessorem Spiritum Sanctum, moderato atque composito portet incessu.

10. Quorsum ista ; Ut hominem esse te noveris, et passionibus humanis, nisi caveris, subjacere. De eodem cuncti facti sumus luto, iisdem compacti exordiis. In serico et in pannis eadem libido dominatur. Nec regum purpuras timet, nec mendicantium spernit squalorem. Multoque melius est, stomachum te dolere, quam mentem : imperare corpori, quam servire : gressu vacillare, quam pudicitia. Nec statim nobis pœnitentiæ subsidia blandiantur, quæ sunt infelicium remedia. Cavendum est vulnus, quod dolore curatur. Aliud est, integra nave et salvis mercibus, portum salutis intrare : aliud, nudum hærere tabulæ, et crebris fluctuum recursibus ad asperrima saxa collidi. Nesciat vidua digamiæ indulgentiam, nec noverit illud Apostoli : *Melius est nubere, quam uri* (1. *Cor.* 7. 9). Tolle quod pejus est *uri*, et per se bonum non erit nubere. Procul sint (c) Hæreticorum calumniæ. Scimus *honorabiles nuptias, et cubile immaculatum* (*Hebr.* 13. 4). Etiam de Paradiso expulsus Adam, unam uxorem habuit. Primus Lamech maledictus et sanguinarius, et de Cain stirpe descendens, (d) unam costam divisit in duas, et plantarium digamiæ protinus diluvii pœna subvertit. Unde illud Apostoli, quod fornicationis metu indulgere compellitur, scribens ad Timotheum : « Volo adolescentulas nubere, filios procreare, matris familias esse, nullam occasionem dare adversario maledicti causa » (1. *Tim.* 5. 14). Et cur indulserit, statim subjecit : « Jam quædam declinaverunt post Satanam. » Ex quo intelligimus, illum non stantibus coronam, sed jacentibus manum porrigere. Vide qualia sint secunda matrimonia, quæ lupanaribus præferuntur, « quia declinaverunt quædam post Satanam. » Ideo adolescentula vidua, quæ se non potest continere, vel non vult, maritum potius accipiat, quam diabolum.

11. Pulchra nimirum et appetenda res, quæ Satanæ comparatione suscipitur. Fornicata est quondam et Jerusalem, et divaricavit pedes suos omni tanseunti (*Ezech.* 16. 25). In Ægypto primum devirginata est, et ibi fractæ sunt mammæ ejus. Cumque ad deserta venisset, et morarum Moysi ductoris impatiens, quasi œstro libidinis furibunda dixisset : « Isti sunt dii tui Israel, qui te eduxerunt de terra Ægypti » (*Exod.* 32. 4), accepit præcepta non bona, et justificationes pessimas, in quibus non viveret, sed puniretur : Quid ergo mirum, si et lascivientibus viduis, de quibus in alio loco Apostolus dixerat : « Cum luxuriatæ fuerint in Christo, nubere volunt habentes damnationem, quia primam fidem irritam fecerunt » (1. *Tim.* 5. 11), concessit digamiæ præcepta non bona, et justificationes pessimas ; ita secundum indulgens maritum, ut et tertium, et si liberet, etiam vicesimum ; ut scirent sibi non tam viros datos, quam adulteros amputatos ? Hæc, filia in Christo carissima, inculco, et crebrius repeto, ut posteriorum oblita, in priora te extendas : habens tui ordinis quas sequaris, Judith de Hebræa historia, et Annam filiam Phanuelis de Evangelii claritate [al. *caritate*], quæ diebus et noctibus versabantur in Templo, et orationibus atque jejuniis thesaurum pudicitiæ conservabant. Unde et altera in typo Ecclesiæ, diabolum capite truncavit ; altera Salvatorem mundi prima suscepit, sacramentorum conscia futurorum. Illud in calce sermonis quæso, ut brevitatem libelli, non de inopia eloquii, vel de materiæ sterilitate, sed de pudoris magnitudine æstimes accidisse ; dum vereor ignotis me diu ingerere auribus, et occultum legentium judicium pertimesco.

(a) Aliter quidam Mss. et vetus editio προπαθὲς, vel προπάτη, mendose.
(b) Huc facit quod alicubi S. Augustinus distinguit inter facere malum, et perficere malum ; nam facere malum ex ejus sententia est tentari, perficere malum, est tentationi succumbere. Porro infra epist. ad Demetriadem paulo aliter noster idem Hieron. *Irasci*, inquit, *hominis est, et finem iracundiæ imponere, Christiani*.

(c) Puta Novatianorum, Montanistarum, Cataphrygum, qui secundas nuptias damnabant ; nisi si proprius adversarios suos ipse intelligit, ac sugillat, qui locum Pauli a S. Doctore in perversum trahi sensum, ac perperam explicari tantopere calumniabantur. Confer epist. 48. atque ipsos contra Jovinianum libros passim.
(d) Primus nimirum duas habuit uxores.

EPISTOLA LXXX (a).

Sive Præfatio Ruffini *In Libros* ΠΕΡΙ ΑΡΧΩΝ Origenis.

Ruffinus ut Origenem veluti ab adscriptis erroribus expurgatum, cunctis legendum obtrudat, Hieronymum suæ sententiæ socium laudat, et Origenianarum opinionum fautorem mentitur : quæ res maximum inter utrumque dissidium peperit.

1. « Scio quam plurimos fratrum scientiæ scripturarum desiderio provocatos, poposcisse ab aliquantis eruditis viris, et Græcarum litterarum peritis, ut Origenem Romanum facerent, et Latinis auribus **509** (b) condonarent. Inter quos etiam frater et collega noster ab Episcopo Damaso deprecatus, cum Homilias duas de Cantico Canticorum in Latinum transtulisset ex Græco, ita in illo opere ornate magnificeque præfatus est, ut cuivis legendi Origenem, et avidissime perquirendi desiderium commoveret, dicens illius animæ convenire quod dictum est : » Introduxit me rex in cubiculum suum (*Cant.* 1. 3) (1); « asserens (c) quod cum in cæteris libris omnes vincat, in Canticis Canticorum etiam ipse se vicerit. (d) Pollicetur sane in ipsa Præfatione, se et ipsos in Cantica Canticorum libros, et alios quam plurimos Origenis, Romanis auribus largiturum. Sed ille, ut video, in stylo proprio placens, rem majoris gloriæ sequitur, ut pater verbi sit potius, quam interpres. Nos ergo rem ab illo quidem cœptam sequimur et probatam : sed non æquis eloquentiæ viribus, tanti viri ornare possumus dicta. Unde vereor ne vitio meo id accidat, ut is vir, quem ille, alterum post Apostolos Ecclesiæ doctorem scientiæ ac sapientiæ merito comprobavit [al. *comprobat*] inopia sermonis nostri longe esse inferior videatur.

2. « Quod ego sæpe [al. *Sæpius*] considerans reticebam, nec (2) deprecantibus me frequenter in hoc opus fratribus annuebam. Sed tua vis, fidelissime frater Macari, tanta est, cui obsistere ne imperitia quidem potest ; propter quod ne te ultra tam gravem pateretur exactorem, etiam contra [al. *citra*] propositum meum cessi : ea tamen lege atque ordine, (3) ut quantum fieri potest, interpretando sequar regulam præcessorum. Et ejus præcipue viri (Hieronymi), cujus superius fecimus mentionem ; qui cum ultra septuaginta libellos Origenis, quos Homiliticos appellavit, aliquantos etiam de Tomis in Apostolum scriptis transtulisset in Latinum, in quibus cum aliquanta offendicula inveniantur in Græco, ita elimavit omnia, interpretando, atque purgavit, ut nihil in illis quod a fide nostra discrepet, Latinus lector inveniat. Hunc ergo etiam nos, licet non eloquentiæ viribus, disciplinæ tamen regulis in quantum possumus sequimur, observantes scilicet, ne [al. *ut*] ea quæ in libris Origenis a seipso discrepantia inveniuntur atque contraria, proferamus. Cujus diversitatis causam plenius tibi in Apologetico, quem Pamphilianus pro libris ipsius Origenis **510** scripsit, edidimus, brevissimo libello superaddito, in quo evidentibus, ut arbitror, probamentis corruptos esse in quam plurimis ab Hæreticis et malevolis libros ejus ostendimus : et istos præcipue, quos nunc exigis ut interpreter, id est, περὶ Ἀρχῶν, quod *de principiis*, vel *de principatibus* [al. *potestatibus*], dici potest, qui sunt revera alias et obscurissimi et difficillimi. De rebus enim ibi talibus (e) disputat, in quibus Philosophi omni sua ætate consumpta, nihil invenire potuerunt. Hic vero noster quantum potuit id egit, ut creatoris fidem et creatarum rerum rationem [al. *creaturarum naturam*], quam illi ad impietatem traxerunt, ad pietatem ipse converteret. Sicubi ergo nos in libris ejus aliquid contra [al. *circa*] id invenimus, quod ab eo cæteris locis fideliter de Trinitate [al. *de pietate de*, etc.] fuerat definitum, veluti adulteratum hoc et alienum, aut prætermisimus, aut secundum eam regulam protulimus, quam ab ipso frequenter invenimus affirmatam. Si qua sane, velut peritis jam et scientibus loquens, dum breviter transire vult, obscurius protulit : nos ut manifestior fieret locus, ea quæ de ipsa re in aliis ejus libris apertius legeramus, adjecimus, explanationi studentes ; nihil tamen nostrum diximus : sed licet in aliis locis, dicta sua tamen ipsi reddidimus [al. *sibi reddimus*]. Hoc autem idcirco in Præfatione commonui ; ne forte calumniatores (4) inde se criminandi putarent invenisse materiam. Sed viderint ipsi, quid perversi et contentiosi homines agant.

3. « Nobis interim tantus labor, si tamen orantibus vobis Deus annuerit [al. *juverit aut adjuverit*], idcirco susceptus est, non ut calumniosorum ora [al. *calumniosis os*] (quod fieri non potest, licet forte etiam hoc Deus faciet) clauderemus ; sed ut proficere ad scientiam rerum volentibus, materiam præberemus. Illud sane omnem, qui hos libros vel descripturus est, vel lecturus, in conspectu Dei Patris et Filii et Spiritus Sancti contestor atque convenio, per futuri regni fidem, per resurrectionis ex mortuis sacramentum, per illum qui præparatus est diabolo et angelis suis æternum ignem, sic non illum locum æterna hæredi-

---

(a) *In antiquis editionibus* 63 *In Benedictinam, caret.*
(b) Ad veterem Jacobi Merlini Origenianorum operum editionem Latinam locum exegimus, cum esset in Benedictin. *eum donarent. In quo*, etc. Sed Hieronymi nomen, quod vetus illa editio exprimit, non putavimus apponendum.
(c) Ex eadem editione vocalam *cum*, sive, ut alii editi habent *eum*, hinc amovimus. Intra alia subinde recepimus.
(1) In Mss. sex penes P. de la Rue *dictum est quia Introduxit ec* mox cum editis, *asserens eum* ec.
(2) Merlinus et Genebrardus *et deprecantibus me... non annuebam.*

(d) Minime vero id ibi Hieronymus pollicetur. Sed Præfationem ad Damasum in Homilias de Cantico Canticorum, cum alia quæ ad Eusebium est, in quatuordecim super Ezechiel, Homilias Ruffinus confundit.
(e) Verba *disputat*, *in quibus* Veronenses membranæ ignorant, quarum ope infra quædam leviora emendamus.
(3) Idem *in quantum* et *mox prædecessorum*.
(4) Legendum omnino est *iterum* pro *inde*, quemadmodum scripturæ sane fide jussor Ruffinus ip se contra Hier. Invectivar. lib. 1. testatur. « Quod dixi, *iterum*, illa causa est, quia jam sancti episcopi Joannis epistolam de fide ad sanctum Theophilum scriptam criminati sunt, quando corpus humanum aliud nescio quid fingebant esse, quam carnem ; idcirco iterum posui. »

tate possideat, *ubi est fletus et stridor dentium* (*Matth.* 8. 12); et ubi *ignis eorum non extinguetur, et vermis eorum non morietur* (*Marc.* 9. 43), ne quis addat aliquid huic scripturæ, ne auferat, ne inferat, ne immutet; sed conferat cum exemplaribus, unde scripserit, et emendet ad litteram, et distinguat, **511** et inemendatum vel non distinctum codicem non habeat; ne sensuum difficultas, si distinctus codex non sit, majores obscuritates legentibus generet. »

EPISTOLA LXXXI (*a*).
(*b*) AD RUFFINUM.

Cum obliquis Ruffini laudibus in suspicionem traheretur hæresis Origenianæ, incitantibus etiam amicis, respondet superiori epistolæ, qua eum monet, ne se posthac simili modo laudet.

1. Diu te Romæ moratum sermo proprius indicavit. Nec dubito spiritalium parentum ad patriam revocatum desiderio, quem (*c*) matris luctus ire prohibebat, ne magis coram doleres, quod absens vix ferre poteras. Quod quereris, stomacho suo unumquemque servire, et nostro non acquiescere judicio, conscientiæ nostræ testis est Dominus, post reconciliatas amicitias nullum intercessisse rancorem, quo quempiam læderemus: quin potius cum omni cautione providimus, ne saltem casus in malevolentiam verteretur. Sed quid possumus facere, si unusquisque juste putat se facere quod facit? et videtur sibi (*d*) remordere potius quam mordere? Vera amicitia quod sentit dissimulare non debet. Præfatiuncula librorum περὶ Ἀρχῶν ad me missa est, quam ex stylo intellexi tuam esse, in qua oblique, imo aperte ego petor: qua mente sit scripta, tu videris: qua intelligatur, et stultis patet. Poteram et ego, qui sæpissime figuratas controversias declamavi, aliquid de vetere artificio repetere, et tuo te more laudare. Sed absit a me, ut quod reprehendo in te, imiter: quin potius ita sententiam temperavi, ut et objectum crimen effugerem, et amicum quantum in me est, nec læsus læderem. Sed obsecro te, ut si deinceps aliquem sequi volueris, tuo tantum judicio sis contentus. Aut enim bona sunt quæ appetimus, aut mala. Si bona, non indigent alterius auxilio; si mala, peccantium multitudo non parit **512** errori patrocinium. Hæc apud te amice potius expostulare volui, quam lacessitus publice desævire, ut animadvertas, me reconciliatas amicitias pure colere, et non juxta Plautinam sententiam, altera manu lapidem tenere, panem offerre altera.

2. Frater meus Paulinianus necdum de patria reversus est, et puto quod eum Aquileiæ apud sanctum Papam Chromatium videris. Sanctum quoque Presbyterum (*e*) Ruffinum ob quamdam causam per Romam Mediolanum misimus; et oravimus, ut nostro animo et obsequio vos videret. Cæterisque amicis eadem significavimus, ne mordentes invicem, (*f*) consumamini ab invicem. Jam tuæ moderationis est, et tuorum, nullam occasionem impatientibus dare, ne non omnes similes mei invenias, qui possint figuratis laudibus delectari.

EPISTOLA LXXXII (*g*).
(1) AD THEOPHILUM.
Adversus Joannem Jerosolymitanum.

Missis a Theophilo Alexandrino Episcopo litteris ad se et Monachos, qui secum degebant, ut pacem inter eos et Joannem Episcopum Jerosolymitanum reconciliaret, respondet, nihil potius habere se, quam ut dissidium componatur, et pax Christi inter utrosque resurciatur. Suas deinde interpretationes Latinas Origenis, ac fratris Pauliniani ordinationem defendit adversus querimonias ejusdem Joannis.

1. Epistola tua hereditatis Dominicæ te indicans possessorem, qui pergens ad Patrem, Apostolis loquebatur: « Pacem meam do vobis, pacem meam relinquo vobis » (*Joan.* 14. 20), illius quoque felicitatis compotem te esse testata est, in qua « beati pacifici » nuncupantur (*Matth.* 5). Blandiris ut pater, erudis ut magister, instituis ut Pontifex. (*h*) Venisti ad nos non in austeritate virgæ, sed in spiritu benignitatis et lenitatis et mansuetudinis: ut humilitatem Christi primo statim sermone resonares, qui mortalium genus non fulminans et tonans, **513** sed in præsepi vagiens, et tacens salvavit in cruce. Legeras enim in typo illius ante prædictum: « Memento, Domine, David, et omnis mansuetudinis ejus » (*Ps.* 51. 1); et in ipso postea præsentatum: « Discite a me, quia mitis sum, et humilis corde » (*Matth.* 11. 19). Unde et multa de sacris voluminibus super pacis laude perstringens, ac per varios Scripturarum campos more apum volans, quidquid dulce et aptum concordiæ fuit, artifici eloquio messuisti. Currentes igitur ad pacem incitati sumus: exposita ad navigandum vela, crebrior exhortationis tuæ aura complexit; ut non tam retrectantibus et fastidiosis, quam avidis [*al. quam ut avidis*] et plenis faucibus, dulcia pacis fluenta biberemus.

2. Verum quid facimus, in quorum potestate voluntas tantum pacis est, non effectus? Et quanquam voluntas quoque apud Deum propositi sui mercedem habeat, tamen imperfectum opus etiam volentes mœrore contristat. Quod sciens et Apostolus, perfectissimam videlicet pacem in utriusque partis voluntate consistere: *Quantum*, inquit, *ex vobis est, cum omnibus*

(*a*) Alias 66. *Scripta hoc an.* 399.
(*b*) Hæc epistola Ruffino non est reddita, quod ex Apologetico Hieronymi libro primo, atque altero Invectivarum ipsius Ruffini liquet.
(*c*) Innuit distulisse Ruffinum patriam remeare, quod dum Romæ diversaretur, matris suæ mortem intellexisset, ne magis coram doleret de infortunio, quod vix ferre absens potuerat.
(*d*) Antea erat *remorderi*.

(*e*) Conjicimus hunc esse Ruffinum Syrum, a quo apud Pammachium Romæ commorante, Cælestius dixit se audisse, non esse traducem peccati.
(*f*) Ita Mss. omnes; editi autem *consumamur*.
(*g*) Alias 62. *Scripta sub finem. an.* 399.
(*h*) Veronens. Ms. in instanti *Venis*; tum Victor. absque negandi particula: *ad nos in austeritate*, etc.
(1) Recole chronicas posteriores notas ad hanc et subsequentem Epist. in Prælatione.

hominibus pacem habentes (*Rom.* 12. 18). Et propheta. *Pax, pax. Et ubi est pax*? (*Jer.* 4. 10. juxt. *LXX*). Nihil enim grande est, pacem voce prætendere, et opere destruere. Aliud niti, aliud demonstrare: verbis sonare concordiam : re exigere servitutem. Volumus et nos pacem; et non solum volumus : sed et rogamus. Sed pacem Christi, pacem veram, pacem sine inimicitiis, pacem in qua non sit bellum involutum : pacem quæ non ut adversarios subjiciat, sed ut amicos jungat. Quid dominationem pacem vocamus ; et non reddimus unicuique rei vocabulum suum? Ubi odium est, appellentur inimicitiæ : ubi caritas, ibi tantummodo pax vocetur. Nos nec Ecclesiam scindimus, neque a patrum communione dividimur : sed ab ipsis, ut ita dicam, incunabulis catholico sumus lacte nutriti. Nemo namque magis Ecclesiasticus est, quam qui nunquam hæreticus fuit. Sed ignoramus absque caritate **514** pacem, sine pace communionem. Legimus quoque in Evangelio : *Si offers munus tuum ad altare, et ibi recordatus fueris, quia frater tuus habet aliquid adversum te, dimitte ibi munus tuum coram altari, et vade prius reconciliari fratri tuo ; et tunc veniens, offer munus tuum* (*Matth.* 5. 13. 24). Si munera nostra absque pace offerre non possumus : quanto magis et Christi corpus accipere? Qua conscientia ad Eucharistiam Christi (*a*) accedam, et respondebo Amen, dum de caritate dubitem porrigentis?

3. Quæso te, ut patienter me audias, nec veritatem adulationem putes. Quisquamne tibi invitus communicat? quisquamne extenta manu vertit faciem ; et inter sacras epulas Judæ osculum porrigit? Ad adventum, (*b*) ut reor, tuum non pavet Monachorum turba; sed gaudet : cum certatim tibi procedunt obviam, et de eremi latibulis exeuntes, sua te cupiunt humilitate superare. Quis eos compellit exire? Nonne amor tui? Quis per eremum separatos in unum cogit? Nonne tua dilectio? (*c*) Amare enim parens debet. AMARI parens et Episcopus debet, non timeri. Antiqua sententia est : *quem metuit quis, odit : quem odit, periisse cupit* (*Apud Cicer. lib.* 2. *Officior.*) (1). Unde et in nostris literis, cum initia parvulorum in timore consistant, *perfecta dilectio foras mittit timorem* (1. *Joan.* 4. 18). Non quæris Monachos tibi esse subjectos : ideo magis subjectos habes. Tu offers osculum,

(*a*) Veronensis liber, qui nuus est, quo cum hæc epistola conferri potuit (non enim Ms. codicem ullum Martianæus invenit, aut Victorius memorat) duo verba *accedam et non agnoscit*, idque rectius ut videtur ; hoc quippe unum sentit Hieron. difficile esse *Amen* respondere Eucharistiam porrigenti, de cujus caritate dubites. Nam olim in sacro Eucharistiæ actu porrigens dicebat, *corpus Christi*; accipiens vero respondebat *Amen*, quam vocem rursum subjiciebat his calicem tradentis, *sanguis Christi, calix vitæ*. Hinc Augustinus Serm. 272. nov. edition. *Audis Corpus Christi; et respondes Amen*. Et lib. 12. contra Faustum cap. 10. « Habet enim magnam vocem Christi Sanguis in terris, cum eo accepto ab omnibus respondetur Amen. » Vid. Clement. Constit. lib. 8. cap. 10. Cyrillum Catech. 5. Ambrosium de Sacrament. lib. 4. Insignem vero locum recole apud Euseb. Hist. l. 6. c. 43.

(*b*) Pro duabus voculis *ut reor*, Veronensis Ms. *igitur*.
(*c*) Utroque in loco Victorius *amari*, cum primum constet activa terminatione ac sensu debere legi.
(1) Est Ennii apud Ciceron. loc. cit. *quem metuunt, oderunt, quem quisque odit periisse expetit*.

illi colla submittunt. Exhibes militem, et ducem impetras, quasi unus in pluribus es, ut sis unus ex pluribus. Cito indignatur libertas, si opprimitur. Nemo plus impetrat a libero(2), quam qui servire non cogit. Novimus Canones Ecclesiasticos. Non ignoramus ordines singulorum : et lectione et quotidianis exemplis, usque ad hanc ætatem multa (*d*) didicimus, multa experti sumus. Qui scorpionibus cædit ; et lumbis patris habere se putat digitos grossiores, cito regnum mansueti David dissipat (3. *Reg.* 12). Certe Romanus populus, ne in rege quidem **515** superbiam tulit. Dux ille Israelitici exercitus, qui decem plagis afflixerat Ægyptum, et ad cujus imperium cœlum et terra et maria serviebant, inter cunctos homines, quos tunc terra generavit, mansuetissimus prædicatur. Et ideo per quadraginta annos obtinuit principatum, quia potestatis superbiam lenitate et mansuetudine temperabat. Lapidabatur a populo, et pro lapidantibus rogabat; quin potius deleri ipse vult de libro Dei, ne commissus sibi grex pereat. Cupiebat enim illum imitari Pastorem, quem sciebat etiam errantes oves suis humeris portaturum. *Pastor*, inquit, *bonus ponit animam suam pro ovibus suis* (*Joan.* 10. 11). Boni quippe pastoris discipulus optat anathema esse pro fratribus suis (*Rom.* 9. 4), atque cognatis, qui sunt Israelitæ secundum carnem. Et si ille perire cupit, ne perditi pereant : quanto magis bonis parentibus providendum est, ne ad iracundiam provocent filios suos, et nimietate duritiæ, etiam lenissimos, asperos esse compellant?

4. Epistola cogit me brevius loqui, dolor longius. Scribit in suis ille, ut ille vult pacificis, ut ego sentio, mordacissimis litteris, quod nunquam a me Jesus sit, nec dictus hæreticus. Quonam igitur modo me ipse lædit, ægrotantem morbo pessimo, et rebellem Ecclesiæ ventilans? Ab aliis lacessitus, accurrit adversariis parcere, lædere non lædentem? Antequam ordinaretur frater meus (*Paulinianus*), nunquam [al. *nullam*] dixit fuisse inter se et sanctum Papam Epiphanium de dogmatibus quæstionem. Et quæ cum ratio compellebat, sicut ipse tandem scribit, (*e*) inde inter populos disputare, unde nemo quærebat? Scit enim prudentia tua periculosas esse hujusmodi quæstiones, et nihil esse tutius quam tacere : nisi forte necesse est loqui de grandibus. Certe quod illud tantum ingenium flumenque [al. *fulmenque*] eloquentiæ fuit, ut in uno Ecclesiæ tractatu, cuncta comprehendisse se dicat, de quibus singulis novimus eruditissimos viros infinita versuum millia conscripsisse? Sed hoc quid ad me? Noverit ille qui audivit, sciat ipse qui scripsit, meque ab accusatione sui ipse etiam liberet. Ego nec interfui, nec audivi. Unus e populo sum, imo ne unus quidem, quia multis clamantibus, **516** tacui. Conferamus argumentis accusatiæ personas : et cujus vel meritum, vel vita, vel doctrina præcesserit, illi magis accommodemus fidem

(*d*) Idem Ms. *Multa dedimus*.
(*e*) Veronensis liber, *in die dum in populis disputaret*. Gravius inde *diu inter populos disputare*.
(2) In aliis libris *Nemo plus imperat libero*, etc.

5. Videsne, quod clausis, ut dicitur, oculis summa quæque perstringam : non tam eloquens quod mente concepi, quam indicans quid reticeam. (*a*) Intellexi et probavi dispensationem [al. *disputationem*] tuam , quod Ecclesiasticæ paci consulens, quasi sireneos cantus obturata aure pertransis. Alioqui quia a parva ætate sacris litteris eruditus es, nosti quo sensu unumquodque dicatur : quomodo in ambiguis sententiis [Ms. *ambiguas sententias*] tuus sermo libratus, et aliena non damnet, et nostra non deneget. Sed fides pura et aperta confessio non quærit strophas et argumenta verborum. Quod simpliciter creditur, simpliciter confitendum est. Poteram quidem libere proclamare, et inter gladios quoque ignesque Babylonios dicere : cur aliud respondetur quam quæritur? cur non simplex est, nec aperta confessio? Totum timet, totum temperat, totum relinquit ambiguum, et quasi super aristas graditur. Verum studio et exspectatione pacis, fervente stomacho, verba non quomodo quæruntur, respondet. (*b*) Lædunt libere alii, quos lædere læsus ipso non audet. Ego interim sileo : nunc et dispensationem meam vel imperitiam simulabo, vel metum. Quid mihi accusanti facturus est , qui ut ipse testatur, laudandi detrahit?

6. Tota ejus Epistola, non tam expositione, quam nostri [al. *nostris*] plena est contumeliis. Nomen meum absque ullis officiis , quibus non invicem palpare solemus homines, frequenter assumitur, carpitur, ventilatur , (*c*) quasi de libro viventium deletus sim : quasi illius me litteræ suggillaverint; aut istiusmodi nugas unquam quæsierim , qui ab adolescentia in Monasterii clausus cellulis, magis esse voluerim aliquid, quam videri. Quosdam ex nobis sic cum honore appellat, ut laceret, quasi et nos non possimus dicere, quæ nemo tacet. E servo Clericum factum criminatur, cum et ipse nonnullos ejuscemodi Clericos habeat; et Onesimum legerit inter Pauli renatum vincula, Diaconum cœpisse esse de servo (*Philem.* 1). Sycophantam jactitat, et ne probare cogatur, audisse se dicit. O si et mihi **517** liberet dicere, quæ multi clamitant, et aliorum maledictis acquiescerem ; jam et nos intelligeret scire quæ omnes sciunt, et me quoque audire, quæ nullus ignorat. Dicit ei velut præmia pro calumnia restituta. Quis tam argutum et callens non perhorrescat ingenium ? quis tanto possit eloquentiæ fulmini [al. *flumini*] respondere? Quid est plus, sustinere calumniam, an facere? Accusare quem postea diligas, an peccanti [al. *peccati*] veniam tribuere? Quid minus ferendum, de sycophanta (*d*) Ædilem fieri, an Consulem ? Scit et ipse quid taceam , quid loquar , quid et ego audierim : quid pro Christi metu fortasse non credam.

(*a*) Vetustior editio *Intellexi te* ; et mox, *quod enim ecclesiasticæ paci consuleres*
(*b*) Cum eadem vetustiori editione noster Ms. *libere lædere læsus ipse non audet*.
(*c*) Nescio an verius noster Ms. altera hac vocula *quasi* omissa, habet una serie : « quasi de libro viventium deletus sim, illius me litteræ suggillaverint.
(*d*) Simplicem Presbyterum Ædili, Episcopum vero Consuli heic comparat, exprobratque Jo. Jerosolymitano quod de Sycophanta factus esset Episcopus.

7. *Hilarius vertit Origenem.* — Origenem me arguit vertisse in Latinum. Hoc non solus ego feci, sed et Confessor Hilarius fecit : et tamen uterque nostrum noxia quæque detruncans, utilia transtulit. Legat ipse, (*e*) si novit (arbitror enim eum assidua confabulatione et quotidiano Latinorum consortio Romanum non ignorare sermonem) aut si certe penitus non imbibit , interpretentur ei qui solent , et tunc sciet, me in hoc ipso laudandum esse quod detrahit. Sicut enim interpretationem et (*f*) idiomata Scripturarum Origeni semper attribui, ita dogmatum constantissime abstuli veritatem. Numquid ego in turbam mitto Origenem ? numquid cæteros Tractatores? Scio (*g*) aliter habere Apostolos , aliter reliquos Tractatores. Illos semper vera dicere, istos in quibusdam ut homines aberrare. Novum defensionis [al. *malitiæ*] genus, sic Origenis vitia non negare, ut cum illo cæteros crimineris. Videlicet cum [al. *quem*] aperte defendere non audeas, multorum simili errore tuearis. (*h*) Sex mille Origenis tomos non poterat quisquam legere, quos ille non scripsit : faciliusque credo testem hujus sermonis, quam auctorem esse mentitum.

8. Fratrem meum (Paulinianum) causam dicit esse discordiæ **518** : hominem, qui quiescit in Monasterii cellula ; et Clericatum non honorem interpretatur, sed onus. Cumque nos usque ad præsentem diem ficta pacis ostensione lactaverit , Occidentalium Sacerdotum commovit aures, dicens eum adolescentulum et pene puerum in parœcia sua Bethleem Presbyterum constitutum. Si hoc verum est, cuncti Palæstini Episcopi non ignorant. Monasterium enim sancti papæ Epiphanii nomine Vetus (*i*) dictum , in quo frater meus ordinatus est Presbyter , in Eleutheropolitano territorio , et non in Æliensi situm est. Porro ætas ejus et Beatitudini tuæ nota est , et cum ad triginta annorum spatia jam pervenerit, puto eam in hoc non esse reprehendendam, quæ juxta mysterium assumpti hominis in Christo perfecta est. Recordetur legis antiquæ, et post viginti quinque annos a Levitica tribu

(*e*) August. Epist. 179. quæ ad hunc eumdem Joannem Jerosolymitanum est , cum dicit *per interpretem audire litteras suas* , Latinas scilicet ; et Orosius quoque in Apolog. imperitum Latinæ linguæ eum innuit fuisse.
(*f*) Veronens. ὑπομνήματα Ms. alius apud Gravium ἰδιώματα pro *idiomata*. Mox autem vetus editio, *semper attributa transivi, sic impietatem dogmatum abstuli. Numquid*, etc.
(*g*) Antea , non tamen sine solœco, erat, scio me aliter habere apostolos. Porro Ms. *Numquid cæteris Tractatoribus socio me ? aliter habere Apostolos*, etc. quod alterum comma hiulco sensu scribitur ; restitui nacta facile poterit, si verbum *scio* intersetas : *Numquid cæteris Tractatoribus socio me ? scio aliter habere Apostolos*, etc. Nos vero me voculam expungi satius æstimantes, monitum lectorem voluimus. Sed notandum est quoque Tractatoris vocabulum, ejusque vis ac differentia, qua authenticis auctoribus Prophetis, et Apostolis proprie opponitur. Vincentius Lirinensis in Commonitorio, « Doctores, inquit , qui Tractatores nunc appellantur , quos hic idem Apostolus etiam Prophetas interdum nuncupat, eo quod per eos Prophetarum mysteria populis aperiuntur. »
(*h*) S. Epiphanium criminabantur Joannes , et Ruffinus, quod tot Origenis libros se legisse dixisset. Hieron. contra Ruffinum lib. 2. Apolog. « Ne me mittas ad sex millia librorum *Origenis* , quos legisse Beatum Papam Epiphanium criminaris. »
(*i*) Erasm. *vetus ad dictum* : Ms. *vetus adduci*, utrumque vitiose, ut nullus dubitat.

eligi in Sacerdotium pervidebit (*Num.* 8). Aut si in hoc testimonio solo Hebraicam sequitur Veritatem, noverit triginta annorum fieri Sacerdotem. Ac ne forsitan dicat, *Vetera transierunt, et facta sunt omnia nova* (2. *Cor.* 5. 17), audiat cum Timotheo : *Adolescentiam tuam nemo contemnat* (1. *Tim.* 4. 12). Certe ipse quando Episcopus ordinatus est, non multum ab ea, in qua nunc frater meus est, distabat ætate. Vel si hoc in Episcopis licet, in Presbyteris non licet, ne per antiphrasim a suo nomine discrepare videantur (1) : cur ipse aut ejus, aut minoris ætatis ; et quod his amplius est, ministrum alterius Ecclesiæ ordinavit Presbyterum? Quod si non potest pacem habere cum fratre : nisi cum subdito, et ordinationis suæ (*a*) Episcopo renuntiante, ostendit se non tam pacem cupere, quam sub pacis occasione vindictam ; nec aliter quietis et pacis otio esse contentum, nisi integrum habeat quod minatur. Etiam si ipse eum ordinasset, et sic secreti amator quiescere vellet ; ne quidquam exerceret. **519** Quod si Ecclesiam scinderet, nihil ei deberet præter honorem cunctis Sacerdotibus debitum.

9. Hucusque apologia ejus, imo categoria, et laciniosus contra nos sermo protractus est. Cui ego quidem in Epistola breviter præteriensque respondi, ut ex his quæ dixi, intelligat, quid tacuerim ; et noverit nos homines esse rationale animal, et prudentiam suam posse intelligere : nec ita obtusi cordis, ut instar brutorum animalium, verborum tantum sonum et non sententias audiamus. Nunc quæso te, ut veniam tribuas dolori meo ; ET SI SUPERBUM est respondisse, multo sit superbius accusasse. Quanquam ita responderim, ut silentium potius meum indicaverim, quam sermonem. Quid procul pacem quærunt, et volunt eam nobis ab aliis imperari? Sint pacifici, et illico pax sequetur. Cur nomine Sanctitudinis tuæ contra nos pro terrore abutuntur, cum Epistola tua pacem et mansuetudinem sonet : illorum verba duritiem comminentur? Denique quam pacificas et ad concordiam pertinentes per Isidorum Presbyterum litteras nobis miseris, hinc probamus, quod illas (*b*) qui pacem falso jactant, reddere noluerint. Eligant itaque quod volunt : Aut boni sumus, aut mali. Si boni, dimittant quiescere : si mali, quid malorum expetunt societatem? Quantum valeat humilitas, experimento didicit. Qui nunc dissuit, quæ suo consilio olim disjuncta sociavit, probat se nunc ad alterius voluntatem, tunc copulata discerpere.

10. *Exilium impetratum Hieronymo ab Joanne.* — Nuper nobis postulavit et impetravit exilium : atque utinam implere potuisset, ut sicut illi voluntas imputatur pro opere ; ita et nos non solum voluntate, sed et effectu coronam haberemus exilii. Fundendo sanguinem, et patiendo magis, quam faciendo con-

(*a*) Vulgati **Episcopo renuntiante**. Tum eodem sensu Ms. et vetus editio, « nec alterius quiete, et otio esse contentum, dummodo integrum habeat, » etc.
(*b*) Victorius male *quæ* pro *qui* legit : Ms. autem pro *falso* habet *velle se*.
(1) *Quod Presbyter Græce senex sit.*

S. HIERONYMI I.

tumelias, Christi fundata est Ecclesia. PERSECUTIONIBUS crevit, martyriis coronata est. Aut si isti soli (*c*) juxta quos degimus, amant rigorem, et non noverunt persecutionem sustinere, sed facere ; sunt et hic Judæi : sunt variorum dogmatum Hæretici, et maxime **520** impurissimi Manichæi, cur eorum ne verbo quidem quempiam audent lædere? Nos solos expellere cupiunt? Nos soli qui Ecclesiæ communicamus, Ecclesiam scindere dicimur? Oro te, nonne æqua est ista postulatio, ut aut illos nobiscum expellant, aut nos cum illis teneant? Nisi quod in eo magis honorant, quos saltem exilio ab Hæreticis separant. Monachus, proh dolor, Monachis et minatur et impetrat [*al. importat*] exilium, et hoc Monachus, Apostolicam Cathedram habere se jactans. Non novit terrori natio ista succumbere, et impendenti gladio magis cervices, quam manus subjicit. QUIS ENIM Monachorum exul patriæ, non exul est mundi? Quid opus est auctoritate publica ; et Rescripti impendiis, et toto orbe discursibus? Tangat saltem digitulo, et ultro exibimus. *Domini est terra, et plenitudo ejus* (*Ps.* 23. 1). CHRISTUS loco non tenetur inclusus.

11. Præterea, quod scribit nos (*d*) per te, et Romanam Ecclesiam communicare ei, a qua videmur communione separati : non necesse est ire tam longe, et hic in Palæstina eodem modo ei jungimur. Et ne hoc quod procul sit, in viculo Bethleem Presbyteris ejus, quantum in nobis est, communione sociamur. Ex quo perspicuum est, dolorem proprium causam Ecclesiæ non putandum : nec stomachum unius hominis, imo per illum aliorum, generali Ecclesiæ vocabulo nuncupandum. Quapropter ut in principio Epistolæ dixi, etiam nunc repeto, nos velle pacem Christi, optare concordiam : et te rogare, ut illum [*al. illos*] moneas, pacem non extorquere, sed velle. Sit præteritarum nostrarum contumeliarum dolore contentus. Veterata vulnera, saltem nova obliteret caritate. Sit talis, qualis ante fuit, quando nos suo arbitrio diligebat. Verba ei de alieno stomacho non fluant. Faciat quod vult, et non quod velle compellitur. AUT QUASI PONTIFEX cunctis æqualiter imperet ; aut quasi imitator Apostoli, universorum saluti ex æquo serviat. Si talem se præbuerit, ultro præbemus manus, extendimus brachia ; amicos **521** et parentes habeat ; et sentiat in Christo, sicut omnibus Sanctis, ita et sibi nos esse subjectos. « Caritas patiens est, caritas benigna est, caritas non æmulatur, non inflatur, omnia sustinet, omnia credit (1. *Cor.* 13). Cunctarum virtutum mater est caritas ; et

(*c*) Emendat Veronensis Ms. in editis enim antea erat *juxta quod legimus*, vitiose, ut liquido constat ex orationis serie, et auctoris mente.
(*d*) Sequimur Veronensis Ms. atque ex parte veteris editionis fidem ; alii enim impressi libri falso, et incongruo sensu habebant, *nos pergere tecum Romam, et Ecclesiæ communicare ei*, etc. tum vetus editio habuit male *a quo jubemur communione separari*. Nunc autem perspicue Hieron. dicit, non sibi opus esse Theophili et Romanæ Ecclesiæ commonitione, ut proferre in medium, ne ab Jerosolymitana separari videatur, cum eo modo in ipsa Palæstina ac per ejusdem Jerosolymitanæ Ecclesiæ Presbyteros sibi communione junctos, ab ipsa non separetur.

(*Vingt-quatre.*)

quasi spartum triplex (1) Apostoli sententia roboratur dicentis, *fides, spes, caritas.* Credimus, speramus : atque ita per fidem et spem, dilectionis vinculo copulamur. Idcirco enim et nos patrias nostras dimisimus, ut quieti absque ullis simultatibus in agris et in solitudine viveremus : ut Pontifices Christi, (qui tamen rectam fidem prædicant) non dominorum metu, sed patrum honore veneremur ; ut deferamus Episcopis ut Episcopis, et non sub nomine alterius, aliis quibus nolumus, servire cogamur. Non sumus tam inflati cordis, ut ignoremus quid debeatur Sacerdotibus Christi. Qui enim eos recipit, non tam eos recipit, quam illum cujus Episcopi sunt. Sed contenti sint honore suo. Patres se sciant esse, non dominos, maxime apud eos qui spretis ambitionibus sæculi, nihil quieti et otio præferunt. Tribuat autem orationibus tuis Christus Deus Omnipotens, ut pacis non ficto nomine, sed vero et fideli amore sociemur : ne mordentes invicem, consumamur ab invicem (*Gal.* 5).

EPISTOLA LXXXIII (*a*).

Pammachius et Oceanus exstimulant Hieronymum, ut librum περὶ Ἀρχῶν *in Latinum sermonem exacte transferat, et a calumniis Ruffini et hominum suspicionibus se purget, et ostendat ab Origenistarum errore alienum.*

PAMMACHIUS ET OCEANUS HIERONYMO presbytero Salutem.

Sanctus aliquis ex fratribus schedulas ad nos cujusdam detulit, quæ Origenis volumen, quod περὶ Ἀρχῶν inscribitur, in Latinum sermonem conversum tenerent. Et quoniam in his multa sunt, quæ tenuitatem nostri ingenii (*b*) permovent, quæque minus catholice dicta existimamus, suspicamur etiam ad excusationem Auctoris, multa de libris ejus esse subtracta, quæ apertam impietatem ejusdem monstrare potuissent, quæsumus **522** Præstantiam tuam, ut in hoc specialiter, non tam nobis, quam universis qui in Urbe habitant, profuturum opus digneris impendere, ut supra dictum librum Origenis ad fidem, quemadmodum ab ipso Auctore editus est, tuo sermone manifestes ; et quæ a defensore ejus interpolata sunt, prodas. Et quæ etiam in his schedulis, quas ad Sanctitatem tuam direximus, vel contra catholicam regulam vel imperite edita sunt, redarguas atque convincas. Sane subtiliter in Præfatione operis sui (*c*) mentionem, tacito nomine tuæ Sanctitatis, expressit, quod a te promissum opus ipse compleverit : illud oblique agens, etiam te simili ratione sentire. Purga ergo suspiciones hominum, et convince criminantem, ne si dissimulaveris, consentire videaris.

EPISTOLA LXXXIV (*d*).

Respondens superiori Epistolæ, exponit, quo animo legerit, laudaritque Origenem, quem ab omnibus legi cupiat, si fieri possit absque periculo pietatis : et

(*a*) *Alias* 64. *scripta an.* 399. vel sequenti.
(*b*) Duo Mss. *removent, quæ minus catholice*, etc.
(*c*) Vox ista *mentionem* penes Victorium deerat. Quædam alia ex Mss. restituimus.
(*d*) *Alias* 65. *scripta ut videtur an.* 400.
(1) Funiculus de quo Eccles. 4.

æmulorum calumnias refellit, ac suspiciones hominum diluit. Coactusque prodit errores Origenis, quos frustra conabantur defendere, qui suam hæresim illius prætextu defendere studebant.

HIERONYMUS PAMMACHIO ET OCEANO Fratribus Salutem.

1. Schedulæ quas misistis, honorifica me affecere contumelia, sic ingenium prædicantes, ut fidei tollerent veritatem. Et quia eadem et Alexandriæ et Romæ, (*e*) et in toto pene orbe boni homines super meo nomine jactare consueverunt ; et tantum me diligunt, ut sine me hæretici esse non possint, omittam personas : rebus tantum et criminibus respondebo. Neque enim causæ prodest maledicentibus remaledicere, et adversarios talione mordere, cui præcipitur malum pro malo non reddere, sed vincere in bono malum (*Rom.* 12; *et* 1. *Thes.* 5) : saturari opprobriis, et alteram verberanti præbere maxillam (*Matth.* 5).

2. *Quare Origenem laudaverit.* — Objiciunt mihi, quare Origenem aliquando laudaverim. Ni fallor duo loca sunt, (*f*) in quibus eum laudavi : Præfatiuncula ad Damasum in Homilias **523** Cantici Canticorum, et Prologus in librum Hebraicorum Nominum. Quid ibi de dogmatibus Ecclesiæ dicitur ? quid de Patre et Filio et Spiritu Sancto ? quid de carnis resurrectione ? quid de animæ statu atque substantia ? Simplex interpretatio, atque doctrina, simplici voce laudata est. Nihil ibi de fide, nihil de dogmatibus comprehensum est. Moralis tantum tractatur locus, et allegoriæ nubilum, serena expositione discutitur. Laudavi interpretem, non dogmatisten : ingenium, non fidem : Philosophum, non Apostolum. Quod si volunt super Origene meum scire judicium, legant in Ecclesiasten Commentarios : replicent in Epistolam ad Ephesios tria volumina, et intelligent, me semper ejus dogmatibus contraisse. Quæ enim stultitia est, sic alicujus laudare doctrinam, ut sequaris et blasphemiam ? Et beatus Cyprianus Tertulliano magistro utitur, ut ejus scripta probant ; cumque (*g*) eruditi et ardentis viri delectetur ingenio, Montanum cum eo Maximillamque non sequitur. Fortissimos libros contra Porphyrium scribit Apollinarius : Ecclesiasticam pulchre Eusebius historiam texuit ; alter eorum (*h*) dimidiatam Christi introduxit œconomiam ; alter impietatis Arii apertissimus propugnator est. *Væ*, inquit Isaias, *qui dicunt bonum malum, et malum bonum, et qui faciunt amarum dulce, et dulce amarum* (*Isai.* 5. 20). Nec bonis adversariorum (si honestum quid habue-

(*e*) Expunximus Mss. auctoritate verbum *audierem*, quod heic editi libri omnes, falso tamen et contra S. Doctoris mentem, interserunt.
(*f*) Veronen. ac Vatic. olim Reginæ 490. non habent isthæc, *in quibus eum laudavi*.
(*g*) pro *eruditi* Veron. *eristici*, fortasse verius : sumptum nempe vocabulum a Græco ἐριστικός, id est *contentiosus* et *clamosus*, quod a Tertulliani ingenio haud abhorret.
(*h*) Plerique Mss. Græce habent οἰκονομίαν : sic Veteres Incarnationis mysterium vocabant. Notum porro est, quod effutiebat Apollinaris sive Apollinarius (utroque enim modo promisce scribitur) dimidiatum hominem a Christo fuisse assumptum, quam dimidiatam œconomiam Hier. vocat. Vide quæ mox dicentur nota *d*.

rint) detrahendum est, nec amicorum laudanda sunt vitia ; ET UNUMQUODQUE non personarum, sed rerum pondere judicandum est. Mordetur et (*a*) Lucilius, quod incomposito currat pede ; et tamen sales ejus leposque laudantur.

3. Dum essem juvenis, miro discendi ferebar ardore, nec juxta quorumdam præsumptionem, ipse me docui. Apollinarium Laodicenum audivi Antiochiæ frequenter, et colui ; et cum me in sanctis Scripturis erudiret, nunquam **524** illius contentiosum (*b*) super sensu dogma suscepi. Jam canis spargebatur caput, et magistrum potius quam discipulum decebat. Perrexi tamen Alexandriam, audivi Didymum : in multis ei gratias ago. Quod nescivi, didici : quod sciebam, illo (*c*) docente, non perdidi. Putabant me homines finem fecisse discendi. Veni rursum Jerosolymam et Bethleem. Quo labore, quo pretio Baraninam nocturnum habui præceptorem ! Timebat enim Judæos, et mihi alterum exhibebat Nicodemum (*Joan.* 3. 1). Horum omnium frequenter in opusculis meis facio mentionem. Certe Apollinarii et Didymi inter se dogma contrarium est. Rapiat me ergo utraque turma diversum altrinsecus, quia magistrum utrumque confiteor. Si expedit odisse homines, et gentem aliquam detestari, miro odio adversor (1) circumcisos. Usque hodie enim persequuntur Dominum nostrum Jesum Christum in synagogis Satanæ. Objiciat mihi quispiam, cur hominem Judæum habuerim præceptorem ? Et audet quidam proferre litteras meas ad Didymum, quasi ad Magistrum ? Grande crimen discipuli, si hominem eruditum et senem magistrum dixerim. Et tamen volo inspicere ipsam Epistolam, quæ tanto tempore in calumniam reservata est. Nihil præter honorem et salutationem continet. Inepta sunt hæc et frivola. Arguite potius ubi hæresim defenderim, ubi pravum Origenis dogma laudaverim. In lectione Isaiæ (*Cap.* 6), in qua duo Seraphim clamantia describuntur, illo interpretante Filium et Spiritum Sanctum, nonne ego detestandam expositionem in duo Testamenta mutavi ? Habetur liber in manibus, ante viginti annos editus. Tot opuscula mea, et maxime Commentarii, juxta opportunitatem locorum gentilem sectam lacerant. Quod autem opponunt, congregasse me libros illius, super cunctos homines : utinam

omnium Tractatorum haberem volumina, ut tarditatem ingenii, **525** lectionis diligentia compensarem. Congregavi libros ejus, fateor ; et ideo errores non sequor, quia scio universa quæ scripsit. Credite experto, quasi Christianus Christianis loquor : Venenata sunt illius dogmata, aliena a Scripturis sanctis, vim Scripturis facientia. Legi, inquam, legi Origenem ; et si in legendo crimen est fateor ; et nostrum marsupium Alexandrinæ chartæ evacuarunt. Si mihi creditis, Origenistes nunquam fui ; si non creditis, nunc esse cessavi. Quod si nec sic adducimini ad fidem, compellitis me ad defensionem mei, contra amasium vestrum scribere : ut si non creditis neganti, credatis saltem accusanti. Sed libentius mihi erranti creditur, quam correcto. Nec mirum, putant enim me suum esse συμμύστην, et propter animales et luteos nolle palam dogmata confiteri. Ipsorum enim decretum est, non facile margaritas ante porcos esse mittendas, nec dandum sanctum canibus (*Matth.* 7), et cum David dicere : *Abscondi in corde meo eloquia tua, ut non peccem tibi* (*Ps.* 118. 11). Et in alio loco super justo : *Qui loquitur*, inquit, *veritatem cum proximo suo* (*Ps.* 14. 3. *et* 23. 4), id est, cum his qui domestici fidei sunt. Ex quo volunt intelligi, (*d*) nos qui necdum initiati sumus, debere audire mendacium : ne parvuli atque lactentes solidioris cibi edulio suffocemur. Quod autem perjuriorum atque mendacii inter se orgiis fœderentur, sextus Stromateon liber (in quo [*e*] Platonis sententiæ nostrum dogma componit) planissime docet.

4. Quid igitur faciam ? Negem me ejusdem dogmatis esse ? Non credent. Jurem ? Ridebunt, et dicent : domi nobis ista nascuntur. Faciam quod solum cavent, ut sacra eorum atque mysteria in publicum proferam, et omnis prudentia eorum qua nos simplices ludunt, in propatulo sit : et qui neganti voci non credunt, credant saltem argumenti stylo. Hoc enim vel maxime cavent, ne quando contra auctorem suum eorum scripta teneantur. Facile dicunt cum juramento, quod postea alio solvant **526** perjurio. Ad subscriptionem tergiversantur, quæruntque (*f*) suffugia. Alius, Non possum, inquit, damnare, quod nemo damnavit. Alius, Nihil super hoc a Patribus statutum est : ut dum totius orbis provocatur auctoritas, subscribendi necessitas differatur. Quidam constantius, Quomodo, inquit, damnabimus, quos Synodus Nicæna non tetigit ? Quæ enim damnavit Arium, damnasset utique et Origenem, si illius dogmata reprobasset. Scilicet uno medicamine omnes simul morbos (*g*) debuere curare ; et idcirco Spiritus Sancti neganda majestas est, quia in illa Synodo super sub-

---

(*a*) Ex Horat. l. 1. Satyr. 4. ubi de Lucilio dixit, quod nimirum esset *facetus*,
Emunctæ naris, durus componere versus.
(*b*) Abest a quibusdam Mss. et vetustiori editione *super sensu*. Quod tamen rectissime habent plerique alii, estque perinde intelligendum, ac si dixisset *super mente*, aut *de mente* ; nam, ut Nemesius observat c. 1. de *Natur. Hom.* Apollinarius juxta Platonicorum placita arbitrabatur, νοῦν, *mentem*, seu πνεῦμα *spiritum*, esse quamdam substantiam ab anima separabilem ; cumque æstimaret e duabus perfectis atque integris rebus unum aliquod componi haud posse ; hominem, quem Dominus assumpserat ea parte, qua rationalis est, mutilavit, ejusque munia in Verbum transtulit, ut Christus unus ex suo captu diceretur.
(*c*) Duo Mss. Veronensis ac Regius *illo diversum docente*. Sed variant paulo infra ad *Baraninæ* nomen, quod cum veteribus editis Mss. alii non pauci *Barabbanum* vocant, quemadmodum et Ruffinus legerat, quem tamen Hier. impugnat.
(1) Gravius suffragio veteris libri *concisionem* mavult, quod non probatur.

(*d*) Videtur ex defensorum Origenis persona loqui ; aliter enim paulo supra se Origenis συμμύστην, sive consacerdotem putari dixerat, qui ob rusticos, luteosque homines, quos infra τελευτάς vocat, nollet palam dogmata confiteri, et mendacio opportune uteretur.
(*e*) Sic vetustiores editi et plerique Mss. prius epim erat *ex Platonis sententia*. Porro decem Stromateon Origenis libri jampridem interciderunt.
(*f*) In Regio Ms. ac vetustiori editione *suffragia*, fortasse verius, habetur.
(*g*) Vitiose antea erat *debere*, quod emendamus e Mss.

stantia ejus silentium fuit. De Ario tunc, non de Origene quæstio fuit : de Filio, non de Spiritu Sancto. CONFESSI SUNT quod negabatur : tacuerunt de quo nemo quærebat. Quanquam latenter Origenem fontem Arii percusserunt; damnantes enim eos, qui Filium de Patris negant esse substantia, illum pariter, Ariumque damnaverunt. Alioqui hoc argumento, nec Valentinus, nec Marcion, nec Cataphryges, nec Manichæus damnari debent : quia Synodus Nicæna eos non nominat : quos certe ante Synodum fuisse, non dubium est. Quod si quando urgeri cœperint, et aut subscribendum eis fuerit, aut exeundum de Ecclesia, miras strophas videas. Sic verba temperant, sic ordinem vertunt, et ambigua quæque concinnant, ut et nostram et adversariorum confessionem teneant, ut aliter hæreticus, aliter catholicus audiat. Quasi non eodem spiritu et (a) Apollo Delphicus, atque Loxias oracula fuderit Crœso et Pyrrho diversis temporibus, sed pari illudens stropha? Exempli causa pauca subjiciam.

5. Credimus, inquiunt, resurrectionem futuram corporum. Hoc si bene dicatur, pura confessio est. Sed quia corpora sunt cœlestia et terrestria, et aer iste et aura tenuis, juxta naturam suam corpora nominantur, corpus ponunt, non carnem, ut orthodoxus corpus audiens, carnem putet; hæreticus spiritum recognoscat. Hæc **527** est eorum prima decipula : quæ si deprehensa fuerit, instruunt (Ms. *struunt*] alios dolos, et innocentiam simulant, et malitiosos nos vocant, et quasi simpliciter credentes, aiunt : Credimus resurrectionem carnis. Hoc vero cum dixerint, vulgus indoctum putat sibi sufficere [Ms. *posse sufficere*], maxime quia idipsum et in Symbolo creditur. Interroges ultra, circuli strepitus commovetur, fautores clamitant : Audisti resurrectionem carnis, quid quæris amplius? et in perversum studiis commutatis, nos sycophantæ, illi simplices appellantur. Quod si obduraveris frontem, et urgere cœperis, carnem digitis tenens, an ipsam dicant resurrecturam, quæ cernitur, quæ tangitur, quæ incedit et loquitur; primo rident, deinde annuunt. Dic nobiusque nobis, utrum capillis et dentes, pectus et ventrem, manus et pedes, cæterosque artus ex integro resurrectio exhibeat : tunc vero risu se tenere non possunt, cachinnoque ora solventes, tonsores nobis [Ms. *bonis*] necessarios, et placentas, et medicos, ac sutores ingerunt. Utroque interrogant, utrum credamus et genitalia utriusque sexus resurgere, nostras genas hirtas, feminarum læves fore, et habitudinem corporis pro maris ac feminæ distinctione diversam. Quod si dederimus, statim expetunt vulvam et coitum, et cætera quæ in ventre sunt et sub ventre. Singula membra negant, et corpus quod constat ex membris, (b) dicunt resurgere.

6. Non est hujus temporis contra dogma perversum rhetoricum jactare sermonem. Non mihi dives Ciceronis lingua sufficiat, non fervens Demosthenis oratio animi mei possit implere fervorem, si velim Hæreticorum fraudulentias prodere, qui verbo tenus resurrectionem fatentes, animo negant. Solent enim mulierculæ eorum mammas tenere, ventri applaudere, lumbos et semina et (c) putres attrectare axillas, et dicere : Quid nobis prodest resurrectio, si fragile corpus resurget? Et futuræ Angelorum similes (d) Angelorum habebimus et naturam. Dedignantur videlicet cum carne et ossibus resurgere, cum quibus resurrexit et Christus. Sed fac **528** me errasse in adolescentia, et Philosophorum, id est, Gentilium studiis eruditum, in principio fidei dogmata ignorasse Christiana : et hæc putasse in Apostolis, quod in Pythagora et Platone et Empedocle legeram : Cur parvuli in Christo atque lactentis errorem sequimini? cur ab eo impietatem discitis, qui needum pietatem noverat? Secunda post naufragium tabula est, culpam simpliciter confiteri. Imitati estis errantem, imitamini et correctum. Erravimus juvenes, emendemur senes. Jungamus gemitus, lacrymas copulemus, ploremus, et convertamur ad Dominum, qui fecit nos (*Psal.* 94) : non expectemus diaboli pœnitentiam. Vana est ista præsumptio, et in gehennæ trahens profundum : hic aut quæritur vita, aut amittitur. Si Origenem nunquam sensitus sum, frustra infamare me quæritis [Ms. *cupitis*]; si discipulus ejus fui, imitamini pœnitentem. Credidistis confitenti : credite et neganti.

7. Si ista, ut ais, inquit, noveras, cur eum laudasti in opusculis tuis? Et hodie laudarem, nisi vos ejus laudaretis errores : non mihi displiceret ingenium, nisi quibusdam ejus [al. *etiam*] placeret impietas. Et Apostolus præcipit : *Omnia legentes, quæ bona sunt retinentes* (1. *Thess.* 5). Lactantius in libris suis, et maxime in epistolis ad Demetrianum, Spiritus sancti (e) omnino negat substantiam, et errore Judaico dicit eum vel ad Patrem referri, vel Filium, et sanctificationem utriusque personæ sub ejus nomine demonstrari. Quis mihi interdicere potest, ne legam Institutionum ejus libros, quibus contra gentes scripsit fortissime, quia superior sententia detestanda est? Apollinarius contra Porphyrium egregia scripsit volumina, probo laborem viri, licet fatuum in plerisque dogma contemnam. Confitemini et vos

---

(a) Confer Ciceronem lib. 2. de Divinat. et Herodoti librum primum, ubi quid Crœso Delphicus Apollo responderit, narrat. *Loxiam* vero, sive Λοξίαν, alii ab obliquis responsis, alii ab obliquo Zodiaci cursu dici eumdem Apollinem volunt. Proverbii autem loco erat. Unde Marius Mercator in Commonit. pag. 14. « Rogo si simpliciter, et non dilemnatus, tanquam ad Crœsum et P.... am Loxias unus et tu nunc erroris spiritu loqueris,

(b) Emendat Veronens. liber quod falso, ac Hieronymi menti contrario sensu, hucusque editi habebant, et pleraque etiam Mss. cum negandi particula, *dicunt non resurgere*. Lectionis nostræ veritas facile ex contextu liquet.
(c) Alii. *Femora*. Plerique autem Mss. *putas attrectare maxillas*.
(d) Deinno vocem *angelorum*, quam etiam Ruffinus legerat, ex Veronensi Ms. aliisque repetimus. Olim erat *et tempore futuræ resurrectionis angelorum habebimus naturam*.
(e) Vox *omnino* penes Martianæum deerat. Confirmans vero est locus iste cum alio Hieronymi nostri in Commentariis in 4. cap. epistolæ ad Galatas.

in quibusdam errare Origenem ; et (a) mu ultra non faciam. Dicite eum male sensisse de Filio, pejus de Spiritu sancto ; animarum de cœlo ruinas impie protulisse ; resurrectionem carnis verbo tantum confiteri, cæterum assertione destruere ; et post multa sæcula, atque unam omnium restitutionem, id ipsum fore Gabrielem, quod diabolum ; Paulum, quod Caipham, virgines, quod prostibulas. Cum hæc rejeceritis, et quasi censoria virgula separaveritis a fide Ecclesiæ, tuto legam cætera ; nec venena jam timebo, cum antidotum præbibero. Non mihi nocebit, si dixero : Origenes, cum in cæteris libris omnes vicerit, in Cantico canticorum ipse se vicit ; nec formidabo sententiam, qua illum doctorem Ecclesiarum quondam (1) adolescentulus nominavi. Nisi forte accusare debui, cujus rogata [al. *rogatus*] opuscula transferebam, et dicere in prologo : Hic cujus interpretor libros hæreticos, cave lector, ne legas : fuge viperam : aut si legere volueris, scito a malis hominibus et hæreticis corrupta esse, quæ transtuli ; quanquam timere non debeas ; ego enim omnia, quæ vitiata fuerant, correxi. Hoc est aliis verbis dicere : ego, qui interpretor, catholicus sum ; hic, quem interpretor, hæreticus est. Denique et vos satis simpliciter, et ingenue, et non malitiose, parvi scilicet pendentes præcepta rhetorica, et præstigias oratorum, dum libros ejus περὶ Ἀρχῶν hæreticos confitemini, et in alios crimen transferre vultis, injecistis legentibus scrupulum, ut totam auctoris vitam discuterent, et ex cæteris libris ejus conjecturam præsentis facerent quæstionis. Ego callidus, qui emendavi, silens quod volui, et dissimulans crimina, non feci invidiam criminoso. Aiunt et medici, grandes morbos non esse curandos, sed dimittendos naturæ, ne medela langorem exasperet. Centum quinquaginta anni prope sunt, ex quo Origenes mortuus est Tyri. Quis Latinorum ausus est unquam transferre libros ejus de resurrectione, περὶ Ἀρχῶν, στρωματεῖς et (b) τόμους ? quis per infame opus se ipsum voluit infamari ? Nec disertiores sumus Hilario, nec fideliores Victorino, qui ejus tractatus non ut interpretes, sed ut auctores proprii operis transtulerunt. Nuper Sanctus Ambrosius sic Hexaemeron illius compilavit, ut magis Hippolyti sententias Basiliique sequeretur. Ego ipse, cujus æmulatores esse vos dicitis, et, ad cæteros talpæ, caprearum in me oculos possidetis, si malo animo fuissem erga Origenem, interpretatus essem hos ipsos, quos supra dixi, libros, ut mala ejus etiam Latinis nota facerem ; sed nunquam feci, et multis rogantibus acquiescere nolui. Non enim consuevi eorum insultare erroribus, quorum miror ingenia. Ipse, si adhuc viveret, Origenes irasceretur vobis fautoribus suis, et cum Jacob diceret, *Odiosum me fecistis in mundo* (Gen. 34).

8. Vult aliquis laudare Origenem ? laudet, ut laudo : magnus vir ab infantia, et vere martyris [Leonidis Martyris] filius : Alexandriæ ecclesiasticam scholam tenuit, succedens eruditissimo viro Clementi presbytero : voluptates in tantum fugit, ut zelo Dei, sed tamen non secundum scientiam (c) ferro truncaret genitalia : calcavit avaritiam : Scripturas memoriter tenuit, et in studio explanationis earum, diebus desudavit ac noctibus. Mille et eo amplius tractatus (d) in Ecclesia locutus est : edidit innumerabiles præterea commentarios, quos ipse appellat τόμους, et quos nunc prætereo, ne videar operum ejus indicem texere. Quis nostrum tanta potest legere, quanta ille conscripsit ? quis ardentem in Scripturis animum non miretur ? Quod si quis Judas zelotes opposuerit nobis errores ejus, audiat libere :

Interdum magnus dormitat Homerus.
Verum opere in longo fas est obrepere somnum.
(HORAT. *Art. Poet.*)

Non imitemur ejus vitia, cujus virtutes non possumus sequi. Erraverunt in fide alii tam Græci, quam Latini, quorum non necesse est proferre nomina, ne videamur eum non sui merito, sed aliorum errore defendere. Hoc non est, inquies, excusare Origenem, sed accusare cæteros. Pulchre, si eum errasse non dicerent, si in fidei pravitate saltem Apostolum Paulum, vel Angelum de cœlo audiendum crederem (*Galat.* 1). Nunc vero, cum simpliciter errorem ejus fatear, sic legam ut cæteros, quia sic erravit ut cæteri. Sed dicas : si multorum communis est error, cur solum persequimini ? Quia vos solum laudatis ut Apostolum. Tolle amoris ὑπερβολήν, et nos tollimus odii magnitudinem. Cæterorum vitia de libris suis ad hoc tantum excerpitis, ut hujus defendatis errorem : Origenem sic fertis in cœlum, ut nihil eum errasse dicatis. Quisquis es assertor novorum dogmatum, quæso te, ut parcas Romanis auribus : parcas fidei, quæ Apostoli voce laudata est. Cur post quadringentos annos docere nos niteris, quod ante nescivimus ? cur profers in medium, quod Petrus et Paulus edere noluerunt ? Usque ad hunc diem sine ista doctrina mundus Christianus fuit. Illam senex tenebo fidem, in qua puer (e) renatus sum. Pelusiotas nos appellant, et luteos animalesque, et carneos, quod non recipiamus ea, quæ spiritus sunt ; illi scilicet Jerosolymitæ, quorum mater in cœlo est. Non contemno carnem, in qua Christus natus est, et resurrexit : non despicio lutum, quod excoctum in testam purissimam, regnat in cœlo ; et tamen miror, cur carni detrahentes, vivant carnaliter, et inimicam suam (f) foveant, et nutriant delicate, nisi forte implere volunt Scripturam dicentem : *Amate inimicos vestros : benefacite iis, qui persequuntur vos* (*Luc.*

(c) Nicephorus lib. 5. c. 8. non ferro truncasse, sed medicamento exsiccasse tradit, quod aliis persuasum est. Epiphanius autem in incerto relinquit.
(d) Voculam *quos* Victorius omittit ; quidam e contra Mss. *v uctatus legi, quos in Ecclesia*, etc.
(e) Minus bene alii editi ac Mss. *natus* pro *renatus*, cum de baptismo heic eum loqui constet. Pelusiotæ vero nomen deducitur a πηλός Græca voce, quæ *cœnum* significat, unde *luteos* interpretatur, non, quod Baronius putat, a voce latina *pilus*, quod alibi castigamus.
(f) Ms. Reg. *foveant voluptuose, et nutriant delicate.*

(a) Vid. Epist. 12. ad Antonium Nota c.
(b) Abest, *et τόμους*, a Vero jesu ac Regio exemplaribus.
(1) In Præfat. in Homilias Origen. in Ezech. signum.

6; *Matth.* 5). Amo carnem castam, virginem, jejunantem : amo carnis non opera, sed substantiam : amo carnem, quæ judicandam se esse novit : amo illam, quæ pro Christo in martyrio cæditur, laniatur, exuritur.

10. *An corrupti Origenis libri ?* — Illud vero, quod asserunt, a quibusdam hæreticis et malevolis hominibus libros ejus esse violatos, quam ineptum sit, hinc probari potest. Quis prudentior, doctior, eloquentior Eusebio, et Didymo, assertoribus Origenis, inveniri potest? quorum alter sex voluminibus τῆς ἀπολογίας ita eum, ut se, sensisse confirmat : alter sic ejus errores nititur excusare, ut tamen illius esse fateatur; non scriptum negans, sed sensum scribentis edisserens. Aliud est, si qua ab hæreticis addita sunt, (*a*) aliud si quis quasi bene dicta defendat. Solus inventus est Origenes, cujus scripta in toto orbe falsarentur, et, quasi ad (*b*) Mithridatis litteras, omnis veritas uno die de voluminibus illius raderetur. Si unus violatus est liber, num universa ejus opera, quæ diversis et locis et temporibus edidit, simul corrumpi potuerunt? Ipse Origenes in epistola, (*c*) quam scribit ad Fabianam Romanæ urbis Episcopum, pœnitentiam **532** agit, cur talia scripserit, et causas temeritatis in Ambrosium refert, quod secreto edita, in publicum protulerit : et quid adhuc (*d*) ἀφετεοπρόσθεν, aliena esse, quæ displicent?

11. *An Pamphilus Origenis laudator.* — Porro, quod Pamphilum proferunt laudatorem ejus, gratias illis ago meo nomine, quod dignum me putaverunt, quem cum martyre calumniarentur. Si enim ab inimicis Origenis libros ejus dicitis esse violatos, ut infamarentur : quare mihi non liceat dicere, ab amicis ejus et sectatoribus compositum esse sub nomine Pamphili volumen, quod illum testimonio martyris ab infamia vindicaret? Ecce vos emendatis in Origenis libris, quod ille non scripsit : et miramini, si edat aliquis librum, quem ille non edidit? Vos in edito opere potestis coargui : ille, qui nihil aliud edidit, facilius patet calumniæ. Date quodlibet aliud opus Pamphili : nusquam reperietis : hoc unum est :

(*a*) Didymi nomen ad libri oram, ut hodienum in antiquissimo Regio exemplari videre est, non nemo olim ascripserat, ut quis ille fuerit, qui Origenis dogmata, *quasi bene dicta* defenderet, explicaret. Sed factum inde est, ut eo nomine in textum intruso, voces *aliud si quis perperam expungerentur in aliis omnibus,* quos videre nobis contigit, excepto Regio, Mss. atque editis libris, in quibus hiulco, atque imperfecto sensu legitur, *aliud est, si quæ ab hæreticis addita sunt, Didymus quasi bene dicta defendat. Solus,* etc. Debes Regio codici veram lectionem quam restituimus.

(*b*) Mithridatis litteræ, sive edictum hujusmodi fuit, ut omnes, qui in tota Asia erant, Romani generis homines pariter, atque uno tempore interficerentur. Auctor Appianus, Plutarchus, Florus, aliique, sed ex Cicerone pro Lege Manilia sumpsisse videtur Hieronymus. Est autem concinnius quod e Ms. suo quondam Gravius legit, *in toto orbe pariter falsarentur.*

(*c*) Intercidit genuina isthæc ad Fabianum epistola, quam Ruffinus quoque Invectiv. I. in fine ex hoc ipso Hieronymi loco memorat : *Lamentum* enim, quod exstat, ipsamque Hieronymum interprētem mentitur, sequioris ætatis est fœtus. Vid. Euseb. VI. 36. et Gelasii Catalogum.

(*d*) Veteres editi ἀπολογούμενα, id est *caussantur*, quos pluribus confutat Martianæus. Porro ἀφετεοπρόσθεν est nugacitatis atque ex quisitis verbis loqui, aut contendere.

unde igitur sciam, quod Pamphili sit? videlicet stylus et saliva docere me poterit. Nunquam credam, quod doctus vir primos ingenii sui fructus quæstionibus et infamiæ dedicarit : et ipsum nomen apologetici ostendit accusationem : non enim defenditur, nisi quod in crimine est. Unum nunc proferam, cui contradicere vel stulti sit, vel impudentis. Sex libri Eusebii super Origenis defensione principium usque ad mille ferme versus liber iste, qui Pamphili dicitur, continet. Et in reliquis scriptor ejusdem operis profert testimonia, quibus nititur approbare Origenem fuisse catholicum. Eusebius et Pamphilus tantam inter se habuere concordiam, ut unius animæ homines putes, et ab uno alter nomen acceperit. Quomodo igitur inter se dissentire potuerunt, ut Eusebius in toto opere suo Origenem Ariani probet dogmatis, et Pamphilus Nicænæ synodi, quæ fuit postea, defensorem? Ex quo ostenditur, vel Didymi, vel cujuslibet alterius esse opusculum, qui sexti libri **533** capite detruncato, cætera membra sociarit. Sed concedamus, ex superfluo, ut Pamphili sit, sed necdum martyris; ante enim scripsit, quam martyrio perpeteretur. Et quo modo, inquies, martyrio dignus fuit? Scilicet ut martyrio deleret errorem, ut unam culpam sanguinis sui effusione purgaret. Quanti in toto orbe martyres, antequam cæderentur, variis subjacuere peccatis? Defendamus ergo peccata, quia qui postea martyres, prius peccatores fuerunt.

12. Hæc, fratres amantissimi, ad epistolam vestram celeri sermone dictavi, vincens propositum, ut contra eum scriberem, cujus ingenium ante laudaveram : malens existimatione periclitari, quam fide. Hoc mihi præstiterunt amici mei, ut si tacuero, reus : si respondero, inimicus judicer. Dura utraque conditio; sed e duobus eligam quod levius est : simultas redintegrari potest, blasphemia veniam non meretur. Quid autem laboris in libris transferendis περὶ Ἀρχῶν sustinuerim, vestro judicio derelinquo; dum et mutare quippiam de Græco, non est vertentis sed evertentis : et eadem ad verbum exprimere, nequaquam ejus, qui servare velit eloquii venustatem.

EPISTOLA LXXXV (*e*).

AD PAULINUM.

Alteri e duabus Paulini quæstionibus sibi propositis breviter respondet : priorem, quod in libris περὶ Ἀρχῶν a se nuper Latine versis enucleetur, omittit. Tum quo animo Origenem legerit, docet.

1. Voce me provocas ad scribendum, terres eloquentia ; et in epistolari stylo prope Tullium repræsentas. Quod quereris, me (*f*) parvas et incomptas litterulas mittere, non venit de incuria, sed timore tui, ne verbosius ad te loquens, plura reprehendenda transmittam : et ut sanctæ menti tuæ simpliciter fatear, uno ad Occidentem navigandi tempore, tantæ a me simul epistolæ flagitantur, ut si cuncta ad singulas velim rescribere, occurrere nequeam. Unde

(*e*) *Alias* 153. *Scripta paulo post superiorem.*
(*f*) Breviores hæ litteræ videntur intercidisse.

accidit, ut omissa compositione verborum et scribentium sollicitudine, dictem quidquid **534** in buccam venerit; et amicum te tantum meorum dictorum, non judicem considerem.

2. Duas quæstiunculas tuæ litteræ præferebant. Unam, Quare sit a Deo induratum cor Pharaonis (*Exod.* 4. 7. 10. 14) ; et Apostolus dixerit : *Non volentis, neque currentis; sed miserentis est Dei* (*Rom.* 9. 16), et cætera, quæ liberum videntur tollere arbitrium (*a*). Alteram, Quomodo sancti sint, qui de fidelibus, id est, baptizatis nascuntur : cum sine dono gratiæ postea acceptæ et custoditæ, salvi esse non possint.

3. *Libri* περὶ Ἀρχῶν *Latine redditi.* — Primæ in libris περὶ Ἀρχῶν, quos nuper, Pammachio nostro jubente, interpretatus sum, Origenes fortissime respondet : quo detentus opere, implere non potui quod promiseram tibi, et Danielem nostrum rursum comperendinavi. Et quidem quamvis mei amantissimi et egregii viri Pammachii, tamen unius voluntatem in tempus aliud distulissem, nisi omnis pene fraternitas de Urbe eadem postulasset, asserens multos periclitari, et perversis dogmatibus acquiescere. Unde necessitate compulsus sum transferre libros, in quibus mali plus, quam boni est : et hanc servare mensuram, ut nec adderem quid, nec demerem, Græcamque fidem Latina integritate servarem. Quorum exemplaria a supradicto fratre poteris mutuari : licet tibi Græca sufficiant; et non debeas turbidos nostri ingenioli rivulos quærere, qui de ipsis fontibus bibis.

4. *Quo animo legendus Origenes.* — Præterea quia docto viro loquor, et tam divinis Scripturis, quam sæculi litteris erudito, illud dignationem tuam admonitam volo, ne me putes in modum rustici Balatronis cuncta Origenis reprobare quæ scripsit : quod in me criminantur (*b*) ἀκαιροσπουδασταί ejus : et quasi (*c*) Dionysium Philosophum arguant, subito mutasse sententiam : sed tantum prava dogmata repudiare. Scio enim æquali maledicto eos subjacere, qui bona mala dicunt, et ill s qui mala bona judicant : qui faciunt amarum dulce, et dulce amarum (*Isai.* 5). Aut quæ est tanta pertinacia, sic laudare alicujus doctrinam, ut sequare blasphemiam?

5. De secundo problemate tuo, Tertullianus in libris de Monogamia disseruit, **535** asserens, sanctos dici fidelium filios, quod quasi candidati sint fidei, et nullis idololatriæ sordibus polluantur. Simulque considera, quod et vasa sacra in tabernaculo legi-

mus, et cætera quæ ad ritum cæremoniarum pertinent : cum utique sancta esse non possint, nisi ea quæ sentiunt et venerantur Deum. Idioma igitur Scripturarum est, ut interdum sanctos pro mundis et purificatis atque expiatis nominent : sicut et Bethsabee sanctificata scribitur ab immunditia sua : et ipsum Templum, Sanctuarium nominatur.

6. Obsecro te, ne tacito mentis judicio, me aut vanitatis arguas, aut falsitatis. Testis est enim mihi conscientiæ meæ Deus, quod ab ipso procinctu et (*d*) interpretationis exordio supradicta necessitas me retraxit ; et scis ipse non bene fieri, quod occupato animo fiat. Pileolum textura breve, caritate latissimum, senili capiti confovendo, libenter accepi, et munere et muneris auctore lætatus.

EPISTOLA (1) LXXXVI (*e*).

AD THEOPHILUM.

Laudat prudentiam Theophili, cujus opera victa est factio Origenistarum.

BEATISSIMO PAPÆ THEOPHILO HIERONYMUS.

1. Nuper tuæ Beatitudinis percepi scripta, emendantia vetus silentium, et me ad solitum officium provocantia. Unde licet per sanctos fratres, Priscum et Eubulum, tuus ad nos sermo cessaverit : tamen quia vidimus illos zelo fidei concitatos, raptim Palæstinæ lustrasse regiones, et dispersos regulos (*Basiliscos*) usque ad suas latebras persecutos, breviter scribimus, quod totus mundus exultet, et in tuis victoriis glorietur (*f*) : erectumque Alexandriæ vexillum crucis, et adversus hæresim trophæa fulgentia, gaudens populorum turba prospectet. Macte virtute, macte zelo fidei, OSTENDISTI, quod hucusque taciturnitas dispensatio fuit, non consensus. Libere enim Reverentiæ tuæ loquor. Dolebamus te nimium esse patientem, et ignorantes magistri gubernacula, gestiebamus in interitum perditorum (*g*). Sed, ut video, exaltasti manum diu, et suspendisti plagam, ut ferires fortius. Super susceptione cujusdam non debes contra urbis hujus dolere (*h*) Pontificem : quia nihil tuis litteris præcepisti, et temerarium fuit de eo quod nesciebat, ferre sententiam : tamen reor illum, nec audere, nec velle te in aliquo lædere.

(*a*) Huic alteri quæstioni occasionem dat Pauli locus 1. ad Corinth. cap. VII. v. 13. « Sanctificatus est enim vir infidelis per mulierem fidelem, *et e contra*; alioquin filii nostri immundi essent, nunc autem sancti sunt. »

(*b*) Factiosos homines, quos suppresso nomine ἀκαιροσπουδαστάς, id est *fautores intempestivos.* Hieron. vocat, dum studiosus nonnemo Ruffinum, ejusque discipulos esse opinatus, etam Græcum vocabulum non assequentium, substituit *Calpurnius Lanarius et discipuli*, quæ postea lectio editos libros pervasit, donec ex Græcarum litterarum vestigiis verum lectionem Martianæus restituit, quam nostri quoque Mss. confirmant.

(*c*) Dionysius Heracleotes, qui quod magistros subinde mutasset, **et a Stoicis ad Cyrenaicos defecisset**, etiam μεταπτιπως, et *Desertor* cognominatus est.

(*d*) Interpretationem vocat, non ipsam e Chaldaico versionem, quam ante sex annos expleverat, et Romam miserat, ut ex Epistola ad Pammachium 51. colligitur; sed i, s s in Danielem Commentarios, quos Paulino promiserat, et post aliquot annos absolvit, iisdemque Pammachio et Marcellæ inscripsit.

(*e*) Alias 79. Script : *ex.* 101.

(*f*) Duo probæ notæ Mss. *erectumque vexillum* [*exandrinæ crucis adversus hæresim*], etc. Verius forte crucis vocabulum omittit. Mediolanensis liber, cui concinit Epiphanius et jj. mox sublænta ad liter. *ut super altare Ecclesiæ Alexandrinæ contra Origenem vexillum poneret.*

(*g*) Idem Mediolanen. *Sed ideo ia exaltasti manum*, etc.

(*h*) Sunt qui non Joannem Jerosolymitanum, sed Chrysostomum notari putent. At unum quemdam susceptum dicit Hier. Chrysostomus vero quinquagintasimum suscepit; et verba *hujus urbis* non longe dissitam Cplim facile designant, sed Jerosolymam, in cujus vicinia hæc scribebat.

(1) Recole chronicas posteriores notas a ! sex istas epistolas LXXXV. ad XCI. in Præfatione.

EPISTOLA LXXXVII (a)
Theophili ad Hieronymum.

Nuntiat expulsos e Nitriæ monasteriis Origenistas, hortaturque, si qui alii decepti sunt, ut emendet.

Dilectissimo et amantissimo fratri HIERONYMO Presbytero THEOPHILUS Episcopus.

« Sanctus Episcopus Agatho, cum dilectissimo Diacono Athanasio in ecclesiastica directus est causa : quam cum didiceris, non ambigo quin nostrum studium probes, et in Ecclesiæ victoria glorieris. Namque Origenis hæresim in monasteriis Nitriæ quidam nequam et furiosi homines serere et fundare [*al.* fundere] cupientes, Prophetica falce succisi sunt. Quia recordati sumus commonentis Apostoli : » Argue eos severe (*Tit.* 2. 15). « Festina igitur et tu, partem hujus præmii recepturus, deceptos (b) quosque congruis Scripturarum emendare sermonibus. Optamus, si fieri potest, in diebus nostris catholicam fidem, et Ecclesiæ regulas cum subjectis nobis populis custodire, et omnes novas sophæ doctrinas. »

EPISTOLA LXXXVIII (c)
Ad Theophilum.

Respondet superiori, laudatque Theophilum, per quem non solum Ægyptus et Syria, sed et Italia omnis liberata sit ab hæresi.

BEATISSIMO PAPÆ THEOPHILO HIERONYMUS.

Duplicem mihi gratiam Beatitudinis tuæ litteræ præstiterunt : quod et sanctos et venerabiles Agathonem Episcopum, et Diaconum Athanasium **537** habuerint portitores : et adversum sceleratissimam hæresim, zelum fidei demonstrarint. Vox Beatitudinis tuæ in toto orbe pertonuit, (d) et cunctis Christi Ecclesiis lætantibus, diaboli venena siluere. Nequaquam amplius antiquus serpens sibilat; sed contortus et evisceratus, in cavernarum tenebris delitescens, solem clarum ferre non sustinet. (e) Equidem super hac re, et antequam scriberes, ad Occidentem Epistolas miseram, ex parte hæreticorum strophas, meæ linguæ hominibus indicans. Ex dispensatione Dei factum puto, ut eodem tempore tu quoque ad (f) Anastasium Papam scriberes, et nostram, dum ignoras, sententiam roborares. (g) Verum a te nunc admoniti, magis studium accommodabimus, ut hic et procul simplices ab errore revocemus. Nec timeamus subire odia quorumdam ; nec enim debemus hominibus placere, sed Deo : quanquam ardentius ab illis defendatur hæresis, quam a nobis oppugnetur. Simulque obsecro : ut si qua Synodica habes, ad me dirigas : quo possim tanti Pontificis auctoritate firmatus, liberius et confidentius pro Christo ora reserare. Vincentius Presbyter ante biduum, quam hanc Epistolam darem, de Urbe venit, et suppliciter te salutat, crebroque sermone concelebrat, Romam et totam (h) pene Italiam tuis post Christum Epistolis liberatam. Adnitere ergo, Papa amantissime atque beatissime, et per omnem occasionem ad Occidentales Episcopos scribe, ut mala germina, acuta, ut ipse significas, succidere falce non cessent.

EPISTOLA LXXXIX (i)
Theophili ad Hieronymum.

Monet, explosos Origenistas, ut occultos, si qui sunt Palæstinæ, insectetur.

Domino dilectissimo et amantissimo fratri HIERONYMO, presbytero THEOPHILUS Episcopus.

« Didici, quod et sanctitas tua noverit, Theodorum Monachum, ejusque studium **538** comprobavi: quia cum a nobis Romam navigaturus exiret, noluit ante proficisci, nisi te sanctos fratres qui tecum sunt in Monasterio, quasi sua viscera amplexaretur et invisceret. Quem cum susceperis, pro Ecclesiæ tranquillitate lætare. Vidit enim cuncta Nitriæ Monasteria, et referre potest continentiam et mansuetudinem Monachorum : quomodo extinctis et fugatis Origenis sectatoribus, pax Ecclesiæ reddita sit, et disciplina Domini conservetur. Atque utinam apud vos quoque deponerent hypocrisim, qui occulte dicuntur subruere veritatem : de quibus non bene sentientes, in iis regionibus (j) fratres, hæc me scribere provocarunt. Quamobrem cavete, et effugite hujuscemodi homines, juxta quod scriptum est : *Si quis non affert ad vos Ecclesiasticam fidem, huic nec ave dixeritis* (2 *Joan.* 2).[10] Quanquam ex superfluo faciam, hæc tibi scribere, (k) qui errantes potes ab errore revocare ; TAMEN NIHIL nocet, et prudentes et eruditos viros pro sollicitudine fidei commoneri. Omnes fratres qui tecum sunt, nomine meo salutari volo. »

EPISTOLA XC (l).
Theophili ad Epiphanium.

Hortatur Epiphanium, ut modis omnibus adnitatur, quo convocata Synodo, Origenistarum hæresis publica auctoritate damnetur ; simulque illi a se scriptam Synodicam mittit.

(m) Domino dilectissimo fratri, et coepiscopo EPIPHANIO THEOPHILUS.

« Dominus qui locutus est ad Prophetam : « Ecce constitui te hodie super gentes et regna, eradicare, et suffodere, et disperdere, et rursum ædificare ac

---

(a) *Alias* 69. *Scripta hoc an.* 400.
(b) Ex Vatic. olim Reginæ Ms. 212. voces *congruis Scripturarum* supplevimus, quæ in editis deerant. Alii Mss., probæ etiam notæ *quoque* habent pro *quosque*.
(c) *Alias* 71. Scripta Paulo post superiorem.
(d) Haud incongrue Ambrosian. *Et in cunctis Christi Ecclesiis latentis Diaboli venena siluerunt.*
(e) Editi, *qui equidem* : melius Mss. *et quidem*, sed placuit sequi Ambrosianum.
(f) Hujus Rom. Pontificis epistolam autea ineditam, quam ille ad Simplicianum scripsit, *Conventus Theophili litteris*, quas heic Hieronymus memorat, in fine hujus classis exhibemus. Mss. plerique *Athanasium* perperam vocant.
(g) Regin. exempl. *a te commoniti*, et *accommodavimus*.

(h) Adverbium *pene* plerique alii editi omittunt. Mox Ambrosianus, *Papa beatissime*, et rursus *ad occidentales compresbyteros scribe*.
(i) *Alias* 72. *Scripta hoc anno* 400.
(j) Innuit, quas accepit a Palæstinis Episcopis Synodicas litteras, quas publici juris paulo infra nos facimus.
(k) Ambrosian. *qui potes et alios ab errore*, etc.
(l) *Alias* 67. *Scripta post med. an.* 400.
(m) Inscriptionem, quæ in recentioribus editis desideratur, ex antiquiori sumpsimus.

plantare (*Jerem.* 1. 10), » singulis temporibus eamdem Ecclesiæ suæ largitur gratiam : ut integrum (*a*) corpus conservetur, et in nullo hæreticorum dogmatum venena prævaleant. Quod quidem nunc videmus expletum. Nam Ecclesia Christi, « quæ non habet maculam, neque rugam, aut aliquid istinsmodi » (*Ephes.* 5.) **539** egredientes de cavernis suis Origenis colubros evangelico ense truncavit : et (*b*) secundum Nitriæ monachorum agmen, contagione pestifera liberavit. Pauca ergo ex his quæ gesta sunt, (*c*) in generali Epistola, quam ad omnes in commune direxi, prout patiebatur angustia temporis, comprehendi. Dignationis tuæ est, quæ in hujuscemodi certaminibus sæpe ante nos pugnavit, et positos in prælio consolari, et congregare totius insulæ Episcopos ; ac synodicas litteras, tam ad nos, quam ad (*d*) Constantinopolitanæ urbis Episcopum, et si quos alios putaveris, mittere : ut consensu omnium, et ipse Origenes nominatim, et hæresis nefaria condemnetur. Didici [al.*Dicis*] enim quod calumniatores veræ fidei, (*e*) Ammonius, Eusebius, et Euthymius, novo pro hæresi furore bacchantes, Constantinopolim navigarint, ut et novos, si quos valuerint, decipiant : et veteribus suæ impietatis sociis conjugantur. Curæ igitur tuæ sit, ut cunctis Episcopis per Isauriam atque Pamphiliam, et cæterarum provinciarum, quæ in vicino sunt, rei ordinem pandas : et nostram, si dignum putas, Epistolam subjicias, ut omnes uno spiritu congregati, cum virtute Domini nostri Jesu Christi tradamus eos Satanæ in interitum impietatis, quæ possidet eos. Et ut celerius (*f*) nostra Constantinopolim scripta perveniant, mitte industrium virum, et aliquem de Clericis, sicut et nos de ipsis Nitriæ monasteriis patres monachorum cum aliis sanctis et continentissimis viris misimus, qui possint cunctos in præsenti docere quæ gesta sunt ; et super omnia qua sumus, ut impensas ad Dominum fundas preces, quo possimus etiam in isto certamine victoriam consequi ; non enim parva lætitia, et in Alexandria et per totam Ægyptum populorum corda pervasit, ex quo pauci homines ejecti sunt, ut purum corpus Ecclesiæ permaneret. Saluto fratres qui tecum sunt. Te plebs quæ nobiscum est, in Domino salutat. »

EPISTOLA XCI (*g*)

EPIPHANII AD HIERONYMUM.

Nuntiat, Origenistarum factionem opera Theophili damnatam : atque exemplar Epist. Synodicæ ad eum mittens, hortatur, ut quos adversus cum hæresim scripsisset libros, in vulgus edat.

Domino amantissimo filio ac fratri HIERONYMO Presbytero, EPIPHANIUS in Domino salutem.

540 (*h*) « Generalis Epistola, quæ ad omnes Catholicos scripta est, ad te proprie pertinet, qui zelum fidei adversus cunctas hæreses habens, Origenis proprie, et Apollinarii (*i*) discipulis adversaris : quorum venenatas radices, et in altum defixam impietatem omnipotens Deus protraxit in medium, ut in Alexandria proditæ, in toto orbe arescerent. Scito enim, fili carissime, Amalech usque ad stirpem esse deletum, et in monte Raphidim erectum trophæum crucis. Etenim quomodo porrectis in altum Moysi manibus, vincebat Israel (*Exod*. 17), sic Dominus confortavit famulum suum Theophilum, ut super altare Ecclesiæ Alexandrinæ, contra Origenem vexillum poneret ; et impleretur in eo quod dicitur : Scribe *signum hoc, quia delebo funditus* Origenis hæresim a facie terræ cum ipso *Amalech*. « Et ne videar eadem rursus iterare, et prolixiorem Epistolam texere, (*j*) ipsa ad vos scripta direxi, ut scire possitis, quæ nobis scripserit ; et quantum boni ultimæ ætati meæ concesserit Dominus, ut quod semper clamabam, tanti Pontificis testimonio probaretur. Jam autem puto et te aliquid operis edidisse, et juxta priorem (*k*) Epistolam, qua te super hac re fueram cohortatus, elimasse librum, quem tuæ linguæ homines legant. Audio enim et ad Occidentem quorumdam hominum naufragia pervenisse ; qui non contenti perditione sua, volunt plures mortis habere participes ; QUASI MULTITUDO peccantium scelus minuat ; et non numerositate lignorum, major gehennæ flamma succrescat. Sanctos fratres, qui tecum sunt in Monasterio Domino servientes, et tecum et per te plurimum salutamus. »

(*l*) EPISTOLA XCII (*m*).

SEU THEOPHILI SYNODICA AD EPISCOPOS PALÆSTINOS, ET AD CYPRIOS.

(*h*) Theophili Synodica epistola, quam Hieronymus Latine explicavit, nos ex Ambrosiano Ms. subnectimus.
(*i*) Conciuimus Mediolan. *discipulos adversaris*, et mox *omnipotens protraxit in medium*.
(*j*) Antea erat satis obscure atque ineleganter *ipsam ad vos scriptam*, ut ad *epistolam* referretur ; quod ex Mediolanens. emendamus.
(*k*) Hæc hodie Epistola non habetur.
(*l*) antea inedita *scripta an*. 400. *mense Septembri*.
(*m*) Prodit nunc primum ex antiquissimo Mediolanensi Ms. Ambrosianæ Bibliothecæ olim Sancti Columbani Bobiensis, qui littera H. et numero 59. Prænotatur, atque omnia ferme Origenianæ causæ ac damnationis continet monumenta, quæ a Theophilo, Epiphanio, Hieronymo aliisque conscripta sunt. Hæc vero ipsa Synodica epistola alteri Theophili ejusdem ad Epiphanium, quæ hæc in Hieronymianarum ordine locum XC. tenet, subnectitur. Atque illa quidem juncta Synodicæ isti fuit, simulque ad Saturninum Episcopum missa, unde et luculentissimum ex ipso Theophili ore de hac petitur testimonium, quod est hujusmodi « Pauca ex his quæ gesta sunt, in GENERALI EPISTOLA, quam ad omnes in commune direxi, prout patiebatur angustia temporis, comprehendi. » Porro alia, eaque alterius anni puta superioris 399. est Synodica illa nomine *Episcoporum Ægypti atque Alexandriæ adversus Origenis do-*

(*a*) Fugientes Ambrosiani Codicis ob vetustatem litteræ præferre nobis visæ sunt, *ut integrum cor per scientiam conservetur*.
(*b*) Ad hunc modum editi pariter et Mss. *secundum*; nullus nunc dubitet quin *secundum* legendum sit.
(*c*) Haud bene plerique Mss : *in tali epistola* ; quippe Generalem, sive Synodicam designat, quam a Hieronymo Latine versam, supra a dea inedita mox subnectemus.
(*e*) Iterum Ambrosian. *ad sanctum cujusve urbis Episcopum*, qui tum erat Joannes Chrysostomus, quem Theophilus acriter persecutus est.
(*e*) Antiose in editis antea erat *Eutimius* : tres autem istos Origenistas de nomine sugillat Hier. epist. ad Ctesiphont. e. 2.
(*f*) Mss. duo *vestra* præferunt pro *nostra* : et Mox *mitte aliquem industrium de Clericis tuis, sicut*, etc.
(*g*) alias 75. *Scripta sub finem anni* 400.

De Origenianæ hæreseos damnatione (a) *a S. Hieronymo latine reddita.*

541 Nuntiat convocatos in Alexandrina Synodo Episcopos contra quosdam Nitriæ Monachos impie furentes pro Origenis hæresi : cujus errores præcipuos singillatim enumerans, damnatos a Patribus fuisse uno ore significat. Tum dolet factiosos homines sibi vim fecisse, ut Isidorum Presbyterum hæreticæ impietatis ducem, aliorumque criminum reum Episcoporum judicio eriperent. Denique exsecratus iterum Origenis doctrinam, cunctis Ecclesiis sub anathematis nota auctor est, eam, ejusque asseclas ne recipiant.

(b) Hæc epistola uniformis ad PALÆSTINOS, et CYPRIOS Episcopos missa est. Utriusque principia tulimus.

542 AD PALÆSTINOS.

Dominis dilectissimis fratribus et coepiscopis (c) *EULOGIO,* (d) *JOANNI,* (e) *ZEBIANO, AUXENTIO,* (f) *DIONYSIO, GENNADIO, ZENONI, THEUDOSIO,* (g) *DICTERIO, (h) POR-*

PHYRIO, SATURNINO, (i) *ALANI, PAULO,* (j) *AMMONIO, HELIANO, alteri PAULO, EUSEBIO, et omnibus, qui in Æliæ* (k) *Encæniis congregati sunt, Catholicis Episcopis Theophilus in Domino salutem.*

Dicit ad CYPRIOS.

Dominis dilectissimis, et fratribus, et coepiscopis (l) *EPIPHANIO, MARCIANO, AGAPETO, BOETHIO, HELPIDIO, EUTASIO, NORBANO, MACEDONIO, ARISTONI, ZENONI, ASIATICO, HERACLIDI, alteri ZENONI, KIRIACO, APHRODITO, Theophilus in Domino salutem.*

543 1. Arbitror quod ante nostras litteras velox ad vos fama pertulerit, quosdam in monasteriis Nitriæ (m) Origenis hæresim serere, et Monachorum purissimum cœtum potione turbida propinare. Quamobrem compulsi sumus ad ipsa loca (n) pertimescentes Sanctorum precibus, et maxime Patrum et Presbyterorum, qui præsunt monasteriis, ne dum nos ire cessamus, ii, qui prurientibus blandiuntur auribus, simplicium corda perverterent. (o) Quorum nobilitas in scelere est, et tam rabidus furor ad omne facinus, quod imperitia superbiaque suggesserit, ut præcipites ruant, nec intelligant mensuram suam, sed apud semetipsos sapientes, qui fons errori est, maximos (p) putantes se quod non sunt. Denique in tantum

corruperit Latinus amanuensis. Erat enim Eleutherius per id temporis Jerichuntinus Episcopus, cujus in Luciani Presbyteri epistola de revelatione S. Stephani martyris mentio est.

(h) Videtur Gazensis ille clarissimus, qui *Marnæ templo lugere indictam*, ut Hieronymi verbis utamur, coegit. Duos tamen Porphyrios Episcopos, qui simul Palæstinæ Synodo interfuerint, meminit Augustinus, hic citato ex tra Julianum; nec satis proinde constat, quinam e duobus iste dicendus sit.

(i) Archetypi scripturam expressimus; sed fortasse ti INO, sive aliud huic simile nomen Episcopi, scribendum est.

(j) Idem forte, qui *Ammonianus* apud S. Augustinum lib. contra Julianum appellatur; nam et Ms. Vaticani ejus operis *ammonium* vocant.

(k) Encœniorum, sive Dedicationis Jerosolymitani templi dies primus erat XIV. Septembris, quod a Nicephoro lib. 8. Histor. cap. 10. proditum est.

(l) Salaminæ Cypri Episcopus sanctitate et scriptis etiam contra Origenis errores, nulli non cognitus. Cætera nomina tantum ad rectam scripturam subinde reducta sunt, neque enim quas etiam obtinerent Ecclesias, indicare æque fuit expeditum.

(m) Antiquarius ad libri oram *Origenis libros, vel scripta*. Nempe cum in apographo pridem esset cum præpositione *in hæresim*, quod librarii est mendum, ille explicare conatus est, ac si diceret, *in hæresim adstruendam*. Porro qui Nitriam montem incolebant, Monachos, quique etiam ex Sceti regiuncula Scetini dicti sunt, primos Origenismi veneno fuisse imbutos notum ex Niceta Thesaur. Orthodox. fidei l. 4. Hæres. 51. e quibus præcipuos Dioscorum, Ammonium, Eusebium, Euthymium, germanos fratres, hæc sub quorumdam nomine a Theophilo damni, non dubium est.

(n) Iterum marginali antiqua nota additur, *transire vel pergere*. Sed forte compulimus legendum est pro *compulsi sumus*, aut certe illud *pertinescentes* loco movendum est, ac voci *monasteriis* postponendum, quo sensus perspicuus sit.

(o) Haud aliter Hieronymus ipse contra Helvidium non longe a fine : *Nobilis es factus in scelere*. Et contra Rufin. Apolog. l. c. 1. *ignotus prius temeritate factus es nobilis*.

(p) Malim *putent :c*. Sed hujusmodi paragrammata, quæ scabarum vitio irrepsisse non dubium est, sicubi religiose a nobis repræsentatur, ipse per se Lector nullo negotio emendabit.

---

ctrinam scripta, ex qua Græca quædam fragmenta recitat Justinianus epist. ad Menam; nec proinde cum nostra hac confundenda, qui tamen error hactenus apud eruditos obtinuit.

(a) Id. præter ea quæ in Præfatione congessimus argumenta, probat suæ ipse fidei jussor Hieronymus, tum superiori epistola 88. ut i ad Theophilum *Obscero te*, inquit, « ut si qui Synodica h dies, ad me dirigas, quo possim sancti Pontificis auctoritate firmatus liberius, et confidentius pro Christo era resecare : « tum vero incendiatissime in Apologetico contra Rufinum l. 3. u.i : *tuos*, inquit, *SYNODICAS, et vasch dea ejus* (Theo, laha) *epistolas contra Origenem illiusque discipulos... per hoc ferme biennium interpretatus sum, et in ædificationem Ecclesiæ legendas nostræ linguæ hominibus dedi*.

(b) Sic in ipso archetypo lascivitur, ex quo religiosissime omnia repræsentamus. Nimirum id egerat Theophilus, ut Episcoporum synodum in Cypro cogeret Epiphanius, qua Origenes damnaretur. Socrates lib. VI. cap. 10. ex Valesii interpretatione. « Episcoporum quoque Synodum in Cypro ab eodem (Epiphanio) fieri curavit, qua Origenis libri condemnarentur. Epiphanius vero ob singularem pietatem summa mansuetudine prædictis, Theophili litteris facile inductus est; collectoque Episcoporum totius insulæ Concilio lectionem librorum Origenis prohibuit. » Quibus, ut notet post Synodum Constantiæ ab Epiphanio, celebratam hanc fuisse Alexandrinam a Theophilo, subdit, « Theophilus itaque cum Epiphanium pietatis nomine celeberrimum in suam sententiam pertraxisset, rem sibi ex voto succedere animadvertens, suam in majorem fiduciam, plures Episcopos convocavit ; et libros Origenis qui ante ducentos annos mortem oppetierat, eadem qua Epiphanius condemnationis sententia percellit. » Socratem sequitur Sozomenus, utrumque autem inerito castigat Valesius quod ordinem temporum perverterint, quod ex hac ipsa Synodica luculentius constabit. Fallitur autem ipsa etiam Valesius, qui Synodicam anno 399. adscribit.

(c) Cæsariæ Palestinæ Episcopus et jam inde a Nicæno Concilio totius Palæstinæ metropolita, atque adeo Joanni Jerosolymorum præpositus ad hoc usque tempora, nam aliter tulerunt sequiora. Vid. Synodi Diospolitanæ fragmentum apud Augustinum lib. I. cap. 5. contra Julianum ; est enim hic idem Eulogius, qui Pelagium in judicium accersivit.

(d) Jerosolymorum Episcopus longe notissimus in hac ipsa Origeniana causa, et præcipue Hieronymi contra eum scriptis.

(e) Aliter *Zebinus*, et *Zebenus* scribitur ; tum apud S. Augustinum libro citato contra Julianum cap. 5. num. 19. *Zoboenus*, et in Vaticanus ejus operis Mss. *Zoboemius*. Erat Eleutheropolis Episcopus, cui tradit Sozomenus veneranda sanctorum Prophetarum Abacuc, et Michææ lipsana divinitus revelata.

(f) Liddensem, sive Diospolitanum Episcopum fuisse, ex ejus Epistola, sive responso, quod infra adnectimus hunc ipsi Synodicæ, semel ac primum intelligimus.

(g) Sic equidem ex semesis Ms. litteris nomen expressimus : at non immerito suspicamur *Eleutherium* substitui debere pro *Dicterio* isto, aut *Decterio*, quod nomen facile

prœrumpentes dementiam [Mss. *tanta dementia*], ut (*a*) in se verterent manus, et propria ferro membra truncarent; putantes stultæ cogitationis arbitrio, hinc religiosos et humiles se probari, si mutilata fronte, et sectis auribus incederent. E quibus et unus linguæ partem (*b*) medicus amputavit, ut ignorantibus quoque ostenderet, quam timide Dei jura servaret [Mss. *servarent et monstrarent*] eloquii, **544** quanto furore pectoris æstuaret. Quos quia reperi cum quibusdam peregrinis, qui in Ægypto parumper habitant, ad (*c*) vestram provinciam transmigrasse, et homines pauperes, gratia et pecuniis inescatos, qui debuerant manu et labore victum quærere, ut impleatur in eis quod scriptum est, « In circuitu impii (*d*) ambulabunt » (*Ps.* 11. 19), velle in similitudinem Judæorum prius igne consumi, quam Origenis videre scripta damnari: quodammodo proclamantes, « Posuimus mendacium spem nostram, et mendacio protegamur » (*Isai.* 28. 19. *juxta LXX*): ne forte et in illis partibus plebis [Ms. *plebs*] et Monachorum turbent animos, et qui debuerant pro scelere correpti agere pœnitentiam, (*e*) nitantur contra nos, et mendaciorum cuniculis subvertant veritatem; justissimum duxi scribere Sanctitati vestræ, et breviter nuntiare, quod e vicino Episcopis congregatis, qui prope implerent numerum Synodi (*f*) perrexerim

(*a*) Hujusmodi furoris exempla passim occurrunt in Donatistarum historia. De Origenistis vero præter istud Theophili testimonium, unus, quod sciamus tradit Guido Perpinianus Carmelita sæculi decimi quarti ineuntis scriptor *Summa de Hæresibus*, in Origeniana, ubi hæc ipsa recitat verba, *quod propria ferro membra truncarent, ut humiles haberentur, et religiosi*. Videtur quidem ille jocularis quodam errore ex aliis Theophili verbis rem expressisse, quibus nempe in epistola ad Epiphanium heic 90. Origenis colubros se evangelico ense truncasse jactat. Fortasse tamen, ut ea ferebant tempora, luculentissimum testimonium leviter ille attigit, ut ex ingenio liberius exaggeraret. Cæterum prolæ notum hanc illi fuisse Synodicam, tum modo recitata verba facile persuadent, tum etiam quod subsequentem Palæstinorum Antistitum responsionem, ut infra ostendemus, aliquot locis exs ripsit. Hoc autem qualecumque est momentum, ad hujus epistolæ germanitatem, atque historiam constabiliendam velim accedat.

(*b*) *Lege mordicus, quod est dentibus amputavit*. Heic vero proprie Ammonium suggillat, qui ne Episcopus fieret, aurem truncavit sibi, et cum nihilominus pro Episcopo invitus postularetur, linguam sibi dentibus amputaturum fore, minatus est.

(*c*) Ii vero Constantinopolim contendebant, et secum quos habebant peregrinos socios, quinquaginta Palladius numerat. In superiori quoque e, istola ad Epiphanium, quæ huic eidem Synodicæ juncta est, *vidici*, inquit, *quod catumnitores veræ fidei monachos, Eusebios, et Enthymius novo pro hæresi furore bucchantes, Constantinopolim navigarint, ut et novos, si quos valuerint, decipiant, et veteribus suæ impietatis sociis conjungantur*. Traducit autem Palladius, ac Sozomenus illuc profectos Origenistas, postquam eodem missos a Theophilo legatos acre, issent, quod Baronius negat ad an. 400. cap. 61. fretus Chrysostomi integritate, qui eos nunquam peregrinæ communionis excepisset, si Theophileæ legati Synodi Alexanhriæ litteras istas ad se prius detulisset. Qua in re nihil pro certo videtur posse constitui: nisi melis Baronii, ac jamdem veterum auctoritate præponderari; certe cum hæc Theophilus scriberet, quo hæretici tenderent, ignorabat. Mox pro *habitant*, facile rescribendum est *habitar rent*.

(*d*) Vitiose erat in apographio *cob lebat*, quod emendare non dubitavimus ex Græco πορεύσονται, quod est veterum Interpretum, et Chrysostomus notat, imo i, se etiam Hieronymus latine vertit. Tum alteram *et particulam*, quæ sensum turbabat, expunximus.

(*e*) In Ms. erat *ntantur* sæpe obvio lapsu, pro *nitantur*.

(*f*) Ex Ms. notis haud facile constituitur *proprie* ne sit legendum, an *prope*. Utcumque sit, antcactis plenioribus

Nitriam: et coram multis Patribus, qui de tota pene Ægypto convolaverunt, lecti sunt libri Origenis, in quibus impio labore sudavit et consensu omnium condemnati.

2. *Errores Origenis*. Nam cum legeretur volumen περὶ Ἀρχῶν, quem nos *de Principiis* possumus **545** dicere, in quibus scriptum est quod (*g*) Filius nobis comparatus, sit veritas, Patri conlatus, mendacium: Et rursum, Quantum differt Paulus et Petrus a Salvatore, tanto Salvator minor est Patre: Et iterum, Christi regnum finietur aliquando, (*h*) et Diabolus cunctis peccatorum sordibus liberatus, æquo honore decorabitur, et cum Christo subjicietur: Et in alio libro, qui (*i*) *de Oratione* inscribitur: Non debemus orare Filium, sed solum Patrem, nec Patrem cum Filio, (*j*) obturavimus aures nostras, et tam Orige-

fuisse hanc Synodum notat, et quæ proprie numerum Episcoporum impleret; nam, quod Sulpitius Severus narrat Dialog. 1. num. 3. « Alexandriæ fœda inter Episcopos, atque Monachos certamina gerebantur, ex ea occasione, quia congregati in unum SÆPIUS Sacerdotes, FREQUENTIBUS decrevisse Synodis videbantur, ne quis Origenis libros legeret, aut haberet. » E contra hanc unam, proprie Synodum, memorat Prosper in Chronico Imperiali ad annum Honorii septimum, post Theodosium Magnum imperantis. « Contentio ex Doctrina Origenis Synodum apud Alexandriam movit, cujus exstitit sententia, ut extra ecclesiam fieret, quicumque supradicti viri opera probavisset. » Paulo post *perrexerim* maluimus in textu pro eo quod in Ms. videtur esse *perrexerint*.

(*g*) Præcipua isthæc Origenianæ hæreseos blasphemia depravatissime in Ambrosiano archetypo sic legitur, *quod Filius nobis comparatus est*. *Veritate, pati conlatus mendacium*. Emendavimus ex Hieron. epist. ad Avitum cap. 1. ubi illud impugnat dictum ab Origene « Filium quantum ad Patrem, non esse veritatem, quantum ad nos, esse imaginariam veritatem. Planissime vero ex Augustino de Hæres. ad Quodvultdeum Hæres. 43. « Dicit præterea Origenes, quod Filius Dei sanctis hominibus comparatus, sit veritas, Patri conlatus, mendacium. » Paria sunt, quæ ex Palæstinorum Antistitum sequenti epistola (quod et supra innuimus, estque imprimis adnotandum) in summa de Hæresibus exscribit contra Origenistas Guido Perpinianus: « Quod Filius nobis comparatus, sit veritas, Patri conlatus, mendacium; et quod Petrus et Paulus ad Salvatorem, hoc est Unigenitus Filius, et Deus Verbum comparatus Patri, » Hæc porro Origenes περὶ ἀρχῶν lib. 1. c. 2. dixerit, quæ Rufinus artificiosa interpretatione ita obduxit: « Imago ergo est invisibilis Dei Patris Salvator noster, quantum ad ipsum quidem Patrem, veritas, quantum autem ad nos, quibus revelat Patrem, imago est, per quam cognoscimus Patrem. » Est autem e re nostra, quod heic subinde notantur Origenis placita, ex Theophilo iterum, Hieronymo, aliisque ejus causæ scriptoribus expendere, quo et clarius enucleentur, et de monimenti hujus sinceritate, facta locorum comparatione, certissime constet. Interim nec omittendum, istud in archetypi alba lemma notari, *in quibus dictis vel prædicationibus Origenis hæresis condemnatur*.

(*h*) Compendiaria scriptione erat in Ms. *abls*, ex qua *Diabolus* omnino excudendum erat. Sæpe autem Hieronymus, Theophilus, Epiphanius hunc de Diaboli resipiscentia errorem Origeni exprobrant; quod adductis testimoniis explicare non oportet. Item quod finiendum Christi regnum post rerum omnium ἀποκατάστασιν senserit, passim illi crimini dant idem Patres, et Augustinus contra Priscillianistas, et Justinianus epist. ad quintam Synodum quam Cedrenus refert, ut alios omittamus. Nam, quod dociss. Huetius monet, in iis qui nunc exstant Origenis libris, nullus suppetit locus, unde tam diræ criminationis fides accedat.

(*i*) Mendose erat in archety, o uno verso *decoratione*, tum *scribitur*. Notissimus porro est περὶ εὐχῆς Adamantii liber a l Ambrosia.u et Tatianum. Accusationem vero istam *Non esse orandum Filium, neque et un Filio Patrem*, aliâ urget Theophil. Pasch. 1. ex eoque Hieronymus, et Augustinus ad Quodvultdeum Hæres. 43.

(*j*) Veterum iste Christianorum mos erat, si quando impium aliquid, et a fide Catholica alienum audirent, subito aures obturare. Clarissimum habes exemplum lib. 2. Recognit. Clementis. Sed præcipue ad rem nostram Hier. contra Rufinum l. 1. « **Lectis, inquit, nuper Papæ Theo-**

nem, quam discipulos ejus consona voce damnavimus, ne modicum fermentum totam massam corrumperet (1. *Cor.* 5. 6; *et Gal.* 5. 9). Quid loquar de resurrectione mortuorum, in qua perspicue blasphemat, et dicit, quod (*a*) post multos sæculorum recursus corpora nostra paulatim redigantur in nihilum, et in auram tenuem dissolvantur; ac ne parvum hoc putaremus, adjecit : Resurgens corpus non solum corruptibile, sed mortale erit. Ut scilicet Dominus atque Salvator frustra destruxerit Zabulum, qui mortis habebat imperium; siquidem et post resurrectionem corruptio, et mortalitas in nihilum resolutis corporibus dominatur humanis. (*b*) De Angelis quoque temeraria aliqua confinxit, ut cuncta in cœlo ministeria servitutis Dei non sint in cœlo creata, sed diversis lapsibus et ruinis varia officiorum sortiti sunt nomina; causasque veteres præcessisse, quibus creverint, vel decreverint. Et inter hæc quasi doloris impatiens, clamante populo. «Quæ sursum est Jerusalem, libera est,» nihil in ea purum, nihil a vitiis liberum et perpetua securum virtute contendit. Non stetit hæc tenus profana de Angelis disputatio, sed proficiens in scelere : (*c*) Sicut Dæmones, inquit, odore hostiarum, assidentes aris Gentilium pascebantur, ita et Angeli sanguine victimarum, quas spiritualium typus immolat Israel, fumo thymiamatis delectati, versabantur prope altaria, et hujuscemodi alebantur cibis. Quis non putet eum nihil ultra invenire potuisse, in quod mens vesana corrueret? Præscientiam quoque futurorum, quæ soli Domino nota est (*d*) stellarum motibus tribuit, ut ex earum cursu, et varietate formarum, Dæmones futura cognoscant, et vel gant aliqua, vel ab his agenda demandent. Ex quo perspicuum est, eum Idololatriam, et Astrologiam, et varias Ethnicorum fraudolenta [Ms. *fraudolentiæ*] divinationis præstigias approbare.

3. Hæc et hujuscemodi sub nomine Monachorum quidam sentientes, et docentes in monasteriis versabantur. Cumque indigne ferrent, auctoribus tanti mali cum suo errore damnari, quosdam inopes et servos spe gulæ sollicitatos suo junxere comitatui, (*e*) et facto cuneo, sedenti in Alexandria vim facere conati sunt; volentes causam (*f*) Isidori, quem nos propter verecundiam, et Ecclesiæ disciplinam Episcoporum judicio servabamus proferre in medium, et auribus ethnicorum dicta [Ms. *dicta*] pudenda ingerere, ut seditio et turbæ contra Ecclesiam miscerentur; quorum consilia destruxit Deus, sicut Achitophel (2 *Reg* 15). Omnis autem conatus eorum hic erat, ut sub nomine Isidori, hæresim defenderent; qui multis Episcopis propter (*g*) varias causas a communi-

(*d*) Videndus Augustin. lib. 5. de Civit. Dei, cap. 1. ubi istud Origenis confutat dogma; et Eusebius, qui Præparat. Evang. lib. 6. ejusdem Adamantii fragmentum Commentarior. in Genesim tom. 3. exhibet, ubi as.ris luturorum inesse significationem affirmat. Sed hæc jamdiu invaluerat in Origenem accusatio, quod dixisset, effectricem gerendarum rerum astronomiam, ut ex anonymo Apologiæ ejus auctore apud Photium cod. 117. constat.

(*e*) Sæpius Theophilo illata vis est, ut quam proprie hæc doleat, ex ejus historia affirmare, non sit expeditum. Omnium est illa notissima, quam Cassian. collat. 10. c. 2. narrat, Ægyptios nempe Monachos cum Theophili offerentur o, hatione, qua Deum incorporeum esse certis argumentis adstruebat in Paschali quadam epistola, facta manu advolasse Alexandriam, ut eum interficerent, quos ille ambiguo hoc dicto compescuit : *sic ego vos vidi, quasi faciem Dei.* Verius tamen illud nunc queritur, quod Georgius Alex. in Vit. Chrysostom. et Symeon Metaphrast. in ejusdem vita tradunt, extorres ex Ægypto Monachos tot tantisque Theophili persecutionibus profectos, ita miserabili suo habitu plebem commovisse, ut hæc Episco, um latitantem ad necem depoceret, vixque Præsidis adhortationibus sedari tandem potuerit.

(*f*) Erat hic Presbyter Alexandrinus ac Monachus pridem Theophilo carus, sed postea quibusdam de causis, quas infra expendemus, miro odio habitus. Hunc studio partium, ut suo venire solet, alii cum Palladio in Lausiacis impense laudant, alii suggillant atque insectantur. Hieron. contra Joan. Jerosolym. ad Pammach. « Iste Isidorus, qui in cœlum tuis laudibus tollitur, id ipsum infamatur Alexandriæ, quod tu Jerosolymæ, ex quo non legatus advenisse videtur, sed socius. » Hallucinantur vero anonymus vitæ Chrysostomi scriptor, tum Symeon Metaphrastes, qui hunc cum Isidoro Pelusiota confundunt, nisi forte iste quoque Pelusio fuit, cum Alexandrinus tamen vulgo audiat. Et Isidorus quidem Pelusiota Theophilum graviter coarguit, epist. 152. quod Joannem Chrysostomum inque ilt persecutus, « cum inimicitiam, inquit, et odium adversus hominem mihi cognominem propriæ perversitatis occasionem reperisset. »

(*g*) Causæ, ob quas exularit ab Ecclesia Isidorus, ejusque in ensus fuerit Theophilus, a, ud ejus quoque ævi scriptores incertæ ac leves perhibentur. Refert Soz menus narratum a multis, quod admissam a Petro Alexandrinæ Ecclesiæ Archi-presbytero quæstus gratia ad mysteriorum communionem mulierem quamdam Manichæismo infectam, priusquam hæresim ejuraret, Isidorus testimonio suo confirmabat, id ex Theophili sententia Pulchenio fecisse : quare utrumque ex Ecclesia expulerit Theophilus. Sed aliter a viro cum Nitriensibus Monachis conversari solito accepisse se dicit. Duas nempe causas habuisse Theophilum, cur Isidorum insectaretur, alteram illi et Petro communem, quod testificari recusassent Theophili sororem hæredem fuisse scriptam; alteram Isidoro peculiarem, quod cum pauperum curam gereret, erogatas in eorum usus pecunias, Theo-

---

(*a*) Hieronymus quoque epist. ad Avitum cap. 1. ab Origene pronuntiatum tradit, « Corporales substantias penitus dilapsuras, aut certe in fine omnium hoc esse futura corpora, quod nunc est æther, et cœlum, et si quod aliud corpus sincerius, et purius intelligi potest : » quibus addit : « Quod cum ita sit, quid de resurrectione sentiat, perspicuum est. » Tum ipse Theophilus Paschali 1. « Inter cætera etiam resurrectionem a mortuis, quæ spes salutis nostræ est, ita corrumpit, et violat, ut audeat dicere, corpora nostra rursum corruptioni, et morti subjacentia suscitari : »et) ostea : » Dicit corpora, quæ resurgunt, post multa sæcula in nihilum dissolvenda, nec futura aliquid, nisi cum de cœlorum mansioni ac animæ ad inferiora dilapsæ indiguerint nobis (lego novis) quæ aliæ rursum fiant, prioribus omnino deletis : *tum infra* : Quod si, ut falso putat Origenes, non solum corru, tibile, sed et mortale corpus est suscitandum, ergo unum atque idem corruptio, et incorruptio. »

(*b*) In Proœmio περὶ ἀρχῶν hæc de Angelis constituerat, licet ex Ruffini interpretatione subinde emolliantur, manifeste autem Origenis dogma prodit Leontius Byzantinus in Scholiis Act. 10. ubi a diaboli lapsu, συνεξέστησαν, inquit, αὐτῷ πᾶσαι αἱ ἄλλαι δυνάμεις, καὶ οἱ μὲν πάνυ ἁμαρτήσαντες, δαίμονες, ἐγένοντο· οἱ δὲ ἔλαττον ἀγγέλοι· οἱ δὲ ἔτι ἔλαττον ἀρχάγγελοι, καὶ οὕτως ἕκαστος ἐκαστου ὁρᾷ τὴν οἰκείαν ἁμαρτίαν ἀκόλουθα. » Desciverunt autem cum illo omnes aliæ Virtutes, et quæ plus peccaverant, Dæmones evaserunt, quæ minus, Angeli, quæ adhuc minus Archangeli, et ita consequenter unusquisque pro peccati sui merito accepit. »

(*c*) Libro 3. contra Celsum, ubi δαιμόνια, dixit, καὶ περὶ τὰς θυσίας, καὶ τὰ αἵματα, καὶ τὰς ἀπὸ τῶν αἱμάτων ἀποῤῥοφὰς κυλινδούμενα, « Dæmones circa hostias et sanguinem, et circa sanguinis halitus pædoremque continuo versari : «tum lib. 7. fumo thymiamatis, et sanguinum atque holocaustorum odore nutriri, » atque iterum l. 8. et latius in Protreptico ad Martyrium. At de bonis Angelis eadem docuisse haud scimus, nisi si in περὶ ἀρχῶν libro dixerit, quæ Ruffinus callide dissimulaverit. Vide quæ adnotavimus in epist. 21 ad Damasum num. 2.

nione Sanctorum fuerat separatus. Interim mulier, et filius ejus adolescens ab his producitur in medium, et in loco urbis celeberrimo, (a) quem ni fallor Genium vocant, collocantur. Clamitant quidquid in nostram invidiam esse credebant, Gentilium contra nos populos concitantes, ea quæ aures Infidelium libenter audirent. Inter quæ et destructionis (b) Serapii, et aliorum (1) Idolorum, eos qui in fugam admonentes, vociferantur. Non sic in jura templorum in Nitriæ monasteriis. Hæc **549** autem universa faciebant, putantes sic turbas jungi Infidelium, et Isidorum Episcoporum judicio eripi; ne cum (c) matre audiretur, et puero, et nobis invidiam concitarent, qui volebamus eum, præsentibus Clericis, et fideli populo in Ecclesia, patienter audiri, et servari in persona ejus cum omni timore Dei, et mansuetudine Ecclesiasticam regulam. Neque enim inimici ejus sumus, nec in aliqua re tam illum, quam paucos servos atque fugitivos, qui ejus negotii socii sunt, læsimus; sed Dei timorem et normam rigoris Evangelici (d) familiaritati pristinæ et necessitudini prætulimus [Ms. *pertulimus*]. Qui cum accersitus esset ad quæstionem coram Episcopis, et omni clero negotium dicere [Ms. *diceret*], et crebrius vocaretur ad causam, cœpit subterfugere, et differre diem ex die : illa vi-

delicet spe, ut multorum sermo narrabat, quod paulatim mulieris silentium redimeret. Et hoc faciens, sanctorum fratrum animos vulnerabat. Quis enim ambigit [Ms. *abigit*], fiduciam bonæ esse conscientiæ; fugam autem, et dissimulationem, ut parcius loquar, et aperte proferam quod sentio, apud plerosque genus confessionis judicari? Præsertim cum grave ei mulier datis libellis crimen impingeret, et hoc per populos jactaretur, illum magnopere agere, ut quolibet potius genere, quam Episcoporum judicio res finem acciperet. Quæ mulier, ignorante me, amicorum ejus studio, et in albo [Ms. *alvo*] viduarum descripta est, ut refrigeriis eleemosynæ dolorem vulneris solaretur. Quod postquam a quodam Diacono didici, qui intrepidus nuntiabat, mulierem scriptam in viduarum numero, ut tacerem, quod objecerat : **550** illico per multos Isidoro indicem prodidi, et monui, ut Episcoporum se judicio præpararet, muliere dumtaxat a cæterarum consortio separata, donec causæ videremus eventum. Neque enim fas erat, eam Ecclesiæ opibus sustentari, quæ tantum crimen aut dixisset temere, aut tacuisset. Iste est signifer hæreticæ factionis. Hoc utuntur duce vel locupletissimo si, quos in exordio epistolæ descripsimus : qui possit præbere cibos, et peregrinationis eorum incommoda sustentare. Ubi furor, et cædes necessariæ sunt, nullius alterius indigent auxilio; ubi expensæ et sumptus varii, nihil largitore accommodatius.

4. Dolent contra me, atque insaniunt, quare solitudines, et habitacula Monachorum, in quibus sancta conversatio est, non permiserim impiis Origenis dogmatibus pollui. E quibus ut cætera prætermittam (e) in libris Resurrectionis, quos [Ms. *quod*] scripsit ad Ambrosium, dialecticum morem imitans disputandi, in quo sciscitatio est, atque responsio, artis magicæ prædicator his verbis est. (f) Ars magica non mihi videtur alicujus rei subsistentis vocabulum [Ms. *vocabulo*], sed etsi sit, nequaquam est operis mali, nec quod haberi possit contemptui. Quæ dicens, perspicue Domino contradicit, qui loquitur per Prophetam, *Sta nunc in incantationibus tuis, in multis veneficiis* [Ms. *beneficiis*] *tuis, quæ didicisti ab adolescentia tua, si possint tibi prodesse. Laborasti in consiliis tuis : stent Astrologi cœli, et salvum* [Ms. *salvam*] *te faciant*, (g) qui

---

philo in exstruendis templis absumere volenti, dare renuisset. Simile quid habet Palladius in Vita Chrysostomi. Verum quæ heic Alexandrinus Episcopus ingerit de muliere, et puero adolescente, deque datis contra Isidorum libellis, et inflicto vulnere speciem longe aliam præferunt. Revera Palladius in Dialogo intentatam dixit Isidoro abs Theophilo accusationem longe gravissimam; ut ipse qui accusabat, enormia scelera, quæ ille admiserat, verbis exprimere non auderet.

(a) Hæc interpretem sapiunt magis quam auctorem; haud enim poterat de loci nomine Theophilus dubitare loqui. Est autem, ut videtur, ξένιον, *Xenion*, locus ubi hospites convenirent.

(b) Celeberrimum totius Ethnici orbis templum Serapidis erat Alexandriæ, quod Dionysius Jovis Sinopitæ vocat, et magnifice describit,

Ἔνθα Σινωπίτας Διὸς μεγάλοιο μέλαθρον
Χρυσῷ τιμήεντι κεκασμένον· οὐκ ἂν ἐκεῖνο
Νηὸν ἐν ἀνθρώποισι θνητέρον ἄλλον ἴδοις.

Vide Eustathium in hunc locum. Sed heic apud Auctorem nostrum turbatus est sensus verbis *qui in fugam*, quorum loco scribendum facile videretur *qui in nos fuerent*, vel *qui nos fugarent*, aut *eorumque fugæ*, scilicet *Idolorum*, aut tandem, *neque in f. qua admonentes*.

(c) Re, ostium, quod in archetypo erat, *matre*, pro quo antea, *muliere* legebamus. Vide Palladium in Vita Chrysostomi cap. vi. p. 21, ubi corrupto minimis puero, ejusque matre, Sodomitici criminis reum Isidorum, iniquissime egisse, Theophilus dicitur.

(d) Impense enim Isidorum antea amaverat Episcopus Alexandrinus, et beneficiis devinxerat sibi, ut etiam post Nectarii obitum ad Constantinopolitanam sedem illum evehere modis omnibus studuisset.

(1) Legendum omnino videtur *Idoliorum* pro *Idolorum*, etenim Ethnicæ superstitionis hostis acerrimus Theophilus fuit, ejusque *Idolia* sive templa passim subvertit, præcipue vero illud Serapidis Alexandriæ. Eunapius in Vita Ædesii ab Evagrio Præfecto Ægypti, et Romano comite rei militaris egregiam operam præstitam fuisse illi Antistiti ad illud evertendum tradit : Καὶ τὰ περὶ τὸν Κάνωπον ἱερὰ ταυτὶ τοῦτο ἐπαχον, Θεοδοσίου μὲν τότε βασιλεύοντος, Θεοφίλου δὲ προστατοῦντος, Εὐαγρίου τε τὴν πολιτικὴν ἀρχὴν ἄρχοντος, Καὶ Ῥωμανοῦ τοὺς κατ' Αἴγυπτον στρατιώτας τεταγμένων. Colligi potest circa annum 391. templum Serapidis fuisse destructum ex Theodosii lege ad Evagrium titulo *de Paganis*, sive ut Valesius notat ex Marcellini Chronico an. 389. Timasio et Promoto consulibus : atque ex Zosimo lib. 1. ubi Theodosium imperasse tradit Cynegio Præfecto Prætorio eum in Ægyptum mitteretur, ut Gentilium fana destrueret, qui in Consulatu suo an. 388. obiit, vid. Idatium in Fastis. Confer vero Pagium,

qui ad ann. 389. num. 13. Valesium hac super re impugnat.
(e) Intellige *de Resurrectione dialogos duos*, quorum meminit Eusebius VI. 24. et a duobus aliis de eodem argumento libris optime distinguit Hieronymus in fragmento epist. nunc. 33. ad Paulam. Bene vero est quod hinc discimus, Ambrosio, celeberrimo nempe ἐργοδιώκτη suo fuisse ab Origene inscriptos, jamdiu enim interciderunt. Mox in archetypo erat *suscitatus* pro *sciscitatio*, quod ex ingenio nos, cogente orationis sensu, fecimus.

(f) Iisdem verbis in Paschal. 1. n. 1. Theophilus, sive ejus interpres Hieronymus : « magicis quoque artibus patrocinium tribuens Origenes, in tractatibus suis his locutus est verbis : Ars magica non mihi videtur alicujus rei subsistentis vocabulum, sed etsi sit, non est operis mali, ne quis eam habere possit contemptui. » Sic anonymus supra laudatus apud Photium inter Origenianas criminationes hanc quoque recenset, quod dixerit ὅτι οὐκ ἔστι μαγεία; et qui in eumdem Origenem paulo iniquior videtur Eustathius Antiochenus lib. de Engastrimytho.

(g) Vitiose erat in Ms. *contemplatus es*, minori numero, tum plurium, *nuntient*. Utrumque exegimus ad sacrum textum, et præcipue Græcum οἱ ὁρῶντες, etc.

contemplati sunt sidera, nuntient tibi, quid super te futurum sit (Isai. 47. 12. 13. juxta LXX). Præterea in libris περὶ Ἀρχῶν et hoc persuadere conatur, **551** quod vivens Dei (a) Sermo non assumpserit corpus humanum, et contra Apostoli vadens sententiam scripsit, Quod qui in forma Dei æqualis erat Deo (*Philip.* 2. 7), non fuerit Verbum Dei, sed anima de cœlesti regione descendens, et se de forma æternæ majestatis evacuans, humanum corpus assumpserit. Quæ dicens Joanni apertissime contradicit scribenti, et *Verbum caro factum est* (*Joan.* 1. 14). Nec potest anima credi Salvatoris, et non Deus Verbum, et formam, et æqualitatem paternæ majestatis habuisse. In alias quoque impietates furibundus exsultat [Ms. *exaltat*], volens cum, qui in consummatione sæculorum, et in destructione peccati semel passus est, Dominum nostrum Jesum Christum (b) pro Dæmonibus quoque, et spiritualibus nequitiis crucem aliquando passurum. Nec meminit Pauli scribentis, *Impossibile est, eos qui semel sunt illuminati, gustaverunt et donum cæleste, et participes sunt facti Spiritus Sancti, gustaverunt nihilominus bonum Dei Verbum virtutesque sæculi venturi, et prolapsi sunt, renovari iterum ad pœnitentiam, rursum crucifigentes sibimet ipsis Filium Dei, et ostentui habentes* (*Hebr.* 6. 6). Si hoc scire voluisset [Ms. *voluisti*], imo si non ea quæ scit, contemneret [Ms. *contemnet*], nunquam Apostolo contradicens, pro Dæmonibus quoque diceret [Ms. *dicet*], Christum passurum, et cum præberet [Ms. *præbet*] ostentui : clausa , quod legimus, aure pertransiens, *Christus resurgens a mortuis, ultra non moritur : mors ei nequaquam dominabitur. Quod enim mortuus est peccato, mortuus est semel, quod autem vivit, vivit in Domino* (*Rom.* 6. 9. 10). Hoc enim quod dicitur *semel* non secundum recipit, nec tertium : unde Apostolus sciens eum semel crucifigi, tota ad Hebræos affirmat audacia : *Hoc enim fecit semel se ipsum offerens* (*Heb.* 7. 27).

5. Ob hæc et alia plurima, de quibus scribere epistolaris sermo non patitur, condemnati sunt, et ejecti de Ecclesia; sed fatuitati juncta superbia, Episcoporum **552** judiciis contradicunt, cohæreticum suum nitentes seditione defendere, et per alienas provincias suberrantes, damnati damnatum habent ducem, et hujus operis eriguntur. Obsecro itaque vos, fratres carissimi, ut si istuc [Ms. *illuc*] veniunt, præceptis Evangelicis eos ad lacrymas provocetis. Voti nostri esse , et illos , et alios errores corrigere pœnitentia , et digne suo nomine conversantes , (c) ut qui vocantur Monachi, si tamen hoc esse cupiunt, pacem dicuntur , silentium diligant, et fidem Catholicam, quibus nihil omnino est præferendum [Ms. *perferendum*]. Sed ut audio, imitantes Zabulum, huc illucque discurrunt , et quærunt quos suis impietatibus devorent (1. *Petr.* 5. 8.) Putant enim insaniam, fidem , audaciam, fortitudinem ; et idcirco erecti in superbiam , Ecclesiasticæ prædicationi [Ms. *prædicationis*] Origenis doctrinam, quæ Idololatriæ mixta est, præferunt. Scientibus ergo fratres, et plebem quæ vobis credita est, turbare tentaverint, custodite gregem Domini, et insanos impetus eorum reprimite. Nihil eis nocuimus, nihil (d) tulimus : una causa in nos odiorum est, quod usque ad mortem parati sumus fidem defendere.

6. Cætera prætermitto , quomodo nobis necem inferre tentaverint, et quibus insidiis id machinati sunt, quando et Ecclesiam, quæ est in Monasterio Nitriæ, postquam damnati sunt, occupaverunt ; ut et nos, et plurimi nobiscum Episcopi [Ms. *plurimis* et *Episcopis*], ac Monachorum patres, et vita, et ætate venerabiles ingressu ejus prohiberentur [Ms. *prohibentur*], conductis libertinis et servis, qui propter gulam, et ventrem ad omne facinus armati sunt. Cumque opportuniora Ecclesiæ (e) quasi in obsidione urbis , tenerent loca, palmarum ramis fustes, et bacillos protegebant, ut sub pacis insignibus paratos ad cædem animos dissimularent. Et ut firmior esset factio, et promptior cuneus ad audaciam , multis **553** ingenuorum pecunias divisere, qui acceperunt, non ut sceleri consentirent , sed ut nobis (f) providerent conatus eorum , et paratas insidias panderent ad cavendum. Quod cum cerneret innumerabilis frequentia Monachorum, cœperunt omnes vociferari, et paucorum furorem consono clamore terrere , ut saltem metu Collectam fieri sinerent [Ms. *sineret*], et Ecclesiæ jura servari. Et nisi gratia Dei multitudinis impetum refrenasset, (g) evenisset aliquid, quod solet in seditionibus fieri ; in tantam enim nefarii homines temeritatem, imo insaniam præruperant, ut sanctæ quoque conversationis Monachi , et semper mansuetissimi eorum furorem sustinere non possent [Ms.

(a) Ex Græc. λόγος quod est *Verbum*. Hanc porro de anima Christi doctrinam longe absonam Hieron. execratur Theophilus in 1. Pasch. quod nempe illud Pauli Philipp. 2. 7. « Non rapinam arbitratus est, esse se æqualem Deo, sed semetipsum exinanivit , formam servi accipiens, » ad Christi animam retulerit , quam Deo æqualem crediderit , et non ipsum Verbum , sed solam ejus animam ad terrena venisse. Vide Justinianum epist. ad Menam in fine, ubi delirium istud exagitat ex libris περὶ ἀρχῶν, nam in Ruffini versione dissimulatur.

(b) Hæc rursum devoventur Paschal. 1. quod *Christum*, dixerit Origenes *pro dæmonibus , ac spiritalibus nequitiis apud superos affigendum cruci*. Et Hier. Apologet. in Ruffinum lib. 1. cap. 5. « Origeni tuo, inquit, licet Christum dicere sæpe passum, et sæpius passurum , ut quod semel profuit , semper prosit assumptum : » quæ exaggerans Epist. ad Avitum cap. 4. inde consequi ostendit, licet « ille », Origenes, « non dixerit , sicut pro hominibus homo factus est, ut homines liberaret, sic et pro salute Dæmonum , Deum futurum quod sunt ii , ad quos venturus est liberandos. » Confer , ne longiores simus testimoniis adducendis, Orosium in Commonitorio , et Severum Sulpitium Dialog. 1. cap. 1. Justinianum sæpius laudata ad Menam epistola, etc.

(c) Supple *esse*, aut verius leg. *conversari*, et vid. Paschal. II. n. 22. sub finem, ubi eadem est sententia de Monachis.

(d) Supplet locum jubemus, ac legi *nihil injuriæ intulimus*. Conjecturas nostras ipse confirmat Theophilus in Paschali altera n. 23. *Nihil eis intulimus injuriæ, nihil nocuimus*, etc.

(e) Sic ex ingenio locum emendamus , legendumque omnino constituimus, *quasi pro qui , et tenerent pro tenerentur*, quæ duo erant in archetypo librarii sphalmata, quæ sensum evertebant. Porro similimum huic locum de baculis ad dissimulandam cædem, arborum foliis contectis, habet Hier. in superioribus epistolis, qui tamen menti non occurrit.

(f) Malim scriba *præderent*, concinniori sensu.

(g) Mendose erat in Ms. duobus verbis *et venisset*.

possint]. Quæ nos omnia (*a*) Dei auribus patienter, et humiliter tulimus, providentes saluti eorum, qui contra nos hostiliter pugnabant : ita dumtaxat, ut Ecclesiasticas regulas et fidem rectam nullius amicitiis donaremus : quod potens est Dominus et nobis, et omnibus servis suis in commune concedere, ut necessitudini hominum præferamus fidei unitatem. Simulque et vos petimus, ut singuli cum populis qui vobis crediti sunt, orctis attentius, et Deum misericordiam deprecemini, quo possimus hæreticorum insidiis resistentes, habere pacem cum his, qui semper pro veritate pugnaverunt, omnesque simul coronam justitiæ præstolemur. Fratres qui vobiscum sunt, (*b*) plebs quæ mecum est, in Domino salutat.

554 (*c*) EPISTOLA XCIII (*d*)

SIVE RESPONSUM JEROSOLYMITANÆ SYNODI AD SUPERIOREM THEOPHILI. (*e*) S. HIERONYMO, UT VIDETUR, INTERPRETE.

Respondent Synodi Patres, immunem ab Origeniana, quam subinde exsecrantur hæresi, esse Palæstinam ; tamen quæcumque Theophilus in superiori Synodica damnaverat, dogmata, et personas damnare se profitentur.

Domino et honorabilissimo Episcopo THEOPHILO EULOGIUS, JOANNES, et cæteri episcopi, qui Jerosolymis in Sancta (*f*) Encæniorum die reperti sunt.

1. « Nosti, Domine, cuncta laudabiliter (*g*) peragi et ante nostras litteras, quod omnis propemodum Palæstina gratia Christi ab hæreticorum aliena sit scandalo, præter paucos, qui Apollinaris erroribus acquiescentes, noxia præceptoris sui scripta meditantur. Atque utinam (*h*) Sanctorum orationibus, non nos inquietarent (*i*) Judaici serpentes, et Samaritanorum incredibilis stultitia, atque Gentilium apertissimæ impietates, quorum turba quamplurima et ad veritatem prædicationis omnino auribus obturantes in similitudinem luporum gregem Christi circuentes, non parvas nobis [Ms. *vobis*] excubias, et laborem incutiunt, dum volumus oves Domini custodire, ne ab his dilacerentur. Et quia scripsit nobis Sanctitas tua, repertos quosdam in Ægypto, qui ex Origenis dogmatibus pestifera quædam velint introducere in Ecclesiis, et simplicium corda decipere : ideo necessarium duximus significare Sanctitudini tuæ, quod istiusmodi prædicatio a nostris auribus aliena sit. Neque enim audivimus unquam docentes, quod Christi regnum aliquando sit terminandum. **555** Absit hoc a Fidelium auribus, Gabriel Angelo loquente ad Mariam de eo qui nasciturus est Christus, atque dicente, *Regnabit super domum Jacob in æternum, et regni ejus non erit finis* (*Luc.* 1. 33). Neque, quod Zabulus cunctis peccatorum vitiis liberatus dignitatem obtineat, quam habuit antequam caderet, ita ut et ipse, et Christus sub unum Dei Patris redigantur imperium. Qui enim ita credunt, ituri sunt in tenebras, quæ præparatæ sunt Diabolo, et Angelis ejus. Quod si qui sunt, qui in suis Tractatibus tradiderunt, quod Filius nobis (*j*) comparatus, sit veritas, Patri conlatus, mendacium : et quod est, inquiunt, Petrus et Paulus (*k*) ad Salvatorem, hoc est Unigenitus Filius, et Dei Verbum, comparatus Patri : et ut breviter nostram sententiam declaremus (neque necesse est eadem rursus tractare) quicumque hoc prædicat, quæ Beatitudo tua damnanda significat, et quæ discordant ab ea fide, quam pio sensu Patres nostri in urbe Nicæna scripserunt et ipsi, et dogmata eorum sint Ecclesiæ anathema, cum Apollinare, qui contra sanctas Scripturas vadens, imperfectum hominem dicit a Domino Jesu Christo nostro esse susceptum, et non (*l*) plenam assumptionem ejus et animæ et corporis salutem datam. Nos enim insistentes Patrum vestigiis, et Scripturarum vocibus eruditi, docemus

---

(*a*) Facile scripserat Hieron. *surdis auribus*, quemadmodum jubemus legi pro *Dei auribus*, quod mendum est antiquarii, tametsi in textu non immutamus.

(*b*) Jam igitur soluto Episcoporum conventu, post aliquod tempus epistola data est.

(*c*) *At inedita. scripta paucis diebus post superiorem.*

(*d*) Prodit nunc primum ex eodem Ambrosiano exemplari, in quo post alteram Theophili Paschalem epistolam exhibetur.

(*e*) Satis probabili testimonio id collegisse nobis visi sumus ex ipsius Hieronymi verbis lib. 1. Apologet. adversus Ruffinum sub initium, ubi, « si, inquit, quidquid contra Origenem et sectatores ejus dicitur, in te dictum putas, ergo et epistolæ Papæ Theophili, et Epiphanii, ET ALIORUM EPISCOPORUM, QUAS NUPER, ipsis jubentibus TRANSTULI, te petunt, te lacerant. » Qui cuimvero alii Episcopi in Origenem, ejusque sectatores Epistolas scripsis— intelligendi sunt, quas per id temporis Hieronymus La.... explicarit, si hujusce in primis Jerosolymitanæ Synodi Patres non sunt, quorum hæ litteræ proferuntur? Accedit petitum ex indole Ambrosiani libri argumentum, qui non alias ferme continet a Hieronymianis elucubrationibus, tametsi alias proprii ingenii, alias a Græcis Latine conversas.

(*f*) Primam Encæniorum templi Jerosolymitani diem fuisse XIV. Septembris supra etiam adnotavimus ex Nicephori testimonio lib. 8. Histor. cap. 10.

(*g*) In Ms. erat *pati*, quod compendiariæ scriptionis vitiam arbitrati sumus.

(*h*) Facile in Græco fuerit, αἴτε, διὰ τῶν ὑγίων ἁγίων ὑμῶν utinam, *ob sanctorum preces*, sensu magis perspicuo.

(*i*) Id ipsum Hieronym. notat supra Epistol. 82. num. 10. *Sunt heic Judæi*, *sunt variorum dogmatum hæretici*, *et maxime impurissimi Manichæi*, etc. Porro de Samarita-

---

norum stultitia incredibili, ut Synodi Patres vocant, insignia argumenta repete ex Epiphanio hæres. IX. Philastrio, Leontio Byzantin. de Sectis Act. 11. Gregorio Magno pluribus locis, quibus adde Baronium Annal. XXXV.

(*j*) Vitiose, ut plerague alia, erat in Ambrosiano libro, *nobis sit comparatus veritate* : quod emendavimus, ut in superiori Synodica num. 3. ex his, Augustini de Hæresibus ad Quodvultdeum, « Dixit præterea Origenes, quod Filius Dei sanctis hominibus comparatus, sit veritas, Patri conlatus, mendacium, » Imo vero ex Guidone Perpiniano in Summa de Hæresibus, ubi in Origeniana hunc ipsum locum exscribens emendatiori usus apographo, legit, *quod Filius nobis comparatus sit veritas*, etc. Quod boni Scriptoris testimonium multi ea etiam de causa faciendum est, quod hanc Palæstinorum Antistitum Decretalem de nomine appellet, camque ante annos supra quadringentos noverit.

(*k*) Iterum ex Perpiniani Carmelitæ testimonio locum emaculavimus : in Ambrosiano enim archetypo vitiose erat *a Salvatore*. Verissime autem ille in suo legerat, *et quæ est Petrus et Paulus ad Salvatorem, hoc est Unigenitus Filius, et Deus Verbum* (*non* Dei Verbum) comparatus Patri.

(*l*) Ut sensus constet, sitque perspicuus, *m* litteram in fine vocum *plenam assumptionem*, dele, quam litteram sexto casui tam sæpe in Mss veteri vitiosa pronunciatione addi, ii facile norunt, qui veteres membranas aliquando consuluerunt. Nobis aliud exemplum suppeditat litteratus lapis domestici Musæoli nostri, qui Ethnicam ex una parte,

et prædicamus in Ecclesiis, et confitemur, Trinitatem increatam, æternam, unius esse in tribus subsistentiis, et in una Deitate (*a*) adorantes. Si quis autem tua Reverentia, vel propter dogmatum pravitatem, vel propter alias causas a communione sejungit, sicuti nobis indicare dignatus **556** es, scias in nostris Ecclesiis non recipiendos, donec tu pœnitentiæ eorum, si tamen voluerint damnare perversa, veniam dederis. Saluta omnes qui tecum sunt sacerdotales gradu.

(*b*) EPISTOLA XCIV (*c*)

DIONYSII AD THEOPHILUM. (*d*) A S. HIERONYMO, UT VIDETUR, LATINE REDDITA.

Theophilum continuo laudat, quod ejus opera damnata sit hæresis Origeniana, quam ut persequi ad finem usque non desinat, vehementer hortatur.

Domino Beatissimo THEOPHILO DIONYSIUS (*e*) Liddensis Episcopus.

« Bonus Deus noster, qui in conciliis sanctorum glorificatur (*Ps.* 88. 2), et amicos sibi, ac Prophetas singulis temporibus præparat, si ordinem nostræ generationis aspicias, (*f*) te, Domine frater beatissime, æmulatorem rectæ fidei suscitavit (*g*) ut et superstitionem hæreticam de Gentilium fonte manantem Apostolico rigore contereres, et humanum genus, quod multis trahitur erroribus, ac dispersum gregem Christi ad suum Pastorem reduceres; qui tempore passionis idcirco pro cunctis dedit animam suam, ut nunc possimus credentes dicere, *Vere Deus in nobis est* (1. *Cor.* 14. 25). Quis enim ita aut stultus, aut impius est, ut non confiteatur, te maximum orbi dedisse munus, (*h*) deletis sceleratissimis blasphemis [*fort. blasphemi*] Origenis discipulis, ne Ecclesia Christi ab his polluatur, quorum cancer, et insanabilis **557** lepra sic multorum corda pervasit, ut et qui simulant pœnitentiam, hæresi jungant perjurium; et nos, quos tacere cogunt, odire non desinant.

2. Confortare igitur et viriliter age (1. *Paral.* 22. 15), Dei famule, et usque in finem Origenis figmenta persequere, ne simplicium mentes sub umbra (*i*) sapientiæ blandis ejus capiantur illecebris, et fiat in corpore Christi scissuræ divisio. Omnes enim qui sapiunt, quæ sursum sunt, te Patrem, et spem, et coronam fidei alacres profitentur, quod Arii Magistrum, et (*j*) discipulum ejus Evangelico mucrone confoderis. Fratres cellulæ meæ oppido te salutant, et fratres qui tecum sunt. »

EPISTOLA XCV (*k*)

558 ANASTASII PAPÆ AD SIMPLICIANUM (*l*).

Studium Theophili, ac vigilantiam laudat, cujus litteris conventus, Simpliciano (m) Mediolanensi Episcopo denuntiat, a se quoque Origenianæ hæresi inflictum esse anathema.

Domino Fratri SIMPLICIANO, ANASTASIUS.

1. « Grandem sollicitudinem atque excubias super gregem suum pastor habere approbatur.

Christianam ex alia inscriptionem refert : et in antiquiori Ethnica legitur.
SINE ALTERITRUM. ANIMI. LESIONEM.

(*a*) Lege sodes et meo periculo, *substantiæ*, pro eo quod reliquimus ex Mss. *adorantes*. Litterarum utramque vocem componentium similitudo, quam facilius pervidebis, si eas majusculo, ut vocant, charactere descripseris, et fortasse detritæ etiam in autographo priores litteræ, imperitum librarium omnino fefellerunt. Cæterum et sensus, qui nequaquam aliter constabit, et ipsa vocula *unius*, quæ substantivum nomen, ad quod referatur, non haberet, et tandem ipsum *adorantes*, quod certum heic non est vitium, emendationem nostram non tuentur modo, sed evincunt. Porre tam insignem ac luculentam Sanctissimæ Trinitatis confessionem cum Hieronymi Epistolis XV et XVI, ad Damasum confer, et nostras quoque adnotationes in eas recole, si ta tibi sunt.

(*b*) t. *inedita. Scripta eodem tempore quo superior.*

(*c*) Superiori Palæstinorum Antistitum continuo subeissit in Ambrosiano libro, ex quo pri mum in vulgus prodit.

(*d*) Eodem adducimur argumento quo de superiori Palæstinorum epist. diximus nota *e*. Hunc quippe Liddensem Episcopum, ex eorum numero esse, facile nobis persuademus, quorum epistolas a se Latine conversas Hieronymus testimonio suo illo confirmat.

(*e*) Alio nomine *Diospolitanus*. Lucianus de revelatione corpor. S. Stephani : *Ego renuntiari*, inquit, *Episcopo, cum esset in Lidda, quæ est Diospolis.* Vide S. P. nostrum lib. contra Joannem Jerosolymitanum sub finem, ubi de isto Dionysio loquitur.

(*f*) In archetypo erat *et pro te*, ut leviora vitia dissimulemus.

(*g*) Ms. vitiosa methatesi *et ut*, et mox *reducens*, pro *reduceres*; quæ omnino imperitis librariis sunt imputanda.

(*h*) Erat *electis*, supino errore. Malim vero *ejectis*.

(*i*) Litterarum compendio scriptum erat *stiæ*.
(*j*) Origenem quidem Arii magistrum passim etiam Hieronymus vocat : et quibus de causis verissime explicat; at simul et *discipulum* dici eum, nulla ratio patitur, legendumque est omnino heic loci *discipulos*, plurium numero, ut Origenistas hæreticos notet.
(*k*) *Alias inedita scripta, ut videtur, sub initium an.* 400.
(*l*) Prodit ex eodem, quo tres superiores, Ambrosiano exemplari, in quo inter epistolam Epiphanii ad Joannem Jerosolymitanum, quæ in nostra recensione est 51, atque aliam nunc 90. Theophili ad Epiphanium, locum sortitur.
(*m*) Haud dubium, quin Mediolanensis Ecclesiæ Episcopum. Et autem nihil dissimulemus, fecit aliquando isthæc ad Simplicianum inscriptio, suspectam nobis ipsius Epistolæ germanitatem. Nimirum Theophili Synodica, ut alibi certis argumentis constitutum est, ad annum pertinet quadringentesimum : ac rursus cum Palæstinis Episc, is in Æliæ encæniis congregatis inscripta sit, encæniæ autem ejus templi in diem incidant Septembris decimam quartum, eodem mensi, iisdemque circiter diebus est adscribenda. Ejus itaque Episcopi Alexandrini litteras, quibus *conventus est*, ac de Origenis damnatione certior factus Anastasius, non potuit, ut quam citissime putaveris, ante finem ejusdem Septembris accepisse, atque exinde si ptio aliquo temporis intercedente, arrepta Eusebii occasione, scribere ad Simplicianum. Hic vero duos ferme ante menses obierat, siquidem Mediolanensis Ecclesiæ certissima monumenta XVIII. Calendas Septembris hujus utique anni exitum ejus consignant; nec facile credidi est, tamdiu ejus mortem Romanum Pontificem latuisse, ut ad eum scriberet quasi superstitem, maxime cum iisdem Ecclesiasticis tabulis, Venerium ei statim, sive initio Septembris successisse, compertum sit. Ad hæc Venerio quidem Mediolanensi Episco, o datæ Anastasii epistolæ de Origenis damnatione memorantur tum aliis, tum ab ipso auctore Anastasio, ubi ad Joannem Jerosolymitanum rescribens, simul ipsi mittere se notat epistolam ad Venerium scriptam, in qua de Origene, deque exitiosa Origeniani Libri interpretatione *diligentiori cura* sententiam tulerat. Ac Simplicianum vero nullæ unquam apud ullum ejus causæ scriptorem ex Romano Pontifice epistolæ memorantur: non a Theophilo, non ab Epiphanio; quodque his magis interest, non abs Hieronymo, qui certe non alias quam ad Venerium legit unquam, ut novit, ac frequenter ingerit adversariis, idem procul dubio atque acrius facturus antea, si datas hujuscemodi ad Simplicianum novisset, in quibus expressa Origenianæ doctrinæ damnatio est, illudque conceptis verbis *præceptum, ut illud quidquid est fidei nostræ contrarium ab Origene quondam scriptum, a nobis alienum esse debeat ac punitum.*

Similiter et (*a*) ex alta turre causa civitatis diu noctuque cautus speculator observat. Magister (*b*) pro-

Atque hæc quidem duo erant præcipua, quæ in dubitationem nos adducebant argumenta, quæ studiosis lectoribus explicare otiosum minime sit. Nam ubi rem attentius perpendimus, cum Theophili litteris *conventum* se dicit Anastasius, ut Origenem condemnaret, neutiquam illas censendas esse intelleximus, quas encyclicas Palæstinis, et Cypriis Episcopis inscripsit; et quas ad anni 400. Septembrem referendas nihil dubium est; sed priores alias easque aut privatas, aut, si mavis, ex aliquo Patrum Ægyptiorum conventu, puta illas, quas laudat Justinianus ad Menam, et superiori anno videntur tribuendæ. Hujusmodi profecto sunt, quas Hieronymus Epist. 88. ad ipsum Alexandrinum Episcopum, memorat, ubi, « dispensatione, inquit, Dei factum puto, ut eodem tempore, tu quoque ad Anastasium Papam scriberes, et nostram, dum ignoras, sententiam roborares; » quæ quidem abs Hieronymo scripta, antequam Synodicam quam nos excudimus, Latinam faceret, et ipsa epistolæ epocha, et inferior ejusdem contextus probat. Huic alterum accedit argumentum ex hac ipsa Anastasii epistola ubi *capitula blasphemiæ*, quæ cum suo pariter auctore damnat, ab Eusebio, Cremonensi videlicet, ejusdemque epistolæ portitore, accepisse se notat, non a Theophili epistolis repetit, e quibus tamen omnino repetenda erant, nisi aliæ fuissent a Synodicis his, quas edidimus. Credo enim in istis, Origenis blasphemiæ ac diligentius expenduntur, et majori cum auctoritate refutantur, quam in Eusebii indiculo, qui forte ex uno Adamantii libro, puta περὶ ἀρχῶν, ex Ruffini interpretatione compactus est ad creandam majorem interpreti invidiam.

Cæterum damus libenter, Hieronymo minime notas fuisse istas Anastasii litteras ad Simplicianum, notissimas vero illas ad Venerium. Innumeræ possent hujus ignorationis causæ adduci, quas sibi lector, ne longiores simus, facile excogitabit, effingetque ex passim obviis in historia ecclesiastica exemplis. Quanquam haud scio, satisne aperte eas ipse Hieronymus denotet his in Epist. ad Demetriadem : « Cum esses parvula, et sanctæ, ac beatæ memoriæ Anastasius Episcopus Romanam regeret ecclesiam, de Orientis partibus hæreticorum sæva tempestas simplicitatem fidei, quæ Apostoli voce laudata est, polluere et labefactare conata est. Sed vir ditissimæ paupertatis et Apostolicæ sollicitudinis *statim* noxium percussit caput, et sibilantia hydræ ora compescuit. » Quin etiam idem ipse Theophilus, ubi in Sermone ad quosdam Monachos, ut a se, ita etiam ab Anastasio damnatum Origenem testatur : « Anathematizantes Origenem, cæterosque hæreticos, exemplo nostro, et Anastasii Sanctæ Romanæ Ecclesiæ Episcopi, qui ex veteribus certaminibus clarus nobilissimi populi dux creatus est, quem et universa Occidentis Episcoporum sequitur Synodus; quæ accepit ac probavit Alexandrinorum Ecclesiæ sententiam in impium latam. » Quæ Justinianus Theophili verba in epist. ad Menam laudat.

(*a*) Uno verbo, nullo autem sensu, erat in archetypo *exultare*, quod ex ingenio emendare non dubitavimus tribus hisce verbis *ex alta turre*, quam scripturam et ipsa orationis series, et perspicui sensus necessitas postulabant. Proclive autem veteri librario fuerit, qui compendiarias exemplaris sui notas non intellexerit, unam pro tribus exscribere.

(*b*) Mirum dictu est hoc loco, tam paucis in verbis, quam multa peccata sint a veteri amanuensi : siquidem erat in Ms. *Magister hactenus navis hora tempestatis ecoris et peri-*

vidus navis **559** hora tempestatis, et periculi magnam patitur animi jactationem, ne procellis, atque asperrimis fluctibus navis elidatur in saxa. Pari animo vir sanctus et honorabilis Theophilus, frater et coepiscopus noster, circa salutis commoda non desinit vigilare, ne Dei populus per diversas Ecclesias, Origenem legendo, in magnas incurrat blasphemias. »

2. « Conventus litteris memorati, convenio Sanctitatem tuam, ut (*c*) sicuti nos in urbe Roma positi, quam princeps apostolorum statuit, et fide sua confirmavit gloriosus Petrus, ne quis contra præceptum legat hæc quæ diximus, damnavimus, et cum magnis precibus postulavimus, ut Evangeliorum instituta, quæ ex ore suo Dei et Christi docuit censura, (*d*) ab hac recedi omnino **560** non debere, sed illud in memoriam deduci quod Paulus venerabilis apostolus prædixit, atque commonuit, *Si quis vobis evangelizaverit præter quod evangelizatum est vobis, anathema sit* (*Galat.* 1. 8). Igitur hoc præceptum tenentes, illud quidquid est fidei nostræ contrarium, ab Origene quondam scriptum, indicavimus, a nobis esse alienum atque punitum. »

3. Hæc sanctitati tuæ scripsimus per Eusebium presbyterum, qui calorem fidei gestans, et amorem circa Dominum habens, (*e*) quædam capitula blasphemiæ obtulit, quæ nos non solum horruimus, et judicavimus, verum et si qua alia sunt ab Origene exposita, cum suo auctore pariter a nobis scias esse damnata. Dominus te incolumem custodiat, Domine frater, merito honorabilis. »

culo, magnam, etc. qua conjectura tantum adducti mutare ausi sumus, cum nullum esset sensus dispendium, ne hujusmodi monstris lector offenderetur. *Ecoris* vero, quod nomen nihil est, penitus expunximus.

(*c*) Illud *sicuti* adverbium pro *similiter*, sive *eodem pacto* sumitur, cujusmodi exempla apud veteres Latinos scriptores invenimus. Tunc vero pro *ut*, si et legeris, perspicue etiam sensus constabit : nam laciniosus ferme totus est textus, librariorum culpa.

(*d*) Desunt heic loci quædam, quæ amanuensium veterum oscitantia exciderunt, puta *servantur; et constituimus*, aut quid simile; nec tamen, tot adhuc mendis impedita oratione, sancti pontificis obscura mens est.

(*e*) Nimirum Cremonensis Eusebius, qui cum Romæ esset ab anno 398 Origenis libros περὶ Ἀρχῶν a Ruffino latinitate donatos, primus accusavit palam, atque inde blasphemiarum capitula excerpsit. Qui et Mediolani cum esset, per id nempe temporis, quo detulit hancce ad Simplicianum Anastasii epistolam, quandam, Ruffino præsente, recitavit ex ejus interpretatione, Origenis sententiam, quam se impugnasse idem Ruffinus l. 1. Invectivar. tradit.

QUARTA CLASSIS

COMPLECTENS EPISTOLAS AB INEUNTE ANNO 401, USQUE AD 420, SIVE **HIERONYMI VITÆ FINEM**.

EPISTOLA XCVI (*a*).

SIVE THEOPHILI ALEXANDRINI EPISCOPI (*b*) PASCHALIS ANNI 401. AD TOTIUS ÆGYPTI EPISCOPOS, A S. HIERONYMO LATINE REDDITA.

Christi divinitas maxime contra Apollinarem asseritur, tum Origenis errores plerique sigillatim proponuntur, ac refutantur; denique in proximos dilectio, ad celebrandum, ut par est, Dominicum Pascha, præcipua virtus laudatur.

561 1. Christum Jesum, Dominum gloriæ, fratres carissimi, rursum consona voce laudemus, et alacriter adorantes, et prophetæ verba complentes, inscribitur, et secundo etiam loco ponitur, cum tamen ex ipsa Chronica nota, quæ in fine habetur, ad annum spectare 401. et cæteris præcedere compertum sit.

(*a*) In aliis editionibus num. caret. Scripta init. an. 401.
(*b*) In Martianæi editione falso liber *Paschalis secundus*

S. HIERONYMI I.

(*Vingt-cinq.*)

qui dicit : *Cantate Domino hymnum novum* (*Psal.* 149); quotquot fidei perducentis ad regna cœlorum participes sumus, sanctæ solemnitatis suscipiamus adventum, et (*a*) imminentia festa totius nobiscum orbis festivitate celebremus : clamante uno de sapientibus : *Veni, comede in lætitia panem tuum, et bibe in corde bono vinum tuum, quoniam complacuerunt Deo opera tua* (*Eccl.* 9. 7). Qui enim bonorum operum sunt, et lacte infantiæ derelicto, solidioris cibi alimenta suscipiunt, divinos sensus altius intuentur, et saturati spirituali cibo, laudatorem et testem vitæ suæ habent Deum; et ad istiusmodi convivas Ecclesiastes **562** loquitur : *Omni tempore sint vestimenta tua candida, et oleum de capite tuo non deficiat* (*Eccles.* 9). Ut virtutum veste circumdati, splendorem solis imitemur, et quotidiana lectione sanctarum Scripturarum quisque infundat oleum sensui suo, et paret mentis lucernam quæ, juxta præceptum Evangelii, *luceat omnibus qui in domo sunt* (*Matth.* 5).

2. Igitur convivas tales, et qui sic passionis dominicæ festa concelebrant, æmulantes, cum sancto dicamus : *Laudabo Dominum in vita mea, psallam Deo meo, quamdiu sum* (*Psal.* 103); festinemusque ad Angelorum metropolim, quæ libera est, et nulla malitiæ sorde maculatur, in qua nec dissensiones sunt, nec ruinæ, et de altero ad alterum transmigratio, omnique voluptate calcata, et compressis luxuriæ fluctibus, qui adversum nos crebrius intumescunt, cœlestibus misceamur choris, ut jam nunc illuc mente translati, et augustiora videntes loca, simus **563** quod futuri sumus. Qua beatitudine indignos se fecere Judæi, qui Scripturæ sanctæ opibus derelictis, (*b*) et ad pauperis intelligentiæ acquiescentes magistros, hodie audiunt : *Semper errant corde* (*Psal.* 94); et nolunt, præsente Christo, dicere : *Benedictus qui venit in nomine Domini* (*Psal.* 117). Præsertim cum omni voce opera clariora, Deum illum esse testentur, et nequaquam dicere : *Hæc dicit Dominus*, sed, *Ego dico vobis* : per quæ ostendit se latorem legum, et Dominum Deum verum, et non esse unum quemlibet prophetarum.

3. Neque enim divinitatem ejus, quæ nullis locorum spatiis circumscribitur, assumptio servilis formæ poterat obscurare, nec angustia humani corporis ineffabilem (*c*) majestatis ejus terminare virtutem, quem operum magnitudo Dei filium comprobabat. Nam cum frementis maris elatos gurgites, et instar montium intumescentes, tranquillitati subitæ reddidisset, (*d*) Apostolorum navicula de naufragio liberata, et imperium præsentis Domini aquarum profunda sensissent, cumque, colluctantibus ventis, et ex omni parte fluctibus excitatis, tanta discrimina Salvatoris jussione cessassent, quasi divino spiritu afflati, qui pariter navigabant : *Vere*, inquiunt, *filius Dei es* (*Matth.* 14) : non ambigentes de divinitate, cujus magnitudinem opera loquebantur. De illo enim prophetæ vaticinium est : *Tu dominaris fortitudinis maris, et motum fluctuum ejus tu comprimis* (*Psal.* 88). Et ipse propheta canticum signat [*al. significat*], (*e*) ut non solum in verbo, sed et in virtute Deus verus, qui visus est, crederetur, excellentia operum quod latebat, ostendente. Perfectus Deus propria voluntate quidquid humanæ fuit et naturæ et conditionis assumens, absque **564** peccato duntaxat et malitia, quæ nullam habet substantiam, infans nascitur, Emmanuel adoratur, Magi de Oriente veniunt, Deum Dei filium, genu posito, confitentur : qui, et tempore passionis, pendens in cruce, solis obscurat radios, novo inauditoque miraculo divinitatis suæ exprimens magnitudinem. Et indivisus et inseparabilis, nec in duos salvatores quorumdam errore sejunctus. Unde et ad discipulos loquebatur : *Nolite vocare magistrum super terram : unus est enim magister vester Christus* (*Matth.* 23. 8). Neque enim cum hæc apostolis diceret, a corpore, quod patebat aspectui, divinitatis excellentiam separabat. Nec quando unum se Christum Dei filium testabatur, animam dividebat et carnem : non alter et alter, sed unus atque idem utrumque subsistens, Deus et homo, dum servus videtur, et dominus adoratur : siquidem in humani corporis vilitate ineffabilem celabat Deum, et rursum fragilitatem carnis divinis operibus excedebat : (*f*) et ne unus quilibet sanctorum, ut a plerisque æstimatum est, crederetur : sed ille quem et Paulus ostendere volens, scribit : *Unus Deus, unus et mediator Dei et hominum, homo Christus Jesus* : Et iterum, *Mediator autem unius non est, Deus autem unius est* (1. *Tim.* 2); quia unus Filius Patris nostrique mediator, nec æqualitatem ejus amisit, nec

---

(*a*) Sæpe antea laudatus Ambrosian. Cod. II. 39. *ut imminentes ferias totius nobiscum orbis festivitate*, etc. vitiose *enim urbis* erat in prius vulgatis.

(*b*) Iterum ex Ambrosiano Ms. locum hunc resarcimus, qui in antea editis legebatur « et paupertati intelligentiæ acquiescentes magis, usque hodie, » etc. Pauperis autem intelligentiæ nomine occidentem litteram intelligi, notum.

(*c*) Deerat *ejus* vocula, quam ex Paschalium epistolarum editione illa, quæ in Bibliotheca Patrum habetur, huic reposuimus; cujus quidem editionis cum posthac testimonio utemur, B. P. litteris designabimus; nam etsi mendis innumerabilibus scateat, tamen multa etiam et præclara verioris lectionis vestigia retinet, magnum ut nobis auxilium attulerit ad locos aliquot corrigendos. Mox *comprobat*, erat antea, pro *comprobabat*, quod ex Ambrosianis chartis accepimus.

(*d*) Facile luxatus hic locus videri possit, quem pristinæ integritati restituas, si ordine immutato legas, « et imperium præsentis Domini aquarum profunda sensissent, Apostolorum navicula de naufragio liberata; cumque, » etc.

(*e*) Habentur hæc Græce ad Concilium Ephesinum in libello S. Cyrilli Alexandrini, qui religiosissimis Reginis nuncupatus est, quæ cum Hieronymi. versione conferas. Ἵνα μὴ ἐν λόγῳ μόνῳ, ἀλλὰ καὶ ἐν δυνάμει Θεὸς ἀληθινὸς ὁ φανεὶς εἶναι πιστευθῇ τῇ τῶν δρωμένων μεγαλουργίᾳ τὴν περὶ αὐτοῦ δηλοῖ ἀσφάλειαν. πλήρης μὲν ὢν Θεὸς, αὐτοτελὴς δὲ ἐνανθρωπήσας, καὶ μετὰ ἀνυπερβλήτου ἀκριβείας κατάλληλος ἑκτὸς, πλὴν μόνης τῆς ἀκοσίας κακίας, καὶ βρέφος γὰρ γενόμενος, Ἐμμανουὴλ ὁμολογεῖτο, μάγων πρὸς αὐτὸν ἰόντων, καὶ τῆς προσκυνεῖ καὶ Θεὸν εἶναι τὸν φανέντα μόνοντα.ὅτι καὶ σαρκὶ σταυρούμενος ἡλίου σκοτίζει τὰς ἀκτῖνας, ἵνα τοῦ θαύματος τὴν οἰκείαν σαφηνίσῃ θεότητα, οὐδαμοῦ σκοριζόμενος. ἐπειτοι, ὁ δηλῶσαι τὴν σωτηρίας δύο, ἀλλὰ καὶ τῆς μαθητὰς ἔλεγε, μὴ καλέσητε διδάσκαλος ἐπὶ τῆς γῆς· εἷς γάρ ἐστιν ὑμῶν καθηγητὴς ὁ χριστός. οὐ γὰρ ὅτε τοῦτο τοῖς ἀποστόλοις παρήγγειλε, τοῦ φαινομένου σώματος, τὴν οἰκείαν διέκρινε θεότητα, οὐδὲ ὅτε χριστὸν ἑαυτὸν διεμαρτύρετο εἶναι, ψυχὴν καὶ σαρκὶ διωρίζετο· οὗτως ἄμφω τυγχάνων Θεὸς τε καὶ ἄνθρωπος, δοῦλος ὁρώμενος, κύριος γνωριζόμενος· ἐν μὲν ὀψηλῷ τῆς ἀνθρωπότητος, τὸ μὴν ὑψηλὸν τῆς θεότητος ἐκαλύπτετο· τοῖς δὲ τῆς θεότητος ἐνεργήμασιν ὑπερέκεινα φερόμενος· τὰ δὲ γε ταπεινὰ τοῦ ὁρωμένου σώματος τῇ τῆς θεότητος ὑπερφυεῖς ἐνεργείᾳ.

(*f*) Copulativa *et* particula, quæ in Latino vacat, ac sensum paulo turbat, ex Græcæ linguæ ingenio probatur. Eam tamen Ambrosian. cod. non habet, quinimo contrario sensu legit, *ut unus quilibet*.

a nostro consortio separatus est, invisibilis Deus, et visibilis homo : forma servi absconditus est, et dominus gloriæ confessione credentium comprobatur.

4. Neque enim privavit eum Pater naturæ suæ nomine, postquam pro nobis homo et pauper effectus est, nec in Jordane fluvio baptizatum altero appellavit vocabulo, sed filium unigenitum : *Tu es filius meus dilectus, (a) in quo mihi* **565** *complacui (Luc. 2)*. Nec similitudo nostra in divinitatis est mutata naturam, nec divinitas in nostræ naturæ versa est similitudinem : sed manens quod a principio erat, Deus verbum, et in se nos glorificans, non venit, juxta Jeremiam, ut diceret : *Heu mihi mater, ut quid me genuisti? virum (b) qui judicer, et discernar omni terræ : non profui, neque profuit mihi quisquam (Jerem.* 15. 10), qui libertatem donaturus advenerat : nec juxta Isaiam vociferabatur : *Væ mihi, quia cum sim homo, (c) et immunda labia habens, et in medio populi immunda labia habentis habitem, regem Dominum sabbaoth vidi oculis meis (Isai.* 6. 6). Ipse enim erat rex gloriæ, ut in vicesimo tertio Psalmo scriptum est : In patibulo victor existens, et hostilia bella compescens, ut hominem fictum ex humo cœlorum habitatorem faceret, et trophæi sui communione donaret.

5. Igitur quanquam hoc nolint, qui eum putant in alium commutatum, *Jesus Christus heri et hodie ipse est, et in æternum (Hebr.* 13. 8), nunquam habiturus regni sui finem, juxta sceleratum Origenis errorem, ne cessante regno, etiam æternitate privetur, sed coram omnibus loquens : *Ego in Patre, et Pater in me (Joan.* 11. 54). Et docere nos cupiens, quod et Pater in Filio, et Filius in Patre creaturis omnibus imperaret, et hoc ipsum roborans, inferebat : *Ego et Pater unum sumus (Joan.* 14. 11), ne quis unum suum, Patrisque regnum humanæ carnis occasione divideret. Quod si juxta Origenis insaniam aliquando amissurus est regnum Christus unigenitus Filius Dei, quomodo ipse Apostolis loquebatur : *Ego et Pater unum sumus*, non unum postea habiturus imperium? ut scilicet hic habeat gloriam, quam ibi depositurus est. Et ubi erit quod semper Filius in Patre, et Pater in Filio est, si regnum Filii non erit (d) certum ? Verum hoc qui ita se habere contendunt, si tamen non egerint pœnitentiam, pereant, et ad hos zelo fidei pietatisque commotus loquatur Moyses : *Maledictus tu in civitate, et maledictus in agro (Deut.*

28): Psalmista pariter increpante : *Deficiant peccatores de terra, et iniqui, ut ultra non subsistant (Psal.* 103).

566 6. Equidem scire non possum, qua temeritate Origenes tanta confingens, et non Scripturarum auctoritatem, sed suum errorem sequens, ausus sit cunctis in medium nocitura proferre, nec æstimaverit unquam ullum hominum fore, qui suis assertionibus contrairet, si (e) philosophorum argutias propriis tractatibus miscuisset, et a malo exordio in fabulas quasdam et deliramenta procedens, Christianum dogma ludum et jocum faceret, nequaquam divinæ doctrinæ veritate utens [al. *nitens*], sed humanæ mentis arbitrio, et in tantam, seipso magistro, intumescens superbiam, ut non imitaretur humilitatem Pauli, qui plenus Spiritu Sancto contulit cum prioribus apostolis evangelium , *Ne forte in vacuum curreret, aut cucurrisset (Gal.* 2. 2) : (f) ignorans quod dæmoniaci spiritus esset instinctus, sophismata humanarum mentium sequi, et aliquid extra Scripturarum auctoritatem putare divinum. Quiescant ergo aliquando, qui regni Christi finem somniantes , verbositatis Origenis cupiunt esse parasiti, nec cum fidelibus ambulantes, fidem quam non habent, simulent. Quin potius discant, (g) quod omnis dolus, et fraudulentia, aliud sit et aliud ostendat : ut sub virtutis specie vitia celare nitatur. Etenim cum in crucis ignominia, quam pro nobis passus est, non amiserit Christus esse *Dominus gloriæ*, juxta beatum Apostolum, clamantibus contra Judæis : *Qui destruis templum, et in triduo ædificas, salvum teipsum fac : si filius Dei es, descende de cruce (Matth.* 27); et in carne patiens, pendensque in patibulo, fortitudinem propriæ majestatis ostendit, solem de cursu quiescere faciens, et signorum magnitudine plenam fidei vocem latroni extorquens : *Memento mei, Domine, cum veneris in regnum tuum (Luc.* 23). Nunquam post resurrectionis gloriam, periturus est regnum , licet innumeros contra eum Origenes blasphemiarum lapides jactet. Aut cujus est consequentiæ, perpetuitatem regni discipulis polliceri, et dicere : *Venite, benedicti Patris mei, possidete paratum vobis regnum a constitutione mundi (Matth.* 25) : et ipsum **567** carere illo quod aliis tribuit ? vel quomodo, scribente Paulo ad Corinthios, *Absque nobis regnatis, et utinam regnaretis, ut et nos regnaremus vobiscum* (1. *Cor.* 4), intelligi poterit regnum Christi post multa tempora terminandum ? præsertim cum Joannes clamet : *Et qui desursum venit, super omnes est (Joan.* 3. 31) : Et Apostolus scribat, *Quorum Patres, et ex quibus juxta carnem Christus, qui est super omnia Deus benedictus in æternum (Rom.* 9. 5).

7. Itaque nulli dubium est, quin qui Deus perm-

(a) Idem Ambrosian. *in te mihi complacuit*. Quæ subsequuntur in Græco textu servavit Theodoretus Dialog. 2. οὐεὶ τῆς ἡμετέρας ὁμοιώσεως, πρὸς ἣν κεκενήνεμεν, εἰς θεότητος φύσιν μεταβαλλομένης, οὔτε τῆς θεότητος αὐτοῦ τρεπομένης εἰς τὴν ἡμετέραν ὁμοιότητα. μένει γὰρ ὃ ἦν ἀπ' ἀρχῆς Θεός· μένει καὶ τὴν ἡμῶν παρασκευάζων ὑπαρξιν.
(b) Penes Martianæum erat, *qui judicaret omni terræ non profuit*, etc. Nos integram, veramque Lectionem ex Ambrosiano exemplari mutuati sumus, cui assentitur etiam Græcos τοῖς LXX. ἀνδρα δικαζόμενον καὶ διακρινόμενον πάσῃ τῇ γῇ· οὔτε ὠφέλησα, οὔτε, etc. Mox alii editi, *damnaturus* pro *donaturus*, satis vitiose.
(c) Ambrosian. *cum sim homo immundus* , sacro textu , et Græco in primis renuente.
(d) Verius ex-contextu, *non erit coæternum* ? ut præfert idem Ambrosian, atque infra clarius asseritur : *Nos Christi regnum credamus æternum*, etc. Interim *hoc* voculam revocavimus.

(e) Voculam *si*, quæ superiora nectit sequentibus, eraque omnino necessaria sensus perfectioni, ex Ambrosiano Ms. et B. P. editione supplevimus.
(f) Editi, *sed ignorans*, quam adversativam particulam, unde sensus turbatur, expunximus Mss. ope ; et paulo post, eorumdem auctoritate, *putare* emendavimus pro *putaret*, quod vitiosum erat.
(g) Legimus ex Ambrosiano, mendose enim vulgati, *quod omnis fraudulentia aliud et aliud ostendat*. Infra leviora alia emendamus.

manet in æternum, simul habeat et regnum, et super ipsos quoque, quos regni possessione donavit, rex perpetuus appelletur, congruum habens divinitatis imperium, nec quicquam in se rude et novum, nisi assumptionem fragilitatis humanæ. Si enim, juxta Origenis insaniam, post multorum circulos sæculorum, Christi regnum est finiendum, consequens impietati ejus est dicere, ut et Deus esse aliquando desistat : et qui regni terminos ponit, cogitur idem de divinitate sentire, quæ perpetuitatem imperii naturaliter possidet. Quod si regnat Sermo Dei (Λόγος Θεοῦ Verbum Dei), utique Deus est, et hac ratione colligitur, quicumque tentaverit finem regno ejus imponere, ad id eum devolvi, ut Christum credere compellatur et Deum esse desinere. Sed hæc garriat magister indoctus (*a*) cum sectatoribus impiis, nos Christi regnum credamus æternum, et in solemni die cantemus cum Angelo, atque dicamus : *Regni ejus non erit finis* (*Luc.* 1. 33). Si enim unum cum Patre est, nunquam ex eo quod unum est, cessaturus est, et unio Patris et Filii nunquam dividetur in partes, (*b*) ne quod dicitur, *unum sunt*, aliquando unum esse desistat.

8. Facessant igitur stultissimi mortalium, imo *descendant in infernum viventes* (*Psal.* 54. 16), sicut Psalmista testatur, et præceptorem impietatis suæ ibi esse cernentes, clamitent ; (*c*) *Et tu captus es sicut et nos : inter nos reputatus es : descendit in infernum gloria tua*, et reliqua. Talis pastor gregis morbidi Christum ubique suggillat injuriis, et diabolum honore sustollit, dum illum adserit, purgatum vitiis atque peccatis, pristinam aliquando gloriam recepturum, et hunc regnare desistere, simulque cum diabolo sub Patris **568** imperio redigendum ; ut magis ad Origenis blasphemias, quam ad vociferationes Judæorum propheta mirabundus exclamet : (*d*) *Obstupuit cœlum super hoc, et horruit valde, dicit Dominus, eo quod duo mala fecerit* (*Jer.* 2. 12). Origenes, Christum asserens regnare desinere, et diabolum ad culmen, de quo ceciderat, ascensurum ; talem sceleris sui profundum lacum fodiens, qui aquas continere non possit : æqualem, quantum in se est, (*e*) diabolo facit Filium Dei, dum detrahit illi regni gloriam sempiternam, et imperio Patris cum subjicit cum dæmonibus. Verum istiusmodi vox impia protestatur, ut sciamus, regnum Christi esse perpetuum, ipso loquente ad discipulos suos : *Vos perseverastis mecum* (*f*) *in tentationibus meis, et ego statuo vobis testamentum æternum, ut bibatis et comedatis semper super mensam meam in regno meo* (*Luc.* 22. 28. 29). Quomodo enim impleri potest hoc, quod dicitur, *semper*, nisi perpetuum regnum sit, et nullo fine claudendum ? Quod et Magi intelligentes, versi ad pœnitentiam, studiosius percunctabantur, *Ubi est qui natus est Rex Judæorum ? vidimus enim stellam ejus in Oriente et venimus ut adoremus eum* (*Matth.* 2. 22). Magi fatentur Christum regem, et Origenes negat, dicens eum non perpetuo regnaturum, nec animadvertit se Judæorum blasphemiis similem.

9. Legimus in evangelio : cum Dominus atque Salvator fortitudinis suæ et patientiæ insigne exemplar ostendens, crucem scanderet, Pilatus inscripsit titulum, et posuit super caput ejus : *Scriptum autem erat : Jesus Nazarenus rex Judæorum* (*Joan.* 19. 19). Istum titulum multi legerunt Judæorum, qui erat scriptus Hebraice, Græce, et Latine. Dicebant ergo Pilato principes sacerdotum et Judæorum : *Noli scribere quod rex Judæorum sit, sed quod ille se dixerit regem Judæorum*. Respondit Pilatus : *Quod scripsi, scripsi* (*Ibidem.* 29). Cum ergo Pilatus nec seditione, nec precibus ad hoc potuerit adduci, ut regnum Christi de titulo tolleret : sciat Origenes absque ulla necessitate se hoc facere, quod fecerunt Judæi, ut regnum Christi æstimet terminandum. Et illi quidem in terra positum regem negabant, hic regnantem in cœlo, quantum in se est, detrahere nititur, ut accusatorem sceleris **569** sui habeat Pilatum, qui Judæis respondit : *Quod scripsi, scripsi.* Veniat et prophetalis sermo in medium, ac regnum Christi tota prædicet libertate : *Gaude filia Sion, prædica filia Jerusalem, lætare et exulta de toto corde tuo, filia Jerusalem* [al. *Israel*] : *abstulit Dominus iniquitates tuas, redemit te de manu inimicorum tuorum, rex Israel in medio tui, non videbis ultra mala* [*Soph.* 3, 14. ex *Græc.*]. Neque enim quos semel salvos fecit, iterum præcipitabit e cœlo, et dimittet juxta Origenis deliramenta et fabulas, ut rursum de sublimibus corruant. Et hoc quod dicitur, *Non videbis* [al. *videbitis*] *ultra mala*, æternæ securitatis indicium est, quod qui semel fuerint liberati, et regni cœlorum possessione perfruiti, nequaquam vitiis trahantur ad terram, nec Dei priventur auxilio, qui eis juxta eloquium prophetale, ponet murum, et circummurale, sua eos virtute circumdans. Unde et Psalmista canit : *Non commovebitur in æternum, qui habitat in Jerusalem* (*Psal.* 124). Et Dominus protestatur : *Non te dimittam, nec deseram.* Frustraque somniat ascendere animas in cœlum, et descendere, et nunc proficere, nunc ad inferiora delabi, ut per ruinas innumerabiles sæpe moriantur, et Christi passio irrita fiat. Qui enim semel pro nobis mortuus est, æternam nobis victoriæ suæ lætitiam dedit, quæ nulla vitiorum mole extenuetur [al. *tenetur*]. Nec quisquam hominum crebrius moritur, quod Origenes ausus est scribere, Stoicorum impiissimum dogma, divinarum cupiens Scripturarum auctoritate firmare.

Græc. παραρροίς. At illud in primis, *semper*, neque in Græcis, neque in Latinis exemplaribus invenitur.

(*a*) Rursum ex Ambrosiano lectionem adscivimus, cum falso excusi habeant *peccatoribus* ; neque enim peccatores in universum, sed magistri indocti sectatores impios damnare Theophili sententia est.
(*b*) Vulgati *nec quod dicitur*, et mox *desistent*.
(*c*) Ex Ezechiele hæc repeti Martian. adnotaverat, quæ in nostris exemplaribus haud ita invenias ; sed cum locus ex memoria recitaret Theophilus, sententias easdem aliis verbis retulisse credibile est.
(*d*) Ex Græco ἐξέστη ὁ οὐρανὸς ἐπὶ τούτῳ καὶ ἔφριξεν ἐπὶ πλεῖον σφόδρα, etc. aliter enim est in Vulgat. « Obstupescite cœli super hoc, et portæ ejus desolamini vehementer, » etc.
(*e*) Erat antea, *æqualem diabolum fecit Filio Dei.*
(*f*) Ms. *in tribulationibus meis, et ego statuam vobis*, etc.

10. *Christum pro Dæmonibus passurum.* — Verum quid ista memoramus? cum in tantam irruperit (*a*) vecordiam, imo dementiam, ut aliud Salvatori crimen impingat, dicens eum et pro dæmonibus ac spiritualibus nequitiis apud superos affigendum cruci. Nec intelligit in quam profundum impietatis corruat barathrum. Si enim Christus pro hominibus passus, homo factus est, ut Scripturarum testantur eloquia, consequens erit ut dicat Origenes, Et pro dæmonibus passurus, dæmon futurus est : hoc enim necessitate cogetur inferre, ne ab eo quod cœpit, discrepare videatur ; ut imitetur blasphemias Judæorum (*b*), quos semper imitatur ; et illi enim Christo similiter loquebantur : *Dæmonium habes :* **570** Et, *In Beelzebub principe dæmoniorum ejicis dæmonia* (*Luc.* 11. 15). Sed absit ut pro dæmonibus Christus passurus sit, ne et ipse dæmon fiat. Et qui hoc credunt, rursum crucifigunt, et ostentui habent Filium Dei (*Hebr.* 6. 6), qui nequaquam ut semen Abraham apprehendit, ita assumet et dæmonum [al. *Dæmonium*], ut pro illis quoque crucifigatur. Nec dæmones pro se Deum in passione cernentes, cum Propheta clamabunt : *Hic peccata nostra portavit, et pro nobis dolet.* Neque cum Isaia dicent : *Livore ejus sanati sumus* (*Isai.* 53. 4). Nec pro dæmonibus, sicut pro hominum genere, quasi ovis Christus ducetur ad victimam ; nec pro eorum salute dicetur : *Proprio Filio non pepercit* (*Jerem.* 11) ; quia nec dæmones clamabunt : *Traditus est pro peccatis nostris, et resurrexit pro justificatione nostra* (1. *Cor.* 11). Paulus quidem scribit : *Tradidi enim vobis in primis, quod et accepi, quia Christus mortuus est pro peccatis nostris, secundum Scripturas* (1. *Cor.* 15) : illas in testimonium vocans, et volens earum auctoritate firmare quod dubium est ; Origenes autem absque ullo divinæ vocis testimonio vim facere nititur veritati, et extincta lucerna, invenire eam.

11. Fautor dæmonum et non hominum, crebris calumniis lacessit Filium Dei, et denuo crucifigit, non intelligens in quam profundam et horribilem impietatis voraginem detrahatur. Consequens enim est, ut qui priora susceperit, suscipiat et quæ sequuntur : et qui (*c*) pro dæmonibus Christum dixerit crucifigi, ad ipsos quoque dicendum esse suscipiat : *Accipite et edite :* hoc est Corpus meum. Et : *Accipite, et bibite :* hic est sanguis meus (*Matth.* 26. 26). Si enim et pro dæmonibus crucifigatur, ut novorum dogmatum assertor affirmat, quod erit privilegium, aut quæ ratio, ut soli homines corpori ejus sanguinique communicent,

(*a*) Manifesto errore hucusque editi, *in tantam eruperit victoriam.* Quod nunc ex toties laudato Ms. emendamus, *vecordiam*, jamdiu olim legi oportere conjeceramus ex simili loco in Epistol. ad Evangelum, ubi eum, qui Diaconos presbyteris coæquaret, *in tantam erupisse vecordiam* mirari se profitetur.

(*b*) Integriorem sententiam, et rursus veriorem ex eodem Ms. accepimus, quam ut sui parte mulctarent veteres alii amanuenses, similium vocum *imitetur* atque *imitatur* occursus fecit. Prius enim erat imperfecto sensu, « discrepare videatur imitator Judæorum. Etenim illi Christo similiter, » etc. vel ut in aliis editis multo vitiosius, *imitatus*, *et illi similiter.*

(*c*) Vitiose penes Martian. *præ dæmonibus.* Mox verba *accipite, et edite* ex Ms. suffecimus, quæ ex sequenti contextu apertissime probantur.

et non dæmones quoque, pro quibus in passione sanguinem fuderit? Sed nec dæmones audient : « Accipite, et edite : » Et, « Accipite, et bibite ; » nec Dominus sua præcepta dissolvet, qui discipulis ait : « Nolite dare sanctum canibus, nec mittatis margaritas vestras ante porcos, ne forte conculcent eas pedibus suis, et conversi disrumpant vos (*Matth.* 7). » Nam et Apostolus scribens, « Nolo vos participes dæmonum fieri. Non potestis calicem **571** Domini bibere, et calicem dæmoniorum : non potestis mensæ Domini participari, et mensæ dæmoniorum (1. *Cor.* 10) : » per hæc impossibile esse demonstrat, dæmones de calice Domini bibere, et de mensa ejus participari. Cibus diaboli negatores Dei sunt, Abacuc loquente : *Escæ ejus electæ* (*Abac.* 1) ; cibus autem impiarum omnium execrabilis ipse diabolus, Prophetæ vaticinio concrepante : *Dedisti eum escam populis Æthiopibus* (*Psal.* 73. 14). Ex quibus omnibus approbatur, Christum pro dæmonibus non posse crucifigi, nec dæmones Corporis et Sanguinis ejus participes fiant.

12. Cum ergo et Apostolus de Salvatore significet : *Hoc enim fecit semel, seipsum offerens* (*Hebr.* 7. 27) ; et Origenes tanta confidentia illius sententiæ contradicat, tempus est illud inferre : *Terra, terra audi verbum Domini, scribe virum istum abdicatum* (*Jer.* 22). Quis enim infernus hæc mala suscipere potest? quis tartarus de rebus istiusmodi cogitare? quæ gigantum insania tam rebellis exstitit, et turrim impietatis exstruxit? quæ libido lasciviens, et dæmonum amore deperiens, sic universo (*d*) dogmati transcuenti divaricavit crura mentis suæ? quis intantum de Sodomitica vinea bibit, ut inebriatus vino furoris ejus, toto corde conciderit? quis Babyloniorum ita fluminum gurgitibus irrigatus, vivos Israel fontes reliquit? quis egrediens de Jerusalem, et Hieroboam filii Nabath imitator existens, tot errorum fabricata altaria est, et ararum profana (*e*) thura succendit (3. *Reg.* 12)? Cur Dathan et Abiron, qui minora peccarunt, non veniant ante tribunal Christi, et sui cum comparatione condemnent, qui extra Ecclesiam Salvatoris variarum doctrinarum thuribula diabolico igne complevit? Neque enim Dominus qui loquitur per Prophetam : *Ego visiones multiplicavi, et in manibus Prophetarum assimilatus sum* (*Osee* 12. 10. juxta *LXX*), adulterinas eum docuit proferre doctrinas, nec qui a principio ipsi viderunt, et ministri fuerunt verbi Dei, nec Prophetarum chorus, qui olim vocabantur *Videntes*, eum instituit : sed ipse suæ mentis arbitrio, furori dæmonum serviens, et blando cogitationum errore deceptus, gregem, et ut ita dicam, **572** examen dogmatum perversorum, per totum orbem immisit mentibus indoctorum. Iste est qui Assyriis Babyloniisque fluminibus aperuit os suum, qui navem Ecclesiæ bonarum mercium (*f*) salutaris doctrinæ plenam, flucti-

(*d*) Perperam Martianæus, aliique editi, *dogmatis :* emendantur a scriptis, ut statim post, *toto corde,* cujus loco Benedictinus, *toto orbe.*

(*e*) Vitiose iterum Benedictin. *ararum profanatura :* pro duobus verbis *profana thura,* quod habent etiam castigatiores alii ex vulgatis.

(*f*) Ambrosian. « navem bonarum mercium plenam sal-

bus operire conatus est : dum (*a*) imperitorum laude sustollitur, et Scripturarum sensum, aliter quam se habet veritas edisserens, gloriatur in confusione sua. Quis enim innumerabiles adeo et garrulos, et verbositatis atque imperitiæ plenos conscripsit libros, et infatigabili studio dies noctesque conjunxit, ut errorum monimenta dimittens, mereretur audire : *Multis itineribus tuis deceptus es?* Usus est enim duce pessimo, aura populari, et plurimis falsæ scientiæ voluminibus exaratis, ac rebelli contra Deum mente pugnans, unguento cœlestium doctrinarum saniem quamdam, et pedorem sui fœtoris immiscuit, ut rursum ad suam animam diceretur : *Immunda et famosa, et nimia iniquitatibus.* Neque enim Prophetam audire voluit commonentem : *Quare diligitis vanitatem et quæritis mendacium* (*Psal.* 4. 3) ? is qui pro dæmonibus Christum affigit cruci, ut non solum Dei et hominum, sed dæmonum quoque mediator fiat. Verum absit tam immane nefas de Salvatore credere, ut templum corporis sui, quod pro nobis suscitare dignatus est, amissurus, aliud sibi templum dæmoniacæ conditionis affigat, ut illorum quoque recepta similitudine, pro ipsis patibulum subeat.

13. Obsecro, Fratres carissimi, ut ignoscatis dolori meo, doctrinis impiis resistenti : dum enim impudentiam sectatorum ejus repercutere nitimur, compagem loricæ ipsius, et venenati pectoris fraudulentias in medium protulimus, ut illud quoque compleretur in eo : *Revelabo ignominiam tuam, et ostendam eam amatoribus tuis* (*Ezech.* 16. 36). Nam inter cætera etiam resurrectionem a mortuis, quæ spes salutis nostræ est, ita corrumpit et violat, ut audeat dicere, corpora nostra suscitatum quidem iri : sed sic ut corruptelæ rursus ac morti subjaceant. Responde mihi, o impietatis caput, quomodo, juxta Apostolum Paulum, vicerit Christus eum, qui **573** mortis habebat imperium, hoc est diabolum, si corruptibilia et mortalia iterum corpora surrectura sunt ? Quid nobis profuit Christi passio, si mors atque corruptio denuo nostra corpora possessura est ? Aut quid sibi vult Apostolus, scribens : *Sicut enim in Adam omnes moriuntur, ita in Christo omnes vivificabuntur* (1. *Cor.* 15), si resurgentibus mors sæva dominabitur ? Vel quomodo qui ista credunt, possunt ex animo dicere : *Christus Dei virtus, et Dei sapientia* (1. *Cor.* 1. 24) ? volentes illo fortiorem esse mortem, quæ suscitata ab eo corpora deletura est, nec probetur ex omni parte superata ? Verum et Origenem tam impie resistentem Christus Dominus noster, simul et mortem vicit, et diabolum, qui habebat mortis imperium, sua virtute

sis doctrinæ fluctibus operire, » etc. Forte olim *falsis* scriptum est, vel *falsæ*. Interim incongrua lectio ipsa quoque non est.

(*a*) Falso hucusque editi *imperatorum laude* pro *imperitorum*. Et Martanæus quidem Mammæam Alexandri Imperatoris matrem, quæ Origenem audiverat, ad libri oram commiscitur. Neque vero nos, plurimum apud Imperatores ipsos gratia et commendatione valuisse Origenem, inficias imus, ut ab eo causa ad Philippum ejusque conjugem literas revocantis in dubium : tantum hæc ad præsentem locum nihil attinere arbitramur ; falsamque lectionem, quæ ex ipso contextu liquet, ex Ambrosiano codice emendari voluimus.

destruxit, parato nobis in cœlo victoriarum suarum triumpho. Nec idcirco corpora suscitabit, ut rursum pereant, sed pro illorum incorruptione perpetua, mortem corruptionemque delevit.

14. Unde liberati a cunctis malis, passionis dominicæ festa celebremus, et juxta Evangelii parabolam (*Matth.* 22), cernentes a sapientia immolari tauros et altilia, vescamur fortioribus, plenisque nervorum, et pinguioribus doctrinarum cibis, ut lac infantiæ deserentes, solidiora capiamus alimenta, causamque malorum omnium fugiamus, imperitiam, quæ cum multorum diversis hæresibus vinxerit pedes, Origene maxime sui fruitur amatore, qui inter cætera ausus est dicere. Non esse orandum Filium, neque cum Filio Patrem : ac post multa sæcula Pharaonis instauravit blasphemiam, dicentis : *Quis est ut audiam vocem ejus ? nescio Dominum, et Israel non dimittam* (*Exod.* 5. 2). Nec est aliud dicere, *nescio Dominum*, quam hoc quod dicit Origenes, non est orandus Filius, quem certe Dominum (*b*) confitetur. Et quanquam ille in tam apertam proruperit blasphemiam, tamen orandus est de quo Propheta testatur, dicens : *Et adorabunt te, et in te deprecabuntur, quia in te est Deus, et absque te non est Deus* (*Isai.* 4. 5. 14). Et rursum, *Omnis qui invocaverit nomen Domini, salvus erit* (*Rom.* 10. 13). Et **574** Paulus disputans : *Quomodo*, inquit, *in vocabunt, in quem non crediderunt* (*Ibid.* v. 14) ? Oportet primum credere, quod Filius Dei sit, ut recta et consequens fiat ejus invocatio. Et quomodo orandus non est, qui non est Deus : sic e contrario, quem Deum esse constiterit, adorandus (*c*) et orandus. Unde et Stephanus, positis genibus, et obsecrans pro his qui se lapidibus obruebant, dicebat ad Filium : *Domine, ne statuas illis hoc peccatum. In nomine quoque Jesu Christi omne genu flectetur, cælestium, terrestrium, et infernorum* (*Act.* 7). Quod autem dicitur, *Genu flectetur*, sollicitæ et humillimæ orationis indicium est : Itaque nec Deum credit Origenes Filium Dei, quem non putat (*d*) orandum, et lacerat eum conviciis : cumque sibi in Scripturarum memoria blandiatur, et putet se eas intelligere, non audit contra se loquentem Moysen : *Homo qui maledixerit Deum, peccatum habebit, et qui nominaverit nomen Domini, morte morietur : lapidibus obruet eum omnis multitudo*

(*b*) Idem Ambros. *confitemur*, alio sensu. In sequenti Isaiæ textu verba *et in te deprecabuntur*, ex his Græcis sunt, καὶ ἐν σοὶ προσεύξονται, nam *in* præpositionem Vulg. respuit.

(*c*) Duo verba *et orandus* deerant in editis ; maxime autem faciunt ad Theophili mentem, ut seriei orationis attendenti constabit, eaque castigatissimus Ambrosian. liber suffecit.

(*d*) Non esse orandum Dei Filium, sed solum Patrem, nec Patrem cum Filio, eo in libro quem de Oratione inscripsit, Origenem docuisse, tradit Theophilus alibi, et potissimum in Synodica quam edidimus. Atque ille quidem Filium orari concedebat, modo tanquam Mediator, et inferiori precationis genere invocaretur ac Pater, quæ ejus fuit apertissima insania. Sed hinc Alexandrinus Episcopus sequi contendit, *ut nec Deum crediderit Origenes Filium Dei*, *quem non putat orandum ;* ac proinde constat vitiose in hucusque editis legi, *quem non putat adorandum*, neque enim id Origenes senserat, sed ex ejus tantum de Christi invocatione sententia hæc veluti erroris sequela deduci poterat. Nos germanæ lectionis **Ambrosian. exemplar** admonuit.

(*Levit.* 24. 16). At quis tantis Christum afficit contumeliis, ut hic, qui ausus est dicere, Non debet orari, cassum et inane tantum ei divinitatis nomen indulgens?

15. Verum quid necesse est in tam impiis immorari? ad alium ejus transeamus errorem. Dicit corpora quæ resurgunt, post multa sæcula in nihilum dissolvenda, nec futura aliquid, nisi cum de cœlorum mansionibus animæ ad inferiora dilapsæ indiguerint (*a*) novis, quæ alia rursum fiant, prioribus omnino deletis. Quis ista audiens, non et mente, et corpore pertremiscat? Si enim post resurrectionem corpora redigentur in nihilum, fortior erit mors secunda, quam prima : quæ delere omnino poterit substantiam corporalem. Cur Paulus scribit sic : *Mors non dominabitur illius, quod enim mortuum est peccato, mortuum est semel* (*Rom.* 6. 10) : si corpora delenda sunt penitus? Aut quomodo hoc quod dicitur *semel*, firmum erit : cum caro ab animæ consortio separata, redigenda sit in nihilum? Qua ratione rursus adjunxit? *Seminatur in corruptione, surget in incorruptione : seminatur in infirmitate, surget in virtute : seminatur in ignobilitate, resurget in gloria : seminatur corpus animale, surget corpus spirituale* (1. Cor. 15). Si enim (*b*) incorruptio in nihilum redigit, consequens fuerat dicere, corruptioni ea in perpetuum reservari, essetque fortior incorrupto corruptio. Sed absit Paulum contraria sibi scribere, et incorruptionis (*c*) et corruptionis eamdem esse naturam. Quod si, ut falso putat Origenes, non solum corruptibile, sed et mortale corpus est suscitandum, ergo unum atque idem corruptio et incorruptio, mors et vita dicentur, et eamdem habebunt in suscitatis corporibus potestatem, et nequaquam rebus, sed tantum nominibus corruptio et incorruptio, mors et vita separabuntur. Sin autem corruptibile et mortale corpus resurrecturum est, consequentius fuerat Apostolum dicere : *Seminatur in corruptione, surget in corruptione : seminatur in infirmitate, surget in infirmitate : seminatur in ignobilitate, surget in ignobilitate : seminatur corpus animale, surget corpus animale.* Quod si corruptionem, et infirmitatem, et ignobilitatem amovet a corporibus suscitatis, et dicit e contrario incorruptione, et fortitudine, et gloria corpora vestienda, et pro animali spirituale corpus esse reddendum; soluta erit mors, et in corporibus suscitatis pro morte et corruptione, immortalitas incorruptioque regnabunt : quia et ipsum corpus immortale et incorruptum resurget, ut possit permanere animæ cœternum. Igitur et Salvator pignus salutis nostris corporibus in resurrectione sui corporis tribuens, non potest credi

ultra moriturus, Apostolo in hanc sententiam congruente : *Christus resurgens ex mortuis, ultra non moritur, mors ei nequaquam dominabitur* (*Rom.* 6. 9). Nisi illius fuerit dominata, nec dominetur nostri.

16. *Artem magicam haud malam.* — Confundatur Origenes, inter cætera flagitiorum genera, quæ confingit, magicis quoque artibus patrocinium tribuens : (*d*) nam in tractatibus suis, his locutus est verbis : « Ars magica non mihi videtur alicujus rei subsistentis vocabulum, sed et si sit, non est operis mali (*e*), » ne quis habere possit contemptui. Hæc dicens utique fautorem se esse demonstrat Elymæ magi, qui Apostolis repugnavit, et Jamne atque Mambre, qui Moysi magicis artibus restiterunt. Sed nullas Origenis patrocinium habebit vires, quia Christus magorum præstigias suo delevit adventu. Respondeat novæ impietatis assertor, imo aperte audiat : Si non est malum ars magica, non erit malum et idolatria, quæ artis magicæ viribus nititur. Quod si malum est idolatria, malum erit et ars magica, ex qua subsistit idolatria. Cum autem idolatria Christi majestate deleta sit, indicat et parentem suam artem magicam secum pariter dissolutam, Propheta super hoc liquido proclamante : *Sta nunc in incantationibus tuis, et multis veneficiis tuis, quæ didicisti ab adolescentia tua, si potuerint prodesse tibi* (*Isai.* 47. 12). Cum igitur hæc Prophetarum scripta (*f*) testentur, et nullus unquam ausus sit memoriæ prodere, magorum artes inter optima quæque numerandas, leges quoque publicæ magos et maleficos puniant : scire non possum qua ratione impulsus Origenes, qui Christianum se jactat, Sedechiæ pseudoprophetæ æmulator existens, cornua sibi ferrea fecerit, quibus contra dogmata veritatis armatus incedat, nec sapiat quidquam de cœlesti Jerusalem, neque imitetur Moysen, et Daniel, Petrumque; et alios sanctos, qui contra magos et incantatores, quasi in acie stantes indefesso certamine dimicarunt. Cum quibus festæ diei ducamus choros, quod per media Babylonis pericula transeuntes, Origenis venena vitavimus [al. *vitamus*], et obedivimus Prophetæ sermonibus, imperantis : *Egredere de Babylone, qui fugis de terra Chaldæorum* (*Jer.* 50. 8), ut ingrederemur Jerusalem, in qua prædicatio veritatis est.

17. (*g*) Quanquam mendacio resistentes, passi sumus aliquid trium puerorum, qui in camino æstuantis incendii flammarum vicere naturam, tamen non prævaluit contra nos ignis Babylonius, nec capilli nostri

[*a*] Falluntur editi pariter ac Mss., qui *nobis* obtrudunt pro *novis*, nempe corporibus, quibus animæ ad inferiora dilapsæ indiguerint, prioribus in nihilum dissolutis. Apertissimum ac sæpe obvium errorem emendare ex ingenio non dubitavimus.

(*b*) Mss., *si enim corruptio corpora in nihilum redigit*; et mox *essetque fortior incorruptione corruptio*, quæ altera lectio magis probatur; alii tamen ex editis *fortior corrupto incorruptio*.

(*c*) Voces *et corruptionis*, quæ ab aliis tum vulgatis tum Mss. exciderant, supplet emendatiss. Ambrosianus.

(*d*) Pro *nam* vitiose penes Martian. erat *quam*, in aliis editis *quod*. Ambrosian. admonuit. Tractatus vero quos vocat, intellige duos *de Resurrectione dialogos*, quod ad Synodicam num. 5. notatum est nobis.

(*e*) Idem Benedictinus, *ut ne quis eam habeat contemptui* : alii editi, *ne quid habere possit contemptui*, nec displiceret, *ut ne quis haberi*, etc. Terent. in Phorm. *Ut ne quid turpe civis in se admitteret.* Interim, quam prætulimus, lectio Mss. conformior est, et Synodicæ, ubi totidem verbis isthæc Origenis sententia recitatur ex libris de Resurrectione, quos ad Ambrosium scripsit.

(*f*) Fort. olim scriptum est verius, *detestentur*. Infra leviora quædam castigamus.

(*g*) Ambrosian. *Quanquam enim, maledico resistente, passi sumus,* etc.

adusti sunt (*Dan* 3. 94), extrema videlicet ecclesiasticæ dogmata veritatis; nec saraballa mutata, quæ in protectionem animarum testimoniis Scripturæ sanctæ nobis sapientia texuit (*a*), nec odor ignis in nobis est, perversæ scientiæ flamma discurrens. Non enim acquievimus doctrinæ ejus, qui propter lapsum rationabilium creaturarum, corpora fieri suspicatur: et dicit juxta Græci sermonis etymologiam, animas idcirco vocitatas, quod calorem mentis, et in Deum ferventissimæ caritatis amiserint, ut ex frigore nomen acceperint, ne et Salvatoris animam iisdem subjacere nævis sentiremus. Solis quoque et lunæ, ac stellarum cursus, et totius mundi pulcherrimam in diversitate consonantiam non asserimus ex causis præcedentibus, variisque peccatis, et animarum vitiis accidisse : nec bonitatem Dei multo tempore præstolatam; ut non ante faceret visibiles creaturas, nisi invisibiles deliquissent. Nec vanitatem appellamus substantiam corporalem, ut ille æstimat, aliis verbis in Manichæi sectam concidens [f. *concedens*], ne et Christi corpus subjaceat vanitati, cujus edulio saturati, ruminamus quotidie verba, dicentis : *Nisi quis comederit carnem meam, et biberit Sanguinem meum, non habebit partem mecum* (*Joan*. 13). Nam si natura corporea vana est et futilis, juxta Origenis errorem, cur Christus resurrexit a mortuis? quare nostra corpora suscitabit? quid sibi vult Paulus scribens : *Si mortui non resurgent, nec Christus surrexit : si autem Christus non resurrexit, vana est fides nostra* (1. Cor. 13).

18. Ex quo perspicuum est, non corporum naturam esse vanam, sed eos credere (*b*) vanitatem, qui non putant eam resurgere, et manere perpetuam. Honorabiles quoque contemnit nuptias, negans subsistere corpora, nisi prius animæ in cœlo peccaverint, ut inde præcipitatæ, quasi quibusdam ergastulis corporum vinctæ fuerint. Et ille quidem sentiat ut vult, loquatur ut (*c*) non timet : audiat nos cum Paulo suis auribus inclamantes : *Honorabiles nuptiæ, et cubile immaculatum* (*Hebr*. 13. 4). Et quomodo immaculatum, si anima vitiis sordidata carne circumdatur? Et culpæ subjacebit Anna uxor Helcanæ semen virile postulans, ut propter desiderium mulierculæ, animæ in cœlis periclitentur, et una earum peccato (*d*) gravis labatur in terram, ac pristinam beatitudinem deserat. Nec Moyses imprecans, et dicens : *Dominus Deus vester multiplicet vos, et ecce estis hodie sicut stellæ cœli in multitudine. Dominus Deus patrum vestrorum addat vobis sicut estis, millies, et benedicat, ut locutus est* (*Deuter*. 1. 10. *et seq*) : hoc petebat ut animarum in cœlo catervæ peccantes Israelitici populi gentem conderent. Quod esse discrepans, apertissime patet, ut qui pro delicto populi precabatur : *Si dimittas peccatum hoc populo, dimitte; sin autem, dele me de libro quem scripsisti* (*Exod*. 32. 32. juxta Græcum), postulet multiplicari filios Israel (*e*), quos si noverat animarum ruinis crescere, non e contrario precaretur, ne propter vitia melioris substantiæ natura vilior conderetur. Cur David imprecatur in Psalmo : *Benedicat te Dominus ex Sion, et videas quæ bona sunt in Jerusalem omnibus diebus vitæ tuæ, et videas filios filiorum tuorum* (*Psal*. 127. 5) : si animarum (*f*) depulsione et exitio justi viri augetur genus? Et audet dicere : *Ecce sic benedicetur homo, qui timet Dominum* (*Ibid*. 4) : cum sciat animas delinquentes corporum vinculis alligari, et in hujusmodi carcere judicio Dei pœnas luere peccatorum? Quomodo Deus loquitur per Prophetam : *Si audisses præcepta mea, fuisset utique quasi fluvius pax tua, et justitia tua sicut fluctus maris, et sicut arena semen tuum, et soboles uteri tui, ut pulvis terræ* (*Isai*. 48. 18. 19. *ex Græco*)? Qui enim Dei præcepta conservant, non debent accipere præmium, animarum de cœlo ruinas, quæ ligatæ corporibus, sobolis eorum incrementa multiplicent. Si autem volunt discere, quæ sint humani generis exordia, audiant dicentem Moysen : *Tulit Deus de terra, et finxit hominem, et insufflavit in faciem ejus spiritum vitæ, et factus est homo in animam viventem* (*Gen*. 2. 7), id est, *immortalem*. Deus quoque benedicens Adam, et Evam, ait : *Crescite et multiplicamini, et replete terram* (*Gen*. 9. 1. 7).

19. Si animæ post peccatum mittuntur in terras, ut nascantur in corporibus, non erat rationis benedici Adam et Eva, cum causa peccati maledictionem potius mereretur. Denique postquam plasmavit eos, benedictionis vocibus prosecutus est : quos postea voluntate peccantes, maledictione percussit. Ex quibus colligitur nequaquam propter animarum peccata corporum (*g*) substitisse naturam. Audiant rursum dicentem : (*h*) *Ego feci terram, et hominem in ea*

(*a*) Idem *nec Origenis in nobis est perversæ scientiæ flamma discurrens* : haud quidem vere, sed ut deinde intelligas aliquid in impressa lectione desiderari, quo integer sensus sit; et vel legendum *discurrente*, vel prædicta negandi particula, *nec perversæ doctrinæ*, etc. Mox consentit S. Epiphanii epistolam ad Joan. Jerosolym. in nostra recensione 51. num. 4.

(*b*) Idem Ms. *credere vanitati, qui putant eam resurgere, et non manere perpetuam*.

(*c*) Minime arridet impressa lectio, nec tamen operam conferunt Mss. quorum Ambrosianus, *sentiat ut loquitur, ut non timet*, e quibus idoneum nihil possis extundere, nisi si illud *non timet*, eo sensu de Origene dicitur, quod semivir cum esset, sui causa animas e cœlo delabi, non timeret.

(*d*) Editi, *peccato gravi*. Maxime autem ad hunc locum, aliosque infra de animarum, cum aliquid peccassent, descensu in corpora, faciunt hæc Theophili nostri, quæ ex vetustissima catena in Genesim cod. Vat. 717. olim exscripsimus; Ὅτι οἱ δι' ἁμαρτίας οἱ ψυχαὶ, ὡς Ὠριγένει ἔδοξε, κατεβλήθησαν εἰς σώματα συμπλέχθησαν, ἐγκαλεῖται τῷ Μωσέως ῥήματι λέγοντι [fort. ἐγκαλεῖτε] τοῖς υἱοῖς Ἰσραήλ· Κύριος ὁ θεὸς ὑμῶν προσθείη ὑμᾶς σφόδρα ὡς ἐστε, χιλιοπλασίως, καὶ εὐλογήσαι ὑμᾶς καθότι ἐλάλησεν ὑμῖν. οὐδὲ γὰρ ἡ εὐλογία ἔστιν ἡ τῶν σωμάτων ποίησις ἀλλὰ κατάρα πλανωμέναις ψυχαῖς. » Ι. I constet, non ob peccatum (quod Origeni visum est) dejectas animas corporibus se implicuisse, utamur Moysis verbis dicentis ad filios Israel : Dominus Deus vester addat vobis hodie sicut estis millies, et benedicat vobis, quemadmodum vobis locutus est. Neque enim benedictio est juxta Origenem productio corporum, sed maledictio errantibus animabus. »

(*e*) Hunc locum, addita ex Ms. *si* particula, nonnihil resaremus.

(*f*) Brevius Ambrosian. *si animarum peccato justi viri augetur genus*?

(*g*) Minus congruo sensu erat, *subiisse*. Id enim hoc loco evincit, non ob animarum peccata, corporum esse productionem, eorumque, in universum maliarum subsistere, aut substitisse. Restituimus ex Ambrosiano.

(*h*) Juxta LXX. est 51. 5, sed non ita in Jeremia lege-

(*Jer.* 27. 8). Et David : *Cœlum cœli Domino, terram autem dedit filiis hominum* (*Psal.* 113). Et cessent ultra cogitationum suarum errores sequi, et Scripturarum magis auctoritate ducantur. Sicut enim qui voluptatibus enervati sunt, et quorum in pectore libido dominatur, contemplantes corporum venustatem, non quærunt morum pulchritudinem, sed membrorum; sensusque eorum prægravatus fece terrena, nihil altius intuetur : sic qui structa verborum compositione ducuntur, et capti eloquentiæ sono, non intuentur dogmatum veritatem, erubescunt errorem pristinum confiteri, et arrogantiæ tumore cæcati, nolunt esse discipuli, ne postquam correcti fuerint, prius errasse videantur.

20. Abjectis itaque Origenis malis, et Scripturarum, quæ vocantur apocryphæ [al. *apocrypha et absconditæ*], id est absconditæ, decipulis prætermissis : *Non enim in abscondito locutus sum* (*Joan.* 18. 20), ait Dominus, iterum atque iterum obsecro vos, fratres carissimi, dominicæ passionis festa celebremus, fidem conversatione decorantes (*a*), misericordia in pauperes imitemur Deum, cui nulla corporalium naturarum forma consimilis est. Habeamus in cunctis imaginem bonitatis ejus, pœnitentia emendemus errores, oremus pro inimicis, pro detractoribus obsecremus, æmulantes Moysen, qui sororis contra se loquentis culpam oratione delevit. Oleo eleemosynæ peccatorum sordes lavemus : captivorum vincula **580** nos videamur astringere, et propitium illis imprecemur Deum. Clausos carcere humanitas diurna sustentet, et his quorum corpora morbus Regius occupavit, et jugi tabe membra solvuntur, propter repositam in cœlis mercedem, sollicito ministerio serviamus. Si quando potestas judicii nobis data fuerit, et jurgantium ad nos fratrum causa delata, non sit personarum consideratio, sed rerum : corruentibus, et in tribulatione positis, nos quoque ruamus affectu. Leges normam teneant veritatis. Caritas prona sit ad misericordiam, non insulians peccantibus, sed condolens, facilis est enim lapsus ad vitia, et fragilitas conditionis humanæ quidquid cernit in alio, in se debet pertimescere. Cumque alius fuerit pro errore correptus, illius emendatio nostra sit cautio, et super omnia quasi culmen, et corona virtutum, pietas in Deum toto cordis timore servetur, execrantesque Deorum numerum, Patris et Filii et Spiritus sancti unam confiteamur indiscretamque substantiam, in qua et baptizati vitam æternam suscepimus. Et si Dei tribuerit clementia, cum Angelis merebimur dominicum Pascha celebrare, habentes Quadragesimæ exordium, ab octavo die mensis, qui secundum Ægyptios vocatur (*b*) *Phamenoth.* Et ipso præbente

rit, cum a Græcis quoque exemplaribus recedat; verum memoriæ confisus ad eum modum recitavit.
(*a*) Idem Ms. *misericordiam in pauperes impertientes, imitemur Deum.* Mox *in cunctis* ex eodem leguimus; ubi editi *in cunctos*.
(*b*) Ms. *Farmenoth.* Porro indicatur Quadragesimæ initium die quarta Martii, Hebdomas major octava Aprilis, cujus decima quarta Dominicum Pascha celebratum est, anno scilicet 401. ut ex hisce Romanorum mensium notis plane colligitur.

vires, attentius jejunemus : hebdomadæ majoris, id est Paschæ venerabilis, die tertiadecima mensis Pharmuthi fundamenta jacientes : ita duntaxat, ut juxta evangelicas traditiones finiamus jejunia intempesta nocte, octavo decimo die supradicti mensis Pharmuthi. Et altero die, qui dominicæ resurrectionis est symbolum, id est, nonodecimo ejusdem mensis verum Pascha celebremus : adjungentes his septem reliquas hebdomadas, in quibus Pentecostes festivitas texitur, et præbentes nos dignos communione Corporis et Sanguinis Christi. Sic enim merebimur accipere regna cœlorum in Christo Jesu Domino nostro, per quem, et cum quo Deo Patri gloria et imperium, cum Spiritu Sancto, et nunc, et semper, et in omnia sæcula sæculorum Amen.

581 21 (*c*) Salutate invicem in osculo sancto. Salutant vos qui mecum sunt fratres.

EPISTOLA XCVII (*d*).

AD PAMMACHIUM ET MARCELLAM.

Alteram Theophili Paschalem epistolam contra Origenem a se Latine explicatam mittit, et quod superiorem a se immutatam calumniarentur Origenistæ, rursus hoc anno Græcum exemplar versioni suæ jungit, et paucis hæreticos impugnat.

1. (*e*) Rursum Orientalibus vos locupleto mercibus, et Alexandrinas opes primo Romam vere transmitto. (*f*) *Deus ab Austro veniet, et sanctus de monte Pharan, umbra condensa* (*Abac.* 3. 3) : unde et sponsa lætatur in Cantico Canticorum, dicens : *In umbra ejus concupivi et sedi; et fructus ejus dulcis in faucibus meis* (*Cant.* 2. 3). Vere nunc completur Isaiæ vaticinium prædicantis : *In die illa erit altare Domini in medio terræ Ægypti* (*Isai.* 19. 19). Ubi abundavit peccatum, superabundavit et gratia (*Rom.* 5. 20). Qui parvulum Christum foverant, adultum fidei calore defendunt, ut qui per illos effugerat Herodis manus, effugiat hæreticum blasphemantem. Quem (*g*) Demetrius Alexandri urbe pepulit, toto orbe fugat Theophilus, ad quem Lucas scripsit Actus Apostolorum, qui ex amore Dei nomen invenit. Ubi nunc est (*h*) coluber tortuosus? ubi venenatissima vipera?

Prima hominis facies, utero commissa luporum.

(*Æneid.* 3).

Ubi hæresis, quæ sibilabat in mundo, et me et Papam Theophilum sui jactabat erroris, latratuque impudentissimorum canum ad inducendos simplices, nostrum mentiebatur assensum? Oppressa est ejus

(*c*) Quæ hinc sequuntur, ignorat Ambrosianus liber.
(*d*) Alias 78. *Scripta vere anni* 402.
(*e*) Facile enim superioris quoque Paschalis Latinam interpretationem iisdem Pammachio et Marcellæ inscripserat.
(*f*) Ex Græco ἢ ὄρους φαρὰν κατασκίου δασέος, nam e postremis verbis Vulgat. alio sensu novum versiculum auspicatur.
(*g*) Notum quod Origenes ex Achaia redux, Presbyterii gradum jam assecutus, a Demetrio Alexandrino Episc. multis de causis sibi infenso Alexandria migrare compulsus est.
(*h*) Ruffinum continuo perstringit, qui Præfatione in libros περὶ Ἀρχῶν sibi cum in Origenianis dogmatibus assentientem mentitus fuerat, quam calumniam S. Doctor Apologetico lib. 1. atque alibi purgat.

auctoritate, et eloquentia : et in morem dæmoniacorum spirituum de terra loquitur. Nescit enim cum qui, de sursum veniens, ea loquitur quæ sursum sunt.

2. Atque utinam serpentina generatio, aut simpliciter nostra fateatur, aut constanter defendat sua, ut scire valeamus qui nobis amandi sint, qui cavendi. Nunc autem novum pœnitentiæ genus : oderunt nos, quasi hostes, quorum fidem publice negare non audent. **582** Rogo, quis est iste dolor, qui nec tempore, nec ratione curatur? Inter micantes gladios, jacentia corpora, rivos sanguinis profluentes, junguntur sæpe hostiles dextræ, et belli rabiem pax repentina commutat. Soli sunt hujus hæreseos sectatores, qui cum Ecclesiasticis non valent fœderari : quia quod sermone coguntur dicere, mente condemnant. Et si quando aperta blasphemia publicis auribus fuerit revelata, et viderint contra se audientium turbam circumfremere, tunc simulata simplicitate, dicunt audisse se primum, quæ magistrum dicere ante nescierint. Cumque eorum scripta teneantur, voce negant, quod litteris confitentur. Quid necesse est obsidere (a) Propontidem, mutare loca, diversas lustrare regiones, et clarissimum Pontificem Christi, ejusque discipulos rabido ore discerpere? Si vera loquimini, pristinum erroris ardorem, ardore fidei commutate. Quid (b) maledictorum pannos hinc inde consuitis; et eorum carpitis vitam, quorum fidei resistere non valetis? Num idcirco non estis vos hæretici, si nos quidem assertione vestra [al. *nostra*] crediderint peccatores : et os impietate fœdum non habebitis, si cicatricem poteritis in nostra aure monstrare? Quid juvat vestram perfidiam, vel prodest pellis Æthiopica et pardi varietas, si in nostro corpore nævus apparuerit? En Papa Theophilus tota Origenem arguit libertate, hæreticum esse : nec illi dicta defendunt, sed fingunt ab hæreticis immutata, multorumque dicunt libros similiter depravatos; ut illum non sua fide, sed aliorum tueantur erroribus. Verum hæc adversum hæreticos dicta sint, qui injusto contra nos odio sævientes, mentis [al. *mente*] fatentur arcanum, et venena pectoris irremediabili dolore testantur.

3. Vos Christiani Senatus lumina, accipite et Græcam et Latinam etiam hoc anno Epistolam, ne rursum hæretici mentiantur a nobis pleraque vel addita, vel mutata : in qua laborasse me fateor, ut verborum elegantiam pari interpretationis venustate servarem ; et intra definitas lineas currens, **583** nec in quoquam excedens loco, eloquentiæ ejus fluenta non perderem, easdemque res eodem sermone transferrem. Quod utrum consecutus sim necne, vestro judicio relinquo. Quam sciatis in quatuor partes esse divisam. In primo credentes hortatur ad Dominicum Pascha celebrandum : in secundo et tertio loco Apollinarium et Origenem jugulat : in quarto, id est, extremo, hæreticos ad pœnitentiam cohortatur. Si quid autem hic minus adversus Origenem dictum est, et in præteriti anni Epistola continetur, et hæc quam modo vertimus, brevitati studens, dicere plura non debuit. Porro contra Apollinarium succincta fides et pura professio non caret subtilitate dialectica, quæ adversarium suum, extorto de manibus ejus pugione, confodit.

4. Orate igitur Dominum, ut quod in Græco placet, in Latino non displiceat, et quod totus Oriens miratur et prædicat, læto sinu Roma suscipiat. Prædicationem quoque cathedræ Marci Evangelistæ cathedra Petri Apostoli sua prædicatione confirmet. Quanquam celebri sermone vulgatum sit, beatum quoque Papam Anastasium, eodem fervore, quia eodem spiritu est, latitantes in foveis suis hæreticos persecutum, ejusque litteræ doceant, (c) damnatum in Occidente quod in Oriente damnatum est. (d) Cui multos imprecamur annos, ut hæreseos rediviva plantaria, per illius studium longo tempore arefacta, moriantur.

EPISTOLA XCVIII (e).

SIVE THEOPHILI ALEXANDRINI ALTERA (f) PASCHALIS ANNI 402. AD TOTIUS ÆGYPTI EPISCOPOS S. HIERONYMO INTERPRETE.

Primo credentes hortatur ad Dominicum Pascha celebrandum : deinde Apollinarii, tertio Origenis errores impugnat, ac jugulat : postremo hæreticos ad pœnitentiam cohortatur.

1. Primum solemnitatis augustæ sermo divinus de cœlorum regionibus **584** micans, et splendore suo jubar solis exsuperans, clarissimum animabus se desiderantium lumen infundit. Cumque pleno cordis intuitu radios ejus quiverint sustinere, ad ipsa cœlestis Jerusalem interiora penetralia, atque, ut ita dicam, Sancta sanctorum eas pertrahit. Unde si volumus salutis esse participes, et adhærentes studio virtutum, animarum vitia purgare, et quidquid in nobis sordium est, jugi Scripturarum meditatione diluere : quasi sub sudo apertam doctrinarum scientiam contemplantes, festinemus supernæ lætitiæ festa celebrare, et jungere nos Angelorum choris, ubi coronæ et præmia, et certa victoria est, et desiderata triumphantibus palma proponitur. Nec differamus, tumentibus carnis fluctibus liberati, inter di-

---

(a) Constantinopolim nempe ad S. Joannem Chrysostomum deteceraut Origenistæ, quod in subnexa Paschali n. 22. Theophilus quoque dolet, quod nempe *matrem ecclesiam in magnis urbibus lacerarent.*

(b) Erasm. cum paucis Mss, *maledicorum*, haud recte.

(c) Recole, quæ ad ipsam Anastasii Epistolam hac de re supra diximus; quanquam haud difficeamur, ex hisce verbis non satis constare, illamne, quæ Simpliciano inscribitur, an posteriorem aliam ad Venerium intelligat.

(d) Neque enim innotuerat Hieronymo Anastasii obitus, qui ex eorum quoque sententia, qui serius differunt, die vigesima septima Aprilis hujus anni 402 consignatur. Verius tamen ex Socrate lib. 7, c. 9 et antiquis Romanorum Pontificum catalogis ad superioris anni Decembrem medium est referendus.

(e) d. *numero caret. scripta an.* 402.

(f) In benedictini recensione inscribitur *Liber primus*, et primo etiam loco ponitur ex alia codicis S. Theodorici inscriptione hujusmodi : « Incipit epistola Paschalis Theophili Alexandrinæ urbis Episcopi prima, ad totius Ægypti Episcopos de Græco in Latinum a beato Hieronymo translata. »

versa voluptatum hinc inde naufragia, clavum tenere virtutum, et post grandia maris pericula tutissimum cœlorum intrare portum.

2. Quamobrem et eos, quos cassa vitæ hujus cura sollicitat, et instar frementium gurgitum, perturbationum profunda circumsonant, quasi de somno gravi excitantes, ad sapientiæ provocemus lucra: ostendamusque eis veras divinorum sensuum divitias, et inspirata sanctæ celebritatis gaudia : eoque omnis impræsentiarum assumatur labor, ut et eos qui paululum negligentes sunt, et nosmetipsos æternæ gloriæ præparemus. Unde et in Proverbiis indigentes sensu ad convivium suum Sapientia provocans, clamitat : *Venite, comedite de panibus meis, et bibite vinum quod miscui vobis* (*Prov.* 9). Non enim sic cœlum hoc, quod suspicimus, stellarum illustratur choris, nec in tantum sol et luna, duo mundi, ut ita dicam, clarissimi oculi, quorum cursu annus evolvitur, et vicissitudine tempora commutantur, clarum terris lumen infundunt, ut nostra solemnitas virtutum choro fulget et radiat. Cujus thesauros et divitias qui expetunt [*al.* expetentes], consona cum David voce decantant : *Quis dabit mihi pennas sicut columbæ? et volabo et requiescam* (*Psal.* 54). Exultantesque, et quodam tripudio gestientes, et juxta quod scriptum est, gaudio ineffabili corda perfusi, rursum clamitant : *Non habemus hic manentem civitatem, sed futuram inquirimus* (*Hebr.* 13. 14), cujus artifex et fabricator est Deus. (*a*) Sciunt enim omnium laborum suorum, quibus in hoc mundo pugnatur et curritur, hanc esse repositam spem, et hæc in futuro præmia constituta, pro quibus nulla pericula formidantes, quotidie vitæ suæ cursum [*al.* cursum suum] dirigunt, hæreticorum vel maxime impietatem, et tendiculas declinantes, quibus cæci cæcos ducunt in foveam, et quasi quadam veternosa et immundissima carie deceptorum corda commaculant : nec hæc (*b*) calce contenti, intimas Scripturarum medullas bibunt, veritatem dogmatum falsi nominis scientia condemnantes.

3. Quod intelligens et patriarcha Jacob, scalam cernit in somnis, cujus caput pertingebat usque ad cœlum, per quam diversis virtutum gradibus ad superna conscenditur, et homines provocantur, terrarum deserentes humilia, cum Ecclesia primitivorum dominicæ passionis festa celebrare. *Non est*, inquit, *hoc nisi domus Dei, et hæc est porta cœli* (*Genes.* 28). Quam David acutius intuens, et tota cupidine mentis inquirens, rationesque hujus itineris cogitationibus tractans, et quasi pretiosa pigmenta fortius terens atque comminuens, ut suavissimi late odoris fragrantia spargerent, ad solemnitatem provocat festinantes, dicens : *Aperite mihi portas justitiæ, et ingressus in eas confitebor Domino : hæc est porta Domini, justi intrabunt per eam* (*Psal.* 117). Non est ergo, non est hæreticorum ulla solemnitas : nec qui errore decepti sunt, illius possunt communione lætari. Scriptum est enim, *Si bestia tetigerit montem, lapidabitur* (*Hebr.* 12. 20). Neque cœlestium possunt recipere sacramenta verborum, qui divinis Ecclesiæ dogmatibus contradicunt. Totis itaque viribus animas nostras ab omni contagione purgantes, dignas celebritati, quæ imminet, præparemus, ut possimus cum sanctis canere : *Deus Dominus, et illuxit nobis* (*Psal.* 117). De qua et alius Propheta conscius futurorum mystica voce testatur : (*c*) *Apparebit Dominus in eis, et disperdet omnes deos Gentium* (*Soph.* 2. 11). Quando verba in opera commutata sunt, et ambigentium oculis rerum veritas demonstratur, (*d*) ut per efficientiam eorum, quæ prædicta sunt, verborum veritas comprobaretur, victoriæ suæ nos Deo faciente participes, ut et solemnitatis possimus cum sanctis habere consortium, et illustris ejus adventus præconia frequentare. Etenim quod omnis terra variis fuerat illecebris depravata, virtutes æstimans vitia, et e contrario vitia virtutes, dum inolescente tempore, consuetudinem legem putaret [*al.* putat] esse naturæ, et tyrannica superbia iniqui præcesserant, et mendacium tempore roborarant [*al.* roborarent], patres et magistri veritatis putabantur : unde acciderat [*al.* acciderit], ut hominum error incresceret, et in ritum brutorum animalium utilia nescientes, despicerent verum pastorem Dominum, ac furore raptati, tyrannos et principes colerent quasi deos, imbecillitatem suam in ejusdem naturæ hominibus consecrantes. Per quæ eveniebat, ut præsens periculum mortis effugerent, et conciliarent sibi eos, quorum clementia crudelitate sevior erat.

4. Idcirco omnibus errore seductis, (*e*) vivens sermo Dei in auxilium nostrum venit ad terras, quæ ignorabant cultum Dei, et veritatis solitudinem sustinebant. Cujus rei testis est ille qui loquitur : *Omnes deliquerunt, simul inutiles facti sunt* (*Rom.* 3). Et Prophetæ Christi auxilium deprecantes : *Domine, inclina tuos cœlos, et descende* (*Psal.* 143). Non ut mutaret loca, in quo omnia sunt, sed ut propter salutem nostram, carnem humanæ fragilitatis assumeret, Paulo eadem concinente : *Cum esset dives, pro nobis pauper factus est, ut nos illius paupertate divites essemus* (1 *Cor.* 8). Venitque in terras, et de virginali utero, quem sanctificavit, egressus homo, (*f*) interpretationem nominis sui EMMANUEL, id est, *nobiscum Deus*, dispensatione confirmans, mirum in modum cœpit esse quod nos sumus, et non desivit esse quod fuerat : sic assumens naturam humanam, ut quod erat ipse non perderet. Quanquam enim Joannes

---

(*a*) Ita emendavimus conjectura quidem adducti, sed quam ipsa loci sententia postulat; nam quod antea erat *sicut* in libris omnibus, sensum non turbabat modo sed penitus evertebat.

(*b*) Verosimillimum est nobis *carie* vocem heic iterum repetendam uro *calce*, sed non immutandam.

(*c*) Ex Græco Ἐπιφανήσεται κύριος ἐπ᾽ αὐτοὺς, καὶ ἐξολοθρεύσει πάντας τοὺς θεοὺς τῶν ἐθνῶν pro quibus Vulgata : *Horribilis Dominus super eos, et attenuabit omnes deos terræ.*

(*d*) In B. P. absque *ut* vocula : mox pro *comprobaretur*, forte scribendum est *comprobetur*.

(*e*) Græce nempe est ζῶν ὁ λόγος, qui est Christus Dei Verbum. Mox in vulgatis omnibus pro *quæ* erat *qui*, puta homines, sed verius refertur ad *terras*.

(*f*) Antea erat, *interpretationem sui*, absque *nominis*, quod ex B. P. supplevimus.

scribat: *Verbum caro factum est* (*Joan.* 1), id est aliis verbis, *Homo*; tamen non est versus in carnem, quia nunquam Deus esse cessavit. Ad quem et sanctus loquitur David: *Tu autem ipse es* (*Psal.* 101). Et Pater de cœlo contestatur, et dicit: *Tu es Filius meus dilectus, in quo mihi bene complacui* (*Luc.* 2). Ut et homo factus nostra confessione permanere dicatur quod fuit priusquam homo fieret, Paulo nobiscum eadem prædicante: *Jesus Christus heri et hodie, ipse et in æternum* (*Hebr.* 13). In eo enim quod ait, *ipse*, ostendit illum pristinam non mutasse naturam, nec divinitatis suæ imminuisse divitias, qui propter nos pauper effectus, plenam similitudinem nostræ conditionis assumpserat. Ex tantis et talibus assumpsit hominem, duntaxat absque peccato, ex quantis et qualibus nos omnes creati sumus, non ex parte, sed totus, *Mediator Dei et hominum, homo Christus Jesus* (1. *Tim.* 2. 5), nulloque, quod nostræ similitudinis est, caruit, nisi solo peccato (*a*) quod substantiam non habet: neque enim inanimam carnem habuit, et pro anima rationali ipse in ea Deus Verbum fuit, sicut dormitantes Apollinaris discipuli suspicantur. Nec dicens illud in Evangelio: *Nunc anima mea turbata est* (*Matth.* 26. 38), divinitatem suam perturbationi subjacuisse testatur [al. *testetur*], quod consequens est eos dicere, qui pro anima divinitatem in corpore ejus fuisse contendunt; nec rursum solam animam sibi socians, susceptum implevit hominem, ne ex similitudine carnis et ex dissimilitudine animæ, mediæ assumptionis dispensationem implesse creditur: in carne nostri similis existens, et in anima irrationabilium jumentorum, si tamen secundum illos, irrationabilis et absque mente ac sensu est anima Salvatoris, quod impium est credere, et procul ab Ecclesiastica fide, ne protinus illo percutiatur elogio, quo Propheta corripit delinquentem, dicens: *Ephraim sicut columba insensata non habens cor* (*Osee* 7, 11). Et quasi irrationalis audiat: **588** *Comparatus est jumentis insipientibus, et similis factus est illis* (*Psal.* 48). Nulli enim dubium, quin irrationabilis et sine sensu ac mente anima jumentis irrationabilibus comparetur: unde et Moyses scribit: *Bovem triturantem non infrenabis* (*Deut.* 25). Et Paulus scriptum edisse-

rens ait: *Numquid de bobus cura est Deo? an propter nos utique dicit* (1. *Cor.* 9. 10)?

5. Propter nos igitur homo Salvator est factus, non propter bruta et irrationabilia jumenta, ut similitudinem animæ jumentorum absque sensu et ratione susciperet. (*b*) Sed nec illud, quod ejusdem hæreseos sectatores cavillantur et garriunt, Ecclesia suscipit [al. *suscepit*], ut prudentiam carnis appellari putet animam Salvatoris, cum perspicue Apostolus prudentiam carnis inimicam Deo appellet, et mortem (*Rom.* 8. 7): quod de Domino dicere nefas est, ut anima ejus mors, et Dei inimica credatur. Si enim nobis præcipit: *Nolite timere eos qui possunt occidere corpus, et animam non valent* (*Matth.* 10. 28), coguntur stulta sua disputatione suscipere, meliores esse nostras animas anima Salvatoris, dum illa prudentia carnis asseritur, quæ mors et inimica est Dei, nostra autem mori non potest. Quod nequaquam ita intelligendum est, fratres carissimi, cum etiam prudentia animæ non possit anima nuncupari, et multo inter se different: licet enim prudentia animæ in ea sit, cujus prudentia est: tamen alterum habet, alterum habetur: et prius anima est, sequens versatur in anima. Quod si prudentia animæ non est anima, quanto magis carnis prudentia anima non potest appellari? Tendant quantumlibet syllogismorum suorum retia, et sophismatum decipulas proponentes, seipsos innectant laqueis, ne id quidem scientes, cujus vana scientia gloriantur: et discant a nobis, quos gratis cogunt hujuscemodi disputationem assumere, aliud esse quod sapit, aliud sapientia, aliud quoque quod sapitur. Et hæc non solum verbis inter se, sed et sensibus discrepare: quæ enim sapit, rationalis est anima: porro quæ ex ipsa est, et **589** ipsius, et non ipsa quæ sapit, appellatur sapientia: quod autem sapitur, res est quam respicit, eaque gignitur ex sapiente sapientia, (*c*) et non sapiens ipse, nec ipsa sapientia. Tandemque desinant Dialecticæ artis strophis simplicia Ecclesiasticæ fidei decreta pervertere, ut animam Salvatoris prudentiam carnis appellent, quam Apostolus mortem et inimicam asserit Dei.

6. Sed et hoc modo nobis contra illos disserendum videtur. Scriptum est de Verbo Dei: *Omnia per ipsum facta sunt* (*Joan.* 1. 3). Num credibile est, sapientiam vel prudentiam carnis, quam illi animam Salvatoris intelligunt, a Verbo Dei conditam, ut mortis, et inimicitiæ contra Deum ipse operator existeret, sibique eas, quod dictu nefas est, conderet? Quod si nefarium est credere, et anima Salvatoris cunctis virtutibus pollet: ergo prudentia carnis non erit anima ejus, ne ipse mortem et inimicitiam contra Deum (*d*) sibi junxisse credatur. Cessent Apollinaris discipuli ea quæ

(*a*) Excusi depravatissimo sensu, *quod substantiam non habet inanimam sine anima*: neque enim inanimam carnem habuit, etc. Non voces *inanimam sine anima*, quæ hactenus obtinuerant, e textu amovimus, nihil dubitantes, glossema illud esse alterius, quæ statim subsequitur vocis *inanimam*, quod studiosus nonnemo ad libri oram adnotarit, ut quid sibi vellet ea vox, indicaret: sive *inanimam* perinde esse ac *sine anima*: quæ postea supina librariorum imperitia in textum irrepserunt. Ut vero eas nihil esse, et nihil ad orationis seriem pertinere evidentissime intelligas, recole ex superiori Paschali nn. 5. isthæc, eadem ferme cum præsentibus verba: « Perfectus Deus propria voluntate, quidquid humanæ fuit et naturæ, et conditionis assumens, absque peccato duntaxat, et malitia, quæ nullam habet substantiam, infans nascitur, » etc. Tum etiam alia isthæc ex Paschali 5. « Vivens sermo Dei, nihil de nostra relinquens similitudine, absque solo peccato, quod substantiam non habet, novo modo ad nos venire dignatus est. » Hinc autem peccatum, quod non nisi a Lege prævaricatio sit, substantiam dicit non habere, atque adeo non fuisse cum humana natura assumptum a Verbo, quod facile omnes intelligunt.

(*b*) Legebatur antea, *sed ne illud quod ejusdem hæreseos peccatores cavillantur*: emendavimus, *nec, et sectatores*.

(*c*) Isthæc, *et non sapiens ipse nec ipsa sapientia*, in aliquot editis desiderantur.

(*d*) Uno verbo erat, *subjunxisse*, pro quo ad marginem Martianæus adnotaverat, *subornasse*; nos duobus verbis fecimus, *sibi junxisse*: quam vero, lector ex contextu judicet. Leviora quædam supra emendavimus.

contra Ecclesiasticas regulas est locutus, propter alia ejus scripta defendere : licet enim adversus Arianos et Eunomianos scripserit, et Origenem, aliosque hæreticos sua disputatione subverterit ; tamen qui memor est illius præcepti : *Non accipies personam in judicio* (*Levit.* 19. 15; *et Deuter.* 1. 17) : veritatem semper debet diligere, non personas ; et scire quod in dispensatione hominis, quam pro salute nostra unigenitus Filius Dei dignatus est assumere, non sit alienus a culpa, qui super anima illius, perversa et intellexit, et scripsit. Sicut enim Apostolus ait : *Si expendero omnem substantiam meam, et tradidero corpus meum, ut ardeam, caritatem autem non habuero, nihil mihi proderit* (1. Cor. 13), ita sive iste, de quo nunc sermo est, sive Origenes, et alii hæretici, quamvis scripserint aliqua, quæ Ecclesiasticæ fidei non repugnant; tamen non erunt absque crimine, et in his, quæ principalia sunt, et ad salutem credentium pertinent, Ecclesiasticæ fidei repugnantes. Neque enim, ut ipse cum sectatoribus suis nititur approbare, Dominus **590** noster atque Salvator animam sine sensu assumpsit et (*a*) mente, aut mediam partem ejus, duasque [f. *duasve*] de tribus, sive tertiam, ut imperfecte hominem (*b*) salvaret assumptum : quia nec media, nec reliquæ portiones perfecti nomen accipient. Et sicut quod perfectum est, caret imperfecti vitio, sic quod imperfectum est, perfectum non potest dici. Et si imperfecte similitudinem nostram, vel ex parte susceperat, quomodo in Evangelio loquebatur : *Nemo tollit animam meam a me : potestatem habeo ponendi eam, et potestatem habeo sumendi eam?* (*Joan.* 10. 18.) Quæ autem tollitur, atque deponitur, nec irrationalis, nec absque mente et intelligentia dici potest, e contrario rationalis et intelligibilis, et mentem habens, ac sentiens.

7. Atque ita ipse disputationis ordo convincit, nihil a Domino imperfectum esse susceptum, sed assumptum ab eo hominem plene, perfecteque salvatum. Nulli enim dubium, (*c*) quin irrationabilium jumentorum animæ non ponantur et resumantur, sed cum corporibus pereant, et in pulverem dissolvantur. Porro Salvator tollens animam, et separans a corpore suo, tempore passionis, rursum eam in resurrectione suscepit. Et multo antequam id faceret, loquebatur in Psalmo : *Non derelinques animam meam in inferno, nec dabis sanctum tuum videre corruptionem*

(*a*) Illud quippe ex Nemesio observatum est supra ad epist. 84. n. 5. sensisse Apollinarem ex Platonicorum placitis, νοῦν, sive, *mentem* aut *sensum*, quamdam esse substantiam ab anima separabilem, unde illam Salvatoris sensu mulctavit, ut ejus vices Divinitas gereret. Confer quæ ibi adnotamus.

(*b*) Ita ex B. P. reposuimus *assumptum*, in aliis enim vulg. libris erat interjacenti etiam virgula, *salvaret, assumptam.*

(*c*) Hanc ex Græco Theophili textu pericopen recitat Theodoretus in Eranistæ Dialogo 3. quam præstabit cum Hieronymiana interpretatione contulisse. τῶν γὰρ ἀλόγων οὐκ αἴρονται καὶ τίθενται πάλιν αἱ ψυχαί, ἀλλὰ μετὰ τῶν σωμάτων συνδιαφθείρονται, καὶ εἰς χοῦν ἀναλύουσιν· ὁ δὲ σωτὴρ, ἄρας αὐτοῦ, παρὰ τὸν καιρὸν τοῦ σταυροῦ, τὴν ψυχὴν ἀπὸ τοῦ ἰδίου σώματος, πάλιν αὐτὴν εἰς αὐτὸ τέθεικεν ἀναστήσας ἐκ νεκρῶν· τοῦτο δὴ πιστούμενος ἡμᾶς πρόλεγει διὰ τοῦ ψαλμῳδοῦ· βοῶν οὐκ ἐγκαταλείψει τὴν ψυχήν μου εἰς ᾅδην, οὐδὲ δώσεις τὸν ὅσιόν σου ἰδεῖν διαφθοράν.

(*Psal.* 15). Nec credibile est quod ad inferos caro ejus descenderit, vel prudentia carnis, quæ appellata sit anima, inferis apparuerit : sed quod corpus ejus positum in sepulcro sit, et ipse nec de corpore et sapientia carnis, nec de divinitate sua dixerit, *Non derelinques animam meam in inferno*, sed vere de nostræ naturæ anima, ut perfectam ac rationalem, et intelligibilem atque sensibilem ad inferos animam descendisse monstraret. Hortamur eos qui talia sapiunt, (*d*) ut relictis hæreticorum erroribus, acquiescant Ecclesiasticæ veritati, et festivitatem dominicæ passionis non faciant imperfectam, ne principalem et majorem hominis partem in Salvatore negent, absque anima et mente corpus illius asserentes. **591** Si enim ita erat, quid de se volens intelligi, loquebatur ; *Pastor bonus animam suam ponit pro ovibus* (*Joan.* 10) ? Et si tantum carnem hominis assumpserat, cur in passione dicebat : *Spiritus promptus, caro autem infirma* (*Matth.* 26) ?

8. Unde sciendum est, quod ex omni parte temperatum humanæ conditionis exhibens sacramentum, perfectam similitudinem nostræ conditionis assumpserit, nec carnem tantum, nec animam irrationalem, et sine sensu, sed totum corpus totamque animam sibi socians, perfectum in se hominem demonstravit [f. *demonstrarit*], ut perfectam cunctis hominibus in se, et per se largiretur salutem ; habensque nostri consortium, qui de terra conditi sumus, nec carnem deduxit de cœlo, nec animam, quæ prius substiterat, et ante carnem ejus condita erat, suo corpori copulavit, sicut Origenis nituntur docere discipuli. Si enim anima Salvatoris, antequam ille humanum corpus assumeret, in cœlorum regionibus morabatur, et necdum erat anima illius : (*e*) impiissimum est dicere, ante corpus eam fuisse Domini, agentem aliquid et vigentem, et postea in animam illius commutatam. Aliud est, si possunt de Scripturis docere, antequam nasceretur ex Maria, habuisse hanc animam Deum Verbum, et ante carnis assumptionem animam illius nuncupatam. Quod (*f*) si et auctoritate Scripturarum, et ipsa suscipere ratione coguntur, Christum non habuisse animam, antequam de Maria nasceretur (in assumptione enim hominis et anima ejus assumpta est) perspicue convincuntur eamdem animam et il-

(*d*) Aliter B. P. *ut errores hæreticos relinquentes*, etc.

(*e*) Hæc ut in editis libris invenimus, ita reliquimus, neque enim ex Mss. suffragio restitui possunt; ex ingenio autem mutare noluimus. Sentit enimvero Theophilus, ex Origenistarum placitis necessario sequi, ut *eamdem animam et fuisse Domini simul et non fuisse* dicere cogerentur, siquidem *animam quæ prius substiterat, et ante carnem ejus condita erat, suo ipse corpori copulavit.* Id quippe Adamantius commentus est, animam Christi Verbo fuisse conjunctam, antequam corpori adjungeretur : quod lib. 2. περὶ Ἀρχῶν cap. 6. latissime exponit. At heic verba quibus sensus ille exprimendus per partes erat, adeo laciniosa sunt, manca, atque impedita, tum hac, tum sequenti periodo, idque librariorum culpa, (integram enim periodum excidisse facile crediderim) ut operam perdere videatur, qui ex conjecturis supplere velit, atque emendare. Nihilominus paulo infra, pro, *illud est*, legendum videretur, *judendum est*, aut quid simile.

(*f*) Vitioso verborum ordine erat, *Quod et si auctoritate*, etc.

lius, et non illius fuisse dicere. Sed cessent illi a novorum dogmatum impietate furibundi. Nos Scripturarum normam sequentes, tota cordis audacia prædicemus, quod nec caro illius, nec anima fuerint priusquam de Maria nasceretur. Nec ante anima in cœlis sit commorata, quam eam postea sibi junxerit : nihil enim nostræ conditionis e cœlo veniens secum Dominus deportavit. Unde quidquid **592** contrarium est veritati, evangelica falce succidens, loquitur : *Omnis plantatio, quam non plantavit Pater meus cœlestis, eradicabitur* (*Matth.* 15. 13). Verbum opere, comminationem fine consummans, et dictorum potentiam expletione rerum probans : ut quidquid sermo pollicitus est, gestorum veritas exhiberet.

9. *Origenes impugnatur.* — Sciant igitur se hujus solemnitatis alienos non posse nobiscum celebrare Dominicam passionem, qui Origenem, ut loquar aliquid de fabulis Poetarum, hydram omnium sequuntur hæreseon, et erroris se habere magistrum et principem gloriantur. Quamvis enim innumerabiles texuerit libros, et garrulitatis suæ, quasi damnosæ possessionis mundo reliquerit hæreditatem, tamen scimus lege præceptum : *Non poteris constituere super te* (*a*) *hominem alienum, quia non est frater tuus* (*Deuter.* 17. 15). Qui enim diverso tramite ab Apostolorum regulis aberravit, quasi indignus et profanus choro Christi, et consortio mysteriorum ejus, de solemnitate Christi ejicitur : et a patribus, majoribusque natu, qui Salvatoris Ecclesiam fundaverunt, procul pellitur philosophorum pannos laceros ac veteres nitens novo et firmissimo Ecclesiæ consuere vestimento, et veris falsa sociare, ut ex illorum vicinitate fortior probetur infirmitas, et hujus pulchritudo violetur.

10. *Præcipuæ Origenis hæreses.* — Quæ enim illum ratio, quis disputationum ordo perduxit, ut allegoriæ umbris et cassis imaginibus Scripturarum tolleret veritatem ? Quis Propheta sentire docuit, propter ruinam et lapsus de cœlis animarum, Deum esse compulsum corpora fabricare ? Quis, juxta beatum Lucam (*Cap.* 1. *v.* 2), eorum qui viderunt et ministri fuerunt sermonis Dei, huic tradidit ad docendum, negligentia, et motu, et fluxu de altioribus rationabilium creaturarum, provocatum Deum mundi hujus condere diversitatem ? cum creationem ejus Moyses explicans dixerit, (*b*) nec indicaverit [al. *judicaverit*] propter aliquas causas præcedentes, de rationabilibus sensibilia, de invisibilibus **593** visibilia, de melioribus pejora prolata, quod apertissime Origenes prædicat. Dicit enim propter peccata intelligibilium creaturarum mundum esse cœpisse; nolens Pascha celebrare cum sanctis, neque cum Paulo dicere : *Invisibilia Dei, a creatura mundi per ea quæ facta sunt, intellecta conspiciuntur* (*Rom.* 1) : Nec cum Propheta vociferari : *Consideravi opera tua, et obstupui.* Aliter enim mundi pulchritudo subsistere non valebat, nisi eum varius creaturarum implesset ornatus. Denique sol et luna, duo magna luminaria, et stellæ reliquæ antequam hoc essent, in quod eas creatas quotidiani cursus testatur officium, non erant absque corporibus, nec propter aliquas causas, simplicitatem pristinam relinquentes, corporibus circumdatæ sunt, ut ille somniat, contraria fidei dogmata struens. Nec animæ in cœlorum regionibus aliquid peccaverunt, et idcirco in corpora relegatæ sunt. Si enim hoc ita esset, oportuerat Salvatorem nec ipsum corpus assumere, et animas de corporibus liberare debebat eo tempore, quando in baptismate peccata dimittit ; statim baptizatum de corporis vinculis solvere, quæ propter peccata in condemnatione [f. *condemnationem*] peccati facta commemorat. Sed et resurrectionem corporum frustra pollicetur, si expedit animabus absque gravitate corporum ad cœlum levius subvolare. Ipse quoque resurgens carnem suam suscitare non debuit, sed solam divinitati animam copulare, si melius est absque corporibus quam cum corporibus vivere.

11. *De corporibus.* — Quid sibi autem vult, crebro animas et vinciri corporibus, et ab eis dividi prædicare : et multas nobis inferre mortes ? ignorans Christum idcirco venisse, non ut post resurrectionem corporum animas solveret, aut liberatas rursus aliis corporibus induceret, et de cœlorum regionibus descendentes, sanguine et carne vestiret ; sed ut semel corpora suscitata incorruptione et æternitate donaret. (*c*) Sicut enim Christus mortuus ultra non moritur, nec mors ei dominabitur ; ita nec corpora suscitata post resurrectionem secundo, vel **594** frequenter intereunt, nec mors eis ultra dominabitur, neque in nihilum resolventur : quia totum hominem Christi salvabit (f. *salvavit*) adventus.

12. *De Angelis.* — Sed et illud a solemnitate Christi Origenem alienum facit, quod Principatus, Potestates, Fortitudines, Thronos, ac Dominationes, non ab initio in hoc conditas refert, sed post creationem sui aliquo honore (*d*) dignas factas, et aliis suis similibus propter negligentiam ad inferiora delapsis, has inclytis nominibus appellatas : ut (juxta errorem ejus) non eas condiderit Deus Principatus et Potestates, et reliqua : sed aliorum peccata illis materiem tribuerint gloriarum. Et quomodo Paulus Apostolus scribit: « In Christo creata sunt omnia in cœlis, et in terra, visibilia et invisibilia, sive Throni, sive Dominationes, sive Principatus, sive Potestates, omnia per illum, et in illo creata sunt, et ipse est ante omnia (*Coloss.* 1) : » si intelligeret vim verbi (*e*) per quem

---

(*a*) Vulgat., *hominem regem*, cui Aldinum Græcum exemplar concinit ἄρχοντα ἄνθρωπον, sed vetustiora, *hominem* tantum.

(*b*) Excidit procul dubio Scripturæ locus, qui forte erat: *In principio creavit Deus cœlum et terram* : certe hic proposito perquam bene aptaretur.

(*c*) Vitiose antea legebatur duobus verbis, *si ut*, quod nos conjuncte fecimus, *sicut*, ut sensus constaret. Deinde est in B. P. *Christus semel mortuus.*

(*d*) Perperam in Benedictin. edit. erat, *dignus fecisse* : nec olim *dignas fuisse* legendum opinati sumus, nunc autem B. P. lectionem prætulimus.

(*e*) Istud, *per quem*, commodius referendum videtur ad Christum, cum illud ex Apostolo Theophilus urgeat *per illum et in illo creata omnia.* At si etiam malis ad *verbum*, cui statim jungitur, referre, hujusmodi constructionis apud

... : *Creata sunt omnia*, nosset utique ab initio ita ...itas, et non aliorum socordiam, et in infe... prolapsum, occasionem dedisse Deo, ut illas , ...pa... , et Potestates, et Fortitudines reliquas ...inaret : maxime cum creaturarum pulchritudo consistit in ordine dignitatum. (*a*) Sicut enim de sole et luna , et stellis scriptum est : « Fecit Deus duo luminaria magna : luminare majus, ut præesset diei, et luminare minus , ut præesset nocti , et stellas, et posuit illas in firmamento cœli, ut lucerent super terram » (*Gen.* 1) , nec præmium bonorum operum reciperent, ut post conditionem sui in firmamento cœli lucerent, et diebus sive noctibus succederent ; sic Principatus et Potestates, quæ in cœlorum regionibus conditæ sunt, non post bona opera in hæc profecisse sentimus, sed sic ab initio conditas : neque enim Origenis et discipulorum ejus imitamur errorem, qui putant in similitudine [1. *similitudinem*] dæmonum et diaboli, qui propria voluntate talia nomina officiaque sortiti sunt, Principatus et Potestates , Virtutes et Thronos, et Dominationes post conditionem sui, boni aliquid perpetrasse, ut aliis ad inferiora delapsis, **595** ad excelsa conscenderent, et his nominibus insignirentur, habentes postea, quod prius non habuerant. Quæ dicentes, non intelligunt, Pauli se sententiæ contraire, in Christo creatos Principatus, et Potestates, et Thronos, et Dominationes, loquentis. Quod autem dicit, *creatos*, nulli dubium est, quin sic ab exordio conditi sint, et non postea istiusmodi acceperint dignitates.

13. De Spiritu Sancto. — Verum hæc breviter sanxisse sufficiat : ad aliam ejus veniamus impietatem, quam velut de profundissimis tenebris eructans loquitur, et blasphemiarum suarum pessimam mundo reliquit memoriam. Dicit enim Spiritum Sanctum non operari ea quæ (*b*) inanima sunt, nec ad irrationabilia pervenire. Quod asserens non recogitat, aquas in baptismate mysticas adventu Sancti Spiritus consecrari : Panemque Dominicum, quo Salvatoris Corpus ostenditur , et quem frangimus in sanctificationem nostri : et sacrum calicem (quæ in mensa Ecclesiæ collocantur et utique inanima sunt) per invocationem et adventum Sancti Spiritus sanctificari. Si ad irrationabilia, et ad ea, quæ absque anima sunt, Sancti Spiritus fortitudo non pervenit, cur David canit : *Quo abibo a Spiritu tuo* (*Ps.* 1. 38. 8) ? Quod dicens, ostendit Sancto Spiritu omnia contineri, et illius majestate circumdari : si omnia in omnibus, utique et irrationabilia, et inanima sunt. Et alibi legimus : *Spiritus Domini replevit orbem terrarum* (*Sap.* 1. 7). Quod nunquam Scriptura memoraret, nisi irrationabilia quæque, et inanima illius numine complerentur. Verum non est contentus hoc fine blasphemiæ, sed in morem lunaticorum, qui furorem suum illisione dentium, et spumantium salivarum ejectione testantur, rursum eructat, et dicit Filium Dei, id est, rationem (τὸν Λόγον), et sermonem, ac virtutem ejus, ad ea tantum quæ rationabilia sunt, pervenire. Quod audiens, miror unde sumpserit, aut quomodo legisse se nesciat : *Omnia per ipsum facta sunt* (*Joan.* 1) : ex quo approbatur, ad cuncta Verbi Dei fortitudinem pervenire. Forsitan oblitus et illius historiæ, quando virtute Christi Lazarus **596** suscitatus est, cujus utique corpus, eo tempore quo de morte surgebat in vitam, ut anima, ita et ratione caruit. Ignoravit et illud, quod de quinque panibus quinque millia saturata sunt hominum, exceptis mulieribus, et infantibus : et superfuerunt duodecim cophini fragmentorum (*Matth.* 14). Quod utique Christi fortitudo perfecit. Arbitror enim nec illius miraculi recordatum, quando irrationabiles maris fluctus divino calcans pede, tranquillitati navigantium reddidit. Quæ Christi virtus, et non alterius patravit imperium. Quomodo ergo non toto corde et animo et corpore perhorrescit, dicens, fortitudinem Verbi Dei irrationabiles creaturas non posse pertingere ? Et qui jactat se in scientia Scripturarum, et putat tanta legisse, quanta nullus hominum legerit, sciat scriptum, quod ægrotantes in lectulis deferebant, et ponebant in triviis et plateis, ut Petri eos umbra contingeret et sanaret (*Act.* 5), quod sacra Apostolorum Acta testantur, arguentia Origenis stultitiam, (*c*) per quæ id Apostolorum umbra fecisse convincitur , quod ille Filium Dei, Verbum Dei non potuisse testatur.

14. De Providentia Dei. — Simili errore deceptus, et nesciens quid loquatur, (*d*) eorum qui nolunt Dei providentiam usque ad omnes creaturas, et mundi inferiora descendere , sed tantum in cœlorum regionibus commorari, ut scilicet id umbra fecerit Petri , quod implere Salvatoris fortitudo non quiverit. Sed et ad illa veniamus : Apostolo enim de primogenito Filio Dei perspicue proclamante : « Hoc intelligat unusquisque in nobis, quod et in Christo Jesu, qui cum in forma Dei esset, non rapinam arbitratus est esse se æqualem Deo , sed seipsum exinanivit , formam servi accipiens » (*Philip.* 2) : ille ausus est dicere, quod anima Salvatoris se evacuaverit, et formam servi acceperit, ut Joannes mentitus esse credatur, qui ait : *Verbum caro factum est* (*Joan.* 1), similem nostræ conditioni ingerens Salvatorem, dum non est ipse qui se evacuavit, et formam servi accepit : sed (*e*) anima

---

veteres præcipue Grammaticos exempla non deerunt. Simile est quod notamus infra initio Epist. ad Riparium de Vigilantio : *de his rebus interrogas , QUÆ et proferre et audire sacrilegium est.*

(*a*) Iterum cogente orationis serie, *sicut* legimus, pro *si*, quod antea obtinebat, imperfecto sensu.

(*b*) Supino errore, qui tamen libros omnes pervasit, scriptum erat *in anima* duobus verbis, non heic modo, sed infra etiam, nec semel, ne typographi mendum putares. Sed ita legendum, ut emendamus, sensus clamat. Conferendus porro est Tomus secundus Origenis in Joannem non longe a fine, ubi Χριστοῦ μὲν πάντα μετέχειν τὰ λογικά, *quæ ratione quidem prædita sunt omnia Christum participare docuit*, secus alia : tum superiori tomo ubi triplex rerum ratione pollentium genus statuit, Angelorum, Hominum, et τῶν καταχθονίων, sive infernorum inter quæ dæmones.

(*c*) Vitiose erat, *per quam*, ut referres ad *stultitiam*, quod respicit *Apostolorum acta*. Emendavimus ex B. P.

(*d*) Ut sensus utcumque constet, supple heic loci, *factus est sectator*, aut *dux*, aut quid simile, quod omnino excidit librariorum oscitantia.

(*e*) Erat alio , et contrario sensu *animam* in accusandi casu, cum liquido auctoris mens velit in recto

illius; et fidem, quæ omnium confessione firmata est, sua impietate dissolvit. Si enim anima Salvatoris est, quæ fuit in forma Dei, et æqualis Deo, juxta Origenis insaniam, æqualis autem Deo Filius Dei est, et quod æquale Deo est, ejusdem convincitur esse substantiæ, ipse nos disputationis ordo perducit, ut unius naturæ animam et Deum esse credamus. Quod cum dicat, sequitur, ut nostras quoque animas non alterius a Deo naturæ esse (a) contendat (nullique dubium, nostras animas, et animam Salvatoris unius esse substantiæ) ut jam factor atque factura unius naturæ sint. Et quomodo in Christo creata sint omnia, si animæ hominum ejusdem cum creatore substantiæ sunt? Verum non est ita, fratres, nec anima Salvatoris, sed ipse Filius Dei cum esset in forma Dei, et æqualis Deo, se exinanivit, formam servi accipiens. At Origenes in profundum impietatis demersus cœnum, non intelligit se Gentilium esse participem, qui idola pro Deo venerantes : « dicentes se esse sapientes, stulti facti sunt, et immutaverunt gloriam incorruptibilis Dei in similitudinem imaginis corruptibilis hominis » (Rom. 1) : quod et iste incurrens, simili errore deceptus est : in forma enim et æqualitate Dei animam Salvatoris affirmans, sicut superior sermo memoravit, impietati ethnicæ æqualis est. Ut enim illi immutaverunt gloriam incorruptibilis Dei in similitudinem imaginis corruptibilis hominis, dicentes, deos esse qui non erant; sic iste immutavit gloriam incorruptibilis Dei, in forma illius et æqualitate animam Salvatoris asserens, quæ creata est; et hanc se evacuasse, et non Verbum Dei ad terrena venisse, sicut Apostolus affirmat auctoritas.

15. Nec erubescit, ex multiloquio immemor sui, et animam hominis nolens a conditionis exordio sic vocatam, sed ex eo quod quæ prius mens et sensus erat, frigus negligentiæ et infidelitatis assumpserit. Quæ etymologia magis Græcæ huic, quam Latinæ linguæ convenit. Si autem æqualem Deo, et in forma illius constitutam animam asserit Salvatoris, ergo et illa ex frigore caritatis sortita vocabulum est, et prioris nominis perdidit dignitatem. Generalis enim illius disputatio est, animas hominum appellatas ex eo quod calorem pristini fervoris amiserint. Igitur si omnium animæ, recepto frigore, sunt vocatæ, et confitetur animam habuisse Salvatorem, sequitur ut et ipsam de mente et sensu dicat ad hujusmodi vocabulum commigrasse. Quod (b) licet sermone taceat, apertaque impietas illius insaniam reprimat, tamen ipsa dicere necessitate compellitur, quæ prioribus dictis ordine nectit sequentia. Aut enim negare debet habuisse animam Salvatorem, ut apertissime contra Evangeliorum veniat auctoritatem : aut si non potest sibi contraria loqui, etiam hanc ex frigore caritatis de mente et sensu confitebitur animam nuncupatam; omnium quippe animas, qui recesserint a Deo, et calorem divinæ caritatis amiserint, ex frigore æstimat appellatas. Quis non credat eum hoc sacrilegii fine contentum?

(c) 16. Aliam rursus Filio Dei nectit calumniam, et his verbis loquitur. (d) Sicut Pater et Filius unum sunt, ita et anima, quam assumpsit Filius, et ipse Filius Dei unum sunt. Nec intelligit Patrem et Filium unum esse propter communionem substantiæ, et eamdem divinitatem : Filium autem Dei et animam ejus diversæ, et multum inter se distantis esse naturæ. Etenim si sicut Pater et Filius unum sunt, sic et anima Filii et ipse Filius unum sunt, unum erit Pater cum anima Salvatoris, et ipsa dicere poterit : Qui videt me, videt et Patrem (Joan. 14. 9). Sed non est ita : absit hoc ab ecclesiastica fide, Filius enim et Pater unum sunt, quia non est inter eos diversa natura ; anima autem et Filius Dei et natura inter se discrepant, et substantia, eo quod et ipsa a Filio condita, sit nostræ conditionis atque naturæ. Si enim sicut Pater et Filius unum sunt, sic anima Filii Dei et ipse Filius unum sunt, unum erit, ut jam diximus, (e) anima et Deus Pater ; et anima Salvatoris, splendor gloriæ et forma substantiæ ejus esse credetur. Verum hoc dicere impium est atque blasphemum. Ejusdem igitur impietatis est, Filium et animam illius unum dicere, atque Patrem et Filium esse unum negare. Rursum immemor sui, contraria sibi loquitur, ait enim : Anima quæ turbata est, et tristis effecta (Marc. 14. 54), non erat ipsa unigeni-

(a) Forte concedat rescribendum est ; hanc enim non proponi ab Origene, sed ex superiori ejus doctrina consequi debere insaniam ex l. 4. περὶ ἀρχῶν, notat Hieron. sub finem epistolæ ad Avitum : ut nempe diceret, omnes rationabiles naturas, id est Patrem, et Filium, et spiritum sanctum, Angelos, Potestates, Dominationes, cæterasque Virtutes, ipsam quoque hominem secundum animæ dignitatem unius esse substantiæ.

(b) Erat antea in editis omnibus falso et incongruo sensu, licet sermo nec taceat pro uno verbo, sermone, quemadmodum ex conjecturis emendavimus ; id enim iterum consequi, non asseri ab ejus doctrina dicit.

(c) Præstat totum istud caput repræsentare ex ipso Theophili Græco textu, qui est apud Theodoretum Dialog. 2. c. 4. Ἀλλ' οὐ γὰρ τὴν ψυχὴν τολμᾷ βλασφημεῖς συνεκτικῶς τῆς υἱοῦ τοῦ Θεοῦ, καὶ λέγων αὐτοὺς ῥήμασιν οὕτως· ὥσπερ ὁ υἱὸς, καὶ πατὴρ ἓν εἰσι, οὕτως καὶ ἡ ἀναληφθεῖσα ὁ υἱὸς ψυχὴν, καὶ αὐτὸς, ἓν εἰσιν. Ἀγνοεῖ δὲ ὅτι ὁ υἱὸς καὶ ὁ πατὴρ ἓν εἰσι διὰ τὴν μίαν οὐσίαν καὶ τὴν αὐτὴν θεότητα, ἡ δὲ ψυχὴ, καὶ ὁ υἱὸς ἕτερα πρὸς ἕτερα ἐστὶν οὐσία τε, ἑτέρα καὶ ὁ υἱὸς ὡς ἕτερα· εἰ γὰρ ὥσπερ ὁ πατήρ ἐστιν εἷς, οὕτω καὶ ἡ ψυχὴ τοῦ υἱοῦ καὶ ὁ υἱὸς ἓν εἰσιν, ὁ πατὴρ ἔσται καὶ ἡ ψυχὴ τοῦ υἱοῦ καὶ λέξει πρὸς τὸν πατέρα· ἀλλ' οὐκ ἔστι τοῦτο, μὴ γένοιτο, ὁ γὰρ υἱὸς καὶ ὁ πατήρ ἐστι, ἐπειδὴ μὴ διάφορος πεφύκασι· ἡ δὲ ψυχὴ καὶ ὁ υἱὸς καὶ τῇ φύσει καὶ τῇ οὐσίᾳ ἕτεροι, ἐπειδὴ καὶ αὐτὴ δι' αὐτοῦ γέγονε, ὑποκειμένη ἡμῖν ὑπάρχουσα· εἰ γὰρ ᾧ τρόπῳ ὁ πατὴρ καὶ ὁ υἱὸς ἐστιν ἓν, τούτῳ τῷ τρόπῳ καὶ ἡ ψυχὴ τοῦ υἱοῦ καὶ ὁ υἱὸς, κατὰ τὸν ἀπόστολον, ἔσται καὶ ἡ ψυχὴ ὡς ὁ υἱὸς, ἀπαύγασμα τῆς δόξης τοῦ θεοῦ, καὶ χαρακτὴρ τῆς ὑποστάσεως αὐτοῦ. Ἀλλὰ μὴν ἀδύνατον τοῦτο, ἀδύνατον ἄρα καὶ τοῦ καὶ ψυχὴν εἶναι ὡς εἶναι, καθάπερ φησὶν αὐτὸς ὁ πατὴρ δυνάτως καὶ σαφῶς τούτοις παρίστησι· γέγραπται γὰρ οὕτως· οὐ δῆμος γάρ ἡ τεταραγμένη καὶ περίλυπος ψυχὴ ἡ μονογενὴς, καὶ πρωτότοκος πάσης κτίσεως, εὐδόκησεν τοῦ πατρός· τὸ γὰρ ἔργον τούτου, καὶ ἀξία τῆς ψυχῆς τυγχάνει, ἥτις ὡς ψυχή ἐστιν, ἔχουσα τὴν ὑπὸ τὴν ἑαυτῆς φύσιν αὐτῶν· ἐχομένη ἔχει λαμπρῶς αὐτὴν· εἰ τοῦτον τὸν τρόπον εἶναι ὁ υἱὸς τοῦ θεοῦ λέγεται ψυχή, ὥστε οὐδὲ καὶ χριστὸν ὁμολογήσειν, τοι· ἡ ψυχὴ τοῦτο ἓν θεῷ, καὶ τὸ μορφὴ αὐτὴ αὐτῷ γὰρ εἶναι φαμεν, λοιπὸν δὲ καὶ ψυχὴ δούλου καρποῦσαν ταῖς ὑπερβολαῖς τῶν ἀσεβειῶν τε διεξάγειν, ὡς ἐπακηκοέναι ἐξήνεγκε, ὡς ἐπακηκοέναι, εἰ γὰρ, μορφὴ θεοῦ ὑπάρχει καὶ τοῦ θεοῦ ἐστιν, ἐν μορφῇ δὲ θεοῦ ὑπάρχει καὶ τοῦ θεοῦ ἐστιν, καὶ ἐν τούτοις τοῦ πατέρος εἴπερ, τολμᾷς εἶναι, τοῖς τὸ ἴσον αὑτοῦτο εἶτ᾽; εἰ γὰρ τῇ ψυχή τὴν φύσιν τοῦ υἱοῦ αὐτὰ τὰ κρείττονα γνωρίζει.

(d) Vitiose in vulgatis, si sicut, quod ex Græco emendandum, ex quo tamen mutata interpunctione legendum videretur, loquitur sic : sicut, etc. In ipso autem Theophili textu βλασφημεῖς, nempe Origenes, legendum pro βλασφημᾷς.

(e) Græca quæ modo adduximus, parum er hic differunt, ubi legimus in Latino ex B. P. in aliis quippe excusis nonnihil erturbato sensu, et vitiosa in primis interpunctione erat, anima et Pater Deus, et anima Salvatoris, etc.

tus et primogenitus omnis creaturæ, nec Verbum Dei, quod conditionem animæ superans, et vere Filius Dei in evangelio loquebatur : *Potestatem habeo ponendi eam, et potestatem habeo iterum sumendi illam* (Joan. 10. 18). Ergo si melior est et potentior Filius Dei anima sua, quod nulli dubium est, quomodo anima illius in forma Dei esse poterat, et æqualis Deo (*a*) quam cum dicat se evacuasse, et servi assumpsisse formam ; omnes hæreticos magnitudine blasphemiæ superat. Si enim in forma Dei, et æqualis Deo Verbum Dei est, in forma autem Dei et æqualitate ejus anima Salvatoris est, quomodo poterit inter æqualia aliud esse majus, aliud minus? Ea enim quæ inferioris naturæ sunt, sublimiorem naturam atque substantiam sui dejectione testantur.

17. Non ei sufficit ista blasphemia, sed trans flumina Æthiopiæ (*b*) currum **600** stultitiæ suæ dirigens, iterum furibundus exsultat, tot dicens voluntate sua Deum condidisse rationabiles creaturas, quot poterat gubernare : ut virtutem Dei imbecillitati hominum, et cæteris quæ creata sunt, comparet. Nam in humano corpore tot fortitudo ejus membra sustentat et regit, quot potest ex eis infusa vegetare : et eam nobis tribuit temperantiam, quam valet sua præsentia regere, tantumque virtute sustentat, quantum possunt membra hominum sustinere. Deus autem major his quæ ipse fabricatus est, cum illis mensuram in creatione præstiterit, quam rerum ordo poscebat, et quo amplius sustinere non poterat, plus potest, quam ea quæ facta sunt, capiunt. At ille, columen veritatis, terminabilem Dei asserit fortitudinem, et minorem artibus hominum. Cæmentarii quippe, et hi qui struendarum domorum callent scientiam, majora possunt ædificare, quam fecerunt : si tamen queant fundamenta sustinere, quæ superædificanda sunt ; nec fabricatio cogitationis artium finis est. Cumque opera tanta perfecerint, quanta rerum necessitas flagitabat, habeantque mensuram ultra quam si fuisset aliquid exstructum, indecens et inutile probaretur, ars ipsa plus mente continet, quam opere demonstravit : nec sine rerum finis imponitur scientiæ ; si tamen, ut dixi, quidquid mens conceperit, et magnitudine operum cogitatio dilatarit, possint ea quæ subjecta sunt, sustinere. Et quomodo non impium est, humanæ arti finem non imponere, nec operibus suis artificum scientiam coæquare ; et Deum tanta fecisse dicere rationabilium creaturarum, quanta facere poterat? Audiat ergo et discat impius : Non [*al*. *Quod non*] tanta est virtus Dei, quantas fecisse dicitur rationabiles creaturas : sed imponens mensuram operibus, ultra quam esse non poterant, et rerum numerum dispositionis suæ arte concludens, ipse mensura et numero non tenetur. Ex quibus liquido apparet, non eum tanta fecisse, quanta poterat, sed quantum rerum necessitas expetebat, tantum ejus fecisse virtutem. Ponamus exemplum, ut quod dicimus, manifestius **601** fiat. Si quis opulentus paterfamilias convivas ad cœnam voluerit invitare, et tantas offerre dapes, quæ implere possint aviditatem cœnantium, non statim quantum illi comederint, et quantum eis fuerit præparatum, tantum dives dominus habere poterat ; sed præbuit eis quantum convivii dignitas exposcebat : sic et omnipotens Deus, vincens comparationis exemplum, non tantas fecit creaturas, quantas poterat, sed tantæ ab eo factæ sunt, quantæ debebant fieri. At (*c*) ille verbositatis seminarium contexit, et replicat, et ait : (*d*) Tanta fecit Deus, quanta poterat comprehendere, et sibi habere subjecta, suaque providentia gubernare. Nec audit Prophetam dicentem : « Si omnes gentes, ut stilla de situla, et sicut momentum stateræ computatæ sunt, et quasi saliva deputabuntur, etc., cui assimilastis Deum » (*Isai*. 40. 15, *et* 18)? Et rursum : « Quis mensus est manu aquam, et cœlum palmo, et omnem terram pugillo (*Ibid*. 12)? » Si ad comparationem fortitudinis Dei aqua mensuratur manu, et cœlum palmo, et omnis terra pugillo (hæc autem per metaphoram dicuntur, ut eorum quæ facta sunt vilitas ex factoris magnificentia comprobetur ; neque enim diversitate membrorum compositus est Deus) : quomodo tanta fecisse dicitur, quanta poterat sua virtute comprehendere?

18. Calcemus quod cœpimus, et sensum nostrum plenius explicemus. « Si omnes gentes quasi stilla de situla, et quasi momentum stateræ reputatæ sunt, et quasi saliva reputabuntur : » per quæ verba omnium creaturarum vilitas et parva substantia demonstratur, ut appareat incomparabilis sublimitas Dei ; ergo et fortitudo ejus, sicut stilla de situla, et sicut momentum stateræ, et saliva hominis reputabitur, si, juxta Origenem, tanta fabricata est, quanta poterat sua virtute comprehendere : et necesse est numero mensuræque factorum, Dei fortitudinem coæquari, si non potuit facere majora quam fecit. Verum **602** non puto quempiam, non dico hominum, sed ne dæmonum quidem hæc de eo audere confingere, quæ

(*a*) Pluribus hæc periodus vitiis in Benedictin. aliisque editionibus laborabat, quam partim ex B. P., partim ex conjecturis pristino nitori, ac sensui reddidimus : erat enim ad hunc modum, *qua dicat se evacuasse, et servi assumpsisse formam ? Omnes hæreticos*, etc.

(*b*) In B. P. ad libri marginem notatur *cursum* pro, *currum*.

(*c*) Martianæus locum sic distinguit, ac notat, ut *ille verbositatis seminarium*, τῆς πολυλαλίας σπορά, ipse Origenes dicatur, quod minime placet.

(*d*) Mirum in superiori Synodica hanc de circumscripta Dei potentia doctrinam, imo insaniam Origeni non imputari, cum cætera omnia illius dogmata tam diligenter examinentur. Et putamus quidem non eam fuisse Origenis mentem, quæ illi ab ejus adversariis tribuitur ; sed concinit tamen Theophilo nostro Justiniano epist. ad Menam, ubi desertum e primo περὶ ἀρχῶν libro fragmentum profert, in ejus sententiæ testimonium, et Methodius quoque apud Photium cod. 235. Disertissime vero omnium Ruffinus, Syrus ille, cujus libellum de Fide Sirmondus edidit : *Impie Origines, ac nefarie fatus est, qui sic dixit : Non omnia quæ voluit Deus, fecit; sed ea tantum, quæ potuit continere, et comprehendere. Qui cum hoc dixit, ademit Domino cunctorum potentiam, quasi ex parte dimidia ei faciendi potestas daretur. Nam si continendi, ac sibi quæ facerat, subjugandi non habet, ut ille æstimat, facultatem, ne creandi quidem scilicet protestatem habebit. Nam qui creandi facultatem habet, et subjugandi sibi creata similiter habebit*. Cætera Origenis dogmata, quæ subinde hisce litteris impugnantur, dissimulamus, quando ad superiorem synodicam expenduntur.

ille et sensit, et scripsit, tantam Deum fecisse materiam, quantam ornare poterat et in rerum formas dividere. Quæ sentiens, rursum discat a nobis, non quanta fecit Deus, tanta facere poterat, sed quantam mensuram rerum ordo poscebat, tanta fabricatus est Deus, multo majorem habens et artem et fortitudinem, quam ea quæ facta sunt, numerum atque mensuram. Et hoc sciat Prophetarum testimoniis comprobari, e quibus [sup. *unus*] ait : *Operuit cœlos virtus ejus* : Et alter clamitat : *Terram autem sicut nihili fecit* : ut majorem Dei esse virtutem his quæ facta sunt, prædicarent [al. *prædicaret*]. Porro quod dixit : *terram sicut nihili fecit*, de universis creaturis Apostolus interpretans loquitur : *Qui vocat ea quæ non sunt, tanquam sint* (*Rom.* 4). Ut et per hæc verba discamus, majorem esse fortitudinem Dei, quam ea quæ ab illo facta sunt. Et non erubescit contra Dei fortitudinem disputans dicere, quod tantum possit Deus, quantum ei ad operandum materia ministrarit! Nec intelligit aliam naturam esse factorum, et aliam ejus qui factor est Deus, neque posse tantum illam de qua aliquid fit, quantum is potest, qui ex ea aliquid fabricatur : diversarum enim substantiarum diversa est virtus atque conditio.

19. Quapropter si volunt cum Ecclesia dominicum Pascha celebrare, qui auctoritati Scripturarum Origenis præferunt deliramenta, audiant inclamantem Deum : *Et non ostendi illa tibi ut ambulares post ea* : Ac Prophetam lacrymabiliter commonentem : *O o fugite de terra Aquilonis,* dicit Dominus, *quia a quatuor ventis congregabo vos, in Sion salvamini, qui habitatis filiam Babylonis* (*Zach.* 2). Ut erroris tenebras, frigusque ignorantiæ relinquentes, ad ortum solis justitiæ, juncti magorum studiis convertantur, et inhabitantes calidissimam plagam cœli, quæ in Scripturarum fervore sentitur, **603** pastores ecclesiasticos, spreta Origenis amentia, sciscitentur, et dicant : *Ubi est qui natus est rex Judæorum* (*Matth.* 2. 2)? Cum illum invenerint jacentem in præsepi, humili videlicet eloquio Scripturarum, offerant [al. *offerunt*] ei aurum, et thus, et myrrham : id est, fidem probatam, et omni veritatis splendore fulgentem, conversationisque beneolentis fragrantiam, et continentiam, luxum voluptatis, et fluitantia carnis incentiva siccantem. Qui enim post crebras commonitiones, ecclesiasticæ fidei contradicunt, duplici languore detinentur, nequitia, et imperitia, et in morem serpentum toti ad terrena conversi, adhærentesque humo, bonis mala præferunt, nec noverunt, quæ sit differentia vitiorum atque virtutum, et de sanctis Scripturis in correptionem, et sanitatem sui medicamenta contemnunt, in morem prægnantium mulierum, veritatis fastidia sustinentes, quæ solitos cibos respuunt, et noxia quæque sectantur; nec valent contra veritatis radios clarum animæ lumen intendere : despicientes ecclesiasticam disciplinam, quasi porci volutantur in cœno, et unguenta contemnunt. Sed justum est, ut saltem de exemplis quæ inferimus recipiant sanitatem. Sicut enim oculo officit lippitudo, et totum corpus depopulatur febris, æs quoque et ferrum paulatim rubigo consumit, ita dogmatum perversorum perniciosa contagio animarum negligentium pulchritudinem violat, et deformi eas [al. *eos*] mendaciorum pallore perfundit. Obsecro, fratres, ut ignoscatis dolori meo, sceleratas doctrinas in medium proferenti. Licet enim per Babyloniæ flumina transierimus, ut captivos ibidem commorantes ad festivitatem Jerusalem pergere suaderemus, tamen misericordia Dei ipsi captivitatem non sensimus, prosperis ventis Scripturarum vela pandentes. Nec obruerunt nos doctrinæ hæreticæ gurgites intumescentes, nec mendaciorum tempestas terruit, neque torrentes iniquitatis in medio eorum pelago pertraxerunt, ubi juxta Psalmistam canentem, *Reptilia quorum non est numerus* (*Ps.* 103. 25), et Draco diabolus commorantur, venenatissimum animal sanctorum lusibus patens : **604** nec, ut cuncta brevi sermone concludam, ex omni parte ventorum flabra consurgentia ecclesiasticam navem subvertere potuerunt, et studiorum nostrorum sævo turbine operire remigium. Et cum Salvatore Domino, instar discipulorum illius, navigantes transfretavimus, et portum quietis intrantes, pulcherrimum divinorum voluminum littus amplectimur; varios carpentes flores scientiæ, et nivea membra sapientiæ pressis ligentes (*a*) osculis, in ejus hæremus amplexibus, et si Dominus concesserit, viventes cum ea, et in illius perseverantes amore, cantabimus : *Amator fui pulchritudinis ejus* (*Sap.* 8). Quotquot enim diligentius Scripturas sanctas legunt, et per picta sermonum cœlestium prata discurrunt, hac beatitudine perfruuntur [al. *perfruentur*]. Qui autem relinquentes dominicæ solemnitatis virorem, ad deserta transcendunt, in morem urbium quæ absque muro sunt, hostiles dæmonum impetus sustinent.

20. Quapropter imminentia festa celebrantes, intelligamus et nosmetipsos, et universa quæ nostra sunt; scientiamque, et (*b*) rationalem animam nostram, quasi matrem, omni studio amplexemur, habentes radicem sermonis, atque rationis scientiæ notionem, sermonem autem, ut ita dicam, operis vestibulum. Porro opus sermonis et scientiæ ædificii (*c*) tecta perfecta, et firmissimum domus culmen impositum. Sermo enim, et ratio, et scientia, et fides absque opere cassa sunt et instabilia. Et ut aliquid propter eos, qui dialecticis artibus instituti sunt, ex illa doctrina videamur assumere; quo modo si verbum nomini conjungamus, perfectus sensus efficitur, verbumque, si solum fuerit, aut nomen sine verbo, nihil est omnino quod dicitur; sic scientia absque opere, et opus sine fide infirma sunt et caduca : et, e contrario, scientia operi copulata perfectæ virtutis

---

(*a*) In textu, *oculis*, in paginæ albo erat *osculis*, quod recipere, priore illo, quod certissimum est mendum, amoto, non dubitavimus. Ac statim erat *in eis*, quod concinnius ac verius ex B. P. mutavimus *in ejus.*

(*b*) In B. P. *rationalem*; et mox, *cinctis studiis.*

(*c*) Emendandum innuit ad oram libri editor B. P. *perficit* pro *perfecta*, et *imponit* pro *impositum.*

indicium est. Tacita quippe animi cogitatio arcanus ejus est sermo, (a) quæ per linguam forinsecus resonans, profert mentis sententiam. Cumque sermo fuerit opere consummatus, scientiæ et cogitationi nostræ finis imponitur. Atqui cogitationis, et sermonis, et operis reddemus rationem in judicio, accusantibus se invicem cogitationibus **605** nostris, sive defendentibus, in die qua judicaturus est Deus abscondita hominum, per Jesum Christum sicut Paulus Apostolus scribit.

21. Quod cum ita sit, appropinquante festivitate Domini, dicamus istis, quos Origenis error involvit, et fraudulentia captivos tenet : *Fugite de medio Babylonis, et resalvate unusquisque animam suam* (*Jerem.* 51). Quamvis enim juxta vaticinium prophetæ, *Babylon calix aureus* esse dicatur, et compositione ac lepore verborum, veritatis pulchritudinem præferat, et transfiguret se in Angelum lucis : tamen sciendum, quod quicumque bibunt de vino illius, moventur et corruunt, et contriti lamentatione sunt digni. Nos autem mortiferis perturbationibus resistentes, muro continentiæ valeamus animam, et libertatem illius quotidiana virtutum exercitatione tueamur. Sicut enim venditi servi, eorum qui pro eis dedere pretium, et famuli et verberones vocantur : ita qui animas suas variis vendidere desideriis, horum, quibus se tradiderint, famuli nuncupantur, et quasi crudelibus obedient dominis. Cumque et emendatores erroris sui rigida fronte contemnant, temeritate stultitiam defendentes, ignorant, quod audacia nihil sit aliud, ut mihi quidem videtur, nisi absque sensu et cogitatione sententia, procul a se fugans gubernatorem perturbationum animum. Cumque tali fuerit conspoliata anima præsidio, præceps in profundum fertur impietatis, et quasi quodam amarissimo rheumate lumen mentis obscurat, oculumque ejus, secundum eloquium Scripturarum, intractabili tenebrarum nocte circumdat.

22. Unde qui Origenis erroribus delectantur, festivitatis dominicæ non sperent præconia : nec unguenta, aurum, et margaritas quærant in luto, neque matrem suam Ecclesiam, quæ eos genuit et nutrivit, in magnis (b) urbibus lacerent, qui aliquando propter illum et discipulos ejus gentilium in nos **606** odia superant, et in dilectione eorum in nos maledicta congeminant, divitumque obsident fores, nec audire metuunt cum Judæis : *Filios genui et exaltavi, ipsi autem me spreverunt* (*Isai.* 1). Qui mihi videntur (c) nescire omne verbum veritatis, non habens fundamentum, etsi ad horam audientem illexerit, ut putet verum esse quod non est, paulatim dissolvi, et in nihilum redigi ; universamque senten-

(a) In Benedictin. *quæ*, scilicet *cogitatio*.
(b) Puta Constantinopolim, ad quam civitatem Origenistæ confugerant, quemadmodum supra notatum est n. 3. atque alibi. Mox in B. P. legitur : *qui aliquando mihi, nunc propter illum*, etc.
(c) Ex interpunctionis vitiis, quæ infinita sustulimus, neutiquam lectore admonito, unum heic præstat indicare, ut periculum facias. Erat in editis ad hunc modum : *Qui mihi videntur nescire omne verbum veritatis, non habens fundamentum. Etsi ad horam audientem*, etc.

tiam, quæ in morem torrentis de pessima mente profertur, obruere auctorem suum : et litteras syllabasque, quibus erat contexta, perdentem, absque sensu et sono, et ulla imagine derelinqui, et instar venenatissimi colubri percutere prolatorem suum, statimque retrahere caput, et quasi in foramine mentis tabescere atque consumi. Nam mendaciorum finis interitus est. Illi qui quondam jactabant se solitudinis amatores, saltem parvulam ad occultanda maledicta, super labia furoris sui ædificent cellulam, non de sanctis Jerusalem lapidibus, sed informibus Babylonis saxis, quæ indolata et inæqualia ruituræ domus parietes fulciant. Quanquam effeminatis [f. *efferatis*] auribus, et Gentilium odiis se nostri detractione commendent, carpentes ecclesiasticam disciplinam, et patientia nostra quasi quodam temeritatis fomite abutentes ; tamen aliquando taceant et quiescant, et audiant Prophetam dicentem : *Prohibe linguam tuam a malo, et labia tua ne loquantur dolum* (Ps. 33). Desiderentque ea sapere, quæ digna sunt vita sancta, et Ecclesiæ principem ac (d) magistrum non contristent Deum.

23. Vos autem obsecro, fratres, ut in commune oremus pro eis, et prophetali voce dicamus : *Quis dabit capiti meo aquam, et oculis meis fontem lacrymarum ? et plorabo die ac nocte vulneratos filiæ populi mei* (*Jerem.* 9) : Dei misericordiam deprecantes, ut liberet eos errore quo vincti sunt : et odium, quo adversum nos frustra insaniunt, amore commutent. Unde et nos obliti injuriarum, **607** indulgentissimo eos cupimus recipere sinu, et illorum sanitatem et conversionem ad Deum, propriam sanitatem et gloriam computamus. Et si aliter non possunt curari, nisi nostra humilitate, ultro eis satisfaciamus ; (e) nihil eis intulimus injuriæ, nihil nocuimus, tametsi indignantur, et sæviunt contra Ecclesiæ medicamina, quibus vulneratis sanitas redditur. Nos quæ scimus, loquimur, et quæ didicimus, prædicamus : orantes, ut qui ecclesiasticas despiciunt regulas, normam recipiant veritatis, nec propter hominum confusionem, per quam difficulter errantes corrigi solent, perdant utilitatem pœnitentiæ. Et nunc dicimus, et ante prædiximus, et idem frequenter ingerimus, vagari eos nolumus, nec per alienas errare provincias, sed ad extorres et furibundos cum Propheta clamamus, et loquimur : *Salvamini de terra, et revertimini, et no-*

(d) Facile B. P. lectio, qua *vita solitaria* pro *vita sancta* dicitur, præferenda videatur, cum Monachos Origenistas, sui detractores, atque huc illucque oberrantes suggillet. In Synodica n. 5. « Voti nostri esse, et illos, et alios errores corrigere pœnitentia, et digne suo nomine conversari, ut qui vocantur Monachi, si tamen hoc esse cupiunt, quod dicuntur, silentium diligant, et fidem catholicam. » Sed statim post, *magistrum* pro *magistratum*, quæ vox vitiose in aliis editis ferebatur, primum ex conjectura, tum accedente B. P. suffragio substituere non dubitavimus.

(e) Solemnis **Theophili excusatio**, quam iisdem verbis in Synodica replicat num. 5. *Nihil eis nocuimus, nihil* (injuriæ in) *tulimus*; quemadmodum supplendum innuimus. Sed et B. P. heic loci, *Nihil eis tulimus, nihil nocuimus*, ut plane mirum fit eumdem errorem diversis locis, ac libris, et a diversa manu peccari.

lite stare : (a) *recordamini qui procul estis a Domino, et Jerusalem ascendat super cor vestrum* (Jer. 51. 50).

24. Forsitan hæc audientes, ecclesiasticæ congregationis amor subeat, et recordentur fraternæ in commune lætitiæ, et hymnorum, quibus cum cæteris Dominum concinebant, frigusque odiorum dilectionis calore commutent, et intelligant nos medicos, non inimicos, indulgentissimos patres, non hostili tumentes superbia. Neque enim fieri potest, ut quos salvari volumus, perire cupiamus, et non eis ecclesiasticam virgam converti in baculum : si tamen relinquentes errorem, veritatem sequi velint, et omittere temeritatem lascivientium puerorum. Sin autem respuunt eam, et contemnentes ecclesiasticam disciplinam, elevant cornu suum contra regulas ejus, et salutaria spernentes consilia, projiciunt retrorsum, audiant Dominum comminantem : *Homo qui fecerit in superbia, ut non audiat Sacerdotem, qui stat ad ministrandum in nomine Dei* (b) *tui, vel judicem, quicumque fuerit in diebus illis, morietur* [al. *moriatur*] *homo ille, et auferes malum de Israel, et omnis populus audiens timebit,* **608** *et non impie aget ultra* (Deut. 17. 12). Verum ne occupati circa vulneratorum curationem, nostri immemores simus, et propria negligamus, ac juxta quod scriptum est : *Aliis prædicantes, ipsi reprobi inveniamur* (1. Cor. 9), commonemus stantes, ut caveant : ne dum jacentibus manum porrigunt, ipsi corruant, et ut servantes ecclesiasticam disciplinam, futurum judicium reformident.

25. Igitur dominicum Pascha celebrantes, sanctis Scripturarum purificemur eloquiis, et ad trophæa Salvatoris respicientes, cuncta offendicula, quibus vitæ nostræ curriculum retardatur, auferamus e medio. Avaritiam quasi fœneratorem pessimum declinantes, vanæ gloriæ cupiditatem, ut insatiabilem jugulemus feram, et fornicationis blandum ac lubricum colubrum sollicita mente vitemus. Si quando nobis prosperior rerum aura successerit, humilitate et mansuetudine tumorem animi temperemus. Si adversi venti flaverint, fortitudine pressum et jacentem animum suscitemus, ipsique nostri peccati accusatores simus : ut scientes nosmetipsos corripiamus, et jugi meditatione, virtutum libertatem animæ, quæ vitiis oppressa est, recuperemus. Quapropter positi in certamine et sudore ac labore præsentibus, futuram nobis solemnitatis cœlestis gloriam præparantes, priusquam stemus ante tribunal Christi, præterita peccata pœnitentia corrigamus : præsenti fletu redimamus futura gaudia, aculeoque conscientiæ in morem apium noxios peccatorum fucos repellamus, plena ceris ac melle alvearia reservantes. Curemus diversa vitiorum vulnera, et rapinas divitum, quibus vel maxime hoc hominum capitur genus, crebris commonitionibus reprimamus. Et sic poterimus imminentium jejuniorum iter carpere. Incipient (c) dies Quadragesimæ a tricesima die mensis Mechir. Et hebdomadam salutaris Paschæ celebrabimus quinta die mensis Pharmuti, finientes jejunia secundum Evangelicas traditiones vespere sabbati decima die Pharmuti : et illucescente statim Dominica, festa celebremus undecima die ejusdem mensis, **609** jungentes et septem reliquas hebdomadas sanctæ Pentecostes : ut cum his qui Trinitatis unam confitentur divinitatem, in cœlis præmia recipiamus, in Christo Jesu Domino nostro, per quem et cum quo, Deo Patri gloria, et imperium, cum Sancto Spiritu, in sæcula sæculorum, Amen.

26. Salutate invicem in osculo sancto. Salutant vos omnes qui mecum sunt fratres. Et hoc necessario scribimus, ut sciatis pro sanctis et beatis Episcopis qui in Domino dormierunt, ordinatos esse in (d) Lemnado pro Herone, Naseam : in Erythro pro Sabbatio, Paulum : in Omboes pro Sylvano, Verrem. His ergo scribite, et ab his accipite pacificas, juxta ecclesiasticum morem, Litteras.

EPISTOLA (e) XCIX (f)

AD THEOPHILUM.

Excusat se Theophilo, quod subnexam Paschalem ejus Epistolam serius verterit ; impeditus partim obitu Paulæ, partim suo morbo.

BEATISSIMO PAPÆ THEOPHILO HIERONYMUS.

1. *Hieron. ægrotatio.* Ex eo tempore quo Beatitudinis tuæ accepi Epistolas, juncto Paschali libro, usque in præsentem diem, ita et mœrore luctus, et sollicitudine, ac diversis super statu Ecclesiæ hinc inde rumoribus exagitatus sum, ut vix volumen tuum potuerim in Latinum sermonem vertere. Optime enim nosti juxta, veterem sententiam, Non esse tristem eloquentiam : maxime si ad ægritudinem animi accedat corporis ægritudo. Et hanc ipsam Epistolam febre æstuans, et quintum jam diem decumbens le-

---

(a) Pro his vulgata, *Qui fugistis gladium, venite, nolite stare, recordamini procul Domini,* etc.
(b) Erat, *tui,* sacro textu renuente. Cætera ad Græcum exemplar exigenda sunt, quæ a Vulgato discordant.
(c) B. P. *Incipientes Quadragesimam a tricesima,* etc.

omisso infra, *celebrabimus.* Porro tricesima dies Mechir vicesimæ quartæ Februarii respondet ; et Pharmuti quinta tricesimæ primæ Martii, undecima autem, sextæ Aprilis ex ejusdem anni quadringentesimi secundi Pascha denotari exploratum est.

(d) Carolus a S. Paulo, *Lemando* legit, eamque urbem in Provincia Libyæ Pentapoleos constituit, ex hoc tamen uno Theophilensis epistolæ testimonio, non enim apud alios Geographos veteres, aut in antiquis Episcopatuum Notitiis ulla ejus est mentio ; tametsi facile colligi posse videatur, non aliam ab ea esse, quam *Limniadem* vocat Antoninus, itinere a Ptolemaide Alexandriam. Quæ subsequitur *Erythra,* eidem Provinciæ Libyæ Pentapoleos adscribitur in Alexandrini Patriarchatus notitia. Alias *Erythrus,* et *Erythron* apud Ptolemæum, et in Actis Concilii Chalcedonensis Act. 1. ἐρυθρὸς appellatur. Denique pro *Omboe* Græcæ Notitiæ, Græcique scriptores plerumque ἔμβροι *Ombroe* vocant, ac Thebaidi secundæ verissime adjudicant.

(e) Lectorem monemus iterum, pertinere hanc epistolam cum subnexa Paschalis interpretatione ad annum 404. posteriorem partem ; subdi vero heic loci semel intermisso temporum ordine, ob istarum elucubrationum indolem, ingeniumque, atque argumenti unitatem, ob quam distrahi, suumque in locum reservari, docti homines, quos in consilium adhibuimus, ægre patiebantur. Accedit in veteribus Mss. atque in vulgatis omnibus continuo jungi, tametsi ordine aliis de causis vitioso atque inverso.

(f) *Alias* 51. *Scripta anno* 404.

ctulo, nimia festinatione dictavi : breviter indicans **610** Beatitudini tuæ, magnum me laborem sustinuisse in translatione ejus, ut omnes sententias pari venustate transferrem, et Græcæ eloquentiæ Latinum aliqua ex parte responderet eloquium.

2. In principio philosopharis : et generaliter agens dum omnes erudis, unum jugulas : in reliquis autem quod vel difficillimum est, Rhetoricæ eloquentiæ jungis Philosophos, et Demosthenem, atque Platonem nobis consocias. O quanta dicuntur in luxuriam, quantis præconiis extollitur continentia, et de intimis sapientiæ disciplinis, diei ac noctis, lunæ cursus, ac solis ratio, mundi istius natura describitur ; et hanc ipsam disputationem ad Scripturarum refers auctoritatem, ne in Paschali libro videaris de sæcularibus quidquam fontibus mutuatus. Quid plura ? In his laudare te vereor, ne assentandi crimen incurram. Optimus liber est, et in Philosophis, et agens susceptam causam absque invidia personarum. Unde obsecro te, ignoscas tarditati etiam meæ ; ita enim sanctæ et venerabilis Paulæ confectus sum dormitione, ut absque translatione hujus libri, usque in præsentiarum nihil aliud divini operis scripserim. Perdidimus enim, ut ipse nosti, repente solatium, quod (ut conscientiæ nostræ testis est Dominus) non ad proprias ducimus necessitates, sed ad sanctorum refrigeria, quibus illa sollicite serviebat. Sancta et venerabilis te, filia tua Eustochium, quæ nullam pro matris absentia recipit consolationem, te universa (a) Fraternitas suppliciter salutat. (b) Libros quos dudum scripsisse te nuntiasti, vel legendos nobis, vel vertendos transmitte. Vale in Christo.

611 EPISTOLA C (c).

SIVE THEOPHILI ALEXANDRINI EPISCOPI AD TOTIUS ÆGYPTI EPISCOPOS PASCHALIS (d) ANNI 404. D. HIERONYMO INTERPRETE.

Cessandum a peccatis, inita virtutum consuetudine, qua ad Pascha celebrandum animi præparentur. Jejuniorum quadragesimalium observatio sancta, tum recta in Deum fides proponuntur. Origenis errores, quos exsecrari oporteat ante Dominicum Pascha. Calcanda insuper avaritia, et amori in Deum dilectio in proximos jungenda.

1. Nunc quoque Dei viva sapientia nos ad sanctum provocat Pascha celebrandum, omnes cupiens ejus esse participes : unde propero ad illud currentes gradu, jejuniis et continentia omnique afflictione corporis pugnantes contra virtutum adversariarum industriam, voluptates redigamus ad nihilum, fulti Salvatoris auxilio : et peccata nostra Deo, qui sanare potest, simpliciter confitentes, verum conscientiæ judicium formidemus, ut cum David vociferantes atque dicentes : *Peccata adolescentiæ meæ (e) et ignorantiæ meæ ne memineris : secundum misericordiam tuam memor esto mei* (Ps. 27. 7); terrore ignis æterni crescentia vitia consumemus [al. *consumamus*] : quorum finis est, alia ultra non facere, et exordium salutis, præteritorum oblivio. Sicut enim principium viæ (f. *vitæ*) bonæ, facere justa, sic exordium cessantium peccatorum est, eorum impetus cohibere, dum aut ratione frenantur, aut metu ad præcipitia non veniunt. Cumque legis fuerit in animo recordatio, illico fugiunt, et cessantes ultra procedere, in triumphantium virtutum castra (f) concedunt, paulatimque pœnitendo **612** referentes pedem, et sapientium judicium declinantes, instar fumi resolvuntur in nihilum. Difficile sanantur mala, quæ non statim ut crescere cœperunt, opprimuntur : facilis est eorum eradicatio, cum qui dudum peccaverunt, per pœnitentiam ad prudentiam convertuntur, et fine peccandi, emolumentum invenerint pœnitendi. Neque enim possumus opprimere incentiva vitiorum, nisi virtutes facere cœperimus : aut cessabunt vetera priusquam novorum operibus excludantur. Et quomodo si contra supervenientes voluptates firmo animo resistamus, præterita peccata delentur : ita perseverans si fuerit præteritorum oblivio, futura delicta ultra crescere non valebunt. Malorum quippe operatores, quasi in ditionem suam redigentes eos, qui possunt prohibere, nec prohibent, tota ad peccandum debacchantur insania, et silentium in sensum trahentes, quidquid animo libido suggesserit, opere explere nituntur. Libertas præsentium vitiorum futura germinat vitia : et si priora neglexeris, fons et seminarium futurorum est.

2. *Prohibenda peccata.* Quæ cum ita sint, qui possunt prohibere peccantes, et laboris fuga inertique silentio dissimulant, et crescere patiuntur mala, participes eorum rectissime judicabuntur, qui auctores scelerum sunt, et negligentiæ pœnas luent : dum irrationabile otium sudori ulciscentium prætulerunt, malentes quietem culpabilem, quam severitatem vitia succidentem. Si enim recedamus a vitiis, penitus interibunt, et eorum fraudulenta dulcedo siccabitur ; omnisque impetus voluptatis quodam, ut ita dicam, languore torpescit : quando mens nostra fuerit virtu-

---

(a) Fratrum cœtus, qui solitariam cum Hieronymo vitam agebant, *Fraternitas* heic loci obvio sensu intelligitur ; ejus tamen vocabuli apud ecclesiasticos Scriptores accepito varia est, et significatio: nec raro pro Ecclesia sumi, sæpe etiam mysterii multum ac religionis in eo positum invenias. Vid. Optatum Milevitan. init. lib. 1. de Schismate Donatistar. in eumque doctorum virorum notas.

(b) Haud alios putamus indicari libros, quam illos Invectivarum contra S. Joannem Chrysostomum, qui ab Hieronymo quidem Latine explicati sunt ; sed minime ætatem tulerunt neque in Græco exemplari, neque in Latina interpretatione, exceptis apud Facundum Hermianensem fragmentis perquam exiguis. Consule paulo infra epistolam 114 et quæ ibi adnotamus.

(c) Al. *numero caret, scripta et latine reddita an.* 404.
(d) Nimirum superioris anni 403. Paschalem epistolam Hieronymus non est Latine interpretatus, et splendide falluntur tum qui illam arbitrantur intercidisse, tum vero maxime qui priorem anni 401 ut lacunam impleant, alteri 403 cum Baronio adscribunt.

(e) In Græco nempe ἀγνοίας, et in minori numero gignendi casum, et in plurium accusandi denotat. Sic proinde cum impressa lectione, Augustinus, duo Romana, unum Germanense, atque alterum Carnutense Psalterium faciunt.

(f) Perinde est atque, *a virtutibus captiva ducuntur, ac triumphantur.* Martianæus tamen negandi particulam interserit, contrario sensu, *in triumphantium virtutum castra non concedunt.*

tis hospitium. Legis recordatio non sinit peccata generari, nec ea crescere patitur; cumque futurum tribunal et formidolosum judicii diem (a) cogitaverint, tum principii diem, medium, finemque peccati prohibebit, et amaros illius fluctus, atque intumescentes gurgites usque ad ipsum fontem, venasque siccabit; virtus **613** lege comitata vitiorum opprimet semina, et animum de humilibus ad excelsa sustollet. E contrario vitia, nisi coerceantur, superbiunt, et obedientes sibi ad inferna detrudunt; cumque semel possederint animas, opprimunt eas illecebris voluptatum, nec sinunt juxta humani corporis statum in sublime, erectumque suspicere, sed instar pecudum ad terrena declinant. De quibus Psalmista testatur, dicens, *Vocaverunt nomina sua in terris suis* (Psal. 48).

3. *Qui exuenda vitia.* Dicat aliquis, quod si tantam habent vitia fortitudinem, et plurimos usque adeo blanda persuasione supplantant : quid debent agere, qui peccare se sentientes, cupiunt mutare peccata virtutibus, et amore meliorum pejora contemnunt? Audiant hujuscemodi loquentem Moysen : (b) *Peccasti? desine*, fine peccati priora subvertens, et efficacissimo medicamine vitia emendans cessatione vitiorum : dulces malæ vitæ illecebras, et blandientes corporis voluptates, quasi noxia venena declina. Nec per lubricam et mollem deliciarum ingrediaris semitam : quia jejuniis et continentia (c) solemnitas apprehenditur, et vix laborantes atque sudantes mala bonis possumus immutare, et repugnantes opprimere voluptates. Pauci sunt, qui calcatis vitiis tramitem teneant veritatis, dum malitia innumeris nocendi utitur artibus, et vinci non potest, nisi sapientiæ desuper fulciamur auxilio, clamantis nobis atque dicentis : *Noli timere, quia tecum sum* (Gen. 26. 24). Mali interitus est, mala ultra non facere : radix vitiorum legis scita contemnere. Ut peccata germinat [al. *germinant*] negligentia, ita sollicitudo virtutes parit. *Lex custodita fugat ignominiam, neglecta parturit pœnas* : et quanto, si despiciatur, severi judicis (d) imitatur truculentiam, tanto, si servetur, clementissimi patris exhibet mansuetudinem. Igitur peccati cessatio virtutis principium est. Medicina præteritorum, ac præsentium, futurorumque vitiorum legis

(a) Mallemus quidem, *cogitaverit*, quod ad mentem referendum sit. Sed deinde legendum omnino est *principium dies*, aut *principium* tantum, si mavis; quod enim *principii diem* editi præferunt, tametsi non mutamus, certissime depravatum est.

(b) Hunc locum, cum nusquam in Pentateucho sit invenire, ex eorum indole putamus esse, ut Chrysostomus notat Homil. 7. in priorem ad Corinthios, qui scripti dicuntur, cum *non verbis*, sed re ipsa expressi sint, « quemadmodum in historiis, vel cum eadem scripta sit sententia, quamvis non iisdem verbis. » Verum proprio loco in vetustioris, quam *Italam* vocant, versionis codicibus exstitisse Genes. 4. 13. indicat S. ipse Pater sub fin. Epist. ad Sabinianum, his verbis : *quod ad Cain dictum est, tibi dicam puta,* Peccasti, quiesce.

(c) Pro habitu accipitur heic loci, seu more et consuetudine, quæ actuum frequentia comparatur, quo tamen sensu apud bonos auctores est plane insolens.

(d) Iterum absque codicum Mss. ope legendum velim, *minitatur* loco *imitatur*, quod nec isocolo sequenti satis bene respondet, nec, si quid videmus, congruo sensu diceretur.

indefessa meditatio : quæ cum possessoris sui habuerit securitatem, cunctis perturbationibus caret. Sapientia quippe in nobis operatur bonum : postquam mundum cordis præbuerimus habitaculum, et cogitationes **614** in opera verterimus. Nec ambigitur, quin in utramque partem, vel faciendi, vel non faciendi bona, habeamus liberam facultatem, et oppressis pravis, recta nascantur : tuncque virtutum inter se concinit chorus, cum vitiorum in animis fuerit solitudo. Sicut enim continentia in corporibus nostris obtinens principatum, infirmitates nasci prohibet, et amatores sui nec debilitat, nec occidit, præteritosque languores in pristinam restituit sanitatem, et expellens quod contra naturam est, revocat ea quæ naturæ congrua sunt, ut æquali temperamento vitæ hujus ratio conservetur : sic anima legum jussa conservans, quantum recipere potest humana natura, a malorum contagione secernitur, et ex omni parte sollicita, seque circumspiciens, nihil ad se introire permittit, quod contrarium sit præclaris cogitationibus. Quin potius in templum versa Dei, cœlesti jugiter solemnitate perfruitur, habens divitias, observantiam legis, quæ jacentes suscitat, malosque puniens, alios corrigit, et semper clamans : *Numquid qui cecidit, non resurget? aut qui aversus est, non revertetur* (Jerem. 8)? spem salutis largitur pœnitentibus : dum monet, ut prosit : corripit, ut emendet : pudoremque pristinorum injiciens peccatorum, facit meliora sectari : quæ appetere nemo possit, nisi prius conscientiæ vulnera condemnarit.

4. Verum quia lex negligentes sui, et in errorem demersos consiliis optimis ad meliora revocare festinat, quasi norma pravorum operum ; eos autem qui sibi obediunt, absque præmio esse non patitur, neque æternis angustiis premi ; quotquot sanctum Pascha celebramus, continentia atque jejuniis latorem legis amicum nobis esse faciamus, Propheta his qui Pascha celebrant, promittente : *Eris corona decoris in manu Domini, et diadema regni in manu Dei tui* (*Isai*. 62. 5). Opulentum virtutum convivium requiramus, ornantes nos scientia Scripturarum, quasi solemnibus vestimentis. Sancta, lætantibus nobiscum Angelis in cœlo, oscula præparemus, fugantes omnem negligentiam, et rumpentes moram, ut alacri cum discipulis ad Salvatorem pergamus incessu, **615** dicamusque ei, *Ubi vis paremus tibi* (a) *Pascha* (Matth. 26)?

(a) Revocant hæc nobis in mentem pericopen quamdam Theophili nostri, quam, dum Romæ ageremus, ex Catena quadam in Vaticano Cod. 699. antiquissimo exscripsimus, quæ ἐκ τῆς ἐκπτωσεως, sive *ex decima Paschali*, dicitur expressa : nos heic eo libentius subnectimus, quod nondum in vulgus prodiderit ; sic autem se habet. Ἵνα πάλιν τὸ παραπέτασμα καὶ κάλυμμα τῆς λέξεως ἀναστέλλοντες ἀνακεκαλυμμένῳ προσώπῳ τὴν διαβατήριον τοῦ θείου πάσχα πανήγυριν κατοπτρίζοντες βιώσωμεν τῷ Ἰησοῦ, τοῦ βλέπειν ἐπερχομένου σοι τὸ πάσχα, ὅτι καὶ μαθόντες παρ' αὐτοῦ ἐν ἀγαπαίᾳ δὲν ἐπιτείνει τοῦτο, ἄνω τῶν γεωδεστέρων πραγμάτων ἐγίνοντο εἰς τὸ ἀγρὸν τῶν ἁγίων ὁρμαῖοι τῇ γνώμῃ βαδίζοντες. Εἶδα ὁ Χριστὸς αὐτός, ὑπὲρ ἡμῶν ἐσφάγη, τοῦ κατὰ τῶν ἐχθροστικῶν ἀρμαγεὶς πέπαυκε τῶν χρείαν, ἡμῖν αἰωνίων λύτρων εὑρόμενος καὶ ὑπὲρ ἡμῶν ἐκφρανθεὶς τῷ προσώπῳ τοῦ θεοῦ· τοῦτε μὲν γὰρ ἁπαξ τῶν ἰδίων ζωντος τοῦ ἀμνοῦ ἐν ἀρμαγείας εἰσερχόμενος τὰ ἅγια τῶν ἁγίων, ὁ δὲ σωτὴρ ἐπιδείξας τοῖς διαβατικοῖς ἀνελθεῖν δίδωκεν. Cetera quæ ibi subsequuntur, Theophilum auctorem non videntur habere, etiamsi illi adscriberentur : superiora autem sic vertimus : « Ut de-

atque [al. *ut.*] in cœlorum cœnaculo constituti, ac mysticum Pascha facientes, possimus cantare : *Quam dilecta tabernacula tua Domine virtutum* (Psal. 83)! Ibi enim Angelorum reperiemus [al. *reperimus*] choros, et cum eis festa celebrantes, habebimus eos socios mysteriorum Dei, et exultatione ineffabili gestiemus, sapientiæ cum illis sacramenta discentes : ubi nulla fraudis deceptio est : ubi qui vestem non habet nuptialem, convivium intrare prohibetur, licet in præsenti sæculo justum esse se jactet. Omnia sunt ibi senescentis ac provectæ plena prudentiæ : nullusque ibi, juxta Prophetam, immaturæ sapientiæ reperietur : (*a*) *Erit enim*, inquit, *juvenis centum annorum* (*Isai.* 65. 20) : magnitudine numeri perfectionem eruditionis ostendens. Unde, fratres, sanctæ cœlestisque vocationis participes, Salvatorem per Prophetam audiamus clamantem : *Veniam congregare omnes gentes, et venient, et videbunt gloriam meam, et dimittam super eos signum mundi* (*Isai.* 66).

5. Ad solemnitatem igitur properemus, atque dicamus : *Mihi autem absit gloriari, nisi in cruce Christi* (*Gal.* 6). Dabit, dabit, inquam, laborantibus gaudium, et jejunantibus benedicens loquetur : *Erunt domui Judæ in gaudium et lætitiam, et in solemnitates bonas, et lætabimini : veritatem ac pacem diligite* (*Zach.* 8. 16) : non est enim omnium solemnitas, sed domui Judæ, id est, Ecclesiæ Christi. Igitur quia secundum Psalmistam, *Tempus faciendi Domino* (*Psal.* 118. 126) : et Paulus scribit : *Nox præcessit, dies autem appropinquavit. Abjiciamus ergo opera tenebrarum, et induamur arma lucis, sicut in die honeste ambulemus, non comessationibus et ebrietatibus, non cubilibus et impudicitiis, non contentione et æmulatione : sed induite Dominum Jesum* **616** *Christum, et carnis curam ne feceritis in desideriis* (*Rom.* 13. 12). Justum est cunctos Domini timore purgatos dignam peragere solemnitatem, continentiis quoque ac jejuniis redimere castitatem, et dormientem sensum vigili suscitare fide, imitarique sapientissimum Danielem, de quo scribitur : *Est vir in regno tuo, in quo est spiritus Dei, et in diebus patris tui vigilantia et sapientia inventæ* [al. *inventa.*] *sunt in eo* (*Dan.* 5. 11). Qui enim curam sui gerunt, ut ad meliora proficiant, habentes legem quasi fortissimum ducem, parent imperiis ejus, et venientia contra se peccata subvertunt, splendore operum illustrantes Paschæ festivitatem : et securitate conscientiæ, perturbationum jacula negligentes, spe anticipant victoriam. Qui autem horum imitatores sunt, antequam ineant prælium, desiderio virtutis palmam occupant triumphorum, coronamque victores lubricæ voluptatis in cœlestibus possident, revelata facie, animo contemplantes, vociferabuntur et dicent : *Dominus Deus, fortitudo mea, et ponet pedes meos* (*b*) *in consummationem, super excelsa statuens me, ut vincam in cantico ejus.*

6. Nec putemus, fratres carissimi, certamen esse perpetuum, ut idcirco lassemur ; sed sciamus finem hujus coronam esse justitiæ, quam nulla sæculorum corrumpit ætas. Studium vitæ istius et certaminis temporale est, qui autem inoffenso cucurrerint gradu, et ad calcem venerint præmiorum, novas invenient mansiones, victoriam canticis demonstrantes. Itaque gratia Domini triumphos nobis de sceleratissimis dæmonibus pollicente, jejunia rite celebremus, ut solemnitatis quoque rite participes simus. Nequaquam diebus Quadragesimæ, sicut luxuriosi divites solent, **617** (*c*) vini poculum suspiremus, neque in procinctu et prælio, ubi labor et sudor est necessarius, carnium edulio delectemur. Crapula quippe et ebrietas, et cæteræ hujus vitæ illecebræ opulentissimum animarum thesaurum exhauriunt, et sementem scientiæ doctrinæque uberrimam sui admixtione suffocant. Quamobrem Dominus atque Salvator provocans discipulos suos ad rigorem continentiæ, loquebatur : *Attendite vobis, ne forte graventur corda vestra crapula et ebrietate, et curis hujus vitæ, et* [al. *ne*] *superveniat in vos repentina dies illa : tanquam laqueus enim superveniet in omnes, qui sedent super faciem omnis terræ* (*Luc.* 21. 34. *et* 35). (*d*) *Surgite : abeamus hinc* (*Joan.* 14. 31), quos ob negligentiam sui pœnæ illico consequentur. Qui autem legum præcepta custodiunt, ignorant vinum in jejuniis, carnium esum repudiant, et insatiabilem avaritiam Dei timore compescunt. Unde ad continentes Scriptura quotidie clamitat : *Vinum et siceram non bibent* (*Judic.* 13. 4. *et* 7. *et* 14). Et e contrario Judæi ob culpam audiunt : (*e*)

nuo velum atque operimentum litteræ demittentes, revelata facie, quasi pro transitu sacrificium, Dominici Paschatis solemnitatem intueantur, clamantes ad Jesum : » Ubi vis paremus tibi Pascha ? « Ab ipso enim intelligentes, in superiori tecto perfici oportere, quod est supra terrena negotia, sollicito cursu, animo quidem ac mente, ad Sancta Sanctorum procedant: quem locum Christus ipse pro nobis ingressus, legalis Pontificis operam atque usum cessare fecit, æternam nobis inveniens redemptionem, et pro nobis ante Dei faciem sese constituens. Tunc enim semel in anno solus Pontifex in Sancta Sauctorum ingrediebatur, populo foris adstante, quod tantum facultatis non haberet ; Salvator vero ingrediens, potestatem omnibus intrare volentibus largitus est. »

(*a*) Ex Græco ἔσται γὰρ ὁ νέος ἑκατὸν ἐτῶν : Vulgatus enim alio sensu : *quoniam puer centum annorum morietur.*

(*b*) Ex græco εἰς συντέλειαν, *in consummationem :* Vulgatus ex Hebræo, *quasi cerrorum*, et mox τοῦ νικῆσαι, *ut vincam :* quod Vulgatus dixit alio sensu, *victor.*

(*c*) Aliquandiu nobis plus æquo durior visa est hujus loci sententia, maxime cum paulo infra, et nu. 8. conceptis verbis *jejuniorum tempore a vino*, ut a *carnibus abstinendum* constanter Theophilus jubeat. Nam si quis ἀπλῶς iret conclusum, Fidelibus olim vini poculum in Quadragesimæ jejuniis usurpare non licuisse, multa veniebant in mentem quæ opponi poterant. Atque ii quidem, qui varias Ecclesiarum consuetudines enarrant, Socrates lib. 5. cap. 22. et Sozomenus lib. 7. cap. 19. id minime tradunt observatum, nedum ab Ecclesia sancitum, ut si qui adeo a vino abstinerent Fideles, pietati eorum potius, quam Ecclesiasticæ regulæ dandum sit, quidquid aliis videatur. Tandem commode occurrit Tertulliani locus, unde hoc idem planissime doceremur. *Quidam*, inquit, lib. de Cultu feminarum c. 9. « ipsam Dei creaturam sibi interdicunt, abstinentes vino, et animalibus exulantes, quorum fructus nulli periculo aut sollicitudini adjacent, sed humilitatem animæ suæ in victus quoque castigatione Deo immolant. »

(*d*) Nonnihil resarcietur locus, *et* voculam si præponas, nam certe librariorum incuriam expertus est.

(*e*) Loci hujus hiatum pendula atque imperfecta Scripturæ sententia arguit, ad quam explendam aliquid nobis in veteri editione B. P. præsidii fuit, licet et ipsa cum sæpe fallacissima sit, tum heic quoque loci manca. Sic illa se habet, « Dabatis bibere sanctis vinum et Prophetis, et præcipiebatis dicentes, Non possunt, etc. » Itaque supplendum conjicimus, *et Prophetis præcipiebatis dicentes, Ne prophe-*

Dabatis bibere sanctis vinum et prophetis (*Amos.* 2. 12). Non possunt suscipere correptionem, qui luxuriæ oblectatione capiuntur, neque ventris ingluviem ratione et consiliis refrenare amore jejunii, qui desidia et peritura cito voluptate, studium virtutis infamant, non erubescentes vinum clam bibere, et avidis faucibus arbitros declinantes, in cubiculis mulsa potare, ut inediam et jejunia, quæ ultro appetere debebant, jejuniorum tempore, luxuria et ebrietate commutent : nescientes quod, etiam si hominum conscientiam fugiant, et clausis parietibus vescantur carnibus, atque aves altiles diebus Quadragesimæ, et propinquante Pascha immundis manibus lacerent, tristi vultu foris jejunia promittentes, corripiat hujuscemodi **618** Dominus, et dicat : *Iniquitates magnas faciunt isti, ut recedant a sanctis meis.* Non decet jejunantes tempore agonis et prælii vesci carnibus, monente Scriptura : *Affligetis animas vestras* (*Levit.* 16. 29). Neque phasides aves sollicito labore perquirere, et garrulas volucres, earumque pinguedinem hianti ingerere gulæ. Nec investigare magni pretii coquos, qui ventris rabiem jure multiplici, et carnibus contusione mutatis, diversoque ciborum sapore demulceant : fumantibus pateris, et nidore sui furori gutturis blandientibus, cum in injuriam [*al. cum injuria*] continentiæ diversi saporis et coloris vina quærantur.

7. Docet nos sancti Danielis historia, et trium puerorum virtus, consona appetere et honorare jejunia, qui, ut longum sermonem brevi explicem [*al. concludam*.] compendio, in servitutem libertate mutata, cum captivi debuerant [*al. debuerunt*] desiderare delicias, contempserunt Babylonias dapes, et simplicem cibum regali mensæ prætulerunt. Præceperat quippe rex Nabuchodonosor eunuchorum principi, ut de filiis captivitatis Israel, et de regio semine pueros, in quibus nulla esset macula, pulchros corpore, et aptos ad sapientiam perdiscendam, introduceret palatium, et essent in aula regis, discerent litteras ac linguam Chaldæorum, et de reliquiis mensæ ejus viverent, atque inde accepta vina potarent (*Dan.* 1. 4. *et* 5). Eliguntur itaque ex tribu Juda, Daniel, Ananias, Azarias, Misael, et genere concordes, et fide, quorum nobilitatem dura non (*a*) mutaverat servitus. E quibus Daniel, sicut Scriptura testatur, *Posuit in corde suo non coinquinari de mensa regis* (*Ibid.* 7). Tres quoque pueri non minus religione quam propinquitate sociati, suscipiunt viri consilium, et approbant sapientiam, simulque eunuchorum principem deprecantes, Dei opitulante **619** clementia, impetrant quod desiderant, et in terra captivitatis servant generis nobilitatem : nam timentem præpositum, ne aliorum puerorum vultus hilarior capitali se pœnæ addiceret, ratione et consilio leniunt, his verbis loquentes : *Tenta pueros tuos diebus decem, et detur nobis de seminibus, et comedemus, et aquam bibemus, et appareant in conspectu tuo vultus nostri, et vultus puerorum qui comedunt de mensa regis, et sic ut videris, ita facies cum servis tuis* [*Dan.* 1. 12]. (*b*) Videbat enim et virtutis desiderium Dei clementia sustentatum, quodque continentia pulchra et fortia corpora conservaret, et omnem deformitatem fides vinceret, et nitorem pulchritudinis nulla macies commutaret.

8. Hæc idcirco, fratres carissimi, replicavimus, ut Pauli Apostoli de sanctorum virtutibus prædicantis, verba noscentes, in quibus ait : *Quorum considerantes exitum conservationis, imitamini fidem* (*Heb.* 13. 7) ; (*c*) suadeamus eis qui tempore jejuniorum esu carnium delectantur, imitari sanctorum continentiam : qui nulla vi superari potuerunt, ut rigorem virtutis amitterent, ut Babyloniorum imperia formidantes, captivam in se ostenderent voluptatem, sed manserunt liberi, ventrisque desideria ratione superarunt, et titillantem gulæ vicere luxuriam, nobisque suæ fortitudinis exempla reliquerunt, habitantes in Babylone corporibus, sed sensu et fide cum Angelis in cœlesti Jerusalem morantes, ut omnem deinceps ætatem docerent, jejuniorum tempore a vino et carnibus abstinendum, sumere de terra semina, et potandam aquam, quibus comitibus utitur pudicitia.

9. Quid memorem insignes Macchabæorum victorias (2. *Macchab.* 7) ? qui, ne illicitis carnibus vescerentur et communes tangerent cibos, corpora obtulere cruciandas : totiusque orbis in (*d*) Ecclesiis Christi laudibus prædicantur, fortiores pœnis, ardentiores quibus comburebantur ignibus. Victa sunt in eis omnia **620** crudelitatis ingenia, et quidquid ira persecutoris invenerat, patientium fortitudo superavit. Inter pœnas magis paternæ legis, quam do-

---

tetis ; sunt enim hæc Amosi c. 2. vers. 12. *et propinabitis Nazaræis vinum, et prophetis mandabitis, dicentes*, etc. quæ posteriore hac parte mutilata, sensuque inverso adduci abs Theophilo neutiquam credibile est ; sed facile vocum similitudo *prophetis*, et *prophetetis*, librarios fefellit, quemadmodum illis quoque, unde B. P. editio sumpta est, fraudi fuere voces *ne*, et *non*, ut reliqua omitterem, quæ interseruntur. Nusquam autem sæpius a scribis peccatum esse, quam ubi eædem voces proxime repetitæ sunt, aut geminatæ, jam aliquoties supra monuimus, et passim in veteribus libris exempla persuadent. Porro ex Græco ἡγιασμένους heic *sanctos* interpretatur, ubi Vulgatus interpres *Nazaræos* ex Hebraico vertit.

(*a*) Libertatem quidem servitute mutatam a tribus pueris dixerat modo, minime vero etiam generis nobilitatem, quod perperam editio Benedictina significat, penes quam erat, absque negandi particula, *nobilitatem dura mutaverat servitus* ; nos ex B. P. castigamus, in qua item est absque præpositione, *quibus Daniel.*

(*b*) Plurium numero, et paulo aliter in B. P. « Videbant enim et quod virtutis desiderium Dei clementia sustentatum pulchra et fortia corpora conservaret, etc. »

(*b*) Vitiose erat in Benedictino. *suademus* : vitiosa quoque interpunctio, quodque magis dolemus, nullibi fere a notati a Scripturæ loci, aut saltem a continuo textu distincti, quorum neglecta observatio vix dictu est, quantum caliginis multis locis offuderit, nobisque laboris ac tædii pepererit.

(*c*) Et in vetustissimis quidem martyrologiis, quod minime diffitemur, *Fratrum Macchabæorum* Natalis occurrit, isque Calendis Augusti a primis usque tem oribus con i-gnatur ; attamen cum Theophili verbis isthæc haud facimut ex Oratione XXII S. Gregorii Nazianzeni : τὰ δὲ οἱ Μακκαβαῖοι · τούτων γὰρ ἡ παροῦσα πανήγυρις, οὐ παρὰ πολλοῖς μὲν τιμώμενοι, μετὰ Χριστοῦ ἡ ἄθλησις πᾶσι δὲ τιμᾶσθαι ἄξιοι, ὅτι περὶ τῶν πατρίων ἢ καρτερία. « Ecquid vero Macchabæi ? horum enim est præsens festivitas, qui quidem minime coluntur a multis, quod non post Christum eorum certamen fuerit ; attamen honorari ab omnibus merentur, quod pro patriis institutis toleraverint. » Theophilus e contra jam *in totius orbis ecclesiis Christi laudibus prædicari* testatur.

lorum memores : lacerabantur viscera, tabo et sanie artus diffluebant, et tamen sententia perseverabat immobilis : liber erat animus, et mala præsentia futurorum spe despiciebat [al. *despiciebant*]. Lassabantur tortores, et non lassabatur fides : frangebantur ossa, et volubili rota omnis compago nervorum atque artuum solvebatur, et in immensum spirantia mortem incendia consurgebant : plenæ erant ferventis olei sartagines, et ad frigenda sanctorum corpora terrore incredibili personabant ; et tamen inter hæc omnia paradisum animo deambulantes, non sentiebant quod patiebantur, sed quod videre cupiebant. Mens enim Dei timore vallata flammas superat, varios tormentorum spernit dolores. Cumque semel virtuti se tradiderit, quidquid adversi evenerit, calcat, et despicit. Qualis fuit Paulus scribens : *In his omnibus superamus, per eum, qui nos dilexit* (Rom. 8. 57). Quod enim sustinere non potest carnis fragilitas, naturali infirmitate superata, vincit animus, fide colloquens Deo.

10. Ergo qui jejunia, id est, conversationem Angelicam imitantur in terris, (*a*) meminerint illius dicti, *Regnum Dei non est cibus et potus, sed justitia, et gaudium, et pax, et lætitia* (Rom. 14). Isti [al. *Quia*] per continentiam, brevi et parvo labore magna sibi et æterna conciliant præmia ; et multo plus accipiunt, quam offerunt, et futuri temporis gloria præsentes angustias mitigant, quia in hoc stadio pro virtute pugnantibus, finis erit aliquando certaminis. Nam qui [al. *Qui autem*] pugnam ineunt contra vitia, et sapientiæ disciplinis suas animas dedicarunt, quantumque patitur humana conditio, scientiam appetunt futurorum, per speculum et imaginem, sensu et fide cœlorum regna cernentes, consequentur æterna præmia, et nullo temporum fine claudenda. **621** Dies et nox certis horarum sibi succedunt spatiis, paulatimque decrescentes, quod amittunt, recipiunt, et quod recipiunt, tribuunt : ad eamdem mensuram bis in anno convenientes, nec manent in eodem statu, sed (*b*) brevitate et longitudine horarum momenta discriminant, ut utilem mundo faciant temporum diversitatem. Nam que dies (*c*) ordine et circulo suo de noctis temporibus mutuatur, et rursum nox recipit quod largita est : dumque vicissim et tribuunt, et accipiunt, et orbe quodam quod paulatim amiserant decrescentes, sensim crescentes recipiunt : creatoris Dei interpretantur sapientiam. Atque ex hac vicissitudine spatiorum vel menstruus lunæ orbis efficitur, vel solis sua per vestigia revertentis annus impletur, dum crescunt, atque decrescunt, et lapsu præteritorum futura succedunt, eadem semper atque alia tempora commutantur. Unde et luna prudentissimo Dei artificio condita, et formarum mutans varietates, ad plenitudinem tendit, et festinat ad diminutionem, ut quicquid crescens acquisierat, per-

dat amittatque decrescens. Nec stat in eodem statu, sed quibusdam gradibus ascendens atque descendens, de paupertate pergit ad divitias, et de divitiis redit ad paupertatem : ipsa diversitate formarum mutabilem et conditam se esse demonstrans. Quis vero possit digno sermone exprimere solis cursum, et anni circulum rationi menstruæ (*d*) sive lunari congruentem? Dum per quatuor volvitur tempora, et in se semper revertitur, eademque mensura conscendit atque descendit, et æterno ordine labitur : ut quod lunare spatium triginta diebus implet ac noctibus, hoc solis cursus spatiis anni vertentis reficiat. Cumque ad æqualitatem diei noctisque pervenerit, et parumper in libra justi cursus steterit, festinat ad inæqualitatem, deserens ad quod pervenerat. Quod puto Ecclesiasten, ne de alienis nostra fontibus hauriamus, in volumine suo dicere : *Gyrans gyrando vadit spiritus, et in circulos suos revertitur spiritus* (Eccl. 1), annuum **622** solis cursum significantem. Eadem enim temporum rota in semet revertitur, rediens ad ea, unde profectus fuerat.

11. Sancta vero cœlestisque sc'emnitas radios nobis sui splendoris emittens, nullis spatiis terminatur : cumque sanctorum certamina, et præsentis sæculi labor finem acceperint, succedet perpetuum gaudium, et æterna festivitas. Unde perfecti viri animas suas ab omni errorum caligine separantes, jam nunc festa decantant : *Introeamus portas ejus in confessione, atria ejus in hymnis* (Psal. 94), Salvatoris adventum lætis vocibus personantes. Cum enim in toto orbe regnaret malitia, et tenebras humanis oculis dæmones offudissent, neque posset eis ullus opitulari, juxta illud quod scriptum est : *Respexi, et non erat qui auxiliaretur : consideravi, et nullus qui susciperet* (Psal. 99), ut finem haberet aliquando impietas, et destrueretur idololatriæ fraudulentia, vivens Sermo Dei, nihil de nostra relinquens similitudine, absque solo peccato, quod substantiam non habet, novo modo ad nos venire dignatus est, ut fieret filius hominis (*e*), et permaneret Filius Dei, natus quippe ex Virgine, hoc tantum stultis mentibus credebatur, quod oculi demonstrabant. Ex operibus vero et signorum magnitudine Deus invisibilis a prudentibus cernebatur, quemque facies hominem demonstrabat, hunc virtutes significabant Deum, servilis formæ vilitate coopertum. Quanquam enim tradiderint eum Judæi, et crucifigendum vocibus impiis conclamarint, interfectione corporis ejus Dominum blasphemantes : imo occisione carnis dominicæ servi impietatis effecti, tamen ad mortem intrepidus accedens, ut nobis virtutis præberet exemplum, Dominus gloriæ in ipsa passione monstratus est, impassibilis divinitatis permanens majestate, et carne passibilis, juxta beati Petri repertus eloquium. Et ideo pro nobis patiens, non fugit mortem, ne nos timore mor-

(*a*) Vulgo antea legebatur *meminerunt*.
(*b*) Breviores hyeme, æstate longiores erant diurnæ horæ apud veteres, quibus unaquæque per annum dies in duodecim partes sive horas tribuebatur.
(*c*) Fortasse *ordinem et circulum suum* rescribendum est.

(*d*) Illud, *sive lunari*, in editione B. P. desideratur.
(*e*) Hæc miserabiliter accepta erant in Benedictina editione ad hunc modum, *ut fieret filius hominis, ut permaneret filius : quippe ex virgine*, etc. ex quibus nihil idoneum posses extundere. Restituimus *et* pro *ut*, et *Dei* vocem, et *natus* ex B. P. quæ omnino erant sensui necessaria.

tis (*a*) ejus proprietate bellantes, victoriam perderemus. Nam si timuisset crucem, contraria his quæ docuerat gerens, quis discipulorum ejus libens pro religione pugnasset? Irridetur itaque a stultis et incredulis, qui orbem terrarum suæ subjecit fidei, et nominis Christiani sanctis largitus est dignitatem. Cumque magnitudo virtutum ejus omnibus enitescat [al. *clareat*], blasphemare non cessant. Ille vero qui irridetur Deus, operibus demonstratus est, ut dæmonum templa subverteret, ut Origenistarum impietatem argueret versipellem : quorum auctor Origenes, ita aures simplicium et leviorum sua persuasione decepit, ut solent in littora ex alto venientes illidi gurgites, et in semet spumanti mole confringi.

12. Nos ergo ad eum, qui ausus est scribere, ruina rationabilium creaturarum esse corpora fabricata, zelo fidei concitati loquamur : Si tibi hujuscemodi impietas placet, quomodo Paulus Apostolus scribit : *Volo adolescentulas nubere, filios procreare* (Tim. 5)? Utrum idcirco præcepit nuptias, ut ex mulieribus nascentia corpora, ruentibus de cœlo Angelis, et versis juxta te in animas, carceres præpararent [al. *præpararet*]? An ut in conjunctione maritali Dei sententiæ serviens, conservet humanum genus ? Si enim vult adolescentulas nubere, et filios procreare, per quas nascuntur corpora humana : corporibus autem propter pœnas atque supplicia errantes animæ uniuntur, nulli dubium, quin propter pœnas animarum, et non propter generationis ordinem nuptiarum adolescentulis vincula tribuantur. Verum absit, ut ita esse credamus, et mariti, uxorisque fœdera non ob benedictionem, sed ob peccatum juncta credamus. Nec Adam et Evam plasmans Deus, propter animas de cœlo ruentes et lapsas [f. *lapsus*] rationabilium creaturarum benedictione (*b*) sociavit : *Crescite et multiplicamini*, dicens, *et replete terram* (Gen. 1. 28). Si enim propter peccata in cœlis præcedentia ad terras missæ sunt animæ, ut corporibus ligarentur, mentitur Paulus scribens : *Honorabiles nuptiæ, et cubile immaculatum* (Heb. 12). Sed nequaquam ille mentitur. Igitur non propter ruinam animarum, corpora fabricantur : sed ut mundus successione nascentium, morientium damna compenset [al. *compensaret*], et brevitatem humanæ vitæ vincat successione perpetua. Nam si ruentes junctæque corporibus animæ dicuntur a Deo, melioris conditionis erunt, postquam corpora susceperunt [al. *susceperint*] : quod si idcirco (*c*) dicuntur, ut in ultionem peccatorum, corpora accipiant, quomodo benedicuntur in corporibus, in quæ ob peccata venerunt ? E duobus enim alterum erit : aut ante ruinam fuisse eas in (*d*) benedictione, aut post ruinam junctas corporibus nequaquam posse benedici. Si enim illam vitam benedictio sequitur, istam deserit : si ad istam transfertur, in illa non fuisse convincitur. Quod si et antequam ruerent, necdumque humanis corporibus vestirentur, fuerunt in benedictione, et ruentes, habentesque corpora, rursus benedictæ sunt, similis erit juxta benedictionis conditionem et prior vita, et posterior : quod nequaquam consequens est, quia peccatrices supplicia, non peccantes benedictionem merentur. Quidquid e duobus verum esse responderint, vitio subjacebit : dum isti nolunt [al. *nolentes*] ecclesiasticæ doctrinæ regulam custodire. Sive enim propter peccata de cœlo animæ corruentes instar carceris et catenarum corporibus illigatæ sunt, respondeant, quomodo Adam et Eva, masculus et femina, viventes in corporibus benedicti sunt ? Neque enim juxta deliramenta eorum nudæ animæ vir et mulier appellantur, sed corpora quæ sexum utrumque distinguunt. Sive [al. *Si vero*] ante corpora in cœlestibus morabantur, et beata eis tunc erat, dignaque benedictione absque corporibus conversatio : qua ratione aut priusquam ruerent, benedictæ sunt, aut postquam corruerunt, et in pœnam ruinæ crassis corporibus copulatæ sunt, rursus benedictione donantur ? Neque enim idipsum est benedictio atque supplicium, quæ et nominibus, et operibus procul distant: nec possunt ullo modo inter se sociari, quas tanta dividit repugnantia. Quomodo autem et justis multitudo liberorum pro benedictione promittitur ? Propheta dicente : *Qui minimus est, erit in millia : et qui novissimus, in gentem magnam.*

13. Ergo et qui volunt Domini festa celebrare, Origenis simulacra contemnant, et turpitudinem dogmatum illius ratione superent. Sicut enim Ethnicorum impiissimi errorem et consuetudinem præferunt veritati, fabricantes in hominum similitudinem idola, et invisibilem blasphemantes Deum, dum formam et membra et organa genitalia in (*e*) eis esse confingunt : nunc virum, nunc feminam confitentes, et *mutaverunt gloriam incorruptibilis Dei in similitudinem imaginis corruptibilis hominis* (Rom. 1. 23), variarumque formarum : ita Origenes facilitate et impietate credentium, quasi delubra idolorum, tractatuum suorum monimentis demisit, quæ nos auctoritate Scripturarum, et zelo fidei subvertentes, utamur illa similitudine : Ut etenim cæmentarii quadram volentes ædificare domum, æquales ex omni parte parietes metiuntur, eosque norma et perpendiculo dirigentes, quod animo depinxerint, opere exstruunt : et ejusdem mensuræ per quadrum latera quatuor jungunt angulis sursum ac deorsum, cœptam æqualitatem, paulatimque incrementa servantes, ut materiæ diversitatem jungat operis pul-

---

(*a*) Illud, *proprietate*, si modo locus sanus est, usurpatum putamus pro *singularitate*, Græc. κατ' ἰδίαν ; quanquam nullo auctore. Quod si conjecturæ locus est, suspicari possis legendum duobus verbis, *pro pietate*, in quem sensum denuo subdit : *quis discipulorum ejus libens PRO RELIGIONE pugnasset ?* Qui meliora proferet, magnam a nobis inibit gratiam.
(*b*) In B. P. legitur *Benedictione vocabit*, pro *sociavit*.
(*c*) Ita habet Benedictina editio, et ita legitur quoque in B. P. vitiose omnino, si modo mendosam scripturam ab integra scimus seponere. Olim legendum suspicabamur, *benedicuntur*, quod minime nunc probatur, imo *labuntur* rescribendum esse constituimus ex Theophili mente.
(*d*) Voculam *in* supplevimus ex conjectura.
(*e*) B. P. *in eo esse* ; et paulo infra vocabulum *zelo* in eadem editione desideratur.

chritudo, et angulares lineas artifex structura custodiat : sic Ecclesiæ præceptores habentes testimonia Scripturarum, firma doctrinæ faciunt fundamenta, et intrepidi permanent, offerentes opera sua Christo, atque dicentes : *Confirma me in verbis tuis* (*Ps.* 118. 28). Ipse enim, de quo scriptum est : *Lapidem quem reprobaverunt ædificantes, hic factus est in caput anguli* (*Matth.* 21), nos et eos qui sursum sunt, una solemnitate (*a*) consociat, ad quam [*al. quem*] cursu celeri navigantes, rabiem contra nos hæreticorum fluctuum velociter dissolvendam, minime formidemus.

14. Sicut enim gubernatores magnarum navium, cum viderint immensum ex alto venire gurgitem, quasi venatores ferocissimam bestiam, spumantes fluctus suscipiunt, eosque proræ objectione sustentant, flectentes in diversum gubernacula, et prout ventorum flatus et necessitas imperarit, stringentes funiculos, vel laxantes, cumque unda subsederit, ex utroque navis latere laborantia clavorum vincula dimittunt, ut parumper quiescentia venturo gurgiti præparentur : qui cum rursus advenerit, stringunt clavorum capita, et palmulas dilatant, ut huc atque illuc **626** scissis flatibus, æqualis sit utriusque lateris labor, et quod simul non poterat sustineri, divisim tolerabilius fiat : qui sui curam gerunt, imitantur exempli similitudinem, et divinorum dispensatione verborum, quasi gubernaculo, utentes, occurrunt hæreticorum tempestati, et fluctibus, legem Dei pro arte retinentes, ut qui corruerant [*al. corruperant*], suscitentur : qui stant, firmo perseverent gradu, et [*al. ut*] omnes in commune doctrinæ opitulatione serventur. Quod enim gubernatori clavus, hoc animo est lex Dei : In qua Dominicum Pascha facientes, caritati Dei et proximi in mundo nihil aliud præferamus, neque pro varietate humanorum casuum, qui huc illucque vertuntur, sententiam commutemus, ut quibus dudum pro potentia, turpi adulatione (*b*) serviivimus, si forte reflaverint venti, et paupertate divitiæ, humilitate sublimitas, ignominia gloria fuerit immutata, in hostes repente vertamur, resistentes eis in faciem, quos, veneratione dignos ducebamus, temporibus, non fide necessitudinem ponderantes. Imo latentes inimicitias necessitatis tempore demonstrantes, et in similitudinem serpentium procedentes de foveis, ut non solum ingratissimi simus in eos, quorum beneficiis sustentabamur, gaudentes si nomina clientium possederimus, sed quasi perduelles eos usque ad sanguinem persequamur : dejectos prostratosque calcantes, quos dudum propter divitias suspiciebamus [*al. suscipiebamus*], pessimos omnium conclamantes, postquam opes paupertate mutaverint, laudantes potentiam, et infelicitatem calumniantes : nec pro rerum natura, sed pro varietate casuum honorantes aliquem, vel contemnentes : ut quos prius dominos et patronos vocabamus, eosdem quasi ver-

berones, et servos nequissimos appellemus : atque ex omni parte appareat nostra iniquitas (*c*), dum aut indignos laudamus, aut dignos laude, obtrectatione persequimur, imitantes illud quod ad beatum Job exprobrantes loquebantur, *Pauca pro quibus peccasti, verberatus es* (*Job* 11. 7).

15. Nequaquam igitur dubias opes, sed virtutem firmissimam diligamus : non nos duritia humiliet paupertatis, non extollant divitiæ, quæ stultissimos hominum **627** deprimere et elevare consueverunt ; sed utrumque pro rerum honestate moderemur, et tristia, et læta æquali animo sustinentes. Divitiarum cura somnos interrumpit dulcissimos, innoxias calumnias struit, et cum infinitas opes congregaverit, materiam æternis ignibus parat. Postquam vero insatiabilis furor quæsitis opibus incubuerit, non expletur avaritia, sed contemnit leges, gehennæ flammas despicit, futurum judicii tribunal habet pro nihilo. Nec tantum adversarii contra hostes suos, quantum divitiæ contra virtutes dimicant, nisi ratione, et in proximos misericordia temperentur. Hæc in urbibus nobilitati præferuntur, hæ novis hominibus antiquam denant familiam. Nunquam divitiarum desiderium ullis divitiis satiari potest. Eget semper, qui avarus est : nescit (*d*) mensuram, cui tantum deest quod habet, quantum quod non habet. Infernus mortuis non expletur : sed quanto plures susceperit, tanto plures desiderat. Imitatur ergo eum avaritia, nec satiari potest, sed quicquid habuerit, plus requiret : minus putat ab eo quod cupit omne quod possidet, semper immensa, semper immodica, ardorem peccatoris opum magnitudine non restinguens, in conviviis non cibos vorans [*al. vorat*], sed injustitiam : in judiciis jurgia miscens [*al. miscet*], atque discordias, invidiam parturit, per quam ad homicidium pervenitur : non est compos mentis, sed quasi ebria fluctuat, unam habens mensuram, extra mensuram semper inquirere. Mare littoribus clauditur, et venientes ex alto fluctus, et rabiem immitescentium gurgitum portus vel manufacti, vel natura firmissimi prohibent : divitiarum cupidinem, nisi ratione frenetur, nec consilium temperat, nec lex mitigare potest, nec ulla satiat abundantia. Non erubescit, non (*e*) futurum judicium reformidat, sed desiderio plus habendi, ut luxuriosi dediti voluptatibus solent gestire in amplexus, et insanire ad libidinem, ita calumniarum **628** et dissensionum urbes ac viculos, villasque complet : insulas, maria, terras, littora, vias, transitus, studia (*f*) possidet ava-

(*a*) Vulgo legebatur imperfecto sensu *consocians*.
(*b*) Glossatoris ingenium sapit, quod additur in B. P., *si forte serviamus*.

(*c*) In eadem editione, *dum indignos laude, aut obtrectatione prosequdmur*.
(*d*) Perperam Martianæus, *nescit mens vestra, cui*, etc. Vocem *mensuram*, quam olim ex ingenio substituimus, etiam in veteri editione B. P. qui liber nunc minime in promptu est, legi opinamur. Porro in eum sensum paulo infra : *unam habet MENSURAM extra MENSURAM semper inquirere*. Vid. Epist. 85. ad Paulin. num. 10.
(*e*) Iterum vitiose Martianæus, *non futurorum judicium*.
(*f*) Fecimus minori numero, *possidet avaritia*, pro quo vulgo legebatur in editis, *possident avaritiæ*. Martianæus autem impendio magis peccat, intrusa *se* vocula, *dum se desiderio, etc.*, quam auctoritate veteris B. P. editionis expunximus.

ritia, dum desiderio plus habendi, negotiatione merces huc illucque commutat, et fraudibus atque perjuriis divitiarum jacit inexplebilia fundamenta.

16. Itaque hujuscemodi rabiem contemnentes, divitias cultum Dei, et firmissimas possessiones (*a*) castitatis et sanctimoniæ, requiramus ; adorantes Patris, et Filii, et Spiritus Sancti unam divinitatem ; resurrectionem mortuorum incorruptibilem, et jugiter permanentem esse credentes. Neque enim fieri potest, ut eam mors superet, quæ Christi passione firmata est, suscitans incorruptum et in æternum permanens templum corporis sui. Oremus pro piissimis Imperatoribus ; et observatione legis Dei, jejuniorum præcepta decoremus : quia virtus absque ulla necessitate custodit sectatores suos, et sensum in cogitationes varias fluctuantem, de terrenis ad excelsa sublimat, nequaquam pulchritudinem corporum, sed (*b*) conversationis ac morum ordinem contemplans, ostendens ei lætantium in cœlo Angelorum choros, et docens splendentium disciplinarum fulgura, ut in præsenti sæculo quasi athleta fortissimus illatas sustineat plagas, et futuram pro his gloriam præstoletur : nequaquam vitiis subjacens, sed interiorem hominem (*c*) desiderio sui ad æterna sustollens ; atque omnes impetus voluptatis, ratione compescens, illud cogitet quod futurus est, et quantum potest sustinere humana fragilitas, recedat a corporalium rerum sollicitudine, præferens carnalibus spiritualia, ut etiam ipsum corpus despiciens, et præsentium (*d*) voluptatum duriorem, sed meliorem vitam inire persuadeat, ut qui tum [al. *dudum*] libidini serviebat, libertate bona serviat castitati, et retractus a præcipitiis, mollia jejuniorum frena suscipiat. Etenim si absque rectore fuerit ac magistro corporum infirma **629** natura, nec imperanti animo voluerit obedire, et sibi, (*e*) et rectori concitat infinita naufragia, et pertrahit eum ad turpissimas libidines, ac barathrum voluptatum, ut nequaquam honesta consideret, sed fugiens bona, in cœno ac sordibus commoretur. Virtus vero cum aurigæ modo [al. *in aurigæ modum*] animum rexerit, et quasi in curru stans, impetus ejus et varios appetitus doctrinæ habenis composuerit [f. *compescuerit*], de humilibus eum ad excelsa sublevat, invisibilia æternaque pro visibilibus ostendens, mansionem in cœlis parat, et amicos illi efficit eos, qui Dei ministerio servientes, spiritualibus deliciis perfruuntur : ut quod hic cernebat in imagine, ibi in veritate perspiciat, et majorem solis radiis videat claritatem, quæ nobis huc ex parte descendit, ut de minoribus ad majora

(*a*) In B. P. *castitatis sanctimonia* ; sed neque impressa lectio satis cohæret ; quare legendum fortasse erat modo *cultus Dei* ; ut nihil dicamus de interpunctionis vitiis, quibus laborabat.
(*b*) Legimus ex B. P. In Benedictina erat, *conversationem.*
(*c*) Illud *sui*, quod in Benedictina desiderabatur, suffecimus ex B. P.
(*d*) Aut *voluptatem* legendum est pro *voluptatum*, aut *illecebras*, sive quid simile supplendum, sententiam ut expleas.
(*e*) Satis oscitanter impressum erat antea *et sibi e re-*

tendamus, et quasi per litteras ac syllabas ad legendum proficiamus : quia et illa his, et hæc illis (*f*) indigent. Ibi cum fuerimus beatorum juncti consortio, audiemus : *Euge serve bone et fidelis, quia super pauca fuisti fidelis, supra multa te constituam : intra in gaudium Domini tui* (*Matth.* 25. 21. 23).

17. Incipient [al. *incipientes*] sanctæ Quadragesimæ jejunia (*g*) ab undecima die mensis Phamenoth, et hebdomadæ Dominicæ passionis sextadecima die mensis Pharmuthi. Et finiemus jejunia vespere sabbati vicesima prima die ejusdem mensis Pharmuthi, **630** et sequenti die Dominica Pascha celebrabimus [al. *celebremus*] , vicesima et secunda die ejusdem mensis. Post quæ jungemus [al. *jungamus*] septem hebdomadas sanctæ Pentecostes : pauperum memores, amantes Deum et proximum, orantes pro inimicis, persecutoribus blandientes, infirmorum ruinas consolatione et misericordia sublevantes : ut lingua semper in Dei laudibus personet ; ut Ecclesiæ justa judicia nequaquam irrationabili clementia destruantur, ne Legi Dei arbitria præferantur humana : cujus si desideraverimus [al. *cujus desideravimus*] amicitias, cœlestem gloriam consequemur in Christo Jesu Domino nostro ; per quem, et cum quo Deo Patri claritas et imperium cum Spiritu Sancto in sæcula sæculorum. Amen.

18. Salutate invicem in osculo sancto. Salutant vos fratres qui nobiscum sunt. Et hoc nosse debetis : Pro defunctis Episcopis in locis singulorum (*h*) constitutos. In urbe Nichium pro Theopempto, Theodosium : In Terenuthide Arsinthium : In oppido Geras pro Eudemone Pirozum : In Achæis pro Apolline Musæum : In Athrividi pro Isidoro Athanasium : In Cleopatride Offellum : In oppido Laton pro Timotheo Apellen. His ergo scribite, et ab eis, juxta morem, Ecclesiasticas suscipite litteras.

ctore, quod emendare ex Theophili mente non piguit.
(*f*) Vitiose erat in vulgatis *indigens.*
(*g*) Undecima Phamenoth dies septimæ Martii respondet ; et Pharmuti sexta decima, et vicesima prima, Aprilis undecimæ, et decimæ septimæ : quibus notis anni 404. Pascha designatur. Est autem, ut ex superioribus quoque Paschalibus constat, unius supra quadraginta dierum summa, unde illud conficitur, inchoatum Alexandrinis jejunium Quadragesimæ feria secunda sextæ hebdomadis ante Pascha, non ab antecedenti Dominica, ut quidam falso opinati sunt. Socrates lib. V. cap. 22. οἱ ἐν Ἀλεξανδρείᾳ, πρὸ ἑβδομάδων ἓξ τῆς πρὸ τοῦ πάσχα νηστείαν νηστεύουσι, τεσσαρακοστὴν αὐτὴν ὀνομάζοντες, *Alexandrini sex ante Pascha hebdomades jejunant, idque jejunium Quadragesimam vocant.* Hanc hodienum consuetudinem ecclesia Mediolanensis tenet.
(*h*) Mendose antea erat *constitutis* ; tum pro *Nichium*, lege *Nicium*, cujus urbis, aliud agens Stephanus meminit in Argeoneso, ὡς τῆς Νικίου Νικαῖται, et Ægypti civitatem testatur esse. In Alexandrini Patriarchatus Notitia a Carolo, a S. Paulo, et Schelestratio in Ægypto prima recensetur. Pro *Theopempto* erat *Heopempto*, quod nomen nusquam invenitur. *Terenuthidis* quoque Ægyptiæ urbis mentio est apud Stephanum in *Hermothide* ; in Notitia ad Thebaidem secundam refertur. Gerrhæorum populorum idem in Chatranotite ex Strabone : unde rescribendum videtur heic quoque loci *Gerrhas* pro *Geras* : veteres Notitiæ in Augustamnica prima ponunt. Sed pro *chæis*, lege *Acchenis* est emendandum, nam Achæi extra Græciam, quos Plinius memorat lib. 6. cap. 11. nequaquam ad rem sunt. Acchenos vero, Græc. Ἀχχενοὺς populos in τῷ αὐχένι ἐρυθρᾶς θαλάσσης, *ad fauces rubri maris* Stephanus locat ; Ptolemæus in Arabiæ descriptione *Achitas*, et Plinius lib. 6. cap. 28. in meo libro

631 EPISTOLA CI (a)

AUGUSTINI AD HIERONYMUM.

Negat se in Hieronymum librum scripsisse, in hoc falsus, quod aliquis prolixam epistolam librum appellasset.

Domino carissimo, et (b) desideratissimo, et honorando in Christo fratri, et compresbytero HIERONYMO, AUGUSTINUS in Domino salutem.

1. « Audivi pervenisse in manus tuas litteras meas; sed quod adhuc rescripta non merui, nequaquam imputaverim dilectioni tuæ. Aliquid proculdubio impedimenti fuit. Unde agnosco, Dominum a me potius deprecandum, ut tuæ voluntati det facultatem mittendi, quod rescripseris. Nam rescribendi jam dedit, quia cum volueris, facillime poteris.

2. « Etiam hoc (c), quod ad me sane perlatum est, utrum quidem crederem, dubitavi; sed hinc quoque tibi aliquid utrum scriberem, dubitare non debui (d). Hoc autem brevi, suggestum esse caritati tuæ a nescio quibus fratribus, mihi dictum est, quod librum adversus te scripserim, Romamque miserim. Hoc falsum esse noveris: Deum nostrum testor, hoc me non fecisse, sed si forte aliqua in aliquibus scriptis meis reperiuntur, in quibus aliter aliquid quam tu sensisse reperiar, non contra te dictum, sed quod mihi videbatur, a me scriptum esse, puto te debere cognoscere : aut si cognosci non potest, credere. Ita sane hoc dixerim, ut ego non tantum paratissimus sim, si quid te in meis scriptis moverit, fraterne accipere quid contra sentias, aut de correctione mea, aut de ipsa tua benevolentia gavisurus; verum etiam hoc a te postulem, et flagitem.

3. « O si licuisset, et si non cohabitante, saltem vicino te in Domino perfrui ad crebrum et dulce colloquium ! Sed quia id non est datum, peto ut hoc ipsum, quod in Domino (e) quam possumus simul sumus, conservari studeas, et augeri ac perfici; et rescripta quamvis rara non spernere. Saluta obsequio meo sanctum fratrem Paulinianum, **632** et omnes fratres qui tecum ac de te (f) in Domino glorientur. Memor nostri exaudiaris a Domino in omni sancto desiderio tuo, domine carissime, et desideratissime, et honorande in Christo frater. »

EPISTOLA CII (g)

HIERONYMI AD AUGUSTINUM.

Acceptis Augustini epistolis quæ continent quæstionem de mendacio officioso, dubitans etiamnum an ejus sit, negat se responsurum, nisi sit certius de auctore. Meminit et Ruffini ficto nomine.

Domino vere Sancto, ac beatissimo Papæ AUGUSTINO HIERONYMUS in Domino salutem.

1. In ipso profectionis articulo sancti filii nostri Asterii Hypodiaconi, necessarii mei, beatitudinis tuæ litteræ (h) ad me pervenerunt, quibus satisfacis, te contra parvitatem meam librum Romam non misisse. Hoc nec ego factum audieram, sed epistolæ cujusdam quasi ad me scriptæ per fratrem nostrum Sysinnium Diaconum huc exemplaria pervenerunt : in qua hortaris me, ut παλινῳδίαν super quodam Apostoli capitulo canam, et imiter Stesichorum inter vituperationem et laudes Helenæ fluctuantem, ut qui detrahendo oculos perdiderat, laudando receperit. Ego simpliciter fateor dignationi tuæ, licet stylus et (i) ἐπιχειρήματα tua mihi viderentur : tamen non temere exemplaribus litterarum credendum putavi ; ne forte me respondente, læsus juste expostulares, quod probare ante debuissem tuum esse sermonem, et sic rescribere. Accessit ad moram sanctæ et venerabilis Paulæ longa infirmitas. Dum enim languenti multo tempore assideremus [al. *assidemus*], pene epistolæ tuæ, vel ejus qui sub tuo nomine scripserat, obliti sumus, memores illius versiculi : *Musica in luctu importuna narratio (Eccli.* 22. 6). Itaque si tua est epistola, aperte scribe, vel mitte exemplaria veriora : ut absque ullo rancore stomachi in Scripturarum disputatione **633** versemur : et vel nostrum emendemus errorem, vel alium frustra reprehendisse doceamus.

2. Absit autem a me, ut quidquam de libris tuæ beatitudinis attingere audeam. Sufficit enim mihi probare mea, et aliena non carpere. Cæterum optime novit prudentia tua, unumquemque in suo sensu abundare, et puerilis esse jactantiæ, quod olim adolescentuli facere consueverant, accusando illustres

---

Achenas appellant. Neque enim videntur nobis *Antæi* in Thebaide prima posse heic intelligi. In sequenti etiam *Athrividi* mendum est, legendumque *Athlibide* ; Græc. Ἀθλίβις apud Strabonem, Herodotum, Stephanum vel *Athribide* ; nam per r litteram Ἀτρίβις scriptum olim a Nicanore nomen Stephanus prodit, et Notitiæ passim legunt in Augustamnica secunda. *Cleopatris* vero, quæ pone sequitur, *Arsinoes* frequentius veteribus appellata est eoque nomine etiam a Ptolemæo accipitur lib. 4. c. 5, Strabo autem lib. 17. πόλιν Ἀρσινόην, ἣν ἔνιοι Κλεοπατρίδα καλοῦσι. *Arsinoen civitatem*, quam *Cleopatridem quidam vocant* : tametsi paulo infra duas veluti urbes diversas facit, cujus rei causas expendere non est hujus loci. In Ægypto primam situm discimus ex Notitiis. Denique pro *Laton* in Ms. S. Theodorici *Jabon*, scribi, Martianæus ad libri oram adnotaverat, quæ incongrua ipsa quoque lectio non est, si quidem *Jambon* in Notitiis Thebaidi secundæ adscribitur, quam Carolus a S. Paulo pro *Omboe* accipit : vocem ne falso, nam *Omboem* proprio nomine in superiori Paschali Theophilus vocat p. 603. eique urbi Verrem pro Sylvano, non Timotheum constitutum nuntiat. Volumus autem omnino retineri *Laton*, cujus oppidi meminit Strabo lib. 17. ex occasione animalium, quæ ab Ægyptiis a.'oriuntur, atque urbibus sacere nomina : unde ex *Lato*, qui piscis quidam in Nilo est, Λατοπολίτας vocatos tradit. In Notitia Thebaidi secundæ adjicitur, et *Leto* apud Scheletstratium appellatur, tametsi aliud ferme cognomine oppidum fuerit, quod in Ægypto prima constituitur. Vide tam paucis in versibus, quam multa peccata sint, quam multa etiam prætermissa, quæ explicatione indigebant.

(a) *Alias* 90. *Scripta circa an.* 402.
(b) Augustinianorum operum editores Benedictini heic *desideratissimo*, in epistolæ autem clausula *desideratissime*.
(c) Iidem, *Etiam hoc ad me sane perlatum, utrum quidem*, etc.
(d) Martianæus, *Hoc autem breve est, suggestum*, etc.

(e) Erasmus, quem secutus est Martianæus per summam incuriam, *qua possumus simul simus*, quæ duo olim Victorius quoque emendaverat.
(f) Benedictini, *in Domino gaudent*, pro *glorientur*.
(g) *Alias* 91. *Scripta paulo post superiorem.*
(h) Iidem, *litteræ supervenerunt.*
(i) Argumentationes Græci ἐπιχειρήματα appellant teste Cicerone ad Herennium.

viros, suo nomini famam quærere. Nec tam stultus sum, ut diversitate explanationum tuarum me lædi putem : quia nec tu læderis, si nos contraria senserimus. Sed illa est vera inter amicos reprehensio, (a) si nostram peram non videntes, aliorum, juxta Persium, manticam consideremus. Superest, ut diligas diligentem te; et in Scripturarum campo, juvenis senem non provoces. Nos nostra habuimus tempora, et cucurrimus quantum potuimus : nunc te currente et longa spatia transmeante, nobis debetur otium : simulque (ut cum honore tuo et venia dixerim) ne solus mihi de Poetis aliquid proposuisse videaris, memento Daretis et Entelli (Virgil. 5. Æneid.), et vulgaris proverbii : quod bos lassus fortius figat pedem. Tristes hæc dictavimus : utinam mereremur complexus tuos, et collatione mutua vel doceremus aliqua, vel disceremus.

3. Misit mihi temeritate solita, sua maledicta (b) Calpurnius, cognomento Lanarius, quæ ad Africam quoque studio ejus didici pervenisse. Ad quæ breviter ex parte respondi, et libelli ejus vobis misi exemplaria, latius opus, cum opportunum fuerit, primo missurus tempore : in quo illud cavi, ne in quoquam existimationem læderem Christianam ; sed tantum ut delirantis imperitiique mendacium ac vecordiam confutarem. Memento mei, sancte et venerabilis Papa. Vide quantum te diligam, ut ne provocatus quidem voluerim respondere : nec credam tuum esse, quod in altero forte reprehenderem. Frater communis suppliciter te salutat.

634   EPISTOLA CIII (c).

AD AUGUSTINUM.

Commendat Augustino Præsidium, et salvere jubet Alypium.

Domino vere Sancto et Beatissimo Papæ AUGUSTINO, HIERONYMUS in Christo salutem

1. Anno præterito per fratrem nostrum Asterium Hypodiaconum dignationi tuæ epistolam miseram, promptum reddens salutationis officium : quam tibi arbitror redditam. Nunc quoque per sanctum fratrem meum Præsidium Diaconum, obsecro primum ut memineris mei. Deinde ut bajulum litterarum habeas commendatum, et mihi scias germanissimum, et in quibuscumque necessitas postulaverit, foveas atque sustentes; non quo aliqua re, Christo tribuente, indigeat; sed quo bonorum amici-

(a) Corrupte olim erat apud Lovanienses *nostra opera*, quam Erasmus lectionem emendavit. Nec prætereundum quod post Victorium Benedictini annotant, alludi apologum Æsopi fingentis datam cuique mortalium peram sive manticam, cujus partem alteram propriis vitiis plenam a tergo gestent, quæ autem aliorum continet vitia, a fronte pendentem respiciant. Eoque spectare illud Persii in Satyris :
  *Ut nemo in sese tentat descendere, nemo ,
  Sed præcedenti spectatur mantica tergo*,
(b) Nulli non liquet, Ruffinum hoc nomine suggillari, et *maledicta* Invectivarum ejus libros debere intelligi. Cur autem sic illum appellarit Hieronymus, dixinus supra Epistola 70. ad Magnum n. 6. quem locum recole. Auten h ic quoque erat *Calphurnius* cum aspiratione, renuentibus hanc scripturam plerisque etiam Mss.
(c) *Alias* 98. *scripta anno* 403.

tias avidissime expetat, et se in his conjungendis maximum putet beneficium consecutum. Cur autem ad Occidentem navigaverit, ipso poteris narrante cognoscere.

2. Nos in monasterio constituti, variis hinc inde fluctibus quatimur, et peregrinationis molestias sustinemus. Sed credimus in eo qui dixit : *Confidite, ego vici mundum* (*Joan.* 16. 5) : quod ipso tribuente et præsule, contra hostem diabolum victoriam consequamur. Sanctum et venerabilem fratrem nostrum Papam Alypium, ut meo obsequio salutes, obsecro. Sancti fratres, qui nobiscum in monasterio Domino servire festinant, oppido te salutant. Incolumem te et memorem mei Christus Dominus noster tueatur omnipotens, Domine vere sancte et suscipiende Papa.

635   EPISTOLA CIV (c)

AUGUSTINI AD HIERONYMUM.

Hieronymum dehortatur a libris Testamenti veteris ex Hebræo vertendis, quin potius auctor est, ut Septuaginta versionem mire depravatam ac variantem reddat suæ veritati. Novum Testamentum ab eo castigatum probat.

Domino venerabili, et desiderabili sancto fratri, et compresbytero HIERONYMO, AUGUSTINUS in Domino salutem.

1. *Ex quo cœpi ad te scribere, ac tua scripta desiderare, nunquam mihi melior occurrit occasio, quam ut per Dei servum, ac ministrum fidelissimum, mihique carissimum, mea tibi afferretur epistola, qualis est filius noster Cyprianus diaconus. Per hunc certe ita spero litteras tuas, ut certius in hoc rerum genere quidquam sperare non possim. Nam nec studium in petendis rescriptis memorato filio nostro deerit, nec gratia in promerendis, nec diligentia in custodiendis, nec alacritas in perferendis, nec fides in reddendis : tantum si aliquo modo merear, adjuvet Dominus, et adsit cordi tuo, et desiderio meo, ut fraternam voluntatem nulla major voluntas impediat.*

2. *Quia ergo duas jam epistolas misi ; nullam autem tuam postea recepi, easdem ipsas rursum mittere volui, credens* (d) *eas non pervenisse. Quæ et si pervenerunt, ac fortasse tuæ potius ad me minime pervenire potuerunt, ea ipsa scripta, quæ jam misisti, iterum mitte, si forte reservata sunt. Sin minus, rursus dicta quod legam, dum tamen his respondere ne* [al. *non*] *graveris, quod jam diu est ut expecto. Primas etiam, quas ad te adhuc Presbyter litteras præparaveram mittendas, per quemdam fratrem nostrum Profuturum, qui postea nobis collega factus, jam ex hac vita migravit, nec eas tunc ipse perferre potuit, quia continuo dum proficisci disponit, Episcopatus sarcina detentus, ac deinde in brevi defunctus est, etiam nunc mittere volui, ut scias in tua colloquia quam olim inardescam, et quam vim patiar quod a me tam longe absunt sensus corporis tui : per quos adire possit ad animum tuum animus meus, mi*

(c) *Alias* 88. *Scripta anno* 403.
(d) *Victorius ex Brixianis codicibus addit* ad te.

frater dulcissime, et in Domini membris honorande.

636 3. *In hac autem epistola hoc addo, quod postea didicimus, ex Hebræo Job a te interpretatum, cum jam quamdam haberemus interpretationem tuam ejusdem Prophetæ ex Græco eloquio versam in Latinum: ubi tamen asteriscis notasti, quæ in Hebræo sunt, et in Græco desunt; obeliscis autem, quæ in Græco inveniuntur, et in Hebræo non sunt: tam mirabili diligentia, ut quibusdam in locis ad singula verba singulas stellas videamus, significantes eadem verba esse in Hebræo, in Græco autem non esse. Porro in hac posteriore interpretatione, quæ versa est ex Hebræo, non eadem verborum fides occurrit. Nec parum turbat cogitantem, vel cur in illa prima tanta diligentia figantur asterisci, ut minimas etiam particulas orationis indicent deesse codicibus Græcis, quæ sunt in Hebræis: vel cur in hac altera, quæ ex Hebræis est, negligentius hoc curatum sit,* (a) *ut non eædem particulæ locis suis invenirentur. Aliquid inde exempli gratia volui ponere: sed mihi ad horam codex defuit, qui ex Hebræo est. Verumtamen quia prævolas ingenio, non solum quid dixerim, verum etiam quid dicere volueris, satis, ut opinor, intelligis, ut causa reddita, quod movet, edisseras.*

4. *Ego sane te mallem Græcas potius canonicas nobis interpretari Scripturas, quæ Septuaginta Interpretum* (b) *auctoritate perhibentur. Perdurum enim erit, si tua interpretatio per multas Ecclesias frequentius cœperit lectitari, quod a Græcis Ecclesiis Latinæ Ecclesiæ dissonabunt, maxime quia facile contradictor convincitur, Græco prolato libro, id est linguæ notissimæ. Quisquis autem in eo quod ex Hebræo translatum est, aliquo insolito permotus fuerit, et falsi crimen intenderit, aut vix, aut nunquam ad Hebræa testimonia pervenietur, quibus defendatur objectum. Quod si etiam perventum fuerit, tot Latinas et Græcas auctoritates damnari quis ferat? Huc accedit, quia etiam consulti Hebræi possunt aliud respondere; ut tu solus necessarius videaris, qui etiam ipsos possis convincere: sed tamen quo judice, mirum si potueris invenire.*

5. *Nam quidem frater noster Episcopus, cum lectitari instituisset in Ecclesia cui præest, interpretationem tuam, movit quiddam longe aliter abs te positum apud Jonam Prophetam* (Cap. 4. v. 6), *quam erat omnium sensibus memoriæque inveteratum, et tot ætatum successionibus decantatum. Factus* **637** *est tantus tumultus in plebe, maxime Græcis arguentibus, et* (c) *inflammantibus calumniam falsitatis, ut cogeretur Episcopus* (d) [ea

(a) Absque negandi particula, non alio tamen sensu, Benedictini Augustinianorum operum editores, *ut eædem particulæ,* etc.
(b) Iidem Benedictini, *quæ Septuaginta interpretum perhibetur,* absque *auctoritate.*
(c) Ex Erasmo et Lovaniensium recensione reposuimus *inflammantibus;* in recentioribus quippe editis hactenus obtinuerat *inclamantibus,* nec concinne satis, nec vere; Mss. enim omnes, quos Martianæus curiose consuluit, nobiscum legunt: et Cicero quoque in Verrem *invidiam inflammare* dixit, quod est augere.
(d) Plus satis, nedum immerito, vapulat Pezronius a Martianæo, quod legendum putaret, *Oea quippe erat civitas,* etc. pro *ea quippe,* etc. Illud vero proprium Oeae urbis nomen antea substituendum voluerat Isaacus Vossius epistola ad Schotanum, suamque conjecturam haud usquequaque contemnendis argumentis confirmaverat, quin imo

quippe civitas erat) *Judæorum testimonium flagitare. Utrum autem illi imperitia, an malitia hoc esse in Hebræis codicibus responderunt, quod et Græci et Latini habebant.* (e) *Quid plura? coactus est homo velut mendositatem corrigere, volens, post magnum periculum, non remanere sine plebe. Unde etiam nobis videtur aliquando te quoque in nonnullis falli potuisse. Et vide hoc quale sit, in eis litteris, quæ non possunt collatis usitatarum linguarum testimoniis emendari.*

6. *Proinde non parvas Deo gratias agimus de opere tuo, quo Evangelium ex Græco interpretatus es: quia pene in omnibus nulla offensio est, cum Scripturam Græcam contulerimus. Unde si quisquam veteri falsitati contentiosus faverit, prolatis collatisque codicibus, vel docetur facillime, vel refellitur. Et si quædam rarissima merito movent, quis tam durus est, qui labori tam utili non facile ignoscat, cui vicem laudis referre non sufficit? Quid tibi autem videatur, cur in multis aliter se habeat Hebræorum codicum auctoritas, aliter Græcorum, quæ dicitur Septuaginta, vellem dignareris aperire. Neque enim parvum pondus habet illa, quæ sic meruit diffamari, et qua usos Apostolos, non solum res ipsa indicat, sed etiam te attestatum esse memini. Ac per hoc plurimum profueris, si eam Scripturam Græcam quam Septuaginta operati sunt, Latinæ veritati reddideris: quæ in diversis codicibus ita varia est, ut tolerari vix possit; et ita suspecta, ne in Græco aliud inveniatur, ut inde aliquid proferri aut probari dubitetur. Brevem putabam futuram hanc epistolam: sed nescio quomodo ita mihi dulce factum est in ea progredi, ac si tecum loquerer. Sed obsecro te per Dominum, ne te pigeat ad omnia respondere, et præstare mihi, quantum potueris, præsentiam tuam.*

633 EPISTOLA CV (f).

AD AUGUSTINUM.

Expostulat de Augustini Epistola per Italiam sparsa, qua taxabatur locus non recte a se expositus in Epistola ad Galatas.

Domino vere Sancto et Beatissimo Papæ AUGUSTINO HIERONYMUS, in Domino salutem.

1. Crebras ad me epistolas dirigis, et sæpe Episcopum quoque ejus urbis Marinianum per id temporis fuisse, satis certo colligere sibi visus est. Nos quidem nihil in textu immutari volumus absque Mss. codicum suffragio, nulli tamen non liquere putamus, fieri perquam facile potuisse, ut veteres librarii *Oea* vocis insolentia offensi, ea ex ingenio substituerint, quæ ad illius similitudinem proxime accedit. Non enim, ut Martianæo, sic nobis videtur, rectius habere vulgatæ lectionis contextus; imo e contra, emendare si liceat, ut sensus sit, facile potuisse Judæorum testimonium flagitari in Oea civitate, in qua eorum multi degerent; minime vero quod *ea civitas erat Judæorum,* ut falso ille præfert: neque ut, alia interpunctione, Benedictini Augustinianorum operum editores habent, *quod ea,* id est, talis, *erat civitas.* ut illud *Judæorum* ad testimonium referatur, non ad civitatem: utroque enim modo aut falsa, aut obscura et impedita sententia est. Nec tandem movet, quod maxime urget Martianæus, *oppidum,* sive *oppidulum* infra epist. 112. num. 21. dici abs Hieronymo *Oeam* vero, quæ nunc *Tripolis* dicitur, amplam civitatem fuisse, atque esse: nam et civitatem heic vocat Augustinus, et fuisse sedes Episcopi persuadet, et oppida tandem omnia civitates esse, non e converso, nemo est hominum qui ignoret. Vid. Plinium, Solinum, Melam, et Gesta Colat. Carthag.
(e) Benedictini addunt, *atque dicebant.*
(f) *Alias* 92. *Scripta circa annum* 403.

compellas, ut respondeam cuidam Epistolæ tuæ, cujus ad me, ut ante jam scripsi, per fratrem Sysinnium Diaconum exemplaria pervenerunt absque suscriptione tua ; et quam primum per fratrem Profuturum, secundo per quemdam alium te misisse significas : et interim Profuturum retractum de itinere, et Episcopum constitutum, veloci morte subtractum : illum cujus nomen retices, maris timuisse discrimina, et navigationis mutasse consilium. Quæ cum ita sint, satis mirari nequeo, quomodo ipsa epistola et Romæ et in Italia haberi a plerisque dicatur, et ad me solum non pervenerit, cui soli missa est : præsertim cum idem frater Sysinnius inter cæteros Tractatus tuos dixerit eam se non in Africa, non apud te, sed in insula Adriæ, ante hoc ferme quinquennium reperisse.

2. *De amicitia omnis tollenda suspicio.* De amicitia omnis tollenda suspicio est, et sic cum amico, quasi cum altero se est loquendum. Nonnulli familiares mei et vasa Christi, quorum Jerosolymis et in sanctis Locis per magna copia est, suggerebant, non simplici animo a te factum, sed laudem atque rumusculos et gloriolam populi (*a*) requirente, ut de nobis cresceres ; ut multi cognoscerent te provocare, me timere ; te scribere ut doctum, me tacere, ut imperitum : et tandem reperisse, qui garrulitati meæ silentium modumque imponeret. Ego autem ut simpliciter fatear dignationi tuæ, primum idcirco respondere nolui, quia tuam liquido epistolam non credebam ; nec (ut vulgi de quibusdam proverbium est) litum melle gladium. Deinde illud cavebam, ne episcopo communionis meæ viderer procaciter respondere ; et aliqua in reprehendentis epistola reprehendere : præsertim cum quædam in illa hæretica judicarem.

3. *Ad extremum,* ne tu jure exspostulares, et diceres : Quid enim? Epistolam meam videras, et notæ tibi manus in subscriptione signa deprehenderas, ut tam facile amicum læderes, et alterius malitiam in meam verteres contumeliam? Igitur ut ante jam scripsi, aut mitte eamdem epistolam, tua sub-criptam manu, aut senem latitantem in cellula lacessere desine. Sin autem tuam vis vel exercere, vel (*b*) ostentare doctrinam, quære juvenes et disertos et nobiles, quorum Romæ dicuntur esse quamplurimi, qui possint et audeant tecum congredi, et in disputatione sanctarum Scripturarum, jugum cum Episcopo ducere. Ego quondam miles, nunc veteranus et tuas et aliorum debeo laudare victorias, non ipse rursus effœto corpore dimicare ; ne si me frequenter ad rescribendum impuleris, illius recorder (*c*) historiæ, quod Hannibalem juveniliter exsultantem, Q. Maximus patientia sua fregerit.

Omnia fert ætas, animum quoque : sæpe ego longos

Cantando puerum memini me condere soles.
Nunc oblita mihi tot carmina : vox quoque Mœrim
Jam fugit ipsa. (VIRGIL. *Eclog.* 9. *v.* 51.)

Et ut magis de Scripturis sanctis loquar, Berzellai ille Galaadites, regis David beneficia, omnesque delicias juveni delegans filio (2. *Reg.* 19), ostendit senectutem hæc nec appetere debere, nec oblata suscipere.

4. Quod autem juras te adversum me librum nec scripsisse, neque Romam misisse, quem non scripseris ; sed si forte aliqua in tuis scriptis reperiantur, quæ a meo sensu discrepent, non me a te læsum, sed a te scriptum, quod tibi rectum videbatur ; quæso ut me patienter audias. Non scripsisti librum, et quomodo mihi reprehensionis a te meæ per alios scripta delata sunt? Cur habet Italia quod tu non scripsisti? Qua ratione poscis, ut rescribam ad ea quæ scripsisse te denegas? Non tam hebes sum, ut si diversa senseris, me a te læsum putem. Sed si mea cominus dicta reprehendas, et rationem scriptorum expetas, et quæ scripserim, emendare compellas, et ad παλινωδίαν provoces, et oculos mihi reddas, in hoc læditur amicitia, in hoc necessitudinis jura violantur. Ne videamur certare pueriliter, et fautoribus invicem vel detractoribus nostris tribuere materiam contendendi ; hæc scribo, quia te pure et Christiane diligere cupio, nec quidquam in mea mente retinere, quod distet a labiis. Non enim convenit, ut ab adolescentia usque ad hanc ætatem in monasteriolo cum sanctis Fratribus labore desudans, aliquid contra Episcopum communionis meæ scribere audeam : et cum Episcopum, quem ante cepi amare quam nosse ; qui me prior ad amicitias provocavit ; quem post me orientem in Scripturarum divinarum [*al.* abest *divinarum*] eruditione lætatus sum. Igitur aut tuum negato librum, si forte non tuus est, et desine flagitare rescriptum ad ea quæ non scripsisti : aut si tuus est, ingenue confitere ; ut si in defensionem mei aliqua scripsero, in te culpa sit qui provocasti, non in me, qui respondere compulsus sum.

5. Addis præterea te paratum esse, ut si quid me in tuis scriptis moverit, et corrigere voluero, fraterne accipias, et non solum (*d*) mea in te benevolentia gavisurum ; sed ut hoc ipsum faciam, deprecaris. Rursum dico quod sentio, provocas senem, tacentem stimulas, videris jactare doctrinam. Non est autem ætatis meæ putari malevolum erga eum, cui magis favorem debeo. Et si in Evangeliis ac Prophetis perversi homines inveniunt quod nitantur reprehendere, miraris si in tuis libris, et maxime in Scripturarum expositione, quæ vel obscurissimæ sunt, quædam a recta linea discrepare videantur? Et hoc dico, non quod in operibus tuis quædam reprehendenda jam censeam : neque enim lectioni eorum umquam operam dedi, nec horum exemplariorum apud nos

---
(*a*) Martianæus *requirentem,* quam lectionem falsi pridem Victorius accusaverat in Erasmianis codicibus.
(*b*) Martianæus post Erasmum *ostendere.*
(*c*) Est apud Livium Decadis tertiæ lib. 2. deque eo Maximo Virgilius,
 Unus, qui nobis cunctando restituit rem.

(*d*) Victorius *de* præpositionem reposuit. Et Augustin. quidem supra Epist. 101. n. 2. *de ipsa tua,* inquit, *benevolentia gavisurus,* etc.

copia est, præter Soliloquiorum tuorum libros, et quosdam Commentarios in Psalmos, **641** quos si vellem discutere, non dicam a me, qui nihil sum, sed a veterum Græcorum docerem interpretationibus discrepare. Vale, mi amice carissime, ætate fili, dignitate parens; et hoc a me rogatus observa, ut quidquid mihi scripseris, ad me primum facias pervenire.

EPISTOLA CVI. (a)

(b) AD SUNNIAM ET FRETELAM.

Postquam gratulatus est Sunniæ ac Fretelæ viris, e Getarum licet genere, studiis Divinarum Scripturarum præclaris : respondet ad sibi propositas ex Psalmis quæstiones, eorumque difficultates omnes diluit, ostendens quænam sit inter variantes lectiones Græcas, atque Latinas, cæteris præferenda, quæque propius ad Hebraicum fontem accedat.

Dilectissimis (c) fratribus SUNNIÆ et FRETELÆ, et cæteris qui vobiscum Domino serviunt, HIERONYMUS.

1. Vere in vobis Apostolicus et Propheticus sermo completus est : *In omnem terram exiit sonus eorum, et in fines orbis terræ verba eorum* (Ps. 18. 5 ; *et* Rom. 10. 18). Quis hoc crederet, ut barbara Getarum lingua Hebraicam quæreret Veritatem; et dormitantibus, imo (d) contendentibus Græcis, ipsa Germania Spiritus Sancti eloquia scrutaretur ? *In veritate cognovi, quod non est personarum acceptor Deus; sed in omni gente qui timet Deum, et operatur justitiam, acceptus est illi* (Act. 10. 34 *et* 35). Dudum callosa tenendo capulum manus, et digiti tractandis sagittis aptiores, ad stylum calamumque mollescunt ; et bellicosa pectora **642** vertuntur in mansuetudinem

(a) Alias 135. *Scripta circa an.* 403.
(b) Hanc Martianæus Epistolam longe majori quam cæteras diligentia atque opera, cum pridem seorsim edidisset in *Hieronymi Prodromo*, ut susceptæ a se novæ editionis specimen præberet, in duabus oppositis columnis recudit, ut ex una veterum editionum falsitas, ex alia ab se composita, ut ipse loquitur, veritas uno intuitu appareret. Et plures quidem apud Erasmum et Victorium maxime in Hebraicis verbis errores irrepserant, quos ille passim emendavit, ut etiamsi præterea aliud nihil præstitisset, esset tamen cur illi Hieronymi amatores multum se debere fateretur : illud tamen institutum ad creandam magnis nominibus invidiam, cum legentis tædio, et chartarum dispendio nemo unquam probarit. Nos variantes de more subnectimus, et quatuor præterea Mss. codicibus, iisque antiquissimis atque optimæ notæ, Veronensi uno, et tribus Romanis, nempe Vaticano 15. altero Reginæ Svecorum 286. et Palatino 59. usi sumus, per quos quantum ultra profecerimus, lectoris erit judicium.
(c) Jam dudum constat Sunniam et Fretelam non mulieres fuisse, sed viros, ut pluribus ab editore Benedictino, aliisque antea probatum est, quorum argumentis aliquid addere non oportet. Sed illud expendendum præterea est, quod nuperus auctor Moraviæ sacræ constituit, Fretelam nempe, quem et Federicum alio nomine dici autumat, Juliomontii, sive *Olomucii* præsulem fuisse, Sunniam vero Nitraviæ : in cujus rei testimonium Eugenii II. litteras anni 828. ad Episcopos Moraviæ et Pannoniæ datas citat, et Aventinum in Annalibus Bojorum l. 2. Nam ut cætera bonis conjecturis muniisse videatur : certe in eo fallitur, quod ab anno 397. eos Episcopos jussos fuisse tradit : dixisset post annum 404. siquidem cum hanc ad illos epistolam Hieron. scriberet, in nulla Ecclesiastica dignitate illos meruisse facile ex contextu apparet.
(d) Veteres editi *contemnentibus*, fortasse verius. Mox ubi forte typothetarum errore Martianæus legebat *operatus* vitiose pro *operatur*, quidam codices addunt *Dei*.

Christianam. Nunc et Isaiæ vaticinium cernimus opere completum : *Concident gladios suos in aratra, et lanceas suas in falces ; et non sumet gens contra gentem gladium, et non discent ultra pugnare* (*Isai.* 2. 4). Rursum in eodem : *Pascetur lupus cum agno ; et pardus requiescet cum hædo ; et vitulus et leo et taurus pascentur simul ; et puer parvulus ducet eos, et bos et ursus in commune pascentur : pervulique eorum erunt pariter ; et leo et bos comedent paleas* (*Ibid.* 7. 8. *et seqq.*); non ut simplicitas in feritatem transeat, sed ut feritas discat simplicitatem.

2. Quæritis a me rem magni operis, et majoris invidiæ ; in qua scribentis non ingenium, sed eruditio comprobetur ; ut dum ipse cupio de cæteris judicare, judicandum me omnibus præbeam : et in opere Psalterii juxta (e) digestionem schedulæ vestræ, ubicumque inter Latinos Græcosque contentio est, quid magis Hebræis conveniat, significem. In quo illud breviter admoneo, ut sciatis aliam esse editionem, quam Origenes et Cæsariensis Eusebius, omnesque Græciæ tractatores Κοινήν, id est, *communem* appellant, atque *Vulgatam*, et a plerisque nunc Λουκιανός dicitur ; aliam Septuaginta Interpretum, quæ in Ἑξαπλοῖς codicibus reperitur, et a nobis in Latinum sermonem fideliter versa est, et Jerosolymæ atque in Orientis ecclesiis decantatur. Super qua re et sanctus filius meus Avitus sæpe quæsierat. Et quia se occasio fratris nostri Firmi Presbyteri dedit, qui mihi vestram epistolam reddidit ; duobus (f) scribens, in commune respondeo, et me magno amicitiæ libero fœnore, quod quanto magis solvimus, plus debemus. Sicut autem in **643** novo Testamento, si quando apud Latinos quæstio exoritur, et est inter exemplaria varietas, recurrimus ad fontem Græci sermonis, quo novum scriptum est Instrumentum : ita in veteri Testamento, si quando inter Græcos Latinosque diversitas est, ad Hebraicam confugimus [*al. recurrimus*] veritatem ; ut quidquid de fonte proficiscitur, hoc quæramus in rivulis. Κοινή autem ista, hoc est Communis editio, ipsa est quæ et Septuaginta. Sed hoc interest inter utramque, quod Κοινή pro locis et temporibus, et pro voluntate scriptorum, vetus corrupta editio est. Ea autem quæ habetur in Ἑξαπλοῖς, et quam nos vertimus, ipsa est quæ in eruditorum libris incorrupta, et immaculata Septuaginta Interpretum translatio reservatur. (g) Quidquid ergo ab

(e) Erasmus, et Victorius *distinctionem* pro *digestionem*. Consequenter pro Græca voce Κοινή quatuor Mss. nostri codices, et plures apud Martianæum legunt ΚΟΙΝΑ. Alterum verbum Λουκιανός Mss. aliquot legunt, Λουκιανός, aut Λουκιάνιος, quod idem videtur ac τοῦ Λουκιανοῦ, Lucianæi, ut alii codices præferunt tantum Latine.
(f) Sic e duobus Mss. codicibus legimus, quorum alter Vaticanus 544. teste Martianæo, qui veræ huic lectioni illam prætulit, quæ et veterum editionum erat, *vestram epistolam reddidit a vobis ; scribens*, etc. quæ et inconcinna est, et Hieronymi sensum non reddit. Idem paulo infra. *Et est inter exemplaria veritas requirenda, recurrimus*, etc.
(g) Falli hoc loco Hieronymus quibusdam videtur, cum Κοινή illa sive Communis editio interdum Hebræo magis conveniat, quam purior alia Hexaplaris. Et loca quædam Psalmorum recitat ipse idem S. Doctor, quæ rem evincunt exemplo. Placuit præfert de Husserio pro *ab Hebræorum*, legere *ab eorum*, ut sensus sit, nulli dubium esse a LXX

(*Vingt-sept.*)

hac discrepat, nulli dubium est, quin ita et ab Hebræorum auctoritate discordet.

3. Prima de quinto Psalmo quæstio fuit: *Neque habitabit juxta te malignus* (*Psal.* 5. 6). Pro quo habetur in Græco, οὔτε παροικήσει σοι πονηρός sive πονηρευόμενος, ut Vulgata editio continet. Et miramini, cur παροικίαν, id est, *incolatum* Latinus interpres non verterit, sed pro hoc posuerit *habitationem*, quæ Græce dicitur κατοικία. Quod quidem in alio loco fecisse convincitur: *Heu mihi, quia incolatus meus prolongatus est* (*Psal.* 119. 5). Et in decimo quarto Psalmo rursum pro incolatu habitationem posuit: *Domine quis habitabit in tabernaculo tuo?* (*Psal.* 14. 1). Et sciendum, quod si voluerimus dicere: *Domine quis incolet tabernaculum tuum?* vel illud de quinto: *Neque incolet juxta te malignus*, perdet εὐφωνίαν: et dum interpretationis κακοζηλίαν sequimur, omnem decorem translationis amittimus, et hanc esse regulam boni interpretis, ut ἰδιώματα linguæ alterius, suæ linguæ exprimat proprietate. Quod et Tullium in (*a*) Protagora Platonis, et in Οἰκονομικῷ Xenophontis, et in **644** Demosthenis contra Æschinen oratione fecisse convincimus; et Plautum, Terentium, Cæciliumque eruditissimos viros, in Græcis comœdiis transferendis. Nec ex eo quis Latinam linguam angustissimam putet, quod non possit verbum de verbo transferre; cum etiam Græci pleraque nostra circuitu [al. *per circumitus*] transferant: et verba Hebraica, non interpretationis fide, sed linguæ suæ proprietatibus nitantur exprimere.

4. De eodem Psalmo: *Dirige in conspectu meo viam tuam* (*Psal.* 5. 9). Pro quo habetur in Græco κατεύθυνον ἐνώπιόν σου τὴν ὁδόν μου, hoc est, *dirige in conspectu tuo viam meam*. Quod nec Septuaginta habent, nec Aquila, nec Symmachus, nec Theodotion; sed sola Κοινὴ editio. Denique et in Hebræo ita scriptum reperi. (*b*) OSER LAPHANAI DARCHACH. Quod omnes voce simili transtulerunt; *Dirige in conspectu meo viam tuam*. Secundum illud, quod in Oratione Dominica dicitur: *Pater noster, qui es in cælis, sanctificetur nomen tuum* (*Matth.* 6. 10). Non quo nobis orantibus sanctificetur quod per se sanctum est: sed quo petamus, ut quod per naturam sui sanctum est, sanctificetur in nobis. Ergo et nunc Propheta postulat, ut via Domini quæ per se recta est, etiam sibi recta fiat.

5. De sexto Psalmo: *Erubescant et conturbentur vehementer omnes inimici mei* (*Psal.* 6. 4). Et dicitis in Græco, *vehementer*, non haberi. Scio: sed hoc in editione Vulgata. Cæterum in Hebræo habet (*c*) MOD, id est, *vehementer*; et omnes, σφόδρα, similiter transtulerunt.

6. De septimo Psalmo: *Judica me Domine secundum justitiam meam* (*Psal.* 7. 9). Pro quo habetur in Græco, κατὰ τὴν δικαιοσύνην σου, id est, *juxta justitiam tuam*. Sed et in hoc male; in Hebræo enim sedrci habet, quod interpretatur, *justitia mea*; et non sedecacu, quod, *justitiam tuam*, sonat. Sed et omnes Interpretes, **645** *justitiam meam*, voce simili transtulerunt. Nec cuiquam videatur temerarium, quod judicari secundum justitiam suam postulet, cum et sequens versiculus hoc ipsum significet: *Et secundum innocentiam meam super me* (*Ibid.*) Et sexti decimi Psalmi hoc exordium sit: *Exaudi Domine justitiam meam* (*Psal.* 16. 1). Et in septimo decimo quoque dicatur: *Retribuet mihi Dominus secundum justitiam meam, et secundum puritatem manuum mearum reddet mihi* (*Psal.* 17. 25.). In vigesimo quoque quinto Psalmo scriptum sit: *Proba me, Domine, et tenta me: ure renes meos, et cor meum* (*Psal.* 25. 2). Et in quarto dicatur: *Cum invocarem, exaudivit me Deus justitiæ meæ* (*Psal.* 4. 1). Et in octogesimo quinto: *Custodi animam meam, quoniam sanctus sum* (*Psal.* 85. 2). Jacob quoque loquatur in Genesi: *Exaudiet me cras justitia mea* (*Gen.* 30. 33).

7. De octavo Psalmo: *Quoniam videbo cœlos tuos* (*Psal.* 8. 4). Et dicitis quod, *tuos*, in Græco non habeat. Verum est, sed in Hebræo legitur SAMACHA, quod interpretatur, *cœlos tuos*, et de editione Theodotionis in Septuaginta interpretibus additum est sub asterisco: cujus rei vobis sensum breviter aperiam. Ubi quid minus habetur in Græco ab Hebraica Veritate, Origenes de translatione Theodotionis addidit, et signum posuit asterisci, id est, stellam, quæ quod prius absconditum videbatur, illuminet, et in medium proferat: ubi autem quid in Hebræo non est, in Græcis codicibus invenitur, obelon, id est, jacentem præposuit virgulam, quam nos Latine, veru, possumus dicere; quo ostenditur jugulandum esse et confodiendum, quod in Authenticis libris non invenitur. Quæ signa et in Græcorum, Latinorumque poematibus inveniuntur.

8. Decimo sexto: *Oculi tui videant æquitates* (*Psal.* 16. 2). Pro quo in Græco vos legisse dixistis: οἱ ὀφθαλμοί μου, (*d*) id est, *oculi mei*; sed rectius, *oculi*

---

interpretum auctoritate discordare Communem, ubicumque discrepet ab Hexaplari, quæ incorrupta, et immaculata eorumdem interpretum translatio est. Sed nec ulla hic conjecturæ suffragantur edita aut Mss. exemplaria, nec Hieronymi sensus minus commode potest intelligi, cum Hexaplorum illam editionem ita ad Hebraicum exemplar exegisset Origenes ex aliis versionibus, obelorum, atque asteriscorum ope, ut nec plus aliquid nec minus haberet Hebraico textu. Paulo supra pro voce *vetus*, Erasm. et Vict. *veterum*.

(*a*) Protagoræ nomen e duobus Vaticanis asserimus, quod alii etiam a Martinæo inspecti codices fere omnes depravant in *Pythagoram*.

(*q*) Erasm. et Vict. *hajecar laphanai darchecha*: ei primum quidem verbum *hajecar* ex Mss.-rethico cheri הישׁר. Cætera, ut semel divisse sufficiet, ex Grammaticorum, punctuatione quæ Hieronymi temporibus inferior est. Pro *darchah* exemplaria nostra, tuam [eraque Martinæi *darchachi*, facili exscriptorum lapsu.

(*c*) Iidem Erasm. et Victor. *Meod.* at Mss. omnes *Mod*: quod enim tradunt Hebraicarum litterarum magistri, semper initio dictionis legendum *scheva*, veteres numquam legerunt. At gravius in sequenti Hebraica voce peccant editores iidem, ubi *zidekatheca*, צדקתך, comminiscuntur pro צדקה, *Sedechah*. Reliquas Hebraicarum vocum lectiones prout in iis editionibus habentur, subinde repræsentare non est operæ [*pretium*, nisi si quid ultra Massorethicam legendi rationem, quæ hodieque obtinet, decent.

(*d*) Contra Mss. Iidem addunt Erasm. et Victor. Ἡμῶν ὀφθαλμοί, et eorumdem interpretationes, *videant æquitates*. Cum iisdem Ms. Palatinus mox habet, *ut oculi Domini, et recte operante* pro *recta*, quæ altera vox abest a Vaticano.

tui, quia et supra dixerat : *De vultu tuo judicium meum prodeat* (Ps. 16,2) ; et oculi Dei in Propheta recta operante, **646** non prava, sed recta conspiciant. In ipso : *Custodi me ut pupillam oculi* (Ibid. 8). Dicitisque in Græco legi : *Custodi me Domine*; quod nec in Hebræo, nec in ullo [al. *illo*] habetur interprete. In eodem : *Exsurge, Domine, præveni eum, et supplanta eum* (Ibid. 13). Pro quo in Græco sit, (*a*) προέφθασον αὐτοὺς, id est, *præveni eos, et supplanta eos* : sed melius si legatur numero singulari : siquidem de impio dictum est, de quo statim sequitur, *præveni eum et supplanta eum : eripe animam meam ab impio.* Nullique dubium, quin diabolum significet.

9. Decimo septimo Psalmo : *Grando et carbones ignis* (Psal. 17. 13). Et quæritis cur Græcus istum versiculum secundo non habeat, (*b*) interpositis duobus versibus. Sed sciendum, quia de Hebraico, et de Theodotionis editione in Septuaginta Interpretibus sub asterisco additum sit. In eodem : *Qui perfecit pedes meos tanquam cervorum* (Ibid. 54). Pro quo scribitis in Græco inveniri (*c*) ὡσεὶ ἐλάφου, id est, *tanquam cervi* : singularem numerum pro plurali. Sed in Hebræo pluralis numerus positus est CHAJALOTH, et omnes Interpretes pluralem numerum transtulerunt. In eodem : *Et dedisti mihi protectionem salutis tuæ* (Ibid. 36). Pro quo in Græco vos legisse dixistis, τῆς σωτηρίας σου, id est, *salutis meæ*. Sed in Hebræo JESACHA, *salutis tuæ*, significat, non, *meæ*; quod et omnes Interpretes transtulerunt. In ipso : *Supplantasti insurgentes in me subtus me* (Ibid. 40). Pro quo in Græco plus invenisse vos dicitis : *Omnes insurgentes*; sed, *omnes*, additum est. In eodem : *Vivit Dominus, et benedictus Deus meus* (Ibid. 47). Et dicitis in Græco non haberi, *meus.* Quod non sub asterisco, sed ab ipsis Septuaginta de Hebraica Veritate translatum est ; et cuncti Interpretes in hac parte consentiunt. In eodem : *Liberator meus de gentibus iracundis* (Ibid. 48). Pro quo in Græco invenisse vos dicitis : *Ab inimicis meis fortibus*, sive *potentibus*. Et quia semel veritati studemus, si quid vel transferentis festinatione, vel scribentium, **647** vitio depra-

vatum est, simpliciter confiteri, (*d*) et emendare debemus. In Hebræo nihil aliud habet nisi hoc : *Liberator meus ab inimicis* (*e*) *meis*. Septuaginta autem, *iracundis*, addiderunt. Et pro *gentibus*, tam in Hebræo, quam in cunctis Interpretibus, *inimici* positi sunt : et miror, quomodo pro *inimicis*, *gentes* mutatæ sint.

10. Decimo octavo : *Exsultavit ut gigas ad currendam viam suam* (Psal. 18. 7). Et dicitis quod in Græco, *suam*, non habeat : sed hoc nos sub veru additum reperimus, et in Hebræo non esse manifestum est.

11. Decimo nono : *Tribuat tibi secundum cor tuum* (Psal. 19. 5). Et dicitis in Græco vos hoc versiculo additum nomen Domini reperisse, quod superfluum est : quia ex superioribus, (*f*) Ἐπακούσαι σου Κύριος, subauditur, unde cœpit et Psalmus ; *Exaudiat te Dominus in die tribulationis* (Ibid. 11); ut et hic sub eodem sensu dicatur : *Tribuat tibi secundum cor tuum*, id est, ipse Dominus, de quo supra dictum est. In eodem : *Et exaudi nos in die, qua invocaverimus te* (Ibid. 10). Pro quo legisse vos dicitis : *in quacumque die*; sed superius cum Hebraica veritate concordat, ubi scriptum est eom, id est, *in die*.

12. Vigesimo primo : *Tu autem Domine ne elongaveris auxilium tuum a me* (Psal. 21. 20). Et dicitis invenisse vos, *meum*; quod et verum est, et ita corrigendum. (*g*) Brevi enim, si quid scriptorum errore mutatum est, stulta credimus contentione defendere. In eodem ; *Universum semen Jacob magnificate eum* (Ibid. 24). Pro quo in Græco scriptum sit, δοξάσατε αὐτόν, id est, *glorificate eum*. Sed sciendum quod ubicumque in Græco scriptum est, *glorificate*, Latinus Interpres, *magnificate*, transtulerit ; secundum illud quod in Exodo dicitur : *Cantemus Domino, gloriose enim magnificatus* **648** *est* (Exod. 15. 1): pro quo

(*d*) Olim erat et antiquis editt. *emendare debemus*, ἐν Ἑβραίῳ οὐδὲν ἕτερον ἔχει εἰμὴ τοῦτο : id est, *liberator meus ab inimicis meis iracundis. In Hebræo, etc.*

(*e*) Non contemnenda præstantissimi Reginæ cod. 586. lectio, quæ vocalam *meis* omittit in Hebræo enim, אֹיְבִי qua in voce adversa, quod licet, et in sua versione agnoscit Hieron. alii ex alia punctorum subscriptione non legunt. Sed nec ipsi LXX. exhibent in Vaticano ex. vulgari, nec qui olim ex eis interpretatus est , *de gentibus iracundis.*

(*f*) Hactenus editi libri omnes cum Martianæo, quin etiam plerique omnes Mss. pro Græcis verbis ἐπακούσαι σου Κύριος, habent ἀπὸ Κυρίου, quæ ex ἐπακούσαι σου expuncta Κύριος vocæ, ex Cratevum, aut librariorum ingenio facile depravata intelligas, seu quod a ταχυγράφοις olim contracta fuerint, ut verosimillimum est nobis, sive a lacero atque obsoleto exemplari excerpta. Nullo autem sensu legebatur, *ex superioribus* ἀπὸ Κυρίου *subauditur Dominum*, non enim ex uno libro in altero vox aliqua subauditur, sed ex eius ejusdemque superiori contextu ; tum non ἀπὸ Κυρίου aliquid in Hexaplari editione emendare institueri, imo e contra Κυρίου exigere ad Hexaplarem ; denique , ut uno verbo dicerim , frustra Communem editionem adducere S. Doctor, cum non ea modo, sed ipsa quoque Hexaplaris, et Hebræus textus, et quæcumque tandem alia versio est , nomen *Dominus* in superioribus, nempe versiculo primo , necessario habeant, ex eoque subaudiendum hoic loci Hieronymus velit. Nos vero lectionis Palatinus codex 159. admonuit, cujus fidem præcipue secuti posuimus, etsi ille idem πρὸς σε pro ἐπακούσαι habeat.

(*g*) Vatican. et Palatin. et vetus editio anno 1496. quæ sæpius bonæ frugis est, *quod dicitis invenisse vos non meum*. Tum pro *brevi enim*, Erasm. Vict. aliique editi et Mss. *Neque enim, et debemus pro credimus* : sed non dispari sensu.

in Græco scribitur, (*a*) *glorificatus est* : sed in Latino sermone si transferatur, fit indecora translatio ; et nos emendantes olim Psalterium, ubicumque sensus idem est, veterum Interpretum consuetudinem mutare noluimus, ne nimia novitate lectoris studium terreremus.

13. Vigesimo secundo : *Calix meus inebrians quam præclarus est* (*Psal.* 22. 5). Pro quo in Græco legisse vos dicitis, *calix tuus* : sed hoc in Κωση (*b*) errore obtinuit. Cæterum et Septuaginta, et Hæbraicum, et omnes Interpretes, *calix meus*, habent, quod Hebraice dicitur chosi : alioquin si *calix tuus*, esset, diceretur chosach.

14. Vigesimo quarto : *Confundantur omnes iniqua agentes* (*Psal.* 24. 4). Et dicitis quod, *omnes*, in Græco non habeat, et bene ; nam nec in Hebræo habet, sed in Septuaginta sub veru additum est. In eodem : *Innocentes et recti adhæserunt mihi, quia sustinui te* (*Ibid.* 21). Et dicitis in Græco vos reperis e, *Domine* : quod superfluum est.

15. Vigesimo sexto : (*c*) *Et nunc ecce exaltavit caput meum* (*Psal.* 26. 5). Sed, *ecce*, superfluum est. In eodem : *Exquisivit facies mea* (*Ibid.* 8). Pro quo in Græco sit positum : *quæsivit te facies mea*. Sed melius superius.

16. Vigesimo septimo : *Exaudi vocem deprecationis meæ* (*Psal.* 27. 2). Pro quo invenisse dixi-tis : *Exaudi Domine*, sed et hoc additum est.

17. Vigesimo octavo : *Et in templo ejus omnis dicet gloriam* (*Psal.* 28. 9). Pro quo in Græco sit, πᾶς τίς. Quod si transferre voluerimus ad verbum, *omnis quis*, in κακοζηλίαν interpretationis incurrimus, et fit absurda translatio. In eodem : *Dominus diluvium inhabitare facit* (*Ibid.* 10). Pro quo legi-se vos dicitis : *Dominus diluvium inhabitat* ; quorum prius ad gratiam (*d*) pertinet in credentibus, secundum ad ejus, in quo credunt, habitaculum. Sed quia jasab verbum ambiguum est, et potest **649** utrumque sonare, nam et *sessio*, et *habitatio* dicitur ; et in ipso Psalmo de gratia baptismatis (*e*) dicebatur : *Vox Domini super aquas : Dominus super aquas multas. Et : Vox præparantis cervos, et revelabit condensa, et in templo ejus omnis dicet gloriam* (*Ibid.* 5. et seqq.), de ipsis sentire volumus, qui glorificant Dominum ; et interpretati sumus : *Dominus diluvium inhabitare facit* (*Psal.* 30. 5).

18. Trigesimo : *Quoniam tu es protector meus*. Rursum in hoc loco nomen Domini additum est : et ne eadem semper inculcem, observare debetis nomen Domini et Dei sæpissime additum ; et id vos debere sequi quod de Hebraico et de Septuaginta Interpretibus emendavimus. In eodem : *Ego autem dixi in excessu mentis meæ* (Ps. 30. 25). Pro quo in Latinis codicibus legebatur, *in pavore meo*, et nos juxta Græcum transtulimus, ἐν τῇ ἐκστάσει μου, id est, *in excessu mentis meæ* ; aliter enim Latinus sermo ἔκστασιν exprimere non potest, nisi mentis excessum. Aliter me in Hebraico legisse noveram, *in stupore et admiratione mea*.

19. Trigesimo primo : *Nec est in spiritu ejus dolus* (*Psal.* 31. 2). Pro quo in Græco vos legisse dicitis, ἐν τῷ στόματι αὐτοῦ, (*f*) id est, *in ore ejus* ; quod solus Symmachus posuit. Alioquin et Septuaginta Interpretes, et Theodotion, et Quinta, et Sexta Editio, et Aquila, et ipsum Hebraicum, *in spiritu ejus*, habet, quod Hebraice dicitur bruccho. Sin autem esset , *in ore ejus*, scriberetur, baffio. In eodem *Conversus sum in ærumna mea* (*Ibid.* 4) ; in Græco, *mea*, non esse suggeritis. Quod ex Hebraico, et de translatione Theodotionis **650** sub asterisco additum est, et in Hebræo legitur (*g*) la-addi.

20. Trigesimo quarto : *Omnia ossa mea dicent*, *Domine* (*Psal.* 34. 10). Pro quo in Græco bis, *Domine*, invenisse vos dicitis. Sed sciendum, quod multa sunt (*h*) exemplaria apud Hebræos, quæ ne semel quidem *Dominum* habeant.

21. Trigesimo sexto : *Et viam ejus volet* (*Psal.* 36. 23). In Græco. (*i*) *volet nimis*, vos legisse dicitis. Quod additum est, (*l*) nec apud quemquam habetur Interpretum.

22. Trigesimo octavo : *Verumtamen vane conturbatur omnis homo* (*Psal.* 38. 6). Et dicitis vos in Græco non invenisse, *conturbatur*. Sed et hoc in LXX. sub veru additum est. Et hinc apud vos, et apud plero-que error exoritur, quod scriptorum negligentia, virgulis et asteriscis subtractis, distinctio universa confunditur.

23. Trigesimo nono : *Et legem tuam in medio cordis mei* (*Psal.* 39. 9). Pro quo in Græco reperis e vos dicitis, *in medio ventris mei*, quod et in Hebræo sic scriptum est, bathu ch meæ. Sed propter euphoniam apud Latinos, *in corde*, translatum est ; et tamen non debemus subtrahere quod verum est. In eodem : *Domine, in adjutorium meum respice* (*Ibid.* 14). Pro quo in Græco reperisse vos dicitis, πρόσχες, id est, *festina*. Sed apud Septuaginta (*j*) πρόσχες, id est, *respice*, scriptum est.

(*a*) Præponunt hoc loco veteres editi διδόξασται, quod habet et vetustissimum exemplar Reginæ n. 11 qualiquæ magis mireris, præfixo asterisco.
(*b*) Editi omnes error : minus bene.
(*c*) Unus Palatin s manum, ut videtur, glossatoris expertus : *Et nunc exaltavit caput meum super inimicos*. Pro quo in Græco vos invenisse dixistis. *Et nunc exaltari ecce cor meum. sed ecce superfluum est*.
(*d*) Quidam codices cum aliis vulgatis, *pertinet credentium*, vel *credentibus*, absque in particula. Cæterum in eo est Græcæ editionis differentia, quod alia κατοικεῖ, alia præfert κατοικιεῖ, quemadmodum S. quoque Athanasius legit.
(*e*) Vatic. cum Erasm. et Victor. dicitur : tum, *Vox Domini super aquas multas, et Vox Domini præparantis*, etc.

(*f*) Abest a melioris notæ exemplaribus Mss. Græca vox δόλος, et Latina *dolus*, quas hoc loco additum editi omnes ; nos, quod redundarent, expunximus.
(*g*) Vocem Hebraicam la-addi, qua pro; rie *humor, cor* vertitur, tres præstantiores nostri codices bis repetitam, nec intelligimus qua de causa.
(*h*) Hebræum semel tantum habent, nec nisi semel vertit it se Hieron. ex Hebræo. Vatic. sint.
(*i*) Habent σφόδρα σφόδρα Alexandrinum, Aldrina, et Complutense.
(*j*) Jam tum in nonnullis τῶν LXX. codicibus Græcis πρόσχες invaleverat, loco πρόσχες, ut videre est hodiernum in Alexandrino Ms. Non enim Aquilæ versionem, cui vulgo tribuunt interpretatio ista πρόσχες, respiciebant Symmachus et
(*l*) Videntur autem LXX. per illud σφόδρα, id est *nimis*, vim verbi חפץ explicare voluisse.

24. Quadragesimo : *Et si ingrediebatur, ut videret* (*Psal.* 40. 7). Et dicitis quod *Si* (1) in Græco non sit positum. Cum manifestissime et in Hebræo, et in cunctis Interpretibus scriptum sit; et Septuaginta transtulerint, καὶ (α) εἰ εἰσεπορεύετο τοῦ ἰδεῖν.

25. **651** Quadragesimo primo : *Salutare vultus mei, Deus meus* (*Psal.* 41. 7). Pro quo invenisse vos dicitis, *et Deus meus*. Sed sciendum ; hoc in isto Psalmo bis inveniri, et in primo positum esse : *salutare vultus mei, Deus meus*; in secundo autem, id est, in fine ipsius Psalmi : *Salutare vultus mei, et Deus meus*; ita dumtaxat, ut, *et* conjunctio de Hebræo, et Theodotione sub asterisco addita sit. In eodem : *Exprobraverunt mihi qui tribulant me* (*Ibid.* 11). Pro quo vos (b) invenisse dixistis, οἱ ἐχθροί μου, id est, *inimici mei*; cum et apud Septuaginta scriptum sit, οἱ θλίβοντές με, et apud Hebræos sonarai, id est, (c) *hostes mei*. In eodem : *Spera in Deum, quoniam adhuc confitebor illi* (*Ibid.* 12). Et dicitis, *adhuc*, in Græco

non inveniri. Quod sub asterisco additum est. Ita enim et in Hebræo scriptum reperimus כִּי עוֹד, quod significatur (d) ὅτι ἔτι, Latineque dicitur, *quoniam adhuc*. Hoc ipsum etiam in quadragesimo secundo intelligendum est.

26. Quadragesimo tertio : *Et non egredieris in virtutibus nostris* (*Psal.* 43. 10). Pro quo in Græco reperisse vos dicitis : *Et non egredieris, Deus* (*Ibid.* 15); sed superfluum est. In ipso : *Posuisti nos in similitudinem gentium* (*Ibid.* 15). (e) Pro quo in Græco scriptum sit ἐν τοῖς ἔθνεσιν, sed si dictum fuisset in Latino, *in similitudinem in gentibus*, κακόφωνον esset, et propterea absque damno sensus, interpretationis elegantia conservata est. Alioquin in Hebraico ita scriptum reperi : (f) *Posuisti nos proverbium in gentibus*. In eodem : *Exsurge, adjuva nos* (*Ibid.* 26). Pro quo, more solito, in Græco nomen *Domini* additum est.

27. Quadragesimo quarto : *Sagittæ tuæ acutæ* (*Ps.* 44. 6) : pro quo in Græco legisse vos dicitis : **652** *acutæ, potentissime*; sed hoc male, et de superiori (g) versiculo additum est, in quo legitur : *Accingere gladio tuo super femur tuum, potentissime* (*Ibid.* 4).

28. Quadragesimo septimo : *Quoniam ecce reges* (h) *congregati sunt* (*Psal.* 47. 5). Pro quo in Græco legisse vos dicitis : *Quoniam ecce reges ejus congrega i sunt*. Quod superfluum esse, ipse lectionis textus ostendit; et in veteribus codicibus Latinorum scriptum erat, *reges terræ*, quod nos tulimus [f. *sustulimus*, quia nec in Hebræo, nec in Septuaginta reperitur. In ipso : *Sicut audivimus, sic vidimus* (*Ibid.* 9). Pro quo in Græco reperisse vos dicitis : *sic et vidimus*, quod superfluum est : legitur enim in Hebræo CHEN RAINU, quod interpretatur οὕτως εἴδομεν, hoc est, *sic vidimus*. In eodem : *Suscepimus, Deus, misericordiam tuam in medio templi tui* (*Ibid.* 10). Pro eo quod nos de Hebraico, et de Septuaginta Interpretibus vertimus, *templi tui*, in Græco vos legisse dicitis, *populi tui*, (i) quod superfluum est. In Hebraico scri-

---

Fretela, sed Græcum, quod præ manibus habebant, Septuagintavirale exemplar. Vetus editio illa cujus supra meminimus, et codex Regius Florentinus apud Martianæum pro πρηνῆς falso legunt ἐπιθλασε.

(*a*) Peccant Mss. atque editi libri omnes, in quibus tantum est καὶ διεπορεύετο, qui error et codici Alexandrino insedit, manifesto scribarum lapsu, ex iterata vocis a repetitione, quem heic Hieron. cavisse, non dubium est : proindeque ex Vaticano emendavimus addita εἰ particula καὶ εἰ εἰσεπορεύετο : ut revera habent LXX. Hebræus בא־דאי *et si venerit*, etc. Ceterum ut nihil dissimulemus, totum hunc locum tametsi intactum reliquimus, insigni mendo deformari, sensuque inverti, ex sententiæ falsitate atque obscuritate nobis persuasum est. Videntur quippe Sunnia ac Fretela dicere, pericopen, *et si ingrediebatur, ut videret*, in Græco omnino desiderari, quam manifestissime in Hebræo, et in cunctis interpretibus Hieronymus haberi responderit. At illud in primis aut falsum, aut certe creditu difficillimum, quod ex nullo libro, aut veterum testimonio probari possit, in Græco eorum exemplari, quæcumque tandem editionem referret, illam sententiam defuisse; tum vero inutilis ferme S. Doctoris responsi, qui, si ejus ingenium novimus, id scribarum vitio dedisset, non ex Hebræo, cunctisque interpretibus, atque iterum ex LXX. testimonio dissereret. Verissime autem deerat in Σουννίᾳ illa editione, quam Alexandrinus codex repræsentat, quamque illi ἀκριβῆ Græcum vocant, a vocula, quod modo notatum est, eratque, *Et ingrediebatur*, pro, *Et si ingrediebatur*, sive καὶ εἰσεπορεύετο, pro καὶ εἰ εἰσεπορεύετο. Atque id facile moverat Sunniam ac Fretelam, ut ejus varietatis sive defectus rationem sciscitarentur ; minime vero ut totam pericopen in Græco dicerent desiderari. Quod ut manifestissime constet ex eorum sententia, corrupta codicum nostrorum scriptura unius voculæ levissima additione supplenda est, et scribendum, *Dicitis quo* d *in Græco* SI *non sit positum*, quam rursum voculam festinanti librario facile excidisse, ob insequentis SIT occursum, haud ægre concedunt, qui hoc describendi labore desudarunt. Nobis præterea aliquid suffragii est ad eam reponendam, in veteri editione, quam subinde laudamus, et in qua habetur ad hunc modum : *Et dicitis quod* SI *in Græco non sit positum*.

(*c*) Græca ἐκπολεμοῦσί με, communem interpretationem, *exprobraverunt mihi*, quæ omnino vacat, et ab alia manu in Hieronymi textum huiusce etiam in Martianæa editione irrepserunt, Regiæ, ac Palatinæ membranæ omnium præstantissimæ non agnoscunt, sed tantum, *invenisse dixistis*, οἱ ἐχθροί μου, *id est inimici mei*, ad quarum fidem et nos edidimus.

(*c*) Loci hujus sententia postulat, ut nomini *hostis* non ita ab alieno ab *inimico*, sed ab his etiam, quas Grammatici notant, diversis significationem tribuamus, ut respondeat Hebraæ צוֹרֵר, quæ vox proprie *angustias afficientes*, et ψ respondens significat, quemadmodum et Græca ἐχθρούς. Puta *oppugnatoris*, qualem obtinere observavimus apud Latinos aliquot vetustiores.

(*d*) Particulam *si*, quæ deerat, ex aliis Mss. suffecimus.

(*d*) Erasm. et Victor. ὅτε pro ἔτι. Quam vocem ex Hieronymi testimonio suppleri volumus in Hexaplis a Cl. Montfauconio adornatis.

(*e*) Totam hanc pericopen : *Pro quo in Græco scriptum sit*, ἐν τοῖς ἔθνεσιν, quæ sine maculam Hieronymi textum in hunc usque diem exhibent editores omnes, nos e Palatinis ac Reginæ membranis suffecimus. Alius ἐν ἔθνεσιν habet, absque τοῖς.

(*f*) Obtrudunt hoc loco Erasm. et Victor. Hebraica verba *Thesimenu mosel bagoim* תשימנו משל בגוים, quorum nec vola nec vestigium in Mss., si excipias Regium Florentinum, citante Martianæo, in quo vacat erasum spatium, quemadmodum et in veteri illa editione an. 1496. quam sæpe adducimus.

(*g*) Perperam iidem editi, *de superiori tertio versiculo*, neque enim tertius Hieron. temporibus censeri poterat, sed ut minimum sextus juxta veterum divisionem, de qua supra. Alter Reginæ codex non habet duo verba *male et*. Confer epist. 65. ad Principium num. 12. et not. *b*.

(*h*) Vitiose addit Vatic. *terræ*, quam vocem infra e Latinis codicibus sustulisse se dicit Hieronymus : intellige in emendatione Psalterii, ut vulgo audit, Gallicani. Nec Hieronymianæ consuetudinis videtur, quod mox ex Græco eamdem vers*iculum* repetit, cum duo verba, *Reges ejus*, suffecerint. Et in vetusta quidem editione abest *quoniam*, sed absque Mss. nihil immutamus.

(*i*) Dixisset, *quod falsum est*; non enim redundat, sed ναοῦ, *populi*, sumitur pro ναοῦ, *templi*, eamque lectionem in

ptum est ECHALACH, id est, τοῦ ναοῦ σου, hoc est, templi tui, et non AMMACH, quod *populum tuum* significat.

29. Quadragesimo octavo : *Homo cum in honore esset* (*Psal.* 48. 14). Pro quo in Græco invenisse vos dicitis : *Et homo in honore cum esset.* Sed sciendum, quod iste versiculus bis in hoc Psalmo sit, et in priori additam habeat, *et*, conjunctionem, in fine non habeat. In eodem : *Et dominabuntur eorum justi* (*Ibid.* 15). Pro *justis*, εὐθεῖς, id est, *rectos*, in Græco vos legisse dicitis; sed (1) propter ὁμοίωσιν ita in Latinum versum est. Alioquin et in eo loco, ubi scriptum legimus : *In libro* (*a*) τοῦ εὐθοῦς, justorum intelligimus librum (*Jos.* 10. 13), et non debemus **653** sic verbum de verbo exprimere, ut dum syllabas sequimur, perdamus intelligentiam. In eodem : *De* (1) *manu inferni, cum liberaverit me* (*Ps.* 49. 20). Pro quo in Græco legisse vos dicitis : *cum acceperit me* : quod quidem et nos ita de LXX. vertimus; et miror a quo in vestro codice depravatum sit.

30. Quadragesimo nono : *Sedens adversus fratrem tuum loquebaris* (*Ibid.* 16). Pro quo in Græco reperisse vos dicitis, κατὰ τοῦ ἀδελφοῦ σου κατελάλεις, et putatis non bene versum, quia diximus, *adversus fratrem tuum loquebaris*, et debuisse nos dicere, *adversus fratrem tuum detrahebas*; quod vitiosum esse, et in nostra lingua non stare, etiam stultis patet. Nec ignoramus, quod καταλαλία dicitur detractio; quam si voluerimus ponere, non possumus dicere, *adversus fratrem tuum detrahebas*; sed *de fratre tuo detrahebas*. Quod si fecerimus, rursus contentiosus verborum calumniator inquiret, quare non dixerimus, κατὰ τοῦ ἀδελφοῦ σου, hoc est, *adversus fratrem tuum*. Hæc superflua sunt, et non debemus impolita nos verborum interpretatione torquere, cum damnum non sit in sensibus, quia unaquæque lingua, ut ante jam dixi, suis proprietatibus loquitur. In ipso : *Ne quando rapiat, et si qui eripiat* (*Ibid.* 22). Et in Græco reperisse vos dicitis : *Et non sit qui eripiat*; quod et a nobis versum est, et in nostris codicibus sic habetur. Et miror quomodo vitium librarii dormitantis, ad culpam referatis interpretis; nisi forte fuerit hoc : (*b*) *Ne quando rapiat, nec sit qui eripiat*, et ille pro, *nec, et*, scripserit. In eodem : *Sacrificium* **654** *laudis honorificabit me.* Pro quo in Græco scribitur, δοξάσει με, id est, *glorificabit me*, de quo et supra

Græcis, Latinisque Patribus, et priscis aliquot interpretationibus est invenire. Mox absunt ab altero Reginæ cod. verba, *hoc est* τοῦ ναοῦ σου.

a Non erat cur certissimum scribarum mendum εὐθεῖς pro εὐθοῦς textui diutius insidere paterentur. Septuaginta in Aldino, atque Oxoniensi exemplaribus, ἐν τῷ τῶν εὐθέων, ἐν βιβλίῳ τοῦ εὐθοῦς, Hujusmodi est, quod Hieronymus citat.

(*b*) Verba, *Ne quando rapiat*, rectius absunt hoc loco a Reginæ altero Ms. Similiter paulo infra Regius Florentinus, alias, Marcianæo teste, corruptissimus, non relinet nisi priora tria Græca verba πάτερ δόξασόν με, cui concinit et vetus editio. Erasmus et Victorius ex Vulgato Evangelii Græco textu exscripserunt lectionem totam, a qua nostra hæc quam e Mss. edidimus, pluribus locis discrepat.

(1) Alius *sed hoc propter* etc.

(2) Sunt qui legant heic apud Hieron. priore loco, *Ne manu inferi liberarit me*, ut versionum differentia non tantum in *liberandi* pro *accipiendi* verbo, sed et in illius modo, et in omissa *cum* particula notanda sit.

diximus. In Evangelio in eo loco, ubi in Græco legimus, Πάτερ δόξασόν με τῇ δόξῃ, ᾗ εἶχον παρὰ σοι πρὸ τοῦ τὸν κόσμον γενέσθαι, in Latino legitur : *Pater clarifica me* (*Joan.* 17. 5) : noluimus ergo immutare quod ab antiquis legebatur, quia idem sensus erat.

31. Quinquagesimo quarto : *Exspectabam eum, qui salvum me fecit* (*Psal.* 54. 9). Et dicitis vos invenisse in Græco : *Exspectabam Deum*, quod additum est. In eodem : *A pusillanimitate spiritus* (*Ibid.*). Et in Græco invenisse vos dicitis, ἀπὸ ὀλιγοψυχίας, quod proprie *pusillanimitas* dicitur. Sed sciendum quod pro ὀλιγοψυχία, Aquila, et Symmachus, et Theodotion, et Quinta Editio interpretati sunt, ἀπὸ πνεύματος, id est, *a spiritu*; et in Hebræo scriptum sit (*c*) MERUCA : omnisque sensus ita apud eos legatur : *Festinabo, ut salver a spiritu tempestatis, et turbinis* (*Psal.* 55. 9, *juxta Hebr.*). In eodem : *Quoniam si inimicus maledixisset* (*Ibid.* 13). (*d*) In Græco ὠνείδισε, hoc est, *exprobrasset*, positum est. Sed inter maledicta et opprobria sensum non discrepare perspicuum est.

32. Quinquagesimo quinto : *Quoniam multi bellantes adversum me, ab altitudine diei timebo* (*Psal.* 55. 3. *et* 4). Et dicitis in Græco vos invenisse, *non timebo*; quod additum est. Et est or le : quoniam multi dimicant adversum me, idcirco ego ab altitudine diei timebo : hoc est, non bellantes adversum me, sed tuum excelsum timebo lumen. In ipso : *In ira populos confringes* (*Ibid.* 8). (*e*) Pro quo in Græco legitur

(*c*) Nostri et Marcianæi codices *Merucha*, et *Meruha*. Sed veteres, atque ipse Hieronymus, ת litteram in dictionis fine absque aspiratione legunt. Sic Græci רוח, quod Hebraice רוּחַ Gen. 3. 8. *ad spiritum*, sive *ad auram*.

(*d*) Palatin. *maledixisset mihi*, ut et vertere editi, quibuscum, *in Græco* ὠνείδισε, id est, etc.

(*e*) Locum intactum reliquimus, ne cum ex integro reformandus sit, manus temere injecisse videamur. Sic tamen legendum constituimus. *Pro quo in Græco legitur* ἀνεῖλες, *id est deduces, vel dejicies*; *et apud Latinos* pro eo *quod est dejicies*, *id est* κατάξεις, *male error obtinuit* κατέαξε, *id est confringes*, *nam et in Hebræo*, etc. Cum enim totus in eo sit Hieronymus in hac epistola, ut *ubicumque inter Latinos Græcosque* (Psalterii textus) *contentio est*, disquirat, ac judicet; si uterque et Latinus et Græcus *confringes*, legunt, quæ tandem contentio erit, aut difficultas? Sed minus hæc nos moverent, nisi tota hæc periodus vix septem versuum plusquam septem erroribus deformaretur. Medicam manum ubi admovimus, unum probabili conjectura, cætera Mss. ope emendamus. Primum itaque dele verba, ἐν ὀργῇ λαῶν, quæ nec melioris notæ codices, nec vetusta sæpius laudata editio habet, et nihil heic ad rem faciunt. Deinde pro *confringes*, legimus *deduces* : quod quidem pro veritate asserimus, neque enim ulli suffragantur Mss. Sed duo saltem sunt, quæ emendationem nostram, ut nobis videtur, evincant. Alterum quod Græca vox κατάξεις nunquam vel significaverit, vel proprie significet, *confringes*, sed utique *deduces*. Alterum, quod in suum *deduces*, sit veteris Latinæ interpretationis ex Græco, quæ ante Hieronymum obtinebat, illudque Hilarius, atque Augustinus legunt in eorum Psalterfis, atque exponant; ut omittamus Psalterii codicem Veronensem omnium vetustissimum, et plerumque alia argumenta, quæ conjecturæ nostræ calculum addunt. Infra loco κατάξεις, quæ Theodotionis interpretatio est, non τῶν LXX. restituet κατάξεις ex præcipuis queis utitur tribus Mss. duobus Reginæ, et Palatino : et consequenter pro κατάξεις, ex eorumdem manuscriptorum fide legas atque emendes ἀνεῖλες, a verbo ἀναιρέω, quod inter alia significat, *confringere*. Sic Matth. 12. 20. κάλαμον συντετριμμένον οὐ κατεάξει : *arundinem quassatam non confringet*, ne longi sinus exempli e Luciano, Aristophane, aliisque coagerendis, quæ ex Lexicis petes, nam ejus verbi ignoratio tot olim, et usque hodie anhages parturiit. Mox voces *in ira populos*, in nullo unquam manuscripto libro invenimus, suntque omnino expungendæ. Denique *Symmachi* ἐν ὀργῇ ἱκανοὺς κατάξεις, id est, *confringes:* Et apud **655** Latinos pro eo quod est, *dejicies*, id est, καταβαλεῖς, male error obtinuit, κατάξεις, id est, in ira populos *confringes;* nam et in Hebræo HORED habet, id est, καταβιβασοι: quod nos possumus dicere, *depone;* et Symmachus interpretatus est, καταπτεισαι.

53. Quinquagesimo octavo : *Quia Deus susceptor meus* (Psal. 58. 10). Pro quo in Græco positum est : *Susceptor meus es tu.* Sed sciendum in Hebræo nec, es, scriptum, nec, *tu;* et apud Septuaginta solos inveniri. In ipso : *Deus meus, voluntas ejus præveniet me* (Ibid. 10). Pro quo in Græco scriptum est, τὸ ἔλεος αὐτοῦ, id est, *misericordia ejus*, quod et verius est. Sed in Hebreo scriptum est : *Misericordia (a) mea præveniet me.* In eodem : *Deus ostendet mihi inter inimicos meos* (Ibid. 10). Pro quo in Græco positum est, *Deus meus;* sed, *meus*, additum est. In eodem : *Ne occidas eos, ne quando obliviscantur populi tui* (Ibid. 11). Pro quo in Græco scriptum est : *legis tuæ;* sed in (b) Septuaginta, et in Hebræo non habet, *populi tui*, sed, *populi mei;* et a nobis ita versum est. In eodem : *Et scient, quia Deus (c) dominabitur Jacob finium terræ* (Ibid. 14). Pro quo in Græco scriptum est : *Et finium terræ*, sed, *et*, conjunctio addita est, et ordo est : Scient, quia Deus Jacob dominabitur finium terræ.

54. Quinquagesimo nono : *Quis deducet me usque in Idumæam?* (Psal. 49. 11). Pro quo in Græco habet *aut quis deducet me;* sed superfluum est (1).

55. Sexagesimo : *Quoniam tu Deus meus exaudisti orationem meam* (Psal. 60. 6). Pro quo legitur in Græco : *Quia tu, Deus exaudisti (d) me.* Quod non habet in Hebræo, nec in LXX. Interpretibus, et in Latino additum est. In eodem : *Psallam nomini tuo in sæculum sæculi* (Ibid. 9). Pro quo in Græco sit, *In sæculum;* et in Hebræo semel habet LAED, **656** est, *in æternum;* et non LOLAM, quod est, *in sæculum.*

56. Sexagesimo primo : *Quia Deus adjutor noster in æternum* (Psal. 61. 9). Pro quo in Græco est : *Deus adjutor noster.* Ergo, *in æternum*, obelus est.

37. Sexagesimo secundo : *Sitivit tibi, anima mea* (Psal. 62. 2). Pro quo in Græco sit : *Sitivit in* (2) *te anima mea.* Sed in Hebræo non habet ATTHA, quod significat, *te;* sed LACH, quod ostenditur, *tibi :* quod et omnes Interpretes transtulerunt. Ergo secundum linguæ proprietatem versum est in Latinum.

39. Sexagesimo tertio : *Sagittæ parvulorum factæ sunt plagæ eorum* (Psal. 63. 8). Pro quo in Græco : *Sagitta parvulorum;* sed si sic dicamus, non resonat in Latino : *Sagitta parvulorum factæ sunt plagæ eorum.* (e) Pro quo melius habet in Hebræo : *Percutiet eos Deus jaculo repentino, et inferentur plagæ eorum.*

39. Sexagesimo quarto : *Qui conturbas profundum maris, sonum fluctuum ejus* (Psal. 64. 8). In Græco additum scribitis : *Quis sustinebit?* quod superfluum est; subauditur enim, qui conturbas profundum maris, et conturbas sonum fluctuum ejus. In eodem : *Parasti cibum illorum, quoniam ita est præparatio ejus* (Ibid. 10). Et dicitis quod in Græco non sit, *ejus*, cum in Hebræo THECHINA manifeste, *præparationem ejus*, significet : ejus autem, id est, terræ; de qua supra dixerat : *Visitasti terram, et inebriasti eam* (Ibid.).

40. Sexagesimo quinto : *Holocausta medullata offeram tibi cum incenso arietum* (Psal. 65. 15). Pro quo invenisse vos dicitis : *Cum incenso* (f) *et arietibus;* sed male : in Hebræo enim scriptum est, EM CATOROTH ELIM, quod interpretatur, μετὰ θυμιάματος κριῶν, id est, *cum incenso arietum.* In eodem : *Propterea exaudivit Deus* (Ibid. 19). Pro quo in Græco invenisse vos dicitis : *Exaudivit me Deus,* (g) sed superfluum est.

41. **657** Sexagesimo septimo : *Exultate in conspectu ejus* (Psal. 67. 6). Pro quo in Græco invenisse vos dicitis : *Et exultate in conspectu ejus.* Quod ita versum est a nobis, sed a quo in codice vestro corruptum sit, scire non possum. In eodem : *Etenim non credunt inhabitare Dominum* (Ibid. v. 19). Pro quo in Græco legisse vos dicitis : καὶ γὰρ ἀπειθοῦντες τοῦ κατασκηνῶσαι : quod utrumque falsum est. Nos enim transtulimus : (h) *Etenim non credentes inhabitare Dominum Deum ;* ut sit sensus, et pendeat ex superioribus : *Ascendisti in*

---

interpretationi κατασείσαι, quæ aut nullo, aut non satis firmo testimonio nititur, præferamus indubiam lectionem κατάγαγε, quam exhibet Reginæ liber manu exaratus, et quam Eusebius et Regii duo codices a Montfauconio in Hexaplis citati confirmant. Hæc ex Mss. nam si per conjecturas liceret, continuis fortasse locus restitueretur.

(a) Perperam Palatinus *misericordia ejus.* Et quidem חסדו habet Hebræus textus, sed Keri חסדי ad marginem, antiquiorem lectionem notat, quæ erat et Hieronymiani exemplaris.

(b) Quæ vero supersunt hodie τῶν LXX. exemplaria non *populum*, sed *legem*, sive νόμον, non λαόν præferunt : quibus ex antiquis interpretibus Symmachus suffragatur, qui dum utramque lectionem eruditissime innectit, μὴ ποτε ἐπιλάθωνται ὁ λαός σου τοῦ νόμου σου : *Ne forte obliviscatur populus tuus legis meæ*, tantum non persuadet, in Hebraico textu utramque olim extitisse, atque inde ortam interpretationum diversitatem, quod altera in aliis exemplaribus excidisset.

(c) *Dominatur* heic atque infra præfert Reginæ ex unplar.

(d) Græcus autem non *me*, sed *orationem meam* habet in cunctis libris, atque interpretibus. Hebræus quoque *rota mea;* quod notatum est nobis, ut intelligas, non hanc esse, quam S. Doctor exagitat, additionem, sed vocis *meus*, quæ *Deo* adjicitur.

(1) *Id est aut* superfluum est : neque vero in Græco Vatic. aliisque melioris notæ illud ἢ habetur.

(e) Sequentem περικοπὴν, quam Erasmus, et Victor. omiserunt, Martianæus restituit, habent nostri codices omnes, imo et vetus editio.

(f) Duo Reginæ codd. *cum incenso arietibus*, absque *et* particula, quam tamen Græca τῶν LXX. exemplaria habent. Tum alter vocem HELIM aspirat. Plurali autem forma nisi nos fallunt membranæ omnes antiquæ, legit Hieronymus *Catoroth*, cum Massorethæ in singulari habeant. Sed aut ita ferebat Hieronymianum exemplar, aut de veterum lectione certæ adhuc regulæ statui non possunt. Adde, in Reginæ altero Ms. Græca μετὰ θυμιάματος κριῶν, *et id est* non inveniri.

(g) Vetus edit. *quod superfluum est : et minus est, Et conjunctio.*

(h) Non *etenim*, sed *insuper* transtulit ipse longe concinnius. Porro vocem *Deum*, Martianæus addit, quam licet in Hebræo sit, atque in ipsa Hieronymiana versione non invenimus in ullis manu exaratis, imo nec editis libris. Quod vero dixit Hieron. utrumque et Latinum, et Græcum falsum esse, intellige, in voce ἀπειθοῦντες, pro qua legendum sit ἀπειθοῦντας in accusandi casu, quod ideo monendum duximus, quod hujus emendationis sive lectionis vestigium nusquam apud LXX. neque in Hexaplis videas, et plurimum loci hujus perspicuitati conferat.

(2) 'Fortasse absque, *in*, particula, *sitivit te*, legendum heic est, nam ἐδίψησέ σε Græce habetur absque, *in*, particula.

otium, cepisti captivitatem, accepisti dona in hominibus, et eos, qui non credebant Dominum inhabitare posse mortalibus. In eodem : *Deus benedictus Dominus die quotidie* (Psal. 67. 20). Pro quo in Græco invenisse vos dicitis : (*a*) *Dominus benedictus Deus, benedictus Dominus die quotidie*; sed melius et verius quod supra. In eodem : *Viderunt ingressus tui, Deus* (Ibid. 25); pro quo in Græco scriptum sit : *Visi sunt ingressus tui, Deus*. In Hebræo ita habet (*b*) ʀᴀᴜ ᴀʟɪᴄʜᴏᴛʜᴀᴄʜ : quod Aquila, et Symmachus, et Theodotion interpretati sunt : *Viderunt itinera tua, Deus*, et quod sequitur : *Itinera Dei mei regis, qui est in sancto* Ergo a nobis ita legendum est : *Viderunt gressus tuos, Deus*; et scriptoris vitium relinquendum, qui nominativum posuit pro accusativo : licet et in Septuaginta, et in Ἑξαπλοῖς ita repererim : (*c*) ἐθεωρήτην αἱ πορεῖαί σου, ὁ θεός : et pro eo quod est ἐθεωρήτην, hoc est, *viderunt*, in multis codicibus habet, ἐθεωρήθησαν : quod et obtinuit consuetudo. In eodem : *Ingressus Dei mei, regis mei, qui est in sancto* ((Ibid.); subauditur, viderunt ingressus Dei mei, et regis mei. Quod autem dicitis, *mei*, (*d*) in rege non appositum, apertissimæ mendacii est, secundo enim ponitur, et *Dei mei, et regis mei*, blandientis affectu; ut qui omnium Deus et rex est, suus specialiter Deus fiat, et **658** rex merito servitutis. Denique in Hebræo scriptum habet, ʜᴇʟɪ ᴍᴇʟᴄʜɪ, quod *Deum meum, et regem meum* significat. In eodem : *Regna terræ cantate Deo, psallite Domino* (Ibid. 33). (*e*) Et dicitis, hoc in isto versiculo non esse scriptum, *Psallite Domino*; quoniam statim sequatur : *Diapsalma. Psallite Deo, qui ascendit super cœlum cœli ad orientem* (Ibid. 34); cum iste versiculus magis habere debeat juxta Hebraicam Veritatem : *Cantate Deo, psallite Domino*; et illud quod sequitur in principio versus alterius, *Psallite Deo*, non sit in libris authenticis, sed obelo prænotatum. Ergo et vos legite magis quæ vera sunt; ne dum additum suscipitis, quod a Propheta scriptum est, relinquatis.

(*a*) Rectius Reginæ cod. primus, *Dominus Deus benedictus* cum editis, et Græco, Κύριος ὁ Θεὸς εὐλογητός.

(*b*) Miro consensu exemplaria nostra ʀᴀᴜ ʟɪᴀ ᴇʟɪᴄʜᴏᴛʜᴀᴄʜ. Tum Palatinus omisso Aquilæ, addit post Theodotionis, Lobien, *et Quinta, et sexta editio*, cui et vulgata suffragatur, et Hexapla; nosque verius putamus : αἱ ἠγαπη ὁδηγοῦσαι τὰς πορείας, etc., ut in codice Colbertino. ap ud Montfauconium.

(*c*) Nulli non liquere putamus indicari ab S Hieronymo aliter atque a se constitutum fuerat legendum activo sensu, *viderunt gressus tuos*, etc., invenisse apud LXX. etiam Hexaplares passivo, quod re ipsa compertum est. Falso igitur, et contra S. Doctoris mentem legerunt hactenus in hoc loci editores omnes Ἑθεώρηταν (vel ut inscite magis Victorius Ἑθεωρήθησαν) τὰς πορείας, quam Aquilæ, Symmachi, Theodotionis, etc., interpretationem passim paulo ante cognovimus. Ἑθεωρήθησαν αἱ πορεῖαί σου, quod factum a LXX. testantur libri omnes, nosque substituimus, exigente sensu, et fide insuper jubente Reginæ exemplari omnium vetustissimo.

(*d*) Pro, *in rege*, Palatinus, *in Græco*, expressius vetus editio, *in Græco non appositum secundo loco mei*, quod revera LXX. non habent.

(*e*) Ingenti lacuna ex Græco, aliisque mendis in veteri editione, et aliquot Mss. periodus isthæc deformatur. Præstat vero ad loci intelligentiam conferre Hebræum textum :

בכרכית הארץ שירו לאלהים זמרו אדני סלה לרכב בשמי שמי־קדם : *Regna terræ, cantate Deo : psallite Domino. Sela, ascendenti super cœlum cœli ad orientem*.

42. Sexagesimo octavo : *Laudabo nomen Dei cum Cantico* (Psal. 68. 31). Pro quo dicitis vos reperisse in Græco, *Dei mei, sed, mei, superfluum* est.

43. Septuagesimo : *Deus, ne elongeris a me* (Ibid. 70. 12). Quod dicitis in Græco positum . *Deus meus, superfluum* est. In eodem : *Deus, docuisti me ex juventute mea* (Ibid. 17). Et in hoc, quod apud Græcos invenisse vos dicitis, *Deus meus, superfluum* est, *meus*. In eodem : *Donec annuntiem brachium tuum* (Ibid. 18). Et dicitis in Græco vos reperisse, *mirabilia tua*, quod de superiori versiculo est, *et usque nunc pronuntiabo* (*f*) *miracula tua*. Bene ergo hic habet, *brachium*.

43. Septuagesimo primo : *Et adorabunt cum omnes reges* (Psal. 71. 11). Illud quod in Græco invenisse vos dicitis, *reges terræ*, superfluum est. In eodem : *Benedictus Dominus Deus, Deus Israel* (Ibid. 18). Dicitis in Græco bis, *Deus*, non haberi : cum in Hebræo sit, et apud Septuaginta; et manifestissime triplex Domini, Deique nuncupatio mysterium Trinitatis sit. In eodem : *Et benedictum nomen majestatis ejus in æternum*. Hoc ergo quod in Græco vos invenisse dicitis : *In æternum et in sæculum sæculi*, superflue a Græcis sciatis **659** appositum, quod nec Hebræus habet, nec septuaginta Interpretes.

45. Septuagesimo secundo : (*g*) *Prodiit quasi ex adipe* (Psal. 72. 7). Et dicitis vos apud Græcos invenisse, ἐξελεύσεται, id est, *prodiet*, quod falsum est. Nam et apud Septuaginta Interpretes ita scriptum est : ἐξελεύσεται ὡς ἐκ στέατος ἡ ἀδικία αὐτῶν. In eodem : *Quomodo scit Deus* (Ibid. 11), in Græco dicitis non esse, *Deum*; cum et apud Septuaginta scriptum sit, Πῶς ἔγνω ὁ θεός, et omnes Interpretes similiter de Hebræo transtulerint. In eodem : *Intelligam in novissimis eorum* (Ibid. 17). Pro quo in Græco legisse vos dicitis : *et intelligam*; sed hic, *et*, conjunctio superflua est. In eodem : *Defecit caro mea, et cor meum* (Ibid. 26). Pro quo male perversum ordinem quidam tenent : *Defecit cor meum, et caro mea*. In eodem : *Ut annuntiem omnes prædicationes tuas* (Ibid. 28). Pro quo vos in Græco legisse dixistis , τὰς αἰνέσεις σου , id est , *laudes tuas*. Et sciendum quod in Hebræo, (*h*) ᴍᴀʟᴏᴄʜᴏᴛʜᴀᴄʜ, scriptum habet, quod (*i*) Aquila ἀγγελίας σου, id est, *nuntios tuos*; Septuaginta, τὰς ἀπαγγελίας σου, id est, *prædicationes tuas*, vel *promissa* interpretati sunt : licet et laus , et prædicatio unum utrumque significant.

(*f*) Editi omnes, et plerique e Mss. *miserabilia*.

(*g*) Duo vetustiores Mss. *prodiet*, mox *prodient*, et pro ἐξελεύσεται iterum ἐλεύσεται. Vitiose, ut non dubito, sed illa tamen a lectio. ἐξελεύσεται, nusquam in LXX. exemplaribus inventur. Tum quæ subsequuntur, ὡς ἐκ στέατος ἀδικία ad propositum faciunt difficultatem; ideo nimirum, si ipse aut fuit dissimulatum ab Hieronymo in Hebra o obscuritate, profunditate, lectuque a LXX. עֲמֻמָם pro עֲמָרוֹ.

(*h*) Mallenus de cervi antiquorum codicum auctoritati, et non eorum tantum, quos nos consuluimus, sed et quos Martianæus, qui miro consensu in vo tu o Latinis auribus barbaro legunt *Malochochah*. Potuit nimirum in Hieronymiano exemplari Hebraico, non ut hodie habetur, מלאכות, sed מלאכבה legi, ut Nahum c. 2. verso ultimo eadem significatione habetur. Tunc omnium rectissime, qui et omnium vetustissimi, Reginæ Ms. *Malochochah*.

(*i*) Veteres editi *quila* ἀγγελίας σου, et mox Septuaginta ἀπαγγελίας σου, contra Mss. fidem; neque vero ali quam Hexaplares codices [id] LXX. ingerendi sunt.

46. Septuagesimo tertio : *Ut quid Deus repulisti in finem* (Psal. 73. 1). Pro quo male apud Græcos legitur ordine commutato : *Ut quid repulisti, Deus*. In eodem : *Quanta malignatus est inimicus in Sancto* (Ibid. 3). Miror quis in codice vestro emendando perverterit, ut pro, *Sancto*, *Sanctis* posuerit, cum et in nostro codice, *in Sancto*, inveniatur. In eodem : *Incendamus omnes dies festos Dei a terra* (Ibid. 8). Pro quo in Græco scriptum est κατακαύσωμεν ; et nos ita transtulimus : *Quiescere faciamus omnes dies festos Dei a terra*. Et miror quomodo e latere Adnotationem nostram nescio quis temerarius scribendam in corpore putaverit, quam nos pro eruditione legentis scripsimus hoc modo, Non habet, κατακαύσωμεν, ut quidam putant, **660** sed κατακαύσωμεν, id est, *incendamus*. Et quia retulit mihi sanctus Presbyter Firmus, qui hujus operis exactor fuit, inter plurimos hinc habitam quæstionem, plenius de hoc disputandum videtur. In Hebræo scriptum est SARPHC CHOL (a) MOEDAU EL BAARES, quod Aquila, et Symmachus verterunt, ἐνεπύρισαν πάσας τὰς συναγωγὰς τοῦ Θεοῦ, id est, *incenderunt omnes solemnitates Dei in terra*. Quinta, κατέκαυσαν id est, *combusserunt*. Sexta κατακαύσωμεν, id est, *comburamus*; quod et Septuaginta juxta (b) Hexaplorum veritatem transtulisse perspicuum est. Theodotion quoque, (c) ἐμπυρίσωμεν vertit, id est, *succendamus*. Ex quo perspicuum est, sic psallendum, ut nos interpretati sumus; et tamen sciendum, quid Hebraica Veritas habeat. Hoc enim quod Septuaginta transtulerunt, propter vetustatem in Ecclesiis decantandum est; et illud ab eruditis sciendum propter notitiam Scripturarum. Unde si quid pro studio e latere additum est, non debet poni in corpore; ne priorem translationem pro scribentium voluntate conturbet. In eodem : *Contribulasti capita draconum in aquis; tu confregisti capita draconis* (Psal. 13. et 14). Sic lectionis ordo sequitur, ut in priori versu, *tu*, non habeat, sed in secundo ; et aquæ plurali numero scribantur, non singulari ; sicut et Aquila verbum Hebraicum (d) AMMAIM, τῶν ὑδάτων, id est, *aquarum*, interpretatus est. In eodem : *Ne obliviscaris voces inimicorum tuorum* (Ibid. 23). Pro quo in Græco τῶν ἱκετῶν σου, id est, *deprecantium te*, scriptum dicitis. In Hebræo autem, SORABACH legitur, quod Aquila, *hostium tuorum*, Symmachus, *bellantium contra te* : Septuaginta, et Sexta Editio, *inimicorum tuorum*, interpretati sunt : Et est sensus pendens ex superioribus : *Memor esto improperiorum tuorum, eorum quæ ab insipiente sunt tota die: voces inimicorum tuorum*, id est, voces *Ne obliviscaris quæ te blasphemant*, tibique in populo tuo detrahunt. Unde **661** sequitur : *Superbia eorum, qui te oderunt*,

ascendit semper : id est, dum tu differs pœnas, illi proficiunt in blasphemiis.

47. Septuagesimo quarto : *Narrabimus mirabilia tua* (Psal. 74. 3). Pro quo male apud Græcos legitur, *Narrabo omnia mirabilia tua*.

48. Septuagesimo quinto : *Omnes viri divitiarum manibus suis* (Psal. 75. 6). Et non ut vos, nescio a quo depravatum legitis, *in manibus suis*. In eodem : *Terribili, et ei qui aufert spiritum Principum* (Ibid. 13). Dicitis quod, *ei*, non sit scriptum in Græco : verum est; sed nisi apposuerimus, *ei*, Latinus sermo non resonat. Neque enim possumus recte dicere : *Terribili, et qui aufert spiritum Principum*.

49. Septuagesimo sexto : *Et meditatus sum nocte cum corde meo, et exercitabar, et scopebam spiritum meum* (Psal. 76. 7). Pro quo in Hebræo legimus. *Recordabar Psalmorum (e) meorum in nocte, cum corde meo loquebar, et scopebam spiritum meum*. Pro exercitatione, ἀδολεσχίαν, id est, *decantationem* quamdam, et *meditationem* Septuaginta transtulerunt; et pro eo, quod nos diximus, *scopebam*, illi posuerunt, ἔσκαλλον : quod Symmachus transtulit, ἀνηρεύνων, id est, *perscrutabam*, sive *quærebam* : et Quinta similiter. Proprie autem σκαλισμὸς in agricultura dicitur in sarriendo, id est, *sarculando*; et quomodo ibi quæruntur herbæ sarculo, quæ secentur; sic et iste retractatum [al. retractationem] cogitationum suarum μεταφορικῶς a sarculo demonstravit. Et sciendum, quod ἔσκαλλον, non semel, sed frequenter significat. In eodem : *A generatione in generationem* (Ibid. 9). Hoc quod (1) in græco sequens invenisse vos dicitis, *consummavit verbum*, recte non habet in Latino, quia et in nullo habetur Interpretum.

50. Septuagesimo septimo : *Et narrabunt filiis suis* (Psal. 77. 6). Pro quo in Græco habet, ἀπαγγελοῦσιν, quod est, *annuntiabunt*. Sed sciendum, quod in Hebræo IASAPHPHERU, scriptum est: quod Aquila, et Symmachus, *narrabunt*, transtulerunt. **662** In eodem : *Et occidit pingues eorum* (Ibid. 31). Sic habet et in Hebreo, hoc est BAMASMNEMEM, quod Aquila interpretatus est, ἐν λιπαροῖς αὐτῶν : Symmachus, τοὺς λιπαρωτέρους αὐτῶν : Septuaginta, et Theodotion, et Quinta, ἐν τοῖς πίοσιν αὐτῶν. Quod quidam non intelligentes, pro πίοσιν, putaverunt scriptum πλείοσιν. In eodem : *Dilexerunt eum in ore suo, et lingua sua mentiti sunt ei* (Ibid. 36). Et in Hebræo ita scriptum est ICHAZBULO, et omnes voce simili transtulerunt, ἐψεύσαντο αὐτῷ, id est, *mentiti sunt ei*. Quis autem voluerit pro *ei*, ponere *eum*, et vitiare exemplaria, non est mei judicii. Id eodem : *Et propitius fiet peccatis eorum*

(a) Martianæus suspicatur in Hieronymiano exemplari Hebræo scriptum, בעדי vel בעדיה pro hodierno, בערה. Palatinus cum aspiratione MOEDAHU HEL. Mox Erasm. et Victor. ἐνέπρησαν pro ἐνεπύρισαν, et ἑορτὰς loco συναγωγὰς : neque enim Hexapla noverant.

(b) Quidam editi, et Mss. libri *exemplorum varietatem*.

(c) Tres e nostris codicibus ἐνεπυρίσαμεν, alius ἐνεπύρισαν, quod etiam in Hexaplis Theodotioni tribuitur. Sed apud omnes *succendamus*, quod nos movet, ut legendum putemus ἐμπυρίσωμεν.

(d) Duo codd. *Ammichim*.

(e) Veteres editi, et Regius Florentinus Ms. citante Martianæo, vitiose habent *tuorum*. Vitiosa quoque interpunctione apud ipsum Benedictinum erat, *in nocte cum corde meo, loquebar*, ubi, *et* ij sa conjunctio desiderabatur, haud minori vitio. Denique voci ἀδολεσχίαν, quæ subsequitur, Reginæ exemplar in margine substituit ἐξολέσχων: proprium nempe verbum Septuaginta interpretum.

(1) Alii editi *quod Græcum sequentes*, et paulo post *non habetur in Latino*. Rem ipsam quod attinet, et in editione Breitingeri Græca, et in Turicensi apud eumdem Ms. habetur, in illa quidem sub Asterisco, in hoc autem absolute συντελέσει ῥῆμα ἀπὸ γενεᾶς εἰς γενεάν.

et non disperdet eos (*Ps.* 77. 38). Dicitis quod eos in Græco non habeat, quod et verum est; sed nos, ne sententia pendeat, Latinum sermonem sua proprietate complevimus. Si quis autem putat, διαφθερεῖ, non *perditionem* sonare, sed *corruptionem*, recordetur illius tituli, in quo scribitur, εἰς τὸ τέλος μὴ διαφθείρῃς, hoc est, *in finem ne disperdas*, et non ut plerique κατεφθείρας interpretantur, *ne corrumpas*. In eodem : *Et induxit eos in montem sanctificationis suæ : montem, quem acquisivit dextera ejus* (*Ibid.* 54). Pro quo apud Septuaginta legitur, ὄρος τοῦτο ὃ ἐκτήσατο ἡ δεξιὰ αὐτοῦ : et (*a*) non ut vos putatis, ὁ ἐκτήσατο, hoc est, *quem acquisivit* dextera ejus. Melius ergo secundum Hebraicam proprietatem interpretatus est Symmachus : *montem, quem acquisivit dextera ejus*. In eodem : *Et averterunt se, et non servaverunt pactum, quemadmodum patres eorum* (*Ibid.* 57). Scio quod, *pactum*, non habeat in Hebræo; sed quando omnes voce simili transtulerunt, ἠσυνθέτησαν, et apud Græcos συνθήκη *pactum* dicitur, ex uno verbo significatur : *non servaverunt pactum*; licet Septuaginta ἠθέτησαν posuerint. In eodem : *In terra, quam fundavit in sæcula* (*Ibid.* 68). Pro quo scriptum invenisse vos dicitis : *In terra fundavit eam in sæcula*. In Hebræo ita scriptum est ut vertit et Symmachus, (*b*) ὡς τὴν γῆν ἣν **663** ἐθεμελίωσεν εἰς τὸν αἰῶνα. Si autem non de terra dicitur, quod fundata sit, sed de alia re, quæ fundata videatur in terra, probent ex prioribus et sequentibus, quis sensus sit ut [al. *et*.] nescio quid, quod non dicitur, fundatum videatur in terra. Sin autem Sanctificium in terra fundatum putant, debuit scribi : *in terra fundavit illud in sæcula*. In eodem : *Et in intellectibus manuum suarum deduxit eos* (*Ibid.* 72). Non habet, ἐν τῇ συνέσει, ut scribitis, numero singulari, sed ἐν ταῖς συνέσεσι, quod *intelligentias* sonat, sicut habetur et in Hebræo ʙᴀᴛʜᴀʙᴜɴᴏᴛʜ quod est, *in intellectibus*.

51. Septuagesimo octavo : *Posuerunt Jerusalem in pomorum custodiam* (*Psal.* 78. 1). Quod Græce (*c*) εἰς

(*a*) Erasm. et Victor. cum quibusd. Mss. *non ut vos punitis* : tum cum veteri editione et Florentino Ms. ὃ ἐκτήσατο pro ὁ ἐκτήσατο. Sed in impressa quoque lectione Œdipo est opus, ut quid sibi velit Auctor, assequaris. Sonant verba a nobis non immutata, *quem* relativum articulum pro demonstrativo *hunc* improbari : aut saltem utramque conjungi haud debere. Atqui ipse ex Hebræo vertit, *montem istum, quem possedit*. Placeret igitur nobis, difficultatem aliunde repetere, ex voculæ ἐκτήσατο, et ἐκτᾶτο similitudine, quarum altera significat *acqui irit*, aut *possedit*, altera *condidit*, aut *creavit*. Fuerit hæc in Symm. exemplari, exscriptores autem, et Critici non animadverterint. Tunc vero supplendus textus, ac res ribendum. *Et non ut vos putatis*, ὁ ἐκτήσατο, hoc est, *quem condidit*; sed ὁ ἐκτήσατο, hoc est, *quem acquisivit dextera ejus*, etc.

(*b*) Vulgati omnes insigni mendo, quod nec Martian. cavit, Symmachi lectionem ita depravant, ὡς τὴν γῆν pro ὡς τὴν γῆν, quemadmodum apud Eusebium et Theodoretum rectissime scribitur, nesque fide jubente etiam uno Ms. libro restituimus. Id quoque sensus exigebat, et sententiæ veritas ; Hebraicus enim textus אֶרֶץ *euares* habet, *sicut terram*, vel ut ipse Hieron. vertit, *qua i terram*, non אֶרֶץ *Baares*, quod ut obvio errore legerint LXX. ὡς τὴν γῆν transtulerunt, minime d; τῷ γῇ verti poterat.

(*c*) Martianæus legerat à, pro εἰς, quod postea emendavit, sicut ἄλλα κώμητα pro ἄλλω. Sed et ὀπωρ in Mss. invenitur, legitque etiam Drusius. Pro Hebraica voce *Liin*, veteres membranæ quædam *Lichin*. Hujusmodi vero turres, quæ in mediis agris fere exstruebantur, significant sthæc ex 2. Paral. 26. 10. « Exstruxit etiam turres in

ὀπωροφυλάκιον, dicitur, nec aliter potest verti, quam a nobis translatum est. Significat autem speculam quam custodes satorum [al. *agrorum*] et pomorum habere consueverunt : ut de amplissima urbe parvum tuguriolum vix remanserit. Hoc secundum Græcos. Ceterum in Hebræo ʟɪɪɴ scriptum habet; quod Aquila vertit βούνιον, id est, *acervum*, et *cumulum*, [al. *tumulum*] *lapidum*, quibus vineæ et agri purgari solent.

52. Septuagesimo nono : *et plantasti radices ejus hinc* (*Psal.* 79. 10). Et dicitis quod in Græco, *hinc*, non habeat; et bene, nam et in nostris codicibus non habetur; et miror quis imperitorum vestros libros falsaverit.

53. Octogesimo secundo : *Hereditate possideamus sanctuarium Dei* (*Psal.* 82. 12). Et dicitis quod in Græco sit scriptum (*d*), κληρονομήσωμεν ἑαυτοῖς, id est, *Possideamus nobis*. Quæ superflua quæstio est; quando enim dicitur, *possideamus*, intelligitur et, *nobis*.

54. Octogesimo tertio : *Cor meum, et caro mea exsultavit in Deum vivum* (*Psal.* 83. 3). Pro quo in Græco scriptum dicitis, *exsultaverunt*. In hoc nulla contentio est; si enim legimus, *exsultavit*, intelligitur, et cor meum exsultavit, et caro mea exsultavit. Sin autem, *exsultaverunt*, duo pariter exsultaverunt, id est, cor, et caro. Et quæso vos; ut hujusmodi ineptias, et superfluas contentiones, ubi nulla est sensus immutatio, **664** declinetis. In eodem : *Beatus vir, cujus est auxilium abs te*. In Græco invenisse vos dicitis : *cui est auxilium* (*e*) *ejus abs te* ; quod quia nos in Latina interpretatione vitamus, ut dicitis, reprehendimur. Cui enim non pateat, quod si dicere voluerimus, *cui est auxilium ejus*, apertissimum vitium sit ; et quando præcesserit, *cui*, sequi non debeat, *ejus*? nisi forte vitii arguimur, quod vitaverimus vitium. In eodem : *In valle lacrymarum* (*Ibid.* 7). Pro quo dicitis in Græco scriptum esse, κλαυθμῶνος, id est, *plorationis*, sed sive ploratum, sive planctum, sive fletum, sive lacrymas dixerimus, unus est sensus. Et nos hoc sequimur, ut ubi nulla est de sensu mutatio, Latini sermonis elegantiam conservemus.

55. Octogesimo quarto : *Benedixisti, Domine, terram tuam* (*Psal.* 84. 1). Pro eo quod est, *benedixisti*, in Græco scriptum dicitis, εὐδόκησας : et quæritis quomodo hoc verbum exprimi debeat in Latinum. Si contentiose verba scrutamur, et syllabas, possumus dicere : *Bene placuit, Domine, terra tua* ; et dum verba sequimur, sensus ordinem perdimus. Aut certe addendum est aliquid, ut eloquii ordo servetur, et

solitudine, et effodit cisternas plurimas, eo quod haberet multa pecora tam in campestribus, quam in eremi vastitate, » etc. Eas quoque innuit Evangelium Luc. 14. 28. *quis ex vobis volens* ᴛᴜʀʀɪᴍ *ædificare*, etc. πυργωσιν, sive *speculam*, Græci Tractatores vocant.

(*d*) Græca voculæ κληρονομήσωμεν ἑαυτοῖς, quæ Martianæus expunxerat, ex Manuscriptis nostris omnibus, atque editis libris restituimus.

(*e*) Heic quoque peccasse visus est Martianæus, qui abstulit vocem *ejus*, qua sine et lectionis veritas, et tota Hieronymiani contextus vis ruit. Reposuimus ex vulgatis et Mss. in quibus tamen pro *ejus*, ut et in veteri editione, constanter infra habetur *ei* ; non alio autem sensu, nam et Græcus variat, aliis libris αὐτῷ aliis αὐτοῦ præferentibus.

dicendum *Complacuit tibi, Domine, terra tua*. Quod si fecerimus, rursum (a) a nobis quæreitur, quare addiderimus, *tibi*; cum nec in Græco sit, nec in Hebræo. Eadem igitur interpretandi sequenda est regula, quam sæpe diximus, ut um non sit damnum in sensu linguæ, in quam transferimus, εὐφωνία, et proprietas conservetur. In eodem : *Misericordia, et veritas obviaverunt sibi (Ibid.* 11); et dicitis quod in Græco, *sibi*, non habeat. Nec in Hebræo habet : et apud Septuaginta obelo prænotatum est : quæ signa dum per scriptorum negligentiam a plerisque quasi superflua relinquuntur, magnus in legendo error exoritur. Si autem non fuerit additum, *sibi*, misericordia, et veritas non sibi, sed alii occurrisse credentur; nec justitia et pax sibi dedisse osculum, sed alteri.

56. Octogesimo quinto : *Et non proposuerunt te in conspectu suo (Psal.* 85. 14); et dicitis, quod in vestro **665** codice, *te* non habeat. Addite, *te*, et (b) emendato errore librarii, vestrum quoque errorem emendabitis. In eodem : *Et tu Domine Deus miserator et misericors (Ibid.* 15). In Græco invenisse vos dicitis. *Et tu Domine Deus meus*. Quod superfluum est : *meus* enim nec in Hebræo habetur, nec in (c) Septuaginta.

57. Octogesimo octavo : *Magnus, et horrendus (Psal.* 88. 8). Pro quo in Græco invenisse vos dicitis, φοβερὸς, quod significat, *terribilis, timendus, formidandus*. Ego puto id ipsum significare et *horrendum*: non ut vulgus æstimat, *despiciendum*, et squalidum, secundum illud :

Mihi frigidus horror
Membra quatit. Et :
Horror ubique animo, simul ipsa silentia terrent.

(*Virgil.* 3. *Æneid*). Et :

Monstrum horrendum ingens (Ibid. 20) : et multa his similia. In eodem : *Tunc locutus est in visione sanctis tuis*. Pro quo in Græco, *filiis tuis*, invenisse vos dicitis. Sed sciendum quod in Hebræo LAASIDACH habet, quod omnes τοῖς (d) ὁσίοις σου, id est, *sanctis tuis*, transtulerunt : et sola Sexta editio, *Prophetis tuis*, interpretata est ; sensum magis, quam verbum exprimens. Et in Κοινῇ tantum pro *sanctis*, *filios* reperi. In eodem : *Tu vero repulisti, et (e) respexisti (Ibid.* 39). Pro quo in Græco, ἐξουδένωσας, invenisse vos dicitis. Unius litteræ mutatio quantum vobis fecit errorem : non enim, *respexisti*; sed, *despexisti*, et pro nihilo duxisti, interpretati sumus. Nisi forte, ἐξουδένωσας, non putatis transferendum, *despexisti*; sed, secundum disertissimum istius temporis interpretem, *annihilasti*, vel *annulasti*, vel

nullificasti, et si qua alia possunt inveniri apud imperitos portenta verborum.

58. Octogesimo nono : *A seculo et usque in seculum tu es Deus (Psal.* 89. 2). Et dicitis quod in Græco non sit, *Deus*. Quod apud eos esse manifestum est. Nam et Hebraicum habet, et omnes alii Interpretes, et (f) Septuaginta similiter transtulerunt, ἀπὸ τοῦ αἰῶνος, καὶ ἕως τοῦ αἰῶνος σὺ εἶ ὁ Θεός, quod Hebraice dicitur **666** MEOLAM AD OLAM ATH EL. In eodem : *Quoniam supervenit mansuetudo, et corripiemur (Ibid.* 10). In Græco invenisse vos dicitis: *Mansuetudo super nos* : sed et hoc (g) superfluum est.

59. Nonagesimo : *Dicet Domino, susceptor meus es tu (Ps.* 90. 2). Et dicitis quod in Græco, *es*, non habeat. Ego vobis amplius dicam, quod apud Hebræos nec *es*, habeat, nec *tu*; sed apud Septuaginta, et apud Latinos pro εὐφωνία, et verborum consequentia positum sit.

60. Nonagesimo tertio, *Beatus homo quem tu erudieris, Domine (Psal.* 93. 12). Dicitis in Græco non esse, *tu* : et verum est; sed apud Latinos propter εὐφωνίαν positum. Si enim dicamus, *Beatus homo, quem erudieris, Domine*, compositionis elegantiam non habebit. Et [al. Sed] quando dicitur, *Domine*, et apostropha fit ad Dominum, nihil nocet sensu, si ponatur et, *tu*. In eodem : *Et in malitia eorum disperdet eos (Ibid.* 23). In Græco dicitis non esse præpositionem, *in* ; sed legi, *malitiam (h) eorum disperdet*. Sciendum autem, quod in Hebræo, et in cunctis interpretibus positum sit : *In malitia eorum disperdet eos*. Si autem voluerimus legere : *Malitiam eorum disperdet* ; id quod in Septuaginta sequitur in fine versiculi, *eos*, et superfluum erit, et vitiosum.

61. Nonagesimo septimo : *Recordatus est misericordiæ suæ (Psal.* 97. 3). Pro quo in Græco invenisse vos dicitis : *Misericordiæ suæ Jacob* ; sed hic, (i) *Jacob*, nomen superfluum est.

62. Centesimo : *Oculi mei ad fideles terræ*, ut (j) *sedeant mecum (Psal.* 100. 6). Pro quo in Græco invenisse vos dicitis, τοῦ συγκαθῆσθαι αὐτοὺς μετ᾽ ἐμοῦ. Quis non talem fugiat interpretationem, ut verbum ad verbum exprimens, dicat : *Ut consederent ipsi mecum*?

63. Centesimo primo : *Vigilavi et factus sum sicut passer solitarius in tecto (Ps.* 101. 8). Et dicitis vos

(a) Vetus editio *a vobis quæritur* : al. *quæritur*.
(b) Palat. *emendabitis errorem librarii vestri In eodem*, etc., reliquis, quæ interseruntur, omissis.
(c) Superest in Aldino et Complut. exemplaribus ὡς μευ οἰκτίρμων.
(d) Hexapla, et veteres editi, ἁγίοις pro ὁσίοις habent quod verius videtur. Illud vero τοῖς ὁσίοις σου, hoc est *filiis tuis*, Græcorum omnium codicum dicitur.
(e) Emendavimus nostrorum exemplarium auctoritate, ac fide, quod Benedictinus, cæterique editores sensum non assecuti, supino errore heic depravant, *desuexisti*.

(f) Nunc in Græco ullo cod. non est invenire additum ὁ Θεός. Sed neque editi melioris notæ habent : et Breitinger, minori charactere supplet, et Montfauconius in Hexaplis, non aliunde quam ex hoc ipso Hieronymianæ epistolæ loco se fatetur accipere.
(g) Hoc vero Græci libri omnes habent, ἐφ᾽ ἡμᾶς.
(h) Sequimur eadem exemplaria, et veterem editionem quæ vocem *eorum* inserunt heic loci, alii omittunt.
(i) Nimirum quod in Hebræo non sit, nam Græci libri omnes habent, et ex Latinis habet pauci. Forte in sequenti versiculo pro *Israel* nomine, *Jacob* notabatur, quemadmodum in Hieronymianæ versionis ex Hebræo codicibus bene multis invenimus : idque in aliquo originali Hebraico fuerit, pro quo ad libri oram *Israel* substitutum sit, atque inde ab ipsis LXX. prius nomen priori versiculo adscriptum.
(j) Martianæus *sederent*. Nos juxta editos et plerosque Mss. cum in Sunniæ et Fretelæ schedulis primum, quæ tunc obtinebat, Latinam versionem adscribi solitam non dubium sit ; nulla vero sit Latina versio, quæ *sederent*, legat.

in Græco invenisse ἐπὶ δώματι; quod antiqui codices Latinorum interpretati sunt, *in ædificio.* Δῶμα in orientalibus provinciis idipsum dicitur, quod (*a*) apud nos *tectum*; in Palæstina enim, et Ægypto, ubi vel scripti sunt divini Libri, vel interpretati, non habent in tectis culmina, sed Δώματα, quæ Romæ vel *solaria*, vel (*b*) *Meniana* vocant; id est, plana tecta, quæ transversis trabibus sustentatur. Denique et Petrus in Actibus Apostolorum (*Cap.* 10. 9), quando ascendit in *doma*, in *tectum* ædificii ascendisse credendus est. Et quando præcipitur nobis, ut faciamus *domati* nostro coronam, hoc præcipitur, ut in *tecto* faciamus per circuitum (*c*) quasdam eminentias, ne facilis in præceps lapsus sit (*Deut.* 22. 8). Et in Evangelio, *Quæ*, inquit, *auditis in aure*, *dicetis super domata* (*Matth.* 10. 27), id est, *super tecta*. Et in Isaia, *Quid vobis est*, *quod omnes ascendistis in tecta vana* [al. *nova*] (*Isai.* 22. 1. *jux. LXX*)? et multa istiusmodi. In eodem: *Factus sum sicut* Νυκτικόραξ *in domicilio* (*Ibid.* 7). Quod similiter habetur in Græco: et quæritis quid significat Νυκτικόραξ apud Latinos. In Hebræo pro nycticorace verbum BOS (*d*) scriptum est, quod Aquila, et Septuaginta, et Theodotion, et Quinta Editio *nycticoracem* interpretati sunt: Symmachus *upupam*, Sexta editio *noctuam*, quod et nos magis sequimur. Denique ubi apud nostros, et Græcos legitur, *Factus sum sicut nycticorax in domicilio*: apud Hebræos dicitur, *Factus sum sicut noctua in ruinosis*. Plerique *bubonem* contentiose significari putant. In eodem: *A facie iræ et indignationis tuæ.* Pro quo in Græco invenisse vos dicitis, *a facie iræ tuæ*; cum manifestum sit, quod (*e*) apud Hebræos, et apud Septuaginta Interpretes sic habeatur, ἀπὸ προσώπου τῆς ὀργῆς καὶ τοῦ θυμοῦ σου. In eodem: *Quoniam placuerunt servis tuis lapides ejus: et terræ ejus miserebuntur* (*Ibid.* 15). (*f*) Pro *terra* in Hebræo (*g*) AVAR *positum* est, quod omnes χοῦν transtulerunt; et potest tam *pulvis*, quam *humus*, id est *terra*, interpretari.

64. Centesimo secundo: *Non in perpetuum irascetur* (*Ps.* 202. 9). Pro quo in Græco invenisse vos dicitis: *Non in finem*. Sed verbum Hebraicum NESE, et *perpetuum*, et *finis*, et *victoria* pro locorum intelligitur qualitate.

65. Centesimo tertio: *Qui facis Angelos tuos spiritus.* (*Ps.* 103. 4). Pro quo in Græco invenisse vos dicitis, ὁ ποιῶν τοὺς ἀγγέλους αὐτοῦ (*h*), id est, *qui facit Angelos suos*. A quibus breviter quærite, quomodo eum ad Deum sermo sit, quasi ad alium loquens Propheta repente mutetur; maxime cum sic incipiat: *Domine*, *Deus meus magnificatus es vehementer: confessionem*, *et decorem induisti*. Et: *Qui tegis in aquis superiora ejus*, id est cœli. *Qui ponis nubem ascensum tuum: aut ambulas super pennas ventorum*; et statim sequitur: *Qui facis Angelos tuos spiritus*, *et ministros tuos ignem urentem. Qui fundasti terram super stabilitatem suam. Et post paulum: Ab increpatione tua fugient: a voce tonitrui tui formidabunt.* Et: *In loco*, *quem fundasti eis. Qui emittis fontes in convallibus.* Et illud: *Ut educas panem de terra*. Si ergo omnia ad secundam personam sunt, id est, ad Deum, quomodo in uno versiculo tertia persona subito, et extra ordinem inducitur? In eodem: *A voce tonitrui tui formidabunt* (*Ibid.* 7). Habet et in Hebræo *tonitrui tui*; et miror quomodo apud Latinos scriptorum

---

(*a*) Editi et Mss. quidam, *apud Latinos tectum.*
(*b*) Vitiose Martianæus *Mediana*. Hier. in cap. 41. Ezechiel ὑπερῴα autem *noma* appellant solaria de cœnaculorum parietibus eminentia, sive Meniana, ab eo qui ea primum invenit, quæ nonnulli Græcorum ἐξώστρας vocant. Nimirum a Menio Censore dicta, unde *Meniana* legendum, aut cum diphthongo *Mæniana*, non *Mediana*. Mænius enim cum domum suam venderet, ut ibi Basilica Porcia ædificaretur, excepit sibi jus unius columnæ, super quam tectum projiceret ex provolantibus tabulatis, unde spectari munus gladiatorium posset, quod scribit Asconius in Divinationem. *Post hunc* (addit ex veteri Grammatico Isidorus lib. 15. Origin. cap. 5.) *alii ex lapide*, *alii e maceria ædificavere in porticibus Meniana*, sic a primo inventore appellata, et *foribus*, *ac domibus adjecerint*.
(*c*) Græci στεγάνην vocant, nos post Vitruvium, et Curtium *coronam*; estque muri quoddam supercilium, seu lorica, quæ deambulantes in superiori margine a lapsu prohibet. Origenes in Joan. 1. ἄρον ὑπὲρ ὁ θηλάκος, καὶ πᾶσα ἡ στέγη.
(*d*) Hebræus non BOS habet, sed COS, quæ vox bubonem significat; cum autem facillima sit ב et כ litterarum commutatio, non autem B et C in Latino, quidam maluit Hieronymo properanti vitium adscribere. Nobis satius videtur æstimare Latinum librarium vocem ignotiorem COS in notissimam BOS commutasse. Mox *aquilæ* nomen abest a Palatino.
(*e*) Hodiernus autem Hebræus textus *tuæ* habet utroque in loco, עמדך וקצפך, *iræ tuæ*, *et indignationis tuæ*. Quin imo ad hunc modum tunc quoque erat, cum suam ipse Hieronymus versionem adornaret, indignationem vertit, *indignationis tuæ*, *et iræ tuæ*. De Septuaginta interpretibus nihil aio; Hesaplarem enim editionem citari quis opponat, quæ periit. Sed, si eam probe novimus, plane contrariam ei quam S. Doctor vulgo tribuebat, atque iste a nobis non immutatus verborum contextus notat, sententiam fuisse credimus: neque enim eruis illud *tuæ* impetrare ex Hebraico fonte, et τῶν LXX. testimonio; imo ex eorum auctoritate asserere putandus est. Proinde subnexo Græco textui ad ὀργῆς vocem, σου adponi pronomen volumus, quod non nisi

heic apud Hieronymum temeritas Criticorum expunxit; tenendusque sensus, quem explicamus.
(*f*) Plurium versuum lacunam vacare heic loci suspicamur, cum neutiquam credibile sit, priorem hujus versiculi difficultatem aut frustra propositam a Germanis fratribus, aut abs Hieronymo fuisse dissimulatam. E contra illud perquam facile est creditu et solemne, cum a *Pro* vocula ipsa quoque omissa periodus inciperet, ut ad postremam oculos appulerit librarius, et primam legisse ratus, quæ interjacebant prætermiserit. Vide igitur suppleri ne commode possit ad hunc fere modum, *Pro quo in Græco legisse vos dicitis*, servi tui, *in recto*: ἐπὶ εὐθυτητων οἱ δοῦλοι σου; id est, Quoniam beneplacitum habuerunt servi tui, *vel*, bene senserunt servi tui. Sed illud propter εὐφωνίαν *in Latinum conversum est*, et *in superioribus* (ad Psal. 84.) *ostendimus*. *Pro terra*, etc. Hoc si non placet, mentosum locum pro ingenio suo lector eruditus resarciet. Consule autem vetera Latina Psalteria ex Græco.
(*g*) Ita Mss. omnes libri, quos Martianæus, aut nos consuluimus, *ıfar*, pro *ıphar*: in Hebræo est cum ה adfixo עפרה, *Apharæ*. Et sagittis quidem F simplici, quum P. K. Hieronymus utitur ad ב Hebraicæ litteræ Latine exprimendam. Quanquam Comment. in Isaiam, P litteram, inquit, *hebraicus sermo non habet*; sed pro ea *Phi* Græco utitur. Consule utrumque Lexicum Nominum, et Locorum, et in Daniel. c. 11. 55.
(*h*) Propositæ quæstionis solutionem malim petas ex simili loco Ephes. 2. 16. quem S. Doctor perquam erudite explicat *ex* Græci pronominis ambiguitate. Traduat enim Grammatici, ὅσα eo sensu accipi lat ordine, quo οὐτος, συντος, τουτο: quod plane confirmat Laertius in Hipparchia: ἀλλ' οὐχ αὐτης, ου δια ταυτο μεμοιχεῦσθαι λέγει, pro αὐτης. Sed non male tibi videor de ea ipsa cogitasse. Eo sensu si accipias heic quoque loci ὁ ποιῶν τοὺς ἀγγέλους αὐτοῦ (sive αὐτου) cum aspiratione. *Faciens Angelos suos*, nihil erit reliquum difficultatis.

errore subtractum sit. In eodem : *Hoc mare magnum et spatiosum manibus* (Ps. 103. 25). Dicitis in Græco, *manibus*, non haberi, et ego novi. Sed ex Hebraico, et Theodotionis editione in Septuaginta sub asterisco additum est. Denique et in Hebræo ita scriptum ZE HAIAM GADOL VARAB IDAIM, quod Aquila (a) sic interpretatus est, αὔτη καὶ πλατεῖα χερσίν, et omnes interpretes αὔτη ἡ θάλασσα ἡ μεγάλη καὶ εὐρύχωρος χερσίν; et hoc secundum Hebraicam dicitur proprietatem μεταφορικῶς, quod quasi expansas magnus habeat, et in se cuncta suscipiat. In eodem : (b) *Ut educas panem de terra* (Ibid. 15). Pro quo invenisse vos dicitis, *ut educat ;* sed non potest aliud ad ipsum, aliud de ipso dici. Aut omnia quasi ad Deum loquebatur Propheta : aut omnia ad alium de eo referebat. Cum autem pleraque ad ipsum dirigantur ; et ea quæ ambigua sunt, ad ipsius personam dirigenda sunt. In eodem : *Herodii domus dux est eorum* (Ibid. 18). Pro Herodio, quod in Hebræo dicitur ASIDA, **670** Symmachus ἰκτῖνα [al. ἰκτῖνον], id est, *milvum* interpretatus est. Denique et nos ita vertimus in Latinum : *Ibi aves nidificabunt :* (c) *Milvo abies domus ejus ;* quod scilicet semper in excelsis et arduis arboribus nidos facere consueverint. Unde et Sexta editio manifestius interpretata est, *Milvo ad cupressi nidificandum*. Pro abietibus autem, et cupressis in Hebræo ponitur BARUSIM ; quod magis *abietes* quam *cupressos* significat. In eodem : *Petra refugium herinaciis*. Pro quo in Hebræo positum est SPHANNIM, et omnes χοιρογρύλλιοις voces simili transtulerunt, exceptis (d) Septuaginta, qui, *lepores*, interpretati sunt. Sciendum autem animal esse non majus hericio, habens similitudinem muris, et ursi : unde in Palestina (e) ἀρκτομῦς dicitur, et magna est in istis regionibus hujus generis abun-

dantia, semperque in cavernis petrarum, et terra foveis habitare consueverunt.

66. Centesimo quarto : *Dedit terra eorum ranas* (Psal. 104. 30). Pro quo in Græco ἐξῆρψε vos legisse dicitis. Quod potest ita interpretari : *Ebullivit terra eorum ranas ;* sed et in hoc nulla est sensus mutatio : et nos antiquam interpretationem sequentes, quod non nocebat, mutare noluimus. In eodem : *Et contrivit lignum finium eorum* (Ibid. 33). Pro quo in Græco invenisse vos dicitis, *omne lignum*. Sed et hoc additum est, et superfluum. in eodem : *Quoniam memor fuit verbi sancti sui, quod habuit ad Abraham puerum suum* (Ibid. 42). Pro quo in Græco legisse vos dicitis, ὃν διέθετο, id est, *quod disposuit*. Ita enim et in Hebræo, et apud Septuaginta habetur Interpretes : ἐμνήσθη τοῦ λόγου τοῦ ἁγίου αὐτοῦ, τοῦ πρὸς Ἀβραὰμ τὸν δοῦλον αὐτοῦ. Ergo quod in Græco dicitur, ὃν διέθετο, in hoc loco et (f) superfluum est, et radendum.

67. **671** Centesimo quinto : *Confitemini Domino, quoniam bonus* (Psal. 105. 1). Pro quo in Græco legisse vos dicitis : *quoniam* χρηστός, id est, *suavis*. Sed sciendum quod χρηστός et in *bonum*, et in *suavem* [al. *suave*] verti potest. Denique in Hebræo ita scriptum est, CHI TOB, quod omnes voce simili transtulerunt : *quia bonus*. Ex quo perspicuum est, quod χρηστός, *bonus* intelligitur. In eodem : *Non fuerunt memores multitudinis misericordiæ tuæ*. Dicitis quod in Græco inveneritis : *Et non fuerunt memores*. Et, conjunctio superflua est. In eodem : *Et irritaverunt ascendentes in maro* (g), *mare Rubrum*. Pro quo in Græco invenisse vos dicitis, παρεπίκραναν, et putatis verbum e verbo debere transferri, *et amaricaverunt*. Sed hæc interpretatio annullationi consimilis est, sive annihilationi. Legite Ezechiel, et invenietis παραπικρασμός, *irritationem*, *et exacerbationem* semper expressum, ubi dicitur, οἶκος παραπικραίνων, id est , *domus exasperans* (Ezech. 7. 5. 6. et seqq.). In eodem : *Et vidit, cum tribularentur, et audivit orationem eorum* (Ibid. 44). Quidquid extra hoc in Græco invenisse vos dicitis , (h) superfluum est.

68. Centesimo sexto (i) : *Et statuit procellam ejus*

(f) Hodie in nullo, quod sciam, Græco exemplari invenitur, etsi Latini omnes, *quod disposuit*, vel *quod habuit*, aut *quod locutus est*. Hebraic. כי זכר את דבר קדשו את אברהם עבדו.

(g) Vocabulum *mare* duo e nostris Mss. non repetunt. Græcus quoque, et pleraque Latinarum translationum exemplaria semel habent. Augustinus Enarratione in hunc locum, « Codex, *inquit*, quem intuebar, sic habebat : (*his nempe*) : et his quidem duobus verbis ultimis, quod dictum est, *mare rubrum*, stella fuerat prænotata, qua significatur quæ in Hebræo sunt, et in interpretatione Septuaginta non sunt. Plures autem codices , quos inspicere potui , et Græci et Latini sic habent : *Et irritaverunt*, vel *quod expressius de Græco est*, *Et amaricaverunt, ascendentes in rubro mari*.

(h) Puta Κύριος nomen ; ubi, Καὶ εἶδε Κύριος ἐν τῷ θλίβεσθαι αὐτοὺς ἐν τῷ αὐτὸν εἰσακοῦσαι τῆς δεήσεως αὐτῶν : nam reliquæ voces euphoniæ magis inserviunt, et Hebraico בשמע את רנתם ressins respondent.

(i) Brevissimam hanc periodum, sed non una interpolatione deformatam , si pro captu nostro liceat, en quo pacto emendabimus. « Et statuit procellam in auram. Hoc ergo quod plus isto in Græco invenisse vos dicitis, αὔρα, et, καὶ ἔστι, superfluum est. » Certe aliter sensus restitui haud

---

(a) Aquilæ interpretationem editi ante Martianæum depravant, et miscent cum reliquis interpretationibus in hunc modum : *quod quila sit interpretata est*, αὔτη καὶ χερσὶν, *et omnes interpretes : et hoc sec undum Hebraicum dicitur prop i Latam* μεταφορας, *quod qua i*, etc. Sed graviori dæmone Martianæus, i s illam, quæ reliquorum i terpretum erat, pro Aquilæ obtrudit : *quila sic interpretatus est :* αὔτη ἡ θάλασσα ἡ μεγάλη καὶ εὐρύχωρος χερσίν , *quod quasi*, etc. Quæ Symmachi, Theodotionis, aliorumque est. Ars ex Palatinis , ac Reginæ membranis utraque discrevimus ; et genuina, ut nobis videntur, Aquilæ verba sufficimus, quæ nimis proclive, et solemne antiquis librariis fuit omittere ob earumdem vocum occursum. Vocem αὔτη non pro aula, sed pro ampla et spatioso loco usurpatam apud alios Græcos bonæ notæ Scriptores invenies. Etiam pericopen, *et hoc secundum Hebraicam dicitur proprietatem* μεταφορικῶς, quod vetustiores quidem Mss. atque editi haberent, duximus restituendam.

(b) Arbitramur cum Martianæo, hanc fuisse versuum trajectionem in ipsa Germanorum fratrum schedula , et post vigesimum quintum decimus quintus, ac decimus octavus ex licandi resumerentur.

(c) Martianæus *Milri :* et *est* pro *ejus ;* in ipsa autem ex Hebræo interpretatione, ut heic fecimus. Illud quoque observationæ nostra dignum, quod nemini scimus in mentem venisse, verbum ἠγεῖται apud LXX, haud satis recte ea significatione sumi : *dux est*, vel *ducatum præbet*, ut aliæ versiones Latinæ habent : cum potius pro *putatur* , *habetur*, sive *est*, accipiendum sit.

Illic passeres nidificabunt :
Herodii domus eorum est, sive *habetur*.

(d) In Alexandrino, Aldino , et Complutensi exemplaribus, in quibus λαγωοίς ; nam in Vaticano ipsi quoque LXX, χ... voce legunt. Frequentius autem Mss. ἐχινογρυλλίοις , ἐν Vulgato iterum Martianæus ἀρκομῦς.

in auram, et siluerunt fluctus ejus (Psal. 106. 29). Hoc ergo quod pro isto in Græco invenisse vos dicitis: καὶ ἐπετίμησεν τῇ καταιγίδι αὐτῆς, καὶ ἔστη, superfluum est. In codem. Et deduxit eos in portum voluntatis eorum (Ibid. 30). Pro quo invenisse vos dicitis: In portum voluntatis suæ. Sed in Hebræo **672** non habet CHUSAC, quod voluntatis suæ significat, sed LENSAM, (a) quod voluntatis eorum sonat.

69. Centesimo septimo: *Exsurge, gloria mea* (Psal. 107. 3). Quod dicitis in (b) Latino non esse, recte in isto Psalmo non habet: quia nec apud Hebræos, nec apud ullum Interpretum reperitur; sed habetur in quinquagesimo sexto Psalmo (Ibid. 11), de quo mihi videtur a quodam in istum locum esse translatum. In eodem: *Mihi alienigenæ amici facti sunt* (Ibid. 10). Pro quo in Græco invenisse vos dicitis ὑπετάγησαν, hoc est, *subditi sunt*. Sed hoc in quinquagesimo nono scriptum est: in præsenti autem ita apud (c) omnes invenimus Translatores, ἐμοὶ ἀλλόφυλοι ἐφιλίασαν, id est, *amici facti sunt*. Quod Hebraice dicitur ETHROE.

70. Centesimo nono: *Virgam virtutis tuæ emittet Dominus ex Sion* (Psal. 109. 2). Dicitis vos in Græcis codicibus non legisse (d) *virtutis tuæ*, quod manifeste et in Hebræo, et in Septuaginta Interpretibus habetur. In eodem: *Dominare in medio inimicorum tuorum* (Ibid.) Dicitis in Græco legi: *et dominare*: Sed hoc nec in Hebræo habetur, nec apud Septuaginta: et superfluum est.

71. Centesimo decimo: *Confitebor tibi, Domine, in toto corde* (Psal. 110. 1). In Græco invenisse vos dicitis: *in toto corde meo*. Sed et hoc superfluum est.

72. Centesimo decimo tertio: *Deus autem noster in cælo* (Psal. 113. 13). Pro quo Græco legisse vos dicitis: *in cælo, et in terra*. Sed et superfluum est.

73. Centesimo decimo quarto: *Et in diebus meis invocabo te* (Psal. 114. 2. 3). Dicitis quod in Græco non sit, *te*; et bene: e vestris quoque codicibus credendum est. In ipso: *Placebo Domino in regione vivorum* (Ibid. 9). Pro quo in Græco legisse vos dicitis: *Placebo in conspectu Domini*. Sed hoc superfluum est.

74. Centesimo decimo septimo: *Et in nomine Domini, quia ultus sum (f) in eos* (Psal. 117. 10). Dicitis, *quia*, in Græcis codicibus non inveniri: sed in Latinis sub asterisco legendum est.

75. Centesimo decimo octavo: *Et meditabar in mandatis tuis, quæ dilexi* (Psal. 118. 47). In Græco, *vehementer*, additum legisse vos dicitis: sed hoc superfluum est. In eodem: *Levavi manus meas ad mandata, quæ dilexi* (Ibid. 48). In Græco legisse vos dicitis: *ad mandata tua*: sed et hoc (g) superfluum est. In eodem, *Cogitavi vias meas* (Ibid. 59). In Græco, *vias tuas*, legisse vos dicitis; sed hoc (h) superfluum est, et rectius, *vias meas*, legitur. In eodem (i): *Et averti pedes meos in testimonia tua* (Ibidem). In Græco legisse vos dicitis, *et avertisti*. Sed et hoc superfluum est. In eodem: *Ego autem in toto corde scrutabor mandata tua* (Ibid. 69). In Græco, *in toto corde meo*, legisse vos dicitis: sed hic, *meo*, superfluum est. In eodem: *Anima mea in manibus meis semper; et legem tuam non sum oblitus* (Ibid. 109). Pro quo in Græco legisse vos dicitis, *Anima mea in manibus tuis semper*.

---

vetera exemplaria, quorum sequi fidem haud tutum est. Vocem tamen *ejus*, quæ primo loco habetur, Reginæ codex alter ignorat, nec veteris translationis Latinæ exemplaria habent, et sensus, ut reliqua omittamus, expungendam poscit. Quæ sequuntur, *et siluerunt fluctus ejus*, ut versiculum expleret, non nemo olim addidit, quæ ad rem non sunt. Loco *quod pro isto*, mallemus, *quod plus isto*, levissima immutatione, eaque sensum attendenti utilissima. Tum Græca καὶ ἐπετίμησεν τῇ καταιγίδι, quæ a Criticis imperitis de more addi potuerunt, omnino confodienda sunt. Pro ἐπετίμησεν, quædam Manuscripta habent ἐπέταξεν, quibus Editores veteres suffragantur, et textus τῶν LXX. Mirum porro est, tot in duobus versiculis σφάλματα aut a librariis temere committi potuisse, aut ab Editoribus non intelligi, ac si recte haberent, penitus dissimulari.

(a) Erasmum, et Victorium legentes *bephzi*, בחפזי, cum affixo primæ personæ, Martianæus castigat. Modo duo codices nostri, *Pro quo in Græco invenisse*, etc.

(b) Fuerit in Græco eorum exemplari, quod nunc quoque in Aldino et Complut. invenitur, Ἐξεγέρθητι, ἡ δόξα μου. Sed est hodie etiam in plerisque Vulgatæ Latinæ editionis codicibus.

(c) Quæ tamen hodie supersunt Aquilæ et Quintæ editionis fragmenta, multo aliter legunt. Quin etiam verbum ἐφιλίασαν, in ea, quæ omnium interpretum nomine a Drusio affertur, lectione mutatur in ἐφοβήθησαν. Denique Hebraicam vocem, אתרועע, cum aspiratione effert Palatinus, *ethroech*.

(d) Non utramque vocem *virtutis*, et *tuæ*, quarum primam nusquam ab ullo exemplari Scripturæ abfuisse existimamus, sed alteram tantum, *tuæ* scilicet, innuerint Sunnia et Fretela se in Græco non invenisse. Nimirum usque hodie sola abest a vulgatis LXX. Legendum proinde est, atque emendandum heic quoque juxta unum Reginæ Ms. et veterem editionem, qui continuo habent, *non legisse tuæ*, expuncta *virtutis* voce. Cæterum quod sit illud *tua* in Græco haberi, repugnant hodierni codices, in quibus est quidem, *emittet tibi*, ἐξαποστελεῖ σοι, sed δυνάμεως tantum.

(e) Sic Græcus ἐν τῷ οὐρανῷ, καὶ ἐν τῇ γῇ; sed plus aliquid veteres Latinæ interpretationes plerææque addunt: *in cœlo et sunt, in cœlo, et in terra*.

(f) Quidam codices, *ultus sum eos*, absque *in*, præpositione.

(g) Haud scimus, quis huic errori color obtini possit, nisi si in librarios, et Criticos oscitantes culpa inferatur; non enim soli LXX. habent *mandata tua*, sed et codices libri omnes, atque ipsum in primis Hebraicum archetypum במצותיך, ex quo ipse etiam Hieronymus vertit, *mandata tua*. Non igitur contrario sensu habere quis potest, aut licet per exemplariorum auctoritatem consentaneum pronomen istud, ut *superfluum*, expungere. Imo vero ad hunc omnino modum, quo nobis ex integro placet totam hanc periodum refigere, ab illo scriptum est. « In eodem, Levavi manus meas ad mandata TUA (addito pronomine) quæ dilexi. In Græco legisse vos dicitis. Quæ dilexi NIMIS (non ad mandata tua). Sed et hoc superfluum est. » Revera non *tua* abundat, sed *nimis* apud LXX. in Alexandrino exemplari ἃ ἠγάπησα σφόδρα: quod etiam plerique Latinorum codicum addunt, *nimis*, et *valde*, aut *vehementer*; idque est quod Hieronymus jugulat, cum in Hebræo, et Græcis castigatioribus libris non sit. Favet emendationi nostræ vetus passim laudata editio.

(h) Quid porro superfluum est, si tantum *meas* legendum docet *pro tuas*? Sed non ita abs Hieronymo scriptum arbitramur. Scripserit vero: « In Græco, QUIA cogitavi vias tuas, legisse vos dicitis, sed hoc superfluum est; et rectius, vias meas, legitur. » Illud nempe, *quia*, superfluum est: *meas*, rectius legitur. S. Augustinus Sermon. XVI. in hunc locum, *Plures enim*, inquit, *codices non habent, Quia cogitavi, sicut in quibusdam legitur, sed tantummodo, Cogitavi*. Confer quoque S. Hilarium Tractat. in hunc Psalmum.

(i) Contrario sensu, vitiose tamen, tres nostri codices primo loco ponunt *avertisti*, secundo *averti*. Alius totam hanc pericopen omittit. In antiqua editione, *Et converti pedes meos*, etc. tum, *legisse vos dicitis*, *Et averti*, quæ incongrua ipsa quoque lectio non est; nam prius illud *converti* veteris Vulgatæ erat, istud autem *averti*, ex LXX. alii Latini codices extuderunt. Sed impressam confirmat S. Augustin. Enarrat in hunc locum: « Quod autem hic positum est, Et averti pedes meos, nonnulli habent, Quia cogitavi, et avertisti pedes meos. »

Sed sciendum, et apud Hebræos, et apud Septuaginta, et omnes alios Interpretes **674** scriptum esse *in manibus meis*, et non, *in manibus tuis*. Quod Hebraice dicitur (*a*) BACUAFFI; et omnes apud Græcos Ecclesiastici Interpretes istum locum sic ediderunt: et est breviter hic sensus : Quotidie periclitor, et quasi in manibus meis sanguinem meum porto ; et tamen legem tuam non obliviscor. In eodem : *Exitus aquarum deduxerunt oculi mei, quia non custodierunt legem tuam* (Ps. 118. 136). Pro quo in Græco legisse vos dicitis (*b*) : *quia non custodivi legem tuam*. Sed hoc superfluum est, quia et in Hebræo legitur : *Rivi aquarum fluebant de oculis meis, quia non custodierunt legem tuam.* In eodem : *Pronuntiabit lingua mea eloquium tuum* (*Ibid.* 172). Pro *pronuntiabit*, in Græco φθέγξεται vos legisse dixistis : quod verbum sive dicas, *pronuntiabit*, sive, *effabitur*, sive, *loquetur*, idipsum significat. Denique et nos (*c*) de Hebræo ita vertimus ; *Loquetur lingua mea sermonem tuum.*

76. Centesimo decimo nono : *Domine libera animam meam a labiis iniquis, a lingua dolosa* (Psal. 119. 1). In Græco legisse vos dicitis, *et a lingua dolosa;* sed *et*, superfluum est.

77. Centesimo vigesimo sexto, *Beatus vir, qui implebit desiderium suum ex ipsis* (Ps. 126. 5). In Græco dicitis, *virum*, non haberi; quod manifestissime et in Hebræo, et in Septuaginta Interpretibus continetur.

78. Centesimo vigesimo nono, *Propter legem tuam sustinui te, Domine* (Ps. 129. 4). Dicitis vos in Græco invenisse : *Propter nomen tuum;* et nos confitemur plura **675** exemplaria sic reperiri. Sed quia veritati studemus, quid in Hebræo sit, simpliciter debemus dicere. Pro, *nomine*, sive, *lege*, apud vos legitur THIRA, quod Aquila interpretatus est φόβον, *timorem :* Symmachus, et (*d*) Theodotion νόμον, id

(*a*) Sic ipse *nachaffi* legerat minori numero, et vertit *in palma mea*, non *nachaffai* in plurali, etiam si heic, *in manibus meis* haberi apud Hebræos, pronuntiet. Quæstio scilicet tota de illo erat, utrum *meis* legeretur, an *tuis :* cetera minus ad rem. Perquam vero apposite S. Augustinus, « Nonnulli, *inquit*, codices habent, in manibus meis : sed plures, in tuis : et hoc quidem planum est..... Anima vero mea in manibus meis quomodo intelligatur, ignoro ; justi quippe ista verba sunt, non injusti, » etc. Occurrunt itaque Græci codd. in quibus χερσὶ σου pro μου legitur.

(*b*) Hæc quoque sui parte aliqua mulctata videatur S. Doctoris sententia ; siquidem in verbo, *deduxerunt*, pro quo Græcus κατέβασαν, *descenderunt*, aut διέβησαν, *transierunt*, prior difficultas, a Germanis fratribus proposita, dissimulatur. Utramque notat S. Augustinus, ex quo hic apud Auctorem nostrum locus reformari possit. « Sunt, *inquit*, codices, qui non habent, descenderunt, sed, transierunt ; tanquam exaggeranter diceret, transisse se flendo fontes aquarum. » Et paulo superius : *In quibusdam codicibus et hoc legitur, Quia non custodivi legem tuam*. Et Græcus quidem, ἐπεὶ οὐκ ἐφύλαξα.

(*c*) Martianæus in Hebræo, legit ductus inepta suspicione, quod ita *Hebræum* vocarit Hieronymus suam Translationem Psalmorum Latinam. Leviora alia ejus editionis vitia supra emendamus.

(*d*) Obstat Theodoretus, qui *thira τοῦ φόβου*, juxta Aquilam etiam Theodotionem interpretatum fuisse asserit. Quoad Hebræam vocem *thira*, textus hodiernus habet **Thora**, תורה, quod tamen vocabulum, quod cum *th ph* scribatur, non *he. lex* verti Latine, aut νόμος Græce, non debuit. Itaque hallucinationis occasio non ex similitudine ת et ת oritur, quæ litteræ sola magnitudine differant, sed ex sono postremæ litteræ א scilicet aut ה qui fere idem est, et potuit Symmachus et Theodotion in ea voce תורא censere ה cum א fuisse permutatum ; quanquam istud, quod

est, *legem*, putantes THORA, propter litterarum similitudinem *Jod*, et *Vau*, quæ tantum magnitudine distinguuntur. Quinta Editio, *terrorem*, interpretata est, Sexta, *verbum*.

79. Centesimo trigesimo primo : *Sicut juravit Domino, votum vovit Deo Jacob* (Ps. 131. 2). Pro eo quod nos interpretati sumus, *votum vovit* in Græco, ηὔξατο (*e*) legisse vos dicitis, et putatis interpretari debuisse, *oravit :* sed hoc male, εὐχὴ enim pro locorum qualitate, et *orationem*, et *votum* significat, secundum illud, *Redde Domino vota tua* (Ps. 49. 14), id est, τὰς εὐχάς σου.

80. Centesimo trigesimo quinto, *Qui fecit luminaria magna* (Ps. 135. 7). Dicitis quia in Græco invenerisis, *magna solus;* sed hoc de superiori versiculo est, ubi legimus, *Qui fecit mirabilia magna solus* (Ibid. 4). Ibi ergo legendum est, et hic (*f*), quasi superfluum, non scribendum.

81. Centesimo trigesimo septimo : *Quoniam magnificasti super omne nomen sanctum tuum* (Ps. 137. 2). In Græco reperisse vos dicitis, *super omnes*. Sed in Septuaginta ita legitur, ὅτι ἐμεγάλυνας ἐπὶ πᾶν τὸ ὄνομα τὸ ἅγιόν σου, sicut et nos in Latinum vertimus. Cæterum apud Hebræos ita esse cognoscite. Quia *magnificasti super omne nomen* (*g*) *verbum tuum*. Juxta editionem autem Latinam hic sensus est : *Quoniam magnificasti super omne nomen*, hoc est, quod in cœlo et in terra dici potest sanctum, *filium tuum*.

82. Centesimo trigesimo octavo : *Quia non est sermo in lingua mea* (Ps. 138. 4). Pro quo in Græco legisse vos dicitis, *Quia non est dolus in lingua mea;* quod solum Sexta editio interpretata est. Cæterum et apud Septuaginta, et apud omnes Interpretes, et ipsum Hebraicum, vel λαλιὰν, vel λόγον, **676** id est, *eloquium*, et *verbum*, scriptum habet. Denique Hebraice מלה dicitur.

83. Centesimo trigesimo nono : *Funes extenderunt in laqueum* (Ps. 139. 6). Pro quo in Græco invenisse vos dicitis : *Funes extenderunt laqueum pedibus meis.* Sed hoc in loco superfluum est. In eodem pro eo quod est : *Habitabunt recti cum vultu tuo* (*Ibid.* 14), in Græco reperisse vos dicitis, *Et habitabunt.* Sed hic, *et* conjunctio superflua est.

84. Centesimo quadragesimo : *Dissipata sunt ossa nostra secus infernum* (Ps. 140. 8). Pro quo in Græco legisse vos dicitis, *ossa eorum*. Sed et hoc superfluum est.

85. Centesimo quadragesimo sexto : *Nec in tibiis viri beneplacitum erit ei* (Ps. 146. 10). Pro, *ei*, Do-

Breitingerus animadvertit, למען תורה in Hebraismo insolentius.

(*e*) In aliquot Mss. et veteri editione additur τῷ θεῷ.

(*f*) Augustinus vero ut assereret, non incongruum neque inelegans argumentum invenit.

(*g*) Legerit Hieron. שמו, *nomen*, cum emphatico aleph Chaldaico more, pro eo quod est in Hebraicis libris שמך, *nomen tuum*, cum affixo, quod tamen heic in Latino duo Reginæ codices addunt. In Græcis quoque exemplaribus, in quibus est τὸ ὄνομά σου τὸ ἅγιον, τὸ ὄνομα τὸ ἅγιον σου, mutandum cubare existimamus, legendumque λόγον pro ἅγιον ; neque enim in Hebræo quidquam est, quod *sanctum* significet ; sed אמרתך, quod est, *verbum tuum*, λόγιον σου.

mino, legisse vos dicitis; quod non habetur (1).

86. Ideo autem, quod et vos in fine schedulæ quæritis, et sanctus filius meus Avitus frequenter efflagitat, quomodo Græca interpretanda sint verba, breviter annotavi. *Neomenia* mensis exordium est, quod nos secundum Latinæ linguæ proprietatem, *Kalendas* possumus dicere. Verum quia apud Hebræos mensis secundum lunæ cursum supputatur, et apud Græcos μήνη luna dicitur, *Neomenia* quasi *luna nova* appellatur. Ἔρημος autem *desertum*, vel *solitudinem* significat. Θρόνος, *sedem*, vel *solium*. Νυκτικόραξ, ut diximus, *noctuam*. Κοινομυῖα, non ut Latini interpretati sunt, *musca canina* dicitur per υ Græcam litteram; sed juxta Hebraicam intelligentiam per δίφθογγον debet scribi οι, ut sit Κοινόμυῖα, id est, *omne muscarum genus*. Aquila πάμμικτον, id est, *omnimodam muscam* interpretatus est. Λαξευτήριον autem, pro quo Latinus *asciam* vertit, nos *genus ferramenti* interpretamur, quo lapides dolantur. Denique ex Hebræo vertentes ita diximus : *Et nunc scalpturas ejus pariter, bipenni, et dolatoriis deraserunt* (*Psal.* 73. 6). Λαξευτήριον ergo *(a) dolatorium* dici potest.'

EPISTOLA CVII (b).

AD LÆTAM (c).

De institutione filiæ.

Lætam hortatur, ut filiam jam inde ab ipsis incunabulis instituat ad pietatem Christianam, in quam rem de cultu, de victu, deque probe instituenda adolescentia : de studio Scripturarum, et cavendis apocryphis, saluberrima tradit præcepta.

1. **677** Apostolus Paulus scribens ad Corinthios, et rudem Christi Ecclesiam sacris instituens [al. *instruens*] disciplinis, inter cætera mandata hoc quoque posuit [al. *proposuit*], dicens : *Si qua mulier habet virum infidelem : et hic consentit habitare cum ea, non dimittat virum suum. Sanctificatus est enim vir infidelis (d) per mulierem fidelem, et sanctificata est mulier infidelis, in viro fideli. Alioquin filii vestri immundi essent, nunc autem mundi sunt* (1. *Cor.* 7. 15 *et* 14). Si cui forte hactenus videbantur nimium disciplinæ vincula laxata, et præceps indulgentia præceptoris, consideret domum patris tui, clarissimi quidem et eruditissimi viri, sed adhuc ambulantis in tenebris, et intelliget consilium Apostoli illuc profecisse, ut radicis amaritudinem, dulcedo fructuum compensaret, et viles virgulæ balsama pretiosa sudarent. Tu

---

(a) Non aliter Hesychius λαξευτήριον exponit ὄργανον σιδηροῦν, quod est ferreum instrumentum ad lapides cœdendos. Qui vero *isciam* posuit vetus Latinus interpres, æquivoca voce usus est, et quæ potius Lignariorum notet, quam Lapidicinarum instrumentum. Notandus iis erat hic locus, qui de veteri formula, *sub iscia dedicavit*, etiamnum disputant.

(b) *...tius* 7. *Scripta eodem an.* 403.

(c) Nonnulli codd. Mss. quos inter præstantissimus Reginæ 68. ad *.letam* heic atque infra constanter retinet, alii *.lethain* scribunt.

(d) Græcus ἐν præpositione utitur utroque in loco ἐν τῇ γυναικί, ἐν τῷ ἀνδρί. Vulgata autem utrobique *per mulierem*, *per virum*. Nos Mss. o......um cogit auctoritas, ut primum cum Vulgata, alterum juxta Græcum legamus.

(1) Addunt editi aliquot libri voculas *in Græco*.

---

es nata de impari matrimonio : de te et Toxotio meo Paula generata est. Quis hoc crederet, ut Albini Pontificis neptis de repromissione matris [al. *martyris*] nasceretur : ut præsente et gaudente avo, parvulæ adhuc lingua balbutiens (e) Christi ALLELUIA resonaret, et virginem Dei in suo gremio **678** senex nutriret? Et bene feliciterque exspectavimus. Sancta et fidelis domus unum sanctificat infidelem. Jam candidatus est fidei, quem filiorum et nepotum credens turba circumdat. Ego puto etiam ipsum (f) juvenem, si habuisset talem cognationem, potuisse in Christum credere. Despuat licet, et irrideat epistolam meam, et me vel stultum, vel insanum clamitet, hoc et gener ejus faciebat antequam crederet. Fiunt, non nascuntur Christiani. Auratum squalet Capitolium. Fuligine et aranearum telis omnia Romæ templa cooperta sunt. Movetur urbs sedibus suis, et inundans populus ante delubra semiruta, currit ad Martyrum tumulos. Si non extorquet fidem prudentia, extorqueat saltem verecundia.

2. Hoc Læta, religiosissima in Christo filia, dictum sit, ut non desperes parentis salutem, et eadem fide qua meruisti filiam, et patrem recipias, totaque [al. *totiusque*] domus beatitudine perfruaris, sciens illud a Domino repromissum : *Quæ apud homines impossibilia, apud Deum possibilia sunt* (*Luc.* 18. 27). Numquam est sera conversio [Ms. *confessio*]. Latro de cruce transiit ad paradisum : Nabuchodonosor rex Babylonis, post efferationem corporis et cordis, et belluarum in eremo convictum, mentem recepit humanam. Et, ut omittam vetera, ne apud incredulos nimis fabulosa videantur (g) ante paucos annos pro-

---

(e) Reginæ lib. *balbutiens alleluia*, et *virginem Christi*, etc.

(f) Exercuere hunc locum interpretes, et ipse eos usque hodie exercet. Hæsitant nempe in voce *juvenem*, quam Erasmus, Victorius, Martianæus, et qui illos secuti sunt contra Mss. omnium fidem mutant in *Jovem*. Id vero interpretatur .... dici, quo magis sanctæ illius cognationis exemplum extollant, quam si Jupiter habuisset, fore in Christum ut crederet. At neque illud mente contextus patitur : neque Jovem in Christum potuisse credere, quis v... diverit. Quam vero Mss. exhibent, elegans stat vox in suo sensu est. Albinum nempe etiam Pontificem, ... ex impari matrimonio patrem, cum senex ob filiarum et nepotum fidelem turbam, fidei Candidatus dici possit. Licet credere adhuc re........t..... contractis temporibus eamdem cognationem habuisset, cum ipse juvenis erat, facile in Christum credere potuisse; tamirum juvenum animos fortius accenduntur exempla quam senum, ejus tamen æ aversionem adhuc s.. candalum se illa conversatione. Sic lib. 1. contra Jovinian. cap. 5. Pauli locum 1. Corinth. cap. 7. 10. explicans. *Causas, in...xit, expedit, qu d candidatus fidei sit infidelis, si nolit a credente discedere*.

(g) Baronius, ad Mithræ excidium in annum conferat 585. locum hunc de *Urbani* Græci Præfectura sollicitat, quam n..vult *Prætorian* dici. E contra Gothofredus, quem Pagius sequitur, duarum in Cod. Theod. Legum *ad Gracchum* inscriptionem mutat, et pro *P. P.* sive *Præfectum Prætorio*, legit *P. U.* sive *Præfectum Urbis*, eas que an 576. et sequenti adscribit. Nunc Philippi a Turre d.. Vithra cap. ultimo argumentis constat, non ante annum 578. Urbanam Præfecturam a Græcho initam, quo jubente Mithriaca omnis superstitio subversa est. Prudent. lib. 1. advers. Symmachum :

Jam quid Plebicolas percurram carmine Gracco
Jure potestatis fultos, et in arce senatus
Præcipuos, simulacra Deum jussisse revelli,
Cumque suis pariter Lictoribus, omnipotenti
Suppliciter Christo se consecrasse t.. g....

pinguus vester Graecus, nobilitatem patriciam nomine sonans, cum Praefecturam gereret [Mss. *regeret*]. Urbanam (*a*), nonne speciem Mithrae, et omnia portentosa simulacra, quibus Corax, **679** Nymphus [al. *Nyphus*, et *Gryphus*], Miles, Leo, Perses, (*b*) Helios, Dromo, Pater initiantur [al. *innitebantur*], subvertit, fregit, excussit: et his quasi obsidibus ante praemissis, impetravit baptismum Christi. Soli-

(*a*) Haec in antro Mithrae portentosa simulacra, et nomina symbola astrorum et planetarum erant. Ut omittamus Porphyrii loca, in quibus ea animalia esse dixit, et ad Zodiaci circulum pertinere, praecisis verbis Origenes lib. 6. contra Celsum, *in Mithrae*, inquit, *sacris duplex stellarum circumactio pretenditur, ixarum, et errantium*. Atque harum quidem constellationum, non enim omnes heic recitantur, quaedam intra, quaedam extra Zodiacum sunt. Corax ex Graeco κόραξ, *Corvus* stella est, extra Zodiacum in meridionali parte coram Libra situs. *Nymphus* est Νύμφη, *Virgo*, Zodiaci signum (siquidem aliquot signorum tum masculina, tum feminina simulacra erant et nomina: nam et *mystas omnes mares*, *leones* vocatos, *feminas*, *hyenas* tradit Porphyr. lib. 4. de Abstin. ipsiusque Mithriaci Jovis *viri, et feminae simulacra* memorat Jul. Firmicus, *Miles septentrionalis est, notior sub tiercutis* nomine. Leo ipse in Zodiaco. *Perseus* a septentrione respicit Taurum. De tribus aliis *Helios*, *Dromo*, *Pater*, mox erit dicendi locus.

Porro ex hujusmodi signis Mithricae nomen assumebant, dum initiarentur; figurae autem, sive imagunculae pingebantur in specu, seu scalpro effingebantur, mysteriis ut inservirent: ex usque sunt, quae heic Hieron. irridet simulacra, et quae cum Alexandriae in Mithrio reperta fuissent, teste Sozomeno, *ridicula admodum, et pene quasi in risu sunt*. Rursum in certas classes ex assumpto simulacri nomine ac dignitate initiati dispertiebantur; erantque fixae solemnitates, ac festa, quae eadem illis auspicabant. *Coracica* memorat Auctor Comment. in epistolas Pauli sub Ambrosii nomine, et *Hienocoracica* vetus inscriptio: unde et *Corvos* appellatos Mithriacos Ministros docet Porphyrius. *Leonica* idem, ex quo et *Leones* Sacerdotes dictos adnotavimus. *Persica* apud alios invenies, et in aliquot apud Gruterum inscriptionibus. *Militis* initiationem in speleo copiose describit Tertullianus de Corona, Gregor. Nazian. Orat. 3. aliique veteres; nam recentiores qui in hisce nominibus exponendis desudarunt, operam fere ludunt.

(*b*) Licet cum plerisque Mss. vitiose tamen Martian. fecit, *Heliodromus pariter initiantur*. Illud enim in primis certum esse oportet, pro, *pariter*, adverbio, quod heic loci nihil est, reponendum *Pater*, quae in Mithriacis orgiis dignitas erat praecipua: Est apud Eunapium: Πατὴρ τῆς Μιθριακῆς τελετῆς *PATER Mithriacae religionis*; et Porphyr. PATRES in Mithriacis *qualis et scriptis nomine donatos* tradit; estque in veteri lapide apud Gruter. Ul, ins quidam Egnatius *PATER et Hierocorax Mithrae*: unde etiam PATRICA solemnia in aliis Mithriacis inscriptionibus occurrunt. Quoad alterum verbum *Heliodromus*, istud quoque manifestum est mendatum: de hominibus enim heic sermo est, qui sub iis signis Mithrae sacra suscipiebant, et nomina; *Heliodromus* vero, qui *Solis cursus* est, non animal, aut persona, neque nomen suum impertiri, neque figuram potest: et *cursum solis* sacris initiari, nemo unquam dixerit. Duobus itaque verbis legendum, quorum primum sit *Elios*, quod *Solem* significat, estque unum ex ipsius Mithrae nominibus, nihil enim tandem est Mithra nisi Sol. Ejus Mithriacum idolum, ex eoque bonbus hisce mysteriis inaugurabus testantur vetera monumenta, in quibus etiam *ELIOS* tradita eo ritu apud Gruterum inveniuntur. Superest *Dromus*, pro quo *Bromus*, imo uno spiritu *Bromius pater* veteres editores fecerunt, quam lectionem, unam quae extundi possit, nunc quoque magni viri asserunt, trahuntque omni conatu ad Mithrae religionem ex illo Xenophontis testimonio in Cyropaed. ubi, «Regibus Persarum, *inquit*, uno tantum die pernottebatur, ut ebrii fierent, quo die Mithrae sacra procurabant.» At si rem expenderis, frustra sunt; nusquam enim Bacchus ad Mithriaca pertinuit. Nos desperatum locum ita restituimus, et retenta, quoad fieri potuit, veteri scriptura, legimus *Dromo*. Est autem Dromo *Cancer*, ex Graeco δρόμος, unde et *Dromones* Cancros Plinius vocat lib. 32. cap. ultimo. Rursum coeleste signum est *Cancer*, inque ipso Zodiaco, in Mithriacis vero orgiis auspicatissimum, in spelaei anaglyphis passim obvium cum *cane*, *serpente*, *corvo*, atque aliis, quorum mysteria hactenus exposuimus.

tudinem patitur et in Urbe gentilitas. Dii quondam nationum cum bubonibus et noctuis in solis culminibus remanserunt (*c*). Vexilla militum, crucis insignia sunt. Regum purpuras et ardentes diadematem gemmas, patibuli salutaris pictura condecorat (*d*). Jam Ægyptius Serapis factus est Christianus. Marnas Gazae luget inclusus, et eversionem templi jugiter pertimescit [al. *pertremiscit*]. De India, Perside, Æthiopia, monachorum quotidie turbas suscipimus. Deposuit pharetras Armenius (*e*), Hunni discunt Psalterium, Scythiae frigora fervent calore fidei: Getarum rutilus et flavus exercitus, Ecclesiarum circumfert tentoria; et ideo forsitan contra nos aequa pugnant acie, quia pari religione confidunt.

680 3. Pene lapsus sum ad aliam materiam, et currente rota, dum urceum facere cogito, amphoram finxit manus. Propositum enim mihi erat, sanctae Marcellae, et tuis precibus invitato [al. *invitatum*] ad matrem, id est, ad te sermonem dirigere, et docere quomodo instituere Paulam nostram debeas, quae prius Christo (*f*) consecrata est, quam genita: quam ante vovisti, quam utero concepisti. Vidimus aliquid temporibus nostris de (*g*) Prophetalibus libris: Anna sterilitatem alvi, foecunditate mutavit (1. *Reg.* 1). Tu luctuosam foecunditatem, vitalibus liberis [al *libris*] commutasti. Fidens loquor, accepturam te filios, quae primum foetum Domino reddidisti. Ista sunt primogenita, quae offeruntur in lege (*Exod.* 1. 3). Sic natus est Samuel, sic ortus Samson est (*Judic.* 13), sic Joannes Baptista [Ms. *propheta*] ad introitum Mariae exultavit, et lusit (*Luc.* 1). Audiebat enim verba Domini per os Virginis, pertonantis: et de utero matris in occursum ei gestiebat erumpere. Igitur quae de repromissione nata est, dignam habeat ortu suo institutionem parentum. Samuel nutritur in Templo, Joannes in solitudine

(*c*) Confer Justinum martyr. in Apol. 2. Eusebium lib. 2. in Vit. Constant. Elegantissime Prudent. l. 2. in Symmachum,
Christus purpureum gemmato textus in auro,
signabat Labarum, etc.

(*d*) Hoc est Serapidis templum jussu Theodosii an. 389. Alexandriae dirutum, aliudque ibi Deo dicatum, in quo Theophilus reliquias S. Joannis Baptistae condidit. Vid. Theophili Synodicum n. 3. De Marna Gazensium Idolo, quaedam fusius dicemus in Vita S. Hilarionis.

(*e*) Sunnium et Fretelam, ad quos extat superior epist. CVI. quae tota de Psalmorum lectionibus agit, sub Hunnorum nomine intelligimus. Vid. Chronologicas notas.

(*f*) Ea nempe erat ejus aevi disciplina, ut liceret parentibus filios suos, filiasque *ab incunabulis*, ut Salvia nus loquitur lib. 2. advers. Avaritiam, imo etiam ad quam nascerentur, Deo vovere, et Ecclesiae, Virginitatique perpetuae destinare. Hier. infra n. 6. *offerre*, inquit, *necne filium, potestatis tua fuit*, etc. Concilium Toletanum quartum can. 48. *Monachum aut paterna devotio, aut propria professio fecit. Quidquid horum fuerit, alligatum tenebit*, etc. Gregorius III. epist. V. ad Bonif. cium ne as dixit oblatis in infantia a parentibus Deo filiis postquam pubertatis annos implevissent, monasterii egredi, et matrimonio copulari. Illustria vero exempla, et monumenta in hanc rem Baluzius contulit ad citatum Salviani locum. Sed in Coelestino III. cujus Decretum refertur cap. *cum simus* de Regular. etc. istud parentum in filios penitus sublatum est; neque adeo defuerunt qui superioribus seculis antecritatem illam aperte impugnaverint, e quibus S. Gaudentius Brixiensis Serm. 8. non longe ab initio.

(*g*) Nempe juxta Hebraici Canonis divisionem Regum libri inter Prophetales computantur.

(*Vingt-huit.*)

præparatur. Ille sacro crine venerabilis est, vinum et siceram non bibit; adhuc parvulus cum Domino sermocinatur. Hi fugit urbes, zona pellicea cingitur, locustis atque melle sylvestri; et in typum pœnitentiæ prædicandæ tortuosissimi animalis (*Camelt*) vestitur exuviis.

4. Sic erudienda est anima, quæ futura est templum Dei. Nihil aliud discat audire, nihil loqui, nisi quod ad timorem Dei pertinet. Turpia (*a*) verba non intelligat, cantica mundi ignoret: adhuc tenera lingua, Psalmis dulcibus imbuatur. Procul sit ætas lasciva puerorum: ipsæ puellæ et pedissequæ a sæcularibus consortiis arceantur, ne quod male didicerint, pejus doceant (*b*). Fiant ei litteræ vel buxeæ, vel eburneæ, et suis nominibus appellentur. Ludat in eis, ut et lusus ejus eruditio sit. Et non solum ordinem teneat litterarum, et memoria nominum in cantilenam transeat; sed ipse inter se crebro ordo turbetur, et mediis ultima, primis media misceantur, ut eas non sono tantum, sed et visu noverit. Cum vero cœperit tremente manu stylum in cera ducere, vel alterius superposita manu teneri regantur articuli, vel in tabella sculpantur elementa, ut per eosdem sulcos inclusa (*c*) marginibus trahantur vestigia, et foras non queant evagari. Syllabas jungat ad præmium; et quibus illa ætas delectari potest, muneribus invitetur. Habeat et in discendo socias, quibus invideat, quarum laudibus mordeatur. Non est objurganda, si tardior sit, sed laudibus excitandum ingenium, ut et vicisse gaudeat, et victa doleat (*d*). Cavendum in primis, ne oderit studia, ne amaritudo **682** eorum (*e*) præcepta in infantia, ultra rudes annos transeat. Ipsa nomina, per quæ consuescit paulatim verba contexere, non sint fortuita, sed certa, et coacervata de industria. Prophetarum videlicet atque Apostolorum, et omnis ab Adam Patriarcharum series, de Matthæo Lucaque descendat, ut dum aliud agit, futuræ memoriæ præparetur. Magister probæ ætatis et vitæ, eruditionisque est eligendus, nec puto erubescet vir doctus id facere in propinqua, vel in nobili virgine, quod Aristoteles fecit in Philippi filio, ut ipse librariorum (*f*)

utilitate initia traderet litterarum. Non sunt contemnenda quasi parva, sine quibus magna constare non possunt. (*g*) Ipse elementorum sonus, et prima institutio præceptorum, aliter de erudito, aliter de rustico ore profertur. Unde et tibi est providendum, ne ineptis blanditiis feminarum, dimidiata dicere verba filia consuescat, et in auro atque purpura ludere: quorum alterum linguæ, alterum moribus officit: ne discat in tenero, quod et postea dediscendum est (*h*). Græcorum eloquentiæ multum ab infantia sermo matris contulisse scribitur. Hortensii oratio in paterno sinu [al. *inter paternos sinus*] coaluit. Difficulter eraditur, quod rudes animi præbiberunt. Lanarum conchylia quis in pristinum colorem [al. *candorem*] revocet? Rudis [al. *Recens*] testa diu et saporem retinet et odorem, quo primum imbuta est. Græca narrat historia (*i*), Alexandrum potentissimum regem, orbisque domitorem, et in moribus, et in incessu, Leonidis pædagogi sui non potuisse carere vitiis, quibus adhuc parvulus fuerat infectus. Proclivis est enim malorum æmulatio, et quorum virtutes assequi nequeas, cito imitaris vitia. Nutrix ipsa non sit temulenta, non lasciva, non garrula: habeat modestam gerulam, nutricium gravem. Cum avum viderit, in pectus ejus transiliat, collo dependeat, nolenti **683** ALLELUIA decantet. Rapiat eam avia, patrem risibus cognoscat, sit omnibus amabilis: et universa propinquitas rosam ex se natam gaudeat. Discat statim quam habeat et alteram aviam, quam amitam: cui imperatori, cui exercitui tyruncula nutriatur. Illas desideret, (*j*) ad illas tibi minitetur abscessum.

5. Ipse habitus et vestitus doceat eam, cui promissa sit. Cave ne aures ejus perfores, ne cerussa et purpurisso consecrata Christo ora depingas, nec collum auro et margaritis premas, nec caput gemmis oneres, nec capillum irrufes, et ei aliquid de gehennæ ignibus auspiceris. Habeat alias margaritas, quibus postea venditis, emptura est pretiosissimum margaritum. Prætextata nobilissima quondam femina, jubente viro (*k*) Hymetio, qui patruus Eustochii virginis fuit, habitum ejus, cultumque mutavit, et negle-

---

(*a*) Plerique Mss. *verbia non intelligat*, atque, etc.
(*b*) Totum fere istud caput ex Quintil. est, trassa. constit. 1, I., c. 2. « Non evoletis, inquit, illi, nos, ut in matre invitatos ad addiscendum inducere præcipe, etc. a a. Nam litteras ut formas) Et eistas eborea (b) id faciunt, quam jam doctus sequi cœperit, non insitii, sed ut vestigiis tabellæ quorumdam inscriptis, et per illos, velut sulcos ducatur stylus; (nam neque errabit, quemadmodum in ceris (continebitur a utriusque marginibus), neque in deviis proscriptum poterit exire) ; et celerius, ac sæpius e consecutis certa vestigia, firmabit [al. *fu tubit*] articulos, ne egebit adjutorio manus alienæ manu sua superposita regendis, » etc.
(*c*) Vocem *inclusa* ex Victorio suffecimus.
(*d*) Iterum Quintilianus: « Nec sem video amata prudens, ut hoc tradit tenero is profitendum velle palam exigendamque plus in operam. Nam id magis duxerat concutiat, in studia qui unnec nondum potest. Et praduntum semel perceptus, etiam ultra rudes antos remeadent », etc.
(*e*) Apud Martianæum *percepta*, et mox *consuescat*.
(*f*) Nil rei sit Mss. cum Nivacensi uno Ms. *librarorium utilitate*, quibus lectio non videtur esse lectior, sed ex ipsis sequendo verbis, quæ continent quia non ex librariorum utilitate, sed ipsos regia et aporetas potestatur, ut Quintilianus loc. cit. «An Philippus Macedonum Rex

Alexandro filio suo prima litterarum elementa tradi ab Aristotele summo ejus ætatis philosopho voluisset, aut ille suscepisset hoc officium, si non studiorum initia a perfectissimo quoque tractari, pertinere ad summam credidisset, » etc.
(*g*) Reg. *elementorum ordo, et parva institutio præceptoris, aliter*, etc.
(*h*) Perperam quidam Mss. *Græcorum*. Quintilian. lib. I, c. p. 2. « Græcorum eloquentiæ multum contulisse accepimus Corneliam matrem, cujus doctissimus sermo in posteros quoque est epistolis traditus. » Paulo infra legimus *præbiberunt*, pro quo editi non satis bene *perbiberunt*.
(*i*) Rursum Quintilianus loco citato, « Leonides, inquit, Alexandri pædagogus, ut a Babylonio Diogene traditur, quibusdam cum vitiis imbuit, quæ robustum quoque, et maximum Regem ab illa institutione puerili sunt prosecuta. »
(*j*) Reginæ liber, *illa tibi eas imitetur abscessu*, quæ ex codice, ut apparet lacero atque obsoleto, sic ex scribarum ingenio immutata sunt : nam neque subnexa sententia de vestitu ibi invenitur; sed statim, *cave, ne aures*, etc. et paulo post *capillum irrudas* pro *irrufes*.
(*k*) The Hymetius patruus Eustochii non alius videtur esse, quam qui Vicarius Urbis fuit Mamertino et Nevita Coss. et ad quem extat lex 29. Cod. Theod. de appellationibus. Mox Reginæ liber, *cultumque mutavit*.

etiam crinem mundano more (*a*) texuit, **vincere cupiens** et virginis propositum, et matris desiderium. Et ecce sibi eadem nocte cernit in somniis venisse Angelum terribili facie [al. *voce*] minitantem pœnas, et hæc verba frangentem : Tu ne ausa es viri imperium præferre Christo ? Tu caput virginis Dei, tuis sacrilegis attrectare manibus, quæ jam nunc arescent, ut sentias excruciata quid feceris, et finito mense quinto, ad inferna ducaris [al. *duceris*]. Sin autem perseveraveris in scelere, et marito simul orbaberis, et filiis. Omnia per ordinem expleta sunt, et seram miseræ pœnitentiam velox signavit interitus. Sic ulciscitur Christus (*b*) violatores templi sui : sic gemmas et pretiosissima ornamenta defendit. Et hoc retuli, non quod insultare velim calamitatibus infelicium ; sed ut moneam, cum quanto metu et cautione servare debeas, quod Deo spopondisti.

6. Heli Sacerdos offendit Deum ob vitia liberorum (1. *Reg.* 1 *et* 4). Episcopus fieri non potest, qui filios habuerit luxuriosos, et non subditos (1. *Tim.* 3). At e contrario de muliere scribitur, quod *salva fiet per filiorum generationem, si permanserint* [al. *permanserit*] *in fide, et caritate, et sanctificatione, cum pudicitia* (1. *Tim.* 2. 15). Si perfecta ætas et sui juris imputatur **684** parentibus, quanto magis lactens et fragilis, quæ juxta sententiam Domini, ignorat dexteram et sinistram, id est, boni et mali differentiam ? Si sollicita provides, ne filia percutiatur a vipera ; cur non eadem cura providas, ne feriatur a *malleo universæ terræ* (*Jer.* 50. 23) ; ne bibat de aureo calice Babylonis ; ne egrediatur cum Dina, et velit videre filias regionis alienæ (*Gen.* 34. 1), ne ludat pedibus, ne trahat tunicas ? Venena non dantur, nisi melle circumlita, et vitia non decipiunt, nisi sub specie umbraque virtutum. Et quomodo, inquies, peccata patrum filiis non redduntur, nec filiorum parentibus ; sed *anima, quæ peccaverit, ipsa morietur* (*Ezech.* 18. 20) ? Hoc de his dicitur, qui possunt sapere, de quibus in Evangelio scriptum est : *Ætatem habet, loquatur pro se* (*Joan.* 9. 21). Qui autem parvulus est, et sapit ut parvulus, donec ad annos sapientiæ veniat, et Pythagoræ (*c*) littera eum perducat ad bivium, tam bona ejus quam mala parentibus imputantur. Nisi forte æstimas Christianorum filios, si baptisma non acceperint, ipsos tantum reos esse peccati, et non etiam scelus referri ad eos, qui dare noluerint, maxime eo tempore, quo contradicere non poterant qui accepturi erant, sicut e regione salus infantium, majorum lucrum est. Offere necne filiam, potestatis tuæ fuit (quanquam alia sit tua conditio, quæ prius eam vovisti, quam conciperes) ut autem obla-

(*a*) Alibi *pexuit*. Tum Victorius addit *sibi*, id est *sibi vincere cupiens* : et paulo infra Martianæus, *Ecce sibi*, pro *tibi*.
(*b*) Iterum Reg. lib. *in violatoribus*, et paulo post *ut te moneam*.
(*c*) Pythagoræ littera est Y, quam pro humanæ vitæ symbolo veteres celebrant : brachiorum enim alterum Virtutis, alterum vitiorum viam refert. Persius Sat. 3.
  Et tibi quæ Samios diduxit littera ramos.
  Surgentem dextro monstravit limite callem.
Auson. Idyllio 16.
  Pythagoræ bivium ramis patet ambiguis Y.

tam (*d*) non negligas, ad periculum tuum pertinet. Qui claudam et mutilam, et qualibet sorde maculatam obtulerit hostiam, sacrilegii reus est (*Deut.* 15), quanto magis qui partem corporis sui, et illibatæ animæ puritatem regis amplexibus parat, si negligens fuerit, punietur ?

7. Postquam grandiuscula esse cœperit, et in exemplum sponsi sui crescere sapientia, ætate, et gratia apud Deum et homines, pergat ad templum veri Patris cum parentibus suis ; sed cum illis non egrediatur e templo. Quærant eam in itinere sæculi, inter turbas et frequentiam propinquorum, et nusquam alibi reperiant (*Luc.* 2), nisi in (*e*) adyto Scripturarum, **685** Prophetas et Apostolos de spiritualibus nuptiis sciscitantem. Imitetur Mariam, quam Gabriel solam in cubiculo suo reperit, et ideo forsitan timore perterrita est, quia virum, quem non solebat, aspexit. Æmuletur eam, de qua dicitur : *Omnis gloria ejus filiæ regis ab intus* (*Psal.* 44. 14). Loquatur et ipsa dilecto [al. *electo*], caritatis jaculo vulnerata : *Introduxit me rex in cubiculum suum* (*Cant.* 1. 3). Nunquam exeat foras, ne inveniant eam qui circumeunt civitatem ; ne percutiant et vulnerent, et auferant theristrum (1) pudicitiæ, et nudam in sanguine derelinquant : quin potius cum aliquis ostium ejus pulsaverit, dicat : *Ego murus, et ubera mea turris. Lavi pedes meos, non possum inquinare eos* (*Cant.* 8. 10 ; *et* 5. 3).

8. Non vescatur in publico, id est, in parentum convivio, ne videat cibos quos desideret. Et licet quidam putent majoris esse virtutis, præsentem contemnere voluptatem : tamen ego arbitror securioris continentiæ esse, nescire quod quæras. Legi quondam in scholis puer : *Ægre reprehendas, quod sinis consuescere*. Dicat jam nunc et vinum non bibere, in quo est luxuria. Ante annos robustæ ætatis, periculosa est teneris, et gravis abstinentia. Usque ad id tempus, si necessitas postulaverit, et balneas adeat, et vino utatur modico propter stomachum, et carnium edulio sustentetur, ne prius deficiant pedes, quam currere incipiant. Et hoc dico juxta indulgentiam, non juxta imperium, timens debilitatem, non docens luxuriam. Alioqui quod Judaica superstitio ex parte facit in rejectione quorumdam animalium atque escarum, quod et Indorum Brachmani, et Ægyptiorum Gymnosophistæ in polentæ et orizæ, et pomorum solo observant cibo, cur virgo Christi non faciat in toto ? Si tanti vitrum, quare non majoris sit pretii margaritum ? Quæ nata est ex promissione, sic vivat, ut illi vixerunt, qui de repromissione generati sunt. Æqua gratia æquum habeat et laborem. Surda sit ad organa. Tibia, lyra, cithara, cur facta sint, nesciat.

9. Reddat tibi pensum quotidie de Scripturarum **686** floribus (*f*) carptum. Discat Græcorum versuum

(*d*) Quidam codd. absque negandi particula, *ut autem negligas oblatam*. Recole quæ supra adnotavimus n. 3. not. *f*.
(*e*) Reg. *in auditu Scripturarum*.
(*f*) Idem Reg. *pensum quotidie de Scripturarum floribus*.
(1) Palliolum lineum æstivum.

numerum. Sequatur statim Latina eruditio : quæ si non ab initio os tenerum composuerit, in peregrinum sonum lingua corrumpitur, et externis vitiis sermo patrius sordidatur. Te habeat magistram, te rudis (*a*) imitetur infantia. Nihil in te, et patre suo videat, quod si fecerit, peccet. Mementote vos parentes virginis, et magis eam exemplis doceri posse, quam voce. Cito flores pereunt, cito violas et lilium et crocum pestilens aura corrumpit. Nunquam absque te procedat in publicum. Basilicas Martyrum et Ecclesias sine matre non adeat. Nullus ei juvenis, nullus cincinnatus arrideat. Vigiliarum dies et solemnes pernoctationes sic virguncula nostra celebret, ut ne transverso quidem ungue a matre discedat. Nolo de ancillulis suis aliquam plus diligat, cujus crebro auribus insusurret. Quidquid uni loquitur, hoc omnes sciant. Placeat ei comes, non compta (*b*) atque formosa, quæ liquido gutture carmen dulce moduletur ; sed gravis, pallens, sordidata, subtristis. Præponatur ei probæ fidei, et morum ac pudicitiæ virgo veterana, quæ illam doceat, et assuescat exemplo ad orationes et Psalmos nocte consurgere ; mane hymnos canere, **Tertia, Sexta, Nona** hora stare in acie quasi bellatricem Christi, accensaque lucernula reddere sacrificium vespertinum. Sic dies transeat, sic nox inveniat laborantem. Orationi lectio, lectioni succedat oratio. Breve videbitur tempus, quod tantis (*c*) operum varietatibus occupatur.

10. Discat et lanam facere, tenere colum, ponere in gremio calathum, rotare fusum, stamina pollice ducere. Spernat bombycum telas, Serum vellera, et aurum in filia lentescens. Talia vestimenta paret, quibus pellatur frigus, non quibus vestita corpora nudentur. Cibus ejus olusculum sit et simila, raroque pisciculi. Et ne gulæ præcepta longius traham, de quibus in (*d*) alio loco locutus sum plenius, sic comedat, ut semper esuriat : ut statim post cibum possit legere (*e*) et psallere. Displicent **687** mihi, in teneris maxime ætatibus, longa et immoderata jejunia, in quibus junguntur hebdomades, et oleum in cibo, ac poma vetantur. Experimento didici, asellum in via, cum lassus fuerit, diverticula quærere. Faciant hoc cultores Isidis et Cybeles, (*f*) qui gulosa abstinentia
_____

bus. *Certum ediscat Græcorum*, etc. Sunt autem hæc quoque desumpta ex Quintiliano Institution. libro I. cap. 2. « A sermone Græco ¡ uerum incipere malo : quia Latinus, qui pluribus in usu est, vel nobis nolentibus, se præcit : simul quia disciplinia quoque Græcis prius institutendis est, unde et nostræ fluxerunt. Non tamen hoc adeo superstitiose velim fieri, ut diu tantum loquatur Græce, aut discat, sicut plerisque moris est. Hinc enim accidunt et oris plurima vitia in peregrinum sonum corru ti, et sermonis, cui cum Græcæ figuræ assidua consuetudine hæserint, in diversa quoque loquendi ratione pertinacissime durat. »

(*a*) Victorius, *te rudis miretur infantia.*
(*b*) Iterum Victorius, *non compta, neque formosa, atque lasciva, quæ,* etc.
(*c*) Vitiose Martianæus, *tantis dierum varietatibus,* pro *operum*, quod ex Victorio restituimus.
(*d*) Libro nempe contra Jovinianum secundo, ubi *de contemptu ventris, et gutturis plenius ex proposito disserit.*
(*e*) Victor. *legere, orare, et psallere.*
(*f*) Pane scilicet abstinebant cultores Isidis et Cybeles in utriusque sacris, cujus loco carnes comedebant. Arnobius lib. 5. *Quid temperatis ab alimonio panis, cui rei dedistis nomen Castus* ? Ita enim cibos illos, sive hanc a pane

Phasides aves, ac fumantes turtures vorant, ne scilicet Cerealia dona contaminent. Hoc in perpetuum jejunium præceptum sit, ut longo itineri vires perpetes (*g*) superent : ne in prima mentione currentes, corruamus in mediis. Cæterum, ut ante scripsi, in Quadragesima continentiæ vela pandenda sunt, et tota aurigæ retinacula equis laxanda properantibus. Quamquam alia sit conditio sæcularium, alia Virginum ac Monachorum. Secularis homo in Quadragesima ventris ingluviem decoquit, et in cochlearum morem succo victitans suo, futuris dapibus ac saginæ aqualiculum parat. Virgo et Monachus sic in Quadragesima suos dimittant [al. *admittant*] equos, ut sibi meminerint semper esse currendum. Finitus labor major, infinitus moderatior est. Ibi enim respiramus, hic perpetuo incedimus.

11. Si quando ad suburbana pergis, domi filiam non relinquas ; nesciat sine te, nec possit vivere, et cum sola fuerit, pertimescat. Non habeat colloquia sæcularium, non malarum virginum contubernia. Non intersit nuptiis servulorum, nec familiæ perstrepentis lusibus misceatur. Scio præcepisse quosdam, ne virgo Christi cum eunuchis lavet, nec cum maritatis feminis : quia alii non deponunt [al. *deponant*]. animos virorum, aliæ tumentibus uteris, præferunt [al. *præferant*]. fœditatem. Mihi omnino in adulta virgine lavacra displicent, quæ seipsam debet erubescere, et nudam videre non posse. Si enim vigiliis et jejuniis macerat corpus suum, et in servitutem redigit ; si flammam libidinis et incentiva ferventis ætatis extinguere cupit continentiæ frigore ; si appetitis sordibus turpare [al. *turbare*] festinat naturalem pulchritudinem : cur e contrario balnearum fomentis sopitos ignes suscitat ?

12. Pro gemmis et serico divinos Codices **688** amet, in quibus non auri et (*h*) pellis Babylonicæ vermiculata pictura ; sed ad fidem placeat emendata et erudita distinctio. Discat primo Psalterium, his se canticis avocet, et in Proverbiis Salomonis erudiatur ad vitam. In Ecclesiaste consuescat, quæ mundi sunt, calcare. In Job virtutis et patientiæ exempla sectetur. Ad Evangelia transeat, nunquam ea positura de manibus. Apostolorum Acta, et Epistolas tota cordis imbibat voluntate. Cumque pectoris sui cellarium his opibus locupletaverit, mandet memoriæ Prophetas, Heptateuchum [al. *Pentateuchum*], et Regum, et Paralipomenon libros, Esdræ quoque et Esther volumina. Ad ultimum sine periculo discat Canticum Canticorum ; ne si in exordio legerit, sub carnalibus
_____

abstinentiam appellabant. Item Hieron. libro contra Jovinian. secundo cap. 34. *De ciborum sibi placent abstinentia, quasi non et superstitio Gentilium Castum* (sic enim restituimus) *Matris Deum observet, et Isidis :* quæ inferius cap. 41. repetit, nosque ibi copiosius explicamus.

(*g*) Martianæus, *supparentur,* quemadmodum reposuerat Gravius.

(*h*) Eædem putantur esse, quæ et Persicæ alias dictæ sunt. Sed ἐκ βαρβαρικῶν δερμάτων, Babylonicas pelles, laudat etiam Zonaras in rebus Constantii, ubi de Hermisida loquitur, eosque in pretio fuisse, et variis coloribus eleganter pictas tradit. Glossarium vetus βαρβαρικῶν δέρματος εἶδος. Similem alibi luxum in codicibus compingendis Hier. damnat.

verbis, spiritualium nuptiarum epithalamium non intelligens, vulneretur. Caveat omnia apocrypha. Et si quando ea non ad dogmatum veritatem, sed ad signorum reverentiam legere voluerit, sciat non eorum esse, quorum titulis praenotentur : multaque his admixta vitiosa, ET GRANDIS esse prudentiae aurum in luto quaerere. Cypriani opuscula semper in manu teneat. Athanasii Epistolas et Hilarii libros inoffenso decurrat pede. Illorum tractatibus, illorum delectetur ingeniis, in quorum libris pietas fidei non vacillet. Caeteros sic legat, ut magis judicet quam sequatur.

15. Respondebis : Quomodo haec omnia mulier saecularis, in tanta frequentia hominum, Romae custodire potero ? Noli ergo subire onus, quod ferre non potes : sed postquam ablactaveris eam cum Isaac, et vestieris cum Samuele; mitte aviae et amitae. Redde pretiosissimam gemmam cubiculo Mariae, et cunis Jesu vagientis impone. Nutriatur in Monasterio, sit inter Virginum choros, jurare non discat, mentiri sacrilegium putet, nesciat saeculum, vivat Angelice, sit in carne sine carne, omne hominum genus sui simile putet. Et, ut caetera taceam, certe te liberet servandi difficultate, et custodiae periculo. MELIUS TIBI est desiderare absentem, quam **689** pavere ad singula : quid loquatur, cum quo loquatur, cui annuat, quem libenter aspiciat. Trade Eustochio parvulam, cujus nunc et ipse vagitus pro te oratio est. Trade comitem sanctitatis, futuram haeredem. Illam videat, illam amet, illam *primis miretur ab annis* (*Æneid. VIII*), cujus et sermo, et incessus, et habitus, doctrina virtutum est. Sit in gremio aviae, quae repetat in nepte, quidquid praemisit in filia ; quae longo usu didicit nutrire, servare, docere virgines : in cujus (*a*) corona centenarii quotidie numeri castitas texitur. Felix virgo, felix Paula Toxotii, QUAE PER AVIAE amitaeque virtutes nobilior est sanctitate, quam genere. O si tibi contingeret videre socrum et cognatam tuam, et in parvis corpusculis ingentes animos intueri : pro insita tibi pudicitia non ambigerem, quin praecederes filiam, et primam Dei sententiam, secunda Evangelii lege mutares. Nae [al. *Nec*] tu parvipenderes aliorum desideria liberorum ; sed teipsam magis offerres Deo. Sed quia tempus est amplexandi, et tempus longe fieri a complexibus : et uxor non habet potestatem corporis sui (1 *Cor.* 7. 4) : et unusquisque in qua vocatione vocatus est, in ea permaneat in Domino : et qui sub jugo est, ita debet currere, ne in luto comitem derelinquat, totum redde in sobole, quod in te interim distulisti. Anna filium quem Deo voverat (1 *Reg.* 1), postquam obtulit in Tabernaculo, numquam recepit : indecens arbitrata, ut futurus Propheta in ejus domo cresceret, quae adhuc alios filios habere cupiebat. Denique postquam concepit et peperit, non est ausa ad Templum accedere, et vacua apparere coram Domino, nisi prius redderet quod debe-

bat : talique immolato sacrificio, reversa domum, quinque liberos sibi genuit, quia primogenitum Deo pepererat. Miraris felicitatem sanctae mulieris ? imitare fidem. Ipse, si Pa lam miseris, et magistrum me et nutricium spondeo. Gestabo humeris, (*b*) balbutientia senex verba formabo, multo gloriosior mundi Philosopho : qui non regem Macedonum Babylonio periturum veneno ; sed ancillam et sponsam Christi erudiam, regnis coelestibus offerendam.

EPISTOLA CVIII (c).

AD EUSTOCHIUM VIRGINEM.

(*d*) *Epitaphium Paulae matris.*

Paulae vitam enarrat, quam primum a generis nobilitate, tum vero maxime ob animi virtutem laudat, quod Toxotio marito defuncto, totam se Deo voverit, et in sancto proposito diu Romae vixerit. Deinde ejus iter diligentissime describit, quo peragratis sacris Judaeae locis, atque Ægypto Alexandriam usque, in Bethleem consedit. Ibi quae extruxit Virginum monasteria, quibusque exemplis ac praeceptis rexerit, declarat, ejusdem humilitatem, patientiam, contemptum saeculi, in pauperes atque aegrotos caritatem, Divinarum Scripturarum scientiam, ac fidei puritatem, atque alias passim virtutes cumulatissimas praedicat. Denique ejus mortem et funera copiose describit.

690 1. Si cuncta corporis mei membra verterentur in linguas, et omnes artus humana voce resonarent, nihil dignum sanctae ac venerabilis Paulae virtutibus dicerem. Nobilis genere, sed multo nobilior sanctitate : potens quondam divitiis, sed nunc Christi paupertate insignior ; Graecorum stirps, soboles (*e*) Scipionum, Pauli haeres, cujus vocabulum trahit, Martiae Papyriae matris Africani vera et germana progenies, Romae praetulit Bethleem, et auro tecta fulgentia, informis luti vilitate mutavit. Non moeremus, quod talem amisimus ; sed gratias agimus, quod habuimus, imo habeamus. Deo enim vivunt omnia ; ET QUIDQUID revertitur ad Dominum, in familiae numero computatur. Quamquam amissio illius, coelestis domus habitatio sit ; quae quamdiu in corpore fuit, peregrinata est a Domino (2. *Cor.* 5), et voce semper flebili querebatur, dicens : *Heu mihi, quia peregrinatio mea prolongata est, habitavi cum habitantibus Cedar,* (*f*) *multum peregrinata est anima mea* (*Ps.* 19. 5), Nec mirum si planxerit se versari in *tenebris* (hoc enim *Cedar* interpretatur) **691** cum mundus in maligno positus sit ; et sicut tenebrae illius, ita et lumen ejus (*Ps.* 138. 12) ; luxque in tenebris luceat (*Joan.* 1. 5) et tenebrae eam non comprehenderunt. Unde et illud crebrius inferebat, *Advena sum et peregrina sicut omnes patres mei* (*Ps.* 38. 13). Et iterum,

---

(*a*) Confer quae in primo contra Jovinian. libro cap. 1. adnotamus : atque isthaec in primis : « Centesimus numerus iisdem quidem digitis, sed non eadem manu quibus in laeva nuptae significantur, et viduae, circulum faciens exprimit virginitatis coronam. »

(*b*) Reg. *balbutientia senis verba firmabo.*
(*c*) *Alias* 27. *scripta anno* 404.
(*d*) In Reginae cod. 497. inscribitur *Vita S. Paulae viduae scripta a B. Hieronymo Presbytero.*
(*e*) Duo vetustis. Reginae codd. 407. et 500. legunt *Metiae,* quibus concinit alius Ms. S. Maximi apud Bollandum. Notum porro fuisse M. Papyriam C. Papyrii Masonis filiam, uxorem L. Æmilii Pauli, Fabii, et Africani junioris matrem.

(*f*) Alii Mss. juxta Vulgatam, *multum incola fuit,* etc.

Cupio dissolvi, et esse cum Christo (*Philipp.* 1. 23). Quoties autem infirmitate corpusculi (quam incredibili abstinentia), et duplicatis contraxerat jejuniis) vexabatur, hoc in ore volvebat: *Subjicio corpus meum, et in servitutem redigo, ne aliis prædicans, ipsa reproba inveniar* (1. Cor. 9. 27). Et : *Bonum est vinum non bibere, et carnem non manducare* (*Rom.* 14. 21). Et : *Humiliavi in jejunio animam meam* (*Ps.* 34. 13). Et , *Totum lectum meum versasti in infirmitate mea* (Ps. 40). Et , *versata sum in miseria, dum mihi configitur spina* (Ps. 31). (*a*) Atque inter doloris aculeos, quos mira patientia sustinebat, quasi apertos sibi cœlos aspiceret, loquebatur : (*Quis dabit mihi pennas sicut columbæ, et volabo, et requiescam* (Ps. 54. 7)?

2. Testor Jesum et Sanctos ejus, ipsumque proprium (*b*) Angelum, qui custos fuit et comes admirabilis feminæ, me nihil in gratiam, nihil more blandientium loqui : sed quidquid dicturus sum, pro testimonio dicere ; et minus ejus esse meritis, quam totus orbis canit : sacerdotes mirantur, virginum chori desiderant, Monachorum et pauperum turbæ deplangunt. Vis lector ejus breviter scire virtutes ? omnes suos pauperes , pauperior ipsa dimisit. Nec mirum, de proximis et familiola, quam in utroque sexu de servis et ancillis in fratres sororesque mutaverat, ista proferre, cum Eustochium virginem , et devotam Christi filiam, in cujus consolationem libellus hic cuditur, procul a nobili genere, sola fide et gratia divitem reliquerit.

3. Carpamus igitur narrandi ordinem. Alii altius repetant, et a cunabulis ejus, ipsisque (ut ita dicam) crepundiis matrem Blæsillam, et Rogatum proferant patrem ; quorum altera Scipionum , Græcorumque progenies est : alter per omnes fere Græcias usque hodie stemmatibus et divitiis, ac nobilitate Agamemnonis fertur sanguinem trahere, qui decennali Trojam obsidione delevit. Nos nihil laudabimus , nisi quod proprium est, et de purissimo sanctæ mentis fonte profertur. Quanquam Dominus atque Salvator in Evangelio doceat Apostolos sciscitantes quid sibi redditurus sit, qui omnia sua pro nomine ejus dimiserunt : centuplum in præsentiarum recepturos, et in futuro vitam æternam (*Marc*. 10). Ex quo intelligimus , NON LAUDIS esse possidere divitias , sed pro Christo eas contemnere : non tumere ad honores , sed pro Dei fide eos parvipendere. Vere quod pollicitus est servis suis et ancillis Salvator , reddidit in præsenti. Nam quæ unius urbis contempsit gloriam, totius orbis opinione celebratur : quam Romæ habitantem, nullus extra Romam noverat , latentem in Bethleem, et barbara et Romana terra miratur. Cujus enim gentis homines ad sancta loca non veniunt? Quis autem in sanctis locis præter Paulam, quod plus inter homines miraretur, invenit ? (1) Hæc sicut in-

(*a*) Vetustius Reginæ exemplar, *atque inter alios dolores, quos mira*, etc.
(*b*) Vocem *angelos* ex ea quæ est in Vitis Sanctorum Patrum editione, et Bollando suffecimus, qui itidem paulo post, *nihil dicere more laudantium* ; *pro nihil more blandientium loqui*.
(1) Grav. *Et* jubet legi pro *Hæc*.

ter multas gemmas pretiosissima gemma micat , et jubar solis parvos igniculos stellarum obruit et obscurat : ita cunctorum virtutes et potentias sua humilitate superavit, minimaque fuit inter omnes ut omnium major esset. Et quanto se plus dejiciebat, tanto magis a Christo sublevabatur. Latebat, et non latebat. Fugiendo gloriam, gloriam merebatur ; quæ virtutem quasi umbra sequitur, et appetitores sui deserens, appetit contemptores. Sed quid ago, narrandi ordinem prætermittens, dum in singulis teneor, non servo præcepta dicendi.

4. Tali igitur stirpe generata, juncta est viro Toxotio, qui Æneæ et Juliorum altissimum sanguinem trahit. Unde etiam filia ejus Christi Virgo Eustochium, *Julia* nuncupatur ; et ipse

Julius a magno demissum nomen Iulo.

(ÆNEID. 1).

Et hæc dicimus, non quod habentibus grandia sint, sed quo contemnentibus, mirabilia. Sæculi homines suspiciunt [*al. suscipiunt*] eos, qui bis pollent privilegiis. Nos laudamus , qui pro Salvatore ista despexerint ; et mirum in modum quos habentes parvipendimus, si habere noluerint (*c*) prædicamus. His inquam orta majoribus, et fœcunditate, ac pudicitia probata: primum viro, deinde propinquis, et totius urbis testimonio, **693** quum quinque liberos edidisset, Blæsillam, super cujus morte Romam consolatus sum, Paulinam, quæ sanctum et admirabilem virum, et propositi et rerum suarum Pammachium reliquit hæredem, ad quem super obitu ejus parvulum libellum edidimus ; Eustochium , quæ nunc in sanctis Locis virginitatis et Ecclesiæ monile pretiosum est ; (*d*) Ruffinam, quæ immaturo funere pium matris animum consternavit ; et Toxotium , post quem parere desiit, ut intelligeres eam non diu servire voluisse officio conjugati, sed mariti desiderio, qui mares optabat liberos (*e*, obedisse.

5. Postquam vir mortuus est , ita eum planxit , ut prope ipsa moreretur ; ita se convertit ad Domini servitutem , ut ejus mortem videretur optasse. Quid ego referam , amplæ et nobilis domus , et quondam opulentissimæ, omnes pene divitias in pauperes erogatas ? quid in cunctos clementissimum animum , et bonitatem etiam in eos , quos nunquam viderat eva-

(*c*) Martianæus addit *contemnentes*, quam vocem nec meliores Mss. neque editi vetustiores probant. Tum in quodam Ms. S. Maximi apud Bollandum. *His igitur ornata majoribus*, pro *his inquam orta*, etc.
(*d*) Hanc : quæ paulo post *nubilis* dicitur , Bollandus tradit Alethio viro clariss. nupsisse : additque datam a S. Paulino Nolano Episcopo epistolam XXXIII. ad eumdem Alethium , in qua eum consolatur super obitu Ruffinæ, cujus etiam præclaras virtutes narrat. Hujus autem rei nec vola est nec vestigium in illa epistola quæ unica Alethio inscribitur , et aliqua sui parte mulctata est ; sed nunquam aut defunctæ uxoris meminit, aut Ruffinæ ingerit nomen.
(*e*) Emendat vetustiss. Reginæ exemplar 500 pro quo antea minus congrua lectione in editis omnibus et plerisque Mss. erat, *qui marem optabat*, *liberos edidisse*. Neque enim liberi ad mariti desiderium edi possunt , et Paula , quæ edidisse diceretur , non tamen ejus satisfecerit votis, quandiu feminas edidit. Lectionem quam restituimus etiam S. Maximi Ms. confirmat.

gantem? quis inopum moriens, non illius vestimentis obvolutus est? quis (*a*) clinicorum non ejus facultatibus sustentatus est? Quos curiosissime tota urbe perquirens, damnum putabat, et quisquam debilis et esuriens cibo sustentaretur alterius. Spoliabat filios, et inter objurgantes propinquos, majorem se eis hæreditatem, Christi misericordiam, dimittere loquebatur.

6. Nec diu potuit excelsi apud sæculum generis, et nobilissimæ familiæ visitationes et (*b*) frequentiam sustinere. Mœrebat honore suo, et ora laudantium declinare, ac fugere festinabat. Cumque Orientis et Occidentis episcopos ob quasdam ecclesiarum dissensiones Romam (*c*) imperiales litteræ contraxissent, vidit admirabiles viros, Christique pontifices, Paulinum Antiochenæ urbis episcopum, et Epiphanium Salaminæ Cypri, quæ nunc Constantia **694** dicitur; quorum Epiphanium etiam hospitem habuit: Paulinum in aliena manentem domo, quasi proprium, humanitate possedit. Quorum accensa virtutibus, per momenta patriam deserere cogitabat. Non domus, non liberorum, non familiæ, non possessionum, non alicujus rei, quæ ad sæculum pertinet, memor, sola (si dici potest) et incomitata, ad eremum Antoniorum atque Paulorum pergere gestiebat. Tandemque exacta hyeme, aperto mari, redeuntibus ad ecclesias suas episcopis, et ipsa voto cum eis ac desiderio navigavit. Quid ultra differo? Descendit ad portum (*d*), fratre, cognatis, affinibus, et quod his majus est, liberis prosequentibus, et clementissimam matrem pietate vincere cupientibus. Jam carbasa tendebantur, et remorum ductu navis in altum protrahebatur. Parvus Toxotius supplices manus tendebat in littore. Ruffina jam nubilis, ut suas exspectaret nuptias, tacens fletibus obsecrabat. Et tamen illa siccos tendebat ad cœlum oculos, pietatem in filios, pietate in Deum superans. Nesciebat se matrem, ut Christi probaret ancillam. Torquebantur viscera, et quasi a suis membris distraheretur [Ms. *distraherentur*], cum dolore pugnabat: in eo cunctis admirabilior, quod magnam vinceret caritatem. Inter hostium manus et captivitatis duram necessitatem nihil crudelius est, quam parentes a liberis separari. Hoc contra jura naturæ plena fides patiebatur, imo gaudens animus appetebat: et amorem filiorum majore in Deum amore contemnens, in sola Eustochio, quæ et propositi et navigationis ejus comes erat, acquiescebat. Sulcabat interim navis mare, et cunctis qui cum ea vehebantur littora respicientibus, ipsa aversos tenebat oculos, ne videret quos sine tormento videre non poterat. Fateor, nulla sic amavit filios, quibus antequam proficisceretur: **695** cuncta largita est: exhæredans se in terra, et hæreditatem inveniret in cœlo.

7. Delata ad (*e*) insulam Pontiam, quam clarissimæ quondam feminarum sub Domitiano Principe pro confessione nominis Christiani, Flaviæ Domitillæ nobilitavit exilium; vidensque cellulas in quibus illa longum martyrium duxerat sumptis fidei alis, Jerosolymam et sancta Loca videre cupiebat. Tardi erant venti, et omnis pigra velocitas. Inter Scyllam et Charybdim Adriatico se credens pelago, quasi per stagnum venit Methonen, ibique refocillato paululum corpusculo,

Et sale-tabentes artus in littore ponens,
Per Maleam, et Cytheram, sparsasque per æquor
Cycladas, ... et crebris freta concita terris;
(ÆNEID. 1.)

post Rhodum et Lyciam, tandem vidit Cyprum, ubi sancti et venerabilis Epiphanii pedibus provoluta, decem ab eo diebus retenta est: non in refectionem, ut ille arbitrabatur, sed in opus Dei, ut re comprobatum est. Nam omnia illius regionis lustrans monasteria, prout potuit, refrigeria sumptuum fratribus dereliquit, quos amor sancti viri de toto illuc orbe conduxerat. Inde brevi cursu transfretavit Seleuciam, de qua ascendens Antiochiam, sancti confessoris Paulini modicum caritate detenta, media hyeme, calente ardore fidei, femina nobilis, quæ prius eunuchorum manibus portabatur, asello sedens profecta est.

8. Omitto Cœles Syriæ, et Phœnicis iter (neque enim hodœporicon ejus disposui scribere): ea tantum loca nominabo, quæ sacris Voluminibus continentur. Beryto Romana colonia, (*f*) et antiqua urbe Sidone derelicta, in Sareptæ littore Eliæ (5. *Reg.* 17) est ingressa turriculam, in qua **696** adorato Domino Salvatore, per arenas Tyri, in quibus genua Paulus fixit, pervenit Acco (*g*), quæ nunc Ptolemais dicitur (*Act.* 21. 5): et per campos Mageddo, Josiæ necis conscios, intravit terram Philisthiim. Mirata ruinas Dor, urbis quondam potentissimæ; et versa vice, Stratonis turrim ab Herode rege (*Ascalonuita, seu magno*) Judææ in honorem Cæsaris Augusti Cæsaream nuncupatam, in qua Cornelii domum, Christi vidit Ecclesiam, et Philippi ædiculas, et (*h*) cubicula quatuor virginum

---

(*a*) Duo codd. *quis Clericorum* pro *clinicorum*: vitiose.
(*b*) Reginæ alter, *frequentiam sustinere, quæ mœrebat,* etc.
(*c*) Puta ad Romanam Synodum anni 582 quæ sub Damaso Papa, Gratiani, Valentiniani junioris, ac Theodosii jussibus coacta est ad compescendas Antiochenæ Ecclesiæ turbas, factionesque episcoporum, qui eam simul obtinebant, Paulini, et Flaviani. Sic Epist. 127 ad Principiam num. 10. *Cum et me,* inquit, *Romam cum sanctis Pontificibus Paulino, et Epiphanio Ecclesiastica traxisset necessitas.*
(*d*) Regiæ membranæ, *descendit ad portum, cognatis affinibus,* etc. absque *fratris* vocabulo.

(*e*) Plurium numero Reginæ libet *ad insulas Pontias*. Recolendus in hunc locum Eusebius, sive Hier. in Chronico ad annum 16. Domitiani: «Scribit Brutius, plurimos Christianorum sub Domitiano fecisse martyrium, inter quos et Flaviam Domitillam Flavii Clementis Consulis ex sorore neptem in insulam Pontiam relegatam, quia se Christianam esse testata est.»
(*f*) Iisdem plane vestigiis Phocas ab Allatio editus, quem prederit interdum contulisse, Μετὰ τὴν Σιδῶνα, τὸ Σαρεφθὰ κάστρον περὶ τὸ κλύσμα τῆς θαλάσσης τεθεμελίωται, καὶ ναὸς προσφάτου Ἠλιοῦ ἐπὶ τῇ οἰκίᾳ τῆς ξενισάσης αὐτὸν χήρας, μέσον τοῦ πολίσματος ἵδρυται. « Post Sidonem, Sarephta castrum in alluvione ipsa maris fundatur, et templum (*Hier.* turriculam) Prophetæ Eliæ in æde viduæ, quæ eum hospitio exceperat, media in urbe assurgit.»
(*g*) Mss. codices nostri omnes *Acho*, cujus loco olim erat *ad Coth*, et Martianæus *Acco* emendavit, ut videtur ex ingenio, cum Mss. exemplaria non adducat. Lectionem asserit et paulo ante laudatus Phocas, ἐκεῖθεν ἐστὶν ἡ Πτολεμαΐς, ἤτοι τὸ Ἄκκε. Ejus autem civitatis mentio est quoque Jud. 1.31.
(*h*) Duo Reginæ Mss. minori numero, *et cubiculum*

prophetarum. Deinde Antipatrida, semirutum oppidulum, quod de patris nomine Herodes vocaverat; et Lyddam versam in Diospolim (a), Dorcadis, atque Æneæ resurrectione (Actor. 9), ac sanitate inclytam. Haud procul ab ea Arimathiam viculum Joseph, qui Dominum sepelivit; et (b) Nobe urbem quondam sacerdotum, nunc tumulum occisorum. Joppen quoque fugientis portum Jonæ (Jon. 1. 2); et (ut aliquid perstringam de fabulis Poetarum) religatæ ad saxum (c) Andromedæ spectatricem. Repetitoque itinere, Nicopolim, quæ prius Emmaus vocabatur, apud quam in fractione panis cognitus Dominus (Luc. 24. 58), Cleophæ domum in Ecclesiam dedicavit. Atque inde proficiscens ascendit Bethoron inferiorem et superiorem, urbes a Salomone conditas, sed varia postea bellorum tempestate deletas : ad dexteram aspiciens Ajalon, et Gabaon, ubi Jesus filius Nave contra quinque reges dimicans, soli imperavit et lunæ : et Gabaonitas ob dolos et insidias fœderis impetrati, in aquarios, lignariosque damnavit (Jos. 9. et 10). In Gabaa urbe usque ad solum diruta, paululum substitit, recordata peccati ejus, et concubinæ in frusta divisæ, et tribus Benjamin (1) trecentos viros, propter Apostolum reservatos.

697 9. Quid diu moror? ad lævam (d) mausoleo Helenæ derelicto, quæ Adiabenorum regina in fame populum frumento juverat, ingressa est Jerosolymam urbem trinominem, Jebus, Salem, Jerusalem, quæ ab Ælio postea Hadriano de ruinis, et cineribus civitatis in Æliam suscitata est. Cumque proconsul Palæstinæ, qui familiam ejus optime noverat, præmissis Apparitoribus jussisset parari prætorium, elegit humilem cellulam : et cuncta loca tanto ardore ac studio circumivit, ut nisi ad reliqua festinaret, a primis non posset abduci. Prostrataque ante Crucem, quasi pendentem Dominum cerneret, adorabat. In-

gressa sepulcrum resurrectionis, osculabatur (e) lapidem, quem ab ostio monumenti amoverat angelus. Et ipsum corporis locum in quo Dominus jacuerat, quasi sitiens desideratas aquas, fideli ore lambebat. Quid ibi lacrymarum, quantum gemituum, quid doloris effuderit, testis est cuncta Jerosolyma : testis est ipse Dominus, quem rogabat. Unde egrediens ascendit Sion, quæ in arcem, vel speculam vertitur. Hanc urbem quondam expugnavit et reædificavit David. De expugnata scribitur : *Væ tibi civitas Ariel*, id est, *leo Dei*, et quondam fortissima, *quam expugnavit David* (Isai. 29. 1) : et de ea, quæ ædificata est : dictum est : *Fundamenta ejus in montibus sanctis : diligit Dominus portas Sion, super omnia tabernacula Jacob* (Ps. 86. 1). Non eas portas, quas hodie cernimus in favillam et cinerem dissolutas : sed portas, quibus non prævalet infernus, et per quas credentium ad Christum ingreditur multitudo. Ostendebatur illi columna Ecclesiæ porticum sustinens, infecta cruore Domini, ad quam vinctus (f), dicitur flagellatus. Monstrabatur locus, ubi super centum viginti credentium animas Spiritus Sanctus descendisset : **698** ut Joelis vaticinium compleretur.

10. Deinde pro facultatula sua, pauperibus atque conservis pecunia distributa, perrexit Bethleem, et in dextera parte itineris stetit ad sepulcrum Rachel, in quo (g) Benjamin, non ut mater vocaverat moriens, *Benoni*, hoc est, *filius doloris mei* (Gen. 35. 18) : sed ut pater prophetavit [al. *prophetizavit*] in spiritu, *filium dextræ* procreavit, atque inde [al. *in*] Bethleem ingressa, et in specum Salvatoris introiens, postquam vidit sacrum virginis diversorium, et stabulum in quo *agnovit bos possessorem suum, et asinus præsepe Domini sui* (Isai. 1. 3); ut illud impleretur, quod in eodem Propheta scriptum est : *Beatus qui seminat* (1) *super aquas, ubi bos et asinus calcant* (Ibid. 32. 20; jux. LXX), me audiente jurabat, cernere se oculis fidei infantem pannis involutum, vagientem in præsepi Dominum, Magos adorantes, stellam fulgentem desuper, matrem Virginem (Matth. 2), nutricium sedulum, pastores nocte venientes, ut viderent (h) verbum quod factum erat (Luc. 2. 16); et jam tunc Evangelistæ Joannis principium dedicarent : *In principio erat Verbum, et Verbum caro factum est* (Joan. 3); parvulos interfectos, Herodem sævientem, Joseph et Mariam fugientes in Ægyptum : mixtisque

---

quatuor, etc. Quemadmodum et Isidorus legit, qui hinc fere omnia exscripsit Origin. in lib. 15. cap. 1.

(a) Non videtur cum S. Luca consentire. Ille enim in Actis Apostolorum in Joppe dicit resuscitatam a Petro Dorcadem, sive Tabitham : in Lydda autem paralytico Æneæ redditam valetudinem.

(b) Innuit libri 1. Regum c. 22 historiam, ubi indignatus Saül, quod Abimelech Davidem in Nobe recepisset, trucidari jussit per Doeg octoginta quinque viros portantes Ephod, et reliquos Nobe incolas, quæ sacerdotalis civitas erat, gladio transverberavit.

(c) Antea erat *andromades*. Huc vero pertinet quod in Commentariis in Jonam c. 1. de Joppe loquens, *hic locus est*, inquit, *in quo usque hodie saxa monstrantur in littore, in quibus Andromeda religata, Persei quondam sit liberata præsidio*. Consentiunt Mela, Josephus, Plinius, quorum primus, *Servatæ a Perseo Andromedæ clarum vestigium, belluæ marinæ ossa immania ostendi*. tradit; alter ἐκεῖ, inquit lib. 3. de Bello, καὶ τῶν Ἀνδρομέδας δεσμῶν ἔτι δείκνυται τύποι πιστούμενοι τὴν ἀρχαιότητα τοῦ μύθου. *Quæ ibi adhuc monstrantur reliquiæ vinculorum Andromedæ, fabulæ antiquitatem persuadent*.

(d) Tradit Josephus Antiq. XX. c. 4. Helenæ Adiabenorum reginæ, ejusque filii Izatis sepulcra ossa ἐν ταῖς πυραμίσιν, ὥς ἡ ἡμῖνα κατεσκεύασε, τρεῖς τὸν ἀριθμὸν, τρία στάδια τῆς τῶν Ἱεροσολυμιτῶν πόλεως ἀπεχούσας, *in Pyramidibus, quas matura tres, iri usque stadiis ab urbe Jerosolymitana dissitas mater Helena exstruxerat*. Euseb. Hist. l. II. cap. 12. Στήλας νοεῖ, ἐν ταῖς προαστείοις τῆς Αἰλίας. *Cippos in Æliæ suburbiis*. Cetera quoque de trinomine Jerosolymæ ex Josepho leg. etc Antiquit. VII. c. 5. et de Bello VI. c. 4. tametsi in ejus urbis cimo non semel peccet, dum vocis originem partim ex Hebræo adsciscit, partim ex Græco.

(1) Gravius *sexcentos* legit ex Judic. 20.

(e) Accedit fidejussor Cyrillus Jerosol. Cathec. 13. cujus testimonio dicitur lapis ille ὁ μέγας σφόδρος παρὰ τῷ μνημείῳ κείμενος, *qui ad hanc usque diem proxime ad monumentum jacet*. Hieronymus contra ipsum monumenti spelunca et prope sarcophagum locat. Mox *fidei*, ore pro *fideli*, veteres membranæ habent.

(c) Victoriis ex quibusdam Vat. codicibus maluit, *dicitur, et flagellatur*. Nostri legunt, ut edidimus, et tantum pro *illi*, Cisterciensis *illic*. Beda de Locis sanctis, *columna*, inquit, *marmorea in medio stat Ecclesiæ, cui adhærens Dominus flagellatus est*. Glossæ auctor in Lucæ c. 23. *Ipsa columna exstatur ad quam ligatus fuit Dominus, quæ usque hodie Dominici sanguinis cernentibus certa signa demonstrat*.

(g) Ante nos editi matris nomen præponunt, *in quo mater Benamin* etc. luxata lectione atque incommoda, quam e Mss. castigamus.

(h) Unus Reginæ liber, *ut viderent novum, quod* etc. in Græco tamen est ῥῆμα; et subsequens contextus obstat.

(I) Præfert Gravius, *super omnes aquas*.

gaudio lacrymis, loquebatur : Salve *Bethleem, domus panis*, in qua natus est ille panis, qui de cœlo descendit. Salve *Ephrata*, regio *uberrima*, atque καρποφόρε [al. καρποφόρα], cujus fertilitas Deus est. De te quondam Michæas vaticinatus est : *Et tu Bethleem domus Ephrata*, (*a*) *non minima es in millibus Juda. Ex te mihi egredietur, qui sit princeps in Israel : et egressus ejus ab initio a diebus æternitatis. Propterea dabis eos usque ad tempus parientis. Pariet, et reliquiæ fratrum ejus convertentur ad filios Israel* (*Mich.* 5. 2. 3). In te enim natus princeps, qui ante Luciferum genitus est (*Psal.* 109) : cujus de Patre nativitas, omnem **699** excedit ætatem. Et tamdiu in te Davidici generis origo permansit, donec virgo pareret, et reliquiæ populi credentis in Christum, converterentur ad filios Israel, et libere prædicarent : *Vobis oportebat primum loqui verbum Dei ; sed quoniam repulistis illud, et indignos vos judicastis æternæ vitæ, ecce convertimus ad gentes* (*Act.* 13. 46). Dixerat enim Deus [al. *Dominus*], *Non veni nisi ad oves perditas domus Israel* (*Matth.* 15. 24). Et eo tempore Jacob super eo verba completa sunt : *Non deficiet princeps ex Juda, et dux de femoribus ejus, donec veniat, cui repositum est, et ipse erit exspectatio gentium* (*Genes.* 49. 10 ; *juxta* LXX). Bene David jurabat , bene vota faciebat dicens : *Si introiero in tabernaculum domus meæ, si ascendero in lectum strati mei : si dedero somnum oculis meis, et palpebris meis dormitationem, et requiem temporibus meis, donec inveniam locum Domino, tabernaculum Deo Jacob* (*Ps.* 131. 3 , *et seqq.*) ; et statim quid desideraret exposuit, atque oculis prophetalibus, quem nos venisse jam credimus, ille venturum esse cernebat. *Ecce audivimus illum in Ephrata, invenimus eum in campis sylvæ* (*Ibid.* 6). ZO (*b*) quippe sermo Hebraicus, ut te docente didici, non Mariam matrem Domini, hoc est, αὐτὴν, sed ipsum , id est, αὐτὸν significat. Unde loquitur confidenter : *Introibimus in tabernaculum ejus ; adorabimus in loco ubi steterunt pedes ejus*. Et ego misera atque peccatrix, digna sum judicata deosculari præsepe, in quo Dominus parvulus vagiit? orare in spelunca, in qua virgo puerpera Dominum fudit infantem ? Hæc requies mea, quia Domini mei patria est. Hic habitabo, quoniam Salvator elegit eam. *Paravi lucernam Christo meo* (*Ps.* 137. 37). *Anima mea illi vivet , et semen meum serviet ipsi* (*Ps.* 21. 51). Haud procul inde descendit ad turrim *Ader*, id est, *gregis* (*Gen.* 35. 21):

(*a*) Idem *nonne minima* etc. Confer. epist. 37. ad Pammach. num. 8. Paulo post pro *dabis*, alii *dabit*; sed variat Græcus quoque δώσει, et δώσεις. Vide in Michæam Commentarios.
(*b*) Mss. nostri *Zob*, aut *Zoti* habent, alii penes Martianæum *Sop*, vel *Zod*, quorum postremum haud displiceret, siquidem ex Hebraico זאת in nostro genere exprimit potuit. De impressa lectione multa disserit Benedictinus, quem a lito ad libri calcem , si lubet. Nos id unum exinde constituimus , in Hebraico Hieronymiano exemplari scriptum olim, זה שמענו , vel זאת , vel זי , *hunc* vel *istud*, similiterque post verbum מצאנו , tametsi aliter legerint, LXX. habeantque etiamnum exemplaria Hebraica שמענה , et מצאנה cum feminini generis affixo , *audivimus eam , et invenimus eam*. Mox pro *te docente*, scilicet Hieronymo in Reginæ altero Ms. est *ut a docente*.

juxta quam Jacob (*c*) pavit greges suos , et pastores nocte vigilantes audire meruerunt : *Gloria in excelsis Deo, et super terram pax hominibus bonæ voluntatis* (*Luc.* 2. 14). Dumque servant oves , invenerunt Agnum **700** Dei puro et mundissimo vellere, quod in ariditate totius terræ cœlesti rore complutum est (*Judic.* 6. 37) : et cujus sanguis tulit peccata mundi , et exterminatorem Ægypti, litus in postibus fugavit (*Exod.* 12).

11. Statimque concito gradu, cœpit per viam veterem pergere , quæ ducit Gazam , ad *potentiam* vel ad *divitias* Dei ; et tacita secum volvere , quomodo Eunuchus Æthiops gentium populos præfigurans, mutaverit pellem suam ; et dum vetus relegit instrumentum , fontem reperit Evangelii. Atque inde ad dexteram (1) transit. A Bethsur venit *Escol* , quæ in *botrum* vertitur (*Num.* 13. 24. *et* 25). Unde in testimonium terræ fertilissimæ, et in typum ejus qui dicit: *Torcular calcavi solus, et de gentibus* (*d*) *non est vir mecum* (*Isai.* 63. 3). exploratores botrum miræ magnitudinis portaverunt (*Num.* 13). Nec post longum spatium intravit Saræ cellulas, videns incunabula Isaac, et vestigia quercus Abraham , sub qua vidit diem Christi, et lætatus est. Atque inde consurgens, ascendit Chebron, hæc est *Cariath-arbe*, id est, *oppidum virorum quatuor*, Abraham , Isaac, Jacob, et (*e*) Adam magni , quem ibi conditum , juxta librum Jesu Nave Hebræi autumant : licet plerique Caleb quartum putent, cujus ex latere memoria monstratur. His inspectis, noluit pergere ad *Cariath sepher*, id est , *vinculum litterarum :* quia contemnens occidentem litteram, repererat spiritum vivificantem. Magisque mirabatur superiores et inferiores aquas, quas Othoniel filius Jephone Kenez pro australi terra et arida possessione susceperat (*Judic.* 1), et (*f*) quarum ductu, siccos prioris Instrumenti agros faciebat irriguos : ut redemptionem veterum peccatorum , in aquis baptismi reperiret. Altera die, orto jam sole, stetit in supercilio (*g*) *Caphar Barucha*, id est *villæ benedictionis :* quem ad locum Abraham Dominum prosecutus est. Unde latam despiciens solitudinem , ac terram quondam **701** Sodomæ et Gomorrhæ, Adamæ, et Seboim, contemplata est balsami vineas

(*c*) In aliquot Mss. *potavit gregem suum*.
(*d*) Duo Reginæ Mss. *vir mecum non fuit*, renuente etiam Græc. οὐκ ἔστιν.
(*e*) Hebræorum traditio est, cui comminiscendæ locum fecerunt Josue verba 14. 15. *idum maximus ibi inter Enacim situs est ;* quæ tamen non Adamum protoparentem notant , sed ἄλλως hominem (qui *Adam* Hebraice dicitur) prægrandem, et celeberrimum, qui cum *Arbe* , nomen esset , id est *quatuor* , ab illo est civitas cognominata , in eaque ipse situs post mortem. Vide quæ adnotamus lib. de Locis ad vocem *Arbe*. Qui Calebum quartum putant, inde argumentantur, quod illi e vitas Hebron a Josue in partem data sit.
(*f*) Perperam apud Erasm. et Martianæum , *et aquarum ductu*, pro *quarum*, ut ante nos emendaverat ipse Victorius.
(*g*) Meminit etiam S. Epiphanius *Caphar Baricha*, ut vocat, loci ter mille passibus ab Hebrone. Idem porro videtur, qui 2. Paralip. c. 20. v. 26. *Vallis benedictionis* appellatur.
(1) Uno verbo mavult Gravius *transita* (pro *transit a*) *Bethsur*, venit etc.

in Engaddi, et Segor, vitulam (a) consternantem (*Isai.* 15), quæ prius *Bala* vocabatur; et in *Zoaram*, id est, *parvulam*, Syro sermone translata est. Recordabatur speluncæ Lot, et versa in lacrymas, virgines socias admonebat, cavenda esse vinum, in quo est luxuria, cujus opus Moabitæ sunt, et Ammonitæ (*Gen.* 19).

12. Diu hæreo in meridie, (b) ubi sponsa cubantem reperit sponsum, et Joseph inebriatus est cum fratribus suis (*Cant.* 1. 6. *Gen.* 43. 16) Revertar Jerosolymam, et per Thecuam atque Amos, rutilantem montis Oliveti (c) Crucem aspiciam, de quo Salvator ascendit ad Patrem. In quo per (d) annos singulos Vacca rufa in holocaustum Domino cremabatur, et cujus cinis expiabat populum Israel (*Num.* 19) : in quo, juxta Ezechielem, Cherubim de Templo transmigrantes, Ecclesiam Domini fundaverunt. Post ingressa sepulcrum Lazari, Mariæ et Marthæ vidit hospitium ; et *Bethphage*, (e) *villam sacerdotalium maxillarum;* et locum in quo pullus lasciviens gentium, Dei frena suscepit, Apostolorumque stratus vestibus, mollia terga præbuit ad sedendum. Rectoque itinere descendebat Jericho, recogitans illum de Evangelio vulneratum, ac Sacerdotibus et Levitis, mentis feritate prætereuntibus, clementiam *Samaritæ*, id est, *custodis*; qui seminecem [al. *semivivum*] suo jumento impositum, ad stabulum Ecclesiæ deportavit (*Luc.* 10). Et locum *Adomim* quod interpretur *sanguinum*, quia multus in eo sanguis crebris latronum fundebatur incursibus. Et arborem sycomorum Zachæi, id est, bona pœnitentiæ opera, quibus cruenta dudum et noxia rapinis, peccata calcabat: **702** excelsumque Dominum de excelso virtutum intuebatur; et juxta viam cæcorum (*Matth.* 20. 30) loca, qui receptis luminibus, utriusque populi credentis in Dominum, sacramenta præmiserant. Ingressa Jericho, vidit urbem quam fundavit (f) Hiel in Abiram primogenito suo, et cujus portas posuit in Segub novissimo filiorum (*Jos.* 5. 5. *et* 4. 8). Intuita est castra Galgalæ, et acervum præputiorum, et secundæ circumcisionis mysterium; et duodecim lapides, qui de Jordanis illuc translati alveo, duodecim Apostolorum fundamenta firmaverant ; et fontem quondam Legis amarissimum et sterilem, quem verus Elisæus sua condivit sapientia, et in dulcorem ubertatemque convertit (*4. Reg.* 2. 22). Vix nox transierat, (g) ferventissimo æstu venit ad [al. *in*] Jordanem; stetit in ripa fluminis, et orto sole, solis justitiæ recordata est; quomodo in medio amnis alveo sicca sacerdotes posuerint vestigia (*Jos.* 3. 5); et ad Eliæ et Elisæi imperium, stantibus ex utraque parte aquis, iter unda præbuerit (*4. Reg.* 2); pollutasque diluvio aquas, et totius humani generis intersectione maculatas, suo Dominus mundaverit baptismate.

13. Longum est, si velim de valle *Achor* dicere, id est, *tumultus atque turbarum*, in qua furtum et avaritia condemnata est (*Jos.* 7. 25) ; et de *Bethel, Domo Dei*, in qua super nudam humum nudus et pauper dormivit Jacob; et posito subter caput lapide, qui in Zacharia septem oculos habere describitur (*Zach.* 3. 9), et in Isaia lapis dicitur angularis (*Isai.* 28. 16) vidit scalam usque ad cœlum tendentem, in qua Dominus desuper innitebatur (*Gen.* 28), ascendentibus porrigens manum, et negligentes de sublimi præcipitans. Sepulcra quoque in monte Ephraim Jesu filii Nave, et Eleazari filii Aaron Sacerdotis, e regione **703** venerata est: quorum alter conditus est in Tamnathsare [al. *Thammitsare*] a septentrionali parte montis Gaas (*Jos.* 24. 30) : alter in Gabaa [Mss. *Gaab*] filii sui Phinees : satisque mirata est, quod distributor possessionum sibi montana et aspera delegisset. Quid narrem Silo, in qua altare dirutum hodieque monstratur, et raptum Sabinarum a Romulo, tribus Benjamitica [al. *Benjaminitica*] præcucurrit. Transivit *Sichem*, non ut plerique errantes legunt *Sichar*, quæ nunc *Neapolis* appellatur, et ex (h) latere montis Garizim extructam circa puteum Jacob intravit Ecclesiam : super quo residens Dominus, sitiensque et esuriens, Samaritanæ fide satiatus est (*Joan.* 4. 6) ; quæ quinque Mosaicorum voluminum viris, sextoque, quem se habere jactabat, errore (b) Dositheï derelicto, verum Messiam, et verum

---

(*a*) Vid. in Isaiam Commentarios cap. 15. Alicubi *consternantem* aut *consternatam* invenitur, mendosa scriptura; conternans etiamest trina, sive quæ ternum annerim comparat.

(*b*) Adeo non infrequens est iis, qui tropologias captant, æquivocis uti sensibus. Heic noster ad meridianam plagam regionemque trahit atque aptat, quæ sub meridiem, sive diei medium a Canticorum sponsa, et Josepho patrata sunt.

(*c*) Victorius *lucem* pro *Crucem* legit, sicque omnino emendandum contendit, quod Christus non in Oliveti monte crucifixus sit, sed inde ad Patrem ascenderit, et licet in eo loco templum exstructum sit, obduci tamen tecto nunquam potuerit, ut patulum ascendentis Christi iter appareat. Scilicet ignorabat, Crucis signum in Oliveti vertice erectum, quod non uno in loco testatur Hieronymus, et potissimum in Sophonic cap. 1. ubi Judæos prohibitos Jerusalem ingredi, *de Oliveti monte quoque Crucis fulgente rexillo plangere ruinas templi sui* dixit. Confer epist. 46. Paulæ et Eustoch ad Marcellam num. 12. Porro pro *revertar*, quod est jamdudum ante, et quod subsequitur *aspiciam*, idem Reatinus interpres *revertebatur*, atque *aspiciebat* de suo, ut videtur, fecit, quo nempe Hieronymum, non Paulam loquentem exhiberet.

(*d*) Desipiunt Rabbini, qui a Moyse usque Esdram unam duntaxat immolatam fuisse dicunt, et ab Esdra ad eversionem templi sex, vel ad summum novem.

(*e*) Hanc fase interpretationem in libro Nominum haud satis probat. Quidam, inquit, *putant donum maxillarum vocari*. Sed in Matthæi cap. 21. initio, *Fethphage* iterum vocat *donum maxillarum, qui sacerdotum viculus erat*. Ex quo intelligas cur heic addiderit *Sacerdotalium*, nisi si malis exciderit argumenti, quod maxilla propria sacerdotum pars erat in Lege. Utramque rationem jungit Theophilactus in Lucam 19. Origenem ἀπολῶς exscribens : βυθραγή οἶκος σιαγόνων, ἱερατικὸς ὢν τόπος: καὶ γὰρ σιαγόνες ταῖς ἱερεῖσι ἐδίδοντο, ὡς ἐν τῷ νόμῳ ἀναγέγραπται. « Bethphage, domus maxillarum, qui locus est sacerdotalis. Maxillæ enim sacerdotibus dabantur, sicut in lege scriptum est. »

(*f*) Repete ex Josue 6. 26. et 3. libro Regum cap. 16. 21. loci hujus intelligentiam. Unus Reginæ. *vidit turrim* (pro *urbem*) *quam fundavit Ahiel* : alius *'chiel* ex Græco Χιήλ.

(*g*) Idem Reg. Ms. *ferventissima et venio*.

(*h*) Vitiose antea erat penes Martianæum *ex lateris*.

(*i*) Quinque Samaritanæ viris totidem comparat Moysis libros, quod nimirum illos duntaxat in censum Divinæ Scripturæ Samaritani reciperent, quorum errori alter accessit ex nova Dositheï hæresi, quem tradit Eusebius *Præpar.* XI. et XII. ad Samaritanos defecisse, quod inter Judæos ἀυτεριπότως principem locum obtinere non potuisset. Vid. Dialogum adversus Luciferianos.

reperit Salvatorem. Atque inde divertens, vidit duodecim Patriarcharum sepulcra : et *Sebastem*, id est, Samariam, quæ in honorem Augusti ab Herode Græco sermone *Augusta* est nominata. Ibi siti sunt Elisæus et Abdias Prophetæ : et (quo major inter natos mulierum non fuit) Joannes Baptista. Ubi multis intremuit consternata mirabilibus : namque cernebat variis dæmones rugire cruciatibus, et ante sepulcra sanctorum ululare homines more luporum, vocibus latrare canum, fremere leonum, sibilare serpentum, mugire taurorum. Alios rotare caput, et post tergum terram vertice tangere, suspensisque pede feminis, (*a*) vestes non defluere in faciem. Miserebatur omnium, et per singulos effusis lacrymis, Christi clementiam deprecabatur. Et sicut erat invalida, ascendit pedibus montem; in cujus duabus speluncis, persecutionis et famis tempore, Abdias propheta centum prophetas aluit pane et aqua (3. *Reg.* 18. 4). Inde cito itinere percucurrit Nazareth, nutriculam Domini; Cana [Mss. *Chanaam*] et Capharnaum, signorum ejus familiares : lacum Tyberiadis, **704** navigante Domino sanctificatum; solitudinem, in qua multa populorum millia paucis saturata sunt panibus, et de reliquis vescentium repleti sunt cophini duodecim tribuum Israel. Scandebat montem Thabor, in quo transfiguratus est Dominus. Aspiciebat procul montes Hermon et Hermoniim, et campos latissimos Galilææ, in quibus Sisara et omnis exercitus ejus, Barach vincente, prostratus est (*Judic.* 4) torrens Cison, qui mediam planitiem dividebat; et oppidum juxta Naim, in quo viduæ suscitatus est filius, monstrabatur. Dies me prius quam sermo deficiet, si voluero cuncta percurrere, quæ Paula venerabilis fide incredibili pervagata est.

14. Transibo ad Ægyptum; et (*b*) in Sochoth, atque apud fontem Samson, quem de molari maxillæ dente produxit (*Judic.* 15. 19), subsistam parumper : et arentia ora colluam, ut refocillatus videam Morasthim, sepulcrum quondam Micheæ prophetæ, nunc Ecclesiam. Et ex latere derelinquam Chorreos, et Getthæos, Maresa, Idumæam, et Lachis; et per are-

nas mollissimas pergentium vestigia subtrahentes, latamque cremi vastitatem, veniam ad Ægypti fluvium *Sior*, qui interpretatur *turbidus :* et quinque Ægypti transeam civitates, quæ loquuntur lingua Chananitide (*Isai.* 19. 18) ; et terram Gessen, et campos Taneos, in quibus fecit Deus mirabilia. Et urbem No, quæ postea versa est in Alexandriam; et oppidum Domini Nitriam, in quo purissimo virtutum nitro sordes lavantur quotidie plurimorum. Quod cum vidisset, occurrente sibi sancto et venerabili Episcopo (*c*) Isidoro Confessore, et turbis innumerabilibus Monachorum, ex quibus multos Sacerdotalis et Leviticus sublimabat gradus ; lætabatur quidem ad gloriam Domini, sed se indignam tanto honore fatebatur. Quid ergo [al. *ego*] narrem Macarios **705** (*d*) Arsenios, Serapionas, et reliqua columnarum Christi nomina? Cujus non intravit cellulam? quorum pedibus non advolata est? Per singulos sanctos Christum se videre credebat; et quidquid in illos contulerat, in Dominum se contulisse lætabatur. Mirus ardor, et vix in femina credibilis fortitudo. Oblita sexus et fragilitatis corporeæ, inter tot millia Monachorum cum puellis suis habitare cupiebat. Et forsitan cunctis eam suscipientibus, impetrasset, ni majus sanctorum Locorum retraxisset desiderium. Atque propter ferventissimos æstus de Pelusio Maiomam navigatione perveniens, tanta velocitate reversa est, ut avem putares. Nec multo post in sancta Bethleem mansura perpetuo, angusto per triennium mansit hospitiolo, donec exstrueret cellulas, ac monasteria, et diversorum peregrinorum juxta viam conderet mansiones, (1) in qua Maria et Joseph hospitium non invenerant. Huc usque iter ejus descriptum sit, quod multis virginibus et filia comite, peragravit.

15. Nunc virtus latius describatur, quæ ipsius propria est, et in qua exponenda, Deo judice ac teste, profiteor me nihil addere, nihil in majus attollere, more laudantium; sed ne rerum excedam fidem [al. *finem*], multa detrahere ; et ne apud detractores, et (*d*) genuino me semper dente rodentes, fingere puter, et cornicem Æsopi alienis coloribus

---

(*a*) Insigni mendo, quod neque Martianæus animadvertit, erat in plerisque omnibus editis ac Mss. libris absque negandi particula, *vestes defluere in faciem*. Nos Cisterciensis cod. admonuit, utque constaret prodigii veritas, contextus orationis persuasit. Accessit ad lectionis fidem asserendam Hilarii locus lib. contra Constantium num. 8. quem Hieronymus heic pene exscripsit. « Veneranda ossa Martyrum quotidie testimonio sunt, du a in his dæmones mugiunt, dum ægritudines depelluntur, dum admirationum opera cernuntur, elevari sine laqueis corpora, et suspensis pede feminis, VESTES NON DEFLUERE IN FACIEM etc. » Sulpitius quoque de S Martino dialog. 3. « Cernere miseros diverso exitu perurgeri, hos sublatis in sublime pedibus, NEC tamen vestes defluere super faciem, ne jaceret verecundiam nudata pars corporeum etc. » Vide si libet et S. Paulinum in Natal. 7. S. Felicis. Quibus addendus alter est Benedictus Paulinus Petrocorius in Vita S. Martini lib. V.
*Inter inane reus pendens et in aere tortor
Porrectis sursum pedibus, constricta rejectis
Vellera vestitus tectis hærentia membris,
Ne flexu curvata suo, vel lapsa retrorsum
Nudarent turpes appensi corporis artus.*

(*b*) Victorius mavult et *inter Sochoth*, *atque fontem sampson* etc. Interim leve descriptionem itineris hinc e Bethleemitico monasterio institui.

(*c*) S. Isidorus Pelusiota sive Pelusii episcopus, qui et Damiatæ dictus est.
(*d*) Bollandus *Arsatas* legit : mallet vero *Arsisium*, de quo, et Serapione Palladii testimonium recitat ex Lausiaca cap. 7. ubi toto sensu se dicit apud Sanctos Patres, magnum Arsisium, et Putaphastum, et Hagionem, et Cronium, et Serapionem in Nitria monte habitasse. Revera Arsenium si retineas, non alius posse videtur intelligi, quam celeberrimus ille Arcadii quondam præceptor; sed temporum ratio obstat, quod cum Macarii ac Serapio desierint, hic cœperit inclarescere. Nihilominus Socrates lib. 4. cap. 27. *Arsenium*, Græc. Ἀρσένιον de nomine vocat monachum, quem post Ammonem, et Didymum cum Isidoro, Paulo, et Macariis recenset, ut nihil dubium sit, ad hæc eum tempora pertinuisse. Sed vereor, quin vitiose Ἀρσένιος pro Ἀρσίσιος ibi scriptum sit ; oporteatque *Orsiesius*, sive, ut Græci loqui amant, *Arsesius* omnino intelligi, nam et Sozomenus lib. 6. c. 30. post Didymum, et Cronionem, magnum Ἀρσίσιον, *Arsisium*, sive *Orsesium*, cum Putabasto, Serapione, atque aliis locat.
(*e*) Quidam Mss. apud Bollandum, *quorum est germanum insontes semper dente superbo rodere*, ex imperiti glossatoris ingenio.
(1) Asserendi sensu Grav. *in quo Maria et Joseph hospitium invenirent.*

adornare. Quæ prima Christianorum virtus est, tanta se humilitate dejecit, ut qui eam non vidisset, et pro celebritate nominis videre gestisset, ipsam esse non crederet, sed ancillularum ultimam. Et cum frequentibus choris virginum cingeretur, et veste et voce et habitu, et incessu minima omnium erat. Nunquam post viri mortem usque ad diem dormitionis suæ cum ullo comedit viro, quamvis eum sanctum et in pontificali sciret culmine constitutum. Balneas, nisi periclitans, non adiit. Mollia, **706** etiam in gravissima febre, lectuli strata non habuit, sed super durissimam humum, stratis ciliciolis quiescebat, si tamen illa quies dicenda est, quæ jugibus pene orationibus dies noctesque jungebat [Ms. *jungebatur*]; illud implens de Psalterio : *Lavabo per singulas noctes lectum meum, lacrymis meis stratum meum rigabo* (*Psal.* 6. 7). (*a*) In qua fontes crederes lacrymarum, ita levia peccato plangebat, ut illam gravissimorum criminum crederes ream. Cumque a nobis crebrius moneretur, ut parceret oculis, et eos servaret Evangelicæ lectioni, aiebat : Turpanda est facies, quam contra Dei præceptum purpurisso et cerussa et stibio sæpe depinxi. Affligendum corpus, quod multis vacavit deliciis. Longus risus, perpeti compensandus est fletu. Mollia linteamina et serica pretiosissima, asperitate cilicii commutanda. Quæ viro et sæculo placui, nunc Christo placere desidero. Si inter tales tantasque virtutes castitatem in illa voluero prædicare, superfluus videar : in qua etiam cum sæcularis esset, omnium Romæ matronarum exemplum fuit : quæ ita se gessit, ut nunquam de illa etiam maledicorum quidquam auderet fama contingere. Nihil animo ejus clementius, nihil erga humiles blandius fuit. Non appetebat [Ms. *appellabat*] potentes : nec tamen superbos et gloriolam quærentes, fastidio despiciebat. Si pauperem videbat, sustentabat; si divitem, ad benefaciendum hortabatur. Liberalitas sola excedebat modum. Et usuras tribuens, (*b*) versuram quoque sæpius faciebat, ut nulli stipem rogantium denegaret. Fateor errorem meum : cum [al. *cur*] in largiendo esset profusior, arguebam, illud proferens de Apostolo : *Non ut aliis sit refrigerium, vobis* [al. *nobis*] *autem tribulatio : sed ex æqualitate in hoc tempore, ut vestra abundantia sit ad illorum inopiam, et illorum abundantia sit ad vestram inopiam* (2. *Cor.* 8. 13). Et hoc de Evangelio Salvatoris : *Qui habet duas tunicas, det alteram non habenti* (*Luc.* 3, 11). Et providendum **707** esse, ne quod libenter faceret, semper facere non posset : multaque hujuscemodi, quæ illa mira verecundia, et sermone parcissimo dissolvebat : testem invocans Deum, se pro illius nomine cuncta facere; hoc et habere voti, ut mendicans ipsa moreretur : ut unum nummum filiæ non dimitteret, et in funere suo aliena sindone involveretur. Ad extremum inferebat: Ego si petiero, multos inveniam qui mihi tribuant :

(*a*) Victorius in duobus Mss. invenerat : *In quo fonte lacrymarum*, etc.
(*b*) Duo Reginæ codd. *usuram iterum pro versura obtrudunt*. Vide Donatum in Terentii Phormion. 3. 2. in fine.

iste mendicans si a me non acceperit, quæ ei possum etiam de alieno tribuere, (*c*) et mortuus fuerit, a quo ejus anima requireretur ? Ego cautiorem in re familiari esse cupiebam; sed illa ardentior fide, toto Salvatori animo jungebatur, et pauperem Dominum, pauper spiritu sequebatur, reddens ei quod acceperat, pauper pro ipso affecta. Denique consecuta est quod optabat, et in grandi ære alieno filiam dereliquit, quod huc usque debens non suis viribus, sed Christi se confidit misericordia redditurum.

16. (*d*) Solent pleræque matronarum buccinatoribus suis dona conferre, et in paucos largitate profusa, manum a cæteris retrahere : quo illa omnino carebat vitio; ita enim singulis suam pecuniam dividebat, ut singulis necessarium erat, non ad luxuriam, sed ad necessitatem. (*e*) Nemo ab ea pauperum vacuus reversus est. Quod obtinebat, non divitiarum magnitudine, sed prudentia dispensandi : illud semper replicans, *Beati misericordes, quoniam ipsi misericordiam consequentur* (*Matth.* 5. 7). Et : *Sicut aqua extinguit ignem, ita eleemosyna extinguit peccatum* (*Eccli.* 16. 9). Et : *Facite vobis amicos de iniquo mamona, qui vos recipiant in æterna tabernacula* (*Luc.* 16. 9). Et : *Date eleemosynam, et ecce omnia munda sunt vobis* (*Ibid.* 12). Et verba Danielis, regem Nabuchodonosor monentis [al. *sermone monentis*], ut eleemosynis redimeret peccata sua (*Dan.* 4). Nolebat in his lapidibus pecuniam effundere, qui cum terra et sæculo transituri sunt, sed in vivis lapidibus, qui volvuntur super terram (*Zach.* 9. 36. *juxta LXX*), de quibus in Apocalypsi Joannis (*Cap.* 16. 21. *et* 22), civitas magni regis exstruitur : quos in saphirum et smaragdum et jaspidem, et cæteras gemmas esse vertendos, Scriptura commemorat.

17. Verum hæc possunt esse communia cum (*f*) paucis; et scit diabolus non in summo virtutum culmine posita. **708** Unde loquitur ad Dominum, post amissam Job substantiam, post eversam domum, post liberos interfectos, *Corium pro corio, et omnia quæ habuerit homo, dabit pro anima sua. Sed extende manum tuam, et tange ossa ejus et carnes, nisi in faciem benedixerit tibi* (*Job.* 2. 4). Scimus plerosque dedisse eleemosynam, sed de proprio corpore nihil dedisse : porrexisse egentibus manum, sed carnis voluptate superatos, dealbasse ea quæ foris erant, et intus plenos fuisse ossibus mortuorum. At non Paula talis, quæ tantæ continentiæ fuit, ut prope mensuram excederet, et debilitatem corporis nimiis jejuniis ac labore contraheret. Quæ exceptis diebus festis, vix oleum in cibo caperet, ut ex hoc uno æstimetur, quid de vino et liquamine, et piscibus,

(*c*) Unus Reginæ Ms. *et si mortuus fuerit*. Mox alii, *sed illa ardentiori fide*.
(*d*) In Reginæ altero, *solent plerique Romanorum buccinatoribus*.
(*e*) Hæc, *Nemo ab ea pauperum vacuus reversus est*, in vetustiori Reginæ Ms. non inveniuntur. Forte etiam vitiosa trajectione peccant.
(*f*) Mallemus Victorii lectionem præferre, *cum multis*, nisi *cum paucis* haberent quotquot inspeximus Mss. libri. *Cum multis* quoque Bollandus legit notatque ad *imum marginem ex Ms. S. Maximi cum paucis*.

et (a) lacte, et melle, et ovis, et reliquis, quæ gustui suavia sunt, judicarit. In quibus sumendis quidam se abstinentissimos putant; et si his ventrem ingurgitaverint, tutam pudicitiam suspicantur.

18. Semper quidem virtutes sequitur invidia, *feriuntque summos Fulgura montes* (*ex Horatio*). Nec mirum si hoc de hominibus loquar, cum etiam Dominus noster Pharisæorum zelo sit crucifixus, et omnes sancti æmulos habuerint : in paradiso quoque serpens fuerit, cujus invidia mors introivit in orbem terrarum (*Sap.* 2. 24). Suscitaverat ei Dominus Adad Idumæum, qui eam colaphizaret, ne se extolleret (3. *Reg.* 11. 14) : et quasi quodam stimulo carnis sæpius admonebat (2. *Cor.* 12. 7); (b) ne magnitudo virtutum altius raperet, et aliarum vitiis feminarum, se in excelso crederet constitutam. Ego aiebam, livori esse cedendum, et dandum insaniæ locum : quod fecisset Jacob in fratre suo Esaü, et David in pertinaci-simo inimicorum Saül : quorum alter in Mesopotamiam fugerit; alter se Allophylis tradiderit, malens hostibus, quam invidis subjacere. At illa respondebat : Juste hæc diceres, si diabolus contra servos Dei, et ancillas, non ubique pugnaret, et ad omnia loca fugientes non præcederet; si non sanctorum Locorum amore retinerer, et Bethleem meam in alia reperire possem parte terrarum. Cur enim non patientia livorem superem? cur non humilitate frangam superbiam; et percutienti maxillam, offeram alteram? Dicente **709** Apostolo Paulo ? *Vincite in bono malum* (*Rom.* 12. 21). Nonne Apostoli gloriabantur, quando pro Domino sunt passi contumeliam? Nonne ipse Salvator humiliavit se, formam servi accipiens, et factus est obediens Patri usque ad mortem, et mortem crucis (*Phil.* 2. 7), ut nos sua passione salvaret? Job nisi certasset, et vicisset in prælio, non accepisset coronam justitiæ, nec audisset a Domino : *Putas me aliter locutum tibi, quam ut appareres justus* (*Job.* 4. 2. juxt. *LXX*) ? Beati dicuntur in Evangelio, qui persecutionem patiuntur propter justitiam (*Matth.* 5. 10). Secura scit [fort. sit] conscientia, quod non propter peccata patiamur; et afflictio in sæculo, materia præmiorum est. Si quando procacior fuisset inimicus, et usque ad verborum jurgia prosiluisset, illud Psalterii decantabat : *Cum consisteret adversum me peccator, obmutui et silui a bonis* (*Psal.* 58. 2). Et rursus : *Ego autem quasi surdus non audiebam, et quasi mutus non aperiens os suum*. Et, *Factus sum sicut homo non audiens, et non habens in ore suo increpationes* (*Psal.* 37. 14). In tentationibus, Deuteronomii verba volvebat : *Tentat vos Dominus Deus vester, ut sciat si diligatis Dominum Deum vestrum de toto corde vestro, et de tota anima vestra* (*Deut.* 13. 3). In tribulationibus et angustiis, Isaiæ replicabat eloquia : *Qui ablactati estis a lacte, qui abstracti ab ubere, tribulationem super tribulationem exspectate, spem super spem ; adhuc pusillum propter malitiam labiorum*, (c) *propter linguam malignam* (*Isai.* 28. 9 et seqq. juxt. *LXX*). Et Scripturæ testimonium in consolationem suam edisserebat : ablactatorum esse, eorum scilicet, qui ad virilem ætatem pervenissent, tribulationem super tribulationem sustinere, ut spem super spem mereantur accipere. *Sciens quoniam tribulatio patientiam operatur, patientia autem probationem, probatio vero spem, spes autem non confundit* (*Rom.* 5. 3. 4). Et, *Quod si is qui foris est homo noster, corrumpatur, ille qui intus est, innovetur* : Et, *In præsentiarum leve et momentaneum tribulationis* (d) *nostræ, æternæ* [al. *æternum*] *gloriæ pondus operatur in nobis, non aspicientibus quæ videntur, sed quæ non videntur. Quæ enim videntur, temporalia sunt, quæ autem non videntur, æterna* (2. *Cor.* 4. 16. *et seqq.*). Nec longum fore tempus, etiam si humanæ impatientiæ tardum videatur, quin Dei statim (e) sequatur auxilium dicentis : *Tempore opportuno exaudivi te, et in die salutis auxiliatus sum tibi* (*Isai.* 49. 8). Nec dolosa labia, et linguas **710** iniquorum esse metuendas, cum Domino adjutore lætemur, et ipsum debeamus audire per Prophetam monentem : *Nolite timere opprobria hominum, et blasphemias eorum ne metueritis, sicut enim vestimentum, sic comedet eos vermis; et sicut lanam, sic devoravit eos tinea* (*Isai.* 51. 7. 8). Et : *Per patientiam vestram possidebitis animas vestras* (*Luc.* 21. 19). Et : *Non sunt condignæ passiones hujus temporis ad futuram gloriam, quæ revelabitur in nobis* (*Rom.* 8. 18) : Et alibi : *Tribulationem super tribulationem sustinere* (*Ephes.* 3) : ut patienter agamus in omnibus quæ accidunt nobis. *Patiens enim vir* (f) *multum prudens : qui autem pusillanimis est, vehementer insipiens* (*Prov.* 14. 29).

18. In languoribus et crebra infirmitate dicebat : *Quando infirma sum, tunc fortis sum* (2 *Cor.* 12. 10). *Habemus thesaurum istum in vasis fictilibus* (*Ibid.* 4. 7), *donec mortale hoc induat immortalitatem*, et *corruptivum hoc vestiatur incorruptione* (1. *Cor.* 15. 53). Et iterum : *Sicut superabundant passiones Christi in nobis, et per Christum abundavit et consolatio* (2. *Cor.* 1. 5). Ac deinde : *Ut socii passionum estis, sic eritis et consolationis* (*Ibid.* v. 7). In mœrore cantabat : *Quare tristis es anima mea, et quare conturbas me? Spera in Deo, quoniam adhuc confitebor illi, salutare vultus mei, et Deus meus* (*Psal.* 41. 12). In periculis loquebatur : *Qui vult venire post me, abneget semetipsum, et tollat crucem suam, et sequatur me* (*Luc.* 9. 23). Et rursum, *Qui vult animam suam salvam facere, perdet eam*. Et, *Qui perdiderit animam suam proter me, salvam eam faciet* (*Ibid.* 24). Quando dispendia rei familiaris et eversio totius patrimonii nuntiabatur, aiebat : *Quid*

(a) Voculas, *et lacte*, quas fere omnes Mss. atque excusi libri retinent, post Erasmum omiserat quoque Martianæus.
(b) In plerisque Mss. atque impressis codicibus, *ne magnitudine virtutum altius superet*. Hæc vero lectio quam retinuimus, Pauli sententiæ congruit magis.

(c) Duo penes Bollandum Mss. propter linguam alienam : pressius Græco, διὰ γλώσσης ἑτέρας.
(d) Antea erat *tribulationis vestræ*, et consequenter *nobis* contra Mss. et sacri textus consensum.
(e) Sic Mss. pro quo in editis obtinebat, *videatur*, non satis recte.
(f) Rectius, ut videatur, unus Reginæ Ms. *multus prudentia*, ex Græco πολὺς ἐν φρονήσει.

enim prodest homini, si totum mundum lucrifecerit, et animae suae damnum habuerit? aut quam dabit homo commutationem pro anima sua (*Matth.* 16. 25)? Et, *Nudus exivi de utero matris meae, nudus et redeam. Sicut Domino placuit, ita factum est, Sit nomen Domini benedictum* (*Job.* 1 21). Et illud : *Nolite diligere mundum, neque ea quae sunt in mundo. Quoniam omne, quod in mundo est, desiderium carnis est, et concupiscentia oculorum, et superbia vitae hujus : quae non est ex Patre, sed ex mundo. Et mundus transit, et concupiscentia ejus* (1. *Joan.* 2. 15. 16. 17). Scio et scriptas infirmitates gravissimas liberorum et maxime Toxotii sui, quem diligebat plurimum. Cumque illud virtute complexset, *turbata sum, et non sum locuta* (*Ps.* 76), in haec verba prorupit : *Qui amat filium aut filiam plus quam me, non est me dignus* (*Matth.* 10. 37). Et **711** orans ad Dominum, loquebatur : *Possidē Domine filios mortificatorum* (*Psal.* 78. 11), qui pro te quotidie mortificant corpora sua. Novi susurronem quemdam (quod genus hominum vel perniciosissimum est) quasi benevolum nuntiasse, quod pro nimio fervore virtutum quibusdam videretur insana, et cerebrum illius dicerent confovendum. Cui illa respondit : *Theatrum facti sumus mundo, et Angelis, et hominibus* (1. *Cor.* 4. 9) : Et : *Nos stulti propter Christum ;* sed *stultum Dei sapientius est hominibus* (*Ibid.* 1. 25) : Unde et Salvator loquitur ad Patrem : *Tu scis insipientiam meam* (*Psal.* 68. 6). Et iterum : *Tanquam prodigium factus sum multis, et tu adjutor fortis* (*Psal.* 70. 7), *Ut jumentum factus sum apud te, et ego semper tecum*. Quem in Evangelio et propinqui quasi mentis impotem ligare cupiebant (*Joan.* 10), et adversarii suggillabant, dicentes, *Daemonium habet, et Samaritanus est* (*Ibid.* 8. 48). Et, *In Beelzebub principe daemoniorum ejicit daemonia* (*Matth.* 12. 24). Sed nos audiamus Apostolum cohortantem. *Haec est gloria nostra, testimonium conscientiae nostrae ; quoniam in sanctitate et sinceritate, et in gratia Dei conversati sumus in mundo* (1. *Cor.* 1. 12). Et Dominum dicentem ad Apostolos : *Ideo mundus odit vos, quoniam non estis de mundo. Si enim essetis de mundo, amaret utique mundus quod suum erat* (*Joan.* 15. 19). Et ad ipsum Dominum verba vertebat : *Tu nosti cordis abscondita*. Et, *Haec omnia venerunt super nos, nec sumus obliti tui, nec inique egimus in testamento tuo, nec aversum est retrorsum cor nostrum* (*Psal.* 43. 18 et 19). Et, *Propter te mortificati sumus tota die, reputati sumus ut oves occisionis* (*Rom.* 8. 36). Sed Dominus auxiliator meus, non timebo quid faciat mihi homo (*Psal.* 117. 6). (1) *Legit enim : Fili honora Dominum, et confortaberis, et extra Dominum nullum timueris* (*Prov.* 7. 1. juxt. *LXX*). His et talibus testimoniis, quasi armatura Dei, et adversus omnia quidem vitia, sed praecipue instruebat se contra invidiam saevientem ; et patiendo injurias, furorem rabidi pectoris mitigabat. Denique usque ad diem mortis, et **712** hujus patientiae, et aliorum zelus omnibus patuit :

(1) Antea erat *Legi*, minus bene. Mox *extra* cum pro *extra Dominum*. Gravius.

qui suum rodit auctorem, et dum aemulum laedere nititur, in semetipsum proprio furore bacchatur.

19. Dicam et de ordine monasterii, quomodo Sanctorum continentiam in suum verterit lucrum. Seminabat carnalia, ut meteret spiritualia (1. *Cor.* 9) : dabat terrena, ut coelestia tolleret : brevia concedebat, ut pro his aeterna mutaret. Post virorum monasterium, quod viris tradiderat gubernandum, plures virgines quas e diversis provinciis congregarat, tam nobiles, quam medii, et infimi generis, in (*a*) tres turmas, monasteriaque divisit : ita duntaxat, ut in opere et in cibo separatae, psalmodiis et orationibus jungerentur. Post ALLELUIA cantatum (quo (*b*) signo vocabantur ad Collectam) nulli residere licitum erat. Sed prima, seu inter primas veniens, caeterarum operiebatur adventum, pudore et exemplo ad laborem eas provocans, non terrore. Mane, hora Tertia, Sexta, Nona, Vespere, noctis medio, per (*c*) ordinem Psalterium cantabant. Nec licebat cuiquam sororum ignorare Psalmos, et non de Scripturis sanctis quotidie aliquid discere. Die tantum Dominico ad Ecclesiam procedebant, ex (*d*) cujus habitabant latere. Et unumquodque agmen matrem propriam sequebatur : atque inde pariter revertentes, instabant operi distributo, et vel sibi, vel caeteris indumenta faciebant. Si qua erat nobilis, non permittebatur de domo sua habere comitem, ne veterum actuum memor, et lascivientis infantiae errorem refricaret antiquum, et crebra confabulatione renovaret. Unus omnium habitus. Linteamine ad tergendas solum manus utebantur. A viris tanta separatio, ut a spadonibus quoque eas sejungeret, ne ullam daret occasionem linguae maledicae, quae sanctos carpere solita est in solatium delin-

(*a*) Vetustior reginae Ms. *tres* voculam non agnoscit ; et pro *monasteriaque* unus S. Maximi, teste Bollando, habet *per monesteria* : ipse *monasterium* numero numero maluisset ; modo enim Hieronymus dicturum se *de ordine monasterii*, non *monasteriorum*, proposuerat. In alteram quidem trium turmarum perquam verisimile est ab aliis excogitatum ex ea qua heic est, *nobilis, medii, atque infimi generis* ratione ; facile enim in turmas aut pauciores, aut plures, virgines illas tribuerit Paula, non ex generis sorte, sed habito ad aetatem, studia, indolem, virtutes, aliaque id genus, respectu. De monasterio aut coenobiis sollicitis sumus, unumne dicendum, an plura, quamquidem constat eodem omnes sexto fuisse coenobiis, quae saepius in die convenirent potissimum canonicis horis decantandis. Illud Quaresmius Peregrinat. 2. cap. 15. ex ruderibus antiquis, et Paulae nomine, quo insigniebatur, patet invenisse, ac describit.

(*b*) Epist. 58. ad Marcellum n. 4. de Blaesilla : *Mane ad orandum festina consurgit, et tumida voce, caeteris alleluia praeripiens, prior incipit laudare Dominum suum*.

(*c*) Haec nempe erat consuetudo in multis, et maxime Aegypti Ecclesiis ac certibus Monachorum, ut Psalmi non ut hodie fit, alternis versiculis ab omnibus simul, sed a singulis singuli decantarentur ; idque est quod *per ordinem Psalterium canere*, Hieron. heic atque alibi, tum alii ejus, et sequioris aevi Scriptores vocant. Insignis Cassian. locus est lib. 2. cap. 5. « Quotidianos orationum ritus volentibus celebrare, unus in medio psalmos cantaturus exsurgit, sedentibus cunctis (ut moris est nunc quoque in Aegypti partibus) et in psallentis verba omni cordis intentione defixis. Et c. 20. Tantum a cunctis silentium praebetur, ut cum in unam tam numerosa fratrum multitudo conveniat, praeter illum, qui consurgens psalmum decantat in medio, nullus hominum prorsus adesse credatur. » Vid. infr. n. 59. et in epist. 125. ad Rusticum.

(*d*) Erat ad Autumn. Nativitatis Christi, quam Constantinus atque Helena exstruxerat.

quendi. Si **713** qua vel tardior veniebat ad Psalmos, vel erat in opere pigrior, variis eam modis aggrediebatur. Si erat iracunda, blanditiis, si patiens, correptione; illud Apostoli imitans : *Quid vultis In virga veniam ad vos, an in spiritu lenitatis et mansuetudinis?* Excepto victu et vestitu, nullam habere quidquam patiebatur, dicente Paulo : *Habentes victum et vestitum, his contenti sumus* (1. Timoth. 6. 8); (*a*) ne consuetudine plus habendi, præberet locum avaritiæ, quæ nullis expletur opibus : et quanto amplius habuerit, plus requirit; et neque copia, neque inopia minuitur. Jurgantes inter se, sermone lenissimo fœderabat. Lascivientem adolescentularum carnem crebris et duplicatis frangebat jejuniis, malens eis stomachum dolere, quam mentem. Si vidisset aliquam comptiorem, contractione frontis, et vultus tristitia arguebat errantem, dicens : Munditiam corporis atque vestitus, animæ esse immunditiam. Et turpe verbum atque lascivum, nunquam de ore virgineo proferendum : quibus signis libidinosus animus ostenditur : et per exteriorem hominem, interioris hominis vitia demonstrantur. Quam linguosam, garrulam, ac procacem, (1) rixisque perspexerat delectari, et sæpius commonitam nolle converti, inter ultimas et extra conventum sororum, ad fores triclinii orare faciebat, et separatim cibum capere : ut quam objurgatio non correxerat, emendaret pudor. Furtum quasi sacrilegium detestabatur. Et quod inter sæculi homines, vel leve putatur, vel nihil, hoc in monasteriis gravissimum dicebat esse delictum. Quid memorem clementiam et sedulitatem in ægrotantes, quas miris obsequiis, et ministeriis confovebat? Cumque aliis languentibus, large præberet omnia, et esum quoque exhiberet carnium; si quando ipsa ægrotasset, sibi non indulgebat, et in eo inæqualis videbatur, quod in aliis clementiam, in se duritiam commutabat.

20. Nulla juvenum puellarum sano et vegeto corpore, tantæ se dederat continentiæ, quantæ ipsa fracto et senili debilitatoque corpusculo. Fateor, in hac re pertinacior fuit, ut sibi non parceret, **714** et nulli cederet admonenti. Referam quod expertus sum. Mense Julio ferventissimis æstibus incidit in ardorem febris, et post desperationem, cum Dei misericordia respirasset, et medici persuaderent ob refectionem corporis vino opus esse tenui et parco, ne aquam bibens in hydropem verteretur; et ego clam beatum Papam Epiphanium rogarem, ut eam moneret, imo compelleret vinum bibere, illa ut erat prudens et solertis ingenii, statim sensit insidias; et subridens, meum esse quod ille diceret, intimavit. Quid plura? cum beatus Pontifex post multa hortamenta exisset foras, quærenti mihi quid egisset, respondit : Tantum profeci, ut seni homini pene persuaserit, ne vinum bibam. Hæc refero, non quod inconsideranter, et ultra vires sumpta onera probem, monente Scriptura : *Super te onus ne levaveris;* sed quod mentis ejus ardorem, et desiderium fidelis animæ, ex hac quoque probare velim perseverantia, decantantis : *Sitivit anima mea in te, quam multipliciter tibi caro mea* (*Psal.* 62. 2). Difficile est modum tenere in omnibus. Et vere juxta Philosophorum sententiam, μεσότης ἡ ἀρετὴ, ὑπερβολὴ κακία (*b*) reputantur : Quod nos una et brevi sententiola exprimere possumus : *Ne quid nimis* (*Terent. And. Act.* 1). Quæ in contemptu ciborum tantam habebat pertinaciam : in luctu mitis erat, et suorum mortibus frangebatur, maxime liberorum. Nam et in viri et filiarum dormitione semper periclitata est. Et cum os stomachumque signaret, et matris [*Ms. matricis*] dolorem crucis niteretur impressione lenire; superabatur affectu, et credulam mentem, parentis viscera consternabant, animoque vincens, fragilitate corporis vincebatur : quam semel languor arripiens, longo tempore possidebat; et ut nobis inquietudinem, et sibi (*c*) discrimen afferret. In quo illa lætabatur, per momenta commemorans : *Miser ego homo, quis me liberabit de corpore mortis hujus* (*Rom.* 7. 24)? Dicat prudens lector, pro laudibus me vituperationem scribere. Testor Jesum, cui illa servivit, et ego servire cupio, me utramque in partem nihil fingere, sed quasi Christianum de **715** Christiana, quæ sunt vera, proferre, id est, historiam scribere, non panegyricum, et illius vitia, aliorum esse virtutes. Vitia loquor, secundum animum meum, et omnium sororum ac fratrum desiderium, qui illam diligimus, et absentem quærimus.

21. Cæterum illa implevit cursum suum, fidemque servavit, et nunc fruitur corona justitiæ (2. *Tim.* 4. 7) : sequiturque Agnum quocumque vadit (*Apoc.* 14). Saturatur, quia esurivit, et læta decantat : *Sicut audivimus, ita et vidimus, in civitate Domini virtutum, in civitate Dei nostri* (*Psal.* 47. 9). O beata rerum commutatio : flevit, ut semper rideret. Despexit lacus contritos, ut fontem Dominum reperiret. Vestita cilicio est, ut nunc albis vestimentis uteretur, et diceret : *Scidisti saccum meum, et induisti me lætitia* (*Psal.* 29. 12). Cinerem sicut panem manducabat, et potionem suam cum fletu miscebat (*Psal.* 101. 10), dicens : *Fuerunt mihi lacrymæ meæ panes die ac nocte* (*Psal* 41. 4), ut in æternum pane Angelorum vesceretur et caneret : *Gustate et videte, quoniam suavis est Dominus* (*Psal.* 33. 9). Et, *Eructavit cor meum verbum bonum : dico ego opera mea Regi* (*Psal.* 44. 1). Et Isaiæ, imo Domini per Isaiam in se cerneret verba compleri. Ecce *qui serviunt mihi, manducabunt, vos autem esurietis. Ecce qui serviunt mihi, bibent, vos, au-*

(*a*) Alibi *ne consuetudo* in recto. Sallustius in Catilina cap. XI. quem locum Hieronymus exscribit, *avaritia*, inquit, *semper infinita, insatiabilis, neque copia, neque inopia minuitur.* Vid. Theophili Paschalem III. num. 13. et epistolam 53. ad Paulinum num. 10.

(1) Alii cum Grav. præponunt *risu*, sic *risu, rixisque*, etc.

(*b*) Veteres editi πλατα verbum addunt, et totius sententiæ interpretationem, *id est modus virtus est, vitium nimietas reputatur;* quæ nec Mss. habent, nec a Hieronymi calamo profecta sunt. Quod autem κακία in recto legimus, in Benedictina edit. erat κακίαν, vitiose. Porro Aristoteli sententia hæc adscribitur, quam in epistola ad Demetriadem plurium numero edisserit.

(*c*) Aliter *discrimina;* sed male Erasmum secutus Martianæus, *offerret* pro *afferret.*

tem sitietis. Ecce qui serviunt mihi, lætabuntur, vos autem confundemini. Ecce qui serviunt mihi, exultabunt (a) *in gaudio, vos autem clamabitis ob dolorem cordis, et propter contritionem spiritus ululabitis* (*Isai.* 65. 13. 14). Dixeram, lacus eam semper fugisse contritos, ut fontem Dominum reperiret, ut posset læta cantare : *Sicut cervus desiderat ad fontes aquarum, ita desiderat anima mea ad te Deus. Quando veniam et apparebo ante faciem Dei* (*Psal.* 41. 1)?

22. Tangam ergo breviter quomodo hæreticorum cœnosos devitaverit lacus, et eos instar habuerit Ethnicorum. Quidam (b) veterator callidus, atque, ut sibi videbatur, doctus et sciolus, me nesciente cœpit ei proponere quæstiones, et dicere : Quid peccavit infans, ut a dæmone corripiatur? In qua ætate resurrecturi sumus? Si in ipsa qua morimur : ergo nutricibus post resurrectionem opus erit. (c) Sin aliter, nequaquam erit resurrectio mortuorum; sed transformatio in alios. Diversitas quoque sexus maris ac feminæ erit, aut non erit? Si erit, sequentur et nuptiæ, et concubitus, sed et generatio. Si non erit, sublata diversitate sexus, eadem corpora non resurgent : *Aggravat enim terrena inhabitatio sensum multa cogitantem* (*Sap.* 9. 15); sed tenuia erunt et spiritualia, dicente Apostolo : *Seminatur corpus animale, resurget corpus spirituale* (1. *Cor.* 15. 44). Ex quibus omnibus probare cupiebat, rationales creaturas ob quædam vitia, et antiqua peccata in corpora esse delapsas : et pro diversitate et meritis peccatorum tali vel tali conditione generari, ut vel corporum sanitate gauderent, et parentum divitiis ac nobilitate, vel in morbidas carnes, et domos inopum venientes, pœnas pristinorum luerent delictorum, et præsenti sæculo atque corporibus, quasi carcere clauderentur. Quod cum audisset, et ad me retulisset, indicans hominem, mihique incubuisset necessitas

(a) Illud *in gaudio* supplevimus ex Regiæ codicibus, quod et LXX, ἐν ἀγαλλιάσει habeant, nec Hebr. abludat.
(b) Hunc Palladium fuisse Baronius putat, quod ille, ut ex Lausiaca c. 77. compertum est, uno anno in Bethleem vixerit, atque Origenistarum erroribus addictus cum primis .uerit. Unus Ms. pro *sciolus*, novo, ac satis barbaro vocabulo, *sanctiolus*. Grav. *veterator et callidus*.
(c) Præferunt alii editi, *si in altera*. Sed et antea pro *morimur*, legendum forte videatur, *nascimur*, ut nutricibus opus sit. Cæterum hujusmodi cavillis resurrectionem impugnari solitam, atque irrideri ab ethnicis refert Augustinus lib. 22. de Civit. Dei c. 12. a quibus ipse Origenes haud multum recessit. Commentario in Psalm. 1. vers. 5. quem locum ex Petavii interpretatione heic adnectere est operæ pretium. « Igitur, *inquit*, si interrogemus cujusnam sit futura resurrectio? corporum, *respondent*, quæ nos circumdant. Instantibus nobis, totius illorum substantiæ, nec ne futura sit, antequam diligenter istud expenderint, totius fore pronuntiant. Quod si nos ad illorum simplicitatem accommodantes, neque quicquam de fluxa, ac mutabili corporum natura disputantes, dubitando rursum interrogemus, num una sanguis ille omnis resurgat, qui secta identidem vena defluxerit, nec non et pili omnes, qui unquam cuti suut, an ii dumtaxat, qui sub obitum nostrum efflorruerint : nonnunquam ad eam quæstionem offendunt, ac Deo permittendum esse dicunt, ut quidquid voluerit, de ea constituat. Interdum vero velut assentiendo, solos illos nobiscum resurrecturos esse pilos asserunt, quos sub vitæ exitum habuerimus. At qui magis inter illos strenui sunt, ne sanguinis copiam omnem, qui ex corporibus nostris plerumque secretus est, itidemque carnem omnem, quæ per morbos in sudorem, aut aliam ejusmodi materiam abiit, in unum conferre sua oratione cogantur, qualia sub mortem exstiterint, resurgere corpora nostra prædicant. »

nequissimæ viperæ ac mortiferæ bestiæ resistendi, de quibus Psalmista commemorat, dicens : *Ne tradas bestiis animas confitentium tibi* (*Psal.* 73. 19) : Et, *Increpa Domine bestias calami* (*Psal.* 67. 31), qui scribentes iniquitatem, loquuntur contra Dominum mendacium, et elevant in excelsum os suum; conveni hominem, et orationibus ejus, quam decipere nitebatur, brevi interrogatione conclusi : (d) Utrum crederet futuram resurrectionem mortuorum, an non? Qui cum se credere respondisset; intuli : Eadem resurgent corpora, an altera? Cum dixisset, eadem; sciscitatus sum : In eodem sexu, an in altero? Ad interrogata reticenti, et instar colubri huc atque illuc transferenti caput, ne feriretur; quia, inquam, taces, ego mihi pro te respondebo, et consequentia inferam. Si non resurget mulier, ut mulier, neque masculus, ut masculus, non erit resurrectio (1) mortuorum; quia sexus membra habet, membra autem totum corpus efficiunt. Si autem sexus et membra non fuerint, ubi erit resurrectio corporum, quæ sine sexu non constant et membris? Porro si corporum non fuerit resurrectio, nequaquam erit resurrectio mortuorum. Sed et illud quod de nuptiis objicis : Si eadem membra fuerint, sequi nuptias; a Salvatore dissolvitur dicente : *Erratis nescientes Scripturas, neque virtutem Dei : in resurrectione enim mortuorum, non nubent, neque nubentur, sed erunt similes Angelorum* (*Matth.* 22. 29. 30). Ubi dicitur, non nubent, neque nubentur, sexuum diversitas demonstratur. Nemo enim de lapide et ligno dicit, non nubent neque nubentur, quæ naturam nubendi non habent : sed de his qui possint nubere, et gratia Christi ac virtute non nubant. Quod si opposueris, quomodo ergo erimus (e) similes Angelorum, cum inter Angelos, non sit masculus et femina? Breviter ausculta : Non substantiam nobis Angelorum, sed conversationem, et beatitudinem Dominus repromittit. Quomodo et Joannes Baptista antequam decollaretur, Angelus appellatus est (*Luc.* 7. 27); et omnes Sancti ac Virgines Dei, etiam in isto sæculo vitam in se exprimunt Angelorum. Quando enim dicitur : *Eritis similes Angelorum*, similitudo promittitur, non natura mutatur.

23. Simulque responde : quomodo illud interpretaris, quod Thomas Domini resurgentis (f) palpaverit

(d) Victorius *conclusi dicens, utrum*, etc. Nobis probaretur *quærens*, aut *quid simile* ; sed neutrum Mss. habent.
(e) Feminas Angelis similes futuras post resurrectionem ex illo Matthæi loco Origeni visum est, et Tertulliano De cultu feminarum cap. 2., et sancto Hilario in Matthæum, aliisque Patribus, qui in muliebri sexu surrecturas non existimarunt. Hanc opinionem etiam Hieronymo exprobrat Ruffinus ex ipsius dictis l. 3. c. 5. in Epist. ad Ephesios. Noster sese ab ea purgat, calumnia tum in Apologia lib. 1. tum vero etiam hoc loco, quem animadvertas sedulo, velim.
(f) Martianæus *tetigerit*. Mss. nostri omnes, et Victorius, ut reposuimus, quibus consonat Evangelii textus, et quod statim infert Hieron. *cujus palpatæ sunt manus*, etc.
(1) Ambrosianus Ms. antiquus, quo vetus altera S. Hieronymi Vita continetur, hunc locum sic recitat : *Non erit resurrectio corporum, quia sine sexu non constat et membris : porro si corporum non erit resurrectio, nequaquam erit resurrectio mortuorum.*

manus, et viderit lancea latus ejus perforatum (*Joan.* 20)? Et Petrus in littore stantem viderit Dominum, et partem assi piscis, ac favum mellis comedentem (*Luc.* 24)? Qui stabat, profecto habebat pedes. Qui monstravit latus vulneratum, utique et ventrem, **718** et pectus habuit, sine quibus non sunt latera ventri et pectori cohærentia. Qui locutus est, lingua et palato ac dentibus loquebatur. Sicut enim plectrum chordis, ita lingua illiditur dentibus, et vocalem reddit sonum. Cujus palpatæ sunt manus, consequenter et brachia habuit. Cum igitur omnia membra habuisse dicatur, necesse est, ut totum corpus habuerit, quod conficitur ex membris : non utique femineum, sed virile, id est, ejusdem sexus, in quo mortuus est. Quod si obtenderis : ergo et nos post resurrectionem comedemus? Et quomodo clausis ingressus est januis, contra naturam pinguium, et solidorum corporum? Audies : Noli propter cibum, resurrectionis fidem in calumniam trahere. Nam et Archisynagogi filiæ resuscitatæ jussit cibum dari (*Marc.* 5. 43). Et Lazarus quatriduanus mortuus, cum ipso scribitur inisse convivium (*Joan.* 12. 2), ne resurrectio eorum phantasma putaretur. Sin autem clausis ingressus est januis, et idcirco spirituale et aereum corpus niteris approbare : ergo et antequam pateretur, quia contra naturam graviorum corporum super mare ambulavit, spirituale corpus habuit. Et Apostolus Petrus, qui et ipse super aquas pendulo incessit gradu, spirituale corpus habuisse credendus est, cum potentia magis et virtus ostendatur Dei, quando fit aliquid contra naturam. Et ut scias in signorum magnitudine, non naturæ mutationem, sed Dei omnipotentiam demonstrari : Qui ambulabat fide, cœpit infidelitate mergi, nisi cum manus Domini sublevasset, dicentis : *Modicæ fidei, quare dubitasti* (*Matth.* 14. 31)? Miror autem te obdurare frontem loquente Domino : *Infer digitum tuum huc, et tange manus meas : et porrige manum tuam, et mitte in latus meum, et noli esse incredulus, sed fidelis* (*Joan.* 20. 27). Et alibi : *Videte manus meas, et pedes meos, quia ipse ego sum. Palpate et videte, quia spiritus carnem et ossa non habet, sicut me videtis habere. Et cum hoc dixisset, ostendit eis (a) manus et pedes* (*Luc.* 24. 34. et 40). Ossa audis, et carnem, et pedes, et manus ; et globos mihi Stoicorum, **719** atque aeria quædam deliramenta confingis.

24. Porro si quæris, cur infans a dæmone corripiatur, qui peccata non habuit : aut in qua ætate resurrecturi simus, cum diversa ætate moriamur, ingratis suscipies [*al.* suspicies] : *Judicia Dei abyssus multa* (*Ps.* 35. 7). Et : (*b*) *O altitudo divitiarum sapientiæ et scientiæ Dei, quam inscrutabilia sunt judicia*

ejus, et investigabiles viæ ejus. Quis enim cognovit sensum Domini : aut quis consiliarius ejus fuit (*Rom.* 11. 33 *et* 34)? Ætatum autem diversitas non mutat corporum veritatem. Cum enim corpora quotidie nostra fluant, et aut crescant, aut decrescant : ergo tot erimus homines, quot quotidie commutamur? aut alius fui, cum decem annorum essem, alius cum triginta, alius cum quinquaginta, alius cum jam toto cano capite sum? Igitur juxta Ecclesiarum traditiones, et Apostolum Paulum, illud est respondendum : quod in virum perfectum, et in mensuram ætatis plenitudinis Christi resurrecturi sumus (*Ephes.* 4), in qua et Adam Judæi (*c*) conditum autumant : et Dominum Salvatorem legimus surrexisse, et multa alia, quæ de utroque Testamento in suffocationem hæretici protuli.

25. Ex quo die ita cœpit hominem detestari, et omnes qui ejusdem dogmatis erant, ut eos voce publica, hostes Domini proclamaret. Et hæc dixi, non ut breviter hæresim confutarem, cui multis voluminibus respondendum est [*al.* esset], sed ut fidem tantæ feminæ ostenderem, QUÆ MALUIT inimicitias hominum subire perpetuas, quam Dei offensam, amicitiis noxiis provocare.

26. Dicam ergo ut cœperam, nihil ingenio ejus docilius fuit. Tarda erat ad loquendum, velox ad audiendum (*Jac.* 1. 19) : memor illius præcepti : *Audi Israel, et tace* (*Deuter.* 27. 9. *secund.* LXX). Scripturas sanctas tenebat memoriter ; et cum amaret historiam, et hoc veritatis diceret fundamentum ; magis tamen sequebatur intelligentiam spiritualem : et hoc culmine ædificationem animæ protegebat. Denique **720** compulit me : ut vetus et novum Instrumentum, cum filia, me disserente, perlegeret. Quod propter verecundiam negans, propter assiduitatem tamen et crebras postulationes ejus præstiti, ut docerem quod didiceram : non a meipso, id est a præsumptione, pessimo præceptore, sed ab illustribus Ecclesiæ viris. Sic ubi hæsitabam, et nescire me ingenue confitebar, nequaquam mihi voluit [*al.* volebat] acquiescere ; sed jugi interrogatione cogebat, ut e multis variisque sententiis, quæ mihi videretur probabilior, indicarem. Loquar et aliud, quod forsitan æmulis videatur incredibile. Hebræam linguam, quam ego ab adolescentia multo labore ac sudore ex parte didici, et infatigabili meditatione non desero, ne ipse ab ea deserar, discere voluit, et consecuta est : ita ut Psalmos hebraice caneret. (*d*) et sermonem absque ulla latinæ linguæ proprietate personaret. Quod quidem usque hodie in sancta filia ejus Eustochio

---

(*a*) Quidam Mss. *manus, et latus*, pro *pedes*, ut Græcus quoque καὶ τοὺς πόδας. Confer de Stoicorum globis, quos statim memorat, epist. 135. ad Ctesiphontem n. 3. ubi ἀχθὰς Platonis irridet. Tertullianus de anima *In æthere dormiunt nostra cum Platone, aut circa lunam cum Endymionibus Stoicorum*. Vide etiam Ciceronem l. Tusc.

(*b*) Alii Mss. *o profundum* pro *altitudo*, quæ prior lectio frequentior Hieronymo est. De sequenti voce *investigabiles* pro *ininvestigabiles* diximus in hac epist. 78. ad Fabiolam.

(*c*) Videndus *Midras Theillim*, Psal. XCII. et Liber *Cosri* Parte 1. cap. XCV. atque alii, qui tamen de Adami conditione fabulis de more inepti tissimis scatent. Conferendus quoque Augustinus de Genes. ad litteram c. XIII. et sequentibus. Nam Pauli testimonio alteri aliter explicant ; et Ambrosius quidem, *Nec enim*, inquit *perfectum dicens virum, temporali ætate, et mensura significat.*

(*d*) Nescio an verius habent quidam Mss. penes Bollandum quoque. *Græcumque sermonem*, etc. De Hebræo autem idem multo antea testatus erat epist. 39. ad Paulam hanc eamdem, ubi de Blæsilla, *Ita*, inquit, *Hebreæ linguæ vicerat difficultates, ut in discendis emendandisque Psalmis cum matre* (Paulam contenderet).

cernimus, quæ ita semper adhæsit matri, et ejus obedivit imperiis, ut nunquam absque ea cubaret, nunquam (a) procederet, nunquam cibum caperet, ne unum quidem nummum haberet potestatis suæ, sed et paternam et maternam substantiolam, a matre distribui pauperibus lætaretur, et pietatem in parentem, hæreditatem maximam et divitias crederet. Non debeo silentio præterire, quanto exultaverit gaudio, quod Paulam neptem suam ex (b) Læta et Toxotio genitam imo voto et futuræ virginitatis repromissione conceptam, audierat in cunis et crepitaculis balbutiente lingua, ALLELUIA cantare : aviæque et amitæ nomina, dimidiatis verbis frangere. In hoc solo, patriæ desiderium habuit ; ut filium, nurum, neptem, renuntiasse sæculo, et Christo servire cognosceret. Quod et impetravit ex parte. Nam neptis Christi flammeo reservatur : nurus æternæ se tradens pudicitiæ, socrus opera, fide, et eleemosynis sequitur, et Romæ conatur exprimere, quod Jerosolymis illa complevit.

721 27. Quid agimus, anima? cur ad mortem ejus venire formidas? Jamdudum prolixior liber cuditur, dum timemus ad ultima pervenire, quasi tacentibus nobis, et in laudibus illius occupatis, differri possit occubitus. Hucusque prosperis navigavimus ventis, et crispantia maris (c) æquora labens carina sulcavit. Nunc in scopulos incurrit oratio, et tumentibus fluctuum montibus, præsens utrique nostrum intentatur naufragium : ita ut cogamur dicere : *Præceptor, salvos nos fac, perimus* (*Marc.* 4. 58. *et Luc.* 8. 24). Et illud : *Exurge, ut quid obdormis, Domine* (*Psal.* 43. 23)? Quis enim possit siccis oculis Paulam narrare morientem? Incidit in gravissimam valetudinem, imo quod optabat, invenit, ut nos desereret, et plenius Domino jungeretur. In quo languore, Eustochii filiæ probata semper (d) in matrem pietas, magis ab omnibus comprobata est. Ipsa assidere lectulo, flabellum tenere, sustentare caput, pulvillum supponere, fricare pedes, manu stomachum confovere, mollia strata componere, aquam calidam temperare, mappulam [al. *matulam*] apponere, omnium ancillarum prævenire officia, et quidquid alia fecisset, de sua mercede putare subtractum. Quibus illa precibus, quibus lamentis et gemitu, inter jacentem matrem, et specum Domini discurrit, ne privaretur tanto contubernio, ne illa absente viveret : ut eodem feretro portaretur? Sed, o mortalium fragilis et caduca natura, et nisi Christi fides nos extollat ad cœlum, et æternitas animæ promittatur, cum bestiis ac jumentis, corporum una conditio est. Idem occubitus justo

(a) Aliquot Mss. *proderet*. Credo legendum *prodiret*.
(b) Recole superiorem epistolam num. 1. eaque in primis, « præsente et gaudente avo, parvulæ adhuc Paulæ lingua balbucienti Christi alleluia resonabat : » et num. 5. quod de repromissione nata sit, *et prius Christo consecrata, quam genita, quam ante votis, quam utero concepit mater.*
(c) Unus S. Maximi Ms. *maris terga labens*; melius forte *lambens*. Mox pro *montibus*, Victorius aliique *motibus*. Denique Mss. nostri, aliique apud Bollandum, pro *utriqæ nostrum*, legunt *utrisque monasteriis.*
(d) Editi antea *in matre.*

et impio, bono et malo, mundo ac immundo, sacrificanti et non sacrificanti. Sicut bonus, ita et qui peccat. Sicut qui jurat, ita et is qui juramentum metuit. Similiter et homines et jumenta in favillam et cinerem dissolvuntur.

28. (e) Quid diu immoror, et dolorem meum differendo facio longiorem? Sentiebat prudentissima feminarum adesse mortem, et frigente alia parte corporis atque membrorum, solum animæ teporem in sacro pectore palpitare, nihilominus quasi ad suos pergeret, **722** alienosque desereret, illos versiculos susurrabat [Ms. S. Maxim. *suffocabat*] : *Domine, dilexi decorem domus tuæ et locum habitationis gloriæ tuæ* (*Psal.* 25. 8). Et, *Quam dilecta tabernacula tua, Domine virtutum, concupiscit, et deficit anima mea in atria Domini* (*Psal.* 83. 1). Et, *Elegi abjecta esse in domo Dei mei, magis quam habitare in tabernaculis peccatorum* (*Ibid.* 11). Cumque a me interrogaretur, cur taceret, cur nollet respondere (f) inclamanti, an doleret aliquid, Græco sermone respondit, nihil se habere molestiæ (i), sed omnia quieta et tranquilla perspicere. Post hæc obmutuit, et clausis oculis quasi jam mortalia despiceret, usque ad expirationem animæ, eosdem repetebat versiculos, (g) ut quod dicebat, vix audire possemus : digitumque ad os tenens, crucis signum pingebat in labiis. Defecerat spiritus, et anhelabat in mortem ; animaque erumpere gestiens, ipsum stridorem, quo mortalium vita finitur, in laudes Domini convertebat. Aderant Jerosolymorum [Joannes], et aliarum urbium Episcopi, et Sacerdotum inferioris [al. *inferiores*] gradus, ac Levitarum innumerabilis multitudo. Omne monasterium, virginum et monachorum chori repleverant. Statimque ut audivit sponsum vocantem, *Surge, veni, proxima mea, speciosa mea, columba mea : Quoniam ecce hyems transiit et recessit, pluvia abiit sibi* (*Cant.* 2. 10. 11); læta respondit : *Flores visi sunt in terra, tempus sectionis advenit* (*Ibid.* 12). Et *Credo videre bona Domini in terra viventium* (*Psal.* 26. 13).

29. Ex hinc non ululatus, non planctus, ut inter sæculi homines fieri solet, sed Psalmorum linguis diversis examina [Ms. *ex animo*] concrepabant. Translataque Episcoporum manibus, et cervicem feretro subjicientibus ; cum alii Pontifices lampadas cereosque præferrent, alii choros psallentium ducerent, in media Ecclesia speluncæ Salvatoris est posita. Tota ad funus ejus, Palæstinarum urbium turba convenit. Quem monachorum latentium in eremo cellula sua tenuit? Quam virginum cubiculorum secreta (h) texerunt? Sacrilegium putabat, qui non tali feminæ ultimum reddidisset officium. Viduæ et pauperes in exem-

(e) Aliis verbis codices nostri omnes, *quid diu differo, et dolorem meum in aliis immorando, facio longiorem?*
(f) Vocem *inclamanti*, quam antiquiores codices, quibus utimur, Mss. habent, addidimus ex eorum fide.
(g) Duo Regina exemplaria, *repetebat versiculos, vix ut ante apposita audire possemus : vel quod dicebat, exaudiremus*, etc. Brevius Cisterciense, *vix ut audirem quod dicebat.*
(h) Hoc quoque Mss. uno consensu tenuerunt. Tum Victorius, *sacrilegium putabant.*
(i) ουδεν ειναι μοι τραχυ. Vid. Ælian. lib. 2 de Gorgia.

plum Dorcadis, vestes ab ea præbitas ostendebant (*Act.* 9. 59). Omnis **723** inopum multitudo matrem, et nutritiam [Mss. *nutricatem*] se perdidisse clamabat. Quodque mirum sit, nihil pallor mutaverat faciem, sed ita dignitas quædam, et gravitas ora compleverat, ut eam putares non mortuam, sed dormientem. (*a*) Græco, Latino, Syroque sermone Psalmi (*b*) in ordine personabant : non solum triduo, donec subter Ecclesiam, et juxta specum Domini conderetur; sed per omnem hebdomadam, cunctis qui venerant, suum funus, et proprias credentibus lacrymas. Venerabilis virgo filia ejus Eustochium, quasi ablactata super matrem suam, abstrahi a parente non poterat : deosculari oculos, hærere vultui, totum corpus amplexari, et se cum matre velle sepeliri.

50. Testis est Jesus, ne unum quidem nummum ab ea filiæ derelictum, sed, ut ante jam dixi, derelictum magnum æs alienum : et, quod his difficilius est, fratrum et sororum immensam multitudinem, quos sustentare arduum, et abjicere impium est. Quid hac virtute mirabilius, feminam nobilissimæ familiæ, magnis quondam opibus, tanta fide omnia dilargitam, ut ad egestatem pene ultimam perveniret? Jactent alii pecunias, et in corbonam Dei æra congesta, funalibusque aureis dona pendentia. NEMO plus dedit pauperibus, quam quæ sibi nihil reservavit. Nunc illa divitiis fruitur, et his bonis, *quæ nec oculus vidit, nec auris audivit, nec in cor hominis ascenderunt* (2. *Cor.* 2. 9). Nostram vicem dolemus, et invidere potius gloriæ ejus videbimur, si voluerimus diutius flere regnantem.

51. Secura esto, Eustochium, magna hæreditate ditata es. Pars tua Dominus : et quo magis gaudeas, mater tua longo martyrio coronata est. Non solum enim effusio sanguinis in confessione reputatur; SED DEVOTÆ quoque mentis servitus immaculata quotidianum martyrium est. Illa corona de rosis et violis plectitur [Ms. *S. Max. texitur*], ista de liliis. Unde et in Cantico scribitur Canticorum : *Fratruelis meus candidus et rubicundus* (*Cant.* 5. 10); et in pace, et in bello eadem **724** præmia vincentibus tribuens. Mater inquam tua audivit cum Abraham : *Exi de terra tua, et de cognatione tua, et veni in terram, quam ostendam tibi* (*Gen.* 12. 1). Et per Jeremiam Dominum præcipientem : *Fugite de medio Babylonis, et salvate animas vestras* (*Jerem.* 48. 6) (*c*) Et usque ad diem mortis suæ non est reversa in Chaldæam; nec ollas Ægypti, et virulentias carnium desideravit (*Exod.* 16. 3), sed choris comitata virgineis, civis est Salvatoris effecta, et de parvula Bethleem cœlestia regna conscendens, dicit ad veram Noemi : *Populus tuus, populus meus, et Deus tuus, Deus meus* (*Ruth.* 1).

52. Hunc tibi librum ad duas lucubratiunculas, eodem quem tu sustines dolore, dictavi. Nam quotiescumque stylum figere volui, et opus exarare promissum, toties obriguerunt digiti, cecidit manus, sensus elanguit. Unde et inculta oratio, votum scribentis absque ulla elegantia et verborum lepore testatur.

53. Vale, o Paula, et cultoris tui ultimam senectutem, orationibus juva. Fides et opera tua Christo te sociant, præsens facilius quod postulas, impetrabis. *Exegi monumentum ære perennius* (*Horat. od. ultim. lib.* 3. *Carm.*), quod nulla destruere possit vetustas. Incidi elogium sepulcro tuo, quod huic volumini subdidi, ut quocumque noster sermo pervenerit, te laudatam, te in Bethleem conditam lector agnoscat.

(*d*) Sequitur titulus sepulchri.

Scipio quam genuit, Pauli fudere parentes,
Græcorum soboles, Agamemnonis inclyta proles,
Hoc jacet in tumulo : Paulam dixere priores,
Eustochii genitrix, Romani prima Senatus :
Pauperiem Christi, et (*e*) *Bethlemitica rura secuta est.*

(*f*) In fronte speluncæ.

Aspicis angustum, præcisa in rupe sepulcrum?
Hospitium Paulæ est, cœlestia regna tenentis.
Fratrem, cognatos, Romam, patriamque relinquens
725 *Divitias, sobolem, Bethlemiti conditur antro.*
Hic præsepe tuum, Christe, atque hic mystica magi
Munera portantes, hominique, Deoque dedere.

54. Dormivit sancta et beata Paula, septimo Kalendas Februarias, tertia sabbati post solis occubitum. Sepulta est quinto Kalend. earumdem. (*g*) Honorio Augusto sexies, et Aristeneto Consulibus. Vixit in Sancto proposito, Romæ annos quinque, Bethleem annos viginti. Omne vitæ tempus implevit, annis quinquaginta sex, mensibus octo, diebus viginti et uno.

EPISTOLA CIX (*a*).

AD RIPARIUM PRESBYTERUM (*h*).

Admonitus Riparii Presbyteri litteris, quod Vigilantius doceret, Martyrum non esse colendos cineres, damnaretque solemnes Christianorum ad eorum sepulcra vigilias, hac epistola quasi velitatur, ac præludit ad pugnam, ostendens se paratum ad refellendum hominis errorem, si libros illius ad se mittat.

1. Acceptis primum litteris tuis, non respondere,

(*a*) Expunximus vocem *Hebræo*, quam antea editi heic præponebant, et Martianæus ex una, eaque marginali Cluniacensis Ms. nota asseruit. Cæteru a. ab aliis Mss. aberat, nec in ullo unquam nos invenimus. Præterea, quod notatum est etiam Bollando, Syriacum erat vulgi isthic idioma, et, quæci sane tunc fuerint, qui Hebraicam linguam ita callerent. Paulo post Reginæ liber, *non solum triduo, et donec*, etc.
(*b*) Vid. supra pag. 705. notam *c*.
(*c*) Addit Reatinus Episcopus, *Hæc autem exiit de terra sua*, quorum in exemplaribus nostris vestigium est nullum. Paulo post *jurulentius promiscue*, *pro virulentias*, occurrit in Mss. et Rosweidus legit, cui asserendæ lectioni facit i Jud Celsi l. 11. c. 27. *Caro omnis jurulenta*.

(*d*) His. *Sequitur titulus sepulcri*, Mss. substituunt, *Epitaphium* [*aliter vidræ*].
(*e*) Martianæus *Bethleemitica*, et mox *Bethleemiti*, atque alii quoque *Bethlehemitica*, et *Betlehemiti*, quod carminis ratio non patitur, siquidem syllaba prima corripitur ob mutam et liquidam insequentes.
(*f*) Ms. S. Maximi apud Bollandum, *Et in foribus sepulcri hæc habes*, etc.
(*g*) Annum denuntiant 404. ex Consularibus Fastis.
(*h*) Has 53. scripta hæc an. 404.
(*i*) Martianæus addit *Tarraconensem* ex Cluniacensi Ms. nec sane intelligimus, quam vere, nam cis Pyrenæos montes in Gallia extitisse illum, quemadmodum et Desiderium

superbiæ est : respondere, temeritatis. De iis enim rebus interrogas, (a) quæ et proferre et audire sacrilegium est. Ais Vigilantium, qui κατ' ἀντίφρασιν hoc vocatur nomine (nam Dormitantius rectius diceretur) os fœtidum rursus aperire, et putorem spurcissimum contra sanctorum Martyrum proferre reliquias : et nos qui eas suscipimus [al. *suspicimus*] appellare cinerarios et idololatras, qui mortuorum hominum ossa veneremur [al. *veneramur*]. O infelicem hominem, et omni lacrymarum fronte plangendum, qui hæc dicens, non se intelligit [al. *intelligat*] esse Samaritanum et Judæum, qui corpora mortuorum, pro immundis habent, et etiam vasa quæ in eadem domo fuerint, polluti suspicantur : **726** sequentes occidentem litteram, et non spiritum vivificantem. Nos autem non dico Martyrum reliquias, sed ne solem quidem et lunam, non Angelos, non Archangelos, non Cherubim, non Seraphim, et omne nomen quod nominatur et in præsenti sæculo et in futuro (*Ephes.* 1. 21), colimus et adoramus : ne serviamus creaturæ potius quam Creatori, qui est benedictus in sæcula. Honoramus autem reliquias Martyrum, ut eum cujus sunt Martyres, adoremus. Honoramus servos, ut honor servorum redundet ad Dominum, qui ait : *Qui vos suscipit, me suscipit* (*Matth.* 10. 40). Ergo Petri et Pauli immundæ sunt reliquiæ? ergo Moysi corpusculum immundum erit? quod juxta Hebraicam Veritatem ab ipso sepultum est (b) Domino (*Deut.* 34. 6)? Et quotiescumque Apostolorum et Prophetarum, ut omnium Martyrum Basilicas ingredimur, toties idolorum templa veneramur? accensique ante tumulos eorum cerei, idololatriæ insignia sunt? Plus aliquid dicam, quod redundet in auctoris caput : et insanum cerebrum, vel sanet aliquando, vel deleat; ne [al. *nec.*] tantis sacrilegiis simplicium animæ subvertantur. Ergo et Domini corpus in sepulcro positum, immundum fuit? Et Angeli, qui candidis vestibus utebantur, mortuo cadaveri atque polluto præbebant excubias; ut post multa sæcula Dormitantius somniaret, imo eructaret immundissimam crapulam : et cum Juliano persecutore, Sanctorum Basilicas aut destrueret, aut in templa converteret?

2. Miror, sanctum Episcopum, in cujus parochia esse Presbyter dicitur, acquiescere furori ejus : et non virga Apostolica, virgaque ferrea confringere vas

inutile, et tradere in interitum carnis, ut spiritus salvus fiat (1. *Cor.* 5. 5). Meminerit illius dicti : *Si videbas furem, currebas cum eo, et cum adulteris portionem tuam ponebas* (*Ps.* 49. 48). Et in alio loco : *In matutino interficiebam omnes peccatores terræ*, **727** *ut disperderem de civitate Domini omnes operantes iniquitatem* (*Ibid.* 100. 8). Et iterum : *Nonne odientes te, Domine, odio habui, et super inimicos tuos tabescebam? Perfectio odio oderam illos* (*Ibid.* 138. 21. 22). Si non sunt honorandæ reliquiæ Martyrum, quomodo legimus : *Pretiosa in conspectu Domini mors Sanctorum ejus* (*Ibid.* 115. 6)? Si ossa eorum [al. *mortuorum*] polluunt contingentes, quomodo Elisæus mortuus, mortuum suscitavit, et dedit vitam (4. *Reg.* 13) (c) corpus quod juxta Vigilantium jacebat immundum? Ergo omnia castra Israelitici exercitus et populi Dei fuere immunda, quia Joseph et Patriarcharum corpora portabant in solitudine : et ad sanctam Terram, immundos cineres pertulerunt? Joseph quoque, qui in typo præcessit Domini Salvatoris, sceleratus fuit; (d) qui tanta ambitione, Jacob in Hebron ossa portavit; ut immundum patrem, avo et atavo sociaret immundis, et mortuum mortuis copularet? O præcidendam linguam a medicis, imo insanum curandum caput; ut qui loqui nescit, discat aliquando reticere. Ego [al. *ergo*] vidi hoc aliquando portentum, et testimoniis Scripturarum, quasi vinculis Hippocratis volui ligare furiosum : sed abiit, excessit, evasit, erupit; et inter Adriæ fluctus Cottique regis Alpes, in nos declamando clamavit. QUIDQUID ENIM amans loquitur, vociferatio et clamor est appellandus.

3. Tacita me forsitan cogitatione reprehendas, cur in absentem invehar. Fatebor tibi dolorem meum. Sacrilegium tantum patienter audire non possum. Legi enim (e) seiromasten Phinees (*Num.* 25), austeritatem Eliæ (3. *Reg.* 18), zelum (f) Simonis Chananæi, Petri severitatem Ananiam et Sapphiram trucidantis (*Act.* 5. 5), Paulique constantiam, qui Elymam magnum viis Domini resistentem, æterna cæcitate damnavit (*Deut.* 13. *et* 11). NON EST crudelitas, pro Deo pietas. Unde et in Lege dicitur : *Si frater tuus, et amicus, et uxor, quæ est in sinu tuo, depravare te voluerit a veritate, sit manus tua super eos, et effundes sanguinem eorum, et auferes malum de medio Israel* (*Ibid.* 13 *et* 28). Iterum dicam : **728** Ergo Martyrum immundæ sunt reliquiæ? Et quid passi sunt Apostoli, ut immundum Stephani corpus tanta funeris ambitione præcederent, et facerent ei planctum magnum; ut eorum luctus in

---

inde est longe verosimilius, quod hi dolerent Parochias suas vicinia Vigilanti hæretici, qui e Co venenarum civitate in Gallia erat, fuisse maculatas. Accedit nihil hujusmodi haberi in Mss. nostris, in quibus fere ut in Veronensi, *d Riparium Presbyterum de reliquiis sanctorum reverendis* inscribitur.

(*a*) Mss. summa consensione, et Victor quoque sic legunt; at Martianæus *quas* substituit, quæ mutatio si in Mss. occurrit, criticorum temeritati adscribenda est, nam et apud o; timos bonæ Latinitatis scriptores passim eveuit, ut *res, quod, et rerum, quæ*, neutro genere conjungantur. Cicero XVI. epistola IV. numero 5. *sumptui ne parcas ulla in re, quod ad valetudinem opus sit*. Sallustius in Jugurtha cap. 41. « abundantia earum rerum, quæ prima mortales ducunt. Livius 32. 29. rebusque aliis divinis humanisque, quæ per ipsos agenda erant, perfectis » et tandem A. Gellius, ut ab aliis abstineamus, lib. 1. c. 3. *memoratis nudiis magnisque rebus, quæ bene ac benevole post redditam parem Samnitibus fecisset.*

(*b*) Videndus S. Epiphanius Hæres. LX. et LXIV. quibus locis Hebræorum et Christianorum quoque traditiones istam edisserit.

(*c*) Olim penes Erasm. et vetustiores edit. erat *corpori*, pro *corpus;* Martianæus autem utramque vocem omisit, nos alterani e Mss. et Victoriana editione, utpote necessariam restituimus, et *corpori* prætulimus, quod ut etiam Victorius notat, magis ad quæstionis propositum facit, ut corpus mortuum dicatur vitam dedisse cadaveri, quam Elisæus.

(*d*) Ms. cœnobii S. Salvatoris Bononiæ, *cui tanta funeris ambitio præcederet, et faceret Jacob in Hebron ossa portari*, tametsi postremum verbum revera magis ex conjectura legimus, et ut sensus utcumque constet.

(*e*) Sic vocat LXX. lanceam, qua sontum Madianitidem Phines confodit.

(*f*) Simon Zelotes Apostolus, quem ex Hebraica etymologia *chananæum* dixit, quod idem sonat, ac penes Græcos, *Zelotes*; et forte ad evitandam æquivocationem dicere, *zelum Simonis Zelotis.*

nostrum gaudium verteretur? Nam quod dicis eum vigilias execrari, facit et hoc contra vocabulum suum, ut velit dormire Vigilantius, et non audiat Salvatorem dicentem : *Sic non potuistis una hora vigilare mecum? Vigilate et orate, ut non intretis in tentationem. Spiritus promptus est, sed caro infirma* (*Matth.* 26. 40. *et Marc.* 14. 37). Et in alio loco Propheta decantat : *Media nocte surgebam, ut confiterer tibi, super judicia justitiæ tuæ* (*Psal.* 118. 62). Dominum quoque in Evangelio legimus pernoctasse, et Apostolos clausos carcere tota nocte vigilasse, ut illis psallentibus (*a*) terra quateretur, custos carceris crederet, magistratus et civitas terrerentur. Loquitur Paulus : *Orationi insistite, vigilantes in ea* (*Coloss.* 4. 2). Et in alio loco : *In vigiliis frequenter* (2. *Cor.* 11. 27). Dormiat itaque Vigilantius, et ab exterminatore Ægypti cum Ægyptiis dormiens suffocetur. Nos dicamus cum David : *Non dormitabit, neque dormiet, qui custodit Israel* (*Ps.* 120. 4); ut veniat ad nos sanctus, et air, qui interpretatur *vigil* (*Dan.* 4. 10). Et si quando propter peccata nostra dormierit, dicamus ad eum : *Exurge, quid dormitas, Domine* (*Matth.* 8. 25)? excitemusque illum, et navicula fluctuante, clamemus : *Magister, salvos nos fac, perimus.*

4. Plura dictare volueram, si non Epistolaris brevitas pudorem nobis tacendi imponeret : et si tu librorum ipsius ad nos voluisses mittere cantilenas, ut scire possemus ad quæ [al. *ea quæ*] rescribere deberemus. Nunc autem aerem verberavimus, et non tam illius infidelitatem, quæ omnibus patet, quam nostram fidem aperuimus. Cæterum si volueris, longiorem nos adversum eum librum scribere, mitte nænias illius et ineptias, ut Joannem Baptistam audiat prædicantem : *Jam securis ad radices arborum posita est. Omnis arbor, quæ non facit fructum* (*b*) *bonum, excidetur, et in ignem mittetur* (*Ibid.* 3. 10).

729 EPISTOLA CX (c).
AUGUSTINI AD HIERONYMUM.

Hieronymum litteris suis nonnihil offensum demulcere studet Augustinus. Apologiam illius contra Ruffinum accepisse se testatur, deplorans tantos inter viros quondam amicissimos tam amarulentam discordiam incidisse.

Domino venerando, et desideratissimo fratri compresbytero Hieronymo, Augustinus in Domino salutem.

1. « Quamvis existimem antequam ista sumeres, venisse in manus tuas litteras meas, quas per Dei servum, filium nostrum Cyprianum Diaconum misi, quibus certissime agnosceres meam esse epistolam, cujus exemplaria illuc pervenisse [al. *venisse*] commemorasti ; unde jam me arbitror rescriptis tuis, velut Entellinis (*d*) gravibus atque acribus

(*a*) Iterum Ms. Bononien. *tota terra quateretur.*
(*b*) Supplevimus ex Victorio, *bonum,* quam vocem Vulgata præfert, et Græcus καρπὸν καλόν.
(*c*) .... *lias* 93. *Scripta hoc an.* 404.
(*d*) Benedictini juxta veteres editiones, *glandibus,* quam lectionem ex eo uicumque probare potuissent, quod plumbeæ aliquot glandes essent in cæstibus, quemadmodum in illis Entelli, qui *plumbo in suto, ferroque rigebant.* Vide

cæstibus (*Æneid. V*), tanquam audacem Daretem cœpisse pulsari atque versari : nunc tamen eis ipsis respondebo litteris tuis, quas mihi per sanctum filium nostrum Asterium jam [al. *abest jam*] mittere dignatus es, in quibus multa in me comperi tuæ benevolentissimæ caritatis, et rursus quædam nonnullius (*e*) a me tuæ offensionis indicia. Itaque ubi mulcebar legens, ibi continuo feriebar : hoc sane vel maxime admirans, quod cum te dicas exemplaribus litterarum mearum ideo non temere putavisse credendum, ne forte, te respondente, læsus juste expostularem, quod probare ante debuisses, meum esse sermonem, et sic rescribere; postea jubeas, si mea est epistola, aperte me scribere, ut mittere exemplaria veriora, ut absque ullo rancore stomachi, in Scripturarum disputatione versemur. Quo pacto enim possumus in hac disputatione sine rancore versari, si me lædere paras? aut si non paras, quomodo ego, te non lædente, abs te læsus juste expostularem **730** quod probare ante debuisses meum esse sermonem, et sic (*f*) rescribere, hoc est et sic lædere? Nisi enim rescribendo læsisses, ego juste expostulare non possem. Proinde cum ita rescribis, ut lædas, quis locus nobis relinquitur in disputatione Scripturarum sine ullo rancore versandi? Ego quidem absit ut lædar, si mihi certa ratione volueris et potueris demonstrare illud ex epistola Apostoli, vel quid aliud Scripturarum sanctarum te verius intellexisse, quam me : imo vero absit, ut non cum gratiarum actione lucris meis deputem, si FUERO TE docente instructus, aut emendante correctus.

2. « Verumtamen tu, mihi frater carissime, nisi te putares læsum scriptis meis, non me putares lædi posse rescriptis tuis. Nullo enim modo id de te opinatus fuero, quod te non (*g*) arbitraris læsum si sic tamen rescribis ut lædas. Aut si te non sic rescribente, ego propter nimiam stultitiam meam lædi posse putatus sum, hoc ipso læsisti plane, quod de me ita sensisti.

quas cæstuum picturas vel ex sepulcrorum, vel ex gemmarum antiquarum sculpturis exhibet Mercurialis de Gymnastica lib. 2. At Martianæus *grandibus* legit, et ad libri oram, *Non legas,* inquit, *hic glandibus.* Quod ut bene monuerit, certe grandes Entelli cæstus vocari haud potuissent, quando auctor est Virgilius lib. V. grandiores illos, *quibus acer Eryx in prælia suetus,* etc., ab Entello remissos, quod cum iis congredi Dares recusaret :
El satus Anchisa cæstus extulit ÆQUOS,
Et PARIBUS palmas amborum innexuit armis.
Non illud aliquando putavimus alludi,
Quam multa grandine nimbi
Culminibus crepitant, sic densis ictibus heros
Creber utraque manu pulsat, versatque Dareta.
proinde *grandinibus* scribi pro *glandibus,* sive *grandibus,* displicuisset. Nunc vero *gravibus* omnino legendum placet ex Virgiliana allusione, ubi *graves* Entelli cæstus, sive ictus describuntur, et ipse *memoris et mole valens,* dicitur, et
Stat GRAVIS Entellus, nisuque immotus,
tum :
Ipse GRAVIS, GRAVITERque ad terram pondere vasto.
(*e*) Hanc respuit Victorius lectionem, fecitque ex aliis exem. laribus, *rursus nonnullius animæ tuæ offensionis,* etc. Sed illam tuentur Benedictini cum Badii, atque Erasmi editionibus, ac sexdecim Mss.
(*f*) Martian *et sic scribere,* quod tamen ipse olim Victorius castigaverat.
(*g*) Iterum inconsulto Erasmianos codices secutus Martianæus, *quod te non arbitrans læsum, si tamen rescribis,* etc.

Sed nullo modo tu me, quem nunquam talem expertus es, temere talem crederes, qui litterarum mearum exemplaribus etiam cum stylum meum nosses, temere credere noluisti. Si enim non immerito (a) vidisti, ne juste expostulaturum fuisse, si temere crederes esse litteras meas, quæ non essent meæ : quanto justius expostularem, meipsum temere putatum talem, qualem me expertus non esset, qui putavisset? Nequaquam ergo ita prolabereris, ut te non rescribente, quo læderer, me tamen existimares nimis insipientem, etiam tali tuo rescripto lædi potuisse.

3. « Restat igitur, ut lædere me rescribendo disponeres, si certo documento meas esse illas litteras nosses. Atque ita, quia non credo quod injuste me lædendum putares, superest ut agnoscam peccatum meum, quod prior te illis litteris læserim, quas meas esse negare non possum. Cur itaque conor contra fluminis tractum, ac non potius veniam peto? Obsecro ergo te per mansuetudinem Christi, ut si te læsi, dimittas mihi, nec me **731** vicissim lædendo, malum pro malo reddas. Lædes autem me, si mihi tacueris errorem meum, quem forte inveneris in (b) scriptis vel in dictis meis. Nam si ea in me reprehenderis, quæ reprehendenda non sunt, te potius [al. *magis*] lædis quam me : quod absit a moribus et sancto proposito tuo, ut hoc facias voluntate lædendi, culpans in me aliquid dente maledico, quod mente veridica scis non esse culpandum. Ac per hoc aut benevolo corde arguas, etiam si caret delicto quem [al. *quod*] arguendum putas : aut paterno affectu mulceas, quem (c) abjicere nequeas. POTEST ENIM FIERI, ut tibi videatur aliud, quam veritas habet, dum tamen aliud, abs te non fiat, quam caritas habet. Nam et ego amicissimam reprehensionem tuam gratissime accipiam, etiamsi reprehendi non merui, quod recte defendi potest. Aut agnoscam simul et benevolentiam tuam, et culpam meam : et quantum Dominus donat, in alio gratus, in alio emendatus inveniar.

4. « Quid ergo? fortasse dura, sed certe salubria verba tua tanquam cæstus Entelli pertimescam. Cædebatur ille, non curabatur, et ideo vincebatur, non sanabatur. Ego autem si medicinalem correptionem tuam tranquillus accepero, non dolebo. Si vero infirmitas (d) vel humana, vel mea etiam cum veraciter arguitur, non potest non [al. *nisi*] aliquantulum contristari ; melius tumor capitis dolet, dum curatur, quam dum ei parcitur; (e) et non sanatur. Hoc est enim quod acute vidit, qui dixit, utiliores esse plerumque inimicos objurgantes, quam amicos objurgare metuentes. Illi enim dum rixantur, dicunt aliquando vera, quæ corrigamus : isti autem minorem quam oportet exhibent justitiæ libertatem, dum amicitiæ timent exasperare dulcedinem. Quapropter et si (f) forte bos, ut tibi videris, lassus senectute corporis, non vigore animi tamen, in area dominica fructuoso labore desudans ; ecce adsum [al. *sum*], si quid perperam dixi, fortius fige pedem. Non mihi esse debet molestum pondus ætatis tuæ, dummodo conteratur palea culpæ meæ.

5. « Proinde illud quod in extremo epistolæ tuæ posuisti, cum magni desiderii suspirio vel lego, vel recolo. *Utinam*, inquis, **732** *mereremur complexus tuos ; et collatione mutua vel doceremus aliqua, vel disceremus.* Ego autem dico, utinam saltem propinquis terrarum locis habitaremus; ut si non possent misceri nostra colloquia, litteræ (g) possent esse crebriores. Nunc vero tanto locorum intervallo absumus a sensibus nostris, ut de illis verbis Apostoli ad Galatas, (h) juvenem me ad tuam sanctitatem scripsisse meminerim ; et ecce jam senex, necdum rescripta meruerim ; facilusque ad te exemplaria epistolæ meæ pervenerint, nescio qua occasione præveniente, quam ipsa epistola, me curante. Homo enim, qui eam tunc acceperat, nec ad te pertulit nec ad me retulit [al. *pertulerit et retulerit*]. Tantæ autem mihi in litteris tuis, quæ in manus nostras pervenire potuerunt, apparuit res, ut nihil studiorum meorum mallem, si possem, quam inhærere lateri tuo. Quod ego quia non possum, aliquem nostrorum in Domino filiorum erudiendum nobis ad te mittere cogito, si etiam de hac re tua rescripta meruero. Nam neque in me tantum scientiæ divinarum Scripturarum est, aut esse jam poterit, quantum inesse tibi video. Et si quid in hac re habeo facultatis, utcumque impendo populo Dei. Vacare autem studiis diligentius, quam quæ populi audiunt instruendi, propter Ecclesiasticas occupationes omnino non possum.

6. « Nescio quæ scripta maledica super tuo nomine ad Africam (i) pervenerunt. Accepimus tamen quod dignatus es mittere, illis respondens maledictis. Quo perlecto, fateor multum dolui, inter tam caras familiaresque personas, cunctis pene Ecclesiis notissimo amicitiæ vinculo copulatas, tantum malum exstitisse discordiæ. Et tu quidem quantum tibi modereris, quantumque teneas aculeos indignationis tuæ, ne reddas maledictum pro maledicto satis in tuis litteris eminet. Verumtamen si eas ipsas cum legissem, contabui dolore, et obrigui timore ; quid de me illa facerent, quæ in te ille scripsit, si in manus meas

---

(a) Victorius pro *vidisti*, reponendum vult, *judicasti*.
(b) Apud Benedictinos *in factis*, pro *scriptis*.
(c) Martian. cum Erasm. aliisque paucis editionibus, quem *adjicere nequeas*.
(d) Alicubi erat, *veluti humana mea*, tum pro *arguor*, plerique editi *arguitur*.
(e) In Benedictinor. edit. absque *et* copula, *dum ei parcitur, non sanatur*.

(f) Benedictini *forte* adverbium postponunt *etsi bos..... lassus senectute forte corporis*. Mox Victorius *desudas* legi vult pro *desudans*.
(g) Idem. *litteræ saltem possent esse*, etc.
(h) Intercesserant anni circiter decem, ex quo illam epistolam in nostra recensione 56. ad Hieronymum scripserat. At juventus apud veteres quarta ætas habebatur, finiens in quinquagesimo anno, cui proxime senior sexta ætas succedebat, usque ad septuagesimum tendens.
(i) Mallemus *pervenerint*, siquidem conquerenti Hieronymo epist. 102. quod sua maledicta Rufinus ad Africam usque pervenire fecisset, respondet, nihil hujusmodi isthuc venisse ; ex quo illa quoque lectio, quæ multorum ex editis librorum est, *pervenisse audivimus*, adnotantibus quoque Benedictinis. falsi convincitur.

forte venissent? Væ mundo ab scandalis (Matth. 18. 7). Ecce fit, ecce prorsus impletur quod veritas ait, *Quoniam abundavit iniquitas, refrigescet caritas multorum* (Matth. 14. 12). Quæ sibi enim jam fida pectora toto refundantur? In cujus **733** (a) sinum tota se projiciat secura dilectio? Quis denique amicus non formidetur, quasi futurus inimicus, si potuit inter Hieronymum et Ruffinum hoc quod plangimus, exoriri? O misera et miseranda conditio. O infida in voluntatibus amicorum scientia præsentium, ubi nulla est præscientia futurorum. Sed quid hoc alteri de altero gemendum putem, quando ne ipse quidem sibi homo est notus in posterum? Novit enim utcumque, vix forte, nunc qualis sit; qualis autem postea sit futurus, ignorat.

7. « Hæc porro non tantum scientia qualis quisque sit, verum etiam præscientia qualis futurus sit, si est in sanctis et beatis Angelis, et quomodo fuerit beatus diabolus aliquando, cum adhuc bonus angelus esset, sciens futuram iniquitatem suam, et sempiternum supplicium, omnino non video. De qua re, si tamen eam nosse opus est, vellem abs te audire quid sentias. Vide quid faciant terræ ac maria, quæ nos corporaliter dirimunt. Si hæc epistola mea, quam legis, ego essem, jam mihi diceres, quod quæsivi: nunc vero quando rescribes? quando mittes? quando perveniet? quando accipiam? et tamen utinam quandoque fiat, quod tam cito fieri non posse quam volumus, quanta possumus tolerantia sustinemus. Unde recurro ad illa verba epistolæ tuæ dulcissimæ, sanctique desiderii tui plenissima, et ea facio vicissim mea : *Utique mereremur complexus tuos; et collatione mutua vel doceremus aliqua, vel discerennus :* si tamen esse ullo modo posset, quod ego te docerem.

8. « In his autem verbis, non jam tuis tantum, sed etiam meis, ubi delector et reficior, et ipso quamvis pendente et non attingente utriusque nostrum desiderio, non parva ex parte consolor : ibi rursum acerrimis dolorum stimulis fodior, dum cogito inter vos quibus Deus hoc ipsum quod uterque nostrum optavit, largum prolixumque concesserat, ut conjunctissimi et familiarissimi mella Scripturarum sanctarum pariter lamberetis, tantæ amaritudinis irrepsisse perniciem, quando non, ubi non, cui non homini (b) formidandam : cum eo tempore, quo abjectis jam sarcinis sæcularibus, jam expediti Dominum sequebamini, et in ea terra videbatis simul, in qua Dominus humanis pedibus ambulans, *Pacem,* inquit, *meam do vobis,* **734** *pacem meam relinquo vobis* (Joan. 14. 27), viris ætate maturis, et in eloquio Domini habitantibus vobis accidere potuit? Vere *tentatio est vita humana super terram* (Job 7. 1). Heu mihi, qui vos simul alicubi invenire non

possum : forte ut moveor, ut doleo, ut timeo, prociderem ad pedes vestros, flerem quantum valerem, rogarem quantum amarem. Nunc unumquemque vestrum pro seipso, nunc utrumque pro alterutro, et pro aliis, ac maxime infirmis, pro quibus Christus mortuus est, qui vos tanquam in theatro vitæ hujus cum magno sui periculo spectant, ne de vobis ea conscribendo spargatis, quæ (c) quandoque concordantes delere non poteritis, qui nunc concordare nolitis ; aut quæ concordes legere timeatis, ne iterum litigetis.

9. « Verum dico caritati tuæ, nihil me magis quam hoc exemplum tremuisse, cum quædam ad me in epistola tua legerem, tuæ indignationis indicia non illa de Entello et bove lasso, ubi mihi potius hilariter jocari, quam iracunde minari visus es, quam illud, quod serio te scripsisse satis apparet, unde supra elocutus sum, plus fortasse quam debui, sed non plusquam timui, ubi aisti, *Ne forte læsus juste expostulares*. Rogo te, si fieri potest, ut inter nos quæramus et disseramus aliquid, quo sine amaritudine discordiæ corda nostra pascantur, fiat. Si autem non possum [al. *possumus*] dicere, quid mihi emendandum videatur in scriptis tuis, nec tu in meis, nisi cum suspicione invidiæ, aut læsione amicitiæ; quiescamus ab his, et nostræ vitæ salutique parcamus. Minus certe assequatur illa (d) quæ inflat, dum non offendatur illa quæ ædificat. Ego me longe esse sentio ab illa perfectione, de qua scriptum est : *Si quis in verbo non offendit, hic perfectus est vir* (Jacob. 3. 2). Sed plane in Dei misericordia puto me posse facile abs te petere veniam, si quid offendi quod mihi aperire debes; ut cum te audiero, lucreris fratrem tuum (Matth. 18). Neque enim quia hoc propter longinquitatem terrarum non potes facere inter me et te, propterea debes sinere errare me. Prorsus quod ad ipsas res, quas nosse volumus, attinet, si quid veri me tenere vel scio, vel credo, vel puto, in quo tu aliter sentis, quantum dat Dominus sine tua injuria, conabor asserere. Quod autem pertinet **735** ad offensionem tuam, cum te indignatum sensero, nihil aliud quam veniam deprecabor.

10. « Nec omnino arbitrabor [al. *arbitror*] te succensere potuisse, nisi aut hoc dicerem quod non debui, aut non sic dicerem, ut debui : quia nec miror nos minus scire invicem, quam scimur a conjunctissimis et familiarissimis nostris. In quorum ego caritatem, fateor, facile me totum projicio, præsertim fatigatum scandalis sæculi ; et in ea sine ulla sollicitudine requiesco. Dum quippe illic esse sentio, in quem me securus projicio, et in quo securus requiesco. Nec in hac mea securitate, crastinum illud humanæ fragilitatis incertum, de quo superius ingemui, omnino formido. Cum enim hominem Christiana ca-

---

(a) Victorius *pectora toto ore fundantur,* expressit ex tribus exemplaribus, sicque omnino contendit restituendum. At non videtur loci hujus sententiam satis assecutus. Mox *sensus*, pro *sinum* plerique omnes editi habent, et quindecim apud Benedictinos Mss. quibuscum nobis *sinum* arrisit magis.
(b) Iterum Victorius *formidandum* mavult.

(c) Adnotant Benedictini, legi in decem Mss. *quæ quoniam concordantes delere non poteritis, concordare nolitis*, atque in uno Cisterciensi, *quæ quandoque quoniam delere non poteritis, concordare nolitis.* Victorius maluit, *quandoque concordes,* etc.
(d) Duo editi libri *illa sententia quæ,* etc. Sed ea vox *scientia* redundat.

ritate flagrantem, eaque [al. *atque*] mihi fidelem amicum factum esse sentio, quidquid ei consiliorum meorum cogitationumque committo, non homini committo, sed illi in quo manet, ut talis sit. *Deus enim caritas est ; et qui manet in caritate, in Deo manet, et Deus in eo* (1. Joan. 4. 6) : quam si deseruerit, tantum faciat necesse est dolorem, quantum manens fecerat gaudium. Verumtamen ex amico intimo factus inimicus, quærat sibi potius quod fingat astutus ; non inveniat quod prodat iratus. Hoc AUTEM unusquisque facile assequitur, non occultando quod fecerit, sed non faciendo quod occultari [al. *occultare*] velit. Quod si misericordia Dei bonis piisque concedit, ut inter (*a*) amicos, quoslibet futuros, liberi securique versentur, aliena peccata sibi commissa non prodant, quæ prodi timeant [al. *timent*], ipsi nulla committant. Cum enim falsum quid a maledico fingitur, aut omnino non creditur, aut certe integra salute, sola fama vexatur. (*b*) Quod autem malum perpetratur, hostis est intimus, etiam si nullius intimi loquacitate aut lite vulgetur. Quapropter quis prudentium non videat, etiam tu quam tolerabiliter feras amicissimi quondam et familiarissimi incredibiles nunc inimicitias, consolante (*c*) conscientia ; et quemadmodum vel quod jactitat, vel quod a quibusdam forsitan creditur, in (*d*) sinistris armis deputes, quibus non minus quam dextris contra diabolum dimicatur. Verumtamen illum maluerim aliquo modo initiorem, quam te isto modo armatiorem. Hoc MAGNUM et triste miraculum est, ex amicitiis talibus ad has inimicitias pervenisse. **736** Lætum erit, et multo majus, ex inimicitiis talibus ad pristinam concordiam revertisse. »

EPISTOLA CXI (*e*)

AUGUSTINI AD PRÆSIDIUM.

Præsidium rogat Augustinus, ut superiorem epistolam curet Hieronymo reddendam, utque sibi eumdem suis etiam litteris placet.

Domino beatissimo, et merito venerando fratri, et consacerdoti PRÆSIDIO, AUGUSTINUS in Domino salutem.

1. « Sicut præsens rogavi sinceritatem tuam, nunc quoque commoneo, ut litteras meas sancto fratri et compresbytero nostro Hieronymo mittere non graveris. Ut autem noverit caritas tua, quemadmodum etiam tu illi pro mea causa scribere debeas, misi exemplaria litterarum et mearum ad ipsum, et ad me ipsius. Quibus lectis pro tua sancta prudentia facile videas [al. *videbis*] et modum meum, quem servandum putavi, et motum ejus, quem non frustra timui. Aut si ego quod non debui, aut quomodo non debui, aliquid scripsi, non ad illum de me, sed ad meipsum potius fraterna dilectione mitte sermonem ; quo correctus petam, ut ignoscat, si meam culpam ipse cognovero. »

EPISTOLA CXII (*f*)

HIERONYMI AD AUGUSTINUM.

Respondet tandem Hieronymus ad Augustini quæstiones propositas in epistolis 56. 67. et 104. scilicet de titulo libri Ecclesiasticos scriptores enarrantis, de Petro reprehenso a Paulo in epist. ad Galatas, de translatione veteris Testamenti, ac de hederæ vocabulo apud Jonam : defendens acriter scriptiones et interpretationes suas adversus Augustinum.

Domino vere sancto ac beatissimo Papæ AUGUSTINO, HIERONYMUS in Christo salutem.

1. Tres simul epistolas, imo libellos breves per Diaconum Cyprianum, **737** tuæ dignationis accepi, diversas, ut tu nominas, quæstiones, ut ego sentio, reprehensiones opusculorum meorum continentes. Ad quas, si respondere voluero, libri magnitudine opus erit. Tamen conabor quantum facere possum, modum non egredi longioris epistolæ, et festinanti fratri moram non facere : qui ante triduum quam profecturus erat, a me epistolas flagitavit ; ut pene in procinctu hæc qualiacumque sunt, effutire (*g*) compellerer, et tumultuario respondere sermone, non maturitate scribentis, sed dictantis temeritate : quæ plerumque non in doctrinam, sed in casum vertitur : ut fortissimos quoque [al. *quosque*] milites subita bella conturbant, et ante coguntur fugere quam possint arma corripere.

2. Cæterum nostra armatura Christus est, et Apostoli Pauli institutio, qui scribit ad Ephesios : « Assumite arma Dei, ut possitis resistere in die malo » (*Ephes.* 6. 13). Et rursum : « State succincti lumbos vestros in veritate, et induti loricam justitiæ, et calceati pedes in præparationem Evangelii pacis ; super omnia accipientes scutum fidei, in quo possitis universa tela maligni ignita extinguere : et galeam salutis accipite, et gladium spiritus, quod est verbum Dei » (*Ibid.* 14. *et seqq.*). His quondam telis rex David armatus procedebat ad prælium ; et quinque lapides de torrente accipiens levigatos, nihil asperitatis et sordium inter hujus sæculi turbines, in sensibus suis esse monstrabat, bibens de torrente in via : et idcirco (*h*) exaltavit caput, et superbissimum Goliath suo potissimum mucrone truncavit, percutiens in

---

(*a*) Abest a Benedictinor. edit *si præpositio* : qui mox, *amicos*, ex sex Mss. substituerunt, cum antea in editis obtineret, *inimicos*.
(*b*) Erat penes Benedictinos, Martianæum, aliosque veteres editores, *Cum autem modum perpetratur, hostis est*, etc. Concinniorem ex Victorio lectionem reposuimus, quam etiam Mss. quatuordecim apud eosdem Benedict. confirmant.
(*c*) Victorius, *consolante te conscientia*.
(*d*) Perquam erudite Pauli sententiam subinfert 2. ad Corinth. 6. 7. qua Apostolus bonum nomen dextris, malum sinistris armis deputans, « per arma, inquit, justitiæ a dextris, et sinistris, per gloriam, et ignobilitatem, per infamiam, et bonam famam. »
(*e*) *Al.* 95. *Scripta cum superiore.*

(*f*) *Al.* 89. *Scripta circa finem anni* 404.
(*g*) Haud satis bene Martian. *compelleret*. Victorius ex sex Florentinis et aliquot Brixianis Mss. *compellur*.
(*h*) Reposuimus ex Victorio, et vetustioribus libris, quod Psalmi 109. versiculum ultimum alludat manifestissime : *E torrente in via bibet, propterea exaltabit caput*. Benedictini, *et idcirco exaltans caput superbissimum Goliath*, vel ut Martian. *Goliam*, saltem voci *caput*, virgula erat apponenda.

fronte blasphemum (1. *Reg.* 17) ; et in ea parte corporis vulnerans, in qua et præsumptor sacerdotii Ozias lepra percutitur (2. *Paral.* 26), et sanctus gloriatur in Domino dicens : *Signatum est super nos lumen vultus tui, Domine* (*Psal* 4. 7). Dicamus igitur et nos : *Paratum cor meum, Deus, paratum cor meum ; cantabo et psallam in gloria mea. Exsurge psalterium et cithara ; exsurgam diluculo* (*Psal.* 56. 8. 9. et 107. 1. 2) ; ut in nobis possit impleri : *Aperi os tuum, et ego adimplebo illud* (*Ps.* 80. 11). Et : *Dominus dabit verbum evangelizantibus virtute multa* (*Ps.* 67. 12). Te quoque (*a*) hoc ipsum orare non dubito, ut inter nos contendentes veritas **738** superet. Non enim tuam quæris gloriam, sed Christi. Cumque tu viceris, et ego vincam, si meum errorem intellexero : et e contrario me vincente, tu superas ; quia non filii parentibus, sed parentes filiis thesaurizant. Et in Paralipomenon libro legimus, quod filii Israel ad pugnandum processerint *mente pacifica* : inter ipsos quoque gladios et effusiones sanguinis et cadavera prostratorum non suam, sed pacis victoriam cogitantes. Respondeamus igitur ad omnia ; ac multiplices quæstiones, si Christus jusserit, brevi sermone solvamus. Prætermitto salutationis officia, quibus meum demulces caput ; taceo de blanditiis, quibus reprehensionem mei [al. *meam*] niteris consolari. Ad ipsas causas veniam.

3. Dicis accepisse te librum meum a quodam fratre, qui titulum non haberet, in quo Scriptores Ecclesiasticos tam Græcos quam Latinos enumeraverim. Cumque ab eo quæreres, ut tuis verbis utar, *cur liminaris pagina non esset inscripta, vel quo censeretur nomine,* respondisse appellari *Epitaphium* : et argumentaris, quod recte sic vocaretur, si eorum tantum vel vitas vel scripta ibi legisses, qui jam defuncti essent. Cum vero multorum et eo tempore quo scribebatur, et nunc usque viventium, ibi commemorentur opuscula, mirari te, cur ei hunc titulum imposuerim. Puto intelligere prudentiam tuam, quod ex opere ipso titulum potueris intelligere. Legisti enim et Græcos et Latinos, qui vitas virorum illustrium descripserunt, quod nunquam (*b*) *Epitaphium* titulum indiderint, sed de Illustribus Viris, verbi gratia, Ducibus, Philosophis, Oratoribus, Historicis, Poetis, Epicis, Tragicis, Comicis : Epitaphium autem proprie scribitur [al. *inscribitur*] mortuorum : quod quidem in dormitione sanctæ memoriæ Nepotiani Presbyteri olim fecisse me novi. Ergo hic liber *de Illustribus Viris,* vel proprie *de Scriptoribus Ecclesiasticis* appellandus est : licet a plerisque emendatoribus imperitis, de *Auctoribus* dicatur inscriptus.

4. Secundo loco quæris, cur dixerim in Commentariis Epistolæ ad Galatas, **739** Paulum id in Petro non potuisse reprehendere, quod ipse fecerat ; nec in alio arguere simulationem, cujus ipse tenebatur reus : et asseris reprehensionem Apostolicam non fuisse dispensatoriam, sed veram ; et me non debere docere mendacium, sed universa quæ scripta sunt,

(*a*) Benedictini, *Te quoque ipsum,* etc.
(*b*) Iidem, *Epitaphium huic operi scripserint, sed,* etc.

ita sonare, ut scripta sunt. Ad quæ primum respondeo, debuisse prudentiam tuam Præfatiunculæ Commentariorum meorum meminisse, dicentis ex persona mea. « Quid igitur ego stultus, (*c*) aut temerarius, qui id pollicear, quod ille non potuit ? Minime : quin potius in eo, (*d*) ut mihi videor, cautior atque timidior, quod imbecillitatem virium mearum sentiens, Origenis Commentarios secutus sum. Scripsit enim ille vir in Epistolam Pauli ad Galatas quinque (*e*) proprie volumina, et decimum Stromateon suorum librum, commatico super explanatione ejus sermone complevit. Tractatus quoque varios, et Excerpta, quæ vel sola possent [al. *possint*] sufficere, composuit. Prætermitto Didymum videntem meum, et (*f*) Laodicenum, de Ecclesia nuper egressum, et Alexandrum veterem hæreticum, Eusebium quoque Emisenum, et Theodorum Heracleotem : qui et ipsi nonnullos super hac re Commentariolos reliquerunt. E quibus si vel pauca decerperem, fieret aliquid, quod non penitus contemneretur. Itaque ut simpliciter fatear, legi hæc omnia, et in mente mea plurima coacervans, accito notario, vel mea, vel aliena dictavi, nec ordinis, nec verborum, interdum nec sensum (*g*) memor. Jam Domini misericordiæ est, ne per imperitiam nostram ab aliis bene dicta dispereant ; et non placeant inter extraneos, quæ placent inter suos. » Si quid igitur reprehensione dignum putaveras in explanatione nostra, eruditionis tuæ fuerat quærere, utrum ea quæ scripsimus, haberentur in Græcis, ut si illi non dixissent, tunc meam proprie sententiam condemnares : præsertim cum libere in Præfatione confessus sim, Origenis Commentarios me esse secutum, et vel mea, vel aliena dictasse ; et in fine ejusdem **740** capituli, quod reprehendis, scripserim : « (Si cui iste non placet sensus, quo nec Petrus peccasse, nec Paulus procaciter ostenditur arguisse majorem, debet exponere, qua consequentia Paulus in altero reprehendat, quod ipse commisit). » Ex quo ostendi, me non ex definito id defendere, quod in Græcis legerem : sed ea expressisse quæ legeram, ut lectoris arbitrio derelinquerem, utrum probanda essent, an improbanda.

5. Tu igitur ne quod ego petieram, faceres, novum argumentum reperisti, ut assereres Gentiles qui in Christum credidissent, Legis onere liberos ; eos autem qui ex Judæis crederent, Legi esse subjectos :

(*c*) Benedictini, *ac temerarius, qui id pollicetur, quod illi,* etc. Hic porro Marius Victorinus est.
(*d*) Voculam *ut* Martianæus, aliique veteres omiserant. Codex vero Palatinus 540. *Quin potius ut mihi videor, cautior atque timidior, qui imbecillitatem,* etc.
(*e*) Vitiose erat *propria,* aut *propia* apud Hieronymianos editores.
(*f*) Inscite Martianæus post Erasmum *apollinaris* nomen invexit in textum, quod jamdiu olim in plerisque emendatioribus Mss. desiderari Victorius, doctiq. alii viri testati sunt ; constatque ex ipsa Præfatione Commentariorum in epist. ad Galatas, maxime vero ex ipsius Augustini responsione in subvexa epist. 116. num. 3. heic reticendum : *Nam Laodicenum,* inquit, *cujus nomen TACES, de Ecclesia dicis nuper egressum,* etc.
(*g*) In ipsa Præfat. *memoriam retenens. Jam Domini tantum misericordiæ est.*

ut per utrorumque personam, et Paulus recte reprehenderet eos qui Legem servarent, quasi Doctor gentium; et Petrus jure reprehenderetur, qui princeps circumcisionis id imperaverit [al. *imperavit*] gentibus, quod soli qui ex Judæis erant, debuerint observare. Hoc si placet, imo quia placet, ut quicumque credunt ex Judæis, debitores sint Legis faciendæ: tu ut Episcopus in toto orbe notissimus, debes hanc promulgare sententiam; et in assensum tuum omnes coepiscopos trahere. Ego in parvo tuguriolo [al. *turguriunculo*] cum Monachis, id est, cum compeccatoribus meis, de magnis statuere non audeo, nisi hoc ingenue confiteri, me majorum scripta legere, et in Commentariis secundum omnium consuetudinem, varias ponere explanationes, ut e multis sequatur unusquisque quod velit. Quod quidem te puto et in sæculari litteratura, et in divinis Libris legisse et probasse.

6. Hanc autem explanationem quam primus Origenes in decimo Stromateon libro, ubi epistolam Pauli ad Galatas interpretatur, et cæteri deinceps interpretes sunt secuti, illa vel maxime causa subintroducunt, ut Porphyrio respondeant blasphemanti, qui Pauli arguit procacitatem, quod principem Apostolorum Petrum ausus est reprehendere, et arguere in faciem, ac ratione constringere, quod male fecerit, id est in eo errore fuerit: in quo fuit ipse, qui alium arguit delinquentem. Quid dicam de (*a*) Joanne qui dudum in Pontificali gradu, Constantinopolitanam rexit Ecclesiam; et proprie super hoc capitulo latissimum exaravit librum, in quo Origenis et veterum sententiam est secutus? Si igitur me reprehendis errantem, patere me, quæso, errare cum talibus; et cum me erroris mei multos socios habere perspexeris, tu veritatis tuæ saltem unum astipulatorem proferre debebis. Hæc de explanatione unius capituli Epistolæ ad Galatas.

Sed ne videar adversus rationem tuam niti testium numero, et occasione virorum illustrium subterfugere veritatem, nec manum audere conserere, breviter de Scripturis exempla proponam. In Actibus Apostolorum vox facta est ad Petrum, dicens: *Surge, Petre, occide, et manduca* (Act. 10. 13), id est, omnia animalia quadrupedum et serpentium terræ, et volatilium cœli. Quo dicto, ostenditur nullum hominem secundum naturam esse pollutum; sed æqualiter omnes ad Christi (*b*) gratiam provocari. Ad quod respondit Petrus: *Absit, quia nunquam manducavi commune et immundum. Et vox ad eum de cælo secundo facta est, dicens: Quæ Deus mundavit, tu ne commune dixeris.* Ivit itaque Cæsaream; et ingressus ad Cornelium, *aperiens os suum dixit : In veritate comperi, quia non est personarum acceptor Deus : sed in omni gente qui timet eum, et operatur justitiam, acceptus est illi.* Denique cecidit Spiritus Sanctus super eos; et obstupuerunt ex circumcisione fideles, qui venerant cum Petro, quod et in nationes gratia Spiritus Sancti fuisset effusa. Tunc respondit Petrus: *Numquid aquam quis prohibere potest: ut non baptizentur hi, qui Spiritum Sanctum acceperunt, sicut et nos? Et jussit eos in nomine Jesu Christi baptizari.* Audierunt autem Apostoli et fratres qui erant in Judæa, quia et gentes receperunt verbum Dei. Cum autem ascendisset Petrus Jerosolymam, disceptabant adversus illum qui erant ex circumcisione, dicentes, *Quare introisti ad viros præputium habentes, et manducasti cum illis* (Act. 11. 1. 2 et 3)? Quibus omni ratione exposita, novissime orationem suam hoc sermone conclusit. *Si ergo eamdem gratiam dedit illis Deus, sicut et nobis, qui credidimus in Dominum Jesum Christum;* 742 *ego quis eram, qui possem prohibere Deum?* Iis auditis tacuerunt, et glorificaverunt Deum dicentes: *Ergo et gentibus pœnitentiam Deus ad vitam dedit.* Rursum cum multo post tempore Paulus et Barnabas venissent Antiochiam; et congregata Ecclesia, retulissent quanta fecisset Deus cum illis: et quia aperuisset Deus gentibus ostium fidei (Act. 14. 26. et 27), quidam descendentes de Judæa docebant fratres atque dicebant: *nisi circumcidamini secundum morem Moysi, non potestis salvi fieri* (Act. 15. 1). Commota igitur seditione non minima adversus Paulum et Barnabam, statuerunt ascendere, et ipsi qui accusabantur, et hi qui accusabant, ad Apostolos et Presbyteros Jerosolymam super hac quæstione. Cumque Jerosolymam pervenissent, exsurrexerunt quidam de hæresi Pharisæorum, qui crediderant in Christum, dicentes: *Oportet circumcidi eos et præcipere illis, ut servent Legem Moysi.* Et cum magna super hoc verbo oriretur quæstio: Petrus solita libertate: *Viri,* inquit, *fratres, vos scitis quoniam ab antiquis diebus in nobis elegit Deus per os meum audire gentes verbum Evangelii, et credere; et qui novit corda Deus, testimonium perhibuit, dans illis Spiritum Sanctum sicut et nobis, et nihil discrevit inter nos et illos, fide purificans corda illorum. Nunc autem quid tentatis Deum* (*c*) *imponere jugum super cervicem discipulorum, quod neque patres nostri, neque nos portare potuimus? Sed per gratiam Domini nostri Jesu Christi credimus salvari, quemadmodum et illi.* Tacuit autem omnis multitudo, et in sententiam ejus Jacobus Apostolus, et omnes simul Presbyteri transierunt.

8. Hæc non debent molesta esse lectori, sed et mihi et illi utilia, ut probemus ante Apostolum Paulum non ignorasse Petrum imo principem hujus esse [al. *fuisse*] decreti, Legem post Evangelium non esse servandam. Denique tantæ auctoritatis Petrus fuit, ut Paulus in epistola sua scripserit: *Deinde post annos tres veni Jerosolymam videre Petrum, et mansi apud eum diebus quindecim* (Gal. 1. 18). Rur-

---

(*a*) S. Joannes Chrysostomus, qui ante paucos menses, quam hæc scriberentur, ipso die magni sabbati a Constantinopolitana Ecclesia pulsus, actusque est in exsilium, qui superiori quoque anno 403. depositus primum fuerat. Vide subsequentem epistolam, sive fragmentum Theophili et Hieronymum.

(*b*) Veronensis Ms. cum aliquot editis ad *Christi Evangelium provocari.*

(*c*) Deerat post Erasmum in Martianæi editione vox *Deum*, quam libri omnes alii præferunt, et Græcus textus τὸν οὖν τί πειράζετε τὸν Θεόν. Veronen. Ms. *Dominum.*

sumque in consequentibus: *Post annos quatuordecim ascendi iterum Jerosolymam cum Barnaba, assumpto et Tito. Ascendi autem secundum revelationem, et (a) exposui cum eis Evangelium quod prædico in gentibus* (Gal. 2. 1), ostendens **743** se non habuisse securitatem prædicandi Evangelii, nisi Petri et (b) cæterorum Apostolorum qui cum eo erant, fuisset sententia roboratus. Statimque sequitur: *Separatim autem his, qui videbantur aliquid esse; ne forte in vacuum currerem, aut cucurrissem.* Quare separatim, et non publice [al. *in publico*]? Ne forte fidelibus qui ex numero Judæorum, Legem putabant esse servandam, et sic credendum in Domino Salvatore, fidei scandalum nasceretur. Ergo et eo tempore cum Petrus venisset Antiochiam (licet hoc Apostolorum Acta non scribant, sed affirmanti Paulo credendum sit) in faciem illi Paulus restitisse se scribit, quia reprehensibilis erat. Prius enim quam venirent quidam a Jacobo, cum gentibus edebat: cum autem venissent, subtrahebat se, et segregabat, timens eos qui ex circumcisione erant. Et consenserunt (c) simulationi ejus cæteri Judæi: ita ut Barnabas adduceretur ab his in illam simulationem. Sed cum vidissem, inquit, quod non recte ingrediebantur [al. *ingrediuntur*] ad veritatem Evangelii, dixi Petro coram omnibus: *Si tu cum sis Judæus, gentiliter et non Judaice vivis, quomodo cogis gentes judaizare?* et cætera. Nulli ergo dubium est, quod Petrus Apostolus sententiæ hujus, cujus nunc prævaricator arguitur, primus auctor exstiterit. Causa autem prævaricationis, timor est Judæorum. Dicit enim Scriptura, quod primum edebat cum gentibus; cum autem venissent quidam a Jacobo, subtrahebat se, et segregabat, timens eos qui ex circumcisione erant. Timebat autem Judæos, quorum erat Apostolus; ne per occasionem gentilium a fide Christi recederent; et imitator pastoris boni, perderet gregem sibi creditum.

9. Sicut ergo ostendimus, Petrum bene quidem sensisse de abolitione Legis Mosaicæ; sed ad simulationem (d) observandæ ejus timore compulsum: videamus an ipse Paulus qui alium arguit, tale quid fecerit. Legimus in eodem libro: *Perambulabat autem Paulus Syriam et Ciliciam, confirmans Ecclesias* (Act. 15. 41): *pervenitque in Derben et Lystram; et ecce discipulus quidam erat ibi nomine Timotheus,* **744** *filius mulieris (e) viduæ fidelis, patre gentili.* Huic autem testimonium reddebant qui Lystris erant, et Iconio fratres. Hunc voluit Paulus secum proficisci, et assumens circumcidit eum propter Judæos, qui erant in illis locis. Sciebant enim omnes quod pater ejus gentilis

(a) Benedictini et Veronen. Ms. *et exposui eis Evangelium, quod prædico inter gentes.*
(b) Apud eosdem Benedictinos voces *cæterorum apostolorum* desiderantur: in Veronen. tantum *apostolorum*: tum *roboratum* pro *roboratus.*
(c) Iidem, *et consenserunt cum illo cæteri Judæi,* etc.
(d) Annotant Benedictini in uno e Vatic. Mss. *observantiæ ejus,* in Cisterciensi, *observationis* haberi, in Veronensi libro *observandæ ejus sententiæ, timore,* etc.
(e) Videretur pro *viduæ* legendum *Judææ,* qui facilis non Hieronymi, sed veterum exscriptorum est lapsus; nam

esset (Act. 16. 1. 2. 3). O beate Apostole Paule, qui in Petro reprehenderas simulationem, (f) quare subtraxisset se a gentibus propter metum Judæorum, qui ab Jacobo venerant: cur Timotheum filium hominis gentilis, utique et ipsum gentilem, neque enim Judæus erat, qui non fuerat circumcisus, contra sententiam tuam circumcidi coegisti? Respondebis mihi: Propter Judæos, qui erant in illis locis. Qui igitur tibi ignoscis in circumcisione discipuli venientis ex gentibus, ignosce et Petro præcessori tuo, quod aliqua fecerit metu fidelium Judæorum. Rursum scriptum est: *Paulus vero cum adhuc sustinuisset dies multos, fratribus valedicens navigavit Syriam, et cum eo Priscilla et Aquila, et totondit sibi in Cenchreis caput; votum enim habuerat* (Act. 18. 18). Esto ibi [al. *Esto ut ibi*] timore Judæorum compulsus sit facere quod nolebat, quare comam nutrivit ex voto; et postea eam in Cenchreis totondit ex Lege, quod Nazaræi, (1) qui se Deo voverint, juxta præceptum Moysi facere consueverunt (Num. 6. 18)?

10. Verum hæc ad comparationem ejus rei quæ sequitur, parva sunt. Refert Lucas sacræ scriptor historiæ: *Cum venissemus Jerosolymam, libenter susceperunt nos fratres* (Act. 21. 17): *et sequenti die Jacobus et omnes seniores, qui cum eo erant, Evangelio illius comprobato, dixerunt ei: Vides frater, quot m* sunt in Judæa, qui crediderunt in Christum, *omnes æmulatores sunt Legis. Audierunt autem d* quod discessionem doceas a Moyse, eorum qui per ge sunt Judæorum, dicens: non debere eos circumcidere filios suos; neque secundum consuetudinem ingredi. Quid ergo est? Utique oportet convenire multitudinem: audierunt enim te supervenisse. Hoc ergo fac, quod tibi dicimus. Sunt nobis viri quatuor votum habentes super se. His assumptis, sanctifica te cum ipsis, et impende in eos, ut radant capita: et scient omnes, quid quæ de te audierunt, falsa sunt; sed ambulas et **745** *ipse custodiens Legem. Tunc Paulus, assumptis viris, postero die purificatus, intravit cum illis in templum, annuntians expletionem dierum purificationis, donec offerretur pro unoquoque eorum oblatio.* O Paule, et in hoc te rursus interrogo: cur captus raseris; cur nudipedalia exercueris de cæremoniis Judæorum; cur obtuleris sacrificia; et secundum Legem pro te hostiæ fuerint immolatæ? Utique respondebis, ne scandalizarentur qui ex Judæis crediderunt. Simulasti ergo te [al. *abest te*] Judæum, ut Judæos lucrifaceres; et hanc ipsam simulationem Jacobus, et cæteri te docuere Presbyteri: sed tamen evadere non potuisti. Orta enim seditione, cum occidendus esses, raptus es a tribuno, et ab eo missus Cæsa-

et Vulgatus interpres sic reddit, et, quod majus est, Græcum exemplar: γυναικὸς τινος Ἰουδαίας πιστῆς: *mulieris cujusdam Judææ fidelis*: tametsi non dissilemur in paucis aliquot libris esse χήρας, *viduæ.* In Veronen. *fidelis* omittitur.
(f) Benedict. *qui subtraxit se,* etc. et mox *cur* vocula desideratur: denique in periodi fine *circumcidere coegeris?*
(1) Reponi Gravius jubet, *qui se devoverint,* uno verbo pro *Deo voverint.*

ream, sub custodia militum diligenti (*Act.* 23. 25), ne te Judæi quasi simulatorem ac destructorem Legis occiderent. Atque inde Romam perveniens, in hospitio quod tibi conduxeras, Christum et Judæis et gentibus prædicasti (*Actor.* 28.14. 30), et sententia tua Neronis gladio confirmata est.

11. Didicimus, quod propter metum Judæorum et Petrus et Paulus æqualiter finxerint se Legis præcepta servare. Qua igitur fronte, qua audacia Paulus in altero reprehendit [al. *reprehendat*], quod ipse commisit? Ego, imo alii ante me exposuerunt causam quam putaverant, non officiosum mendacium defendentes, sicut tu scribis; sed ostendentes [al. *docentes*] honestam dispensationem, ut et Apostolorum prudentiam demonstrarent, et blasphemantis Porphyrii impudentiam coercerent, qui Paulum et Petrum puerili dicit inter se pugnasse certamine : imo exarsisse Paulum (1) in invidiam virtutum Petri, et ea scripsisse jactanter, quæ vel non fecerit, vel si fecerit, procaciter fecerit id in alio reprehendens quod ipse commiserit. Interpretati sunt illi ut potuerunt. Tu quomodo istum locum edisseres? utique meliora dicturus, qui veterum sententiam reprobasti.

12. Scribis ad me in epistola tua (*Epist.* 67), « neque enim a me docendus es, quomodo intelligatur, quod idem dicit [al. additur *Apostolus*]: *Factus sum tanquam Judæus,* (a) *ut Judæos lucrifacerem* (1. *Cor.* 9. 20), et cætera; quæ ibi dicuntur (b) compassione misericordiæ, non simulatione fallaciæ. Fit enim tanquam æger, qui ministrat ægroto, non cum se febres habere mentitur; sed cum animo condolentis cogitat, quemadmodum sibi serviri vellet, si ipse ægrotaret. Nam utique Judæus erat; Christianus autem factus, non Judæorum sacramenta reliquerat, quæ convenienter ille populus, et legitimo tempore, quo oportebat, acceperat : ideoque suscepit ea celebranda, cum jam Christi esset Apostolus, ut doceret non esse perniciosa his, qui ea vellent, sicut a parentibus per Legem acceperant, custodire, etiam cum in Christum credidissent : non tamen in eis jam constituerent spem salutis : quoniam per Dominum Jesum salus ipsa quæ illis sacramentis significabatur, advenerat. » Totius sermonis tui, quem disputatione longissima protraxisti, hic sensus est : ut Petrus non erraverit in eo, quod his qui ex Judæis crediderant, putaverit Legem esse servandam : sed in eo a recti linea deviarit, quod gentes coegerit judaizare. Coegerit autem, non docentis imperio, sed conversationis exemplo. Et Paulus non contraria sit locutus his, quæ ipse gesserat; sed quare Petrus eos, qui ex gentibus erant, judaizare compelleret.

(a) Supplevimus ex Veronen. Mss. et Benedictinorum editione, *ut Judæos lucrifacerem*, quæ in aliis editis desiderantur.
(b) Mss. octo, referentibus Benedictinis, atque unus Veronen. *compassione misericordia, non simulatione fallaci.*
(1) Aliter Gravius, *exarsisse Paulum invidiæ*.

13. Hæc ergo summa est quæstionis, imo sententiæ tuæ : ut post Evangelium Christi, bene faciant Judæi credentes, si Legis mandata custodiant, hoc est, si sacrificia offerant, quæ obtulit Paulus, si filios circumcidant, si sabbatum servent, ut Paulus, in Timotheo, et omnes observavere Judæi. Si hoc verum est, in Cerinthi et Ebionis hæresim delabimur, qui credentes in Christo propter hoc solum a Patribus anathematizati sunt, quod Legis cæremonias Christi Evangelio miscuerunt; et sic nova confessi sunt, ut vetera non omitterent. Quid dicam de Ebionitis, qui Christianos esse se simulant? Usque hodie per totas Orientis synagogas inter Judæos hæresis est, quæ dicitur (c) Minæorum, et a Pharisæis nunc usque damnatur : quos vulgo Nazaræos nuncupant, qui credunt in Christum Filium Dei, natum de virgine Maria, et eum dicunt esse, qui sub Pontio Pilato passus est, et resurrexit, in quem et nos credimus : sed dum volunt et Judæi esse et Christiani, nec Judæi sunt, nec Christiani. Oro ergo te, ut qui nostro vulnusculo medendum putas, quod acu foratum, imo punctum, ut dicitur, hujus sententiæ medeatis vulneri, quod lancea, et ut ita dicam, phalaricæ (1) mole percussum est. Neque enim ejusdem est criminis in explanatione Scripturarum diversas majorum sententias ponere, et hæresim sceleratissimam rursum in Ecclesiam introducere. Sin autem hæc nobis incumbit necessitas, ut Judæos cum legitimis suis suscipiamus, et licebit eis observare in Ecclesiis Christi, quod exercuerunt in synagogis satanæ : dicam quod sentio, non illi Christiani fient, sed nos Judæos facient.

14. Quis enim hoc Christianorum patienter audiat, quod in tua epistola continetur : *Judæus erat Paulus, Christianus autem factus, non Judæorum sacramenta reliquerat, quæ convenienter ille populus, et legitimo tempore, quo oportebat, acceperat : ideoque suscepit* [al. *sed ideo susceperat*] *celebranda ea, cum jam Christi esset Apostolus; ut doceret non esse perniciosa his qui ea vellent sicut a parentibus per Legem acceperant, custodire.* Rursum obsecro te, ut pace tua mecum dolorem audias : Judæorum Paulus cæremonias observabat, cum jam Christi esset Apostolus : et dicis eas non esse perniciosas his qui eas vellent, sicut a parentibus acceperant, custodire? Ego e contrario loquar, et reclamante mundo, libera voce pronuntio [al. *pronuntiem*] : cæremonias Judæorum, et perniciosas esse ac mortiferas Christianis; et quicumque eas observaverit, sive ex Judæis, sive ex gentibus,

(c) Antea erat *Minæorum*. Sunt autem *Minæi*, quod præstat admonuisse, ex Hebraico מינים, quod idem sonat atque αἱρετικοὺς, *hæreticos*, quemadmodum eorum quoque doctrinam מינות quod est αἵρεσιν, *hæresim* κατ᾽ ἐξοχὴν veteres appellabant. Quod vero heic Hieron. notat, ex Hebræorum monumentis confirmatur, in quibus proditum est, temporibus Gamalielis senioris adeo invaluisse הבינים, *Minæos*, ut necesse habuerint peculiarem in illos imprecandi formulam excogitare. Hi vero Christianos facile respiciebant, quos מינים, *Minim* in suis Commentariis usque hodie vocant.

(1) Teli prægrandis genus.

eum in barathrum diaboli devolutum. *Finis enim Legis Christus ad justitiam omni credenti* (Rom. 10. 4) : Judæo scilicet et Gentili. Neque enim omni credenti erit finis ad justiam, si Judæus excipitur. In Evangelio legimus : *Lex et Prophetæ usque ad Joannem Baptistam* (Matth. 11. 12). Et in alio loco : *Propterea* **748** *ergo magis quærebant eum Judæi interficere : quia non solum solvebat sabbatum; sed et Patrem suum dicebat esse Deum, æqualem se faciens Deo* (Joan. 5. 18). Et iterum : *De plenitudine ejus nos omnes accepimus, gratiam pro gratia; quia Lex per Moysen data est, gratia autem et veritas per Jesum Christum facta est* (Joan. 1. 15). Pro Legis gratia quæ præteriit, gratiam Evangelii accepimus permanentem ; et pro umbris et imaginibus veteris Instrumenti, veritas per Jesum Christum facta est. Jeremias quoque ex persona Dei vaticinatur : *Ecce dies veniunt, dicit Dominus, et consummabo domui Israel, et domui Juda testamentum novum : non secundum testamentum quod disposui patribus eorum, in die (a) qua apprehendi manum eorum, ut educerem eos de terra Ægypti* (Jerem. 31. 31). Observa quid dicat, quod non populo gentilium, (b) ei qui ante non receperat Testamentum ; sed populo Judæorum, cui Legem dederat per Moysen, Testamentum novum Evangelii repromittat: ut nequaquam vivant in vetustate litteræ, sed in novitate spiritus. Paulus autem super cujus nunc nomine quæstio ventilatur, crebras hujusmodi ponit sententias : e quibus brevitatis studio pauca subnectam. *Ecce ego Paulus dico vobis, quoniam si circumcidamini, Christus vobis nihil (c) prodest* (Gal. 5. 2). Et iterum : *Evacuati estis a Christo, qui in Lege justificamini, a gratia excidistis.* Et infra : *Si spiritu ducimini, jam non estis sub Lege.* Ex quo apparet, qui sub Lege est, non (d) dispensative, ut nostri voluere majores ; sed vere, ut tu intelligis, eum Spiritum Sanctum non habere. Qualia autem sint præcepta legalia, Domino docente, discamus. *Ego*, inquit, *dedi eis præcepta non bona, et justificationes, in quibus non vivant in eis.* Hæc dicimus non quo Legem juxta Manichæum et Marcionem destruamus, quam et sanctam, et spiritualem juxta Apostolum novimus ; sed quia postquam venit fides et temporum plenitudo, misit Deus filium suum (e) *factum ex muliere, factum sub Lege, ut eos qui sub Lege erant redimeret, ut adoptionem filiorum reciperemus* ; et nequaquam sub pædagogo, sed sub adulto, et Domino hærede vivamus.

15. **749** *Sequitur in Epistola tua : Non ideo Petrum emendavit, quod paternas traditiones observaret : quod si facere vellet, nec mendaciter, nec incongrue faceret.* Iterum dico : quandoquidem [al. *quando*.]

(a) Benedictini, *quando*, pro *qua*.
(b) Undecim penes Benedictinos Mss. quibuscum Veron. cum quo ante non fecerat Testamentum Martianæus annotat ex quampluribus aliis *fuerat* pro *fecerat*.
(c) Victorius *proderit* reposuit ex Vulgato et Græco textu. ὀφελήσει.
(d) Martian. post Erasmum *dispensatione*, renitentibus Mss.
(e) Ex Græco [...] sic enim Mss. habent, *factum, non natum*, ut videatur plerique : tametsi in aliquot etiam Græcis libris [...] occurrat.

Episcopus es, Ecclesiarum Christi magister, ut probes verum esse quod asseris suscipe aliquem Judæorum, qui factus Christianus, natum sibi filium circumcidat, qui observet sabbatum, qui abstineat a cibis quos Deus creavit ad utendum cum gratiarum actione ; qui quartadecima die mensis primi agnum mactet ad vesperam ; et cum hoc feceris, imo non feceris (scio enim te Christianum, et rem sacrilegam non esse facturum) velis nolis, tuam sententiam reprobabis : et tunc scies opere, difficilius esse confirmare sua, quam aliena reprehendere. (f) Ac ne forsitan tibi non crederemus, imo non intelligeremus quid diceres (frequenter enim in longum sermo protractus caret intelligentia : et dum (g) non sentitur, minus reprehenditur) inculcas et replicas : *Hoc Judæorum Paulus dimiserat, quod malum habebant.* Quod est malum Judæorum, quod Paulus dimiserat? Utique illud quod sequitur : quod *ignorantes Dei justitiam, et suam volentes constituere, justitiæ Dei non sunt subjecti* (Rom. 10. 3). « Deinde quod post passionem et resurrectionem Christi, dato ac manifestato sacramento gratiæ secundum ordinem Melchisedech, adhuc putabant vetera sacramenta, non ex consuetudine solemnitatis, sed ex necessitate salutis esse celebranda : quæ tamen si nunquam fuissent necessaria, infructuose atque inaniter pro eis Machabæi martyres fierent. » Postremo illud quod prædicatores gratiæ Christianos Judæi, tanquam hostes Legis persequerentur [al. *persequebantur*]. « Hos atque hujusmodi errores et vitia dicit se (h) damna et ut stercora arbitratum, ut Christum lucrifaceret » (Phil. 3. 8).

16. Didicimus per te, quæ Apostolus Paulus mala reliquerit Judæorum : rursum te docente discamus, quæ bona eorum tenuerit. (*Observationes*, inquies, *Legis, quas more patrio celebrant : sicut ab ipso Paulo celebratæ* **750** *sunt, sine ulla salutis necessitate.*)Id quid velis dicere, sine ulla salutis necessitate, non satis intelligo. Si enim salutem non afferunt, cur observantur? Si autem observanda sunt, utique salutem afferunt : maxime quæ observata, martyres faciunt. Non enim observarentur, nisi afferrent salutem. Neque enim indifferentia sunt inter bonum et malum, sicut Philosophi disputant. Bonum est continentia, malum est luxuria. Inter utrunque indifferens, ambulare, (i) digerere alvi stercora, capitis naribus purgamenta projicere, sputis rheumata jacere. Hoc nec bonum, nec malum est : sive enim feceris, sive non feceris, nec justitiam habebis, nec injustitiam. Observare autem Legis cæremonias, non potest esse indifferens : sed aut bonum est, aut malum est. Tu dicis bonum, ego assero malum : et malum non solum his qui ex gentibus; sed et his qui ex Judaico

(f) Benedictin. *an ne*, etc. forte typothetarum mendo.
(g) Iidem *non sentitur, ab imperitis, minus reprehendit, inculcas*, etc. tum *Hoc ergo Judæorum*, etc. a quorum lectione nec Veronensis liber variat, nisi quod *reprehenditur*, loco *reprehendit*, rectius legit.
(h) Martianæus cum plerisque aliis editis, quibus Veronen. Ms. concinnit, *dicit se damnare, et ut stercora arbitratur*. Vide Epistolam 67. num. 6. not. *e*.
(i) Victorius maluit *egerere*. Veronen. Ms. addit [...]

populo crediderunt. In hoc, ni fallor, loco, dum aliud vitas, in aliud devolveris. Dum enim metuis Porphyrium blasphemantem, in Ebionis incurris laqueos, his qui credunt ex Judæis, observandam Legem esse decernens. Et quia [al. *qui*] periculosum intelligis esse quod dicis, rursum illud superfluis verbis temperare conaris, sine ulla salutis necessitate : (*a*) *non sicut Judæi celebranda putant, aut fallaci simulatione, quod Paulus in Petro reprehenderat.*

17. *Fallax simulatio.* — Petrus igitur simulavit Legis custodiam. Iste autem reprehensor Petri, audacter observavit legitima. Sequitur enim in epistola tua : « Nam si propterea illa sacramenta celebravit, quia se simulavit Judæum, ut illos lucrifaceret ; cur non etiam sacrificavit cum gentibus, quia et his qui sine Lege erant, tanquam sine Lege factus est, ut eos quoque lucrifaceret (1. *Cor.* 9. 21)? nisi quia et illud fecit, ut natura Judæus; et hoc totum dixit, non ut Paulus se fingeret esse quod non erat, sed ut misericorditer ita subveniendum esse sentiret, ac si ipse in eo errore laboraret; non scilicet mentientis astu, sed compatientis affectu. » Bene defendis Paulum, quod non simulaverit errorem Judæorum; sed **751** vere fuerit in errore. Neque imitari Petrum voluerit mentientem, (*b*) ut quod erat, metu Judæorum dissimularet : sed tota libertate Judæum esse se diceret. Nova clementia Apostoli; dum Judæos Christianos vult facere, ipse Judæus factus est. Non enim poterat luxuriosos ad frugalitatem reducere, nisi se luxuriosum probasset, et misericorditer, ut ipse dicis, subvenire miseris, nisi se miserum ipse sentiret. Vere enim miselli et misericorditer deplorandi, qui contentione sua et amore legis abolitæ Apostolum Christi fecere Judæum. Nec multum interest inter meam et tuam sententiam, qua ego dico, et Petrum et Paulum timore fidelium Judæorum, Legis exercuisse, imo simulasse mandata : tu autem asseris hoc eos fecisse clementer; non mentientis astu, sed compatientis affectu, dummodo illud constet, vel metu, vel misericordia eos simulasse se esse quod non erant. Illud autem argumentum quo adversum nos uteris, quod et gentilibus debuerit gentilis fieri, si Judæis Judæus factus est, magis pro nobis facit. Sicut enim non fuit vere Judæus, sic nec vere gentilis erat. Et sicut non fuit vere gentilis, sic nec vere Judæus erat. In eo autem imitator gentium est, quia præputium recipit in fide Christi : et indifferenter permittit vesci cibis quos damnant Judæi, non cultum, ut tu putas, idolorum. *In Christo enim Jesu, nec circumcisio est aliquid, nec præputium, sed observatio mandatorum Dei* (*Gal.* 5. 6. *et cap.* 6. 15).

18. Quæso igitur te, et iterum atque iterum obsecro [al. *deprecor*], ut ignoscas disputatiunculæ meæ :

et quod modum meum egressus sum, tibi imputes, qui coegisti ut rescriberem [al. *scriberem*], et mihi cum Stesichoro oculos abstulisti. Neque me putes magistrum esse mendacii, qui sequor Christum dicentem : *Ego sum via, veritas, et vita* (*Joan.* 14. 6); nec potest fieri, ut veritatis cultor, mendacio colla submittam. Neque mihi imperitorum plebeculam concites, qui te venerantur ut Episcopum, et in Ecclesia declamantem, Sacerdotii honore suspiciunt : me autem ætatis ultimæ et pene decrepitum, ac Monasterii et ruris secreta sectantem parvipendunt. Et quæras tibi quos doceas, sive reprehendas. Ad **752** nos enim tantis maris atque terrarum spatiis a te divisos vix vocis tuæ sonus pervenit. Et si forsitan litteras scripseris, ante eas Italia ac Roma suscipient, quam ad me cui mittendæ sunt, deferantur.

19. Quod autem in aliis quæris epistolis : cur prior mea in libris Canonicis interpretatio asteriscos habeat et virgulas prænotatas; et postea aliam translationem absque his signis ediderim : pace tua dixerim, videris mihi non intelligere, quod quæsisti. Illa enim interpretatio Septuaginta Interpretum est : et ubicunque virgulæ, id est obeli sint, significatur quod Septuaginta plus dixerint, quam habetur in Hebræo. Ubi autem asterisci, id est, stellulæ prælucentes, ex Theodotionis editione ab Origene additum est : Et ibi Græca transtulimus : hic de ipso Hebraico, quod intelligebamus, expressimus : sensuum potius veritatem, quam verborum ordinem interdum conservantes. Et miror quomodo Septuaginta Interpretum libros legas, non puros ut ab eis editi sunt, sed ab Origene emendatos, sive (*b*) corruptos per obelos et asteriscos; et Christiani hominis interpretatiunculam non sequaris, præsertim cum ea quæ addita sunt, ex hominis Judæi atque blasphemi post passionem Christi, editione transtulerit. Vis amator esse verus Septuaginta Interpretum? Non legas ea quæ sub asteriscis sunt, imo rade de voluminibus, ut veterum te fautorem probes. Quod si feceris, omnes Ecclesiarum Bibliothecas damnare cogeris. Vix enim unus aut alter invenietur liber, qui ista non habeat.

20. Porro quod dicis non debuisse me interpretari post veteres, et novo uteris syllogismo : aut obscura fuerunt quæ interpretati sunt Septuaginta, aut manifesta. Si obscura, te quoque in illis falli potuisse credendum est. Si manifesta, illos in eis falli non potuisse, perspicuum est. Tuo tibi sermone respondeo. Omnes veteres tractatores qui nos in Domino præcesserunt, et qui Scripturas sanctas interpretati sunt, aut obscura interpretati sunt, aut manifesta. Si obscura, quomodo tu ausus es post eos disserere, quod illi explanare **753** non potuerunt? Si ma-

---

(*a*) Benedictini, qui cum negandi particula hunc locum in Augustini epistola LXVII. num. 7. legerant, heic apud Hieronymum eamdem expungunt, quod quidem cum aliquo veri sensus, aut perspicuitatis dispendio est ; tametsi Ms. quoque Veronens. suffragetur.

(*b*) Duo Vaticani Mss. apud Benedictinos, *ut quod non erat, metu Judæorum simularet.* Veronens., *metum Judæorum simularet.*

(*c*) Impressam lectionem etiam Veronen. Ms. confirmat; et sensus congruus est magis, ut fidem, quantam S. Augustinus in LXX. exemplaribus constituebat, enervet. Monet autem Victorius in sex Brixianis Mss. haberi *correctes*, quemadmodum et vulgati quidam legunt; quod non probatur, cum emendare, et corrigere idem sit. Ipse legendum potius censet *correptos*, hoc est reprehensos, quam lectionem sex codices Mss. ex Florentia præfertur testis est; sed in eumdem ac *correctos* recidit sensum.

nifesta, superfluum est te voluisse disserere, quod illos latere non potuit : maxime in explanatione Psalmorum, quos apud Græcos interpretati sunt multis voluminibus, primus Origenes, secundus Eusebius Cæsariensis, tertius Theodorus Heracleotes, quartus Asterius Scythopolitanus, quintus Apollinaris Laodicenus, sextus Didymus Alexandrinus. Feruntur et diversorum in paucos Psalmos opuscula. Sed nunc de integro Psalmorum corpore dicimus. Apud Latinos autem Hilarius Pictaviensis, et Eusebius Vercellensis Episcopi, Origenem et Eusebium transtulerunt, quorum priorem et noster Ambrosius in quibusdam secutus est. Respondeat mihi prudentia tua, quare tu post tantos et tales Interpretes in explanatione Psalmorum diversa senseris. Si enim obscuri sunt Psalmi, te quoque in eis falli potuisse credendum est. Si manifesti, illos in eis falli potuisse non creditur : ac per hoc utroque modo superflua erit interpretatio tua, et hac lege post priores nullus loqui audebit, et quodcumque alius occupaverit arius de eo licentiam scribendi non habebit. Quin potius humanitatis tuæ est, in quo veniam tibi tribuis, indulgere et cæteris. Ego enim non tam vetera abolere conatus sum, quæ linguæ meæ hominibus emendata de Græco in Latinum transtuli, quam ea testimonia quæ a Judæis prætermissa sunt vel corrupta, proferre in medium; ut scirent nostri quid Hebraica Veritas contineret. Si cui legere non placet, nemo compellit invitum. Bibat vinum vetus cum suavitate, et nostra musta contemnat, quæ in explanatione priorum edita sunt; ut sicubi illa non intelliguntur, ex nostris manifestiora fiant. Quod autem genus interpretationis in Scripturis sanctis sequendum sit, liber quem scripsi de Optimo genere interpretandi, et omnes Præfatiunculæ divinorum Voluminum, quas editioni nostræ præposuimus, explicant; ad illasque prudentem lectorem remittendum puto. Et si me, ut dicis, in novi Testamenti emendatione suscipis, exponisque causam cur suscipias; quia plurimi linguæ Græcæ habentes scientiam, de **754** meo possint opere judicare : eamdem integritatem debueras etiam in veteri credere Testamento, quod non nostra confinximus; sed ut apud Hebræos invenimus, divina transtulimus. Sicubi dubitas, Hebræos interroga.

21. Sed forte dices : quid si Hebræi aut respondere noluerint, aut mentiri voluerint? Tota frequentia Judæorum in mea interpretatione reticebit? Nullusque inveniri poterit, qui Hebreæ linguæ habeat notitiam [al. *notionem*] : aut omnes imitabuntur illos Judæos, quos dicis in Africæ repertos oppidulo, in meam conspirasse calumniam? Hujuscemodi enim in epistola tua texis fabulam : « Quidam frater noster Episcopus, cum lectitari instituisset in Ecclesia cui præest, interpretationem tuam, movit quiddam longe aliter a te positum apud Jonam Prophetam, quam erat omnium sensibus memoriæque inveteratum, et tot ætatum successionibus decantatum. Factusque est tantus tumultus in plebe, maxime Græcis arguentibus et inclamantibus calumniam falsitatis, ut cogeretur Episcopus (a) (ea quippe civitas erat) Judæorum testimonium flagitare. Utrum autem illi imperitia, an malitia, hoc esse in Hebræis codicibus responderunt, quod et Græci et Latini habebant, atque dicebant. Quid plura? Coactus est homo velut mendacium [al. *mendositatem*] corrigere, volens post magnum periculum non remanere sine plebe. Unde etiam nobis videtur aliquando in nonnullis te quoque falli potuisse.

22. Dicis me in Jonam Prophetam male quiddam interpretatum, et seditione populi conclamante, propter unius verbi dissonantiam Episcopum pene Sacerdotium perdidisse; et quid sit illud quod male interpretatus sim, subtrahis, auferens mihi occasionem defensionis meæ, ne quidquid dixeris, me respondente solvatur : nisi forte, ut ante annos plurimos, cucurbita venit in medium, asserente illius temporis Cornelio (b) et Asinio Pollione, me *hederam* pro *cucurbita* transtulisse. Super qua re in Commentario Jonæ Prophetæ plenius respondimus. Hoc tantum nunc dixisse contenti, quod in eo **755** loco ubi Septuaginta Interpretes *cucurbitam*, (c) et Aquila cum reliquis *hederam* transtulerunt, id est, κισσόν, in Hebræo volumine CICEION scriptum est [al. *habetur*], quam vulgo Syri (d) CICEIAM vocant. Est autem genus

(a) Perstat sententia, quam supra in hunc locum Augustinianæ epist. 101. exposui de Oea civitate pro *ea* pronomine intelligenda. Vid. nos; heic autem Veronens. Ms. *coram* pro *ea*. Mox quod Martianæus notat in Cluniacensi Ms. ex ejusdem calligraphi emendatione legi, *utrum autem illi imperitia, an malitia fecerint* nescio. Sed hoc esse, etc. nobis quidem glossema ineptum videtur: nihil enim deesse in textu, et verbum *fecerint*, subaudiri, jam pridem monuerat contra Erasmum Victorius. Gravius autem, *flagitare utrum aut illi imperitia, an malitia hoc esse in Hebræis codicibus responderent, quod et Græci et Latini habebant*, quam germanam lectionem prætendit.

(b) Conferenda sunt istæc ex Commentariis in Jonam cap. 4. « In hoc loco quidam Canthelius de antiquissimo genere Corneliorum, sive ut ipse jactat, de stirpe Asinii Pollionis, dudum Romæ dicitur me accusasse sacrilegii, quod pro cucurbita hederam transtulerim: timuit videlicet, ne si pro cucurbitis, hederæ nascerentur, unde occulte, et tenebrose biberet, non haberet; et revera in ipsis cucurbitis vasculorum, quas vulgo Saucomarias vocant, solent Apostolorum imagines adumbrare, ex quibus et ille non suum sibi nomen assumpsit. Quod si tam facile vocabula commutantur, ut pro Corneliis seditiosus tribunus, Æmilii Consules appelleutur, miror cur mihi non liceat hederam transferre pro cucurbita. » Proinde Victorius monet, huic loci et copulam abradendam, legendumque *Cornelio Asinio Pollione*, quod qui ex duabus familiis se venire jactaret, ejus simul nomina jungenda sint. Erasmus e contra duos in uno homine celebriores criticos, censoresque litteratorum innui constituit, ut Ciceroni æmulum fuisse Asinium Pollionem e Seneca compertum est. Certe hoc sensu in Apologetico contra Rufinum libro I. *contra irrides*, inquit, *loquor, et Luscium Lanuvinum, vel isinium Pollionem de genere Corneliorum stuli mei mucro conraluerat*. Præterea Mss. atque editi plerique omnes et retinent.

(c) Repugnat Barberinus Hexaplorum codex, qui Aquilam ac Theodotionem κικέων interpretatos fuisse docet, ipsam nempe Hebraicam vocem Græcis litteris expressam, cum forte quid illa sibi vellet, ignorarent. Sed Hieron. constanter in Commentar. quoque in hunc locum, *sciuti*, inquit, *sanus veteres translatores, qui et ipsi hederam interpretati sunt, quæ Græce appellatur κισσός, aliud enim quod dicerent, non habebant*. In Veronensi Ms. pro *κικέων* heic est; κίκηον, ut fere suspicemur, scriptum olim ab Hieronymo, *Aquila et Theodotion*, κικέων, *reliqui hederam transtulerunt, id est* κισσόν, factumque Græcarum vocum occursu, et intermedia verba quæ supplemus, scriba an solemni errore omitterentur.

(d) Martianæus *Ciceja*. Martinius in Prœmio ad *Pugionem Fidei* legit ex Mss. *quiquayum*, et supra *quiqaion*, sic

virgulti, lata habens folia, in modum pampini. Cumque plantatum fuerit, cito consurgit (a) in arbusculam absque ullis calamorum et hastilium adminiculis, quibus et cucurbitæ et hederæ indigent, suo trunco se sustinens. Hoc ergo verbum de verbo edis-erens, si CICEION transferre voluissem, nullus intelligeret : si *cucurbitam*, id dicerem quod in Hebraico non habetur : *hederam* posui, ut (b) cæteris interpretibus consentirem. Sin autem Judæi vestri, ut ipse asseris, malitia vel imperitia, hoc dixerunt esse in voluminibus Hebræorum, quod in Græcis et Latinis codicibus continetur, manifestum est eos aut Hebræas litteras ignorare, aut ad irridendos cucurbitarios voluisse mentiri. Peto in fine epistolæ, ut **756** quiescentem senem olimque veteranum militare non cogas, et rursum de vita periclitari. Tu qui juvenis es, et in Pontificali culmine constitutus, doceto populos, et novis Africæ frugibus Romana tecta locupletato. Mihi sufficit cum auditore et lectore pauperculo in angulo monasterii susurrare.

EPISTOLA CXIII (c)

THEOPHILI AD HIERONYMUM.

(d) PARS QUÆDAM SIVE INITIUM.

Se bene semper optasse Joanni Chrysostomo testatur, nec temere credidisse ejus accusatoribus, donec erumpente judicio Concilii, sede sua Cplitana exturbatus, pulsusque est in exilium.

nempe qui litteris פ Hebræam expressam invenire est : in Veronensi autem Ms. ΚΟΥΚΑΙΟΝ, et ΚΙΚΙΛΙΝ; ex quo falli et fallere antiquiores editiones perspicuum est, in quibus pro *Cicejam*, *Elkeroa*, quod Arabicum nomen est, substituitur ex ingenio; nam Mss. omnes refragantur, et alioqui constat, tamdiu ab Hebraica non dissidere Syriacam linguam, imo *Cicajon* Hebræorum Syris esse *Cicajan* mutato de more o in a, nam o vocali prorsus carere, ejus linguæ magistri docent.

(a) Confer in Jonam Commentarios loco citato, unde etiam videas falli multos, et præsertim Rabbinos Kimchium in lib. rad. et Jarkium post Maimonid ta, qui Cicejon computant inter herbas. Huc quoque pertinet, quod Herodotus lib. 2. cap. 94. de Cicejo tradit, sic enim inquit κίκι : et Plinius lib. 15. c. VII, *cici arborem in Ægypto copiosam, alii Crotonem, alii sili, alii sesamum agreste appellant*. Rectius alii *ricinum* putant, vulgo *palmam Christi*, quod frondis figura palmam expansis digitis quodammodo referat.

(b) Alicubi certis invenimus pro cæteris. Nempe cum Hebraico Cicejon neque *cucurbita* LXX. et veteris Latini interpretis, neque *hedera* satis responderent, hanc tamen prætulit, ut cum aliquot bonis interpretibus laceret.

(c) Alias inedita inter Epistolas. Scripta an. 405.

(d) In vulgatis hactenus libris (puto etiam in Mss. nullum cum videre contigit nobis) hoc contextu jungitur breve istud Theophileusis epistolæ fragmentum ad Hieronymum, subnexo ipsius Hieronymi responso ad Theophilum; nec Valesius ipse, qui bene suspicatus est, duas esse diversas lucubrationes, et priorem hanc, quæ sui parte mutilata est, Alexandrino Episcopo tribuendam, alteram Bethleemitæ Presbytero, satis ille bene divinavit, in qua prius fragmentum verba desinerent, et quibus subsequens epistola inciperet. Nempe ad illam usque Salvatoris sententiam, « Nolite judicare secundum faciem, sed justum judicium judicate, » porrigi voluit priorem partem ; exinde autem integram Hieronymi epistolam auspicabatur his verbis : *Ac quoquam tardius restitudivi tuæ*, etc. qua ex lectione haud videmus, qui sensus extundi possit, cum nullus omnino sit, aut certe sibi contrarius ; siquidem impedimenta causabatur Hieronymus, quod tardius Theophili librum Latine explicaverit, nimirum vero quod citius fecerit, ut verba *ne quoquam tardius* sonant. Nos huic errori intra occurrimus, et qui disperticentia sit lectio, demonstrabimus : cujus quem in fine ipse epistolæ Valesius fatebatur se anceps

---

(e) Dilectissimo atque amantissimo fratri HIERONYMO THEOPHILUS in Domino salutem.

1. *Paucis in exordio placet judicium veritatis :* dicente autem Domino per **757** Prophetam, Et (f) judicium meum quasi lux egreditur (Is. 51. 4), qui tenebrarum horrore circumdati sunt, nec naturam rerum

tionibus in Socratem lib. 6. cap. 14. ubi eam abs Hieronymo Paschalibus Theophili epistolis prædixam putat. Dixisset Invectivarum libro in S. Joannem Chrysostomum, quem Theophilus Græce scripserat, Hieronymus ut ei morem gereret, Latine est interpretatus, ut in sequenti annotatione ostendemus. Cæterum quæcumque sit Valesii duplex hallucinatio, facile potuisset Martianæus, facem illo præferente, rectam viam ingredi, aut certe leviori damno illum ipsum aberrantem secutus esse! ; nam quod juxta veterum editorum, et cujusdam Ms. quem sæpe depravatum invenimus, errorem, maluit continua orationis serie duas hasce lucubrationes iterum in unum compingere, et pro una Hieronymi ad Theophilum epistola obtrudere, plane intolerandum est. Videsis ad libri calcem, quam otiose ille Hieronymum Joanni Chrysostomo detrahentem excuset, a Valesio autem quam supine discedat, seque misere torqueat, ut sensum aliquem ex eo contextu eliciat, iisque præcipue verbis *scientes ergo dictum a Salvatore*, *et ne quoquam tardius*, quibus utramque lucubrationem conjungit, imo vero,

Humano capiti cervicem jungit equinam.

(e) Antea e contrario erat, *Dilectissimo atque amantissimo Papæ Theophilo Episcopo Hieronymus*, etc. Scilicet ex præconcepta opinione Hieronymo hanc epistolam tribuerunt hactenus Editores, quam sibi a Theophilo missam, Latine tantum est interpretatus. Id ex ipsius Hieronymi testimonio, quod ex sequenti epist. in superiori annotatione attigimus, plane constabit. « Epistolam, inquit, tuam idcirco in Latinum verti, et huic voluntati præposui, ut omnes qui legerint sciant, me non temeritate aut jactantia, sed præceptis Beatitudinis tuæ suscepisse onus ultra vires meas. » Theophilus Chrysostomo pridem infensus ob susceptos Origenistas, non solum egit, ut a Constantinopolitana sede in exilium pelleretur, sed etiam *innormem librum contumeliis, et maledictis nimis horribilem*, ut Facundus l. 6. c. 5. vocat, contra illum scripsit. Hunc, quod et supra monuimus, ut Latinis quoque auribus daret Hieronymus, Theophilus petiit ; hæcque ipsa est epistola, qua et volumen transferendum misit usque ut transferret, deprecatus est. Equidem aut ignavia fecit, aut præpostera hominum cura, ut postrema verba, quibus id postulabat, cum ipso integro volumine desiderentur, ab ipso tamen ut breviori et maledicto contextui, non obscure indicantur. Nempe causas perditioni Chrysostomi se dicit olim credere noluisse, nunc vero postquam damnatus est, causas illas, et flagitia promere et palam facere ; scienusque dictum a Salvatore, *Justum judicium judicate*, ne cui videatur ipse in Chrysostomum iniquior, integro libro ea ipsa peccata proferre in medium, et deprecari, ut apud Occidentis quoque Ecclesias, quibuscum jugiter etiam exauctoratus Joannes communicabat, Latina interpretatione innotescant. Porro Hieronymus, ut causæ invidiam declinaret, cum redditum Latine librum remittret, datis ad Theophilum litteris, quas modo subnectimus, et modeste satis de Chrys st m o locutus est, et *ne temeritate aut jactantia* id fecisse videretur, hanc ipsam, qua jubebatur, epistolam volumini eidem prædixit. A Theophilo igitur scripta est ad Hieronymum, non e contra, quod sane ipse contextus evincit, qui Græcam phrasim contantio redolet, et oratio minus compta, nec solito cursu fluens, nec Hieronymianum ingenium referens, quando interpretationis reddendæ vinculis non arctatur : sententiæ quoque illum minime deceant, deceant vero Theophilum. Ad hæc ipsa se inscriptio falsi argueblat, nosque ut contrario sensu inmutare auderemus, fecit. Erat inquam, *Dilectissimo atque amantissimo Papæ Theophilo Episcopo*, etc. At dilectissima atque amantissimum Papam nunquam Hieronymus Theophilum dixit, sed pro Episcopatus veneratione *Beatissimum* : e contra dilectissimus atque amantissimus frater continuo Hieronymus a Theophilo compellatur. Vide datas utrimque epistolas 86. 87. et sequentes. Præterea quod *Papæ* addebatur *Episcopo*, plane novum erat ac ridiculum. Sed his piget diutius immorari.

(f) Locum putavimus ex Is. 51. 4. recitari, ubi tamen ex Græce, alio sensu אוצה תצא דין לאור עמים et φῶς ἐθνῶν et Latini, *lex a me exiet, et judicium meum in lucem populorum*. Sed alibi quoque animadvertimus, Theophilum in recitandis Scripturarum verbis, non usque adeo accuratum esse.

clara mente perspiciunt, pudore operiuntur æterno, et cassos se habuisse conatus ipso fine cognoscunt. Unde et nos Joannem, qui dudum Constantinopolitanam rexit Ecclesiam, Deo placere semper optavimus; et causas perditionis ejus, in quas ferebatur improvidus, nequaquam credere voluimus. Sed ille, ut cætera ejus flagitia taceam, (a) Origenistas in suam recipiens familiaritatem, et ex his plurimos in sacerdotium provehens, atque ob hoc scelus beatæ memoriæ hominem Dei Epiphanium, qui inter Episcopos clarum in orbe sidus effulsit, non parvo mœrore contristans, meruit audire: Cecidit, cecidit Babylon (Isai. 21. 9).

2. Sciences ergo dictum a Salvatore: Nolite judicare secundum faciem; sed **758** justum judicium judicate (Joan. 7. 24), ne quo (b) . . . .
. . . .

EPISTOLA CXIV (d).

HIERONYMI AD THEOPHILUM.

Multa causatur impedimenta, ob quæ librum contra Joannem Chrysostomum a Theophilo scriptum, serius sit interpretatus. Tum ejus libri doctrinam, ac sententias laudat, ac veniam precatur, si quando Græcos sensus Latine non satis bene reddiderit.

BEATISSIMO PAPÆ THEOPHILO HIERONYMUS.

1. Quod (d) tardius Beatitudini tuæ latino sermone translatum (e) Librum tuum remitterem, multa in medio impedimenta fecerunt: Isaurorum repentina **759** eruptio: Phœnicis Galilææque vastitas: terror Palæstinæ, præcipue Jerosolymæ: et nequaquam librorum, sed murorum exstructio. Ad hoc asperitas hyemis, fames intolerabilis, nobis præsertim, quibus multorum fratrum cura imposita est. Inter quas difficultates lucrativis, et ut ita dicam, furtivis, per noctem operis, crescebat interpretatio, et jam in schedulis tenebatur, cum diebus sanctæ Quadragesimæ scripta ad purum, collatione tantum (f) indigerem, gravissimo languore correptus, et mortis limen ingrediens, Domini misericordia et tuis precibus reservatus sum. Ad hoc forsitan ut implerem præceptum tuum, et volumen disertissimum, quod Scripturarum floribus texuisti, eadem qua a te scriptum est gratia verterem; licet imbecillitas corporis et animi mœror, ingenii quoque acumen obtuderit, et verba prono cursu labentia velut quibusdam obicibus retardarit.

2. Mirati sumus in opere tuo (g) utilitatem omnium Ecclesiarum, ut discant qui ignorant, eruditi testimoniis Scripturarum, qua debeant veneratione Sancta suscipere, et altaris Christi ministerio deservire; sacrosque calices, et sancta velamina, et cætera, quæ ad cultum Dominicæ pertinent Passionis, non quasi inania, et sensu carentia sanctimoniam non habere; sed ex consortio Corporis et Sanguinis Domini eadem qua Corpus ejus et Sanguis majestate veneranda.

beatus Theophilus blasphemasse, quem affirmat «consortio Judaicæ impietatis semet ipsum tradidisse, et offerre temeritate solita, quod obtulerunt Judæi, se ipsum ac populos decipientium, et Dathan atque Abiron æmulatorem? Audiat,» inquit, «etiam Judæos, iniquitas magnificata est nimis.» Adjicit etiam hæc, «Arriani et Eunomiani contra Christum Joannis blasphemiis delectantur: Judæi et idololatræ justificati sunt tua comparatione gentiles.» Et iterum dicit, «Non solum non est Christianus Joannes, sed pejor est rege Babylonio, multo sceleratior, quam Balthasar, idololatris et etiam is sceleratior est Joannes. Tibi,» ait, «præsens ignominia, æterna in futuris sæculis pœna redditur.» «Hoc quoque visum est eidem beato Theophilo dicere,» «Salvator clamavit et dixit, tollite Joannem, et mittite in tenebras exteriores,» et iterum, «Largissimos fomites ante tribunal Dei suo ministravit incendio.» Et hæc omnia non sufficere sanæ atque furori, nisi etiam hoc de memorato sanctissimo viro Joanne diceret, «quod alia ei pœna quærenda sit, eo quod vinceret sceleris magnitudo multitudinem tormentorum.»

(f) Fortasse *indigerent* rescribendum est.
(g) Hæc aliud operis quam quod constituimus, designare videantur: unde Tillemontius quoque adnotat. LXX. in Hieronymi vitam, non librum adversus Chrysostomum, sed Paschalem epistolam anni 403. inui arbitratur. Nos vero nihil movent, nam neque ejus anni Paschalem Hieronymus interpretatus est, neque id veterum ullus tradidit. E contra librum contra Chrysostomum denotant reliqua omnia tum hujus, tum superioris epistolæ enuntiata; et ab *Hieronymo presbytero translatum* dixit Facundus, ex quo non *sententias tantum, verum etiam ipsa verba posuerit*. Ad hæc si *utilitatem Ecclesiarum* præcipue notat in hujusmodi libro, *ut discant qui ignorant, qua debeant veneratione sancta suscipere,* etc., maledicta autem, et contumelias dissimulat: id nimirum sapienter facit, et in nominis Chrysostomiani declinet invidiam. Denique ex supra recitatis fragmentis intellectis, solitum tradici a Theophilo Chrysostomum, tanquam « sacrilegorum principem, et sacerdotium agentem impium, atque oblationes sacrilegas offerentem;» et « offerre ausum temeritate solita quod obtulerunt Judæi. Se ipsum et populum decipientem, et Dathan atque Abiron æmulatorem;» quamobrem facile potuit hac detrahendi occasione abusus Theophilus, in his quæ ad Dominicum cultum pertinerent, explicandis, subinde exspatiari, quod in primis laudet Hieronymus.

(*Trente.*)

(a) Recole historiam ex Socrate l. VI. c. 9. 10. et seqq.
(b) Cætera desiderantur, quæ nos quoad sententiam supplere utcumque conati sumus in superiori nota *e*.
(c) At. cum superiori conjuncta. Scripta eodem anno 405.
(d) Diximus inchoatam a Valesio epistolam his verbis, *Ne quoquam tardius*, junctis nempe duobus, in quæ superior desinit, et *quam ex veteri errore pro quod*, vocem retinente; cujus lectionis aut plane nullus, aut Hieronymi menti certe contrarius est sensus.
(e) Illum omnino, quem contra S. Joannem Chrysostomum a Theophilo græce elucubratum, ipse latine reddiderat. Ejus interpretationis exigua, quæ apud Facundum Hermianensem lib. VI, cap. ultimo, supersunt fragmenta, heic subnectere duximus e re nostra, ita tamen ut cum eodem Facundo, etiam nos, *quod ea vel memoramus, sola possit necessitas excusare.*

«Fratres,» inquit Theophilus, «Joannes persequitur immundo spiritu, quo suffocabatur Saul:» et iterum, «sanctorum ministros necavit.» Dicit illum «contaminatum et in Ecclesia primitivorum impium, pestilentem vesanum, et tyrannicæ mentis insania furibundum, atque in sua vesania gloriantem, animam suam adulterandam tradidisse diabolo.» Hæc autem omnia, sicut habeantur in ipsius Theophili libro, ita posuimus. Vocat illum etiam «humanitatis hostem, et qui scelere suo latronum vicisset audaciam, sacrilegorum principem, et sacerdotium agentem impium, atque oblationes sacrilegas offerentem, procacem et frontis durissimæ.» Hoc quoque adjiciens, quod «non his Joannes laqueis irretitus tenetur, qui possint aliquando dissolvi, sed qui audiret pro merito flagitii sui comminantem Deum atque dicentem, Judicate inter me et Joannem, expectavi ut faceret judicium, fecit autem iniquitatem, et non justitiam, sed clamorem.» Dicit etiam quia «sicut satanas transfiguravit se in angelum lucis, ita etiam Joannes non esset quod videbatur: nec tantum similem sataræ, sed immundum dæmonem a suo appellat, «more torrentis trahentem verborum spurcitiam, quem et in Christum» perhibet «impium» exstitisse, «et Judæ traditoris esse consortem.» Addit etiam quod arguatur «in Deum manum impias extendisse, et quod Jacobus Apostolus de quibusdam rerum mundanarum cupidis dixit, petitis et non accipitis, eo quod male petitis,» hoc beatus Theophilus beatum Joannem asserit dixisse de Christo. «Ausus est,» inquit, «dicere in Ecclesia, quod Christus oraverit, et non fuerit exauditus, quia non bene oraverit. Quis hæreticorum deterius blasphemavit,» quam beatum Joannem refert

S. HIERONYMI I.

3. Suscipe igitur Librum tuum, imo meum, et ut verius loquar, nostrum : cumque mihi faveris, tuus fautor eris. Tibi enim meum sudavit ingenium, et facundiam græcam latinæ linguæ volui paupertate pensare. Neque vero ut diserti interpretes faciunt, verbum verbo reddidi ; nec adnumeravi pecuniam, quam mihi per partes dederas, sed pariter appendi ; ut nihil desit ex sensibus, cum aliquid desit ex verbis. (*a*) Epistolam autem tuam idcirco in latinum verti, et huic volumini præposui, ut omnes, qui legerint, sciant me non temeritate et jactantia, sed præceptis Beatitudinis tuæ suscepisse onus ultra vires meas. Quod an consecutus sim, tuo judicio derelinquo. Certe si imbecillitatem reprehenderis, voluntati veniam commodabis.

EPISTOLA CXV (*b*).

AD AUGUSTINUM.

Resalutat Augustinum, excusans quod liberius responderit, et rursum de cucurbita meminit, rogatque ut omissis contentiosis quæstionibus deinceps secum invicem amice conferant, et placide versentur in campo sacrarum Scripturarum.

Domino vere Sancto et Beatissimo Papæ

AUGUSTINO, HIERONYMUS

in Christo salutem.

1. Cum a sancto fratre nostro (*c*) Firmo sollicite quærerem quid ageres, sospitem te lætus audivi. Rursum cum tuas litteras non dico sperarem, sed exigerem, nesciente te, ex Africa profectum se esse dixit. Itaque reddo tibi per eum salutationis officia, qui te unico amore complectitur, simulque obsecro, ut ignoscas pudori meo, quod diu ut rescriberem, præcipienti negare non potui. Nec ego tibi, sed causa causæ respondit. Et si culpa est respondisse, quæso ut patienter audias, multo major est provocasse. Sed facessant istiusmodi querimoniæ : sit inter nos pura germanitas ; et deinceps non quæstionum, sed caritatis ad nos scripta mittamus. Sancti **761** fratres qui nobiscum Domino serviunt, affatim te salutant. Sanctos qui tecum Christi leve trahunt jugum, præcipue sanctum et suspiciendum [*al.* suscipiendum] papam Alypium, ut meo obsequio salutes, precor. Incolumem te et memorem mei, Christus Deus noster tueatur omnipotens, domine vere sancte et beatissime papa. Si legisti librum explanationum in Jonam, puto quod ridiculam cucurbitæ non recipias quæstionem. Sin autem amicus qui me primus gladio petiit, stylo repulsus est ; sit humanitatis tuæ atque justitiæ accusantem reprehendere, non respondentem. In Scripturarum si placet campo sine nostro invicem dolore ludamus.

(*a*) Superiorem CXIII. ut ibi nota *c*. satis manifesto ostendimus.
(*b*) *Alias* 96. *scripta fort. an.* 405.
(*c*) In Vaticanis octo Mss. sexque aliis apud Benedictinos *Firmi* nomen desideratur, quod in subsequentis epistolæ initio in plerisque omnibus habetur.

EPISTOLA CXVI (*d*).

AUGUSTINI AD HIERONYMUM.

Respondet accuratius epistolis Hieronymi, 105. 112. *et* 115. *de interpretatione loci Epistolæ ad Galatas, confirmans quod Petrus merito veraciterque reprehensus fuerit a Paulo. Cæterum deprecatur veniam, si dictis forte incautioribus Hieronymi animum offenderit, excusans, quod nulla sua culpa per multorum manus obambularit epistola, priusquam ad eum, cui scripta erat, perveniret.*

Domino dilectissimo et in Christi visceribus honorando, sancto fratri et compresbytero HIERONYMO, AUGUSTINUS in Domino salutem.

1. « Jampridem caritati tuæ prolixam epistolam misi, respondens illi tuæ, quam per sanctum filium tuum Asterium, nunc jam non solum fratrem, verum etiam collegam meum, misisse te recolis. Quæ utrum in manus tuas pervenire meruerit, *adhuc ne scio, nisi quod per fratrem sincerissimum Firmum scribis* (*e*) *si ille qui te primum gladio petiit, stylo repulsus est* ; *ut sit humanitatis meæ atque justitiæ, accusantem reprehendere, non respondentem*. Hoc solo tenuissimo indicio utcumque conjicio, legisse te illam epistolam meam. In ea quippe deploravi tantam inter vos exstitisse discordiam, de quorum tanta amicitia, quaquaversum eam fama diffuderat, caritas fraterna gaudebat. Quod non feci reprehendendo (*f*) in aliquo germanitatem tuam, cujus in ea re aliquam culpam me cognovisse, **762** non ausus sum dicere : sed dolendo humanam miseriam, cujus in amicitiis mutua caritate retinendis, quantalibet illa sit, incerta permansio est. Verum illud malueram tuis nosse rescriptis, utrum mihi veniam, quam poposceram, dederis. Quod apertius mihi intimari cupio, quamvis hilarior quidam vultus litterarum tuarum, etiam hoc me impetrasse significare videatur : si tamen post lectam illam missæ sunt ; quod in eis minime apparet. »

2. « *Petis, vel potius fiducia caritatis jubes, ut in Scripturarum campo sine nostro invicem dolore ludamus.* Equidem quantum ad me attinet, serio nos ista, quam ludo agere mallem. Quod si hoc verbum tibi propter facilitatem ponere placuit, ego fateor majus aliquid expeto a benignitate virium tuarum, prudentiaque tam docta, et otiosa, annosa, studiosa, ingeniosa (*g*) diligentia ; hæc tibi non tantum donante, verum etiam dictante Spiritu Sancto, ut in magnis et laboriosis quæstionibus, non tanquam ludentem in campo Scripturarum, sed in montibus anhelantem adjuves. Si autem propter hilaritatem, quam esse inter carissimos disserentes decet, putasti dicendum esse , *ludamus* : sive illud apertum et planum sit,

(*d*) *Alias* 97. *scripta paulo post superiorem.*
(*e*) Martianæus, *si ille qui me primum*, etc., nempe ut Hieron. scripserat, sed dum verba repetit Augustinus, personas mutari contendit Victorius. Et Benedictini quidem, *te*, sed quod *sit* pro *si* legunt, non probatur ; nisi forte typographi est mendum.
(*f*) Vocabæ *in aliquo* apud Benedictinos non sunt.
(*g*) Victorius *diligenti* jubet legi pro *diligentia*.

unde colloquimur, sive arduum atque difficile, hoc ipsum edoce, obsecro te, quonam modo assequi valeamus : ut cum forte aliquid nos movet, quod nobis, et si non cautius attendentibus, certe tardius intelligentibus non probatum est : et quid nobis videatur contra conamur asserere, si hoc aliquanto securiore libertate dicamus, non incidamus in suspicionem puerilis jactantiæ, quasi nostro nomini famam, viros illustres accusando quæramus. Si autem aliquid asperum refellendi necessitate depromptum fuerit, quo tolerabile fiat, leniore circumfundamus eloquio, ne (a) litum melle gladium stringere videamur [al. judicemur]. Nisi forte ille modus est, quo utrumque hoc vitium, vel vitii suspicionem caveamus, si cum doctiore amico sic disputemus, ut quidquid dixerit, necesse sit approbare; nec quærendi saltem causa, liceat aliquantulum reluctari. »

3. « Tum vero sine ullo timore offensionis tanquam in campo luditur; sed mirum si nobis non illuditur. Ego enim fateor caritati tuæ solis eis Scripturarum libris, qui jam Canonici appellantur, didici hunc timorem honoremque deferre, ut nullum eorum auctorem scribendo aliquid errasse firmissime credam. At si aliquid in eis offendero **763** litteris, quod videatur contrarium veritati, nihil aliud quam vel mendosum esse codicem, vel interpretem non assecutum esse quod dictum est, vel me minime intellexisse, non ambigam. Alios autem ita lego, ut quantalibet sanctitate doctrinaque præpolleant, non ideo verum putem, quia ipsi ita senserunt; sed quia mihi vel per illos auctores Canonicos, vel probabili ratione, quod a vero non abhorreat, persuadere potuerunt. Nec te, mi frater, sentire (b) aliquid aliter existimo : prorsus, inquam, non te arbitror, sic legi tuos libros velle, tanquam Prophetarum et [al. vel] Apostolorum : de quorum scriptis quod omni errore careant dubitare nefarium est. Absit hoc a pia humilitate. (c) et veraci de temetipso cogitatione, qua nisi esses præditus, non utique diceres, (utinam mereremur complexus tuos, et collatione mutua vel doceremus aliqua, vel disceremus). »

4. « Quod si teipsum consideratione vitæ ac morum tuorum, non simulate, nec fallaciter dixisse credo : quanto magis æquum est me credere Apostolum Paulum non aliud sensisse quam scripserit, ubi ait de Petro et Barnaba : *Cum viderem quia non recte ingrediuntur* [al. *ingrediebantur, et ingrediantur*] *ad veritatem Evangelii, dixi Petro coram omnibus : si tu cum sis Judæus, gentiliter et judaice vivis, quomodo gentes cogis judaizare* (Galat. 2. 14)? De quo enim certus sim, quod me scribendo vel loquendo non fallat, si fallebat Apostolus filios suos, quos iterum parturiebat, donec in eis Christus, id est, veritas formaretur. Quibus cum præmisisset, dicens : *Quæ autem scribo vobis, ecce coram Deo, quia non mentior* (Gal. 1. 20), non tamen veraciter scribebat, sed nescio qua dispensatoria simulatione fallebat, vidisse se Petrum et Barnabam non recte ad Evangelii veritatem ingredientes, ac Petro in faciem restitisse, non ob aliud nisi quod gentes cogeret judaizare. »

5. « At enim satius est credere Apostolum Paulum aliquid non (d) vere scripsisse, quam Apostolum Petrum non recte aliquid egisse. Hoc si ita est, dicamus (quod absit) satius esse credere mentiri Evangelium, quam negatum esse a Petro Christum : et mentiri Regnorum librum, quam tantum Prophetam a Domino Deo tam excellenter electum, (e) et in concupiscenda atque abducenda uxore aliena commisisse adulterium, et in marito ejus necando, tam horrendum **764** homicidium. Imo vero sanctam Scripturam in summo, et cœlesti auctoritatis culmine collocatam, de veritate ejus certus ac securus legam : et in ea homines vel approbatos, vel emendatos, vel damnatos veraciter discam, potius quam, (f) facta humana dum in quibusdam laudabilis excellentiæ personis aliquando credere timeo reprehendenda, ipsa divina eloquia mihi sint ubique suspecta.

6. « Manichæi plurima divinarum Scripturarum, quibus eorum nefarius error clarissima sententiarum perspicuitate convincitur, quia in alium sensum detorquere non possunt, falsa esse contendunt : ita tamen ut eamdem falsitatem non scribentibus Apostolis tribuant, sed nescio quibus codicum corruptoribus. Quod tamen quia nec pluribus sive antiquioribus exemplaribus, nec præcedentis linguæ auctoritate (unde Latini libri interpretati sunt) probare aliquando potuerunt, notissima omnibus veritate superati confusique discedunt. Itane non intelligit prudentia sancta tua, quanta malitiæ illorum patescat occasio, si non ab aliis Apostolicas litteras esse falsatas, sed ipsos Apostolos falsa scripsisse dicamus? »

7. « Non est, inquis, credibile, hoc in Petro Paulum, quod ipse Paulus fecerat, arguisse. Non nunc inquiro quid fecerit, sed quid scripserit quæro. Hoc ad quæstionem quam suscepi maxime pertinet; ut veritas divinarum Scripturarum ad nostram fidem ædificandam memoriæ commendata, non a quibuslibet, sed ab ipsis Apostolis, ac per hoc in Canonicum auctoritatis culmen recepta, ex omni parte verax atque indubitanda persistat. Nam si hoc fecit Petrus quod facere debuit, mentitus est Paulus, quod eum viderit non recte ingredientem ad veritatem Evangelii. Quisquis enim hoc facit quod facere debet, recte utique facit : et ideo falsum de eo dicit, qui dicit cum non recte fecisse, quod eum novit facere debuisse. Si autem scripsit Paulus, verum est quod Petrus non recte tunc ingrediebatur ad veritatem Evangelii. Id ergo faciebat quod facere non debebat : et si tale aliquid Paulus ipse jam fecerat, correctum po-

---

(a) Mss. 19. apud Benedictinos *ne* particula carent.
(b) Benedictini, *sentire aliud existimo*.
(c) Victorius ex Mediceo quodam aliisque Mss. addit *tua*.

(d) Martian. *aliquid vere non scripsisse*.
(e) Victorius *et* copulam expungit, qua sensum turpari opinatus est.
(f) Adnotant Benedictini in Lovan. edit. legi, *potius quam facta humana ne dum*, sed melius *ne* reticeri in aliis editis ac Mss.

tius etiam ipsum credam, coapostoli sui correctionem non potuisse negligere, quam mendaciter aliquid in sua epistola posuisse. (a) Et si hoc non in epistola qualibet, quanto magis in illa, in qua præloeutus ait : *Quæ autem scribo* **765** *vobis, ecce coram Deo quia non mentior ?* »

8. « Ego quidem illud Petrum sic egisse credo, ut gentes cogeret judaizare. Hoc enim lego scripsisse Paulum, quem mentitum esse non credo (*Gal.* 1. 20) : et ideo non recte agebat hoc Petrus. Erat enim contra Evangelii veritatem, ut putarent qui credebant in Christum, sine illis veteribus sacramentis salvos se esse non posse. Hoc enim contendebant Antiochiæ, qui ex Circumcisione crediderant. Contra quos Paulus perseveranter acriterque confligit. Ipsum vero Paulum non ad hoc id egisse, quod vel Timotheum circumcidit (*Act.* 16. 1), vel Cenchreis votum persolvit (*Act.* 18. 18), vel Jerosolymis a Jacobo admonitus, cum eis qui (*b*) voverant, legitima illa celebranda suscepit ; ut putari videretur per ea sacramenta etiam Christianam salutem dari (*Act.* 21. 24) : sed ne illa quæ prioribus ut congruebat temporibus, in umbris rerum futurarum Deus fieri jusserat, tanquam idolatriam gentilium damnare crederetur. Hoc est enim quod illi Jacobus ait : auditum de illo esse, quod discissionem doceat a Moyse (*Act.* 21. 21). Quod utique nefas est, ut credentes in Christum discindantur a (*c*) Propheta Christi, tanquam ejus doctrinam detestantes atque damnantes ; de quo ipse Christus dicit, *Si crederetis Moysi, crederetis et mihi : de me enim ille scripsit* (*Joan.* 5. 46). »

9. « Attende obsecro ipsa verba Jacobi : *Vides*, inquit, *frater quot millia sunt in Judæa, qui crediderunt in Christum : et hi omnes æmulatores sunt Legis. Audierunt autem de te, quia* (*d*) *discissionem doces a Moyse, eorum qui per gentes sunt Judæorum, dicens non debere circumcidere eos filios suos, neque secundum consuetudinem ingredi. Quid ergo est? Utique oportet convenire multitudinem ; audierunt enim te supervenisse : hoc ergo fac quod tibi dicimus. Sunt nobis viri quatuor votum habentes super se : his assumptis sanctifica te cum ipsis, et impende in eos ut radant capita : et scient* [al. *sciant*] *omnes quia quæ de te audierunt falsa sunt ; sed sequeris et ipse custodiens Legem, de gentibus autem qui crediderunt, nos mandavimus, judicantes nihil ejusmodi servare illos, nisi ut se observent ab idolis immolato, et a sanguine,* (*e*) *et a fornicatione* (*Act.* 21. 20 *et sqq*). Non, ut opinor, obscurum est, et Jacobum **766** hoc ideo

(*a*) Iidem, *et in epistola qualibet : quanto magis,* etc.
(*b*) Benedictini, *qui noverant ; nisi si typographarum est mendum.* Actor. 21. 23. *Viri quatuor votum habentes super se.*
(*c*) Martianæus post Erasmum plurium numero, *a Prophetis*, *quod Victorius olim castigaverat, cum de Moyse tantum sermo sit.*
(*d*) Brixiani apud Victorium Mss. *discessionem* heic et paulo superius, ut Vulgata editio habet, et Græc. ἀποστασίαν. Sed discissionem *probant superiora verba*, Nefas est ut credentes in Christum discindantur a Propheta Christi.
(*e*) Suffocatum, *quod videtur omitti, facile notatur* τοῦ sanguine ; *nam et in aliquot Græcis libris* καὶ τοῦ πνικτοῦ *desideratur*.

monuisse, ut scirent falsa esse quæ de illo audierant, hi qui cum in Christum ex Judæis credidissent, tamen æmulatores erant Legis, ne per doctrinam Christi, velut sacrilega, nec Deo mandante conscripta damnari putarentur, quæ per Moysen patribus fuerant ministrata : hoc enim de Paulo jactaverant non illi qui intelligebant quo animo a Judæis fidelibus observari tunc ista deberent, propter commendandam scilicet auctoritatem divinam, et sacramentorum illorum Propheticam sanctitatem, non propter adipiscendam salutem, quæ jam in Christo revelabatur, et per baptismi sacramentum ministrabatur ; sed illi hoc de Paulo sparserant, qui sic ea volebant observari, tanquam sine his in Evangelio salus credentibus esse non posset. Ipsum enim senserant vehementissimum gratiæ prædicatorem, et intentioni eorum maxime adversum, docentem, non (*f*) per illa hominem justificari, sed per gratiam Jesu Christi, cujus prænuntiandæ causa, illæ umbræ in Lege mandatæ sunt. Et ideo ille invidiam et persecutionem molientes conciture, tanquam inimicum legis mandatorumque divinorum criminabantur : cujus falsæ criminationis invidiam congruentius devitare non posset, quam ut ea ipsa celebraret, quæ damnare tanquam sacrilega putabatur ; atque ita ostenderet, nec Judæos tunc ab eis tanquam a nefariis prohibendos, nec gentiles ad ea tanquam ad necessaria compellendos. »

10. « Nam si revera sic ea reprobaret, quemadmodum de illo auditum erat, et ideo celebranda susciperet, ut actione simulata suam posset occultare sententiam, non ei diceret, Jacobus, *et scient omnes* : sed diceret, *et putabant omnes, quoniam quæ de te audierunt, falsa sunt* (*Act.* 21. 24), præsertim quia in ipsis Jerosolymis Apostoli jam decreverant, ne quisquam gentes cogeret judaizare : non autem decreverant ne quisquam tunc Judæos judaizare prohiberet : quamvis etiam ipsos jam doctrina Christiana non cogeret. Proinde si post hoc Apostolorum decretum, Petrus habuit illam in Antiochia simulationem, qua gentes cogeret judaizare, quod jam nec ipse cogebatur, quamvis propter commendandæ eloquia Dei, quæ Judæis sunt credita, non prohibebatur ; quid mirum si constringebat cum Paulus **767** libere asserere, quod cum cæteris Apostolis se Jerosolymis decrevisse meminerat. »

11. « Si autem hoc, quod magis arbitror, ante illud Jerosolymitanum concilium Petrus fecit : nec sic mirum est, quod eum volebat Paulus non timide obtegere, sed fidenter asserere, quod cum pariter sentire jam noverat, sive quod cum eo contulerat Evangelium, sive quod in Cornelii Centurionis vocatione, etiam divinitus cum de hac re admonitum acceperat, sive quod antequam illi quos timuerat, venissent Antiochiam, cum gentibus eum convesci viderat. Neque enim negamus in hac sententia fuisse jam

(*f*) Erasmum denuo secutus Martian. *per illam* ; cum tamen legalia, de quibus supra dixerat, docuerit diu antea Victorius significari.

Petrum, in qua et Paulus fuit. Non itaque tunc eum quid in ea re verum esset docebat, sed ejus simulationem, qua gentes judaizare cogebantur, arguebat, non ob aliud, nisi quia sic illa omnia simulatoria gerebantur, tanquam verum esset quod illi dicebant, qui sine circumcisione præputii atque aliis observationibus, quæ umbræ erant futurorum, putabant credentes salvos esse non posse. »

12. « Ergo et Timotheum circumcidit propterea, ne Judæis, et maxime cognationi ejus maternæ sic viderentur, qui ex gentibus in Christum crediderant, detestari circumcisionem : sicut idololatria detestanda est, cum illam Deus fieri præceperit, hanc Satanas persuaserit : Et Titum propterea non circumcidit, ne occasionem daret eis qui (*a*) sine ulla circumcisione dicebant credentes salvos esse non posse, et ad deceptionem gentium hoc etiam Paulum sentire jactarent. Quod ipse satis significat, ubi ait. *Sed neque Titus qui mecum erat cum esset Græcus compulsus est circumcidi : propter subintroductos autem falsos fratres, qui subintroierant perscrutari libertatem nostram, ut nos in servitutem redigerent, quibus nec ad horam cessimus subjectioni* [al. *subjectione*], *ut veritas Evangelii permaneret* [al. *permaneat*] *apud vos* (*Gal.* 2. 3. 4. 5). Hinc [al. *Hic*] apparet quid eos captare intellexerit, ut non faceret quod in Timotheo fecerat, et quod ea libertate facere poterat, (*b*) qua ostenderat illa sacramenta, nec tanquam necessaria debere appeti, nec tanquam sacrilega debere damnari. »

13. « Sed cavendum est videlicet in hac disputatione, ne sicut Philosophi, quædam facta hominum media dicamus, inter recte factum et peccatum : quæ neque in recte factis, neque in peccatis numerentur : **768** et urgeamur eo, quod observare Legis cæremonias non potest esse indifferens, sed aut bonum, aut malum. Ut si bonum dixerimus, eas nos quoque observare cogamus ; si autem malum, non vere, sed simulate ab Apostolis observatas esse credamus. Ego vero Apostolis, non tam exemplum Philosophorum timeo, quando et illi in sua disputatione veri aliquid dicunt, quam forensium advocatorum, quando in alienarum causarum actione mentiuntur. Quorum similitudo, sicut in ipsa expositione epistolæ ad Galatas ad confirmandam simulationem Petri et Pauli putata est decenter induci ; quid ego apud te timeam nomen Philosophorum, qui non propterea vani sunt, quia omnia falsa dicunt, sed quia et falsis plerisque confidunt, et ubi vera inveniuntur dicere, a Christi gratia, qui est ipsa veritas, alieni sunt. »

14. « Cur autem non dicam præcepta illa veterum sacramentorum nec bona esse, quia non eis homines justificantur; umbræ enim sunt prænuntiantes gratiam, qua justificamur : nec tamen mala, quia divinitus præcepta sunt, temporibus personisque congruentia : cumque me adjuvet etiam prophetica sententia, qua dicit Deus se illi populo dedisse *præcepta non bona* (*Ezech.* 20. 25) ? Forte enim propterea non dixit mala ; sed tantum non bona, id est, non talia, ut illis homines boni fiant, aut sine illis boni non fiant. Vellem me doceret benigna sinceritas tua, utrum simulate quisquam sanctus orientalis cum Romam venerit, jejunet sabbato, excepto illo die Paschalis vigiliæ. Quod si malum esse dixerimus, non solum Romanam Ecclesiam, sed etiam (*c*) multa ei vicina, et aliquanto remotiora damnabimus, ubi mos idem tenetur et manet. Si autem non jejunare sabbato malum putaverimus, tot Ecclesias Orientis, et multo majorem orbis Christiani partem, qua temeritate criminabimur ? Placetne tibi, ut medium quiddam esse dicamus, quod tamen acceptabile sit ei, qui hoc non simulate, sed congruenti societate atque observantia fecerit ? Et tamen nihil inde legimus in Canonicis libris præceptum esse Christianis : quanto magis illud malum dicere non audeo, quod Deum præcepisse ipsa Christiana fide negare non possum : qua [al. *quia didici non eo me justificari*, sed gratia Dei per Jesum Christum Dominum nostrum? »

15. « Dico ergo circumcisionem præputii, **769** et cætera hujusmodi, priori populo per Testamentum, quod vetus dicitur, divinitus data ad significationem futurorum, quæ per Christum oportebat impleri : quibus advenientibus remansisse illa Christianis legenda tantum ad intelligentiam præmissæ Prophetiæ, non autem necessaria facienda : quasi adhuc expectandum esset, ut veniret fidei revelatio, quæ his significabatur esse ventura. Sed quamvis gentibus imponenda non essent, non tamen sic debuisse auferri a consuetudine Judæorum, tanquam detestanda atque damnanda. Sensim proinde atque paulatim fervente sana prædicatione gratiæ Christi, qua sola nossent credentes se justificari, salvosque fieri non illis umbris rerum antea futurarum, tunc jam venientium atque præsentium, ut in illorum Judæorum vocatione, quos præsentia carnis Domini et Apostolica tempora sic invenerant, omnis illa actio (*d*) consumeretur umbrarum, hoc eis suffecisse ad commendationem, ut non tanquam detestanda et similis idololatriæ vitaretur, ultra vero non haberet progressum ; ne putaretur necessaria, tanquam vel ab illa salus esset, vel sine illa esse non posset. Quod putaverunt hæretici, qui dum (*e*) volunt et Judæi esse et Christiani, nec Judæi nec Christiani esse potuerunt. Quorum sententiam mihi cavendam, quamvis in ea nunquam fuerim, tamen benevolentissime admonere dignatus es : in cujus sententiæ non consensionem, sed simulationem Petrus timore inciderat, ut de illo Paulus verissime scriberet : (*f*)

(*a*) Benedictini *sine illa circumcisione*, tum duo Vaticani Mss. *non posse*, *et id Doctorem gentium sentire*.
(*b*) Mss. sex apud Benedictinos, *qua ostenderet*.
(*c*) Victorius legit *multas ei vicinas, et aliquanto remotiores*, impressamque lectionem reprehendit, quod sermo de Ecclesiis sit.
(*d*) Mss. quinque *consummaretur*.
(*e*) Victorius *voluerunt* pro *volunt* immutat.
(*f*) Benedictini, *quod eum vidisset*.

quod cum eum vidisset non recte ingredientem ad veritatem Evangelii, eique verissime diceret, quod gentes judaizare cogebat (*Gal.* 2. 14). Quod Paulus utique non cogebat, ob hoc illa vetera veraciter, ubi opus esset, observans, ut damnanda non esse monstraret : prædicans tamen instanter non eis ; sed revelata gratia fidei, fideles salvos fieri, ne ad ea quemquam velut necessaria suscipienda compelleret. Sic autem credo Apostolum Paulum veraciter cuncta illa gessisse, nec tamen nunc quemquam factum ex Judæo Christianum, vel cogo, vel sino talia veraciter celebrare : sicut nec tu, cui videtur Paulus ea simulasse, cogis istum vel sinis talia simulare.

16. « An vis ut etiam ego dicam hanc esse summam quæstionis, imo sententiæ tuæ, **770** ut post Evangelium Christi, bene (*a*) faciant credentes Judæi, si sacrificia offerant, quæ obtulit Paulus ; si filios circumcidant, si sabbatum observent, ut Paulus in Timotheo (*Act.* 16. 3), et omnes observavere Judæi, dummodo hæc simulate ac fallaciter agant ? Hoc si ita est, non jam in hæresim Ebionis, vel eorum quos vulgo Nazaræos nuncupant, vel quamlibet aliam veterem ; sed nescio in quam novam delabimur, quæ sit eo perniciosior, quo non errore, sed proposito est ac voluntate fallaci. Quod si respondeas, ut te ab hac purges sententia, tunc Apostolos ista laudabiliter simulasse, ne scandalizarentur infirmi, qui ex Judæis multi crediderant, et ea respuenda, nondum intelligebant : nunc vero confirmata per tot gentes doctrina gratiæ Christianæ, confirmata etiam per omnes Christi Ecclesias lectione Legis et Prophetarum, quomodo hæc intelligenda, non observanda recitentur, quisquis ea simulando (*b*) agere voluerit, videatur insanire : cur mihi non licet dicere Apostolum Paulum, et alios recte fidei Christianos, tunc illa vetera sacramenta paululum observando veraciter commendare debuisse, ne putarentur illæ Propheticæ significationis observationes a piissimis patribus custoditæ tanquam sacrilegia diabolica a posteris (*c*) detestandæ ? Jam enim cum venisset fides, quæ prius illis observationibus prænuntiata, post mortem et resurrectionem Domini revelata est, amiserant tanquam vitam (*d*) officii sui. Veruntamen sicut defuncta corpora, necessariorum officiis, deducenda erant quodammodo ad sepulturam, nec simulate, sed religiose ; non autem deserenda continuo, vel inimicorum obtrectationibus tanquam canum morsibus projicienda. Proinde nunc quisquis Christianorum, quamvis sit ex Judæis, similiter ea celebrare voluerit, tanquam sopitos cineres eruens, non erit pius deductor, vel bajulus corporis, sed impius sepulturæ violator. »

17. « Fateor sane in eo, quod epistola continet mea, quod ideo sacramenta Judæorum Paulus celebranda susceperat, cum jam Christi esset Apostolus, ut doceret non esse perniciosa his qui ea vellent, sicut a parentibus per Legem acceperant custodire, minus me posuisse, *illo duntaxat tempore, quo primum fidei gratia revelata est* : tunc enim hoc non erat perniciosum. **771** Progressu vero temporis (*c*) illæ observationes ab omnibus Christianis desererentur : ne si tunc fieret, non discerneretur quod Deus populo suo per Moysen præcepit, ab eo quod in templis dæmoniorum spiritus immundus instituit. Proinde potius culpanda est negligentia mea : quia hoc non addidi, quam objurgatio tua. Veruntamen longe antequam litteras tuas accepissem, scribens contra Faustum Manichæum, quemodo eumdem locum, quamvis breviter explicaverim, et hoc illic non prætermiserim ; et legere poteris, si non dedignetur benignitas tua, et a carissimis nostris, per quos nunc hæc scripta misi, quomodo volueris, tibi fides fiet, illud me ante dictasse : mihique de animo meo crede, quod coram Deo loquens, jure caritatis exposco, nunquam mihi visum fuisse, etiam nunc Christianos ex Judæis factos sacramenta illa vetera (*f*) quolibet affectu, quolibet animo celebrare debere, aut eis ullo modo licere ; cum illud de Paulo semper ita senserim, ex quo illius mihi litteræ innotuerunt : sicut nec tibi videtur hoc tempore cuiquam esse simulanda ista, cum hoc fecisse Apostolos credas. »

18. « Proinde sicut tu e contrario loqueris, et licet reclamante, sicut scribis, mundo, libera voce pronuntias, cæremonias Judæorum et perniciosas esse, et mortiferas Christianis ; et quicumque eas observaverit, sive ex Judæis, sive ex gentibus, eum in barathrum diaboli devolutum : ita ego hanc vocem tuam omnino confirmo, et addo : Quicumque eas observaverit, sive ex Judæis, sive ex gentibus, non solum veraciter, verum etiam simulate, eum in barathrum diaboli devolutum. Quid quæris amplius ? Sed sicut tu simulationem Apostolorum ab hujus temporis ratione secernis, ita ego Pauli Apostoli veracem tunc in his omnibus conversationem ab hujus temporis, quamvis minime simulata cæremoniarum Judaicarum observatione, secerno ; quoniam tunc fuit approbanda, nunc detestanda. Ita quamvis legerimus : *Lex et Prophetæ usque ad Joannem Baptistam* (*Luc.* 16. 16) ; et quia *propterea quærebant Judæi Christum interficere, quia non solum solvebat sabbatum, sed et Patrem suum dicebat Deum, æqualem se faciens Deo* (*Joan.* 5. 18) : et quia *gratiam pro gratia accepimus* (*Joan.* 1. 16) : et quoniam *Lex per Moysen data est, gratia autem et veritas per Jesum Christum facta est* (*Ibid.* 17) : et per Jeremiam **772** promissum est, daturum Deum Testamentum novum domui Juda, non secundum Testamentum quod disposuit patribus eorum (*Jerem.* 31. 31. 32) : non tamen arbitror ipsum Dominum fallaciter a parentibus

---

(*a*) Olim, notante Victorio, *bene faciant*.
(*b*) Benedictini, *quisquis ea simulando agere voluerit, insanire. Cur,* etc.
(*c*) Falso legerat Martianæus post Erasmum *detestata*.
(*d*) Deest vox *officii* in 22. Mss.

(*e*) Editi alii. « Progressu vero temporis erat perniciosum, nisi illæ observationes ab omnibus Christianis desererentur ; ne si tunc fieret, non discernerentur. » Adnotant Benedictini a Mss. 20. abesse verba *erat perniciosum, nisi.* Deinde *fieret* idem esse ac ne si primo illo tempore desererentur.

(*f*) Martianæus juxta veteres editiones, « quolibet affectu celebrare, quovis animo debere ab eis ullo modo coli, cum illud de Paulo, » etc.

circumcisum. Aut si hoc propter ætatem minime prohibebat, nec illud arbitror eum dixisse fallaciter leproso, quem certe non illa per Moysen præcepta observatio, sed ipse mandaverat : *Vade et offer pro te sacrificium quod præcepit Moyses in testimonium illis* (*Marc.* 1. 44). Nec fallaciter ascendit ad diem festum usque adeo non causa ostentationis coram hominibus, ut non evidenter ascenderit, sed latenter » (*Joan.* 7. 10).

19. « At enim dixit idem Apostolus : *Ecce ego Paulus dico vobis, quia si circumcidamini, Christus vobis nihil proderit* (*Gal.* 5. 2). Decepit ergo Timotheum, et fecit ei nihil prodesse Christum? An quia hoc fallaciter factum est, ideo non obfuit? At si hoc non posuit : nec ait, si circumcidamini veraciter, sicut nec fallaciter, sed sine ulla exceptione dixit : *Si circumcidamini, Christus vobis nihil proderit*. Sicut ergo tu vis hic locum dare sententiæ tuæ, ut velis subintelligi, nisi fallaciter, ita non (*a*) impudenter flagito, ut etiam nos illic intelligere sinas eis dictum : *si circumcidamini*, qui propterea volebant circumcidi, quod aliter se putabant in Christo salvos esse non posse. Hoc ergo animo, hac voluntate, ista intentione quisquis tunc circumcidebatur, Christus ei nihil omnino proderat; sicut alibi aperte dicit, *Nam, si per Legem justitia, ergo Christus gratis mortuus est* (*Gal.* 2. 21). Hoc ergo declarat, quod et ipse commemorasti, *Evacuati estis a Christo, qui in Lege justificamini, a gratia excidistis* (*Gal.* 5. 4). Illos itaque arguit, qui se justificari in Lege credebant; non qui legitima illa in ejus honorem, a quo mandata sunt observabant intelligentes, et qua prænuntiandæ veritatis ratione mandata sint, et quousque debeant perdurare. Unde est illud quod ait : *Si spiritu ducimini, non adhuc estis sub Lege* (*Ibid.* 18). Unde, velut colligis, (*b*) apparet, qui sub Lege est, non dispensative, ut nostros putas voluisse majores; sed vere, ut ego intelligo, cum Spiritum Sanctum non habere. »

20. « Magna mihi videtur quæstio, quid sit esse sub Lege sic, quemadmodum Apostolus culpat. Neque enim propter circumcisionem hoc eum arbitror dicere, aut illa sacrificia, quæ tunc facta a patribus, nunc a Christianis non fiunt, et cætera hujusmodi, **773** sed hoc ipsum etiam (*c*) quod Lex jubet : *Non concupisces* (*Exod.* 20. 17), quod fatemur certe Christianos debere observare, atque evangelica maxime illustratione prædicari. Legem dicit esse sanctam, et mandatum sanctum et justum et bonum (*Rom.* 7. 12). Deinde subjungit, *Quod ergo bonum est, mihi factum est mors? Absit : sed peccatum ut appareat peccatum, per bonum mihi operatum est mortem*, (*d*) *ut fiat supra modum peccator, aut peccatum, per*

(*a*) Idem *imprudenter.*
(*b*) Editi plerique *velut colligis apparere*, sed concinnius duo Vaticani, *apparet*, notantibus Benedictinis.
(*c*) Benedictini, *quod Legi dicit.*
(*d*) Locum emendari jubet ex Vulgata Victorius, ad hunc modum, *ut fiat supra modum peccans peccatum*, quibus Græcum textum ait consentire ἁμαρτωλὸς ἡ ἁμαρτία, et duo ex Florentia exemplaria, nec enim vult Augustinum ἡ pro *aut* accepisse.

mandatum (*Ibid.* v. 13). Quod autem hic dicit, peccatum per mandatum fieri supra modum, hoc alibi ait : *Lex subintravit, ut abundaret delictum. Ubi autem abundavit delictum, superabundavit et gratia* (*Rom.* 5. 20). Et alibi, cum superius de dispensatione gratiæ loqueretur, quod ipsa justificet, velut interrogans ait : *Quid ergo Lex?* Atque huic interrogationi continuo respondit : *Prævaricationis gratia posita est, donec veniet semen, cui promissum est* (*Gal.* 3. 19). Hos ergo damnabiliter dicit esse sub Lege, quos reos facit Lex, non implentes Legem, dum non intelligendo gratiæ beneficium ad facienda Dei præcepta, quasi de suis viribus superba elatione præsumunt. *Plenitudo enim Legis caritas* (*Rom.* 13. 10). *Caritas vero Dei diffusa est in cordibus nostris*, non per nosipsos, *sed per Spiritum Sanctum, qui datus est nobis* (*Rom.* 5. 5). Sed huic rei quantum satis est explicandæ, prolixior fortasse et sui proprii voluminis sermo debetur. Si ergo illud, quod Lex ait, *Non concupisces* (*Rom.* 13. 9), si humana infirmitas gratia Dei adjuta non fuerit, sub se reum tenet, et prævaricatorem potius damnat, quam liberat peccatorem, quanto magis illa, quæ significationis causa præcepta sunt, circumcisio, et cætera, quæ revelatione gratiæ latius innotescente, necesse fuerat aboleri, justificare neminem poterant? Non tamen ideo fuerant tanquam diabolica gentium sacrilegia fugienda, etiam cum ipsa gratia jam cœperat revelari, quæ umbris talibus fuerat prænuntiata ; sed permittenda paululum eis, maxime qui ex illo populo, cui data sunt, venerant. Postea vero tanquam cum honore sepulta sunt, a Christianis omnibus irreparabiliter deserenda. »

21. « Hoc autem, quod dicis (non dispensative, ut nostri voluere majores), quid sibi vult, oro te? Aut enim hoc est, quod ego appello officiosum mendacium, ut hæc dispensatio sit officium, velut honeste mentiendi : aut quid aliud sit, omnino non video, nisi forte, addito nomine dispensationis, fiat [al. *fit*] ut mendacium non sit mendacium : quod si absurdum est; cur ergo non aperte dicis officiosum mendacium defendendum, **774** nisi forte nomen te movet : quia non tam usitatum est in Ecclesiasticis libris vocabulum Officii, quod Ambrosius noster non timuit, qui suos quosdam libros utilium præceptionum plenos, de Officiis voluit appellare. An si officiose mentiatur quisque culpandus est; si dispensative, approbandus? Rogo te, mentiatur ubi elegerit qui hoc putat : quia et in hoc magna quæstio est, sit ne aliquando mentiri viri boni, imo viri Christiani, qualibus dictum est, *Sit in ore vestro, est, est, non, non, ut non sub judicio decidatis?* (*Jac.* 5. 12; *Matth.* 5. 37.) Et qui cum fide audiunt, *Perdes omnes qui loquuntur mendacium* » (*Ps.* 5. 7).

22. « Sed hæc, ut dixi, et alia et magna quæstio est : eligat quod voluerit, qui hoc existimat , ubi mentiatur, dum tamen a scribentibus auctoribus sanctarum Scripturarum, et maxime Canonicarum, inconcusse credatur, et defendatur omnino abesse mendacium : ne dispensatores Christi, de quibus dictum

est, *Hic jam quæritur inter dispensatores, ut fidelis quis inveniatur* (1. Cor. 4. 2), tanquam magnum aliquid sibi fideliter didicisse videantur, pro veritatis dispensatione mentiri, cum ipsa fides in latino sermone ab eo dicatur appellata, quia fit quod dicitur. Ubi autem fit quod dicitur, mentiendi utique non est locus. Fidelis igitur dispensator Apostolus Paulus procul dubio nobis exhibet in scribendo fidem : quia veritatis dispensator erat, non falsitatis. Ac per hoc verum scripsit, vidisse se Petrum non recte ingredientem ad veritatem Evangelii, eique in faciem restitisse, quod gentes cogeret judaizare (*Gal.* 2. 14). Ipse vero Petrus, quod a Paulo fiebat utiliter libertate caritatis, sancta ac benigna pietate humilitatis accepit : atque ita rarius et sanctius exemplum posteris præbuit, quo non dedignarentur sicubi forte recti tramitem reliquissent, etiam a posterioribus corrigi ; quam Paulus, quo confidenter auderent, etiam minores majoribus pro defendenda Evangelica veritate, salva fraterna caritate resistere. Nam cum satius sit, a tenendo itinere in nullo, quam in aliquo declinare ; MULTO EST tamen mirabilius et laudabilius, libenter accipere corrigentem, quam audacter corrigere deviantem. Est laus itaque justæ libertatis in Paulo et sanctæ humilitatis in Petro : quæ, quantum mihi pro modulo meo videtur, magis fuerat adversus calumniantem Porphyrium defendenda, quam ut ei daretur obtrectandi major occasio, qua multo mordacius criminaretur Christianos fallaciter **775** vel suas litteras scribere, vel Dei sui sacramenta (*a*) tractare. »

25. « Flagitas a me, ut aliquem saltem unum ostendam, cujus in hac re sententiam sim secutus, cum tu tam plures nominatim commemoraveris, qui te in eo, quod astruis præcesserunt ; petens ut in eo, quod te reprehendo errantem, patiar te errare cum talibus ; quorum ego fateor neminem legi ; sed cum ferme sex, vel septem, horum quatuor auctoritatem tu quoque infringis. Nam Laodicenum, cujus nomen taces, de Ecclesia dicis nuper egressum ; Alexandrum autem veterem hæreticum ; Origenem vero ac Dydimum reprehensos abs te, lego in recentioribus quæstionibus, quamvis Origenem mirabiliter ante laudaveris. Cum his ergo errare puto, quia nec te ipse patieris ; quamvis hoc perinde dicatur ac si in hac sententia non erraverint. Nam quis est, qui se velit cum quolibet errare? Tres igitur restant, Eusebius Emisenus, Theodorus Heracleotes, et quem paulo post commemoras, Joannes, qui dudum in Pontificali gradu Constantinopolitanam rexit Ecclesiam. »

24. « Porro si quæras, vel recolas, quid hinc senserit noster (*b*) Ambrosius : quid noster itidem Cyprianus, invenies fortasse, nec nobis defuisse, quos in eo, quod asserimus, sequeremur, quanquam sicut paulo ante dixi, TANTUMMODO Scripturis Canonicis hanc ingenuam debeam servitutem, qua eas solas ita sequar, ut conscriptores earum nihil in eis omnino errasse, nihil fallaciter posuisse non dubitem. Proinde cum quæro tertium, ut tres etiam ego tribus opponam, possem quidem, ut arbitror, facile reperire, si multa legissem. Veruntamen ipse mihi pro his omnibus, imo supra hos omnes Apostolus Paulus occurrit : ad ipsum confugio ; ad ipsum ab omnibus qui aliud sentiunt litterarum tractatoribus provoco, ipsum interrogans interpello et requiro in eo, quod scripsit ad Galatas, vidisse se Petrum non recte ingredientem ad veritatem Evangelii, eique in faciem propterea restitisse, quod illa simulatione gentes judaizare cogebat (*Galat.* 2. 14), utrum verum scripserit, an forte nescio qua dispensativa falsitate mentitus sit. Et audio eum paulo superius, in ejusdem narrationis exordio religiosa voce mihi clamantem, *Quæ autem* **776** *scribo vobis, ecce coram Deo quia non mentior* » (*Gal.* 1. 20.)

25. « Dent veniam quilibet aliud opinantes ; ego magis credo tanto Apostolo in suis litteris juranti, quam cuique doctissimo de alienis disputanti. Nec dici timeo, me sic Paulum defendere, quod non simularit errorem Judæorum, sed vere fuerit in errore. Quoniam neque simulabat errorem qui libertate Apostolica, sicut illi tempori congruebat, vetera illa sacramenta, ubi opus erat agendo, commendabat ea, non solum Satanæ versutia decipiendis hominibus, sed Dei providentia, prænuntiandis rebus futuris prophetice constituta. Nec vere fuerat in errore Judæorum, qui non solum noverat, sed etiam instanter et acriter prædicabat eos errare, qui putabant gentibus imponenda, vel justificationi quorumcumque fidelium necessaria. »

26. « Quod autem dixi cum factum Judæis tanquam Judæum, et tanquam gentilem gentibus, non mentientis astu, sed compatientis affectu quemadmodum dixerim, parum mihi visus es attendisse ; imo ego fortasse non satis hoc explanare potuerim. Neque enim hoc ideo dixi, quod misericorditer illa simulaverit ; sed quia sic ea non simulavit, quæ faciebat similia Judæis ; quemadmodum nec illa quæ faciebat similia gentibus, quæ tu quoque commemorasti : atque in eo me, quod non ingrate fateor, adjuvisti. Cum enim abs te quæsissem in epistola mea, quomodo putetur ideo factus Judæis tanquam Judæus, quia fallaciter suscepit sacramenta Judæorum, cum et gentibus tanquam gentilis factus sit, nec tamen suscepit fallaciter sacrificia gentium ; tu respondisti in eo factum gentibus tanquam gentilem, quod præputium receperit ; quod indifferenter permiserit vesci

---

(*a*) Benedictini, *sacramento portare*.
(*b*) Difficile in his quæ supersunt Ambrosii scriptis quid simile occurrat Augustinianæ sententiæ. Utique in Commentariis in epistolas Pauli in Appendice secundi tomi invenias, « Interveniente causa negligentiæ, vel erroris, dissidere inter se videntur Apostoli. *Id.* Reprehensibilis tatique ab Evangelica veritate, cui ipse factum adversabatur. » Quæ forte ex genuinis Ambrosii monumentis excerpta sunt a neoterico interpolatore. Quoad Cypriani testimonium, est, ut putamus, locus iste quem innuit epist. 71. ad Quintum fratrem. « Nec Petrus....., cum secum Paulus de circumcisione postmodum disceptaret, vindicavit sibi aliquid insolenter, aut arroganter assumpsit, ut diceret se primatum tenere, et obtemperari a novellis, et posteris sibi potius oportere. Nec despexit Paulum, quod Ecclesiæ prius persecutor fuisset ; sed consilium veritatis admisit, et rationi legitimæ, quam Paulus vindicabat, facile consentit. » Hunc certe locum ipse recitat Augustinus ad suam hanc sententiam asserendam init. lib. 2. de Bapt. adversus Donatistas

cibis, quos damnant Judæi. Ubi ego quæro : utrum et hoc simulate fecerit? Quod si absurdissimum atque falsissimum est : sic ergo et illa, in quibus Judæorum consuetudini congruebat libertate prudenti, non necessitate servili, aut quod est indignius, dispensatione fallaci potius quam fideli. »

27. « Fidelibus enim, et his qui cognoverunt veritatem, sicut ipse testatur (nisi forte et hic fallit) *omnis creatura Dei* **777** *bona est, et nihil abjiciendum, quod cum gratiarum actione accipitur* (1. Tim. 4. 4). Ergo et ipsi Paulo non solum (*a*) viro, verum etiam dispensatori maxime fideli, non solum cognitori, verum etiam doctori veritatis, omnis utique in cibis creatura Dei, non simulate, sed vere bona erat. Cur igitur nihil simulate suscipiendo sacrorum, cæremoniarumque gentilium, sed de cibis et præputio vera sentiendo, atque docendo, tamen tanquam gentilis factus est gentibus, et non potuit fieri tanquam Judæus Judæis, nisi fallaciter suscipiendo sacramenta Judæorum? Cur oleastro inserto observavit dispensationis veracem fidem : et naturalibus ramis non extra, sed in arbore constitutis, nescio quod dispensatoriæ velamen simulationis obtendit? Cur factus tanquam gentilis gentibus, quod sentit docet, quod (*b*) ait, sentit : factus autem tanquam Judæus Judæis, aliud claudit in pectore, aliud promit in verbis, in factis, in scriptis? Sed absit hoc sapere. Utrisque enim debebat caritatem de corde puro, et conscientia bona, et fide non ficta. Ac per hoc omnibus omnia factus est, ut omnes lucrifaceret, non mentientis astu, sed compatientis affectu, id est, non omnia mala hominum fallaciter agendo; sed aliorum omnium malis omnibus, tanquam si sua essent, misericordis medicinæ diligentiam procurando. »

28. « Cum itaque illa Testamenti veteris sacramenta, etiam sibi agenda minime recusabat, non misericorditer fallebat; sed omnino non fallens, atque hoc modo a Domino Deo illa usque ad certi temporis dispensationem jussa esse commendans, a sacrilegis sacris gentium distinguebat. Tunc autem, non mentientis astu, sed compatientis affectu, Judæis tanquam Judæus fiebat, quando eos ab illo errore, quo vel in Christum credere nolebant, vel per vetera (*c*) sacerdotia sua cæremoniarumque observationes se a peccatis posse mundari, fierique salvos existimabant : sic liberare cupiebat tanquam ipse illo errore teneretur : diligens utique proximum tanquam seipsum, et hæc aliis faciens, quæ sibi ab aliis fieri vellet, si hoc illi opus esset. Quod cum Dominus monuisset, adjunxit : *Hæc est enim Lex et Prophetæ* » (*Marc*. 22. 40).

29. « Hunc compatientis affectum, in eadem Epistola ad Galatas præcipit, dicens : *Si præoccupatus fuerit homo in aliquo* **778** *delicto, vos qui spirituales estis, instruite hujusmodi in spiritu lenitatis, intendens teipsum, ne et tu tenteris* (*Gal*. 6. 1). Vide (*d*) si non dixit : fiere tanquam ille, ut illum lucrifacias. Non utique, ut ipsum dilectum fallaciter ageret; aut se id habere simularet : sed ut in alterius delicto, quid etiam sibi accidere posset, attenderet, atque ita alteri, tanquam sibi ab altero vellet, misericorditer subveniret, hoc est, non mentientis astu, sed cum patientis affectu. Sic Judæo, sic gentili, sic cuilibet homini Paulus in errore, vel peccato aliquo constituto, non simulando, quod non erat, sed compatiendo, quia esse potuisset, tanquam qui se hominem cogitaret, omnibus omnia factus est, ut omnes lucrifaceret. »

30. « Teipsum, si placet, obsecro, te pauliper intuere : teipsum, inquam, erga meipsum; et recole, vel si habes conscripta, relege verba tua in illa epistola, quam mihi per fratrem nostrum, jam collegam meum Cyprianum breviorem misisti, quam veraci, quam germano, quam pleno caritatis affectu, cum quædam me in te commisisse expostulasses graviter, subjunxisti : (In hoc læditur amicitia, in hoc necessitudinis jura violantur, ne videamur certare pueriliter et fautoribus invicem, vel detractoribus nostris tribuere materiam contendendi.): Hæc abs te verba, non solum ex animo dicta, sentio, verum etiam benigno animo ad consulendum mihi. Deinde [al. *Denique*] addis, quod etiam si non adderes, appareret, et dicis (Hæc scribo, quia te pure et Christiane diligere cupio, nec quidquam in mea mente retinere quod distet a labiis) : O vir sancte mihique (ut Deus videt animam meam) veraci corde dilecte, hoc ipsum, quod posuisti in litteris tuis, quo te mihi exposuisse non dubito, hoc ipsum omnino Apostolum Paulum credo exhibuisse in litteris suis, non uni cuilibet homini, sed Judæis, et Græcis, et omnibus gentibus filiis suis, quos in Evangelio genuerat, et quos pariendo parturiebat : et deinde posterorum tot millibus fidelium Christianorum, propter quos illa memoriæ mandabatur [al. *commendabatur*] epistola, ut nihil in sua mente retineret, quod distaret a labiis. »

31. « Certe factus es etiam tu, tanquam ego, non mentientis astu, sed compatientis affectu, cum cogitares tam me non relinquendum **779** in ea culpa, in quam me prolapsum existimasti, qu m nec te velles, si eo modo prolapsus esses. Unde agens gratias benevolæ menti erga me tuæ, simul posco ut etiam mihi non succenseas, quod cum in opusculis tuis aliqua me moverent, motum meum intimavi tibi : hoc erga me ab omnibus servari [al. *observari*] volens, hoc erga te ipse servari, ut quidquid improbandum putant in scriptis meis, nec (*e*) laudent subdolo pectore, nec ita reprehendant apud alios, ut taceant apud me; hinc potius existimans lædi amicitiam, et necessitudinis

---

(*a*) Lovan. edit. *vero*. At aliæ editt. et Mss. notantibus Bened. *viro*.

(*b*) Notant Benedictini in Mss. 14. haberi , *quod agit sentit*.

(*c*) Victorius maluit, *sacrificia* ; accusatque impressam lectionem : et tamen non nisi duo Mss. apud Benedictinos ei favent.

(*d*) Idem expunxit *si* voculam, quam redundare ait, et nullis in codicibus inveniri. Mox Benedictini notant, *Fiere* imperativo modo ab Augustino in Mss. alibi usurpari , unum autem Vaticanum habere *Fias*, editos *Fieri*.

(*e*) Mss. 14. apud Benedictinos, *nec claudant subdolo pectore* : qui adnotant forte alludere voluisse Augustinum ad ea Hieronymi verba, *nec quidquam in mea mente retinere*, etc.

jura violari. Nescio enim utrum amicitiæ Christianæ putandæ sint, in quibus magis valet vulgare proverbium, *Obsequium amicos, veritas odium parit,* quam Ecclesiasticum, *Fideliora sunt vulnera amici, quam voluntaria oscula inimici.* »

52. « Proinde carissimos nostros, qui nostris laboribus sincerissime favent, hoc potius quanta possumus instantia doceamus, quo sciant fieri posse, ut inter carissimos aliquid alterutro sermone contradicatur, nec tamen ipsa caritas minuatur, nec veritas odium pariat, quæ debetur amicitiæ; sive illud verum sit, quod contradicitur, sive corde veraci qualecumque sit dicitur, non retinendo in mente, quod a labiis distet. Credant igitur fratres nostri, familiares tui, quibus testimonium perhibes, quod sint vasa Christi, me invito factum, nec mediocrem de hac re dolorem inesse cordi meo, quod litteræ meæ prius in multorum manus venerunt [al. *venerint*], quam ad te, ad quem scriptæ sunt, pervenire potuerunt. Quo autem modo id acciderit, et longum est enarrare [al. *narrare*], et, nisi fallor, superfluum : cum sufficiat si quid mihi in hoc creditur, non eo factum animo, quo putatur; nec omnino meæ fuisse voluntatis, aut dispositionis, aut consensionis, aut saltem (*a*) cogitationis, ut fieret. Hoc si non credunt, quod Deo teste loquor, quid amplius faciam non habeo. Ego tamen absit, ut eos credam, hæc tuæ sanctitati malevola mente suggerere ad excitandas inter nos inimicitias; quas misericordia Domini Dei nostri avertat a nobis; sed, sine ullo nocendi animo, facile de homine humana vitia suspicari. Hoc enim me de illis æquum est credere, si vasa sunt Christi, non in contumeliam, sed in honorem facta, et disposita in domo magna a Deo (*b*), **780** ad omne opus bonum. Quod si post hanc attestationem meam, si in notitiam eorum venerit; facere voluerint; quam non recte faciant, et tu vides. »

53. « Quod sane scripseram, nullum me librum adversus te Romam misisse, ideo scripseram, quia et libri nomen ab ipsa epistola discernebam. Unde omnino nescio quid aliud te audisse existimaveram; et Romam nec ipsam epistolam, sed tibi miseram; et adversus te non esse arbitrabar, quod sinceritate amicitiæ, sive admonendum, sive ad te, vel me abs te corrigendum fecisse me noveram. Exceptis autem familiaribus tuis, teipsum obsecro per gratiam, qua redempti sumus, ut quæcumque tua bona, quæ Domini bonitate tibi concessa sunt, in litteris meis posui, non me existimes insidioso blandiloquio posuisse. Si quid autem in te peccavi, dimittas mihi. Nec illud, quod de nescio cujus Poetæ facto ineptius fortasse, quam litteratius a me commemoratum est, amplius quam dixi, ad te trahas : cum continuo subjecerim, non hoc ideo me dixisse, ut oculos cordis recipere, quos absit unquam ut amiseris; sed ut adverteres, quos sanos ac vigiles haberes. Propter solam ergo (*c*)

(*a*) Martian. cum editis antiquioribus, *cognitionis*.
(*b*) Benedictini, *in opus bonum.*
(*c*) Revera in Augustini veriorem sententiam conces-

παλινῳδίαν si scripserimus aliquid, quod scripto posteriore destruere debeamus, imitandam, non propter Stesichori cæcitatem, quam cordi tuo nec tribui, nec timui, attengendum illud existimavi : atque identidem rogo, ut me fidenter corrigas, ubi mihi hoc opus esse (*d*) perspexeris. Quanquam enim secundum honorum vocabula, quæ jam Ecclesiæ usus obtinuit : Episcopatus Presbyterio major sit : tamen in multis rebus Augustinus Hieronymo minor est : LICET ETIAM a minore quolibet non sit refugienda, vel dedignanda correctio. »

54. « De interpretatione tua jam mihi persuasisti, qua utilitate Scripturas volueris transferre de Hebræis; ut scilicet ea, quæ a Judæis prætermissa, vel corrupta sunt, proferres in medium : Sed insinuare digneris peto, a quibus Judæis, utrum ab eis ipsis, qui ante adventum Domini interpretati sunt; et si ita est, quibus, vel quonam eorum; an ab istis posterius, qui propterea putari possunt, aliqua de codicibus Græcis vel subtraxisse, vel in eis corrupisse, ne illis testimoniis de Christiana fide convincerentur? Illi autem anteriores cur hoc facere voluerint, **781** non invenio. Deinde nobis mittas, obsecro interpretationem tuam de Septuaginta : quam te edidisse nesciebam. Librum quoque tuum, cujus mentionem fecisti, *de optimo genere interpretandi,* cupio legere ; et adhuc nosse quomodo coæquanda sit in interprete peritia linguarum, conjecturis eorum, qui scripturas edisserendo pertractant; quos necesse est, etiamsi recte atque unius fidei fuerint, varias parere in multorum locorum obscuritate sententias : quamvis nequaquam ipsa varietas ab ejusdem fidei unitate discordet; sicut etiam unus tractator, secundum eamdem fidem, aliter atque aliter eumdem locum potest exponere, quia hoc ejus obscuritas patitur. »

55. « Ideo autem desidero interpretationem tuam de Septuaginta, ut et tanta Latinorum interpretum, qui qualescumque hoc ausi sunt, quantum possumus imperitia careamus : et hi, qui me invidere putant utilibus laboribus tuis, tandem aliquando, si fieri potest, intelligant, propterea me nolle tuam ex Hebræo interpretationem in Ecclesiis legi, ne contra Septuaginta auctoritatem, tanquam novum aliquid proferentes, magno scandalo perturbemus plebes Christi, quarum aures, et corda illam interpretationem audire consueverunt, quæ etiam ab Apostolis approbata est. Unde et illud apud Jonam virgultum (*Jona.* 4, 6), si in Hebræo nec hedera est, nec cucurbita, sed nescio quid aliud, quod trunco suo nixum, nullis sustentandum adminiculis erigatur ; mallem jam in omnibus Latinis *cucurbitam* legi. Non enim frustra hoc puto Septuaginta posuisse, nisi quia et huic simile sciebant. »

sisse Hieronymum postea, docti viri argumentantur ex eo loco Dialog. 1. contra Pelagianos c. 8. ubi inter Episcopos neminem aut parum esse irreprehensibilem dicens, *quis,* addit, *indignabitur id sibi denegari, quod Princeps Apostolorum non habuit?* Cæterum quam ex Græcorum Patrum scriptis ille hauserat, Cassianus contra Collat. 17. sententiam est amplexatus; Augustinianam vero plerique alii, atque in primis quos Scholasticos vocant.
(*d*) Martian. juxta veteres editiones, *prospexeris.*

36. « Satis me, imo fortasse plus quam satis, tribus epistolis tuis respondisse arbitror; quarum duas per Cyprianum accepi, unam per Firmum. Rescribe quod visum fuerit ad nos vel alios instruendos. Dabo autem operam diligentiorem quantum me adjuvat Dominus, ut litteræ, quas ad te scribo, prius ad te perveniant, quam ad quemquam, a quo latius dispergantur. Fateor enim, nec mihi hoc fieri velle de tuis ad me, quod de meis ad te factum justissime expostulas. Tamen placeat nobis invicem non tantum caritas, verum etiam libertas amicitiæ; nec apud me taceas, vel ego apud te, quod in nostris litteris vicissim nos movet; eo scilicet animo qui oculis Dei, in fraterna dilectione, non **782** displicet. Quod si inter nos fieri posse sine ipsius dilectionis perniciosa offensione non putas; non fiat. Illa enim caritas, quam tecum habere velim, profecto major est : sed (*a*) melius hæc minor, quam nulla est. »

EPISTOLA CXVII (*b*).

AD MATREM ET FILIAM (*c*) IN GALLIA COMMORANTES.

Docet viduis et virginibus vitandam esse domesticam consuetudinem eorum, unde sit periculum vel pudicitiæ, vel famæ. Argumentum epistolæ ipse copiosius exponit in Præfatione.

PRÆFATIO.

1. Retulit mihi quidam frater e Gallia, se habere sororem virginem, matremque viduam, quæ in eadem urbe divisis habitarent cellulis : et vel ob hospitii (*d*) solitudinem, vel ob custodiendas facultatulas, præsules sibi quosdam Clericos assumpsissent; ut majore dedecore jungerentur alienis, quam a se fuerant separatæ. Cumque ego ingemiscerem, et multo plura tacendo quam loquendo significarem. Quæso te, inquit, corripias eas litteris tuis, et ad concordiam revoces; ut mater filiam, et filia matrem agnoscat. Cui ego : Optimam, inquam, mihi injungis provinciam : ut alienus conciliem, quas filius fraterque non potuit. Quasi vero Episcopalem cathedram teneam, et non clausus cellula, ac procul a turbis remotus, vel præterita plangam vitia, vel vitare nitar præsentia. Sed et incongruum est latere corpore, et lingua per totum orbem vagari. Et ille : Nimium, ait, formidolosus es. Ubi illa quondam constantia, in qua multo sale orbem defricans (*e*), Lucillianum quippiam retulisti? Hoc est, aio, quod me fugat, et labra dividere non sinit. Postquam enim arguendo crimina, factus sum criminosus, et juxta tritum vulgi sermone proverbium : (*f*) Jurgantibus, et negantibus cunctis, nec aures me credo habere, nec tactum : ipsique parietes in me maledicto resonarunt, *et in me psallebant qui bibebant vinum* (*Psal.* 68) : coactus **783** malo tacere didici, rectius esse arbitrans, ponere *custodiam ori meo, et ostium munitum labiis meis* (*Psal.* 38), quam declinare *cor meum in verba malitiæ* : et dum carpo vitia, in vitium detractionis incurrere. Quod cum dixissem : Non est, inquit, detrahere, verum dicere; nec privata correptio generalem facit doctrinam; cum aut rarus, aut nullus sit, qui sub hujus culpæ reatum (*g*) cadat. Quæso ergo te, ne me tanto itinere vexatum, frustra venisse patiaris. Scit enim Dominus, quod post visionem sanctorum Locorum, hanc vel maxime causam habui, ut cum tuis litteris sorori mederer ac matri. Et ego : Jamjam, inquam, quod vis faciam : nam et epistolæ transmarinæ sunt, et specialiter sermo dictatus, raro potest invenire quos mordeat. Te autem obsecro, ut clam sermonem hunc habeas. Cumque portaveris eum pro viatico, si auditus fuerit, lætemur pariter, si autem contemptus fuerit, quod et magis reor, ego verba perdiderim, tu itineris longitudinem.

Explicit Præfatio.

2. Primum vos scire cupio (*h*) soror et filia, me non idcirco scribere, quia aliquid de vobis sinistrum suspicer; sed ne cæteri suspicentur (*i*) vestram me orare concordiam. Alioquin (quod absit) si peccatorum vos existimarem glutino cohæsisse, nunquam scriberem; sciremque me surdis narrare fabulam. Deinde hoc obsecro, ut si mordacius quippiam scripsero, non tam meæ putetis austeritatis [*al.* auctoritatis] esse, quam morbi. Putridæ carnes ferro curantur et cauterio : venena serpentino pelluntur antidoto. Quod satis dolet, majori dolore expellitur. Ad extremum hoc dico, quod si etiam hæc conscientia criminis vulnus non habeat, habet tamen fama ignominiam. Mater et filia, nomina pietatis, officiorum vocabula, vincula naturæ, secunda post Deum fœderatio. Non est laus, si vos diligitis : scelus est, quod odistis. Dominus Jesus subjectus erat parentibus suis (*Luc.* 2) : venerabatur matrem, cujus **784** erat ipse pater. Colebat nutritium, quem nutriverat : gestatumque se meminerat alterius utero, alterius brachiis. Unde et in cruce pendens, commendat parentem discipulo (*Joan.* 19), quam nunquam ante crucem dimiserat.

(*a*) Veteres editi et Martianæus, *melior.*
(*b*) *Alias* 47. *scripta anno* 405.
(*c*) Olim absolute erat, *De vitando suspecto contubernio.* Nos Mss. inscriptionem præferimus additis verbis, *in Gallia commorantes.* Ipse Hieron. contra Vigilant. num. 3. « Maligus, » inquit, « interpres dicat, ficta a me materiam, cui rhetorica declamatione responderim, sicut illam, quam scripsi ad Gallias, matris et filiæ inter se discordantium. » Erasmus quoque declamatorio more suam tum fuisse atque tractatam ab Hieronymo argumentum suspicatus est.
(*d*) *Veronen. ob hospitii sollicitudinem.*
(*e*) Martian. *detulisti*, quo verbo qui utuntur Mss. *Lucianum quempiam* corrupte etiam legunt. Dicitur autem Lucillius ab Horatio lib. 1. Satir. 10, *idem, qui sale multo urbem defricuit*, etc.

(*f*) Duo Mss. *jurantibus, et negantibus.*
(*g*) Falso, ut videbatur, et contrario sensu, legunt hucusque editi ac Mss. plerique *sub hujus culpæ reatum non cadat.* Nos negandi particulam vetustioris editionis an. 1496. et Veronensis Ms. auctoritate expunximus, veriorem hanc lectionem rati.
(*h*) Sic Mss. omnes atque editi, præter Victorium, qui cum sub sororis in Christo nomine alloqui Hieronymum seniorem mulierem non attenderet, ex ingenio supposuit *mater pro soror*, qua de re vagatur a Martianæo.
(*i*) Veram lectionem ex Ambrosian. codic. 66. Erasmo, et vetustiori, qua sæpius utimur, editione restituimus. Vitiose et incongruo sensu Victor. et Martian. *vestram errare concordiam*, cum liqueat ex toto contextu, earum mulierum concordiam orare Hieronymum, quæ cum discordes inter se essent, atque invicem separatæ viverent, cæteris suspicioni erant.

3. Tu vero, filia (jam enim desino ad matrem loqui, quam forsitan et ætas et imbecillitas, ac solitudo excusabilem facit) tu, inquam, filia, ejus domum angustam judicas, cujus non tibi fuit venter angustus? Decem mensibus utero clausa vixisti, et uno die in uno cubiculo cum matre non duras? An oculos ejus ferre non potes? et, quæ [al. *quia*] omnes motus tuos, utpote illa, quæ genuit, quæ aluit, et ad hanc perduxit ætatem, facilius intelliget, testem domesticam fugis? Si virgo es, quid times diligentem custodiam? si corrupta, cur non palam nubis? Secunda post naufragium tabula est, quod male cœperis, saltem hoc remedio temperare. Neque vero hoc dico, quod post peccatum tollam pœnitentiam, ut quod male cœpit, male perseveret [al. *cœperis et perseveres*]: sed quod desperem in istiusmodi copula divulsionem. Alioqui si ad matrem migraveris post ruinam, facilius poteris cum ea plangere, quod per illius absentiam perdidisti. Quod si adhuc integra es, et non perdidisti, serva ne perdas. Quid tibi necesse est in ea versari domo, in qua necesse habes quotidie aut perire, aut vincere? Quisquamne mortalium juxta viperam securos somnos capit? quæ etsi non percutiat, certe sollicitat. Securius est perire non posse, quam juxta periculum non perisse. In altero tranquillitas est, in altero gubernatio. Ibi gaudemus, hic evadimus.

4. Sed forte respondeas: Non bene morata mater est, res sæculi cupit, amat divitias, ignorat jejunium, oculos stibio linit, vult compta procedere, et nocet proposito meo, nec possum cum hujusmodi vivere. Primum quidem etiamsi talis est, ut causaris, majus habebis præmium, si talem non deseras. Illa te diu portavit in utero, diu aluit, et difficiliores infantiæ mores blanda pietate sustinuit. Lavit pannorum sordes, et immundo sæpe fœdata est stercore. Assedit ægrotanti; et quæ pro te sua fastidia sustinuit, tua quoque passa est. Ad hanc perduxit ætatem; ut Christum amares, docuit. Non tibi displiceat ejus conversatio, quæ te sponso tuo virginem consecravit. Quod si ferre non potes et delicias ejus fugis: atque (ut hoc vulgo solet dici) sæcularis est mater, habes alias virgines, habes sanctum pudicitiæ chorum. Quid matrem deserens, cum eligis [al. *diligis*], qui forsitan suam reliquit sororem et matrem? Illa difficilis; sed iste facilis. Illa jurgatrix; ergo iste placabilis. Quæro, utrum virum secuta sis, an postea invenieris? Si eum secuta es, manifestum est matrem reliqueris. Si postea reperisti, ostendis quid in matris hospitio non potueris invenire. Durus dolor est, et meo mucrone me vulnerans. *Qui ambulat*, inquit, *simpliciter, ambulat confidenter* (*Prov.* 10). Tacerem (*a*), si me non morderet conscientia, et in aliis meum crimen non reprehenderem: nec per trabem oculi mei alterius festucam viderem. Nunc autem cum inter fratres procul habitans, eorumque fruens contubernio honeste sub arbitris, et videam raro, et videar: impudentissimum est hujus te verecundiam non sequi, cujus sequi testeris exemplum. Quod si dixeris: Et mihi sufficit conscientia mea: habes Deum judicem, qui meæ vitæ est testis; non curo quid loquantur homines: audi Apostolum scribentem: *Providentes bona, non solum coram Deo, sed etiam coram omnibus hominibus* (*Rom.* 12). Si quis te carpit, quod sis Christiana, quod sis virgo, ne cures, quod ideo dimiseris matrem, ut in monasterio inter virgines viveres: talis detractio laus tua est. Ubi non luxuria in puella Dei, sed duritia carpitur, crudelitas ista pietas est. Illum enim præfers [al. *præferas*] matri, quem præferre juberis et animæ tuæ. Quem si et ipsa prætulerit, et filiam te sentiet et sororem.

5. Quid igitur? scelus est sancti viri habere contubernium? Obtorto collo me in jus trahis ut aut probem quod nolo, aut multorum invidiam subeam. Sanctus vir nunquam a matre filiam sejungit: utramque suscipit, et utramque veneratur. Sit quamlibet sancta filia, mater vidua indicium castitatis est. Si coævus tuus est ille nescio quis, matrem tuam honoret ut suam: si senior, te ut filiam diligat, et parentis subjiciat disciplinæ. Non expedit amborum famæ, plus te illum amare quam matrem: ne non videatur in te affectum eligere, sed ætatem. Et hæc dicerem, si fratrem Monachum non haberes, si domesticis careres præsidiis. Nunc vero, proh dolor, inter matrem atque germanum, et matrem viduam, fratremque Monachum, cur se alienus interserit? Bonum quidem est, ut te et filiam noveris et sororem. Si autem utrumque non potes, et mater quasi dura respuitur, saltem frater placeat. Si frater asperior est, mollior sit illa quæ genuit. Quid palles? quid æstuas? quid vultum rubore suffundis, et trementibus labiis impatientiam pectoris contestaris? Non superat amorem matris et fratris, nisi solius uxoris affectus.

6. Audio præterea te suburbana rura, villarum amœnitates cum affinibus atque cognatis, et istiusmodi generis hominibus circumire. Nec dubito quin vel consobrina, vel soror sit, in quarum solatium novi generis ducaris assecla. Absit quippe, ut quamvis proximi sint et cognati, virorum te suspicer captare consortia. Obsecro ergo te, virgo, ut mihi respondeas: Sola vadis in comitatu propinquorum, an cum amasio tuo? Quamvis sis impudens, sæcularium oculis eum ingerere non audebis. Si enim hoc feceris, et te et illum familia universa cantabit: vos cunctorum digiti denotabunt: ipsa quoque soror, aut affinis, sive cognata, quæ in adulationem tui, sanctum et (*b*) Nonnum coram te vocant, cum se paululum

---

(*a*) Expuncta tertium negandi particula ad hunc modum, ut sensus constet, legendus videtur hic locus: « Tacerem, si me remorderet conscientia, et in aliis meum crimen reprehenderem, et per trabem oculi mei alterius festucam viderem. » Sed cum emendationi nostræ opem nullam conferant veteres chartæ, manum ab ulcere abstinemus.

(*b*) Veteres editi, *sanctum nonnunquam coram te*, etc. quam lectionem Victorius probat, vera quam asseritura ad variantes rejecta. Porro Nonnos olim fuisse appellatos pios viros, et qui virginitatem Deo vovissent, alibi diximus.

averterunt, portentuosum ridebunt maritum. Sin autem sola ieris (quod et magis existimo) utique inter servos adolescentes, inter maritatas feminas atque nupturas, inter lascivas puellas, et comatos (*a*) liniatosque juvenes, furvarum vestium puella gradieris. Dabit tibi barbatulus quilibet manum, sustentabit lassam; et pressis digitis, aut tentabitur, **787** aut tentabit. Erit tibi inter viros matronasque convivium : spectabis aliena (1) oscula, praegustatos cibos; et non absque scandalo tuo, in aliis seriens vestes, auratasque miraberis. In ipso quoque convivio ut vescaris carnibus, quasi invita cogeris. Ut vinum bibas, Dei laudabitur creatura. Ut laves balneis, sordibus detrahetur; et omnes te, cum aliquid eorum, quae suadent, (*b*) si retrectans feceris, puram, simplicem, dominam, et vere ingenuam conclamabunt. Personabit interim aliquis cantator ad mensam, et inter psalmos dulci modulamine currentes, quoniam alienas non audebit uxores, te, quae custodem non habes, saepius respectabit. Loquetur nutibus, et quidquid metuit dicere, significabit affectibus. Inter has et tantas illecebras voluptatum, etiam ferreas mentes libido domat : quae majorem in virginibus patitur famem, dum dulcius putat omne quod nescit. Narrant gentilium fabulae, cantibus sirenarum nautas isse in saxa praecipites : et ad Orphei citharam, arbores bestiasque, ac silicum dura mollita. Difficile inter epulas servatur pudicitia. Nitens cutis sordidum ostendit animum.

7. Legimus in scholis pueri, et spirantia in plateis aera perspeximus, aliquem ossibus vix haerentem, illicitis arsisse amoribus, et ante vita caruisse, quam peste. Quid tu facies puella sani corporis, delicata, pinguis, rubens, aestuans inter carnes, inter vina, et balneas, juxta maritos [al. *maritas*], juxta adolescentulos [al. *adolescentulas*] ? Quae et si rogata non feceris, tamen (*c*) de forma putes testimonium, si rogeris. Libidinosa mens ardentius inhonesta persequitur; et quod non licet, dulcius suspicatur. Vestis ipsa vilis et pulla, animi tacentis indicium est; si rugam non habeat; si per terram, (*d*) ut altior videaris, trahatur; si de industria dissuta sit tunica, ut aliquid intus appareat, operiatque quod foedum est, et aperiat quod formosum. (2) Caliga quoque ambulantis nigella ac nitens stridore ad se juvenes vocat. Papillae fasciolis comprimuntur, et crispanti cingulo angustius pectus arctatur. Capilli, vel in frontem, vel in aures defluunt. **788** Palliolum interdum cadit, ut can-

(*a*) Excusi *linteatos*, vel *lineatos*, et *limatos*. Emendantur a scriptis, ut intelligas fucatos vel liniatos fuco, quos alibi calamistratos vocat.
(*b*) Rectius legeris *quasi* pro *si*, quae vocula nonnihil sensum turbat.
(*c*) Longe verosimillimum nobis est ita scripsisse Hieronymum, *de forma putes testimonium*, id est ex interpellatione conjicias formosam esse te ac reputari; non ut Erasm. ac Martianaeus habet uno verbo, *deforme*, quod omnino sensu caret, si per terram, (*d*) ut altior videaris mentem. Nobis facem praetulit Victorius, qui legerat *formae*.
(*d*) Perperam, et renuentibus Mss. Victorius cum negandi particula, *non trahatur*.
(1) Corrigi vult Gravius *pocula*.
(2) Addi heic in vetustis codicibus, *Ista omnia juvenes ardentius ad tuum armabunt stuprum*; testatur Gravius.

didos nudet humeros, et quasi videri noluerit, celat festina, quod volens detexerat. Et quando in publico quasi per verecundiam operit faciem, lupanarium [al. *luparum*] arte id solum ostendit, quod ostensum magis placere potest.

8. Respondebis : Unde me nosti? et quomodo tam longe positus, jactas in me oculos tuos ? Fratris tui hoc mihi narraverunt lacrymae, et intolerabiles per momenta singultus. Atque utinam ille mentitus sit, et magis ciniens hoc quam arguens, dixerit. Sed mihi crede : nemo mentiens plorat. Dolet sibi praelatum juvenem, non quidem comatum, non vestium sericarum, (*e*) sed torosulum et in sordibus delicatum qui ipse sacculum signet, textrinum teneat, pensa distribuat, regat familiam, emat quidquid de publico necessarium est. Dispensator et dominus, et praeveniens officia servulorum, quem omnes rodant famuli : et quidquid domina non dederit, illum clamitent subtraxisse. Querulum servulorum genus est, et quantacumque dederis, semper eis minus est. Non enim considerant de quanto, sed quantum detur; doloremque suum solis, quod possunt, obtrectationibus consolantur. Ille parasitum, iste impostorem, hic haeredipetam, alius novo quolibet appellat vocabulo. Ipsum jactant assidere lectulo, obstetrices adhibere languenti, portare matulam, calefacere lintea, plicare fasciolas. Facilius mala credunt homines, et quodcumque domi fingitur, rumor in publicum fit. Nec mireris, si ancillae et servuli de vobis ista confingant, cum mater quoque idipsum queratur et frater.

9. Fac igitur quod moneo, quod precor, ut primum matri, dehinc, si id fieri non potest, saltem fratri reconcilieris. Aut si ista tam cara nomina hostiliter detestaris dividere, ab eo, quem tuis diceris praetulisse. Si autem et hoc non potes (*f*) (reverteris enim ad tuos, si illum possis deserere) vel honestius sodali tuo utere. Separentur domus vestrae, dividaturque convivium, ne maledici **789** homines sub uno tectulo vos manentes, lectulum quoque criminentur habere communem. Potes et ad necessitates tuas quale voluisti habere solatium, et aliqua ex parte publica carere infamia. Quanquam cavenda sit macula, quae nullo nitro secundum Jeremiam, nulla fullonum herba elui [al. *dilui*] potest. Quando vis, ut te videat et invisat, adhibe arbitros, amicos, libertos [al. *liberos*], servulos. Bona conscientia nullius oculos fugit. Intret, intrepidus, securus exeat. Taciti oculi, et sermo silens, et totius corporis habitus vel, trepidationem interdum, vel securitatem loquuntur. Aperi quaeso aures tuas, et clamorem totius civitatis exaudi. Jam perdidistis vestra vocabula, et mutuo ex vobis cognomina suscepistis : tu illius diceris, et ille tuus. Haec mater audit et frater : paratique sunt, et

(*e*) Ambrosian. cod. *trosulum*, alii autem Mss. atque editi vetustiores *rosulum*, eodem sensu. Sunt vero qui ut sibi per omnia constet ἰσόκωλον, legendum velint *non vestitu sericatum*, pro *vestium sericarum*; nimis delicate.
(*f*) Vitiatum antea locum ita ex Veronensi exemplari emendamus, erat enim nullo ferme sensu penes editores omnes, *reverere certe tuos, si non potes deserere*. Lectionis nostrae veritas, atque elegantia ex contextu liquet.

precantur vos sibi dividere; et **privatam vestræ conjunctionis infamiam**, laudem facere communem. Tu esto cum matre, sit ille cum fratre. Audentius diliges sodalem fratris tui : honestius amabit mater amicum filii, quam filio suæ. Quod si nolueris, si mea monita rugata fronte contempseris, epistola tibi hæc voce libera proclamabit : Quid alienum servum obsides? quid ministrum Christi, famulum tibi facis? Respice ad populum, singulorum facies intuere. Ille in Ecclesia legit, in te aspiciunt universi : nisi quod pene licentia conjugali de tua infamia gloriaris. Nec jam secreto dedecore potes esse contenta. Procacitatem, libertatem vocas. *Facies meretricis facta est tibi, nescis erubescere* (Jerem. 5).

10. Iterum me malignum, iterum suspiciosum et rumigerulum clamitas. Egone suspiciosus? egone malevolus? qui ut in principio epistolæ prælatus sum, ideo scripsi, quia non suspicabar. An tu negligens, dissoluta, contemptrix, quæ annos nata (*a*) viginti quinque, adolescentem necdum bene barbatulum, ita brachiis tuis, quasi cassibus inclusisti? Optimum revera prædagogum, qui te moneat, qui asperitate frontis terreat. **790** Et quanquam in nullis ætatibus libido sit tuta, tamen vel cano capite, ab aperta defendit ignominia. Veniet, veniet tempus (dies enim allabitur, dum ignoras) et iste formosulus tuus, quia cito senescunt mulieres, maxime quæ juxta viros sunt, vel ditiorem reperiet, vel juniorem. Tunc te pœnitebit consilii tui, et tædebit pertinaciæ, quando et rem et famam amiseris, quando quod male junctum fuerat, dividetur bene. Nisi forte secura es, et coalescente tanti temporis caritate, dissidium non vereris.

11. Tu quoque mater, quæ propter ætatem maledicta non metuis, noli te vindicare, ut pecces. Magis a te discat filia separari, quam tu ab illa sejungi. Habes filium, et filiam, et generum, imo et contubernalem filiæ tuæ. Quid quæris aliena solatia, ignes jam sopitos suscitas? Honestius est tibi saltem culpam filiæ sustentare, quam occasionem tuæ quærere. Sit tecum filius Monachus, pietatis viduitatisque præsidium. Quid tibi alienum hominem quæris, in ea præsertim domo, quæ filium et filiam capere non potuit? Ejus jam ætatis es, ut possis nepotes habere ex filia. Invita ad te utrumque. Revertatur cum viro, quæ sola exierat. Virum dixi, non maritum. Nemo calumnietur. Sexum significare volui, non conjugium. Aut si erubescit, et retractat, et domum, in qua nata est, arbitratur angustam, vos ad ejus hospitiolum pergite; quamvis arctum sit, facilius matrem et fratrem capere potest, quam hominem alienum, cum quo certe in domo una, (*b*) uno cubiculo, casta manere non poterat. Sint in una domo duæ feminæ, et duo masculi. Si autem et tertius ille (*c*) γυροβόσκος

(*a*) Eædem Veronenses membranæ *annos nata* XXXV.
(*b*) Brevius duo probæ notæ Mss. *cum quo caste in uno cubiculo manere non poterat.* Porro ut minimum impressam lectionem mutaremus, illud omnino duximus emendandum, quod pro *uno cubiculo*, erat *sine cubiculo*, aut nullo, aut alieno, et incongruo sensu. Grav. *sive pro sine.*
(*c*) Olim erat γυροβόσκος, quod verti possit *tertius nutritor*,

tuus habitare non vult, et seditiones ac turbas concitat, sit biga, sit triga, frater vester hac filius, et sororem illi exhibebit (*d*) et matrem. Alii vitricum et generum vocitent, ille nutricium appellet et fratrem.

12. Hæc ad brevem lucubratiunculam celeri sermone dictavi, volens desiderio **791** postulantis satisfacere, et quasi ad scholasticam materiam me exercens. Eadem enim die mane pulsabat ostium, (*e*) qui profecturus erat. Simulque ut ostenderem obtrectatoribus meis, quod et ego possim quidquid venerit in buccam dicere. Unde et de Scripturis pauca perstrinxi; nec orationem meam, ut in cæteris libris facere solitus sum, illarum floribus texui. Extemporalis est dictatio, et tanta ad lumen lucernulæ facilitate profusa, ut notariorum manus lingua præcurreret; et signa ac furta verborum volubilitas sermonum obrueret. Quod idcirco dixi, ut qui non ignoscit ingenio, ignoscat vel tempori.

EPISTOLA CXVIII. (*f*)
AD JULIANUM.

Julianum quemdam prædivitem, qui intra paucos dies amiserat duas filias et uxorem, atque incursantibus barbaris, bonam possessionum partem : comparatione Job consolatur, et exemplo Pammachii, Paulinique adhortatur ad perfectam vitam, hoc est, absolutum mundi contemptum, videlicet huc vocante etiam ipsa fortuna.

1. Filius meus, frater tuus, Ausonius in ipso jam profectionis articulo, cum mihi præsentiam sui tarde dedisset : et cito abstulisset, atque in puncto temporis, salve pariter valeque dixisset : vacuum se redire arbitratus est, nisi mearum aliquid ad te nugarum, tumultuario sermone portaret. Jam demisso (*g*) synthemate equus publicus sternebatur, et no-

aut *pastor*. Mss. plerumque hæc tantum exhibent Græcarum litterarum vestigia THPOCKOC. Sed γυροβόσκος, quod est *senum nutritor*, rectissime impressi habent, et ad matris nutricium refertur. Verum ex orationis serie, et superioribus, verbis, *sint in una domo duæ feminæ et duo masculi*, satis mox eosdem antea impressos constat, qui legebant contrario sensu, *abire non vult*, pro *habitare non vult*, ut ex Verona exemplari substituimus, et castigavimus. Grav. movidit γυρόκομος.
(*d*) Perperam editi *exhibebis* : emendatur a scriptis, ut alia non pauca, quorum lectorem passim admonuisse, non est operæ pretium.
(*e*) Ex Veronen. Ms. Editi *qua*.
(*f*) Alias 34. Scripta anno 406.
(*g*) Sic retinendum omnino est, *synthemate*, non ut plerique alii immutant, atque ipse Martianæus ad marginem adnotaverat, *forte schemate*. Quippe erat σύνθεμα, aut σύσημον, utroque enim modo habet vetus Glossarium a Labbæo editum, *tractio*, aut *signum*, *sigillum*, *tessera*, aut tandem *diploma*, sine quo cursum publicum usurpare non licebat. Julianus Augustus in epist. ad Libanium Quæstorem ἐκτρέψαι ad utendum equo, seu vehiculo publico necesse esse dixit concepitis verbis : ἅτινα γε τὰ σύνθημα ἐμὴ μίμησις ἂν εἴη· γὰρ τοῦ τρέχειν καὶ διαδίζειν φερόμενα ἐπὶ δημοσίας ἀπήνης. Neque adeo audiendi magni ceteroquin viri, qui post Salmasium in Notis in Lampridium, Synthema pro veste habeat ; unde nuperus Epistolarum Hieronymi Gallicus interpres vertit, *habit de campagne*. Nec ipse Victorius, qui genus indumenti nobilium, et negotiis agentium putavit ex Servio de Jurisconsulti verbis, ubi, *Quæro*, inquit, *an ex univ. rsa veste, id est, synthesi, tunicas singulas, et palliola Sempronia possit eligere.* Et ex quodam Epigrammate :
synthesibus dum gaudet eques, dominusque Senatus ; et

bilem juvenem punicea indutum tunica baltheus ambiebat, et tamen ille apposito notario cogebat loqui, quæ velociter edita, velox consequeretur manus, et linguæ celeritatem prenderent signa verborum. Itaque non scribentis diligentia, sed dictantis temeritate, longum ad te silentium rumpo, offerens tibi nudam efficii voluntatem. Extemporalis **792** est epistola, absque ordine sensuum, sine lenocinio et compositione verborum : ut totum in illa amicum, nihil de oratore reperias. In procinctu effusam putes, et abire cupienti ingestum viaticum. Divina Scriptura loquitur : *Musica in luctu, intempestiva narratio* (*Eccli.* 22. 6). Unde et nos leporem artis rhetoricæ contemnentes, et puerilis, atque plausibilis eloquii venustatem, ad sanctarum Scripturarum gravitatem confugimus, (a) ubi vera vulnerum medicina est, ubi dolorum certa remedia : in quibus recipit unicum filium mater in feretro : ubi turbæ dicitur circumstanti, *Non est mortua puella, sed dormit* (*Marc.* 5. 39) : ubi et quatriduanus mortuus ad vocem inclamantis Domini ligatus egreditur (*Joan.* 11).

2. Audio te in brevi tempore, duas virgunculas filias junctis pene extulisse funeribus, et pudicissimam ac fidissimam conjugem tuam Faustinam, imo fidei calore germanam, in qua sola post amissos liberos acquiescebas, subita tibi dormitione subtractam : quasi si naufragus in littore latrones reperiat, et juxta eloquia Prophetarum fugiens ursum, incidat in leonem : extendensque manum ad parietem, a colubro mordeatur. Consecuta rei familiaris damna, vastationem totius barbaro hoste provinciæ, et in communi depopulatione privatas possessionum tuarum ruinas : abactos armentorum ac pecorum greges : vinctos occisosque servulos ; et in unica filia, quam tibi tam crebræ orbitates fecerant cariorem, electum nobilissimum generum, ex quo ut omnia taceam, plus mœroris, quam gaudii suscepisti. Hic est catalogus tentationum tuarum, hæc cum Juliano tyrunculo Christi, pugna hostis antiqui. Quæ si ad te respicias, grandia sunt ; si ad bellatorem fortissimum, ludus et umbra certaminis. Beato Job post malorum examina, uxor pessima reservata est, ut per eam disceret blasphemare. Tibi sublata est optima, ut miseriarum solatium perderes. Aliud **793** est sustinere quam nolis, aliud desiderare quam diligas. Ille in tot mortibus filiorum domus suæ ruinam unum habuit sepulcrum, et scissis vestibus, ut parentis monstraret affectum, procidens in terram adoravit, et dixit : *Nudus exivi de utero matris meæ, nudus et redeam, Dominus dedit, Dominus abstulit : sicut Domino placuit, ita factum est : sit nomen Domini benedictum* (*Job* 1. 21). Tu, ut parcissime dicam, inter multorum officia propinquorum, et consolantes amicos, tuorum exequias prosecutus es. Perdidit ille simul omnes divitias, et succedentibus sibi malorum nuntiis ad singulas plagas (b) feriebatur immobilis, complens in se illud de Sapiente præconium. *Si fractus illabatur orbis : Impavidum ferient ruinæ* (*Horatius lib.* 3. *Od.* 2). Tibi major pars derelicta substantiæ, ut tantum teneris, quantum ferre potes. Necdum enim ad eum pervenisti gradum, ut totis adversum te cuneis dimicetur.

3. Dives quondam dominus, et ditior pater, subito orbus et nudus est. Cumque in omnibus his quæ contigerant ei, non peccasset coram Domino, nec quidquam locutus esset insipiens : exultans Dominus in victoria famuli sui, et illius patientiam suum ducens triumphum, dixit ad diabolum : *Animadvertisti famulum meum Job : quia non est quisquam ei similis super terram? Homo innocens, verus* [al. *verax*] *Dei cultor, abstinens se ab omni malo, et adhuc perseverans in innocentia* (*Job* 2. 3). Pulchre addidit : *Et adhuc perseverans in innocentia;* quia difficile est pressam malis innocentiam, non dolere : et hoc ipso fide non periclitari, quod se videat injuste sustinere quod patitur. Ad quæ respondens diabolus Domino, ait : *Corium pro corio, et omnia, quæ habuerit homo, dabit pro anima sua. Sed extende manum tuam, et tange ossa, et carnes ejus, nisi in faciem benedixerit tibi* (*Job* 4. 5). Callidissimus adversarius et inveteratus dierum malorum, novit alia esse quæ extrinsecus sint, et (c) Philosophis quoque mundi ἀδιάφορα, hoc est, indifferentia nominentur, in eorumque amissione atque contemptu perfectam non esse virtutem : alia quæ intrinsecus et desiderata cogant dolore perdentem. Unde audacter Dei renuit prædicationi [al. *prædicationem*], et dicit nequaquam eum debere laudari, **794** qui nihil de se, sed totum extra se dederit, qui pro corio suo coria obtulerit filiorum, et deposuerit marsupium, ut fruatur corporis sanitate. Unde intelligat prudentia tua usque ad hunc terminum pervenisse tentationes tuas, et dedisse te corium pro corio, pellem pro pelle, omniaque, quæ habes (d) paratum esse dare pro anima tua : necdum autem extentam in te manum Dei, nec tactas carnes, nec ossa confracta, ad quorum dolorem difficile est non ingemiscere ; et in faciem Deo benedicere, pro eo quod est, maledicere. Unde et Nabutha in Regum libris dicitur benedixisse Deum, et regem, et idcirco lapidatur a populo (3. *Reg.* 21). Sciens autem Dominus athletam suum, imo virum fortissimum etiam in isto extremo perfectoque certamine non posse superari : *Ecce*, inquit, *trado illum tibi : tantum animam illius custodi* (*Job* 2. 6). CARO VIRI SANCTI datur in diaboli potestatem, et animæ sanitas reservatur : ne si istud percussisset, in quo sensus est mentisque judicium, non esset culpa peccantis, sed ejus qui statum mentis everterat.

Frigus enim magnum synthesis una facit.
At *demisso*, sive *dimisso synthemate* dixit Hieron. non demissa *synthesi*, ut nihil dicamus, quam incommodo sensu Synthesim huic loci commisceantur.

(a) Martianæus, *ubi ubera rauerim*, etc. fuerit typographorum incuria.

(b) Erasmum secutus editor Benedictinus *ferebatur*.

(c) Ita supplevimus e Mss. quibus passim editi suffragantur, Erasmo, et Martianæo exceptis, qui verbum *nominentur*, et *quæ* conjunctionem omittunt.

(d) Eucodices Veronenses mendæ ae, cum antea longe ab Hieronymi mente et contextus serie esset *parum præparatum*.

4. Laudent ergo te alii, et tuas contra diabolum victorias panegyricis prosequantur, quod læto vultu mortes tuleris filiarum, quod in quadragesimo die dormitionis earum lugubrem vestem mutaveris, et dedicatio ossium Martyris candida tibi vestimenta reddiderit, ut non sentires dolorem orbitatis tuæ, quem civitas universa sentiret, sed ad triumphum Martyris exultares : quod sanctissimam conjugem tuam non quasi mortuam, sed quasi proficiscentem deduxeris. Ego te nequaquam adulatione decipiam, nec lubrica laude supplantabo. Loquar illud potius, quod tibi audire conducit : *Fili accedens ad servitutem Dei, præparato animam tuam ad tentationem (Eccli. 2. 1)* ; et, *Cum omnia feceris, dicito, Servus inutilis sum : feci quod facere debui (Luc. 17. 10)*. Tulisti liberos, quos ipse dederas : recepisti ancillam, quam mihi ob breve solatium commodaveras. Non contristor, quod recepisti, sed ago gratias, quod dedisti. Quondam dives adolescens omnia, quæ in Lege præcepta sunt, se implesse jactabat : ad quem Dominus in Evangelio, *Unum,* inquit, *tibi deest : Si vis perfectus* esse, vade, vende omnia, quæ habes, et da pauperibus : et veni, sequere me (Matth. 19. 21). Qui omnia se fecisse dicebat, in primo certamine divitias vincere non potest. Unde et difficile intrant divites in regna cœlorum : quæ expeditos, et alarum levitate subnixos, habitatores desiderant. *Vade,* inquit, *et vende,* non partem substantiæ, sed *universa quæ possides, et da pauperibus* : non amicis, non consanguineis, non propinquis, non uxori, non liberis ; plus aliquid addam : Nihil tibi ex omnibus metu inopiæ reservans, ne cum Anania damneris, et Sapphira *(Act. 5)*, sed da cuncta pauperibus, et fac tibi amicos de iniquo mammona, qui te recipiant in æterna tabernacula [*Luc.* 16] *(a)*, ut me sequaris, *ut* Dominum mundi, possessionem habeas ; ut possis canere cum Propheta : *Pars mea Dominus (Ps. 15. 5. et 72. 26)*, et ut verus Levita nihil de terrena hæreditate possideas. Et hoc hortor : Si vis esse perfectus, si Apostolicæ dignitatis culmen cupis, si sublata cruce Christum sequi, si apprehenso aratro, non respicere post tergum, si in sublimi tecto positus, pristina vestimenta contemnis ; et ut evadas Ægyptiam dominam, sæculi pallium derelinquas *(Gen. 39)*. Unde et Elias ad cœlorum regna festinans, non potest ire cum pallio, sed mundi in mundo vestimenta dimittit *(4. Reg. 2)*. Sed hoc ais, Apostolicæ dignitatis est, et ejus qui velit esse perfectus. Cur autem et tu nolis esse perfectus? **Cur qui in sæculo primus es, non in Christi familia primus sis?** An quia uxorem habueris? Habuit et Petrus, et tamen cum reti eam, et navicula dereliquit. Providentissimus Dominus, et omnium salutem desiderans, malensque pœnitentiam peccatoris quam mortem, abstulit tibi hanc excusationem, ut non illa te retrahat ad terras, sed tu eam sequaris ad paradisi regna trahentem [al. *tendentem*]. Bona liberis pares, qui te ad Dominum præcesserunt ; ut partes eorum non in divitias sororis proficiant, sed in redemptionem animæ tuæ, atque alimenta miserorum. Hæc monilia filiæ tuæ a te expetunt ; his gemmis ornari capita sua volunt. Quod peritorum erat in serico, vilibus pauperum tunicis servetur. Repetunt a te **796** partes suas ; junctæ Sponso nolunt videri pauperes et ignobiles, propria ornamenta desiderant.

5. Nec est, quod excuses nobilitatem et divitiarum pondera. Respice sanctum virum Pammachium, et ferventissimæ fidei Paulinum Presbyterum, qui non solum divitias, sed seipsos Domino obtulerunt. Qui contra diaboli tergiversationem, nequaquam pellem pro pelle, sed carnes, et ossa, et animas suas Domino consecrarunt. Qui te et exemplo, et eloquio, id est, et opere, et lingua possunt ad majora perducere. Nobilis es, et illi, sed in Christo nobiliores. Dives et honoratus, et illi, imo ex divitibus et honoratis pauperes et inglorii : et idcirco ditiores, et magis inclyti, quia pro Christo pauperes et inhonorati. Et tu quidem benefacis, quod Sanctorum diceris usibus ministrare, fovere Monachos, Ecclesiis offerre quam plurima. Sed hæc rudimenta sunt militiæ tuæ. Contemnis aurum, contempserunt et mundi Philosophi. E quibus *(b)* unus, ut cæteros sileam, multarum possessionum pretium projecit in pelagus : Abite dicens in profundum malæ cupiditates, ego vos mergam, ne ipse mergar a vobis. Philosophus gloriæ animal, et popularis auræ vile mancipium, totam simul [al. *semel*] sarcinam deposuit ; et tu te putas in virtutum culmine constitutum, si partem ex toto offeras ? Te-ipsum vult Dominus hostiam vivam, placentem Deo. Te, inquam, non tua. Et ideo variis tentationibus commonet, quia multis plagis et doloribus eruditur Israel. Et *quem diligit Dominus, corripit. Flagellat autem omnem filium, quem recipit (Prov. 8. 13)*. Paupercula vidua duo æra minuta misit in gazophylacium. Et quia totum obtulit quod habebat, omnes dicitur in oblatione munerum Dei superasse locupletes *(Marc. 12 ; et Luc. 21)* ; quæ non pondere sui, sed offerentium voluntate pensantur. Ut multis erogaveris censum tuum, et quidam tua gaudeant liberalitate, tamen multo plures sunt, quibus nihil dedisti. Neque enim Darii opes, et Crœsi divitiæ valent explere pauperes mundi. Quod si teipsum Domino dederis, et Apostolica virtute perfectus, sequi cœperis Salvatorem, tunc **797** intelliges ubi fueris, et in exercitu Christi, quam extremum tenueris locum. Non planxisti filias mortuas, et paternæ in genis lacrymæ Christi timore siccatæ sunt. Quanto major Abraham, qui unicum filium voluntate jugulavit *(Gen. 22)*, et quem hæredem mundi futurum audierat, non desperat etiam post mortem esse victurum. Jephte obtulit virginem filiam *(Judit. 11)*, et idcirco in enumeratione Sanctorum ab Apostolo ponitur. Nolo tan-

---

(a) Quidam Mss. non alio tamen sensu, negandi particulam interserunt, *ut me sequaris, ut Dominum, mundi possessionem non habeas, tu,* etc

(b) Hunc Philosophum lib. 2. contra Jovinian. de nomine Cratem Thebanum vocat : cum tamen S. Gregorius Nazianzenus Orat. laud. S. Basilii, cum opes suas in mare projiceret, alia sibi plausisse sententia dicit, hac videlicet, *Crates Cratem Thebanum libertate donat.*

tum ea offeras Domino, quæ potest fur rapere, hostis invadere, proscriptio tollere : quæ et accedere possunt, et recedere, et instar undarum ac fluctuum a succedentibus sibi dominis occupantur : atque, ut uno cuncta sermone comprehendam, quæ velis, nolis, in morte dimissurus es. Illud offer, quod tibi nullus hostis possit auferre, nullus eripere tyrannus : quod tecum pergat ad inferos, imo ad regna cœlorum, et ad paradisi delicias. Exstruis monasteria, et multus a te per insulas Dalmatiæ sanctorum numerus sustentatur. Sed melius faceres, si et ipse sanctus inter sanctos viveres. *Sancti estote, quoniam ego sanctus sum, dicit Dominus* (*Levit.* 19. 2. *et* 20. 7). Apostoli gloriantur, quod omnia dimiserint, et secuti sint Salvatorem (*Matth.* 19) : et certe præter retia, et navem nihil legimus eos dimisisse, et tamen testimonio futuri judicis coronantur. QUIA SE OFFERENTES, totum dimiserant quod habebant.

6. Hoc loquor non in suggillationem operum tuorum, vel quod extenuem liberalitatem et eleemosynas tuas, sed quod te nolim inter sæculares esse monachum, et inter monachos sæcularem. Totumque a te expetam, cujus audio mentem divino cultui deditam. Si huic consilio nostro, vel amicus, vel assecla, vel propinquus renititur, et te ad delicias splendentis mensæ revocat ; intelligito cum non de tua anima, sed de suo ventre cogitare ; et omnes opes lautaque convivia, subita morte finiri. Octo et sex annorum, intra viginti dies, duas filias amisisti, et arbitraris senem diu posse vivere ? Cujus ut ætas longa tendatur, audit a David : *Dies vitæ nostræ septuaginta anni.* **798** *Si autem amplius, octoginta : et quidquid superest, labor, et dolor est* (*Psal.* 89. 10). Felix et omni dignus beatitudine, quem senectus Christo occupet servientem, quem extrema dies Salvatori invenerit militantem, qui non confundetur, cum loquetur inimicis suis in porta (*Psal.* 126) ; cui in introitu paradisi dicetur : *Recepisti mala in vita tua, nunc autem hic lætare* (*Luc.* 1). Nec enim ulciscetur bis Dominus in eadem re. Divitem purpuratum gehennæ flamma suscepit ; Lazarus pauper et ulceribus plenus, cujus carnes putridas lambebant canes, et vix de micis mensæ locupletis miserabilem sustentabat animam, in sinu Abrahæ recipitur, et tanto Patriarcha parente lætatur. Difficile, imo impossibile est ut et præsentibus quis et futuris fruatur bonis : ut et hic ventrem, et ibi mentem impleat ; ut de deliciis transeat ad delicias ; ut in utroque sæculo primus sit ; ut et in cœlo et in terra appareat gloriosus.

7. Quod si tibi tacita cogitatio scrupulum moverit : cur monitor ipse non talis sim, qualem te esse desidero ; et nonnullos videris in medio itinere corruisse, illud breviter respondebo, non mea esse quæ dico, sed Domini Salvatoris. Non monere quid ipse possim ; sed quid debeat velle (*a*) vel facere qui servus

(*a*) Duo verba *vel facere*, quæ ex decem Mss. codicibus olim restituerat Victorius, editor Benedictinus impressos Frobenianos secutus expunxit, nos ex aliis aliquis exemplaribus reposuimus.

S. HIERONYMI I.

futurus est Christi. ET ATHLETÆ SUIS (*b*) incitatoribus fortiores sunt ; et tamen monet debilior, ut pugnet ille qui fortior est. Noli respicere Judam negantem, sed Paulum respice confitentem. Jacob ditissimi patris filius, solus et nudus in baculo suo pergit Mesopotamiam, jacet lassus in itinere, et qui delicatissime a Rebecca matre fuerat educatus, lapide ad caput pro pulvillo utitur. Vidit scalam de terra usque ad cœlum, et ascendentes per eam Angelos et descendentes, et desuper innitentem Dominum (*Gen.* 28), ut (*c*) lapsis manum porrigeret, ut ascendentes suo ad laborem provocaret aspectu. Unde et vocatur locus ipse *Bethel*, hoc est, *Domus Dei*; in qua quotidie ascenditur atque descenditur. Et Sancti enim corruunt, si fuerint negligentes ; et peccatores pristinum recipiunt gradum, si sordes fletibus laverint. Hoc ideo dixi, ut non te terreant descendentes, **799** sed provocent ascendentes. Nunquam exemplum a malis sumitur ; etiam in sæculi rebus semper a me meliori parte incitamenta virtutum sunt. Oblitus propositi et epistolaris brevitatis, plura dictare cupiebam ; ad materiæ quippe dignitatem, et ad meritum personæ tuæ, parum est omne, quod dicitur : et ecce tibi noster Ausonius cœpit schedulas flagitare, urgere notarios, et hinnitu ferventis equi, ingenioli mei festinus arguere tarditatem. Memento igitur nostri, et cura, ut in Christo valeas, Atque ut cætera taceam, domestica sanctæ Veræ (1) exempla sectare, quæ vere secuta Christum, peregrinationis molestias sustinet, et sit tibi *tanti dux femina facti* (*Æneid.* l. 1).

EPISTOLA CXIX (*d*).

AD MINERVIUM ET ALEXANDRUM (*e*) MONACHOS.

Minervio, et Alexandro, qui per Sisinnium monachum, filium Sancti Exuperii Episcopi Tolosani de verbis Apostoli, Omnes quidem dormiemus, *etc., interrogaverant, respondet : alias id genus quæstiones, quæ simul proponebantur, in aliud differens tempus.*

1. In ipso jam profectionis articulo sancti fratris nostri Sisinnii, qui vestra mihi scripta detulerat, hæc, qualiacumque sunt, dictare compellor, nec possum vestram celare prudentiam, sed obsecro ne hoc dictum referatis ad gloriam, quin potius ad plenam necessitudinem, dum ita vobis, quasi mihi loquor. Multas sanctorum fratrum, ac sororum de vestra provincia ad me detulit quæstiones, ad quas usque ad diem Epiphaniorum, largissimo spatio me responsurum putabam. Cumque furtivis noctium lucubratiunculis ad plerasque dictarem ; et expletis

(*b*) Verior videri possit Veronens. Ms. lectio *suis tinctoribus* : impressam tamen reliquimus, quod neque incongrua ipsa sit.

(*c*) Vitiose apud Martianæum erat *lassis*, quem errorem Erasmo diu antea exprobraverat Episcopus Reatinus ex sequenti Hieronymiano contextu, *et sancti enim corruunt, si fuerint negligentes.*

(*d*) *Al.* 152. *scripta circa fin. an.* 406.

(*e*) In Veronen. Ms. *ad Minervium et Alexandrum de difficillima Pauli postoli quæstione* inscribitur. Veteres edit. *Minerium* dicunt. Porro hisce iisdem fratribus, sive monachis Tolosæ, Commentarios in Zachariam, et Malachiam inscripsit Hieronymus, eosque sanguine et religione concordes in Prœmio vocat.

(1) Soror creditur Julianæ.

[*Trente et une.*]

aliis, me ad vestram quasi ad difficillimam reservarem, subito supervenit, asserens se illico profecturum. Cumque eum rogarem ut differret iter, (*a*) Libyæ mihi cœpit famem obtendere, monasteriorum Ægypti necessitates, Nili non plenas aquas, multorum inediam, **800** ut prope offensa esset in Dominum, illum ultra velle retinere. Itaque sub tegmen et stamina, liciaque, et telas, quæ mihi ad vestram tunicam paraveram, vobis inconfecta transmisi, ut quidquid mihi deest, vestro texatur eloquio. Prudentes estis, et eruditi, et de (*b*) canina, ut ait Appius, facundia, ad Christi disertitudinem trasmigrastis. Nec magno mihi apud vos labore opus est; quod Philosophum quemdam in suadendo rustico esse perpessum narrant fabulæ. *Vix dum dimidium*, inquit, *dixeram, jam intellexerat*. Itaque et ego tempore coarctatus, singulorum vobis, qui in sacram Scripturam commentariolos reliquerunt, sententias protuli, et ad verbum pleraque interpretatus sum; ut et me liberem quæstione, et vobis veterum tractatorum mittatur auctoritas, qui in legendis singulis, ac probandis, non meæ voluntati, sed vestro acquiescatis arbitrio.

2. Quæritis quo sensu dictum sit, et quomodo in prima ad Corinthios epistola Pauli Apostoli sit legendum: *Omnes quidem dormiemus, non autem omnes immutabimur* (1. Cor. 15. 5). An juxta quædam exemplaria, *Non omnes dormiemus, omnes autem immutabimur*: (*c*) utrumque enim in Græcis codicibus invenitur. Super quo Theodorus Heracleotes, quæ urbs olim Perinthus vocabatur, in commentariolis Apostoli sic locutus est: *Omnes quidem non dormiemus, omnes autem immutabimur*. « Enoch enim et Elias, mortis necessitate superata, ita ut erant in corporibus, de terrena conversatione ad cœlestia regna translati sunt (*Genes*. 5. 4 ; *et Reg*. 2). Unde et Sancti qui die consummationis atque judicii in corporibus reperiendi sunt, cum aliis Sanctis, qui ex mortuis resurrecturi sunt, rapientur in nubibus obviam Christo in aera, et non gustabunt mortem: eruntque semper cum Domino, gravissima mortis necessitate calcata. Unde ait Apostolus: *Omnes quidem non dormiemus, omnes autem immutabimur*. Qui enim ex mortuis resurrexerint, et in nubibus viventes rapti fuerint, transibunt ad incorruptionem, et (*d*)

(*a*) Pro *Libyæ* nomine erat in hactenus excusis *libere* adverbium, quod heic loci nihil est; siquidem Libyæ regionis famem obtendebat Sisinnius, et monasteriorum Ægypti necessitates, quibus opem ferre, eleemosynis suis festinabat. Veronensis liber emendationis admonuit.

(*b*) Puta forensem. Prudentius in Hamartigenia vers. 400.

Inde canina foro latrat facundia, etc.

Passim alibi Hieronymus. Exstant vero duo Sallustii fragmenta, in quibus hoc Appii dictum recitatur.

(*c*) In aliquot nempe codicibus Græcis est, πάντες μὲν οὖν κοιμηθησόμεθα, ἀλλ' οὐ πάντες ἀλλαγησόμεθα: quam lectionem et Latini etiam aliquot libri, referente Augustino lib. 20. de Civit. Dei cap. 20. præferebant, tametsi proprie Græcorum codicum fuisse ipse idem notet epist. 205. At plerique omnes Græci, atque ejus linguæ Tractatores impendio multi legerant contrario sensu, πάντες μὲν οὐ κοιμηθησόμεθα, πάντες δὲ ἀλλαγησόμεθα.

(*d*) Iterum Veron. l. *et mortalitatem immortalitate mutabunt*.

a mortalitate **801** in immortalitatem mutabuntur; non in tempore, non saltem in brevi spatio; sed in atomo et in puncto temporis, atque momento, quo palpebra oculi moveri potest in novissima tuba. Tanta enim fiet celeritate resurrectio mortuorum, ut vivi, quos in corporibus suis, consummationis tempus invenerit, mortuos de inferis resurgentes, prævenire non valeant. Quod manifeste Paulus edisserens, ait: *Canet enim tuba, et mortui resurgent incorrupti, et nos immutabimur*. Oportet enim corruptibile istud induere incorruptionem, et mortale hoc induere immortalitatem (1. Cor. 15. 52), ut possit in utramque partem, vel in pœnis, vel in cœlorum regno manere perpetuo. »

« 3. Diodorus Tarsensis Episcopus, prætereo hoc capitulo, in consequentibus breviter annotavit: in eo, quod scriptum est: *et mortui resurgent incorrupti, et nos immutabimur*. Si, inquit, incorrupti resurgent mortui, haud dubium quin et ipsi ad meliora mutati: quid necesse fuit dicere, *et nos immutabimur*? An hoc voluit intelligi quod incorruptio communis sit omnium, immutatio autem proprie justorum? dum non solum incorruptionem et immortalitatem, sed et gloriam sequuntur. »

4. Apollinarius licet aliis verbis, eadem quæ Theodorus asseruit: quosdam non esse morituros, et de præsenti vita rapiendos in futuram, ut mutatis glorificatisque corporibus, sint cum Christo. Quod nunc de Enoch, et Elia credimus.

5. Didymus non pedibus, sed verbis in Origenis transiens sententiam, contraria via graditur. *Ecce mysterium vobis loquor: Omnes quidem dormiemus, non omnes autem immutabimur*. Quod ita disseruit: « Si non indigeret resurrectio interprete, nec obscuritatem haberet in sensibus, nunquam Paulus post multa, quæ de resurrectione locutus est, intulisset: *Ecce mysterium vobis dico: Omnes quidem dormiemus*, id est, *moriemur non omnes autem*, sed soli sancti *immutabimur*. Scio quod in nonnullis codicibus scriptum sit: *Non quidem omnes dormiemus, omnes autem immutabimur*. Sed considerandum, an ei quod præmissum est, *omnes immutabimur*, possit convenire quod sequitur: **802** *Mortui resurgent incorrupti, et nos immutabimur*. Si enim omnes immutabuntur, et hoc commune cum cæteris est, superfluum fuit dicere, *et nos immutabimur*. Quamobrem ita legendum est. *Omnes quidem dormiemus, non omnes autem immutabimur*. Si enim in Adam omnes moriuntur, et in morte dormitio est; omnes ergo dormiemus sive moriemur. Dormit autem juxta idioma Scripturarum, qui mortuus est spe resurrectionis futuræ. Omnisque qui dormit, utique expergiscitur: si tamen non subita vis mortis eum oppresserit, et mors somno fuerit copulata. Cumque [al. *namque*] omnes ita dormierint lege naturæ, soli sancti et corpore et anima in melius mutabuntur: ita ut incorruptio omnium resurgentium sit; gloria autem atque mutatio proprie Sanctorum. » Quodque sequitur juxta Græcos, ἐν ἀτόμῳ, ἐν ῥιπῇ, sive ἐν ῥοπῇ ὀφθαλμοῦ (utrumque enim

legitur) et nostri interpretati sunt, *in momento et in ictu*, sive, *in motu oculi* : (*a*) idem Didymus ita explanavit : « Juncta simul omnium resurrectione, rapientur obviam Christo : sed hi quos mors dissolverit, quæ præsens sermo significat. Quando enim dicit, in puncto temporis, et in motu oculi, atque momento, futuram omnium resurrectionem, cunctam primæ et secundæ resurrectionis excludit fabulam ; ut alii primi, alii novissimi resurrecturi esse credantur. Atomus autem punctum temporis est, quod secari, et dividi non potest. Unde et Epicurus ex suis atomis mundum struit, et universa conformat. Ictusque oculi sive motus, qui Græce dicitur ῥοπὴ, tanta velocitate transcurrit, ut pene sensum videntis effugiat. Verum quia in plerisque codicibus pro ῥοπὴ, id est, ictu, vel motu, ῥιπὴ legitur, hoc sentire debemus, quod quomodo levis pluma, vel stipula, aut tenue siccumque folium vento flatuque raptatur, et de terra ad sublime transfertur ; sic ad ictum oculi, (*b*) et ad nutum Dei, omnium mortuorum corpora movebuntur parata ad adventum judicis. Quodque jungit et dicit : *In novissima tuba : canet enim tuba, et mortui resurgent incorrupti, et nos immutabimur. Oportet enim corruptibile hoc induere incorruptionem ; et mortale hoc induere immortalitatem*, **803** duplicem habet intelligentiam, ut clangor tubæ, aut vocis indicet magnitudinem, juxta illud quod scriptum , est : *Sicut tuba exalta vocem tuam* (*Isai*. 58) ; aut apertam omnium resurrectionem, juxta illud quod in Evangelio legimus : *Tu autem quando facis eleemosynam , noli tuba canere ante te* (*Matth*. 6. 2), hoc est, abscondite fac misericordiam, et in secreto, ne videaris de alterius miseria gloriari. Quærimus autem cur ad novissimam tubam mortuos scripserit resurrecturos. Quando enim novissima dicitur, utique aliæ præcesserunt. In Apocalypsi Joannis, septem describuntur Angeli cum tubis, et unaquoque clangente, primo videlicet, secundo et tertio, quarto et quinto et sexto, quid per singulos actum sit, indicatur (*Apocal*. 8. et 9). Novissimo autem, id est, septimo, claro tubæ strepitu personante, mortui suscitantur : corpora quæ prius habuerant corruptibilia, incorrupta recipientes. Unde post novissimam tubam exponit Apostolus quid sequatur : *Canet enim tuba, et mortui resurgent incorrupti, nos autem immutabimur*. Quando dicit , *nos*, alium se , et eos, qui secum sunt, præter mortuos esse significat. Ad quod intelligendum, sunt qui dicant mortuos, qui resurgant incorrupti, esse corpora mortuorum ; eos autem qui dicantur esse mutandi, animas debere accipi, quando in majorem gloriam fuerint commutatæ ; et pervenerint in virum perfe-

ctum, in mensuram ætatis plenitudinis Christi (*Ephes*. 4. 13). Alii vero asserunt , mortuos deberi intelligi peccatores, qui resurgent incorrupti, ut possint æterna sustinere supplicia : eos autem qui commutantur, esse sanctos, qui de virtute in virtutem, et de gloria transferuntur in gloriam. Unde et ad incorruptionem mortuorum intulit : *Oportet enim corruptivum hoc induere incorruptionem*. Ad id autem quod dixerat : *nos immutabimur*, illud adjunxit : *et mortale hoc induet immortalitatem*. Aliud est enim immortalitas, aliud incorruptio ; sicut aliud mortale, et aliud corruptivum. Quidquid autem mortale est, et corruptivum est ; sed non quod corruptivum , statim et mortale. Corruptiva quippe sunt corpora, quæ carent anima, et tamen non sunt mortalia ; quia nunquam habuere vitam, quæ proprie **804** animantium est. Unde signanter Apostolus, corruptioni incorruptionem, mortalitati immortalitatem resurrectionis futuram tempore copulavit. »

6. Acacius Cæsareæ, quæ prius turris Stratonis vocabatur, post Eusebium Pamphili Episcopus, in quarto συμμίκτων (*c*) ζητημάτων libro proponens sibi hanc eamdem quæstionem, latius disputavit, et utrumque suscipiens, quod inter se videtur esse contrarium, post principium quod omisimus, sic locutus est : « Dicamus primum de eo quod magis in plurimis codicibus invenitur : *Ecce mysterium dico vobis : omnes quidem dormiemus ; non omnes autem immutabimur*. Mysterium dixit, ut attentos faceret auditores, de resurrectione plenius disserturus. Dormitio autem mortem istam, quæ communis est omnium, significat : unde rectissime posuit, quod omnes dormiamus, id est, moriamur, sicut supra dixit : *Quomodo in Adam omnes moriuntur sic et in Christo omnes vivificabuntur*. Cum ergo omnes morituri sint, audite sacramenta quæ dico : *Omnes quidem moriemur* [al. *dormiemus*] ; *sed non omnes immutabimur. Canet enim tuba*, haud dubium quin Angelus septimus ; *et mortui resurgent incorrupti*. Si autem incorrupti erunt mortui, quomodo non immutabuntur, cum incorruptio ipsa mutatio sit ? Sed hic commutatio, qua Paulus mutandus et sancti sunt, glorificatio intelligitur. Incorruptio autem idcirco communis est omnium, quia in eo miserabiliores erunt peccatores, ut ad tormenta perpetui sint, et non mortali et corruptibili corpore dissolvantur. Legimus in eadem epistola, Apostolo disserente, (*d*) sacratam diversitatem resurrectionis , non in natura corporum, sed in varietate gloriæ : dum alii resurgunt ad pœnas perpetuas, alii ad gloriam sempiternam. Alia enim caro volatilium, alia piscium, alia jumentorum, et corpora cœlestia, et corpora terrestria. *Sic* , inquit,

---

(*a*) In melioris notæ codd. Mss. desiderantur *idem Didymus, tum sequitur juncta simul omnium resurrectionem præsens sermo significat*, omissis scilicet intermediis , *rapientur obviam Christo*, etc.

(*b*) Duo Mss. *vel ad motum Dei* : nimirum ut Græc. vocem ῥοπὴν heic quoque redderent. Interim neque illud prætereundum, utramque vocem ῥοπὴν , et ῥιπὴν, quarum altera ab ictu sagittæ, altera a lancis seu libræ motu translata est, jamdin olim ab Hesychio confundi, ut minime necesse sit eorum sequi conjecturam, qui *in nictu*, pro *in ictu*, legendum censuerunt.

(*c*) Titulum Acaciani libri mutant hucusque vulgati , et συλλέκτων ζητημάτων, sive *collectarum quæstionum*, pro συμμίκτων, sive *variarum*, aut *mixtarum* legunt, facile quidem orta ex Mss. hallucinatione, in quibus geminum λ λ, et μ μ sæpe confunduntur, certo tamen lapsu . Nos Veron. Ms. auctoritate restituimus, in quo expressis litteris est συμμίκτων. Confirmat autem emendationem nostram ipse Hieronym. in Catalogo cap. 98. de eodem Acacio, ubi ejus συμμίκτων ζητημάτων sex volumina enumerat.

(*d*) In antiqua edit *disserente secreta, diversitatem*, etc.

erit et resurrectio mortuorum (1. Cor. 15. 39. 40. 42). Cui sententiæ magis acquiescit Ecclesia, ut omnes communi morte moriamur, et non omnes mutemur in gloriam, juxta illud, quod Daniel scribit : *Multi dormientes in terræ pulvere, resurgent; alii in gloriam æternam, alii in confusionem, et opprobrium sempiternum* (*Dan.* 12. 2). Qui **805** enim resurgent in opprobrium et confusionem sempiternam, non resurgent in æternam gloriam, in quam Paulus, et qui cum eo sunt, mutabuntur. Quæ cum ita se habeant, et sic intellecta sint a nobis, eorum tantum commutationem suscipere, qui resurgent in gloriam : peccatorum autem et infidelium, qui mortui appellantur, et resurgent incorrupti, nequaquam commutationem, sed pœnas perpetuas esse dicendas. »

7. Transeamus ad secundam lectionem, quæ ita fertur in plerisque codicibus. *Non quidem omnes dormiemus, omnes autem immutabimur.* Ex qua nonnulli asserunt multos vivos in corporibus reperiendos ; et si non dormiant omnes, non omnes esse morituros ; si autem non moriantur omnes, non omnes resurrecturos. Resurgere enim proprie dicitur, qui prius moriendo cecidit. Unde et Paulum volunt scribere in prima ad Thessalonicenses Epistola : *Nos qui vivimus, qui residui erimus* [al. *sumus*] *in adventu Domini, non præveniemus eos qui* (*a*) *dormierunt : quoniam ipse Dominus in jussu, et voce Archangeli, et in tuba Dei descendet de cœlo : et mortui in Christo resurgent primum* [al. *primi*] *: deinde nos qui vivimus, qui residui sumus, simul cum illis rapiemur in nubibus obviam Christo in aera : et sic semper cum Domino erimus* (1. *Thess.* 4. 14. *et seqq.*). Et ex his dictis probare conantur, Apostolum Paulum, et qui cum eo scribebant Epistolam, putasse se non esse morituros, sed reperiendos in die consummationis in corpore. Quod si verum est, erravit Paulus, et humana æstimatione deceptus est, ut arbitraretur se inveniendum in corpore : quod falsum esse, rerum exitus approbavit. Hoc intellexerant et ipsi Thessalonicenses, sacramenta sermonis mystici nescientes, et conjecturis variis fluctuabant, dicebantque : Si Paulus inveniendus in corpore est, proximus est dies judicii. Unde corrigit eos, secundam Epistolam scribens : *Rogamus vos fratres per adventum Domini nostri Jesu Christi, et nostri congregationem in ipsum, ut non cito moveamini mente, nec terreamini, neque per spiritum, neque per verbum, neque per epistolam, tanquam per nos missam, quasi instet dies Domini : ne quis vos seducat ullo modo; quoniam nisi discessio venerit primum, et revelatus fuerit homo* **806** *peccati, filius perditionis, qui adversatur, et extollitur super omne, quod dicitur Deus, aut quod colitur : ita ut in templo Dei sedeat, ostendens se tanquam sit Deus. Non meministis quod cum apud vos essem adhuc, hæc dicebam vobis?* (2. *Thess.* 2. 1. *et sqq.*). Quibus dictis hoc agit, ut eos revocet ab errore, ne putent diem appropinquare judicii, et id quod scripserat : *Nos qui vivimus, qui residui sumus, in adventu Domini non præve-*

niemus eos qui dormierunt, aliter intelligant, quam intelligi voluit ipse qui scripsit. Neque enim fieri potest, ut qui ad Timotheum scripserat : *Ego enim jam delibor, et tempus resolutionis meæ instat* (2. *Tim.* 4. 6), putaret se in carne perpetuum, et nunquam esse moriturum ; et de vita (*b*) terrena statim ad regna cœlestia transiturum : præsertim cum ad Romanos scribens, eadem dixerit, *Quis me liberabit de corpore mortis hujus?* (*Rom.* 7. 24). Et ad Corinthios, *Habitantes in corpore, peregrinamur a* (*c*) *Domino. Magis autem volumus exire de corpore, et esse cum Domino* (2. *Cor.* 5. 8). Qui hæc dicebat, noverat utique se esse moriturum. Melius est igitur spiritualiter sentire quod scriptum est, dormitionem in præsenti loco, non mortem accipere, per quam anima a corpore separatur ; sed peccatum post fidem et offensam Dei, dormitionemque post baptismum, de qua et ad Corinthios loquebatur : *Et ideo inter vos multi infirmi sunt, et dormiunt plurimi* (1. *Cor.* 11. 30). Et in alio loco : *Ergo et qui dormierunt in Christo, perierunt* (*Ibid.* 15. 1) : qui cum mortui sint, non sunt perpetua morte perituri : quia non in mortali crimine continentur, sed levi modicoque peccato. Quod et alius sanctus vitare cupiens, loquebatur : *Ne forte obdormiam in morte* (*Ps.* 12. 4). Est enim somnus peccati, qui ducit ad mortem, et est alia delicti dormitio, quæ morte non stringitur. Qui ergo vixerit ea vita, quæ dicit, *Ego sum vita* (*Joan.* 14. 6) (etenim *vita nostra abscondita est cum Christo in Deo* [*Coloss.* 3. 3]) et nunquam ab ea fuerit separatus, nec ad mortem usque peccaverit, iste de viventibus, et semper viventibus esse dicitur ; de quibus et Salvator in Evangelio Joannis mystico sermone testatur : *Qui credit in me, non morietur. Et omnis qui vivit, et credit in me, non morietur in æternum* (*Joan.* 11. 25. 26). Unde et Apostolus, Domini sui calcans **807** vestigia, ea docuit discipulos, quæ didicit a magistro. Omnes itaque non dormiemus. Qui enim omni custodia servat cor suum, et ad Christi præcepta vigilat, mandatique ejus memor est, dicentis : *Vigilate, quia nescitis qua hora fur veniat* (*Matth.* 24. 42), Et in alio loco : *Ne dederis somnum oculis tuis, et palpebris tuis dormitationem* (*Prov.* 6. 4), ut salvus fias : quasi caprea de vinculis, et quasi avis de laqueis, iste non dormiet. Cum igitur quidam non dormiant, qui semper in Christo vivunt, et vigilant, sequitur ut nequaquam omnes dormiant, et e contrario omnes immutentur; non immutatione gloriæ, quæ proprie debetur Sanctis, sed ea immutatione, qua corruptivum hoc incorruptivum efficitur ; ut vel pœnas vel præmia recipiat sempiterna. Quod et si dormierit aliquis in Christo, et negligentia somno obdormierit, debet audire quod scriptum est. *Numquid qui dormit, non resurget?* (*Ps.*

(*a*) Sic plerique Mss. tum Vulgatus interpres, et Græcus textus τοὺς κοιμηθέντας. Mart. tamen cum Eras. *qui dormiunt.*

(*b*) Falso, et contra veterum omnium exemplarium fidem, continuo Erasmum secutus editor Benedictinus, *de vita æterna* legit pro *terrena*, quod tamdiu antea Victorius ipse ex octo codicibus restituerat.

(*c*) Vetus editio *et præsentes esse cum Domino*, quemadmodum fere Vulgat. et Tertull. de Resurrectione carnis, et libro contra Marcionem quinto, *innorari*, seu *præsentes esse ad Dominum*, Græc. καὶ ἐνδημῆσαι πρὸς τὸν Κύριον.

10. 9) Qui vero non dormit, sed vigilat, et semper vivit in Christo, de vita ad vitam transiet, sive rapietur in nubibus, ut semper cum Domino sit. De istiusmodi dormientibus Lazarus erat, de quo Dominus ait, *Lazarus amicus noster dormit.* Et de hoc dormiente dicebat ad Martham, *Qui credit in me, etiamsi mortuus fuerit, vivet : et omnis qui vivit, et credit in me, non morietur in æternum* (Joan. 11. 11. 25. 26). Qui enim tota mente in Christo confidit, etiamsi, ut homo lapsus, mortuus fuerit (a) in peccato, fide sua vivit in perpetuum. Alioqui mors ista communis, et credentibus et non credentibus debetur æqualiter; et omnes pariter resurrecturi sunt, alii in confusionem æternam, alii ex eo quod credunt, in sempiternam vitam. Et sic stare potest, ut qui credit in Christo, non moriatur ; et etiamsi mortuus fuerit, vivat in perpetuum. Quod juxta corporalem mortem, excepto Enoch, et Elia (Genes. 5; et 4. Reg. 2), nulli contigisse perspicuum est. Qui autem fidei magnitudine semper vivunt in Christo, non dormient, neque morientur : sed imitatores erunt vitæ Apostolicæ, qui absque ulla culpa vixerunt in lege justitiæ ; et ad fidem Domini transeuntes, credentesque in eum, qui **808** vita vocatur, et resurrectio, nunquam dormiere, nunquam mortui sunt. *Anima enim, quæ peccaverit, ipsa morietur* (*Ezech.* 18, 4), Sicut igitur anima, quæ peccat, vivente corpore mortua est : et eadem die qua peccaverit, dormit in morte ; dicente Ecclesiaste : (b) *Qui peccaverit, mortuus est ex tunc ;* sic anima quæ Christi præcepta servaverit, etiamsi corpus mortuum fuerit, vivet in æternum. Hoc autem sciendum, quod magis conveniat veritati, ita legere : *Omnes quidem dormiemus, non omnes autem immutabimur :* maxime quia sequitur , *Mortui resurgent incorrupti, et nos immutabimur.* Si enim omnes sunt immutandi, juxta alteram lectionem , quomodo postea dicitur, quasi præcipuum atque privatum , et proprie Apostolorum , *et nos immutabimur ?* Quando autem dicit nos, sanctos quosque significat.

8. Quæritis quomodo intelligendum sit illud, quod in prima ad Thessalonicenses Epistola scribitur : *Hoc enim vobis dicimus in verbo Domini : quia nos qui vivimus, qui residui sumus, in adventu Domini non prævemiemus eos , qui dormierunt : quoniam ipse Dominus in jussu, et in voce Archangeli, et in tuba Dei descendet de cœlo ; et mortui qui in Christo sunt, resurgent primi : deinde nos qui vivimus , qui residui sumus , simul cum illis rapiemur in nubibus obviam Christo in aera ; et sic semper cum Domino erimus* (1. Thess. 4. 15. et seqq.). Super quo quamvis superior Acacii disputatio plenius ventilarit, tamen dicendum est quid videatur aliis,

(a) Facile intelligas, si levi peccato fuerit obstrictus , minime vero mortali, ut vocant : quemadmodum paulo superius explicaverat de iis, qui *non sunt perpetua morte morituri.* Nec majori opera defendi oporteret videtur locus iste, quem inscite nimium , et misere quidam ex heterodoxis calumniantur.
(b) Locum hunc Ecclesiastis cap. 8. v. 12. ex antiquis interpretibus, Aquila, Symmacho, et Theodotione recitat, qui ἀπέθανεν , id est *mortuus est*, transtulerunt verbum Hebraicum Muath, quod LXX. ἀπὸ τότε sive *ex tunc* interpretati sunt. Porro utramque simul interpretationem nectit Hier. ut novam inde et rursum perelegantem sententiam eruat.

Theodoro videlicet, Apollinario, et Diodoro, qui unam sequuntur sententiam : quorum Diodorus hæc scripsit. « *Residuos* atque *viventes* , Paulus Apostolus vocat ; non quo velit intelligi et se et alios resurrectionis tempore in corpore reperiendos : sed *nos* dixit, pro eo quod est, *justos;* de quorum et ego sum numero. Ipsi enim rapientur obviam Christo, et non peccatores. *Viventes* autem, non juxta tropologiam, sanctos accipimus, qui peccato (c) non mortui sunt, sed omnes , quos in corpore adveniens Christus invenerit. Quodque sequitur : *Non præveniemus eos, qui dormierunt ,* nequaquam ad peccatores referre debemus : **809** neque enim peccatores cum justis rapientur obviam Christo (d) sed ii, quos mors dissolverit. Verum quid ista perquiro , et Apostolicis dictis calumniam facio, cum ipse manifestissime scribat : *qui residui sumus in adventu Domini ?* Qui sint autem residui , verbis discimus Salvatoris : *Sicut in diebus Noe ducebant uxores, et nubebant ; et repente venit diluvium, et tulit omnes : sic erit adventus Filii hominis* (Matth. 24 ; et Luc. 17). Quibus sermonibus approbatur , in fine mundi multos vivos, et adhuc in corporibus reperiendos. Sequitur : *In jussu, et in voce Archangeli, et mortui resurgent primi.* Et hoc rursum Salvator loquitur in Evangelio : *Media autem nocte sponsus venit* (Matth. 25. 6); qui utique viventes in corpore deprehendet , quando *duo erunt in lectulo uno : unus assumetur, et alius relinquetur : et duæ molentes , una assumetur , et alia relinquetur* (Luc. 17). Quibus dictis ostenditur , medio noctis , securis omnibus , consummationem mundi ese venturam. »

9. Origenes in tertio volumine (e) ἐξηγητικῶν Epistolæ Pauli ad Thessalonicenses primæ , post multa , quæ vario prudentique sermone disseruit, hæc intulit : de quibus nulli dubium est et Acacium pleraque libasse. « Quid est ergo quod scribunt Thessalonicensibus in verbo Dei Paulus et Sylvanus et Timotheus : *Nos qui vivimus, qui residui sumus, in adventu Domini non præveniemus eos, qui dormierunt ?* Qui sunt isti viventes qui loquuntur talia ! Utique Paulus non ab hominibus, nec per homines Apostolus (Gal. 1), et carissimus ejus filius in fide Timotheus, et Sylvanus, qui illis erat et affectione et virtutibus copulatus. Et hoc non solum illi, sed quicumque Pauli et scientia , et conversatione similis est, dicere potest : *Nos qui vivimus ;* quorum corpus mortuum est propter peccatum ; spiritus autem vivit propter justitiam ; et quorum mortificata sunt membra super terram ; ita ut nequaquam concupiscat caro contra spiritum. Si enim adhuc desiderat caro, vivit ; et quia vivit, desiderat ; et non sunt mortificata membra illius super terram. Quod si mortificata sunt, **810** nequaquam contra

(c) Absque negandi particula Veronensis liber, non tamen alio sensu.
(d) Rursum post Basileensem editor Benedictinus *sed eos* , nec Latine , nec vere. Emendantur a scriptis et Victorio.
(e) Sæpius alibi ἐξηγητικῶν Origenis Hieron. meminit, nunquam vero ἐξηγματικῶν , quemadmodum in hucusque editis legebatur hoc loco, nullo quidem sensus dispendio , falsa tamen lectione, quam castigavimus ope Mss.

spiritum concupiscunt, quæ mortificatione sui, hujuscemodi desiderium perdiderunt. Sicut igitur qui vita caruere præsenti, et ad meliora translati sunt, magis vivunt, deposito mortis corpore, et vitiorum omnium incentivis : sic qui mortificationem Jesu in corpore suo circumferunt, nequaquam vivunt juxta carnem, sed juxta spiritum : vivunt in eo qui vita est, et vivit in eis Christus, de quo scriptum est : *Vivens est sermo Dei et efficax, qui est Dei virtus, Deique sapientia* (*Hebr.* 4, 12). Vivunt enim in quibus vivit virtus Dei, omni humana fragilitate deposita ; et in quibus vivit sapientia, quæ abscondita est in Deo ; et in quibus vivit et operatur justitia. Christus enim factus est nobis, non solum justitia ex Deo, sed et sapientia, et omne quod virtus est (1. *Cor.* 1). Et siquidem in præsenti loco se a dormientibus et in Christo mortuis, qui hanc scribunt Epistolam, separarent, videbatur [*al. videtur*] superflua adnotatio, et ex uno loco assumptum testimonium non valeret. Nunc vero eodem sensu, quia et eodem spiritu, in prima ad Corinthios loquitur , *Omnes non dormiemus, omnes autem immutabimur, in momento, in motu oculi, in novissima tuba. Canet enim tuba, et mortui resurgent incorrupti, et nos immutabimur* (1. *Cor.* 15. 51. 52). Hoc quod in præsenti loco scriptum est : *In tuba Dei descendet de cœlo ;* compara illi quod ad Corinthios dicitur : *In novissima tuba ; canet enim tuba* (1. *Cor.* 15. 52), (*a*) illi autem, quod ad Thessalonicenses legitur : *Et mortui in Christo resurgent primi* (1. *Thess.* 4. 15), hoc quod ad Corinthios scriptum est, *Et mortui resurgent incorrupti.* Porro quod sequitur, *Deinde nos qui vivimus, qui residui sumus,* illi respondet : *Et nos immutabimur,* quorum utrumque sic intelligi potest. Nos qui vivimus, qui residui sumus in adventu Domini, et nos qui immutabimur, et non sumus ex his, qui appellantur mortui, sed vivimus : idcirco præsentiam Domini non in morte, sed in vita præstolamur, quia de Israelitico genere sumus , et electæ sunt de nobis reliquiæ, de quibus Dominus olim loquebatur. *Dereliqui mihi septem millia virorum , qui non curvaverunt genu Baal* (3. *Reg.* 19. 18). In Joannis quoque Evangelio vivorum, et non vivorum, duplex ordo describitur. *Omnis qui credit in me, etiamsi mortuus fuerit, vivet : et omnis qui vivit, et credit in me, non morietur in æternum* (*Joan.* 11. 25. 26). Si vivos ita intelligimus, ut jam a nobis dictum est, dormientes, et in Christo mortuos illos esse credamus, qui cum velint in Christo vivere, tamen peccato mortui sunt. Sin autem reliquiæ, et electio secundum gratiam, appellantur viventes, qui non ita credunt, nec de Israelitica nobilitate generati sunt , dormientes et mortui appellabuntur [*al. appellantur*] in Christo. »

10. Sunt qui hunc locum ita edisserant. Vivi appellantur, qui nunquam peccato mortui sunt, qui autem peccaverunt, et in eo quod peccaverunt, mortui sunt: et postea conversi ad pœnitentiam , purgant antiqua delicta, mortui appellantur, quia peccaverunt : in Christo autem mortui, quia plena ad Deum mente conversi sunt. Porro qui vivunt , et habent testimonium fidei, et necdum receperunt promissionem Dei, qui et de aliis melius quiddam (*b*) cogitavit, ut non absque his, qui justi sunt coronentur, in eo habent beatitudinem, quod fruuntur bono conscientiæ, et vivunt, et relicti sunt in adventu Domini Salvatoris. Sed quia clemens est Deus , et vult salvare etiam eos qui dormierunt, et in Christo mortui sunt, non prævenient illos, neque soli rapientur in nubibus : sed juxta exemplum Evangelicæ parabolæ (*Matth.* 20), unum denarium, unamque mercedem, et undecimæ horæ operarii, et primæ, qui in vineam missi sunt , salutis pretium accipient. Nec hoc alicui videatur injustum, ut dispar labor unum præmium consequatur. Magna quippe diversitas est eorum, qui post vulnera sanati sunt, et eorum, qui nunquam viderunt (*c*) mortis terrorem. De his puto dictum : *Quis est homo, qui vivat, et non videat mortem? redimet de morte animam suam* (*Ps.* 88. 45). Neque enim, ut quidam putant, quis pro eo quod est nullus , accipitur : sed quasi dixerit, quis putas, juxta illud, quod scriptum est : *Quis sapiens, et intelliget hæc?* (*Osee* 14. 10). Et in alio loco : *Domine, quis habitabit in tabernaculo tuo?* (*Ps.* 14. 1). Et iterum : *Quis cognovit sensum Domini ?* (*Rom.* 11. 34). Residui ergo erunt de credentibus pauci, qui adventum Domini videant, secundum id quod Deus (*d*) Verbum est, nequaquam in vilitate carnis, sed in gloria triumphantis. Et considerandum quomodo primum dormientes appellaverit : deinde in Christo mortuos , quos viventes prævenire non poterunt. Qui enim non custodierit hoc, quod scriptum est : *Ne dederis somnum oculis tuis, neque palpebris tuis dormitationem ; ut salvus fias, sicut caprea de vinculis, et sicut avis de laqueis* (*Prov.* 6. 4), dormiet, et culpabili sopore torpescet : cumque dormierit, transibit in mortem. Sicut enim movetur qui vigilat, sic qui dormit jacet immotus, et mortis torpet similitudine. Quod autem dor-

---

(*a*) Contra Hieronymi sive Origenis mentem addunt vulgati omnes *et cætera*, quasi quæ subsequuntur hujus versiculi *et mortui resurgent incorrupti*, una simul superiori sententiæ comparanda sint, cum imo ad sequentem, ut planissime ex contextu liquet, sint referenda. Expungi debere Veronensis liber admonuit, ex quo idem adamadvertimus constanter vocem *tuba* post *canet enim* omitti, quod ex uno Græco verbo σαλπίσει sic fortasse olim Latine positum fuit.

(*b*) Ex hoc Pauli loco ad Hebræos 11. « Et hi omnes testimonio fidei probati, non acceperunt repromissionem, Deo pro nobis melius providente , ut non sine nobis consummarentur, » unde isthæc pene ad verbum sumpta est sententia, quod etiam a Victorio observatum est , constat legendum *cogitarit*, quod ad Deum referatur; non *cogitant*, ut vitiose cum suo Erasmo Martianæus præfert. Locum ex tribus Mss. sed præcipue Veronensi emendavimus.

(*c*) Quidam Mss. *mentis terrorem* : perperam vero Martianæus *mortis errorem*, nullo sensu, legerat.

(*d*) Martianæus cum Erasmo, aliisque nonnullis vetustioribus editis, *Deum verbum factum est* , qua lectione hæresim obtrudi, Arianumque sensum immisceri , multa opera Victorius probat. Existimat autem ab Hieronymo scriptum fuisse, *secundum id quod Deus Verbum caro factum est*, quod nempe idem velit non Filium tantum Dei respici, sed Filium humana jam carne indutum, cum statim addat, *Nequaquam in vilitate carnis, sed*, etc. Quæ conjectura enim non usque adeo nobis probetur ex ipso contextu, vocem tamen *factum*, quam de Dei Verbo dici Christianæ aures refugiunt , decem antiquorum codicum ope, amovimus hinc et delevimus, Victorium ipsum ex parte secuti, qui locum ex aliquot Brixianis Mss. eamdem in modum jam restituerat.

mitionem sequatur mors, et prima ad Corinthios Epistola docere nos poterit; in qua ita scriptum est: *Nunc autem Christus surrexit ex mortuis, primitiæ dormientium: quia per hominem mors, et per hominem resurrectio mortuorum* (1. *Cor.* 15. 20. 21): Et post paululum: *Non omnes dormiemus, sed omnes immutabimur in momento, in ictu oculi, in novissima tuba. Canet enim tuba, et mortui resurgent incorrupti, et nos immutabimur* (*Ibid.* 51. 52). Cum ergo hæc de dormitione dicantur, et morte, et illud legamus in Apostolo, *Surge qui dormis, et exurge de mortuis, et illuminabit te Christus* (*Eph.* 5. 14), juremus Domino, et votum faciamus Deo Jacob, unusquisque dicens in corde suo: *Si ascendero super stratum meum, si dedero somnum oculis meis, et palpebris meis dormitationem, donec inveniam locum Domino*: haud dubium quin in anima sua, *tabernaculum Deo Jacob* (*Ps.* 131); ut Deus in illo æterna sede requiescat. Sequitur: *Quia ipse Dominus in jussu;* et reliqua. Descendet enim missus a Patre, non diversitate virtutis, sed dispensatione judicis; et descendet ad eos, qui deorsum sunt, Verbum Dei et sapientia, **813** et veritas, atque justitia. Et quanquam mortui sint, ad quos dignatur descendere: non tamen sunt ab eo alieni. Mortui enim vocantur in Christo. Qui autem vivunt, hoc habent privilegium, quod eliguntur e pluribus. Attamen utrumque agmen, et mortuorum in Christo, et viventium, rapientur pariter in nubibus obviam Christo, ut non eum exspectent, donec ad terrena descendat, sed præsentia illius, et contubernio in sublimibus perfruantur. Quantaque clementia Christi, ut pro salute nostra non solum caro factus sit, sed ad mortuos usque descenderit, et in ipsa morte habeat signa viventium. Aqua enim et sanguis de latere ejus egressa sunt (*Joan.* 19). Descendit igitur sermo divinus voce Archangeli præcelente, et præparante sibi viam in his, qui ejus possunt ferre præsentiam. Quod ut quæamus intelligere, primi adventus mysteria cognoscamus. Scriptum est de Joanne, qui præcursor ejus fuit, quod in eremo dixerit: *Ego vox clamantis in deserto*, et reliqua. Quid clamavit vox in deserto? *Parate viam Domini, rectas facite semitas ejus* (*Matth.* 3. 3; *Luc.* 3. 4; *Marc.* 1. 3; *Joan.* 1. 23). Ob quod præmium quamve mercedem? *Omnis vallis implebitur, et omnis mons et collis humiliabitur: et erunt prava in directa; et aspera in vias planas: et videbit omnis caro salutare Dei* (*Isai.* 40. 3. 4). Hoc autem ideo quia *Verbum caro factum, et habitavit in nobis* (*Joan.* 1. 14). Nunc autem nequaquam vox Prophetæ in deserto erit: sed vox Archangeli parantis vias, non in carnis humilitate venienti, sed ei, qui est apud Patrem Verbum Deus. Et tunc quidem egrediebantur in desertum, ut audirent assumpti hominis præcursorem, et viderent arundinem vento agitatam (*Luc.* 7), de qua factæ sunt tibiæ, et vocalis calamus, qui in ore puerorum dulci sonat modulamine, canentium in plateis atque dicentium: *Cantavimus vobis, et non saltastis* (*Matth.* 11. 17. *et Luc.* 7. 52). Nunc autem in voce Archangeli præcedentis Dominum descendentem de cœlis, et in clarissima tuba, unusquisque credentium, vel ad prælium, vel ad sacerdotalia ministeria provocatur. Legimus in Numerorum libro (*Cap.* 10. *v.* 3), sacratas Deo tubas, quæ (*a*) ante ostium personent. Sin autem magna est vox Angeli, et tubæ Archangeli, quanto major erit tubæ **814** Dei, quæ parat vias primum dormientium, et mortuorum in Christo; deinde eorum, qui vivunt, et residui sunt, et sermonis Dei præstolantur adventum? Forsitan simplicis tubæ clangor dormientibus et mortuis in Christo necessarius est: vox autem Archangeli (*b*) et tubæ Dei, his qui vivunt, et in præsentia Dei reservantur. Videamus quid possit intelligi, et id quod sequitur: *Simul cum illis rapiemur.* Quo verbo ostendi puto, subitum ad meliora transcensum: et idcirco raptum se voluisse dicere, ut velocitas transeuntis, sensum cogitantis excederet. Quod et in alio loco ejusdem verbi proprietate signavit: « Scio hominem in Christo ante annos quatuordecim, sive in corpore, nescio, sive extra corpus nescio, Deus scit, raptum istiusmodi usque ad tertium cœlum. Et scio hujusmodi hominem, sive in corpore, sive extra corpus nescio, Deus scit, quia raptus est in paradisum, et audivit verba ineffabilia, quæ non licet homini loqui. » (2. *Cor.* 12. 2, *et seqq.*) Alii enim proficientes et (ut ita dicam) gradientes ad majora crescebant, donec tierint juxta id quod scriptum est *Magni valde nimis*: et quosdam in cœlum assumptos legimus. Paulus autem vas electionis in tertium cœlum raptus ascendit: et idcirco audivit verba ineffabilia. Quomodo autem hi, qui rapiuntur in nubibus, rapiantur obviam Christo, diligentius contemplandum est. Scimus nubes Prophetas, quibus præcepit Deus ne pluerent super Israel imbrem, quando impleverunt mensuram patrum suorum, et facta est Lex et Prophetæ usque ad Joannem Baptistam (*Matth.* 11. 13). Et quia Deus posuit in Ecclesia primum Apostolos, secundo Prophetas (*Ephes.* 4. 11): non solum Prophetæ, sed et Apostoli nubes intelligendi sunt. Si quis igitur rapitur ad Christum, ascendit super nubes Legis, et Evangelii, super Prophetas, et Apostolos: et assumptis alis columbæ, eorumque doctrina ad excelsa sublatus, occurrit, non deorsum sed in aere, et spirituali intelligentia Scripturarum. Occurrens autem in spiritualibus, terrena dimittens, sive ille sit dormiens, sive in Christo mortuus, sive vivens, et in illius præsentiam reservatus semper cum illo erit et perfructur Verbo **815** Dei, et sapientia, veritate atque justitia.

11. Hæc celeri sermone dictavi, quid eruditi viri de utroque sentirent loco, et quibus argumentis suas vellent probare sententias, vestræ prudentiæ exponens. Neque enim tanta est meæ pusillitatis auctoritas, qui nihil sum, et invidorum tantum morsibus

---

(*a*) Tubas, quibus mortui ad judicium convocabuntur, iis comparat, quibus olim clangentibus *ad ostium tabernaculi fœderis*, populus Israel exciebatur. Conferendus est itaque adnotatis Numerorum locus, unde apertissime constabit legendum, ut reposuimus, *ante ostium*; non ut vitiose Martianæus, aliique ex editis et Mss. *ante hostias*.

(*b*) Voces *et tubæ Dei* in Veronensi Ms. desiderantur.

pateo, quanto eorum qui nos in Domino præcesserunt. Nec juxta Pythagoræ discipulos, præjudicata doctoris opinio sed doctrinæ ratio ponderanda est Si quis autem contrariæ factionis immurmurat, quare eorum explanationes legam, quorum dogmatibus non acquiesco, sciat me illud Apostoli libenter audire: *Omnia probate, quod bonum est, tenete* (1. Thess. 5. 21), et Salvatoris verba dicentis : (*a*) *Estote probati nummularii*, ut si quis nummus adulter est, et figuram Cæsaris non habet, nec figuratus [al. *signatus*] est moneta publica, reprobetur. Qui autem Christi faciem claro præfert lumine, in cordis nostri marsupium recondatur. Etenim si dialecticam scire voluero, aut Philosophorum dogmata, et ut ad nostram redeam, scientiam Scripturarum; nequaquam simplices Ecclesiæ viros interrogare debeo, quorum alia gratia est; et unusquisque in suo sensu abundat (præsertim cum in domus magna patrisfamiliæ vasorum diversitas multa dicatur (2. Tim. 2. 20); sed eos, qui artem didicere ab artifice et in Lege Domini meditantur die ac nocte. Ego et in adolescentia et in extrema ætate profiteor et Origenem et Eusebium Cæsariensem viros esse doctissimos, sed errasse in dogmatum veritate. Quod (*b*) **816** e contrario de Theodoro, Acacio, Apollinario possumus dicere, et tamen omnes in explanationibus Scripturarum, sudoris sui nobis memoriam reliquerunt. In

(*a*) Hanc ab hodiernis Evangeliorum exemplaribus Græcis atque Latinis Christi sententiam excidisse quo nescio argumento Martianæus sibi persuasit, neque enim in illis unquam extitisse probari ullo modo potest. Eam quidem Hieronymus interdum alibi recitat, et in epistolam ad Ephesios cap. 4. *ut probati trapezitæ sciamus, quis nummus probus sit, quis adulter :* et Origenes frequenter, et Clemens in Apostolicis Constitutionibus lib. 2. c. 36. aliique præsertim Græci, quibus sonat, Γίνεσθε τραπεζίται δόκιμοι. Unde Clemens Alexand. Strom. 1. non longe a fine ἐκείνως ἄρα ἡ Γραφὴ, τοιούτους τινὰς, φησὶν δοκιμώτατους, ὥσπερ τεκταίνει χρυσοῦ καρανοῖ Γίνεσθαι δὲ δόκιμοι τραπεζίται. «Merito Scriptura tales nos volens esse dialecticos, sic hortatur, Estote probi trapezitæ, » etc. Cassianus Collat. 1. c. 20. *ut efficiamur, secundum præceptum Domini, probabiles trapezitæ*. Origenes tomo 19. in Joannem. *servantibus illud Jesu mandatum, Estote probi trapezitæ*. Ambrosius lib. 1. in Lucam cap. 1. atque alii. Nihilominus ex iis eam fuisse apparet sive Christi sive alterius in Novo Testamento vulgaribus sententiis, quæ abunde quam ex quatuor genuinis Evangeliis exsculptæ sunt, sed vel apocryphæ bonæ notæ, puta Nazarenorum Evangelio; vel veterum traditione duntaxat petitæ.

(*b*) Suspicamur vocibus *e contrario*, auctoris alicujus nomen cujus supra meminerit, substituendum ; suspicionem vero injecit nobis Veron. lib., ubi tametsi vitiose, habetur *Quod de contrario*. Scripserit, ut nobis videtur. Hieron. *Quod de Theodoro, Diodoro, Acacio*, etc., deinde aliquis plus satis ingeniosus omonymia illa Diodori ac Theodori offensus, alterum expulerit, receritque *e contrario*. Certe cur heic Diodorum silentio prætereat, quem supra n. 5. statim post Theodorum adduxerat suis ipsum verbis loquentem, nullæ S. Doctori causæ erant ; nec dubium quin illum hereticis Acacio, Apollinario, abusque accenseat, quorum scripta ob eruditionem tantum probarit. Interim editores omnes, qui vitium in impressa lectione nullum suspicantur, illud *e contrario* perinde explicant, ac si Græce diceretur, ἐναντίως sive *a fronte* : quam interpretationem Victorius excogitavit ; Martianæus vero doctrinæ comparatione cum superioribus Origene atque Eusebio institui contendit, et sequentes Theodorum, Acacium, et Apollinarium pro doctissimis non haberi. Nobis id nemo hominum persuadeat : præcipue vero Appollinarium quem ipse Hier. audivit aliquando, et cui primas tribuit in litterarum studiis, Origeni, atque Eusebio conferri e contrario tanquam indoctum.

terra aurum quæritur, et de fluviorum alveis splendens profertur glarea : Pactolusque ditior est cœno, quam fluento. Cur me lacerant (*c*) amici mei, et adversum silentem, crassæ sues grunniunt? Quarum omne studium est, imo scientiæ supercilium, aliena carpere, et sic veterum defendere perfidiam, ut perdant fidem suam. Meum propositum est antiquos legere, probare singula, retinere quæ bona sunt, et a fide Ecclesiæ Catholicæ non recedere.

12. Volens ad alias quæstiunculas respondere, et vel mea, vel aliena dictare extemplo, a fratre Sisinnio admonitus sum, ut et ad vos et ad cæteros sanctos (*d*) fratres qui nos amare dignantur litteras scriberem. Cohibebo igitur gradum, et si vita comes fuerit, futuro me operi reservabo, ut et vobis per partes paream, et fructum ac senile corpusculum onus possit ferre moderatum. Illud autem breviter in fine commoneo, hoc quod in Latinis codicibus legitur : (*e*) *Omnes quidem resurgemus, non omnes autem immutabimur*, in Græcis voluminibus non haberi: sed vel, *Omnes dormiemus, non autem omnes immutabimur;* vel, *Non omnes dormiemus, omnes immutabimur;* quorum quis sensus sit, supra diximus.

EPISTOLA CXX (*f*).

AD HEDIBIAM.

(*g*) CAPITULA XII. QUÆSTIONUM HEDIBIÆ AD S. HIERONYMUM.

817 I. Quomodo perfectus quis esse possit, et quomodo (*h*) *Deo vivere debeat vidua, quæ sine liberis derelicta est.*

II. *Quid sit quod in Matthæo scriptum est* : Non bibam amodo de hoc genimine vitis, usque in diem illum, quo illud bibam vobiscum novum in regno Patris mei.

III. *Quæ causa sit, ut de resurrectione et apparitione Domini Evangelistæ diversa narraverint. Et cur dicente Matthæo, quod vespere sabbati illucescente in una sabbati Dominus surrexit, Marcus mane eum alterius diei asserat surrexisse.*

IV. *Quomodo juxta Matthæum, vespere sabbati Maria Magdalene vidit Dominum resurgentem; et Joannes Evangelista refert, mane una sabbati eam juxta sepulcrum flere.*

V. *Quomodo juxta Matthæum, Maria Magdalene vespere sabbati cum altera Maria advoluta pedibus Sal-*

(*c*) Fortasse verius duo probæ notæ Mss. *inimici mei*.
(*d*) Veron. *ad cæteros sanctos fratres scriberem*, omissis quæ interponuntur.
(*e*) Conferendi e Latinis Patribus, qui hanc lectionem attulerunt, explicantque, Tertullianus lib. de Resurrect. carnis cap. 42. et lib. 5. advers. Marcionem, tum S. Ambrosius in eum locum, atque alibi, Augustinus de vera Religion. sed apertius lib. 20. de Civit. Dei cap. 20. n. 50. Rufinus in Symbolum num. 43.
(*f*) lire 139. scripta anno 406. et sequenti.
(*g*) Capitulorum hæc indicem primis e Mss. in antecessum excudit Martianæus, quod eum ipsum putaverit esse Commentariolum, qui ad Hieron. ab Hedibia missus est. Nos ea tantum de causa non omisimus, quod vetera codicum exemplaria sic habeant.
(*h*) Vox *Deo*, quam nec Hier. agnoscit in Responsione, abest ab Ambrosiano Ms. 6. olim S. Columbani de Bobio, ex quo item in sequenti quæstione vocem *vobiscum* restituimus.

vatoris, secundum Joannem mane una sabbati audit a Domino : Noli me tangere; necdum enim ascendi ad Patrem.

VI. *Quomodo custodiente militum turba, Petrus et Joannes libere ingressi sunt sepulcrum, nullo prohibente custodum.*

VII. *Quomodo Matthæus scribit et Marcus, quod mandatum sit Apostolis per mulieres ut præcederent Jesum in Galilæam, et ibi eum viderent : Lucas autem et Joannes in Jerusalem eum ab Apostolis visum commemorant.*

VIII. *Quid significet quod in Evangelista Matthæo scriptum est :* Jesus autem clamans (a) voce magna emisit spiritum : et velum Templi scissum est in duas partes, a summo usque deorsum, *et reliqua.*

IX. *Quomodo Salvator, secundum Joannem insufflat Spiritum Sanctum Apostolis, et secundum Lucam post* (b) *ascensionem missurum se esse dicit.*

X. *Quid significet illud quod Apostolus Paulus disputat ad Romanos scribens :* Quid ergo dicemus : Nunquid iniquitas apud Deum? Absit, usque ad eum locum ubi ait : Nisi Dominus Sabaoth reliquisset nobis semen, *et reliqua.*

XI. *Quid sit quod Apostolus scribit ad Corinthios in secunda Epistola :* Aliis odor mortis in mortem, et aliis odor vitæ in vitam.

XII. *Quid sit quod scriptum est in Epistola ad Thessalonicenses prima :* Ipse autem Deus pacis sanctificet vos per omnia, et integer spiritus vester, et anima et corpus sine querela, in adventu Domini nostri Jesu Christi servetur.

Expliciunt Capitula Quæstionum.

HIERONYMUS AD HEDIBIAM.

DE QUÆSTIONIBUS XII.

818 PRÆFATIO. — Ignota vultu, fidei mihi ardore notissima es. Et de extremis Galliæ finibus in Bethleemitico rure latitantem, ad respondendum provocas, de sanctarum quæstiuncularis Scripturarum, per hominem Dei, filium meum Apodemium, (c) Commonitoriolum dirigens; quasi vero non habeas, in tua provincia disertos viros, et in Lege Dei perfectos : nisi forte experimentum magis nostri, quam doctrinam flagitas, et vis scire, quid de his quæ ab aliis audisti, nos quoque sentiamus. Majores tui (d) Patera, atque Delphidius, quorum alter antequam ego nascerer, Rhetoricam Romæ **819** docuit : alter me jam adolescentulo omnes Gallias prosa versuque, suo illustravit ingenio, jam dormientes et taciti me jure reprehendunt, quod audeam ad stirpem generis sui quippiam mussitare : licet concedens eis eloquentiæ magnitudinem, et doctrinam sæcularium litterarum, merito subtraham scientiam Legis Dei, quam nemo accipere potest, nisi ei data fuerit a Patre luminum (*Jacob.* 1), qui *illuminat omnem hominem venientem in hunc mundum* (*Joan.* 1), et stat medius credentium, qui in nomine ejus fuerint congregati (*Matth.* 18). Unde libere profiteor (nec dictum superbe pertimesco) me scribere tibi non in doctis humanæ sapientiæ verbis, quam Deus destructurus est; sed in verbis fidei, spiritualibus spiritualia comparantem (1. *Cor.* 2. 23) : ut abyssus veteris Testamenti invocet abyssum Evangelicam (*Ps.* 41), in voce cataractarum, id est, Prophetarum et Apostolorum suorum, et veritas Domini perveniat usque ad nubes, quibus mandatum est, ne super incredulum Israel imbrem pluerent; sed ut rigarent arva gentilium, et torrentem spinarum, ac mare mortuum dulcorarent. Ora igitur, ut verus Eliseus steriles in me et mortuas aquas vivificet, et Apostolorum sale, quibus dixerat *Vos estis sal terræ* (*Matth.* 5. 13), meum (e) olusculum condiat, quia omne sacrificium quod absque sale est, Domino non offertur (*Levit.* 2. 13). Nec fulgore sæcularis eloquentiæ delecteris, quam vidit Jesus quasi fulgur cadentem de cœlo (*Luc.* 10) : sed potius eum respice, qui non habet decorem nec speciem : homo in plagis positus et sciens ferre infirmitatem (*Isai.* 53); et quidquid ad proposita respondero, scias me non confidentia respondisse sermonis; sed ejus fide, qui pollicitus est : *Aperi os tuum, et ego implebo illud* (*Ps.* 80. 11).

CAPUT PRIMUM.—Interrogas, quomodo perfectus esse quis possit, et quomodo vivere debeat vidua, quæ sine liberis derelicta est. Hoc idem in Evangelio Legis Doctor interrogat : *Magister, quid faciens vitam æternam possidebo?* Cui respondit Dominus : *Mandata nosti?* Dicit ille, *Quæ?* Jesus autem dixit : *Non homicidium facies, non adulterium, non furtum, non falsum dices testimonium : honora patrem et matrem, et diliges proximum* **820** *tuum sicut teipsum.* Et illo dicente : *Hæc omnia feci,* Dominus intulit : *Unum tibi deest. Si vis esse perfectus, vade, et vende omnia quæ habes, et da pauperibus : et veni sequere me* (*Matth.* 19. v. 16.-21). Itaque et ego tibi Domini nostri respondebo sermonibus : Si vis esse perfecta, et tollere crucem tuam, et sequi Dominum Salvatorem, et imitari Petrum dicentem : *Ecce nos dimisimus omnia, et secuti sumus te* (*Marc.* 10. 28); vade et vende omnia quæ habes, et da pauperibus, et sequere Salvatorem. Non dixit, da filiis, da fratribus, da propinquis, quos etiamsi haberes, jure his Dominus præferretur : sed, *da pauperibus :* imo da Christo, qui in pauperibus pascitur : qui cum dives esset, pro nobis pauper fa-

---

(a) Idem Ms. hoc omisso, substituit sequentem Matthæi locum, « Monumenta aperta sunt, et multa corpora Sanctorum qui dormierant, surrexerunt, et exeuntes de monumentis post resurrectionem ejus venerunt in sanctam civitatem et apparuerunt multis.» Hieronymus autem utrumque explicat.

(b) Martian. *post ascensionem Domini,* quam postremam vocem nostrorum codicum ope expunximus.

(c) Veteres editi *Commentariolum.*

(d) Sic habet Ambrosianum exemplar, sicque emendari voluit Martian. ex Cluniacensi *Patero,* cum reliqui omnes editi ac manu exarati legant *Paterius.* Hujus meminit etiam in Chronico ad Christi an 358. sed ibi nomen aspirante veteres membranæ *Pather Rhetor Romæ gloriosissime docet,* e contra Ausonius in *Commemorat. Professorum Burdigalensium* carm. 4. *Et inde vobis nomina, Tibi Paterae.* Delphidii autem, quem *acerrimum Oratorem* dicit, meminit Ammian. Marcellin. lib. XVIII. cap. 1. quem vide.

(e) Vetustissima editio, *meum munusculum.*

ctus est ; qui loquitur in tricesimo nono Psalmo : *Ego autem mendicus sum et pauper, et Dominus sollicitus est pro me* (*Ps.* 39. 18). Statimque quadragesimi Psalmi de eo exordium est : *Beatus qui intelligit super egenum et pauperem* (*Ps.* 40. 1). Intelligentia opus est, ut post intelligentiæ beatitudinem, sciatur qui sit egenus et pauper. Non utique ille qui mendicitate, (*a*) et squalore coopertus est, et tamen non recedit a vitiis ; sed de quibus Apostolus loquitur : *Tantum ut pauperum memores essemus* (*Gal.* 2. 10). Ob quorum refrigeria laborabant [al. *laborant*] Paulus et Barnabas in Ecclesiis gentium, ut collectæ fierent per primam sabbati, et hanc ipsam oblationem, non per alios, sed per se deferre festinant his, qui suas pro Christo amisere substantias, qui persecutiones passi sunt, qui dixerunt patri suo et matri, uxoribus et liberis : *Non novimus vos* (*Deut.* 33. 9). Ii impleverunt voluntatem Patris, et audierunt dicentem Dominum Salvatorem, *Mater mea et fratres mei hi sunt, qui faciunt voluntatem Patris mei* (*Matth.* 12. 50. *et Luc.* 8. 21). Et hæc dicimus, non quod in pauperes Judæos, sive gentiles, et omnino cujuslibet gentis sint pauperes, prohibeamus faciendam eleemosynam ; sed quod Christianos et credentes pauperes (*b*) incredulis præferamus, et inter ipsos Christianos sit multa diversitas, utrum peccator, an sanctus sit. Unde et Apostolus passim in omnes misericordiam probans, infert : *Maxime in domesticos fidei* (*Gal.* 6. 10). Domesticus fidei est, qui eadem tibi religione conjungitur, quem a consortio fraternitatis peccata non separant. Quod si de inimicis quoque nobis **821** præcipitur, ut si esurierint, demus eis cibum, si sitierint, demus eis potum : et hæc facientes congregemus carbones super caput eorum (*Rom.* 12. 20); quanto magis de his, qui non sunt inimici, et qui Christiani sunt, atque Sancti ? Neque vero hoc quod dicitur, *Hoc enim faciens, carbones ignis congregabis super caput ejus*, in malam partem accipiendum est, sed in bonam. Quando enim inimicis nostris præbemus beneficia, malitiam eorum nostra bonitate superamus, et mollimus duritiam, iratumque animum (*c*) ad mollitiem et benevolentiam flectimus ; atque ita congregamus carbones super capita eorum, de quibus scriptum est : *Sagittæ potentis acutæ, cum carbonibus desolatoriis* (*Psal.* 119. 4) ; ut quomodo de altari a Seraphim carbo sublatus, Prophetæ labia purgavit (*Isa.* 6. 6. *et* 7) ; ita et inimicorum nostrorum peccata purgentur, et vincamus in bono malum (*Rom.* 12. 21), et benedicamus maledicentibus : et imitemur Patrem nostrum, qui solem suum oriri facit super bonos et malos, (*d*) et pluit super justos et injustos (*Matth.* 5. 45). Igitur et tu, quia (*e*) paucos non habes filios, plurimos fac tibi amicos de iniquo mammona, qui te recipiant in æterna tabernacula (*Luc.* 16. 9). Pulchre dixit *de iniquo* ; omnes enim divitiæ (*f*) de iniquitate descendunt, et nisi alter perdiderit, alter non potest invenire. Unde et illa vulgata sententia mihi videtur esse verissima. Dives autem iniquus, aut iniqui hæres. Quod cum (*g*) legis doctor audisset, et ferre non posset, quia habebat divitias multas, conversus Dominus ad discipulos, ait : *Quam difficile, qui divites sunt, intrare possunt in regna cœlorum* (*Matth.* 19. 23. *Marc.* 10. 23. *et Luc.* 18. 24). Non dixit, impossibile ; sed difficile : licet exemplum posuerit impossibilitatis : *Facilius est camelum per foramen acus transire, quam divitem intrare in regnum Dei*. Hoc autem non tam difficile est, quam impossibile. Nunquam enim fieri potest, ut camelus transeat per foramen acus. Nunquam igitur dives intrare poterit in regna cœlorum. Sed camelus tortuosus, et curvus est, et gravi sarcina prægravatur. Et **822** nos ergo, quando pravas ingredimur semitas, et rectam Domini viam dimittimus, et oneramur mundi divitiis, sive pondere delictorum, regnum Dei ingredi non valemus. Quod si deponamus gravissimam sarcinam, et assumamus nobis pennas columbæ, volabimus, et requiescemus, et dicetur nobis : *Si dormiatis inter medios cleros, pennæ columbæ deargentatæ, et posteriora dorsi ejus in pallore auri* (*Ps.* 67. 14). Dorsum nostrum, quod prius informe erat, et gravi sarcina premebatur, habeat nitorem auri, quod interpretatur in sensu, et alas deargentatas, quæ intelliguntur (*h*) eloquia Scripturarum, et regnum Dei intrare poterimus. Dicunt Apostoli se omnia, quæ sua fuerant dimisisse, et mercedem pro hac virtute audacter exposcunt. Quibus respondit Dominus : *Omnis, qui reliquerit domum, aut fratres, aut sorores, aut patrem, aut matrem, aut uxorem, aut filios, aut agros propter nomen meum, centuplum accipiet, et vitam æternam possidebit* (*Matth.* 19. 29). O quanta beatitudo, pro parvis magna recipere, æterna pro brevibus, pro morituris semper viventia, et habere Dominum debitorem. Si qua autem vidua habet liberos, et maxime si nobilis familiæ est, egentes filios non dimittat,

---

(*a*) Martian. *mendicitate, et paupertate, et squalore*, quas voces inscio lectore inseruit, editi plerique omnes ignorant, nec nisi in uno Ms. invenimus.

(*b*) S. Ambros. lib. 1. Offic. c. 3. « Perfecta liberalitas fide, causa, loco, tempore commendatur, ut primum operis circa domesticos fidei. » Eleganter autem Hier. hoc idem in Tractatu contra Vigilantium sub finem ediserit.

(*c*) Ambrosian. *animum ad necessitudinem flectimus.*

(*d*) In uno Ms. neque postrema hæc verba, *et pluit super justos et injustos*, neque pronomen illud *nostrum* legitur.

(*e*) Ita Mart. ex tribus Mss. quibus nostri suffragantur. Falso antea editi legerant absque negandi particula, *quia paucos habes filios*, cum e contra sine liberis derelictam se in ipsa interrogatione Hedibia profiteatur. Ambrosian. « Tu quia paucos non habes filios, habes plurimos, fac tibi, » etc. Quorum nativus sensus est, tu quia nec paucos habes filios, habes plurimos, quibus largiaris, etc.

(*f*) Explicat August., in Ps. XLVIII. « quia aut de iniquitate acquisitæ sunt, aut quia ea ipsa iniquitas est, quod tu habeas, alter non habeat, » etc.

(*g*) Cum iis sentit, qui divitem illum adolescentem, qui apud Matthæum de vita æterna Christum interrogat, unum cum illo faciunt, qui *legisperitus* apud Lucam audit c. X. v. 25. Ejus sententiæ, quam heic expendere minime est o re nostra, fuerunt veteres aliquot Patres : S. Ambrosius in Lucam, Cyrillus l. 2. Thesauri c. 1. aliique haud pauci apud Chrysostomum, quos tamen ille data opera impugnat. Proinde satis incongrue dubitat Martianæus, num ex eo, quod Luc. XLVIII. 18. *princeps* dicatur, qui Dominum interrogaverat, eo vocabulo *legis doctor* significetur.

(*h*) Ms. Ambros. *intelliguntur in eloquio.*

sed ex æqualitate eos amet, et (a) ut meminerit primum animæ suæ, et ipsam putet esse de filiis, et partiatur potius cum liberis, quam omnia filiis derelinquat; imo Christum liberorum suorum faciat cohæredem. Respondebis, difficile est, durum est, et contra naturam. Sed Dominum audies tibi respondentem: *Qui potest capere, capiat* (*Matth.* 19. 12). Et si vis esse perfecta, non tibi jugum necessitatis imponit, sed potestati tuæ liberum concedit arbitrium. Vis esse perfecta, et in primo stare fastigio dignitatis, fac quod fecerunt Apostoli, vende omnia, quæ habes, et da pauperibus, et sequere Salvatorem, (b) nudam, solamque crucem, nuda sequaris et sola. Non vis esse perfecta, sed secundum vis tenere gradum virtutis, dimitte omnia quæcumque habes, da filiis, da propinquis. **823** Nemo te reprehendit, si inferiora secteris, dummodo illam scias tibi jure prælatam, quæ elegerit prima. Dices, hoc Apostolorum est, et virorum: mulierem autem nobilem non posse omnia vendere, quæ multis adjumentis hujus vitæ indigeat. Audi igitur Apostolum commonentem: *Non ut aliis refrigerium, vobis autem tribulatio: sed ex æqualitate, vestra abundantia, illorum sustentet inopiam; ut et illorum abundantia vestræ inopiæ sit supplementum* (2. *Cor.* 8. 14). Unde inquit Dominus: *Qui habet duas tunicas, det alteram non habenti* (*Luc.* 3. 11). Quid si Scythiæ frigora sint, et Alpinæ nives, quæ non duabus, et tribus tunicis, sed vix pecudum pellibus repelluntur? Quidquid ergo corpori nostro sufficere potest, et humanæ succurrere imbecillitati, quos nudos natura profudit, hoc una appellanda est tunica; et quidquid in præsentibus alimentis necessarium est, hoc unius diei victus appellatur. Unde præceptum est: *Non cogitetis de crastino* (*Matth.* 6. 34), hoc est de futuro tempore. Et Apostolus, *Habentes*, inquit, *victum, et vestitum, his contenti simus* (1. *Tim.* 6. 8). Si plus habes, quam tibi ad victum vestitumque necessarium est, illud eroga, et in illo debitricem esse te noveris. Ananias et Sapphira Apostoli meruere sententiam, quia sua timide reservarunt (*Act.* 5). Ergone, inquies, puniendus est, qui sua non dederit? Minime. Ideo puniti sunt, quia mentiri voluerunt Spiritui Sancto, et reservantes necessaria victui suo, quasi perfecte sæculo renuntiantes, vanam gloriam sectabantur. Alioqui licet libere vel dare, vel non dare. Quanquam ei, qui cupiat esse perfectus, præsens paupertas futuris divitiis compensanda sit. Quomodo autem vidua vivere debeat, brevi sermone comprehendit Apostolus, dicens: *Vidua, quæ in deliciis est, vivens mortua est* (1. *Tim.* 5. 6); et nos in duobus libellis (1), quos ad Furiam, et Salvinam scripsimus, plenius dictum putamus.

CAP. II. — Quomodo accipiendum sit illud Salvatoris apud Matthæum: *Dico autem vobis: Non bibam amodo de hoc genimine vitis, usque in diem illum, quo bibam illud novum vobiscum in regno Patris mei* (*Matth.* 26. 29). Ex hoc loco quidam mille annorum fabulam struunt, in quibus Christum regnaturum corporaliter esse contendunt, et bibiturum vinum, quod ex illo tempore **824** usque ad consummationem mundi non biberit. Nos autem audiamus panem, quem fregit Dominus, deditque discipulis suis, esse Corpus Domini Salvatoris, ipso dicente ad eos, *Accipite, et comedite, hoc est Corpus meum*: et calicem illum esse, de quo iterum locutus est: *Bibite ex hoc omnes; hic est enim Sanguis meus novi Testamenti, qui pro multis effundetur* (*Matth.* 26. 26. 27. 28; *Marc.* 14. 22. 24), etc. Iste est calix de quo in Propheta legimus: *Calicem salutaris accipiam* (*Ps.* 115. 4). Et alibi: *Calix* (c) *tuus inebrians quam præclarus est* (*Ps.* 22. 5). Si ergo panis, qui de cœlo descendit, Corpus est Domini; et vinum quod discipulis dedit, Sanguis illius est novi Testamenti qui pro multis effusus est in remissionem peccatorum, Judaicas fabulas repellamus, et ascendamus cum Domino cœnaculum magnum, stratum, atque mundatum, et accipiamus ab eo sursum calicem novi Testamenti; ibique cum eo Pascha celebrantes, inebriemur ab eo vino sobrietatis. *Non enim est regnum Dei cibus, et potus, sed justitia, et gaudium, et pax in Spiritu Sancto* (*Rom.* 14. 17). Nec Moyses dedit nobis panem verum; sed Dominus Jesus: ipse conviva et convivium, ipse comedens, et qui comeditur. Illius bibimus Sanguinem, et sine ipso potare non possumus, et quotidie in sacrificiis ejus de genimine vitis veræ, et vineæ *Sorec*, quæ interpretatur, *electa*, rubentia musta calcamus, et novum ex his vinum bibimus de regno Patris, nequaquam in vetustate litteræ, sed in novitate spiritus: cantantes canticum novum, quod nemo potest cantare, nisi in regno Ecclesiæ (*Apoc.* 14. 3), quod regnum Patris est. Hunc panem et Jacob Patriarcha comedere cupiebat, dicens: *Si fuerit Dominus Deus mecum, et dederit mihi panem ad vescendum, et vestimentum ad operiendum* (*Gen.* 28. 20). Quotquot enim in Christo baptizamur, Christum induimus (*Gal.* 3. 27), et panem comedimus Angelorum, et audimus Dominum prædicantem: *Meus cibus est, ut faciam voluntatem ejus, qui me misit Patris, ut impleam opus ejus* (*Joan.* 4. 34). Faciamus igitur voluntatem ejus, qui misit nos, Patris, et impleamus opus ejus; et Christus nobiscum bibet in regno Ecclesiæ sanguinem suum.

CAP. III. — Quæ causa sit, ut de resurrectione Domini et apparitione Evangelistæ diversa narraverint. In quibus primum quæris, cur Matthæus dixe-

---

(a) Victorius addit ex Brixianis codicibus *eos amet*, quæ duo verba nec nostri Mss. habent, nec alii editi.

(b) Antea erat, *et nudam*: tum Ambrosianus liber *virtutem in loco* pro *crucem*.

(1) Epistolæ LIV et LXXIX.

(c) Idem Ms. *Calix meus* ut ipse Hier. emendaverat, qua de re vide si libet epistolam ad Sun. et Fret. Cæterum Hieronymianæ interpretationi hujus ex Matthæo loci, qua nulla sacro textui commodior est, concinnunt plerique Tractatores, præcipue Græci, Origenes, Chrysost. Theophilactus, Euthymius. Utinam ipsum quoque de reali Corporis ac Sanguinis Christi præsentia in Eucharistia luculentissimum ex Hieronymo testimonium heterodoxis aliquando persuadeat, qui ejus veritatem pertinaciter calumniantur. Nobis hæc persequi haud libet, quandoquidem nullum fidei dogma aut iniquiore ingenio impugnarunt hæretici, aut copiosioribus argumentis Catholici tutati sunt.

rit, **825** Vespere autem sabbati illucescente in una sabbati Dominum surrexisse (*Matth. ult.*), et Marcus mane resurrectionem ejus factam esse commemoret, ita scribens : *Cum autem resurrexisset, una sabbati, mane apparuit Mariæ Magdalenæ, de qua ejecerat septem dæmonia : et illa abiens nuntiavit his, qui cum eo fuerant lugentibus, et flentibus. Illique audientes quod viveret, et quod vidisset eum,* (*a*) *non crediderunt ei* (*Marc. ult.* 9. *et* 10). Hujus quæstionis duplex solutio est ; aut enim non recipimus Marci testimonium, quod in raris fertur Evangeliis, (*b*) omnibus Græciæ libris pene hoc capitulum in fine non habentibus, præsertim cum diversa atque contraria Evangelistis cæteris narrare videatur ; aut hoc respondendum, quod uterque verum dixerit : Matthæus, quando Dominus surrexerit vespere sabbati, Marcus autem, quando eum viderit Maria Magdalene, id est, mane prima sabbati. Ita enim distinguendum est : *Cum autem resurrexisset,* et parumper spiritu coarctato, inferendum, *prima sabbati, mane apparuit Mariæ Magdalenæ,* ut qui vespere sabbati (juxta Matthæum) surrexerat, ipse mane primo sabbati (juxta Marcum) apparuerit Mariæ Magdalenæ. Quod quidem et Joannes Evangelista (*Cap.* 20) significat, mane eum alterius diei visum esse demonstrans.

CAP. IV. — Quomodo juxta Matthæum, vespere sabbati Maria Magdalene vidit Dominum resurgentem, et Joannes Evangelista refert eam mane una sabbati juxta sepulcrum flere (*Joan.* 20)? Una sabbati, dies Dominica intelligenda est, quia omnis hebdomada in sabbatum, et in primam, et secundam, et tertiam, et quartam, et quintam, et sextam sabbati dividitur, quam Ethnici, idolorum, et (*c*) elementorum nominibus appellant. Denique Apostolus collectam pecuniæ, quæ indigentibus præparabatur, in una sabbati præcepit congregandam (1. *Cor.* 16. 2). Nec putandum est, Matthæum, et Joannem diversa sensisse, sed unum atque idem tempus, mediæ noctis scilicet, et gallorum cantus, diversis appellasse nominibus. Matthæus enim scribit, *Vespere sabbati*, id est, sero, **826** non incipiente nocte, sed jam profunda et magna ex parte transacta, apparuisse Dominum Mariæ Magdalenæ, et apparuisse vespere sabbati illucescentis in unam sabbati, seipsum interpretans quid dixisset, *vespere sabbati*, id est appropinquante jam luce sequentis diei. Et Joannem non absolute dixisse, *Una autem sabbati venit Maria Magdalene mane ad sepulcrum :* sed addidisse, *cum adhuc essent tenebræ.*

(*a*) Vetus editio atque Ambros. exemplar negandi particulam omittunt, vitiose, ut videtur.

(*b*) Id de suis quoque temporis exemplaribus testatur Gregor. Nyssenus Grat. 2. de Resurrect. ἐν τοῖς ἀκριβεστέροις τὸ κατὰ Μάρκον Εὐαγγέλιον μέχρι τοῦ, ἐφοβοῦντο γάρ, ἔχει τὸ τέλος. Nunc e contrario codices Mss. qui ad nos usque devenerunt Græci, et Latini plerique omnes, sed et veteres translationes habent. Patres quoque impendio rarissimi sunt. Victor Antiochenus, et Anonymus Tolosanus in Catena in Marcum, qui capitulum istud, sive duodecim a nono postremos versus ignorent.

(*c*) Martis nempe, et Mercurii, Jovis, Veneris, et elementorum Solis, et Lunæ ; sic enim elementorum nomine, quæ Græce στοιχεῖα nuncupantur, Solem, Lunamque intelligi apud antiquos scriptores plura docent exempla.

Ejusdem igitur atque unius temporis, id est mediæ noctis, atque gallorum cantus, alterum finem, alterum dixisse principium. Mihique videtur Evangelista Matthæus, qui Evangelium (*d*) Hebraico sermone conscripsit, non tam *vespere* dixisse, quam *sero*, et cum qui interpretatus est, verbi ambiguitate deceptum, non *sero* interpretatum esse, sed *vespere*. Quanquam consuetudo humani sermonis teneat, sero non vesperum significare, sed tarde. Solemus enim dicere, sero venisti, id est tarde, et quæ facere ante debueras, fac saltem sero, id est tarde. Sin autem illud objicitur, quomodo eadem Maria quæ prius viderat Dominum resurgentem, postea ad sepulcrum ejus flere referatur, hoc dicendum est, quod et sola, et cum altera, sive cum aliis mulieribus memor beneficiorum, quæ in se Dominus contulerat, ad sepulcrum ejus frequenter cucurrerit, et nunc adoraverit, quem videbat, nunc fleverit, quem quærebat absentem : Licet quidam duas Marias Magdalenas de eodem vico Magdalo fuisse contendant, et alteram esse, quæ in Matthæo eum viderit resurgentem, alteram, quæ in Joanne eum quærebat absentem. Quatuor autem fuisse Marias, in Evangeliis legimus, unam matrem Domini Salvatoris, alteram materteram ejus, quæ appellata est Maria Cleophe, tertiam Mariam matrem Jacobi et Jose, quartam Mariam Magdalenam. Licet alii matrem Jacobi et Jose, materteram ejus fuisse contendant. Nonnulli (ut se liberent quæstione) in Marco volunt unam esse de Mariis, sed non additum cognomen Magdalene, et ex superfluo scriptorum inolevisse vitio, quod primum Evangelista non scripserit. **827** Nobis autem simplex videtur et aperta responsio, sanctas feminas, Christi absentiam non ferentes, per totam noctem, non semel, nec bis, sed crebro ad sepulcrum Domini cucurrisse, præsertim cum terræmotus, et saxa disrupta, et sol fugiens, et rerum natura turbata, et (quod his majus est) desiderium Salvatoris somnum ruperit feminarum.

CAP. V. — Quomodo juxta Matthæum Maria Magdalene vespere sabbati cum altera Maria advoluta sit pedibus Salvatoris : cum secundum Joannem (*e*) mane sabbati audierit a Domino : *Noli me tangere, necdum enim ascendi ad Patrem meum* (*Joan.* 20. 17). Quæ prius viderat Dominum resurgentem cum altera Maria, et ejus pedibus fuerat advoluta, (*f*) postea reversa per noctem (domi enim ob desiderium ejus manere non poterat) venit ad sepulcrum. Cumque lapidem, quo monumentum fuerat clausum, vidisset

(*d*) Hæc certe antiquissima sententia est, omnium Patrum atque Ecclesiarum testimonio comprobata, scriptum τῇ ἑβραΐδι διαλέκτῳ, a Matthæo Evangelium, cui nondum videantur satis bene reposuisse, qui Græce primitus scriptum contendunt. Vid. quæ in Catalog. ad nomen Matthæus adnotantur.

(*e*) Duo verba *mane sabbati*, quæ etiam in capitulorum indiculo habentur, heic quoque supplevimus ex Mss. in editis enim deerant

(*f*) In Commentariis in hunc Matthæi locum, « Quod diversa tempora istarum mulierum in Evangeliis describitur, non mendacii signum est, ut impii objiciunt, sed seduliæ visitationis officium, dum crebro abeunt, ac recurrunt, et non patiuntur a sepulcro Domini diu abesse, vel longius. »

ablatum, cucurrit ad Simonem Petrum, et ad alterum discipulum, quem Jesus amabat plurimum, et dicit eis : *Tulerunt Dominum de monumento : et nescio ubi posuerunt eum (Ibid. 13)*. Error mulieris cum pietate sociatus est. Pietas in eo erat, quod desiderabat eum, cujus noverat majestatem. Error in eo, quod dicebat : *Tulerunt Dominum de monumento*, et cætera. Denique cum Petrus, et Joannes introeuntes sepulcrum vidissent linteamina separata ; et sudarium quo caput Domini fuerat involutum, seorsum positum ; et resurrexisse crederent, cujus corpus non invenerant in sepulcro : Maria stabat ad monumentum foris plorans. Cumque se inclinasset, vidit duos Angelos in albis sedentes in loco monumenti ad caput et pedes, ubi positum fuerat corpus Jesu, ut sub tanta custodiæ dignitate non crederet ab hominibus potuisse furari, qui ministris Angelis servabatur. Dicunt ei Angeli, quos cernebat : *Mulier, quid ploras?* secundum illud quod Dominus loquebatur ad matrem : *Quid mihi, et tibi est mulier? nondum venit hora mea (Joan. 2. 4),* ut eo quod appellaverunt mulierem, arguerent frustra plorantem et dicerent, *Quid ploras?* In tantum autem Maria Magdalene obstupefacta torpuerat, et fidem, miraculis **828** territa, quasi in caligine, possidebat : ut ne Angelorum quidem præsentium sentiret aspectum, sed muliebriter responderet, et diceret : Ideo ploro, quia tulerunt Dominum meum, et nescio ubi posuerunt eum. O Maria, si Dominum credis, et Dominum tuum, quomodo arbitraris ab hominibus sublatum? *Nescio*, inquit, *ubi posuerunt eum*. Quomodo nescis, quem paulo ante adorasti? Cumque videret Angelos ; et quos cernebat, ignoraret, stupore perterrita, huc atque illuc faciem circumferebat, nihil aliud nisi Dominum videre desiderans, conversaque retro, vidit Jesum stantem, et nesciebat, quia Jesus erat. Non quod juxta Manichæum, et alios hæreticos formam Dominus vultumque mutasset : ut pro voluntate diversus ac varius videretur, sed quod Maria stupefacta miraculo, hortulanum putaret, quem tanto studio requirebat. Itaque et Dominus iisdem verbis, quibus et Angeli, loquitur ad eam : *Mulier quid ploras?* Addiditque de suo, *quem quæris?* At illa respondit : *Domine, si tu sustulisti eum, dicito mihi, ubi posuisti eum; et ego eum tollam*. Hic Dominum non de confessione veræ fidei Salvatorem vocat : sed humilitate, et timore hortulano defert obsequium. Et vide quanta ignorantia. Quem custodiebat cohors militum, cujus sepulcro Angeli præsidebant, ab uno hortulano arbitratur ablatum : et ignorans imbecillitatem femineam, tantarum se virium repromittit, et credit, ut corpus viri, et perfectæ ætatis : quod (ut cætera taceam) centum libris myrrhæ circumlitum erat, existimaret ab una, et pavida muliere posse portari. Cumque Jesus appellasset eam, atque dixisset : *Maria*, ut quem facie non agnoscebat, voce intelligeret, illa in errore persistens, nequaquam *Dominum*, sed (*a*) *Rabbom*, id est, *magistrum* vocat. Et vide quanta turbatio, quem hortulanum putans, Dominum nuncupaverat, Dei Filium resurgentem, magistrum vocat. Itaque ad eam, quæ quærebat viventem cum mortuis ; quæ errore femineo et imbecillitate muliebri huc, illucque currebat, et corpus quærebat occisi ; cujus pedes viventis tenuerat, loquitur **829** Dominus et dicit : *Noli me tangere,* (*b*) tibi enim nondum ascendi ad Patrem meum. Et est sensus : Quem mortuum quæris, viventem tangere non mereris. Si me needum putas ascendisse ad Patrem, sed hominum fraude sublatum, meo tactu indigna es. Hoc autem dicebat : non ut studium quærentis obtunderet ; sed ut dispensationem carnis assumptæ, in divinitatis gloriam sciret esse mutatam : et nequaquam corporaliter vellet esse cum Domino, quem spiritualiter credere deberet regnare cum Patre. Unde et Apostoli majoris fidei sunt, qui absque Angelorum visu, absque ipsius Salvatoris aspectu, postquam corpus ejus in monumento non repererant, crediderunt eum ab inferis surrexisse. Alii putant primum esse quod a Joanne narratum est, venisse Mariam Magdalenam ad sepulcrum, et vidisse revolutum lapidem a monumento, et postea regressam cum Apostolis Petro et Joanne, solam ad monumentum remansisse : et idcirco adhuc incredulam, a Domino fuisse correptam : reversamque domum, rursum ad sepulcrum venisse cum Maria ; et ab Angelo monitam, exeuntem de monumento, adorasse Dominum, et tenuisse pedes ejus, quando ab eo pariter audierunt : *Avete. Et illæ accesserunt, et tenuerunt pedes ejus, et adoraverunt eum*. Quæ in tantum profecerunt, ut mittantur ad Apostolos, et audiant primum, *Nolite timere :* secundo, *Ite nuntiate fratribus meis, ut eant in Galilæam, ibi me videbunt.*

CAP. VI. — Quomodo custodiente militum turba, Petrus et Joannes libere ingressi sunt sepulcrum, nullo prohibente custodum (*Matth.* 22. *et Joan.* 20). Hac videlicet causa, quia *vespere sabbati, quæ lucescebat in prima sabbati, venit Maria Magdalene, et altera Maria videre sepulcrum. Et ecce terræmotus factus est magnus. Angelus quoque Domini descendit de cœlo, et accedens revolvit lapidem, et sedebat super eum : eratque aspectus ejus sicut fulgur, et vestimentum illius, sicut nix. Præ timore autem ejus perterriti sunt custodes, et facti sunt velut mortui.* Igitur qui fuerant tanto **830** timore perterriti, aut putarentur mortui ; aut dimisisse sepulcrum, et fugisse credendi sunt ; aut ita corpore, et animo obtorpuisse, ut non dicam viros, sed ne mulierculas quidem, sepulcrum intrare cupientes, auderent prohibere. Magnus enim timor eos exterruerat, videntes lapidem revolutum, et ter-

---

(*a*) Ita veteres membranæ juxta Vulgat. et Græcum. Editi *Rabbi*.

(*b*) Non, ut contendit Victorius, falso legitur *tibi enim nondum ascendi*, etc. Sic enim subsequens contextus postulat, et Mss. omnium, atque editorum consensus confirmat, una excepta editione Victorii, atque altera veteri editione, quæ tibi vocula expuncta, legunt *nondum enim*, etc. Accedit lectionis suæ ipse assertor, ac fidejussor Hieronymus in e. istola ad Marcellam de quibusdam quæstionibus N. T. quæst. 4. « non mereris..... ejus tenere pedes, quem non existimas surrexisse. Tibi enim needum ascendi ad Patrem meum. »

ræmotum factum, non ex more solito, sed tam magnum, qui cuncta concuteret, et eversionem terræ funditus minaretur : Angelum quoque descendisse de cœlo, tam claro vultu, ut non lampadem, et humana lumen arte succensum, sed fulgur imitaretur cœli, quo illustrantur omnia. Unde et in tenebris videre potuerunt. Itaque libere introeunt. Viderat enim Maria Magdalene, quæ eis nuntiaverat lapidem revolutum, et corpus Domini de monumento esse sublatum. Angelum autem non putemus idcirco venisse, ut aperiret sepulcrum Domino resurgenti, et revolveret lapidem : sed postquam Dominus resurrexit, hora qua ipse voluit, et quæ nulli mortalium cognita est, indicasse quod factum est : Et sepulcrum vacuum revolutione lapidis, et sui ostendisse præsentia : quæ omnia videbantur, splendore faciei ipsius et horrorem tenebrarum fulgoris claritate vincente.

CAP. VII. — Quomodo Matthæus, et Marcus scribant Apostolis mandatum per mulieres, (*a*) ut irent in Galilæam Dominum revisuri (*Matth.* 26, *et* 28; *Marc.* 16) : quam Lucas (*Cap.* 24), et Joannes (*Cap.* 20. *et* 21), Jerosolymis ab illis visum esse perhibeant. Aliud est undecim se offerre discipulis, qui propter metum Judæorum absconditi erant, quando ad eos clausis ingressus est januis, et putantibus quod videretur in spiritu, manus, et latus obtulit, clavis, et lancea vulneratum : aliud quando secundum Lucam, præbuit se eis *in multis argumentis per dies quadraginta, apparens eis et loquens de regno Dei : et* (*b*) *convescens præcepit eis, ab Jerosolymis ne discederent* (*Actor.* 1. 4). In altero enim pro consolatione timentium videbatur, et indulgebat breviter, rursumque ex oculis tollebatur : in altero autem tanta familiaritas erat, et perseverantia, ut cum eis pariter vesceretur. Unde et Paulus Apostolus refert eum quingentis simul apparuisse discipulis. Et in Joanne legimus, quod piscantibus Apostolis, in littore steterit, et partem assi piscis, favumque comederit quæ veræ resurrectionis indicia sunt. In Jerusalem autem nihil horum fecisse narratur.

CAP. VIII. — Quid significet quod in Evangelista Matthæo scriptum est, *Jesus autem clamans voce magna, emisit spiritum : et velum Templi scissum est in duas partes, a summo usque deorsum, et terra mota est, et petræ scissæ sunt, et monumenta aperta sunt : et multa corpora Sanctorum, qui dormierant, surrexerunt. Et exeuntes de monumentis, post resurrectionem ejus, venerunt in sanctam civitatem, et apparuerunt multis* (*Matth.* 27. 50. *et seqq.*). De hoc loco in iisdem Matthæi Commentariis disseruimus. Primumque dicendum, quod (*c*) divinæ sit potentiæ, ponere animam quando voluerit, et rursum accipere eam. Denique Centurio audiens eum dixisse ad Patrem : *In manus tuas commendo spiritum meum* (*Luc.* 23. 46), et statim spiritum sponte dimisisse, commotus signi magnitudine, ait : *Vere Dei Filius erat iste*. Velum quoque Templi scissum est in duas partes ; ut compleretur illud, quod refert Josephus, præsides Templi dixisse virtutes : (*d*) *Transeamus ex his sedibus*. In Evangelio autem quod Hebraicis litteris scriptum est (1), legimus, non velum Templi scissum ; sed superliminare Templi miræ magnitudinis corruisse. *Terra*, inquit, *mota est*, pendentem Dominum suum ferre non sustinens ; *et petræ scissæ sunt*, ut indicarent duritiam Judæorum, qui præsentem Dei Filium intelligere noluerunt ; *et monumenta aperta sunt*, in signum futuræ resurrectionis ; *multaque Sanctorum corpora exeuntia de sepulcris, venerunt in sanctam civitatem, et apparuerunt multis*. Sanctam civitatem, (*e*) Jerosolymam debemus accipere, ad distinctionem omnium civitatum, quæ tunc idolis serviebant. In hac enim sola fuit Templum, et unius Dei cultus, et vera religio : et non omnibus apparuerunt, sed *multis*, qui resurgentem Dominum susceperunt.

2. Deinde juxta anagogen dicendum est, quod inclamante Jesu, et emittente spiritum, velum Templi scissum sit in duas partes a summo usque deorsum : et omnia Legis sint revelata mysteria ; ut quæ prius recondita tenebantur, universis gentibus proderentur. In duas autem partes, in vetus et novum Testamentum ; et a summo usque deorsum, ab initio mundi, quando homo conditus est, et reliqua quæ facta sunt in medio, sacra narrat historia, usque ad consummationem mundi. Et quærendum, quod velum Templi scissum sit, exterius, (*f*) an interius ? Mihi videtur in passione Domini illud velum esse conscissum, quod in tabernaculo, et in Templo foris positum fuerat ; et appellabatur exterius : *Quia nunc ex parte videmus, et ex parte cognoscimus. Cum autem venerit quod perfectum est* (1. *Cor.* 13. 9. *et* 10), tunc et velum interius dirumpendum est : ut omnia quæ, nunc nobis abscondita sunt, domus Dei sacramenta, videamus. Videamus quid significent duo Cherubim, quid Oraculum, quid vas aureum, in quo manna reconditum fuit. *Nunc enim per speculum videmus in ænigmate* (*Ibid.* 12) : et cum historice nobis velum scissum sit, ut ingrediamur atrium Dei, tamen secreta ejus et universa mysteria, quæ in cœlesti Jerusalem clausa retinentur, scire non possumus. Igitur in passione Domini terra commota est, juxta illud quod scriptum est in Aggæo ; *Adhuc semel, et ego movebo*

(*a*) Non diverso sensu, sed iisdem, quæ in indiculo, verbis Ambrosian. legit, « quod præcederent Salvatorem in Galilæa, et ibi eum viderent, Lucas autem et Joannes, » etc.
(*b*) Quidam codd. *et conversatus cum eis præcepit*, etc. Mox Victorius addit, *Sed expectarent promissionem Patris*, quæ tamen ignorant Hieronymiana exemplaria.
(*c*) Mss. duo *quod divinæ potentiæ indicium sit ponere*, etc.

(*d*) Vid. in epist. XVIII. ad Damasum num. 9. quæ a nobis de hac sententia adnotantur.
(*e*) Confer quæ diximus in epist. LX. ad Heliod. num. 3. et in epist. XLVI. num. 7.
(*f*) Perperam Martian. nisi forte typographi mendo est, *an anterius*. Notum porro ex Josepho de Bello l. 6. c. 14. duo in templo vela extitisse, alterum ante Sancta Sanctorum, alterum ad Tabernaculi ingressum. Hieron. qui exterius istud fuisse consensisse opinatur, Origenem secutus est, plerique enim alii interpretes interius aliud accipiunt.
(1) Evangelium Nazarenorum.

cœlum et terram : et veniet desideratus cunctis gentibus (*Agg.* 2. 7. 8) ; ut ab Oriente et Occidente veniant et recumbant cum Abraham, Isaac, et Jacob (*Matth.* 8. 11). *Et petræ scissæ sunt*, id est dura corda gentilium ; sive petræ, universa vaticinia Prophetarum, qui et ipsi (*a*) a petra, hoc est, a Christo cum Apostolis petræ vocabulum acceperunt : ut quidquid in eis duro Legis velamine claudebatur, scissum pateret gentibus. Monumenta quoque, de quibus scriptum est : *Vos estis sepulcra extrinsecus dealbata, quæ intus plena sunt ossibus mortuorum* (*Matth.* 23. 27), ideo sunt aperta, ut egrederentur de his, qui prius in infidelitate mortui erant, et cum resurgente Christo, atque vivente, viverent (*Ephes.* 2), et ingrederentur cœlestem Jerusalem ; et haberent municipatum, nequaquam in terra, sed in cœlo ; morientesque cum terreno Adam, resurgerent cum Adam supercœlesti. Porro secundum litteram, nulli violentum **833** esse videatur, mortuo Salvatore appellari Jerusalem sanctam civitatem ; cum usque ad destructionem ejus semper Apostoli Templum ingressi sint ; et ob scandalum eorum, qui de Judæis crediderant, Legis exercuerint cæremonias. In tantum autem Jerusalem amavit Dominus, ut fleret eam, et plangeret (*Luc.* 19. 41), et pendens in cruce loqueretur : *Pater, ignosce illis : quod enim faciunt, nesciunt* (*Ibid.* 23. 34). Itaque impetravit, quod petierat : multaque statim de Judæis millia crediderunt, et usque ad quadragesimum secundum annum datum est (*b*) ei tempus pœnitentiæ. Post quos, perseverantibus illis in malitia, egressi sunt duo ursi de silvis gentium Romanarum, Vespasianus, et Titus : et blasphemantes pueros, ascendente vero Elisæo in *domum Dei* (hoc enim interpretatur *Bethel*) voce consona illudentes interfecerunt, atque laceraverunt (4. *Reg.* 2) : et ex eo tempore Jerusalem non appellatur civitas sancta : sed sanctitatem et pristinum nomen amittens, spiritualiter vocatur Sodoma, et Ægyptus : ut ædificetur pro ea civitas nova, quam fluminis impetus lætificat (*Ps.* 45. 5) ; et de cujus medio egreditur fons, qui totius (*c*) orbis amaritudinem mitigavit : ut miserabilis Israel ruinas Templi, nudatis plangat lacertis : et in Christo turba credentium, nova quotidie videat Ecclesiæ tecta consurgere, et dicat Sion, *Angustus mihi locus est* (*Isai.* 49. 20) : impleaturque illud, quod in Isaia scriptum est : *Et erit sepulcrum ejus inclytum* (*Ibid.* 11. 10).

CAP. IX. — Quomodo Salvator secundum Joannem (*Joan.* 20), insufflavit Spiritum Sanctum in sanctos Apostolos, et secundum Lucam, post ascensionem se missurum repromittit? Hujus quæstionis perfacilis solutio est, si docente Apostolo Paulo, Spiritus Sancti diversas gratias noverimus. Scribit enim in prima ad Corinthios Epistola : « Divisiones donorum sunt, idem vero Spiritus : et divisiones ministeriorum sunt, idem autem Dominus : et divisiones operationum sunt, idem autem Deus, qui operatur omnia in omnibus. Unicuique autem datur manifestatio spiritus. (*d*) ad id quod expedit. Alii quidem datur per Spiritum sermo sapientiæ, alii sermo scientiæ secundum eumdem Spiritum, alii gratia sanitatum in uno Spiritu; alii fides **834** in eodem Spiritu, alii operatio virtutum, alii Prophetia, alii discretio spirituum, alii genera linguarum, alii autem interpretatio sermonum. Hæc autem omnia operatur unus atque idem Spiritus, dividens singulis prout vult »(1. *Cor.* 12. 4. *et sqq*): Ergo Dominus, qui post resurrectionem suam juxta Lucæ Evangelium dixerat : « Ecce ego mittam promissionem Patris mei in vos : Vos autem sedete in civitate quoadusque induamini virtute ex alto » (*Luc. ult.* 49) : et juxta eumdem in Apostolorum Actibus est locutus : « Præcepit eis ab Jerosolymis ne discederent ; sed exspectarent promissionem Patris, quam audistis, inquit, per os meum : qu a Joannes quidem baptizavit aqua, vos autem baptizabimini Spiritu Sancto, non post multos hos dies » (*Act.* 4. 5) ; rursum in fine Evangelii secundum Joannem, eo die quo resurrexerat, id est die Dominica, clausis januis ad Apostolos introisse narratur, et dixisse eis secundo, « Pax vobis; » et intulisse : « Sicut misit me Pater, et ego mitto vos : hoc cum dixisset, insufflavit, et dixit eis : Accipite Spiritum Sanctum : quorum remiseritis peccata, remittuntur eis, et quorum retinueritis, retenta erunt (*Joan.* 20. 21. *et seqq*). Prima igitur die resurrectionis, acceperunt Spiritus Sancti gratiam, qua peccata dimitterent, et baptizarent, et filios Dei facerent ; et spiritum adoptionis credentibus largirentur : ipso Salvatore dicente : « Quorum remiseritis peccata, remittuntur eis ; et quorum retinueritis, retenta erunt » Die autem Pentecostes eis amplius repromissum est, ut baptizarentur Spiritu Sancto, et induerentur virtute ex alto, qua Christi Evangelium cunctis gentibus prædicarent, juxta illud, quod in (*e*) sexagesimo septimo Psalmo legimus : *Dominus dabit verbum evangelizantibus virtute multa* ; ut haberent operationem virtutum, et gratiam sanitatum ; et prædicaturi multis gentibus, acciperent genera linguarum : ut jam tunc nosceretur, qui Apostolorum, quibus deberent gentibus nuntiare. Denique Apostolus Paulus, qui de Jerusalem usque ad Illyricum prædicavit, et inde per Romam ad Hispaniam ire festinat (*Rom.* 15), gratias agit Deo, quod cunctis Apostolis (*f*) magis linguis loquatur (1. *Cor* 14). Qui enim multis gentibus annuntiaturus erat, multarum linguarum acceperat gratiam. Quæ repromissio Spiritus **835** Sancti die decima post ascensionem

---

(*a*) Victorius *a Petra Christo*

(*b*) Ex Victorio addidimus *ei*. Mox codd. Mss. habent, *in blasphemia* pro *malitia*. Adnotanda est etiam ex 4. Regum Elisæi historia, quo ascendente in Bethel, « pueri parvi egressi sunt de civitate, illudebant et dicentes, ascende calve, ascende calve, qui cum respexisset, vidit eos, et maledixit eos in nomine Domini, egressique sunt duo ursi de saltu, et laceraverunt ex eis quadraginta duos pueros. »

(*c*) Ambrosian. exemplar *totius urbis*.

(*d*) Martianæus *ad utilitatem*, juxta Vulgatam.
(*e*) Idem falso legerat *in sexagesimo Psalmo*.
(*f*) Ita Græcus textus, Græcique Patres, et Syrus; sed illud *magis*, μᾶλλον, omittunt plerique alii, Latini rarissim.

Salvatoris expleta est, Luca referente, qui scripsit : *Cum complerentur dies Pentecostes, erant omnes pariter in eodem loco, et factus est repente de cœlo sonus tanquam advenientis Spiritus vehementis : et replevit totam domum, ubi erant sedentes; et apparuerunt illis dispartitæ linguæ tanquam ignis : seditque supra singulos eorum; et repleti sunt omnes Spiritu Sancto : et cœperunt loqui* (a) *variis linguis, prout Spiritus Sanctus dabat eloqui illis* (*Act*. 2. 4. *et seqq*). Tunc completum est illud quod legitur in Joel : *Et erit in novissimis diebus, dicit Dominus : effundam de spiritu meo super omnem carnem : et prophetabunt filii vestri, et filiæ vestræ : seniores vestri somnia somniabunt : et juvenes vestri visiones videbunt* (*Joel*. 2. 18). Verbum autem effusionis significat gratiæ largitatem, et idipsum sonat, quod Dominus repromisit : *Vos autem baptizabimini Spiritu Sancto non post multos hos dies* (*Act*. 1. 5). In tantum enim Spiritu Sancto baptizati sunt, ut repleretur tota domus, ubi erant sedentes : et ignis Spiritus Sancti stationem in eis inveniret optatam, linguasque divideret; et secundum Isaiam, qui immunda labia habere se dixerat, purgaret labia eorum, ut Evangelium Christi purius prædicarent. Et in Isaia (*Cap*. 6) quidem superliminare Templi dicitur fuisse commotum ; et repleta est omnis domus fumo, id est, errore, et tenebris, veriique ignorantia. In principio autem Evangelii repletur Spiritu Sancto Ecclesia, ut gratia ejus, atque fervore, omnium credentium peccata purgentur : et igne Spiritus Sancti, quem Dominus missurum esse se dixerat, prædicatura Christum lingua sanetur. Non ergo Joannes Lucasque discordant, ut quod ille primo resurrectionis die datum esse significat, hic quinquagesimo die venisse describat : sed (b) profectus Apostolicus est, ut qui primo remittendorum peccatorum gratiam acceperant, postea acciperent operationes virtutum, et cuncta donationum genera, quæ ab Apostolo descripta commemoravimus : et (quod magis necessarium erat) diversitatem linguarum omnium gentium; ut annuntiaturi Christum, nullo indigerent interprete. Unde et in Lycaonia cum audissent Paulum, et Barnabam loqui linguis suis, deos in homines conversos **836** esse credebant (*Act*. 14). Et revera indumentum virtutis, Spiritus Sancti gratia est : quam possidentes, judicum tribunalia, et regum purpuras non timebant. Promiserat enim Dominus prius quam pateretur, et dixerat : *Cum autem tradent vos, nolite cogitare quomodo, aut quid loquamini; dabitur enim vobis in illa hora, quid loquamini. Non enim vos estis, qui loquimini, Sed Spiritus Patris vestri, qui loquitur in vobis.* (*Matth*. 10. 19). Ego autem audacter, et tota libertate pronuntio, ex eo tempore, quo Apostoli Domino crediderunt, semper eos habuisse Spiritum Sanctum : nec potuisse signa facere absque Spiritus Sancti gra-

tia : sed pro modulo atque mensura. Unde Salvator clamabat in Templo, dicens : *Qui sitit, veniat ad me, et bibat : et qui credit in me, sicut dicit Scriptura, flumina de ventre ejus fluent aquæ vivæ. Hoc autem dixit de Spiritu quem accepturi erant credentes in eum* (*Joan*. 7. 37. 38). Et in eodem loco infert : *Nondum enim erat Spiritus datus : quia Jesus nondum fuerat glorificatus* (*Ibid*. 39) : non quo non esset Spiritus Sanctus, dicente Domino Salvatore : *Si autem ego in Spiritu Sancto ejicio dæmonia,* (c) *filii vestri in quo ejiciunt?* (*Matth*. 12. 26), sed quia erat in Domino, necdum totus in Apostolis morabatur. Quamobrem terrentur ad passionem ejus, et negant et Christum se nescire jurant. Postquam autem baptizantur in Spiritu Sancto, et infunditur in eos Spiritus Sancti gratia, tunc libere loquuntur (d) ad principes Judæorum : *Obedire magis Deo oportet, quam hominibus* (*Ibid*. 5. 29) : mortuos suscitant, inter flagella lætantur; fundunt sanguinem pro Christo; et suppliciis suis coronantur. Nondum ergo erat Spiritus in Apostolis, nec de ventre eorum fluebant gratiæ spiritales, quia Dominus necdum fuerat glorificatus. Quæ sit autem gloria, ipse in Evangelio loquitur : *Pater glorifica me gloria, quam apud te habui prius quam mundus esset*. Gloria Salvatoris, patibulum triumphantis est. Crucifigitur ut homo ; glorificatur ut Deus. Denique sol fugit, luna mutatur in sanguinem, terræmotu insolito contremiscit : aperiuntur inferi, mortui ambulant, saxa rumpuntur. Hæc est gloria, de qua loquebatur in Psalmo : *Exurge gloria mea, exurge psalterium, et cithara* (*Ps*. 95. 9). Ipsaque de se respondit gloria **837** et dispensatio carnis assumptæ : *Exurgam diluculo* ; ut impleatur vigesimi primi Psalmi titulus, *pro assumptione matutina*. Hæc dicimus non quod alium Deum, alium hominem esse credamus, et duas personas faciamus in uno Filio Dei, sicut (e) nova hæresis calumniatur ; sed unus atque idem Filius Dei, et Filius hominis est : et quidquid loquitur, aliud referimus ad divinam ejus gloriam, aliud ad nostram salutem. Pro quibus non rapinam arbitratus est se esse æqualem Deo, sed semetipsum exinanivit, formam servi accipiens : factus obediens Patri usque ad mortem, mortem autem crucis (*Philipp*. 2). *Et Verbum caro factum est, et habitavit in nobis* (*Joan*. 1. 14). Miror autem Montanum, et insanas feminas ejus, abortivos Prophetas, Domino promittente, atque dicente : *Vado et alium Paracletum mittam vobis* (*Joan*. 14. 16); et postea, Luca Evangelista narrante (*Ac*. 1 *et* 2), quod Apostoli acceperunt quod promissum est : id multo post tempore in se dicere fuisse completum. Apostolis enim promissum est : *Ego mittam sponsionem Patris mei in vos : et vos sedebitis in civitate, quoadusque induamini virtute ex*

(a) Victorius maluit *loqui aliis linguis*, juxta Græcum ἑτέραις. Ambrosiauus autem cod. tantum *loqui linguis*.
(b) Confer Basilium de Spiritu Sancto c. 16. Ambros. in Ps. 118. ser 10. utque alios omittamus, Cyrillum, Leontium, Euthymium, qui Hieronymianæ interpretationi cumprimis suffragantur.

(c) Hæc, *filii vestri in quo ejiciunt*, apud Victor. non sunt.
(d) Rectius Ambrosian. Ms. *ad Principes sacerdotum*.
(e) Erant igitur etiam ante Nestorii inaugurationem in Cplnum Episcopum anno 428. cui epocha nefandæ ejus hæreseos tribuitur, qui præluderent perfidiæ, quam ille viginti post annos instauravit ; et forte Theodori Mopsuesteni, ejusque discipulorum doctrina hæc erat, quem ipse statim ac adivit Nestorius, teste Evagrio l. 1. c. 2 *pietatis naufragium fecit*. Vid. Liberatum Diac. in *Breviario*.

alio (Luc. 24. 49) : et resurgens, *(a)* in Apostolos insufflavit, et non in Montanum, Priscillam, et Maximillam : et illis, id est, Apostolis, ait : *Quorum dimiseritis peccata, dimittuntur eis, et quorum retinueritis, retenta sunt.* Apostolis, inquam, præcepit, ne discederent ab Jerosolymis, sed exspectarent promissionem Patris. Et postea quod promissum est, expletum legimus. *Repleti sunt omnes Spiritu Sancto, et cœperunt loqui variis linguis, prout Spiritus Sanctus dabat eloqui illis (Joan. 2. 4).* Spiritus enim Sanctus ubi vult spirat *(Joan. 3. 8)*. Et quando dicit Dominus, *alium Paracletum mittam vobis*, et se ostendit esse *Paracletum*, qui appellatur *Consolator*. Unde et Deus Pater hoc censetur nomine, *Deus miserationum, et totius consolationis* (2. Cor. 1). Si autem et Pater consolator, et Filius consolator, et Spiritus Sanctus consolator est : et in nomine Patris, et Filii, et Spiritus Sancti, quod intelligitur Deus, baptizantur credentes, quorum unum divinitatis, et consolatoris est nomen, eorum et una natura est. Hic Spiritus **838** Sanctus, non solum in Apostolis, sed etiam in Prophetis fuit, de quo David orabat, dicens : *Spiritum Sanctum tuum ne auferas a me (Ps. 50. 13).* Et Daniel Spiritum Dei habuisse narratur : et David in spiritu loquitur, dixisse Dominum Domino suo, *sede a dextris meis, donec ponam inimicos tuos, scabellum pedum tuorum (Psal. 109)*. Nec sine Spiritu Sancto prophetaverunt Prophetæ : et verbo Domini cœli firmati sunt, et Spiritu oris ejus omnis virtus eorum : et quidquid Patris, et Filii est, hoc idem et Spiritus Sancti est : et *(b)* ipse Spiritus Sanctus cum mittitur, a Patre et Filio mittitur : in alio atque alio loco, Spiritus Dei Patris, et Christi Spiritus appellatur. Unde et in Actibus Apostolorum, qui Joannis Baptismate fuerant baptizati, et credebant in Deum Patrem, et Christum, quia Spiritum Sanctum nesciebant, iterum baptizantur : imo tunc verum accipiunt baptisma. Absque enim Spiritu Sancto, imperfectum est mysterium Trinitatis. Et in eodem volumine, Petrus Ananiæ, et Sapphiræ dixisse narratur, quod mentientes Spiritui Sancto, non sint hominibus mentiti, sed Deo *(Act. 5)*.

CAP. X. — Quid significet illud, quod Apostolus Paulus disputat, ad Romanos scribens, *Quid ergo dicemus ? numquid iniquitas apud Deum ? absit (Rom. 9. 14)*, usque ad eum locum, ubi ait : *Nisi Dominus sabaoth reliquisset nobis semen, sicut Sodoma facti fuissemus, et sicut Gomorra similes fuissemus (Ibid. 29).* Omnis quidem ad Romanos Epistola interpretatione indiget, et tantis obscuritatibus involuta est, ut ad intelligendam eam, Spiritus Sancti indigeamus auxilio, qui per Apostolum hæc ipsa dictavit : sed præcipue locus hic, in quo quidam volentes Dei servare justitiam, ex præcedentibus causis, dicunt electum in utero Rebeccæ Jacob, et abjectum Esau (Gen. 25) :

sicut et Jeremias, et Baptista Joannes eliguntur in utero (*Jerem. 1; Luc. 1*) : et ipse Apostolus Paulus prædestinatur in Evangelium antequam nascatur. Nobis autem nihil placet, nisi quod Ecclesiasticum est, et publice in ecclesia dicere non timemus : ne juxta Pythagoram, et Platonem, et discipulos **839** eorum, qui sub nomine Christiano introducunt dogma gentilium, *(c)* dicamus animas lapsas de cœlo esse : et pro diversitate meritorum, in his vel in illis corporibus pœnas antiquorum luere peccatorum. Multoque melius est simpliciter imperitiam confiteri, et inter cætera quæ nescimus, etiam hujus loci obscuritatem refugere *(d)*. *effugere*], quam, dum volumus Dei probare justitiam, Basilidis et Manichæi hæresim defendere, et *(b)* Iberas næenias, Ægyptiaque portenta sectari. Dicamus igitur, ut possumus, et Apostolicæ voluntatis sequentes vestigia, ne punctum quidem (ut dicitur) atque unguem transversum, ab illius sententiis recedamus. Fleverat supra, et dolori suo, et conscientiæ testem invocaverat Spiritum Sanctum, quod fratres sui et cognati secundum carnem, id est, Israelitæ, Dei Filium non recepissent : quorum fuit adoptio, et gloria, et testamentum, et legislatio, *(e)* et cultura, et promissio : ex quibus etiam ipse Christus secundum carnem de Maria generatus est Virgine : et tam continuo cordis dolore torquetur : ut ipse optet anathema esse a Christo, id est solus perire, ne omne Israeliticum genus pereat *(Rom. 9)*. Et quia hoc dixerat, statim venientem e regione prævidit quæstionem. Quid ergo dicis ? Omnes qui ex Israel sunt perierunt ? Et quomodo tu ipse et cæteri Apostoli, et infinita Judaici populi multitudo, Christum Dei Filium recepistis ? Quam ita solvit : Israel in Scripturis sanctis dupliciter appellatur, et in duos dividitur filios : in unum, qui juxta carnem est; et in alterum, qui juxta repromissionem et spiritum. Abraham duos habuit filios, Ismael et Isaac, Ismael, qui secundum carnem natus est, hæreditatem patris non accepit. Isaac, qui de repromissione generatus ex Sara est, semen Dei appellatur. Scriptum est enim : *In Isaac vocabitur tibi semen*, id est, non qui filii carnis, hi filii Dei ; sed qui sunt filii repromissionis, isti *(f)* existimantur in semine. Et hoc non solum in Ismael et Isaac accidisse convincimus ; sed etiam in duobus Rebeccæ filiis, Esau et Jacob, quorum alter abjectus, alter electus est. Et hoc totum dicit, ut in **840** duobus prioribus fratribus, Ismael et Esau, populum Judæorum abjectum esse significet : In posterioribus autem, hoc est, in Isaac

---

(a) Duo Mss. *in Apostolorum insufflavit faciem*. Tum alibi in catalog. c. 39 et 40 *Priscam* dicit, non *Priscillam*.

(b) Perperam vetus editio, et Mediolanense exemplar, *Spiritus mittatur a Patre, et pro Filio veniat, in alio, atque alio loco*, etc.

(c) Vide Philonem de Allegoriis ; et paulo post, ubi de Manichæi hæresi, Augustinum in Enchirid. cap. 99. et quæst. 68. inter 83.

(d) Hæc latius explicamus in Epistola ad Desiderium, quæ Præfationis loco est in Pentateuchum : scilicet Iberas næenias vocat Apocryphorum *Ascensionis Isaiæ*, et *Apocalypsis Eliæ* somnia, quibus Basilidis discipulus Marcus Ægyptius in Hispania plures decepit, atque occupavit : qui etiam Ægyptia portenta ab ejusdem Marci natali solo, sive Ægypto, nuncupat. Vide Comment. in Isaiæ cap. 64. et quæ ibi adnotamus.

(e) Addit Ambrosian. *et obsequium*.

(f) Victorius contendit legendum *æstimantur*.

(Trente-deux.)

et Jacob, electum populum gentium, vel eos qui ex Judæis in Christum credituri erant. Et quoniam hoc volens approbare, proposuerat testimonium nascentium geminorum Esau et Jacob, de quibus scriptum est : *Major serviet minori* (*Gen.* 25) : et in Malachia legimus : *Jacob dilexi, Esau autem odio habui* (*Malach.* 1. 2. 3), venientem e latere quæstionem more suo proponit, et disserit : et hac soluta, revertitur ad id, de quo cœperat disputare. Si Esau et Jacob necdum nati erant ; nec aliquid egerant boni aut mali, ut vel promererentur Deum, vel offenderent : et electio eorum atque abjectio, non merita singulorum, sed voluntatem eligentis et abjicientis ostendit, quid ergo dicemus? Iniquus est Deus? Secundum illud exemplum, quo loquitur ad Moysen : *Miserebor cui misertus fuero* (*Rom.* 9. 15). *et misericordiam præstabo, cui miserebor.* Si hoc, inquit, recipimus, ut faciat Deus quodcumque voluerit, et absque merito et operibus, vel eligat aliquem, vel condemnet : ergo non est volentis neque currentis, sed miserentis Dei : maxime cum eadem Scriptura, hoc est idem Deus loquatur ad Pharaonem : *In hoc ipsum excitavi te, ut ostendam in te virtutem meam, et annuntietur nomen meum in universa terra.* Si hoc ita est, et pro voluntate sua misereretur Israeli, et induret Pharaonem : ergo frustra queritur, atque causatur, nos vel bona non fecisse, vel fecisse mala : cum in potestate ipsius sit et voluntate, absque bonis et malis operibus, vel eligere aliquem, vel abjicere ; præsertim cum voluntati illius humana fragilitas resistere nequeat. Quam validam quæstionem Scripturarum ratione contextam, et pene insolubilem, brevi Apostolus sermone dissolvit, dicens : *O homo! tu quis es qui respondeas Deo?* Et est sensus. Ex quod respondes Deo, et calumniam facis, et de Scripturis tanta perquiris, ut loquaris contra Deum, et justitiam voluntatis ejus incusas [al. *inquiras*], ostendis te liberi esse arbitrii, et facere quod vis, vel tacere, vel loqui. Si enim in similitudinem vasis fictilis te **841** a Deo creatum putas, et illius non posse resistere voluntati : hoc considera : quia vas fictile non dicit figulo : *quare me sic fecisti?* Figulus enim habet potestatem de eodem luto, aut eadem massa, aliud vas in honorem facere, aliud in contumeliam. Deus autem æquali cunctos sorte generavit, et dedit arbitrii libertatem, ut faciat unusquisque quod vult, sive bonum, sive malum. In tantum autem dedit omnibus potestatem ; ut vox impia disputet contra Creatorem suum, et causas voluntatis illius perscrutetur. *Sin autem Deus volens ostendere iram, et notam facere potentiam suam, sustinuit in multa patientia vasa iræ, apta ad interitum, ut ostenderet divitias gloriæ suæ in vasa misericordiæ, quæ præparavit in gloriam : quos et vocavit, non solum nos ex Judæis, sed etiam ex gentibus, sicut in Osee dicit* (*Cap.* 2. 24) : *Vocabo non plebem meam, plebem meam;* (a) *et non dilectam, dilectam : et erit in loco ubi dicitum*

(a) Pro hac lectione, *et non dilectam, dilectam,* in Commentariis in Oseam aliam præfert, sive *et non misericordiam consecutam, misericordiam consecutam*; addit-

est eis : non plebs mea vos, ibi vocabuntur filii Dei vivi (*Rom.* 9. 22. *et seqq.*), et cætera quæ sequuntur. Si inquit, patientia Dei induravit Pharaonem, et multo tempore pœnas distulit Israelis, ut justius condemnaret, quos tanto tempore sustinuerat, non Dei accusanda est patientia et infinita clementia, sed eorum duritia, qui bonitate Dei, in perditionem suam abusi sunt. Alioquin unus est solis calor, et secundum essentias subjacentes, alia liquefacit, alia indurat, alia solvit, alia constringit. Liquatur enim cera, et induratur lutum : et tamen caloris non est diversa natura. Sic et bonitas, et clementia Dei, vasa iræ, quæ apta sunt in interitum, id est populum Israel, indurat : vasa autem misericordiæ, quæ præparavit in gloriam, quæ vocavit, hoc est nos, qui non solum ex Judæis sumus, sed etiam ex gentibus, non salvat irrationabiliter, et absque judicii veritate ; sed causis præcedentibus : quia alii non susceperunt Filium Dei ; alii autem recipere sua sponte voluerunt. Hæc autem vasa misericordiæ, non solum populus gentium est, sed etiam hi, qui ex Judæis credere voluerunt, et unus credentium effectus est populus. Ex quo ostenditur, non gentes eligi, sed hominum voluntates, atque **842** ita factum est, ut impleretur illud, quod dictum est in Osee : *Vocabo non plebem meam, plebem meam,* hoc est, *populum gentium : et quibus prius dicebatur : non plebs mea vos, nunc vocentur* [al. *vocantur*] *filii Dei vivi.* Quod ne solum de gentibus dicere videretur, etiam eos qui ex Israelitica multitudine crediderunt, vasa misericordiæ, et electionis appellat. Clamat enim Isaias pro Israel : *Si fuerit numerus filiorum Israel quasi arena maris, reliquiæ salvæ fient* (*Rom.* 9. 27), hoc est, etiam si multitudo non crediderit, tamen pauci credent. Verbum enim consummatum atque breviatum in sua Deus æquitate libravit, ut humilitate, et incarnatione Christi, eos salvos faceret, qui in eum credere voluissent. Hoc ipsum et in alio loco dixit Isaias : *Nisi Dominus sabaoth reliquisset nobis semen, sicut Sodoma facti fuissemus, et sicut Gomorra similes essemus* (*Isai.* 1. 9). Cumque testimonia proposuisset, quibus duplex vocatio prædicitur, et gentium et populi Judæorum, transit ad cohærentem disputationem, et idcirco dicit gentes, quæ non sectabantur justitiam, apprehendisse justitiam, quia non superbierunt, sed in Christum crediderunt. Israelis autem magnam partem ideo corruisse, quia offenderit in lapidem offensionis, et petram scandali, et ignoraverit justitiam Dei : et quærens suam statuere justitiam, justitiæ Dei, quæ Christus est, subjici noluerit. Legi in cujusdam Commentariis sic respondisse Apostolum ut magis implicuerit, quam solverit quæstionem. Ait enim ad id, quod proposuerat : *Quid ergo dicemus? Numquid iniquitas apud Deum? Et, Non est*

que, Pro οὐκ ἠγαπημένην, id est absque misericordia, in quibusdam fertur exemplaribus οὐκ ἠγαπημένην, id est non dilecta. Sed veriora sunt exemplaria quæ habent absque misericordia, etc. Consentiunt hodiernum aliquot Mss. Græci, ex antiquis vero Patribus Irenæus lib. 4. cap. 37. Sed plerique alii hanc quæ hic præfertur, lectionem probant, *et non dilectam, dilectam ;* Vulgatus utrumque exhibet, simul et nectit.

volentis neque currentis, sed miserentis Dei : Et, *Cujus vult misereatur, et quem vult indurat Deus* : Et, *Voluntati ejus quis potest resistere*? Sic Apostolum respondisse : O homo, qui terra, et cinis es, audes facere quæstionem Deo? et vas fragile atque testaceum rebellas contra figulum tuum? Numquid figmentum potest dicere ei qui se finxit, *quare me sic fecisti*? Aut non habet potestatem figulus luti ex eadem massa facere, aliud quidem vas in honorem, aliud vero in contumeliam? Æterno igitur silentio conticesce : et scito fragilitatem tuam, et Deo ne moveas quæstionem, qui fecit **843** quod voluit : ut in alios clemens, in alios severus existeret.

Quid sit quod Apostolus scribit ad Corinthios in secunda Epistola : *Aliis odor mortis in mortem* : *aliis odor vitæ in vitam; et ad hæc quis tam idoneus* (2. Cor. 2. 16)? Totum loci hujus capitulum proponamus, ut ex præcedentibus, et sequentibus possint intelligi media , quæ ex utroque contexta sunt. *Cum venissem*, ait , *Troadem, propter Evangelium Christi, et ostium mihi apertum esset in Domino, non habui requiem spiritui meo, eo quod non invenerim Titum fratrem meum ; sed valefaciens eis, profectus sum in Macedoniam. Deo autem gratia, qui semper nos triumphat in Christo Jesu, et odorem notitiæ suæ per nos manifestat in omni loco ; quia Christi bonus odor sumus Deo, in his qui salvi fiunt, et in his qui pereunt : aliis quidem odor mortis in mortem, aliis autem odor vitæ in vitam. Et ad hæc quis tam idoneus? Non enim sumus, sicut plurimi* (a) *venundantes verbum Dei ; sed ex sinceritate, sed sicut ex Deo, coram Deo in Christo loquimur.* Narrat Corinthiis quæ fecerit, quæ passus sit, et quomodo in cunctis Deo agat gratias , ut sub exemplo sui illos provocet ad certandum. Veni, inquit, Troadem, quæ prius Troja appellabatur , ut Evangelium Christi in Asia prædicarem. Cumque mihi ostium apertum esset in Domino, hoc est, plurimi credidissent, sive per signa atque virtutes quæ in me operabatur Deus, et spes esset nascentis fidei, et in Domino succrescentis, non habui requiem spiritui meo, hoc est, speratam consolationem invenire non potui, eo quod Titum fratrem meum non invenerim , sive quem ibi reperiendum putabam, sive quem ibi audieram degere, vel qui venturum esse illuc se dixerat. Quæ autem fuit tanta consolatio, et quæ requies spiritui in præsentia Titi, quem quia non invenit, valefaciens eis, profectus est in Macedoniam ? Aliquoties diximus Apostolum Paulum virum fuisse doctissimum, et eruditum ad pedes Gamalielis (*Act.* 22. 5), qui in Apostolorum Actibus concionatur, et dicit : *Et nunc quid habetis cum hominibus istis? Si enim a Deo est, stabit, si ex hominibus, destruetur* (*Ibid.* 5. 38. 59). Cumque haberet scientiam sanctarum Scripturarum, **844** et sermonis diversarumque linguarum

(a) Sic juxta Græcum καπηλεύοντες Martianæus , et vetustiores nostri codices legunt ; alii tamen præferunt *adulterantes* cum Vulgata editione, quod Victorio placet. Revera Chrysostomus, quem alii passim sequuntur, alteram hanc interpretationem probat, illud enim καπηλεύοντες explicant. τὰ αὐτῶν ἀναμιγνύντες τοῖς θείοις.

gratiam possideret : unde ipse gloriatur in Domino, et dicit : *Gratias ago Deo, quod omnium vestrum linguis magis loquor* (1. Cor. 14. 18), divinorum sensuum majestatem digno (b) non poterat Græci eloquii explicare sermone. Habebat ergo Titum interpretem : sicut, et beatus Petrus Marcum, cujus Evangelium, Petro narrante, et illo scribente, compositum est. Denique et duæ Epistolæ quæ feruntur Petri , stylo inter se et charactere discrepant, **structuraque verborum**. Ex quo intelligimus, pro necessitate rerum, diversis eum usum interpretibus. Ergo et Paulus Apostolus contristatur : quia prædicationis suæ in præsentiarum fistulam, organumque per quod Christo caneret, non invenerat : perrexitque in Macedoniam, apparuerat enim ei vir Macedo, dicens : *Transiens adjuva nos* ; ut ibi inveniret Titum, et visitaret fratres : vel persecutionibus probaretur : hoc est enim quod dicit : *Deo autem gratia, qui semper triumphat nos in Christo Jesu, et odorem notitiæ suæ spargit in omni loco.* Triumphat nos , pro eo quod est , triumphat de nobis , sive triumphum suum agit per nos : qui in alio loco dixerat : *Spectaculum facti sumus mundo, et Angelis, et hominibus* (1. Cor. 4). Denique narrat in consequentibus. *Nam cum venissemus Macedoniam, nullam requiem habuit caro nostra : sed omnem tribulationem passi sumus. Foris pugnæ , intus timores. Sed Deus qui consolatur humiles, consolatus est nos in adventu Titi. Non solum autem in adventu ejus, sed etiam in consolatione* [al. *solatio*]. Ergo propterea valefaciens Trojanis sive Troadensibus, profectus est in Macedoniam, ut inveniret ibi Titum, et haberet interpretationis Evangeliique solatium : quem intelligimus non ibi repertum, sed post tribulationes, et persecutiones Apostoli supervenisse. Prius ergo quam venisset Titus, multa perpessus , agit gratias Deo in Christo Jesu, quem gentibus prædicabat, quod dignum se elegerit, in quo ageret triumphum Filii sui. Triumphus Dei est passio Martyrum ; et pro Christi nomine cruoris effusio, et inter tormenta lætitia. Cum enim quis viderit tanta perseverantia stare Martyres, atque torqueri, **845** et in suis cruciatibus gloriari, odor notitiæ Dei disseminatur in gentes, et subit tacita cogitatio quod nisi verum esset Evangelium, numquam sanguine defenderetur. Neque enim delicata et divitiis studens ac secura confessio est ; sed in carceribus, in plagis, in persecutionibus, in fame, in nuditate et siti. Hic triumphus est Dei Apostolorumque victoria. Sed poterat audiens respondere : Quomodo ergo non omnes crediderunt ?

(b) Passim Apostolum ob eruditionem Hieronymus admiratur , et cumulatissime laudat : quod autem heic illi Græcam eloquentiam denegat, multoque expressius in sequenti ad Algasiam Epist. Quæst. 10. id minime tribuendum est Hieronymianæ antilogiæ quod plerique faciunt, sed eo sensu accipiendum, **ut quem vi atque dicendi energia eloquentissimum dixit, verborum nitore atque elegantia** infra Rhetores insigniores faceret, quemque , ut ipse se explicat contra Ruffinum **vel Græcam facundiam contemneret, vel certe quod erat humilitatis, dissimularet.** August. I. 4. de Doctrin. Christ. c. 7. n. 11 : « Sicut Apostolum præcepta eloquentiæ secutum fuisse non dicimus , ita quod ejus sapientiam secuta sit eloquentia, non negamus. »

Prius ergo quam interrogaretur, solvit ἀνθυποφοράν (*exceptionem*); et juxta morem suum quidquid alius objicere potest, antequam objiciatur edisserit. Et est **sensus**: Nominis Christi in omni loco bonus odor sumus Deo, et prædicationis nostræ longe lateque spirat fragrantia. Sed quia homines suo arbitrio derelicti sunt: neque enim bonum necessitate faciunt, sed voluntate, ut credentes coronam accipiant, increduli suppliciis mancipentur: ideo odor noster qui per se bonus est, virtute eorum et vitio qui suscipiunt sive non suscipiunt, in vitam transit, aut mortem: ut qui crediderint, salvi fiant, qui vero non crediderint pereant. Nec hoc mirandum de Apostolo, cum etiam de Domino legerimus: *Ecce hic positus est in ruinam, et in resurectionem multorum in Israel, et in signum cui* (a) *contradicetur* (*Luc.* 2. 34): soli-que radios tam munda loca excipiant, quam immunda, et sic in floribus, quom do in stercore luceant: nec tamen solis radii polluuntur. Sic et Christi bonus odor, qui nunquam mutari potest, nec suam naturam amittere, credentibus vita est, incredulis mors. Mors autem non ista communis, quia cum bestiis morimur et jumentis: sed illa de qua scriptum est: *Anima quæ peccaverit, ipsa morietur* (*Ezech.* 18. 4). Ergo et vita arbitranda est non hæc, qua spiramus, et incedimus, et huc illucque discurrimus; sed illa de qua David loquitur: *Credo videre bona Domini in* (b) *terra viventium* (*Psal.* 26. 13). *Deus enim vivorum est, et non mortuorum* (*Matth.* 22. 23): et, *Vita nostra abscondita est cum Christo in Deo. Cum autem Christus apparuerit vita nostra, tunc et nos cum illo apparebimus in gloria* (*Coloss.* 3. 34). Nec vobis inquit, o Corinthii, parum esse videatur, si nobis prædicantibus veritatem, alii credant, alii non credant; alii vera morte moriantur, alii vivant ea vita quæ dicit: **846** *Ego sum vita.* Nisi enim nos locuti essemus, nec incredulos mors, nec credentes vita sequeretur: quia difficile dignus præco virtutum Christi inveniri potest, qui in annuntiandis illis non suam, sed ejus quærat gloriam quem prædicat. In eo autem quod se negat non esse sicut multos, qui vendunt verbum Dei, ostendit esse quam plurimos, qui quæstum putant esse pietatem, et turpis lucri gratia omnia faciunt, qui devorant domos viduarum (*Luc.* 20); se autem ex sinceritate quasi missum a Deo, et præsente eo qui se miserit, omnia in Christo et pro Christo loqui: ut causa prædicationis Dei, triumphus Christi, ejusque sit gloria. Et notandum quod mysterium Trinitatis in hujus capituli fine monstretur. *Ex Deo* enim, *in Spiritu Sancto, coram Deo*, *patre, in Christo loquitur*. Ad comprobandum autem quod de Troade perrexerit Macedoniam, de Apostolo Actibus ponam testimonium. *Cum autem pertransissent Mysiam, descenderunt Troadem, et visio per noctem Paulo ostensa est. Vir Macedo quidam erat stans et deprecans eum, ac dicens: Transiens in Macedoniam, adjuva nos. Quod cum vidisset, statim quæsivimus proficisci in Macedoniam, certi facti, quod vocasset nos Deus evangelizare eis* (*Act.* 16. 8. et seqq).

CAP. XII. — Quid sit quod in Epistola scribit ad Thessalonicenses prima: *Ipse autem Deus pacis sanctificet vos per omnia, ut integer spiritus vester et anima et corpus, sine querela in adventu Domini nostri Jesu Christi servetur* (1. *Thes.* 5. 13). Famosa quæstio, sed brevi sermone tractanda. Supra dixerat, *spiritum nolite extinguere* (*Ibid.* 19): quod si fuerit intellectum, statim sciemus quis iste sit spiritus, qui cum anima et corpore in die adventus Domini conservandus est. Quis enim possit credere, quod instar flammæ, quæ extincta desinit esse quod fuerat, extinguatur Spiritus Sanctus, et sustineat abolitionem sui, qui fuit quondam in Israel, quando per Isaiam et Jeremiam et singulos Prophetas dicere poterat: *Hæc dicit Dominus*, et nunc in Ecclesia per Agabum loquitur: *Hæc dicit Spiritus Sanctus. Divisiones donorum sunt, idem vero Spiritus: et divisiones ministeriorum sunt, idem autem Dominus: et divisiones operationum, idem vero Deus, qui operatur omnia in omnibus.* **847** *Unicuique autem datur manifestatio Spiritus ad id quod expedit. Alii per Spiritum datur sermo sapientiæ, alii sermo scientiæ secundum eumdem Spiritum: alii fides in eodem Spiritu, alii operatio virtutum, alii gratia sanitatum in uno spiritu, alii Prophetia, alii discretio spirituum. Omnia autem hæc operatur unus atque idem Spiritus, dividens singulis prout vult* (1. *Cor.* 12. 4. et seqq.). De hoc Spiritu, ne a se auferretur, rogabat David, dicens: *Spiritum sanctum tuum ne auferas a me* (*Ps.* 50. 13). Qui quando aufertur, non (c) substantia sui, sed ei a quo aufertur, extinguitur. Ego puto unum atque idem significare, *Spiritum nolite extinguere* (1. *Thess.* 5. 19), et quod in alio loco scribit: *Spiritu ferventes* (*Rom.* 12. 11). In quo enim fervor spiritus, multiplicata iniquitate, et caritatis frigore, non tepescit, in hoc spiritus nequaquam extinguitur. *Deus igitur pacis sanctificet vos per omnia*, vel in omnibus, sive *plenos* atque *perfectos*: hoc enim magis sonat ὁλοτελεῖς. Deus autem appellatur pacis: quia per Christum ei reconciliati sumus; qui est pax nostra, qui fecit utraque unum (*Ephes.* 2. 14): qui et in alio loco pax Dei dicitur, superans omnem sensum, quæ custodit corda cogitationesque Sanctorum. Qui autem sanctificatur, sive perfectus in omnibus est, in hoc et spiritus et anima et corpus in die Domini conservatur. Corpus, si singulorum membrorum utatur officiis, verbi gratia, si operetur manus, pes ambulet, oculus videat, audiat auris, dentes cibos molant, stomachus coquat, alvus digerat, aut si nulla membrorum parte truncatum est. Et hoc quisquam potest credere Apostolum pro credentibus deprecari, ut in die judicii integrum omnium corpus Christus inveniat: cum omnium corpora, aut morte dissoluta sint, aut si (ut quidam volunt) reperta fuerint spirantia

---
(a) Alii Mss. atque editi *contradicitur*, quod prætulit editor Benedictinus. Græc. ἀντιλεγομένου.
(b) Quidam Mss. *in regione viventium*.

(c) Veriorem esse lectionem, *non in substantia sui*, quam e Brixianis codicibus expressit, Victorius contendit.

[al. *adhuc spirantia habeant*], adhuc habeant debilitates suas, et maxime Martyrum, et eorum qui pro Christi nomine vel oculos effossos, vel amputatas nares, vel abscissas manus habeant? Ergo integrum corpus est, de quo diximus in alia quæstione, tenens caput, ex quo omne corpus connexum atque compactum, accipiet [al. *accipit*] augmentum (*a*) in administrationem 848 corporis Christi. Hoc corpus Ecclesia est. Et quicumque hujus corporis tenuerit caput, et cætera membra servaverit, habebit integrum corpus : quantum accipere potest humana natura. Juxta hunc modum et animæ integritas conservanda est, quæ dicere potest : *Benedic anima mea Dominum, qui sanat omnes infirmitates tuas* (Ps. 102. 1. 3); et de qua scriptum est : *Misit verbum suum, et sanavit eos* (Ps. 106. 20). Spiritus quoque in nobis integer conservatur, quando non erramus in spiritualibus, sed vivimus in spiritu, acquiescimus spiritui, et opera carnis mortificamus spiritu, afferimusque omnes fructus ejus, caritatem, gaudium, pacem, et cætera. Aliter. Præcipitur nobis, Salomone dicente : *Tu autem describe ea tripliciter in consilio et scientia ; ut respondeas* (*b*) *verbo veritatis, his qui proponunt tibi* (Prov. 22. 20. 21). Triplex in corde nostro descriptio, et regula Scripturarum est. Prima, ut intelligamus eas juxta historiam. Secunda, juxta tropologiam. Tertia, juxta intelligentiam spiritualem. In historia, eorum quæ scripta sunt, ordo servatur. In tropologia, de littera ad majora consurgimus, et quidquid in priori populo carnaliter factum est, juxta moralem interpretamur locum, et ad animæ nostræ emolumenta convertimus. In spirituali θεωρίᾳ ad sublimiora transimus, terrena dimittimus, de futurorum beatitudine, et cœlestibus disputamus : ut præsentis vitæ meditatio, umbra futuræ beatitudinis sit. Quos Christus [al. *Quos si Christus*] tales invenerit, ut et corpore, et anima, et spiritu integri conserventur, et perfectam habeant triplicis in se scientiæ veritatem, hos sua pace sanctificabit et faciet esse perfectos. Multi simpliciter hunc locum de resurrectione intelligunt, ut et spiritus, et anima, et corpus in adventu Domini integra conserventur. (*c*) Alii ex hoc loco triplicem in homine volunt affirmare substantiam : Spiritus, quo sentimus, animæ, qua vivimus, corporis, quo incedimus. Sunt qui ex anima tantum, et corpore subsistere hominem disserentes, spiritum in eo ter-

tium, non substantiam 849 velint intelligi, sed efficientiam, per quam et mens in nobis, et sensus, et cogitatio, et animus appellantur, utique non sunt tot substantiæ, quot nomina. Cumque illud eis oppositum fuerit : *Benedicite spiritus, et animæ justorum Domino* (Dan. 3. 86), Scripturam non recipiunt, dicentes eam in Hebraico non haberi. Nos autem in præsenti loco (ut supra diximus) scriptum, qui cum anima et corpore integer conservatur, non substantiam Spiritus Sancti, quæ non potest interire, sed (*d*) gratias ejus donationesque accipimus, quæ nostra vel virtute, vel vitio, et acceduntur, et extinguuntur in nobis.

EPISTOLA CXXI. (*e*)

AD ALGASIAM.

CAPITULA (*f*) XI QUÆSTIONUM ALGASIÆ AD S. HIERONYMUM.

I. *Cur Joannes discipulos suos mittit ad Dominum, ut interrogarent eum,* Tu es qui venturus es, an alium exspectamus? *Cum prius ipse de eodem dixerit :* Ecce Agnus Dei, ecce qui tollit peccata mundi.

II. *Quid significet quod in Matthæo scriptum est,* Arundinem quassatam non confringet ; et linum fumigans non extinguet.

III. *Quem sensum habet quod in Evangelio Matthæi scriptum est :* Si quis vult post me venire, abneget semetipsum. *Quæ est sui abnegatio : aut quomodo, qui sequitur Salvatorem seipsum negat.*

IV. *Quid vult significare quod in eodem Matthæo scriptum est :* Væ prægnantibus, et nutrientibus in illis diebus : Et, Orate ut non fiat fuga vestra in hyeme, vel sabbato.

V. *Quid sibi velit quod scriptum est in Evangelio secundum Lucam :* Et non receperunt, quia facies ejus erat vadens Jerusalem.

VI. *Quid sit villicus iniquitatis, qui Domini voce laudatus est.*

VII. *Quo sensu accipiendum est, quod in Epistola legimus ad Romanos :* Vix enim 850 pro justo quis moritur : nam pro bono forsitan quis audeat mori?

VIII. *Quid sibi vult quod ad Romanos scribit Apostolus :* Occasione accepta peccatum per mandatum operatum est in me omnem concupiscentiam.

IX. *Quare Apostolus Paulus in eadem ad Romanos scribit Epistola :* Optabam ego ipse anathema esse a Christo pro fratribus meis, *et reliqua.*

X. *Quid sibi velit quod idem Apostolus ad Colossenses scribit :* Nemo vos superet, volens in humilitate mentis, et religione Angelorum, *et reliqua.*

XI. *Quid est quod idem Apostolus ad Thessalonicenses scribit :* Nisi discessio venerit primum, et revelatus fuerit homo peccati, *et reliqua.*

(*a*) Vetustiores atque emendatiores libros secuti sic legimus cum Victorio, et juxta Græcorum ἐπιχορηγίας. Martianæus vero *in ædificationem*.

(*b*) Erasmus passim exscribens Martianæus, heic quoque minori numero *verbum* legit pro *verba :* quemadmodum et antiqui omnes libri, et textus uterque retinet, et ipse etiam Victorius emendat. Mox ut sensus constet, aut certe concinnior sit, post Salomonis verba uno spiritu subnectendum videtur insequens comma, expuncta etiam in fine *est* vocula, ut ea ipsa triplex descriptio, et regula præcipi intelligatur.

(*c*) Alteram hanc explicationem aut sententiam Tatianus commentus est, ac defendit, animam a corpore et spiritu ita distinguens, ut spiritum inter et corpus me.ia veluti substantia sit, quæ corpus quidem moderetur, sed et ipsa regatur a spiritu, quem lucem divinam appellat, et *imaginem et similitudinem* Dei. Vide ejus orationem ad Græcos

(*d*) Rectissime adeo Theodoretus, Πνεῦμα τὸ χάρισμα κέκληκε, *Spiritum vocavit donationem ipsam.* Paria habent Irenæus, ut Clemens Alexand. et Chrysostomus in hunc locum.

(*e*) Ilus 151 *scripta eodem anno ac superiore.*

(*f*) Hæc item Quæstionum Algasiæ capitula in antecessum excudimus iisdem de causis, quibus supra ea, quæ ex Hedibiæ Commentariolo dicebantur.

Expliciunt Capitula.

HIERONYMUS AD ALGASIAM,
De quæstionibus XI.

PRÆFATIO.—Filius meus Apodemius, qui (*a*) interpretationem nominis sui, longa ad nos veniens navigatione, signavit, et de Oceani littore, atque ultimis Galliarum finibus, Roma præterita, quæsivit Bethleem, ut inveniret in ea cœlestem panem, et saturatus eructaret in Domino, ac diceret : *Eructavit cor meum verbum bonum, dico ego opera mea regi* (*Ps.* 44. 1), detulit mihi in parva schedula maximas quæstiones, quas a te datas, mihique tradendas diceret. Ad quarum lectionem intellexi studium Reginæ Saba in te esse completum, quæ de finibus terræ venit audire sapientiam Salomonis (3. *Reg.* 10. 1 ; *Matth.* 12. 42). Non quidem ego Salomon, qui et ante se, et post se, cunctis hominibus præfertur sapientia ; sed tu Regina appellanda es [al. *ex*] Saba, in cujus mortali corpore non regnat peccatum, et quæ ad Dominum tota mente conversa, audies ab eo : *Convertere, convertere Sunamitis* (*Cant.* 6. 12). Etenim Saba in lingua nostra *conversionem* sonat. Simulque animadverti, quod quæstiuncula tuæ de **851** Evangelio tantum et de Apostolo propositæ, indicant te veterem Scripturam aut non satis legere, aut non satis intelligere, quæ tantis obscuritatibus, et futurorum typis obvoluta est, ut omnis interpretatione egeat : et porta orientalis, de qua verum lumen exoritur, et per quam Pontifex ingreditur et egreditur, semper clausa sit (*Ezech.* 43. 1. 2. et 44. 1), et soli Christo pateat (*Apoc.* 5), qui habet clavem David, qui aperit, et nemo claudit : claudit, et nemo aperit, ut illo reserante introeas cubiculum ejus, et dicas, *Introduxit me rex in cubiculum suum* (*Cant.* 1. 5). Præterea satis miratus sum, cur purissimo fonte vicino relicto, nostri tam procul rivuli fluenta quæsieris, et omissis aquis Siloe, quæ vadunt cum silentio (*Isai.* 8), desiderares [al. *desideras*] aquas Sihor, quæ turbidis sæculi hujus vitiis sordidantur. Habes istic sanctum virum (*b*) Alethium Presbyterum, qui viva, ut aiunt, voce, et prudenti disertoque sermone possit solvere quæ requiris : nisi forte peregrinas merces desideras, et pro varietate gustus, nostrorum quoque condimentorum te allimenta delectant. Aliis dulcia placent, nonnullos subamara delectant, horum stomachum acida renovant, illorum salsa sustentant. Vidi ego nauseam, et capitis vertiginem (*c*) antidoto, quæ appellatur πικρά, sæpe sanari, et juxta Hippocratem, contrariorum contraria esse remedia. Itaque nostram amaritudinem, illius nectareo melle curato, et mitte in Mara lignum crucis, senilemque pituitam juvenili austeritate compesce, ut possis læta cantare : *Quam dulcia gutturi meo eloquia tua, super mel ori meo* (*Ps.* 118. 103).

CAPUT PRIMUM.—Cur Joannes discipulos suos mittit ad Dominum, ut interrogent eum : *Tu es qui venturus es, an alium exspectamus* (*Matth.* 11. 3, *et Luc.* 7. 20)? Cum prius ipse de eodem dixerit : *Ecce Agnus Dei, ecce qui tollit peccata mundi* (*Joan.* 1. 29). De hac Quæstione in Commentariis Matthæi plenius diximus. Unde apparet quæ hæc interrogas, ipsa te volumina non habere. Tamen stringendum est breviter, ne omnino tacuisse videamur. Joannes mittebat discipulos suos in vinculis constitutus, ut sibi quærens, illis disceret ; et capite truncandus, illum doceret esse sectandum, quem interrogatione **852** sua magistrum omnium fatebatur. Neque enim poterat ignorare, quem ignorantibus ante monstraverat, et de quo dixerat : *Qui habet sponsam, sponsus est* (*Ibid.* 3. 29) ; Et, *Cujus non sum dignus calceamenta portare* (*Matth.* 3. 11) ; Et, *Illum oportet crescere, me autem minui* (*Joan.* 1. 27). Deumque Patrem intonantem audierat : *Hic est Filius meus dilectus, in quo mihi* (*d*) *complacui* (*Ibid.* 3. 50). Quod autem dicit : *Tu es qui venturus es, an alium exspectamus* (*Matth.* 3. 17)? hunc quoque sensum habere potest : Scio quod ipse sis, qui tollere venisti peccata mundi : sed quia ad inferos descensurus sum, etiam hoc interrogo, (*e*) utrum et illuc ipse descendas, an impium sit hoc de Filio Dei credere, aliumque missurus sis? Hoc autem scire desidero : ut qui te in terris hominibus nuntiavi, etiam inferis nuntiem, si forte venturus es. Tu enim es, qui venisti dimittere captivitatem, et solvere eos, qui in vinculis tenebantur. Cujus sciscitationem Dominus intelligens, operibus magis quam sermone respondet : et Joanni præcipit nuntiari, videre cæcos, ambulare claudos, leprosos mundari, surdos audire, mortuos surgere, et (quod his majus est) pauperes evangelizari (*Matth.* 11 ; *et Luc.* 7). Pauperes autem vel humilitate, vel divitiis : ut nulla inter pauperem divitemque distantia sit salutis ; sed omnes vocentur æqualiter. Quodque infert : *Beatus qui non fuerit scandalizatus in me* (*Matth.* 11. 6), non Joannem, sed discipulos ejus percutit, qui prius accesserant ad eum, dicentes : *Quare nos et Pharisæi jejunamus frequenter, discipuli autem tui non jejunant* (*Marc.* 18 ; *et Luc.* 5. 33) ? Et ad Joannem : *Magister, cui tu præbuisti testimonium juxta Jordanem, ecce discipuli ejus baptizant, et plures veniunt ad eum* (*Joan.* 3. 26). Quo dicto livorem significant de signorum magnitudine, ex invidiæ mordacitate

---

(*a*) Nimirum ἀπόδημος, unde *quodimus* Latine, ex ἀπόδημος Græco verbo, *peregrinum* sonat. *Marc.* 13. 34. ὡς ἄνθρωπος ἀπόδημος, sicut homo, qui peregre profectus, etc. Mox etiam Bethleem significationem alludit, quæ *domus panis* interpretatur.

(*b*) Hic ille Alethius videtur esse, ad quem S. Paulini scribitur epistola trigesima tertia, Florentii frater, eique in Cadurcensi Episcopatu successor : qua de re videndus Gregorius Turonensis lib. 2. Hist. Franc. cap. 13. Ejusdem porro Galliarum regionis erat Algasia.

(*c*) Vid. Epist. 78. ad Fabiol. Maus. V. Plin. L 22. c. 22.

(*d*) Victorius ex Brixianis codicibus, *mihi bene complacui*, quam vocem *bene* ex Græco εὐδόκησα, nititur confirmare.

(*e*) Facile hunc sensum expressit ex Origene Homil. 4. in Lucam, et in Regum libros. Visus quippe est illi minime quidem de Christi persona, sed de ejus morte Joannes revera dubitasse, ut qui Christum jam terris monstraverat, sciscitaretur, num inferis quoque adventurum nuntiaret. In hac sententiam conveniunt quoque Hippolytus de Antichristo, et Nazianzen. Orat. XX ; sed alii post Chrysostomum impugnant.

venientem : cur baptizatus a Joanne, ipse audeat baptizare; et multo amplior ad eum turba concurrat, quam prius venerat ad Joannem. Et ne forsitan plebs nesciens, hoc dicto Joannem suggillari arbitraretur, in illius laudes perorat : et coepit de Joanne ad turbas dicere circumstantes : *Quid existis in desertum videre ? arundinem vento agitatam? Sed quid existis in solitudinem videre? hominem mollibus vestitum (Matth. 11. 7 et 8; et Luc. 7. 24 et 25)?* et reliqua.

853 Cujus dicti hic sensus est : Numquid ad hoc existis in eremum, ut videretis hominem instar arundinis ventorum flatu, in partes varias inclinari ? ut quem ante laudaverat, de eo nunc dubitet : et de quo prius dixerat : *Ecce Agnus Dei,* nunc interroget, utrum ipse an alius sit, qui vel venerit, vel venturus sit? Et quia omnis praedicatio falsa sectatur lucra, et gloriam quaerit humanam, ut per gloriam nascantur compendia : asserit eum camelorum vestitum pilis, nulli posse adulationi succumbere; et qui locustis vescitur ac melle silvestri *(Matth. 3. 4),* nec opes neque alias terrenas delicias quaerere, rigidamque et austeram vitam, aulas vitare palatii, quas quaerunt qui purpura et bysso et serico et molibus vestiuntur. *(a)* Dicitque eum non solum Prophetam, qui soleat ventura praedicere; sed plus esse quam Prophetam : quia quem illi venturum esse dixerant, hic venisse monstravit, dicens : *Ecce Agnus Dei, qui tollit peccata mundi (Joan. 1. 29)* : praesertim cum ad fastigium Prophetae Baptistae accesserit privilegium ; ut qui dixerat : *Ego a te debeo baptizari (Matth. 3. 14),* ipse eum baptizaverit : non praesumptione majoris, sed obedientia discipuli, ac timore servi. Cumque inter natos mulierum, nullum asserat Joanne surrexisse majorem *(Matth. 11. 11),* se, qui de Virgine procreatus est, majorem esse commemorat : sive omnem Angelum in coelis qui minimus est, in terris cunctos homines anteire. Nos enim in Angelos proficimus ; et non Angeli in nos : *(b)* sicut quidam stertentes sopore gravissimo somniant. Nec sufficit hoc in Joannis laudibus, nisi ipse praedicans baptismum poenitentiae, prius dixisse referatur : *Poenitentiam agite, appropinquavit enim regnum coelorum (Matth. 3. 1).* Unde a diebus praedicationis ejus, regnum coelorum vim patitur *(Ibid. 11. 12)*; ut qui homo natus est. Angelus esse desideret; et terrenum animal, coeleste quaerat habitaculum. *Lex enim et Prophetae usque ad Joannem prophetaverunt (Ibid. 13)* : non quod Joannes Prophetarum sit finis et Legis, sed ille qui Joannis testimonio praedicatus est. Joannes autem secundum mysterium, quod in Malachia scri-

---

(a) Addunt vetustiores editi, *qui in domibus regum sunt.* Paulo post *monstrat* pro *monstravit* legebatur.
(b) Haec Origenes docuit teste Epiphanio Haeres. 64. cap. 4. et 33. omnes nempe hominum animas Angelos fuisse, et rursus fieri. Ille vero cum aliis locis tum praecipue in Joan. tom. 5. de ipso praecursore, quem pridem Angelum fuisse suspicatur : καὶ μηδὲν, inquit, θαυμαστὸν, τοῦ πρωτοτόκου πάσης τῆς κτίσεως ἐναυθρωπουμένου, κατὰ φιλανθρωπίαν ζηλωτὰς τινὰς καὶ μιμητὰς γεγονέναι Χριστοῦ, ἀγαπήσαντας τὸ διὰ τοῦ σώματος ὑπηρετῆσαι τῇ εἰς ἀνθρώπους αὐτοῦ χρηστότητι. Vid. epist. ad Avitum cap. 1. et in Aggaeum Comment. 1. Hujusmodi Haeretici *Psychopneumones* ab auctore Praedestinati appellantur.

ptum est *(Cap. 4. v. 5)*, *Ipse est Elias, qui venturus est (Matth. 11. 14)* : non quod eadem anima (ut Haeretici suspicantur) et in Elia et in Joanne fuerit : sed quod eamdem habuerit **854** Sancti Spiritus gratiam, zona cinctus ut Elias, vivens in eremo ut Elias : persecutionem passus ab Herodiade, ut ille sustinuit ab Jezabel : ut quomodo Elias secundi praecursor adventus est, ita Joannes venturum in carne Dominum Salvatorem, non solum in eremo, sed etiam in matris utero salutarit, et exultatione corporis nuntiarit.

CAP. II. — Quid significet quod in Matthaeo scriptum est : « Arundinem quassatam non confringet, et linum fumigans non extinguet » *(Matth. 12. 20).* Ad cujus expositionem loci, totum quod Matthaeus de Isaia Propheta assumit testimonium ponendum est, et ipsius verba Isaiae *(Isai. 42),* juxta Septuaginta interpretes, ipsumque Hebraicum, cui Theodotio, Aquila, Symmachusque consentiunt. Sic ergo de quatuor Evangelistis, solus Matthaeus posuit : « Jesus autem sciens, secessit inde : et secuti sunt eum multi, et curavit eos omnes : et praecepit eis, ne manifestum eum facerent ; ut impleretur quod dictum est per Isaiam Prophetam *(Cap. 42. v. 1. et seqq.),* dicentem : Ecce puer meus quem elegi : dilectus meus, in quo bene complacuit animae meae. Ponam spiritum meum super eum, et judicium gentibus nuntiabit. Non contendet, neque clamabit, neque audiet quisquam in plateis vocem ejus. Arundinem quassatam non confringet, et linum fumigans non extinguet, donec ejiciat ad victoriam judicium : et in nomine ejus gentes sperabunt » *(Matth. 12. 15. et seqq.).* Pro quo in Isaia juxta Septuaginta Interpretes sic scriptum est : « Jacob puer meus, suscipiam eum. Israel electus meus, suscepit eum anima mea. Dedi spiritum meum super eum, judicium gentibus proferet. Non clamabit, neque dimittet, nec audietur foris vox ejus. Arundinem confractam non conteret, et linum fumigans non extinguet : sed in veritate proferet judicium. Splendebit, et non quassabitur, donec ponat super terram judicium : et in nomine ejus gentes sperabunt. » Nos autem ex Hebraeo ita vertimus, « Ecce puer [*al. servus*] meus, suscipiam eum ; electus meus, complacuit sibi in illo anima mea. Dedi spiritum meum super eum : judicium gentibus proferet. Non clamabit, neque accipiet personam, neque audietur foris vox ejus. Calamum quassatum non conteret, et linum fumigans non extinguet. In veritate educet judicium. Non erit tristis neque turbulentus, donec ponat in terra judicium : et legem ejus insulae expectabunt. »

Ex quo apparet **855** Matthaeum Evangelistam, non veteris interpretationis auctoritate constrictum, dimisisse Hebraicam Veritatem : sed quasi Hebraeum ex Hebraeis, et in Lege Domini doctissimum ea gentibus protulisse, quae in Hebraeo legerat. Si enim sic accipiendum est, ut Septuaginta Interpretes ediderunt : *Jacob puer meus, suscipiam eum : Israel electus meus, suscepit eum anima mea,* quomodo in Jesu intelligimus esse completum, quod de (*a*) Jacob, et de Israel scriptum est ? Quod beatum Matthæum non solum in hoc testimonio, sed etiam in alio loco fecisse legimus : *Ex Ægypto vocavi filium meum* (*Osee* 11. 2) : pro quo Septuaginta transtulerunt : *Ex Ægypto vocavi filios ejus.* Quod utique, nisi sequamur Hebraicam Veritatem, ad Dominum Salvatorem non pertinere, manifestum est. Sequitur enim : *Ipsi autem immolabant Baalim.* Quod autem de assumpto testimonio in Evangelio minus est : *splendebit, et non quassabitur, donec ponat super terram judicium,* videtur mihi accidisse primi scriptoris errore, qui legens superiorem sententiam in verbo judicii esse finitam, putavit inferioris sententiæ ultimum verbum esse *judicium :* et pauca verba quæ in medio, hoc est, inter *judicium*, et *judicium* fuerant, prætermisit. Rursumque quod apud Hebræos legitur : *Et in lege ejus sperabunt insulæ,* Matthæus sensum potius quam verba interpretans, pro lege, et insulis, nomen posuit, et gentes. Et hoc non solum in præsenti loco, sed ubicumque de veteri Instrumento Evangelistæ et Apostoli testimonia protulerunt, diligentius observandum est : non eos verba secutos esse, sed sensum : et ubi Septuaginta ab Hebraico discrepant, Hebræum sensum suis expressisse sermonibus. Puer igitur Dei omnipotentis juxta dispensationem carnis assumptæ, qua [al. *quæ*] ad nos mittitur, Salvator est appellatus. Ad quem et in alio loco dicit Pater : *Magnum tibi est vocari puerum meum, ut congreges tribus Jacob* (*Isai.* 49. 3). Hæc [al. *Hic*] est vinea *Sorec,* quæ interpretatur, *electa.* Hic est filius amantissimus, in quo sibi complacuit anima Dei : non quod Deus animam habeat ; sed quod in anima omnis Dei monstretur affectus. **856** Et non mirum, si in Deo anima nominetur, cum universa humani corporis membra, secundum leges tropologiæ, et diversas intelligentias, habere dicatur. Posuit quoque spiritum suum super eum : *Spiritum Sapientiæ, et intelligentiæ, spiritum consilii, et fortitudinis, spiritum sapientiæ, et pietatis, et timoris Domini* (*Isai.* 11) : qui in specie columbæ descendit super eum ; de quo et Joannes Baptista a Deo Patre audisse se narrat : *Super quem videris Spiritum Sanctum descendentem, et manentem super eum, ipse est* (*Joan.* 1. 33). Et *Judicium gentibus nuntiabit ;* de quo, et in Psalmis : *Deus judicium tuum regi da, et justitiam tuam filio regis* (*Psal.* 71. 1). Qui et ipse loquitur in Evangelio : *Non enim Pater judicat quemquam, sed omne judicium dedit Filio* (*Joan.* 5. 22). *Non contendet :* sicut agnus ductus est ad victimam : non contendet in subversione audientium. *Neque clamabit,* juxta illud quod Paulus Apostolus scribit : *Omnis clamor, et ira, et amaritudo auferatur a vobis* (*Ephes.* 4. 31). Non clamabit : quia Israel non fecit judicium, sed clamorem. *Neque audiet quisquam in plateis, sive foris, vocem ejus. Omnis enim gloria filiæ regis ab intus* (*Psal.* 44. 14) : Et, *Arcta, et angusta via est, quæ ducit ad vitam* (*Matth.* 7. 14). Unde in plateis vox illius non auditur, in quibus confidenter agit sapientia, latam spatiosamque viam non ingrediens, sed arguens atque condemnans. Unde et his qui foris erant, non sua voce, sed per parabolas loquebatur : Arundinem, inquit, *quassatam non confringet ;* sive (ut Septuaginta transtulerunt) calamum fractum non conteret. Calamus fractus qui fuit antea vocalis, et in laudes Domini concinebat, appellandus est Israel, qui quoniam [al. *quondam*] impegit in angularem lapidem, et cecidit super eum, fractusque in illo est ; propterea dicitur de eo : *Increpa Domine bestias calami* (*Psal.* 67. 31) : et in Jesu volumine torrens appellatur *cannæ*, id est, *calami* ; qui aquas habet turbidas, quas elegit Israel, purissima contemnens fluenta Jordanis : reversusque mente in Ægyptum, et desiderans cœnosam ac palustrem regionem, peponesque, et cepe, et allia, et cucumeres, ollasque Ægyptiarum carnium, rectissime per Isaiam appellatur calamus fractus : cui qui inniti voluerit, **857** pertundetur manus ejus. Qui enim post adventum Domini Salvatoris Evangelicæ interpretationis spiritum derelinquens, in Judaicæ litteræ morte requiescit, istius cuncta opera vulnerantur. Linum quoque fumigans non extinguet, populum de gentibus congregatum, qui extincto legis naturalis ardore, fumi amarissimi, et qui noxius oculis est, tenebrosæque caliginis involvebatur erroribus. Quem non solum non restinxit et redegit in cinerem, sed e contrario de parva scintilla, et pene moriente, maxima suscitavit incendia ; ita ut totus orbis arderet igne Domini Salvatoris, quem venit mittere super terram, et in omnibus ardere desiderat (*Luc.* 12. 49). Secundum tropologiam quid nobis videretur de hoc loco, in Commentariolis Matthæi breviter (*b*) annotavimus. Iste autem qui arundinem quassatam non confregit, et linum fumigans non extinxit, judicium quoque perduxit ad victoriam (*Isai.* 42. 3), cujus judicia vera sunt, justificata in semetipsis (*Psal.* 18), ut justificetur in sermonibus suis, et vincat cum judicatur (*Psal.* 50), et tamdiu lumen prædicationis ejus in mundo resplendeat, nulliusque conteratur, et vincatur insidiis, donec ponat in terra judicium, et impleatur illud quod scriptum est : *Fiat voluntas tua, sicut in cœlo et in terra* (*Matth.* 6. 10). Et, *In nomine ejus gentes sperabunt* (*Isai.* 11. 10) ; sive *in lege ejus sperabunt insulæ* (*Ibid.* 42. 4). Quomodo enim insulæ turbine flatuque ventorum, et crebris tempestatibus feriuntur quidem, sed non subvertuntur, in exem-

---

(*a*) Recolenda sunt, quæ habet in Commentariis in Isaiam. *Jacob*, inquit, *et israel in præsenti capitulo non habentur, quod n*ec *Matthæus Evangelista posuit, secutus Hebraicam Veritatem. Hoc dicimus in sugillationem eorum, qui nostra contemnunt. De quo plenius in Matthæi Commentariolis, et in libro quem ad Algasiam nuper scripsimus, disputatum est.*

(*b*) Hujusmodi est autem adnotatio lib. 2. cap. 12. « Qui peccatori non porrigit manum, nec portat onus fratris sui, ipse calamum quassatum confringit. Et qui modicam scintillam fidei contemnit in parvulis, hic linum extinguit fumigans. Quorum neutrum Christus fecit : ad hoc enim venerat, ut salvum faceret quod perierat. »

plum Evangelicæ domus, quæ supra petram robusta mole fundata est (*Matth.* 7 ; *et Luc.* 6), ita et Ecclesiæ quæ sperant in lege, et in nomine Domini Salvatoris, loquuntur per Isaiam : *Ego civitas firma,* (*a*) *civitas quæ non oppugnatur* (*Isai.* 27. 3. *sec. LXX*).

CAP. III. — Quem sensum habeat, quod in Evangelista Matthæo scriptum est · *Si quis vult venire post me, abneget semetipsum* (*Matth.* 16. 24). Quæ est sui **858** abnegatio ? aut quomodo qui sequitur Salvatorem, seipsum abnegat ? De quo in tertio Commentariorum ejusdem Matthæi libro, ita breviter locutus sum : Qui deponit veterem hominem cum operibus suis negat seipsum, dicens : *Vivo autem jam non ego, vivit vero in me Christus* (*Galat.* 2. 20) : tollitque crucem suam et mundo crucifigitur. Cui autem mundus crucifixus est, sequitur Dominum crucifixum. Quibus nunc addere possumus : postquam ostendit discipulis quod oporteret eum ire Jerusalem, et multa pati a Sacerdotibus et Scribis, et principibus Sacerdotum et occidi, assumens eum Petrus, cœpit increpare et dicere : *Absit a te, Domine, non erit tibi hoc.* Qui conversus, dicit Petro : *Vade post me Satana, scandalum es mihi : quia non sapis quæ Dei sunt, sed quæ hominum* (*Matth.* 16. 23). Humano quippe timore perterritus, passionem Domini formidabat. Et quomodo, audiens *multa pati, et occidi*, timebat : sic audiens, *et tertia die* (*b*) *resurgere*, gaudere debuerat, et tristitiam passionis, resurrectionis gloria mitigare. Unde illo pro timore correpto, loquebatur ad omnes discipulos, sive, *convocavit turbam cum discipulis suis*, ut Marcus posuit ; aut juxta Lucam, *dicebat ad cunctos : Si quis vult post me venire, abneget semetipsum ; et tollat crucem suam, et sequatur me* (*Luc.* 9. 23). Cujus exhortationis hic sensus est : Non est delicata in Deum et secura confessio. Qui in me credit, debet suum sanguinem fundere. *Qui enim perdiderit animam suam in præsenti, lucrifaciet eam in futuro* (*Matth.* 10. 39). Quotidie credens in Christum, tollit crucem suam, et negat seipsum. Qui impudicus fuit, versus ad castitatem, temperantia luxuriam negat. Qui formidolosus et timidus, assumpto robore fortitudinis, priorem se esse nescit. Iniquus si sequatur justitiam, negat iniquitatem. Stultus si Christum confiteatur Dei virtutem et Dei sapientiam, negat stultitiam (1. *Cor.* 1). Quod scientes, non solum persecutionis tempore et necessitate martyrii, sed in omni conversatione, opere, cogitatione, sermone, negemus nosmetipsos quod ante fuimus, et confiteamur eos, qui in Christo renati sumus. Idcirco enim Dominus crucifixus est, ut et nos qui credimus in eum, et peccato mortui sumus, crucifigamur cum ipso, dicamusque quod Apostolus Paulus docuit : *Cum Christo crucifixus sum* (*Gal.* 2. 19). Et : *Mihi autem absit*

gloriari, **859** *nisi in Cruce Domini nostri Jesu Christi : per quem mihi mundus crucifixus est, et ego mundo* (*Galat.* 6. 14). Qui cum Christo crucifixus est, spoliet principatus et potestates, et triumphet eas in ligno. Unde et in Evangelio secundum (*c*) Matthæum, in typum eorum qui in Domino credituri erant, et se cum illo crucifixuri, Simon Cyrenæus portat crucem ejus ; quam juxta alios Evangelistas prior ipse portavit.

CAP. IV. — Quid vult significare, quod in eodem Matthæo scriptum est, *Væ prægnantibus, et nutrientibus in illis diebus*. Et : *Orate ne fiat fuga vestra hyeme vel sabbato* (*Matth.* 24. 19. 20). Quod ex superioribus pendere manifestum est. Cum enim Evangelium Christi cunctis gentibus fuerit prædicatum, et venerit consummatio, viderintque *abominationem desolationis, quæ dicta est a Daniele Propheta, stantem in loco sancto* (*Marc.* 13) : tunc præcipitur his, qui in Judæa sunt, ut fugiant ad montes ; et qui in tecto, ne descendant tollere aliquid de domo sua ; et qui in agro, ne revertantur auferre tunicam suam. De quibus in Commentariis ejusdem Matthæi plenius diximus. Statimque conjungitur : *Væ prægnantibus et nutrientibus in illis diebus.* In quibus diebus ? quando abominatio desolationis steterit in loco sancto. Quod quidem juxta litteram de adventu Antichristi prædicari, nulli dubium est : quando persecutionis magnitudo compellit fugere, et graves uteri, parvulique lactentes fugam retardant. Licet quidam Titi et Vespasiani adversus Judæos, et præcipue Jerusalem obsidionem pugnamque significari velint. Hyemem quoque et sabbatum, sic interpretantur, ne eo tempore fugere compellantur, quando duritia frigoris in agris, et in desertis locis, fugientes latere non patitur ; et observatio sabbati, aut prævaricatores facit, si fugiant ; aut hostium gladiis subjacere, si sabbati otium, et præcepta servaverint. Nos autem audientes Dominum Salvatorem, ut qui in Judæa **860** sunt, ad montana confugiant, ipsi quoque oculos levemus [al. *levamus*] ad montes, de quibus scriptum est : *Levavi oculos meos in montes, unde veniet auxilium mihi* (*Psal.* 120. 1). Et in alio loco : *Fundamenta ejus in montibus sanctis* (*Psal.* 86. 1) : Et, *Montes in circuitu ejus, et Dominus in circuitu populi sui* (*Psal.*

(*a*) Sic editi plerique ac Mss. cum negandi particula, *quæ non oppugnatur*, quemadmodum et in epistola ad Paulam de Hebraico Alphabeto adducitur. Et sensus quidem utroque in loco idem est, qui nimirum pro *non expugnatur* accipi atque exponi debet. Verum Martianæo ex aliis Mss. et forte Græco etiam textu πόλις πολιορχουμένη, placuit, *quæ oppugnatur*.

(*b*) Antea erat *resurget*.

(*c*) Brixiani codices novem penes Victorium duoque alii apud nos, quorum alter impressus est, secundum Joannem hoc loco, non *secundum Matthæum* Evangelium laudant. Ex Hieronymi quoque contextu et loquendi ratione facile nostro quidem judicio liquet, minime Matthæum adduci ab eo voluisse ; cum enim quæ hactenus explicavit, ex illo diversis locis petita sint, quid est quod quasi de nusquam antea in probationem adducto testimonio dicit, *Unde et in Evangelio secundum Matthæum ?* Si tamen ex Mss. Joannem substituas, neutiquam constabit sententiæ veritas, siquidem ex omnibus Evangelistis qui uno consensu a Simone Cyrenæo portatam fuisse crucem Jesu testantur, solus Joannes conceptis verbis a Christo illam antea sublatam asseverat. In hunc itaque sensum, quem intendi etiam a S. Doctore nullus dubito, post Mss. lectionem, nimirum substituto Joannis nomine, refici adhuc ex conjecturis locus deberet, hac verborum metathesi, puta, *crucem quam juxta alios Evangelistas Simon Cyrenæus portat, prior ipse portavit.* Verum quia Mss. non nisi superiori loco suffragantur, ab impressa lectione, quam cæteri etiam editores religiose observant, nihil a nobis est immutatum.

124): Et, *Non potest (a) latere civitas super montem posita* (*Matth.* 5. 14), et discalceamus non pelle litteræ, nudisque pedibus cum Moyse ascendentes montem (b), dicamus : *Transiens videbo visionem hanc magnam* (*Exod.* 3. 3); ut possimus intelligere prægnantes animas, quæ de semine doctrinarum et sermonis Dei, initia fidei conceperunt, et dicunt cum Isaia : *A timore tuo Domine concepimus, et parturivimus, et peperimus spiritum salutis tuæ, quem fecisti super terram* (*Isai.* 26. 14). Sicuti enim semina paulatim formantur in uteris : et tamdiu non putatur [al. *reputatur*] (c) homo, donec elementa confusa suas imagines membraque suscipiant : ita sensus ratione conceptus, nisi in opera proruperit, adhuc in ventre retinetur ; et cito abortio perit, cum viderit abominationem desolationis (*Dan.* 9. 27; *Matth.* 24. 15; *Marc.* 13. 14) stantem in Ecclesia, et Satanam transfigurari in Angelum lucis (2. *Cor.* 11. 14). De istiusmodi fœtibus Paulus loquitur dicens : *Filioli mei, quos iterum parturio, donec Christus formetur in vobis* (*Galat.* 4. 10). Has ergo reor juxta mysticos intellectus esse mulieres, de quibus idem Apostolus scribit : *Mulier seducta in transgressione facta est. Salvabitur autem per filiorum generationem, si permanserint in fide et caritate et sanctitate cum pudicitia* (1. *Tim.* 2. 14. 15). Quæ si de sermone divino aliquando generarit, necesse est, quæ generata sunt, crescere ; et primum accipere lac infantiæ (1. *Cor.* 3. 2), donec perveniant ad solidum cibum, et ad maturam ætatem plenitudinis Christi (*Ephes.* 4. 13). Omnis enim qui lacte alitur, imperitus est in ratione justitiæ : parvulus enim est. Hæ igitur animæ quæ necdum pepererunt, sive quæ necdum potuerunt quæ generata sunt alere ; cum viderint sermonem hæreticum stantem in Ecclesia, cito scandalizantur et pereunt : et in tempestate atque persecutionibus permanere non possunt, præsertim si otium habuerint bonorum operum, et non ambulaverint in via, quæ Christus est (*Joan.* 14. 6). De hac abominatione hæreticæ perversæque doctrinæ dicebat Apostolus, quod homo iniquitatis et adversarius elevet se contra omne quod dicitur Deus et religio, ita ut audeat stare in Templo Dei, et ostendere se quod ipse sit tanquam Deus (2. *Thess.* 2. 4) : cujus adventus secundum operationem Satanæ ; et ea quæ concepta sunt facit perire abortio ; et quæ sunt nata, ad pueritiam et ad perfectam ætatem pervenire non posse. Quamobrem orandus est Dominus, ne in exordio fidei et crescentis ætatis oriatur hiems, de qua scriptum est : *Hiems transiit, imber abiit sibi* (*Cant.* 2. 11) ; ne otio torpeamus : sed imminente naufragio, suscitemus dormientem Dominum, atque dicamus : *Præceptor salva nos, perimus* (*Matth.* 8. 25).

CAP. V.—Quid sibi velit, quod scriptum est in Evangelio secundum Lucam : *Et non receperunt eum : quoniam facies ejus erat (d) vadens in Jerusalem* (*Luc.* 9. 53). Festinans Dominus pergere in Jerusalem, ut complerentur dies assumptionis ejus, et Pascha celebraret, de quo dixerat : *Desiderio desideravi hoc Pascha comedere vobiscum antequam patiar* (*Ibid.* 22. 15), et bibere calicem, de quo ait : *Calicem quem dedit mihi Pater, non bibam illum* (*Joan.* 18. 11) ? omnemque doctrinam suam patibulo roboraret, juxta illud quod scriptum est : *Cum exaltatus fuero a terra, omnia traham ad meipsum* (*Ibid.* 12. 32); obfirmavit faciem suam, ut iret Jerusalem. Obfirmatione enim et fortitudine opus est ad passionem sponte properanti. Unde et Ezechieli, cui dixerat Deus : *Fili hominis in medio scorpionum tu habitas, et ne timeas eos* : (e) *obfirmavi*, inquit, *faciem tuam, et dedi faciem tuam æneam, et frontem tuam ferream* (*Ezech.* 2. 6. et 3. 9); ut si forsitan surrexisset contra eum malleus universæ terræ, quasi incus durissima resisteret, malleumque contereret, de quo scriptura est : *Quomodo confractus est, et contritus est malleus universæ terræ* (*Jer.* 50. 23) ? *Et misit nuntios*, id est, *Angelos ante faciem suam* (*Luc.* 9. 52). Justum enim erat ut Dei Filio (f) Angeli ministrarent. Sive Angelos, Apostolos vocat : quia et Joannes præcursor Domini, Angelus appellatus est (*Malach.* 3; *et Matth.* 11). Cumque ingressi essent vicum Samariæ, ut præpararent ei, non susceperunt illum : *quia facies ejus erat vadens in Jerusalem*. Hostili inter se Samaritani atque Judæi discordant odio, et cum omnes oderint gentes, proprio contra se furore bacchantur, dum utrique de Legis possessione contendunt, et intantum se mutuo persequuntur, ut postquam Judæi de Babylonia sunt reversi, ædificationem Templi, Samaritani semper impedierint. Cumque vellent et ipsi cum eis ædificare Templum, responderunt Judæi : *Non licet nobis et vobis ædificare domum Domini* (1. *Esdr.* 4). Denique pro summa injuria Pharisæi exprobrabant Domino : *Nonne di-*

(a) Victorius ex Vulgata editione ac Florentinis quibusdam Mss. aliisque Brixianis, *non potest abscondi*, cui favet et Græc. κρυβῆναι.
(b) Alii addunt *sina*, quod ejus mortis est nomen.
(c) Sic editi libri omnes ante Martianæum : sic ratio sensusque omnis petit. Ille tamen ex nescio quibus depravatis Mss. pro *homo* legit *homicidium*, quæ lectio, ut nihil ad rem sit, etiam ex ejus explicatione parum saram doctrinam continet. Ad marginem quoque communiscitur. Exod. locum XXI. 22. qui neutiquam est ad Hier. mentem.

(d) Victorius *erat obfirmata vadens*, quæ vox *obfirmata* in cunctis Mss. desideratur, [uto in iis etiam, quos Martianæus contulit, tametsi lectorem minime admoneat. Quin, etiam a Græco codice abest, ubi tantum ἦν τὸ πρόσωπον αὐτοῦ πορευόμενον : atque ab ipso Vulgato interprete, *quoniam facies ejus erat euntis*, etc. Eam tamen Beatinus interpres retineri omnino debere contendit, quod ex subnexa Hieronymi interpretatione constet, ab eo lectam fuisse, nam subdit, *obfirmatione enim et fortitudine*, aliaque infra his similia. Sed plurimum veremur, quin ipse aliique editores satis attente animadverterint, omnem ex superiori contextu historiam abs Hieronymo repeti suæ ut inserviat explicationi, verbaque *obfirmavit faciem suam, ut iret Jerusalem*, ex præcedenti Evangelii versiculo esse, ad quem adeo tota, quam heic S. Doctor *obfirmationis* mentionem ingerit, referenda est ; minime vero ad hunc quinquagesimum tertium, quem ubi iterum paulo infra recitat, constanter absque ejus vocis adjectione legit.
(e) Idem Victor. *obfirma, in quit*, etc.
(f) Vulgo *angelos* quidem significat Græcum vocabulum Ἀγγέλους, sed *nuntios* tamen plerique Patrum interpretantur heic loci, eosque homines fuisse, et de nomine Jacobum, et Joannem serio asserunt alii.

monium habes, et Samaritanus es? (Joan. 8. 48). Et in parabola de Jerusalem descendentis Jericho, Samaritanus ponitur pro signo atque miraculo, quod malus bene fecerit (Luc. 10): et ad puteum Samaritanæ scriptum est : *Non enim coutuntur Samaritani Judæis (Joan. 4. 9).* Videntes ergo Samaritæ Dominum Jerusalem pergere, id est, ad hostes suos, quod audierant a discipulis ejus, qui ad parandum hospitium venerant, Judæum esse cognoscunt : et quasi Judæum atque alienum, et eum qui ad inimicos pergeret, suscipere noluerunt. Quanquam, et alia nobis subjiciatur (a) intelligentia, quod voluntatis Domini fuerit, non suscipi a Samaritis, quia festinabat ire Jerusalem, ibique pati, et sanguinem fundere, ne occupatus susceptione Samaritica, et doctrina gentis illius, passionis differret diem, ad quam venerat sustinendam. Unde dicit et alio loco : *Non veni nisi ad oves perditas* **863** *domus Israel (Matth. 15. 24).* Et Apostolis præcepit : *Civitatem Samaritanorum non intrabitis (Ibid. 10. 5),* volens tollere omnem occasionem persecutionis Judaicæ : ne postea dicerent, crucifiximus eum, quia se inimicis nostris, et hostibus junxerat. Facies igitur ejus erat pergentis Jerusalem. Et idcirco juxta aliam intelligentiam, non receperunt eum Samaritæ : quia festinabat ingredi Jerusalem. Ut autem eum non reciperent, fuit Dominicæ voluntatis. Denique Apostoli in Lege versati, in qua tantum justitiam noverant, oculum pro oculo, dentem pro dente, ulcisci nituntur injuriam, et imitari Eliam, ad cujus vocem duos pentecontarchos militum ignis absumpserat : dicuntque ad Dominum : *Vis, dicimus, ut ignis descendat de cœlo, et consumat eos (Luc. 9. 54)*? Pulchre, *Vis,* inquiunt, *dicimus :* nam et Elias dixerat : *Si homo Dei sum, ignis descendat de cœlo super vos (4. Reg. 1. 10).* Ergo ut Apostolorum sermo efficientiam habeat, voluntatis est Domini. Nisi enim ille jusserit, frustra dicunt Apostoli, ut ignis descendat super eos, et quodammodo verbis aliis hoc loquuntur. Si ad servi Eliæ injuriam ignis descendit de cœlo, et non Samaritas, sed Judæos consumpsit incendium, quanto magis ad contemptum Filii Dei, in impios Samaritas debet flamma sævire ? E regione Dominus, qui non ad judicandum venerat ; sed ad salvandum, non in potestate, sed in humilitate, non in Patris gloria, sed in hominis vilitate, increpat eos, quod non meminerint doctrinæ suæ, et bonitatis Evangelicæ, in qua dixerat : *Qui te percusserit in* (b) *maxillam, præbe ei et alteram (Matth. 5. 39)* : Et, *Diligite inimicos vestros (Luc. 6. 35).*

(a) Ita Ambrosius quoque, et Theophilactus in hunc locum videntur sentire, quam tamen intelligentiam non prorsus immerito alii improbant, et repugnare sacro textui contendunt. Equidem si Christum retinere Samaritani haud valuerunt, quod ipse festinabat Jerusalem pergere, ipseque ab eis, qui voluissent eum suscipere, suscipi tamen noluit ; quid causæ fuit, *ut discipuli ejus Jacobus et Joannes* postularent Dominum, ut ignis descenderet de cœlo, et Samaritanos combureret, quo acceptam ab eis injuriam ulcisceretur.

(b) Sic Mss. atque editi uno consensu : Vulgatus addit *dexteram,* et *tuam,* quarum vocum altera etiam in vetustioribus Græcis codicibus desideratur. Facile e veteri La-

CAP. VI.—Alteram de Evangelio Lucæ (*Cap. 16. v. 1. et sqq.*) quæstiunculam proposuisti : quis sit villicus iniquitatis, qui Domini voce laudatus est. Cujus cum vellem scire rationem, et de quo fonte processerit, revolvi volumen Evangelicum, et inter cætera reperi ; quod appropinquantibus Salvatori publicanis, et peccatoribus, ut audirent eum, murmurabant Pharisæi et Scribæ, dicentes : *Quare iste peccatores suscipit, et comedit cum eis (Luc. 15. 2)*? Qui locutus est eis parabolam centum ovium, et unius perditæ, quæ inventa pastoris humeris reportata est. Et cur esset **864** proposita, statim intulit : *Dico vobis, sic erit gaudium in cœlo super uno peccatore pœnitentiam agente, magis quam super nonaginta novem justis, qui non habent opus pœnitentia.* Aliam quoque parabolam decem drachmarum uniusque perditæ, et repertæ cum proposuisset, simili eam fine complevit. *Sic dico vobis, gaudium erit coram Angelis Dei super uno peccatore pœnitentiam agente.* Tertiam quoque parabolam proposuit hominis habentis duos filios, et dividentis inter eos substantiam. Cumque minor facultatibus perditis, egere cœpisset, et comedere siliquas, porcorum cibum, reversus ad patrem, susceptus ab eo est. Frater quoque invidens senior, patris voce correptus est, quod lætari debuerit, et gaudere, quia frater ejus mortuus fuerat, et revixit : perditus erat, et inventus est. Has tres parabolas contra Pharisæos, et Scribas locutus est, qui nolebant recipere pœnitentiam peccatorum, et Publicanorum salutem. *Dicebat autem,* inquit, *et ad discipulos suos (Ibid. 16. 1),* haud dubium, quin parabolam, sicut prius ad Scribas, et Pharisæos : qua parabola ad clementiam discipulos hortaretur, et aliis diceret verbis : *Dimitte, et dimittetur vobis (Luc. 6. 7)* ; ut in Oratione Dominica libera fronte poscatis, *Dimitte nobis debita nostra, sicut et nos dimittimus debitoribus nostris (Matth. 6. 12).* Quæ est ergo parabola ad clementiam discipulos cohortantis ? *Homo quidam erat dives, qui habebat villicum (Luc. 16. 1)* sive *dispensatorem,* hoc enim οἰκονόμος significat. Villicus (c) autem proprie villæ gubernator est, unde et a villa villicus nomen accepit. Οἰκονόμος autem tam pecuniæ, quam frugum, et omnium quæ dominus possidet, dispensator est. Unde, et οἰκονομικὸς Xenophontis pulcherrimus liber est, qui non gubernationem villæ, sed dispensationem universæ domus (Tullio interpretante) significat. Iste igitur dispensator accusatus est ad dominum suum, quod dissiparet substantiam ejus. Quo vocato dixit : *Quid hoc audio de te ? Redde rationem dispensationis tuæ, neque enim ultra mea poteris dispensare.* Quid dixit in-

tina interpretatione utraque aberat, nam et Tertullianus de Patientia cap. 7. *Verberanti te in faciem, etiam alteram genam obverte.*

(c) Pro quocumque dispensatore, et custode generatim accipitur, maxime in sequiori ætate. Cassiodor. Variar. V. epist. 39. ad fin. « Villicorum quoque genus, quod ad damnosam tuitionem queruntur inventum, tam de privata possessione, quam publica funditus volumus amoveri, quia non est defensio, quæ præstatur invitis : suspectum est quod patiuntur nolentes.

tra semetipsum : *Quid faciam, quia dominus meus aufert a me dispensationem? Fodere non valeo, mendicare* **865** *erubesco. Scio quid faciam, ut quando sublata mihi fuerit dispensatio, suscipiant me in domos suas. Vocavit itaque singulos debitores domini sui, et dixit primo : Quantum debes Domino meo? Qui dixit ei : Centum batos olei. Ait illi : Tolle cautionem tuam, et sedens cito, scribe quinquaginta. Deinde ad alium locutus est : Tu autem quantum debes? At ille respondit : Centum coros tritici. Dixitque ei : Tolle cautionem tuam, et scribe octoginta. Et laudavit Dominus villicum, sive dispensatorem iniquitatis, quod prudenter fecerit : quia filii sæculi hujus prudentiores sunt filiis lucis in generatione sua. Et ego dico vobis, facite vobis amicos de iniquo mamona : ut quando defeceritis, recipiant vos in æterna tabernacula. Qui fidelis est in parvo, et in multo fidelis est. Qui minimo iniquus est, et in multo iniquus erit. Si ergo in iniquo mamona fideles non fuistis, quod verum est, quis credet vobis? Et si in alieno fideles non fuistis, quod vestrum est, quis dabit vobis? Nemo servus potest duobus Dominis servire : aut enim unum habebit odio, et alterum diliget : aut unum audiet, et alterum contemnet. Non potestis Deo servire, et mamonæ. Audiebant autem hæc omnia Pharisæi, qui erant avari, et subsannabant illum.* Totum parabolæ hujus textum posui, ut non nobis intelligentiam aliunde quæramus, et in parabola certas nitamur invenire personas ; sed interpretemur eam quasi parabolam, hoc est similitudinem, quæ ab eo vocatur quod alteri παραβάλλεται, hoc est, assimilatur, et quasi umbra prævium veritatis est. Si ergo dispensator iniqui mamonæ, Domini voce laudatur, quod de re iniqua sibi justitiam præpararit : et passus dispendia Dominus, laudat dispensatoris prudentiam, quod adversus Dominum quidem fraudulenter, sed pro se prudenter egerit : quanto magis Christus qui nullum damnum sustinere potest, et pronus est ad clementiam, laudabit discipulos suos, si in eos qui credituri [al. *crediti*] sibi sunt, misericordes fuerint? Denique post parabolam intulit : *Et ego vobis dico, facite vobis amicos de iniquo mamona.* Mamona autem, non Hebræorum, sed Syrorum lingua, divitiæ nuncupantur, (a) quod **866** de iniquitate collectæ sint. Si ergo iniquitas bene dispensata vertitur in justitiam : quanto magis sermo divinus, in quo nulla est iniquitas, qui et Apostolis creditus est, si bene fuerit dispensatus, dispensatores suos levabit in cœlum? Quamobrem sequitur : *Qui fidelis est in minimo,* hoc est in carnalibus, *et in multis fidelis erit,* hoc est in spiritualibus.

(a) Scilicet compositam vocem esse arbitratus est, et forte deduxit ex אין et מן, Minavon *de iniquitate,* אין quippe *vanitas,* et *iniquitas* est. Ipse etiam S. Irenæus l. 5. c. 8. nescio quam adjectionem compositionemque hoc in vocabulo invenit, sed cubat in mendo locus. Interim Chaldaice ac Syre unum est verbum, ממונא, quo ejus temporis idiomate utentes Judæi, divitias appellabant, easque præcipue, quæ alteri cum fœnore creduntur. Unde veram ejus nominis etymologiam, post varias doctorum hominum opiniones, non aliam putamus esse, quam quæ deducitur ex Hebraico האמן *credidit,* ex quo ממונא *creditum,* quod Græce est δάνεισμα, sive *fœnus.* Quæ interpretatio mirum Evangelii locis quam congruat.

Qui autem in parvo iniquus est, ut non det fratribus, utendum, quod a Deo pro omnibus est creatum; is et in spirituali pecunia dividenda iniquus erit ; ut n pro necessitate, sed pro personis doctrinam Domi dividat. Si autem, inquit, carnales divitias quæ labu tur, non bene dispensatis, veras æternasque diviti doctrinæ Dei, quis credet vobis? Et si in his qu aliena sunt (alienum autem est a nobis omne qu sæculi est) infideles fuistis, ea quæ vestra sunt, proprie deputata homini, quis vobis credere poteri Unde corripit avaritiam, et dicit eum qui amat pec niam, Deum amare non posse. Igitur et Apostoli si velint amare Deum, pecunias esse contemnendas Unde Scribæ et Pharisæi qui erant avari, adversu se dictam intelligentes parabolam, subsannaba eum : carnalia, ut certa et præsentia, spiritualibus a futuris, et quasi incertis præponentes, Theophilu Antiochenæ Ecclesiæ (b) septimus post Petrum Ap stolum Episcopus, qui quatuor Evangelistarum i unum opus dicta compingens, ingenii sui nobis mo numenta dimisit [al. *reliquit*], hæc super hac para bola in suis Commentariis est locutus. « Dives q habebat villicum, sive dispensatorem, Deus omnipo tens est, quo nihil est ditius. Hujus dispensator es Paulus, qui ad pedes Gamalielis sacras Litteras didi cit (*Act.* 22. 3), et Legem Dei susceperat dispensan dam. Qui cum cœpisset credentes in Christo perse qui, ligare, occidere, et omnem Domini sui dissipar substantiam, correptus a Domino est : *Saule, Saul quid me persequeris? Durum est tibi contra stimulum calcitrare (Actor.* 9. 4. 5). Dixitque in corde suo : Qui faciam? quia qui magister fui, et villicus, cogor ess discipulus et operarius. **867** *Fodere non valeo* Omnia enim mandata Legis, quæ terræ incubabant cerno destructa : et Legem atque Prophetas usque a Joannem Baptistam esse finitos. *Mendicare erubesco* ut qui doctor fueram Judæorum, cogar a gentibus e a discipulo Anania, salutis ac fidei mendicare doctri nam. Faciam igitur quod mihi utile esse intelligo : ut postquam projectus fuero de villicatione mea, re cipiant me Christiani in domos suas. Cœpitque eos qui prius versabantur in Lege, et sic in Christum crediderant (c), ut arbitrarentur se in Lege justifi candos, docere Legem abolitam (d), Prophetias præ terisse, et quæ antea pro lucro fuerant, reputari in stercora (*Philipp.* 3. 8). Vocavit itaque duos de plu ribus debitoribus. Primum, qui debebat centum batos olei, eos videlicet qui fuerant ex gentibus congregati, et magna indigebant misericordia Dei ; et de centena rio numero (qui plenus est atque perfectus) fecit eos scribere quinquagenarium, qui proprie pœnitentium

(b) Aliter in Catalogo *sextum* dixit Antiochensis Ecclesiæ Episcopum. Sic Theophileusis ad Autolycum operis inscriptio Θεοφίλου Πατριάρχου ἕκτου Ἀντιοχίας. Petrus scilicet una non computatur, quod passim usuvenit, Apostolos pro potestate eorum Apostolica indiculis Antistitum præficere vel iis eximere.
(c) Ex vetustiori edito, unoque Ms. legimus, *ut,* quod series orationis, quæque præpouitur, *sic* particula, postulare visæ sunt ; antea enim erat *ne arbitrarentur.* Contrario sensu, ac falso.
(d) Plerique alii editi *Prophetas.*

st, juxta jubilæum, et illam in Evangelio parabolam, in qua alteri quingenti, alteri quinquaginta denarii imittuntur. Secundum autem vocavit populum Judæorum, qui tritico mandatorum Dei nutritus erat, debebat ei centenarium numerum, et coegit, ut de entum, octoginta faceret, id est crederet in Domini esurrectione, quæ octavæ diei numero continetur, et octo completur decadibus: ut de sabbato Legis ansiret ad primam sabbati. Ob hanc causam a Domino prædicatur, quod bene fecerit; et pro salute sua Evangelii clementiam de Legis austeritate (a) mutus sit. Quod si quæsieris, quare vocetur *villicus iniquitatis*, in Lege, quæ Dei est; iniquus erat villius, qui bene quidem offerebat, sed non bene dividebat; credens in Patrem, sed Filium persequens; bens Deum omnipotentem, sed Spiritum Sanctum egans. Prudentior itaque fuit Paulus Apostolus in ansgressione Legis filiis quondam lucis, qui in Legis servatione versati, Christum qui Dei patris verum men est, perdiderunt. Ambrosius **868** Mediolanensis Episcopus quid de hoc loco senserit, in Comentariis ejus legere poteris. Origenis et Didymi in ne parabolam explanationem invenire non potui; utrum abolita sit temporum vetustate, an ipsi non ripserint, incertum habeo. Mihi juxta priorem interpretationem hoc videtur, quod de iniquo mamona debeamus nobis amicos facere, non quoslibet pauperes; sed eos qui nos possint recipere in domos as, et in æterna tabernacula: ut cum eis parva æbuerimus, recipiamus ab illis magna, et dantes iena, nostra suscipiamus, et seminemus in benedictione, ut metamus benedictionem: *Qui enim parce minaverit, parce et metet.*

CAP. VII. — Quo sensu accipiendum sit, quod in pistola legimus ad Romanos: *Vix enim pro justo quis oritur. Nam pro bono forsitan quis audeat mori* (Rom. 7). Duæ hæreses ex occasione hujus testimonii, od non intelligunt, diverso quidem errore, sed ri impietate blasphemant. Marcion enim qui justum eum, et Creatorem Legis facit, et Prophetarum; num autem Evangeliorum, et Apostolorum, cujus it esse Filium Christum, duos introducit deos: alterum justum, et alterum bonum. Et pro justo asse-t, vel nullos, vel paucos oppetisse mortem. Pro no autem, id est Christo, innumerabiles Martyres titisse. Porro Arius justum ad Christum refert, de o dictum est: *Deus judicium tuum regi da, et justitiam tuam filio regis* (Psal. 71. 1): Et ipse de se in vangelio: *Non enim Pater judicat quemquam; sed nne judicium dedit Filio* (Joan. 5. 22); Et, *Ego sicut adio, sic judico* (Ibid. 30). Bonum autem ac Deum trem, de quo ipse Filius confitetur: *Quid me dicis num: Nemo est bonus, nisi unus Deus Pater* (Luc. . 19). Cumque hucusque blasphemiæ suæ devios lles potuerit invenire, in consequentibus impingit, corruit. Quomodo enim pro Patre quis audet mori, pro Filio vix moritur, cum propter nomen Christi,

tantus Martyrum sanguis effusus sit? Qui igitur simpliciter hunc exponit locum, hoc potest dicere quod in veteri Lege, in qua justitia est, vix **869** pauci inventi sunt, qui suum fuderint sanguinem. In novo autem Instrumento, in quo bonitas est atque clementia, innumerabiles exstiterunt Martyres. Sed ex eo quod posuit, *forsitan quis* (b) *etiam audeat mori*, et pendulo gradu sententiam temperavit, inveniri posse nonnullos, qui audeant mori pro Evangelio, ostendit non sic accipiendum; sed ex superioribus, et inferioribus sensum loci hujus debere tractari. Dicens enim Paulus se gloriari in tribulationibus: quia *tribulatio patientiam operatur; patientia autem probationem; probatio vero spem; spes autem non confundit* (Rom. 5. 4. et 5), quæ ex eo certam habeat promissionem, *quia caritas Dei diffusa est in cordibus nostris, per Spiritum Sanctum qui datus est nobis* (Ibid.): secundum illud quod Deus dixerat per Prophetam: *Effundam de spiritu meo super omnem carnem* (Joel. 1. 28), miratur bonitatem Christi, quod pro impiis, et infirmis, et peccatoribus mori voluerit, et mori opportuno tempore, de quo ipse dicit: *Tempore opportuno exaudivi te, et in die salutis auxiliatus sum tui* (Isai. 49. 8). Et rursum: *Ecce nunc tempus acceptabile, ecce nunc dies salutis* (2. Cor. 6. 2). Quando omnes peccaverunt, simul inutiles facti sunt, non fuit qui faceret bonum, non fuit usque ad unum (Psal. 13. 1). Incredibilis ergo bonitas, et clementia inaudita, mori pro impiis, vix enim pro justo aliquem, et bono suum sanguinem fundere (c), metu mortis cuncta terrente. Nam inveniri interdum potest, ut aliquis pro re justa, et bona audeat mori. Caritas autem Dei, quam habuit in nobis, hinc maxime comprobatur, quod cum adhuc peccatores essemus, *Christus pro nobis mortuus est, et sublata est de terra vita ejus: Et pro iniquitatibus populi ductus est ad mortem: Et portavit peccata nostra, Et tradita est in mortem anima illius, Et, cum iniquis deputatus est* (Isai. 53); ut nos impios, et infirmos, et peccatores, pios et robustos, et justos faceret. Nonnulli ita interpretantur. Si ille pro nobis impiis mortuus est, et peccatoribus, quanto magis nos absque dubitatione pro justo, et bono Christo debemus occumbere? Justum autem, et bonum non putemus esse diversum, nec aliquam proprie significare personam; sed absolute **870** justam rem, et bonam, pro qua difficulter, sed interdum aliquis inveniri potest, qui suum sanguinem fundat.

CAP. VIII. — Quid sibi velit quod ad Romanos scribit Apostolus: *Occasione accepta, peccatum per mandatum operatum est in me omnem concupiscentiam* (Rom. 7. 7). Ponamus totum testimonium, et singula Christi auxilio disserentes, quid nobis videatur, simpliciter indicemus, non præjudicantes tuo sensui, quid velis intelligere, sed nostram sententiam breviter explicantes. *Quid ergo dicemus? Lex peccatum est? Absit. Sed peccatum non cognovi, nisi per Legem. Nam*

(a) Vitiose quidam editi *mutuatus sit*.

(b) Ex Græco καὶ, *etiam*: quæ vox in Latinis codicibus desideratur.

(c) Addunt editi vetustiores *contingit*.

concupiscentiam nesciebam, *nisi Lex diceret, non concupisces. Occasione autem accepta, peccatum per mandatum operatum est in me omnem concupiscentiam. Sine Lege enim peccatum mortuum erat. Ego autem vivebam aliquando sine Lege : sed ubi venit mandatum, peccatum revixit. Ego autem mortuus sum, et inventum est mihi mandatum quod erat ad vitam, hoc esse ad mortem. Peccatum enim, occasione accepta per mandatum, seduxit me, et per illud occidit. Itaque Lex quidem sancta, et mandatum sanctum, et justum, et bonum. Quod ergo bonum est, mihi mors* (a) *est? Absit. Sed ut peccatum appareat peccatum, per bonum mihi operatum est mortem : ut fiat supra modum peccans peccatum per mandatum. Scimus enim, quia Lex spiritalis est : ego autem carnalis sum, venumdatus sub peccato. Quod enim operor, ignoro* [al. *non intelligo*]. *Non enim quod volo* (b), *hoc ago : sed quod odi, illud facio. Si autem quod nolo, hoc facio, consentio legi, quia bona est. Nunc autem jam non ego operor illud, sed quod habitat in me, peccatum. Scio enim quod non habitat in me, hoc est in carne mea, bonum. Velle enim adjacet mihi, perficere autem bonum* (c), *non invenio. Non enim quod volo, facio bonum : sed quod nolo, malum, hoc ago. Si autem quod nolo, hoc facio : jam non ego operor illud, sed quod habitat in me peccatum. Invenio igitur legem volenti mihi facere bonum : quia mihi malum adjacet. Condelector enim legi Dei secundum interiorem hominem. Video autem aliam legem in membris mei, repugnantem legi mentis meae, et captivum me ducentem in lege peccati, quae est in membris meis. Infelix ego homo, quis me liberabit de corpore* **871** *mortis hujus? Gratia* (d) *Deo per Jesum Christum Dominum nostrum.* Quomodo medicina non est causa mortis, si ostendat venena mortifera, licet his mali homines abutantur ad mortem, et vel se interficiant, vel insidientur inimicis : sic Lex data est, ut peccatorum venena monstret ; et hominem male libertate sua abutentem, qui prius ferebatur improvidus, et per praecipitia labebatur, freno Legis retineat, et compositis doceat incedere gressibus, ita ut serviamus in novitate spiritus, et non in vetustate litterae, id est, vivamus sub praecepto, qui prius in modum brutorum animalium dicebamus ; *Manducemus et bibamus, cras enim moriemur* (1. *Cor.* 15. 52). Quod si subintrante Lege (quae docet quid facere, et prohibet quid non facere debeamus) vitio nostro et incontinentia feramur contra scita legalia, videtur Lex causa esse peccati : quae dum prohibet concupiscentiam, quodammodo eam inflammare cognoscitur. Saecularis apud Graecos sententia est : Quidquid licet, minus desideratur. Ergo e contrario quidquid non licet, fomentum accipit desiderii. Unde et Tullius de parricidarum suppliciis apud Athenienses Solonem scripsisse negat, ne non tam prohibere, quam commonere videretur. Igitur Lex apud contemptores et legum praecepta calcantes, videtur esse occasio delictorum : dum prohibendo quod non vult fieri, ligat eos vinculis mandatorum ; qui prius absque lege peccantes, non tenebantur criminibus. Haec diximus, Legem, quae per Moysen data est, intelligentes. Verum quia in consequentibus scriptum est : Lex Dei, et lex carnis atque membrorum, quae pugnat adversus legem mentis nostrae, et captivos nos ducit in Lege peccati, simulque quatuor leges contra se dimicantes in uno loco scriptas esse cognosco, non abs re arbitror, si requiram quot genera (e) legis in Scripturis sanctis esse memorentur. Dicitur Lex, quae per Moysen data est, secundum illud quod scriptum est ad Galatas : *Quotquot enim ex operibus Legis sunt, sub maledicto sunt. Scriptum est enim : Maledictus omnis qui non permanet in omnibus quae scripta sunt* **872** *in libro Legis, ut faciat ea* (*Gal.* 3. 10). Et rursum in eadem epistola : *Lex propter praevaricationes posita est, donec veniret semen cui repromissum est, disposita per Angelos in manu mediatoris* (*Galat.* 3. 19). Et iterum : *Itaque Lex paedagogus noster fuit in Christo, ut ex fide justificemur. Postquam autem venit fides, nequaquam ultra sub paedagogo sumus. Omnes enim filii Dei estis per fidem, quae est in Christo Jesu* (*Galat.* 3. 24. *et seqq.*). Historia quoque quae praecepta non continet, sed quid factum sit refert, ab Apostolo Lex appellatur. *Dicite mihi,* inquit, *qui sub Lege vultis esse, Legem non legistis? Scriptum est enim, quia Abraham duos filios habuit, unum de ancilla, et alterum de libera. Sed qui ex ancilla, secundum carnem natus est ; qui autem de libera, per repromissionem* (*Ibid.* 4. 22. 23). Sed et Psalmi Lex appellantur : *Ut compleretur sermo qui in Lege eorum conscriptus est : Quia odio habuerunt me gratis* (*Psal.* 68. 5). Isaiae quoque Prophetiam, Legem Apostolus vocat (1. *Cor.* 14. 21) : *In Lege scriptum est : quoniam in aliis linguis, et in aliis labiis loquar populo huic : et nec sic me exaudient, dicit Dominus* (*Isai.* 21). Quod juxta Hebraicum et Aquilam in Isaia scriptum reperi. Appellatur etiam Lex, mystica Scripturarum intelligentia : *Scimus quia Lex spiritualis est* (*Rom.* 7. 14). Et extra haec omnia, naturalem legem scriptam in cordibus nostris, idem Apostolus docet. *Cum enim Gentes, quae Legem non habent, naturaliter ea, quae Legis sunt, faciunt : Isti Legem non habentes ipsi sibi sunt Lex : qui indicant opus Legis*

(a) Graec. ἐμοὶ θάνατος ; tametsi alii cum Latinis addunt γέγονε, *factum est.*

(b) Sic melioris notae Latini Mss. Graecique textus exemplaria. Vulgata autem editio addit heic *bonum* et in sequenti oppositio membro *malum. Non enim quod volo bonum hoc ago, sed quod odi malum, illud facio.*

(c) Duo codd. absque inveniendi verbo, tantum habent *nequaquam.* Quemadmodum in Graecis quoque Mss. haud sane paucis οὐ tantum pro οὐχ εὑρίσκω

(d) Plerique Latini Mss. et Patres, *Gratia Dei* : sed quae Hier. sequitur Graeca exemplaria, ηὐχαριστῶ τῷ Θεῷ, sive χάρις δὲ τῷ Θεῷ : *Gratia Deo,* quemadmodum apud ipsam Vulgatam olim extitisse Lucas Brugensis putat.

(e) Haec de multiplici Legis acceptione ex Origene sumpta sunt fere ad verbum, ex tomo IX. in epist. ad Romanos, ὅτι δὲ ὁ νόμος φασὶν οὐκ ἐπὶ τοῦ αὐτοῦ, ἀλλ' ἐπὶ πλειόνων τίκτει τοῦτων ὁ πρὸς Γαλάτας λέγεται [...] isdem plane vestigiis, quibus Hieronymus insistit. Tum Σημαίνεται καὶ ἡ παρὰ Μωϋσεῖ ἀναγεγραμμένη ἱστορία ἀπὸ τῆς νομικῆς φωνῆς ὡς ἀπὸ τῆς αὐτῆς ἐπιστολῆς ἐστι λαβεῖν, ἐκ τοῦ, Λέγετε μοι, etc. Οὐ δὲ καὶ τοὺς ψαλμοὺς ὀνομάζομενος νόμος, ὡς δῆλον ἐκ τοῦ, Ἵνα πληρωθῇ, etc. ἀλλὰ καὶ ἡ τοῦ Ἡσαΐου προφητεία νόμος παρὰ τῷ ἀποστόλῳ λέγεται φαίνεται. Ἐν τῷ νόμῳ γέγραπται... εἴρω γὰρ τὰ ἑξῆς ὁμοιοτάτα τῷ λέγει τούτῳ. Ἐ. τι, τοῦ Ἀδὰμ εὑρήσεις κείμενα λέγεται νόμος καὶ ἡ ἀναγωγικὴ καὶ δεντέρα τοῦ λεγομένου νόμου [...] τε τῷ εἰδέναι γὰρ ὁ ὁ παρὰ τοιούτοις ἐστί. παρὰ ὁ λοιπὸν λόγον λέγει ὁ αὐτὸς τὰς καινὰς ἐννοίας περιέχουσα, καὶ ἴσως [...] caetera quae contulisse operae pretium erit.

scriptum in cordibus suis, testimonium perhibente illi conscientia (Ibid. 2. 14 et 15). Ista lex quæ in corde scribitur, omnes continet nationes : et nullus hominum est, qui hanc legem nesciat. Unde omnis mundus sub peccato, et universi homines prævaricatores legis sunt : et idcirco justum judicium Dei est scribentis in corde humani generis : *Quod tibi fieri nolueris, alteri ne feceris.* Quis enim ignoret homicidium, adulterium, furtum, et omnem concupiscentiam esse malum, ex eo quod sibi ea nolit fieri? Si enim mala esse nesciret, nequaquam doleret sibi esse illata. Per hanc naturalem legem et Cain cognovit peccatum suum, dicens : *Major est causa mea, quam ut dimittar.* Et Adam et Eva cognoverunt **873** peccatum suum, et propterea absconditi sunt sub ligno vitæ. Pharao quoque antequam Lex daretur per Moysen, stimulatus lege naturæ, sua crimina confitetur, et dicit : *Dominus justus, ego autem et populus meus impii* (Exod. 9. 27). (a) Hanc legem nescit pueritia, ignorat infantia, et peccans absque mandato, non tenetur lege peccati. Maledicit patri et matri, et parentes verberat : et quia needum accepit legem sapientiæ, mortuum est in eo peccatum. Cum autem mandatum venerit, hoc est, tempus intelligentiæ appetentis bona, et vitantis mala : tunc incipit peccatum reviviscere, et ille mori, reusque esse peccati. Atque ita fit, ut tempus intelligentiæ, quo Dei mandata cognoscimus, ut perveniamus ad vitam, operetur in nobis mortem : si agamus negligentius, et occasio sapientiæ seducat nos atque supplantet, et ducat ad mortem. Non quod intelligentia peccatum sit (Lex enim intelligentiæ sancta et justa et bona est) sed per intelligentiam peccatorum atque virtutum mihi peccatum nascitur, quod priusquam intelligerem, peccatum esse non noveram. Atque ita factum est, ut quod mihi pro bono datum st, meo vitio mutetur in malum; et ut hyperbolice icam, novoque verbo utar ad explicandum sensum neum : peccatum, quod priusquam haberem intelligeniam, absque peccato erat, per prævaricationem nandati incipiat mihi esse peccantius peccatum. Prius quæramus quæ sit ista concupiscentia, de qua Lex icit : *Non concupisces.* Alii putant illud esse mandatum, quod in Decalogo scriptum est : *Non concupices rem proximi tui* (Deut. 5. 21). Nos autem per oncupiscentiam omnes perturbationes animæ significatas putamus, quibus mœremus et gaudemus, timemus et concupiscimus. Et hoc Apostolus vas electionis, cujus corpus templum erat Spiritus Sancti, t qui dicebat : *An experimentum quæritis ejus qui in ne loquitur Christus* (1. Cor. 13. 3)? Et in alio loco : 'hristus nos redemit (Galat. 3. 13) : Et iterum : *Vivo autem jam non ego, vivit vero in me Christus* (Ibid. 2. 0), non de **874** se loquitur, sed de eo, qui vult

(a) Isthæc quoque ex Origene explicatio sumitur, cujus, Rufino interprete, hujusmodi sententia est : notari Pauli erbis hominem in infantia, qui tamdiu legem ignorat, juamdiu ætatis processu noverit inter bonum, et malum liscernere, et a conscientia audierit, *Non concupisces.* At lerique alii Patres interpretantur in universum naturam numanam in Pauli persona repræsentari, primum quidem iberam, deinde Lege constrictam. Vide Chrysost., et præcipue Aug. lib. 1. contra duas Epistolas Pelagianorum.

post peccata agere pœnitentiam : et sub persona sua, fragilitatem describit conditionis humanæ : quæ duorum hominum, interioris et exterioris pugnantium inter se bella perpetitur. Interior homo consentit et scriptæ et naturali legi, quod bona sit, et sancta, et justa, et spiritualis. Exterior, *Ego*, inquit, *carnalis sum, venundatus sub peccato. Quod enim operor nescio, et non quod volo hoc ago, sed quod odi* (Rom. 7. 14). Si autem exterior facit quod non vult, et operatur quod odit, ostendit bonum esse mandatum, et non se operari quod est malum; sed habitans in sua carne peccatum : hoc est vitia corporis, et desideria voluptatis, quæ propter posteros et sobolem insita est humanis corporibus : et si fines fuerit egressa, vertitur in peccatum. Se unusquisque consideret, et accusator sui, tractet incentiva vitiorum : quomodo et in sermone, et in cogitatione, et in calore corporis sæpe loquatur, et cogitet, et patiatur, quod non vult : nolo dicere, faciat, ne sanctos viros videar accusare, de quibus scriptum est : *Erat ille homo verus et immaculatus, justus Dei cultor, recedens ab omni opere malo* (Job 1. 1). Et de Zacharia, et Elizabeth : *Erant justi ambo in conspectu Dei, ambulantes in omnibus mandatis et justificationibus Domini absque querela* (Luc. 1. 6). Et præceptum est Apostolis : *Estote perfecti, sicut Pater vester cœlestis perfectus est* (Matth. 5. 46). Nunquam autem hoc Apostolis imperaret, nisi sciret hominem posse esse perfectum. (b) Nisi forte hoc dicamus, quod recedens ab omni malo, emendationem significet, et de erroribus pueritiæ, et de vitiis lascivientis ætatis, transitum ad correctionem atque virtutes; justitiam quoque quæ in Zacharia, et Elizabeth prædicatur, foris esse; concupiscentiam vero quæ nunc habitare in membris nostris dicitur, versari intrinsecus. Sed et Apostolis non pueris præcipitur, verum jam ætatis robustæ, ut assumant perfectionem, quam et nos confitemur in ætate esse perfecta. Nec hæc dicentes, adulamur vitiis; sed auctoritatem sequimur Scripturarum, **875** quod nullus homo sit absque peccato, sed conclusit Deus omnes sub peccato; ut omnium misereatur (Gal. 3. 22) : absque eo solo, *qui peccatum non fecit, nec inventus est dolus in ore ejus* (Isai. 53). Unde et per Salomonem dicitur : quod serpentis vestigia non inveniantur in petra (Prov. 30). Et ipse de se Dominus : *Ecce*, inquit, *venit princeps mundi hujus; et nihil in me invenit* (Joan. 14. 30), id est, sui operis, suique vestigii. Ob hanc causam jubetur nobis, ne exprobremus homini revertenti a peccatis suis, et ne abominemur Ægyptium : quia, et ipsi quondam in Ægypto fuimus; et de luto ac lateribus Pharaoni civitates extruximus (Deut. 23); et quia captivi ducti sumus in Babylo-

(b) Vides superiora dubitando proponi, non pro certis constitui; nam statim, quasi retractans, illa de hominum perfectione sententia quomodo accipienda sit, explicat. Ubi vero hujusmodi loca, et exempla Pelagiani in hæresim suam trahere conati sunt, tribus integris libris, tuetur et calumniis liberat. Epistola ad Ctesiphontem num. XIII. « Quod autem in Scripturis sanctis multi justi appellentur, ut Zacharias, et Elizabeth...., et multi quorum nominibus sacra Scriptura contexta est..., hoc breviter perstrinxisse sufficiat, quod justi appellentur : non quod omni vitio careant, sed quod majori parte virtutum commendentur. »

nem lege peccati, quod in membris nostris morabatur. Cumque videretur extrema desperatio, imo aperta confessio, omnem hominem diaboli laqueis irretiri, conversus in se Apostolus, imo homo, sub cujus persona Apostolus loquitur, agit gratias Salvatori, quod redemptus sit sanguine ejus, et sordes in baptismo deposuerit, et novum Christi assumpserit vestimentum, et mortuo veteri homine, natus sit homo novus, qui dicat: *Miser ego homo, quis me liberabit de corpore mortis hujus* (Rom. 7. 24)? *Gratias ago Deo per Jesum Christum Dominum nostrum, qui me de corpore mortis liberavit.* Quod si cui non videtur sub persona sua hoc Apostolus de aliis dicere, exponat, quomodo Daniel, quem justum fuisse novimus (a), quasi de se dicat, cum pro aliis deprecatur: *Peccavimus, inique fecimus, injuste gessimus, impie egimus, et recessimus, ac declinavimus a mandatis, et judiciis tuis, et non audivimus servos tuos Prophetas, qui locuti sunt in nomine tuo ad reges nostros, et principes, et patres, et ad omnem populum terræ. Tibi Domine justitia, nobis autem confusio* (Dan. 3. 29. et seqq.). Illud quoque quod in tricesimo primo Psalmo dicitur: *Peccatum meum cognitum tibi feci, et iniquitatem meam non abscondi. Dixi: Confitebor adversum me injustitiam meam Domino, et tu remisisti impietatem peccati mei. Pro hac orabit ad te omnis sanctus in tempore opportuno* (Psal. 31. 5. et seqq.), non David, et justo viro, et (ut simpliciter loquar) Prophetæ, cujus verba narrantur, sed peccatori congruit. Cumque justus sub persona pœnitentis talia profudisset, a Deo meretur audire: *Intelligere te faciam, et docebo te in via hac qua ambulabis : confirmabo super te oculos meos* (Ibid. 8). In tricesimo quoque septimo Psalmo, cujus titulus est, *In commemorationem*, ut doceat nos semper peccatorum nostrorum memores esse debere, et agere pœnitentiam, tale quid legimus: *Non est pax ossibus meis a facie peccatorum meorum. Quoniam iniquitates meæ elevatæ sunt super caput meum, quasi onus grave gravatæ sunt super me. Corruptæ sunt, et putruerunt cicatrices meæ, a facie insipientiæ meæ. Afflictus sum, et curvatus sum usque ad finem* (Psal. 37. 4. et seqq.). Totus hic Apostoli locus, et in superioribus, et in consequentibus, imo omnis Epistola ejus ad Romanos, nimiis obscuritatibus involuta est, et si voluero cuncta disserere, nequaquam mihi unus liber, sed magna, et multa erunt scribenda volumina.

CAP. IX.—Quare Apostolus Paulus in eadem ad Romanos scribit Epistola: *Optabam ego ipse anathema esse a Christo, pro fratribus meis ac propinquis juxta carnem, qui sunt Israelitæ, quorum adoptio et gloria, et testamenta, et legislatio, et cultus, et repromissiones : quorum patres, et ex quibus est Christus juxta carnem : qui est super omnia Deus benedictus in sæcula, amen*

(Rom. 9. 3. et seqq.). Revera valida quæstio, quomodo Apostolus qui supra dixerat: *Quis nos separabit a caritate Christi, tribulatio, an angustia, an persecutio, an fames, an nuditas, an periculum, an gladius* (Ibid. 8. 35)? Et rursum: *Confido autem, quia neque mors, neque vita, neque Angeli, neque Principatus, neque præsentia, neque futura, neque fortitudo, neque excelsa, neque profundum, neque alia creatura, poterit nos separare a caritate Dei, quam habemus in Christo Jesu Domino nostro* (Ibid. 38. 39), nunc sub jurejurando confirmet, et dicat : *Veritatem dico in Christo Jesu, non mentior, testimonium mihi perhibente conscientia mea in Spiritu Sancto, quoniam tristitia est mihi magna, et continuus dolor cordi meo : Optabam enim anathema esse a Christo pro fratribus meis, et propinquis juxta carnem;* et reliqua. Si enim in Deum tantæ est caritatis, ut nec metu mortis, nec spe vitæ, nec persecutione, nec fame, nec nuditate, nec periculo, nec gladio, possit separari a caritate ejus; et si Angeli quoque, et Potestates, et vel præsentia, vel futura, et omnes cœlorum Fortitudines, et excelsa pariter ac profunda, et universa simul creatura ei ingruat, quod nequaquam potest fieri : tamen non separetur a caritate Dei, quam habet in Christum Jesum : quæ est ista tanta mutatio, imo inaudita prudentia, ut pro caritate Christi, nolit habere Christum? Et ne ei forsitan non credamus, jurat, et confirmat in Christo, et conscientiæ suæ testem invocat Spiritum Sanctum, se habere tristitiam, non levem ac fortuitam; sed magnam et incredibilem, et habere dolorem in corde, non qui ad horam pungat et transeat, sed qui jugiter in corde permaneat. Quo tendit ista tristitia? Ad quid proficit incessabilis dolor? Optat anathema esse a Christo, et perire, ut alii salvi fiant. Sed si consideremus Moysis vocem rogantis Deum pro populo Judæorum, atque dicentis : *Si dimittis eis peccatum suum, dimitte; si autem non vis, dele me de libro tuo quem scripsisti* (Exod. 32. 31. 32), perspiciemus eumdem, et Moysis, et Pauli erga creditum sibi gregem affectum. Pastor enim bonus ponit animam suam pro ovibus suis. Mercenarius autem, cum viderit lupum venientem, fugit, quia non sunt ejus oves (Joan. 10. 11. 12). Et hoc ipsum est dicere : *Optabam anathema esse a Christo;* et *dele me de libro tuo quem scripsisti.* Qui enim delentur de libro viventium, et cum justis non scribuntur, anathema fiunt a Domino. Simulque cerne Apostolum quantæ caritatis in Christum sit, ut pro illo cupiat mori, et solus perire, dummodo omne in illum credat hominum genus. Perire autem, non (b) in perpetuum, sed impræsentiarum. Qui enim perdiderit animam suam pro Christo, salvam eam facit (Matth. 10. 39). Unde, et de quadragesimo tertio Psalmo assumit exemplum : *Quoniam propter te mor-*

(a) In Commentariis in hunc locum, « Et certe, inquit, tres pueri non peccaverant, nec ejus ætatis erant, quando ducti sunt in Babylonem, ut propter sua vitia punirentur. Ergo quomodo hi ex persona populi loquuntur, sic illud Apostoli legendum est, » Non enim quod volo hoc ago, sed quod nolo illud operor.

(b) Chrysostomus tamen, quæ ejus haud satis congrua sententia videatur, ηὔξατο, inquit, εἰς γέενναν ἀπελθεῖν, καὶ αἰωνίῳ παραδοθῆναι κολάσει, ὑπὲρ τοῦ τοὺς Ἰουδαίους σωθῆναι. « Optavit in gehennam descendere, æternisque tradi cruciatibus, dummodo Judæi salutem consequerentur. » Hieronymus, quem alii passim secuti sunt, ex Origene accepit.

tificamur tota die, reputati sumus ut oves occisionis (Ps. 43. 22). Vult **878** ergo Apostolus perire in carne, ut alii salventur in spiritu; suum sanguinem fundere, ut multorum animæ conserventur. Quod autem anathema interdum occisionem sonet, multis veteris Instrumenti testimoniis probari potest. Et ne levem putemus esse tristitiam, et modicam causam doloris, jungit, et dicit : *Pro fratribus meis, et propinquis juxta carnem*. Quando propinquos appellat, et fratres juxta carnem, in spiritu a se ostendit alienos. *Quorum est*, inquit, *adoptio*, quæ significantius Græce dicitur υἱοθεσία, de quibus quondam Dominus loquebatur : *Filius primogenitus meus Israel* : Et, *filios genui, et exaltavi* (Isai. 1. 2), nunc dicit : *Filii alieni mentiti sunt mihi* (Psal. 17. 46). Et, *quorum gloria*, ut de cunctis gentibus eligerentur in peculiarem populum Dei : Et, *quorum testamenta* (a), unum in littera, alterum in spiritu : ut qui prius in carne servierant cæremoniis Legis abolitæ; postea servirent in spiritu mandatis Evangelii sempiterni. *Et legislatio*, ad utrumque respondet, et novi, et veteris Instrumenti. *Et cultus*, id est, vera religio. *Et repromissiones*; ut quidquid repromissum est patribus, compleretur in filiis. *Et* (quod omnibus majus est) *ex quibus Christus* de Maria genitus virgine. Et ut sciremus quis iste sit Christus, causas doloris sui uno sermone comprehendit, *qui est super omnia Deus benedictus in sæcula, amen*. Et iste tantus ac talis, ab eis non recipitur, de quorum stirpe generatus est. Et nihilominus laudat judicii veritatem, ne sententia Dei in propinquos et fratres suos displicere videatur, et vel austera esse, vel nimia. In quibus igitur tanta fuerunt bona, dolet cur nunc tanta mala sint.

CAP. X. Quid velit intelligi, quod idem Apostolus scribit ad Colossenses : *Nemo vos superet, volens in humilitate mentis et religione Angelorum, quæ non vidit, ambulans frustra inflatus sensu carnis suæ, et non tenens caput, ex quo totum corpus per nexus et conjunctiones subministratum et conjunctum crescit in augmentum Dei* (Coloss. 2. 18. 19), et reliqua. Illud quod crebro diximus : *Et si imperitus sermone, non tamen scientia* (2. Cor. 11. 6), nequaquam Paulum de humilitate, **879** sed (*b*) de conscientiæ veritate dixisse etiam nunc approbamus. Profundos enim et reconditos sensus lingua non explicat. Et cum ipse sentiat quid loquatur, in alienas aures puro non potest transferre sermone. Quem cum in vernacula lingua habeat disertissimum (quippe Hebræus ex Hebræis, et eruditus ad pedes Gamalielis, viri in Lege doctissimi) seipsum interpretari cupiens, involvitur. Si autem in Græca lingua hoc ei accidit, quam nutritus in Tarso Ciliciæ a parva ætate imbiberat, quid de Latinis dicendum est, qui verbum de verbo exprimere

(*a*) Plurium numero præter græca exemplaria, Augustinus quoque et Ambrosius legunt; quod vero vetus ac novum instrumentum Hier. interpretatur, tametsi multos ex antiquis habeat fidejussores, sunt quibus videatur non esse ad Apostoli mentem, quod veteris populi, seu Synagogæ prærogativas ille enumeret, non Ecclesiæ.

(*b*) Vid. Epist. superior. ad Hedibiam. Quæst. XI. note *b*.

conantes, obscuriores faciunt ejus sententias : et veluti herbis crescentibus, frugum strangulant ubertatem ? Conabimur itaque παραφραστικῶς sensus evolvere, et tricas implicati eloquii, suo ordini reddere atque juncturæ; ut simplici stamine verborum fila decurrant : puroque subtegmine, Apostolici sermonis textura succrescat. *Nemo vos superet*, id est, nemo adversum vos bravium accipiat : hoc enim Græce dicitur, καταβραβευέτω quando quis in certamine positus, iniquitate agonothetæ, vel insidiis magistrorum, ἐραθείου et palmam sibi debitam perdit. Multaque sunt verba, quibus juxta morem urbis et provinciæ suæ familiarius Apostolus utitur. E quibus (exempli gratia) pauca ponenda sunt. *Mihi autem parum est judicari ab humano die* (1. Cor. 1.), hoc est, ἀπὸ ἀνθρωπίνης ἡμέρας : Et, *humanum dico* (Rom. 6), hoc est, ἀνθρώπινον λέγω : Et, *οὐ κατενάρκησα ὑμᾶς*, hoc est, *non gravavi vos* (2 Cor. 12) : et quod nunc dicitur, μηδεὶς ὑμᾶς καταβραβευέτω id est, *nullus bravium accipiat adversum vos*. Quibus et aliis multis verbis usque hodie utuntur Cilices. Nec hoc miremur in Apostolo, si utatur ejus linguæ consuetudine, in qua natus est et nutritus, cum Virgilius, alter Homerus apud nos, patriæ suæ sequens consuetudinem, *sceleratum frigus* appellet (Georg. 2). Nemo ergo vos superet ac devincat, **880** volens humilitatem litteræ sequi, et (*c*) Angelorum religionem atque culturam; ut non serviatis spirituali intelligentiæ, sed exemplaribus futurorum, quæ nec ipse vidit, qui vos superare desiderat, sive videt (*d*) (utrumque enim habetur in Græco) præsertim cum tumens ambulet, et incedat inflatus, mentisque superbiam, gestu corporis præferat, hoc enim significat ἐμβατεύων. Frustra autem inflatur et tumet sensu carnis suæ, carnaliter cuncta intelligens,

(*c*) Confer Commentar. in Matthæum cap. V. deque Judaica in Angelos religione, Porphyrium lib. 4. de Abstinentia, Origenem contra Celsum lib. 5. Tertullianum de Præscr. tionibus cap. 43. ubi de Simone ac Cerintho. Planissime vero Clemens Alexandrinus lib. 6. Strom. de Judæis tradit, ἐκεῖνοι μόνον ὁρμώμενοι τὸν Θεὸν γινώσκειν, ἐπιστάμενοι λατρεύειν ἀγγέλοις, καὶ ἀρχαγγέλοις, *Illi unum Deum se putantes cognoscere, non intelligunt, se Angelos atque Archangelos adorare*, etc.

(*d*) Explicat Reatinus editor, ex eo quod utrumque tempus Paulus voce ἑώρακεν exprimat, cum sit παρακείμενος. Videnum ejus vim verbi, et forte Hieronymi mentem propius assecuti nos simus; neque enim ἑώρακεν aliud quam præteritum tempus significare, minime vero ad præsens usurpari unquam novimus. Duplicem putamus innui Paulini loci lectionem, quæ iisdem tamen e verbis oriretur, alteram scilicet, quam hodierna exemplaria præferunt ἑώρακεν ἐμβατεύων, alteram ἱερὰ κινεβατεύων, sub alia tantummodo syllabarum distinctione : et priorem *vidit*, nemine diffitente, aliam vero *videt* ex imperfecto, quod et instantis vim habeat, significare; κι enim quod est *frustra*, ex κενῶν, cum ἱμβατεύων ex Græca lingua ingenio conjunctum, perinde est ac tumentem ambulans ex vana gloria. Hinc verissime utrumque tempus in Græco haberi, affirmari potest. Nec dissimulamus, quod Augustinus Epist. 149. ad Paulinum num. 28. tradit, in quibusdam codicibus omitti negandi particulam, ac legi *quæ vidit*. Quin etiam ejusmodi Latinos, et Græcos Mss. aliquot inveniri scimus, nec diffitemur idem abs Hieronymo innui potuisse quod quam adeo pro *videt*, legendum sit *vidit*. Sed cum Græcum ille unum appellet, nec tantum in eo variationem, quanta inter negandum, atque affirmandum est, videatur notare : denique manus temere ejus verbis non sit inferenda, satius illud ἱερὰ seu potius ἱρὰ, augmento quod facile librarii induxerint, dempto, κινεβατεύων innui conjicimus. Profecto minime omnium audiendus Erasmus, qui S. Doctoris mentem non assecutus, de suo legerat, *sive audivit*.

et traditionum Judaicarum deliramenta perquirens, et non tenens caput omnium Scripturarum, illud de quo scriptum est : *Caput viri Christus est* (1 Cor. 2, 3; *Ephes.* 1, et 4 et 5; *Coloss.* 1). Caput autem ac principium totius corporis, eorumque qui credunt, et omnis intelligentiæ spiritualis. Ex quo capite corpus Ecclesiæ per suas compages atque juncturas, vitalem doctrinæ cœlestis accipit succum, ut omnia paulatim membra vegetentur, et per occultos venarum meatus, fundator defecatus sanguis ciborum, et ministretur atque succrescat, imo teneatur temperantia corporis, ut de fonte capitis, rigati artus crescant in perfectionem Dei, et impleatur Salvatoris oratio : *Pater volo, ut sicut ego, et tu unum sumus; sic et isti in nobis unum sint* (Joan. 17. 21) : ut postquam nos Christus tradiderit Patri, sit Deus omnia in omnibus (1. Cor. 15. 28). Tale quid, et in verbis, et in sessibus, et in genere locutionis obscurissime scribit ad Ephesios, *Veritatem autem loquentes in caritate, crescamus in illo per omnia, qui est caput Christus, ex quo totum corpus compactum et connexum per omnem juncturam subministrationis, secundum operationem in mensuram* [al. *mensura*] *uniuscujusque membri, augmentum corporis facit in ædificationem sui in caritate* (Ephes. 4. 25. 16). Super quo et in Commentariis ejusdem Epistolæ plenius diximus. Loquitur autem universa contra eos, qui credentes ex Judæis in Dominum Salvatorem, Judaicas cæremonias observare cupiebant. Super qua re et in Actis Apostolorum non (Cap. 15) parva quæstio concitata est. Unde et supra Paulus ait, de his qui magistros Legis esse se jactant : *Nemo vos judicet in cibo et potu* (Coloss. 2. 16), quasi alia munda sint, alia immunda; *aut in parte dici festi*, ut alios dies festos putent, alios non festos (*a*). Nobis enim qui Christum credimus resurgentem, jugis, et æterna festivitas est. *Aut in parte neomeniæ*, hoc est, Calendarum, et mensis novi, quando decrescens luna finitur, et noctis umbris tegitur. Christianorum enim lumen æternum est, et semper Solis justitiæ radiis illustratur. *Aut in parte sabbatorum*, ut non faciant servile opus, et onera non portent, quia nos sumus Christi libertate donati, et onera peccatorum portare desivimus. *Hæc*, inquit, *omnia umbra sunt futurorum* ; et imagines venturæ felicitatis, ut in quibus Judæi hæsitant juxta litteram, et tenentur in terra; nos juxta spiritum transeamus ad Christum, qui ad distinctionem umbrarum, nunc corpus appellatur. Quomodo enim in corpore veritas, et in corporis umbra mendacium, sic in spirituali intelligentia mundus omnis (*b*) cibus, et potus, et tota festivitas, et perpetuæ Calendæ, et æterna requies exspectanda est. Quærimus quid dicere voluerit, *in humilitate et religione Angelorum*, aut quem sensum habeat. Ex quo Dominus locutus est ad discipulos : *Surgite, eamus hinc* (Joan. 14. 31) : Et, *Relinquetur vobis domus vestra deserta* (Matth. 23. 38) : Et, *Locus in quo Dominus crucifixus est, spiritualiter Ægyptus vocatur et Sodoma* (Apoc. 11. 8), omnis Judaicarum observationum cultura destructa est, et quæcumque offerunt victimas, non Deo offerunt, sed Angelis refugis et spiritibus immundis. Nec mirum, si hoc post passionem Domini faciant, cum per Amos quoque Prophetam dicatur ad eos : *Numquid hostias et victimas obtulistis mihi quadraginta annis in deserto domus Israel; et assumpsistis tabernaculum Moloch, et sidus dei vestri Rempham, figuras quas fecistis, ut adoretis eas* (Amos. 5. 25. 26)? Quod plenius in concione Judaica Stephanus Martyr exponens, et revolvens historiam veterem, sic locutus est : *Et vitulum fecerunt in* 882 *diebus illis, et obtulerunt hostias idolo, et lætabantur in operibus manuum suarum. Conversus autem Deus, tradidit eos, ut colerent militiam cœli : sicut scriptum est in libro Prophetarum* (Act. 7. 41. 42). Militia (1) autem cœli, non tantum sol appellatur, et luna, et astra rutilantia; sed et omnis Angelica multitudo, eorumque exercitus, qui Hebraice appellantur SABAOTH, id est, *virtutum*, sive *exercituum*. Unde et in Evangelio juxta Lucam legimus : *Et subito facta est cum Angelo multitudo militiæ cœlestis, laudantium Deum et dicentium : Gloria in altissimis Deo et in terra pax hominibus bonæ voluntatis* (Luc. 2. 13. 24). Facit enim Deus Angelos suos spiritus, et ministros suos ignem urentem (Psal. 103). Et ut sciamus semper eos, qui colebant idola, licet in Templo hostias viderentur offerre, non Deo eas obtulisse, sed Angelis, per Ezechiel plenius discimus : *Dedi eis justificationes non bonas, et præcepta non bona* (Ezech. 20. 25). Non enim sanguinem hircorum, aut taurorum quærit Deus ; sed sacrificium Deo est spiritus contribulatus, cor contritum, et humiliatum Deus non despicit (Psal. 50). Et propterea qui vitulum fecerant in Horeb, et coluerant sidus dei Rempham, de quo in Propheta Amos plenius disseruimus, adoraverunt figuras, quas ipsi fecerunt : et tradidit eos Deus, ut servirent militiæ cœli, quæ nunc ab Apostolo dicitur religio Angelorum. Pro *humilitate* in Græco ταπεινοφροσύνη legitur, id est, *humilitas mentis*, sive *sensus*. Vere enim humilis sensus, et miseranda superstitio, Deum credere hircorum atque taurorum sanguine delectari, et nidore thymiamatis, queis sæpe homines declinamus. Quod autem sequitur. *Si mortui estis cum Christo, ab elementis mundi, quid adhuc tanquam viventes in mundo decernitis? ne tetigeritis, neque gustaveritis, neque contrectaveritis : quæ sunt omnia in interitum ipso usu, secundum præcepta, et doctrinas hominum, quæ sunt rationem quidem habentia sapientiæ, in superstitione, et humilitate, et* (*c*) *ad non parcendum corpori; non in honore aliquo ad saturitatem carnis* (Coloss. 2. 20 et seqq.), hunc nobis habere sen-

---

(*a*) Id Origenes tomo contra Celsum 8. pluribus probat. ὅτι ὁ μὲν τέλειος . . . . διὰ τοῦτο αὐτοῦ ἐν ταῖς ἡμέραις, καὶ διὰ λέγε ἐορτάζει ἡμέρας, et paulo infra ἐν ὁλοκλήρῳ καὶ ἀδιαλείπτῳ ἐστὶν ἑορτῇ ὁ ἀεὶ ζῶν, et cætera hujusmodi.

(*b*) Tertullian. lib. 5. contra Marcion. cap. 19. *Aliquos taxat, qui ex visionibus angelicis dicebant, cibis abstinendum.*

(*c*) Aliter, *et non ad parcendum*. juxta Vulgatam.

(1) Cœlestes orbes anima atque intelligentia præditos Hebræi doctores opinati sunt, ut ex Rabbi Moyse, David Kimchius in Psalm. 19. exponit. Noti insuper Judæi cœlicolæ, de quibus in Cod. Theodosiano. Recole superiorem proxime Notam.

sum videtur. Curramus per singula, **883** et obscuritatem sensuum atque verborum, Christo reserante, pandamus. Si baptizati estis in Christo, et cum Christo in baptismate consepulti, mortui autem ab elementis hujus mundi, pro eo quod est *elementis*; cur mecum non dicitis, *Mihi autem absit gloriari, nisi in cruce Domini nostri Jesu Christi: per quem mihi mundus crucifixus est, et ego mundo* (*Galat.* 6. 4)? nec audistis Dominum dicentem ad Patrem: *De mundo non sunt: sicut, et ego non sum de mundo, et mundus odit eos, quoniam non sunt de mundo; sicut et ego non sum de mundo* (*Joan.* 17. 16, *et* 15. 19). Sed e contrario quasi viventes in mundo decernitis, ne tetigeritis corpus hominis mortui, nec vestimentum, nec scabellum in quo sederit mulier menstruata: neque gustaveritis carnem suillam, et leporum, et sepiarum, et loliginum, murenæ, et anguillæ, et universorum piscium, qui squamas, et pennulas non habent: quæ omnia in corruptionem, et interitum sunt ipso usu, et stercore digeruntur? *Esca enim ventri, et venter escis*, Et, *Omne quod intrat per os, non coinquinat hominem; sed ea quæ de nobis exeunt* (*Matth.* 15. 11; *et Marc.* 7. 15). Secundum præcepta, inquit, *et doctrinas hominum*; secundum illud quod Isaias loquitur: *Populus hic labiis me honorat, cor autem eorum longe est a me* (*Isa.* 29. 13). *Frustra autem colunt me, docentes doctrinas hominum, et præcepta* (*Matth.* 15. 8. 9). Unde, et Dominus corripit Pharisæos, dicens: *Irritum fecistis mandatum Dei, ut traditiones vestras statueretis. Deus enim dixit: Honora patrem, et matrem, et qui maledixerit patri vel matri, morte moriatur. Vos autem dicitis, quicumque dixerit patri vel matri, munus quodcumque est ex me, tibi proderit: et non honorificabit* [al. *honorificavit*] *patrem suum aut matrem*, et reliqua. Quibus infert, *Et irritum fecistis mandatum Dei, propter traditiones vestras* (*Ibid. v.* 4. 5 *et* 6). Quantæ traditiones Pharisæorum **884** sint, quas hodie vocant (*a*) δευτερώσεις, et quam aniles fabulæ, evolvere nequeo. Neque enim libri patitur magnitudo, et pleraque tam turpia sunt, ut erubescam dicere. Dicam tamen unum in ignominiam gentis inimicæ. Præpositos habent synagogis sapientissimos quosque, fœdo operi delegatos, ut sanguinem virginis, sive menstruatæ, mundum, vel immundum, si oculis discernere non potuerint, gustu probent [al. *prælibent*]. Præterea quia jussum est, ut diebus sabbatorum sedeat unusquisque in domo sua, et non egrediatur (*Exod.* 16. 29), neque ambulet de loco in quo habitat; si quando eos juxta litteram ceperimus arctare, ut non jaceant, non ambulent, non stent, sed tantum sedeant, si velint præcepta servare, solent respondere, et dicere (*b*): Barachibas, et Si-

meon. et Hellel magistri nostri tradiderunt nobis, ut bis mille (*c*) pedes ambulemus in sabbato, et cætera istiusmodi, doctrinas hominum præferentes doctrinæ Dei. Non quod dicamus sedendum semper esse in sabbato, et de loco, in quo quis fuerit occupatus (*d*) penitus non recedendum; sed quod id quod impossibile Legis est, in quo infirmatur per carnem, spirituali observatione complendum sit.

Sequitur: *Quæ sunt rationem quidem habentia sapientiæ*. Hoc loco, *quidem*, conjunctio superflua est: quod in plerisque locis propter imperitiam artis Grammaticæ apostolum fecisse reperimus. Neque enim sequitur *sed*, vel alia conjunctio, quæ solet ei præpositioni, ubi *quidem* positum fuerit, respondere. Videntur igitur observationes Judaicæ apud imperitos, et vilem plebeculam, imaginem habere rationis, humanæque sapientiæ. Unde, et doctores eorum σοφοί, hoc est, *sapientes* vocantur. Et si quando certis diebus traditiones suas **885** exponunt, discipulis suis solent dicere, οἱ σοφοί (*e*) δευτερῶσιν id est, *sapientes docent traditiones*. Pro *superstitione* in Græco ἐθελοθρησκεία positum est, hoc est, *falsa religio*: et pro *humilitate* ταπεινοφροσύνη, quæ magis virtutem solet sonare, quam vitium. Sed hic ταπεινοφροσύνη, sic est intelligendum, quod humilia sentiant atque terrena. Ἀφειδία autem σώματος, cujus nomen Latinus sermo non explicat, apud nos dicitur, *ad non parcendum corpori*. Non parcunt Judæi corporibus suis in assumptione ciborum, contemnentes interdum quæ habent, et quærentes quæ non habent. Ex qua necessitate debilitates interdum, et morbos contrahunt. Nec honorant semetipsos, cum omnia munda sint mundis (*Tit.* 1. 15), nihilque possit esse pollutum, quod cum gratiarum actione percipitur, et idcirco a Domino sit creatum, ut saturitate, et adimpletione carnis, humanos artus vegetet atque sustentet. Elementa autem mundi, a

---

(*a*) Vitiose legerant vetustiores editi δευτερονόμους. Hebraico autem vocabulo משניות, Misnajoth, qui titulus est libri, quo inanes suas traditiones jam tum collegerant Pharisæi, Græcum respondet δευτερώσεις, quemadmodum etiam in Justiniani Novella 146. nuncupatur.

(*b*) Victorius post Erasm. *Rab abika et Simeon et Hille*, quo priori nomine maxime peccatum ab eis Martianæus contendit. Minime autem animadvertit promiscue ab antiquis vocari et *Bar achiban*, et *Babakiban*, quin hunc ipsum Hieronymi locum ubi recitat Agobardus contra Fe-

licem cap. X. *Rab Achibam* legit, tametsi *Rarachiam*, Massonus ediderit. S. quoque Epiphanius βαραχιβᾶν, et ἐββραχιβᾶν, imo et simpliciter ἀκιβᾶν vocat. Vid. Hæres. XV. et XII. XXXIII. ubi quædam de eo dicuntur, quæ cum his contulisse non pœnitebit. Nec aliter factum abs Hieronymo, qui etiam absolute *kiban* vocat in Isaiam lib. 3. cap. 8. *Samai*, inquit, *et Hillel, ex quibus orti sunt Scribæ et Pharisæi, quorum suscepit scholam Akibas, quem magistrum Aquilæ proselyti autumant*. Ad quem locum plura de aliis duobus magistris Simeone et Hellel contulimus. Interim magis ipse Martianæus peccat, qui *Helles*, substituit pro quod nos emendavimus ex Mss. et veterum testimoniis alibi suo loco recitandis.

(*c*) Intellige bis mille passus, ex sententia quippe Hebræorum, quam etiam Origenes laudat lib. 4. περὶ Ἀρχῶν, bis mille cubitos, διοχιλίους πήχεις, sive ut Ruffinus vertit, *duo millia ulnarum* continet iter sabbati: unde etiam in libro Juris, qui inscribitur *Sebole Lecheth* Tract. 22. c. de Sabbato, *iter duorum millium passuum mediocrium terminus* constituitur. Passus itaque minor, et cubitus pro eodem sumitur a plerisque: Hieronymus vero cubitos ipsos pedes interpretatur. Nunc etiam illud placet adnectere, moduli hujus definitionem ex Josue 3. 4. peti, ubi inter Arcam, et populum bis mille cubitorum intervallum esse præcipitur, unde traditionem de Sabbati itinere, sic alii explicant ex Rabbinis, ut scilicet eo tantum die ad Arcam accedere licuisset.

(*d*) Deerat vox *penitus*, quam ex Mss. et vetustiori editione suffecimus.

(*e*) Celebre exodium, quod Hebraice dicunt חכמים תנו, *tradunt sapientes*: unde Græce δευτεροῦσιν, vel δευτεροῦσιν, pessime enim Erasm. δευτερώσεις.

quibus, (a) imo quibus mortui sumus, Lex Moysis, et omne vetus Instrumentum intelligendum est : quibus quasi elementis, et religionis exordiis Deum discimus. Quomodo enim elementa appellantur litteræ, per quas syllabas ac verba conjungimus, et ad texendam orationem longa meditatione procedimus : ars quoque Musica habet elementa sua , et Geometria ab elementis incipit linearum, et Dialectica atque Medicina habent εἰσαγωγὰς suas : sic elementis veteris Testamenti, ut ad Evangelicam plenitudinem veniat, sancti viri eruditur infantia. Unde centesimus decimus octavus Psalmus, et omnes alii qui litteris prænotantur, per Ethicam nos ducunt ad (b) Theoricam, et ab elementis occidentis litteræ, quæ destruitur, transire faciunt ad spiritum vivificantem. Qui ergo mundo, et elementis ejus mortui sumus , non debemus ea observare, quæ mundi sunt , quia in altero inituim, in altero perfectio est.

CAP. XI.—Quid sit quod idem Apostolus ad Thessalonicenses scribit : *Nisi discessio* **886** *venerit primum, et revelatus fuerit homo peccati* (2. Thess. 2. 3) et reliqua. In prima ad Thessalonicenses Epistola scripserat : *De temporibus autem, et momentis, fratres non necesse habetis ut scribam vobis : ipsi enim diligenter scitis, quia dies Domini sicut fur in nocte, ita veniet. Cum enim dixerint , pax, et securitas : tunc repentinus illis instabit interitus, sicut dolor in utero habentis, et non effugient* (1. Thess. 5. 1. seqq.). Supra enim ad eos scripserat : *Hoc vobis dicimus in verbo Domini, quia nos qui vivimus, qui residui sumus, in adventu Domini, non præveniemus eos qui dormierunt : quoniam ipse Dominus in jussu, et in voce Archangeli , et in tuba Dei descendet de cœlo, et mortui qui in Christo sunt, resurgent primi. Deinde nos qui vivimus, qui relinquimur, simul rapiemur cum illis in nubibus obviam Christo in aera, et sic semper cum Domino erimus. Itaque consolamini invicem in verbis istis* (Ibid. 4. 14. et seqq.). Quod audientes Macedones, non intellexerunt, quos secum viventes, Apostolus vocet, et qui dicantur residui, qui cum illo rapiantur in nubibus obviam Domino, sed arbitrati sunt, dum adhuc essent in corpore, et antequam gustarent mortem, Christum in sua majestate venturum. Quod Apostolus audiens, rogat eos , et adjurat per adventum Domini nostri Jesu Christi, ut non cito moveantur : neque per spiritum, neque per sermonem , neque per Epistolam,

(a) Vitiose editi vetustiores, *a quibus consepulti, imo quibus mortui*
(b) Per Ethicam nos duci ad Theoricen, sive ex Morali ad Inspectivam, quæ in sola contemplatione versatur, proficere, alibi ex occasione hujus 118. Psalmi Hieronymus docuit, præcipue vero in Epistola ad Paulam de Hebraice Alphabeto, ubi contra vulgatum errorem ostendimus ex Origenis testimonio penes antiquos, «Generales disciplinas, quibus ad rerum scientiam pervenitur, *tres esse* , quas Græci Ethicam , Physicam , et Theoricam appellaverunt , nos dicere possumus Moralem, Naturalem, et Inspectivam , qua supergressi visibilia , de divinis aliquid et cœlestibus contemplantur, eaque sola mente intuemur.» Interim pro *Theorica* hoc quoque in loco vulgati libri omnes legerant *Theologiam*, quem errorem etiam absque Mss. suffragio emendare non dubitavimus ex Hieronymi sensu, quem in laudata ad Paulam epistola atque alibi latius explicamus. Confer si lubet etiam Commentarios in Ecclesiasten cap. 4.

tanquam ab eo scriptam, quasi instet dies Domini. Duos autem esse adventus Domini Salvatoris, et omnia Prophetarum docent volumina, et Evangeliorum fides : quod primum in humilitate venerit , et postea sit venturus in gloria, ipso Domino protestante, quæ ante consummationem mundi ventura sint, et quomodo venturus Antichristus, quando loquitur ad Apostolos, *Cum videritis abominationem desolationis, quæ dicta est a Daniele Propheta, stantem in loco sancto , qui legit, intelligat, tunc qui in Judæa sunt, fugiant ad montes, et qui in tecto, non descendant tollere aliquid de domo sua* (Matth. 24. 15. et seqq. an. D 9). (c) Et iterum : *Tunc si quis vobis* **887** *dixerit, ecce hic Christus aut illic , nolite credere. Surgent enim Pseudochristi, et Pseudoprophetæ, et dabunt signa magna, et prodigia , ita ut in errorem inducantur, si fieri potest, etiam electi. Ecce prædixi vobis. Si ergo dixerint vobis, ecce in deserto est, nolite exire , ecce in penetralibus, nolite credere. Sicut enim fulgur exit ab Oriente, et paret usque in Occidentem, ita erit et adventus Filii hominis.* Ac deinde : *Tunc apparebit signum Filii hominis in cœlo,* (d) *et videbunt Filium hominis venientem in nubibus cœli cum virtute multa , et majestate. Et mittet Angelos suos cum tuba, et voce magna , et congregabunt electos ejus a quatuor ventis a summo cœlorum usque ad terminos eorum* (Ibid. 23. et seqq.). Rursumque de Antichristo loquitur ad Judæos : *Ego veni in nomine Patris mei , et non credidistis mihi. Si alius venerit in nomine suo , illum suscipietis* (Joan. 7. 43). Igitur Thessalonicensium animos, vel occasio non intellectæ Epistolæ, vel ficta revelatio, quæ per somnium deceperat dormientes, vel aliquorum conjectura, Isaiæ, et Danielis, Evangeliorumque verba de Antichristo prænuntiantia, in illud tempus interpretantium moverat, atque turbaverat : ut in majestate sua tunc Christum speraverunt esse venturum. Cui errori medetur Apostolus, et exponit quæ ante adventum Christi debeant præstolari ; ut cum illa facta viderint : tunc sciant Antichristum, id est, hominem peccati, et filium perditionis, qui adversatur, et extollitur supra omne quod dicitur Deus, aut quod colitur ; ita ut in Templo Dei sedeat, esse venturum. Nisi, inquit, venerit discessio primum, quod Græce dicitur ἀποστασία, ut omnes gentes quæ Romano imperio subjacent, recedant ab eis, et revelatus fuerit, id est , ostensus, quem omnia Prophetarum verba prænuntiant, homo peccati, in quo fons omnium peccatorum est ; et filius perditionis, id est, (e) diaboli ; ipse est enim universorum perditio, qui adversatur Christo , **888** et ideo vocatur Antichristus : et extollitur supra omne quod dicitur Deus, ut cunctarum gentium deos, sive probatam omnem, et veram religionem suo calcet

(c) Addit Victorius ex Brixianis codicibus, *et qui in agro, non revertatur tollere tunicam suam.*
(d) Iterum, atque ex iisdem Mss. et Evangelii textu addit idem Victorius, *et tunc plangent omnes tribus terræ*, quæ reticent codices nostri.
(e) In Commentar. in Daniel. VII. « Non eum putemus juxta quorumdam opinionem, vel Diabolum esse, vel Dæmonem, sed unum ex hominibus, in quo totus Satan habitaturus sit corporaliter. »

pede : et in Templo Dei, vel Jerosolymis (ut [a] quidam putant) vel in Ecclesia [ut verius arbitramur] sederit, ostendens se tanquam ipse sit Christus, et Filius Dei. Nisi, inquit, fuerit Romanum imperium ante desolatum, et Antichristus præcesserit) Christus non veniet : qui ideo ita venturus est, ut Antichristum destruat. Meministis, ait, quod hæc ipsa, quæ nunc scribo per Epistolam, cum apud vos essem, præsenti sermone narrabam : et dicebam vobis, Christum non esse venturum, nisi præcessisset Antichristus. *Et nunc quid detineat, scitis : ut reveletur in suo tempore :* hoc est, quæ causa sit, ut Antichristus in præsentiarum non veniat, optime nostis. Nec vult (b) aperte dicere Romanum imperium destruendum, quod ipsi qui imperant, æternum putant. Unde secundum Apocalypsim Joannis, in fronte purpuratæ meretricis, scriptum est nomen blasphemiæ, id est, *Romæ æternæ.* Si enim aperte audacterque dixisset, non veniet Antichristus, nisi prius Romanum deleatur imperium, justa causa persecutionis in orientem tunc Ecclesiam consurgere videbatur.

Quodque sequitur : *Jam enim mysterium operatur iniquitatis, tantum ut qui tenet nunc, teneat, donec de medio fiat, et tunc revelabitur ille iniquus*, hunc habet sensum : Multis malis atque peccatis, quibus (c) Nero impurissimus Cæsarum mundum premit, Antichristi parturitur adventus, et quod ille operaturus est postea, in isto ex parte completur, tantum ut Romanum imperium, quod nunc universas gentes tenet, recedat, et de medio fiat, et tunc Antichristus veniet, fons iniquitatis, *quem Dominus Jesus interficiet spiritu oris sui ;* divina videlicet potestate, et suæ majestatis **889** imperio, cujus jussisse, fecisse est ; non in exercitu multitudine, non in robore militum, non in Angelorum auxilio : sed statim ut ille advenerit, interficietur Antichristus. Et quomodo tenebræ solis fugantur adventu : sic *illustratione adventus sui,* eum Dominus destruet atque delebit. Cujus opera, Satanæ sunt opera. Et sicut in Christo plenitudo divinitatis fuit corporaliter (*Coloss.* 2. 9), ita et in Antichristo omnes erunt fortitudines, et signa, et prodigia, sed universa mendacia. Quomodo enim signis Dei, quæ operabatur per (d) Moysen, Magi suis

(a) Ex his Hippolytus fuit, junior tamen ille Thebanus Orat. de consum. mundi, num. XXV. itemque Cyrillus Jerosolym. Catech. 15. et Damascenus lib. 4. cap. 28 aliique. Apposite vero Theophylactus ad Hieronymi mentem. Οὐκ εἰς τὸν ἐν Ἱεροσολύμοις ναὸν ἴδιως, ἀλλ' εἰς τάς ἐκκλησίας ἁπλῶς, καὶ πάντα ναὸν θεῖον.
(b) Chrysostomus item ἐπειδὰν δὲ περὶ τῆς Ῥωμαϊκῆς ἀρχῆς τοῦτο φησιν, εἰκότως ᾐνίξατο, καὶ τέως φησὶ τοῦτο συνεσκιασμένως. Οὐ γὰρ ἐβούλετο περιττὰς ἐχθρὰς ἀναδέχεσθαι καὶ ἀνονήτους κινδύνους. Et Aug. lib. XX. de Civit. Dei c. 19. n. 3. « Quidam putant ... Paulum Apostolum non id aperte scribere voluisse, ne calumniam videlicet incurreret, quod Romano imperio male optaverit, cum speraretur æternum. »
(c) Confer in Daniel XI. Commentarios, ubi, *Multi*, inquit, *nostrorum putant ob sævitiæ ac turpitudinis magnitudinem Domitium, Neronem Antichristum fore* : et recole quæ in eum locum adnotamus. Augustinum quoque de Civit. Dei loco supra citato, et Suetonium in Nerone, et Tacitum lib. 2. Histor.
(d) Solemne id quidem est Patribus mendacia Antichristi miracula Magorum adversus Mosem præstigiis comparare ; eaque Theodoretus dixit τὰ ἰσόμανα οὐκ ἀληθῆ θαύματα, etc. Conferendus est tamen Augustinus lib. 83. Quæstionum quæst. 79. n. 3. et 4

restitere mendaciis, et virga Moysi devoravit virgas eorum (*Exod.* 7) : Ita mendacium Antichristi Christi veritas devorabit. Seducentur autem ejus mendacio qui [al. *quia*] perditioni sunt præparati. Et quia tacita quæstio poterat commoveri, cur enim concessit Deus omnem eum habere virtutem, signa atque prodigia, per quæ seducantur, si fieri potest, etiam electi Dei ; solutione prævenit quæstionem, et quod opponi poterat, antequam opponatur, absolvit. Faciet, inquit, ista, non omnia non sua virtute, sed concessione Dei, propter Judæos, (*e*) ut qui noluerunt caritatem recipere veritatis, hoc est, Spiritum Dei per Christum, quia caritas Dei diffusa est in corda credentium (*Rom.* 5. 5) : Et ipse dicit : *Ego sum veritas* (*Joan.* 14. 6) : de quo in Psalmis scriptum est : *Veritas de terra orta est* (*Psal.* 84. 12). Qui ergo caritatem, et veritatem non receperunt, ut Salvatore suscepto, salvi fierent, mittet illis Deus non operatorem, sed ipsam operationem, id est, fontem erroris ut credant mendacio. Quia mendax est ipse, et pater ejus. Et siquidem Antichristus de virgine natus esset, et primus venisset in mundum, poterant Judæi habere excusationem, et dicere, quod putaverint veritatem, et idcirco mendacium pro veritate susceperint. Nunc autem ideo judicandi sunt, imo procul dubio condemnandi : quia Christi veritate contempta, postea mendacium, id est, Antichristum suscepturi sunt.

890 EPISTOLA CXXII (*f*).

AD RUSTICUM, (*g*)

De Pœnitentia.

RUSTICUM, *quod promissam cum uxore Artemia continentiam fregerat, ad pœnitentiam, et ut sancta invisat, conjugis exemplo, loca, hortatur.*

1. Quod (1) ignotus ad ignotum audeo scribere, sanctæ ancillæ Christi Hedibiæ, et filiæ meæ, conjugis tuæ, Artemiæ, imo sororis ex conjuge atque conservæ, fecit deprecatio. Quæ nequaquam propria salute contenta, tuam et ante quæsivit in patria et nunc in sanctis Locis quærit ; imitari cupiens Andreæ et Philippi Apostolorum benevolentiam : quorum uterque inventus a Christo, fratrem Simonem, et amicum Nathanael invenire desiderat ; ut alter eorum mereatur audire : *Tu es Simon filius* (*h*) *Joannis, tu vocaberis Cephas*, quod interpretatur, *Petrus.* Alter *donum Dei* (hoc enim lingua nostra sonat *Nathanael*) Christi ad se loquentis testimonio sublevetur, *Ecce vere Israelita, in quo dolus non est* (*Joan.* 1). Optaverat quondam et Lot cum filiabus salvare conjugem suam, et de incendio Sodomæ et Gomorræ pene

(*e*) Quidam editi vetustiores ait, qui : sed *ut* pro *utpote* est accipiendum.
(*f*) *Alius* 46. *scripta circa an.* 408.
(*g*) Putat Erasmus, nomen ejus, ad quem data est hæc epistola, data opera a Hieronymo prætermissum, ne famam ejus notaret, adeoque ab alio quopiam fuisse inscriptam ad *Rusticum.* Nos quod constanter Mss. præferunt, germanum hominis nomen esse non dubitamus.
(*h*) Vulgati veteres *filius Johanna*, alii cum Vulgata editione *Jona.*
(1) Cur Hieronymi stylum hæc Epistola non videatur Ruffino redolere, sane non video.

semiustus erumpens, educere eam, quæ pristinis vitiis tenebatur astricta : sed ea desperatione trepida, respiciensque post tergum, æterno infidelitatis titulo condemnatur. Et ardens fides pro mea muliere perdita, totam Segor liberat civitatem. Denique postquam Sodomiticas valles ac tenebras derelinquens, ad montana conscendit, ortus est ei Sol in *Segor*, quæ interpretatur *parvula* : ut parva fides Lot, quia majora non poterat, saltem minora servaret. Neque enim Gomorra quondam et erroris habitator, statim ad meridiem poterat pervenire, in qua Abraham amicus Domini cum Angelis suscepit Deum. Et Joseph fratres pascit in Ægypto, sponsusque audit a sponsa : *Ubi cubas? ubi pascis in meridie* (Cant. 1. 6)? Samuel quondam plangebat Saulem (1. Reg. 15), quia superbiæ vulnera pœnitentiæ medicamine non curabat. **891** Et Paulus lugebat Corinthios, qui fornicationis maculas lacrymis delere nolebant (1. Cor. 5. 2; et 2. Cor. 2. 4). Unde et Ezechiel librum devorat scriptum intus et foris, carmine, et planctu, et væ (*Ezech.* 2. 9. et 3. 1). Carmine, super laude justorum : planctu, super pœnitentibus, væ, super his de quibus scriptum est : *Cum venerit impius in profundum malorum, contemnit* (Prov. 18. 3). Quos ostendit Isaias, dicens : *Vocavit Dominus sabaoth in die illa ad fletum et planctum et decalvationem et accinctionem ciliciorum : ipsi autem fecerunt lætitiam et exultationem, mactantes vitulos, et occidentes oves, ut comederent carnes* (1) *dicentes : Manducemus, et bibamus, cras enim moriemur* (Isai. 22. 12. 13). De quibus et Ezechiel loquitur. *Et tu fili hominis dic domui Israel, sic locuti estis, dicentes : Errores nostri et iniquitates nostræ super nos erunt, et in ipsis contabescimus : et quomodo salvi esse poterimus? Dic eis : Vivo ego, dicit Dominus : Nolo mortem impii, sed ut convertatur a via sua. Et iterum : Revertimini recedentes a via vestra : quare moriemini domus Israel* (Ezech. 33. 11)? Nihil ita offendit Deum, quam desperatione meliorum hærere pejoribus [al. *prioribus*]. licet et ipsa desperatio incredulitatis indicium sit. Qui enim desperat salutem, non putat futurum esse judicium. Quod si metueret, utique bonis operibus se judici præpararet. Audiamus per Jeremiam loquentem Deum : *Converte pedem tuum a via aspera, et guttur tuum a siti* (Jerem. 2. 25). Et iterum : *Numquid qui cadit, non resurget : aut qui aversus est, non revertetur?* Et per Isaiam : (a) *Quando conversus ingemueris, tunc salvus eris, et scies ubi fueris* (Isa. 30 et 15). Scire non possumus ægrotationis mala, nisi cum fuerit sanitas consecuta. Et quantum boni virtus habeat, vitia demonstrant : clariusque fit lumen, comparatione tenebrarum. Ezechiel quoque iisdem verbis, quia eodem et spiritu : *Convertimini*, inquit, *et redite ab iniquitatibus vestris, domus Israel ; et non erunt vobis in tormentum impietates. Projicite omnes impietates vestras, quibus impie egistis adversum me, et facite vobis cor novum et spiritum novum. Et quare moriemini domus Israel? Nolo enim mortem peccatoris, dicit Dominus* (Ezech. 18. 30. 31. et 33. 11. et 18. 32). Unde et in consequentibus loquitur : **892** *Vivo ego, dicit Dominus. Nolo mortem peccatoris, nisi ut revertatur a via sua, et vivat;* ne [al. *nec*] mens incredula de bonorum repromissione desperet, et semel perditioni animus destinatus, non adhibeat vulneri curationem, quod nequaquam existimat posse curari. Idcirco jurare se dicit, ut si non credimus promittenti Deo, credamus saltem pro nostra salute juranti. Quam ob causam justus precatur, et dicit : *Converte nos Deus salutaris noster, et averte furorem tuum a nobis* (Psal. 84. 4). Et iterum : *Domine, in voluntate tua præstitisti decori meo fortitudinem. Avertisti faciem tuam a me, et factus sum conturbatus* (Psal. 29. 8). Postquam enim fœditatem delictorum meorum virtutum decore mutavi, infirmitatem meam tua gratia roborasti. Ecce audio pollicentem : *Persequar inimicos meos, et comprehendam illos, et non convertar* [al. *revertar*]*, donec deficiant* (Ps. 17. 38) : ut qui te ante fugiebam, et inimicus eram, tua comprehendar manu. Ne cesses a persequendo, donec deficiam a via mea pessima, et revertar ad virum meum pristinum ; qui mihi dabit linteamina mea, et oleum, et similam, et cibabit me pinguissimis cibis. Qui idcirco obsepsit atque præclusit vias meas pessimas, ut eam invenirem viam, quæ dicit in Evangelio : *Ego sum via, veritas, et vita* (Joan. 14. 6). Audi Prophetam loquentem : *Qui seminant in lacrymis, in gaudio metent. Euntes ibant et flebant, portantes semina sua. Venientes autem venient in exultatione, portantes manipulos suos* (Ps. 125. 6. 7). Et loquere cum eo : *Lavabo per singulas noctes lectum meum, in lacrymis meis stratum meum rigabo* (Psal. 6. 7). Et iterum : *Sicut desiderat cervus ad fontes aquarum, ita desiderat anima mea ad te Deus. Sitivit anima mea ad te Deum* (b) *fontem vivum, quando veniam et apparebo ante faciem Dei? Factæ sunt mihi lacrymæ meæ panes per diem et noctem* (Psal. 41. 1. et seqq). Et in alio loco : *Deus Deus meus, ad te de luce vigilo. Sitivit anima mea ad te, quam multipliciter tibi caro mea. In terra deserta et invia et inaquosa, sic in sancto apparui tibi* (Psal. 62. 2 et 3). Quanquam enim sitierit te anima mea, tamen multo te plus carnis meæ labore quæsivi, et tibi in sancto **893** apparere non potui ; nisi prius in terra deserta a vitiis, et invia adversariis potestatibus, et absque humore et rheumate ullius libidinis commorarer. Flevit et Dominus

---

(a) Frustra hunc locum apud Vulgatum interpretem requiras, qui aliter legit, *si revertamini, et quiescatis, salvi eritis*. Est autem ex veteri Latina versione Isaiæ 30. 15. juxta LXX. proferturque ad hunc modum a S. Cypriano in Tractatu de lapsis, et epist. 28. postrema editioris, itemque a S. Gaudentio Brixiensi Serm. primo non longe a fine, atque iterum ab ipso Hieronymo epist. ad Sabinianum circa medium.

(1) Addit Gravius *et biberent vinum*, sacrum contextum ut expleat.

(b) Sic editi præferunt, et Mss. pro quo *fortem* Vulgatus interpres habet ex Græco τὸν ἰσχυρόν, quod est in Complutensi Ms. alii enim omnes juxta Hebræum, πρὸς τὸν Θεὸν τὸν ζῶντα, *ad Deum vivum*, quam lectionem Ambrosius quoque et Augustinus, et pleræque aliæ versiones probant. Sed *fontem* pro *fortem* olim quoque in Vulgatæ editionibus obtinuit, donec in Clementina recensione emendatum est ; sed et Ambrosianum quod vocant Psalterium legit ; nec dubium videtur, quin ex Latinorum criticorum ingenio factum sit ; sed nobis heic apud Hieron. immutare non licuit.

super civitatem Jerusalem, quia non egissent pœnitentiam (*Luc.* 19. 41) : et Petrus trinam negationem amaritudine abluit lacrymarum (*Matth.* 26. 75), implevitque illud Propheticum *Exitus aquarum deduxerunt oculi mei* (*Psal.* 118. 136). Plangit et Jeremias populum pœnitentiam non agentem, dicens : *Quis dabit capiti meo aquam, et oculis meis fontem lacrymarum, et plorabo populum istum per diem et noctem* (*Jerem.* 9. 1)? Cur autem plangat et defleat, sequenti sermone demonstrat : *Nolite flere mortuum, neque plangatis eum. Flete planctu qui egreditur, quia non revertetur ultra.* Nequaquam igitur Gentilis plangendus est, atque Judæus, qui in Ecclesia non fuerunt, et semel mortui sunt, de quibus Salvator dicit : *Dimitte mortuos sepelire mortuos suos* (*Matth.* 8) ; sed eos plange, qui per scelera atque peccata egrediuntur de Ecclesia, et nolunt ultra reverti ad eam, damnatione vitiorum. Unde et ad viros Ecclesiasticos, qui muri et turres Ecclesiæ nuncupantur, loquitur sermo Propheticus, dicens : *Muri Sion, proferte lacrymas* (*Thren.* 2. 18) : implentes illud Apostoli : *Gaudere cum gaudentibus, flere cum flentibus* (*Rom.* 12. 25) ; ut dura corda peccantium vestris lacrymis provocetis ad fletum, ne perseverantes in malitia, audiant : *Ego plantavi te vineam frugiferam, omne semen verum : quomodo versa es in amaritudinem vitis alienæ* (*Jerem.* 2. 21) ? Et iterum : *Ligno dixerunt, pater meus es tu ; et lapidi, tu genuisti me ; et verterunt ad me dorsa, et non facies suas* (*Ibidem* 27). Et est sensus : Noluerunt ad me converti, ut agerent pœnitentiam ; sed per cordis duritiam in injuriam meam sua terga verterunt. Quamobrem et Dominus loquitur ad Jeremiam, *Vidisti quæ fecerunt mihi, habitatio Israel? Abierunt super omnem montem* **894** *excelsum, et subter omne lignum frondosum, et fornicati sunt ibi ; et dixi postquam fornicata est et fecit hæc omnia : ad me revertere ; et non est reversa* (*Jerem.* 3; *Isai.* 57).

2. O clementia Dei ! o nostra duritia ! dum et post tanta scelera nos provocat ad salutem. Et ne sic quidem volumus ad meliora converti : *Si reliquerit,* inquit, *uxor virum suum, et alii nupserit, et voluerit postea reverti ad eum : numquid suscipiet eam, et non detestabitur [Jerem.* 2. 1] ? *(a)* Pro quo scriptum

(a) Textus alii Hebræus, Græcus, Latinusque ipse vulgatus e contrario habent : « Si dimiserit vir uxorem suam, et recedens ab eo, duxerit virum alterum, numquid revertetur ad eam ultra. Numquid non polluta et contaminata erit mulier illa ? » sive ut in Hebræo, « terra illa. » Sed quod proposito conducit magis, altera ejus versiculi pars nempe, « et tu fornicata es cum amatoribus multis, tamen revertere ad me, dicit Dominus, » heic apud Hieronymum librariorum incuria deperiit quæ omnino supplenda est, ut constet quorum loco habeantur, quæ in Hebraica veritate dicuntur esse, in Græcis vero, et Latinis codicibus desiderari. Quod cum præstiteris, gravissima adhuc difficultas est explicanda ; non enim quod heic constituit in Hebraico haberi, « et tu reliquisti me, tamen convertere et suscipiam te, dicit Dominus, » in hodiernis exemplaribus invenitur, sed tantum ואת זנית רעים רבים

ושוב אלי נאם יהוה, « et tu fornicata es cum amatoribus multis, et revertere ad me, dicit Dominus ; » quemadmodum et libri omnes, atque ipsa etiam præfert Hieronymiana versio ex Hebræo. Excidisse autem ex antiquioribus libris, tametsi ob litterarum similitudinem proclive fuerit, temere ac sine auctore qui affirmabit. Et tamen in Hebræo archetypo lacunam aliquam ex hoc ipso S. Docto-

est juxta Hebraicam Veritatem, quod in Græcis et Latinis codicibus non habetur : *Et tu reliquisti me, tamen convertere, et suscipiam te, dicit Dominus.* Isaias quoque in eumdem sensum iisdem pene loquitur sermonibus : *Convertimini qui profundum consilium cogitatis, et iniquum, filii Israel : revertere aa me, et redimam te. Ego Deus et non est alius præter me, justus et salvator non est absque me. Revertimini ad me, et salvi eritis, qui estis in extremis terræ. Recordamini horum, et ingemiscite et agite pœnitentiam qui erratis. Convertimini corde, et mementote priorum a sæculo : quoniam ego sum Deus, et non est alius absque me* (*Isai.* 21 *et* 31. *et* 45). Scribit et Joel : *Convertimini ad me ex toto corde vestro, in jejunio, et lacrymis, et planctu : scindite corda vestra, et non vestimenta vestra. Misericors enim et miserator est Dominus, et agens pœnitentiam super malitiis* (*Joel.* 2). Quantæ autem sit misericordiæ, et quam (ut ita loquar) nimiæ ineffabilisque clementiæ, Osee Propheta nos doceat, per quem loquitur Deus : *Quid tibi faciam Ephraim ? quomodo te protegam Israel ? quid tibi inquam faciam ? Sicut Adama ponam te, et sicut Seboim. Conversum est cor meum in me, et conturbata est pœnitudo mea. Nequaquam faciam secundum iram furoris mei* (*Osee* 6). Unde et David loquitur in Psalmo : *Non est in morte qui memor sit tui : in inferno autem quis confitebitur tibi* (*Psal.* 6) ? Et in alio loco : *Peccatum meum notum feci, et iniquitatem meam* **895** *non abscondi. Dixi, pronuntiabo contra me iniquitatem meam Domino, et tu dimisisti impietatem cordis* [al. *peccati*] *mei. Pro hac orabit ad te omnis Sanctus in tempore opportuno. Verumtamen in diluvio aquarum multarum ad eum non approximabunt* (*Psal.* 31).

3. Vide quanta magnitudo sit fletuum, ut aquarum diluvio comparetur. Quos qui habuerit, et dixerit cum Jeremia : *Non sileat pupilla oculi mei* (*Thren.* 2), statim in illo complebitur, *Misericordia et veritas obviaverunt sibi ; justitia et pax osculatæ sunt* [*Psal.* 48] : *(a)* ut si te justitia et veritas terruerint, misericordia et pax provocent ad salutem. Totam pœnitentiam peccatoris ostendit Psalmus quinquagesimus, quando ingressus est David ad Bethsabee uxorem Uriæ Ethæi, et a Nathan prophetante correptus, respondit : *Peccavi.* Statimque meruit audire : *Et Dominus abs te abstulit peccatum* (2. *Reg.* 11). Adulterio enim junxerat homicidium, et tamen conversus ad lacrymas : *Miserere,* ait, *mei Deus, secundum magnam misericordiam tuam : et secundum multitudinem miserationum tuarum, dele iniquitatem meam* (*Psal.* 50). MAGNUM enim peccatum, magna

ris testimonio suspicari necesse est ; tum etiam ex Mss. codicibus ejusdem ex Hebræo versionis, in quibus vel in contextu, vel ad marginem ejus versiculi additur, *et ego suscipiam te*, quod quidem glossema Martianæus putat, et ad libri calcem rejecit, revera tamen ex Hieronymi calamo profectum est ; nam et in Commentariis in eumdem locum, « In Hebræo, inquit, etiam post fornicationem SUSCIPIT POENITENTEM, et hortatur, ut revertatur ad se ; in LXX. vero non provocat ad pœnitentiam, » etc. Vide quæ ibi et in Bibliotheca divina latius in hunc sensum edisseruimus.

(a) Olim erat, « ut sit justitia, et veritas, quæ servaverint, **misericordia** et pax, quæ provocent ad salutem.

indigebat misericordia. Unde jungit et dicit : *Multum lava me ab iniquitate mea, et a peccato meo munda me. Quoniam iniquitatem meam ego agnosco, et delictum meum contra me est semper. Tibi soli peccavi* (rex enim eram, alium non timebam [al. *erat et timebat*]) *et malum coram te feci, ut justificeris in sermonibus tuis, et vincas, cum judicaris.* Conclusit enim Deus omnia sub peccato, ut omnibus misereatur (*Rom.* 11. 32). Tantumque profecit, ut dudum peccator et pœnitens transierit in magistrum, et dicat : *Docebo iniquos vias tuas, et impii ad te convertentur* (*Psal.* 50). Confessio enim et pulchritudo coram eo, ut qui sua confessus fuerit peccata, et dixerit : *Putruerunt et corruptæ sunt cicatrices meæ a facie insipientiæ meæ* (*Psal.* 37. 6), fœditatem vulnerum in sanitatis decorem commutet. *Qui enim abscondit iniquitatem suam, non prosperabitur* (*Prov.* 28). Achab, rex impiissimus, vineam Nabuthæ cruore possedit (3. *Reg.* 21) : et cum Jezabel non tam conjugio sibi, quam crudelitate conjuncta, Eliæ increpatione corripitur : *Hæc dicit Dominus : Occidisti, et possedisti.* Et iterum : *In loco in quo linxerunt canes sanguinem Nabuthæ, ibi lingent sanguinem tuum : et Jezabel canes comedent ante muros Jezrael.* Quod cum audisset Achab, scidit vestimenta sua, et posuit saccum super carnem suam, jejunavitque et dormivit in cilicio. Factusque est sermo Domini ad Eliam, dicens : (*a*) *Quoniam reveritus est Achab faciem meam, non inducam malum in diebus ejus.* Unum scelus Achab et Jezabel, tamen converso ad pœnitentiam Achab, pœna differtur in posteros ; et Jezabel in scelere perseverans, præsenti judicio condemnatur. Loquitur et Dominus in Evangelio : *Viri Ninivitæ surgent in judicium cum generatione hac, et condemnabunt eam, quia egerunt pœnitentiam in prædicatione Jonæ* (*Matth.* 12) : Et iterum : *Non enim veni vocare justos, sed peccatores ad pœnitentiam* (*Ibid.* 9. 13). Drachma perit, et tamen invenitur in stercore (*Luc.* 5). Nonaginta novem oves relinquuntur in solitudine, et una ovis quæ aberraverat, pastoris humeris reportatur (*Ibid.* 15). Unde et lætitia Angelorum est super uno peccatore agente pœnitentiam. Quanta felicitas ut de salute nostra exultent cœlestia? De quibus dicitur : *Pœnitentiam agite, appropinquavit enim regnum cœlorum.* Nullum in medio spatium. Mors et vita sibi contraria sunt, et tamen pœnitentia copulantur. Luxuriosus filius totam prodegerat substantiam : et procul a patre vix porcorum cibis inediam sustentabat. Revertitur ad parentem, immolatur ei vitulus saginatus : stolam accipit et annulum (*Luc.* 15), ut Christi recipiat vestimentum, quod dudum polluerat, et audire mereatur : *Candida sint semper vestimenta tua* (*Eccl.* 9) ; receptoque signaculo Dei, proclamet ad Dominum : *Pater, peccavi in cœlum, et coram te ;* et reconciliatus osculo, dicat ad eum : *Signatum est super nos lumen vultus tui Domine* (*Psal.* 4). *Justitia justi non liberabit eum in quacumque die peccaverit : et iniquitas iniqui non nocebit ei, quacumque die conversus fuerit* [*Ezech.* 33. 2]. (*b*) Unumquemque judicat Deus sicut invenerit. Nec præterita considerat, sed præsentia : si tamen vetera crimina, novella conversione mutentur (*c*). *Septies cadit justus, et resurgit* (*Prov.* 24). Si cadit, quomodo justus, si justus quomodo cadit? Sed justi vocabulum non amittit, qui per pœnitentiam semper resurgit. Et non solum septies, sed septuagies septies delinquenti, si convertatur ad pœnitentiam, peccata donantur (*Matth.* 18). Cui plus dimittitur, plus diligit. Meretrix lacrymis pedes Salvatoris lavat, et crine detergit : et in typum Ecclesiæ de gentibus congregatæ meretur audire : *Dimittuntur tibi peccata tua* (*Luc.* 7). Pharisæi justitia perit superbia : et publicani humilitas confessione salvatur (*Luc.* 28). Per Jeremiam contestatur Deus : *Ad summam loquar contra gentem et regnum, ut eradicem et destruam, et disperdam illud. Si pœnitentiam egerit gens illa a malo suo, quod locutus sum adversum eam : agam et ego pœnitentiam super malo, quod cogitavi ut facerem ei. Et ad summam loquar super gentem et regnum, ut ædificem, et ut plantem illud. Si fecerit malum in conspectu meo, ut non audiat vocem meam : pœnitentiam agam super bono, quod locutus sum ut facerem ei.* Statimque infert : *Ecce ego fingo contra vos malum, et cogito contra vos cogitationem. Revertatur unusquisque a via sua mala, et dirigite vias vestras et studia vestra. Qui dixerunt : Desperavimus ; post cogitationes enim nostras ibimus, et unusquisque post pravitatem cordis sui* (1) *malum faciemus* (*Jerem.* 18). Simeon justus in Evangelio loquitur : *Ecce hic positus est in ruinam, et in resurrectionem multorum* (*Luc.* 2), in ruinam videlicet peccatorum, et in resurrectionem eorum, qui agunt pœnitentiam. Apostolus scribit ad Corinthios : *Auditur inter vos fornicatio, et talis fornicatio, qualis ne inter gentes quidem, ita ut uxorem patris aliquis habeat. Et vos inflati estis, et non magis luctum habuistis, ut tollatur de medio vestrum, qui hoc opus fecit* (1. *Cor.* 5). Et in secunda ad eosdem Epistola, *Ne abundantiori tristitia pereat, qui ejusmodi est* (2. *Cor.* 2), revocat eum, et obsecrat, ut confirment super illum caritatem ; ut qui incestu perierat, pœnitentia conservetur. *Nullus quidem mundus est a peccato : nec si unius quidem diei fuerit vita ejus* [*Job.* 15 et 25] ; (*d*) *numerabiles autem anni vitæ illius. Astra quoque ipsa non sunt munda in conspectu ejus : et adversum angelos suos perversum*

(*a*) Aliter vetustiores editi « Quoniam reversus est Achab ad humilitatem mei causa, non inducam malum in diebus ejus, sed filiis suis. Quia licet peccasset unum scelus Achab et Jezabel, tamen, » etc. Nos *Deus* voculam ex Mss. supplevimus.

(*b*) Est celebre effatum quod tanquam Salvatoris refertur a Justino Martyre Dialog. cum Tryphone ἐν οἷς, ἂν ὑμᾶς καταλάβω, ἐν τούτοις καὶ κρινῶ. Alii aliis tribuunt.

(*c*) Victorius *septies in die cadit justus,* sed duo verba *in die* nec Mss. habent, neque in Hebræo textu, aut versione ulla Scripturæ inveniuntur, quæ adeo heic atque infra, Erasmum quoque, aliasque vetustiores editiones secuti expunximus. Consule quæ apud Hieronym. lib. 3. contra Pelagian. cap. 1. adnotamus.

(*d*) Alii editi ac Mss. « quanto minus mundi numerabiles erunt anni, » vel « si numerabiles, » aut « si numerosi erunt anni.»

(1) Atque heic Gravius *mali,* ex Græco τὰ LXX.

quid excogitavit (*Job.* 4. 18). Si in cœlo peccatum, quanto magis in terra? Si delictum in his qui carent tentatione corporea : quanto magis in nobis, qui fragili carne circumdamur, et cum Apostolo dicimus : *Miser ego, homo, quis me liberabit de corpore mortis hujus* (*Rom.* 7)? *Non enim habitat in carne nostra bonum,* nec agimus quod volumus, sed quod nolumus, ut aliud anima desideret, aliud caro facere cogatur. Quod si quidam (*a*) justi appellantur in Scripturis, et non solum justi, sed justi in conspectu Dei, juxta illam justitiam appellantur justi, juxta quam supra dictum est : *Septies cadit justus, et resurgit* (*Prov.* 24). Et juxta quod iniquitas iniqui non nocebit ei in quacumque die conversus fuerit [*Ezech.* 33. 12] (*b*). Denique et Zacharias pater Joannis, qui scribitur justus, peccavit in eo quod non credidit, et statim silentio condemnatur (*Luc.* 1). Et Job, qui justus et immaculatus, ac sine querela in principio voluminis sui scribitur, postea et Dei sermone, et confessione sui peccator arguitur. Si Abraham, Isaac et Jacob, Prophetæ quoque et Apostoli nequaquam caruere peccato : si purissimum triticum habuit mixtas paleas ; quid de nobis dici potest, de quibus scriptum illud est : *Quid paleis ad frumentum, dicit Dominus* (*Jerem.* 23)? Et tamen paleæ futuro reservantur incendio, et zizania hoc tempore mixta sunt segetibus frumentorum, donec veniat qui habet ventilabrum in manu sua, et purgaverit aream, ut congreget triticum in horrea, et quisquilias gehennæ igni comburat.

4. Hæc omnia quasi per pulcherrima Scripturarum prata discurrens, in unum locum volui congregare, et de speciosissimis floribus coronam tibi texere pœnitentiæ, quam imponas capiti tuo : et assumas pennas columbæ, et voles, et requiescas (*Psal.* 54), et clementissimo reconcilieris Patri. Narravit mihi uxor quondam tua, nunc soror atque conserva, quod juxta præceptum Apostoli ex consensu abstinueritis vos ab opere nuptiarum, ut vacaretis orationi ; tuaque rursum vestigia, quasi in salo posita fluctuasse, imo (ut apertius loquar) esse prolapsa. Illam autem audisse a Domino cum Moyse, *Tu vero hic sta mecum* (*Exod.* 33) ; et dixisse de Domino : *Statuit supra petram pedes meos* (*Psal.* 49). Tuam, domum, quæ fundamenta 899 fidei solida non habebat, postea diaboli turbine concidisse. Porro illius perstare in Domino, et suum tibi hospitium non negare ; ut cui prius conjunctus fueras corpore, nunc spiritu copuleris. *Qui enim adhæret Domino, unus spiritus est cum eo* (1. *Cor.* 6). Cumque vos rabies barbarorum, et imminens captivitas separaret, sub jusjurandi testificatione pollicitum [al. *pollicitus es*], ut ad sancta transeuntem loca, vel statim, vel postea sequereris, et servares animam tuam, quam visus fueras negligentia perdidisse. Redde igitur quod præ-

(*a*) Vid. superior. Epist. ad Algasiam Quæst. VIII. ad fin. not. *b*.
(*b*) Vetustiores vulgati sub interrogandi nota addunt, *cui desperandum est* ?

sente Deo spopondisti. Incerta est vita mortalium : ne ante rapiaris, quam tuam impleas sponsionem, imitare eam, quam docere debueras. Proh pudor, fragilior sexus vincit sæculum, et robustior superatur a sæculo. Tanti dux femina facti est (*ex Virgil.*) : et non sequeris eam, in cujus salute candidatus es fidei ? Quod si te rei familiaris tenent reliquiæ, ut scilicet et mortes amicorum et civium videas, et ruinas urbium atque villarum, saltem inter captivitatis mala, et feroces hostium vultus, et provinciæ tuæ infinita naufragia, teneto tabulam pœnitentiæ : et memento conservæ tuæ, quæ tuam quotidie suspirat, nec desperat salutem. Tu vagaris in patria, imo non patria, quia patriam perdidisti : ista pro te in locis venerabilibus Resurrectionis et Crucis, et Incunabulorum Domini Salvatoris, in quibus parvulus vagiit, tui nominis recordatur, teque ad se orationibus trahit : ut si non tuo merito, saltem hujus salveris fide. Jacebat quondam Paralyticus in lectulo, et sic erat cunctis artubus dissolutus, ut nec pedes ad ingrediendum, nec manus movere posset ad precandum : et tamen profertur ab aliis, et restituitur pristinæ sanitati, ut portaret lectulum (*Marc.* 2; *et Joan.* 5), qui dudum portabatur a lectulo. Et te igitur absentem corpore, præsentem fide, offert conserva tua Domino Salvatori ; et dicit cum Chananæa, *Filia mea male vexatur a dæmonio* (*Matth.* 15). Recte enim appellabo animam tuam, filiam animæ ejus, quæ sexus nescit 900 diversitatem : quia te quasi parvulum, atque lactentem, et necdum valentem sumere solidos cibos, invitat ad lac infantiæ, et nutricis tibi alimenta demonstrat ; ut possis dicere cum Propheta : *Erravi sicut ovis perdita : quære servum tuum, quoniam mandata tua non sum oblitus* (*Psal.* 118).

EPISTOLA CXXIII (*c*).

AD AGERUCHIAM (*d*).

De Monogamia.

Ageruchiam adolescentulam viduam a secundis nuptiis dehortatur, rejiciens argumenta quæ in contrarium facere videbantur, atque in hunc eumdem finem mundi calamitates illi ob oculos ponens.

1. In vetere via, novam semitam quærimus, et in antiqua detritaque materia, rudem artis excogitamus

(*c*) Alias 11. Scripta anno 409.
(*d*) Variant, ut ab aliis quoque adnotatum est, Mss. exemplaria, aliis *Gerontiam*, vel *Gerontiam*, aliis *Agerusiam*, vel *ichernsiam*, vel tandem *ichernidiam*, legentibus. Vera tamen ex Hieronymi allusione probatur lectio, *Agerochia*, non ut Martianæo visum est ab Ἀγέρως, quæ vox *immortalem*, vel non *sentientem senectutem* significet, sed neque, ut Victorius putat, a congregando, quod Græcis est ἀγείρω, ducto nomine futurorum vaticinio, quod scilicet aviæ, matris, amitæque, probatarum in Christo feminarum, eam turba circumstaret ; verum a strenuitate animique constantia, ac fortitudine, ut Græce sonat nomen ἀγερωχία, *Ageroclua*, quo sensu et a Gregorio Nazianzeno de Nona, et a Philostrato l. 2. de Vita Apollonii, et ab aliis sumitur, et Hier. heic quasi digito notat. Lexicum Græcum ineditum mirandæ vetustatis, cujus apographum apud nos est, et κατὰ ἠρίωνα τὸν Θηβαῖον, celebrem nempe illum ac desideratissimum, inscribitur, Ἀγέρωχος interpretatur ὁ ἄγαν αυχῶν, *qui valde gloriatur*, quæ proposito nostro etymologia ipsa quoque incongrua non est. Quod autem Victorius virginem Ageruchiam vocat, memoriæ, ut videtur lapsu, dixerit.

elegantiam, ut nec eadem sint, et eadem sint. Unum iter, et perveniendi quo cupias, multa compendia. Sæpe ad viduas scripsimus, et in exhortationem earum multa de Scripturis sanctis exempla repetentes, varios testimoniorum flores in unam pudicitiæ coronam texuimus. Nunc ad Ageruchiam nobis sermo est, quæ quodam vaticinio futurorum, ac Dei præsidentis auxilio, nomen accepit. Quam aviæ, matris, amitæque, probatarum in Christo feminarum, nobilis turba circumstat. Quarum avia Metronia, per quadraginta annos vidua perseverans, Annam nobis filiam Phanuelis de Evangelio retulit (*Luc.* 3. 36). Benigna, mater quartum, et decimum viduitatis implens annum, centenario virginum choro cingitur. (1) Soror Celerini, patris Ageruchiæ, qui parvulam nutrivit infantem, et in suo natam suscepit gremio, per annos viginti mariti solatio destituta, erudit neptem ; docens quod a matre didicit.

2. 901 Hæc brevi sermone perstrinxi, ut ostendam adolescentulam meam non præstare monogamiam generi suo, sed reddere : nec tam laudandam esse, si tribuat, quam omnibus execrandam, si negare tentaverit : præsertim cum posthumus ejus Simplicius nomen patris referat, et nulla sit excusatio desertæ ac sine hæredibus domus ; sub quorum patrocinio interdum sibi libido blanditur, ut quod propter intemperantiam suam faciunt, videantur facere desiderio liberorum. Sed quid ego quasi ad retrectantem loquor, cum audiam eam multos Palatii (*a*) procos, Ecclesiæ vitare præsidio, quos certatim diabolus inflammat, ut viduæ nostræ castitatem probent, quam et nobilitas, et forma, et ætas, et opes faciunt cunctis appetibilem : ut quanto plura sunt, quæ impugnant pudicitiam, tanto victricis majora sint præmia ?

3. Et quia nobis de portu egredientibus, quasi quidam scopulus opponitur, ne possimus ad pelagi tuta decurrere, et Apostoli Pauli scribentis ad Timotheum profertur auctoritas, in qua de viduis disputans ait : *Volo autem juniores nubere, filios procreare, matresfamilias esse, nullam occasionem dare adversario, maledicti gratia. Jam enim quædam abierunt retro post Satanam* (1. *Tim.* 5. 14. *et* 15) : oportet primum sensum tractare præcepti, et omnem loci hujus continentiam (*contextum sive complexum orationis*) discutere ; atque ita Apostolicis vestigiis insistentem, ne transversum quidem, ut dici solet, unguem in partem alteram declinare. Supra scripserat qualis vidua esse deberet : *Unius viri uxor, quæ liberos educavit, quæ in bonis operibus habuit testimonium, quæ tribulatis de sua substantiola subministravit* (*Ibid.* 9. *et* 10) ; cujus spes Deus est, et quæ permanet in obsecratione, et orationibus nocte ac die (*Ibid.* 5).

Post quæ jungit contraria : *Quæ autem in deliciis est, vivens mortua est.* Statimque inferri, ut discipulas suam muniat omni arte doctrinæ : *Adolescentiores autem viduas devita, quæ cum lascivierint in Christo, nubere volunt : habentes damnationem quod primam fidem irritam fecerunt* (1 *Tim.* 41 *et* 12). Propter has igitur, quæ fornicatæ sunt in injuriam viri sui Christi (hoc enim καταστρηνιάσωσι (*b*) Græcus sermo significat) vult Apostolus alterum **902** matrimonium, præferens digamiam fornicationi : secundum indulgentiam duntaxat, non secundum imperium.

4. Similique singula testimonii verba tractanda sunt. *Volo,* inquit, *adolescentulas nubere.* Cur quæso ? quia nolo adolescentulas fornicari. *Procreare filios.* Quam ob causam ? ne metu partus ex adulterio, filios necare cogantur. *Matresfamilias esse.* Quare obsecro ? quia multo tolerabilius est digamam esse, quam scortum, et secundam habere virum, quam plures adulteros. In altero enim miseriarum consolatio, in altero pœna peccati est. Sequitur : *Nullam occasionem dare adversario maledicti gratia ;* in quo brevi accinctoque præcepto, multa simul monita continentur. Ne propositum viduæ exquisitior cultus infamet. Ne oculorum nutibus, et hilaritate vultus, juvenum post se greges trahat. Ne aliud verbo, aliud habitu polliceatur, et conveniat ei versiculus ille vulgatus :

Risit, et arguto quiddam promisit ocello,

(Ovid. *in Elegiis amatoriis, lib.* 3. *Eleg.* 22).

Atque ut omnes nubendi causas brevi sermone concluderet, cur hoc præcepisset, ostendit, dicens : *Jam enim quædam abierunt retro post Satanam.* Ideo ergo secunda, et, si necesse est, tertia incontinentibus aperit matrimonia, ut a Satana abstrahat, ut magis mulierem qualicunque viro junctam faciat esse, quam diabolo. Sed et ad Corinthios tale quid loquitur : *Dico autem innuptis, et viduis : bonum est illis, si sic permanserint, ut ego. Si autem non se continent, nubant ; Melius enim est nubere, quam uri* (1. *Cor.* 7. 8. 9). Cur Apostole ? Statim intulit, quia pejus est uri (1).

5. Alioquin absolutum bonum est, et sine comparatione pejoris, esse quod Apostolus est, id est, solutum, non ligatum ; nec servum, sed liberum ; cogitantem ea quæ Dei sunt, non ea quæ uxoris. Et protinus in consequentibus : *Mulier,* inquit, *alligata est viro, quamdiu vir ejus vivit ; quod si dormierit vir ejus, libera est : cui vult nubat, tantum in Domino. Beatior autem erit, si sic permanserit secundum consilium meum. Puto autem quod, et ego spiritum Dei habeam* (*Ibid.* 39), et in hoc idem sensus est, quia idem spiritus ; **903** Diversæ Epistolæ, sed unus auctor Epistolarum. Vivente viro, mulier alligata est ; et mortuo, soluta. Ergo matrimonium vinculum est, et

---

(*a*) Victorius, quem Martianæus sequitur, *proceres,* haud satis congrua lectione. *Procos* vero, quam nos reposuimus, et Veronen. Ms. et vetustiores impressi libri omnes probant, estque in primis, contextum si attenderis, ad Hieronymi mentem.

(1) Gravio probatur magis *Soror celerini patris Agerochiæ,* ut ipsa quoque amita soror Celerini patris Agerochia nominata sit

(*b*) Plerique omnes καταστρηνιάσωσι interpretantur liceater, seu molliter, aut delicate se gerere, deliciari, lascivire, aut quid simile ; quod autem fornicari in injuriam Christi, Hieronym. explicat, latiori equidem sensu accipiendum videtur.

(1) Hæc duo verba, *quam uri* in hoc contextu obduci vult Gravius juxta fidem veteris exemplaris, et consequentiam sermonis.

viduitas solutio. Uxor alligata est viro, et vir uxori alligatus est : in tantum, ut sui corporis non habeant potestatem, et alterutrum debitum reddant. Nec possint habere pudicitiæ libertatem, qui serviunt dominatui nuptiarum. Quodque addidit, *tantum in Domino*, amputat Ethnicorum conjugia, de quibus in alio loco dixerat : *Nolite jugum ducere cum infideli. Quæ enim participatio justitiæ cum iniquitate? Aut quæ societas lucis cum tenebris? Quæ conventio Christi cum Belial? Aut quæ pars fideli cum infideli? Qui consensus templo Dei cum idolis* (2. Cor. 6. 14. *et seqq.*) ? Ne scilicet aremus in bove, et asino (*Deuter.* 22. 10) : ne tunica nuptialis, vario sit texta subtegmine. Extemploque tollit quod concesserat, et quasi pœniteat eum sententiæ suæ, retrahit : *Beatior erit, si sic permanserit*; suique hoc magis (*a*) dicit esse consilii. Quod ne contemnatur ut hominis : Spiritus Sancti auctoritate confirmat, ut non indulgens homo fragilitati carnis humanæ ; sed in Apostolo Spiritus Sanctus præcipiens audiatur. Nec sibi in eo annorum puellarium debet vidua blandiri, quod non minus sexagenariam eligi præcipit (1. *Tim.* 5. 9). Neque enim innuptas, vel juvenculas cogit, ut nubant, qui de nuptiis quoque loquitur : *Tempus breve est : Superest, ut, et qui habent uxores sic sint, quasi non habeant* (1. Cor. 7. 29) ; sed de his viduis disputat, quæ suorum nutriuntur alimentis, quæ filiorum, et nepotum cervicibus imponuntur. Quibus imperat, ut discant domum suam colere, et remunerare parentes et sufficienter eis tribuere, ut non gravetur Ecclesia, et possit certis viduis ministrare. De quibus scriptum est : *Honora viduas, quæ veræ viduæ sunt* (1. *Tim.* 5. 3), hoc est, quæ omni suorum auxilio destitutæ, quæ manibus suis laborare non possunt, quas paupertas debilitat, ætasque conficit : quibus Deus spes est, et omne opus oratio. Ex quo datur intelligi, adolescentulas viduas, exceptis his quas excusat infirmitas, vel suo labori, vel liberorum, **904** et propinquorum ministerio delegari. Honor autem impræsentiarum, vel pro eleemosyna, vel pro munere accipitur, ut est illud, *Presbyteri duplici honore digni habeantur, maxime qui laborant in verbo, et doctrina* (1. *Tim.* 5. 17). Et in Evangelio Dominus disserit mandatum Legis, in quo dicitur : *Honora patrem tuum, et matrem tuam* (*Exod.* 20. 21) ; non in verborum sono, qui inopiam parentum, cassa potest adulatione frustrari, sed in victus necessariis ministrandis debere intelligi. Jubente enim Domino, ut filii alerent parentes pauperes, et redderent beneficia senibus, quæ parvuli acceperant, Scribæ, et Pharisæi e contrario docebant filios, ut parentibus responderent : Corban, hoc est, *donum*, quod altari pollicitus sum, et in templi dona promisi, (*b*) si tu a me acceperis cibos, vertetur in tuum refrigerium. Atque ita fiebat, ut egentibus patre, et matre, sacrificium offerrent filii, quod Sacerdotes Scribæque consumerent. Si ergo Apostolus pauperes viduas (eas tamen quæ adolescentulæ sunt, et nulla debilitate franguntur) cogit suis manibus laborare, ne gravetur Ecclesia, et possit anus viduas sustentare ; qua excusatione utetur, quæ opibus mundi affluit, quæ potest etiam aliis ministrare, et de iniquo mammona sibi facere amicos, qui possint eam in æterna tabernacula recipere? Simulque considera, quod vidua non eligatur nisi unius viri uxor : et nos (*c*) putamus Sacerdotum hoc tantum esse privilegium, ut non admittatur ad altare, nisi qui unam habuerit uxorem. Non solum enim ab officio Sacerdotii digamus excluditur; sed et ab eleemosyna Ecclesiæ, dum indigna putatur stipe, quæ ad secunda conjugia devoluta est. Quanquam lege Sacerdotali (*d*) teneatur, et laicus, qui talem præbere se debet, ut possit eligi in Sacerdotium. Non enim eligitur, si digamus fuerit. Porro eliguntur ex laicis sacerdotes. Ergo et laicus tenetur mandato, per quod ad sacerdotium pervenitur.

7. Aliud est quod vult Apostolus : aliud quod cogitur velle. Ut concedat secunda matrimonia meæ est incontinentiæ, **905** non illius voluntatis. Vult omnes esse sicut seipsum, et ea cogitare quæ Dei sunt, et solutos nequaquam ultra alligari. Sed si labentes, per incontinentiam ad barathrum stupri viderit pervenire ; digamiæ porrigit manum, ut cum una magis, quam cum pluribus volutentur. Quod nequaquam ut amare dictum, et contra Apostoli regulam, secundus nuptiator exaudiat. Duæ enim sunt Apostoli voluntates : una qua præcepit, *Dico autem innuptis, et viduis : bonum est illis si sic permanserint, sicut et ego.* Altera qua indulget : *Si autem non se continent, nubant. Melius est enim nubere, quam uri.* Primum quid velit : deinde quid cogatur velle, demonstrat. Vult nos permanere post nuptias, sicut seipsum : et propositæ beatitudinis Apostolicum ponit exemplum. Sin autem nos viderit nolle quod ipse vult, incontinentiæ nostræ tribuit indulgentiam. Quam e duabus eligimus voluntatem, quod magis vult, et quod per se bonum est : an quod mali comparatione fit levius, et quodam modo nec bonum est, quia præfertur malo ? Ergo si eligimus, quod Apostolus non vult, sed velle compellitur, imo acquiescit deteriora cupientibus, non Apostoli, sed nostram facimus voluntatem (1) Legimus in veteri

---

(*a*) Heic vocem *dicit* restituimus, et supra atque infra quædam alia minoris momenti emendavimus.

(*b*) Libentius legerem *etsi a me non acceperis*, ut etiam Victorius conjecerat. Hic enim est sensus, quem Hier. intendit, etsi nempe templo non tibi dedero, vertetur tamen donum in tuum refrigerium. Gravius in nostram sententiam etiam veterum exemplarium fidem contestatur, et Origenis, ac Hieronymi in Matthæum interpretationes laudat.

(*c*) Contra Hieronymi mentem legerat Editor Benedictinus, *Et nos putamus*. Reatius paulo rectius *putabamus* : sed neque hæc lectio nobis satis probatur, legendumque arbitramur, *et non putandum*.

(*d*) Sumptum argumentum ex Tertulliani lib. de Exhortatione castitatis, ubi monogamiæ sic astruit necessitatem, « Omnes, inquit, nos Deus vult dispositos esse, ut ubique sacramentis ejus obeundis apti simus. Unus Deus, una fides, una et disciplina. Usque adeo nisi et laici ea observent, per quæ Presbyteri alleguntur, quomodo erunt Presbyteri qui de laicis alleguntur. »

(1) Præsidio veteris codicis hunc quem depravatum putat locum, sic Gravius restituit. « Legimus in veteri Testamento Pontifices semel maritos, et filias sacerdotum si viduæ fuerint, etc. » In quam rem Levitici locum adducit, « Si filia Sacerdotis cuilibet e populo nupta fuerit, de his

Testamento (*Levit.* 22 ; *et Ezech.* 44) : Semel maritatas filias Sacerdotum, si viduæ fuerint, vesci debere de sacerdotalibus cibis : mortuisque (*a*) sicut patri, et matri sic exhibendum inferiarum officium. Sin autem alios viros acceperint, alienas eas, et a patre, et a sacrificiis fieri, et inter externas debere deputari.

8. Quod quidem observat, et gentilitas, in condemnationem nostri, si hoc non exhibeat veritas Christo, quod tribuit mendacium diabolo ; (1) qui et castitatem reperit perditricem. Hierophanta apud Athenas (*b*) ejurat virum, et æterna debilitate fit castus. Flamen unius uxoris ad sacerdotium admittitur. Flaminea quoque unius mariti eligitur uxor. Ad tauri Ægyptii sacra semel maritus assumitur. Ut omittam virgines Vestæ, et Apollinis, Junonisque (*c*) Achivæ, et Dianæ ac Minervæ, quæ perpetua sacerdotii virginitate marcescunt. Stringam breviter reginam Carthaginis, quæ magis ardere voluit, quam Hiarbæ regi nubere : et Hasdrubalis uxorem, quæ apprehensis utraque manu liberis, in subjectum se præcipitavit incendium, ne pudicitiæ damna sentiret : et Lucretiam, quæ amissa gloria castitatis, noluit pollutæ conscientiæ supervivere. Ac ne multa longo sermone contexam, quæ potes de primo contra Jovinianum volumine ad ædificationem tuam sumere, unum tantum, quod in patria tua gestum est, repetam ; ut scias pudicitiam etiam barbaris ac feris, et sanguinariis gentibus esse venerabilem. Gens Theutonum (*d*) ex ultimis Oceani atque Germaniæ profecta littoribus, omnes Gallias inundavit ; sæpiusque cæsis Romanis exercitibus, apud Aquas Sextias Mario pugnante, superata est. Quorum tre-

centæ matronæ, cum aliis se viris captivitatis conditione tradendas esse didicissent, primum Consulem deprecatæ sunt, ut templo Cereris ac Veneris in servitium traderentur. Quod cum non impetrarent, submovente eas lictore, parvulis cæsis liberis, mane mortuæ sunt repertæ, suffocatis laqueo faucibus, et mutuis complexibus se tenentes.

9. Quod igitur barbaræ castitati non potuit inferre captivitas, hoc matrona nobilis faciet ? et experietur alterum virum, quæ priorem aut bonum perdidit, aut malum experta est, ut rursum contra judicium Dei facere nitatur ? Quid si statim secundum perdiderit, sortietur et tertium [*al. societur et tertio*] ? et si ille dormierit, in quartum quintumque procedet, ut nihil sit quo a meretricibus differat ? Omni ratione viduæ providendum est, ne castitatis primos excedat limites. Quos si excesserit, et verecundiam ruperit matronalem, in omnem debacchabitur luxuriam, ita ut Prophetam mereatur audire dicentem : *Facies meretricis facta est tibi : Impudorata es tu* (*Jerem.* 3. 3). Quid igitur ? Damnamus secunda matrimonia ? Minime ; sed prima laudamus. Abjicimus de Ecclesia digamos ? Absit : sed monogamos ad continentiam provocamus. In Arca Noe non solum munda, sed et immunda fuerunt animalia. Habuit homines, habuit et serpentes. In domo quoque magna, vasa diversa sunt ; alia in honorem, alia in contumeliam (2. *Tim.* 2. 20). Est crater ad bibendum ; est et matula ad secretiora naturæ. Nam cum in semente terræ bonæ, centesimum, et sexagesimum, et trigesimum fructum Evangelia doceant (*Matth.* 13. 8) ; et centenarius pro virginitatis corona, primum gradum teneat ; sexagenarius pro labore viduarum, in secundo sit numero ; tricenarius fœdera nuptiarum, ipsa (*e*) digitorum conjunctione testetur, digamia in quo erit numero ? Imo extra numerum. Certe in bona terra non oritur, sed in vepribus, et spinetis vulpium, quæ Herodi impiissimo comparantur, ut in eo se putet esse laudabilem, si scortis melior sit : si publicarum libidinum victimas superet, si uni sit prostituta, non pluribus.

10. Rem dicturus sum incredibilem, sed multorum testimoniis approbatam. Ante annos plurimos, cum in chartis Ecclesiasticis juvarem Damasum Romanæ urbis Episcopum, et Orientis atque Occidentis Synodicis consultationibus responderem, vidi duo inter se paria, vilissimorum e plebe hominum comparata, unum qui viginti sepelisset uxores, alteram quæ vicesimum secundum habuisset maritum, extremo sibi, ut ipsi putabant, matrimonio copulatos. Summa omnium exspectatio virorum pariter ac feminarum, post tantas rudes quis quem prius efferret. Vicit maritus, et totius urbis populo confluente, co-

---

(*a*) Victor. *mortuisque sic a patre exhibendum inferiarum officium*, etc.
(*b*) Martianæus aliquе editi *eviratur*, falso, pro duobus verbis *ejurat virum*, vel ut alii Mss. habent, *ejerat virum*, quæ nobis lectio restituta, unaque vera est, et ad fidem Mss. Neque enim eviratus erat apud Athenas Hierophanta, sed virum ejurabat. *Ejerare* autem, sive *ejurare*, renuntiare est, sive abdicare, atque adeo *virum ejerare*, perinde est atque ab omni generatione abstinere. Ejurat, qui jurat quod desideratur, a se præstari non posse, ait Sext. Pompeius. Petronius quoque in Satyrico : *si ejuras hodiernum bilem, una cœnabimus.* Tacitus consulatum et imperium ejurare dixit. Tandem Seneca in Suasoria pro M. Tullio Asinii Pollionis : *Nec mora fuit, quin ejuraret suas, quas cupidissime effuderat orationes.* De Hierophantis vero Julianus Orat. V. οὗτω δὲ καὶ παρὰ Ἀθηναίοις, οἱ τῶν ἀρῤῥήτων ἀντέφωνοι παναγεῖς εἰσι, καὶ ὁ τούτων ἐξάρχων ἱεροφάντης ἀπέστραπται πᾶσαν τῆς γένεσιν. « Apud Athenienses qui arcana illa tractant, castissime degunt, tum eorum Antistes Hierophanta ab omni generatione prorsus abstinet. » Ex quibus plane videas quam male apud Hieronymum hoc ejurandi verbum docti viri exturbant, contra Mss. quam et ipsi proferunt fidem.
(*c*) Tertullian. l. 1. ad Uxorem c. 6. *Acheæ Junoni*, inquit, *apud Ægium oppidum virgo sortitur.* Pro *Achivæ* autem voce Erasm. *Argivæ* legendum censuit, quod non probatur ; alii mallent *Achaicæ*, quemadmodum alibi apud Tertullian. lib. de Exhortat. castitatis legitur.
(*d*) Martian. post Erasm. *ex ultimis Gallorum Oceani atque Germaniæ*. Vid. Valer. Maxim. lib. 6. cap. 1.

quæ sanctificata sunt, et de primitiis non vescetur. Si autem vidua, vel repudiata et absque liberis reversa fuerit ad domum patris tui, sicut puella consueverat, aletur de cibis patris sui.

(1) Ex Tertullian. de Exhortat. castitatis , notante Gravio. « Invenit diabolus post luxuriam castitatis perditricem, quomodo reus sit Christianus qui castitatem recusaverit conservatricem.

(*e*) Veterum morem per digitos numerandi innuit, de quo plura dicenda nobis erunt lib. 1. advers. Jovinianum. Heic unum atque alterum Bedæ locum præstabit recoluisse. « Cum, inquit, triginta notare volueris, ungues indicis et pollicis blando conjunges amplexu. Cum dicis sexaginta , pollicem curvatum indice circumflexo diligenter a fronte præcinge. »

ronatus, et palmam tenens, (a) adoreamque per singulos sibi acclamantes, uxoris multinubæ feretrum præcedebat. Quid dicemus tali mulieri? Nempe illud, quod **908** Dominus Samaritanæ: Viginti duos habuisti maritos, et iste a quo nunc sepeliris, non est tuus (*Joan.* 4).

11. Itaque obsecro te, religiosa in Christo filia, ut testimonia ista non noveris, quibus incontinentibus et miseris subvenitur; sed illa potius lectites, quibus pudicitia coronatur. Sufficit tibi quod primum perdidisti virginitatis gradum, et per tertium venisti ad secundum, id est, per officium conjugale, ad viduitatis continentiam. Extrema, imo abjecta ne cogites: nec aliena et longe posita exempla perquiras. Habes aviam, matrem, et amitam, quarum tibi abundans imitatio atque doctrina, et præcepta vivendi, norma virtutum est. Si enim multæ in conjugio, viventibus adhuc viris, intelligunt illud Apostoli: *Omnia licent, sed non omnia expediunt* (1. *Cor.* 6. 12), et castrant se propter regna cœlorum, vel a secunda nativitate post lavacrum ex consensu, vel post nuptias ex ardore fidei; cur vidua quæ judicio Dei, virum habere desiit, non illud lætabunda congeminet, *Dominus dedit, Dominus abstulit* (*Job.* 1); et oblatam occasionem arripiat libertatis, ut sui corporis habeat potestatem, nec rursum ancilla fiat hominis? Et certe multo laboriosius est, non frui eo quod habeas, quam desiderare quod amiseris. Unde et virginitas in eo facilior est, quod carnis incentiva non novit: et viduitas in eo sollicitior, quod præteritas animo recolit voluptates: MAXIME SI SE virum putet perdidisse, non præmisisse: quorum alterum doloris, alterum gaudii est.

12. Primi hominis creatura nos doceat, plures nuptias refutare. Unus Adam, et una Eva, imo una ex eo costa separatur in feminam. Rursumque quod divisum fuerat, nuptiis copulatur, dicente Scriptura: *Erunt duo in carnem unam*; non in duas, nec in tres. Propter quod *relinquet homo patrem, et matrem, et adhærebit uxori suæ* (*Genes.* 2. 24); certe non uxoribus. Quod testimonium Paulus edisserens, ad Christum refert, et ad Ecclesiam (1. *Cor.* 6. 16. *et seqq.*); ut primus Adam in carne, et secundus in spiritu monogamus sit. (1) Sit una Eva mater cunctorum viventium, et una Ecclesia parens omnium **909** Christianorum. Sicut illam maledictus Lamech in duas divisit uxores, sic hanc hæretici in plures Ecclesias lacerant, quæ juxta Apocalypsim Joannis, synagogæ magis diaboli appellandæ sunt (*Apoc.* 2. 9), quam Christi conciliabula. Legimus in Carminum libro, *Sexaginta sunt reginæ, et octoginta concubinæ, et adolescentulæ, quarum non est numerus. Una est columba mea, perfecta mea : una est matri suæ, electa genitrici suæ* (*Cant.* 6). Ad quam scribit idem Joannes

Epistolam, *Senior*, (a) *Electæ dominæ, et filiis ejus* (2. *Joan.* 1). Sed et in Arcam quam Petrus Apostolus sub typo interpretatur Ecclesiæ (1. *Petr.* 3), Noe cum tribus filiis, singulas, non binas uxores introduxit (*Genes.* 6). Etiam de immundis animalibus bina sumuntur, masculus, et femina: ut ne in bestiis quidem, serpentibusque, crocodilis, ac lacertis, digamia habeat locum. Quod si de mundis septena ponuntur, id est, imparia: et in hoc virginitatis ac pudicitiæ palma monstratur. Egressus enim de Arca Noe, Deo victimas immolavit: non utique de pari, sed de impari numero, quia alterum fœtibus atque conjugio, alterum sacrificio præparatum est.

13. At [al. *Atqui*] Patriarchæ non singulas habuerunt uxores, imo et concubinas habuere plurimas. Et, ne hoc parum sit, David multas, et Salomon habuit innumerabiles. Judas ad Thamar, quasi ad scortum ingreditur. Et juxta occidentem litteram, Osee Propheta non solum meretrici, sed etiam adulteræ copulatur (*Osee* 1). Quod si et nobis jure conceditur, adhinniamus ad omnes feminas, et in exemplum Sodomæ et Gomorræ, ab ultimo die deprehendamur vendentes, et ementes, nubentes, et nuptui tradentes (*Matth.* 24. 38), et tunc sit finis conjugii, quando terminus vitæ. Quod et si post Diluvium, et ante Diluvium viguit ista sententia: *Crescite et multiplicamini, et replete terram* (*Genes.* 1. 28), quid ad nos, in quos fines sæculorum decurrerunt, quibus dicitur: *Tempus breve est* (1. *Cor.* 7. 29): Et, *Jam securis ad radices arborum posita est*, quæ silvam Legis, et nuptiarum Evangelica castitate succidat? *Tempus amplexandi, et tempus longe fieri ab amplexibus* (*Eccles.* 3. 5). Jeremias, captivitate propinqua, uxorem prohibetur accipere. Ezechiel in Babylone *Mortua est*, inquit, *uxor mea; et apertum est os meum* (*Ezech.* 24. 28). **910** Nec ducturus uxorem, nec ille qui duxerat, possunt in opere conjugali libere prophetare. Olim gloriæ erat illum audire versiculum: *Filii tui sicut novellæ* [al. *novellatio* cum August. et Hilario] *olivarum, in circuitu mensæ tuæ*; Et, *Videas filios filiorum tuorum* (*Psal.* 127). Nunc de continentibus dicitur: *Qui adhæret Domino, unus spiritus est* (1. *Cor.* 6. 17). Et, *Adhæsit anima mea post te : me suscepit dextera tua* (*Ps.* 62. 9). Tunc oculum pro oculo: nunc verberanti maxillam, præbemus et alteram. Illo tempore bellatoribus dicebatur: *Accingere gladio tuo super femur tuum, Potentissime* (*Psal.* 44. 4); modo audit Petrus: *Conde gladium tuum in vaginam. Qui enim gladio percutit, gladio morietur* (*Matth.* 26. 52). Hæc dicimus, non separantes Legem, et Evangelium, ut Marcion calumniatur; sed unum atque eumdem suscipientes Deum, qui pro varietate temporum atque causarum principium, et finis; serit, ut metat; plantat, ut habeat quod succidat; jacit fundamentum, ut ædificationi, consummato sæculo, culmen imponat. Alioqui si ad sacramenta veniamus, et futurorum typos, non nostro arbitrio, sed

---

(a) Nobis placeret, *adoreasque per singulas subclamante*, videlicet *populo:* quæ lectio ex ipsis Mss. ubi est *adoreasvæ per singulas subclamantes*, levissima mutatione inducta conficitur.

(1) Legi Gravius jubet *sic una*, etc.

(a) Nomen *Electæ*, ut proprium hoc loco atque alibi sæpe ther. interpretatur.

Apostolo disserente (a) consideremus ; Agar, et Sara, vel mons Sina, et Sion, duo Testamenta significant. Lia lippientibus oculis, et Rachel, quam Jacob amabat plurimum (*Genes.* 29), Synagogam Ecclesiamque testantur. Unde et Anna prius sterilis, Fennenæ ubertate fœcundior est (1. *Reg.* 1). Licet et monogamia nos in Isaac, et Rebecca præcesserit : cujus solius partus Domini revelatio est. Nec ulla alia feminarum Deum per seipsam consuluit. Quid loquar de Thamar, (b) quæ Zaram, et Pharez geminos fudit infantes? In quorum nativitate divisa maceria, duos populos separavit : et ligata manus coccino, conscientiam Judæorum jam tunc Christi passione respersit. Ac de scorto prophetico, cujus similitudo vel Ecclesiam significat de gentibus congregatam : vel (quod ipsi loco magis convenit) Synagogam primum assumptam de idolatris per Abraham, et Moysen : deinde post adulterium, et negationem Salvatoris, sedentem plurimo tempore sine altari, Sacerdotibus ac Prophetis, et viri pristini consortium præstolantem ; ut postquam subintraverit plenitudo gentium, tunc omnis Israel salvus fiat (*Rom.* 11).

911 14. Quasi in brevi tabella latissimos terrarum situs ostendere volui, ut pergam ad alias quæstiunculas ; quarum prima de Annæ consilio est :

Solane perpetua mœrens carpere juventa?
Nec dulces natos, Veneris nec præmia noris?
Id cinerem, aut manes credis curare sepultos?

Cui breviter respondeat ipsa, quæ passa est :

Tu lacrymis evicta meis : tu prima furentem
His, germana, malis oneras, atque objicis hosti.
Non licuit thalami expertem sine crimine vitam
Degere more feræ, tales nec tangere curas.
Non servata fides cineri promissa Sichæi

(*Æneid.* 4).

Proponis mihi gaudia nuptiarum : ego tibi opponam pyram, gladium, et incendium. Non tantum boni est in nuptiis quod speramus, quantum mali, quod accidere potest, et timendum est. LIBIDO TRANSACTA semper sui relinquit pœnitudinem : nunquam satiatur; et extincta reaccenditur. Usu crescit, et deficit : nec rationi paret, quæ impetu ducitur. Sed dices : Amplæ opes, et dispensatio rei familiaris egent auctoritate viri. Scilicet perierunt domus cœlibum, et nisi cum servulis tuis ipsa servieris, familiæ tuæ imperare non poteris. Avia tua, mater et amita, nonne auctoritatis pristinæ, honorisque majoris sunt, dum eas, et tota provincia, et Ecclesiarum principes suspiciunt? Ergo (c) milites, et peregrinantes, sine uxoribus sua hospitiola non regunt, et nec invitant ad convivia, nec invitantur? Quasi non possis probatæ ætatis habere famulos, vel libertos, in quorum nutrita es manibus; qui præsint domui, ad publicum respondeant, tributa persolvant : qui te suspiciunt, ut patronam, diligant, ut alumnam, venerentur, ut sanctam. Quære primum regnum Dei, et hæc omnia adjicientur tibi (*Matth.* 6. 33). Si de veste cogitaveris, lilia tibi de Evangelio proponuntur. Si de cibo, remitteris ad aves, quæ non serunt, neque metunt, et Pater tuus cœlestis pascit illas. Quantæ virgines et

912 viduæ absque ulla sorde rumoris, suam substantiolam gubernarunt?

15. Cave ne jungaris adolescentulis : ne his adhæreas, propter quas Apostolus concedit secunda matrimonia, et sustineas in media tranquillitate naufragium. Si Timotheo dicitur : *Adolescentiores viduas devita :* Et iterum : *Anus anus, ut matres : adolescentulas, ut sorores cum omni castitate;* quare tu me commonentem non audis? Fuge personas, in quibus potest male conversationis esse suspicio, nec paratum habeas illud e trivio : Sufficit mihi conscientia mea : non curo quid de me loquantur homines. Et certe Apostolus providebat bona, non tantum coram Deo, sed etiam coram hominibus (*Rom.* 12), ne per illum nomen Dei blasphemaretur in gentibus (*Ibid.* 2. 24). Habebat utique potestatem sororem mulierem circumducendi, sed nolebat se judicari ab (d) infideli conscientia. Et cum posset de Evangelio vivere, diebus ac noctibus laborabat manibus suis, ne quem gravaret credentium. *Si scandalizat,* inquit, *esca fratrem, in æternum carnem non manducabo* (1. *Cor.* 2. 13). Dicamus et nos : Si scandalizat soror, vel frater, non unum, et alterum, sed totam Ecclesiam; nec sororem videbo, nec fratrem. Melius est rem familiarem minui, quam salutem animæ perire. Melius est amittere, quod velimus, nolimus, aliquando periturum est. Melius est sponte dimittere; quam id amittere, pro quo omnia dimittenda sunt. Quis nostrum, non dicam cubitum, quod enorme est; sed unius unciolæ decimam partem adjicere potest ad staturam suam? et solliciti sumus quid manducemus, aut quid bibamus? Ne cogitemus ergo de crastino : *Sufficit diei malitia sua* (*Matth.* 6. 34). Jacob fratrem fugiens, magnis in patris domo divitiis derelictis, nudus pergit [al. *profugit*] in Mesopotamiam; et ut nobis fortitudinis suæ præberet exemplum, lapide capiti supposito, vidit scalam ad cœlum usque subrectam, et Dominum innitentem super eam : per quam ascendebant Angeli et descendebant (*Gen.* 28. 5); ut nec peccator desperet salutem, nec justus in sua vir-

---

(a) Hanc vocem *consideremus*, quæ deerat, ex editis vetustioribus reposuimus.
(b) Turpi errore, et quem antea Reatinus editor emendaverat, Benedictinus Erasmum secutus, *Ezron* legit pro *Zaram.* Vide Gen. 38. v. 29 et 30. Quod porro suo dit in eorum nativitate duos populos separatos, Judæos, et Gentiles significari, ex veterum Patrum est sensu, quem in Michæe cap. 2. luculentissime exponit.
(c) Olim nempe milites ab uxoribus ducendis lege prohibebantur, quod luculentissime in primis testatur Dio lib. 60. ubi de Claudio loquens, concessa dixit ab illo maritorum jura, τοῖς στρατευομένοις, ἐπειδὴ γυναῖκας κατὰ τοὺς νόμους ἔχειν οὐκ ἐδύναντο *iis qui militabant quoniam uxores ex legibus* habere non poterant. Ceterum, quod Gravius notat, ex Tertulliano de Exhortation. castitatis locus exprimitur, « Scilicet solis maritorum domibus bene est : perierunt cælibum familiæ, spadonum, militum, aut peregrinantium sine uxoribus. »
(d) Sic legisse videtur apud Apostolum 1. Corinth. X. 29. *ab infideli conscientia* pro *ab aliena*; nam et aliquot Latini codices ejus lectionis supersunt, et Auctor de singularitate Clericorum inter Cypriani opera, et Primasius ad eum modum habent. Græcus quoque ἄλλος, et ἀλλότριος, pro infideli alienoque accipitur.

vite securus sit. Atque, ut multa prætereram (neque enim tempus est, ut assumpti testimonii omnia edisseram) **913** post annos viginti dives dominus, et pater [al. *patre*] ditior, qui dudum Jordanem in baculo transierat, cum tribus turmis gregum in patriam revertitur. Apostoli toto orbe peregrini, non æs in zona, non virgam in manu, non caligas habuere in pedibus, et tamen dicere poterant : *Nihil habentes, et omnia possidentes* (2. *Cor.* 6. 10). Et, aurum et argentum non est nobis, quod autem habemus, hoc tibi damus : *in nomine Jesu Christi Nazareni, surge, et ambula* (*Act.* 3. 6). Non enim erant divitiarum sarcina prægravati. Et ideo stantes (1) cum Elia in foramine petræ, per angustias acus transire poterant, et posteriora Domini contemplari (3. *Reg.* 19). Nos vero videmus avaritia, et contra pecunias disputantes, auro sinum expandimus ; nihilque nobis satis est. Et illud, quod de Megarensibus dicitur, jure miseris coaptari potest : Ædificant quasi semper victuri : vivunt quasi altera die morituri. Et hæc facimus, quia Domini verbis non credimus ; et quia ætas optata cunctis non viciniam mortis, quæ debetur mortalibus lege naturæ ; sed cassa spe, annorum nobis spatia pollicetur. Nemo enim tam fractis viribus, et sic decrepitæ senectutis est, ut non putet se unum adhuc annum esse victurum. Unde subrepit oblivio conditionis suæ, ut terrenum animal, et jam jamque solvendum, erigatur in superbiam, et animo cœlum teneat.

16. Verum quid ago ? Fracta navi de mercibus disputo. Qui tenebat, de medio fit, et non intelligimus (*a*) Antichristum appropinquare, quem Dominus Jesus Christus interficiet spiritu oris sui (2. *Thes.* 2. 8). *Væ prægnantibus, et nutrientibus in illa die* (*Marc.* 13. 17 ; *et Luc.* 21) ; quorum utrumque de fructibus nuptiarum est. Præsentium miseriarum pauca percurram. Quod rari hucusque residemus, non nostri meriti, sed Domini misericordiæ est. Innumerabiles et ferocissimæ nationes universas Gallias occuparunt. Quidquid inter Alpes et Pyrenæum est, quod Oceano et Rheno includitur, Quadus, Wandalus, Sarmata, Halani, (*b*) Gipedes, Heruli, Saxones, Burgundiones, Alemani, et, **914** o lugenda respublica ! hostes Pannonii vastarunt. *Etenim Assur venit cum illis* (*Psal.* 82. 9). Moguntiacum [al. *Maguntiacum*], nobilis quondam civitas, capta atque subversa est, et in Ecclesia multa hominum millia trucidata.

Vangiones longa obsidione deleti. Remorum urbs præpotens, Ambiani, Attrebatæ, (*c*) extremique hominum Morini, Tornacus, Nemetæ, Argentoratus, translatæ in Germaniam. Aquitaniæ, Novemque populorum, Lugdunensis, et Narbonensis provinciæ, præter paucas urbes populata sunt cuncta. Quas et ipsas foris gladius, intus vastat fames. Non possum absque lacrymis Tolosæ facere mentionem, quæ ut hucusque non rueret, sancti Episcopi Exuperii merita præstiterunt. Ipsæ Hispaniæ jam jamque perituræ, quotidie contremiscunt, recordantes (*d*) irruptionis Cimbricæ, et quidquid alii semel passi sunt, illæ semper timore patiuntur.

17. Cætera taceo, ne videar de Dei desperare clementia. Olim a mari Pontico usque ad Alpes Julias, non erant nostra, quæ nostra sunt. Et per annos triginta fracto Danubii limite, in mediis Romani imperii regionibus pugnabatur. Aruerunt vetustate lacrymæ. Præter paucos senes, omnes in captivitate et obsidione generati, non desiderabant, quam non noverant libertatem. Quis hoc credet ? quæ digno sermone historiæ comprehendent ? Romam in gremio suo, non pro gloria, sed pro salute pugnare ? imo ne pugnare quidem, sed auro et cuncta supellectile vitam redimere ? Quod non vitio Principum (2), qui vel religiosissimi sunt, sed scelere semibarbari accidit proditoris (3), qui nostris contra nos opibus armavit inimicos. Æterno quondam dedecore Romanum laborabat imperium, quod Gallis cuncta vastantibus, fusoque apud Alliam exercitu, Romam Brennus intravit. Nec pristinam poterat abolere ignominiam, donec et Gallias, genitale Gallorum solum, et Gallogræciam, in qua consederant Orientis Occidentisque victores, suo imperio subjugasset. Hannibal, de Hispaniæ finibus orta tempestas, cum vastasset **915** Italiam, vidit urbem, nec ausus est obsidere. Pyrrhum tanta tenuit Romani nominis reverentia, ut deletis omnibus, e propinquo recederet loco : nec audebat victor aspicere, quam regum didicerat civitatem. Et tamen pro hac injuria (non enim dicam superbia) (*e*) quæ bonos exitus habuit, alter (4) toto orbe fugitivus, tandem Bithyniæ mortem veneno reperit ; alter (5) reversus in patriam, in suo regno occubuit ; et utriusque provinciæ populi Romani vectigales sunt. Nunc ut omnia prospero fine eveniant, præter nostra quæ amisimus, non habemus quod victis hostibus auferamus. Potentiam Romanæ urbis, ardens Poeta describens, ait : *Quid satis est, si Roma parum est* (*Lucan. in* V. *Pharsal.*)

(*a*) Ex Apostolo. 2. ad Thessalon. 2. 7. quibus Romani imperii finem ante Antichristi adventum significat. Solemnis porro isthæc veterum Scriptorum querela, in gravissimis suorum temporum calamitatibus, Antichristum adventare ut crederent. Hilarius contra Auxentium num. 5. ob Arianorum violentias, *Necesse est*, inquit, *in ipsam nos ætatem antichristi incidisse*. Paria habent Basilius epist. 71. et Ambrosius lib. X. in Lucan cap. 1. et Oratione de obitu fratris sui Satyri. Sulpitius Sever. Dialog. 2. Chrysostomus homil. 35. in Jonam, et præcipue Gregorius Magnus pluribus locis, ut aliis sequiorum temporum omittamus.
(*b*) In quodam Vormatiensi Chronico *Gesipedes*.
(1) Facile sibi persuadet Gravius scripsisse Hieronymum *cum Moyse* ex aliis Hieronymi locis, ut in Ecclesiast. c. 12. *si Moysi dicitur : Ponam te in foramine petræ*, etc. et in Isaiæ. cap. 2. *Moyses quoque in foramine petræ ponitur*, etc. Helias autem stetit in ostio speluncæ. 3. Reg. 19, etc.

(*c*) Hemistichium est Virgilianum ex Æneid. IX. *Extremique hominum Morini, Rhenusque bicornis*. Tum ad *Nemetæ* vocabulum, recentius urbis nomen addunt quidam codd. *id est Spira*.
(*d*) Laudatam Vormatien. Chronic. *irruptionis Africæ*.
(*e*) Ex ingenio Gravius negandi particulam interserit, *quæ non bonos exitus*, qua sine sensum vitiari putat.

(2) Arcadius et Honorius.
(3) Stilicon Vandalis cognatus.
(4) Hannibal.
(5) Pyrrhus.

Quod nos alio mutemus elogio : *Quid salvum est, si Roma perit?*

Non mihi si linguæ centum sint, oraque centum,
Ferrea vox, omnes captorum dicere pœnas,
Omnia cæsorum percurrere nomina possim.
(VIRGIL. Æneid. 6).

Et hæc ipsa quæ dixi, periculosa sunt, tam loquentibus, quam audientibus, ut ne gemitus quidem liber sit, nolentibus, imo nec audentibus nobis flere quæ patimur.

18. Responde mihi, carissima in Christo filia, inter ista nuptura es? quem acceptura virum, cedo? fugiturum, an pugnaturum? Quid utrumque sequatur intelligis. Et pro Fescennino carmine (1) terribilis tibi rauco sonitu buccina concrepabit : ut quas habes pronubas, habeas forte lugentes. Aut quibus deliciis affluas, quæ possessionum tuarum redditus perdidisti ; quæ obsessam familiolam tuam, morbo et fame cernis contabescere? Sed absit, ut de te talia sentiam, ut sinistrum quippiam suspicer de ea, quæ suam Domino animam consecravit. Non tam tibi, quam sub tuo nomine aliis sum locutus : quæ otiosæ et curiosæ, atque verbosæ domos circumeunt matronarum : *quarum Deus venter est, et gloria in confusione earum* (*Philipp.* 3), quæ nihil aliud de Scripturis, nisi digamiæ præcepta noverunt; quæ in alieno corpore, sua desideria consolantur, ut quod ipsæ fecerint, alias facere videant, et malarum **916** societate palpentur. Quarum cum impudentiam et propositiones, Apostolicarum sententiarum interpretatione contriveris, legito quomodo tibi in viduitate servanda vivendum sit, librum ad Eustochium de Virginitate servanda (*Epistola XXII. ad Eustoch.*), et alios ad Furiam, atque Salvinam (*Epist. LIV. ad Furiam et LXXIX ad Salvinam*), quarum altera Probi quondam consulis nurus, altera Gildonis, qui Africam tenuit, filia est. Hic libellus *de Monogamia* sub nomine tuo, titulum possidebit.

EPISTOLA CXXIV (a).
AD AVITUM (b).

Quid cavendum in Libris περὶ ἀρχῶν.

Librum Origenis περὶ ἀρχῶν, *quem pridem Ruffinus sublesta fide Latine reddiderat, addens mutilansque aliqua, Hieronymus cum a Pammachio rogatus denuo vertisset, nihil immutans, quo posset citra fidei periculum legi, ostendit quæ sint in eo impie dicta, atque ut hæretica caveri debeant.*

1. Ante annos circiter decem, (c) sanctus vir Pammachius ad me cujusdam schedulas misit, quæ Origenis περὶ ἀρχῶν interpretata volumina continerent, imo vitiata ; hoc magnopere postulans, ut Græcam veritatem Latina servaret translatio, et in utramque partem seu bene, seu male dixisset ille, (d) qui scripsit, absque interpretis patrocinio, Romana lingua cognosceret. Feci ut voluit, misique ei libros, quos cum legisset, exhorruit, et reclusit scrinio, ne prolati in vulgus, multorum animos vulnerarent. A quodam fratre qui habebat zelum Dei, sed non secundum scientiam, rogatus ut traderet ad legendum, quasi statim reddituro, propter angustiam temporis, fraudem non potuit suspicari. Qui acceperat legendos, adhibitis notariis opus omne descripsit, et multo celerius quam promiserat, codicem reddidit. Eademque temeritate, et (ut levius dicam) ineptia, quod male surripuerat, pejus (e) aliis credidit. Et quia difficile grandes libri de **917** rebus mysticis disputantes, notarum possunt servare compendia, præsertim qui furtim celeriterque dictantur ; ita in illis confusa sunt omnia, ut et ordine in plerisque, et sensu careant. Quamobrem petis, Avite carissime, ut ipsum ad te exemplar dirigam, quod a me olim translatum, et nulli alii traditum, a supradicto fratre perverse editum est.

2. Accipe igitur quod petisti : sed ita, ut scias detestanda tibi in eis esse quam plurima, et juxta sermonem Domini, inter scorpiones, et colubros incedendum (*Luc.* 10), ut est illud statim in primo volumine : Christum Filium Dei non (f) natum esse, sed factum : Deum Patrem per naturam invisibilem, etiam a Filio non videri. Filium, qui sit imago invisibilis Patris, comparatum Patri, non esse veritatem : apud nos autem qui Dei omnipotentis non possumus recipere veritatem, imaginariam veritatem videri ; ut majestas ac magnitudo majoris, quodammodo circumscripta sentiatur in Filio. Deum Patrem esse lumen incomprehensibile. Christum collatione Patris, splendorem esse perparvum, qui apud nos pro imbecillitate nostra magnus esse videatur. Duarum staturarum majoris, et parvulæ ; unius, quæ mundum impleat, et magnitudine sua quodammodo invisibilis sit, et alterius, quæ sub oculos cadat, ponit exemplum : priori Patrem, posteriori Filium comparans. Deum Patrem omnipotentem appellat bonum, et perfectæ bonitatis. Filium non esse bonum, sed auram quamdam, et imaginem bonitatis ; ut non dicatur absolute bonus, sed cum additamento, *pastor bonus*, et cætera. **918** Tertium dignitate, et honore

---

(*a*) Alias 59. *Scripta sub anno* 410.
(*b*) Idem videtur iste Avitus qui Hieronymo auctor fuit, ad Salvinam ut scriberet ; et cujus alibi ipse meminit, et Gennadius quoque cap. 47. Huctius duos Avitos Hispanos rigentiana hue infectos distinguit, atque eorum alterum hunc esse statuit, ad quem Hieronymi isthæc epistola data est.
(*c*) Recole Epistolam LXXXIII. Pammachii ad Hieronymum, eaque in primis : *quæsumus præstantiam tuam, ut supradictum librum Origenis ad fidem, quemadmodum ab ipso auctore editus est, tuo sermone manifestes, et quæ a defensore ejus interpolata sunt, prodas,* etc.
(1) *Carmen nuptiale*.

(*d*) Utrique Origenes, non Ruffinus, ut perperam Victorius putat.
(*e*) Antea erat *alii*. Mox Reginæ cod. 490. *grandes libros et de rebus,* etc... *posse servare*.
(*f*) Nihil hujusmodi eo in libro ex Ruffini, quæ una superest, interpretatione invenias ; non tamen usque adeo recte de Christi nativitate sensisse Origenem, aut saltem non satis bonis verbis bonam sententiam protulisse, multa suspicio est. Passim illi objectum est, fuisse persuasum corpus Christi nequaquam ex Maria natum, sed e cœlis advectum ; quam insaniam ex inquinatis Marcionistarum lacunis haustam Gennadius quoque Massiliensis in libro de Dogmatibus c. 2. in illum derivat, ac paria de ipso tradit Z. diaris lib. 2. Reliqua de Patre invisibili, ejusque supra Filium excellentia in Notis ad Synodicam n. 2. expendimus. Vide insuper librum περὶ ἀρχῶν cap. 2. *de Christo*.

post Patrem, et Filium, asserit Spiritum Sanctum. De quo cum ignorare se dicat, (*a*) utrum factus sit, an infectus, in posterioribus quid de eo sentiret, expressit : nihil absque solo Deo Patre infectum esse confirmans. (1) Filium quoque minorem Patre, eo quod secundus ab illo sit, et Spiritum Sanctum inferiorem Filio, in sanctis quibusque versari. Atque hoc ordine majorem Patris fortitudinem esse, quam Filii, et Spiritus Sancti. Et rursum majorem Filii fortitudinem esse, quam Spiritus Sancti, et consequenter ipsius Sancti Spiritus majorem esse virtutem cæteris, quæ sancta dicuntur.

3. Cumque venisset ad rationales creaturas, et dixisset eas per negligentiam [al. *negligentias*] ad terrena corpora esse delapsas, etiam hoc addidit : *Grandis negligentiæ atque desidiæ est, in tantum unumquemque defluere atque evacuari, ut ad vitia veniens, irrationabilium* (*b*) *jumentorum possit crasso corpore colligari.* Et in consequentibus : (2) *Quibus*, inquit, *moti disputationibus, arbitramur sua sponte alios esse in numero Sanctorum, et ministerio Dei; alios ob culpam propriam de sanctimonia corruentes, in tantam negligentiam corruisse, ut etiam in contrarias fortitudines verterentur. Rursumque nasci ex fine principium*, et *ex principio finem, et ita cuncta variari, ut et qui nunc homo est, possit in alio mundo dæmon fieri, et qui dæmon est, et negligentius egerit, in crassiora corpora* (*c*) *relegetur, id est, ut homo fiat. Sicque permiscet omnia, ut de Archangelo possit diabolus fieri, et rursus diabolus in* **919** *Angelum revertatur. Qui vero fluctuaverint, et motis pedibus nequaquam corruerint, subjicientur omnino dispensandi et regendi,*

(*a*) Ruffinus vertit, *natus, an innatus* : Adamantius vero scripserit γενητός, ἢ ἀγένητος. Vide Ruffini de Adulter. lib. Origenis hac super re insignem locum. Notatum porro est Huetio si ἀγένητον accipias *non creatum*, vel *non genitum*, Spiritui Sancto convenire : non item si pro eo quod principio caret, usurpetur; unde eam appellationem a Spiritu Sancto removeri jubent veteres Patres, Basilius Hom. 17. contra Sabellium, et Theodoretus Dialogo 3. Latini autem Patres quidam vocem illam ἀγένητον *infectum*, et *inoperatum*, et *originis expertem* exponunt. Observandum enim diversas voces esse γενητόν, et γεννητόν, quarum altera est a γενάω *gigno*, altera a γίγνομαι, *sum*, *existo* : unde ἀγένητος quidem de Filio a Catholicis dicebatur, ἀγέννητος non item. Hæc quod de Spiritu Sancto dixit Origenes dubitare se, utrum γενητός, ἢ ἀγένητος sit, priori sensu accipiendum est, sive an *genitus* esset, an *ingenitus* : quod ex subseq. contextu liquet dixisse illum ex solemni Græc. scriptor. sententia, quam Athanasius Or. 2 contra Arianos laudat : ἓν τὸ ἀγένητον ὁ Πατὴρ : Una est res infecta Pater.

(*b*) Videndus Leontius Byzantius Scholior. Act. IV. cujus aliquot verba in hanc Origenis sententiam supra ad Synodicam adduximus : tum noster quoque Hieronymus in Jeremiam 29. 14.

(*c*) Multorum Mss. codicum et vetustissimæ editionis lectio est, *religetur*, et paulo post Reginæ liber supracit. *nequaquam omnino corruerint, subjicientur dispensandi*, etc. Vid. epist. ad Algasiam quæst. 1. sub fin. not. *b*. quibus adde Gregorium Nyssenum de Opificio hominis c. 28. hanc Origenis sententiam inter Græcanicas fabulas recensentem.

(1) Græca Adamantii verba exhibet Justinianus ad Mennam in fine, Ὅτι ὁ μὲν Θεὸς καὶ Πατὴρ συνέχει τὰ πάντα φθάνει εἰς ἕκαστον τῶν ὄντων, μεταδιδοὺς ἑκάστῳ, ἀπὸ τοῦ ἰδίου, τὸ εἶναι ὅν γάρ ἐστιν. Ἐλάττων δὲ πρὸς τὸν πατέρα ὁ υἱὸς φθάνων ἐπὶ μόνα τὰ λογικὰ δεύτερος γάρ ἐστι τοῦ πατρός. Ἔτι δὲ ἧττον τὸ πνεῦμα τὸ ἅγιον, ἐπὶ μόνους τοὺς ἁγίους διικνούμενον. Ὥστε, κατὰ τοῦτο, μείζων ἡ δύναμις τοῦ πατρὸς παρὰ τὸν υἱὸν καὶ τὸ πνεῦμα τὸ ἅγιον, πλείων δὲ ἡ τοῦ υἱοῦ παρὰ τὸ πνεῦμα τὸ ἅγιον, καὶ πάλιν διαφερόντως μᾶλλον τοῦ ἁγίου πνεύματος ἡ δύναμις παρὰ τὰ ἄλλα ἅγια.

(2) Confer Ruffinianam interpretationem lib. I. cap. v. in fine, ut ejus fluxæ molestæque fidei periculum facias.

S. HIERONYMI I.

atque ad meliora gubernandi *Principatibus, Potestatibus, Thronis, Dominationibus, et forsitan ex his hominum constabit genus in uno aliquo ex mundis, quando juxta Isaiam, cœlum, et terra nova fient* (Is. 65). *Qui vero non fuerint meriti, ut per genus hominum revertantur ad pristinum statum. fient diabolus et Angeli ejus, et pessimi dæmones : ac pro varietate meritorum in singulis mundis diversa officia sortientur. Ipsosque dæmones ac rectores tenebrarum in aliquo mundo, vel mundis, si voluerint ad meliora converti, fieri homines, et sic ad antiquum redire principium : Ita duntaxat, ut per supplicia atque tormenta, quæ vel multo vel brevi tempore sustinuerint, in hominum cruditi corporibus, rursum veniant ad Angelorum fastigia. Ex quo consequenti ratione monstrari, omnes rationabiles creaturas* (*d*) *ex hominibus posse fieri, non semel et subito, sed frequentius : nosque et Angelos, futuros dæmones, si egerimus negligentius, et rursum dæmones, si voluerint capere virtutes, pervenire ad Angelicam dignitatem.*

4. (*e*) *Corporales quoque substantias penitus dilapsuras : aut certe in fine omnium hoc esse futura corpora, quod nunc est æther et cœlum, et si quod aliud corpus sincerius, et purius intelligi potest. Quod cum ita sit, quid de resurrectione sentiat, perspicuum est. Solem quoque, et lunam et astra cætera, esse animantia : imo quomodo nos homines, ob quædam peccata his sumus circumdati corporibus, quæ crassa sunt et pigra [al. pinguia*] : *sic et cœli luminaria talia vel talia accepisse corpora, ut vel plus vel minus luceant, et dæmones, ob majora delicta, aereo corpore esse vestitos. Omnem creaturam, secundum Apostolum, vanitati esse subjectam, et liberari in revelationem filiorum Dei* (Rom. 18. 19. 20). Ac ne quis putet nostrum esse **920** quod dicimus, ipsius verba ponamus : *In fine atque consummatione mundi, quando velut de quibusdam repagulis atque carceribus missæ fuerint a Domino animæ et rationabiles creaturæ, alias earum tardius incedere ob segnitiem, alias pernici volare cursu propter industriam. Cumque omnes liberum habeant arbitrium, et sponte sua vel virtutes possint capere vel vitia; illæ multo in pejori conditione erunt, quam nunc sunt. Hæ ad meliorem statum pervenient : quia diversi motus, et variæ voluntates in utramque partem diversum acci-*

(*d*) Vocuiam *posse* ex Regio exemplari, et quibusdam vulgatis supplevimus; sed pro, *hominibus*, plures Mss. atque editi *omnibus*, quæ incongrua lectio visa est, non enim ex omnibus mundi rebus, sed ex hominibus rationales alias creaturas, Dæmones videlicet atque Angelos fieri posse Origenes affirmabat.

(*e*) Confer quæ ad Synodicam adnotavimus num. 2. not. *c*. Ruffinus e contrario vertit, aut saltem aliter in Græco exemplari legit, « In hoc fine si quis materialem naturam, id est corporeum penitus interiturum putet, nullo omnino genere intellectui meo occurrere potest, quomodo tot et tantæ substantiæ vitam agere, et subsistere sine corporibus possunt, cum solius Dei, id est Patris, et Filii, et Spiritus sancti naturæ id proprium sit, ut sine materiali substantia, et absque ulla corporeæ adjectionis societate intelligatur subsistere. Alius fortasse dicet, quoniam in illo fine omnis substantia corporalis ita pura erit, atque purgata, ut, ætheris in modum, et cœlestis cujusdam puritatis atque sinceritatis possit intelligi. Certius tamen qualiter se habitura sit res, scit solus Deus, » etc.

(*Trente-quatre.*)

picut statum, id est, ut Angeli, homines, vel dæmones, et rursum ex his, homines, vel Angeli fiant. Cumque omnia vario sermone tractasset, asserens (1) diabolum non incapacem esse virtutis, et tamen necdum velle capere virtutem, ad extremum sermone latissimo disputavit. Angelum, sive animam, aut certe dæmonem, quos unius asserit esse naturæ, sed diversarum voluntatum, pro magnitudine negligentiæ, et stultitiæ jumentum posse fieri, et pro dolore pœnarum, et ignis ardore, (*a*) magis eligere ut brutum animal sit, et in aquis habitet et fluctibus, ac corpus assumere hujus vel illius pecoris : ut nobis non solum quadrupedum, sed, et piscium corpora sint timenda. Et ad extremum, ne teneretur Pythagorici dogmatis reus, qui asserit μετεμψύχωσιν, (*b*) post tam nefandam disputationem, qua lectoris animum vulneravit. *Hæc,* inquit, *juxta nostram sententiam non sint dogmata, sed quæsita tantum atque projecta, ne penitus intractata viderentur.*

5. CAP. II. — In secundo autem libro mundos asserit innumerabiles, non juxta Epicurum, unotempore plurimos et sui similes ; sed post alterius mundi finem, alterius esse principium. Et ante hunc nostrum mundum, alium fuisse mundum, et post hunc, alium esse futurum, et post illum, alium : rursumque cæteros post cæteros. Et dubitat utrum futurus sit mundus alteri mundo ita ex parte (*t. ex omni parte*) consimilis, ut nullo inter se distare videatur (*c*), an certe nusquam mundus alteri mundo (*d*) ex toto indiscretus et similis sit futurus. Rursumque post modicum : (2) « Si omnia, inquit, (ut ipse disputationis ordo compellit) sine corpore vixerint, consumetur corporalis universa natura, et redigetur in nihilum, quæ aliquando facta est de nihilo : eritque tempus, quo usus ejus iterum necessarius sit. Et in consequentibus : Sin autem, ut ratione et Scripturarum auctoritate monstratum est, *corruptivum hoc induerit incorruptionem, et mortale hoc induerit immortalitatem.* (*1. Cor.* 15), absorbebitur mors in victoriam, et corruptio in incorruptionem, et forsitan omnis corporea natura tolletur e medio, in qua sola potest mors operari. » Et post paululum : « Si hæc non sunt contraria fidei, forsitan sine corporibus aliquando vivemus. Sin autem qui perfecte subjectus est Christo, absque corpore intelligitur ; omnes autem subjiciendi sunt Christo, et nos erimus sine corporibus, quando ei ad perfectum subjecti fuerimus. » Et in eodem loco : « Si subjecti fuerint omnes Deo, omnes deposituri sunt corpora, et tunc corporalium rerum universa natura solvetur in nihilum. Quæ si secundo necessitas postularit, ob lapsum rationabilium creaturarum rursus existet. Deus enim in certamen, et luctam animas dereliquit, ut intelligant plenam consummatamque victoriam, non ex propria se fortitudine, sed ex Dei gratia consecutas. Et idcirco arbitror pro varietate causarum diversos mundos fieri, et elidi errores eorum, qui similes sui mundos esse contendunt. » Et iterum : « Triplex ergo suspicio nobis de fine suggeritur : e quibus quæ vera et melior sit, lector inquirat. Aut enim sine corpore vivemus, cum subjecti Christo, subjiciemur Deo, et Deus fuerit omnia in omnibus : aut quomodo Christo subjecta, cum ipso Christo subjicientur Deo, et in unum fœdus arctabuntur : ita omnis substantia redigetur in optimam qualitatem, et dissolvetur in æthera, quod purioris simpliciorisque naturæ est : aut certe sphæra illa, quam supra appellavimus (*e*) ἀπλανῆ, et quidquid illius circulo continetur, dissolvetur in nihilum : illa vero quæ κατάσχη ipsa tenetur, et cingitur, vocabitur terra bona : nec non, et altera sphæra, quæ hanc ipsam terram circum ambit vertigine, et dicitur cœlum : in sanctorum habitaculum conservabitur. »

6. Cum hæc dicat, nonne manifestissime gentium sequitur errorem, et Philosophorum deliramenta, simplicitati ingerit Christianæ ? Et in eodem libro : « Restat ut invisibilis sit Deus. Si autem invisibilis per naturam est, neque Salvatori visibilis erit. Et in inferioribus : Nulla alia anima, quæ ad corpus descen-

---

(*a*) Sensit enim vero acerbius cruciatum iri corpora, quibus resurgentes vestiemur, utpote subtiliora et aerea.

(*b*) Græcæ vocis interpretationem addunt vetustiores vulgati libri, *id est transanimationem* ; seu animæ de corpore in cor, iis transmigrationem.

(*c*) Addit sæpius laudata vetus editio vocem *articulo,* id est nullo inter se distare videantur articulo, quæ lectio et concinnior est, et nobis probatur. Tum deinus *an certe* pro eo quod erat, *et certe.*

(*d*) Contrariam sensum præferunt Regiæ membranæ, ex toto discretus, et dissimilis sit, etc. […] Græcis verbis […] similes mundos fuisse, et fore, illum asseverasse cogitat. […] mundos esse contendunt. [...]

(*e*) Ex Rufini […] Adamantium, […] quod potest respici bonam etiam coelum. Ceterum Græca quædam Origenis verba de […] in calce epistolæ ad Avitum, quæ cum Hieronymianis interpretationibus hanc concordat.

(2) Rufinus, lib. 2. cap. 3. « Si enim alicujus potest vivere sine corpore, possunt et omnia esse sine corpore, omnia enim quæ sunt si non tenderent sed per tractare dederunt. Si autem omnia essent carere corporibus, sine dubio […] erit substantia corporalis, cujus usus in alius existat. Et mox. « Si verum est, quod corruptibile hoc induet incorruptionem, et […] induet immortalitatem, et quod absorbeatur mors in finem, nihil aliud quam materialem a natura externam mutari declarat, in qua operari mors aliquid poterat. […] atque si hæc ergo habere consequens est […] consequens est ut status noster […] in Christo esse dicuntur, necesse est […] in

(*e*) Hanc, et quæ proxime sequuntur, Græcas voces his plerumque elementis exhibent Mss. ANAΛΛΝ, et ΑΝΑΛΛΝΗ. Sed impressam lectionem […]; confirmat, […] quam facie subjiciamus, ut quam lucem hinc loco conferat. « Omni, inquit, corruptibilitate depressa atque purgata, quaeque hujus mundi natur[a], qu[a]e […]citur sphær[a], […] Apianes dicitur […] […] […] quæ Apianes dicitur […], […] et cætera quæ […] alibi non supposita […] […] L.V. ad Avitum num. 5.

dit humanum, puram et germanam similitudinem signi in se prioris expressit, nisi illa de qua Salvator loquitur: *Nemo tollet animam meam a me, sed ego pono eam a meipso* (*Joan.* 10). Et in alio loco : Unde cum infinita cautione tractandum est, ne forte cum animæ salutem fuerint consecutæ, et ad beatam vitam pervenerint, animæ esse desistant. (1) Sicut enim venit Dominus atque Salvator quærere, et salvum facere quod perierat (*Luc.* 19), ut perditum esse desistat : sic **923** anima quæ perierat, et ob cujus salutem venit Dominus, cum salva facta fuerit, anima esse cessabit. Illud quoque pariter requirendum, utrum sicut perditum aliquando non fuit perditum, et erit tempus quando perditum non erit : sic et anima aliquando fuerit anima, et fore tempus, quando nequaquam anima perseveret. Et post multum de anima tractatum, hæc intulit, νοῦς, id est, *mens* corruens, facta est anima, et rursum anima instructa virtutibus mens fiet. Quod et de anima Esau scrutantes possumus invenire, propter antiqua peccata eum in deteriori vita esse damnatum. Et de cœlestibus requirendum est, quod non eo tempore quo factus est mundus, solis anima, vel quodcumque eam appellari oportet, esse cœperit, sed antequam lucens illud, et ardens corpus intraret. De luna et stellis similiter sentiamus, quod ex causis præcedentibus, licet invitæ, compulsæ sint subjici vanitati, ob præmia futurorum, non suam facere, sed Creatoris voluntatem, a quo in hæc officia distributæ sunt. »

7. Ignem (*a*) quoque gehennæ, et tormenta, quæ Scriptura sancta peccatoribus comminatur, « non ponit in suppliciis, sed in conscientia peccatorum, quando Dei virtute, et potentia omnis memoria delictorum ante oculos nostros ponitur. Et veluti ex quibusdam seminibus in anima derelictis, universa vitiorum seges exoritur : et quidquid feceramus in vita vel turpe, vel impium, omnis eorum in conspectu nostro pictura describitur, ac præteritas voluptates mens intuens, conscientiæ punitur ardore, et pœnitudinis stimulis confoditur. Et iterum : Nisi forte corpus hoc pingue atque terrenum caligo, et tenebræ nominandæ sunt ; per quod, consummato hoc mundo, cum necesse fuerit in alium transire mundum, rursum nascendi sumet exordia. Hæc dicens, perspicue μετεμψύχωσιν Pythagoræ Platonisque

(*a*) Martianæus *ignes*, Victorius autem *ignis*, et mox *non punit* pro *non ponit*, manifesto errore. Est autem Origeniani quem sugillat Hier. locus operis lib. 2. capit. 11. ubi recitata Isaiæ sententia 50. 11 : « Ambulate in lumine ignis vestri, et flamma, quam accendistis : Per quos, inquit, sermones hoc videtur indicari, peccator ut flammam sibi ipse proprii ignis accendat, et non in aliquem ignem, qui ante fuerat accensus ab alio, vel ante ipsum substiterit, demergatur. » Vid. Hieronym. denuo lib. 3. in epist. ad Ephes. 5. 6. « Quia igitur sunt plerique qui dicant, non futura pro peccatis esse supplicia, nec extrinsecus adhibenda tormenta, sed ipsum peccatum, et conscientiam delicti esse pro pœna, » etc.

(1) Hæc porro Græce quoque habentur ad calcem Justinianæ Epistolæ ad Menam. ὥσπερ οὖσα τὸ ἀπολωλὸς ἔλαβεν ὁ Σωτήρ, ὅτε μένει σωζέται τὸ ἀπολωλός, οὐκέτι ἐστὶν ἀπολωλός· οὕτως, ἢν σώσας ᾖδη ψυχήν, ὡς σώσας τὸ ἀπολωλός, οὐκέτι μένει ψυχὴ ἡ σωθεῖσα ψυχή, ὅτε τὸ ἀπολωλός. ἐπὶ βασανιστέον εἰ, ὥσπερ τὸ ἀπολωλὸς ἢ ὅτε οὐκ ἀπολωλός, καὶ ἔσται ποτὲ ὅτε οὐκ ἔσται ἀπολωλές, οὕτω καὶ ἡ ψυχὴ ἣν ὅτε οὐκ ἦν ψυχή, καὶ ἔσται ὅτε οὐκ ἔσται ψυχή.

defendit. » Et in fine secundi voluminis de Perfectione nostra disputans, intulit : (2) « Cumque in tantum profecerimus, ut nequaquam carnes, et corpora, forsitan ne animæ quidem fuerimus, sed mens et sensus ad perfectum **924** veniens, nulloque perturbationum nubilo caligans, intuebitur [fort. *intuebimur*] rationabiles intelligibilesque substantias, facie ad faciem. »

8. CAP. III.—In libro quoque tertio hæc vitia continentur : « Sin autem semel recepimus, quod ex præcedentibus causis aliud vas in honorem, aliud in contumeliam sit creatum, cur non recurramus ad animæ arcanum, et intelligamus eam egisse antiquitus, propter quod in altero dilecta, in altero odio habita sit (*Malach.* 1. 2), antequam in Jacob corpore supplantaret, et in Esau planta teneretur a fratre (*Gen.* 25.25)?» Et iterum : « Ut autem aliæ animæ fierent in honorem, aliæ in contumeliam, materiarum causarumque merita præcesserunt. Et in eodem loco : Juxta nos autem ex præcedentibus meritis, vas quod in honorem fuerit fabricatum, si non dignum vocabulo suo opus fecerit, in alio sæculo fiet vas contumeliæ, et rursum vas illud, quod ex anterioris culpa contumeliæ nomen acceperat, si in præsenti vita corrigi voluerit, in nova creatione fiet vas sanctificatum, et utile Domino, et in omne opus bonum paratum. Statimque subjungit : Ego arbitror posse quosdam homines, a parvis vitiis incipientes, ad tantam nequitiam pervenire, si tamen noluerint ad meliora converti, et pœnitentia emendare peccata, ut et contrariæ fortitudines fiant ; et rursum ex inimicis contrariisque virtutibus, in tantum quosdam per multa tempora vulneribus suis adhibere medicinam, et fluentia prius delicta constringere, ut ad locum transeant optimorum. Sæpius diximus, in infinitis perpetuisque sæculis, in quibus anima subsistit et vivit, sic nonnullas earum ad pejora corruere, ut ultimum malitiæ locum teneant, et sic quasdam proficere, ut de ultimo malitiæ gradu, ad perfectam veniant consummatamque virtutem. » Quibus dictis conatur ostendere, et homines, id est, animas posse fieri dæmones, et rursum dæmones in Angelicam redigi dignitatem. Atque in eodem volumine : « Sed et hoc requirendum, quare humana anima nunc ab his, nunc ab aliis virtutibus ad diversa moveatur.» Et putat quorumdam antequam venirent in (*b*) corpora, merita **925** præcessisse, ut est illud Joannis exultantis in utero matris suæ, quando ad vocem salutationis Mariæ, indignam se confabulatione ejus Elizabeth confitetur. Statimque subjungit : « Et e contrario parvuli licet, et pene lactentes malis replentur spiritibus, et in divinos atque hariolos inspirantur : in tantum, ut etiam dæmon (*a*) Pythonicus quosdam a tenera ætate possideat ; quos derelictos esse apud providentiam Dei, cum nihil tale fecerint, ut is ius-

(*b*) Antea erat *corpore*. Alia quædam hujuscemodi supra atque infra emendamus.
(*c*) Pythones vocant Græci spiritus qui futura prædicunt.
(2) Lib. 2. cap. ultim. quæ Ruffinus adulterat.

modi insaniam sustinerent, non est ejus qui nihil vult absque Deo fieri, et omnia illius justitia gubernari. »

9. Rursumque de mundo : « Nobis autem, inquit, placet, et ante hunc mundum alium fuisse mundum, et post istum alium futurum. Vis discere, quod post corruptionem hujus mundi alius sit futurus? audi Isaiam loquentem : *Erit cœlum novum, et terra nova, quæ ego facio permanere in conspectu meo (Cap.* 66. 22). Vis nosse, quod ante fabricam istius mundi, alii mundi in præterito fuerint? Asculta Ecclesiasten : *Quid est quod fuit? ipsum quod erit. Et quid est quod factum est? ipsum quod futurum est. Et non est omne novum sub sole, quod loquatur, et dicat : Ecce hoc novum est. Jam enim fuit ir sœculis pristinis, quæ fuerunt ante nos (Eccle.* 1. 9. 10). Quod testimonium non solum fuisse, sed futuros mundos esse testatur : non quod simul, et pariter omnes fiant, sed alius post alium : statimque subjungit : (*a*) Divinitatis habitaculum et veram requiem apud superos existimo intelligi, in qua creaturæ rationabiles commorantes antequam ad inferiora descenderent, et de invisibilibus ad visibilia commigrarent, ruentesque ad terram, crassis corporibus indigerent, antiqua beatitudine fruebantur. Unde conditor Deus fecit eis congrua humilibus locis corpora, et mundum istum visibilem fabricatus est : ministrosque ob salutem et correptionem eorum, qui ceciderunt, misit in mundum : ex quibus alii certa obtinerent loca, et mundi necessitatibus obedirent : alii injuncta sibi officia, singulis quibusque temporibus, quæ novit artifex Deus, sedula mente tractarent. Et ex his sublimiora mundi loca, sol, et luna, et stellæ, quæ ab Apostolo creatura dicuntur, acceperunt. Quæ creatura vanitati subjecta est (*Rom.* 8), eo quod crassis circumdata corporibus, et aspectui **926** pateat. Et tamen non sponte subjecta est vanitati : sed propter voluntatem ejus, qui eam subjecit in spe. Et iterum : alii vero in singulis locis atque temporibus, quæ solus artifex novit, mundi gubernaculis serviunt, quos Angelos ejus esse credimus. » Et post paululum : « Quem rerum ordinem totius mundi regit providentia, dum aliæ virtutes de sublimioribus corrumnt, aliæ paulatim labuntur in terras. Istæ voluntariæ descendunt, aliæ præcipitantur invitæ. Hæ sponte suscipiunt ministeria, ut ruentibus manum porrigant : illæ coguntur ingratæ, (*b*) ut tanto tempore in suscepto officio perseverent. » Et iterum : « Ex quo sequitur, ut ob varios motus, varii creentur et mundi, et post hunc quem incolimus, alius multo dissimilis mundus fiat. Nullusque alius diversis casibus, et profectibus, et vel virtutum præmiis, vel vitiorum suppliciis, et in præsenti, et in futuro, atque in omnibus et retro (*c*) et postea temporibus potest merita dispensare, et ad unum rursum finem cuncta pertrahere, nisi solus conditor omnium Deus, qui scit causas propter quas alios permittat sua perfrui voluntate, et de majoribus ad ultima paulatim delabi, alios incipiat visitare, et gradatim quasi manu data, ad pristinum retrahere statum, et in sublimibus collocare. »

9. Cumque de fine disputare cœpisset, hæc intulit : « Quia (ut crebro jam diximus) principium rursus ex fine generatur, quæritur utrum, et tunc futura sint corpora, an sine corporibus aliquando vivendum sit, cum redacta in nihilum fuerint, et incorporalium vita, incorporalis esse credenda sit, qualem et Dei novimus. Nec dubium est, quin, si omnia corpora ad mundum istum sensibilem pertineant, quæ appellantur ab Apostolo visibilia (*Rom.* 1), futura sit vita incorporalium incorporalis.» Et paulo post : « Illud quoque quod ab eodem Apostolo dicitur : *Omnis creatura liberabitur a servitute corruptionis, in libertatem gloriæ filiorum Dei (Rom.* 8. 21), sic intelligimus, ut primam creaturam rationabilium et incorporalium esse dicamus, quæ non serviat corruptioni, eo quod non sit vestita corporibus; et ubicumque **927** corpora fuerint, statim corruptio subsequatur. Postea autem liberabitur de servitute corruptionis, quando receperint gloriam filiorum [al. *filii*] Dei, et Deus fuerit omnia in omnibus. » Et in eodem loco : « Ut autem incorporeum finem omnium rerum esse credamus, illa nos Salvatoris oratio provocat, in qua ait : *Ut quomodo ego et tu unum sumus, sic et isti in nobis unum sint.* Etenim scire debemus, quid sit Deus, et quid sit futurus in fine Salvator, et quomodo (*d*) in sanctis similitudo Patris, et Filii repromissa sit, ut quomodo in se illi unum sunt, sic et isti in eis unum sint. Aut enim suscipiendum est universitatis Deum vestiri corpore, et quomodo nos carnibus, sic illum qualibet materia circumdari ; ut similitudo vitæ Dei, in fine sanctis possit æquari ; aut si hoc indecens est, maxime apud eos, qui saltem ex minima parte Dei sentire cupiunt majestatem, et ingenitæ atque omnia excedentis naturæ gloriam suspicari ; e duobus alterum suscipere cogimur, ut aut desperamus similitudinem Dei, si eadem semper sumus corpora habituri, aut si beatitudo nobis ejusdem cum Deo vitæ promittitur, eadem qua vivit Deus, nobis conditione vivendum est. »

10. Ex quibus omnibus approbatur, quid de resurrectione sentiat, et quod omnia corpora interitura confirmet : ut simus absque corporibus, quomodo prius fuimus, antequam crassis corporibus vestiremur. Rursumque de mundorum varietate disputans, et vel ex Angelis dæmones, vel de dæmonibus Angelos, sive homines futuros esse contestans, et e con-

---

(*a*) Locum ope Regii codicis restituimus, cum antea editi omnes vitiose haberent, *Divinitus habitaculum*. Abest etiam ab eodem exemplari, integro tamen sensu, *commorantes*. Cæterum ex interpretatione Ruffini nihil de vero Origenis sensu constitas. Confer quæ hinc, usque ad subsequentem numerum, sunt.

(*b*) Regium idem exemplar, cui partim vetus editio suffragatur, « et tanto vel tanto tempore in suscepto officio perseverant, » etc.

(*c*) Martianæus *priora*, quod emendavimus ex Victorii editione, quæ tamen in hoc peccare videtur, quod *merito* legit pro *merita*. Paulo inferius vocem, *paulatim* ex Mss. et veteri edit. sufferimus.

(*d*) Alii edidi *in sancti*, sed *in* particula expuncta, sequentem *et* ad sensus perspicuitatem supplevimus e Mss.

trario ex hominibus dæmones, et omnia ex omnibus sententiam suam tali fine confirmat : « Nec (a) dubium est, quin post quædam intervalla temporum, rursus materia subsistat, et corpora fiant, et mundi diversitas construatur, propter varias voluntates rationabilium creaturarum, quæ post perfectam beatitudinem usque ad finem omnium rerum paulatim ad inferiora dilapsæ, tantam malitiam receperunt, ut in contrarium verterentur : dum nolunt servare principium, et incorruptam **928** beatitudinem possidere. Nec hoc ignorandum, quod multæ rationabiles creaturæ, usque ad secundum, et tertium, et quartum mundum servent principium, nec mutationi in se locum tribuant. Aliæ vero tam parum de pristino statu amissuræ sint, ut pene nihil perdidisse videantur, et nonnullæ grandi ruina in ultimum præcipitandæ sint barathrum. Novitque dispensator omnium Deus, in conditione mundorum singulis abuti juxta meritum, et opportunitates et causas, quibus mundi gubernacula sustentantur, et initiantur : ut qui omnes vicerit nequitia, et penitus se terræ coæquaverit, in alio mundo, qui postea fabricandus est, fiat diabolus, principium plasmationis Domini, ut illudatur ei ab Angelis, qui exordii amisere virtutem. » Quibus dictis, quid aliud conatur ostendere, nisi hujus mundi homines peccatores, in alio mundo posse diabolum et dæmones fieri? Et rursum nunc dæmones, in alio mundo posse vel Angelos, vel homines procreari? Et post disputationem longissimam, qua omnem creaturam corpoream in spiritualia corpora, et tenuia dicit esse mutandam : cunctamque substantiam in unum corpus mundissimum, et omni splendore purius convertendam, et talem, qualem nunc humana mens potest cogitare, ad extremum intulit : « Et erit Deus omnia in omnibus, ut universa natura corporea redigatur in eam substantiam, quæ omnibus melior est, in divinam scilicet, qua nulla est melior. »

11. CAP. IV.—In quarto quoque libro, qui operis ejus extremus est, hæc ab Ecclesia Christi damnanda interserit. « Et forsitan quomodo in isto mundo qui moriuntur separatione carnis et animæ, juxta operum differentiam, diversa apud inferos obtinent loca : sic qui de cœlestis Jerusalem (ut ita dicam) administratione moriuntur, ad nostri mundi inferna descendunt, ut pro qualitate meritorum, diversa in terris possideant loca. » Et iterum : « Et quia comparavimus, de isto mundo ad inferna pergentes animas, iis animabus, quæ de superiori cœlo ad nostra habitacula pervenientes quodammodo mortuæ sunt, prudenti investigatione rimandum **929** est, an hoc ipsum possimus etiam in nativitate dicere singularum, ut quomodo quæ in ista terra nostra nascuntur animæ, vel de inferno rursum meliora cupientes, ad superiora veniunt, et humanum corpus assumunt, vel de melioribus locis ad nos usque descendunt ; sic et ea loca quæ supra sunt in firmamento, aliæ animæ possideant, quæ de nostris sedibus ad meliora proficiant : aliæ quæ de cœlestibus ad firmamentum usque delapsæ sint, (b) nec tantum fecere peccatum, ut ad loca quæ incolimus, truderentur. Quibus dictis nititur approbare, et firmamentum, id est cœlum, ad comparationem superioris cœli esse inferos, et hanc terram, quam incolimus, collatione firmamenti inferos appellari, et rursum ad comparationem inferorum, qui subter nos sunt, nos cœlum dici : ut quod aliis infernus est, aliis cœlum sit. » Nec hac disputatione contentus, dicit, « In fine omnium rerum, quando ad cœlestem Jerusalem reversuri sumus, (c) adversarium Fortitudinum contra populum Dei bella consurgere, ut non sit eorum otiosa virtus, sed exerceantur ad prælia, et habeant materiam roboris, (d) quam consequi non possint, nisi fortes primum adversariis restiterint : » quos ratione, et ordine, et solertia repugnandi, in libro Numerorum legimus esse superatos (Num. 10. 26. 33).

12. Cumque dixisset juxta Joannis Apocalypsim (Cap. 4. v. 6), Evangelium sempiternum, id est, futurum in cœlis, tantum præcedere hoc nostrum Evangelium, quantum Christi prædicatio Legis veteris sacramenta, ad extremum intulit (quod et cogitasse sacrilegium est) pro salute dæmonum, Christum etiam in aere, et in supernis locis esse passurum. Et licet ille non dixerit, tamen quod consequens sit, intelligitur : sicut pro hominibus homo factus est, ut homines liberaret : sic et pro salute dæmonum, Deum futurum quod sunt hi, ad quos venturus est liberandos. Quod ne forsitan de nostro nescias putemur asserere, ipsius verba ponenda sunt. « Sicut enim per umbram Evangelii, umbram Legis implevit : sic quia **830** omnis lex exemplum, et umbra est cæremoniarum cœlestium, diligentius requirendum, utrum recte intelligamus Legem quoque cœlestem, et cæremonias superni cultus plenitudinem non habere ; sed indigere Evangelii veritate, quod in Joannis Apocalypsi Evangelium legimus sempiternum, ad comparationem videlicet hujus nostri Evangelii, quod temporale est, et in transitorio mundo ac sæculo prædicatum. Quod quidem etiam si usque ad passionem Domini Salvatoris inquirere voluerimus, (e) quan-

---

(a) Ille tandem locus exemplo sit, quam callide Origenis errores Rufinus dissimulaverit, quandoquidem hanc ipsam pervulgatam ejus de Beatorum lapsibus sententiam, aliis interpretatione sua adscribit l. 5. c. 6. » Verum istam perfectionem ac beatitudinem rationabilium creaturarum, vel naturarum, ita demum quidam permanere in eodem statu, quo supra diximus, putant, id est ut Deum omnia habeant, et Deus eis sit omnia, si nullatenus eas societas naturæ corporeæ admoveat. Alioquin existimant gloriam summæ beatitudinis impediri, si materialis substantiæ intersceratur admixtio. Quin imo ipsum Origenem id confutantem inducit paulo post, « In quo statu (beatitudinis) etiam permanere semper, et immutabiliter Creatoris voluntate est credendum, fidem rei faciente sententia Apostoli dicentis, Domum habemus non manufactam æternam in cœlis. »

(b) Regium exemplar, nec tantum fecere peccati, ut ad loca inferiora quæ incolimus, etc.
(c) Hinc facile intelligas quid sibi voluerit Theophilus Paschali 1. cum somniasse Origenem dixit, ascendere animas ad cœlum, et descendere, et nunc proficere, nunc ad inferiora di labi.
(d) Sic restituimus e Mss. aliisque vulgatis cum penes Martianæum esset, quam ut consequi, et mox institerint.
(e) Hunc locum Græco ex textu sic repræsentat Justinianus epist. ad Menam o lib. 4. περὶ ἀρχῶν, sicque est vulgo

quam audax, et temerarium sit, in cœlo ejus quærere passionem : tamen si spiritualia nequitiæ in cœlestibus sunt, et non erubescimus crucem Domini confiteri propter destructionem eorum, quæ sua passione destruxit : cur timeamus etiam in supernis locis, in consummatione seculorum aliquid simile suspicari, ut omnium locorum gentes illius passione salventur ? »

13. Rursumque blasphemans de Filio sic locutus est : « Si enim Patrem cognoscit Filius, videtur in eo quod novit Patrem, posse eum comprehendere : ut si dicamus artificis animum artis scire mensuram. Nec dubium, quin (*a*) si Pater sit in Filio, et comprehendatur ab eo in quo est. Sin autem comprehensionem eam dicimus, ut non solum sensu quis, et sapientia comprehendat ; sed et virtute, et potentia cuncta teneat, qui cognovit ; non possumus dicere, quod comprehendat Filius Patrem : Pater vero omnia comprehendit. Inter omnia autem, et Filius est, ergo et Filium comprehendit. » Et ut sciremus causas, quibus Pater comprehendat Filium, et Filius Patrem non queat comprehendere, hæc verba subnectit : « Curiosus lector inquirat utrum ita a semetipso cognoscatur Pater, quomodo cognoscitur a Filio : sciensque illud quod scriptum est : *Pater qui misit,* (*b*) *major me est in omnibus* (Joan. 14. 28), veram esse contendet [fort. *concedet*], ut dicat, et in cognitione Filio Patrem esse majorem, dum perfectius, et purius a semetipso cognoscitur, quam a Filio » (1).

14. Μετερρύθμιστο quoque, et abolitionem **931** corporum, per hoc rursum sentire convincitur. « Si quis autem potuerit ostendere incorporalem rationabilemque naturam, cum expoliaverit se corpore, vivere per semetipsam, et in pejori conditione esse, quando corporibus vestitur ; in meliori, quando illa deponit : nulli dubium est corpora non principaliter subsistere, sed per intervalla, et ob varios motus rationabilium creaturarum nunc fieri ; ut qui his indigent, vestiantur, et rursum cum illa depravatione (*c*) lapsum se ad meliora correxerint, dissolvi in nihilum, et hæc semper successione variari. » Et ne parvam putaremus impietatem esse eorum, quæ præmiserat, in ejusdem voluminis fine conjungit : Omnes rationabiles naturas, id est Patrem, et Filium et Spiritum Sanctum, Angelos, Potestates, Dominationes, cæterasque Virtutes, ipsum quoque hominem secundum animæ dignitatem, unius esse substantiæ. » Intellectualem, inquit, rationabilemque naturam sentit Deus, et unigenitus Filius ejus, et Spiritus Sanctus :

sentiunt Angeli, et Potestates, cæteræque Virtutes, sentit interior homo, qui ad imaginem, et similitudinem Dei conditus est. Ex quo concluditur, Deum, et hæc quodammodo (*d*) unius esse substantiæ. » Unum addit verbum, *quodammodo*, ut tanti sacrilegii crimen effugeret, et qui in alio loco Filium, et Spiritum Sanctum non vult (*e*) de Patris esse substantia, ne divinitatem in partes secare videatur, naturam omnipotentis Dei Angelis hominibusque largitur.

15. Cum hæc ita se habeant, quæ insania est, paucis de Filio et Spiritu Sancto commutatis, quæ apertam blasphemiam præferebant : cætera ita ut scripta sunt, protulisse in medium, et impia voce laudasse : cum utique, et illa, et ista de uno impietatis fonte processerint ? Adversum omnia scribere, nec hujus est temporis, et omnes qui adversus Arium, et Eunomium, **932** Manichæumque, et diversas scripserunt hæreses, his quoque impietatibus respondisse credendi sunt. Quisquis igitur hæc voluerit legere libros, et calciatis pedibus ad terram repromissionis pergere ; ne alicubi a serpentibus mordeatur, et arcuato Scorpii vulnere verberetur, legat prius hunc librum, et antequam ingrediatur viam, quæ sibi cavenda sint, noverit.

EPISTOLA CXXV (*f*).

AD (*g*) RUSTICUM MONACHUM.

Docet, quemadmodum oporteat instituere vitam, Monachi dignam nomine ; monetque imprimis vitandam suspectarum feminarum consuetudinem : tutius autem esse juvenem in cœnobio, quam in solitudine vitam agere. Tum sero ad docendum, et scribendos libros esse veniendum : obtrectatorum familiaritatem modis omnibus fugiendam.

1. Nihil Christiano felicius, cui promittitur regnum cælorum. Nihil laboriosius, qui quotidie de vita periclitatur. Nihil fortius, qui vincit diabolum. Nihil imbecillius, qui a carne superatur. Utriusque rei exempla sunt plurima. Latro credit in cruce, et sta-

---

(*a*) Regiæ libro *si* vocabulo non agnoscit.
(*b*) Depravatam antiquam lectionem secutus Martianæus, legit *major est omnibus*, quod nullibi scriptum est. Nos veram, ut putamus, ex Regiæ exemplari et Victorii editione expressimus.
(*c*) Victorius, *lapsos* contendit legendum esse, quod nobis non probatur.
(1) Aliter Gravius Μετερρύθμιστο *quoque et abolitioni corporum hic rursum consentire convincitur.*

(*d*) E contra in libro ad Pammachium adversus Joan. Jerosolym. capp. 5. et 6. Manichæi non Origenis hanc dixit fuisse insaniam, *animas hominum partem esse rei naturæ*, vel *de Dei substantia*. Unde Augustin. de Civit. Dei lib. 11. cap. 23. « Animas dicunt, non quidem partes Dei, sed factas a Deo peccasse, a conditore recedendo, et diversis progressibus pro diversitate peccatorum a cœlis usque ad terras diversa corpora, quasi vincula meruisse ... Hinc Origenes jure culpatur : in libris enim, quos appellant περὶ ἀρχῶν, id est de Principiis, hoc sensit, et scripsit. » Quia etiam (ç) s. Hieronymus d. auto ia mox subnectenda ep. st. 126. ad Marcellinum et Anapsychiam, « semper animas, inquit, statu utrum ipsa de cœlo sit, ut Pythagoras philosophus, omnesque Platonici, et Origenes putant, an a propria Dei substantia, ut Stoici, Manichæus, et Hispana Priscillian i hæresis suspicantur, » etc. Alteram propositio in Adamantium criminationi succinit Justinianus Epist. ad V. Synod. qui exprobrat Origenistis dictum [...] « Iterum omnium rati naturam unitatem esse, cum idem sunt substantia, et operatione, ac virtute, quæ est apud Deum Verbum, tum adductione, et agnitione. »
(*e*) Vetus edimo, *de rei Patris*, etc.
(*f*) lias 4. Scripta anno 411.
(*g*) Hic ideo est Rusticus, qui postea Narbonensis Episcopus fuit, ad quem etiam S. Leo Papa Epistolam scripsit. Patria quidem Massiliensis, sed non ejusdem Monasterii, ut aliquibus videtur, imo vero Tolosani monachus.

tim meretur audire : *Amen dico tibi : hodie mecum eris in paradiso* (Luc. 23. 43). Judas de Apostolatus fastigio, in (a) perditionis tartarum labitur, et nec familiaritate convivii, nec instinctione buccellæ, nec osculi gratia frangitur, ne quasi hominem tradat, quem Filium Dei noverat. Quid Samaritana vilius ? Non solum ipsa credidit, et post sex viros unum invenit Dominum, Messiamque cognovit ad fontem, quem in Templo Judæorum populus ignorabat : sed et auctor fit salutis multorum, et Apostolis ementibus cibos, esurientem reficit, lassumque sustentat (*Joan.* 4). Quid Salomone sapientius ? Attamen **993** infatuatur amoribus mulierum (3. *Reg.* 11. 1). Bonum est sal, nullumque sacrificium absque hujus aspersione suscipitur (*Lev.* 2). Unde et Apostolus præcepit : *Sermo vester semper in gratia sale sit conditus* (*Coloss.* 4. 6). Quod si infatuatur, foras projicitur (*Marc.* 8), in tantumque perdit nominis dignitatem, ut nec in sterquilinium quidem utile sit, quo solent credentium arva condiri, et sterile animarum solum pinguescere. Hæc dicimus, ut prima te, fili Rustice, fronte doceamus, magna cepisse, et excelsa sectari ; et adolescentiæ, imo pubertatis incentiva calcantem, perfectæ quidem ætatis gradum scandere : sed lubricum iter esse, per quod ingrederis ; NEC TANTUM SEQUI gloriæ post victoriam, quantum ignominiæ post ruinam.

2. Non mihi nunc per virtutum prata ducendus est rivulus : nec laborandum, ut ostendam tibi variorum pulchritudinem florum : quid in se lilia habeant puritatis, quid rosa verecundiæ possideat, quid violæ purpura promittat in regno, quid rutilantium spondeat pictura gemmarum. Jam enim, propitio Domino, stivam tenes. Jam tectum atque solarium cum Petro Apostolo conscendisti ; qui esuriens in Judæis, Cornelii saturatur fide ; et famem incredulitatis eorum, gentium conversione restinguit : atque in vase Evangeliorum quadrangulo, quod de cælo descendit ad terram, docetur, et discit omnes homines posse salvari. Rursumque quod viderat, in specie candidissimi linteaminis in superna transfertur, et credentium turbam de terris ad cœlum rapit : ut pollicitatio Domini compleatur : *Beati mundo corde : quoniam ipsi Deum videbunt* (*Matth.* 5. 8). Totum quod apprehensa manu insinuare tibi cupio, quod quasi doctus nauta, post multa naufragia, rudem conor instruere vectorem, illud est, ut in quo littore pudicitiæ pirata sit [*al.* pirata *sint*] noveris ; ubi Charybdis, et radix omnium malorum avaritia ; ubi Scyllæi obtrectatorum canes, de quibus Apostolus loquitur : *Ne mordentes invicem,* mutuo **934** *consumamini* (*Galat.* 5), quomodo in media tranquillitate securi, Lybicis interdum vitiorum Syrtibus obruamur ; quid venenatorum animantium, desertum hujus sæculi nutriat [*al. deserta his nutriant*].

3. Navigantes Rubrum mare, in quo optandum nobis est, ut verus Pharao cum suo mergatur exer-

(a) Victorius maluit *proditionis*, quæ lectio proba ipsa quoque est : elegantius tamen et verius, ut Mss. habent, *perditionis tartarum* dicitur, quam, *proditionis*.

citu, multis difficultatibus ac periculis ad (b) urbem Auxumam perveniunt. Utroque in littore Gentes vagæ, imo belluæ habitant ferocissimæ. Semper solliciti, semper armati, totius anni vehunt cibaria. Latentibus saxis vadisque durissimis plena sunt omnia, ita ut (c) speculator, et doctor in summa mali arbore sedeat, et inde regendæ, et circumflectendæ navis dictata prædicet. Felix cursus est, si post sex menses *supradictæ* urbis portum teneant, a quo se incipit aperire Oceanus ; per quem vix anno perpetuo ad Indiam pervenitur, et ad Gangem fluvium (quem *Phison* Sancta Scriptura commemorat) qui circumit totam terram Evila, et multa genera pigmentorum de paradisi dicitur fonte devehere. Ubi nascitur carbunculus, et smaragdus ; et margarita candentia, et uniones, quibus nobilium feminarum ardet ambitio : montesque aurei, quos adire propter gryphas, et dracones, et immensorum corporum monstra, hominibus impossibile est : ut ostendatur nobis, quales custodes habeat avaritia.

4. Quorsum ista ? Perspicuum est, si negotiatores sæculi tanta sustinent, ut ad incertas periturasque divitias perveniant, et servent cum animæ discrimine, quæ multis periculis quæsierunt, quid Christi negotiatori faciendum est, qui venditis omnibus quærit, pretiosissimum margaritum ? qui totis substantiæ suæ opibus emit agrum, in quo reperiat thesaurum, quem nec fur effodere, nec latro possit auferre ?

5. Scio me offensurum esse quamplurimos, qui generalem de vitiis disputationem, in suam referunt contumeliam ; **935** et dum mihi irascuntur, suam indicant conscientiam : multoque pejus de se, quam de me judicant. Ego enim neminem nominabo ; nec veteris Comœdiæ licentia certas personas eligam atque perstringam. PRUDENTIS VIRI EST, ac prudentium feminarum, dissimulare, imo emendare quod in se intelligunt, et indignari sibi magis quam mihi ; nec in monitorem maledicta congerere. Qui etsi iisdem

(b) Veteres librarii vocem *auxumam* quid sibi velle non assecuti, *Maximum*, facili litterarum mutatione substituerunt. Sic tamen depravatus locus crucem figit Hieronymianis ante nos editoribus, dum varia commentantur, ut quæ intelligendæ sit urbs hæc *Maxima*, divinando doceant. Martianæus de *illa* interpretatur, quod in Libro Locorum ad hanc vocem hæc legantur, *Mari Rubro, unde ex Ægypto in Indiam navigatur.* Alii infeliciori conjectura, *Rabbath* intelligunt, quod hæc civitas, Hieronymo teste, in cap. 25. Ezechielis, *proprie hoc appelletur nomine ob magnitudinem, Rabbath autem Maxima dicitur.* Nos mendum in ipso vocabulo cubare sentientes, *Auxumum* corrigendum duximus, cum ex magni viri Lucæ Holstenii in Stephanum Byzantinum notis conjecturam nostram firmari didicimus, ut veram lectionem reponere ex ejus auctoritate non amplius dubitaremus. Erat quippe *Auxuma*, vel *Auxuma*, Græce Αὔξουμα, vel Αὔξουμι, regia olim Habessinorum urbs, totiusque Regni metropolis, ut Nonnosus in Biblioth. Photii c. 3. ait Αὐξούμην πόλιν ἐστὶ μεγίστη καὶ οἷον μητρόπολις τῆς ὅλης Αἰθιοπίας, et ut Jobus Ludolphus testatur, sita in decimo quarto et dimidio gradu latitudinis septentrionalis, nec nisi quadraginta quinque leucis Lusitanicis distans a mari Rubro ; cujus insigne emporium fuisse tradit Arrianus in periplo maris Erithræi, ut non tanti facienda videatur ea difficultas, quota a mari hoc intervallo absit, cum reliqua omnia quæ heic memorantur, ei perquam bene conveniant.

(c) Magis placeret *ductor*, sive, ut Victorius legit, *speculator doctus* sed renitentibus Mss.

teneatur criminibus, certe in eo melior est, quod sua ei mala non placent.

6. Audio religiosam habere te matrem, multorum annorum viduam, quae aluit, quae erudivit infantem: quae post studia Galliarum, quae vel florentissima sunt, misit Romam, non parcens sumptibus, et absentiam tibi, spe sustinens futurorum; ut ubertatem Gallici nitoremque sermonis, gravitas Romana condiret: nec calcaribus in te, sed fraenis utereris, quod et in disertissimis viris Graeciae legimus, (a) qui Asianum tumorem Attico siccabant sale, et luxuriantes flagellis vineas, falcibus reprimebant, ut eloquentiae torcularia, non verborum pampinis, sed sensuum, quasi uvarum, expressionibus redundarent. Hanc tu suspice, ut parentem: ama, ut nutricem: venerare, ut sanctam. Nec aliorum imiteris exemplum, qui relinquunt suas, et alienas appetunt: quorum dedecus in propatulo est, sub nominibus (b) pietatis quaerentium suspecta consortia. Novi ego quasdam jam maturioris aetatis, et plerasque libertini generis, adolescentibus delectari, et filios quaerere spirituales: paulatimque pudore superato, per ficta matrum nomina erumpere in licentiam maritalem. Aliae sorores virgines deserunt, et externis viduis copulantur. Sunt quae ederunt suos, et non suorum palpantur affectu: quarum impatientia, index animi, nullam recipit excusationem; et cassa (c) impudicitiae velamenta, quasi aranearum fila disrumpit. Videas nonnullos accinctis renibus, pulla tunica, barba prolixa, a mulieribus non posse discedere, sub eodem manere tecto, simul inire convivia, ancillas juvenes habere in ministerio, et praeter vocabulum **936** nuptiarum, omnia esse matrimonii. Nec haec culpa est Christiani nominis, si simulator religionis in vitio sit: quinimo confusio gentilium, cum ea vident Ecclesiis displicere, quae omnibus bonis non placent.

7. *Boni Monachi officium.* — Tu vero si monachus esse vis, non videri, habeto curam, non rei familiaris, cui renuntiando, hoc esse coepisti, sed animae tuae. Sordidae vestes candidae mentis indicia sint: vilis tunica contemptum saeculi probet: ita duntaxat, ne animus tumeat, ne habitus sermoque dissentiant. Balnearum fomenta non quaerat, qui calorem corporis, jejuniorum cupit frigore extinguere. Quae et ip-a moderata sint, ne nimia debilitent stomachum, et majorem refectionem poscentia, erumpant in cruditatem, quae parens libidinum est. Modicus ac temperatus cibus et carni et animae utilis est. Matrem ita vide, ne per illam alias videre

(a) Recole apud Quintilianum lib. 12. cap. 10. exempla, Cheronem quoque in Oratore.
(b) Acute suggillat Agapetas, foedissimum hominum genus, qui caritatis, sive pietatis obtentu, illicitum cum foeminis contubernium fucabant. In epistola XXII. ad Eustochium *ἀγαπητῶν* pestem vocat Nazianzenus;

ἢ ἀγαπᾶς, τοῦ καὶ παῦσαι τοῦτο τὸ σεμνόν
φῦ, φῦ, φῦ τί ἔχει καὶ παρφὰς ἀνέχει.

et auctor libri de Singularitate clericorum: « nudam, inquit, lasciviam velamento boni nominis tegunt, dum apud eos sub falsa dilectione, vera directio violatur. »
(c) Victorius praefert *pudicitiae*, quae lectio incongrua ipsa quoque non est.

cogaris: quarum vultus cordi tuo haereant, *Et tacitum vivat sub pectore vulnus (Aeneid. 4).* Ancillas quae illi in obsequio sunt, tibi scias esse in insidiis; quia quanto vilior earum conditio, tanto facilior est ruina. Et Joannes Baptista sanctam matrem habuit, Pontificisque filius erat; et tamen nec matris affectu, nec patris opibus vincebatur, ut in domo parentum cum periculo viveret castitatis. Vivebat in eremo (*Luc.* 1), et oculis desiderantibus Christum, nihil aliud dignabatur aspicere. Vestis aspera, zona pellicea, cibus locustae, melque silvestre (*Marc.* 1), omnia virtuti, et continentiae praeparata. Filii Prophetarum (quos monachos in veteri Testamento legimus) aedificabant sibi casulas propter fluenta Jordanis, et turbis urbium derelictis, polenta, et herbis agrestibus victitabant (*4. Reg.* 6). Quamdiu in patria tua es, habeto cellulam pro paradiso: varia Scripturarum poma decerpe: his utere deliciis: harum fruere complexu. Si scandalizat te oculus, pes, manus, projice ea (*Matth.* 5). Nulli parcas, ut soli parcas animae. *Qui viderit,* inquit Dominus, *mulierem ad concupiscendum eam, jam moechatus est eam in corde suo. Quis gloriabitur castum se habere cor (Prov. 20. 9)?* Astra non sunt munda in conspectu Domini: quanto magis homines (*Job.* 25. 5. 6), quorum **937** vita tentatio est? Vae nobis, qui quoties concupiscimus, toties fornicamur. *Inebriatus est,* inquit, *gladius meus in coelo (Isai.* 34. 5), multo amplius in terra, quae spinas, et tribulos generat. Vas electionis, in cujus ore Christus resonabat, macerat corpus suum, et subjicit servituti (*1. Cor.* 9. 27); et tamen cernit naturalem carnis ardorem suae repugnare sententiae, ut quod non vult, hoc agere compellatur, et quasi vim patiens, vociferatur, et dicit: *Miser ego homo, quis me liberabit de corpore mortis hujus (Rom. 7. 24)?* Et tu te arbitraris absque lapsu et vulnere posse transire, nisi omni custodia servaveris cor tuum, et cum Salvatore dixeris: *Mater mea, et fratres mei hi sunt, qui faciunt voluntatem Patris mei (Matth.* 12. 50; *et Marc.* 3. 35)? Crudelitas ista, pietas est; imo quid tam pium, quam sanctae matri sanctum filium custodire? Optat et illa te vivere, et non videre ad tempus, ut semper cum Christo videat. Anna Samuelem, non sibi, sed Tabernaculo genuit (*1. Reg.* 2). Filii Jonadab, qui vinum, et siceram non bibebant, qui habitabant in teatoriis, et quos nox compulerat, sedes habebant, scribuntur in (d) Psalmo (*Psal.* 70. seq. *LXX*), quod primi captivitatem sustinuerint, qui ab exercitu Chaldaeorum vastante Judaeam, urbes introire compulsi sunt.

8. Viderint alii quid sentiant. Unusquisque suo sensu ducitur. Mihi oppidum carcer, et solitudo paradisus est. Quid desideramus urbium frequentiam, qui de singularitate censemur? Moyses ut praeesset populo Judaeorum, quadraginta annis eruditur in eremo (*Exod.* 3): pastor ovium, hominum factus est

(d) Designat Psalmi 70. titulum juxta LXX. quibus inscribitur τῶν Ἰωναδὰβ καὶ τῶν πρῶτον αἰχμαλωτισθέντων in Vulgat. *filiorum Jonadab, et priorum captivorum.* Vid. Epist. LVIII. ad Paulinum num. 5. sub finem.

pastor (*Luc.* 5. 10). Apostoli de piscatione lacus Genezareth, ad piscationem hominum transierunt. Tunc [al. *qui ante*] habentes patrem, rete, naviculam, secuti Dominum, protinus omnia reliquerunt, portantes (*a*) quotidie crucem suam, et ne virgam quidem in manu habentes. Haec dico, ut etiam si Clericatus te titillat desiderium, discas quod possis docere; et rationabilem hostiam offeras Christo : ne miles antequam tiro, ne prius magister sis, quam discipulus. Non est humilitatis meae, neque mensurae, judicare de Clericis, et de ministris Ecclesiarum sinistrum quippiam dicere. Habeant illi ordinem, et gradum suum, quem si tenueris, quomodo **938** tibi in eo vivendum sit, editus ad Nepotianum liber (*Epist.* LII), docere te poterit. Nunc monachi incunabula, moresque discutimus : et ejus monachi, qui liberalibus studiis eruditus in adolescentia, jugum Christi collo suo imposuit.

9. *Laus vitæ Cœnobiticæ.* — Primumque tractandum est, utrum solus, an cum aliis in monasterio vivere debeas. Mihi quidem placet, ut habeas Sanctorum contubernium, nec ipse te doceas, et absque (1) ductore ingrediaris viam, quam nunquam ingressus es, statimque tibi in partem alteram declinandum sit, et errori pateas, plusque aut minus ambules, quam necesse est; ne aut currens lasseris, aut moram faciens, obdormias. In solitudine cito subrepit superbia : et si paramper jejunaverit, hominemque non viderit, putat se alicujus esse momenti : oblitusque sui, unde, et quo venerit, intus corde, lingua foris vagatur. Judicat, contra Apostoli voluntatem, alienos servos : quo gula voluerit, porrigit manum : dormit quantum voluerit : nullum veretur, facit quod voluerit, omnes inferiores se putat, crebriusque in urbibus, quam in cellula est : et inter fratres simulat verecundiam, qui platearum turbis colliditor. Quid igitur? Solitariam vitam reprehendimus? minime : quippe quam sæpe laudavimus. Sed de ludo monasteriorum, hujuscemodi volumus egredi milites, quos eremi dura rudimenta non terreant : qui specimen conversationis suæ multo tempore dederint : qui omnium fuerint minimi, ut primi omnium fierent : quos nec esuries aliquando, nec saturitas superavit : qui paupertate lætantur : quorum habitus, sermo, vultus, incessus, doctrina virtutum est : qui nesciunt secundum quosdam ineptos homines, dæmonum pugnantium contra se portenta confingere, ut apud imperitos, et vulgi homines miraculum sui faciant, et exinde lucra sectentur.

10. Vidimus nuper et planximus, Crœsi opes unius morte deprehensas : urbisque stipes, quasi in usus pauperum congregatas, stirpi et posteris derelictas.

(*a*) Illud *quotidie* haberi tantum juxta *antiqua exemplari* docet ipse Hier. i mox subnectenda E[p]ist. 127. ad Principiam num. VI. Et locus quidem videtur innui Lucæ 9. 23. ubi plerique codices Graeci illud καθ' ἡμέραν omittunt, Latinus, aliique Interpretes exhibent ; sed in perquam sinili sententia sunt, qui additamentum istud veterum exemplariorum ad Matth. 16. 24. alii ad Lucæ 14. 27. referunt.

(1) Antea erat, *doctore*, pro quo Gravius satis apposite legendum *ductore* monuit.

---

939 Tunc (*b*) ferrum quod latebat in profundo, supernatavit aquæ, et inter palmarum arbores, Merrhæ amaritudo monstrata est. Nec mirum : talem et socium et magistrum habuit, qui egentium famem, suas fecit esse divitias; et miseris derelicta, in suam reservavit miseriam. Quorum clamor tandem pervenit ad cœlum, et patientissimas Dei vicit aures, ut nissus Angelus pessimus, (*c*) Nabal Carmelio diceret: *Stulte, hac nocte auferent animam tuam a te; quæ autem præparasti, cujus erunt?* (*Luc.* 12. 2).

11. Volo ergo te, et propter causas quas supra exposui, non habitare cum matre ; et præcipue, ne aut offerentem delicatos cibos, renuendo contristes : aut si acceperis, oleum igni adjicias ; et inter frequentiam puellarum per diem videas, quod nocte cogites. Nunquam de manu et oculis tuis recedat liber, discatur Psalterium ad verbum ; oratio sine intermissione ; vigil sensus, nec vanis cogitationibus patens. Corpus pariter et animus tendatur ad Dominum. Iram vince patientia : AMA SCIENTIAM Scripturarum, et carnis vitia non amabis. Nec vacet mens tua variis perturbationibus, quæ si pectori insederint dominabuntur tui ; et te deducent (*d*) ad delictum maximum. Facito aliquid operis, ut te semper diabolus inveniat occupatum. Si Apostoli habentes potestatem de Evangelio vivere, (*e*) laborabant manibus suis, ne quem gravarent ; et aliis tribuebant refrigeria, quorum pro spiritualibus debebant metere carnalia (1. *Cor.* 9. 11), cur tu in usus tuos cessura non præpares ? Vel fiscellam texe junco, vel canistrum lentis plecte viminibus ; sarriatur humus : areolæ æquo limite dividantur : in quibus cum olerum jacta fuerint **940** semina, vel plantæ per ordinem positæ, aquæ ducantur irriguæ, ut pulcherrimorum versuum spectator assistas :

Ecce supercilio, clivosi tramitis undam
Elicit, illa cadens raucum per lævia murmur
Saxa ciet scatebrisque arentia temperat arva.

(*Georg. l.* 3.)

(*b*) Elegantissime alludit historiam Helisæi, cujus opera ferrum, quod uni ex filiis Prophetarum ligna cædenti, in aquam cecidit, ad summum rediit, et aquæ supernatavit. Quod subsequitur *Merrhæ* nomen nos ita ex ingenio emendavimus, cum antea perperam esset, *Myrrhæ*, in editis omnibus ac Mss. Consule Exod. 15. vers. 23. et seqq. ut liquido veritas emendationis constet, veteres enim exscriptores hujus fontis *Merrhæ*, seu ut Vulgata habet, *Mara*, nomen nescientes, cum *Myrrhæ*, ob amaritudinis et nominis similitudinem facillime confuderunt, unde et Hier. alibi, et Latinorum aliorum libri, ubi eum locum alludunt, sæpius depravati sunt.

(*c*) Veronens. liber voculam *sicut* præponit his *Nabal Carmelio*. Hunc vero, qui David ejusque sociis alimenti aliquid postulantibus denegavit, et ab Angelo percussus est, cum Evangelico divite simul erudite comparat, et utramque historiam uno verbo innuit. Pro *auferent*, alibi *repetent*, juxta Vulgatam.

(*d*) Pravam cogitationem opere completam delictum maximum dicit, ut in sequent. epist. 130. ad Demetriadem, et in cap. 10 Ecclesiast. : idque ex Psalm. 18. *Si mei non fuerint dominati*, (sive *dominata*) *tunc immaculatus ero, et emundabor a delicto maximo.*

(*e*) Apostolos inter evangelizandum artes suas exercuisse et S. Isidorus In Regula, et alii quidam tradunt ; sed aliter constituit Augustinus lib. de Opere monachorum cap. 20. ubi Paulum duntaxat et Barnabam manibus operatos tradit.

inserantur (a) infructuosæ arbores, vel gemmis, vel surculis, ut parvo post tempore, laboris tui dulcia poma decerpas. Apum fabricare alvearia, ad quas te mittunt Salomonis Proverbia (Prov. 6. 8. juxta LXX); et monasteriorum ordinem, ac regiam disciplinam, in parvis disce corporibus. Texantur et lina capiendis piscibus, scribantur libri, ut et manus operetur cibum, et animus lectione saturetur. (b). In desideriis est omnis otiosus (Prov. 13. 14. juxta LXX). Ægyptiorum Monasteria hunc morem tenent, ut nullum absque operis labore suscipiant, non tam propter victus necessitatem, quam propter animæ salutem. Ne vagetur perniciosis cogitationibus mens, et instar fornicantis Jerusalem, omni transeunti divaricet pedes suos (Ezech. 17. 23).

12. Dum essem juvenis, et solitudinis me deserta vallarent, incentiva vitiorum ardoremque naturæ ferre non poteram, quem cum crebris jejuniis frangerem, mens tamen cogitationibus æstuabat. Ad quam edomandam, cuidam fratri, qui ex Hebræis crediderat, me in disciplinam dedi, ut post Quintiliani acumina, Ciceronis fluvios, gravitatemque Frontonis, et lenitatem Plinii, alphabetum discerem, et stridentia anhelantiaque verba meditarer. Quid ibi laboris insumpserim, quid sustinuerim difficultatis, quoties desperaverim, quotiesque cessaverim, et contentione discendi rursus inceperim, testis est conscientia, tam mea qui passus sum, quam eorum qui mecum duxerunt vitam. Et gratias ago Domino, quod de amaro semine litterarum, dulces fructus carpo.

13. Dicam et aliud, quod in Ægypto viderim: Græcus adolescens erat in cœnobio, qui nulla abstinentia [al. continentia], nulla operis magnitudine flammam poterat carnis extinguere. Hunc periclitantem Pater monasterii hac arte servavit: imperavit cuidam viro gravi, ut jurgiis atque conviciis insectaretur hominem, et post irrogatam injuriam, primus veniret ad querimoniam. Vocati testes pro eo loquebantur, qui contumeliam fecerat. (c) Flere ille contra mendacium, quod nullus crederet veritati: solus Pater defensionem suam callide opponere, ne abundantiori tristitia absorberetur frater. Quid multa? Ita annus ductus est: quo expleto, interrogatus adolescens super cogitationibus pristinis, an adhuc molestiæ aliquid sustineret: papæ, inquit, vivere mihi non licet: et fornicari libeat? Hic si solus fuisset, quo adjutore superasset?

14. (d) Philosophi sæculi solent amorem veterem amore novo, quasi clavum clavo expellere. Quod et Asuero regi septem principes fecere Persarum, ut Vasthi reginæ desiderium, aliarum puellarum amore compescerent (Esth. 2. 3). Illi quidem vitio, peccatumque peccato medicantur, nos amore virtutum, vitia superemus. Declina, ait, a malo, et fac bonum (Ps. 36. 37): Quære pacem, et persequere eam. Nisi oderimus malum, bonum amare non possumus. Quin potius faciendum est bonum, ut declinemus a malo. Pax quærenda, ut bella fugiamus. Nec sufficit eam quærere, nisi inventam fugientemque omni studio persequamur, quæ exsuperat omnem sensum: in qua habitatio Dei est, dicente Propheta: Et factus est in pace locus ejus (Ps. 75. 2). Pulchreque persecutio pacis dicitur, juxta illud Apostoli: Hospitalitatem persequentes [Rom. 12. 13], ut non levi usitatoque sermone, et (ut ita loquar) summis labiis hospites invitemus; sed toto mentis ardore teneamus, (e) quasi auferentes secum de lucro nostro atque compendio.

15. Nulla ars absque magistro discitur. Etiam muta animalia, et ferarum greges, ductores sequuntur suos. In apibus principes sunt: grues unam sequuntur (f) ordine litterato. Imperator unus: Judex unus provinciæ. Roma ut condita est, duos fratres simul habere reges non potuit, et parricidio dedicatur. In Rebeccæ utero, Esau, et Jacob bella gesserunt (Gen. 25. 22). Singuli Ecclesiarum Episcopi, singuli Archipresbyteri, singuli Archidiaconi: et omnis ordo Ecclesiasticus suis rectoribus nititur. In navi unus gubernator: in domo unus Dominus: in quamvis grandi exercitu, unius signum expectatur. Et ne plura replicando fastidium legenti faciam, per hæc omnia ad illud tendit oratio; ut doceam te, non tuo arbitrio dimittendum, sed vivere debere in (g) monasterio sub unius disciplina Patris, consortioque multorum, ut ab alio discas humilitatem, ab alio patientiam: hic te silentium, ille doceat mansuetudinem. Non facias quod vis, comedas quod juberis,

---

(a) Vid. Trittemium lib. de Laude scriptorum manuduum cap. 3. in Regula S. Ferreoli cap. 28. « qui sint fugat digito, qui terram non præscribit aratro: quia qui agriculturam exercere non valet, legere, scribere, quod est præcipuum opus, piissima etiam providere captionum, et quæ similia sunt facere atque fugere potest. » Adde Severum Sulpitium in Vita S. Martini, Palladium in Lausiaca cap. 86.

(b) Hæc sententia profertur a Stephano in Regula cap. 53. et Salomoni adscribatur: « quia otiosus est circa negocium mente a sordibus: esto etiam usu namquam poterit esse otiosus, dicente Salomone: Laudes et fortis et omnis otiosus »: autem hic locus tractus in Græco apud LXX. ε ἐν ἐπιθυμίαις ἐστὶ πᾶς ἀργός. Proverb. 13. 4. Citat Cassianus quoque collat. 24. cap. 11. ad Hier. 5. ubi in Ezech. cap. 16. pro omnis otiosus, habet otiosis omnibus otiosus.

(c) Martianæus post illa contra mendacium, quod nullus crederet veritati, et non opponere studii, ex quo duo tamen verba, cœpit et studii, plerum que MSS. non habent, aut alterum tantum habent, ut Veron. majori, capite revera eleganti subintelligi scinui, qui Latine sciunt, contra quam Martianæo videtur, qui sensum absque iis tolli, et solœcis scatere putat.

(d) Ex Ciceron. l. 4. Tusc. n. 35. « Etiam novo quidam (al. quædam) amore veterem amorem tanquam clavo clavum ejiciendum putant »: et Ovidius in Remedio: *Alterius vires subtrahit alter amor.*

(e) Antea erat quasi efferentes se eo a lucro. Nos longe Coreum sensum ex Veronensi majori Ms. præsertim arbitrati sumus, quasi auferentes secum de lucro nostro, non enim quasi offerentes se, jure monerentur retineri, sed qui si auferentes lucrum nostrum, toto mentis ardore retinendi sunt.

(f) Plinius lib. 10. c. 25. gruum ordinem in volando observans, a tergo, inquit, sensim dilatante se cuneo, porrigitur agmen. Eo ordine dispositæ, Y litteram repræsentant, cujus aciem ductrix efformat; unde et Palamedes aves vulgo audiunt. Claudianus de bello Giltonico.

Ordinibus variis per nubila t xitur alis.
Littera, pennarumque notis inscribitur aer.

(g) Hinc multa ex Hieronymo in aliquot S. Patrum Regulis adserta sunt. Vid. Concordiam Regularum cap. 5. paragraph. 4. et cap. 28. paragraph. 5. atque alibi. Confer. S. quoque Leandrum de Institutione Virgin. cap. 16. imo et Theodoretum de vitis Patrum c. 3.

vestiare quod acceperis, operis tui pensum persolvas, subjiciaris cui non vis, lassus ad stratum venias, ambulansque dormites, et necdum [al. *nec demum*] expleto somno, surgere compellaris. Dicas Psalmum in (*a*) ordine tuo; IN QUO NON dulcedo vocis, sed mentis affectus quæritur, dicente Apostolo : *Psallam spiritu, psallam et mente* (1. *Cor.* 14. 15) : Et, *Cantantes in cordibus vestris Domino.* Legerat enim esse præceptum, *Psallite sapienter.* Servias **943** fratribus, hospitum laves pedes; passus injuriam taceas; Præpositum monasterii timeas ut dominum, diligas ut parentem. Credas tibi salutare quidquid ille præceperit; nec de majorum sententia judices, cujus officii est obedire, et implere quæ jussa sunt, dicente Moyse : *Audi Israel, et tace* (*Deut.* 27. 9. juxta *LXX*). Tantis negotiis occupatus, nullis vacabis cogitationibus, et dum ab alio transis ad aliud, eousque succedit operi, illud solum mente tenebis, quod agere compelleris.

16. *Falsi Monachi.* — Vidi ego quosdam, qui postquam renuntiavere sæculo, vestimentis duntaxat, et vocis professione, non rebus, nihil de pristina conversatione mutarunt. Res familiaris magis aucta quam imminuta. Eadem ministeria servulorum, idem apparatus convivii. In vitro, et patella fictili aurum comeditur, et inter turbas et examina ministrorum, nomen sibi vindicant solitarii. Qui vero pauperes sunt, et tenui substantiola, videnturque sibi scioli; (*b*) pomparum fercula similes procedunt in publicum, ut caninam exerceant facundiam. Alii sublatis in altum humeris, et intra se nescio quid cornicantes, stupentibusque in terram oculis, tumentia verba trutinantur (*c*), ut si Præconem addideris, putes incedere

(*a*) Est quoque istud nostra observatione dignum, quod est ab hodierna psallendi consuetudine alienum, dum uno incipiente, seu præcinente, multi totos psalmos utriusque invicem decantant. In multis Ecclesiis olim monachi sive Clerici non omnes simul canebant, sed unus, quo psallente, alii attentius auscultabant, minime vero respondebant. Id autem est Hieronymo, aliisque ejus et sequioris ævi auctoribus, *psalmum in ordine suo dicere*, sive juxta ordinem suum, singillatim, nam ut scripserat in Prælatione ad Regulam S. Pachomii, «Quicumque monasterium primus ingreditur, primus sedet, primus ambulat, primus Psalmum dicit» quæ in aliis quoque regulis Macharii, S. Fructuosi, et S. Benedicti confirmantur. Manavit ab Ægyptiis monachis consuetudo, apud quos etiam præcipue viguit. Cassian. lib. 2. c. 5. «Quotidianos orationum ritus volentibus celebrare, unus in medium psalmos cantaturus exurgit, sedentibus cunctis, ut moris est nunc usque in Ægypti partibus et in psallentis verba omni cordis intentione defixis.» Et cap. 10. «Tantum a cunctis silentium præbetur, ut cum in unum tam numerosa fratrum multitudo conveniat, præter illum qui consurgens psalmum decantat in medio, nullus hominum prorsus adesse credatur.»

(*b*) Ex Ciceron. 1. Officior. c. 36. «Cavendum est, ne tarditatibus utamur in gressu mollioribus, ut similes pomparum fercula esse videamur.» Erant enim fercula gestamina quædam, in quibus Deorum simulacra, hostium spolia, hisque similia in pompis deferebantur. Porro de canina facundia seu maledica Appii dictum supra exposuimus ex Quintiliano. Alia denique sententia expressa est ex illis Persii versibus,
  Obstipo capite et figentes lumine terram
  Atque exporrecto t. utinuntur verba labello.
  Nescio quid tecum grave cornicaris, inepte.

(*c*) Symmachus Epist. lib. 1. *Præcedebat Præco, adverire Præfecturam ubique denuntians*; et Cassiod. Divin. Institut. lib. 2. *si Præfectum vox Præconis enuntiat*, etc., et lib. VI. Variarum in formula Præfecturæ Prætorianæ. «Ipsum hodieque resonat vox Præconis instruens judicem, ne se patiatur esse dissimilem.»

Præfecturam. Sunt qui humore cellarum, immoderatisque jejuniis, tædio solitudinis, ac nimia lectione, dum diebus ac noctibus auribus suis personant, vertuntur in melancholiam, et Hippocratis magis fomentis, quam nostris monitis indigent. Plerique artibus, et negotiationibus pristinis carere non possunt, mutatisque nominibus institorum, eadem exercent commercia : non victum et vestitum, quod Apostolus præcipit (2. *Tim.* 6), sed majora quam sæculi homines, emolumenta sectantes. Et prius quidem ab **944** Ædilibus, quos ἀγορανόμους Græci appellant, vendentium coercebatur rabies, nec erat impune peccatum. Nunc autem sub religionis titulo exercentur injusta compendia [al. *commercia*], ET HONOR nominis Christiani fraudem magis facit, quam patitur. Quodque pudet dicere, sed necesse est, ut saltem sic ad nostrum erubescamus dedecus, publice extendentes manus, pannis aureum tegimus : et contra omnium opinionem, plenis sacculis morimur divites, qui quasi pauperes viximus. Tibi cum in monasterio fueris, hæc facere non licebit : et inolescente paulatim consuetudine, quod primum cogebaris, vel incipies, et delectabit te labor tuus; oblitusque præteritorum, semper priora sectaberis : nequaquam considerans, quid alii mali faciant, sed quid boni tu facere debeas.

17. *Clericorum laus.* — Neque vero peccantium ducaris multitudine, et te pereuntium turba sollicitet, ut tacitus cogites (1) : Quid? ergo omnes peribunt, qui in urbibus habitant? Ecce illi fruuntur suis rebus, ministrant Ecclesiis, adeunt balneas, unguenta non spernunt; et tamen in omnium ore versantur. Ad quod et ante respondi, et nunc breviter respondeo, me in præsenti opusculo non de Clericis disputare, sed monachum instituere. Sancti sunt Clerici et omnium vita laudabilis. Ita ergo age, et vive in monasterio, ut Clericus esse merearis, ut adolescentiam tuam nulla sorde commacules, ut ad altare Christi quasi de thalamo virgo procedas, et habeas de foris bonum testimonium : feminæque nomen tuum noverint, et vultum tuum nesciant. Cum ad perfectam ætatem veneris, si tamen vita comes fuerit, et te vel populus, vel Pontifex civitatis, in Clericum elegerit, agito quæ Clerici sunt, et inter **945** ipsos sectare meliores. QUIA IN OMNI conditione et gradu, optimis mixta sunt pessima.

18. *Quid cavendum.* — Ne ad scribendum cito prosilias, et levi ducaris insania. Multo tempore disce quod doceas. Ne credas laudatoribus tuis, imo irrisoribus aurem ne libenter accommodes; qui cum te adulationibus foverint, et quodammodo impotem mentis effecerint, si subito respexeris, (*d*) aut ciconiarum deprehendes post te colla curvari, aut manu auriculas agitari asini, aut æstuantem canis protendi linguam. Nulli detrahas nec in eo te sanctum putes, si cæteros la-

(*d*) Ex Persii Satyr. 1. tres hosce irridendi modos, expressit :
  O Jane a tergo quem nulla ciconia pinsit,
  Nec manus auriculas imitata est mobilis albas,
  Nec lingua tantum sitiat canis Appula, tantum.

(1) Gravio sic distingui locum placet : *Quid ergo? Omnes peribunt, qui,* etc.

ceres. Accusamus sæpe quod facimus, et contra nosmetipsos diserti, in nostra vitia invehimur, muti de eloquentibus judicantes. Testudineo Grunnius incedebat ad loquendum gradu, et per intervalla quædam, vix pauca verba carpebat, ut cum putares singultire, non proloqui. Et tamen cum mensa posita, librorum exposuisset struem, adducto supercilio, contractisque naribus, ac fronte rugata, duobus digitulis concrepabat, hoc signo ad audiendum discipulos provocans. Tum nugas meras fundere, et adversum singulos declamare : (*a*) criticum diceres esse Longinum, (1) Censoremque Romanæ facundiæ, notare quem vellet, et de Senatu doctorum excludere. Hic bene nummatus, (2) plus placebat in prandiis. Nec mirum, si qui multos inescare solitus erat, facto cuneo circumstrepentium garrulorum, procedebat in publicum : intus Nero, foris Cato. Totus ambiguus, ut ex contrariis diversisque naturis, unum monstrum novamque bestiam diceres esse compactam, juxta illud poeticum :

(*b*) *Prima leo, postrema draco, media ipsa chimæra.*

19. Nunquam ergo tales videas, nec hujusmodi hominibus applicaris, nec declines cor tuum in verba malitiæ, et audias : *Sedens adversus fratrem tuum loquebaris, et adversus filium matris tuæ ponebas scandalum*. Et iterum : *Filii hominum,* **946** *dentes eorum arma et sagittæ* (*Psal.* 56. 5). Et alibi : *Molliti sunt sermones ejus super oleum, et ipsi sunt jacula* (*Ps.* 54. 22). Et apertius in Ecclesiaste : *Sicut mordet serpens in silentio, sic qui fratri suo occulte detrahit* (*Eccl.* 10. 11). Sed dices : Ipse non detraho, aliis loquentibus quid facere possum? *Ad excusandas excusationes in peccatis* (*Psal.* 140) ista prætendimus. Christus arte non illuditur. Nequaquam mea, sed Apostoli sententia est : *Nolite errare : Deus non irridetur* (*Galat.* 6. 7). Ille in corde, nos videmus in facie. Salomon loquitur in Proverbiis : *Ventus aquilo dissipat nubes, et vultus tristis, linguas detrahentium* (*Prov.* 25. 23). Sicut enim sagitta si mittatur contra duram materiam, nonnunquam in mittentem revertitur, et vulnerat vulnerantem ; illudque completur : *Facti sunt mihi in arcum pravum* (*Ps.* 77. 57). Et alibi : *Qui mittit in altum lapidem, recidet in caput ejus* (*Eccl.* 27. 28) : ita detractor cum tristem faciem viderit audientis, imo ne audientis quidem, sed obturantis aures suas, ne audiat judicium sanguinis, illico conticescit, pallet vultus, hærent labia, saliva siccatur. Unde

---

(*a*) Antea vitiose erat *Creticus*, quod nos emendamus ex ingenio et Latini auctoritate, nam præterquam quod nec Creticus erat Longinus, sed forte Emessenus, minime ad rem esset hoc in loco ejus patriam meminisse. Econtrario, sicut Aristarchi, ita Longini notissimus in Criticis nomina apud Antiquos, quibus iste in primis ἀριστώτατος audiit : Celebre est quoque illud quasi Proverbium ὁ κατὰ ῥητόρων κριτής, quod est *temere judicare.*

(*b*) Expressus hic versiculus ex illo Hesiodi Theogoniæ 523. vel Homeri Iliados ζ. 181.

Πρόσθεν λέων, ὄπισθε δὲ δράκων, μέσση δὲ χιμαίρα.

Id est *capra.* Habet Latine et Lucretius l. 5.

(1) Gravius *Censorem* reponi vellet. Paulo post ubi dicitur *plus placebat.*

(2) Eidem purior hæc videtur lectio : *rebus illa placebat.* At vide, num legendum forte sit *plus illa?* nempe de prandiis sermo est.

---

idem vir sapiens : *Cum detractoribus,* inquit, *ne misceris : quoniam repente veniet perditio eorum et ruina utriusque quis novit* (*Prov.* 24. 21) : tam scilicet ejus qui loquitur, quam illius, qui audit loquentem. VERITAS ANGULOS non amat, nec quærit susurrones. Timotheo dicitur : *Adversum presbyterum accusationem* (*c*) *cito non receperis. Peccantem autem, coram omnibus argue, ut et cæteri metum habeant* (1. *Tim.* 5. 19. *et* 20). Non est facile de provecta ætate credendum, quam et vita præterita defendit, et honorat vocabulum dignitatis. Verum quia homines sumus, et interdum contra annorum maturitatem, puerorum vitiis labimur ; si me vis corrigere delinquentem, aperte increpa, tantum ne occulte mordeas. *Corripiet me justus in misericordia, et increpabit : Oleum autem peccatoris non impinguet caput meum* (*Ps.* 140. 5). *Quem enim diligit Dominus,* **947** *corripit : castigat autem omnem filium quem recipit* (*Prov.* 3. 12). Et per Isaiam clamat Dominus : *Populus meus, qui beatos vos dicunt, seducunt vos, et semitas pedum vestrorum supplantant* (*Isai.* 3. 11). Quid enim mihi prodest, si aliis mala referas mea? Si me nesciente, peccatis meis, imo detractionibus tuis alium vulneres ; et cum certatim omnibus narres, sic singulis loquaris, quasi nulli dixeris alteri? Hoc est non me emendare : sed vitio tuo satisfacere. Præcipit Dominus, peccantes in os argui debere secreto, vel adhibito teste ; et si audire noluerint, referri ad Ecclesiam, habendosque in malo pertinaces, sicut ethnicos et publicanos (*Matth.* 18).

20. Hæc expressius loquor, ut adolescentem meum, et linguæ et aurium prurigine liberem ; ut renatum in Christo, sine ruga et macula, quasi pudicam virginem exhibeam, castam tam mente quam corpore ; ne solo nomine glorietur, et absque oleo bonorum operum, extincta lampade, excludatur a sponso. Habes istic sanctum doctissimumque Pontificem (*d*) Proculum, qui viva et præsenti voce nostras schedulas superet, quotidianisque tractatibus iter tuum dirigat ; nec patiatur te in partem alteram declinando, viam relinquere regiam, per quam Israel ad terram repromissionis properans, se transiturum esse promittit. Atque utinam exaudiatur vox Ecclesiæ implorantis : *Domine, pacem da nobis :* omnia

---

(*c*) In quibus hæc lectio exemplaribus inveniatur, haud scio, certe Hieronymo antiquiora, quod innuimus Nota *a* in Epistolam XXVII. ad Marcellam num. 3. omnium non recipiendam adversus Presbyterum accusationem præferebant : ad eumque modum S. Cyprianus legit, et qui Ambrosiaster audit, Hilarius Diaconus, Prinæsius, aliique. Noster vero clausulam apponendam ibi constituit, *ne receperis, nisi sub duobus, aut tribus testibus,* cui lectioni, quam etsi Græcus textus et Vulgatus interpres retinent, recentiores quidam superfluam putant ; hæc ipsa *cito*, calculum utcumque addit, quod sedulo notari velim.

(*d*) Proculus Massiliæ Episcopus, qui grandem sibi famam sanctitatis comparaverat, et cui Taurinense Concilium concesserat, ut Episcopis, quos a se dixerat ordinatos, *tanquam Pater filiis honore primatus* assisteret. Sed magnam postmodum sibi invidiam creavit, usurpata Metropolitani dignitate, unde a Zosimo damnatus est. Confer tres ejus Papæ epistolas ad Patroclum Arelatensem Episcopum.

enim (1) *dedisti nobis* (*Is*. 16. *sec*. *LXX*). Utinam quod renuntiamus sæculo, voluntas sit, non necessitas : ET PAUPERTAS habeat expetita gloriam, non illata cruciatum. Cæterum juxta miserias hujus temporis, et ubique gladios sævientes, satis dives est, qui pane non indiget. Nimium potens est, qui servire non cogitur. Sanctus (*a*) Exuperius, Tolosæ Episcopus, viduæ Sareptensis imitator, esuriens pascit alios : et ore pallente jejuniis, fame torquetur aliena : omnemque substantiam Christi visceribus erogavit. Nihil illo ditius, qui Corpus Domini [al. *Christi*] canistro vimineo, Sanguinem **948** portat in vitro. Qui avaritiam ejecit e Templo : qui absque funiculo et increpatione, cathedras vendentium columbas, id est, dona Sancti Spiritus, mensasque subvertit mammonæ, et nummulariorum æra dispersit; ut domus Dei, domus vocetur orationis, et non latronum spelunca. Hujus e vicino sectare vestigia, et cæterorum qui virtutum illius similes sunt, quos Sacerdotium et humiliores facit et pauperes. Aut si perfecta desideras, exi cum Abraham de patria et cognatione tua, et perge quo nescis. Si habes substantiam, vende, et da pauperibus. Si non habes, grandi onere liberatus es : nudum Christum, nudus sequere. Durum, grande, difficile ; sed magna sunt præmia.

EPISTOLA CXXVI (*b*).

AD (*c*) MARCELLINUM ET ANAPSYCHIAM.

Exponit diversas sententias de origine animæ, hortans ut reliqua petant ab Augustino, et indicans quibus ipse sit occupatus studiis.

Dominis vere sanctis atque omni officiorum caritate venerandis filiis MARCELLINO et ANAPSYCHIÆ, HIERONYMUS in Christo salutem.

1. Tandem ex Africa vestræ litteras unanimitatis accepi ; et non me pœnitet impudentiæ, qua tacentibus vobis (*d*) epistolas meas frequenter ingessi, ut re-scriptum mererer, et vos esse sospites, non aliis nuntiantibus, sed vestro potissimum sermone cognoscerem. Super animæ statu memini vestræ quæstiunculæ, imo maxime ecclesiasticæ quæstionis : Utrum lapsa de cœlo sit, ut Pythagoras philosophus, omnesque Platonici, et Origenes putant : An a propria Dei substantia, ut Stoici, Manichæus, et Hispana Priscilliani hæresis suspicantur : An in thesauro habeantur Dei, olim **949** conditæ, ut quidam (*e*) Ecclesia-

(*a*) Hunc plurimum laudat etiam in superiori epistola 125. ad Ageruchiam, num. 16. ubi de Barbarorum irruptionibus paria his queritur ; et eumque data est insignis Innocentii Papæ epistola, *consulenti tibi*, etc.
(*b*) *Al*. 82. *Scripta an*. 411.
(*c*) Marcellinus hic ille est Tribunus, ac Notarius ab Honorio in Africam missus, ut Collationis Carthaginiensis sequester esset, ac Judex. Qui cum sententiam contra Donatistas dixisset, eorum contra se odio concitato, *sub invidia tyrannidis Heraclianæ ab hæreticis innocens casus est*, ut ipse Hieron. queritur in fine libri 3. adversus Pelagianos, in quem locum plura de illo congessimus.
(*d*) Interciderunt hujusmodi epistolæ, neque ætatem tulit illa Marcellini et Anapsychiæ, cui nunc super animæ statu respondet.
(*e*) Puta Clementem Alexandrinum Stromatum lib. 2.
(1) Atque heic Gravius mavult, *reddidisti* ex Græco ἀπέδωκας·

stici stulta persuasione confidunt : An quotidie a Deo fiant, et mittantur in corpora, secundum illud, quod in Evangelio scriptum est, *Pater meus usque modo operatur, et ego operor* (*Joan*. 5. 17) : An certe ex traduce, ut Tertullianus, (*f*) Apollinaris, et maxima pars Occidentalium autumant ; ut, quomodo corpus ex corpore, sic anima nascatur ex anima, et simili cum brutis animantibus conditione subsistat. Super quo quid mihi videretur [al. *videatur*], in opusculis contra Ruffinum scripsisse me novi, adversus eum (2) libellum, quem sanctæ memoriæ Anastasio Episcopo Romanæ Ecclesiæ dedit [al. *edidit*] : in quo lubrica et subdola, imo stulta confessione, dum auditorum simplicitati illudere nititur, suæ fidei, imo perfidiæ illusit : quos libros reor sanctum parentem vestrum habere Oceanum. Olim enim editi sunt, multis Ruffini libris adversus calumnias respondentes. Certe habes ibi virum sanctum et eruditum Augustinum Episcopum, qui viva, ut aiunt, voce docere te poterit et suam, imo per se nostram explicare sententiam.

2. Ezechielis volumen olim aggredi volui, et sponsionem creberrimam studiosis lectoribus reddere ; sed in ipso dictandi exordio ita animus meus Occidentalium provinciarum, et maxime urbis Romæ [al. *Romanæ*] vastatione confusus est, ut, juxta vulgare proverbium, proprium quoque ignorarem vocabulum : diuque tacui, sciens tempus esse lacrymarum. Hoc autem anno cum tres explicassem libros, subitus impetus barbarorum, de quibus tuus dicit Virgilius, *lateque vagantes Barcæi* (*Æneid*. 4), et sancta Scriptura de Ismahel, *Contra faciem omnium fratrum suorum habitabit* (*Gen*. 16. 12), sic Ægypti limitem, Palæstinæ, Phœnicis, Syriæ percurrit ad instar torrentis cuncta secum trahens, ut vix manus eorum misericordia Christi potuerimus evadere. Quod si, juxta inclytum oratorem, *silent inter arma leges (Cicero pro Milone*), quanto magis studia Scripturarum ? quæ et librorum multitudine, et silentio, ac librariorum sedulitate, quodque proprium **950** est, securitate et otio dictantium indigent. Duos itaque libros misi sanctæ filiæ meæ (3) Fabiolæ, quorum exempla [al. *exemplaria*] si volueris, ab ipsa poteris mutuari. Pro angustia quippe temporis alios describere non

et 3. Pierium quoque Alexandrinum, ut ex Photio cod. 119. compertum est. Nemesium lib. de Natura hominis c. 2 et 3. Nyssenum denique de Opificio hominis c. 28. ut plerosque alios omittamus. In ejus sententia invidiam ipsam quoque Hieronymum ex aliquot Commentariorum ejus ad Ephesios locis trahere conatur Ruffinus, cui ille reponit libro 2 et 3. Apologiæ, atque ipsam criminationem retorquet ; Vide Allatium in Notis ad Methodium p. 389. et seqq.
(*f*) Nemesius cap. 2. *Apollinarius putat animos ab animis gigni, ut e corporibus corpora*. Conferendus Athanasius de Incarnatione Christi contra eumdem Apollinarium ; tum quæ heic adnectitur Augustini Epistola 131. ad Hieronymum de Origine animæ num. 1. et seqq.
(2) Illum. in sequent. tom. suo loco exhibebimus, cui statim initio Apologiæ secundæ Hier. respondet. Ejus initium est, *Audivi quosdam*, etc.
(3) Hæc eadem atque illa videam, ad quam scribit Augustinus Epist. 267. alia utique ab illa, ad quam Noster Epistolas illas dedit de Veste Sacerdotali, et de mansionibus. Et mirum tamen hujus Fabiolæ pernecessariam Oceanum in subsequenti hujus Epistolæ numero memo-

potui : quos cum legeris et vestibula videris, facilis conjectura erit, qualis ipsa sit futura domus. Sed credo in Dei misericordia, qui nos adjuvit in difficillimo principio supradicti operis, quod ipse adjuvet et in penultimis Prophetæ partibus, in quibus Gog et Magog bella narrantur; et in extremis, in quibus sacratissimi et inexplicabilis templi ædificatio, varietas, mensuraque describitur.

5. Sanctus frater noster Oceanus, cui vos cupitis commendari, tantus et talis est, et sic eruditus in Lege Domini, ut, absque nostro rogatu, instruere [al. *instituere*] vos possit, et nostram super cunctis quæstionibus Scripturarum pro modulo communis ingenii explicare sententiam. Incolumes vos et prolixa ætate florentes Christus Deus noster tueatur omnipotens, Domini vere sancti.

EPISTOLA CXXVII (a).

AD PRINCIPIAM VIRGINEM, SIVE MARCELLÆ VIDUÆ EPITAPHIUM.

Laudat Marcellam primæ nobilitatis mulierem, quæ septimo a nuptiis mense viro orbata, deinde Cerealem Consulem, nuptias ejus ambientem, rejecit, et Monachæ vitam, prima nobilium feminarum ausa est Romæ profiteri, multas ad idem institutum pertrahens : tum ab ipso Hieronymo divinas litteras diligentissime Romæ didicit : absenti sæpe scripsit; ejusque tandem opera factio Origenistarum, quæ in urbe cœperat invalescere, prodita atque extincta est. Obiit paucis diebus post urbem a Gothis direptam.

1. Sæpe et multum flagitas, virgo Christi Principia, ut memoriam 951 sanctæ feminæ (b) Marcellæ litteris recolam, et bonum quo diu fruiti sumus, etiam cæteris noscendum, imitandumque describam. Satisque doleo, quod hortaris sponte currentem, et me arbitraris indigere precibus, qui ne tibi quidem in ejus dilectione concedam : multoque plus accipiam, quam tribuam beneficii tantarum recordatione virtutum. Nam ut hucusque reticerem, et biennium præterirem silentio, non fuit dissimulationis, ut male existimas, sed tristitiæ incredibilis, quæ ita meum oppressit animum, ut melius judicarem tacere impræsentiarum, quam nihil dignum illius laudibus dicere. Neque vero Marcellam tuam, imo meam; et ut verius loquar, nostram, omniumque Sanctorum, et propriæ Romanæ urbis inclytum decus institutis rhetorum prædicabo; ut exponam illustrem familiam, alti sanguinis decus, et stemmata per (c) Consules et Præfectos Prætorio decurrentia. Nihil in illa laudabo, nisi quod proprium est, et eo nobilius, quod, opibus et nobilitate contempta, facta est paupertate et humilitate nobilior.

2. Orba [al. *orbata*] patris morte : viro quoque post nuptias septimo mense privata est. Cumque

(a) Al. 16. *scripta an.* 412.
(b) Illam *unicum viduitatis*, et *Romanæ sanctitatis exemplar* vocat in Proœmio in Epist. ad Ephes. et Præfat. in Daniel. Consobrinam Pammachio præf. Epist. 48. ad eumdem ; tum Prælat. in Epist. ad Galatas, et Præfat. comment. in Ezechielem imprimis laudat.
(c) Victorios præfectos olim fuisse et nuper consulares trabeae in familia Marcellæ detissa ac.

cam (d) Cerealis (cujus clarum inter Consules nomen est) propter ætatem et antiquitatem familiæ, et insignem (quod maxime viris placere consuevit) decorem corporis, ac morum temperantiam ambitiosius peteret, susque longævus polliceretur divitias, et non quasi in uxorem, sed quasi in filiam vellet donationem transfundere : Albinaque mater tam claram præsidium viduatæ domus ultro appeteret, illa respondit: Si vellem nubere, et non me cuperem æternæ pudicitiæ dedicare, utique maritum quærerem, non hæreditatem. Illoque mandante, posse et senes diu vivere, et juvenes cito mori, eleganter lusit : Juvenis quidem potest cito mori; sed senex diu vivere non potest. Qua sententia repudiatus, exemplo cæteris fuit, ut ejus nuptias desperarent. Legimus in Evangelio secundum Lucam : *Et erat Anna Prophetissa filia Phanuelis de tribu Aser: Et hæc provectæ ætatis in diebus* 952 *plurimis. Vixeratque cum viro suo annis septem a virginitate sua, et erat vidua annis octoginta quatuor, nec recedebat de Templo : jejuniisque et obsecrationibus Domino serviens nocte ac die* (*Luc.* 2. 36. 37). Nec mirum, si videre meruit Salvatorem, quem tanto labore quærebat. Conferamus septem annos, septem mensibus : sperare Christum, et tenere natum confiteri, et in crucifixum credere, parvulum non negare, et virum gaudere regnantem. Non facio ullam inter sanctas feminas differentiam, quod nonnulli inter sanctos viros et Ecclesiarum principes stulte facere consueverunt : sed illo tendit assertio, ut quarum unus est labor, unum et præmium sit.

3. Difficile est in maledica civitate, et in urbe, in qua orbis quondam populus fuit, palmaque vitiorum, si honestis detraherent, et pura ac munda macularent, non aliquam sinistri rumoris fabulam contrahere. Unde quasi rem difficillimam, et pene impossibilem optat Propheta, potiusquam præsumit, dicens : *Beati immaculati in via, qui ambulant in lege Domini* (*Psal.* 118. 1). Immaculatos in via hujus sæculi appellat, quos nulla obscæni rumoris aura maculavit : qui opprobrium non acceperint adversus proximos suos. De quibus Salvator in Evangelio : Esto, inquit, *benevolus, sive bene sentiens, de adversario tuo, dum es in via cum illo* (*Matth.* 5. 25). Quis unquam de hac muliere, quod displiceret, audivit, ut crederet? quis credidit, ut non magis se ipsum malignitatis et infamiæ condemnaret? Ab hac primum confusa gentilitas est, dum omnibus patuit quæ esset viduitas Christiana, quam et conscientia et habitu promittebat. Illæ enim solent purpurisso et cerussa ora depingere, sericis nitere vestibus, splendere gemmis, aurum portare cervicibus, et auribus perforatis, (e) Rubri

(d) Neratius Cerealis qui cum Datiano Consul fuit anno 358, non ut Baronio visum est, Justini frater, sed Galli, quæ Galli Cæsaris mater fuit. Unde vetus auctor epistolæ ad Marcellam si adversa tolerat, quam postremo tono exhibemus, se cum vidisse dicit eo tempore, quæ ejus domum et quasi affinitas ambiebat. Vide Athanasium lib. XIV. cap. XI.
(e) Tertullianus lib. de Resurrectione carnis vocat […] Victor, et Pollendus, […] quod illa e aura additum putat, […]

maris pretiosissima grana suspendere, fragrare mure, maritos ita plangere, ut tandem dominatu eorum se caruisse lætentur, quærantque alios : non quibus juxta Dei sententiam serviant, sed quibus imperent. Unde et pauperes eligunt, ut nomen tantum virorum habere videantur, qui **953** patienter rivales sustineant; si mussitaverint, illico projiciendi. Nostra vidua talibus usa est vestibus, quibus arceret frigus, non membra nudaret : aurum usque ad annuli signaculum repudians, et magis in ventribus egenorum, quam in marsupiis recondens. Nusquam sine matre : nullum Clericorum, aut Monachorum (quod amplæ domus interdum exigebat necessitas) vidit absque arbitris. Semper in comitatu suo virgines, ac viduas, et ipsas graves feminas habuit : sciens ex lascivia puellarum sæpe de dominarum moribus judicari ; et qualis quæque sit, talium consortio delectari.

4. Divinarum Scripturarum ardor erat incredibilis, semperque cantabat : *In corde meo abscondi eloquia tua, ut non peccem tibi* (Psal. 118. 11), Et illud de perfecto viro ; *Et in lege Domini voluntas ejus, et in lege ejus meditabitur die ac nocte* (Psal. 1. 2). Meditationem legis non in replicando quæ scripta sunt, ut Judæorum existimant Pharisæi ; sed in opere intelligens, juxta illud Apostolicum : *Sive comeditis, sive bibitis, sive quid agitis; omnia in gloriam Domini facientes* (1. Cor. 10). Et Prophetæ verba dicentis : *A mandatis tuis intellexi* (Psal. 118. 104) : ut postquam mandata complesset, tunc se sciret mereri intelligentiam Scripturarum. Quod et alibi legimus : *Quia cœpit Jesus facere et docere (Act.* 1. 1). ERUBESCIT enim quamvis præclara doctrina, quam propria reprehendit conscientia; frustraque ejus lingua prædicat paupertatem, et docet eleemosynas, qui Crœsi divitiis tumet ; vilique opertus pallio, pugnat contra tineas vestium sericarum. (*a*) Illi erant moderata jejunia, carnium abstinentia, vini odor magis, quam gustus, propter stomachum et frequentes infirmitates (1. Tim. 5). Raro procedebat ad publicum, et maxime nobilium matronarum vitabat domos, ne cogeretur videre quod contempserat. Apostolorum et Martyrum basilicas **954** secretis celebrans orationibus, et quæ populorum frequentiam declinarent. Matri in tantum obediens, ut interdum faceret, quod nolebat. Nam cum illa suum negligeret sanguinem, et absque filiis et nepotibus, vellet in fratris liberos universa conferre : ista pauperes eligebat, et tamen matri contraire non poterat : monilia, et quidquid supellectilis fuit, divitibus peritura concedens, magisque volens pecuniam perdere, quam parentis animum contristare.

5. Nulla eo tempore nobilium feminarum noverat Romæ propositum Monachorum, nec audebat propter rei novitatem, ignominiosum, ut tunc putabatur, (1)

retur; revera tamen heic vacat. In Jovinian. lib. 2. *Muscus et peregrini muris pellicula.*

(*a*) *l. moderata jejunia, aut moderata ei*, etc.
(1) Vetusta exemplaria adnotat Gravius in hanc lectionem consentire, *ut hinc putabatur, velatæ nomen assumere*, quæ tamen haud placet.

et vile in populis nomen assumere. Hæc ab Alexandrinis (*b*) Sacerdotibus, Papaque Athanasio, et postea Petro, qui persecutionem Arianæ hæreseos declinantes, quasi ad tutissimum communionis suæ portum Romam confugerant, vitam beati Antonii adhuc tunc viventis, monasteriorumque in Thebaide, Pachomii, et virginum ac viduarum didicit disciplinam. Nec erubuit profiteri, quod Christo placere cognoverat. Hanc multos post annos imitata est Sophronia [al. *Sophronium*],et aliæ : quibus rectissime illud Ennianum aptari potest : (*c*) *Utinam ne in nemore Pelio.* Hujus amicitiis fruita est Paula venerabilis. In hujus cubiculo nutrita Eustochium, virginitatis decus : ut facilis æstimatio sit, qualis magistra, ubi tales discipulæ. Rideat forsan infidelis lector, me in muliercularum laudibus immorari, qui, si recordetur sanctas feminas, comites Domini Salvatoris, quæ ministrabant ei de sua substantia, et tres Marias stantes ante crucem, Mariamque proprie *Magdalenen,* quæ ob sedulitatem et ardorem fidei, *turritæ* nomen accepit, et prima ante Apostolos, Christum videre meruit resurgentem, se potius superbiæ, quam nos condemnabit ineptiarum : QUI VIRTUTES non sexu, sed **955** animo judicamus; contemptæque nobilitatis ac divitiarum majorem gloriam ducimus. Unde et Jesus Joannem Evangelistam amabat plurimum : qui (*d*) propter generis nobilitatem erat notus Pontifici, et Judæorum insidias non timebat : in tantum, ut Petrum introduceret in atrium, et staret solus Apostolorum ante crucem : matremque Salvatoris in (*e*) sua reciperet; ET

(*b*) Victorius. *Hæc ab Alexandrinis prius sacerdotibus.* Cum primum nempe Athanasius Romam venit circ. an. 340, eratque Petrus, quem subdit, Alexandrinæ Ecclesiæ Presbyter, qui et Athanasio in Episcopatu successit. Hunc, qui an. 373. vel 374. Romæ fuit, monasticæ vitæ præceptorem verosimilius habuit Marcella, ejusque instituta secuta est , cum antea ab Athanasio , de ore tantum , exempla monachorum potuerit didicisse. Cæterum etiam Augustinus lib. de Moribus Ecclesiæ cap. 33. « Romæ plura *monasteria* cognovi , in quibus singuli gravitate , atque prudentia , et divina scientia pollentes, cæteris secum habitantibus, præerant Christiana caritate, sanctitate, et libertate viventibus. »

(*c*) Ennius in fragmentis quæ supersunt Medeæ. Sunt autem ista Nutricis verba summopere optantis, ne unquam ad Cholchidos sinus Argonautæ appulissent.
*Utinam ne in nemore Pelio securibus
Cæsa cecidisset abiegna ad terram trabes ;
Neve inde navis inchoandæ exordium
Cepisset, quæ nunc nominatur nomine
Argo, qua vecti argivei delectei virei,* etc.
Sed prima verba *Utinam ne in nemore Pelio,* licet non perfecto sensu, in Proverbium evasere ; quo usi Cicero de Finibus 1. et Orat. pro Celio, Quintilianus. l. 5. aliique, ut damni alicujus causam deplorarent. Quod autem Sophroniæ aliisque in Romano monasterio Ennianum istud aptari posse dicat Hier. omnino aut vitia quædam tum temporis irrepserant, aut ab illis aptari posse dicit, quibus monachorum instituta sordebant ; nisi sic mavis, rectissime aptari proverbium, sed alio et contrario sensu.

(*d*) Sunt quibus hæc minime probetur de Joannis nobilitate sententia, quam haud scio præter Hieronymum , an apud alium probatum auctorem invenerit. Occasionem, ut vides, fecit illi comminiscendæ ex ejus Evang. c. 18. v. 15. locus : *Discipulus autem ille erat notus Pontifici, et introivit*, etc. quod quidem de semetipso dictum a Joanne, alii post Chrysostomum interpretantur ; plerique autem recentiores negant. Et Nonnus, ut ipsum Evangelistam designari sentiat , quod tamen Pontifici notus esset , non generis ejus nobilitati , sed illi ipsi Piscatoris arti tribuit , alii Legis in eo peritiam causantur, quæ haud probabiliores conjecturæ sunt.

(*e*) Non pauci Mss. codices *in cuam*, id est matrem, juxta

hæreditatem virginis Domini, virginem matrem filius virgo susciperet.

6. Annis igitur plurimis sic suam transegit ætatem, ut ante se vetulam cerneret, quam adolescentulam fuisse meminisset, laudans illud Platonicum, qui Philosophiam meditationem mortis esse dixit. Unde et noster Apostolus : *Quotidie*, inquit, *morior propter vestram salutem* (1. *Cor.* 15. 31). Et Dominus, (*a*) juxta antiqua exemplaria : *Nisi quis tulerit crucem suam quotidie, et secutus fuerit me, non potest meus esse discipulus* (*Luc.* 14. 27.) Multoque ante per Prophetam Spiritus Sanctus : *Propter te mortificamur tota die, æstimati sumus ut oves occisionis* (*Rom.* 8 36). Et post multas ætates illa sententia : *Memento semper diem mortis, et nunquam peccabis* (*Eccli.* 7). Disertissimique præceptum (*b*) Satyrici :

Vive memor lethi, fugit hora, hoc quod loquor, inde est.

Sic ergo (ut dicere cœperamus) ætatem duxit, et vixit, ut semper se crederet esse morituram. Sic induta est vestibus, ut meminisset sepulcri, offerens se hostiam rationabilem, vivam, placentem Deo.

7. *Quando Romam venit.* — Denique cum et me Romam cum sanctis Pontificibus, Paulino et Epiphanio, Ecclesiastica (*c*) traxisset necessitas (quorum alter Antiochenam Syriæ, alter Salaminiam Cypri rexit Ecclesiam) et verecunde nobilium feminarum oculos declinarem, ita egit secundum Apostolum, *importune, opportune* (2. *Tim.* 4), ut pudorem meum sua superaret industria. Et quia alicujus tunc nominis esse **956** existimabar super studio Scripturarum, nunquam convenit, quin de Scripturis aliquid interrogaret : nec ut statim [al. *nec statim*] acquiesceret, sed moveret e contrario quæstiones; non ut contenderet, sed ut quærendo disceret earum solutiones, quas opponi posse intelligebat. Quid in illa virtutum, quid ingenii, quid sanctitatis, quid puritatis invenerim, vereor dicere, ne fidem credulitatis excedam, et tibi majorem dolorem incutiam, recordanti quanto bono carueris. Hoc solum dicam, quod quidquid in nobis longo fuit studio congregatum, et meditatione diuturna, quasi in naturam versum; hoc illa libavit, hoc didicit, atque possedit : ita ut post profectionem nostram, si de aliquo testimonio Scripturarum esset oborta contentio, ad illam judicem pergeretur. Et quia valde prudens erat, et noverat illud, quod appellant Philosophi τὸ πρέπον id est, *decere* quod facias : sic ad interrogata respondebat, ut etiam sua, non sua diceret, sed vel mea, vel cujuslibet alterius, ut in eo ipso quod docebat, se discipulam fa-

---

Vulgatam editionem, sed verius plerique alii juxta Græcum εἰς τὰ ἴδια, *in sua*, id est inter proprias res; quæque ad se spectant.

(*a*) Refert Victorius putare aliquos, sed falso, hæc verba *juxta antiqua exemplaria* transposita heic esse, et præponi debere his *et Dominus*, ut referantur ad superiorem locum Pauli, quem Hier. aliter quam vulgatum esset apud Græcos eo tempore, citaverit; hodierna quippe exemplaria pro *salute* habent καύχημα, *gloriam*. Ut minime arrideat hæc conjectura, vide quæ in superiori epistola ad Rusticum num. 19. nota *d* observavimus.

(*b*) Ex Persii Satyr. 5. Sed vitiose Martian. *læti legerat*, et paulo post *se* voculam ante *hostiam* omisit.

(*c*) Ad sedandum Antiochenum schisma.

teretur. Sciebat enim dictum ab Apostolo: *Docere autem mulieri non permitto* (1) (1. *Tim.* 2. 2); ne virili sexui, et interdum Sacerdotibus, de obscuris et ambiguis sciscitantibus, facere videretur injuriam.

8. In nostrum locum statim audivimus te illius adhæsisse consortio, et nunquam ab illa ne transversum quidem unguem, ut dicitur, recessisse. Eadem domo, (*d*) eodem cubiculo usam, ut omnibus in urbe clarissima notum fieret, et te matrem, et illam filiam reperisse. Suburbanus ager vobis pro monasterio fuit, et rus electum pro solitudine. Multoque ita vixistis tempore, ut ex imitatione vestri, (*e*) conversatione multarum gauderemus Romam factam Jerosolymam. Crebra virginum monasteria, monachorum innumerabilis multitudo; ut pro frequentia servientium Deo, quod prius ignominiæ **957** fuerat, esset postea gloriæ. Interim absentiam nostri mutuis solabamur alloquiis, et quod carne non poteramus, spiritu reddebamus. Semper obviare epistolis, superare officiis, salutationibus prævenire. Non multum perdebat absentia, quæ jugibus sibi litteris jungebatur.

9. *Origenistæ.* — In hac tranquillitate, et Domini servitute, hæretica in his provinciis exorta tempestas, cuncta turbavit; et in tantam rabiem concitata est, ut nec sibi, nec ulli bonorum parceret. Et quasi parum esset, hic universa movisse, (*f*) navem plenam blasphemiarum Romano intulit portui. Invenitque protinus patella operculum, et Romanæ fidei purissimum fontem, lutosa cœno permiscuere vestigia. Nec mirum si in plateis, et in foro rerum venalium, fictus ariolus stultorum verberet (*g*) nates, et obiter io fuste dentes mordentium quatiat : cum venenata sparcaque doctrina Romæ invenerit quos induceret. Tunc librorum περὶ ἀρχῶν infamis interpretatio : tunc discipulus ὁ βίος, (*h*) vere nominis sui, si in talem magistrum non impegisset. Tunc nostrorum (*i*) διάλογος contradictio, et (2) Pharisæorum turbata est schola. Tunc sancta Marcella, quæ diu se cohibuerat, ne per æmulationem quippiam facere videretur, postquam

---

(*d*) Quædam exemplaria, quæ Victorius consuluit, habent, *eodem cubili usam*, et alia, *eodem cubiculo, uno cubili usam*.

(*e*) Victorius mavult, *et conversione*. Quod Bollandus sequitur.

(*f*) Ruffini Romam appulsum notat, de quo iterum Apol. 2.

(*g*) Reatinus editor *Nares* legit, atque alibi ipse Benedictinus Apol. 1. c. 4. Credo equidem fictus ariolus aut circulator, ad movendum populo risum, stulti alicujus nates percutiebat, cui etiam interdum, si mordere vellet, obtorto fuste dentes quatiebat. Simile quid jam invenire est apud Lucinianum de morte Peregrini, παίων καὶ πατούμενος νάρθηκι εἰς τὰς πυγάς, καὶ ἀλλὰ πολλὰ νεανικώτερα θαυματοποιῶν.

(*h*) Macarium innuit Ruffini discipulum, quod nomen synonymum Græce est huic ἄλλος, *beatus*, ei quippe interpretationem libri περὶ ἀρχῶν, Ruffinus inscriptserat.

(*i*) Legerat Victorius in suis Mss. διδακτικὴν *contradictio*, eamque lectionem secutus, alia exemplaria invenisse dicit, quæ pro latina voce, *contradictio*, legerent Græce, ἀντίφρασις. Recte Martian. emendavit, διάλογος.

(1) In antiquiori cod. ad hunc modum legi, et sequentem periodum jungi testatur Gravius : « Ne virili ergo sexui, et interdum Sacerdotibus de obscuris et ambiguis sciscitantibus, facere videretur injuriam, in nostrum locum eos statim ire suasit. Audivimus te, » etc. quæ minime quidem probatur nobis, sed expendenda tamen diligentius est lectio.

(2) Fortasse Romanos Clericos hoc innuit nomine. Confer Præfat. ad lib. Didymi de Sp. Sancto.

sensit fidem apostolico ore laudatam (*Rom.* 1. 18), in plerisque violari, ita ut sacerdotes quoque, et nonnullos monachorum, maximeque sæculi homines, in assensum sui traheret; ac simplicitati illuderet Episcopi (1), qui de suo ingenio cæteros æstimabat, publice restitit : malens Deo placere, quam hominibus.

10. Laudat Salvator in Evangelio villicum iniquitatis, quod contra dominum quidem fraudulenter, attamen pro se prudenter fecerit (*Luc.* 16. 10). Cernentes hæretici de parva scintilla maxima incendia concitari; et suppositam dudum flammam jam ad **958** culmina pervenisse ; nec posse latere, quod multos deceperat, petunt, et impetrant ecclesiasticas epistolas : ut communicantes Ecclesiæ discessisse viderentur. Non multum tempus in medio, succedit in pontificatum vir insignis Anastasius, quem (*a*) diu Roma habere non meruit, ne orbis caput sub tali episcopo truncaretur. Imo idcirco raptus atque translatus est, ne semel latam sententiam, precibus suis flectere conaretur : dicente Domino ad Jeremiam : *Ne oraveris pro populo isto, neque depreceris in bonum. Quia si jejunaverint, non exaudiam preces eorum. Et si holocausta et victimas obtulerint, non suscipiam eas. In gladio enim et fame, et pestilentia ego consumam eos* (*Jerem.* 14. 11. 12). Dicas, quid hæc ad laudem Marcellæ? Damnationis hæreticorum hæc fuit principium: dum adducit testes, qui prius ab eis eruditi, et postea ab hæretico fuerant errore correcti : dum ostendit multitudinem deceptorum, dum impia περὶ ἀρχῶν ingerit volumina, quæ emendata manu scorpii (2) monstrabantur : dum acciti frequentibus litteris hæretici, ut se defenderent, venire non sunt ausi : tantaque vis conscientiæ fuit, ut (*b*) magis absentes (*c*) damnari, quam præsentes coargui maluerint. Hujus tam gloriosæ victoriæ origo Marcella est : tuque caput horum et causa bonorum, scis me vera narrare : quæ nosti, vix de multis pauca me dicere, ne legenti fastidium faciat odiosa replicatio ; et videar apud malevolos sub occasione laudis alterius, stomachum meum digerere. Pergam ad reliqua.

11. De Occidentis partibus ad Orientem turbo transgressus, minitabatur plurimis magna naufragia. Tunc impletum est : *Putas veniens Filius hominis fi-*

(*a*) Triennio enim, et paucis diebus Romanam sedem obtinuit, et orbis caput, ut est Roma sub ejus successore Innocentio, truncatum est, sive illa a Gothis capta.
(*b*) Abest apud Victor. *magis*, qui pleonasmus est scriptoribus latinis haud insolens.
(*c*) Hinc pro certo ponunt plerique, Rufinum non modo accusatum, ac citatum Romam, sed etiam damnatum Anastasii papæ sententia. Nam et lib. 2. Apolog. Ruffino easdem romani pontificis litteras ingerens S. Doctor, *ut*, inquit, *si non vis audire fratrem, audias episcopum condemnantem*. Sed hæc ex aliis ejusdem Hieronymi testimoniis commode intelligi possunt, nimirum cæteris dixisse damnatum, quatenus damnato Origene, condemnari censerentur et hi qui erroribus iisdem implicabantur. Certe neque ipsa Anastasii epistola ad Jo. Jeros.lym. Ruffinum anathemate percellit, neque id aliis veterum monumentis proditum est; quin imo ille ad mortem usque amicitiam coluit sanctissimorum virorum Paulini Nolani, Chromatii Aquileiensis, Gaudentii Brixiani, aliorumque, quorum necessitudine uti eum potuisse minime par est credere, si damnationis vinculis fuit irretitus.
(1) Siricius. Vid. l. 3. Apolog.

S HIERONYMI. I.

dem inveniet super terram (*Luc.* 18. 8)? Refrigerata caritate multorum, pauci qui amabant fidei veritatem, nostro lateri jungebantur, **959** quorum publice petebatur caput : contra quos opes omnes parabantur ; ita ut (*d*) Barnabas quoque duceretur in illam simulationem, imo apertum parricidium, quod non viribus, sed voluntate commisit. Et ecce universa tempestas, Domino flante, deleta est, expletumque vaticinium propheticale : *Auferes spiritum eorum et deficient, et in pulverem suum revertentur* (*Ps.* 103. 29). *In illa die peribunt omnes cogitationes eorum* (*Ps.* 145. 4). Et illud Evangelicum : *Stulte, hac nocte auferetur anima tua a te : quæ autem præparasti, cujus erunt* (*Luc.* 12. 20)?

12. Dum hæc aguntur in Jebus (*Jerusalem*), terribilis de Occidente rumor affertur, obsideri Romam, (*e*) et auro salutem civium redimi, spoliatosque rursum circumdari, ut post substantiam, vitam quoque perderent. Hæret vox, et singultus intercipiunt verba dictantis. Capitur Urbs, quæ totum cepit orbem : imo fame perit antequam gladio, et vix pauci qui caperentur, inventi sunt. Ad nefandos cibos erupit esurientium rabies, et sua invicem membra laniarunt, dum mater non parcit lactenti infantiæ, et recipit [al. *et suo recipit*] utero, quem paulo ante effuderat. Nocte Moab capta est, nocte cecidit murus ejus (*Isai.* 15. 1). *Deus, venerunt gentes in hæreditatem tuam, polluerunt templum sanctum tuum. Posuerunt Jerusalem in pomorum custodiam : posuerunt cadavera sanctorum tuorum escas volatilibus cœli, carnes Sanctorum tuorum bestiis terræ. Effuderunt sanguinem eorum tanquam aquam in circuitu Jerusalem, et non erat qui sepeliret.* (*Ps.* 78. 1. et seqq.).

Quis cladem illius noctis, quis funera fando
Explicet, aut possit lacrymis æquare dolorem?
Urbs antiqua ruit, multos dominata per annos ;
Plurima, perque vias 'sparguntur inertia passim
Corpora, perque domos, et plurima mortis imago.
(VIRGIL. *l.* II. *Æneid.*).

960 13. Cum interim, ut in tanta confusione rerum, Marcellæ quoque domum cruentus victor in-

(*d*) Ruffinumne, an Joannem Jerosolym. sub Barnabæ nomine intelligat, non est facile divinare. Certe carissimum olim amicum tacuit, qui postea, ut Barnabas a Paulo separatus est ; quod in primis Ruffino convenit. Tum intentatam sibi a... eo necem, quod item Ruffino aptatur, de quo in tertio suæ Apologiæ libro, *minoris*, inquit, *interitum, nisi tacuero*. Sed etiam Joannes hujusmodi violentias Hieronymo intentaverat, ut ex libro ad Pammachium, et Epist. 82. ad Theophilum contra illum constat, quæque infra subdit, ad eumdem optime referri possunt. Huetius Origenian. l. 2. sect. 2. Joannem Chrysostomum sub Barnabæ nomine obscure perstringi putat; quod nempe ille cum 50. Origenistas a Theophilo expulsos benigne excepisset, etiam auctoritate sua fovit apud Arcadium, et Eudoxiam, contra Theophili legatos, qui de calumnia convicti ac graviter cæsi, detrusi sunt in carcerem, et paulo post in insulam Proconnesum deportati : quod a Palladio traditum est.
(*e*) Nimirum anno 409. ab Alarico Gothorum rege, qui urbem invadere ac depopulari potuisset, immensa auri atque argenti vi solutam redemerat populus romanus. Sed anno insequenti cum oblatas ab eodem pacis conditiones respuisset Honorius, ille iterum obsedit Romam, et depopulatus est. Vide in hanc rem superiores epistolas 125. ad Ageruchiam, et 126. ad Rusticum, etc.

(*Trente-cinq.*)

greditur. *Sit mihi fas audita loqui* (*Ex* VIRGIL. *Æneid. l.* VI), imo a sanctis viris visa narrare, qui interfuere præsentes, qui te dicunt in periculo quoque ei fuisse sociatam. Intrepido vultu excepisse dicitur introgressos : cumque posceretur aurum, et defossas opes vili excusaret tunica, non tamen fecit fidem voluntariæ paupertatis. Cæsam fustibus flagellisque, aiunt non sensisse tormenta; sed hoc lacrymis, hoc pedibus eorum prostratam egisse, ne te a suo consortio separarent : ne sustineret adolescentia, quod senilis ætas timere non poterat. Christus dura corda mollivit, et inter cruentos gladios invenit locum pietas. Cumque et illam et te ad (*a*) apostoli Pauli basilicam barbari deduxissent, ut vel salutem vobis ostenderent, vel sepulcrum; in tantam lætitiam dicitur erupisse, ut gratias ageret Deo, quod te integram sibi reservasset: quod pauperem illam non fecisset captivitas, sed invenisset: quod egeret quotidiano cibo; quod saturata Christo, non sentiret esuriem : quod et voce et opere loqueretur, *Nuda exivi de utero matris meæ, nuda et redeam. Sicut Domino visum est, ita et factum est. Sit nomen Domini benedictum* (*Job* 1. 21).

14. Post aliquot dies, sano, integro, vegetoque corpusculo, obdormivit in Domino : et te paupertatulæ suæ, imo per te pauperes reliquit hæredes, claudens oculos in manibus tuis, reddens spiritum in tuis osculis ; dum inter lacrymas tuas illa (*b*) rideret conscientia vitæ bonæ, et præmiis futurorum. Hæc tibi, Marcella venerabilis, et hæc tibi Principia filia, una et brevi lucubratione dictavi, non eloquii venustate, sed voluntate in vos animi gratissimi, et Deo, et legentibus placere desiderans.

EPISTOLA CXXVIII (*c*). 961

AD GAUDENTIUM.

De Pacatulæ infantulæ educatione.

Docet quibus rudimentis imbuenda sit rudis ætas puellæ, virginitati destinatæ, prius quam boni maliique discrimen noverit.

1. Causa difficilis, parvulæ scribere, quæ non intelligit quid loquaris : cujus animum nescias : de cujus voluntate periculose promittas; ut secundum præclari Oratoris (*d*) exordium, spes in ea

magis laudanda sit, quam res. Quid enim horteris ad continentiam, quæ placentas desiderat? quæ in sinu matris garrula voce balbutit? cui dulciora sunt mella, quam verba? Audiat profunda Apostoli, quæ anilibus magis fabulis delectatur? Prophetarum ænigmata sentiat, quam tristior gerulæ vultus exagitat? Evangelii intelligat majestatem, ad cujus fulgura omnis mortalium sensus hebetatur? Ut parenti subjiciatur horter, quæ manu tenera ridentem verberat matrem? Itaque Pacatula nostra hoc epistolium post lectura suscipiat. Interim, modo litterarum elementa cognoscat, jungat syllabas, discat nomina, verba consociet: atque ut voce tinnula ista meditetur, proponantur ei crustula : (*e*) mulsa præmia, et quidquid gustu suave est : quod vernat in floribus, quod rutilat in gemmis, quod blanditur in pupis, acceptura festinet. Interim et tenero tentet pollice fila ducere : rumpat sæpe stamina, ut aliquando non rumpat: post laborem lusibus gestiat : de matris pendeat collo : rapiat oscula propinquorum : Psalmos mercede decantet : amet quod cogitur discere, ut non opus sit, sed delectatio, non necessitas, sed voluntas.

2. Solent quædam, cum futuram virginem spoponderint, pulla tunica eam 962 induere, et furvo [al. *fulvo*] operire pallio, auferre linteamina : nihil in collo, nihil in capite auri sinere : revera bono consilio, ne habere discat in tenero, quod postea ponere compellatur. Aliis vero e contra videtur. Quid enim, aiunt, si ipsa non habuerit, habentes alias non videbit? (*f*) φιλόκοσμον genus femineum est; multasque etiam insignis pudicitiæ, quamvis nulli virorum, tamen sibi scimus libenter ornari. Quin potius habendo satietur; et cernat laudari alias, quæ ista non habeant. Meliusque est, ut satiata contemnat, quam non habendo, habere desideret. Tale vero quid et Israelitico fecisse (*g*) populo Dominum, ut cupientibus ægyptias carnes, usque ad nauseam, et vomitum præberet examina coturnicum : multosque sæculi prius homines, facilius carere experta corporis voluptate, quam eos qui a pueritia libidinem nesciant. Ab aliis enim nota calcari, ab aliis ignota appeti. Illos vitare pœnitendo suavitatis insidias, quas fugerunt : hos carnis illecebras, dulci titillatione corporis blandientes dum mella putant, venena noxia reperire. *Mel enim distillare labia meretricis* (*Prov.* 5. *juxta LXX*); quod ad tempus impinguat vescentium fauces, et postea felle amarius invenitur. Unde et in Domini sacrificiis mel non offeratur, ce-

---

(*a*) Id scilicet Orosius tradit. l. 7. c. 39. præcepisse Alaricum, capta urbe, *exordia* dici sententiosis clausulis, sumpto ab antiqua Scena vocabulo ; in quo sæpius usurpabantur quasi diverbia, quæ ad vertendum spectatorem ex tragicis affectibus ad hilaritatem, fabulæ subjiciebantur. Tale quid Euripides omnibus fere Tragœdiis suis adtexuit, ut est illud, πολλαὶ μορφαὶ τῶν δαιμονίων, quod in Alceste, atque Andromacha repetit. Vid. Epist. 150. ad Demetriadem num. 1. ubi Ciceronis de Rep. locum indicamus.

(*e*) Quidam Codices *antisprema*, quam lectionem editor Benedictinus ad libri oram rejecit; commode autem referri potest ad crustulam ipsam mulso pressam atque conditam. Ex Horatio expressa sententia est :
.... *ut pueris quandam dant crustula blandi*
Doctores, elementa velint ut discere prima.

(*f*) Pro Græca voce φιλόκοσμον, vetustiores editi libri, *nugarum gestiens, monilibusque et mitellarum*, (legerim *mitellarum*) utcumque autem sit, ineptam glossemat bis videtur; nam genus femineum esse φιλόκοσμον, perinde est ac dicere ornatus avidum atque studiosum.

(*g*) Vetustior editio, qua sæpe utimur, et Victorius dicitur em *vides* interseruit, et paulo infra pro voce *prius* legunt *reperies*, bono æque sensu, sed in Mss. tradi ita invenimus.

raque contempta, quæ mellis hospitium est, oleum accenditur in templo Dei (*Levit.* 2); quod de amaritudine exprimitur olivarum. Pascha quoque cum amaritudinibus comedi (*Exod.* 12) in azymis sinceritatis et veritatis (1. *Cor.* 5. 8) : (*a*) quas qui habuerit, in sæculo persecutionem sustinebit. Unde et Propheta mystice canit : *Sedebam solus, quia amaritudine repletus sum* (*Jerem.* 15. 17).

3. Quid igitur? luxuriandum est in adolescentia, ut postea luxuria fortius contemnatur? Absit vero, inquiunt, *Unusquisque enim in qua vocatione vocatus est, in ea permaneat* (1. *Cor.* 7. 24). Circumcisus quis, id est, virgo vocatus est, non adducat præputium, hoc est non quærat pelliceas tunicas nuptiarum, quibus Adam ejectus de paradiso virginitatis, indutus est. *In præputio quis vocatus est*, hoc est, habens uxorem, et matrimonii pelle circumdatus, non quærat virginitatis, et æternæ pudicitiæ nuditatem, quam semel habere desivit; sed utatur vase suo in sanctificatione et pudicitia (1. *Thess.* 4. 4), bibatque de fontibus suis, et non quærat cisternas luparum dissipatas, quæ purissimas aquas pudicitiæ continere non possunt (*Prov.* 5). Unde et idem Paulus in eodem capitulo, de virginitate, et nuptiis disputans, servos carnis vocat in matrimonio constitutos : liberos eos, qui absque jugo nuptiarum, tota Domino serviunt libertate. Quod loquimur, non in universum loquimur, sed in parte tractamus : nec de omnibus, sed de quibusdam dicimus. Ad utrumque enim sexum, non solum ad vas infirmum, noster sermo dirigitur. Virgo es, quid te mulieris delectat societas? quid fragilem, et (*b*) sutilem ratem magnis committis fluctibus, et grande periculum navigationis incertæ securus ascendis? Nescis quid desideres, et tamen sic (*c*) ei jungeris, quasi aut ante desideraveris, aut (ut levissime dicam) postea desideraturus sis. Sed ad ministerium iste sexus est aptior. Elige ergo anum deformem, elige probatæ in Domino continentiæ. Quid te adolescentula, quid pulchra, quid luxuriosa delectat? Uteris balneis, cute nitida, rubicundis genis incedis, carnibus vesceris, affluis divitiis, pretiosa veste circumdaris, et juxta serpentem mortiferum secure dormire te credis? At non habitas in eodem hospitio. In nocte dumtaxat. Cæterum totos dies in hujus confabulatione consumis. Quare solus cum sola, et non cum arbitris sedes, ut cum ipse non pecces, aliis peccare videaris : ut exemplo sis miseris, qui nominis tui auctoritate delinquant? Tu quoque virgo, vel vidua, cur tam longo sermone viri retineris? cur cum solo relicta non metuis? Saltem alvi te, et vessicæ cogat necessitas, ut exeas foras, ut deseras in hac re eum, cum quo licentius, quam cum germano : multo inverecundius, quam cum marito egisti. Sed de Scripturis sanctis aliquid interrogas : Interroga publice; audiant pedissequæ, audiant comites tuæ. *Omne quod manifestatur, lux est* (*Ephes.* 5. 13). BONUS SERMO secreta non quærit, quin potius delectatur laudibus suis et testimonio plurimorum. Magister egregius contemnit viros, despicit fratres, et in unius mulierculæ secreta eruditione desudat.

3. Declinavi parumper de mea disputatione, aliorum occasione; et dum infantem Pacatulam instituo, imo et nutrio, multarum subito mihi male pacatarum bella suscepi. Revertar ad propositum : Sexus femineus suo jungatur sexui : nesciat, imo timeat cum pueris ludere. Nullum impudicum verbum noverit; et si forte in tumultu familiæ discurrentis aliquid audiat, non intelligat. Matris nutum pro verbis ac monitis, et pro imperio habeat. Amet ut parentem, subjiciatur ut dominæ, timeat ut magistram. Cum autem virgunculam rudem et edentulam, septimus ætatis annus exceperit, et ceperit erubescere, scire quid taceat, dubitare quid dicat : discat (*d*) memoriter Psalterium, et usque ad annos pubertatis, libros Salomonis, Evangelia, Apostolos, et Prophetas sui cordis thesaurum faciat. Nec liberius procedat ad publicum, nec semper ecclesiarum quærat celebritatem. In cubiculo suo totas delicias habeat. Nunquam juvenculos, nunquam cincinnatos videat, vocis dulcedines per aurem animam vulnerantes, puellarumque lascivia repellantur. Quæ quanto licentius adeunt, tanto difficilius evitantur : et quod didicerunt, secreto docent, inclusamque Danaen vulgi sermonibus violant. Sit ei magistra comes, pædagoga custos : non multo vino dedita : non, juxta Apostolum, otiosa atque verbosa; sed sobria, gravis, lanifica, et ea tantum loquens, quæ animum puellarem ad virtutem instituant. Ut enim aqua in areola digitum sequitur præcedentem, ita ætas mollis, et tenera in utramque partem flexibilis est, et quocumque duxeris, trahitur. Solent lascivi et comptuli juvenes (1) blandimentis, affabilitate, munusculis, aditum sibi per nutrices aut alumnas quærere; et cum clementer intraverint, de scintillis incendia concitare, paulatimque prorumpere ad impudentiam : et nequaquam posse prohiberi, illo in se versiculo comprobato : *Ægre reprehendas, quod sinis consuescere*. Pudet dicere : et tamen dicendum est : Nobiles feminæ, (2) quæ nobiliores habuere neglectui procos, vilissimæ conditionis hominibus, et servulis copulantur; ac sub nomine religionis, et umbra continentiæ, interdum deserunt viros, Helenæ sequuntur Alexandros, nec Menelaos pertimescunt. Videntur hæc, plaguntur, et non vindicantur : quia multitudo peccantium peccandi licentiam subministrat.

(*a*) Iterum Victorius addit *jubetur*.
(*b*) Eadem edit. et Victorius *subtilem*; non satis bene, et renitentibus Mss. Virgilius Æneid. VI. *gemuit sub pondere cymba sutilis*, etc.
(*c*) Martianæus cum Erasmo, *eis*, quasi non antea Victorius rescripsisset *ei*, id est, mulieri, cujus supra improbat societatem. Mox etiam erat, *post ea desideratus sis*, quæ cohærenter ex Veronensi majori Ms. et Victorio emendavimus, *postea desideraturus sis*.

(*d*) Paria habet in sequenti epist. 130. ad Demetriad.
(1) Al. *connatulis*, ut et mox libri alii, *blandimentis affabilitatem, munusculis aditum*, etc.
(2) Quidam Mss. *Nobiles feminæ nobiliores habituræ procos*, in quibus paulo infra *nec* particula ante *Menelaos* non habetur.

4. Proh nefas, orbis terrarum ruit, in nobis peccata non ruunt. Urbs inclyta et Romani imperii caput, uno hausta est incendio. Nulla est regio, quæ non exules Romanos habeat. In cineres ac favillas sacræ quondam Ecclesiæ conciderunt, et tamen studemus avaritiæ. (a) Vivimus quasi altera die morituri, et ædificamus quasi semper in hoc sæculo victuri. Auro parietes, auro laquearia, auro fulgent capita columnarum, et nudus atque esuriens ante fores nostras Christus in paupere moritur. Legimus Aaron Pontificem isse obviam furentibus flammis, et accenso thuribulo, Dei iram cohibuisse (*Num.* 16). Stetit inter mortem, et vitam Sacerdos magnus, nec ultra vestigia ejus ignis procedere ausus est. Moysi loquitur Deus : *Dimitte me, et delebo populum istum* (*Exod.* 32. 10). Quando dicit : *dimitte me*, ostendit se teneri posse, ne faciat quod minatus est, Dei enim potentiam servi preces impediebant. Quis putas ille sub cœlo est, qui nunc iræ Dei possit occurrere? qui obviare flammis? et cum Apostolo dicere, *Optabam ego anathema esse pro fratribus meis* (*Rom.* 9. 3)? Pereunt cum pastoribus greges, quia sicut populus, sic Sacerdos. Moyses compassionis loquebatur affectu : *Si dimittis populo huic, dimitte : sin autem, dele me de libro tuo* (*Exod.* 32. 31. 32). Vult perire cum pereuntibus, nec propria salute contentus est. *Gloria quippe regis, multitudo populi* (*Prov.* 14). His Pacatula nostra nata est temporibus. Inter hæc crepundia primam carpit ætatem, ante lacrymas scitura, quam risum ; prius fletum sensura, quam gaudium. Necdum introitus, jam exitus. Talem semper putet fuisse mundum. Nesciat præterita, fugiat præsentia, futura desideret. Hæc ut tumultuario sermone dictarem, et post neces amicorum, luctumque perpetuum, infanti senex longo postliminio scriberem, tua, Gaudenti frater, impulit caritas : maluique parum, quam nihil omnino poscenti dare : quia in altero voluntas oppressa luctu, in altero amicitiæ dissimulatio est.

EPISTOLA CXXIX (b).

AD DARDANUM (c).

De Terra promissionis.

Terram promissionis non eam esse, quam Judæi possederunt : sed aliam cœlestem intelligendam, terram nempe viventium, mitibus in Evangelio repromissam. Neque aliam causam miseriarum et æternæ captivitatis Judæorum esse, quam sanguis Christi effusus, et execrabile facinus, quo mortem ipsi inferre non timuerunt.

1. Quæris Dardane, Christianorum nobilissime, et (d) nobilium christianissime, quæ sit terra repromissionis, quam Judæi redeuntes ex Ægypto possederunt, cum a majoribus eorum jam fuerit ante possessa, ac proinde non sit promissa, sed reddita? His enim verbis uteris in calce epistolæ tuæ. Quod interrogans, videris illud sentire, quod plurimis nostrorum placet, aliam repromissionis terram esse quærendam, de qua et David loquitur in psalmo : *Credo videre bona Domini, in terra viventium* (*Psal.* 26. 13). Et Dominus in Evangelio : *Beati mites, quoniam ipsi possidebunt terram* (*Matth.* 5. 4). Utique David quando hæc cantabat in spiritu, in terra repromissionis erat, et non solum in Judææ finibus morabatur, sed multarum in circuitu nationum victor extiterat, quæ a torrente Ægypti, qui est Rhinocoruræ, usque ad Euphratem fluvium tendebantur ; dicens in alio loco : *In Idumæam extendam calceamentum meum : mihi alienigenæ* (e) *servient* (*Psal.* 59. 49). Quomodo ergo se credebat accipere, quod jam victoria possidebat? Et ne forsitan legentibus Judæis ambiguum derelinquat, quæ sit illa terra, quam videre cupiebat, ipso sermone demonstrat, dicens : *Credo videre bona Domini, in terra viventium*. Ergo terra Judææ, quæ ditionis illius erat, non est terra viventium, id est Abraham, Isaac, et Jacob, de quibus Dominus in quæstione Resurrectionis dicit : *Non est Deus mortuorum, sed viventium* (*Matth.* 22. 32) : verum terra et regio mortuorum, de quibus loquitur Ezechiel : *Anima quæ peccaverit, ipsa morietur* (*Ezech.* 18. 4). Et : *Non mortui laudabunt te Domine, sed nos qui vivimus* (f) (*Psal.* 113, 17. et 18) : qui et in resurrectione occursuri sunt Domino Salvatori, dicente Apostolo : *Hoc enim dico vobis in sermone Domini, quoniam nos qui vivimus, qui relinquimur in adventum Domini, non præveniemus eos qui* (g) *dormiunt* (1. *Thess.* 4. 14) : de quibus et Jeremias loquitur : *Derelinquentes te, super terram scribentur* (*Jer.* 17. 13). Quodque David promittit : *Credo videre bona Domini*, ad spiritalem nos perspicue trahit intelligentiam. Quæ enim bona rex alia requirebat, aut quo indigebat, qui tantæ potentiæ fuit, ut partis per illum opibus, Salomon filius ejus (quo nullus in orbe terrarum ditior fuit) contentus esset? Sed in terra viventium bona illa quærebat, quæ nec oculus vidit, nec auris audivit, nec in cor hominis ascenderunt, quæ præparavit Deus diligentibus se. Quod autem in Evangelio dicitur : *Beati mites, quoniam ipsi possidebunt terram* (*Matth.* 5. 4) ; juxta litteram sibi videtur esse contrarium. Non enim terræ possessio mansuetorum est et mitium, qui sæpe etiam a parentibus derelicta perdunt propter mansuetudinem : sed virorum fortium et violentorum, qui sunt

---

(a) Perquam simili sententia dictum de Megarensibus tradit epist. 125. ad Ageruchiam num. 13. quod ædificarent quasi semper victuri, viverent quasi altera die morituri. Simile quid etiam invenias in Luciani quodam epigrammate, quod ipse etiam ex Socrate hausit.

ὡς τεθνηξόμενος τῶν σῶν ἀγαθῶν ἀπόλαυε,
ὡς δὲ βιωσόμενος, φείδεο σῶν κτεάνων.

(b) *Al.* 129. *Scripta circa annum* 414.

(c) Hic est CLAVDIANVS POSTVMVS DARDANVS V. INL. ET PATRICIÆ DIGNITATIS, ut vetus inscriptio habet, quam proferunt Sirmondus et Gotholredus.

(d) Duo hæc verba, *nobilium Christianissime*, vetustissimus Reginæ cod. 213. non habet; sunt tamen ex Hieronymi ingenio, qui et Pammachium ita compellat ep. 26. *Christianorum nobilissimum, et nobilium christianissimum*. Nec moramur, quod e contrario Sidonius Apollinaris lib. 5. Epist. 9. hunc Dardanum nequissimum hominem facit, in quo alii *omnia simul crimina exacerarentur*.

(e) Illud *servient* neque fontibus Hebræo et Græco respondet, neque in veteri ulla Latina versione invenimus. Vid. Epist. 106. ad Sunniam et Fretelam n. 69. Forte in aliquo Græco exemplari olim erat δουλεύσουσι pro δουλεύσει.

(f) Addunt Erasm. et Victor. *bene iis imus Domine*, quæ Mss. libri non agnoscunt. Mox *sumus* pro *sunt*.

(g) Editi, et quidam Mss. *dormierunt*.

ad bella promptissimi. Denique et in psalmo quadragesimo quarto, qui sub nomine Salomonis ad Christi Ecclesiæque ejus sacramentum refertur, scribitur : *Accingere gladio tuo super femur tuum, Potentissime. Specie tua et decore tuo, intende, et prosperare, et regna. Propter mansuetudinem et justitiam et veritatem, et deducet te mirabiliter dextera tua.* **968** Hic est qui et in alio psalmo loquebatur : *Memento, Domine, David, et omnis mansuetudinis ejus* (*Psal.* 131. 1). Et iterum : *Assumens mansuetos Dominus* (*Psal.* 146. 6). Et apertius in Evangelio : *Discite a me, quia humilis sum, et mansuetus corde* (*Matth.* 11. 29). In cujus typum et Moyses omnium hominum, qui erant super terram, mansuetissimus scribitur (*Num.* 12. 3).

2. Hæc est, ut diximus, terra viventium, in qua sanctis viris atque mansuetis bona Domini præparantur : quæ ante adventum in carne Domini Salvatoris, nec Abraham, nec Isaac, nec Jacob, nec Prophetæ, et alii justi viri consequi potuerunt. Denique et Abraham, licet diversis locis, cum Lazaro videtur apud inferos (*Luc.* 16) : et Jacob vir justus dicit : *Lugens et gemens descendam ad Infernum* (*Gen.* 37. 35). Sanguis Christi, clavis paradisi est, dicentis ad latronem : *Hodie mecum eris in paradiso* (*Luc.* 23. 42). Ista est, ut diximus, terra viventium, terra divitiarum et bonorum Dei (*a*), quam primus Adam perdidit, et secundus Adam invenit : imo ab illo perditam iste restituit, dicente Apostolo : *Regnavit mors ab Adam usque ad Moysen* (sub cujus persona lex intelligitur) *in similitudinem prævaricationis Adam, qui est forma futuri* (*Rom.* 5. 14). Volumus scire manifestius, quæ sit hæc terra, legamus in Malachia : *Beatos vos dicent omnes, dicit Dominus : quoniam eritis vos* (*b*) *in terra voluntaria* (*Malach.* 3. 12) [al. *voluptaria*], quæ significantius Græce appellatur θελητή, quam vel Sancti desiderant, vel quæ placeat Deo. Isaias quoque in hæc verba consentit, dicens : *Et erit vir abscondens sermones suos, et apparebit in terra Sion, sicut fluvius gloriosus in terra sitienti* (*Isai.* 32. 2. sec. LXX). Quæ est terra Sion, in qua apparebit fluvius gloriosus? illa videlicet, de qua idem David in alio psalmo canit : *Gloriosa dicta sunt de te, civitas Dei.* Et iterum : *Diligit Dominus portas Sion, super omnia tabernacula Jacob* (*Psal.* 86. 3). Numquid istas portas diligit Deus, quas videmus in cineres et favillas esse conversas? Non dico prudentibus, sed ne stultis quidem hoc persuaderi potest. Ego arbitror et illud, quod in sexagesimo quarto Psalmo legimus : *Visitasti terram, et inebriasti eam : multiplicasti locupletare illam. Fluvius* **969** *Dei repletus est aquis : parasti cibum illorum, quoniam sic est præparatio ejus : sulcos ejus inebria, multiplica genimina illius : in stillicidiis ejus lætabitur germinans;* huic sensui convenire. Illa enim terra quotidie visitatur a Deo, et inebriatur, cunctisque plena est divitiis. De hac fluvius egreditur Dei,

de quo scriptum est : *Fluminis impetus lætificat civitatem Dei* (*Psal.* 45. 5) ; qui et in descriptione templi Ezechiel mystico sermone narratur (*Ezech.* 47) : in cujus ripis arbores sunt, ex utraque parte per singulos menses novis frugibus abundantes. De qua terra et in Proverbiis vir scripsit sapientissimus : *Qui operatur terram suam, implebitur panibus* (*Prov.* 12. 11). Quod si de hac terra quam cernimus, et quæ magis a peccatoribus possidetur, de qua scriptum est : *Maledicta terra in operibus tuis* (*Gen.* 3. 17), aliquis intelligendum putat ; respondeat quomodo possit hæc stare sententia : *Qui operatur terram suam implebitur panibus.* Quanti enim operantur terram, et exercent vomere : et tamen multis impedientibus causis, egestate conficiuntur et penuria? Sed considerandum, Scriptura quid dicat : *Qui operatur terram suam*, quæ proprie juris sui est, de qua nunquam ejici potest : secundum quem sensum et illud scriptum est : *Redemptio animæ viri, propriæ divitiæ* (*Prov.* 13. 8). Et hoc secundum litteram sentiri non potest. Quanti enim alienis amicorumque redimuntur pecuniis? Hujus terræ cultores et agricolæ, Apostoli sunt, quibus dicitur : *Vos estis sal terræ* (*Matth.* 5. 13). Et in alio loco : *In patientia vestra, possidebitis animas vestras* (*Luc.* 21. 19) ; quorum unus, vas electionis, confidentissime loquebatur? *Dei enim cooperatores sumus, Dei agricultura, Dei ædificatio estis* (1. *Cor.* 3. 9) ; et multa alia, quæ idcirco non replico, ne sensum videar legentis obtundere, et memoriæ illius diffidere.

3. Illud quoque sollicita mente tractemus, et Scripturarum nos doceat auctoritas, sanctos hujus terræ, quam Judæi terram repromissionis autumant, non habitatores esse, sed accolas atque peregrinos. Ex justi viri persona legimus : *Advena sum ego et peregrinus, sicut omnes patres mei* (*Psal.* 38. 13). Qui cum diu in terræ hujus tenebris versaretur, flebiliter ingemiscit et dicit, *Heu me, quia peregrinatio mea prolongata est, habitavi cum* **970** *habitantibus Cedar,* (*c*) *multum incola fuit anima mea* (*Psal.* 119. 5). Ubicumque autem habitator terræ legitur, et priora, et media, et extrema tractemus, et liquido Scripturarum poterit regula comprobari, semper habitatores terræ peccatores appellari : de quibus in Apocalypsi Joannis illud exemplum est : *Væ habitatoribus terræ* (*Apoc.* 8. 13). Abraham ad quem primum facta est repromissio, dicente Domino : *Tibi dabo terram hanc et semini tuo* (*Gen.* 12. 7), juxta Stephani primi in Christo martyris concionem, ne vestigium quidem pedis hujus terræ dicitur accepisse. Ita enim scriptum est : *Tunc egressus de terra Chaldæorum habitavit in Carran : et inde, postquam mortuus est pater ejus, migravit in terram, in qua vos nunc habitatis : et non dedit ei possessionem, ne vestigium quidem pedis, quam repromisit dare ei in possessionem, et semini ejus post eum* (*Act.* 7. 4. *et seqq.*). Ac ne forsitan lectoris tacita cogitatio trahat eum ad illam intelligentiam, ut quod non est

---

(*a*) Martianæus, *quæ primus Adam*, et mox *imo perdita*, referens ad *bona*, non ad terram.

(*b*) Græcus autem Malachiæ textus, aut Hebræus non habent *in terra*, sed *terra* simpliciter in recto.

(*c*) Vetustiorem lectionem exhibet Reginæ Ms. *peregrinatio mea longe facta est*, cui fere concinit Augustinus, qui legit *longinqua facta est*, tum Vulgata, *incola fuit*, cum excusis antea et plerisque Mss.

datum parenti, reddatur posteris, vas electionis loquitur ad Hebræos : *Fide qui vocatur Abraham, obedivit egredi in locum, quem accepturus erat in possessionem : et egressus est, nesciens quo iret. Fide peregrinatus est in terra repromissionis, quasi in aliena : in tabernaculis habitans cum Isaac et Jacob, et cohæredibus ejusdem promissionis : exspectavit enim fundamentum habentem civitatem, cujus artifex et creator Deus est* (Hebr. 11. 8. et seqq.). Et iterum cum de Abel et Enoch, et Noe, Saraque dixisset, intulit : *Juxta fidem mortui sunt hi omnes, non acceptis repromissionibus, sed procul eas videntes et salutantes et confitentes, quia peregrini et advenæ erant super terram. Qui enim hæc loquuntur, ostendunt quod quærant patriam : et siquidem illius recordabantur, de qua egressi erant, habebant tempus, ut reverterentur : nunc vero meliorem desiderant, id est cœlestem* (Ibid. 15. et seqq.). Multisque in medio Sanctis commemoratis, ad extremum intulit, *Et hi omnes testimonium habentes in fide non acceperunt repromissionem, Deo de nobis in Eis quid providente, ne sine nobis perfecti fierent* (Ibid. 49. et seqq.). *Accessimus enim ad montem Sion et civitatem Dei viventis, Jerusalem cœlestem,* (a) *et multa millia angelorum solemnitatis, et Ecclesiam primitivorum, qui scripti sunt in cœlis* (Hebr. 12. 22. 23). Nec me fugit, quod perfidia Judæorum hæc testimonia non suscipiat, **971** quæ utique Veteris Testamenti auctoritate firmata sunt. Illud nostris dicendum est, hanc epistolam quæ inscribitur ad Hebræos, (b) non solum ab ecclesiis Orientis, sed ab omnibus retro ecclesiasticis Græci sermonis scriptoribus, quasi Pauli apostoli suscipi, licet plerique eam vel Barnabæ, vel Clementis arbitrentur; et nihil interesse, cujus sit, cum ecclesiastici viri sit, et quotidie ecclesiarum lectione celebretur. Quod si eam Latinorum consuetudo non recipit inter Scripturas canonicas; nec Græcorum quidem ecclesiæ Apocalypsin Joannis eadem libertate suscipiunt; et tamen nos utramque suscipimus, nequaquam hujus temporis consuetudinem, sed veterum scriptorum auctoritatem sequentes, qui plerumque utriusque abutuntur testimoniis, non ut interdum de apocryphis facere solent, quippe qui et gentilium litterarum raro utantur exemplis, sed quasi canonicis et ecclesiasticis.

4 (c) Respondeant mihi qui hanc terram (quæ nunc nobis Christi passione et resurrectione, terra repromissionis effecta est) possessam putant a populo Judæorum, postquam reversus est ex Ægypto, quantum possederit; utique a Dan usque Bersabee, quæ vix centum sexaginta millium in longum spatio tenditur. Neque enim David et Salomon potentissimos reges, exceptis (d) iis quos post victoriam in amicitiam receperunt, plus tenuisse Scriptura testatur (2. Reg. 17). Et hoc dico, ut taceam quinque Palestinæ civitates, **972** Gazam, Ascalonem, Geth, Accaron, et Azotum : Idumæos quoque (1) a meridiana plaga vix (e) septuaginta quinque millibus ab Jerosolyma separatos, Arabas et Agarenos, quos nunc Saracenos vocant, in vicinia urbis Jerusalem. Pudet dicere latitudinem terræ repromissionis, ne ethnicis occasionem blasphemandi dedisse videamur. Ab Joppe usque ad viculum nostrum Bethleem, quadraginta sex millia sunt, cui succedit vastissima solitudo, plena ferociam barbarorum de quibus dicitur, *Contra faciem* (f) *omnium fratrum suorum habitabit* (Gen. 16. 12); et quorum facit Poeta eloquentissimus mentionem. *Lateque vagantes Barcæi*, a Barca oppido, quod in solitudine situm est; quos nunc corrupto sermone, Afri Baricianos vocant. Hi sunt qui pro locorum qualitatibus, diversis nominibus appellantur ; et a Mauritania per Africam et Ægyptum, Palæstinamque et Phœnicem, Cœlen Syriam et Osrhohenem, Mesopotamiam, atque Persidem tendunt ad Indiam. Hæc est, Judæe, tuarum longitudo et latitudo terrarum; in his gloriaris, super his te per diversas provincias ignorantibus jactitas.

Ad populum phaleras, ego te intus et in cute novi.
(Persii *Satyr*. 3).

5. (g) Quod si objeceris terram repromissionis dici, quæ in Numerorum volumine continetur (Cap. 34),

---

(a) Ad hunc modum fere omnes Mss. codices legere fatetur etiam Martianæus, tametsi eorum sequi fidem noluerit, sed cum vulgatis legerit, *et multorum millium angelorum frequentiam*. Nobis a nostris non licet abscedere, eoque minus, quod ex veteri interpretatione Latina istuc recitantur, et, quotquot sumus adhucdum Græco textui, πανηγύρει καὶ μυριάσιν ἀγγέλων τοσούτων τε ἐκκλησίᾳ, etc.

(b) Victorius *Ecclesia*, et *itwrsi*, etc., et ait paulo post atque alibi lateatur Hieronymus apocrypha a latinis ecclesiis, et præcipue romana inter canonicas ut a Mose recte tam. 1. Essai. l. 3. *Eam tamen consuetudo non recipit*, et in Catal. in Cajo, *apud romanos usque hodie quasi S. Pauli non habetur*. Similia habet ad c.8. Zachariæ et in Matth. c. 23. et epistola ad Evagel. et alii ad Paulinum. Nos tamen sumus Martianæi lectionem, cui favent in multis codices nostri, *Ecclesiaticis absque et cop la*; perseque tamen legentes, quam alii et quidem vetustiores præferunt *retro Ecclesiæ Græci sermonis*, e quibus pace vel o vorem omittant. Cæterum vid. August. de Civit. Dei l. 16. et de Doctrina Christiana l. 2. c. 8. nam quocunque fere luderemus si Græcos Patres, qui ex ea recitata testimonia, hujus de nomine tantum adduceremus. Unus pro cunctis Theodoretus consuli poterit in Præfat. ad hanc ipsam Epistolam.

(c) Eucherius episcopus in quadam ad Faustum epistola apud Labeum in nova Bibliotheca Mss. t. 1. p. 765. « Igitur longitudo sive etiam latitudo Judææ quanta sit S. Hieronymus determinavit in quadam epistola ad Dardanum. Ex quo nos huic operi, quæ necessaria videbantur excerpsimus, in qua adversus Judæos de terra repromissionis disserens, etiam addidit hæc. Respondeant mihi, qui hanc terram, » etc. per totum istud ac subsequens capitulum, quæ meliori ex codice nonnullis in locis legit.

(d) Ex Eucherii epistola, *exceptis iis* non *his*, quæ rectior videatur lectio. Supra *per christi passionem et resurrectionem.*

(e) Tum nostri, tum Martianæi codices Mss. fere habent *vigiati quinque ab Jerosolyma millibus*, etc.

(f) Vetus editio, ac Reginæ Ms. liber *fratrum tuorum habitabis*. Tum Virgilii exemplaria habent *furentes* pro *vagantes*. Hoc item hemistichio utitur in superiori epistola ad Marcellinum et Anapsychiam. Sed unicam gentem tam late fuisse diffusam, ut heic Hier. indicat, Bocharto non est verosimile, Idumæamque vult, ut quemadmodum Marmarica hodie dicitur desertum *Barca*, ita Barcæos olim eosdem fuisse cum Libybus et Marmaricis, qui erant circa Cyrenen. Apposite vero Hieronymus notat, diversos eos nominibus appellari pro locorum qualitatibus, quos occuparent.

(g) Iterum citata Eucherii epist. *Quod si quis objecerit, quæ minus cohærent his quæ infra, et ego fatebor hæc tibi.*

(1) Ducens *ad meridianam plagam* reponit ex aliquot libris, concinnius.

a meridie maris Salinarum per (a) Sina et Cades-Barne, usque ad torrentem Ægypti, qui juxta Rhinocoruram mari magno influit; et ab occidente ipsum mare, quod Palæstinæ, Phœnici, Syriæ Cœles, Ciliciæque (b) protenditur; ab aquilone Taurum montem et Zephyrium usque Emath, quæ appellatur Epiphania Syriæ; ad orientem vero per Antiochiam et Iacum Cenereth, quæ nunc Tyberias appellatur, et Jordanem, qui mari influit Salinarum, quod nunc Mortuum dicitur; trans Jordanem autem duarum et semis tribuum possessio est, Ruben et Gad, et dimidiæ tribus Manasse. Et ego fatebor hæc tibi repromissa, non tradita : si observasses mandata Dei, et in præceptis illius ambulasses; si non pro omnipotente Deo coluisses Beelphegor et (c) Baalim, Beelzebub et Chamos; quos quia prætulisti Deo, omnia quæ tibi promissa fuerant, perdidisti. Et mihi in Evangelio promittuntur regna cœlorum, quæ instrumentum vetus omnino non nominat. Sed si non fecero quæ præcepta sunt, nequaquam erit culpa in promittente, sed in me qui promissum accipere non merui. Ubi enim optio proponitur ad eligendum, qui operari renuis, frustra cupias quod promissum est. Lege librum Josue et Judicum, et quantis possessionum angustiis sis coarctatus, intelliges. Quid diversarum urbium alienigenas commemorem, quos populus Judæorum non quivit expellere de urbibus et sedibus suis, cum ipsa metropolis tua prius Jebus, postea Salem, tertio Jerosolyma, et nunc Ælia, Jebusæos expellere non valuerit; sed manserit cum eis in scandalum exemplumque vicinorum : intantum ut ibi templum tuum conditum sit, ubi area Ornæ fuerit Jebusæi, et ipsum templum septuaginta millium (d) latomorum, et octoginta millium vectorum, hoc est, centum quinquaginta millium, exceptis præpositis operum, præ multitudine habitantium tecum incircumcisorum, ab ethnicis extructum sit.

6. Nec hoc dico in suggillationem terræ Judææ, ut hæreticus sycophanta mentiatur; aut quo auferam historicæ veritatem, quæ fundamentum est intelligentiæ spiritalis, sed ut decutiam supercilium Judæorum, qui synagogæ angustias, Ecclesiæ latitudini præferunt. Si enim occidentem tantum sequuntur litteram, et non spiritum vivificantem, ostendant terram repromissionis lacte et melle manantem. Sin autem per tropologiam dictum putant pro rerum omnium abundantia : et nos terram confessionis terramque viventium, terræ veprium præferemus, dicente Domino ad Moysen de abjectione Israelis et assumptione gentium, *Dimitte me, ut deleam populum istum, et faciam te in gentem magnam* (Exod. 32. 10). Et eodem Patre ad filium, *Postula a me, et dabo tibi hæreditatem tuam, et possessionem tuam terminos terræ* (Psal. 2. 8). Et apertius per Isaiam, *Parum tibi est, ut sis puer meus ad suscitandas tribus Jacob, et feces vel reliquias Israel congregandas. Dedi te in lucem cunctis gentibus, ut sis salvator universæ terræ* (Isa. 49. 6). Ex quo perspicue demonstratur, omnia illius populi in umbra et typo, et imagine præcessisse, scripta autem esse pro nobis, in quos fines sæculi decurrerunt.

7. Multa, Judææ, scelera commisisti, cunctis circa te servisti nationibus. Ob quod factum? utique propter idololatriam. Cumque servisses crebro, misertus tui est Deus, et misit Judices et salvatores, qui te de famulatu Moabitarum et Ammonitarum, Philistiim quoque et diversarum gentium liberarunt. Novissime sub regibus offendisti Deum, et omnis tua provincia, gente (e) Babylonica vastante, deleta est. Per septuaginta annos templi solitudo permansit. A Cyro rege Persarum est laxata captivitas. Esdras hoc et Nehemias planissime referunt. Exstructum est templum sub Dario rege Persarum atque Medorum a Zorobabel filio Salathiel, et Jesu filio Josedec sacerdote magno. Quæ passi sitis a Medis, Ægyptiis, Macedonibusque, non enumero. Nec tibi adducam in memoriam Antiochum Epiphanem crudelissimum omnium tyrannorum, nec Gn. Pompeium, Gabinium, Scaurum, Varum, Cassium, Sosiumque replicabo, qui tuis urbibus et præcipue Jerosolymæ insultavere. Ad extremum sub Vespasiano et Tito urbs capta, templumque subversum est. Deinde civitatis usque ad Hadrianum principem per quinquaginta annos mansere reliquiæ. Post eversionem Templi paulo minus per quadringentos annos et urbis et templi ruinæ permanent. Ob quod tantum facinus? Certe non colis idola, sed etiam serviens Persis atque Romanis, et captivitatis pressus jugo, ignoras alienos deos. Quomodo clementissimus quondam Deus, qui nunquam tui oblitus est : nunc per tanta spatia temporum miseriis tuis non adducitur, ut solvat captivitatem, et ut verius dicam, expectatum tibi mittat Antichristum? Ob quod, inquam, facinus, et tam execrabile scelus avertit a te oculos suos? Ignoras? Memento vocis parentum tuorum, *Sanguis ejus super nos, et super filios nostros* (Matth. 27. 25). Et, *Venite occidamus eum, et nostra erit hæreditas* (Ibid. 21. 8). Et, *non habemus regem, nisi Cæsarem* (Joan. 19. 15). Habes quod elegisti, usque ad finem mundi serviturus es Cæsari, donec gentium introeat plenitudo, et sic omnis Israel salvus fiat, ut qui quondam erat in capite, vertatur in caudam.

8. Hæc tibi, vir eloquentissime, in (f) duplicis Præ-

(a) Sic quidem editi ac Mss. atque Eucherius ipse legit *Sina*. Sed emendandum contendit Relandus vocem *Sina*, et substitui *Sin*, nec enim Sina hac pertinet, et liquet Siu legendum esse ex Num. 34. 4. Ego vero malim substituendum *Senna* pro *Sina* ex eodem Numerorum loco. A meridie enim maris salsissimi, vel salinarum per Senna et Cades Barne transitur, etc. Consule mappam. Hier. iisdem verbis in c. 47. Ezechielis hunc Numerorum locum explicans, « A solitudine Sin, quæ est juxta Edom..., per ascensum Scorpionis, et per SENNA, et Cades-Barne.... pervenitur usque ad torrentem Ægypti, qui juxta urbem Rhinocoruram mari influit. »

(b) Bonam antea editorum lectionem depravat Martian. legens *Phœnicis*, et *pertenditur*. Resarcitur ex nostris Mss. imo etiam ex Climiacensi apud eumdem, et laudata ad Faustum epistola.

(c) Veteres editi *Baal*.

(d) Numerus artificum in Scriptura etiam versionis Hieron. ponitur vice versa, nempe « septuaginta millia eorum qui onera portabant, et octoginta millia latomorum. »

(e) Quædam vetusta exempl. apud Mart. *Babylonio* pro gente *Babylonica*.

(f) Bis nempe *Præf. Prætorio Galliarum* fuit. Et prima

lecturæ honore transacto, nunc in Christo honoratior, tumultuaria et brevi lucubratione dictavi, ne viderer omnino reticere. Eodem enim tempore, imo eodem mihi die, et litteræ tuæ redditæ sunt, et meæ (a) expetitæ, ut aut tacendum fuerit, aut incompto eloquio respondendum : quorum alterum pudoris, alterum caritatis est.

EPISTOLA CXXX (b).

Ad Demetriadem.

De servanda Virginitate.

Laudat Demetriadem Virginem, Julianæ filiam, neptem Probæ, quod se Christo consecrarit; hortans ut persereret, utque statim obsit instinctibus diaboli sollicitantis ad turpia. De studio, de jejunio, de obedientia, de fugiendis jocis, cæterisque rebus, quæ ad virginis institutum pertinent, præcipit.

1. Inter omnes materias, quas ab adolescentia usque ad hanc ætatem, vel mea, vel notariorum scripsi **976** manu, nihil præsenti opere difficilius. Scripturus enim ad Demetriadem virginem Christi, quæ et nobilitate et divitiis, prima est in orbe Romano, si cuncta virtutibus ejus congrua dixero, adulari putabor : si quædam subtraxero, ne incredibilia videantur, damnum laudibus ejus mea faciet verecundia. Quid igitur faciam ? Quod implere non possum, negare non audeo : tanta est aviæ ejus et matris, insignium feminarum, in jubendo auctoritas, in petendo fides, in extorquendo perseverantia. Neque enim ut novum et præcipuum quiddam a me flagitant, cujus ingenium in hujuscemodi materiis sæpe detritum est : sed ne vocis meæ, pro virili parte, desit testimonium in ejus virtutibus explicandis, cujus ut inclyti oratoris utar sententia, (c) Spes magis laudanda est, quam res. Quanquam puellares annos fidei ardore superarit; et inde cœperit, unde aliæ desisse, perfectæ consummatæque virtutis est.

2. Procul [al. *sit procul*] obtrectatio : facessat invidia. Nullum in ambitione sit crimen. Ignoti ad ignotam scribimus, dumtaxat juxta faciem corporalem. Alioquin interior homo, pulchre sibi cognitus est illa notitia, qua et Paulus apostolus Colossenses multosque credentium noverat, quos ante non viderat. Quantum sit apud me meritum, imo miraculum virginis nostræ, hic potest æstimari, quod occupatus in explanatione Templi Ezechielis, quod opus in omnibus Scripturis sanctis, vel difficillimum est, et in ea parte delubri, in qua Sancta sanctorum, et thymiamatis altare describitur, malui parumper uti hoc diverticulo, ut de altari transirem ad altare, et hostiam vivam, placentem Deo, ac sine ulla macula, æternæ pudicitiæ consecrarem. Scio

quod ad imprecationem (d) pontificis, flammeum virginalem sanctum operuerit caput; et illud apostolicæ vocis insigne, celebratum sit : *Volo autem vos omnes virginem castam exhibere Christo.* Quando astitit regina a dextris ejus, in vestitu deaurato, circumdata varietate. Qua veste polymita, et multarum virtutum **977** diversitate contexta, indutus fuit et Joseph, et regum quondam utebantur filiæ. Unde et ipsa sponsa lætatur ac dicit : *Introduxit me rex in cubiculum suum* (*Cant.* 1. 3). Sodaliumque respondet chorus : *Omnis gloria filiæ regis intrinsecus* (*Ps.* 44. 14). Sed et nostra oratio dabit aliquid emolumenti. Equorum cursus favore pernicior fit. Pugilum fortitudo clamoribus incitatur : paratas ad prælium acies, strictosque mucrones, sermo Imperatoris accendit. Igitur et in opere præsenti, avia quidem materque plantaverunt ; sed et nos rigabimus, et Dominus incrementum dabit.

3. Rhetorum disciplina est, ab avis et atavis, et omni retro nobilitate, ornare (e) quem laudes, ut ramorum sterilitatem, radix fœcunda compenset, et quod in fructu non teneas, mireris in trunco. Scilicet nunc mihi Proborum et Olybriorum clara repetenda sunt nomina : et illustre Aniciì sanguinis genus, in quo aut nullus, aut rarus est, qui non meruerit Consulatum. Aut proferendus (f) Olybrius virginis nostræ pater, quem immatura morte subtractum Roma congemuit. Vereor plura dicere, ne sanctæ matris vulnus exasperem, et virtutum ejus recordatio, fiat doloris instauratio. Pius filius, vir amabilis, clemens dominus, civis affabilis, Consul quidem in pueritia ; sed morum bonitate Senator illustrior. Felix morte sua, qui non vidit patriam corruentem ; imo felicior sobole, qui Demetriadis proaviæ nobilitatem, insigniorem reddidit, Demetriadis filiæ perpetua castitate.

4. Verum quid ago ? Oblitus propositi, dum admiror juvenem, laudavi aliquid bonorum sæcularium, cum in eo mihi virgo magis nostra laudanda sit, quod hæc universa contempserit, quod se non nobilem, non divitiis præpollentem, sed hominem cogitarit. Incredibilis animi fortitudo, inter gemmas et sericum : inter eunuchorum et puellarum catervas, et adulationem ac ministeria familiæ perstrepentis, et exquisitas epulas, quas amplæ domus præbebat abundantia, appetisse eam jejuniorum laborem, asperitatem vestium, victus continentiam. Legerat enim Domini verba **978** dicentis : *Qui mollibus vestiuntur, in domibus regum sunt* (*Matth.* 11. 8). Stupebat ad conversationem Eliæ et Joannis Baptistæ, quorum uterque zona pellicea astrinxit et mortificavit lumbos suos : alter venisse narratur in spiritu et virtute Eliæ, præcursor Domini.

---

tiliano l. 10. c. 5. Vid superiorem epist. ad Gaudentium initio.

(*d*) Intellige Aurelium Carthagin. episcopum. Mox erat penes Mart. *operuit.*

(*e*) Alii. *quam laudat,* vel *quem laudas.*

(*f*) Antea erat *Olibrii.* Vetus inscriptio Musæi nostri domestici *Holybrium* exhibet, aspirata priori littera. Hic porro Demetriadis pater Consulatum egit an. 395 cum Anicio Probino fratre. Cæterum non *mitii,* quemadmodum Erasm. et Martian. sed *anicii,* ut Aldus in Orthographia monet, ex Capitolinis lapidibus, aliisque apud Relandum, scribendum est. Vide Gruterianum lapidem CCCLIII. **2.** in quo multa Olybrii nominis decora continentur.

(*a*) Forte rectius lacet Reginæ exemplar, *et meæ expediæ,* id est, *exaratæ, confectæ.*

(*b*) *Alias* 8, *Scripta cod. anno.* 414.

(*c*) Ciceronis hanc fuisse sententiam in Dialog. de Repub. docet Servius in VI. *Æneidos,* ubi eam hisce verbis recitat. « *O Fami causa difficilis, laudare novum, non enim res laudanda, sed spes est.* » Affertur etiam a Quin-

in utero prophetans parentis, et ante diem judicii, judicis voce laudatus (1). Annæ filiæ Phanuelis mirabatur ardorem, quæ orationibus atque jejuniis usque ad ultimam senectutem in templo Domino serviebat. Quatuor virginum filiarum Philippi desiderabat chorum, et unam se illarum esse cupiebat, quæ pudicitia virginali, Propheticæ gratiam consecutæ sunt. His et hujuscemodi cogitationibus pascebat animum, nihil ita metuens, quam aviam matremque (a) offendere. Quarum cum incitaretur exemplo, voluntate et studiis terrebatur: non quo displiceret eis sanctum propositum, sed quod pro rei magnitudine, optare id et appetere non auderent. Æstuabat Christi tyruncula. Oderat ornatum suum; et cum Esther loqueretur ad Dominum: *Tu nosti quod oderim insigne capitis mei* (hoc est diadema, quo utebatur quasi regina) *et tantæ ducam immunditiæ, velut pannum menstruatæ* (*Esther.* 14. 16). Aiunt sanctæ et nobiles feminæ, quæ eam viderunt, quæ norunt, quas de littore Galliarum ad habitationem sanctorum Locorum, hostium per Africam compulit sæva tempestas, nocibus et secreto, consciis tantum virginibus Dei, quæ in matris et aviæ comitatu erant, numquam eam linteamine, numquam plumarum usam mollitie; sed ciliciolum in nuda humo habuisse pro stratu, jugibus faciem rigasse lacrymis, Salvatoris genibus mente advolutam, ut suum reciperet propositum, ut impleret desiderium, ut aviæ animum matrisque molliret.

5. Quid ultra differo? Cum jam nuptiarum appropinquaret dies, et futuro matrimonio thalamus pararetur: secreto et absque arbitris, noctemque habens pro solatio, talibus se fertur armasse consiliis. Quid agis, Demetrias? cur pudicitiam tanto pavore defendis? Libertate opus est et audacia. Quæ **979** sic in pace metuis, quid faceres in martyrio (b) perpetiendo? Quæ tuorum vultum ferre non potes, quomodo sustineres tribunalia persecutorum? Si te virorum exempla non provocant, hortetur faciatque securam beata martyr Agnes quæ et ætatem vicit, et tyrannum, et titulum castitatis martyrio consecravit. Nescis misera, nescis cui virginitatem tuam debeas. Dudum inter barbaras tremuisti manus, aviæ matrisque sinu, et palliis tegebaris. Vidisti te captivam, et pudicitiam tuam, non tuæ potestatis. Horruisti truces hostium vultus: raptas virgines Dei gemitu tacito conspexisti. Urbs tua, quondam orbis caput, Romani populi sepulcrum est; et tu in Libyco littore, exulem virum, exul ipsa accipies? Quam habitura pronubam? quo deducenda comitatu? Stridor Punicæ linguæ procacia tibi (c) Fescennina cantabit. Rumpe moras omnes.

(a) Mss. quidam *ostendere*, unde verior fortasse et concinnior sensus exorietur, si legas *aviæ matrique*; nempe earum fugiebat aspectus Demetrias, ne ab austerioris vitæ proposito deterreretur, cuixasque ad Deum preces fundebat, *ut aviæ animam matrisque molliret*, quod infra profitur manifestius.
(b) Sic plerique Mss. atque editi, at Martian. cum aliis *perpetrando*.
(c) Notum quam licentia essent ac lasciva Fescennina, quæ cantabantur in nuptiis. Prudentius in Hamartigenia, *Conviviæ calentis Carmen nequitiæ* vocat.
(1) Annotat Grav. ex Cypriani lib. de « Eleemosyn. Multum beata mulier et gloriosa, qua etiam ante diem judicii meruit judicis voce laudari. »

Perfecta Dei dilectio, foras mittit timorem (1. Joan. 4. 18). Assume scutum fidei, loricam justitiæ, galeam salutis, procede ad prælium. Habet et servata pudicitia martyrium suum. Quid metuis aviam? quid formidas parentem? Forsitan et ipsæ velint, quod te velle non credunt. His et aliis quampluribus inflammata stimulis, omnem corporis cultum, et habitum sæcularem, quasi propositi sui impedimenta, projecit: Pretiosa monilia, et graves censibus uniones, ardentesque gemmæ, redduntur scriniis: vili tunica induitur, viliori tegitur pallio: et insperata aviæ genubus repente provolvitur, fletu tantum et planctibus quæ esset ostendit. Obstupuit sancta et gravis femina, alienum habitum in nepte conspiciens. Mater gaudio stabat attonita. Utraque verum non credere, quod verum esse cupiebant. Hæsit vox faucibus, et inter ruborem et pallorem metumque atque lætitiam, cogitationes variæ nutabant.

6. Succumbendum est huic loco, neque [f. *ne quid*] narrare aggrediar, quod dicendo minus faciam. Ad explicandam incredibilis gaudii magnitudinem, et Tulliani fluvius siccaretur ingenii, et contortæ Demosthenis vibratæque sententiæ, tardius languidiusque ferrentur. Quidquid potest cogitare animus, quidquid **980** sermo potest [al. *non potest*] explicare, illo in tempore factum est. Certatim in oscula neptis, (d) et filia, mater, et avia ruunt. Ubertim flere præ gaudio, jacentem manu attollere, amplexarique trepidantem. Agnoscere in illius proposito mentem suam, et gratulari, quod nobilem familiam, virgo virginitate sua nobiliorem faceret. Invenisse eam quod præstaret generi, quod Romanæ urbis cineres mitigaret. Jesu bone, quid illud in tota domo exultationis fuit? Quasi ex radice fœcunda, multæ simul virgines pullularunt, exemplumque patronæ et dominæ secuta est clientum turba atque famularum. Per omnes domos fervebat virginitatis professio: QUARUM CUM impar esset in carne conditio, unum erat præmium castitatis. Parum loquor. Cunctæ per Africam Ecclesiæ quodam exultavere tripudio. Non solum ad urbes, oppida, viculosque: sed ad ipsa quoque magalia [al. *mapalia*], celebris fama penetravit. Omnes inter Africam Italiamque insulæ, hoc rumore completæ [al. *repletæ*] sunt, et inoffenso pede, longius gaudia cucurrere. Tunc lugubres vestes Italia mutavit, et semiruta urbis Romæ mœnia, pristinum ex parte recepere fulgorem, propitium sibi existimantes Deum, in alumnæ conversione perfecta. Putares extinctam Gotthorum manum, et colluviem perfugarum atque servorum Domini desuper intonantis fulmine concidisse. Non sic post Trebiam, Thrasymenum, et Cannas; in quibus locis Romanorum exercituum cæsa sunt millia, (1) Marcelli primum apud Nolam prælio, se populus Romanus erexit. Minori prius gaudio strata Gallorum agmina, auro redempta

(d) Ita ex ingenio, levissima tamen immutatione, emendare placuit, cum antea esset incouncinno sensu, *et filiæ mater*. Hæc quippe neptim cum filia, et matrem cum avia componit Hieronymus.
(1) Ex Cicerone in Bruto, *post Cannensem illam calamitatem primum Marcelli ad Nolam prælio populus se Roma *** crexit. Gravius.

nobilitas, et seminarium romani generis in arce cognovit. Penetravit hic rumor Orientis littora, et in mediterraneis quoque urbibus, christianæ gloriæ triumphus auditus est. Quæ virginum Christi non hujus se societate jactavit? quæ mater non tuum, Juliana, beatum clamavit uterum? Incerta apud infideles sint præmia futurorum. Plus interim recepisti virgo, quam obtulisti. Quam sponsam hominis una tantum provincia noverat, virginem Christi totus orbis audivit. Solent miseri parentes, et non plenæ fidei Christiano, deformes et aliquo membro debiles filias, quia dignos generos non inveniunt; virginitati tradere. (a) Tanti, ut dicitur, vitrum, quanti margaritum. Certe qui religiosiores sibi videntur, parvo sumptu, et qui vix ad alimenta sufficiat, virginibus dato, omnem censum in utroque sexu, sæcularibus liberis largiuntur. Quod nuper in hac urbe dives quidam fecit Presbyter ut duas filias in proposito virginali inopes relinqueret, et aliorum ad omnem copiam filiorum luxuriæ atque deliciis provideret. Fecerunt hoc multæ, proh dolor, nostri propositi feminæ; atque utinam rarum esset exemplum, quod quanto crebrius est, tanto istæ feliciores, quæ ne plurimarum quidem exempla secutæ sunt.

7. Fertur, et omnium christianorum laude celebratur, quidquid fuerat nuptiis præparatum, a sancta Christi (b) synoride virgini traditum, ne sponso fieret injuria : imo ut dotata pristinis opibus veniret ad sponsum : ET QUOD IN REBUS mundi periturorum erat, domesticorum Dei sustentaret inopiam. Quis hoc credat? (c) Proba illa omnium dignitatum, et cunctæ nobilitatis in orbe romano nomen illustrius, cujus sanctitas et in universos effusa bonitas, etiam apud barbaros venerabilis fuit; quam trium liberorum, Probini, Olybrii, et Probi, non fatigarunt ordinarii Consulatus; cum [al. et cum] incensis direptisque omnibus in Urbe captivitas sit, nunc (d) habitas venundare dicitur possessiones, et facere sibi amicos de iniquo mamona, qui se recipiant in æterna tabernacula; UT ERUBESCANT OMNES Ecclesiastici ministerii gradus, et cassa nomina monachorum emere prædia, tanta nobilitate vendente. Vix barba-

(a) Proverbium fere obvium in Auctore nostro, qui vitri nomine gemmas vitreas, quæ veras imitentur intelligit. Sic Tertullianus capite 3. libri ad Martyres « Tanti, ait, vitreum, quanti verum margaritum? quis non libentissimo tantum pro vero habeat erogare, quantum alii pro falso? » Ex Anastasio etiam de Viris Pontificum discimus, et vitreas gemmas in pretio fuisse aliquo.
(b) Aviam intellige et Matrem sic enim *par*, συνωρίς, vel συνωρίς Græce dicitur, et τὴν ξυνωρίδα τῶν ἀδελφῶν, *par fratrum*. Malumus autem latine reponere *synoride*, ut codices Mss. atque impressi alii habent, quam juxta Martianæum, συνωρίδι, quod vitiosum est, pro συνωρίδι, imo συνωρίδι.
(c) Anicia Faltonia Proba Sexti Anicii Petronii Probi, qui Consul fuit an. 371. uxor, avia Demetriadis virginis, ipsinsque matris Julianæ non vere mater, sed socrus, ut ex Augustino lib. de Bono viduitatis c. 10. colligitur. Tres autem peperit filios, quorum prior Anicius Hermogenianus Olybrius Julianæ maritus, et Demetriadis pater, Consul. an. 395. Alter Anicius Probinus eodem anno Consul. Tertius Anicius Probus Consul. an. 406. Quidam Probam nostram Demetriadis aviam cum Proba Falconia, quæ laudatissimum Virgilocentonem de Christo composuit, perperam confundunt.
(d) Olim erat *avitas*, quam lectionem sunt qui tueantur, sed Mss. sequi præstat.

rorum effugerat manus; et avulsas de complexu suo virgines fleverat, cum subito intolerabili, quod nunquam timuerat, (e) amantissimi filii orbitate percutitur, et quasi futura virginis Christi avia, spe futurorum mortiferum vulnus excepit : probans in se verum esse, quod in lyrico carmine super justi præconio dicitur :

Si fractus illabatur orbis,
Impavidum ferient ruinæ.

(HORAT. *lib.* 5. *Carm. Oda.* 3).

Legimus in volumine Job : *Adhuc isto loquente, venit alius nuntius* (Job 1). Et in eodem : *Tentatio*, sive (ut melius habetur in Hebraico) *militia est vita hominis super terram* (*Ibid.* 7. 1). Ad hoc enim laboramus, et in sæculi hujus periclitamur militia, ut in futuro sæculo coronemur. Nec mirum hoc de hominibus credere, cum Dominus ipse tentatus sit (*Matth.* 4). Et de Abraham Scriptura testatur : quod Deus tentaverit cum (*Genes.* 22). Quam ob causam et Apostolus loquitur : *Gaudentes in tribulatione.* Et, *scientes, quod tribulatio patientiam operatur : patientia, probationem : probatio, spem : spes autem non confundit* (*Rom.* 5. *et seqq.*). Et in alio loco : *Quis nos separabit a caritate Dei* [al. *Christi.*]? *tribulatio, an angustia? an persecutio? an fames? an nuditas? an periculum? an gladius? Sicut scriptum est : Quia propter te mortificamur tota die, æstimati sumus ut oves occisionis* (*Rom.* 8. 35. 36). Et Isaias hujuscemodi homines cohortatur, dicens : *Qui ablactati estis a lacte, qui avulsi ab ubere, tribulationem super tribulationem expectate : spem super spem* (*Isai.* 28. 7. 10). *Non sunt condignæ passiones hujus temporis ad futuram gloriam, quæ revelabitur in nobis* (*Rom.* 8. 18). Cur ista replicaverim, sequens sermo monstrabit. Quæ de medio mari fumantem viderat patriam, et fragili cymbæ, salutem suam suorumque commiserat, crudeliora invenit Africæ littora. Excipitur enim ab eo quem nescias, utrum avarior, an crudelior fuerit (1) : cui nihil dulce præter vinum, et pretium ; et qui sub occasione partium clementissimi Principis (2), sævissimus omnium extitit tyrannorum; et (ut aliquid loquar de fabulis Poetarum) quasi Orcus in tartaro, non tricipitem, sed multorum capitum habuit Cerberum qui cuncta traheret ac laceraret (5). *Hic matrum gremiis abducere pactus;* negotiatoribus et avidissimis mortalium Syris, nobilium puellarum nuptias vendere : non pupillarum, non viduarum, non virginum Christi inopiæ parcere, magisque manus rogantium spectare quam vultus. Hanc feram Charybdim, Scyllamque succinctam multis canibus, fugiens barbaros matrona sustinuit; qui nec naufragiis parcerent, nec captivitatibus flecterentur. Imitare crudelis saltem hostem Romani impe-

(e) Nempe Olybrii, qui Demetriadis pater erat, circa an. 409. demortui.
(1) Heraclianus Africæ Comes.
(2) Honorius.
(3) Sabinus Heracliani gener.

rii.(a) Brennus nostri temporis, tantum quod invenerat tulit : tu quæris quod non invenis. Et mirantur æmuli (virtus enim semper invidiæ patet) cur tantarum secum pudicitiam tacita proscriptione mercata sit, cum et ille partem dignatus sit accipere, qui totum potuit auferre : et hæc quasi Comiti negare non ausa sit, quæ se intelligebat sub nomine privatæ dignitatis tyranno servientem? Sentio me inimicorum patere morsibus? quod adulari videar clarissimæ et nobilissimæ feminæ; qui accusare non poterunt, si me scierint [al. *scient*] hucusque tacuisse. Neque enim laudavi in ea unquam antiquitatem generis, divitiarum et potentiæ magnitudinem, viro vivente vel mortuo, quæ alii forsitan mercenaria oratione laudaverint. Mihi propositum est stylo ecclesiastico laudare aviam virginis meæ, et gratias agere, quod voluntatem ejus, sua adjuverit voluntate. Alioquin cellula monasterii, vilis cibus, vestisque contempta, et ætas vicina jam morti, brevisque tempori viaticum, carent omni assentationis infamia. Denique in reliquis partibus, omnis mihi sermo ad virginem dirigetur, et virginem nobilem, et nobilem non minus sanctitate, quam genere : CUJUS QUANTO sublimior ascensus est, tanto lapsus periculosior.

(b) *Unum illud tibi nata Deo : præque omnibus unum.*

Prædicam, et repetens, iterumque iterumque monebo, ut animum tuum sacræ lectionis amore occupes : nec in bona terra pectoris **984** tui sementem lolii avenarumque suscipias : ne dormiente patrefamilias : (qui est νοῦς, id est, *animus*, Deo semper adhærens) inimicus homo zizania superseminet ; sed semper loquaris : *In noctibus quæsivi quem dilexit* [al. *diligit*] *anima mea* (*Cant.* 3. 1), *ubi pascis, ubi cubas in meridie* (*Ibid.* 1. 6)? Et, *Inhæsit post te anima mea, me suscepit dextera tua* (*Ps.* 62, 9). Illudque Jeremiæ : *Non laboravi sequens te, neque enim est dolor in Jacob, nec labor in Israel* (*Jerem.* 17). Quando eras in sæculo, ea quæ erant sæculi diligebas. Polire faciem purpurisso, et cerussa ora depingere ; ornare crinem, et alienis capillis turritum verticem struere. Ut taceam de inaurium pretiis, candore margaritarum, Rubri maris profunda testantium, smaragdorum virore, ceraumiorum flammis, hiacynthorum pelago, ad quæ ardent et insaniunt studia matronarum. Nunc autem quia sæculum reliquisti, et secundo post baptismum gradu, inisti pactum cum adversario tuo, dicens ei : *Renuntio tibi, diabole, et sæculo tuo, et pompæ tuæ, et operibus* [al. *opibus*] *tuis*, serva fœdus quod pepigisti, et esto

(a) Alaricum intellige, Gothorum Regem, quem Brenno Gallorum Duci ex eo comparat, quod uterque Po, ut Romani hostis, uterque Romam obsederit, uterque ut obsidionem exineret, a Populo Romano argento donatus sit. Pejorem autem in eo Heraclianum fuit, quod transfugas i sos, qui omnia perdiderant, spoliaret infamis avaritiæ causa.

(b) Ex Virgilii Æneidos lib. 3. ubi ille *nate Dea*. Sed quidam codd. Hieronymiani priorem versum innutant, imo tollunt ex amanuensium errore. *Illud tibi nata Deo*, pro *quo omnia reliquisti, unum prædicam*, etc. Ut autem edidimus, legerat etiam olim Aquisgranense Concilium an. 816. sub Ludovico Pio, quod ex hoc loco reliqua hujus epistolæ majori ex parte exscribit, unde et melior quandoque lectio restituitur.

consentiens, pactumque custodiens cum **adversario** tuo, dum es in via hujus sæculi, ne forte tradat te judici, et te de suo aliquid usurpasse convincat : tradarisque ministro, qui ipse est, et inimicus et vindex ; et mittaris in carcerem (*Matth.* 5) et in tenebras exteriores, quæ quanto a Christo vero lumine separantur, tanto nos majori horrore circumdant ; et non inde exeas, nisi solvas novissimum quadrantem, id est, minimum quodque delictum : quia et pro otioso verbo reddituri sumus rationem in die judicii (*Ibid.* 12. 36).

8. Hæc dicta sint, non infausto contra te vaticinio, (c) sed pavidi cautique monitoris officio, ea quoque in te, quæ tuta sunt formidantis. *Si spiritus* inquit, *potestatem habentis ascenderit super te, locum tuum ne dimiseris* (*Eccles.* 10. 4). Quasi in procinctu, et in acie stamus semper ad pugnam. Vult nos loco movere hostis, et de gradu decedere ; sed solidanda vestigia sunt, et dicendum. *Statuit supra petram pedes meos* (*Ps.* 39. 3) ; Et, *Petra refugium leporibus* (*Ps.* 103. 18), pro quo multi *Herinacceos* legunt. *Herinacios animal* **985** parvum, et fugax, et spinarum sentibus prægravatum. Sed ideo Jesus spinis coronatus est, et nostra delicta portavit, et pro nobis doluit, ut de sentibus et tribulationibus feminarum, ad quas dicitur, *In anxietatibus, et doloribus paries mulier, et ad virum* (d) *conversio tua, et ipse tui dominabitur* (*Genes.* 3), rosæ virginitatis, et lilia castitatis nascerentur. Unde et sponsus pascitur inter lilia, et inter eos qui vestimenta sua non coinquinaverunt, virgines enim permanserunt, audieruntque præceptum : *Candida sint semper vestimenta tua* (*Eccl.* 9. 8), et quasi auctor virginitatis et princeps loquitur confidenter : *Ego flos campi, et lilium convallium* (*Cant.* 2. 1). Petra igitur leporum est, qui in persecutionibus fugiunt de civitate in civitatem ; nec timent illud Propheticum : *Periit fuga a me* (*Ps.* 141. 5). *Montes autem excelsi cervis, quorum colubri cibus sunt*, quos educit puer parvulus de foramine, quando pardus et hœdus requiescunt simul ; et bos et leo comedunt paleas, ut nequaquam bos discat feritatem, sed leo doceatur mansuetudinem. Revertamur ad propositum testimonium. *Si spiritus potestatem habentis ascenderit super te, locum tuum ne dimiseris*. Post quod sequitur : *Quia curatio quiescere facit peccata maxima*. Qui versiculus hunc habet sensum : Si in cogitationes tuas coluber ascenderit, omni custodia serva cor tuum, et cum David canito : *Ab occultis meis munda me, Domine : et ab alienis parce servo tuo* (*Ps.* 18. 13), et ad peccatum maximum, (e) *quod opere perpetratur, nequaquam parvenies* : sed incentiva vitiorum statim in mente jugulabis, et parvulos Babylonis allides ad petram ; in qua serpentis vestigia non reperiuntur, cauteque Domino promittes : Si

(c) Duo Mss. sed *pavido utique monitorio officio*.
(d) Mss. addunt *tuum* post *virum* ; quemadmodum et hebræus textus habet, atque in primis græcus, ex quo locum hunc Hieronymus recitat, καὶ πρὸς τὸν ἄνδρα σου ἡ ἀποστροφή σου.
(e) Vide epist. 125. num. 11. not.

mei non fuerint dominati : tunc immaculatus ero, et emundabor a delicto maximo (*Ps.* 18. 14). Hoc est quod alibi Scriptura testatur : *Peccata patrum reddam in filios in tertiam et in quartam generationem* (*Num.* 14. 18); ut cogitationes nostras mentisque decretum, non statim puniat, sed reddat in posteris, id est in malis operibus, et in delictorum perseverantia, quoniam per Amos loquitur : *Super tribus et quatuor impietatibus illius, et illius civitatis, nonne aversabor eam* (*Amos.* 1. 3. *et* 2. 4)?

986 9. Hæc cursim quasi de prato pulcherrimo sanctarum Scripturarum, parvos flores carpsisse sufficiat pro commonitione tui ; ut et claudas cubiculum pectoris, et crebro signaculo crucis munias frontem tuam, ne exterminator Ægypti in te locum reperiat ; sed primogenita, quæ apud Ægyptios pereunt, in tua mente salventur, et dicas cum Propheta : *Paratum cor meum, Deus, paratum cor meum : cantabo et psallam. Exurge gloria mea, exurge psalterium et cithara* (*Psal.* 107. 1. *et* 2). Quam assumere jubetur et Tyrus, multis peccatorum confossa vulneribus ; ut agat pœnitentiam, et maculas pristinæ fœditatis, cum Petro amaris lacrymis abluat. Verum nos (*a*) ignoremus pœnitentiam, ne facile peccemus. Illa quasi secunda post naufragium miseris tabula sit : in virgine integra servetur navis. Aliud est quærere quod perdideris, aliud est possidere quod nunquam amiseris. Unde et Apostolus castigabat corpus suum, et in servitutem redigebat ; ne aliis prædicans, ipse reprobus inveniretur ; corporisque ex persona generis humani inflammatus ardoribus, loquebatur : *Miser ego homo, quis me liberabit de corpore mortis hujus* (*Rom.* 7. 24)? Et iterum : *Scio quia non habitat in me, hoc est, in carne mea bonum : Velle enim adjacet mihi ; ut faciam autem bonum, nequaquam. Neque enim quod volo, bonum, sed quod nolo malum, hoc facio* (*Ibid.* 18. *et* 19). Et denuo : *Qui in carne sunt, Deo placere non possunt. Vos autem non estis in carne, sed in spiritu : si tamen spiritus Dei habitat in vobis* (*Ibid.* 8. 8. *et* 9).

10. Post cogitationum diligentissimam cautionem, jejuniorum tibi arma sumenda sunt, et canendum cum David : *Humiliavi in jejunio animam meam* (*Psal.* 68. 11). Et, *cinerem tanquam panem manducavi* (*Psal.* 101. 10). Et, *cum molesti erant mihi, induebar cilicio* (*Psal.* 34. 13). Eva per cibum ejecta est de paradiso. Elias quadraginta dierum exercitatus jejunio, igneo curru rapitur in cœlum (3. *Reg.* 19). Moyses quadraginta diebus ac noctibus, familiaritate et sermone Dei pascitur (*Exod.* 24. *et* 34) ; in se verissimum probans quod dicitur : *Non in solo pane vivit homo, sed in omni verbo quod procedit de ore Dei* (*Matth.* 44). Salvator generis humani, qui virtutum et conversationis suæ nobis reliquit (*b*) exemplum, **987** post baptismum statim assumitur a spiritu ut pugnet contra diabolum, et oppressum atque contritum, tradat discipulis conculcandum. Unde et Apostolus loquitur : *Deus autem conteret Satanam sub pedibus vestris velociter* (*Rom.* 16. 20). Et tamen hostis antiquus post quadraginta dierum jejunium, per cibum molitur insidias, et dicit : *Si Filius Dei es, dic ut lapides isti panes fiant* (*Matth.* 4. 3). In Lege, mense septimo post clangorem tubarum decimo die mensis totius gentis Hebrææ jejunium est ; et exterminatur illa anima de populo suo, quæ saturitatem prætulerit continentiæ. In Job scriptum est de dracone : *Virtus ejus in lumbis ejus, et fortitudo illius super umbilicum ventris ejus* (*Job.* 38). Adversum juvenes et puellas, ætatis ardore hostis noster abutitur, et inflammat rotam nativitatis nostræ, et implet illud Osee : *Omnes adulterantes, quasi clibanus corda eorum* (*Osee.* 7. 4), quæ Dei misericordia, et jejuniorum rigore [al. *frigore*] restinguuntur. Hæc sunt ignita diaboli jacula, quæ simul et vulnerant et inflammant, et a rege Babylonio tribus pueri, præparantur, qui succendit fornacem quadraginta novem cubitorum, habens et ipse septem hebdomadas ad perditionem, quas Dominus observari jusserat ad salutem. Sed quomodo ibi quartus speciem habens quasi filii hominis, immensos mitigavit ardores, et inter camini æstuantis incendium docuit flammas calorem amittere, et aliud oculis comminari, aliud præbere tactui, sic et in animo virginali, rore cœlesti, et jejuniorum rigore [al. *frigore*], calor puellaris extinguitur, et in humano corpore, angelorum impetratur conversatio. Quam ob rem et vas electionis de virginibus se dicit Domini non habere præceptum (1. *Cor.* 7), quia contra naturam, imo ultra naturam est, non exercere quod nata sis : interficere in te radicem tuam, et sola virginitatis poma decerpere, nescire thorum, omnem virorum horrere contactum, et in corpore vivere sine corpore.

11. Neque vero immoderata tibi imperamus jejunia, et enormem ciborum abstinentiam, quibus statim corpora delicata **988** franguntur, et ante ægrotare incipiunt, quam sanctæ conversationis jacere fundamenta. Philosophorum quoque sententia est, (*a*) μεσότητας ἀρετὰς, ὑπερβολὰς κακίας εἶναι, quod latinus ita potest sermo resonare, *moderatas esse virtutes, excedentes modum atque mensuram, inter vitia reputari* [al. *deputari*]. Unde et unus de septem sapientibus, *ne quid*, ait, *nimis*. Quod tam celebre dictum est, ut comico quoque versu expressum sit. Sic debes jejunare, ut non palpites, et respirare vix possis, et comitum tuarum, vel porteris, vel traharis manibus ; sed ut fracto corporis appetitu, nec in lectione, nec in Psalmis, nec in vigiliis solito quid minus facias. Jejunium non perfecta virtus, sed cæterarum virtutum fundamentum est ; et sanctificatio atque pudicitia, sine qua nemo videbit Deum, gradus

---

(*a*) Negandi particulam addit Cisterciense exemplar, *verum nos non ignoremus*, etc., quæ nobis non probatur lectio, quod ad Hieronymi mentem non sit.
(*b*) Voculas *a spiritu*, ex aliis impressis ac Mss. reposuimus, quorum auctoritatem sequimur etiam paulo post ad Apostoli verba, ubi *sub pedibus vestris* legimus juxta Græcum, et Vulgatam, cum antea esset *nostris*.

(*c*) Vide in Epitaphio Paulæ, sive epist. 108. n. 20. græcam hanc sententiam ubi replicat. Unum illum, quem tacito nomine de septem sapientibus dicit, Diogenes Laertius tradit Solonem fuisse, cujus græca verba μηδὲν ἄγαν, vel ἄναι μηδὲν ἄγαν cum vocula *id est*, vulgati libri omnes interserunt, Benedictina editione excepta, et Mss. quorum nullum, qui ea retineret, invenimus.

præbet ad summa scandentibus, nec tamen si sola fuerit, virginem poterit coronare. Legamus Evangelium sapientium et stultarum virginum ; quarum aliæ cubiculum sponsi ingrediuntur : aliæ bonorum operum oleum non habentes, exstinctis lampadibus excluduntur (*Matth.* 25). Latus est super jejuniis campus, in quo et nos sæpe cucurrimus, et multorum proprii habentur libri, ad quorum te mittimus lectionem, ut discas quid boni habeat continentia, et quid e contrario mali, saturitas.

12. Imitare (*a*) sponsum tuum : esto aviæ matrique subjecta. Nullum virorum, et maxime juvenum, nisi cum illis, videas. Nullum scias, quem illæ nesciant. Sæcularis quoque sententia est. (*b*) *Eadem velle, et eadem nolle, ea demum firma amicitia est.* Ut appeteres virginitatem, ut Christi præcepta cognosceres, ut scires quid tibi expediret, quid eligere [*al. diligere*] deberes, illarum te exempla docuerunt : sancta domi instruxit conversatio. Non igitur solum putes tuum esse quod tuum est, sed earum quæ suam in te expressere pudicitiam, et honorabilium nuptiarum, cubilisque immaculati pretiosissimum germinavere te florem ; qui perfectos afferet fructus, si humiliaveris te sub potenti manu Dei, **989** et scriptum semper memineris : *Superbis Deus resistit, humilibus autem dat gratiam* (*Jacob.* 4. 6). Ubi autem gratia, non operum retributio, sed donantis est largitas ; ut impleatur dictum Apostoli : *Non est volentis, neque currentis, sed Dei miserentis* (*Rom.* 9. 16). Et tamen velle, et nolle nostrum est : ipsumque quod nostrum est, sine Dei miseratione nostrum non est.

13. Eunuchorum quoque tibi, et puellarum ac servulorum mores magis eligantur quam vultuum elegantia, quia in omni sexu et ætate, et truncatorum corporum violenta pudicitia, animi considerandi sunt, qui amputari, nisi Christi timore non possunt. Scurrilitas atque lascivia, te præsente, non habeant locum. Nunquam verbum inhonestum audias : aut si audieris, non (*c*) inesceris. Perditæ mentis homines uno frequenter levique sermone, tentant claustra pudicitiæ. Ridere, et rideri, sæcularibus derelinque. Gravitas tuam personam decet. (*d*) Catonem quoque (illum dico Censorium) et vestræ quondam urbis principem, qui extrema ætate græcas litteras, nec erubuit censor, nec desperavit senex discere : et M. Crassum semel in vita scribit risisse Lucilius. Fuerit illa affectata severitas, et gloriam quærens auramque popularem : nos affectus et perturbationes, quamdiu in tabernaculo corporis hujus habitamus, et fragili carne circumdamur, moderari et regere possumus ; amputare non possumus. Unde et Psalmista dicit : *Irascimini, et nolite peccare* (*Psal.* 4. 5). Quod Apostolus edisserens. *Sol*, inquit, *non occidat super iracundiam vestram* (*Ephes.* 4. 26) ; quia et irasci hominis est, et finem iracundiæ imponere, christiani.

14. Superfluum reor te monere contra avaritiam, cum generis tui sit, et habere et calcare divitias, et Apostolus doceat avaritiam esse idolorum cultum (*Ephes.* 5. 5), Dominusque respondeat sciscitanti : *Magister bone, quid boni faciens, vitam æternam possidebo ? Si vis esse perfectus, vade, vende omnia quæ habes, et da pauperibus, et habebis thesaurum in cœlis, et veni, sequere me* (*Matth.* 19. 16. *et* 21). Apostolici fastigii est, perfectæque virtutis, vendere omnia, et pauperibus distribuere, et sic **990** levem atque expeditum, cum Christo ad cœlestia subvolare. Nobis, imo tibi diligens credita est dispensatio, quanquam in hoc, omni ætati, omnique personæ, libertas arbitrii relicta sit. *Si vis*, inquit, *esse perfectus*. Non cogo, non impero, sed propono palmam, ostendo præmia : tuum est eligere, si volueris in agone atque certamine coronari. Et consideremus, quam sapienter sapientia sit locuta : *Vende quæ habes.* Cui ista præcipiuntur? Nempe illi, cui dictum est : *Si vis esse perfectus*. Non partem bonorum tuorum vende : sed *omnia*. Cumque vendideris, quid sequitur ? *Et da pauperibus*. Non divitibus, non propinquis, non ad luxuriam, sed ad necessitatem. Sive ille sacerdos sit, sive cognatus, et affinis, nihil in illo aliud consideres, quam paupertatem. Laudent te esurientium viscera, non ructantium opulenta convivia. In Actis Apostolorum (*Cap.* 4. *v.* 5), quando Domini nostri adhuc calebat cruor, et fervebat recens in credentibus fides, vendebant omnes possessiones suas, et pretia earum ad Apostolorum deferebant pedes, ut ostenderent pecunias esse calcandas : dabaturque singulis, prout cuique opus erat. Ananias et Sapphira dispensatores timidi, imo corde duplici, et ideo condemnati, quia post votum obtulerunt quasi sua et non ejus, cui semel ea voverant : partemque sibi alienæ substantiæ reservaverunt, metuentes famem, quam vera fides non timet, præsentem meruere vindictam : non crudelitate sententiæ, sed correptionis exemplo. Denique et apostolus Petrus nequaquam imprecatur eis mortem, ut stultus Porphyrius calumniatur; sed Dei judicio prophetico spiritu annuntiat, ut pœna duorum hominum sit doctrina multorum. Ex eo tempore, quo virginitati perpetuæ consecrata es, tua, non tua sunt, imo vere tua, quia Christi esse cœperunt, quæ, avia vivente vel matre, ipsarum arbitrio dispensanda sunt. Sin autem obierint, et somno Sanctorum requieverint (scio enim,

---

(*a*) Christum nempe de quo in Luca proditum est, quod erat *subditus* Mariæ et Joseph.

(*b*) Sumpta sententia ex Catilinæ oratione apud Sallustium cap. 20. quam alibi nec uno in loco Hieronymus recitat, ut in Apolog. contra Ruffinum cap. 2. Sed et noster Zeno Veronensis, ut alios omittamus, Sermone de Patientia , *Tu*, inquit, *amicitiam idem velle atque idem quoque nolle docuisti.*

(*c*) Plerique Mss. quibus et vetustiores editi concinunt, *non irascaris* pro *inesceris*. Mox Victorius pro *mentes hominum emendandum* putavit *mentis homines*, quod nos ex Aquisgranensis Synodi lectione, ac uno, alterove Ms. recipimus.

(*d*) M. Crassum quidem semel in vita risisse, alibi quoque ex Lucilio Hieronymus docuit, aut verius ex Cicerone, qui lib. V. de Finibus id ex Lucilio tradidit ; non vero idem unquam de Catone proditum scio. Cum tamen hoc loco idem testimonium ad utrumque referat, mendum subesse lectioni suspicor, et præcipue huic voci *quoque*, cujus loco fortasse legendum sit *nosce*, vel *imitare*, aut quid simile. Nam veteres etiam membranæ post *M. Crassum*, relativum *quem* addunt, quem si addideris, rectior sensus constabit.

et hoc illas optare, ut te habeant superstitem), cum ætas maturior fuerit, et voluntas gravior, firmiorque sententia, **991** facies quod tibi visum fuerit; imo quod Dominus imperarit (al. imperat), scitura nihil te habituram, nisi quod in bonis operibus erogaveris. Alii ædificent Ecclesias, vestiant parietes marmorum crustis; columnarum moles advehant, earumque deaurent capita pretiosum ornatum non sentientia; ebore argentoque valvas, et gemmis aurata distinguant altaria. Non reprehendo, non abnuo. Unusquisque in sensu suo abundet. Meliusque est hoc facere, quam repositis opibus incubare. Sed tibi aliud propositum est : Christum vestire in pauperibus, visitare in languentibus, pascere in esurientibus, suscipere in his qui tecto indigent, et maxime in domesticis fidei, virginum alere monasteria, servorum Dei, et pauperum spiritu habere curam, qui diebus et noctibus serviunt Domino tuo : qui in terra positi, imitantur angelorum conversationem, et nihil aliud loquuntur, nisi quod ad laudes Dei pertinet : habentesque victum et vestitum, (a) his gaudent divitiis, qui plus habere nolunt : si tamen servant propositum. Alioqui si amplius desiderant, his quoque quæ necessaria sunt, probantur indigni. Hæc ad virginem divitem, et virginem nobilem sum locutus.

15. Nunc tantum ad virginem loquar, id est non ea quæ extra te, sed in te sunt, tantum considerans. Præter psalmorum et orationis ordinem, quod tibi Hora Tertia, Sexta, Nona, ad Vesperam, Media nocte, et Mane semper est exercendum, statue quot horis sanctam Scripturam ediscere debeas; quanto tempore legere, non ad laborem, sed ad delectationem et instructionem animæ. Cumque hæc finieris spatia, et frequenter te ad figenda genua, sollicitudo animæ suscitaverit, habeto lanam semper in manibus, vel stamnis pollice fila deducito, vel ad torquenda subtegmina in alveolis fusa vertantur; aliarumque neta, aut in globum collige, aut texenda compone. Quæ texta sunt, inspice : quæ errata, reprehende : quæ facienda, constitue. Si tantis operum varietatibus fueris occupata, numquam dies tibi longi erunt : sed quamvis æstivis tendantur solibus, breves videbuntur, **992** in quibus aliquid operis prætermissum (b) est. Hæc observans, et teipsam salvabis, et alias, et eris magistra sanctæ conversationis, multarumque castitatem lucrum tuum facies, Scriptura dicente : *In desideriis est omnis anima otiosi.* Nec idcirco tibi ab opere cessandum est, quia Deo propitio nulla re indiges : sed ideo cum omnibus laborandum est, ut per occasionem operis, nihil aliud cogites, nisi quod ad Domini pertinet servitutem. Simpliciter loquar. Quamvis omnem censum tuum in pauperes distribuas, nihil apud Christum erit pretiosius, nisi quod manibus tuis ipsa confeceris, in usus proprios, vel in exemplum virginum cæterarum : vel quod aviæ matrique offeras, majora ab eis in refectionem pauperum pretia receptura.

16. Pene præterii, quod vel præcipuum est. Dum esses parvula, et sanctæ ac beatæ memoriæ Anastasius episcopus romanam regeret ecclesiam, de Orientis partibus hæreticorum sæva tempestas simplicitatem fidei, quæ Apostoli voce laudata est, polluere et labefactare conata est. Sed vir ditissimæ paupertatis et apostolicæ sollicitudinis, statim noxium perculit caput, et sibilantia hydræ ora compescuit. Et quia vereor, imo rumore cognovi, in quibusdam adhuc vivere et pullulare venenata plantaria, illud te pio caritatis affectu præmonendam puto, ut sancti Innocentii, qui apostolicæ cathedræ, et supradicti viri successor et filius est, teneas fidem : nec peregrinam, quamvis tibi prudens callidaque (c) videaris, doctrinam recipias. Solent enim hujuscemodi per angulos mussitare, et quasi justitiam Dei quærere. *Cur illa anima, in illa est nata provincia ? Quid causæ exstitit, ut alii de christianis nascantur parentibus, alii inter feras et sævissimas nationes, ubi nulla Dei notitia est ?* Cumque hæc quasi scorpionis ictu simplices quosque percusserint, et fistuloso vulnere, locum sibi fecerint, venena diffundunt. Putasne frustra infans parvulus, et qui (1) vix matrem risu, et vultus hilaritate cognoscat; qui nec boni aliquid fecit, nec mali dæmone corripitur, morbo opprimitur **993** regio, et ea sustinet, quæ videmus impios homines non sustinere, et sustinere Deo servientes? Sin autem judicia sunt, inquiunt, Domini vera, justificata in semetipsis (*Psal.* 18), et nihil apud Deum injustum est; ipsa ratione compellimur, ut credamus animas fuisse in coelestibus, et, propter quædam antiqua peccata damnatas in corporibus humanis, et ut ita loquamur, sepultas, nosque in valle lacrymarum poenas luere veterum peccatorum. Unde et Propheta dicit : *Priusquam humiliarer, ego peccavi* (*Psal.* 118. 67). Et : *Educ de carcere animam meam* (*Psal.* 141. 8). Et : *Iste peccavit, ut cæcus ex utero nasceretur, an parentes ejus* (*Joan.* 9. 2) ? et cætera his similia. Hæc impia et scelerata doctrina olim in Ægypto et Orientis partibus versabatur, et nunc abscondita, quasi in foveis viperarum apud plerosque versatur, illarumque partium pollui puritatem, et quasi hereditario malo, serpit in paucis, ut perveniat ad plurimos : quam certus sum, quod si audieris non recipias. Habes enim apud Deum magistras, quarum fides norma doctrinæ est. Intelligis quid loquar. Dabit enim tibi Deus in omnibus intellectum. Nec statim adversum sævissimam hæresin, et multo his nequiora, quæ dixi, responsionem (d) hominis

(a) Addunt quidam Mss. *his contenti sunt.* Paulo supra pro *virginum alere,* etc., erat *i irgineam,* etc. Nos hujusmodi vitia passim etiam inconsulto lectore, emendavimus.
(b) Falso et contrario sensu Victorius cum impressis plerisque aliis, *prætermissum non est.*

(c) Martianæus, paucique alii ex editis libris et Mss. *ridicatur,* quod refertur ad doctrinam. Plurima est, quæ nobis probatur lectio, simulque concinnior.
(d) Olim in vetusta editione erat *Ordinis* pro *hominis*; at neutrum revera placet. Porro quod offert Denotriadi o us, non aliud videtur, esse quam ad Avitum epistola, 124. in qua Origenianæ libri περὶ Ἀρχῶν fraudes detegit, et

(1) Expressum ex illo Virgilii versu Ecleg. 4.
Incipe parve puer risu cognoscere matrem Gravis.

flagitabis, ne non tam prohibuisse videar, quam commonuisse : cum præsentis operis sit instituere [al. *instruere*] virginem, non hæreticis respondere. Cæterum omnes fraudulentias eorum, et cuniculos quibus nituntur subvertere veritatem, in alio opere Deo adjuvante, subvertimus : quod si volueris, prompte libenterque mittemus. Ultroneas enim, aiunt, putere merces ; et pretia facilitate decrescunt [al. *decrescere*] quæ semper in raritate majora sunt.

17. Solet inter plerosque esse certamen, Utrum solitaria, an cum multis vita melior sit : quarum prior præfertur quidem secundæ; sed si in viris periculosa est, ne abstracti ab hominum frequentia, sordidis et impiis cogitationibus pateant ; et pleni arrogantiæ et supercilii, cunctos despiciant, armentque linguas suas, vel clericis, vel aliis monachis detrahendo ; de quibus rectissime dicitur : *Filii hominum, dentes eorum arma et sagittæ, et lingua eorum gladius acutus* (*Psal.* 56. 5) : quanto magis in feminis, quarum mutabilis fluctuansque sententia, si suo arbitrio relinquatur, cito ad deteriora delabitur ? Novi ego in utroque sexu, per nimiam abstinentiam cerebri sanitatem quibusdam fuisse vexatam. Præcipueque in his, qui in humectis et frigidis habitaverunt [al. *habitant*] cellulis : ita ut nescirent quid agerent, quove se verterent : quid loqui, quid tacere deberent. Certe si rudes sæcularium litterarum de tractatibus hominum disertorum quippiam legerint, verbositatem solam discunt, absque notitia Scripturarum ; et juxta vetus elogium : cum loqui nesciant, tacere non possunt : docentque Scripturas quas non intelligunt ; et cum aliis persuaserint, eruditorum sibi assumunt supercilium : prius imperitorum magistri, quam doctorum discipuli. Bonum est igitur obedire majoribus, parere præfectis [al. *perfectis*] et post regulas Scripturarum, vitæ suæ tramitem ab aliis discere : nec præceptore uti pessimo, scilicet præsumptione sua. De talibus feminis et Apostolus loquitur : *Quæ circumferuntur omni vento doctrinæ* (*Ephes.* 4. 14) : *semper discentes, et nunquam ad scientiam veritatis pervenientes* (2. *Tim.* 3. 7).

18. *Vitanda sæcularium consortia.* — Matronarum maritis ac sæculo servientium, tibi consortia declinentur, ne sollicitetur animus, et audias, quid vel maritus uxori, vel uxor locuta sit viro. Venenatæ sunt hujuscemodi confabulationes. Super quarum damnatione, sæcularem versum assumens Apostolus, fecit Ecclesiasticum : *Corrumpunt mores bonos confabulationes pessimæ* (1. *Cor.* 15). (*a*) Cujus Iambici metrum dum verbum servat ex verbo, nequaquam expressit latina translatio. Graves feminæ, et maxime viduæ, ac virgines, tibi comites eligantur :

quarum probata est conversatio, sermo moderatus, sancta verecundia. Fuge lasciviam puellarum, quæ ornant capita, crines a fronte demittunt, cutem poliunt, utuntur (1) pigmentis, adstrictas habent manicas, vestimenta sine ruga, soccosque crispantes : ut sub nomine virginali, vendibilius pereant [al. *pareant*]. Mores enim et studia dominarum, plerumque ex ancillarum et comitum moribus judicantur. Illa tibi sit pulchra, illa amabilis, illa habenda inter socias quæ se nescit esse pulchram ; quæ negligit formæ bonum, et procedens ad publicum, non pectus et colla denudat, nec pallio revoluto cervicem aperit; sed quæ celat faciem, et vix uno oculo, qui viæ necessarius est, patente ingreditur.

19. *Quid fugiendum.* — Dubito an loquar : sed velim, nolim, quia crebro fit, dicendum est : non quo hæc in te timere debeam, quæ ista forsitan nescias, nec unquam audieris : sed quo per occasionem tui, cæteræ præmonendæ sint. Cincinnatulos pueros et calamistratos, et peregrini muris olentes (*b*) pelliculas, de quibus illud (*c*) Arbitri est : *Non bene olet, qui bene semper olet*, quasi quasdam pestes et venena pudicitiæ virgo deviet : ut taceam de cæteris, (*d*) quorum importuna visitatio et se infamat, et alias ; ut etiam si nihil mali perpetretur : tamen hoc sit vel maximum malum, frustra patere maledictis et morsibus Ethnicorum. Nec hoc de omnibus dicimus, sed de his, quos Ecclesia ipsa reprehendit ; quos interdum abjicit ; in quos nonnunquam episcoporum et presbyterorum censura desævit : ut prope periculosius sit lascivis puellis ad loca religionis, quam ad publicum procedere. Quæ vivunt in monasterio, et quarum simul magnus est numerus, nunquam solæ, nunquam sine matre procedant. De agmine columbarum crebro accipiter unam separat, quam statim invadat et laceret, cujus carnibus et cruore saturetur. Morbidæ oves suum relinquunt gregem, et luporum faucibus devorantur. Scio ego sanctas virgines, quæ diebus festis propter frequentiam populorum, pedem domi cohibent ; nec tunc egrediuntur, quando major est adhibenda custodia, et publicum penitus devitandum. Ante annos circiter triginta, de Virginitate servanda edidi librum (*Epist.* xx. *l. ad Eustochium*), in quo necesse fuit mihi ire contra vitia,

---

(*b*) Victorius maluit *pelliculæ*, utpote quæ non ad *olentes*, sed verius ad *pueros* referenda sit. At olere verbum cum accusandi casu jungitur elegantius. Has autem murinas pelles, quarum usum alibi quoque, et in Jovinian. lib. 2. acriter reprehendit, Jornandus in Geticis, ab Hunuguris, quæ gens Hunnica est, in orbem Romanum tradit importatas. Vid. sup. epist. 127. n. 1.

(*c*) Martialis quidem lib. 2. Epigramm. hujusmodi est versus; apud Arbitrum vero non invenio; sed ex ejus libris quædam adhuc desiderari notum : et facile uterque Auctor eamdem potuit usurpasse sententiam, ut multas alias revera habent inter se communes. Potius Cisterciensis Ms. lectionem expendi velim, ubi pro *Arbitri* nomine est *trivii*; proprie enim *illud trivii* dicitur, pro vulgata populi sermone sententia, cujusmodi hæc videtur fuisse.

(*d*) Post Erasm. editor Benedictin. *quarum*, quod emendant alii excusi et vetustiores nostri Mss. cum palam sit de juvenibus sermonem esse, qui virgines crebro inviserent.

(1) Al. *lomentis* pro quo *lomentis* Gravius probat ex illo Martial. lib. 3.
lomento rugas uteri quod condere tentas.

---

subvertit. Cæterum sumpta sententia ex Cicerone pro Sext. Roscio, ubi de Solone agens, qui in parricidam supplicium nullum constituisset, *ne*, inquit, *non tam prohibere, quam admonere videretur*. Grav.

(*a*) Ex Menandro, ut alibi, nec uno in loco notatum est, φθείρουσιν ἤθη χρῃστὰ ὁμιλίαι κακαί. Ejus vero metri ratio in Latina interpretatione, ut Victorius animadvertit, servata in hunc modum fuisset :
Mores bonos colloquia corrumpunt mala.

996 et propter instructionem virginis, quam monebam, diaboli insidias patefacere. Qui sermo offendit plurimos, dum unusquisque in se intelligens quod dicebatur, non quasi monitorem libenter audivit, sed quasi criminatorem sui operis aversatus est. Verumtamen quid profuit armasse exercitum reclamantium, et vulnus conscientiæ dolore monstrasse? Liber manet, homines præterierunt. Scripsi et ad plerasque virgines ac viduas (a) σπουδάσματα et quidquid dici poterat, in illis opusculis defloratum est : ut aut superfluo eadem a nobis repetantur, aut nunc prætermissa, plurimum noceant. Certe et beatus Cyprianus egregium de virginitate volumen edidit, et multi alii, tam latino sermone, quam græco ; omniumque gentium litteris atque linguis, (b) præcipue in Ecclesiis ἀγνὴ vita laudata est. Sed hoc ad eas pertineat, quæ necdum elegerunt virginitatem, et exhortatione indigent, ut sciant quale sit, quod eligere debeant. Nobis electa servanda sunt, et quasi inter scorpiones et colubros incedendum, ut accinctis lumbis, calceatis pedibus, et apprehensis manu baculis, iter per insidias hujus sæculi, et inter venena faciamus ; ut possimus ad dulces Jordanis pervenire aquas, et terram repromissionis intrare, et ad domum Dei ascendere, ac dicere cum propheta : *Domine, dilexi decorem domus tuæ, et locum habitationis gloriæ tuæ* (Ps. 25. 8). Et illud : *Unam petii a Domino, hanc requiram, ut inhabitem in domo Domini, omnibus diebus vitæ meæ* (Ps. 26. 7). Felix illa conscientia et beata virginitas, in cujus corde, præter amorem Christi, qui est sapientia, castitas, patientia atque justitia, cæteræque virtutes, nullus alius versatur amor; nec ad recordationem hominis, aliquando suspirat ; nec videre desiderat, quem cum viderit, **997** nolit dimittere. Sanctum virginum propositum, et (c) cœlestis Angelorumque familiæ gloriam, quarumdam non bene se agentium, nomen infamat. Quibus aperte dicendum est, ut aut nubant, si se non possunt continere, aut contineant, si nolunt nubere. Digna res risu, imo planctu, incedentibus dominis, ancilla virgo procedit ornatior, ut pro nimia consuetudine quam incomptam videris, dominam suspiceris. Nonnullæ separata et absque arbitris quærunt hospitia, ut vivant licentius : utantur balneis, faciantque quod volunt, et devitent conscientias plurimarum. Hæc videmus et patimur, et si aureus nummus affulserit, inter bona opera deputamus.

20. Finem jungo principio : nec semel monuisse contentus sum. Ama Scripturas sanctas, et amabit te sapientia : dilige eam, et servabit te : honora illam, et amplexabitur te. Hæc monilia in pectore, et in auribus tuis hæreant. Nihil aliud noverit lingua, nisi Christum. Nihil possit sonare, nisi quod sanctum est. Aviæ tuæ tibi semper ac matris in ore dulcedo versetur : quarum imitatio forma virtutis est.

EPISTOLA (d CXXXI (e)

AUGUSTINI AD HIERONYMUM SIVE LIBER (f) DE ORIGINE ANIMÆ HOMINIS.

Recensens varias de animæ origine sententias, cupit doceri quæ potissimum tenenda sit, et quomodo adversus Pelagianorum dogma defendi possit ea, quam Hieron. in superiore epistola 126 suam esse fere insinuavit, « singulas animas novas nascentibus fieri. »

1. « Deum nostrum, qui nos vocavit in suum regnum et gloriam, et **998** rogavi et rogo, ut hoc quod ad te scribo, sancte frater Hieronyme, consulens te de his quæ nescio, fructuosum esse nobis velit [al. velis]. Quanquam enim te multo quam ego sum ætate majorem, tamen etiam ipse jam senex consulo. Sed ad discendum quod opus est, nulla mihi ætas sera videri potest; quia etsi senes magis decet docere quam discere, magis tamen discere, quam quid doceant ignorare. Nihil equidem molestius fero in omnibus angustiis meis, quas patior in difficillimis quæstionibus, quam in tam longinquo tuæ caritatis absentiam, ut vix possim meas dare, (g) vel recipere litteras tuas, per intervalla, non dierum, non mensium, sed aliquot annorum : cum, si fieri posset, quotidie præ-

---

(a) Sequimur veteres libros manu exaratos, in quibus fere omnibus κνοταλκματια habetur, non σπουδάσματα, ut alii typis vulgati. Diminutiva vox est, quæ idem fere ac σπουδάσματα, id est *opuscula*, sed paulo breviora significat, juxta Græcæ linguæ ingenium, et analogiam, tametsi apud Græcos auctores ad Lexicographos non occurrerit.

(b) Vocem *præcipue*, quæ in Benedictin. edit. deerat, ex aliis omnibus libris supplevimus. Sed statim graviore mendo laborabant hucusque editi, in quibus erat *agnes vita*, unde B. Agnetis vitam intendi ex præconcepta opinione sup. n. 5. testimonio creditum. Illa vero non omnium gentium litteris atque linguis, sed Ecclesiastici modo celebrata est, sive non etiam ab Ethnicis, sed a Fidelibus tantum : et martyrium quidem laudatur præ vita, quæ Ambrosio teste, *tredecim annorum fuisse traditur*, nec proferenda videatur ad virginitatis singulare exemplar, qua ætate probari vix tum incepit, si martyrium longe splendidius fecit. Emendamus itaque versis in Græcum litteris ἀγνή, *agne*, quod est *casta*, aut *cœlebs* εἰς ἀγνὴ τῶν ἀῤῥοδισίων, *vita a rebus venereis pura*, quod unum abs Hieronymo intendi, ex toto contextu liquet.

(c) Victorio probatur hæc alia lectio *cœlestium angelorum consimilem gloriam*. Synodus Aquisgranensis cœlestium consimilem gloriam. Placeret quod ferme habet Cisterc. Ms. *cœlestium angelorum familiam et gloriam*. Sed in re nullius fere momenti immutare non placuit.

(d) De hac et sequenti Augustini epistolis ad Hieronymum sic ipse auctor loquitur lib. 11. Retract. cap. 45. (Scripsi etiam duos libros ad Hieronymum presbyterum sedentem in Bethlehem, unum « de Origine animæ hominis : » alterum « de Sententia Jacobi Apostoli, » ubi ait, « Quicumque totam legem servaverit, offendat autem in uno, factus est omnium reus; » de utroque consulens eum. Sed in illo priore quæstionem, quam proposui, ipse non solvi ; in posteriore autem quod mihi de illa solvenda videretur, ipse non tacuit; sed utrum hoc approbaret etiam ille, consului. Rescripsit autem, laudans eamdem consultationem meam, sibi tamen ad respondendum otium non esse respondit. Ego vero quoad usque esset in corpore, hos libros edere nolui, ne forte responderet aliquando, cum ipsa responsione ejus potius ederentur. Illo autem defuncto ad hoc edidi priorem, ut qui legit admonetur, aut non quærere omnino quomodo detur anima nascentibus ; aut certe de re obscurissima eam solutionem quæstionis hujus admittere, quæ contraria non sit apertissimis rebus, quas de originali peccato fides catholica novit in parvulis, nisi regenerentur in Christo, sine dubitatione damnandis : posteriorem vero ad hoc, ut quæstionis de qua ibi agitur, etiam quæ nobis visa est solutio ipsa noscatur.Hoc opus sic incipit : *(eum nostrum qui nos vocavit).*

(e) *Alias inter Hieronymianas non computata. Scripta an. 415. verno tempore.*

(f) In vetustissimo Ambrosiano exemplari 212. inscribitur, « Consultatio Aurelii Augustini ad Hieronymum Presbyterum de Origine animarum. »

(g) Idem Ambrosian. *vix recipere.*

sentem te habere vellem, cum quo loquerer quidquid vellem. Nec ideo tamen non debui facere quod potui, si non potui totum quod volui. »

2. « Ecce venit ad me religiosus juvenis, catholica pace frater, ætate filius, honore compresbyter noster Orosius, vigil ingenio, (*a*) promptus eloquio, flagrans studio, utile vas in domo Domini esse desiderans, ad refellendas falsas perniciosasque doctrinas, quæ animas Hispanorum multo infelicius, quam corpora barbaricus gladius, trucidarunt. Nam inde ad nos usque ab oceani littore properavit, fama excitus, quod a me posset de his, quæ scire vellet, quidquid vellet audire. Neque nullum cepit adventus sui fructum. Primo ne de me multum famæ crederet. Deinde docui hominem quod potui ; quod autem non potui, unde discere posset, admonui, atque ut ad te iret hortatus sum. Qua in re consilium vel præceptum meum cum libenter et obedienter acciperet, rogavi eum ut abs te veniens, per nos ad propria remearet. Quam ejus pollicitationem tenens, occasionem mihi credidi a Domino esse concessam, qua tibi scriberem de his, quæ per te scire cupio. Quærebam enim quem ad te mitterem, nec mihi facile occurrebat idoneus et fide agendi, et alacritate obediendi et exercitatione peregrinandi. Ubi ergo istum juvenem expertus sum, eum ipsum esse qualem a Domino petebam, dubitare non potui. »

3. « ACCIPE igitur quæ mihi, peto, aperire ac disserere non graveris. Quæstio de anima multos movit, in quibus et me esse confiteor. Nam quid de anima firmissime teneam, non tacebo. Deinde subjungam quid mihi adhuc expediri velim. Anima hominis immortalis est, secundum quemdam modum suum. Non enim omni modo sicut Deus, de quo dictum est, » *qui solus habet immortalitatem* (1. *Tim.* 6. 15). « Nam de animæ mortibus sancta Scriptura multa commemorat : unde illud est, » *sine mortuos sepelire mortuos suos* (*Matth.* 8. 22). « Sed quod ita moritur alienata a vita Dei, ut tamen in natura sua vivere non omnino desistat : ita mortalis ex aliqua causa invenitur, ut etiam immortalis non sine ratione dicatur. Non est pars Dei anima. Si enim hoc esset, omni modo incommutabilis atque incorruptibilis esset. Quod si esset, nec deficeret in deterius, nec proficeret in melius ; nec aliquid in semetipsa vel inciperet habere quod non habebat, vel desineret habere quod habebat, quantum ad ejus ipsius affectiones pertinet. Quam vero aliter se habeat, non opus est extrinsecus testimonio ; quisquis seipsum advertit, agnoscit. Frustra autem dicitur ab eis, qui animam Dei partem esse volunt, hanc ejus labem ac turpitudinem, quam videmus in nequissimis hominibus, hanc denique infirmitatem et ægritudinem, quam sentimus in omnibus hominibus, non ex ipsa illi esse, sed ex corpore. Quid interest unde ægrotet, quæ si esset incommutabilis, (*b*) undelibet ægrotare non posset ? Nam quod vere incommutabile et incorruptibile est, nullius rei accessu commutari vel corrumpi potest. Alioquin non Achillea tantum, sicut fabulæ ferunt, sed omnis caro esset invulnerabilis, si nullus ei casus accideret. Non est itaque natura incommutabilis, quæ aliquo modo, aliqua causa, aliqua parte mutabilis est. Deum autem nefas est, nisi vere summeque incommutabilem credere. Non est igitur anima pars Dei. »

4. *Anima incorporea.* — Incorpoream quoque esse animam, etsi difficile tardioribus persuaderi potest, mihi tamen fateor esse persuasum. Sed ne verbi controversiam vel superfluo faciam vel merito patiar, quoniam CUM DE RE CONSTAT, non est opus certare de nomine : si corpus est omnis substantia vel essentia, vel si quid aptius nuncupatur id, quod aliquomodo est in seipso, corpus est anima. Item si eam solam incorpoream placet appellare naturam, quæ summe incommutabilis et ubique tota est, corpus est anima ; quoniam tale aliquid ipsa non est. Porro si corpus non est, nisi quod per loci spatium aliqua longitudine, latitudine, et altitudine ita sistitur vel movetur, ut majore sui parte majorem locum occupet, et breviore breviorem, minusque sit in parte quam in toto, non est corpus anima. Per totum quippe corpus, quod animat, non locali diffusione, sed quadam vitali intentione porrigitur. Nam per omnes ejus particulas tota simul adest, nec minor in minoribus, et in majoribus major, sed alicubi intensius, alicubi remissius, et in omnibus tota, et in singulis tota est. Neque enim aliter, quod in corpore etiam non (*c*) toto sentit, tamen tota sentit. Nam cum exiguo puncto in carne viva aliquid tangitur, quamvis locus ille non solum totius corporis non sit, sed vix in corpore videatur, animam tamen totam non latet : neque id quod sentitur, per corporis cuncta discurrit, sed ibi tantum sentitur ubi fit. Unde ergo ad totam mox pervenit, quod non in toto fit, nisi quia et ibi tota est ubi fit, nec ut tota ibi sit, cætera deserit ? Vivunt enim et illa ea præsente, ubi nihil tale factum est. Quod si fieret, et utrumque simul fieret, simul utrumque totam pariter non lateret. Proinde et in omnibus simul, et in singulis particulis corporis sui, tota simul esse non posset, si per illas ita diffunderetur, ut videmus corpora diffusa per spatia locorum, minoribus suis partibus minora occupare, et amplioribus ampliora. Quapropter si anima corpus esse dicenda sit, non est certe corpus quale terrenum est, nec quale humidum, aut aerium, aut ætherium. Omnia quippe talia majora sunt in majoribus locis, et minora in minoribus, et nihil eorum in aliqua sui parte totum adest : sed ut sunt partes locorum, ita occupantur partibus corporum. Unde intelligitur anima, sive corpus, sive incorporea dicenda sit, propriam quamdam habere naturam, omnibus his mundanæ molis elementis excellentiore substantia creatam, quæ veraciter non possit in

---

(*a*) Apud Martianæum, qui post Erasmum hanc epistolam in postremum tomum rejecit, *paratus eloquio*.
(*b*) Addunt Erasm. ac Martian. *aliquo modo*, et paulo post *accidisset* pro *accideret*.

(*c*) Mss. aliquot penes Benedictinos *quod in corpore non toto sit tamen*, etc.

aliqua phantasia corporalium imaginum, quas per carnis sensus percipimus, cogitari, sed mente intelligi, vitæque sentiri. Neque hæc (a) proinde loquor, ut te quæ tibi nota sunt doceam : sed ut aperiam **1001** quid firmissime de anima teneam, ne me quisquam, cum ad ea venero quæ requiro, nihil de anima vel scientia vel fide tenere arbitretur. »

5. *Anima sua culpa lapsa, sola Dei misericordia liberatur.* — « Certus etiam sum, animam nulla Dei culpa, nulla Dei necessitate vel sua, sed propria voluntate in peccatum esse collapsam, nec liberari posse de corpore mortis hujus, vel suæ voluntatis virtute, tanquam sibi ad hoc sufficiente, vel ipsius corporis morte, sed gratia Dei per Jesum Christum Dominum nostrum : nec omnino esse animam ullam in genere humano, cui non sit necessarius ad liberationem mediator Dei et hominum homo Christus Jesus. Quæcumque autem sine gratia mediatoris et sacramento ejus, in qualibet corporis ætate, de corpore exierit, et in pœnam ituram, et in ultimo judicio recepturam corpus ad pœnam. Si autem post generationem humanam, quæ facta est ex Adam, regeneretur in Christo ad ejus pertinens societatem, et requiem post mortem corporis habituram, et corpus ad gloriam recepturam. Hæc sunt, quæ de anima firmissime teneo. »

6. *Animæ reatus unde.* — « Nunc accipe, quæso, quid requiram, et noli me spernere, (b) sic non te spernat, qui pro nobis dignatus est sperni. Quæro ubi contraxerit anima reatum, quo trahitur in condemnationem, etiam infantis morte præventi, si ei per sacramentum quo etiam parvuli baptizantur, Christi gratia non subvenerit. Non enim ex illis, qui modo nova quædam garrire cœperunt, dicentes, nullum reatum esse ex Adam tractum qui per baptismum in infante solvatur.Quod te sapere si scirem, imo nisi te id non sapere scirem, nequaquam hoc abs te quærerem aut quærendum putarem. Sed quia tenemus de hac re sententiam tuam concinentem catholicæ fundatissimæque fidei, quia et Joviniani vaniloquia redarguens, adhibuisti testimonium ex libro Job, *Nemo mundus in conspectu tuo, nec infans cujus est diei unius vita super terram* (*Job* 15. 4. sec. LXX) . deinde adjunxisti, *Tenemurque rei in similitudinem prævaricationis Adæ* : et liber tuus in Jonam prophetam satis hoc insigniter dilucideque declarat, ubi jejunare parvulos propter ipsum originale peccatum, merito coactos esse dixisti : non inconvenienter abs te quæro hunc reatum anima ubi contraxerit, **1002** unde oporteat eam etiam in illa ætate per sacramentum Christianæ gratiæ liberari. »

7. « Ego quidem ante aliquot annos cum libros quosdam scriberem de *libero arbitrio*, qui in multorum manus exierunt, et (c) nunc habentur a plurimis, quatuor opiniones de animæ incarnatione,

Utrum ex illa una, quæ primo homini data est, cæteræ propagentur, An singulis quibusque novæ etiam modo fiant : An alicubi jam existentes, vel mittantur divinitus, vel sponte labantur in corpora; ita putavi esse tractandas, ut quælibet earum vera esset, non impediret intentionem meam, qua tunc adversus eos quantis poteram viribus agebam, qui naturam mali suo principio (d) præditam, adversus Deum conantur inducere, id est contra Manichæos. Nam de Priscillianistis adhuc nihil audieram, qui non multum ab istis dissimiles blasphemias fabulantur. Ideo quintam opinionem non addideram, quam in tua epistola inter cæteras commemorasti, ne aliquam præterirem, ubi quæstione interroganti rescripsisti religiosæ memoriæ viro, nobisque in Christi caritate gratissimo Marcellino, quod anima (e) non sit pars Dei. Primo, quia non de incarnatione ejus, sed de natura quæritur, cum hoc quæritur. Deinde quia hoc sentiunt illi contra quos agebam, et id maxime agebam, ut Creatoris inculpabilem inviolabilemque naturam a creaturæ vitiis et labe secernerem, cum illi a substantia mali, cui proprium principium principesque tribuunt, ipsam boni Dei substantiam ex parte, qua capta (f) est corruptam et oppressam, et ad peccandi necessitatem perductam esse contendant. Hoc itaque excepto hæreticæ opinionis errore, ex quatuor reliquis opinionibus quænam sit eligenda scire desidero. Quæcumque enim eligenda est, absit ut impugnet hanc fidem, de qua certi sumus, omni animæ etiam parvuli infantis necessariam esse liberationem ex obligatione peccati, eamque nullam esse nisi per Jesum Christum, et hunc crucifixum »

8. « Proinde ne longum faciamus, hoc certe sentis, quod singulas animas singulis nascentibus etiam modo Deus faciat. Cui sententiæ ne objiciatur, quod omnes creaturas sexto die consummaverit Deus, et septimo die requieverit, adhibes **1003** testimonium ex Evangelio, *Pater meus usque nunc operatur* (*Joan.* 5. 17) : (g) Sic enim ad Marcellinum scripsisti: in qua epistola etiam mei commemorationem benevolentissime facere dignatus es, quod hic me haberet in Africa, qui ei ipsam facilius possem explicare sententiam. Quod si potuissem, non ille hoc abs te tam longe posito inquireret; si tamen id tibi ex Africa scripsit. Nam quando scripserit nescio; tantum scio quod de hoc bene cognoverit cunctationem meam : unde me inconsulto facere voluit. Quanquam etiam si consuleret, magis hortarer, et gratias agerem quod nobis omnibus conferre posset, nisi tu breviter rescribere, quam respondere maluisses.

(a) Erasm. ac Martian. *perinde*, et mox *sentiam* pro *teneam.*
(b) Denuo Martian. post Erasm. *si non te spernat*, tametsi in ipsa Augustini recensione Erasm. *ne te spernat.*
(c) Illud *nunc* apud Erasm. et Martian desideratur.

(d) In Lovaniensi editione, notantibus Benedictinis, erat *editam.*
(e) Negandi particulam, quam editi cum Ambrosiano Ms. præferunt, restituimus a Benedictinis expunctam; nimirum istud rescripserat Hieronymus ad Marcellinum contra Manichæorum sententiam, animam partem Dei non esse.
(f) Sex Mss. apud Benedictinos, *quæ capta est*, etc.
(g) Addit Martian. post Erasm. *et ego operor* : qua quidem cum accessione affertur locus in Hieronymiana ad Marcellinum epistola 126. quam modo expendit Augustinus.

Credo ne superfluo laborares, ubi ego essem, quem putabas id optime scire, quod ille quæsiverat. Ecce volo ut illa sententia etiam mea sit, sed nondum esse confirmo. »

9. « Misisti ad me discipulos, ut ea doceam, quæ nondum ipse didici. Doce ergo quod doceam. Nam ut doceam, multi a me flagitant, eisque me sicut alia multa, et hoc ignorare confiteor. Et fortasse quamvis in os meum verecundentur, tamen apud se dicunt, *Tu es Magister in Israel, et hæc ignoras?* (*Joan.* 3. 10). Quod quidem Dominus ei dixit, qui erat unus illorum, quod delectabat vocari Rabbi. Unde etiam ad verum magistrum nocte venerat, quia fortassis erubescebat discere, qui docere consueverat. Me autem potius magistrum audire, quam velut magistrum delectat audiri. Recolo enim quid dixerit eis, quos præ cæteris elegit : *Vos autem*, inquit, *nolite vocari ab hominibus Rabbi : unus est enim magister vester, Christus* (*Matth.* 23. 8). (*a*) Nec alius docuit Moysen etiam per Jetro, nec alius Cornelium etiam per priorem Petrum, nec alius Petrum etiam per posteriorem Paulum. A quocumque enim verum illo donante dicitur, qui est ipsa veritas. Quod si ideo adhuc ista nescimus, et ea neque orando, neque legendo, neque cogitando et ratiocinando invenire potuimus, ut probemus non solum indoctos quanta caritate doceamus, verum a doctis etiam quanta humilitate discamus? »

10. « Doce ergo, quæso, quod doceam, doce quod teneam, et dic mihi, si animæ singillatim in singulis (*b*) hodieque nascentibus, fiunt, ubi in parvulis peccent, ut indigeant in sacramento Christi remissione peccati, peccantes in Adam, ex quo caro est propagata **1004** peccati : aut si non peccant, qua justitia Creatoris ita peccato obligantur alieno, cum exinde propagatis membris mortalibus inseruntur, ut eas, nisi per Ecclesiam subventum fuerit, damnatio consequatur; cum in earum potestate non sit, ut eis possit gratia baptismi subveniri. Tot igitur animarum millia, quæ in mortibus parvulorum sine indulgentia Christiani sacramenti de corporibus exeunt, qua æquitate damnantur, (*c*) si novæ creatæ, nullo suo præcedente peccato, sed voluntate Creatoris singulæ singulis nascentibus adhæserunt, quibus eas animandis ille creavit et dedit, qui utique noverat, quod unaquæque earum nulla sua culpa sine baptismo Christi de corpore fuerat exitura? Quoniam igitur neque de Deo possumus dicere, quod vel cogat animas fieri peccatrices, vel puniat innocentes; neque negare fas nobis est, eas quæ sine Christi sacramento de corporibus exierint, etiam parvulorum, non nisi in damnationem trahi : obsecro te, quomodo hæc opinio defenditur, qua creduntur animæ non ex illa una primi hominis fieri omnes, sed sicut illa una uni, ita singulis singulæ? »

11. « Ea vero quæ dicuntur alia contra hanc opinionem, facile puto me posse refellere, sicut est illud, quo eam sibi quidam videntur urgere, quomodo consummaverit Deus omnia opera sua sexto die, et septimo requieverit (*Gen.* 2. 2), si novas adhuc animas creat? Quibus si dixerimus quod ex Evangelio in supra dicta epistola posuisti, *Pater meus usque nunc operatur* (*Joan.* 5.17) : respondent, *operatur*, dictum est, institutas administrando, non novas instituendo naturas, ne Scripturæ Geneseos contradicatur ubi apertissime legitur consummasse Deum omnia opera sua. Nam et quod cum scriptum est requievisse, utique a creandis nobis creaturis intelligendum est, non a gubernandis; quia tunc ea quæ non erant, fecit, a quibus faciendis requievit : quia consummaverat omnia, quæ antequam essent, vidit esse facienda, ut deinceps non ea quæ non erant, sed ex his quæ jam erant, crearet et faceret quidquid faceret. Ita utrumque verum esse monstratur, et quod dictum est, *Requievit ab operibus suis* : et quod dictum est, *Usque nunc operatur* : quoniam Genesi non potest Evangelium esse contrarium. »

12 « Verum his qui hæc ideo dicunt ne credatur modo Deus, sicut illam unam novas animas, quæ non erant, facere; sed **1005** ex illa una, quæ jam erat, eas creare, vel ex fonte aliquo sive thesauro quodam, quem tunc fecit, eas mittere, facile respondetur, etiam illis sex diebus multa Deum creasse ex his naturis, quas jam creaverat, sicut ex aquis alites et pisces; ex terra autem arbores, fœnum, animalia : sed quod ea, quæ non erant, tunc fecerit, manifestum est. Nulla enim erat avis, nullus piscis, nulla arbor, nullum animal : et bene intelligitur ab his creatis requievisse, quæ non erant, et creata sunt, id est cessasse, nec ultra quæ non erant, crearentur. Sed nunc quod dicitur, (*d*) animas non in nescio quo fonte jam existentes mittere, nec de seipso tanquam suas particulas irrorare, nec de illa una originaliter trahere, nec pro delictis ante carnem commissis carnels vinculis compedire, sed novas creare singulas singulis suam, cuique nascenti, non aliquid facere dicitur, quod ante non fecerat. Jam enim sexto die fecerat hominem ad imaginem suam, quod utique secundum animam rationalem fecisse intelligitur. (*e*) Hoc et nunc facit, non instituendo quod non erat, sed multiplicando quod erat. Unde et illud verum est, quod a rebus, quæ non erant, instituendis requievit. Et hoc verum est, quod non solum gubernando quæ fecit, verum etiam aliquid non quod nondum, sed quod jam creaverat, numerosius creando usque nunc operatur. Vel sic ergo vel alio modo quolibet eximus ab eo, quod nobis objicitur de requie Dei ab operibus suis, ne propterea non credamus nunc usque fieri animas novas, non ex illa una, sed sicut illam unam. »

(*a*) Idem cum Erasm. addit *Jesus*, mox *etiam* adverbium primo loco omittit.
(*b*) Abest ab Erasm. et Martian. *hodieque*.
(*c*) Adnotant Benedictini in Mss. non paucis inveniri *sive novæ creaturæ*.

(*d*) Paulo aliter penes Martian. « animas nescio quo fonte, jam existentes non mittere. »
(*e*) Mss. quinque Vaticani, et sex Gallicani apud Benedictinos hæc inferunt : « Tandem post longam disputationem, ecclesiasticam confirmasti sententiam. » Quam studiosi alicujus marginalem notam, postea in textum male intrusam fuisse non dubito.

13. « Nam quod dicitur, Quare facit animas eis, quos novit cito morituros? Possumus respondere, parentum hinc peccata vel convinci, vel flagellari. Possumus etiam recte illius moderationis ista relinquere, quem scimus omnibus temporaliter transeuntibus rebus, ubi sunt etiam animalium ortus et obitus, cursum ornatissimum atque ordinatissimum dare; sed nos ista sentire non posse, quæ si sentiremus, delectatione ineffabili mulceremur. Non enim frustra per Prophetam, qui hæc divinitus inspirata didicerat, dictum est de Deo, *Qui profert (a) numerose sæculum* (*Is*. 40. 26). Unde musica, id est scientia sensusve bene modulandi, ad admonitionem magnæ rei, etiam mortalibus rationales habentibus animas Dei largitate concessa est. Unde si homo faciendi carminis artifex novit quas quibus moras vocibus tribuat, ut illud quod canitur, decedentibus ac succedentibus sonis, pulcherrime currat ac transeat; quanto magis Deus, cujus sapientia, per quam fecit omnia, longe omnibus artibus præferenda est, nulla in naturis nascentibus et occidentibus temporum spatia, quæ tanquam syllabæ ac verba ad particulas hujus sæculi pertinent, in hoc labentium rerum tanquam mirabili cantico, vel brevius, vel productius, quam modulatio præcognita et præfinita deposcit, præterire permittit? Hoc cum etiam de arboris folio dixerim, et de nostrorum numero capillorum; quanto magis de hominis ortu et occasu, cujus temporalis vita brevius productiusve non tenditur, quam Deus dispositor temporum novit universitatis moderamini consonare? »

14. « Id etiam quod aiunt, omne quod in tempore cœpit esse, immortale esse non posse : quia omnia orta occidunt, et aucta senescunt, ut eo modo credi cogant, animum humanum ideo esse immortalem, quod ante omnia tempora sit creatus, non movet fidem nostram. Ut enim alia taceam, cœpit esse in tempore immortalitas carnis Christi, quæ tamen jam non moritur, et mors ei ultra non dominabitur (*Rom.* 6. 9). »

15. « Illud vero quod in libro adversus Ruffinum posuisti (*Lib.* 3, *cap. ultimo*) (*b*), quosdam huic sententiæ calumniari, quod Deum dare animas adulterinis conceptibus videatur indignum, unde conantur astruere meritis gestæ ante carnem vitæ animas quasi ad ergastula hujus mundi juste posse perduci, non me movet multa cogitantem, quibus hæc possit calumnia refutari. Et quod ipse respondisti, non esse vitium sementis in tritico quod furto dicitur esse sublatum, sed in eo qui frumenta furatus est; nec idcirco terram non debuisse gremio suo semina confovere, quia sator immunda ea projecerit manu; elegantissima similitudo est. Quam et antequam legerem nullas mihi objectio ista de adulterinis fœtibus in hac quæstione faciebat angustias, generaliter intuenti multa bona Deum facere, etiam de nostris malis nostrisque peccatis. Animalis autem cujuscumque creatio, si habeat pium prudentemque consideratorem, ineffabilem laudem Creatori excitat; quanto magis creatio non cujuslibet animalis, sed hominis? Si autem causa creandi quæritur, nulla citius et melius respondetur, nisi quia omnis creatura Dei bona est. Et quid dignius quam ut bona faciat bonus Deus, quæ nemo potest facere nisi Deus? »

16. « Hæc et alia quæ possum, sicut possum, dico adversus eos qui hanc opinionem, qua creduntur animæ sicut illa una singulis fieri, labefactare conantur. Sed cum ad pœnas ventum est parvulorum, magnis, mihi crede, coarctor angustiis, nec quid respondeam prorsus invenio : non solum eas pœnas dico, quas habet post hanc vitam illa damnatio, quo necesse est trahantur, si de corpore exierint sine Christianæ gratiæ sacramento, sed eas ipsas, quæ in hac vita dolentibus nobis versantur ante oculos; quas enumerare si velim, prius tempus quam exempla deficient. Languescunt ægritudinibus, torquentur doloribus, fame et siti cruciantur, debilitantur membris, privantur sensibus, vexantur ab immundis spiritibus. Demonstrandum est (*c*) utique, quomodo ista sine ulla sua mala causa juste patiantur. Non enim dici fas est, aut ista ignorante Deo fieri, aut eum non posse resistere facientibus, aut injuste ista vel facere vel permittere. Numquidnam sicut animalia irrationabilia recte dicimus in usus dari naturis excellentioribus, etsi vitiosis, sicut apertissime in Evangelio videmus, porcos ad usum desideratum concessos esse dæmonibus (*Matth.* 8. 22); hoc et de homine recte possumus dicere? Animal est enim, sed rationale, etsi mortale. Anima est rationalis in illis membris, quæ tantis afflictionibus pœnas luit : Deus bonus est, Deus justus est, Deus omnipotens est; hoc dubitare omnino dementis est. Tantorum ergo malorum, quæ fiunt in parvulis, causa justa dicatur. Nempe cum majores ista patiuntur [al. *patiantur*], solemus dicere, aut sicut in Job merita examinari, aut sicut in Herode peccata puniri. Et de quibusdam exemplis, quæ Deus manifesta esse voluit, alia quæ obscura sunt (*d*) homini conjectare conceditur, sed hoc in majoribus. De parvulis autem quid respondeamus edissere, si pœnis tantis nulla in eis sunt punienda peccata. Nam utique nulla est in illis ætatibus examinanda justitia. »

17. « De ingeniorum vero diversitate (*e*), imo absurditate, quid dicam; quæ quidem in parvulis latet, sed ab ipsis exordiis naturalibus ducta, apparet in grandibus, quorum nonnulli tam tardi et obliviosi sunt, ut ne prima quidem discere litterarum elementa po-

---

(*a*) Ex LXX. ὁ ἐκφέρων κατ' ἀριθμὸν τὸν κόσμον αὐτοῦ, Vulg. *in numero militiam eorum.*
(*b*) Id nempe urgebat Ruffinus, « et ubi est justitia Dei, ut de adulterio incestuque nascentibus animas largiatur ? » Nimirum ex Origene περὶ ἀρχῶν lib. 3. c. 3. « Non aliter poterit responderi, ita ut absque omni injustitiæ culpa providentia demonstretur, nisi priores quædam fuisse eis causæ dicantur, quibus antequam in corpore nascerentur animæ, aliquid contraxerint culpæ in sensibus, vel motibus suis. » Paulo post Benedictini pro *hujus mundi* legunt *hujusmodi.*

(*c*) Erasmus ac Martian. *itaque.*
(*d*) Iidem, vitiose tamen, *hominum conjecturæ conceditur.*
(*e*) Monent Benedictini in editis aliquot et Mss. omitti *imo absurditate.*

tuerint : quidam vero tantæ sunt fatuitatis, ut non multum a pecoribus differant; quos moriones vulgo vocant. Respondetur fortasse, corpora hoc faciunt. Sed numquid secundum hanc sententiam quam (a) defendi volumus, anima sibi corpus elegit, et in eligendo cum falleretur, erravit? aut cum in corpus cogeretur 1008 intrare necessitate nascendi, alia corpora præoccupantibus animarum turbis, ipsa aliud non invenit, et sicut in spectaculo aliquo locum, ita carnem non quam voluit, sed quam valuit, occupavit? Numquid hæc et talia vel dicere possumus, vel sentire debemus? Doce igitur quid sentire, quid dicere debeamus, ut constet nobis ratio novarum animarum (b) singillatimque factarum singulis corporibus. »

18. « Ego quidem non de ingeniis, sed saltem de pœnis parvulorum, quas in hac vita patiuntur, dixi, aliquid in libris illis *de libero arbitrio* (Lib. 3. 23. n. 67). Quod quale sit, et cur mihi in ista, quam habemus in manibus quæstione, non sufficiat, intimabo, et cum ipsum de tertio libro locum excerptum his litteris inseram; nam ita se habet : *De cruciatibus autem corporis quibus affliguntur parvuli, quorum per ætatem nulla peccata sunt, si animæ quibus animantur, non prius quam ipsi homines esse cœperunt, major querela et quasi misericors deponi* (c) *solet, cum dicitur, Quid mali fecerunt, ut ista paterentur? Quasi possit esse meritum innocentiæ, ante quam quisque nocere aliquid possit. Cum autem boni aliquid operatur Deus in emendatione majorum, cum parvulorum suorum, qui eis cari sunt, doloribus ac mortibus flagellantur, cur ista non fiant, quando cum transierint, pro non factis erunt, in quibus facta sunt : propter quos autem facta sunt, aut meliores erunt, si temporalibus incommodis emendati, rectius elegerint vivere : aut excusationem in futuri judicii supplicio non habebunt, si vitæ hujus angoribus, ad æternam vitam desiderium convertere noluerint? Quis autem novit quid parvulis, de quorum cruciatibus duritia majorum contunditur, aut exercetur fides, aut misericordia probatur : quis* (d) *ergo novit quid ipsis parvulis in secreto judiciorum suorum bonæ compensationis reservet Deus? Quoniam quanquam nihil recte fecerint, tamen nec peccantes aliquid ista perpessi sunt. Non enim frustra etiam infantes illos, qui cum Dominus noster Jesus Christus necandus ab Herode quæreretur, occisi sunt, in honorem Martyrum receptos commendat Ecclesia.*»

19. « Hæc tunc dixi, cum hanc ipsam de qua nunc agitur vellem communire sententiam. Sicut enim paulo ante commemoravi, quæcumque illarum de animæ incarnatione quatuor opinionum vera esset, inculpatam substantiam Creatoris, et a nostrorum peccatorum societate remotissimam nitebar ostendere. Et ideo 1009 quæcumque illarum veritate posset convinci et repudiari, ad curam intentionis meæ, quam tunc habebam non pertinebat : quandoquidem cunctis diligentiore disputatione discussis, quæcumque illarum recte vinceret cæteras, me securissimo fieret, quando etiam secundum omnes id, quod agebam, invictum persistere demonstrabam. Nunc vero unam volo, si possum, ratione recta eligere ex omnibus : et propterea hujus ipsius, de qua nunc agimus defensionem, in his, quæ commemoravi de illo libro, verbis meis attentius intuens, validam firmamque non video.»

20. « Nam velut firmamentum ejus illud est, quod ibi dixi, *Quis autem novit quid parvulis, de quorum cruciatibus duritia majorum contunditur, aut exercetur fides, aut misericordia probatur : quis, inquam, novit quid ipsis parvulis in secreto judiciorum suorum bonæ compensationis reservet Deus?* (e) Sed hoc non immerito dici video de his, qui vel pro Christi nomine ac vera religione tale aliquid etiam nescientes patiuntur, vel sacramento Christi jam imbuti sunt, quia sine societate unius mediatoris liberari a damnatione non possunt, ut possit eis, etiam pro illis malis, quæ hic in diversis afflictionibus pertulerunt, compensatio ista præstari. Nunc autem cum ista quæstio non possit absolvi, nisi etiam de his parvulis respondeatur, qui post gravissimos cruciatus sine sacramento Christianæ societatis exspirant quæ circa eos compensatio cogitanda est, quibus insuper et damnatio præparata est? Nam et de baptismo parvulorum in eodem libro, non quidem sufficienter, sed quantum illi operi satis esse videbatur, utcumque respondi, quod etiam nescientibus, et fidem suam nondum habentibus prodest : non tamen de damnatione eorum parvulorum, qui sine illo ex hac vita emigrant, tunc aliquid dicendum putavi, quia non quod nunc agitur agebatur.

21. Sed ut omittamus et contemnamus ea, quæ brevi tempore patiuntur, nec transacta revocantur, numquid similiter contemnere possumus, quod *per unum hominem mors, et per unum hominem resurrectio mortuorum? Sicut enim in Adam omnes moriuntur, sic et in Christo omnes vivificabuntur* (1. Cor. 15, 21 et 22). Per hanc enim apostolicam, divinam, claramque sententiam, satis evidenter elucet, neminem ire in mortem nisi per Adam, neminem ire 1010 in vitam æternam, nisi per Christum. Hoc est quippe *omnes et omnes*, quia sicut omnes homines per primam, hoc est per carnalem generationem pertinent ad Adam : sic omnes homines ad secundam, id est spiritalem (f) generationem veniunt, quicumque ad Christum perveniunt. Ideo ergo dictum est, et hic *omnes* et ibi *omnes*, quia sicut omnes qui moriuntur, nonnisi in Adam moriuntur : ita omnes qui vivificabuntur, nonnisi in Christo vivificabuntur. Ac per hoc, QUISQUIS NOBIS dixerit, quemquam in resurrectione mortuorum vivificari posse, nisi in Christo, tanquam (g) pe-

---

(a) Contrario sensu Martian. post Erasmum *defendere nolumus* : falso, ut ex superioribus liquet.
(b) Al. *singulis corporibus singulatimque factarum.*
(c) Martian. post Erasm. *depromi.*
(d) Benedictini *quis ergo novit*, etc. alii *quis inquam ergo novit*, etc.
(e) Addunt ex eodem libro Erasm. et Martian. heic quoque loci « quoniam quanquam nihil recte fecerint, tamen nec peccantes aliquid, ista perpessi sunt.
(f) Iidem *spiritalem regenerationem.*
(g) In Thuano Ms. penes Benedictinos *hostis.*

stis communis fidei detestandus est. Item QUISQUIS DIXERIT, quod in Christo vivificabuntur etiam parvuli, qui sine sacramenti ejus participatione de vita exeunt, hic profecto et contra apostolicam prædicationem venit, et totam condemnat Ecclesiam, ubi propterea cum baptizandis parvulis festinatur et curritur, quia sine dubio creditur aliter eos in Christo vivificari omnino non posse. Qui autem non vivificatur in Christo, restat ut in ea [al. *eadem*] condemnatione maneat, de qua dicit Apostolus, *Per unius delictum in omnes homines ad condemnationem* (*Rom.* 5. 18) : Cui delicto obnoxios parvulos nasci, et omnis credit Ecclesia, et ipse jam contra Jovinianum disputans, et exponens Jonam Prophetam, sicut paulo ante commemoravi, fide veracissima definisti : credo et in aliis locis opusculorum tuorum, quæ vel non legi, vel in præsentia non recordor. Hujus igitur damnationis in parvulis [al. *parvulos*] causam requiro ; quia neque animarum, si novæ fiunt singulis singulæ, video esse ullum in illa ætate peccatum, nec a Deo damnari aliquam credo quam videt nullum habere peccatum. »

22. « An forte dicendum est, in parvulo carnem solam causam esse peccati, novam vero illi animam fieri, quæ secundum Dei præcepta vivente, in adjutorio gratiæ (*a*) Christi, et ipsi carni edomitæ ac subjugatæ possit incorruptionis meritum comparari. Sed quia in parvulo anima nondum id agere potest, nisi Christi (*b*) acceperit sacramentum, per hanc gratiam carni ejus acquiritur, quod illius moribus nondum potuit. Si autem sine illo sacramento anima parvuli exierit, ipsa quidem in æterna vita erit, unde eam nullum peccatum potuit separare : caro vero ejus non resurget in Christo, non percepto ante mortem illius sacramento ? »

23. « Hanc opinionem nunquam audivi, **1011** nunquam legi. Sed plane audivi et credidi, propter quod et locutus sum, *quia* (*c*) *venit hora, quando omnes qui in monumentis sunt, audient vocem ejus : et procedent qui bene fecerunt, in resurrectionem vitæ* (*Joan.* 5. 28). Ipsa est de qua dicitur, *et per unum hominem resurrectio mortuorum* (1. *Cor.* 15. 21) : Ipsa est qua *in Christo omnes vivificabuntur. Qui autem male egerunt, in resurrectionem judicii.* Quid hic ergo de illis infantibus intelligendum est, qui prius quam possent agere vel bene vel male, sine baptismo ex corpore exuti sunt? Nihil hic de talibus dictum est. Sed si caro eorum ideo non resurget, quia nec boni aliquid fecerunt, nec mali ; nec illorum resurrectura est, qui percepta baptismi gratia, in illa ætate defuncti sunt, in qua nihil bene vel male agere potuerunt. Si autem illi inter sanctos resurgent, id est inter eos qui bene egerunt ; inter quos et illi resurrecturi sunt, nisi inter eos qui male egerunt, ne aliquas humanas animas credamus corpora sua non recepturas, sive in resurrectionem vitæ, sive in resurrectionem judicii? Quæ sententia prius quam refellatur, ipsa novitate jam displicet. Deinde quis ferat, si credant se illi, qui ad baptismum cum suis parvulis currunt, propter carnes [al. *carnem*] eorum, non propter animas currere? Beatus quidem (*d*) Cyprianus non aliquod decretum condens novum, sed Ecclesiæ fidem firmatissimam [al. *firmissimam*] servans, ad corrigendum eos, qui putabant ante octavum diem nativitatis non esse parvulum baptizandum, non carnem, sed animam dixit *non esse perdendam*; et mox natum, rite baptizari posse, cum suis quibusdam coepiscopis censuit. »

24. « Sed contra Cypriani aliquam opinionem, ubi quod videndum fuit, fortasse non vidit, sentiat quisque quod libet ; tantum contra apostolicam manifestissimam fidem nemo sentiat (*e*), quæ ex unius delicto omnes in condemnationem duci prædicat : ex qua condemnatione non liberat, nisi gratia Dei per Jesum Christum Dominum nostrum, in quo uno omnes vivificantur, quicumque vivificantur. Contra Ecclesiæ fundamentum morem nemo sentiat, ubi ad baptismum, si propter sola parvulorum corpora curreretur, baptizandi offerrentur et mortui. »

25. « Quæ cum ita sint, quærenda causa est, atque reddenda, quare damnentur [al. *damnantur*] animæ, quæ novæ creantur singulis quibusque nascentibus, si præter Christi sacramentum parvuli moriantur. Damnari enim **1012** eas, si sic de corpore exierint, et sancta Scriptura, et sancta est testis Ecclesia. Unde illa de animarum novarum creatione sententia, si hanc fidem fundatissimam non oppugnat, sit et mea : si oppugnat, non sit et tua.»

26. « Nolo mihi dicatur, pro hac sententia debere accipi quod scriptum est, *Qui finxit spiritum hominis in ipso* (*Zach.* 12. 1), et *Qui finxit singillatim corda eorum* (*Psal.* 32. 15). Aliquid fortissimum atque invictissimum requirendum est, quod nos non cogat Deum credere ullarum animarum sine culpa aliqua damnatorem. Nam vel tantumdem valet, vel plus est forsitan creare, quam fingere, et tamen scriptum est *Cor mundum crea in me Deus* (*Ps.* 50. 12). Nec ideo putari potest, animam hoc loco optare se fieri, prius quam aliquid esset : Sicut ergo jam existens creatur innovatione justitiæ, sic jam existens fingitur (*f*) conformatione doctrinæ. Nec illud quod in Ecclesiaste scriptum est, *Tunc convertetur in terram pulvis sicut fuit, et spiritus revertetur ad Dominum qui dedit illum* (*Eccl.* 12. 7) : istam confirmat sententiam, quam volumus esse nostram. Plus enim hoc suffragatur eis, qui ex una putant omnes esse animas. Nam sicut convertitur, inquiunt, pulvis in terram, sicut fuit ; et tamen caro, de qua hoc dictum est, ad hominem non revertitur, ex quo propagata est, sed ad

---

(*a*) Haud bene Martian. post Erasm. *gratiæ Dei*, et mox *subjectæ* pro *subjugatæ*.
(*b*) Fideum cum aliis editis *accesserit*.
(*c*) Martian. post Erasm. *veniet*, et paulo post *bonum ex*... [illegible] *proprios* [illegible].

(*d*) Epistola 59. ad Fidum, unde argumenta contra Pelagianos desumunt alibi Hieronymus, et Augustinus.
(*e*) Cum Erasmo Martianæus, « qui ex unius delicto omnes homines in condemnationem, » etc.
(*f*) [illegible] *fingitur confirmatione* [illegible]

terram, unde primus homo factus est : sic et spiritus ex illius unius spiritu propagatus, non tamen ad eum revertitur; sed ad Dominum, a quo illi datus est. Verum quia hoc testimonium ita pro istis sonat, ut non omni modo huic opinioni, quam defendi volo, videatur esse contrarium, admonendam tantum credidi prudentiam tuam, ne talibus testimoniis ex his angustiis me coneris eruere. Nam licet nemo faciat optando, ut verum sit quod verum non est : tamen si fieri posset, optarem ut hæc sententia vera esset : sicut opto, ut si vera est, abs te liquidissime atque invictissime defendatur. »

27. « Hæc autem difficultas etiam illos sequitur, qui jam existentes alibi animas, et ab initio divinorum operum præparatas, a Deo mitti opinantur in corpora. Nam et ab his hoc idem quæritur, Si animæ inculpatæ obedienter veniunt, quo mittuntur; cur in parvulis, si non baptizati vitam istam finierint, puniuntur? Eadem prorsus in utraque sententia difficultas est. Illi sibi videntur de hac facilius exire quæstione, **1013** qui animas asseverant pro meritis vitæ prioris, singulas singulis corporibus implicari. Hoc enim putant esse in Adam mori, in carne scilicet, quæ propagata est ex Adam, supplicia pendere : a quo reatu, inquiunt, gratia Christi liberat pusillos cum magnis. Hoc quidem recte, veraciter, optimeque, quod gratia Christi liberat a reatu peccatorum pusillos cum magnis. Sed in alia superiore vita peccare animas, et inde præcipitari in carceres carneos, non credo, non acquiesco, non consentio (a). Primo, quoniam nescio per quos circuitus fieri id aiunt isti : ut post nescio quanta volumina sæculorum iterum ad istam sarcinam corruptibilem [al. *corruptibilis*] carnis, et supplicia pendenda redeundum sit : qua opinione quid horribilius cogitari possit ignoro. Deinde quis tandem justus defunctus est, de quo non, si isti vera dicunt, solliciti esse debeamus, ne in sinu Abrahæ peccans, in flammas illius divitis dejiciatur? Cur enim non et post hoc corpus peccari possit, si et ante potuit? Postremo et longe aliud est in Adam peccasse. Unde dicit Apostolus : *In quo omnes peccaverunt* (Rom. 5. 12) : et aliud est extra Adam, nescio ubi peccasse : et ideo in Adam, id est, in carnem quæ ex Adam propagata est, tanquam in carcerem trudi. Illam vero opinionem, quod ex una fiant omnes animæ, nec discutere volo, nisi necesse sit. Atque utinam ista de qua nunc agimus, si vera est, sic abs te defendatur, ut hoc jam necesse non sit. »

28. « Quamvis autem desiderem, rogem, votis ardentibus exoptem et (b) expetam, ut per te mihi Dominus hujus rei auferat ignorantiam : tamen si, quod absit, minime meruero, patientiam mihi petam a Domino Deo nostro : in quem si credimus, ut si aliqua nobis non aperiat etiam pulsantibus, nullo modo adversus eum murmurare debeamus. (c) Meminí prius ipsis Apostolis dictum : *Multa habeo vobis dicere, sed non potestis illa portare modo* (Jean. 16. 12). In his, quantum ad me attinet, etiam hoc deputem. Nec qui hoc sciam me indigner indignum, ne hoc ipso etiam convincar indignior. Multa enim alia similiter nescio, quæ commemorare vel enumerare non possum. Et hoc tolerabiliter ignorarem, nisi metuerem, ne aliqua istarum opinionum contra illud quod firmissima fide retinemus, incautis obreperet mentibus. Sed antequam sciam, quænam earum potius eligenda sit, hoc me non temere sentire profiteor, eam **1014** quæ vera est, non adversari robustissimæ ac fundatissimæ fidei, qua Christi Ecclesia nec parvulos homines recentissime natos a damnatione credit, nisi per gratiam nominis Christi, quam in suis sacramentis commendavit, posse liberari. »

EPISTOLA CXXXII (d).

AUGUSTINI AD HIERONYMUM. SEU LIBER DE SENTENTIA JACOBI.

Consuluit de loco ex Jacobi epist. 2. 10. Qui offenderit in uno, factus est omnium reus, multaque admiscet de Stoicis, qui docebant omnia peccata esse paria : et quisquis haberet unam virtutem, habere omnes ; qui careret una, nullam habere.

1. *Quod ad te scripsi, honorande mihi in Christo frater Hieronyme, quærens de anima humana, si nascentibus singulis, novæ singulæ nunc usque fiunt* [al. *fiant*], *ubi peccati vinculum contrahant, quod per sacramentum gratiæ Christi, etiam in infantibus recenter natis solvendum esse non dubitamus, cum in non parvum volumen procederet, nolui illa alia onerare quæstione : sed quod urget acrius, multo minus est negligendum. Proinde* (e) *quæso, et per Deum obsecro, ut exponas mihi quod multis existimo profuturum : aut si jam vel abs te, vel ab alio aliquo expositum habes, dirigas nobis, quomodo accipiendum sit, quod in epistola Apostoli Jacobi scriptum est : Quicumque enim totam Legem servaverit, offendat autem in uno, factus est omnium reus* (Jac. 2. 10). *Quæ res talis ac tanta est, ut quod hinc tibi non jam olim scripsi, multum me pœniteat.*

2. *De agenda namque præsenti vita, quomodo ad vitam perveniamus æternam, non de præterita perscrutanda, quam penitus demersit oblivio, sicut est illud quod de anima quærendum putavi, hæc vertitur quæstio. Eleganter autem dictum esse narratur, quod huic rei satis apte convenit. Cum quidam ruisset in puteum, ubi aqua tanta erat, ut eum magis exciperet, ne moreretur, quam suffocaret, ne loqueretur : accessit alius, et eo viso* (c) *admirans, ait, Quomodo huc cecidisti? At ille : Obsecro,* **1015** *inquit, cogita quomodo hinc me liberes, non quomodo huc ceciderim, quæras. Ita quoniam fatemur, et fide Catholica tenemus, de re-*

(a) Benedictini, « Primum quoniam per nescio quos fieri circuitus, » etc.
(b) Apud Benedictinos, *et exspectem*.
(c) Martian. post Erasm. cum tredecim penes Benedictinos Mss. *Meminerimus ipsis*, etc.
(d) Alias inter *Hieronymianas non adnumerata. Scripta eodem tempore ac superior.*
(e) Idem, *Proinde quæro*, etc.
(f) Mss. decem notantibus Benedictinis, *miserans ait*.

atu peccati tanquam de puteo etiam parvuli infantis animam Christi gratia liberandam, satis est ei quod modum quomodo salva fiat, novimus, etiam si nunquam quomodo in malum illud devenerit, noverimus. Sed ideo putavi esse quærendum, ne forte ex illis opinionibus incarnationis animæ aliquam teneamus incautius, quæ liberandam prorsus animam parvuli contradicat : negans eam esse in isto malo. Hoc igitur firmissime retento, quod anima parvuli de reatu peccati liberanda est, nec alio modo liberanda, nisi gratia Dei per Jesum Christum Dominum nostrum : si possumus etiam ipsius mali causam et originem nosse, vaniloquis non disputatoribus, sed litigatoribus paratius instructiusque resistimus. Si autem non possumus, non quia latet mis riæ principium, ideo pigrescere misericordiæ debet officium. Adversus eos autem qui sibi videntur scire quod nesciunt, hoc tutiores sumus, quod hanc ignorantiam nostram non ignoramus. Aliud est enim, quod nescire malum est : aliud quod sciri vel non potest, vel non opus est, vel ad vitam quam quærimus, indifferens est. Hoc vero quod de litteris Apostoli Jacobi nunc requiro, in hac ipsa qua vivimus, et ut semper vivamus Deo placere studemus, actione versatur.

3. *Quomodo igitur intelligendum est, obsecro te, Quicumque totam Legem servaverit, offendat autem in uno, factus est omnium reus? (Jac. 2. 10). Itane qui furtum fecerit, imo vero qui dixerit diviti, Sede hic : pauperi autem, Tu sta illic, et homicidii , et adulterii, et sacrilegii reus est? Quod si non est, quomodo qui in uno offendat, factus est omnium reus? An illud quod dixit de divite et paupere, ad ista non pertinet, quorum si quis in uno offenderit, fiet [al. factus est] omnium reus? Sed recolendum est, unde venerit illa sententia, et quæ illam superiora pepererint, quibusque connexa dependeat. Fratres mei nolite, inquit, in personarum acceptione habere fidem Domini nostri Jesu Christi gloriæ. Etenim si introierit in conventum vestrum vir annulum aureum habens in veste candida : introierit autem et pauper in sordido habitu, et intendatis in eum qui indutus est veste præclara, et dicatis ei, Tu sede hic bene; pauperi autem dicatis,* **1016** *Tu sta illic, aut, sede sub scabello pedum meorum, nonne judicatis apud vosmetipsos, et facti estis judices cogitationum iniquarum ? Audite* (a), *fratres carissimi, nonne Deus elegit pauperes in hoc mundo, divites in fide, et hæredes regni, quod repromisit Deus diligentibus se? Vos autem exhonorastis pauperem, propter illum scilicet, cui dictum est : Tu sta illic : cum habenti anulum aureum dictum esset, Tu sede hic bene. Ac deinde sequitur, eamdem ipsam sententiam latius versans, et explicans : Nonne, inquit, divites per potentiam opprimunt vos, et trahunt ad judicia? Nonne ipsi blasphemant bonum nomen, quod invocatum est super vos? Si quidem legem perficitis regalem secundum Scripturam, Diliges proximum tuum sicut teipsum, benefacitis. Si autem accipitis personas, peccatum operamini, redarguti a* Lege quasi transgressores. *Vide quemadmodum transgressores legis appellat, qui dicunt diviti,* Sede hic, et pauperi, Sta illic. (b) *Unde ne putarent contemptibile esse peccatum, in hac una re Legem transgredi, secutus adjunxit :* Quicumque totam Legem servaverit, offendat autem in uno, factus est omnium reus. Qui enim dixit, Non mœchaberis, dixit et, Non occides. Quod si non occidis [al. occides], mœcharis autem, factus es transgressor Legis ; propter id quod dixerat, Redarguti a Lege, quasi transgressores. *Quæ cum ita sint, consequens videtur, (nisi alio modo intelligendum ostendatur,) ut qui dixerit diviti,* Sede hic, et pauperi, Sta illic, huic (c) non honorem, quem illi deferens, et idololatra, et blasphemus, et adulter, et homicida, et ne (quod longum est) cuncta commemorem, reus omnium criminum judicandus sit. Offendens quippe in uno , factus est omnium reus.

4. *At enim qui unam virtutem habet, omnes habet, et qui unam non habet, nullam habet. Hoc si verum est, confirmatur ista sententia. Sed ego eam exponi volo, non confirmari, quæ per seipsam apud nos omnibus philosophorum auctoritatibus firmior est. Et illud quidem de virtutibus, et vitiis, si veraciter dicitur, non est consequens, ut propter hoc omnia peccata sint paria. Nam illud de inseparabilitate virtutum, (d) nisi forsitan fallor, tamen si verum memini, quod nix memini, omnibus philosophis placuit,* **1017** *qui easdem virtutes, agendæ vitæ necessarias esse dixerunt. Hoc autem de parilitate peccatorum soli Stoici ausi sunt disputare contra omnem sensum generis humani ; quam eorum vanitatem in Joviniano illo qui in hac sententia Stoicus erat, in aucupandis autem et defensandis voluptatibus, Epicureus, de Scripturis sanctis dilucidissime convicisti (contra Jovinian. lib. 2). In qua tua suavissima , et præclarissima disputatione satis evidenter apparuit, non placuisse auctoribus nostris, vel ipsi potius quæ per eos locuta est, veritati, omnia esse paria peccata. Quomodo autem fieri possit, ut etiam si hoc de virtutibus verum est, non tamen ideo cogamur fateri æqualitatem omnium peccatorum, quantum possum, adjuvante Domino, aperire conabor. Quod si effecero, approbabis, ubi vero causæ defuero, tu supplebis.*

5. *Virtutum catena.—Certe hinc persuadent, qui unam virtutem habuerit, habere omnes, et omnes deesse cui una defuerit ; quod prudentia nec ignava, nec injusta nec intemperans potest esse ; nam si aliquid horum fuerit, prudentia non erit. Porro si prudentia tunc erit, si et fortis, et justa, et temperans sit, profecto ubi fuerit, secum habet cæteras. Sic et fortitudo imprudens esse non potest vel intemperans vel injusta. Sic et temperantia necesse est, ut prudens fortis et justa sit. Sic et justitia non est, nisi sit prudens, fortis, et temperans. Ita* (e) *ubi est una vera aliqua earum, et aliæ similiter sunt.*

(a) Penes Martian. et Erasm. *Fratres mei dilectissimi.*

(b) Apud Benedictinos *vide*, typorum tamen, ut videtur, mendo.

(c) Hieronymiani editores, « huic ampliorem honorem, quam illi deferens. » Scripsissent saltem ordine inverso, « Illi ampliorem honorem, quam huic, » etc.

(d) Benedictinis placuit, *etsi forsitan*, etc.

(e) Benedictini, *ita ubi vera est aliqua earum*, etc. et paulo post, *vera illa non est*.

Ubi autem aliæ desunt, vera una illa non est, etiam si aliquo modo similis esse videatur.

6. *Vitia manifesta, et palliata.* — Sunt enim, ut scis, quædam vitia virtutibus aperta discretione contraria, ut imprudentia prudentiæ. Sunt autem quædam tantum quia vitia sunt, ideo contraria, quadam tamen specie fallaci similia, ut eidem prudentiæ non imprudentia, sed astutia. Nunc enim eam dico astutiam, quæ usitatius in malitiosis intelligi et vocari solet; non sicut nostra loqui Scriptura consuevit, quæ sæpe astutiam in bono ponit. Unde, estote astuti, ut serpentes (*Matth.* 10. 16); et illud Ut et innocentibus det astutiam (*Prov.* 1. 4). Quanquam et apud illos Romanæ linguæ (*a*) disertissimus dixerit : Neque illi tamen ad cavendum dolus aut astutia deerant; astutiam ponens in bono, sed apud illos rarissimum, apud nostros frequentissimum est. Itemque in partibus temperantiæ, apertissimæ contraria est effusio parcimoniæ. Ea vero quæ tenacitas dici vulgo solet, vitium **1018** quidem est, tamen parcimoniæ simile, non natura, sed fallacissima specie. Item dissimilitudine manifesta contraria est injustitia justitiæ. Solet autem quasi imitari justitiam vindicandi se libido, sed vitium est. Ignavia fortitudini perspicue contraria est : duritia vero distat natura, fallit similitudine. Constantia pars quædam virtutis est, ab hac inconstantia longe abhorret, et indubie contrasistit : pertinacia vero constantia dici affectat, et non est, quia illa est virtus, hoc [al. *hæc*] vitium.

7. *Ut ergo non iterum hæc eadem commemorare necesse sit, exempli gratia ponamus aliquid, unde possint cætera intelligi,* Catilina, ut de illo scripserunt (*b*), qui nosse potuerunt, frigus, sitim, famem ferre poterat, eratque patiens inediæ, algoris, vigiliæ supra quam cuiquam credibile est, ac per hoc, et sibi, et suis magna præditus fortitudine videbatur. Sed hæc fortitudo prudens non erat, mala enim pro bonis eligebat. Temperans non erat, corruptelis enim turpissimis fædabatur. Justa non erat, nam contra patriam conjuraverat. Et ideo nec fortitudo erat, sed duritia sibi, ut stultos falleret, nomen fortitudinis imponebat. Nam si fortitudo esset, non vitium, sed virtus esset. Si autem virtus esset, a cæteris virtutibus tanquam inseparabilibus comitibus nunquam relinqueretur.

8. *Quapropter dum quæritur etiam de vitiis, utrum ipsa similiter omnia sint, ubi unum erit ; aut nulla sint, ubi unum non erit, laboriosum est id ostendere, propterea quia uni virtuti duo vitia opponi solent, et quod aperte contrarium est, et quod specie similitudinis adumbratur.* Unde (*c*) illa Catilinæ, quia fortitudo non erat, quæ esset, cum secum virtutes alias non habebat, facilius videbatur. Quod vero ignavia fuerit, ubi exercitatio quaslibet gravissimas molestias perpetiendi atque tolerandi, supra quam cuiquam credibile est, fuit, ægre persuaderi potest. Sed forte acutius intuentibus ignavia apparet ipsa duritia, quia laborem bonorum studiorum, quibus vera acquiritur fortitudo, neglexerat. Verumtamen quia sunt audaces qui timidi non sunt, et rursus timidi quibus abest audacia, cum sit utrumque vitium, quoniam qui vera virtute fortis est, nec temere audet, nec inconsulte timet, cogimur fateri vitia plura esse virtutibus.

9. **1019** *Unde aliquando vitium vitio tollitur, ut amore laudis amor pecuniæ. Aliquando unum cedit, ut plura succedant,* velut qui ebriosus fuerit, si modicum (*d*) biberit, et tenacitatem, et ambitionem didicerit. Possunt itaque vitia etiam cedere vitiis succedentibus, non virtutibus, et ideo plura sunt. Virtus vero quo una ingressa fuerit, quoniam secum cæteras ducit, profecto vitia cedent omnia quæcumque inerant. Non enim omnia inerant, sed aliquando totidem, aliquando plura pancioribus, vel pauciora pluribus succedebant.

10. Hæc utrum ita se habeant, diligentius inquirendum est. Non enim et ista divina sententia est qua dicitur : Qui unam virtutem habuerit, omnes habet ; eique nulla inest, cui una defuerit : sed hominibus hoc visum est, multum quidem ingeniosis, studiosis, sed tamen hominibus. Ego vero nescio quemadmodum dicam. Non dico virum a quo denominata dicitur virtus, sed etiam mulierem quæ viro suo servat thori fidem, si hoc faciat propter præceptum et promissum Dei (*e*), eique primitus sit fidelis, non habere pudicitiam, aut pudicitiam nullam vel parvam esse virtutem. Sic et maritum qui hoc idem servat uxori. Et tamen sunt plurimi tales, quorum sine aliquo peccato esse neminem dixerim, et utique illud qualecumque peccatum ex aliquo vitio venit. Unde pudicitia conjugalis in viris feminisque religiosis, cum proculdubio virtus sit, non enim aut nihil aut vitium est, non tamen secum habet omnes virtutes Nam si omnes ibi essent, nullum esset vitium : si nullum vitium, nullum omnino peccatum. Qui autem sine aliquo peccato est ? Quis ergo sine aliquo vitio, id est, fomite quodam vel quasi radice peccati, cum clamet qui supra pectus Domini recumbebat : Si dixerimus quia peccatum non habemus, nos ipsos decipimus (1. Joan. 1. 8), et veritas in nobis non est? Neque hoc apud te diutius agendum est, sed propter alios qui forte hoc legerint, dico. Nam tu quidem in eodem ipso opere splendido contra Jovinianum, etiam hoc de Scripturis sanctis diligenter probasti : ubi etiam ex hac ipsa epistola : cujus verba sunt, quorum nunc intellectum requirimus posuisti quod scriptum est : In multis enim offendimus omnes (*Jac.* 3. 2). Non enim ait, offenditis, sed offendimus omnes, cum Christi loqueretur Apostolus, et cum hoc loco dicat : Quicumque autem **1020** totam Legem servaverit, offendat autem in uno, factus est omnium reus (*Jac.* 2. 10).

(*a*) Sallustius in Catilina cap. XXVI. apud quem tamen est plurium numero *astutiæ deerant.*
(*b*) Idem de Catilina cap. V. « Corpus patiens inediæ, vigiliæ, algoris, supra quam cuique credibile est, » etc.
(*c*) Mss. duo penes Benedictinos, « illa Catilinæ duritia, quia fortitudo, » etc.

(*d*) Martian. post Eras. « si modicum bibere, et » (fort. *ex*) « tenacitate et ambitione didicerit. »
(*e*) Iidem cum aliis plerisque editis, et *quæ* Impressam lectionem restituunt Benedictini ex duobus Mss. qui iisdem in tribus aliis Vaticanis legi adnotant, *et cui,* scilicet Deo.

Ibi non in uno, sed in multis, nec quosdam, sed omnes dicit offendere.

11. Absit autem ut quisquam fidelis existimet tot millia servorum Christi, qui veraciter dicunt se habere peccatum, ne seipsos decipiant, et veritas in eis non sit, nullam habere virtutem, cum virtus magna sit sapientia. Dixit autem, ipsa sapientia, homini, Ecce pietas est sapientia (*Job* 28. 28. *juxta LXX*). Absit ergo ut dicamus tot ac tantos fideles et pios homines, Dei non habere pietatem, quam Græci vel εὐσέβειαν, vel expressius et plenius θεοσέβειαν vocant. Quid autem pietas est, nisi Dei cultus? ET UNDE ILLE COLITUR NISI CARITATE? Caritas igitur de corde puro et conscientia bona, et fide non ficta, magna et vera virtus est, quia ipsa est finis præcepti. Merito dicta est fortis, sicut mors (*Cant.* 2. 6), sive quia nemo eam vincit, sicut mortem : sive quia in hac vita usque ad mortem est mensura caritatis, sicut Dominus ait : Majorem hac caritatem nemo habet, quam ut animam suam ponat quis pro amicis suis (*Joan.* 15. 13) : sive potius, quia sicut mors animam avellit a sensibus carnis, sic caritas a concupiscentiis carnalibus. Huic subservit scientia, cum est utilis : nam sine illa inflat. Quod vero illa ædificando impleverit, nihil ibi ista inane quod inflet inveniet. Utilem porro scientiam definiendo monstravit : ubi cum dixisset, Ecce pietas est sapientia, continuo subjunxit : Abstinere vero a malis, scientia est (*Job* 28. 28). Cur ergo non dicimus, qui hanc virtutem habet, habere omnes : cum plenitudo Legis, sit caritas (*Rom.* 13. 10)? An quanto magis est in homine, tanto magis est virtute præditus : quanto autem minus (*a*), tanto minus inest virtus ei ; quia ipsa est virtus : et quanto minus est virtus, tanto majus est vitium? Ubi ergo illa plena et perfecta erit, nihil ex vitio remanebit.

12. Proinde mihi videntur Stoici falli, quia proficientem hominem in sapientia, nolunt omnino habere sapientiam : sed tunc habere, cum in ea omnino perfectus fuerit : non quia illum (*b*) provectum negant, sed nisi ex profundo quodam emergendo repente emicet in auras sapientiæ liberas, nulla ex parte esse sapientem. Sicut enim nihil interest ad hominem præfocandum, utrum aqua stadiis multis super se habeat altam, aut uno palmo, aut digito : sic illos qui tendunt **1021** ad sapientiam, proficere quidem dicunt, tanquam ab imo surgentes gurgitis in aerem : sed nisi totam stultitiam, velut opprimentem aquam, proficiendo velut emergendo evaserint, non habere virtutem, nec esse sapientes. Ubi autem evaserint, mox habere totam, nec quidquam stultitiæ remanere, unde omnino ullum peccatum possit exsistere.

13. « Hæc similitudo ubi stultitia, velut aqua, et sapientia, velut aer ponitur : ut animus a præfocatione stultitiæ, tanquam emergens in sapientiam repente respiret : non mihi videtur satis accommodata nostrarum Scripturarum auctoritati : sed illa potius, ut vitium vel stultitia tenebris : luci autem virtus et sapientia comparetur, quantum ista similia de corporalibus ad intelligibilia duci possunt. Non itaque sicut de aquis in aerem surgens, ubi earum summum transierit, repente quantum sufficit inspiratur, sed sicut de tenebris in lucem procedens, paulatim progrediendo illuminatur. Quod donec plenissime fiat, jam cum tamen dicimus, tanquam de abditissima spelunca egredientem, vicinia lucis afflatum, tanto magis, quanto magis propinquat (*c*) egressui : ut illud quod in eo lucet, sit utique ex lumine quo progreditur; illud autem quod adhuc obscurum est, sit ex tenebris unde egreditur. Itaque et *non justificabitur in conspectu Dei omnis vivens* (*Psal.* 142. 2), et tamen *justus ex fide vivit* (*Abac.* 2. 4). Et *induti sunt sancti justitia* (*Job* 29. 14), alius magis, alius minus. Et nemo hic vivit sine peccato, et hoc alius magis, alius minus. Optimus autem est qui minimum. »

14. « Sed quid ego tanquam oblitus, cui loquor, doctori similis factus sum, cum proposuerim qui abs te discere velim? Sed quia de peccatorum parilitate, unde in id quod agebam incidit quæstio, examinandam tibi sententiam meam promere statueram, jam eam tandem aliquando concludam. Quia et si verum est, cum qui habet unam, omnes habere virtutes, cum qui unam non habet, nullam habere, nec sic peccata sunt paria, quia ubi virtus nulla est, nihil quidem rectum est, nec tamen ideo non est pravo pravius, distortoque distortius. Si autem quod puto esse verius, sacrisque litteris congruentius, ita sunt animæ intentiones, ut corporis membra non quod videantur locis, sed quod sentiantur affectibus, et aliud illuminantur amplius, aliud minus, aliud omnino caret lumine, et tenebroso inumbratur obstaculo, profecto ita ut quisquis illustratione piæ caritatis affectus est, **1022** in alio actu magis, in alio minus, in aliquo nihil, sic potest dici habere aliam, et aliam non habere, aliam magis, aliam minus habere virtutem. Nam et major est, in isto caritas, quam in illo, recte possumus dicere ; et aliqua in isto, nulla in illo, quantum pertinet ad caritatem quæ (*d*) pietas est, et in ipso uno homine quod majorem habeat pudicitiam, quam patientiam, et majorem hodie quam heri, si proficit, et adhuc non habeat continentiam, et habeat non parvam misericordiam. »

15. « Et ut generaliter breviterque complectar, quam de virtute habeam [al. *habeo*] notionem, quod ad recte vivendum attinet, VIRTUS EST CARITAS, qua id quod diligendum est, diligitur. Hæc in aliis major, in aliis minor, in aliis nulla est, plenissima vero quæ jam non possit augeri, quamdiu homo hic vivit, est in nemine : quamdiu autem augeri potest, profecto illud quod minus est quam debet, ex vitio est. Ex quo vitio non est justus in terra, qui faciat bonum, et non peccet. Ex quo vitio non justificabitur in conspectu Dei omnis vive...

(*a*) Iterum iidem, *tanto minus est virtus.*
(*b*) Vitiose omnia... ad eosdem, « non quia illum perfectum negant. »

(*c*) Corrupte alii *egressus.*
(*d*) Erasm. et Mort[an]. *quæ pietatis est.*

Propter quod vitium, *si dixerimus, quia peccatum non habemus, nosmetipsos seducimus, et veritas in nobis non est* (1. *Joan.* 1. 8). Propter quod etiam, quantumlibet profecerimus, necessarium est nobis dicere, *Dimitte nobis debita nostra* (*Matth.* 6. 12), cum jam omnia in baptismo, dicta, facta, cogitata dimissa sint. (*a*) Videt itaque, qui recte videt, unde et quando et ubi speranda sit illa perfectio, cui non sit quod adjici possit? Si autem præcepta non essent, non utique esset ubi se homo certius inspiceret et videret unde averteretur, quo conaretur, quare gratularetur, quid precaretur. Magna est ergo utilitas præceptorum, si libero arbitrio tantum detur, ut gratia Dei amplius honoretur. »

16. *Solutio quæstionis.* — « Quæ si ita se habent, unde fiet omnium reus, si in uno offendat, qui totam Legem servaverit? An forte quia plenitudo Legis caritas est (*Rom.* 13. 10), qua Deus proximusque diligitur, in quibus præceptis caritatis, *tota Lex pendet et Prophetæ* (*Matth.* 22 40), merito fit reus omnium, qui contra illam facit, in qua pendent omnia? Nemo autem peccat, nisi adversus illam faciendo, quia *non adulterabis, non homicidium facies, non furaberis, non concupisces,* et si quod aliud est mandatum, in hoc sermone recapitulatur, in eo quod est, *diliges proximum tuum tanquam teipsum. Dilectio proximi malum non operatur. Plenitudo autem Legis est caritas* (*Rom.* 13. 9. 10). Nemo autem diligit proximum, nisi diligens Deum, et hoc quantum potest proximo impendat, quem diligat [*al. diligit*] tanquam seipsum, ut et ille diligat Deum, quem si ipse non diligit, nec se, nec proximum diligit. Ac per hoc qui totam Legem servaverit, si in uno offenderit, fit omnium reus; quia contra caritatem facit, unde tota Lex pendet. Reus itaque fit omnium, faciendo contra eam, in qua pendent omnia. »

17. « Cur ergo non dicantur paria peccata? An forte quia magis facit contra caritatem, qui gravius peccat, minus, qui levius? Et hoc ipso quod admittit, fit quidem omnium reus, sed gravius peccans, vel in pluribus peccans, magis reus; levius autem vel in paucioribus peccans, minus reus : tanto majore scilicet reatu, quanto amplius, tanto minore, quanto minus peccaverit : tamen etiam si in uno offenderit, reus est omnium, quia contra eam facit, in qua pendent omnia? Quæ si vera sunt, eo modo et illud absolvitur, quod ait homo etiam apostolicæ gratiæ : » *In multis enim offendimus omnes* (*Jac.* 3. 2). « Omnes enim offendimus, sed unus gravius, alius levius. Quanto quisque gravius leviusque peccaverit, tanto in peccato committendo major, quanto in diligendo Deo et proximo minor. Et rursus tanto minor in peccati perpetratione, quanto major in Dei et proximi dilectione. Tanto itaque plenior iniquitatis, quanto inanior caritatis. Et tunc perfecti sumus in caritate, quando nihil restat ex infirmitate. »

18. « Nec sane quantum arbitror putandum est leve esse peccatum in personarum acceptione, habere fidem Domini nostri Jesu Christi , si illam distantiam sedendi ac standi ad honores Ecclesiasticos referamus. Quis enim ferat eligi divitem ad sedem honoris Ecclesiæ, contempto paupere instructiore, atque sanctiore? Si autem de quotidianis consessibus loquitur, quis non hinc [*al. hic*] peccat, si tamen peccat, nisi cum apud seipsum intus ita judicat, ut ei tanto melior, quanto ditior illo esse videatur. Hoc enim videtur significasse cum dicit : » *Nonne judicatis apud vosmetipsos , et facti estis judices iniquarum cogitationum* (*Jac.* 2. 4.)? »

19. « Lex itaque libertatis lex caritatis est, de qua dicit. » Si tamen perficitis legem regalem, secundum Scripturas, diliges proximum [*al. proximum tuum*] sicut teipsum, bene facitis. Si autem personas accipitis, peccatum operamini, redarguti a Lege, tanquam transgressores. « Et post illam sententiam ad intelligendum difficillimam de qua satis dixi, quod dicendum putavi, eamdem legem libertatis commemorans : » *Sic loquimini* , inquit , *et sic facite : sicut per legem libertatis incipientes judicari* (*Jac.* 2. 12). « Et quoniam quid Paulo ante dixerit, novit : » *quoniam in multis offendimus omnes* : « suggerit dominicam tanquam quotidianis quotidianam, etsi levioribus, tamen vulneribus medicinam. » *Judicium enim* , inquit, *sine misericordia illi* , *qui non facit misericordiam* (*Ibid.* 13). « Hinc enim et Dominus : » *Dimittite*, inquit, *et dimittetur vobis : date , et dabitur vobis* (*Luc.* 6. 37). (*b*) *Superexsultat autem misericordia judicio* (*Jac.* 2. 13); « non dictum est, vincit misericordia judicium, non enim est adversa judicio, sed » *superexsultat* : « quia plures per misericordiam colliguntur, sed qui misericordiam præstiterunt. Beati enim misericordes, quia ipsis miserebitur Deus (*Matth.* 5. 7). »

20. « Et hoc utique justum est, ut dimittatur eis, quia dimiserunt, et detur eis, quia dederunt. Inest quippe Deo et misericordia judicanti, et judicium miseranti, propter quod ei dicitur, « Misericordiam et judicium cantabo tibi Domine (*Ps.* 100. 1). » Nam quisquis velut nimium justus, judicium sine misericordia, quasi securus expectat, iram justissimam provocat, quam timens ille dixit : « Ne intres in judicium cum servo tuo (*Ps.* 142. 2). » Unde dicitur populo contumaci : « Quid vultis mecum judicio contendere (*Jer.* 2. 29.)? » Cum enim rex justus sederit in throno, quis gloriabitur castum se habere cor? Aut quis gloriabitur mundum se esse a peccato (*Prov.* 20. 8. *et* 9.)? Quæ igitur spes est, nisi superexsultet misericordia judicio? Sed erga illos qui misericordiam fecerunt, veraciter dicendo, Dimitte nobis, (*c*) sicut et nos dimittimus (*Matth.* 6. 12); et sine murmuratione dando : hilarem enim

---

(*a*) Idem etiam sub interrogandi nota in fine . » Quid itaque, qui recte videt, videt unde, et quando. « &c.

(*b*) In Græco κατακαυχᾶται. Martian. post Erasm. bene atque infra, *superexsultat* ; et mox *judicium* pro *judicio* quemadmodum infra.

(*c*) Addunt Benedictini, *debita nostra*.

datorem diligit Deus (2. *Cor.* 9. 7). « Denique sanctus Jacobus jam ex isto loco de misericordiæ operibus loquitur, ut quos vehementer illa sententia terruerat, consoletur, cum admonet, quomodo etiam quotidiana peccata, sine quibus hic non vivitur, quotidianis remediis expientur, ne homo qui cum in uno offenderit, fit omnium reus (*Jac.* 5. 16), in multis offendendo, quia in multis offendimus omnes, propter magnum aggerem reatus sui, minutatim collectum, ad tribunal tanti judicis perveniat, et eam quam non fecit misericordiam non inveniat; sed potius dimittendo atque dando mereatur sibi dimitti peccata, reddique promissa. »

21. « Multa dixi quibus tibi tædium fortassis inferrem, qui hæc tamen quæ approbas, non exspectas (*a*) discere, quod ea docere consuevisti. Si quid autem est in eis, quantum ad rem ipsam pertinet : nam quali eloquio explicata sint, **1025** non nimis curo. Si quid ergo in eis est, quod eruditionem offendat tuam, quæso ut rescribendo admoneas, et me corrigere non graveris. Infelix est enim qui non tantos et tam sanctos tuorum studiorum labores et digne honorat, et de his Domino Deo nostro, cujus munere talis es, gratias agit. Unde cum libentius debeam a quolibet discere quod inutiliter ignoro, quam promptius quoslibet docere quod scio ; quanto justius abs te hoc caritatis debitum flagito, cujus doctrina in nomine et adjutorio Domini tantum in Latina lingua Ecclesiasticæ litteræ adjutæ sunt, quantum nunquam antea potuerunt? Maxime tamen istam sententiam : « Quicumque totam legem servaverit, offendat autem in uno, factus est omnium reus (*Jacob.* 2. 10) : » si quo alio modo exponi melius posse novit tua dilectio, per Dominum obsecro, ut id nobiscum communicare digneris. »

EPISTOLA CXXXIII (*b*).

AD (*c*) CTESIPHONTEM.
Adversus Pelagium.

Pelagiani dogmatis insaniam, in primis vero ἀναθείαν, et ἀναμαρτησίαν, sive ab animi perturbationibus immunitatem, et impeccantiam, rogatu Ctesiphontis refellit, ostendens e quorum cœnosis fontibus manarint. Tum Ruffinum redarguit, qui Xisti Pythagorici, sub nomine Sixti martyris ac Romani Pontificis, Pelagianum errorem redolentem librum Latine interpretatus sit, aliumque Eusebii Pamphili pro Origene, obtruderit quasi Pamphili martyris. Denique pollicetur, cum per otium licuerit, justo volumine Pelagiano dogmati se responsurum.

1. Non audacter, ut falso putas, sed amanter studioseque fecisti, ut novam mihi ex vetere mitteres

(*a*) Erasm. et Martian. *dicere*, nisi is typographi est mendum.
(*b*) *Al. numero caret. Scripta eodem anno* 415.
(*c*) In quibusdam codd. et antiquis. Vatic. olim. Svecorum Reginæ 286. *ad Ctesifontem Urbicium* prænotatur, in aliis *ad Ctesifontem, vel Tesiphontem Urbicum*. Orosius *Tesiphontem* simpliciter appellat. Nec dubitandum videtur, Urbici cognomen inditum ab Urbe Roma, quemadmodum et Zephirinus papa ab Optato l. 1. et Siricius a Paulino Epist. 1. ad Severum *Urbicus* appellatur, ne dicam de Paula Urbica ut vocat Hieronymus, aliisque haud paucis.

quæstionem, quæ ante litteras tuas plerosque in Oriente decepit, UT PER simulatam humilitatem, superbiam discerent; et dicerent cum diabolo, *In cœlum ascendam : super sidera cœli ponam thronum meum, et ero similis Altissimo* (*Isai.* 14. 13). Quæ enim potest alia major esse temeritas, quam Dei sibi non dicam similitudinem, sed æqualitatem vindicare, et brevi sententia **1026** omnium Hæreticorum venena complecti, quæ de Philosophorum et maxime Pythagoræ et Zenonis principis Stoicorum fonte manarunt? Illi enim quæ Græci appellant πάθη, nos perturbationes possumus dicere : ægritudinem videlicet et gaudium, spem et metum : quorum duo præsentia, duo futura sunt, asserunt extirpari posse de mentibus, et nullam fibram radicemque vitiorum in homine omnino residere, meditatione et assidua exercitatione virtutum. Adversum quos et Peripatetici, qui de Aristotelis fonte descendunt, fortissime disputant : et Academici novi, quos Tullius sequitur ; et eorum, non dico res quæ nullæ sunt, sed umbras et vota subvertunt. Hoc est enim (1) hominem ex homine tollere, et in homine constitutum esse sine corpore : et (*d*) optare potius quam docere, dicente Apostolo : *Miser ego homo, quis me liberabit de corpore mortis hujus?* (*Rom.* 7. 24.) Et quia Epistolaris brevitas non potest omnia comprehendere, strictim tibi vitanda describam. Unde et illud Virgilianum est :

Hinc metuunt, cupiuntque, dolent, gaudentque,
                                nec auras
Respiciunt, clausæ tenebris et carcere cæco.
                                (*Æneid.* lib. 6).

Quis enim potest, aut non gestire gaudio, aut mœrore contrahi, aut spe extolli, aut timore terreri? Quamobrem et gravissimus Poeta Flaccus scripsit in Satyra :

Nam vitiis nemo sine nascitur : optimus ille est,
Qui minimis urgetur
                        (HORAT. *Sermon. l.* 1. *Satyr.* 3).

2. Pulchre (*e*) quidam nostrorum ait : Philosophi patriarchæ Hæreticorum, Ecclesiæ puritatem perversa maculavere doctrina ; ut nesciant illud dictum de humana fragilitate : *Quid gloriatur terra et cinis?* (*Eccli.* 10. 49). præsertim (*f*) cum idem Apostolus dicat : *Video aliam legem in membris meis, repugnantem legi mentis meæ, et ducentem me in captivitatem* (*Rom.* 7. 23). Et iterum : *Non enim quod volo, hoc ago : sed quod nolo, id operor* (Ibid. 19). Si quod non vult operatur, quomodo stare potest hoc quod dicitur, Posse hominem sine peccato esse, si velit? Qua ratione potest esse quod velit, **1027** cum

(*d*) Eodem sensu S. Augustinus lib. 2. contra Julian. c. 8. n. 25. et S. Ambrosius de fuga sæculi cap. 1. *id voti magis esse quam effectus* dicunt.
(*e*) Tertullianus adversus Hermogenem c. IX. « Hæreticorum Patriarchæ Philosophi : » idemque de Præscript. c. 7. « Ipse denique hæreses a Philosophia sub ornatur, » etc.
(*f*) Vitiose ac reunentibus Mss. Martianæus post Erasm. *cum de iisdem Apostolus*, etc.
(1) Expressum ex Cicerone lib. 3. officior. « quid cum eo disseras, qui omnino hominem ex homine tollat? »

Apostolus asserat se quod cupiat, implere non posse? Cumque ab eis quærimus, qui sint illi, quos absque peccato putent, nova stropha eludere cupiunt veritatem : se non eos dicere, qui sint, vel fuerint, sed qui esse possint. Egregii doctores dicunt esse posse quod nunquam fuisse demonstrant, dicente Scriptura : *Omne quod futurum est, jam factum est in priori tempore (Eccles.* 1. 9). Neque nunc mihi necesse est ire per singulos Sanctorum, et quasi in corpore pulcherrimo nevos quosdam et maculas demonstrare : quod plerique Nostrorum simpliciter faciunt, cum paucis sententiolis Scripturarum possint Hæreticorum, et per eos Philosophorum argumenta convinci. Quid enim dicit vas electionis? *Conclusit Deus omnia sub peccato, ut omnium misereatur (Rom.* 11. 32). Et in alio loco, *Omnes enim peccaverunt, et indigent gloria Dei (Ibid.* 3. 23). Ecclesiastes quoque, per quem se cecinit ipsa sapientia, libere protestatur, et dicit : *Non est enim homo justus super terram, qui faciat bonum et non peccet* (*Eccles.* 7. 21). Et iterum : *Si peccaverit populus tuus, non est enim homo qui non peccet (Ibidem*). Et : *quis gloriabitur castum se habere cor? (Prov.* 20. 9). Et : *non est mundus a sorde, nec si unius diei fuerit super terram vita ejus.* Unde et David dicit : *Ecce enim in iniquitatibus conceptus sum, et in delictis concepit me mater mea* (*Ps.* 50. 7). Et in alio Psalmo : *Non justificabitur in conspectu tuo omnis vivens* (*Ps.* 142. 2). Quod testimonium sub nomine pietatis nova argumentatione deludunt. Aiunt enim ad comparationem Dei nullum esse perfectum, quasi Scriptura hoc dixerit. Neque enim ait : *Non justificabitur ad comparationem tui omnis vivens* : sed, *non justificabitur in conspectu tuo omnis vivens*. Quando enim dicit, *in conspectu tuo*, hoc intelligi vult, quod etiam qui hominibus sancti videntur, Dei scientiæ atque notitiæ nequaquam sancti sint. Homo enim **1028** videt in facie, Deus autem in corde. Si autem inspiciente Deo et omnia contemplante, quem cordis arcana non fallunt, nullus est justus : perspicue ostenditur, hæreticos, non hominem in excelsa sustollere ; sed Dei potentiæ derogare : multaque alia, quæ si de Scripturis sanctis voluero congregare, non dicam Epistolæ, sed voluminis quoque excedam modum.

3. Nihil novi asserunt, qui in hujuscemodi applaudente sibi perfidia, simplices quidem et indoctos decipiunt : sed Ecclesiasticos viros, qui in lege Dei, die ac nocte meditantur, decipere non valent. Pudeat ergo eos principium et sociorum suorum, qui aiunt, posse hominem sine peccato esse si velit, quod Græci dicunt ἀναμάρτητον. Et quia hoc (*a*) Ecclesiarum per Orientem aures ferre non possunt, simulant se, *sine peccato*, quidem dicere, sed ἀναμάρτητον dicere non audere ; (*b*) quasi aliud

(*a*) Vulgaris siquidem apud Græcos erat illa sententia, qua solus sine peccato Deus dicebatur, ὁ μόνος ἀναμάρτητος. Vid. Clementum Alexandrinum.
(*b*) Huetio, aliisque doctis viris, falli ipse Hieronymus videtur, qui ἀναμάρτητον idem esse statuat ac *sine peccato*,

sit *sine peccato*, aliud ἀναμάρτητον, et non Græcum sermonem, qui apud illos compositus est, duobus verbis sermo Latinus expresserit. Si *absque peccato* dicis, et ἀναμάρτητον dicere te, diffiteris, damna eos ergo qui (*c*) ἀναμάρτητον prædicant. Sed non facis. Nosti enim quid intrinsecus discipulos tuos doceas aliud ore commemorans, et aliud cælans conscientia : nobisque alienis et indoctis loqueris per parabolas, tuis autem mysteria confiteris : et hoc juxta Scripturam te facere jactas ; quia dictum est : *turbis Jesus in parabolis loquebatur* (*Luc* 8. 20) : et ad discipulos in domo dicit : *Vobis datum est scire mysteria regni cælorum, illis autem non est datum (Matth.* 13. 11). Sed ut dicere cœperam, exponam breviter principium et sociorum tuorum nomina, ut animadvertas, qualium consortio gloriaris. Manichæus electos suos, quos (*d*) inter ἁψίδας Platonis **1029** in cœlestibus collocat, dicit omni carere peccato, nec si velint, posse peccare. Ad tanta enim eos virtutum culmina transcendisse, ut carnis operibus illudant. Priscillianus in Hispania pars Manichæi (de turpitudine cujus te discipuli diligunt plurimum) verbum perfectionis, et scientiæ tibi temere vindicantes, soli cum solis clauduntur mulierculis, et illud eis inter coitum amplexusque decantant :

Tum pater omnipotens fœcundis imbribus æther
Conjugis in gremium lætæ descendit : et omnes
Magnus alit, magno commixtus corpore, fœtus.
(Virgil. *Georg.* 2).

Qui quidem partem habent Gnosticæ hæreseos, de Basilidis impietate venientem. Unde et vos asseritis eos, qui absque legis scientia sunt, peccata vitare non posse. Quid loquor [al. *loquar*] de Priscilliano, qui et sæculi gladio, et totius orbis auctoritate (*e*)

cum potius *impeccabilem* ex eorum sententia significet ; nec ipse Pelagius perfectos peccati incapaces vellet esse, sed peccato carere posse : quum cum liberi arbitrii viribus effici posse contenderet, vehementer in fide errabat. Idem dicunt de ἀναμαρτησία quam idem Hier. fere reddit *impeccantiam*, sive *non peccare*, illi e contrario vertunt *imp ccabilitatem*, sive *non posse peccare*. Nos quod in hisce explicandis immorari diutius pigeat, uno et altero exemplo Hieronymianam interpretationem ac sensum defendi contendimus. Nimirum cum adulteræ mulieris morosos accusatores Christus Dominus vellet repellere, ὁ inquit, ἀναμάρτητος ὑμῶν πρῶτος, etc., quo in loco plane constat *impeccabilem* vocem ἀναμάρτητον non significare, sed tantum *sine peccato*, quemadmodum et Vulgatus interpres reddit, et verti omnino necesse est. Ad eumdem modum tradit Herodotus lib. 3. c. 39. de Anaxandride, qui γυναῖκα ἰοῦσαν ἀναμάρτητον, id est, *mulierem, quæ non peccaverit, dimittere noluit* ; nec sane intellexit *impeccabilem*, seu quæ peccare non potuisset.

(*c*) Vitiose in Martianæi editione erat, *damna eos, qui te* ἀναμάρτητον *præ icunt*. Voculam *te*, ab antiquis Mss. aliisque editis admoniti, amovimus, non ut superfluam tantum, sed quod sensum perverteret.
(*d*) Olim erat *inter animas Platonis*, vel *inter ideas*, et *formas*. Impressam lectionem, quam Benedictini restituerunt, codices nostri magno numero confirmant, qui tamen frequentius latinis litteris *absidas*, ut Ambrosianus S. 42. vel *apsidas* præferunt. Explicat vero Tertullianus lib. de anima cap. 54. ubi « apud Platonem, » inquit, « in æthere sublimantur animæ sapientes, apud Arium in aerem, apud Stoicos sub Lunam : » ut scias a Platone apsidas, vel ἁψίδας æthereum voluisse intelligi. Confer nostrum Hieronymum in cap. 4. Epist. ad Ephesios. Plinius lib. 2. c. 13. Apsidas a Græcis appellatos stellarum circulos tradit.
(*e*) A Maximo Imperatore post duorum Conciliorum anathemate ad an. 385. capite damnatus est.

damnatus est? Evagrius Ponticus (a) Iberita, qui scribit ad Virgines, scribit ad Monachos, scribit ad eam (b) cujus nomen nigredinis testatur perfidiae tenebras, edidit librum et sententias (c) περὶ ἀπαθείας quam nos *impassibilitatem* vel *imperturbationem* possumus dicere; quando nunquam animus (d) nullo perturbationis vitio commovetur : et ut simpliciter dicam, vel saxum, vel Deus est. Hujus libros per Orientem Graecos, et interpretante discipulo **1030** ejus Ruffino, Latinos plerique in Occidente lectitant. Qui librum quoque scripsit, quasi de Monachis : multosque in eo enumerat, (e) qui nunquam fuerunt, et quos fuisse describit Origenistas : et ab Episcopis damnatos esse non dubium est, Ammonium videlicet, et Eusebium, et Euthymium, et ipsum Evagrium, Or quoque et Isidorum, et multos alios, quos enumerare taedium est : et juxta illud Lucretii :

Ac veluti pueris absinthia tetra medentes
Cum dare conantur, prius oras pocula circum
Contingunt dulci melli flavoque liquore
    (LUCRET. l. 4. de Nat. rerum).

Ita ille unum (f) Joannem in ipsius libri posuit principio, quem et catholicum et sanctum fuisse non dubium est, ut per illius occasionem caeteros quos posuerat haereticos, Ecclesiae introduceret. Illam autem temeritatem, imo insaniam ejus, quis digno possit explicare sermone, quod librum (g) Xysti Pythagorei, hominis absque Christo atque Ethnici, immutato nomine, Sixti Martyris, et Romanae Ecclesiae Episcopi praenotavit? in quo juxta dogma Pythagoricorum, qui hominem exaequant Deo, et de ejus dicunt esse substantia, multa de perfectione dicuntur : ut qui VOLUMEN Philosophi nesciunt, sub Martyris nomine bibant de aureo calice Babylonis. Denique in ipso volumine **1031** nulla Prophetarum, nulla Patriarcharum, nulla Apostolorum, nulla Christi fit mentio : ut Episcopum et Martyrem sine Christi fide fuisse contendat. Unde et vos plurima contra Ecclesiam usurpatis testimonia. Fecerat hoc et in sancti Pamphili Martyris nomine, ut librum primum sex librorum defensionis Origenis, Eusebii Caesariensis, quem fuisse Arianum, nemo est qui nesciat, nomine Pamphili Martyris praenotaret, quo scilicet egregia illa quatuor Origenis περὶ Ἀρχῶν volumina Latinis infunderet auribus. Vis adhuc et alium nosse tui erroris principem? Doctrina tua Origenis ramusculus est. In eo enim Psalmo ubi scriptum est (ut de caeteris taceam) *Insuper et usque ad noctem erudierunt me renes mei* (Psal. 15. 7), asserit virum sanctum, de quorum videlicet et tu numero es, cum ad virtutum venerit summitatem, (h) ne in nocte quidem ea pati, quae hominum sunt, nec cogitatione vitiorum aliqua titillari. Nec erubescas de societate talium, renuens eorum nomina, quorum blasphemiis jungeris. (i) Joviniani secunda quaestio, tui ingenii disciplina est. Quidquid illi responsum est, tibi responsum credito. Nec fieri potest, ut diversus sit eorum exitus, quorum est una sententia.

4. Cum haec ita se habeant, quid volunt miserae mulierculae oneratae peccatis, quae circumferuntur omni vento doctrinae, semper discentes et nunquam ad scientiam veritatis pervenientes (2. Tim. 3. 6 et 7); et caeteri muliercularum socii, prurientes auribus, et ignorantes quid audiant, quid loquantur, qui vetustissimum coenum, quasi novam suscipiunt tem-

---

(a) In aliis Mss. est *Iboritam*, quemadmodum in Ambrosiano, sed plerique omnes *Hyperiboritam*, vel *Hyperiberitam*, patriae nomine, ut doctis quibusdam viris videtur, in maledictum contorto, quasi supra Iberitas populares suos, Iberita Ibevitis pejor diceretur. Iberi enim, caeteraeque Ponticae gentes male audiebant, quod testatur cum primis Tertullianus initio lib. 8. contra Marcionem. Nobis placeret levissima litterarum mutatione inducta *Iberipolitam* legi, qua in re si cui forte hariolari videamur, patet ille hoc ipso vocabulo Ἰβηροπολίτης a Sozomeno lib. VI. cap. 30. appellari Evagrium. Ἐχώρει δὲ μὲν γένος, Ἰβηρον πόλεως πρὸς τῷ κουνῷ μέρει Εὐξείνου πόντου. « Fuit quidem genere Iberopolites, *sive* Iberae *aut* Iboreae civis ad Euxinum pontum : » quae lectio, quidquid Valesio videatur, sola germana est, ac verissima. Palladius ab eodem citatus, cap. 86. ὅτως (Evagrius) γὸ φησι Ποντικὸς τῷ γένει Ἰβηρον. Hic Pont eas erat genere, ex Ibera *urbe*; non γένει Ἰβηρων πόλεως dixit. Nota ea civitas ex aliquot Episcoporum subscriptionibus in Calchedonensi et C. I.ta Synodis, Notitiis Graecis editis a Schelestrato, et Constantino Porphyrogennitae lib. I de Thematibus Ath codd. vitiose *Hebionitam* vocant. Caeterum de ipso Evagrio, ejusque moribus, scriptis, institutisque Philosophiae conferendus est Sozomenus loco citato.

(b) Melania, Graece enim μέλανα, Latine *nigredo* dicitur.

(c) Gennadius, qui libros sententiarum Evagrii recenset, ac vertit, nequaquam hujus tituli meminit. Dicitur tamen editus ab Holstenio veteris Auctoris liber περὶ ἀπαθείας, quem nobis videre non contigit. Verum de illius quoque vocis significatione, quam Hieronymus *impassibilitatem*, vel *imperturbationem* interpretatur, vetus est controversia. Seneca Epist. IX. « In ambiguitatem incidendum est, si exprimere ἀπάθειαν uno verbo scite voluerimus, et « impatientiam » dicere. Poterit enim contrarium ei, quod significare volumus, intelligi. Non enim que volumus dicere, qui respuat omnis mali sensum. Accipietur is, qui nullum possit ferre malum. Vide ergo num satius sit, aut invulnerabilem animum dicere, aut animum extra patientiam positum. » Vid. Praefat. ad lib. 4. Commentar. in Jerem.

(d) Tres Vaticani Mss. « quando nunquam animus illa cogitatione, et vitio commovetur. »

(e) Eos, qui nunquam exstiterint, recensitos fuisse a Ruffino quis credat? Sic igitur vult intelligi Hieron. Ruffino ut exprobret, quod librum *qt 1st de Monachis* scripserit, *qui tamen nunquam fuerint*, nempe *Monachi*, sed aut Coenobitae, aut alterius instituti adversae. Sic alibi ut neget a Pamphilo martyre scriptum pro Origene Apologeticum, *Praemittis*, inquit, *quasi martyris librum*. Crucem fixerat eruditis locus iste haud probe intellectus, ut nedum exagerare, pene mentiri Hieronymum arbitrarentur, cum tamen fere obvia in re sit ejus vocabuli acceptio. Tres qui proxime subsequuntur inter Origenistas notissimi, *fratres longi* vulgo appellantur.

(f) Quod olim opinabatur Victorius, sed se errore Martianaeus statuit, hunc nempe esse Joannem Chrysostomum, quem Catholicum et Sanctum Hieronymus praedicet. Imo vero fuit hic Joannes Aegyptius, qui in eremo, quae adjacet civitati Lyco, in rupe quadam montis ardui commanebat; et Lycopolitanus, vel Lycopolita vulgo audit.

(g) Variant Mss. atque editi, aliis *sextum*, vel *Xe.tum*, aliis *sextam* praeferentibus. Porro saepe alibi et praecipue cap. 32. in Jerem. et 18. in Ezechiel. Ruffinum carpit Hier. quod Xystum Pythagoreum pro Xysto Pontifice ac martyre obtruderit. Ruffinus tamen in ea, quam hisce sententiis praeposuit Praefatione, id se ab aliis traditum accepisse profitetur; et S. quoque August. Retractat. lib. 2. c. 42. emendat quod putaverit librum illum Sixti Romani Episcopi esse, quem postea legerit esse Sixti Philosophi.

(h) Desipit in Scholiis suis Erasmus, contendens, hanc opinionem haud plane merito abs Hieronymo erroris notari.

(i) Joviniani et Pelagianorum diversa quidem fuit sententia et loquendi ratio, sed idem error quantum ad rem pertinet. Altera autem ejus propositio est, « Eos qui baptizati sunt, Daemonis tentationibus obnoxios una esse. »

peraturam : qui, juxta Ezechielem, liniunt parietem absque temperamento, et superveniente veritatis pluvia, dissipantur? Simon Magus hæresim condidit, Helenæ meretricis adjutus auxilio. Nicolaus Antiochenus omnium immunditiarum repertor, choros duxit femineos. Marcion Romam præmisit mulierem, quæ decipiendos sibi animos præpararet. Apelles Philumenen [*al. Philomenem*] suarum comitem habuit doctrinarum. Montanus immundi spiritus prædicator, multas Ecclesias per **1032** Priscam et Maximillam nobiles et opulentas feminas, primum auro corrupit; deinde hæresi polluit. Dimittam vetera, ad viciniora transcendam. Arius, ut orbem deciperet, sororem principis ante decepit. Donatus per Africam, ut infelices quosque [*al. quousque*] fœtentibus pollueret aquis, Lucillæ opibus adjutus est. In Hispania Agape Elpidium, mulier virum, cæcum cæca duxit in foveam, successoremque qui Priscillianum habuit, Zoroastris magi studiosissimum, et ex mago Episcopum, cui juncta Galla non gente, sed nomine, germanam huc illucque currentem alterius et vicinæ hæreseos reliquit hæredem. Nunc quoque mysterium iniquitatis operatur. Duplex sexus utrumque supplantat, ut illud Propheticum cogamur assumere : *Clamavit perdix, congregavit quæ non peperit, faciens divitias suas, non cum judicio. In dimidio dierum (a) derelinquet eas, et novissimum ejus erit insipiens* (*Jerem*. 17. 11).

5. Illud vero quod ad decipiendos homines quosque postea huic sententiæ coaptarunt (*Non absque Dei gratia*) cum prima legentes fronte decipiat, introspectum et diligentissime ventilatum, decipere non potest. Ita enim Dei gratiam ponunt, ut non per singula opera ejus nitamur et regamur auxilio : sed ad liberum referunt arbitrium, et ad præcepta legis ponentes illud Isaiæ : *Legem enim Deus in adjutorium posuit* (*Isai*. 8. sec. *LXX*), ut in eo Deo referendæ sint gratiæ, quod tales nos condiderit, qui nostro arbitrio possimus et eligere bona, et vitare mala. Et non intelligunt ista dicentes, quod per os eorum, intolerabilem blasphemiam diabolus sibilet. Si enim in eo tantum Dei est gratia, quod propriæ nos condidit voluntatis, et libero arbitrio contenti sumus; nec ultra ejus indigemus auxilio, ne (*b*) si indigueriinus liberum frangatur arbitrium : ergo nequaquam ultra orare debemus : nec illius clementiam precibus flectere, ut accipiamus quotidie, quod semel acceptum in nostra est potestate. Istiusmodi homines tollunt orationem, et per liberum arbitrium, non homines propriæ voluntatis, sed Dei potentiæ factos se esse jactant, qui nullius ope indigent. **1033** Tollantur et jejunia, omnisque continentia. Quid enim

mihi necesse est laborare, ut accipiam per industriam, quod semel meæ factum est potestatis? Hoc quod dico, meum non est argumentum : (*c*) Unus discipulorum ejus, imo jam magister et totius ductor exercitus, et contra Apostolum vas perditionis, per solœcismorum, et non (uti jactitant) Syllogismorum spineta decurrens, sic philosophatur et disputat. « Si nihil ago absque Dei auxilio, et per singula opera, ejus est omne quod gessero, ergo non ego qui laboro, sed Dei in me coronabitur auxilium, frustraque dedit arbitrii potestatem, quam implere non possum, nisi ipse me semper adjuverit. Destruitur enim voluntas, quæ alterius ope indiget. Sed liberum dedit arbitrium Deus, quod aliter liberum non erit, nisi fecero quod voluero. Ac per hoc ait : Aut utor semel potestate, quæ mihi data est, ut liberum servetur arbitrium : aut si alterius ope indigeo, libertas arbitrii in me destruetur. »

6. Qui hæc dicit, quam non excedit blasphemiam? quæ hæreticorum venena non superat? Asserunt se per arbitrii libertatem nequaquam ultra necessarium habere Deum ; et ignorant scriptum : *Quid habes quod non accepisti? si autem accepisti, quid gloriaris, quasi non acceperis?* (1. *Cor*. 4. 7). Magnas agit Deo gratias, qui per libertatem arbitrii rebellis in Deum est : quam nos (*b*) libenter amplectimur, ita duntaxat, ut agamus semper gratias largitori ; sciamusque nos nihil esse, nisi quod donavit, in nobis ipse servaverit, dicente Apostolo : *Non est volentis neque currentis, sed miserentis Dei* (*Rom*. 9. 16). Velle et currere meum est : sed ipsum meum, sine Dei semper auxilio non erit meum. Dicit enim idem Apostolus : *Deus est qui operatur in nobis et velle et perficere* (*Philip*. 2. 13). Et Salvator in Evangelio : *Pater meus usque modo operatur, et ego operor* (*Joan*. 5. 17). Semper largitor, semperque donator est. Non mihi sufficit, quod semel donavit, nisi semper donaverit. Peto, ut accipiam : et cum accepero, rursus peto. Avarus sum ad accipienda beneficia Dei, nec ille deficit in dando, nec ego satior in accipiendo. **1034** Quanto plus bibero, tanto plus sitio. Legi enim a Psalmista cantari. *Gustate et videte, quoniam suavis est Dominus* (*Psal*. 33. 9). Omne quod habemus bonum, gustus est Domini. Cum me putavero ad calcem pervenisse virtutum, tunc habebo principium. *Principium enim sapientiæ timor Domini* (*Ps*. 110. 10), qui expellitur atque destruitur caritate. Hæc hominibus sola perfectio, si imperfectos esse se noverint. *Et vos*, inquit, *cum omnia feceritis, dicite : Servi inutiles sumus : quod debuimus facere, fecimus* (*Luc*. 17. 10). Si inutilis est qui fecit omnia, quid de illo dicendum est, qui explere non potuit? Unde et Apostolus, ex parte accepisse, et ex parte comprehendisse se dicit, et necdum esse

---

(*a*) Tres Mss. *derelinquent eum*, juxta Græcum ἐγκαταλείψουσιν αὐτόν.

(*b*) Pelagiani perpetuo clamabant gratiæ divinæ necessitatem ad opera pia nocere libero arbitrio, neque enim cum vere posse aliquid facere, aut esse vere liberum ad aliquid faciendum, qui *per se*, et absque Dei adjutorio non posset. Quam calumniam iisdem ac Hier. argumentis sæpe Augustinus refellit, et præcipue quod illi nostris Orationibus contradicerent.

(*c*) Cœlestium innui intelligimus, cujus sunt Definitiones et Syllogismi, adversum quos scripsit S. Augustinus librum de Perfectione justitiæ ; in iis enim quanquam aliis verbis ea, quæ recitat hoc loco Hieronymus, continentur.

(*d*) Vatic. alter. 4943. *libenter accipimus et amplectimur*. Hoc porro est, quod commune dogma, addita tamen auxilii necessitate, ad opera salutaria, Augustinus, atque infra Hier. vocant.

perfectum, præteritorumque oblivisci, et in futurum se extendere (1. *Cor.* 13. 10; *et Philipp.* 3. 13). Qui semper præteritorum obliviscitur, et futura desiderat, ostendit se præsentibus non esse contentum. Quod autem sursum deorsum jactitant, liberum a nobis arbitrium destrui, audiant e contrario eos arbitrii destruere libertatem, qui male eo abutuntur adversum beneficium largitoris. Quis destruit arbitrium? ille, qui semper Deo agit gratias, et quodcumque in suo rivulo fluit, ad fontem refert? an qui dicit : *Recede a me quia mundus sum* (*Isai.* 65. 5) : non habeo te necessarium? Dedisti enim mihi semel arbitrii libertatem, ut faciam quod voluero : quid rursum te ingeris, ut nihil possim facere, nisi tu in me tua dona compleveris? Fraudulenter prætendis Dei gratiam, (*a*) ut ad conditionem hominis referas, et non in singulis operibus auxilium Dei requiras; ne scilicet liberum arbitrium videaris amittere; et cum Dei contemnas adminiculum, hominum quæras auxilia.

7. Audite, quæso, audite sacrilegum. « Si, inquit, voluero curvare digitum, movere manum, sedere, stare, ambulare, discurrere, sputa jacere, duobus digitulis narium purgamenta decutere, relevare alvum, urinam digerere, semper mihi auxilium Dei necessarium erit?» Audi ingrate, imo sacrilege, Apostolum prædicantem : *Sive manducatis, sive bibitis, sive aliud quid agitis, omnia in nomine Dei agite* (1. *Cor.* 10. 31). Et illud Jacobi, **1035** *Ecce nunc qui dicitis, hodie aut cras proficiscemur in illam civitatem, et faciemus illic annum unum, ut negotiemur et lucremur, qui nescitis de crastino. Quæ enim est vita vestra? Aura est enim sive vapor paululum apparens : deinde dissipatur, pro eo quod debeatis dicere : si Dominus voluerit, et vixerimus, faciemus aut hoc aut illud. Nunc autem exsultatis in superbiis vestris, omnis istiusmodi gloriatio pessima est* (*Jacob.* 4. 13. *et sqq.*). Injuriam tibi fieri putas et destrui arbitrii libertatem, si ad Deum semper auctorem recurras, si ex illius pendeas voluntate, et dicas : *Oculi mei semper ad Dominum, quoniam ipse evellet de laqueo pedes meos?* (*Psal.* 24. 15). Unde et audes lingua proferre temeraria, (*b*) unumquemque arbitrio suo regi? Si suo arbitrio regitur, ubi est auxilium Dei? Si Christo rectore non indiget, quomodo scribit Jeremias : *Non est in homine via ejus.* Et : *a Domino gressus hominis diriguntur?* (*Jerem.* 10. 23). Facilia dicis Dei esse mandata, et tamen nullum proferre potes, qui universa compleverit. Responde mihi, facilia sunt, an difficilia? Si facilia, profer quis ea impleverit, et cur David in Psalmo canat : *Qui fugis laborem in præcepto* (*Psal.* 93. 20). Et iterum : *Propter verba labiorum tuorum ego custodivi vias duras* (*Psal.* 16. 4). Et Dominus in Evangelio : *Intrate per angustam portam* (*Matth.* 7. 13). Et : *Diligite inimicos vestros* (*Luc.* 6. 35). Et : *Orate pro iis qui persequuntur vos?* (*Matth.* 5. 44). Sin autem difficilia, cur ausus es dicere, facilia esse Dei mandata, quæ nullus impleverit? Non intelligis tuas inter se repugnare sententias? Aut enim facilia sunt, et infinita est multitudo hominum, qui ea impleverint : aut difficilia, et temere dixisti esse facile, quod difficile est.

8. Soletis et hoc dicere, aut possibilia esse mandata, et recte a Deo data : aut impossibilia, et non in his esse culpam qui accipere mandata, sed in eo qui dedit impossibilia. Numquid præcepit mihi Deus, ut essem quod Deus est : ut nihil inter me esset et Dominum Creatorem : ut major essem Angelorum fastigio, ut haberem quod Angeli non habent? De illo scriptum est quasi proprium : *Qui peccatum* **1036** *non fecit, nec dolus inventus in ore ejus* (*Isai.* 53. 9). Si (*c*) hoc et mihi cum Christo commune est, quid ille habuit proprium? alioqui per se tua sententia destruetur. Asseris posse hominem esse sine peccato, si velit : et post gravissimum somnum ad decipiendas rudes animas frustra conaris adjungere. *Non absque Dei gratia.* Si enim semel homo per se potest esse sine peccato, quid necessaria est Dei gratia? Sin autem sine illius gratia nihil potest facere, quid necesse fuit dicere, posse quod non potest? Potest, inquit, esse sine peccato, potest esse perfectus, si voluerit. Quis enim Christianorum non vult esse sine peccato, aut quis perfectionem recusat, si sufficit ei velle; et statim sequitur posse, si velle præcesserit? Nullus Christianorum est, qui nolit esse sine peccato : omnes ergo sine peccato erunt, quia utique omnes cupiunt esse sine peccato. Et in hoc (*d*) ingratis teneberis, ut quia nullum, aut rarum quemquam sine peccato proferre potes, omnes sine peccato esse posse fatearis. Possibilia, inquit, mandata dedit Deus. Et quis hoc negat? Sed quomodo hæc intelligenda sit sententia, vas electionis apertissime docet; ait enim : *Quod erat impossibile legis* [al. *legi*], *in quo infirmabatur per carnem, Deus filium suum mittens in similitudinem carnis peccati, et de peccato condemnavit peccatum in carne* (*Rom.* 8. 3). Et iterum : *Ex operibus legis non justificabitur omnis caro* (*Ibid.* 3. 30). Quod ne de lege Moysi tantum dictum putes, et non de omnibus mandatis, quæ uno legis nomine continentur, idem Apostolus scribit, dicens : *Consentio enim legi Dei juxta interiorem hominem : video autem aliam legem in membris meis, repugnantem legi mentis meæ, et captivantem me in lege peccati, quæ est in membris*

(*a*) Antea non satis recte præponebatur *ut* particula sic, *ut Dei gratiam ad conditionem*, etc. Alia his similia ex Mss. infra emendamus.

(*b*) Confer Augustinum de Gestis Pelagii in hanc sententiam.

(*c*) Non probat Augustinus lib. de Natura et Gratia contra Pelagium cap. 33. hoc uti contra illum hereticum argumento. «Absit autem, inquit, ut ei dicamus quod a quibusdam contra te dici ais, compari hominem Deo, si absque peccato esse asseratur : quasi vero Angelus, quia absque peccato est, comparetur Deo. Ego quidem hoc sentio, quia etiam cum fuerit in nobis tanta justitia, ut ei addi omnino nihil possit, non æquabitur creatura creatori. Si autem aliqui putant tantum nostrum futurum esse profectum, ut in Dei substantiam convertamur, et hoc efficiamur prorsus, quod ille est, nihil quemadmodum astruat sententiam suam : mihi hoc fateor non esse persuasum.

(*d*) Mendose prius erat *ingratus. Ingratis* autem, vel *ingratiis*, ut omnes norunt, idem est ac invito. Sic vero utitur Hier. lib. 1. Dialog. *ingratis* al. *ingratiis*) *tibi fatendum est* ; et paulo in ea *invitus tenebris vultum posse quod possibile jactitas.*

meis. Miser ego homo, quis me liberabit de corpore mortis hujus? Gratia Dei per Jesum Christum Dominum nostrum (Rom. 7. 22. *et sqq*). Cur autem hoc dixerit, alio sermone demonstrat. *Scimus enim quod lex spiritualis est, ego autem carnalis sum, venumdatus sub peccato. Quod enim operor, non cognosco. Non enim quod volo,* **1037** *illud operor, sed quod odi, illud facio. Sin autem quod nolo, hoc facio, consentio legi, quoniam bona est. Nunc autem nequaquam operor illud, sed quod in me habitat, peccatum. Scio enim quod non habitat in me, hoc est, in carne mea, bonum. Velle enim adjacet mihi, perficere autem bonum non invenio. Non enim quod volo bonum, hoc facio : sed quod nolo, malum, hoc ago. Si autem quod nolo, hoc facio, nequaquam ego operor illud, sed quod habitat in me, peccatum* (Rom. 7. 14, *et sqq*.).

9. Reclamabis, et dices, (*a*) Manichæorum dogma nos sequi, et eorum qui de diversis naturis Ecclesiæ bella concinnant, asserentium malam esse naturam quæ immutari nullo modo possit. Et hoc non mihi, sed Apostolo imputa, qui novit aliud esse Deum, aliud esse hominem, aliam carnis fragilitatem, aliam spiritus fortitudinem. *Caro enim desiderat contra spiritum, et spiritus contra carnem, et hæc invicem sibi adversantur, ut non quæ volumus, ipsa faciamus* (Gal. 5. 17). A me nunquam audies malam esse naturam. Sed quomodo sit carnis fragilitas disserenda, ipso qui scripsit docente, discamus. Interroga eum quare dixerit : *non enim quod volo, hoc operor : sed quod odi malum, illud facio*. Quæ necessitas illius impediat voluntatem, quæ tanta vis, odio digna imperet facere, ut non quod vult, sed quod odit, et non vult, facere compellatur? Respondebit tibi : *O homo, tu quis es qui respondeas Deo? Numquid dicit figmentum figulo, quare me fecisti sic? An non habet potestatem figulus luti, de eadem massa, aliud quidem vas facere in honorem, aliud autem in contumeliam* (Rom. 9. 20. 21)? Objice Deo fortiorem calumniam, quare adhuc eum in utero essent Esau, et Jacob dixerit : *Jacob dilexi, Esau autem odio habui* (Malach. 1. 3). Accusa eum iniquitatis, cur Achan filius Charmi de Jerichuntina præda aliqua furatus sit, et tanta millia hominum illius vitio trucidata sint (*Jos.* 7). Quamobrem filii Eli peccaverint, et omnis pene populus exstinctus, arcaque sit capta. David peccavit, ut enumeraret populum, et cur in toto Israele tanta hominum cæsa sint millia (1. *Reg.* 2. *et seqq*.). Et ad extremum (quod solet nobis objicere contubernalis vester (*b*) Porphyrius) qua ratione clemens, et misericors **1038** Deus ab Adam usque ad Moysen, et a Moyse usque ad adventum Christi passus sit universas gentes perire ignorantia Legis et mandatorum Dei. Neque enim Britannia fertilis provincia tyrannorum, (*c*) et Scoticæ gentes, omnesque

(*a*) Solemne quippe erat Pelagianis Catholicos accusare Manichæismi ; quam Augustinus pluribus locis calumniam purgat.
(*b*) Videndus S. Augustinus Epist. 102. ad Deogratias Presbyterum, ubi ad sex Paganorum quæstiones respondens, quæstione secunda hanc ex Porphyrio objectionem validis argumentis refellit.
(*c*) Haud pauci Mss. cum editis antiquioribus *scyticæ* ; sed apparet maluisse Hieronymum Pelagio, qui de Albion

S. HIERONYMI I.

usque ad Oceanum per circuitum barbaræ nationes Moysen Prophetasque cognoverant. Quid necesse fuit eum in ultimo venire tempore, et non priusquam innumerabilis periret hominum multitudo? Quam quæstionem beatus Apostolus ad Romanos scribens, prudentissime ventilat, ignorans hæc, et Dei concedens scientiæ. Dignare igitur et tu ista nescire, quæ quæris. Concede Deo potentiam sui, nequaquam te indiget defensore. Ego miserabilis, qui tuas expecto contumelias, qui illud semper lego : *Gratia salvi facti estis* (Ephes. 2. 8). Et : *Beati quorum remissæ sunt iniquitates, et quorum tecta sunt peccata* (Psal. 31. 1), ut de mea fragilitate loquar, novi me multa velle, quæ facienda [al. *sancta*] sunt, et tamen implere non posset SPIRITUS enim fortitudo ducit ad vitam, sed carnis fragilitas ducit ad mortem. Et audio Dominum commonentem : *Vigilate et orate, ne intretis in tentationem. Spiritus promptus est, caro autem infirma* (Matth. 26. 41; *et Marc*. 14. 38).

10. Frustra blasphemas et ignorantium auribus ingeris, nos liberum arbitrium condemnare. Damnetur ille qui damnat. Cæterum non ex eo differimus a brutis animalibus, quod liberi arbitrii conditi sumus ; sed ipsum liberum, ut diximus, arbitrium Dei nititur auxilio, illiusque per singula ope indiget, quod vos non vultis ; sed id vultis, ut qui semel habet liberum arbitrium, Deo adjutore non egeat. Liberum arbitrium dat liberam voluntatem, et non statim ex libero arbitrio homo facit ; sed Domini auxilio, qui nullius ope indiget. Tu ipse qui perfectam, et Deo æqualem in hominibus justitiam jactitas, et peccatorem te esse confiteris, responde mihi, velis, an nolis carere peccato? Si vis, quare juxta sententiam tuam non imples quod desideras? Sin autem non vis, contemptorem te præceptorum Dei esse demonstras. Si contemptor es, utique et peccator. Si peccator, audi tibi Scripturam **1039** loquentem : *Peccatori dixit Deus : Quare tu enarras justitias meas, et assumis testamentum meum per os tuum? Tu vero odisti disciplinam, et projecisti verba mea retrorsum* (Ps. 49. 16). Verba Dei dum non vis facere, post tergum tuum projicis. Et novus Apostolus, orbi terrarum facie..da, et non facienda decernis. Sed non est ita, ut loqueris : aliud in tua mente versatur. Quando enim te dicis peccatorem, et posse hominem sine peccato esse, si velit ; illud vis intelligi, te quidem sanctum esse, et omni carere peccato : sed per humilitatem, peccati [f. *peccatoris*] nomen assumere : ut alios potius laudes, et tibi detrahas.

11. Illud quoque argumentum vestrum ferre quis possit? Dicitis his verbis. «Aliud est esse, aliud esse posse. Esse non est in nostra positum potestate, esse autem posse, generaliter dici : quod licet (*d*) aliquis non fuerit, tamen possit esse qui esse voluerit.» Rogo

in Scotia erat, patriam ac barbaros provinciæ ejus mores exprobrare.
(*d*) Editi, *licet alius non fuerit, nos pro alius legendum alius* conjeceramus, cum Vatic. Mss. admoniti reponendum *aliquis*. Porro, quanquam aliter Dialecticorum filiis videri possit, rectissime Hieronymus argumentatur ; incredibile enim est nullum unquam hominem fecisse, factu-

(*Trente-sept.*)

quæ est ista argumentatio, posse esse, quod nunquam fuerit? posse fieri, quod [*al. qui*] nullum fecisse testeris? id cuilibet tribuere, qui an futurus sit ignores : et dare nescio cui, quod in Patriarchis, Prophetis, Apostolis fuisse nequeas approbare? Audi Ecclesiasticam simplicitatem, sive rusticitatem, aut imperitiam, ut vobis videtur. Loquere, quod credis ; publice prædica, quod secreto discipulis loqueris. Qui dicis te habere arbitrii libertatem, quare non libere quod sentis loqueris? Aliud audiunt cubiculorum tuorum secreta, aliud (*a*) rostrorum populi. Etenim vulgus indoctum non potest arcanorum tuorum onera sustentare, nec capere solidum cibum, quod infantiæ lacte contentum est. Necdum scripsi, et comminaris mihi rescriptorum tuorum fulmina, ut scilicet hoc timore exterritus, non audeam ora reserare, et non animadvertis idcirco nos scribere, ut vos respondere cogamini, et aperte aliquando dicere, quod pro tempore personis et locis vel loquimini, vel tacetis. Nolo vobis liberum esse, negare quod semel scripseritis. Ecclesiæ victoria est, vos aperte dicere quod sentitis. Aut enim idem responsuri estis, quod et nos loquimur, et nequaquam eritis adversarii, sed **1040** amici ; aut si contraria nostro dogmati dixeritis, in eo vincemus, quod omnes cognoscent Ecclesiæ, quid sentiatis. Sententias vestras prodidisse, superasse est. Patet prima fronte blasphemia. Non n cesse habet convinci, quod sua statim professione blasphemum est. Minamini nobis responsionem, quam vitare nullus potest, nisi qui omnino non scribit. Unde nostis quid dicturi simus, ut responsionem paretis? Forsitan vestra dicemus, et frustra ingenii vestri acuetis stilum. Eunomiani, Ariani, Macedoniani, nominibus separati, impietate concordes, nullum nobis laborem faciunt. Loquuntur enim quod sentiunt. Sola hæc hæresis est, quæ publice erubescit loqui, quod secreto docere non metuit. Magistrorum silentia profert rabies discipulorum. Quod audierunt in cubiculis, in tectis prædicant : ut si placuerit auditoribus quod dixerint, referatur ad gloriam magistrorum ; si displicuerit, culpa sit discipuli, non magistri. Ideo crevit vestra hæresis, et decepistis plurimos : maximeque eos, qui adhærent mulieribus, et sciunt se peccare non posse : quia semper docetis, semper negatis, et audire meremini illud Propheticum : *Gloriam in partubus, et parturitionibus da illis, Domine. Quid dabis illis? Vulvam sterilem, et ubera arentia* (*Osee*, 11. *et* 14. *juxta LXX*). Fervet animus, nec possum verba cohibere. Epistolaris angustia non patitur longi operis magnitudinem. Nullius in hoc opusculo nomen proprie tangitur. Adversus magistrum perversi dogmatis locuti sumus. Qui si iratus fuerit atque rescripserit, suo quasi mus prodetur indicio, ampliora in vero certamine vulnera suscepturus.

12. Multi anni sunt, quod ab adolescentia usque ad hanc ætatem, diversa scripsi opuscula, semperque habui studio audientibus loqui, quod publice in Ecclesia didiceram : nec Philosophorum argumenta sectari, sed Apostolorum simplicitati acquiescere, sciens illud scriptum : *Perdam sapientiam sapientium, et prudentiam prudentium reprobabo* (*Isai*. 29. 14 ; *et* 1. *Cor*. 1. 19). Et : *Fatuum Dei, sapientius est hominibus* (1. *Cor*. 1. 25). Cum hæc se ita habeant, provoco adversarios, ut omnes retro chartulas **1041** ex integro discutiant, et si quid in meo ingeniolo vitii repererint, proferant in medium. Aut enim bona erunt, et contradicam eorum calumniæ : aut reprehensibilia, et confitebor errorem : malens emendare quam perseverare in pravitate sententiæ. Et tu ergo, doctor egregie, aut defende quod locutus es, et sententiarum tuarum acumina astrue eloquio subsequenti, ne quando tibi placuerit, neges quod locutus es : aut si certe errasti, quasi homo, libere confitere, et discordantium inter se redde concordiam. In mentem tibi veniat, tunicam Salvatoris nec a militibus fuisse conscissam. Fratrum inter se cernis jurgia, et rides atque lætaris, quod alii tuo nomine, alii Christi appellentur. Imitare Jonam, et dicito : *Si propter me est ista tempestas, tollite me, et mittite in mare* (*Jonæ*, 1. 12). Ille humilitate dejectus est in profundum, ut in typum Domini gloriosus resurgeret. Tu per superbiam ad astra sustolleris, ut de te loquatur Jesus : *Videbam Satanam sicut fulgur cadentem de cælo* (*Luc*. 10. 18).

13. Quod autem in Scripturis sanctis multi justi appellentur, ut (*b*) Zacharias, et Elizabeth, Job, Josaphat, et Josias, et multi quorum nominibus sacra Scriptura contexta est, quanquam in promisso opere plenius (si gratiam Dominus dederit) dicturus sim [*al. sum*] : tamen in præsenti Epistola hoc breviter perstrinxisse sufficiat, quod justi appellantur, non quod omni vitio careant ; (*c*) sed quod majori parte virtutum commendentur. Denique et Zacharias silentio emendatur (*Luc*. 1), et Job sub sermone reprehenditur, et Josaphat, et Josias, qui justi absque dubio dicti sunt, fecisse narrantur quæ Domino displicerent. Quorum alter impio auxilium tulit (3. *Reg*. 22), et correptus est a Propheta : alter contra præceptum Domini ex ore Jeremiæ, occurrit Nechao regi Ægyptio, et interfectus est (4. *Reg*. 23 ; *et* 2. *Paral*. 35), et tamen uterque justus appellatur. De cæteris non est hujus temporis scribere : neque enim a me librum, sed **1042** epistolam flagitasti, qui dictandus est ex otio, et omnes oblatrationes [*al. oppositiones*] eorum Christi auxilio destruendæ : quod nobis sanctarum Scripturarum testimoniis asserendum est, in quibus quotidie credentibus loquitur Deus. (*d*) Illudque per

---

(*a*) Intelligi eos putat Victorius, qui pro rostris et in plateis versantur. Mss. tamen plerumque habent *o. . . . rum populi*.

(*b*) Recole epistolam 121. ad Algasiam quæstione 8. pag. 1026. et quæ in eum locum adnotavimus nota *b*.
(*c*) Aliter Vatic. *sed majori polleant parte virtutum*. Confer si lubet Augustinum his quæ adducuntur exemplis eodem fere, quo Hier. modo respondentem.
(*d*) Prius erat, *Illudque te per sanctæ*, etc., quam lectionem Victorius improbat : alii editi quorum et germana forte lectio est. *Illudque te, et per te sanctæ*, etc. V. e.

te sanctæ et illustris domus conciliabulum precor, atque commoneo, ne per unum, aut ut multum, tres homunculos, suscipiant tantarum feces hæreseon, aut (ut parum dicam) infamiam : ut ubi primum virtus, et sanctitas laudabatur, ibi præsumptionis diabolicæ, et sordidissimæ societatis turpitudo versetur. Sciantque qui hujuscemodi hominibus opes suggerunt, hæreticorum multitudinem congregare, et Christi hostes facere et munire adversarios ejus; frustraque aliud lingua prætendere, cum manu [al. *animus*] sentire aliud comprobentur [al. *comprobetur*].

EPISTOLA CXXXIV (*a*)

AD AUGUSTINUM.

Indicat se ab Orosio accepisse duos libros sibi inscriptos, sive duas superiores Augustini epistolas 131 et 132, quibus cur non responderit, excusat.

Domino vere sancto et omni mihi affectione venerabili Papæ AUGUSTINO HIERONYMUS in Christo salutem.

1 Virum honorabilem fratrem meum, filiam dignationis tuæ, Orosium Presbyterum, et sui merito et te jubente suscepi. Sed (*b*) incidit tempus difficillimum, quando mihi tacere melius fuit quam loqui : ita ut nostra studia cessarent (*c*), et juxta Appiam canina exerceretur facundia. Itaque duobus libellis tuis, quos meo nomini dedicasti, eruditissimis et omni eloquentiæ splendore fulgentibus, ad tempus respondere non potui. Non quo quidquam in illis reprehendendum putem ; **1043** sed quia juxta (*d*) Apostolum, *unusquisque in suo sensu abundet : alius quidem sic*, *alius autem sic* (Rom. 14. 5). Certe quidquid dici potuit, et sublimi ingenio de Scripturarum sanctarum hauriri fontibus, a te positum atque dissertum est. Sed quæso reverentiam tuam, parumper patiaris me tuum laudare ingenium. Nos enim inter nos eruditionis causa disserimus. Cæterum æmuli et maxime hæretici, si diversas inter nos sententias viderint, de animi calumniabuntur rancore descendere. Mihi autem decretum est te amare, te suspicere, colere, mirari, tuaque dicta quasi mea defendere. Certe et in Dialogo quem nuper edidi, tuæ beatitudinis ut dignum fuerat recordatus sum : magisque demum operam, ut perniciosissima hæresis (1) de Ecclesiis

auferatur, quæ semper (*e*) simulat pœnitentiam ; ut docendi in Ecclesiis habeat facultatem : ne si aperta se luce prodiderit, foras expulsa moriatur.

2. Sanctæ ac venerabiles filiæ tuæ Eustochium et Paula (*Junior*), et genere suo, et exhortatione tua digno gradiuntur ; specialiterque salutant beatitudinem tuam : omnis quoque fraternitas, quæ nobiscum Domino Salvatori servire conatur. Sanctum Presbyterum Firmum, anno præterito ob rem earum Ravennam, et inde Africam, Siciliamque direximus : quem putamus jam in Africæ partibus commorari. Sanctos tuo adhærentes lateri, ut meo obsequio salutes, precor. Litteras quoque meas ad sanctum Presbyterum Firmum (*f*) direxi, quæ si ad te venerint, ei dirigere non graveris. Incolumem te et mei memorem Christus Dominus custodiat, domine vere sancte (*g*) et beatissime Papa.

Et subter.

Grandem Latini sermonis in ista provincia **1044** notariorum patimur penuriam ; et idcirco præceptis tuis parere non possumus, maxime in editione Septuaginta, quæ asteriscis verubusque distincta est. Pleraque enim prioris laboris fraude cujusdam amisimus.

EPISTOLA (*h*) CXXXV (*i*)

INNOCENTII PAPÆ AD AURELIUM.

Litteras Aurelio mittit Innocentius Hieronymo reddendas.

Dilectissimo fratri (*j*) AURELIO INNOCENTIUS.

Piissimam etiam ad nos perveniendi tuam affectionem bene compresbyter noster (*k*) credidit Hieronymus. Com-

---

vero illustris domus eadem videtur esse, de qua in epistola ad Apronium : « Eversam, inquit, nobilem donatam tumulus dolet... licet ex parte Dei mereamur offensam, qui inimicos Domini fovemus.»

(*a*) Has 91. scripta anno 416.

(*b*) Perperam Martianæus *incipit* ; quod emendatur ex aliis editis et antiquissimo Cod. Ambrosiano. 212. Oro ins nempe ab Augustino in Palæstinam missus, ut Hieronymum in quæstione de origine animarum consuleret, in tempus vere difficillimum *incidit*, cum a'iis operibus ille distractus huic quæstioni respondere non potuerit.

(*c*) In Augustini epist. al 19. Ejusdem Vienna edita, ubi totum hoc capitulum recitatur, legitur *ne juxta pipam*, etc., profl. Mihi de illa sententia diximus, et præcipue Epist. 125. ad Rusticum mon. 14.

(*d*) Ms. Ambrosianus *juxta legit in postolem*, ut in e, ist. ad Optatum, et mox *abundat*, pro *abundet*.

(1) *Pelagianorum.*

(*e*) Sive dissimulat errores suos, atque diffitetur, ut in Diospolitana Synodo, quam *nisi rabilem* vocat Hieronymus, quod hæc arte decepta Pelagium abs lverit.

(*f*) Supra laudatus vetustissimus Ambrosianus, liber *dirige, pro direxi, omissisque* hæc subsequuntur, *q æ si ad te venerint, ei dirig re non graveris*. Excidarunt hæc S. Patris ad Firmum litteræ.

(*g*) Quæ hinc sequuntur ad finem usque Ambrosian. Cod. non agnoscit, editi etiam haud pauci omittunt.

(*h*) Huc transtulimus ex C. V. P. Constantii editione Epistolarum Romanarum Pontificum tres istas quæ subsequuntur ; et primum e veteri Vaticanæ bibliothecæ libro edite, deinde a Baronio collati ac earum facta cum altero Ms. ad an. anni 416. recens stat. Illarum causa ex his innotescit, quæ Augustinus ad calcem libri de Gestis Pelagii enarrat : « De his autem, quæ post hoc judicium ibi [Tin-spoli a nos in quo cuncta perdiderunt, in perversum pertulere Pelagio suffragari], incredibili audacia perpetrata dicuntur, ut Dei servi, et ancillæ ad curam Sancti Hieronymi pertinentes, sceleratissima cæde afficerentur, diaconus occideretur, ædificia monasteriorum incenderentur, tacendum nobis potius video, et expectandum quid illic fratres nostri Episcopi de his tantis malis agendum existimaverint, a quibus eos dissimulare posse quis credat ? » Vide etiam quæ in peculiari hujus tomi præfatione de his diximus.

(*i*) *d. inter hieronymianas non* computata. *Scripta an.* 417.

(*j*) Carthaginensis Episcopus in causa contra Pelagianos longe notissimus.

(*k*) Nos ita interpretamur. Aurelio auctorem fuisse Hieronymo, ut Romam usque pergeret, quo Romanum Pontificem de Pelagianorum facinoribus præsens certiorem faceret, quod cum præstare Aurelius non potuisset, Hieronymi tamen sententiam laudat Innocentius. Sed fortasse,

patimur gregis nostri membro, et quod faciendum duximus, vel facere potuimus, sumus velociter exsecuti. Germanitas tua, frater carissime, citius litteras memorato reddere festinet.

EPISTOLA CXXXVI (a)

INNOCENTII AD HIERONYMUM.

Innocentius Hieronymum, ob ea quæ passus est, consolatur, et quid pro tempore faciendum duxerit, ac jam fecerit, declarat.

Dilectissimo filio HIERONYMO Presbytero INNOCENTIUS.

Nunquam boni aliquid contentionem fecisse in Ecclesia testatur Apostolus (Tit. 3. 10); et ideo hæreticorum correptiones primum fieri jubet (b) magis, quam diuturna duci collatione. Quæ regula dum negligenter (c) aspicitur, **1045** malum non vitatur quod cavendum est; sed augetur. Tamen quoniam dolor gemitusque tuus ita quatit viscera nostra (d) ut ratio non tractandi consulendique sit; primum constantiæ tuæ alloquor fidem. Pro veritate (e) quisque (f) injuria, aut, ut dicis, periculo percelletur, qui exspectet beatitudinem, multis sæpe narrasti; et tuarum te prædicationum bene memorem commonemus. Itaque excitati tanta malorum scena, arripere auctoritatem Sedis Apostolicæ ad omne comprimendum nefas, festinavimus; sed in quem insurgeremus, nec nomine appellatum legimus, nec criminis aliqua ratione taxatum. Quod ergo possumus, condolemus. Si deposueris autem apertam manifestamque in homines aliquos accusationem, aut judices competentes tribuam, aut si aliquid urgentius sollicitiusque a nobis fieri potest, non retardabo, fili dilectissime. Tamen Episcopo fratri meo Joanni scripsi, ut circumspectius agat: ne quid circa Ecclesiam sibi creditam adhuc tale aliquid fiat, quale providere et propellere, ne accideret, (g) vel ne accidat, etiam ipsi sit et postea molestissimum.

EPISTOLA CXXXVII (h)

INNOCENTII AD JOANNEM.

Joannem Jerosolymitanum prospicere debuisse, ne tot ac tantis malis, quibus afflicti sunt Hieronymus, Eustochium et Paula, opprimerentur, ac nisi hæc deinceps aut corrigantur, aut retundantur, rationem inde redditurum.

Dilectissimo fratri JOANNI INNOCENTIUS.

Direptiones, cædes, incendia, omne facinus (i) extremæ clementiæ, generosissimæ sanctæ virgines Eustochium et Paula deploraverunt in locis ecclesiæ suæ perpetrasse **1046** Diabolum: nomen enim hominis causamque reticuerunt. Quod etsi ambiguum non sit (j) a quo commissum, oportuit tamen custodire germanitatem tuam, et gregi (k) illius sollicitius providere, ne quid hujusmodi oriretur, quod cum aliorum pericula tua lacescit negligentia (l) admittere in gregem Domini, et tales agnas incendio, armis et persecutionibus, nudas, debiles, post suorum cædes et mortes, vix vivere audirimus. Nihil movet pietatem illam (m) sacerdotii tui de tanta diaboli in te atque in tuos potestate admissa? in te, inquam, prorsus enim Sacerdotis gravitatem condemnat tantum nefas in ecclesia fuisse completum. Ubi provisiones tuæ? ubi certe, si casus evenerant, auxilia, vel consolationes, cum plus se adhuc metuere dicant, quam conqueruntur esse perpessas? Altius censerem, si essent aliquid de hac re mecum apertius collocutæ. Vide, frater, antiqui hostis insidias, et spiritu boni rectoris pervigila, ut hæc, quæ ad nos opinione magis quam accusatione manifesta delata sunt, vel corrigantur, vel retundantur; ne jus ecclesiasticum de labefactatis (n) causas, eum, qui non defenderit, præstare compellat.

EPISTOLA CXXXVIII (o).

AD RIPARIUM (p).

Riparium presbyterum, quomodo Pelagiana dogmata rejecta, illorumque disseminator veluti alter Catilina expulsus sit, et quid ei illa contigerit in re docet.

1. Christi te adversum hostes Catholicæ fidei bella

---

quod nondum subolevit, vitiosa est lectio, et reponendum est *reddidit*, id est, *significavit.*
(a) Al. *non annumerata inter hieronymian. scripta eodem temp. ac superior.*
(b) Ita Constantius restituit ex archetypi Vaticani recognitione, cum antea perperam esset, *magisque diuturna.*
(c) Baronius *accipitur*, rejecto ad libri album *adspicitur.*
(d) Supplere si liceat sententiam, ut videtur, sui, parte mutilam, legerim, « ut ratio nulla tractandi, consulendique sit prætermittenda. » Si explicari malis, bono utcumque sensu non caret. Dici juta, pro dolore cousilium sibi omne interchadi. In Vatic. tamen Ms. *ratio* desideratur.
(e) Supplendum omnino est *libens*, aut quid simile, ante *quisque*; et sensus planissime statim constabit.
(f) Constantius *quia*, et mox *narrastis* ex Vatic. Ms. Nos cum Baronio et Concilior. editione.
(g) Integrior hic erit locus, si verbum *debuisset* heic suppleas et, *vel si accidat*, pro *vel ne accidat*, legas.
(h) Al. non computata inter *hieronymian. Scripta eodem temp. ac superior.*

(i) Baronius et edit. Concil. *clementiæ*, quam lectionem ad Pelagianorum facinus referunt. Sed verius P. Constantio visum est, potius hinc laudari sanctas Virgines velut *extremæ clementiæ*, quod nomen hominis causamque reticuerunt; eamque lectionem præfert Romana editio.
(j) Pelagium nempe, in quem facinoris suspicio cadebat.
(k) Hinc erudite Constantius arguit vel Græce ab Innocentio scriptam hanc epistolam, vel si Latine scripserat, ut in Græcum converteretur curasse; solam tamen Græci textus interpretationem Latinam, eamque litteræ valde tenacem hanc esse. Si enim quod Græce fuerit, τῷ ποιμνίῳ ἰσοτῆ, sive αὐτοῦ, Latine non ad verbum *gregi illius*, sed *gregi suo* redditur, statim constabit lectio, quæ aliter manca est atque obscura. Romana tamen editio legerat *gregis.*
(l) Emendavit Baronius cum antea esset *amittere gregem* solenni lapsu in veteribus libris, in quibus *amittere* scribitur pro *admittere*. Sed mox notante Benedictino editore, gravius peccat Baronius ipse, ubi legit, *et tales agnos, quos incendio... nudas*; quasi ista secunda persona sit verbi *nudo*, atque ipse Joannes auctor facinoris diceretur.
(m) Ex Græco articulo τὴν vocem *illam* expressam putat Editor Benedictinus, ac deinde Latinius *tanta potestas*, quam *de tanta potestate* dici debuisse, nisi Græcam phrasim redolere hic locus. Mox Baronius *sacerdotii.*
(n) Cum olim esse *causis*, editor Benedict. restituit *causas* ex archetypi Vaticani recognitione: nam *jus ecclesiasticum* in recto casu enuntiatur.
(o) Al. 53. scripta circ. an. 417.
(p) Nonnulli Mss. quibus vetus editio concinit « Domino vere Sancto, atque omni affectione venerabili Ripario Hieronymus in Christo salutem. »

bellare, et tuis litteris, et multorum relatione cognovi, ventosque esse contrarios, et in perditionem mutuam fautores esse perditionis, qui defensores sæculi esse deberent : tamen scias in hac provincia nullis **1047** humanis auxiliis, sed proprie Christi sententia pulsum esse, non solum de urbe, sed de Palæstinæ quoque finibus (a) Catilinam : nosque dolere plurimum, quod cum Lentulo multi conjurationis socii remanserunt, qui in Joppe remorantur. Nobis autem melius visum est locum mutare, quam fidei veritatem ; ædificiorumque et mansionis amœnitatem amittere, quam eorum communione maculari, quibus impræsentiarum, aut cedendum erat, aut certe quotidie non lingua, sed gladiis dimicandum. (b) Quanta autem passi simus, et quomodo excelsa manus Christi pro nobis in hostem sævierit, puto te celebri nuntio (c) omnium cognovisse. Quæso ergo te, ut arreptum opus impleas ; nec patiaris, te præsente, non habere Christi Ecclesiam defensorem. Certe scit unusquisque, quod vel tibi sufficiat pro virili parte : quia non viribus corporis, sed caritate animi dimicandum, quæ superari nunquam potest. Sancti fratres, qui cum nostra sunt parvitate, plurimum te salutant. Puto autem et sanctum fratrem Alentium Diaconum tuæ dignationi cuncta narrare fideliter. Incolumem te et memorem mei, Christus dominus noster tueatur omnipotens, domine vere sancte et suscipiende frater.

EPISTOLA CXXXIX (d).

(e) AD APRONIUM.

APRONIUM, *quod in fide contra Pelagianos manserit, laudat, et, ut sancta Jerosolymæ loca petat, hortatur.*

1. Nescio qua tentatione diaboli factum sit, ut et tuus labor, et sancti (f) Innocentii Presbyteri industria, et nostrum desiderium ad præsens nequaquam videatur habere effectum. Deo gratia, quod te sospitem, et fidei calore ferventem, inter ipsa tentamen-

(a) Catilina, ut notum est ex Sallustio, Roma evadens noctu, P. Cornel. Lentulum in Civitate reliquit, qui conjurationis participes in perfidia confirmaret, quæ Hieronymus alludit. Difficile est autem aliud heic sub Catilinæ nomine intelligi, quam Pelagium, ejusque sectatores. Rufinus enim, quem vulgo innui volunt Hieronymiani Interpretes, jam ab anno 397. libens, et cum Hieronymo reconciliatus discesserat e Palestina.
(b) Notatum supra ad Epist. 133. ex Augustini libro de Gestis Pelagii in fine, « a nescio quo cuneo perditorum, qui valde in perversum perhiberentur Pelagio suffragari, » inter cætera quæ *incredibili audacia* contra S. Hieronymum *patrata sunt*, etiam *ædificia monasteriorum* ejus incensa, *ut vix ipsum ab eo impetu, et occursu impiorum in Dei misericordia turris munitior tueretur.*
(c) Malim *omnia.* Paulo post in veteri editione, *certe sciat unusquisque, quod*, etc.
(d) Illius 36. *scripta circ. ann.* 417.
(e) Rerum quæ in hac Epistola pertractantur series, totusque contextus Hieronymum ejus auctorem evincunt, contra quam Victorius sentit, cui S. Patris stylum redolere non videtur, et ab aliquo ejus familiari creditur exarata.
(f) Hic illi videtur Innocentius, cui *litteras de sancta Bethleem in Occidentem ad Ælypium, et Augustinum dedit perferendas* Hieron. quod ipse testatur infra et rursum in fine sequentis Epistolæ 143.

ta **1048** diaboli cognovi. Hoc meum gaudium est, quando in Christo audio filios meos dimicare ; et istum zelum in nos ipse confirmet, cui credimus : ut pro fide ejus sanguinem voluntarie fundamus. (g) Eversam nobilem domum funditus doleo, et tamen quid in causa sit, scire non potui. Neque enim portitor litterarum nosse se dixit. Unde dolere possumus pro amicis communibus, et Christi, qui solus potens et Dominus est, (h) clementiam deprecari : licet ex parte Dei mereamur offensam, qui inimicos Domini foverimus. Optimum autem facies, si cunctis rebus omissis, Orientem et præcipue sancta loca petas : hic enim quieta sunt omnia. Et licet venena pectoris non amiserint, tamen os impietatis non audent aperire : sed sunt sicut aspides surdæ, et obturantes aures suas (*Psal.* 57. 5). Sanctos fratres saluta. Nostra autem domus secundum carnales opes, hæreticorum persecutionibus penitus eversa, Christo propitio spiritualibus divitiis plena est. Melius est enim panem manducare, quam fidem perdere.

EPISTOLA CXL (i).

AD CYPRIANUM PRESBYTERUM.

Psalmum octogesimum nonum, cujus initium est, Domine, refugium factus es nobis, *Cypriano Presbytero ad fidem Hebraicæ veritatis, post* LXX, *et Vulgatam editionem, pie eloquenterque exponit.*

1. Prius te, Cypriane Presbyterorum studiosissime, de illorum numero, super quibus audivit Moyses : *Elige Presbyteros, quos tu ipse scis esse Presbyteros* (*Exod.* 12), tantum Epistolis noveram, et beati viri vocabulum consecutum, qui in Lege Dei die ac nocte meditatur (*Psal.* 1). Nunc autem quia exterioris quoque hominis nobis invicem facta est cognitio, et post salutationem dulcesque **1049** complexus, quibus sibi amicitia copulatur, ut probes verum esse quod audieras, statim a me postulas, ut difficillimum Psalmum, qui apud Græcos et Latinos octogesimus nonus inscribitur, tibi edisseram, non composita verborum oratione plausuque populari, qui solet imperitorum aures decipere atque palpare ; sed oratione simplici, et Ecclesiastici eloquii veritate : ut scilicet interpretatio nostra non alio interprete indigeat, quod plerisque nimium disertis accidere solet, ut major sit intelligentiæ difficultas in eorum explanationibus, quam in his quæ explanare conantur. Aggrediar opus difficillimum, et sanctorum precum tuarum fultus auxilio, illius versiculi recordabor : *Dominus dabit verbum evangelizantibus virtute multa* (*Ps.* 67. 12).

2. Ac primum sciendum quod Psalmi istius juxta Hebraicum titulus sit, *Oratio Moysi viri Dei* : juxta

(g) Vide in calce epistol. 133. ad Ctesiphontem, ubi de illustri domo, quæ hæreticos fovebat, quæque eadem ac præsens eversa videri possit, conqueritur.
(h) Haud hoc vetustiores editi sub alia distinctione, *et ejus clementiam, ut Christi* nomen ad amicos referatur.
(i) *d.* 139. *script. circ. an.* 418.

Septuaginta, *Oratio Moysi hominis Dei.* Inter hominem autem et virum quid intersit sancta Scriptura nos doceat. Loquitur quinquagenarius ad Eliam : *Homo Dei, rex vocat te.* Cui ille respondit, *Si homo Dei ego sum, descendat ignis de cœlo, et comedat te et quinquaginta viros tuos* (4. *Reg.* 1. 9 et 10). Ad Timotheum quoque Apostolus scribit : *Tu autem, o homo Dei, hæc fuge* (1. *Tim.* 6. 11). Porro de viro Dei idem Apostolus instruit : *Volo autem vos scire, quod omnis viri caput Christus sit : caput autem mulieris vir : caput vero Christi Deus* (1. *Cor.* 11. 3). Iste vir est, qui caput velare non debet, cum sit imago et gloria Dei, et quotidie orans loquitur : *Nos autem omnes revelata facie gloriam Domini contemplantes, in eamdem imaginem transformamur, a gloria in gloriam sicut a Domini spiritu* (2. *Cor.* 3. 18). Et in alio loco : *Donec perveniamus omnes in virum perfectum, in mensuram ætatis plenitudinis Christi* (*Eph.* 4. 13). Sive igitur viri, sive hominis appellatio sancto viro competit, et ei qui vidit Deum facie ad faciem, et salva facta est anima ejus : cujus ore, creaturam mundi, eorum **1050** duntaxat quæ visibilia sunt, conditionem hominis, et omnis retro historiæ didicimus veritatem, qui non solum nobis quinque reliquit libros, Genesim, Exodum, Leviticum, Numeros et Deuteronomium : (*a*) sed undecim quoque Psalmos, ab octogesimo nono, cujus principium est : *Domine, refugium factus es nobis,* usque ad nonagesimum nonum, qui inscribitur, *Psalmus in confessione.* Quod autem in plerisque codicibus nonagesimus octavus habet titulum. *Psalmus David,* in Hebraico non habetur ; hanc habente Scriptura sancta consuetudinem, ut (*b*) omnes Psalmi qui cujus sint, titulos non habent, his deputentur, quorum in prioribus Psalmis nomina continentur.

3. Quatuor autem Psalmi sunt qui habent Orationis titulum, sextus decimus, qui inscribitur, *Oratio David,* et incipit : *Exaudi, Domine, justitiam meam.* Et octogesimus quintus : *Inclina, Domine.* Et octogesimus nonus, qui nunc in manibus est : *Domine, refugium factus es nobis.* Et centesimus primus, qui titulum habet, *Oratio pauperis cum anxius fuerit,* et in conspectu Domini effuderit precem suam. David et pauper, qui cum dives esset, pro nobis pauper factus est, referlur ad Christum, qui sedit super pullum asinæ, juxta Zachariam (*Cap.* 9. *v.* 9), pauper atque mansuetus. Moyses autem per quem Dominus legem dedit, cujus ore audivimus loquentem Deum : *Faciamus hominem ad imaginem et similitudinem nostram* (*Gen.* 1. 26) : statimque infertur : (*c*) *Et fecit Deus hominem ad imaginem suam, ad imaginem Dei fecit illum : masculum et feminam fecit illos,* ab initio conditionis hominis usque ad mortem et resurrectionem omnia explicat, qualis creatus sit, quanto vivat tempore, quid agat in sæculo, quem fructum vitæ habeat, propter quid laboret, quo ire contendat. Et quoniam ipse qui hæc scribit homo est, sub persona sua de omni generis humani conditione testatur. Sunt autem qui hunc **1051** Psalmum, sive Orationem, ad Israeliticum populum referant : quomodo in solitudine offenderit Deum atque conciderit, et non meruerit terram promissionis intrare ; proque patribus ingressi sunt filii, et rursum placatum exspectent Deum, quæ d in Christi compleatur adventu.

4. *Oratio quid in Scripturis.* — Oratio, juxta Grammaticos, omnis sermo loquentium est, cujus etymologiam sic exprimunt ; *Oratio est oris ratio.* In Scripturis autem Sanctis, difficile Orationem juxta hunc sensum legimus ; sed eam quæ ad preces et obsecrationes pertinet. Aiunt Hebræi uno Psalmorum volumine (*d*) quinque libros contineri ; a primo usque ad quadragesimum ; et a quadragesimo primo usque ad septuagesimum primum ; et a septuagesimo secundo usque ad octogesimum octavum ; et ab octogesimo nono qui quarti libri initium est, et quem nunc diximus, usque ad centesimum quintum. In quorum eaudem fine duplex AMEN positum est, quod Septuaginta transferunt, *fiat, fiat :* et a centesimo sexto usque ad finem. Instar duodecim Prophetarum, qui et si cum propriis libros [al. *libellos*] ediderint, unius voluminis nomine continentur. Illud autem quod pœ e psalterii, a serens inter undecim Moysi Psalmos, etiam nonagesimum octavum esse, in quo positum est : *Exaltate Dominum Deum nostrum, et adorate scabellum pedum ejus, quoniam sanctum est : Moyses et Aaron in sacerdotibus ejus, et Samuel in eis qui invocant nomen illius ;* videtur nostræ sententiæ contrarie ; quomodo Moysi sit, qui Samuelem nominet, quem nulla post tempora fuisse cognoscimus. Cujus quæstionis facilis solutio est ; (*e*) prophetarum nomen esse

---

(*a*) Dissentit S. Augustinus [...] in Psalm. 89 [...]

(*c*) [...] verba *ad imaginem suam,* quæ ex aliis editis ac Mss. restituimus. Alii tamen *creavit* pro *fecit.*

(*d*) [...] est præfatio in Librum Psalmorum ex [...]

Samuelis, qui tanti meriti fuit, ut cum Moyse poneretur in Jeremia ; *Si steterint Moyses et Samuel* (*Jer.* 15. 1) : juxta illud exemplum, quando homo Dei loquitur in Samaria : *Altare, altare, hæc dicit Dominus : ecce filius nascetur domui David, Josias nomen ejus* (5. *Reg.* 13. 2). Sciamus quoque errare eos, (*a*) qui omnes Psalmos David arbitrantur, et non eorum, quorum nominibus inscripti sunt. Unde et hunc Psalmum volunt sub nomine Moysi a David esse compositum, quod scilicet Legislator communem humani generis offensam et calamitatem, et deinde exspectationem salutis, sacro ore describat.

5. *Domine, habitaculum factus es nobis, in generatione et generatione.* Septuaginta : *Domine refugium factus es nobis, in omni generatione et generatione.* Pro habitatione et refugio in Hebraico MAON ponitur, quod magis habitationem quam refugium sonat. Narraturus autem tristia, et genus deploraturus humanum, a laudibus Dei incipit, ut quidquid postea homini accidit adversorum, non Creatoris duritia, sed ejus qui creatus est culpa accidisse videatur. Qui sustinet tempestatem, vel petræ vel tecti quærit refugium. Quem hostis persequitur, ad muros urbium confugit. Fessus viator tam sole quam pulvere, umbræ quærit solatium. Si sævissima bestia hominis sanguinem sitiat, cupit et nititur, utcumque poterit, præsens vitare discrimen. Ita et homo a principio conditionis suæ Deo utitur adjutore : et cum illius sit gratiæ quod creatus est, illiusque misericordiæ quod subsistit et vivit ; nihil boni operis agere potest absque eo, qui ita concessit liberum arbitrium, ut suam per singula opera gratiam non negaret. Ne libertas arbitrii redundaret ad injuriam conditoris, et ad ejus contumaciam, qui ideo liber conditus est, ut absque Deo nihil esse se noverit. Quod autem dixit, *in generatione, et generatione*, omnia significat tempora et ante Legem et in Lege, atque Evangelii gratia. Unde et Apostolus dicit : *Gratia salvi facti estis per fidem, et hoc non ex vobis, sed ex dono Dei* (*Ephes.* 2. 8). Et omnes Epistolæ ejus in salutationis principio, non prius pacem habent, et sic gratiam : sed ante gratiam, et sic pacem, ut donatis nobis peccatis nostris, pacem Domini consequamur.

6. *Antequam montes nascerentur, et parturiretur terra et orbis, a sæculo usque in sæculum tu es Deus.* Septuaginta : *Antequam montes firmarentur, et fingeretur terra et orbis, a sæculo et usque in sæculum tu es* (*b*) *Deus.* Hunc locum quidam prava distinctione subvertunt, maxime hi qui volunt ante fuisse animas, quam homo in sexti diei numero conderetur. Ita enim legunt atque distinguunt : (*c*) *Domine, refugium factus es nobis, a generatione in generationem, priusquam montes firmarentur, et fingeretur terra et orbis* : ut scilicet postea consequatur, *a sæculo et usque in sæculum tu es Deus.* Ita enim edisserunt. Si Dominus, antequam montes firmarentur, et fingeretur terra orbisque terrarum, refugium fuit hominum ; ergo fuerunt animæ in cœlestibus, antequam hominum corpora formarentur. Nos autem, ut proposuimus, lectionem ita debemus distinguere : *Antequam montes firmarentur et fingeretur terra et orbis terrarum, a sæculo et usque in sæculum tu es Deus* ; ut non refugium nostrum fuerit ante conditionem mundi, qui necdum eramus ; sed quod Deus ab æterno usque in æternum sit semper Deus. Pro eo enim quod Latinus interpres posuit, *a sæculo usque in sæculum*, et Hebraice dicitur OLAM, rectius interpretabimur, *a sempiterno usque ad sempiternum.* Simile quid et in Proverbiis ex persona sapientiæ, qui Christus est, legitur : *Dominus creavit me* (*d*) *initio viarum suarum in opera sua, ante sæcula fundavit me in principio, antequam terram faceret et abyssos priusquam procederent* [al. *producerent*] *fontes aquarum, priusquam montes firmarentur, ante omnes colles generavit me* (*Prov.* 8. 22. *et seqq.*). Nullum autem debet verbum *creationis* movere, cum in Hebraico non sit *creatio* quæ dicitur (*e*) BARA ; sed possessio. Ita enim scriptum est : ADONAI CANANI BRESITH DERCHO, quod in lingua nostra exprimitur : *Dominus possedit me initio viarum suarum.* Inter possessionem autem et creationem multa diversitas est. Possessio

---

(*a*) Hieron. uno Philastrio Hæres. 127. « Sunt alii, inquit, hæretici, qui de Laqueo tale Psalterii errorem patiuntur non manifestum, æstimantes totum librum Psalterii esse Davidi... » [illegible]

(*b*) Recole epist. CVI. ad Sun. et Fretel. num. 56. Et
latius Proleg. in Ps. haec. « Nulli mirum, aut difficile videri oportere, ut tantus propheta tanti prophetæ, ipseque licet futuri, nomen ediderit. » Sed tamen vera hujuscemodi revelationi commista evadere non est facus, hoc tamque videtur doctissimis viris putare Moysen Baby-onicam captivitatem aperte adeo prævidisse, ut orationem scriberet in eorum usum, et Samuelem appellaret, qui aliquot post illum sæculis fuit. Adite, si lubet, loci ejus interpretes.

(*c*) Paria habet suppositis Hieron. in Breviar. in Psalmos, quæ hicte describuntur dicuntur, quod utæque conferendo, sensum facilius assequeris, et quid translatum hinc sit perspicias. (Suærepit, inquit, hoc loco hæresis. Si refugium factus est nobis antequam montes fierent, et formaretur orbis, ergo animæ erant antequam fieret orbis.) Quid enim dicit Scriptura? « Domine refugium factus es nobis, in generatione, inquit, et generatione. » A principio mundi : a ide principium mundi... Si autem refugium nostrum fuit antequam orbis fieret ; ergo ante animæ fuerant, quam mundus fieret. Male distinguis, hæresis. Quare calumniam facis Spiritui Sancto? sic loquere quomodo Spiritus Sanctus locutus est. Sic ergo legendum est, « Domine refugium factus es nobis, in generatione et generatione. » Et hucusque distinctio. Rursum aliud principium : « Priusquam montes fierent, et formaretur terra et orbis, a sæculo, et usque in sæculum tu es Deus. » Tu es Deus antequam montes fierent ; tu es Deus antequam formaretur terra.

(*d*) Veteres quidam editi cum *in particula, in initio.*

(*e*) Forte *cruth*, vel *Leriah* ex ברא nomine Hier. legerat : *Para* enim verbum *creavit* sonat, non *creationem.* Quod autem *fresith* paulo infra habet, cum absque præpositione, *resith* Hebræus legat, Hieronymiano exemplari lectionem illam Martiniæus tribuit. Veteres tamen editiones, quæ MSS. adstipulantur, conferunt, sint *fresith*, quemadmodum et chartaceus plerique notes Græcos et Hieronymi... [illegible] ... veritio, his tamen comparare Thargum ארא אלא

significat, quod semper Filius in Patre et Pater in Filio fuerit. Creatio autem ejus qui prius non erat, conditionis exordium. Potest juxta (*a*) leges tropologiæ hoc quod dicitur : *Antequam montes firmarentur et fingeretur terra et orbis terrarum*, significare , quod antequam in anima nostra [*al. animæ nostræ*] sublimia dogmata firmarentur, et terra corporis nostri fingeretur sive stabiliretur a Deo, et orbis terrarum qui Hebraice dicitur THEBEL ; Græce significantius dicitur οἰκουμένη, quam nos, *habitatam*, transferre possumus, firmaretur, sive stabiliretur, Deus nobis semper refugium fuerit. Habitata est autem anima, non deserta, quæ hospitem meretur habere Deum, dicente Salvatore : *Ego et Pater veniemus, et mansionem apud eum faciemus* (*Joan.* 14. 23). Illud autem quod et Hebraicum habet, et omnes alii Interpretes : *Antequam montes nascerentur, et parturiretur terra*, manifeste ad tropologiam nos trahit. Neque enim montes et terra nativitatem parturitionemque recipiunt, sed conditionem. Ex quo liquido demonstratur, sanctos quoque excelsasque virtutes, Dei semper misericordia procreari.

7. *Convertes hominem usque ad contritionem,* **1055** *et dices, revertimini filii Adam.* Septuaginta : *Ne avertas hominem in humilitatem, et dixisti : convertimini filii hominum.* Juxta Hebraicum, quod dicitur, (*b*) hoc est :O Deus, qui hominem condidisti, et ab initio ejus es refugium et habitatio, convertes eum usque ad contritionem : fecisti eum atque plasmasti, ut contereretur in mortem, et vas tuum extremo vitæ suæ tempore frangeretur ; cui cum immineat ista conditio, ut ortus intereat, et quamvis longo vixerit tempore, tamen sine dissolvatur extremo ; quotidie ei loqueris per Prophetas : *Revertimini filii Adam*, qui vestra culpa offendistis Deum, et de (*c*) immortalibus facti estis mortales. Præcipientis enim fuisti audire imperium : *De omni ligno quod est in paradiso comedes : de ligno autem scientiæ boni et mali non comedes. In quocumque enim die gustaveris de eo, morte morieris* (*Gen.* 2. 17). Porro illud quod Septuaginta transtulerunt : *Ne avertas hominem in humilitatem, et dixisti : Convertimini filii hominum*, hunc habet sensum : Obsecro, ut hominem quem ad tuam imaginem et similitudinem condidisti, et tantum eum honorare dignatus es, ut de servo filium nuncupares ; ne eum humiles peccato perpetuo, ne super illum vigeat antiqua sententia : *Terra es et in terram ibis* (*Gen.* 3. 19). Tu enim nobis promisisti pœnitentiam, dicens : *Nolo mortem peccatoris : tantum ut convertatur et vivat* (*Ezech.* 18. 23) : Tu dixisti, omnium Sanctorum tuorum eloquio : Convertimini, sive revertimini, filii hominum, ad clementissimum Patrem, qui occurrit venientibus, et signum quod suo vitio perdiderunt, offert, et stolam incorruptionis largitur antiquam.

8. *Quia mille anni in oculis tuis, ut dies hesterna, quæ præteriit,* (*d*) *vel transiit, et ut vigilia nocturna*, sive *in nocte.* Qui per Prophetas semper nos ad pœnitentiam provocas , dicens : *Revertimini filii hominum*, petimus (ut ante jam dixi) ne facias hominem in humilitate sempiterna retineri. Nec enim putamus longum esse quod promittis, salutem nobis **1056** post tempora multa tribuendam. Æternitati enim comparata, brevis est omnium temporum longitudo. In conspectu enim tuo mille anni quasi una dies reputantur. Statimque se ipse reprehendit. Male dixi, unam diem, et unius diei spatio mille annorum apud te longitudinem computari, cum magis debuerim dicere, unius vigiliæ spatium, instar habere mille annorum prolixitatem. Nox in quatuor vigilias dividitur, quæ singulæ trium horarum spatio supputantur. Unde et Dominus quarta vigilia ad navigantes venit Apostolos (*Matth.* 14; *et Marc.* 6). Sicut igitur una noctis vigilia cito pertransit, maxime vigiliarum labore defessis : sic et mille annorum spatia apud te, qui semper es, et futurus es, et fuisti, pro brevissimo tempore computantur. Quodque infert : *Sicut dies hesterna, quæ præteriit*, juxta illud Apostoli sentiamus quod scribit ad Hebræos : *Jesus Christus heri et hodie, ipse et in sempiternum* (*Hebr.* 13. 8). Ergo arbitror ex hoc loco, et ex Epistola quæ (*e*) nomine Petri Apostoli inscribitur, mille annos pro una die solitos appellari : ut scilicet quia mundus in sex diebus fabricatus est, sex millibus annorum tantum credatur subsistere : et postea venire septenarium numerum, et octonarium , in quo verus exercetur sabbatismus, et circumcisionis puritas redditur. Unde et octo beatitudinibus bonorum operum præmia promittuntur. Scribit autem Petrus hoc modo : *Unum hoc vos ne prætereat, dilectissimi, quia una dies apud Deum quasi mille anni, et mille anni quasi unus dies. Non moratur Dominus in promisso, ut quidam morari existimant* (2. *Petr.* 3. 8. *et* 9).

et Syrum quoque et Arabem, nihilo secus id movere aliquem debet ex ipsa ejus verbi acceptione ac significatu apud veteres. Nam et generatio quædam creatio dicta est, notumque illud Virgilii Æneid. 10. *Selmone creatos quatuor hic juvenes* : et Ciceronis l. 1. de Repub. : *odrio est antiquior* pe cito, *quam is qui ut ainnt, crea verit* : ut nihil dicam στομε et ακτιζω voces apud Græcos facile permutari. Quæ sibi quantum Hebraice sint, והדר קונברואשית

הדר Vid. Comment. in Is. c. 26. in Michæam 4. In epist. ad Ephes. 2. quibus Lewis *possedit* probat ipsemet S. Pater ex Hebræo *creavit*.

(*a*) Vitiose metathesi erat antea *legis tropologiam* .

(*b*) Variat hoc loco in aliquot Mss. ac vetustioribus vulgatis libris scripti aliquid , quantum Hebraico uno alterove vocabulo sufficiendo inane putavit esse debere criticis non nemo Hieronymi mentem non assecutus.

(*c*) Mendose penes Martianæum *de immortalitatibus*.

(*d*) Restituimus ex Victorio et Mss. codicibus germanam lectionem, quam post Erasmum editor Benedictinus sic effert, *quæ præteriit, transiit ut vigilia nocturna*, renitente Psalmi ipsius textu Hebræo et Græco, ubi verbum ἤλθε non reperitur, atque adeo non textus, sed Hieronymianæ interpretationis constat esse illud *transiit*, cui omnino vel particula *et* præponenda.

(*e*) Alteram Petri epistolam innuit, quæ primis Ecclesiæ sæculis non ab omnibus Ecclesiis pro Canonica excipiebatur : ut in Catalogo, *secundo*, inquit, a plerisque ejus esse negatur propter styli cum priore dissonantiam. Ex ejus autem epistolæ loco indicato haud pauci ex antiquis omnem præsentis sæculi durationem sex mille annorum spatio conclusuerunt. Vide alios Irenæum lib. 5. cap. 28. et Origenes l. 2. contra Celsum, Lactantius l. 7. c. 14, et Augustinus de Civit. Dei, l. 20. c. 7. quamquam in enarratione in hunc Psalmi locum, eam opinionem, quam antea probabilem dixerat, omnino non probet, Gregor. Nissenus exposit. in Psal. VI. aliique.

9. *Percutiente te eos, somnium erunt, mane quasi herba transiens. Mane floruit et abiit, ad vesperam contertur atque siccabitur.* Septuaginta : *Quæ pro nihilo habentur, eorum anni erunt : Mane sicut herba transeat, mane floreat et transeat, vespere decidat, induret, et arescat.* Juxta Hebraicum hic sensus est : Multum (a) conversioni nostræ contulit et saluti, **1057** quod omnis vita mortalium, quasi somnium, ita veloci morte contracta est : quæ in similitudinem florum atque fœni, eodem pene tempore siccatur atque deperit. *Percutiente te*, inquit, *eos*, id est, homines ; et illo sermone completo : *Stulte, hac nocte repetent animam tuam a te : quæ autem præparasti cujus erunt* (*Luc.* 12. 20)? Omnis humana conditio somnio comparabitur. Sicut enim mane virens herba, et suis floribus vernans, delectat oculos contemplantium, paulatimque marcescens, amittit pulchritudinem, et in fœnum quod conterendum est, vertitur : ita omnis species hominum vernat in parvulis, floret in juvenibus, viget in perfectæ ætatis viris : et repente dum nescit, incanescit caput, rugatur facies, cutis prius extenta contrahitur ; et extremo fine, quod hic dicitur vespere, id est, senectute, vix moveri potest : ita ut non cognoscatur quis prior fuerit, sed pene in alium commutetur. Quid loquimur de infantiæ temporibus usque ad extremam et decrepitam senectutem, cum hoc et languor faciat, et mediæ mœror, ut vultus prius pulcherrimus feminarum, ad tantam transeat fœditatem, ut amor in odia commutetur? Super hac conditione mortalium et Isaias loquitur : *Omnis caro fœnum, et omnis gloria ejus quasi flos fœni. Fœnum aruit, flos decidit* (*Isai.* 40. 6). Juxta Septuaginta quoque similiter explicandum est. Omne quod in sæculo longum videtur, apud te, Deus, breve est. Dies enim et anni quibus humana vita contracta est, si comparentur æternitati, reputabantur pro nihilo. Sicut enim herba mane crevit, floruit et siccatur, ad vesperamque induresit et deperit : ita erit omnis hominum pulchritudo.

10. *Consumpti enim sumus in furore tuo, et in indignatione tua conturbati sumus.* Septuaginta : *Quia defecimus in ira tua, et in furore tuo turbati sumus.* Pro eo quod nos diximus, *turbati sumus*, (b) Symmachus et Aquila transtulerunt, *acceleravimus*. Brevitatem autem vitæ significat humanæ. Quodque intulit : *in ira tua et in furore tuo*, sententiæ Dei ostendit perseverantiam, cui omnes homines subjacemus, illi videlicet : **1058** *Terra es et in terram ibis.* Pulchre autem, non ut in Septuaginta habetur, *turbati sumus*, sed juxta Hebraicum, *acceleravimus* dicitur ; ut quamvis ætas hominum longa videatur, tamen comparatione æternitatis brevis sit. Quod et illustris Poeta testatur, dicens :

Sed fugit interea, fugit irreparabile tempus.

(*Georgic. lib.* 3.)

(a) Apud Martian. erat *conversationi*, editis plerisque ac Mss. renitentibus.
(b) Eusebius tamen Symmachi versionem recitat illi τῶ LXX. similem παρόμοιον Vid. Hexapla.

Et iterum....

Rhœbe diu (res si qua diu mortalibus ulla est)
Viximus. (*Æneid.* 10.)

11. *Posuisti iniquitates nostras coram te : negligentias nostras in luce vultus tui.* Septuaginta : *Posuisti iniquitates nostras in conspectu tuo, sæculum nostrum in illuminatione vultus tui.* Ubi nos juxta Hebraicum et Symmachum posuimus, *negligentias nostras*, pro quo Septuaginta, *sæculum nostrum* transtulerunt, in Hebraico scriptum est ALOMENU, quod quinta Editio interpretatur, *adolescentiam ;* Aquila παροράσεις, et nos in linguam nostram vertere possumus, *errores*, sive *ignorantias.* Unde dixit in alio loco : *Delicta juventutis meæ, et ignorantias meas ne memineris* (*Ps.* 24. 7). Et iterum : *Delicta quis intelligit?* Et : *Ab occultis meis munda me Domine : et ab alienis parce servo tuo* (*Psal.* 18. 13). Aliena enim nobis sunt vitia, quæ sæpe voluntate, interdum ignorantia et errore committimus : et tamen cum non sit voluntas in crimine, error in culpa est. Miror autem cur Septuaginta voluerint pro *adolescentia, negligentiis, et erroribus*, sive *ignorationibus, sæculum* dicere : (c) nisi forte, quod in sæculo et in vitæ hujus tempore vitia committantur. Quodque intulit : *in illuminatione*, sive *in luce vultus tui*, hunc habet sensum. Nihil te nostrorum latuit peccatorum : secreta quoque nostra tuus oculus inspexit : juxta illud quod scriptum est : *Tenebræ non abscondentur* [al. *obscurabuntur*] *a te* (*Psal.* 138. 12). Et, *Scrutans corda et renes Deus* (*Psal.* 7. 10). Et iterum : *Sicut tenebræ ejus, ita et lumen ejus* (*Psal.* 138. 12). Homo enim videt in facie, Deus autem in corde.

12. *Omnes enim dies nostri transierunt, et in furore tuo consumpsimus annos nostros, quasi sermonem loquens.* Septuaginta : *Quoniam dies nostri defecerunt : et in ira tua deficimus. Anni nostri sicut aranea meditati sunt.* Brevitatem humanæ vitæ, quæ sententiæ Dei hucusque subjecta est ; et quam in priori versiculo somnio **1059** comparavit, dicens : *Percutiente te eos, somnium erunt*, nunc sermoni loquentium comparat : ut quomodo sermo qui in ore versatur dum profertur, intercipitur, et esse desistit ; sic et omnis vita nostra pertranseat atque desistat, et hoc in ira et in furore Dei, cui merito subjacemus, vivente in nobis, ut supra diximus, sententia Dei. Quæ sit autem ira et furor Dei, crebrius diximus, non quod Deus ulciscatur iratus, sed quod patientibus pœnas iratus esse videatur. Quod enim in nos ex perturbatione descendit, (d) in illo est ex judicii veritate. (e) Pro *sermone loquentis*, Septuaginta *medita-*

(c) Satius est putare, quod pro עלם, quod et עלם aliquando sine vau scribi testis est ipse Hieronymus, LXX. acceperant ; atque adeo עלבנו *sæculum nostrum* eo intellectu per quam bene interpretati sint. Sed non bene ad Hebraicum exemplar scripserat Martianæus עימנר.
(d) Veteres editi, e in illo ex judicio et ex veritate est. »
(e) In Hebraeo non est nisi, כמו הגה quod est *quasi proferens*, vel *tanquam meditans :* quare facile eorum sententiæ accedam, qui araneæ nomen ex Hebraeo archetypo excidisse persuasum habent.

tionem araneæ transtulerunt. Quomodo enim loquentis sermo prætervolat : ita et opus araneæ incassum texitur. De quo super persona hæreticorum scriptum est in Isaia : *Telam araneæ texuit* (*Isai.* 59. 5) ; quæ parva et levia potest capere animalia, ut muscas, culices et cætera hujusmodi; a fortioribus autem rumpitur. Instar levium in Ecclesia simpliciumque, qui eorum decipiuntur erroribus, cum viros in fidei veritate robustos non valeant obtinere.

10. *Dies annorum nostrorum in ipsis septuaginta anni : sin autem multum, octoginta anni ; et quod amplius est, labor et dolor.* Septuaginta : *Dies annorum nostrorum in ipsis septuaginta anni. Si autem in potentatibus octoginta anni : et amplius eorum labor et dolor.* Pro eo quod nos posuimus, *in ipsis*, et in Hebræo habetur BAEM; Symmachus significantius transtulit ὁλόκληροι quod magis ad sensum quam ad verbum transferre possumus. *universi.* Quidquid igitur vivimus, et (*a*) in quo delectabilis est vita mortalium, septuaginta annorum spatio comprehenditur. Sin autem *multum*, et ut interpretatus est Symmachus, contra opinionem, octoginta sunt anni ; quidquid supra fuerit, morbis et infirmitate transigitur, quæ est socia senectutis, caligantibus oculis, dolentibus vel cadentibus prius durissimis dentibus, quod plenius divinus sermo in Ecclesiaste describit : *Venient dies malitiæ, et in quibus dicemus, non est nobis voluntas. Quando obscurabitur sol et luna, et stellæ; et convertentur nubes post* 1060 *pluviam. In die qua movebuntur custodes domus, et subvertent r viri virtutis : cessabuntque molentes, quia paucæ factæ sunt : et obscurabuntur quæ vident in foraminibus, et claudentur januæ in foro : in infirmitate vocis molentis, et exsurget ad vocem avis, et humiliabuntur omnes filiæ cantici, et quidem ab alto aspicient ; et pavores in via : et florebit amygdalus, et incrassabitur locusta, et scindetur capparis. Quoniam abibit homo in domum æternitatis suæ; et gyrabunt in foro qui plangunt, quoadusque* (*b*) *non pulsetur funiculus argenti et conteratur vitta aurea tum auri, et confringatur hydria ad fontem, et impediatur rota in lacu, et convertatur pulvis in terram sicut fuit ; et spiritus revertatur ad Dominum, qui dedit eum. Vanitas vanitatum, dicit Ecclesiastes, et universa vanitas.* Quæ omnia humanæ vitæ et maxime senectutis miserias comprehendunt : et quem sensum habeant, (*c*) in suo loco disseremus. Sunt qui istum locum allegorice interpretantes, ad sabbati circumcisionisque mysterium referunt : quod primum requiescamus in Lege, et postea veræ circumcisionis in Evangelio sacramenta nos teneant, admonentes et illud : *Da partem septem, et da partem octo. Et septuaginta millia, et octoginta millia hominum multitudines,* a quibus templum sub Salomone constructum est. Sed quid hoc ad præsentem locum, cui sufficit simplex et pura explanatio, quæ non doctrinæ gloriam in multiplicatione sermonum ; sed legentis debet intelligentiam quærere?

14. *Quoniam transivimus cito et avolavimus.* Septuaginta : *Quoniam supervenit mansuetudo super nos, et corripiemur.* Pro quo in Græco scriptum est πραότης, quod verbum ambiguum est ; et tam correptionem, quam eruditionem doctrinamque significat. *Quem enim diligit Dominus, corripit, sive erudit, ac flagellat omnem filium quem recipit.* Quem locum ita Symmachus transtulit : *Succidimus enim repente, et avolamus.* Quinta Editio hoc modo : *Quoniam transivimus celeriter et dissolvimur.* Et est sensus. Post septuaginta annos, et, ut multum octoginta, quibus hominum vita transigitur, **1061** cum anima fuerit a corpore segregata, vento similes avolamus ; sive quia supra herbæ virenti et florum pulchritudini , et ad vesperam siccitati hominem comparat : nunc pro ariditate vesperæ , succisionem florum ponit. Et cum pertransierit , inquit , omne quod vivimus, subita morte dissolvimur. Quod autem Septuaginta dixere, *Quoniam superveniet* [*al.* supervenit] *mansuetudo, et corripiemur*, hunc habet sensum. Post septuaginta annos et octoginta, cum venerit Domini mansuetudo, et dies nobis mortis ingruerit, non judicabimur juxta meritum, sed juxta clementiam : et quæ putatur correptio esse, eruditio est et doctrina. Satisque miramur quid voluerint verbum Hebraicum AIS, Septuaginta, Theodotion, et Sexta Editio transferre *mansuetudinem* : cum (*d*) Aquila, Symmachus et Quinta Editio *festinationem* et *repente celeriterque* transtulerint.

15. *Quis novit fortitudinem iræ tuæ, et secundum timorem tuum, indignationem tuam?* Septuaginta : *Quis novit potestatem iræ tuæ, et præ timore tuo iram tuam dinumerare?* Inter Hebraicum et Septuaginta diversa distinctio est. Septuaginta enim dinumerationem timori et furori Domini copulant. Porro Hebraicum sequenti aptat versiculo, ut sequatur : *Ut numerentur dies nostri, sic ostende* (*e*) : *et veniemus corde sapienti.* Quod breviter ita nobis disserendum videtur. Quis potest nosse quamdiu ira tua, ex qua timor nascitur humano generi, perseveret, nisi te docente, qui Deus es? Itaque obsecro, ut tempus vitæ nostræ indices nobis, quo possimus corde sapienti, tuo nos judicio præparare. Quod autem dixit : *Quis novit fortitudinem sive potestatem iræ tuæ ; et secundum timorem tuum, indignationem tuam?* ostendit esse difficile, iræ timorisque et indignationis Dei secretum rationemque cognoscere : unde et Propheta lacrymabiliter deprecatur : *Domine ne in ira tua arguas me ; neque in furore tuo corripias me* (*Psal.* 6. 1). Non enim

---

(*a*) Scilicet *universi anni nostri septuaginta anni* sunt quod autem infra transtulit, *contra opinionem*, in Hebræo est בגבורות, quod est *in robustis*. LXX. *ut maxime*, ...

(*b*) Cave negandi particula legat Hebræus, et recipere Græcus, ex cujus interpretatione locum hunc Hieronymus...

(*c*) In Commentariis in Ecclesiasten, cap. ultimo.

(*d*) Aquila tamen nedum, quod affirmat Hier. *festinationem*, aut *celeritatem* non vertisse, aliter etiam ac cæteri in Hebraico textu legisse nobis videtur, si, quam Drusius affert...

(*e*) *Al. ut veniamus* heic atque infra.

corripit, ut interficiat atque disperdat; sed ut corrigat et emendet. Quamobrem et in Osee (*Cap.* 4. 14), populo Judæorum, cui multum iratus est, dicit se nequaquam irasci, nec visitare nurus eorum, cum adulteraverint. Et **1062** per Ezechielem loquitur ad Jerusalem : *Jam non irascar tibi, et zelus meus recessit a te* (*Ezech.* 16. 42). Et in verbis Dierum sonat, quando pergit Israel adversum hostes in prælium (*a*) corde pacifico.

16. *Ut numerentur dies nostri, sic ostende, et veniemus corde sapienti.* Septuaginta : *Dexteram tuam ita notam fac, et eruditos corde in sapientia.* Quod Aquila, Symmachus et Quinta Editio sic verterunt: *Dies nostros sic ostende, ut veniamus corde sapienti.* Errorque perspicuus est, cur pro *diebus*, Septuaginta *dexteram* dixerint : JAMESU quippe verbum compositum est, significans *dies nostros*. Quod in singulari numero si scribatur, extrema littera, quæ appellatur NUN, exprimit *dexteram*; sicut est illud in nomine BENJAMIN, qui interpretatur, *filius dexteræ.* Sin autem MEM habeat, *diem* vel *dies* sonat. Est autem sensus : Numerum annorum dierumque nostrorum, quibus in hoc sæculo nos vivere decrevisti, ostende nobis, ut præparemus nos adventui tuo; et contempto errore mortalium, ad te pergere festinemus, cupiamusque præsentiam tuam, et ad te festinemus corde sapienti. Nihil enim ita decipit humanum genus, quam dum ignorant spatia vitæ suæ, longiorem ibi sæculi hujus possessionem repromittunt. Unde et illud egregie dictum est : (*b*) Nullum tam senem esse et de decrepitæ ætatis, ut non se adhuc uno plus anno vivere suspicetur. Ad hunc sensum pertinet et illud quod dicitur : *Memento mortis tuæ, et non peccabis* (*Eccl.* 7. 40). Qui enim se recordatur quotidie esse moriturum, contemnit præsentia, et ad futura festinat. Hoc est quod David in alio peccator loco, dicens : *Ne auferas me in dimidio dierum meorum, prius quam obeam, et non subsistam* (*Ps.* 101. 25. *et Psal.* 58. 14). Quod ita exponitur : Ne eo tempore facias me mori, quando adhuc putabam me victurum, ut possim peccata corrigere pœnitentia. Si enim hoc feceris, inventus in delictis meis esse desistam. Non , quo [*al. quod*] spem resurrectionis neget; sed quo coram eo se neget posse subsistere, apud quem omnes qui in vitiis perseverant, pro nihilo computantur [*al. reputantur*]. Ubi nos interpretati sumus, *erudito corde in sapientia* [verius *sapienti*], alii transtulerunt *comeditos*, verbi ambiguitate [...] decepti. Si enim dicas [...] significat [...].

17. *Revertere Domine : usquequo? et exorabilis esto super servos tuos.* Septuaginta similiter. Quia agimus pœnitentiam, et scientes vitæ nostræ brevitatem, ad te corde sapienti cupimus pervenire : et tu, Domine, revertere ad nos. Peccatis enim nostris longe recesseras, et dimiseras nos; ut ambularemus secundum voluntatem et cogitationes nostras. Quod autem infert, *usquequo*, illam habet intelligentiam, quam in duodecimo Psalmo (*d*) legimus : *Usquequo Domine oblivisceris mei in finem?* Qui enim in angustia constitutus est, serum ei videtur Dei auxilium : et propterea impensius deprecatur, ut cito adjutorem Dominum [*al. Deum*] sentiat; et nequaquam iratum judicem, sed placatum.

18. *Imple nos matutina misericordia tua, et laudabimus et lætabimur in cunctis diebus nostris.* Septuaginta : *Repleti sumus mane misericordia tua, et exultavimus et delectati sumus in omnibus diebus nostris.* In cunctis pene locis hanc habent Septuaginta consuetudinem, ut quod apud Hebræos in futurum ostenditur [*al. ponitur*], hoc illi quasi jam factum et præteritum referant. Hic ergo, non, ut illi voluerunt, dicunt se impletos esse matutina misericordia Dei, atque lætatos : alioqui si hoc factum erat, quomodo postea deprecantur, et dicunt : *Respice in servos tuos et in opera tua?* sed totum quod postulant, ideo deprecantur, ut mereantur matutinam misericordiam ejus, quam cum fuerint consecuti, laudent Deum atque lætentur in cunctis diebus vitæ suæ. (.) Videntur autem mihi in resurrectionis spem æternæ vitæ præmia deprecari, dicentes : *Imple nos matutina misericordia tua.* Quod quidem et vicesimi primi Psalmi titulus sonat, qui proprie ad mysterium Domini et ad resurrectionem ejus pertinens, inscribitur : *Pro assumptione matutina.*

19. *Lætifica nos pro diebus, quibus nos* **1064** *afflixisti, et annis, quibus vidimus mala.* Septuaginta : *Lætati sumus pro diebus, quibus nos humiliasti, annis, quibus vidimus mala.* Et Lazarus, qui receperat mala in vita sua, in sinu Abraham æterno quiescit gaudio (*Luc.* 16). Mala autem non ea appellat quæ contraria bonis sunt, sed pro afflictione ponit et angustias. Quibus malis et Sara afflixit Agar ancillam suam ; et de quibus in Evangelio scribitur : *Sufficit diei malitia sua* (*Matth.*6. 34). Quanto igitur magis in hoc sæculo, persecutionibus, paupertate, inimicorum potentia, vel morborum cruciatibus fuerimus afflicti; tanto post resurrectionem in futuro majora præmia consequemur. Pulchre autem non dixit, *sustinuimus mala*; sed *vidimus.* Quis enim est homo qui vivat, et non videat mortem (*Psal.*88. 49)? Quæ non tam ad dissolutionem corporis referenda est, quam ad multitudinem peccatorum, juxta quam dicitur : *Anima quæ peccaverit, ipsa morietur* (*Ezech.* 18).

(*a*) Ad Græcum [...]
(*b*) [...]
(*c*) [...]

(*d*) Alii ex editis ac Mss. *divinus*, quod referri commode potest ad eam, quam Hieronymus elucubraverat Psalmi duodecimi expositionem, inter illos, de quibus testatur se in Catalogo a decimo a quo ad decimum sextum Psalmum *tractatus septem* consummasse, qui interciderunt.

(*e*) [...]

20. *Appareat apud servos tuos opus tuum, et gloria tua super filios eorum.* Septuaginta : (*a*) *Respice in servos tuos, et in opera tua, et dirige filios corum.* Ergo in servis suis ipse Dominus operatur opus suum. Nec propria qui postulat salute contentus est, sed quærit gloriam filiorum, id est, servorum Dei. Filios autem non tam illos qui de eorum stirpe generati sunt, quam discipulos debemus accipere ; de quibus et Paulus loquebatur : *Filioli mei, quos iterum parturio* (Gal. 4. 19). Unde et Joannes Apostolus secundum merita filiorum suorum, profectusque operum singulorum, scribit ad parvulos, scribit ad juvenes, scribit ad patres.

21. *Et sit decor Domini Dei nostri super nos, et opus manuum nostrarum fac stabile super nos : et opus manuum nostrarum confirma.* Septuaginta : *Et sit splendor Domini Dei nostri super nos ; et opera manuum nostrarum dirige super nos :* (*b*) *et opus manuum nostrarum dirige.* Ubi sunt qui liberi arbitrii sibi potestate plaudentes, in eo putant se Dei gratiam consecutos, **1065** si habeant potestatem faciendi, vel non faciendi bona, sive mala ? Ecce hic beatus Moyses post resurrectionem quam postulaverat, dicens : *Imple nos matutina misericordia tua, et laudabimus et lætabimur in cunctis diebus nostris,* nequaquam surrexisse contentus est, et æternæ vitæ præmia consecutum ; sed postulat, ut decor Domini Dei sui sit super eos qui surrexerint, et splendeat in animabus cordibusque sanctorum : et opera manuum eorum ipse dirigat, faciatque esse perpetua : ipseque confirmet quidquid in sanctis videtur boni. Sicut enim humilitas deprecantis meretur præmia : ita superbia comtemnentis [al *confidentis*] Dei auxilio deseretur.

EPISTOLA (*c*) CXLI (*d*).

AD AUGUSTINUM.

Gratulatur ejus industriæ, per quam hæreticorum factionibus obstiterit, eaque in re suum quoque studium testificatur.

Domino sancto ac beatissimo Papæ AUGUSTINO HIERONYMUS.

Omni quidem tempore beatitudinem tuam, eo quo decet honore, veneratus sum, et habitantem in te dilexi dominum Salvatorem : sed [al. *et*] nunc, si fieri potest, cumulo aliquid addimus, et plene complemus, ut absque tui nominis mentione, ne unam quidem horam præterire patiamur, qui contra flantes ventos ardore fidei perstitisti. Maluisti, quantum in te fuit, solus liberari de Sodomis, quam cum pereuntibus commorari. Scit quid dicam prudentia tua. Macte virtute, in orbe [al. *urbe*] celebraris. Catholici te conditorem antiquæ rursum fidei venerantur atque suspiciunt ; et, quod signum majoris gloriæ est, omnes hæretici detestantur : et me pari persequuntur odio ; ut quos gladiis nequeunt, voto interficiant. Incolumem et mei memorem te Christi Domini clementia tueatur, domine venerande et beatissime Papa.

1066 EPISTOLA (*e*) CXLII.

AD AUGUSTINUM.

Significat damnatas hæreses clam et oblique adhuc moliri, et non neminem potentem esse, qui dissimulanter eis faveat.

Domino sancto ac beatissimo Papæ AUGUSTINO HIERONYMUS.

Multi utroque claudicant pede ; et ne fractis quidem cervicibus inclinantur, habentes affectum erroris pristini, cum prædicandi eamdem non habeant libertatem. Sancti fratres, qui cum nostra sunt parvitate, præcipue sanctæ ac venerabiles filiæ tuæ, suppliciter te salutant. Fratres tuos, dominum meum Alypium, et dominum meum (*b*) Evodium, ut meo nomine salutes, precor (*f*) coronam tuam. Capta (*g*) Jerusalem tenetur a Nabuchodonosor, nec Jeremiæ vult audire consilia : quin potius

---

(*a*) Hunc juxta LXX. versionum, inscio lectore, Martianæus Erasmum secutus exponit, quem Victorius ex Brixianis collectis rejecisset. Atqui cui quidem accessu absque subnexa interpretationis disceptio potest ; sed præter aliorum etiam Mss. fidem, in quibus sæpe invenitur, stata ac firma est Hieronymi regula ei consuetudo, quam studiose in hujus Psalmi, atque aliis in aliarum Scripturarum expositione servat, ut LXX. versio, in simul jungat, et si quando etiam aliter apud eos nos habetur, id ipsum saltem lectorem doceat.

(*b*) Altera hæc additio, *et opus manuum nostrarum dirige*, in Latinis aliquot Psalteriis vetustioribus et quibusdam etiam Græcis codd. non habetur, neque in Romana editione ; monetque Augustinus in enchiridii suis codicibus asterisco notari, ut ex Hebræo sit ; esse in Græco textu.

(*c*) A. 80. *scripta forte an.* 418

(*d*) Isthæc Epistola in Mss. duobus Monast. Vindocinensis, referentibus Benedictinis, proxime superiori subditur, interjectis tantum his tribus verbis, *Jam post suscriptionem. Multi utroque claudicant,* etc., quæ nobis conjunctio in unam cum primis probatur, quibus minime est verosimile, tam breve dictatum, quod non nisi ænigma unum et alterum enuntiatur, sic abs Hieronymo seorsim scribi ad Augustinum potuisse. Ad hæc scriptionis ingenium, ac series hanc superioris esse veluti appendicem probant. Sed cum in vulgatis hæc usque omnibus in duas dispertiantur, atque ipsi S. Augustini editores, quibus eorum Mss. fides ; exspecta erat, hanc ab illa non utcumque, sed octo amorum interstitio separent, antiquæ auctoritati contraire non placuit. Hinc tamen suo loco subdimus, ut nativo ordine quæ ad fieri præstabat, consuleremus.

(*e*) A. 81. *scripta eodem tempore.*

(*f*) Evodius iste Ualensis est, per id temporis fama sanctitatis notissimus.

(*g*) Ex eo dicit, quod Episcopi Africæ capillos in coronæ speciem tonsos deferrent. Idem itaque est, ac precor caput tuum, aut dignitatem tuam. Pleraque alia his similia exempla invenire est.

(*h*) Jerusalem et Nabuchodonosor nominibus putant quidam Romam, et Alaricum, qui illam cepit, significari. Alii cum Victorio Joannem Jerosolymitanum, qui adhuc errores suos, sive jam damnatas hæreses, tuta Pelagianorum, clam et oblique conaretur defendere, et Jerosolymam ipsam potestate, ac factione sua oppressam teneret, ne resipisceret.

Ægyptum desiderat, ut moriatur in Taphnes, et ibi servitute pereat sempiterna.

EPISTOLA CXLIII (a).

AD ALYPIUM ET AUGUSTINUM.

Alypio et Augustino gratulatur, quorum opera Celestiana hæresis sit exstincta : simulque excusat quod nondum scripserit adversus libros Anniani Diaconi Pelagiani.

Dominis vere sanctis atque omni affectione ac jure venerandis ALYPIO et AUGUSTINO Episcopis, HIERONYMUS in Christo salutem.

Sanctus Innocentius Presbyter, qui hujus sermonis est portitor, anno præterito, quasi nequaquam in Africam reversurus, mea ad dignationem vestram scripta non sumpsit. Tamen Deo gratias agimus, quod ita evenit, ut nostrum silentium vestris epistolis **1067** vinceretis. Mihi enim omnis occasio gratissima est, per quam scribo vestræ reverentiæ; testem invocans Deum, quod si posset fieri, assumptis alis columbæ, vestris amplexibus implicarer: semper quidem pro merito virtutum vestrarum; sed nunc maxime, quia (b) cooperatoribus et auctoribus vobis, hæresis Celestiana jugulata est, quæ ita infecit corda multorum, ut cum superatos damnatosque esse se sentiant, tamen venena mentium non omittant [f. amittant]: et quod solum possunt, nos oderint, per quos putant se libertatem docendæ hæreseos perdidisse.

2. Quod autem quæris, utrum rescripserim contra libros Anniani [al. *Amandi*], Pseudodiaconi (c) Celedensis, qui copiosissime pascitur (d), ut alienæ blasphemiæ verba frivola subministret, sciatis me ipsos libros in schedulis missos a sancto fratre nostro Eusebio Presbytero suscepisse, non ante multum temporis; et exinde vel ingruentibus morbis, vel dormitione sanctæ et venerabilis filiæ vestræ Eustochii, ita doluisse, ut propemodum contemnendos putarem. In eodem enim luto hæsitat, et exceptis verbis tinnulis atque emendatis, nihil aliud loquitur. Tamen multum egimus; ut dum epistolæ meæ responderé conatur, apertius se proderet, et blasphemias suas omnibus patefaceret. Quidquid enim in illa miserabili Synodo Diospolitana dixisse se de-

---

(a) *d.* 79. *Scripta exeunte an.* 419.
(b) Alibi *operatoribus :* et in Lovaniensi editione *adjutoribus* pro *auctoribus.*
(c) Sunt qui legendum velint *Teledensis a Teledan* in Calcidæ regione haud ignoti nominis oppido, cujus videatur fuisse, et Marcus ille ad quem Hier. scripsit epist. 17, Alii cum Baronio, sed valde infirmis argumentis *Celedensis*, et *Valeriani* pratiertum pro *ninai*. Plerique autem patria Campanum faciunt et *Celenensem diaconum ;* sed vulgo audit *Celedensis* etiam in Mss. Is porro videtur esse quem Orosius Goliath, sive Pelagii armigerum vocat. « Stat immanissimus superbia Goliath... habens post se armigerum suum, qui etsi ipse non dimicat, cuncta tamen xeris, et tetri suffragia subministrat. » Scilicet ejus opera et scriptis Pelagius abutebatur ; exstantque Pelagiano sensu atque animo Homiliæ aliquot S. Joannis Chrysostomi ab illo Latinitate donatæ, et Orontio Pelagiano Episcopo inscriptæ.
(d) Nimirum Pelagii hæresi. Simile quiddam dixit in Julianum Augustin. l. 2. Op. Imperf. n 51. *deceptis miseris pasceris otiosus.*

---

negat, in hoc opere confitetur ; nec grande est ineptissimis næniis respondere. Si autem Dominus vitam **1068** tribuerit, et notariorum habuerimus copiam, paucis lucubratiunculis respondebimus : non ut convincamus hæresim emortuam [al. *mortuam*]; sed ut imperitiam atque blasphemiam ejus, nostris sermonibus confutemus. Meliusque hoc faceret sanctitas vestra; ne compellamur contra hæreticum nostra laudare. Sancti filii communes (e) Albina, Pinianus et Melania plurimum vos salutant. Has litteras de sancta Bethleem, sancto Presbytero Innocentio dedi perferendas. Neptis vestra Paula (f) miserabiliter deprecatur, ut memores ejus sitis, et multum vos salutat. Incolumes vos et memores mei, Domini nostri Jesu Christi tueatur clementia, Domini vere sancti atque omnium affectione venerabiles patres.

EPISTOLA CXLIV (g).

S. AUGUSTINI AD OPTATUM EPISCOPUM MILEVITANUM.
De Natura et origine animæ.

Nondum se abs Hieronymo responsum epistolæ suæ heic 131. de Origine animæ accepisse, nec eam interim consultationem in vulgus edi se probare.

Domino beatissimo, sinceriterque carissimo, et desideratissimo fratri, et Coepiscopo OPTATO AUGUSTINUS in Domino salutem.

1. « Per religiosum Presbyterum (h) Saturninum

(e) Antea penes Martianæum et Victor. *Albinus, Apinianus.* Et notum quidem Albinam heic indicari, Melaniæ senioris filiam, junioris, quæ Piniano nupserat, matrem, unde legendum quidem *Ibina* pro *Albinus* monuit pridem Baronius, quemadmodum in tribus antiquiss. codd. Mss. Colbertinæ Bibliothecæ reperiri scriptum Baluzius. Isque rursum in Indiculo operum S. Augustini, dum commemorantur ejus lucubrationes adversus Pelagianos, in Bibliothecæ ejusdem Colbertinæ codice legi testatur ad *Albinum,* ubi editio Ulimmerii habet *Albinianum,* aliæ *Albinum,* et in excerptis Chifflettii ex cod. Jurensi *Albinum* legi notat. Nos in epist. 5. ad Rufinum diximus ex aliorum sententia, feminarum quæ merito excelleruerit nomina quandoque a veteribus masculina inflexione fuisse donata, unde *Melanius* pro *Melania* esset, et *Albinus* pro *Albina*, quod nunc emendari volumus, et constitui e contrario in iisdem efferri solita mulierum nomina diminutive, unde *Melanium*, non *Melanius, Eubolium* pro *Eubole, Gregorium* pro *Gregoria, Glycerium, Erotium, Philomathium, delphasium*, aliaque his similia diminutive sic nuncupata. Quod de præsenti quoque Albina dicendum videatur, quæ *Albinum* appellata sit, aut *Albinum*. At enim ut nulla occurrant Græca mulierum nomina in *ium* Latine pronuntiata, ex Græcæ linguæ indole diminutive, Romani, cujusmodi Albina est, nusquam a juvento, nec certe ex hujus linguæ analogia *Albinum*, sed *Albinula* dicenda esset. E contrario non frustra habent Mss. *Albino,* vel *Albinum,* et in vocandi casu *Albine,* masculina terminatione tum heic, tum alibi apud Augustinum ; tametsi in ejus epist. 124. ex uno Corbeiensi Ms. repositum *Albinæ* sit. Quare istud consilii heic quoque loci nos cepimus, Notarum brevitati consulentes ut *Albina* scriberemus. Cæterum Piniani pro *Apinianus* restituimus, quod sexcentis apud Augustinum locis, ita appellari compertum sit. Veteres editi tamen constanter *Apinianum* vocant, quin etiam Hieronymus vitæ S. Melaniæ scriptor apud Surium die 31. Januarii, *ætas erat Apeniano quidem viginti quatuor annorum*. Videtur deinde *Melanium* pro *Melania* legendum in recto.
(f) *Nuper Viennæ primum edita. scripta ut videtur, an.* 420.
(g) Intellige Paulam juniorem, Lætæ et Toxotii filiam, Eustochii neptem.
(h) Hæc est « secunda S. Augustini ad Optatum Millevitanum de Natura et Origine animæ epistola » ex iis scilicet quos ad eumdem hac de re scripsit.

tuæ venerationis litteras sumpsi **1069** hoc a me magno studio quod nondum habeo flagitantis. Sed cur hoc feceris causam mihi aperuisti, quod scilicet credas de hac re mihi consulenti jam fuisse responsum. Utinam ita esset! Absit ut te, cujus exspectationem avidissimam noverim, hujus muneris communicationem fraudarem; sed si quid credis, frater carissime, quinque ferme anni ecce evoluti sunt, ex quo in Orientem misi (*a*) librum non præsumptionis, sed consultationis meæ, et adhuc rescripta non merui, quibus mihi enodaretur hæc quæstio, in qua me cupis ad te certam ferre sententiam. Utrumque ego misissem, si utrumque haberem. Hoc autem quod habeo, sine altero, quod nondum habeo, cuiquam debere me jam mittere, vel edere non videtur, ne ille, qui mihi forta-se, ut desidero responsurus est, interrogationem meam disputatione operosissima elaboratam, sine sua responsione, quæ adhuc desperanda non est, per manus hominum notitiamque diffundi jure succenseat, idque jactantius, quam utilius fecisse me judicet, quasi ego potuerim quærere, quod ille non potuerit enodare, cum forsitan possit, idque dum faciat, exspectandum sit. Magis enim scio quod aliis occupatur, quæ minime differenda sunt, plurisque pendenda. Quod ut tua quoque Sanctitas noverit, attende paulisper, quod mihi alio anno (*b*) per latorem per quem scripseram remeantem scripserit. Nam hoc ex ejus epistola in istam transtuli. » Incidit, inquit, tempus difficillimum, quando mihi tacere melius fuit quam loqui; ita ut nostra studia cessarent (*c*) ne, juxta Appium, canina exerceretur facundia. Itaque duobus libellis tuis, quos meo nomini dedicasti, eruditissimis et omni eloquentiæ splendore fulgentibus, ad tempus respondere non potui. Non quo quidquam in illis reprehendendum putem : sed quia juxta Apostolum, *unusquisque in suo sensu* (1) *abundet : alius quidem sic, alius autem sic* (Rom. 14. 5). Certe quidquid dici potuit, et sublimi ingenio de Scripturarum sanctarum hauriri fontibus, a te positum atque dissertum est. Sed quæso reverentiam tuam, parumper patiaris me tuum laudare ingenium. Nos enim inter nos eruditionis causa disserimus. Cæterum æmuli, et maxime hæretici, si diversas inter nos sententias viderint, de animi calumniabuntur rancore **1070** descendere. Mihi autem decretum est te amare, te (2) suspicere, colere, mirari, tuaque dicta quasi mea defendere. Certe et in Dialogo quem nuper edidi, tuæ beatitudinis ut dignum fuerat recordatus sum : magisque demus operam, ut perniciosissima hæresis de Ecclesiis auferatur, quæ semper simulat pœnitentiam; ut docendi in (*d*) Ecclesiis habeat facultatem :

(*a*) Epistola in hac nostra recensione 151. scripta anno 415.
(*b*) Orosius scilicet. Est autem Ep. S. Hieronymi epist. 144. data anno 416. quam huc transfert major ex parte.
(*c*) Antea erat *et pro ne* quod sensum orationis pervertit.
(*d*) Ex laudata Hieronymi epist. ad Augustinum, princeps hujus editor Gotti hæc ejusdem Hieronymi annectit.
(1) Juxta Græc. περισσευετω. M. Cod. *abundet*.
(2) Ms. Cod. *suscipere*, quod non improbo.

ne si aperta se luce prodiderit, foras expulsa moriatur. »

2. « Cernis nempe, venerande frater, hæc me carissimi verba, inquisitioni meæ reddita, non eam negasse responsionem, sed excusasse de tempore quod in alia magis urgentia curam cogeretur impendere. Vides etiam quam benevolum animum erga me gerat, quidve commoneat, ne scilicet quod inter nos, salva utique caritate ac sinceritate amicitiæ eruditionis causa facimus, calumnientur æmuli, e maxime hæretici de animi rancore descendere. Proin de si utrumque opus nostrum, et ubi ego inquisivi, et ubi ipse ad inquisita responderit, homines legerint, quia etiam oportet, ut si eadem quæstio secundum ejus sententiam sufficienter fuerit explicata, me instructum esse gratias agam, non parvus erit fructus, cum hoc exierit in notitiam plurimorum, ut minores nostri non solum sciant, quid de hac re sentire debeant, quæ inter nos diligenti disceptatione discussa est, verum etiam discant exemplo nostro, Deo miserante, atque propitio, quemadmodum inter carissimos fratres, ita non desit alterna inquisitionis gratia disputatio, ut tamen maneat inviolata dilectio.»

3. « Si autem scriptum meum, ubi res obscurissima tantummodo legitur inqui-ita, sine illius rescripto, ubi forsitan apparebit inventum, emanarit, latius pergat, perveniat etiam ad illos, qui *comparantes*, ut ait Apostolus, *semetipsos sibimetipsis*, non intelligunt, quo animo a nobis fiat, quo ipsi eo animo facere nesciunt, et voluntatem meam erga honorandum pro suis ingentibus meritis dilectissimum amicum, non sicut eam vident, quomodo nec vident, sed sicut eis libitum est, et sicut odio suo dictante suspicantur, exponent : quod profecto, quantum in nobis est, cavere debemus. At si forte, quod per nos jam tacere nolumus, etiam invitis nobis, eis quibus nolumus innotuerit, quid restabit, nisi æquo animo habere hominum voluntatem? Neque **1071** enim hoc scribere ad quemquam deberem, quod semper latere voluissem. Nam si (quod absit) aliquo vel casu, vel necessitate numquam ille rescripserit, procul dubio nostra consultatio, quam ad eum misimus, quandoque manifestabitur. Nec inutilis legentibus erit, quia etsi non illa invenient, quæ requirunt, invenient certe, quemadmodum sint inquirenda, nec tam vo afirmanda, quæ nesciunt, et dum ea, quæ ibi legerint, consulere etiam ipsi, quos potuerint, studiosa caritate, non discordiosa contentione curabunt; donec aut id, quod volunt reperiant, aut ipsa inquisitione aciem mentis exerceant, ut ulterius inquirendum non esse cognoscant. Nunc tamen, quamdiu jam consulti amici nondum est desperanda responsio, eleandum non esse consultationem nostram, quantum quidem in nobis est, puto quod persuaserim dilectioni tuæ; quamquam et ipse non eam solum poposceris, sed adjunctam etiam ejus quem consului, responsionem

apposite ad rem : « Cum superatos damnatosque esse se sentiant, tamen venena mentium non omittunt, et quod solum possunt, nos oderunt, per quos se libertatem docende hæreticos perdidisse, » etc.

tibi desideraveris mitti, quod utique facerem, si haberem. Si autem ut verbis tuae sanctitatis utar, quae in tua epistola posuisti, *sapientiae meae lucidam demonstrationem, quam mihi promerito* (ut scribis) *vitae meae auctor lucis attribuit*, non ipsam dicis consultationem, et inquisitionem meam, sed mihi jam ejus rei, quam quaesivi, provenisse inventionem putas, et ipsam potius poscis ut mittam; facerem si ita esset, ut putas. Ego enim adhuc, fateor, non inveni, quemadmodum Anima, et peccatum ex Adam trahat, (unde dubitare fas non est) et ipsa ex Adam non trahatur, quod mihi diligentius inquirendum, quam inconsultius asserendum est. »

4. « Habent litterae tuae, *nescio quot senes et a doctis sacerdotibus institutos viros, quos ad tuae modicitatis intelligentiam, assertionemque veritate plenissimam revocare non poteras*; nec tamen exprimis quaenam sit assertio tua veritate plenissima, ad quam senes, et a doctis sacerdotibus institutos viros revocare non poteras. Si enim hoc tenebant, vel tenent hi senes, quod a doctis sacerdotibus acceperunt, quomodo tibi rustica, et minus instructa clericorum turba molestias generaverat in his rebus, in quibus *a doctis sacerdotibus fuerat instituta?* Si autem senes isti, vel turba clericorum ab eo quod a doctis sacerdotibus acceperat, sua pravitate deviabat, illorum potius auctoritate fuerat corrigenda, et a tumultu contentiosissimo comprimenda. 1072 Sed rursus cum dicis *Te novellum rudemque doctorem, tantorum ac talium Episcoporum traditiones timuisse corrumpere, et convertere homines in meliorem partem ob defunctorum injuriam formidasse*, quid das intelligi, nisi quod illi, quos corrigere cupiebas, doctorum, atque magnorum jam defunctorum episcoporum traditiones nolendo deserere, *novello, rudique doctori* acquiescere recusabant? Qua in re de illis interim taceo, tuam vero *assertionem*, quam dicis esse *veritate plenissimam*, vehementer scire desidero; non ipsam dico sententiam, sed ejus assertionem. »

5. « Improbari enim abs te eos, qui affirmant, omnes animas hominum ex illa una, quae protoplasto data est, per generationum successionem propagari, atque traduci, sufficienter quidem in nostram notitiam protulisti; sed qua ratione, quibusve divinarum Scripturarum testimoniis id falsum esse monstraveris, quia tuae litterae non continent, ignoramus. Deinde quid ipse pro isto, quod improbas, teneas, legenti mihi epistolam tuam, et quam fratribus antea (a) Caesariensibus, et quam mihi nuperrime direxisti, non evidenter apparet, nisi quod te video credere, sicut scribis, *Deum fecisse homines, et facere, et facturum esse, neque aliquid esse in coelis, aut in terra, quod non ipso constiterit, et constet auctore*. Hoc sane ita verum est, ut dubitare hinc nullus debeat. Sed adhuc te oportet exprimere, unde faciat animas Deus, quas negas ex propagine fieri, utrum aliunde? Et si ita est, quidnam illud sit, an omnino de nihilo? Nam illud Origenis, et Priscilliani, vel si qui alii tale aliquid sentiunt: quod pro meritis vitae prioris terrena, atque mortalia contrudantur (b) in corpora, absit, ut sentias; huic quippe opinioni prorsus Apostolica contradicit auctoritas, dicens, Esau, et Jacob, antequam nati fuissent; nihil operatos boni, vel mali. Igitur non ex toto, sed ex parte, nobis est tua de hac re nota sententia; assertio vero ejus, id est unde doceatur verum esse, quod sentis, nos penitus latet. Propterea petiveram prioribus litteris meis, ut *libellum Fidei*, quem te scripsisse commemoras, eique nescio quem *presbyterum fallaciter subscripsisse* conquereris, mihi mittere digneris: quod etiam nunc peto, et (c) quid testimoniorum divinorum huic quaestioni reserandae adhibere potuisti. Dicis enim in epistola ad Caesarienses, *Placuisse vobis, ut omnem veritatis approbationem etiam Judices cognoscerent* 1073 *saeculares, quibus ex communi deprecatione residentibus, et ad fidem universa rimantibus, id Divinitas, ut scribis, misericordiae suae infusione largita est, ut majorem affirmationem pro suis sensibus assertionemque proferrent, quam vestra circa eos mediocritas cum ingentium testimoniorum auctoritatibus retentabat.* Illas ergo testimoniorum ingentium auctoritates ingenti studio scire desidero. Solam quippe unam causam videris secutus, qua contradictores tuos refelleres, quod scilicet negarent esse opus Dei animas nostras. Quod si sentiunt, merito eorum sententia judicatur esse damnanda. Nam hoc si de ipsis corporibus dicerent, procul dubio fuerant emendandi, vel detestandi. Quis enim Christianus neget opera Dei esse corpora singulorum quorumque nascentium? Nec tamen ea propterea negamus a parentibus gigni, quia fatemur divinitus fingi. Quando ergo dicitur, sic etiam animarum nostrarum (d) incorporea quaedam sui generis semina, et a parentibus trahi, et tamen ex eis animas Dei opere fieri, ad hoc refutandum non humana conjectura, sed divina Scriptura testis adhibenda est. Nam de sanctis libris canonicae auctoritatis potuit nobis testimoniorum suppetere copia, qua probatur Deus animas facere; sed testimoniis talibus ii redarguuntur, qui opera Dei esse singulas quasque animas in hominibus nascentibus negant; non ii qui hoc fatentur, et tamen eas, sicut corpora, Deo quidem operante, formari, sed ex parentum propagatione, contendunt. Ad hos refellendos tibi divina testimonia certa quaerenda sunt, aut si jam invenisti, nobis, qui nondum invenimus, cum impensissime, quantum possumus, inquiramus, mutua

---

(a) De his litteris ab Optato datis ad Caesarienses loquitur Augustin. epist. 190. ad Optatum, « Quamvis tuae sanctitatis nullas ad me ipsum datas acceperim litteras, tamen quia illae, quas ad Mauritaniam Caesariensem misis, me apud Caesaream praesente venerunt..... factum est, ut ea quae scripsisti, etiam ipse perlegerem, » etc.

(b) Antea erat *contradantur*, male, ut et in Archetypo subsequens vocula *an* pro *in quae* emendamus.
(c) Notatum Gottiw. Editori fortasse *quidquid* legendum.
(d) Confer laudatam Augustini Epist. 190. ad Optatum hunc eumdem num. 11. in fine et 15. initio; quin potius tota conferenda est ex integro, de eadem enim Milevitani Episcopi consultatione, libello fidei, et Hieronymi hac super quaestione scriptis agit.

dilectione mittenda. Tua quippe consultatio brevis, atque postrema in litteris, quas ad fratres Cæsarienses misisti, ita se habet : *Exoro* , *inquis* , *ut me filium vestrum* , *atque discipulum, et ad hæc mysteria nuper, proximeque* , *Deo juvante* , *venientem* , *qua debetis* , *et dignum est* , *et qua prudentes respondere convenit Sacerdotes* , *informatione doceatis : utrum magis illa sit tenenda sententia* , *quæ animam dicit esse de traduce, et per occultam quamdam originem* , *ordinemque secretum in omne hominum genus* , *cæteras animas ex Adæ protoplasti transfusione defluere* , *an potius ea* , *quam omnes fratres vestri* , *et sacerdotes hic positi retinent, et affirmant* , *eligenda definitio, credulitasque retinenda, quæ Deum auctorem universarum rerum* , *hominumque cunctorum et fuisse* , *et esse* , *et futurum esse testatur* , *et credit.* »

1074 6. « Horum igitur duorum, quæ consulens proposuisti , vis ut eligatur , tibi respondeatur alterutrum , quod fieri deberet ab scientibus , si essent inter se duo ista contraria , ut altero electo , consequenter esset alterum respuendum. Nunc autem, si quispiam non alterum e duobus his eligat, sed utrumque verum esse respondeat, id est, in omne hominum genus cæteras animas ex Adæ protoplasti transfusione defluere, et nihilominus Deum auctorem universarum rerum, hominumque cunctorum et fuisse, et esse, et futurum esse credat, et dicat, quid huic contradicendum esse censes? Nunquid nam dicturi sumus: *Si ex parentibus animæ propagantur* , *non est Deus auctor omnium rerum quia non facit animas?* Respondebitur enim , si hoc dixerimus : ergo quia corpora ex parentibus propagantur, non est Deus auctor omnium rerum , si propter hoc dicendus est non facere corpora. Quis autem neget, auctorem humanorum omnium corporum Deum , sed illius dicat solius , quod de terra primitus finxit , aut certe etiam conjugis ipsius, quia et ipsam de latere ejus ipse formavit, non autem etiam exterorum , quia ex illis cætera hominum corpora defluxisse negare non possumus ? »

7. « Ac per hoc , si , adversus quos tibi est in hac quæstione conflictus, sic asseverant animarum ex illius unius derivatione propaginem, ut eas jam Deum negent facere, atque formare, insta eis redarguendis, convincendis, corrigendis, quantum Domino adjuvante potueris. Si autem initia quædam ex illo uno, et deinceps a parentibus attrahi, et tamen singulas in hominibus singulis affirmant ab auctore omnium rerum Deo creari, atque formari, quid eis respondeatur, inquire de Scripturis maxime sanctis , quod non sit ambiguum, nec aliter possit intelligi : aut si jam invenisti, ut superius postulavi, dirige et nobis. Quod si te adhuc, sicut me latet ; insta quidem omnibus viribus eos confutare, qui dicunt *animas non ex avere Divino* , quod eos dixisti in epistola tua prima *inter secretiores fabulas murmurasse* , *deinde propter hanc sententiam stultam, atque impiam a tuo consortio, et Ecclesiæ servitio recessisse* , atque adversus eos omnibus modis defende, et tuere, quod in eadem epistola posuisti, *Deum fecisse ani...* , *et facere, et facturum*

esse, neque aliquid esse in cœlis, aut in terra, quod non ipso constiterit, aut constet auctore. Hoc enim de omni omnino genere creaturæ verissime , atque rectissime creditur, dicitur, defenditur, comprobatur. **1075** Deus enim auctor universarum rerum , hominumque cunctorum et fuit, et est, et futurus est, quod in extrema tua ad Coepiscopos nostros Provinciæ Cæsariensis Consultatione posuisti , atque ut id potius eligerent, exemplo omnium fratrum, et consacerdotum, qui sunt apud vos, atque id retinent, quodammodo hortatus es. Sed alia quæstio est ubi quæritur, utrum omnium animarum , et corporum auctor, effectorque Deus sit, quod veritas habet, an aliquid naturarum exoriatur, quod ipse non faciat, quæ opinio prorsus erroris est ; alia vero ubi quæritur, utrum Deus animas humanas ex propagine , an sine propagine faciat, quas tamen ab illo fieri, dubitare fas non est. In qua quæstione sobrium te esse, ac vigilantem volo (1) ; ne sic animarum propaginem destruas, ut hæresim Pelagianam incautus incurras. Nam si humanorum corporum, quorum propagatio est omnibus nota, dicimus tamen Deum, vereque dicimus , non illius tantum primi hominis , conjugumve primorum, sed omnium ex illis propagatorum esse creatorem , puto facile intelligi, eos qui animarum defendunt propaginem, non ex hoc nos (2) habere velle destruere, quando Deus animas facit, cum et corpora facit, quæ de propagine fieri negare non possumus ; sed alia documenta esse quærenda, quibus hi qui sentiunt propagari animas, repellantur , si eos errare veritas loquitur; de qua re illi magis fuerant, si fieri posset, interrogandi, propter quorum injuriam (3) defunctorum, sicut scribis in (*a*) Epistola , quam mihi posteriorem misisti, *in meliorem partem convertere homines formidabas.* Illos enim *defunctos, tales tantosque, et tam doctos Episcopos fuisse* dixisti , *ut earum traditiones timeres doctor novellus, rudisque corrumpere velle.* Itaque si scire possem, *tales ac tanti et tam docti viri* istam de animarum propagatione sententiam, quibus (*b*) vel testimoniis asserebant : quam tamen in litteris ad Cæsarienses datis , illorum auctoritatem nequaquam respiciens, inventionem novam, et inauditum dogma esse dixisti, cum profecto , et si error est, novum tamen eum non esse noverimus, sed vetustum, et antiquum.

8. « Quando autem nos aliquæ causæ in aliqua quæstione non immerito dubitare compellunt,

---

(*a*) Excidit hæc quoque epistola : cæterum confer modo laudatam Augustini num. 22.

(*b*) Id est *saltem* , nec enim video cur isthæc *vel* particula, quæ in archetypo erat, ad marginem in editione rejecta sit. Medica quidem manu hoc ipso in versu periodus indiget , quæ manca est, et hiulca : puta su...[*lendum expenderem*, vel *jedicarem*, aut quid simile post verbum *asserebant.* Proxime superiori loco ubi dicitur ; *itaque si scire possem*. Editori Gottiw. deesse putat *vellem*, id est *vellem si scire possem*, etc. subsequentia vero sic redigenda autumat, *qualibus* , *quibusve testimoniis* aut *potius* , *qua ratione quibusve testimoniis.* etc.

(1) In archetypo *hæc*, quod si retinere velis, inquit Editor Gottiw. alia interpunctione opus est, hoc modo , *vigilantem volo, nec sit*, etc. at minus probe.

(2) Aliquid, inquit idem, deest forte, *illas a Deo.*

(3) Denuo idem, verba, ait, corrupta ac suo loco mota.

1076 non etiam hinc dubitare debemus, utrum dubitare debeamus. De dubiis quippe rebus sine dubitatione dubitandum est. Vides, quemadmodum Apostolus de se ipso dubitare non dubitet, *utrum in corpore, an extra corpus* raptus sit in tertium coelum : sive hoc, sive illud, *nescio, Deus scit.* (1. Cor. 12. 2. 3). Cur ergo mihi, quamdiu nescio, dubitare non liceat, utrum Anima mea in istam vitam ex propagine, an sine propagine venerit, cum eam utrolibet modo a summo, et vero Deo factam esse non dubitem? Cur mihi fas non sit dicere : Scio *Animam meam ex opere Dei subsistere, et prorsus opus Dei esse*, sive ex propagine, sive extra propaginem, sicut illa, quæ primo homini data est, nescio, Deus scit (1)? Unum horum vis ut confirmem? Possem, si nossem. Quod si ipse nosti, en habes me cupidiorem discere, quod nescio, quam docere, quod scio. Si autem nescis, sicut ego, ora sicut ego, ut sive per quemlibet servum suum, sive per se ipsum Magister ille nos doceat, qui dixit discipulis suis : *Ne velitis dici ab hominibus Rabbi, unus est enim Magister vester Christus* (Matth. 23. 8). Si tamen scit expedire nobis, ut etiam talia noverimus, qui novit non solum quid doceat, verum etiam quid nobis discere expediat ; nam confiteor dilectioni tuæ cupiditatem meam ; cupio quidem et hoc scire, quod quæris ; sed multo magis cuperem scire, si fieri posset, quando (2) præsentetur desideratus omnibus gentibus, et quando regnum futurum sit Sanctorum, quam unde in hanc terram venire ceperim. Et tamen illud, cum ab illo, qui scit omnia, discipuli sui, nostri Apostoli, quærerent, responsum acceperunt : *Non est vestrum nosse tempus, aut tempora, quæ Deus posuit in sua potestate* (Act. 1. 7). Quid si et hoc scit non esse nostrum scire, qui profecto scit, quid nobis sit utile scire ? Et illud quidem per illum scio, non esse nostri scire tempora, quæ Pater posuit in sua potestate; utrum autem originem Animarum, quam nondum scio, nostrum sit scire, id est pertineat ad nos id scire, ne hoc quidem scio. Nam si saltem hoc scirem, quod nostrum non sit id scire, non solum affirmare, quamdiu nescio, verum etiam quærere jam desisterem. Nunc autem quamvis tam sit obscurum, ac profundum, **1077** ut plus illic docendi caveam temeritatem, quam discendi habeam cupiditatem, tamen etiam hoc volo scire, si possum. Et licet multo amplius sit necessarium, quod ait ille Sanctus : *Notum mihi fac Domine finem meum* (Psal. 38. 5) (non (a) enim ait : *initium meum*) quod ad istam quæstionem attinet, me lateret.

9. « Verum de ipso quoque initio meo ingratus doctori meo non sum, quod Animam humanam spiritum esse, non corpus, eumque rationabilem, vel intellectualem scio, nec eam Dei esse naturam, sed potius creaturam aliquatenus mortalem, in quantum in deterius commutari, et a vita Dei, cujus participatione beata sit, alienari potest ; et aliquatenus immortalem, quoniam sensum, quo ei (b) post hanc vitam vel bene, vel male sit, amittere non potest. Scio etiam, non eam pro actibus ante carnem gestis includi in carne meruisse, sed nec ideo esse in homine sine sorde peccati, etsi *unius diei*, sicut scriptum est, *fuerit vita ejus super terram* (Job 14. 5. juxta *LXX*). Ac per hoc scio ex Adam per seriem generationis sine peccato neminem nasci, unde et parvulis necessarium est per gratiam regenerationis in Christo renasci. Hæc tam multa, nec parva, de initio, vel origine Animarum nostrarum, in quibus plura sunt ad eam scientiam pertinentia, quæ fide constant, et didicisse me gratulor, et nosse confirmo. Quapropter, si nescio in origine Animarum, utrum illas Deus hominibus ex propagine, an sine propagine faciat, quas tamen ab ipso fieri non ambigo, scire quidem et hoc magis eligo, quam nescire ; sed quamdiu non possum, melius hinc dubito, quam velut certum confirmare aliquid audeo, quod illi rei sit forte contrarium, de qua dubitare non debeo.

10. « Tu itaque, mi frater bone, quoniam consulis me, et vis unum horum definiam : utrum Animæ cæteræ ex illo uno homine, **1078** sicut corpora per propaginem, an sine propagine, sicut illius unius a Creatore, singulis singulæ fiant (ab ipso enim fieri, sive sic, seu sic non negamus) patere, ut etiam ipse consulam, quomodo inde Anima peccatum originaliter trahat, unde originaliter ipsa non trahitur? Omnes enim Animas ex Adam trahere originale peccatum similiter non negamus, ne in Pelagianam hæresim detestabilem irruamus. Si hoc, quod ego interrogo, nec tu scis, sine me patienter utrumque nescire, et quod tu interrogas, et quod ego. Si autem jam scis quod interrogo, cum hoc etiam me docueris, tunc et illud, quod vis ut respondeam, nihil ibi jam metuens, respondebo (3). Peto ergo, ne succenseas, quia non potui confirmare quod quæris, sed potui demonstrare quid quæras, quod cum inveneris, confirmare non dubites quod quærebas. Et hoc quidem sanctitati tuæ scribendum existimavi, qui propaginem Animarum jam quasi certus improbandam putas. Cæterum si illis, qui hanc asserunt, rescribendum fuisset, fortassis ostenderem, quemadmodum id quod se nosse arbitrantur, ignorent, et ne hoc asserere auderent, quantum formidare deberent. Sane in rescripto amici quod huic Epistolæ inserui, ne te forte moveat, quod duos libros a me missos commemoravit, quibus responsare vacuum sibi tempus non fuisse respondit. Unus est de hac quæstione, non ambo ; in alio autem (c) aliud ab illo consulendo, et pertractando

---

(a) Videtur hunc locum describere Eugypius, ubi legit *utinam tamen non initium*. Sum. Edit. Gottivv. pro subsequenti contextu *quod istam mallet pluribus legi*, « veilem ut quod ad istam quæstionem attinet, me non lateret. »

(1) Cum archetypo suo Editor. Gottivv. *utrum* ; mox consului jubet hinc. contra Priscillianistas num. ultim.

(2) Lege, inquit Edit. Gottivv. *præsentietur* : in quam rem testimonia ex lib. XI. Confess. adducit.

(b) Consule, ait Edit. Gottivv. lib. contra Priscill. c. 1 l. 1. et lib. 2. contr. Maximi. c. 12. 2. 2.

(c) Sic iterum restituimus ex conjecturis, cum in exem-

(3) Restituitur ex Eugypio locus, cum ante vitiose esset *intuens*. Edit. Gottivv. mallet restitui ; *nihil mali jam intuens respondebo*.

quæsivi. Quod vero admonet, et hortatur, *ut magis demus operam, ut perniciosissima hæresis de Ecclesiis auferatur*, illam ipsam Pelagianam hæresim dicit, quam cautissime ut devites, quantum possum, fraplari esset *illud* pro *aliud*, turbato sensu. Aliud autem de quo innuit consuluisse in alia epistola, est de Jacobi sententia. Ita ante nos Edit. Gottivv. emendat, quod nunc demum agnoscimus, dum ejus editione fruimur.

ter admoneo, cum de Animarum origine sive cogitas, sive jam disputas, ne tibi (1) subripiat esse credendum, ullam prorsus Animam, nisi unius Mediatoris, non ex Adam trahere originale peccatum generatione devinctum, regeneratione solvendum.

(1) Idem edit. *subrepat*, rescribi jubet rectissime quod et quibusdam exemplis ejusmodi locutionis confirmat.

QUINTA CLASSIS

COMPLECTENS TRES EPISTOLAS QUARUM TEMPUS MINUS COMPERTUM EST ; QUIBUS TRES ALIÆ SUBDUNTUR, QUARUM INCERTUS EST AUCTOR.

1079 EPISTOLA CXLV (a).

AD (b) EXUPERANTIUM

Exuperantium adhortatur, ut relicta militia, conferat se ad perfectam Christiani vitam, unaque cum fratre suo Quintiliano Bethleem commigret.

1. Inter omnia quæ mihi sancti fratris (c) Quintiliani amicitiæ præstiterunt, hoc vel maximum est, quod te mihi ignotum corpore, mente sociavit. Quis enim non diligat eum, qui sub paludamento et habitu militari agat opera Prophetarum, et exteriorem hominem aliud promittentem, vincat interiori homine, qui (d) formatus est ad imaginem Creatoris? Unde et prior ad officium provoco litterarum, et precor, ut mihi occasionem tribuas sæpius rescribendi : quo de cætero scribam audacius. Illud autem prudentiæ tuæ breviter significasse sufficiat, ut memineris Apostolicæ sententiæ : *Vinctus es uxori, ne quæras solutionem, solutus es, ne quæras uxorem* (1. Cor. 7. 27), id est, alligationem, quæ solutioni contraria est. Qui igitur servit officio conjugali, vinctus est; qui vinctus est, servus est; qui autem solutus est, liber est. Cum ergo Christi gaudeas libertate, et aliud agas, aliud repromittas, ac propemodum in domate constitutus sis, non debes ad tollendam tunicam tecto descendere (*Luc.* 17), nec respicere post tergum, nec aratri semel arrepti stivam dimittere (*Luc.* 9. 62) : Sed si fieri potest, imitare Joseph, et Ægyptiæ dominæ pallium relinque, ut nudus sequaris Dominum Salvatorem, qui dicit in Evangelio : *Nisi quis (e) dimiserit omnia, et tulerit crucem suam, et secutus me fuerit, non potest meus esse discipulus* (*Matth.* 10. 58). Projice sarcinam sæculi, ne quæras **1080** divitias, quæ camelorum pravitatibus comparantur (*Matth.* 19. 24). Nudus et levis ad cœlum evola, ne alas virtutum tuarum auri deprimant pondera. Hoc autem dico, non quod te avarum didicerim; sed quod (f) subintelligam, idcirco adhuc militiæ operam dare, ut impleas sacculum, quem evacuare Dominus præcepit. Si igitur qui habent possessiones et divitias, jubentur omnia vendere, et dare pauperibus, et sic sequi Salvatorem : dignatio tua, aut dives est, et debet facere quod præceptum est ; aut adhuc tenuis, et non debet quærere, quod erogatura est. Certe Christus pro animi voluntate omnia in acceptum refert. Nemo Apostolis pauperior fuit : et nemo tantum pro Domino dereliquit. Vidua illa in Evangelio paupercula, quæ duo minuta misit in Gazophylacium, cunctis præfertur divitibus, quia totum quod habuit dedit (*Luc.* 21). Et tu igitur eroganda non quæras ; sed quæsita jam tribue, ut fortissimum tyrunculum suum Christus agnoscat ; ut lætus tibi de longissima regione venienti occurrat Pater ; ut stolam tribuat, ut donet annulum, ut immolet pro te vitulum saginatum (*Luc.* 15), ut expeditum cum sancto fratre Quintiliano ad nos cito faciat navigare. Pulsavi amicitiarum fores : si aperueris, nos crebro habebis hospites.

EPISTOLA CXLVI (g).

(h) AD EVANGELUM.

Refellit eorum errorem, qui diaconum Presbytero æquabant, ostendens quid sit discriminis inter Episcopum, Presbyterum, et Diaconum.

1. Legimus in Isaia : *Fatuus fatua loquetur* (*Isai.* 32. 6). Audio quemdam in **1081** tantum eru-

---

(a) *Alias* 59. *scripta an. incerto.*
(b) Hic ille Exu[perantius] erantius videtur esse, quem Palladius in Paradiso Heraclidis calumniose tradit zelo atque invidia S. Hieronymi a Bethleemitico secessu compulsum fuisse discedere. Vide argumenta Chronologica. In Veronensi Mss. inscribitur « ad Exuperantium de pœnitentia. »
(c) Veronensis liber *Quintiani*, sed in fine epist. *Quintilianum* cum editis vocat.
(d) Idem *conformatus*.
(e) Comma istud, *dimiserit omnia*, abest a duobus Veronensibus codicibus, nec Matthæus quidem hoc loco habet, fecit tamen ad Hieronymianum contextum.

(f) Mss. idem *sed subintelligam*, editi *intelligam*.
(g) *Alias* 85. *scripta incerto tempore*.
(h) De Episcopatus necessitate, et supra Presbyteratum excellentia contra ac sentire Hieronymum in hac epistola nonnullis visus est, cum doctissimi Scriptores multi variis dissertationibus egerint, et genuinum S. Doctoris sensum, eumque Catholicum ex aliorum locorum collatione expresserint, eos audire satius putamus, quam lectorem hic loco morari diutius. Ipse Hieronymus facile conferri potest epist. ad Heliodorum, et 52. ad Nepotianum, tum 22. ad Eustochium, et alia ad Theophilum. Item in Comment. in cap. 7. Micheæ, et cap. 60. Isaiæ. Dialog. advers. Luciferian., et advers. Jovin. lib. 1. aliisque locis, quæ accurate in indice notamus. Ad Evangeli personam quod attinet, idem iste videtur esse, cui epistolam 73. in nostra recensione de Melchisedech inscripsit. Neque inanis conjectura est, hunc illum esse Evangelum Presbyterum, cui Anianus Celedensis septem Chrysostomi homilias a se Latine conversas dicavit. Qui vero Diaconos Presbyteris exæquabant, aut etiam anteferebat, atque ambitionem Diaconorum Romanæ Ecclesiæ tuebatur, quidam Falcidius dicitur, et Ho-

pisse vecordiam, ut Diaconos, Presbyteris, id est, Episcopis anteferret. Nam cum Apostolus perspicue doceat eosdem esse Presbyteros quos Episcopos (*a*), quid patitur mensarum et viduarum minister, ut supra eos se tumidus efferat, ad quorum preces Christi Corpus Sanguisque conficitur? Quæris auctoritatem? Audi testimonium: *Paulus et Timotheus servi Christi Jesu, omnibus sanctis in Christo Jesu, qui sunt Philippis, cum Episcopis et Diaconis* (Philipp. 1. 1). Vis et aliud exemplum? In Actibus Apostolorum, ad unius Ecclesiæ Sacerdotes ita **Paulus** loquitur: *Attendite vobis et cuncto gregi, in quo vos Spiritus Sanctus posuit Episcopos, ut regeretis Ecclesiam Domini, quam acquisivit sanguine suo* (Act. 20. 18). Ac ne quis contentiose in una Ecclesia plures Episcopos fuisse contendat, audi et aliud testimonium, in quo manifestissime comprobatur eumdem esse Episcopum atque Presbyterum. *Propter hoc reliqui te in Creta, ut quæ deerant corrigeres, et constitueres Presbyteros per civitates, sicut et ego tibi mandavi. Si quis est sine crimine, unius uxoris vir, filios habens fideles, non in accusatione luxuriæ, aut non subditos. Oportet enim Episcopum sine crimine esse, quasi Dei dispensatorem* (Tit. 1. 5 et seqq.). Et ad Timotheum: *Noli negligere gratiam* (*b*) *quæ in te est, quæ tibi data est prophetiæ, per impositionem manuum Presbyterii* (1. Tim. 4. 14). Sed et Petrus in prima Epistola: *Presbyteros*, inquit, *in vobis precor Compresbyter, et testis passionum Christi, et futuræ gloriæ quæ revelanda est, particeps, regere gregem Christi, et inspicere* **1082** *non ex necessitate, sed voluntarie juxta Deum* (1. Petr. 5). Quod quidem Græce significantius dicitur ἐπισκοποῦντες (*c*) id est, *super intendentes*, unde et nomen Episcopi tractum est. Parva tibi videntur tantorum virorum testimonia? Clangat tuba Evangelica, filius tonitrui, quem Jesus amavit plurimum, qui de pectore Salvatoris doctrinarum fluenta potavit (Joan. 21): *Presbyter, Electæ dominæ et filiis ejus, quos ego diligo in veritate* (2. Joan. 1). Et in alia Epistola: *Presbyter,*

ronymo ipso atque Augustino antiquior auctor vulgo habetur. Certe ex hac Hieronymi epistola tota expressa est Quæstio CI ex his, quæ inscribuntur *ex utroque mixtim* in Appendic. Operum S. Augustin. t. 3. quam plurimum contulisse proderit. Ad rectam nominis scripturam asserendam, Evangelum adduximus antea ex Macrobio. Magis vero ad rem nostram est *Evangelus episcopus ecclesiæ Assuritanæ*, quemadmodum in Gestis Collationis Carthaginensis memoratur, qui Conciliis apud Carthaginem habitis ann. 597. et 401. interfuit, ut ex codice Canonum Ecclesiæ Africanæ compertum est. Ceterum in duobus Mss. Veronensibus inscribitur « Ad Evangelum Presbyterum de ordine Sacerdotii. »
(*a*) Sic vetustiores libri editi ac Mss., quos inter Veronenses duo præstantissimi. Antea erat diversum, nec satis cohærenti sensu, « Quis patiatur. » Sed pati verbum hoc loco usurpat Hieronymus pro morbo aliquo affici, ac laborare, idemque est, ac si dixisset, « quo laborat morbo, aut dementia, queis agitur diris. » Eodem sensu in epist. 109. ad Riparium de Vigilantio num. 5. « Et quid passi sunt Apostoli, ut immundum Stephani corpus tanta funeris ambitione præcederent? » Plautus initio Mostellariæ. « Quid tibi malum hic ante ædes clamitatio est? »
(*b*) Iidem libri, et Gratianus, qui totam hanc Epistolam recitat, voculas, *quæ in te est*, renitente etiam Græco textu, omittunt.
(*c*) Verius puto Græcæ vocis interpretationem, *id est, superintendentes*, vetustissimi nostri codices non habent, qui et ipsi Græcam vocem legunt.

Gaio carissimo, quem ego diligo in veritate (3. Joan. 1). Quod autem postea unus electus est, qui cæteris præponeretur, in schismatis remedium factum est: ne unusquisque ad se trahens Christi Ecclesiam rumperet. Nam et Alexandriæ a Marco Evangelista usque ad Heraclam et Dionysium Episcopos, Presbyteri semper unum ex se electum, in excelsiori gradu collocatum, Episcopum nominabant: quomodo si exercitus Imperatorem faciat: aut Diaconi eligant de se, quem industrium noverint, et Archidiaconum vocent. Quid enim facit excepta (*d*) ordinatione Episcopus, quod Presbyter non faciat? Nec altera Romanæ urbis Ecclesia, altera totius orbis existimanda est. Et Galliæ, et Britanniæ, et Africa, et Persis, et Oriens et India, et omnes barbaræ nationes, unum Christum adorant, unam observant regulam veritatis. Si auctoritas quæritur, orbis major est Urbe. Ubicumque fuerit Episcopus, sive Romæ, sive Eugubii, sive Constantinopoli, sive Rhegii, sive Alexandriæ (*e*), sive Tanis, ejusdem meriti, ejusdem **1083** est et Sacerdotii. Potentia divitiarum, et paupertatis humilitas, vel sublimiorem, vel inferiorem Episcopum (*f*) non facit. Cæterum omnes Apostolorum successores sunt.

2. Sed dices [al. *dicis*], quomodo Romæ ad testimonium Diaconi, Presbyter ordinatur? Quid mihi profers unius urbis consuetudinem? quid paucitatem, de qua ortum est supercilium, in leges Ecclesiæ vindicas? Omne quod rarum est, plus appetitur. Pulegium apud Indos pipere pretiosius est. Diaconos paucitas honorabiles, Presbyteros turba contemptibiles facit. Cæterum etiam in Ecclesia Romæ, Presbyteri sedent, et stant Diaconi: licet paulatim increbrescentibus vitiis, inter Presbyteros, absente Episcopo, sedere Diaconum (*g*) viderim: et in domesticis conviviis, benedictiones Presbyteris dare. Discant qui hoc faciunt, non se recte facere, et audiant Apostolos: *Non est dignum, ut relinquentes verbum Dei, ministremus mensis* (Actor. 6. 2). Sciant quare Diaconi constituti sint. Legant Acta Apostolorum, recordentur conditionis suæ. Presbyter et Episcopus, aliud ætatis, aliud di-

(*d*) In Dialog. contra Luciferian. etiam Confirmationis conferendæ potestatem solis Episcopis tribuit. Videnda quæ ibi adnotamus. Interim Hieronymo concinit quod Chrysostomus Homil. 11. in 1. epistol. ad Timotheum de Episcopis scribit: « Sola quippe ordinatione superiores sunt, atque hoc tantum plus quam Presbyteri habere videntur. »
(*e*) Editio Lugdunensis hujus seorsim epistolæ an. 1510. *sive Thebis*, additque *sive Guarmatiæ vel Wormatiæ*, quod alterum nomen etiam Gratianus olim legit: estque, ut Victorius conjicit, appositum ex Buchardo Wormatiensi Episcopo, qui multa hinc hausit.
(*f*) Respuunt vetustiores vulgati, imo et Mss. præstantiores negandi particulam; ut sit sensus, propter urbium amplitudinem sublimiores dici Episcopos aliis ob paupertatem inferiorum, non quidem quoad dignitatis characterem, sed quoad præcedentiam ac regimen: quem sensum expressiore videtur etiam supracitatus auctor Quæstionum ex utroque mixtim, et Hieronymi contextus elegantius præfert, maxime ex sequenti clausula *cæterum*, tametsi in nupera Gratiani editione sit *cæterorum*, et ad Apostolos referatur.
(*g*) Veronensis major *audierim* pro *viderim*, quod adnotasse plurimum intererit. Mox Gratianus « Benedictiones coram presbyteris, » quam laudat Victorius lectionem, « quod enim, » inquit, « Presbyteris Diaconi benedicerent, et cogitare stultum et credere erroneum est. »

gnitatis est nomen. Unde et ad Titum, et ad Timotheum de ordinatione Episcopi et Diaconi dicitur (*Tit.* 1; 1. *Tim.* 3) : de Presbyteris omnino reticetur : quia in Episcopo et Presbyter continetur. Qui provehitur, de minori ad majus provehitur. Aut igitur ex Presbytero ordinetur Diaconus, ut Presbyter minor Diacono comprobetur, in quem crescit ex parvo, aut si ex Diacono ordinatur Presbyter, noverit se lucris minorem, Sacerdotio esse majorem. Et ut sciamus traditiones Apostolicas sumptas de veteri Testamento, quod Aaron et filii ejus atque Levitæ in Templo fuerunt, hoc sibi Episcopi et Presbyteri et Diaconi vindicent in Ecclesia.

1084 EPISTOLA CXLVII (*a*).

AD SABINIANUM (*b*) LAPSUM.

Sabinianum Diaconum, qui perpetrato adulterio, in Bethleem fugerat, per litteras Episcopi ad Hieronymo commendatus, manensque in sanctis locis, et Diaconi officio fungens, virginem quamdam sacram ad stuprum, fugamque sollicitaverat : deprehensum objurgat, atque in Monasterio pœniteat, hortatur.

1. Samuel quondam lugebat Saulem, quia pœnituerat Dominum, quod unxisset eum regem super Israel (1. *Reg.* 16) : et Paulus Corinthios, in quibus audiebatur fornicatio, et talis fornicatio (*c*), quæ nec inter gentes quidem, voce flebili commonebat, dicens : *Ne cum rursus venero, humiliet me Deus apud vos, et lugeam multos ex his qui ante peccaverunt, et non egerunt pœnitentiam super immunditiis, quas gesserunt in impudicitia et fornicatione* (1. *Cor.* 12. *ultim*). Si hoc Propheta et Apostolus nulla ipsi labe maculati, clementi in cunctos mente faciebant, quanto magis ego ipse peccator, in te debeo facere (*d*) peccatorem, qui non vis erigi post ruinam, nec oculos ad cœlum levas ; sed (*e*) prodacta Patris substantia, porcorum siliquis delectaris (*Luc.* 15), et superbiæ præruta conscendens, præceps laberis in profundum? Deum ventrem vis habere pro Christo : servis libidini, gloriaris (*f*) in carne et confusione tua, et quasi pinguis hostia in mortem propriam saginaris, imitarisque eorum vitam, quorum tormenta non metuis : ignoras, quoniam benignitas Dei ad pœnitentiam te hortetur. Secundum autem duritiam tuam et cor impœnitens, thesaurizas tibi iram in die iræ (*Rom.* 2. 5). An idcirco induratur juxta Pharaonem (*Exod.* 4 *et seqq.*) cor tuum, quia non statim percuteris, et (*g*) differeris ad pœnam 1085 diu? Et ille dilatus est, et decem plagas non quasi ab irato Deo, sed quasi a patre commonente sustinuit, donec in perversum acta pœnitentia, populum quem dimiserat, per deserta sequeretur, et ingredi auderet maria ; per quæ vel (*h*) sola doceri potuit, timori habendum eum, cui etiam elementa servirent. Dixerat et ille, *Non novi Dominum, neque dimitto Israel.* Quem tu imitans loqueris : *Visio quam hic videt, in dies longos est, et in tempora longa iste prophetat* (*Ezech.* 12. 27). Propter quod dicit (*i*) idem Propheta : *Hæc dicit Adonai Dominus : Non prolongabuntur amplius omnes sermones mei, quoscumque loquar; quia loquar verbum, et faciam* (*Ibid. v.* 28). Sanctus David de impiis et de scelestis dicit (quorum tu pars non modica, sed princeps es) quod sæculi felicitate fruerentur et dicerent : *Quomodo cognovi Deus, et si est scientia in excelso? Ecce ipsi peccatores et abundantes in sæculo obtinuerunt divitias* (*Psal.* 72. 11. *et* 12) : pene lapso pede et fluctuanti vestigio causabatur, dicens : *Ergo sine causa justificavi cor meum, et lavi inter innocentes manus meas* (*Ibid. v.* 13). Præmiserat enim, *Quia æmulatus sum super iniqua agentes, pacem peccatorum videns : quia non est respectus morti* [al. *in morte*] *eorum, et solida plaga in flagella* [al. *flagello*] *eorum. In laboribus hominum non sunt, et cum hominibus non flagellabuntur. Propterea tenuit eos superbia, circumdati sunt iniquitate et impietate sua. Egredietur sicut ex adipe iniquitas eorum : transierunt in affectum cordis. Cogitaverunt, et locuti sunt mala, iniquitatem in excelso* [al. *excelsum*] *locuti sunt. Posuerunt in cœlum os suum, et lingua eorum pertransiit super terram* (*Ibid. v.* 3 *et seqq.*).

2. Nonne tibi videtur de te omnis iste Psalmus esse compositus? Vegeto quippe es corpore, et novus Antichristi Apostolus, cum in una notus fueris civitate, transgrederis ad aliam. Non indiges sumptibus ; non plaga forti percuteris ; et cum hominibus, qui non sunt, ut tu, velut irrationabilia jumenta, corripi non mereris. Propterea elatus es in superbiam, et vestimentum tuum (*j*) est facta luxuria, et quasi ex arvina pingui et quodam adipe eructans verba mortifera, non te respicis 1086 esse moriturum, nec umquam post expletam libidinem, pœnitentia remorderis. Transisti in affectum cordis, et ne tibi solus videaris errasse, simulas nefanda de servis Dei, nesciens quod iniquitatem in altum loquaris, et ponas in cœlum os tuum. Nec mirum si a te qualescumque servi Dei blasphementur, cum patremfamilias Beelzebub vocaverint patres tui. Non est discipulus supra magistrum, nec servus supra dominum suum. Si illi in viridi ligno tanta fecerunt, tu in me, arido

---

(*a*) Al. 48 *scripta incerto tempore.*
(*b*) In uno Veronensi admirandæ antiquitatis Ms. inscribitur *ad Sabinianum cohortatoria de pœnitentia*, incipit vero præposita et particula, *Et Samuel*, etc., ἐγκρατῶς.
(*c*) Erat « qualis nec inter gentes; et quidem voce flebili, » etc., inconcinno atque obscuro sensu, quem ex eodem Veronensi archetypo reformamus.
(*d*) Antea erat *peccatore*, et mox *levare* pro *levas*, quæ duo Veronenses emendat.
(*e*) Aliquot Mss. pro *dissipata*; ex editis autem alii *perdita*, alii *prodita* legunt. Impressam lectionem Veronens. probat, et simillimus Tertulliani locus *de Pudic.* c. 8. « Minor filius prodacta substantia in aliena regione mendicat. » Quum etiam Hieron. in cap. Joann. 5. « Post substantiam prodactam, » etc.
(*f*) Veronens. *gloriaris in confusione*, absque *et carne*, et paulo post *eorum vitia prosequeris*; denique *quod bonitas* pro *quoniam benignitas.*

(*g*) Iterum ex Veronen. cum esset « differris diu ad pœnam. »
(*h*) Deerat *vel* particula, quam e Mss. suffecimus ; mox quoque erat *servient* pro *servirent.*
(*i*) Illæ « Idem Propheta, Hæc dicit » in Veronensi continentur. Est autem ad Græcum exemplar iste Ezechielis locus, a quo nonnihil Vulgatus interpres differt.
(*j*) Ex Cisterciensi alteroque Veronensi Mss. cum alias *legat*, et in postrema editione *fortet luxuria.*

ligno, quid facturus es (*Luc.* 23. 31)? Tale quid et in Malachia plebs scandalizata credentium, (*a*) de corde tuo loquitur : *Dixerunt, vanus est qui servit Deo. Et quid plus?* Quia custodivimus mandata ejus, et quoniam ivimus supplicantes ante faciem Domini omnipotentis. *Et nunc nos beatos dicimus alienos. Reædificantur omnes qui faciunt iniqua. Adversati sunt Deo, et salvi facti sunt.* (*Malach.* 3. 3. 14. *juxta LXX*). Quibus postea diem judicii Dominus comminatur, et quid inter justum et injustum futurum sit, multo ante prænuntians, ait : *Et convertimini : et videbitis quid sit inter justum, et injustum : inter servientem Domino, et non servientem* (*Ibid. ultim.*).

3. Hæc tibi ridicula forte videantur, qui comœdis, et lyricis scriptoribus, et mimis Lentuli (1) delectaris : quanquam ne ista tibi quidem præ nimia cordis hebetudine intelligenda concesserim. Prophetarum verba contemnes [al. *contemnas*]; sed respondebit tibi Amos : *Et in tribus et in quatuor impietatibus, nonne aversabor eum, dicit Dominus* (*Amos* 1. 3. *juxta LXX*)? Quoniam enim Damascus, Gaza, Tyrus, Idumæa, Ammonitæ, et Moabitæ, Judæi quoque et Israel, sæpe ad se Dei vaticinio destinato, ut agerent aliquando pœnitentiam, audire contempserunt, iræ suæ, quam illaturus est, Dominus causas justissimas profert, dicens : *In tribus et quatuor impietatibus nonne aversabor eos?* (*b*) Sceleratum est, inquit, mala cogitare: concessi. Nequius est male cogitata velle perficere, et hoc pro mea misericordia benignus indulsi. Numquid et opere implendum peccatum fuit? et mea superbe calcanda **1087** clementia? Tamen et post factum, quia malo pœnitentiam peccatoris, quam mortem : *Non enim sani opus habent medico, sed male habentes* (*Luc.* 5. 31), jacenti manum porrigo, et conspersum in sanguine suo, ut propriis fletibus lavetur, exhortor. Quod si nec sic pœnitentiam vult agere, et fracto navigio tabulam, per quam salvari poterat, non retentat, cogor dicere : *Super tribus et quatuor impietatibus, nonne aversabor eum, dicit Dominus?* Aversionem æstimans esse (*c*) pro pœna, dum suæ peccator relinquitur voluntati. Inde est quod peccata patrum in tertiam et quartam generationem restituit (*Exod.* 20), dum non vult statim punire peccantes, sed ignoscens primis, postrema condemnat. Alioqui si protinus scelerum ultor existeret : et multos alios, et certe Paulum Apostolum Ecclesiæ non haberent. Ezechiel Propheta, cujus supra fecimus mentionem, Dei verbum ad se factum referens, ait : *Aperi os tuum, et manduca quæ ego dabo tibi. Et vidi,*

(*a*) Editi *de ore tuo* : infra leviora alia ex Veronen. emendamus passim. Cæterum ex Cypriano, epistola ad Donatum hæc Hier. transtulit.
(*b*) Recolendus insignis Hieronymi locus in Amos cap. 1. « Primum peccatum est cogitasse, quæ mala sunt : secundum cogitationibus acquievisse perversis : tertium quod mente decreveris, opere complesse : quartum post peccatum non agere pœnitentiam, et in suo sibi cumplacere delicto. » Quæ heic per partes Sabiniano exprobrat.
(*c*) Ita ex Veronen. et Cisterciensi Mss. restituimus, quibus ex parte vetustiores editi suffragantur, in quibus est, *dicens* ; reliqui enim hand recte *dicens pro pœna*.
(1) Martian., *mimis et Lentulis*, addita notula : *Lentulus celebris erat mimographus.* Quod etiam recte quadrat. (N. E.)

inquit, *et ecce manus extenta ad me; et in ipsa volumen libri. Et revolvit illud in conspectu meo, et in ipso* [al. *eo.*] *scriptum erat, a facie et retrorsum, lamentum, et carmen, et væ* (*Ezech.* 2. 8. *et sqq.*). Prima Scriptura ad te pertinet, si tamen volueris agere pœnitentiam, post delictum. Secunda ad sanctos, qui ad Dei canticum provocantur. Non est enim pulchra laudatio in ore peccatoris. Tertia ad tui similes, qui desperantes semetipsos tradiderunt immunditiæ, et fornicationi, et ventri, et his quæ infra ventrem sunt; qui putant omnia morte finiri, et nihil esse post mortem, et dicunt : *Tempestas si transierit, non veniet super nos* (*Isai.* 28. 15). Liber ille, quem Propheta devorat, omnis series Scripturarum est. In quibus et pœnitens plangitur, et justus canitur, et maledicitur desperanti [al. *desperans.*]. Nihil ita repugnat Deo, quam cor impœnitens. Solum crimen est, quod veniam consequi non potest. Si enim ei ignoscitur post peccatum, qui peccare desistit, et ille flectit judicem qui rogat : impœnitens autem omnis ad iracundiam provocat judicantem : solum **1088** desperationis crimen est, quod mederi nequeat. Porro ut scias Deum quotidie peccatores ad pœnitentiam provocare, qui si rigidi perstiterint, de clemente cum severum et trucem faciant, audi Isaiæ verba dicentis : *Et vocabit,* inquit, *Dominus sabaoth in die illa* (*d*) *ad fletum, et planctum magnum, et decalvationem, et accinctionem ciliciorum. Ipsi vero fecerunt lætitiam et exsultationem. mactantes vitulos, et immolantes oves, ut comederent carnes, et biberent vinum, dicentes : Manducemus et bibamus, cras enim moriemur* (*Isai.* 22. 12. *et seqq.*). Post quas voces et perditæ mentis audaciam, Scriptura commemorat, dicens. *Et revelata sunt hæc in auribus Domini sabaoth, non remittetur vobis hoc peccatum, donec moriamini* (*Ibidem v.* 14). Si enim peccato mortui fuerint, tunc eis remittetur peccatum. Quod quamdiu in peccato vixerint, non dimittitur.

4. Parce quæso animæ tuæ. (*e*) Crede Dei futurum esse judicium. Recordare a quali Episcopo Diaconus ordinatus sis. Nec mirum quamvis sanctum hominem, tamen in homine deligendo potuisse falli, cum et Deum pœniteat, quod Saul in regem unxerit (1. *Reg.* 15). et in duodecim Apostolis Judas sit proditor repertus; et de quondam ordinis tui hominibus (*f*) Ni-

(*d*) Rectius, saltem ad Græcum exemplar, duo præstantissimi nostri codices *in die illa fletum, et planctum et decalvationem* absque *ad præpositione*, et vocula *magnum*.
(*e*) Excusi, « Crede Dei filium futurum esse judicem. Recordare a quo Episcopo, » etc. Nobis placuit Veronen. Ms. sequi, ad cujus fidem haud pauca alia minoris momenti exiguimus.
(*f*) Nicolao Antiocheno, ex septem primis Diaconis uno, hæresim Nicolaitarum tribuit constanter Hier. quo cum faciunt Tertullianus de Præscript. c. 46. Irenæus l. 1. c. 27. Epiphanius hæres. 25. etc. Sed Ignatius epistola ad Trallianos, Clem. Alexand. Strom. l. 1. Euseb. quoque Hist. l. 3. Theodoretus, aliique, cum quidem a Nicolaitis jactatum auctorem, sed falso, eorum hæreseos tradunt. Heic vero loci præstat animadvertere pro *Nicolaitarum* nomine in Mss. magno consensu haberi *Neophytorum*, cui tamen lectioni substitui velim hanc Veronensis archetypi, *Ophetarum*. Nempe, ut alibi adnotavimus in epistola 14. ad Heliodorum, S. Epiphanius, Auctor Indiculi de Hæresibus, qui Hieronymo tribuitur, et S. Augustinus hæresi 17. a Nicolaitis Ophitas deducunt, « et per eorum fabuloso figmenta ad colubrum colendum fuisse perventum. »

colaus Antiochenus, immunditiarum omnium, et Nicolaitarum hæreseos auctor exstitisse referatur. Non tibi illa nunc replico, quod plures virgines stuprasse narreris; quod a te nobilium violata matrimonia, publico cæsa sint gladio; quod per lupanaria impurus, et belluo cucurristi. Magna quidem ista sunt pondere suo, sed fiunt eorum quæ illaturus sum comparatione leviora. Rogo quantum crimen est ubi stuprum et adulterium parum est? Infelicissime mortalium, tu speluncam illam, in qua Dei Filius natus est, et veritas de terra orta est, et terra dedit fructum suum, de stupro conditurus ingrederis. Non times, ne de præsepi infans vagiat; ne puerpera Virgo te videat; ne mater Domini contempletur? Angeli clamant, pastores currunt, stella desuper rutilat, Magi adorant, Herodes terretur, Jerosolyma conturbatur; et tu cubiculum virginis, decepturus virginem irrepis? Paveo miser, et tam mente, quam corpore perhorresco, ponere tibi volens ante oculos tuos, opus tuum. Tota Ecclesia nocturnis vigiliis Christum Dominum personabat, et in diversarum gentium linguis unus in laudibus Dei spiritus concinebat. Tu inter ostia quondam præsepis Domini, nunc altaris, amatorias epistolas fulciebas, quas postea illa miserabilis, quasi flexo adoratura genu, inveniret et legeret; et stabas deinceps in choro psallentium, et impudicis nutibus loquebaris.

5. Proh nefas, non possum ultra progredi. (*a*) Prorumpunt singultus antequam verba, et indignatione pariter ac dolore, in ipso meatu faucium spiritus coarctatur. Ubi mare illud eloquentiæ Tullianæ? ubi torrens fluvius Demosthenis?

Nunc [al. *Nunc, nunc.*] profecto muti essetis ambo, et vestra lingua torpesceret. Inventa est res, quam nulla eloquentia explicare [al. *explicari.*] queat. Repertum est facinus, quod nec mimus fingere, nec scurra ludere, nec Atellanus possit effari. Moris est in Ægypti et Syriæ monasteriis, ut tam virgo, quam vidua, quæ se Deo voverint, et sæculo renuntiantes, omnes delicias sæculi conculcarint, crinem monasteriorum matribus offerant desecandum, non intecto postea (*b*) contra Apostoli voluntatem incessuræ capite; sed ligato pariter ac velato. Nec hoc quispiam, præter tondentes novit et tonsas, nisi quod quia ab omnibus fit, pene scitur ab omnibus. Hoc autem duplicem ob causam, de consuetudine versum est in naturam, vel quia lavacrum non adeunt, vel quia

oleum nec capite, nec ore norunt, ne a parvis animalibus, (*c*) quæ inter cutem et crinem gigni solent, et concretis sordibus, opprimantur [al. *obruantur*].

6. Videamus igitur, tu vir bone inter ista quid feceris. Futuro matrimonio, in spelunca illa venerabili, quasi quosdam obsides accipis capillos, sudariola infelicis, et cingulum, dotale pignus, reportas [al. *deportas*], jurans ei te nullam similiter amaturum. Deinde curris ad pastorum locum, et Angelorum desuper strepitu concinente, in eadem verba testaris. Nihil dico amplius, quod in oscula rueris, quod amplexatus sis. Totum quidem de te credi potest, sed veneratio præsepis et loci [al. *campi*] non me sinunt plus credere, quam te voluntate tantum et animo corruisse. Miser: nonne quando in spelunca cum virgine stare cepisti, (*d*) caligaverunt oculi, lingua torpuit, conciderunt brachia, pectus intremuit, nutavit incessus? Post Apostoli Petri Basilicam, in qua Christi flammeo consecrata est: post Crucis et Resurrectionis et Ascensionis Dominicæ sacramenta, in quibus rursum se in monasterio victuram spoponderat, audes crinem accipere tecum noctibus dormituræ [al. *dormiturum*], quem Christo messuerat in spelunca? Deinde a vespere usque mane fenestræ illius assides, et quia propter altitudinem, hærere vobis cominus non licebat, per funiculum, vel accipis aliquid, vel remittis. Vide quanta diligentia (*e*) Dominæ fuerit, ut nunquam virginem, nisi in Ecclesia videris: et cum talem uterque vestrum habuerit voluntatem, nisi per fenestram nocte facultas vobis non fuerit colloquendi. Oriebatur tibi, et postea didici, sol invito. Exanguis, marcidus, pallidus, ut suspicione omni careres, Evangelium Christi, quasi Diaconus lectitabas. Nos pallorem jejunii putabamus, et exangue os contra institutum ac morem tuum, quasi confectum vigiliis mirabamur. Jam tibi et scalæ, per quas deponeres miseram, parabantur; jam iter dispositum, decreta navigia, condicta dies, fuga animo pertractata [al. *præparata*]; et ecce Angelus ille cubiculi Mariæ janitor, cunarum Domini custos, et infantis Christi gerulus, coram quo tanta faciebas, ipse te prodidit.

7. O funestos oculos meos! o diem illum omni maledictione dignissimum, in quo epistolas illas tuas, quas hucusque retinemus, consternata mente legi! quæ ibi turpitudines? quæ blanditiæ? quanta de condicto stupro exultatio? (*f*) Haccine Diaconam,

---

(*a*) Antea erat « Prorumpunt lacrymæ antequam, » etc. cedentibus Mss.

(*b*) Al. « secundum voluntatem Apostoli, incessuræ capite. » De Matribus autem monasteriorum, ut vocat, vide libellum contra Vigilantium circa finem, et quæ in eum locum adnotamus. Cæterum de ea consuetudine comam resecandi iis quæ virginitatem profiterentur, vide Menardum in Notis ad Sacramentarium Gregorianum pag. 212. et Historiam Monasticam Orientis lib. I. cap. 12. In Actis S. Saturnini, et sociorum dicitur sancta Victoria « consecrati Deo dicatique capitis in perpetua virginitate sacratissimum crinem incomtuo pudore servasse, » ut intelligas alicubi in Occidentis aliquot saltem ecclesiis obtinuisse consuetudinem, ut mulierum comam deponerent, quod ex Optato lib. 6. itemque S. Ambrosio ad Virginem lapsam cap. 8. uberius probatur.

(*c*) Fortasse verius in Veronen. Ms. « inter jaculatam crinem. »

(*d*) Impressi cum aliquo oc[...] li b i. Porro perquiri si adiit locum invenias apud Cyprianum lib. « de Lapsis. Ldevit gressus, caligavit aspectus, tremuerunt viscera, brachia conciderunt, sensus obstupuit, sermo hæsit, lingua defecit. »

(*e*) Vitiose in hucusque vulgatis *diligentia* [...] quod Veronen. juxta Cisterciensi emendant. Notum vero *Dominam* appellari hevocis gratia, qua cæteris in ea [...] sterio sociatus praeerat. Tum deait aliquo modo post aliqua expunximus Veronensis Ms. fidem secuti, quod sensum modidat tuto...[?]

(*f*) Cisterciensi suggeri, « Hoc ne Diaconam dicam loqui, sed Bacchidem esse potuisse, » etc. quæ sua lectio et habilitate atque eloquentia non caret.

non dicam loqui, sed scire potuisse? Ubi miser ista didicisti, qui in Ecclesia te nutritum esse jactabas? Nisi quod in eisdem epistolis juras te nunquam pudicum, nunquam fuisse Diaconum. Si negare volueris, manus tua te redarguet ipsi apices proclamabunt, Habeto interim lucrum sceleris, non possum tibi ingerere quæ scripsisti.

8. Jaces itaque advolutus genibus meis, (a) et heminam, ut tuis verbis utar, sanguinis deprecaris, Et, o te miserum, neglecto judicio Dei, me tantum quasi vindicem times! Ignovi fateor; quid enim aliud possum tibi facere, Christianus? Hortatus sum ut ageres pœnitentiam, et in cilicio et cinere volutareris, ut solitudinem peteres, ut viveres in monasterio, ut Dei misericordiam jugibus lacrymis implorares. At tu bonæ spei (b) columen, excetræ stimulis inflammatus, factus es mihi in arcum perversum, et contra me conviciorum sagittas jacis. Inimicus tibi factus sum, vera dicens. Non dolebo [al. *doleo*] de maledictis; quis enim nesciat, nihil nisi flagitiosum tuo ore laudari? Hoc plango, quod te ipse non plangis, quod te non sentis mortuum [al. *esse mortuum*]; quod quasi gladiator paratus (c) libithynæ, in proprium funus ornaris. Amiciris linteis, digitos annulis oneras, dentes pulvere teris, raros in rubenti calvaria digeris capillos : taurina cervix toris adipeis intumescens, nec quia (d) propter libidinem fracta est, inclinatur. Super hæc, unguenta fragras, mutas balneas, et contra renascentes pilos pugnas; per forum ac plateas, nitidus ac politus amator incedis. Facies meretricis facta est tibi, nescis erubescere. Convertere miser ad Dominum, ut ad te Dominus convertatur. Age pœnitentiam, ut et ille agat pœnitentiam super **1092** omnibus quæ locutus est malis ut faceret tibi.

9. Quid neglecto vulnere proprio, alios niteris infamare? Quid me bene tibi o' sedulo consulentem, quasi phreneticus morsu lacer ras? Esto, ego flagitiosus sim, ut vulgo jactitas, saltem mecum age pœnitentiam; criminosus, (e) ut simulas, imitare lacrymas criminosi. Num mea peccata virtutes tuæ sunt? An malorum tuorum putas solatium, si multos tui similes habeas? Fluant paululum de oculis lacrymæ inter sericum et linteamina, quibus tibi videris fulgidus et formosus; intellige te nudum, concissum, sordidatum [al. *sordidum*], mendicantem. (f) Nunquam est sera pœnitentia. Quamvis de Jerosolymis descenderis, et sis in itinere vulneratus, inde te Samaritanus impositum jumento, curandumque ad stabulum referet. Sed et si mortuus jaces [al. *jaceas*] in sepulcro, tamen et fœtentem Dominus suscitabit. Imitare saltem cæcos illos, propter quos Salvator dimittens domum suam et hæreditatem suam, Jericho venit. Sedentibus in tenebris et umbra mortis lux orta est eis, Qui postquam præterire Dominum cognovissent, ceperunt clamare, dicentes : *Fili David, miserere nostri*. Poteris et tu videre, si clames ; si accitus ab eo, sordida vestimenta projicias. (g) *Cum conversus ingemueris, tunc salvus eris, et tunc scies ubi fueris* (Isai. 30. 15). Tangat modo cicatrices tuas, pertractet luminum quondam tuorum vestigia. Licet ab utero sic genitus sis, et in delictis conceperit te mater tua, aspergat te hyssopo, et mundaberis : lavabit te, et super nivem dealbaberis. Quid incurvus terræ hæres, et totus in cœno jaces? Illi quam decem et octo annis Satanas vinxerat, postquam a Salvatore curata est, cœlum erecta suspexit. Quod ad Cain dictum est, tibi dictum puta, (1) *Peccasti, quiesce* (Genes. 4. 13) : Quid longius recedis a facie Dei, et habitas in terra (h) Naid? Quid totus in salo fluctuas, nec statuis supra petram pedem tuum? **1093** Cave ne te Phinees cum Madianitide fornicantem (i) sciromaste configat. Quid postquam Thamar virginem frater et consanguineus polluisti, versus in Absalom, occidere eum cupis, qui te rebellantem plangit et mortuum? Clamat contra te sanguis Nabuthæ : et vinea *Jezrael*, hoc est, *seminis Dei*; quam in hortum voluptatum, lasciviæ olera convertisti, dignam de te ultionem reposcit. Mittitur tibi Elias, tormenta et interitum nuntians. Incurvare, et sacco vestire paulisper, et de te poterit dicere Deus : *Vidisti, quia reveritus fuerit Achab a facie mea? Non superducam malitiam in diebus ejus* (3. Reg. 21. 29).

10. Sed forte blandiris tibi, quod a tali Episcopo Diaconus ordinatus es. Jam superius dixi, nec patrem pro filio, nec filium pro patre puniri. *Anima enim quæ peccaverit, ipsa morietur* (Ezech. 18. 4). Et Samuel habuit filios qui recesserunt a timore Dei, et abierunt post avaritiam et iniquitatem. Et Heli Sacerdos sanctus fuit; sed habuit filios, qui, ut in Hebræorum (b) volumine legimus, fornicabantur cum mulieribus

---

(a) Sic legendum videtur ad Veronensis exemplaris fidem *heminam*, non ut vulgo hactenus obtinuit, *misericordiam*. Est autem hemina mensura fere omnium minima, quæ sextarii dimidia pars est. Ei Sabinianus, qui et *marcidulus, pallidus, et exanguis* supra dicitur, ad movendam Hieronymo misericordiam, sanguinem suum comparat, pretium vitæ perquam exiguum. Simile est illud in Scripturis, *folium quod vento rapitur*, etc. Vocem obscuriorem, aut minus obviam critici depravarunt.

(b) Cisterciens. *coluber*, quod nomen sequenti contextui magis concinere videbatur, nisi ironice dicitur, ut in Paschal. 2. num. 7. Origenes *columen veritatis* appellatur.

(c) Perperam quidam Mss. *libidine*. Innuit enim funebres ludos, quibus certare in funeribus Optimatum gladiatores olim solebant, quos Cicero Bustuarios appellat.

(d) Duo hæc verba *propter libidinem* absunt a Cisterciensi libro, qui mox *unguentis* habet pro *unguenta*.

(e) Idem *criminosus sum, ut insinuatus*.

(f) Cyprianus epist. ad Demetrianum, « In isto adhuc mundo manenti pœnitentia nulla sera est. »

(g) Recole quæ in epist. 122. ad Rusticum de hoc Isaiæ loco diximus.

(h) Sic in Græco appellatur terra, quam Cain habitavit, postquam egressus est a facie Domini. Hier. in Ezechiel 16. « Ejecti de Paradiso firmatis, habitant in regione Naid, quæ interpretatur fluctuatio, » etc. Olim vitiose erat *Naim*.

(i) Plerique editi *sua hasia*, alii *sero hasia*. Scilicet rariorem vocem *sciromasta*, quam minime intelligebant, critici corrigerunt. Nos emendavimus ex uno Veronensi Ms. cum præterea constet σειρομάστην a LXX. apellari lanceam, qua scortum Madianitidem Phinees transverberavit. Vid. ep. 109. n. 5. *regi enim sciromasten Phinees*. Mox quoque vitiose erat in vulgatis *qui plus quam Thamar pro Quid postquam* ut Ver. emendat.

(j) Antea erat *voluminibus*. Sed ne putes apocrypha quædam commentitia, idco Hebræorum compellat auctoritatem, quod in Græcis Baris, et Latinis tum ipressis libris Heli fornicationes non haberentur.

(1) Vid. sup. Epist. sub num. 6. unde hunc Scripturæ locum adnotat. nostram.

in tabernaculo Dei, et in similitudinem tui, impudenter sibi Dei ministerium vindicabant (1. *Reg.* 8). Unde et locus tabernaculi ipse subversus est et propter vitia Sacerdotum Dei, sanctuarium, destitutum est [*al.* destructum]. Quanquam et ipse Heli dum est nimium lenis in filios, offendit Deum; tantumque abest, ut te valeat Episcopi tui justitia liberare, ut timendum sit, ne propter te de solio suo corruens (*a*) ὀπισθοτόνῳ pereat insanabili. Si Oza Levites Arcam Domini, quam portare ipse debuerat, quasi ruentem sustentare voluit, et percussus est: quid de te futurum putas, qui stantem Arcam Domini præcipitare conatus es? Quanto magis Episcopus qui te ordinavit probabilis est, tanto tu amplius detestandus, qui talem hominem fefellisti. Solemus mala domus nostræ scire novissimi, ac liberorum et conjugum vitia, vicinis canentibus, ignorare. Noverat te omnis Italia. Universi te stare ante altare Christi ingemiscebant. Nec tu tam callidus eras, ut prudenter tua vitia celares. Sic æstuabas, sic subantem te et lascivientem huc atque illuc rapiebat voluptas, ut quasi quosdam triumphos, palmamque vitiorum de explicitis libidinibus sublevares.

11. Denique inter gladios barbari, (*b*) et barbari mariti, et mariti potentis excubias, impudicitiæ flamma te rapuit. Non timuisti in illa domo adulterium facere, in qua sine judice læsus vir se poterat ulcisci. Duceris ad hortulos, ad suburbana pertraheris: tam libere et insane te agis, ut absente marito, uxorem te putes habere, non adulteram. Inde [*al. Unde*] per quosdam cuniculos dum illa tenetur, erumpis. Romam occultus ingrederis, latitas inter Samnitas latrones, et ad primum mariti nuntium, quod novus tibi ex Alpibus Hannibal descendisset, navigio te credis in tuto. Tanta fugæ celeritas fuit, ut tempestatem terra duceres tutiorem. Venis [*al. Venusti*] utcumque in Syriam, inde te velle Jerosolymam transcendere, et serviturum Domino polliceris. Quis non susciperet eum, qui se Monachum promittebat, præsertim ignorans tragœdias tuas, et Episcopi tui Commendatitias ad cæteros Sacerdotes epistolas legens? At tu infelix transfigurabas te in Angelum lucis, et minister Satanæ, ministrum justitiæ simulabas. Sub vestitu ovium latebas lupus, et post adulterium hominis, adulter Christi esse cupiebas.

12. Hæc idcirco retuli, ut totam tibi scenam operum tuorum, quasi in brevi depingerem tabella, et gesta tua ante oculos tuos ponerem, ne misericordiam Domini nimiamque clementiam, materiam existimes delictorum, rursum crucifigens tibimetipsi

---

(*a*) Græcam vocem, ignotam hactenus editis ac Mss. libris contextui vero necessariam ex uno Veronensi suffecimus, in quo tamen describentis vitio erat enucleatæ, quod emendamus. Monuit præterea inserendum li si, quam alludit, historia, qui ὀπισθ., *retrorsum de sella* scribitur cecidisse. Est vero ὀπισθότονος, qui voce hoc Hier. utitur, is qui cervicis affectio, contracto ad scapulas capite ovis qui retrorsum decidit. Hinc quoque *insanabili* fecimas pro *insanabilis*, et mox *Si* præpositionem ex eodem Veronensi. Ms. supplevimus.

(*b*) Voculas et *barbari* repetimus ex Veronensi; quæ forte Gothum aliquem militem designant.

Filium Dei, et ostentui habens, et non legens illud quod sequitur. *Terra enim venientem sæpe super se bibens imbrem, et generans herbam opportunam illis a quibus colitur, accipit benedictionem a Domino: Proferens autem spinas et tribulos, reproba est et maledicto proxima, cujus consummatio fit in combustionem* (*Heb.* 6. 7. et 8).

1095 EPISTOLA (*c*) CXLVIII (*d*).

AD CELANTIAM MATRONAM.
De ratione pie vivendi.

Celantiam nobilem matronam docet, quomodo inter sæculi honores, divitias, ac Matrimonii onera vitam suam sancte ac religiose ducat. Ad divinæ Scripturæ lectionem primum hortatur, deinde ne de generis nobilitate superbiat, in quo sita sit vera nobilitas, docet; denique quod aliquot jam ante annos ex pacto, et consensu viri, continentiam servare sibi proposuisset in animo, acriter redarguit, et quid viro suo debeat, ostendit.

1. Vetus Scripturæ celebrata sententia est, esse pudorem, quo gloria inveniatur et gratia; et esse rursus pudorem, qui soleat parere peccatum. Cujus dicti veritas, quanquam satis ad omnium intelligentiam ipsa sui luceat claritate, mihi tamen, nescio quomodo in præsenti causa propius innotuit. Provocatus enim ad scribendum litteris tuis, quæ miris hoc a me obsecrationibus flagitabant, diu fateor de responsione dubitavi: silentium mihi imperante verecundia. Cui tamen fortissime resistebat, et vim faciebat precum tuarum fidelis ambitio. Pugnabatque acriter cum hæsitatione mea humilitas obsecrantis, et magna quadam fidei violentia, oris claustra pulsabat. Cumque sic animum in utroque nutantem, cogitatio diversa libraret, pene pudor exclusit officium. Sed me illa, quam supra posui, sapientis sententia, armavit ad depellendam inutilem verecun-

---

(*c*) Hanc Hieronymi non esse epistolam non modo post Erasmum Editores et Critici omnes fatentur; sed et multo antea, sub undecimi nempe sæculi finem S. Gingo Abbas ad Fratres Burienses epist. IV. inter suppositias recensuit. « Ad Celantiam, inquit, sic incipiens. Veteris Scripturæ celebrata sententia est. Hæc sexto quidem nobiliore est scripta, sed nec sic Hieronymo digna. » Paulino autem adscribi utcumque posse opinantur Erasmus, Victorius, aliique; Martianæus pro certo constituit. At superius S. Paulini editor, quominus illi adjudicet, styli dissimilitudinem, qui nimium ab alacritate et volubilitate Paulinianæ est alienus, tum longe diversam locorum S. Scripturæ expressionem causatur; nec tamen cui jure sit adscribenda judicat, cum reliqua omnia quæ in l, sa epistola indicantur, puta nondum penitus abrogati Paganismi tempora, et Joviniani hæretici mentio, tum quædam in dicendo suavitas a Paulino non abhorreant. Nobis, nisi audacior est conjectura, quam ut veniam mereatur, si fallimur, Sulpitio Severo placet addici. Eadem ist apere auctori nostro scribendi elegantia et gravitas videtur esse; eadem etiam Scripturarum expressio, quantum e locorum collatione aliquot potuimus intelligere: ingenium plane idem. Constat vero ex Gennadio cap. XIX. Sulpitium scripsisse epistolas ad sororem Dei, et contemptum mundi hortatorias multas; præter illas, quas sorori suæ Claudiæ dedit. Ad hæc temporis satis conveniunt, eadem enim qua Hieronymus ac Sulpitius ætate vixit, quibuscum etiam amicitia est junctus. Hanc itaque ejus epistolam, si modo ejus est, certe non Hieronymi, neque Paulini, sed alio charactere eveendi voluimus, quod inter Hieronymianas hactenus obtinuit locum, ne vel in posterorum tomum rejicienda videretur.

(*d*) *Alias* 14.

diam, et damnosum silentium resolvendum, cum utique ipsam scribendi causam tam honestam viderem esse, tam sanctam, ut peccare me crederem, si tacerem : illud **1096** mecum Scripturæ reputans : *Tempus tacendi, et tempus loquendi* (*Eccl.* 3. 7). Et iterum : *Ne retineas verbum in tempore salutis* (*Eccli.* 4. 28). Et illud B. Petri : *Parati semper ad satisfactionem omni poscenti vos rationem* (1. *Petr.* 3, 15).

2. Petis namque, et sollicite ac violenter petis, ut tibi certam ex Scripturis sanctis præliniamus regulam, ad quam ordines cursum vitæ tuæ, ut cognita Domini voluntate, inter honores sæculi et divitiarum illecebras morum magis diligas supellectilem, atque ut possis in conjugio constituta, non solum conjugi placere, sed etiam ei qui ipsum indulsit conjugium. Cui tam sanctæ petitioni, tamque pio desiderio, non satisfacere : quid aliud est, quam profectum alterius non amare? Parebo igitur precibus tuis, teque paratam ad implendam Domini voluntatem, ipsius nitar incitare sententiis. Idem est enim verus omnium Dominus ac magister, qui nos placere sibi jubet, et docet quomodo placere ei possimus. Ipse itaque te informet, ipse te doceat, qui interroganti in Evangelio adolescenti, quid faceret, ut mereretur vitam æternam, divina continuo mandata proponit (*Matth.* 19), ostendens nobis ejus voluntatem esse faciendam, a quo speramus et præmia. Propter quod alio testatur loco : *Non omnis qui dicit mihi, Domine, Domine, intrabit in regnum cælorum : sed qui facit voluntatem Patris mei qui in cælis est, ipse intrabit in regnum cælorum* (*Ibid.* 7. 21). Quo manifeste illud ostenditur, nos non sola Dei confessione tanti præmii magnitudinem promereri, nisi fidei et justitiæ opera conjuncta sint.

3. Qualis enim est illa confessio, quæ sic Deo credit, ut pro nihilo ejus ducat imperium? (*a*) Aut quomodo ex animo, ac vere dicimus, Domine, Domine, si ejus, quem Dominum confitemur, præcepta contemnimus? Unde ipse in Evangelio dicit : *Quid autem vocatis me, Domine, Domine, et non facitis quæ dico* (*Luc.* 6. 46)? Et iterum : *Populus hic labiis me honorat,* **1097** *cor autem eorum longe est a me* (*Matth.* 15. 8. *Isai.* 29. 13). Et rursus loquitur per Prophetam : *Filius honorificat patrem, et servus dominum suum timet. Et si pater ego sum : ubi est honor meus? et si Dominus ego sum, ubi est timor meus* (*Malach.* 1. 6)? Ex quo apparet, nec honorari ab eis Dominum, nec timeri, qui ejus præcepta non faciunt. Et ad David expressius dicitur, qui peccatum admiserat : *Et pro nihilo duxisti* (*b*) *Dominum* (2 *Reg.* 12); et ad Heli fit sermo Domini : *Qui honorificant me, honorificabo eum; qui autem pro nihilo me habent, ad nihilum redigentur* (1. *Reg.* 2. 50).

4. Et nos securo ac bono animo sumus qui per singula (*c*) quæque præcepta, inhonorantes Deum

(*a*) Cistercienses, olim Nonantulani duo codd. absque interrogandi nota *Haud ex animo vere dicimus* etc.
(*b*) Reposuimus ex iisdem codd. *Dominum*, juxta Græcum cum antea *Deum* legeretur.
(*c*) Alii codd. ac Mss. habent, *per singula quæque peccata.*

clementissimum Dominum ad iracundiam provocamus, ejusque imperium superbissime contemnendo, in tantæ majestatis imus injuriam? Quid enim unquam tam superbum, quid vero tam ingratum videri potest, quam adversus ejus vivere voluntatem, a quo ipsum vivere acceperis? quam illius præcepta despicere, qui ideo aliquid imperat, ut causas habeat remunerandi? Neque enim obsequii nostri Deus indiget, sed nos illius indigemus imperio. *Mandata ejus desiderabilia super aurum et lapidem pretiosum nimis, et dulciora super mel et favum : quoniam in custodiendis illis retributio multa* (*Ps.* 18. 11. 12). Et ideo nobis irascitur, idcirco magis illa immensa Dei bonitas offenditur, quia eam per tanti etiam præmii detrimenta (*d*) contemnimus : nec solum imperata, sed etiam promissa illius pro nihilo ducimus. Unde sæpe, imo semper illa nobis Domini revolvenda sententia : *Si vis ad vitam venire, serva mandata* (*Matth.* 19. 17); hoc enim tota nobiscum lege agitur : hoc Prophetæ, hoc Apostoli docent : hoc a nobis, et vox Christi et sanguis efflagitat : qui ideo *pro omnibus mortuus est, ut qui vivunt, jam non sibi vivant, sed ei, qui pro illis mortuus est* (2. *Cor.* 5. 15). Vivere autem illi non est aliud, quam ejus præcepta servare, quæ nobis ille quasi certum quoddam dilectionis suæ pignus, servanda mandavit. *Si diligitis*, inquit, *me, mandata mea servate* (*Joan.* 14. 15). Et, *qui habet mandata mea, et servat ea, ille est qui diligit me.* Ac rursus : *Si quis diligit me,* **1098** *sermonem meum scrvabit, et Pater meus diliget eum, et ad eum veniemus, et mansionem apud eum faciemus. Qui non diligit me, sermones meos non servat* (*Ibid. v.* 21. 23 et 24). Grandem vim obtinet vera dilectio. Et qui perfecte amatur, totam sibi amantis vindicat voluntatem. Nihil est imperiosius caritate. Nos si vere Christum diligimus : si ejus nos redemptos sanguine recordamur, nihil magis velle, nihil omnino debemus agere, quam quod illum velle cognoscimus.

5. Duo autem sunt genera mandatorum, in quibus clauditur tota justitia. Prohibendi unum est, jubendi alterum. Ut esti mala prohibentur, ita præcipiuntur bona. Ibi otium imperator, hic studium. Ibi corrector animus, hic incitatur. (*f*) Ibi fecisse, hic non fecisse, culpabile est. Unde et Propheta dicit : *Quis est homo qui vult vitam, et cupit videre dies bonos? Prohibe linguam tuam a malo, et labia tua ne loquantur dolum. Declina a malo, et fac bonum* (*Psal.* 33 13. 14. et 15). Et beatus Apostolus. *Odientes malum, adhærentes bono* (*Rom.* 12. 9). Hoc itaque duplex diversumque præceptum, prohibendi scilicet et imperandi,

Mox vocem *Dominum* ex Mss. duobus, et quibusdam editis restituimus.
(*d*) Cistercienses, alio sensu *cognovimus.* Tum *pro imperata*, referunt libri alii *imperio*.
(*e*) Perpetuam Mattianæus post Erasm. *operatur pro imperatur.* Sed et *pro otium*, quod in omnibus libris obtinet, facile velim substitui *odium* ex serie orationis, et sensu, et maxime subnexo Apostoli loco, *odientes malum, adhærentes bono* : ex quo sentit mali odium, et boni studium imperari.
(*f*) Antea erat, *hic fecisse, illic non fecisse.* Lectio nostra, quam ex uno Ms. expressimus, *ibi et hic*, ex præcedentibus concinnior probatur.

æquo omnibus jure mandatum est. Non virgo, non vidua, non nupta, ab hoc imperio libera est. In quovis proposito, in quovis gradu, æquale peccatum est, vel prohibita admittere, vel jussa non facere. Neque vero eorum te seducat error, qui ex arbitrio suo eligunt, quæ potissimum Dei mandata (*a*) faciant, quæve quasi vilia ac parva despiciant : nec metuunt, ne secundum divinam sententiam, minima contemnendo paulatim decidant (*Eccli.* 19. 1).

6. (*b*) Stoicorum quidem est, peccatorum tollere differentiam, et delicta omnia paria judicare : nec ullum inter scelus et erratum discrimen facere. Nos vero etsi multum inter peccata distare credimus, quia et legimus : tamen satis prodesse ad cautionem dicimus, etiam minima pro maximis cavere. Tanto enim facilius abstinemus a quocumque delicto, quanto illud magis metuimus. Nec cito ad majora progreditur, qui etiam parva formidat. Et sane nescio, an possimus leve aliquod peccatum dicere quod in Dei **1099** contemptum admittitur. Estque ille prudentissimus, qui non tam considerat quod jussum sit, quam illum qui jusserit : nec quantitatem imperii, sed imperantis cogitat dignitatem.

7. Ædificanti itaque tibi spiritualem domum non super levitatem arenæ, sed super soliditatem petræ, innocentiæ in primis fundamentum ponatur, super quod (*c*) facilius possis arduum culmen justitiæ erigere. Maximam enim partem æquitatis implevit, qui nulli nocuit : beatusque est qui potest cum sancto Job dicere : *Nulli nocui hominum : juste vixi cum omnibus* (*Job* 27. 6). Unde audenter et simpliciter loquebatur ad Dominum. *Quis est ille qui judicetur mecum* (*Job* 13. 19)? id est (*d*), quis tuum adversum me potest implorare judicium, ut se læsum a me convincat? Purissimæ conscientiæ est, secure canere cum Propheta : *Perambulabam in innocentia cordis mei : in medio* (*e*) *domus meæ* (*Psal.* 100. 3). Unde idem alibi dicit : *Non* (*f*) *fraudavit eos Deus bonis, qui ambulant in innocentia* (*Psal.* 83. 13). Itaque malitiam, odium atque invidiam, quæ vel maxima, vel sola semina sunt nocendi, Christiana a se propellat anima : neque manu tantum, aut lingua, sed corde quoque custodiat innocentiam : nec opere modo, sed voto etiam nocere formidet. Quantum enim ad peccati rationem pertinet, nocuit et qui nocere

disposuit. (*g*) Multi nostrorum [al. *nostrum*] illum absolute atque integre definiunt innocentem, qui ne in eo quidem ulli noceat quo prodesse desistat. Quod si est verum, tum demum lætare de innocentiæ conscientia, si cum potes adjuvare, non desinas ; si vero divisa inter se ista atque distincta sunt : aliudque est non nocere quod semper potes, aliud prodesse cum possis, aliud malum non facere, aliud operari bonum : illud tibi rursum occurrat : non sufficere Christiano, si partem unam justitiæ impleat, cui (*h*) utraque præcipitur.

8. Neque enim debemus ad multitudinis exempla respicere : quæ nullam morum disciplinam sequens, nullum vivendi tenens ordinem, non tam ratione ducitur, **1100** quam quodam impetu fertur. Nec imitandi nobis illi sunt, qui sub Christiano nomine gentilem vitam agunt, et aliud professione, aliud conversatione testantur : atque, ut Apostolus ait, *Deum confitentur se nosse, factis autem negant* (*Tit.* 1. 13). Inter Christianum et gentilem non fides tantum debet, sed etiam vita distinguere : et diversam religionem, per diversa opera monstrare. *Nolite*, ait Apostolus, *jugum ducere cum infidelibus. Quæ enim participatio justitiæ cum iniquitate? Aut quæ societas* (*i*) *luci ad tenebras? Quæ autem conventio Christi ad Belial? Aut quæ pars fideli cum infideli? Qui autem consensus templo Dei cum idolis* (2. *Cor.* 6. 14. *et seqq.*) ?

9. Sit ergo inter nos et illos maxima separatio. Disjungitur [al. *Distinguitur*] certo discrimine error et veritas. Illi terrena sapiant, qui cœlestia promissa non habent. Illi brevi huic vitæ se totos implicent, (*j*) qui æterna nesciunt. Illi peccare non metuant, qui peccatorum impunitatem putant. Illi serviant vitiis, qui non sperant futura præmia virtutum. Nos vero qui purissima confitemur fide, omnem hominem manifestandum esse ante tribunal Christi, ut recipiat unusquisque propria corporis sui, prout gessit ; sive bonum, sive malum (2. *Cor.* 5. 10) : procul esse debemus a vitiis, dicente Apostolo : *Qui enim Christi sunt, carnem suam crucifixerunt cum vitiis et concupiscentiis* (*Galat.* 5. 24). Nec turbam sequantur errantem, qui se veritatis discipulos confitentur.

10. Duas certe conversationis vias, et distincta in diversum itinera vivendi, Salvator in Evangelio ostendit. (*k*) *Quam*, inquit, *spatiosa via, quæ ducit ad mortem, et multi sunt qui intrant per eam. Et rursum : Quam arcta via et angusta est, quæ ducit ad vitam, et pauci sunt qui inveniunt eam* (*Matth.* 7. 13. *et* 14).

(*a*) Cum Erasmo Martianæus vitiose *contemnunt* pro *faciant*, quod e Mss. omnibus et plerisque editis emendavimus.

(*b*) Confer verum Hieronymum in secundo contra Jovinianum libro, ubi hæc Stoicorum sententia a refellit pluribus. Vide etiam in Ezechielem cap. 9. et Cyprian. Epist. 55. ad Antonianum : « Stoicorum qui dicunt omnia peccata paria esse » etc.

(*c*) Quidam Mss. *facilius valeat arduum justitiæ culmen surgere*.

(*d*) Cisterciens. *quis suum adversum me* etc.

(*e*) Prius legebatur *domus tuæ*, quod ex duobus Mss. immutare non piguit in *domus meæ*, juxta Græc. et Vulgat. cum ea sit hæc hujus epistolæ finem emendem versiculum rejicit auctor iste, quam sibi constantem facitur.

(*f*) Legendum quidem in futuro *fraudabit*, nullus dubito, sed peculiarem versionem usurpat hoc sæpius loco auctor noster, nec si quis umquam ita legerit, aut verterit, scio. Græce est, κύριος οὐχ ὑστερήσει τὰ ἀγαθά.

(*g*) Legimus atque emendamus ex Cister. Ms. cum antea vulgati omnes libri non sine solœcis et corrupto sensu haberent, *Multi nomen illud absolute*. Sumpta est sententia ex Cicerone Tusculan. Quæst. 3. « Est innocentia affectio talis animi, quæ noceat nemini » : qui et paria habet in L. Pisonem.

(*h*) Ex eodem Ms. legimus : ante erat *utrumque*. Mox pro debemus quidam ex editis et Mss. habent *decet*. Unus Ms. « Neque enim debemus ad multitudinem hominum malam respicere vitam quæ » etc.

(*i*) Ad hunc modum Mss. plerique habent juxta Græc. et Vulg. Editi autem fere omnes *lucis*. Tum etiam, *quæ autem conventio christi ad Belial*, Cistere. exemplar omittit ; auctor noster legerit *beliar*.

(*j*) Minus bene duo Mss. *qui æternam nesciunt vitam.*

(*k*) Unus Ms. *quam lata et spatiosa via est* etc

Vide quanta inter has vias separatio sit, quantumque discrimen. Illa ad mortem, hæc tendit ad vitam. Illa (a) celebratur et teritur a multis, hæc vix invenitur a paucis. Illa enim vitiis per consuetudinem, quasi declivior ac mollior, et velut quibusdam amœna floribus voluptatum facile ad se rapit commeantium multitudinem : hæc vero insueto **1101** calle virtutum tristior atque horridior : ab his tantum eligitur, quibus non tam delectatio itineris cordi est, quam utilitas mansionis. Asperam enim nobis, et insuavem virtutum viam, nimia facit vitiorum consuetudo, quæ si in partem alteram transferatur, (b) invenietur, sicut Scriptura dicit, *semita justitiæ lævis* (Prov. 2. 20. juxta LXX). Ponamus ergo jam rationem vitæ nostræ, et per quam potissimum gradiamur viam, conscientia teste discamus. Omne enim quod agimus, omne quod loquimur, aut de lata, aut de angusta via est. Si cum paucis angustum iter et subtilem quamdam semitam invenimus, ad vitam tendimus. Si vero multorum comitamur viam, secundum Domini sententiam, imus ad mortem.

11. Si ergo odio atque invidia possidemur, si cupiditati et avaritiæ cedimus, si præsentia commoda futuris præferimus : per spatiosam viam incedimus. Habemus enim ad hæc comitum multitudinem, et late similium stipamur agminibus. Si iracundiam libidinemque explere volumus, si injuriam vindicamus [al. *vindicare*], si maledicenti remaledicimus, et adversum inimicum inimico animo sumus, æque cum pluribus ferimur. Si vel adulamur ipsi, vel adulantem libenter audimus, si (c) verum dicere gratia impedimur, et magis offendere animos hominum timemus, quam non ex animo loqui; de multorum item via sumus. Tot nostri sunt socii, quot extranei veritatis. At e contrario, (d) si ab his omnibus vitiis sumus extranei, si purum ac liberum animum præstamus, et omni cupiditate cælcata, solis praemiis divites esse virtutibus : per angustam viam nitimur. Conversatio enim ista paucorum est. Estque perrarum atque difficile, idoneos hujus itineris comites reperire. Quin etiam multi hac ire se simulant, et per diversa errorum diverticula, ad viam multitudinis revertuntur. Ideoque timendum est, ne quos duces recti hujus itineris habere nos credimus : eos comites habeamus erroris.

12. Si igitur inveniuntur exempla, quæ nos per hanc ducant viam, et rectum Evangelii tramitem teneant, sequenda sunt. Sin vero ea vel deficiunt, vel deficere putantur. Apostolorum forma **1102** universis proposita est. Clamat vas electionis Paulus, nosque quasi ad angustum hoc iter convocans, dicit: *Imitatores mei estote, sicut et ego Christi* (1. Cor. 11. 1). Certe quod est amplius omnibus, ipsius Domini relucet exemplum, qui in Evangelio ait : *Venite ad omnes qui laboratis et onerati estis, et ego* (e) *requiescere faciam vos. Tollite jugum meum super vos, et discite a me, quia mitis sum, et humilis corde* (Matth. 11. 28. 29). Si periculosum est imitari illos, de quibus dubitas an imitandi sint : hunc certe imitari tutissimum est, atque ejus vestigia sequi, qui dixit : *Ego sum via, veritas, et vita* (Joan. 14. 6). Nunquam enim errat, qui sequitur veritatem. Unde et Apostolus Joannes ait : *Qui dicit se in Christo manere, debet sicut ille ambulavit, et ipse ambulare* (1. Joan. 2. 6). Et beatus Petrus ait : *Christus pro nobis passus est, vobis relinquens exemplum, ut sequamini vestigia ejus : qui peccatum non fecit, nec est inventus dolus in ore ejus. Qui cum malediceretur, non maledicebat : cum pateretur, non comminabatur. Tradebat autem judicanti se injuste. Qui peccata nostra, ipse pertulit in corpore suo super lignum, ut peccatis mortui, justitiæ vivamus* (1. Petr. 2. 21. et seqq.).

13. Cesset omnis excusatio errorum, auferantur peccandi fœda solatia. Nihil omnino agimus, qui nos per multitudinis exempla defendimus, et ad consolationem nostram, aliena sæpe numerantes vitia, deesse nobis dicimus, quos debeamus sequi. Ad illius exemplum mittimur, quem omnes fatemur imitandum. Atque ideo præcipua tibi cura sit, legem nosse divinam : per quam (f) possis, quasi præsentia cernere exempla sanctorum : quid faciendum sit, quidve vitandum, illius consilio disce [al. *discere*]. Maximum enim ad justitiam auxilium, est implere divinis eloquiis animum, et quod opere exequi cupias, semper corde meditari. Rudi adhuc populo, et hominibus ad obedientiam insuetis, per Moysen imperatur a Domino, ut in signum memoriæ, qua præcepta Domini recordentur : (g) per singulas vestimentorum fimbrias, habeant cum cocco hyacinthini coloris insignia, ut etiam casu huc illucque respicientibus oculis, mandatorum cœlestium memoria nascatur. De quibus fimbriis Pharisæi redarguuntur a Domino (Matth. 23. 5), **1103** quod eas perverso usu, non ad commonitionem præceptorum dei, sed ad ostentationem sui habere cœperint, ut scilicet quasi de majoris observationis diligentia, sancti a populo judicarentur.

14. Tibi vero servanti non jam litteræ præcepta, sed spiritus, divinorum mandatorum memoria spiritualiter excolenda est. Cui non tam frequenter recordanda sunt præcepta Domini, quam semper cogitanda. Sint ergo divinæ Scripturæ semper in manibus tuis, et jugiter mente volvantur. Nec sufficere tibi

---

(a) Alii Mss. *celebratur a pluribus, et tenetur a multis.*
(b) LXX, ἐρωοντο γὰρ τρίβοι δικαιοσύνης λεῖαι, « invenissent utique semitas justitiæ leves. » Olim erat in quibusdam impressis « invenies semitam justitiæ levem. »
(c) Cistercien. Ms. dueque editi « si vero gratiam impendimus, et magis » etc.
(d) Vocula *his* penes Martian. deerat ; tum unus Ms. *vacui sumus pro sumus extranei.*

(e) Alii editi *reficiam vos.*
(f) Pro *possis* Cistercienses membranæ *putes.*
(g) Pro *cocco* Cisterc. Ms. *toto*, alii *tota*, vel *torta* vitiose omnes, ut puto ; quid enim ad rem facit cocus, et de hac tantum voce dicam, quam præferunt editi omnes ? Sed ut intelligas totum hunc locum esse corruptum, ne duo quidem sunt Mss. exemplaria, quæ iisdem omnino verbis legant. Cisterciense quod unum profero : « per extremitates vestimentorum fimbriis habeant, easque toto hyacintini coloris insignia. » Cujus lectionis cum prius romana editis longe præferam, alterum malim sic emendare ex ingenio : *easque flocco hyacintini coloris insigniant.* Notum quippe est ad fimbriam, quæ extremam pallii oram ambiebat, e quatuor ejus angulis floccos hyacinthinos ependisse, quod usque hodie Judæi servant.

putes mandata Dei memoria tenere, et operibus oblivisci. Sed ideo illa cognosce, ut facias quidquid faciendum didiceris. *Non enim auditores legis justi sunt apud Deum, sed factores legis justificabuntur* (*Rom.* 2. 31). Latus quidem et immensus divinæ legis campus extenditur. Qui diversis testimoniis veritatis, velut cœlestibus quibusdam floribus vernans, mira oblectatione legentis animum pascit ac refovet. Quæ omnia semper cognoscere, secumque revolvere, ingens ad conservandam justitiam beneficium e t. Sed qui i ad compendiosum quoddam (*a*) com a il a tibi Evangelii eligenda sententia est, et super a la cordi tuo, quæ ad totius jus i se breviar u e, dominico ore profertur : *Omnia quæcumque vultis ut faciant vobis homines, hæc et vos facite illis. Hæc enim Lex et Prophetæ* (*Matth.* 7. 12). Innu e e s a s species, partesque justitiæ : quas non me lo s lo persequi, sed cogitatione etiam capere difficillimum est. Quas omnes una ac brevi sententia comprehend t, et latentem hominum conscientiam, secreto animi judicio, aut absolvit, aut damnat.

15. Ad omnem igitur actum, ad omne verbum, ad omnem etiam cogitatum, hæc sententia retractetur : quæ tibi quasi speculum quoddam paratum, et ad manum semper positum, qualitatem tuæ voluntatis ostendat, ac etiam vel de injusto opere redarguat, vel de justo lætificet. Quotiescumque enim talem in alterum habueris animum, qualem in te ab altero servari cupis, æquitatis viam tenes. Quoties vero talis erga alterum fueris, qualem in te vis neminem : iter justitiæ **1104** dereliquisti. Ea totum illud divinæ legis arduum totumque difficile. En ob quam causam dura imperia Domino reclamamus, et dicimus nos vel difficultate, vel impossibilitate mandatorum premi. Nec sufficit, quod jussa non facimus, nisi etiam jubentem injustum pronuntiemus : dum ipsum æquitatis auctorem, non modo dura et ardua, sed etiam impossibilia præcepisse conquerimur. *Omnia*, inquit, *quæcumque vultis, ut faciant vobis homines, hæc et vos facite illis*. Conjungi vult inter nos, atque connecti, per mutua beneficia caritatem. Omnesque homines vicario inter se amore copulari, ut id unoquoque præstante alteri, quod sibi ab omnibus præstari velit : tota justitia, et præceptum hoc Dei, communis sit utilitas hominum. Et, o miram clementiam Domini! o ineffabilem Dei benignitatem! Præmium nobis pollicetur, si nos invicem diligamus, id est, si nobis ea præstemus invicem, quorum vicissim indigemus. Et nos superbo simul et ingrato animo, ejus renitimur voluntati : cujus etiam imperium beneficium est.

16. Nulli unquam omnino detrahas, nec aliorum vituperatione te laudabilem videri velis : magisque vitam tuam (*b*) ornare disce, quam alienam carpere.

Ac semper Scripturæ memor esto dicentis : *Noli digere detrahere, ne eradiceris* (*Prov.* 20, 13. juxta *LXX*). Pauci admodum sunt, qui huic vitio renuntient, raroque invenies, qui ita vitam suam irreprehensibilem exhibere velint, ut non libenter reprehendant alienam. Tantaque hujus mali libido mentes hominum invasit, ut etiam qui procul ab aliis vitiis recesserunt, in istud tamen quasi in extremum diaboli laqueum incidant. Tu vero hoc malum ita effuge, ut non modo ipsa non detrahas, sed ne alii quidem detrahenti, aliquando credas. Nec obtrectatoribus auctoritatem de consensu tribuas : ne eorum vitium nutrias, acquiescendo. *Noli*, inquit Scriptura, *consentaneus esse cum derogantibus adversus proximum tuum, et non accipies* (*c*) *super illum peccatum*. Et alibi : *Sepi aures tuas spinis, et noli audire linguam nequam* (*Eccli.* 28. 28). Unde et beatus David, diversas **1105** innocentiæ species justitiæque dinumerans, de hac quoque virtute non tacuit, dicendo : *Et opprobrium non accepit adversus proximos suos* (*Psal.* 14. 4) : propterea quod ipse non solum adversatur, sed etiam persequitur detrahentem. Ait enim : *Detrahentem secreto proximo suo hunc persequar* (*Psal.* 100. 5). Est sane tale hoc vitium, quod vel in primis extingui debeat, et ab eis qui se sancte instituere volunt, prorsus excludi. Nihil enim tam inquietat animum, nihil est quod ita mobilem mentem ac levem faciat, quam facile totum credere, et obtrectatorum verba, temerario mentis assensu sequi. Hinc enim crebræ dissensiones, hinc odia injusta nascuntur. Hoc est quod sæpe de amicissimis etiam inimicos facit, dum concordes quidem, sed credulas animas, maliloqua lingua dissociat. At contra, magna quies animi, magnaque est morum gravitas, non temere de quoquam sinistri aliquid audire. Beatusque est qui ita se contra hoc vitium armavit, ut apud eum detrahere nemo audeat. Quod si hæc in nobis esset diligentia, ne passim obtrectatoribus crederemus, jam omnes detrahere timerent : nec non tam alios, quam seipsos viles detrahendo tacerent. Sed hoc ideo malum celebre est, idcirco in multis fervet hoc vitium, quia pene ab omnibus libenter auditur.

17. Adulatorum quoque assentationes, et noxia blandimenta fallaciæ, velut quasdam pestes animæ fuge. Nihil est quod tam facile corrumpat mentes hominum, nihil quod tam dulci et molli vulnere animum feriat. Unde et quidam sapiens ait : *Verba adulatorum mollia, feriunt autem interiora ventris* (*Prov.* 26. 22). Et Dominus loquitur per Prophetam : *Populus meus, qui beatificant vos, seducunt vos, et semitas pedum vestrorum dissipant* (*Isai.* 3. 12. sec. *LXX*). In multis, isto maxime tempore, regnat hoc vitium quodque est gravissimum, humilitatis ac benevolentiæ loco ducitur. Ita fit, ut qui adulari nescit, aut in-

---

(*a*) Penes Erasmum ac Martian. «quasi ad compendiosum locum, quoddam commonitorium» etc.

(*b*) Sic plerique Mss. atque editi habent; Martianæus vero post Erasm. *ordinare*. Sequentem locum ex Græco legit Auctor noster, Vulgatus enim interpres juxta Hebraicam veritatem habet, *Noli diligere somnum, ne te egestas opprimat*. Tantæ diversitatis ratio petenda e t b

h nonn ait vocum Hebraicarum, quas edisserere non est hujus loci. Textum monemus pro *ne eradiceris*, veteres Latinos Scriptores, qui hunc locum allegant ex LXX, plerumque legere *ne extollaris*, quod intelligi debet, ac si diceretur *ne e medio tollaris*.

(*c*) Duo veteres editi *non accipies per illos peccatum*. Totidem Mss. *adversus illos*.

vidus, aut superbus putetur. Est sane grande et subtile artificium, laudare alterum in commendationem sui, et decipiendo, animum sibi obligare decepti: quodque hoc maxime vitio agi solet, fictas laudes, certo pretio vendere. Quae haec tanta est levitas animi, quae tanta vanitas, relicta propria conscientia, alienam opinionem sequi: et quidem fictam atque simulatam? **1106** Rapi vento falsae (a) laudationis, gaudere ad circumventionem suam, et illusionem pro beneficio accipere? Tu ergo si vere laudabilis esse cupis, laudem hominum ne requiras. Illique praepara conscientiam tuam, *qui et illuminabit abscondita tenebrarum, et manifestabit consilia cordium, et tunc laus (b) tibi erit a Deo* (1. Cor. 4. 5).

18. Sit igitur intentus ac vigilans, et adversus peccata semper armatus animus tuus. Sermo in omnibus moderatus et parcus, et qui necessitatem magis loquendi indicet, quam voluntatem. (c) Ornet prudentiam verecundia, quodque praecipuum in feminis semper fuit, cunctas in te virtutes pudor superet. Diu ante considera, quid loquendum sit, et aliae tacens provide, ne quid dixisse poeniteat. Verba tua ponderet cogitatio, et linguae officium animi illa dispenset. Unde Scriptura dicit: *Argentum et aurum tuum confla, et verbis tuis facito stateram, et frenos ori tuo rectos: et attende ne forte labaris lingua* (Eccli. 28). Nunquam (d) malum verbum de ore tuo procedat, quae ad cumulum benignitatis juberis etiam maledicentibus benedicere. *Misericordes*, inquit, *modesti, humiles, non reddentes malum pro malo, neque maledictum pro maledicto, sed e contrario benedicentes* (1. Petr. 3. 9).

19. Mentiri vero atque jurare, lingua tua prorsus ignoret, tantusque in te sit (e) veri amor, ut quidquid dixeris, juratum putes. De quo Salvator ad discipulos ait: *Ego autem dico vobis, non jurare omnino*. Et paulo post: *Sit autem sermo vester, est, est; non, non: Quod autem his abundantius est, a malo est* (Matth. 5. 34. 37). In omni igitur actu atque verbo, quieta mens et placida servetur: semperque cogitationi tuae Dei praesentia occurrat: sit humilis animus, ac mitis, et adversus sola vitia erectus. Nunquam illum aut superbia extollat, aut avaritia inflectat, aut ira praecipitet. Nihil enim quietius, nihil purius, nihil denique pulchrius ea mente esse debet, quae in Dei habitaculum praeparanda est, quem non auro templa fulgentia, non gemmis altaria distincta delectant, sed anima ornata virtutibus. Ideo et templum Dei, sanctorum corda dicuntur, affirmante Apostolo, qui ait: *Si quis templum Dei violaverit, disperdet illum Deus. Templum enim Dei sanctum est, quod estis vos* (1. Cor. 3. 17).

20. Nihil habeas humilitate praestantius, **1107**

nihilque amabilius. Haec est enim praecipua conservatrix, et quasi custos quaedam virtutum omnium: nihilque est quod nos ita et hominibus gratos et Deo faciat, quam si vitae merito magni, humilitate infimi simus. Propter quod Scriptura dicit: *Quanto magnus es, humilia te in omnibus, et coram Deo invenies gratiam* (Eccli. 3. 20). Et Dominus loquitur per Prophetam: *Super quem alium requiescam, nisi super humilem, et quietum, et trementem verba mea* (Isai. 66. 2)? (f) Verum tu eam humilitatem sequere: non quae ostenditur, atque simulatur gestu corporis, aut fracta voce verborum, sed quae puro affectu cordis exprimitur. Aliud est enim virtutem habere, aliud virtutis similitudinem: aliud est rerum umbram sequi, aliud veritatem. Multo deformior illa est superbia, quae sub quibusdam humilitatis signis latet. Nescio enim quomodo turpiora sunt vitia, quae virtutum specie celantur.

21. Nolli te unquam de generis nobilitate praeponas, neque obscuriores quasque et humiliore loco natas, te inferiores putes. Nescit religio nostra personas accipere: nec conditiones hominum, sed animos inspicit singulorum. Servum et nobilem de moribus pronuntiat. Sola apud Deum libertas est, non servire peccatis. Summa apud Deum est nobilitas, clarum esse virtutibus. Quid apud Deum in viris nobilius Petro, (g) qui piscator et pauper fuit? Quid in feminis beata Maria illustrius, quae sponsa fabri describitur? Sed illi piscatori et pauperi coelestis regni a Christo creduntur claves. Haec sponsa fabri, mater esse mater illius, a quo ipsae claves datae sunt. Elegit enim Deus ignobilia et contemptibilia hujus mundi (1. Cor. 1. 27), ut potentes ac nobiles ad humilitatem facilius adduceret. Nam et alias frustra sibi aliquis de nobilitate generis applaudit, cum universi paris honoris, et ejusdem apud Deum pretii sint, qui uno Christi sanguine sunt redempti. Nec interest qua quis conditione natus sit, cum omnes in Christo aequaliter renascamur. Nam et si obtacemur, quia ex uno omnes generati sumus: saltem id semper meminisse debemus, quia per unum omnes regeneramur.

22. Cave ne si jejunare aut abstinere coeperis, te putes jam esse sanctam. Haec enim virtus adjumentum est, non perfectio **1108** sanctitatis. Magisque id providendum est, ne tibi hoc, cum licita contemnas, securitatem quamdam illicitorum faciat. Quicquid supra justitiam offertur Deo, non debet impedire justitiam, sed adjuvare. Quid autem prodest tenuar abstinentia corpus, si animus intumescat superbia? Quam laudem merebimur de pallore jejunii, si invida lividi simus? Quid virtutis habet vinum non bibere, et ira atque odio inebriari? Tunc, inquam, praeclara est abstinentia, tunc pulchra atque magnifica castigatio corporis, cum est animus jejunus a

---

(a) Iidem Veteres editi, *falsae adulationis*, cui lectioni favet, quod infra numero 30. habetur *ficta adulatione decipere*.
(b) Cistere. *meique pro tibi*.
(c) Idem Cistere. *ornet pudicitiam verecundia*.
(d) Cum modo laudato Cistere. plerique Mss. abi libri *Nunquam maledictum* (vel *maledictio*) *de ore tuo* etc.
(e) Mss. codd. *veritatis amor*, et mox unus Cistere. *juramentum putes*.

(f) Sic legimus ex Mss. nostris, cum antea impressi omnes *exoramen humilitate* etc.
(g) Desunt in Cistere. Ms. *qui piscator et pauper fuit* Paulo post pro *creduntur* alii Mss. codd. *donantur*.

vitiis. Imo qui probabiliter ac scienter abstinentiæ virtutem tenent, eo affligunt carnem suam, quo animæ frangant superbiam : ut quasi de quodam (*a*) fastigio contemptus sui atque arrogantiæ, descendant ad implendam Domini voluntatem, quæ maxime in humilitate perficitur. Idcirco a variis ciborum desideriis mentem retrahunt, ut totam ejus vim occupent in cupiditate virtutum. Jamque minus jejuniorum et abstinentiæ laborem caro sentit, anima esuriente justitiam. Nam et vas electionis Paulus dum castigat corpus suum, et in servitutem redigit, ne aliis prædicans ipse reprobus inveniatur (1. *Cor.* 9. 27), non ad [al. *ob*] solam, ut quidam imperiti putant, hoc facit castitatem : non enim huic tantummodo, sed omnibus omnino virtutibus abstinentia opitulatur. Neque magna aut tota Apostoli gloria est, non fornicari : sed hoc agit, ut castigatione corporis, erudiatur animus; quantoque nihil ex voluptatibus concupiscit, tanto magis possit de virtutibus cogitare : ne perfectionis magister, imperfectum aliquid in se ostendat : ne Christi imitator, extra præceptum quidquam aut voluntatem Christi faciat : neve minus exemplo, quam verbo doceat, cumque aliis prædicaverit, ipse reprobetur : (*b*) audiatque cum Pharisæis : *Dicunt enim et non faciunt* (*Matth.* 23. 3).

23. Apostolici vero et præcepti est, et exempli, ut habeamus rationem, non conscientiæ tantum, sed etiam famæ (*Rom.* 12. 17). Non superfluum et a fructu vacuum, gentium magister hoc docet : vult enim etiam extraneos ad fidem homines, per fidelium opera proficere, ut religionem ipsam religionis disciplina commendet. Et ideo sicut luminaria in mundo lucere **1109** nos jubet, in medio nationis pravæ et perversæ, ut incredulæ mentes errantium, ex nostrorum actuum lumine, ignorantiæ suæ tenebras deprehendant. Unde et ipse ad Romanos ait : *Providentes bona non solum coram Deo sed etiam coram hominibus* (*Rom.* 12. 17). Et alibi : *Sine offensione estote Judæis, et gentibus, et Ecclesiæ Dei, sicut ego per omnia omnibus placeo, non quærens quod mihi utile est, sed quod multis* (1. *Cor.* 10. 32. 33). Beatus est qui tam sancte, tamque graviter disposuit vitam suam, ut de eo sinistri aliquid ne fingi quidem possit : dum adversus obtrectatorum libidinem pugnat meriti magnitudo nec fingere quisquam ausus est, quod a nullo putat esse credendum. Quod si id assequi difficile atque nimis arduum est, saltem hanc adhibeamus vitæ nostræ diligentiam, ne malæ mentes occasionem inveniant detrahendi. Ne ex nobis scintilla procedat, per quam adversus nos sinistræ famæ flamma confletur. Alioqui frustra nascimur obtrectatoribus nostris si (*c*) eis ipsi obtrectandi materiam ministramus. Si autem nobis diligenter atque sollicite omnia ad honestatem providentibus, cunctisque actibus nostris timorem Dei præferentibus, illi nihilominus insaniunt : consoletur nos conscientia nostra, quæ tunc maxime tuta est, tunc optime secura est, cum ne occasionem quidem male de se sentiendi dedit. Illis enim væ dicitur per Prophetam, *qui dicunt quod bonum est malum : qui lucem appellant tenebras : et quod dulce est, amarum vocant* (*Isai.* 5. 20. *juxta LXX*). Nobis ergo Salvatoris aptabitur sermo : *Beati estis cum vobis maledixerint homines, mentientes* (*Matth.* 5. 11). Nos modo agamus, ut male de nobis nemo loqui absque mendacio possit.

24. Ita habeto sollicitudinem domus, ut aliquam tamen vacationem animæ tribuas. Eligatur tibi opportunus, et aliquantum a familiæ strepitu remotus locus, in quem tu velut in portum, quasi ex multa tempestate curarum te recipias, et excitatos foris cogitationum fluctus, secreti tranquillitate componas. Tantum ibi sit divinæ lectionis studium, tam crebræ orationum vices, tam firma et pressa de futuris cogitatio, ut omnes reliqui temporis occupationes facile hac vacatione compenses. Nec hoc ideo dicimus, quo te retrahamus a tuis : imo id agimus, ut ubi discas, ibique mediteris, qualem tuis præbere te debeas.

25. **1110** Familiam tuam ita rege et confove, ut te matrem magis tuorum, quam dominam videri velis, a quibus benignitate potius, quam severitate exige reverentiam. Fidelius et gratius semper obsequium est, quod ab amore, quam quod a metu (*d*) proficiscitur. Præcipue autem in conjugio venerabili atque immaculato Apostolicæ regulæ ordo teneatur.

26. Servetur in primis viro auctoritas sua, totaque a te discat domus, quantum illi honoris debeat. Tu illum dominum obsequio tuo, tu magnum illum tua humilitate demonstra, tanto ipsa honoratior futura, quanto illum amplius honoraveris. *Caput* enim, ut ait Apostolus, *mulieris est vir* (*Ephes.* 5. 23) : nec aliunde magis reliquum corpus ornatur, quam ex capitis dignitate. Unde idem alibi dicit : *Mulieres subditæ estote viris, sicut oportet in Domino* (*Coloss.* 3. 18). Sed et beatus Petrus Apostolus ait *Similiter autem mulieres subditæ sint viris, ut et si qui non credunt verbo, per mulierum conversationem, sine verbo lucrifiant* (1. *Petr.* 3 1). Si ergo etiam gentilibus maritis debetur honor jure conjugii, quanto magis reddendus est Christianis.

27. Atque ut ostendat, quibus ornamentis etiam viris junctæ feminæ decorari debeant, ait : *Quarum sit non extrinsecus capillatura, aut circumdatio auri, aut vestimentorum cultus, sed qui absconditus cordis est homo in incorruptibilitate quieti et modesti spiritus, qui est in conspectu Dei locuples. Sic enim aliquando et sanctæ mulieres sperantes in Domino, ornabant se, subjectæ propriis viris, sicut Sara obediebat Abrahæ, Dominum suum vocans* (*Ibid.* 3. *et seqq.*) Hæc autem præcipiens, non eas jubet (*e*) squalere sordibus, et horrentibus pannorum assumentis tegi, sed immode-

---

(*a*) Perperam Erasmianam lectionem secutus editor Benedictinus *fastidio*. Dixit autem ut Victorius notat *contemptus sui*, quo ipse alios contemnit, non se.
(*b*) Cisterc. membranæ cum editis quibusdam addunt *a Domano*.
(*c*) Erat *cisipsis* uno verbo, et vitiose. Mox alii codd. *materiis*.

(*d*) Aliter *percipitur*. Quidam Mss. *accipitur*.
(*e*) Ita maluimus cum Mss. libris legere quam cum editis *squalore, sordibus*.

rato cultui, et nimis exquisito interdicit ornatui, simplicemque commendat ornatum atque habitum. De quo et vas electionis ait : *Similiter autem et mulieres in habitu ornato, cum verecundia et sobrietate: ornantes se non in tortis crinibus, aut auro, aut margaritis, vel veste pretiosa, sed quod decet mulieres, promittentes castitatem per opera bona* (1. Tim. 2. 9. 10).

28. Reperi vero te (*a*) miro fidei ardore succensam, aliquot jam ante annos continentiam proposuisse, et reliquum vitæ tuæ tempus pudicitiæ consecrasse. Magni hoc animi signum, et perfectæ virtutis indicium est, renuntiare subito expertæ voluptati, fugere notas carnis illecebras, **1111** et calentis adhuc ætatis flammas fidei amore [al. *ardore*] restinguere. Sed illud quoque simul didici, quod me non mediocriter angit ac stimulat, te videlicet tantum hoc bonum, absque consensu et pacto viri servare cœpisse, cum hoc Apostolica omnino interdicat auctoritas, quæ in hac duntaxat causa, non modo uxorem viro, sed etiam virum uxoris subjecit potestati. *Uxor*, inquit, *sui corporis potestatem non habet, sed vir. Similiter autem et vir potestatem non habet sui corporis, sed mulier* (1. Cor. 7. 4). Tu vero quasi oblita fœderis nuptialis, pactique hujus ac juris immemor, inconsulto viro vovisti Domino castitatem. Sed periculose promittitur quod adhuc in alterius potestate est. Et nescio quam sit grata donatio, si unus offerat rem duorum (*b*) Multa jam per hujuscemodi ignorantiam et audivimus, et vidimus scissa conjugia, quodque recordari piget, occasione castitatis adulterium perpetratum. Nam dum una pars se etiam a licitis abstinet : altera ad illicita delapsa est. Et nescio in tali causa, quis magis accusari, quis amplius culpari debeat, utrum ille qui repulsus a conjuge fornicatur, an illa quæ repellendo a se virum, eum fornicationi quodammodo objicit. Atque ut super hac causa, quid veritas habeat, agnoscas, pauca mihi de divina auctoritate ponenda sunt. Apostolicæ doctrinæ regula nec cum Joviniano æquat continentiæ opera nuptiarum, nec cum Manichæo conjugia condemnat. Ita vas electionis ac magister gentium, inter utrumque temperatus incedit ac medius, ut remedium incontinentiæ indulgeat, et ad præmium provocet continentiam. Totusque in hac causa ejus hic sensus est, ut ex utriusque sententia proponatur castitas, aut certe ab utroque debitum commune solvatur.

29. Sed ipsa jam Apostoli verba ponamus, totamque hanc causam a sui principio retractemus. Loquitur enim ad Corinthios : *De quibus autem scripsistis mihi: bonum est homini mulierem non tangere* (1. Cor. 7. 1). Et quanquam hic laudaverit castitatem, tamen ne aliquibus videatur prohibere conjugia, subjungit. *Propter fornicationem autem unusquisque suam uxorem habeat*. (*c*) *Uxori vir debitum reddat : similiter autem et uxor*

viro. *Mulier autem sui corporis potestatem un habet, sed vir.* **1112** *Et vir sui corporis potestatem non habet, sed mulier. Nolite fraudare invicem* (*Ibid. et seqq.*) Ac rursus, ne tanta pro nuptiarum parte dicendo, videretur excludere castitatem, sequitur : *Nisi forte ex consensu ad tempus, ut vacetis orationi.* Et statim quasi recusat hoc, quod dixit, *ad tempus :* ne non tam perpetuam, quam temporalem ac brevem continentiam docere videatur. Ait enim : *propter incontinentiam vestram. Hoc autem dico secundum indulgentiam, non secundum imperium.* Unde hoc quod dixit, *ad tempus,* docet meditationem debere fieri castitatis, ut per certa intervalla temporum quasi exploratis continentiæ suæ viribus, sine periculo utrique promittant, quod semper est ab utroque servandum. Quid vero absolute velit, manifeste dicit : *Volo autem omnes homines esse sicut meipsum*, id est, in jugi ac perpetua castitate vivere.

30. Vides ne quam caute quam provide, quam sine ullius occasione scandali, magister firmaverit de castitate sententiam, nolens tantum bonum in unius temeritate nutare, quod ligare et confirmare debet consensus amborum? Et revera, quid ea castitate firmius est, quidve tutius, quam quæ ex duorum cœpta sententia, ab utroque velut in commune servatur? Nec de se tantum pars altera soll cita, mutuo se ad virtutis animet perseverantiam. Hoc enim, sicut alia quoque bona, non tantum cœpisse, sed perfecisse laudandum est. Jamdudum, ut intelligis, scopuloso difficilique in loco versatur oratio, nec audet in alterutram declinare partem, dum æqualiter utrumque formidat, sed ex nostra difficultate tuum agnosce discrimen, maluimus enim te contristare forsitan vera dicendo, quam ficta adulatione (*d*) decipere. Duplex, ut vides, malum, æquale et anceps periculum est : ex utroque arctaris, ex utroque constringeris. Contemnere omnino virum atque despicere, aperta contra Apostoli sententiam est : (*e*) perdere vero tanti temporis castitatem, et Deo non reddere quod promiseras, timendum, atque metuendum est. Ut vulgo dicitur : Facile ex amico inimicum facies, cui promissa non reddas. (*f*) Sic enim Scriptura dicit. *Quod si voveris votum Domino Deo, non moreris reddere illud : quia quærens quærit illud Dominus Deus abs te, et erit tibi in peccatum* (Deut. 23. 21. sec. LXX. et Eccl. 5. 3). Ait ergo : Debitam honorificentiam viro **1113** exhibe, ut ex utroque Domino debitum, quod vovisti, reddere possis. De cujus conscientia non diffidimus, si paululum exspectasses : non quod te a bono castitatis retrahamus, sed hujus animum ad castitatis oraculum totis viribus incitemus; ut voluntarium sacrificium offerat Deo, in odorem suavitatis : ut exuta mens a cunctis retinaculis

---

(*a*) Male editor Benedict. ad Erasmian. codd. *miræ fidei*.
(*b*) Confer S. Augustini ad Ecdiciam Epistolam 262.
(*c*) Victorius et pauci alii ex editis addunt, « et unaquæque suum virum habeat, » quæ in Mss. non inveniuntur.

(*d*) Erasmiana lectio quam Martianæus exscribit, vitiose *ducere* habebat pro *decipere*.
(*e*) Male iterum ex Erasmo editor Benedictinus, *Prodere viro*.
(*f*) Erasm. et Martianæus *Sicut* pro *sic*. Tum paulo post *erit enim* pro *et erit tibi*.

mundanis, atque corporalibus voluptatibus (a) sit: ut valeas plenius inhærere Dominicis præceptis. Quod tamen, ne quid a nobis negligenter esse dictum arbitreris, divinarum Scripturarum testimoniis edocuimus, sicut etiam. Apostolus dicit: *Et erunt duo in carne una* (1. Cor. 6. 16. 17); jam non una caro (*Matth.* 19. 6), sed *unus spiritus* (1. Cor. 6. 17).

31. Hoc sacramentum magnum est, arduumque est iter castitatis: sed magna sunt præmia, vocatque nos Dominus in Evangelio dicens: *Venite benedicti Patris mei, possidete præparatum vobis regnum ab origine mundi* (*Matth.* 35. 34). Idem ipse Dominus dicit: *Venite ad me omnes, qui laboratis, et onerati estis; et ego vos reficiam. Tollite jugum meum super vos, et discite a me, quia mitis sum, et humilis corde, et invenietis requiem animabus vestris; jugum enim meum suave est, et onus meum leve. Dicit* enim idem Dominus iis, qui ad sinistram ejus erunt: *Discedite a me maledicti in ignem æternum, quem præparavit Pater meus diabolo, et angelis ejus* (*Matth.* 25. 41): *nescio vos, operarii iniquitatis. Erit ibi fletus et stridor dentium.* Illi utique omnes plangent, illi lugebunt, qui ita curis se vitæ præsentis involvunt, ut obliviscantur futurum; quos somno quodam ignorantiæ, et malæ securitatis oppressos fluctibus, Domini comprehendet adventus: unde ipse, in Evangelio ait: *Attendite vobis, ne forte graventur corda vestra in crapula, et ebrietate, et curis hujus vitæ: ne forte superveniat in vos repentina dies illa, tanquam laqueus enim superveniet in omnes, qui sedent super faciem omnis terræ* (*Luc.* 21. 34. 35). Et rursum: *Vigilate, et orate, nescitis enim, quando tempus sit* (*Matth.* 24. 42. et 25. 13).

32. Beati sunt, qui ita exspectant, ita illum speculantur diem, ut se ad eum quotidie præparent, qui non de præterita sibi justitia blandientes, secundum Apostolum, *per dies singulos in virtute renovantur* (2. Cor. 4. 16). *Justitia enim justi non proderit ei,* **1114** *a quo die justus esse desierit. Sicut etiam iniquo non nocebit iniquitas, sua a die, quo se ab iniquitate converterit* (*Ezech.* 18. 24). Nec sanctus ergo securus esse debet, quamdiu in hujus vitæ agone versatur; nec desperare peccator, qui, secundum prædictam Prophetæ sententiam, uno die justum se efficere potest; sed totum, quo tenditur, spatium vitæ tuæ est, ut peragere possis justitiam; nec de præterita justitia confideas, remissior efficiaris; sed sicut dicit Apostolus, *Posteriora obliviscens, ad ea autem, quæ anteriora sunt, me extendens, ad destinatum persequor bravium supernæ vocationis, sciens scriptum esse cordis inspectorem Deum* (*Phil.* 3. 13. et *Prov.* 24. 12). Et idcirco satagit, ut animam mundam habeat a peccato. Propter quod scriptum est, *omni custodia serva cor tuum* (*Prov.* 4. 23). Et iterum: *Diligit Dominus munda corda. Accepti autem sunt ei omnes immaculati* (*Prov.* 11. 20. juxta *LXX*). Idcirco age, ut ordines reliquum tempus vitæ tuæ sine offensa, ut possis secure canere cum Propheta: *Per-*

ambulam in innocentia cordis mei, in medio domus meæ (*Psal.* 100. 2). Et iterum: *Introibo ad altare Dei, ad Deum, qui lætificat juventutem meam* (*Psal.* 42. 4). Quia inchoasse non sufficit; sed perfecisse justitia est.

EPISTOLA (b) CXLIX (c).
S. HIERONYMI.
De solemnitatibus Paschæ.

Hebræorum dies festos edisserit, eosque minime observari debere post Evangelium docet.

1. De solemnitatibus et Sabbatis, Neomeniis, quæ in Lege a Domino præcipiuntur observari, tuæ caritatis imperio cogente, dicturi, quid secundum litteram reprobari, vel quid spiritualiter observari debeat: prius cogimur amatoribus litteræ adversariisque veritatis respondere; quos cum (d) meo jure possim repercutere magis eos blande leniterque alloquens ad agnitionem veritatis venire cupio, qui cum radicum amarum corticem ruminare cupiunt, poma expuunt, pulveremque auri mirantes, formata metalla despiciunt. Qui etsi secundum litteram Legis observari **1115** cuncta contendunt, velamine posito super faciem Moysi, spiritus veritatis lucæ illuminari nequeunt, (e) quos etsi veritati non acquieverint, hirci tamen more emissarii, humero nostræ patientiæ parati ad satisfactionem de ea quæ in nobis est fide (1. Pet. 3. 15), ad eremum suæ perditionis, et lavare postea vestimenta, ne contagione hæretici sensus polluti remaneant. Nos autem in initio hujus opusculi exemplo Jeremiæ docti, evellere prius, destruere, et postea plantare et ædificare proponimus.

2. De Scripturis prius ostendere cupientes, quomodo hæ feriæ Domini, quæ præcipiuntur Lege servari, non umbra, sed spirituali observantia celebrantur. Et siqui imbecillitatis nostræ auctoritatem parvipendere voluerint, Prophetas audiant, qui provido patrocinio providentes harum reprobationum Evangelii tempore aperta voce prædixerunt. Imo in eis Domino proloquente: *Dies festos vestros, et Neomenias, et Sabbatha odit anima mea.* Et hæc se Dominus non mandasse pronuntiat, cum ipsum in Lege hæc præcepisse manifestum est. In quibus verbis quid aliud ostenditur, quod cum Christo finis Legis advenerit, ea secundum litteram custodiri non mandaverit? De sacrificiis autem per alium Prophetam

---

(a) Vocalis *sit, ut*, omissis, vetus quædam edit., *vacat*, proba æque lectione.

(b) A. inedita.
(c) Prodit nunc primum ex Vatic. cod. 642. fol. 89. Hieronymo adscripta, sed falso, ut nobis tacentibus ex mera dictati lectione constabit. Videtur autem qui Hieronymum auctorem mentitus est, Damasum quoque, cui inscriberetur mentiri, ut ex clausula colligitur, cum in epigraphe nullius nomen adseri; tum sit. Nos tam aliis de causis, cum præcipue novitatis merito edidimus, id unum monentes innumeros, et a nobis sublatos errores, quorum aliquot duntaxat notabimus speciminis gratia, ne operam nostram venditare videamur.
(d) Erat in Ms. *casu eo in se*, nullo sensu. Verus Hieron. epist. ad Marcellam «quos ego cum possim meo jure contemnere, asino quippe lyra superflue canit, tamen ne nos, » etc.
(e) Quæ hinc sequuntur fide corrupta sunt ac turbata, quæ si reficere ex ingenio velimus, nimis multa mutanda sunt.

loquitur. *Non in sacrificiis tuis arguam te. Holocausta autem tua in conspectu meo sunt semper,* (a) *neque de gregibus tuis hircos,* et reliqua usque, *aut sanguinem hircorum potabo.* Quibus verbis Apostolus eodem spiritu repletus conveniens ait : *Nemo vos seducat in esca aut in potu, aut in parte diei festi, aut Neomeniæ, aut Sabbati quod est umbra futurorum* et reliqua. Quibus verbis luculentissime declarat in his sive diebus temporaliter, sive escis carnalibus observatis, nihil aliud quam vanissimam umbram, et erroris seditionem invenire poterit [al. *inveniri posse*]. Et Dominus Jesus Christus in Evangelio Sabbatum solvere declaravit cum paralytico præceperat : *Tolle grabatum tuum,* quod lege prohibitum, videlicet onera in Sabbato portari, manifestum est. Solvit et Scenopeiam, quando dicebat : *Non ascendam ad diem festum hunc ;* ac si dixisset, in hac hujus festivitatis observantia honoris mei gloria non ascendet.

3. De Pascha autem tanquam maximo **1116** sacramento salutis nostræ, paulo latius aliquid dicturus, etiam si non est hujus temporis cuncta disserere, prius ostendere volo, quibus, vel quantis rationibus phase Domini custodiri præcipitur. Mense primo, X. die mensis agnus anniculus immaculatus segregari, et servari usque ad XIII. et XIV. a Domino præcipitur per Moysen occidi ab universo cœtu filiorum Israel ad vesperum. Quas rationes ipse Dominus verus agnus cum ad vesperum Pascha progreditur aliquas permanere volens custodivit, aliquas non servari cupiens, commutavit. Qui cum in primo mense secundum præceptum legis immolari dignatus est, et XIII. nullo modo prævenire suæ passionis tempora permisit. Aliqua tamen contra figuram fecisse narrat Evangelium, quia cum a Juda traderetur Judæis, (b) XI. die mensis primi tentus est. Et cum sui corporis et sanguinis sacramenta dare in sua vita, et discipulis suis dignatus fuerit, hoc contra figuram fecisse monstratur. Cum ille agnus igitur in typo Christi Pascha occidi præcipitur assatus igni cum capite et pedibus, et interanea post suam occisionem consumi a populo mandaretur. Hoc autem, ut mihi videtur, propter duas rationabiles causas Dominus fecisse cognoscitur, ne cum Pascha cum discipulis manducaret, nisi postea sacrificium commutasset, dicens : *Hoc est corpus meum (Matth.* 26. 26); sic etiam postea observari debere crederetur. Hæc autem altera, ut opinor, causa, ut corpus Domini integrum et suum sanguinem in se continens ante passionem cernerent, hoc corpore spiritualiter refici crederent, et sic etiam nunc a nobis credi debeat. Et hoc etiam intueri debemus, quod non in XIV. die ad vesperum, ut lex præcipit, ille *agnus Dei, qui tollit peccata mundi,* et *Pascha nostrum immolatus est Christus* (2. *Cor.* 5); sed XV. die, in quo manifestum est diem festum Judæorum cum suo sacrificio a Domino esse solutum. Sed quid in hoc intelligere debemus, quod prius figurat agni carnes comedere, et postea sui corporis cibo nostros Apostolos reficit, et post Judæorum typicum Pascha immolatus est Christus? Hoc, ut opinor, non ut veritas figuram ; sed figura veritatem præcederet, quia non prius quod spiritale, sed quod animale, deinde quod (c) spiritale unde electa, et amica **1117** sponsa Christi universalis Ecclesia anathematizat eos qui cum Judæis in festivitate paschali XIV. celebrari definiunt, et Sabbata, et cætera hujus umbralis observantiæ, et hoc tantum observare dignatus est quod Dominus ut in primo mense post XIV. diem paschalem festivitatem præcedente una Sabbatorum celebrari sine ulla ambiguitate censuerit, licet in hoc veritas Ecclesiæ orta est : aliis sufficere credentibus, ut non in XIV. cum Judæis Pascha celebrarent, alii hoc fortiter cauteque custodiant, ut immolationem veri agni Dei, qui tollit peccata mundi ante XIV. celebrare non audeant secundum illud legale præceptum, quod et Dominus ad passionem veniens minime contempsit, *observabitis eum usque ad XIV* (*Exod.* 13. 6) ; quæ nunc maxime Ecclesia auctoritatem Sedis Apostolicæ sequens observat. Sed hæc descrentes, quia non est hujus temporis per singula discuti, ad spiritalem intelligentiam mentis aciem commutamus, quibus præcipitur mense novorum XIV. die mensis paschalis agni carnes comedere, ut nobis nascentibus ob bonorum operum fructus, cum Decalogi a nobis verba completa fuerint, in Evangelii perfectione quaterno numero consistentes carnes nostri agni in vespere mundi, in quo finis sæculorum pervenit, non tenebratis cordibus, Spiritu Sancto noctem nostram illuminante, comedamus.

4. De Sabbato, et VI. diebus operari præcipitur ; in VII. autem hoc est Sabbato, ab omni opere servili prohibemur. Per senarium autem numerum perfectio operum designatur, quia VI. diebus fecit Dominus cœlum et terram. In Sabbato autem omne opus servile, hoc est peccatum, operari prohibemur, quia *qui facit peccatum, servus est peccati* (*Joan.* 8. 34), ut cum in præsenti sæculo perfectionem operum compleverimus, non obdurantes corda nostra in veram requiem, quæ contumacibus denegata est, pervenire mereamur Domino per David dicente : *Si intrabunt in requiem meam* (*Ps.* 49. 11). De quinquagesimo ab altero die Sabbati VII. hebdomadas plenas numerare nobis lege præcipitur usque ad alteram diem expletionis hebdomadæ VII. id est quinquagesimum diem in quo primitiæ offeruntur, quæ denumeratio perfectionis plena per septenarium numerum et quinquedecies et X. quinquies in hoc significare puto, ut per **1118** quinquagenarium, qui remissionem in se continet, per caritatem, quæ septiformi spiritu gratiæ superveniente diffusa est in cordibus nostris, et quinque nostri corporis sensus legi Dei subditos habeamus. Quæ verba Decalogum in se continent et

---
(a) Supple, *Non accipiam de domo tua vitulos*, quæ festinans librarius omisit.
(b) Sic in apographo, quod emendat posterior manus, in X. Auctoris hallucinationes haud sane leves ex veterum Patrum scriptis studioso lectori reliquimus castigandas.

(c) Ms. perperam « deinde quod animale, uxor electa. »
(*Trente neuf.*)

per caritatem, ut dixi, *quæ caritas operit multitudinem peccatorum* (1. Pet. 4. 8), et sic sacrificium novum Domino ex omnibus habitationibus nostris in usum nostri Sacerdotis cum pacificis nostris victimis cedentes offerimus, si cum Domino pacem fecerimus offerentes spirituales hostias acceptabiles Deo per Jesum Christum, qui panes primitiarum terræ nostræ etsi fermentatos, tamen sibi consecratos comedit sibi Pontifex, qui cœlum penetrans possit compati infirmitatibus nostris, et cum apud Patrem advocatum habeamus cum opera quæ fermento fragilitatis nostræ fermentata in usum hujus Sacerdotis manu orationis elevata cedent per viscera misericordiæ, devorat, quæ odorem suavitatis Deo præbent, sed magis indulgentiam exigunt.

5. De Scenophegia et in fine anni solaris apud Hebræos idem VII. mense, quando congregantur fructus in horrea, sive in cellaria, tunc solemnia celebrare lege præceptum est, id est primo die tubarum X. die expletionum celebrare debere Sabbata, et XV. die per dies VII. usquedum finiantur, VIII. tabernaculorum feriæ esse præcipiuntur. His autem fortasse significare potest, ut quia nos in fine sæculi trinæ invocationis Sacramento simus consecrati tuba, prædicationis Evangelii fidem et aspersionem Sanguinis Jesu Christi, in quo vera propitiatio est finito legis tempore dicere non cessamus, et congregatis bonorum operum fructibus ab omni opere malo quiete per septiformis spiritus gratiam persecutione substenta in octavæ beatitudinis numerum pervenire mereamur. Quod tamen per jejunii et orationis laborem fieri non est dubium, quia et affligi animas lege præcipitur.

6. De Neomeniis : in Neomenia buccinare tuba præcipitur, id est nova luna, quia qui in lumine scientiæ illuminatus est prædicare aliis, cessare non debet, quod Paulus scientiæ Christi fulgore illuminatus observare minime contempsit, prædicans in Synagogis. Pauca dicere decreveram, (*a*) quæ cum hostiæ veri Pontificis **1119** in se figuram continent a nobis etiam Domino spiritualiter offerri debent. Per vitulum enim labor noster, per ovem innocentia, per hircum mortificatio fornicariæ voluptatis, per capram, quæ in sublimi pascitur, vita theorica, per arietem (*b*) autem prædicationis, quæ agnos bono pastori generat, per virtutem castitatis solitariæ mentis nemini præter Christum junctæ, per columbam perspicacia intuitus sacramentorum, per panem soliditas præceptorum, per similam sinceritas vitæ, per vinum et sal veritas prædicationis, per oleum fomenta caritatis intelliguntur. Quæ omnia sive festa, sive sacrificia in uno loco celebrari et offerri. Lex jubet, quia tunc omnia prosunt, cum in unitate Ecclesiæ **1120** sine ullo schismatis errore peraguntur. Hæc pauca in abysso multa legis præcepta (*c*) disserens, hanc sorbitiunculam diviti pauper, peregrinus civi præbere non timui, *perfecta dilectio forasmittit timorem* (1 Joan. 4. 8) : credens etiam hoc, O venerabilis Papa, quod plus valet obedientia cum fide, quam facultas humani ingenii. Hæc autem et a te postulata et a me dicta sunt propter eos, qui, cum in superficie Christiani videantur, per judaici sensus impietatem corpus Christi Ecclesiam suis schismatibus scindere non metuunt. Hæc sub brevitate transcurrimus, quæ si per omnia tractarentur, grande volumen poscerent, quod (*d*) in hujus temporis otium exigit. Ora pro me, venerabilis Papa.

EPISTOLA CL.

PROCOPII AD HIERONYMUM.

Procopius (*e*) *Hieronymo.*

Iterum Ægyptus et mollities, nosque tibi pauperes, et absentium ratio nulla. Nihil est istud, rideas modo auro fluentem spectans Nilum. Etiamsi magis etiamnum attolas supercilium, contemptum omnino patiemur. Erit enim tempus cum iterum videbis Elusam, et flebis arenam disjectam ventis et radice tenus vastantem (*f*) [vites. Peregrinæ aliquæ et mari advenientes Nymphæ et Jupiter] pluvias ibi nusquam. Tunc quidem ipse ridebo et subsannabo fortunam. Tu vero me nunc abjectum, tum beatum putabis. Verumtamen dum tibi Nilus deliciis vivere permittit, scribe tantummodo, et nos minutos et velut quosdam humo prorepentes appelles. Sic enim et te scribente fruemur, et tuam superbiam futuri exspectatione mollius feram.

(*c*) In apographo vitiose erat *descrens*, et paulo post solemni lapsu *cibi* pro *civi*.

(*d*) Lege *majoris* pro *in hujus*, quod est certissimum σφάλμα.

(*e*) Gazæus nempe, e cujus 60. epistolis hæc est XXVI. Hieronymus vero nequaquam Stridonensis noster, sed cognominis Ægyptus, aut qui in Ægypti partibus degeret. Mirum porro quæ Isaacus Vossius commenta huic obtruderit de S. Hieronymo, qui vel in Arabum latronum manus incidisset, vel certe in magno versatus fuisset periculo; unde illum Procopius moneat, si iterum Elusam transeat, incidatque in Saracenos, non ita facile evasurum, et matronarum divitum, quibuscum versabatur, auream frustra invocaturum pluviam. Ad hæc superbiæ S. Doctorem accusari, qui ejusdem viri alios scriptores Græcos insimularet, ac de S. Basilio in Chronico ad annum 2392. dixerit, illum « multa continentiæ, et ingenii bona uno superbiæ malo perdidisse. » Quæ putidissima calumnia est, ac projectæ temeritatis mendacium, cum neminem lateat, ad Photinum clausulam illam referri, non ad Basilium. Cætera nec vacat refellere, cum integro seculo recentior Hieronymo nostro fuerit Procopius notissimus Christianus sophista sub Justino Thrace, neque adeo ad sanctum Doctorem nostrum litteras dare potuisse, nemo sanæ mentis non sentiat. Ipsam hanc epistolam, non quod ulla ratione ad nostram editionem pertineat, sed quod in Benedictina haberetur, ne quid ex illa deesset in nostra, recudimus, tum etiam quod insignia menda castigare, et reponere hæretici hominis insaniæ oportebat.

(*f*) In græco hujus epistolæ textu, non paucarum vocum subrepsit hiatus, scilicet earum quæ loco textus latini uncinis incluso respondent, et sic habent : ἀμπέλων· ἴδη καὶ Νύμφαι ξέναι τινὲς καὶ θαλάττιαι καὶ Ζεὺς.

D. JOANNIS MARTIANÆI
MONACHI BENEDICTINI E CONGREGATIONE S. MAURI
IN UNIVERSAS S. HIERONYMI EPISTOLAS

NOTÆ.

N. B. Quos indicamus columnarum numeri ex Benedictina editione deprompti sunt : Illas referunt notas arithmeticas, quas in decursu totius operis inseruimus, eas typo crassiore distinguendo : ita ut numerus 3 respondeat columnæ editionis nostræ 327, numerus 5, columnæ 328, numerus 7, columnæ 331, in queis eos reperire est ; sicque de cæteris.

EPIST. I. AD INNOCENTIUM.

Qui necdum scalmum. In Mss. codicibus variæ sunt hujusmodi lectiones, *qui necdum clavum in lacu rexi ;* vel *qui necdum scalpum,* etc., aut, *qui necdum capham in lacu rexi.* Unus habet *scalmum.* **3**

Igitur Vercellæ Ligurum. Hic quoque variant Mss. *Igitur Vergellenorum civitas,* vel , *Igitur Vercellis Ligurum civitas. Igitur Vercellenorum civitas.* **Ibid.**

Rasuræ modicæ sanguinem. In aliquot vetustis Mss. codicibus iste est contextus, « et leviter perstringens cutem, rasuræ modico sanguine aspersit. Sine bello imbellem manum percussor expavit, et victam dextram gladio marcescente iratus in secundos impetus torquet. » **5**

Tertium ictum sacramentum frustraverat. Hoc modo legunt vetustiores Mss. codices. Editi aliter, *et tertius ictus sacramentum frustratus erat Trinitatis.* Doctus Gravius legendum statuit, *et tertius ictus frustratus sacramentum erat Trinitatis.* **Ibid.**

Omnium subeat mentibus. Exemplaria manuscripta legunt, *mentes omnium subeat.* **Ibid.**

Mediolanis incubantem. Hanc coargult Marianus lectionem, sed frustra, uti noscunt eruditi, qui bene interpretantur verbum incubantem. **7**

EPIST. III. AD RUFFINUM.

Qui audacia satis rota. Editi legunt, *qui audaci fieri satis voto credebam, si,* etc. **9**

Ad Ægyptios Confessores. Confessores isti Ægyptii, hi sunt (inquiunt Scriptores nuperi) quos propter divinitatis Christi confessionem Valens Imperator in exilium ejecit anno 371. Sed hoc repugnat cum adventu Ruffini et Melaniæ in Ægyptum. Nam ex Palladio in Lausiac. c. 53. exploratum nobis est Melaniam Alexandriam pervenisse ipso exordio Valentis Imperii, hoc est, anno Christi 364 vel 365, quo scriptam dicimus hanc Hieronymi epistolam ad Ruffinum Monachum. **10**

Sanctæ Melaniæ famulus. Non legas cum Erasmo et Mariano, *sancti Melanii ;* sed , *sanctæ Melanii,* vel *sanctæ Melaniæ,* ut legunt Mss. Codices nonnulli. **11**

Nulla Euriporum amœnitate. Tubos et Euripos olim nobiles habebant in hortis, sic arte factos, ut aqua miris vicibus huc et illuc flueret ac reflueret, ad exemplar Eurip maris, unde Euripi nomen sumpserunt. **Ibid.**

Fulgeat quilibet auro. Cluniacensem Codicem et alios Mss. secuti sumus hoc loco. Editi sic mutant hanc lectionem ; *Fulgeat, cui libet, auro, et pompaticis ferculis corusca ex sarcinis metalla radient.* Sed hoc nullo sensu dicitur, nec hujusmodi contextus caret solœcismo. **13**

EPIST. IV. AD FLORENTIUM.

Secundam Epistolam inscribunt Mss. Codices quamplures, *de Ortu amicitiæ,* hoc est, *Incipit Epistola Hieronymi ad Florentium, de Ortu amicitiæ.* **Ibid.**

In quibus Christum sustentasti. Manuscriptus Cluniacensis optimæ notæ legit, *in quibus sustentandis Christum vestisti,* etc. **Ibid.**

Mutorum etiam potest ora. Idem legit, *mutorum, alii, multorum.* **Ibid.**

Ego ille tardissimus. Excepto eodem Cluniacensi Codice Mss. decem alii legunt contrario sensu. *Ita ego ille ardentissimus, quem intolerabilis languor afficiebat.* **Ibid.**

Gestu caritatis et voto. Exemplar Cluniacense secuti sumus : cæteri Mss. Codices diversas hujusmodi retinent lectiones · *certo caritatis voto ;* vel *carta caritatis et voto.* **Ibid.**

EPIST. V. AD FLORENTIUM.

Habeo alumnos qui antiquariæ arti serviant. Locus corruptissimus in quampluribus exemplaribus **Mss.** ubi legimus, *qui antiquæ artis me erudiunt.* **15**

EPIST. VI. AD JULIANUM.

In veteribus libris Mss. inscribitur, ad Julianum Diaconum Aquileiæ. Erat tamen Diaconus in patria S. Hieronymi, hoc est, in Stridone, et non in Aquileia. **16**

Hibera excetra. Excetra hæc sive hydra erat sacerdos Lupicinus, pastor mercenarius et inutilis, qui sororis forte Hieronymi casus et culpæ particeps, postea fratri detrahebat. **17**

EPIST. VIII. AD NICEAM.

Turpilius Comicus. Hunc Comicum Eusebius testatur fuisse temporibus Pompeii : sed nullum exstat hodie monumentum hujus auctoris. **21**

In re non vera. In re non vera, id est, in comœdia non. Nam comœdia est res ficta, continens tamen veras sententias. **Ibid.**

Quos Cascos Ennius appellat. Lingua Sabinorum *Cascum* dicebat *senem* et *antiquum ;* unde proverbium in Chiliadibus Erasmi : Cascus cascam ducit, hoc est, vetulus vetulam. Ritu igitur ferino victum quærebant Casci, quia glandibus victitabant. **Ibid.**

Apud Ciceronem Lælius. Prodit hoc M. Tullius in libro qui Lælius inscribitur ; ubi docet dissuedendam esse consuetudinem, non discindendam, si quando inciderimus in amicitiam nobis parum idoneam. **Ibid.**

EPIST. IX. AD CHRYSOGONUM.

Chrysogonam vocant Mss. Codices. **Ibid.**

EPIST. X. AD PAULUM.

Ad Christi similitudinem candidum. Idem Hieronymus hæc habet in caput 10. Ecclesiastæ : « Lege Daniel, vetustum dierum invenies Deum. Lege Apocalypsin Joannis, et caput Salvatoris candidum ut nivem, et quasi lanam albam reperies. » **24**

EPIST. XII. AD ANTONIUM MONACH.

Duodecim Exemplaria manuscripta inscribunt hoc modo Epistolam istam ; unus autem Colleg. Navarr. *Ad Ammonium Monachum ;* alter denique Monasterii S. Cygiranni, *Ad Chrysocomum Monachum Aquileiæ.* Antiquissimus unus Codex Regiæ Biblioth. et alter S. Martini a Campis retinent hujusmodi lectionem. *Incipit ad Antonium Monachum Hemonæ,* id est *Hermonæ.* Erat itaque Monachus ille, ubi erant Virgines Hermonenses. **26**

Quum tu ne mu quidem. De hac syllaba μῦ *mu,* quam solent muti sonare , diximus in Notis nostris in Epistolam ad Philemonem. Vide Hieronymi Commentarium in hanc Epistolam cap. 3. Isaiæ pro *ne mutum quidem,* vellem reponere, *ne mu quidem :* quia vox illa valde familiaris erat Hieronymo. **27**

EPIST. XIV. AD HELIODORUM.

In Mss. Codicibus diversæ sunt ac variæ lectiones tituli hujus Epistolæ , nempe : *Incipit Epistola Hieronymi ad Heliodorum Presbyterum,* vel *ad Heliodorum Episcopum ;* alii legunt, *ad Heliodorum Monachum :* Unus autem Codex perantiquus, *ad Heliodorum Monachum, postea Episcopum.* Quem titulum genuinum agnosco. **28**

Nolo pristinarum necessitatum. Editi legunt, *Nolo pristinarum necessitudinum recorderis :* sed reclamant omnes Mss. Codices, qui retinent, *necessitatum.* Cujus lectionis potest firmari veritas ex Epistola prima ad Florentium, ubi aiebat Hieronymus. « Heliodori fratris a te adjuta necessitas, mutorum etiam potest ora laxare. Quibus gratiis, quo ille præconio peregrinationis incommoda a te lota referebat ? » De his necessitatibus loquitur hic S. Hieronymus, deque incommodis peregrinationis antiquæ. **29**

Non fateatur fraudem idololatriam. Aliquot Exemplaria manuscripta sic legunt : *Non fateatur idololatras eos, sed similes eorum,* etc. vel, *non fateatur idololatras exosos tantum, sed similes eorum,* **etc.** **32**

Scyllu ceu renidens. In quampluribus Mss. Codicibus

legimus, *Scylleum renidens libido blanditur.* Erasmus *Scyllacæum renidens,* etc. 32
Crucis antenna. Alii Codices Mss. cum editis legunt, *Crux antenna figatur,* etc. 33
*Nicolaitarum hæresis..*Curiosis describo annotationem marginalem, quæ legitur in vetusto Codice Cluniacensi Epistolarum S. Hieronymi. Hæc igitur verba retinet e regione posita vocis *Neophitarum,* quam legit pro voce *Nicolaitarum : Neophitæ* vocabantur Hæretici, id est, uovelli. Quare hæresis a Nicolao exorta est. Nam cum ille uxorem haberet pulcherrimam quam nimium zelabat; eumque nimium detraheret quod zelotypus esset, produxit eam in publicum dicens: Quicumque vult, hac mea uxore abutatur. Quod ille simpliciter dixit: tamen ex eo hæresis orta est, ut uxores omnibus essent communes. Unde propter hoc malum, in alia scelera incidit. 35
Et ut his interesse contingat. Cluniac. Codicem hic secuti sumus, quia sensum genuinum exhibet, quod difficile in aliis reperies nisi in altero Monasterii S. Martini a Campis, qui legit eodem modo. 39

EPIST. XV. et XVI AD DAMASUM.

A Sacerdote victima salutem. Manuscripti omnes legunt, *a Sacerdote victima salutem, a Pastore,* etc. Editi vero, *victimam salutis.* ibid.
Fine determinat. Editi, *disterminat :* sed omnes Mss. Codices legunt, *determinat.* Eucharistiam porro, sanctum Domini prisci vocabant ; et mutuo eam sibi mittebant in signum Catholicæ communionis. 39
Ab Arianorum Præsule. In pluribus Mss. Codicibus ita legimus, *ab Arianorum prole Campensibus,* etc. ibid.
Crucifixam mundi salutem. Hic quoque legunt Exemplaria vetustissima, *per crucifixam mundi salutem, per homousiam Trinitatem.* 41
Ne obscuritas loci in quo dego, fallat bajulos. Editi optimam Mss. Codicum mutarunt lectionem hoc modo, *obscuritas loci, in quo dego, te fallat, per bajulos litterarum,* etc. ibid.
Per necessarium fidei. Ita legunt exemplaria Mss. excepto vetusto Codice Cluniacensi, qui retinet sequentem lectionem, *per necessarium fidei nostræ decus passionum : ita qui Apostolos honore sequeris,* etc. 43

EPIST. XVII. AD MARCUM.

In quamplurimis Codicibus Mss. inscribitur hæc Epistola : *Ad Marcum Presbyterum Calcidæ,* in vetusto autem Cluniacensi jam laudato, *ad Marcum Episcopum Calcidæ.* Falso itaque vel *Caledensem,* aut *Teledensem Presbyterum* dixerunt editi libri et Latino et Gallico sermone. Erat porro Marcus Presbyter vel Episcopus *Chalcidis urbis* vel *regionis,* ad quem attinebat fidem agnoscere Monachorum deserti Chalcidis. ibid.

EPIST. XVIII. AD DAMASUM.

Quamvis sint eruditissimi. Origenem intelligit, de quo Epistola ad Pammachium et Oceanum hæc habet : « In lectione Isaiæ, in qua duo Seraphim clamantia describuntur, illo interpretante Filium et Spiritum Sanctum, nonne ego detestandam expositionem in duo Testamenti mutavi ? Habetur liber in manibus ante viginti annos editus, » etc. 48
JOD HE, JOD HE. Miror silentium Erasmi et Mariani in locis obscurioribus Hieronymi : nihil enim de Nomine Dei Tetragrammato invenire potui apud hujus modi editores qui sæpius tamen frivola scholiis ac notis illustrant. Sciat itaque lector curiosus Hieronymum hic respexisse ad nomen Dei ineffabile quomodo scriptum legebatur in Græcorum libris, ubi in hunc modum edi solitum fuit, πιπι. Ex hoc scribendi modo, atque illud nomen legendi, potuit dicere Hieronymus nomen Dei ineffabile et Tetragrammaton scriptum esse per JOD HE, JOD HE, sive duplici IA. Consule quæ a me dicta sunt Prolegomeno III. num. vi. in Tomo I. et deinde Tomo II. col. 281. Vide etiam Epistolam ad Marcellam col. 705. ejusdem Tomi II. Editionis nostræ. 52
Septuaginta : Et missum est. Pars isthæc expositionis Visionis Isaiæ, eodem tempore et eodem loco scripta est, quo superior expositio, quam non absolvit uno tenore Hieronymus, propter dolorem oculorum, et quia notarius, qui ceratis tabellis excipiebat verba dictata a sancto Doctore, explicuerat ceras, quando explanatio jam pervenerat ad hunc sequentem versiculum : *Et missum est ad me,* etc. Una itaque Epistola, sive brevis Tractatus confitendus est, ex duabus partibus constans, et per diversa intervalla dictatus. Unde in Ms. codice Tolosano Conventus S. Dominici, totus iste Tractatus suo ordine positus reperitur indivisus, sub eodem numero, quasi una et singularis Epistola. 59
Symmachus. Omittunt Editi libri lectionem *Symmachi,* quam retinent omnes Mss. codices, de qua paulo post meminit ipse Hieronymus. ibid.

EPIST. XIX. DAMASI.

Dilectionis tuæ est. Aliquot Mss. Codices sic legunt post vocem *proferunt. Studium ergo dilectionis tuæ deprecor, ut ardens,* etc. 63
Ambiguitatibusque supplosis. Editi libri, pro *supplosis,* substituunt *scrupulosis,* id est, *ambiguitatibusque scrupulosis.* Ibid.

EPIST. XX. AD DAMASUM.

PHEDUTH interpretatur. In cunctis Exemplaribus Mss. mutatum est nomen istud in vocem EPHOT, cum propter aliquam affinitatem verborum, tum propter imperitiam veterum exscriptorum, quibus notior erat vox *Ephod,* quam verbum *Pheduth,* quod non intelligebant. 64
Lector inveniat. Ita legimus in omnibus Mss. Codicibus. Editi inter voces *Lector,* et *inveniat,* hoc habent additamentum, *quid sequatur.* 65
ANNA ADONAI. In Hebræo hodierno legimus Psal. 117, vers. 25. אנא יהוה הושיעה נא אנא יהוה הצליחה נא ברוך הבא בשם יהוה ; tempore autem S. Hieronymi primum et secundum *Anna* legebatur cum *He* in fine אנה ; tertium vero quod est ante vocem BARUCH legebatur cum *He* in principio et in fine הנה, quia *He* in verbo ASLIANNA non erat paragogicum, apud veteres Hebræos, sed primum elementum vocis הנה *Anna,* quæ conjunctio sive interjectio habebatur, sicut δὴ apud Græcos in σύσσον δὴ, et εὑδοκήσον δὴ. Locus iste adeo corruptus invenitur in antiquis Editionibus, ut vix sensus Hieronymianus possit ex illis percipi vel comprehendi. Nos ex attenta lectione ac Codicum Mss. subsidio voces Hebræas, Græcas atque Latinas pristinæ integritati restituimus. Conferat qui voluerit nova cum veteribus, ut nostri laboris fructum facilius percipiat. ibid.
In Latino mutare videamur. Id est, in Latinum sermonem transferendo mutare videamur verba Græcorum Interpretum, Aquilæ, Symmachi, Theodotionis et Quintæ Editionis. Quod non intelligentes Editores antiqui posuerunt, *in Latino* et *in Latina.* ibid.
Ponitur δὴ. Hunc locum ita restituimus ad fidem Exemplarium Mss. præcipue vero auctoritate Codicis eximii, Monasterii S. Cygiranni. De quo Hieronymi contextu ignoto Erasmo atque Mariano audientibus ipse Erasmus in scholiis suis. Hic locus, inquit, in omnibus Exemplaribus ita depravatus est, ut non possim liquido conjicere. Quanquam ex elementorum vestigiis, ita legendum arbitror, Δεήσεως ὡς ἄνω, id est, deprecationis, ut ἄνω, quæ vox apud Græcos aliquando est obsecrantis, præsertim apud Poetas. Verum hanc conjecturam meam protinus rejiciat, qui probabilius aliquid invenerit. Quidam ascripserat post verbum, *ponitur,* σχετλιαστικῶς, magis suam, ut opinor, conjecturam, quam exemplaria secutus. Hæc Erasmus, quem si Marianus imitari voluisset, verbum σχετλιαστικῶς protinus abjecisset : sed non init editor perdiligens, unde futilem nescio cujus conjecturam nobis obtrudit, quasi sincerum Hieronymi contextum. 66
Interjectionis porro Hebraicæ הנה *Anna ;* sive אנה cum *Aleph* ab initio, non exprimit sermo Latinus in Vulgata Editione Latina Psalmorum ; sed Hieronymus illam expressit in suo Psalterio Latino ex fonte Hebraico derivato ; habet enim : *Obsecro Domine ; salva obsecro : obsecro Domine, prosperare obsecro.* Ubi vides *Anna* quater expressum *obsecro ;* et consequenter, quater in Hebræis voluminibus fuisse positum tempore Hieronymi, ut hodieque exstat in Exemplaribus Massorethicis. Diligentius itaque contextum Hebraicum Psalmorum conferebat Hieronymus quando Latinam interpretationem adornavit, quam dum scriberet adhuc junior ad Papam Damasum. Nisi dixerimus in ejus excusationem, varias fuisse tunc temporis lectiones Codicum Hebræorum, quod facile crediderim. 67.
A Domino factum est. Pulcherrimum genuinumque totum huncce contextum retinent Codices Mss. Cluniacensis maxime quem secuti sumus, addentes solummodo *sith* ex alio Codice, cum alii legerent *si.* Editi ante nos libri hoc modo depravatum legunt : « Et quando silentium volumus imperare, strictis dentibus spiritum coarctamus et cogimus insonando scilicet sibilum : ita et Hebræi, » etc. ibid.
Extremum prioris. Hieronymi genuinum istum locum mutant veteres editores in alium, falsum ac imperitum, legunt enim contra fidem omnium Exemplarium manuscriptorum : « Aleph namque littera prima verbi sequentis, extremam verbi prioris Jod inveniens excludit. » Nam in הושיע אנא *Hosiach anna,* littera *Jod* non est extrema prioris verbi ; sed littera *Ain,* ut retinent constanter omnes Codices Mss. Error hinc natus, quod Erasmus et Marianus non attendebant animum ad consuetudinem Hieronymi, qui *Aleph* et *Ain* habebat pro vocalibus ; unde in הושיע OSI,

dicit *Ain* elisum, quod sonum *Jod* idem *Ain* haberet in hac voce. 68

OSANNA BARRAMA. Licet legat Hieronymus cum elisione *Osana Barrama*, attamen apud Matthæum legebatur, sicut in Psalmo הושיע *hosiah anna*. Legit porro *barrama* juxta regulas hodiernorum Grammaticorum docentium ה *he* emphaticum, sive articulum affici *patahh* id est, *a* vocali, sequente daguesh, ut in הדבר *haddabar*, *verbum* : hunc vero articulum sæpius excludi per litteras serviles, quæ usurpant illius punctum. V. g. כבהן *hacchoben*, pro הכבהן *hehacchoben*. Sic ergo Hieronymus legebat הושיע אנא ברמה OSANNA BARRAMA, pro *bebarama*. Supra autem legebat quidem *basem* cum *a*; sed non duplicabat litteram *s*, juxta morem hodiernum בשם *bassem*. Id si exploratum fuisset imperito Joanni Clerico, non ineptus fuisset defensor aliorum imperitiæ qui posuerunt in Quæstionibus Hebraicis S. Hieronymi in Genesim *beben*, *in filio*, pro *baben*, *vero* et genuino. *Ibid.*

Fictam ferre sententiam. In quampluribus Mss. Codicibus legimus, *quam de aliena lingua fictam alibi falsam referre sententiam*. Hinc lectio duplex in editis libris, *fictam falsamque referre sententiam*. *Ibid.*

EPIST. XXI. AD DAMASUM.

Quare hic peccatores recipit. Ita legunt omnes Mss. Codices : nec licet Mariano mutare hanc lectionem absque auctoritate exemplarium manuscriptorum, quamvis in Vulgata positum sit, *Quia hic*, etc. 69

Marcus quoque in eadem. Erasmi Editio addit hic *ad pœnitentiam*. Quod additamentum legebatur in Exemplaribus Versionis Italicæ, ut videre est in nostra Italica, veteri Vulgata Latina quam nuper edidi. 70

Pendens ex Israel. Nihil aliud lego in Mss. Exemplaribus hujus Epistolæ : quare non laudo Marianum qui addidit vocem *filiis*, quia Tertullianus lib. de Pudicitia cap. 9. ex hoc loco Deuteronomii legebat, *Non eris vestigal pendens ex filiis Israel*. 71

Famis autem μεταφορικῶς. Hunc locum non restituit Erasmus, ut putabat, sed depravatum edidit in contextu et in scholiis. Marianus nec diligentior Erasmo, nec felicior nova depravatione sic eum castigat, *Fames autem* μετὰ ἐκτάσεως ἰσχυρὰ. Ἔκτασις, productio, extensio. Prius ἐκστάσεως legebatur, sed falso. Hoc est, non solum dictum fuit, quod facta sit fames; sed quod valida etiam fames facta fuit, cum extensione quadam scriptum est. Hucusque Marianus. Deus bone, qualem habemus Hieronymum in veteribus Editionibus! Nihil est certe genuinum, nihil sæpius Hieronymianum in illis; sed pleraque conficta falsaque, ut ex præsenti loco manifestum esse poterit, quem locum restitui subsidio decem Exemplarium Mss. 74

EPIST. XXII. AD EUSTOCHIUM.

Super humeros hyacinthina læna. Locus omnino corruptus in editis libris, qui legunt ; *Et per humeros, hyacinthina læna forte rolitans*, vel, *Et per humeros hyacinthina læna Mavorte rolitans*. Nihil exstat in exemplaribus Mss. de *hyacinthina læna*, hæcque verba conficta sunt ab iis qui contextum non intellexerunt. Legendum itaque, *Et super humeros Maforte rolitans*. Est autem *Maforte*, vel potius *Marphote*, velum sericum tenue, quod nunc vocamus *la coeffe*, in Vasconia vero *la Marsorile*, quod velum in Virginculis est album, in aliis mulieribus nigrum. Volitat sæpius super humeros cum caput laxius ligatum est. Hoc nomen derivatum non dubito a Græca voce μορφὴ, quæ *formam* et *faciei pulchritudinem* sonat. Nam adhibetur istud ornamentum ad componendam faciem mulierum et virginum. Qui volunt *Maforte* vocem esse Ægyptiam, non satis attendunt Hieronymum Romæ scripsisse hunc libellum, et de Virginibus Romanis fuisse locutum, non de Monachis Ægypti. 97

Humilis sedeas. In Ms. Codice Cluniacensi legitur, *in humili sedeas loco*, *scabello te*, etc. Alii non pauci legunt, *humi sedeas*, *scabello te*, etc. 111

Et nudi impatientia. Exemplaria tria vel quatuor Mss. *et nudi ad impatientiam frigoris pedes*. 112

Probat, *et altilis geronepopam*. Locus obscurissimus et qui restitui vix possit subsidio veterum librorum manuscriptorum. Neque tamen dubitaverim genuinam esse lectionem Codicis Cluniacensis, si vera est in antiquis Exemplaribus; sensus enim hujus lectionis mentem Hieronymi nobis repræsentat, et in ea consequentia sermonis perspicua mihi videtur. *Prandium*, inquit, *nidoribus probat*, *et altilis geronepopan quæ vulgo pappezo nominatur*. Certe si *geronepopa* sive *gerontopopa*, fuit seuum puls sive cibus confectus ex succo altilis pingui et farina triticea, qui vulgo dicerctur *pappezo*, Cluniacensis Codex vetustus et optimæ Notæ retinet fere quod Hieronymus ediderat. Jam quia nesciat *pappam* esse puerorum cibum sive *pultem*, et *pappare*, idem significare quod *cibum su-*

mere ? Persius Satyr. 3. Et similis regum pueris pappare minutum Poscis, et iratus mammæ lallare recusas ? Hic *pappare minutum* significat puerorum *pultem*, quam et nos *papet* dicimus, ut ante nos viri docti observarunt apud Calpinum. Sicut autem cibus ille antiquissimus fuit ex farina, aqua, melle seu caseo, et ovo decocto factus; ita pultes senum potuerunt ex farina et juribus altilium contici et carnium cæterarum, unde senex importunus prandium et ejusmodi pultem nidoribus altilis et carnis probare solitus fuit. Huic lectioni ac sensui favent cæteri Mss. Codices, legunt enim omnes accusativum casum, *opopan* et *pepam* hoc modo : *Prandium nidoribus probat et altiles vulgo papizo nominatur* : vel, *et altitis genere pepam vulgo papizo nominatur* : aut denique, *et altilis geronepepan vulgo papizo nominatur*. Cluniacensis Codex quem secuti sumus, addit super vocem *pappezo*, vel *papio*. Aliam lectionem mihi subministrare in promptu fuisset, si quid de antiquis lectionibus mutare voluissem : ita vero legendum conjicerem, salva superiori lectione, *prandium nidoribus probat ut altilis geronepopa*, *quæ vulgo pappezo nuncupatur*. Certum namque ac exploratum mihi est ab adolescentia, *upupam* aviculam spurcissimam, quam fimus boum et stercora delectant, prandium nidoribus probare, et præcepti penna volitare in prata illa quæ bovinis infecta sunt fimis et stercoribus. Potuit igitur Hieronymus senem, cui inimica castitas, inimica jejunia, dicere *geronepupam* vel *geronepepan*, quæ prandium nidoribus probaret, in similitudinem upuparum veterum nidoribus et fimis gaudentium. Si ad Græcas voces confugere voluerimus et linguæ peregrinæ auxilia quærere, tertio hocce diverso modo legendum erit : *prandium nidoribus probat et altiles* γέρων ὁ τάππας; *vulgo pappizo nuncupatur*. Hoc est, senex ille, venter popa, gulosus et insatiabilis, probat altiles prandiumque nidoribus carnium ac fumo, et libenter accurrit ad popinales delicias. Hæc sunt, ni fallor, quæ possunt excogitari ad restitutionem hujus loci. Hincque videas frustra laborasse eos qui per juniores grues hunc locum multis sermonibus restituere et interpretari studuerunt. Cæterum *upupa* quæ vulgo *pappezo* dicta erat apud Romanos secundum lectionem secundæ restitutionis, nunc dicitur *la plupe* apud Vascones: aves enim cristatas plumis, vocant aves *plupades*. Venatores eas insectantur, quia obesæ sunt et pingues, et capiuntur ultima æstate cum ficedulis et cæteris aviculis, qua: hoc tempore valde pinguescunt. Ne quid vero desiderari possit post diuturnam meditationem nostram et laborem improbum, addamus et quartam hujusmodi lectionem quæ sensum habet optimum: *Prandium nidoribus probat et altiles*, *vulgo papezo nuncupatur*. Vocabatur vulgo *pappezo*, id est, *pappedo*, quod nos Gallice diceremus, *vieux gourmand*, aut *père-gourmand* ; sicut in proverbio dicimus, *un vieux singe*, *un vieux barbon*, *un vieil ivrogne*, *un maitre ivrogne*. Si quis meliorem ac veriorem invenerit restitutionem, libenter suspiciemus, modo doceat et non detrahat. Meminisse etiam juvat lectionem hanc ultimam esse Codicis Colbertini num. 2397. qui cum omiserit vocem *geronepopan* videtur nonnihil corruptus, quamvis aliunde optimum sit exemplar ac vetustum. Ex eodem tamen post inextricabiles difficultates, et isto modo legendum censeo: *Prandium nidoribus probat et altiles* γέρων ὁ τάππας, *vulgo pappezo nuncupatur*. Nulla est tam facilis et expedita lectio sive in verbis, sive in sensu : nam senex erat ille Clericus qui prandium et altiles nidoribus probabat, unde dicitur *geron o poppas*, Gallice, *ce vieux papa* idemque vulgo *papezo* per jocum et contemptum nuncupabatur, sicut infans dicitur *pusio* apud veteres Latinos. 112

Quod Remobeth dicunt. In Mss. Codicibus hæc vox non uno modo scribitur, in quamplurimis legimus *Ronnuoth*, in aliis *Remnevoth*, vel *Remnoth*. Tertium istud Monachorum genus vocat S. Pater noster Benedictus, *Sarabaitarum*; et quartum genus addit vocans illud *gyrovagum*, Regulæ Capite 1. Legat qui voluerit Cassianum Collatione 18. quæ est Priamonis, cap. 4. et cap. 7. ubi de huice Monachis disputatur. Quod autem sequitur, *in nostra provincia*, non intelligas in Pannonia Hieronymi patria, vel in Italia, sed in Syria vel Palæstina, ubi vitam Monachi primum professus est Hieronymus. Consule Sulp. Severum in Dialogo de Hieronymo loquentem. 118

Ut nemo dehabeat. Omnes Mss. Codices, nullo excepto, hanc retinent lectionem : voce quoque *dehabere* utuntur antiqui Scriptores lib. 3. de Vitis Patrum cap. 20. *Maxime si deluebent*, *et egeniores sunt*. Ubi vides *dehabere*, idem esse quod *minus habere*, et non *valde habere*, ut putavit Marianus. Sensus itaque Hieronymi hic est, ita œconomus universa in Cœnobio moderatur, ut nullus indigeat rebus necessariis, nemo aut postulet, nemo minus habeat quam necesse sit. S. Benedictus, qui plura Regulæ suæ Capitula ex hoc loco contexere videtur, sic habet Cap. LV. de

Vestimentis et Calceamentis Fratrum : *Dentur ab Abbate omnia quæ necessaria sunt . . . ut omnis auferatur necessitatis excusatio.* 120

Novem mensibus. In Codice Ms. Cluniacensi recentior manus *novem* posuit pro *decem*: sed prima scriptoris manu positum fuerat *decem*, quod cætera retinent Exemplaria vetustissima. De novem autem mensibus vel decem, quibus infantes in utero gestari solent, vide Medicos et rerum naturalium Scriptores. 125

Pone me sicut umbraculum in corde tuo. Multa posti hæc attexuit codex Ms. Bibliothecæ Eminentissimi Cardinalis Chizii ; sed cum sint manifesto supposititia, ea negleximus. 126

EPIST. XXIII. AD MARCELLAM.

De suis soceulis detrahentem. Falsum hoc loco substituunt lectionem editi libri, et veram ponunt in margine vel in notis. Et vero quid significat *designatum Consulem de suis soceulis detrahentem aut detrahentem?* Restituenda igitur codicum veterum lectio, « Terno », ut *designatum Consulem, de suis soceulis detrahebant, esse dicebatis in tartaro* : tria enim ostendebat Hieronymus de sancta Lea, primum quod gaudiis universorum esset prosequenda quæ jam in cœlo coronam acceperat virtutum. Secundo vita ejusdem breviter explicanda fuit. Tertio docebat Prætextatum Consulem designatum, qui quondam detraxerat de soceulis Leæ, id est, eam contemptui habuerat, esse in tartaro, dum illa æterna beatitudine frueretur. 127

EPIST. XXV. AD EAMDEM.

Interpretantur ἰσαύλα. Pro hac voce aliam ab ipsis confictam posuerunt Erasm. et Marian. nempe ἄλλαχα, cujus nullum exstat vestigium in Mss. exemplaribus, quæ constanter legunt ἰσαύλα, licet aliquantulum corruptum sit in quampluribus, ubi etiam falso additum est, *sive* ἄλλαχα. et *sire* ἀλαιους. 150

ELOIM et ELOE, Joannes Drusius in Notis ad librum de nomine Elohim, Veteres Erasmi et Mariani Editiones merito castigat his verbis: Qui Hebraica vocabula adjecerunt Hieronymo, scripserunt אלהי. 1. *Hohe*, nimis imperite inscitueque אלה *Eloe*, ut *Gemoi*, *Lomoe* ; *Noa*, *Noe*, *Hosca*, *Hoseæ*. Sed falsus, mihi visus est vir, doctus, cum miratur Hieronymum אלהים *Elohim*, et אלה *Eloe* tanquam duo nomina diversa posuisse ; quia vere diversa sunt, licet אלה *Eloe* Chaldaicum, vel Hebraicum diversis. *ibid.*

Aquila exercituum. Ms. Cluniacensis, *aquila et Theodotion*, exercituum, *transtulerunt*. 151

ESER IEJE. Idem cod. x hic legit, ASER IEJE, Consule supra Annotationes nostras col. 271. et seqq. ubi fusius disputatur de decem Nominibus Dei. *ibid.*

Nonum τετραγράμματον. Quamplures Mss. codices, *tetragrammum* habent. *ibid.*

Non interpretatum ponitur. Errorem tam Mss. quam editorum librorum hoc loco castigavimus: in illis enim falso antea legebatur sine particula negativa, *Et in Ezechiel interpretatum ponitur* : cum legendum sit , *non interpretatum ponitur*, scilicet Ezechielis capite decimo v. 5. ὡς φωνή θεοῦ Σαδδαϊ λαλοῦντος, *quasi vox Dei saddai loquentis*. Quod Symmachus et Theodotion reddunt, φωνή θεοῦ ἰσχυροῦ, *tonitru Dei potentis*. Unde manifestum exstat, שדי *Saddai* interpretatum fuisse ἰσχυρὸν, non *ἀλαφον*, ut confignabat Erasm. et Marian. supra. *ibid.*

Athenas, *Thebas*, *Salonas*. In omnibus fere exemplaribus Mss. hæc mendose leguntur litteris Græcis ΑΘΕΝΑC ΘΕΒΑC CΑΛΟΝΑC. *ibid.*

EPIST. XXVI. AD EAMDEM.

Hebræos, *legitur*. Hebraica verba sunt isthæc הללויה טוב זמרה, quæ in editis antea libris sic leguntur, *hallelaia chi tob samra*, possime *z zain*, per *s* legentes. In exemplari Hebraico Hieronymi scriptum fuisse videtur, זמר *zammer*, non זמרה *zamera*, ut hodie legitur. 152

Pro EJELETH. Titulus est Psalmi 22. de quo plenius disputavi in suo loco, in Notis ad Canonem Hebraicæ Veritatis. Consule Bibliothecam Divinam S. Hieronymi a nobis editam. Notandum autem *p. o jeleth*, in omnibus Mss. codicibus legi solitum, *pro meleth* : quia litteram *m*, et diphthongum *ai* facile confundunt veteres exscriptores. 155

Ultroneas putere merces. Horatius Epistolarum lib. 2. Epist. 2. ad Julium Florum :
Multa fidem promissa levant, ubi plenius æquo
Laudat, *venales qui vult extrudere merces*. *ibid.*

EPIST. XXVII. AD EAMDEM.

Gallicis Cantheriis. Plautus in Aulària : *Sint riliores*
Gallicis cantheriis. Cantherius vero est equus castratus ; ita appellatus quod semue careat. Nescio an respexerit Hieronymus ad id quod refertur a Tito Livio, Decadis III. lib. 5. de Jubellio Taurea equite Campano, et de Claudio Asellio, equite Romano. Hinc enim natum volunt rusticum proverbium, *Cantherius in fossa*. Sunt qui putent hoc loco notari Palladium Galatam, qui studiose detrahebat Hieronymo propter Scripturarum translationem novam. Certe in nonnullis Mss. Codicibus antiquis simile aliquid reperi, nempe adnotationem istam, vel in ipso contextu, vel post contextum : *Erat enim callus qui de translatione detraxerat*. Consule quæ diximus Tomo III. in cap. 4. Jonæ Prophetæ, ubi Cantherius reprehendit Hieronymum. Hoc vero loco aliquem potius Montani Sectatorem subtiliter notatum puto, quam Palladium Galatam hominem Græcum qui vix hoc tempore notus fuit Hieronymo. Vide Epistolam XXVI. de Seniviris et abscissis. 135

EPIST. XXVIII. AD EAMDEM.

Quid prodest ad ἐργοδιώκτην. Depravatum prorsus hunc locum restituimus adjuti præsertim Mss. codicibus duobus, uno Cluniacensi et altero San. Cygiranno, qui retinent puram et integram vocem ἐργοδιώκτην, quam Erasmus divinando intulerat in ἐχωνιαλ μη. Ergodiœctes autem dicitur qui urget opus, sicut Marcella urgebat Hieronymianas lucubrationes. Consule Editionem Græcam LXX. Interpretum Exodi 1. 11. et 5. Et Epitaphium Nepotiani, quem Hieronymus vocabat ἐργοδιώκτην; sicut Origenes Ambrosium vocat in quadam Epistola, quia Ambrosius incredibili studio quotidie ab Origene opus exigebat. Videsis Catalogum Script. Eccles. in Hippolyto. *ibid.*

Sæpe quærens causas. Ex hoc loco notam ac manifestam habuimus Epistolam Origenis nondum editam, quæ cum diversis opusculis in Psalmos descripta legitur in perantiquo codice Ms. Græco Regiæ Bibliothecæ, sed absque inscriptione et auctoris nomine. Hanc Origenis lucubrationem quidam nostrorum editurus est aliquando. 157

Post ἡμιθη. Origenes in supradicto opusculo, μετὰ τοῦ ἀπιλθα, id est, *post amida* : quod legunt etiam Mss. codices Hieronymi nullo excepto. Ex quo animadvertimus universa Hebraica vocabula depravata legi apud Erasmum et Marianum, qui pro Origene et Hieronymo nobis Massorethas obtrudant legentes *ammudein*. 158

Pro quo apud æquitam. Male in Editione Erasmiana legitur, *pro quo æquila*. Nam præterquam quod exemplaria Mss. Hieronymi retinent, *pro quo apud æquilam* ; Origenes ipse sic habet : Ἀντὶ δὲ τούτου παρὰ μὲν Ἀκύλα, μετὰ θυρεῶν, καὶ μογχαιῶν, τὸ αἰεὶ, hoc est, *pro quo apud æquilam, post clypeum, et bellum, et gladium semper*. *ibid.*

Post ἡμιθη. Latini codices *omalama*, vel *omalaama*, quia Veteres promiscue accipiebant et legebant *on* pro *o*, et *o* pro *on*. In Græco Origene legimus *umalama*, ut ego restitui. Erasm. et Martian. corruptissime, *umilhama*. *ibid.*

ANTE IRES. In Græco Origenis, κατὰ τὸ ἀνίρ, αρξ, ὅ ἐστι, πρότερα γῆς, ἰκ τῶν, id est, *post amie ars*, *hoc est*, *antes terræ*, *seta*. Latina quoque Hieronymi exemplaria retinent *amic ares* aut *amnie ares*, sive *amiares*. Unde exploratum habemus antiquos Scriptores legisse in Hebraeo contextu עני ארץ, et non עני ארץ *amieve erez*, ut falso Erasmus et Marianus legunt. 159

Cujus nos maluimus. Suspicatur Erasmus hoc loco legendum : Cujus nos maluimus in hac disputatione duntaxat prudentem imperitiam sequi, quam stultam habere scientiam nescientium. Ms. Cluniacensis retinet quod nos edidimus, plures habent *peritium sequi*, sicut editi antea libri. *ibid.*

EPIST. XXIX. AD EAMDEM.

Cluniacensis codex hanc Epistolam falso inscribit *ad Damasum Episcopum*, et in contextu nonnulla verba accommodat titulo ementito, ut : *rerum totus in*, etc. pro *rerum tota in*, etc. *ibid.*

Tale convivium doctrinæ. Idem Ms. et aliquot alii, *confabulationis tuæ tale convivium* ; consequenter etiam multi legunt hoc modo : *rerum in tota in tractatibus occuparis... et Scripturas legere compellis*. *ibid.*

Non sunt suaves epulæ. Ut facilior eluceat intellectus hujusce loci, integrum describam scholion Erasmianum. Non sunt suaves epulæ. Locus hic in omnibus ferme codicibus varie depravatus habebatur. Quidam ita scriptum habebant, Quæ non placent ac redolent. Mihi conferenti veterum exemplarium vestigia, videtur ita legendum : Non sunt suaves epulæ, quæ non placentant redolent, quas non condit Apicius, in quibus nihil de magistrorum hujus temporis jure suffumat, et haud scio an pro magistrorum legendum sit magirorum, id est, coquorum. Placenta cibi genus est, olim in deliciis habitum. Apicius diligentia rei culinariæ nobilitatem emeruit. Cujus exstat et Commentarii nonnulli de coquendis et condiendis cibis. Hunc Plinius altissimum nepotum gurgitem vocat. Meminit hujus et Juvenalis. Quoniam igitur paulo superius comparavit colloquium quod per epistolas fit, convivio : nunc memor metaphoræ, vocat lectorem fastidiosum convivam, cujus palato nihil sapiat, nisi vehementer exquisitum, ac variis eloquentiæ condimentis edulcatum. Nam res ipsæ, velut cibus est : ornamenta dicendi, condimentum. Hæc Erasmus. Quibus ego addo breviter nullum esse codicem Ms. e tredecim aut quatuordecim quos evolvi, qui non legat distincte quod edidimus. Mss. Iste sunt, Vaticani duo, Remigiani totidem, duo etiam Sorbonici, unus Regius, unus Colbertinus, unus Cluniacensis, unus Sangermanensis, unus Tolosanus Conventus S. Benilivni, unus Sancygiranus, et alter Collegii Navarrensis. Hi omnes nullomodo favent Erasmi conjecturis. Quare ut pro Hieronymo Erasmum lectori obtruderemus, res ut sunt in exemplaribus vetustissimis numere voluimus. *140*

Sed quia rector. In aliquot Mss. codicibus, *viator et internuntius.* *Ibid.*

Si eloquentiam quæris. Similiter hic legunt, *si eloquentiam quærimus.* *Ibid.*

El samuel. Advertat Lector Hieronymum recitare Scripturas juxta Versionem LXX. Interpretum : nondum enim novam ediderat e fontibus Hebraicis. *Ibid.*

Hæc Syrus mortificavit. Vaticanus 312. *Hæc Idumæus Syro mortificavit.* *Ibid.*

bimelech filii chatoh. *bimel ch* legunt nonnulli codices Mss. quod apud LXX. similiter scriptum reperio. *141*

Esse non possit. Ms. Regius, *vestimentum esse non possit;* alii quamplures, *vestimenti genus esse non po sit.* *Ibid.*

Et fuit in domo Michæ. Hunc locum corruptissimum et omnis sensus expertem vehit Marianus contra Des. Erasmum, quem carpit ista annotatione sequenti : Corruptissimus antea erat hic locus, et omni prorsus carebat sensu. Restitutus est autem LXX. interpretationis, e qua ille haustus est, ope. Sic enim illi habent Judicum 17. ubi hæc historia invenitur ; και ο ανηρ Μιχα, οικος αυτω θεου, id est, Micha domum struit illi Deo sacravit, dedicavitque... Antea tamen ex Erasmi correctione, potiusquam correctione, legebatur, Fecit illud scil; ille aliquo conflatile, quod fuit in domo Michæ : et vir Micha, et domus ejus Dei : quod quidnam sibi vellet, ad ipsum vix exponerel, pertinuisset. Sed inique Erasmum a Mariano castigatum docent omnes libri, Hebræi, Græci et Latini. Nam etsi in LXX. Romanæ editionis posita sit lectio Mariana; in manuscripto tamen Alexandriano exstat Erasmi genuina contextus Hieronymianus. Sic igitur scriptum leginus. Και εγενετο το της Μαχα. Και ο ανηρ Μιχα, οικος αυτω Θεου. Hoc est, *Et fuit in domo Micha. Et vir Micha, ipsi domus Dei.* Quem locum explicat Chaldæus Paraphrastes, dicens : *Et vir Micha, illi domus erroris.* Sed clarius adhuc Syrus Interpres. Vir enim ille Micha habebat fanum deorum. Denique in fonte Hebræo scribitur האיש מיכה לו בית אלהים *T euisch Micha, lo beth Elohim.* id est, *Et vir Micha, illi domus Dei ;* quasi diceretur, *Et vir Micha, erat ille vir, in cujus domo fuit domus idoli.* Hæc procedo non debuit ignorare prorsus Erasmi cstigator acerbus, et falsus Hieronymiani loci restitutor. Mss. porro omnes Latini codices favent Erasmo, nullus restitutioni Mariani Victorii. Mea intercerat veritati palmam tribuere, et de ea Lectorem monuisse. *Ibid.*

Coarguit igitur eorum opinionem. Plures Mss. legunt contrario sensu, *coarguitur eorum opinio, qui ut dissolubilem facerent quæstionem,* etc. Sed retinenda cæterorum lectio, quidquid velit Marianus contra Erasmum. Nam quæsto sit indissolubilis, si dixerimus cum veteribus Græcis et Latinis, Ephod ex argento confectum ; quia constanter in Scriptura Ephod ex lino vel ex auro, hiacyntho, purpura, cocco, byssoque contextum dicitur ; non ex argento, ut putabant illi, qui indissolubilem faciebant quæstionem. *142*

Et sacerdotes Nobe hoc dignitatis suæ insigne portabant. Falso hic apud Erasmum leginus, *Et sacerdotes Nob bad, id est, dignitatis suæ insigne portabant.* *Ibid.*

Et restivit cum επωμιδα. Editi legunt ιπωμιδα, juxta LXX. Translatores editionis Romanæ : sed nullus est codex e quindecim manuscriptis, qui non retineat ιπενδυτην, vel ιπιενδυτην. Codex Monasterii Sancygiranni, legit ΕΠΙΝΔΥΤΗΝ, alii ΥΠΕΝΔΥΤΗΝ vel ΥΠΕΝΔΥΤΗΝ. Hanc quoque lectionem Επενδυτην invenio in Ms. Alexandrino LXX. Interpretum. Unde mutandam minime censeo, etsi ιπενδυτην melius respondeat explicationi Hieronymianæ *subtunicalem ;* et infra dicatur LXX. interpretes posuisse ιπενδυτην et ιπωμιδα. Nec refert quod in Mss. codicibus legamus ιπενδυτην, quia imperiti exscriptores antiqui mutant *e* in *y,* ut *ypenduma* pro *ependuma.* *143*

Quod illi ιπενδυτην *et* επωμιδα *dixerunt.* Quantum hic locus torserit Erasmi diligentiam, palam esse testatur in scholiis,

dicens : Mirum quam hic locus sit depravatus in omnibus exemplaribus. Arbitror autem legendum ad hunc modum, ne Lectorem tandiu torqueam, quam ipse tortus fui. Aquila autem, quod illi ιπωτον dixerunt et ιπιρραμμα, id est, vestimentum et subtervestimentum, ινδυμα dixit et ιπενδυμα, quod subtunica est, et quod Hebræo sermone vocatur *mail,* מעיל, ιπενδυμα, id est, superiorem tunicam, ιπωμις vero, quod Hebraice dicitur Ephod, cum superius pallium significet, etc. Hanc emendationem in multis ; eccure docet Marianus Victorius ; sed nec ipse felicior in restituendo hocce loco fuit, quippe qui imitetur sæpius Erasmum et Lectorem incertum relinquat genuinæ lectionis Hieronymianæ. Nos subsidio quindecim exemplarium Mss. parum repræsentamus contextum : non dicam autem cum quanto labore, ne enim insolenter extollere videri possim apud æmulos. *Ibid.*

Audiens bar. Meminit hujus erroris S. Hieronymus lib. 5. Comment. in Zachar. cap. 12. Sanctus autem Augustinus legit *Bar* vel *Bad* Quæst. XII. in Judices. Consule loca, si volueris. *144*

PHESTHA significantius exprimatur. Manuscripti non *pistha,* sed *effertim* et *efferth,* vel *efferthim* legunt. Cluniacensis, *effertim significantius exprimatur ;* Sancygirannus, *restium significantius exprimatur ;* Ex tot ac tantis depravationibus vocis Hebrææ, satis perspicuum est legendum esse *phesta* in singulari, פשתה, quod hodie *pistha* legunt: vel certe in plurali פשתים *phesthim,* juxta *effertim* et *efferthim,* pluralia in exemplaribus Mss. *Ibid.*

Quia ubicumque cum hac littera scribitur. Ex hac Hieronymi observatione discimus multa huisse in veteribus exemplaribus Hebraicis diversa ab iis quæ leguntur in contextu Massorethico hodierno : nam nomen *Cherubim,* quod Ezechielis capite decimo significat *animalia,* sæpissime scribitur sine *vau* in hunc modum כרבים. Hoc ideo monemus, ut sciat Lector prudens verba Hebraica in Operibus Hieronymianis minime restituenda esse juxta lectionem et punctorum vocalium definitionem Massorethicam. *145*

Quam vellem nunc tibi. Illud explevit votum in Epistola superiori ad Fabiolam, et de habitu Sacerdotis. *Ibid.*

Præsens percontator præsentem. Mss. *præsens percunctato præsentem.* Sed nulla ibi est sensus mutatio, licet prætermissa sit ultima imperativi verbi littera *r.* Consequenter vero clausulam integram, *mater communis,* etc. omittunt tam editi quam plures Mss. libri. Est autem Hieronymo adnodum familiaris, ut in Epistola nunc 74. *Albinam communem matrem valere cupio ;* etc. *146*

Juxta Æsopici canis fabulam. Aliquot exemplaria Mss. *juxta Æsopicam fabulam,* vel *juxta Æsopii fabulam.* Exstat porro apologus de cane, qui cum umbram vidisset in aqua majorem, dum ad eam ducto rictu inhiat, hoc quoque carduum, quod ore tenebat, amisit. *Ibid.*

EPIST. XXX. AD PAULAM.

Nonnulli Mss. codices inscribunt hanc Epistolam *ad Marcellam ?* sed manifesto errore et imperitia librariorum : quia in libro Nominum Hebraicorum, ad Paulam scripsisse istam Epistolam Hieronymus declaravit. Videsis supra col. 51. lin. 16. Et finem ipsius met Epistolæ. *Ibid.*

Theologicen sibi vendicant. Ita legunt omnes codices Mss. excepto Cluniacensi qui habet *Theologicam.* Falso igitur in antea editis libris legerunt *theoricem.* Lectionem Mss. exemplarium nostrorum confirmat Henricus Valesus Annot. in lib. 1. Histor. Ecclesiast. Eusebii Pamphili. *147*

Tres versiculos qui sibi. Unus codex Monasterii nostri Sancti Andreæ secus Avenionem hoc modo legit, *tres versiculos qui subnexi sunt,* etc. *Ibid.*

Nisi Ethicæ. Idem exemplar Ms. necnon Cluniacense, retinent quod editi. Alterum Sancti Remigii, *nisi ab Ethicis ipsis,* etc. San Cygiranum, *nisi ab Ethicæ ipsis exordiis, secundum,* etc. Pauca legunt cum editis libris, *ab Ethica habuerimus,* etc. *148*

Conterat Satanam. Eodem modo Quæstion. Hebr. in Genesim, cap. 3. v. 15. *Et Dominus conteret Satanam sub pedibus nostris velociter.* *150*

EPIST. XXXI. AD EUSTOCHIUM.

Velle honorare Martyrem. Valde hallucinatum reperio hoc loco virum doctum, qui putavit Hieronymum hoc sentire de Petro Alexandrino, cujus natalis dies celebratur septimo kalend. Decembris. Certe cerasa Romæ non proveniunt in mense Novembri ; sed mense Junio circa tempus natalis B. Petri Apostoli, quo die missa sunt ab Eustochio cum aliis munusculis. Hic itaque Martyrem intellige et Apostolum Petrum, qui Romæ passus est. *125*

EPIST. XXXII. AD MARCELLAM.

Duas Epistolas. Una ex illis duabus Epistolis erat eadem quæ ad Paulam scribitur de Alphabeto Hebraico, cujus initium est, *Nudris tertius*, etc. Proptereaque in multis Codd. Mss. ad Marcellam inscribitur, ut suo loco observatum est tom. II. Edit. nostræ. Altera vero Epistola superior est ad Eustochium de Munusculis. 152

EPIST. XXXIII. AD PAULAM.

Damnatur a Demetrio. Hujus Epistolæ meminit Hieronymus Libro de Scriptoribus Ecclesiasticis in Origene, ubi monet Demetrium Episcopum tanta insania debacchatum fuisse Origenem, ut per totum mundum super nomine ejus scriberet. Consulat qui voluerit locum, et Eusebii Cæsariensis Historiam Ecclesiast. Lib. VI. etc. 154

Urbe Romana. In his verbis ansam calumniandi se invenisse gaudet Ruffinus Libro secundo invectivarum adversus Hieronymum; sed infelici judicio hæc retorquet contra suum Auctorem, ut videre est infra in Apologia Sancti Doctoris adversus criminatorem. *Ibid.*

EPIST. XXXIV. AD MARCELLAM.

Acacius dehinc. De eodem in Catalogo Script. Eccles. « Adolescens, *inquit*, Cæsareæ eruditus est : et ejusdem postea urbis Episcopus, plurimo labore, corruptam Bibliothecam Origenis et Pamphili in membranis instaurare conatus est. » 155

Et PHE. Hic locus indicare videtur Origenem Tractatus edidisse in litteras Alphabeti Hebræi Mss. non Phe, sed Fe constanter legunt. *Ibid.*

Τῶν διαπονηθέντων. Omittunt editi antea libri articulum τῶν, quem tamen inveni in omnibus Mss. exemplaribus. Consequenter eadem exemplaria legunt κακοποθέντων. *Ibid.*

Reprehendere non audeo. Ut probem me nequaquam proprio stomacho servire; quin potius cum omni cautione providere ne quempiam lædam, scholia quædam in Hilarii Commentarios super Psalmum 126. veritati minime consona prætermitto, contentus dixisse Auctorem hujusmodi scholiorum magnopere hallucinatum, ac quidquid scripsit contra Hieronymum, nulla opera falsum deprehendi ex sola contentione hujus Epistolæ cum supradictis Commentariis Sancti Hilarii in Psalmum 126. 156

Executus est. Aliquot Mss. codices, *et alieno errore disertius excusatus est.* *Ibid.*

Sexta ἀκενές, vel. Ita legit Ms. Regius in aliis omnibus locis ferme corruptus. Cæteri quoque Mss. codices retinent eandem vocem Græcam, quamvis paululum corruptam in litteris, legunt enim pro ἀκενές, ΕΚΟΝΗΟΣ, aut ΕΚΟΝΗΟΣ, vel ΕΚΟΝΕΟΣ. Porro vox ἀκονή significat *acutum* sive *exacutum*; sicut apud Hesychium Νηκονής dicitur *recens acutus.* Hinc intelligas quam falsa sit Annotatio Mariani in hunc præsentem locum, ubi Erasmum reprehendit his verbis: Sexta ἠκονόθεντος νοῦς. Hoc est acuti sensus, ut ipsemet exponit, et sic habent omnia manuscripta exemplaria, propterea opus non est ut pro ea voce Erasmus ex sua libidine nobis ἀξυνηκόεντος, id est exacuti substituat. Certe si viveret nostro tempore Marianus, audacter eum provocarem ad Mss. exemplaria Hieronymi, nullum esse sciens præstus in quo ἠκονόθεντος νοῦ legatur, cum universa retineant quod jam observavi. 157

Cujusdam librum. His proxima habet sanctus Athanasius Tomo I. Editionis novæ col. 1224. Unde falsus deprehenditur scholiastes Hilarii supra memoratus, qui patabat elogantem hunc sensum ex Hilario depromptum. *Ibid.*

CHAPHICH Editi antehac libri legunt juxta morem hodiernum *Caphecha*; ut sic a primo ad ultimum nullum sit verbum Hebraicum quod non corrumpant in cunctis operibus Sancti Hieronymi. 158

EPIST. XXXVI. DAMASI.

Excitare disposui. Duo Mss. codices, *excitare debui. Ibid.*

Et heri tabellario. Hunc locum mutavit Marianus et hoc modo contendit legendum, *quoniam Etherio tabellario ad me remisso.* Quam lectionem genuinam quoque existimavit Baronius in Annal. Eccles. ad annum Christi 378. Ubi vir doctus asserit Hieronymum moratum fuisse Jerosolymis, cum ad eum præsentem Epistolam scriberet Damasus. Sed ego contrariam sententiam argumentis Chronologicis demonstravi supra in Prolegomenis hujus Tomi secundi. *Ibid.*

Noctium operis. Quamplurimi Mss. codd. legunt, *furtiris noctium operibus*; alii duo, *noctium horis.* 159

Etiam si negasses. Editio Mariani, et Mss. codices non pauci, *quod rogare volueram, si negasses.* *Ibid.*

Lactantii dederas libros. Corrupte pro *Lactantii*, scriptum est *lectitanti* in duobus Mss. exemplaribus. *Ibid.*

Ejus usque Editi antea libri, *et plurimæ Epistolæ in eis usque*, etc. Sed omnes Mss. retinent quod hic editum est. *Ibid.*

Philosophis disputantibus. Variant in hac voce tam editi, quam Mss. libri : plures posuerunt *disputandis*, alii *disputantia.* Sensus exigere videtur, *disputantibus ;* contra sententiam Mariani. 159

EPIST. XXXVI. AD DAMASUM.

Interim jam et ego linguam. Editi libri, *Interim tamen et ego linguam.* 160

Verum quia heri diacono. Eadem difficultas quæ supra in Epistola Damasi ad Hieronymum, quamque haud satis expendit Marianus Victorius : nam ipse contextus Epistolarum cum antiquioribus exemplaribus Mss. ac melioris notæ, legendum docet, *quia heri Diacono ad me misso.* Sed de his in Prolegomenis nostris abundanter diximus. *Ibid.*

Ταῦτά ἐστι ἐφθάκασι. Corruptissimus exstat hic locus in editione Erasmiana, quam proinde merito castigat his verbis Marianus : Vitiatus maxime erat hic locus apud Erasmum ; legebatur enim αἰωνιοδάκαστι, et cibi confestim discussi, id est, ex improviso et impræmeditate discussi. Verum præter hæc quod hic deerat quid ab Hieronymo elucubratum esset, hoc est casus, quem ab accusando vocant, et ita verbum non habebat casum qui cum sequeretur, vox, *et* superflua etiam erat. Error natus, quod aliquis Græce peritus interpretatus primo est ταῦτά ἐστι ἐφθάκασι, hæc tibi confestim discussi ; mox codici interpretatio admixta est, et pro, *hæc*, subrepsit, *et* quia Latine verbum Græcum fuerat explicatum. Sic enim error errorem semper gignit, etc. *Ibid.*

Tertulliano nostro scilicet. Codex manuscriptus Morbacensis annorum 800. legit absque pronomine. « Tertulliano et Novatiano Latino sermone sunt editæ. » *Ibid.*

Ἐξηγήτω *tomo.* Unus e Colbertinis Mss. Exemplaribus, *ad Romanos* ἐξηγήτω *tomo.* 161

Hebraico conferentes sermone. Quinque Mss. *cum ipso Hebraico digeramus.* *Ibid.*

VAIOM IB LO ADONAI, etc. Sic omnes Mss. codices. In Hebræo hodierno legimus ויאמר לו יהוה לכן כל הרג קין שבעתים יקם *vaiomer lo Adonai lachen col horeg Cain sciobathaim juccam.* Non addit י *vau* paragogicum in ultima voce; sicut exemplaria Hebraica Hieronymi, qui legisse videtur יקם *juccaam*, sive *joccaam.* Hophal futurum cum affixo paragogico ; quasi diceretur, *punietur ipse*, aut *vindicabitur ille.* *Ibid.*

Ib bdomus. Imperitia veterum librariorum pro *hebdomus*, id est, *septimus*, substituit *hebdomadas.* Neque melior est Erasmiana lectio *hebdomada.* Græce ἑβδομος est *septimus ;* et, ni fallor, *hebdomos* posuerat Hieronymus, non *hebdomas* quia ἑβδομάς numerus est *septenarius*, non *septimus*, ut Hieronymus interpretatur. *Ibid.*

Lucem ipsam ferre. Omittitur vox *tremebundus* in multis exemplaribus Mss. 162

Et furiatæ mentis agitatu. Quamplurima Mss. codices, *Et furiatæ mentis agitatu eum esse intelliget ;* vel, *Et furiatæ mentis agitatu eum esse intelliget :* aut, *agitatum se esse intelligit.* *Ibid.*

Mortis finire cruciatus. Similiter hic habent, *compendiosæ mortis finire cruciatus.* *Ibid.*

Solvat interfector. Duo aut tres *solvat interfecto.* Totidem, *absolvat interfectione.* *Ibid.*

Enoch genuit Irad. Codex Ms. Morbacensis. *Enoch genuit Gaidad*, juxta vitiosam lectionem Græcorum. Videsis J. Drusii Henoch, cap. 4. 163

Et in quodam Hebræo. Agnoscit Hieronymus, bis in hac responsione, volumina Hebræorum apocrypha, quæ utrum supersint, prorsus ignoro. *Ibid.*

Sui sceleris dederit. Quinque Mss. codices, *suis sceleribus dederit.* *Ibid.*

Cataclysmum perseveraverit. Aliquot exemplaria Mss. *cataclysmon aqua*, etc. 164

Longævitate mæroris. Plures Mss. *longæ vitæ mæroror compulsus.* *Ibid.*

Sacrati, in Evangelio : Sex exemplaria manu exarata *sacrat in Evangelio positum debitorem.* 165

Octo ferme. Non, *decem et octo ferme ;* sed, XVI. *ferme*, ponunt quamplures Mss. codices. *Ibid.*

Ad Finees. Sex aut septem Mss. hic legunt, *Ab Amram et ad Finees.* 166

φυλόνης *juxta quosdam vocat.* Disputant Grammatici atque interpretes Scripturæ Sacræ, de voce φυλόνης sive φελόνης, quæ legitur 2. ad Tim. 4. 13. cujus meminit abundanter Eduardus Leigh, in sua Critica sacra, pag. 343. Sed quod Hieronymo proprium, hic tantum proponere debemus. Igitur octo codices Mss. quos ego diligenter et oculis curiosis lustravi, sic legunt verbum antea dictum : *quod Paulus Phenolem*, vel, *quod Paulus Poenolem*, sive *Penolem vocat*; unus Monasterii S. Cygiranni, *quod Paulus Penulam vocat.* Falso itaque legunt Erasmus et Marianus, φαινόλης et φελόνην, cum Hieronymus posuerit φενόλην Græce, aut *Phenolen* Latino charactere. 167

VAHUSIM ALU. Hebraice est רהמשים עלו בני ישראל מארץ מצרים quod legunt apud Hieronymum : *Vahamusim alu bene Israel meerez Mizraim.* *Ibid.*

AMES I DOR. Vitiatus omnino hic locus in antea editis libris : nam pro חימושה דור *Amesa dor*, ut posuit Hieronymus, genus mutarunt et ordinem verborum, legentes דור חמישי *Dor amisi*, genere masculino contra fidem omnium codicum Mss. Epistolæ ad Damasum. *Ibid.*

In Sacerdotio Dei. Omnes fere Mss. codices legunt hoc modo, *commemoratus Moysi in Psalterio, ad*, etc. Scilicet Psalmo 98. v. 6. « Moyses et Aaron in sacerdotibus ejus : et Samuel inter eos, qui invocant nomen ejus. » Connumeratur quoque Samuel, Moysi, Jerem. 15. 1. « Si steterint Moyses et Samuel coram me », etc. 168

Semper ignorans. Editi libri, *Et per singulos filios septem ignorans.* In pluribus Mss. consequenter legitur, *usque ad David nescit.* 169

Posset occidere. Hoc loco similiter Erasmus et Marianus et enim, qui postea fratrem, si posset, occideret. *Ibid.*

Vox quidem. Aliquot exemplaria Mss. *Vox hæc, vox Jacob est.* Alia, *Vox, vox Jacob est.* *Ibid.*

Teneros et bonos. Editi antea libri sic legunt, *dociles et innocentis animæ significat. Stola vel vestimentum Esau*, etc. Omnes autem Mss. codices nostri Vaticani, Gallicani et Germani constanter retinent quod posuimus. Subauditur ergo vox *sunt*, vel *significantur.* Hædi namque teneri et boni sensu allegorico dociles animæ sunt et innocentes. 170

Virtutem resurrectionis. Manuscripta non pauca exemplaria vetustissima et optimæ notæ, *odore perfruitur* ; *resurrectionis et regni aperta voce pronuntiatio.* *Ibid.*

Appropinquantem dies passionis patris mei. Omnes Mss. codices ita legunt, *appropinquantem*, etc. nullus habet *appropinquant* juxta mutationem Mariani. *Ibid.*

EPIST. XXXVII. AD MARCELLAM.

Rheticii Augustodunensis Episcopi. Meminit hujus Rheticii in Catalogo Virorum illustrium, et in Epistola secunda ad Florentium his verbis : « Plurimum quæso, ut tibi beati Rheticii Augustodunensis Episcopi Commentarios ad scribendum largiatur, in quibus Canticum Canticorum sublimiori sensu ille disseruit. 171

Ὁμώνυμον *esse vocabulum.* Erasmus , *homonymum esse vocabulum :* ὁμώνυμον porro idem est quod *æquivocum*, cum eadem vox diversas res significat, ut Tharsis nomen hic positum significat Indiæ regionem, lapidem pretiosum et ipsum mare. 172

Tau littera commutata. Diversæ sunt hujus loci editiones ; Erasmiana sic legit, *Licet Josephus* τ pro *θ littera mutata Græcos putet Tarsum appellare pro Tharsis.* Marianus aliter, *licet Josephus, pro littera mutata, Græcos putat*, etc. Ipse autem Josephus Antiqq. lib. 1. cap. 7. de eodem vocabulo hæc habet ; τὸ ταῦ πρὸς τὴν κλῆσιν, ἀντὶ τοῦ θῆτα μεταβαλλόντων, id est, *commutato Tau pro Theta ad vocationem.* Quæ haud dubie genuinam ostendunt lectionem quam restituimus ad fidem exemplarium Mss. 173

Cothurno fluens. Altum dicendi genus, cothurnus dicitur, et usurpabatur apud Tragœdos ; unde et Virgilianum istud Eclog. 8. *Sola Sophocleo tua carmina digna cothurno.* Hieronymus in Epistola ad Florentium videtur favere huic expositioni, dicit enim Canticum Canticorum sublimiori sensu edissertum fuisse a Rhetico Augustodunensi. *Ibid.*

Ut nemo posset. Cluniacensis codex addit , *de posteris.* *Ibid.*

EPIST. XXXVIII. AD EAMDEM.

Inscribitur hæc Epistola in Mss. Libris, de Conversione Blesillæ. Quod quidem recte dicitur, cum in hac Epistola et de ægrotatione Blesillæ, et de ejusdem conversione scripserit Hieronymus. *Ibid.*

Quæ denique. Hunc locum antea restituimus in Commentariis ejusdem S. Hieronymi in cap. 2. Epist. ad Titum , ubi ita legendum dixinus : « Licet sint plurimæ quæ nec canos suos erubescunt, et ante gregem nepotum trementes, ut virgunculæ componantur. » Hic si addatur particula *ut*, sensus erit liquidus, id est, licet ante gregem nepotum sint trementes vetulæ, tamen comuntur et poliuntur quasi virgunculæ. Sine tali particula phrasis est ironice proposita, *trementes virgunculæ :* quasi diceret, præ senectute trementes sunt virgunculæ quas imitantur. 175

EPIST. XXXIX. AD PAULAM.

Semianimis lectulum. In aliis Codicibus Mss. legimus eodem sensu : *semianimem in lectulo vallaret*, etc. 177

Secura esto. Hoc modo legit Codex Cluniacensis optimæ notæ. Cæteri cum editis Libris omittunt *sentiens*, etc. usque ad *Confidimus.* Nonnulli etiam legunt , *Confidimus, vera probantes quæ dicimus ; Nunquam est sera conversio.* 177

EPIST. XL. AD MARCELLAM.

Miror Erasmum, et Marianum præsertim, cur mutare voluerint titulum et inscriptionem hujus Epistolæ ; inscribitur enim in omnibus Mss. Codicibus, id est, in viginti vel amplius, quos vidi, non *Bonaso* ; sed *Marcellæ* in hunc modum : *Hieronymus ad Marcellam de Onaso.* Vel alio modo : *Incipit de Onaso ad Marcellam* ; aut quid simile. Deinde falso mutarunt nomen *Onasi* in *Bonasum* ; cum nullum sit exemplar Ms. in quo non legamus *de Onaso* ; et *Onasus Segestanus* in contextu Epistolæ. Fausto vero vocabatur nomine *Onasus*, id est, *Onasimus*, vel *Onesimus* ; quod *utilis* et *decorus* sive *respondens* intelligitur in libro Nominum Hebraicorum : non a Naso, *Bonasus*, ut ridicule existimant antiqui editores, qui non attendant hominem fausto nomine vocatum, cachinno fuisse vexatum ab Hieronymo, propter enormem nasum vel fœditatem ejusdem nasi, *Nasus non videatur in facie*, etc. 186

Onasus Segestanus. Ita legimus in omnibus Mss. Exemplaribus, neque puto aliquod vidisse Marianum Victorium in quo *Bonasus* scriberetur. Erat porro *Onasus* ex *Egesta* sive *Segesta* urbe Siciliæ, ubi emporium est *Egestanum* sive *Segestanum*. 187

Quia fausto vocaris nomine. Jam dixi superius faustum illud nomen fuisse *Onasus* quasi diminutum et abbreviatum ex *Onasimus* sive *Onesimus*, quod nomen *decorum* significat in Libro Nominum Hebraicorum.

Optent te generum. Codices Mss. *Formosum te optent generum Rex et Regina, Puella*, etc. *Ibid.*

EPIST. XLI. AD EAMDEM.

Toto nobis orbe congruo. Nolo incusare Erasmum alicujus doli in hac depravatione contextus Hieronymiani : sed vix possum non redarguere Marianum Victorium, qui Erasmum hoc loco castigare nescivit, veterum Codicum auctoritate ac sensu subnixus ; legunt enim , *toto nobis orbe congruo*, et non *toto anno, tempore nobis congruo.* Ergo nobis universus orbis congruebat in observatione Quadragesimæ. 189

Et semivirum. Abscissum vocat et semivirum ; quia Montanus erat ex Phrygia, ubi Cybelis sacerdotes castrari solebant. 190

EPIST. XLIII. AD EAMDEM.

Ligna non coemam. Non necesse erat ligna coemere ad arcendum frigus, quia sylva prope Bethleem abunde ligna suppeditabat : et si emenda fuissent, viliori pretio poterant comparari. 194

In terra. Vale. Quæ sequuntur in editis libris, non exstant in Mss. codd. et ab imperitis scriptoribus ex præcedenti Epistola Paulæ et Eustochii huc quoque translata non dubium est. *Ibid.*

EPIST. XLVI. PAULÆ et EUST. AD EAMDEM.

Certe et etiam. Cicero in Verrem in Divinat. Qui optimis a pueritia disciplinis atque artibus studuisses , et in his elaborasses, si litteras Græcas Athenis, non Lilybæi ; Latinas Romæ, non in Sicilia didicisses. 206

EPIST. XLVIII. AD PAMMACHIUM.

In quamplurimis Mss. exemplaribus alius est titulus hujus Apologiæ, nempe : *Incipit liber Apologeticus ad Pammachium* ; vel , *Epistola S. Hieronymi Apologetica ad Pammachium.* Hieronymus autem Præfatione Commentariorum in Jonam, vocat *Apologeticum* ; et Præfatione Lib. I. in Jeremiam, appellat *Apologiam.* Legat ejusdem Operis Apologiam quam ante annos plurimos adversum magistrum ejus gaudens Roma suscepit , et tunc animadvertet, etc. 211

Tullius tuus. M. Antonius apud Ciceronem, *de Oratore* lib. 1. et pro *A Cluentio.* Consequenter legunt editi ac plures Mss. Codices , *primum causam esse victoriæ*, etc. 212

Roma audire non potuit. Sic legunt antiquiores Mss. Codices : alii cum editis addunt nomen *Victorini*, et *Victorini Martyris*, sed falso. *Ibid.*

Sicut cohæredes. Hunc locum prætextu Vulgatæ Latinæ depravat Marianus, legit enim contra consensum omnium Mss. codicum, *sicut dispensatores*, etc. 213

Legimus, eruditissime vir. Codex unus Ms. legit in singulari, *Legimus eruditissime vir*, etc., quasi Pammachium solum Hieronymus alloquatur. Sed quæ sequuntur huic sensui repugnant, *Legite Tullium*, etc. 222

Problematibus diaboli. Plures Mss. Codices legunt hoc modo : *Considerate quibus argumentis et quam lubricis problemata diaboli spiritu contexta subvertant.* Consequenter editi libri sic mutant contextum Hieronymi : *Sed quod ne-*

cesse est dicunt adversus ea quæ dicunt gentiles. Nos vero retinemus quod legimus in octo Exemplaribus manuscriptis. **225**

Quorum Cyprianum. Nulla fide hic pro Cypriano Hilarium obtrudunt Erasmi et Mariani Editiones : cum omnes Mss. Codices nullo excepto veram ac genuinam retinent lectionem, *Quorum Cyprianum de septenario*, etc. Errorem Mariani habes confutatum Præfatione in Opera S. Hilarii Pictaviensis, edita nuper a Domino nostro Petro Constant. **232**

EPIST. XLIX. AD PAMMACHIUM.

Προσεφώνησα. Contextum alium confingunt Erasmus et Marianus, legentes verba quæ in nullo reperiuntur Exemplari manuscripto : « Apologeticum ipsius operis tibi misi et quem προσεφώνησα, et te poscente edidi. Quem, » etc.

Inter veritatem. De solo libro Job in veteri Translatione mutilo ac vitiato hæc dicit Hieronymus; non de cæteris libris veteris Testamenti, ut imperite notat Erasmus, qui scatet erroribus in notis ad hanc Epistolam Hieronymi.
Ibid.

EPIST. L. AD DOMNIONEM.

Monachum rumigerulum. Ruffinus non est iste Monachus, neque ille seipsum prodit, ut multi putant ex libro secundo Invectivarum adversus Hieronymum, ubi legimus. « Cum libellos ejus, quos adversus Jovinianum scripsit, reprehendissem; cuidam Domnioni beatæ memoriæ seni, qui sibi hoc ipsum indicaverat, ita respondens excusat, et dicit, nullo genere potuisse fieri se errasse, hominem qui omnium haberet scientiam. Cum ergo cohortasset vel syllogismorum genera, vel dicendi ac scribendi artes, quas videlicet ille qui eum reprehenderat ignoraret, continuo subjungit hoc : Stultus, inquit, qui me putaverim hoc absque philosophis scire non posse : » etc. Non legas cum imperitis librariis *reprehendissem* in prima persona; sed in tertia, *reprehendisset quidam*, Domnioni *beatæ memoriæ*, etc. De alio enim, non de seipso loquitur Ruffinus, ut ex verbis consequentibus manifestum est. **256**

Ἀσυλλογίστους. Erasmus post vocem *syllogismos* legebat in suo exemplari manuscripto *osmoistois*; notavit propterea in scholiis suis, forte legendum syllogismos ἀχρήστους, necterè, id est, *cornutos*. Marianus vero dicit se reperisse in quibusdam Mss. Exemplaribus δυσφύκτους, id est, syllogismos *indissolubiles*. Ne cuiquam detrahamus, sufficiat lectorem monuisse, nullum apud nos inveniri Exemplar Ms. ubi hæc vox δυσφύκτους legatur. In manuscripto quidem sancti Cygiranni codice Latinis litteris legimus, *syllogismis ustamcitois texere*; et in aliis multis Græcam vocem, sed cujus vestigia nihil renuntiant de δυσφύκτους Mariani. Tandem nactus sum codicem manuscriptum Cluniacensem in quo genuina retinetur lectio, syllogismos ἀσυλλογίστους, *syllogismos non concludentes.* Vide Synesium epist. 134.
Ibid.

Καὶ αὐτοδίδακτος. Hoc loco perperam addita est vox Græca ἵνδος, quæ in nullo apparet Exemplari manuscripto. **257**

Religionem nostram pugnam facere. Codex S. Theoderici prope Rhemos, *Et religione nostra pugnam facere.* Editi, et *religionem nostram paganam facere.* **258**

ἀπολογιζάμην. Græcam vocem retinent antiquiora Exemplaria, Cluniacense præsertim et aliud Monasterii S. Theoderici. Codex unus Sorbonicus legit Latinum solum interpretationem, *cui ego responsum dedi ut potui.* Quod Erasmus et Marianus sequuntur : unde conjicio eos recentioribus usos fuisse manuscriptis Exemplaribus, et quidem perpaucis, aut certe ea negligentius contulisse cum prioribus editionibus Epistolarum Hieronymi. Utique qui restituere a nobis in hac tantum Epistola voces Græcas perlegerit, animadvertet quantum distet inter veritatem et mendacium, inter diligentem ac præproperam vel neglectam editionem. *Ibid.*

Πάντες οἱ συγγραφεῖς. Erasmus haud mediocriter sudavit in restitutione hujus loci; quem ita sibi conciunavit e certissimis litterarum vestigiis : πάντες συγγραφεῖς *pellamus | Attilio judice*, si ita habuisset copiam Mss. codicem, facile lactu fuisset invenire quod quærebat; nam recentiores Latine retinent lectionem ejus. Talis est Sorbonicus qui legit : *Omnes conscriptores pellamus. Attilio judice.* Verum corrupta ac vitiata lectio hæc est; retinendaque prorsus illa nobis videtur, quam ex consensu veterum Mss. codicum restituimus. Omnes enim legunt, πάντες οἱ συγγραφεῖς; variant autem in ultimis verbis, alii legentes *appellamur*, pro *appellamur*, et *a tali judice*, pro *Attilio judice.* Cluniacensis codex melior ac vetustior retinet *appellamur*, et prima manu codicis *Alalu judice*, nunc vero *A tali judice.* Hæc omnia nos docuerunt genuinam lectionem, Hieronymi, πάντες οἱ συγγραφεῖς appellamur Attilio judice; si in

omnes Scriptores censoriam accepit virgulam Monachus iste reprehensor Librorum in Jovinianum, omnes nos non mereamur appellari Scriptores, novo isto Attilio censore et judice; quia, ut infra dicitur, nullus est in terris qui ejus eloquentiæ non displiceat. **259**

Gnatonici vel Phormionici vocentur. Gnathon insignis adulator fuit, Phormion impudens parasitus. His discipulis dignus erat censor Monachus, garrulus per domos et medicorum tabernas. *Ibid.*

Paratorum semper ad lites. Hic deesse videtur verbum aliquod in manuscriptis; legunt enim omnes excepto Sorbonico, *scurrarum est et parasitorum semper ad lites.* Sorbonicus codex sensum retinet perfectum, *scurrarum est, et paratorum semper ad lites.* Cluniacensis delet in voce *parasitorum*, medias litteras s et i, ut sit *paratorum ad lites.* San-Cygiramnus e contrario super *paratorum*, addit easdem litteras, s et i, ut legatur *parasitorum.* In tanta varietate lectionum retinemus *paratorum semper ad lites.* Quia hæc est natura *scurrarum*, non parasitorum, quorum sæpius interest non litigare. **240**

EPIST. LII. AD NEPOTIANUM.

Nepotiane charissime. Duo ex viginti Mss. codicibus quos habui ad collationem hujus Epistolæ, sic legunt : « Petis, Nepotiane charissime; litteris transmarinis, et crebro a me petis, ut tibi in brevi volumine. » etc. **254**

Vel Atellanorum ludicra. Atella, Campaniæ oppidum, a quo ludi Atellani. Fuit enim in illo amphitheatrum egregium. Steph. Idem legimus in aliquot Mss. Codicibus ad marginem; in uno Exemplari Bibliothecæ Colbertinæ, num. 28. 7. et in altero Collegii Navarrici, ita scriptum reperi. *Atella est oppidum Campaniæ, ex quo tellani dicti*, vel, *inde tellani.* Atellana autem genus est Comœdiæ obscœnioris et lascivioris; ab Atella civitate Oscorum sic vocatum, ut testis est Livius libro septimo. Idem S. Hieronymus infra ad Sabinianum : « Repertum est facinus, quod minus fingere, nec scurra ludere, nec Atellanus posset effari. » **255**

Chamœuniæ, etc. *Chamœuniæ* dicuntur *humi cubationes* : quam Græcam vocem alibi etiam retinet Hieronymus, quia Latine haud satis commode potest exprimi. Χαμαί autem intelligitur *humi*, εὐνὴ *cubile.* Inde χαμεύνη, cum quis in nuda humo cubat. **256**

Non proderunt eis. Editi post verba *proderunt eis*, retinent additamentum sequens : « Nonnulli enim sunt ditiores Monachi, quam fuerant sæculares : et Clerici, qui possident opes sub Christo paupere, quas sub locuplete et fallace diabolo non habuerant : ut suspiret eos Ecclesia divites, quos mundus tenuit ante mendicos. » Nihil simile legimus in Mss. Codicibus viginti, nisi tantum in Ms. veteri Codice Colbertinæ Bibliothecæ, num. 633. qui habet additamentum, non intra contextum; sed in margine inferiori nec prima manu : unde potuit in recentiora Exemplaria, et inde in editos libros derivari. Desumptum est autem ex Epistola consequenti. **259**

Attrita frons. Hic quoque addunt nonnulla, legentes : *attrita frons, cui nundinæ, fora placent*, etc. *Ibid.*

Inopiæ providere. Duodecim vel quindecim Mss. Codices legunt cum Erasmo, *pauperum opibus providere.* **261**

Illud Domitii. Nomen *Domitii* retinent omnes Mss. Codices : illud tamen L. Crasso tribuunt Cicero. Valer. Maxim. et Fabius lib. 6. cap. 5. *Illud Crassi : Ego te Consulem putem, cum tu me non putes esse senatorem?* De Domitio vide Eusebium in Chronicis, anno Domini XLVI. et Fabium lib. 12. cap. 11. **262**

Quinto Gallio. Pro *Gallio* quidam Mss. legunt *Gallo*; sed vetustiores retinent *Gallium.* **263**

Quanto melius erat. Hujus contextus ordo est omnino præposterus in omnibus fere Codicibus Mss. nam in illis legimus : « Et conscientia repugnante, pharisaica ambitione circumdari. Inde pendet Evangelium, inde Crux et Prophetæ. Fidelis mecum Lector intelligis quid taceam, et quid magis tacendo loquar. Tot regulæ, quot species gloriarum. Quanto melius erat hæc non in corpore, sed in corde gestare; Dominum habere fautorem, non aspectus hominum. Vis scire. » **267**

Inde Crux et Prophetæ. In editis libris Erasmi et Mariani, *inde Lex et Prophetæ*; sed falso, nam omnes Mss. nostri, id est, plus viginti retinent vocem *Crux.* Quod verbum sensui hujus loci congruit, ubi quæstio est de Evangelio sive Apostolica doctrina, ut ipse Hieronymus interpretatur. Deinde in fimbris et phylacteriis Sacerdotum potuit imago Crucis Dominicæ repræsentari : quare legendum optimo sensu : *inde pendet Evangelium : inde Crux et Prophetæ, sive sacra Apostolica doctrina*, quæ tota est de Cruce Domini. *Ibid.*

EPIST. LIII. AD PAULINUM.

Famosissimam solis mensam. De famosissima mensa solis,

Herod. lib. 3. *Thalia* dicto. Val. Max. lib. 4. c. 1. Johan. Salsbur. in Epist. ad Hearicum Comitem : Rodigin. lib. 29, cap. 4. 271
Tamen τῷ δηλώσω Græca hæc retinent Mss. Codices, editi legunt, *tamen virtute totus est.* 272
ad Timotheum scribit. Mss. fere omnes Codd. legunt sine præpositione *ad*, hoc modo ; *Timotheum scribit*, etc. *ibid.*
Τὸ δόγμα, τὴν μέθοδον Latina sunt Græcis permixta in multis Codd. Mss. *scinditur in doctrinum* τὸ δόγμα, *in rationem et usum.* 273
Sola Scripturarum. Pro *lege* omnium Exemplarium Mss. libri ante nos editi retinent verbum, *lingua.* *ibid.*

EPIST. LIV. AD FURIAM.

Genuinus infingit. Mss. codices duo, *genuinus livor infingit*; alii duo, *sermo genuinus infingit* : cæteri sex vel octo retinent lectionem editorum librorum. 283
Ubicumque viderint christianum. Hæc est genuina lectio Hieronymi, ut exploratum nobis est ex Ep. 19, alias 25. ubi Latine idem affertur proverbium, *impostor et Græcus est.* Confer utramque Epistolam, quia in eis multa similiter dicta invenies de muliterna ornata, etc. Editi falso addiderunt post Græca, *vocant impostorem, detrahunt.* Nihil tale reperitur in codd. Mss. 284
Exit fama de mendacio. In pluribus Exemplaribus Mss. *Exit infamia*, etc. *ibid.*
Viperinis orbibus. Hic similiter legunt, *viperinis coloribus.* *ibid.*
Incentiva aufero voluptatum. Quamplures Mss. codd. *incentiva aussero voluptatum.* 287
Stultus sapientior erit. Marianus legit *stultus sapienti r erit.* Hoc quoque legunt plures Mss. codd. sed ex sensu verborum Hieronymi, Erasmianam retinemus lectionem. 290
Quod angustior urbe Romana. Formula usitata Hieronymo, quid Bethleem vocat Roma angustiorem propter Christum Ducem et Imperatorem nostrum. Vide Præfat. Comm. in Ecclesiasten, Præf. in librum Didymi de Spiritu Sancto, etc. 291
Ut venefica, etc. Marianus aliam habet in hisce verbis ordinem, sed sine codd. Mss. auctoritate. 292
Quidam imperite. Inter alios sanctus Ambrosius libro de Viduis. 295

EPIST. LV. AD AMANDUM.

Reperi junctam Epistolæ. Qua auctoritate Erasmus et Marianus mutare voluerint ordinem et seriem contextus hujus Epistolæ, nullus video ; cum omnes Mss. codices serie perpetua et consona hic retineant, *Reperi junctam*, etc., et infra tertiam Quæstionem sive extremam propositionem de resurrectione. 297
Utrum mulier relicta. De Fabiola id forte intelligendum, de qua suo loco dicemus. *ibid.*

EPIST. LVI. AUGUSTINI.

Fratri et compresbytero Hieronymo Augustinus. Hanc salutationem retinent omnes Mss. codices : sed Corbeiensis noster num. 675. addit in fine vocem *Presbyter.* Et revera tunc temporis non erat Episcopus sanctus Augustinus, sed Presbyter duntaxat. 300

EP. LVII. AD PAMMACHIUM.

Αἰδεσιμώτατον Πάμμαχ. Excusandus utcumque Erasmus est, quod obtruderit in hunc Hieronymi locum, Græcum atque Latinum contextum falsum : nam ipsi erroris occasionem præbuerunt Mss. codices nonnulli hoc modo legentes : αἰδέσιμον ὅτων παντων, quod interpretantur Latine, *honestum auribus omnium.* Erasmus itaque ad normam Græci sermonis restituere voluit eadem verba, eumdemque sensum; ideo sine scholiis hæc nobis edidit, αἰδεσιμον ὅτιν απούστη, *id est, reverendum auribus omnium, noluisse transferre.* Idem legimus apud Marianum Victorium : doctus autem Gravius in Annotationibus lectionem hanc sequentem iudicat ex vetusto Exemplari 3 αἰδεσιμου ὅτων απούστων. Sed ne longum faciam, falsæ sunt ac depravatæ hujusmodi lectiones; vera et genuina, quam e quinque vel sex Exemplaribus antiquis manuscriptis restituimus. Eamdemque indicare videntur verba præcedentia, *pro honorabili dixisse, charissimum : et maligna interpretatione, quod nefas dictu sit*, αἰδεσιμωτατον πάμμαχ *noluisse transferre.* Accusabant ergo Hieronymum, quod verba honoris gratia dicta Joanni Jerosolymitano, *id est, honorabilem*, et *reverendissimum Patrem*, noluisset transferre. 306
Faciunt ne intelligenda. Ex Prologo Terentii in Andriam sumpta hæc sunt; significantque Gallico sermone, *Ils font fort les entendus, mais ils n'y entendent rien.* Aliqui *ne* scribunt cum diphtongo; sed in Mss. codicibus *ne* scriptum reperio. 308

Λογοδαίδαλοι. Latine scribitur in Mss. codicibus *logodedati.* Exscriptor Codicis sancti Theodorici ignarus hujus sermonis, aliam finxit vocem, quam intelligebat : *Respondeunt ergo didascali et fastidio* ₁, etc. Sunt autem *logodædali* quasi vocum artifices opifices. Vide Ciceronem in Oratore et Platonem in Phædro. 312

ΕΛΙ ΕΛΙ. Quia Matth. cap. 27. vers. 46. legimus. *Eli, Eli, lamma sabacthani*, ex Chaldæo שבקתני *sebacthani*, exscriptores nonnulli pro *lama azabthan* Hebræo et Hieronymiano, posuerunt in hac Epistola *lama sabactani.* Sed retinenda lectio meliorum et plurium Mss. Codicum, ubi legimus *azabctani*, sicut in Psalmo 21. non *sabactbani* quod Chaldæum est. 315
Tamen jure. Marianus putabat legendum, *vires obtinuit*, sed frustra : nam Mss. retinent *jure obtinuit.* E contrario de Aquila versione dicitur, *jure projicitur a nobis.* 316
Quia enim. Hunc locum depravatissime editum apud Erasmum et Marianum, primus restituit eruditus Gravius, non imperita præsumptione secundum sciolorum recentiorum morem, sed subsidio veterum Codicum manuscriptorum quibus religiose ac prudenter utebatur. Hujus scriptoris fidem atque diligentiam imitatus, nonnulla supplere curabo in eadem restitutione prætermissa ab ipso vel mutata. Totus itaque locus ex novem Mss. Codicibus a nobis sic integre restituitur : *Quis enim pro frumento et vino et oleo, passit vel legere, vel intelligere.* χέρμα ὑπαρχειν, σιτωνί- τικα, quos nos possumus dicere fusionem, ponationemque, et splendentiam. *ant quia Hebræi non solum habent* ἄσμα ; sed et *μέλισμα*, *ille* κακέζουει, et *syllabas interpretantur et literas* : *dicitque* σὺν τῶν συμβα καὶ τὶς τῆς τὶς : *Quod Græca et Latina lingua omnino non recipit ? Hujus rei exemplum ex nostro sermone capere possumus*, etc. Quisquis ista contulerit cum veteribus Editionibus, liquido pervidebit nec verba, nec Hieronymi sensum in eis fuisse positum. Ait igitur sanctus Doctor, num quia Hebræi in sua lingua habent non solum articulos, sed litterarum etiam annexiones, Aquila proselytus et contentiosus interpres debuit illa *arthra et prosa thera reddere*, ac pro verbis Hebraicis את *השמים ואת הארץ eth haaschamaim reeth haarets*, Græce dicere, σὺν τῶν συμβα καὶ σὺν τὶς γῆς. Hic vides את *eth* vocatum fuisse *syllabam* et *articulum*; ἢ *be vero litteram et proarthon, sive connexionem et commissuram.* Quæ sane vera ac docte notata concedunt omnes Hebraicæ linguæ periti. *ibid.*
Lixit ἔργασει. Nescio cur Erasmus et Marianus hic quoque depravare voluerint contextum Hieronymi, legentes αἰδήγορι, non ἔργασει : cum sic legamus in cunctis Mss. Exemplaribus ; et *κράτω* plerumque dicatur de opinione arroganti et stulta, quam aliquis de se concepit. 317
Ad cerona. Corona unguentum est quo athletæ ungebantur ad palæstram, cui certamini bos est ineptissimus. *ibid.*
Melanii magistrorum ejus. Sic legit codex Cluniacensis, alii *Melaniæ*, ut jam observatum est supra in I. Epistola. *ibid.*
In quibus loquendi, etc. Hanc sententiam Erasmus male editam pejori illustravit scholio. Omnes Mss. verum Hieronymi sensum ac verba retinent. Ceterum multa prætermittimus sine scholiis et adnotationibus, ne videamur eruditi lectoris memoriæ atque diligentiæ diffidere. 318

EPIST. LVIII. AD PAULINUM.

Bonus homo. In decem vel duodecim Exemplaribus Mss. hujusce Epistolæ iste titulus est et epigraphe : « Incipit Epistola S. Hieronymi ad Paulinum Presbyterum de institutione Clericorum vel Monachorum, et de divinæ Historiæ expositionibus diversis. » *ibid.*
Surgite abeamus. In cœnaculo Christum fuisse, quando hæc verba locutus est, manifeste probatur ex Evangelica historia : sed cum de Judæis a Deo derelictis disputaret Hieronymus, et duo testimonia ad probationem conjungat, quorum unum in Templo dictum non dubium est e cap ite 24. v. 1. Matthæi, potuit consequenter dicere hæc verba Christum in Templo fuisse locutum ad discipulos et ad Judæos, qui in Templo confidebant. At si cui non placet hæc interpretatio, voluerítque legere, *in cœnaculo* : ostendat etiam quam do ad Judæos in cœnaculo dicere Christus potuerit, *relinquetur vobis domus vestra deserta.* Ex hoc loco facile delendo nostram annotatiunculam in Commentariorum Isaiæ caput primum, quam eventilatam habet curiosus lector in Appendicibus apologeticis hujus Tomi IV. 320
Peregre vivere. Hæc est lectio omnium Codicum Mss. quam non intelligens Marianus mutavit in *periculosius vivere.* Peregre autem vivere significat cum animi distractione vivere propter sæcularium consortia et colloquia. 321

Dum adhuc canis. Omnes Mss. Codices hanc retinent genuinam lectionem : editi legunt, *dum nondum canis*, etc. 326

EPIST. LX. AD HELIODORUM.

Cœlesti Jerusalem. Quod in cœlesti Jerusalem visa sint post Christi resurrectionem corpora Sanctorum, id affirmat Hieronymus vulgatam secutus opinionem, qua credimus Christum in cœlum adduxisse Sanctos qui secum resurrexerant, quando secundum Matth. cap. 27. visa sunt corpora multa Sanctorum, qui dormierant in sancta civitate, et apparuerunt multis. Attamen in Epistola Paulæ et Eustochii ad Marcellam, res eadem videtur minime probata, dicunt enim : « Nec statim Jerosolyma cœlestis, sicut plerique ridicule arbitrantur, in hoc loco intelligitur; cum signum nullum esse potuerit apud homines Domini resurgentis, si corpora Sanctorum in cœlesti Jerusalem visa sunt. » 333

Quam variæ linguis. Ex octavo Æneidos Virgilii libro hæc adduxit : *incedunt victæ longo ordine gentes.*
Quam variæ linguis habitu, tum vestis, et armis. Ibid.
Quas nationes fidei. Ita legunt vetustiores Mss. Codices, alii cum editis, *Quas nationes sub Crucis titulo dedicavit.* 334

Bessorum feritas. Qui sint Bessi et Pelliti populi non fuit compertum docto Gravio. Ego vero non dubitaverim fuisse populos Thraciæ, de quibus Ovidius hæc habet libro sexto Tristium :

Vivere quam miserum est inter Bessosque Getasque.

Deinde libro quarto de Ponto, Elegia 10. Getas vocat *Pellitos*, quia scilicet pellibus tegebantur ad arcendum frigus, sicut et hodie populi septentrionales : Bessorum feritas quoque notior nobis est ex Diomede rege Thraciæ, qui cum equos suos humana carne aleret, ab Hercule victus, equis suis in pabulum est objectus. Vide eumdem Ovidium in Ibin, et 9. Metamorph. Inferiæ porro mortuorum, ait Servius, sunt sacra mortuorum quæ inferis solvuntur. Unde Virgilius 10. Æneidos:

Viventes rapit, inferias quos immolet umbris.

Dare etiam *inferias manibus* dixit Ovid. 5. Fastorum, et *mittere inferias extincto alicui*, 11. Metam. *sacrare umbris æternas inferias*, Stat. lib. 3. Inferiæ igitur erant sacra mortuorum, ab inferis dictæ. Sane, inquit idem Servius, mos erat in sepulcris fortium captivos necari : quod postquam crudele visum est, placuit gladiatores ante sepulcra dimicare, qui a bustis, bustiarii dicti sunt. Pro *manibus* et *umbris* Hieronymus videtur hic accepisse *inferias* : Virgilius pro *victimis* lib. 11. Æneidos.

Vinxerat et post terga manus, quos mitteret umbris Inferias, cæso sparsuros sanguine flammas. *ibid.*

Ubicumque eum. In quibusdam Exemplaribus emendatores Codicum manuscriptorum posuerunt, *t beiumque eum quæreres, in Ecclesia invenires.* Idque secutus est Erasmus in post eum Marianus Victorius. 340

Imo minus regi, quam Episcopo. Hæc est genuina lectio in omnibus veteribus Exemplaribus Mss. In Cluniacensi manus recentior mutavit ordinem verborum , *imo minus Episcopo quam regi.* Sed prima lectio vera *et* germana est , ut ex consequentibus verbis liquido demonstrari potest. Editi falsatam retinent lectionem. 342

Hic servituti donatur. Plures Mss. Codd. *hic servitute dominatur.* Ibid.

EPIST. LXI. AD VIGILANTIUM.

Justum quidem fuerat. Permulta addita reperio in Ms. Codice Cluniacensi, ut hic statim ab initio , *Utile quidem justumque fuerat*, etc. Infra ad voces Græcas retinet interpretationes, quæ in aliis Exemplaribus non comparent. 347

Τῷ σοφωτάτῳ κρανίῳ. Cluniacensis Codex addit interpretationem Græcorum verborum hoc modo : *Tibi soli licet* τῷ σοφωτάτῳ κρανίῳ, *id est, sapientissimo cerebro, de cunctis,* etc. 349

Πᾶσαν τὴν ἀριστείαν σου. Hic omittunt editi voces Latinas, *parvulorum quoque voce cantatum*, quamvis legantur in cunctis Exemplaribus manuscriptis. Codex vero Cluniacensis partim Græcis litteris ita totum locum retinet : *Alioquin præferrem* ΠΑΣΑΝ ΤΗΝ ΑΡΙΣΤΕΙΑΝ ΣΟΥ ΚΑΙ ΤΡΟΠΕΟΦΟΡΟΝ *omnia prælia tua et trophæum, parvulorum quoque humero portatum, et eorum voce cantatum.* Sed , etc. Solus hunc habet contextum depravatum : alii pene omnes legunt τροπεινοφόρον, forsan pro τροπαιοφόρος, *id est, trophæum gestantem.* Unus Colbertinus legit τροπηφορίαν pro voce τροπαιοφορίαν a nobis retenta. Est autem sensus iste Hieronymi : Christiana verecundia teneor, ne præclara tua facinora et pompam trophæorum tuorum proferam, sicut de viris fortissimis cantant parvuli. Quod ironice dixit sanctus vir, ne turpia cauponis facta cogerétur suis exprimere nominibus. *Ibid.*

Λ'συνάρτητον *sermonem.* Hoc verbum non significat *inconditum* vel *incompositum* : sed *non connexum*, *non cohærentem* ; vel *proprie ineptum*, et *non convenientem.* A themate ἀρτίω vel a verbo ἄρω; non vero ab ἀρχή, ut Erasmus docet in scholiis. 350

Proverbium ὄνῳ λύρᾳ. Perperam mutant hoc loco proverbium Græcum veteres Editiones , ubi legimus ὄνος πρὸς λύραν, *asinus ad lyram.* Vera itaque ac genuina lectio retinetur in omnibus Mss. Codicibus, nempe ὄνῳ λύρᾳ, vel ἐνὸς λύρᾳ. Sed ex ipso Hieronymo retinenda prior lectio ἔσω λύρα, *asino lyra*, subaudi , *superflue canit* : ut habet idem Hieronymus in Epistola ad Marcellam : *Quos ego cum possem meo jure contemnere (asino quippe lyra superflue canit), tamen ne nos superbiæ* etc. Codex Cluniac. *Verum est illud apud Græcos proverbium, asino lyra superfluo canit* ΟΝΟΛΥΡΑ. Dicit ergo Hieronymus proverbium illud Græcum aptissime quadrare in Vigilantium, cui etiam nomen sit impositum per antiphrasin, quia Dormitantius magis dicendus erat , quam Vigilantius. De hoc præsenti proverbio multa habemus in Chiliadibus Erasmi, sive in libro Adagiorum. Consulat qui voluerit. *ibid.*

EPIST. LXIV. AD FABIOLAM.

*Perversus est ordo Epistolarum ad Fabiolam in antea editis libris : nam ea quæ est de quadraginta duabus Mansionibus filiorum Israel in deserto , prior posita in eis legitur ; cum tamen sit posterior et ordine temporis et materiarum genere , respectu scilicet voluminum Mosaicorum quorum seriem imitamur in disponendis hisce Epistolis Criticis veteris Instrumenti. Quia igitur liber Exodi , ubi de vestitu sacerdotum Moyses loquitur , prior est libro Numerorum , cujus ultimam partem edisserit Hieronymus in Epistola de XLII. Mansionibus, rectum judicavimus eam prius edere , quæ prior ab Auctore scripta est , ac de iis quæ leguntur in Exodo diligenter pertractat. Præterquam quod et ipsemet eumdem ordinem sequendum docuit in Epitaphio Fabiolæ , ad Oceanum. 354

Pectore et ventre. Editi , *pectusculo et ventre* : Regius Ms. 3993. et alter Abbatiæ celebris Cluniacensis. *Et armo dexteri pedis et ventre.* *Ibid.*

Ε'πίθεμος. In omnibus Mss. codicibus, *appellatur* ἐπίθεμα, *id est additamentum.* Servata voce et casu immutato scripturæ Græcæ LXX. Interpretum , *pectusculum additamenti*, etc. 355

Confossus. Variant in hoc verbo Mss. exemplaria , alia *confixus*, nonnulla *defossus*, reliqua *confossus.* Consequenter etiam legunt *curamus et currimus.* *Ibid.*

Segnes sint. Editus Mariani et Mss. aliquot , *insignes sint.* Postea duo Romani seu Vaticani 342. et 343. *semis naribus.* 356

Pretium æqualiter offertur. Eodem sensu legunt quamplurimi Mss. codices , *omnes pretium æqualiter offerunt.* 357

Christi Dei sui super eum est. Omittunt editi nomen *Christi*, quamvis sit in omnibus nostris Mss. exemplaribus. 358

Crateras. Unus codex manuscriptus sancti Theodorici prope Remos , *cantaros , scyphos.* 360

Patueri ornatus. In editis et aliquot Mss. libris , *ornatus.* Consequenter etiam nonnulli legunt *femoralibus* , et *verecunda* pro *verenda.* *Ibid.*

Dirigendo jaculo. Nonnulla exemplaria Mss. cum editis retinent hoc loco , *dirigere jacula , tenere clypeum , ensem librare.* 361

ΗΕΜΙΑΝ *vocant.* Sic legunt omnes Mss. codices ; editi vero ut in paraphrasi Chaldaica המינים *hemejanim* ; sed legere debuerant ut in Polyglottis המין *hemjanin.* Exod. 28. 40. Quantum autem a vero distent Er. et Mari. ex hoc loco manifestum ac exploratum habemus, nihil enim ad propriam originem expendunt ; sed ad aliena opera revocant , ut hic ad Targum Onkelosi ; cum ad Josephum revertendum fuisset. Scio *balthæum* המין *hemjan* dici apud Chaldæos ; nec tamen ab illis mutuari volo veram lectionem contextus Hieronymi ; sed a Josepho Judaicarum Antiquitatum scriptore , unde derivata est in præsens opusculum Hieronymi. Josephus itaque lib. 3. Antiqq. Jud., cap. 8. de Pontificali et Sacerdotali ornatu loquens , hæc de baltheo nos docuit : Μανθτῆς μὲν οὖν ἀφαγῆς αὐτῆς ἰωλύσειν, ἡμεῖς δὲ παρὰ Βαβυλωνίων μεμαθηκότες , ἐμίαν αὐτὴν καλοῦμεν , οὕτως γὰρ προσαγορεύεται καρ' αὐτοῖς. *Moyses enim abaneth ipsam nominavit ; nos vero a Babylonis edocti , Emian illam vocamus : sic namque apud illos cognominatur.* Mss. omnes cum Josepho concinunt , legunt enim *Emian* , et *Hemian* cum aspiratione. Porro quid intelligat hoc loco Hieronymus , *novum* dicens *vocabulum Babyloniorum*, alibi commodius explicabitur. 362

Hebræi MISNEPHET. Plures Mss. codices omittunt has voces , *Hebræi Misnephet.* *Ibid.*

Aquila ἐπιθυμία. Editi corrupte legunt ἐπίραμμα pro ἐπένδυμα, id est , *superindumentum*. 363

Epistola scripsisse me memini. Vide infra Epistolam ad Marcellam, quæ incipit, *Epistolare officium*; numeraturque 130. in antea editis. *Ibid*.

In modum caracallarum. Caracalla genus dicitur vestis barbaricæ, unde nomen Imperatori Antonino Septimii Severi filio , ut in ipsius refertur vita. 364

Vel patriam demonstraret. In aliquot exemplaribus Mss. *vel patriam de patria demonstrat*. *Ibid*.

Lyncurium invenire non potui. Erasmus sic monet in suis scholiis sive annotationibus Ligurius. Haud dubium est, quin lyngurius sit legendum. Hieronymus ingenue fatetur se gemmam hanc non potuisse reperire apud Auctores, qui de his tradiderunt : nec mirum est, hominem tantulum suffugisse lapillum, cum aliquoties non videamus et id in quod incurrimus. Quanquam meminit Lyngurii Theophrastus in libello περὶ τῶν λίθων, et hunc secutus Plinius libro trigesimo septimo, cap. IV. Hanc ferunt nasci ex urina lyncis , unde et nomen habet. Λύγξ animal est , οὖρος urina. Ea protinus concrescit in gemmam. Sed invidum animal protinus egestam urinam terra operit, ne possit ab homine inveniri, ad multa efficax medicamenta. Valere enim ad eliciendos vessicæ calculos, et adversus morbum regium, si gestetur , aut ex vino bibatur. Non est dissimilis electro, sive succino. Non enim solum attrahit festucas et lignum, verum et ferrum , si sit genuinus. Theophrastus hujus rei citat auctorem Dioclem. At Plinius neutri credit hac quidem in re : et negat unquam hoc nomine gemmam visam. 365

Coccus igni et ætheri. Plures Mss. *coccus igni et aeri*. Deinde omnes legunt *sani* et διαφορον, pro *sen* et διαφανον librorum antea editorum. 366

Id est terra. Dissonant hoc loco codices manuscripti, alii , *quod terra constringitur* ; nonnulli , *id est terrea constringitur* ; unus Cluniacensis emendatus , *eo quod terram constringat*. 367

MAZUROTH. Editi imperitia Typographorum , meo quidem judicio, falso legunt מזלות *mazoloth* , *hoc est* , etc. Nam in Hebraico scriptum מזרות, quod Septuaginta legunt *mazuroth*, ut etiam omnes Mss. codices Hieronymi. Id dictum velim in excusationem Erasmi ac Mariani , quos non puto adeo imperitos fuisse linguæ Hebrææ , ut *mazoloth* legerint , ubi *mazuroth* , vel *mazaroth* legere debuissent cum aliis omnibus sermonis Hebræi haud penitus iguaris. *Ibid*.

Terræ per eam deputatur. Editi antea libri , *terræ per ea deputatur*. Ms. Cluniacen. *per eam deputatur*. 368

Ὑποδύτης. Plures Mss. legunt ὑποδύτης. 369

Evangelia. Ita legunt omnes codices nostri Mss. et ita legendum docent sequentia verba , *de uno quatuor* , *et in quatuor singula* : hæc enim de Evangeliis merito dicuntur, non de quatuor animalibus Apocalypseos , licet et ipsa symbola sint quatuor Evangeliorum sive Evangelistarum. Eras. et Marian. retinent *animalia*. 370

Doctrina et veritas. Hic quoque addunt , *manifestatio vel* , etc. *Ibid*.

Demonstrarem. Cluniacense exemplar aliud habet hoc loco , scilicet : *singulis comparentur* ; *longi temporis erit*. *Sed sufficiat quod sanctus*, etc. Codex unus Ms. S. Remigii , *plenius quæsita memorarer*. *Sufficiat quod et sanctus*. Alter S. Theodorici , *plenius quæsita demorarer* , etc. Regius supra memoratus , *plenius quæsita demonstrarem*. *Sed sufficiat quod sanctus*, etc. 371

Puritatis seminum. In antea editis *puritatis ac feminum*, vel *puritatis feminum*. Consequenter etiam legunt , *pudicitiam solam conscientia novit*. *Ibid*.

Ad superiora retrahor. Exemplar S. Theodorici , *ad superiora trahor*. 372

Si a vobis. Idem hoc loco legit : *Sed a vobis propter celebritatem urbis* , *si fuerit inventus* , etc. *Ibid*.

EPIST. LXV. AD PRINCIPIAM.

Sacci pœnitentiam , etc. Sine Hebraicorum Nominum libro nequaquam intelligitur iste locus : sed facilis est ac perspicuus ubi scieris, *Magdalenam turritam* ; et *Damascum sanguinem sacci* significare. 373

Unum perduellem. Erasmus male legit , *et propter unum eam perdere vellet dux exercitus Joab* , *murosque ariete quateret* , etc. Hæc et similia bene multa castigavit Marianus in Editione Erasmi, quem et in suis Notis sic reprehendit : Viginti , inquit , et septem errores ex hac una tantum , ut vides , Epistola expunximus. 374

Filiorum Core. In Notis nostris super Hebræo Hieronymi Psalterio legimus, *qui commutabatur filiorum Core*, *intelligentiæ Canticum pro dilecto* : quia ex antea editis libris verba illa recitavimus. Nunc vero veterum Editionum errores castigamus ad fidem quamplurium Mss. codi-

cum Epistolæ ad Principiam Virginem. 375

LAMANASSE. Mendose et more hodierno ita legunt Eras. et Marian. *Lamanazeah al sosannim libne Corah maschil sir jedidoth*. *Ibid*.

IDIDOTH. In Hebræo est למנצח על ששנים לבני קרח משכיל שיר ידידות. *Ibid*.

Competentius disputatur. Ex hoc loco male probant nonnulli Hieronymum edidisse Commentarios in omne Psalterium : cum non dixerit sanctus Doctor se disputasse de Psalmo 41. sed quod competentius de filiis Core in Psalmo 41. disputetur. 376

Adolescentis oratio est. Quamvis somnia libri 3. Esdræ alibi repudiaverit S. Hieronymus, eodem tamen hic utitur, quia passim apud viros Ecclesiasticos legi solitus fuit. *Ibid*.

Formosior sit. Veteres Editiones legunt cum particula negativa ; *non quo divinitas Christi hominibus comparata non formosior sit*. At genuinus sensus sancti Doctoris est, pulchritudinem Christi qua omnes superat , non esse referendam ad ejus Divinitatem, cui nulla creatura nec aliquid creatum potest comparari ; sed ad pulchritudinem virtutum in sacro et venerando corpore Salvatoris nostri. Tollenda igitur erat negatio, ne sensum falsum efficeret ; quam nos quoque indubitanter sustulimus ad fidem exemplarium Mss. quæ non legunt particulam negantem. 379

Gentilis quoque error. Astræam , Palladem et Dianam armatas finxit error Gentilium. 380

Potentissime populi. Superfluum idem verbum antea jam damnavit in Epist. ad Sun. et Fret. 382

Dee posuimus. Ita legunt Eras. et Marian. similiter. Mss. codices absque *Deo* ; quod tamen necessario supplendum videtur , ut appareat Hieronymum propter intelligentiam posuisse in vocativo casu *Dee*, etsi illud Latina lingua non recipiat. 383

Et odii iniquitatis. Erasmus cum paucis exemplaribus Mss. *et odium iniquitatis*. *Ibid*.

Photinus opprimitur. Opprimitur in hoc loco Photinus, quia Jesum Christum ex Maria solummodo editum fuisse asseverabat : cum ex hoc versiculo manifestissime appareat eum Deum esse , et a Deo Patre unctum præ participibus suis. 384

HALOTH legitur. Manuscripti codices legunt *Aloth* , et *Heloth*. Utrumque legi potest ex ipso Hieronymo : ille enim supra docuit Quæstion. Hebr. in Genesim , idioma esse linguæ Hebraicæ per ה *he* scribere et per א legere ;

sicut e contrario א a litteram per *he* pronuntiare. אהלות igitur, *haloth* optime legitur juxta illud Hebræorum idioma ; vel more consueto *Aaloth*, aut *Ahaloth*. 385

De templo dentium. Ridiculam lectionem sequentem posuit Erasmus a Mariano castigatus, *de templo vendentium*. *Ibid*.

Ἐπιχώριον *Palæstinæ*. Quamplures Mss. retinent gikorion et gyxorion pro ἐπιχώριον, id est, *patrium*. 386

Σύγκοιτον, *id est*, etc. Marian. hoc sequenti scholio locum illustrat : pro quo *Aquila* σύγκοιτον. *id est concubinam*, συγκοίτην *falso legebatur antea*, *masculini enim generis ea vox est*. At nec συγκοίτην, nec σύγκοιτον legunt Mss. codices, qui omnes constanter retinent genuinam vocem σύγκοιτος. Vox autem σύγκοιτος de marito et de uxore dicitur : et generalius sumitur pro concubitore vel pro concubina. *Ibid*.

Septem quippe. Idem lib. 2. Comment. in Jeremiam, cap. 10. « Septem nominibus apud Hebræos appellatur aurum ; quorum unum Ophaz אופז dicitur, quod nos dicere possumus abrizum. » De quo ita disputat Joannes Drusius Observationum lib. IV. cap. 15. Septem nominibus aurum appellari apud Hebræos annotat Hieronymus , Jer. 10. et in Epist. ad Principiam , sed ea nomina quæ sint , nec ipse usquam annotat , nec a quoquam , quod sciam , adhuc annotatum fuit. Ego autem qui operæ studique in iis quærendis aliquantum posui, ac, nisi fallor, inveni , puro me operæ pretium facturum fore, si ea hic enumerem, ac cum studiosis harum litterarum ingenue communicem. Primum igitur nomen occurit *Zahab*, commune ad omne auri genus. Alterum est *Phaz*, sive *Ophaz* ; quod genus auri Græci κέρδον vocant, ut Hieronymus ait. Tertium *Harus*, sic dictum quod a terra *exscindatur effodiaturque* : nam HARAS *exscindere*. Quartum *Chelhem*, quod tamen Aquila apud Davidem σπιλώματα exposuit. Quintum *Ophir*, cujus appellatio a loco unde afferebatur : ab eoque obrysum quasi Ophyrisum, si credimus Hieronymo. Sextum *haser* , Job. 22. 24. Septimum *segor*, quod Camius interpretatur dicens esse *aurum purum putum*. Hucusque Drusius , et eum secutus Auctor Criticæ sacræ , parte 1. pag. 53. seu Waserius de antiquis nummis Hebræorum lib. 1. cap. 4. Sed notandum nomen sextum *haser*, Joh. 22. 24, nequaquam *purum* expressum esse ab Hieronymo ; ideoque aliud requirendum, ut *septem* inveniantur auri vocabula. Occurrunt vero quinque pariter Jobi capite vigesimo octavo, nempe communiæ ad omne auri genus זָהָב *zahar*, v. 1. et 6. Secundum deinde nomen est סְגוֹר *segor*, v. 15. Tertium כֶּתֶם אוֹפִיר *chethem Ophir*. v. 16. Quartum פַּז *phaz*, v. 17, Quintum כֶּתֶם *chethem tahor*, v. 19. Quibus si addas nomen חָרוּץ *harus*, Jobi 41. v. 21. et אוֹפָז *ophaz*, Jerem. cap. 10. v. 9. completus erit numerus septem nominum quibus aurum appellatur apud Hebræos. Præter ista auri vocabula leguimus מַהֲבָה *madheba* a radice דָּהַב *dahab*, quod aurum significat, sive potius *aurum* quod pendebant vectigales et tributarii. Sed de auri nominibus satis superque. 586

Diabolo nati estis. Ita legunt omnes Mss. codices antiqui et optimæ notæ. Marianus legit, *vos ex patre diabolo estis*, juxta Vulgatam Latinam hodiernam, ac fontem Græcum ἐκ id est, *estis*. 587

Apostolo dimittat, etc. Cave ne hunc Apostolum putes unum ex duodecim quorum Catalogos reperitur apud Evangelistas : sed intellige discipulum cui Christus dixit Matth. 8. 22. *sequere me, et dimitte mortuos sepelire mortuos suos*. 588

Κρατῶν. Pessime editi antea libri posuerunt hic κρατοῦν; cum Mss. exemplaria retineant vel ΚΡΑΤΕΑΝ mendosum, aut ΚΡΑΤΑΙΑΝ genuinum verbum et incorruptum. Ex nostra igitur Editione præsenti restituentur veteres Interpretationes Aquilæ, Symmachi et cæterorum, ut manifestius apparebit in peculiari Tabula quam dispono ad complementum hujus Tomi secundi. *ibid*.

Ἔσωθεν. Quam proposui ac defendi conjecturam in Epistola mea ad viros doctos et studiosos edita cum Prodromo divi Hieronymi, nunc falsam agnosco nominis et adjunctis aliquot exemplaribus antiquis Mss. ubi ἔσωθεν scriptum legimus non ἔξωθεν corruptum aliorum codicum quos ego secutus in errorem prolapsus sum. Sed de *Esebon* consequenti verum dixi, et nihil me fefellit, cum ita legendum doceant tam Mss. codices, quam Editio Romana LXX. Interpretum ac Psalterium Æthyopicum, in quibus retenta est vox Esebon, quæ secundum Hieronymum interpretatur *cogitatio*. Marianus et Erasmus mendose ac falso posuerunt ἐξ Ἐσεβών pro Hebræo *Esebon*. 589

Dies mundi. Dies unus pro mille annis si sumatur secundum opinionem veterum Hebræorum, qui putarunt sex millibus annorum mundum permansurum, manifeste Hieronymus hoc loco eamdem sententiam allegorice proponere videtur. Vide infra Epistolam ad Cyprianum. 590

Et totum Canticum. Non legimus Opus illud aliquando ab Hieronymo editum fuisse. 595

EPIST. LXVI. AD PAMMACHIUM.

Ex areæ cognomine. Apud Hebræos area dicebatur *gloria*, id est, כָּבוֹד *chabod*, 1. Reg. 4. *translata est gloria Domini*. Unde nomen accepit *Ichabod*, אִי כָבוֹד quasi dicat *non gloria*. 595

Ferventes Mamos. Falso addiderunt Erasmus et Marianus nomen *turicos* ante vocem *Manos*. De ejusdem contextus depravatione vide Notas nostras Tom. II. in caput 10. Ecclesiastæ. 599

Amos tibi semper. Hic pro nomine *Amos* Marianus legit *Amor* contra fidem omnium Exemplarium ; sed si meminisset eorum quæ Hieronymus habet in cap. ut I. Amos, forte mutasset sententiam. Consulat Lector curiosus Commentarios in Amos, col. 1571. novæ Editionis, et subinde lectionem conficiam a Mariano abjicere gaudebit. 400

Euge, noster. Sic legit Codex Ms. Monasterii S. Theodorici prope Rhemos ; alii vero : *Euge noster, nitila transgrederis*. Marian. *Euge nostra initia transgrederis*. 401

Primum sequeris Patriarcham. Errore librariorum male in editis libris legitur sine distinctione puncto, *primam Patriarcham tot*. *ibid*.

Unita discindimus. Eo modo legimus in Mss. Codicibus, editi libri vim sententiæ dejicientes, legunt *unita dissuimus*. 402

Ferrorem fervori augeam. Hoc quoque retinent cuncta Exemplaria vetera Mss. Erasm. et Marian. id mutarunt in *errorem furore augeam*; quod sane a sensu verborum Hieronymi longius distare perspicuum est. 403

EPIST. LXIX. AD OCEANUM.

En consurgit mihi, etc. Ita Codex Cluniacensis ; alii autem retinent : *Et consurgit mæ*. Infra similiter legunt, *useri corporibus*, pro *inhærere corporibus*, quod idem Codex Clun. retinet. 411

Nosti problema tuum. Codicem Collegii Navarrici Parisiensis hoc loco secuti sumus : cæteri legunt in hunc modum : *Quorsum ista nosti problemata* : sed codex Cluniacensis castigatus hic legitur, cum prius habuerit *problema tuum*. 412

Sed Scottorum, etc. Lege ista in Libris contra Jovinianum, et corruptelas veterum Editionum lateri cogeris. 415

EPIST. LXX. AD MAGNUM ORATOREM.

Cretenses semper mendaces. Verba Græca in editis libris falso posita abjecimus. 426

Confabulationes pessimæ. Sic Mss. codd. retinent, editi *colloquia prava*. *ibid*.

Conto ilia perfossus acceperit. Codex Cluniacensis, *contoillico perfossus*, etc. Sed ex Chronicis Eusebii legendum *conto ilia perfossus*. Alii codd. Mss. *contumelia perfossus*, quod nihil est aliud nisi corruptum *conto ilia*. 428

Qui origines hæreseôn singularent. Putidus certe hic est error Erasmi et Mariani legentium, « Qui Origenis hæreseôn singularum venena, ex quibus Philosophorum fontibus emanarint, multis voluminibus explicarunt. » Quasi Irenæus et cæteri vetustiores Origenc, multis voluminibus ejus hæreses singulos exposuerint. Itaque hunc locum prodigiose contaminatum restituo *Origines hæreseôn ponendo*, pro *Origenis* ; atque verbum *venena* omittendo, quod non legitur in Mss. codd. *ibid*.

EPIST. LXXI. AD LUCINIUM.

Quis dabit mihi pennas, etc. Superfluæ contra fidem Mss. codd. hic addita sunt isthæc in libris editis : *Quis dabit mihi pennas sicut columbæ, et volabo et requiescam*, ut inveniat quem diligit anima mea. Vere nunc in te sermo Dominicus completus est : *Multi ab oriente*, etc. 451

Tantis fructibus approbavit. Absque sensu legebant ante nos Erasm. et Marian. *tantis fructibus approbavit*. *ibid*.

Auratam inter innumera, etc. Auratæ piscis est exquisitus, sic dictus propter colorem auri in squamis. Vulgo *uxa dorade*. *ibid*.

Ac perdat quem invenerat. Pulcherrimus hic est sensus, quem veteres Libri editi abstulerant ponendo, *ne perdat quod invenerat*. 452

πηρῶσαι. Omnes Mss. codices legunt *perotes*, unde apud Erasmum et Marianum πηρῶσαι ; sed genuina lectio est πηρῶσαι, ut exploratum nobis est e Septuaginta Seniorum translatione, eque libro Hebraicorum Nominum. *ibid*.

Canonici Hebraicæ Veritatis. Tunc temporis nondum in Latinum sermonem transtulerat libros Mosis, Josue, Judicum et Ruth et Esther. Porro Canonem hunc Hebraicæ Veritatis integrum edidimus in primo Tomo hujus Editionis. Consultat qui voluerit Prolegomena nostra et Adnotatiunculas in Genesim, in Josue et in Ruth. 454

Scriptores e variis auctoribus edidere. Ita Exemplaria Ms. editi male legunt masculino genere *aliorum pro aliarum*, id est, *traditionum*. *ibid*.

Quod diebus festis, etc. Erasmus et Marianus, *quod Dominicis diebus jejunandum putem*. Omnes Mss. codd. retinent *quod edidi*. Vide supra contra Luciferianos Hieronymum. 455

Quas nuper historica, etc. Hanc explanationem petierat Episcopus Amabilis. Vide V. librum Commentariorum in Isaiam. *ibid*.

EPIST. LXXII. AD VITALEM.

Manuscriptus Cluniacensis legit, *ad Vitalem Episcopum*. Quod secutus est Cassiodorus lib. Divin. Instit. Alii codices inscribunt *ad Vitalem Presbyterum*, addunt que passim universi : *Quomodo Salomon et ..choz undecim annorum genuisse dicantur filios*. *ibid*.

Inabilis reddidit. Corruptus omnino locus in editionibus Erasm. et Marian. ; obtrudunt enim hic nomen Damasi, qui vita functus fuerat pluribus annis ante scriptam Epistolam istam ad Vitalem : porro Papa Amabilis ipse est cujus precibus inductus Hieronymus decem Visiones Isaiæ interpretatus est. Consule librum quintum Comment. in Isaiam. 456

Benedictionibus. Benedictiones illæ erant εὐλογίαι Græcorum, id est, munuscula vel eleemosynæ de quibus Apostolus, *Qui seminat in benedictionibus*, etc. Harum benedictionum meminit etiam sanctus Benedictus Patriarcha ; nec a parentibus suis, nec a quoquam hominum, nec sibi invicem litteras, nec Eulogias, vel qualibet munuscula accipere aut dare, sine præcepto Abbatis sui. *ibid*.

Quadragesimum. Plures Mss. quos sequitur Erasmana editio, *cum quadragesimum annum ageret ætatis*. Sed corrupta est hujusmodi lectio, ut perspicuum est ex libro 3. Reg. 14. 21. atque ex codicibus melioris notæ in quibus legimus *quadragesimum et primum*. *ibid*.

Authenticum. Authenticum vocat Hebræum Aquilæum, quia semper Authenticus in Ecclesia Christi habitus est, quidquid velint nonnulli scioli hujus temporis ac Heterodoxi Scriptores. Cæterum quamplurimi Mss. hoc codex loco consequenter legunt, *Quis ne crediderit mortalium, generet filium ?* *ibid*.

Pro miraculo. Exemplar Cluniacense diversam hic retinet lectionem : *licet quod pro miraculo, signo atque portento sit, legem naturæ facere non possit*. Aliquot alia legunt, *quod pro miraculi signo*, et, *legem naturæ fucere*, etc. 437

Lydda natus est homo. Augustinus Hieronymo coætaneus eamdem historiam replicat lib. xvi de Civit. Dei, cap. 8. et in Enchiridio. « In Oriente, *inquit*, duplex homo natus est superioribus membris, inferioribus simplex. Nam duo erant capita, duo pectora, quatuor manus; venter autem unus, et pedes duo, sicut uni homini : et tam diu vixit, ut multos ad cum videndum fama contraheret. » Non parvam vero hallucinationem deprehendo in Commentariis Ludovici Vivis, qui putavit hominem illum duplicem natum fuisse in ora Africæ orientali ; cum ex hoc loco Hieronymi indubitanter sciamus ortum fuisse Lyddæ, quæ est urbs Judææ ac una ex decem toparchiis, teste Plinio.
Ibid.

Veteres historias. In aliquot Mss. *legamus veteres historicos*, maxime *Græcos et Latinos*, etc. *Ibid.*

Audivi domino, Editi legunt, *quod non reveletur. Ibid.*

Septingentas habuerit uxores. Excusari potest Erasmus qui pro *septingentis* habet *septuaginta*, quia major copia exemplarium Mss. retinent *septuaginta*. *Ibid.*

Scorta passiva. Sic omnes codices Mss. In editis non bene legitur, *passim*. Sunt autem *scorta passiva*, vilia ac vulgaria. Hanc vocem ex Tertulliano Hieronymum didicisse probat Fronto Ducæus in suis Annotationibus ad hunc locum. At non video quid causæ exstiterit, ut diceret vir doctus Hieronymum Scripturæ loca memoria fallente hic confundere ; cum Hieronymus generatim historiam narret incontinentiæ Salomonis, nullum peculiarem Scripturæ librum citando. *Ibid.*

IDIDI t. Nomen nonnihil depravatum in editis, ubi legimus *Jedidia*. In omnibus fere Mss. scribitur, *Ididia* vel *Ididida*, eliso *i* ultimo, quod tamen essentiale atque præcipuum est in hac voce ; nam *ia* unum est ex nominibus Dei in *Ididia* et in *Alleluia*. *Ibid.*

Quam inter decem. Vide supra annotata in littera b. 439

Interregnis. Hunc locum valde confusum suo quisque sensu mutavit atque restituit, post Erasmum Marianus, et post Marianum Fronto Ducæus. Erasmiana lectio hæc est, « Sed vel seditionibus populi, vel quibus tam inter se regnis, id est, Juda ac Samaria discordantibus, aut certe prementibus malis, et hinc inde, » etc. Quod ita castigat Marianus Victorius codicum, ut ipse ait, Florentinorum præsertim ope : sed *vel seditionibus populi, vel quibusdam interregnis, aut certe prementibus malis*, etc. Ducæus tandem interregna minime probans in contextu Hieronymiano; sic restitutionem censueret hunc locum : « Filium in imperium subrogatum ; sed vel seditionibus populi quibusdam internis, vel extra prementibus malis, et hinc inde consurgentibus bellis. » Bene ac lucide locus explicatus, sed nullum habet manuscriptum suffragatorem ; quare Marianæa lectio retinenda est, utpote suffulta auctoritate ac fide antiquissimorum exemplarium S. Hieronymi. Interrega autem, de quibus hic agitur, non Hieronymo, sed Judæo fabulam narranti tribuenda monemus, sive illa fuerint, sive non fuerint. *Ibid.*

EPIST. LXXIII. AD EVANGELUM.

Editi libri non *Evangelium*, sed *Evagrium* posuerunt. Omnes autem Mss. codices retinent *Evangelium* vel *Evangelion*. Eodem nomine vocabatur postea Episcopus Illyricanus. Vide Baron. ad annum Christi 516. Porro Opusculum missum ab Evangelio superest, adhuc in Appendice Tom. III. novæ Edit. Operum S. Augustini. 440

Ἀκούομεν. Nullum exemplar fabulinus Ms. in quo connexiva particula καὶ legatur ; unde manifestum nobis videtur, additam esse apud Erasmum et Marianum ἀκούομεν ἀδιοπνεῦ. *Ibid.*

Et εὐλαβέμενα miscere tractatui. Castigat hoc loco Erasmum Marianus, ostendens legendum εὐλαβούμενα, non φυλαξάμενοι, ut voluit Erasmus, cui profecto nullatenus favent Mss. codices : nam illi retinent Mariani lectionem ac restitutionem. Est autem φυλαξάμενοι tractatus, quasi tractatus *amator querelarum*, sive *querulus* ; eo quod præbeat occasionem offensionis et controversiæ. *Ibid.*

Prima homiliarum Origenis, etc. Sic legunt vetustissimi codices non pauci Mss. et Editi veteres libri. Erasmus et Marianus cum aliquot exemplaribus manu exaratis. « Statimque in fronte Geneseos in prima Homiliarum Origenis reperi scriptum de Melchisedec. » At lucidior sensus apparet in alia lectione quam restituimus. *Ibid.*

Apollinarem quoque. Multum discrepant ab hoc sensu editi libri Er. et Mari. legunt enim, *Apollinarium quoque nostrum, et Eustathium*, qui, etc. Sed præferenda lectio nostra ; neque vero hæreticum hominem *nostrum* appellare ac dicere potuit Ecclesiæ Catholicæ Doctor maximus. *Nostrum igitur* de Eustathio intelligimus, quia fidei Catho-

licæ strenuissimus fuit assertor magnus ille Eustathius Antiochenæ ecclesiæ episcopus, qui in Concilio Nicæno contra Arium, atque in suis Opusculis clarissima tuba bellicum cecinit. Cæterum nomen Eustathii omnino depravatum legitur in plurimis Mss. exemplaribus, ubi dicitur *Eustatius, Eustachius et Eustachius*. In codice denique manuscripto Monasterii sancti Cygirani ita scriptum reperio : *Apollinarem quoque martyrem et nostrum Eustasium*. Nonnulli codices consequenter habent, *qui prius... Episcopus fuit et contra Arium*, etc. 441

Mediano filio. Pro *mediano filio*, duo codices Mss. legunt, *a majori filio*, alter, *a minore filio.* Deinde omnes Mss. *typum Salvatoris præbuit et populi Judæorum*, omisso nomine *Cham*, quod tamen necessario subintelligendum est et retinendum. *Ibid.*

Sacerdotis Filii Dei. Manuscripti non pauci, *in typum præcessisse sacerdotii Filii Dei.* 442

Et brutorum sanguinem. Vitiosus est multum hic locus in editione veteri Romana et in Erasmiana, quam merito reprehendit Marianus ; etsi inveniatur in aliquot Exemplaribus Mss. ad hunc modum. « Et brutorum sanguinem, eorum animalium exta, id est, quidquid super escam est, susceperit. » *Ibid.*

Et uninterpretabilis. Tria exemplaria Mss. *et interpretabilis*, juxta editionem Vulgatam nostram Latinam. 443

Pulices. Editi libri Eras. et Marian. *vermiculi et culices* : sed reclamat fides omnium codicum Mss. quorum haud pauci legunt etiam consequenter, *scientiam inscientiæ. Ibid.*

MELCHISEDECH, etc. Nullum fere in hac pericope recitata exstat verbum, quod non sit corruptum apud Erasmum et Marianum, et contra antiquorum Patrum consuetudinem positum. Non enim exemplaria Hieronymi manuscripta sequenda sibi proponunt ; sed regulas hodiernorum Grammaticorum longe diversas ab usu veterum Hebræorum, atque Ecclesiasticorum Scriptorum. Itaque sic voluit Hieronymum legisse : « Umalchizedech melech Salem hozi lehem vaiain, vehu cohen leel elion ; vaiebarchehu vaiomar baruch Abraham leel elion kone Samaim vaarez : ubaruch el elion escher miggen zadecho beiadecho vaiiten lo maeser michol. « Qui hæc contenderit cum Editione nostra, falsum ubique deprehendet Hieronymum Erasmi et Mariani, ac prorsus imperitum linguæ Hebraicæ, utpote qui legat צרי *zadecho*, Daleth pro Resch ; et hanc vocem *zadecho* interpretetur *inimicos tuos* ; cum significet verius *latera tua*. Hieronymus igitur legit *sarach et biadach* more Chaldaico ; nam Targum Onkelos hunc locum Geneseos 14, 20. reddit *sarach* et *biduch, hostes tuos in manu tua*. Vide infra eamdem lectionem in Epist. ad Sun. et Fretel. Cæterum in hebræo hodierno ita leguntur verba Hebraica ab Hieronymo citata מלכי צדק מלך שלם הוציא לחם ויין והוא כהן לאל עליון ויברכהו ויאמר ברוך אברם לאל עליון קנה שמים וארץ: וברוך אל עליון אשר מגן צריך בידך ויתן לו מעשר מכל « Umalchi tsedec melech schalem hotsi lehhem vajain ; vehu-chohen leel elion, vaibarechu vajomar : baruch Abram leel elion cone schamaim vaarets ; ubaruch el elion ascher miggen thsarecha bejadecha vaijten lo mauser mikkol. » *Ibid.*

Annos triginta quinque. Falso *quadraginta* posuit Erasmus, pro *triginta quinque* ; ut ratione deducta statim apparet. 444

Imperitia confidentiam. Sententia dicitur Thucydidis, ἀμαθία μὲν θράσος, λογισμὸς δὲ ὄκνον φέρει, id est, *inconsideratio confidentiam, consideratio cunctationem affert.* Thuc. lib. 3. 446

EPIST. LXXIV. AD RUFFINUM.

Diverse inscriptam reperi hanc Epistolam in exemplaribus Mss., sed omnia constanter retinent has voces *ad Ruffinum Presbyterum Romæ*. Unde manifestissime comprobatur istum Ruffinum Romanum Presbyterum fuisse, non Aquileiensem. Hieronymo tandem intensissimum hostem. De eodem Ruffino Romano ita scribit ad Aquileiensem Hieronymus, Epistola nunc 66. « Sanctum quoque Presbyterum Ruffinum ob quamdam causam per Romani Mediolanum misimus, » etc. Codicum porro Mss. titulus cæteros omnes complexus, hic est : Epistola S. Hieronymi ad Ruffinum Presbyterum Romæ, de judicio Salomonis in sectione parvuli. 447

Falso rumore. Manuscripti plures *falsorum ore concelebrat* ; errore quidem facili ; sed omnibus manifesto. *Ibid.*

De nobis. Ita legunt cum Erasmo Mss. codices octo aut decem. Marianus Erasmo sæpius iniquus legit, *ad correptionem nostram.* *Ibid.*

Generavit filios fornicationis Quanquam res Mss. codices

ita legunt ; alii *genuerit* ; quod magis probatur apud Marianum. 448
Funiculum et pavi gregem. Hic quoque *funiculos* : pauci *funiculum* retinent cum Mariano. *Ibid.*
Quæ concepit me. Omnia fere exemplaria Mss. *quæ concepit me : Editi, quæ me genuit*. 449
Si velim per singula currere. Editi, *si velim singula percurrere*. 450
Iterum quæ legi. Horatianum est istud comma ; nam Horatius Satyrarum libro primo, Satyræ decima sic habet :
*Sæpe stylum vertas, iterum quæ digna legi sint
Scripturus : neque , te ut miretur turba, labores.* 451
Caninum libenter vidi. Quinque Mss. codices pro *Caninio* legunt *Caninium*. *Ibid.*

EPIST. LXXV. AD THEODORAM.

Nequaquam suscipiens. De portentosis hisce nominibus vide Hieronymum contra Vigilantium, item in cap. 64. Isaiæ, in cap. 3. Amos, in Naum, et ad Hediliam. In Mss. codicibus constanter legitur *Armazel* pro *Armagil*. 455

EPIST. LXXVI. AD ABIGAUM.

Denique quosdam, etc. Democritum intellige et ejus discipulum Metrodorum. Cicero Lib. V. de Finib. et Tuscul. Quæst. Lib. V. Hieronym. Lib. II. adversus Jovinian. Tertullian. in Apologet. 456

EPIST. LXXVIII. AD FABIOLAM.

Quamplurimi Mss. codices hanc sequentem præ se ferunt epigraphen : *Incipit de Mansionibus Israelitici populi*. Unus Colbertinus recentior : « Incipit libellus S. Hieronymi de XL. duabus Mansionibus Israelitici populi, compositus in memoriam Fabiolæ. » Corbeiensis vetustissimus infra multopere laudandus : « Tractatus de quadraginta duabus Mansionibus filiorum Israel. » 467
Nos autem verius, etc. Consule supra Apologiam eruditionis Hieronymi in lingua Hebraica, cap. 2. Comment. in lib. Hebr. Nominum. 468
Excomedente, etc. Male in antea editis legimus, *et excedente*. Sed, nisi fallor, posuerunt Eras. et Mar. *exedente :* typographi imperiti, *excedente*. Plures Mss. *et comedente*, etc. 470
Tonitruum putaverunt. Non in baptismo Salvatoris ; sed quando ipse rogabat Patrem , ut clarificaret nomen suum, Joan. 22. 29. « Turba quæ stabat et audierat, dicebat tonitruum esse factum, » etc. At forte meminit hoc loco Hieronymus alicujus Evangelii apocryphi in quo illud erat scriptum ; sicut de lumine magno apparente in baptismo Salvatoris unum exemplar Italæ Versionis conceptis verbis mentionem facit. Vide editionem meam Evangelii secundum Matthæum ; et inter Opera Cypriani opusculum cujusdam Scriptoris anonymi, in Observationibus Rigaltii pag. 139. *Ibid.*
Tonitruo gaudii, etc. Eodem sensu alia exemplaria legunt, *tonitrui gaudio*. *Ibid.*
Habeat protegentem. Addunt editi ante nos libri , *et nox ignem habeat*, etc. 472
Pericula rursus occurrunt. Eras. et Marian. hic quoque posuerunt, *Ægyptii et Pharao rursus occurrunt*. 473
Disciplinam, etc. Iidem Eras. et Marian. legunt, *Evangelicam doctrinam*. *Ibid.*
Adhæsionem. Contra fidem omnium Mss. codicum et libri nominum Hebraicorum mutant etiam hoc loco genuinam lectionem, et pro *remissionem*, substituunt *retentionem*. Vide supra annotationem nostram col. 19. 476
Si medium verbum scribatur per BETH litteram. דבקה *debehca*, a דבק *dabac*, *conjunctam* significat et *adhærentem :* דפקה *dephca* vero, a דפק *dæphac*, *pulsationem* vel *pulsatam* intelligunt Grammatici juxta Hieronymianam observationem. *Ibid.*
De male interpretatis. Male interpretata intelligit editionem Græcam LXX. ubi ἔφαξα legimus, pro *Dephca*, id est, Resch, pro Daleth, quæ parvo tantum apice distinguuntur hoc modo ד *Daleth*, ר *Resch*. *Ibid.*
ABEN EZER. Falso in antea editis libris positum est *haben hauser*, quasi cum *Samech* , vel cum *Sin* scribatur in Hebraico contextu : nam si his litteris scriptum dicimus , *abcn hauser*, minime significat *lapidem adjutorii*. 477
Castrametati sunt. In aliquot Mss. et in editis legitur , *castra posuerunt*. 478
In centum viginti Mosaicæ, etc. Exemplaria manuscripta constanter retinent hanc lectionem, quam editi mutarunt in hunc modum : « In Apostolos quoque et qui cum eis erant, in centesimo vicesimo Mosaicæ ætatis numero constitutis, » etc. *Ibid.*
Rubi. Manuscriptus codex antiquissimus Corbeiensis, literis uncialibus ante annos circiter mille in membranis

exaratus , legit *purulentias Ægyptiorum ;* et deinde cum cæteris omnibus, *qui sunt magnarum carnium*, In margine quem recentiori manu inscriptum retinet *virulentias*. Meminit porro Hieronymus verborum Ezechielis cap. XVI. v. 26. « Et fornicata es cum filiis Ægypti vicinis tuis magnarum carnium. » Idem lib. 1. Comment. in Osee, cap. 1. « Amatores Chaldæos, et Assyrios, et Ægyptios, qui sunt magnarum carnium, secuta est. » Hæc utique si commodius attendissent veterum editionum Auctores, nunquam ridiculam rem postuissent in contextu Hieronymi ; inepte enim legere voluerunt, *Nec hic virulentias Ægyptiorum, quæ sunt Poetarum carmina*, etc. 480
Ἄρκευθον *apud Græcos*. Verbum isthoc Latine exscribitur in Mss. exemplaribus non paucis, *arceuthon*. 481
Malachia lateres, etc. Vel memoria lapsus est Hieronymus ; aut diversis exemplaribus Malachiæ utebatur ; vel forte imperiti exscriptores pro Isaia posuerunt Malachiam, ut alibi pro Zacharia, Jeremiam. Itaque Isaiæ capite nono, versu decimo legimus quod hic notat S. Doctor ; sed Idumæi non sunt hoc loco ; qui pro lateribus destructis, injuntur lapides politos reponere. Nam ita scriptum est versu citato : *Lateres ceciderunt, sed quadratis lapidibus ædificabimus*. Id loquuntur populus Ephraim et habitatores Samariæ, non Idumæi. 482
Hoc verbum, etc. Sub alia forma sæpius occurrit verbum significans *frenos*, nempe רסן *resen*. Igitur multa nos docuit hic Hieronymus. 1. Quod vox רסה *Ressa*, vel *Rissa* reperiatur solummodo apud Hebræos num. 33. 21. et 22. 2. Quod fuerit antiquitus liber apocryphus in quo verbum *Ressa* inveniebatur, et pro *stadio* ibidem sumebatur. 3. Denique quod liber ille a Græcis λεπτή, id est, *parva Genesis* appellatus sit. Cur autem Erasmus et Marianus de suo efflixerint verbum Græcum μικρογένεσις, tollentes nomen positum ab Hieronymo, ac nominis interpretationem, contra fidem omnium Mss. codicum , non meum est dicere, sed eorum qui voluerint manifestis vitiis adulari. 483
Vulneravit principem Tyri. De principe Tyri vide caput 28. Ezechielis, ubi imaginem habes superbi Angeli a Christo vulnerati. *Ibid.*
Supradicto Apocrypho Geneseos volumine. Allegoriam libri Apocryphi hic, ut jam supra, prosequitur Hieronymus. Et notandum etymologiam nominis *Thare* positam in libro Hebraicorum Nominum reprobari in hac Mansione ab ipsomet Hieronymo : *Nec errarent*, inquit, *si per Ain litteram scriberetur*, etc. Nam re ipsa תרע *Thare*, vel *Thara* cum *Ain* significat *malitiam*, aut *pastionem*, sive *pasturam ; cum Beth* autem aspiratione duplici, תרה *Thare*, exprimitur *abactor* vel *depulsor* juxta librum Apocryphum. 485
Non sinit devorari. Vide lib. Gen. 23. 11. ubi Abraham abigit aves a partibus et membris divisi sacrificii. *Ibid.*
Moseroth. In vetustissimo Ms. Corbeiensi jam laudato sæpius, non *Moseroth*, sed *Museroth* scriptum est. 486
Dedolationes hominis. Manuscripti vetustissimi aliquot et recentiores legunt, *dedolationis hominis*. Deinde Corbeiensis, litteris Græcis ἐδολωμένη ἀνθρώπου ; idipsum quoque legendum deprehendimus ex vestigiis aliorum exemplarium, ut fassus est Erasmus in suis scholiis, immerito hic notatus apud Marianum, qui legere voluit Ξυλακαιμοφόρος Hieronymo minime proprium. Nam nomen Hebræum גבר עציון *Asion* , vel *Etsion gaber*, significantius Græce exprimitur Ξυλωμός, id est, *lignatio*, aut Ξυλακαιμοῦ ἀνδρός, hoc est , *lignationes viri ;* quam Ξυλακαιμοφόρος, *lignorum ferax*. Quod manifeste evincunt sequentia ipsius Hieronymi verba . *Possunt lignationes viri ; saltuum et omnium arborum genera.... figurare*. 488
Per Gimel. Græci legebant *Gasion Gaber ;* quia LXX. Interpretes ע *Ain* in Hebraicum pro ג *Gamma* sæpius reddiderunt, ut in *Gomorrha* pro *Amorrha*. 489
Nec errarent. Ex hoc loco scire possumus diligentiam Hieronymi in rebus Hebraicis ac Nominum etymologiis perscrutandis ; quotquot errores Græcorum et Latinorum unica sæpius observatione castigaverit. 490
Ὑποκορισμῶς *appellatur*. Ὑποκορισμῶς idem est quod *diminutive :* duo autem illa diminutiva sunt *selmona*, id est, *imaguncula ;* et *Phinon*, hoc est, *os parvum ;* aut si liceat abuti novo vocabulo, *orulum*. Nisi potius dixerimus cum Virgilio et Columella, *oscillum*. 491
Secundum verba Helui. Editi retinent hoc loco nomen *Helui ;* nec ullam invenio Marianæam vel Erasmianam annotationem quæ me doceat, quis fuerit ille *Helui*, juxta cujus verba *Oboth* significet *lagenas grandes*. At meminisse debuerant Eliu verborum, Job 32. v. 19. « Et venter meus quasi mustum absque spiraculo, quod lagunculas novas disrumpit. » Hoc loco אבות *Oboth* significat *lagenas secundum Heliu*, incognitum in veteribus editionibus Hieronymi 493

tim castrametati sunt. Mss. plures cum aspiratione *Ilihim.* 492

Deblathaim. Velit, nolit Hieronymus, semper legit verba Hebraica apud Erasmum et Marianum juxta Massorethorum puncta vocalia et alias tricas Grammaticales, ut supra פינרן *Phinon* pro פיברן *Phinon*; et hic רבלחימה *Diblathaiema*, pro *Diblathaim*. Observandum vero in Textu Hebræo Samaritanorum ac versione Syrorum, retentum fuisse *Phinon*; et *Deblathaim* quoque apud Syros. 494

Numeratur rursum populus. Addunt editi antea libri, *numerantur et Levitæ*. Consequenter etiam legunt hoc modo : « Et ex judicio Domini hæreditatem accipiunt, ut inter fratres suos nec femineus a possessione Dei sexus excludatur. » 495

Offerre debeat. Non pauci codices Mss. pro *offerre*, habent *ferre*, et *afferre*. *Ibid.*

Meditatorium Evangelii. Discrepant in hac voce exemplaria Mss. quia quamplurima legunt *mediatorium* pro *meditatorium*. Sed ultimam hanc lectionem retinendam monet sensus Hieronymi docentis Deuteronomium esse quasi præparatorium ad aliam secundam Legem, et in se repræsentans Evangelium futurum. 496

EPIST. LXXIX. AD SALVINAM.

In Mss. Codd. *incipit ad Salvinam consolatoria de Nebridio et viduitate servanda.* In quibusdam sic lego : *De morte Nebridii et viduitate servanda.* 497

Non hominum, etc. Quatuor Exemplaria manuscripta hanc sequentem retinent lectionem : « Unumquodque enim non hominum, sed rerum pondere judicandum est. » 498

EPIST. LXXXII. AD THEOPHILUM.

Vetus dictum. Erasmiana Editio addit nomen proprium hujus veteris Monasterii, legitque : « Monasterium enim sancti Papæ Epiphanii nomine vetus ad dictum. » Sed utra vera sit lectio scire non possum, quia in hac Epistola Mss. Codicum auxilio destitutus sum. 518

EP. LXXXIV. AD PAMMACH. ET OC.

Dimidiatam Christi introduxit œconomiam. Dimidiatam dixit œconomiam Christi, quia Apollinaris voluit Verbum carnem solummodo, non animam assumpsisse. Consequenter Arii apertissimus propugnator dicitur Eusebius Cæsariensis, quod aliqui negare videntur. 523

Bar-aninam nocturnum, etc. *Bar-anina* vocabatur Hieronymi Præceptor Judæus, non *Barrahanus*, ut falso legitur in antiquis Editionibus. Hoc nomine inepte propter imperitiam abusus est Ruffinus in libris Invectivarum suarum. 524

Mille et eo amplius tractatus. Codex Sancygiramus sic legit : « Mille et eo amplius tractatus legi, quos in Ecclesia locutus est. Edidit innumerabiles præterea Commentarios, » etc. Marianus Victorius : « Mille et eo amplius tractatus in Ecclesia locutus est. Edidit, » etc. 530

Εὐριαλογοῦσιν. Non leges cum Erasmo αἰτιαλογοῦσιν, id est, *causantur* ; nec cum Mariano in Notis ἀντιαλογοῦσιν. Miror vero Marianum respuentem verbum Græcum εὐριαλογοῦσιν, quod dicit perperam scriptum in quibusdam Mss. codicibus; cum certum sit æquinam hanc esse lectionem sancti Hieronymi, tum ex sensu verborum, tum ex fide Exemplarium manuscriptorum in quibus legitur vel, εὐριλογοῦσιν, vel εὐριαλογοῦσιν. Significat autem εὐριαλογοῦσι, eloquenter et exquisite loquor, aut copiose loquor, et facile. Itaque Ruffinus et alii Origenis assertores exquisitis mendaciis et loquaciter defendebant aliena esse in Origenis libris quæ Catholicis displicebant : unde Hieronymus ait : Cum ipse Origenes in Epistola ad Fabianum pœnitentiam agat, cur talia scripserit, et quid adhuc vos nugaci verborum affluentia dicitis aliena esse quæ displicent ? 532

EPIST. LXXXV. AD PAULINUM.

Criminantur ἀκαιροσπουδαστοί. Quanta temeritate mutatus atque depravatus sit locus iste apud Erasmum, Marianum et alios antiquos editores Hieronymi, vix credet Lector studiosus : nam pro Græca voce composita ex ἄκαιρος, et σπουδαστής, id est, pro ἀκαιροσπουδαστοί, illi omnes ante nos posuerunt hæc conficta verba, *quod in me criminatur.* CALPHURNIUS LANARIUS ET DISCIPULI *ejus.* Neque vero sufficiebat eis abstulisse *acairospoudastas* Origenis, id est, *intempestivos et immodicos studiosos* atque *fautores ejus*, nisi pro Origene substituerent Ruffinum ac ejus discipulos. Relegat quisque totum Hieronymi locum, ut Jileo gratuletur sibi, quod a nobis novam veramque teneat editionem Operum Sancti Doctoris. Erasmus ita cæcutiebat in lectione Codd. manuscriptorum, ut pro ΑΚΑΙΡΟΚΠΟΥΔΑΚΤΑΙ, ut ris legerit, ΥΠΕΡΑΚΠΙΚΤΑΙ. 534

EPIST. XCVII. AD PAMMACH. et MARC.

Moriantur. In vetusto codice sancti Theodorici prope Rhemos, post Epistolam Hieronymi consequenter ponuntur

libri tres Paschales Theophili, quos Hieronymus misit Pammachio et Marcellæ. Hunc et nos ordinem secuti eosdem libros e Græco in Latinum conversos ab Hieronymo hic edendos curavimus; ut rebus et temporibus suus ordo constaret in hac Editione nostra. 583

EPIST. XCVIII.

In eodem codice manuscripto S. Theodorici, post Epistolam Hieronymi ad Pammachium et Marcellam hæc attexta leguntur; « Explicit Præfatio. Incipit Epistola Paschalis Theophili Alexandrinæ urbis Episcopi prima ad totius Ægypti Episcopos, de Græco in Latinum a beato Hieronymo translata. » *Ibid.*

EPIST. CIV. *AUGUSTINI.*

Inflammantibus calumniam, etc. In cunctis Exemplaribus, quæ curiosissime perlegi ad hujus loci intelligentiam, reperi scriptum non *inclamantibus;* sed *inflammantibus calumniam falsitatis.* Antiquam tamen lectionem mutare nolui, ne unus multis viris doctis viderer repugnare. Quod sequitur cum parenthesi (*ea quippe civitas erat Judæorum*) ita legendum docet ipse sermonis Augustini contextus; id quoque monet omnium codicum Mss. consensus : unde miror hominem falsarum antiquitatum parentem atque defensorem voluisse authenticam hujuscemodi sollicitare lectionem, atque Exemplarium fide ; nobisque de suo hunc textum obtrudere (*Oea quippe erat civitas*) Certe *oppidulum* fuisse asserit Hieronymus infra Epistola LXX. alias 99. *Oea* vero sive *Tripolis*, non fuit oppidulum Judæis et aliis Gentibus refertum; sed urbs Africæ ampla, una ex illis quæ, teste Solino, favebant Romanis. Hanc quoque Tripolis urbs est ampla ac munita, regni Tripolitani caput, cum portu in ora maris mediterranei. Denique doctissimus Augustini Interpres Gallus, lectionem et interpunctionem hujus præsentis Editionis secutus, locum his ita exposuit : L'*évêque fit contraint de consulter les Juifs, car c'est une ville ou il y en a,* etc. Quare clamare compellor, felices artes, si de illis soli artifices judicarent ; nec sutores haberemus extra crepidas. 637

EP. CVI. AD SUNNIAM et FRET.

Dilectissimis fratribus Sunniæ, etc. Ita legunt omnes Mss. codices nullo excepto; quæ salutatio epistolaris officii cum fuisset subtracta apud Erasm. et Marian. causam erroris præbuit parenti Historiæ Criticæ veteris Testamenti, qui sibi persuasit Sunniam et Fretelam mulieres fuisse Græce ac Hebraice scientes. Consule infra annotationes nostras positas ad calcem hujus Epistolæ. 641

Κοινή. Corrupte plures Mss. retinent hic ΚΟΙΝΑ et Coine; et consequenter, Luciani et Lucianos. 642

Jerosolymæ, etc. Observandum contra opinionem sciolorum hujus temporis, LXX. Interpretum editionem ab Hebraico fonte non discrepantem decantatam fuisse Jerosolymæ et in Ecclesiis Orientis; aliam vero non conformem suo fonti abjectam ac repudiatam. *Ibid.*

Scribens in commune respondeo. Codex Vaticanus 344. *Qui mihi Epistolam vestram tradidit, duobus scribens respondeo;* et paulo post, *Et est inter exemplaria veritas requirenda, lucerrimus,* etc. *ibid.*

Protagora Platonis. Semper in antiquioribus Mss. Operibus S. Hieronymi invenio *Pythagoram* pro *Protagora* positum; facili certe veterum exscriptorum lapsu, qui noluen usitatum et notius retinebant, ignotum abjiciebant. Consule Præfationem in Genesim Tomo I. Editionis nostræ, ubi citatur OEconomicus Xenophontis. 673

OSER, etc. Quam falsa sit hujusmodi lectio Hebraica in editione Marianæa, etiam indoctis patet. Quis enim unquam הושר, cum pleno *hhoilem,* legit cum *Jod* consonanti, *hajesur?* At de corrupta ista lectione vide quæ dicta sunt in annotationibus nostris. 644

Non quo nobis orantibus, etc. Minoris momenti aliquot lectiones variantes reposuimus, ut spatia vacua occuparent in columna veteris editionis, non ut aliquid eximium nos docerent. *Ibid.*

Habet MOD. De hac ac consequenti falsa lectione Hebraica in Erasm. et Marian. vide annotationes nostras post Epistolæ contextum. *Ibid.*

Id est stellam. Discant studiosi usum asteriscorum et obelorum ab Hieronymo, qui quotidie in manibus habuit Origenis Hexapla; non a quibusdam nostræ ætatis imperitis Scripturistis, quos non docuit rerum experientia quotidiana, sed contentionis stultæ præsumptio. Cæterum quid monet Hieronymus de signis obeli et asterisci in libro Psalmorum, totum inveniet Lector in secunda parte divinæ bibliothecæ ejusdem S. Hieronymi a nobis nuper editæ. 645

Poematibus inveniuntur. Aristarchus Grammaticus, qui Homeri carmina in corpus redegit, atque in libros digessit, versus nothos sive adulterinos et suppositos ὀβελίσκοις, id

(*Quarante.*)

est, nimiis verbis præpositis damnavit : contra, genuinæ et insignes Homericam venam sapientes ἀντιχαραξις, hoc est, stellulis prænotavit et illustravit. Signa igitur illa transtulit Origenes in Libros sacros, ut testis est Epiphanius libro de Ponderibus et Mensuris, et Hieronymus in hac Epistola ad Sun. et Fretel. ac in omnibus fere Præfationibus divinorum Bibliorum. Ex hujusmodi recepta consuetudine appellantur Aristarchi, qui de libris judicant ; unde Horatius ad Pisones de Arte Poetica :

> *Vir bonus et prudens versus reprehendet inertes :*
> *Culpabit duros : incomptis allinet atrum*
> *Transverso calamo signum : ambitiosa recidet*
> *Ornamenta : parum claris lucem dare coget :*
> *Arguet ambiguæ dictum : mutanda notabit :*
> *Fiet Aristarchus, etc.*

Quod Horatius *atrum transverso calamo signum* vocat, id Hieronymus *transversam virgam*, vel *lineam jacentem* dicit in Præfatione in Paralipomenon juxta LXX. et in libros Salomonis, quos ipse asteriscis et obelis distinxerat. 645

Interpositis duobus versibus. Consule infra annotationes nostras in hunc locum. 646

.... Manuscriptus Cluniacensis .. .., id est, etc.
Ibid.

.... Quamplures Mss. omittunt hæc verba Græca ; sed non omisit Cluniacensis pragmaticus, e quo illa restituimus in præsenti Editione. 647

Brevi enim. Ita legunt omnes Mss. codices antiquiores ac melioris notæ. Regius unus recentior Florentiæ scriptus retinet lectionem Erasmi et Mariani, quæ manifestissime comprobatur ipsos corruptis solummodo ac recentioribus exemplaribus manum exaratis usos fuisse ad Editionem Epistolarum sancti Hieronymi. Nam præter alias eorum lectiones Mss. Regius num. 5629 omnes versiculos Græcos additos e LXX. Interpretibus constanter retinet, ut ibi legitur apud Eras. et Marian. *ibid.*

Et hebraica, etc. Exstant illæ emendationes Hieronymi in duplici Psalterio, Romano et Gallicano, edito secunda parte Divinæ Bibliothecæ, id est, Tomo primo Editionis nostræ novæ Operum S. Hieronymi. 649

Et Sexta editio. Omittitur vox *Editio* in omnibus fere Mss. exemplaribus. *ibid.*

Πρόσχες. In Ms. codice Regio Florentino, cujus supra meminimus, pro πρόσχες legimus .... cum duobus accentibus. 650

scriptum reperi. Lectionis Hebraicæ nullum exstat vestigium in Mss. antiquioribus ; sed tantum in Regio Florentino, in quo spatium vacuum visitur erasum et sufficiens ad scribenda Hebraica verba. Ne igitur mireris si apud Rassum et Marianum tot occurrant sententiæ adulterinæ ; cum errores causam ipsis præbuerint codices recentiores ab imperitis interpolati ac depravati. 651

Et de superiori tertio versiculo. Consule infra Observationes nostras in hanc falsissimam lectionem. 652

Quod nos tulimus. Tulit verbum *vecra* in Psalterio Gallicano quod majori diligentia perfectum est, quam Psalterium Romanum cursim emendatum. Videsis ista in secunda parte I. tomi Editionis nostræ novæ. *Ibid.*

Ἔδωκε. Sic legunt omnes Mss. antiquissimi et optimæ notæ. Regius I Florentinus ab imperitissimo ac temerario homine descriptus retinet .... quia in Vulgata plurali numero legimus, *festorum*, cum tamen genuina lectio sit ...., id est, *justi* sive *recti* ; ut ex Theodoreto atque ex aliis Scriptoribus Græcis scire nobis licet, legunt enim illi Hebræo conformiter : ...., id est, *Nonne hoc scriptum est in libro recti.* Emendandi ergo omnes Mss. codices Latini ex Theodoreto Quæst. 15. in hunc Josue locum, et ex aliis exemplaribus LXX. Translatorum, qui retinent clausulam istam .... *Ibid.*

Πάτερ δίκαιε, etc. Hic quoque corruptissimus est Regius codex Florentinus ; omittit namque omnia verba Græca præter πάτερ δίκαιε, etc. Cætera supplent Eras. et Marian. de Evangelio Græco quod manibus omnium teritur. Vide infra annotationes nostras in verba Græca hujus Epistolæ. 654

ELEH 1. In Codicibus Mss. scribitur *Merucha* et *Meruha,* sed vera et genuina lectio Hieronymi *Merta* est ; quia ipse sexcentis locis הרה Hebræum, legit *Rua.* *Ibid.*

Et fin'um terræ. Ne mireris Lector tot tantaque additamenta Græcorum versuum et verborum, quæ leguntur in Editione Erasmiana et Marianea ; secuti sunt enim vitiosissima exemplaria recentiora, in quibus nescio quis temerarius hisce additamentis totum contextum Hieronymi corrupit et corrodit. Eamdem superstitio additamenti retinet codex Regius Florentinus de quo jam sæpius dictum est. 655

.... etc. Integrum istum locum emiserunt

Erasmus et Marianus, licet constanter eum retineant Mss. codices Romani et Gallicani. 656

CETOROT ELM. Eo modo legunt omnes manuscripti codices, quamvis in Hebræo sit קטרת *cetoreth* formæ singularis. Nescio an fuerit scriptum in Hebraicis voluminibus Hieronymi קטורית *cetorith.* *ibid.*

U HOU HOI ROU scriptum habet. Consule infra annotationes in hunc locum. 659

Et tamen sciendum. Locus insignis ad retundendam imperitiam quorumdam Scriptorum hujus temporis, quia multa garriunt contra Hebraicam Veritatem, ubi viderint in Ecclesia Christi nonnulla usurpata propter corrosionem LXX. Interpretibus propter antiquitatem. Audiant igitur doctissimum Hieronymum, et ab ipso discant fonti proprium bonum rerum tribuere, et rivulo suam non denegare. 660

aquarum interpretatus est. Totum contextum Græcum obtrudit nobis corruptissimum exemplar Regium Ms., et veteres Edit. Erasm. et Marian. cujus nec vola, nec vestigium exstat in aliis exemplaribus Mss. *ibid.*

Psalmorum meorum in nocte, etc. Corrupte tuorum legunt Erasm. et Marian. post codicem Regium Florentinum, quem mihi exsecrari liceat propter corrosum, luxatum, truncatum, interpolatum et omnibus depravatius sordibus coinquinatum in illo S. Hieron. 661

JAS TEPHUKAT. Ita omnes Mss. codices antiquiores et recentiores non nimius notæ. Male ergo addunt editi particulam conjunctivam *eos,* et pro duplici *ph* in medio litteram *p* substituunt. *ibid.*

Ὁ λαξευτής. Insigniter aliis depravationibus novas addit codex exsecrabilis Florentinus, nempe δος, ὁ λαξευτής, ὁ δώσας. Consule infra annotationes nostras in hæc verba Græca et in proxime sequentia. 662

Istius temporis interpretem. Ruffinum carpere videtur, qui tempore Hieronymi disertissimus Interpres habebatur apud imperitos. Ahud enim Ruffinum in Latina lingua rudem fuisse docet Hieronymus. 663

Vos scriptum est. Sic legunt omnes Mss. codices antiquissimi et recentiores. Vide infra annotationes nostras in hanc variantem lectionem Hebraicam. 667

Et IB positum est. Ne mireris Lector, si verbum Hebraicum בם, legatur hic cum F in medio, APAR, et non APHAR ; quia Hieronymus Hebraeam litteram פ exprimit sæpius per F Latinorum, ut videre est in Libro Hebraicorum Nominum et Locorum. 668

Et educas paucem de terra. Resumit Psalmi anterioris versus ; quia sic digesti videantur in schedula Sunniæ et Fretelæ. 669

Cedri abies domus est. Ita ex Hebræo in Latinum vertit Hieronymus. Consule librum Psalmorum in Canone Hebraicæ Veritatis, seu Tomo I. Editionis nostræ. 670

EOUS E. Apertissimum mendacium apud Erasm. et Marian. qui habent *hephzi,* etc., tribuunt Hieronymo imperitiam tantam Hebraicæ linguæ, ut velint eum contendere affixum primæ personæ cum affixo, seu pronomine tertiæ personæ ; *mea,* cum *suo,* vel *jus.* Vide infra annotationes nostras. 672

Ex Hebræo ita coruxi. Suam Translationem Psalmorum Latinam hic vocat Hebraeam ; quia ex Hebraeo voluminibus fuerat expressa. Hoc tamen, si vera est lectio codicum Mss. *in Hebræo* ; quæ aliquantulum mihi suspecta videtur ; maxime quod in exemplari Cluniacensi castigatum sit *in,* et mutatum in *de.* 674

ALIÆ ANNOTATIONES
IN EAMDEM EPISTOLAM.
De argumento et inscriptione hujus Epistolæ.

Argumentum hujus Epistolæ fuit, de emendatione Psalterii juxta Hebraicam Veritatem ; quod conceptis verbis præferunt Mss. codices in Titulo ejusdem lucubrationis. Nec obscure id etiam significat Ms. Colbertinus num. 655, ubi legimus istud : *De Psalterio, quæ de septuaginta interpretum Editione corrupta sint.* Nam variantes lectiones Latinorum Græcorumque librorum, quas Sunnia et Fretela in schedula digesserant per ordinem, corruptam et contaminatam Psalmorum interpretationem publice prodebant ; quia, ut O. Damasus Hieronymus Præfatione in quatuor Evangelia. *Et verum non esse quod variat, etiam maledicorum testimonio comprobatur.* Emendatio autem juxta fidem codicum Hebræorum fieri debuit : quod quidem Sunnia ac Fretela quærebant, docetque constanter Hieronymus dicens : si de Veteri testamento, si quando inter Græcos Latinosque diversitas est, ad Hebraicam confugiendum veritatem, ut quidquid de fonte prodiescerat, hoc quæramus in rivulis. Et quam qui Sententiam LXX. Editionem, quæ in .... O. ingens habebatur, quæque in Eruditorum libris reservata erat, Psalmorum emendatio potuit institui ; cum de illa LXX. Interpretum translatione

Hieronymus ipse pronuntiet : *Quidquid ergo ab hac discrepat, nulli dubium est, quin ita et ab Hebræorum auctoritate discordet.*

Cæterum Sunniam Fretelamque matronas fuisse eruditi nonnulli Scriptores asserunt : nec Latinæ modo, ac Græcæ, sed Hebraicæ etiam linguæ scientia insignes. Qui geminus error refellitur cum ab inscriptione Epistolæ, tum e toto ejusdem contextu. Ac primum Epistola hæc in omnibus exaratis manu libris, inque veteri Editione Veneta, inscribitur *fratribus*, non *sororibus* aut *filiabus*, id est, viris et non mulieribus. Sic igitur in Mss. codicibus scriptum reperi ; « Dilectissimis fratribus Sunniæ et Fretelæ, et cæteris qui vobiscum Domino serviunt, Hieronymus. » Deinde Sunniæ ac Fretelæ gratulatur sanctus Doctor, quod eorum « dudum callosa tenendo capulum manus et digiti tractandis sagittis aptiores, ad stylum calamumque mollescunt, et bellicosa pectora vertuntur in mansuetudinem Christianam. » Quare ex hujus Epistolæ verbis liquido apparet Sunniam et Fretelam viros fuisse et Getarum quidem genere, sed Christi religione, divinarumque Scripturarum studio multum celebres. Accedit eo, quod virile nomen esset apud Gothos *Fritilas*, et *Suinthila*, sive *Sveintlas*, *Ittila*, *Totila*, et *igila* : et *Fritilas* quidem nihil differt a *Fretela* aut *Fritelas* ; *Suinthila* vero non ita multum abludit a *Sunnia*, ut ab eo litteris quibusdam superadditis, vel promutatis nequiverit derivari.

Porro viros illos codicum sacrorum studiosos, linguæ nihilominus Hebraicæ imperitos fuisse novimus ; quippe quod elementa ac syllabas Veritatis Hebraicæ ab Hieronymo in Epistola doceantur. Nam in Ps. VII. hæc ab eo observata sunt : *In Hebræo autem* SEDECI *habet, quod interpretatur, justitia mea ; et non* SEDECACH, *quod justitiam tuam sonat*. In psal. quoque XXII. ista ab Hieronymo scripta leguntur : *Cæterum*, inquit, *et Septuaginta, et Hebræi, et omnes interpretes, calix meus, habent ; et Hebraice dicitur* CHOSI ; *alioquin si calix tuus esset, diceretur* CHOSACH. Quæ profecto nec Hebraicis litteris leviter tinctos Hieronymus docuisset. Postremo quærunt Sunnia et Fretela a sancto Doctore, ut inter variantes Græcas, Latinasque lectiones Psalmorum, *Quid magis Hebræis conveniat, significet* : illud vero studium proprio ipsi marte explere utcumque potuissent, nisi rudes essent omnino in rebus Hebraicis.

De tempore hujus scriptionis.

Epistolam sancti Hieronymi ad Sunniam ac Fretelam, scriptam fuisse anno Christi supra quadringentesimum quinto plures conjecturæ persuadent. Et priorem quidem conjecturam facimus ex profectione Firmi Presbyteri, *qui fuit exactor hujus operis*, id est, Epistolæ, ut ipse testatur Hieronymus, dum rescribit. Firmus enim ille Presbyter hoc anno 403. Hieronymi Epistolam nunc XCVI. ad Augustinum scriptam, e Palæstina detulit in Africam. Quod probatum exstat in Notis chronologicis novæ Editionis sancti Augustini. Potuit itaque idem Firmus et hanc ab Hieronymo accipere Epistolam Sunniæ et Fretelæ vel reddendam vel dirigendam.

Idem conjectare nobis licet ex hujus temporis Græcorum altercationibus, quas non obscure his verbis perstringit Hieronymus initio Epistolæ : « Quis hos crederet, inquit, ut barbara Getarum lingua Hebraicam quæreret veritatem, et dormitantibus, imo contendentibus Græcis, ipsa Germania Spiritus Sancti eloquia scrutaretur? » Quæ si de multarum partium apud Græcos studiis in causa Theophili et sancti Chrysostomi intelligantur, necesse est asserere hoc anno Christi 405. vel superiori 404. scriptam fuisse ab Hieronymo Epistolam istam.

Certe ante annum 392. quo absoluta e fonte Hebraico Psalmorum interpretatio Latina Hieronymi circumferebatur, ad Sunniam et Fretelam eum non scripsisse certo certius apparet ; cum frequentes occurrant in Epistolæ contextu translationis hujus lectiones, et ab ipso Hieronymo recitatæ sententiæ. Adde Hieronymum Epistolæ ad Sunniam et Fretelam in suis adversus Ruffinum Apologeticis libris mentionem non otiose facturum, si ante annum Christi 402. quo elaborata crediderit posterior Apologia, ipse rescripsisset : nam in isto luculento opere bene audiunt ubique Septuaginta Interpretes ; quod argumentum potuit esse maximum ad retundendam Ruffini calumniam, qua omnibus suadere gestiebat, in suggillationem Septuaginta Seniorum susceptam fuisse ab Hieronymo Instrumenti Veteris et concinnatam Translationem novam.

Denique eumdem Ruffinum carpit, meo quidem judicio, Hieronymus ; quum de quodam illius temporis interprete ad Sunniam et Fretelam ironice scribit : *Nisi forte*, inquit, ἐξουδένωσις, *non putatis transferendum, despexisti ; sed secundum disertissimum istius temporis interpretem, annihilasti, vel annulasti, vel nullificasti ; et si qua alia possunt inveniri apud imperitos portenta verborum.* Ruffinus autem

hoc tempore celebris apud nonnullos habebatur Interpres, qui tantum sibi sumebat, ut Latina divinarum Scripturarum exemplaria ad Græcos codices emendaret : « Tu Latinas, *aiebat Hieronymus ultima tipologia*, Scripturas de Græco emendabis, et aliud Ecclesiis trades legendum, quam quod semel ab Apostolis susceperunt ; mihi non licebit, » etc. Ex quo intelligimus, si tamen conjecturis locus est, Ruffinum forte alicubi pro Græco ἐξουδένωσις, et Latino *despexisti*, posuisse *annihilasti*, vel *nullificasti*, quæ imperitorum portentosa verba Hieronymus nominavit. Porro Ruffinus circa annum Christi 410 ex hac vita migrasse creditur. Scio quidem Firmum Presbyterum, ob rem Eustochii et Paulæ junioris, Ravennam et inde Africam, Siciliamque ab Hieronymo directum anno Domini 415. atque Epistolam ejus ad Sunniam et Fretelam cum aliis perferendam potuisse suscipere. Verum ad protrahendam id usque temporis Epistolæ scriptionem, ea, quæ de Græcorum contentionibus observata sunt, nequaquam sinunt.

De locis obscurioribus ac variantibus aliquot lectionibus.
Super qua re et sanctus filius meus Avitus sæpe quæsierat.

An is sit iste Avitus, qui anno Christi 415. Luciani Presbyteri Opusculum de Inventione Reliquiarum sancti Stephani Protomartyris, in Latinum sermonem per Orosium Occidentalibus edidit, adhuc exploratum non habeo. Quatuor porro aut quinque Aviti cœvi dignoscuntur ex Epistolis Hieronymi atque Augustini. Horum primus est ipse, de quo nunc in Epistola ad Sunniam et Fretelam meminit sanctus Doctor : « Super qua re, inquit, et sanctus filius meus Avitus sæpe quæsierat ; » et iterum in fine : « Ideo autem, quod et vos in fine schedulæ quæritis, et sanctus filius meus Avitus frequenter efflagitat, » etc. De alio Avito ita idem Hieronymus Epistola IX. ad Salvinam scribebat : « Extrema (*causa*) ait, quæ et validior, quod filio meo Avito roganti negare nihil potui : qui crebris litteris interpellatriceom duri judicis superans, et multorum nihil ad quos super eadem materia scripseram, exempla proponens, ita suffudit pudorem negantis, ut plus considerarem quid ille cuperet, quam quid me facere conveniret. » Avitus igitur in utraque Epistola filius ab Hieronymo est appellatus ; in utraque frequenter efflagitat, crebrisque litteris ab eodem multa precatur. Restat ut Afer genere fuerit Avitus iste, et popularis Salvinæ, filiæ Gildonis Tyranni hoc tempore Africam occupantis. Quod si dixerimus, facile mihi persuadeo Avitum utriusque Epistolæ IX. scilicet et CXXXV. unum eumdemque esse, qui et pro se tractatus in Psalmorum variantes lectiones ; et pro Salvina hortativas ad servandam sanctæ Viduitatem epistolas ab Hieronymo sæpe quæsierat. 642

His plane congruunt quæ de Firmo Presbytero e Palæstina in Africam redeunte, anno Christi 403. a nobis superius allata fuere : nam Avito filio suo respondit Hieronymus occasione Firmi Presbyteri. « Super qua re, inquit, et sanctus filius meus Avitus sæpe quæsierat. Et qu'a se occasio fratris nostri Firmi Presbyteri dedit, qui mihi Epistolam vestram reddidit a vobis, scribens in commune respondeo, et me magno amicitiæ libero fœnore. » Sin Avitum seniorem his; animo hoc loco intelligendum credamus, potuit is adesse in Jerusalem, cum hæc ab Hieronymo scriberentur : sat enim temporis in Palæstina commoratus videtur ex iis quæ apud Baronium anno Christi 415. Senior ipse Avitus scribit ad Ecclesiam Bracharensem. Neque is alter est duorum Avitorum, qui male audiunt in consultatione sive commonitorio Orosii ad Augustinum. Nam namque ut hæreticum Origenistam Orosius ipse vitasset omnino, postquam de duobus illis Avitis civibus suis ita scripserat. « Tunc duo cives mei, Avitus et alius Avitus . . . . peregrina petierunt. Nam unus Jerosolymam, alius Romam profectus est. Reversi unus retulit Origenem, alius Victorinum. » Et iterum : « Isti vero Aviti duo, et cum his sanctus Basilius Græcus, qui hæc beatissime docebant, quædam ex libris ipsius Origenis non recta, ut nuper intelligo, tradiderunt. » Cæterum Avitus, qui Jerosolymam profectus, Origenem retulit apud Hispanos, ipse est ad quem scripta legitur Epistola Hieronymi 59. At de his suo loco dicemus.

Et pro voluntate scriptorum vetus corrupta Editio est. Sic legunt omnes manuscripti codices, sicque legendum contextus, se suadet : nam κοσμῷ pro locis et temporibus Editio corrupta dicitur ; quod non esset, si veterum tantummodo scriptorum negligentia et imperitia vitiata crederetur. 643

Quidquid ergo ab hac discrepat ; nulli dubium est, quin ita et ab Hebræorum auctoritate discordet. Nec mirum cuipiam videri debet exemplaria Græca LXX. Interpretum in Origenis Hexaplis ad codicum Hebræorum auctoritatem optime convenisse ; quia Origenes ipse collatis Septuaginta Seniorum exemplaribus partim cum Hebraico textu, partim cum tribus aliis Editionibus, Aquilæ scilicet, Theodotionis et Symmachi, errores qui in Septuaginta Seniorum Editionem irrepserant, omnes sustulit, ac interpretationis Græcæ rivulum quasi suum ad fontem et scaturiginem regredi fecit. Id ipse testatur Tractatu octavo in Matthæum his verbis : « In exemplaribus quidem veteris Testamenti quæcumque fuerunt inconsonantia, Deo præstante, coaptare potuimus, utentes judicio cæterorum Editionum. Ea enim quæ videbantur apud Septuaginta dubia esse propter consonantiam exemplariorum, facientes judicium ex Editionibus reliquis, convenientia servavimus. » Hinc itaque tanta fluxit Hebraicos inter et Græcos libros Hexaplorum convenientia; etsi diversa in multis fuerint alicubi Septuaginta Seniorum exemplaria, ipsa ab iis quæ in codicibus Hebræorum habebantur. 645

Et quæritis cur Græcus istum versiculum secundo non hab. at, interpositis duobus versibus. Insignis omnino locus ad antiquitatis memoriam, quo versuum in Psalmis ordinem distinctum, et eorum seriem numerosam apud Veteres, discimus: partite enim et continue exscripti olim Psalmorum versus, tantis spatiis ab hodierna distinctione separantur, ut qui Psalmi XVII. versiculus 14. numeratur apud nos, in antiquorum Scriptorum libris, 55. vel 36. inveniatur: quique 14. noster unus est, in tres ab eis sit divisus. Hoc manifestissime docet sanctus Hieronymus, cum ab duos interpositos fuisse versus post priorum istum versiculum : *Grando et carbones ignis.* Itaque in hunc modum recitatus Psalmi XVII. locus scriptus habebatur in Hieronymi exemplaribus :

Grando et carbones ignis.
Et intonuit de cælis Dominus.
Et altissimus dedit vocem suam.
Grando et carbones ignis.

In perantiquo codice manuscripto Ecclesiæ Carcassonensis, in quo descriptum exstat ἐκ γραφῆς Hieronymi Psalterium ex Hebræo Latinum, idem ordo versuum numerusque servaretur; nisi priorum scriptoris vitio tres versus in contextu Psalmi omissi essent post istum versiculum : *Grando et carbones ignis*; quos deinde ad marginem inferiorem libri reposuit hoc modo :

Et intonuit de cælis Dominus,
Et altissimus dedit vocem suam; Grando et
carbones ignis.

oram nempe infernam fere totam membranæ occupassent hi versus distincti, et non tractim exscripti; quare in unum duos versus ibi coalescere necesse fuit. Quod si non esset, cassi gaudus occurreret locus in Mss. codicibus ex ipsius Hieronymi verbis nunc allatis. Consule Canonem Hebraicæ Veritatis Tomo I. Editionis nostræ. 646

De superiori versiculo additum est, in quo legitur: Accingere gladio tuo super femur tuum, potentissime. Deficit prorsus hoc loco fides Editionum Erasmi atque Mariani, qui in emendando Hieronymo copia exemplarium Mss. destituti, corruptissimis adhæserunt et recentioribus inflatæ notæ. Ad hunc igitur modum legunt illi emendatores post exscriptorem codicis Regii Florentini; *De superio i tertio versiculo additum est, etc.* Quasi tempore Hieronymi iste versus Psalmi 44. *accingere gladio tuo super femur tuum potentissime*, ordine tertius numeratus sit ac scriptus, sicut nos obtinet hodie apud nos in Vulgata Latina et Græca LXX. Interpretum Translatione. Non tertius apud Hieronymum scribebatur hic versus, sed sextus, vel etiam nonus, si in versus Psalmi titulum dispertias; ut fidem nobis faciunt manuscripti Psalmorum codices, Carcassonensis supra memoratus, San-Germanensis et Menmianus, de quibus alibi diximus. 652

Hoc enim quod Septuaginta transtulerunt, propter vetustatem in Ecclesiis decantandum est; et illum ab eruditis sciendum propter notitiam Scripturarum. Hanc sententiam decet auro expendi, et utinam attentius verba hujusmodi aurea appenderentur a nuperis Chronologiæ LXX. Laterpretum vindicibus; qui quod in Ecclesiis semel per annum, cum Martyrologium in choro legitur, juxta Septuaginta Seniorum calculum ætates mundi ab orbe condito ad Christum natum supputari audiant; corruptam illico pronuntiant fontis Hebræi, ac Vulgatæ Latinæ Editionis Chronologiam, imo ab Ecclesia Christi recto judicio reputatam: non intelligentes propter vetustatem usus, aut a divo Carolinum in Ecclesia Romana Canonem Eusebianum; notitiam vero Scripturarum non aliunde quam e libris authenticis, Hebræis scilicet ac Latinis exemplaribus esse mutuandam. 660

Unde si quid pro studio e latere additum est, non debet poni in corpore, ne priorem translationem pro scribentium voluntate conturbet. Propter annotationes unicam Hieronymi, e latere ab aliquo temerario positam in corpore translationis, inter plurimos habitam olim quæstionem

idem Hieronymus docet, qui et latius de eo hic disputat argumento. Quot hodie, si revivisceret sanctus Doctor, annotationes inveniret a librariis positas in corpore scriptionum suarum, quas ille pro eruditione legentis addiderat ex latere? Ita pro scribentium voluntate omnia confusa sunt et conturbata in multis exaratis manu libris atque editis, ut nisi subsidio nobis venisset plurimorum exemplarium Mss. optimæ notæ copia, integram desperassem Operum sancti Hieronymi restitutionem. Tantum enim in contextum Latinorum Psalmorum hujusmodi annotationum admistionem deprehendi in Mss. antiquis libris, ut propter talium corruptionum frequentiam expavescerem lectitando. Quis credat in uno Psalmi LXVII. contextu, novem e latere positas fuisse Anonymi annotationes, quas ad latus versiculorum exhibent nobis præstantissimi manuscripti codices Ecclesiæ Carcassonensis et San-Germanensis noster? Hos nisi nactus essem fortunate, annotationes in textum a librariis inductas quo pacto internoscerem in Psalterio Latino Hieronymi ad Hebraicum fontem expresso? Cum illæ annotationes propius accedant ad vocum Hebraicarum significationem, quam alia contextus ipsius verba. Certe editorum librorum fides in Psalmis suspecta mihi esset propter variantes quorumdam manuscriptorum lectiones, ac inscitas scriptorum veterum imperitiæ, de emendatis memoranda toti scriptis assem; nisi felicissime antiquissimorum jam laudatorum librorum usus suppeteret. 660

Et nescio quid, quod non dicitur, fundatum videatur in terra. Contrario sensu legunt Erasmus ac Marianus; *Et nescio quid, quod dicitur, fundatum videatur in terra.* Quod falsum esse nimis etiam attentis patet. Cæterum porro, in quibus perversum ordinem; confestim iater, et talones; lacunas rerum præcipuarum, atque loca nullis interpolata versiculis habent veteres Editiones, prætermittimus: quia sola Epistolæ lectione ac contentione Editionum hæc manifesta sunt. Nec tamen omittendum plura in Vulgatis Latinis Psalmorum exemplaribus remansisse vitia quæ Hieronymus ipse tulerat; quæque a nobis tanquam vel superflua, vel falsa amputanda voluit. Videsis Psalm. 15. et 47, etc. 665

De variantibus lectionibus Græcis hujusce Epistolæ.

Κατέλιπον ἔλπιδα τῶν ὀδῶν μου. Sola Κοινή Editio hanc olim præferebat lectionem, ut hic testatur Hieronymus, eamdem nunc habet Romana LXX. Seniorum Editio, quæ quantum accedat ad Κοινή, et Vulgatam Αρωκήν dictam, e pluribus Epistolæ hujus locis facile probari potest. Ad tales nimirum delacens consonantias, ne prolixitate nimia observationum nostrarum Lectoris studium terreamus. 644

Ἐν τῷ στόματι αὐτοῦ ὄλοις. Adunut veteres Editiones ἐντός ἐστιν, et Latinæ, *neque est.* Pagina quoque sequenti pro nuno Græco vocabulo, ὀδῶν, integrum Psalmi XXXIX. versiculum recitant Erasmus atque Marianus: et ita per totum Epistolæ contextum integros inculcant versus e Græcis LXX. exemplaribus, tanquam ab ipso Hieronymo positos, cum perjura ille verba solvendis quæstionibus aptiora referat; aliudque amplius, quam Latinas voces in aliis bene multis locis recitet. Id plurimum facit sobrio Editionis novæ ac veteris conspectus: his itaque observandis notitiam imputamus. 651

Ἡγώς ὁδῶν με, etc. Varians hæc multis vocibus Græca Textus Evangelici lectio plane ostendit nullam esse fidem in Editionibus Erasmi, vel Mariani, qui ad Hieronymianam emendationem, non Hieronymianos antiquos Mss. codices, sed Plantinam Bibla, aut Romanam semper allibant, quasi unus fuerit apud Hieronymum idemque Scripturæ Hebrææ, Græcæ, ac Latinæ contextus, cum nostro hodierno Bibliorum sacrorum apparatu. 654

Quod æquila ἀγχύνα, *id est*, nuntios tuos, *Septuaginta* τὰ ἐπαγγέλματα σοι, *id est*, prædicationes tuas, *vel promissa, interpretati sunt.* Non Hieronymum modo, sed Aquilam quoque apud Hieronymum; Septuaginta ac cæteros Septuaginta interpretes, imperite nimis recentiores aliquot Mss. et veteres Editiones corrumpunt: hoc quidem loco docentes Aquilam fuisse interpretatum ἀγχύνα σοι, et Septuaginta τὰ ἐπαγγέλματα σοι. Quod utrumque falsum e improbatur, cum a una dicta omnium Mss. lectione, tum e sensu inepto Aquilæ, si ἀγχύνα σοι hic loci eum reddidisse credamus. Nam quis nesciat absurdam et alienam a sensu Scripturarum hanc esse lectionem: « Mihi autem adhærere Deo bonum est, ponere in Domino spem meam, ut annuntiem omnes Angelos tuos in portis filiæ Sion? » Neque vero nuntii et Angeli annuntiantur, sed ipsi sunt annuntiatores atque prædicantes alia magnalia Dei. Quare nec Septuaginta graecis ἀγγέλους, nec quosvis nuntios annuntiare vult Propheta, sed Dei sui ἀγχύνα, et ἐπαγγέλματα, id est, *prædicatione*, *laudes* et *promissa*, in portis filiæ Sion.

Advertat Lector in Græcis ac Latinis observationibus, quibus Romanam LXX. Seniorum Editionem Nobilius illustravit, totum lutulentum fluere Hieronymum. Nam in recitandis hujus Doctoris verbis, fidem Mariano habuit Nobilius : hinc que factum, ut inflatus notis suis criticis errores asperserit, cum de corruptissimis libris variantes recitet plerumque lectiones. *Sanctus Hieronymus*, inquit ille hoc loco, *testatur Septuaginta divisse* τὰ ἐπαγγέλματα σου, praedicationes tuas *(quod habet Vulgata) aut* promissa : *aquilam vero* ἀγγέλους σου, angelos *et nuntios tuos*. Haec de Nobilio in suis notis prorsus corrupto Lectorem admonuisse operae pretium erat, ne deinceps sedere inflata sede contingat, ac talsis e vitiato apud Marianum Hieronymo recitatis lectionibus adhaerere. 669

Ἐκπορεύσαν πᾶσας τὰς συναγωγὰς τοῦ Θεοῦ. Quam corrupte apud Marianum et Nobilium legatur Hieronymus, manifestissime hic etiam locus ostendit. Nam cum testatus sit sanctus Doctor vertisse Aquilam et Symmachum, ut jam scripsi ἐπιφανείας, etc. illi conflictam e pluribus Interpretibus, in auctor, hanc afferunt lectionem : ἐκπορεύσαν πᾶσας τὰς ἱερὰς θεοῦ ἐν χεῖρες θεοῦ. Sed et scholiastes apud Nobilium, in eo quod Aquilam ac Theodotionem spectat, diversus abit ab Hieronymo. Verum his omnibus relictis, illi scriptori adhaesisse praestat, qui Graecas interpretationes recitavit juxta fidem Hexaplorum Origenis. 660

Aquila interpretans est, ἐν λαμπρᾷ αἰθέρι ; *Symmachus*, ἐκρύφθη τὰς ἱπτουργίας αὐτοῦ. Hoc modo interpretatos fuisse Aquilam et Symmachum testisque est scholiastes apud Nobilium in notis ad Psal. LXXVII. Undecimque igitur, λαμπρᾷ αἰθέρι τοὺς ἱπτουργίας, et consequenter, ἐκρύβη, ac ἐλεύει ἐν αὐτῷ, mutari fuerat consentaneum, pro quibus ab illis Hieronymum falsatum esse constat. 662

Ὅρος τοῦτο ἐπίφορος ἢ δεξιὰ αὐτοῦ, *non ut vos putatis*, ὁ ἐπίφορος. Fidem Hieronymi, verba ac sensus inde laudatis everunt emendatores a nobis scriptis recantati. Agnoscit quidem Hieronymus in LXX. ὅρος τοῦτο, id est, *montem hunc* ; sed si sequens positum fuisse negat, ut putabant S mala et Fretela, qui ex κατὰ Latine legebant *montem hunc, quem acquisivit*, etc. Quod hodie scriptum quoque habetur in LXX. Romanae Editionis. Melius ergo secundum Hebraicam proprietatem interpretatus est Symmachus, qui pro τοῦτο ἐπίφορος Se, tuaginta interpretum, ἐ ἐπίφορος posuit, approbante Hieronymo, significantia ac proprietatis linguae Hebraicae viro consultissimo. Mirum, si quid alibi non recens, pro confictum in veteri Hieronymo Erasmi et Maviani deprehendas : namque ex hodiernis exemplaribus Graeca hic legunt, et pro neutro articulo ὁ, femininum ἡ ipsi nobis obtrudunt. *Ibid*.

Quod Graece ὡς ἐπαρρύθμισεν *dicitur*. Legit Marianus ὡς ἐπαρρύθμισεν, et infra ἐπάρρυθμα. Eamdemque lectionem retinet Ms. codex Cluniacensis. Sorbonicus autem λάμμω quidem habet ; sed cum caeteris antiquioribus exemplaribus legit ὡς ἐπαρρύθμισεν. Inter has variantes lectiones, ἐς et λάμω ω praefero nunc vocibus ὡς ἐ ἐπαρρύθμισα, licet ista jam sint editae in contextu Epistolae superioris. 665

Quod ἀπίαω ὡς ἐκυνηγεῖ, *id est*, sanctis tuis, *transtulerunt*. De lectionibus Graecis quantum deperditionis, et praecedentes vocum mutationes, et praesenti ὁσίοις apud Erasmum Marianum, et Nobilium depravatio, manifeste demonstrant. Volunt illi testatum fuisse Hieronymum, omnes Interpretes Hebraicam dictionem LAASIDACH transtulisse τῆς ἁγίας σου ; etsi exploratum nobis sit ex eodem non falsato Hieronymo, nullum Graecorum interpretum ἁγίοις habuisse ; sed ὁσίοις omnes reddidisse. 665

Quod Aquila *sic interpretatus est*, οὕτω ἡ θάλασσα ἡ μεγάλη καὶ εὐήρυς μικρῶν. Hanc integrum Translationis Aquilae versiculum, tanquam pretiosissimum Antiquitatis monumentum, Reipublicae Litterariae resititumus ad fidem omnium Mss. codicum. Cui utinam adhaesissent emendatores Hieronymi : vitassent profecto hic loci enormem contextus perturbationem ; mutil i Interpretis Aquilae apud eruditos offensionem ; atque inductarum, ut uno verbo dicam, omnis generis in Hieronymum depravationum labem.

Postremo non paucas variantes lectiones Graecas veteris, ac novae Editionis praetermisimus. Alia quoque plurima loca seu Graeca, seu Latina, ubi nec mentem Hieronymi, neque sensum assequuntur emendatores nostri, in tempus praesens omisimus : idque consulto agimus, ne forte cum obruerentur Lectores copia observationum mearum, jejunitatem potius et famem se malle dicerent, quam copiam et ubertatem earum. 699

De Hebraicis verbis ejusdem Epistolae.

OSER LAPHANAI DARCHACH. Sic lego in omnibus manuscriptis libris, et Edito Veneto Andreae de Toresanis. Addunt solum I in fine vocis *darchach*, leguntque *darchachi* : quod etiam infra retinent Mss. quamplures in *cosuchi*, pro *chosuch* : manifesto satis scriptorum errore, quo nomen elementi, pro ipso elemento posuerint : CHI nempe pro CH, ut alibi QU pro Q. Ii pro eo loco *laphai* sive *licet*-

bit. De eodem elemento haec scripta leguntur apud Hieronymum lib. de Locis Hebraicis : « Hucusque, *inquit*, per C litteram, id est Graecum Kappa legere debemus. Exin per elementum chi, quod aspirationem in se continet, et a Latinis minime habetur, scribendum pariter ac legendum. » Quae cum a librariis perperam intelligerentur, *chi* facile pro *ch* pronuntiare ac scribere potuerunt. Porro hunc Psalmi quinti versiculum legebat sanctus Hieronymus, punctis vocalibus exceptis, ut est in Hebraeo hodierno

הושר לפני דרכך *oser laphanai darchach*, id est, *dirige in conspectu meo viam tuam* : quod omnes voce simili transtulerunt veteres Interpretes ; etsi in communi Editione ac Vulgata LXX. Seniorum lectum videatur לפניכי דרכי, *oser laphanach darchi*, id est, *dirige in conspectu tuo viam meam*. Quantum depravata sint, et quam corrupte legantur Hebraica Hieronymi verba apud Erasmum atque Marianum, multiplex istius loci corruptela demonstrat. Neque vero cum sancto Doctore legere volunt : *oser laphanai darchach* ; sed cum Massorethis, vel hodiernis Grammaticis : *haiesar lephanai darchecha*. Quasi necesse sit Hieronymi lectiones Hebraicas ad *keri* et *cetib* Massoretharum aut Grammaticorum tricas accommodari ; et non potius Massoretharum interpunctiones, criticasve notas, ex Hieronymo omnibus illis multum superiore, castigari. Legit itaque sanctus Doctor *oser* pro hodierno *haiesar* ; *laphanai* morem antiquorum secutus, pro *lephanai* ; et more Chaldaico *darchach* pro *darchecha*. 644

In Hebraeo habet MOD, id est, vehementer. Scheva Grammaticorum hujus temporis Hieronymus ignoravit, quare *mod*, non *meod* cum illis scribere consueverat. In Ms. Regio Florentino, et Editione Veneta pro *mod* Hebraeo, Latinam vocem *modo* legimus : rudes adeo fuerunt in Hebraica lingua hujus Editionis Auctores et exscriptores antiqui. Namque cum Hebraeum *mod* seu *meod* significet *vehementer* : ad *mod* illi addiderunt *um*, ut sit *modum* adverbialiter pro *admodum*, id est, *vehementer*. Ex quo animadvertat Lector ineptam sciolorum multorum praesumptionem, qui in Latinis ant Graecis litteris imputi fuerint, nihil non audent in restituendis veterum Scriptorum lucubrationibus, nimio scilicet laudis tumentes amore. *Ibid*.

SEDECI *habet*. Locus non uno modo corruptus ab Erasmo et Mariano qui legunt *zideki* contra quam scribere solebat Hieronymus, cujus haec sunt verba libro de Nominibus Hebraicis : « Quod in principio dixeramus in vocalibus litteris observandum..., hoc nunc quoque in s littera sciendum est ; siquidem apud eos tres *s* sunt litterae : una quae dicitur *samech*, et simpliciter legitur, quasi per nostram litteram describatur : alia *sin*, in qua stridor quidam non nostri sermonis interstrepit : tertia *sade*, quam nostrae aures penitus reformidant. » Idem infra de aliquot litteris etiam ista a nobis observari voluit : « *H* autem, *inquit*, a plerisque aspiratio putatur esse, non littera. De *k* superfluum est facere mentionem, cum etiam apud Latinos, exceptis KALENDIS, superflua judicetur. » Neque igitur sibi constaret Hieronymus, nisi hoc loco *sedeci* legisset ; et non *zideki* cum suis emendatoribus, qui formam nominis etiam צדקת *sedechach*, mutant consequenter in צדקתך *zidekathecha*. *Ibid*.

BIOM, *id est*, in die. Sic pro *bciom* hodierno legit Hieronymus, et infra *brucho, sphnunim, idaim* ; pro *berucho, sephannim, et jedaim*. Causa lectionis hujusmodi manifesta est apud antiquos Scriptores, qui elementa saepius posuerunt pro littera sono, *b*, pro *be* : unde *krus* pro *karus* ; *qi, qu, qid*, pro *qui, quae, quid*, etc. 647

Scriberetur BAFFIO. In Mss. legimus *bafficho*, ut moris est apud librarios antiquos ; hi enim duas inter vocales, densas aspirationes posuerunt : *michi, nichil, bafficho, meruche, merechim* ; et multa his similia. 649

Scriptum est, BATTHOCH MEAI. Commovet hic cachinnos Florentinus codex et Editio Veneta, ubi pro *batthoc meai*, scriptum legimus *batthos mew* ; quasi Hebraice venter diceretur *bas, bantos*, et esset gen. fem. Namque sermo cum sit de istis verbis : *in medio ventris mei*, putarunt imperiti nullis aliunde Hebraeis litteris imbuti, *e* vocis *batthoc* esse signum Graecum, et *meai* pronomen possessivum primae personae positum pro *mea* ; sicut *autai*, et *musai*, pro *aulae*, et *musae*. Attendentes igitur ad Latinam translationem, *ventris mei* ; barbara quaedam, ut et ita diverim, Sarmatica vocabula imperitissime nobis obtrudunt, quae huc usque inaudita erant tam apud Hebraeos, quam Graecos, et Latinos. Videant nunc sciolilicini nostri, quam periculosa semper fuerit praesumptio sibi similium, qui in doctum Hieronymum manus indoctas mittere non dubitarunt : judeatque ipsos futilis illius garrulitatis, quae tanta cum inepto contemptu effluit de studiosis codicum Hebraeorum. 650

In hebræo MALACHOTACH scriptum habet. Hic paululum corruptam lectionem habere videntur Mss. codices, ubi *malochochach* legimus: prochivi sane librariorum lapsu, qui pro *lh*, scribebant sæpius *ch*; ac prout cuique fuit libido, *h* et *c* addunt, vel subtrahunt. Hinc *malochochach*, pro *malochothach*, fluxisse nullus dubito. Etsi difficultate nec locus iste vacet, si attentius *malochorhach* inspiciatur. Certe Nahum cap. 2. ỷ. 11. scriptum legimus מלאכה, quod apposilis vocalibus ipsam *malochoriach* Mss. codicum esse videtur: maxime una cum sit vocis *malochochath* sive *malochochach*, et מסאבך *malochechta* significatio. 659

SARPHU CHOL MOEDAI EL BAARES. Manifeste apparet pro hodierno שרפי מועד, legisse Hieronymum in suo exemplari Hebraico בעירי, vel בעירים *moedar*, vel *moedar*. Quod sive pleonasmum, sive paragogen ראו affixi dixeris, varians exsurgit hic loci Hebraica lectio, a nemine adhuc, ut sciam, in Psalmo isto observata.

habetu BATHABENOTH. Manuscripti libri non *bathabunoth*, sed omnes, *thaconath*, legunt; in qua voce omittitur præpositio textus Hebraici, B, et in medio C, pro B scriptum reperitur, in hac quoque *eth* pro *oth*. Hanc proinde lectionem in Mss. pejorem in partem versam esse, et ab omni parte contaminatam ac corruptam putabunt non pauci. At librariorum vocem au attendenti consuetudinem et usum, facile *thachonat* transit in *Latchbunoth*. Quod planum facere in promptu nobis est ex uno Regiæ Bibliothecæ manuscripto codice. Regius igitur scriptis liber Epistolarum sancti Hieronymi numero 3799. hujusmodi formis litterarum Græcarum utitur in Epistola ad Evangelum de Melchisedeco, ατα ερb)=(. Itaque legit *ibraia*, præpositis Latinis elementis, et interjecta desuper linea. Ejiciens,

barchen similiter, et *ebp* ατα *bh, sarath*. Quibus manifesto ostenditur, *h* litteram in describendis Hebraicis vocibus, puto a vocali scriptores veteres usurpasse. Præterea B et C sive *k* promiscue apud eos accipiuntur ob utriusque elementi similitudinem et formam. Nam *l* hoc modo in Mss. scriptum B, ipsam *k* videri esse. Denique in confesso est apud omnes studiosos *o* mutatum fuisse sæpius in *r*; ac ab episundum, sosunde, præeta; pro epistulum, sosunde, et præsto. Itaque *bath donuth* prænotatis hisce litteris scriptum forte *berkunoth*, et, quod alia quidem legi poteratur *l'erbunoth*; ab aliis autem *bthabunoth*. Ut ut tamen scribereturn a variis, *bathbabunoth* Hieronymum legisse non dubium est; cum vocem hanc ubique sit interpretatus, *in intellectibus*. Scio Chaldæum, Syrum, et alios in si quid Ur legere quasi *auerit bathabunoth*, ad *prudentia*, et *in intellectis*, sed ita usu de Hieronymi una lectione sermo nobis est.

LUN scriptum habet. Sic Michææ cap. III. v. 12. eodem sensu legamus ליין; quamvis hoc etiam *lun* quod legnu, quia scriptores *m* sæpissime mutatо in *n*, ut in *cherubin* et *seraphin*.

LAASIDACH habet. In Hebraico hodierno scriptum est לחסידך *labasidecha* sine *iod* otioso in fine; quod a Paguino vel ab Aria Montano, *misericordi tuo*, interpretatur. Cui lectioni refragatur Hieronymus, omnesque veteres. Interpretes, qui similiter in plurali reddunt, *filios tuos, sanctos tuos, vel justos tuos*. Hujus lectionis fides sit penes Chaldaeum Paraphrastem, a qui quem legitur pluraliter לחסידך *lahasidaich*, seu *laasidach* Hieronymi. 661

MEOLAM AD OLAM ATH EL. Variantem istam lectionem Hebræi contextus Psal. LXXXIX. v. 12. nullus observavit; etsi aliquot locis את pro אתה positum Grammatici docent. 663

Verbum BOS scriptum est. Nos *cos* ergo, ut hodie in omnibus exemplaribus Antiquorum legebatur: nisi litterarum *beth* et *caph* similitudine hallucinatum Hieronymum credamus; aut certe mutatum fuisse K, in B, id est, C, in B, ut paulo superius observavimus. Verum inspecta diligenter vocis hujus *bos* significantia, statim occurrit בז *baz*, sive *boz* in lingua Arabica, quod apud Arabes legitur *bisi*, significatque *falconem, accipitrem*, et alias aves rapaces. בוא *bua* quoque *Noctuam*, ac *bubonem* Rabbini appellant. Quare profecto lectioni *ros* hujus loci multum favere nemo negabit; idque præsertim, quod Hieronymus ipse Sextam Editionem secutus, *Bos* Latine verterit *noctuam*: testeturque eamdem vocem a plerisque contentiose *bubonem* fuisse interpretatam. Nec refert utrum *bas* vel *boz* legamus, quoniam apud Orientales, et maxime Arabes, litteræ quiescentes, necnon ejusdem organi, sæpius inter se mutantur. Sed de *ros*, aut *cos* doctiorum hic esto judicium. 666

Non habet EPHSAV. Pro *ephsav* Eras. et Mariam. legunt חפצי *hephzi*. Et hanc vocem *hephzi* interpretatam aiunt a sancto Doctore, *voluntatis suæ*. Pudendus error, et incogitantia emendatoribus Hieronymi minime condemanda; quippe quæ viro apprime docto supinam ignorationem impingat; sensumque Scripturæ ac Interpretum tollat omnino. *Hephzi* enim quis nesciat, *voluntatem meam*, et non *voluntatem suam*, vel ejus significare apud Hebræos? vera est igitur ac genuina omnium manuscriptorum lectio; depravata autem et prorsus corrupta in editis antea libris. 667

dicitur BACHAFFI. Non *bachaffi*, sed *bachaffai* in plurali legisse Hieronymum aliquando suspicatus sum. Latinam vero Psalmorum interpretationem ex Hebraico cum evolvissem, germanam esse lectionem *bachaffi* ab eodem Hieronymo dicvi; nam Psalm. CXVIII. versiculo 109. ipse Latine reddit hæc in do: *anima mea in palmis meis jugiter*. Nec quempiam moveat, quod in hac Epistola, *in manibus meis*, positum ab eo legamus: namque cum unus sit Scripturæ sensus, veterum hic interpretum secutus est consuetudinem. Super quæ non nil Leo Lectorem monuit: « Sed et in hoc nulla est in sensu mutatio, et nos antiquam interpretationem sequentes, quod non nocebat, mutare noluimus. 672

Cæterum adnotandum videtur Lector studiosus, litteras nonnullas, sive aspirationes H et CH, e vocibus aliquot Hebraicis fuisse a nobis ablatas, ubi antiquorum librariorum usu scriptas et in factus esse exploratum omnino habuimus; sed intacta atque integra omnia manent, cum incerta et dubia viva Hieronymi lectio, ut in *cracho*, etc. aut cum nihil sensui verborum nocet, veluti in *tod* et *tohed*. At de rebus Hebraicis ac de Epistola ad Suniam et Fretelam hactenus. 674

EPIST. CVII. AD LÆTAM.

Quamplures Mss. codd. legunt, Epistola sci Hieronymi ad Lætam antiquas res retinem lactam. 677

Nomo, sp. Can Libro. Locus iste satis cum ex variorum doctorum Commentariis, tum ex variis contextus depravationibus in editis libris et annotationibus editorum, legatibus hectos ad *galbus corax, Niphes, Niles, leo, tero, Helios, l'romiss pater iniliantur, subvertit, fregit, excisit*. Nihil legimus in Exemplaribus Mss. de veritas *unio*, et, *romes pater*. Falsa hæc sunt, et conficta ab editis Atas notina. In omnibus codd. nostris ita lego: *orex, heliodromos pariter initiantur* vel *innitabantur*; et postea, *subvertit, fregit, excussit*. Porro non erat, ut tute videtur, tam inextricabilis difficultasque locus iste, ut ignorabilis atque inexplicitus nobis traderetur post multorum virorum et ichcremata. Itaque locum præsentem sic explicare possumus. Refert ex Eubulo Porphyrius in auto Nymphæ, primum apud Persas Zoroastrem speluncam naturæ factam in Persæ montibus consecrasse in honorem rerum omnium conditoris ut pareatis Mithræ; ut per speluncam significaret mundum a Mithra esse conditum. Huc refer quæ dicuntur a Socrate lib. 3. cap. 12. et a Sozomeno dicente: « In Mithra simulacra nescio quæ et instrumenta reperta sunt; ea vero ridicula admodum et peregrina visa sunt.» Cum autem Roma esset magistra falsitatis, et omnium gentium servieret erroribus, magnam sibi visa est assumpsisse religionem, si antrum Mithræ haberet cum cæteris idolorum templis. Hunc igitur speum Mithræ subvertit Gracchus urbanus præfectus, antequam initiaretur mysteriis Christi. In antro Mithræ erant symbola astrorum et planetarum, atque simulacra consequenter siderum ab Hieronymo recensitorum. Quis enim nesciat sidus esse quod *corax* dicitur, ut et *Nymphus*, id est, *Nymphæ* et *Virgo*; et *Miles* seu *Bellator*; et *Gigas, Leo, Perses* sive *Ferses*, et cetera Zodiaci signa, quæ recte in *Heliodromo* exprimuntur. Est enim *Heliodromus*, cursus vel *solis iter*, quem a cæterorum siderum peragit. Consulat qui voluerit L. Cœlii Rhodigini lectiones antiquas, Proclum Ethnicum, et C. Jul. Hyginum. 678

Littera cum perducat ad birium. Consule a nobis dicta de littera y Pythagorica in Commentariis super Ecclesiasten Tom. II. col. 770. 684

EPIST. CVIII. AD EUSTOCHIUM V.

Pervenit tecco. Pro *tecco* sive *techo*, veteres Exscriptores posuerunt *ad Coth*. Goth vero nulla est, maxime quæ dicta sit *Ptolemais*. Est quidem *Cotta*, κοττα in tribu Zabulon, civitas separata Levitis apud Eusebium et Hieronymum, in Libro de Locis Hebraicis; sed ita dicitur קתת *catteh* in Vulgata, nec *Ptolemais* aliquando dicta est. In Ms. codice Cluniacensi secunda manus posuit *ad Choum*: sed frustra, cum *Chout* non sit in Galilæa. 696

Zo quippe sermo Hebraicus. Locus iste varie depravatus est ob imperitiam utriusque linguæ Græcæ et Hebraicæ, quod ante nos docuit Des. Erasmus in scholiis ad hunc

Epistolam. Cum autem ait codices nonnullos legere ¶ *eau*, necesse est ut intelligat de impressis; quia nullus est codex manuscriptus qui non legat *zop* vel *zoū*. Porro וז *zo*, vel *za*, est pronomen nunc commune demonstrativum apud Grammaticos, significans *hunc* vel *hanc*. Deinde תאז *zoth* femininum, sæpius ad Hebræos sumitur genere neutrali. Potuit itaque Paula pronomen accipere hæc pronomina et affixa Hebræorum, ut ad Christum ipsum referret verba Psalmistæ, *Ecce audivimus illum, invenimus eum*. Quod et Interpres Syrus Latinus, similiter fecisse videtur, dicens: « Ecce audivimus hoc in Ephratha, et invenimus illud in agris. » Certe in Hebræo hodierno non legimus שמענוה *schemanuha*, invenimus illum; sed שמענה *schemuanuha*, invenimus illam. Itaque videtur dicere Paula hic affixum femininum posse accipi pro masculino, propter consequentiam sermonis, ubi affixa sunt masculina. « Introibimus in tabernaculum ejus. Adorabimus ubi steterunt pedes ejus. » 699
Christi flammeo reseretur. Erat flammeum indumentum seu velum flammei coloris, virginibus Deo consecrandis proprium. 720
Dormientem Hebræo, Græco, etc. *Hebræo* abest in Mss. in codd. Cluniac. ponitur hæc vox in margine. 725

EPIST. CIX. AD RIPARIUM.

Epistolam ad Riparium Tarraconensem in cod. Clun. inscriptam hoc loco posuimus, non ex ordine Chronologico; sed propter Epistolæ argumentum et consequens adversus Vigilantium, quod edendum fuit inter Opera polemica, servata consuetudine veterum Editionum. 725
Sciromasten Phinees. Sciromasten Phinees, hoc est, *lanceam vel pugionem*, quo usus est Phinees ad confodiendos scortatores. Vox est Græca apud LXX. nu. cap. 25. ... *et accepit sciromasten*, etc. 727
Non est crudelitas. Erasmus cum nonnullis manuscriptis exemplaribus, *Non est crudelitas pro Deo, sed pietas*. *ibid.*

EPIST. CXIII. AD AUGUSTINUM.

Et Apollinarem Laodicenum. Ita legit vetus codex Clunacensis; alii omittunt *Apollinarem*, legentes solummodo, *et Laodicenum*. 759
Ei qui ante, etc. Quamplures Mss. codd. *cum quo ante non fuerat testamentum*. Quæ lectio optima est nec respuenda. 748
Factum ex muliere. Sic juxta Græcos legit sæpius Hieronymus. Editi legunt, *natum ex muliere*. *ibid.*
Utrum autem illi imp ritia. Cluniac. vetus codex emendatus manu exscriptoris ipsius, hoc modo legit: « Utrum autem illi imperitia an malitia fecerit nescio. Sed hoc esse in Hebraeis codicibus respondebunt quod, etc. Hic sensus est completus atque perfectus qui in cæteris omnibus videtur suspensus. 754
Illius temporis cu nelio et Asinio Pollione. Repullulavit nostris temporibus hic Cornelius et Asinius Pollio, in Vollio ac Pezrono assertoribus Versionis LXX. Interpretum. Utrumque *teairospondasten* Septuagintia ac cucurbitarium refellit repetita Defensio nostra Hebræorum codicum Vulgatæque editionis Latinæ Bibliorum: ad illamque prudentem Lectorem mittendum puto; ut miretur prudentiam præcipue Auctoris Defensæ Antiquitatis Temporum, qui ut hæretici hominis rivulos opinionum consectetur, fonte Bibliorum et veritatis omisso, bella redintegrat adversus Ecclesiæ Doctorem ac maximum Interpretem in expuendis Scripturis Canonicis. Parum putaret se revisse Decretum Concilii Tridentini, quo tenetur adhærere *Hederæ* Vulgatæ editioni, id est, Hieronymi; nisi judicem se præbuisset eruditionis Hebraicæ ejusdem sanctissimi Doctoris: cum tamen ipse vix imbutus sit primis Hebraeorum elementis. Sed hoc ei non insolens esse debet juxta tritum illud proverbium: « Imperitia confidentiam; eruditio timorem creat. » *ibid.*
Syri CICEJAN vocant. Hic sicut in Commentariis in Jonam Prophetam, depravatum ediderunt Hieronymum, Erasmus et Marianus, ponentes *elcerou* pro *cicein* omnium codd. Mss. de qua restitutione nostra vide Annotatiunculas in Jonæ caput quartum. Sed ibi pro *Cantherio*, restitueandus videtur *Cornelius* ex hac Epistola Hieronymi, in qua constanter retinetur, asserente *Cornelio et Asinio Pollione*. Liberum sit uniuscujusque judicium in re utrinque probabili. 755

EP. CXIII. et XIV. AD THEOPHIL.

Hanc Hieronymi Epistolam transcripsi e vetusto codice S. Theodorici antea laudati, ubi ultimo loco invenitur post Epistolam ad Pammachium et Marcellam, post tres libros sive Epistolas Paschales Theophili, et post Epistolam Epiphanii ad S. Hieronymum, quæ incipit, *Generalis*

Epistola, etc. Ex quo intelligimus scriptam fuisse post annum Christi 404. et obitum S. Epiphanii, quem ipse Hieronymus hic sanctæ memoriæ hominem Dei appellat.
Nec quisquam miretur quod S. Hieronymus in S. Chrysostomum acrius invehatur; cum hoc tempore innocentiae et sanctitas Chrysostomi obruta criminibus, et accusationibus inimicorum ejus delitesceret, et soli Deo manifesta, a paucis tutaretur. Neque vero persuasum potuit esse Hieronymo, mentem et sententiam Concilii triginta sex Episcoporum, et Patriarcharum totius Orientis, labasse in condemnatione Joannis Chrysostomi; maxime cum notum esset quod omnes, Joannem offendisse animum S. Epiphanii, propter susceptos Origenistas, et recusatam ab eo condemnati nem Origenis. Quis reum non putasset tuae temporis Chrysostomum, et verum judicium Episcoporum Orientis? Certe Monachus cum paucis fratribus Deo totus in causa, in solitudine, non potuit tam inextricabiles dissidentium Episcoporum causas excutere, et ad humen veritatis adducere, ut non falleretur cum multis, qui ex auditu et eventu rerum, non ex instinctu divino, causas difficiles Episcoporum judicare cogebantur.
Cæterum putavi vir doctus Valesius majorem ac priorem partem hujus Epistolæ tribuendam esse Theophilo Alexandrino, usque ad hæc verba. *Ne quoquam tardius creatudinis*, etc. et ab illis verbis incipiendam Hieronymi Epistolam ad Theophilum. Sed ne quid præter verum admittamus, huic viri doctissimi sententiae adhærere timemus; cum mens sit contextus Epistolæ tam in editis quam manuscriptis libris. Deinde sensus est perspicuus, si verba Hieronymi recte intelligantur; dicit enim: *Scientes ergo dictum a Salvatore*. Nolite judicare secundum faciem, sed justum judicium judicate, *ne quoquam*, etc. quasi diceret Theophilo, quod Librum tuum tibi tardius miserim, multa impedimenta fecerunt, non ut tu pues judicium tuum adversus Joannem, quod judicium justum esse existimo; licet fama sanctitatis Joannis, illud non verum, sed juxta faciem tantum factum fuisse judicare videatur. Vel aliter intelligere possumus, et quidem hoc modo proclivori ac lucidiori: Ne in faciem judices, et me incertæ ac tarditatis incuses propter dilatam tibi in translationem Latinam, moneo hæc fuisse mihi impedimenta ut tardius cum ad te renditterem quoquam, nempe: *Laurorem repentina eruptio*, etc. Si quis meliorem sensum invenire in hoc contextu quiverit, cum grati animi significatione illum suscipiemus. Deest forsitan aliquod verbum, quod supplere facile potuiss im, nisi desiditus cop is Mss. codicum præter morem, ex unico exem tui exhibissem epistolam. Ergo ne in faciem et nos judicemus causam et reprehensionem Hieronymi, meminerimus temporis quo scripta fuit epistola superior ad Theophilum; et sic tandem quasi lux judicium nostrorum egredietur. 736

EPIST. CXVII. AD MATREM ET FIL.

Retulit mihi, etc. Meminit hujus Epistolæ Hieronymus in ea quæ inscribitur ad Riparium contra Vigilantium: *Valta in orbe*, etc. Vide eamdem, quæ numerum nunc obtinet 57. alias 55. 782
Lucilianum quippiam. De Lucilio Satyrico hæc habet Horatius Satyr. 10. lib. 1. At idem quod sale multo Urbem defricuit, etc. *ibid.*
Soror et filia. Hunc locum non intelligens Marianus mutavit contextum Hieronymi, positque contra fidem omnium Exemplarium, *Primum vos scire cupio, mater et filia*, etc. Hieronymus mulierem vetulam vocat ipse senex socerem, juniorem autem filiam: non erat itaque mater respectu Hieronymi, sed soror in Christo. 785
Vestram nuperare concordiam. Erasmus, *vestram me orare concordiam*. In Mss. nonnullis, *vestram me orare concordiam*. *ibid.*
Deforme putes, etc. Ita legunt omnes Mss. codices, neque huic contextum mutasset Marianus si rem intellexisset, nempe deforme esse testimonium pudicitiæ in puella, cum rogatur ad honesta et impudica. 787
Et altior videaris. Addit hic de suo particulam negantem idem Marianus, *ut per terram, ut altior videaris, non trahatur*: quasi vero pusilli statura non semper appetant vestes longiores, ut altiores videantur. *ibid.*
Sed torosudum. Plures Mss. codd. legunt, *sed rosudum*, nonnulli *trossudum* vel *grossudum*. In cunctis lectionibus unus videtur sensus, torosulus enim et trossulus; obesum, nitidum et curatæ cutis hominem significant. 788

EPIST. CXIX. AD MINERVIUM, etc.

Monachos Ægypti falso istos putavit Marianus, quia ac Monasteria Ægypti profectus est Sisinnius valediceus Hieronymo: sed ex lectione hujus epistolæ æque ac Præfationibus in Zachariam et Malachiam compertum nobis est, Sisinnium fuisse S. Exuperii filium et Monachum Tolosae, unde Quæstiones Minervii et Alexandri Hieronymo detule-

rat in Palæstinam. 799
Sed obsecro te. Quamplures Mss. legunt : *Et obsecro, ne*, etc. 799
De canina facundia. Caninam facundiam vocat forensium et causidicorum orationes. Ubi quenta enim canina est in Rhetoribus, quæ accusandis aliis exercetur, et cujus magna pars est maledicentia. Quintilianus dicit eloquentiam caninam, lib. 12. cap. 9. Rhetores igitur vel Causidici fuisse videntur Minervius et Alexander adæquam monasticam amplecterentur vitam. 800
Estote probati, etc. Hunc versiculum recitant sæpius Patres Græci, δόκιμοι τραπεζίται γινεσθε : sed hæc exciderunt ab Exemplaribus hodiernis Græcis atque Latinis. 815
Quod e contrario. Hunc locum non intellexit Marianus Victorius, qui otiose disputat de dogmate Acacii et Apollinaris ; cum Hieronymus nec apertissime doceat Origenem et Eusebium viros fuisse doctissimos ; quod e co trario de Theodoro et aliis duobus negat, quos doctissi nos non agnoscit ut Origenem et Eusebium. Errorem itaque omnium horum in veritate dogmatum agnoscit, cum scientiam eamdem neget in tribus ultimis. 816

EPIST. CXX. AD HEDIBIAM.

De eadem Hedibia Christi ancilla meminit Hieronymus scribens ad homineam quemdam genere Gallum, quem Rusticum appellat ; epigraphe epistolæ ad eamdem scripta de pœnitentia. Vide infra suo loco hanc epistolam. 817
Commonitorium dirigens. Emendeprevate legunt, *commentariorum dirigens*, contra fidem omnium co lectad Mss. et contra manifestum sensum S. Hieronymi. 818
Patera atque. In omnibus Exemplaribus editis atque manuscriptis perperam legitur *Valeria*, excepto uno codice Cluniacensi, qui retinet nomen *Patero*, quod idem est ac *Patera*, quia *Veteres* o et *a* promiscue accipiunt. Quis fuerit autem *Patera*, et unde nomen habuerit, Ausonius docet in Rhetoribus, sive in Commemoratione Professorum Burdigalensium, cap. 4.

Tu Bajocassis stirpis Druidarum satus,
Si fama non fallit fidem,
Beleni sacratum ducis templo genus,
Et inde vobis nomina :
Tibi Patera : sic ministros nuncupant
Apollinaris mystici, etc.

Patera igitur lingua Gallica est Sacerdos Apollinis, quem Galli Belenum vocabant, a quibus Sacerdotibus *Patera* atque *Delphidius* deducebant genus. Vide Chronicorum Eusebii librum posteriorem ad an. Chr. 557. *ibid.*
Paucos non habes filios. Hæc est genuina et vera lectio hujus loci quam retinent tres Mss. codices, unus scilicet Sangermanensis noster, quem secuti sumus ; alter Cluniacensis, et tertius Monasterii S. Cygiranni, in quo ultimo codice sic legimus : « Igitur et tu quia filios non habes, plurimos fac tibi amicos de, » etc. In Cluniacensi autem eodem sensu scribitur : « Igitur et tu quia paucos non habens filios, habes plurimos. Fac tibi amicos de, » etc. Editi perperam tollunt particulam negativam, legentes, « quia paucos habes filios, plurimos fac tibi amicos, » etc. Quod absurdum ac falsum est ex prima quæstione Hedibiæ, quæ absque liberis dicitur derelicta. Pulchre vero dicebat Hedibiæ diviti Hieronymus, « Igitur et tu qui nec paucos habes filios, fac tibi plurimos amicos de iniquo mammona, ut , » etc. 821
Doctor audisset. Adolescentem fuisse legimus hunc divitem, non Legis Doctorem ; nisi hoc significet *Tiberops* apud Lucam. *ibid.*
Iberas nœnias. Apocryphorum librorum deliramenta vocat Iberas nænias Prologo in Genesim. Consule Annotat. nostras in eumdem Prologum, To. I. 839

EPIST. CXXI. AD ALGASIAM.

Interpretationem nominis sui. Apodemia significat Græce *peregrinum*, a verbo ἀποδημέω, *peregrinor* : unde interpretationem nominis sui tam longa navigatione signavit. 830
Alethium Presbyterum. Alethius Presbyter iste est, ad quem scripta videtur epistola Paulini 55. qui Alethius a, ad Gregorium Turonensem inter Episcopos Cadurcenses et in annumeratus credi potest. Vicinus itaque erat ille fons, et ex eo facile haurire potuisset Algasia pia ac nobilis femina ; sed procul Hieronymianum rivuli fluenta quærit, propter admirabilem sanctissimi viri famam ac doctrinæ præcellentissimæ vulgatam opinionem. 851
Ego civitas firma. Hujus versiculi varia est lectio in Mss. codicibus operum Hieronymi, qui sæpius eo utitur Contextu LXX. Interpretum, multi enim codices retinent particulam negativam, *non oppugnatur*, alii nec pauciores retinent veram lectionem, *quæ oppugnatur*. Sed pro locis intelligeadum est ; quæ non expugnatur. Vide Tom. II. Editionis nostræ, col. 710. f. et col. 775. i. et in notis subjectis. 857
Putatur homicidium. Pro voce *homicidium*, Erasmus et Marianus de suo posuerunt vocem *homo*, ita legentes, *Et laudiu non repudiatur homo*, *donec*, etc. Sed nos juxta fidem omnium codicum Mss. retinemus nomen *homicidium*, quod infra retinendum monet Hieronymus dicens, *et cito abortio, sive aborta, perit* ; et deinde, *Et ea quæ concepta sunt facit perire aborto*, sive *aborta*, ut legunt quædam Exemplaria manuscripta. Abortium autem est homicidium, quia elementa confusa suas imagines membraque susceperant. De abortiis Paulinæ uxoris Pammachii infra dicetur. 860
Baruchibus. De eodem *Baruchiba* Hieronymus scribit in Commentario suo in Ecclesiasten, Tomo II. Edit. nostræ, col. 740. f. Dicitque nomen esse quem vel maxime admirantur Judæi. Consule Annotationes nostras in eumdem Hieronymi Commentarium a nobis restitutum, sicut et hic restituimus nomen *Baruchibas* pro corruptissima lectione Erasmi et Mariani, qui posuerunt, *solent respondere et dicere, Rab akiba, et Simeon, et filii e magistri*. 884

EP. CXXIII. AD AGERUCHIAM.

Nunc ad Ageruchiam. Vocabulum hujus viduæ valde corruptum est tam in editis Libris, quam in Mss. codicibus. In quibusdam legitur *Geroncia, Acheruchia, germaniæ et æteruciia.* Vera et genuina lectio nobis est *Ageruchia*, sive *Ageruclia*, Ἀγερουχία enim significat *immortalem*, vel non *sententiam senectutem*. In quem sensum nos peritabat verba Hieronymi significantis monogamiam et viduitatem quodammodo esse immortalem in familia Ageruchiæ, cum avia, mater, et amita ejus multos annos in viduitate perseveraverint ; u de quodam futurorum vaticinio hoc nomen Ageruchiæ sumpsit, et ipsa vidua futura. 900
Athenas evinutur. In veteribus codicibus, *Hierophanta apud Athenas cerrat et ant.* Vide lib. 2. adversus Jovinianum, deinde Tertullian. lib. de Exhortatione Castitatis, et lib. de Monogamia, necnon lib. 1. ad Uxorem. 905
Gens Chentomum. Falso hic adduntur nomen *Galloram* Erasm. et Marian. Hujusmodi Historias reperies apud Florum et Plutarchum in Vita Marii, atque apud Valerium in capite de Pudicitia. 906
Adoreamque, etc. Mss. codd. *ador. usque per singula subclamantes*, etc. Adorea porro pro gloria et laude sumitur, ut testes sunt Plinius et Festus. Pro frumenti parte ac militum mercede post victoriam accipitur apud Plautum. 907

EPIST. CXXIV. AD AVITUM.

Fetis Avite charissime. Hujus Aviti meminit Hieronymus supra in epistolam ad Salvinam. 916

EPIST. CXXV. AD RUSTICUM.

Urbem Maximam. De eodem in epist. ad Fabiolam de 42. mansionibus ; deinde in cap. 7. Amos. Hæc vero leguntur in libro Locorum ad vocem *Math.* Mari Rubro, unde ex Ægypto in Italiam, et inde ad Ægyptum navigatur. 934
Flere ille ca, it, etc. Totum hunc locum veteres editiones Erasmi et Mariani legunt absque sensu, sed non absque solœcismis, hoc modo : « Flere ille contra mendacium. Nulans aliis credere veritati ; Solus pater defensionem stare callide opponere ; ne abundantiori tristitia absorberetur frater. » Ubi vides deesse verba in singulis commatis, quæ ego supplevi ex codicum Mss. codicibus ; atque ex Vitis Patrum Auctore Rufino, lib. 3. num. 220. num ibi legimus ; « At ille flere cœpit contra mendacium : quotidie gemitus, » etc. 941

EPIST. CXXVII. AD PRINCIPIAM.

Sanctes contradictio. Ita legunt septem Mss. cod. neque Marianus Victorius nihi mirquam probabit, omnia hujus epistolæ exemplaria legere, *Tunc nostrorum* δοκιμαζων *contradictio* ; cum cuncta nostra exemplaria vetustissima et optimæ notæ, retinent *nostrorum* διαμροκ *cont. dicdo*, vel *nostrorum insana διμαλεξα cont. adicetio* ; aut potius non διαμροκ *contradictio*. Cujus lectionis pulcherrimam est sensus, et comnati sequenti conveniens. De αντιμαχος Mariani, altum silentium apud exscriptores Hieronymi. 957

EPIST. CXXIX. AD DARDANUM.

Redeuntes ex Ægypto possederunt. Manuscriptus Cluniacensis cum ceteris omnibus legebat *prima manu redeantes* ; sed castigatis postea retinuit, *exeuntes*. 966
Qui et in resurrectione, etc. Editi antea libri addunt, *benedicimus Domino*, et consequenter legunt in prima persona, *sumus*, pro tertia *sunt*. 967
Horminum. Ita fere omnes Mss. codices ; nonnulli cum editis retinent, *dormierunt*. *ibid.*
Partis per illum opibus. Aliquot exemplaria Mss. *paratis*,

alia partitis. 967
Quam primus Adam perdidit. Nonnulli codices Mss. cum editis libris hæc ad terram referunt, unde legunt, *quam primus idam perdidit..... imo perditam*, etc. Et paulo post, *Volumus scire manifestius, quæ sit hæc terra; legamus Malachiam.* 968
εὐχῆς. Erasmus legendum existimat τιμῆς, et *voluptaria.* Quod ferre non sustinens Marianus acerbius cum coarguit. Ipse tamen legit Latine *voluptaria* pro *voluntaria*; cum apud Malachiam c. 5. 12. θλιψῆ interpretatum legantus, *accepta*; apud Hieronymum, *et terra voluntaria.* Ibid.
Nunquid istas portas, etc. Plures Mss. omittunt, *Nunquid.* Ibid.
Multum accola fuit anima mea. Hic nonnulli codices retinent Vulgatam lectionem, *incola fuit.* 970
Et multa millia angelorum, etc. Mss. fere omnes, « multa millia Angelorum solemnitatis, et Ecclesiam, » etc. Ibid.
Non solum ab Ecclesiis Orientis. Ex hoc Hieronymi loco urgendi Heterodoxi, ut libros Deuterocanonicos ipsi recipiant, vel abjiciant quos in suum Canonem admittunt. Videsis hanc Quæstionem in secundo volumine Tractatuum meorum de Veritate et Notitia sacrorum Bibliorum. 971
Ecclesiasticis Græci sermonis scriptoribus. Discrepantes lectiones retinent hic codices Mss. Quidam legunt sine « retro, sed ab omnibus Ecclesiæ Græci sermonis Scriptoribus; » alii, « sed ab omnibus retro Ecclesiæ, » etc. Marianus, « sed ab omnibus retro Ecclesiis, et Græci, » etc. Ibid.
Septuaginta quinque millibus, etc. Quamplures Mss. *vix viginti quinque*; Cluniacensis vero optime notæ et diligenter emendatus, « ad meridianam plagam LXXV. millibus ab Jerosolyma separatis. » 972
Poeta eloquentissimus mentionem. Virgilius 4. Æneidos, *Hinc deserta siti regio, lateque furentes barcæi.*
Dicti sunt autem *Barcæi* ab oppido *Barca*, sive *Barce*, ut legunt Erasm. et Marian. Vide Strabon. et Serv. de civitate *Barce*, quæ *Ptolemais* dicta est. Ibid.
Cœlen Syriam et Osrhohenem. Nonnulli imperiti exscriptores omittunt *osrhohenem.* Ibid.
Id populum phaleras. Ita Persius Sat. 3. Quod significat, apud imperitam plebem te ipsum jacta et fumos vende; apud me, qui te totum novi, frustra hoc feceris.
Prætenditur. Marianus, *protenditur*, Codex Cluniacensis, « Phœnici, Syriæ Cœlen, Ciliciæque prætenditur. » 973
Baali n. Editi legunt in singulari *baal*; sed Mss. omnes quos inspexi retinent in plurali *baalim.* Ibid.
Exemplum vicinorum. Exscriptores antiqui, non quod invenerant hoc loco posuerunt, sed quod intelligebant; legunt enim haud pauci codices, *in exemplum vitiorum.* Cetera minoris momenti prætermisimus. 974
Servisses crebro. In quamplurimis Mss. exemplaribus, *cumque servires crebro*, etc. Ibid.
Babylonica vastante. Unus codex Ms. vetustissimus, *Babylonio post me deleta est.* Eodem quoque modo legunt Vaticani duo, 342 et 343. Ibid.
Transacto. Multi codices hic legunt, *duplicis præfecturæ honore transactæ.* 975

EPIST. CXXX. AD DEMETRIADEM.

A sancta Christi synoride. Synoridem vocat *par mulierum sanctarum*, nempe *Probæ* et *Julianæ*, matrum Demetriadis. Sic Gregorius Nazianzenus et Basilius erant *synoris*, hoc est *par amicorum* indissolubili charitatis vinculo conjunctum. Eodem modo συνωρὶς sive ξυνωρὶς usurpatur pro *biga* et *pari* apud Euseb. Chrysost. et Synesium. u Ms. Corbei. scripto ante annos nongentos legimus κυνωριδε, in aliis Latine *synoride.* 981
Utrum avarior. Hoc loco Hieronymus invehitur in crudelissimum comitem *Heraclianum*, atque in ejus generum *sabinum*; quorum historiam videsis apud Prosperum in Chronicis, apud Orosium cap. 42. lib. 7. et apud Marcellinum Comitem in Chronico. 982

EP. CXXXIII. AD CTESIPHONTEM.

Quos inter ἀγέλαι. Hucusque ignobilis erat lectio hujus loci genuina et Hieronymiana; quia antiqui editores more suo illudentes lectoribus, *animus Platonis* posuerunt, non ἀγέλαι, ut retinent omnes codices Mss. vel Græce hoc modo, ΑΓΙΛΛΚ; vel Latine *absidas* cum b pro p. Quæ sint porro *apsides Platonis* (aut potius Plinii) *in cælestibus*, ex alio Hieronymi loco subintelliginus: enarrans enim caput quartum Epistolæ ad Ephesios, hæc habet ad versum decimum, *qui descendit ipse est*, etc. Nunquid corporaliter omnes cœlos et universas sublimitates, et cœlorum circulos, quos Philosophi sphæras vocant, transiens atque transcendens, stetit in summo cœli fornice, et ut ipso verbo utar, *abside* ? An certe, etc. Manichæus itaque sicut Christum in solis tabernaculo ponebat, ita electos suos, id est, duodecim perfectos, inter cæteros planetarum fornices sive circulos astrorum collocabat. Hanc perfectionis summitatem eleemosynæ tribuit Joan. Chrysostomus, Homilia 9. de Pœnit. λέγω δὲ, inquit, τὴν ἐλεημοσύνην τὴν βασιλίδα τῶν ἀρετῶν τὴν ταχίως ἀνάγουσαν εἰς τὰς ἀψίδας τῶν οὐρανῶν τοὺς ἀνθρώπους, id est, « Dico vero eleemosynam reginam virtutum brevi elevantem homines in cœlorum apsidas, » hoc est, ad summum perfectionis gradum, sive « ad cœlestes sublimitates et cœlorum circulos. » Eodem sensu Manichæus collocabat electos suos inter absides in cœlestibus, propter perfectionem eorum imaginariam et falso ipsis attributam. 1028
Iberita, etc. Codex Corbeiensis minor indicat ita legendam ex Prologo proxime consequenti, ubi *Iiberita*, non *Hyperborita* dicitur Evagrius Ponticus. 1029
Nomen nigredinis. Melaniam intelligit, quæ primum pulchra et sancta propter virtutem, eleemosynas et peregrinationes dicta est; postea vero nigra et fœda propter labem hæreseos, qua polluit eam Rufinus Origenista factus. Ibid.
Or quoque, etc. Or legunt Mss. omnes Codices. 1030
Joannem, etc. Hic est sanctissimus Joannes Chrysostomus, quem sanctum hoc loco atque catholicum prædicat Hieronymus, invito Theophilo et Cyrillo Alexandrino, apud quos male audiebat Chrysostomus. Ibid.
Xysti Pythagorei. Corbeiensis codex major, « quod librum Sexti Pythagorei, » et postea, « immutato nomine Xysti Martyris. » Ibid.

EPIST. CXL. AD CYPRIANUM.

Elige presbyteros. Sensum Scripturæ non verba posuit hoc loco Hieronymus; nisi ex veteri aliquo exemplari hæc recitaverit, ubi legebant Antiqui, « Elige presbyteros quos tu ipse scis presbyteros Israel, quos tu ipse nosti, quod hi sunt presbyteri. » Depravatum autem fuit iste locus apud Erasmum et Marianum, qui legunt, « Elige presbyteros, ques tu ipse scis dignos esse; » et talis citarunt cap. 17. vol. 18. Exodi, cum manifestissime de libro Numerorum sententia sit mutuata. 1048
Orans loquitur. In antea editis et in corruptissimo Ms. codice Florentino nomen Pauli obtruditur, *quotidie Paulus loquitur.* 1049
Ut omnes, etc. Idipsum docet Præfatione Commentariorum in Malachiam, dicens: Tempus quoque titulusque conveniunt; quod et in Psalmis diximus, qui titulos non habent, eorum esse credendos, quorum priores Psalmi nominibus prænotati sunt. 1050
Et fecit Deus. Erasm. « Et fecit Deus hominem ad imaginem suam; ad imaginem Dei fecit illum: masculum, et fœminam creavit illos. » Ibid.
Ol. 181. Falso antea editi libri Hebraica nobis obtrudunt hoc loco verba ומתולם ועד עולם. 1053
Initio viarum. Mss. aliquot, *initiarum viarum suarum*; Erasmus autem legit, *in initio viarum suarum*: De quo mox dicturi sumus. Ibid.
BRESITH. Omnes Mss. codices legunt *bresith*; et non *Resith*, sicut editi antea libri. Hieronymum autem legisse in Hebræo דרכו בראשית קנני יהוה *.dcmi canani bresith dercho*, nullus dubito; quia in sua Translatione Latina Proverbiorum, locum præsentem ita reddidit: « Dominus possedit me initio viarum suarum, *vel* in initio viarum suarum, » juxta Vulgatam Editionem. Præterea Chaldæus et Syrus legebant in Hebraïs exemplaribus; præpositionem ב *be*, id est, בראשית *bresith, in initio*, non vero *initium.* Unde manifeste ostenditur diversa fuisse Hebræa exemplaria vetustissima, quam Septuaginta Interpretes invenerint in illis nomen *Resith* sive præpositione, ut hodieque legitur: Chaldæus autem, Syrus et Hieronymus idem verbum legerint cum præpositiva particula, *bresith.* 1054
Initium viarum. In primo Tomo Editi his nova: Operum Sancti Hieronymi aliter posui, nempe: *Dominus possedit me initium viarum suarum.* Sed tunc temporis versiculum recitavi ex Editione Mariani, quæ hic corrupta est, ut jam monui textum Hebraicum restituendo. Consulat Lector curiosus Prolegomenon tertium, num. 3. in Bibliothecam divinam Sancti Hieronymi, ubi fusius disputat de hoc versiculo Proverbiorum. Ibid.
Transiit, etc. Erasmum secuti sumus et codices Mss. Marianus ita legit, « quæ præteriit, vel transiit, et ut vigilia nocturna. » 1055
Poeta testatur. Illustris iste Poeta Virgilius est, qui libro tertio Georgicorum circa medium hæc habet:

Sed fugit interea, fugit irreparabile tempus,
Singula dum capti circumvectamur amore.

Et iterum libro decimo Æneidos circa finem, Mezentium

inducit sic loquentem ad equum suum, quem Rhœbum vocabat :

> Rhœbe, diu (res si qua diu mortalibus ulla est)
> viximus : aut hodie victor spolia illa cruenta,
> Et caput Æneæ referes, etc. 1058

Abscondentur a te. Ita legunt omnes Mss. codices, quorum lectionem mutare non debuit Marianus, ut ad Vulgatam Latinam Psalmi contextum accommodaret. *Ibid.*

Est ex judicii, etc. In antea editis legimus, *in illo ex judicio et ex veritate est.* 1059

B IEM. Nonnulli Mss. codices legunt *bahem ;* quia in medio duarum vocalium antiqui exscriptores interponebant aspirationem : unde verbum etiam *inchoo* scribebant *incoho* juxta Servium. *Ibid.*

Quoadusque non pulsetur, etc. Marianus contrario sensu legendum monet sine particula negante, *quoadusque pulsetur funiculus argenti :* sed illico mutasset sententiam si meminisset Hieronymum recitare totum huncce contextum ex editione LXX. Translatorum, apud quos legimus cum negatione, ἕως ὅτου μὴ ἀνατραπῇ, id est, *usquequo non evertatur.* Præterea nullum contuli exemplar Ms. quod non legat sicut Erasmus, *quoadusque non pulsetur funiculus a genti.* Perperam ergo ex Vulgata Editione nostra Marianus Victorius cuncta reficere voluit. 1060

In suo loco, etc. Librum Commentariorum in Ecclesiasten intelligit, qui proxime consequuntur in hac Editione nostra post Epistolas Criticas. *Ibid.*

Millia, et octoginta, etc. Suo more lectionem Mss. codicum mutavit hoc loco Marianus, sic enim legit : Et septuaginta millium, et octoginta millium hominum multitudines. *Ibid.*

IS. Lectionem Hieronymi tollunt veteres Editiones hujus epistolæ, et pro AIS unico verbo, supponunt Hebraica verba שיש גבר *q is his.* 1061

Quando perqit, etc. Tenebrosus locus ad intelligentiam; cui illuminando non modicum confert opera epistola ejusdem Hieronymi ad Augustinum scripta, illa scilicet quæ in Editione Mariani numeratur 89. Ibi enim scriptum est : « Et in Paralipomenon libro legimus quod tibi Israel ad pugnandum processerint mente pacifici ; inter ipsos quoque gladios et effusiones sanguinis, et cadavera prostratorum, non suam, sed pacis victoriam cogitantes. » Desumpta sunt isthæc e libro I. Paralip. cap. 12. v. 38. Nam apud LXX. hoc modo legimus : *Omnes hi viri bellatores instruentes aciem in animo pacifico,* ἐν ψυχῇ ἐιρήνῃ. Quod in Vulgata Latina dicitur, *corde perfecto :* quia Hebraicus contextus בלבב שלם *belebab salem,* aut *belevae scalem,* potest Latine reddi, *corde perfecto,* vel, *in animo pacifico :* sive etiam, *mente pacifica.* Possunt igitur hæc sonare in Verbis Dierum, id est, in Paralipomenon libro, quod Deus non corripit nt interficiat atque disperdat : sed ut corrigat et emendet, quandoquidem homines etiam interdum in hostes procedant animo perfecto ac mente pacifica. 1062

Nullum tam, etc. Eadem inculcat epistola ad Ageruchiam de Monogamia : « Nemo enim, *inquit,* tam fractis viribus, et sic decrepitæ senectutis est, ut non putet se unum adhuc annum esse victurum. Unde subrepit oblivio conditionis suæ, » etc. Ciceronis est ista sententia, qui libro de Senectute sic ait : « Nemo enim est tam senex, qui se annum non putet posse vivere. » Seneca quoque epist. 12. lib. 1. « Nemo tam senex est, ut non improbe unum diem speret. *Ibid.*

QUOTIDIE, etc. Similiter in Epistola 103. ad Paulinum : « Facile contemnit omnia, qui se semper cogitat esse moriturum. » *Ibid.*

Compeditos significat. Addunt editi antea libri, post Ms. codicem Florentinum : *Sin autem* πεπεδημένους, *eruditos significat.* Sed hæc non leguntur in antiquioribus Mss. exemplaribus : unde conjicio non esse Hieronymi verba, sed ejus qui exemplar Florentinum multis additamentis vitiasse convincitur. 1065

Legimus. Locus insignis et facilis ad errorem lectoribus faciendum, si retineamus lectionem quamplurium Mss. et editorum librorum, ubi pro *legimus,* positum invenies *diximus.* Quasi indicare voluerit Hieronymus hac voce *diximus,* aliquos a seipso elaboratos Commentarios in Psalmum duodecimum. Sed hanc nodum solvit Cluniacensis codex Ms. qui retinet post emendationem antiquæ manus, verbum *legimus,* et non *diximus.* Nec tamen me latet Hieronymum scripsisse Tractatus septem in Psalmos, a decimo usque ad decimum sextum ; quo manifestissime comprobatur veritas lectionis *diximus.* *Ibid.*

EPIST. CXLVI. AD EVANGELUM.

Legimus in Isaia. Veteres editiones falso hanc Epistolam inscribunt *ad Evagrium ;* cum Mss. codices, quoscumque vidi, retineant *Evangelum,* vel *Evangelium,* ut jam observavi in epistola ad eumdem de Melchisedec Tomo II. Erat porro *Evangelus Presbyter,* ad quem scripsit Ammanus Pelagianus. Interpres Homiliarum S. Chrysostomi in Epistolas B. Pauli. Vide Tomum VI. Bedæ Operum in fine. Fatuus iste, qui Diaconos anteferebat Presbyteris, dicitur Falcidius in Appendice Operum S. Augustini Tom. III. nostræ Editionis, in QQ. ex utroque mixtim, Quæst. CI. 1080

EPIST. CL. PROCOPII.

Imperitia hominis hæretici debacchantis in Hieronymum, causa fuit superioris Epistolæ Procopii editæ a Vossio, qui nescivit S. Hieronymum *nunquam degisse in Ægypto,* nec inter Saracenos fuisse captivum. Ex eodem errore atque invidiæ fonte manavit pluvia matronarum aurea quæ nunquam rigavit arva sanctissimi Doctoris dicentis : *Cujus æs nunquam in manu mea sonavit ?* Denique Vossius superbiam Photini perperam tribuit Basilio, ut ex Chronicis perspicuum est apud eruditos. 1118

ORDO EPISTOLARUM
SANCTI HIERONYMI

CUM ANTIQUIS EDITIONIBUS ET BENEDICTINA COMPARATUS.

ORDO Veterum editionum. Epist.	ORDO HUJUS EDITIONIS. EPIST.		ORDO Benedictinæ Editionis. Epist.
49	I.	Ad Innocentium, de muliere septies percussa.	17
38	II.	Ad Theodosium et cæteros Anachoretas.	3
41	III.	Ad Rufinum Monachum.	1
5	IV.	Ad Florentium.	2
6	V.	Ad eumdem.	4
37	VI.	Ad Julianum.	6
43	VII.	Ad Chromatium, Jovinum et Eusebium.	7
42	VIII.	Ad Niceam Hypodiaconum.	8
44	IX.	Ad Chrysogonum.	9
21	X.	Ad Paulum Concordiensem.	10
39	XI.	Ad Virgines Æmonenses.	12
45	XII.	Ad Antonium Monachum.	11
36	XIII.	Ad Castorinam Materteram	13
1	XIV.	Ad Heliodorum.	5
57	XV.	Ad Damasum Papam de hypostasibus.	14
58	XVI.	Ad eumdem.	16
77	XVII.	Ad Marcum Presbyterum.	15
142 et 143	XVIII.	Ad Damasum de Seraphim.	*Int. Comm. t. 3.*
124	XIX.	*Damasi* ad Hieron. de Osanna.	*Int. Critic.* 4. I.
145	XX.	Ad Damasum de Osanna.	*Ibid.* II.
146	XXI.	Ad eumdem de duobus filiis, frugi et luxurioso.	*Ibid.* III.

SANCTI HIERONYMI

ORDO Veterum editionum.	ORDO HUJUS EDITIONIS.		ORDO Benedictinæ Editionis.
Epist.	Epist.		Epist.
22	XXII.	Ad Eustochium de Virginitate.	18
24	XXIII.	Ad Marcellam de exitu Leæ.	20
15	XXIV.	Ad eamdem de laudibus Asellæ.	21
136	XXV.	Ad eamdem de decem Dei nominibus.	Int. Critic. t. 2. XIV.
137	XXVI.	Ad eamdem de quibusdam Hebræis vocibus.	ibid. XV.
102	XXVII.	Ad eamdem adversus obtrectatores suos.	25
138	XXVIII.	Ad eamdem de Diapsalma.	Int. Critic. t. 2. XVI.
130	XXIX.	Ad eamdem de Ephod et Teraphim.	Ibid. VII.
135	XXX.	Ad Paulam de Alphabeto.	Ibid. XVII.
19	XXXI.	Ad Eustochium de munusculis.	25
74	XXXII.	Ad Marcellam brevis.	24
Vacat.	XXXIII.	Ad Paulam de Origene fragm.	29
141	XXXIV.	Ad Marcellam de Psal. CXXVI.	Int. Crit. t. 2. XVIII.
124	XXXV.	Damasi ad Hier. de quinque Quæstionibus.	Ibid. I.
125	XXXVI.	Ad Damasum de quinque Quæstionibus.	Ibid. II
133	XXXVII.	Ad Marcellam de Commentariis Rheticii.	Ibid. X.
23	XXXVIII.	Ad Marcellam de ægrotat. Blesillæ.	19
25	XXXIX.	Ad Paulam de obitu Blesillæ.	22
100	XL.	Ad Marcellam de Onaso.	26
54	XLI.	Ad eamdem contra Montanum.	27
149	XLII.	Ad eamdem contra Novatianos.	Int. Crit. t. 4. VI.
18	XLIII.	Ad eamdem de laudibus ruris.	43
20	XLIV.	Ad eamdem de munusculis.	46
99	XLV.	Ad Asellam.	28
17	XLVI.	Paulæ et Eustochii ad Marcellam.	44
134	XLVII.	Ad Desiderium.	48
30	XLVIII.	Ad Pammach. pro libris contra Jovinianum.	50
32	XLIX.	Ad eumdem alia.	51
51	L.	Ad Domnionem.	52
60	LI.	Epiphanii ad Joan. Jerosolym.	110
2	LII.	Ad Nepotian. de Vit. Clericor.	54
103	LIII.	Ad Paulinum de studio Scripturarum.	50
10	LIV.	Ad Furiam.	47
147	LV.	Ad Amandum.	Inter Crit. t. 4. IV.
86	LVI.	Augustini ad Hier.	65
101	LVII.	Ad Pammach. de optimo gen. interp.	55
13	LVIII.	Ad Paulinum altera.	49
148	LIX.	Ad Marcellam de quæstion. N. T.	Inter Crit. t. 4. V.
3	LX.	Ad Heliodor. Epitaphium Nepotiani	53
75	LXI.	Ad Vigilantium.	36
76	LXII.	Ad Tranquillinum.	56
68	LXIII.	Ad Theophilum de Origenis causa.	58
128	LXIV.	Ad Fabiolam de veste Sacerdot.	Inter Crit. t. 2. V.
140	LXV.	Ad Principiam in Psalmum XLIV.	Ibid. XII.
26	LXVI.	Ad Pammachium de morte Paulinæ.	54
87	LXVII.	Augustini ad Hieronymum.	67
53	LXVIII.	Ad Castrucium.	100
83	LXIX.	Ad Oceanum.	82
84	LXX.	Ad Magnum.	83
28	LXXI.	Ad Lucinium.	52
132	LXXII.	Ad Vitalem.	Inter Crit. t. 2. IX.
126	LXXIII.	Ad Evangelum de Melchisedech	Ibid. III.
131	LXXIV.	Ad Ruffinum Romanum Presbyterum.	Ibid. VIII.
29	LXXV.	Ad Theodoram.	53
52	LXXVI.	Ad Abigaum.	55
50	LXXVII.	Ad Oceanum de morte Fabiolæ.	84
127	LXXVIII.	Ad Fabiolam de XLII. Mansionibus.	Inter Crit. t. 2. IV.
9	LXXIX.	Ad Salvinam.	85
Desideratur.	LXXX.	Ruffini Præfatio in libros περὶ Ἀρχῶν.	Numero caret.
66	LXXXI.	Ad Ruffinum.	42
Abest. 61. 62	LXXXII.	Ad Theophilum contra Joan. Jerosolym.	39
64	LXXXIII.	Pammachii et Oceani ad Hieronymum.	40
65	LXXXIV.	Ad Pammachium et Oceanum.	41
153	LXXXV.	Ad Paulinum de duabus Quæstiunculis.	51
70	LXXXVI.	Ad Theophilum.	59
69	LXXXVII.	Theophili ad Hieron.	60
71	LXXXVIII.	Ad Theophilum.	61
72	LXXXIX.	Theophili ad Hieronymum.	62
67	XC.	Theophili ad Epiphanium.	111
73	XCI.	Epiphanii ad Hieronymum	63
Inedita.	XCII.	Synodica Theophili ad Episcopos Palæstinos et Cyprios.	Inedita.
Inedita.	XCIII.	Synodica Jerosolymitanæ Synodi ad superior.	Inedita.
Inedita.	XCIV.	Dionysii ad Theophilum.	Inedita.
Inedita.	XCV.	Anastasii Papæ ad Simplicianum.	Inedita.
Caret numero.	XCVI.	Theophili Paschalis I.	Caret numero.
78	XCVII.	Ad Pammachium et Marcellam.	87
Caret numero.	XCVIII.	Paschalis II.	Caret numero.
31	XCIX.	Ad Theophilum.	64
Caret numero.	C.	Paschalis III.	Caret numero.
90	CI.	Augustini ad Hieronymum.	68
91	CII.	Ad Augustinum.	69
98	CIII.	Ad eumdem.	66
88	CIV.	Augustini ad Hieronym.	70
92	CV.	Ad Augustinum.	71

S. HIERONYMI EPISTOLARUM.

ORDO Veterum editionum.	ORDO HUJUS EDITIONIS		ORDO Benedictinæ editionis.
Epist.	Epist.		Epist.
135	CVI.	Ad Sunniam et Fretelam.	Inter Crit. t. 2. XI.
7	CVII.	Ad Lætam.	57
27	CVIII.	Ad Eustochium, Epitaphium Paulæ	86
55	CIX.	Ad Riparium de Vigilantio.	57
95	CX.	Augustini ad Hieronymum.	72
95	CXI.	Ejusdem ad Præsidium.	75
89	CXII.	Ad Augustinum.	74
Numero caret.	CXIII.	Theophili fragmentum epistolæ ad Hieron.	88
Superiori juncta in unum.	CXIV.	Ad Theophilum.	Superiori juncta in unum.
96	CXV.	Ad Augustinum.	75
97	CXVI.	Augustini ad Hieronymum	76
47	CXVII.	Ad Matrem et Filiam.	89
54	CXVIII.	Ad Julianum.	92
152	CXIX.	Ad Minervium et Alexandrum.	Inter Crit. t. 4. IX.
150	CXX.	Ad Hedibiam de XII. Quæstionibus N. T.	Inter Crit. t. 4. VII.
151	CXXI.	Ad Algasiam de XI. Quæstionibus N. T.	Ibid. VIII.
46	CXXII.	Ad Rusticum de pœnitentia.	90
11	CXXIII.	Ad Ageruchiam de Monogamia.	91
59	CXXIV.	Ad Avitum, de libris περὶ Ἀρχῶν.	94
4	CXXV.	Ad Rusticum Monachum.	95
82	CXXVI.	Ad Marcellinum et Anapsychiam.	78
16	CXXVII.	Ad Principiam, Marcellæ viduæ epitaphium	96
12	CXXVIII.	Ad Gaudentium de Pacatulæ educ.	98
129	CXXIX.	Ad Dardanum de Ter. Promissionis.	Inter Crit. t. 2. VI.
8	CXXX.	Ad Demetriadem de servanda Virginitate.	97
Vacat.	CXXXI.	Augustini ad Hieronym. de origine animæ.	Vacat.
Vacat.	CXXXII.	Ejusdem ad eumdem de sententia Jacobi Apost.	Vacat.
Caret numero.	CXXXIII.	Ad Ctesiphontem.	43
94	CXXXIV.	Ad Augustinum.	79
	CXXXV.	Innocentii Papæ ad Aurelium.	
Non habentur.	CXXXVI.	Ejusdem ad Hieronymum.	Non habentur.
	CXXXVII.	Ejusdem ad Joannem Jerosolym.	
55	CXXXVIII.	Ad Riparium.	102
56	CXXXIX.	Ad Apronium.	103
130	CXL.	Ad Cyprianum de Psal. LXXXIX.	Inter Crit. t. 2. XIII.
80	CXLI.	Ad Augustinum.	80
81	CXLII.	Ad eumdem.	77
79	CXLIII.	Ad Alypium et Augustinum.	81
Desideratur.	CXLIV.	Augustini ad Optatum de Hieronymo.	Desideratur.
35	CXLV.	Ad Exuperantium.	99
85	CXLVI.	Ad Evangelum.	101
48	CXLVII.	Ad Sabinianum.	95
		Falso adscriptæ.	
14	CXLVIII.	Ad Celantiam.	108
inedita	CXLIX.	De solemnitatibus Paschæ.	Inedita.
Non habetur.	CL.	Procopii Græce et Latine.	Ultima absque numero.

Epistola quæ in veter. Edit. sub n. XL. habetur, heic non apponitur inter Hieronymianas, utpote quæ urbem Leges memorat, atque alia recentioris ævi argumenta, ideoque inter suppositias in tomum ultimum conjecta est.

S. HIERONYMI EPISTOLARUM

INDEX SECUNDUS ALPHABETICUS

JUXTA INITIUM CUJUSQUE EPISTOLÆ.

A

Abraham tentatur. De ægrotatione Blesillæ ad Marcellam, Epistola XXXVIII
Acceptis primum litteris. Velitatio in errores Vigilantii, ad Riparium. CIX
Ambrosius quo. Invitatio ad secessum Bethleemiticum, ad Marcellam. XLIII
Anno præterito. Commendatio amici ad Augustinum. CIII
Ante annos circiter. De erroribus Origenis, ad Avitum. CXXIV
Antiquus sermo est. Familiaris, ad Julianum Diaconum. VI
Apostolus Paulus scribens. Institutio infantulæ, ad Lætam. CVII
Arbitror quod. Synodica Theophili prius inedita. XCII
Audi filia. De custodia Virginitatis, ad Eustochium XXII
Audivi pervenisse. Excusatio Augustini ad Hieronymum. CI

B

Beatus Pamphilius. Expositio Psalmi CXXVI. ad Marcellam. XXXIV
Beatitudinis tuæ. De filio prodigo, ad Damasum. XXI
Bonus Deus noster. Dionysii ad Theophili Synodicam. XCIV
Bonus homo. Institutio Monachi, ad Paulinum. LVIII
Brevis Epistola. De tribus quæstionibus novi Testamenti, ad Amandum. LV
Brevis est. De blasphemia in Spiritum S. ad Marcellam. XLII

C

Causa difficilis. Institutio infantulæ, ad Gaudentium. CXXVIII
Chartæ exiguitas. Familiaris, ad Virgines Æmonenses. XI
Christiani interdum. Adversus calumniatores, ad Pammachium. XLIX
Christum Jesum Dominum. Paschalis Theophili prima. XCVI
Christi te. Exhortatio pro fide tuenda, ad Riparium. CXXXVIII
Commentaria cum. Damasi Papæ. De Osanna, ad Hieronymum. XIX
Crebras ad me. Familiaris epistola, ad Augustinum. CV

D.

Decreveram quidem. De fide sua, ad Marcum Presbyt. **XVII**
De solemnitatibus. Hieronymo falso adscripta, antea inedita. **CXLIX**
Deum nostrum. *Augustini* ad Hieron. de Origine animæ. **CXXXI**
Direptiones, cædes. *Innocentii* ad Joannem Jerosolym. de turbis Pelagianor. **CXXXVII**
Didici quod. De damnatis Origenistis. *Theophili* ad Hieronymum. **LXXXIX**
Diu te Romæ. Expostulatio de figurata laude, ad Rufinum Monachum. **LXXXI**
Dominus noster. De modestia, ad Antonium Monachum. **XII**
Dominus, qui. De damnandis Origenistis, *Theophili* ad Epiphanium. **XC**
Dormientem te. *Damasi* ad Hieron. De quæstionib. veteris Legis. **XXXV**
Duplicem mihi. De damnandis Origenistis, ad Theophilum. **LXXXVIII**

E.

Epistolare officium De Ephod bad, ad Marcellam. **XXIX**
Et factum est. De Seraphim et calculo ad Damasum. **XVIII**
Ex eo tempore. Ad Theophilum, Paschali tertiæ præposita. **XCIX**
Ex quo cepi. *Augustini* De mendacio, ad Hieronymum. **CIV**
Epistola tua. Ad Theophil. advers. Jo. Jerosolym. **LXXXII**

F.

Filius tua. Ad undecim quæstiones Algasiæ. **CXXI**
Filius meus, frater tuus. Consolatio in adversis, ad Julianum. **CXVIII**
Frater Ambrosius. De studio Scripturæ, ad Paulinum. **LIII**

G.

Generalis epistola. *Epiphanii* ad Hieronym. **XCI**
Grandem sollicitudinem *Anastasii Papæ* ad Simplician. **XCV**
Grandes materias. Epitaphium Nepotiani, ad Heliodorum. **LX**

H.

Habeo gratiam. De translatione ex Hebraica veritate. *Augustini* ad Hieronymum. **LXVII**
Humanæ vitæ. Laus integræ senectutis, ad Paulum senem. **X**

I.

Ignota vultu. De duodecim quæstionibus, ad Hedibiam. **CXX**
Importuna in Evangelio. De hypostasibus, ad Damasum. **XVI**
In ea mihi. Familiaris Epistola, ad Florentium. **V**
In ipso profectionis articulo. Familiaris ad Augustinum. **CII**
In ipso jam. Ad Minervium et Alexand. de aliquot quæstionibus. **CXIX**
In septuagesimo. De quadraginta mansionibus ad Fabiolam. **LXXVII**
Inter omnes materias. De virginitate, ad Demetriadem. **CXXX**
Inter omnia. Exhortatio ad Christi militiam, ad Exuperantium. **CXLV**
In vetere via. De Monogamia, ad Ageruchiam. **CXXIII**

J.

Jampridem. *Augustini* ad sanctum Hieronymum. **CXVI**
Joannes idem. Reconciliatio, ad Materteram Castornam. **XIII**
Justum quidem fuerat. Hortatur Vigilantium ut resipiscat. **LXI**

L.

Lecto sermone. Epistola familiaris, ad Desiderium. **XLVII**
Legimus in Isaia. De gradu Sacerdotis et Diaconi, ad Evangelum. **CXLVI**
Litteræ tuæ. Adversus calumniatores, ad Domnionem. **L**
Lugubri nuntio. Epitaphium Lucinii, ad Theodoram. **LXXV**

M.

Magnis nos. De quinque quæstionibus, ad Marcellam. **LIX**
Majora spiritus. Quatenus legendus Origenes, ad Tranquillinum. **LXII**
Marcum Terentium. De Origen. ad Paulam. **XXXIII**
Medici quos vocant. In Onasum, ad Marcellam. **XL**
Meminit beatitudo tua. De Origenistis, ad Theophilum. **LXIII**
Mensuram caritas. *Paulæ et Eustochii*, ad Marcellam. **XLVI**
Misisti volumen. De Melchisedec, ad Evangelum. **LXXIII**
Multi utroque. De Pelagianis hæreticis, ad Augustinum. **CXLII**
Multi super hoc. De Osanna, ad Damasum Papam. **XX**
Multum in utramque. De judicio Salomonis, ad Rufinum Romanum. **LXXIV**

N.

Nec opinanti. Exhortatio ad piam vitam, ad Lucinium. **LXXI**
Nemo reprehendat. Laudes Asellæ, ad Marcellam. **XXIV**
Nescio qua. Exhortatio adversus hæreticos, ad Apronium. **CXXXIX**
Nihil Christiano. Institutio Monachi, ad Rusticum. **CXXV**
Nonagesimum Psalmum. De decem Dei nominibus, ad Marcellam. **XXV**
Non audacter. Adversus Pelagianos, ad Ctesiphontem. **CXXXIII**
Non debet charta. Familiaris, ad Chromatium, etc. **VII**
Nosti, Domine, cuncta. *Synodic. Jerosolymit.* prius inedita. **XCIII**
Nudius tertius. Interpretatio Alphabeti Heb. ad Paulam. **XXX**
Nunquam æque. Familiaris *Augustini* ad Hieronymum. **LVI**
Nunquam boni aliquid. *Innocentii* ad Hieron. de turbis Pelagianor. **CXXXVI**
Nunquam fili. De secundis Nuptiis ad Oceanum. **LXIX**
Nunc quoque Dei. Paschalis *Theophili* tertia. **C**
Nuper cum. De Alleluia aliisque Hebræis vocibus ad Marcellam. **XXVI**
Nuper cum Rheticii. De nomine Tharsis, ad eamdem. **XXXVII**
Nuper tuæ. De damnatis origenistis, ad Theophilum. **LXXXVI**

O.

Obsecras litteris. De viduitate servanda, ad Furiam. **LIV**
Omni quidem. Contra Pelagianos, ad Augustinum. **CXLI**
Oportebat nos. *Epiphanii* ad Joan. Jerosolym. **LI**

P.

Paucis in exordio. Fragmentum *Theophili*, epistolæ ad Hieron. **CXIII**
Parva specie. De munusculis, ad Eustochium virginem. **XXXI**
Paulus Apostolus. De optimo genere interpretandi, ad Pammachium. **LVII**
Per religiosum Presbyterum. *Augustini* ad Optatum de Hieron. **CXLIV**
Petis a me. Institutio Clerici et Monachi, ad Nepotianum. **LII**
Piissimam etiam ad nos. *Innocentii* ad Aurel. de Hieronymo. **CXXXV**
Plures anni sunt. Epitaphium Fabiolæ, ad Oceanum. **LXXVII**
Plus Deum tribuere. Amicitia Hieronymi, et laus Bonosi, ad Rufinum. **XXVII**
Post priorem. Defensio interpretationum Scripturæ ad Marcellam. **XXVII**
Postquam epistolam. Ad tres quæstiones veteris Legis, ad Damasum. **XXXVI**
Primum solemnitatis. Paschalis *Theophili* altera **XCVIII**

Prius te Cypriane. Expositio Psalmi LXXXIX. ad Cypr. Presbyterum. CXL
Πάλιν Αιγυπτω. *Procopii* ad Hieronymum alium, tamen a Stridonensi. CI.

Q.

Quanvis existimem. *Augustini* ad sanctum Hieronymum. CV
Quanquam mihi. Consolatio de cæcitate, ad Abigaum. LXXVI
Quæ acceperis. Quid sit Sela apud Hebræos, ad Marcellam. XXVIII
Quæris Dardane. De terra promissionis, ad Dardanum. CXXIX
Quam vellem. Familiaris, ad Theodosium et cum eo cæteros monachos. II
Quanto amore. De laude vitæ solitariæ, ad Heliodorum. XIV
Quantus Beatitudinis. Familiaris epistola, ad Florentium. IV
Qui circa te. Familiaris etiam, ad Chrysogonum. IX
Quis dabit capiti meo, etc. Consolatio super morte filiæ, ad Paulam. XXXIX
Quod ad te hucusque. Apologia, ad Pammachium. XLVII
Quod ignotus. Castigatio relapsi, sive de pœnitentia, ad Rusticum. CXXII
Quod tardius. Ad Theophil. de interpretatione ejus libri. CXIV
Quod ad te scripsi. *Augustin.* ad Hieron. de sententia Jacobi. CXXXII
Quoniam vetusto. De hypostasibus, ad Damasum. XV
Cum a sancto. Exhortatio ad concordiam, ad Augustinum. CXV
Cum hora ferme. De morte Leæ ad Marcellam. XXII

R.

Retulit mihi quidam. De suspecto contubernio, ad matrem et filiam. CXVII
Rursum orientalibus. De Origenistis, ad Pammachium et Marcellam. XCVII

S.

Sæpe a me. De muliere septies percussa, ad Innocentium. I
Sæpe et multum. Marcellæ epitaphium, ad Principiam. CXXVII
Samuel quondam. Objurgatio Diaconi impudici, ad Sabinianum. CXLVII
Sanato vulneri. Consolatio super morte uxoris, ad Pammachium. LXVI
Sanctus aliquis. Excitatio ad defensionem sui. *Pammachii* ad Hieronym. LXXXIII

Sanctus Episcopus. De damnandis Origenistis. *Theophili* ad Hieronymum. LXXXVII
Sanctus Iulius. Consolatio in adversis, ad Castrucium. LXVIII
Sanctus Innocentius. De extincta hæresi Cœlestiana, ad Alypium et Augustin. CXLIII
Schedulæ quas. De Origenis erroribus, responsio ad Pammach. et Ocean. LXXXIV
Scio me Principia. Expositio Psalmi quadragesimi primi, ad Principiam. XLIV
Scio quam plurimos. Præfatio Ruffini in libros περι Αρχων. LXX
Sebesium nostrum. Quatenus utendum litteris profanis, ad Magnum. LXX
Si cuncta corporis. Epitaphium S. Paulæ, ad Eustochium. CVIII
Sicut præsens. Familiaris *Augustini*, ad Præsidium. CXI
Si tibi putem. De suorum adversariorum invidentia, ad Asellam. XLV

T.

Tandem ex Africa. Familiaris, ad Marcellinum et Anapsychiam. CXXVI
Testimonia. De Montano erroribus, ad Marcellam. XLI
Tres simul epistolas. De expositione cujusdam loci Epistolæ ad Galatas, ad Augustin. CXII
Turpilius Comicus. Familiaris epistola, ad Niceam. VIII

U.

Usque hodie. De vestitu Sacerdotum, ad Fabiolam. LXIV
Ut absentiam. De munusculis acceptis, ad Marcellam. XLIV
Ut tam parvam. Familiaris epistola, ad eamdem. XXXII

V.

Vere in vobis. Emendatio Psalterii, ad Suniam et Fretelam. CVI
Vereor ne officium. De servanda viduitate ad Salvinam. LXXIX
Vetus Scripturæ. Institutio matris familias, ad Celantiam. LVIII
Virum honorabilem. Familiaris, ad S. Augustinum. CXXXIV
Voce me provocas. De duabus quæstiunculis, ad Paulinum. LXXX

Z.

Zenon Nauclerus. De Salomone et Achaz, ad Vitalem. LXXIII

EPISTOLARUM S. HIERONYMI

INDEX TERTIUS ALPHABETICUS

JUXTA NOMINA, QUIBUS INSCRIBUNTUR.

A.

Abigao Hispano. Epist. LXXVI
Ageruchiæ viduæ. CXXIII
Algasiæ. CXXI
Alypio et Augustino. CXLIII
Amando. LV
Antonio Monacho. XII
Apronio. CXXXIX
Asellæ virgini. XLV
Augustino. CII. CIII. CV. CXII. CXV. CXXXIV. CXLI. CXLII, CXLIII.
Avito. CXXIV
Ægypti Episcopis *Paschales Theophili tres.* XCVI. XCVIII. C.

C.

Castorinæ Materteræ. XIII
Castrucio. LXVIII
Celantiæ matronæ. CXLVIII
Ctesiphonti. CXXXIII

Chromatio, Jovino, etc. Epist. VII
Chrysogono Monacho. IX
Cypriano. CXL

D.

Damaso. XV. XVI. XVIII. XIX. XXI. XXXVI
Dardano. CXXIX
Demetriadi virgini. CXXX
Desiderio. XLVII
Domnioni. L

E.

Epiphanio *Theophili.* XC
Evangelio Presbytero. LXXIII. CXLVI
Eustochio. XXII. XXXI. CVIII
Exuperantio. CXLV

F.

Fabiolæ. LXIV. LXXVIII
Florentio. IV. V

Furiæ.	Epist. LIV	Nicææ hypodiacono Aquileiensi.	Epist. VIII

G.

Gaudentio.	CXXVIII

H.

Hedibiæ.	CXX
Heliodoro.	XIV. LV
Hieronymo *Augustini*.	LVI. LXVII. CI. CIV. CX
CXVI. CXXXI. CXXXII.	
Damasi.	XIX. XXXV
Epiphanii.	XCI
Innocentii.	CXXXV
Pammachii et Oceani.	LXXXII
Ruffini Præfatio in libros περὶ ἀρχῶν.	LXXX
Theophili.	LXXXVIII. LXXXIX. CXIII

I.

Innocentio.	

J.

Joanni Jerosolym. *Epiphanii* LI. *Innocentii*. CXXXVII	
Juliano Diacono.	VI
Juliano.	CXVIII

L.

Lætæ.	CVII
Lucinio Bœtico	LXXI

M.

Magno Oratori urbis Romæ.	LXX
Marcellæ.	XXIII. XXIV. XXV. XXVI. XXVII
XXVIII. XXIX. XXXII. XXXIV. XXXVII. XXXVIII. XL.	
XLI. XLII. XLIII. XLIV. *Paulæ ce Eustochii*. XLVI. LIX.	
Marcellino et Anapsychiæ.	CXXVI
Marco Presbytero.	XVII
Matri et filiæ.	CXVII
Minervio et Alexandro.	CXIX

N.

Nepotiano Presbytero.	LII

O.

Oceano, de secundis nuptiis.	LXIX
Eidem, de morte Fabiolæ.	LXXVII
Optato *Augustini*.	CXLIV

P.

Pammachio.	XLVIII. XLIX. LVII. LXVI
Pammachio et Oceano.	LXXXIV
Pammachio et Marcellæ.	XCVII
Paulæ Matri.	XXX. XXXIII. XXXIX
Paulo Concordiensi.	X
Paulino.	LIII. LVIII. LXXXV
Principiæ Virgini.	LXV. CXXVII
Præsidio *Augustini*.	CXI

R.

Ripario.	CIX. CXXXVIII
Ruffino Monacho.	III. LXXXI
Ruffino Romano.	LXXIV
Rustico, de pœnitentia.	CXXII
Rustico Monaco.	CXXV

S.

Synodica *Theophili*.	XCII
Synodica *Jerosolymitana*.	XCIII
Sabiano Diacono.	CXLVII
Salvinæ viduæ.	LXXIX
Summæ et Freteke.	CVI
Simpliciano *Anastasii*.	XCV

T.

Theodoræ viduæ.	LXXV
Theodosio et cæteris Monachis.	II
Theophilo Alexandrino.	LXIII. LXXXII. LXXXVI
LXXXVIII. *Dionysii*.	XCIV. XCIX. CXIV
Tranquillino.	LXII

V.

Vigilantio Hæretico.	LXI
Virginibus Æmonensibus.	XI
Vitali Presbytero.	LXXII

EPISTOLARUM S. HIERONYMI
INDEX QUARTUS

SECUNDUM PRÆCIPUA EARUM ARGUMENTA DIGESTUS.

EPISTOLÆ THEOLOGICÆ.

De X Dei nominibus, ad Marcellam Epist.	25
De hypostasibus, ad Damasum 15 et 16. et ad Marcum.	17
De blasphemia in Spiritum, ad Marcellam.	42
De Scripturæ Sacræ libris, ad Paulinum.	55
De Presbyteris et Diaconis, ad Evangelum.	146
De bigamia, ad Oceanum.	69
De origine animæ, ad Marcellinum et Anaps. 126. tum Augustin.	131. et 144

EPISTOLÆ POLEMICÆ.

Quæ spectant Montanistas, ad Marcellam.	41
vatianos, ad Marcellam.	42
Jovinianum, ad Pammach. 48. et 49. et ad Domnionem.	50
Vigilantios, ad Vigil. 61. et Riparium 109. Origenistas, ad Tranquillin. 62. ad Theoph. 63. ad Ruffin. 81. ad Theophil. 82. Pammac. 84. Theophil. 86. et 88. Synodicæ duæ 92. et 93. Ex alienis, Dionysii et Anastasii, 94. et 95. Paschales. 96. 98. 100. Ad Marcellam, 97. ad Theophil. 99. et ad Avitum.	24
Pelagianos, ad Ctesiphontem 133. ad Riparium 158. ad Apronium 139. ad Augustinum.	141. 142

EPISTOLÆ CRITICÆ.

De Seraphim, et Calculo, ad Damasum.	18
De Osanna, ad Damasum.	20
De duobus filiis ad eumdem.	21
De quibusdam Hebr. vocibus ad Marcellam.	26
De Diapsalma ad eamdem.	28
De Ephod et Theraphim, ad eamdem.	29
De Hebraico Alphabeto ad Paulam.	30
De Psalmo CXXVI. ad Marcellam.	34
De Commentariis Rhetici ad eamdem.	37
De Quæstionibus Novi Test. ad eamdem.	59
De Veste Sacerdotali ad Fabiolam.	64
De Salomone et Achaz, ad Vitalem.	72
De Melchisedech, ad Evangelum.	73
De Judicio Salomonis, ad Ruffinum.	74
De XLII. Mansionibus ad Fabiolam.	78
De Psalterio ad Sunniam et Fretellam.	105
De XII. quæstionibus N. T. ad Hedibiam.	120
De XI. aliis quæstionibus N. T. ad Algasiam.	121
De verbis Apostoli 2. Cor. 15. 5. *Omnes quidem dormiemus*, ad Minervium, et Alexandrum.	119
De expositione cujusdam loci Epistolæ ad Galatas, ad Augustinum.	112
De Psalmo 44. ad Principiam.	65
De Psalmo 89. ad Cyprianum.	140
De tribus quæstionibus N. T. ad Amandum.	55
De terra promissionis ad Dardanum.	129

EPISTOLÆ MORALES.

De Virginitate servanda ad Eustochium 22. ad Demetriadem.	130
De Viduitate ad Furiam 46. et Salvinam.	79
De institutione filiæ ad Lætam 107. et ad Gaudentium.	128
De pœnitentia ad Rusticum 122. et ad Sabinianum.	147
De laude vitæ solitariæ ad Heliodorum.	14
De institutione Monachi ad Paulinum 58. et ad Rusticum.	122

De vita Clericorum instituenda ad Nepotianum. 52
De contemptu sæculi ad Lucinium 71. et ad Exuperantium. 145
De monogamia ad Ageruchiam. 123
De suspecto contubernio ad Matrem et Filiam, 117
Quæ Sanctorum vitas enarrant.
Leæ, ad Marcellam. 23
Asellæ, ad eamdem. 24
Blesillæ, ad eamdem 35. et ad Paulam. 39
Nepotiani, ad Heliodorum. 60
Paulinæ, ad Pammachium. 66
Fabiolæ, ad Oceanum. 77
Lucinii, ad Theodoram. 75
Paulæ Matris, ad Eustochium. 108
Marcellæ ad Principiam. 127
De Muliere septies percussa, ad Innocentium. 10

EPISTOLÆ VARIÆ.

Objurgatoriæ, ad Virgines Æmon. 21. Ad Antonium Monachum 22. Ad Castorinam 23. ad Marcellam 27. et de Onaso 40. ad Marcellam. 43
Laudatoriæ ad Theodosium 2. ad Ruffinum 3. ad Julianum 6. ad Chromat. 7. ad Niceam 8. ad Chrysogonum 9. ad Paulum Concord. 10. De operibus Origenis ad Paulam 33. de manuscriptis ad Eustochium 51. et ad Marcellam 44. de laudibus ruris ad eand. 43. Familiares ad Florentium 4. et 5. ad Augustinum 102. 105. ad Desiderium. 47
Consolatoriæ de adversis, ad Castricium 68. et ad Abigaum. 76
Quatenus utendum litteris profanis, ad Magnum. 70
EPISTOLÆ VARIORUM AD HIERON.
Damasi de Osanna 49. ejusdem de V. Quæst. 55. Paulæ et Eustoch. 46. Epiphanii ad Joannem 51. et ad Hieron. 91. Augustini 56. 67. 101. 104. 110. 111. 116. 151. 152. 144. Præf. Rufin. 80. Pammachii 82 Synodica Theo hili 92. Respons. ad Synodic. 93. Dionysii Lid. 94. Anastasii 95. Theophili 87. 89. 90. Paschales 96. 98. 100. Fragmentum ejusd. 113. Innocentii ad Aurel. 155. ejusdem ad Hier. 156. ejusd. ad Joan. 157

INDEX RERUM

QUÆ IN HOC TOMO CONTINENTUR.

Epistola nuncupatoria Dominici Vallarsii Clementi XII, Pontifici Maximo. V-VI.
Præfatio generalis. VII-VIII.
1. Hieronymi operum præstantia. ibid.
2. Novæ editionis necessitas. ibid.
3. Quibus de causis novam editionem aggredimur. IX-X.
4. Hujus præfationis pars triplex. ibid.
Pars prima, in qua de Mss. deque edictis collectionibus agitur singillatim. ibid.
5. Manuscriptæ Operum Hieronymi collectiones. ibid.
6. Editio prima Romæ. XI-XII.
7. Commentarior. aliorumque operum editiones antiquæ. XIII-XIV.
8. Universæ imperfectæ. ibid.
9. Editio Desider. Erasmi. ibid.
10. Editio Mariani Victorii. XV-XVI.
11. Eadem doctorum aliquot hominum accessionibus locupletata. ibid.
12. Nihilominus in hebraicis potissimum falsa. ibid.
13. Editio PP. Benedictinorum sive D. Joannis Martianæi. ibid.
14. Ejus editionis præcipua vitia. XVII-XVIII.
Pars altera, in qua, exposita Hieronymianorum operum indole, de iis agitur quæ interciderunt aut putantur intercidisse. ibid.
15. Duplex Hieronymi operum genus. ibid.
16. Genus alterum. XIX-XX.
17. Non extantium ratio, ac primum de emendatione Scripturarum ex Græco. ibid.
18. Evangelium juxta Hebræos. XXI-XXII.
19. Quid de illa interpretatione calumniaretur Theodorus Mopsuestenus. ibid.
20. Specimen Commentarii in Abdiam. ibid.
21. Tractatus septem in Psalmos. XXIII-XXIV.
22. Num ex Origine latine redditi. ibid.
23. Psalmi XCIII expositio. XXV-XXVI.
24. Breviores in psalmos commentarioli. ibid.
25. Libri περὶ ἀρχῶν interpretatio. XXVII-XXVIII.
26. Libri contra Joannem Chrysostomum versio. ibid.
27. Epistolæ plures deperditæ. ibid.
28. Quæstiones hebraicæ in vetus testamentum. XXXI-XXXII.
29. Commentarii breviores in XII Prophetas. ibid.
30. Quatuordecim libri in Jeremiam. XXXIII-XXXIV.
31. Interpretatio latina commentarior. Alexandri ap brodisei. XXXV-XXXVI.
32. Liber ad Abundantium. ibid.
33. Duo libri contra Helvidium. XXXVII-XXXVIII.
Pars tertia, in qua quid in hac nova editione præstitum sit, explicatur. ibid.
34. Operum partitio. ibid.
35. Bibliothec. et Mss. quibus utimur et quomodo. XXXIX-XL.
36. Qua ratione emendatus textus. ibid.
37. Variantes lectiones. ibid.

38. Observationes et notæ. XLI-XLII.
39. Aliorum ac præcipue Benedictinorum notæ ad calcem tomi. ibid.
40. Laus virorum nominatorum. ibid.
Præfatio hujus tomi. XLIII-XLIV.
1. Epistolarum S. Hieronymi dotes. ibid.
2. Veterum Editionum in iis recensendis confusio. ibid.
3. Novi ordinis necessitas et ratio. ibid.
4. Tractatus et opuscula cum præfationibus aliorum operum excluduntur. XLV-XLVI.
5. Epistolæ quinque nondum antea vulgatæ adduntur. XLVII.
6. Sex aliæ huc primum adscitæ. XLVII-XLVIII.
7. Quinque epistolarum Classes, Argumenta, Capitulationes, etc. ibid.
Epistolarum ordo chronologicus argumentis demonstratur. XLIX-L.
Epistolæ primæ classis, quas Hieronymus potissimum e Chalcidis eremo scripsit, ab anno 370. ad 380. ibid.
Epistolæ secundæ classis, quas Hieronymus per feræ triennium Romæ scripsit, ab exeunte anno 382 ad medium 385. LII-LIV.
Epistolæ tertiæ classis, quas Hieronymus ab anno 386, e Bethleemi monasterio scripsit, usque ad sæculi quarti finem, damnatumque in Alexandrina Synodo Origenem anno 400. LIX-LX.
Epistolæ quartæ classis, quas Hieronymus ab ineunte anno 401. usque ad 420, suæ scilicet vitæ finem scripsit. LXXVII-LXXVIII.

S. Eusebii Hieronymi Stridonensis Presbyteri vita ex ejus potissimum scriptis concinnata ad eminentiss. S. R. E. cardinalem Dominicum Riviera. 5-6
CAPUT I. — I. Hieronymi patria. II. Natalis annus. III. Nomen. IV. Parentes et consanguinei. 5
CAP. II. — I. Probe educatus domi una cum Bonoso, Romam ad litteras ediscendas mittitur. II. Grammaticorum, rhetorum et philosophorum scholas frequentat. III. In vitia quædam pueritiæ labitur. 14
CAP. III. — I. Romæ baptismum suscipit. II. Sub Liberio Papa, anno circiter ætatis suæ XX. 16
CAP. IV. — I. Post romana studia domum revertitur. II. Aquileiæ parumper moratur. III. Gallias petit. 18
CAP. V. — I. E Gallia Stridonem regreditur, et Aquileiam. II. Scribit Epistolam ad Innocentium de muliere septies percussa. 20
CAP. VI. — I. Aquileiæ varias inimicitias incurrit. II. Inde subito divulsus in Orientem navigat. 22
CAP. VII. — I. Hier S. Patris deseritur. II. An Jerosolymam tunc adierit? III. Antiochiæ subsistit. 24
CAP. VIII. — I. Antiochiæ hospitatur, ubi de incunda solitudine secum agit. II. Scribit ea super re amicis epistolas. III. Apollinarium Laodicenum audit, ab ejusque hæresi cavet. IV. Maronii diversatus historiam de Malcho monacho ab ejusdem ore excipit. 27
CAP. IX. — I. In Chalcidis eremo se recipit, ac pœnitentiæ se devovet. II. Hebraicæ linguæ ad carnem magis

mandam, studio se mancipat. III. Num etiam græcam edidiscerit. IV. Per somnium admonitus profanis scriptoribus nuntium renittit. 28

CAP. X. — I. Scribit vitam Sancti Pauli Eremitæ. II. Epistolas quoque ad diversos. III. Et exhortatoriam ad Heliodorum. 32

CAP. XI. — I. Antiochena Ecclesia trium simul episcoporum factionibus agitatur. II. Quarum unaquæque Hieronymum ad se rapere contendit. III. Ex his Meletiani trium ab illo hypostaseon professionem expostulant. IV. Scribit ille ad Damasum semel, atque iterum ea de re. V. Factiosorum arrogantiæ cedere compulsus S. adolescens, de eremo deserenda cogitat. VII. Scribit ad Marcum. 34

CAP. XII. — I. Eremo decedit et Antiochiam remigrat. II. Scribit Dialogum Luciferiani et Orthodoxi. III. Presbyter a Paulino ordinatur. IV. Tempus ejus ordinationis asseritur. 39

CAP. XIII. — I. Antiochia Constantinopolim peregrinatur, ubi Gregorium Nazianzenum audit. II. Ibidem Chronicon Eusebii latine vertit, continuatque. III. Homilias quoque Origenis vigintiocto interpretatur. IV. Scribit etiam Tractatum de Seraphim. 43

CAP. XIV. — I. Constantinopoli Romam ad synodum proficiscitur. II. Ibi Damaso ab Epistolis eligitur, ejusque nomine consultationibus Orientis atque Occidentis respondet. III. Num Presbyter Cardinalis fuerit? IV. Solvit Damaso quæstiones de Osanna, et de duobus filiis, frugi et luxurioso. V. Ejusdem rogatu Evangelia græce fidei reddit. VI. Psalterium quoque cursim juxta LXX. emendat. 46

CAP. XV. — I. Cogitur Romam aliquot virgines ac matronas sacris litteris instituere. II. Ad quas plures Epistolas scribit. III. De singulari illa ad Eustochium, quædam seorsum. IV. A Damaso de quinque quæstionibus interrogatus respondet. V. Editionem Aquilæ cum hebræo exemplari confert: homilias quoque Origenis in Cantica interpretatur. VI. Scribit contra Helvidium. VII. Alia quædam scripta ejus et gesta. 49

CAP. XVI. — I. Damasus moritur, cui Siricius, non usque adeo Hieronymi studiosus, succedit. II. Hic inimicitias plurimorum subit. III. Calumnia criminis gravissimi liberatur. IV. Decedere Romam instituit. V. Ad Asellam scribit. 55

CAP. XVII. — I. In Orientem Hieronymus navigat. II. Quo proficiscuntur S. quoque Paula et Eustochium. III. Una omnes inviserunt Palæstinam, et loca sancta. IV. Ægyptum etiam et Nitriæ monasteria lustrant. V. Bethleemi se recipiunt, ibique sedem figunt. 58

CAP. XVIII. — I. Quod fuerit Hieronymi vitæ genus in Bethleem. II. Num ejus ecclesiæ rector, ut Sulpitio dicitur, fuerit? III. Scribit in quatuor Pauli Epistolas commentarios. IV. Num et reliquas omnes exposuerit? V. Ejus scriptionis in universum indoles juxta Hieronymi sensum. 65

CAP. XIX. — I. Scribit in Ecclesiasten Commentarios. II. Quæstionum quoque hebraicarum in Genesim: de locis item, deque hebraicis nominibus libros singulares. III. Didymi librum de Spiritu sancto in latinum transfert. IV. Homilias quoque triginta novem Origenis in Lucam. V. Scribit in Psalmos a decimo usque ad decimum sextum tractatus septem. VI. Denique Malchi captivi monachi vitam, et beati Hilarionis. 70

CAP. XX. — I. Recensentur quæ Hieronymus ex τῶν LXX. exemplari in latina tunc vulgata editione emendavit. II. Libri qui ex eo labore nunc superant. 74

CAP. XXI. — I. Vetus Testamentum ex hebræo interpretatur. II. Præpostero ordine, atque initio a Regum libris facto, maximum ante annum 392 ejus versionis partem edidit. III. Quamdiam etiam apud se aliquamdiu retinuit. IV. Reliquum Hebræi canonis quod supererat, secutis temporibus absolvit. 77

CAP. XXII. — I. Intereadum varias Hieronymus ad Paulam atque Eustochium Epistolas scribit. II. Scripsit etiam in Micheam, Sophoniam, Nahum, Abacuc, atque Aggæum Commentarios. III. Num Jonam antea exposuerit, et num breviores alios commentarios in singulos duodecim Prophetas minores elucubrarit? IV. Eadem opera alios Prophetas illustrare pergit. V. Librum de viris illustribus edit. 83

CAP. XXIII. — I. Joviniani hæresim S. Pater impugnat duobus libris. II. Quibus duas virginitatem extollit, nuptiis detrahere visus est. III. Scribit adeo pro iisdem suis libris Apologeticum ad Pammachium. IV. Item ad Domnionem eadem de re. V. Litteris quoque Desiderii, ut et propositis sibi ab Amando quæstionibus respondet. 87

CAP. XXIV. — I. Recedit parumper a Ruffini amicitia declarationis sua quadam in Origenem. II. Quæ in apertam simultatem abit occasione adventus S. Epiphanii Hierosolymam. III. Hinc primordia schismatis Hierosolymitani, cujus præstringitur historia. IV. Noster ab Epiphanii partibus stat contra Origenistas, Ruffinus Joanni Hierosolymitano adhæret. V. Dissidii aucta occasio ordinatione Pauliniani fratris Hieronymi ab Epiphanio facta. VI. Item acrius ob ejusdem Epiphanii ad Joannem græce scriptam quam Hieronymus latine vertit, atque alia ad Pammachium Epistola defendit. 92

CAP. XXV. — I. Dissidentes in concordiam redigere Archelaus comes incassum nititur. II. Ad ipsum Theophilus Alexandrinus episcopus frustra conatur. III. Culpa potissimum Isidori Presbyteri Origenistæ, quem legatum in eam rem miserat. IV. Hinc Theophili adversus Hieronymum benevolentia refrigescit. V. Scribit nihilominus sanctus Pater ad eum sæpius. VI. Scribit etiam ad Marcellam, et Epitaphium Nepotiani. VII. Commentarios quoque in Jonam. VIII. Tum alias ad alios Epistolas in quibus nonnulla de Origeniana causa. 101

CAP. XXVI. — I. Ruffinus in Occidentem reversurus cum Hieronymo in templo Anastasis ex amicitia redit in gratiam. II. Annus, quo id contigit, novis argumentis adstruitur. III. Num hoc tempore, et Ruffini Melaniæque cum primis opera extinctum penitus schisma Jerosolymitanum sartague pax sit inter Joannem quoque et monachos reliquos? IV. Argumentis pro asserentium parte respondetur, aliaque afferuntur quæ id negant. Quædam obiter de Palladio. V. Interea S. Pater in adversam valetudinem incidit, et febri per tres menses laborat. VI. Scribit nihilominus quædam quæ recensentur. VII. In his Commentarios in Matthæum. IX. Et contra Joannem ad Pammachium, et Theophilum. X. Tempus scriptionum istarum asseritur, et vindicatur. XI. Denium instaurata Later omnes pace, scribit ad Fabiolam de veste sacerdotali. 111

CAP. XXVII. — I. Nova cum Ruffino contentio exoritur ob interpretatum ab eo Origenis librum Periarchon, et laudatum in Præfatione Hieronymum. II. Quem Pammachius et Oceanus ad respondendum Ruffino excitant. III. Ad hunc Noster amice conquestus ea de re scribit. IV. Apud illos autem luculenter e, istola se purgat: quacum suam Periarchon translationem fidelem nuntit. V. Varias item scribit varii argumenti Epistolas quæ recensentur. VI. Origenem interea ejusque asseclas damnat Theophilus, eaque de re scribit ad Hieronymum et ad Anastasium Papam. VII. Qui damnat item excerptas ex eo libro Origenis blasphemias, datque ea super re ad Simplicianum Mediolanensem episcopum litteras. VIII. Ruffinum quoque Romam ad causam dicendam accersit. IX. Scribit eodem tempore contra Hieronymi Apologiam seu libros Invectivarum. 122

CAP. XXVIII. — I. Theophilus in Origenistas declamat Paschali Epistola. II. Tum de Nitriæ monasteriis, coacta ibi synodo ejicit. III. Synodicam quoque, sive generalem contra illos Epistolam scribit. IV. Alia ejus, atque aliorum ea de re scripta. V. Quæ Hieronymus latine omnia vertit. VI. Incipiens a Paschali VII. et VIII. A qua aliarum ejus interpretationum chronicus ordo restituitur. IX. Et germanitas Hieronymianæ in iis opere comprobatur. 133

CAP. XXIX. — I. Paschalem Theophili alteram interpretatur. II. Tum synopsi librorum contra se Ruffini respondet. III. Quo tempore et h sgatium juxta monasterium ædificat. IV. Ad eum Ruffinus integrum exemplar Invectivarum suarum mittit. V. Atque una Epistolam, nunc deperditam, qua illum ejusque libros pessime excipit. VI. Adversus quem Noster tertium Apologetici sui librum edit. VII. Licet ab Aquileiensi episcopo sancto Chromatio rogatus, ut a scribendo in Ruffinum abstineret. VIII. De commentitia Epistola ad Afros sub ejus nomine in vulgus edita. IX. Scribit ad varios Epistolas quæ recensentur. 141

CAP. XXX. — I. Contentio Hieronymum inter atque Augustinum oboritur. II. Epistolæ hac super re ultro citroque missæ. III. Commentarios in Abdiam huic tempori asseritur. IV. Sancta Paula diem obit, cujus laudes sanctus Pater Epistola ad Eustochium prosequitur. V. Tum hujus anni Paschalem Theophili latine vertit. VI. Itemque Regulam sancti Pachomii, ejusque et et Theodorici Epistolas, et verba mystica. VII. Iterum adversus Augustinum disputat. VIII. Eorum hac super re Epistolæ. IX. Scripta alia quædam sancti Patris, quæ huc pertinent. 149

CAP. XXXI. — I. Librum Theophili contra sanctum Joannem Chrysostomum de græco vertit. II. Condit et Commentarios in prophetas Zachariam et Malachiam: Oseam quoque, Joelem et Amosum. III. Scribit et librum contra Vigilantium. IV. Tum ad Minervium et Alexandrum de verbis Apostoli, *omnes quidem dormiemus*, etc. V. Et in Danielem Commentarium. VI. Cujus occasione criminationem gravissimam subit. VII. Ejusdem ad varios Epistolæ. VIII. Denique et Commentarius in Isaiam. 157

S. HIERONYMI I.

(*Quarante-et-une.*)

Cap. XXXII. — I. Nuntio de capta Roma, et Marcellæ obitu consternatus, despondet animum. II. Cœptos tamen in Ezechielem Commentarios postea resumit. III. Et ad Marcellinum respondens, queritur de irruptione Saracenorum, a quibus vix salvus effugit. IV. Scribit demum ad Principiam Marcellæ Epitaphium. V. Ad Rusticum quoque, et ad Gaudentium Epistolas. VI. Commentarios in Ezechielem absolvit. VII. Scribit ad Demetriadem et ad Dardanum. VIII. Quædam alia scripta ejus et gesta. 161

Cap. XXXIII. — I. Pelagius hæresim suam importat in Palæstinam. II. Quem Hieronymus in Jeremiam scribens perstringit. III. Mox impugnat data ad Ctesiphontem Epistola. IV. Et præfationibus secunda et tertia in eosdem. V. Tum proprio opere, sive tribus libris Dialogorum. VI. Recipit se iterum ad Commentarios : quod tamen opus imperfectum relinquit. VII. Male habetur a Pelagianis, qui in monasterium ejus igne et cædibus sæviunt. VIII. Consolatorias ea de re accipit ab Innocentio Papa. IX. Sed sanitati, nec tamen desinit hæresi infestus esse. X. Eustochium moritur. XI. S. ipse Pater diem obit. 167

INCIPIT VITA SANCTI HIERONYMI PRESBYTERI. 173-176

S. Eusebii Hieronymi incomparabilis Ecclesiæ Christi Doctoris, et eximiæ sanctitatis viri vita, ex ipsius præsertim syngrammatis et sanctorum item Augustini, Damasi, Gregorii, Gelasii aliorumque aliquot collecta tractatibus. 183-184

VITA DIVI HIERONYMI, INCERTO AUCTORE. 201-202
Selecta veterum testimonia de Hieronymo ejusque scriptis. 215-214
Petri Pauli Vergerii Justinopolitani de divo Hieronymo oratio. 251-252
Ex antiq. Cod. Ambrosian. Bibliothec. quæ Mediolani est, n. 175. 255-256
Ex alio Cod. Ambrosian. I. LIII. translatio corporis S. Hieronymi. Qualiter corpus D. Hieronymi delatum est Romam, et in Basilica Beatæ Virginis collocatum. 257-258
Admonitio de subsequente opusculo.
Eusebius de morte Hieronymi ad Damasum. 279
Admonitio Augustini Hipponensis Episcopi ad Cyrillum Hierosolymitanum Episcopum, de magnificentiis beati Hieronymi. 281
Cyrilli Episcopi Hierosolymitani de miraculis Hieronymi, ad sanctum Augustinum, Episcopum Hipponensem. 281
Sancti Hieronymi Epistolæ, secundum ordinem temporum adamussim digestæ et in quatuor classes distributæ. 525-526

Prima classis, complectens epistolas potissimum e Chalcidis eremo scriptas, ab anno Christi 370 ad 380. 1011.

EPISTOLA PRIMA. Ad Innocentium, de muliere septies percussa. Hieronymus, Innocentii precibus, historiam cujusdam miraculi refert, quod Vercellis in Liguria, dum adhuc ibi erat. Quædam mulier adulterii falso accusata atque cum adultero, latus juvenis, tormentis, ad eluendam veritatem, cruciatur. Hic quod non adulterarat præ dolore confessus, occumbere cogitur; mulier vero sæpius icto non moritur; tandemque cum videretur occubuisse, revixit ; et cum demum ad supplicium requireretur, Evagrius veniam ei ab Imperatore impetrat. 525

EPIST. II. Ad Theodosium et cæteros anachoretas; quos rogat ut a Deo impetrent, ut vivere in deserto velit ac possit. 551

EPIST. III. Ad Rufinum monachum. Rufinum A. juniorem, quem in Ægyptum concessisse audierat, videre et alloqui vehementer optat, cum pie de suo statu, deque Bonoso, sodalis carissimi, qui in insulam quamdam, cœnobitæ peragendæ causa, s'cessurat, certiorem reddit. Deniquæ ut in mutua caritate perseveret, deprecatur. 552

EPIST. IV. Ad Florentium. Superiorem Epistolam Rufino reddendam isti ad Florentium jungit, eumque Hierosolymæ degentem, quod multorum pauperum necessitatibus subveniret, plurimum laudat ; tum Rufini etiam laudes admiscet. 555

EPIST. V. Ad Florentium. Respondet Florentio, eumque certiorem facit se jam solitudinem quæ, juxta opinionem Saracenis jungitur, arripuisse. Tum petit ab eo libros quosdam, aliosque illi offert, quibus abundabat. 556

EPIST. VI. Ad Julianum Aquileiæ diaconum. Excusat se apud Julianum de silentio litterarum, et eum, eo primum nuntiante, intellexisset, sororem suam in eo perseverare quod cœperat, rogat ut de ejus proposito crebris ad se litteris lætiorem faciat, addens se obtrectatorum suam interea despicere. 557

EPIST. VII. Ad Chromatium, Jovinum et Eusebium. Chromatium et Eusebium fratres, una cum Jovino amico nec non matre et sororibus virginibus, eadem in domo sancte viventes, resalutat, eorumque laudat contubernium. Tum Bonosi, de quo illi scripserant, laudes admiscet. Delatam sororem suam, quæ bonos in patria magistros vitæ non haberet, illis commendat. 558

EPIST. VIII. Ad Niceam hypodiaconum Aquileiæ. Niceam, veterum sodalem ac peregrinationis suæ comitem, jam in patriam regressum, ut ad se aliquando scribat, exemplo Chromatii et Eusebii fratrum, hortatur. 541

EPIST. IX. Ad Chrysogonum monachum Aquileiæ. Expostulat cum Chrysogono, recenti amico, quod nihil ad se scripserit. 542

EPIST. X. Ad Paulum senem Concordiæ, quem centesimum agentem annum, et tamen integro virentique corpore, laudat, petitque ab eo libros aliquot, mittens ei interea vitam Pauli eremitæ, quam nuper adornaverat. 545

EPIST. XI. Ad Virgines Æmonenses. Conqueritur quod virgines Æmonæ in Italiæ finibus degentes, sæpe ab eo litteris provocatæ, nunquam rescripserint, ostenditque non esse suis obtrectatoribus credendum. 544

EPIST. XII. Ad Antonium monachum, quem reprehendit quod, toties rogatus, nunquam rescripserit ; rursumque hortatur ut diligentem se diligat et scribenti rescribat. 545

EPIST. XIII. Ad Castorinam materteram. Castorinam materteram suam, cum qua aliquid habuerat dissidii, ad pacem et concordiam, quod per alias etiam fecerat litteras, adhortatur. 546

EPIST. XIV. Ad Heliodorum monachum. Heliodorum, peregrinationis suæ comitem, quem frustra conatus erat a, ut se in Eremo detinere proposito socium, datis litteris, quemadmodum discedenti promiserat, ad se invitat, vitæ eremiticæ beatitudinem prædicat. 547

EPIST. XV. Ad Damasum Papam. Rogat ut sibi significet, an tres hypostases in Deo dicendæ sint, vel tacendæ, et cum quo apud Antiochiam communicare debeat. 555

EPIST. XVI. Ad Damasum Papam. Apud quem ex tribus, qui Antiochenam Ecclesiam scindunt, debeat communicare, ut sibi significet iterum obtestatur. 558

EPIST. XVII. Ad Marcum presbyterum. Marco fi lei suæ de trinitate professionem cum Romana et Alexandrina Ecclesiis congruentem exposuit, doletque plurimum, quod Athanorum Sectores animi sui dissentire ex eremo eum jussissent, se jure relinquendola ea loca quotidie exspectare. 559

EPIST. XVIII. Ad Damasum Papam. De seraphim et calculo. Exponit Visionem sexti capituli Isaiæ Prophetæ; et, post nonnulla de historia et morte regis Osiæ, de Seraphim et Trisagio eruditæ, suo more, pertractat. 561

Secunda classis complectens Epistolas, quas Hieronymus a ferme triennium Romæ scripsit ab exeunte anno Christi 382 ad ultra medium 385. 575-576

EPIST. XIX. Damasi papæ ad Hieronymum. Quid apud Hebræos sonet OSANNA perspicue sibi explicari rogat. 575

EPIST. XX. Seu rescriptum Hieronymi ad Damasum. Quid vox OSANNA significet juxta hebraicum fontem, et cur hebræum hoc vocabulum, ita ut est apud Hebræos, relictum apud omnes sit linguas, docet. ibid.

EPIST. XXI. Ad Damasum Evangelicam parabolam quæ est apud Lucam, de filio prodigio et filii fragi, in eandem commentarii, rogatus ipso a Damaso, interpretatur. 579

EPIST. XXII. Ad Eustochium, Paulæ filiam, Eustochium virginem docet, quomodo virginitatem custodire debeat, quam processe erat, atque eos qui, castitatis specie, veteri avaritiæque inserviunt, acriter lascestatur. 594

EPIST. XXIII. Ad Marcellam. Leve religiosissimæ fœminæ mortem cum consulis designati, qui sub illa tempestate obierat, morte comparat, ostendens, quantum discrimen sit inter sanctorum et ethnicorum exitus. 425

EPIST. XXIV. Ad eandem Marcellam. Asellam virgineam, quæ Romæ velut in eremo solitariam vitam sanctissime degeret, laudat apud Marcellam, a qua de illius sanctitate audierat. 427

EPIST. XXV. Ad eandem Marcellam. Decem nomina, quibus, apud Hebræos, Deus vocatur, Marcellæ id a se postulanti explicat. 428

EPIST. XXVI. Ad eandem Marcellam. Exponit cur nomina quædam hebraica sine interpretatione in Scripturarum translationibus reliquerint, et quid significent. 450

EPIST. XXVII. Ad eandem Marcellam. Respondet iis, qui sibi obtrectabant, quod quædam ex Novo Testamento jam recepta mutasset, et virginum cum viris consuetudinem vituperasset. 451

EPIST. XXVIII. Ad eandem Marcellam. Quid sit Sela, sive Diapsalma, interpretatur ; tum Origenis Epistolam latine reponit, ut quid ille senserit de proposita quæstione Marcella uberius cognoscat. 453

EPIST. XXIX. Ad eamdem Marcellam. Roganti Marcellæ, ut quid sibi vellet Ephod Bad in Regnorum libro I, sibi exponeret, satisfacit, addens quoque quid Theraphim significet in Judicum volumine. 435

EPIST. XXX. Ad Paulam. Etymologias litterarum Hebraicarum et inter,retationes sanctam Paulam edocet; et quanta sint in connexione eorumdem elementorum divina mysteria, breviter exponit. 441

EPIST. XXXI. Ad Eustochium. Quaedam munuscula sibi in natali S. Petri ab Eustochio missa, mystica inter,retatione trahit ad morum institutionem. 443

EPIST. XXXII. Ad M.rcellam. Excusat se, quod paucis scripserit, nimirum conferendis cum Aquilae translatione hebraeis voluminibus occupatus. Brevitatem vero hujus Epistolae compensat duabus superioribus Epistolis Paulae et Eustochio directis, quas Marcellae legendas mittit. 446

EPIST. XXXIII. Ad Paulam pars quaedam. Indicem operum Origenis contra Vatronis Opera conferens, ostendit, Ecclesiam Christi habuisse Scriptorem qui omnes Graecos Latinosque superasset etiam librorum editorum multitudine. ibid.

EPIST. XXXIV. Ad Marcellam. Quid sit *ranis doloris* quidque *filii excussorum* in psalmo 126, eleganter exponit, exensans interea sanctum Hilarium, quod deceptus ab Heliodoro Presbytero, non bene intellexerit *excussoriam* verbum. 448

EPIST. XXXV. Damasi Papae ad Hieronymum. Hieronymum, cujus scripta multa se cum aviditate legere profitetur, enixe Damasus rogat, ut subjectis quinque quaestionibus ex Veteri Testamento respondeat. 451

EPIST. XXXVI. Seu rescriptum Hieronymi ad Damasum. Praemissa excusatione morarum, ac praetermissis tantum duabus quaestiunculis, secunda et quarta a Tertulliano, Novatiano ac Origene disputatis, reliquis tribus copiose respondet. 452

EPIST. XXXVII. Ad Marcellam. Hedbernam Episcopum S. Rheticium coarguit, quod in commentariis super Canticco Canticorum, Tharsis pro Tarso Ciliciae, et aurum O, haz pro Petro Apostolorum principe inepte nimis acceperit. 461

EPIST. XXXVIII. Ad Marcellam. Blaesillam Paulae filiam quae mortuo marito, admonita valido febri, totam sese converterat ad Christum, et monacham profiteri coeperat, de proposito laudat, ejusque obtrectatoribus respondet. 463

EPIST. XXXIX. Ad Paulam. Blaesilla, paulo post mortem mariti suam que conversionem, defuncta, Paulam matrem consolatur Hieronymus, et nimium ejus dolorem objurgat, admiscetque interim Blaesillae virtutes et vitam. 465

EPIST. XL. Onasum obtrectatorem quempiam videt, qui, quod Hieronymus in suis libris adversus vitia scripserat, ad suam contumeliam pertinere putabat. 473

EPIST. XLI. Refellit Montani haeretici dogmata, ostenditque quid inter ejus errores atque Ecclesiae sententiam intersit. 474

EPIST. XLII. Ad Marcellam. Roganti Marcellae quid sit verbum contra spiritum sanctum, respondet, sensum Novatiani docens esse falsum. 477

EPIST. XLIII. Ad Marcellam. Hortatur ut, Roma relicta se rus conferat; per contentiones ostendens et quantum habeat Roma molestiarum, et quantum commoditatum solitudo. 478

EPIST. XLIV. Ad Marcellam. Munuscula missa a Marcella, sibi et Paulae filiaeque ejus Eustochio, per jocum, allegorice interpretatur. 480

EPIST. XLV. Ad Asellam. Navem, Roma discessurus, conscendens, purgat se ab obtrectatorum calumniis, apud quos ingens sibi odium conflaverat, quod Paulam et Eustochium, primarias feminas traxisset a 4 monachorum institutum. ibid.

ITALIA CLASSIS complectens Epistolas ab anno 385, e Bethleemi monasterio scriptas, usque ad saeculi quarti finem, damnatumque in Alexandrina synodo Origenem anno 400. 483-484

EPIST. XLVI. Paulae et Eustochii ad Marcellam. Paula filiaque ejus Eustochium, cum ad sancta loca devenissent, Marcellam hortantur ut, relicta Roma, ad eas Bethleem commigret, fruitura omnibus Christi monumentis, in locis in quibus pleraque religionis nostrae mysteria peracta sunt. 485

EPIST. XLVII. Ad Desiderium. Desiderium et Serenillam sororem a quibus litteras acceperat, ex nominum etymologia ducto initio, commendat; et ut ad sancta loca, sua implentes propositum, accedant, hortatur; et cur suorum operum interea nihil illis mittat, rationem reddit. 492

EPIST. XLVIII. Seu liber apologeticus ad Pammachium. Defendit suos contra Jovianum libros, quos acceperat a Pammachio eo nomine invidiose traduci ab obtrectatoribus suis, quod nimius in laudem virginitatis videretur atque e contra iniquior in matrimonium. 493

EPIST. XLIX. Ad Pammachium. Apologeticam superiorem Epistolam Pammachio mittit, eidemque gratulatur quod ab omnibus dignus haberetur sacerdotio; tandem cum invitat ad lectionem translationum suarum ex hebraeo, et aliorum opusculorum. 511

EPIST. L. Ad Dominionem. Admonitus a sancto Dominione de conviciis quibus Romae lacerabant multi libros adversus Jovinianum, in primis autem monachus quidam juvenis, rumigerulus, hunc mire exagitat, ejusque imperitiam objurgans, provocat ad scribendum. 512

EPIST. LI. Sancti Epiphanii ad Joannem Episcopum Hierosolymorum ab Hieronymo latine reddita. Epiphanius Episcopus Salaminae Cypri excusat se Joanni Episcopo Hierosolymitano, quod Paulinianum presbyterum ordinasset, ipso inconsulto. Deinde commonet ut ab erroribus Origenis abstineat. 517

EPIST. LII. AD Nepotianum. Nepotiano, Heliodori ex sorore nepoti, praescribit vivendi formam, quam clerici et monachi sequi debeant, saluberrima per singulas virtutes quae ad eorum vitam pertinent praecepta, paraenetice exponens. 527

EPIST. LIII. Ad Paulinum. Omnium sapientum exemplis provocat ad studium litterarum sacrarum, et in his quantum sit difficultatis, ostendit. Deinde quo magis inflammet ad earum studium, singulos libros, auctores et argumenta elogiis quibusdam breviter commendat. Denique ut se a saeculi rebus penitus expediat, hortatur. 533

EPIST. LIV. Ad Furiam. Furiam viduam, Titianae filiam, hortatur ut in viduitate perseveret, nec iteret matrimonium; et, quoniam adhuc virenti aetate, quibus modis pudicitiam simul et famam tueri debeat, praecipit. 550

EPIST. LV. Ad Amandum. Amando presbytero, qui sibi proposuerat, per litteras, tres quaestiones, sinulque de cujusdam sororis statu consuluerat, ad singula respondet. 560

EPIST. LVI. Augustini ad Hieronymum. Augustinus Hieronymo de nova post LXX. Veteris Testamenti versione, deque Petro reprehenso a Paulo ad Galat. 2, expostulans de suscepto hinc patrocinio mendacii officiosi. 563

EPIST. LVII. Ad Pammachium. Cum, quod Epiphanii superiorem Epistolam LI ad Joannem Episcopum Hierosolymitanum non recte transtulisset Hieronymus, cavillaretur Rufinus; post querelas quod, se inscio, e scriniis suffuratus Epistolam nondum plene emendatam aliquis sit, eam veterum omnium Eruditorum quam sacrarum scripturarum testimoniis docet, quodnam sit optimum genus in terpretandi, illud scilicet esse ostendens quo ipse in vertenda Epistola usus est, hoc est, quo sensus e sensu non verbum e verbo transertur. 568

EPIST. LVIII. Ad Paulinum. Recusans, ob humilitatem Christianam, laudes Paulini, vicissimque laudes laudibus repensans, ob eloquentiam ejus et morum honestatem, hortatur ipsum ad studia divinarum Scripturarum, normamque illi vitae sancte ac caste peregendae proponit. 579

EPIST. LIX. Ad Marcellam. Singulis quinque quaestionibus sibi a Marcella propositis respondet. 586

EPIST. LX. Ad Heliodorum. Super Nepotiani presbyteri morte, Heliodorum, ejus avunculum consolatur; ostenditque mortem non esse timendam quae a Christo devicta sit; tum multis propositis veterum ethnicorum et emplis, Nepotiani laudes explicat, et demum ex eorum temporum necessitatibus, ad vitae contemptum hortatur. 589

EPIST. LXI. Ad Vigilantium. Vigilantium, qui, in occidentem regressus, Hieronymique nomen et illius amicos infamabat, reprehendit; hortaturque ut aliquando resipiscat ac desinat calumniari; blasphemias ejus in fine acriter coarguens. 602

EPIST. LXII. Ad Tranquillinum. Docet, quatenus amplectendus ac legendus Origenes sit. 606

EPIST. LXIII. Ad Theophilum. Significat, respondens Theophilo, nihil sibi esse antiquius quam Christi jura servare, gratias agens interim de communicatione circa Canones ecclesiasticos, nec probans quod ille remissius ageret in causa Origenistarum. 607

EPIST. LXIV. Ad Fabiolam. Fabiolam, quae Bethleem se contulerat, illic cum Paula et Eustochio victura, sed ingruentibus barbaris coacta est subito reverti bethleem, explicat quid habeat mysterii vestitus Sacerdotum ac Levitarum, additque velut auctarium de ritu caeremoniisque, sacrorum, deque vasis Templi. Invitat autem illam verecunde, ut quandoquidem pacata jam esset Bethleemitica regio, rediret ad pristinum contubernium. 608

EPIST. LXV. Ad Principiam Virginem. Quadragesimum quartum Psalmum, cujus initium est, *Eructavit cor meum verbum bonum*, in quo sponsi Christi sponsaeque Ecclesiae epithalamium canitur, Principiae romanae virgini, post

defensum a calumniis se ac muliebrem sexum, quem in expositione Scripturarum maribus interdum præferebat, interpretatur. 622
EPIST. LXVI. Ad Pammachium. Paulinam, Paulæ filiam, quæ Pammachio nupserat, juveni docto cum primis et nobili, defunctam laudat, ipsumque Pammachium, qui statim ab ejus morte monachi propositum arripuerat, opes suas in pauperum subsidium elargitus, hortatur ut in sancto proposito pergat. 650
EPIST. LXVII. Augustini ad Hieronymum. Hieronymum sciscitatur de titulo vulgati ab ipso libri de Scriptoribus ecclesiasticis; tum de Petro reprehenso non mendaciter a Paulo, quod etiam superiori epist. 56 quæsierat. Postremo petit ut quæ sint Origenis aliorumque hæreticorum errata, sibi indicet. 617
EPIST. LXVIII. Ad Castrucium. Castrucio e Pannonia, qui, ut Hieronymum inviseret, navigare constituerat, gratias agit, eumque consolatur de cæcitate oculorum, docens eam aliquoties a Deo proprio immitti. 651
EPIST. LXIX. Ad Oceanum. — Carterii Hispani Episcopi, qui unam ante baptismum, alteram, ea mortua, post baptismum, uxorem duxerat, ordinationem defendit, ne bigamus censeatur, contra quam Oceanus sentiebat. Hinc arrepta occasione de verbis Apostoli, Unius uxoris virum, deque iis quæ in Episcopo cum primis requiruntur, virtutibus disserit. 655
EPIST. LXX. Ad Magnum oratorem urbis Romæ. — Magno cuidam rhetori romano, quem Ruffinus subornarat, ut quæreret ab Hieronymo, cur in opusculis suis sæcularium litterarum exempla poneret, rationem reddit, ostenditque quatenus id liceat, et quorum exemplo id faciat. 664
EPIST. LXXI. Ad Lucinium. — Lucinium Bæticum genere, qui cum uxore sua Theodora castam ducebat vitam, et Hierosolymam navigare constituerat, hortatur ut in proposito perstet, et adnaviget. Interea opera quædam sua, quæ ille postulaverat, una cum quatuor ciliciolis et Isaiæ codice mittit; tum de Jejuniis, Eucharistiæ sumptione ac traditionibus ecclesiasticis disserit. 669
EPIST. LXXII. Ad vitalem presbyterum. — Alteri Vitalis Epistolæ respondens, docet pro vero credendum esse Salomonem et Achaz undecimo ætatis anno filios genuisse. Posse tamen alia ratione Scripturam id asseverantem explicari ; verum ab hujusmodi quæstionibus anxie discutiendis dehortatur. 675
EPIST. LXXIII. Ad Evangelum Presbyterum. — Auctoris anonymi librum, qui pontificem Melchisedech, non hominem, sed Spiritum sanctum fuisse æstimabat, ex veterum christianorum sententiis impugnat ; ostenditque, illum revera hominem genere Chananæum extitisse ; aut, si Judæus credatur, Sem, primum filium Noe patriarchæ. 676
EPIST. LXXIV. Ad Ruffinum presbyterum. — Reccatis cum Ruffino amicitiæ officiis breviter perstrictis, jurgium duarum meretricum interpretatur allegorice de Ecclesia ex Gentibus congregata, ac Judæorum Synagoga. 682
EPIST. LXXV. Ad Theodoram viduam. — Theodoram Lucinii viduam consolatur de morte mariti, cujus virtutes, et castitatem præcipue laudat. 685
EPIST. LXXVI. Ad Abigaum. — Abigao presbytero excusat se, quod non scripserit : eumque consolatur, ne moleste ferat cæcitatem corporis, cum animo cernat. Denique integritatem ejus laudat, eique commendat Theodoram, viduam Lucinii. 689
EPIST. LXXVII. Ad Oceanum. — Fabiolam nobilem feminam laudat, quod, post lapsum, ad Christum conversa, sanctissimam vereque Christianam egerit vitam, gloriosumque meruerit vitæ finem. Tum alteram de 42 mansionibus epistolam huic jungit, atque ejus memoriæ reddit. 670
EPIST. LXXVIII. Seu liber exegeticus ad Fabiolam. — Postquam egressus Hebræorum ex Ægypto et diuturni itineris historiam spiritualiter intelligendam docuit, Mansionum ordine in prosequitur, singula in quamque juxta tropologiam exponens ; redditque itæ memoriæ Fabiolæ opus, quod ei viventi promiserat. 698
EPIST. LXXIX. Ad Salvinam. — Salvinam, mulierem nobilissimam, de Nebridii mariti morte consolatur, et post moruui viri laudes, quomodo superstites ex eo parvulos, educare, quadenaque ipsa vitam traducere debeat, docet, et a secundis nuptiis dehortatur. 724
EPIST. LXXX. sive Præfatio Ruffini in libros περὶ ἀρχῶν Origenis. — Ruffinus ut Origenem veluti ab adscriptis erroribus expurgatum, cunctis legendum obtrudat, Hieronymum suæ sententiæ socium laudat, et Origenianarum opinionum fautorem mentitur : quæ res maximum inter utrumque dissidium peperit. 737
EPIST. LXXXI. Ad Ruffinum. — Cum obliquis Ruffini audibus in suspicionem traheretur hæresis Origenianæ, incitantibus etiam amicis, respondet superiori epistolæ, qua eum monet, ne se posthac simili modo laudet. 755
EPIST. LXXXII. Ad Theophilum. — Missis a Theophilo Alexandrino Episcopo litteris ad se et monachos, qui secum degebant, ut pacem inter eos et Joannem episcopum Hierosolymitanum reconciliaret, respondet, nihil potius habere se, quam ut dissidium componatur, ei pro Christi inter utrosque resarciatur. Suas deinde interpretationes latinas Origenis ac fratris Paulibiani ordinationem defendit adversus querimonias ejusde Joannis. 756
EPIST. LXXXIII. Pammachius et Oceanus exstimulant Hieronymum, ut librum περὶ ἀρχῶν in latinum sermonem exacte transferat, et a calumniis Ruffini et hominum suspicionibus se purget, et ostendat ab Origenistarum errore alienum. 755
EPIST. LXXXIV. Respondens superiori Epistolæ, exponit, quo animo legerit Lucharitque Origenem, quem ab omnibus legi cupiat, si fieri possit absque periculo pietatis; et tenudorum calumnias refellit, ac sus iciones hominum diluit; coactusque prodit errores Origenis, quos frustra conabantur defendere, qui suam hæresim illius prætextu studebant. 714
EPIST. LXXXV. Ad Paulinum. — Alteri e duobus Paulini quæstionibus sibi propositis breviter respondet : priorem, quod in libris περὶ ἀρχῶν super latine versis cancellentur, omittit. Tum quo animo Origenem legerit, docet. 752
EPIST. LXXXVI. Ad Theophilum. — Laudat prudentiam Theophili, cujus opera victa est factio Origenistarum. 754
EPIST. LXXXVIII. Ad Theophilum. — Respondet superiori, laudatque Theophilum, per quem non solum Ægyptus et Syria, sed et Italia omnis liberata sit ab hæresi. 755
EPIST. LXXXIX. Theophili ad Hieronymum. — Monet, explosos Origenistas, ut occultos, si qui sint Palæstinæ, investigetur. 755
EPIST. XC. Theophili ad Epiphanium. — Hortatur Epiphanium, ut modis omnibus adnitatur quo, convocata Synodo, Origenistarum hæresis publica auctoritate damnetur; simulque illi a se scriptam Synodicam mittit. 761
EPIST. XCI. Epiphanii ad Hieronymum. — Nuntiat Origenistarum factionem, opera Theophili damnatam : atque exemplar Epist. Synodicæ ad eum mittens, hortatur ut, quos adversus eam hæresim scripsisset libros, in vulgus edat. 757
EPIST. XCII, seu Theophili Synodica ad Episcopos Palestinos, et ad Cyprios. 758
EPIST. XCIII, sive responsum Hierosolymitanæ Synodi ad superiorem Theophili, S. Hieronymo, ut videtur, interprete. — Respondent Synodi Patres, immanem ab Origeniana, quam subinde exsecrantur, hæresi, esse Palæstinam; tamen quæcunque Theophilus in superiori Synodica damnaverat, dogmata et personas damnare se profitentur. 761
EPIST. XCIV. Dionysii ad Theophilum : a S. Hieronymo, ut videtur, latine reddita. — Theophilum continuo laudat, quod ejus opera damnata sit hæresis origeniana, quam ut persequi ad finem usque non desinat, vehementer hortatur. 771
EPIST. XCV. Anastasii Papæ ad Simplicianum. — Studium Theophili, ac vigilantiam laudat, cujus litteris conventus, Simpliciano, Mediolanensi Episcopo, denuntiat, a se quoque origenianæ hæresi inflictum esse anathema. 772
Quarta classis complectens Epistolas ab ineunte anno 401, usque ad 420 sive Hieronymi vitæ finem. 773
EPIST. XCVI. Sive Theophili Alexandrini Episcopi Paschalis annis 401, ad totius Ægypti Episcopos, a S. Hieronymo latine reddita. — Christi divinitas maxime contra Apollinarem asseritur; tum Origenis errores plerique fugillatim proponuntur ac refutantur ; Denique in proximis diebus, ad celebrandum, ut par est, Dominicum Pascha, prece, ac virtus laudatur. 775
EPIST. XCVII. Ad Pammachium et Marcellam. — Alteram Theophili Paschalem epistolam contra Origenem a se latine ex oratam mittit, et quod superiorem a se immutatam calumniarentur Origenistæ, rursus hoc anno Græcum exemplar versioni suæ jungit, et paucis hæreticos impugnat. 780
EPIST. XCVIII. Sive Theophili Alexandrini altera Paschalis anni 402, ad totius Ægypti Episcopos, S. Hieronymo interprete. — Primo credentes hortatur ad Dominicum Pascha celebrandum ; deinde Apollinarii, tertio Origenis errores impugnat, ac jugulat : postremo hæreticos ad pœnitentiam cohortatur. 792
EPIST. XCIX. Ad Theophilum. — Excusat se Theophilo, quod solumexam Paschalem ejus Epistolam serius verterit ; impeditus partim obitu Paulæ, partim suo morbo. 812
EPIST. C. Sive Theophili Alexandrini Episcopi ad totius

Ægypti Episcopos paschalis anni 404, D. Hieronymo interprete. — Cessandum a peccatis, iusta virtutum consuetudine, qua ad Pascha celebrandum animi præparentur. Jejuniorum quadragesimalium observatio sancta, tum recta in Deum fides proponuntur. Origenis errores, quos execrari oporteat ante Dominicum Pascha. Calcanda insuper avaritia, et amore in Deum dilectio in proximos jungenda. 815

EPIST. CI. Augustini ad Hieronymum. — Negat se in Hieronymum librum scripsisse, ut hoc falsus quod aliquis prædicatu Epistolam librum appellasset. 829

EPIST. CII. Hieronymi ad Augustinum. — Accepta Augustini epistola, quæ continet quæstionem de reprehensione Petri, so, dubitans et anxius an ejus sit, negat se respondere, nisi sit certius de auctore. Meminit et Ruffini dicto mordaci. 850

EPIST. CIII. Ad Augustinum. — Commendat Augustino Præsidium, et salvere jubet Alypium. 851

EPIST. CIV. Augustini ad Hieronymum. — Hieronymum docet ne a libris Testamenti Veteris ex hebræo vertendis, quin potius auctor est, ut septuaginta versionem mire depravatam ac variantem reddat suæ veritati. Novum Testamentum ab eo castigatum probat. 852

EPIST. CV. Ad Augustinum. Expostulat de Augustini epistola per Italiam sparsa, qua taxabatur locus non recte a se expositus in Epistola ad Galatas. 854

EPIST. CVI. Ad Sunniam et Fretelam. — Postquam gratulatus est Sunniæ ac Freteke viris, e Getarum licet genere, studiis divinarum Scripturarum præclaris, respondet ad sibi propositas ex Psalmis quæstiones, omnesque difficultates diluit, ostendens quemnam sit, inter lectiones græcas atque latinas, cæteris præferenda, quæque propius ad hebraicum fontem accedat. 857

EPIST. CVII. Ad Lætam. — Hortatur ut filiam jam inde ab ipsis incunabulis instituat ad pietatem christianam; in quam rem, de cultu, de victu, deque probe instituenda adolescentula, de studio Scripturarum, et cavendis apocryphis, saluberrima tradit præcepta. 867

EPIST. CVIII. Ad Eustochium virginem. — Paulæ vitam enarrat, quam primum a generis nobilitate, tum vero maxime ob animi virtutem laudat, quod toxotio marito defuncto, totam se Deo voverit, et in sancto proposito die Bonæ vixerit. Deinde ejus diligentissime describit, quo, peractis sacris Judææ locis, atque Ægypto Alexandrina usque, in Bethleem consedit. Ibi quæ extruxit virginum monasteria, quibusque exemplis ac præceptis rexerit, declarat ; ejusdem humilitatem, patientiam, contemptum sæculi, in pauperes atque ægrotos caritatem, Scripturarum scientiam, ac fidei puritatem, atque alias virtutes prædicat. Denique ejus mortem et funera copiose describit. 878

EPIST. CIX. Ad Riparium presbyterum. — Admonitus Riparii litteris quod Vigilantius doceret martyrum non esse colendos cineres, hac epistola quasi velitatur ac præludit ad pugnam, ostendens se paratum ad refellendum hominis errorem, si libros illius ad se mittat. 906

EPIST. CX. Augustini ad Hieronymum. — Hieronymum litteris suis nonnihil offensum demulcere studet Augustinus. Apologiam illius contra Ruffinum accepisse se testatur, deque locum tantus inter vivos quondam amicissimos disceptari incidisse. 909

EPIST. CXI. Augustini ad Præsidium. — Præsidium rogat Augustinus ut superiorem epistolam curet Hieronymo reddendam, et quæ sibi eundem suis etiam litteris placet. 915

EPIST. CXII. Hieronymi ad Augustinum. — Respondet tum ad Hieronymi ad Augustini quæstiones propositas in Epistolis 67, 97, et 104, scilicet de illud : F i ecclesiastici exsecutione exaravit, de Petro reprehenso a Paulo in epist. ad Gal. 3, de translatione Veteris Testamenti, ac de meliore voce Iudæis, ad Joannem 3. Querelas acerbas scribit se a interpretatione suis adversus Augustinum. 916

EPIST. CXIII. Theophili ad Hieronymum. — Se bene cum eo opinari denuo Chrysostomo testatur, nec temere credidisse ejus accusatoribus, donec, erumpente judicio Concilii, sede sua Constantinopolitana exturbatus, palinus quæ est in eo dum res. 931

EPIST. CXIV. Hieronymi ad Theophilum. — Multa causatur impedimenta, ob quæ librum contra Joannem Chrysostomum a Theophilo scriptum, serius sit interpretatus. Tum ejus libri doctrinam ac sententias laudat ; veniam petens, si quando græcos sensus latine non satis bene reddiderit. 933

EPIST. CXV. Ad Augustinum. — Resalutat Augustinum excusans quod liberius responderit, et rursum de cucurbita meminit, rogatque ut emissis contentionis quæstionibus deinceps secum invicem amice conferant, et placide versentur in campo sacrarum Scripturarum. 935

EPIST. CXVI. Augustini ad Hieronymum. — Respondet accuratius Epistolæ Hieronymi 105, 115, et 115, in interpretatione loci Epistolæ ad Gal. 2, confiteans quod Petrus merito veraciterque reprehensus fuerit a Paulo. Cæterum deprecatur Hieronymum, si dictis forte incautioribus Hieronymi animum offenderit, excusans, quod, nulla sua culpa, per incultorum manus et adulterata it epistola, priusquam ad eum, cui scripta erat, pervenerit. 956

EPIST. CXVII. Ad matrem et filiam in Galia commorantes. — Docet viduas et virginibus vitantium esse domesticam consuetudinem eorum, unde sit periculum vel judicii, vel famæ. 955

EPIST. CXVIII. Ad Julianum. — Julianum quemdam prædivitem, qui intra paucos dies amiserat duas filias et uxorem, atque incursantibus barbaris, bonam possessionem partem, consolationibus Job consolatur, et exemplo Pammachii Paulinique adhortatur ad perfectam vitam, hoc est , ad summum mundi contemptum, videlicet hoc vocante etiam ipsa fortuna. 960

EPIST. CXIX. Ad Minervium et Alexandrum monachos. — Minervio et Alexandro, qui per Sisinnium monachum, filium sancti Exuperii episcopi Tolosani, de verbis Apostoli, Omnes quidem dormiemus, etc. interrogaverant, respondet : alias quæstiones, quæ simul proponebantur, in aliud differens tempus. 966

EPIST. CXX. Ad Hedibiam. — Respondet Hedibiæ, ab ipsa interrogatus de duodecim quæ sequuntur quæstionibus. I. Quomodo perfecte tuus quis esse possit, et quomodo Deo vivere debeat vidua, quæ sine liberis derelicta est. II. Quid sibi velit hic Matthæi locus : Non bibam amodo de hoc genimine vitis, etc. III. Quæ causa sit cur de resurrectione et apparitione Domini Evangelistæ diversa narraverint. IV. Quomodo, juxta Matthæum, vespere sabbati Maria Magdalene vidit Dominum resurgentem, dum Joannes Evangelista referat, mane una sabbati cam juxta sepulcrum flere. V. Quomodo, juxta Matthæum, Maria Magdalene, vespere sabbati, cum altera Maria, advolutis pedibus Salvatoris, secundum Joannem mane una sabbati audit a Domino : Noli me tangere, etc. VI. Quomodo, custodiente militari turba, Petrus et Joannes libere ingressi sunt sepulcrum. VII. Quomodo scribant Matthæus et Marcus, quod mandatum sit Apostolis, per Mulieres ut præcederent Jesum in Galilæam et ibi eum viderent ; Lucas autem et Joannes in Jerusalem eum ab Apostolis visum commemorent. VIII. Quid significet quod in Matthæo legitur : Jesus autem clamans voce magna emisit spiritum ; et velum templi scissum est, etc. IX. Quomodo Salvator, secundum Joannem insufflat Spiritum Sanctum Apostolis, et secundum Lucam post ascensionem missurum se esse dicit. X. Quid significent hæc Pauli ad Romanos : Quid ergo dicemus ; si quid iniquitas apud Deum ? Absit, usque ad eum locum ubi ait : Nisi Dominus sabaoth reliquisset nobis semen, etc. XI. Quid significent hæc Apostoli ad Corinthios : Aliis odor mortis in mortem, et aliis odor vitæ in vitam. XII. Quid sibi velit hic locus Epistolæ primæ ad Thessalonicenses : Ipse autem Deus pacis sanctificet vos per omnia, etc. 980

EPIST. CXXI. Ad Algasiam. — Respondet undecim quæ sequuntur quæstionibus. I. Cur Joannes interroget Dominum an sit qui venturus est, cum de ipso dixerit : Ecce agnus Dei, etc. II. Quid significet illud quod in Matthæo legitur : arundinem quassatam non confringet, et linum fumigans non extinguet. III. Quid sibi velit hoc Matthæi : Qui vult post me venire, abneget semetipsum. IV. Quis sit locuborum quæ in Matthæo legitur : Væ prægnantibus et nutrientibus in illis diebus ; et horum : orate ut non fiat fuga vestra in hieme vel sabbato. V. Quid significent hæc Evangelii secundum Lucam : Et cum non reciperent, quia facies ejus erat euntis Jerusalem. VI. Quid sit villem iniquitatis, qui Domini voce laudatus est. VII. Quæ sensu accipiendum est quod legimus in Epistola ad Romanos : Vix enim pro justo quis moritur ; nam pro bono forsitan quis audeat mori ? VIII. Quid sibi vult quod ad Romanos scribit Apostolus : occasione accepta peccatum per mandatum operatum est in me omnem concupiscentiam. IX. Quare Apostolus ad Romanos scribit : Optabam ego ipse anathema esse a Christo pro fratribus meis, etc. X. Quid sibi velit quod scribit Paulus ad Colossenses : Nemo vos superet, volens in humilitate mentis, et religione angelorum, etc. XI. Quid est quod idem Apostolus ad Thessalonicenses scribit : Nisi discessio evenerit primum, et revelatus fuerit homo peccati, etc. 1006

EPIST. CXXII. Ad Rusticum. — Rusticum, quod promissam cum uxore Artemia continentiam fregerat, ad pœnitentiam, et ut sancte invitat, exemplo conjugis, loca, hortatur. 1038

EPIST. CXXIII. Ad Ageruchiam. — Ageruchiam adolescentulam viduam, a secundis nuptiis dehortatur, rejiciens argumenta quæ in contrarium facere videbantur, atque in hunc eumdem finem mundi calamitates illi ob oculos ponens. 1046

EPIST. CXXIV. Ad Avitum. — Librum Origenis περὶ ἀρχῶν, quem pridem Rufinus sublesta fide latine reddiderat, addens mutilansque aliqua, Hieronymus cum a Pammachio rogatus denuo vertisset, nihil immutans, quo posset citra fidei periculum legi, ostendit quæ sint in eo impie dicta, atque ut hæretica caveri debeant. 1059

EPIST. CXXV. Ad Rusticum monachum. — Docet quemadmodum oporteat instituere vitam, monachi dignam nomine; monetque imprimis vitandam suspectarum feminarum consuetudinem; tutius autem esse juvenem in cœnobio quam in solitudine vitam agere. Tum sero ad docendum et scribendos libros esse veniendum. Obtrectatorum familiaritatem modis omnibus fugiendam. 1072

EPIST. CXXVI. Ad Marcellinum et Anapsychiam. — Exponit diversas sententias de origine animæ, hortans ut reliqua petant ab Augustino, et indicans quibus ipse sit occupatus studiis. 1085

EPIST. CXXVII. Ad Principiam virginem, sive Marcellæ viduæ Epitaphium. — Laudat Marcellam, prinæ nobilitatis mulierem, quæ, septimo a nuptiis mense, viro orbata, deinde Cerealem Consulem, nuptias ejus ambientem, rejecit, et monachæ vitam, prima nobilium feminarum ausa est Romæ profiteri, multas ad ideo institutum pertrahens: tu a ab ipso Hieronymo divinas litteras diligentissime Romæ didicit: absenti sæpe scripsit; ejusque tandem opera, facto Origenistarum, quæ in urbe cœperat invalescere, prodita atque exstincta est. Obiit paucis diebus post urbem a Gothis direptam. 1087

EPIST. CXXVIII. Ad Gaudentium. — Docet quibus rudimentis imbuenda sit rudis ætas puellæ virginitati destinatæ, priusquam boni ma ique discrimen noverit. 1095

EPIST. CXXIX. Ad Dardanum. — Terram promissionis non eam esse quam Judæi possederunt: sed aliam cœlestem intelligendam, terram nempe viventium nutibus in Evangelio repromissam. Neque aliam causam miseriarum et cæterarum captivitatum Judæorum esse, quam sanguis Christi effusus, et execrabile Cainos, quo mortem ipsi inferre non timuerunt. 1097

EPIST. CXXX. Ad Demetriadem. — Laudat Demetriadem virginem, Julianæ filiam, neptem Probæ, quod se Christo consecrarit; hortans ut perseveret, atque statim obsit instinctibus diaboli sollicitantis ad turpia. De studio, de jejunio, de obedientia, de fugiendis jocis, cæterisque rebus quæ ad virginis institutum pertinent, præcipit. 1105

EPIST. CXXXI. Augustini ad Hieronymum, sive liber de origine animæ hominis. — Recensens varias de animæ origine sententias, cupit doceri quæ potissimum tenenda sit, et quomodo adversus Pelagianorum dogma defendi possit ea, quam Hierony. in superiore ejistolæ 126. sura esse fere insinuavi, *singulas animas novas nascentibus fieri*. 1122

EPIST. CXXXII. Augustini ad Hieronymum. Seu liber [...] *factus est omnibus reus*, multa [...] quid ex contra omnia peccata esse [...] unam virtutem, habere omnes [...] 1158

[...] — Pelagiani dogmatistæ [...] et ἀπαθείας, sive ab [...] mutationem, et impeccantiam [...] ob eius a quoquam coarcisi [...] Rufinum e[...]largent, qui Xisti Py[...] cujus ad Romani Poni[...], [...]dicante Horma latino interpre[...], [...] Pamphili pro Origene, obtra[...] martyris. Denique pollicetur, cum [...] justo volumine Pelagiani dogmati se responsurum. 1147

EPIST. CXXXIV. Ad Augustinum. — Indicat se ab Orosio accepisse duos libros sibi inscriptos, sive duas superiores Augustini Epistolas 131 et 132, quibus cur non responderit excusat. 1161

EPIST. CXXXV. Innocentii Papæ ad Aurelium. — Litteras Aurelio mittit Innocentius Hieronymo reddendas. 1162

EPIST. CXXXVI. Innocentii ad Hieronymum. — Innocentius Hieronymum, ob ea quæ passus est, consolatur, et quid pro tempore faciendum duxerit, ac jam fecerit declarat. 1163

EPIST. CXXXVII. Innocentii ad Joannem. — Joannem Hierosolymitanum prospicere debuisse, ne tot ac tantis malis, quibus afflicti sunt Hieronymus, Eustochium et Paula, opprimerentur, ac nisi hæc deinceps aut corrigantur, aut retundantur, rationem inde redditurum. ibid.

EPIST. CXXXVIII. Ad Riparium. — Riparium presbyterum, quomodo Pelagiana dogmata rejecta, illorumque disseminator veluti alter Catilina expulsus sit, et quid ei olla contigerit in re docet. 1164

EPIST. CXXXIX. Ad Apronium. — Apronium, quod in fide contra Pelagianos mansuerit, laudat, et ut sancta Hierosolymæ loca petat, hortatur. 1165

EPIST. CXL. Ad Cyprianum presbyterum. — Psalmum octogesimum nonum, cujus initium est, *Domine refugium factus es nobis*, Cypriano presbytero ad fidem Hebraicæ veritatis post LXX. et Vulgatam editionem, pie eloquenterque exponit. 1166

EPIST. CXLI. Ad Augustinum. — Gratulatur ejus industriæ, per quam hæreticorum factionibus obstiterit, eaque in re suum quoque studium testificatur. 1179

EPIST. CXLII. Ad Augustinum. — Significat damnatas hæreses clam et oblique adhuc moliri, et non neminem potentem esse, qui dissimulanter eis faveat. 1180

EPIST. CXLIII. Ad Alypium et Augustinum. — Alypio et Augustino gratulatur, quorum opera Cœlestiana hæresis sit exstincta; simulque excusat quod nondum scripserit adversus libros Anniani Diaconi Pelagiani. 1181

EPIST. CXLIV. S. Augustini ad Optatum Episcopum Milevitanum. — Nondum se abs Hieronymo responsum epistolæ suæ 131. de Origine animæ accepisse, nec eam interim consultationem in vulgus edi se probare. 1182

Quinta classis, complectens tres epistolas quarum tempus minus compertum est, quibus tres aliæ subduntur quarum incertus est auctor. 1191-1192

EPIST. CXLV. Ad Exuperantium. — Hortatur ut, relicta militia, conferat se ad perfectam christiani vitam, unaque cum fratre suo Quiatiliano Bethleem commigret. 1191

EPIST. CXLVI. Ad Evangelium. — Refellit eorum errorem, qui diaconum presbytero æquabant, ostendens quid sit discriminis inter episcopum, presbyterum et diaconum. 1192

EPIST. CXLVII. Ad Sabinianum lapsum. — Sabinianum Diaconum, qui, perpetrato adulterio, in Bethleem fugerat, per litteras episcopi ob alios reus adulterii commaculatus, manensque in sanctis locis, et diaconi officio fungens, virgines quamdam sacram ad stuprum fugamque sollicitaverat, deprehensum objurgat, atque in monasterio pœnitet, hortatur. 1195

EPIST. CXLVIII. Ad Celantiam matronam. — Celantia nobilem matronam docet, quomodo inter sæculi honores, divitias ac matrimonii onera, vitam suam sancte acreligiose datur. Ad divinæ scripturæ lectionem primam hortatur, deinde ne de generis nobilitate superbiat in quo sita sit vera nobilitas, docet; denique quod aliquot jam ante annos absque pacto et consensu viri, continentiam servare sibi proposuisset in animo, acriter redarguit, et quid viro suo debeat, ostendit. 1204

EPIST. CXLIX. — Hebræorum dies festos edisserit Hieronymus, eosque minime observari debere post Evangelium docet. 1220

EPIST. CL. Procopii ad Hieronymum. 1224

Notæ Joannis Martianæi in universas S. Hieronymi Epistolas. 1225-1295

FINIS TOMI PRIMI SANCTI HIERONYMI.

www.ingramcontent.com/pod-product-compliance
Lightning Source LLC
Chambersburg PA
CBHW050054230426
43664CB00010B/1318